Capital Market Act

자본시장법

이상복

박영사

머리말

2015년 12월부터 금융위원회 증권선물위원회 비상임위원으로 활동하면서 자본시장법 관련 안건을 다루게 되었다. 자본시장법은 법조문이 다른 금융관련법보다 방대하고 복잡해서 법률, 시행령, 금융투자업규정, 금융기관 검사 및 제재에 관한 규정 등을 함께 살펴보고 안건에 적용하는 경우가 많았다. 때로는 기획재정부, 한국은행, 한국거래소, 예탁결제원의 규정, 금융투자협회의 규정과 모범규준 및 표준약관을 함께 살펴보아야 자본시장 관련 사안을 파악할 수 있는 경우도 있었다.

이 책을 집필하면서 실무경험을 바탕으로 다음과 같은 점들에 유념하였다.

첫째, 이해의 편의를 위해 법조문 순서에 구애받지 않고 책의 체계를 구성하였고, 법률, 시행령, 금융투자업규정, 금융기관의 검사 및 제재에 관한 규정 등의 주요 내용을 대부분 반영하였다. 또한 실무상 많이 이용되는 기획재정부, 한국은행, 한국거래소, 금융투자협회, 예탁결제원의 규정을 반영하고, 2021년 3월 25일부터 시행되는 금융소비자보호법이 금융투자상품에 적용되는 점을 고려하여 그 내용을 반영하였다.

둘째, 이론을 생동감 있게 하는 것이 법원의 판례와 금융당국의 사례임을 고려하여 판례와 증권선물위원회에서 처리한 인가·등록·승인 사례, 대주주 변경승인 사례, 금융투자업자의 불건전 영업행위 사례, 공시사례, 불공정거래사례 등을 반영하였다.

셋째, 금융투자업자와 금융당국 등의 실무가와 법률가, 연구자들이 자본시장법의 이론과 실무를 익혀 자본시장법을 체계적으로 이해할 수 있는 책이 되도록 하였다. 특히 금융투자상품과 이 상품이 거래되는 금융투자상품시장을 알아야 자본시장법을 이해하는 데 도움이 된다는 생각에서 관련 법령을 반영하여 상품과 시장을 상세하게 집필하였다.

이 책을 출간하면서 감사드릴 분들이 많다. 바쁜 일정 중에도 초고를 읽고 조언과 논평을 해준 강인태 박사, 엄세용 박사, 장인봉 박사, 신광선 팀장, 나지수 변호사, 장기홍 변호사에게 감사드린다. 박영사의 김선민 이사가 정성을 들여 편집해주고 제작 일정을 잡아 적시에 출간이 되도록 해주어 감사드린다. 출판계의 어려움에도 출판을 맡아 준 박영사 안종만 회장님과 안상준 대표님께 감사의 말씀을 드린다. 그리고 법률가와 학자로서의 길을 가는 동안 격려해준 아내 이은아와 딸 이가형, 아들 이지형과 함께 출간의 기쁨을 나누고 싶다.

2021년 3월 이상복

차 례

제2장 금융투자업 관계기관

제 2 편 금융투자상품

제1장 서 론

제2장 증 권

제3장 집합투자증권

제4장 파생상품

제5장 신탁상품

제6장 금융투자업자의 신용공여

제3편　금융투자업자

제1장 총 설

제2장 금융투자업자

제3장 금융투자업자규제

제 4 편 금융투자상품시장

제1장 개 관

제2장 주식시장

제3장 채권시장

제4장 파생상품시장

제 5 편　기업공시규제

제1장 서 설

제2장 발행시장 공시규제(발행공시)

제3장 기업지배권 변동과 공시규제(지분공시)

제5장 주권상장법인에 대한 특례

제6편 불공정거래규제

제1장 서 설

제2장 내부자거래

제3장 시세조종행위

제4장 부정거래행위와 공매도

제5장 시장질서 교란행위

제1편

금융투자업
감독기관과
관계기관

금융투자업
감독기관

제1절 금융감독체계

Ⅰ. 금융위원회

1. 설립목적

금융위원회의 설치 등에 관한 법률("금융위원회법") 제1조에 따르면 금융위원회는 "금융산업의 선진화와 금융시장의 안정을 도모하고 건전한 신용질서와 공정한 금융거래 관행을 확립하며 예금자 및 투자자 등 금융 수요자를 보호함으로써 국민경제의 발전에 이바지함"을 목적으로 설립되었는데(법1), 금융위원회는 그 업무를 수행할 때 공정성을 유지하고 투명성을 확보하며 금융기관의 자율성을 해치지 아니하도록 노력하여야 한다(금융위원회법2).

2. 설치 및 지위

행정기관에는 그 소관사무의 일부를 독립하여 수행할 필요가 있는 때에는 법률로 정하는 바에 따라 행정위원회 등 합의제행정기관을 둘 수 있다(정부조직법5). 행정기관에 그 소관사무의 일부를 독립하여 수행할 필요가 있을 때에는 법률이 정하는 바에 의하여 행정기능과 아울러 규칙을 제정할 수 있는 준입법적 기능 및 이의의 결정 등 재결을 행할 수 있는 준사법적 기능을 가지는 행정위원회 등 합의제행정기관을 둘 수 있다(행정기관의 조직과 정원에 관한 통칙21).

이에 따라 금융정책, 외국환업무 취급기관의 건전성 감독 및 금융감독에 관한 업무를 수행하게 하기 위하여 국무총리 소속으로 금융위원회를 둔다(금융위원회법3①). 금융위원회는 중앙행정기관으로서 그 권한에 속하는 사무를 독립적으로 수행한다(금융위원회법3②). 중앙행정기관이라 함은 국가의 행정사무를 담당하기 위하여 설치된 행정기관으로서 그 관할권의 범위가 전국에 미치는 행정기관을 말한다(행정기관의 조직과 정원에 관한 통칙2(1)). 다만 업무 및 권한 등에 있어 다른 정부부처의 업무 및 권한이 정부조직법에 의해 정해지는 것과는 달리 금융위원회법, 대통령령인 「금융위원회와 그 소속기관 직제」 및 금융관련법령에 의해 정해진다.

3. 구성

금융위원회는 9명의 위원으로 구성하며, 위원장·부위원장 각 1명과 기획재정부차관, 금융감독원 원장, 예금보험공사 사장, 한국은행 부총재, 금융위원회 위원장이 추천하는 금융전문가 2명, 대한상공회의소 회장이 추천하는 경제계대표 1명의 위원으로 구성한다(금융위원회법4①). 위원장은 국무총리의 제청으로 대통령이 임명하며, 금융위원회 부위원장은 위원장의 제청으로 대통령이 임명한다(금융위원회법4② 전단). 이 경우 위원장은 국회의 인사청문을 거쳐야 한다(금융위원회법4② 후단). 위원장은 금융위원회를 대표하며, 금융위원회의 회의를 주재하고 사무를 총괄한다(금융위원회법5①). 위원장·부위원장과 임명직 위원의 임기는 3년으로 하며, 한 차례만 연임할 수 있다(금융위원회법6).

4. 운영

금융위원회의 회의는 3명 이상의 위원이 요구할 때에 위원장이 소집한다(금융위원회법11① 본문). 다만, 위원장은 단독으로 회의를 소집할 수 있다(금융위원회법11① 단서). 금융위원회의 회의는 그 의결방법에 관하여 금융위원회법 또는 다른 법률에 특별한 규정이 있는 경우를 제외하고는 재적위원 과반수의 출석과 출석위원 과반수의 찬성으로 의결한다(금융위원회법11②). 금융위원회는 심의에 필요하다고 인정할 때에는 금융감독원 부원장, 부원장보 및 그 밖의 관계 전문가 등으로부터 의견을 들을 수 있다(금융위원회법13). 위원장은 내우외환, 천재지변 또는 중대한 금융 경제상의 위기로 긴급조치가 필요한 경우로서 금융위원회를 소집할 시간적 여유가 없을 때에는 금융위원회의 권한 내에서 필요한 조치를 할 수 있다(금융위원회법14①). 금융위원회의 사무를 처리하기 위하여 금융위원회에 사무처를 둔다(금융위원회법15①).

5. 소관 사무

금융위원회의 소관 사무는 ⅰ) 금융에 관한 정책 및 제도에 관한 사항(제1호), ⅱ) 금융기관 감독 및 검사·제재에 관한 사항(제2호), iii) 금융기관의 설립, 합병, 전환, 영업의 양수·양도 및 경영 등의 인가·허가에 관한 사항(제3호), iv) 자본시장의 관리·감독 및 감시 등에 관한 사항(제4호), ⅴ) 금융소비자의 보호와 배상 등 피해구제에 관한 사항(제5호), vi) 금융중심지의 조성 및 발전에 관한 사항(제6호), vii) 제1호부터 제6호까지의 사항에 관련된 법령 및 규정의 제정·개정 및 폐지에 관한 사항(제7호), viii) 금융 및 외국환업무 취급기관의 건전성 감독에 관한 양자 간 협상, 다자 간 협상 및 국제협력에 관한 사항(제8호), ix) 외국환업무 취급기관의 건전성 감독에 관한 사항(제9호), ⅹ) 그 밖에 다른 법령에서 금융위원회의 소관으로 규정한 사항(제10호) 등이다(금융위원회법17).

Ⅱ. 증권선물위원회

1. 설치배경

증권 및 선물거래의 특수성을 감안하여 증권선물위원회를 금융위원회 내부에 설치하고 증권 및 선물 분야에 대하여는 별도로 심의 또는 의결할 수 있도록 하는 체계를 구축하기 위한 것이다.

2. 업무

증권선물위원회는 금융위원회 내의 위원회로서 금융위원회법 또는 다른 법령에 따라 ⅰ) 자본시장의 불공정거래 조사(제1호), ⅱ) 기업회계의 기준 및 회계감리에 관한 업무(제2호), iii) 금융위원회 소관 사무 중 자본시장의 관리·감독 및 감시 등과 관련된 주요사항에 대한 사전심의(제3호), iv) 자본시장의 관리·감독 및 감시 등을 위하여 금융위원회로부터 위임받은 업무(제4호), ⅴ) 그 밖에 다른 법령에서 증권선물위원회에 부여된 업무(제5호)를 수행한다(금융위원회법19).

3. 구성

증권선물위원회는 위원장 1명을 포함한 5명의 위원으로 구성하며, 위원장을 제외한 위원 중 1명은 상임으로 한다(금융위원회법20①). 위원장이 아닌 증권선물위원회 위원의 임기는 3년으로 하며, 한 차례만 연임할 수 있다(금융위원회법20⑤).

증권선물위원회 위원장은 금융위원회 부위원장이 겸임하며, 증권선물위원회 위원은 ⅰ) 금융, 증권, 파생상품 또는 회계 분야에 관한 경험이 있는 2급 이상의 공무원 또는 고위공무원단에 속하는 일반직공무원이었던 사람, ii) 대학에서 법률학·경제학·경영학 또는 회계학을 전공하고, 대학이나 공인된 연구기관에서 부교수 이상 또는 이에 상당하는 직에 15년 이상 있었던 사람, iii) 그 밖에 금융, 증권, 파생상품 또는 회계 분야에 관한 학식과 경험이 풍부한 사람 중에서 금융위원회 위원장의 추천으로 대통령이 임명한다(금융위원회법20②).

4. 운영

증권선물위원회의 회의는 2명 이상의 증권선물위원회 위원이 요구할 때에 증권선물위원회 위원장이 소집한다(금융위원회법21① 본문). 다만, 증권선물위원회 위원장은 단독으로 회의를 소집할 수 있다(금융위원회법21① 단서). 회의는 3명 이상의 찬성으로 의결한다(금융위원회법21②).

Ⅲ. 금융감독원

1. 설립과 지위

금융위원회나 증권선물위원회의 지도·감독을 받아 금융기관에 대한 검사·감독 업무 등을 수행하기 위하여 금융감독원을 설립한다(금융위원법24①). 금융감독원은 무자본 특수법인으로 한다(금융위원회법24②). 무자본이란 자본금 없이 국가예산이나 기타의 분담금으로 운영된다는 의미이다. 금융감독원은 특별법인 금융위원회법에 의해 설립되고 국가 또는 지방자치단체로부터 독립하여 특정 공공사무를 수행하는 영조물법인이다.

2. 구성과 직무

금융감독원에 원장 1명, 부원장 4명 이내, 부원장보 9명 이내와 감사 1명을 둔다(금융위원회법29①). 금융감독원장("원장")은 금융위원회의 의결을 거쳐 금융위원회 위원장의 제청으로 대통령이 임명한다(금융위원회법29②). 부원장은 원장의 제청으로 금융위원회가 임명하고, 부원장보는 원장이 임명한다(금융위원회법29③). 감사는 금융위원회의 의결을 거쳐 금융위원회 위원장의 제청으로 대통령이 임명한다(금융위원회법29④). 원장·부원장·부원장보 및 감사의 임기는 3년으로 하며, 한 차례만 연임할 수 있다(금융위원회법29⑤). 원장·부원장·부원장보와 감사에 결원이 생겼을 때에는 새로 임명하되, 그 임기는 임명된 날부터 기산한다(금융위원회법29⑥).

원장은 금융감독원을 대표하며, 그 업무를 총괄한다(금융위원회법30①). 원장이 부득이한 사유로 직무를 수행할 수 없을 때에는 금융감독원의 정관으로 정하는 순서에 따라 부원장이

원장의 직무를 대행한다(금융위원회법30②). 부원장은 원장을 보좌하고 금융감독원의 업무를 분장하며, 부원장보는 원장과 부원장을 보좌하고 금융감독원의 업무를 분장한다(금융위원회법30③). 감사는 금융감독원의 업무와 회계를 감사한다(금융위원회법30④).

3. 업무

금융감독원은 금융위원회법 또는 다른 법령에 따라 ⅰ) 검사대상기관(법38)[1]의 업무 및 재산상황에 대한 검사(제1호), ⅱ) 검사 결과와 관련하여 금융위원회법과 또는 다른 법령에 따른 제재(제2호), ⅲ) 금융위원회와 금융위원회법 또는 다른 법령에 따라 금융위원회 소속으로 두는 기관에 대한 업무지원(제3호), ⅳ) 그 밖에 금융위원회법 또는 다른 법령에서 금융감독원이 수행하도록 하는 업무(제4호)를 수행한다(금융위원회법37).

원장은 업무수행에 필요하다고 인정할 때에는 검사대상기관 또는 다른 법령에 따라 금융감독원에 검사가 위탁된 대상기관에 대하여 업무 또는 재산에 관한 보고, 자료의 제출, 관계자의 출석 및 진술을 요구할 수 있다(금융위원회법40①). 검사를 하는 자는 그 권한을 표시하는 증표를 관계인에게 내보여야 한다(금융위원회법40②).

원장은 검사대상기관의 임직원이 ⅰ) 금융위원회법 또는 금융위원회법에 따른 규정·명령 또는 지시를 위반한 경우(제1호), ⅱ) 금융위원회법에 따라 원장이 요구하는 보고서 또는 자료를 거짓으로 작성하거나 그 제출을 게을리한 경우(제2호), ⅲ) 금융위원회법에 따른 금융감독원의 감독과 검사 업무의 수행을 거부·방해 또는 기피한 경우(제3호), ⅳ) 원장의 시정명령이나 징계요구에 대한 이행을 게을리한 경우(제4호)에는 그 기관의 장에게 이를 시정하게 하거나 해당 직원의 징계를 요구할 수 있다(금융위원회법41①). 징계는 면직·정직·감봉·견책 및 경고로 구분한다(금융위원회법40②).

원장은 검사대상기관의 임원이 금융위원회법 또는 금융위원회법에 따른 규정·명령 또는 지시를 고의로 위반한 때에는 그 임원의 해임을 임면권자에게 권고할 수 있으며, 그 임원의 업

---

1) 금융위원회법 제38조(검사대상기관) 금융감독원의 검사를 받는 기관은 다음과 같다.
  1. 은행법에 따른 인가를 받아 설립된 은행
  2. 자본시장법에 따른 금융투자업자, 증권금융회사, 종합금융회사 및 명의개서 대행회사
  3. 보험업법에 따른 보험회사
  4. 상호저축은행법에 따른 상호저축은행과 그 중앙회
  5. 신용협동조합법에 따른 신용협동조합 및 그 중앙회
  6. 여신전문금융업법에 따른 여신전문금융회사 및 겸영여신업자
  7. 농업협동조합법에 따른 농협은행
  8. 수산업협동조합법에 따른 수협은행
  9. 다른 법령에서 금융감독원이 검사를 하도록 규정한 기관
  10. 그 밖에 금융업 및 금융 관련 업무를 하는 자로서 대통령령으로 정하는 자

무집행의 정지를 명할 것을 금융위원회에 건의할 수 있다(금융위원회법42). 원장은 검사대상기관이 금융위원회법 또는 금융위원회법에 따른 규정·명령 또는 지시를 계속 위반하여 위법 또는 불건전한 방법으로 영업하는 경우에는 금융위원회에 ⅰ) 해당 기관의 위법행위 또는 비행(非行)의 중지, ⅱ) 6개월의 범위에서의 업무의 전부 또는 일부 정지를 명할 것을 건의할 수 있다(금융위원회법43).

Ⅳ. 상호관계

1. 금융위원회·증권선물위원회의 금융감독원에 대한 지도·감독·명령권

금융위원회는 금융위원회법 또는 다른 법령에 따라 금융감독원의 업무·운영·관리에 대한 지도와 감독을 하며, ⅰ) 금융감독원의 정관 변경에 대한 승인(제1호), ⅱ) 금융감독원의 예산 및 결산 승인(제2호), ⅲ) 그 밖에 금융감독원을 지도·감독하기 위하여 필요한 사항(제3호)을 심의·의결한다(금융위원회법18).

증권선물위원회는 업무에 관하여 금융감독원을 지도·감독한다(금융위원회법23). 금융위원회나 증권선물위원회는 금융감독원의 업무를 지도·감독하는 데 필요한 명령을 할 수 있다(금융위원회법61①). 금융위원회는 증권선물위원회나 금융감독원의 처분이 위법하거나 공익 보호 또는 예금자 등 금융 수요자 보호 측면에서 매우 부당하다고 인정하면 그 처분의 전부 또는 일부를 취소하거나 그 집행을 정지시킬 수 있다(금융위원회법61②). 증권선물위원회는 업무에 관한 금융감독원의 처분이 위법하거나 매우 부당하다고 인정할 때에는 그 처분의 전부 또는 일부를 취소하거나 그 집행을 정지시킬 수 있다(금융위원회법61③).

2. 금융감독원장의 보고의무

원장은 금융위원회나 증권선물위원회가 요구하는 금융감독 등에 필요한 자료를 제출하여야 한다(금융위원회법58). 원장은 검사대상기관의 업무 및 재산상황에 대한 검사를 한 경우에는 그 결과를 금융위원회에 보고하여야 한다. 제41조(시정명령 및 징계요구) 및 제42조(임원의 해임권고 등)의 조치를 한 경우에도 또한 같다(금융위원회법59).

금융위원회는 필요하다고 인정하는 경우에는 금융감독원의 업무·재산 및 회계에 관한 사항을 보고하게 하거나 금융위원회가 정하는 바에 따라 그 업무, 재산상황, 장부, 서류 및 그 밖의 물건을 검사할 수 있다(금융위원회법60).

3. 권한의 위임 · 위탁

(1) 증권선물위원회에의 위임

자본시장법("법")에 따라 금융위원회는 자본시장법에 따른 권한의 일부를 대통령령으로 정하는 바에 따라 증권선물위원회에 위임할 수 있다(법438②). 이에 따라 금융위원회는 ⅰ) 자본시장법 제3편(증권의 발행 및 유통)을 위반한 행위에 대한 조사 권한(제1호)을 위임한다. ⅱ) 제1호의 위반행위에 대한 자본시장법 또는 동법 시행령에 의한 조치 권한을 위임한다. 다만, 부과금액이 5억원을 초과하는 과징금의 부과, 1개월 이상의 업무의 전부 정지, 그리고 지점, 그 밖의 영업소의 폐쇄에 해당하는 조치는 제외한다(제2호). ⅲ) 자본시장법 제178조의2에 따른 시장질서 교란행위의 금지 의무를 위반한 행위에 대한 과징금의 부과 권한(제3호)을 위임한다(영387①).

(2) 한국거래소 · 한국금융투자협회에의 위탁

금융위원회는 자본시장법에 따른 권한의 일부를 대통령령으로 정하는 바에 따라 거래소 또는 협회에 위탁할 수 있다(법438③).2)

(3) 금융감독원장에의 위탁

금융위원회 또는 증권선물위원회는 자본시장법에 따른 권한의 일부를 대통령령으로 정하는 바에 따라 금융감독원장에게 위탁할 수 있다(법438④).3)

(4) 보고

거래소, 협회 및 금융감독원장은 위탁받은 업무의 처리내용을 6개월마다 금융위원회 또는 증권선물위원회에 보고하여야 한다(영387④ 본문). 다만, 금융위원회는 금융위원회가 정하여 고시하는 업무에 대해서는 보고 주기를 달리 정할 수 있다(영387④ 단서).

4. 증권선물위원회의 심의

금융위원회는 다음의 어느 하나에 해당하는 경우에는 미리 증권선물위원회의 심의를 거쳐

---

2) 금융위원회는 다음의 권한을 거래소 또는 협회에 위탁한다(영387②).
　1. 거래소의 경우에는 다음의 권한
　　가. 법 제416조 제7호의 사항 중 장내파생상품 거래규모의 제한에 관한 권한
　　나. 그 밖에 가목에 준하는 권한으로서 금융위원회가 정하여 고시하는 권한
　2. 협회의 경우 다음의 권한
　　가. 법 제56조 제1항 본문에 따른 보고의 접수, 같은 항 단서에 따른 신고의 수리 및 약관이 같은 조 제7항에 해당하는지에 대한 검토 권한
　　나. 제10조 제3항 제16호·제17호(이에 준하는 외국인 포함)에 따른 관련 자료제출의 접수 권한
　　다. 그 밖에 가목 및 나목에 준하는 권한으로서 금융위원회가 정하여 고시하는 권한
3) 금융위원회 또는 증권선물위원회는 별표 20 각 호에 따른 권한을 금융감독원장에게 위탁한다(영387③).

야 한다(법439).

　　1. 다음의 어느 하나에 해당하는 사항을 정하는 경우

　　　가. 제131조 제1항, 제132조, 제146조 제1항 전단 및 제2항, 제151조 제1항 전단 및 제2항, 제158조 제1항 전단 및 제2항, 제164조 제1항 전단 및 제2항에 따른 조사·조치의 절차 및 기준

　　　나. 제165조의16에 따른 재무관리기준

　　　다. 제426조 제5항에 따른 금융위원회의 조사·조치의 절차 및 기준

　　2. 다음의 어느 하나에 해당하는 조치·명령 등을 하는 경우

　　　가. 제132조, 제146조 제2항, 제151조 제2항, 제158조 제2항, 제164조 제2항 및 제165조의18에 따른 조치

　　　나. 제165조의15 제1항 제2호에 따른 의결권 없는 주식 발행의 인정

　　　다. 제167조 제2항에 따른 주식소유비율 한도의 승인

　　　라. 제416조에 따른 명령

　　　마. 제426조 제5항에 따른 조사결과에 따른 조치

　　　바. 제428조,제429조 및 제429조의2에 따른 과징금부과처분

　　　사. 제449조 제3항에 따른 과태료부과처분

　　3. 그 밖에 금융위원회가 증권선물위원회의 심의가 필요하다고 정하여 고시하는 사항

5. 금융감독원장에 대한 지시·감독

　　금융위원회 또는 증권선물위원회는 자본시장법에 의한 권한을 행사하는 데에 필요하다고 인정되는 경우에는 금융감독원장에 대하여 지시·감독 및 업무집행방법의 변경, 그 밖에 감독상 필요한 조치를 명할 수 있다(법440①). 금융감독원은 자본시장법에 따라 금융위원회 또는 증권선물위원회의 지시·감독을 받아 ⅰ) 증권신고서에 관한 사항, ⅱ) 증권의 공개매수에 관한 사항, ⅲ) 자본시장법에 따라 금융감독원장의 검사를 받아야 하는 기관의 검사에 관한 사항, ⅳ) 상장법인의 관리에 관한 사항, ⅴ) 상장법인의 기업분석 및 기업내용의 신고에 관한 사항, ⅵ) 거래소시장(다자간매매체결회사에서의 거래를 포함) 외에서의 증권 및 장외파생상품의 매매의 감독에 관한 사항, ⅶ) 정부로부터 위탁받은 업무, ⅷ) 그 밖에 자본시장법에 따라 부여된 업무, ⅸ) 앞의 8가지 업무에 부수되는 업무를 행한다(법440②).

제2절 감독 및 처분

Ⅰ. 명령 및 승인 등

1. 금융위원회의 감독권

자본시장법에 따라 금융위원회는 투자자를 보호하고 건전한 거래질서를 유지하기 위하여 금융투자업자가 자본시장법 또는 자본시장법에 따른 명령이나 처분을 적절히 준수하는지 여부를 감독하여야 한다(법415). 이는 금융위원회의 포괄적 감독권을 부여한 규정이다.

2. 금융위원회의 조치명령권

(1) 조치명령 사항

금융위원회는 투자자를 보호하고 건전한 거래질서를 유지하기 위하여 금융투자업자에게 ⅰ) 금융투자업자의 고유재산 운용에 관한 사항(제1호), ⅱ) 투자자 재산의 보관·관리에 관한 사항(제2호), ⅲ) 금융투자업자의 경영 및 업무개선에 관한 사항(제3호), ⅳ) 각종 공시에 관한 사항(제4호), ⅴ) 영업의 질서유지에 관한 사항(제5호), ⅵ) 영업방법에 관한 사항(제6호), ⅶ) 장내파생상품 및 장외파생상품의 거래규모의 제한에 관한 사항(제7호), ⅷ) 그 밖에 투자자 보호 또는 건전한 거래질서를 위하여 필요한 사항으로서 "대통령령으로 정하는 사항"(제8호)에 관하여 필요한 조치를 명할 수 있다(법416 본문). 다만, 제7호의 장내파생상품의 거래규모의 제한에 관한 사항에 관하여는 위탁자에게도 필요한 조치를 명할 수 있다(법416 단서).

(2) 대통령령으로 정하는 사항

위 제8호에서 "대통령령으로 정하는 사항"이란 ⅰ) 시행령 제16조 제9항 및 제21조 제8항에 따른 이해상충방지체계에 관한 사항(제1호), ⅱ) 금융투자업자가 외국에서 금융투자업에 상당하는 업을 하는 경우에 감독상 필요한 신고·보고 등에 관한 사항(제2호), ⅲ) 외국 금융투자업자가 법 제12조 제2항 제1호 나목 또는 법 제18조 제2항 제1호 나목 및 다목에 따라 국내에서 금융투자업을 하는 경우에 감독상 필요한 신고·보고 등에 관한 사항(제3호), ⅳ) 법 제40조 각 호에 따른 금융업무에 관한 사항(제4호), ⅴ) 기업어음증권의 매매나 중개업무에 관한 사항(제5호), ⅵ) 금융투자업자가 취급하는 상품의 운영에 관한 사항(제6호), ⅶ) 금융투자업자의 영업, 재무 및 위험에 관한 사항(제7호), ⅷ) 금융투자업자의 업무내용의 보고에 관한 사항(제8호), ⅸ) 협회에 가입하지 아니한 금융투자업자에 대하여 협회가 건전한 영업질서의 유지와 투자자를 보호하기 위하여 행하는 자율규제에 준하는 내부기준을 제정하도록 하는 것에 관한 사항(제 9호), ⅹ) 파생상품을 취급하는 금융투자업자에 대한 일정 수준 이상의 파생상품을 거래한 자 또는 미결제약정을 보유한 자에 관한 정보의 제출에 관한 사항(제10호), ⅺ) 집합투자기구(투자 신탁은 제외)의 청산업무와 관련한 재산의 공탁, 그 밖에 필요한 사항(제11호)을 말한다(영369①).

(3) 조치명령권의 세부기준

금융위원회는 법 제416조에 따라 금융투자업자에 대하여 조치를 명하는 데에 필요한 세부 기준을 정하여 고시하여야 한다(영369②). 금융위원회는 법 제416조 및 영 제369조에 따라 조 치를 명하고자 하는 경우에는 ⅰ) 다른 수단을 통하여 투자자를 보호하고 건전한 거래질서를 유지하기 어려운 경우에 한하여 조치를 명하여야 하고, ⅱ) 조치의 내용이 투자자를 보호하고 건전한 거래질서를 유지하기 위해 필요한 최소한의 사항으로 한정되어야 하며, ⅲ) 조치의 내 용이 명확하고, 이해하기 쉬우며, 조치의 이행여부를 객관적으로 판단할 수 있어야 하고, ⅳ) 1년 이내의 범위에서 조치명령의 목적을 달성하기 위하여 필요한 최소한의 기간으로 명령의 유효기간을 설정하여야 한다. 다만, 투자자 피해 또는 거래질서 혼란이 지속되는 등 명령의 유 효기간 연장이 불가피한 경우에는 금융위원회 의결로써 1년 이내의 범위에서 연장할 수 있다 (금융투자업규정2-14의2).

3. 승인사항 등

(1) 승인사항

금융투자업자는 ⅰ) 합병,[4] 분할 또는 분할합병[5](제1호), ⅱ) 주식의 포괄적 교환 또는 이 전(제2호), ⅲ) 해산(제3호), ⅳ) 투자매매업, 투자중개업, 집합투자업, 신탁업에 해당하는 금융 투자업 전부(이에 준하는 경우 포함)의 양도 또는 양수(제4호), ⅴ) 투자자문업, 투자일임업에 해당 하는 금융투자업 전부(이에 준하는 경우 포함)의 양도 또는 양수(제5호), ⅵ) 투자매매업, 투자중개 업, 집합투자업, 신탁업에 해당하는 금융투자업 전부(이에 준하는 경우 포함)의 폐지(제6호),[6]

---

4) A자산운용 주식회사는 B운용 유한회사를 흡수합병하고자 법 제417조에 따라 합병승인을 신청하였고, A자 산운용과 B운용의 합병승인 신청에 대하여 자본시장법상 요건을 심사한 결과 법령상 요건을 모두 충족하 고 있어 합병을 승인한 사례가 있다.

5) A자산운용 및 B자산운용은 A자산운용이 영위하는 사업 중 집합투자업 사업부문을 분할함과 동시에 이를 B자산운용에 합병하고자, 법 제417조에 따라 분할합병 승인을 신청하였고, B자산운용은 금융투자업(집합 투자업)을 폐지하기 위해 법 제417조에 따라 금융투자업 폐지 승인을 신청하였다. A자산운용과 B자산운용 의 분할합병 및 A자산운용의 금융투자업 폐지 승인요건 충족 여부를 심사한 결과, 요건을 충족하고 있으 므로 A자산운용과 B자산운용의 분할합병 및 A자산운용의 금융투자업 폐지를 승인하였다. 다만, 분할합병 효력이 발생하기 전에 금융투자업 폐지승인의 효력이 발생하는 경우 분할합병 승인 후 분할합병 효력 발 생시까지 무인가 집합투자업 영위의 법률위반이 발생할 수 있으므로, 건전한 금융거래질서 유지를 위하여 금융투자업 폐지 승인의 효력을 분할합병 효력 발생시까지 제한하는 조건을 부과하였다.

6) A증권은 법 제417조에 따라 투자매매업 전부 폐지 승인을 신청하였다. 폐지대상 금융투자업은 투자매매

vii) 투자자문업, 투자일임업에 해당하는 금융투자업 전부(이에 준하는 경우 포함)의 폐지(제7호), viii) 주식 금액 또는 주식 수의 감소에 따른 자본금의 실질적 감소(제8호＝영370①)를 하고자 하는 경우(겸영금융투자업자의 경우에는 제4호부터 제7호까지에 한한다)에는 금융위원회의 승인을 받아야 한다(법417① 본문). 다만, 역외투자자문업자 및 역외투자일임업자의 경우에는 제1호부터 제5호까지 및 제8호에 해당하는 행위를 한 날부터 7일 이내에 금융위원회에 보고하여야 한다(법417① 단서).

금융위원회는 승인을 하거나 보고를 받은 경우 그 내용을 관보 및 인터넷 홈페이지 등에 공고하여야 한다(법417②).

(2) 승인심사

금융위원회는 승인신청서와 첨부서류를 접수한 경우에는 그 내용을 심사하여 2개월 이내에 승인 여부를 결정하고, 그 결과와 이유를 지체 없이 신청인에게 문서로 통지하여야 한다(영370⑤ 전단). 이 경우 승인신청서에 흠이 있는 때에는 보완을 요구할 수 있다(영370⑤ 후단). 금융위원회는 승인을 하는 경우에는 경영의 건전성 확보와 투자자의 보호에 필요한 조건을 붙일 수 있다(영370⑦).

금융위원회는 승인을 하려는 경우에는 ⅰ) 법 제30조에 따른 재무건전성과 법 제31조에 따른 경영건전성에 관한 기준을 충족할 것(해산, 영업의 폐지는 제외)(제1호), ⅱ) 투자자의 보호에 지장을 초래하지 아니할 것(제2호), ⅲ) 금융시장의 안전성을 해치지 아니할 것(제3호), ⅳ) 건전한 금융거래질서를 해치지 아니할 것(제4호), ⅴ) 내용과 절차가 금융관련법령, 상법 및 공정거래법에 비추어 흠이 없을 것(제5호), ⅵ) 그 밖에 법 제417조 제1항 각 호의 행위별로 투자자의 보호 등을 위하여 금융위원회가 정하여 고시하는 기준을 충족할 것(제6호)[7]의 기준에 적

증권(1-1-1)과 투자매매업 주권기초 장내파생상품(1-21-1)이었다. A증권 투자매매업 전부 폐지 승인 신청에 대하여 법령상 요건을 심사한 결과 승인요건을 충족하고 있어 신청내용대로 투자매매업 전부 폐지를 승인하였다.

7) 금융투자업규정 제2-12조(합병등 승인) ① 영 제370조 제2항 제6호에 따라 금융투자업자가 법 제417조 제1항 제1호의 행위("합병등")를 하고자 하는 경우 다음의 기준을 충족하여야 한다.
  1. 합병등 이후 행하고자 하는 업무의 범위가 적정할 것
  2. 합병등 이후 존속하거나 신설되는 금융투자업자의 대주주가 별표 3의 요건을 충족할 것
  ② 제1항 제1호는 법 제417조 제1항 제3호, 제6호 및 제7호에 대한 승인에 관하여 준용한다.
  ③ 제1항 제2호는 법 제417조 제1항 제2호 및 영 제370조 제1항에 대한 승인에 관하여 준용한다.
  ④ 제1항 제1호 및 제2호는 법 제417조 제1항 제4호 및 제5호에 대한 승인에 관하여 준용한다.
  ⑤ 법 제417조 제1항 각 호의 어느 하나에 해당하는 행위에 대한 승인을 받고자 하는 신청인은 승인의 종류별로 별지 제5호부터 별지 제12호까지의 승인신청서(첨부서류 포함)를 금융위원회에 제출하여야 한다.
  ⑥ 금융감독원장은 승인 신청내용을 심사함에 있어 필요하다고 판단되는 경우에는 다음의 업무를 수행할 수 있다.
  1. 승인 신청내용의 확인을 위한 이해관계인 또는 경영진과의 면담 등 실지조사
  2. 승인시 부과한 조건이 있는 경우 그 이행상황의 확인

합한지를 심사하여야 한다(영370②).[8]

4. 보고사항

(1) 보고사유

금융투자업자(겸영금융투자업자의 경우에는 제6호부터 제9호까지에 한한다)는 ⅰ) 상호를 변경한 때(제1호), ⅱ) 정관 중 사업목적에 관한 사항, 주주총회, 이사회, 그 밖에 회사의 지배구조에 관한 사항, 회사가 발행하는 주식에 관한 사항 등을 변경한 때(제2호),[9] ⅲ) 최대주주가 변경된 때(제4호),[10][11] ⅳ) 대주주 또는 그의 특수관계인의 소유주식이 의결권 있는 발행주식총수의 1% 이상 변동된 때(제5호), ⅴ) 투자매매업, 투자중개업, 집합투자업, 신탁업에 해당하는 금융투자업의 일부를 양도 또는 양수한 때(제6호), ⅵ) 투자자문업, 투자일임업에 해당하는 금융투자업의 일부를 양도 또는 양수한 때(제7호), ⅶ) 투자매매업, 투자중개업, 집합투자업, 신탁업에 해당하는 금융투자업의 일부를 폐지한 때(제8호), ⅷ) 투자자문업, 투자일임업에 해당하는 금융투자업의 일부를 폐지한 때(제9호), ⅸ) 지점, 그 밖의 영업소를 신설하거나 폐지한 때(제10호), ⅹ) 본점의 위치를 변경한 때(제11호),[12] ⅺ) 본점·지점, 그 밖의 영업소의 영업을 중지하거나 다시 시작한 때(제12호), ⅻ) 그 밖에 투자자 보호 또는 건전한 거래질서를 위하여 필요한 경우로서 "대통령령으로 정하는 경우"(제13호)에는 그 사실을 금융위원회에 지체 없이 보고하여야 한다(법418, 영371① 본문).

(2) 대통령령으로 정하는 경우

위 제13호에서 "대통령령으로 정하는 경우"란 ⅰ) 자본금이 증가한 경우(제1호), ⅱ) 자본시장법 제10편(제443조부터 제448조까지)에 따라 처벌을 받은 경우(제2호), ⅲ) 해당 금융투자업자의 업무에 중대한 영향을 미칠 소송의 당사자로 된 경우(제3호), ⅳ) 해당 금융투자업자에 관

---

⑦ 금융감독원장은 제6항 각 호의 업무를 수행한 후에 그 결과를 금융위원회에 통보하여야 한다.

8) A자산운용은 금융투자업을 폐지하기 위해 법 제417조에 따라 금융투자업 폐지 승인을 신청하였는데, 폐지 신청 업무는 다음과 같다. 인가업무 단위(11-13-1), 금융투자업의 종류[투자매매업(인수업 제외)], 금융투자상품의 유형(집합투자증권), 투자자 유형(일반투자자 및 전문투자자). 이 사안은 법령상 승인요건을 모두 충족하여 금융투자업 폐지를 승인하였다.

9) 제3호는 삭제 [2015. 7. 31 제13453호(금융회사지배구조법)] [[시행일 2016. 8. 1]].

10) 온라인소액투자중개업자는 대주주가 변경된 경우에는 이를 2주 이내에 금융위원회에 보고하여야 한다(법 117의6①).

11) 온라인소액투자중개업자는 최대주주가 변경된 때 그 사실을 금융위원회에 보고하고, 인터넷 홈페이지 등을 이용하여 공시하여야 하는데도, A사는 2017. 1. 13. 최대주주가 X에서 Y로 변경된 사실을 기한 내에 보고·공시하지 않은 사실이 있어 과태료 제재를 받았다.

12) 법 제418조 제11호에 의하면 금융투자업자는 본점의 위치를 변경하는 경우 변경일로부터 7일 이내에 그 사실을 금융위원회에 보고하여야 하는데도, A투자자문 2017. 6. 1., 2017. 11. 17. 2차례 본점 소재지를 변경하였음에도 그 사실을 금융위원회에 보고하지 아니한 사실이 있어 과태료 제재를 받았다(금융투자업규정 제2-16조 제1항 제1호 가목 위반).

하여 파산의 신청이 있거나 해산 사유가 발생한 경우(제4호), ⅴ) 채무자회생법에 따른 회생절차 개시신청을 한 경우, 회생절차 개시 결정을 한 경우 또는 회생절차 개시결정의 효력이 상실된 경우(제5호), ⅵ) 조세체납처분을 받은 경우 또는 조세에 관한 법령을 위반하여 처벌을 받은경우(제6호), ⅶ) 외국환거래법에 따른 해외직접투자를 하거나 해외영업소, 그 밖의 사무소를 설치한 경우(제7호), ⅷ) 국내 사무소를 신설하거나 폐지한 경우(외국 금융투자업자의 국내 사무소의 경우만 해당)(제8호), ⅸ) 발행한 어음이나 수표가 부도로 되거나, 은행과의 당좌거래가 정지되거나 금지된 경우(제9호), ⅹ) 금융투자업자의 해외현지법인, 해외지점 및 해외사무소 등에 금융위원회가 정하여 고시하는 사유가 발생한 경우(제10호),13) ⅺ) 외국 금융투자업자(국내 지점, 그 밖의 영업소를 설치한 외국 금융투자업자의 경우만 해당)의 본점에 금융위원회가 정하여 고시하는 사유가 발생한 경우(제11호),14) ⅻ) 그 밖에 금융투자업자의 경영·재산 등에 중대한 영향을 미칠 사항으로서 금융위원회가 정하여 고시하는 사유가 발생한 경우(제13호)15)16)를 말한다(영371③).

---

13) 금융투자업자는 영 제371조 제3항 제10호에 따라 다음의 구별에 따른 어느 하나에 해당하는 사유가 발생한 때에는 금융감독원장에게 보고하여야 한다. 다만, 금융투자업자가 「금융기관의 해외진출에 관한 규정」에 따라 제1호 또는 제2호에 해당하는 사항을 금융감독원장에게 신고·보고한 경우에는 그러하지 아니하다(금융투자업규정2-16②).
   1. 해외 현지법인, 해외지점 또는 해외사무소등에 다음의 어느 하나에 해당하는 사유가 발생한 경우
       가. 신설 및 영업의 중지·재개·폐지
       나. 위치변경, 상호나 명칭 변경 또는 대표자 변경
       다. 자회사(제3-6조 제18호에 따른 자회사) 설립 또는 지점 설치(해외 현지법인의 경우에 한한다)
       라. 영위하고 있는 업무의 변경
       마. 출자금이나 영업기금 변동 또는 경영권 양도
       바. 소재지국의 정부 또는 금융감독당국으로부터 검사 또는 조사에 따른 결과 통보
   2. 해외 현지법인 또는 해외지점에 다음의 어느 하나에 해당하는 사유가 발생한 경우
       가. 영업의 정지나 인허가 또는 등록의 취소
       나. 합병 또는 영업의 전부나 일부의 양도
       다. 부도나 이에 준하는 사태발생
       라. 해산의 결의
       마. 파산 및 회생절차의 개시신청
       바. 현지업무와 관련된 금융투자상품 관련사고 발생 또는 중대한 소송사건 발생
14) "금융위원회가 정하여 고시하는 사유가 발생한 경우"란 외국 금융투자업자의 본점에 다음의 어느 하나에 해당하는 사유가 발생한 경우를 말한다(금융투자업규정2-16③). 1. 영업의 전부정지나 인허가 또는 등록의 취소, 2. 부도나 이에 준하는 사태발생, 3. 해산의 결의, 4. 파산 및 회생절차의 개시신청, 5. 상호 또는 대표자 변경, 6. 위치 변경, 7. 합병 및 최대주주의 변경, 8. 영업의 전부 또는 일부의 양도, 9. 중대한 소송사건 발생, 10. 소재지국의 금융투자업 관계법령 위반으로 인한 감독당국이나 사법기관의 제재조치, 11. 그 밖에 투자자보호와 관련된 중요사항의 발생.
15) 제12호는 삭제 [2016. 7. 28 제27414호(금융회사의 지배구조에 관한 법률 시행령)].
16) "금융위원회가 정하여 고시하는 사유"란 다음의 어느 하나에 해당하는 사유가 발생한 경우를 말한다(금융투자업규정2-16④). 1. 거래소에 대한 채무불이행, 2. 해외 파생상품시장의 회원권 취득, 3. 외국에서 금융투자업을 영위하기 위한 인허가 또는 등록 등.

(3) 보고기한

금융위원회는 그 사실의 중요도에 따라 보고기한을 달리 정하여 고시할 수 있다(영371①단서). 금융투자업자는 다음의 구분에 따른 기간 이내에 금융감독원장에게 보고하여야 한다(금융투자업규정2-16①).

1. 다음의 어느 하나에 해당하는 경우 그 사유발생일로부터 7일 이내
    가. 법 제418조 제1호부터 제11호까지(제10호 제외)의 사유가 발생한 경우
    나. 영 제371조 제3항 제1호부터 제9호까지의 사유가 발생한 경우
    다. 제4항 각 호의 사유가 발생한 경우
2. 제2항 제2호 또는 제3항 제1호부터 제4호까지의 사유가 발생한 경우 지체 없이
3. 다음의 어느 하나에 해당하는 경우 그 사유가 발생한 날이 해당하는 분기 종료 후 45일 이내
    가. 법 제418조 제10호 또는 제12호의 사유가 발생한 경우
    나. 제2항 제1호 또는 제3항 제5호부터 제11호까지의 사유가 발생한 경우

(4) 위반시 제재

법 제418조를 위반하여 보고를 하지 아니하거나 거짓으로 보고한 자에 대하여는 3천만원 이하의 과태료를 부과한다(법449③(19)).

II. 검사 및 조치

1. 금융투자업자에 대한 검사

(1) 의의

금융투자업자는 그 업무와 재산상황에 관하여 금융감독원장의 검사를 받아야 한다(법419①). 금융감독원장은 검사를 함에 있어서 필요하다고 인정되는 경우에는 금융투자업자에게 업무 또는 재산에 관한 보고, 자료의 제출, 증인의 출석, 증언 및 의견의 진술을 요구할 수 있다(법419⑤). 검사를 하는 자는 그 권한을 표시하는 증표를 지니고 이를 관계자에게 내보여야 한다(법419⑥). 금융감독원장이 검사를 한 경우에는 그 보고서를 금융위원회에 제출하여야 한다(법419⑦ 전단). 이 경우 자본시장법 또는 자본시장법에 따른 명령이나 처분을 위반한 사실이 있는 때에는 그 처리에 관한 의견서를 첨부하여야 한다(법419⑦ 후단). 금융위원회는 검사의 방법·절차, 검사결과에 대한 조치기준, 그 밖의 검사업무와 관련하여 필요한 사항을 정하여 고시할 수 있다(법419⑨).

(2) 한국은행의 검사권

한국은행은 금융통화위원회가 금융투자업자의 제40조 제1항 제3호(국가 또는 공공단체 업무의 대리) 또는 제4호(투자자를 위하여 그 투자자가 예탁한 투자자예탁금으로 수행하는 자금이체업무)의 업무와 관련하여 통화신용정책의 수행 및 지급결제제도의 원활한 운영을 위하여 필요하다고 인정하는 때에는 이러한 업무를 영위하는 금융투자업자에 대하여 자료제출을 요구할 수 있다(법419② 전단). 이 경우 요구하는 자료는 금융투자업자의 업무부담을 충분히 고려하여 필요한 최소한의 범위로 한정하여야 한다(법419② 후단).

한국은행은 금융통화위원회가 통화신용정책의 수행을 위하여 필요하다고 인정하는 때에는 금융투자업자가 영위하는 이러한 업무에 대하여 금융감독원장에게 검사를 요구하거나 한국은행과의 공동검사를 요구할 수 있다(법419③). 한국은행법 제87조(자료제출요구권) 및 제88조(검사 및 공동검사의 요구 등)와 금융위원회법 제62조(검사 및 공동검사의 요구 등)는 제2항 및 제3항의 요구 방법 및 절차에 관하여 준용한다(법419④).

(3) 검사업무의 위탁

금융감독원장은 검사업무의 일부를 거래소 또는 금융투자협회("협회")에 위탁할 수 있다(법419⑧). 금융감독원장이 협회에 위탁할 수 있는 검사업무는 ⅰ) 주요직무 종사자와 투자권유대행인의 영업행위에 관한 사항(제1호), ⅱ) 증권의 인수업무에 관한 사항(법 제286조 제1항 제1호[17]의 업무와 관련된 사항만 해당)(제2호), ⅲ) 약관의 준수 여부에 관한 사항(제3호)에 대한 검사업무에 한정한다(영372①).

협회는 위탁받은 검사업무를 수행하는 경우에는 검사업무의 방법 및 절차 등에 관하여 금융감독원장이 정하는 기준을 준수하여야 하며, 검사를 완료한 때에는 지체 없이 그 결과를 금융감독원장에게 보고하여야 한다(영372②). 「행정권한의 위임 및 위탁에 관한 규정」 제10조부터 제16조까지의 규정은 금융감독원장의 협회에 대한 검사업무위탁에 관하여 이를 준용한다(영372③).

2. 금융투자업자에 대한 조치

(1) 인가 · 등록의 취소

금융위원회는 금융투자업자가 ⅰ) 거짓, 그 밖의 부정한 방법으로 금융투자업의 인가를 받거나 등록한 경우(제1호), ⅱ) 인가조건을 위반한 경우(제2호), ⅲ) 인가요건 또는 등록요건의 유지의무를 위반한 경우(제3호), ⅳ) 업무의 정지기간 중에 업무를 한 경우(제4호), ⅴ) 금융위

---

17) 1. 회원 간의 건전한 영업질서 유지 및 투자자 보호를 위한 자율규제업무.

원회의 시정명령 또는 중지명령을 이행하지 아니한 경우(제5호), vi) 자본시장법 별표 1[18] 각 호의 어느 하나에 해당하는 경우로서 대통령령으로 정하는 경우(영373①)(제6호), vii) 대통령령으로 정하는 금융관련법령(영373②=금융실명법, 형법, 특정경제범죄법) 등을 위반한 경우로서 대통령령으로 정하는 경우(영373③)(제7호), viii) 금융소비자보호법 제51조 제1항 제4호 또는 제5호[19]에 해당하는 경우(제8호), ix) 그 밖에 투자자의 이익을 현저히 해할 우려가 있거나 해당 금융투자업을 영위하기 곤란하다고 인정되는 경우로서 대통령령으로 정하는 경우(영373④)(제9호)에는 금융투자업인가 또는 금융투자업등록을 취소할 수 있다(법420①).

(2) 취소로 인한 해산

금융투자업자(겸영금융투자업자 제외)는 그 업무에 관련된 금융투자업인가와 금융투자업등록이 모두 취소된 경우에는 이로 인하여 해산한다(법420②).

(3) 취소 외의 제재조치

금융위원회는 금융투자업자가 법 제420조 제1항 각 호(제6호 제외)의 어느 하나에 해당하거나 별표 1 각 호의 어느 하나에 해당하는 경우 또는 금융회사지배구조법 별표[20] 각 호의 어느 하나에 해당하는 경우(제1호에 해당하는 조치로 한정), 금융소비자보호법 제51조 제2항 각 호 외의 부분 본문 중 대통령령으로 정하는 경우에 해당하는 경우(제1호에 해당하는 조치로 한정)에는 i) 6개월 이내의 업무의 전부 또는 일부의 정지(제1호), ii) 신탁계약, 그 밖의 계약의 인계명령(제2호), iii) 위법행위의 시정명령 또는 중지명령(제3호), iv) 위법행위로 인한 조치를 받았다는 사실의 공표명령 또는 게시명령(제4호), v) 기관경고(제5호), vi) 기관주의(제6호), vii) 그 밖에 위법행위를 시정하거나 방지하기 위하여 필요한 조치로서 대통령령으로 정하는 조치(제7호)를 할 수 있다(법420③).

제7호에서 "대통령령으로 정하는 조치"란 i) 지점, 그 밖의 영업소의 폐쇄 또는 그 업무의 전부나 일부의 정지, ii) 경영이나 업무방법의 개선요구나 개선권고, iii) 변상 요구, iv) 법을 위반한 경우에는 고발 또는 수사기관에의 통보, v) 다른 법률을 위반한 경우에는 관련 기관이나 수사기관에의 통보, vi) 그 밖에 금융위원회가 자본시장법 및 동법 시행령, 그 밖의 관련 법령에 따라 취할 수 있는 조치를 말한다(영373⑤).

---

18) [별표 1] 금융투자업자 및 그 임직원에 대한 처분 및 업무 위탁계약 취소 · 변경 명령의 사유(제43조 제2항 제4호, 제420조 제1항 제6호 · 제3항 및 제422조 제1항 · 제2항 관련).

19) 4. 금융위원회의 시정명령 또는 중지명령을 받고 금융위원회가 정한 기간 내에 시정하거나 중지하지 아니한 경우
　　5. 그 밖에 금융소비자의 이익을 현저히 해칠 우려가 있거나 해당 금융상품판매업등을 영위하기 곤란하다고 인정되는 경우로서 대통령령으로 정하는 경우

20) [별표] 금융회사 및 임직원에 대한 조치(제34조 및 제35조 관련).

3. 외국 금융투자업자의 지점등의 인가 · 등록의 취소 등에 대한 특례

금융위원회는 외국 금융투자업자가 해산, 파산, 합병 또는 영업의 양도 등으로 인한 소멸, 국내지점, 그 밖의 영업소가 영위하는 금융투자업에 상당하는 영업의 폐지 또는 인가 · 등록의 취소, 국내지점, 그 밖의 영업소가 영위하는 금융투자업에 상당하는 영업의 중지 또는 정지, 외국 법령을 위반한 경우(국내지점, 그 밖의 영업소가 이로 인해 영업 수행이 곤란하다고 인정되는 경우에 한한다)에는 그 외국 금융투자업자의 지점, 그 밖의 영업소에 대하여 금융투자업인가 또는 금융투자업등록을 취소할 수 있다(법421①).

외국 금융투자업자의 지점, 그 밖의 영업소는 위의 사실이 발생한 경우에는 지체 없이 그 사실을 금융위원회에 보고하여야 한다(법421②). 외국 금융투자업자의 지점, 그 밖의 영업소는 그 업무에 관련된 금융투자업인가와 금융투자업등록이 모두 취소된 경우에는 지체 없이 청산하여야 한다(법421③).

4. 임직원에 대한 조치

(1) 임원에 대한 조치

금융위원회는 금융투자업자의 임원이 금융투자업인가 또는 금융투자업등록의 취소사유에 관한 법 제420조 제1항 각 호(제6호 제외)의 어느 하나에 해당하거나 별표 1 각 호의 어느 하나에 해당하는 경우에는 해임요구, 6개월 이내의 직무정지, 문책경고, 주의적 경고, 주의, 자본시장법을 위반한 경우에는 고발 또는 수사기관에의 통보, 다른 법률을 위반한 경우에는 관련 기관이나 수사기관에의 통보, 그 밖에 금융위원회가 자본시장법 및 동법 시행령, 그 밖의 관련 법령에 따라 취할 수 있는 조치를 할 수 있다(법422①, 영374②).

(2) 직원에 대한 조치

금융위원회는 금융투자업자의 직원이 금융투자업인가 또는 금융투자업등록의 취소사유에 관한 법 제420조 제1항 각 호(제6호 제외)의 어느 하나에 해당하거나 별표 1 각 호의 어느 하나에 해당하는 경우에는 면직, 6개월 이내의 정직, 감봉, 견책, 경고, 주의, 자본시장법을 위반한 경우에는 고발 또는 수사기관에의 통보, 다른 법률을 위반한 경우에는 관련 기관이나 수사기관에의 통보, 그 밖에 금융위원회가 자본시장법 및 동법 시행령, 그 밖의 관련 법령에 따라 취할 수 있는 조치를 그 금융투자업자에게 요구할 수 있다(법422②, 영374②).

(3) 관리 · 감독 책임 있는 임직원에 대한 조치

금융위원회는 금융투자업자의 임직원에 대하여 조치를 하거나 이를 요구하는 경우 그 임직원에 대하여 관리 · 감독의 책임이 있는 임직원에 대한 조치를 함께 하거나 이를 요구할 수 있다(법422③ 본문). 다만, 관리·감독의 책임이 있는 자가 그 임직원의 관리·감독에 상당한 주의를 다한 경우에는 조치를 감면할 수 있다(법422③ 단서).

5. 청문

금융위원회는 ⅰ) 종합금융투자사업자에 대한 지정의 취소(제1호), ⅱ) 금융투자상품거래청산회사에 대한 인가의 취소(제2호), ⅲ) 금융투자상품거래청산회사 임직원에 대한 해임요구 또는 면직요구(제3호), ⅳ) 신용평가회사에 대한 인가의 취소(제4호), ⅴ) 신용평가회사 임직원에 대한 해임요구 또는 면직요구(제5호), ⅵ) 거래소 허가의 취소(제6호), ⅶ) 거래소 임직원에 대한 해임요구 또는 면직요구(제7호), ⅷ) 금융투자업에 대한 인가·등록의 취소(제8호), ⅸ) 금융투자업자 임직원에 대한 해임요구 또는 면직요구(제9호)를 하고자 하는 경우에는 청문을 실시하여야 한다(법423).

6. 처분 등의 기록 및 공시

금융위원회는 법 제420조부터 제422조까지의 규정에 따라 처분 또는 조치한 경우에는 그 내용을 기록하고 이를 유지·관리하여야 하며(법424①), 취소 등의 조치를 취한 경우 그 사실을 관보 및 인터넷 홈페이지 등에 공고하여야 한다(법424②). 금융위원회는 금융투자업자의 퇴임한 임원 또는 퇴직한 직원이 재임 또는 재직 중이었다면 제422조 제1항 제1호부터 제5호까지 또는 제422조 제2항 제1호부터 제6호까지에 해당하는 조치를 받았을 것으로 인정되는 경우에는 그 조치의 내용을 해당 금융투자업자에게 통보할 수 있다(법424③ 전단). 이 경우 통보를 받은 금융투자업자는 이를 퇴임·퇴직한 해당 임직원에게 통보하여야 한다(법424③ 후단). 위 제1항은 금융투자업자가 금융위원회의 조치요구에 따라 그 임직원을 조치한 경우 및 통보를 받은 경우에 준용한다(법424④). 금융투자업자 또는 그 임직원(임직원이었던 자 포함)은 금융위원회에 자기에 대한 제420조부터 제422조까지의 규정에 따른 처분 또는 조치 여부 및 그 내용을 조회할 수 있다(법424⑤). 금융위원회는 조회요청을 받은 경우에는 정당한 사유가 없는 한 처분 또는 조치 여부 및 그 내용을 그 조회 요청자에게 통보하여야 한다(법424⑥).

7. 이의신청

자본시장법 제420조 제1항·제3항(금융투자업자에 대한 인가·등록의 취소, 기타 조치), 제421조 제1항(외국금융투자업자의 지점등의 인가·등록의 취소)·제4항(역외투자자문업자 또는 역외투자일임업자의 등록취소), 제422조 제1항 제2호부터 제6호까지 및 같은 조 제3항(제1항 제2호부터 제6호까지의 어느 하나에 해당하는 조치에 한한다)에 따른 처분 또는 조치에 대하여 불복하는 자는 그 처분 또는 조치의 고지를 받은 날부터 30일 이내에 그 사유를 갖추어 금융위원회에 이의를 신청할 수 있다(법425①). 금융위원회는 이의신청에 대하여 60일 이내에 결정을 하여야 한다(법425② 본문). 다만, 부득이한 사정으로 그 기간 이내에 결정을 할 수 없을 경우에는 30일의 범위에서 그 기간을 연장할 수 있다(법425② 단서).

Ⅲ. 조사 및 조치

1. 서설

(1) 조사의 개념 및 절차

자본시장의 불공정거래 조사는 자본시장법 제4편의 불공정거래 행위(내부자거래, 시세조종, 부정거래행위 등)에 대하여 형사상 조치(고발·통보 등) 또는 행정조치(과징금 등)를 할 목적으로 행정기관인 금융위원회(증권선물위원회) 또는 특수법인인 금융감독원이 자본시장법 제8편 제3장(조사 등)의 규정에 따라 조사권을 행사하여 위법사실을 확인하는 행정조사 업무를 말한다. 자본시장 운영기관인 한국거래소의 이상거래 심리의 경우 국가기관의 행정조사의 범주에는 포함되지 않으나 불공정거래 사건의 형사제재를 목적으로 한다는 측면에서는 광의의 불공정거래 조사범주에 포함할 수 있다. 수사기관(검찰)의 불공정거래 사건 수사의 경우 형사사법권의 작용을 위해 행하는 제반 사항 중 조사가 필요한 증인신문·증거조사 활동만으로 바라볼 때 일종의 사법조사의 범주에 포함할 수 있다.[21]

일반적인 불공정거래 사건 처리절차는 한국거래소가 이상거래 심리 결과를 금융위원회에 통보하고, 금융위원회의 조사업무를 위탁받은 금융감독원의 조사를 거친다. 조사결과는 증권선물위원회의 자문기구인 자본시장조사심의위원회의 심의를 거쳐 증권선물위원회의 의결을 통해 수사기관 고발·통보를 하게 되고, 수사기관인 검찰의 수사와 기소, 마지막으로 법원의 판결 순서로 진행된다.

불공정거래 조사절차는 2013년 금융위원회 등 정부합동으로 발표한 「주가조작 등 불공정거래 근절 종합대책」에 따라 그 절차가 다양화되었다. 금융위원회, 금융감독원, 한국거래소 등 협의체인 조사·심리기관 협의회를 통해 중대사건, 중요사건 및 일반사건으로 분류하고, 사건별 별도의 트랙을 통해 사건을 처리하게 되었다. 금융위원회 내 조사전담부서(자본시장조사단)가 신설되면서, 중요사건에 대하여 조사공무원의 압수·수색 등을 통한 강제조사를 담당하게 되었다(자본시장법427). 검찰의 조기개입이 필요한 긴급·중대 사건의 경우 조사 및 증권선물위

---

21) 안현수(2019), "자본시장법상 불공정거래 조사권한의 법적 성질에 관한 연구", 법조 제68권 제4호(2019. 8), 81-84쪽.

원회의 의결절차를 생략하고 수사기관에 통보하는 패스트트랙(Fast-track) 제도도 신설되었다. 이런 조사체계의 변화는 금융감독원의 임의조사 권한에 따른 증거수집의 한계를 극복하고, 긴급·중대사건의 신속처리를 통한 효율성 제고에 목적을 두고 있다.

(2) 조사권의 집행 현황

형사처벌 대상이 되는 불공정거래는 부당이익을 얻을 목적으로 불공정거래행위(내부자거래, 시세조종행위, 부정거래행위)를 하는 것이므로, 금융실명법상 부여된 금융거래정보요구권을 통해 혐의군을 확정하고, 이들 계좌의 호가관여율, 매매차익, 입출금내역 등 계좌추적을 통해 혐의를 입증하는 것이 주요한 조사수단이 된다. 금융감독기관의 출석요구를 통한 피조사자의 진술은 피조사자의 행위와 관련한 정보 및 사실관계를 당사자의 진술을 통해 파악하는 데 활용된다. 진술의 결과는 피조사자가 직접 작성한 확인서 또는 조사자가 작성한 진술서 형태로 관리된다.

금융위원회의 경우 조사공무원의 압수·수색 등 강제조사권을 보유하고 있는데, 휴대폰, PC, 장부 등의 압수·수색을 통해 사건과 관련한 증거를 확보하는 기능을 한다. 불공정거래 조사에 있어서 압수·수색 권한은 혐의자의 위법행위를 확정하는데 중요한 수단이 된다. 계좌추적은 이상거래 내역의 분석과 함께 혐의군의 자금거래 내역과 위탁계좌 기본정보의 성명, 주소, 연락처를 바탕으로 그 연계성을 확인하는 작업으로서 위법행위의 고의성을 명확히 하는데 제약이 있고, 혐의자의 진술은 그 내용이 허위인 경우 실체적 진실을 확인할 수 없다. 그러나 압수·수색은 문서나 다이어리 메모 등을 통해 비공개된 의사결정과정이나 범행 모의내용의 확인이 가능하다. 특히 최근 들어 스마트폰 등 휴대폰이 주요한 통신수단이 됨에 따라 통화기록, 문자메시지, SNS 기록, 저장된 통화녹취내용, 사진 등을 통해 혐의군의 범행 모의·실행과정을 확인할 수 있어 행정조사뿐 아니라 수사과정에서도 핵심적인 증거확보 수단으로서 기능하고 있다. 기타 법률에 따른 조사수단은 아니지만 기업공시정보, 뉴스는 불공정거래행위 기간 동안 공개된 일련의 기업의 중요정보와 불공정거래행위 간의 인과관계를 분석하는데 이용되고 있다.

조사기관별 법적 성격과 위임범위 등에 따라 조사권한은 차이를 보인다. 금융위원회, 금융감독원 및 한국거래소는 불공정거래의 조사나 이상거래의 심리시 금융기관에 대하여 금융거래정보요구권을 행사할 수 있다(금융실명법4①(4)(7)). 금융위원회는 위반혐의자의 심문권, 장부·서류 등의 영치권한, 현장조사권과 함께 영장을 통한 압수·수색 등 강제조사권을 행사할 수 있다(자본시장법427). 금융감독원은 금융위원회와 함께 금융거래정보요구권, 출석요구, 진술서 제출요구 및 장부·서류, 그 밖의 물건의 제출요구권은 보유하고 있으나(자본시장법426②), 강제조사 성격이 있는 영치권, 현장조사권 및 압수·수색 권한은 금융위원회의 위탁업무 범위에 포함되어 있지 않다.

(3) 조사권의 법적 성격과 긴급조치권

(가) 조사권의 법적 성격

금융감독원은 임의조사 권한만 부여받고 있고, 국가기관인 금융위원회는 임의조사 권한과 강제조사 권한 양자를 보유하고 있다. 준사법기관으로 평가받고 있는 공정거래위원회의 경우 진술요구권, 현장조사권, 영치권, 금융거래정보요구권 등의 조사권한을 행사할 수 있는데, 금융위원회와 같은 압수·수색 권한은 없다. 중앙행정기관이 수사기관이 행사할 수 있는 압수·수색 권한을 갖고 있다는 점은 다른 행정기관과 비교할 때 특유한 것이다. 금융감독기관의 조사행위는 행정조사기본법 제3조 제2항 제6호[22)]에 따른 행정조사의 범주에 포함되지만, 형사처벌을 위한 사실관계 파악이라는 점과 조사수단의 침익적 성격으로 인해 실질적으로 수사행위에 해당한다고 볼 수 있다.

(나) 증선위원장의 긴급조치권

금융위원회 고시인 「자본시장조사 업무규정」("조사업무규정")에 의하면 증권선물위원회("증선위")는 다음과 같은 긴급한 상황에서 증선위원장에게 권한을 위임하여 증선위원장이 직접 검찰이첩 등의 조치를 취할 수 있도록 하고 있다. 조사결과 ⅰ) 천재·지변·전시·사변·경제사정의 급격한 변동 그 밖의 이에 준하는 사태로 인하여 상당한 기간 증선위의 개최가 곤란한 경우 그 처리에 긴급을 요하는 사항(제1호), ⅱ) 수사당국이 수사 중인 사건으로서 즉시 통보가 필요한 사항(제2호), ⅲ) 위법행위가 계속되거나 반복되어 투자자보호와 공정거래질서 유지를 위하여 즉시 조치가 필요한 사항(제3호), ⅳ) 위법행위 혐의자의 도주·증거 인멸 등이 예상되는 사항(제4호), ⅴ) 제2호부터 제4호까지의 규정에 준하는 경우로서 투자자보호와 공정거래질서 유지를 위하여 신속한 조치가 필요하고 증선위를 개최하여 처리할 경우 그 실효성이 떨어질 것이 명백한 사항(제5호)은 증선위원장이 검찰에 사건을 이첩할 수 있다(조사업무규정19②).

2. 임의조사

(1) 조사의 절차 및 방법 등

(가) 조사의 실시

금융위원회[23)]는 자본시장법 또는 자본시장법에 따른 명령이나 처분을 위반한 사항이 있

---

22) 6. 금융감독기관의 감독·검사·조사 및 감리에 관한 사항.
23) 자본시장법 제172조부터 제174조까지(내부자의 단기매매차익 반환, 임원 등의 특정증권등 소유상황 보고, 장내파생상품의 대량보유 보고 등, 미공개중요정보 이용행위 금지), 제176조(시세조종행위 등의 금지), 제178조(부정거래행위 등의 금지), 제178조의2(시장질서 교란행위의 금지), 제180조부터 제180조의3까지의 규정(공매도의 제한, 순보유잔고의 보고, 순보유잔고의 공시)을 위반한 사항인 경우에는 증권선물위원회를 말한다(자본시장법426①).

거나 투자자 보호 또는 건전한 거래질서를 위하여 필요하다고 인정되는 경우에는 위반행위의 혐의가 있는 자, 그 밖의 관계자에게 참고가 될 보고 또는 자료의 제출을 명하거나 금융감독원장에게 장부·서류, 그 밖의 물건을 조사하게 할 수 있다(법426①).

　　금융위원회("금융위")는 ⅰ) 금융위 및 금융감독원("감독원")의 업무와 관련하여 위법행위의 혐의사실을 발견한 경우(제1호), ⅱ) 한국거래소("거래소")로부터 위법행위의 혐의사실을 이첩받은 경우(제2호), ⅲ) 각급 검찰청의 장으로부터 위법행위에 대한 조사를 요청받거나 그 밖의 행정기관으로부터 위법행위의 혐의사실을 통보받은 경우(제3호), ⅳ) 위법행위에 관한 제보를 받거나 조사를 의뢰하는 민원을 접수한 경우(제4호), ⅴ) 기타 공익 또는 투자자보호를 위하여 조사의 필요성이 있다고 인정하는 경우(제5호)에는 조사를 실시할 수 있다(조사업무규정6①). 조사를 실시한 경우라도 당해 위법행위와 동일한 사안에 대하여 ⅰ) 검찰이 수사를 개시하거나 금융위 또는 감독원장이 검찰에 조사자료를 제공한 경우(제1호), ⅱ) 검찰이 처분을 한 경우(제2호), ⅲ) 법원이 형사판결을 선고한 경우(제3호), ⅳ) 금융위와 감독원이 중복하여 조사에 착수한 경우(제4호)에는 추가적인 조사를 중단하고 자체적으로 종결처리할 수 있다(조사업무규정6③)).

　　그러나 ⅰ) 당해 위법행위에 대한 충분한 증거가 확보되어 있고 다른 위법행위의 혐의가 발견되지 않는 경우(제1호), ⅱ) 당해 위법행위와 함께 다른 위법행위의 혐의가 있으나 그 혐의 내용이 경미하여 조사의 실익이 없다고 판단되는 경우(제2호), ⅲ) 공시자료, 언론보도 등에 의하여 널리 알려진 사실이나 풍문만을 근거로 조사를 의뢰하는 경우(제3호), ⅳ) 민원인의 사적인 이해관계에서 당해 민원이 제기된 것으로 판단되는 등 공익 및 투자자 보호와 직접적인 관련성이 적은 경우(제4호), ⅴ) 당해 위법행위에 대한 제보가 익명 또는 가공인 명의의 진정·탄원·투서 등에 의해 이루어지거나 그 내용이 조사단서로서의 가치가 없다고 판단되는 경우(제5호), ⅵ) 당해 위법행위와 동일한 사안에 대하여 검찰이 수사를 개시한 사실이 확인된 경우(제6호)에는 조사를 실시하지 아니할 수 있다(조사업무규정6②).

(나) 조사의 방법

1) 출석요구, 진술서제출요구 및 장부·서류 기타 물건의 제출요구

　　조사원이 위반행위의 혐의가 있는 자, 그 밖의 관계자("관계자")에 대하여 진술을 위한 출석을 요구할 때에는 금융위가 발부한 출석요구서(별지 제3호 서식)에 의하여야 한다(조사업무규정9①). 출석요구서에는 출석요구의 취지를 명백히 기재하여야 한다(조사업무규정9②). 외국인을 조사할 때에는 국제법과 국제조약에 위배되는 일이 없도록 하여야 한다(조사업무규정9③).

　　조사원이 관계자에 대하여 조사사항에 관한 사실과 상황에 대한 진술서의 제출을 요구할 때에는 금융위가 발부한 진술서제출요구서(별지 제4-1호, 제4-2호 서식)에 의하여야 한다(조사업

무규정10① 본문). 다만, 당해 관계자가 출석진술하거나 조사원이 진술을 직접 청취하여 진술서 등 조사서류를 작성하는 경우에는 그러하지 아니하다(조사업무규정10① 단서). 위 제9조 제2항 및 제3항의 규정은 진술서제출요구에 이를 준용한다(조사업무규정10②).

조사원이 관계자에 대하여 장부, 서류 기타 물건의 제출을 요구할 때에는 금융위가 발부한 자료제출요구서(별지 제5-1호, 제5-2호 서식)에 의하여야 한다(조사업무규정11①). 위 제9조 제 2항 및 제3항의 규정은 자료제출요구에 이를 준용한다(조사업무규정11②).

2) 장부·서류 그 밖의 물건의 영치

조사원이 장부·서류·물건("물건등")을 영치할 때에는 절차의 공정성을 보장하기 위하여 관계자나 물건등의 소유자·소지자, 보관자 또는 제출인을 입회인으로 참여시켜야 한다(조사업무규정12①). 조사원이 영치를 완료한 때에는 영치조서(별지 제6호 서식) 및 영치목록(별지 제7호 서식) 2통을 작성하여 입회인과 함께 서명날인하고 1통은 소유자·소지자 또는 보관자에게 교부하여야 한다(조사업무규정12② 본문). 다만, 입회인 등이 서명날인을 하지 않거나 할 수 없는 때에는 그 뜻을 영치조서의 하단 "경위"란에 부기하여야 한다(조사업무규정12② 단서).

영치한 물건등은 즉시 검토하여 조사에 관련이 없고, 후일에 필요할 것으로 예상되지 않는 물건등은 보관증을 받고 환부하되 필요한 때에는 언제든지 제출할 수 있도록 조치하여야 한다(조사업무규정12③). 영치한 물건등 중 소유자·소지자·보관자 또는 제출인의 가환부청구가 있는 때에는 사진촬영 기타 원형보존의 조치를 취하거나 사본에 "원본대조필"의 확인을 받아 당해 사본을 보관하고 원본은 보관증을 받고 가환부하여야 한다(조사업무규정12④).

3) 관계자의 사무소 또는 사업장에의 출입을 통한 업무·장부·서류 그 밖의 물건의 조사(현장조사)

조사원이 현장조사를 실시하는 때에는 금융위가 발부한 조사명령서와 증표를 휴대하여 관계자에게 제시하여야 한다(조사업무규정13①). 조사를 할 때에는 현장조사서(별지 제8-1호, 제8-2호 서식)를 작성하여야 한다(조사업무규정13②).

4) 금융투자업자, 금융투자업관계기관 또는 거래소에 대한 자료제출요구

조사원이 금융투자업자, 금융투자업관계기관 또는 거래소에 대하여 조사에 필요한 자료를 요구하는 때에는 금융위가 발부한 자료제출요구서(별지 제9호 서식)에 의하여야 한다(조사업무규정14①). 자료제출요구서에는 사용목적, 금융투자상품의 종류·종목·거래기간 등을 기재하여야 한다(조사무규정14②).

조사원이 금융실명법에 의하여 거래정보등의 제공을 요구하는 때에는 금융거래정보제공요구서(별지 제10호 서식)에 의하여야 한다(조사업무규정15①). 금융거래정보제공요구서에는 금융거래자의 인적사항, 사용목적 및 요구하는 거래정보등의 내용 등을 기재하여야 한다(조사업무규정15②).

5) 문답서의 작성 및 열람 · 복사

조사원이 관계자로부터 직접 진술을 청취하여 조사서류를 작성하는 경우에는 문답서(별지 제11-1호 및 제11-2호 서식)에 의하여야 한다(조사업무규정17①). 문답서를 작성하는 경우에는 진술의 임의성이 확보될 수 있도록 진술을 강요하는 일이 있어서는 아니된다(조사업무규정17② 본문). 다만, 진술자가 서명 · 날인을 거부한 때에는 그 사유를 문답서에 기재하여야 한다(조사업무규정17② 단서). 관계자에 대한 사실확인의 내용이 단순하거나 진술인이 서면진술을 원할 때에는 이를 작성하여 제출하게 할 수 있다(조사업무규정17③).

조사기관의 사전통지를 받은 관계자는 본인의 진술서, 문답서 또는 그 밖에 본인이 조사기관에 제출한 서류에 대한 열람 · 복사를 조사기관에 신청할 수 있다(조사업무규정17의2① 본문). 다만 조사대상자가 법인인 경우에는 열람에 한한다(조사업무규정17의2①). 열람 · 복사 신청이 있는 경우 조사원은 원칙적으로 열람 · 복사를 허용하여야 한다(조사업무규정17의2② 본문). 다만 조치가 예상되는 사건의 관계자가 열람 · 복사를 신청하는 경우(제1호), 관계자에게 진술서, 문답서 또는 그 밖에 조사기관에 제출한 서류의 열람 · 복사를 허용하면 증거인멸이나 조사비밀 누설 등으로 인하여 후속 조사, 증선위 조치 내지 수사당국의 수사에 방해가 초래될 우려가 있다고 판단되는 경우(제2호)에는 허용하지 않는다(조사업무규정17의2② 단서).

6) 조사과정의 영상녹화

조사원은 조사과정을 영상녹화할 수 있다(조사업무규정17의3① 전단). 이 경우 영상녹화 사실을 관계자에게 미리 고지하여야 하고, 조사의 시작부터 종료 시까지의 전 과정을 영상녹화하여야 한다(조사업무규정17의3① 후단). 조사원은 영상녹화파일을 전자적으로 보관하고, 영상녹화파일이 담긴 영상녹화물(CD, DVD 또는 이에 준하는 저장매체)을 기록에 편철하여야 한다(조사업무규정17의3②).

7) 대리인의 조사과정 참여

조사원은 혐의자의 신청이 있는 경우 변호사로서 혐의자의 대리인("대리인")을 조사절차를 포함한 조사과정에 참여하게 할 수 있다(조사업무규정17의4① 본문). 다만 ⅰ) 대리인 참여 신청이 조사의 개시 및 진행을 지연시키거나 방해하기 위한 것으로 판단되는 경우(제1호), ⅱ) 대리인이 조사원의 승인 없이 혐의자를 대신하여 진술하는 등 조사과정에 개입하거나 모욕적인 언동 등을 하는 경우(제2호), ⅲ) 혐의자에게 특정한 답변 또는 부당한 진술 번복을 유도하는 경우(제3호), ⅳ) 조사과정을 촬영, 녹음, 기록하는 경우(다만 기록의 경우 조사대상자에 대한 법적 조언을 위해 혐의자와 대리인이 기억 환기용으로 간단한 메모를 하는 것은 제외)(제4호), ⅴ) 기타 제1호 내지 제4호 이외의 경우로서 조사목적 달성을 현저하게 어렵게 하는 경우(제5호)에는 그러하지 아니하다(조사업무규정17의4① 단서).

그러나 증거 인멸·조작, 공범의 도주, 참고인 신체나 재산에 대한 침해 우려가 존재하는 등 후속 조사나 검찰 수사에 현저한 지장을 초래할 것으로 예상되는 경우에는 조사원은 대리인의 참여 없이 조사의 개시 및 진행을 할 수 있다(조사업무규정17의4②). 대리인의 참여를 제한한 경우 조사원은 그 구체적 사유를 문답서 또는 별도 서류에 기재하고, 자본시장조사심의회 및 증선위에 안건을 상정할 때 안건의 보조자료에 그 사유를 기재하여야 한다(조사업무규정17의4③).

(2) 자본시장조사심의위원회의 구성 및 운영

조사결과 보고 및 처리안을 심의하기 위한 자문기구로서 자본시장조사심의위원회("심의회")를 증선위에 두는데, 심의회는 조사한 결과에 대한 처리사항, 이의신청사항 등을 심의한다(조사업무규정21①②).

(3) 조사결과 조치

금융위원회는 조사 결과 별표 15[24] 각 호의 어느 하나에 해당하는 경우에는 시정명령, 그 밖에 대통령령으로 정하는 조치[25]를 할 수 있으며, 조사 및 조치를 함에 있어서 필요한 절차·조치기준, 그 밖에 필요한 사항을 정하여 고시할 수 있다(법426⑤).

금융위는 조사결과 발견된 위법행위에 대하여는 자본시장법 제426조 제5항 및 동법 시행령 제376조 제1항의 규정에 따라 아래서 살펴볼 제24조부터 제33조까지의 규정에서 정하는 조치를 할 수 있다(조사업무규정19).

---

24) [별표 15] 금융위원회의 처분 사유(제426조 제5항 관련).
25) "대통령령으로 정하는 조치"란 다음의 조치를 말한다(영376①).
  1. 금융투자업자의 경우: 법 제420조 제1항·제3항 또는 법 제422조 제1항·제2항에 따른 조치
  2. 거래소의 경우: 법 제411조 제1항부터 제4항까지의 규정에 따른 조치
  3. 협회의 경우: 법 제293조 제1항부터 제3항까지의 규정에 따른 조치
  4. 예탁결제원의 경우: 법 제307조 제1항부터 제3항까지의 규정에 따른 조치
  5. 증권금융회사의 경우: 법 제335조 제1항부터 제4항까지의 규정에 따른 조치
  6. 종합금융회사의 경우: 법 제354조 제1항부터 제4항까지의 규정에 따른 조치
  7. 자금중개회사의 경우: 법 제359조 제1항부터 제4항까지의 규정에 따른 조치
  8. 단기금융회사의 경우: 법 제364조 제1항부터 제4항까지의 규정에 따른 조치
  9. 명의개서대행회사(법 제365조 제1항에 따라 등록을 한 자)의 경우: 법 제369조 제1항부터 제4항까지의 규정에 따른 조치
  10. 금융투자 관계 단체의 경우: 법 제372조 제1항에 따른 조치
  11. 제1호부터 제10호까지의 규정이 적용되지 아니하는 자의 경우: 다음의 어느 하나에 해당하는 조치
    가. 경고
    나. 주의
    다. 법을 위반한 경우에는 고발 또는 수사기관에의 통보
    라. 다른 법률을 위반한 경우에는 관련 기관이나 수사기관에의 통보
    마. 그 밖에 금융위원회가 법 및 이 영, 그 밖의 관련 법령에 따라 취할 수 있는 조치

(가) 검찰 고발 및 수사기관 통보

금융위는 조사결과 발견된 위법행위로서 형사벌칙의 대상이 되는 행위에 대해서는 관계자를 고발 또는 수사기관에 통보하여야 한다(조사업무규정24).

(나) 과징금 부과

금융위는 위법행위가 과징금의 부과대상에 해당하는 경우에는 과징금을 부과할 수 있다(조사업무규정25①). 과징금을 부과하는 경우에는 별표 제2호[26)에서 정하는 기준에 의한다(조사업무규정25③). 과징금에 관한 상세한 내용은 후술한다.

(다) 과태료 부과

금융위는 위법행위가 과태료의 부과대상에 해당하는 경우에는 과태료를 부과한다(조사업무규정26①). 과태료를 부과하는 경우에는 별표 제2호의2[27)에서 정하는 기준에 의한다(조사업무규정26②). 과태료에 관하여는 후술한다.

(라) 시정명령

공개매수자의 공개매수외의 방법에 의한 매수, 주식등의 대량보유보고의무 위반, 공공적법인 주식의 소유제한 위반, 외국인의 증권 또는 장내파생상품 거래제한 위반이 발견된 경우에는 당해 위반분의 처분 등 시정명령을 할 수 있다(조사업무규정27).

(마) 단기매매차익 발생사실 통보

금융위는 조사결과 당해 매매차익을 법인에 반환해야 하는 매매를 한 사실을 알게 된 경우에는 해당 법인에 이를 통보하여야 한다(조사업무규정28①). 단기매매차익의 구체적인 산정기준·방법 등은 「단기매매차익 반환 및 불공정거래 조사·신고 등에 관한 규정」에 따른다(조사업무규정28②).

(바) 금융투자업자 등(금융투자업관계기관과 거래소 포함) 조치

금융위는 조사결과 위법행위를 한 자가 금융투자업자 등(금융투자업관계기관과 거래소를 포함) 또는 그 임직원인 경우에는 자본시장법 시행령 제376조(조사결과에 따른 조치) 제1항 각 호의 조치를 할 수 있다(조사업무규정29①).

(사) 금융투자업자 등 이외의 경미 조치

자본시장조사 업무규정 제24조부터 제28조까지의 규정에 의한 조치의 필요성이 인정되지 않는 경미한 위법행위에 대하여는 경고·주의 또는 정정명령 그 밖의 필요한 조치를 할 수 있다(조사업무규정29②).

---

26) [별표 제2호] 과징금 부과기준.
27) [별표 제2호의2] 과태료 부과기준.

(아) 증권의 발행제한

금융위는 조사결과 상장법인 등이 증권신고서 등을 미제출·부실기재 등을 하거나 사업보고서 제출대상법인이 사업보고서 등을 미제출·부실기재 등을 한 경우에는 자본시장법 제132조(위원회의 조치) 또는 제164조(조사 및 조치) 제2항의 규정에 따라 증권의 발행제한 등의 조치를 할 수 있다(조사업무규정30).

(자) 조치의 병과 및 가중·감면

조사업무규정 제24조부터 제30조까지의 규정에 의한 조치는 병과할 수 있다(조사업무규정31). 종전의 이 규정에 따라 조치를 받은 사실이 있거나 위법행위가 둘 이상 경합하는 자에 대하여는 별표 제3호[28] 중 3. 조치기준에 따라 그 조치를 가중할 수 있다(조사업무규정33①). 위법행위를 자진하여 신고하거나 위법행위 발견에 결정적인 제보·단서 등을 제공하는 등 정상참작 사유가 있는 자에 대하여는 별표 제3호 8. 라.에 따라 그 조치를 감경하거나 면제할 수 있다(조사업무규정33②). 정당한 사유 없이 출석요구에 2회 이상 불응하는 위법행위 혐의자에 대하여는 수사기관통보 이상으로 조치를 할 수 있다(조사업무규정33③).

(4) 거래소의 위법사실 증선위 통보의무

거래소는 이상거래의 심리 및 회원에 대한 감리결과 자본시장법 또는 자본시장법에 따른 명령이나 처분을 위반한 혐의를 알게 된 경우에는 금융위원회에 통보하여야 한다(법426⑥).

(5) 위법행위 예방을 위한 조사실적 등 공표

금융위원회는 관계자에 대한 조사실적·처리결과, 그 밖에 관계자의 위법행위를 예방하는 데 필요한 정보 및 자료를 대통령령으로 정하는 방법에 따라 공표할 수 있다(법426⑧).[29]

(6) 조사권한의 남용 금지

조사공무원 및 법 제426조에 따라 조사업무를 수행하는 금융감독원 소속 직원("조사원")은 자본시장법의 시행을 위하여 필요한 최소한의 범위 안에서 조사를 행하여야 하며, 다른 목적 등을 위하여 조사권을 남용하여서는 아니 된다(법427의2①). 금융위원회는 조사원의 조사권 남용을 방지하고 조사절차의 적법성을 보장하기 위한 구체적 기준을 정하여 고시할 수 있다(법427의2②).

---

28) [별표 제3호] 증권·선물조사결과 조치기준.
29) 금융위원회는 위법행위를 예방하는 데에 필요한 다음의 정보와 자료를 신문·방송 또는 인터넷 홈페이지 등을 이용하여 공표할 수 있다. 다만, 관계자에 대하여 고발 또는 수사기관에 통보가 된 경우 등 금융위원회가 정하여 고시하는 경우에는 공표하지 아니하거나 일부를 제외하고 공표할 수 있다(영377).
1. 관계자의 소속 및 인적 사항
2. 위법행위의 내용 및 조치사항
3. 그 밖에 관계자의 위법행위를 예방하는 데에 필요하다고 금융위원회가 정하여 고시하는 사항

3. 강제조사

(1) 증권범죄조사

(가) 의의

「자본시장조사 업무규정」에 의한 조사를 "일반조사"라고 하며, 「단기매매차익 반환 및 불공정거래 조사·신고 등에 관한 규정」("불공정조사신고규정")에 의한 조사를 "증권범죄조사"라고 한다. 증권범죄조사란 자본시장법 제172조부터 제174조까지, 제176조, 제178조 및 제180조의 규정에 위반한 행위("증권범죄")의 혐의가 있는 종목에 대하여 법위반자와 그 범죄사실을 확인하기 위하여 자본시장법 제427조(불공정거래 조사를 위한 압수·수색) 제1항의 규정에 따른 조사수단을 활용하여 행하는 조사활동을 말한다(불공정조사신고규정2(5)).

(나) 증권범죄조사로의 전환

자본시장조사 업무규정("조사규정")에 의한 조사("일반조사")의 진행 중에 ⅰ) 일반조사중 증권범죄혐의가 있는 장부·서류·물건("증빙물건")을 발견하였으나, 혐의자가 증빙물건의 임의제출에 동의하지 아니하는 경우(제1호), ⅱ) 일반조사중 사업장·사무소 등에 증빙물건이 은닉된 혐의가 뚜렷하여 압수·수색이 불가피한 경우(제2호), ⅲ) 혐의사실을 은폐할 목적으로 허위자료를 제출하는 등 일반조사를 방해함으로써 정상적인 조사가 불가능하다고 판단되는 경우(제3호)에는 불공정조사신고규정에 의한 증권범죄조사로 전환할 수 있다(불공정조사신고규정11①).

금융감독원장("감독원장")은 일반조사를 증권범죄조사로 전환할 필요가 있다고 인정하는 경우에는 증선위위원장과 협의하여 증권범죄조사를 요청할 수 있다(불공정조사신고규정11② 본문). 다만, 증선위위원장 또는 불공정거래조사·심리기관협의회가 증권범죄조사가 필요하다고 인정하는 경우에는 감독원장은 당해 사건을 증선위위원장에게 이첩한다(불공정조사신고규정11② 단서). 증선위위원장은 요청 또는 이첩을 받은 경우에는 조사공무원으로 하여금 증권범죄조사를 실시하게 할 수 있다(불공정조사신고규정11③ 전단). 이 경우 증선위위원장은 효율적인 조사를 위하여 필요하다고 인정하는 때에는 감독원장에게 조사협조를 요청할 수 있다(불공정조사신고규정11③ 후단). 증선위위원장이 증권범죄조사를 실시하는 경우 감독원장은 당해사건과 관련된 조사자료 등을 인계하여야 한다(불공정조사신고규정11④).

(다) 일반조사로의 전환

증선위위원장은 압수 또는 수색으로 증빙물건의 확보 등의 목적이 달성되었다고 인정되는 경우에는 일반조사로 전환할 수 있으며, 일반조사로 전환된 사건을 감독원장과 협의하여 이첩할 수 있고, 이첩하는 경우 증선위위원장은 당해사건과 관련된 조사자료 등을 감독원장에게 인계하여야 한다(불공정조사신고규정24①②③).

(2) 조사의 절차 및 방법

(가) 조사계획의 수립

증권범죄조사의 계획은 현장확인 내사보고서를 토대로 증빙물건을 확보할 수 있도록 조사대상 종목, 압수·수색 또는 영치할 장소 및 소재지·명칭·약도, 조사착수 일시, 조사방법, 조사대상자의 성명·상호 및 그 주소, 소요인원 및 소요장비, 조사착수시 유의사항에 대하여 수립한다(불공정조사신고규정13①). 조사방법은 압수·수색에 의한 조사 또는 임의제출에 의한 영치조사로 구분한다(불공정조사신고규정13②).

(나) 조사대상종목의 선정

증권범죄조사의 대상은 업무상 인지정보, 한국거래소의 심리결과 통보사항 기타 제보사항에 대한 사전내사결과, 증권범죄의 혐의가 구체적이고 명백한 종목으로서, ⅰ) 조사규정에 따른 불공정거래조사·심리기관협의회의 결정이 있는 때(제1호), ⅱ) 증권·파생상품시장에 미치는 영향이 크거나 공정한 거래질서를 현저히 저해할 우려가 있는 때(제2호)에 선정할 수 있다(불공정조사신고규정10).

(다) 현장확인 내사

조사공무원은 증권범죄조사에 착수하기에 앞서 구체적인 범죄혐의 내용을 재검토하고, 증빙물건의 은닉장소 등 구체적인 압수·수색 또는 영치할 장소를 선정하여 현장을 확인하는 내사를 할 수 있다(불공정조사신고규정12①). 현장확인의 내사를 하는 때에는 압수·수색 또는 영치할 장소에 관한 약도, 주변상황과 장소별 동원인원, 소요장비 등을 판단하고 내사결과와 조사착수 일시 및 조사방법에 관한 의견을 증선위위원장에게 보고하여야 한다(불공정조사신고규정12②). 보고는 「현장확인 내사보고서(별지 제1호 서식)」에 의한다(불공정조사신고규정12③).

(라) 조사와 영장주의

조사공무원이 위반행위를 조사하기 위하여 압수 또는 수색을 하는 경우에는 검사의 청구에 의하여 법관이 발부한 압수·수색영장이 있어야 하며(법427②), 조사공무원이 심문·압수·수색을 하는 경우에는 그 권한을 표시하는 증표를 지니고 이를 관계자에게 내보여야 한다(법427③). 형사소송법 중 압수·수색과 압수·수색영장의 집행 및 압수물 환부 등에 관한 규정은 자본시장법에 규정된 압수·수색과 압수·수색영장에 관하여 준용한다(법427④).

1) 압수·수색영장의 신청

압수·수색영장은 「압수·수색 영장신청(별지 제2호 서식)」에 의하여 관할 지방검찰청 검사장에게 신청한다(불공정조사신고규정16①). 압수·수색영장을 신청하는 때에는 유효기간, 범죄혐의자의 인적사항, 압수·수색할 장소, 압수할 물건 및 압수·수색을 필요로 하는 사유를 반드시 기재하여 압수·수색할 장소별로 신청하여야 하고, 증권범죄 혐의사실을 증명할 수 있는 자료가 있는 때에는 이를 첨부할 수 있다(불공정조사신고규정16②). 압수·수색영장을 신청한 때에는 「압수·수색영장 신청대장(별지 제3호 서식)」에 소정의 사항을 기재하여야 한다(불공정조사신고규정16③).

2) 증권범죄조사의 집행

조사공무원이 증권범죄조사의 집행에 착수하는 때에는 관계자에게 조사명령서 및 압수·수색영장을 제시하고 증권범죄조사의 집행의 뜻을 알린 후 집행하여야 한다(불공정조사신고규정17① 본문). 다만, 압수·수색영장 없이 영치하는 경우에는 조사에 필요한 증빙물건의 임의제출에 대한 승낙을 얻은 후에 집행하여야 한다(불공정조사신고규정17① 단서). 임의제출에 대한 승낙은 「승낙서(별지 제4호 서식)」에 의한다(불공정조사신고규정17②).

3) 압수·수색 또는 영치

조사공무원이 압수·수색 또는 영치를 하는 때에는 절차의 공정성을 보장하기 위하여 관계자나 증빙물건의 소유자, 소지자, 보관자 또는 이에 준하는 자를 입회인으로 참여시켜야 한다(불공정조사신고규정18①). 입회를 거부하거나 입회인이 없는 경우에는 관할시·군의 공무원이나 경찰공무원을 참여시켜야 한다(불공정조사신고규정18②). 압수 또는 영치물건이 운반 또는 보관에 불편함이 있는 때에는 소유자, 소지자, 보관자 또는 관공서로 하여금 보관하게 할 수 있다(불공정조사신고규정18③). 보관하게 하는 때에는 보관자로부터 보관증을 받고 「봉인서식(별지 제5호 서식)」에 의하여 압수 또는 영치한 물건임을 명백히 하여야 한다(불공정조사신고규정18④).

4) 압수·영치조서의 작성

조사공무원이 압수·수색 또는 영치를 완료한 때에는 「압수·영치조서(별지 제6-1호 서식)」 및 「압수·영치목록(별지 제6-2호 서식)」 2통을 작성하여 입회인과 함께 서명날인하고, 1통은 소유자, 소지자, 보관자 또는 이에 준하는 자에게 교부하여야 한다(불공정조사신고규정19①). 입회인 등이 서명날인을 하지 아니하거나 할 수 없는 때에는 그 뜻을 압수·영치조서의 하단 경위란에 부기하여야 한다(불공정조사신고규정19②).

5) 압수·영치물건의 관리

압수 또는 영치한 증빙물건은 즉시 검토하여 증권범죄조사와 관련이 없고, 후일에 필요할 것으로 예상되지 않는 증빙물건은 보관증을 받고 환부하되 필요한 때에는 언제든지 제출할 수 있도록 조치하여야 한다(불공정조사신고규정20①). 압수·영치한 증빙물건 중 형사소송법 제133조 제1항의 규정에 의하여 소유자, 소지자, 보관자 또는 제출인의 가환부청구가 있는 때에는 사진촬영 기타 원형보존의 조치를 취하거나, 사본에 원본대조필의 확인을 받아 당해 사본을 보관하고, 원본은 보관증을 받고 가환부하여야 한다(불공정조사신고규정20②).

(마) 심문과 문답서

1) 심문

조사공무원이 증권범죄조사에 착수한 때에는 증권범죄혐의자 또는 관계자에 대하여 혐의사항에 관한 질문을 할 수 있다(불공정조사신고규정21① 본문). 다만, 증권범죄혐의자 또는 관계자의 경력, 성행 또는 정황에 따라 적절하지 아니하다고 판단되는 경우에는 이를 생략할 수 있다(불공정조사신고규정21① 단서). 진술사항에 대하여는 「문답서(별지 제7-1호, 제7-2호 서식)」 또는 「확인서(별지 제8호 서식)」를 작성한 후 조사공무원과 증권범죄혐의자 또는 관계자가 함께 서명날인하여야 한다(불공정조사신고규정21② 본문). 다만, 증권범죄혐의자 또는 관계자가 문답서 또는 확인서에 서명날인을 하지 아니하거나 할 수 없는 때에는 그 사유를 부기하여야 한다(불공정조사신고규정21② 단서). 증권범죄혐의자 또는 관계자가 작성하여 제출한 확인서 등에 대하여 제출인의 열람·복사 요구가 있는 경우, 조사공무원은 이에 지체없이 응하여야 한다(불공정조사신고규정21③ 본문). 다만, 증거인멸이나 조사비밀 누설 등 조사를 방해할 우려가 상당한 경우에는 그러하지 아니하다(불공정조사신고규정21③ 단서).

2) 문답서 작성

조사공무원이 증권범죄의 혐의를 발견한 때에는 혐의자 또는 관계자로부터 문답서를 받아야 한다(불공정조사신고규정22①). 증권범죄혐의자 또는 관계자가 증권범죄사실에 관한 문답서의 작성을 회피하거나 서명날인을 거부하는 때에는 그 뜻을 부기하고 조사공무원이 서명날인하여야 한다(불공정조사신고규정22②).

3) 대리인의 조사과정 참여

조사공무원은 증권범죄혐의자의 신청이 있는 경우 증권범죄혐의자가 선임한 행정절차법 제12조 제1항[30])에 따른 대리인을 증권범죄혐의자에 대한 조사과정에 참여하게 할 수 있다(불공정조사신고규정22의2① 본문). 다만, ⅰ) 증권범죄혐의자의 대리인 참여요청이 조사의 개시 및 진행을 지연시키거나 방해하는 것으로 판단되는 경우(제1호), ⅱ) 조사공무원의 승인없이 심문에 개입하거나 모욕적인 언동 등을 하는 경우(제2호), ⅲ) 증권범죄혐의자에게 특정한 답변 또는 부당한 진술 번복을 유도하는 경우(제3호), ⅳ) 심문내용을 촬영, 녹음, 기록하는 경우. 다만, 기록의 경우 증권범죄혐의자에 대한 법적 조언을 위해 증권범죄혐의자와 대리인이 기억환기용

---

30) ① 당사자등은 다음의 어느 하나에 해당하는 자를 대리인으로 선임할 수 있다.
　　1. 당사자등의 배우자, 직계 존속·비속 또는 형제자매
　　2. 당사자등이 법인등인 경우 그 임원 또는 직원
　　3. 변호사
　　4. 행정청 또는 청문 주재자(청문의 경우만 해당한다)의 허가를 받은 자
　　5. 법령등에 따라 해당 사안에 대하여 대리인이 될 수 있는 자

으로 메모하는 것은 제외한다(제4호), ⅴ) 기타 제1호 내지 제4호 이외의 경우로서 조사목적 달성을 현저하게 어렵게 하는 경우(제5호)에는 그러하지 아니하다(불공정조사신고규정22의2① 단서). 그러나 증거인멸 우려 등의 사유로 조사의 시급을 요하는 조사와 관련하여서는 증권범죄혐의자의 대리인 참여요청과 관계없이 조사의 개시 및 진행을 할 수 있다(불공정조사신고규정22의2②).

4) 증권범죄조사 중의 수사의뢰

조사공무원이 증권범죄조사에 착수하여 조사진행중 증권범죄혐의에 대한 상당한 이유가 있고, ⅰ) 증권범죄혐의자가 일정한 주거가 없는 때, ⅱ) 증거를 인멸할 우려가 있는 때, ⅲ) 도주하거나 도주할 우려가 있는 때에는 검찰에 수사의뢰할 수 있다(불공정조사신고규정23).

(3) 조사결과 처리

(가) 조사결과 보고

조사공무원이 위반행위의 조사를 완료한 경우에는 그 결과를 증권선물위원회에 보고하여야 한다(법427⑥).

(나) 고발 등

증권범죄사건을 고발, 검찰통보, 수사의뢰("고발등")하는 경우에 압수물건이 있는 때에는 압수목록을 첨부하여 담당검사에게 인계하여야 한다(불공정조사신고규정27①). 압수물건으로서 소유자, 소지자 또는 관공서가 보관하는 것에 대하여는 보관증으로써 인계하고 압수물건을 인계하였다는 사실을 보관자에게 통지하여야 한다(불공정조사신고규정27②). 조사공무원이 증권범죄혐의자를 고발등으로 처리한 때에는 관할 검찰청의 처분 또는 법원의 판결 등에 관하여 사후관리를 하여야 한다(불공정조사신고규정27③).

(다) 무혐의 처리

증선위원장은 조사결과 증권범죄의 심증을 얻지 못한 때에는 무혐의 처리하고, 압수 또는 영치한 물건은 환부하여야 한다(불공정조사신고규정28).

(라) 증빙물건의 보전과 관리

증권범죄사건의 조사반장은 조사를 완료한 경우에는 증권범죄사실과 관계되는 증빙물건을 ⅰ) 고발 등을 한 경우에는 법원의 판결이 확정되는 때, ⅱ) 과징금 또는 과태료 부과의 경우에는 불복청구기간이 경과하는 때(다만, 행정쟁송이 제기된 경우에는 그 쟁송절차가 완료되는 때)까지 보전·관리하여야 한다(불공정조사신고규정29①). 보관중인 증빙물건 중 가환부 청구가 있는 때에는 제16조 제2항의 규정에 따라 가환부한다(불공정조사신고규정29②). 기타 쟁송과 관련되지 않는 증빙물건은 그 일부를 가환부할 수 있다(불공정조사신고규정29③).

(마) 조사결과 처리

증권범죄조사결과에 대한 처리는 조사업무규정 제19조부터 제40조까지를 준용한다(불공정조사신고규정26).

4. 불공정거래행위의 신고 및 신고자 보호

(1) 불공정거래 신고

누구든지 자본시장법 제4편의 불공정거래행위를 알게 되었거나 이를 강요 또는 제의받은 경우에는 증권선물위원회에 신고 또는 제보할 수 있다(법435①).

(가) 신고방법

불공정거래행위등을 신고하고자 하는 자는 ⅰ) 당해 신고의 내용이 특정인의 불공정거래행위등과 관련이 있어야 하고, ⅱ) 위반행위자, 장소, 일시, 방법 등 불공정거래행위등이 특정될 수 있도록 구체적인 위반사실을 적시하여야 하며, ⅲ) 당해 신고를 하는 자의 신원(성명·주민등록번호·주소 및 전화번호)을 밝혀서 금융감독원장("감독원장")에게 신고하여야 한다(불공정조사신고규정34①).

포상금 지급대상이 되는 불공정거래행위를 신고하고자 하는 경우에는 문서, 우편, 모사전송(FAX) 또는 인터넷 등 신고내용을 증명할 수 있는 방법에 의하여야 한다(불공정조사신고규정34②). 증권선물위원회가 신고를 접수하여 감독원장에게 이첩한 경우에는 감독원장에게 신고한 것으로 본다(불공정조사신고규정34③).

(나) 신고 접수 및 처리

감독원장은 신고를 받은 경우에 신고사건 처리담당부서장으로 하여금 그 내용을 순서에 따라 불공정거래행위 신고접수대장(별지9 서식)에 기록·관리하게 하여야 한다(불공정조사신고규정35①). 감독원장은 신고사항이 ⅰ) 신고방법에 부합되지 아니한 경우(제1호), ⅱ) 신고자의 신원을 확인할 수 없거나 소재불명 등으로 연락이 두절된 경우(제2호), ⅲ) 신고내용이 명백히 허위인 경우(제3호), ⅳ) 동일한 사항에 대하여 조사가 진행 중이거나 종료된 경우(제4호), ⅴ) 공시자료, 언론보도 등에 의하여 널리 알려진 사실이나 풍문을 바탕으로 신고한 경우로서 새로운 사실이나 증거가 없는 경우(제5호), ⅵ) 신고내용이 조사 또는 심사 단서로서의 가치가 없다고 판단되는 경우(제6호), ⅶ) 기타 신고내용 및 신고자에 대한 확인결과 조사 또는 심사의 실익이 없다고 판단되는 경우(제7호)에는 이를 접수하지 아니하거나 이미 접수한 때에는 조사 또는 심사를 하지 아니하고 처리를 종결할 수 있다(불공정조사신고규정35②).

(다) 신고자 등 인적사항 확인 및 자료제출요구

금융위원회는 접수된 신고 또는 제보 사항에 대하여 신고자등을 상대로 인적 사항, 신고 또는 제보의 경위 및 취지, 그 밖에 신고 또는 제보한 내용을 특정하는 데에 필요한 사항 등을 확인할 수 있다(영384②). 금융위원회는 접수된 신고 또는 제보 사항에 대한 진위 여부를 확인하는 데 필요한 범위에서 신고자등에게 필요한 자료의 제출을 요구할 수 있다(영384③).

(라) 신고 처리기간

증선위는 접수된 신고 또는 제보를 그 접수일부터 60일 이내에 처리하여야 한다(영384④ 전단). 이 경우 자료의 제출, 의견의 청취 등을 위하여 필요하다고 인정되는 경우 그 기간을 30일 이내에서 연장할 수 있다(영384④ 후단).

(마) 처리결과의 통지

감독원장은 신고에 대한 처리를 완결한 때에는 그 결과를 신고인에게 문서의 방법으로 통지한다(불공정조사신고규정36①). 그러나 ⅰ) 구술 또는 인터넷 등 정보통신망을 통해 접수된 경우, ⅱ) 신속을 요하거나 사안이 경미한 경우에는 구술 또는 정보통신망을 통하여 통지할 수 있다(불공정조사신고규정36② 본문). 다만, 신고인의 요청이 있는 경우에는 처리결과에 대한 문서를 교부하여야 한다(불공정조사신고규정36② 단서).

(2) 신고자 보호

(가) 신고자의 비밀보호

증권선물위원회는 신고 또는 제보를 받은 경우 신고자등의 신분 등에 관한 비밀을 유지하여야 한다(법435④). 누구든지 직무와 관련하여 알게 된 신고자의 신분 등에 관한 비밀을 누설하여서는 아니 되고, 신고자의 신분비밀 보호를 위하여 필요하다고 인정되는 경우에는 조사 또는 심사결과 처리의견서 등 관련 서류 작성시 신고자의 인적사항의 전부 또는 일부를 기재하지 아니할 수 있다(불공정조사신고규정42①②).

(나) 불리한 대우 금지

신고자등이 소속된 기관·단체 또는 회사는 그 신고자등에 대하여 그 신고 또는 제보와 관련하여 직접 또는 간접적인 방법으로 불리한 대우를 하여서는 아니 된다(법435⑤). 신고자등은 신고 또는 제보와 관련하여 그 소속기관으로부터 불리한 대우를 받은 경우에는 원상회복 등 필요한 조치를 증권선물위원회에 요구할 수 있다(영384⑥). 증권선물위원회는 신고자등의 요구가 타당하다고 인정되는 경우에는 신고자등의 소속기관의 장에게 원상회복 등 적절한 조치를 취할 것을 요구할 수 있다(영384⑦ 본문). 다만, 신고자등의 소속기관이 검사대상기관이 아닌 경우에는 소속기관의 장 또는 관계기관의 장에게 적절한 조치를 취할 것을 권고할 수 있다(영384⑦ 단서).

(다) 보호의 예외

신고자등이 신고의 내용이 거짓이라는 사실을 알았거나 알 수 있었음에도 불구하고 신고한 경우에는 자본시장법의 보호를 받지 못한다(법435⑥).

(3) 포상금

(가) 의의

증권선물위원회는 신고자등에 대하여 포상금을 지급할 수 있다(법435⑦). 증권선물위원회는 접수된 신고 또는 제보가 불공정거래행위등의 적발이나 그에 따른 조치에 도움이 되었다고 인정하는 경우에는 20억원의 범위에서 금융위원회가 정하여 고시하는 기준에 따라 신고자등에게 금융감독원장으로 하여금 금융감독원의 예산의 범위에서 포상금을 지급하게 할 수 있다(영 384⑧).[31)]

(나) 지급대상

포상금은 ⅰ) 법 제174조(미공개중요정보 이용행위 금지)의 규정에 따른 미공개정보이용행위(제1호), ⅱ) 법 제176조(시세조종행위 등의 금지)의 규정에 따른 시세조종행위(제2호), ⅲ) 법 제178조(부정거래행위 등의 금지)의 규정에 따른 부정거래행위등(제3호), ⅳ) 법 제173조의2(장내파생상품의 대량보유 보고 등) 제2항의 규정에 따른 정보의 누설 등 행위(제4호), ⅴ) 법 제119조 · 제122조 또는 제123조에 따른 증권신고서 등에 거짓의 기재 또는 표시를 하거나 중요한 사항을 기재 또는 표시하지 아니한 행위 및 증권신고서 등을 제출하지 아니한 행위(다만, 허위의 기재 또는 표시를 하거나 중요한 사항을 기재 또는 표시하지 아니한 행위가 법 제119조 · 제122조 또는 제123조에 따른 증권신고서 등의 재무에 관한 사항인 경우에는 그러하지 아니하다)(제5호). ⅵ) 법 제159조 제1항 · 제160조 또는 제161조 제1항에 따른 사업보고서 등에 허위의 기재 또는 표시를 하거나 중요한 사항을 기재 또는 표시하지 아니한 행위(다만, 허위의 기재 또는 표시를 하거나 중요한 사항을 기재 또는 표시하지 아니한 행위가 법 제159조 제1항 · 제160조에 따른 사업보고서 등의 재무에 관한 사항인 경우에는 그러하지 아니하다)(제6호) 등 불공정거래행위를 신고한 자로서 혐의 입증에 필요한 증거자료(주가변동, 공시자료, 언론보도 등 일반에 공개된 자료는 제외)를 제출한 자에게 지급한다(불공정조사신고규정37①).

(다) 지급대상 제외

ⅰ) 동일한 신고내용(중요부분이 같은 경우 포함)에 대하여 불공정조사신고규정에 의한 포상금, 한국거래소의 시장감시규정에 의한 포상금 또는 외부감사법에 의한 포상금이 이미 지급되었거나 지급예정인 경우(다만, 이 규정에 의한 포상금 지급예정금액이 시장감시규정 또는 외부감사법에 의한 포상금액보다 더 큰 경우에는 시장감시규정 또는 외부감사법에 의한 포상금을 차감하여 지급할

---

31) X라는 닉네임을 갖고 있는 사람이 네이버 밴드 및 문자메시지 등을 이용해 투자자들의 매수세를 부추기고 있다는 A의 제보에 대해 조사한 결과, 유사투자자문업체를 운영하는 B가 C사 우선주 등 5개 종목을 선매수한 후 회원들에게 동 종목을 지속적으로 추천하거나 대량의 문자메시지를 유포함으로써 매수세를 유인한 뒤 고가에 매도한 혐의가 발견되어 검찰고발 조치하였으므로 제보자 A에게 포상금을 지급한 사례가 있다.

수 있다)(제2호),[32] ii) 행정기관 또는 공공단체에 근무하는 자가 그 직무와 관련하여 알게 된 내용을 신고한 경우(제3호), iii) 신고자가 포상금 수령을 거부하는 경우(제4호), iv) 조사결과 신고자가 자신이 제보한 당해 불공정거래행위로 조치를 받는 경우(다만, 고발 또는 수사기관 통보 이외의 조치를 받거나 당해 불공정거래행위가 아닌 타 위반행위로 조치를 받는 경우에는 포상금을 지급할 수 있다)(제5호), v) 기타 포상금 지급이 명백히 불합리하다고 인정되는 경우(제7호)에는 포상금을 지급하지 아니한다(불공정조사신고규정38①).

(라) 지급기준

포상금은 불공정거래행위를 중요도에 따라 10등급으로 구분하고, 각 등급별 기준금액에 기여율을 곱하여 산정한다(불공정조사신고규정39①). 포상금 산정기준은 별표와 같다(불공정조사신고규정39②). 신고자가 불공정거래행위에 직접적으로 연루되어 조치를 받은 경우에는 법 위반의 정도 등을 감안하여 포상금을 감액 지급할 수 있다(불공정조사신고규정39③).

(마) 포상결정

포상은 예산부족 등 특별한 사유가 없는 한 불공정거래행위에 대하여 증권선물위원회의 조사결과 조치가 확정된 날로부터 4월 이내에 실시한다(불공정조사신고규정40①). 감독원장은 특별한 사유가 없는 한 매 분기별 신고내용을 심사하여 포상 대상자를 선정하고 포상을 실시하여야 한다(불공정조사신고규정40②). 감독원장은 매년초 전년도 포상금 지급결과가 확정된 후 지체 없이 증권선물위원회에 보고하여야 한다(불공정조사신고규정40③).

포상금의 액수가 1억원을 초과하는 경우에는 증권선물위원회가 금융감독원의 예산부족 등 특별한 사정이 있는 경우를 제외하고는 신고된 불공정거래행위에 대하여 증권선물위원회의 조치가 확정된 날(이의신청이 있는 경우에는 재결한 날)로부터 4월 이내에 신고자에 대한 포상금 지급여부 및 지급액 등에 관하여 심의·의결한다(불공정조사신고규정40의2①). 감독원장은 위 기간 내에 포상대상자를 선정하여 별지14호 서식에 의한 포상실시안을 증권선물위원회에 부의하여야 한다(불공정조사신고규정40의2②).

(바) 지급 방법 및 절차

1) 포상금의 액수가 1억원 이하인 경우

포상금의 액수가 1억원 이하인 경우 i) 신고사건 처리담당 부서장은 신고의 접수·처리내역, 포상실시 여부를 검토하여 별지10 내지 별지13의 서식에 따라 매분기말 익월 10일까지 조사총괄부서장에게 통보하여야 한다. ii) 조사총괄부서장은 통보받은 내용을 심사한 후 포상금의 지급품의를 담당하며, 필요시 신고사건 처리담당 부서장에게 보정을 요구할 수 있다(불공정조사신고규정41①).

---

32) 제1호와 제6호는 삭제.

2) 포상금의 액수가 1억원을 초과하는 경우

포상금의 액수가 1억원을 초과하는 경우 ⅰ) 감독원장은 제40조의2 제1항의 규정에 의한 포상결정이 있는 때에는 즉시 이를 해당 신고자에게 통지하여야 한다. ⅱ) 감독원장은 증권선물위원회의 포상결정이 있은 날로부터 1월 이내에 포상금을 지급하고 별지15호 서식에 의한 포상금지급 관리대장에 기록하여야 한다(불공정조사신고규정41②).

3) 지급방법

포상금은 그 지급대상자의 은행계좌로 이체하여 지급한다(불공정조사신고규정41③ 본문). 다만, 부득이한 사유로 계좌입금이 어려운 경우에는 직접 전달할 수 있다(불공정조사신고규정41③ 단서). 이미 지급한 포상금은 검찰, 법원 등의 무혐의 또는 무죄판결 등을 이유로 환수하지 아니한다(불공정조사신고규정41④).

Ⅳ. 과징금

1. 과징금 부과대상

(1) 금융투자업자에 대한 과징금

금융위원회는 금융투자업자가 제34조 제1항 제1호(대주주가 발행한 증권의 소유금지)·제2호(대주주를 제외한 특수관계인이 발행한 주식, 채권 및 약속어음의 허용비율 초과소유금지)와 제34조 제2항(신용공여금지) 및 제77조의3 제9항(종합금융투자사업자의 계열회사에 대한 신용공여금지)을 위반한 경우에는 그 금융투자업자에 대하여 ⅰ) 제34조 제1항 제1호를 위반한 경우에는 취득금액, ⅱ) 제34조 제1항 제2호를 위반한 경우에는 허용비율을 초과하는 취득금액, ⅲ) 제34조 제2항을 위반한 경우에는 신용공여액, ⅳ) 제77조의3 제9항을 위반한 경우에는 신용공여액을 초과하지 아니하는 범위에서 과징금을 부과할 수 있다(법428①).

금융위원회는 금융투자업자가 제77조의3 제5항부터 제7항33)까지를 위반한 경우(제77조의3

---

33) ⑤ 종합금융투자사업자가 제3항 제1호, 제4항 또는 제72조 제1항 본문에 따라 신용공여를 하는 경우에는 신용공여의 총 합계액이 자기자본의 200%를 초과하여서는 아니 된다. 다만, 종합금융투자사업자 업무의 특성, 해당 신용공여가 종합금융투자사업자의 건전성에 미치는 영향 등을 고려하여 대통령령으로 정하는 경우에는 그러하지 아니하다.
⑥ 종합금융투자사업자가 제3항 제1호, 제4항 또는 제72조제1항 본문에 따라 신용공여를 하는 경우에는 다음의 신용공여를 제외한 신용공여의 합계액이 자기자본의 100%를 초과하여서는 아니 된다.
1. 제71조 제3호에 따른 기업금융업무 관련 신용공여
2. 중소기업기본법 제2조 제1항에 따른 중소기업에 대한 신용공여
⑦ 종합금융투자사업자가 제3항 제1호에 따라 신용공여를 하는 경우 동일한 법인 및 그 법인과 대통령령으로 정하는 신용위험을 공유하는 자에 대하여 그 종합금융투자사업자의 자기자본의 25%의 범위에서 대통령령으로 정하는 비율에 해당하는 금액을 초과하는 신용공여를 할 수 없다.

제8항에 해당하는 경우는 제외)에는 그 금융투자업자에 대하여 허용금액을 초과한 신용공여액의 40%를 초과하지 아니하는 범위에서 과징금을 부과할 수 있다(법428②).[34]

금융위원회는 금융투자업자에 대하여 업무정지처분(법420③)을 부과할 수 있는 경우에는 이에 갈음하여 업무정지기간의 이익의 범위에서 과징금을 부과할 수 있다(법428③).[35]

금융위원회는 금융투자업자 및 그 임직원이 제54조 제2항[36](제42조 제10항, 제52조 제6항, 제199조 제5항, 제255조, 제260조, 제265조, 제289조, 제304조, 제323조의17, 제328조 또는 제367조에서

---

34) 자본시장법 제428조 제1항 및 제2항에 따른 과징금의 부과기준(법 제349조 제3항에서 준용하는 경우를 포함)은 별표 19의2와 같다(영379①).
35) 금융위원회는 법 제428조 제3항, 제429조(공시위반에 대한 과징금) 및 제429조의2(시장질서 교란행위에 대한 과징금)에 따라 과징금을 부과하는 경우에는 다음의 기준을 따라야 한다(영379②).
　1. 거짓의 기재 또는 표시 등 공시에 관련된 사항을 위반한 경우에는 그 위반의 내용을 계량적 위반사항과 비계량적 위반사항으로 구분하며, 그 위반의 정도는 당기순이익 또는 자기자본 등에 미치는 영향과 제2호 각 목의 어느 하나에 해당하는지를 종합적으로 고려할 것
　1의2. 시장질서 교란행위의 금지 의무를 위반한 경우에는 그 위반의 내용을 법 제178조의2 제1항의 행위와 같은 조 제2항의 행위로 구분하며, 그 위반의 정도는 다음 각 목의 사항을 종합적으로 고려할 것
　　가. 위반행위와 관련된 거래로 얻은 이익(미실현 이익을 포함) 또는 이로 인하여 회피한 손실액
　　나. 미공개중요정보, 미공개정보(법 제174조 제2항 각 호 외의 부분 본문 또는 같은 조 제3항 각 호 외의 부분 본문에 따른 각 미공개정보) 또는 법 제178조의2 제1항 제2호에 해당하는 정보를 생산하거나 알게 된 경위(법 제178조의2 제1항의 행위만 해당)
　　다. 위반행위가 시세 또는 가격에 미치는 영향
　　라. 위반행위가 제2호 가목에 해당하는지 여부
　　1의3. 법 제180조를 위반한 경우 그 위반의 정도는 위법한 공매도 주문금액과 제2호 가목에 해당하는지를 종합적으로 고려할 것
　　1의4. 법 제180조의4를 위반한 경우 그 위반의 정도는 다음 각 목의 사항을 종합적으로 고려할 것
　　가. 공매도 주문금액
　　나. 위반행위와 관련된 거래로 얻은 이익(미실현이익을 포함) 또는 이로 인하여 회피한 손실액
　　다. 위반행위가 주식의 모집가액 또는 매출가액에 미치는 영향
　　라. 위반행위가 제2호 가목에 해당하는지 여부
　2. 위반행위가 다음 각 목의 어느 하나에 해당하는 경우에는 법정최고액의 50% 이상을 과징금으로 부과할 것. 다만, 제3호 각 목의 어느 하나에 해당하는 경우에는 과징금을 감경할 수 있다.
　　가. 위반행위가 1년 이상 지속되거나 3회 이상 반복적으로 이루어진 경우
　　나. 위반행위로 인하여 취득한 이익의 규모가 1억원 이상인 경우(법 제428조 제3항 및 제429조에 따라 과징금을 부과하는 경우만 해당)
　　다. 위반행위가 내부자거래 및 시세조종 등 법 제4편에 따른 불공정거래행위와 관련이 있는 경우(법 제428조 제3항 및 제429조에 따라 과징금을 부과하는 경우만 해당)
　3. 위반행위가 다음 각 목의 어느 하나에 해당하는 경우에는 과징금을 감면할 것
　　가. 위반행위의 내용이 중요하지 아니하다고 인정되는 경우
　　나. 위반자가 제출한 다른 공시서류가 있는 경우로서 그 다른 공시서류에 의하여 투자자가 진실한 내용을 알 수 있는 경우
　　다. 위반행위에 대하여 지체 없이 시정한 경우
　　라. 위반행위로 인한 투자자의 피해를 배상한 경우
36) 금융투자업자 및 그 임직원은 제45조 제1항 또는 제2항에 따라 정보교류 차단의 대상이 되는 정보를 정당한 사유 없이 본인이 이용하거나 제삼자에게 이용하게 하여서는 아니 된다(법54②).

준용하는 경우를 포함)을 위반한 경우에는 그 금융투자업자, 임직원 및 정보교류 차단의 대상이 되는 정보를 제공받아 이용한 자에게 그 위반행위와 관련된 거래로 얻은 이익(미실현 이익을 포함) 또는 이로 인하여 회피한 손실액의 1.5배에 상당하는 금액 이하의 과징금을 부과할 수 있다(법428④).

(2) 공시위반에 대한 과징금

(가) 증권신고서 위반사항

금융위원회는 제125조 제1항 각 호의 어느 하나에 해당하는 자[37])가 ⅰ) 증권신고서, 정정신고서, 투자설명서, 그 밖의 제출서류 중 중요사항에 관하여 거짓의 기재 또는 표시를 하거나 중요사항을 기재 또는 표시하지 아니한 때, ⅱ) 증권신고서, 정정신고서, 투자설명서, 그 밖의 제출서류를 제출하지 아니한 때에는 증권신고서상의 모집가액 또는 매출가액의 3%(20억원을 초과하는 경우에는 20억원)를 초과하지 아니하는 범위에서 과징금을 부과할 수 있다(법429①).[38)]

(나) 공개매수신고서 위반사항

금융위원회는 제142조 제1항 각 호의 어느 하나에 해당하는 자[39)]가 ⅰ) 공개매수신고서, 정정신고서, 공개매수설명서, 그 밖의 제출서류 또는 공고 중 중요사항에 관하여 거짓의 기재 또는 표시를 하거나 중요사항을 기재 또는 표시하지 아니한 때, ⅱ) 공개매수신고서, 정정신고서, 공개매수설명서, 그 밖의 제출서류를 제출하지 아니하거나 공고하여야 할 사항을 공고하지 아니한 때에는 공개매수신고서에 기재된 공개매수예정총액의 3%(20억원을 초과하는 경우에는 20

---

37) 증권신고서(정정신고서 및 첨부서류 포함)와 투자설명서(예비투자설명서 및 간이투자설명서 포함) 중 중요사항에 관하여 거짓의 기재 또는 표시가 있거나 중요사항이 기재 또는 표시되지 아니함으로써 증권의 취득자가 손해를 입은 경우에는 다음의 자는 그 손해에 관하여 배상의 책임을 진다(법125①).
   1. 그 증권신고서의 신고인과 신고 당시의 발행인의 이사(이사가 없는 경우 이에 준하는 자를 말하며, 법인의 설립 전에 신고된 경우에는 그 발기인)
   2. 상법 제401조의2 제1항 각 호의 어느 하나에 해당하는 자로서 그 증권신고서의 작성을 지시하거나 집행한 자
   3. 그 증권신고서의 기재사항 또는 그 첨부서류가 진실 또는 정확하다고 증명하여 서명한 공인회계사·감정인 또는 신용평가를 전문으로 하는 자 등(그 소속단체를 포함) 대통령령으로 정하는 자
   4. 그 증권신고서의 기재사항 또는 그 첨부서류에 자기의 평가·분석·확인 의견이 기재되는 것에 대하여 동의하고 그 기재내용을 확인한 자
   5. 그 증권의 인수인 또는 주선인(인수인 또는 주선인이 2인 이상인 경우에는 대통령령으로 정하는 자)
   6. 그 투자설명서를 작성하거나 교부한 자
   7. 매출의 방법에 의한 경우 매출신고 당시의 매출인
38) 자본시장법 제429조에 따라 과징금을 부과하는 경우에 제2항 제2호에 따른 법정최고액을 계산하여 결정함에 있어서 법 제119조 및 법 제134조에 따른 신고서를 제출하지 아니한 경우에는 실제로 이루어진 모집·매출가액이나 공개매수총액을 기준으로 한다(영379③).
39) 1. 공개매수신고서 및 그 정정신고서의 신고인(신고인의 특별관계자를 포함하며, 신고인이 법인인 경우 그 이사를 포함)과 그 대리인
   2. 공개매수설명서의 작성자와 그 대리인

억원)를 초과하지 아니하는 범위에서 과징금을 부과할 수 있다(법429② 전단). 이 경우 공개매수
예정총액은 공개매수할 주식등의 수량을 공개매수가격으로 곱하여 산정한 금액으로 한다(법429
② 후단).

(다) 정기보고서와 주요사항보고서 위반사항

금융위원회는 사업보고서 제출대상법인이 ⅰ) 사업보고서, 반기·분기보고서, 주요사항보
고서 중 중요사항에 관하여 거짓의 기재 또는 표시를 하거나 중요사항을 기재 또는 표시하지
아니한 때, ⅱ) 사업보고서, 반기·분기보고서, 주요사항보고서를 제출하지 아니한 때에는 직전
사업연도 중에 증권시장(다자간매매체결회사에서의 거래 포함)에서 형성된 그 법인이 발행한 주식
(그 주식과 관련된 증권예탁증권 포함)의 일일평균거래금액의 10%(20억원을 초과하거나 그 법인이 발
행한 주식이 증권시장에서 거래되지 아니한 경우에는 20억원)를 초과하지 아니하는 범위에서 과징금
을 부과할 수 있다(법429③).

(라) 주식대량보유보고 위반사항

금융위원회는 주식등의 대량보유 등의 보고를 하여야 할 자가 ⅰ) 대량보유보고, 합산보
고, 변경보고를 하지 아니한 경우, ⅱ) 법 제147조에 따른 보고서류 또는 제151조 제2항에 따
른 정정보고서 중 대통령령으로 정하는 중요한 사항40)에 관하여 거짓의 기재 또는 표시를 하
거나 중요한 사항을 기재 또는 표시하지 아니한 경우에는 같은 항에 따른 주권상장법인이 발
행한 주식의 시가총액(대통령령으로 정하는 방법41)에 따라 산정된 금액)의 10만분의 1(5억원을 초과
하는 경우에는 5억원)을 초과하지 아니하는 범위에서 과징금을 부과할 수 있다(법429④).

위 제1항부터 제4항까지의 규정에 따른 과징금은 각 해당 규정의 위반행위가 있었던 때부
터 5년이 경과하면 이를 부과하여서는 아니 된다(법429⑤).

(3) 시장질서 교란행위에 대한 과징금

금융위원회는 시장질서 교란행위의 금지규정(법178의2)을 위반한 자에 대하여 5억원 이하
의 과징금을 부과할 수 있다(법429의2 전단). 다만, 그 위반행위와 관련된 거래로 얻은 이익(미실
현 이익 포함) 또는 이로 인하여 회피한 손실액에 1.5배에 해당하는 금액이 5억원을 초과하는
경우에는 그 이익 또는 회피한 손실액의 1.5배에 상당하는 금액 이하의 과징금을 부과할 수 있

---

40) "대통령령으로 정하는 중요한 사항"이란 제157조 각 호의 어느 하나에 해당하는 사항(대량보유자와 그 특
    별관계자에 관한 사항, 보유 목적, 보유 또는 변동 주식등의 종류와 수, 취득 또는 처분 일자, 보유 주식등
    에 관한 신탁·담보계약, 그 밖의 주요계약 내용)을 말한다(영379⑤).
41) "대통령령으로 정하는 방법에 따라 산정된 금액"이란 다음에 따라 산정된 금액을 말한다(영379④).
    1. 법 제429조 제4항 제1호의 경우: 보고기한의 다음 영업일에 증권시장에서 형성된 해당 법인 주식의 최
       종가격(그 최종가격이 없을 때에는 그 날 이후 증권시장에서 최초로 형성된 해당 법인 주식의 최종가
       격)에 발행주식총수를 곱하여 산출한 금액
    2. 법 제429조 제4항 제2호의 경우: 보고일의 다음 영업일에 증권시장에서 형성된 해당 법인 주식의 최종
       가격에 발행주식총수를 곱하여 산출한 금액

다(법429의2 후단).

(4) 위법한 공매도에 대한 과징금

금융위원회는 불법공매도를 하거나 불법공매도 주문을 위탁 또는 수탁한 자에 대하여 공매도 주문금액 범위 내에서 과징금을 부과할 수 있으며, 동일한 위반행위로 벌금을 부과받은 경우에는 과징금 부과를 취소하거나 벌금에 상당하는 금액의 전부 또는 일부를 과징금에서 제외할 수 있다. 즉 금융위원회는 제180조(공매도의 제한)를 위반하여 상장증권에 대하여 허용되지 아니하는 방법으로 공매도를 하거나 공매도 주문을 위탁 또는 수탁한 자에 대하여 다음의 구분에 따른 위반금액을 초과하지 아니하는 범위에서 과징금을 부과할 수 있다(법429의3①). 이에 따른 과징금을 부과할 때 금융위원회는 동일한 위반행위로 제443조 제1항 제10호에 따라 벌금을 부과받은 경우에는 과징금 부과를 취소하거나 벌금에 상당하는 금액의 전부 또는 일부를 과징금에서 제외할 수 있다(법429의3③).

1. 공매도를 하거나 공매도 주문을 위탁한 경우에는 제180조를 위반한 공매도 주문금액
2. 공매도 주문을 수탁한 경우에는 제180조를 위반한 공매도 주문금액

금융위원회는 제180조의4(공매도 거래자의 모집 또는 매출에 따른 주식 취득 제한)를 위반한 자에 대하여 5억원 이하의 과징금을 부과할 수 있다(법429의3② 본문). 다만, 그 위반행위와 관련된 거래로 얻은 이익(미실현 이익을 포함) 또는 이로 인하여 회피한 손실액의 1.5배에 해당하는 금액이 5억원을 초과하는 경우에는 그 이익 또는 회피한 손실액의 1.5배에 상당하는 금액 이하의 과징금을 부과할 수 있다(법429의3② 단서).

2. 과징금 부과 요건과 절차

(1) 부과요건

금융투자업자에 대한 과징금, 공시위반에 대한 과징금 및 공매도 주문을 수탁한 경우에 공매도의 제한(법180조)을 위반한 공매도에 대한 과징금 부과는 과징금부과대상자에게 각 해당 규정의 위반행위에 대하여 고의 또는 중대한 과실이 있는 경우에 한하며(법430①), 다만 공시위반에 대한 과징금 부과 중 주식대량보유보고의무 위반은 제외한다(법430①). 시장질서 교란행위에 대한 과징금에 관하여는 경과실의 경우에도 과징금이 부과된다.

(2) 필요적 고려사항

금융위원회는 과징금을 부과하는 경우에는 ⅰ) 위반행위의 내용 및 정도, ⅱ) 위반행위의 기간 및 회수, ⅲ) 위반행위로 인하여 취득한 이익의 규모, ⅳ) 업무정지기간(금융투자업자에 대한 업무정지처분에 갈음하여 과징금을 부과하는 경우만 해당)을 고려하여야 한다(법430②).

(3) 합병의 경우

금융위원회는 자본시장법을 위반한 법인이 합병을 하는 경우 그 법인이 행한 위반행위는 합병 후 존속하거나 합병에 의하여 신설된 법인이 행한 행위로 보아 과징금을 부과·징수할 수 있다(법430③).

(4) 의견제출

금융위원회는 과징금을 부과하기 전에 미리 당사자 또는 이해관계인 등에게 의견을 제출할 기회를 주어야 한다(법431①). 당사자 또는 이해관계인 등은 금융위원회의 회의에 출석하여 의견을 진술하거나 필요한 자료를 제출할 수 있다(법431②). 당사자 또는 이해관계인 등은 의견진술 등을 하는 경우 변호인의 도움을 받거나 그를 대리인으로 지정할 수 있다(법431③).

(5) 과징금 부과 통지

금융위원회는 과징금을 부과하는 경우에는 금융위원회가 정하여 고시하는 방법에 따라 그 위반행위의 종별과 해당 과징금의 금액을 명시하여 이를 납부할 것을 서면으로 통지하여야 한다(영380①).

(6) 납부기한

과징금 부과 통지를 받은 자는 통지를 받은 날부터 60일 이내에 금융위원회가 정하여 고시하는 수납기관에 과징금을 납부하여야 한다(영380②).

3. 이의신청

과징금 부과처분에 대하여 불복하는 자는 그 처분의 고지를 받은 날부터 30일 이내에 그 사유를 갖추어 금융위원회에 이의를 신청할 수 있다(영432①). 금융위원회는 이의신청에 대하여 60일 이내에 결정을 하여야 한다(영432② 본문). 다만, 부득이한 사정으로 그 기간 이내에 결정을 할 수 없을 경우에는 30일의 범위에서 그 기간을 연장할 수 있다(영432② 단서).

4. 납부기한의 연장 및 분할납부

(1) 사유

금융위원회는 과징금납부의무자가 i) 재해 또는 도난 등으로 재산에 현저한 손실을 입은 경우, ii) 사업여건의 악화로 사업이 중대한 위기에 처한 경우, iii) 과징금의 일시납부에 따라 자금사정에 현저한 어려움이 예상되는 경우, iv) 그 밖에 앞의 3가지 사유에 준하는 사유가 있는 경우에 해당하는 사유로 과징금의 전액을 일시에 납부하기가 어렵다고 인정되는 경우에는 그 납부기한을 연장하거나 분할납부하게 할 수 있다(법433① 전단). 이 경우 필요하다고 인정되는 때에는 담보를 제공하게 할 수 있다(법433① 후단).

납부기한의 연장은 그 납부기한의 다음 날부터 1년을 초과할 수 없다(영381①). 분할납부를 하게 하는 경우에는 각 분할된 납부기한 간의 간격은 6개월 이내로 하며, 분할 횟수는 3회 이내로 한다(영381②).

(2) 신청

과징금납부의무자가 과징금납부기한의 연장을 받거나 분할납부를 하고자 하는 경우에는 그 납부기한의 10일 전까지 금융위원회에 신청하여야 한다(법433②).

(3) 취소

금융위원회는 납부기한이 연장되거나 분할납부가 허용된 과징금납부의무자가 ⅰ) 분할납부 결정된 과징금을 그 납부기한 내에 납부하지 아니한 경우, ⅱ) 담보의 변경, 그 밖에 담보보전에 필요한 금융위원회의 명령을 이행하지 아니한 경우, ⅲ) 강제집행, 경매의 개시, 파산선고, 법인의 해산, 국세 또는 지방세의 체납처분을 받는 등 과징금의 전부 또는 나머지를 징수할 수 없다고 인정되는 경우, ⅳ) 그 밖에 앞의 3가지 사유에 준하는 사유가 있는 경우에는 그 납부기한의 연장 또는 분할납부결정을 취소하고 과징금을 일시에 징수할 수 있다(법433③).

5. 과징금 징수 및 체납처분

(1) 징수 및 체납처분 절차

금융위원회는 과징금납부의무자가 납부기한 내에 과징금을 납부하지 아니한 경우에는 납부기한의 다음 날부터 납부한 날의 전일까지의 기간에 대하여 체납된 과징금액에 연 6%를 적용하여 계산한 가산금을 징수할 수 있다(법434①, 영382 전단). 이 경우 가산금을 징수하는 기간은 60개월을 초과하지 못한다(영382 후단). 금융위원회는 과징금납부의무자가 납부기한 내에 과징금을 납부하지 아니한 경우에는 기간을 정하여 독촉을 하고, 그 지정한 기간 이내에 과징금 및 가산금을 납부하지 아니한 경우에는 국세체납처분의 예에 따라 징수할 수 있다(법434②).

금융위원회는 체납된 과징금의 징수를 위하여 필요하다고 인정되는 경우에는 국세기본법 및 지방세기본법에 따라 문서로서 해당 세무관서의 장이나 지방자치단체의 장에게 과세정보의 제공을 요청할 수 있다(법434④ 전단). 이 경우 과세정보의 제공을 요청받은 자는 정당한 사유가 없으면 그 요청에 따라야 한다(법434④ 후단).

(2) 체납처분의 위탁

금융위원회는 과징금 및 가산금의 징수 또는 체납처분에 관한 업무를 국세청장에게 위탁할 수 있다(법434③). 금융위원회는 체납처분에 관한 업무를 국세청장에게 위탁하는 경우에는 금융위원회의 의결서, 세입징수결의서 및 고지서, 납부독촉장 등을 첨부한 서면으로 하여야 한다(영383①).

6. 과오납금의 환급

금융위원회는 과징금 납부의무자가 이의신청의 재결 또는 법원의 판결 등의 사유로 과징금 과오납금의 환급을 청구하는 경우에는 지체 없이 환급하여야 하며, 과징금 납부의무자의 청구가 없어도 금융위원회가 확인한 과오납금은 환급하여야 한다(법434의2①). 금융위원회는 과오납금을 환급하는 경우 환급받을 자가 금융위원회에 납부하여야 하는 과징금이 있으면 환급하는 금액을 과징금에 충당할 수 있다(법434의2②). 금융위원회는 과징금을 환급하는 경우에는 과징금을 납부한 날부터 환급한 날까지의 기간에 대하여 금융기관의 정기예금 이자율을 고려하여 금융위원회가 정하여 고시하는 이율인 가산금 이율을 적용하여 환급가산금을 환급받을 자에게 지급하여야 한다(법434의3, 영383의2).

7. 결손처분

금융위원회는 과징금 납부의무자에게 ⅰ) 체납처분이 끝나고 체납액에 충당된 배분금액이 체납액에 미치지 못하는 경우, ⅱ) 징수금 등의 징수권에 대한 소멸시효가 완성된 경우, ⅲ) 체납자의 행방이 분명하지 아니하거나 재산이 없다는 것이 판명된 경우, ⅳ) 체납처분의 목적물인 총재산의 추산가액이 체납처분 비용에 충당하면 남을 여지가 없음이 확인된 경우, ⅴ) 체납처분의 목적물인 총재산이 징수금 등보다 우선하는 국세, 지방세, 전세권·질권·저당권 및 동산채권담보법에 따른 담보권으로 담보된 채권 등의 변제에 충당하면 남을 여지가 없음이 확인된 경우, ⅵ) 그 밖에 징수할 가망이 없는 경우로서 대통령령으로 정하는 사유[42])에 해당하는 경우에는 결손처분을 할 수 있다(법434의4).

Ⅴ. 과태료

자본시장법 제449조는 일정한 위반행위에 대하여 1억원 이하의 과태료를 부과하는 경우(제1항), 5천만원 이하의 과태료를 부과하는 경우(제2항), 3천만원 이하의 과태료를 부과하는 경우(제3항)를 규정한다. 법 제449조 제1항부터 제3항까지의 규정에 따른 과태료의 부과기준은 별표 22와 같다(영390).

---

42) "대통령령으로 정하는 사유"란 다음의 어느 하나에 해당하는 경우를 말한다(영383의3).
　　1. 채무자회생법 제251조에 따라 면책된 경우
　　2. 불가피한 사유로 환수가 불가능하다고 인정되는 경우로서 금융위원회가 정하여 고시하는 경우

제3절 검사

Ⅰ. 서설

1. 검사의 의의

검사는 금융기관의 업무활동과 경영상태를 분석·평가하고 금융기관이 취급한 업무가 관계 법령에 위반되지 않았는지를 확인·점검하여 적절한 조치를 취하는 활동으로서, 감독정책이 시장에서 작동되도록 보장할 뿐만 아니라 검사결과 도출된 제반 정보를 반영하여 보다 실효성 있는 금융감독정책을 수립할 수 있도록 지원하는 기능도 담당한다. 이에 반해 금융감독은 사전 예방적인 감독활동과 사후교정적인 검사활동으로 구분할 수 있다. 일반적으로 감독은 금융기관의 건전경영을 유도하기 위하여 기준을 설정하고 이를 준수하도록 지도하는 행위를 말한다.[43]

금융기관에 대한 검사방식은 과거에는 사후교정적 측면을 강조하는 지적위주의 검사에서 1980년대 이후에는 금융자율화 추세에 따라 내부통제 기능 강화와 책임경영체제 확립을 도모하였고, 2000년대 이후에는 제한된 검사인력을 효율적으로 운용하기 위하여 리스크중심의 검사를 지향하고 있으며, 2008년 금융위기 이후에는 금융기관 및 금융시장의 잠재적 위험에 선제적으로 대응하여 위기의 발생을 억제하는 사전예방적 검사의 중요성이 강조되어 금융시스템에 영향이 큰 대형금융기관에 대한 현장검사의 강화 및 상시감시활동, 금융기관의 내부감사 및 내부통제 활동의 중요성이 더욱 부각되고 있다.

금융감독당국은 금융기관의 건전성 및 영업행위에 대한 검사를 통해 문제점을 적발하고, 이에 대한 심의를 거쳐 제재조치를 내리게 되는데, 검사란 제재조치의 시작점이라고 할 수 있다. 따라서 제재가 실효성을 갖기 위해서는 검사라는 첫 단추가 적절히 채워져야 할 것이다.[44]

2. 검사의 법적 근거

금융감독원은 금융위원회법 또는 다른 법령에 따라 검사대상기관의 업무 및 재산상황에 대한 검사업무를 수행한다(금융위원회법37(1)). 금융위원회법 제37조 및 동법 시행령, 금융업관련법 및 그 시행령과 기타 관계법령에 의하여 금융감독원장("감독원장")이 실시하는 검사의 방법, 검사결과의 처리 및 제재, 기타 필요한 사항을 정한 금융위원회 고시로 「금융기관 검사 및

---

43) 금융감독원(2020), 「금융감독개론」, 금융감독원(2020. 3), 427쪽.
44) 이승민(2013), "금융기관 및 그 임직원에 대한 제재의 실효성 제고방안", 서울대학교 대학원 석사학위논문(2013. 12). 134쪽.

제재에 관한 규정」("검사제재규정")이 있다. 검사는 행정조사의 일종으로서 권력적 행정조사와 비권력적 행정조사를 모두 포함한다.

3. 검사대상기관

금융감독원의 검사를 받는 기관은 은행, 금융투자업자, 증권금융회사, 종합금융회사 및 명의개서대행회사, 보험회사, 상호저축은행과 그 중앙회, 신용협동조합 및 그 중앙회, 여신전문금융회사 및 겸영여신업자, 농협은행, 수협은행이 있으며, 다른 법령에서 금융감독원이 검사를 하도록 규정한 기관도 검사대상기관이다(금융위원회법38).

검사제재규정의 적용범위는 감독원장이 검사를 실시하는 "금융기관"에 적용한다(검사제재규정2①). 여기서 "금융기관"이라 함은 설립·해산, 영업의 인·허가, 승인 또는 업무감독·검사 등과 관련하여 금융위원회법 및 금융업관련법의 적용을 받는 회사·관계기관·단체 등을 말한다(검사제재규정3(2)).

Ⅱ. 검사의 종류

1. 종합검사와 부문검사

이는 운영방식에 따른 구분이다. "종합검사"란 금융기관의 업무전반 및 재산상황에 대하여 종합적으로 실시하는 검사를 말하고(검사제재규정3(3)), "부문검사"란 금융사고예방, 금융질서확립, 기타 금융감독정책상의 필요에 의하여 금융기관의 특정부문에 대하여 실시하는 검사를 말한다(검사제재규정3(4)).

2. 현장검사와 서면검사

이는 검사 실시방법에 따른 구분이다. "현장검사"란 검사원(감독원장의 명령과 지시에 의하여 검사업무를 수행하는 자)이 금융기관을 방문하여 실시하는 검사를 말하고(검사제재규정3(5)), "서면검사"란 검사원이 금융기관으로부터 자료를 제출받아 검토하는 방법으로 실시하는 검사를 말한다(검사제재규정3(6)).

3. 건전성검사와 영업행위검사

실시목적 기준에 따라 건전성검사와 영업행위검사로 구분된다. 건전성검사는 금융기관의 리스크관리, 경영실태평가, 지배구조 등 건전경영 유도 목적에 보다 중점을 둔 검사이며, 영업행위검사는 금융소비자에 대한 금융상품 판매행위 등 금융소비자 보호 및 금융거래질서 확립 목적에 보다 중점을 둔 검사이다.[45]

4. 평가성검사와 준법성검사

중대한 법규 위반사항 적발 목적 기준에 따라 평가성검사와 준법성검사로 구분된다. 평가성검사는 컨설팅 방식으로 진행되며 미흡한 사항에 대해서는 개선권고, 경영유의, 현지조치, MOU 체결 등으로 처리하되, 중대한 법규 위반사항 발견 시에는 준법성검사로 전환한다. 준법성검사는 사실관계 확인 및 위법성 검토 방식으로 진행되며, 검사결과 위법성의 경중에 따라 기관 및 개인에 대해 제재조치를 한다. 평가성검사와 준법성검사가 혼재된 경우 준법성검사로 구분한다.

Ⅲ. 검사의 절차

1. 상시감시업무

"상시감시"란 금융기관에 대하여 임직원 면담, 조사출장, 영업실태 분석, 재무상태 관련 보고서 심사, 경영실태 계량평가, 기타 각종자료 또는 정보의 수집·분석을 통하여 문제의 소지가 있는 금융기관 또는 취약부문을 조기에 식별하여 현장검사 실시와 연계하는 등 적기에 필요한 조치를 취하여 금융기관의 안전하고 건전한 경영을 유도하는 감독수단을 말한다(검사제재규정3(15)).

금융기관에 대한 상시감시업무는 상시감시자료, 즉 ⅰ) 업무 또는 영업보고서, ⅱ) 금융기관 경영실태평가에 활용되고 있는 계량지표 또는 보조지표 자료, ⅲ) 임직원 면담 및 조사출장 결과 자료, ⅳ) 금융기관이 검사원의 요구에 따라 제출한 자료, ⅴ) 검사원 등이 수집한 정보·건의사항, ⅵ) 기타 검사총괄담당부서장 및 검사실시부서장이 필요하다고 판단하는 자료를 검토·분석하는 방법으로 수행한다(검사제재규정 시행세칙6①, 이하 "시행세칙"). 감독원장은 내부통제 및 리스크관리 강화 등이 필요하다고 판단되는 금융기관에 대하여 검사원을 일정기간 상주시키면서 상시감시업무를 수행하도록 할 수 있다(시행세칙6②).

상시감시결과 취할 수 있는 조치의 종류는 ⅰ) 경영개선권고, 금융위원회("금융위")에 경영개선요구 건의·경영개선명령 건의, ⅱ) 경영실태평가 등급 조정, ⅲ) 검사계획수립 및 중점검사항목에 반영, ⅳ) 검사실시, ⅴ) 시정계획 제출요구 또는 보고서 주기 단축 등 사후관리 강

---

45) 금융감독원(2020), 429쪽.

화, vi) 확약서·양해각서 체결 등이다(시행세칙7).

2. 검사계획의 수립 및 중점검사사항 운영

(1) 검사계획의 수립

검사총괄담당부서장은 다음 연도의 검사계획을 수립한다(시행세칙4①). 검사실시부서장은 각 부서별 연간검사계획을 수립하여 이를 검사총괄담당부서장에게 통보하여야 한다(시행세칙4② 전단). 검사계획의 일부를 변경 또는 조정하는 경우에도 그러하다(시행세칙4② 후단). 연간검사계획에는 검사의 종류, 검사대상점포 및 점포수, 검사실시시기, 검사동원인원, 주요 검사실시 범위 등이 포함되어야 한다(시행세칙4④ 본문). 다만, 부문검사의 경우에는 이를 미리 정하지 아니할 수 있다(시행세칙4④ 단서). 금융지주회사등에 대한 연결검사를 위한 연간검사계획은 주검사부서가 자회사 및 손자회사 담당 검사실시부서와 협의하여 수립하고, 각 검사실시부서는 이를 연간검사계획에 포함하여 검사총괄담당부서장에게 통보하여야 한다(시행세칙4③ 전단). 검사계획의 일부를 변경 또는 조정하는 경우에도 그러하다(시행세칙4③ 후단). "연결검사"라 함은 금융지주회사와 그 자회사 및 손자회사("금융지주회사등")에 대한 연결기준 재무상태 및 경영성과 등 경영의 건전성 평가와 그 업무 및 재산에 대한 적정성 등을 확인하기 위해 실시하는 검사를 말한다(시행세칙2(7)).

(2) 중점검사사항 운영

중점검사사항은 기본항목과 수시항목으로 구분 운영한다(시행세칙5①). "중점검사사항 기본항목"이라 함은 주요 금융감독정책 및 검사방향 등에 따라 연중 계속적으로 중점검사하여야 할 사항을 말하고(시행세칙2(1)), "중점검사사항 수시항목"이라 함은 검사실시시기 또는 검사대상점포의 특성에 따라 중점검사하여야 할 사항을 말한다(시행세칙2(2)).

검사실시부서장은 금융환경, 업계동향 및 금융기관의 특성 등을 감안하여 중점검사사항 기본항목을 선별 운영할 수 있으며, 상시감시결과 나타난 금융기관의 경영상 취약부문 등을 중점검사사항 수시항목으로 선정하여 운영할 수 있다(시행세칙5②). 검사위탁기관이 검사위탁과 관련하여 감독원장에게 중점검사사항을 통보하는 경우에는 이를 당해 위탁검사대상기관에 대한 중점검사사항 기본항목으로 운영한다(시행세칙5③).

3. 검사사전준비

검사실시부서장은 검사사전준비를 위하여 금융기관의 업무 및 재산에 관한 자료, 상시감시자료, 유관부서의 확인요청 사항, 과거 사고·민원발생 내용, 정보 및 건의사항, 기타 조사 및 분석자료 및 정보를 수집·분석하여 활용하여야 한다(시행세칙9①). 검사실시부서장은 검사사전준비를 위하여 필요한 경우 소속 검사원으로 하여금 금융기관에 임점하여 필요한 자료 등을 수집하게 할 수 있다(시행세칙11①).

　　검사실시부서장은 검사사전준비를 위하여 필요한 경우 검사실시 전에 유관부서 등과 검사사전준비협의회를 개최할 수 있다(시행세칙10①). 검사사전준비협의회는 검사계획의 개요 및 중점검사사항, 금융기관 경영상의 주요 문제점, 금융거래자 보호 및 공정한 금융거래질서 유지와 관련한 주요 문제점, 자체감사부서의 활동상황 등을 협의한다(시행세칙10③).

4. 검사의 실시

(1) 검사실시

　　감독원장은 금융기관의 업무 및 재산상황 또는 특정부문에 대한 검사를 실시한다(검사제재규정8①). 관계법령에 의하여 금융위가 감독원장으로 하여금 검사를 하게 할 수 있는 금융기관에 대하여는 따로 정하는 경우를 제외하고는 감독원장이 검사를 실시한다(검사제재규정8②). 검사의 종류는 종합검사와 부문검사로 구분하고, 검사의 실시는 현장검사 또는 서면검사의 방법으로 행한다(검사제재규정8③). 감독원장은 매년 당해 연도의 검사업무의 기본 방향과 당해 연도 중 검사를 실시할 금융기관, 검사의 목적과 범위 및 검사 실시기간 등이 포함된 검사계획을 금융위에 보고하여야 한다(검사제재규정8④).

(2) 검사의 사전통지

　　감독원장은 현장검사를 실시하는 경우에는 검사목적 및 검사기간 등이 포함된 검사사전예고통지서를 당해 금융기관에 검사착수일 1주일 전(종합검사의 경우 1개월 전)까지 통지하여야 한다(검사제재규정8의2 본문). 다만, ⅰ) 사전에 통지할 경우 자료·장부·서류 등의 조작·인멸, 대주주의 자산은닉 우려 등으로 검사목적 달성에 중요한 영향을 미칠 것으로 예상되는 경우, ⅱ) 검사 실시 사실이 알려질 경우 투자자 및 예금자 등의 심각한 불안 초래 등 금융시장에 미치는 악영향이 클 것으로 예상되는 경우, ⅲ) 긴급한 현안사항 점검 등 사전통지를 위한 시간적 여유가 없는 불가피한 경우, ⅳ) 기타 검사목적 달성이 어려워질 우려가 있는 경우로서 감독원장이 정하는 경우에는 그러하지 아니하다(검사제재규정8의2 단서).

(3) 금융기관 임직원의 조력을 받을 권리

　　현장검사 과정에서 검사를 받는 금융기관 임직원은 문답서 및 확인서 작성시 변호사 또는 기타 전문지식을 갖춘 사람으로서 감독원장이 정하는 사람("조력자")의 조력을 받을 수 있다(검사제재규정8의3①). 검사원은 문답서 및 확인서 작성시 검사를 받는 금융기관 임직원과 조력자의 주요 진술내용을 충분히 반영하여 작성하고, 검사 기록으로 관리하여야 한다(검사제재규정8의3②).

(4) 자료제출요구 등

감독원장은 검사 및 상시감시업무를 수행함에 있어 필요한 경우에는 금융기관에 대하여 업무 또는 재산에 관한 보고 및 자료의 제출을 요구할 수 있으며, 필요한 경우에는 자본시장법, 보험업법 등 관계법령이 정하는 바에 따라 관계자 등에 대하여 진술서의 제출, 증언 또는 장부·서류 등의 제출을 요구할 수 있다(검사제재규정9①). 자료의 제출은 정보통신망을 이용한 전자문서의 방법에 의할 수 있다(검사제재규정9②).

감독원장은 검사 및 상시감시 업무와 관련하여 제출받은 자료·장부·서류 등에 대해, 조작이 의심되어 원본 확인이 필요한 경우 금융기관의 자료·장부·서류 등의 원본을 금융감독원에 일시 보관할 수 있다(검사제재규정9③). 일시 보관하고 있는 자료·장부·서류 등의 원본에 대하여 금융기관이 반환을 요청한 경우에는 검사 및 상시감시업무에 지장이 없는 한 즉시 반환하여야 한다(검사제재규정9④ 전단). 이 경우 감독원장은 자료·장부·서류 등의 사본을 보관할 수 있고, 그 사본이 원본과 다름없다는 사실에 대한 확인을 금융기관에 요구할 수 있다(검사제재규정9④ 후단).

(5) 권익보호담당역

감독원장은 검사업무 수행과정에서 금융기관 및 그 임직원의 권익보호를 위하여 금융기관 및 그 임직원의 권익보호업무를 총괄하는 권익보호담당역을 둔다(검사제재규정10①). 감독원장은 권익보호담당역이 업무를 수행함에 있어 독립성이 보장될 수 있도록 하여야 한다(검사제재규정10②). 권익보호담당역의 임기는 3년으로 한다(검사제재규정10③). 권익보호담당역은 금융기관의 신청이 있는 경우에, 검사 과정에서 위법·부당한 검사가 진행되거나 절차상 중요한 흠결이 있다고 인정되면, 감독원장에게 검사중지 건의 또는 시정 건의를 할 수 있다(검사제재규정10④). 권익보호담당역은 그 업무수행 과정에서 필요한 경우, 검사원에 대한 소명요구, 검사자료 제출요구 등 검사업무 수행 과정에 대한 조사를 할 수 있다(검사제재규정10⑤).

(6) 의견진술기회 부여

검사반장은 검사결과 나타난 위법·부당행위의 관련자 또는 당해 금융기관에 대하여 의견진술의 기회를 주어야 한다(시행세칙27①). 의견진술은 의견서, 문답서 또는 질문서에 의하며, 관련자 또는 당해 금융기관이 의견제출을 하지 아니하거나 거부한 경우에는 의견이 없는 것으로 본다(시행세칙27②).

IV. 검사결과의 보고, 통보 및 조치

1. 검사결과의 보고

감독원장은 금융기관에 대하여 검사를 실시한 경우에는 그 결과를 종합정리하여 금융위에 보고하여야 한다(검사제재규정13① 본문). 다만, 금융기관의 특정부문에 대하여 실시한 부문검사로서 현지조치사항만 있거나 조치요구사항이 없는 경우에는 보고를 생략할 수 있다(검사제재규정13① 단서). 감독원장은 시스템리스크 초래, 금융기관 건전성의 중대한 저해, 다수 금융소비자 피해 등의 우려가 있다고 판단하는 경우에는 보고와 별도로 검사 종료 후 지체없이 그 내용을 금융위에 보고하여야 한다(검사제재규정13②). 감독원장은 타기관에 위임 또는 위탁한 검사에 대하여도 그 검사결과를 보고받아 금융위에 보고하여야 한다(검사제재규정13③).

2. 검사결과의 통보 및 조치

(1) 검사결과의 통보 및 조치요구

(가) 의의

감독원장은 금융기관에 대한 검사결과를 검사서에 의해 당해 금융기관에 통보하고 필요한 조치를 취하거나 당해 금융기관의 장에게 이를 요구할 수 있으며(검사제재규정14①), 조치를 요구한 사항에 대하여 금융기관의 이행상황을 관리하여야 한다(검사제재규정14③ 본문). 다만, 현지조치사항에 대하여는 당해 금융기관의 자체감사조직의 장이나 당해 금융기관의 장에게 위임하며, 신용협동조합·농업협동조합·수산업협동조합·산림조합에 대한 조치요구사항은 당해 설립법에 의한 중앙회장에게 위임할 수 있다(검사제재규정14③ 단서).

(나) 검사결과 조치요구사항

검사서 작성 및 검사결과 조치요구사항은 아래와 같이 구분한다(검사제재규정14②). 여기서 "조치요구사항"이란 경영유의사항, 지적사항, 현지조치사항 등 감독원장이 금융기관에 대하여 조치를 요구하는 사항을 말한다(검사제재규정3(8)).

1) 경영유의사항

경영유의사항이란 금융기관에 대한 검사결과 경영상 취약성이 있는 것으로 나타나 경영진의 주의 또는 경영상 조치가 필요한 사항을 말한다(검사제재규정3(9)).

2) 지적사항

지적사항이란 금융기관에 대한 검사결과 나타난 위법·부당한 업무처리내용 또는 업무처리방법의 개선 등이 필요한 사항을 말하며, 이는 문책·자율처리필요·주의·변상·개선사항으로 다음과 같이 구분한다(검사제재규정3(10)).

 ⅰ) 문책사항(가목): 금융기관 또는 금융기관의 임직원이 금융관련법규를 위반하거나 금융기관의 건전한 영업 또는 업무를 저해하는 행위를 함으로써 신용질서를 문란하게 하거나 당해 기관의 경영을 위태롭게 하는 행위로서 과태료·과징금 부과, 기관 및 임원에 대한 주의적 경고 이상의 제재, 직원에 대한 면직·업무의 전부 또는 일부에 대한 정직·감봉·견책에 해당하는 제재의 경우, ⅱ) 자율처리필요사항(나목): 금융기관 직원의 위법·부당행위에 대하여 당해 금융기관의 장에게 그 사실을 통보하여 당해 금융기관의 장이 조치대상자와 조치수준을 자율적으로 결정하여 조치하도록 하는 경우, ⅲ) 주의사항(다목): 위법 또는 부당하다고 인정되나 정상참작의 사유가 크거나 위법·부당행위의 정도가 상당히 경미한 경우, ⅳ) 변상사항(라목): 금융기관의 임직원이 고의 또는 중대한 과실로 금융관련법규 등을 위반하는 등으로 당해 기관의 재산에 대하여 손실을 끼쳐 변상책임이 있는 경우, ⅴ) 개선사항(마목): 규정, 제도 또는 업무운영 내용 등이 불합리하여 그 개선이 필요한 경우

3) 현지조치사항

현지조치사항이란 금융기관에 대한 검사결과 나타난 위법·부당행위 또는 불합리한 사항 중 그 정도가 경미하여 검사반장이 검사현장에서 시정, 개선 또는 주의조치하는 사항을 말한다(검사제재규정3(11)).

(2) 표준검사처리기간

감독원장은 표준검사처리기간 운영을 통해 검사결과가 신속히 처리될 수 있도록 노력하여야 한다(검사제재규정14⑤). 표준검사처리기간이란 검사종료 후부터 검사결과 통보까지 소용되는 기간으로서 180일 이내에서 감독원장이 정하는 기간을 말하는데(검사제재규정14⑤), 종합검사 180일, 부문검사 중 준법성검사 152일, 평가성검사 90일을 말하며, 세부사항은 [별표 10]의 표준검사처리기간에 의한다(시행세칙30의2①). 감독원장은 표준검사처리기간을 경과한 검사 건에 대하여 그 건수와 각각의 지연사유, 진행상황 및 향후 처리계획을 매 반기 종료 후 1개월 이내에 금융위에 보고하여야 한다(검사제재규정14⑧ 본문).

표준검사처리기간에는 ⅰ) 관련 사안에 대한 유권해석, 법률·회계 검토에 소요되는 기간, ⅱ) 제재대상자에 대한 사전통지 및 의견청취에 소요되는 기간, ⅲ) 검사종료 후 추가적인 사실관계 확인을 위해 소요되는 기간, ⅳ) 관련 소송 및 수사·조사기관의 수사 및 조사 진행으로 인하여 지연되는 기간, ⅴ) 제재심의위원회의 추가 심의에 소요되는 기간, ⅵ) 제재심의위원회의 최종 심의일로부터 금융위 의결일(금융위가 금융위원장에게 제재조치 권한을 위임한 경우 동 제재조치의 결정일), ⅶ) 기타 표준검사처리기간에 산입하지 않는 것이 제재의 공정성 및 형평성 등을 위해 필요하다고 감독원장이 인정하는 기간은 산입하지 아니한다(검사제재규정14⑥). 표준

검사처리기간의 운영과 관련하여 구체적인 불산입 기간 등 세부사항은 감독원장이 정한다(검사제재규정14⑦).[46]

(3) 조치요구사항에 대한 정리기한 및 보고

금융기관은 조치요구사항에 대하여 특별한 사유가 있는 경우를 제외하고는 검사서를 접수한 날로부터 경영유의사항은 6월 이내, 지적사항 중 문책사항은 관련 임직원에 대한 인사조치 내용은 2월 이내, 문책사항에 주의사항 또는 개선사항 등이 관련되어 있는 경우에는 3월 이내, 자율처리필요·주의·변상·개선사항은 3월 이내에 이를 정리하고 그 결과를 기한종료일로부터 10일 이내에 <별지 서식>에 의하여 감독원장에게 보고하여야 한다(검사제재규정15①).

감독원장은 검사결과 조치요구사항(경영유의사항, 자율처리필요사항 및 개선사항은 제외)에 대한 금융기관의 정리부진 및 정리 부적정 사유가 관련 임직원의 직무태만 또는 사후관리의 불철저에서 비롯된 것으로 판단하는 경우에는 책임이 있는 임직원에 대하여 제재절차를 진행할 수 있다(검사제재규정15②).

(4) 자체감사결과에 따른 조치

금융기관은 자체감사결과 등으로 발견한 정직 이상 징계처분이 예상되는 직원에 대하여 ⅰ) 위법·부당행위가 명백하게 밝혀졌을 경우에는 지체없이 직위를 해제하되 징계확정 전에 의원면직 처리하여서는 아니 된다. ⅱ) 직원이 사직서를 제출하는 경우에는 동 사직서 제출경위를 조사하고 민법 제660조 등 관계법령에 의한 고용계약 해지의 효력이 발생하기 전에 징계조치 및 사고금 보전 등 필요한 조치를 취한다(검사제재규정16②).

---

46) 검사제재규정 시행세칙 제30조의2(표준검사처리기간) ② 규정 제14조 제7항에 따른 표준처리기간에 산입되지 아니하는 기간으로서 감독원장이 정하는 기간은 다음의 각 호와 같다. 다만, 제1호, 제3호 및 제6호의 경우에는 최대 60일을 초과하여서는 아니 된다.
  1. 검사실시부서가 관련법규 소관 정부부처, 법무법인, 회계법인 및 감독원 법무·회계 관련부서에 검사처리 관련 사안에 대한 유권해석(과태료·과징금 부과건의 관련 질의를 포함한다) 또는 법률·회계 검토를 의뢰한 날로부터 회신일까지 소요기간
  2. 시행세칙 제59조 제1항의 규정에 의한 제재대상자에 대한 사전통지 및 의견청취 소요기간(사전통지일부터 의견접수일까지의 기간), 같은 조 제2항의 규정에 의한 제재대상자에 대한 공고기간, 제60조의 규정에 의한 청문절차 소요기간(청문실시 통지일부터 청문주재자의 의견서 작성일까지의 기간)
  3. 검사종료후 추가적인 사실관계 확인을 위한 후속검사 소요기간(검사총괄담당부서장이 합의하는 사전준비기간 및 집중처리기간을 포함) 및 주요 입증자료 등 징구에 소요되는 기간(자료요구일로부터 자료접수일까지의 기간)
  4. 검사결과 처리가 관련 소송 및 수사·조사기관의 수사·조사 결과에 연관된다고 감독원장이 판단하는 경우 동 판단시점부터 재판 확정 또는 수사 및 조사 결과 통지 등까지 소요되는 기간
  5. 제재심의위원회가 심의를 유보한 경우 심의 유보일로부터 제재심의위원회 최종 심의일까지의 소요기간
  6. 제재의 형평성을 위해 유사사안에 대한 다수의 검사 건을 함께 처리할 필요가 있는 경우 일괄처리를 위해 소요되는 기간

제4절 제재(검사결과의 조치)

Ⅰ. 서설

1. 제재의 의의

제재라 함은 금융감독원의 검사결과 등에 따라 금융기관 또는 그 임직원에 대하여 금융위 또는 감독원장이 검사제재규정에 의하여 취하는 조치를 말한다(검사제재규정3(18)). 검사결과 법 규위반행위에 대하여는 제재를 하게 되는데, 제재는 금융기관 또는 그 임직원에게 영업상, 신 분상, 금전상의 불이익을 부과함으로써 금융기관 경영의 건전성 확보 및 금융제도의 안정성 도 모 등 금융기관 감독목적의 실효성을 확보하기 위한 사후적 감독수단이다.[47]

제재는 금융관련법령의 목적달성인 금융감독의 목적을 달성하기 위하여 검사대상기관에 부과하는 징계벌이라는 점에서 검사대상기관의 장이 그 소속직원에 대하여 취하는 면직, 정직, 감봉, 견책 등의 신분상의 조치인 징계와 구별된다. 징계란 감독원장의 요구에 의하여 당해 기 관의 장이 그 소속직원에 대하여 취하는 면직, 정직, 감봉, 견책 등 신분상의 제재조치를 말한 다(검사제재규정3(19)).

2. 제재의 법적 근거

제재는 금융기관 및 그 임직원에게 새로운 의무를 부과하거나 기존의 권리나 이익을 박탈 하는 등 영업상, 신분상, 금전상의 불이익 부과를 주된 내용으로 하고 있으므로 명확한 법적 근거가 있어야 한다. 따라서 금융감독기관이 제재를 하기 위해서는 명확한 법적 근거가 요구되 는데, 현행 금융기관 임직원에 대한 제재는 금융위원회법, 은행법, 자본시장법, 보험업법 등의 개별 금융관련법령, 그리고 금융기관 검사 및 제재에 관한 규정 및 동 규정 시행세칙에 그 법 적 근거를 두고 있다.

금융위원회법은 금융위원회의 소관 사무 중 하나로 금융기관 감독 및 검사·제재에 관한 사항을 규정하고 있으며(금융위원회법17(2)), 또한 금융감독원은 금융위원회법 또는 다른 법령에 따라 검사대상기관의 업무 및 재산상황에 대한 검사업무를 수행한 검사결과와 관련하여 금융 위원회법 또는 다른 법령에 따른 제재업무를 수행한다(금융위원회법37(2)).

감독원장은 검사대상기관의 임직원이 ⅰ) 금융위원회법 또는 금융위원회법에 따른 규정· 명령 또는 지시를 위반한 경우, ⅱ) 금융위원회법에 따라 원장이 요구하는 보고서 또는 자료를

---
47) 금융감독원(2020), 436쪽.

거짓으로 작성하거나 그 제출을 게을리한 경우, iii) 금융위원회법에 따른 금융감독원의 감독과 검사 업무의 수행을 거부·방해 또는 기피한 경우, iv) 원장의 시정명령이나 징계요구에 대한 이행을 게을리한 경우에는 그 기관의 장에게 이를 시정하게 하거나 해당 직원의 징계를 요구할 수 있다(금융위원회법41①). 징계는 면직·정직·감봉·견책 및 경고로 구분한다(금융위원회법41②).

감독원장은 검사대상기관의 임원이 금융위원회법 또는 금융위원회법에 따른 규정·명령 또는 지시를 고의로 위반한 때에는 그 임원의 해임을 임면권자에게 권고할 수 있으며, 그 임원의 업무집행의 정지를 명할 것을 금융위원회에 건의할 수 있다(금융위원회법42).

감독원장은 검사대상기관이 금융위원회법 또는 금융위원회법에 따른 규정·명령 또는 지시를 계속 위반하여 위법 또는 불건전한 방법으로 영업하는 경우에는 금융위원회에 i) 해당 기관의 위법행위 또는 비행(非行)의 중지, 또는 ii) 6개월의 범위에서의 업무의 전부 또는 일부 정지를 명할 것을 건의할 수 있다(금융위원회법43).

Ⅱ. 제재의 종류

1. 기관제재의 종류와 사유

금융위원회법, 금융산업구조개선법 및 금융업관련법의 규정 등에 의거 금융기관에 대하여 취할 수 있는 제재의 종류 및 사유는 다음 각호와 같다(검사제재규정17①). 감독원장은 금융기관이 다음 각호에 해당하는 사유가 있는 경우에는 당해 금융기관에 대하여 제1호 내지 제6호에 해당하는 조치를 취할 것을 금융위에 건의하여야 하며, 제7호 및 제9호에 해당하는 조치를 취할 수 있다(다만, 개별 금융업관련법 등에서 달리 정하고 있는 때에는 그에 따른다. 이하 제18조 제2항, 제19조 제1항, 제21조에서 같다)(검사제재규정17②).

(1) 영업의 인가·허가 또는 등록의 취소, 영업·업무의 전부 정지(제1호)

제재 사유는 i) 허위 또는 부정한 방법으로 인가·허가를 받거나 등록을 한 경우 또는 인가·허가의 내용이나 조건에 위반한 경우(가목), ii) 금융기관의 건전한 영업 또는 업무를 크게 저해하는 행위를 함으로써 건전경영을 심히 훼손하거나 당해 금융기관 또는 금융거래자 등에게 중대한 손실을 초래한 경우(나목), iii) 영업·업무의 전부 또는 일부에 대한 정지조치를 받고도 당해 영업·업무를 계속하거나 동일 또는 유사한 위법·부당행위를 반복하는 경우(다목), iv) 위법부당행위에 대한 시정명령을 이행하지 않은 경우(라목)이다.

(2) 영업·업무의 일부에 대한 정지(제2호)

제재 사유는 i) 금융기관의 건전한 영업 또는 업무를 저해하는 행위를 함으로써 건전경영을 훼손하거나 당해 금융기관 또는 금융거래자 등에게 재산상 손실을 초래한 경우(나목),[48] ⅱ) 제3호의 영업점 폐쇄, 영업점 영업의 정지조치 또는 위법·부당행위의 중지조치를 받고도 당해 영업점 영업을 계속하거나 당해 행위를 계속하는 경우(다목), ⅲ) 제7호의 기관경고를 받고도 동일 또는 유사한 위법·부당행위를 반복하는 경우(라목)이다.

(3) 영업점의 폐쇄, 영업점 영업의 전부 또는 일부의 정지(제3호)

제재 사유는 금융기관의 위법·부당행위가 제2호의 "영업·업무의 일부에 대한 정지"에 해당되나 그 행위가 일부 영업점에 국한된 경우로서 위법·부당행위의 경중에 따라 당해 영업점의 폐쇄 또는 그 영업의 전부 또는 일부를 정지시킬 필요가 있는 경우이다.

(4) 위법·부당행위 중지(제4호)

제재 사유는 금융기관의 위법·부당행위가 계속되고 있어 이를 신속히 중지시킬 필요가 있는 경우이다.

(5) 계약이전의 결정(제5호)

제재 사유는 금융산업구조개선법에서 정한 부실금융기관이 동법 제14조 제2항[49] 각호의 1에 해당되어 당해 금융기관의 정상적인 영업활동이 곤란한 경우이다.

(6) 위법내용의 공표 또는 게시요구(제6호)

제재 사유는 금융거래자의 보호를 위하여 위법·부당내용을 일간신문, 정기간행물 기타 언론에 공표하거나 영업점에 게시할 필요가 있는 경우이다.

(7) 기관경고(제7호)

기관경고의 사유는 다음과 같다.

> 가. 제2호 나목의 규정에 해당되나 위법·부당행위의 동기, 목적, 방법, 수단, 사후수습 노력등을 고려할 때 그 위반의 정도가 제2호의 제재에 해당되는 경우보다 가벼운 경우
>
> 나. 위법·부당행위로서 그 동기·결과가 다음에 해당하는 경우

---

48) 가목은 삭제됨<2006. 8. 31.>.

49) 금융산업구조개선법 제14조(행정처분) ② 금융위원회는 부실금융기관이 다음의 어느 하나에 해당하는 경우에는 그 부실금융기관에 대하여 계약이전의 결정, 6개월 이내의 영업정지, 영업의 인가·허가의 취소 등 필요한 처분을 할 수 있다. 다만, 제4호에 해당하면 6개월 이내의 영업정지처분만을 할 수 있으며, 제1호 및 제2호의 부실금융기관이 부실금융기관에 해당하지 아니하게 된 경우에는 그러하지 아니하다.
  1. 제10조 제1항 또는 제12조 제3항에 따른 명령을 이행하지 아니하거나 이행할 수 없게 된 경우
  2. 제10조 제1항 및 제11조 제3항에서 규정하는 명령 또는 알선에 따른 부실금융기관의 합병 등이 이루어지지 아니하는 경우
  3. 부채가 자산을 뚜렷하게 초과하여 제10조 제1항에 따른 명령의 이행이나 부실금융기관의 합병 등이 이루어지기 어렵다고 판단되는 경우
  4. 자금사정의 급격한 악화로 예금등 채권의 지급이나 차입금의 상환이 어렵게 되어 예금자의 권익이나 신용질서를 해칠 것이 명백하다고 인정되는 경우

(1) 위법·부당행위가 당해 금융기관의 경영방침이나 경영자세에 기인한 경우

(2) 관련점포가 다수이거나 부서 또는 점포에서 위법·부당행위가 조직적으로 이루어진 경우

(3) 임원이 위법·부당행위의 주된 관련자이거나 다수의 임원이 위법·부당행위에 관련된 경우

(4) 동일유형의 민원이 집단적으로 제기되거나 금융거래자의 피해규모가 큰 경우

(5) 금융실명법의 중대한 위반행위가 발생한 경우

(6) 위법·부당행위가 수사당국에 고발 또는 통보된 사항으로서 금융기관의 중대한 내부통제 또는 감독 소홀 등에 기인한 경우

다. 최근 1년 동안 내부통제업무 소홀 등의 사유로 금융사고가 발생하여

(1) 당해 금융기관의 최근 분기말 현재 자기자본(자기자본이 납입자본금보다 적은 경우에는 납입자본금)의 2%(자기자본의 2%가 10억원 미만인 경우에는 10억원) 또는 다음의 금액을 초과하는 손실이 발생하였거나 발생이 예상되는 경우

(가) 자기자본이 1조 5천억원 미만인 경우: 100억원

(나) 자기자본이 1조 5천억원 이상 2조 5천억원 미만인 경우: 300억원

(다) 자기자본이 2조 5천억원 이상인 경우: 500억원

(2) 손실(예상)금액이 (1)에 미달하더라도 내부통제가 매우 취약하여 중대한 금융사고가 빈발하거나 사회적 물의를 크게 야기한 경우

(8) 기관주의(제9호)[50]

제7호에 해당하나 위법·부당행위의 동기, 목적, 방법, 수단, 사후수습 노력 등을 고려할 때 정상참작의 사유가 크거나 위법·부당행위의 정도가 제7호의 제재에 해당되는 경우보다 경미한 경우이다.

2. 임원제재의 종류와 사유

금융위원회법, 금융산업구조개선법 및 금융업관련법의 규정 등에 의거 금융기관의 임원에 대하여 취할 수 있는 제재의 종류 및 사유는 다음과 같다(검사제재규정18①). 감독원장은 금융기관의 임원이 제1항 각호에 해당하는 사유가 있는 경우에는 당해 임원에 대하여 제1항 제1호 및 제2호에 해당하는 조치를 취할 것을 금융위에 건의하여야 하며, 제1항 제3호 내지 제5호에 해당하는 조치를 취할 수 있다(검사제재규정18②). 다만, 개별 금융업관련법 등에서 달리 정하고 있는 때에는 그에 따른다(검사제재규정17②).

(1) 해임권고(해임요구, 개선요구 포함)(제1호)

제제 사유는 ⅰ) 고의로 중대한 위법·부당행위를 함으로써 금융질서를 크게 문란시키거

---

50) 제8호는 삭제됨 < 2004. 3. 5.>.

나 금융기관의 공신력을 크게 훼손한 경우(가목), ⅱ) 금융기관의 사회적 명성에 중대한 손상이 발생하는 등 사회적 물의를 야기하거나 금융기관의 건전한 운영을 크게 저해함으로써 당해 금융기관의 경영을 심히 위태롭게 하거나 당해 금융기관 또는 금융거래자 등에게 중대한 재산상의 손실을 초래한 경우(나목), ⅲ) 고의 또는 중과실로 재무제표 등에 허위의 사실을 기재하거나 중요한 사실을 기재하지 아니하여 금융거래자등에게 중대한 재산상의 손실을 초래하거나 초래할 우려가 있는 경우 또는 위의 행위로 인하여 금융산업구조개선법에서 정한 적기시정조치를 회피하는 경우(다목), ⅳ) 고의 또는 중과실로 감독원장이 금융관련법규에 의하여 요구하는 보고서 또는 자료를 허위로 제출함으로써 감독과 검사업무 수행을 크게 저해한 경우(라목), ⅴ) 고의 또는 중과실로 직무상의 감독의무를 태만히 하여 금융기관의 건전한 운영을 크게 저해하거나 금융질서를 크게 문란시킨 경우(마목), ⅵ) 기타 금융관련법규에서 정한 해임권고 사유에 해당하는 행위를 한 경우(바목)이다.

(2) 업무집행의 전부 또는 일부의 정지(제2호)

제재 사유는 ⅰ) 위법·부당행위가 제1호 각 목의 어느 하나에 해당되고 제1호에 따른 제재의 효과를 달성하기 위해 필요한 경우(가목), ⅱ) 위법·부당행위가 제1호 각 목의 어느 하나에 해당되나 위법·부당행위의 동기, 목적, 방법, 수단, 사후수습 노력 등을 고려할 때 정상참작의 사유가 있는 경우(나목)이다.

(3) 문책경고(제3호)

문책경고는 ⅰ) 금융관련법규를 위반하거나 그 이행을 태만히 한 경우(가목), ⅱ) 당해 금융기관의 정관에 위반되는 행위를 하여 신용질서를 문란시킨 경우(나목), ⅲ) 감독원장이 금융관련법규에 의하여 요구하는 보고서 또는 자료를 허위로 제출하거나 제출을 태만히 한 경우(다목), ⅳ) 직무상의 감독의무 이행을 태만히 하여 금융기관의 건전한 운영을 저해하거나 금융질서를 문란시킨 경우(라목), ⅴ) 금융관련법규에 의한 감독원의 감독과 검사업무의 수행을 거부·방해 또는 기피한 경우(마목), ⅵ) 금융위, 감독원장, 기타 감독권자가 행한 명령, 지시 또는 징계요구의 이행을 태만히 한 경우(바목), ⅶ) 기타 금융기관의 건전한 운영을 저해하는 행위를 한 경우(사목)이다.

(4) 주의적 경고(제4호)

주의적 경고는 제3호 각목의 1에 해당되나 위법·부당행위의 동기, 목적, 방법, 수단, 사후수습 노력 등을 고려할 때 정상참작의 사유가 있거나 위법·부당행위의 정도가 제3호의 제재에 해당되는 경우보다 가벼운 경우이다.

(5) 주의(제5호)

주의는 제4호에 해당되나 위법·부당행위의 동기, 목적, 방법, 수단, 사후수습 노력 등을 고려할 때 정상참작의 사유가 크거나 위법·부당행위의 정도가 제4호의 제재에 해당되는 경우보다 경미한 경우이다.

3. 직원제재의 종류와 사유

감독원장은 금융관련법규에 따라 ⅰ) 금융기관의 건전성 또는 금융소비자 권익을 크게 훼손하거나 금융질서를 문란하게 한 경우(제1호), ⅱ) 당해 금융기관의 내부통제체제가 취약하거나 제2항에 의한 자율처리필요사항이 과거에 부적정하게 처리되는 등 자율처리필요사항을 통보하기에 적합하지 않다고 판단되는 경우(제2호) 금융위에 금융기관의 직원에 대한 면직요구 등을 건의하거나 당해 금융기관의 장에게 소속 직원에 대한 면직, 정직, 감봉, 견책 또는 주의 등의 제재조치를 취할 것을 요구할 수 있다(검사제재규정19②). 다만, 개별 금융업관련법 등에서 달리 정하고 있는 때에는 그에 따른다(검사제재규정17②). 금융기관 직원에 대한 제재의 종류 및 사유는 다음과 같다(시행세칙45①).

(1) 면직(제1호)

면직 사유는 ⅰ) 고의 또는 중대한 과실로 위법·부당행위를 행하여 금융기관 또는 금융거래자에게 중대한 손실을 초래하거나 신용질서를 크게 문란시킨 경우(가목), ⅱ) 횡령, 배임, 절도, 업무와 관련한 금품수수 등 범죄행위를 한 경우(나목), ⅲ) 변칙적·비정상적인 업무처리로 자금세탁행위에 관여하여 신용질서를 크게 문란시킨 경우(다목), ⅳ) 고의 또는 중과실로 감독원장이 금융관련법규에 의하여 요구하는 보고서 또는 자료를 허위로 제출함으로써 감독과 검사업무 수행을 크게 저해한 경우(라목), ⅴ) 고의 또는 중과실로 직무상의 감독의무를 태만히 하여 금융기관의 건전한 운영을 크게 저해하거나 금융질서를 크게 문란시킨 경우(마목)이다.

(2) 업무의 전부 또는 일부에 대한 정직(제2호)

업무의 전부 또는 일부에 대한 정직 사유는 위 제1호 각목의 1에 해당되나 위법·부당행위의 동기, 목적, 방법, 수단, 사후수습 노력 등을 고려할 때 정상참작의 사유가 있거나 위법·부당행위의 정도가 제1호의 제재에 해당되는 경우보다 비교적 가벼운 경우이다.

(3) 감봉(제3호)

감봉 사유는 ⅰ) 위법·부당행위를 한 자로서 금융기관 또는 금융거래자에게 상당한 손실을 초래하거나 신용질서를 문란시킨 경우(가목), ⅱ) 업무와 관련하여 범죄행위를 한 자로서 사안이 가벼운 경우 또는 손실을 전액 보전한 경우(나목), ⅲ) 자금세탁행위에 관여한 자로서 사안이 가벼운 경우(다목), ⅳ) 감독원장이 금융관련법규에 의하여 요구하는 보고서 또는 자료를 허위로 제출하거나 제출을 태만히 한 경우(라목), ⅴ) 직무상의 감독의무 이행을 태만히 하여 금융기관의 건전한 운영을 저해하거나 금융질서를 문란시킨 경우(마목)이다.

(4) 견책(제4호)

견책 사유는 위 제3호 각목의 1에 해당되나 위법·부당행위의 동기, 목적, 방법, 수단, 사후수습 노력 등을 고려할 때 정상참작의 사유가 있거나 위법·부당행위의 정도가 제3호의 제재에 해당되는 경우보다 비교적 가벼운 경우이다.

(5) 주의(제5호)

주의 사유는 위 제4호에 해당되나 위법·부당행위의 동기, 목적, 방법, 수단, 사후수습 노력 등을 고려할 때 정상참작의 사유가 크거나 위법·부당행위의 정도가 제4호의 제재에 해당되는 경우보다 경미한 경우이다.

4. 금전제재

(1) 검사제재규정

감독원장은 금융기관 또는 그 임직원, 그 밖에 금융업관련법의 적용을 받는 자가 금융업관련법에 정한 과징금 또는 과태료의 부과대상이 되는 위법행위를 한 때에는 금융위에 과징금 또는 과태료의 부과를 건의하여야 한다(검사제재규정20① 전단). 당해 위법행위가 법령 등에 따라 부과면제 사유에 해당한다고 판단하는 경우에는 부과면제를 건의하여야 한다(검사제재규정20① 후단). 과징금 또는 과태료의 부과를 금융위에 건의하는 경우에는 <별표2> 과징금 부과기준, <별표3> 과태료 부과기준 및 <별표6> 업권별 과태료 부과기준에 의한다(검사제재규정20③).

그러나 감독원장은 과징금 또는 과태료의 부과면제 사유가 다음의 어느 하나에 해당하는 경우에는 금융위에 건의하지 않고 과징금 또는 과태료의 부과를 면제할 수 있다(검사제재규정20②).

1. 삭제 <2017. 10. 19.>
2. <별표2> 과징금 부과기준 제6호 라목의 (1)(경영개선명령조치를 받은 경우에 한한다), (2) 또는 마목의 (2), (4)
3. <별표3> 과태료 부과기준 제5호의 (1), (2)
4. 위반자가 채무자회생법에 따른 개인회생절차개시결정 또는 파산선고를 받은 경우

(2) 과징금

과징금이란 행정법규상의 의무위반에 대하여 행정청이 그 의무자에게 부과·징수하는 금전적 제재를 말한다. 과징금제도는 의무위반행위로 인하여 얻은 불법적 이익을 박탈하기 위하여 그 이익 금액에 따라 과하여지는 일종의 행정제재금의 성격을 갖는다.

(3) 과태료

과태료는 행정법규상 의무(명령·금지) 위반행위에 대하여 국가의 일반통치권에 근거하여 과하는 제재수단으로 그 위반이 행정상의 질서에 장애를 주는 경우 의무이행의 확보를 위하여 일반적으로 행정기관이 행정적 절차에 의하여 부과·징수하는 금전벌로서 이른바 행정질서벌에 속한다. 행정질서벌로서의 과태료는 과거의 행정법상 의무위반 사실을 포착하여 그에 대하여 사후에 과하는 제재수단의 의미가 강한 것이다.[51]

(4) 과징금과 과태료의 구별

과징금과 과태료는 모두 행정적 제재이고 금전제재라는 점에서는 유사하다. 그러나 과태료가 과거에 발생한 행정청에 대한 협조의무 위반이나 경미한 행정의무 위반에 대하여 사후적으로 금전적 제재를 가하는 행정질서벌로서 이미 완결된 사실관계를 규율대상으로 하여 금전적 불이익을 부과함으로써 향후 발생 소지가 있는 의무불이행을 방지하는데 그 목적이 있는데 비하여 과징금은 행정상의 의무불이행이나 의무위반행위로 취득한 경제적 이익을 환수하거나 위반자의 영업정지로 인하여 관계인들의 불편을 초래하거나 국가에 중대한 영향을 미치는 사업에 대해 영업정지에 갈음한 대체적 제재로서 행정기관이 금전적 제재를 부과한다는 점에서 그 부과목적이 상이하다.[52]

5. 확약서와 양해각서

(1) 확약서

감독원장은 금융기관에 대한 감독·상시감시 또는 검사결과 나타난 경영상의 취약점 또는 금융기관의 금융관련법규 위반(기관주의의 사유에 한한다)에 대하여 당해 금융기관으로부터 이의 개선을 위한 확약서 제출을 요구할 수 있다(검사제재규정20의2① 본문). 다만, 금융관련법규 위반에 대한 확약서 제출 요구는 ⅰ) 행위 당시 위법·부당 여부가 불분명하였거나 업계 전반적으로 위법·부당 여부에 대한 인식 없이 행하여진 경우(제1호), ⅱ) 위법·부당행위에 고의 또는 중과실이 없는 경우로써 제재보다 확약서 이행에 의한 자율개선이 타당하다고 판단되는 경우(제2호)에 한하여 할 수 있다(검사제재규정20의2① 단서).

(2) 양해각서

감독원장은 금융기관에 대한 감독·상시감시 또는 검사결과 나타난 경영상의 심각한 취약점 또는 금융기관의 금융관련법규 위반(기관경고 이하의 사유에 한한다)에 대하여 당해 금융기관과 이의 개선대책의 수립·이행을 주요 내용으로 하는 양해각서를 체결할 수 있다(검사제재규정

---

51) 헌법재판소 1994. 6. 30. 선고 92헌바38 판결.
52) 박효근(2019), "행정질서벌의 체계 및 법정책적 개선방안", 법과 정책연구 제19권 제1호(2019. 3), 59쪽.

20의2② 본문). 다만, 금융관련법규 위반에 대한 양해각서 체결은 ⅰ) 행위 당시 위법·부당 여부가 불분명하였거나 업계 전반적으로 위법·부당 여부에 대한 인식없이 행하여진 경우(제1호), ⅱ) 위법·부당행위에 고의 또는 중과실이 없는 경우로써 제재보다 양해각서 체결에 의한 자율개선이 타당하다고 판단되는 경우(제2호)에 한하여 할 수 있다(검사제재규정20의2② 단서).

(3) 확약서와 양해각서 운용

감독원장은 금융기관이 제1항 단서 또는 제2항 단서에 따라 확약서를 제출하거나 양해각서를 체결하는 경우에는 제재를 취하지 아니할 수 있다(검사제재규정20의2③).

감독·상시감시 또는 검사결과 나타난 문제점의 경중에 따라 경미한 사항은 확약서로, 중대한 사항은 양해각서로 조치한다(시행세칙50의2①). 확약서는 금융기관의 담당 임원 또는 대표자로부터 제출받고 양해각서는 금융기관 이사회 구성원 전원의 서명을 받아 체결한다(시행세칙50의2②). 감독원장은 확약서·양해각서 이행상황을 점검하여 그 이행이 미흡하다고 판단되는 경우에는 기간연장, 재체결 등 적절한 조치를 취할 수 있다(시행세칙50의2③).

(4) 사후관리

확약서 및 양해각서의 효력발생일자, 이행시한 및 이행상황 점검주기는 각 확약서 및 양해각서에서 정한다(시행세칙50의3 전단). 이행상황 점검주기를 따로 정하지 않은 경우에는 금융기관은 매분기 익월말까지 분기별 이행상황을 감독원장에게 보고하여야 한다(시행세칙50의3 후단).

6. 기타 조치

감독원장은 금융기관 임직원이 위법·부당한 행위로 당해 금융기관에 재산상의 손실을 초래하여 이를 변상할 책임이 있다고 인정되는 경우에는 당해 기관의 장에게 변상조치할 것을 요구할 수 있다(검사제재규정21①). 감독원장은 금융기관 또는 그 임직원의 업무처리가 법규를 위반하거나 기타 불합리하다고 인정하는 경우에는 당해 기관의 장에게 업무방법개선의 요구 또는 관련기관 앞 통보를 요구할 수 있는데(검사제재규정21②), 업무방법개선의 요구는 금융기관의 업무처리가 불합리하여 그 처리기준, 절차·운영 등의 수정·보완이 필요한 경우에 하며, 관련기관 앞 통보는 금융관련법규 이외의 다른 법령을 위반한 경우 또는 검사결과 관련자가 진술일 현재 퇴직한 경우로서 관련기관 등의 업무 및 감독 등과 관련하여 위법·부당사실 등을 통보할 필요가 있는 경우에 요구할 수 있다(시행세칙51).

Ⅲ. 제재의 가중 및 감면

1. 제재의 가중

(1) 기관제재의 가중

금융기관이 위법·부당한 행위를 함으로써 최근 3년 이내에 2회 이상 기관주의 이상의 제재를 받고도 다시 위법·부당행위를 하는 경우 제재를 1단계 가중할 수 있다(검사제재규정24① 본문). 다만, 금융기관이 합병하는 경우에는 합병 대상기관 중 제재를 더 많이 받았던 기관의 제재 기록을 기준으로 가중할 수 있다(검사제재규정24① 단서).

금융기관의 서로 관련 없는 위법·부당행위가 동일 검사에서 4개 이상 경합되는 경우(제17조 제1항 제7호 또는 제9호의 사유가 각각 4개 이상인 경우에 한한다)에는 제재를 1단계 가중할 수 있다(검사제재규정24② 본문). 다만, ⅰ) 제17조 제1항 제7호의 사유에 해당하는 각각의 위법행위가 금융관련법규에서 정한 영업정지 사유에 해당하지 않는 경우(제1호), ⅱ) 경합되는 위법·부당행위가 목적과 수단의 관계에 있는 경우(제2호), ⅲ) 경합되는 위법·부당행위가 실질적으로 1개의 위법·부당행위로 인정되는 경우(제3호)에는 그러하지 아니하다(검사제재규정24② 단서).

확약서 또는 양해각서의 이행이 미흡한 경우에는 다음의 어느 하나에 해당하는 제재를 취할 수 있다(검사제재규정24③).

1. 금융관련법규 위반이 기관경고 사유에 해당하는 경우 다음 각 목의 어느 하나에 해당하는 제재조치
   가. 제17조 제1항 제2호 또는 제3호(다만, 당해 위법행위가 금융관련법규에서 정하는 영업정지 사유에 해당하는 경우에 한한다)
   나. 제17조 제1항 제7호
2. 금융관련법규 위반이 기관주의 사유에 해당하는 경우 제17조 제1항 제7호 또는 제9호의 제재조치

(2) 임원제재의 가중

임원의 서로 관련 없는 위법·부당행위가 동일 검사에서 2개 이상 경합되는 경우에는 그중 책임이 중한 위법·부당사항에 해당하는 제재보다 1단계 가중할 수 있다(검사제재규정24의2① 본문). 다만, ⅰ) 가장 중한 제재가 업무집행정지 이상인 경우(제1호), ⅱ) 경합되는 위법·부당행위가 목적과 수단의 관계에 있는 경우(제2호), ⅲ) 경합되는 위법·부당행위가 실질적으로 1개의 위법·부당행위로 인정되는 경우(제3호)에는 그러하지 아니하다(검사제재규정24의2① 단서).

임원이 주된 행위자로서 주의적 경고 이상의 조치를 받고도 다시 주된 행위자로서 동일

또는 유사한 위법·부당행위를 반복하여 제재를 받게 되는 경우에는 제재를 1단계 가중할 수 있다(검사제재규정24의2②). 임원이 최근 3년 이내에 문책경고 이상 또는 2회 이상의 주의적 경고·주의를 받고도 다시 위법·부당행위를 하는 경우에는 제재를 1단계 가중할 수 있다(검사제재규정24의2③).

(3) 직원제재의 가중

직원이 최근 3년 이내에 2회 이상의 제재를 받고도 다시 위법·부당행위를 하는 경우에는 제재를 1단계 가중할 수 있다(검사제재규정25①). 직원이 다수의 위법·부당행위와 관련되어 있는 경우에는 제재를 가중할 수 있다(검사제재규정25②).

직원의 서로 관련 없는 위법·부당행위가 동일 검사에서 3개(제45조 제1항 제5호의 제재가 포함되는 경우에는 4개) 이상 경합되는 경우에는 그 중 책임이 중한 위법·부당사항에 해당하는 제재보다 1단계 가중할 수 있다(시행세칙49② 본문). 다만, ⅰ) 가장 중한 제재가 정직 이상인 경우(제1호), ⅱ) 경합되는 위법·부당행위가 목적과 수단의 관계에 있는 경우(제2호), ⅲ) 경합되는 위법·부당행위가 실질적으로 1개의 위법·부당행위로 인정되는 경우(제3호)에는 그러하지 아니하다(시행세칙49② 단서).

직원이 3년 이내에 2회 이상의 주의조치를 받고도 다시 주의조치에 해당하는 행위를 한 경우에는 제재를 가중할 수 있다(시행세칙49③).

2. 제재의 감면

(1) 기관 및 임직원 제재의 감면

기관 및 임직원에 대한 제재를 함에 있어 위법·부당행위의 정도, 고의·중과실 여부, 사후 수습 노력, 공적, 자진신고 여부 등을 고려하여 제재를 감경하거나 면제할 수 있다(검사제재규정23①). 금융기관 또는 그 임직원에 대하여 과징금 또는 과태료를 부과하는 경우에는 동일한 위법·부당행위에 대한 기관제재 또는 임직원 제재는 이를 감경하거나 면제할 수 있다(검사제재규정23②).

(2) 기관제재의 감경

기관에 대한 제재를 함에 있어 감독원장이 당해 금융기관에 대해 실시한 경영실태평가 결과 내부통제제도 및 운영실태가 우수한 경우 기관에 대한 제재를 감경할 수 있다(시행세칙50의4 본문). 다만, 기관에 대한 제재를 감경함에 있어서는 [별표 9]의 내부통제 우수 금융기관에 대한 기관제재 감경기준에 의한다(시행세칙50의4 단서).

(3) 직원제재의 감면

직원에 대한 제재를 양정함에 있어서 ⅰ) 위법·부당행위를 감독기관이 인지하기 전에 자진신고한 자(제1호), ⅱ) 위법·부당행위를 부서 또는 영업점에서 발견하여 이를 보고한 감독자(제2호), ⅲ) 감독기관의 인지 전에 위규사실을 스스로 시정 또는 치유한 자(제3호), ⅳ) 가벼운 과실로 당해 금융기관에 손실을 초래하였으나 손실액을 전액 변상한 자(제4호), ⅴ) 금융분쟁조정신청사건과 관련하여 당해 금융기관이 감독원장의 합의권고 또는 조정안을 수락한 경우 그 위법·부당행위에 관련된 자(제5호), ⅵ) 규정 제23조 제2항 또는 제26조에서 정한 사유에 해당하는 경우(제6호)에 대하여는 그 제재를 감경 또는 면제할 수 있다(시행세칙50①).

제재대상 직원이 ⅰ) 상훈법에 의하여 훈장 또는 포장을 받은 공적(제1호), ⅱ) 정부 표창 규정에 의하여 장관 이상의 표창을 받은 공적(제2호), ⅲ) 금융위원장, 감독원장 또는 한국은행총재의 표창을 받은 공적(제3호)이 있는 경우 [별표 5]에 정하는 "제재양정감경기준"에 따라 제재양정을 감경할 수 있다(시행세칙50② 본문). 다만, 동일한 공적에 의한 제재양정의 감경은 1회에 한하며 횡령, 배임, 절도, 업무와 관련한 금품수수 등 금융관련 범죄와 "주의"조치에 대하여는 적용하지 아니한다(시행세칙50② 단서).

제재양정을 감경함에 있어 ⅰ) 제재대상 직원이 "주의"조치 이외의 제재를 받은 사실이 있는 경우 그 제재 이전의 공적(제1호), ⅱ) 제재대상 직원이 소속 금융기관 입사전에 받은 공적(제2호), ⅲ) 검사종료일로부터 과거 10년이내에 받은 것이 아닌 공적(제3호), ⅳ) 금융업무와 관련 없는 공적(제4호)은 제외한다(시행세칙50③).

3. 임직원에 대한 조건부 조치 면제

(1) 준법교육 이수 조건부 조치 면제

감독원장은 금융기관 임직원(제재이전 퇴직자 포함)의 행위가 제18조 제1항 제5호(제19조 제1항의 주의를 포함, 다만 감독자에 대한 주의는 제외)에 해당하는 경우에는 준법교육을 이수하는 것을 조건으로 조치를 면제할 수 있다(검사제재규정23의2①). 준법교육 실시요구를 받은 제재대상자가 요구를 받은 날로부터 90일 이내 준법교육을 이수하지 못하였을 경우에는 조치 면제는 그 효력을 상실한다(검사제재규정23의2②).

(2) 임직원에 대한 준법교육 실시 요구

준법교육 실시요구를 받은 제재대상자는 90일 이내에 지정된 교육기관에서 ⅰ) 금융관련 법령에 관한 사항(제1호), ⅱ) 과거 금융관련 법규 위반에 대한 제재사례 및 판례(제2호), ⅲ) 직무윤리, 기타 재발방지 관련 사항(제3호) 등에 관하여 3시간 이상의 교육을 받아야 한다(시행세칙50의5①). 준법교육 실시요구를 받은 제재대상자는 교육기관에 교육을 신청하여야 한다(시행세칙50의5②).

교육기관은 교육교재를 제작하여 교육을 신청한 교육대상자에게 제공하여야 한다(시행세칙50의5③). 교육기관은 적정하게 교육을 받은 교육대상자에게 수료증을 발급하여야 하고, 교육 실시 결과를 교육 후 1개월 이내에 감독원장에게 보고하여야 하며, 수료증 발급대장 등 교육에 관한 기록을 3년 동안 보관·관리하여야 한다(시행세칙50의5④). 교육기관은 강사수당, 교육교재비 및 교육 관련 사무용품 구입비 등 교육에 필요한 실비를 교육을 신청한 교육대상자로부터 받을 수 있다(시행세칙50의5⑤).

4. 미등기 임원에 대한 제재

사실상 이사·감사 등과 동등한 지위에 있는 미등기 임원 등에 대한 제재의 가중에 있어서는 임원제재의 가중에 관한 규정을 준용하고, 이 경우 해임권고·업무집행정지·문책경고·주의적경고는 각각 면직·정직·감봉·견책으로 본다(검사제재규정25④).

이사·감사와 사실상 동등한 지위에 있는 미등기 임원에 대하여는 임원에 대한 제재기준을 준용하여 제재양정을 결정하며, 직원에 대한 제재조치를 부과한다(시행세칙46의3).

5. 임직원 등에 대한 제재기준

위법·부당행위 관련 임직원 등을 제재함에 있어서는 [별표 2]의 제재양정기준과 ⅰ) 제재대상자의 평소의 근무태도, 근무성적, 개전의 정 및 동일·유사한 위반행위에 대한 제재 등 과거 제재사실의 유무(제1호), ⅱ) 위법·부당행위의 동기, 정도, 손실액규모 및 금융질서 문란·사회적 물의야기 등 주위에 미친 영향(제2호), ⅲ) 제재대상자의 고의, 중과실, 경과실 여부(제3호), ⅳ) 사고금액의 규모 및 손실에 대한 시정·변상 여부(제4호), ⅴ) 검사업무에의 협조정도 등 사후수습 및 손실경감을 위한 노력 여부(제5호), ⅵ) 경영방침, 경영시스템의 오류, 금융·경제여건 등 내·외적 요인과 귀책판정과의 관계(제6호), ⅶ) 금융거래자의 피해에 대한 충분한 배상 등 피해회복 노력 여부(제7호), ⅷ) 그 밖의 정상참작 사유(제8호) 등의 사유를 참작한다(시행세칙46①).

금융실명법을 위반한 행위 등 특정 위법·부당행위에 대한 제재는 별표 3의 금융업종별·위반유형별 제재양정기준에 의한다(시행세칙46② 본문). 다만, 여타 제재기준을 참작하여 제재를 가중하거나 감경하는 등 제재수준을 정할 수 있다(시행세칙46② 단서).

6. 경합행위에 대한 제재

이미 제재를 받은 자에 대하여 그 제재 이전에 발생한 별개의 위법·부당행위가 추가로 발견된 경우에는 ⅰ) 추가 발견된 위법·부당행위가 종전 검사종료 이전에 발생하여 함께 제재하였더라도 제재수준이 높아지지 않을 경우에는 제재하지 않는다. 다만, 금융사고와 관련된 경우에는 그러하지 아니하다. ⅱ) 추가 발견된 위법·부당행위가 종전 검사종료 이전에 발생하여 제재하였더라면 종전 제재수준이 더 높아지게 될 경우에는 함께 제재하였더라면 받았을 제재수준을 감안하여 추가로 발견된 위법·부당행위에 대하여 제재할 수 있다(시행세칙46의2).

7. 관련자의 구분

위법·부당행위를 행한 임직원에 대하여 신분상의 조치를 함에 있어서는 책임의 성질·정도 등에 따라 관련자를 ⅰ) 행위자: 위법·부당한 업무처리를 실질적으로 주도한 자(제1호), ⅱ) 보조자: 행위자의 의사결정을 보조하거나 지시에 따른 자(제2호), ⅲ) 지시자: 위법·부당행위를 지시 또는 종용한 자(사실상의 영향력을 행사하는 상위직급자 포함)(제3호), ⅳ) 감독자: 위법·부당행위가 발생한 업무를 지도·감독할 지위에 있는 자(제4호)로 구분한다(시행세칙52①).

여기서 ⅰ)의 행위자와 ⅳ)의 감독자를 판단할 수 있는 세부기준은 ⅰ) 행위자: 업무의 성질과 의사결정의 관여 정도를 고려하여 실질적인 최종 의사결정권을 가지는 자(제1호), ⅱ) 감독자: 당해 금융기관 직제를 기준으로 행위자에 대해 관리·감독할 지위에 있는 자(직제상 감독자가 아닌 경우라 하더라도 실질적으로 행위자에게 영향력을 미치는 때에도 같다)(제2호)이다(시행세칙52②).

보조자 및 감독자에 대하여는 ⅰ) 위법·부당행위의 성격과 규모(제1호), ⅱ) 감독자의 직무와 감독대상 직무와의 관련성 및 관여정도(제2호), ⅲ) 보조자의 위법·부당행위에의 관여정도(제3호)를 감안하여 행위자에 대한 제재보다 1단계 내지 3단계 감경할 수 있다(시행세칙52③).

8. 가중 및 감경의 순서

제23조(기관 및 임직원제재의 감면), 제24조(기관제재의 가중), 제24조의2(임원제재의 가중) 및 제25조(직원제재의 가중)에 따른 가중 및 감경은 각 가중 및 감경수준의 합을 제17조(기관에 대한 제재), 제18조(임원에 대한 제재), 제19조(직원에 대한 제재)까지의 규정에 따른 제재의 수준에 가감하는 방법으로 한다(검사제재규정25의2).

9. 기타 감독기관 및 당해 금융기관 조치의 반영

금융위 또는 감독원장 외의 감독기관 또는 해당 금융기관이 금융관련법규에 의하여 제재대상자에 취한 조치가 있는 경우에는 이를 고려하여 제재의 종류를 정하거나 제재를 가중·감면할 수 있다(검사제재규정26).

10. 여신업무 관련 제재 운영

금융기관의 여신업무(자금지원적 성격의 증권 매입업무 포함)와 관련하여 ⅰ) 금융관련법규를 위반한 경우(제1호), ⅱ) 고의 또는 중과실로 신용조사·사업성검토 및 사후관리를 부실하게 한 경우(제2호), ⅲ) 금품 또는 이익의 제공·약속 등의 부정한 청탁에 따른 여신의 경우(제3호) 중 어느 하나에 해당하지 않는 한 제재하지 아니한다(검사제재규정27 전단). 여신이 부실화되거나 증권 관련 투자손실이 발생한 경우에도 또한 같다(검사제재규정27 후단).

Ⅳ. 면책특례

1. 면책 인정 사유

금융기관의 업무와 관련하여 ⅰ) 재난 및 안전관리 기본법에 따른 재난 상황에서 재난으로 피해를 입은 기업·소상공인에 대한 지원, 금융시장 안정 등을 목적으로 정부와 협의를 거쳐 시행한 대출, 보증, 투자, 상환기한의 연기 등 금융지원 업무(제1호), ⅱ) 동산채권담보법에 따른 동산·채권·지식재산권을 담보로 하는 대출(제2호), ⅲ) 기업의 기술력·미래성장성에 대한 평가를 기반으로 하는 중소기업대출(제3호), ⅳ) 중소기업창업 지원법에 따른 창업기업, 「벤처기업육성에 관한 특별조치법」에 따른 벤처기업, 여신전문금융업법에 따른 신기술사업자 등에 대한 직접적·간접적 투자, 인수·합병 관련 업무(제4호), ⅴ) 금융혁신지원 특별법에 따른 혁신금융서비스, 지정대리인 관련 업무(제5호), ⅵ) 그 밖에 금융위원회가 금융정책·산업정책의 방향, 업무의 혁신성·시급성 등을 종합적으로 고려하여 면책심의위원회의 심의를 거쳐 지정하는 업무(제6호)의 경우에는 제재하지 아니한다(검사제재규정27의2① 전단). 여신이 부실화되거나 증권 관련 투자손실이 발생한 경우에도 또한 같다(검사제재규정27의2① 후단).

금융기관 또는 그 임직원이 위 제1항 각 호의 업무를 수행함에 있어 ⅰ) 임직원과 해당 업무 사이에 사적인 이해관계가 없을 것, ⅱ) 해당 업무와 관련된 법규 및 내규에 정해진 절차상 중대한 하자가 없을 것을 모두 충족하는 경우에는 고의 또는 중과실이 없는 것으로 추정한다(검사제재규정27의2③).

2. 면책 불인정 사유

다음의 경우, 즉 ⅰ) 금융관련법규 위반행위에 고의 또는 중과실이 있는 경우, ⅱ) 금품 또는 이익의 제공·약속 등의 부정한 청탁에 따른 경우, ⅲ) 대주주·동일차주에 대한 신용공여 한도 등 금융거래의 대상과 한도를 제한하는 금융관련법규를 위반한 경우, ⅳ) 금융관련법규 위반 행위로 인해 금융기관·금융소비자 등에게 중대한 재산상 손실이 발생하거나 금융시장의 안정·질서를 크게 저해한 경우(단, 위반행위의 목적, 동기, 당해 행위에 이른 경위 등에 특히 참작할

제1장 금융투자업 감독기관 **71**

사유가 있는 경우는 제외)에는 면책되지 아니한다(검사제재규정27의2②).

3. 면책 신청과 회신

금융기관 또는 그 임직원이 특정 업무가 면책 인정 사유(위 제1항 각 호)에 해당되는지 여부에 대해 판단을 신청하고자 하는 경우 <별지 제2호 서식>에 의하여 금융위원회에 신청할 수 있다(검사제재규정27의2④). 금융위원회는 신청에 대하여 특별한 사유가 없는 한 접수일로부터 30일 이내에 회신하여야 한다(검사제재규정27의2④ 본문). 다만, 회신에 필요하여 신청인에게 추가적인 자료의 제출을 요청하거나 이해관계자로부터 의견을 청취하는 경우 이에 소요되는 기간은 처리기간에 포함하지 않으며, 합리적인 사유가 있는 경우 30일 범위에서 처리기간을 한 차례 연장할 수 있다(검사제재규정27의2④ 단서).

4. 면책심의위원회 설치 및 구성

다음의 사항, 즉 ⅰ) 위의 제1항 제6호의 면책대상지정(면책심의위원회의 심의를 거쳐 지정하는 업무), ⅱ) 금융기관 또는 그 임직원의 면책 신청에 대한 판단(단, 신청내용의 사실관계가 단순하고 쟁점이 없는 경우에는 심의를 생략할 수 있다), ⅲ) 그 밖에 면책제도 운영의 기본방향에 관한 사항을 심의하기 위하여 금융위원회 위원장 소속 자문기구로서 면책심의위원회를 둔다(검사제재규정27의3①).

면책심의위원회는 금융위원회 상임위원 중 금융위원회 위원장이 지명하는 위원장 1인, 금융위원회 법률자문관 및 금융위원장이 위촉한 10인 범위 내에서의 위원("위촉위원")으로 구성한다(검사제재규정27의3②).

5. 면책심의위원회 운영

위원장은 위원회의 회의를 소집하고 그 의장이 된다(검사제재규정27의4①). 위원회의 회의는 위원장과 금융위원회 법률자문관, 위원장이 위촉위원 중에서 지명하는 위원 3인으로 구성한다(검사제재규정27의4②). 위원회는 구성원 과반수의 출석과 출석위원 과반수의 찬성으로 의결한다(검사제재규정27의4③ 전단). 이 경우 회의는 대면회의을 원칙으로 하며, 부득이하게 서면 심의·의결을 하는 경우에는 그 사유를 적시하여 시행하되 2회 연속 서면 회의는 제한한다(검사제재규정27의4③ 후단).

Ⅴ. 고발 및 통보

1. 금융기관 · 임직원 제재시의 병과

감독원장은 금융기관 또는 그 임직원의 위법 · 부당행위가 금융업관련법상 벌칙, 과징금 또는 과태료의 적용을 받게 되는 경우에는 제재와 동시에 감독원장이 미리 정한 기준 및 절차에 따라 수사당국에 그 내용을 고발하거나 통보할 수 있다(검사제재규정29①).

고발대상은 사회 · 경제적 물의가 상대적으로 크거나 위법성의 정도가 심하다고 인정되고, 위법성 · 고의성 등 범죄사실에 관하여 증거자료 · 관련자의 진술 등 객관적인 증거를 확보한 경우이며, 통보대상은 사회 · 경제적 물의가 상대적으로 경미하거나 위법성 및 고의성의 혐의는 충분하나 검사권의 한계 등으로 객관적인 증거의 확보가 어렵다고 인정되는 경우이다(시행세칙32⑤).

감독원장은 금융기관 또는 그 임원의 위법행위에 대하여 수사당국에 고발 등의 조치를 하는 경우에 당해 위법행위와 관련된 다른 제재조치, 즉 기관 또는 임원에 대한 제재를 병과할수 있으며, 과태료의 부과는 하지 아니할 수 있다(검사제재규정30).

2. 금융기관 또는 그 임직원의 벌칙적용대상 행위 고발 · 통보

감독원장은 금융기관 또는 그 임직원의 위법 · 부당행위가 금융관련법규상의 벌칙적용대상 행위로서 ⅰ) 위법 · 부당행위로 인한 금융사고가 사회적 물의를 야기한 경우(제1호), ⅱ) 위법 · 부당행위가 당해 금융기관에 중대한 손실을 초래함으로써 금융기관 부실화의 주요 요인이 된 경우(제2호), ⅲ) 고의로 위법 · 부당행위를 행함으로써 법질서에 배치되는 경우(제3호), ⅳ) 동일한 위법 · 부당행위를 반복적으로 행하여 금융질서를 저해할 위험이 있다고 인정되는 경우(제4호)에 해당되어 사법적 제재가 필요하다고 인정되는 경우이거나, 횡령, 배임, 직무관련 금품수수 등 특정경제범죄법에 열거된 죄를 범하였거나 범한 혐의가 있다고 인정되는 경우에는 수사당국에 그 내용을 고발하거나 통보("고발 등")한다(시행세칙32①).

3. 검사진행 중의 고발 · 통보

감독원장은 금융기관에 대한 검사진행 중에 제1항에서 정하는 위법 · 부당행위가 있다고 인정하는 경우로서, ⅰ) 증거인멸 또는 도피의 우려가 있는 경우(제1호), 또는 ⅱ) 사회적으로 논의되고 있는 사안으로서 즉시 조치가 필요하다고 판단되는 경우(제2호)에는 검사실시부서장으로 하여금 지체없이 수사당국에 고발 등의 조치를 취하게 할 수 있다(시행세칙32②).

4. 주요주주 또는 사실상 업무집행지시자에 대한 고발 · 통보

감독원장은 금융위가 금융산업구조개선법에 의거 부실금융기관으로 결정 또는 인정하는 경우로서 금융기관의 주요주주 또는 사실상 업무집행지시자가 부실의 주요 원인을 제공하여 관계법령에 의해 벌칙적용 대상이 되는 때에는 이들에 대해 고발 등의 조치를 취한다(시행세칙 32③).

5. 금융기관에 대한 고발 · 통보

감독원장은 위 제1항 내지 제3항의 규정에 의한 고발 등의 대상이 되는 위법 · 부당행위가 금융관련법규상 벌칙 및 양벌규정이 적용되는 경우로서 ⅰ) 위법 · 부당행위가 당해 금융기관의 경영방침 또는 당해 금융기관의 장의 업무집행 행위로 발생된 경우(제1호), ⅱ) 위법 · 부당행위가 당해 금융기관의 내부통제의 미흡 또는 감독소홀에 기인하여 발생된 경우(제2호)에는 임직원에 대하여 고발 등의 조치를 하는 외에 당해 금융기관에 대하여도 고발 등의 조치를 할 수 있다(시행세칙32④ 전단). 이 경우에 그 임직원이 당해 금융기관의 경영방침 또는 지시 등을 거부한 사실 등이 인정되는 때에는 당해 금융기관에 대하여만 고발 등의 조치를 취할 수 있다(시행세칙32④ 후단).

Ⅵ. 제재절차

1. 의의

감독원장은 검사결과 적출된 지적사항에 대하여 조치내용의 적정성 등을 심사 · 조정하고 제재심의위원회("심의회")의 심의를 거쳐 개별 금융업관련법 등에 따라 금융위에 제재를 건의하거나 직접 조치한다(검사제재규정33①). 감독원장이 금융위에 건의한 제재사항에 대한 금융위의 심의 결과 감독원장이 조치해야 할 사항으로 결정된 경우에는 금융위의 결정대로 조치한다(검사제재규정33②).

금융감독원의 집행간부 및 감사와 직원은 제재절차가 완료되기 전에 직무상 알게 된 조치예정내용 등을 다른 사람에게 누설하여서는 아니 된다(검사제재규정33③ 본문). 단, 조치예정내용 등을 금융위에 제공하거나 금융위와 협의하는 경우는 이에 해당하지 아니하며, 금융위 소속 공무원은 제재절차 과정에서 직무상 알게 된 비밀을 엄수하여야 한다(검사제재규정33③ 단서).

2. 사전통지

제재실시부서장은 제재조치를 하고자 하거나 금융위에 제재조치를 건의하고자 하는 때에는 심의회 개최 전에 조치하고자 하는 내용 또는 조치를 건의하고자 하는 내용을 10일 이상의 구두 또는 서면의 제출기간을 정하여 제재대상자에게 사전통지하여야 한다(시행세칙59① 본문). 다만, 긴급한 조치가 필요한 경우 등 특별한 사정이 있는 경우에는 동 기간을 단축하여 운영할 수 있다(시행세칙59① 단서).

사전통지는 우편, 교부 또는 정보통신망 이용 등의 송달방법으로 하되 ⅰ) 제재대상자(대표자 또는 대리인 포함)의 주소·거소·영업소·사무소 또는 전자우편주소를 통상적 방법으로 확인할 수 없는 경우(제1호), ⅱ) 송달이 불가능한 경우(제2호)에는 관보, 공보, 게시판, 일간신문 중 하나 이상에 공고하고 인터넷에도 공고하여야 한다(시행세칙59②).

제재실시부서장은 제재심의위원회의 심의가 필요한 경우에는 검사종료일부터 125일 이내에 심의회 부의예정사실을 금융정보교환망(FINES) 등을 통해 제재예정대상자에게 통지하여야 한다(시행세칙59⑤ 본문). 다만, 이미 사전통지한 경우 또는 30일 내에 사전통지가 예정되어 있는 경우에는 심의회 부의예정사실의 통지를 생략할 수 있으며, 표준처리기간에 산입하지 아니하는 사유가 있는 경우에 동 기간은 심의회 부의예정사실 통지기한에 포함하지 아니한다(시행세칙59⑤ 단서).

3. 의견제출

사전통지를 받은 제재대상자는 지정된 기한내에 서면으로 의견을 제출하거나 지정된 일시에 출석하여 구두로 의견을 진술할 수 있다(시행세칙59③ 전단). 이 경우에 지정된 기일까지 의견진술이 없는 때에는 의견이 없는 것으로 본다(시행세칙59③ 후단). 제재실시부서장은 제재대상자가 구두로 의견을 진술한 경우에는 그 진술의 요지를 기재하여 본인으로 하여금 확인하게 한 후 서명 또는 날인하도록 하여야 한다(시행세칙59④).

4. 제재대상자의 서류 등 열람

제재대상자("신청인")는 서면으로 감독원장에게 신청인과 관련한 심의회 부의예정안 및 심의회에 제출될 입증자료("서류 등")에 대한 열람을 신청하여 심의회 개최 5영업일 전부터 심의회 개최 전일까지 감독원을 방문하여 열람할 수 있다(시행세칙59의2① 본문). 다만, 감독원장은 신청인 이외의 제재대상자와 관련한 사항, 금융회사가 제출한 자료 중 경영상·영업상 비밀 등에 해당하는 자료 등에 대하여는 열람을 허용하지 않을 수 있다(시행세칙59의2① 단서).

5. 청문

감독원장은 청문을 실시하고자 하는 경우에는 청문일 10일 전까지 제재의 상대방 또는 그 대리인에게 서면으로 청문의 사유, 청문의 일시 및 장소, 청문주재자, 청문에 응하지 아니하는 경우의 처리방법 등을 통지하여야 한다(시행세칙60①). 통지를 받은 제재의 상대방 또는 그 대리인은 지정된 일시에 출석하여 의견을 진술하거나 서면으로 의견을 제출할 수 있다(시행세칙60② 전단). 이 경우 제재의 상대방 또는 그 대리인이 정당한 이유없이 기한내에 의견진술을 하지 아니한 때에는 의견이 없는 것으로 본다(시행세칙60② 후단).

6. 제재심의위원회 심의

감독원장은 제재에 관한 사항을 심의하기 위하여 감독원장 자문기구로서 제재심의위원회("심의회")를 설치·운영한다(검사제재규정34①). 심의회는 법상 기구는 아니며, 금융감독원 내부에 설치된 심의위원회로 제재에 관한 사항이나 기타 금융감독원장이 정하는 사항 및 제재조치에 대한 이의신청 사항에 대한 심의를 수행한다(검사제재규정34②).

제재대상 금융기관 또는 그 임직원과 제재실시부서("당사자")는 대회의에 함께 출석하여 진술할 수 있으며, 위원장의 회의 운영에 따라 다른 당사자의 진술에 대하여 반박할 수 있다. 당사자는 필요한 경우 관련 업계 전문가 등 참고인이 출석하여 진술할 것을 신청할 수 있고, 위원장이 그 허가 여부를 결정한다(시행세칙57⑥ 전단). 대회의에 출석한 당사자와 참고인은 변호사의 조력을 받을 수 있으며, 위원은 출석한 당사자와 참고인 등에게 조치대상관련 사실상 또는 법률상 사항에 대하여 질문할 수 있다(시행세칙57⑥ 후단).

Ⅶ. 제재의 효과

1. 임원선임 자격제한

(1) 기관제재와 임원선임 자격제한

다음의 어느 하나에 해당하는 사람, 즉 ⅰ) 금융관계법령에 따른 영업의 허가·인가·등록 등의 취소(가목), ⅱ) 금융산업구조개선법 제10조 제1항[53])에 따른 적기시정조치(나목), ⅲ) 금융

---

53) ① 금융위원회는 금융기관의 자기자본비율이 일정 수준에 미달하는 등 재무상태가 제2항에 따른 기준에 미달하거나 거액의 금융사고 또는 부실채권의 발생으로 금융기관의 재무상태가 제2항에 따른 기준에 미달하게 될 것이 명백하다고 판단되면 금융기관의 부실화를 예방하고 건전한 경영을 유도하기 위하여 해당 금융기관이나 그 임원에 대하여 다음의 사항을 권고·요구 또는 명령하거나 그 이행계획을 제출할 것을 명하여야 한다.

산업구조개선법 제14조 제2항[54])에 따른 행정처분(다목)을 받은 금융회사의 임직원 또는 임직원이었던 사람으로서 해당 조치가 있었던 날부터 5년이 지나지 아니한 사람은 금융회사의 임원이 되지 못한다(금융회사지배구조법5①(6)).

여기서 임직원 또는 임직원이었던 사람은 그 조치를 받게 된 원인에 대하여 직접 또는 이에 상응하는 책임이 있는 사람으로서 "대통령령으로 정하는 사람"으로 한정한다(금융회사지배구조법5①(6)). 여기서 "대통령령으로 정하는 사람"이란 해당 조치의 원인이 되는 사유가 발생한 당시의 임직원으로서 다음의 어느 하나에 해당하는 사람을 말한다(금융회사지배구조법 시행령7①).

1. 감사 또는 감사위원
2. 법 제5조 제1항 제6호 가목 또는 다목에 해당하는 조치의 원인이 되는 사유의 발생과 관련하여 위법·부당한 행위로 금융위원회 또는 금융감독원장으로부터 주의·경고·문책·직무정지·해임요구, 그 밖에 이에 준하는 조치를 받은 임원(업무집행책임자는 제외)
3. 법 제5조 제1항 제6호 나목에 해당하는 조치의 원인이 되는 사유의 발생과 관련하여 위법·부당한 행위로 금융위원회 또는 금융감독원장으로부터 직무정지·해임요구, 그 밖에 이에 준하는 조치를 받은 임원
4. 법 제5조 제1항 제6호 각 목에 해당하는 조치의 원인이 되는 사유의 발생과 관련하여 위법·부당한 행위로 금융위원회 또는 금융감독원장으로부터 직무정지요구 또는 정직요구 이상에 해당하는 조치를 받은 직원(업무집행책임자를 포함)

---

54) ② 금융위원회는 부실금융기관이 다음의 어느 하나에 해당하는 경우에는 그 부실금융기관에 대하여 계약

1. 금융기관 및 임직원에 대한 주의·경고·견책 또는 감봉
2. 자본증가 또는 자본감소, 보유자산의 처분이나 점포·조직의 축소
3. 채무불이행 또는 가격변동 등의 위험이 높은 자산의 취득금지 또는 비정상적으로 높은 금리에 의한 수신의 제한
4. 임원의 직무정지나 임원의 직무를 대행하는 관리인의 선임
5. 주식의 소각 또는 병합
6. 영업의 전부 또는 일부 정지
7. 합병 또는 제3자에 의한 해당 금융기관의 인수
8. 영업의 양도나 예금·대출 등 금융거래와 관련된 계약의 이전("계약이전")
9. 그 밖에 제1호부터 제8호까지의 규정에 준하는 조치로서 금융기관의 재무건전성을 높이기 위하여 필요하다고 인정되는 조치

이전의 결정, 6개월 이내의 영업정지, 영업의 인가·허가의 취소 등 필요한 처분을 할 수 있다. 다만, 제4호에 해당하면 6개월 이내의 영업정지처분만을 할 수 있으며, 제1호 및 제2호의 부실금융기관이 부실금융기관에 해당하지 아니하게 된 경우에는 그러하지 아니하다.

1. 제10조 제1항 또는 제12조 제3항에 따른 명령을 이행하지 아니하거나 이행할 수 없게 된 경우
2. 제10조 제1항 및 제11조 제3항에서 규정하는 명령 또는 알선에 따른 부실금융기관의 합병 등이 이루어지지 아니하는 경우
3. 부채가 자산을 뚜렷하게 초과하여 제10조 제1항에 따른 명령의 이행이나 부실금융기관의 합병 등이 이루어지기 어렵다고 판단되는 경우
4. 자금사정의 급격한 악화로 예금등 채권의 지급이나 차입금의 상환이 어렵게 되어 예금자의 권익이나 신용질서를 해칠 것이 명백하다고 인정되는 경우

5. 제2호부터 제4호까지의 제재 대상자로서 그 제재를 받기 전에 퇴임하거나 퇴직한 사람

(2) 임직원제재와 임원선임 자격제한

금융회사지배구조법 또는 금융관계법령에 따라 임직원 제재조치(퇴임 또는 퇴직한 임직원의 경우 해당 조치에 상응하는 통보를 포함)를 받은 사람으로서 조치의 종류별로 5년을 초과하지 아니하는 범위에서 "대통령령으로 정하는 기간"이 지나지 아니한 사람(금융회사지배구조법5①(7))은 금융회사의 임원이 되지 못한다

여기서 "대통령령으로 정하는 기간"이란 다음의 구분에 따른 기간을 말한다(영7②).

1. 임원에 대한 제재조치의 종류별로 다음에서 정하는 기간
   가. 해임(해임요구 또는 해임권고 포함): 해임일(해임요구 또는 해임권고의 경우에는 해임요구일 또는 해임권고일)부터 5년
   나. 직무정지(직무정지의 요구 포함) 또는 업무집행정지: 직무정지 종료일(직무정지 요구의 경우에는 직무정지 요구일) 또는 업무집행정지 종료일부터 4년
   다. 문책경고: 문책경고일부터 3년
2. 직원에 대한 제재조치의 종류별로 다음에서 정하는 기간
   가. 면직요구: 면직요구일부터 5년
   나. 정직요구: 정직요구일부터 4년
   다. 감봉요구: 감봉요구일부터 3년
3. 재임 또는 재직 당시 금융관계법령에 따라 그 소속기관 또는 금융위원회·금융감독원장 외의 감독·검사기관으로부터 제1호 또는 제2호의 제재조치에 준하는 조치를 받은 사실이 있는 경우 제1호 또는 제2호에서 정하는 기간
4. 퇴임하거나 퇴직한 임직원이 재임 또는 재직 중이었더라면 제1호부터 제3호까지의 조치를 받았을 것으로 인정되는 경우 그 받았을 것으로 인정되는 조치의 내용을 통보받은 날부터 제1호부터 제3호까지에서 정하는 기간

2. 준법감시인 선임 자격제한

준법감시인은 최근 5년간 금융회사지배구조법 또는 금융관계법령을 위반하여 금융위원회 또는 금융감독원장, 그 밖에 "대통령령으로 정하는 기관"으로부터 문책경고 또는 감봉요구 이상에 해당하는 조치를 받은 사실이 없어야 준법감시인으로 선임될 수 있다(금융회사지배구조법 26①(1)). 여기서 "대통령령으로 정하는 기관"이란 ⅰ) 해당 임직원이 소속되어 있거나 소속되었던 기관(제1호), ⅱ) 금융위원회와 금융감독원장이 아닌 자로서 금융관계법령에서 조치 권한을 가진 자(제2호)를 말한다(금융회사지배구조법 시행령21①).

3. 검사제재규정

금융위원회가 기관 또는 임원에 대하여 제재조치를 취한 때에는 해당 금융기관의 장은 감독원장이 정하는 바에 따라 이사회 앞 보고 또는 주주총회 부의 등 필요한 절차를 취하여야 한다(검사제재규정38). 즉 금융기관의 장은 다음의 절차를 취하여야 한다(시행세칙62①).

1. 임원의 해임권고를 받은 금융기관은 이를 지체없이 상임이사 및 사외이사로 구성된 이사회에 제재통보서 사본을 첨부하여 서면보고하여야 하며, 주주총회(주주총회가 없는 금융기관은 주주총회에 상당하는 최고의사결정기구)에 부의할 때에는 위법·부당사실을 구체적으로 기재하여야 한다.
2. 금융기관 또는 그 임원이 다음 각목의 1에 해당하는 제재를 받은 때에는 당해 금융기관의 장은 이사회에 제재통보서 사본을 첨부하여 서면보고하여야 하며, 주주총회에 제출하는 감사보고서에 제재일자, 위법·부당행위의 내용, 관련임원별 위법·부당행위 및 제재내용을 구체적으로 기재하여야 한다. 다만, 외국금융기관 국내지점의 경우에는 해당국 본점에 서면보고하는 것으로 이에 갈음할 수 있다.
   가. 금융기관에 대한 제재중 영업 또는 업무의 전부 또는 일부정지, 영업점의 폐쇄, 영업점의 영업 또는 업무정지, 위법·부당행위의 중지, 계약이전의 결정, 기관경고
   나. 임원에 대한 제재중 업무집행정지, 문책경고, 주의적경고

금융기관의 장은 위법·부당행위 관련 임원이 제재조치 전에 사임한 경우에도 위 제1항에 준하여 조치하여야 한다(시행세칙62②).

Ⅷ. 제재에 대한 통제

1. 의의

금융기관 또는 그 임직원에 대하여 제재를 하는 경우에 감독원장은 그 제재에 관하여 이의신청·행정심판·행정소송의 제기, 기타 불복을 할 수 있는 권리에 관한 사항을 제재대상자에게 알려주어야 한다(검사제재규정36①).

2. 이의신청

금융기관 또는 그 임직원은 당해 제재처분 또는 조치요구가 위법 또는 부당하다고 인정하는 경우에 금융위원회 또는 감독원장에게 이의를 신청할 수 있다(검사제재규정37① 본문). 이의신청은 제재통보서 또는 검사서가 도달한 날로부터 1월 이내에 금융위 또는 감독원장에게 하

여야 한다(시행세칙61①). 다만, 금융관련법규에서 별도의 불복절차가 마련되어 있는 경우에는 그에 따른다(검사제재규정37① 단서).

감독원장은 금융기관 또는 그 임직원의 이의신청에 대하여 ⅰ) 금융위의 제재처분에 대하여 이의신청을 받은 경우에는 그 이의신청 내용을 금융위에 지체없이 통보하고, 타당성 여부를 심사하여 당해 처분의 취소·변경 또는 이의신청의 기각을 금융위에 건의한다. 다만, 이의신청이 이유없다고 인정할 명백한 사유가 있는 경우에는 감독원장이 이의신청을 기각할 수 있다. ⅱ) 감독원장의 제재처분 또는 조치요구사항에 대하여는 이유가 없다고 인정하는 경우에는 이를 기각하고, 이유가 있다고 인정하는 경우에는 당해 처분을 취소 또는 변경한다(검사제재규정37③).

3. 집행정지

감독원장은 제재를 받은 금융기관 직원(이사·감사 등과 사실상 동등한 지위에 있는 미등기 임원 제외)이 감봉 이상의 신분상 제재(금융위에 건의하는 제재사항은 제외하되, 금융관련법규상 제재로 인하여 준법감시인의 지위를 상실하는 경우를 포함)에 대하여 이의를 신청한 경우로서 제재조치의 집행 또는 절차의 속행으로 인하여 발생할 수 있는 회복하기 어려운 손해를 예방하기 위하여 필요하다고 인정하는 때에는 당사자의 신청에 의하여 그 제재조치의 집행 또는 절차의 속행 정지("집행정지")를 결정할 수 있다(시행세칙61의2①).

집행정지는 감독원장의 집행정지결정이 있는 때부터 감독원장의 이의신청에 대한 결정(금융위에 건의하는 제재사항 중 준법감시인 지위를 상실하는 경우의 이의신청에 대해는 금융위원회의 결정)이 있는 때까지 효력이 있다(시행세칙61의2②). 감독원장은 이의신청을 처리하기 이전이라도 집행정지의 사유가 없어진 경우에는 제1항의 집행정지 결정을 취소할 수 있다(시행세칙61의2⑦). 집행정지 처리결과에 대하여는 이의를 제기할 수 없다(시행세칙61의2⑧).

4. 행정쟁송

금융위원회법은 "금융위원회, 증권선물위원회 및 금융감독원이 내린 위법·부당한 처분으로 권리나 이익을 침해받은 자는 행정심판을 제기할 수 있다(금융위원회법70)"고 규정하고 있다. 따라서 금융위원회, 증권선물위원회나 금융감독원으로부터 제재를 받은 금융기관 임직원은 그 제재조치가 위법·부당하다고 판단되는 경우 행정심판을 제기하여 권리구제를 받을 수 있다. 제재조치로 인해 권리에 직접적인 제한을 받는 당사자는 행정심판 이외에 직접 행정소송법상 항고소송(행정소송법4)을 통해 권리구제를 받을 수도 있다. 다만, 이러한 행정심판이나 행정소송을 통하여 권리구제를 받기 위해서는 제재조치의 처분성이 인정되어야 한다.

제2장

금융투자업
관계기관

제1절 한국금융투자협회

Ⅰ. 설립과 지위

자본시장법("법")에 따라 회원 상호 간의 업무질서 유지 및 공정한 거래를 확립하고 투자자를 보호하며 금융투자업의 건전한 발전을 위하여 한국금융투자협회("협회")를 설립한다(법283①). 협회는 회원조직으로서의 법인으로 하며(법283②), 협회에 대하여는 자본시장법에서 특별한 규정이 있는 것을 제외하고는 민법 중 사단법인에 관한 규정을 준용한다(법283④).

협회의 회원이 될 수 있는 자는 금융투자업자, 그 밖에 금융투자업과 관련된 업무를 영위하는 자로서 대통령령으로 정하는 자1)로 한다(법285①).

Ⅱ. 업무

1. 기본업무

협회는 정관이 정하는 바에 따라 다음의 업무를 행한다(법286①).

---

1) "대통령령으로 정하는 자"란 다음의 어느 하나에 해당하는 자를 말한다(영306①).
   1. 일반사무관리회사, 2. 집합투자기구평가회사, 3. 채권평가회사, 3의2. 신용평가회사, 4. 그 밖에 협회 정관에서 회원으로 정하는 자

1. 회원 간의 건전한 영업질서 유지 및 투자자 보호를 위한 자율규제업무
2. 회원의 영업행위와 관련된 분쟁의 자율조정(당사자의 신청이 있는 경우에 한한다)에 관한 업무
3. 다음 각 목의 주요직무 종사자의 등록 및 관리에 관한 업무
   가. 투자권유자문인력(투자권유를 하거나 투자에 관한 자문 업무를 수행하는 자)
      나. 조사분석인력(조사분석자료를 작성하거나 이를 심사·승인하는 업무를 수행하는 자)
      다. 투자운용인력(집합투자재산·신탁재산 또는 투자일임재산을 운용하는 업무를 수행하는 자)
      라. 그 밖에 투자자 보호 또는 건전한 거래질서를 위하여 대통령령으로 정하는 주요직무 종사자[2]
4. 금융투자업자가 다음 각 목의 어느 하나에 해당하는 장외파생상품을 신규로 취급하는 경우 그 사전심의업무
   가. 기초자산이 자본시장법 제4조 제10항 제4호 또는 제5호에 해당하는 장외파생상품
   나. 일반투자자를 대상으로 하는 장외파생상품
5. 증권시장에 상장되지 아니한 주권의 장외매매거래에 관한 업무
6. 금융투자업 관련제도의 조사·연구에 관한 업무
7. 투자자 교육 및 이를 위한 재단의 설립·운영에 관한 업무
8. 금융투자업 관련 연수업무
9. 자본시장법 또는 다른 법령에 따라 위탁받은 업무
10. 제1호부터 제9호까지의 업무 외에 대통령령으로 정하는 업무[3]
11. 제1호부터 제10호까지의 업무에 부수되는 업무

---

2) "대통령령으로 정하는 주요직무 종사자"란 다음의 어느 하나에 해당하는 자를 말한다(영307①).
   1. 투자권유자문 관리인력(투자권유자문인력 관리업무를 수행하는 자)
   2. 제276조 제3항에 따른 집합투자재산 계산전문인력
   3. 제280조 제2항에 따른 집합투자기구 평가전문인력
   4. 제285조 제3항에 따른 집합투자재산 평가전문인력
   5. 제324조의3 제4항 제1호에 따른 신용평가전문인력
   6. 그 밖에 투자자를 보호하거나 건전한 거래질서를 위하여 등록 및 관리가 필요하다고 금융위원회가 정하여 고시하는 자
3) "대통령령으로 정하는 업무"란 다음의 업무를 말한다(영307②).
   1. 금융투자업자의 임직원 및 제1항에 따른 주요직무 종사자의 징계기록 유지와 관리에 관한 업무
   2. 금융투자업자의 법 제30조 제1항에 따른 영업용순자본 및 같은 항에 따른 총위험액의 비교공시에 관한 업무
   3. 채무증권의 매매거래(증권시장 밖에서의 매매거래만 해당)에 대한 정보 관리 및 공시에 관한 업무
   4. 금융투자업자 임직원의 직무 및 윤리 교육에 관한 업무
   5. 투자광고의 자율심의에 관한 업무
   5의2. 증권시장에 상장되지 않은 지분증권(주권을 제외한 지분증권)의 장외매매거래에 관한 업무
   6. 그 밖에 정관에서 정하는 업무

협회는 업무를 행함에 있어 위 제1항 제1호(자율규제업무), 제2호(분쟁조정업무) 및 제4호(장외파생상품 사전심의업무)의 업무가 다른 업무와 독립적으로 운영되도록 하여야 하며, 이를 위하여 별도의 조직을 갖추어야 한다(법286②).

2. 분쟁의 자율조정

협회는 분쟁의 자율조정을 위하여 필요한 분쟁조정규정을 정한다(법288①). 협회는 분쟁의 조정을 위하여 필요하다고 인정되는 경우에는 당사자에 대하여 사실의 확인 또는 자료의 제출 등을 요구할 수 있다(법288②). 협회는 당사자, 그 밖의 이해관계인의 의견을 들을 필요가 있다고 인정되는 경우에는 이들에게 회의에 출석하여 의견을 진술할 것을 요청할 수 있다(법288③).

3. 장외파생상품심의위원회

(1) 장외파생상품심의위원회 설치 및 구성 등

협회는 장외파생상품에 관한 사전심의업무 수행을 위하여 장외파생상품심의위원회("위원회")를 둔다(법288의2①). 위원회는 위원장 1명을 포함한 5명 이상 10명 이내의 위원으로 구성한다(법288의2②). 위원회의 회의는 재적위원 과반수의 출석과 출석위원 3분의 2 이상의 찬성으로 의결한다(법288의2③). 위원회는 제3항에 따른 의결이 있을 경우 금융감독원장에게 지체 없이 보고하여야 한다(법288의2⑥). 협회는 ⅰ) 위원장 및 위원의 자격, 선임방법에 관한 사항(제1호), ⅱ) 위원장 및 위원의 임기에 관한 사항(제2호), ⅲ) 위원회 운영 및 의사결정의 독립성 확보에 관한 사항(제3호), ⅳ) 위원회 심의절차 및 의사결정의 효력에 관한 사항(제4호)을 포함하여 위원회의 구성 및 운영을 위하여 필요한 규정을 정하여야 한다(법288의2⑦).

(2) 장외파생상품심의위원회의 사전심의시 고려사항

위원회는 사전심의업무를 수행함에 있어서 ⅰ) 기초자산이 자본시장법 제4조 제10항 제4호 또는 제5호[4])에 해당하는 장외파생상품의 경우 기초자산 가격변동에 대한 정보제공 가능성에 관한 사항, ⅱ) 일반투자자를 대상으로 하는 장외파생상품의 경우 위험회피구조의 타당성, 일반투자자에게 교부하는 설명 자료의 충실성, 투자권유자문인력의 자격 사항 및 교육 등 판매계획의 적정성에 관한 사항, ⅲ) 그 밖에 투자자 보호를 위하여 위원회가 필요하다고 인정하는 사항을 고려하여야 한다(법288의2④).

위원회는 사전심의업무를 수행함에 있어 필요한 경우에는 금융투자업자 등에 대하여 사실

---

4) 자본시장법에서 "기초자산"이란 다음의 어느 하나에 해당하는 것을 말한다(법4⑩).
　　4. 신용위험(당사자 또는 제3자의 신용등급의 변동, 파산 또는 채무재조정 등으로 인한 신용의 변동)
　　5. 그 밖에 자연적·환경적·경제적 현상 등에 속하는 위험으로서 합리적이고 적정한 방법에 의하여 가격·이자율·지표·단위의 산출이나 평가가 가능한 것

의 확인 또는 자료의 제출 등을 요구할 수 있다(법288의2⑤).

Ⅲ. 검사 및 조치

1. 업무규정의 보고

협회는 업무에 관한 규정을 제정·변경하거나 폐지한 경우에는 지체 없이 금융위원회에 이를 보고하여야 한다(법290).

2. 검사

협회는 그 업무와 재산상황에 관하여 금융감독원장의 검사를 받아야 한다. 금융감독원장은 검사를 함에 있어서 필요하다고 인정되는 경우에는 협회에게 업무 또는 재산에 관한 보고, 자료의 제출, 증인의 출석, 증언 및 의견의 진술을 요구할 수 있다. 검사를 하는 자는 그 권한을 표시하는 증표를 지니고 이를 관계자에게 내보여야 한다. 금융감독원장이 검사를 한 경우에는 그 보고서를 금융위원회에 제출하여야 한다. 이 경우 자본시장법 또는 자본시장법에 따른 명령이나 처분을 위반한 사실이 있는 때에는 그 처리에 관한 의견서를 첨부하여야 한다. 금융위원회는 검사의 방법·절차, 검사결과에 대한 조치기준, 그 밖의 검사업무와 관련하여 필요한 사항을 정하여 고시할 수 있다(법292).

3. 조치

(1) 협회에 대한 조치

금융위원회는 협회가 별표 7[5] 각 호의 어느 하나에 해당하는 경우에는 6개월 이내의 업무의 전부 또는 일부의 정지, 계약의 인계명령, 위법행위의 시정명령 또는 중지명령, 위법행위로 인한 조치를 받았다는 사실의 공표명령 또는 게시명령, 기관경고, 기관주의, 그 밖에 위법행위를 시정하거나 방지하기 위하여 필요한 조치로서 대통령령으로 정하는 조치를 할 수 있다(법293①).

(2) 임원에 대한 조치

금융위원회는 협회의 임원이 별표 7 각 호의 어느 하나에 해당하는 경우에는 해임요구, 6개월 이내의 직무정지, 문책경고, 주의적 경고, 주의, 그 밖에 위법행위를 시정하거나 방지하기 위하여 필요한 조치로서 대통령령으로 정하는 조치를 할 수 있다(법293②).

---

5) [별표 7] 협회 및 그 임직원에 대한 처분 사유(제293조 제1항부터 제3항까지의 규정 관련).

(3) 직원에 대한 조치

금융위원회는 협회의 직원이 별표 7 각 호의 어느 하나에 해당하는 경우에는 면직, 6개월 이내의 정직, 감봉, 견책, 경고, 주의, 그 밖에 위법행위를 시정하거나 방지하기 위하여 필요한 조치로서 대통령령으로 정하는 조치를 협회에 요구할 수 있다(법293③).

제2절 한국예탁결제원

Ⅰ. 설립과 지위

"증권등"(증권, 그 밖에 대통령령으로 정하는 것)의 집중예탁과 계좌 간 대체, 매매거래에 따른 결제업무 및 유통의 원활을 위하여 한국예탁결제원("예탁결제원")을 설립한다(법294①). 여기서 "증권등"이란 증권, 원화표시 양도성예금증서(CD), 어음[기업어음증권(CP) 제외], 그 밖에 증권과 유사하고 집중예탁과 계좌 간 대체에 적합한 것으로서 예탁결제원이 따로 정하는 것, 한국거래소가 개설한 금 현물시장에서 거래되는 금지금 등을 말한다(영310 및 금융투자업규정8-2).

예탁결제원은 법인으로 하며(법294②), 주된 사무소의 소재지에서 설립등기를 함으로써 성립한다(법294③). 예탁결제원이 아닌 자는 "한국예탁결제원" 또는 이와 유사한 명칭을 사용하여서는 아니 된다(법295).

Ⅱ. 업무

1. 고유업무와 예탁결제기관업무

예탁결제원은 정관으로 정하는 바에 따라 ⅰ) 증권등의 집중예탁업무(제1호), ⅱ) 증권등의 계좌 간 대체업무(제2호), ⅲ) 증권시장 밖에서의 증권등의 매매거래(다자간매매체결회사에서의 증권의 매매거래는 제외)에 따른 증권등의 인도와 대금의 지급에 관한 업무(제4호),[6] ⅳ) 예탁결제원과 유사한 업무를 영위하는 외국 법인("외국예탁결제기관")과의 계좌설정을 통한 증권등의 예탁, 계좌 간 대체 및 매매거래에 따른 증권등의 인도와 대금의 지급에 관한 업무(제5호)를 행한다(법296①).

---

6) 제3호는 삭제 [2016. 3. 22. 제14096호(주식·사채 등의 전자등록에 관한 법률)] [[시행일 2019. 9. 16.]].

2. 부수업무

예탁결제원은 정관으로 정하는 바에 따라 부수업무로서 ⅰ) 증권등의 보호예수업무(제1호), ⅱ) 예탁증권등의 담보관리에 관한 업무(제2호), ⅲ) 법 제80조에 따라 집합투자업자·투자일임업자와 집합투자재산을 보관·관리하는 신탁업자 등 사이에서 이루어지는 집합투자재산의 취득·처분 등에 관한 지시 등을 처리하는 업무(제3호), ⅳ) 그 밖에 금융위원회로부터 승인을 받은 업무(제4호)를 행한다(법296②).

3. 겸영업무

예탁결제원은 정관으로 정하는 바에 따라 위의 업무 이외에 ⅰ) 금융위원회의 승인을 받은 업무(이 경우 자본시장법 또는 다른 법률에서 인가·허가·등록·신고 등이 필요한 경우에는 인가·허가 등을 받거나 등록·신고 등을 하여야 한다)(제1호), ⅱ) 자본시장법 또는 다른 법령에서 예탁결제원의 업무로 규정한 업무(제2호)를 영위할 수 있다(법296③).

4. 예탁업무규정

예탁결제원은 증권등의 예탁과 예탁증권등의 관리를 위하여 예탁업무규정을 정하여야 한다(법302①). 예탁업무규정에는 ⅰ) 예탁대상증권등의 지정·취소 및 그 관리에 관한 사항(제1호), ⅱ) 예탁자의 계좌개설과 그 폐지에 관한 사항(제2호), ⅲ) 예탁자계좌부의 작성 및 비치에 관한 사항(제3호), ⅳ) 예탁대상증권등의 예탁·반환 및 계좌 간 대체에 관한 사항(제4호), ⅴ) 예탁증권등에 대한 담보권의 설정·소멸 및 신탁재산의 표시·말소에 관한 사항(제5호), ⅵ) 예탁증권등의 권리 행사에 관한 사항(제6호), ⅶ) 그 밖에 예탁증권등의 관리를 위하여 필요한 사항(제7호)이 포함되어야 한다(법302②).

5. 결제업무규정

예탁결제원 및 전자등록기관은 증권등의 매매거래에 따른 결제업무의 수행을 위하여 결제업무규정을 정하여야 한다. 이 경우 결제업무규정은 제323조의11의 청산업무규정, 제387조의 회원관리규정 및 제393조의 업무규정과 상충되어서는 아니 된다(법303①). 결제업무규정에는 ⅰ) 예탁결제원 및 전자등록기관 결제회원의 가입·탈퇴 및 권리·의무에 관한 사항(제1호), ⅱ) 결제계좌의 개설 및 관리에 관한 사항(제2호), ⅲ) 결제시한에 관한 사항(제3호), ⅳ) 증권등의 인도 및 대금지급에 관한 사항(제4호), ⅴ) 증권시장에서의 증권의 매매거래에 따른 결제이행·불이행 결과의 거래소에 대한 통지에 관한 사항(전자등록기관의 결제업무규정에 한정)(제5호), ⅵ)

그 밖에 결제업무 수행을 위하여 필요한 사항(제6호)이 포함되어야 한다(법303②).

Ⅲ. 검사 및 조치

1. 업무규정의 승인 · 보고

예탁결제원은 제296조 제1항 제5호의 업무에 관한 규정, 예탁업무규정 및 결제업무규정을 제정 · 변경하거나 폐지하고자 하는 경우에는 금융위원회의 승인을 받아야 하며(법305①), 그 외의 업무에 관한 규정을 제정 · 변경하거나 폐지한 경우에는 지체 없이 금융위원회에 보고하여야 한다(법305③).

2. 검사

예탁결제원은 그 업무와 재산상황에 관하여 금융감독원장의 검사를 받아야 한다. 금융감독원장은 검사를 함에 있어서 필요하다고 인정되는 경우에는 예탁결제원에게 업무 또는 재산에 관한 보고, 자료의 제출, 증인의 출석, 증언 및 의견의 진술을 요구할 수 있다. 검사를 하는 자는 그 권한을 표시하는 증표를 지니고 이를 관계자에게 내보여야 한다. 금융감독원장이 검사를 한 경우에는 그 보고서를 금융위원회에 제출하여야 한다. 이 경우 자본시장법 또는 자본시장법에 따른 명령이나 처분을 위반한 사실이 있는 때에는 그 처리에 관한 의견서를 첨부하여야 한다. 금융위원회는 검사의 방법 · 절차, 검사결과에 대한 조치기준, 그 밖의 검사업무와 관련하여 필요한 사항을 정하여 고시할 수 있다(법306).

3. 조치

(1) 예탁결제원에 대한 조치

금융위원회는 예탁결제원이 별표 8 각 호의 어느 하나에 해당하는 경우에는 6개월 이내의 업무의 전부 또는 일부의 정지, 계약의 인계명령, 위법행위의 시정명령 또는 중지명령, 위법행위로 인한 조치를 받았다는 사실의 공표명령 또는 게시명령, 기관경고, 기관주의, 그 밖에 위법행위를 시정하거나 방지하기 위하여 필요한 조치로서 대통령령으로 정하는 조치를 할 수 있다(법307①).

(2) 임원에 대한 조치

금융위원회는 예탁결제원의 임원이 별표 8 각 호의 어느 하나에 해당하는 경우에는 해임요구, 6개월 이내의 직무정지, 문책경고, 주의적 경고, 주의, 그 밖에 위법행위를 시정하거나 방지하기 위하여 필요한 조치로서 대통령령으로 정하는 조치를 할 수 있다(법307②).

(3) 직원에 대한 조치

금융위원회는 예탁결제원의 직원이 별표 8 각 호의 어느 하나에 해당하는 경우에는 면직, 6개월 이내의 정직, 감봉, 견책, 경고, 주의, 그 밖에 위법행위를 시정하거나 방지하기 위하여 필요한 조치로서 대통령령으로 정하는 조치를 예탁결제원에 요구할 수 있다(법307③).

제3절 금융투자상품거래청산회사

Ⅰ. 서설

1. 의의

금융투자상품거래청산회사는 금융투자업관계기관 중 하나이다(법9⑰2의2). 금융투자상품거래청산업이란 금융투자업자 및 대통령령으로 정하는 자("청산대상업자")를 상대방으로 하여 청산대상업자가 대통령령으로 정하는 금융투자상품의 거래("청산대상거래")를 함에 따라 발생하는 채무를 채무인수, 경개(更改), 그 밖의 방법으로 부담하는 것을 영업으로 하는 것을 말한다(법9㉕).

2013년 자본시장법 개정시 도입된 금융투자상품거래청산회사는 장외거래를 대상으로 하는 청산기관이다. 금융투자업자는 다른 금융투자업자 및 외국 금융투자업자("거래상대방")와 대통령령으로 정하는 장외파생상품의 매매 및 그 밖의 장외거래(그 거래에 따른 채무의 불이행이 국내 자본시장에 중대한 영향을 줄 우려가 있는 경우로 한정하며, 이하 "청산의무거래")를 하는 경우 금융투자상품거래청산회사, 그 밖에 이에 준하는 자로서 대통령령으로 정하는 자7)에게 청산의무

---

7) "그 밖에 이에 준하는 자로서 대통령령으로 정하는 자"란 외국 법령에 따라 외국에서 금융투자상품거래청산업에 상당하는 업무를 하는 자("외국금융투자상품거래청산회사")로서 다음의 요건을 모두 충족하는 자 중에서 금융위원회가 승인하는 자를 말한다(영186의3③).
  1. 외국금융투자상품거래청산회사가 해당 금융투자상품거래청산업에 상당하는 업무를 하기 위하여 외국금융투자감독기관의 허가·인가 또는 승인 등을 받을 것
  2. 외국금융투자상품거래청산회사가 외국금융투자감독기관으로부터 금융투자상품거래청산업에 상당하는 업무와 관련하여 적절한 감독을 받을 것
  3. 금융위원회가 법 또는 법에 상응하는 외국의 법령을 위반한 외국금융투자상품거래청산회사의 행위에 대하여 법 또는 법에 상응하는 외국의 법령에서 정하는 방법에 따라 행하여진 조사 또는 검사자료를 상호주의의 원칙에 따라 외국금융투자감독기관으로부터 제공받을 수 있는 국가의 외국금융투자상품거래청산회사일 것
  4. 금융위원회가 외국금융투자상품거래청산회사가 소재한 국가의 외국금융투자감독기관과 상호 정보교환

거래에 따른 자기와 거래상대방의 채무를 채무인수, 경개, 그 밖의 방법으로 부담하게 하여야 한다(법166의3).

2. 청산대상업자

청산대상업자는 금융투자업자 및 대통령령으로 정하는 자를 말한다(법9㉕). 여기서 "대통령령으로 정하는 자"란 국가, 한국은행, 은행, 한국산업은행, 중소기업은행, 한국수출입은행, 농업협동조합중앙회, 수산업협동조합중앙회, 보험회사, 증권금융회사, 예금보험공사 및 정리금융회사, 한국자산관리공사, 신용보증기금, 기술보증기금, 법률에 따라 설립된 기금(신용보증기금 및 기술보증기금 제외) 및 그 기금을 관리·운용하는 법인, 외국 정부, 조약에 따라 설립된 국제기구, 외국 중앙은행, 외국 금융투자업자, 그 밖에 금융투자상품 거래에 따른 결제위험 및 시장 상황 등을 고려하여 총리령으로 정하는 자를 말한다(영14의2①).

3. 청산대상거래

청산대상거래는 대통령령으로 정하는 금융투자상품의 거래를 말한다(법9㉕). 여기서 "대통령령으로 정하는 금융투자상품의 거래"란 ⅰ) 장외파생상품의 거래, ⅱ) 증권의 장외거래로서 환매조건부매매, 증권의 대차거래, 채무증권의 거래(환매조건부매매 및 증권의 대차거래 제외), ⅲ) 수탁자인 투자중개업자와 위탁자인 금융투자업자 또는 청산대상업자 간의 상장증권(채무증권은 제외)의 위탁매매거래를 말한다(영14의2②).

4. 청산의무거래

청산의무거래는 대통령령으로 정하는 장외파생상품의 매매 및 그 밖의 장외거래(그 거래에 따른 채무의 불이행이 국내 자본시장에 중대한 영향을 줄 우려가 있는 경우로 한정)를 말한다(법9㉕). 여기서 "대통령령으로 정하는 장외파생상품의 매매 및 그 밖의 장외거래"란 원화로 표시된 원본액에 대하여 일정한 기간 동안 고정이자와 변동이자를 장래의 특정 시점마다 원화로 교환할 것을 약정하는 거래로서 기초자산, 거래의 만기 등에 관하여 금융위원회가 정하여 고시하는 요건을 충족하는 장외파생상품거래를 말한다(영186의3② 본문). 다만, 법 또는 법에 상응하는 외국의 법령 등에 따라 금융투자상품거래청산회사(법 제323조의3에 따라 금융투자상품거래청산업의 인가를 받은 자)를 통한 청산이 불가능한 경우로서 금융위원회가 정하여 고시하는 거래는 제외한다(영186의3② 단서).

및 청산대상거래 등 금융위원회가 정하여 고시하는 사항에 관한 협력약정 등을 체결하고 있을 것

5. 금융투자상품거래청산업의 인가

누구든지 자본시장법에 따른 금융투자상품거래청산업인가(변경인가를 포함)를 받지 아니하고는 금융투자상품거래청산업을 영위하여서는 아니 된다(법323의2). 금융투자상품거래청산업을 영위하려는 자는 청산대상거래 및 청산대상업자를 구성요소로 하여 대통령령으로 정하는 업무단위("청산업 인가업무 단위")의 전부나 일부를 선택하여 금융위원회로부터 하나의 금융투자상품거래청산업인가를 받아야 한다(법323의3①). 금융투자상품거래청산업인가를 받으려는 자는 일정한 요건을 갖추어 인가를 받아야 한다(법323의3②).

여기서 "대통령령으로 정하는 업무 단위"란 청산대상업자를 대상으로 한 ⅰ) 장외파생상품의 거래, ⅱ) 증권의 장외거래로서 환매조건부매매, 증권의 대차거래, 채무증권의 거래(환매조건부매매 및 증권의 대차거래 제외), ⅲ) 수탁자인 투자중개업자와 위탁자인 금융투자업자 또는 제1항 각 호의 어느 하나에 해당하는 자("청산대상업자") 간의 상장증권(채무증권은 제외)의 위탁매매거래(제14조의2 제2항 각 호의 구분에 따른 업무 단위)를 말한다(영318의2).

Ⅱ. 업무

1. 청산업무

금융투자상품거래청산회사는 정관으로 정하는 바에 따라 ⅰ) 청산대상거래의 확인업무(제1호), ⅱ) 청산대상거래에 따른 채무의 채무인수, 경개, 그 밖의 방법에 따른 채무부담업무(제2호), ⅲ) 청산대상거래에서 발생하는 다수의 채권 및 채무에 대한 차감업무(제3호), ⅳ) 결제목적물·결제금액의 확정 및 결제기관에 대한 결제지시업무(제4호), ⅴ) 결제불이행에 따른 처리업무(제5호), ⅵ) 제1호부터 제5호까지의 규정에 따른 업무에 수반되는 부수업무로서 금융위원회로부터 승인을 받은 업무(제6호)를 행한다(법323의10①).

2. 전업업무

금융투자상품거래청산회사는 위의 청산업무 외에 다른 업무를 할 수 없다(법323의10② 본문). 다만, ⅰ) 자본시장법 또는 다른 법령에서 금융투자상품거래청산회사의 업무로 규정한 업무를 행하는 경우, ⅱ) 자본시장법 또는 다른 법률에서 정하는 바에 따라 거래소, 그 밖에 대통령령으로 정하는 금융투자업관계기관(예탁결제원 및 증권금융회사)이 금융투자상품거래청산업무를 하는 경우에는 그러하지 아니하다(법323의10② 단서).

3. 청산업무규정

금융투자상품거래청산회사는 청산업무규정을 정하여야 하며, 이 경우 청산업무규정은 제303조의 결제업무규정, 제387조의 회원관리규정 및 제393조의 업무규정과 상충되어서는 아니 된다(법323의11①). 금융투자상품거래청산회사는 정관 및 청산업무규정을 변경하려는 경우에는 금융위원회의 승인을 받아야 한다(법323의11②).

청산업무규정에는 ⅰ) 청산대상거래 및 그 거래대상이 되는 금융투자상품에 관한 사항(제1호), ⅱ) 청산대상업자의 요건에 관한 사항(제2호), ⅲ) 금융투자상품거래청산업으로서 행하는 채무의 채무인수, 경개, 그 밖의 방법에 의한 채무의 부담 및 그 이행에 관한 사항(제3호), ⅳ) 청산대상업자의 채무의 이행 확보에 관한 사항(제4호), ⅴ) 청산증거금 및 손해배상공동기금에 관한 사항(제5호), ⅵ) 청산대상업자가 아닌 자가 청산대상업자를 통하여 금융투자상품거래청산회사로 하여금 청산대상거래의 채무를 부담하게 하는 경우 그 금융투자상품거래청산의 중개·주선이나 대리에 관한 사항(제6호), ⅶ) 외국 금융투자상품거래청산회사(외국의 법령에 따라 외국에서 금융투자상품거래청산업무에 상당하는 업무를 수행하는 자)와의 협력에 관한 사항(제7호), ⅷ) 그 밖에 금융투자상품거래청산업무의 수행을 위하여 필요한 사항으로서 금융위원회가 정하여 고시하는 사항(제8호)을 포함하여야 한다(법323의11③).

Ⅲ. 거래정보 보고

금융투자상품거래청산회사는 법 제166조의3에 따른 청산의무거래, 법 제9조 제25항에 따른 청산대상거래(법 제166조의3에 따른 청산의무거래는 제외)에 관한 정보를 10년 동안 보관·관리하여야 한다(법323의16①, 영318의9①②)).

금융투자상품거래청산회사는 보관·관리하는 ⅰ) 법 제9조 제25항에 따른 청산대상거래 및 그 거래대상이 되는 금융투자상품에 관한 사항, ⅱ) 청산대상업자의 채무의 이행 등에 관한 사항, ⅲ) 청산증거금 및 손해배상공동기금의 관리·운용 현황, ⅳ) 그 밖에 국제적으로 인정되는 감독기준 등을 고려하여 총리령으로 정하는 사항을 매월 금융위원회가 정하여 고시하는 서식 및 절차에 따라 금융위원회에 보고하여야 한다(법323의16②, 영318의9③). 그러나 법 제323조의16 제3항에 따라 금융투자상품거래청산회사는 손해배상공동기금으로 손해를 보전하거나 그 밖에 청산대상업자의 결제위험과 관련된 사항으로서 총리령으로 정하는 사항이 발생한 경우에는 지체 없이 금융위원회에 보고하여야 한다(영318의9④).

제4절 증권금융회사

Ⅰ. 의의

누구든지 자본시장법에 따른 인가를 받지 아니하고는 증권금융업무(제326조 제1항에 따른 업무)를 영위하여서는 아니 된다(법323의21 본문). 다만, 투자자 보호 및 건전한 거래질서를 해할 우려가 없는 경우로서 대통령령으로 정하는 경우8)는 제외한다(법323의21 단서). 증권금융업무를 영위하려는 자는 일정한 요건을 갖추어 금융위원회의 인가를 받아야 한다(법324①②). 증권금융회사가 아닌 자는 "증권금융" 또는 이와 유사한 명칭을 사용하여서는 아니 된다(법325).

Ⅱ. 업무

1. 증권금융업무

증권금융업무는 ⅰ) 금융투자상품의 매도·매수, 증권의 발행·인수 또는 그 중개나 청약의 권유, 청약, 청약의 승낙과 관련하여 투자매매업자 또는 투자중개업자에 대하여 필요한 자금 또는 증권을 대여하는 업무(제1호), ⅱ) 거래소시장에서의 매매거래(다자간매매체결회사에서의 거래를 포함) 또는 청산대상거래에 필요한 자금 또는 증권을 청산기관인 거래소 또는 금융투자상품거래청산회사를 통하여 대여하는 업무(제2호), ⅲ) 증권을 담보로 하는 대출업무(제3호), ⅳ) 그 밖에 금융위원회의 승인을 받은 업무(제4호)이다(법326①).

2. 겸영업무

증권금융회사는 증권금융업무 외에 ⅰ) 투자매매업 및 투자중개업 중 환매조건부매매, 환매조건부매매의 중개·주선 또는 대리업무, 집합투자증권을 대상으로 하는 투자매매업·투자중개업, 신탁업무, 집합투자재산의 보관·관리 업무, 증권대차업무를 영위할 수 있다. 이 경우 자본시장법 또는 다른 법률에서 인가·허가·등록 등이 필요한 경우에는 이를 받아야 한다. ⅱ) 자본시장법 또는 다른 법령에서 증권금융회사의 업무로 규정한 업무를 영위할 수 있다. ⅲ) 그 밖에 금융위원회로부터 승인을 받은 업무를 영위할 수 있다(법326②).

---

8) "대통령령으로 정하는 경우"란 금융관련법령에 따라 법 제326조 제1항 제1호 또는 제3호에 해당하는 업무를 영위하는 경우를 말한다(영318의12).

3. 부수업무

증권금융회사는 증권금융업무, 제2항의 업무(겸영업무) 또는 자금예탁업무(법330)에 부수하는 업무로서 ⅰ) 보호예수업무(제1호), ⅱ) 그 밖에 금융위원회의 승인을 받은 업무(제2호)를 행한다(법326③).

4. 사채의 발행

(1) 발행한도

증권금융회사는 자본금과 준비금의 합계액의 20배를 초과하지 아니하는 범위에서 사채를 발행할 수 있으며(법329①), 발행한 사채의 상환을 위하여 일시적으로 그 한도를 초과하여 사채를 발행할 수 있다(법329② 전단). 이 경우 발행 후 1개월 이내의 한도의 적합하도록 하여야 한다(법329② 후단).

(2) 사채의 발행총액

증권금융회사가 사채를 발행하는 경우에는 응모총액이 사채청약서나 증권신고서에 기재된 사채의 총액에 미달하는 경우에도 그 사채를 발행한다는 뜻을 사채청약서나 증권신고서에 기재한 때에는 그 응모총액을 사채의 발행총액으로 한다(영322①).

(3) 발행방법

증권금융회사는 매출기간을 미리 정하여 매출의 방법으로 사채를 발행할 수 있으며, 이 경우에는 사채청약서를 작성하지 아니할 수 있다(영322②). 증권금융회사는 매출의 방법으로 발행하는 사채에는 회사의 상호, 사채의 액면금액, 사채의 이자율, 이자지급의 방법 및 기한, 사채상환의 방법 및 기한, 사채의 번호를 기재하여야 한다(영322③).

증권금융회사가 사채를 발행하는 경우에는 할인의 방법에 의할 수 있으며(영322④), 만기 5년 이상의 사채를 할인의 방법으로 발행하는 경우에는 사채발행액을 적용할 때 할인발행차금을 포함하지 아니할 수 있다(영322⑤).

5. 금융투자업자 자금의 예탁

증권금융회사는 금융투자업자, 금융투자업관계기관(그 증권금융회사를 제외), 거래소, 상장법인, 국가 또는 지방자치단체, 법률에 따라 설립된 기금 및 그 기금을 관리·운용하는 법인, 보험회사, 우리사주조합, 금융투자업자에 거래 계좌를 개설한 자로부터 자금의 예탁을 받을 수 있다(법330①, 시행규칙36①).

증권금융회사는 금융투자업자 등의 자금을 예탁받는 업무를 위하여 필요한 경우에는 1년 이내에 만기가 도래하는 어음을 발행하는 방법에 따라 채무증서를 발행할 수 있다(법330②, 시행규칙36②).

위의 자금의 예탁받는 경우와 채무증서를 발행하는 경우에는 한국은행법과 은행법을 적용하지 아니한다(법330③).

Ⅲ. 감독 등

1. 감독

금융위원회는 증권금융회사에 대하여 자본시장법이 정하는 바에 따라 감독하며, 이에 필요한 조치를 명할 수 있다(법331①). 은행법 제34조(건전경영의 지도) 및 제46조(예금지급불능 등에 대한 조치)는 증권금융회사의 경영의 건전성을 유지하기 위한 감독업무에 관하여 준용한다(법331③ 전단). 이 경우 금융위원회는 증권금융회사의 특성을 고려하여 별도의 경영지도기준을 정하여야 한다(법331③ 후단).

2. 업무 폐지 등의 승인

증권금융회사는 증권금융업무를 폐지하거나 해산하고자 하는 경우에는 금융위원회의 승인을 받아야 한다(법332①). 금융위원회는 승인을 한 경우 그 내용을 관보 및 인터넷 홈페이지 등에 공고하여야 한다(법332②).

증권금융회사의 증권금융업무 폐지 또는 해산에 대한 금융위원회의 승인에 관하여서는 제370조(승인사항 등) 제2항부터 제6항까지의 규정을 준용한다(영323).

3. 정관 · 규정의 보고

증권금융회사는 정관을 변경한 경우에는 이를 지체 없이 금융위원회에 보고하여야 하며(법333①), 업무에 관한 규정(規程)을 제정 · 변경하거나 폐지한 경우에는 이를 지체 없이 금융위원회에 보고하여야 한다(법333②).

Ⅳ. 검사 및 조치

1. 검사

증권금융회사는 그 업무와 재산상황에 관하여 금융감독원장의 검사를 받아야 한다. 금융감독원장은 검사를 함에 있어서 필요하다고 인정되는 경우에는 증권금융회사에게 업무 또는 재산에 관한 보고, 자료의 제출, 증인의 출석, 증언 및 의견의 진술을 요구할 수 있다. 검사를 하는 자는 그 권한을 표시하는 증표를 지니고 이를 관계자에게 내보여야 한다. 금융감독원장이 검사를 한 경우에는 그 보고서를 금융위원회에 제출하여야 한다. 이 경우 자본시장법 또는 자본시장법에 따른 명령이나 처분을 위반한 사실이 있는 때에는 그 처리에 관한 의견서를 첨부하여야 한다. 금융위원회는 검사의 방법·절차, 검사결과에 대한 조치기준, 그 밖의 검사업무와 관련하여 필요한 사항을 정하여 고시할 수 있다(법334).

2. 조치

(1) 기관에 대한 조치

(가) 인가취소

금융위원회는 증권금융회사가 거짓, 그 밖의 부정한 방법으로 인가를 받은 경우, 인가조건을 위반한 경우, 인가요건 유지의무를 위반한 경우, 업무의 정지기간 중에 업무를 한 경우, 금융위원회의 시정명령 또는 중지명령을 이행하지 아니한 경우, 별표 9 각 호의 어느 하나에 해당하는 경우로서 대통령령으로 정하는 경우, 대통령령으로 정하는 금융관련 법령 등을 위반한 경우로서 대통령령으로 정하는 경우 등에 해당하는 경우에는 인가를 취소할 수 있다(법335①).

(나) 6개월 이내의 업무정지 등

금융위원회는 증권금융회사가 위의 인가취소사유 중 "별표 9 각 호의 어느 하나에 해당하는 경우로서 대통령령으로 정하는 경우"를 제외한 어느 하나에 해당하거나 별표 9 각 호의 어느 하나에 해당하는 경우에는 6개월 이내의 업무의 전부 또는 일부의 정지, 계약의 인계명령, 위법행위의 시정명령 또는 중지명령, 위법행위로 인한 조치를 받았다는 사실의 공표명령 또는 게시명령, 기관경고, 기관주의 등의 조치를 할 수 있다(법335②).

(2) 임원에 대한 조치

금융위원회는 증권금융회사의 임원이 위의 인가취소사유 중 "별표 9 각 호의 어느 하나에 해당하는 경우로서 대통령령으로 정하는 경우"를 제외한 어느 하나에 해당하거나 별표 9 각 호의 어느 하나에 해당하는 경우에는 해임요구, 6개월 이내의 직무정지, 문책경고, 주의적 경고, 주의 등의 조치를 할 수 있다(법335③).

(3) 직원에 대한 조치

금융위원회는 증권금융회사의 직원이 위의 인가취소사유 중 "별표 9 각 호의 어느 하나에 해당하는 경우로서 대통령령으로 정하는 경우"를 제외한 어느 하나에 해당하거나 별표 9 각 호의 어느 하나에 해당하는 경우에는 면직, 6개월 이내의 정직, 감봉, 견책, 경고, 주의 등의 조치를 그 증권금융회사에 요구할 수 있다(법335④).

제5절 신용평가회사

Ⅰ. 서설

1. 신용평가업의 의의

신용평가업이란 금융투자상품, 기업·집합투자기구, 국가, 지방자치단체, 법률에 따라 직접 설립된 법인, 민법, 그 밖의 관련 법령에 따라 허가·인가·등록 등을 받아 설립된 비영리법인에 대한 신용상태를 평가("신용평가")하여 그 결과에 대하여 기호, 숫자 등을 사용하여 표시한 등급("신용등급")을 부여하고 그 신용등급을 발행인, 인수인, 투자자, 그 밖의 이해관계자에게 제공하거나 열람하게 하는 행위를 영업으로 하는 것을 말한다(법9㉖, 영14의3).

2. 신용평가업의 인가

누구든지 자본시장법에 따른 신용평가업인가를 받지 아니하고는 신용평가업을 영위하여서는 아니 된다(법335의2 본문). 다만, 투자자 보호 및 건전한 거래질서를 해할 우려가 없는 경우로서 신용조회회사가 영위하는 기업에 대한 신용조회업무로서 "ⅰ) 기업에 대한 신용정보를 신용정보주체 또는 그 신용정보주체의 상거래의 상대방 등 이해관계를 가지는 자에게만 제공하여야 하고, ⅱ) 신용정보를 제공할 때 신용조회업무임을 알려야 하며, ⅲ) 신용조회회사의 신용정보를 만들어 내는 부서와 영업부서(법 제335조의8 제2항 제1호에 따른 영업조직에 준하는 부서)의 분리에 관하여 내부통제기준을 마련하여야 한다"는 요건을 모두 충족하는 경우는 제외한다(법335의2 단서, 영324의2).

신용평가업을 영위하려는 자는 일정한 요건을 갖추어 금융위원회로부터 신용평가업인가를 받아야 한다(법335의3①②).[9] 신용평가회사가 아닌 자는 신용평가 또는 이와 유사한 명칭을 사용하여서는 아니 된다(법335의7).[10]

---

9) 2013년 5월 금융투자상품 등에 대하여 공정한 신용평가를 함으로써 신뢰성 있는 투자자 보호가 이루어지도록 하기 위하여 신용평가회사에 대한 업무 범위와 진입·행위 규제에 대한 사항을 기존 신용정보법에서 자본시장법으로 이관하였다.

10) 우리나라에서는 1985년 9월 기업어음에 대한 신용평가제도가 처음 도입되었고 1986년 3월에 무보증채권 평가제도가 도입되었다. 2019년 12월말 현재 신용평가업 인가를 받은 회사는 한국기업평가, 한국신용평가,

3. 신용평가업무 실무

(1) 신용등급 및 신용등급체계

신용등급은 신용평가의 결과를 기호 또는 숫자를 사용하여 표시한 등급을 말하며, 신용평가회사별로 등급체계 및 등급의 정의를 정하고 있다. 신용평가회사별로 해당 등급 내에서 상대적 위치를 표시하기 위해 +/− 부호를 부여하고 있다. 일반적으로 분석기간이 장기인가 단기인가에 따라 장기신용등급(1년 이상)과 단기신용등급(1년 미만)으로 구분하고 있다.

실무적으로 회사채는 장기신용등급을, 기업어음에는 단기신용등급을 부여한다. 장기신용등급과 단기신용등급 간에는 통상적으로 강한 상관관계가 나타나지만, 반드시 일대일 대응관계는 아니다. 장기신용등급이 BBB⁺로 동일한 경우도 단기신용등급은 A2−, A3+가 될 수 있다.

신용등급은 신용평가회사의 고유한 의견으로, 신용등급 자체가 해당 투자에 대한 수익이나 부도 여부를 보증하는 것이 아니며, 자산가치를 측정하는 지표도 아니다.

(2) 투자등급(투자적격등급)과 투기등급

일반적으로 장기신용등급의 경우 AAA−BBB(BBB⁻포함), 단기신용등급의 경우 A1−A3 (A3−포함)를 투자등급으로 분류하고, 그 이하 등급을 투기등급으로 분류한다.

(3) 신용평가의 활용

(가) 기업어음 관련

투자매매업자 및 투자중개업자는 2개 이상의 신용평가회사로부터 신용평가를 받은 기업어음에 대해서 기업어음증권을 매매하거나 중개·주선 또는 대리할 수 있다(영183①, 금융투자업규정5-29). 종합금융회사는 2개 이상의 신용평가회사로부터 신용평가를 받은 경우 무담보어음을 매도할 수 있다(영328①, 금융투자업규정8-21).

(나) 회사채 관련

집합투자업자가 공모펀드에 국내발행 무보증사채를 편입할 경우 2개 이상의 신용평가회사로부터 평가를 받은 무보증사채를 편입하여야 한다(금융투자업규정4-63). 집합투자업자는 MMF에 2개 이상의 신용평가회사로부터 받은 신용등급이 상위 2개 등급 이내인 채무증권을 편입할 수 있다(금융투자업규정7-17).

대고객조건부매매대상이 되는 증권은 신용평가회사로부터 투자적격 판정을 받은 증권이어야 한다. 다만 투자자자금을 자동투자하는 대고객조건부매매거래는 상위 3개 등급 이내인

NICE신용평가 및 서울신용평가 등 4개가 있다. 한국신용평가정보가 1998년 8월 Moody's와 합작하여 한국신용평가를 자회사로 설립하고 신용평가 업무를 이관하였다. 모회사인 한국신용평가정보는 2008년 8월 한국신용정보(현 NICE홀딩스)에 인수되었다.

증권이어야 한다(금융투자업규정5-18).

　인수회사는 2개 이상(유동화증권의 경우 1개 이상)의 신용평가회사로부터 평가를 받은 무보증사채를 인수할 수 있다(증권인수업무에 관한 규정11).

Ⅱ. 임원 및 내부통제기준

1. 임원

　금융회사지배구조법 제5조(임원의 자격요건) 및 제31조[대주주 변경승인 등(제5항은 제외)]는 신용평가회사 및 그 임원에게 준용한다(법335의8①).

2. 내부통제기준과 준법감시인

(1) 내부통제기준

　신용평가회사는 그 임직원이 직무를 수행함에 있어서 준수하여야 할 적절한 기준 및 절차로서 ⅰ) 평가조직과 영업조직의 분리에 관한 사항, ⅱ) 이해상충방지체계에 관한 사항, ⅲ) 불공정행위의 금지에 관한 사항, ⅳ) 신용평가 대상의 특성에 적합한 신용평가기준 도입에 관한 사항, ⅴ) 신용평가 관련 자료의 기록 및 보관에 관한 사항, ⅵ) 신용평가의 적정성을 검토하기 위한 내부절차 마련에 관한 사항, ⅶ) 임직원의 신용평가내부통제기준의 준수 여부 점검에 관한 사항, ⅷ) 그 밖에 신용평가내부통제기준에 관하여 필요한 사항으로서 금융위원회가 정하여 고시하는 사항11)을 포함하는 신용평가내부통제기준을 정하여야 한다(법335의8②, 영324의6①).

　신용평가회사는 신용평가내부통제기준을 제정하거나 변경하려는 경우에는 이사회의 결의를 거쳐야 한다(영324의6②). 금융위원회는 금융감독원장의 검사결과 법령을 위반한 사실이 드러난 신용평가회사에 대하여 법령 위반행위의 재발방지를 위하여 신용평가내부통제기준의 변

---

11) "금융위원회가 정하여 고시하는 사항"이란 다음의 사항을 말한다(금융투자업규정8-19의7①).
　1. 업무의 분장과 조직구조에 관한 사항
　2. 임직원이 업무를 수행할 때 준수하여야 하는 절차에 관한 사항
　3. 경영의사결정에 필요한 정보가 효율적으로 전달될 수 있는 체제의 구축에 관한 사항
　4. 임직원의 내부통제기준 준수 여부를 확인하는 절차·방법과 내부통제기준을 위반한 임직원의 처리에 관한 사항
　5. 임직원의 금융투자상품 매매와 관련한 보고 등 법에 따른 불공정행위를 방지하기 위한 절차나 기준에 관한 사항
　6. 내부통제기준의 제정이나 변경 절차에 관한 사항
　7. 준법감시인의 임면절차에 관한 사항
　8. 이해상충의 파악·평가와 관리에 관한 사항
　9. 그 밖에 내부통제기준에 관하여 필요한 사항으로서 금융감독원장이 정하는 사항

경을 권고할 수 있다(영324의6③).

(2) 준법감시인

신용평가회사는 신용평가내부통제기준의 준수 여부를 점검하고 신용평가내부통제기준을 위반하는 경우 이를 조사하여 감사위원회 또는 감사에게 보고하는 자로서 준법감시인을 1인 이상 두어야 한다(법335의8③). 자산규모, 매출액 등을 고려하여 최근 사업연도말을 기준으로 자산총액이 100억원 미만인 법인은 제외한다(법335의8③, 영324의6④).

준법감시인은 선량한 관리자의 주의로 그 직무를 수행하여야 하며, ⅰ) 해당 신용평가회사의 고유재산의 운용업무, ⅱ) 해당 신용평가회사가 영위하고 있는 신용평가업 및 그 부수업무, ⅲ) 해당 신용평가회사가 영위하고 있는 겸영업무를 담당하여서는 아니 된다(법335의8④).

금융회사지배구조법 제5조(임원의 자격요건), 제25조 제3항(준법감시인의 임면과 이사회 의결), 제26조 제1항 제1호(준법감시인의 자격요건) 및 제30조(준법감시인에 대한 금융회사의 의무)는 신용평가회사의 준법감시인에게 준용한다(법335의8⑤).

Ⅲ. 업무규제

1. 신용평가회사의 업무

(1) 겸영업무

신용평가회사는 투자자 보호 및 건전한 거래질서를 해할 우려가 없는 업무로서 ⅰ) 채권평가회사의 업무, ⅱ) 그 밖에 대통령령으로 정하는 업무를 겸영할 수 있다(법335의10①). 신용평가회사는 겸영업무를 영위하려는 때에는 영위하려는 날의 7일 전까지 이를 금융위원회에 신고하여야 한다(법335의10③).

(2) 부수업무

신용평가회사는 ⅰ) 은행, 그 밖에 대통령령으로 정하는 금융기관[12]의 기업 등에 대한 신용공여의 원리금상환 가능성에 대한 평가 업무(제1호), ⅱ) 은행, 보험회사, 그 밖에 대통령령으로 정하는 금융기관의 지급능력, 재무건전성 등에 대한 평가 업무(제2호), ⅲ) 사업성 평가, 가치평가 및 기업진단 업무, 신용평가모형과 위험관리모형의 개발 및 제공 업무, 그리고 그 밖에 금융위원회가 정하여 고시하는 업무(제3호)를 포함하여 신용평가업에 부수하는 업무를 영위할

---

12) 자본시장법 제335조의10 제2항 제1호 및 제2호에서 "대통령령으로 정하는 금융기관"이란 각각 은행, 한국산업은행, 중소기업은행, 한국수출입은행, 농업협동조합중앙회, 수산업협동조합중앙회, 보험회사, 금융투자업자(겸영금융투자업자 제외), 증권금융회사, 종합금융회사, 자금중개회사, 금융지주회사, 여신전문금융회사, 상호저축은행 및 그 중앙회, 산림조합중앙회, 새마을금고연합회, 신용협동조합중앙회, 위의 기관에 준하는 외국 금융기관을 말한다(영324의7①, 영10②).

수 있다(법335의10②, 영324의7②). 여기서 "그 밖에 금융위원회가 정하여 고시하는 업무"란 부동산 임대차, 교육, 홍보 및 출판업무와 다른 법령, 정부 또는 공공기관의 고시 및 기준에 따라 신용평가회사가 수행할 수 있도록 한 업무를 말한다(금융투자업규정8-19의8).

　　신용평가회사는 부수업무를 영위하려는 때에는 영위하려는 날의 7일 전까지 이를 금융위원회에 신고하여야 한다(법335의10③). 금융투자업자의 부수업무 영위에 관한 자본시장법 제41조 제2항부터 제4항까지의 규정[13]은 신용평가회사에 대하여 준용한다(법335의10④).

2. 신용평가회사의 행위규칙

(1) 신용평가방법에 따른 신용평가

　　신용평가회사는 금융위원회가 정하여 고시하는 바에 따라 신용등급의 부여·제공·열람에 제공하기 위한 방침 및 방법("신용평가방법")을 정하고, 그 신용평가방법 등에 따라 신용평가를 하여야 한다(법335의11①).[14] 신용평가회사는 신용평가를 요청한 자("요청인")에 대한 신용평가를 하는 경우에는 재무상태·사업실적 등 현재의 상황과 사업위험·경영위험 및 재무위험 등 미래의 전망을 종합적으로 고려하여야 한다(법335의11②).

(2) 신용평가서의 작성 및 제공

　　신용평가회사는 신용평가의 결과를 기술한 것으로서 신용등급, 신용평가회사의 의견, "ⅰ) 해당 신용평가회사에 5% 이상 출자한 법인(제1호), ⅱ) 해당 신용평가회사가 5% 이상 출자한

---

13) ① 금융투자업자는 금융투자업에 부수하는 업무를 영위하고자 하는 경우에는 그 업무를 영위하기 시작한 날부터 2주 이내에 이를 금융위원회에 보고하여야 한다.
　② 금융위원회는 제1항에 따른 부수업무 보고내용이 다음 각 호의 어느 하나에 해당하는 경우에는 그 부수업무의 영위를 제한하거나 시정할 것을 명할 수 있다.
　1. 금융투자업자의 경영건전성을 저해하는 경우
　2. 인가를 받거나 등록한 금융투자업의 영위에 따른 투자자 보호에 지장을 초래하는 경우
　3. 금융시장의 안정성을 저해하는 경우
　③ 제2항에 따른 제한명령 또는 시정명령은 제1항에 따라 보고를 받은 날부터 30일 이내에 그 내용 및 사유가 구체적으로 기재된 문서로 하여야 한다.
　④ 금융위원회는 제1항에 따라 보고받은 부수업무 및 제2항에 따라 제한명령 또는 시정명령을 한 부수업무를 대통령령으로 정하는 방법 및 절차에 따라 인터넷 홈페이지 등에 공고하여야 한다.
14) 신용평가회사는 다음의 기준에 따라 신용평가방법을 정하여야 한다(금융투자업규정8-19의9①).
　1. 신용평가에 관한 과거의 통계자료 및 경험, 미래의 시장환경 변화 등을 고려하여 평가방법의 적정성에 대한 검증 방침을 수립할 것
　2. 신용등급을 적시에 조정하기 위하여 신용평가대상에 대한 정보의 수집 방침을 마련할 것
　3. 신용평가대상에 대하여 산업별·업종별 등으로 구분하여 다음 각 목의 사항을 포함한 평가방법(신용평가모형을 포함)을 마련할 것
　　가. 평가에 적용되는 주요 가정 및 모형
　　나. 평가에 사용되는 자료에 대한 적정성 평가 방법
　　다. 평가방법이 변경된 경우 그 사유 및 평가에 미치는 영향

법인(제2호), iii) 해당 신용평가회사와 계열회사의 관계에 있는 법인(제3호), iv) 해당 신용평가회사와 제1호부터 제3호까지의 관계에 있는 법인이 40% 이상 출자한 법인(제4호), v) 그 밖에 신용평가업무와 관련하여 이해상충의 소지가 있는 자로서 금융위원회가 정하여 고시하는 자"가 아닌 자로서 해당 신용평가회사와 출자관계에 있는 자와 관련한 신용평가를 하는 경우에 그 출자관계에 관한 사항, 그 밖에 투자자 등의 합리적 의사결정에 필요한 정보로서 금융위원회가 정하여 고시하는 사항(제4호)[15]을 포함한 서류("신용평가서")를 작성하여야 한다(법335의11③, 영324의8①).

신용평가회사는 요청인에게 신용평가서를 제공하는 경우에는 신용평가실적서, 신용등급변화표, 평균누적부도율표를 함께 제공하여야 한다(법335의11④, 금융투자업규정8-19의9③). 여기서 신용평가실적서는 신용평가회사가 부여한 신용등급별로 원리금 상환 이행률 등을 기재한 서류를 말하고, 신용등급변화표는 신용평가회사가 행한 신용평가에 대하여 연초 신용등급이 연말에 동일 또는 다른 신용등급으로 변동된 내용을 기재한 서류를 말하며, 평균누적부도율표는 신용평가회사가 행한 신용평가에 대하여 업체별·신용등급별로 기간 경과에 따라 해당기간 중에 부도 등이 발생한 내용을 기재한 서류를 말한다.

(3) 기록보존의무

신용평가회사는 i) 요청인의 주소와 성명, ii) 요청받은 업무 내용 및 요청받은 날짜, iii) 요청받은 업무의 처리 내용 또는 제공한 신용평가서 및 제공한 날짜, iv) 신용평가의 실시를 위한 계약서류 및 신용평가와 관련하여 수취한 수수료의 내역, v) 신용등급을 변경한 경우 그 변경내역 및 사유, vi) 신용평가를 위하여 요청인 또는 그의 이해관계자에게 제공하거나 요청인 또는 이해관계자로부터 제출받은 자료를 3년간 보존하여야 한다(법335의11⑤, 영324의8②).

(4) 비밀유지의무

신용평가회사의 임직원이나 임직원이었던 자는 직무상 알게 된 요청인의 비밀을 누설하거나 이용하여서는 아니 된다(법335의11⑥ 본문). 다만, i) 요청인이 제공·이용에 동의한 목적으로 이용하는 경우, ii) 법원의 제출명령 또는 법관이 발부한 영장에 따라 제공되는 경우, iii) 그 밖에 법률에 따라 제공되는 경우에는 그러하지 아니하다(법335의11⑥ 단서).

---

15) "금융위원회가 정하여 고시하는 사항"이란 다음을 말한다(금융투자업규정8-19의9②).
  1. 산업요인, 재무요인 등 신용등급에 영향을 미치는 요인 및 그 분석내용
  2. 신용등급을 부여하기 위하여 적용한 평가방법
  3. 신용등급의 정의, 유효기간 및 등급에 대한 전망
  4. 신용등급 부여에 근거가 된 주요 자료

3. 신용평가 금지대상

(1) 신용평가 금지대상 행위

신용평가회사는 신용평가회사와 일정한 비율 이상의 출자관계에 있는 등 특수한 관계에 있는 자로서 ⅰ) 해당 신용평가회사에 5% 이상 출자한 법인, ⅱ) 해당 신용평가회사가 5% 이상 출자한 법인, ⅲ) 해당 신용평가회사와 계열회사 관계에 있는 법인, ⅳ) 앞의 3개 법인이 40% 이상 출자한 법인, ⅴ) 당해 신용평가회사의 직전 사업연도 총수익의 10% 이상을 기여한 자, ⅵ) 당해 신용평가회사로부터 이해상충의 소지가 있는 기타 용역(법 제335조의10 제2항 제1호·제2호에 따른 업무 제외)을 제공받은 이후 1년이 경과하지 않은 자와 관련된 신용평가를 하는 행위를 하여서는 아니 된다(법335의11⑦(1), 영324의8③, 금융투자업규정8-19의10①).

(2) 계열사 상품 등 구매 강요 금지

신용평가회사는 신용평가 과정에서 신용평가회사 또는 그 계열회사의 상품이나 서비스를 구매하거나 이용하도록 강요하는 행위를 하여서는 아니 된다(법335의11⑦(2)).

(3) 기타 금지행위

신용평가회사는 그 밖에 투자자 보호 또는 건전한 거래질서를 해할 우려가 있는 행위로서 ⅰ) 신용평가 과정에서 다른 신용평가회사와 면담, 협의 또는 자료의 제공 등의 방법을 통하여 신용평가대상의 신용등급에 영향을 미치는 정보를 교환하는 행위, ⅱ) 신용평가와 관련하여 금융위원회가 정하여 고시하는 기준을 위반하여 신용평가의 요청인 및 그의 이해관계자에게 재산상의 이익을 제공하거나 이들로부터 재산상의 이익을 제공받는 행위, ⅲ) 신용평가계약을 체결하기 전에 특정 신용등급이 부여될 가능성 또는 예상되는 신용등급(신용등급의 범위를 포함한다)에 대한 정보를 요청인 또는 그의 이해관계자에게 제공하는 행위, ⅳ) 신용평가계약의 체결을 유인하기 위하여 신용등급을 이용하는 행위, ⅴ) 신용평가회사가 요청인의 대표이사로부터 신용평가를 위해 제출받는 자료와 관련해서 상당한 주의를 다하여 직접 확인·검토하였다는 사실을 확인받지 않고 신용평가하는 행위, ⅵ) 신용평가회사가 신용평가대상의 지분을 소유하거나 신용평가와 관련된 수수료를 협의하는 등 신용평가와 관련하여 이해관계를 가지는 임직원으로 하여금 신용평가를 하게 하는 행위 등을 하여서는 아니 된다(법335의11⑦(3), 영324의8④, 금융투자업규정8-19의10②⑥).

4. 신용평가서의 제출 및 공시

(1) 신용평가서의 제출

신용평가회사는 신용평가실적서 등 신용평가의 적정성 등에 관한 서류를 정해진 기간내에 금융위원회, 거래소 및 협회에 제출하여야 한다(법335의12③, 금융투자업규정8-19의11②). ⅰ) 신용평가실적서는 매분기말 기준으로 작성하여 10일 이내, ⅱ) 신용등급변화표·평균누적 부도율표는 매년말 기준으로 작성하여 20일 이내, ⅲ) 신용등급결과분석은 매년말 기준으로 작성하여 3개월 이내, ⅳ) 채권수익률분석은 매반기말 기준으로 작성하여 3개월 이내, ⅴ) 부도 기업분석·신용등급변동현황분석은 매분기말 기준으로 작성하여 2개월 이내 제출하여야 한다.

법 제335조의12 제1항 또는 제2항을 위반하여 금융위원회가 정하여 고시하는 서류 또는 신용평가서를 제출하지 아니하거나 거짓으로 작성하여 제출한 자(제44의5호)에 대하여는 1억원 이하의 과태료를 부과한다(법449①).[16]

(2) 신용평가서의 공시

금융위원회와 거래소는 제출받은 서류 중 ⅰ) 신용평가방법에 관한 서류, ⅱ) 신용평가서, ⅲ) 금융위원회가 정하여 고시하는 서류를 3년간 일정한 장소에 비치하고, 인터넷 홈페이지 등을 이용하여 공시하여야 한다(법335의12④, 영324의9②, 금융투자업규정8-19의2①).

Ⅳ. 감독 및 조치

1. 감독 및 검사

금융위원회의 감독에 관한 제415조부터 제418조까지(감독, 조치명령권, 승인사항, 보고사항) 및 금융감독원장의 검사에 관한 제419조(한국은행과 관련된 제2항부터 제4항까지 및 거래소·협회 관련 제8항은 제외)까지의 규정은 신용평가회사에 준용한다(법335의14①).

2. 조치

(1) 기관에 대한 조치

(가) 인가취소

금융위원회는 신용평가회사가 거짓, 그 밖의 부정한 방법으로 인가를 받은 경우, 인가조건을 위반한 경우, 인가요건 유지의무를 위반한 경우, 업무의 정지기간 중에 업무를 한 경우, 금융위원회의 시정명령 또는 중지명령을 이행하지 아니한 경우, 별표 9의2 각 호의 어느 하나에 해당하는 경우로서 대통령령으로 정하는 경우, 대통령령으로 정하는 금융관련 법령 등을 위반

---

16) 법 제335조의12 제2항 등에 의하면 신용평가회사는 법령 등에 따라 신용평가를 받도록 한 경우 등에는 신용평가서를 신용평가의 종료일로부터 10일 이내에 금융위원회에 제출하여야 하는데도, A사는 2015. 10. 7.–2017. 8. 8. 기간 중 총 59건의 신용평가서를 금융위원회에 지연 제출한 사실이 있어 과태료 제재를 받았다.

한 경우로서 대통령령으로 정하는 경우 등에 해당하는 경우에는 인가를 취소할 수 있다(법335의15①).

(나) 6개월 이내의 업무정지 등

금융위원회는 신용평가회사가 별표 9의2 각 호의 어느 하나에 해당하는 경우로서 대통령령으로 정하는 경우를 제외한 위의 인가취소 사유 중 어느 하나에 해당하거나 별표 9의2 각 호의 어느 하나에 해당하는 경우에는 6개월 이내의 업무의 전부 또는 일부의 정지, 계약의 인계명령, 위법행위의 시정명령 또는 중지명령, 위법행위로 인한 조치를 받았다는 사실의 공표명령 또는 게시명령, 기관경고, 기관주의 등의 조치를 할 수 있다(법335의15②).

(2) 임원에 대한 조치

금융위원회는 신용평가회사의 임원이 별표 9의2 각 호의 어느 하나에 해당하는 경우로서 대통령령으로 정하는 경우를 제외한 위의 인가취소 사유 중 어느 하나에 해당하거나 별표 9의2 각 호의 하나에 해당하는 경우에는 해임요구, 6개월 이내의 직무정지, 문책경고, 주의적 경고, 주의 등의 조치를 할 수 있다(법335의15③).

(3) 직원에 대한 조치

금융위원회는 신용평가회사의 직원이 별표 9의2 각 호의 어느 하나에 해당하는 경우로서 대통령령으로 정하는 경우를 제외한 위의 인가취소 사유 중 어느 하나에 해당하거나 별표 9의2 각 호의 어느 하나에 해당하는 경우에는 면직, 6개월 이내의 정직, 감봉, 견책, 경고, 주의 등의 조치를 그 신용평가회사에 요구할 수 있다(법335의15④).

Ⅴ. 신용평가회사의 책임 및 제재

1. 민사책임

증권신고서와 투자설명서 중 중요사항에 관하여 거짓의 기재 또는 표시가 있거나 중요사항이 기재 또는 표시되지 아니하여 증권 취득자가 손해를 입은 경우 원칙적으로 회계사, 신용평가회사 등이 배상 책임을 부담한다(법125).

예측정보가 합리적 근거나 가정에 기초하여 성실하게 행하여지는 경우 등에는 배상책임을 부담하지 않는다. 다만, 중요사항에 대해 거짓기재 등이 있는 사실을 알지 못한 증권취득자가 그 기재와 관련하여 신용평가회사 등의 고의 또는 중과실을 증명한 경우에는 배상책임을 부담한다.

2. 형사제재

법 제444조 제13호 각 목의 어느 하나에 해당하는 서류 중 중요사항에 관하여 거짓의 기재 또는 표시를 하거나 중요사항을 기재 또는 표시하지 아니한 자 및 그 중요사항에 관하여 거짓의 기재 또는 표시가 있거나 중요사항의 기재 또는 표시가 누락되어 있는 사실을 알고도 제119조 제5항 또는 제159조 제7항(제160조 후단 또는 제161조 제1항 각 호 외의 부분 후단에서 준용하는 경우를 포함)에 따른 서명을 한 자와 그 사실을 알고도 이를 진실 또는 정확하다고 증명하여 그 뜻을 기재한 신용평가를 전문으로 하는 자는 5년 이하 징역 또는 2억원 이하의 벌금에 처한다(법444(13)).

업무의 정지기간 중 업무를 영위한 자, 직무상 알게 된 요청인의 비밀을 누설하거나 이용한 자, 신용평가회사와 특수한 관계가 있는 자와 관련된 신용평가를 한 자 및 신용평가 과정에서 신용평가회사 또는 그 계열회사의 상품이나 서비스를 구매하거나 이용하도록 강요한 자는 3년 이하의 징역 또는 1억원 이하의 벌금에 처한다(법 제445조 제37호부터 제37의4호까지).

제6절　종합금융회사

Ⅰ. 의의

종합금융회사란 종전의 종합금융회사에 관한 법률[17] 제3조에 따라 금융위원회의 인가를 받은 자를 말한다(법336①). 종합금융회사가 아닌 자는 종합금융회사 또는 이와 유사한 명칭을 사용하여서는 아니 된다(법338).

종합금융회사는 지급결제, 보험, 가계대출 등을 제외한 대부분의 기업금융업무를 영위할 수 있다. 민간부문의 원활한 외자 조달 등을 위해 1975년 12월 종합금융회사에 관한 법률 제정으로 도입되었으나 1997년 외환위기 이후 다수의 종합금융회사가 부실로 퇴출·합병[18]되었다. 2010년 4월 메리츠종합금융이 메리츠증권과 합병하여 메리츠종합금융증권이 되면서 2020년말

---

17) 종합금융회사에 관한 법률은 2009년 2월 4일 자본시장법 시행에 따라 폐지되었는데, 자본시장법은 종합금융업과 관련된 신규 인·허가 조항이 없으며 폐지·해산 등에 관련된 사항만 규정하고 있다.

18) 금융산업구조개선법에 의거 종합금융회사가 은행 또는 증권사에 합병되거나 증권사로 전환한 경우 신설 금융기관은 합병 또는 전환 후 10년간 종합금융업을 영위할 수 있다. 다만 2000년 금융산업구조개선법 개정 이전에 종합금융업을 겸업하고 있던 신한은행(합병 전 조흥은행), 외환은행 등은 동 법령의 적용을 받지 않는다.

현재 전업 종합금융회사는 우리종합금융 1개사만 남은 상태이다. 종합금융회사를 합병한 신한은행, 하나은행 및 메리츠종금증권의 경우 단기금융업무를 겸영하고 있다. 정부도 신규 인·허가를 내주지 않음에 따라 2020년 12월 현재 종합금융업은 전업사 1개, 겸영은행 2개, 겸영증권사 1개사가 영업 중이다.

Ⅱ. 업무

1. 기본업무

종합금융회사의 기본업무는 ⅰ) 단기금융업무(1년 이내에 만기가 도래하는 어음의 발행, 할인, 매매, 중개, 인수 및 보증), ⅱ) 설비 또는 운전자금의 투융자, ⅲ) 증권의 인수·매출 또는 모집·매출의 중개·주선·대리, ⅳ) 외자도입, 해외투자, 그 밖의 국제금융의 주선과 외자의 차입 및 전대, ⅴ) 채권의 발행, ⅵ) 기업의 경영 상담과 기업인수 또는 합병 등에 관한 용역, ⅶ) 지급보증이다(법336①). 어음발행업무는 종합금융회사의 주요 자금조달 수단이다.

2. 부수업무

종합금융회사의 부수업무는 ⅰ) 어음관리계좌(CMA: Cash Management Account)[19] 업무, ⅱ) 팩토링 업무(기업의 판매대금채권의 매수·회수 및 이와 관련된 업무), ⅲ) 주가지수 선물·옵션에 대한 투자매매업·투자중개업, ⅳ) 양도성예금증서의 매매 및 그 중개·주선 또는 대리, ⅴ) 공개시장조작대상증권(한국은행법68)의 매매 및 그 중개·주선 또는 대리, ⅵ) 해당 종합금융회사가 발행한 어음을 담보로 하는 대출이나 해당 종합금융회사의 어음관리계좌에 채권을 가지고 있는 개인에 대한 대출로서 그 채권을 담보로 하는 대출, ⅶ) 선적전 무역어음 업무(선적전 무역어음의 할인·매매·중개·인수 및 보증과 선적전 무역어음을 결제하기 위한 수출환어음 등의 매입과 추심의뢰 업무), ⅷ) 업무용 부동산의 임대 업무(법347④)이다(영325②).

어음관리계좌(CMA) 업무는 종합금융회사의 주요 자금조달 수단이다.

3. 겸영업무

종합금융회사는 ⅰ) 여신전문금융업법에 따른 시설대여업무(리스업무), ⅱ) 집합투자업(투자신탁의 설정·해지 및 투자신탁재산의 운용업무에 한함), ⅲ) 금전신탁 외의 신탁업무, ⅳ) 증권을

---

19) 고객으로부터 예탁받은 자금을 통합하여 발행어음 등에 투자하여 운용하고, 그 결과 발생한 수익을 고객에게 지급하는 것을 목적으로 종합금융회사가 개설하는 계좌를 말한다. 발행어음은 은행이 취급하는 예금과 성격이 비슷하나 통장이나 증서 대신 융통어음인 약속어음을 발행하여 교부한다는 점에서 큰 차이가 있다.

대상으로 하는 투자매매업 및 투자중개업(고유업무 부분 제외), ⅴ) 외국환거래법에 따른 외국환
업무, ⅵ) 장내파생상품을 대상으로 하는 투자매매업 또는 투자중개업(기초자산이 주가지수인 장
내파생상품은 제외(부수업무)), ⅶ) 신용정보법에 따른 신용정보 업무, ⅷ) 자산유동화법에 따른
유동화자산관리 업무, ⅸ) 주택저당채권유동화회사법에 따른 채권유동화 업무, ⅹ) 투자자문업,
ⅺ) 전자금융거래법에 따른 전자자금이체업무(결제중계시스템의 참가기관이 되거나 대표참가기관을
경유하는 방식의 전자자금이체업무는 제외) ⅻ) 신용정보법에 따른 본인신용정보관리업을 자본시
장법 또는 해당 법률이 정하는 바에 따라 인가·허가·등록 등을 받아 영위할 수 있다(법336②,
영325③).

Ⅲ. 채권의 발행

종합금융회사는 자기자본의 10배의 범위에서 채권을 발행할 수 있다(법340①). 종합금융회
사는 발행한 채권의 상환을 위하여 필요한 경우에는 일시적으로 그 한도를 초과하여 채권을
발행할 수 있다(법340②). 이 경우 종합금융회사는 발행 후 1개월 이내에 자기자본의 10배 한도
에 적합하도록 하여야 한다(영332②). 종합금융회사가 채권을 발행하는 경우에는 응모총액이
채권청약서 또는 증권신고서에 기재된 채권의 총액에 미달하는 경우에도 그 채권을 발행한다
는 뜻을 채권청약서 또는 증권신고서에 기재한 때에는 그 응모총액을 채권의 발행총액으로 한
다(영332①).

Ⅳ. 신용공여한도

종합금융회사는 같은 개인·법인 및 그와 신용위험을 공유하는 자("동일차주"[20])에 대하여
그 종합금융회사의 자기자본(국제결제은행의 기준에 따른 기본자본과 보완자본의 합계액)의 25%를
초과하는 신용공여(대출, 어음의 할인, 지급보증, 자금 지원적 성격의 증권의 매입, 그 밖에 금융거래상
의 신용위험을 수반하는 종합금융회사의 직접·간접적 거래)를 할 수 없다(법342①).[21] 종합금융회사

---

20) 동일차주의 구체적 범위는 같은 개인·법인과 다음의 관계에 있는 자로 한다(영337①).
   1. 공정거래법 시행령 제3조 각 호의 어느 하나에 해당하는 관계가 있는 자
   2. 개인이나 법인이 지급불능에 이를 경우에 특별한 사정이 없는 한 이로 인하여 지급불능에 이르게 될 것
      이 명백하다고 인정되는 다른 개인이나 법인
21) 법 제342조 제1항에 따른 신용공여는 다음의 것으로 하되, 그 구체적인 범위는 금융위원회가 정하여 고시
   한다(영336). 1. 대출, 2. 어음의 할인, 3. 지급보증, 4. 자금지원적 성격의 증권의 매입, 5. 어음의 매입, 6.
   지급보증에 따른 대지급금의 지급, 7. 시설대여, 8. 그 밖에 거래상대방의 지급불능시 이로 인하여 종합금
   융회사에 손실을 초래할 수 있는 거래, 9. 종합금융회사가 직접적으로 제1호부터 제7호까지의 규정에 해당
   하는 거래를 한 것은 아니나, 실질적으로 그에 해당하는 결과를 가져올 수 있는 거래.

는 그 종합금융회사의 임원·자회사 및 그와 신용위험을 공유하는 자("관계인"22))에 대하여 그 종합금융회사의 자기자본의 15%의 한도를 초과하는 신용공여를 할 수 없다(법342②, 영334①). 종합금융회사의 동일차주 각각에 대한 신용공여가 그 종합금융회사의 자기자본의 10%를 초과하는 신용공여의 총 합계액은 매 월말 기준으로 그 종합금융회사 자기자본의 5배를 초과할 수 없다(법342③). 종합금융회사는 같은 개인이나 법인 각각에 대하여 그 종합금융회사의 자기자본의 20%를 초과하여 신용공여를 할 수 없다(법342④).

제7절 자금중개회사

Ⅰ. 의의

"대통령령으로 정하는 금융기관 등" 간 자금거래의 중개업무를 영위하려는 자는 일정한 요건을 갖추어 금융위원회의 인가를 받아야 한다(법355①②). 여기서 "대통령령으로 정하는 금융기관 등"이란 은행, 한국산업은행, 중소기업은행, 한국수출입은행, 농업협동조합중앙회, 수산업협동조합중앙회, 보험회사, 증권금융회사, 종합금융회사, 자금중개회사, 여신전문금융회사, 상호저축은행 및 그 중앙회, 새마을금고연합회, 신용협동조합중앙회, 한국자산관리공사를 말한다(영345①).

자금중개회사는 금융기관 간 콜자금 거래의 중개 및 대차, 단기자금거래의 중개 및 대차, 채권매매의 중개, 금중개 및 외국환거래법에 의한 외국환 중개를 수행함으로써 금융시장의 안정적 발전에 기여할 목적으로 금융위원회의 인가를 받아야 하며, 외국환중개업무를 하기 위해서는 기획재정부장관의 인가를 받아야 한다(외국환거래법9①). 외국환중개업무란 ⅰ) 외국통화의 매매·교환·대여의 중개(제1호), ⅱ) 외국통화를 기초자산으로 하는 파생상품거래의 중개(제2호), ⅲ) 그 밖에 제1호 및 제2호와 관련된 업무(제3호)를 말한다(외국환거래법9①).

현재 한국자금중개,23) 서울외국환중개,24) KIDB자금중개,25) IPS외국환중개 등 4개 국내사

---

22) 관계인의 구체적 범위는 다음의 자로 한다(영337②).
   1. 해당 종합금융회사의 임원
   2. 해당 종합금융회사의 자회사(그 종합금융회사가 의결권 있는 발행주식의 15% 이상을 소유한 회사)
   3. 해당 종합금융회사의 임원의 특수관계인
   4. 해당 종합금융회사의 자회사와 제1항 각 호의 어느 하나의 관계에 있는 자
23) 한국자금중개는 1996년 7월 당시 콜거래 중개를 맡고 있던 서울 소재 8개 투자금융회사의 종합금융회사 전환 추진으로 콜시장을 비롯한 금융기관 간 단기금융시장을 정비하면서 설립되었다. 한국자금중개는

와 ICAP외국환중개, Tullett Prebon외국환중개 등[26) 6개 외국사가 영업 중이다.[27)28)

Ⅱ. 업무

1. 개요

자금중개회사가 중개하는 금융기관 간 자금거래의 종류는 90일 이내의 금융기관 간 단기자금거래(콜거래), CD매매, RP매매, 어음매매, 외국환매매, 외화콜, 외환파생상품거래, 장외시장 채권매매 등이 있다. 자금중개회사는 자금중개를 할 경우에는 단순중개(자금중개회사가 일정한 수수료만 받고 자금대여자와 자금차입자 간의 거래를 연결해 주는 것)를 하여야 한다. 다만, 콜거래중개의 경우에는 원활한 거래를 위하여 금융위원회가 정하여 고시하는 최소한의 범위에서 매매중개(금융위원회가 정하여 고시하는 매매거래 형식의 중개)를 할 수 있다(영346③).

자금중개회사는 ⅰ) 은행, ⅱ) 한국산업은행, ⅲ) 중소기업은행, ⅳ) 한국수출입은행, ⅴ) 그 밖에 금융기관 등 간의 원활한 자금거래를 위하여 필요하다고 인정하여 금융위원회가 정하여 고시하는 자에 해당하지 아니하는 자에 대하여 콜거래(90일 이내의 금융기관 등 간의 단기자금거래)의 중개·주선 또는 대리를 해서는 아니 된다(영346②). 자금중개회사는 매월의 중개업무 내역을 금융위원회가 정하여 고시하는 방법에 따라 금융위원회에 보고하여야 한다(영346④).

1996년 11월 콜거래 중개업무를 개시한 이래 양도성예금증서 매매중개업무(1996년 12월), 환매조건부채권 매매중개업무(1997년 5월), 어음 매매중개업무(1997년 6월) 및 외국환 매매중개업무(1999년 2월), 장외시장채권 매매중개업무(2000년 6월)를 차례로 취급하였다. 2007년에는 홍콩지점을 설립하여 홍콩, 싱가포르 등 아시아 주요 금융중심지의 단기금융시장에서 자금중개업무를 시작하였고, 2014년 12월에는 원-위안화 현물환 중개업무를 취급하며 종합중개회사로서의 역할을 하고 있다.

24) 서울외국환중개는 2000년 5월에 금융결제원의 외국환 중개업무를 승계하여 설립되어 원화콜 중개업무(2001년 2월), CD 중개업무(2001년 9월), CP 중개업무(2002년 1월), 통화스왑 중개업무(2004년 11월), RP 중개업무(2007년 12월), 채권 중개업무(2011년 6월)를 차례로 취급하였다. 또한 2013년 3월부터는 전자단기사채 중개업무, 2014년 12월에는 원-위안화 현물환 중개업무를 취급하며 종합중개회사로서의 역할을 수행하고 있다.

25) KIDB자금중개는 2006년 3월 KIDB채권중개가 전액 출자하여 설립하였으며 콜거래, 환매조건부채권 및 양도성예금증서매매, 채권 중개업무, 파생상품 중개업무 등 원화 및 외국환 중개업무를 영위하고 있다.

26) 2004년에는 KIDB채권중개가 영국계 외국환 중개회사인 ICAP(Inter-Capital plc.)와 합작하여 KIDB-ICAP외국환중개를 설립하였으나 2006년 11월 KIDB가 보유지분을 전액 매각함에 따라 ICAP외국환중개가 설립되었다. 그 외에 2005년에는 Tullett Prebon(영국계)이, 2007년에는 GFI(미국계), Nittan Capital(일본계), Tradition Korea(스위스계), BGC Capital Markets(영국계)가, 2012년에는 KIDB자금중개와 IPS외국환중개가 각각 인가를 받아 외국환 중개업무를 시작하였다.

27) 이 중 원화와 외국환 중개를 겸영하는 회사는 한국자금중개와 서울외국환중개, KIDB자금중개 3개사이다. 이 중 한국자금중개와 서울외국환중개 두 기관은 기획재정부로부터 환율고시기관으로 승인받아 외환의 매매기준율을 산출·고시하고 있다.

28) 한국은행(2018), 「한국의 금융제도」, 한국은행(2018. 12), 170-171쪽.

자금중개회사는 금융투자업을 영위하여서는 아니 된다(법357①). 다만 자금거래의 중개업무와 경제적 실질이 유사한 것으로서 대통령령으로 정하는 금융투자업은 영위할 수 있다(법357①, 영346①).

2. 콜거래 중개

(1) 의의

콜시장은 금융기관 간 여유자금을 운용하거나 부족자금을 일시적으로 조달하는 초단기(90일 이내) 자금거래가 이루어지는 곳으로서 콜거래 중개업무의 범위는 신용콜거래와 담보콜거래로 구분되며, 중개방식에 따라 단순중개와 매매중개로 나뉜다.

신용콜거래는 금융기관 또는 자금중개회사로부터 부여받은 신용공여한도 범위 내에서 콜거래가 이루어지는 것을 말하며, 담보콜거래는 신용공여한도를 받지 못한 금융기관에 대하여 유가증권을 담보로 콜거래가 이루어지는 것을 말한다.

단순중개는 자금중개회사가 일정 수수료만 받고 자금대여자와 자금차입자 간의 거래를 연결해 주는 것을 말하며, 매매중개는 자금중개회사가 자기계산으로 거래에 직접 참여하는 것을 말한다.

(2) 콜거래 중개업무 종류
(가) 익일물 콜중개

거래 익영업일에 결제가 되는 콜거래이며, 자금중개회사에서 중개하는 콜거래의 대부분을 차지한다.

(나) 매매 콜중개

자금중개회사가 자기계산으로 거래에 직접 참여하는 거래로서 금융투자업규정 제8-81조에 의하여 거래의 원활을 위하여 필요한 최소한의 범위에서 할 수 있도록 되어 있어 거래 규모는 미미하다.

(다) 담보 콜중개

은행 등 주요 참여기관으로부터 신용한도를 받지 못한 콜시장 등록기관을 대상으로 유가증권을 담보로 콜거래가 이루어지는 것을 말하며, 거래대금 이체와 담보의 질권 설정 및 해지가 동시에 이루어지는 동시결제시스템으로 결제리스크가 없고, 담보유가증권의 일일평가로 담보가액 하락시 추가담보를 제공하는 마진콜제도를 채택하여 시장리스크도 없는 중개 방식이다.

(3) 참가기관

자금중개회사는 은행, 한국산업은행, 중소기업은행, 한국수출입은행, 국고채전문딜러, 금융통화위원회가 선정하는 대상기관으로 선정된 자, 집합투자업자, 증권금융회사에 해당하지 아니하는 자에 대하여 콜거래(90일 이내의 금융기관 등 간의 단기자금거래)의 중개·주선 또는 대리를 해서는 아니 된다(영346②, 금융투자업규정8-81①).

(4) 거래체결 원칙

중개회사가 중개하는 거래는 기간이 같은 경우 차입신청금리가 대여신청금리와 같거나 높은 경우에 체결하며, 신청물이 복수인 경우에는 대여신청물은 낮은 금리의 신청물이 우선하며, 차입신청물은 높은 금리의 신청물이 우선하고, 금리가 동일한 경우에는 먼저 접수된 신청물이 우선하며, 금리 및 접수시간이 동일한 경우에는 큰 금액이 우선한다.

(5) 거래단위 등

거래단위는 억원이고, 최저 1억원 이상이며 상한제한은 없다. 거래기간은 1~90일 이내 일단위이며, 만기일이 휴일인 경우는 이에 이은 제1 거래일을 만기로 한다. 금리는 백분율로 표시된 연리로 하고, 소수점 2자리까지이며, 거래금리에 제한은 없다. 중개신청 방법은 전화, 전신, 공동전산망 등을 이용한다.

3. 채권매매 중개

(1) 의의

채권시장은 정부, 공공기관, 특수법인과 주식회사가 발행한 채권이 매각되는 발행시장과 이미 발행된 채권이 투자자들 사이에서 매매되는 유통시장으로 이루어져 있으며, 채권의 매매거래는 유가증권시장 및 코스닥시장 외의 장외에서 단일의 매도자와 매수자 간의 매매방법에 의하여 이루어진다.

채권매매 중개는 기관투자자 간 국채, 지방채, 특수채 및 회사채 등 채권의 매매거래를 중개하는 업무를 말하며, 중개방식에 따라 단순중개와 매매중개로 나뉜다.

(2) 중개대상 채권

자본시장법상 채무증권인 국채, 지방채, 특수채(법률에 의하여 직접 설립된 법인이 발행한 채권), 사채권, 기업어음증권(기업이 사업에 필요한 자금을 조달하기 위하여 발행한 약속어음), 그 밖에 이와 유사한 것으로서 지급청구권이 표시된 것이 대상이다.

(3) 채권매매 중개업무 종류

당일결제거래는 매매계약 체결 당일에 결제가 이루어지는 거래이고, 익일결제거래는 매매계약 체결일의 다음 영업일에 결제가 이루어지는 거래이며, 보통거래는 매매계약 체결일로부터 3일째되는 영업일에 결제가 이루어지는 거래이다.

(4) 호가의 방법 및 종류

호가란 기관투자자가 채권매매거래를 하기 위하여 자금중개회사에 매도 또는 매수의 의사표시를 하는 행위를 말하며, 호가의 방법은 전화, 전신, 부가가치통신망 등을 통하여 이루어지며, 호가의 종류는 "지정가호가"와 "네고가호가"로 나뉜다.

지정가호가란 채권의 종목, 수량 및 가격을 지정한 호가를 말하며, 네고가호가는 채권의 종목 및 수량은 지정하고 협상에 응할 의사가 있는 가격을 제시한 호가를 말한다.

호가시 단순중개인지 매매중개인지 여부를 표시하여야 하는데 단순중개 방식은 기관투자자가 거래의 쌍방 당사자가 되는 중개방식을 말하며, 매매중개 방식은 자금중개회사의 계정을 통한 매수 및 매도의 방법으로 거래되는 방식을 말한다. 채권매매 중개는 단순중개를 원칙으로 하나, 거래체결시 익명을 요구하는 경우나 채권의 수도 또는 매매대금을 자금중개회사 계정을 통한 결제방식으로 요구하고, 매수자 및 매도자 간 매매수량 및 가격이 일치하는 경우에 한하여 매매중개를 할 수 있다.

(5) 중개대상기관

주요 대상기관은 은행, 금융투자업자, 보험회사, 증권금융회사, 종합금융회사, 한국산업은행, 중소기업은행, 한국수출입은행, 농업협동조합중앙회, 수산업협동조합중앙회, 산림조합중앙회, 금융투자협회, 자금중개회사, 금융지주회사, 여신전문금융회사, 상호저축은행 및 중앙회, 새마을금고연합회, 신용협동조합중앙회, 예금보험공사 및 정리금융기관, 한국자산관리공사, 주택금융공사, 한국투자공사, 한국예탁결제원, 한국거래소, 금융감독원, 집합투자기구, 신용보증기금, 기술보증기금, 법률에 따라 설립된 기금 및 그 기금을 관리하는 법인 및 공제사업을 경영하는 법인 등이다(영179(1)).

(6) 거래체결 원칙

거래중개는 매도자와 매수자 간의 매매신청 채권의 종목과 가격이 같은 경우에 체결하며, 네고가호가는 가격 협상 후 지정가호가로 전환하여야만 체결이 가능하고, 같은 조건의 신청이 복수인 경우 먼저 접수된 신청이 우선한다.

호가한 수량 전량이 일시에 거래될 것을 조건으로 중개를 신청한 호가의 경우에는 전량 체결이 가능한 상대호가가 있는 경우에 한하여 매매를 체결하며, 거래조건을 변경하는 경우에는 신규 주문으로 한다.

(7) 호가수량단위 등

호가수량단위는 채권의 액면 1만원으로 하며, 호가가격단위는 1원으로 하고, 매매수량단위는 채권의 액면 1억원으로 하며, 최저거래단위는 1억원으로 한다. 채권의 수도는 한국예탁결제원이 작성, 비치하는 예탁자계좌부상의 계좌 간 대체를 원칙으로 하며, 매매대금의 결제는 한국은행 계정 또는 금융기관을 통한 자금이체를 원칙으로 한다.

4. 단기자금거래 중개

(1) 의의

단기자금거래 중개업무의 종류에는 양도성예금증서(CD), 환매조건부채권(RP)매매, 금융기관이 발행 또는 배서한 어음 및 표지어음 매매 중개업무가 있다.

(2) 단기자금거래 중개업무 종류

(가) 양도성예금증서 매매중개

금융통화위원회가 정한 양도성예금증서(CD)의 발행조건에 의하여 금융기관이 발행한 CD의 매매를 통한 금융기관 간 자금거래를 중개하는 것을 말한다.

(나) 환매조건부채권매매 중개

채권을 일정기간 후에 일정가액으로 환매수·도할 것을 조건으로 매도·수하는 것을 환매조건부채권매매(RP)라 하며, RP 대상 유가증권의 매매를 통한 금융기관 간 자금거래 중개를 말한다.

(다) 어음매매 중개

금융기관이 발행 또는 배서한 어음(표지어음 포함)의 매매를 통한 금융기관 간 자금거래를 중개하는 것을 말한다.

(3) 중개대상기관

주요 대상기관은 은행, 금융투자업자, 종합금융회사, 보험회사, 여신전문금융회사, 창업투자회사, 상호저축은행 및 중앙회, 신용협동조합중앙회, 새마을금고연합회, 증권금융회사, 자금중개회사, 한국산업은행, 중소기업은행, 한국수출입은행, 농업협동조합중앙회, 수산업협동조합중앙회, 체신관서, 한국자산관리공사, 대한주택보증주식회사, 주택저당채권유동화회사, 유동화전문회사, 외국환평형기금, 공적자금상환기금, 한국주택금융공사, 공공자금관리기금 등이다(영345①, 금융투자업규정8-78①).

(4) 거래체결 원칙

중개회사가 중개하는 거래는 기간이 같은 경우 차입신청금리가 대여신청금리와 같거나 높은 경우에 체결하며, 신청물이 복수인 경우에는 대여신청물은 낮은 금리의 신청물이 우선하며, 차입신청물은 높은 금리의 신청물이 우선하고, 금리가 동일한 경우에는 먼저 접수된 신청물이 우선하며, 금리 및 접수시간이 동일한 경우에는 큰 금액이 우선한다.

(5) 중개신청 방법 등

중개신청 방법은 전화, 전신, 공동전산망 등을 통하여 신청하며, 거래의 최저금액은 1억원, 금액단위는 억원으로 하고, 자금중개는 단순중개를 원칙으로 하며, 자금결제는 한국은행 당좌계정 간의 이체방식을 원칙으로 한다.

5. 외국환 중개

(1) 의의

외국환 중개업무의 종류에는 미국달러화, 일본엔화, 유로화 및 영국파운드화 등 현물환 중개업무, 현물환의 매매와 동시에 이에 대응하여 반대방향으로 동액의 선물환 매매를 중개하는 외환스왑 중개업무 및 이자율선도거래, 이자율스왑거래, 통화스왑거래를 중개하는 파생상품 중개업무가 있다.

(2) 외국환 중개업무 종류

(가) 현물환 중개

미국달러화, 일본엔화, 유로화 및 영국파운드화 등 주요국 통화를 대상으로 한 매매거래를 중개하는 것을 말한다.

(나) 외환스왑 중개

현물환의 매매와 동시에 이에 대응하여 반대 방향으로 동액의 선물환 매매를 실시하는 거래를 중개하는 것을 말한다.

(다) 외화 콜자금거래 중개

딜러가 전화를 이용하여 거래상품별로 구분하여 자금중개회사(브로커)에 주문을 내면, 브로커는 신청내용을 기록 후 수작업으로 체결하고 거래체결내역을 해당 딜러에게 통지하는 방법으로 중개하는 것을 말한다.

(라) 차액결제선물환(NDF) 중개

선물환 계약체결 후 결제일에 외환의 인수도 없이 계약시의 선물환율과 결제일의 정산환율 간의 차이만 차액 정산하는 선물환 거래를 중개하는 것을 말한다.

(마) 파생상품 중개

1) 이자율선도거래(FRA)

미래의 금리 움직임에 대하여 헤징하거나 투기하려는 의사를 가진 당사자 간의 금리계약으로 일정량의 명목원금을 약속한 고정금리로 미래의 특정일로부터 정해진 기간 동안 매입자는 차입하고 매도자는 대여하기로 합의하는 계약을 중개하는 것을 말한다.

2) 이자율스왑거래(IRS)

거래 쌍방이 일정기간 동안 동일 명목원금에 대하여 서로 상이한 금리지표를 이용한 계산이자를 교환하는 계약으로, 변동금리와 고정금리 간 또는 기간이 상이한 변동금리 간 교환을 중개하는 것을 말한다.

3) 통화스왑거래(CRS)

당사자 간 일정시점에서 서로 다른 통화 간의 교환을 행하고, 일정기간 후 원금을 다시 교환하면서 스왑기간중 해당 통화에 대한 이자를 주고 받는 거래를 중개하는 것을 말한다.

(3) 외국환 중개업무에 대한 감독 및 검사

(가) 감독

외국환거래법 제11조에 의하여 외국환중개회사는 기획재정부장관의 감독과 건전성규제를 받는다.

(나) 검사

외국환중개회사 검사는 외국환거래법 시행령 제35조 제3항에서 한국은행 총재에 위탁되어 있으며, 외국환거래규정취급세칙 제4-6조에서 한국은행 국제국장이 연1회 이상 검사토록 하고 있어 외국환중개업무는 금융감독원 검사 대상이 아니다.

6. 금중개

(1) 의의

(한국)자금중개회사는 조세특례제한법에 의한 면세금지금의 거래와 관련하여 국세청으로부터 면세금지금 거래 허가를 받은 금융기관, 도매업자 및 세공업자를 대상으로 면세금지금 거래의 추천 및 중개 업무를 수행하고 있다.

(2) 금중개 업무 내용 및 종류

(가) 내용

(한국)자금중개회사는 조세특례제한법에 의한 면세금지금의 거래와 관련하여 국세청으로부터 면세금지금 거래 및 수입에 대한 추천기관으로 승인을 받고, 면세금지금 거래 허가를 받은 금융기관, 도매업자 및 세공업자를 대상으로 면세금지금 거래 및 수입에 대한 추천과 중개 업무를 실시하고 있다.

(나) 종류

1) 현물거래

현물거래의 결제일은 거래 당일이며, 거래 당일 대금결제 및 실물인수도가 이루어진다.

2) 단기선도거래

결제일은 7영업일 이내이며, 거래 당사자 간 합의한 날에 대금결제 및 실물인수도가 이루어진다.

(3) 거래체결 원칙

실물인수도 기일이 같은 경우 매수단가가 매도단가보다 같거나 높은 경우에 체결하며, 신청물이 복수인 경우에는 매도의 경우 매도단가가 제일 낮은 주문, 매수의 경우 매수단가가 제일 높은 주문, 단가가 동일한 경우에는 높은 관세율이 우선하며, 관세율이 동일한 경우 신청기간이 우선한다.

(4) 국세청 고시 내용

면세금지금거래 중개 및 추천기관은 거래(수입)추천신청서, 거래(수입)추천확인서 및 EDI 전송자료의 내용을 5년간 전자적인 형태로 보관하여야 하며, 금지금 추천내역을 전산 처리된 테이프 또는 디스켓으로 작성하여 국세청에 제출하여야 하고, 금지금 거래상황을 분기별로 국세청에 보고하여야 한다.

(5) 중개방법 등

중개신청 방법은 전화 또는 팩스를 통하여 신청하며, 호가단위는 1g당 원화가격으로 하고, 최소 호가 변동단위는 1원으로 한다.

(6) 금중개 업무에 대한 감독 및 검사

금지금 면세추천을 할 수 있는 자는 조세특례제한법 시행령 제106조의3 제3항에 의하여 외국환거래법 제9조의 규정에 의한 외국환중개업무의 인가를 받은 자이어야 하고, 면세금지금 중개업무의 겸영가능 여부에 대한 유권해석을 기획재정부에서 하였으며(은행 41212-267, 2003. 7. 7.), (한국)자금중개회사를 면세금지금 거래(수입) 추천기관으로 국세청에서 승인(부가 46410-453) 한 점, 국세청에 금지금 거래상황을 분기별로 보고하는 점 등으로 미루어 금융감독원의 감독 및 검사 대상은 아닌 것으로 판단된다.

Ⅲ. 감독 및 검사

1. 감독

자본시장법 제357조에서 준용하는 동법 제31조 및 제32조에 따라 자금중개회사는 금융투자업자가 준수해야 하는 경영건전성 기준 및 회계처리 기준을 준수하여야 한다.

자금중개회사는 매월, 매분기 업무보고서와 매월의 중개업무 내역을 금융감독원에 제출하고, 경영상황에 중대한 영향을 미칠 사항이 발생한 경우 금융감독원에 보고하고 공시하여야 한다(법357②, 33, 영346, 금융투자업규정8-83).

2. 검사

증권금융회사는 그 업무와 재산상황에 관하여 금융감독원장의 검사를 받아야 한다. 금융감독원장은 검사를 함에 있어서 필요하다고 인정되는 경우에는 증권금융회사에게 업무 또는 재산에 관한 보고, 자료의 제출, 증인의 출석, 증언 및 의견의 진술을 요구할 수 있다. 검사를 하는 자는 그 권한을 표시하는 증표를 지니고 이를 관계자에게 내보여야 한다. 금융감독원장이 검사를 한 경우에는 그 보고서를 금융위원회에 제출하여야 한다. 이 경우 자본시장법 또는 자본시장법에 따른 명령이나 처분을 위반한 사실이 있는 때에는 그 처리에 관한 의견서를 첨부하여야 한다. 금융위원회는 검사의 방법·절차, 검사결과에 대한 조치기준, 그 밖의 검사업무와 관련하여 필요한 사항을 정하여 고시할 수 있다(법358).

3. 조치

(1) 기관에 대한 조치

(가) 인가취소

금융위원회는 자금중개회사가 거짓, 그 밖의 부정한 방법으로 인가를 받은 경우, 인가조건을 위반한 경우, 인가요건 유지의무를 위반한 경우, 업무의 정지기간 중에 업무를 한 경우, 금융위원회의 시정명령 또는 중지명령을 이행하지 아니한 경우, 별표 11 각 호의 어느 하나에 해당하는 경우로서 대통령령으로 정하는 경우, 대통령령으로 정하는 금융관련 법령 등을 위반한 경우로서 대통령령으로 정하는 경우 등에 해당하는 경우에는 인가를 취소할 수 있다(법359①).

(나) 6개월 이내의 업무정지 등

금융위원회는 자금중개회사가 별표 11 각 호의 어느 하나에 해당하는 경우로서 대통령령으로 정하는 경우를 제외한 인가취소 사유 중 어느 하나에 해당하거나 별표 11 각 호의 어느 하나에 해당하는 경우에는 6개월 이내의 업무의 전부 또는 일부의 정지, 계약의 인계명령, 위법행위의 시정명령 또는 중지명령, 위법행위로 인한 조치를 받았다는 사실의 공표명령 또는 게시명령, 기관경고, 기관주의 등의 어느 하나에 해당하는 조치를 할 수 있다(법359②).

(2) 임원에 대한 조치

금융위원회는 자금중개회사의 임원이 별표 11 각 호의 어느 하나에 해당하는 경우로서 대통령령으로 정하는 경우를 제외한 인가취소 사유 중 어느 하나에 해당하거나 별표 11 각 호의 하나에 해당하는 경우에는 해임요구, 6개월 이내의 직무정지, 문책경고, 주의적 경고, 주의 등의 어느 하나에 해당하는 조치를 할 수 있다(법359③).

(3) 직원에 대한 조치

금융위원회는 자금중개회사의 직원이 임원이 별표 11 각 호의 어느 하나에 해당하는 경우로서 대통령령으로 정하는 경우를 제외한 인가취소 사유 중 어느 하나에 해당하거나 별표 11 각 호의 어느 하나에 해당하는 경우에는 면직, 6개월 이내의 정직, 감봉, 견책, 경고, 주의 등의 어느 하나에 해당하는 조치를 그 자금중개회사에 요구할 수 있다(법359④).

제8절 단기금융회사

단기금융회사란 종합금융투자사업자로서 지정된 후 일정한 요건을 갖추어 금융위원회의 인가를 받은 자로서 단기금융업무를 영위하는 자이다. 단기금융업무(발행어음업무)란 1년 이내에 만기가 도래하는 어음의 발행·할인·매매·중개·인수 및 보증업무와 그 부대업무로서 어음을 담보로 한 대출업무를 말한다(법360①, 영348①②). 단기금융업무를 영위하려는 자는 금융위원회의 인가를 받아야 한다(법360①).

단기금융업무의 인가를 받으려는 자는 i) 은행, 그 밖에 대통령령으로 정하는 금융기관[29]일 것(제1호), ii) 300억원 이상의 자기자본을 갖출 것(제2호), iii) 사업계획이 타당하고 건전할 것(제3호), iv) 투자자를 보호하고 영위하고자 하는 업을 수행하기에 충분한 인력 및 전산설비, 그 밖의 물적 시설을 갖출 것(제4호), v) 대주주(제12조 제2항 제6호 가목의 대주주)가 충분한 출자능력, 건전한 재무상태 및 사회적 신용(제5호)을 모두 갖추어 금융위원회의 인가를 받아야 한다(법360②).

제9절 명의개서대행회사

증권의 명의개서를 대행하는 업무를 영위하려는 자는 일정한 요건을 갖추어 금융위원회에 등록하여야 한다(법365①②). 명의개서대행회사는 증권의 배당·이자 및 상환금의 지급을 대행하는 업무와 증권의 발행을 대행하는 업무를 영위할 수 있다(법366).

---

29) "대통령령으로 정하는 금융기관"이란 다음의 금융기관을 말한다(영348③).
  1. 중소기업은행
  2. 금융산업구조개선법 제2조 제1호에 따른 금융기관 중 종합금융회사를 흡수합병하는 금융기관
  3. 금융산업구조개선법 제3조에 따라 종합금융회사가 다른 금융기관으로 전환하는 경우에는 그 금융기관
  4. 종합금융투자사업자

제10절 금융투자 관계 단체

투자자 보호 및 건전한 거래질서를 위하여 투자자, 주권상장법인 또는 투자권유대행인, 주요직무 종사자로 구성되는 단체를 설립하고자 하는 자는 금융위원회의 허가를 받아야 한다(법 370①, 영353①).

제2편

금융투자상품

제1장

서 론

제1절 금융투자상품 규정체계

자본시장법상 금융투자상품에 관한 규정은 ⅰ) 금융투자상품을 일반적·추상적으로 정의한 후, ⅱ) 명시적으로 포함되는 상품(증권과 파생상품)과 ⅲ) 명시적으로 제외되는 상품(원화 표시 양도성예금증서, 관리형 신탁의 수익권 및 시행령에서 정하는 상품)을 열거하고 있다. 이는 일반적 정의, 명시적 포함, 명시적 제외의 단계적 체계를 취함으로써 포괄성과 동시에 구체성 및 체계성을 확보한 것이다. 한편 자본시장법은 상품의 특성 등을 고려하여 금융투자상품에서 제외하더라도 투자자보호 및 건전한 거래질서를 해할 우려가 없는 상품을 시행령에 의해 제외하는 방법으로 금융투자상품의 범위를 조정할 수 있는 위임입법의 근거를 마련하고 있다(법3).

제2절 일반적 정의

Ⅰ. 의의

자본시장법은 금융투자상품을 ⅰ) (목적) 이익을 얻거나 손실을 회피할 목적으로, ⅱ) (금전등의 지급) 현재 또는 장래의 특정시점에 금전, 그 밖의 재산적 가치가 있는 것("금전등")을 지급하기로, iii) (권리) 약정함으로써 취득하는 권리로서, iv) (투자성) 그 권리를 취득하기 위하여 지급하였거나 지급하여야 할 금전등의 총액(판매수수료 등 대통령령으로 정하는 금액을 제외)이 그 권리로부터 회수하였거나 회수할 수 있는 금전등의 총액(해지수수료 등 대통령령으로 정하는 금액을 포함)을 초과하게 될 위험(투자성 = 원본손실위험)이 있는 것(법3① 본문)으로 정의한다.

Ⅱ. 투자성(원본손실 가능성)

1. 투자성의 개념

투자성이란 "그 권리를 취득하기 위하여 지급하였거나 지급하여야 할 금전등의 총액이 그 권리로부터 회수하였거나 회수할 수 있는 금전등의 총액을 초과하게 될 위험"을 말한다. 투자성은 취득원본(지급금액)이 처분원본(회수금액)을 초과하게 될 원본손실위험이다. 원본손실위험이란 금리, 환율, 주가 등의 변동에 의한 시장위험에 따라 원본손실을 입을 가능성이다. 투자성 요소는 금융투자상품이 은행상품, 보험상품 등 비금융투자상품과 구별되는 특징이다.

어떤 금융상품에 원본손실 가능성으로서의 투자성이 있는지는 권리를 취득하기 위하여 지급하는 지급금액과 그 권리로부터 회수하는 회수금액을 비교하여 결정한다.

2. 지급금액에서 제외하는 금액(원본의 산출)

권리를 취득하기 위하여 지급하였거나 지급하여야 할 금전등의 총액에서 i) 금융투자업자가 투자자로부터 받는 수수료(법58①), 집합투자증권 판매 등에 관한 판매수수료(법76④), 그 밖에 용역의 대가로서 투자자, 그 밖의 고객이 지급하는 수수료, ii) 보험계약에 따른 사업비와 위험보험료, iii) 그 밖에 금융위원회가 정하여 고시하는 금액은 제외된다(법3① 본문, 영3①)).

3. 회수금액에 포함하는 금액(회수금액의 산출)

권리로부터 회수하였거나 회수할 수 있는 금전등의 총액에 i) 환매수수료(법236②), 그 밖에 중도해지로 인하여 투자자, 그 밖의 고객이 지급하는 해지수수료(이에 준하는 것을 포함), ii) 각종 세금, iii) 발행인 또는 거래상대방이 파산 또는 채무조정, 그 밖에 이에 준하는 사유로 인하여 당초 지급하기로 약정한 금전등을 지급할 수 없게 됨에 따라 투자자, 그 밖의 고객이 되돌려 받을 수 없는 금액, iv) 그 밖에 금융위원회가 정하여 고시하는 금액을 포함한다(법3① 본문, 영3②).

제3절 명시적으로 제외되는 상품

금융투자상품에서 원화 표시 양도성예금증서, 관리형 신탁의 수익권, 그 밖의 해당 금융투자상품의 특성을 고려할 때 금융투자상품에서 제외하더라도 투자자보호 및 건전한 거래질서를 해할 우려가 없는 것으로서 주식매수선택권(상법340의2, 542의3)은 명시적으로 제외된다(법3① 단서, 영3③).

Ⅰ. 원화로 표시된 양도성예금증서(CD)

1. 서설

(1) 의의

양도성예금증서(CD)는 은행의 정기예금증서에 양도성이 부여된 단기금융상품이다. CD에 관한 법규정은 없으며 한국은행 금융통화위원회가 제정한 「금융기관 지급준비규정」과 「양도성예금증서의 발행조건」에 근거를 두고 발행된다. CD는 무기명 할인식으로 발행되고 양도 가능하다. CD의 만기는 30일 이상(중도해지 불가능. 다만, 2002년 6월 30일 이전에 발행되고 토요일에 만기가 도래하는 경우 직전 영업일에 해지 가능)으로 제한되어 있는데, 1년 이상의 만기를 가진 CD의 발행은 거의 없으며, 만기 6개월 미만의 CD발행이 주를 이룬다. CD는 투자 주체에 따라 은행 간 CD와 대고객 CD로 구분할 수 있는데, 현재 국내은행의 CD발행은 대고객 CD 중심으로 이루어지며 은행 간 CD의 발행은 미미한 편이다.

(2) 법적 성격

CD는 예금이다. CD는 한국은행법상 지급준비금 적립대상[1]이 되는 예금채무에 해당한다. 다만 은행을 상대로 발행하는 CD는 지급준비금 적립대상에서 제외[2]된다. 일반 고객을 대상으로 하는 CD거래는 예금채무에 해당되어 한국은행에 지급준비금을 예치할 의무가 있지만, 은행 예금과는 달리 예금보험대상은 아니다(예금자보호법2(2) 단서 및 동법 시행령3②(2)).[3]

---

[1] 「금융기관 지급준비규정」 제2조 제1항 제2호에 따라 대고객 CD는 정기예금, 정기적금, 상호부금, 주택부금 등과 함께 2.0% 이상의 지급준비금 적립대상에 해당한다.

[2] 「금융기관 지급준비규정」 제2조 제2항에 따르면 한국은행에 지급준비금 보유의무가 있는 금융기관을 상대로 발행된 양도성예금증서 발행채무는 지급준비금 적립대상 채무에서 제외된다.

[3] 예금보험대상이라 함은 금융기관이 영업정지나 파산 등으로 고객의 예금을 지급하지 못하게 될 경우 예금보험공사가 금융기관을 대신하여 예금자를 보호하게 되는데, 이때 보호대상이 되는 금융상품을 의미한다. 일반적으로 보통예금, 정기예금, 정기적금 등과 같은 예금상품들은 예금보험의 대상이 되지만 은행에서 취

CD는 권리의 이전과 행사를 위해 증권의 소지가 필요하다는 점에서 상법상 유가증권이다. CD는 만기 전 양도되는 경우 시중금리에 따라 원본손실위험이 있으므로 투자성이 인정되나 ⅰ) 만기가 짧아 금리변동에 따른 가치변동이 미미한 점, ⅱ) 통상 은행에서 거래되는 CD를 금융투자상품으로 파악하면 기존의 금융업종 간 업무 배분에 혼란이 초래되는 점을 고려하여 정책적으로 제외한 것이다(3①(1)). 반면 외화표시 CD는 환율변동에 따라 가치변동이 클 수 있어 투자자보호 차원에서 자본시장법상 금융투자상품에 포함된다.

(3) 기능

CD시장은 CD가 발행·유통되는 단기금융시장으로서 발행기관, 중개기관 및 매수기관으로 구성된다. 발행기관인 은행(예금은행)의 입장에서는 대출 등 자금 수요에 따라 발행규모를 조절함으로써 탄력적인 자금조달이 가능하다. 중개기관(증권회사, 종합금융회사, 자금중개회사)은 발행기관과 매수기관을 연결하여 수수료를 받을 수 있을 뿐 아니라 자기계산으로 매매에 참여하여 시세차익을 얻을 수도 있다. 매수기관들은 만기 1년 이하 단기자금 운용수단으로서 CD를 매수하고 있다.[4]

2. 거래조건

CD는 중도해지할 수는 없으나 양도가 가능하므로 매수인이 보유 CD를 현금화하고자 하는 경우 매도할 수 있다. 최저 액면금액에 대한 제한은 없으나 은행들은 내규 등을 통해 5백만원 또는 1천만원으로 설정하여 운영하고 있다.

CD는 할인방식으로 발행된다. 할인이자는 "액면금액×할인율×(만기시까지의 일수/365)"로 계산된다. 매수인은 CD를 살 때 예치기간 동안의 이자를 뺀 금액만을 지급하고 만기에 액면금액을 받게 된다. 다만 은행에서는 여타 금융상품과 수익률을 비교할 수 있도록 할인율 대신에 수익률로 금리를 고시하고 있다. CD 발행금리(수익률)는 일반적으로 은행채 등 다른 시장금리, 발행금액 및 만기 등을 감안하여 결정되는데 은행별 신용도에 따라 금리수준이 다르다.[5]

3. 참가기관

(1) 발행기관

CD를 발행할 수 있는 금융기관은 한국은행에 예금지급준비금 예치의무가 있는 금융기관이다. CD시장은 은행에 의해 무기명식으로 할인발행(발행시장)되어 거래(유통시장)되는 시

급하더라도 CD나 실적배당형 상품인 투자신탁 등은 보호대상이 아니다.
4) 한국은행(2016b), 「한국의 금융시장」, 한국은행(2016. 12), 91쪽.
5) 한국은행(2016b), 94쪽.

장이다.

(2) 중개기관

CD거래 중개업무는 증권회사, 종합금융회사 및 3개 자금중개회사[6]가 담당하고 있다. 중개기관은 단순중개와 매매중개를 모두 할 수 있으나 현재 자금력 부족 등으로 대부분 발행시장에서의 단순중개만 하고 있다.[7]

(3) 매수기관

CD는 매수 주체에 따라 대고객 CD와 은행 간 CD로 구분된다. 대고객 CD는 은행 창구에서 직접 발행되는 창구 CD(또는 통장식 CD)와 중개기관의 중개를 통해 발행되는 시장성 CD로 구분된다. 개인, 일반법인, 지방자치단체 등은 주로 발행은행 창구에서 직접 매수하는 반면 자산운용회사, 보험회사 등 금융기관은 중개기관을 통해 매수한다.

은행 간 CD는 일반적으로 중개기관을 통하지 않고 발행은행과 매수은행 간 직접 교섭에 의해 발행된다. 은행 간 CD는 은행 상호간 자금의 과부족을 해소하기 위한 수단으로 발행되며, 지급준비금 적립대상에서 제외되는 대신 양도가 엄격히 금지되고 있다.[8]

Ⅱ. 관리형 신탁의 수익권

수익증권발행신탁(신탁법78①)이 아닌 신탁으로서 관리형 신탁(금전을 신탁받은 경우는 제외하고 수탁자가 신탁법 제46조부터 제48조까지의 규정[9]에 따라 처분 권한을 행사하는 경우는 포함)의 수

---

6) 한국자금중개, SMB외국환중개, KIDB자금중개.
7) 한국은행(2016b), 94-95쪽.
8) 한국은행(2016b), 95쪽.
9) 신탁법 제46조(비용상환청구권) ① 수탁자는 신탁사무의 처리에 관하여 필요한 비용을 신탁재산에서 지출할 수 있다.
② 수탁자가 신탁사무의 처리에 관하여 필요한 비용을 고유재산에서 지출한 경우에는 지출한 비용과 지출한 날 이후의 이자를 신탁재산에서 상환(償還)받을 수 있다.
③ 수탁자가 신탁사무의 처리를 위하여 자기의 과실 없이 채무를 부담하거나 손해를 입은 경우에도 제1항 및 제2항과 같다.
④ 수탁자는 신탁재산이 신탁사무의 처리에 관하여 필요한 비용을 충당하기에 부족하게 될 우려가 있을 때에는 수익자에게 그가 얻은 이익의 범위에서 그 비용을 청구하거나 그에 상당하는 담보의 제공을 요구할 수 있다. 다만, 수익자가 특정되어 있지 아니하거나 존재하지 아니하는 경우 또는 수익자가 수익권을 포기한 경우에는 그러하지 아니하다.
⑤ 수탁자가 신탁사무의 처리를 위하여 자기의 과실 없이 입은 손해를 전보(塡補)하기에 신탁재산이 부족할 때에도 제4항과 같다.
⑥ 제1항부터 제5항까지의 규정에서 정한 사항에 대하여 신탁행위로 달리 정한 사항이 있으면 그에 따른다.
제47조(보수청구권) ① 수탁자는 신탁행위에 정함이 있는 경우에만 보수를 받을 수 있다. 다만, 신탁을 영업으로 하는 수탁자의 경우에는 신탁행위에 정함이 없는 경우에도 보수를 받을 수 있다.
② 보수의 금액 또는 산정방법을 정하지 아니한 경우 수탁자는 신탁사무의 성질과 내용에 비추어 적당한

익권으로서 ⅰ) 위탁자(신탁계약에 따라 처분권한을 가지고 있는 수익자를 포함)의 지시에 따라서만 신탁재산의 처분이 이루어지는 신탁, ⅱ) 신탁계약에 따라 신탁재산에 대하여 보존행위 또는 그 신탁재산의 성질을 변경하지 아니하는 범위에서 이용·개량 행위만을 하는 신탁은 금융투자 상품에서 제외한다(법3①(2)).

신탁의 수익권도 신탁업자가 신탁재산을 관리·운용·처분하는 과정에서 발생하는 손익이 투자성을 충족하므로 원칙적으로 금융투자상품에 해당한다. 그러나 수탁자가 운용·처분 권한 을 갖지 않는 순수 관리신탁인 관리형 신탁의 수익권은 투자성이 수탁자의 행위가 아니라 신 탁재산 자체의 가치변동에서 비롯되므로 투자자보호의 필요성이 크지 않기 때문에 금융투자상 품에서 제외한 것이다.

Ⅲ. 주식매수선택권

상법상 주식매수선택권은 취득 시 금전등의 지급이 없고, 유통가능성이 없으며, 상법상 보 수로서의 성격을 갖는 점을 고려하여 제외한 것이다.

제4절 명시적으로 포함되는 상품

자본시장법은 금융투자상품을 증권과 파생상품으로 구분하면서(법3②) ⅰ) 증권을 일반적 으로 정의(법4①)한 후 다시 6가지 유형으로 나누고(법4②) 개별 증권의 추상적 개념을 정의하 는 동시에 이에 해당하는 상품을 열거하는 한편(법4②), ⅱ) 파생상품을 거래내용에 따라 선도, 옵션, 스왑으로 나누고(법5① 각 호) 거래되는 시장에 따라 장내파생상품과 장외파생상품으로

금액의 보수를 지급받을 수 있다.
③ 제1항의 보수가 사정의 변경으로 신탁사무의 성질 및 내용에 비추어 적당하지 아니하게 된 경우 법원 은 위탁자, 수익자 또는 수탁자의 청구에 의하여 수탁자의 보수를 증액하거나 감액할 수 있다.
④ 수탁자의 보수에 관하여는 제46조 제4항을 준용한다. 다만, 신탁행위로 달리 정한 사항이 있으면 그에 따른다.
제48조(비용상환청구권의 우선변제권 등) ① 수탁자는 신탁재산에 대한 민사집행절차 또는 국세징수법에 따른 공매절차에서 수익자나 그 밖의 채권자보다 우선하여 신탁의 목적에 따라 신탁재산의 보존, 개량을 위하여 지출한 필요비 또는 유익비의 우선변제를 받을 권리가 있다.
② 수탁자는 신탁재산을 매각하여 제46조에 따른 비용상환청구권 또는 제47조에 따른 보수청구권에 기한 채권의 변제에 충당할 수 있다. 다만, 그 신탁재산의 매각으로 신탁의 목적을 달성할 수 없게 되거나 그 밖의 상당한 이유가 있는 경우에는 그러하지 아니하다.

구분한다(법3②). 따라서 증권 또는 파생상품의 개별 정의규정 중 열거된 상품은 물론 추상적
정의에 따라 이에 해당하는 것으로 판단되는 상품도 금융투자상품에 포함될 것이다.

제2장

증 권

제1절 서설

I. 증권의 개념

증권이란 ⅰ) (발행인) 내국인 또는 외국인이 발행한, ⅱ) (투자성) 금융투자상품으로서, ⅲ) (추가지급의무 부존재) 투자자가 취득과 동시에 지급한 금전등 외에 어떠한 명목으로든지 추가로 지급의무를 부담하지 아니하는 것을 말한다(법4① 본문). 다만 투자자가 기초자산에 대한 매매를 성립시킬 수 있는 권리를 행사하게 됨으로써 부담하게 되는 지급의무는 제외된다(법4① 본문). 이는 파생결합증권의 경우에는 투자자가 기초자산에 대한 매매를 성립시킬 수 있는 권리를 행사하게 함으로써 지급의무를 부담하기 때문에 이를 "지급의무"에서 제외한 것이다.

추가지급의무의 부존재가 파생상품과의 차별적 요소이다. 그러나 현물인도에 의한 결제가 이루어지는 경우 이를 위한 대금의 지급을 추가지급으로 볼 가능성을 없애기 위하여 명시적 제외규정을 두고 있다. 즉 증권에 표시될 수 있거나 표시되어야 할 권리는 그 증권이 발행되지 아니한 경우에도 그 증권으로 본다(법4⑨).

Ⅱ. 증권의 종류

증권에 표시되는 권리의 종류에 따라 채무증권, 지분증권, 수익증권, 투자계약증권, 파생결합증권, 증권예탁증권으로 구분된다(법4②). 여기에 열거된 증권 외의 다른 유형의 증권은 인정되지 않는다. 채무증권, 지분증권, 수익증권, 증권예탁증권은 전통적 증권이고, 투자계약증권과 파생결합증권은 신종증권이다.

여기서는 자본시장법상 6가지의 증권과 자산유동화에 관한 법률("자산유동화법")상의 자산유동화증권에 관하여 살펴본다.

제2절 채무증권

채무증권이란 국채증권, 지방채증권, 특수채증권(법률에 의하여 직접 설립된 법인이 발행한 채권), 사채권(상법상 파생결합사채의 경우 이자연계 파생결합사채만 포함), 기업어음증권, 그 밖에 이와 유사한 것으로서 지급청구권이 표시된 것을 말한다(법4③).

Ⅰ. 국채증권

1. 의의

국채란 정부가 국채법과 다른 법률에 따라 공공목적에 필요한 자금의 확보 등을 위하여 발행하는 채권이다(국채법2(1)). 정부가 정책목표를 달성하기 위해서는 많은 재원이 필요한데 통상 조세를 통해 조달하는 것이 바람직하나 정부 지출이 확대되어 조세로 충당하기 어려운 경우에는 국채를 발행하여 이를 시중에 매각하거나 인수하는 방법을 사용한다.[1]

국채는 국회의 의결을 받아 기획재정부장관이 발행하며(국채법5①), 공개시장에서 발행하는 것을 원칙으로 한다(국채법5②). 국채는 정부가 발행하기 때문에 신용도가 높으며, 발행물량도 많고 정기적으로 발행됨에 따라 거래가 가장 활발한 최근 발행 국고채권의 유통수익률이 지표금리의 역할을 한다. 국채는 정부가 원리금의 지급을 보증하여 가장 신용도가 높은 채권으로서 사실상 상환불능의 위험이 없으므로, 증권신고서 제출절차에 관한 규정의 적용이 면제된다(자본시장법118).

---

1) 한국거래소(2019a), 「한국의 채권시장」, 한국거래소(2019. 1), 88쪽.

2. 종류

국채의 종류는 ⅰ) 공공자금관리기금(공공자금관리기금법2)의 부담으로 발행하는 국채("국고채권")와 ⅱ) 다른 법률에 특별한 규정이 있는 경우 그 법률에 따라 회계, 다른 기금 또는 특별계정의 부담으로 발행하는 국채로 구분한다(국채법4①). 국고채권의 종목은 재정 수요와 국채시장의 상황 등을 고려하여 국고채권의 상환기한별 또는 종류별로 기획재정부장관이 정한다(국채법4②).

(1) 국고채권

국고채권은 정부가 재정융자 등 공공목적에 필요한 자금을 확보·공급하고, 국채의 발행 및 상환 등을 효율적으로 관리하기 위하여 설치한 공공자금관리기금을 근거로 발행되는 국채로서 1994년 농지채권·농어촌발전채권·국민주택기금채권을 통합하고 2000년 1월 양곡관리기금채권을, 2003년 11월에는 외국환평형기금채권을 통합하여 발행되고 있다. 현재 국고채권은 만기 3년물, 5년물, 10년물, 20년물, 30년물, 50년물 등 고정된 원금과 이자가 지급되는 6종의 이표채권과 원금이 물가에 따라 변동하는 물가연동국고채권(만기 10년) 등으로 발행되고 있다. 50년물을 제외한 국고채권은 국고채전문딜러2)제도에 의한 경쟁입찰방식에 의해 정례발행되고 있다.3)

(2) 외국환평형기금채권

외국환평형기금채권은 외환수급을 조절하여 외환거래를 원활화하기 위해 1987년부터 발행된 채권으로 원화표시채권은 2003년 11월부터는 국고채로 통합발행4)되고 있다. 반면 외화표시 외국환평형기금채권은 국제금융시장에서 국내금융기관의 외화차입 시 기준금리를 제시하기 위한 목적에서 외국환거래법 제13조(외국환평형기금) 및 제14조(외국환평형기금 채권의 원리금 상환)를 근거로 하여 외국환평형기금의 부담으로 발행된다.

---

2) 국고채전문딜러(Primary Dealer)는 국고채에 대한 투자매매업 인가를 받은 기관 중 자금력과 시장운영의 전문성을 갖춘 자로서 국고채에 대한 시장조성기능을 수행한다. 국채의 원활한 발행 및 국채유통시장 활성화를 위하여 은행, 증권회사 중에서 재무건전성, 국채거래의 실적 등이 우수한 기관을 대상으로 기획재정부장관이 지정·운영한다. 국고채전문딜러는 국고채 발행시장에서 국고채 인수 등에 관하여 우선적인 권리를 부여받는 대신 국채전문유통시장에서 시장조성자로서 호가제시, 거래 등의 의무를 수행한다.

3) 한국거래소(2019a), 89쪽.

4) 통합발행이란 일정기간 내에 발행하는 채권의 만기와 표면금리 등 발행조건을 동일하게 하여 이 기간 동안 발행된 채권을 단일 종목으로 취급하는 제도를 말한다. 예를 들어 2020년 6월 10일에 신규로 발행된 3년 만기 국고채는 2020년 4월 2일, 4월 30일, 5월 28일, 7월 2일, 7월 30일, 8월 27일, 10월 1일, 10월 29일에 동일한 조건으로 통합발행되어 발행시기는 다르지만 유통시장에서는 동일 종목으로 거래된다. 통합발행의 목적은 종목당 발행물량을 증가시켜 유동성을 제고시킴으로써 정부의 이자비용을 절감하고 신뢰성 있는 지표금리를 형성하는 것이다. 채권의 유동성은 일반적으로 종목당 물량에 비례하고, 발행금리는 유동성에 비례하기 때문이다.

(3) 재정증권

재정증권은 재정 부족자금을 일시 보전하기 위하여 일반회계 또는 특별회계(법률에 따라 일시차입을 할 수 있는 것만 해당)의 부담으로 기획재정부장관이 발행하는데, 공개시장에서 발행하지만 필요하다고 인정될 때에는 금융회사등, 정부출자기업체, 보험회사, 그 밖의 자에게 매각할 수 있다(국고금관리법33①②). 재정증권은 만기 1년 미만(실제로는 통상 3개월 이내로 발행)의 단기국채이다. 이는 일반적으로 정부의 일시적 자금융통, 단기금융시장에서 지표금리 제공, 통화정책 거래대상 증권 공급의 기능 등을 수행한다. 이러한 단기국채는 미국과 영국을 비롯한 많은 국가에서 T-Bills(Treasury Bills)로 불리고 있으며, 주로 행정부의 일시적인 자금융통을 위하여 발행되기 시작하였다. 무위험채권인 단기국채가 단기금융시장에서 갖는 지표금리로서의 역할이 점차 중요해지면서 정부는 정기적인 경매를 통해 단기국채를 시장에 안정적으로 공급하고 있다.

(4) 국민주택채권

국민주택채권은 국민주택사업에 필요한 자금을 조달하기 위하여 정부가 기금의 부담으로 발행하는 채권(주택도시기금법7)이다. 국가 또는 지방자치단체로부터 면허ㆍ허가ㆍ인가를 받는 자 또는 국가 또는 지방자치단체에 등기ㆍ등록을 신청하는 자, 국가ㆍ지방자치단체 및 공공기관과 건설공사의 도급계약을 체결하는 자, 주택법에 따라 건설ㆍ공급하는 주택을 공급받는 자가 의무적으로 매입하여야 하는 첨가소화형 채권이다(주택도시기금법8). 과거에는 무기명 실물채권으로 발행하였으나 무기명 채권의 특성상 편법 증여ㆍ상속 등 불법적으로 활용될 수 있어 이를 방지하기 위해 2004년 4월에 전자발행 방식으로 변경되었다.

(5) 물가연동국고채권

물가연동국고채권은 원금 및 이자지급액을 물가에 연동시켜 채권투자에 따른 물가변동위험을 제거함으로써 투자자의 실질구매력을 보장하는 국고채권이다. 물가연동국고채권은 정부의 이자비용 절감, 안정적인 재정 조달기반 확보, 민간의 물가연동국고채권 발행시 기준금리 제공 및 정부의 물가관리 의지 전달 등 목적으로 2007년 3월 최초로 발행되었다. 최초 발행시에는 인수단을 구성하여 발행하였으나 2007년 6월부터는 국고채전문딜러 일찰방식으로 발행하였고, 2008년 8월부터 투자수요 부족 등으로 발행을 일시 중단하였다가 2010년 6월부터는 국고채전문딜러의 비경쟁인수권한 행사 방식으로 발행되고 있다.

3. 기능

국채의 가장 기본적인 기능은 정부 재정적자를 보전하는 기능이다. 정부의 재정지출이 조세로 충분하지 못할 때 국채를 발행해 부족분을 충당한다. 국채시장이 잘 발달되어 있으면 정부는 재정지출에 필요한 자금을 적기에 낮은 금리로 조달할 수 있다.

국채는 거시경제적인 측면에서 경기조절 기능을 한다. 재정정책 측면에서 국채발행 및 이를 통한 재정지출 조절을 통해 지나친 경기변동을 완화시켜 경제성장을 안정적으로 도모할 수 있다. 통화정책 측면에서도 재정증권과 같은 국채 발행 및 회수를 통해 시중의 통화량을 조절함으로써 경기조절을 하기도 한다. 또한 국채발행은 이자율에 영향을 미치기 때문에 이를 통한 경기조절 기능도 수행한다.

거시경제적인 측면뿐만 아니라 미시적인 면에서도 국채는 여러 가지 기능을 수행한다. 이중 가장 대표적인 것이 산업자금조달 기능 또는 공공투자 기능이다. 특히 금융시장이 발달하지 못해 민간금융 부문을 통해 자금조달이 용이하지 않은 경우 국채를 통한 재원은 설비투자, 사회간접자본 투자, 연구 및 인적 자본투자 등 공공투자 효과를 가질 수 있다.

국채는 해당 국가에서 해당국의 통화로 발행되는 가장 신용도가 우수한 채권이다.[5] 국채가 발행되게 될 경우 국채금리는 향후 발행되는 모든 종류의 채권에 있어 하나의 기준점을 제시하게 된다. 이에 따라 다른 채권들의 적정 금리와 가격발견에 도움을 주는 기능을 수행하게 된다. 국가는 외환시장에서의 수급 상황을 조절하기 위해서 국채를 발행하기도 한다.

Ⅱ. 지방채증권

1. 의의

지방채 발행의 근거 법률은 지방자치법(법124), 지방재정법(법11), 도시철도법(법19), 지방공기업법(법19), 도시개발법(법62) 등이 있다. 지방자치단체인 특별시, 광역시, 시·도·군 등의 경비는 원칙적으로 지방세, 세외수입, 지방교부세, 보조금 및 지방양여금 등에 의해 조달되어야 하지만 대규모 건설사업(지하철·교량·하수종말처리장 등), 지방공기업의 설비투자 또는 재해복구 등의 경우 경상적인 수입에 의해서는 필요경비의 조달이 어려운 경우가 많다. 지방채는 지방자치단체가 이러한 재정수입의 부족을 보충하거나 특수목적을 달성하기 위하여 자금을 차입하는 채무로서, 그 이행이 수년에 걸쳐 이루어지면서 증서차입 또는 증권발행의 형식을 취하

---

5) 미국 국채는 일반적으로 연방정부채 중 시장성국채인 T-Bills(만기 1년 미만의 단기국채), T-Notes(만기 1년 이상 10년 미만의 중기국채), T-Bonds(만기 10년 이상의 장기국채) 등 재무부채권을 말하며 단일 종목의 발행잔액으로는 세계 최대규모이다. 연방정부채는 크게 시장성국채와 비시장성국채로 분류하는데 시장성국채는 일반적으로 재무부채권을 지칭하고 비시장성국채는 만기 전 매각불능 조건으로 발행되는 채권으로 저축채권(savings bonds)이 대표적이다. 미국의 경우 재무부채권이 지표채권의 역할을 담당하고 있다. 2001년 10월 이전에는 만기 30년 장기국채(T- Bonds)가 지표채권의 역할을 수행해 왔으나 2001년 10월 만기 10년 초과 장기국채의 발행 중단을 계기로 만기 10년 국채가 지표채권의 역할을 수행해 오고 있다.

는 것으로 정의할 수 있다.[6] 지방채는 국채와 마찬가지로 증권신고서 제출절차에 관한 규정의 적용이 면제된다(자본시장법118, 영119).

2. 종류

(1) 개요

지방채는 발행방법에 따라 증권발행채(증권의 발행·교부로 기채)와 증서차입채(차입금 기채 계약 후 차입증서 제출), 채권을 인수하는 자금원에 따라 정부자금채(정부특별회계·기금·정부투자기금 등에서 인수), 지방공공자금채(지역개발기금·청사정부기금·재해복구기금 등에서 인수), 민간자금채(금융기관·주민 등이 인수) 등으로 나뉘며, 사업성격에 따라 일반회계채(지방일반회계의 재원조달용: 주택·택지개발, 농공단지·공단조성, 상·하수도사업, 신시가지개발, 관광휴양단지조성 등), 공기업채(공기업특별회계의 재월조달용: 상·하수도사업, 공영개발사업, 지하철건설, 지역개발기금조성사업 등) 등으로 분류할 수 있다. 대표적인 지방채로는 도시철도채권, 지역개발채권 등이 있다.[7]

(2) 도시철도채권

도시철도법은 국가, 지방자치단체 및 도시철도공사가 도시철도의 건설 및 운영에 소요되는 자금을 도시철도채권의 발행을 통하여 조달할 수 있도록 규정하고 있다(도시철도법19 및 20). 도시철도채권은 도시철도법에 따라 지하철건설자금을 조달하기 위하여 지방자치단체가 발행하는 지방채이다. 도시철도채권은 서울·부산·인천·대구·광주·대전에서 발행되었다. 따라서 발행주체는 지하철공사가 아닌 관할 지방자치단체이다. 도시철도채권의 발행을 위해서는 지방자치단체의 장이 국토교통부장관과 협의한 후 행정안전부장관의 승인을 얻어야 한다(도시철도법20②). 다른 도시철도채권과 달리 서울도시철도채권은 만기 7년에 일시상환되지만, 다른 도시철도채권은 만기 5년에 일시상환된다.

(3) 지역개발채권

지역개발공채는 지방자치법, 지방공기업법 등에 따라 지역개발기금의 재원조달용으로 발행되는 지방채이다. 현재 17개 지방자치단체에서 연복리 1.25%(2018년 현재)에 만기 5년 일시상환의 조건으로 발행되고 있으며, 도시철도채권과 동일하게 첨가소화되어 매출되고 있다. 채권의 매입대상은 지방공기업법 제19조에 따라 각 광역자치단체의 지역개발기금설치조례를 통해 각 시·도별로 달리 정하고 있다.

---

6) 한국거래소(2019a), 118쪽.
7) 한국거래소(2019a), 123쪽.

3. 기능

1995년 지방자치제가 시행되면서 각 지방의 개발수요가 증가하였고 자금조달을 위한 지방채 발행의 필요성도 점차 증대하였다. 지방채의 기능은 다음과 같다.[8]

ⅰ) 재원조달 기능이다. 지방자치단체가 대규모 자본적 지출이 요구되는 사업이나 자연재해 등으로 상당한 재원이 필요한 경우 지방채를 발행할 수 있다. 특히 세율인상의 경우 세법개정, 조세저항, 지역경제 위축 등의 문제가 발생할 수 있고, 다른 부문의 지출삭감이나 국고보조금에 의존하는 것 역시 한계가 있으므로 지방채에 의한 재원조달은 상대적인 매력을 갖게 된다.

ⅱ) 적자재정 보전기능이다. 지방채는 재정적자가 누적되어 지방재정에 압박을 줄 때 이를 보전하는 수단으로 이용될 수 있다. 또한 높은 이자율로 발행된 지방채를 낮은 이자율의 지방채로 상환하는 차환발행(revolving)을 할 수 있다. 그러나 과도한 지방채 의존은 지방재정의 원리금 상환불능으로 인한 위기를 초래할 수도 있다.

ⅲ) 세대에 공공비용을 분담할 수 있다. 지하철·도로·상하수도 등과 같은 내구적 공공재의 편익은 미래 세대에게도 향유되나 건설비용을 지방세로만 충당하는 경우 현 세대가 해당 비용을 모두 부담하는 셈이 된다. 하지만 지방채를 발행하는 경우 납세자가 1년 이상의 장기에 걸쳐 원리금의 상환을 부담하는 것으로 볼 수 있으므로, 비용을 세대 간 분담하여 공평하게 편익을 누릴 수 있다.

ⅳ) 지역 간 균형개발을 촉진하는 기능이다. 지방채는 금융기관이나 일반인뿐만 아니라 잉여자금을 보유한 타 지방자치단체도 투자할 수 있다. 이에 따라 지방채를 발행하는 지방자치단체는 지역발전을 위한 필요경비를 조달할 수 있는 반면, 지방채에 투자한 지방자치단체는 채권투자수익으로 해당 지역의 발전을 도모할 수 있으므로 지역 간 균형발전이 가능해진다.

Ⅲ. 특수채증권

1. 의의

특수채는 특별한 법률에 의하여 직접 설립된 법인(특수법인)이 발행한 채권으로서(법4③), ⅰ) 한국은행이 한국은행법(법69①)과 「한국은행 통화안정증권법」에 따라 통화량 조절을 위하여 발행하는 통화안정증권(통안증권), ⅱ) 한국산업은행(한국산업은행법23)·중소기업은행(중소기업은행법36의2)·한국수출입은행(한국수출입은행법20) 등이 자금조달을 위하여 발행하는 산업금

---

8) 한국거래소(2019a), 119쪽.

융채권·중소기업금융채권·수출입금융채권 등의 금융특수채와, iii) 특수은행을 제외한 특별법
에 의하여 설립된 공사 및 공단이 발행하는 비금융특수채(한국전력공사법 제16조에 따른 한국전력
공사채, 한국가스공사법 제14조에 따른 한국가스공사채, 한국도로공사법 제15조에 따른 한국도로공사채
등)로 구분된다. 특수채 중 대통령령으로 정하는 법률[9])에 따라 직접 설립된 법인이 발행한 채
권은 증권신고서 제출의무가 면제된다(법118, 영119).

2. 기능

여기서는 통화안정증권의 기능을 살펴본다. 통화안정증권은 유동성 조절을 목적으로 발행
되며, 환매조건부(RP)매매 및 통화안정계정 예치와 함께 한국은행의 주요 공개시장 조작 수단
으로 활용된다. 한국은행은 경상수지 흑자(적자) 또는 외국인투자자금 유입(유출) 등으로 시중
의 유동성이 증가(감소)하여 이를 기조적으로 환수(공급)할 필요가 있을 경우에 통화안정증권을
순발행(순상환)하여 유동성을 흡수(공급)하게 된다. 통화안정증권은 여타 공개시장 조작 수단에
비해 만기가 길어 정책효과가 오래 지속되기 때문에 기조적 유동성 조절수단으로 활용된다. 반
면 금융시장의 일시적인 유동성 조절을 위해서는 주로 환매조건부(RP)매매와 통화안정계정이
이용된다.[10]

한국은행은 정부의 세출·입, 한국은행 대출, 통화안정증권 만기도래 등에 따른 본원통화
공급과 현금통화, 지준예치금 등 본원통화 수요를 전망한 후 유동성 조절 필요 규모를 산정한
다. 유동성 과부족이 기조적일 경우에는 주로 통화안정증권 발행·상환을, 일시적일 경우에는
주로 환매조건부(RP)매매 및 통화안정계정 예치를 통해 유동성 조절이 이루어진다.[11]

통화안정증권은 실제로 시중의 유동성의 과부족을 조절하는 용도보다는 외환시장에서 발생
한 과잉 유동성을 흡수하는 데 주로 사용되고 있다. 물론 외환시장에서 발생한 과잉 유동성도 시
중 유동성으로 연결되기 때문에 결국은 같은 용도로 보아야 할 것이나 통화안정증권의 발행 유
인이 국내보다는 해외 요인, 즉 경상수지에 의해 결정되는 부분이 상당히 크다고 볼 수 있다.

---

9) "대통령령으로 정하는 법률"이란 다음의 법률을 말한다(영119①). 1. 한국은행법, 2. 한국산업은행법, 3. 중
소기업은행법, 4. 한국수출입은행법, 5. 농업협동조합법(농업협동조합중앙회 및 농협은행만 해당), 6. 수산
업협동조합법(수산업협동조합중앙회 및 수협은행만 해당), 7. 예금자보호법, 8. 자산관리공사법, 9. 한국토
지주택공사법, 10. 한국도로공사법, 11. 한국주택금융공사법, 12. 삭제, 13. 한국전력공사법, 14. 한국석유
공사법, 15. 한국가스공사법, 16. 대한석탄공사법, 17. 한국수자원공사법, 18. 한국농어촌공사 및 농지관리
기금법, 19. 농수산물유통공사법, 20. 한국공항공사법, 21. 인천국제공항공사법, 22. 항만공사법, 23. 삭제,
24. 한국관광공사법, 25. 한국철도공사법, 26. 한국철도시설공단법, 27. 한국환경공단법, 28. 삭제, 29. 수도
권매립지관리공사의 설립 및 운영 등에 관한 법률, 30. 중소기업진흥에 관한 법률, 31. 제주특별자치도 설
치 및 국제자유도시 조성을 위한 특별법, 32. 삭제, 33. 산업집적활성화 및 공장설립에 관한 법률, 34. 한국
장학재단 설립 등에 관한 법률, 35. 한국광물자원공사법, 36. 무역보험법
10) 한국은행(2016b), 209쪽.
11) 한국은행(2016b), 215쪽.

Ⅳ. 사채권

1. 의의

사채는 주식회사가 불특정다수인으로부터 자금조달의 목적으로 비교적 장기간의 자금을 집단적, 대량적으로 조달하기 위하여 채권을 발행하여 부담하는 채무이다. 불특정 다수에 대하여 집단적으로 발행한다는 점에서 특정인으로부터 개별적으로 차입하는 금융기관으로부터의 차입과 구별되며, 유통성이 있다는 점에서도 금융기관으로부터의 차입과 구별된다. 사채발행은 금융기관에서 대출을 받는 것이나 기업어음을 발행하는 것보다도 장기적으로 대규모의 자금을 공급할 수 있는 장점이 있으므로 유동성위험 관리가 중요한 시점에서는 가장 적합한 자본조달 방법이 된다.

2. 상법상 사채

(1) 일반사채

일반사채는 회사가 투자자로부터 자금을 차입하기 위하여 발행한 채무증권으로서 전환권 등 특수한 정함이 없는 것을 말한다. 일반사채 발행시 발행회사는 청약자 또는 인수인으로부터 원금 상당액(또는 일정한 할인 또는 할증한 금액)을 납입받고, 상환기일에 원금을 상환하고 일정 기간(예: 3개월)마다 이자를 지급하는 조건으로 발행한다.

후순위채란 발행인의 다른 채권이 모두 변제되기 전에는 원리금의 상환을 받을 수 없는 조건이 붙은 사채이다. 발행인은 후순위에 대한 보상으로서 일반사채보다 더 높은 이자를 후순위채권자에게 지급하며 후순위채에 대한 투자를 유도하기 위해 후순위채에 신주인수권이나 전환권을 추가로 부여하기도 한다. 후순위채는 변제순위에 있어 일반사채보다 열위에 있다는 점, 특히 신주인수권이나 전환권이 부여된 경우 증자에 참가할 수 있다는 점에서 주식과 유사하다. 그러나 회사에 배당가능이익이 없는 경우에도 후순위채에 대한 이자를 지급해야 하고, 보통주나 우선주와의 관계에서는 후순위채의 변제순위가 앞선다는 점에서 사채로 남는다.

(2) 전환사채

전환사채(CB)는 일반사채에 사채권자의 전환권을 붙인 것이다(상법514). 즉 사채권자는 사채의 상환 대신에 신주를 발행받을 수 있는 옵션(=전환권)을 가지도록 한 것이다. 전환권[12]은 사채권자가 가지는 권리이므로 행사하지 않을 수도 있다. 전환권을 행사하지 않을 경우, 사채권자는 사채의 조건에 따라 사채의 상환과 이자의 지급을 받는다. 전환권을 행사하면 사채는

---

12) 전환권은 사채권자가 가지는 것이 일반적인데, 전환권을 사채발행인인 회사가 가지는 경우 이를 역전환사채(reverse convertible bonds)라고 구별하기도 한다.

소멸하고 신주가 발행되어 사채권자는 주주가 된다. 전환사채의 발행은 잠재적으로 신주발행을 예정하고 있다는 점에서 일반사채의 발행보다 회사법에서 규율할 사항이 많다(상법 제513조부터 제516조까지).[13]

(3) 신주인수권부사채

신주인수권부사채(BW)는 일반사채에 사채권자의 신주인수권을 붙인 것이다(상법516의2). 즉 사채권자는 사채의 조건에서 정한 기간 중 신주의 발행을 받을 권리가 있다. 신주인수권부사채에 부착된 신주인수권은 상법 제418조 제1항[14]에 정한 주주가 가지는 신주인수권과는 다르다. 신주인수권부사채에 부착된 신주인수권은 형성권으로 그 행사와 신주발행가액의 납입이 있으면 신주가 발행된다. 신주인수권부사채에 붙은 신주인수권은 사채권자(또는 분리형의 경우에는 신주인수권증서의 보유자)가 가지는 권리이므로 행사하지 않을 수도 있다. 신주인수권을 행사하지 않는 경우 사채권자는 사채의 조건에 따라 사채의 상환과 이자의 지급을 받는다.

신주인수권부사채는 광범위한 투자자를 상대로 자본조달을 용이하게 할 뿐만 아니라 자본비용의 인하 가능성을 부여하고, 투자자에 대해서는 기업의 성패에 대한 이익배분을 가능하게 한다는 점에서 안전성과 투자성을 겸비한 투자수단으로 평가된다.

(4) 이익참가부사채

이익참가부사채(PB)는 사채권자가 그 발행회사의 이익배당에 참가할 수 있는 사채를 말한다(상법469②(1)). 일반사채의 사채권자는 전형적인 소비대차에서와 마찬가지로 원금의 상환과 이자의 지급을 받을 권리가 있고, 이자의 산정기준이 되는 이자율은 발행시에 미리 정한다. 사채권자가 일정한 이자에 추가하여 발행회사의 이익배당에 참가할 수 있는 권리를 가지거나 이자의 지급 없이 이익배당에 참가하는 권리만을 가지는 경우 모두 이익참가부사채이다.

(5) 교환사채

교환사채(EB)는 사채권자가 회사 소유의 주식이나 그 밖의 다른 유가증권으로 교환할 수 있는 사채이다(상법시행령22①). 교환사채는 일반사채에 사채권자의 교환권을 붙인 것이다. 즉 사채권자는 사채의 상환 대신 미리 정한 교환대상증권(=발행회사가 소유한 주식이나 다른 증권)으로 교환할 수 있는 옵션(=교환권)을 가지도록 한 것이다(상법469②(2)). 교환권은 사채권자가 가지는 권리이므로 행사하지 않을 수도 있다. 교환권을 행사하지 않는 경우 사채권자는 사채의 조건에 따라 사채의 상환과 이자의 지급을 받는다. 사채권자가 교환권을 행사하면 사채는 소멸하고 교환대상증권을 교부받는다.

---

13) 전환사채는 19세기 중엽 영미에서 철도회사의 자금난을 해결하기 위한 자본조달 수단으로 도입되었다. 1924년 독일, 1940년 일본, 1953년 프랑스에서 법제화되었고, 우리나라에서는 1963년 쌍용양회가 최초로 발행하면서 도입되었다.

14) ① 주주는 그가 가진 주식 수에 따라서 신주의 배정을 받을 권리가 있다.

2011년 개정 상법 이전에는 주권상장법인만이 교환사채를 발행할 수 있었으나 상법에서 다양한 사채를 발행할 수 있는 근거를 두면서 교환사채를 직접 규정함에 따라 비상장법인도 교환사채를 발행할 수 있게 되었다.

(6) 상환사채

상환사채는 회사가 그 소유의 주식이나 그 밖의 다른 유가증권으로 상환할 수 있는 사채를 말한다(상법시행령23①). 교환사채는 사채를 주식·유가증권으로 교환할 권리를 사채권자에게 부여하는 것인데 반해, 상환사채는 발행회사의 선택 또는 일정한 조건의 성취나 기한의 도래에 따라 주식이나 그 밖의 다른 유가증권으로 상환한다. 상환사채의 경우 사채권자가 상환받는 것은 주식이나 유가증권이고 원래의 사채의 원금과 다르게 된다는 점에서 파생결합사채와 매우 유사한 기능을 수행한다.

(7) 파생결합사채

(가) 의의

파생결합사채는 그 상환 또는 지급금액이 다른 기초자산의 가격·이자율·지표·단위 또는 이를 기초로 하는 지수의 변동에 따라 결정되는 사채이다(상법469②(3)). 기초자산에는 금융투자상품, 통화, 일반상품, 신용위험, 기타 자연적·환경적·경제적 현상에 속하는 위험으로 합리적이고 적정한 방법에 의하여 평가가 가능한 것이 포함된다(상법시행령20, 자본시장법4⑩). 이는 자본시장법상 파생상품 및 파생결합증권의 정의에서 사용되는 기초자산과 같다. 파생결합사채에 따른 상환·지급금액은 다른 기초자산의 가격이나 지수 등에 따라 정해지므로 파생결합사채의 발행가액 또는 원금액을 초과할 수 있고 그보다 작아질 수도 있다. 또한 상환·지급금액이 발행가액을 초과하는 경우에도 그 초과금액이 원금에 대한 일정한 비율로 시간의 경과에 따라 증가하는 이자와는 달리 기초자산의 가격이나 지수 등에 따라 산정된다.

이는 자본시장법상 파생결합증권을 원용한 것으로서 상법이 자본시장법의 파생결합증권의 정의와 사실상 동일한 파생결합사채를 상법상 사채의 한 종류로 규정함으로써, 자본시장법상 파생결합증권이 동시에 상법상 사채에 해당할 수 있게 되었다. 다만 파생결합증권과 파생결합사채는 법상 정의가 동일함에도 불구하고 그 범위가 다르다. 즉 원금보장형 파생결합증권은 상법상 파생결합사채에 해당이 되나, 자본시장법상 채무증권이고, 워런트 증권은 원본이 없으므로 상법상 파생결합사채에는 해당되지 않으나 자본시장법상 파생결합증권이다.

(나) 특징

투자자의 입장에서 보면 종전의 일반사채는 회사가 자금조달 목적으로 부담하는 채무로서 사채권자가 발행회사에 대한 신용위험과 그 이후 시장의 금리변동에 따른 이자율위험만을 부담하였다. 반면 파생결합사채는 거기에 파생상품이 결합된, 즉 가치가 기초자산 등에 연동되어 결정되므로 발행회사에 대한 신용위험과 더불어 연계대상인 자산이나 지표에 대한 시장위험까지 부담하여야 한다. 이러한 점에서 파생결합사채는 소비대차적인 성격으로 발행회사의 신용위험에 노출된 전통적인 일반사채와는 성격이 많이 다른 사채라고 볼 수 있다.

상법상 파생결합사채는 자본시장법상의 파생결합증권을 원용한 것으로써 기초자산이나 파생상품의 거래구조 및 거래장소에 대한 제한을 하지 않아 다양한 유형의 파생결합사채가 발행될 수 있는 근거를 인정하고 있다. 따라서 일반회사도 파생결합사채의 발행을 통해 사채발행의 자율성이 증대하고 금융환경의 변화에 맞추어 다양한 방법으로 자금을 조달할 뿐만 아니라 위험관리도 할 수 있게 되었다. 후술하는 파생결합증권의 특징은 파생결합사채에도 그대로 적용된다.

3. 특별법상 사채

상법 이외의 특별법에 규정된 사채로는 ⅰ) 담보부사채신탁법에 의한 담보부사채, ⅱ)「이중상환청구권부 채권 발행에 관한 법률」("이중상환채권법")에 의한 이중상환청구권부 채권(커버드본드, Covered Bond), ⅲ) 자본시장법 제165조의11에 의한 조건부자본증권, ⅳ) 은행이 발행하는 금융채(은행법33), ⅴ) 전자증권법(법59, 60, 61)에 의한 전자단기사채(=단기사채등)와 같이 발행회사가 속한 산업을 규율하는 특별법으로 그 산업의 특성에 따라 별도로 규율하는 경우가 있다. 전자단기사채에 관하여는 자산유동화증권 부분에서 후술한다.

(1) 담보부사채
(가) 의의

담보부사채는 사채의 원리금 지급을 담보하기 위하여 물상담보가 붙어있는 사채이다. 담보부사채를 규율하는 법으로 담보부사채신탁법이 있다. 담보부사채신탁법("법")은 발행회사가 각 사채권자에게 개별적으로 담보권을 설정하는 것이 실제로 불가능하므로 발행회사(위탁회사)와 사채권자와의 사이에 신탁업자(담보부사채에 관한 신탁업을 하는 자)를 두고 위탁회사와 신탁회사 간에 체결한 신탁계약에 의하여 신탁회사는 담보목적물을 취득하고 이것을 총사채권자를 위하여 보존·관리하며 그 권리를 행사하도록 규정하고 있다(법3, 60, 68). 총사채권자는 위와 같이 설정된 담보신탁의 수익자로서 그 채권액에 따라 평등하게 담보의 이익을 향유한다. 즉 담보부사채는 발행회사의 재정상태가 나빠져서 사채의 원리금 지급채무를 불이행하는 경우에 사채권자가 신탁계약에서 정해진 담보를 확보함으로써 그로부터 사채의 원리금을 상환받을 수 있다는 점에 그 특징이 있다.

(나) 효용

담보부사채의 발행을 활성화시키면 신용도가 다소 낮은 중소기업에게 다양한 자금조달의 방법을 열어줄 뿐만 아니라, 자금조달거래를 하는 경우 차주의 협상력도 높일 수 있다. 또한 차주의 입장에서는 대출거래와 비교하여 동일한 담보를 제공하고 더 많은 자금을 조달할 수 있어 효율적이다. 따라서 우량자산을 가지고 있음에도 자산유동화법상 자산보유자에 해당하지 아니하여 자산유동화거래를 할 수 없는 기업들에게 우량자산을 이용한 자금조달거래의 길을 열어줄 수 있도록 담보부사채의 발행을 활성화할 필요가 있다.[15)]

(2) 이중상환청구권부 채권

(가) 의의

이중상환채권법("법")에 의한 이중상환청구권부 채권(커버드본드, Covered Bond)이란 발행기관에 대한 상환청구권과 함께 발행기관이 담보로 제공하는 기초자산집합(커버풀, Cover Pool)에 대하여 제3자에 우선하여 변제받을 권리를 가지는 채권으로서 이중상환채권법에 따라 발행되는 것을 말한다(법2(3)). 기초자산집합이란 이중상환청구권부 채권의 원리금 상환을 담보하는 자산으로서 등록된 것을 말한다(법2(4)). 커버드본드는 금융기관의 중장기자금 조달을 위해 보유 중인 우량자산을 담보(Cover Pool)로 발행하는 일종의 담보부사채이다. 커버드본드는 발행기관의 파산시에 분리된 기초자산집합으로부터 우선변제를 받을 수 있으므로 높은 신용등급을 부여받을 수 있는데, 커버드본드를 이용하면 발행기관은 발행비용을 낮출 수 있고 투자자는 보다 안전한 자산에 투자할 수 있다.

(나) 특징

이중상환채권법에 의하면 발행기관은 법률에 정한 일정한 자본금 규모, 재무상태, 위험관리 및 통제 절차와 수단 등 적격 발행기관으로서의 요건을 갖추어야 한다(법4①). 또한 기초자산집합("담보자산")은 커버드본드의 원리금 상환을 담보하는 자산으로서 일정한 법적 기준을 충족하는 자산으로 구성되고 금융위원회에 등록된 자산(법2(4), 5 및 6)을 말하는데, 발행기관이 파산하거나 회생절차가 개시되더라도 담보자산은 파산재단 또는 회생절차 관리인이 관리 및 처분 권한을 가지는 채무자의 재산을 구성하지 않고(법12①), 커버드본드 소지자는 담보자산으로부터 제3자에 우선하여 변제받을 권리를 보유하게 함으로써(법13①), 커버드본드의 핵심적 특징인 도산절연과 이중상환청구권을 법률적으로 부여받게 되었다. 따라서 발행기관이 도산하기 전에는 발행기관이 커버드본드의 원금과 이자를 상환하지만, 발행기관이 도산하는 경우 담보자산으로부터 발생되는 현금흐름은 파산재단에 귀속되지 않고 커버드본드 원리금 상환에 우선 사용할 수 있는 채권을 복잡한 구조화 과정을 거치지 않고도 발행할 수 있다.

(다) 효용

자산유동화증권은 자산보유자의 도산으로부터 절연된 특수목적회사가 보유하는 기초자산

---

15) 정소민(2009), "담보부사채의 활성화에 관한 연구", 금융법연구 제6권 제1호(2009. 9), 169-170쪽.

으로부터 상환을 받을 수 있는 장점이 있지만, 자산보유자에 대하여 청구하는 것은 불가능하다는 단점이 있다. 아울러 담보부사채신탁법에 의한 담보부사채는 담보자산으로부터 우선변제권을 부여받음과 동시에 발행기관의 재산을 책임재산으로 청구할 수 있다는 점에서 이중상환청구권부 채권의 이중상환청구권과 유사한 권리를 가지나, 발행기관이 회생절차와 기업구조조정 촉진절차에 들어갈 경우 다수결의 원칙에 따라 담보 및 담보부채권의 채무도 조정될 수 있다는 점에서 도산절연기능이 완전하지 못하다는 단점이 있다. 이중상환청구권부 채권은 자산유동화증권과 담보부사채의 단점을 극복하고 장점만을 모아 완전한 도산절연기능을 가지면서 동시에 발행기관에 대한 상환청구권을 행사할 수 있다는 점에서 그 효용을 찾을 수 있다.

(3) 자본시장법상 조건부자본증권

(가) 의의

자본시장법상 조건부자본증권은 "해당 사채의 발행 당시 객관적이고 합리적인 기준에 따라 미리 정하는 사유가 발생하는 경우 주식으로 전환되거나 그 사채의 상환과 이자지급의무가 감면된다는 조건이 붙은 것으로서 제165조의11 제1항에 따라 주권상장법인이 발행하는 사채"를 말한다(법4⑦(3)). 이러한 조건부자본증권은 은행의 규제자본 수단과는 달리 자본조달이라는 사채 측면에서 파악하여, 상법상 이익참가부사채, 교환사채·상환사채, 파생결합사채(상법469②), 전환사채(상법513), 신주인수권부사채(상법제516의2)와는 다른 종류의 사채이다. 조건부자본증권에는 일정 조건이 충족되면 주식으로 전환되는 "전환형 조건부자본증권"(영176의12)과 사채의 상환과 이자지급의무가 감면(채무재조정)되는 형태를 취하는 "상각형 조건부자본증권"(영176의13)의 형태가 있다.

(나) 효용

ⅰ) 전환형 조건부자본증권은 사채와 같은 전통적인 채무증권으로서의 특징과 주식과 같은 지분증권으로서의 성격이 혼합된 하이브리드증권의 일종이다. 전환형 조건부자본증권은 일정한 요건이 충족되면 채권에서 주식으로 전환된다는 점에서 상법상의 전환사채와 유사하다. 전환사채는 사채권자가 원하면 전환권을 행사하여 미리 약정한 비율에 따라 사채발행회사의 신주로 전환하는 것이 가능한 사채이다. 그러나 전환사채는 사채권자의 전환권 행사에 의하여 주식으로 전환되지만 전환형 조건부자본증권은 특정 조건이 충족되면 자동적으로 증권발행회사의 신주로 전환된다는 점에서 양자는 구별된다. 즉 상법 제515조 제1항은 사채권자가 전환사채상의 전환권을 행사함을 전제로 하고 있고, 회사가 전환권을 행사하거나 자동적으로 전환되는 것은 상정하지 않기 때문에 조건부자본증권은 상법상의 전환사채와는 다르다.

ⅱ) 자본시장법상 조건부자본증권은 상법상 교환사채와 비교해 보면, 교환사채의 교환대상은 주로 발행회사가 아닌 다른 회사의 주식이나 그 밖의 다른 유가증권인데 비해, 조건부자

본증권에 의해 전환되는 주식은 발행회사의 신주라는 점에서 차이가 있다. 또한 교환사채의 교환권은 사채권자가 보유하나 조건부자본증권의 전환이나 상각은 일정한 행사조건 성취 시 자동으로 이루어진다는 점에서도 차이가 있다.

iii) 상법상 상환사채와 비교해 보면, 상환사채의 경우에는 발행회사가 상환권을 가지며, 이때 회사의 선택 또는 일정한 조건의 성취나 기한의 도래에 따라 주식이나 그 밖의 다른 유가증권으로 상환한다는 뜻을 상환의 조건과 함께 이사회가 정한다. 이에 반해 조건부자본증권은 정관에 근거를 두고 정관으로 정하는 바에 따라 이사회의 결의로 그 내용을 결정해야 한다. 또한 조건부자본증권의 경우에는 행사조건이 성취되어 그 원금 및 이자 지급의무가 감면되는데, 이를 두고 상환이라고 평가하지 않는다.

(4) 은행의 금융채

(가) 의의

은행은 금융채를 발행할 수 있다. 은행이 발행할 수 있는 금융채는 ⅰ) 상법상 사채, ⅱ) 상각형 조건부자본증권, ⅲ) 은행주식 전환형 조건부자본증권, ⅳ) 은행지주회사주식 전환형 조건부자본증권(비상장은행만 발행할 수 있다), ⅴ) 기타 사채이다(은행법33①).

(나) 영구채

1) 영구채의 의의

회사는 사채를 발행하여 대규모의 자금을 차입할 수 있다. 사채는 발행회사의 수익에 관계없이 일정 비율의 이자와 함께 만기에 원금을 상환하는 채무를 말한다. 물론 이자를 정기적으로 받지 않는 사채도 있다. 이러한 사채에 할인채가 있다. 할인채는 단리로 계산된 상환기일까지의 이자를 액면금액에서 차감하여 발행되는 채권으로, 만기에 액면금액을 상환받음으로써 할인액만큼의 총 이자효과를 본다. 사채의 특성 중의 하나가 만기의 존재인데, 만기는 사채를 분류하는데 중요하다.

그러나 모든 사채가 만기가 있는 것은 아니다. 영구채(perpetual bond)는 만기가 없거나 만기가 있더라도 회사가 만기를 연장할 수 있다. 영구채란 액면금액에 따라 매기 확정적인 이자를 지급하나 원금을 상환할 만기가 적혀 있지 않거나 "100년 만기"처럼 만기가 매우 길게 발행되는 채권이다. 대표적인 영구채는 2006년 영국 회사법(제739조)에 명문으로 규정된 영구채이다. 영국에서 영구채는 실제로 발행되고 있다.[16]

영구채라는 단어의 의미만 보면, 영구채란 발행인에게 원금 및 이자지급의무가 없고, 발행인이 원금과 이자 지급을 임의로 연장할 수 있는 사채를 말한다. 그러나 위와 같은 영구채가

---

16) 문준우(2014), "영구채의 개념과 장·단점 등에 관한 일반내용과 주요국의 입법례, 발행사례와 쟁점분석", 기업법연구 제28권 제3호(2014. 9), 60-61쪽.

실제로 발행되지는 않을 것이다. 한편 만기가 장기이지만, 만기를 계속 연장할 수 없는 사채는 장기채에 해당하지만, 영구채로 볼 수 없다.[17]

2) 영구채의 도입 과정

영구채는 금융기관 특히 은행의 자기자본 확충을 위한 수단으로 2002년 신종자본증권[18]이란 이름으로 도입되었다. 영구채가 국내에 도입된 것은 2002년이지만, 국제적으로 이러한 유형의 증권이 처음 도입된 것은 1998년 바젤은행감독위원회(BCBS)의 결정에 의한 것이다. 이 결정에서는 Tier1 자기자본[19]의 최소기준을 제시하였는데, 이 기준에 따라 각국의 금융감독당국은 자국의 법제에 맞추어 바젤은행감독위원회(BCBS)의 최저기준을 충족하는 가이드라인을 만들고 시장의 변화에 따라 여러 형태로 영구채의 발행을 허용했다. 우리나라는 2002년 11월 은행업감독업무시행세칙을 개정하여 우선주 형태로 발행되는 신종자본증권을 도입하였으며, 2003년 4월 동 세칙을 개정하여 사채형태로 발행되는 신종자본증권도 기본자본으로 인정하게 되었다.[20]

이러한 과정을 거쳐 생겨난 영구채가 금융기관의 자기자본비율 확충이라는 원래의 취지를 넘어 기업의 일반적인 자금조달수단으로 활용되고 있다. 은행의 경우 은행법에서 바젤은행감독위원회(BCBS)의 권고에 따라 엄격한 자기자본비율의 유지를 요구받고 있는데, 이러한 자기자본비율을 주식발행을 통한 자본금으로 유지하기에는 큰 부담이 되기 때문에 보다 발행·관리가 용이한 채권발행으로 조달한 자금도 일정한 요건 아래 자기자본으로 인정해 주고 있다. 이러한 취지에서 도입된 신종자본증권은 은행을 중심으로 금융기관의 건전성 유지 목적으로 제한적으로 발행되어 왔으며, 동 증권이 일반사업회사의 일반적인 자금조달수단으로 인식되지는 않았다. 그러나 회계적인 측면에서 자본으로 인정되어 부채비율 하락 등 재무구조가 개선되는 효과와 함께 사채라는 법적 형식으로 인해 지급이자에 대한 절세효과가 인정되는 장점이 알려지면서 일반사업회사들이 신종자본증권의 요건을 원용하여 유사한 영구채를 발행하기 시작하였다. 국내에서는 2012년 10월 두산인프라코어가 영구채를 해외에서 발행하여 5억 달러를 조달한 것을 시작으로 많은 기업이 유사한 형태의 영구채를 발행하였다.

일반사업회사의 영구채 발행증가와 달리 은행은 2013년 바젤Ⅲ[21]의 시행으로 2013년 12

---

17) 사채는 상환기간에 따라, 단기채·중기채·장기채로 구분될 수 있다. 단기채는 통상 만기 1년 이하의 채권, 중기채는 1년 초과 5년 이하인 채권, 장기채는 5년 이상이면서 영구채가 아닌 채권이다.

18) 신종자본증권이란 은행업감독규정 <별표1>에서 처음 정의한 용어로 그 발행요건이 동 규정 시행세칙에 명시되어 있는 데 반해, 일반사업회사들은 반드시 동 규정에 의해 증권을 발행하는 것이 아니라는 점에서 언론 등에서 널리 이용되는 "영구채"란 표현을 사용한다.

19) 2013년 7월 규정 개정 전 은행업감독규정 제2조 및 <별표1>에서 규정한 "기본자본"을 말한다.

20) 최영주(2015), "영구채 성격논쟁과 법적 과제", 경영법률 제25권 제3호(2015. 4), 3-4쪽.

21) 은행의 건전성 제고를 위한 자기자본비율에 관한 국제적 통일 기준을 말하며, 국제결제은행(BIS) 산하의 BCBS가 제정한다. 1989년 처음 도입(바젤Ⅰ)된 이후 2004년 대폭 수정(바젤Ⅱ)되었으나, 2008년 글로벌

월부터 종전과 같은 형태의 영구채를 더 이상 발행할 수가 없고 조건부자본[22] 형태의 영구채를 발행하게 되었다. 그러나 일반사업회사는 바젤Ⅲ의 적용을 받지 않기 때문에 앞으로도 조건부자본의 요건이 없는 신종자본증권을 계속 발행할 것으로 예상된다. 은행의 경우에도 조건부자본 요건이 부가되기는 하였지만 기본적인 발행조건은 기존의 신종자본증권의 골격을 유지하고 있다.

3) 은행법상 조건부자본증권

가) 의의

조건부자본증권은 은행의 손실흡수능력의 강화를 위해 발행 당시 미리 정한 예정사유가 발생한 경우 그 발행인의 보통주로 전환되거나 원리금이 소각되는 사채를 말한다. 은행법에서는 2016년 법개정을 통해 자본시장법에 규정되어 있던 조건부자본증권을 은행법상 금융채로 편입시켰다(은행법33).

조건부자본증권은 예정사유 발생 시 상각 또는 주식으로 전환되는 조건으로 발행되는 증권으로서 바젤Ⅲ 기준에 의해 자기자본으로 인정되므로, 국내은행들은 바젤Ⅲ 적용에 따른 국제결제은행(BIS)비율 기준을 유지하기 위해 발행하고 있다.[23]

2008년 글로벌 금융위기 이후의 조건부자본증권에 관한 국제적 논의는, 기업의 특수한 자금조달수단으로서의 조건부자본증권이 아니라 여기서 한 걸음 나아가 은행의 손실흡수능력 강화를 통하여 금융시스템의 안정을 도모하는 수단으로서의 조건부자본증권에 초점이 맞추어져 있었다. 이에 바젤Ⅲ에서는 은행의 자기자본규제에 조건부자본증권 요건을 도입하였다.

나) 상각형 조건부자본증권

상각형 조건부자본증권은 주권상장법인인 은행이 일정한 예정사유가 발생하는 경우 사채 원리금이 감면되는 사채를 말한다(은행법33①(2)). 즉 자본시장법상 조건부자본증권 중 해당 사채의 발행 당시 예정사유(객관적이고 합리적인 기준에 따라 미리 정하는 사유)가 발생하는 경우 그 사채의 상환과 이자지급의무가 감면된다는 조건이 붙은 사채이다. 상각형 조건부자본증권이 신종자본증권으로 인정되기 위해서는 은행업감독업무시행세칙에서 정하고 있는 기타기본자본

금융위기를 거치면서 금융위기시 은행 자기자본의 손실흡수능력이 떨어진다는 비판에 따라 자기자본비율을 다시 수정하여 바젤Ⅲ가 만들어졌다.

22) 조건부자본이란 회사의 채권이 사전에 정한 전환시점에 발행인의 주식인 자본으로 자동 전환될 수 있는 것으로 사채 등의 증권 형식으로 발행된 것을 조건부자본증권이라 한다. 채권에서 주식으로 전환된다는 조건이 있다는 점에서 전환사채와 유사하지만 전환사채의 경우에는 전환권을 보유한 사채권자의 전환권 행사에 의해 주식으로 전환되지만 조건부자본은 이와 달리 일정한 조건이 충족되면 자동으로 주식으로 전환된다.

23) 원래 조건부자본은 보험회사 및 재보험회사가 그들의 인수능력을 관리하기 위해 오래전부터 사용하여 왔는데, 이러한 전통적인 조건부자본의 속성과 사채를 결합시켜 역전환증권 형태로 만든 것이 조건부자본증권이다.

의 요건을 추가로 갖추어야 한다.

다) 은행주식 전환형 조건부자본증권

은행주식 전환형 조건부자본증권은 주권상장법인인 은행이 일정한 예정사유가 발생하는 경우 발행은행의 주식으로 전환되는 사채를 말한다(은행법33①(3)). 즉 자본시장법상 조건부자본증권 중 해당 사채의 발행 당시 예정사유가 발생하는 경우 은행의 주식으로 전환된다는 조건이 붙은 사채를 말한다. 이 증권이 신종자본증권으로 인정되기 위해서는 은행업감독업무시행세칙에서 정하고 있는 기타기본자본의 요건을 추가로 갖추어야 한다.

라) 은행지주회사주식 전환형 조건부자본증권

은행지주회사주식 전환형 조건부자본증권은 주권비상장법인인 은행이 일정한 예정사유가 발생하는 경우 일단 발행은행 주식으로 전환된 후 상장법인인 은행지주회사의 주식과 교환되는 조건이 붙은 사채를 말한다(은행법33①(4)). 즉 상법상의 이익참가부사채·교환사채·상환사채·파생결합사채(상법469②), 전환사채 및 신주인수권부사채(상법513 및 516의2)와 다른 종류의 사채로서 해당 사채의 발행 당시 예정사유가 발생하는 경우 비상장은행의 주식으로 전환됨과 동시에 그 전환된 주식이 상장은행지주회사의 주식과 교환된다는 조건이 붙은 사채를 말한다.

Ⅴ. 기업어음증권

1. 서설

(1) 의의

기업어음증권(CP)이란 기업이 사업에 필요한 자금을 조달하기 위하여 발행한 약속어음으로서 ⅰ) 은행(은행법 제59조[24]에 따라 은행으로 보는 자 포함, 수협은행, 농협은행), ⅱ) 한국산업은행, ⅲ) 중소기업은행이 내어준 것으로서 "기업어음증권"이라는 문자가 인쇄된 어음용지를 사용하는 것을 말한다(법4③, 영4).

기업어음증권은 신용상태가 양호한 기업이 상거래와 관계없이 운전자금 등 단기자금을 조달하기 위하여 자기신용을 바탕으로 발행하는 융통어음이다. 따라서 상거래에 수반되어 발행되는 상업어음(진성어음)과는 성격이 다르지만, 법적으로는 상업어음과 같은 약속어음으로 분류된다. 유동화를 목적으로 설립된 특수목적회사(SPC)가 기초자산(정기예금, 대출채권, 회사채 등)을

---

24) 은행법 제59조(외국은행에 대한 법 적용) ① 제58조 제1항에 따라 인가를 받은 외국은행의 지점 또는 대리점은 이 법에 따른 은행으로 보며, 외국은행의 국내 대표자는 이 법에 따른 은행의 임원으로 본다.
② 하나의 외국은행이 대한민국에 둘 이상의 지점 또는 대리점을 두는 경우 그 지점 또는 대리점 전부를 하나의 은행으로 본다.

담보로 발행하는 자산담보부기업어음(ABCP: Asset Backed CP)도 있다. 이에 관하여는 자산유동화증권 부분에서 상술한다.

(2) 특징

CP시장은 신용상태가 양호한 기업이 상거래와 관계없이 자금운용에 필요한 단기자금을 조달하기 위하여 자기신용을 바탕으로 발행하는 만기 1년 이내의 융통어음이 발행되고 거래되는 시장이다. CP는 발행기관, 할인·매출기관 및 매수기관으로 구성되어 있으며, 할인·매출기관은 할인 CP를 매수기관에 매출하면서 매매익을 얻고 매수기관은 만기 1년 이하의 단기자금을 운용할 수 있다. 일반적으로 은행대출보다 금리면에서 유리하다. 금리는 신용도 및 만기 등에 의해 결정되며 할인 발행되는 것이 일반적이다.

CP는 발행절차가 간편하고 담보없이 신용으로만 발행되기 때문에 기업의 신속한 자금조달의 수단으로 활용되고 있다. 반면 발행기업에 대한 정보가 시장에 충분히 제공되지 않기 때문에 CP는 신용사건에 대한 잠재적인 도화선이 될 수 있다.[25]

어음법상의 특성으로 인하여 발행에 있어서는 신속성과 간편성을 확보하고 있지만, 유통의 측면에서는 불편함이 존재한다. 기업어음은 아직도 실물발행의 의무가 존재하며, 권면액 이하로 분할양도가 불가능하다. 액면분할이 허용되지 않는 것은 CP의 운용상에 있어서 특히 문제가 되고 있다. 관행상 100억원 단위로 발행되는 CP를 특정 펀드에 편입하였을 때 고객의 환매에 대응하여 펀드 내의 운용자산 중 해당 CP를 100억원 이하로 유지해야 할 경우 CP의 액면분할이 원칙적으로 불가능하기 때문에 해당 CP를 매각해야 하는 상황이 발생한다. 물론 실무에서는 편법적인 방법으로 CP를 액면분할하는 관행이 관찰되고 있지만 어음법을 엄격히 적용할 경우 이러한 분할행위는 모두 불법적인 행위이며 감독당국의 의지에 따라 규제를 강화해야 할 여지가 있는 영역이다. CP의 실물과 대금의 결제가 분리되어 있다는 점도 어음법 적용상의 문제점이다. 결제 인프라의 발전으로 인하여 대부분의 증권거래가 동시결제(DVP)방식[26]에 의하여 처리되고 있음에도 불구하고 CP는 아직도 동시결제가 아니라 실물과 대금의 분리결제방식을 따르고 있어 거래당사자는 불필요한 신용리스크에 노출되어 있다.[27]

(3) 법적 성격

CP는 어음법상 융통어음인 동시에 자본시장법상의 기업어음증권이다. 자본시장법이 도입

---

25) 기업의 편리한 자금조달수단이기는 하지만, 한국 금융시장의 경우 CP로 인하여 여러 문제가 발생한 경험이 있는데, 대우사태, SK글로벌사태, 신용카드사태, 동양그룹사태 등이 문제가 발생하기 이전에 해당 기업이 CP발행을 급격히 늘려서 시스템문제가 발생한 사례였다.

26) 예탁결제원에 의해 증권결제되는 유가증권은 동시결제(DVP)방식으로 결제가 진행된다.

27) 황세운·김준석·손삼호(2013), "국내 단기금융시장 금리지표의 개선에 관한 연구", 재무관리연구 제30권 제3호(2013. 9), 241쪽.

되기 이전부터 CP는 증권거래법상의 유가증권으로 정의되었으며, 자본시장법은 증권거래법을 받아들이면서 CP를 채무증권으로 정의(법4③)하였다. 그런데 자본시장법은 증권거래법상 존재하던 CP에 대한 요건을 대폭으로 완화하였으며, 발행주체(상장법인 등), 만기(1년), 최저액면(1억원), 신용등급(기업어음등급 B 이상) 등에 관한 요건이 모두 사라졌다. 이 중에서 특히 문제가 되는 부분은 만기의 제한이 없어졌다는 점인데, 증권거래법상 CP는 만기 1년 이내에서만 발행이 가능하였으나 현행 자본시장법에서는 CP의 만기에 대해 침묵하고 있어 사실상 CP의 만기에 제한이 없다. 만기에 대한 제한이 없을 경우 1년 이상의 만기를 가진 CP가 발행될 수 있고 실제로 1년 이상의 만기를 가진 장기 CP들이 상당수 발행되고 있다. 장기 CP는 잠재적으로 회사채의 발행을 구축할 수 있으며, 이는 공모 회사채시장이 가진 다양한 정보전달기능을 잠식할 가능성이 높다.[28]

(4) 기능

CP는 주식, 채권과 달리 이사회 의결, 발행기업등록, 증권신고서 제출 등의 절차 없이 간편하게 발행이 가능하며 대부분 사모로 발행됨으로써 등록 및 공시 의무가 면제된다. 1개월 미만의 초단기 CP가 주종을 이루는 선진국과 달리 우리나라에서는 만기가 3개월 또는 6개월 이상의 CP 비중이 상대적으로 높게 나타나고 있는데, 이는 현재 우리나라 CP제도 자체의 문제점과 더불어 비은행금융기관 등의 콜시장 참가에 기인하는 것으로 추정된다. 발행기업의 입장에서 볼 때, CP의 가장 큰 장점은 간편한 발행절차라고 할 수 있다. CP는 어음법상 약속어음의 요건만 충족되면 발행 가능하며, 금액과 만기를 조절할 수 있고, 금리도 발행기업의 신용도와 시장상황에 따라 협상에 의해 결정된다. CP의 또 다른 장점은 신용에 의한 자금조달이 가능하다는 것이다. CP는 발행단위가 거액이고 대부분 무담보 매출이어서 신용리스크를 부담해야 하므로 투자자의 대부분은 기관투자가들이다. 이들 기관투자가들은 CP를 단기운용펀드에 편입하여 일반에게 간접매출을 하는 기능을 수행한다.[29]

2. 신용평가와 발행조건

(1) 신용평가

투자매매업자 또는 투자중개업자는 기업어음증권을 매매하거나 중개·주선 또는 대리하는 경우에는 ⅰ) 2개 이상의 신용평가회사로부터 신용평가를 받은 기업어음증권이어야 하고, ⅱ) 기업어음증권에 대하여 직접 또는 간접의 지급보증을 하지 아니하여야 한다(영183①).

---

28) 황세운·김준석·손삼호(2013), 241-242쪽.

29) 박동민·이항용(2011), "전자단기사채제도 도입을 통한 기업어음시장 개선에 관한 연구", 한국증권학회지 제40권 1호(2011. 2), 112쪽.

신용평가란 전문성과 객관성을 갖춘 신용평가기관이 특정 기업에 대해 제반 환경을 감안한 신용도를 평가함으로써 해당기업이 자금조달 목적으로 발행하는 채권이나 차입금 등에 대하여 그 원리금이나 이자를 약정한 기일에 제대로 상환할 수 있는가를 분석하여 이를 일정한 기호를 이용하여 등급화하는 제도이다. 외부기관에서 평가된 기업신용등급은 기업의 자금조달 및 조달비용에 직접적인 영향을 미친다. 기업신용등급에 따라 채권의 이자율 및 은행 차입금의 이자율은 차등적으로 적용된다. 기업의 채무의 지급 가능성에 관한 지표뿐 아니라 경제적인 능력과 같은 전반적인 정보를 제공하기 때문에 기업신용등급정보는 관련 경제적 의사결정에 유용한 정보라 할 수 있다. 더구나 신용평가에 대한 인식 증대로 좋은 기업신용등급은 기업의 이미지와 기업가치를 향상시키는 수단으로 작용하기도 한다.

(2) 발행조건

CP 발행기업의 요건과 발행조건은 할인금융기관에 따라 상이하다. 증권회사 고유계정이 할인 매입하는 CP의 경우 대상기업, 만기 및 액면금액 등에 대한 제한이 없다. 그러나 증권회사 고유계정이 장외시장에서 CP를 매매, 중개·주선 또는 대리하는 경우에는 2개 이상의 신용평가기관으로부터 신용평가를 받은 CP만을 대상으로 무담보매매·중개방식으로 할인을 할 수 있다(금융투자업규정5-28①). 그러나 CP에 대한 직·간접의 지급보증을 할 수 없다(자본시장법 시행령 제183①(2)).

종합금융회사가 할인·매입하는 경우에는 만기 1년 이내 CP에 한해서만 할인·매매·중개를 할 수 있다(자본시장법336①(1) 참조). 한편 종합금융회사가 기업을 대상으로 어음할인을 하기 위해서는 해당 기업을 적격업체로 선정해야 한다(자본시장법 시행령327①). 따라서 종합금융회사는 CP 할인 전 발행기업에 대한 신용조사와 함께 재무구조 및 경영상황 등을 분석하여 적격업체로 선정 여부를 결정한 후 동일인 여신한도(자본시장법342④ = 20%) 이내에서 적정 할인한도를 설정한다.

3. 참가기관

(1) 발행기관

CP는 민간기업, 공기업, 증권회사, 신용카드회사, 특수목적회사(SPC)[30] 등이 발행하고 있다.

(2) 할인 및 매출기관

CP의 할인 및 매출은 주로 증권회사와 종합금융회사가 담당하고 있다. 종합금융회사는 매출뿐만 아니라 자체 보유목적으로도 CP를 할인한다. 반면 수신기능이 제한적인 증권회사는 일

---

30) SPC는 통상 자산유동화를 목적으로 설립되며, 자산유동화증권의 일종인 자산담보부 기업어음(ABCP)을 발행한다.

반적으로 CP를 할인한 후 자체 보유하지 않고 매출한다.

한편 은행, 자산운용회사 및 보험회사 등의 CP 할인은 활발하지 않다. 은행의 경우 CP 할인이 대출로 간주되어 동일인 여신한도(은행법35 및 35의2: 동일계열 여신한도는 자기자본의 25%, 동일인 여신한도는 자기자본의 20%)의 제한을 받는 데다 당좌대출, 상업어음할인 등 CP 할인 외의 다양한 형태로 기업에 단기자금을 공급할 수 있기 때문이다. 자산운용회사나 보험회사, 여신전문금융회사의 경우에는 CP 발행기업에 대한 독자적인 심사기능을 갖추지 못하고 있는 데다 할인·매출기관을 통하여 CP를 매입하더라도 수수료 부담이 크지 않기 때문에 할인보다는 주로 증권회사와 종합금융회사를 통한 매입을 선호하고 있다.[31)

(3) 매수기관

자산운용회사의 MMF, 종합금융회사, 은행신탁, 증권신탁 등이 주요 CP 매입 주체이다.[32) 자산운용회사는 주로 증권회사와 종합금융회사가 중개한 CP를 매수하며 은행신탁은 할인·매출기관이 중개한 CP를 매수할 뿐만 아니라 직접 할인하여 매수하기도 한다.[33)

제3절 지분증권

I. 지분증권의 분류

지분증권이란 일반인들이 흔히 말하는 "주식"을 의미한다. 자본시장법은 지분증권을 "주권, 신주인수권이 표시된 것, 법률에 의하여 직접 설립된 법인이 발행한 출자증권, 상법에 따른 합자회사, 유한회사, 익명조합의 출자지분, 그 밖에 이와 유사한 것으로 출자지분이 표시된 것으로서 출자지분 또는 출자지분을 취득할 권리가 표시된 것"으로 정의하고 있다(법4④). 한편 소득세법 제88조 제2호[34)에서는 "주식등"이라는 개념으로 포괄하여 설명하고 있다.

---

31) 한국은행(2016b), 117-118쪽.
32) 한편 개인들은 CP를 직접 매입하기보다는 은행의 특정금전신탁 또는 증권회사 종금형 CMA 등을 통하여 간접적으로 투자하고 있다.
33) 한국은행(2016b), 118쪽.
34) "주식등"이란 주식 또는 출자지분을 말하며, 신주인수권과 대통령령으로 정하는 증권예탁증권을 포함한다(소득세법88(2)).

Ⅱ. 주권

1. 개요

주권(株券)이란 주식회사의 지분권을 표시하는 증권을 말한다. 주식회사에서는 주주의 지위를 주식이라 부른다. 주식은 우선적 지위가 인정되나 의결권이 제한되는 우선주와 표준적 성격의 보통주로 나뉜다. 실무에서 발행·유통되고 있는 주식의 대부분은 보통주이다. 특히 상장법인의 경우에는 유통되는 주식의 95% 이상이 보통주이고, 종류주식은 일부에 불과하다. 그럼에도 불구하고 상법은 보통주의 개념 등에 관한 규정을 두고 있지 않고, 단지 제344조에서 종류주식을 "이익의 배당, 잔여재산의 분배, 주주총회에서의 의결권의 행사, 상환 및 전환 등에 관하여 내용이 다른 종류의 주식"이라고만 규정하고 있다. 이는 보통주가 주식의 원형임을 전제로 하기 때문이다. 회사는 보통주를 발행하지 않고 우선주를 발행할 수는 없다.

2. 보통주

이익배당이나 잔여재산분배에서 어떠한 제한이나 우선권도 주어지지 않는 주식이다. 보통주에 대한 배당금액은 주주총회의 결의(또는 이사회 결의)로 결정되며, 회사에 이익이 있어도 반드시 배당해야 하는 것도 아니고, 주주가 배당을 청구할 수 있는 것도 아니다. 그러나 보통주는 회사에 이익이 있는 한 무제한의 배당가능성이 주어지는 개방적(open-ended) 지분이다.[35]

3. 우선주

우선주란 회사가 종류주식[36]을 발행하는 경우에 다른 주식에 우선하여 이익배당 또는 잔여재산분배를 받을 수 있는 주식이다. 그 후 잔여가 있으면 보통주가 배당 또는 분배받을 수 있다. 실무상 배당금에 관한 우선주가 주로 발행되며, 잔여재산분배에 관한 우선주는 드물다. 우선적 배당은 통상 액면가에 대한 비율 또는 1주당의 금액으로 표시된다. 예컨대 "1주당 액면가의 15%를 배당한다" 또는 "1주당 900원을 배당한다"라는 식이다. 우선주는 1986년 동양맥주(주)에 의해 최초 발행되면서 대주주에게는 경영권 보장, 투자자에게는 투자자 이익, 정부에게는 재무구조개선 유도의 수단으로 인식되었다.

---

35) 이철송(2014), 「회사법 강의」, 박영사(2014. 2), 280-281쪽,
36) 종류주식이란 투자자들의 투자성향과 회사의 자금조달상의 편의성을 고려하여 원칙적으로 주주평등의 원칙이 적용되는 주식이 표창하는 권리의 내용이나 그 조합을 다르게 정할 수 있도록 허용된 주식을 말한다. 이와 관련하여 상법은 제344조에서 종류주식의 개념을 비롯한 총론적인 내용을 규정한 후 제344조의2부터 제351조까지 각 종류주식(이익배당·잔여재산분배에 관한 종류주식, 의결권의 배제·제한에 관한 종류주식, 상환·전환에 관한 종류주식)에 관한 세부내용을 규정하고 있다.

상환전환우선주(Redeemable Convertible Preferred Stock: RCPS)란 상환권과 전환권을 선택적으로 또는 동시에 가지고 있는 주식으로서, 투자대상 회사의 사업 성공 시에는 주가 상승 등과 관련하여 보통주로의 전환권을 행사할 수 있고, 사업 실패 시에는 일정기간이 지난 이후 상환하여 투자금을 효율적으로 회수할 수 있는 우선주이다. 실질적으로는 사채와 비슷하지만 일정한 요건을 충족하면 자기자본으로 분류되기 때문에 영구후순위채와 마찬가지로 기업의 재무구조를 개선하는 역할을 한다. 특히 상환전환우선주는 상환주식, 전환주식 및 우선주의 속성을 모두 가진 주식으로서, 우선주의 매력을 가지는 동시에 자금 사정이 좋아진 이후에는 발행회사가 언제든지 상환을 할 수 있다.[37)]

Ⅲ. 신주인수권이 표시된 것

1. 신주인수권증서

신주인수권증서는 주주의 신주인수권을 표창한 증권이다. 이사회가 주주가 가지는 신주인수권을 양도할 수 있는 것을 정한 경우(상법416(5)), 그 이전에 공시방법을 갖추게 하고 유통성을 강화해 주기 위해서 발행되는 증권이다. 주주의 신주인수권에 대해서만 신주인수권증서를 발행할 수 있고, 제3자의 신주인수권에 대해서는 발행할 수 없다. 제3자의 신주인수권은 그 양도성 자체가 부정되기 때문이다. 신주인수권증서의 점유이전만으로 신주인수권이 양도되므로 신주인수권증서는 무기명증권이다. 신주인수권증서는 신주발행시에 주금납입의 여력이 없는 주주가 주식의 시가와 발행가와의 차액을 취득할 수 있게 함으로써 종전 지분의 비례적 이익을 누릴 수 있게 해주기 위한 것이다.

2. 신주인수권증권

신주인수권부사채(BW)에는 분리형과 결합형이 있다. 결합형은 사채권과 신주인수권이 같이 하나의 사채권에 표창된 것이고, 분리형은 사채권에는 사채권만을 표창하고 신주인수권은 별도의 증권(신주인수권증권)에 표창하여 양자를 분리하여 양도할 수 있게 한 것이다. 신주인수권증권은 신주발행청구권을 표창하는 것이다. 신주인수권증권은 신주인수권부사채에 의해 결합되어 있기는 하지만 별도의 측정기준에 의해 변동되는 가격을 갖는 사채와 주식이라는 이질적인 재산을 별도로 유통시켜 독자적인 시장가치를 갖도록 하기 위해 발행된다.

37) 임철현(2019), "위험관리 관점에서 본 기업금융수단의 법적 이해", 법조 제68권 제2호(2019. 4), 215-216쪽.

Ⅳ. 특수법인의 출자증권

법률에 의하여 직접 설립된 법인은 상법 이외의 개별법에 의해 설립된 법인을 말하며, 이를 특수법인이라 한다. 특수법인 중 자본금을 가지고 설립되는 법인의 경우 출자증권을 발행하게 된다. 이는 주식회사의 주식과 동일한 성격을 가진다고 볼 수 있다. 대표적인 특수법인으로 한국산업은행, 한국수출입은행, 한국전력공사, 한국가스공사, 한국도로공사 등을 들 수 있다.

제4절 수익증권

Ⅰ. 수익증권의 분류

수익증권이란 신탁재산의 운용에서 발생하는 수익을 분배받고 그 신탁재산을 상환받을 수 있는 수익자의 권리(수익권)가 표시된 증권이다. 자본시장법상 수익증권은 신탁업자의 금전신탁계약에 의한 수익증권(법110),[38] 투자신탁의 수익증권(법189),[39] 그 밖에 이와 유사한 것으로서 신탁의 수익권이 표시된 것을 말한다(법4⑤). 자본시장법은 관리형 신탁의 수익권을 제외(법3①(2))하고는 신탁의 수익권이 표시된 것을 모두 수익증권으로 정의하고 있다.

Ⅱ. 신탁업자의 금전신탁계약에 의한 수익증권

여기서 수익증권은 신탁업자가 금전신탁계약에 의한 신탁수익권에 대하여 발행하는 수익증권을 말한다. 비금전신탁계약에 의한 신탁수익권은 제110조에 의한 수익증권은 아니지만 유사성 요건을 충족하면 수익증권에 해당한다(예: 신탁법 제78조의 수익증권발행신탁의 수익증권).

Ⅲ. 투자신탁의 수익증권

투자신탁의 수익증권은 투자신탁 형태의 집합투자기구를 설정한 집합투자업자가 투자신

---

38) 제110조의 수익증권: 신탁업자가 발행하는 것으로 금전신탁계약에 의한 수익권이 표시된 수익증권.
39) 제189조의 수익증권: 투자신탁을 설정한 집합투자업자가 발행하는 것으로 투자신탁의 수익권을 균등하게 분할하여 표시한 수익증권.

탁의 수익권을 균등하게 분할하여 발행하는 수익증권을 말한다. 투자신탁의 집합투자업자는 투자신탁재산을 운용함에 있어서 그 투자신탁재산을 보관·관리하는 신탁업자에 대하여 일정한 방법에 따라 투자신탁재산별로 투자대상자산의 취득·처분 등에 관하여 필요한 지시를 하여야 하며, 그 신탁업자는 집합투자업자의 지시에 따라 투자대상자산의 취득·처분 등을 하여야 한다(법80① 본문). 수익자는 신탁원본의 상환 및 이익의 분배 등에 관하여 수익증권의 좌수에 따라 균등한 권리를 가진다(법189②).

Ⅳ. 그 밖에 이와 유사한 것으로서 신탁의 수익권이 표시된 것

신탁업자가 비금전신탁계약의 수익권에 대하여 발행하는 수익증권은 자본시장법의 "그 밖에 이와 유사한 것으로서 신탁의 수익권이 표시된 것"(법4⑤)에 해당한다. 자산유동화구조에서 유동화기구를 신탁으로 구성한 경우 발행되는 신탁수익증권, 신탁업자가 신탁계약에 따라 발행하는 신탁수익권증서 등도 이에 해당된다.

제5절 투자계약증권

투자계약증권이란 특정 투자자가 그 투자자와 타인(다른 투자자를 포함) 간의 공동사업에 금전등을 투자하고 주로 타인이 수행한 공동사업의 결과에 따른 손익을 귀속받는 계약상의 권리가 표시된 것을 말한다(법4⑥). 이는 미국 증권법상 투자계약의 개념을 도입한 것으로 미국의 판례에 의해 형성된 "Howey Test"를 원용한 것이다. 투자계약증권은 주식, 수익증권 등 전통적인 증권과 구 간접투자자산운용업법상 간접투자증권뿐만 아니라 동법의 규율을 받지 않는 비정형 간접투자까지 포괄하는 것이나, 신종증권을 금융투자상품으로 포괄하기 위하여 도입된 개념인 만큼 실무적으로는 특정 증권이 다른 증권에 해당하는지 여부를 먼저 검토한 후 보충적으로 투자계약증권에 해당하는지 여부를 검토해야 할 것이다.[40]

---

40) 정순섭·송창영(2010), "자본시장법상 금융투자상품 개념", 서울대학교 금융법센터 BFL 제40호(2010. 3), 42쪽.

제6절 파생결합증권

I. 서설

1. 파생결합증권의 의의와 기초자산

(1) 파생결합증권의 개념

파생결합증권은 기초자산 가격 등의 변동과 연계하여 미리 정하여진 방법에 따라 수익구조가 결정되는 금융투자상품이다. 즉 파생결합증권이란 기초자산의 가격·이자율·지표·단위 또는 이를 기초로 하는 지수 등의 변동과 연계하여 미리 정하여진 방법에 따라 지급하거나 회수하는 금전등이 결정되는 권리가 표시된 것을 말한다(법4⑦ 본문). 파생결합증권[41]은 기초자산 가격변화와 같은 외생적인 지표에 의해 수익이 결정되는데, 기초자산의 위험 정도와 기초자산의 종류에 따라 주가연계증권, 이자율연계증권, 통화연계증권, 실물연계증권, 신용연계증권 등으로 구분할 수 있다.

현재 우리나라에서 거래되는 대표적인 파생결합증권은 주가연계증권(ELS: Equity Linked Securities), 기타파생결합증권(DLS),[42] 주식워런트증권(ELW: Equity Linked Warrant), 상장지수증권(ETN) 등이 있다. ELS는 주가지수 또는 특정주식가격의 변동과 연계되어 수익률이 결정되는 증권이고, DLS는 주가 외 기초자산(금리, 통화, 상품, 신용위험 등) 가격의 변동과 연계되어 수익률이 결정되는 증권이다. ELW는 주가지수 또는 특정주식 등의 기초자산을 사전에 정한 가격으로 미래시점에 사거나 팔 수 있는 권리를 나타내는 증권으로서 거래소에 상장되어 거래된다. ELW는 옵션(장내파생상품)과 경제적 효과는 동일하나 증권의 속성을 가지고 있어 투자손실은 원금에 한정된다. ETN은 기초자산 가격의 변동과 연계되어 수익률이 결정되는 증권으로 거래소에 상장되어 거래된다.

자본시장법에서는 ELB(Equity Linked Bond)와 DLB(Derivative Linked Bond)를 채무증권(파생결합사채)으로 분류하고 있으나, 실무적으로는 ELS, DLS와 함께 파생결합증권으로 관리된다.

---

41) 자본시장법에서 파생결합증권을 투자계약증권과 더불어 별도의 증권 종류로 분류한 이유는 증권의 개념을 포괄주의로 전환하기 위해서이다. 즉 파생결합증권의 개념을 통하여 투자계약증권과 더불어 전통적 증권의 개념으로 포섭되지 않는 구조화상품(structured product) 등 신종증권을 증권의 개념으로 포괄하기 위한 것이다. 따라서 자본시장법상 6개 증권의 종류 중 투자계약증권과 파생결합증권의 개념은 상호 배타적이라 할 수 있으나, 채무증권, 지분증권, 수익증권 및 증권예탁증권은 파생결합증권 및 투자계약증권과 중복될 수 있다. 이는 파생결합증권과 투자계약증권이 포괄적 개념이기 때문에 나타나는 불가피한 현상이다(최원진(2006), "자본시장과 금융투자업에 관한 법률 제정안의 주요 내용 및 의견수렴 경과", 금융법연구, 제3권 제1호(2006. 9), 136쪽).

42) 자본시장법 제정 이전 종전 증권거래법 시행령에서 주식워런트증권과 주가연계증권이 파생결합증권과 별도로 구분되어 정의되었기 때문에 파생결합증권이 "기타파생결합증권"을 의미하는 것으로 통용되고 있다.

ELB·DLB는 원금이 보장된 상태에서 이자가 기초자산 가격의 변동과 연계되어 결정된다.

　　ELS·DLS는 투자자 입장에서 예탁금 등 진입규제가 없고 원본비보장형으로 엄격한 투자자 보호가 필요하다. 반면 ELW·ETN은 투자자예탁금 등 진입규제가 있고 거래소에 상장되어 환금성이 높으며, ELB·DLB는 원금손실이 없다.

(2) 파생결합증권의 기초자산

　　기초자산이란 ⅰ) 금융투자상품(제1호), ⅱ) 통화(외국의 통화를 포함)(제2호), ⅲ) 일반상품(농산물·축산물·수산물·임산물·광산물·에너지에 속하는 물품 및 이 물품을 원료로 하여 제조하거나 가공한 물품, 그 밖에 이와 유사한 것)(제3호), ⅳ) 신용위험(당사자 또는 제3자의 신용등급의 변동, 파산 또는 채무재조정 등으로 인한 신용의 변동)(제4호), ⅴ) 그 밖에 자연적·환경적·경제적 현상 등에 속하는 위험으로서 합리적이고 적정한 방법에 의하여 가격·이자율·지표·단위의 산출이나 평가가 가능한 것(제5호)을 말한다(법4⑩). 파생결합증권의 기초자산은 파생상품의 기초자산과 동일하다.

　　기초자산 중 제1호부터 제4호까지의 기초자산(금융투자상품, 통화, 일반상품 및 신용위험)은 구 증권거래법 시행령에서 인정되었던 것이며, 새로이 추가된 것은 제5호의 기초자산이다. 제5호는 경제적인 의미에서 합리적으로 추정 가능한 현금흐름의 경우, 객관성이 담보되는 경우에는 이를 모두 기초자산으로 인정하겠다는 취지이다. 이와 관련하여 새로이 추가될 수 있는 기초자산으로는 재난이나 자연재해와 같은 자연적 현상, 탄소배출권 등 환경적 현상, 물가상승률 등 경제적 현상 등이 될 수 있다.

　　이를 통하여 파생상품은 금융투자상품의 수익 등이 주가, 환율 등 외생적 지표에 연계되는 금융상품이므로 연계대상이 되는 기초자산을 금융투자상품, 통화, 일반상품, 신용위험 이외에 자연적·환경적·경제적 현상 등으로 확대함으로써 자연재해, 날씨, CO_2배출권, 사회현상 등 모든 변수를 기초로 하는 금융투자상품이 허용되었다. 이에 따라 지진 등 재해를 대비하여 일정금액의 프리미엄을 제공하고 재해 발생 시 사전에 정해진 지표에 따라 금전을 지급받는 재해를 기초로 하는 파생상품계약, 프리미엄을 제공하고 범죄발생률 등을 기초로 지표에 연계하여 금전을 지급받는 범죄발생률을 기초로 하는 파생상품계약, 프리미엄을 제공하고 강수량, 강설량 등의 지표와 연계하여 금전등을 지급받는 날씨를 기초로 하는 파생상품계약 등이 있다.[43]

2. 파생결합증권의 특징과 기능

(1) 파생결합증권의 특징

　　파생결합증권은 기초자산의 가격에 따라 본질가치가 변동되는 파생상품적 성격이 내재된

---

43) 정승화(2011a), "자본시장법상 파생결합증권에 관한 법적 소고", 금융법연구 제8권 제1호(2011. 8), 425쪽.

증권이라는 점에서 통상의 증권과 다른 위험요소, 발행 및 수익구조, 그리고 발행인 및 투자자의 위험관리 측면에서의 특징이 있다.[44]

(가) 위험요소의 특징

위험요소의 특징과 관련하여 파생결합증권에 내재한 위험요소는 ⅰ) 증권의 가치가 변동하는 점에서 주식과 유사하지만, 주식이나 채권과는 달리 내부적으로 복잡한 손익구조를 갖는다. ⅱ) 발행인의 재무상태 내지 신용상태의 변화에 따른 위험을 갖는다. 따라서 발행인인 금융투자업자가 재무상태의 악화로 지급불능 상태에 처할 경우 투자원금과 투자수익 전부에 대하여 지급받지 못할 위험이 있다. 이 점에서 예금자보호가 되는 은행의 예금상품과 차이가 있다. ⅲ) 현재 주식워런트증권(ELW)과 상장지수증권(ETN)을 제외하고는 거래소에서 상장되어 있지 않고, 장외거래도 활발하게 이루어지지 않아 투자자가 만기 전에 현금화하는 것이 어려운 환금성 위험이 있다. 금융투자업자가 사전에 증권신고서에서 밝힌 방법으로만 현금화가 가능할 뿐이다.

(나) 발행 및 수익구조상의 특징

발행 및 수익구조상의 특징과 관련하여 파생결합증권의 발행과 수익구조는 ⅰ) 이자나 원금 등이 기초자산의 움직임에 연동되며, ⅱ) 투자수익은 평가일(Valuation Date)로 정해진 특정일 또는 특정기간을 기준으로 결정된다. 즉 평가일 또는 평가기간 전후에 발생한 기초자산의 움직임은 투자수익상 아무런 의미가 없다. ⅲ) 투자수익은 발행조건에서 이미 결정되어 있다. ⅳ) 파생결합증권은 투자자에게 이익을 확정하거나 담보하는 것은 아니며, 경우에 따라서는 투자 전액을 상실할 수도 있다. 예컨대 기초자산이 주식인 경우 원금이 보장되지 않는 조건의 경우 주가 움직임에 따라 투자원금까지 잃을 수 있으며, 특히 신용으로 매수한 경우 그 손실은 무한대로 커지는 특징이 있다.

(다) 발행인 및 투자자의 위험관리 측면에서의 특징

발행인 및 투자자의 위험관리 측면에서의 특징과 관련하여 투자자로서는 ⅰ) 다양한 발행조건과 행사일까지 기초자산의 움직임에 변화가 있기 때문에 투자설명서에 기재된 조건을 파악하고 매수하여야 한다. ⅱ) 발행인인 금융투자업자는 파생결합증권의 발행으로 조달된 자금을 주식, 채권, 파생상품 등으로 운용한 후 약정에 따라 원리금을 지급하므로, 발행인으로서는 자금운용에 따른 위험관리와 기술이 필요하다. 이 때문에 파생결합증권은 일정한 물적·인적 기반이 있는 금융투자업자에게만 허용되고 있다. ⅲ) 파생결합증권의 경우 상환금액이 기초자산의 가격변동률에 기초하여 산출되므로 객관적인 기초자산을 평가하는 방법이 필요하다. 따라서 기초자산의 가격변동률의 산출을 맡을 산정기관(calculation agent)을 선정할 필요가 있다.

---

44) 정승화(2011a), 433-434쪽.

ⅳ) 주식워런트증권(ELW) 등 일부 상품은 이른바 장기투자상품(이른바 "buy and hold product"라 불린다)에 속하는 것으로 유동성이 크지 않다. 따라서 투자자의 환금성을 보장하기 위해 호가를 의무적으로 제시하는 유동성공급자(LP: Liquidity Provider)의 존재가 필수적이다.

(2) 파생결합증권의 기능

(가) 규제 우회

현재 파생결합증권은 장외파생상품에 준하는 발행규제와 행위규제의 적용을 받는데 파생결합증권의 활용은 ⅰ) 규제의 우회이다. 파생상품을 직접 매매할 수 없는 투자자나 발행회사는 파생요인이 내장된 구조의 파생결합증권을 활용하여 규제를 우회할 수 있다. ⅱ) 고객 맞춤형 상품개발을 위해 특정 포지션 또는 기대를 자본화하는데 활용될 수 있다. 이는 고객이 직접 파생상품시장에서 이용할 수 없는 수익구조와 위험을 만드는데 의의가 있다. 특히 자산가격이 예상대로 움직일 경우에 투자자는 높은 수익을 얻을 수 있다.[45]

(나) 긍정적 기능

투자자 입장에서 파생결합증권을 자본화할 때 긍정적 기능은 다음과 같다. ⅰ) 파생결합증권의 거래를 통해 특정 자산가치에 대한 투자자의 기대를 파생적 형태로 내재되도록 함으로써 이익을 얻을 수 있게 한다. ⅱ) 파생결합증권은 다른 방법으로는 얻기 어려운 유동성과 거래 가능성을 제공해주고, 거래상대방위험이 있는 복잡한 거래를 할 수고를 없애 준다. ⅲ) 파생결합증권은 신용을 제고하여 파생상품시장 참여가 용이하도록 활용될 수 있다. 파생결합증권의 중요한 요소는 신용등급이 매우 우수한 발행회사에 관련된 성과지급의무를 전이시키는 것이 용이하다는 데 있다. 이로 인해 투자자는 파생거래에 있어서 발행회사의 신용을 효과적으로 이용할 수 있다. 따라서 신용 문제로 파생거래를 할 수 없는 투자자도 파생결합증권을 통하여 파생거래를 할 수 있다. ⅳ) 투자자는 직접 파생상품시장에 참가하는 것에 비해 훨씬 적은 금액으로 투자할 수 있다. 파생결합증권시장은 파생상품의 도매가격을 형성함으로써 소액투자자가 직접 파생상품시장에 참여할 때의 가격보다 저렴한 가격으로 파생상품거래가 가능하다. ⅴ) (장외)파생상품에 비해 회계나 세무상의 편의, 취급상 편의, 평가가 용이하고 유동성이 좋다.

(다) 부정적 기능

파생결합증권은 긍정적 기능에도 불구하고 파생상품의 속성이 내재된 구조화상품으로 전통적인 증권에 비하여 정보의 비대칭이 매우 높다. 따라서 일반투자자가 투자하는 경우에는 불완전판매 가능성이 높다. 투자자 입장에서는 다른 금융투자상품과 비교하거나 이론가격을 계산하기가 용이하지 않다. 일부 발행회사는 이러한 점을 의도적으로 이용함으로써 증권의 구조

---

45) 신명희(2015), "파생결합증권과 파생결합사채에 관한 법적 연구", 한양대학교 대학원 석사학위논문(2015. 2), 18-19쪽.

를 복잡하게 만들기도 한다. 파생결합증권의 기초자산이 주가지수인 경우보다 개별주식인 경우에는 증권의 구조가 복잡하며, 발행회사는 보다 높은 수수료를 얻기 위해 복잡한 구조화증권을 선호할 유인도 있다. 또한 투자자가 파생결합증권의 수수료체계를 정확히 알기 어려우므로 판매자가 높은 수수료를 얻기 위하여 투자자의 위험선호 성향과 관계없이 위험하거나 선호에 맞지 않는 상품을 권유할 수 있다. 즉 판매자와 투자자 사이에 이해상충 가능성이 존재한다.

Ⅱ. 종류

1. 주가연계증권(ELS)

(1) 서설
(가) 의의

ELS는 특정 주권이나 주가지수와 같은 기초자산의 가격변동에 연동되어 투자수익이 결정되는 파생결합증권으로서 사전에 정한 일정 조건이 충족되면 발행회사는 약정된 수익금을 투자자에게 지급하는 금융투자상품이다.[46] 다시 말하면 ELS는 코스피200지수, 일본Nikkei225지수, HSCEI(홍콩항생지수)지수, S&P500지수, 삼성전자 보통주식, 현대자동차 보통주식과 같은 주식의 가격에 연동된 증권으로서 지수나 주식의 가격이 변동함에 따라 수익이 나기도 하고 손실이 나기도 하는 상품을 의미한다.

ELS는 만기시 투자자에게 지급되는 금액이 기초자산인 주식의 가격이나 주가지수의 변동과 연계된다는 점에서 선도 또는 옵션과 같은 파생상품적 요소가 기존의 사채에 결합된 것으로 볼 수 있다. 그러나 파생상품과 달리 최대 손실이 투자한 원금을 초과하지 않고, 추가지급의무가 없으므로 자본시장법상 증권에 해당한다. 다만 ELS의 원금이 보장되는 경우에는 채무증권으로 분류되고, 원금이 보장되지 않는 경우에만 파생결합증권으로 분류된다.[47] ELS는 거래소에 상장되지 않아 만기가 도래하기 전에는 투자금을 회수할 수 없으므로 환금성의 제고를 위해 발행인에게 중도환매할 수 있는 조건이 부가된다.

(나) 구별개념

파생결합증권은 투자원본을 초과하여 추가로 지급할 의무가 없다는 점에서 증권으로 분류된다. 그러나 그 내용상으로는 파생상품거래를 증권화한 것이므로 실질적으로 파생상품거래의

---

46) 법적으로는 구 증권거래법 및 동법 시행령에 근거를 두고 도입하였고, 2009년 제정된 자본시장법에서는 증권의 포괄주의에 따라 ELS, ELW, 기타파생결합증권(DLS)을 통합하여 파생결합증권으로 분류하고 있다.
47) 양유형(2015), "파생결합증권 투자자보호 개선방안에 관한 연구", 고려대학교 대학원 석사학위논문(2015. 12), 12쪽.

범주에 속한다. 그 가운데 발행인이 원금지급의무를 지고 이자·수익에 해당하는 부분만 기초 자산에 연계된 경우에는 채무증권으로 분류되고 원금 부분까지 기초자산에 연계된 경우에는 파생결합증권으로 분류된다.

국내에서는 원금보장 여부와 기초자산을 기준으로 파생상품이 내재된 증권을 아래와 같이 부른다. ⅰ) 주가연계증권(ELS): 주식·주가지수만을 기초자산으로 하는 파생연계증권으로 원금 이 보장되지 않는 파생결합증권, ⅱ) 기타파생결합증권(DLS)[48]: 주식 외 기초자산이 있는 파생 연계증권으로 원금이 보장되지 않는 파생결합증권, ⅲ) 주가연계파생결합사채(ELB): 주식·주 가지수만을 기초자산으로 하는 파생결합증권으로 원금이 보장되는 채무증권, ⅳ) 기타파생결 합사채(DLB): 주식 외 기초자산이 있는 파생연계증권으로 원금이 보장되는 채무증권이다.

ELS와 유사한 상품으로 주가연계예금(ELD: Equity Linked Deposit), 주가연계펀드(ELF: Equity Linked Fund), 주가연계신탁(ELT: Equity Linked Trust) 등이 있다. ⅰ) ELD는 이자가 주가 또는 주가지수에 연동되는 상품을 말하는데, 예금의 이자가 주가 또는 주가지수에 연동된다는 점에서 ELS와 유사하다. 그러나 ELD는 예금자보호법의 적용을 받지만, ELS는 그 적용대상이 아니다. ⅱ) ELF는 투자한 원금과 수익이 주가 또는 주가지수에 연동되는 투자신탁상품인데, 투자자의 자금을 집적하여 운용하고, 수익이 주가 또는 주가지수에 연동한다는 점에서 ELS와 유사하다. 그러나 ELF는 자산의 운용수익을 수익증권의 지분비율대로 투자자에게 배분하는데 반하여, ELS는 자산의 운용성과에 관계없이 사전에 정해진 수익조건이 달성되면 투자매매업자 가 그 조건에 따라 지급을 보증한다. ⅲ) ELT는 운용자산으로 ELS를 편입한 특정금전신탁을 말하는데,[49] 신탁의 구조를 취하고 있을뿐 ELT에 투자하는 것은 사실상 ELS에 투자하는 것과 동일하다.

(다) ELS 납입자금의 운용

파생결합증권은 약속한 자금운용방식에 따른 운용 결과를 투자자에게 귀속시키는 집합투 자증권과 달리 발행인의 운용 결과에 관계없이 투자자에게 기초자산의 가격변동에 따라 일정 한 수익을 지급함으로써 상환할 의무를 부담한다. 따라서 ELS 발행인은 자산운용사와 달리 자 금 모집시 투자자에게 자금운용방식을 제시할 필요는 없고, 투자수익결정 방법만을 제시하며, 집합투자증권과 달리 ELS 발행을 통해 조달된 자금의 사용방법에 법적인 제약을 받지 않는다. 일반적으로 원금보장형 상품의 경우 대부분의 투자금을 채권으로 운용하고, 나머지를 주식이

---

48) DLS는 ELS와 비슷하나 기초자산이 주권의 가격 혹은 주가지수에 한정되지 않고 이자율, 환율, 일반상품 및 신용위험 등 가격, 이자율, 지표, 단위 또는 이를 기초로 하는 지수 등의 변동과 연계하여 투자수익이 결정되는 증권이다.

49) ELT는 코스피200 등 특정지수의 움직임에 연동하여 수익률이 결정되는 ELS를 특정금전신탁 계좌에 편입 한 신탁상품이다.

나 옵션을 매수하여 초과수익을 보장하고, 원금비보장형의 경우에는 다양한 상품설계가 가능한데, 원금보장에 대한 부담이 없이 투자금의 상당부분을 ELS의 기초자산인 주식을 매수하는 데 사용한다.

(라) 위험회피거래

파생결합증권의 발행인은 기초자산 가격 변동에 따라 손실을 입을 위험이 있으므로 이를 회피하기 위해 헤지거래를 수행하게 된다. 헤지거래란 기초자산의 가격·변동성·만기·이자율 등의 변동에 따른 위험으로부터 보유하고 있는 포지션의 손익을 보호하기 위한 위험회피 방법으로, 보유하고 있는 포지션과 리스크가 반대되는 포지션을 동시에 취함으로써 시장위험에 따른 손익변동 위험을 사전에 제거하는 행위를 말한다. ELS의 헤지방법으로는 주로 델타헤지가 사용되는데, 델타헤지란 일정기간 동안 기초자산의 가격변화에 영향을 받지 않는 포트폴리오를 구축하기 위해 현물의 포트폴리오와 함께 옵션 포지션을 지속적으로 변화시켜 현물 포트폴리오의 손익과 옵션 포지션의 손익이 서로 상쇄되도록 하는 방법을 말한다.[50]

헤지거래는 그 행위주체에 따라 "자체헤지(internal hedge)"와 "백투백헤지(back-to-back)"로 구분할 수 있다. ELS 발행에 따른 위험을 발행인 스스로 헤지하는 것을 자체헤지라고 하고, 발행인이 제3자와의 장외파생상품계약을 통해 위험을 전가하는 방법을 "백투백헤지"라 한다. 백투백헤지는 "fully funded swap"과 "unfunded swap"로 구분되는데, "fully funded swap" 방식은 거래상대방과 계약시 발행대금의 대부분을 지급하고 만기시 투자자에게 상환할 금액을 돌려받는 방식이고, "unfunded swap" 방식은 거래상대방과의 계약시 원금지급 없이 ELS 평가액의 변동에 따라 차액만 결제하는 방식이다.

(2) 유형 및 특징

(가) 유형

ELS는 다양한 기준에 따라 유형화할 수 있다. ⅰ) 공격형과 안정형 여부에 따라 통상 원금과 이자를 주식 등을 기초자산으로 하여 풋옵션을 매각한 형태를 공격형이라고 하고, 원금은 제외하고 이자만 주식 등을 기초자산으로 한 콜옵션을 매수한 형태를 안정형이라고 한다.[51]

ⅱ) 상환시기에 따라 조기상환형과 상환불인정형으로 구분된다. 통상 조기상환형 ELS는 상장되지 않은 상태에서 투자자의 환금성 도모를 위하여 이용된다. 이 경우 투자자로서는 조기상환의 가능성을 고려하여야 하며 발행인은 매수를 통해 상환하게 된다.

ⅲ) 만기유형에 따라서 만기는 통상 3개월인 단기부터 7년의 장기까지 다양하게 존재하며 만기의 설계 또한 다양하게 이루어질 수 있다. 대표적인 유형으로 만기까지 보유 후 만기에 원

---

50) 양유형(2015), 15-16쪽.
51) 정승화(2011a), 439-440쪽.

금과 이자를 지급받는 형태와 만기 전에 이자는 시장움직임에 연동하여 조기상환 받고 원금만 만기에 받기로 하는 형태 등이 이용된다.

ⅳ) 만기에 결제하는 형태에 따라 투자수익을 현물(주식)로 교부하는 경우와 현금으로 지급되는 경우 그리고 현금과 현물 모두 지급되는 형태로 구분된다. 투자수익이 마이너스인 경우 투자자는 현금보다는 현물인 주식으로 교부받기를 더 선호할 수도 있다.

ⅴ) 헤지유형에 따라 ELS의 발행인이 ELS에 대한 헤지를 위하여 외부 금융기관으로부터 동일한 구조의 상품을 사거나, 처음부터 외부기관이 개발하고 운용하는 상품을 판매하여 상환 재원에 대한 리스크를 줄이는 방법인 백투백헤지와 발행인이 직접 조달자금을 주식이나 파생상품 등에 운용하는 자체헤지가 있다. 국내에서는 점차 백투백헤지는 줄고 자체헤지가 점점 증가하고 있다.

(나) 특징

초기에는 옵션과 채권이 결합된 원금보장형 상품이 주류를 이루었고, 이후에는 점차 다양한 상품들이 출시되었다.

ELS는 한국거래소 장내시장에 상장 및 유통되지 않고, 장외에서 사모 또는 공모의 방식으로 발행되고, 발행사는 자체적인 헤지 프로세스를 구축하거나(자체헤지), 같은 손익구조를 가진 상품을 외부로부터 구입한 뒤 ELS를 발행하여 투자자에게 판매한다(백투백헤지). 즉 백투백헤지의 경우 발행사와 헤지사가 별도로 존재함에 반해 자체헤지의 경우 발행사가 헤지업무까지 담당하는 것이다.[52]

2008년 금융위기시에 리먼 브라더스의 파산보호 신청으로 국내 증권회사나 투자자가 책임져야 할 파생상품 위험 노출액이 당시 1,500억원으로 집계되었다. 금융감독원 분석결과 ELS가 약 1,000억원, ELF가 약 500억원으로 집계되었다. 이로 인해 국내 증권회사뿐만 아니라 일반투자자들도 큰 피해를 보았다. 이처럼 다른 파생상품과 마찬가지로 ELS도 발행사의 신용위험에 따라 투자금액을 상환받지 못할 위험이 항상 존재한다.[53]

(3) 수익구조

현재 국내시장에서 발행되는 ELS는 그 수익구조에 따라 Knock-Out형, Bull Spread형, Reverse Convertible형, Digital형, Cliquet형, Step-Down형(조기상환형), 월지급식형 및 절대수익추구형스왑(absolute return swap: ARS) 등으로 구분된다. ⅰ) 녹아웃(Knock-Out)형: 기초자산

---

52) 나지수(2016), "주가연계증권(ELS) 델타헤지거래 관련 분쟁의 분석", 증권법연구 제17권 제1호(2016. 4), 113쪽.

53) 2008년 글로벌 금융위기의 여파로 인해 ELS와 연계한 연계불공정거래가 문제되었다. 연계불공정거래란 자본시장법의 규제대상이 되는 금융투자상품 간의 가격연계성을 이용하여 하나의 금융투자상품에 대한 포지션에서 이득을 얻고자 다른 종류의 금융투자상품의 가격에 인위적으로 영향을 미치는 것을 말한다.

의 가격상승시 일정 수준까지는 가격상승에 비례하여 수익률이 상승하지만 일정 수준을 초과하면 낮은 확정수익률만 지급한다. ii) 불스프레드(Bull Spread)형: 기초자산의 가격 상승시 일정 수준까지는 이에 비례하여 수익률이 상승하지만 일정 수준을 초과하면 확정수익을 지급한다. 녹아웃형과의 차이는 일정 수준 초과시 지급하는 확정수익의 수준이다. iii) RC(Reverse Convertible)형: 기초자산의 가격이 기준가격 이하로 하락하지 않으면 확정수익을 지급하지만 기준가격 이하로 하락하는 경우에는 원금손실이 발생(원금비보장)한다. iv) 디지털(Digital)형: 만기시 기초자산 가격이 기준가격 이상인 경우의 수익률(예: 60%)과 기초자산 가격이 기준가격 미만인 경우의 수익률(예: 5.0%)에 차이가 있는 상품(원금보장)이다. ⅴ) 클리켓(Cliquet)형: 특정기간(예: 3개월)마다 기초자산의 가격을 발행가격과 비교하여 해당 기간의 수익률을 결정하고, 이를 합산하여 최종 수익률이 결정되는 상품(원금보장)이다. vi) 조기상환형(원금보장): 조기상환일 현재 기초자산 가격이 기준가격 이상인 경우 약정수익을 지급하고 조기상환하며, 조기상환되지 않은 경우 기초자산 가격이 하단 베리어(예: 70%) 이하로 하락한 적이 없으면 약정수익을 지급한다. 다만 한 번이라도 하단 베리어 미만으로 하락한 경우에는 원금만 지급한다. vii) 조기상환형(원금 비보장): 위의 조기상환형(원금보장)과 동일하나 기초자산 가격이 만기까지 한 번이라도 하단 베리어 미만으로 하락한 경우에는 원금손실이 발생하는 상품이다. viii) 월지급식형: 기초자산이 정해진 수준(예: 55%) 이하로 하락하지 않으면 매월 일정한 수익(예: 1%)을 지급하고, 기초자산이 정해진 수준(예: 55%) 이하로 하락한 적이 없으면 만기에 원금을 지급한다. ix) 절대수익추구형스왑(ARS): 투자자문사의 자문에 따른 포트폴리오 운용성과를 지수화하고, 동 지수의 성과에 수익이 연계되는 상품으로, 기초자산 가격이 정해진 수준(예: 95%) 이하로 하락하면 자산운용이 중단되고 만기에 원금을 지급한다.[54]

2. 기타파생결합증권(DLS)

(1) 의의

DLS는 주가 또는 주가지수만을 기초자산으로 하는 ELS와 ELW를 제외한 이자율연계증권, 통화연계증권, 상품연계증권 등과 같은 파생결합증권을 통칭하는 표현이다. 따라서 기초자산에 주가 또는 주가지수가 포함되어 있더라도 신용·환율·원자재·부동산 등 다른 자산이 함께 혼합되어 있는 경우에는 DLS로 분류된다. DLS는 ELS처럼 기초자산의 가격이 어느 수준(보통 50% 이상) 이상 떨어지지 않으면 발행시 정해진 이자를 지급하는 상품이다. DLS는 ELS와 거의 유사하지만 기초자산이 주가와 주가지수에의 한정 여부에 따라 양자를 구별할 수 있다.

자본시장법상 파생결합증권은 ELS와 ELW를 포함하는 포괄적인 개념이지만 좁은 의미로

---

54) 양유형(2015), 13-15쪽.

는 주가만을 기초자산으로 하는 ELS와 ELW를 제외한 다른 형태의 자산을 기초자산으로 하는 파생결합증권을 기타파생결합증권(DLS)이라 한다.

(2) 유형

DLS는 기초자산의 종류에 따라 금리연계증권(Interest Rate Linked Notes), 통화연계증권(Currency Linked Notes), 신용연계증권(CLN: Credit Linked Notes), 상품연계증권(Commodity Linked Notes), 인플레이션연계증권(Inflation Linked Notes) 등 다양하게 발행될 수 있으며, 주식과 원자재를 기초자산으로 하는 하이브리드형 상품도 발행되고 있다. DLS의 수익구조 역시 ELS와 마찬가지로 Knock-Out형, Bull Spread형, Reverse Convertible형, Digital형, Cliquet형, Step-Down형(조기상환형), 월지급식형 등 다양한 구조로 발행될 수 있다.

ⅰ) 금리연계증권은 원리금의 지급이 특정한 이자율에 연계되어 있는 상품을 말한다. 금리연계증권은 내장된 파생상품의 내용에 따라, 역 FRN과 표면금리의 상한이나 하한 또는 상·하한이 모두 설정된 금리상한부채권(capped FRN), 금리하한부채권(floored FRN) 또는 칼라 FRN(collar FRN) 등이 있다. ⅱ) 통화연계증권은 환율의 변동 등이 채권수익률에 직접적인 영향을 미치는 상품을 말한다. 환율변동 및 관련 파생상품이 직접적으로 채권의 현금흐름에 영향을 미치는 환율연계채권(FX-linked note)과 저금리 통화와 고금리 통화에 대한 금리 차이를 이용하여 발행이 이루어지는 이중통화채권(dual currency note) 등이 있다. ⅲ) 신용연계증권은 특정기업 또는 복수기업의 신용위험을 연계하여 원리금을 지급하는 증권을 말한다. ⅳ) 상품연계증권은 채권의 원금상환액 또는 이자지급을 상품가격 또는 상품지수에 연계시킴으로써 발행되는 상품을 말한다. 상품연계증권에서 활용되는 기초자산에는 귀금속, 에너지 상품, 목재 관련 상품, 농산물 등이 있다.[55]

(3) 자금운용과 위험회피

DLS의 경우에도 ELS와 같이 조달된 자금의 사용방법에 법적인 제약을 받지 않으나 자금의 상당 부분을 기초자산의 매입에 사용하며, 자체헤지 및 백투백헤지의 방법을 사용하여 위험을 회피한다.

(4) 수익구조

현재 ELS·DLS의 상당수는 Step-Down형(조기상환형) 구조로 발행되고 있다. Step-Down형(조기상환형)은 기초자산이 특정 수준 이하로 하락하지 않으면 약정된 수익을 지급하며 시간이 지남에 따라 조기상환 조건이 점차 완화되는 형태이다. 조기상환일은 기초자산 가격이 조건을 만족하면 수익이 확정되어 자동으로 조기상환이 이루어지나, 조건을 만족하지 못하면 상환되지 않고 다음 조기상환일로 이월된다. 최종만기일은 기초자산 가격이 조건을 만족하면 정해진

---

55) 양유형(2015), 17쪽.

수익으로 상환되나, 조건을 만족하지 못하면 가장 많이 하락한 기초자산 가격의 하락률만큼 손실이 발생한다. 이와 비교하여 ELB · DLB는 Knock-Out형으로 발행되고 있다.

3. 주식워런트증권(ELW)

(1) 서설
(가) 의의

ELW란 투자매매업자가 발행하는 파생결합증권으로서 당사자 일방의 의사표시에 따라 증권시장 또는 외국 증권시장에서 매매거래되는 특정 주권의 가격이나 주가지수의 수치의 변동과 연계하여 미리 정하여진 방법에 따라 주권의 매매나 금전을 수수하는 거래를 성립시킬 수 있는 권리를 표시하는 것을 말한다(금융투자업규정6-1(11)). 이는 특정 주식에 대해 사전에 정한 조건으로 거래할 수 있는 권리가 부여된 증권으로서 옵션과 사실상 구조가 동일하여 파생상품의 개념에도 포섭될 수 있다. 그러나 ELW의 발행인은 투자매매업 인가를 받은 금융투자회사로 제한되어 있고, 일반투자자는 매수만 가능하다는 점에서 자본시장법은 ELW를 명시적으로 파생상품에서 제외하여 증권으로 규제한다(법5① 단서 및 영4의3(1)). ELW는 한국거래소 유가증권시장에 상장되어 있다.[56]

예를 들어 S사의 현재 주가가 5만원인 상황에서 어떤 사람이 S사의 주식을 1년 뒤에 5만 5,000원에 살 수 있는 ELW를 2,000원에 샀다. 1년이 지났을 때 주가가 6만 원까지 오를 경우, 주식을 산 사람은 ELW의 권리를 행사해 5만 5,000원에 주식을 사서, 현재의 시세인 6만 원에 팔 수 있다. 이때 투자자는 1년 전에 ELW를 산 가격 2,000원을 제하더라도 3,000원의 투자수익을 올릴 수 있다. 이와 반대로 주가가 5만 5,000원 이하라면, 행사할 수 있는 권리를 포기함으로써 자신이 투자한 2,000원만 손해를 보면 된다. 만기 전이라도 자신이 투자한 2,000원보다 가격이 상승하면, 즉 주가가 5만 7,000원 이상 오른다면 언제든지 팔아서 시세 차익을 올릴 수 있다. 이러한 구조로 거래되는 ELW는 "주식의 미래가치"를 미리 사고파는 거래라고 할 수 있다.

(나) 상장요건

ELW의 신규상장은 다음의 요건을 모두 충족해야 한다(유가증권시장 상장규정140②, 유가증

---

56) 2005년에 시작된 국내 ELW 시장은 2010년까지만 해도 거래규모에서 홍콩에 이어 세계 2위를 기록했으나 높은 스캘퍼(scalper, 초단타 매매자) 비중, 개인투자자 피해(2006년부터 4년간 1조원 손실), 증권회사의 불공정거래 등이 논란이 되면서 ELW 시장은 규제대상으로 떠올랐다(한국경제신문 2016년 10월 13일자 참조). 특히 전용회선을 사용하는 스캘퍼가 부당한 특혜를 받고 있다는 스캘퍼 논란이 규제의 불을 지폈다. 검찰은 증권회사가 ELW 거래에서 초단타 매매자에게 속도가 빠른 전용회선을 제공한 것이 부당하다며 증권회사 전·현직 사장을 기소하기도 했다(법률신문 2011년 6월 23일자 참조). 이후 금융당국은 개인투자자의 진입장벽을 높이기 위해 기본 예탁금을 1500만원으로 인상, LP의 호가제출 제한, 스캘퍼 전용회선의 특혜 제한, 증권회사별로 월 1회 이내로 ELW 종목 발행 제한 및 시세조종 등 불공정거래 감시 강화 등으로 ELW 관련 규제를 강화하였다.

권시장 상장규정 시행세칙114, 115).

1) 신규상장신청인은 증권과 장외파생상품을 대상으로 하는 투자매매업 인가를 받은 금융투자회사이어야 하고, 2) 신규상장신청인의 순자본비율은 150% 이상이어야 하며, 3) ELW가 모집·매출로 발행되었어야 하고, 발행총액이 10억원 이상이어야 하며, 잔존권리행사기간이 상장 신청일 현재 3개월 이상 3년 이내이어야 하고, 신규상장신청인이 유동성공급자로서 직접 유동성공급계획을 제출하여야 한다.

4) 기초자산은 다음 3가지 중 어느 하나에 해당하여야 한다. 즉 기초자산은 ⅰ) 코스피200지수를 구성하는 종목 중 거래대금 상위 100위 이내의 종목으로서 일평균거래대금 100억원 이상으로서 거래소가 따로 정하는 방법에 따라 매 분기별로 공표하는 종목 또는 해당 복수종목의 바스켓, ⅱ) 코스닥150지수를 구성하는 종목 중 시가총액을 감안하여 거래소가 따로 정하는 방법에 따라 매월별로 공표하는 종목 또는 해당 복수종목의 바스켓, ⅲ) 3가지 요건인 ㉠ 거래소 또는 지수산출전문기관이 산출하고, ㉡ 유가증권시장, 코스닥시장, 유가증권시장과 코스닥시장 또는 적격 해외증권시장을 대상으로 산출하며, ㉢ 해당 주가지수를 거래대상으로 하는 주가지수선물 또는 주가지수옵션시장이 있어야 하는 것으로서 코스피200, 코스닥150, 니케이225(Nikkei 225 Stock Average),[57] 그리고 항셍지수(Hang Seng Index)[58] 중 어느 하나에 해당하여야 한다.

(다) 유동성공급

주식워런트증권의 상장법인과 유동성공급계약을 체결한 회원(유동성공급계획을 제출한 회원을 포함)은 정규시장 중에 당해 종목에 대하여 유동성을 공급하기 위한 유동성공급호가를 제출할 수 있다(유가증권시장 업무규정20의2①(3)).

유동성공급호가를 제출할 수 있는 회원은 ⅰ) 증권 및 장외파생상품에 대하여 투자매매업 인가를 받은 결제회원이어야 하고, ⅱ) 영업용순자본에서 총위험액을 차감한 금액을 인가업무 또는 등록업무 단위별 자기자본을 합계한 금액으로 나눈 값이 150% 이상이어야 하며, ⅲ) 유동성공급회원에 대한 평가에 의하여 2회 연속 가장 낮은 등급을 받은 경우에는 그 때부터 1개월 이상 경과하여야 하고, ⅳ) 유동성공급업무를 담당하는 직원을 정해야 하며, ⅴ) 유동성공급회원에 대한 평가에 의하여 3회 연속 가장 낮은 등급을 받은 경우 또는 유동성공급업무를 수행함에 있어서 증권관계법규 및 거래소의 업무관련규정을 위반하여 형사제재를 받거나 영업정지 또는 거래정지 이상의 조치를 받은 사실이 확인된 경우에는 그 때부터 1년 이상 경과했어야

---

57) 동경증권거래소에 상장된 주권 중 225 종목에 대하여 일본경제신문사가 산출하는 수정주가평균방식의 주가지수를 말한다.

58) 홍콩거래소에 상장된 주권에 대하여 홍콩의 항셍은행이 산출하는 시가총액방식의 주가지수를 말한다.

한다(유가증권시장 업무규정20의2②(3)).

(라) 기본예탁금과 수탁의 거부

회원이 ELW 보유잔고가 없는 개인인 위탁자[59]의 ELW 거래의 위탁을 받는 때에는 사전에 세칙으로 정하는 금액[60]("기본예탁금") 이상의 현금 또는 대용증권을 기본예탁금으로 예탁받아야 한다(유가증권시장 업무규정87의2①(1)). ELW의 매도로 ELW 보유잔고가 소멸된 후에는 결제시한이 도래하기 전까지 ELW 보유잔고가 있는 것으로 보고, 최종거래일의 도래로 ELW 보유잔고가 소멸된 후에는 해당 ELW의 권리행사기간만료 후 권리행사에 따른 결제금액 지급시한까지는 ELW 보유잔고가 있는 것으로 본다(유가증권시장 업무규정87의2②).

회원은 기본예탁금을 예탁하지 않은 ELW 주문의 수탁을 거부하여야 한다(유가증권시장 업무규정84⑤).

(마) 매매거래정지

거래소는 일정한 사유에 의해 주권의 매매거래가 정지 또는 중단되는 경우(코스닥시장에 상장된 주권의 경우 해당 시장에서 매매거래가 정지 또는 중단되는 경우를 포함) 해당 주권을 기초자산으로 하는 ELW의 매매거래를 정지할 수 있다(유가증권시장 업무규정26③).

(2) 주식옵션과의 비교

ⅰ) ELW는 특정 주식에 대해 미리 정한 조건으로 거래할 수 있는 권리가 부여된 권리부증권으로서 투자에 따른 리스크를 줄일 수 있는 특징이 있다. 이는 주식옵션과 비슷한 개념이지만 ELW는 발행인이 금융투자업자에 한정된다는 점에서 다르다. ELW는 금융투자업자의 설계에 따라 다양하게 나올 수 있으며 결제이행에 따른 위험은 금융투자업자가 부담한다. 공모로 발행된 ELW는 증권시장에 상장되어 있고 유동성공급자(LP) 제도가 운영된다.[61]

ⅱ) ELW는 주가지수나 주식을 미래에 미리 정해진 가격으로 팔거나 살 수 있는 권리라는 점에서 옵션과 동일한 경제적 특성과 구조를 가진 상품이지만 법적으로는 거래대상이 권리 자체가 아니라 권리가 체화된 증권이라는 점에서 파생상품이 아닌 파생결합증권으로 분류된다.

ⅲ) 자본시장법이 시행되기 이전에 ELW는 증권거래법의 규제를 받고 유가증권시장에서 거래되는 상품이었던 반면, 주식옵션은 선물거래법의 규제하에서 옵션시장에서 거래되는 상품이었

---

59) 해당 회원에 설정된 계좌별 위탁자를 말하고, 투자중개업자로부터 위탁의 주선을 받은 경우에는 그 투자중개업자에 설정된 계좌별 위탁자를 포함한다.

60) ELW의 경우 다음의 구분에 따른 금액. 다만, 개인인 위탁자가 ELW를 거래하기 위한 계좌를 최초로 설정하는 경우에는 나목 또는 다목을 적용하여야 한다(시행세칙111의3①(1)).
　　가. 제1단계: 500만원 이상 1천500만원 미만
　　나. 제2단계: 1천500만원 이상 3천만원 미만
　　다. 제3단계: 3천만원 이상

61) 신명희(2015), 파생결합증권과 파생결합사채에 관한 법적 연구, 한양대학교 대학원 석사학위논문(2015. 2), 25-26쪽.

다. 자본시장법의 시행으로 두 상품은 같은 법체계에서 규제를 받게 되었지만 ELW는 파생결합증권으로, 주식옵션은 장내파생상품으로 분류되어 기존의 제도적 차이는 그대로 유지되고 있다.

iv) 규제법상의 체계뿐만 아니라 시장구조 측면에서도 차이를 보이고 있다. 주식옵션시장은 LP제도가 없으며 다수의 투자자가 발행하고 이를 다수의 투자자가 인수하는 다수인 對 다수인 구조의 경쟁적 시장이다. 반면 ELW시장은 LP가 발행회사로부터 발행물량 전부를 인수한 후 유통시장에서 다수의 투자자와 거래하는 LP(1인) 對 다수인 구조의 사실상의 독점적 시장이다. 또한 ELW의 발행은 금융투자업자만 가능하지만 주식옵션은 일반투자자도 발행(매도)할 수 있다는 점 등이 다르다.

(3) 유형 및 특징

(가) 유형

금융투자업자의 설계에 따라 다양한 유형의 ELW가 발행될 수 있으며, 결제이행에 따른 위험은 발행인인 금융투자업자가 부담한다. ELW의 가격이나 투자자의 투자의사 결정에 중대한 영향을 미치는 발행조건으로는 기초자산(주식 또는 주가지수), 권리유형(콜ELW, 풋ELW),[62] 행사가격, 만기, 권리행사기간,[63] 만기결제방식(현금결제 또는 실물인수도), 전환비율[64] 등이 있다.[65]

(나) 특징

ELW는 레버리지 효과를 통해 주식을 직접 매수할 때보다 훨씬 더 적은 금액으로 주식을 직접 매수할 때와 같거나 더 높은 수익을 얻을 수 있다. 주식투자자는 ELW 매수를 통해 자신이 보유한 기초자산 가격이 원하지 않는 방향으로 움직임에 따라 발생하는 위험을 회피하고, 보유자산의 가치를 일정하게 유지하는 위험회피 효과를 얻을 수도 있다. 한편 발행인의 입장에서는 보유주식을 담보로 ELW를 발행하여 보유주식 활용도를 높이거나 위험을 체계적으로 관리하여 경쟁력을 강화할 수도 있으며, 전체 증권시장 측면에서 보면 ELW시장, 주식시장, 옵션시장 간 다양한 형태의 차익거래 증가로 균형가격의 형성이 촉진되고, 가격효율성도 증대하는 효과가 발행할 수 있다.[66]

---

62) 콜ELW는 만기에 기초자산을 행사가격으로 발행인으로부터 인수하거나 그 차액(만기평가가격-행사가격)만큼 받을 수 있는 권리가 부여된 증권을 말하며, 풋ELW는 만기에 기초자산을 행사가격으로 발행인에게 인도하거나 그 차액(행사가격-만기평가가격)만큼 받을 수 있는 권리가 부여된 증권을 말한다.

63) 권리행사기간에 따라 미국형과 유럽형으로 구분한다. 미국형은 만기일 이전에 언제든지 행사할 수 있다. 반면 유럽형은 만기일이나 만기일 직전에만 행사할 수 있다.

64) 전환비율이란 주식워런트증권 1증권으로 취득할 수 있는 주식의 수를 나타내는 비율을 의미한다. 예를 들어 S전자 주식에 대한 ELW의 전환비율이 0.01이라고 하면 ELW 1주당 S전자 0.01주를 취득할 수 있음을 의미한다.

65) 양유형(2015), 18쪽.

66) 양유형(2015), 19-20쪽.

(4) 수익구조

ELW는 옵션과 손익구조가 동일하다. ELW의 수익은 기초자산의 만기평가가격과 사전에 정해진 행사가격의 차이에 의해 결정된다. 콜ELW의 경우에는 주가가 콜ELW 가격을 전환비율로 나눈 값과 행사가격의 합계인 손익분기점을 넘어 상승하는 구간에서는 만기평가가격 상승에 따라 이익이 무한대로 증가할 수 있다. 반면 풋ELW의 경우에는 주가가 행사가격에서 풋ELW 가격을 전환비율로 나눈 값을 차감한 손익분기점보다 하락하는 구간에서 이익이 발생하며, 최대 손실은 ELW 매수가로 제한된다.

콜ELW의 수익구조에 대한 예를 들어보면 다음과 같다. E사 주식에 대해 전환비율 0.1의 콜ELW 가격이 1,000원이고 행사사격이 5만원이라고 하면 손익분기점은 6만원(1,000/0.1 + 50,000)이 된다. 즉 만기에 E사 주가가 6만원이 되면 콜ELW 투자자는 만기평가가액인 6만원과 행사가격인 5만원의 차액인 1만원에 대해 10%의 권리(1,000원)를 가지게 되는데, 이는 콜ELW의 가격과 동일하므로 6만원은 손익분기점이 된다. E사 주가가 6만원보다 상승하면 콜ELW 투자자는 이익을 얻게 되고, E사 주가가 5만원과 6만원 사이에 있으면 원금의 일부에 대해 손실이 발생하며, E사 주가가 5만원 밑으로 떨어지면 원금 전체의 손실이 발생하게 된다. E사 주가가 5만원 미만으로 하락하게 되는 경우에 투자자는 ELW 권리행사를 포기하게 되므로 손실은 투자한 원금을 초과하여 발생하지는 않는다.

4. 상장지수증권(ETN)

(1) 서설
(가) 의의

상장지수증권(ETN: Exchange Traded Note)이란 파생결합증권으로서 기초자산의 가격, 이자율, 지표, 단위 또는 이를 기초로 하는 지수의 변동과 연계하여 미리 정하여진 방법에 따라 이익을 얻거나 손실을 회피하기 위한 계약상의 권리를 나타내는 증권을 말한다(유가증권시장 상장규정138(3), 이하 "상장규정"). 즉 ETN은 기초지수 변동과 수익률이 연동되도록 증권회사가 자기신용으로 발행한 파생결합증권으로 거래소에 상장되어 주식처럼 거래되는 증권을 말한다. 발행인인 금융투자회사(증권회사)는 수요가 예상되는 다양한 ETN을 상장시키고, 유동성공급자로서 호가를 제출하며, 상품에 관한 주요 공시정보와 투자 참고자료를 제공한다.

ETN은 자본시장법상 파생결합증권에 속하며, 발행인인 증권회사가 만기에 기초자산의 가격 또는 지수의 수익률에 연동하는 수익의 지급을 약속하는 증권으로서 거래소에 상장되어 매매되는 금융투자상품이다. ETN은 거래소에 상장되는 증권으로서 유동성이 있어 언제든지 환금이 가능하다. 또한 특정 추적지수의 수익을 오차 없이 보장하고 만기까지 소유할 수 있지만

발행인이 파산하면 투자원금을 모두 잃을 수 있다.[67]

(나) 상장요건

ETN을 신규상장하려면 다음의 요건을 모두 충족해야 한다(상장규정149의3②).

1) 상장법인

신규상장신청인은 ⅰ) 증권과 장외파생상품을 대상으로 하는 투자매매업 인가를 받은 금융투자회사이어야 하고, ⅱ) 자기자본이 5,000억원 이상이어야 하며,[68] ⅲ) 투자적격등급 이상으로 평가받은 자로서 세칙으로 정하는 등급 이상[69]이어야 하며, ⅳ) 순자본비율이 150% 이상이어야 하고,[70] ⅴ) 최근 3사업연도의 개별재무제표와 연결재무제표에 대한 감사인의 감사의견이 모두 적정이어야 한다(다만, 보증인이 외국법인인 경우에는 연결재무제표에 한함). 이 경우 보증인(신규상장신청인의 ETN 발행에 따른 채무에 대해 보증하는 자)이 있는 때에는 ⅱ)는 보증인을 기준으로 충족여부를 판단하고, ⅲ), ⅳ), ⅴ)는 신규상장신청인과 보증인 모두를 기준으로 충족여부를 판단한다.

2) 기초자산

ETN의 기초자산이 다음의 어느 하나를 충족하여야 한다.

ⅰ) ETN과 연동하는 기초자산의 가격 또는 지수의 구성종목이 거래소 시장, 외국거래소 시

---

67) 자본시장법상 다양한 파생결합증권의 발행이 가능하나 실제 상품군이 ELS, DLS 및 ELW로 제한적이고, 발행구조도 유사한 현실을 감안하여 투자상품 다양화를 위해 우리나라도 2014년 11월 거래소에 상장·유통되는 ETN을 도입하였다. 최초 개장시 ETN은 증권회사가 자기신용으로 지수수익률을 보장하는 만큼 발행사 신용이 필수적이고 신용위험을 통제 가능한 대형 우량증권회사로 제한(자기자본 1조 원 이상, 신용등급 AA-이상, 영업용순자본비율(NCR) 200% 이상인 증권회사)하였고, 만기는 1년 이상 20년 이내, 기초지수의 구성 종목수는 5종목 이상으로 하였다.

68) 종속회사가 있는 법인의 자기자본은 연결재무제표상 자본총계에서 비지배지분을 제외한 금액을 기준으로 한다.

69) "세칙으로 정하는 등급 이상"이란 제92조 제1항에 따른 신용평가 등급 이상을 말한다(상장규정 시행세칙 123의3②).
   상장규정 시행세칙 제92조(합성상장지수펀드) ① 규정 제113조 제1항 제5호 가목(2)에서 "세칙으로 정하는 등급 이상"이란 복수의 신용평가회사로부터 받은 신용평가 등급(상장신청일 전 1년 이내의 등급으로서 최근의 등급)이 다음의 구분에 해당하는 등급 이상인 경우를 말한다.
   1. 국내 신용평가회사의 경우
      가. 한국신용평가: AA-
      나. 나이스신용평가정보: AA-
      다. 한국기업평가: AA-
   2. 외국 신용평가회사의 경우
      가. S&P: A-
      나. Moody's: A3
      다. Fitch: A-
   3. 그 밖의 신용평가회사로부터 받은 등급으로서 제1호 및 제2호의 기준에 상당하다고 거래소가 인정하는 등급

70) 외국금융회사 등 순자본비율을 산정하기 곤란한 경우에는 이에 준하는 것으로 거래소가 인정하는 재무비율이 거래소가 정하는 기준 이상인 때에는 이 요건을 충족한 것으로 본다.

장, 외국법령에 따라 기초자산의 거래를 위하여 거래소에 상당하는 기능을 수행하는 자가 개설한 시장, 런던귀금속시장협회의 규정에 따라 이루어지는 귀금속거래 시장 등에서 거래되어야 한다.

ii) ETN이 기초자산인 증권의 가격을 기초로 하는 지수의 변동과 연계하는 경우 해당 지수가 다음의 어느 하나에 해당하여야 한다. 즉 ㉠ 지수를 구성하는 종목이 채무증권인 경우, 지수를 구성하는 종목이 5종목[71] 이상이어야 하고, 지수를 구성하는 하나의 종목이 그 지수에서 차지하는 비중이 30%를 초과하지 않아야 한다. 다만, 국채증권등으로만 구성된 지수는 이 요건을 적용하지 않는다. ㉡ 지수를 구성하는 종목이 채무증권 이외의 증권인 경우, 지수를 구성하는 종목이 5종목[72] 이상이어야 하고, 지수를 구성하는 하나의 종목이 그 지수에서 차지하는 비중[73]이 30%[74]를 초과하지 않아야 한다. 다만, ETN과 연동하는 기초자산이 증권시장 또는 특정 업종의 종합적인 가격변동을 나타내는 지수인 경우에는 지수를 구성하는 하나의 종목이 그 지수에서 차지하는 비중이 30%를 초과하지 않아야 한다는 요건은 적용하지 아니한다.

iii) ETN과 연동하는 기초자산이 증권종목 이외의 자산의 가격 또는 가격수준을 종합적으로 표시하는 지수에 해당하는 경우 그 가격 또는 지수는 i)의 거래소 시장 등에서 공정하게 형성되어야 하고, 매일 신뢰 가능한 가격 또는 지수가 발표되어야 하며, 공신력 있는 기관에 의해 산출되어야 한다.

3) 공모와 발행규모

ETN이 모집·매출로 발행되었어야 하고, 발행원본액[75]이 70억원 이상이고, 발행증권의 총수가 10만증권 이상이어야 한다.

4) 발행한도

발행한도는 i) 보증인이 없는 경우는 신규상장신청인이 발행한 ETN의 종목별 발행총액의 합계액[76]이 자기자본의 50% 이내이거나, 또는 ii) 보증인이 있는 경우는 보증인이 발행한 ETN의 종목별 발행총액의 합계액과 보증인이 ETN 발행을 위해 보증한 금액[77]을 합한 금액이

---

71) 자본시장법 시행령 제80조 제1항 제1호 가목부터 다목까지에 해당하는 채무증권("국채증권등")으로만 구성된 지수인 경우는 3종목.
72) 해외증권시장에서 거래되는 종목만으로 구성되는 지수인 경우에는 3종목.
73) 그 종목의 직전 3개월의 평균시가총액을 그 지수를 구성하는 종목의 직전 3개월의 평균시가총액으로 나눈 값.
74) 해외증권시장에서 거래되는 종목만으로 구성되는 지수인 경우에는 50%.
75) 상장증권수에 최초 발행시 ETN의 증권당 지표가치(ETN의 상장법인이 거래소가 인정하는 사무관리회사를 통하여 ETN의 권리를 구성하는 기초자산 가치의 변화율 및 제비용을 반영하여 산출한 평가금액)를 곱하여 산출한 금액.
76) 상장신청일 현재 종목별 발행증권수에 해당 종목의 증권당 지표가치를 곱한 금액을 합산하여 산정하며, 신규상장신청종목의 발행예정액을 포함한다.
77) 신규상장신청종목의 발행예정액을 포함한다.

보증인의 자기자본의 50% 이내이어야 한다.

5) 만기와 지수 등 이용계약

ETN의 잔존만기가 상장신청일 현재 1년 이상 20년 이하이어야 하고, ETN의 목표 가격 또는 지수 이용과 관련하여 ⅰ) 거래소가 산출하는 가격 또는 지수를 이용하는 ETN은 해당 가격 또는 지수의 사용허가와 이용료 등에 관하여 거래소와 계약을 체결하였어야 하고, ⅱ) 거래소가 산출하지 않는 가격 또는 지수를 이용하는 ETN은 해당 가격 또는 지수에 관한 법적 권한을 가진 자와 가격 또는 지수사용 등에 관하여 계약을 체결하였어야 한다. 다만, 신규상장신청인이 그 가격 또는 지수를 직접 산출하는 경우에는 제외한다.

6) 유동성공급

신규상장신청인이 유동성공급자로서 직접 유동성공급계획을 제출하여야 한다. 다만, 유동성공급자 중 1사 이상과 유동성공급계약을 체결할 경우에는 유동성공급계약을 체결하여야 한다.

(다) 유동성공급

ETN의 상장법인과 유동성공급계약을 체결한 회원(ETN의 경우 유동성공급계획을 제출한 회원을 포함)은 정규시장 중에 당해 종목에 대하여 유동성을 공급하기 위한 유동성공급호가를 제출할 수 있다(유가증권시장 업무규정20의2①(2의2)).

유동성공급호가를 제출할 수 있는 회원은 ⅰ) 증권 및 장외파생상품에 대하여 투자매매업인가를 받은 결제회원이어야 하고, ⅱ) 유동성공급회원에 대한 평가에 따라 ㉠ 두 번째로 낮은 등급을 받은 경우는 1개월, ㉡ 가장 낮은 등급을 1회 받은 경우는 2개월, ㉢ 가장 낮은 등급을 2회 연속 받은 경우는 3개월, ㉣ 가장 낮은 등급을 3회 연속 받은 경우는 6개월 이상이 경과하여야 하며, ⅲ) 유동성공급업무를 담당하는 직원을 정하여야 하고, ⅳ) 유동성공급업무를 수행함에 있어서 증권관계법규 및 거래소의 업무관련규정을 위반하여 형사제재를 받거나 영업정지 또는 거래정지 이상의 조치를 받은 사실이 확인된 경우에는 그 때부터 1년 이상 경과하였어야 하며, ⅴ) 영업용순자본에서 총위험액을 차감한 금액을 인가업무 또는 등록업무 단위별 자기자본을 합계한 금액으로 나눈 값이 150% 이상이어야 한다(유가증권시장 업무규정20의2②(2의2)).

(라) 기본예탁금과 수탁의 거부

회원이 ETN에 대한 개인인 위탁자의 매수주문 거래의 위탁을 받는 때에는 사전에 세칙으로 정하는 금액[78]("기본예탁금") 이상의 현금 또는 대용증권을 기본예탁금으로 예탁받아야 한다

---

78) ETN의 경우: 다음의 구분에 따른 금액. 다만, 개인인 위탁자가 ETN을 거래하기 위한 계좌를 최초로 설정하는 경우에는 나목 또는 다목을 적용하여야 한다(시행세칙111의3①(2)).
   가. 제1단계: 1천만원 미만(면제를 포함)
   나. 제2단계: 1천만원
   다. 제3단계: 1천만원 초과 3천만원 이하

(유가증권시장 업무규정87의2①(2)). 회원은 제87조의2의 규정에 위반하는 ETN 주문의 수탁을 거부하여야 한다(유가증권시장 업무규정84⑤).

(마) 투자유의종목 지정과 매매거래정지

거래소는 투자자의 주의환기가 필요하다고 인정하는 경우로서 일정한 기준에 해당하는 ETN을 투자유의종목으로 지정할 수 있다(유가증권시장 업무규정106의4①). 투자유의종목의 지정예고, 지정 및 지정해제 등에 관하여 필요한 사항은 세칙으로 정한다(유가증권시장 업무규정106의4②). 거래소는 투자유의종목으로 지정된 종목으로서 일정한 기준에 해당하는 경우 그 종목의 매매거래를 정지할 수 있다(유가증권시장 업무규정26①(2의3)).

(2) 현황

ETN은 2014년 국내시장에 도입이 이루어진 이후에 시장규모 측면에서 꾸준한 상승세를 보이며, 2017년에는 전 세계 ETN 시장 중 미국에 이어 2위를 차지할 만큼 주목할 만한 성장세를 보였다. 2014년 11월에 최초 10개 종목이 도입된 이후, ETN의 종목 개수는 계속해서 늘어나는 모습을 보였으며, 2018년 말에는 최대 206개 종목까지 증가하였다. 또한 투자대상이 되는 기초자산도 해외 원자재, 변동성지수(VIX), 통화 선물지수 등 점차 다양해지는 추세이다. 특히 해외 원자재 상품이나 전략형 투자상품은 접근성이 낮은 투자상품에 대한 거래비용 제약을 해소한다는 측면에서 개인투자자에게 유용한 투자수단으로 평가받고 있다.[79]

시가총액 규모와 거래 종목 수가 지속적으로 증가하여, ETN 시장의 규모는 전반적으로 성장하였다고 할 수 있다. 다만 ETN 시장의 계속된 성장을 고려하더라도, 2019년 기준 종목당 평균 시가총액은 약 380억으로 각각의 ETN 상품의 규모는 그리 크지 않다. 시장의 외형적 성장과는 달리 거래대금은 2017년을 기준으로 다소 하락하였다. 이는 ETN 시장의 성장이 특정한 투자전략 거래 또는 원자재 선물 등을 기초자산으로 하는 특정 ETN의 거래에 편중되어 있기 때문으로 보인다. 2018년 1월부터 같은 해 12월까지의 일평균거래대금을 비교하는 경우 원자재 ETN 상품은 전체 ETN 시장 일평균거래대금의 약 절반인 47.61%를 차지한다.

(3) 유형 및 특징

(가) 유형

ETN은 ETF와 마찬가지로 추종하는 기초자산의 유형에 따라 국내외 주식, 원자재, 변동성 ETN 등으로 분류된다. 운용전략에 따라서는 만기시점에 최대 손실이 사전에 약정된 수준까지 제한되는 손실제한형,[80] 옵션 양매도 전략형[81] 상품들이 상장되어 있다. ETF와 마찬가지로 기

---

79) 유진영·류두진(2020), "원자재 ETN의 공시 및 상장이 기초자산 시장에 미치는 영향", 금융공학연구 제19권 제1호(2020. 3), 2쪽.

80) 손실제한형 ETN이란 만기시점에 기초지수가 일정 수준 이하로 하락하더라도 사전에 약정된 수준, 예를 들어 발행금액의 70%로 최저 상환금액이 지급되는 최대 손실이 제한되는 구조의 상품이다.

초지수를 추종하는 배수에 따라 2배와 음의 1배, 2배를 추종하는 ETN도 상장되어 있다.

ETN은 크게 일반상품(대표지수, 섹터지수, 개별 상품지수 등), 변동성지수, 통화선물 그리고 특정 전략을 구사하는 주식 벤치마크지수를 추종하는 상품으로 구분된다. 변동성과 통화선물은 비교적 최근에 도입되었고, 상대적으로 ETN 상품 자체에 대한 거래량이 많지 않다. 주식을 기초자산으로 하는 ETN의 경우 한국거래소의 규제에 따라 시장대표지수 등은 벤치마크지수로 사용할 수 없으며, 특정 전략형 투자 벤치마크지수에 대한 ETN만 존재한다. 이러한 ETN으로는 코스피 양매도(straddle) 상품 등이 대표적인데, 이는 ETN 시장에서 상당한 비중을 차지하고 있다. 원자재 ETN의 경우 국내에 ETN이 최초로 도입된 후 바로 다음 해인 2015년부터 발행되기 시작하였으며, 시장에서 가장 활발히 거래되는 종류의 상품으로 볼 수 있다.[82]

(나) 특징

ETN은 주가지수를 기초자산으로 하며, 발행인의 신용위험이 존재한다는 점에서 ELS 및 ELW와 유사하다. 그러나 ETN은 수익이 지수에 단순히 연동되나, ELS는 사전에 미리 정해진 방법에 따라 수익이 지급되고, ELW는 옵션형 상품이라는 점에서 차이가 있다.[83]

ETN 상품은 기초자산이 존재하고 거래소를 통해 거래된다는 점에서, 기존에 존재하는 공모펀드 형식의 투자상품인 ETF와 유사해 보이지만, 두 상품은 유통구조와 수익구조 등에서 다소 차이가 있다. ETN은 채권의 형식으로 발행되며, 만기가 존재한다. 한국거래소에서는 ETN 만기를 1년 이상 20년 이하로 규정하고 있으며, 실제 국내에서 거래되는 상품의 경우 최대 10년 정도의 만기를 가진 상품이 대부분이다. 채권형식으로 증권회사가 직접 발행하기 때문에 상대적으로 발행에 대한 규제가 적고 상품발행 과정이 단순하여, 손쉽고 신속한 신규발행이 가능하고 거래수수료 역시 상대적으로 낮다. 또한 원칙적으로 증권회사가 사전에 합의된 수익률을 보장하기 때문에 추적오차(tracking error)에 대한 위험이 적다는 등의 장점을 갖고 있다. 반면 ETF는 기초자산 가격과의 추적오차가 존재하며, 이러한 오차가 비합리적 투자로 인해 증가할 수 있다. 다만 ETN은 증권회사가 직접 해당 상품의 발행주체가 되기 때문에 개별 발행사의 채무불이행에 대한 위험(신용위험)이 존재한다는 단점이 있다.[84]

---

81) 양매도 ETN이란 스트랭글 매도(Short Strangle) 전략을 활용한 상품으로 KOSPI200 지수가 일정 범위 안에서 횡보하는 경우 KOSPI200 옵션 매도 프리미엄을 수익으로 확보하는 구조를 가지는 상품이다. 여기서 스트랭글 매도 전략이란 행사가가 다른 콜·풋옵션을 매도하는 전략으로, 기초자산 가격의 두 행사가격 사이에서 머무를 것으로 예상되는 경우에 이용하는 전략을 말한다.

82) 유진영·류두진(2020), 8-9쪽.

83) 이자영(2014), "새로운 지수상품, 상장지수증권(ETN) 시장 개설의 의미", KRX MARKET 증권·파생상품 제117호(2014. 11), 32쪽.

84) 유진영·류두진(2020), 3쪽.

(4) 수익구조

ETN은 기초자산 가격변동에 단순히 배율(±1-2배)로 연동하여 손익이 발생(수익구조가 선형)한다. 수익구조가 비선형인 손실제한형 ETN, 양매도 ETN 등은 거래가 활성화되어 있지 않다. ETN의 실질가치는 기초지수의 누적 수익에서 제비용을 차감한 금액이 된다. 만기가 도래하면 발행인은 기초지수 수익에서 운용보수, 지수이용료, 사무관리 보수 등 사전에 정한 제비용을 차감하고 투자자에게 수익을 지급한다. 예를 들어 투자원금이 100만원이고 기초지수 수익률이 100%이며, 제비용이 10만원이라면 만기에 발행회사는 190만원을 투자자에게 지급한다. 또한 ETN은 상장되어 거래되기 때문에 만기 이전이라도 일정 수량 단위로 중도 상환이 가능하며, 이 경우에도 ETN의 실질가치는 기초지수 수익에서 제비용을 차감한 수준으로 유지된다.[85]

(5) VIX 선물 ETN 등 투자권유규제

2017년 2월 미국, 일본에서 전례 없는 VIX(Volatility Index: 변동성지수)의 조기청산 사례가 발생하면서, 국내에서는 2017년 상반기 도입이 예정되었던 변동성지수선물 ETN의 상장[86]에 앞서 불완전판매를 예방하기 위하여 강화된 투자권유규제를 마련하였다. 특히 금융투자협회의 「금융투자회사의 영업 및 업무에 관한 규정」을 개정하여 변동성지수선물 ETN을 최초 매매하고자 하는 경우에는 기존에 ETN에 대해 매매의사를 확인한 투자자에게도 추가적으로 "가격등락이 크게 발생할 수 있다는 위험 등을 고지하고 매매의사를 추가로 확인"하도록 설명의무를 강화한 바 있다(동규정2-5).[87] 이와 함께 금융투자협회와 한국거래소에서는 변동성지수선물 ETN 판매사 대상으로 실제 해외 손실 사례까지 반영한 엄격한 투자위험고지문 가이드라인을 마련하여 투자위험 고지를 강화하였다.[88]

2018년에는 VIX 선물 ETN의 상장과 함께 옵션전략을 구사하는 "양매도 ETN"[89]이 은행권에서 특정금전신탁으로 약 8,000억원 이상 판매되면서 큰 인기를 끈 바 있다. 2018년도 국정

---

85) 이자영(2014), 32쪽.

86) "VIX 선물 ETN" 4종목이 2018년 5월 거래소에 상장되었다.

87) 금융투자회사의 영업 및 업무에 관한 규정 제2-5조(설명의무 등) ⑤ 금융투자회사는 일반투자자가 최초로 주식워런트증권 및 상장지수증권을 매매하고자 하는 경우 서명 등의 방법으로 매매의사를 별도로 확인하여야 하며, 일반투자자가 최초로 변동성지수선물(한국거래소 파생상품시장업무규정 제21조의2에 따른 변동성지수선물 또는 이와 유사한 것으로서 해외 파생상품시장에 상장된 변동성지수선물)의 가격을 기초로 하는 지수의 변동과 연계한 상장지수증권을 매매하고자 하는 경우에는 가격등락이 크게 발생할 수 있다는 위험 등을 고지하고 매매의사를 추가로 확인하여야 한다.

88) 윤재숙(2018), "ETF·ETN의 투자권유 규제 관련 법적 쟁점과 실무", 연세 글로벌 비즈니스 법학연구 제10권 제1호(2018. 5), 59-60쪽.

89) TRUE KOSPI 양매도 5% OTM ETN: 매월 옵션만기일의 KOSPI200 주가지수 종가를 기준으로 5% 외가격 콜옵션 2종목과 5% 외가격 풋옵션 2종목을 매도(Short Position)하여 옵션 프리미엄(가격)을 확보하며, KOSPI200 주가지수가 한 달 내 일정범위(±5%)안에 있을 경우 수익(옵션 프리미엄(가격))이 그렇지 않을 경우 손실(KOSPI200 주가지수 변동율 − 5% − 옵션 프리미엄(가격))이 발생하는 옵션 매도 스트랭글(Short Strangle) 전략을 구사하는 상품이다.

감사에서 "A은행이 투자위험 1등급(최고위험)으로 분류되는 양매도 ETN 신탁을 중위험·중수익 상품으로 소개하며 불완전판매한다"는 문제제기에 따라 금융감독원이 검사계획을 발표하였다. 이와 같이 운용방법이 복잡하고 투자위험이 높은 ETF·ETN의 투자가 증가함에 따라 불완전판매 예방을 위한 판매사의 직원교육, 적합한 투자상품 권유를 위한 판매절차 및 모니터링 시스템의 강화가 필요하다.

Ⅲ. 유사한 상품

1. 상장지수펀드(ETF)

(1) 서설
(가) 의의

"상장지수펀드증권"이란 자본시장법 제234조 제1항에 따른 상장지수집합투자기구("상장지수펀드": ETF)가 발행한 주권 또는 수익증권을 말한다(유가증권시장 상장규정99(3)). ETF란 금, 원유 등과 같은 특정 기초자산의 가격 또는 KOSPI200 등과 같은 다수 종목의 가격수준을 종합적으로 표시하는 특정 지수의 움직임과 수익률이 연동되도록 설계된 집합투자기구로서 증권시장에 상장되어 거래되는 집합투자기구를 말한다. 즉 특정 주가지수 또는 특정 자산의 수익률을 추종하도록 설계된 펀드상품으로 주식처럼 거래되는 금융상품이다. 해당 주가지수와 동일하게 주식바스켓을 현물로 납입하고 이를 바탕으로 발행된 주권을 거래소에 상장시켜 거래하는 펀드이다.

예를 들어 KOSPI200을 추종하는 ETF인 KODEX200의 경우 지수의 구성종목들로 펀드를 구성하고, 이를 바탕으로 ETF를 발행하기 때문에 KODEX200을 매수하면 KOSPI200 구성종목 전체를 매수하는 것과 동일한 효과가 나타나는 것이다. 따라서 ETF는 적은 투자자금으로 분산투자가 가능하며 개별종목에 대한 분석이나 정보 없이 주식시장 전체 또는 특정산업의 전반적인 흐름에 대한 판단을 기초로 투자가 가능하다. 또한 상장되어 거래되기 때문에 실시간 거래를 통한 현금화가 용이하고, 신용거래나 차익거래가 가능하기 때문에 기존의 인덱스펀드가 가지고 있는 단점을 극복할 수 있다.[90]

(나) 법적 형태

ETF는 자본시장법상의 집합투자기구로서 원칙적으로 자본시장법에 따라 다른 집합투자기구에 관한 규제를 동일하게 적용받는다. 자본시장법에서 집합투자기구는 투자신탁, 투자회사,

---

90) 이영한·문성훈(2009), "현행 상장지수펀드(ETF) 과세제도의 문제점 및 개선방안", 조세법연구 제15권 제3호(2009. 12), 325쪽.

투자유한회사, 투자합자회사 등의 형태로 설립할 수 있도록 허용하고 있으나, ETF는 증권시장
에 상장되어 거래되는 상품의 특성을 고려하여 이러한 법적 형태 중 투자신탁[91]과 투자회사[92]
만 허용하고 있다(법234①(2)(3)). 우리나라에서는 모든 ETF가 수익증권(투자신탁) 형태로 발행
된다.

　　ETF는 집합투자기구이면서도 몇 가지 독특한 특징을 가지고 있어 자본시장법에서는 특례
조항을 두어 일반 집합투자기구와 구별하고 있으며, 그 명칭도 상품의 구조를 고려하여 "상장
지수집합투자기구"라 부르고 있다. 다만 투자회사형 ETF인 "상장지수투자회사"는 매매시 증권
거래세가 부과되기 때문에 국내에서는 활성화되지 못하고 있으며, 현재 국내의 모든 ETF의 법
적 지위는 투자신탁인 "상장지수투자신탁"이다.[93]

(다) 시장 현황

　　ETF는 1993년에 최초로 미국에서 도입된 이후 전 세계 투자자들로부터 뜨거운 관심을 받
으며 폭발적인 성장세를 보이고 있는 금융상품이다. 우리나라에서도 2002년에 처음으로 거래
소에 상장된 이후 현재까지 순자산총액 기준 약 119배의 증가세를 보이는 등 매우 성공적인
금융상품으로 자리매김하고 있다. 미국의 ETF는 2018년 말 순자산총액 기준 전 세계 ETF시장
의 70%에 달하는 등 전 세계 ETF시장의 선두주자로서의 압도적인 지위를 구축하고 있으며, 이
가운데 한국의 ETF시장도 일평균거래대금 기준 세계 5위의 시장으로 성장하며 역동적인 시장
임을 증명하고 있다.[94]

　　한국의 ETF상품 중 가장 핵심적인 상품은 레버리지 및 인버스 ETF이다. 이들 ETF는
KOSPI200과 KOSDAQ150 지수를 기초지수로 하며 2009년 9월에 최초로 상장된 이후 시장에
서의 영향력을 꾸준히 높이며 급성장세를 나타내고 있다. 특히 KOSPI200과 KOSDAQ150 지수
관련 레버리지 및 인버스 ETF의 순자산총액은 2018년 말 기준 전체 레버리지 및 인버스 상품
의 85%, 일평균거래대금 기준으로는 92%라는 절대적 비중을 차지하고 있다. 뿐만 아니라 전체
ETF시장에서도 이들 지수와 관련된 레버리지 및 인버스 ETF의 순자산총액은 2018년 말 기준
전체 ETF시장의 약 14%임에도 불구하고 연간 일평균거래대금은 약 56%에 달하는 등 매우 활
발히 거래되고 있다. 전 세계에서 레버리지 및 인버스 ETF의 비중이 전체 ETF시장에서 한국만

---

91) 집합투자업자(자산운용회사)와 신탁자간 간에 체결한 신탁계약에 근거하여 운용되는 집합투자기구이다.
　　따라서 "계약형"이라고도 불리는 투자신탁은 법인격과 같은 실체가 없고, 투자자에게 수익권이 표시된 증
　　서인 수익증권을 발행한다.
92) 상법상 주식회사로서 상근하는 직원이 없는 명목회사(paper company)이지만 법인격, 즉 실체를 갖는 집
　　합투자기구이다. 따라서 "회사형"이라 불리고, 투자자에게 출자지분을 나타내는 주식을 발행한다.
93) 이근영(2011), "상장지수집합투자기구(ETF)의 법적 규제 및 개선방안", 증권법연구 제12권 제1호(2011. 4),
　　155쪽.
94) 성태균(2020), "레버리지 및 인버스 ETF 재조정 거래가 주가지수 선물시장에 미치는 영향", 부경대학교 대
　　학원 박사학위논문(2020. 2), 19쪽.

큼 높은 시장이 없을 만큼 순자산총액과 일평균거래대금 기준 모두 압도적인 지위를 나타내고 있다.[95]

투자자의 관심 속에 새로운 상품이 꾸준히 상장되어 2018년말 현재 기초지수가 KOSPI200 현물 및 선물지수인 ETF가 19개, KOSDAQ150 현물 및 선물지수를 기초지수로 하는 ETF상품으로 10개가 각각 거래소에서 상장되어 거래되고 있다. KOSPI200 레버리지 ETF에서는 "KODEX200"이, KOSDAQ150 레버리지 ETF에서는 "KODEX 코스닥150 레버리지"가 일평균거래대금 및 순자산총액 기준 80-90%의 높은 비중을 차지하고 있으며, 인버스 ETF에서도 마찬가지로 "KODEX인버스"와 "KODEX 코스닥 150 선물인버스"가, 더블인버스 ETF에서는 "KODEX 200 선물(2X) 인버스"가 각각 마찬가지로 절대적 비중을 나타내고 있다.[96]

(2) 자본시장법상 규제
(가) ETF의 법적 요건
1) 기본요건

ETF는 자본시장법에서 요구하는 투자목적 요건, 발행시장 요건, 유통시장 요건을 충족하여야 한다.

가) 투자목적 요건

ETF는 기초자산의 가격 또는 기초자산의 종류에 따라 다수 종목의 가격수준을 종합적으로 표시하는 지수의 변화에 연동하여 운용하는 것을 목표로 하여야 한다(법234①(1) 전단). 이렇게 특정 지수를 추종하는 운용방식은 단 1주만 매수하더라도 해당 지수를 구성하는 모든 종목을 일정비율로 나누어 투자하는 것과 같기 때문에 효율적인 분산투자 수단이 된다. ETF는 이미 시장에 공개된 가격정보나 지수를 추종하기 때문에 투자대상이나 투자전략에 관한 정보가 투자자들에게 투명하게 공개되어 일반 펀드에 비해 투명성이 높다.

나) 발행시장 요건

ETF는 발행시장을 통하여 설정·환매가 허용되어야 한다(법234①(2)). 투자자는 지정참가회사를 통해서 주식바스켓을 납입하고 ETF 설정 신청을 하거나 ETF를 납입하고 주식바스켓으로 환매 신청을 할 수 있어야 한다. 이는 ETF가 유통시장을 통해서 매매가 가능하기 때문에 ETF 가격이 일시적으로 주식바스켓 가격과 괴리가 발생하는 경우 차익거래 기회를 제공한다는 점에서 매우 중요한 의미를 갖는 특징이다. 반면 부동산투자회사(리츠)와 부동산펀드 등과 같은 ETF가 아니면서 증권시장에 상장되어 거래되는 집합투자기구도 있다. 이러한 집합투자기구는 폐쇄형으로 창구에서 설정 및 환매를 할 수 없으며, 이 때문에 발행시 투자자의 환금성 제

---

95) 성태균(2020), 20쪽.
96) 성태균(2020), 24쪽.

고를 위해 증권시장에의 상장을 의무화하고 있다.[97]

다) 유통시장 요건

ETF는 수익증권 또는 투자회사 주식이 해당 투자신탁의 설정일 또는 투자회사의 설립일부터 30일 이내에 증권시장에 상장되어야 한다(법234①(3)). 이는 ETF의 가장 대표적인 특징이라 할 수 있다. ETF는 일반 펀드와 달리 실시간으로 거래할 수 있기 때문에 시황변동에 신속히 대처할 수 있다. 또한 상장되어 거래되기 때문에 유동성과 환금성이 높다.

2) 기초자산의 가격 및 지수의 요건

ETF가 추적하고자 하는 기초자산의 가격 또는 지수는 ⅰ) 거래소, 외국 거래소 또는 금융위원회가 정하여 고시하는 시장에서 거래되는 종목의 가격 또는 다수 종목의 가격수준을 종합적으로 표시하는 지수이어야 하고(제1호), ⅱ) 제1호의 가격 또는 지수가 제1호의 시장을 통하여 투자자에게 적절하게 공표될 수 있어야 하며(제2호), ⅲ) 기초자산의 가격의 요건, 지수의 구성종목 및 지수를 구성하는 종목별 비중, 가격 및 지수의 변화에 연동하기 위하여 필요한 운용방법 등에 관하여 금융위원회가 정하여 고시하는 요건을 모두 충족하여야(제3호) 한다(법234①(1) 후단, 영246)).

가) 금융위원회가 정하여 고시하는 시장

제1호에서 "금융위원회가 정하여 고시하는 시장"이란 ⅰ) 외국법령에 따라 기초자산의 거래를 위하여 거래소에 상당하는 기능을 수행하는 자가 개설한 시장(제1호), ⅱ) 그 밖에 거래소의 상장규정에 따라 제1호에 상당하는 기능을 수행하는 것으로 인정하는 시장(제2호)을 말한다(금융투자업규정7-26①). 여기에는 외국의 상품거래소 등이 해당될 수 있다. 따라서 금, 원유, 농산물 등과 같은 상품 ETF의 발행이 가능해졌다. 이에 따라 상품가격에 연동하는 ETF를 도입할 수 있게 되었으며, 이를 통해 국내 투자자는 해외에 나가거나 다양한 기초자산 시장을 통하지 않고서도 국내 거래소에 상장된 해외지수 및 상품 ETF 등을 통해 다양한 상품 및 시장에 투자할 수 있게 되었다.

나) 증권종목 이외의 기초자산을 대상으로 하는 경우의 요건

제3호에서 "금융위원회가 정하여 고시하는 요건" 중 기초자산의 가격 또는 증권종목 이외의 기초자산의 가격수준을 종합적으로 표시하는 지수에 해당하는 경우 그 가격 또는 지수는 ⅰ) 거래소 시장 또는 위의 "금융위원회가 정하여 고시하는 시장"에서 공정하게 형성되어야 하고(제1호), ⅱ) 매일 신뢰 가능한 가격으로 발표되어야 하며(제2호), ⅲ) 공신력 있는 기관에 의해 산출되어야(제3호) 한다(금융투자업규정7-26②). 이는 ETF가 추종하고자 하는 대상이 금, 원유, 농산물 등과 같이 단일종목의 가격인 경우에는 종목 분산요건을 충족할 수 없게 되는 문제

---

97) 재정경제부(2001), "상장지수펀드(ETF) 도입방안"(2001. 9) 보도참고자료, 2쪽.

를 해결하고, 공정성, 신뢰성, 투명성을 확보할 수 있는 별도의 요건을 규정하여 투자자를 보호하기 위한 것이다.

다) 증권종목의 가격수준을 종합적으로 표시하는 지수에 해당하는 경우의 요건

제3호에서 "금융위원회가 정하여 고시하는 요건" 중 증권종목의 가격수준을 종합적으로 표시하는 지수에 해당하는 경우 지수의 구성종목 및 지수를 구성하는 종목별 비중이 다음의 요건을 모두 갖추어야 한다(금융투자업규정7-26③).

① 지수를 구성하는 종목이 채무증권인 경우

ⅰ) 지수를 구성하는 종목이 10종목[98] 이상이어야 하고, ⅱ) 지수를 구성하는 하나의 종목이 그 지수에서 차지하는 비중이 30%를 초과하지 아니하여야 하며,[99] ⅲ) 지수를 구성하는 종목 중 지수에서 차지하는 비중 순으로 85%에 해당하는 종목의 발행잔액은 500억원 이상이어야 한다.

② 지수를 구성하는 종목이 채무증권 이외의 증권인 경우

ⅰ) 지수를 구성하는 종목이 10종목 이상이어야 하고, ⅱ) 지수를 구성하는 하나의 종목이 그 지수에서 차지하는 비중[100]이 30%를 초과하지 아니하여야 하며,[101] ⅲ) 지수를 구성하는 종목 중 시가총액 순으로 85%(지수를 구성하는 종목의 수가 200종목 이상인 경우에는 75%)에 해당하는 종목은 시가총액(직전 3개월간 시가총액의 평균)이 150억원 이상이고 거래대금(직전 3개월간 거래대금의 평균)이 1억원 이상이어야 한다.

③ 제한요건의 필요성

지수는 기본적으로 다수 종목의 가격수준을 종합적으로 표시하는 것이므로 최소한 10종목 이상으로 구성되도록 요구하고 있는 것이다. 또한 지수를 구성하는 종목 중 특정한 종목이 최대 30%를 초과할 수 없도록 추가로 제한요건을 두고 있다. 이는 지수의 가장 큰 특징인 구성종목 비중의 다양한 분산이 충족될 수 있도록 지수구성종목 중 특정 종목의 비중이 편중되는 것을 방지하기 위한 것이다. 그리고 지수를 구성하는 종목 중 시가총액 및 거래대금 기준을 둔 것은 지수를 구성하는 종목들에 대하여 일정수준 이상의 유동성을 갖추어 원활한 자산운용

---

98) 국채증권, 한국은행통화안정증권 및 국가나 지방자치단체가 원리금의 지급을 보증한 채권으로만 구성된 경우는 3종목 이상이어야 하고 지수구성종목 비중을 적용하지 아니한다.

99) 다만, 거래소에서 거래되는 다수 종목의 가격수준을 종합적으로 표시하는 지수로서 금융감독원장이 정하는 지수의 경우에는 그 지수를 구성하는 하나의 종목이 그 지수에서 차지하는 비중이 30%를 초과하는 경우에는 그 비중을 초과하지 아니하여야 한다.

100) 그 종목의 직전 3개월의 평균시가총액을 그 지수를 구성하는 종목의 직전 3개월의 평균시가총액의 합으로 나눈 값을 말한다.

101) 다만, 거래소에서 거래되는 다수 종목의 가격수준을 종합적으로 표시하는 지수로서 금융감독원장이 정하는 지수의 경우에는 그 지수를 구성하는 하나의 종목이 그 지수에서 차지하는 비중이 30%를 초과할 경우 그 비중을 초과하지 아니하여야 한다.

을 할 수 있도록 하기 위한 것이다.

3) 운용요건

시행령 제246조 제3호에서 "금융위원회가 정하여 고시하는 요건" 중 가격 및 지수의 변화에 연동하기 위하여 필요한 운용방법이란 ⅰ) 상장지수집합투자기구의 순자산가치의 변화를 가격 및 지수의 변화의 일정배율(음의 배율도 포함)로 연동하여 운용하는 것을 목표로 하거나, 또는 ⅱ) 상장지수집합투자기구의 순자산가치의 변화를 가격 및 지수의 변화를 초과하도록 운용하는 것을 목표로 하는 운용방법을 말한다(금융투자업규정7-26④).

예를 들면 ⅰ) 기초자산의 가격 또는 지수수익률에 1:1로 연동되도록 운용하는 ETF이다. 투자자들이 이해하기 쉽고 매우 익숙한 구조로서, 현재까지 국내에 상장된 대부분의 ETF가 이처럼 기초자산의 가격이나 지수의 변화에 수익률이 그대로 따라가도록 하는 운용방법을 택하고 있다. ⅱ) 기초자산의 가격 또는 지수수익률과 음의 배율로 수익률이 연동되도록 하는 소위 거꾸로 가는 ETF이다. 이를 인버스(Inverse) ETF라고 하는데, 일일 수익률 기준으로 지수가 하락하면 그 비율만큼 수익률이 발생하고, 반대로 지수가 상승하면 그 비율만큼 손실이 발생하는 구조를 가지고 있다. ⅲ) 기초자산의 가격 또는 지수 변동의 2배 또는 3배 등 일정배율의 수익률을 목표로 하는 ETF이다. 이를 레버리지(Leverage) ETF라고 한다. 레버리지 ETF는 모두 추적지수의 2배의 수익률로 연동되는 구조로 되어 있어 특정일 주가지수가 10% 상승하였다면 해당일 20%의 수익률을 얻을 수 있는 구조이다. 반대로 주가지수가 10% 하락하였다면 레버리지 ETF의 수익률은 −20%가 되게 된다. 이러한 레버리지·인버스 ETF에 투자할 때 유의하여야 할 사항은 레버리지·인버스 ETF가 추적지수의 일별 수익률에 대해 레버리지·인버스 배율로 수익률이 연동하는 구조로서 2일 이상의 기간 수익률에 레버리지·인버스의 비율로 수익률이 연동하는 구조가 아니라는 점이다.[102]

(나) ETF의 발행시장

ETF시장은 주식시장과 마찬가지로 발행시장과 유통시장으로 나뉜다. 발행시장은 ETF가 설정 및 환매되는 시장이며, 유통시장은 발행된 ETF가 거래소시장에 상장되어 투자자 간에 거래되는 시장이다. 발행시장에서 ETF는 대량의 단위(Creation Unit: CU)[103]로 설정 또는 환매가 이루어지기 때문에 개인투자자는 참여할 수 없고 법인투자자만이 참여할 수 있다.[104] 발행시장에서 ETF 설정을 원하는 경우, 투자자는 지정참가회사(Authorized Participant: AP)[105]로 지정

---

102) 한국거래소(2010), "미래에셋맵스 및 KB자산운용 레버리지ETF 신규상장"(2010. 4. 7) 보도자료.
103) 1Basket을 구성하는 종목주식을 매수할 수 있는 금액에 상당하는 ETF의 수를 말한다.
104) ETF의 설정 및 환매 요청을 법인만 가능하도록 약관 및 신탁계약서에 명시하고 있다.
105) ETF의 설정 및 해지 요청을 대행하는 증권회사를 말하며 기관투자자들의 ETF 설정 및 해지 요청에 따라 PDF에 해당하는 주식을 한꺼번에 매매해야 하기 때문에 바스켓 주문을 원활히 처리할 수 있는 역량을 확

된 금융투자업자를 경유해 ETF 설정에 필요한 바스켓을 납입하고 ETF를 인수하며, 환매시에는 반대로 ETF를 납입하고 바스켓을 인수하게 된다.[106]

1) 설정 및 신주발행

집합투자업자는 지정참가회사로부터 ETF의 설정·추가설정 또는 설립·신주발행의 요청이 있는 경우에는 신탁계약이나 투자회사의 정관에서 정하는 바에 따라 ETF의 설정·추가설정 또는 설립·신주발행을 할 수 있다(영248①). 지정참가회사는 ETF의 설정·추가설정 또는 설립·신주발행을 요청하려는 경우에는 투자자가 직접 납부하거나 투자매매업자 또는 투자중개업자를 통하여 투자자가 납부한 납부금등을 설정단위에 상당하는 자산으로 변경하여야 한다(영248② 본문).

ETF 설정시에는 CU가 적용되는데, CU란 설정시 필요한 최소수량으로서 집합투자업자가 정한 단위를 뜻한다. 예를 들어 어떤 ETF 투자신탁의 CU가 20만좌라면 지정참가회사는 ETF의 설정을 20만좌의 배수 단위로 할 수 있다. CU가 존재하는 이유는 ⅰ) 지수 포트폴리오 추종을 위한 최소한의 자금규모를 고려한 것이며, ⅱ) 운용의 안정성을 도모하기 위하여 설정·환매의 단위를 일정 규모 이상으로 유지함으로써 설정·환매가 자주 발생하는 것을 제한하기 위한 것이다.[107]

2) 설정과정

현재 상장되어 있는 ETF는 대부분 주가지수추종형 ETF이며 이러한 ETF의 설정을 위해서는 우선 법인투자자가 지정참가회사를 통해 주식바스켓과 소액의 현금을 납입하고 ETF 설정을 요청해야 한다. 법인투자자가 불완전한 주식바스켓을 납입하거나 주식바스켓 없이 현금으로 납입하는 경우에는 지정참가회사가 법인투자자를 대신하여 시장에서 부족한 주식을 매수하여 주식바스켓을 구성하여 설정을 요청할 수 있다.[108] 다음으로 지정참가회사는 CU를 구성해 ETF의 신탁업자(은행)에게 납입하고 집합투자업자에게 ETF 발행을 청구하며, 집합투자업자는 신탁업자에게 바스켓 납입 여부를 확인한 후 ETF를 발행하여 지정참가회사의 계좌에 입고하게 된다.

투자자가 불완전한 주식바스켓을 납입하거나 현금만으로 납입하는 경우 지정참가회사는 당해 납입금 등을 설정단위에 상당하는 자산으로 변경하기 위해 증권을 매매하게 되며, 이 경우 투자자 명의가 아니라 지정참가회사 명의의 계좌를 이용할 수 있다. 이 계좌는 투자자가 ETF 설정을 위해 납입한 납입금 등을 통합해 증권을 매매하고 금전만을 납입하는 방법으로 발

보한 증권회사들이 선정된다.
106) 이근영(2011), 158-160쪽.
107) 한국거래소(2009), 「ETF 시장의 이해」, 한국거래소(2009. 5), 106쪽.
108) 재정경제부(2001), 1쪽.

행되는 ETF를 각 투자자에게 분배하는 공동계좌를 말한다. 이렇게 함으로써 지정참가회사는 다수의 투자자로부터 받은 설정 또는 신주발행 업무를 원활하게 수행할 수 있게 된다.[109]

3) ETF의 환매

ETF 투자자는 ETF를 판매하는 투자매매업자 또는 투자중개업자(지정참가회사는 제외) 또는 ETF의 지정참가회사(ETF를 판매한 투자매매업자 또는 투자중개업자가 지정참가회사인 경우만 해당)에 대하여 설정단위별로 ETF의 환매를 청구할 수 있다(영249① 본문). 이에 따라 ETF 환매 청구를 받은 투자매매업자 또는 투자중개업자는 지정참가회사에 대하여 ETF의 환매에 응할 것을 요구하여야 한다(영249② 본문). EFT 환매를 청구받거나 요구받은 지정참가회사는 집합투자업자에 대하여 지체 없이 환매에 응할 것을 요구하여야 한다(영249④).

따라서 ETF의 환매시에도 설정과정과 같이 투자자가 지정참가회사 등에 설정단위별로 환매를 청구할 수 있으며, 지정참가회사는 환매 청구를 받은 경우 지체 없이 ETF를 운용하는 집합투자업자에게 환매를 청구해야 한다. 집합투자업자는 환매 청구를 받은 날의 ETF 운용이 종료된 후 그 ETF의 재산을 기준으로 설정단위에 해당하는 자산을 지정참가회사를 통해 투자자에게 지급하며, 해당 환매분에 상당하는 ETF는 일부 환매 또는 일부 소각에 의한 방법으로 처리하게 된다.[110]

(다) ETF의 유통시장

1) 상장요건

가) 개요

ETF 상장 및 상장폐지는 상장규정에서 정하는 바에 따른다(영250①). ETF 상장은 일반기업의 주권과는 달리 상장절차가 매우 간소하다. 일반기업의 경우 재무상태, 매출 및 이익 요건 등 형식적 요건과 질적 요건을 함께 심사하는 예비심사 과정이 필요하지만 ETF는 예비심사 과정 없이 일정한 요건만을 충족하면 바로 상장할 수 있다. 상장신청인은 자본시장법에 따라 ETF를 설정하고 금융위원회에 등록을 마친 후 집합투자규약과 신탁재산운용계획서 등 상장규정상의 상장신청서류를 구비해 거래소에 상장신청을 하면 된다. 거래소는 자본시장법에서 정하고 있는 사항인 지수의 적격성 여부와 유가증권시장 상장규정의 상장심사요건을 충족하는지를 심사해 최종 신규상장 여부를 결정하게 된다.

ETF를 설정해 거래소시장에 상장시키기 위해서는 ETF의 기초자산인 지수의 이용에 관한 사항을 규정하고 있는 자본시장법상의 요건과 규모, 유동성, 자산의 구성요건 등을 규정하고 있는 거래소 유가증권시장 상장규정상의 신규상장 심사요건(상장규정113)을 모두 충족하여야

---

109) 한국거래소(2009), 110쪽.
110) 한국거래소(2009), 111쪽.

한다. 여기서는 그 요건을 살펴본다.

나) 펀드규모

상장예정인 ETF의 자본금 또는 신탁원본액이 70억원 이상이고, 발행주식 총수가 10만주 이상이거나 수익증권의 수가 10만좌 이상이어야 한다(상장규정113①(1)).

다) 지정참가회사

지정참가회사는 1사 이상이어야 하고, 지정참가회사 중 유동성공급회원 1사 이상과 업무규정에 따른 유동성공급계약을 체결하여야 하며, 해당 ETF를 운용하는 집합투자업자가 유가증권시장에 다른 ETF를 상장하고 있는 경우에는 ⅰ) 해당 상장종목 중 어느 한 종목에 대한 유동성공급회원의 일부가 유동성공급회원 교체기준에 해당하는 경우에는 그때부터 3개월 이상이 경과하여야 하고, ⅱ) 해당 상장종목 중 어느 한 종목에 대한 유동성공급회원의 전부가 유동성공급회원 교체기준에 해당하는 경우에는 그때부터 6개월 이상이 경과하여야 한다(상장규정113①(2)).

라) 기초자산

ETF와 연동하는 기초자산의 가격 또는 지수의 구성종목이 ⅰ) 거래소 시장, 외국 거래소 시장 또는 금융위원회가 정하여 고시하는 시장(금융투자업규정7-26①), 또는 ⅱ) 앞의 시장과 유사한 시장으로서 런던귀금속시장협회의 규정에 따라 이루어지는 귀금속거래 시장, 시행령 제179조, 제180조 및 제185조에 따라 거래가 이루어지는 장외채권시장과 이와 비슷한 외국채권시장, 외국환거래법 제9조 제2항에 따라 외국환중개회사가 외국환거래규정에 따라 매매기준율과 재정된 매매기준율을 산출하는 시장, 또는 그 밖에 신뢰성 있는 가격 형성 등을 고려하여 거래소가 인정하는 시장에서 거래되어야 한다. 이 경우 그 내용을 집합투자규약에 기재해야 한다(상장규정113①(3)).

마) 자산구성방법

ETF의 자산구성이 다음의 어느 하나에 해당하여야 한다. 이 경우 그 내용을 집합투자규약에 기재해야 한다(상장규정113①(4)).

ⅰ) 증권의 지수 변화에 연동하는 ETF의 경우 시가총액을 기준으로 해당 지수를 구성하는 종목의 95% 이상이고, 종목 수를 기준으로 해당 지수를 구성하는 종목의 50% 이상에 모두 해당하는 종목을 자산으로 편입하여야 한다. 다만, 목표로 하는 지수가 단순평균인 경우에는 모든 종목을 자산으로 편입해야 한다(가목).

ⅱ) 증권종목 이외의 기초자산에 대한 가격 또는 지수 변화에 연동하는 ETF의 경우 해당 가격 또는 지수에 연동하는 종목을 95% 이상 편입하여야 한다(나목).

ⅲ) ETF가 ㉠ 거래소 시장에서 거래되지 않는 가격 또는 지수의 변화에 연동하여 운용하

는 것을 목표로 하는 경우, ㉡ 가격 또는 지수에 연동하기 위하여 장내파생상품을 중요한 운용수단으로 하는 경우, ㉢ 가격 또는 지수에 연동하기 위하여 장외파생상품을 중요한 운용수단으로 하는 경우("합성ETF"), ㉣ ETF의 순자산가치의 변화를 가격 및 지수의 변화를 초과하도록 운용하는 것을 목표로 하는 경우("액티브ETF"), 또는 ㉤ 기초자산이 거래되는 시장의 특성, 자산운용의 효율성 등을 종합적으로 판단하여 설정단위에 상당하는 자산으로 변경하는 것이 곤란하다고 거래소가 인정하는 경우에 해당하여 가목 또는 나목의 방법으로 구성하기 곤란한 경우에는 다른 방법으로 설정단위에 상당하는 납입자산 내역을 구성하거나 금전납입을 하여야 한다. 이 경우 투자대상, 가격·지수에 연동하는 방법, 지수구성종목 이외의 자산 및 파생상품 자산구성 비중을 집합투자규약에 명시해야 한다(다목).

바) 합성ETF

합성ETF는 다음의 요건을 모두 충족하여야 한다. 이 경우 그 내용을 집합투자규약에 기재해야 한다(상장규정113①(5)).

ⅰ) 장외파생상품의 계약상대방("거래상대방")이 다음의 모두에 해당하여야 한다. 즉 ㉠ 장외파생상품을 대상으로 하는 투자매매업의 인가를 받은 금융투자업자이어야 한다. 이 경우 외국법령에 따라 이에 상응하는 인가를 받거나 해당 국가의 건전성 규제를 받는 공신력 있는 금융회사로서 거래소가 인정하는 때에는 이 요건을 충족한 것으로 본다. ㉡ 투자적격 등급 이상으로 평가받은 자로서 세칙으로 정하는 등급 이상이어야 한다. 이 경우 보증인(거래상대방의 채무 등에 대한 보증인)이 있는 때에는 거래상대방이 해당 기준을 충족하지 못하더라도 그 보증인을 기준으로 충족 여부를 판단한다. ㉢ 영업용순자본에서 총위험액을 차감한 금액을 인가업무 또는 등록업무 단위별 자기자본을 합계한 금액으로 나눈 값("순자본비율")이 150% 이상이어야 한다.111) 이 경우 보증인이 있는 때에는 거래상대방이 해당 기준을 충족하지 못하더라도 그 보증인을 기준으로 충족 여부를 판단한다. ㉣ 목표수익률 달성 등 거래상대방으로서의 업무 수행과 관련하여 신규상장신청인으로부터의 독립성이 인정되어야 한다. ㉤ 거래상대방으로서의 업무와 관련하여 투자자와의 이해상충 발생 가능성을 파악하고 이를 적절히 관리할 수 있는 이해상충 방지체계를 갖추어야 한다(가목).

ⅱ) 거래상대방에 대한 거래상대방 위험의 평가기준, 평가주기 등 위험평가 방법 및 거래상대방 위험의 적시 인식과 그에 따른 위험관리 방법에 대한 위험관리체계를 갖추어야 한다(나목).

ⅲ) 장외파생상품계약과 관련하여 담보를 설정한 경우 ㉠ 유동성, 시가평가의 용이성 등 담보자산의 요건, ㉡ 담보비율, 담보의 정산 등 담보자산의 관리방법, ㉢ 담보자산의 보관 및

---

111) 외국금융회사 등 순자본비율을 산정하기 곤란한 경우에는 이에 준하는 것으로 거래소가 인정하는 재무비율이 거래소가 정하는 기준 이상인 때에는 이 요건을 충족한 것으로 본다.

평가 기관은 예탁결제원(외국 예탁결제기구를 포함)[112]으로 하는 담보관리체계를 갖추어야 한다 (다목).

iv) 장외파생상품 외의 자산이 편입된 경우 해당 자산이 유동성, 시가평가 용이성 등 세칙 으로 정하는 요건을 충족하야야 한다(라목).

사) 존속기한 및 지수 등 이용계약

ETF의 존속기한이 없어야 한다. 이 경우 그 내용을 집합투자규약에 기재해야 한다(상장규 정113①(6)).

ETF의 목표 가격 또는 지수 이용과 관련하여 ⅰ) 거래소가 산출하는 가격 또는 지수의 변 화에 연동하는 ETF는 해당 가격 또는 지수의 사용허가와 이용료 등에 관하여 거래소와 계약을 체결하였어야 하고, ⅱ) 거래소가 산출하지 않는 가격 또는 지수의 변화에 연동하는 상장지수 펀드는 해당 가격 또는 지수에 관한 법적 권한을 가진 자와 가격 또는 지수사용 등에 관하여 계약을 체결하였어야 한다. 다만, 신규상장신청인이 그 가격 또는 지수를 직접 산출하는 경우 에는 제외한다(상장규정113①(7)).

2) ETF 거래가격

ETF의 거래가격은 집합투자업자가 초기에 설정하는 지수에 대한 배율에 따라 달라진다. 예를 들어 KOSPI200지수를 추종하는 KODEX200 ETF의 경우 지수에 대한 배율이 100배이기 때문에 현 KOSPI200지수가 270.00이라면 ETF의 매매가격은 지수에 100을 곱한 27,000원 부근 에서 형성되게 된다. 해외 ETF의 경우에는 지수 승수 외에 환율의 변동까지도 가격에 반영된 다.[113]

3) 분배금 지급

ETF의 분배금은 주식바스켓에서 발생하는 배당 등의 수익에서 신탁보수 및 운용에 필요 한 경비를 공제한 금액으로 통상 매분기별로 지급한다. 분배금의 지급은 이익금 지급의 의미뿐 만 아니라 ETF가 추종하고자 하는 지수와의 추적오차율을 줄이기 위한 목적도 함께 갖고 있으 며, 목적달성을 위해 분배금 지급이 필요한 경우에만 분배하게 된다.[114]

4) 결제제도

ETF의 결제제도는 일반 주식거래와 동일하므로, 거래성립일로부터 2일째 되는 날(T+2)에 ETF의 결제가 이루어지며, ETF는 예탁기관에 전부 예탁되어 계좌대체를 통해 인수도가 이루어 지게 된다.

---

112) 다만, 해당 업무수행에 있어 거래소가 독립성 및 객관성을 갖춘 것으로 인정하는 공신력 있는 금융회사(외 국 금융회사 포함)가 담보자산의 보관 및 평가 기관인 경우는 이 요건을 충족한 것으로 본다.
113) 이근영(2011), 162쪽.
114) 한국거래소(2009), 127쪽.

(라) ETF 시장참가자

1) 지정참가회사

지정참가회사(Authorized Participant)는 증권을 대상으로 하여 투자매매업(인수업은 제외함) 및 투자중개업(위탁매매업만 해당함)을 함께 하는 자로서 ⅰ) ETF의 설정·추가설정 또는 설립·신주발행을 집합투자업자에 요청하는 업무(제1호), ⅱ) ETF의 해지·일부해지 또는 해산·주식의 일부소각을 집합투자업자에 요청하는 업무(제2호), ⅲ) 투자자가 납부한 금전 또는 증권("납부금 등")을 금융위원회가 정하여 고시하는 일정 단위("설정단위")115)에 상당하는 자산으로 변경하기 위한 증권의 매매나 위탁매매업무(제3호), ⅳ) ETF가 증권시장에서 원활하게 거래되도록 하고, 그 가격이 그 ETF의 좌수 또는 주수당의 순자산가치에 수렴되도록 하는 업무(금융위원회가 정하여 고시하는 지정참가회사116)만 해당)(제4호)를 담당하도록 하기 위하여 집합투자업자가 지정하는 자를 말한다(영247). 지정참가회사가 ETF의 설정·설립을 위하여 자기 또는 타인의 계산으로 증권을 매매하는 경우에는 투자일임업을 영위하는 것으로 보지 아니한다(법234②).

지정참가회사는 ETF의 설정이나 신주발행을 위하여 납입받은 납입금 등으로 증권의 매매를 하는 경우에는 지정참가회사 명의의 계좌(투자자가 ETF의 설정이나 신주발행을 위하여 납입한 납입금 등을 통합하여 증권을 매매하고 발행되는 ETF를 분배하는 공동계좌를 말함)를 이용할 수 있다(금융투자업규정7-29④). 지정참가회사는 투자자로부터 납입 받은 납입금 등을 설정단위에 상당하는 자산으로 변경하는 과정에서 설정단위 구성에 필요한 증권을 매수할 수 없는 등 불가피한 사유로 ETF 설정이나 신주발행이 곤란한 경우에는 신탁계약 또는 투자회사의 정관이 정하는 바에 따라 그 투자자의 계좌(지정참가회사 명의의 계좌를 포함함)에서 보유중인 자산으로 환급할 수 있다(금융투자업규정7-29⑤).

2) 유동성공급자

거래소시장에서 ETF의 거래가 원활하게 이루질 수 있도록, 지속적으로 매수·매도호가를 제시하며 거래에 참가해 가격을 형성하고 그 가격이 순자산가치에 수렴하도록 하는 자를 말한다. 유동성공급자는 증권의 투자매매업 인가를 받은 지정참가회사로서 집합투자업자와 유동성공급계약을 체결한 거래소 결제회원이어야 한다(유가증권시장 업무규정20의2② 및 20의3①).

---

115) "금융위원회가 정하여 고시하는 일정단위"란 ETF의 설정 또는 설립에 필요한 ETF의 최소수량으로서 신탁계약 또는 투자회사의 정관에서 정한 수량을 말한다. 다만, 가격 또는 지수의 변화에 연동하기 위하여 장외파생상품을 운용하는 ETF로서 상장규정으로 정하는 ETF의 경우에는 ETF의 설정 또는 설립에 필요한 최소단위를 신탁계약 또는 투자회사의 정관에서 금액을 기준으로 정할 수 있다(금융투자업규정7-27).

116) "금융위원회가 정하여 고시하는 지정참가회사"란 ETF가 증권시장에서 원활하게 거래되도록 하고 그 가격이 해당 집합투자증권의 좌수 또는 주수당의 순자산가치에 수렴되도록 하기 위하여 상장지수투자신탁의 집합투자업자 또는 상장지수투자회사와 지정참가계약을 체결한 자를 말한다(금융투자업규정7-28).

(마) 소유재산 등의 공고

ETF의 집합투자업자는 공고일 전날의 ETF의 납부자산구성내역(신규설정·추가설정 또는 신규설립·신주발행을 위한 설정단위의 자산구성내역을 포함)을 증권시장을 통하여 매일 공고하여야 한다(영251①). 거래소는 ETF의 순자산가치와 추적오차율(일정기간 동안 ETF의 1좌당 순자산가치의 변동률과 ETF가 목표로 하는 지수의 변동률을 비교하는 지표로서 금융위원회가 정하여 고시하는 기준[117])에 따라 산출한 비율)을 매일 1회 이상 공고하여야 한다(영251②).

(바) 운용특례

집합투자업자는 ETF(투자자 보호 등을 고려하여 금융위원회가 정하여 고시하는 ETF에 한정)의 집합투자재산을 ⅰ) 각 ETF 자산총액의 30%까지 동일 종목의 증권에 운용할 수 있다. 이 경우 동일법인 등이 발행한 증권 중 지분증권(그 법인 등이 발행한 지분증권과 관련된 증권예탁증권을 포함)과 지분증권을 제외한 증권은 각각 동일 종목으로 본다. 다만, 금융위원회가 정하여 고시하는 지수에 연동하여 운용하는 ETF의 경우 동일종목이 차지하는 비중이 30%를 초과하는 경우에는 해당 종목이 지수에서 차지하는 비중까지 동일 종목의 증권에 투자할 수 있다. ⅱ) 각 ETF 자산총액으로 동일법인 등이 발행한 지분증권 총수의 20%까지 운용할 수 있다(영252①).

집합투자업자는 ETF의 설정·추가설정을 위한 목적으로 이해관계인(법 제84조 제1항에 따른 이해관계인)과 증권의 매매, 그 밖의 거래를 할 수 있다(영252②).

(3) ETF의 유형

(가) 의의

한국거래소에서 거래되는 ETF를 종류별로 분류하면, 국내 ETF와 해외 ETF[118])로 구분할 수 있으며, 기초자산에 따라 주식, 채권, 원자재, 부동산, 통화, 혼합자산, 시장대표 ETF[119])로 구분한다. 또한 ETF는 추적배수에 따라 레버리지형 및 인버스형이 있다.[120])

또한 펀드의 운용자산을 기초자산 실물로 운용하는 실물형 ETF와 기초자산 실물을 직접 운용하지 않고 증권회사와 스왑계약을 통해 기초자산의 가격 또는 지수의 수익률을 복제 추종하도록 구조화된 합성ETF[121]) 등이 있다. 또한 ETF의 순자산가치의 변화를 가격 및 지수의 변

---

117) "금융위원회가 정하여 고시하는 기준"이란 최근 1년간 상장지수집합투자기구의 집합투자증권의 1좌당 또는 1주당 순자산가치의 일간변동률과 상장지수집합투자기구가 목표로 하는 지수의 변화의 일정배율(음의 배율을 포함)의 일간변동률 간 차이의 변동성(표준편차)을 말한다(금융투자업규정7-31의2).

118) 해외 ETF는 2010년말 7종목에서 2018년말 106종목으로 양적인 면에서 급격히 늘어났다.

119) 시장대표지수를 추종하는 ETF를 말하고 광의로는 주식 ETF에 포함된다.

120) 정희석(2018), "한국상장지수펀드(ETF)의 투자효율성에 관한 연구", 한국디지털정책학회논문지 제16권 제5호(2018. 5), 188쪽.

121) 합성ETF란 주식·채권 등을 펀드의 기초자산으로 편입하는 전통적인 ETF와 달리 증권회사와의 장외 스왑거래를 활용하여 지수를 복제 추종하는 ETF로서, 스왑의 거래상대방이 기초지수 수익률 제공을 담당하고, ETF 운용사(즉 자산운용사)는 거래상대방의 위험관리 역할 등을 담당하는 구조의 상품을 말한다. 주로 운

화를 초과하도록 운용하는 것을 목표로 하는 경우인 액티브 ETF도 있다.

(나) 기초자산별 ETF

국내 ETF는 2010년 이후 급격한 성장세를 시현하였다. ETF종목 수가 2010년말에는 64종목에 불과했지만 2015년에 150종목을 넘어섰고, 2017년은 300종목을 넘어서 2018년말 413종목의 ETF가 거래되고 있다. ⅰ) 주식 ETF: 기초자산별 ETF에서 주식ETF가 가장 많은 비중을 차지하고 있다. 주식ETF는 2010년말 37종목에서 2018년말 309종목으로 늘어났다. ⅱ) 채권 ETF: 기초자산별 ETF에서 채권 ETF는 주식ETF 다음으로 많은 비중을 차지하고 있다. 채권ETF는 2010년말 7종목에서 2018년말 53종목으로 늘어났다. ⅲ) 통화 ETF: 통화ETF 거래는 2012년부터 시작되었으며, 2018년말 10종목이 상장되어 있다. ⅳ) 혼합자산 ETF: 혼합자산ETF 거래는 2013년부터 시작되었으며, 2018년말 9종목이 상장되어 있다. ⅴ) 시장대표 ETF: KOSPI200 등 대표적인 시장지수를 추종하는 시장대표 ETF는 2018년말 141종목이 상장되어 있다. 시장대표 ETF의 전체 시가총액(2018년말 기준)은 40.8조원이고, 2조원이 넘는 ETF로는 KODEX200 7.5조원, TIGER200 3.5조원, KODEX레버리지 1.2조원이 있다.

(다) 추적배수 ETF

1) 개념

기초자산 등락에 비례해서 가격이 변하는 일반 ETF에 비해서 추적배수 ETF는 기초자산 가격 등락률과 다르게 가격이 변한다. 추적배수 ETF는 가격변화율이 큰 레버리지 ETF와 가격변화율이 일반 ETF와 반대로 움직이는 인버스 ETF가 있다.[122] 현재 한국거래소에는 기초지수의 일별 수익률의 2배를 추구하는 레버리지 ETF와 기초지수의 음의 1배와 음의 2배를 추구하는 인버스 ETF가 상장되어 거래되고 있다.

가) 레버리지 ETF

일반 ETF가 KOSPI200과 같은 대표적 지수구성종목을 보유하며, 지수의 흐름과 비슷한 수익률을 내는 데 반해, 레버리지 ETF는 스왑이나 선물 등 파생상품에 투자해 기초지수 수익률의 양의 배수의 수익을 추구하는 ETF이다.

레버리지 ETF는 추종하는 지수변동폭의 1.5배 또는 2배 수익률을 올리도록 설계된 상품이다. 지수가 떨어지면 손실도 1.5배 또는 2배가 된다. 레버리지 상품의 특성상 주가지수가 오르더라도 반드시 1.5배-2배 수익률을 보장하는 것도 아니다. 기초지수가 등락을 거듭하다가 올랐다면 일부 손실도 날 수 있다. 레버리지 ETF는 2010년말 3종목에서 2018년말 14종목으로 늘어났다.

개인투자자(외국인 포함, 전문투자자 제외)의 추종매매·투기수요 억제를 위해 레버리지 ETF

용사가 직접 편입하여 운용하기 어려운 해외 기초자산을 대상으로 하고 있다.
122) 정희석(2018), 191쪽.

매수주문에 대하여 기본예탁금을 부과하고 위반시 주문의 수탁을 거부하여야 한다(유가증권시장 업무규정87의2①(2), 동규정84⑤).

나) 인버스 ETF

인버스 ETF는 파생상품투자 등을 통해 1 ETF당 순자산가치의 일별 수익률을 기초지수의 일별 수익률의 음의 배수, 즉 역방향으로 추적하는 ETF를 말한다. 다시 말해 인버스 ETF는 주가지수 방향과 반대로 수익률이 결정되도록 설계된 상품이다. 주가지수가 하락하면 수익이 발생하는 구조이다. 인버스 ETF는 2010년 2개에서 2018년 13개로 늘어났다.

2) 발행시장

발행시장에서는 펀드의 확대와 축소를 가져오는 환매·설정이 지정참가회사(AP)를 통해 이루어지는데, 환매·설정의 청구가능자는 법인투자자가 된다. 특징적으로는 일반 ETF와 달리 환매·설정시 현금만을 주고받게 된다. 즉 설정을 위해 납입된 현금은 증권회사인 AP를 통해 자산운용사에게 전달되고, 이는 포트폴리오 설정을 위해 사용되며, 설정 신청자는 ETF를 수령하게 된다. 반대로 환매의 경우에는 신청자가 보유중인 ETF를 AP에 제출하고 그 대가로 현금을 수령하게 된다. 현재 한국거래소는 상장되는 모든 ETF상품에 대하여 복수의 유동성공급자(LP)가 호가를 제시하여 유동성공급을 할 것을 의무화하고 있다.[123]

3) 유통시장

유통시장은 투자자들이 매수·매도 주문을 통해 ETF를 매매하는 시장을 말한다. 설정과 환매가 발생하는 이유는 ETF와 NAV가격 간의 가격 차이를 노린 차익거래가 되겠으나 레버리지 및 인버스 ETF의 경우, 예를 들어 KOSPI200 및 KOSDAQ150 선물시장이 과도하게 하락할 경우, 향후 ETF 가격상승을 예상하고 ETF에 대한 설정 수요가 발생하며 반대로 선물지수가 과도하게 상승할 경우에는 환매수요가 발생하게 된다. 설정 수요의 증가는 펀드 규모의 확대효과를 가져옴과 동시에 해당일의 매도 포트폴리오 재조정 수요를 일정 부분 상쇄시키게 되는 반면, 환매 수요의 증가는 매수 포트폴리오 재조정 수요의 일부를 상쇄시킴으로써, 전체적인 포트폴리오 재조정 수요의 충격을 완화시키는 효과를 가져 올 수 있다.

레버리지 ETF의 운용 포트폴리오 구성의 경우 가령 1억원의 운용자산이 있고, 2배의 레버리지 효과를 나타내는 ETF의 운용 포트폴리오를 구성하려 한다고 하자. 예를 들어 80%에 해당하는 8천만원을 추적 대상지수의 구성종목인 개별주식 및 일반 ETF 등의 매입에 사용하였다. 나머지 2천만원은 목표 레버리지 배수(2×)에 맞춘 포트폴리오를 만들기 위해 스왑이나 선물 등 파생상품의 취득에 사용함으로써, 결과적으로 1억원의 자산으로 2억원의 포트폴리오를 구성할 수 있게 된다. 반면 인버스 ETF의 경우에는 포트폴리오에 주식을 포함하지 않으며, 선물

---

123) 성태균(2020), 5쪽.

매매를 통해 목표하는 레버리지 배수(-1×, -2×)를 달성하게 된다.

특히 국내 레버리지 ETF의 경우에는 포트폴리오에서의 현물 주식과 파생(선물)의 포트폴리오 평가금액이 5:5가 되도록 구성하며, 지수구성종목(개별주식)이 포트폴리오에 포함되어 있음에도 불구하고, 포트폴리오 재조정 거래는 지수선물시장에서만 이루어진다.

매 거래일마다 이루어지는 포트폴리오 재조정 거래를 위하여 미국에서는 주로 총수익스왑(TRS)이 사용되는데 반해, 한국과 일본의 경우에는 자산운용사들이 지수선물계약을 사용하고 있다. 이로 인해 미국의 경우에는 대체적으로 지수를 구성하고 있는 개별주식종목시장에서 포트폴리오 재조정 거래가 이루어지는 반면, 한국과 일본에서는 주가지수선물시장에서 이루어지고 있다. 이와 같이 미국에서 TRS가 주로 사용되는 이유는 자산운용사들이 포트폴리오를 운용해야 할 레버리지 및 인버스 ETF상품이 너무 많아 직접 운용하지 않고, 이를 외부 금융기관과 TRS계약을 맺고 운용하는 방식을 취하고 있기 때문이다. 한국과 일본의 경우에는 상대적으로 레버리지 및 인버스 ETF상품 수가 적고 효율적으로 포트폴리오를 운용할 수 있는 주가지수선물거래를 활용하고 있는 실정이다.

이와 같이 레버리지 및 인버스 ETF는 전통적인 ETF와 달리 상품의 구조상 약속한 레버리지 배수에 해당하는 수익률을 달성하기 위해서는 매 거래일 장 종료 직전 포트폴리오의 재조정을 위한 헤지거래가 이루어져야 한다.[124]

4) 레버리지 및 인버스 ETF의 특성

레버리지 및 인버스 ETF는 상품구조상 파생상품 중 특히 선물을 주로 활용하여 운용되는 경우가 대부분이므로 비록 기초지수를 선물가격에 기반한 선물지수를 사용한다 하더라도, 실질적으로 투자자들은 현물가격의 움직임과 비교하여 펀드성과를 비교하는 것이 현실이다. 따라서 현물가격과 선물가격의 움직임이 상이한 날이나 선물 만기일 근처에는 체감적으로 수익률 괴리가 발생할 수 있다. 또한 상품구조상 기간 수익률이 아닌 일별 수익률의 배수를 추종하도록 설계되어 있어, 실제 실현수익률과 기간 누적수익률 배수와의 수익률 차이가 발생하게 되는 일별 복리효과가 나타나며, 특히 변동성이 큰 국면에서는 이러한 차이가 변동성에 비례하여 커지게 된다.[125] 이와 관련해서는 투자설명서 등에 자세히 명시되어 있으나, 레버리지 및 인버스 투자자의 대부분이 개인투자자라는 사실과 투자시 투자설명서 숙독과 복리효과에 대한 이해가 난해하기 때문에, 레버리지 및 인버스 상품에 대해서는 보다 강화된 투자자 교육 및 투자자 보호장치가 필요할 것이다.[126]

---

124) 성태균(2020), 6-8쪽.
125) 이를 일별 복리효과(Daily Compounding Effect) 또는 변동성 누수효과(Volatility Drag 혹은 Volatility Decay)로 표현한다.
126) 윤주영(2016), "국내 ETF 시장의 금융소비자 보호에 관한 연구", 금융소비자연구 제6권 제1호(2016. 8),

(4) ETF의 특성 및 투자위험

(가) ETF의 특성

ETF는 일반 펀드와는 달리 다음과 같은 특징을 가지고 있다. ⅰ) 환금성이 높다. 일반적인 펀드는 대부분의 경우 판매사를 통해 가입(설정) 또는 해지(환매)가 이루어지는 반면, ETF는 설정·환매의 방법 이외에도 증권시장에서의 매매를 통해 펀드의 설정·환매의 기능을 대신할 수 있어 투자에 대한 진출입이 보다 자유롭다. 즉 거래소에 상장되어 거래되기 때문에 증권시장 개장시간에는 거래횟수의 제한 없이 언제라도 거래소에서 실제 거래되는 시장가격으로 매수·매도를 할 수 있으며, 특정 이벤트 발생으로 인한 급격한 시장변동이 발생하더라도 신속하게 대처할 수 있다. 반면 일반 펀드의 경우, 펀드 가입 후 일정기간 이내에 환매를 하는 경우 수익금의 대부분을 환매수수료로 부담하도록 하는 조기환매에 따른 환매수수료를 부과하고 있다. 또한 환매시 환매를 신청한 시점이 아닌 환매신청일 또는 환매신청일 이후의 특정일의 종가를 기준으로 기준가격이 계산되므로 장중 자산가치 변동에 대한 신속한 대처가 곤란하고 장중 자산가치 변동위험은 투자자가 부담해야 한다.[127)]

ⅱ) 운용비용이 낮기 때문에 장기수익률이 높다. ETF의 운용방법은 펀드의 수익률이 특정지수의 수익률을 추종하도록 되어 있어 소극적 자산운용전략(passive asset management strategy)[128)]을 구사하기 때문에 펀드매니저의 탁월한 운용능력이나 개별종목 및 산업에 대한 조사와 연구 등 분석능력을 필요로 하지 않는다. 즉 운용회사에게 ETF 운용을 위한 정보수집 및 분석 등의 비용이 발생하지 않기 때문에 다른 펀드보다 낮은 수수료가 부과된다. 또한 ETF는 설정 이후에 추적 대상지수의 구성종목이 변경되지 않는 한 구성자산을 변경하지 않기 때문에 종목 교체에 따른 비용도 거의 발생하지 않아 일반 펀드에 비해 운용비용이 매우 낮다. 이러한 낮은 보수의 효과는 펀드의 보유기간이 길수록 그 차이가 더욱 커지게 되므로 시장수익률을 목표로 하는 장기투자자의 경우 보수가 보다 낮은 ETF에 투자하는 것이 비용 측면에서 훨씬 효율적이다. 또한 일반적인 주식거래는 매도할 때에 증권거래세 및 농어촌특별세를 합하여 매도대금의 0.3%의 세금이 부과된다. ETF도 거래소를 통해 거래되는 상품 측면에서 볼 때 개별주식과 같은 하나의 상품이지만, 거래소에 상장되어 있는 ETF는 모두 수익증권이기 때문에 거래시에 증권거래세법 제2조에 따른 주권 또는 지분에 해당하지 않으므로 증권거래세 부과대상이 되지

11쪽.

127) 이근영(2011), 148~150쪽.

128) 증권시장이 완전경쟁적이고 효율적이기 때문에 투자정보가 투자자들에게 알려지기도 전에 이미 주가에 반영되어 기대수익을 올리기 어렵다. 때문에 아무리 훌륭한 프로 펀드매니저라 해도 시장평균수익률을 상회하기 어렵다고 판단하여 소극적인 방식으로 시장평균수익률을 유지시켜 나간다는 의미에서 시장에 참여하는 평균 리턴을 유지할 수 있는 인덱스전략을 구사하는 방법을 말한다.

않는다. 따라서 투자자의 수익률 측면에서 증권거래세가 부과되지 않는 장점을 가지고 있는 ETF가 보다 유리하다.

iii) 펀드 운용의 투명성이 높다. 일반 펀드는 자신이 가입한 펀드의 자산구성과 운용내역 및 수익률 등을 실시간으로 확인할 수 없고 사후적으로 볼 수밖에 없으나, ETF는 일반 펀드와 달리 납부자산구성내역(Portfolio Deposit File: PDF)을 매일 공표하므로 현재의 포트폴리오를 매일 확인할 수 있어 어느 펀드보다도 투명성이 높다. 또한 ETF의 순자산가치(Net Asset Value: NAV)를 매일 장 마감 후 공표하고 있으며, 장중에는 거래소에서 전일의 PDF를 기준으로 추정 NAV를 10초 주기로 발표하기 때문에 실시간으로 보유한 ETF의 자산가치를 확인할 수 있다.

iv) 분산효과에 따른 투자효율성이 높다. 투자의 여러 원칙 중 분산투자 원칙은 아무리 강조하여도 지나치지 않다. ETF는 분산투자 문제를 쉽게 해결해 준다. ETF는 주식바스켓의 지분을 의미하므로 투자금액이 적은 경우에도 한 번의 거래로 분산효과를 얻을 수 있다. KOSPI200지수를 추적하는 ETF는 KOSPI200지수를 구성하는 주식으로 이루어진 주식바스켓을 세분화한 증서이므로 ETF 1증권을 매수하더라도 KOSPI200 전종목에 분산투자하는 것과 같은 효과를 볼 수 있다.

(나) ETF의 투자위험

ⅰ) ETF는 기초자산인 추적대상지수를 따라 움직이는 인덱스 펀드이므로 기본적으로 기초자산인 주가가 하락하면 원본손실이 나타날 수 있는 상품이다. ETF는 지수를 구성하는 종목에 분산하여 투자하고 있으므로 비체계적 위험을 제거할 수 있는 반면 시장 전체가 직면하는 체계적 위험은 제거할 수 없다.

ⅱ) ETF는 거래소에 상장되어 거래되는 상품이므로 거래가 활발하지 않을 경우 추적대상 주가지수를 제대로 추적하지 못하면서 매매될 수 있다. 설정 규모가 작거나 수익률이 낮아 인기가 없는 ETF는 거래가 활발하지 않으며 유동성공급자가 스프레드를 넓게 하고 수량을 적게 제시하는 등 적극적인 유동성 공급조치를 취하지 않으면 유동성위험이 커진다고 할 수 있다.

ⅲ) ETF는 주가지수와 연계되어 움직이도록 설계되어 기준가격이 주가지수와 일치되어야하나 운용보수, 보유주식바스켓의 배당금, 부분복제 등으로 추적오차가 발생할 수 있다.

ⅳ) ETF는 주식이 아닌 펀드이므로 증권거래세가 부과되지 않으나 분배금의 지급시에는 15.4%(배당소득세 14% + 주민세 1.4%)가 부과된다. 또한 외환거래이익이나 외국파생상품의 거래로 인한 이익은 청산시 과세된다.

ⅴ) 이 밖에도 ETF도 펀드이므로 기본 펀드보수가 존재하고 ETF 거래시 증권회사에 위탁 수수료를 부담하므로 단기매매에 따른 거래비용 증가의 위험이 있으며 ETF 보유주식의 부도위험과 일정 요건하[129])에서는 상장이 폐지되는 위험도 있다.

---

129) 신탁원본이 50억원 미만, 상장좌수가 5만좌 미만, 추적오차율이 10%p 초과 3개월 이상 지속되는 경우 등

(다) 레버리지 및 인버스 ETF의 투자권유규제

일반투자자 대상으로 설명의무 위반 등으로 투자권유규제 위반 소지가 많은 유형은 기초지수로 2배 또는 음의 배수로 추종하는 레버리지 ETF와 인버스 ETF이다. 레버리지·인버스 ETF는 구조상 기초지수의 기간 수익률이 아닌 일별 수익률의 배수를 추종하도록 설계되어 있어, 실제 ETF를 보유하는 기간 동안의 수익률과 동일 기간의 기초지수 누적수익률 배수와의 차이가 발생하게 되는데, 이를 일별 복리효과라고 한다. 특히 주식시장의 변동성이 큰 상황에서는 이러한 기초지수와 실제 ETF의 수익률 차이가 변동성에 비례하여 커지는 특성이 있는데, 일반투자자들은 제대로 설명을 받지 못한다면 혼동하기 쉽다. 이러한 투자위험은 상품의 투자설명서에 기재되어 있으나, 일반투자자들이 두꺼운 투자설명서를 꼼꼼하게 읽기 어렵고 쉽게 이해하기도 어렵다는 점에서 불완전판매의 위험이 높다.[130]

레버리지 ETF는 ETF상품 중에서도 고위험군 상품으로서 동 상품을 판매할 때 증권회사, 은행 등에서 투자자의 투자성향에 적합성 여부를 확인하지 않았거나, 투자위험에 대한 설명을 적절하게 고지하지 않았을 경우에 불완전판매로 분쟁 발생 가능성이 높다. 이에 따라 금융감독당국은 행정지도를 통해 투자권유를 하지 않는 경우에도 레버리지·인버스 ETF의 매매·중개 시 투자위험 고지를 하도록 운영해 오다가, 2016년 6월 28일 금융투자업규정 개정[131]을 통해 일반적인 ETF와 달리 예외적으로 레버리지·인버스 ETF에 대해서만 적정성원칙을 적용하도록 하였다.

이와 함께 레버리지 ETF를 시중은행에서 특정금전신탁으로 판매하는 규모가 증가하면서, 은행 고객 보호를 강화하고, 부적합권유를 예방하기 위해 금융감독원은 2018년 3월 "주의" 단계의 소비자경보를 발령하였다.[132]

(유가증권시장 상장규정116①).

130) 윤재숙(2018), 39쪽.

131) 금융투자업규정 제4-7조의2(적정성의 원칙) 영 제52조의2 제1항 제2호에서 "금융위원회가 정하여 고시하는 집합투자기구의 집합투자증권"이란 집합투자재산을 운용함에 있어 장외파생상품이나 파생결합증권에 투자하지 아니하는 집합투자기구의 집합투자증권으로서 당해 집합투자규약 및 투자설명서에서 정한 운용방침이나 투자전략이 기초자산의 가격 또는 기초자산의 종류에 따라 다수 종목의 가격수준을 종합적으로 표시하는 지수의 변화에 연동하여 운용하는 것을 목표로 하는 집합투자기구(당해 집합투자기구가 연동하고자 하는 기초자산의 가격 또는 지수가 시행령 제246조 각 호의 요건을 모두 갖추고, 집합투자기구의 집합투자증권의 1좌당 또는 1주당 순자산가치의 변동율과 집합투자기구가 목표로 하는 지수의 변동율의 차이가 10% 이내로 한정되는 집합투자기구에 한한다)의 집합투자증권을 말한다. 다만, 상장지수집합투자기구가 목표로 하는 지수의 변화에 1배를 초과한 배율로 연동하거나 음의 배율로 연동하여 운용하는 것을 목표로 하는 상장지수집합투자기구의 집합투자증권은 제외한다(동 규정은 법 시행령에 따라 적정성의 원칙이 적용 제외되는 집합투자증권을 정의하고 있으나, 단서조항을 통해서 레버리지 ETF를 다시 제외하여 적정성의 원칙을 적용하도록 하고 있다).

132) 2017년 한 해 동안 은행권이 판매한 고위험등급 ETF 신탁은 4.1조원으로 '15년(0.3조원) 대비 15.4배 급증한 것으로 나타났다(금융감독원(2018), "고위험 ETF 은행신탁상품 투자 관련 소비자경보 발령"(2018. 3.

2. 주가연계예금(ELD)

(1) 의의

자본시장법상 투자매매·중개업자(증권회사)가 발행하는 ELS와 유사한 상품으로 은행법에 따라 은행이 취급하는 주가연계예금(ELD)이 있다. ELD는 정기예금과 주식의 장점을 모아 만든 금융상품으로 이자 부분을 주식과 연계하여 투자하고, 은행이 원금을 보장해 주며, 예금자보호의 대상이 되는 등 안정성이 높다. 또한 긴급하게 자금이 필요한 경우 원금의 90%까지 예금을 담보로 대출도 가능하다.

ELD는 2002년에 처음으로 국내에 소개되었으며 최근에도 활발하게 판매되고 있는 예금상품이다. ELD는 시중은행에서 정기예금의 형태로 판매되는데, 원금은 예금자보호법에 의해 보장되며 지급이자는 주가지수 또는 주식가격에 연동되어 결정된다. ELD가 국내시장에 등장한 이후 ELD의 판매금액은 급격하게 증가하였다. 이는 낮은 이자율 수준이 지속되면서 많은 투자자들이 위험이 따르더라도 일반 정기예금에 비해 높은 수익을 올릴 가능성이 있는 상품인 ELD에 대한 투자 비중을 높였기 때문이다.[133]

(2) 특징

ELD는 주가연계상품의 일종으로 ELD와 유사한 상품으로는 ELS와 ELF가 있다. ELS와 ELF는 지급이자가 주가지수나 주식가격에 연동된다는 점에서 기본적으로 ELD와 같은 구조를 가진다. 그러나 ELD의 경우에는 예금자보호법에 의해 원금이 보장되는 구조인 반면, ELS와 ELF는 구조에 따라서는 원금이 보장되지 않을 수 있고, 발행인에 대한 신용위험을 투자자가 부담하게 된다. ELD는 주로 시중은행에 의해서 발행되고 판매되지만, ELS와 ELF는 각각 증권회사와 자산운용회사가 발행하고, 증권회사 및 은행이 판매를 담당한다. 또한 ELS와 ELF의 경우에는 원금손실이 발생할 수 있는 구조로 상품을 설계할 수 있기 때문에 원금이 보장되는 ELD에 비해서 상품의 구조가 다양한 특성을 지닌다.

ELD는 기존의 일반예금과 달리 주식 관련 옵션이 내재되어 있으며, 이 내재옵션(Embedded Option)이 ELD의 성격과 판매가격을 결정한다. ELD의 발행인은 기초자산의 변동성이나 이자율 수준과 같은 발행시점의 시장상황에 기초하여 내재옵션의 이론가격을 산정하고, 이를 바탕으로 발행조건을 결정한다. 구체적으로 ELD의 판매가격 또는 다른 의미의 발행가격이 액면금액이 되도록 내재옵션의 조건을 조정하게 된다.

---

29) 보도자료).
133) 구본일·엄영호·지현준(2007), "주가연계예금(Equity Linked Deposit) 가치평가모형에 대한 실증 연구", 재무연구 제20권 제1호(2007. 5), 36쪽.

ELD의 판매가격은 ELD의 이론적 가치와 수수료 및 헤지비용 등에 의해 영향을 받는다. ELD 발행인은 시장상황에 따른 이론적 가치를 고려하여 발행조건을 결정하는데, 이론모형에 따라 이론적 가치가 달라지기 때문에 이론모형이 ELD의 판매가격에 영향을 미치게 된다. 그리고 ELD의 판매로부터 발행인이 얻고자 하는 수익인 수수료가 판매가격에 포함되므로, 판매가격과 이론가격 사이에는 차이가 발생한다. 수수료의 경우 ELD 판매시장의 경쟁수준이 낮을수록 판매가격과 이론가격의 차이는 증가하게 된다. ELD의 판매가격에 영향을 미치는 다른 요인은 거래비용 등의 헤지비용으로, 이는 ELD 내재옵션의 특성에 따른 것이다. ELD의 발행인은 ELD의 판매로부터 얻어진 자금을 운용하여 만기에 상환하는데, 확정적이지 않은 만기상환금을 얻기 위한 운용과정을 헤지라고 한다.[134]

3. 주가연계파생결합사채(ELB)

(1) 의의

주가연계파생결합사채(ELB: Equity Linked Bonds)는 주식·주가지수만을 기초자산으로 하는 파생결합증권으로 원금이 보장되는 채무증권이다. ELB는 자본시장법 개정[135]에 따라 2013년 9월부터 원금보장형 ELS가 ELB로 재분류되어 은행에서도 팔 수 있도록 변경한 금융상품이다.

ELS는 원금손실을 볼 수 있는 투자상품인 반면, ELB는 상품의 수익구조상 만기까지 보유하게 되면 최소한 원금 이상을 받을 수 있도록 설계되어 있기 때문에 ELB는 ELS에 비해 안정적인 상품으로 투자자들은 받아들인다. 그러나 ELB가 반드시 원금보장형 상품이 아니라는 점은 유의해야 한다. ELB 발행 증권회사의 신용에 문제가 발생하게 되면, 원금을 돌려받지 못할 수 있기 때문이다. ELB는 증권시장이 일정 범위 내에서 박스권을 형성하고 있는 기간 동안에는 투자자에게 유리하나, 주가지수가 큰 폭으로 상승하는 경우는 직접 주식에 투자한 것과 비교하여 투자자에게 불리하다. ELB의 수익구조는 최소보장수익률이 가장 중요하다. 참여율 및 최대수익률, 주가상승률 한도가 낮더라도 최소보장수익률이 높은 상품의 실현수익률이 높게 나타난다.[136]

134) 구본일·엄영호·지현준(2007), 36-37쪽.
135) 자본시장법 제4조 제7항 제1호는 다음과 같다. ⑦ 이 법에서 "파생결합증권"이란 기초자산의 가격·이자율·지표·단위 또는 이를 기초로 하는 지수 등의 변동과 연계하여 미리 정하여진 방법에 따라 지급하거나 회수하는 금전등이 결정되는 권리가 표시된 것을 말한다. 다만, 다음의 어느 하나에 해당하는 것은 제외한다. 1. 발행과 동시에 투자자가 지급한 금전등에 대한 이자, 그 밖의 과실(果實)에 대하여만 해당 기초자산의 가격·이자율·지표·단위 또는 이를 기초로 하는 지수 등의 변동과 연계된 증권.
136) 김선제·김성태(2017), "원금보장형 주가연계증권(ELB) 투자의 기대성과 연구", 경영컨설팅연구 제17권 제3호(2017. 8), 111쪽.

(2) 특징

ELS는 금융상품의 투자수익률이 주가지수나 특정한 주식 종목의 상승률에 연동되어 결정되는 투자수단으로서, 주가지수나 특정 종목 주가가 상승하면 은행예금보다 높은 수익률을 기대하지만, 주가지수나 특정 종목 주가가 크게 하락하면 하락률만큼 원금을 손해보는 위험이 있다. ELB는 ELS의 최대취약점인 원금손실위험을 제거한 상품으로서, 수익률이 주가지수나 특정 종목 주가에 연동되어 결정되나 발행회사가 투자원금을 보장하는 투자수단이다. 한 때 국민재테크라고 불렸던 ELS 상품의 원금손실위험으로 은행예금 금리보다 기대수익률이 높으면서 원금이 보장되는 안정적 투자를 선호하는 투자자들의 증가로 ELB에 대한 관심이 증대되었다.[137]

(3) 유형

ELB 상품의 종류는 수익구조 형태에 따라 녹아웃(Knock-Out)형, 스텝다운(Step-Down)형, 디지털(Digital)형으로 구분한다. ⅰ) 녹아웃형은 사전에 정해 놓은 주가상승률에 한 번이라도 도달하면 약정된 최소보장수익을 주며, 주가지수나 주가가 상승률 한도에 도달하지 않으면 최초기준가격 대비 상승률에 비례하여 수익을 지급한다. ⅱ) 스텝다운형은 주가를 3개월, 6개월, 1년 등 일정한 주기마다 발행 당시 주가와 비교한 다음, 주가 상승률이 사전에 정해 놓은 비율만큼 하락하지 않으면 약속한 제시 수익률을 지급하고 조기에 상환한다. ⅲ) 디지털형은 주가가 만기까지 가입 당시에 약정해 놓은 변동범위를 초과하게 되면 낮은 수익을 지급하고, 변동범위 이내에 있으면 높은 수익을 지급한다. 국내에서 판매되고 있는 ELB상품의 수익구조 형태는 녹아웃형이 80% 이상으로 대부분을 차지하고 있고, 주가상승률 및 참여율에 의해서 투자수익을 지급하는 것은 녹아웃형이다.

녹아웃형 ELB상품의 수익률은 만기가 도래했을 때까지 주가상승률, 참여율,[138] 주가상승률 한도, 최저보장수익률에 의해 결정된다. 최저보장수익률은 기초자산 가격이 만기일 이내에 최초기준가격의 100%-80% 미만으로 한 번이라도 하락하거나 또는 주가상승률 한도를 한 번이라도 초과하는 경우 적용된다. 즉 만기까지 주가상승률이 주가상승률 한도를 넘지 않은 경우에 발행 당시의 기준가격과 대비한 주가상승률에 참여율을 곱하여 수익률이 결정된다. 예를 들어 특정 ELB상품의 주가상승률이 25%이고 참여율이 30%라면, 이 ELB상품의 수익률은 7.5%이다. 그러나 주가상승률이 한 번이라도 주가상승률 한도를 초과하면 ELB 수익률은 최저보장수익률(0%, 1%, 2% 등)이 된다.[139]

---

137) 김선제·김성태(2017), 103쪽.
138) 참여율은 주가상승률에 대한 투자자의 이익배분율을 의미한다.
139) 김선제·김성태(2017), 107쪽.

4. 주가연계펀드(ELF)

ELF는 파생상품 펀드의 일종으로 자산운용회사들이 ELS상품을 펀드에 편입하거나 자체적으로 "원금보존 추구형" 펀드를 구성해 판매하는 형태의 상품으로 운용실적에 따라 수익이 지급된다. 대부분의 펀드자산은 국공채나 우량 회사채 등 안전자산에 투자하여 만기에 원금을 확보하고, 나머지 잔여재산은 ELS를 편입해 펀드 수익률이 주가에 연동되도록 설계되어 있다. 따라서 ELF는 펀드의 수익률이 주가나 주가지수 움직임에 의해 결정되는 구조화된 수익구조를 갖는다. 최근 급변하는 시장 환경과 초저금리 기조로 ELS시장이 성장하고 있는데, 이에 자산운용사들이 펀드 형태의 ELS상품을 내놓으면서 시장이 더욱 커지고 있다. 일반 ELS는 단발성 상품이라 6개월에서 3년 사이에 상환되고 재투자하기 위해서는 다시 신상품을 청약해야 하는 번거로움이 있으나, ELF는 여러 개의 ELS를 지수화해 리스크를 낮추고, 투자자가 원하면 언제든지 환매가 가능하다.

5. 주가연계신탁(ELT)

은행에서 판매하는 ELT는 ELS나 ELD와 비슷한 구조이나 원금을 보장하는 ELD와 달리 원금을 보장해 주지 않는다. 이는 증권회사에서 발행한 ELS를 편입해 만든 특정금전신탁 상품이다. 은행은 증권회사에서 발행한 ELS를 직접 판매할 수 없기 때문에 신탁을 통해 ELS를 편입한 다음 이를 수익증권으로 판매한다. 증권회사에서 판매하는 ELS와 비슷한 상품구조로 원금보장형과 비보장형이 있다. 최근 ELT상품 판매가 급증세를 보이고 있는 것은 정기예금 금리가 1% 후반대까지 떨어지는 등 저금리 기조하에서 예금 대체상품 선호 경향이 짙어진 데 따른 것으로 보인다. ELT의 기초자산은 주로 KOSPI200, S&P500, HSCEI 등 2-3개 지수로 구성되며 통상 만기는 3년으로 6개월 조기상환이 가능하다.

6. ELS, ELD, ELF, ELT 상품 비교

(1) 법적 근거

ELS는 자본시장법 제4조 제7항에 따른 파생결합증권이고, ELD는 은행법 시행령 제18조 제2항 제2호에 따른 주가연계예금이며, ELF는 자본시장법 제229조 제1호에 따른 증권집합투자기구이며, ELT는 자본시장법 시행령 제103조 제1호에 따른 특정금전신탁를 근거로 한다.

(2) 상품구조

ELS는 기초자산에 연동하여 제시한 수익을 실현하고, ELD는 증권회사가 발행한 ELS를 결합시킨 예금상품이며, ELF는 집합투자재산으로 ELS를 매수하며, ELT는 특정금전신탁 재산을 위탁자가 지정한 특정 ELS에 운용한다.

(3) 운용기관

ELS는 장외파생상품 인가를 받은 투자매매업자이고, ELD는 은행이며, ELF는 집합투자업자이며, ELT는 위탁자의 지정에 따라 신탁업자가 운용한다.

(4) 판매기관

ELS는 증권회사, ELD는 은행, ELF는 은행, 증권회사, 보험회사, ELT는 은행, 증권회사, 보험회사이다.

(5) 판매기관 파산시 원금보장 여부

ELS는 무담보채권과 동일(신용위험)하며, ELD는 예금자보호법에 의해 원금보장(5천만원 한도)되며, ELF는 수탁회사가 원금과 이자를 보장하나 발행회사의 신용위험은 존재하며, ELT는 무담보채권과 동일(신용위험)하다.

IV. 파생결합증권의 관리

1. 개요

금융투자협회는 「파생결합증권 및 파생결합사채의 발행 및 운용에 관한 모범규준」(2012. 10. 26 제정, 2013. 8. 29 개정)에서 금융투자업자가 발행하는 파생결합증권·사채의 관리에 관한 가이드라인을 마련하였다. 금융투자협회는 더 이상 파생결합증권에 속하지 않는 종전의 원금보장형 파생결합증권인 파생결합사채, 즉 주가연계파생결합사채(ELB) 및 기타파생결합사채(DLB)를 적용대상으로 하기 위하여 개정 자본시장법의 시행일인 2013년 8월 29일 기존의 「파생결합증권의 발행 및 운용에 관한 모범규준」을 「파생결합증권 및 파생결합사채의 발행 및 운용에 관한 모범규준」("모범규준")으로 개정·시행하였다. 여기서는 동 모범규준의 내용을 정리한다.

개정된 모범규준은 적용 범위를 개정 전의 파생결합증권에서 "파생결합증권 및 금융투자회사가 사업자금 조달 목적이 아닌 금융투자상품 판매 목적으로 발행하는 파생결합사채(상법 제469조 제2항 제3호에 따른 사채로서 자본시장법 제4조 제7항 제1호에 해당하는 채무증권)"로 수정하고 있다. 즉 ⅰ) 채무증권인 ELB 및 DLB도 동 모범규준의 적용을 받도록 하였고, ⅱ) ELB나 DLB 중에서도 금융투자업자가 영업 목적으로 발행하는 것으로 적용범위를 한정하여 금융투자업자 아닌 자가 발행하는 경우는 동 모범규준의 적용범위에서 배제하였다는 점에 그 의의가 있다. 적용대상을 금융투자회사 발행의 건으로 정함으로써 파생결합증권 발행 인가는 받지 않았으나 투자매매업자로서 채무증권을 영업목적으로 발행할 수 있는 발행인도 위 모범규준의 적용을 받게 된다.

모범규준은 금융투자회사가 발행하는 모든 파생결합증권(ELS, DLS 및 사모 ELW) 및 파생결합증권의 상환금 지급을 목적으로 운용하는 자산("헤지자산")을 대상으로 한다. 구체적으로 보면 ⅰ) 공모·사모 ELS, DLS 모두 포함(퇴직연금 편입용 ELS, DLS 포함)되고, ⅱ) 증권형태로 발행되는 주식워런트증권(ELW) 중 상장하지 않는 ELW도 포함되며, ⅲ) 대고객 OTC(fully-funded 및 unfunded swap) 거래도 포함된다(모범규준 Ⅰ. 총칙).

금융투자회사는 모범규준에 따라 파생결합증권 등에 대한 발행 및 헤지자산 운용업무를 수행함에 있어 투자자 보호와 시장의 건전성 제고를 위해 다음과 같은 기준과 절차를 준수하여야 한다.

2. 파생결합증권의 발행: 단기물 발행제한

금융투자회사는 원금보장·원금비보장 파생결합증권(ELS 및 DLS)의 만기[140]를 3개월 이상으로 하여야 하며, 조기상환[141]조건이 있는 경우에는 최초조기상환 기간을 3개월 이상으로 설정하여야 한다. 다만, 즉시지급조건[142]의 달성에 의해 발행일부터 상환금 지급까지의 기간이 3개월 미만이 될 수 있는 상품의 발행은 가능하나, 이 경우에도 조기상환조건이 있는 경우에는 최초조기상환 기간을 3개월 이상으로 설정하여야 한다(모범규준 Ⅱ).

발행제한 예시는 다음과 같다. ⅰ) 만기가 3개월 미만(예: 발행일 2020년 9월 1일, 만기일 2020년 11월 30일)인 ELS 또는 DLS, ⅱ) 명목만기는 1년(예: 발행일 2020년 9월 1일, 만기일 2011년 8월 31일)이나 1개월 후(예: 2020년 10월 1일)부터 발행자 임의상환(callable) 조건이 있어 3개월 이전에 원리금 상환이 발생(예: 2020년 11월 30일)할 수 있는 ELS 또는 DLS, ⅲ) 명목만기는 1년이나 3개월마다 자동조기상환(autocallable) 조건이 있어 발행일로부터 최초 자동조기상환 조건에 의한 원리금 지급까지의 기간이 3개월 미만인 ELS 또는 DLS(예: 발행일 2020년 9월 1일, 최초 자동조기상환 원리금 지급일 2020년 11월 30일).

즉시지급조건 예시는 다음과 같다. 명목만기가 1년이고 4개월마다 자동조기상환(autocallable) 조건이 있으며, 매일 기초자산의 가격을 모니터링하여 행사가격 이상인 경우 즉시 원리금을 상환하는 ELS 또는 DLS(예: 발행일 2020년 9월 1일이며 최초 자동조기상환 원리금 지급일 2020년 12월 31

---

140) 만기란 발행일부터 투자자에게 최종 상환금액을 지급해야 하는 날짜까지의 기간이다.

141) 조기상환이란 자동조기상환(autocallable), 발행자 임의상환(callable), 투자자 임의상환(puttable) 등 명목만기 이전에 이루어지는 원리금의 상환을 말한다.

142) 즉시지급조건이란 기초자산의 가격이 사전에 정해진 행사가격 이상이 되는 경우 즉시 자동조기상환이 이루어지는 조건을 말한다.

일이고, 기초자산의 가격이 최초기준가격의 108% 이상인 경우 2영업일 후 즉시 원리금을 상환하는 ELS 또는 DLS. 기초자산의 가격이 2020년 9월 19일 108% 이상인 경우 2020년 9월 21일 원리금을 상환하므로 발행일부터 원리금 지급일까지의 기간이 21일로 3개월 미만이나 이러한 즉시지급조건에 의한 경우는 발행제한에서 예외로 함).

3. 파생결합증권의 발행: 기초자산 제한

금융투자회사는 일반투자자를 대상으로 하는 공모 ELS·DLS(단 신탁 등을 통해 일반투자자가 포함된 50인 이상의 불특정 다수에게 판매되는 사모발행 포함)를 발행하는 경우 다음의 사항을 유의하여야 한다(모범규준 Ⅱ).

ⅰ) (유동성) 금융투자회사는 파생결합증권 발행시 유동성(단, 기초자산이 지수인 경우 해당 지수 관련 헤지자산의 유동성)이 충분한 기초자산을 사용하여야 한다.

ⅱ) (신뢰성) 금융투자회사는 파생결합증권의 기초자산으로 지수를 사용하는 경우 국내외 거래소 또는 관련시장을 대표하는 협회 등 공신력 있는 기관이 합리적이고 적정한 방법에 의해 산출·공표한 지수를 사용하여야 한다. 다만, Hang Seng Index, Nikkei225 Index 등과 같이 개별회사가 산출하는 지수라도 ㉠ 지수 또는 동 지수를 기초로 한 파생상품이 국내외 거래소에서 거래되고 있는 경우, 또는 ㉡ 지수의 구성종목 교체기준 및 방식이 투명하고 공정하여 해당 시장을 대표하는 지수로 인정되는 경우로서 시장에서 신뢰성을 확보한 것으로 인정되는 경우에는 사용 가능하다.

ⅲ) (접근성) 금융투자회사는 일반투자자가 파생결합증권의 기초자산에 대한 정보를 홈페이지 또는 HTS에서 직접 확인가능하거나 링크 등을 통해 쉽게 확인할 수 있도록 하여야 한다.

ⅳ) (이해가능성) 금융투자회사는 파생결합증권의 기초자산을 일반투자자가 충분한 설명을 통해 그 특성(지수인 경우 편입종목, 산출방법, 교체방법 및 산출기관 등)을 이해할 수 있는 것으로 선정하여야 한다.

금융투자회사는 파생결합증권을 다음의 분류기준에 따라 ELS와 DLS로 구분하여 발행하여야 한다. ⅰ) 주식 또는 주가지수만을 기초자산으로 한 것은 ELS로 발행, ⅱ) 주식 또는 주가지수 이외의 것만을 기초자산으로 한 것은 DLS로 발행, ⅲ) 주식 또는 주가지수와 이외의 것을 혼합하여 기초자산으로 한 것은 DLS로 발행, ⅳ) ETF를 기초자산으로 한 것은 DLS로 발행.

4. 헤지자산의 구분 관리 및 모니터링 시스템 구축

금융투자회사는 파생결합증권의 발행대금으로 운용하는 모든 헤지자산을 고유자산과 구분하여 관리하여야 한다. 즉 ⅰ) 헤지자산은 ELS와 DLS별로 구분·관리하여야 한다. ⅱ) 파생결합증권 및 헤지자산은 종류별(현금포함)로 세부내역을 상시적으로 측정 가능하여야 하며, 부서간 대여 등 타 부서를 통해 운용되고 있는 자산내역도 상시적으로 파악 가능하여야 한다. iii) 헤지자산의 구분은 「금융투자업규정 시행세칙」 제8-1조 제17호에 따른 금융투자회사의 업무보고서에서 정하는 바에 따른다(모범규준 Ⅲ). 금융투자회사는 파생결합증권 및 헤지자산 현황을 일별로 모니터링할 수 있는 시스템("모니터링 시스템")을 구축·운영하여야 한다(모범규준 Ⅲ).

5. 헤지자산의 건전성 확보

ⅰ) 내부규정 반영: 금융투자회사는 헤지자산의 건전성 확보를 위하여 내부규정에 헤지자산에 대한 투자가능등급, 요인별 리스크한도, 승인절차, 일별모니터링에 관한 사항을 반영하고 이를 준수하여야 한다(모범규준 Ⅳ).

ⅱ) 별도 승인절차의 마련: 금융투자회사는 내부규정에서 정한 한도를 초과하거나 투자가능등급 외의 자산을 헤지자산으로 편입하고자 하는 경우에 대한 별도의 승인절차를 마련하여야 한다. 별도의 승인절차에 따라 헤지자산을 편입하고자 하는 경우 내부통제부서가 그 적정성 여부를 사전에 점검하고 문제점 발견시 담당임원에게 지체없이 보고하여야 한다(모범규준 Ⅳ).

ⅲ) 계열회사 관련 자산의 편입 제한: 금융투자회사는 헤지자산을 공정거래법 제2조 제3호에 따른 계열회사가 발행한 증권 및 계열회사의 자산을 기초로 발행한 유동화증권에 운용하여서는 안 된다. 다만, 관련법령을 준수하는 경우로서 해당증권 및 유동화증권이 투자적격등급(BBB-) 이상인 경우에는 그러하지 아니하다. 다만 계열회사 관련 자산이 상장주식 또는 투자적격등급(BBB-이상) 이상인 경우에는 헤지자산으로 편입 가능하다(모범규준 Ⅳ).

ⅳ) 헤지자산의 담보제공: 금융투자회사는 헤지자산을 담보로 제공하는 경우 파생결합증권의 자금흐름, 만기, 유동성 등을 충분히 고려하여야 한다(모범규준 Ⅳ).

6. 내부통제와 위험관리

ⅰ) 정기 점검: 금융투자회사는 파생결합증권에 관한 내부규정과 이 규준의 준수 여부를 연 1회 이상 점검하여야 한다(모범규준 Ⅴ).

ⅱ) 일일 모니터링: 금융투자회사는 헤지자산 운용 현황, 헤지자산의 적정성 및 위험의 종류별 한도 준수 여부 등을 매일 모니터링하여야 한다(모범규준 Ⅴ).

ⅲ) 불공정거래의 예방: 금융투자회사는 기초자산에 개별주식이 하나라도 포함되는 원금비보장형 공모 ELS·DLS를 발행하는 경우 다음의 <만기시 수익 지급조건> 및 <백투백헤지시 ELS·DLS발행사의 의무>를 준수하여야 한다.[143] 다만, <만기시 수익 지급조건>은 공모

펀드에 편입되는 사모ELS·DLS를 발행하는 경우에도 적용한다(모범규준 Ⅴ).

　　＜만기시 수익 지급조건＞은 개별주식을 기초자산으로 하는 ELS·DLS가 ㉠ 기초자산에 포함된 주식이 증권신고서 또는 일괄신고추가서류("신고서") 제출일 전전월말 기준으로 한 종목이라도 유가증권시장 시가총액이 상위 20위 밖인 경우, 또는 ㉡ ELS·DLS 발행금액[144](공·사모를 포함, 해당 금융투자회사가 해당 개별주식을 기초자산으로 하여 발행한 당일발행 금액의 합[145])이 당해 신고서 제출일 전전월의 1개월간 해당 주식의 일평균거래대금의 10%를 한 종목이라도 초과하는 경우에는 만기평가가격을 최종만기 평가일을 포함한 직전 3영업일 이상 종가의 평균값 또는 최종만기평가일의 거래량 가중평균가격으로 산정하여야 한다.

　　＜백투백헤지시 ELS·DLS발행사의 의무＞와 관련하여, 백투백헤지를 이용하는 방식으로 ELS·DLS를 발행한 금융투자회사가 만기평가가격 산정시 평균가격 등을 적용하는 경우 신고서 및 투자설명서에 헤지하는 금융투자회사("헤지운용사")의 명칭을 명시하여 투자자에게 공시하여야 한다. 즉 Bridge 회사가 있는 경우 최종 헤지운용사와 Bridge 금융회사를 모두 명시하여야 하고, 헤지운용사는 만기 이전에 변경될 수 있음을 명시하여야 한다.

　　ⅳ) ELS·DLS 운용지침 제정: 자체적으로 헤지를 하는 ELS·DLS발행사는 다음의 사항[146]을 포함한 "ELS·DLS헤지관련 운용지침"을 제정·운영하여야 하며, 백투백헤지를 이용하는 ELS·DLS 발행사는 헤지운용사가 동 운용지침을 제정·운영하고 있는지 여부를 확인하여야 한다.

Ⅴ. 파생결합증권에서 제외되는 금융투자상품

다음에 해당하는 것은 파생결합증권에서 제외한다(법4⑦단).

---

143) 금융감독원은 ELS 발행시 백투백헤지를 이용하는 증권회사가 만기평가가격 산정시 평균가격 등을 적용하는 경우에 한하여 다음의 사항 중 하나를 선택하여 운영하도록 하고 있다. ⅰ) 위험회피거래 상대방 실명제이다. 이는 증권신고서·투자설명서에 헤지하는 금융회사명을 명시하여 투자자에게 공지하여야 한다. Bridge 금융회사가 있는 경우 최종 운용사와 Bridge 금융회사를 모두 명시하여야 하며, 헤지운용사는 만기 이전에 변경될 수도 있음을 명시하여야 한다. ⅱ) 부분인수제이다. 이 경우 백투백 거래시 ELS 발행증권회사는 발행액의 3% 이상을 인수하고 상환시점까지 보유하여야 한다. 예를 들어 백투백 계약금액이 103억원인 경우 ELS 발행금액은 100억원 이하로 하여야 한다.

144) 발행금액은 공·사모를 포함한 금액으로 해당 금융투자회사가 해당 개별주식을 기초자산으로 하여 발행한 당일 발행금액의 합이다.

145) 공모는 신고서에 기재된 발행예정금액, 사모는 발행금액을 의미한다.

146) 다음의 사항은 ⅰ) ELS·DLS 등 헤지관련 주식은 여타 고유계정 보유주식과 내부적으로 구분가능하고, ⅱ) ELS·DLS 만기평가일 또는 자동조기상환 평가일에 본인 또는 제3자를 통한 기초자산 시장가격의 의도적인 시세조종금지, ⅲ) ELS·DLS 헤지관련 주식 주문계좌를 사전에 확정하고 변경시 기록 절차를 마련하여야 한다.

1. 이자연계증권

이자연계증권은 발행과 동시에 투자자가 지급한 금전등에 대한 이자, 그 밖의 과실에 대하여만 해당 기초자산의 가격·이자율·지표·단위 또는 이를 기초로 하는 지수 등의 변동과 연계된 증권이다(법4⑦(1)). 이는 이자연계 파생결합증권 또는 원금보장형 파생결합증권이다. 주가연계파생결합사채(ELB)와 기타파생결합사채(DLB)가 해당된다. 이자연계 파생결합증권은 자본시장법상 파생결합증권이 아니라 채무증권으로 취급된다.

2. 옵션계약상의 권리

자본시장법은 파생결합증권에서 옵션을 명시적으로 제외하고 있다. 즉 옵션계약상의 권리(법5①(2))(제5조 제1항 각 호 외의 부분 단서에서 정하는 금융투자상품은 제외)는 명시적으로 제외하고 있다(법4⑦(2)). 이는 파생상품 중 옵션에 대하여 투자자가 추가지급의무를 부담하지 않는 경우라도 이를 파생결합증권으로 분류할 수 없다는 것을 분명히 한 것이다.

3. 조건부자본증권

해당 사채의 발행 당시 객관적이고 합리적인 기준에 따라 미리 정하는 사유가 발생하는 경우 주식으로 전환되거나 그 사채의 상환과 이자지급의무가 감면된다는 조건이 붙은 것으로서 자본시장법 제165조의11 제1항에 따라 주권상장법인이 발행하는 사채(법4⑦(3)), 은행법 제33조 제1항 제2호부터 제4호까지의 규정에 따른 상각형 조건부자본증권, 은행주식 전환형 조건부자본증권 및 은행지주회사주식 전환형 조건부자본증권(법4⑦(3)의2), 그리고 금융지주회사법 제15조의2 제1항 제2호 또는 제3호에 따른 상각형 조건부자본증권 또는 전환형 조건부자본증권(법4⑦(3)의3)도 파생결합증권이 아닌 채무증권으로 분류된다.

조건부자본증권은 기초자산(미리 정하는 사유＝예정사유)에 따라 지급·상환금액이 결정된다는 점에서 파생결합증권의 특성을 가진다고 볼 수도 있다. 그러나 조건부자본증권은 기업(또는 금융기관)의 재무구조개선 목적으로 발행되며 정책적으로도 그 발행을 위하여 별도의 투자매매업 인가를 받을 필요성이 낮다는 점을 감안하여 파생결합증권의 범위에서 제외한 것으로 생각된다.

4. 교환사채 · 상환사채, 전환사채 및 신주인수권부사채

자본시장법은 교환사채·상환사채(상법469②(2)), 전환사채(상법513) 및 신주인수권부사채(상법516의2)를 파생결합증권에서 명시적으로 제외하고 있다(법4⑦(4)). 상법상 교환사채·상환사채, 전환사채 및 신주인수권부사채는 사채에 교환권·상환권, 전환권 및 신주인수권 등 옵션이 결합된 것으로 파생결합증권이 아닌 채무증권에 해당한다.

5. 신주인수권증서 및 신주인수권증권

자본시장법은 신주인수권증서(상법420의2) 및 신주인수권증권(상법516의5)을 파생결합증권에서 명시적으로 제외하고 있다(법4⑦(5)).

Ⅵ. 파생결합사채와 파생결합증권의 비교

1. 공통점

ⅰ) 자본시장법상 파생결합증권과 상법상 파생결합사채는 양자 모두 기초자산이나 지표 등의 변동과 연계하여 미리 정하여진 방법에 따라 상환금액 또는 지급금액이 결정된다. 즉 양자 모두 파생상품의 성격을 내재한 증권이라는 점에서 공통된다.[147]

ⅱ) 파생결합사채는 상법상 사채로서 채권자 등의 신청에 의거 채권실물을 발행하지 않고 전자증권법[148]에 의거 전자등록기관[149]을 지정하여 등록발행을 하고 있다(전자증권법25). 이를 전자등록제도라고 하며 전자등록이란 주식등의 종류, 종목, 금액, 권리자 및 권리 내용 등 주식 등에 관한 권리의 발생·변경·소멸에 관한 정보를 전자등록계좌부에 전자적 방식으로 기재하는 것을 말한다(전자증권법2(2)). 실무에서는 전자등록기관인 예탁결제원을 명의로 하여 등록시키는 일괄등록제도를 통해 운영되고 있다.

파생결합증권은 자본시장법 제309조에 의거 투자자의 신청에 의거 한국예탁결제원 명의로 일괄예탁하고 예탁자 및 예탁결제원은 예탁자계좌부상으로 권리내역을 관리한다. 권리이전 등의 경우, 증권의 실물이동없이 예탁자계좌부상의 계좌대체 방식을 통하여 처리하고 있다(자본시장법311). 따라서 일괄등록 또는 일괄예탁제도[150]를 통하여 한국예탁결제원을 명의로 하여 발행하고 예탁자계좌부상으로 권리이전 등의 효과를 적용하고 있는 점에서 양자의 공통점을 찾을 수 있다.[151]

---

147) 정승화(2011b), "파생결합증권 발행제도에 관한 법적 과제", 금융법연구 제8권 제2호(2011. 12), 35-36쪽.
148) 전자증권법의 등록대상채권은 사채(신탁사채 및 자본시장법상 조건부자본증권 포함), 국채, 지방채, 특수채, 이중상환채권법에 따른 이중상환청구권부 채권 등이다(전자증권법2(1)).
149) 국채법에 의해 국고채 및 통화안정증권 등은 한국은행이 등록기관이며, 전자증권법에 의해 국민주택채권, 지방채, 특수채, 금융채, 회사채, 외화채, CD 등은 한국예탁결제원이 등록기관이다.
150) 일괄등록 또는 일괄예탁제도를 통하여 명의를 한국예탁결제원으로 하여 발행하고 있지만 실질권리자 명부를 별도로 관리하고 있어 권리관계의 법적 안정성 내지 효력에는 문제가 없다.
151) 제해문(2015), "자본시장법상 파생결합증권에 관한 법적소고", 입법정책 제9권 제1호(2015. 6), 151쪽.

2. 차이점

자본시장법상 파생결합증권과 상법상 파생결합사채의 차이점은 다음과 같다.[152]

(1) 발행 근거 법률

파생결합증권의 발행 근거법은 자본시장법으로서 파생결합증권에 대한 규제가 적용됨에 반해, 파생결합사채의 발행 근거법은 상법으로서 자본시장법상 채무증권에 대한 규제를 적용받는다. 파생결합증권으로 분류되면 발행 및 판매 시 자본시장법상 설명의무(법47)와 적합성의 원칙(법46) 외에도 적정성의 원칙(법46의2)이 적용되는 등 파생상품에 준하는 규제를 받는다.

(2) 증권의 유형

파생결합증권은 자본시장법상 채무증권이 아닌 파생결합증권으로 별도로 구분되는데 반해,[153] 파생결합사채는 원본의 손실가능 여부를 불문하고 채무증권으로 분류된다. 따라서 일반회사가 예외적으로 원금비보장형 파생결합사채를 발행하는 경우에도 이는 채무증권으로 분류된다.

(3) 발행 주체

파생결합증권은 장외파생상품업무 인가를 받은 금융투자업자만이 발행할 수 있는 데 반해, 상법상 파생결합사채는 상법상 일반회사이면 누구나 발행할 수 있다.

(4) 원금보장 여부

파생결합증권은 원금보장형뿐만 아니라 원금비보장형도 발행이 가능하다.[154] 반면 파생결합사채는 기업의 자금조달의 다양성을 꾀하고자 도입된 측면이 있으나, 자본시장법상 파생결합증권의 발행자격을 엄격히 제한하고 있는 점과 투자자 보호의 관점에서 원칙적으로 원금보장형의 발행만을 허용하도록 하는 것이 바람직하다.

(5) 발행 목적

파생결합증권은 금융투자업자가 자금조달의 목적이 아니라 투자자에게 판매할 금융투자상품의 하나로 발행하는 데 반하여, 파생결합사채는 일반회사가 자금조달의 목적으로 발행한다.

---

152) 정승화(2011b), 36쪽.
153) 다만, 앞에서 설명한 바와 같이 자본시장법에서는 이자연계 파생결합증권을 파생결합증권에서 제외하고 있으므로, 이자연계 파생결합증권은 자본시장법상 파생결합증권이 아니라 채무증권으로 취급된다.
154) 다만, 자본시장법상 원금보장형의 이자연계 파생결합증권은 파생결합증권의 개념에서 제외된다.

제7절 증권예탁증권

I. 증권예탁증권의 개념

DR(Depositary Receipts)은 흔히 "예탁증서" 또는 "예탁증권"으로 불린다. 주식을 기초로 발행하는 것이 대부분이나, 반드시 이에 한정되는 것은 아니다. 채권 등 다른 종류의 증권을 기초로 발행할 수도 있기 때문에 자본시장법은 이를 "증권예탁증권"으로 규정하였다. DR은 특정국가 내에서 발행·유통되기도 하고, 2개 이상의 국가에서 동시에 발행·유통되기도 한다.[155] 전자의 경우 그 발행지 국명의 약호를 붙여 ADR(American Depositary Receipts), JDR(Japanese Depositary Receipts), KDR(Korean Depositary Receipts), EDR(European Depositary Receipts) 등으로 표시되며, 후자의 경우에는 GDR(Global Depositary Receipts)로 표시된다.[156]

증권예탁증권이란 채무증권, 지분증권, 수익증권, 투자계약증권, 파생결합증권을 예탁받은 자가 그 증권이 발행된 국가 외의 국가에서 발행한 것으로서 그 예탁받은 증권에 관련된 권리가 표시된 것을 말한다(법4⑧). 국내에서 발행되는 DR("KDR")은 예탁기관이 외국기업의 주식을 예탁받아 그 주식(원주)에 관한 권리를 표시하여 국내에서 발행한 증권이다. KDR 소유자는 이익을 얻을 목적으로 금전을 지급하고 KDR을 취득하고 그 시장가격 변동에 따라 투자원본의 손실을 입을 수 있기 때문에 KDR은 당연히 자본시장법상 금융투자상품이고 증권에 해당한다.

KDR은 자본시장법상 특수한 유형의 증권이다. KDR에 표시되는 권리는 원주인 외국기업의 주식에 관한 권리이지만, 이는 그 발행회사가 아니라 국내 예탁기관에 대하여 행사할 수 있는 권리이다. 원주와 동일한 내용의 권리(지분증권)도 아니고, 단순한 금전의 지급청구권(채무증권)도 아니다. 신탁계약에 의한 것이 아니기 때문에 신탁의 수익권(수익증권)도 아니다. 원주에 기초하여 발행하는 증권이지만 미리 정해진 일정한 방법에 따라 원주의 가격 등에 연계되어 지급금액이 결정되는 것(파생결합증권)도 아니다. 다만, 모든 증권의 공통적인 요소라고 할 수 있는 "투자계약"으로서의 성질(주로 타인이 수행한 공동사업의 결과에 따라 손익을 귀속받는 계약상의 권리)은 갖고 있다. 그러나 투자계약증권은 이미 정형화된 증권 이외에 증권으로 규제할 필

---

155) 자본시장의 국제화가 진전되고 국내 주식시장이 크게 성장함에 따라 외국기업이 주식이나 그 대체증권인 예탁증권("DR")을 통하여 국내에서 자금을 조달하는 사례가 증가하고 있다. 국내기업이 미국시장이나 유로시장에 진출한 것은 이미 오래전의 일이나[1990년 삼성물산이 GDR(Global Depositary Receipts)을 미국과 유럽에서 동시에 발행한 것이 처음이다], 외국기업이 국내시장에 진출한 것은 비교적 최근의 일이다. 2007년 중국계 기업인 3Nod Digital Group이 처음으로 주식을 상장하였고(코스닥시장), 역시 중국계 기업인 화풍집단지주회사가 처음으로 DR을 상장하였다(유가증권시장).

156) 박철영(2012), "증권예탁증권(KDR)의 법적 재구성", 증권법연구 제13권 제1호(2012. 4), 188쪽.

요가 있는 비정형적 증권을 포섭하기 위한 유형이다. 반면 KDR은 이미 정형화된 증권이라고 할 수 있고, 다른 종류와는 다른 속성을 가지고 있기 때문에 특별한 법적 규제를 할 필요가 있다. 따라서 자본시장법은 이를 증권예탁증권이라는 새로운 종류로 규정하였다.[157]

Ⅱ. 예탁증권의 연혁

1900년대초 미국의 투자자들은 외국주식에 대한 투자에 관심을 갖기 시작했으나, 국제거래에 따른 법적 제약, 비용과 위험 등의 문제로 인하여 실제 투자로는 이어지지 못했다. 기업경영과 금융의 관행뿐만 아니라 회사법과 증권법 등 법률면에서 국가 간에 많은 차이가 있기 때문이었다. 이러한 차이를 극복하기 위하여 고안된 것이 DR이다. 1927년 미국의 Morgan Guaranty가 영국 기업에 투자하고자 하는 미국 투자자들의 수요를 충족시키기 위하여 미국 내에서 처음으로 DR을 발행하였다. 이렇게 하여 1950년대부터 미국에서 널리 이용되던 DR은 점차 다른 국가로 확산되었고, 1980년대 들어 자본시장이 글로벌화되면서 세계적으로 활발하게 발행되기 시작하였다.[158]

DR은 기본적으로 주식을 대신하여 외국 증권시장에서 자금을 조달하는 수단이다. 주식("원주")은 발행기업의 본국에 보관하고 원주를 예탁받은 외국의 예탁기관(depositary)이 이에 관한 권리를 표시하는 증권으로서 DR을 발행한다. 이미 발행된 주식에 관한 권리를 표시하는 주식의 대체증서(alternative instrument)인 것이다.

Ⅲ. 예탁증권의 종류

우리나라에서는 DR의 기초가 되는 원주가 무엇인가를 기준으로 신주DR, 구주DR 및 유통 DR로 구분한다. 신주DR은 발행회사가 제3자(인수기관)에게 신주인수권을 부여하는 방식으로 발행한 신주를 기초로 하는 DR을 말한다. 발행회사가 DR에 의하여 해외에서 새로운 자금을 조달하는 경우에 이용된다. 구주DR은 발행회사가 소유하는 자기주식을 기초로 발행하는 DR을 말한다. 자기주식을 처분하여 해외에서 자금을 조달하는 방식이다. 그리고 유통DR은 이미 발행·유통되고 있는 주식을 취득한 투자자가 이를 기초로 발행하는 DR을 말하며, 이 경우 발행회사의 동의가 필요하다.[159]

---

157) 박철영(2012), 192쪽.
158) 박철영(2012), 187-88쪽.
159) 박철영(2012), 189쪽.

제8절 자산유동화증권

Ⅰ. 서설

1. 자산유동화의 의의와 자산유동화법 제정 경위

(1) 자산유동화의 개념

자산을 유동화 또는 증권화[160]한다는 것은 현금흐름을 창출하는 자산을 유가증권 형태의 자산유동화증권(ABS)[161] 또는 기업어음(CP)을 발행하여 쉽게 유통될 수 있는 형태로 전환하는 것이다. 자산유동화는 근거법에 따라 자산유동화법이 적용되는 "등록유동화" 거래와 상법이 적용되는 "비등록유동화" 거래로 구분된다. "비등록유동화" 거래는 SPC 설립형태에 따라 유한회사와 주식회사로 구분할 수 있다.

금융기관이 자금을 조달하여 이를 대출하면 대출금만큼 보유 현금이 줄어드는 대신 대출자산이 늘어나게 되는데, 대출채권을 매각하거나 회수할 때까지는 고정자산이 되어 금융기관은 대출금에 해당하는 만큼 유동성을 상실하게 된다. 이처럼 유동성이 떨어지는 대출채권 등을 증권화 또는 어음화하여 자금을 조달하는 금융기법을 자산의 유동화 또는 신용의 증권화라고 부른다. 즉 자산유동화란 비유동적 자산의 유동성을 높이는 일련의 행위로서 대개 현금흐름이 있는 대출채권 및 매출채권 등 비유동적인 자산을 보유한 금융기관이나 기업이 그 채권을 조기에 회수하기 위하여 그 자산을 기초로 유가증권, 기타 채무증서를 발행하여 투자자들에게 처분하는 것을 말한다.

원래 자산유동화의 가장 단순한 방법은 당해 자산을 매각하여 현금화하는 것이다. 그러나 당해 자산의 매수인인 투자자를 찾기가 쉽지 않다는 점,[162] 투자자를 찾더라도 투자자는 당해

---

160) "증권화"란 일반적으로 시장성, 즉 환금성 및 양도성이 낮은 일련의 개별적인 금전채권 등 자산으로 형성된 자산집합을 경제적 담보로 하여 새로운 증권을 발행·유통시킴으로써 경제적 담보가 된 기초자산(underlying assets), 다시 말해 유동화자산에 비해 보다 유동성이 향상된 새로운 금융상품을 창출하는 금융기법을 말한다(사법연수원(2014), 「금융거래법」(2014. 9), 269쪽). 이러한 증권화의 개념은 "자산의 유동화"와 혼용되고 있으며, 법률적으로도 "유동"이라는 표현이 주로 이용되고 있다. 그러나 유동화는 자산의 양도에 의한 투입자금의 회수라는 광의의 개념인데 비하여, 증권화는 양도되는 자산을 ABS로 가공하여 불특정 다수의 투자자 간에 유가증권성을 부여하는 것이므로 유동화보다 더욱 발전된 형태라 말할 수 있다.

161) 광의의 자산유동화증권은 ABS, ABCP를 모두 포함하는 개념이나, 협의의 자산유동화증권은 ABS만을 의미하고, 자산유동화법에서는 ABS만을 다루고 있다. 자산유동화법에 의하지 않은 ABS 발행도 가능하나, 여기서의 ABS는 자산유동화법에 따른 ABS만을 의미한다.

162) 예컨대 특정 자산보유자가 1,000억대의 부동산 또는 저당권 등에 의해 담보된 대출채권을 가지고 있는 경우 이를 매수할 투자자를 찾는 것은 현실적으로 어려운 일이다.

자산의 위험성 등[163])을 이유로 당해 자산의 시장가격 내지 대출채권의 원본액보다는 낮은 가격으로 매수하기를 원하는 점, 당해 자산이 저당대출채권인 경우 직접 대출채권을 회수·관리해야 하는 투자자를 찾기란 더욱 쉽지 않은 점 등을 이유로 당해 자산을 매각하는 것은 한계가 있다. 이와 같은 이유로 대부분의 국가에서는 특정 자산의 현금수입을 기반으로 하여 유동화증권 또는 CP를 발행하는 구조화된 금융기법인 자산유동화제도를 도입하게 되었다.

　자산유동화는 통상 보유자산을 기초로 한 유가증권, 즉 유동화증권을 발행하는 방식을 말하며, 현재 우리나라에서 시행되고 있는 자산유동화법과 한국주택금융공사법은 유동화증권을 발행하는 방식을, 어음의 발행에 있어서는 상법 및 어음법상의 CP를 발행하는 것을 전제로 하고 있다. 자산유동화에 있어 일반채권 등을 기초자산으로 하여 증권을 발행하는 경우를 ABS, CP를 발행하는 경우를 ABCP라고 한다.[164])

(2) 자산유동화의 연혁

　전통적인 증권화 거래는 다음과 같은 구조에서 출발하였다. 우선 매출채권[165])의 보유자(자산보유자)가 그 채권을 제3자인 특수목적기구(SPV)에 양도하고, 그 양수인은 양도대금을 마련하기 위해 사채발행 등에 의해 투자자금을 조달받은 후 장래에 매출채권이 변제되면 그 변제금으로 투자자들에게 투자원금을 상환한다. 즉 전통적인 증권화제도는 본질적으로 팩토링과 같은 매출채권금융에서 출발한다. 다만 증권화는 SPV를 통해 매출채권의 유동화가 이루어지는 데 반해, 팩토링은 대주(貸主)의 성격을 띠는 팩토링 회사가 매출채권을 직접 매입하는 차이점이 있다. 따라서 증권화의 경우에는 SPV를 통해 다수의 투자자, 즉 다수의 대주들을 모집할 수 있는데 반해, 팩토링의 경우에는 팩토링 회사로부터만 금융을 제공받게 된다.

　팩토링에서 출발한 증권화가 현대화된 모습을 띠게 된 것은 1970년대 미국에서부터이다. 미국 정부투자기관인 Freddie Mac(Federal Home Loan Mortgage Corporation: 연방주택금융저당회사)과 Fannie Mae(Federal National Mortgage Association: 연방저당권협회)가 대출기관으로부터 주택저당대출채권(mortgage)을 매입하고 이들 주택저당대출채권들의 자산집합(pool)을 기초자산으로 삼아 유동화증권을 발행하였다. 이것이 바로 현대적 의미의 증권화제도가 된다. 이후 Ginnie Mae(Governmental National Mortgage Association: 정부저당권협회)에서 주택저당대출채권 자산집합(pool)에 기초해 발행된 사채에 대해 지급보증을 해주었고, 미국의 투자은행들이 위와

---

163) 부동산의 환금성, 저당대출 채무자의 채무불이행 위험 등이 있을 수 있다. 보통 카드회사에서 미수금채권을 매도하여 상각하는 경우 카드 채권액의 10-20% 정도만을 받는다고 한다.
164) 김남훈(2016), "PF-ABCP 하자가 특정금전신탁계약에 미치는 영향에 관한 연구", 건국대학교 부동산대학원 석사학위논문(2016. 2), 9-11쪽.
165) 증권화의 대상인 매출채권이 일반기업의 매출채권에 한정되는 것은 아니다. 대출채권은 은행의 입장에서, 신용카드채권은 신용카드회사의 입장에서 각각 매출채권에 해당하는 것들이며, 이러한 매출채권 이외에 기업이 발행한 회사채도 증권화의 대상이 될 수 있다.

같이 Ginnie Mae가 보증한 유동화증권을 본격적으로 거래하기 시작한다. 그리고 1977년부터는 미국의 은행들이 자신의 주택저당대출채권을 대상으로 독자적인 증권화를 수행하게 되었고, 1985년부터는 주택저당대출채권 이외의 채권에 대해서도 증권화가 개시되었다. 이렇게 본격화된 증권화제도는 주택저당대출채권 이외에 리스채권, 자동차할부채권, 신용카드채권과 같은 소비자 매출채권을 바탕으로 비약적인 발전을 하게 되었다.166)

(3) 자산유동화법 제정 경위

우리나라의 경우 1990년대 말 외환위기 당시 은행 등 금융기관들로부터 다량의 부실채권(NPL: Non Performing Loans)을 인수하게 된 성업공사(현재 한국자산관리공사)가 부실채권의 처리 방안으로 자산유동화를 추진하게 되었고 동시에 정부는 이를 뒷받침하기 위하여 1998년 9월 자산유동화법을 제정·시행함으로써 자산유동화거래가 본격적으로 활성화될 수 있었다. 이처럼 자산유동화의 출발은 주로 부실채권의 처리 및 외화조달을 그 목적으로 하였다. 자산유동화법의 직접적인 입법 동기 역시 외환위기 직후 발생한 부실채권의 처리가 주된 목적이었다. 결과적으로 자산유동화법은 1999년 성업공사를 비롯한 다수의 금융기관이 보유하고 있던 부실채권을 유동화자산으로 한 "부실채권의 유동화거래"를 촉진시킴으로써 그 목적을 효과적으로 달성하였고, 당시 외환위기 해결에 중요한 역할을 한 것으로 평가받고 있다. 한편 그 이후에도 2000년의 투자신탁계정 또는 금융기관의 고유계정이 보유한 회사채를 유동화자산으로 한 채권담보부증권(CBO: Collateralized Bond Obligation)의 발행 및 발행시장 채권담보부증권(P-CBO: Primary Collateralized Bond Obligation) 상품의 개발과 2001년 이후의 신용카드회사의 영업 확대에 따른 신용카드채권 등의 장래채권을 기초자산으로 한 유동화거래의 활성화 등을 통하여 자산유동화거래는 그 규모가 크게 증가하여 오늘날 ABS는 주식·사채와 함께 자본시장의 큰 축을 담당하고 있다.

2. 자산유동화증권의 발행구조

(1) ABS의 개념

ABS란 기본적으로 자산을 유동화하여 발행한 증권을 말한다. 일반적으로 자산의 유동화란 비유동성 자산을 유동성이 있는 증권으로 전환하여 이를 매각함으로써 현금화하는 모든 행위를 말한다. 이러한 관점에서 ABS는 유동화의 대상인 각종 채권 및 부동산, 유가증권 등의 자산에서 발생하는 집합화된 현금흐름을 기초로 원리금을 상환하는 증권을 의미한다. 자산보유자인 금융기관 또는 기업은 유동화를 위해 일정한 자산167)을 유동화전문 SPC에 양도하고 SPC

166) 임철현(2019), 219-220쪽.
167) 초창기에는 다수의 채권으로 이루어진 집합화된 자산이 주로 유동화되었으나, 최근에는 부동산금융과 관

는 유동화증권을 발행한다. 이 SPC[168]가 유동화증권을 투자자에게 발행하고 그 발행대금을 받아서 자산보유자에게 양도대금으로 지급함으로써 자산보유자는 자금을 조달하게 된다.

ABS는 1980년대 중반 이후 재무건전성 제고, 자금조달경로 다양화, 리스크 분산 등 순기능이 강조되면서 미국 등 선진국에서 빠르게 성장하였다. 그러나 자산유동화증권의 과도한 팽창과 부실이 2008년 금융위기의 주요 원인을 제공한 것으로 지목되면서 국제적으로 자산유동화증권시장에 대한 규제강화 논의가 진행되고 있다.

ABS는 기초자산을 집합하고 구조화하여 신용도를 보강하는 복잡한 증권화 과정을 거쳐 발행되기 때문에 일반 회사채와 달리 다양한 잠재 리스크를 포함한다. ABS 관련 리스크는 자체의 고유리스크와 시스템리스크로 분류될 수 있다. 고유리스크는 채무불이행리스크, 정보비대칭리스크, 유동성리스크 등이 대표적이다. 시스템리스크는 ABS에 대한 제3자의 신용보강, 유동화 과정에서 확대되는 레버리지 등에 주로 연유한다. ABS의 신용도는 제3자의 신용보증을 통해 제고될 수 있으나 ABS가 부실화될 경우 보증기관 부실을 통해 금융시스템 전체로 확산될 위험은 증가한다. ABS를 기초로 다시 ABS를 발행하는 2-3차 유동화가 이루어질 경우 레버리지는 몇 배씩 더 커지게 된다. 이에 따라 기초자산 부실화시 피해 규모가 레버리지만큼 증폭되고 그 영향이 대출시장과 자본시장에 모두 파급된다. 또한 ABS의 투자자가 투자은행, 헤지펀드, 상업은행, 연기금 등으로 폭넓게 분포되어 있어 특정 자산의 부실화 리스크가 금융시장 전체로 빠르게 확산될 소지가 크다.[169]

(2) ABS의 발행구조

일반적으로 ABS를 발행하기 위해 자산보유자는 보유자산 중 일부를 유동화자산(기초자산)으로 묶고(pooling), 이를 SPC에 완전매각한다. 유동화자산을 양도받은 SPC는 ABS를 발행하여 투자자에게 매각하고 유동화자산의 관리·운용·처분에 의한 수익으로 발행증권의 원리금을 상환한다.

자산유동화는 금융기관으로부터의 차입, 주식 또는 사채 발행 등의 전통적인 자금조달방식과 달리 기업이 보유한 채권, 부동산 등의 자산에서 발생하는 현금흐름을 기초로 하여 자금을 조달하는 금융기법인데, 자산유동화를 하려면 ⅰ) 자산보유자의 선별된 자산집합을 대상으로, ⅱ) 정기적으로 원리금 상환에 필요한 충분한 현금흐름을 확보한 후, ⅲ) 원리금의 상환과 적시 배당을 보장하는 증권을 발행하되, ⅳ) 일정기준 이상의 신용등급을 받고, ⅴ) 자산보유자가 파산하더라도 원리금 지급에 영향이 없어야 한다.

련하여 거액의 단일 대출채권을 유동화하는 거래도 많이 이루어지고 있다.
168) 여기에는 자산유동화법에 의한 유동화전문회사, 신탁회사 및 한국주택금융공사 등이 있다.
169) 김병우(2013), "그림자 금융의 동향과 건전성 제고에 관한 연구", 경영교육저널 제24권 제3호(2013. 12), 15-16쪽.

자산유동화에 있어서 통상 자산보유자가 자산유동화를 위한 SPC인 유동화전문회사를 설립하고, 이러한 SPC에 유동화자산을 양도하면 이를 담보로 하여, 필요한 경우 신용보강170)을 받아 유동화증권을 발행하고 자산관리자171)가 채권을 추심하여 증권의 원리금을 상환하는 구조를 취한다.172)

3. 자산유동화에 대한 규율체계

(1) 자산유동화법에 의한 유동화
(가) 자산유동화 관련 법률

현재 우리나라에는 ABS에 관한 법률인 자산유동화법과 MBS에 관한 법률인 한국주택금융공사법이 존재한다. 자산유동화법은 1998. 4. 14.에 발표된 금융기관·기업구조개혁촉진방안에 따라 입법이 본격화되었으며, 1998. 9. 16. 제정되었다. 위 입법은 1997년 IMF 사태가 발생하자 외환위기 극복을 위해 이루어진 구조조정 과정 중에 부실채권의 정리에 따른 유동성 곤란을 해결하기 위해 추진되었다.

MBS와 관련해서는 원래 1999. 1. 29.에 제정된 「주택저당채권유동화회사법」이 있었다. 그런데 2003. 12. 31. 한국주택금융공사법이 제정됨에 따라 주택저당채권유동화회사법에 근거해 설립되었던 "KoMoCo"(주택저당채권유동화회사)와 "주택금융신용보증기금"이 "한국주택금융공사"로 합병되었고, 그 후 한국주택금융공사가 MBS의 발행을 주도함에 따라 2015. 7. 주택저당채권유동화회사법이 폐지되었다. 따라서 현재 MBS 발행에 대한 근거법은 한국주택금융공사법만이 존재한다.

(나) 자산유동화법에 의한 유동화

자산유동화법은 자산유동화제도의 확립과 투자자 보호를 위하여 ⅰ) 자산유동화의 거래구조, ⅱ) 특수목적기구의 구성 및 업무수행, ⅲ) 거래내용 및 유동화자산에 관한 공시, ⅳ) 유동화증권의 발행, ⅴ) 유동화자산의 관리 등에 관하여 독자적인 규제를 마련하고 있다. 또한 자산유동화법은 기존 법제도상의 제약이나 법적 불확실성을 제거해 주고 자산유동화거래를 용이

---

170) 유동화증권이 원활하게 유통될 수 있도록 특수목적법인의 신용을 은행, 보험회사 등 제3자가 보강하여 주는 것을 말한다. 특수목적법인에 현금흐름이 중단되거나 내부유보금이 고갈되어 유동화증권의 원리금 상환이 곤란하게 된 경우 증권소지인에게 원리금 상환을 보장하는 역할을 한다. 결국 당해 유동화증권은 신용보강기관의 신용등급으로 발행되어 투자자들에게 판매된다.
171) 특수목적법인인 유동화전문회사는 직원을 두지 않는 명목회사인 경우가 대부분이므로 양도받은 자산을 관리해주는 자산관리자를 따로 두게 된다. 예를 들어 주택저당채권의 경우 특수목적법인이 각지에 흩어져 있는 담보물건을 직접 관리하고 임대료를 징수하기는 불가능하다. 이 경우 자산관리 및 원리금 회수를 대행하는 자를 자산관리자라고 하는데, 자산보유자가 겸임하는 경우가 많다.
172) 이진서(2012), "구조화금융에 관한 연구: 자산유동화·프로젝트금융을 중심으로", 고려대학교 대학원 박사학위논문(2012. 6), 17쪽.

하게 할 수 있도록 거래당사자들의 사법상 권리의무 관계에 관하여 민법, 상법, 신탁법, 자본시장법, 채무자회생법 등에 대한 다양한 특례 규정을 두고 있고, 금융업에 적용되는 기존의 규제와 채권양도, 저당권·부동산소유권의 이전 등과 관련한 절차 및 비용의 부담을 완화해주고 있다.173)

자산유동화법은 자산유동화거래의 구조 및 방식에 관해 정하고 있으나 모든 자산유동화거래에 대하여 강제로 적용되는 법은 아니다. 자산유동화거래를 반드시 자산유동화법에 의한 자산유동화로 해야 하는 것은 아니고 자산유동화법 밖에서도 할 수 있다. 자산유동화에 관하여 자산유동화법의 적용을 받고자 하는 경우에는 자산유동화계획을 금융위원회에 등록하여야 한다(법3①).

자산유동화법에 의한 등록유동화는 자산유동화를 지원하기 위한 동법상의 특례가 필요한 주택저당대출채권(채권양도의 대항요건, 저당권의 이전, 근저당권 피담보채권의 확정 등에 관한 특례), 대출채권·카드채권·매출채권 등의 집합채권(채권양도의 대항요건 특례), 리스채권(시설대여계약상 채권의 유동화에 관한 특례) 등을 유동화자산으로 하는 경우에 주로 이용되고 있다.

(다) 자산유동화법에 의한 자산유동화의 한계

자산유동화법에 따른 유동화거래는 자산유동화법 제3조에 따라 금융위원회에 등록해야 하는 "등록유동화" 거래로 자산유동화법의 규정과 감독당국의 감독기준에 의해 자산보유자의 자격, 기초자산의 종류, 유동화증권의 종류, 거래구조 등 측면에서 일정한 제약이 존재할 뿐만 아니라 유동화계획과 자산양도 등록절차 등 일정한 절차적 요건도 충족하여야 하므로 거래계의 다양한 구조화금융 관련 요구들을 모두 수용하기에 한계가 있다.

또한 유동화전문회사가 등록할 수 있는 자산유동화계획은 1개로 한정되므로(자산유동화법3②), 별도 유동화 거래시 유동화전문회사를 다시 설립하여야 하는데, 이 경우 설립비용·관리비용이 발생하므로 반복적으로 자산유동화거래를 실시하려는 자산보유자에게 제약이 될 수 있다. 아울러 금융감독당국은 후순위사채의 인수, 신용공여, 담보책임의 부담 등 자산보유자의 신용보강 비율이 전체 유동화증권 금액의 50%를 넘지 않도록 지도하고 있으며, 주식을 주된 유동화자산으로 하는 자산유동화도 허용하지 않고 있다.

(2) 자산유동화법에 의하지 않은 유동화

부실자산의 처리와 자금조달이라는 목적으로 자산유동화를 하려는 자산보유자들은 자산보유자의 자격 제한 등 등록유동화 거래의 한계를 피하기 위하여 자산유동화법에 따르지 않는 유동화거래인 "비등록유동화" 거래를 이용하게 되었다. 비등록유동화 거래는 자산유동화법에 따른 유동화전문회사에 의하지 않고, 상법에 따라 주식회사나 유한회사를 설립하여 자산유동

---

173) 박준·한민(2019), 「금융거래와 법」, 박영사(2019. 8), 446-447쪽.

화를 수행하고 있다. 그리고 비등록유동화 거래는 거래계의 다양한 구조화금융 요구에 부응하여 양적 팽창과 함께 진화를 계속하고 있다. 비등록유동화 거래는 유동화증권 발행시 금융당국의 직접적인 감독을 받지 않으므로 비등록유동화증권의 투자자에 대한 보호가 충분하지 않을 가능성이 있다.

2005년경부터 자산유동화법에 의한 자산유동화에 주어지는 특례를 굳이 필요로 하지 않는 거래(대표적으로 부동산 프로젝트금융 유동화)를 중심으로, 감독당국의 규제에 따른 부담이나 거래비용을 줄이기 위해 자산유동화법에 의하지 아니하는 비등록유동화 거래가 늘어나기 시작하였다. 최근에는 비등록유동화 거래가 자산유동화거래에서 차지하는 비중이 더 크다.

(3) 금융규제법 및 거래법의 적용

자산유동화법에 의한 자산유동화거래와 자산유동화법에 의하지 아니한 비등록유동화 거래는 모두 자본시장법 등 금융규제법에 의해 규제된다. 자본시장법에 의한 증권 발행시장 및 유통시장의 공시규제와 집합투자규제, 자산유동화거래에 참여하는 자산보유자, 자산관리자, 업무수탁자, 신용보강자, 투자자 등에 대한 해당 금융규제법에 의한 금융업 규제 등이 그 대표적인 것이다. 자산유동화거래의 사법적 법률관계에 대하여는 민법, 상법, 신탁법, 채무자회생법 등 거래법이 적용된다. 다만 자산유동화법에 의한 자산유동화거래를 자산유동화법에 의해 우선적으로 규율되고 동법에서 달리 정하지 않은 사항에 대하여 위의 금융규제법과 거래법이 적용된다.[174]

Ⅱ. 자산유동화증권 발행 참여자

1. 자산보유자

자산보유자는 현재 또는 장래 현금흐름이 발생하는 자산을 보유하고 있는 당사자를 말한다. 보유자산을 증권으로 유동화할 수 있는 자는 기본적으로 금융기관이다. 세부적으로는 자산유동화법 제2조 제2호에 규정되어 있다. 자산보유자는 자산유동화를 위하여 자신의 자산을 SPC에 양도하는 절차를 거친다. 이렇게 자산을 양도하는 이유는 자산보유자와 절연된 자가 새로운 신용을 창출할 필요가 있기 때문이다.[175]

대상자산은 현재 또는 미래에 발생되는 현금흐름이 있고 양도 가능한 자산이면 된다. 일반적으로 자동차할부채권, 신용카드채권 등 일정한 현금흐름이 있는 우량자산을 대상으로 하며, 일부 부실채권도 미래에 현금흐름이 발생되면 ABS 대상자산이 될 수 있다.

---

174) 박준·한민(2019), 448쪽.
175) 김은수(2015), "유동화증권의 유형과 발행절차에 관한 연구: 유동화 대상자산의 확대 및 다양화를 중심으로", 한국법학회 법학연구 제60집(2015. 12), 240-241쪽.

2. 유동화전문회사

유동화전문회사는 자산보유자로부터 자산을 구입하고 이를 바탕으로 ABS를 발행하는 명목회사(paper company)이다. 즉 ABS 대상자산의 양수, 증권의 발행 또는 이와 관련된 한정된 업무만을 수행할 목적으로 설립된 법인을 말한다. 일반적으로 회사형태로 설립될 때에는 SPC라고 하며, 특수목적기구 형태로 설립될 때에는 SPV라고 부른다.

3. 자산관리자

유동화전문회사는 명목회사이므로 양도받은 자산을 스스로 관리할 능력이 없다는 점이 문제이다.[176] 자산보유자(은행)에게 자산관리를 다시 맡기는 것이 일반적이다.[177] 결국 유동화된 채권의 채무자가 증권화 이후에도 계속해서 자산보유자를 상대하게 되는 구조가 된다. 자산보유자의 입장에서는 자신이 보유한 자산을 제3자에게 매각하거나 금융기관에 담보로 제공하고 차입하는 방법이 일반적인 자금조달의 수단이나, 매출채권인 경우에는 자산유동화를 통하게 되는 것이다. 통상 유동화자산의 관리는 유동화자산으로부터 회수되는 금전으로 지급하게 되며, 이자지급 업무는 자산보유자가 자산관리자의 지위에서 채권발행회사를 대행하여 수행하게 된다. 다만 자산보유자가 자산유동화거래를 한 후 자산관리회사에게 수수료를 지급해야 한다.[178]

4. 수탁기관

출자금, 유동화증권 납입금, 유동화자산, 유동화자산을 관리·운용·처분함에 따라 취득한 금전, 채권, 유가증권, 물건 등의 보관을 대행하고, 유동화자산의 매매대금, 증권원리금, 각종 수수료 및 비용의 지급대행을 주요 업무로 하는 기관을 수탁기관이라 한다. 여유자금을 운용하기도 하며, 투자자 보호를 위하여 자산관리 현황을 모니터링하기도 한다.

5. 신용평가기관

신용평가기관이란 투자자를 위하여 대상자산의 현금흐름, 청산가치, 거래에 수반되는 법적·경제적 위험, 자산보유자 또는 채무자의 신용상태 등 ABS 거래구조와 관련된 신용평가를 하여 정보제공을 하는 기관을 말한다. 유동화증권은 통상 신용평가기관으로부터 신용등급을

---

176) 신탁회사나 주택저당채권유동화회사의 경우에는 자산관리가 가능하다. 다만 효율성이나 경제성을 이유로 별도로 자산관리자를 선임하는 경우가 많다.
177) 자산유동화법 제10조(자산관리의 위탁) ① 유동화전문회사등(신탁업자를 제외)은 자산관리위탁계약에 의하여 자산관리자에게 유동화자산의 관리를 위탁하여야 한다.
178) 김은수(2015), 242-243쪽.

받는데, 공모발행시 일정 수준 이상의 신용등급을 획득해야 한다. 이러한 투자적격의 신용평가를 받기 위하여 필요한 경우에는 신용보강(credit enhancement)이 이루어져야 한다.

6. 신용보강기관

신용보강기관은 기초자산으로부터 발생되는 현금흐름이 일시적으로 중단되거나, 투자자에게 지급할 원리금에 대한 일시적인 부족분에 대하여 제3자가 지급보증을 함으로써 발행 증권에 대한 신용을 보강하는 기관이다. 그 외의 신용보강 방법으로는 초과담보 설정, 지급준비계정 설치, 자산보유자의 지급보증 등이 있다. 유동성공여기관(liquidity facility provider)이라고도 하며, 우리나라의 경우 주로 수탁기관인 은행들이 한도대출 형태로 유동성공여기관의 역할을 하고 있다.

7. 주관사

주관사는 자산보유자의 자산 내용을 파악하여 적절한 거래구조를 제시, 자문하고, 증권발행과 관련된 업무 주관, 특수목적회사 설립, 거래참여자들과의 협의, 기타 ABS의 발행과 관련하여 종합적인 조언자의 역할을 한다. 그 대가로 주선수수료를 받는다. 우리나라에서는 주로 증권회사, 은행 등이 그 역할을 맡고 있다.

8. 투자자

유동화증권이 사모 방식인 경우에는 소수의 기관투자자들이 인수하고 공모 방식인 경우에는 인수단이 인수한 후 일반투자자들에게 매각한다. 은행, 보험회사, 연기금 등의 기관투자자가 자산유동화증권시장에서 주종을 이루고 있다.

Ⅲ. 자산유동화의 효용

자산유동화의 절차가 복잡함에도 불구하고 널리 활용되는 것은 참가 주체별로 다음과 같은 이용 동기가 있기 때문이다.[179)]

1. 자금조달비용의 절감

자금을 조달하고자 하는 자산보유자의 입장에서는 유동화증권의 신용등급을 자산보유자 자신의 신용등급보다 높일 수 있으므로 그만큼 자금조달비용을 낮출 수 있고, 자산유동화를 통

---

179) 이진서(2012), 18-20쪽.

하여 보유자산의 포트폴리오를 다양화하거나 그 위험을 분산시킬 수 있다.

특수목적법인인 유동화전문회사는 자산을 담보로 유가증권을 발행하기 때문에 증권의 신용도는 대상자산의 원리금 회수가능성만 따지지 자산보유자 자신의 신용위험은 문제되지 않는다. 따라서 유동화증권은 적절한 구조를 갖추면[180] 자산보유자의 신용등급보다 훨씬 좋은 등급을 받을 수 있으므로 조달금리가 크게 낮아진다.

2. 상환청구권 배제

유동화증권의 원리금 상환은 특수목적법인에 양도된 자산에서 나오는 현금흐름을 일차 재원으로 하므로 그 현금흐름이 원리금 상환액에 미치지 못하더라도 자산보유자는 원칙적으로 투자자로부터 직접 상환청구를 받지 않는다.

3. 재무구조개선

자산유동화는 자산을 양도하는 방식으로 자금을 조달하는 것이므로 자산보유자로서는 대차대조표상 부채로 기록할 필요가 없으며, 특히 금융기관은 자산 매각분을 대차대조표의 자산에서 공제할 수 있으므로 재무구조를 개선하고 자기자본비율을 제고하는 효과를 누릴 수 있다.

4. 투자자층 확대

투자자의 입장에서는 신용도가 높고 상대적으로 수익률도 좋은 다양한 상품에 투자하는 기회를 찾고 있는데, 자산유동화 상품은 일반적으로 신용도가 높으면서도 수익률이 좋은 편이므로 많은 투자가 이루어지고 있다. 따라서 자산유동화를 통해 기업의 재원도 조달하고, 업계의 지명도도 높일 수 있어서 투자자층을 확대할 수 있는 장점이 있다.[181]

IV. 유동화증권의 종류

1. 증권의 법적 성격에 따른 분류

ABS는 증권의 법적 성격에 따른 분류로 SPC가 발행하는 ABS와 신탁회사가 발행하는

---

180) 외부기관이 보증을 하는 등 신용보강이 이루어지는 경우를 말한다.
181) 다만 자산유동화는 대상자산이 동질적이어야 하며, 자산관리의 노하우가 충분하지 않은 경우 신용보강을 위한 추가비용 부담이 불가피하고 금융비용이 과다하게 소요될 수 있다. 또한 자산보유자의 무담보채권자들로서는 양질의 자산이 유동화의 목적으로 특수목적법인에 양도되는 결과 자산보유자가 그에 상응하는 유동성을 획득한다고 해도 채권의 담보가 되는 일반 재산이 줄어든다는 이유로 자산유동화의 비효율성과 분배의 불평등을 문제 삼을 수 있다.

ABS가 있다. SPC 발행 ABS는 유동화전문회사(SPC)가 자산보유자로부터 양도받은 유동화자산을 기초로 증권, 즉 사채, 출자증권, CP 등을 발행한다. 사채형태로는 유동화사채가 있는데, 이는 SPC가 발행하는 사채를 말하며, 출자증권의 형태로는 유동화 출자증권이 있고, 어음 형태로는 ABCP가 있으며, 이는 부분 차환구조 ABS 발행시 발행기법으로 사용된다. 신탁회사 발행 ABS는 신탁회사가 자산보유자로부터 유동화자산을 신탁받고 그 수익권을 표창하는 증권인 수익증권을 발행한다.

2. 유동화증권의 상환방법에 따른 분류

기초자산의 위험이 어떻게 투자자에게 이전되는가에 따른 분류이다.

(1) 패스스루(Pass-through)형 증권

패스스루(Pass-through)형 증권은 양도된 자산에 대한 권리의 일부를 표창하는 증권을 말한다. 즉 일정 규모의 저당대출 담보 집합에 대한 일정 지분을 나타내는 유가증권으로서, 은행(originator)이 보유하는 대출채권을 신탁회사에 신탁하고, 수탁자로부터 수익증권을 교부받아 투자자에게 판매하는 방식이다. 이 경우 증권은 신탁자산에 대한 직접적인 권리를 표창하므로 대출채권의 신용위험이나 기한 전 상환위험을 증권보유자가 부담하게 된다. 따라서 자산의 보유자인 은행은 양도한 유동화자산을 대차대조표에서 제거할 수 있는 장점이 있다.[182] 투자자는 유동화된 자산에 대한 위험을 부담하고, 은행에 대한 소구권이 없는 것이 원칙이므로 신용보강을 하여 발행하는 것이 일반적이다.[183]

(2) 페이스루(Pay-through)형 증권

페이스루(Pay-through)형 증권이란 유동화자산을 담보로 발행하는 것으로서, 유동화자산에 대한 직접적인 권리를 표창하는 것이 아니라, 증권 발행인에 대한 채권의 보유자로서의 지위만을 표창한다. SPC가 사채권 또는 지분을 발행하는 경우가 이에 해당하는데, 투자자는 유동화자산에 직접적인 소유자가 아니며, 발생 현금흐름에 대한 투자자가 된다.[184] 그러므로 증권은 SPC의 채무를 표창하는 것이며, 유동화자산은 SPC가 보유하며 증권의 담보가 된다. 다만 SPC가 유동화자산의 위험을 부담하게 되므로 SPC는 임의상환에 대하여 옵션을 확보하는 경우도

---

182) 부외거래(off balance sheet engagement)는 크게 위험을 확실성으로 대체하는 전략과 불리한 위험만 제거하고 유리한 위험을 남기는 전략으로 구분된다. 전자는 미래의 포지션 변동 가능성 자체를 없애는 것이며, 후자는 주로 옵션 관련 상품을 사용하는 기법을 말한다. 또한 파생금융상품과는 관련이 없지만 대출약정이나 보증도 주요한 부외기법으로 간주된다.

183) 김은수(2015), 245쪽.

184) 유동화자산 집합에서 발생되는 현금흐름을 이용하여 증권화하고, 현금흐름을 균등하게 배분하는 단일증권이 아니라 상환우선순위가 다른 채권을 발행하는 방식이다. 원리금이 SPC를 통하여 지급되는 형태이므로 "원리금 이체식증권"으로도 알려져 있다

있다. 국내에서 발행되는 대부분의 ABS는 페이스루(Pay-through)형이 많으며, 기초자산의 현금흐름에 대해 만기, 수익률, 조기상환 우선순위 등 상이한 몇 개의 트렌치(tranche)로 발행하는 방식이다.185)

(3) CMO

CMO(Collaterlized Mortgage Obligation)는 MBS의 한 종류로 패스스루(Pass-through)형 MBS를 우선순위별(Class)로 구분하여 각각의 트렌치를 발행하는 형태이다. CMO 형태는 원리금 지급에 있어서 우선순위를 구분함으로써 조기상환위험을 트렌치별로 이전하게 하는 효과를 가진다. 즉 투자자의 수요에 맞추어 등급·이자율·만기를 달리하는 여러 종류의 증권을 발행하고, 유동화자산으로부터 현금화된 자금을 등급이 높은 증권으로부터 상환해 가는 방식이다. 현금흐름에 대한 우선순위가 높은 증권은 안정된 현금흐름을 산출하므로 마치 신용보강이 이루어진 것과 마찬가지의 효과를 거둘 수 있다.

기한 전 상환의 위험부담은 상환기간이 짧은 선순위증권이 부담하며, 후순위증권은 만기가 보장되는 장점이 있다. 국내에서는 실질적으로 미국과 같은 패스스루(Pass-through)형의 MBS는 발행되지 않고 있다. 국내 유동화증권 신고규정 및 기관투자자들의 성향은 CMO형태를 인용한 구조를 활용하여 MBS를 이용하고 있다.186)

3. 유동화자산의 종류에 따른 분류

ABS는 발행의 기초가 되는 자산의 종류에 따라 보통 별도의 명칭을 붙인다. 기초자산이 주택저당채권인 경우 MBS(Mortgage Backed Securities), 회사채인 경우 CBO(Collateralized Bond Obligation), 회사채의 발행시점에 유동화가 이루어진 경우 P-CBO(Primary Collateralized Bond Obligation), 은행의 대출채권인 경우 CLO(Collateralized Loan Obligation), 신용카드채권인 경우 CARD(Certificates of Amortizing Revolving Debts), 자동차할부채권인 경우 Auto-Loan ABS 등 다양하게 불린다.

일반적인 부채를 토대로 한 최초의 CDO는 1987년에 발행되었다. 정크본드 시장의 개척자로 유명한 밀켄(M. Milken)의 드렉셀(Drexel Burnham Lambert) 투자은행은 여러 기업의 고수익채권(정크본드)을 풀(pool)에 넣고, 이로부터 CDO를 발행하여 자금을 조달하였다. 이는 곧 은행으로 전파되어 자기자본비율을 낮추는 기법으로 사용된다. 이를 "재무제표 CDO"라고 한다.187) CDO는 모든 형태의 금융자산을 재료로 삼아 발행할 수 있다. 다시 말해서 페이스루 형

---

185) 김은수(2015), 246쪽.
186) 김은수(2015), 246-247쪽.
187) 일례로 내셔널 웨스터민스터 은행은 50억 달러에 달하는 200개의 대출채권을 SPV에 양도하여 이로부터 AA 등급의 선순위 증권(95.9%)과 후순위 증권을 발행하였다. 만일 CDO가 없다면, 이 은행은 50억 달러

태로 발행한 증권을 C□O라고 부르고, 그 "재료"의 앞글자를 □ 안에 넣을 수 있다. 모기지 증서를 넣으면 CMO, 은행의 대출증서(loan)이면 CLO, 채권(bond)이면 CBO가 된다.

CDO는 초기에 자금조달(드렉셀)이나 자산이전(은행)을 목적으로 발행되었고, 1990년대 중반까지 발행 규모가 크지 않았다. 그런데 1990년대 말 CDO의 기능이 변모한다. 점차 "재료"에서 발생하는 이자와 CDO에 지급하는 이자의 차액을 획득할 목적으로 사용된다. 이를 "차익거래 CDO"라고 한다. "재무제표 CDO"에서 "차익거래 CDO"로 전환되는 것은 CDO의 기능 자체로 설명되지 않는다. 그것은 CDO를 둘러싼 금융환경의 변화에서 비롯된다.[188]

(1) CDO(Collateralized Debt Obligations: 부채담보부증권)

CDO는 주택저당채권 이외에 회사채, 대출채권, 신용카드채권, 자동차할부채권 등 여러 채권을 기초자산으로 삼아 발행되는 증권을 말한다. CDO는 구조화 금융상품으로서, 기초자산을 가공하여 여러층(tranche: Tier)의 상이한 현금흐름을 만들어 내고 트렌치(tranche) 별로 각기 다른 신용도를 가진 증권을 발행(tranching)한다는 점에 특징이 있다. 이렇게 해서 발행된 CDO는 기초자산인 매출채권이나 회사채와는 질적으로 달라진다. 여기서 통상적으로 신용등급 AAA에 해당하는 트렌치를 senior tranche라 하고, 신용등급 AA에서 BB에 이르는 트렌치를 mezzanine tranche라 부른다. 그리고 가장 낮은 신용등급의 junk나 신용등급 불가 수준의 트렌치를 equity tranche라 한다. senior tranche는 가장 위험이 낮은 트렌치로서 최우선 순위로 변제되고 채무불이행시의 손실을 가장 나중에 흡수하며 가장 안정적인 현금흐름을 제공한다. 반면 가장 낮은 등급의 equity tranche는 다른 트렌치의 변제가 이루어진 다음 가장 나중에 변제를 받아야 하며, 채무불이행 사유 발생시에는 손실을 가장 먼저 흡수하여야 한다. 그래서 이러한 최후순위의 비우량 트렌치를 toxic waste라고 부르기도 한다.[189]

또한 파생상품시장으로부터 신용부도스왑(CDS)을 구해 CDO와 결합시켜 위 junk tranche의 손실을 보상받을 수 있는 조건을 걸면, 따로 기초자산의 이전 없이도 원래보다 더 높은 신용도의 우량한 CDO로 탈바꿈시킬 수 있는데, 이를 신용파생상품의 하나인 합성CDO(Synthetic CDO)라 한다. 그리고 CDO 중 회사채를 기초자산으로 하는 것을 CBO, 신용등급이 낮은 기업대출을 기초자산으로 하는 것을 CLO라 구별하여 부르기도 한다.[190] 아래서 구체적으로 살펴본다.

(2) CBO(Collateralized Bond Obligations: 채권담보부증권)

CBO는 기업이 발행한 회사채(채권)를 기초로 발행되는 ABS를 말하는데 신규발행 채권을

의 8%인 4억 달러의 자기자본을 보유해야 된다. 하지만 SPV는 은행과 회계상 분리된다. 50억 달러를 SPV에 이관하고 그것의 지분(2%)을 보유함으로써 필요한 자기자본을 1억 달러로 줄일 수 있다.
188) 윤종희(2019), "그림자은행 시스템의 출현과 발전", 경제와사회 통권 제124호(2019. 12), 393-394쪽.
189) 임철현(2019), 221쪽.
190) 임철현(2019), 222쪽.

기초로 하는 발행시장 CBO(primary CBO)와 이미 발행된 채권을 기초로 하는 유통시장 CBO(secondary CBO)로 구분된다. 발행시장 CBO(=P-CBO)는 신용도가 낮아 채권시장에서 회사채를 직접 발행하기 어려운 기업의 회사채 차환발행 또는 신규발행을 지원하기 위해 도입되었다. 발행시장 CBO의 신용보강은 주로 수탁은행의 신용공급에 의해 이루어지며 신용보증기금 등이 이 신용공급에 대해 지급보증을 한다.[191] 유통시장 CBO는 금융기관이 보유하고 있는 기발행 채권을 SPC에 매각하고 SPC는 신용을 보강한 다음 CBO를 발행하여 투자자에게 매각함으로써 자금을 조달하는 구조로 되어 있다. 유통시장 CBO의 신용보강은 수탁은행의 신용공급과 선·후순위 구조로 이루어진다.[192]

(3) CLO(Collateralized Loan Obligations: 대출채권담보부증권)

CLO는 금융기관의 기업에 대한 대출채권을 기초자산으로 발행되는 ABS를 말한다. 부실채권(NPL: Non-Performing Loan) 등을 포함한 기존 대출채권을 유동화하는 CLO와 신규 대출채권을 기초로 하는 발행시장 CLO(primary CLO)로 나뉜다. 우리나라의 경우 CLO가 대부분 부실채권을 기초자산으로 발행되고 있는데 부실채권을 기초로 하는 CLO를 NPL ABS라고도 한다. NPL ABS는 부실채권을 처분하여 금융기관의 재무건전성을 높이기 위해 발행되는데 기초자산의 현금흐름이 없으므로 담보의 처분, 채권추심 등을 통해 얻어질 수 있는 현금흐름과 수탁은행의 신용보강 및 선·후순위 구조로 이루어진다. 한국자산관리공사가 발행하는 NPL ABS는 채권은행에 대한 환매요구권[193]이 신용보강에 이용된다.

한편 발행시장 CLO는 신용도가 취약한 기업에 대한 은행대출을 지원하기 위해 활용되고 있다. 발행시장 CLO는 은행이 다수의 기업에 대한 신규 대출채권을 SPC에 매각하고, SPC가 이를 기초로 CLO를 발행하여 자금을 조달하는 구조로 되어 있다. 발행시장 CLO의 신용보강은 주로 수탁은행의 신용공급에 의해 이루어지며 신용보증기금 등이 신용공급에 대해 지급을 보증한다.[194]

(4) CARD(Certificates of Amortizing Revolving Debts: 신용카드매출채권부증권)

CARD는 현재 발생한 특정계좌의 신용카드매출채권(현금서비스 이용대금채권을 포함)과 장래 특정시점까지 발생할 신용카드매출채권을 기초로 발행되는 ABS를 말한다. 만기가 짧은(약 45일 정도) 신용카드매출채권을 기초로 장기의 ABS를 만들기 위해 CARD에는 재투자 구조(revolving structure)가 이용된다. 즉 ABS를 발행할 때 기초자산으로 사용된 신용카드매출채권이 결제되어 회수되는 현금흐름으로 이 ABS의 이자만을 지급하고, 남은 금액으로는 특정계좌의

---

191) 선순위채 전체에 대하여 지급을 보증하기도 하며 일부에 대해서만 보증하기도 한다.
192) 한국은행(2018), 「한국의 금융제도」(2018.12), 350쪽.
193) 원채무자의 6개월 이상 연체 및 특별채권 내용 변경시 채권은행에 대해 환매를 요구할 수 있다.
194) 한국은행(2018), 350-351쪽.

새로운 신용카드매출채권을 매입하여 기초자산 집합에 추가시키는 방식이다.

CARD는 특정계좌로부터의 현금흐름을 자산보유자의 몫(seller's interest)과 투자자의 몫으로 구분하고, 자산보유자의 몫을 일종의 내부신용보강장치로 활용하고 있다. 이에 따라 CARD는 투자자 몫을 기초로 ABS가 발행된다는 특징이 있다. 자산보유자 몫은 유입되는 현금흐름의 변동에도 불구하고 투자자 몫이 고정되도록 하는 완충장치의 역할을 한다. 한편 자산보유자 몫이 일정 수준 이하인 상태가 일정기간 계속되면 조기상환이 이루어진다. CARD의 원금은 재투자 기간이 끝난 후 일정기간(축적기간) 동안 누적하여 만기에 한꺼번에 상환되거나 일정기간(조정상환기간) 분할하여 상환된다. CARD의 신용보강은 선·후순위 구조, 초과담보, 하자담보책임 및 조기상환구조 등으로 이루어진다.[195]

(5) ABCP(Asset Backed Commercial Paper: 자산담보부기업어음)

ABCP는 CP의 형태로 발행되는 ABS를 말하는데 자산유동화법에 근거하여서는 ABS·ABCP 구조가 주로 활용되고 있다.[196] ABS·ABCP 구조는 SPC가 기초자산을 근거로 ABS를 발행하는 것은 다른 ABS와 같지만 자산유동화 기간에 상응하는 장기 ABS를 1회 발행하는 대신 단기 ABS 사채를 발행한 후 만기 도래시 ABCP를 발행하여 ABS 사채를 상환하고 자산유동화 기간 동안 계속 ABCP를 차환발행하는 것이다. ABS·ABCP는 장단기 금리차이에 따른 자금조달비용의 절감, 기초자산에서 발생하는 여유자금의 재투자위험 축소 등이 가능해지므로 ABS 발행의 경제성을 높일 수 있다.[197] 이에 관한 자세한 내용은 후술한다.

(6) MBS(Mortgage Backed Securities: 주택저당증권)

MBS는 주택저당채권(mortgage)[198]을 기초로 발행되는 ABS이다. MBS 시장은 1차 시장, 2차 시장 및 자본시장으로 구성된다. 1차 시장은 모기지 차입자와 상업은행 등 모기지 대출기관 사이에 모기지론(주택담보대출)이 이루어지는 시장이다. 2차 시장은 모기지 대출기관이 보유하고 있는 주택저당채권을 유동화(증권화)하는 시장을 말하며, 자본시장은 유동화된 주택저당증권이 기관투자자들에게 매각되고 유통되는 시장을 말한다.[199]

MBS는 주택저당채권을 기초자산으로 ABS를 발행한다는 점에서 일반 ABS와 유사하지만 조기상환위험을 갖는다는 점에서 큰 차이가 있다. 미국의 경우 모기지론 조기상환시 주택자금 차입자에게 어떤 패널티도 부과되지 않는다. 이와 달리 한국주택금융공사가 양도받는 주택저

---

195) 한국은행(2018), 351쪽.
196) ABCP는 ABS 사채의 발행 없이 CP의 형태로만 발행될 수 있다.
197) 한국은행(2018), 351-352쪽.
198) 주택저당채권이란 주택의 구입 또는 건축에 소요되는 대출자금 등에 대한 채권으로서 당해 주택에 설정된 저당권에 의하여 담보된 채권을 말한다.
199) 한국은행(2018), 352쪽.

당채권의 경우 조기상환시 수수료가 부과된다. 조기상환위험이란 모기지 차입자가 추가적인 수수료 납부 없이 잔존대출원금을 만기일 이전에 상환함으로써 ABS 발행인 또는 투자자의 현금흐름에 불확실성이 발생하는 위험을 말한다. 조기상환은 차입자가 전직, 타주택 구입 등으로 주택을 매각하는 경우, 차입자가 모기지 계약을 이행하지 못하여 담보주택이 매각되는 경우, 차입자가 재차입비용을 고려한 후에도 금리가 계약금리 이하로 하락하여 재차입을 하는 경우 등에 발생한다.

우리나라에서 MBS는 주로 한국주택금융공사가 발행하고 있으며, 주택저당채권을 가지고 있는 일부 금융기관도 SPC를 설립하여 발행하고 있다.

V. 자산담보부기업어음(ABCP)과 전자단기사채(ABSTB)

1. 자산담보부기업어음(ABCP)

(1) ABCP의 의의

자산담보부기업어음(ABCP)은 CP와 ABS의 구조를 결합한 것으로 유동화자산을 양도받은 SPC가 유동화자산의 현금흐름에 기초하여 CP를 발행[200]하는 구조를 취하는 단기금융상품이자 기업의 대표적인 단기 자금조달수단이다. ABCP는 ABS와 구조적인 면에서의 차이는 크지 않으나, ABS가 자산유동화 사채인 반면, ABCP는 기업어음이라는 차이가 있으며, ABCP는 대체로 만기가 1년 미만(주로 3개월 이내 차환발행)인 단기채무로 발행되는 특징이 있다.

이와 같은 유동화 대상자산을 기초로 CP를 발행하여 자금을 조달하는 기법을 ABCP Program이라고 한다. 이는 1980년대 초반 선진국의 상업은행이 기업고객에게 저리의 자금을 공급하기 위한 방법으로 개발된 금융기법이다. CP 발행의 기초자산은 일반적으로 할부매출채권, 리스채권, 신용카드매출채권 등 상거래 매출채권이지만, 근래에는 CP 발행의 기초자산이 ABS, PF대출(Loan), Revolving 자산, MBS, 회사채, CP 등에 이르기까지 그 대상이 점차 확대되고 있다.

상업은행 입장에서 ABCP Program은 자신의 대차대조표에 영향을 주지 않은 채(부외금융, Off-Balance Financing) 기업고객에게 자금을 제공하면서 다양한 형태의 수수료를 획득할 수 있는 장점이 있다. 아울러 기업고객도 ABCP Program을 통해 좀 더 수월하게 자금을 조달할 수 있다.

---

200) 종래 기업들이 단기 자금조달수단으로 일반사채가 아닌 CP를 이용한 이유는 상법상 주식회사의 경우 사채발행한도가 순자산액의 4배로 제한되어 유동화증권 발행총액을 맞출 수 없기 때문이다. 그러나 ABCP는 어음이라 제한이 없어 CP를 유동화 구조와 결합시켜 단기 자금조달수단으로 이용할 수 있다.

(2) ABCP의 법적 성격

ABCP는 어음법상의 어음이면서 자본시장법상의 증권이라는 이중적 지위를 갖는다. ABCP는 유동화구조가 결합된 구조화금융을 취한 CP로, CP 자체는 어음법상 약속어음에 해당한다. 그러나 CP는 자본시장법상 일정한 요건을 갖추는 경우 증권인 점에서 ABCP도 어음의 형태를 취하면서 자본시장법상 채무증권에 해당한다.

CP가 이중적인 법적 지위를 갖게 된 배경에는 1997년 외환위기 이후 부실 종합금융회사의 퇴출로 CP 할인업무가 급격하게 위축되자 금융감독당국이 이를 해결하고자 1997년 8월 증권회사에 CP 할인업무를 추가로 허용하고, 이에 대한 법적 근거로 증권회사를 통해 할인·중개된 CP를 구 증권거래법상의 유가증권으로 간주한 데서 비롯된다.

CP와 ABCP는 기업어음인 점에서는 공통점이 있지만 CP가 기업의 신용에 기초하여 발행된 회사채무라면, ABCP는 기초자산의 현금흐름에 기초하여 발행된다는 점에서 차이가 있다. 즉 ABCP의 신용도는 기초자산의 질에 달려 있다.[201]

(3) ABCP의 발행유형

실무에서 ABCP의 발행구조는 이에 참여하는 자산보유자(Seller 또는 Originator)의 수에 따라 크게 세 가지 유형이 있다. ⅰ) 첫 번째 유형은 단일 자산보유자가 CP를 발행하는 경우이다("single seller 유형"). ⅱ) 두 번째 유형은 다수의 자산보유자로부터 수집한 자산집합(pool)을 가지고 CP를 발행하는 경우이다("multi seller 유형"). 이 유형은 통상 금융기관들이 자기 고객에게 대체적인 금융을 제공할 때 많이 사용된다. ⅲ) 세 번째 유형은 통상 부외자산으로부터 발생한 차익을 목적으로 구조화하는 경우이다("securities backed program 유형"). 많은 경우 단일 자산보유자가 발행하지만 다수의 자산보유자로부터 수집한 자산집합을 기초로 CP를 발행하는 경우 1회성이 아닌 일련의 프로그램(ABCP Program)으로 진행되는 경향이 있다. 즉 CP가 단일 자산보유자로부터 자산을 양도받아 발행되는 경우 단일 SPC를 이용하는 방식을 취하는 것과 달리 다수의 자산보유자가 존재하고 반복적으로 하는 경우 일체의 권리를 conduit(도관)[202]에게 이전

---

201) ABCP는 CP와 유동화거래가 결합된 것으로 기초자산에서 장기적으로 안정적인 현금흐름이 확보만 되면 구조화 방식으로 현금흐름에 영향을 미치는 요인을 배제하고 다양한 방법으로 신용을 보강한 후 CP를 발행하여 필요한 자금을 조달할 수 있다는 이점이 있고 그간 이러한 이점이 부각되었다. 그러나 ABCP는 유동화기법을 사용하는 과정에서 내재된 도덕적 해이의 위험, 거래구조가 갈수록 복잡해짐에도 불구하고 안전상품으로 이해되어 판매되고 있는 관행, 거래구조에 대한 정확한 정보의 부재, 이들 유동화거래를 이용해서 발행되는 증권에 대하여 제대로 평가할 수 있는 시스템의 부재(즉 이들 증권에 신용등급을 부여하는 신용평가기관의 객관적 평가의 결여) 등이 총체적으로 결합되어 그로 인한 불이익은 궁극적으로 투자자에게 귀속되고 자본시장의 신뢰를 저하시킬 가능성이 있다(안수현(2010), "자산담보부기업어음(ABCP)에 관한 법제도적 문제", 한양법학 제21권 제1집(2010. 2), 483-484쪽).
202) 콘듀잇(Conduit)은 도관이라는 용어로 ABCP를 반복적으로 발행하고자 하는 경우 콘듀잇을 설립하여 보유자산을 콘듀잇에 매각하고, 콘듀잇은 보유자산을 기초로 CP를 발행하는 구조를 취한다. 금융기관의 경우 콘듀잇을 이용하여 보유자산을 콘듀잇에 매각할 경우 부외처리가 가능해지고 부외자산에는 50%의 위

하거나 SPC가 자산을 취득하고, 이에 대한 일체의 권리를 콘듀잇(conduit)에게 이전하는 방식을 취한다. SPC를 자산매도자와 콘듀잇(conduit) 간의 중개자(intermediary)로 사용하는 2단계 구조(two-tier structure)를 취하기도 한다. 콘듀잇(conduit)을 이용하는 경우에는 특히 CP 발행프로그램 전반을 관리하는 프로그램 관리자의 역할이 매우 중요한데, 통상 이러한 역할은 자산관리자가 맡게 된다.203) 그런데 대부분 Multi-Seller ABCP Program의 형태이다.

(4) ABCP의 활성화 및 문제점

자산유동화는 2006년 하반기에 시행된 금융감독당국의 부동산 프로젝트금융(Project Financing, PF) ABS 발행기준 강화조치로 인하여 유동화전문회사의 형태에서 상법상 유동화회사로 진화하였다. 즉 상법상 유동화회사를 통한 ABCP의 등장은 자산유동화법상의 유동화전문회사의 규제에 대한 반대급부로 성장하였다.204)

이러한 ABCP는 CP와 마찬가지로 다음과 같은 문제점을 가지고 있다. ⅰ) 종이어음 형태로 발행할 수 있기 때문에 발행사무가 복잡하고 비용이 많이 든다. ⅱ) 시간 및 공간의 제약으로 인하여 지방소재 기업은 발행이 어렵고 당일 자금화가 어렵다. ⅲ) 종이어음 형태의 실물이므로 위조, 변조, 분실 등의 위험이 있다. ⅳ) 분할유통이 불가능하기 때문에 금융시장 경색시 시장경색이 수반될 수 있다. ⅴ) 상법상 유동화회사의 특성상 유동화증권이 사모 방식 위주로 발행되기 때문에 투명성 문제가 항상 거론된다. CP시장의 불투명성 문제의 상당 부분은 상법상 유동화회사의 ABCP 발행증가에 따른 것으로 해석할 수 있다. 이를 위해 2013년 1월 시행된 「전자단기사채등의 발행 및 유통에 관한 법률」(전자단기사채법)이 CP시장의 한계를 해결하기 위한 대안으로 등장하였다.

(5) ABCP와 ABS의 비교

ABCP는 CP를 발행하고, ABS는 증권(Securities)을 발행한다는 점과 ABS는 여기에 적용되는 자산유동화법이라는 특별법이 있다는 점에서 기본적인 차이가 있다. 이를 바탕으로 ABCP와 ABS를 비교해 보면 다음과 같다.205)

(가) 근거 법률

ⅰ) ABCP는 상법 또는 자본시장법에 근거하여 발행되지만, ABS는 자산유동화법에 의해 발행된다. 따라서 ABS의 경우 ABCP와는 다르게 자산유동화법에 따른 채권양도·저당권취득

험가중치만 적용받는 이점이 있다. 이 때문에 많은 은행들이 PF대출 등 고위험 고수익 자산을 늘리는 한편 이를 콘듀잇에 매각하고 ABCP를 발행하는 예가 급증하고 있다.

203) 안수현(2010), 485쪽.
204) 김준호·문윤재·이재헌(2014), "자산담보부 단기사채를 활용한 해외발전사업 수주확대방안", 한국플랜트학회 플랜트 저널 제11권 제1호(2014. 12), 31-32쪽.
205) 김남훈(2016), 14-16쪽.

특례 및 등록·취득세 감면 등 조세특례가 있다. ii) SPC의 경우 ABCP는 상법상의 주식회사 또는 유한회사의 형태로 설립하여 CP를 발행하고, ABS는 자산유동화법상의 유한회사 형태의 유동화전문회사를 설립하여 회사채, 수익증권 또는 지분증권을 발행한다. iii) ABCP는 주로 사모로 모집하나, ABS는 공모와 사모 두 가지 형태가 모두 사용된다. iv) ABCP는 각각의 콘듀잇(conduit)[206]을 구성하여 포괄유동화[207]가 가능한 반면, ABS는 원칙적으로 불가능하다. v) ABCP는 CP의 특성상 권면분할 및 분할양도 등 조건부 발행이 곤란하나, ABS는 채권이다 보니 선·후순위 등 다양한 조건으로 발행할 수 있다. vi) ABCP는 단기자금조달에 적합하고 발행 소요기간은 통상 5일 이내(공모는 10일 이내) 정도로 짧으나, ABS는 장기자금조달에 적합하고 발행 소요기간도 통상 30일 내외(공모 기준)로 긴 편이다.

(나) 정보공시

ABCP는 공모시에만 금융위원회에 증권신고서를 제출하고, 사모일 경우에는 별도의 공시의무가 없었으나, 2013. 2. 5. 「증권의 발행 및 공시 등에 관한 규정」("증권발행공시규정")이 개정되면서 50매 이상으로 발행되는 경우, CP의 만기가 365일 이상인 경우, CP가 자본시장법 시행령 제103조에 따른 특정금전신탁에 편입되는 경우에는 증권신고서를 제출하도록 하고 있으며,[208] ABS의 경우 자산유동화법의 적용을 받기 위해서는 유동화계획[209] 및 자산양도시[210] 등

---

206) ABCP를 반복적으로 발행하고자 하는 경우 콘듀잇(conduit)을 설립하여 보유자산을 콘듀잇(conduit)에 매각하고, 콘듀잇(conduit)은 보유자산을 기초로 CP를 발행하는 구조를 취한다.
207) 1개의 SPC가 다수의 유동화계획에 따라 수차례 유동화증권을 발행하는 것을 말한다.
208) 증권발행공시규정 제2-2조(증권의 모집으로 보는 전매기준) ① 영 제11조 제3항에서 "금융위원회가 정하여 고시하는 전매기준에 해당하는 경우"란 다음의 어느 하나에 해당하는 경우를 말한다.
   5. 자본시장법법 제4조 제3항에 따른 기업어음증권("기업어음")의 경우에는 다음의 어느 하나에 해당하는 경우
      가. 50매 이상으로 발행되는 경우
      나. 기업어음의 만기가 365일 이상인 경우
      다. 기업어음이 영 제103조에 따른 특정금전신탁에 편입되는 경우
209) 자산유동화법 제3조(자산유동화계획의 등록) ① 유동화전문회사·자산유동화업무를 전업으로 하는 외국법인 및 신탁업자("유동화전문회사등")는 자산유동화에 관하여 이 법의 적용을 받고자 하는 경우에는 유동화자산의 범위, 유동화증권의 종류, 유동화자산의 관리방법등 자산유동화에 관한 계획("자산유동화계획")을 금융위원회에 등록하여야 한다. 자산유동화계획을 변경하고자 하는 경우에도 또한 같다. 다만, 대통령령이 정하는 경미한 사항을 변경하는 경우에는 그러하지 아니하다.
   ② 유동화전문회사등(신탁업자 제외)이 제1항의 규정에 의하여 등록할 수 있는 자산유동화계획은 1개에 한한다.
   ③ 유동화전문회사등은 제1항의 규정에 의한 등록을 하고자 하는 경우에는 금융위원회가 정하는 서류를 갖추어야 한다.
210) 자산유동화법 제6조(자산양도 등의 등록) ① 자산보유자 또는 유동화전문회사등은 자산유동화계획에 따른 유동화자산(유동화자산을 제3자가 점유하고 있는 경우 그 제3자에 대한 반환청구권을 포함)의 양도·신탁 또는 반환이나 유동화자산에 대한 질권 또는 저당권의 설정이 있은 때에는 다음의 구분에 따라 지체없이 그 사실을 금융위원회에 등록하여야 한다.
   1. 다음에 해당하는 경우에는 자산보유자

록하여 공시하도록 되어 있다.

(다) 신용평가

신용평가의 경우 ABCP는 자본시장법 시행령 제183조[211])에 따라 장외거래시 2개 이상의 신용평가기관으로부터 신용평가를 받도록 의무화되어 있으나, ABS의 경우 「증권인수업무에 관한 규정」 제11조의2[212])에 따라 1개 이상의 신용평가기관으로부터 신용평가를 받아야 한다. 발행비용의 경우 ABCP가 통상 단기로 발행되기 때문에 상대적으로 장기인 ABS에 비해 저렴하다.

(6) ABCP의 위 · 변조 가능성과 제한적 공시

(가) 위 · 변조의 가능성

어음의 실물발행으로 인한 위험성을 해소하고자 전자어음법을 시행하였고, 나아가 2009. 5. 8. 전자어음법 개정시에는 「주식회사 등의 외부감사에 관한 법률」 제4조에 따른 외부감사대상 주식회사 등의 법인사업자가 약속어음을 발행할 경우 전자어음으로 발행할 것을 의무화하는 전자어음법 제6조의2[213])를 신설하였다.

그러나 위 규정은 CP에는 적용하기 곤란한 측면이 있어 2010. 3. 12. 자본시장법 개정시에는 명시적으로 전자어음법 제6조의2 적용을 배제하는 규정을 신설하였다.[214]) 따라서 CP의

      가. 자산유동화계획에 따라 유동화전문회사등에 유동화자산을 양도한 경우
      나. 자산유동화계획에 따라 신탁업자에 유동화자산을 신탁한 경우
  2. 다음에 해당하는 경우에는 유동화전문회사등(나목의 경우에는 유동화자산을 양도하거나 반환받은 유동화전문회사)
      가. 유동화전문회사등이 자산유동화계획에 따라 유동화자산을 자산보유자에게 양도하거나 양도 의 취소등을 이유로 반환한 경우
      나. 유동화전문회사가 자산유동화계획에 따라 유동화자산을 다른 유동화전문회사에 양도하거나 그 유동화전문회사로부터 당해 유동화자산을 반환받은 경우
      다. 유동화전문회사등이 자산유동화계획에 따라 유동화증권의 투자자를 위하여 제3자에 유동화 자산에 대한 질권 또는 저당권을 설정하거나 해지한 경우

211) 자본시장법 시행령 제183조(기업어음증권 등의 장외거래) ① 법 제166조에 따라 투자매매업자 또는 투자중개업자는 기업어음증권을 매매하거나 중개·주선 또는 대리하는 경우에는 다음의 기준을 준수하여야 한다.
  1. 둘 이상의 신용평가회사로부터 신용평가를 받은 기업어음증권일 것
  2. 기업어음증권에 대하여 직접 또는 간접의 지급보증을 하지 아니할 것
212) 증권 인수업무 등에 관한 규정 제11조의2(무보증사채의 인수) ① 금융투자회사가 무보증사채를 인수하는 경우 신용평가회사 중에서 둘 이상(자산유동화법에 따라 사채의 형태로 발행되는 유동화증권을 인수하는 경우, 금융투자업규정 제8-19조의14에 따라 선정된 신용평가회사로부터 평가를 받은 경우 또는 신용평가회사의 업무정지 등 부득이한 사유가 있는 경우에는 하나 이상)의 신용평가회사(외국법인등이 발행한 무보증사채의 경우에는 증권의 발행 및 공시 등에 관한 규정 제2-11조 제2항 제1호 마목의 금융감독원장이 정하는 국제신용평가기관을 포함)로부터 해당 무보증사채에 대한 평가를 받은 것이어야 한다.
213) 전자어음법 제6조의2(전자어음의 이용) 「주식회사 등의 외부감사에 관한 법률」 제4조에 따른 외부감사대상 주식회사 및 직전 사업연도 말의 자산총액 등이 대통령령으로 정하는 기준에 해당하는 법인사업자는 약속어음을 발행할 경우 전자어음으로 발행하여야 한다.
214) 자본시장법 제10조(다른 법률과의 관계) ③ 기업어음증권을 발행하는 경우에는 전자어음법 제6조의2를 적용하지 아니한다.

경우에는 여전히 위·변조 및 분실위험이 남아 있다.

(나) ABCP의 제한적 공시와 ABSTB

1) ABCP의 제한적 공시의 한계

ABCP의 보다 근본적인 문제점은 투자자에게 기업의 정보가 제대로 공시되지 않는다는 점에 있다. ABCP의 경우에는 발행기업뿐만 아니라 신용공여한 기업에 대한 공시까지 제대로 이루어지지 않는다. 발행기업 입장에서는 ABS보다 간편한 발행절차와 신용에 의한 자금조달이 ABCP의 장점이라고 볼 수 있으나, 투자자 입장에서는 대부분 사모로 발행되어 증권신고서 제출의무가 면제된다는 것이 리스크로 작용할 수 있다. 즉 증권신고서 제출의무를 피하기 위하여 ABCP를 사모로 운용하려는 경우가 있다.

다만 2013. 2. 5. 증권발행공시규정이 개정되면서 ABCP가 50매 이상 발행되는 경우, 만기가 365일 이상인 경우, 자본시장법 시행령 제103조에 따라 특정금전신탁에 편입되는 경우에는 의무적으로 증권신고서를 제출하여 공시하도록 되어, 이제 특정금전신탁으로 ABCP가 편입되는 경우 투자자들은 그 내용을 확인할 수 있게 되었다. 그러나 위 경우를 제외한 사모에 있어서는 여전히 증권신고서를 제출하지 않아도 되기 때문에 충분한 효과가 있을지는 의문이 남는다.[215]

2) 전자단기사채법의 시행

하지만 이러한 공시방법도 예외적인 것에 해당하는데, CP 전체의 투명성을 제고하고자 2013. 1. 5.부터 전자단기사채법이 시행되었다. 전자단기사채법은 ABCP를 대체하고자 ABSTB 발행 및 유통에 관한 내용을 규정한 법으로 증권의 전자화를 통한 비용절감 및 위·변조 차단 효과를 볼 수 있을 뿐만 아니라 전자어음에 해당하여 전자어음법 제7조의2[216]에 의해 최소액면단위(1억원) 이상으로 분할유통이 가능하게 되었다.

---

215) 김남훈(2016), 26쪽.
216) 전자어음법 제7조의2(전자어음의 분할배서) ① 어음법 제12조 제2항에도 불구하고 전자어음을 발행받아 최초로 배서하는 자에 한하여 총 5회 미만으로 어음금을 분할하여 그 일부에 관하여 각각 배서할 수 있다. 이 경우 분할된 각각의 전자어음은 제7조에 따른 배서의 방법을 갖추어야 한다.
② 제1항에 따라 배서를 하는 자는 배서하는 전자어음이 분할 전의 전자어음으로부터 분할된 것임을 표시하여야 한다.
③ 분할 후의 전자어음은 그 기재된 금액의 범위에서 분할 전의 전자어음과 동일한 전자어음으로 본다.
④ 분할된 전자어음에 대한 법률행위의 효과는 분할된 다른 전자어음의 법률관계에 영향을 미치지 아니하며, 배서인은 분할 후의 수개의 전자어음이 구별되도록 다른 번호를 붙여야 한다. 번호 부여의 구체적인 방법은 대통령령으로 정한다.
⑤ 분할 후의 어느 전자어음상의 권리가 소멸한 때에는 분할 전의 전자어음은 그 잔액에 관하여 존속하는 것으로 본다.
⑥ 전자어음의 발행인이 전자어음면에 분할금지 또는 이와 동일한 뜻의 기재를 한 때에는 제1항을 적용하지 아니한다.

또한 ABCP 수요를 ABSTB로 이전시키기 위해 위탁자 수가 50인 미만인 경우와 만기 3개월 이내인 ABSTB에 대하여는 증권신고서 제출의무를 면제[217])하였으므로 공시기능이 여전히 불완전하다는 한계가 있다. 그리고 50인 미만의 투자자를 대상으로 하더라도 발행 후 1년 이내에 50인 이상의 자에게 전매될 수 있다고 인정되는 경우에는 모집으로 의제되어 증권신고서를 제출하여야 한다.[218])

3) 증권신고서 효력발생시기

증권신고서를 제출하는 경우 7일 이상이 지나야 신고서의 효력이 발생하여 모집행위를 할 수 있는데,[219]) ABCP 발행기업 입장에서는 신속성 및 간편성 차원에서 부담을 느낄 수밖에 없다. 그러나 소비자보호 관점에서는 가능한 한 증권신고서 제출을 통한 공시나 ABSTB 등과 같이 전산상 공시가 이루어지도록 하는 것이 유리하다. 결국 ABCP 발행에 있어 기업들의 자금조달에 있어 보다 신속하고 간편하게 할 것인지 보다 소비자를 보호하는 방향으로 정책을 추진할 것인지가 관건이나, 증권신고서의 효력발생시기를 보다 앞당기거나 ABCP를 ABSTB로 보다 많이 전환시키는 방법 등으로 가능한 한 CP에 관한 공시를 확대해 가는 것이 소비자보호를 넘어 공정하고 깨끗한 자본시장을 만들 수 있다는 점에서 바람직할 것으로 보인다.[220])

---

217) 증권발행공시규정 제2-2조(증권의 모집으로 보는 전매기준) ② 제1항에도 불구하고 증권을 발행함에 있어 다음의 어느 하나에 해당하는 경우에는 제1항에 따른 전매기준에 해당되지 않는 것으로 본다.
  6. 제1항 제5호 다목 및 제6호의 경우에는 발행인이 특정금전신탁의 위탁자를 합산하여 50인 이상(영 제11조 제1항 제1호 및 제2호에 해당하는 자는 제외)이 될 수 없다는 뜻을 인수계약서와 취득계약서에 기재하고, 발행인 또는 기업어음, 파생결합증권을 인수한 금융투자업자가 그러한 발행조건의 이행을 담보할 수 있는 장치를 마련한 경우
  7. 단기사채(전자증권법 제2조 제1호 나목에 따른 권리로서 같은 법 제59조 각 호의 요건을 모두 갖추고 전자등록된 것)로서 만기가 3개월 이내인 경우
218) 자본시장법 시행령 제11조(증권의 모집·매출) ③ 제1항 및 제2항에 따라 산출한 결과 청약의 권유를 받는 자의 수가 50인 미만으로서 증권의 모집에 해당되지 아니할 경우에도 해당 증권이 발행일부터 1년 이내에 50인 이상의 자에게 양도될 수 있는 경우로서 증권의 종류 및 취득자의 성격 등을 고려하여 금융위원회가 정하여 고시하는 전매기준에 해당하는 경우에는 모집으로 본다.
219) 자본시장법 시행규칙 제12조(신고의 효력발생시기) ① 법 제120조 제1항에 따른 증권신고의 효력발생시기는 그 증권신고서가 수리된 날부터 다음의 기간이 경과한 날로 한다.
  1. 채무증권의 모집 또는 매출인 경우에는 7일. 다만, 다음 각 목의 어느 하나에 해당하는 채무증권인 경우에는 5일
    가. 담보부사채신탁법에 따라 발행되는 담보부사채
    나. 영 제362조 제8항에 따른 보증사채권
    다. 자산유동화법 제3조에 따른 자산유동화계획에 따라 발행되는 사채권
    라. 법 제119조 제2항에 따른 일괄신고서에 의하여 모집 또는 매출되는 채무증권
220) 김남훈(2016), 25-28쪽.

2. 전자단기사채(ABSTB)

(1) ABSTB의 의의

ABSTB(Asset Backed Shrot Term Bond)는 기업이 단기자금을 조달하기 위하여 발행하는 만기 1년 미만의 사채로서 실물이 아닌 전자증권으로 발행·유통되는 단기금융상품이다. 이는 CP의 편리성은 유지하면서도 CP가 가지고 있던 불편함을 개선하여 발행·유통의 편리성을 제고한 상품이다. 즉 ABSTB는 CP를 대체하기 위하여 2013년 1월에 도입된 새로운 상품으로 1972년에 도입된 CP가 거래의 투명성과 효율성 등 현대 자본시장의 니즈에 맞는 새로운 상품으로 재설계된 것이다.[221]

이 사채의 법적 성격은 어음이 아닌 사채권이지만 경제적 실질은 기존의 CP와 동일하다. 다만 CP는 실물로 발행·유통되지만 ABSTB는 실물 없이 전자등록기관의 전자등록계좌부에 전자등록되는 방식으로 발행·유통되는 점이 다르다. 전자등록이란 주식등의 종류, 종목, 금액, 권리자 및 권리 내용 등 주식등에 관한 권리의 발생·변경·소멸에 관한 정보를 전자등록계좌부에 전자적 방식으로 기재하는 것을 말한다(전자증권법2(2)).

(2) ABSTB의 연혁

CP는 신용상태가 양호한 기업이 발행하는 무담보 융통어음(약속어음)으로서 비교적 간편하고 신속하게 발행할 수 있는 장점이 있어 기업의 주된 단기자금조달 수단으로 활용되어 왔다. CP는 콜(Call), RP(환매조건부매매), CD(양도성예금증서) 등과 함께 금융기관들이 할인방식으로 단기자금을 운용하는 중요한 투자상품이 되었고, 특히 금전신탁 및 MMF(Money Market Fund)의 자산운용수단으로서 비중이 높아졌다. 그러나 CP는 약속어음이라는 성격상 권면의 분할이 불가능하여 유통성에 한계가 있고, 발행·유통 정보가 충분히 공시되지 않아 투자자는 정보부족으로 인한 투자위험에 노출되어 있으며, 실물증권이 발행되어야 하기 때문에 발행비용 외에 위·변조, 분실 등의 위험도 발생하는 문제를 안고 있다. 뿐만 아니라 단기금융상품이라는 성질에도 불구하고 상환이 어음교환 방식으로 이루어짐에 따라 3일 이하 단기물은 거의 없고, 대부분이 6개월 내지 1년 이상 장기로 발행되어 회사채시장을 잠식하는 기형적인 모습을 낳고 있었다. 또한 2000년 이후 부동산 등의 자산유동화와 결합되어 ABCP의 발행이 크게 증가하였다. 이는 건설경기 침체 등의 영향으로 부실화되어 금융시장의 잠재적 불안요인이 되었다. 무엇보다 그 발행·유통정보가 정확히 파악되지 않기 때문에 금융시장의 신용경색 발생시 그 불안이 더욱 증폭되는 문제가 있다.[222]

---

221) 박철영(2013), "전자단기사채제도의 법적 쟁점과 과제", 상사법연구 제32권 제3호(2013. 11), 9쪽.
222) 박철영(2013), 10~11쪽.

이러한 CP의 문제를 해결하기 위하여 2013년 1월 전자단기사채법을 시행하였다. 전자단기사채법은 CP의 법적 형식을 약속어음에서 사채로 전환하고(CP의 사채화), 그 사채의 발행·유통을 전자화한 것이다(사채의 전자화). 상법의 특별법인 전자단기사채법은 CP와 같은 상품성을 갖는 단기사채라는 새로운 종류의 사채를 정의하고, 이 단기사채가 CP와 같은 상품성을 유지하고 사채권 없이 전자적으로 발행·유통되도록 상법상 사채와는 다른 특례를 규정하였다.

2019년 9월 16일부터 시행된 전자증권법의 제정에 따라 전자단기사채법은 폐지되었다(전자증권법 부칙2②). 전자증권법에서는 전자단기사채법의 규정 중에서 전자단기사채등의 정의규정과 상법에 대한 특례규정을 옮겨서 규정하고 있다. 다만 명칭을 전자단기사채 대신 단기사채등으로 하고 있다.

(3) ABSTB의 특징

ABSTB란 사채 또는 법률에 따라 직접 설립된 법인이 발행하는 채무증권에 표시되어야 할 권리로서 일정한 요건을 갖추고 전자등록된 것을 말한다. 여기서 일정한 요건이란 ⅰ) 각 사채등의 금액이 1억원 이상이어야 하고. ⅱ) 만기가 1년 이내이어야 하고, ⅲ) 사채등의 금액을 한꺼번에 납입하여야 하고, ⅳ) 만기에 원리금 전액을 한꺼번에 지급한다는 취지가 정해져 있어야 하고, ⅴ) 사채등에 전환권, 신주인수권, 그 밖에 다른 권리로 전환하거나 다른 권리를 취득할 수 있는 권리가 부여되지 아니하여야 하며, ⅵ) 사채등에 담보부사채신탁법 제4조에 따른 물상담보를 붙이지 아니하여야 한다(전자증권법59). 그리고 단기사채등에 대해서는 상법 제469조 제4항에도 불구하고 이사회가 정하는 발행 한도(미상환된 단기사채등의 발행 잔액을 기준으로 한다) 이내에서 대표이사에게 단기사채등의 발행 권한을 위임할 수 있다. 또한 상법 제488조에도 불구하고 사채원부를 작성하지 아니하며, 사채권자집회에 관한 규정 다수도 적용이 배제된다(전자증권법59, 60, 61).

(4) ABCP와 ABSTB 비교

(가) 법적 성질

법적 성질과 관련하여 ⅰ) ABCP는 약속어음 또는 융통어음이고, 발행한도, 만기 및 액면금액에 별다른 제한이 없으나, ABSTB는 상법상의 사채의 성질을 가지고 있고, 발행한도는 이사회에서 결정하고, 만기는 1년 이내이며, 액면금액도 1억원 이상이라는 제한이 있다. ⅱ) ABCP는 실물증권을 발행하여 배서·교부나 계좌대체(예탁)의 방법으로 양도해야 하고, 양도를 위해 실물증권의 인수도가 필요하다 보니 발행지역도 사실상 수도권으로 국한되는 측면이 있으나,[223] ABSTB는 전자등록하는 방식으로 발행하기 때문에 양도방법도 전자등록(계좌대체)의

---

223) ABCP는 할인 또는 상환을 위해서 실물증권의 인수도가 필요한데, 상환에 필요한 어음교환소는 대부분 대도시를 중심으로 권역별로 운영되고 있고, 투자자와 할인·중개기관이 대부분 서울과 수도권에 집중되어

방법으로 하게 되고, 발행지역도 특별한 제한이 없다. iii) ABCP는 약속어음의 성질상 권면분할 및 분할양도가 불가능하나, ABSTB는 상법상의 사채의 성격을 가지고 있어 권면분할 및 분할양도가 가능하다.[224]

(나) 정보공시

ABCP는 사모로 운영될 경우 사실상 투명하게 공개되지 아니하여 투자자 보호에 미흡한 측면이 있을 수 있고, 증권과 대금 간의 실시간 동시결제(DVP: Delivery Versus Payment)가 어려워 발행인의 인수인에 대한 신용위험이 발생하게 될 가능성이 있으나, ABSTB는 일괄적·상시적으로 정보를 공개하고, DVP가 가능하며 사모발행시에도 만기제한, 발행한도 설정, 신용평가 및 등록발행 내역 등을 실시간으로 공시하여 증권신고서 제출에 준하는 수준으로 투자자를 보호할 수 있다.

(다) 자금조달방식

자금조달방식은 ABCP가 은행을 통한 간접금융방식이어서 직접금융방식으로 자금조달을 하는 ABSTB보다 상대적으로 자금조달비용이 높다.

3. PF-ABCP의 개념 및 구조

(1) 개념

PF-ABCP구조를 설명함에 있어서는 우선 PF의 개념을 개략적으로 살펴볼 필요가 있다. PF란 사업 프로젝트에 필요한 소요 자금을 해당 프로젝트의 미래 현금흐름에 기초하여 조달하는 금융기법이다. 여기서 프로젝트란 재화 또는 용역의 공급을 목적으로 거액의 신규자금이 투입되는 반면, 그 자금의 회수는 장기간에 걸쳐서 이루어져 그 기대수익이 예상되는 사업을 말한다. 즉 프로젝트가 지향하는 사업의 성과로부터 미래에 발생하는 현금흐름을 대출금 상환재원으로 하고 프로젝트의 유·무형 자산을 담보로 하여 해당 프로젝트를 수행하기 위해 설립된 회사(Project Company)에 금융기관이 자금을 공급하는 금융방식을 의미한다.[225]

부동산PF 중 본 PF(Term Loan)의 경우 프로젝트의 상환재원을 일반적으로 기대 현금흐름인 분양수입금으로 간주하고 있다. 신용위험과 사업위험에 대한 신용보강을 위해 시공사가 신용공여를 하도록 하며, 시행사 또는 SPC가 상환불능 상태에 이를 경우 시공사인 건설사가 PF 채무액에 대한 지급보증 또는 채무인수에 따른 채무를 부담하게 된다. 부동산 경기침체 영향으로 분양률이 저조할 경우 시공사는 수익권 상각, 현금흐름의 악화 등 재무적 리스크를 부담하

있기 때문이다.

224) 김남훈(2016), 22-23쪽.
225) 박제형(2012), "국내 부동산PF대출의 문제점과 개선방안 연구", 고려대학교 석사학위논문(2012. 12), 4쪽.

게 된다. 은행 등 금융기관은 이를 "부동산PF대출"이라고 하며, 시공사 및 시행사는 "부동산PF 우발채무"라고 부른다.[226]

결국 PF-ABCP란 ABCP 중에서 PF를 위해 선행된 금융기관(대출자)의 사업시행자(차입자)에 대한 대출채권을 상법상의 SPC가 양수받아 이를 기초자산으로 하여 CP를 발행하여 유동화하는 구조를 의미한다.[227]

(2) 일반적인 부동산PF-ABCP 구조

PF-ABCP 발행구조는, 우선 금융기관(대주)이 부동산개발사업을 하는 시행자(차주)에게 PF 대출을 시행하고, 시행사는 부동산 분양 및 부동산개발사업 부지를 부동산신탁회사에 신탁하여 관리하게 된다. 그리고 금융기관(대주)이 자산보유자로서 대출채권을 SPC에 양도하면, SPC 는 이러한 대출채권을 기초자산으로 하여 ABCP를 발행하고 ABCP 매도대금으로 금융기관에 대출채권 양수대금을 지급한다. 시공사는 금융기관이 사업시행자에게 대출한 금원에 대해 연대보증이나 채무인수 등으로 신용공여를 하게 된다. 이후 시행사는 부동산 분양대금으로 SPC 에게 위 대출금을 상환하고 SPC는 그 금원으로 투자자에게 ABCP를 상환하게 된다.[228]

(3) SPC가 먼저 ABCP를 발행하여 사전 PF대출을 하는 구조

기본적인 구조는 유사하나, 상법상 SPC를 설립하고 SPC가 먼저 ABCP를 발행하여 조달한 자금을 시행자에게 대여하는 방법이 이용되기도 한다. 이러한 구조에서는 금융기관이 대주로 서 시행사에게 대출을 하는 것이 아니라, ABCP를 발행하고 그 매매대금으로 대출을 하게 된다. 우선 SPC를 설립하고 ABCP를 발행하여 매매대금으로 시행사에게 대출하고 나면, 시행사는 그 대출금으로 부동산개발사업 부지를 확보한 후 부동산신탁회사에 사업부지를 신탁한다. 그리고 별도의 신용공여자가 SPC의 시행사에 대한 PF대출에 대하여 신용공여를 하게 되고, 이후 시행사는 본 PF 등을 통하여 SPC에게 대출금을 상환하면, SPC는 위 금원으로 투자자에게 ABCP를 상환하게 된다.

---

226) 김남훈(2016), 63쪽.
227) 노상범·고동원(2012), 「부동산금융법」, 박영사(2012. 9), 222쪽.
228) 김남훈(2016), 29-30쪽.

제3장

집합투자증권

제1절 집합투자

Ⅰ. 의의

1. 개념

집합투자(Collective Investment)란 2인 이상의 투자자로부터 모은 금전등을 투자자로부터 일상적인 운용지시를 받지 아니하면서 재산적 가치가 있는 투자대상자산을 취득·처분, 그 밖의 방법으로 운용하고 그 결과를 투자자에게 배분하여 귀속시키는 것을 말한다(법6⑤ 본문). 즉 집합투자는 "다수의 투자자로부터 금전등을 모아 기금(fund)[1]을 조성한 뒤에 이 기금을 투자에 대해 전문적 지식을 가진 자가 운용하도록 하여 그 수익을 투자자들에게 나누어주는 제도"라 할 수 있다. 펀드(집합투자)의 일반적 의미는 일정한 목적을 위해 조성된 자금 또는 기금을 말한다. 주택도시기금, 국민행복기금 등이 그것이다. 펀드 운용사가 주식 등에 투자할 목적으로 투자자들로부터 모아서 조성한 자금, 즉 펀드는 투자를 목적으로 조성되었으므로 "투자펀드"라고 할 수 있다.[2]

집합투자는 개인 또는 법인이 단독으로 투자대상자산을 취득·처분하여 발생하는 손익이

---

1) 투자펀드의 투자관리를 외부의 투자전문가가 수행하는 것이 집합투자기구라고 할 수 있다. 이런 점에서 집합투자기구를 일반적으로 펀드로 지칭하는 것이 반드시 틀린 것은 아니다.
2) 박삼철(2017), 「사모펀드 해설」, 지원출판사(2017. 10), 3쪽.

해당 개인 또는 법인에게 귀속되는 직접투자와 다르다. 집합투자시에는 집합투자업자(펀드매니 저)의 전문적인 투자결정에 따라 투자가 이루어지므로 소액의 개인투자자라도 전문가의 조력을 용이하게 받을 수 있으며, 다양한 포트폴리오 투자가 가능하게 되어 위험을 분산시킬 수 있고, 개인의 자금규모로 투자가 어려운 고가의 증권 또는 부동산 등에 소액으로 투자가 가능하다.

2. 집합투자의 기본구조

먼저 집합투자 기획자(sponsor)는 투자자로부터 금전등을 모아 기금(fund)을 형성한다. 기금은 법인격을 가지기도 하지만, 신탁형태로 법인격 없이 존재하기도 한다. 이렇게 모인 기금은 전문적인 운용능력을 갖춘 자, 즉 운용자에 의해 운용된다.

집합투자에서 중요한 요소는 투자자, 기금, 그리고 운용자(집합투자업자) 셋을 꼽을 수 있다. 실제로는 신탁업자,[3] 일반사무관리회사, 투자자문업자, 판매회사 등 여러 당사자가 하나의 집합투자에 참여하므로, 이것만 가지고 집합투자의 실질을 모두 설명했다고는 할 수 없다. 그러나 위의 세 가지 요소를 제외하고는 모두 집합투자의 2차적인 업무를 담당하는 자이기 때문에 그 중요성은 상대적으로 낮다.

집합투자는 투자자-기금-운용자의 구조로 되어 있다. 투자자로부터 모은 금전등을 기금으로 만들어 그 기금을 운용자가 운용한다. 이러한 형태를 실현하기 위해 집합투자에서는 집합투자기구라는 도구(scheme)를 이용한다. 집합투자기구의 형태는 우리가 이미 알고 있는 주식회사나 신탁을 비롯하여 유한회사, 합자회사, 유한책임회사, 합자조합, 익명조합 등 다양하게 존재한다. 집합투자제도의 투자자-기금-운용자의 구조는 주주-회사-이사 구조를 가지는 주식회사와도 유사하며, 수익자-신탁-수탁자[4] 구조의 신탁과도 유사하다. 또한 조합원-조합-업무집행조합원 구조의 조합과 유사하다. 집합투자제도를 실현하기 위해 회사, 신탁, 조합 등의 개념을 빌려 집합투자에 맞게 변형하여 사용한다. 우리가 신탁형 집합투자기구, 회사형 집합투자기구, 조합형 집합투자기구라 부르는 것도 모두 각각의 형태를 빌려 만들어진 집합투자기구라는 의미이다.

여기서 주의해야 할 것은 도구(scheme)로써 사용되는 각각의 법적 형태는 집합투자에 맞게 변형하여 사용하는 것이지 그 형태 그대로 집합투자에 차용된 것이 아니라는 점이다. 예를 들어 신탁형 집합투자기구는 신탁의 개념을 빌린 것이지만, 결코 신탁과 일치한다고 할 수 없

---

3) 여기서 신탁업자는 집합투자재산을 보관·관리하는 신탁업자로 자본시장법 제244조(선관주의의무), 제245조(적용배제), 제246조(신탁업자의 업무제한 등), 제247조(운용행위감시 등), 제248조(자산보관·관리보고서의 교부)의 규제를 받는 자를 말한다.

4) 다만 우리나라에서는 신탁의 수익자-신탁-수탁자 구조가 아닌 수익자-신탁-위탁자 구조로 변형되어 사용되고 있다.

다. 마찬가지로 회사형 집합투자기구도 회사와 비교했을 때 그 외형이 비슷할 뿐이지, 본질에는 차이가 있다. 그래서 각각의 형태영역에서 논의되고 있는 고유한 문제를 그대로 집합투자에 끌고 와서는 안 된다.[5]

3. 집합투자 관련 개념

(1) 집합투자기구

집합투자기구(CIV: Collective Investment Vehicle)란 집합투자를 수행하기 위한 기구를 말한다(법9⑱). 집합투자는 투자자를 집합투자재산 운용으로부터 배제시켜 집합투자업자(펀드매니저)의 의사결정에 따라 집합투자재산을 운용하도록 하고 있다. 그러나 집합투자재산은 집합투자업자가 아닌 투자자의 것이므로 집합투자재산을 집합투자업자와 분리하여 관리하기 위한 별도의 기구(vehicle)가 필요하게 된다. 이러한 기구는 다른 법률에서 규정하고 있는 신탁계약, 회사, 조합 등의 형태를 이용하고 있으며 주된 방법은 신탁계약과 회사이다. 각각의 기구는 투자자들에게 재산권을 표창하는 증권을 발행하게 되는데 신탁형은 수익증권, 회사형은 주식, 조합형은 출자증권을 발행하여 교부하게 된다. 이를 통칭하여 집합투자증권이라 부른다.

집합투자기구[6]의 특징은 두 가지로 볼 수 있는데, ⅰ) 주식 및 채권 등에 투자하여 얻은 이익을 투자자들에게 배분하는 실적배당형 금융상품이라는 점, ⅱ) 투자자들로부터 자산운용에 대한 운용지시를 받지 않는다는 점이다.

(2) 집합투자재산

집합투자재산이란 집합투자기구의 재산으로서 투자신탁재산, 투자회사재산, 투자유한회사재산, 투자합자회사재산, 투자유한책임회사재산, 투자합자조합재산 및 투자익명조합재산을 말한다(법9⑳).

(3) 집합투자규약

집합투자규약이란 집합투자기구의 조직, 운영 및 투자자의 권리·의무를 정한 것으로서 투자신탁의 신탁계약, 투자회사·투자유한회사·투자합자회사·투자유한책임회사의 정관 및 투자합자조합·투자익명조합의 조합계약을 말한다(법9㉒).

(4) 집합투자자총회

집합투자자총회란 집합투자기구의 투자자 전원으로 구성된 의사결정기관으로서 수익자총

---

5) 강태양(2011), "집합투자의 법적성질 및 구조에 관한 연구", 고려대학교 대학원 석사학위논문(2011. 12), 9–10쪽.

6) 펀드상품은 자본시장법에서 규정하는 금융투자상품에 해당하지만 자본시장법상의 용어는 아니다. 자본시장법 제9조에서 정의하는 집합투자기구를 펀드상품이라 하기도 한다. 자본시장법 제9조 제18항은 투자신탁 등 집합투자기구 7가지를, 제19항은 사모집합투자기구를 정의내리고 있다.

회, 주주총회, 사원총회, 조합원총회 및 익명조합원총회를 말한다(법9㉓).

Ⅱ. 집합투자에서 배제되는 투자형태

다음의 경우에는 자본시장법상 집합투자에 해당하지 않는다(법6⑤ 단서).

1. 개별법에 의한 사모펀드

(1) 의의

집합투자기구에 대해서는 자본시장법에서 규정하고 있지만, 사실 자본시장법뿐 아니라 다른 법에서도 집합투자기구에 대해 다루고 있다. 자본시장법 외의 개별법에 근거해 만들어지는 집합투자기구를 개별법에 의한 사모펀드라 한다. 부동산투자회사법상의 부동산투자회사(자기관리 부동산투자회사·위탁관리 부동산투자회사·기업구조조정 부동산투자회사), 선박투자회사법상의 선박투자회사, 문화산업진흥 기본법상의 문화산업전문투자조합·문화산업전문회사, 산업발전법상의 기업구조개선 경영참여형 사모집합투자기구, 중소기업창업 지원법상의 중소기업창업투자조합, 여신전문금융업상의 신기술사업투자조합, 벤처기업육성에 관한 특별조치법상의 중소기업투자모태조합, 한국벤처투자조합 및 개인투자조합, 소재·부품전문기업 등의 육성에 관한 특별조치법상의 소재·부품전문투자조합, 농림수산식품투자조합 결성 및 운용에 관한 법률상의 농식품투자조합을 들 수 있다.

자본시장법은 대통령령으로 정하는 법률7)에 따라 사모의 방법으로 금전등을 모아 운용·배분하는 것으로서 대통령령으로 정하는 투자자8)의 총수가 49인(대통령령으로 정하는 수)9) 이하인 경우는 집합투자에서 제외한다(법6⑤(1)). 여기서 "대통령령으로 정하는 투자자"와 "대통령령으로 정하는 수"는 자본시장법상 사모집합투자기구에 적용되는 내용과 동일하므로, 개별

---

7) "대통령령으로 정하는 법률"이란 다음의 법률을 말한다(영6①). 1. 부동산투자회사법, 2. 선박투자회사법, 3. 문화산업진흥 기본법, 4. 산업발전법, 5. 중소기업창업 지원법, 6. 여신전문금융업법, 7. 벤처기업육성에 관한 특별조치법, 8. 소재·부품전문기업 등의 육성에 관한 특별조치법, 9. 농림수산식품투자조합 결성 및 운용에 관한 법률.

8) "대통령령으로 정하는 투자자"란 다음 각 호에 해당하지 아니하는 투자자를 말한다(영14①).
  1. 제10조 제1항 각 호의 어느 하나에 해당하는 자
  2. 제10조 제3항 제12호·제13호에 해당하는 자 중 금융위원회가 정하여 고시하는 자

9) "대통령령으로 정하는 수"란 49인을 말한다. 이 경우 49인을 계산할 때에는 다른 집합투자기구(제80조 제1항 제5호의2에 따른 사모투자재간접집합투자기구, 같은 항 제5호의3에 따른 부동산·특별자산투자재간접집합투자기구 또는 같은 호 각 목의 어느 하나에 해당하는 집합투자기구 등에 대한 투자금액을 합산한 금액이 자산총액의 80%를 초과하는 부동산투자회사법 제49조의3에 따른 공모부동산투자회사는 제외)가 해당 집합투자기구의 집합투자증권 발행총수의 10% 이상을 취득하는 경우에는 그 다른 집합투자기구의 투자자(제2항에 따른 투자자)의 수를 합하여 계산하여야 한다(영6③).

법상의 사모펀드는 자본시장법상의 사모집합투자기구와 개념상 동일하다. 개별법에 의한 사모펀드는 자본시장법상의 집합투자에서 제외되므로 자본시장법에 따른 집합투자기구가 아니며 그 집합투자증권도 자본시장법에 따른 집합투자증권이 아니다.

(2) 요건

개별법에 의한 사모펀드와 관련하여 개별법에 의한 사모펀드가 자본시장법상의 집합투자기구에 최대한 포섭되도록, 개별법에 의한 사모펀드를 최대한 협소하게 정의할 필요가 있다. 개별법에 의한 사모펀드는 단지 개별법에서 규정하고 있다고 해서 그것만으로 자본시장법의 집합투자에서 제외되지는 않고, 추가로 일정 요건을 갖추어야 개별법에 의한 사모펀드로 인정된다. 즉 개별법에 의한 사모펀드가 되어 집합투자에서 제외되기 위해서는 i) 시행령이 정하는 법률에 따라 ii) 사모의 방법으로 금전등을 모아 운용·배분하는 것으로서 iii) 시행령이 정하는 투자자의 총수가 iv) 시행령이 정하는 수 이하일 것을 요구한다(법6⑤(1)).

2. 자산유동화기구

자산유동화법 제3조의 자산유동화계획에 따라 금전등을 모아 운용·배분하는 경우는 제외한다(법6⑤(2)). 자산유동화를 집합투자의 개념에서 명시적으로 제외한 것은 그것이 집합투자의 개념과 매우 유사하기 때문이다. 집합투자는 먼저 투자자로부터 모은 기금을 가지고 투자대상자산에 투자하는 데 반하여 자산유동화는 먼저 투자대상자산에 투자한 후에 (이를 기초로 자산유동화증권을 발행한 후) 투자자에게 증권을 매각한다는 점에서 차이가 있다.[10] 하지만 유동화자산 증권을 구입하는 것은 결국 투자대상자산으로부터 발생하는 수익이 중간 매개체를 통하여 귀속되는 것이기 때문에 투자자의 관점에서는 집합투자와 자산유동화에 대한 차이를 느끼지 못한다.[11]

3. 시행령에 의한 제외

행위의 성격 및 투자자 보호의 필요성 등을 고려하여 대통령령으로 정하는 경우이다(법6⑤(3), 영6④).

(1) 증권금융, 신탁업자, 종합금융투자사업자, 종합금융회사

ⅰ) 증권금융회사 또는 신탁업자("예치기관")가 투자자예탁금(투자자로부터 금융투자상품의 매매, 그 밖의 거래와 관련하여 예탁받은 금전)을 예치 또는 신탁받아 운용·배분하는 경우(1호),

---

10) 유동화증권을 구입한 투자자는 투자대상자산에서 발생하는 이자 등을 수익하게 된다.
11) 여기서 집합투자의 경유자는 집합투자기구가 될 것이고, 자산유동화의 경유자는 유동화전문회사(SPC)가 될 것이다.

ⅱ) 종합금융투자사업자(법77의2)가 종합투자계좌[고객으로부터 예탁받은 자금을 통합하여 기업신용공여 등 금융위원회가 정하여 고시하는 기업금융 관련 자산("기업금융관련자산") 등에 운용하고, 그 결과 발생한 수익을 고객에게 지급하는 것을 목적으로 종합금융투자사업자가 개설한 계좌]업무를 하는 경우(1의2호), ⅲ) 종합재산신탁(법103②)으로서 금전의 수탁비율이 40% 이하인 경우, 또는 신탁재산의 운용에 의하여 발생한 수익금의 운용 또는 신탁의 해지나 환매에 따라 나머지 신탁재산을 운용하기 위하여 불가피한 경우로서, 신탁업자가 신탁재산을 효율적으로 운용하기 위하여 수탁한 금전을 공동으로 운용하는 경우(2호), ⅳ) 종합금융회사(법336)가 어음관리계좌(영329) 업무를 하는 경우(4호)는 집합투자에서 제외한다.

(2) 특수목적회사

ⅰ) PEF 특수목적회사: 법 제249조의13에 따른 투자목적회사가 그 업무를 하는 경우는 집합투자에서 제외한다(3호). 즉 경영참여형 사모집합투자기구(PEF) 등이 주주·사원으로 참여하는 투자목적회사(SPC)가 주식등에 투자하는 것은 집합투자에서 제외한다.

ⅱ) 부동산임대 목적회사: 법인세법 제51조의2 제1항 제6호에 따른 요건을 갖춘 법인(＝민간임대주택에 관한 특별법 또는 공공주택 특별법에 따른 특수목적법인 등으로서 대통령령으로 정하는 법인)이 금전등(금전 기타 재산적 가치가 있는 것)을 모아 운용·배분하는 경우(5호)는 집합투자에서 제외한다.

ⅲ) 기업인수목적회사(SPAC): 다른 법인과 합병하는 것을 유일한 사업목적으로 하고 모집을 통하여 주권을 발행하는 법인(기업인수목적회사, SPAC)이 영 제6조 제4항 제14호 각 목의 요건12)을 모두 갖추어 그 사업목적에 속하는 행위를 하는 경우(14호)는 집합투자에서 제외한다.

(3) 지주회사

지분증권의 소유를 통하여 다른 회사의 사업내용을 지배하는 것을 주된 사업으로 하는 국

---

12) 다음 각 목의 요건을 모두 갖추어 그 사업목적에 속하는 행위를 하는 경우(영6④(14)).
  가. 주권(최초 모집 이전에 발행된 주권은 제외)의 발행을 통하여 모은 금전의 90% 이상으로서 금융위원회가 정하여 고시하는 금액 이상을 주금납입일의 다음 영업일까지 법 제324조 제1항에 따라 인가를 받은 자("증권금융회사") 등 금융위원회가 정하여 고시하는 기관에 예치 또는 신탁할 것
  나. 가목에 따라 예치 또는 신탁한 금전을 다른 법인과의 합병등기가 완료되기 전에 인출하거나 담보로 제공하지 않을 것. 다만, 기업인수목적회사의 운영을 위하여 불가피한 경우로서 법 제165조의5에 따른 주식매수청구권의 행사로 주식을 매수하기 위한 경우 등 금융위원회가 정하여 고시하는 경우에는 인출할 수 있다.
  다. 발기인 중 1인 이상은 금융위원회가 정하여 고시하는 규모 이상의 지분증권(집합투자증권은 제외) 투자매매업자일 것
  라. 임원이 금융회사지배구조법 제5조 제1항 각 호의 어느 하나에 해당하지 아니할 것
  마. 최초로 모집한 주권의 주금납입일부터 90일 이내에 그 주권을 증권시장에 상장할 것
  바. 최초로 모집한 주권의 주금납입일부터 36개월 이내에 다른 법인과의 합병등기를 완료할 것
  사. 그 밖에 투자자 보호를 위한 것으로서 금융위원회가 정하여 고시하는 기준을 갖출 것

내회사(지주회사)가 그 사업을 하는 경우(6호)는 집합투자에서 제외한다.

(4) 가맹사업과 다단계판매사업

ⅰ) 가맹사업: 가맹사업법 제2조 제1호에 따른 가맹사업[13]을 하는 경우(7호)는 집합투자에서 제외한다. ⅱ) 다단계판매사업: 방문판매법 제2조 제5호에 따른 다단계판매[14] 사업을 하는 경우(8호)는 집합투자에서 제외한다.

(5) 제조업 등

(가) 일반사업체

통계법에 따라 통계청장이 고시하는 한국표준산업분류에 따른 제조업 등의 사업을 하는 자가 직접 임직원, 영업소, 그 밖에 그 사업을 하기 위하여 통상적으로 필요한 인적·물적 설비를 갖추고 투자자로부터 모은 금전등으로 해당 사업을 하여 그 결과를 투자자에게 배분하는 경우(9호 본문)는 집합투자에서 제외한다.

제조업을 영위하는 일반 주식회사를 예로 들어본다면 여기서 말하는 일반사업체의 하나로 볼 수 있다. 주주로부터 자금 등을 납입받아 이를 집합하여 주식회사를 설립하고, 이 기금을 자본으로 삼아 공장도 구입하고, 직원도 고용하며 주주의 일상적인 지시를 받지 않으면서 회사를 운영한다. 그리고 회사운영으로 인해 수익이 발생하면 주주에게 배당의 형식으로 귀속시킨다는 점에서 집합투자와 매우 유사하다. 하지만 일반사업체를 집합투자의 범위로 포섭하게 되면 집합투자의 규제를 받기 때문에 사실상 주식회사를 운영하기가 불가능해진다. 자본시장법상의 집합투자기구는 상근 임직원을 둘 수 없고, 본점 외의 영업소를 설치할 수 없다(법184⑦). 또한 주식회사에 대표기관으로서 법인이사를 두어야 하는데 법인이사는 집합투자업자만이 가능하다(법197①). 이 밖에도 많은 집합투자 관련 규제들이 적용되므로 제조업을 영위하는 것은 사실상 불가능해진다.

일반사업체의 운영이 비록 집합투자의 일반적인 개념에 포섭한다고 할지라도, 그 특수성

---

13) "가맹사업"이라 함은 가맹본부가 가맹점사업자로 하여금 자기의 상표·서비스표·상호·간판 그 밖의 영업표지("영업표지")를 사용하여 일정한 품질기준이나 영업방식에 따라 상품(원재료 및 부재료를 포함) 또는 용역을 판매하도록 함과 아울러 이에 따른 경영 및 영업활동 등에 대한 지원·교육과 통제를 하며, 가맹점사업자는 영업표지의 사용과 경영 및 영업활동 등에 대한 지원·교육의 대가로 가맹본부에 가맹금을 지급하는 계속적인 거래관계를 말한다(가맹사업법2(1)).

14) "다단계판매"란 다음 각 목의 요건을 모두 충족하는 판매조직("다단계판매조직")을 통하여 재화등을 판매하는 것을 말한다(방문판매법2(5)).
　　가. 판매업자에 속한 판매원이 특정인을 해당 판매원의 하위 판매원으로 가입하도록 권유하는 모집방식이 있을 것
　　나. 가목에 따른 판매원의 가입이 3단계(다른 판매원의 권유를 통하지 아니하고 가입한 판매원을 1단계 판매원으로 한다) 이상 단계적으로 이루어질 것. 다만, 판매원의 단계가 2단계 이하라고 하더라도 사실상 3단계 이상으로 관리·운영되는 경우로서 대통령령으로 정하는 경우를 포함한다.
　　다. 판매업자가 판매원에게 제9호 나목 또는 다목에 해당하는 후원수당을 지급하는 방식을 가지고 있을 것

때문에 자본시장법은 집합투자 범위에서 배제하고 있는 것이다.

(나) 특수한 일반사업체

다만 사업자가 해당 사업을 특정하고 그 특정된 사업의 결과를 배분하는 경우는 집합투자에 해당한다(9호 단서). 예를 들어 영업자가 특정 영화를 제작하고 영화가 제작된 후에 그 수익을 배분하는 목적으로 설립한 소위 네티즌 펀드(netizen fund), 그중에서도 설정형 네티즌 펀드를 들 수 있다.[15) 설정형 네티즌 펀드는 제작사가 자신이 A라는 특정 영화(사업)를 제작한다고 광고하면서 투자자들로부터 직접 투자금을 모집한 다음, 그 투자금으로 영화를 제작하고 거기서 나온 성과를 투자자에게 귀속시키는 구조이다. 영화제작사와 투자자 간에는 투자계약의 성질을 지닌다.

그러나 앞에서 보았듯이 특수한 일반사업체를 자본시장법상의 집합투자의 범위에 포섭하기에는 많은 문제점이 발생한다. 자본시장법에 따르면 영화제작사가 자금을 모집하면 그 회사는 자본시장법상의 집합투자기구로 되는데, 이렇게 되면 다른 집합투자기구처럼 집합투자규제를 받게 되어 회사는 상근 임직원도 둘 수 없고, 영업소도 둘 수 없는 명목회사가 될 수밖에 없다.

과거 네티즌 펀드에 대한 논의는 제작사와 투자자 간의 투자계약이 당시 증권거래법상의 유가증권에 해당하지 않아, 적절한 규제를 하지 못한 데서 비롯된 것이다. 이제 자본시장법에서는 투자계약증권도 증권의 범주에 포함시키고 있기 때문에(법4②), 어느 정도의 규제 가능성이 보인다. 하지만 자본시장법은 이처럼 네티즌 펀드를 투자계약이 아닌 집합투자로 보고 있다. 영화제작사가 투자자와 투자계약을 맺으면 자본시장법상의 증권신고제도 등의 규제를 받아야지 집합투자로 보아서는 안 된다. 이렇게 설정형 네티즌 펀드에 대해 집합투자의 범위에 포함하면서, 마땅히 규제에서 벗어나게 해주는 특별법이 없으면 자본시장법의 규제를 받는 현재 구조에서는 앞으로 나타나는 다양한 투자계약을 원천적으로 봉쇄할 수 있다.

(6) 비영리목적의 계 등

ⅰ) 비영리목적의 계: 학술·종교·자선·기예·사교, 그 밖의 영리 아닌 사업을 목적으로 하는 계(契)인 경우(10호)는 집합투자에서 제외한다.

ⅱ) 종중 등을 위한 비영리사업: 종중, 그 밖의 혈연관계로 맺어진 집단과 그 구성원을 위하여 하는 영리 아닌 사업인 경우(11호)는 집합투자에서 제외한다.

ⅲ) 비영리법인의 행위: 민법에 따른 비영리법인, 공익법인법에 따른 공익법인, 사회복지사업법에 따른 사회복지법인, 근로복지기본법에 따른 우리사주조합, 그 밖에 관련 법령에 따라

---

15) 이 밖에 네티즌 펀드의 법적 형식에 따라 중개형, 양도형, 조합형 방식이 있다. 중개형, 양도형, 조합형은 모두 자본시장법상의 규제를 받게 되는 구조이다.

허가·인가·등록 등을 받아 설립된 비영리법인 등이 해당 정관 등에서 정한 사업목적에 속하는 행위를 하는 경우(12호)는 집합투자에서 제외한다.

(7) 투자모임

투자자로부터 모은 금전등을 투자자 전원의 합의에 따라 운용·배분하는 경우(13호)는 집합투자에서 제외한다. 이는 소위 투자클럽에 해당하는 것으로 투자자가 직접 운용에 참여한다면 굳이 투자자를 보호할 필요가 없다는 점에 기초한 것으로 생각된다.

전원의 합의가 운용·배분하는 때마다 필요한지, 또는 분기마다 또는 매년 전원의 합의만 있으면 그 기간에는 특정인(투자자로부터 금전을 모은 자 또는 그 외의 자)이 운용을 하더라도 문제가 되지 않는지 등에 대해서는 법이 언급하고 있지 않다. 하지만 그 합의의 갱신기간이 존재하지 않는다면 자본시장법에서 정의하는 집합투자와 별반 다르지 않게 되기 때문에 갱신기간이 영속적이어서는 안 될 것이다. 합의의 갱신기간이 존재한다는 것은 특정인만이 다른 자들의 일상적인 지시를 배제하고 계속적으로 운용을 할 수 없다는 의미이기 때문이다.

(8) 기타 금융위원회가 정하는 경우

그 밖에 ⅰ) 운용에 따른 보수를 받는 전문적 운용자의 존재 여부(가목), ⅱ) 투자자의 투자동기가 전문적 운용자의 지식·경험·능력에 있는지, 투자자와 전문적 운용자 간의 인적 관계에 있는지 여부(나목), ⅲ) 운용 결과가 합리적 기간 이내에 투자금액에 따라 비례적으로 배분되도록 예정되어 있는지 여부(다목), ⅳ) 투자자로부터 모은 재산을 전문적 운용자의 고유재산과 분리할 필요성이 있는지 여부(라목), ⅴ) 집합투자로 보지 아니할 경우에는 투자자 보호가 뚜렷하게 곤란하게 될 가능성이 있는지 여부(마목)를 종합적으로 고려하여 금융위원회가 집합투자에 해당하지 아니한다고 인정하는 경우(15호)는 집합투자에서 제외한다.

Ⅲ. 의제집합투자

기금관리주체(국가재정법8①),[16] 농업협동조합중앙회, 수산업협동조합중앙회, 신용협동조합중앙회, 상호저축은행중앙회, 산림조합, 새마을금고중앙회, 체신관서, 집합투자겸영보험회사가 설정한 투자신탁(법251① 전단), 법률에 따라 설립된 법인 또는 단체로서 대통령령으로 정하는 자,[17] 그 밖에 자본시장법 제6조 제7항에 따른 금융투자상품등에 대한 투자를 목적으로 2

---

16) 국가재정법 제8조(성과중심의 재정운용) ① 각 중앙관서의 장과 법률에 따라 기금을 관리·운용하는 자(기금의 관리 또는 운용 업무를 위탁받은 자를 제외하며, "기금관리주체")는 재정활동의 성과관리체계를 구축하여야 한다.
17) "대통령령으로 정하는 자"란 다음의 어느 하나에 해당하는 자를 말한다(영6⑥).
　　1. 다음 각 목의 어느 하나에 해당하는 공제회 또는 공제조합 가. 경찰공제회법에 따른 경찰공제회, 나. 과

인 이상의 자로부터 금전등을 모아 설립한 기구 또는 법인 등으로서 효율적이고 투명한 투자구조, 관리주체 등 대통령령으로 정하는 요건을 갖춘 자로부터 위탁받은 금전등을 그 자로부터 일상적인 운용지시를 받지 아니하면서 재산적 가치가 있는 투자대상자산을 취득·처분, 그 밖의 방법으로 운용하고 그 결과를 그 자에게 귀속시키는 행위는 집합투자로 본다(법6⑥).

제2절 집합투자증권

Ⅰ. 집합투자증권 정의

집합투자증권이란 집합투자기구에 대한 출자지분(투자신탁의 경우에는 수익권)이 표시된 것을 말한다(법9㉑). 집합투자증권은 자본시장법상 증권으로 금융투자상품에 속한다. 자본시장법은 금융투자상품을 이익을 얻거나 손실을 회피할 목적으로 현재 또는 장래의 특정시점에 금전 또는 그 밖의 재산적 가치가 있는 것을 지급하기로 약정함으로써 취득하는 권리로서 투자성이 있는 것으로 정의한다(법3①).

집합투자증권의 투자에는 투자로 인해 회수하는 금액이 납입한 금액보다 작아 손실을 볼 가능성이 애초부터 내재된 것임을 알 수 있다. 이러한 투자손실의 가능성은 은행에서 주로 거래되는 원금보장이 예정된 예금상품 등과는 본질적으로 다른 특성이다. 다만 파생상품과 비교해 볼 때 집합투자상품은 원본을 초과하여 손실을 볼 가능성이 존재하지 않는다는 차이점이 있다.

Ⅱ. 집합투자증권의 분류(집합투자기구가 발행하는 집합투자증권)

위와 같은 집합투자증권의 정의에 기초하여 집합투자증권의 구체적인 형태와 특성을 살펴보면 다음과 같다. 집합투자기구가 출자의 대가로 발행하는 집합투자증권은, 회사형 집합투자기구의 집합투자증권은 지분증권, 투자신탁의 집합투자증권은 수익증권, 조합형 집합투자기구의 집합투자증권은 지분증권으로 구분되며, 집합투자증권은 자본시장법에 따라 모두 증권의

학기술인공제회법에 따른 과학기술인공제회, 다. 교정공제회법에 따른 교정공제회, 라. 군인공제회법에 따른 군인공제회, 마. 대한소방공제회법에 따른 대한소방공제회, 바. 대한지방행정공제회법에 따른 대한지방행정공제회, 사. 한국교직원공제회법에 따른 한국교직원공제회, 아. 한국지방재정공제회법에 따른 한국지방재정공제회, 자. 전기공사공제조합법에 따른 전기공사공제조합
2. 최근 사업연도말 현재 운용자산이 2조원 이상이거나 가입자가 10만명 이상인 공제회 또는 공제조합

범주에 포함된다. 다만 수익증권의 범위에 있어 자본시장법은 신탁업자가 금전신탁계약에 의한 신탁수익권에 대하여 발행하는 수익증권과 투자신탁의 수익권을 표창하는 증권(관리신탁 제외)을 모두 통칭하여 수익증권으로 규정하고 있다(법4⑤).

그러나 신탁법상의 신탁(일반신탁)과 자본시장법에 따른 투자신탁은 구분하여 이해할 필요가 있다. 왜냐하면 신탁법상의 신탁의 경우 도관체 과세를 하는데 반해 투자신탁은 실체과세를 하고 있어 과세체계에 차이가 존재하기 때문이다. 집합투자증권의 기준가격은 자본시장법 제238조(집합투자재산의 평가 및 기준가격의 산정 등)에 따라 집합투자재산의 일별 시가평가를 통해 산정되고 통상 일별로 공고된다. 투자자의 집합투자증권에 대한 투자금액의 정산은 모두 기준가격으로 이루어진다.

Ⅲ. 집합투자증권의 발행

여기서는 실무상 자주 활용되는 경우를 살펴보기로 한다.

1. 투자신탁의 수익증권

투자신탁의 수익권은 신탁계약에서 정하는 바에 따라 투자신탁재산의 운용에서 발생하는 이익의 분배를 받고 신탁원본의 상환을 받는 등의 권리를 말한다. 수익증권은 투자신탁의 수익권을 표창하는 유가증권이다. 수익자는 신탁원본의 상환 및 이익의 분배 등에 관하여 수익증권의 좌수에 따라 균등한 권리를 가진다(법189②).

투자신탁을 설정한 집합투자업자는 투자신탁의 수익권을 균등하게 분할하여 수익증권을 발행하여야 하며(법189①), 신탁계약에서 정한 신탁원본 전액이 납입된 경우 신탁업자의 확인을 받아 전자증권법에 따른 전자등록의 방법으로 투자신탁의 수익권을 발행하여야 한다(법189③). 수익증권은 무액면 기명식으로 한다(법189④). 무액면 수익권이란 1좌의 금액이 표시되지 않고 수익증권에는 수익권 좌수만 기재되는 수익권을 말한다. 액면가는 없고 수익권을 발행할 때마다 정하는 발행가만 있다. 기명식으로 발행해야 하므로 집합투자증권과 집합투자자명부에 수익자의 성명이 기재되어야 한다.

투자신탁을 설정한 집합투자업자는 수익증권을 발행하는 경우에는 집합투자업자 및 신탁업자의 상호, 수익자의 성명 또는 명칭, 신탁계약을 체결할 당시의 신탁원본의 가액 및 수익증권의 총좌수, 수익증권의 발행일이 전자증권법에 따라 전자등록 또는 기록되도록 하여야 한다(법189⑤ 전단). 이 경우 그 집합투자업자 및 그 투자신탁재산을 보관·관리하는 신탁업자의 대표이사(집행임원 설치회사의 경우 대표집행임원)로부터 대통령령으로 정하는 방법과 절차에 따라

확인을 받아야 한다(법189⑤ 후단).[18]

투자신탁을 설정한 집합투자업자는 수익자명부의 작성에 관한 업무를 전자등록기관에 위탁하여야 한다(법189⑥). 전자등록기관은 위탁을 받은 경우 수익자의 주소 및 성명과 수익자가 소유하는 수익증권의 좌수를 기재한 수익자명부를 작성·비치하여야 한다(법189⑦). 전자등록기관은 수익자의 주소 및 성명과 수익자가 소유하는 수익증권의 좌수에 관한 정보를 타인에게 제공해서는 아니 된다(법189⑧ 본문). 다만, 수익자총회 개최를 위하여 집합투자업자에게 제공하는 경우, 그 밖에 대통령령으로 정하는 경우[19]에는 이를 제공할 수 있다(법189⑧ 단서).

2. 투자회사의 주식

투자회사는 회사 성립일 또는 신주의 납입기일에 지체 없이 전자증권법에 따른 전자등록의 방법으로 주식을 발행하여야 하며(법196②), 투자회사가 그 성립 후에 신주를 발행하는 경우 신주의 수, 발행가액 및 납입기일은 이사회가 결정한다(법196③ 본문). 다만, 정관에서 달리 정하고 있는 경우에는 그에 따른다(법196③ 단서). 투자회사의 주식은 무액면 기명식으로 한다(법196①). 무액면 주식이란 1주의 금액이 표시되지 않고 주권에는 주식 수만 기재되는 주식을 말한다. 액면가는 없고 주식을 발행할 때마다 정하는 발행가만 있다. 기명식으로 발행해야 하므로 집합투자증권과 집합투자자명부에 주주의 성명이 기재되어야 한다.

주주의 청구가 있는 경우 그 주주의 주식을 매수할 수 있는 투자회사("개방형투자회사")가 그 성립 후에 신주를 발행하는 경우 이사회는 ⅰ) 신주의 발행기간(제1호), ⅱ) 발행기간 이내에 발행하는 신주수의 상한(제2호), ⅲ) 발행기간 동안 매일의 발행가액 및 주금납입기일을 정하는 방법(제3호)을 결정할 수 있다(법196④ 전단). 이 경우 개방형투자회사는 제3호의 방법에 따라 확정된 매일의 발행가액을 그 투자회사의 주식을 판매하는 투자매매업자 또는 투자중개업자의 지점, 그 밖의 영업소에 게시하고, 인터넷 홈페이지 등을 이용하여 공시하여야 한다(법196④ 후단). 투자회사는 그 성립 후에 신주를 발행하는 경우 같은 날에 발행하는 신주의 발행가액, 그 밖의 발행조건은 균등하게 정하여야 한다(법196⑤ 전단). 이 경우 신주의 발행가액은 그 투자회사가 소유하는 자산의 순자산액에 기초하여 대통령령으로 정하는 방법[20]에 따라 산

---

18) 투자신탁을 설정한 집합투자업자 및 그 투자신탁재산을 보관·관리하는 신탁업자의 대표이사(집행임원 설치회사의 경우 대표집행임원)는 전자등록기관에 전자등록 또는 기록된 사항이 실제 수익증권 발행 내역과 일치하는지 여부를 확인한 후 그 결과를 전자등록기관을 통해서 투자신탁을 설정한 집합투자업자에게 통보해야 한다(영218).
19) "대통령령으로 정하는 경우"란 금융실명법 제4조 제1항 단서에 따라 제공하는 경우를 말한다(영219).
20) "대통령령으로 정하는 방법"이란 법 제238조 제6항에 따른 기준가격의 계산방법을 말한다. 다만, 환매금지형투자회사는 기준가격의 계산방법에 따라 산정된 금액과 증권시장에서 거래되는 가격을 고려하여 신주의 발행가액을 정할 수 있다(영230).

정한다(법196⑤ 후단). 주식인수인은 지체 없이 주식의 인수가액을 금전으로 납입하여야 한다(법196⑥). 주식인수인은 투자회사가 그 성립 후에 신주를 발행하는 경우 주금의 납입과 동시에 주주의 권리·의무를 가진다(법196⑦).

3. 투자합자회사의 지분증권

투자합자회사의 유한책임사원은 출자금액의 반환 및 이익의 분배 등에 관하여 지분증권의 수에 따라 균등한 권리를 가진다(법216②, 208①). 투자합자회사가 그 성립 후에 새 지분증권을 발행하는 경우 새 지분증권의 수, 발행가액 및 납입기일은 업무집행사원이 결정하여야 하고(다만, 정관에서 달리 정하고 있는 경우에는 그에 따른다), 투자합자회사의 지분증권은 무액면 기명식으로 한다(법216②, 208③).

투자합자회사의 지분증권에는 회사의 상호, 회사의 성립연월일, 지분증권의 발행일, 사원의 성명(법인인 경우에는 상호), 기호 및 번호, 이익 등의 분배의 시기, 지분증권의 환매조건(환매를 청구할 수 없는 지분증권인 경우에는 환매를 청구할 수 없다는 뜻), 존속기간을 정하는 경우에는 그 기간, 그 지분증권을 판매한 투자매매업자 또는 투자중개업자의 명칭을 기재하고, 업무집행사원이 기명날인 또는 서명하여야 한다(법216②, 법208②, 영235).

Ⅳ. 집합투자증권의 판매

1. 판매계약 · 위탁판매계약

투자신탁이나 투자익명조합의 집합투자업자 또는 투자회사등은 집합투자기구의 집합투자증권을 판매하고자 하는 경우 투자매매업자와 판매계약을 체결하거나 투자중개업자와 위탁판매계약을 체결하여야 한다(법184⑤ 본문). 다만, 투자신탁이나 투자익명조합의 집합투자업자가 투자매매업자 또는 투자중개업자로서 집합투자기구의 집합투자증권을 판매하는 경우에는 판매계약 또는 위탁판매계약을 체결하지 아니한다(법184⑤ 단서). 그러나 다른 집합투자업자가 운용하는 집합투자기구의 집합투자증권을 판매하는 경우에는 판매회사의 지위에서 해당 집합투자기구를 운용하는 집합투자업자와 판매계약 또는 위탁판매계약을 체결하여야 한다.

전문사모집합투자업자가 자신이 운용하는 전문투자형 사모집합투자기구의 집합투자증권을 판매하는 경우에는 금융투자업으로 보지 아니한다(법7⑥(3)). 전문사모집합투자업자란 집합투자업자 중 전문사모집합투자업을 영위하는 자를 말한다(법9㉙). 전문사모집합투자업이란 집합투자업 중 전문투자형 사모집합투자기구를 통한 집합투자를 영업으로 하는 것을 말한다(법9㉘).

간접투자자산운용업법 제26조[21]의 판매회사 개념은 자본시장법에서는 폐지되었다. 따라서 자본시장법은 투자매매업·투자중개업자가 집합투자증권을 판매(판매계약·위탁판매계약 체결해서)할 수 있도록 하고 있는데, 현재도 업계에서는 실무상 이를 판매회사라고 한다. 투자매매업자와 판매계약을 체결하거나 투자중개업자와 위탁판매계약을 체결하도록 규정한 것은 집합투자증권의 판매를 기능별로 구별하여 규정한 것이다.

2. 집합투자증권 판매

(1) 판매가격의 제한

(가) 미래가격

투자매매업자 또는 투자중개업자는 집합투자증권을 판매하는 경우 투자자가 집합투자증권의 취득을 위하여 금전등을 납입한 후 최초로 산정되는 기준가격으로 판매하여야 한다(법76①본문). 여기서 기준가격이란 기준가격의 공고·게시일 전날의 대차대조표상에 계상된 자산총액(법 제238조 제1항에 따른 평가방법으로 계산한 것을 말한다)에서 부채총액을 뺀 금액을 그 공고·게시일 전날의 집합투자증권 총수로 나누어 계산한 기준가격을 말한다(법238⑥, 영262①). 실무상 익일 영업시간 전에 매일 공고·게시되면 이 기준가격을 T+1에 공고된 기준가격이라고 한다.

(나) 미래가격의 예외

1) 장마감후 거래

투자자가 집합투자규약으로 정한 집합투자증권의 매수청구일을 구분하기 위한 기준시점을 지나서 투자매매업자 또는 투자중개업자에게 금전등을 납입하는 경우에는 금전등의 납입일부터 기산하여 제3영업일에 공고되는 기준가격(T+2일에 공고된 기준가격)을 적용한다(영77①(1), 영77②(1)).

2) 과거가격

ⅰ) 투자매매업자 또는 투자중개업자가 단기금융집합투자기구의 집합투자증권을 판매하는 경우로서 ㉠ 투자자가 금융투자상품 등의 매도나 환매에 따라 수취한 결제대금으로 결제일

---

21) 제26조(판매회사) ① 간접투자증권의 판매를 업으로 하고자 하는 자는 다음에 해당하는 자로서 금융위원회에 등록하여야 한다.
  1. 증권거래법에 의한 증권회사
  2. 은행법에 의한 금융기관
  3. 보험업법에 의한 보험회사
  4. 그 밖에 대통령령이 정하는 자
  ② 제1항의 규정에 의하여 등록한 자("판매회사")는 다음의 업무를 영위한다.
  1. 간접투자증권의 판매
  2. 간접투자증권의 환매
  3. 그 밖에 대통령령이 정하는 업무

에 단기금융집합투자기구의 집합투자증권을 매수하기로 집합투자증권을 판매하는 투자매매업자 또는 투자중개업자와 미리 약정한 경우, ⓛ 투자자가 급여 등 정기적으로 받는 금전으로 수취일에 단기금융집합투자기구의 집합투자증권을 매수하기로 집합투자증권을 판매하는 투자매매업자 또는 투자중개업자와 미리 약정한 경우, ⓒ 국가재정법 제81조에 따라 여유자금을 통합하여 운용하는 경우로서 환매청구일에 공고되는 기준가격으로 환매청구일에 환매한다는 내용이 집합투자규약에 반영된 단기금융집합투자기구의 집합투자증권을 판매하는 경우, ⅱ) 외국환거래법 제13조에 따른 외국환평형기금에게 단기금융집합투자기구의 집합투자증권을 판매하는 경우, ⅲ) 국가재정법 제81조에 따라 여유자금을 통합하여 운용하는 단기금융집합투자기구 및 증권집합투자기구에게 단기금융집합투자기구의 집합투자증권을 판매하는 경우에는 금전등의 납입일에 공고되는 기준가격(과거가격: T일에 공고된 기준가격)을 적용한다(영77①(2)(3), 영77②(2)).

3) 해외펀드 등의 경우

ⅰ) 미래가격을 적용할 경우 해당 집합투자기구의 투자자 이익 등을 침해할 우려가 있다고 집합투자재산평가위원회가 인정하는 경우에는 금전등의 납입일부터 기산하여 제3영업일(T+2) 또는 그 이후에 공고되는 기준가격을 적용하고(영77①(4), 영77②(3)),[22] ⅱ) 투자자가 집합투자기구를 변경하지 아니하고 그 집합투자기구의 집합투자증권을 판매한 투자매매업자 또는 투자중개업자를 변경할 목적으로 집합투자증권을 환매한 후 다른 투자매매업자 또는 투자중개업자를 통하여 해당 집합투자증권을 매수하는 경우에는 집합투자증권을 환매한 후 15일 이내에 집합투자규약에서 정하는 투자매매업자 또는 투자중개업자 변경의 효력이 발생하는 날에 공고되는 기준가격을 적용한다(영77①(5), 영77②(4)).

(2) 집합투자증권의 판매

(가) 집합투자증권 판매금지 사유

투자매매업자 또는 투자중개업자는 집합투자증권의 환매를 연기한 경우나 집합투자기구에 대한 회계감사인의 감사의견이 적정의견이 아니라는 통지를 받은 경우에는 해당 집합투자증권을 판매하여서는 아니 된다(법76② 본문). 이는 투자자를 보호하기 위한 것이다. 다만, 집합투자업자로부터 환매연기나 감사의견의 부적정 사유가 해소되었다는 통지를 받은 경우에는 판매를 다시 시작할 수 있다(법76② 단서).

(나) 집합투자기구의 등록 전 판매 또는 판매광고 금지

투자매매업자 또는 투자중개업자는 집합투자기구가 등록되기 전에는 해당 집합투자증권

---

22) 해외펀드와 같이 기준가격을 T+1에 공고된 기준가격을 적용하는 경우 해외시장거래 결과를 확인하여 이득을 취할 수 있는 가능성이 있는 점을 고려한 것이다.

을 판매하거나 판매를 위한 광고를 하여서는 아니 된다(법76③ 본문). 다만, 투자자의 이익을 해할 우려가 없는 경우로서 관련 법령의 개정에 따라 새로운 형태의 집합투자증권의 판매가 예정되어 있어, 그 집합투자기구의 개괄적인 내용을 광고하여도 투자자의 이익을 해칠 염려가 없는 경우에는 판매를 위한 광고를 할 수 있으며(법76③ 단서, 영77③ 전단), 이 경우 관련 법령의 개정이 확정되지 아니한 경우에는 광고의 내용에 관련 법령의 개정이 확정됨에 따라 그 내용이 달라질 수 있음을 표시하여야 한다(영77③ 후단).

(3) 판매수수료 · 판매보수에 대한 규제

(가) 의의

판매수수료는 집합투자증권을 판매하는 행위에 대한 대가로 투자자로부터 직접 받는 금전을 말하고, 판매보수는 집합투자증권을 판매한 투자매매업자, 투자중개업자가 투자자에게 지속적으로 제공하는 용역의 대가로 집합투자기구로부터 받는 금전을 말한다(법76④). 이는 집합투자증권의 판매서비스 제공에 대한 수수료와 판매 후의 서비스 제공에 대한 보수이다.

(나) 성과보수 금지

투자매매업자 또는 투자중개업자는 집합투자증권의 판매와 관련하여 판매수수료 및 판매보수를 받는 경우 집합투자기구의 운용실적에 연동(성과보수)하여 판매수수료 또는 판매보수를 받아서는 아니 된다(법76④). 이는 집합투자기구의 운용실적은 판매서비스와 직접 관련이 없는 점을 고려한 것이다.

(다) 한도

1) 판매수수료의 한도

판매수수료는 집합투자규약이 정하는 바에 따라 판매 또는 환매시 일시에 투자자로부터 받거나 투자기간 동안 분할하여 투자자로부터 받을 수 있으며(영77⑤(1)), 그 한도는 납입금액 또는 환매금액의 2%이다(영77④(1)). 판매수수료는 집합투자규약으로 정하는 바에 따라 판매방법, 투자매매업자 · 투자중개업자, 판매금액, 투자기간 등을 기준으로 차등하여 받을 수 있다(영77⑥).

2) 판매보수의 한도

판매보수는 집합투자규약으로 정하는 바에 따라 매일의 집합투자재산의 규모에 비례하여 집합투자기구로부터 받을 수 있으며(영77⑤(2)), 그 한도는 집합투자재산의 연평균가액의 1%이다(영77④(2)). 다만, 투자자의 투자기간에 따라 판매보수율이 감소하는 경우로서 2년을 넘는 시점에 적용되는 판매보수율이 1% 미만인 경우 그 시점까지는 1%에서부터 1.5%까지의 범위에서 정할 수 있다(영77④(2) 단서, 금융투자업규정4-48①).

Ⅴ. 집합투자증권의 환매

1. 환매의 의의

환매금지형 집합투자기구의 투자자를 제외한 집합투자기구의 투자자는 언제든지 집합투자증권의 환매를 청구할 수 있다(법235①). 환매 집합투자기구의 계산으로 투자자의 집합투자증권을 매수하여 소각하는 것을 말한다. 집합투자증권의 환매는 실질적으로 펀드가 투자자에게 투자금을 상환하는 것과 동일하다.

집합투자증권을 환매한 경우 그 집합투자증권을 소각 처리해야 한다(법235⑦). 따라서 집합투자증권의 환매는 주식회사에 있어 유상감자와 유사한 경제적 성격을 갖는다. 즉 집합투자기구의 재산 중 일부를 환매대금으로 투자자에게 내어줌으로써 집합투자기구의 규모가 감소하고 발행한 집합투자증권의 총수가 감소하는 것이다.

2. 환매 청구 및 방법

(1) 환매 청구의 상대방

(가) 투자매매업자 또는 투자중개업자

투자자는 집합투자증권의 환매를 청구하고자 하는 경우에는 그 집합투자증권을 판매한 투자매매업자 또는 투자중개업자("판매회사")에게 청구하여야 한다(법235② 본문). 원칙적으로 환매 청구의 상대방을 판매회사로 한 것은 집합투자증권의 판매회사를 창구로 하는 것이 편리한 점을 고려한 것이다.

(나) 집합투자업자

투자매매업자 또는 투자중개업자가 해산·인가취소 또는 업무정지, 천재지변 등으로 인한 전산장애, 그 밖에 이에 준하는 사유로 인하여 집합투자증권을 판매한 투자매매업자·투자중개업자가 정상적으로 업무를 하는 것이 곤란하다고 금융위원회가 인정한 경우("해산등")로 인하여 환매 청구에 응할 수 없는 경우에는 집합투자업자 또는 그 집합투자업자가 해당 집합투자증권을 판매한 판매회사와 협의하여 결정한 다른 판매회사를 통하여 집합투자업자에게 직접 청구할 수 있다(법235② 단서, 영253, 시행규칙23①).

(다) 신탁업자

환매 청구를 받은 집합투자업자가 해산등으로 인하여 환매에 응할 수 없는 경우에는 해당 집합투자재산을 보관·관리하는 신탁업자에게 청구할 수 있다(법235② 단서).

(2) 환매 청구 상대방의 의무

환매 청구를 받은 판매회사는 수익증권 또는 투자익명조합의 지분증권인 경우 해당 투자신탁 또는 투자익명조합의 집합투자업자에 대하여, 투자회사등이 발행한 집합투자증권인 경우 그 투자회사등에 대하여 각각 지체 없이 환매에 응할 것을 요구하여야 하며, 투자회사등이 발행한 집합투자증권의 환매 청구를 받은 집합투자업자 또는 신탁업자는 투자회사등에 대하여 지체 없이 환매에 응할 것을 요구하여야 한다(법235③).

(3) 환매의무자

(가) 집합투자기구

투자신탁 또는 투자익명조합의 집합투자업자와 투자회사등이 환매의무자이다. 환매는 집합투자기구의 계산으로 집합투자증권을 매수하여 소각하는 것이므로 환매의무자는 집합투자업자인 것이다. 따라서 환매 청구를 받은 판매회사는 환매대금 지급의무를 부담하지 않는다. 판매회사는 투자자의 환매 청구가 있으면 집합투자업자에게 환매에 응할 것을 요구하고, 집합투자업자는 집합투자재산의 범위에서 환매대금에 해당하는 금전을 투자자에게 지급해야 한다.[23]

(나) 판매회사 · 집합투자업자 · 신탁업자의 취득제한

집합투자증권을 판매한 판매회사, 집합투자재산을 운용하는 집합투자업자 또는 집합투자재산을 보관·관리하는 신탁업자는 환매 청구를 받거나 환매에 응할 것을 요구받은 집합투자증권을 자기의 계산으로 취득하거나 타인에게 취득하게 하여서는 아니 된다(법235⑥ 본문).

다만, 집합투자증권의 원활한 환매를 위하여 필요하거나 투자자의 이익을 해할 우려가 없는 경우로서 ⅰ) 단기금융집합투자기구의 집합투자증권을 판매한 판매회사가 그 단기금융집합투자기구별 집합투자증권 판매규모의 5%에 상당하는 금액 또는 100억원 중 큰 금액의 범위에서 개인투자자로부터 환매청구일에 공고되는 기준가격으로 환매청구일에 그 집합투자증권을 매수하는 경우, 또는 ⅱ) 투자자가 금액을 기준으로 집합투자증권(단기금융집합투자기구의 집합투자증권은 제외)의 환매를 청구함에 따라 그 집합투자증권을 판매한 판매회사가 해당 집합투자기구의 집합투자규약에서 정한 환매가격으로 그 집합투자규약에서 정한 환매일에 그 집합투자증

---

23) 대법원 2018. 8. 30. 선고 2017다281213 판결(투자자가 집합투자증권의 환매를 청구하는 경우 집합투자업자는 자본시장법 제236조 제1항 본문에 따라 산정되는 기준가격으로 집합투자증권을 환매하여야 하고, 집합투자증권의 매매를 위탁받은 판매회사는 집합투자증권의 판매 및 환매업무와 그에 부수된 업무를 수행할 뿐이어서 투자자의 환매청구가 있더라도 판매회사가 직접 집합투자재산을 처분하여 환매대금을 마련할 수는 없다고 할 것이다. 이와는 달리 판매회사로부터 매수한 집합투자증권에 대하여 판매회사가 환매대금 지급의무를 부담한다고 인정하는 것은 판매회사의 고유재산으로 투자자의 환매청구에 응할 의무를 인정하는 것이 되는데, 이는 집합투자증권은 반드시 환매청구된 부분만큼 집합투자재산을 처분하여 조성한 현금으로만 환매청구에 응하여야 한다고 규정하는 자본시장법 제235조 제5항의 규정에 반하여 허용될 수 없기 때문이다. 따라서 판매회사는 투자자의 환매청구가 있는 경우 집합투자업자에게 환매에 응할 것을 요구하고, 그로부터 수령한 환매대금을 투자자에게 지급할 의무를 부담할 뿐이다).

권의 일부를 불가피하게 매수하는 경우에는 그 판매회사·집합투자업자 또는 신탁업자는 환매
청구를 받거나 환매에 응할 것을 요구받은 집합투자증권을 자기의 계산으로 취득할 수 있다(법
235⑥ 단서, 영254②, 금융투자업규정7-32③).

3. 환매대금의 지급

(1) 환매대금의 지급일

환매 청구를 받거나 환매에 응할 것을 요구받은 투자신탁이나 투자익명조합의 집합투자업
자(해당 집합투자재산을 보관·관리하는 신탁업자를 포함) 또는 투자회사등은 그 집합투자기구의 투
자대상자산의 환금성 등을 고려하여 ⅰ) 각 집합투자기구 자산총액의 10%를 초과하여 금융위
원회가 정하여 고시하는 시장성 없는 자산(금융투자업규정7-22)에 투자하는 경우, ⅱ) 각 집합투
자기구 자산총액의 50%를 초과하여 외화자산에 투자하는 경우, ⅲ) 사모투자재간접집합투자기
구인 경우, ⅳ) 부동산·특별자산투자재간접집합투자기구인 경우를 제외하고는 투자자가 환매
청구를 한 날부터 15일 이내에 집합투자규약에서 정한 환매일에 환매대금을 지급하여야 한다
(법235④, 영254①, 금융투자업규정7-32①). 환매일을 환매청구일로부터 15일 이내로 한 것은 집합
투자업자 등이 운용보수 감소 등을 이유로 신속하게 환매 청구에 응하지 않을 수 있다는 점을
고려한 것으로 생각된다.

(2) 환매대금의 지급방법

(가) 금전지급

투자신탁이나 투자익명조합의 집합투자업자(해당 집합투자재산을 보관·관리하는 신탁업자를 포
함) 또는 투자회사등은 환매대금을 지급하는 경우에는 집합투자재산의 범위에서 집합투자재산으
로 소유 중인 금전 또는 집합투자재산을 처분하여 조성한 금전으로만 하여야 한다(법235⑤ 본문).

(나) 집합투자재산

다만 집합투자기구의 투자자 전원의 동의를 얻은 경우에는 그 집합투자기구에서 소유하고
있는 집합투자재산으로 지급할 수 있다(법235⑤ 단서).

4. 환매가격 및 수수료

(1) 환매가격

(가) 미래가격

환매가격은 환매청구일 후에 산정되는 기준가격으로 하여야 한다(법236① 본문). 환매청구
일 후에 산정되는 기준가격은 환매청구일부터 기산하여 제2영업일(투자자가 집합투자규약에서 정
한 집합투자증권의 환매청구일을 구분하기 위한 기준시점을 지나서 환매 청구를 하는 경우에는 제3영

일) 이후에 공고되는 기준가격으로서 해당 집합투자기구의 집합투자규약에서 정한 기준가격으로 한다(영255③). 그러나 투자자가 집합투자기구를 변경하지 아니하고 그 집합투자기구의 집합투자증권을 판매한 투자매매업자 또는 투자중개업자를 변경할 목적으로 집합투자증권을 환매하는 경우에는 집합투자증권의 환매를 청구한 후 15일 이내에 집합투자규약에서 정하는 투자매매업자 또는 투자중개업자 변경의 효력이 발생하는 날에 공고되는 기준가격을 적용한다(영255④).

(나) 과거가격

1) 단기금융집합투자기구의 당일 매매

판매회사가 단기금융집합투자기구의 집합투자증권을 판매한 경우로서 ⅰ) 투자자가 금융투자상품 등의 매수에 따른 결제대금을 지급하기 위하여 단기금융집합투자기구의 집합투자증권을 환매하기로 그 투자매매업자 또는 투자중개업자와 미리 약정한 경우, ⅱ) 투자자가 공과금 납부 등 정기적으로 발생하는 채무를 이행하기 위하여 단기금융집합투자기구의 집합투자증권을 환매하기로 그 투자매매업자 또는 투자중개업자와 미리 약정한 경우, ⅲ) 국가재정법 제81조에 따라 여유자금을 통합하여 운용하는 경우로서 환매청구일에 공고되는 기준가격으로 환매청구일에 환매한다는 내용이 집합투자규약에 반영된 단기금융집합투자기구의 집합투자증권을 환매하는 경우에는 환매청구일 이전에 산정된 기준가격으로 환매할 수 있다(법236① 단서, 영255①(1)).

2) 외국환평형기금 등의 당일 매매

판매회사가 ⅰ) 외국환거래법 제13조에 따른 외국환평형기금, 또는 ⅱ) 국가재정법 제81조에 따른 여유자금을 통합하여 운용하는 단기금융집합투자기구 및 증권집합투자기구에게 단기금융집합투자기구의 집합투자증권을 판매한 경우로서 그 집합투자증권을 환매하는 경우에는 환매청구일 이전에 산정된 기준가격으로 환매할 수 있다(법236① 단서,영 255①(2)).

(2) 환매수수료

환매수수료는 집합투자규약에서 정하는 기간 이내에 환매하는 경우에 집합투자증권의 환매를 청구하는 해당 투자자가 부담하며, 투자자가 부담한 환매수수료는 집합투자재산에 귀속된다. 이 경우 환매수수료는 환매금액 또는 이익금 등을 기준으로 부과할 수 있다(법236②, 영255②).

5. 환매연기와 일부환매

(1) 환매연기
(가) 환매연기의 의의

투자신탁이나 투자익명조합의 집합투자업자 또는 투자회사등은 집합투자재산인 자산의 처분이 불가능한 경우 등 일정 사유로 인하여 집합투자규약에서 정한 환매일에 집합투자증권을 환매할 수 없게 된 경우에는 그 집합투자증권의 환매를 연기할 수 있다(법237①).

(나) 환매연기사유

1) 집합투자재산의 처분이 불가능하여 사실상 환매에 응할 수 없는 경우

집합투자재산의 처분이 불가능하여 사실상 환매에 응할 수 없는 경우로서 ⅰ) 뚜렷한 거래부진 등의 사유로 집합투자재산을 처분할 수 없는 경우, ⅱ) 증권시장이나 해외 증권시장의 폐쇄·휴장 또는 거래정지, 그 밖에 이에 준하는 사유로 집합투자재산을 처분할 수 없는 경우, ⅲ) 천재지변, 그 밖에 이에 준하는 사유가 발생한 경우이다(영256(1)).

2) 투자자 간의 형평성을 해칠 염려가 있는 경우

투자자 간의 형평성을 해칠 염려가 있는 경우로서 ⅰ) 부도발생 등으로 인하여 집합투자재산을 처분하여 환매에 응하는 경우에 다른 투자자의 이익을 해칠 염려가 있는 경우, ⅱ) 집합투자재산에 속하는 자산의 시가가 없어서 환매 청구에 응하는 경우에 다른 투자자의 이익을 해칠 염려가 있는 경우, ⅲ) 대량의 환매 청구에 응하는 것이 투자자 간의 형평성을 해칠 염려가 있는 경우[24]이다(영256(2)).

3) 환매를 청구받거나 요구받은 자의 해산등으로 환매할 수 없는 경우

환매를 청구받거나 요구받은 투자매매업자 또는 투자중개업자·집합투자업자·신탁업자·투자 회사등이 해산등으로 인하여 집합투자증권을 환매할 수 없는 경우이다(영256(3)).

---

24) 대법원 2014. 7. 10. 선고 2014다21250 판결[투자자가 집합투자증권의 환매를 청구하는 경우 집합투자업자는 자본시장과 금융투자업에 관한 법률 제236조 제1항 본문에 따라 산정되는 기준가격으로 집합투자증권을 환매하여야 하는데, 환매청구가 일시에 대량으로 이루어질 경우에는 환매대금으로 사용할 재원을 조성하기 위하여 집합투자재산을 단기간에 대량으로 처분하는 조치가 필요하게 된다. 이 경우 집합투자재산의 종류, 구성 및 규모, 시장의 거래상황 등에 따라서는 집합투자재산의 가치가 크게 하락하는 손실이 생길 수 있는데, 이러한 손실이 반영되지 아니한 기준가격으로 집합투자증권을 환매하게 되면 먼저 환매한 투자자로부터 잔류하는 투자자에게 손실이 전가되어 집합투자의 본질인 실적배당주의 내지 수익자평등대우주의를 훼손하는 결과가 초래될 수 있다. 이는 환매연기사유의 하나인 '대량의 환매청구에 응하는 것이 투자자 간의 형평성을 해칠 염려가 있는 경우'에 해당한다고 보아야 한다. 그리고 환매연기사유가 존재하는지는 환매를 연기할 당시를 기준으로 판단하여야 하고, 사후에 발생하거나 확인된 사유만을 들어 환매연기가 위법하거나 효력이 없다고 할 수는 없다(원심은, 피고의 국내업무중단계획이 발표되자 그 발표 당일 주식시장이 폐장될 때까지 이 사건 펀드의 수익자인 총 11개의 기관투자자 중 8개의 기관투자자가 이 사건 펀드의 자산 규모 중 약 80%에 해당하는 약 1,500억 원 규모의 수익증권에 대하여 환매를 청구한 사실, 피고는 위와 같은 환매청구에 그대로 응할 경우 수익증권의 가치가 떨어지는 등으로 환매 요구 투자자와 잔존 투자자 사이의 형평성에 문제가 발생할 것으로 판단하여 환매연기를 결정한 사실 등을 인정한 다음, 그 판시와 같은 사정에 비추어 보면 위와 같은 환매청구는 "대량의 환매청구에 응하게 되는 경우"에 해당하고, 환매청구에 응하기 위하여 자산처분을 단기간 강행할 경우 수익자들 사이의 형평성 문제가 야기될 것으로 예상되는 상황이었으므로, 피고의 환매연기 결정은 적법하다고 판단하였다. 원심판결 이유를 앞서 본 법리에 비추어 보면, 원심의 위와 같은 판단은 수긍할 수 있고, 거기에 상고이유 주장과 같이 환매연기사유 내지 요건에 관한 법리, 환매자금 마련에 관한 의무불이행에 관한 법리 등을 오해하거나 논리와 경험의 법칙을 위반하여 자유심증주의의 한계를 벗어나는 등의 위법이 없다)].

4) 교차판매 집합투자기구의 경우

교차판매 집합투자기구의 집합투자증권에 대한 투자자의 환매 청구 금액이 환매청구일 현재 해당 교차판매 집합투자기구의 집합투자재산 순자산가치의 10%를 초과하는 경우이다(영256(3의2)).

5) 금융위원회가 환매연기가 필요하다고 인정한 경우

그 밖에 영 제256조 제1호부터 제3호까지 및 제3호의2의 경우에 준하는 경우로서 금융위원회가 환매연기가 필요하다고 인정한 경우이다(영256(4)).

(다) 환매연기와 투자자 보호

1) 집합투자총회

가) 집합투자총회의 결의

환매를 연기한 날부터 6주 이내에 집합투자자총회에서 집합투자증권의 환매에 관한 사항으로서 ⅰ) 환매를 재개하려는 경우에는 환매대금의 지급시기와 지급방법(다만, 제256조 제3호의2에 따라 환매를 연기한 집합투자증권의 환매대금 지급시기와 지급방법은 제외), ⅱ) 환매연기를 계속하려는 경우에는 환매연기기간과 환매를 재개할 때의 환매대금의 지급시기 및 지급방법, ⅲ) 일부환매를 하는 경우에는 환매연기의 원인이 되는 자산의 처리방법을 결의하여야 한다(법237① 후단, 영257①)).

나) 환매연기의 계속

집합투자자총회에서 집합투자증권의 환매에 관한 사항을 정하지 아니하거나 환매에 관하여 정한 사항의 실행이 불가능한 경우에는 계속하여 환매를 연기할 수 있다(법237②).

2) 투자자에 대한 통지

집합투자자총회에서 환매에 관한 사항이 결의되거나 환매의 연기를 계속하는 경우 지체없이 ⅰ) 집합투자자총회에서 환매에 관한 사항을 결의한 경우에는 환매에 관하여 결의한 사항, 환매가격, 일부환매의 경우에는 그 뜻과 일부환매의 규모, ⅱ) 환매연기를 계속하는 경우에는 환매를 연기하는 사유, 환매를 연기하는 기간, 환매를 재개하는 경우 환매대금의 지급방법, 환매를 재개하는 경우에 환매가격 및 환매대금의 지급시기, 일부환매의 경우에 그 뜻과 일부환매의 규모를 투자자에게 통지하여야 한다(법237③, 영257②③).

(라) 환매연기사유의 해소와 환매재개

투자신탁이나 투자익명조합의 집합투자업자 또는 투자회사등은 환매연기사유의 전부 또는 일부가 해소된 경우에는 환매가 연기된 투자자에 대하여 환매한다는 뜻을 통지하고 집합투자자총회에서 결의한 내용에 따라 환매하여야 한다(법237④, 영258① 본문). 다만, 환매연기를 위한 집합투자자총회의 개최 전에 환매연기사유가 해소된 경우에는 집합투자자총회를 개최하지 아니하고 환매할 수 있다(영258① 단서).

(2) 일부환매

(가) 의의

투자신탁이나 투자익명조합의 집합투자업자 또는 투자회사등은 집합투자재산의 일부가 환매연기사유에 해당하는 경우 그 일부에 대하여는 환매를 연기하고 나머지에 대하여는 투자자가 소유하고 있는 집합투자증권의 지분(持分)에 따라 환매에 응할 수 있다(법237⑤).

(나) 집합투자기구재산의 분리

집합투자증권을 일부환매하거나 환매연기를 위한 집합투자자총회에서 일부환매를 결의한 경우에는 일부환매를 결정한 날 전날을 기준으로 환매연기의 원인이 되는 자산을 나머지 자산("정상자산")으로부터 분리하여야 한다(영259①).

(다) 일부환매와 환매대금 지급방법

정상자산에 대하여는 집합투자규약에서 정한 방법으로 그 정상자산에 대한 기준가격을 계산하여 투자자가 소유하고 있는 집합투자증권의 지분에 따라 환매대금을 지급하여야 한다(영259②). 환매가 연기된 집합투자재산만으로 별도의 집합투자기구를 설정 또는 설립할 수 있으며(법237⑥), 별도의 집합투자기구를 설정 또는 설립한 경우에는 정상자산으로 구성된 집합투자기구의 집합투자증권을 계속하여 발행·판매 및 환매할 수 있다(영259③).

(라) 환매불응사유

투자신탁이나 투자익명조합의 집합투자업자 또는 투자회사등은 ⅰ) 집합투자기구(투자신탁을 제외)가 해산한 경우, ⅱ) 투자회사의 순자산액이 정관이 정하는 최저순자산액에 미달하는 경우, ⅲ) 법령 또는 법령에 따른 명령에 따라 환매가 제한되는 경우, ⅳ) 투자신탁의 수익자, 투자회사의 주주 또는 그 수익자·주주의 질권자로서 권리를 행사할 자를 정하기 위하여 상법 제354조 제1항[25](제189조 제9항에서 준용하는 경우를 포함)에 따라 일정한 날을 정하여 수익자명부 또는 주주명부에 기재된 수익자·주주 또는 질권자를 그 권리를 행사할 수익자·주주 또는 질권자로 보도록 한 경우로서 이 일정한 날과 그 권리를 행사할 날의 사이에 환매 청구를 한 경우(이 경우 상법 제354조 제3항[26]을 적용함에 있어서 "3월"을 "2개월"로 한다)에는 환매 청구에 응하지 아니할 수 있다(법237⑧).

---

25) ① 회사는 의결권을 행사하거나 배당을 받을 자 기타 주주 또는 질권자로서 권리를 행사할 자를 정하기 위하여 일정한 기간을 정하여 주주명부의 기재변경을 정지하거나 일정한 날에 주주명부에 기재된 주주 또는 질권자를 그 권리를 행사할 주주 또는 질권자로 볼 수 있다.

26) ③ 제1항의 날은 주주 또는 질권자로서 권리를 행사할 날에 앞선 3월내의 날로 정하여야 한다.

제3절 집합투자기구의 구성

Ⅰ. 서설

1. 의의와 유형

집합투자기구란 집합투자를 수행하기 위한 도구로서 ⅰ) 투자신탁(집합투자업자인 위탁자가 신탁업자에게 신탁한 재산을 신탁업자로 하여금 그 집합투자업자의 지시에 따라 투자·운용하게 하는 신탁 형태의 집합투자기구), ⅱ) 투자회사(상법에 따른 주식회사 형태의 집합투자기구), ⅲ) 투자유한회사(상법에 따른 유한회사 형태의 집합투자기구), ⅳ) 투자합자회사(상법에 따른 합자회사 형태의 집합투자기구), ⅴ) 투자유한책임회사(상법에 따른 유한책임회사 형태의 집합투자기구), ⅵ) 투자합자조합(상법에 따른 합자조합 형태의 집합투자기구), ⅶ) 투자익명조합(상법에 따른 익명조합 형태의 집합투자기구)을 말한다(법9⑱).

집합투자기구는 통상 "펀드"로 불리는데, 집합투자증권의 발행방법과 투자자의 수에 따라 공모집합투자기구(공모펀드)와 사모집합투자기구(사모펀드)로 분류된다. "사모집합투자기구"란 집합투자증권을 사모로만 발행하는 집합투자기구로서 대통령령으로 정하는 투자자(전문투자자 등)의 총수가 49인(영14②) 이하인 것을 말하며, "경영참여형 사모집합투자기구"와 "전문투자형 사모집합투자기구"로 구분한다(법9⑲).

2. 적용법규

집합투자기구는 자본시장법에서 특별히 정한 경우를 제외하고는 상법 및 민법의 적용을 받는다(법181).

3. 집합투자기구의 상호·명칭

집합투자기구는 그 상호 또는 명칭 중에 집합투자기구의 종류를 표시하는 문자(증권·부동산·특별자산·혼합자산 및 단기금융 등의 문자)를 사용하여야 한다(법183①). 자본시장법에 따른 집합투자기구가 아닌 자는 "집합투자", "간접투자", "투자신탁", "투자회사", "투자유한회사", "투자합자회사", "경영참여형 사모집합투자기구", "투자유한책임회사", "투자합자조합", "투자익명조합", 그 밖에 이와 유사한 명칭을 사용하여서는 아니 된다(법183② 본문). 다만, 집합투자업자 및 제6조 제5항 제1호에 규정된 것(집합투자에 해당하나 특별법의 적용을 받는 집합투자로서 자본시장법에 의한 집합투자의 적용이 제외되는 것: 앞에서 본 개별법에 의한 사모펀드)의 경우에는 이를 사용할 수 있다(법183② 단서).

4. 집합투자기구의 등록 및 등록취소

(1) 등록

투자신탁이나 투자익명조합의 집합투자업자 또는 투자회사·투자유한회사·투자합자회사·투자유한책임회사 및 투자합자조합("투자회사등")은 집합투자기구가 설정·설립된 경우 그 집합투자기구를 금융위원회에 등록하여야 한다(법182①).[27] 집합투자기구 중 투자신탁·투자익명조합은 법인격이 없으므로 집합투자업자가 등록주체이다. 투자신탁이나 투자익명조합의 집합투자업자 또는 투자회사등은 집합투자기구를 등록하려는 경우에는 금융위원회에 등록신청서를 제출하여야 하고(법182③), 등록신청서를 증권신고서와 함께 제출하는 경우에는 그 증권신고의 효력이 발생하는 때에 해당 집합투자기구가 등록된 것으로 본다(영211⑤). 집합투자기구의 등록은 집합투자증권 발행인의 증권신고서 제출과 함께 발행시장 공시에 해당한다.

(2) 등록취소

금융위원회는 ⅰ) 거짓, 그 밖의 부정한 방법으로 등록이나 변경등록을 한 경우, ⅱ) 등록요건을 갖추지 못하게 된 경우, ⅲ) 집합투자기구가 해지 또는 해산한 경우, ⅳ) 투자회사의 순자산액이 3개월 이상 계속하여 최저순자산액에 미달하는 경우, ⅴ) 변경등록을 하지 아니한 경우, ⅵ) 금융위원회의 시정명령 또는 중지명령을 이행하지 아니한 경우, ⅶ) 별표 2 각 호의 어느 하나에 해당하는 경우로서 대통령령으로 정하는 경우, ⅷ) 대통령령으로 정하는 금융관련 법령 등을 위반한 경우로서 대통령령으로 정하는 경우, ⅸ) 그 밖에 투자자의 이익을 현저히 해할 우려가 있거나 집합투자기구로서 존속하기 곤란하다고 인정되는 경우로서 대통령령으로 정하는 경우에는 집합투자기구의 등록을 취소할 수 있다(법253① 본문). 다만, 위 사유 중 집합투자기구가 해지 또는 해산한 경우에는 등록을 취소하여야 한다(법253① 단서). 금융위원회는 집합투자기구의 등록을 취소하는 경우에는 청문을 실시하여야 한다(법253⑤).

---

27) 집합투자기구의 등록요건은 다음과 같다(법182②).
   1. 다음 각 목의 자가 업무정지기간 중에 있지 아니할 것
      가. 그 집합투자재산을 운용하는 집합투자업자
      나. 그 집합투자재산을 보관·관리하는 신탁업자
      다. 그 집합투자증권을 판매하는 투자매매업자·투자중개업자
      라. 투자회사인 경우 그 투자회사로부터 제184조 제6항의 업무를 위탁받은 일반사무관리회사(제254조에 따른 일반사무관리회사)
   2. 집합투자기구가 이 법에 따라 적법하게 설정·설립되었을 것
   3. 집합투자규약이 법령을 위반하거나 투자자의 이익을 명백히 침해하지 아니할 것
   4. 그 밖에 제9조 제18항 각 호의 집합투자기구의 형태 등을 고려하여 대통령령으로 정하는 요건을 갖출 것

Ⅱ. 집합투자기구의 업무수행

1. 의결권행사

투자신탁재산 또는 투자익명조합재산에 속하는 지분증권(그 지분증권과 관련된 증권예탁증권을 포함)의 의결권행사는 그 투자신탁 또는 투자익명조합의 집합투자업자가 수행하여야 하며, 투자회사등의 집합투자재산에 속하는 지분증권의 의결권행사는 그 투자회사등이 수행하여야 한다(법184① 본문). 다만, 투자회사등은 그 투자회사등의 집합투자업자에게 그 투자회사등의 집합투자재산에 속하는 지분증권의 의결권 행사를 위탁할 수 있다(법184① 단서).

2. 운용업무 수행

투자신탁재산 또는 투자익명조합재산의 운용업무는 그 투자신탁 또는 투자익명조합의 집합투자업자가 이를 수행하며, 투자회사등의 집합투자재산 운용업무는 그 투자회사등의 법인이사(투자회사·투자유한회사)·업무집행사원(투자합자회사)·업무집행자(투자유한책임회사) 또는 업무집행조합원(투자합자조합)인 집합투자업자가 이를 수행한다(법184②).

3. 집합투자재산의 보관·관리업무 위탁

투자신탁이나 투자익명조합의 집합투자업자 또는 투자회사등은 집합투자재산의 보관·관리업무를 신탁업자에게 위탁하여야 한다(법184③). 집합투자업자는 자신이 운용하는 집합투자재산을 보관·관리하는 신탁업자가 되어서는 아니 된다(법184④).

4. 판매계약의 체결

투자신탁이나 투자익명조합의 집합투자업자 또는 투자회사등은 집합투자기구의 집합투자증권을 판매하고자 하는 경우 투자매매업자와 판매계약을 체결하거나 투자중개업자와 위탁판매계약을 체결하여야 한다(법184⑤ 본문). 다만, 투자신탁이나 투자익명조합의 집합투자업자가 투자매매업자 또는 투자중개업자로서 집합투자기구의 집합투자증권을 판매하는 경우에는 판매계약 또는 위탁판매계약을 체결하지 아니한다(법184⑤ 단서).

5. 일반사무관리업무의 위탁 등

투자회사는 ⅰ) 투자회사 주식의 발행 및 명의개서, ⅱ) 투자회사재산의 계산, ⅲ) 법령 또는 정관에 의한 통지 및 공고, ⅳ) 이사회 및 주주총회의 소집·개최·의사록 작성 등에 관한 업무, ⅴ) 그 밖에 투자회사의 사무를 처리하기 위하여 필요한 업무로서, 기준가격의 산정 위탁업무 및 투자회사의 운영에 관한 업무를 일반사무관리회사에 위탁하여야 한다(법184⑥, 영212). 투자회사는 상법상 주식회사이지만 상근 임직원을 둘 수 없으며, 본점 외의 영업소를 설치할 수 없는(법184⑦) 명목회사이므로 일반사무관리회사에게 위탁하도록 한 것이다.

Ⅲ. 집합투자기구의 설립형태(1차 분류)

1. 서설

(1) 의의

자본시장법상 집합투자기구의 법적 형태는 그 성격에 따라 신탁형(투자신탁), 회사형(투자회사, 투자유한회사, 투자합자회사, 투자유한책임회사), 조합형(투자합자조합, 투자익명조합)으로 구분할 수 있다. 회사형(Company)은 고객이 금융기관이 설립한 투자회사(Investment Company)의 주주로 참여하는 형태로 투자회사의 형태이다. 회사형 집합투자기구는 법인격이 있으므로 당해 집합투자기구의 명의로 재산을 소유하고 투자·운용을 하게 된다. 신탁형(Trust)의 경우 고객이 금융기관과 계약을 맺고 금융자산을 신탁하는 형태이다. 조합형(Partnership)은 고객과 금융기관이 투자를 위한 조합을 형성하여 투자를 위한 기구를 구성하는 형태이다. 신탁형과 조합형은 법인격이 없으므로 당해 집합투자기구 명의로 재산을 소유하고 투자·운용을 하지 못한다. 신탁형은 투자신탁재산의 소유명의 및 대외적 법률행위의 주체는 수탁자가 된다. 조합형 투자조합재산은 조합원이 합유하며 대외적 법률행위는 전체 조합원을 대리하여 업무집행조합원이 하게 된다.

집합투자의 수단으로 활용되는 주식회사 등은 상법상의 회사제도로서 상법의 적용을 받는다. 그러나 상법규정은 상행위를 목적으로 하는 실체가 있는 사업법인을 전제로 한 것이기 때문에 명목회사 형태로 투자만을 목적을 하는 집합투자기구에는 적합하지 않은 규정들이 적지 않다.

자본시장법에서는 투자회사나 투자신탁 형태 이외에도 투자유한회사·투자유한책임회사·투자합자회사·투자합자조합·투자익명조합 형태의 집합투자기구도 인정하고 있다. 하지만 투자회사와 투자신탁을 제외한 형태가 이용되는 경우는 드물며, 그나마 투자합자회사형 집합투자기구가 사모집합투자기구로 이용되는 경우가 대부분이다. 투자회사·투자신탁·투자합자회사 형태를 제외하고는 나머지 집합투자기구형태는 실제 자본시장에서 활용될지 미지수이다.

전문투자형 사모집합투자기구는 위의 법적 형태 모두를 사용할 수 있지만 경영참여형 사모집합투자기구는 투자합자회사 형태만 허용된다. 그리고 변액보험(보험금이 자산운용의 성과에 따라 변동하는 보험계약)의 경우, 즉 보험업법 제108조 제1항 제3호[28])에 따른 투자신탁(특별계정) 도 집합투자기구이다.

(2) 투자펀드의 발전과정

투자펀드의 발전과정을 보면 신탁형의 펀드는 영국에서, 회사형의 펀드는 미국에서, 계약 형의 펀드는 독일과 프랑스에서 주로 발전했다. 1990년대 들어 금융의 세계화가 진전되면서 미국에서 발달한 회사형·개방형펀드 제도가 빠르게 다른 나라로 전파되어 이제는 전 세계적으 로 일반적인 공모펀드의 법적 형태가 되었다.

우리나라에서는 공모펀드는 물론이고 사모펀드도 신탁형의 펀드, 즉 투자신탁이 대부분이 고 회사형의 펀드는 일부 이용되고 있다. 신탁제도가 우리에게 익숙하거나 잘 발달된 것이 아 님에도 불구하고 이처럼 신탁형의 펀드가 압도적으로 이용되고 있는 데에는 다음과 같은 이유 가 있다. ⅰ) 1969년 증권투자신탁업법 제정을 통해 처음으로 투자펀드제도를 도입할 때 신탁 형 펀드(투자신탁)만을 허용한 역사적인 이유가 가장 큰 영향을 미친 것으로 생각된다. ⅱ) 다 른 이유로는 투자신탁은 수탁회사와의 계약만으로 펀드를 조직하게 되므로 회사형 펀드에 비 해 펀드 조직에 드는 시간과 비용이 상대적으로 절감되고 펀드 자체가 별도의 법인격이 없다 는 점이 운용사 입장에서 심리적으로 부담이 덜하다는 측면 등을 생각해 볼 수 있다. ⅲ) 그리 고 투자자 입장에서도 회계 등 여러 가지 이유로 회사형 펀드에 대한 투자를 꺼리는 점도 한 원인으로 작용하는 것으로 보인다.[29])

여기서는 실무적으로 가장 빈번하게 활용되는 집합투자기구의 법적 형태인 투자신탁과 투 자회사를 중심으로 살펴본다.

2. 투자회사

(1) 서설

(가) 의의

1) 투자회사의 개념

투자회사란 회사형 집합투자기구의 하나로 회사의 재산을 재산적 가치가 있는 투자대상자 산에 투자하여 그 수익을 주주에게 배분하는 집합투자회사로서, 법적 형태는 상법상의 주식회

---

28) 보험업법 제108조(특별계정의 설정·운용) ① 보험회사는 다음의 어느 하나에 해당하는 계약에 대하여는 대통령령으로 정하는 바에 따라 그 준비금에 상당하는 자산의 전부 또는 일부를 그 밖의 자산과 구별하여 이용하기 위한 계정("특별계정")을 각각 설정하여 운용할 수 있다.
   3. 변액보험계약(보험금이 자산운용의 성과에 따라 변동하는 보험계약을 말한다)
29) 박삼철(2017), 52쪽.

사이다(법9⑱(2)). 투자회사는 투자자가 납입한 자금 등을 자본으로 하여 집합투자의 목적으로 설립되는 주식회사로서 대표적인 회사형의 집합투자도구(collective investment scheme)이다. 일반 주식회사에 주식회사라는 명칭을 사용하도록 강제하는 것과는 달리(상법19) 투자회사에 대해서는 주식회사라는 명칭을 강제적으로 사용하도록 하고 있지 않다(법206②). 따라서 투자회사가 "펀드"라는 명칭을 사용하는 것도 문제되지 않는다. 우리가 일상적으로 보는 "펀드" 중에도 투자회사 형태를 띠고 있는 집합투자기구도 일정 부분 존재하고 있다. 자본시장법은 법에 특별한 규정이 없는 경우에는 상법 및 민법의 적용을 받는다(법181)고 명시하고 있기 때문에 투자회사형 집합투자기구는 자본시장법에 따로 명시된 규정이 없으면 상법의 적용을 받는다.

2) 투자회사와 상법상 주식회사의 차이점

집합투자 목적의 투자회사가 상법상의 주식회사와 다른 점은 다음과 같다.

ⅰ) 환매를 해주는 개방형펀드 형태일 때 나타난다. 일반 주식회사는 자기주식 취득에 관한 규정의 제한 아래서 또는 합병 등 특수한 사유가 발생한 경우에 한해 주주의 주식매수청구에 응해 회사 자금으로 주식을 매수할 수 있다. 반면에 투자회사인 주식회사는 일상적으로 주주(투자자)의 청구가 있으면 회사 자금으로 주식을 매수(환매)한다. 이는 일반 주식회사에서 중요한 의미를 갖는 자본유지의 원칙에 대한 예외로서 집합투자도구로서의 투자회사의 특성이다.30)

ⅱ) 투자회사는 상근 임직원을 둘 수 없으며, 본점 외의 영업소를 설치할 수 없다(법184⑦). 일반 주식회사는 고용계약을 통해 직원을 두고, 이들에게 업무를 맡기는 데 비해 투자회사는 그 제약을 받는 명목회사에 불과하다. 각종 업무는 별도의 일반사무관리회사와 위임계약을 통해 할 수밖에 없다.

ⅲ) 상법상 주식회사와는 달리 매우 엄격한 차입의 제한을 받는다. 상법상 주식회사는 다른 특별법에 규정하지 않는 한 다양한 형태의 자산과 부채를 보유할 수 있다. 하지만 투자회사는 발행할 수 있는 증권의 종류에도 제한을 두고 있고, 사채발행이나 차입에 있어서도 엄격한 제한을 받고 있다.31)

ⅳ) 기관구성이 다르다. 투자회사는 대표이사 및 감사(감사위원회)가 존재하지 않는다. 대신에 업무집행을 감독하는 감독이사가 따로 존재하여 이사회를 구성하고, 외부감사법의 외부감사 대상에도 해당하지 않는다(외부감사법4②(2) 및 동법 시행령5③(2) 나목). 대표이사 대신에 업무를 집행하는 법인이사(집합투자업자)를 둔다.

---

30) 강태양(2011), 54~55쪽.
31) 일반주식회사의 대차대조표는 차변의 자산이 대변의 부채 때문에 대변의 자본과 일치하지 않으나, 투자회사는 차입이 어렵고 대부분이 집합투자증권으로 조달된 자본에 의하기 때문에 자산(차변)과 자본(대변)이 일치한다.

(나) 투자회사관계의 당사자

1) 집합투자목적의 SPV: 업무의 위탁

투자회사는 집합투자목적의 특수목적기구이므로 상근임원이나 직원을 둘 수 없고 본점 외의 영업소도 둘 수 없다(법184⑦). 따라서 투자회사의 업무는 집합투자업자 등의 외부전문가가 수행한다. 재산의 운용업무는 집합투자업자가, 주식의 판매 및 환매는 판매회사가, 재산의 보관·관리는 신탁업자가, 기타 회계처리 등 일반사무는 일반사무관리회사가 수행한다(법184 및 법235). 집합투자업자는 투자회사의 법인이사로서 투자회사의 내부기관이 된다.

2) 집합투자업자

집합투자업자는 투자회사의 법인이사라는 지위에서 ⅰ) 집합투자업자·신탁업자·투자매매업자·투자중개업자 및 일반사무관리회사와의 업무위탁계약(변경계약을 포함)의 체결, ⅱ) 자산의 운용 또는 보관 등에 따르는 보수의 지급, ⅲ) 금전의 분배 및 주식의 배당에 관한 사항, ⅳ) 그 밖에 투자회사의 운영상 중요하다고 인정되는 사항으로서 정관이 정하는 사항 등의 업무를 집행한다(법198②).

집합투자업자는 법인이사의 직무를 정하여 그 직무를 수행할 자를 그 임직원 중에서 선임할 수 있으며(법198④ 전단), 이 경우 집합투자업자는 이를 투자회사에 서면으로 통보하여야 한다(법198④ 후단). 투자회사에 통보된 자가 그 직무 범위에서 행한 행위는 법인이사의 행위로 본다(법198⑤).

3) 투자자

투자자는 투자회사 주식을 취득하여 투자회사의 주주가 되며, 재산 분배 및 이익 분배에 대한 권리를 가지며, 출자금액을 한도로 책임을 진다. 투자회사 주주는 투자신탁의 수익자와 마찬가지로 당해 투자회사 또는 판매회사에 자기와 관련된 투자회사재산에 관한 장부·서류의 열람이나 등초본의 교부를 청구할 수 있다(법186②, 법91).

투자신탁과 마찬가지로 자본시장법상의 투자회사 주주총회에 관련된 사항은 전문사모집합투자기구인 투자회사에는 적용되지 않는다(법249의8④). 전문사모집합투자기구인 투자회사는 정관에서 주주에 대한 손익의 분배 또는 손익의 순위 등에 관한 사항을 정할 수 있다(법249의8⑦).

(2) 투자회사 형태의 집합투자구조

투자회사는 명목적인 존재에 불과하다. 고용계약을 맺은 직원도 없으며, 본점을 제외하고는 지점도 존재하지 않는다. 투자회사는 상법상 주식회사처럼 그 자체로 법인격을 가지고 있기 때문에 집합투자재산에 대한 운용은 투자회사의 명의로 이루어진다.

투자회사의 당사자로는 법인이사, 이사회 및 주주총회, 일반사무관리회사, 그리고 자산보관·관리업자를 들 수 있다. 투자자는 자금의 납입으로 투자회사 "주식"을 집합투자증권으로 교부받으며, 투자자는 투자회사의 "주주"로서 주주총회의 의결권을 가진다. 법인이사는 투자회사를 대표하고 업무를 집행하며(법198①), 집합투자재산에 대한 운용업무를 집행한다(법198②). 이사회는 법인이사와 감독이사로 구성되며, 감독이사는 회사의 업무집행에 관한 의사결정을 하거나 법인이사에 대한 직무집행을 감독한다(법199①). 투자회사는 명목회사에 불과하므로 여러 가지 업무처리는 따로 독립된 일반사무관리회사에 의한다. 한편 투자회사는 자기명의로 투자회사 재산을 가지고 있더라도 그 재산의 보관사무는 따로 자산보관·관리업자와의 계약을 통해 분리해야 한다.

　　우리나라 투자회사의 구조는 미국의 투자회사(investment company)와 영국의 개방형 투자회사(OEIC: open-ended investment company)와 유사하다. 이들은 모두 이사회 중심의 지배구조로 되어 있다. 이사회 중심의 집합투자지배구조는 집합투자기구 내에 이사회를 두도록 하고 이사회로 하여금 집합투자기구의 관리와 운용 전반에 관한 감독과 주주의 이익을 보호할 책임을 부여하는 시스템을 말한다. 반면 우리나라의 투자신탁 구조는 보관회사 중심의 집합투자지배구조로 되어 있다. 투자신탁 구조에서는 이사회가 존재하지 않으며 보관업을 함께하는 수탁자가 운용 전반에 관한 감독과 책임을 부담하고 있다.[32]

(3) 투자회사의 기관

(가) 법인이사

　　법인이사는 투자회사를 대표하고 업무를 수행한다(법198①). 법인이사는 법인인 집합투자업자만이 될 수 있으며 그 수도 1인으로 제한된다(법197①②). 투자회사는 단지 명목회사에 불과할 뿐이며, 모든 집합투자의 기획·운용은 법인이사가 수행한다. 그리고 이사를 감시하는 주주총회나 이사회와 같은 기관이 상당 부분 형해화되어 있기 때문에, 법인이사가 부담하는 의무가 매우 중요하다.

　　집합투자기구는 자본시장법에서 특별히 정한 경우를 제외하고는 상법 및 민법의 적용을 받는다(법181). 따라서 민법과 상법은 자본시장법의 보충규정이라고 볼 수 있다. 그리고 투자회사에 대해 달리 적용이 배제된다는 규정이 없어서(법206②), 상법상 인정되고 있는 의무가 그대로 적용될 수 있다. 즉 법인이사와 투자회사의 관계에 대해서는 민법상의 위임에 관한 규정(민법680조 이하)이 준용되고(상법382②) 상법상 이사의 충실의무(상법382의3)도 적용된다. 한편 법인이사는 법인인 집합투자업자만이 할 수 있다. 따라서 법인이사는 집합투자업자가 부담하는 자본시장법상의 선관의무 및 충실의무도 부담한다(법79).

---

32) 강태양(2011), 56쪽.

(나) 감독이사

1) 의의

감독이사는 법인이사의 업무집행을 감독하는 자를 말한다(법199①). 즉 투자자를 대신하여 펀드운용의 적정성 여부 등을 점검함으로써 투자자의 이익을 보호하는 투자회사에 고유한 기관이다.

감독이사는 투자회사의 업무 및 재산상황을 파악하기 위하여 필요한 경우에는 법인이사와 그 투자회사재산을 보관·관리하는 신탁업자, 그 투자회사의 주식을 판매하는 투자매매업자·투자중개업자 또는 그 투자회사로부터 제184조 제6항의 업무를 위탁받은 일반사무관리회사에 대하여 그 투자회사와 관련되는 업무 및 재산상황에 관한 보고를 요구할 수 있다(법199①). 감독이사는 그 직무를 수행함에 있어서 필요하다고 인정되는 경우에는 회계감사인에 대하여 회계감사에 관한 보고를 요구할 수 있다(법199②). 감독이사의 요구를 받은 자는 특별한 사유가 없는 한 이에 응하여야 한다(법199③).[33]

2) 감독이사의 의무

감독이사도 법인이사와 마찬가지로 이사로서 이사회의 구성원이 되므로 감독이사와 투자회사와의 관계도 위임관계에 있다. 따라서 감독이사도 투자회사에 대하여 선관주의의무 및 충실의무를 부담한다. 다만 법인이사인 집합투자업자가 부담하는 선관주의의무 및 충실의무는 자본시장법상의 의무임에 비해(법79) 감독이사가 부담하는 선관주의의무 및 충실의무는 자본시장법에 달리 규정하고 있지 않기 때문에 상법상의 의무를 부담한다(법206, 상법382② 및 382의3).

감독이사는 직무상 알게 된 정보로서 외부에 공개되지 않은 정보를 정당한 사유없이 제3자의 비밀을 위하여 이용하여서는 안 되는 직무관련 정보이용금지의무를 부담한다(법199⑤ 및 법54). 또한 집합투자업자인 법인이사의 집합투자재산에 대한 운용행위가 법령·정관·투자설명서 등에 위반되었을 때 감독이사는 신탁업자로부터 그 위반사항에 대해 보고받게 되는데, 보고를 받은 감독이사는 그 투자회사재산을 운용하는 집합투자업자에 대하여 그 운용행위의 시정을 요구하여야 한다(법247②).

(다) 이사회

투자회사의 이사회는 법인이사와 감독이사로 구성된다. 상법상 일반 주식회사와는 달리 이사회는 특별히 정한 경우를 제외하고는 이사회 결의만으로도 투자회사의 정관을 변경할 수

---

33) 감독이사가 비상근(법184⑦: 투자회사는 상근임원 또는 직원을 둘 수 없다)이라는 사실을 참작하면 감독이사의 직무를 이처럼 포괄적으로 규정하여서는 감독이사제도의 실효성을 기대하기 어려운 점이 있다. 미국은 감독이사제도의 실효성을 확보하기 위하여 투자회사의 업무 중에서 투자자보호에 관계되는 중요한 사항에 대해서는 이사회 결의시 감독이사 과반수의 찬성을 얻도록 하여 감독이사의 역할을 구체화하고 있다(미국 투자회사법10(b)(1)).

있기 때문에(법195) 매우 강력한 권한을 가지고 있다.[34] 그 밖에 이사회의 결의를 요하는 사항으로는 신주의 발행과 관련된 사항(법196③), 집합투자업자·신탁업자·투자매매업자·투자중개업자 및 일반사무관리회사와의 업무위탁계약의 체결, 운용·보관에 따른 보수의 결정, 금전의 분배 및 배당에 관련된 사항(법198②) 등이 있다.

투자회사의 이사회가 실질적인 감시·감독의 기능을 수행하는가에 대해서는 의문이다. 법문상 감독이사를 최소 2명만 둘 수도 있는데(법197②), 그렇다면 감독이사 과반수가 동의하지 않더라도, 법인이사의 결정에 대해 견제를 할 수 없게 되기 때문이다. 이사회의 결의는 이사 과반수의 출석과 출석한 이사 과반수의 찬성으로 하게 된다(법200⑤). 가령 법인이사 1인, 감독이사 2인으로 구성된 투자회사에서 법인이사는 감독이사 1인의 동의만으로도 이사회를 자신의 의도대로 움직일 수 있다.[35]

투자회사는 아직 우리나라에서는 활성화되어 있지 않은 형태이다. 하지만 법인이사의 집합투자재산 운용을 감시하기 위해 만들어 놓은 이사회가 이렇게 형해화되어 있는 상황에서는 언젠가 투자회사 형태의 집합투자형태가 자본시장에서 주목을 받게 되었을 때, 분명히 여러 가지 문제들이 발생하리라 예상된다.[36]

(라) 주주총회

집합투자에서 투자자는 다수인 경우가 일반적이다. 다수 투자자들이 자신의 권리를 개별적으로 행사하는 것은 현실적으로 어렵다. 그래서 자본시장법은 투자자들의 권익을 보호하기 위해 주주총회를 두고 있다(법201). 일반 주식회사의 주주총회 개념을 가져왔다 하더라도, 투자회사의 주주총회는 그 성질이 다르다. 일반 주식회사의 주주총회가 회사의 기본적 사항에 관하여 회사의 의사를 결정하는 필요적 상설기관이라면, 투자회사의 주주총회는 의사결정기관이라기보다는 투자자의 권익을 보호하는 기관으로 이해해야 한다. 따라서 투자회사 이외에도 투자합자회사나 투자신탁·투자합자조합·투자익명조합 등에도 주주총회와 매우 유사한 집합투자자총회가 존재하며, 상법에서는 인정하지 않는 연기주주총회제도가 인정된다.

연기주주총회제도는 주주총회 결의의 엄격한 요건을 완화해주는 제도로 이해된다. 주주총회에서 출석한 주주가 소유한 주식이 발행주식총수의 과반수에 미달하는 경우 주주총회를 연기할 수 있는데, 이후 2주 이내에 연기된 주주총회를 소집해야 한다(법201③ 및 190⑦).

---

34) 이와 달리 상법상 주식회사는 정관의 변경시에 반드시 주주총회의 특별결의를 요하고 있다(상법433·434).
35) 미국은 1940년 투자회사법을 제정할 때부터 이런 문제를 인식하고 나름의 해결방안을 만들어 놓고 있다. 즉 중요한 사안에 대해서는 이사회의 결의에 더해 따로 감독이사(독립이사)들만의 결의를 추가로 요구하고 있다. 즉 감독이사(독립이사)는 두 번의 결의를 하게 된다.
36) 강태양(2011), 62쪽.

(4) 투자회사의 관계회사

(가) 일반사무관리회사

앞서 보았듯이 투자회사는 상근임원과 직원이 없으며, 지점도 존재하지 않는 명목회사에 불과하다. 그래서 투자회사는 일반사무관리회사와 업무위탁계약을 체결하고 각종 일반사무를 위탁하고 있다. 일반사무관리회사는 투자회사의 위탁을 받아 ⅰ) 투자회사 주식의 발행 및 명의개서, ⅱ) 투자회사재산의 계산, ⅲ) 법령 또는 정관에 의한 통지 및 공고, ⅳ) 이사회 및 주주총회의 소집·개최·의사록 작성 등에 관한 업무, ⅴ) 법 제238조 제8항에 따라 위탁받은 업무 및 투자회사의 운영에 관한 업무를 수행한다(법254①, 법184⑥, 영212). 투자회사는 반드시 위 업무를 일반사무관리회사에 위탁하여야 하나, 투자회사 이외의 집합투자기구는 반드시 일반사무관리회사에 업무를 위탁할 필요가 없다.

(나) 자산을 보관·관리하는 신탁업자

투자회사는 투자회사의 재산을 자신의 명의로 취득·처분 그 밖의 방법으로 운용하지만, 그 재산의 보관 및 관리는 신탁회사가 담당한다. 집합투자업자는 자신이 운용하는 집합투자재산을 보관·관리하는 신탁업자이어서는 안 된다(법184④). 즉 재산의 운용과 보관은 엄격하게 분리되어야 한다.

신탁회사는 일반적인 신탁회사가 아니며, 단순히 집합투자재산을 보관·관리하는 보관관리업자에 불과하다. 그래서 일반 신탁회사에 적용되는 자본시장법 제2편 제4장 제2절 제4관 "신탁업자의 영업행위 규칙", 즉 신탁업자에 대한 규정이 적용되지 않는다. 다만, 자본시장법 제116조 및 동법 제117조의 신탁업자의 합병 및 청산에 관한 조항은 준용된다(법245). 집합투자업자는 투자회사 명의로 투자대상자산의 취득·처분 등을 하고, 그 집합투자기구의 신탁업자에게 취득·처분 등을 한 자산의 보관·관리에 필요한 지시를 하여야 하며, 그 신탁업자는 집합투자업자의 지시에 따라야 한다(법80⑤). 신탁업자의 자산보관·관리업무는 투자회사와 자산을 보관·관리하는 신탁업자와의 업무위탁계약을 통하여 이루어진다(법198②(1)).

한편 투자신탁에서 신탁회사는 투자회사처럼 자산의 보관·관리업무를 수행하는 것에 더하여 집합투자재산을 자신의 명의로 운용하는 투자신탁의 주요 당사자로 등장한다. 따라서 투자회사와 투자신탁에서의 신탁회사의 역할은 매우 다르다.

(다) 집합투자기구평가회사와 채권평가회사

집합투자기구평가회사(펀드평가회사)는 집합투자기구를 평가하고 이를 투자자에게 제공하는 업무를 영위하는 회사를 말한다(법258①). 집합투자기구 평가업을 영위하고자 하는 자는 투자매매업자·투자중개업자(판매회사) 또는 집합투자업자(자산운용회사)와 계열회사에 해당하지 않고 자기자본 5억원 이상으로서 전문인력을 확보하는 등 일정한 요건을 갖추어 금융위원회에 등록해야 한다(법258②, 영280).

채권평가회사는 집합투자재산에 속하는 채권 등 자산의 가격을 평가하고 이를 집합투자기구에 제공하는 업무를 영위하는 회사를 말한다(법263①). 채권평가회사로 등록을 하려는 자는 일정한 요건을 갖추어 금융위원회에 등록하여야 한다(법263②).

이들은 집합투자기구를 평가하고, 분석정보를 생성하여 이를 기관투자자, 투자매매업자·투자중개업자, 자산운용회사, 개인투자자 등에게 제공하는 업무를 담당한다.[37] 집합투자기구평가회사와 채권평가회사는 투자회사 이외의 집합투자기구 형태에서도 같은 업무를 수행하고 있다.

3. 투자신탁

(1) 서설

(가) 투자신탁의 의의

투자신탁 집합투자기구는 신탁법상의 신탁에서 그 아이디어를 빌린 것이다. 신탁은 재산관리제도 중 하나로서 특정된 재산이 제도의 중심이 되는 특징을 가져온 것이다. 신탁은 재산의 명목상 소유권(title)과 관리권(management)을 수익권(beneficial interests)으로부터 분리할 수 있기 때문에 집합투자기구로 사용하기에 손색이 없다. 하지만 투자신탁은 신탁과 구조적으로 차이가 있다. 신탁은 위탁자와 수탁자가 체결하는 신탁계약에 의해 설정되는데(신탁법2 전단), 이와 비슷하게 투자신탁도 집합투자업자(위탁자)와 신탁업자(수탁자)가 체결하는 신탁계약에 의해 설정된다. 집합투자업자와 신탁계약을 체결하는 자는 자산을 보관·관리하는 신탁업자이다. 투자신탁에서는 위탁자인 집합투자업자가 신탁재산의 운용지시를 담당하고 은행 등의 신탁회사가 신탁재산을 소유·보관·운용하게 된다.

투자신탁은 집합투자업자인 위탁자가 신탁업자에게 신탁한 재산을 신탁업자로 하여금 그 집합투자업자의 지시에 따라 투자·운용하게 하는 신탁 형태의 집합투자기구를 말한다(법9⑱(1)). 투자신탁은 신탁을 집합투자재산의 보유도구로 이용하는 집합투자기구(Collective Investment Scheme)의 일종이다. 집합투자업자가 투자신탁 도구를 만들어 투자자를 모으고 펀드 운용 등 관리를 하지만 펀드재산(신탁재산)은 신탁의 수탁자 명의로 소유·보관된다. 투자신탁의 수익권은 신탁재산에 대한 비례적 지분으로 발행되고 수익증권 발행대금이 투자를 위해 현금으로 신탁재산

---

37) 집합투자기구를 평가하는 프로세스를 간략히 설명하면 다음과 같다. i) 집합투자기구평가회사는 집합투자기구 약관과 투자설명서를 입수하여 이를 통해 집합투자기구의 유형을 분류하고 각각에 대해 벤치마크를 설정한다. ii) 집합투자기구가 운용되는 동안 집합투자기구평가회사는 집합투자업자 또는 일반사무관리회사 등을 통해 집합투자기구의 가격정보를 받아 집합투자기구의 수익률, 위험, 위험조정성과 등을 주기적(일별, 주별, 월별, 분기별, 반기별, 연별)으로 측정하고, 등급을 부여한다. iii) 이를 이용하여 집합투자기구 및 그 집합투자업자에 대한 절대평가 및 상대평가를 하고 성과의 우열을 비교한 정보를 생산하여 수요자에게 나누어준다.

에 더해지므로 투자신탁의 신탁재산은 주식회사의 자본과 유사한 성격을 가진다. 투자신탁은 신탁에서의 수탁자기능(신탁재산의 소유·보관, 신탁재산의 운용·관리)이 분리되어 신탁재산의 소유·보관은 신탁업자가 수행하고, 신탁재산의 운용·관리는 집합투자업자가 수행한다.

(나) 투자신탁관계의 당사자

자본시장법은 투자신탁이라 통칭하여 신탁법상의 신탁과 구분하고 있으나, 투자신탁의 당사자는 신탁과 유사하게 자산에 대한 운용지시를 내리는 위탁자(집합투자업자), 집합투자재산을 보관·관리하고 운용지시를 이행하며 집합투자업자의 운용지시를 감시(법247: 운용행위감시 등)하는 수탁자(신탁업자), 집합투자업자가 발행한 집합투자증권인 수익증권을 판매회사로부터 취득하여 보유한 수익자(투자자)로 구성된다.

1) 집합투자업자

집합투자업자는 신탁계약의 체결 및 해지, 신탁재산의 투자결정 및 운용지시, 펀드 편입자산의 평가, 수익증권 판매 및 환매 등에 적용되는 기준가격의 가격산정, 수익증권의 발행(판매) 및 소각(환매), 펀드회계 등의 업무를 수행한다. 수익증권의 판매는 집합투자업자가 직접 하거나 금융기관에 판매를 위탁한다. 기준가격 산정 등의 업무도 집합투자업자가 직접 수행하거나 외부전문가에게 위탁한다(법188조 이하).

2) 신탁업자

신탁업자는 펀드재산의 소유 및 보관, 집합투자업자의 운용지시에 따른 거래집행, 운용자 감시 등의 업무를 수행한다. 전문사모집합투자기구에서 신탁업자의 집합투자업자에 대한 감시 기능은 공모펀드에 비해 대폭 축소되어, 집합투자재산 평가의 공정성 및 기준가격 산정의 적정성으로 국한된다(법249의8).

3) 투자자(수익증권 보유자)

투자자는 투자신탁의 수익증권을 취득함으로써 집합투자업자와 신탁업자가 체결한 신탁계약에서 수익자로 당해 투자신탁관계의 당사자가 된다. 수익자는 자신이 취득한 수익증권 지분에 따라 투자신탁의 투자원본의 상환 및 이익분배를 받는다. 공모펀드의 경우 투자신탁의 수익자는 투자원본, 상환 및 이익분배 등에 관하여 수익증권 좌수에 따라 균등한 권리를 가진다(법189②). 그러나 전문사모집합투자기구의 경우 법 제189조 제2항의 적용이 배제되므로 신탁계약에서 수익자에 대한 손익의 분배 또는 손익의 순위 등에 관해 다르게 정할 수 있다(법249의8①⑦).

공모펀드에 적용되는 자본시장법상 수익자총회 관련규정(법190 및 191)이 전문사모집합투자기구에 적용되지 않으므로(법249의8④) 수익자가 총회를 통해 투자신탁에 관한 중요한 사항을 결정할 수 있는 권리가 법적으로 보장되지는 않는다. 한편 투자자는 집합투자업자(판매회사)에 대해 당해 집합투자재산에 관한 장부서류의 열람이나 등초본의 교부를 청구할 수 있다(법91

①②).

(2) 투자신탁 형태의 집합투자구조

투자신탁형 집합투자기구는 먼저 집합투자업자와 신탁업자가 신탁계약을 통해 신탁을 설정하고, 여기에 투자자가 설정된 신탁에 자금 등을 납입함으로써 3당사자 간의 계약관계가 형성된다. 투자자는 수익증권의 매수를 통해서 자신의 금전등을 집합투자업자에게 이전시키는데, 위탁자(집합투자업자)는 그렇게 받은 금전등을 투자자의 계산으로 수탁자인 신탁업자에게 보관·관리하도록 하고, 집합투자업자는 신탁업자에게 운용지시를 함으로써 집합투자재산을 운용하게 된다.

투자자는 수익증권의 매수를 통해 수익자가 된다. 여기서 문제는 투자신탁관계가 계약관계임에도 투자자(수익자)로서는 집합투자업자와 신탁업자가 이미 마련해 놓은 투자신탁계약서를 수동적으로 수락할지만을 결정할 수 있는 위치에 있다는 사실이다. 수익증권은 자본시장법상의 금융투자상품에 해당하며 공모의 방법으로 발행되는 과정에서 다른 금융투자상품과 마찬가지로 증권신고 등의 공시의무가 부과된다. 우리나라도 내용규제(merit regulation)보다는 미국처럼 공시규제(disclosure regulation) 위주이기 때문에 자본시장법은 투자자를 보호하기 위해서 ⅰ) 신탁계약에서 정하는 사항을 법률로 규정하고 있고(법188①), ⅱ) 신탁계약 중에서 중요 사항을 변경할 시에는 수익자총회의 결의를 요구하고 있으며(법188②), ⅲ) 변경 시에는 인터넷 홈페이지 등을 통해 공시 및 중요사항을 변경한 경우에는 수익자에게 통지하도록 강제하고 있다(법188③).

(3) 투자신탁의 법적 성질

투자신탁이 신탁법상의 신탁개념을 빌린 것이라는 사실을 앞에서 살펴보았다. 신탁법상 신탁관계는 위탁자, 수탁자와 수익자의 3자 간의 관계로서 위탁자는 재산의 출연 이후에는 신탁재산의 관리에 전혀 관여하지 않으며, 수익자는 수익의 의사표시를 하지 않아도 당연히 신탁에 의한 이익을 받는다. 그러나 투자신탁은 신탁업자가 운용행위를 하기도 하지만 실질적으로는 위탁자인 집합투자업자가 신탁재산(집합투자재산)을 운용하며, 투자자는 수익증권을 매수함으로써 수익자가 될 뿐이다. 이처럼 투자신탁이 일반신탁과는 다른 특징을 가짐에 따라 투자신탁에서의 당사자 간의 관계, 특히 집합투자업자와 수익자 간의 관계가 불분명해진다. 집합투자업자는 실질적으로 신탁재산의 법적 재산권도 없으므로 수탁자로 보기도 곤란하다. 집합투자업자가 ⅰ) 수익증권을 자신이 직접 발행하며, ⅱ) 그 자산을 실질적으로 운용한다는 점에서 본다면 집합투자업자는 위탁자라기보다는 오히려 수탁자와 매우 유사한 지위를 가짐을 확인할 수 있다.

한편 집합투자에서의 신탁회사는 일반의 신탁회사와 달리 규정하고 있어 마치 자산을 보관·관리하는 자로 인식되고 있는데도 불구하고,[38] 자본시장법에서는 자산을 보관·관리하는

---

38) 즉 자산을 보관·관리하는 신탁업자는 자본시장법 제2편 제4장 제2절 제4관(제116조 및 제117조를 제외한

신탁업자에 대해 수탁자의 지위를 여전히 부여하고 있다. 실무상 자산을 보관·관리하는 신탁업자는 매우 수동적으로 집합투자업자의 운용지시를 따르고 있을 뿐 집합투자업자에 대한 견제 역할을 충실히 수행하고 있지 않다. 그렇다면 신탁업자는 단지 자신의 명의만을 빌려주고 있을 뿐 투자자-집합투자업자-신탁회사의 관계에서 진정한 수탁자의 역할을 하고 있다고 보기 어렵다.[39]

(4) 투자신탁의 기관 및 관계회사

(가) 신탁회사 중심의 구조

투자신탁은 투자회사와 달리 이사회 중심의 집합투자구조가 아닌, 신탁업자 중심의 구조를 띤다고 할 수 있다. 투자회사에서는 이사회의 결의가 필요했던 사항을 투자신탁에서는 신탁회사와의 변경계약(법188②), 신탁업자의 확인(법189③), 또는 집합투자업자 단독(법193①)으로 결정할 수 있기 때문이다. 신탁업자가 자기명의로 투자신탁재산의 운용을 하므로 신탁업자는 거래에 대한 이행책임을 진다(법80①).[40]

이사회가 존재하지 않으며, 신탁회사의 권한도 이사회 수준으로 엄격하지 않은 우리나라 투자신탁 구조는 투자회사와 비교했을 때 상당한 규제차익(regulatory arbitrage)을 발생시키고 있다. 그 근거로 세 가지를 들 수 있다.[41] ⅰ) 투자신탁 구조에서 집합투자업자는 이사회를 소집할 필요도 없으며 주요 결정에 대해 견제를 받지도 않는다. 신탁계약의 변경과 같은 사항이 아니라면 집합투자업자는 실질적으로 단독으로 결정할 수 있는 권한을 가지기 때문이다. ⅱ) 집합투자업자의 운용지시를 통해 신탁업자가 자신의 명의로 투자신탁재산의 운용을 하더라도, 그 이행책임은 신탁업자 단독의 책임이 아니라 집합투자업자와 공동으로 부담하는 연대책임의 성격이다(법188①). 책임에 대한 분담은 신탁업자로 하여금 부담감을 덜어주는 효과도 있지만, 집합투자업자에 대한 견제의 노력을 게을리하도록 할 수 있다. ⅲ) 자본시장법 제80조 제1항 단서 규정을 보면 집합투자업자는 대통령령이 정하는 때에는 심지어 신탁업자의 명의가 아닌 집합투자업자 자신의 명의로 투자대상자산을 취득·처분 등을 할 수 있다고 규정하고 있다. 따라서 신탁업자가 아닌 집합투자업자 자신의 명의로 운용행위를 하는 경우 신탁업자가 그 감독을 게을리할 것은 당연하다.[42]

다)의 신탁업자에 관한 규정이 적용되지 않고 제5편 제6장의 집합투자재산의 보관 및 관리에 관한 규정이 적용된다. 이는 투자회사에서 자산보관관리위탁계약을 맺는 자산보관관리업자와 동일한 규정이다.

39) 강태양(2011), 68-69쪽.

40) 이행책임은 신탁업자만이 부담하는 것이 아니고 집합투자업자와 연대하여 부담한다.

41) 강태양(2011), 78쪽.

42) 더욱이 집합투자업자 명의로 운용할 수 있는 투자대상자산의 범위도 매우 광범위하다. 동법 시행령 제79조 제2항을 보면, 증권시장이나 해외증권시장에 상장된 증권의 매매, 장내파생상품의 매매, 자본시장법이 허용하는 단기대출 등 상당 부분의 거래가 집합투자업자 명의로 거래가 가능하도록 설계되어 있다.

(나) 그 밖의 기관 및 관계회사

그 밖의 주요 기관 및 관계회사는 투자회사에서 살펴본 것과 동일하다. 다만 투자신탁에서는 투자회사의 주주가 "수익자"로, 주주총회가 "수익자총회"로 바뀌는 등의 명칭만 변경되어 사용된다.

Ⅳ. 사모집합투자기구(사모펀드)

1. 사모집합투자기구의 개념

(1) 의의

사모집합투자기구(사모펀드)란 집합투자증권을 사모로만 발행하는 집합투자기구로서 투자자의 총수가 49인 이하인 것을 말한다. 사모집합투자기구는 "전문투자형 사모집합투자기구(헤지펀드)"와 "경영참여형 사모집합투자기구(PEF)"로 구분할 수 있다. 집합투자기구는 투자권유를 받은 자의 수 기준으로 50인 이상인 경우 공모펀드, 50인 미만인 경우 사모펀드로 분류한다.

사모펀드는 투자대상이나 투자전략 등에 따라 다양한 유형이 있고, 그에 따라 펀드의 성격이나 특징도 달라서 하나의 개념으로 정의하기 어렵지만, 제한된 방법으로 투자자를 모으고 일반투자자의 참여가 제한된다는 점에서는 공통점이 있다. 따라서 사모펀드의 일반적 개념은 "사모로 조직되고, 전문적인 운용자가 운용하며, 일반 대중이 널리 이용할 수 없는 펀드"라고 말할 수 있다. 간단하게는 공모펀드가 아닌 펀드를 사모펀드라고 해도 무방하다.

사모펀드 산업은 20세기 들어 미국에서 헤지펀드 투자 및 PE(Private Equity) 투자와 함께 시작되었다. 사모펀드는 여러 가지 기준으로 구분되지만, 주된 투자대상 및 투자전략을 기준으로 헤지펀드와 PEF(Private Equity Fund)로 대별된다. PEF는 다시 벤처캐피탈펀드(Venture Capital Fund), 기업인수펀드(Buy-out Fund), 메자닌펀드(Mezzanin Fund), 부실증권펀드(Distressed Fund)로 세분하는 것이 일반적이다. 사모부동산펀드(Private Real Estate Fund)도 PEF의 한 유형으로 분류하기도 한다. 넓은 의미의 사모펀드의 범주에는 위와 같은 펀드 외에 "사모펀드에 투자하는 재간접펀드"(fund of private funds), "이차펀드(secondary funds)"도포함된다.[43]

(2) 집합투자증권의 사모 발행

사모란 새로 발행되는 증권의 취득의 청약을 권유[44]하는 것으로서 모집에 해당하지 아니

---

43) 박삼철(2017), 3-4쪽.

44) 청약권유 상대방의 수가 50인 이상이면 투자자의 총수가 49인 이하인 경우에도 사모집합투자기구에 해당하지 않는다. 따라서 청약권유의 상대방의 수와 투자자의 총수가 모두 49인 이하인 경우에만 사모집합투자기구에 해당하여 공모집합투자기구를 전제로 하는 규정의 적용이 배제된다. 또한 사모집합투자기구가 추가모집으로 투자자의 수가 49인을 초과하는 것은 허용되지 아니하므로, 이러한 경우에는 공모집합투자

하는 것을 말한다(법9⑧). 모집이란 50인 이상의 투자자에게 새로 발행되는 증권의 취득의 청약을 권유하는 것을 말한다(법9⑦). 따라서 집합투자증권을 사모 발행한다는 것은, 특정 집합투자기구의 집합투자증권을 새로 발행함에 있어 50인 미만의 투자자에게 취득의 청약을 권유해야 함을 의미한다. 50인 산정시 기관투자자 등은 포함되지 않는다. 사모 발행의 규제 측면에서의 의미는 자본시장법 제3편 제1장의 증권신고서 규제를 적용받지 않는다는 점이다.

(3) 일반투자자등의 수 49인 이하

사모집합투자기구에 해당하려면 집합투자증권을 사모로 발행하는 데에서 더 나아가 그 집합투자증권을 취득한 투자자 중에서 대통령령으로 정하는 투자자[45]의 수가 49인 이하이어야 한다. 이 경우 49인을 산출할 때 다른 집합투자기구(제80조 제1항 제5호의2에 따른 사모투자재간접집합투자기구, 같은 항 제5호의3에 따른 부동산·특별자산투자재간접집합투자기구 또는 같은 호 각 목의 어느 하나에 해당하는 집합투자기구 등에 대한 투자금액을 합산한 금액이 자산총액의 80%를 초과하는 부동산투자회사법 제49조의3에 따른 공모부동산투자회사는 제외)가 그 집합투자기구의 집합투자증권 10% 이상을 취득하는 경우에는 그 다른 집합투자기구의 투자자(제1항에 따른 투자자)의 수를 합하여 산출한다(영14②).

2. 전문투자형 사모집합투자기구

(1) 의의

전문투자형 사모집합투자기구란 "경영참여형 사모집합투자기구를 제외한 사모집합투자기구"를 말한다(법9⑲(2)). 집합투자업 중 전문투자형 사모집합투자기구를 통한 집합투자를 영업으로 하는 것을 "전문사모집합투자업"이라 한다(법9㉘). 집합투자업자 중 전문사모집합투자업을 영위하는 자를 "전문사모집합투자업자"라 한다(법9㉙). 경영참여형 사모집합투자기구에 대해서는 정의규정에서 "경영권 참여 등의 목적으로 지분증권 등에 투자운용"하는 것으로 투자방법을 한정하고 있는데 반해, 전문투자형 사모집합투자기구에 대해서는 정의규정에서 투자대상이나 투자전략 등에 대해 아무런 제한을 하지 않는다.

사모집합투자기구에는 주된 투자대상을 기준으로 집합투자기구를 5가지 종류(증권집합투자기구, 부동산집합투자기구, 특별자산집합투자기구, 혼합자산집합투자기구, 단기금융집합투자기구)로 구분하는 자본시장법의 규정이 적용되지 않는다(법249의8, 249의20). 따라서 전문투자형 사모집합투자기구는 집합투자업자가 펀드의 투자대상·투자전략 등을 결정하여 집합투자규약 등 관

기구로 전환한 후 추가모집을 해야 할 것이다.
45) "대통령령으로 정하는 투자자"란 다음 각 호에 해당하지 아니하는 투자자를 말한다(영14①).
    1. 제10조 제1항 각 호의 어느 하나에 해당하는 자
    2. 제10조 제3항 제12호·제13호에 해당하는 자 중 금융위원회가 정하여 고시하는 자

련 서류에 반영함으로써 펀드의 성격이 정해지게 된다. 전문투자형 사모집합투자기구는 실무적으로는 투자대상, 투자지역, 투자전략 등 여러 기준에 따라 다양하게 분류될 수 있다. 특히 투자대상·투자전략을 기준으로 크게 헤지펀드(증권 등 양도성 자산에 주로 투자), 부동산펀드(REF: 부동산 및 부동산관련펀드에 주로 투자), 파생상품펀드, 대출펀드(Loan Fund), 재간접펀드(FoFs), 기타 펀드로 구분할 수 있다.[46]

(2) 적격투자자(투자자의 자격)의 범위

전문투자형 사모집합투자기구는 ⅰ) 전문투자자 중 적격투자자: 전문투자자로서 대통령령으로 정하는 투자자, ⅱ) 기타 적격투자자: 1억원 이상으로서 대통령령으로 정하는 금액 이상을 투자하는 개인 또는 법인, 그 밖의 단체(국가재정법 별표 2에서 정한 법률에 따른 기금과 집합투자기구를 포함) 중 어느 하나에 해당하는 투자자("적격투자자")에 한정하여 집합투자증권을 발행할 수 있다(법249의2).

(가) 전문투자자인 적격투자자

전문투자자인 적격투자자는 전문투자자(법9⑤, 영10②③) 중 일정한 자(영 제10조 제3항 제9호부터 제12호까지의 자)를 제외한 자를 말한다(영271①).[47] 즉 전문투자자 중 집합투자기구, 신용보증기금, 기술보증기금, 법률에 따라 설립된 기금 및 그 기금을 관리·운용하는 법인을 제외한 자가 전문투자자인 적격투자자이다.

여기서 집합투자기구는 자본시장법상 집합투자기구와 개별법에 따른 집합투자기구(개별법에 의한 사모펀드)를 모두 포함한다. 전문투자자인 적격투자자는 최저 투자금액에 제한이 없다. 따라서 1억원 미만을 투자하더라도 전문사모집합투자기구의 투자자가 될 수 있다.

(나) 기타 적격투자자

기타 적격투자자는 전문투자자인 적격투자자에 해당하지 않는 투자자로서 1억원 이상을 투자하는 투자자이다. 여기에는 전문투자자이지만 전문투자자인 적격투자자에서 제외한 투자자와 전문투자자가 아닌 투자자(일반투자자)가 포함된다. 따라서 기금 등과 같이 전문투자자이지만 전문투자자인 적격투자자에 해당하지 않는 투자자는 일반투자자와 마찬가지로 전문사모집합투자기구에 투자하기 위해서는 1억원 이상을 투자하여야 한다.

기타 적격투자자의 최저 투자금액은 전문사모집합투자기구의 레버리지 등의 사용규모에 따라 다르게 설정되어 있다. ⅰ) 레버리지 등의 사용규모가 NAV(펀드 순자산총액)의 200%를 초과하지 않는 전문사모집합투자기구의 경우에는 1억원이고, ⅱ) 레버리지 사용규모가 200%를

---

46) 박삼철(2017), 49쪽.

47) 국가도 전문투자자인 적격투자자에 포함된다. 국가란 헌법과 정부조직법 등 법률에 따라 설치된 중앙행정기관, 국회, 대법원, 헌법재판소 및 중앙선거관리위원회 등을 말하며, 노동부와 우정사업본부도 국가로서 중앙행정기관에 해당한다(금융위원회 유권해석, 2009. 3. 10).

초과하는 전문사모집합투자기구의 경우에는 3억원이다(영271②).

(3) 전문사모집합투자업 등록

전문사모집합투자업을 영위하려는 자는 일정한 요건을 갖추어 금융위원회에 전문사모집합투자업 등록을 하여야 한다(법249의3①②).

(4) 적격투자자 확인의무와 투자광고

(가) 적격투자자 확인의무

전문투자형 사모집합투자기구의 집합투자증권을 판매하는 금융투자업자는 투자자가 적격투자자인지를 확인하여야 한다(법249의4).

(나) 투자광고

전문투자형 사모집합투자기구의 집합투자증권을 판매하는 금융투자업자가 그 사모집합투자기구의 투자광고를 하는 경우에는 ⅰ) 전문투자자 또는 투자광고를 하는 날 전날의 금융투자상품 잔고(투자자예탁금 잔액을 포함)가 1억원 이상인 일반투자자만을 대상으로 하고, ⅱ) 전문투자형 사모집합투자증권을 판매하는 금융투자업자는 법 제57조 제3항 및 이 영 제60조 제2항 각 호에 따른 사항의 전부 또는 일부에 대하여 투자광고를 하는 경우에 서면, 전화, 전자우편, 그 밖에 금융위원회가 정하여 고시하는 매체를 통하여 전문투자자 또는 투자광고를 하는 날 전날의 금융투자상품 잔고(투자자예탁금 잔액을 포함)가 1억원 이상인 일반투자자에게만 개별적으로 알려야 한다(법249의5, 영271의6②).

(5) 설정·설립·보고

(가) 설정·설립 요건

전문투자형 사모집합투자기구인 투자신탁이나 투자익명조합의 집합투자업자 또는 전문투자형 사모집합투자기구인 투자회사등은 다음의 요건을 모두 갖추어 전문투자형 사모집합투자기구를 설정·설립하여야 한다(법249의6①). 즉 ⅰ) 집합투자재산을 운용하는 집합투자업자, 집합투자재산을 보관·관리하는 신탁업자, 집합투자증권을 판매하는 투자매매업자·투자중개업자, 투자회사인 경우 그 투자회사로부터 제184조 제6항의 업무를 위탁받은 일반사무관리회사가 업무정지기간 중에 있지 아니하여야 하고, ⅱ) 전문투자형 사모집합투자기구가 자본시장법에 따라 적법하게 설정·설립되었어야 하며, ⅲ) 집합투자규약이 법령을 위반하거나 투자자의 이익을 명백히 침해하지 아니하여야 하며, ⅳ) 그 밖에 제9조 제18항 각 호의 집합투자기구의 형태 등을 고려하여 대통령령으로 정하는 요건48)을 갖추어야 한다.

---

48) "대통령령으로 정하는 요건"이란 다음의 구분에 따른 요건을 말한다(영271의7).
    1. 투자회사의 경우: 다음의 요건을 모두 갖출 것
        가. 감독이사가 금융회사지배구조법 제5조 제1항 각 호의 어느 하나에 해당하지 아니할 것(감독이사를 선임하는 경우로 한정)

(나) 보고의무

전문투자형 사모집합투자기구인 투자신탁이나 투자익명조합의 집합투자업자 또는 전문투자형 사모집합투자기구인 투자회사등은 전문투자형 사모집합투자기구를 설정·설립한 경우 그 날부터 2주일 이내에 금융위원회에 보고하여야 하며(법249의6②), 보고한 사항이 변경된 경우에는 투자자 보호를 해칠 우려가 없는 경우로서 ⅰ) 자본시장법 및 동법 시행령의 개정이나 금융위원회의 명령에 따라 보고한 사항을 변경하는 경우, ⅱ) 보고한 사항의 단순한 자구수정 등 금융위원회가 정하여 고시하는 경미한 사항을 변경하는 경우를 제외하고는 그 변경된 날부터 2주일 이내에 금융위원회에 변경보고를 하여야 한다(법249의6④, 영271의8).

(6) 집합투자재산 운용방법

(가) 운용한도

전문사모집합투자업자가 전문투자형 사모집합투자기구의 집합투자재산을 운용하는 경우 ⅰ) 파생상품에 투자하는 경우 그 파생상품의 매매에 따른 위험평가액, ⅱ) 집합투자재산으로 해당 전문투자형 사모집합투자기구 외의 자를 위하여 채무보증 또는 담보제공을 하는 방법으로 운용하는 경우 그 채무보증액 또는 담보목적물의 가액, ⅲ) 전문투자형 사모집합투자기구의 계산으로 금전을 차입하는 경우 그 차입금의 총액을 합산한 금액이 전문투자형 사모집합투자기구의 자산총액에서 부채총액을 뺀 가액의 400%를 초과해서는 아니 된다(법249의7① 본문, 영271의10①).

(나) 부동산에 운용시 금지행위

전문사모집합투자업자는 전문투자형 사모집합투자기구의 집합투자재산을 부동산에 운용할 때 다음의 어느 하나에 해당하는 행위를 해서는 아니 된다(법249의7②).

ⅰ) 국내에 있는 부동산을 취득한 후 1년 이내에 이를 처분할 수 없다. 그러나 집합투자기구가 미분양주택(주택법 제54조에 따른 사업주체가 같은 조에 따라 공급하는 주택으로서 입주자모집공고에 따른 입주자의 계약일이 지난 주택단지에서 분양계약이 체결되지 아니하여 선착순의 방법으로 공급하는 주택)을 취득하는 경우에는 집합투자규약에서 정하는 기간으로 한다(영271의10③). 다만, 부동산개발사업에 따라 조성하거나 설치한 토지·건축물 등을 분양하는 경우, 그 밖에 투자자 보호를 위하여 필요한 경우로서 전문투자형 사모집합투자기구가 합병·해지 또는 해산되는 경우는 1년 이내에 처분할 수 있다(법249의7②(1)).

ⅱ) 건축물, 그 밖의 공작물이 없는 토지로서 그 토지에 대하여 부동산개발사업을 시행하

나. 설립 당시의 자본금이 1억원 이상으로서 금융위원회가 정하여 고시하는 금액 이상일 것
2. 투자유한회사, 투자합자회사, 투자유한책임회사, 투자합자조합 및 투자익명조합의 경우: 설립 당시의 자본금 또는 출자금이 1억원 이상으로서 금융위원회가 정하여 고시하는 금액 이상일 것

기 전에 이를 처분하는 행위를 할 수 없다. 다만, 전문투자형 사모집합투자기구의 합병·해지 또는 해산, 그 밖에 투자자 보호를 위하여 필요한 경우로서 부동산개발사업을 하기 위하여 토지를 취득한 후 관련 법령의 제정·개정 또는 폐지 등으로 인하여 사업성이 뚜렷하게 떨어져서 부동산개발사업을 수행하는 것이 곤란하다고 객관적으로 증명되어 그 토지의 처분이 불가피한 경우는 제외한다(법249의7②(2)).

(다) 운용현황 등 보고의무

전문사모집합투자업자는 전문투자형 사모집합투자기구별로 파생상품 매매 현황, 채무보증 또는 담보제공 현황, 금전차입 현황을 ⅰ) 집합투자재산 총액이 100억원 이상인 전문투자형 사모집합투자기구는 매년 6월 30일 및 12월 31일, ⅱ) 집합투자재산 총액이 100억원 미만인 전문투자형 사모집합투자기구는 매년 12월 31일까지 금융위원회에 보고하여야 한다(법249의7③, 영271의10⑥⑦).

(7) 금융위원회의 조치

(가) 해지·해산

금융위원회는 ⅰ) 전문투자형 사모집합투자기구가 제249조의6 제1항 각 호에 따른 요건을 갖추지 못한 경우, ⅱ) 제249조의6 제2항·제4항에 따른 보고 또는 변경보고를 하지 아니한 경우, ⅲ) 거짓, 그 밖의 부정한 방법으로 제249조의6 제2항·제4항에 따른 보고 또는 변경보고를 한 경우, ⅳ) 금융관련 법령 중 대통령령으로 정하는 법령을 위반하는 경우로서 사회적 신용을 훼손하는 등 대통령령으로 정하는 경우, ⅴ) 제2항 제3호에 따른 시정명령 또는 중지명령을 이행하지 아니한 경우, ⅵ) 그 밖에 투자자의 이익을 현저히 해칠 우려가 있거나 전문투자형 사모집합투자기구로서 존속하기 곤란하다고 인정되는 경우로서 대통령령으로 정하는 경우 전문투자형 사모집합투자기구의 해지·해산을 명할 수 있다(법249의9①).

(나) 업무정지 등

금융위원회는 전문투자형 사모집합투자기구인 투자회사등(그 집합투자업자 또는 그 법인이사·업무집행사원·업무집행조합원 포함)이 제1항 각 호의 어느 하나에 해당하거나 별표 2 각 호의 어느 하나에 해당하는 경우에는 그 투자회사등에 대하여 ⅰ) 6개월 이내의 업무의 전부 또는 일부의 정지, ⅱ) 계약의 인계명령, ⅲ) 위법행위의 시정명령 또는 중지명령, ⅳ) 위법행위로 인한 조치를 받았다는 사실의 공표명령 또는 게시명령, ⅴ) 기관경고, ⅵ) 기관주의, ⅶ) 그 밖에 위법행위를 시정하거나 방지하기 위하여 필요한 조치로서 대통령령으로 정하는 조치를 할 수 있다(법249의9②).

(다) 감독이사에 대한 조치

금융위원회는 전문투자형 사모집합투자기구인 투자회사의 감독이사가 ⅰ) 제199조 제5항에서 준용하는 제54조 제1항를 위반하여 정당한 사유 없이 직무관련 정보를 이용한 경우, ⅱ) 그 밖에 투자자 보호 또는 건전한 거래질서를 해할 우려가 있는 경우로서 대통령령으로 정하는 경우에는 해임요구, 6개월 이내의 직무정지, 문책경고, 주의적 경고, 주의, 그 밖에 대통령령으로 정하는 조치를 할 수 있다(법249의9③).

(라) 임직원 등에 대한 조치

전문투자형 사모집합투자기구, 전문사모집합투자업자 및 그 임직원에 대한 조치 등에 관하여는 제422조 제3항 및 제423조부터 제425조까지의 규정을 준용한다(법249의9④).

3. 경영참여형 사모집합투자기구

(1) 의의

경영참여형 사모집합투자기구란 "경영권 참여, 사업구조 또는 지배구조의 개선 등을 위하여 지분증권 등에 투자·운용하는 투자합자회사인 사모집합투자기구"를 말한다(법9⑲(1)). 투자대상회사의 지분증권 등을 취득하여 당해 회사의 경영권을 장악하거나 또는 이사선임 등의 방법을 통해 경영에 참여하여 당해 회사의 사업구조·지배구조를 개선하거나 기타 방법으로 당해 회사의 가치를 제고한 후 지분증권 등을 매각하는 등의 방법으로 수익을 얻는 것을 투자전략으로 하는 사모펀드라고 할 수 있다.[49]

(2) 설립 및 보고
(가) 설립

경영참여형 사모집합투자기구의 정관에는 상호, 각 사원의 출자의 목적과 가격 또는 평가의 기준, 회사의 존속기간(설립등기일부터 15년 이내로 한다) 등의 사항을 기재하고, 총사원이 기명날인 또는 서명하여야 하고(법249의10①), 목적, 상호, 무한책임사원의 상호 또는 명칭·사업자등록번호 및 주소 등의 사항을 등기하여야 하며(법249의10②), 경영참여형 사모집합투자기구는 ⅰ) 자본시장법에 따라 적법하게 설립되었어야 하고, ⅱ) 정관이 법령을 위반하거나 투자자의 이익을 명백히 침해하지 아니하여야 한다(법249의10③).

(나) 보고의무

경영참여형 사모집합투자기구는 설립등기일부터 2주일 이내에 대통령령으로 정하는 바에 따라 금융위원회에 보고하여야 한다(법249의10④ 본문). 다만, 투자자 보호 및 건전한 거래질서를 해칠 우려가 있는 경우로서 대통령령으로 정하는 경우에는 경영참여형 사모집합투자기구의 설립등기 후 지체 없이 보고하여야 한다(법249의10④ 단서).

---

49) 박삼철(2017), 48쪽.

(3) 사원 및 출자

(가) 사원

경영참여형 사모집합투자기구의 사원은 1인 이상의 무한책임사원과 1인 이상의 유한책임사원으로 하되, 사원의 총수는 49명 이하로 한다(법249의11①). 사원 총수를 계산할 때 다른 집합투자기구가 그 경영참여형 사모집합투자기구의 지분을 10% 이상 취득하는 경우에는 그 다른 집합투자기구의 투자자 수를 합하여 계산하여야 한다(법249의11②). 전문투자자 중 대통령령으로 정하는 자는 사원의 총수 계산에서 제외한다(법249의11③).

유한책임사원은 경영참여형 사모집합투자기구의 집합투자재산인 주식 또는 지분의 의결권행사 및 대통령령으로 정하는 업무집행사원의 업무에 관여해서는 아니 된다(법249의11④). 유한책임사원은 ⅰ) 전문투자자로서 대통령령으로 정하는 투자자, ⅱ) 1억원 이상으로서 대통령령으로 정하는 금액 이상을 투자하는 개인 또는 법인, 그 밖의 단체(국가재정법 별표 2에서 정한 법률에 따른 기금과 집합투자기구를 포함)에 해당하는 자이어야 한다(법249의11⑥).

(나) 출자

경영참여형 사모집합투자기구 사원의 출자의 방법은 금전에 한정한다(법249의11⑤ 본문). 다만, 객관적인 가치평가가 가능하고 사원의 이익을 해칠 우려가 없는 경우로서 다른 모든 사원의 동의가 있는 경우에는 증권으로 출자할 수 있다(법249의11⑤ 단서).

(다) 보고

경영참여형 사모집합투자기구는 그 업무집행사원의 특수관계인인 유한책임사원의 출자지분이 그 경영참여형 사모집합투자기구의 전체 출자지분 중 30% 이상으로서 금융위원회가 정하여 고시하는 비율 이상인 경우 해당 유한책임사원 관련 정보 및 경영참여형 사모집합투자기구의 투자 구조 등 대통령령으로 정하는 사항을 대통령령으로 정하는 기간 이내에 금융위원회에 보고하여야 한다(법249의11⑧).

(4) 재산운용

(가) 재산운용방법

1) 원칙

경영참여형 사모집합투자기구와 ⅰ) 주권, 신주인수권이 표시된 것, 그 밖에 이와 유사한 것으로서 출자지분 또는 출자지분을 취득할 권리가 표시된 것, 주권 관련 사채권("지분증권등")을 공동으로 취득하거나 처분하는 행위, ⅱ) 지분증권등을 공동 또는 단독으로 취득한 후 그 취득한 지분증권등을 상호 양도 또는 양수하는 행위, 또는 ⅲ) 의결권(의결권의 행사를 지시할 수 있는 권한을 포함한다)을 공동으로 행사하는 행위로 다른 경영참여형 사모집합투자기구와 공동으로 운용하는 경우 다음의 어느 하나에 해당하는 방법으로 경영참여형 사모집합투자기구의 집합투자재산을 운용하여야 한다(법249의12①, 영271의15①).

ⅰ) 다른 회사(투자회사, 투자유한회사, 투자합자회사, 투자유한책임회사, 그 밖에 대통령령으로 정하는 회사[50]는 제외한다. 이하 이 조에서 같다)의 의결권 있는 발행주식총수 또는 출자총액의 10% 이상이 되도록 하는 투자(제1호)

ⅱ) 제1호에도 불구하고 임원의 임면 등 투자하는 회사의 주요 경영사항에 대하여 사실상의 지배력 행사가 가능하도록 하는 투자(제2호)

ⅲ) 증권(지분증권은 제외)에 대한 투자로 제1호 또는 제2호의 목적을 달성하기 위한 주권 관련 사채권에 투자하는 경우로서 ㉠ 법 제249조의12 제1항 제1호에 따른 다른 회사의 의결권 있는 발행주식과 주권 관련 사채권의 전환권·신주인수권의 행사 등으로 인하여 취득할 수 있는 의결권 있는 발행주식(금융위원회가 정하여 고시하는 기준과 방법에 따라 산정한 발행주식)의 합계가 그 회사의 의결권 있는 발행주식 총수의 10% 이상이 되는 투자, 또는 ㉡ 투자계약 등에 따라 임원의 임면 등 투자하는 회사의 주요 경영사항에 대하여 사실상의 지배력 행사가 가능하도록 하는 투자(제3호)

ⅳ) 다음의 어느 하나에 해당하는 투자, 즉 ㉠ 투자대상기업(경영참여형 사모집합투자기구 또는 제249조의13에 따른 투자목적회사가 제1호부터 제3호까지의 방법으로 투자한 기업)이 발행한 증권에 대한 투자위험을 회피하기 위한 투자, 또는 ㉡ 경영참여형 사모집합투자기구의 집합투자재산에 대한 환율변동에 따른 위험을 회피하기 위한 투자로서 법 제5조 제1항 제1호부터 제3호까지의 어느 하나에 해당하는 계약상의 권리에 대한 투자(제4호)

ⅴ) 민간투자법에 따른 사회기반시설투융자회사가 발행한 증권에 대한 투자(제5호)

ⅵ) 투자목적회사의 지분증권에 대한 투자(제6호)

ⅶ) 투자대상기업의 금전채권에 대한 투자(법 제249조의12 제1항 제1호 또는 제2호에 따른 투자를 목적으로 하는 경우만 해당), 투자대상기업이 보유하는 부동산(지상권·지역권·전세권·임차권·분양권 등 부동산 관련 권리를 포함) 또는 금전채권 등에 대한 투자, 「민간투자법」에 따른 사회기반

---

50) "대통령령으로 정하는 회사"란 다음의 어느 하나에 해당하는 회사를 말한다(영271의15②).
　1. 자산유동화법에 따른 유동화전문회사
　2. 부동산투자회사법에 따른 부동산투자회사
　3. 선박투자회사법에 따른 선박투자회사
　4. 문화산업진흥 기본법에 따른 문화산업전문회사
　5. 외국법인 및 그 종속회사(외부감사법 시행령 제3조 제1항에 따른 종속회사에 상당하는 외국회사)가 소유하고 있는 자산을 합한 금액 중 다음의 자산을 합한 금액이 30% 이상인 경우에 그 외국법인
　　가. 국내에서 설립된 법인이 발행한 증권
　　나. 국내에서 설립된 법인에 대한 금전채권
　　다. 국내에 소재하는 부동산이나 특별자산
　　라. 가목부터 다목까지의 규정에 따른 자산이나 이를 기초로 하는 지수를 대상으로 하는 파생결합증권 또는 파생상품(권리의 행사 등으로 그 기초자산을 취득할 수 있는 경우만 해당)

시설에 대한 투자, 조세특례제한법 제24조 제1항 각 호의 어느 하나에 해당하는 시설 및 설비 등(제7호)

2) 여유자금의 운용

경영참여형 사모집합투자기구는 위 제1항 각 호의 방법으로 운용하고 남은 경영참여형 사모집합투자기구의 집합투자재산을 ⅰ) 대통령령으로 정하는 단기대출(영271의16① = 법 제83조 제4항에 따른 단기대출), ⅱ) 대통령령으로 정하는 금융회사[영271의16② = 영 제79조 제2항 제5호 각 목의 어느 하나에 해당하는 금융회사(이에 준하는 외국 금융회사를 포함)와 체신관서]에의 예치, ⅲ) 경영참여형 사모집합투자기구의 자산총액에서 부채총액을 뺀 가액의 30% 이내에서 경영참여형 사모집합투자기구의 집합투자재산을 대통령령으로 정하는 증권(영271의16④ = 법 제4조 제1항 각 호의 증권 외의 증권)에 투자하는 방법, ⅳ) 그 밖에 경영참여형 사모집합투자기구의 건전한 자산운용을 해칠 우려가 없는 방법으로서 원화로 표시된 양도성예금증서, 시행령 제79조 제2항 제5호에 따른 어음(기업어음증권은 제외), 투자대상기업에 대한 금전의 대여로 운용할 수 있다(법249의12②, 영271의16⑤).

(나) 재산운용제한

1) 운용 기간 및 비율 제한

경영참여형 사모집합투자기구는 사원이 출자한 날부터 2년 이내에 출자한 금액의 50% 이상 출자한 금액을 제1항 제1호·제2호·제5호 또는 제6호(투자목적회사가 제1항 제1호·제2호 또는 제5호의 방법으로 투자한 경우로 한정)의 방법으로 운용하여야 한다. 다만, 투자대상기업을 선정하기 곤란한 경우, 그 밖에 대통령령으로 정하는 경우[51]로서 미리 금융위원회의 승인을 받은 경우에는 그러하지 아니하다(법249의12③).

2) 투자대상기업의 지분증권등 운용제한

경영참여형 사모집합투자기구는 제1항 제1호부터 제3호까지의 어느 하나에 해당하는 경우 투자대상기업이 발행한 지분증권, 주식 관련 사채권("지분증권등")을 취득한 날부터 6개월 이상 소유하여야 하며, 6개월 미만의 기간 중에는 그 지분증권등을 처분해서는 아니 된다. 다만, 그 지분증권등을 계속 소유함으로써 사원의 이익을 명백히 해칠 우려가 있는 경우, 투자대상기업의 영업이 정지된 경우, 투자대상기업이 3개월 이상 조업을 중단한 경우, 투자자 보호와

---

51) "대통령령으로 정하는 경우"란 다음의 어느 하나에 해당하는 경우를 말한다(영271의17②).
   1. 경영참여형 사모집합투자기구 집합투자재산이 법 제249조의12 제1항 제1호 또는 제2호에 따라 투자대상기업의 지분증권을 취득하기에 부족한 경우
   2. 제271조의15 제5항 제4호 각 목의 어느 하나에 해당하는 시설 및 설비에 투자하는 경우
   3. 투자자 보호와 건전한 거래질서의 유지를 위하여 필요한 경우로서 금융위원회가 정하여 고시하는 불가피한 사유가 있는 경우

건전한 거래질서의 유지를 위하여 필요한 경우로서 금융위원회가 정하여 고시하는 불가피한 사유가 있는 경우로서 미리 금융위원회의 승인을 받은 경우에는 6개월 미만의 기간 중에 이를 처분할 수 있다(법249의12④, 영271의17③④)

3) 투자목적회사의 지분증권 운용제한

경영참여형 사모집합투자기구(제249조의13 제1항 제3호 나목 또는 다목에 따라 투자목적회사의 주주 또는 사원이 된 자 포함)는 투자목적회사가 발행한 지분증권을 취득한 날부터 6개월 이상 소유하여야 하며, 6개월 미만의 기간 중에는 그 지분증권을 처분해서는 아니 된다. 다만, 투자목적회사의 지분증권을 계속 소유함으로써 사원의 이익을 명백히 해칠 우려가 있는 경우, 투자목적회사의 영업이 정지된 경우, 투자목적회사가 3개월 이상 조업을 중단한 경우, 투자자 보호와 건전한 거래질서의 유지를 위하여 필요한 경우로서 금융위원회가 정하여 고시하는 불가피한 사유가 있는 경우로서 미리 금융위원회의 승인을 받은 경우에는 6개월 미만의 기간 중에 이를 처분할 수 있다(법249의12⑤, 영271의17⑤).

4) 경영참여요건 미충족과 지분증권등 처분

경영참여형 사모집합투자기구는 다른 회사의 지분증권등을 최초로 취득한 날부터 6개월이 경과할 때까지 제1항 제1호부터 제3호까지의 어느 하나에 부합하지 아니하는 경우에는 이미 취득한 그 다른 회사의 지분증권등 전부를 다른 자(그 경영참여형 사모집합투자기구와 출자관계를 가지고 있거나 같은 자로부터 출자에 의한 지배를 받는 자 제외)에게 6개월 이내에 이를 처분하고 금융위원회에 지체 없이 보고하여야 한다. 다만, 지분증권등의 처분이 곤란한 경우, 증권시장이나 해외 증권시장에서 투자대상기업의 지분증권의 매매거래가 정지되거나 중단된 경우, 투자자 보호와 건전한 거래질서의 유지를 위하여 필요한 경우로서 금융위원회가 정하여 고시하는 불가피한 사유가 있는 경우로서 미리 금융위원회의 승인을 받은 경우에는 투자대상기업의 지분증권의 처분이 가능할 때까지의 기간으로서 금융위원회의 확인을 받은 기간 이내에 이를 처분하지 아니할 수 있다(법249의12⑥, 영271의17⑥⑦).

5) 자금차입 및 채무보증

경영참여형 사모집합투자기구는 사원의 퇴사에 따른 출자금을 지급하기 위하여 불가피한 경우, 운영비용에 충당할 자금이 일시적으로 부족한 경우, 투자대상기업에 투자하기 위하여 필요한 자금이 일시적으로 부족한 경우 자금을 차입하거나 투자대상기업 또는 투자대상기업과 관련된 타인을 위한 채무보증을 할 수 있다. 이 경우 차입금액 및 채무보증액의 합계는 경영참여형 사모집합투자기구의 자산총액에서 부채총액을 뺀 가액의 10%를 초과하지 못한다(법249의12⑦).

6) 보고의무

경영참여형 사모집합투자기구는 ⅰ) 집합투자재산 총액이 100억원 이상인 경영참여형 사

모집합투자기구는 매년 6월 30일 및 12월 31일, ⅱ) 집합투자재산 총액이 100억원 미만인 경영
참여형 사모집합투자기구는 매년 12월 31일까지 집합투자재산 운용 현황, 차입 또는 채무보증
의 현황(제249조의13 제3항에 따른 투자목적회사의 차입 또는 채무보증의 현황을 포함) 등에 관하여
금융위원회에 보고하여야 한다(법249의12⑨), 영271의17⑨.

(5) 특례

경영참여형 사모집합투자기구는 단순한 지분투자에서 나아가 피투자기업을 지배하거나
경영에 참여하는 방식으로 운용하게 된다. 이러한 소위 "M&A 펀드"로서의 성격을 고려하여
자본시장법은 경영참여형 사모집합투자기구에 대해 많은 특례 규정을 두고 있는데, 그 중 중요
한 몇 가지를 살펴본다. ⅰ) 경영참여형 사모집합투자기구가 경영참여 등의 방법으로 펀드를
운용하는 점을 감안하여 펀드보유주식에 대한 의결권행사 제한규정을 적용하지 않는다. ⅱ) 대
기업집단이 경영참여형 사모집합투자기구를 계열회사 확장 등의 수단으로 남용하는 것을 방지
하기 위한 규제를 두고 있다. ⅲ) 경영참여형 사모집합투자기구는 수익을 목적으로 하는 투자
펀드의 일종이라는 점을 고려하여 공정거래법상의 지주회사에 대한 규제와 금융지주회사법상
의 금융지주회사에 대한 규제에 대한 특례를 두고 있다(법249의19).

(6) 운용상 특성

경영참여형 사모집합투자기구의 운용자에 대한 규제도 전문투자형 사모집합투자기구의
운용자(전문사모집합투자업자)에 비해 대폭 완화되어 있다. 경영참여형 사모집합투자기구의 운용
자(업무집행사원)도 금융위원회에 등록해야 하지만 전문사모형 집합투자기구의 운용자 등록에
비해 요건이 대폭 완화되어 있다. 또한 경영참여형 사모집합투자기구 운용자는 집합투자업자
로서 인가를 받거나 등록을 한 것은 아니므로, 자본시장법상의 금융투자업자에게 공통으로 적
용되는 규제(지배구조, 재무건전성, 영업행위 등)와 집합투자업자에게 적용되는 규제(이해관계인과
의 거래제한, 불건전 영업행위의 금지 등)를 적용받지 않는다. 이에 따라 경영참여형 집합투자기구
의 운용자(업무집행사원)는 예컨대 자본시장법에 따른 임직원 겸직·파견 제한규정의 적용을 받
지 않으므로, 경영참여형 사모집합투자기구가 투자한 기업에 자신의 임직원을 겸직 또는 파견
하는 것이 가능하다(법249의20).

(7) 금융위원회의 조치

(가) 해산명령

금융위원회는 ⅰ) 제249조의10 제4항·제6항 또는 제249조의11 제8항에 따른 보고나 변
경보고를 하지 아니한 경우, ⅱ) 거짓, 그 밖의 부정한 방법으로 제249조의10 제4항·제6항 또
는 제249조의11 제8항에 따른 보고나 변경보고를 한 경우, ⅲ) 경영참여형 사모집합투자기구
가 제249조의10 제3항 각 호에 따른 요건을 갖추지 못한 경우, ⅳ) 별표 6 각 호의 어느 하나

에 해당하는 경우로서 대통령령으로 정하는 경우, ⅴ) 금융관련 법령 중 대통령령으로 정하는 법령을 위반하는 경우로서 사회적 신용을 훼손하는 등 대통령령으로 정하는 경우, ⅵ) 제2항 제3호에 따른 시정명령 또는 중지명령을 이행하지 아니한 경우, ⅶ) 그 밖에 투자자의 이익을 현저히 해칠 우려가 있거나 경영참여형 사모집합투자기구로서 존속하기 곤란하다고 인정되는 경우로서 대통령령으로 정하는 경우 경영참여형 사모집합투자기구의 해산을 명할 수 있다(법 249의21①).

(나) 업무정지 등

금융위원회는 경영참여형 사모집합투자기구가 제1항 각 호(제4호는 제외)의 어느 하나에 해당하거나 별표 6 각 호의 어느 하나에 해당하는 경우에는 ⅰ) 6개월 이내의 업무의 전부 또는 일부의 정지, ⅱ) 계약의 인계명령, ⅲ) 위법행위의 시정명령 또는 중지명령, ⅳ) 위법행위로 인한 조치를 받았다는 사실의 공표명령 또는 게시명령, ⅴ) 기관경고, ⅵ) 기관주의, ⅶ) 그 밖에 위법행위를 시정하거나 방지하기 위하여 필요한 조치로서 대통령령으로 정하는 조치를 할 수 있다(법249의21②).

(다) 업무집행사원에 대한 조치

금융위원회는 경영참여형 사모집합투자기구의 업무집행사원이 제1항 각 호(제4호는 제외)의 어느 하나에 해당하거나 별표 6 각 호의 어느 하나에 해당하는 경우에는 ⅰ) 그 업무집행사원에 대한 조치: 해임요구, 6개월 이내의 직무정지, 기관경고, 기관주의, 그 밖에 위법행위를 시정하거나 방지하기 위하여 필요한 조치로서 대통령령으로 정하는 조치, ⅱ) 그 업무집행사원의 임원에 대한 조치: 해임요구, 6개월 이내의 직무정지, 문책경고, 주의적 경고, 그 밖에 위법행위를 시정하거나 방지하기 위하여 필요한 조치로서 대통령령으로 정하는 조치, ⅲ) 그 업무집행사원의 직원에 대한 조치요구: 면직, 6개월 이내의 정직, 감봉, 견책, 주의, 그 밖에 위법행위를 시정하거나 방지하기 위하여 필요한 조치로서 대통령령으로 정하는 조치를 할 수 있다(법 249의21③).

(라) 업무집행사원에 대한 조치 등

경영참여형 사모집합투자기구 및 경영참여형 사모집합투자기구의 업무집행사원에 대한 조치 등에 관하여는 제422조 제3항 및 제423조부터 제425조까지의 규정을 준용한다(법249의21④).

제4절 집합투자기구의 분류

Ⅰ. 운용대상에 따른 분류(2차 분류)

자본시장법은 운용대상의 종류에 따라 집합투자기구를 증권, 부동산, 특별자산, 혼합자산, 단기금융의 5종류로 구분하고(법229), 집합투자업자가 집합투자기구의 재산으로 운용할 수 있는 자산은 재산적 가치가 있는 모든 재산을 대상으로 하고 그 편입비율에 대한 제한만 두고 있다. 다만 단기금융의 경우 여전히 증권에만 투자할 수 있다(법229).

앞서 본 집합투자기구의 설립형태(1차 분류)를 아래와 같이 5종류의 집합투자기구로 2차 분류할 수 있다.

1. 증권집합투자기구

(1) 의의

증권집합투자기구는 집합투자재산의 50%를 초과하여 주식, 채권, 파생결합증권, 수익증권 등의 증권(대통령령으로 정하는 증권을 제외) 및 증권을 기초자산으로 하는 파생상품에 투자하고 부동산 및 특별자산 집합투자기구에 해당하지 않는 것을 말한다(법229(1), 영240①②).

증권에는 다음의 증권을 제외한다(법229(1), 영240②). ⅰ) 부동산, 지상권·지역권·전세권·임차권·분양권 등 부동산 관련 권리, 기업구조조정 촉진법 제2조 제3호에 따른 채권금융기관(이에 준하는 외국 금융기관과 금융산업구조개선법에 따른 금융기관이었던 자로서 청산절차 또는 채무자회생법에 따른 파산절차가 진행 중인 법인을 포함)이 채권자인 금전채권(부동산을 담보로 한 경우만 해당), 특별자산이 신탁재산, 집합투자재산 또는 유동화자산의 50% 이상을 차지하는 경우에는 그 수익증권, 집합투자증권 또는 유동화증권, ⅱ) 부동산투자회사법에 따른 부동산투자회사가 발행한 주식, ⅲ) 선박투자회사법에 따른 선박투자회사가 발행한 주식, ⅳ) 민간투자법에 따른 사회기반시설사업의 시행을 목적으로 하는 법인이 발행한 주식과 채권, ⅴ) 민간투자법에 따른 하나의 사회기반시설사업의 시행을 목적으로 하는 법인이 발행한 주식과 채권을 취득하거나 그 법인에 대한 대출채권을 취득하는 방식으로 투자하는 것을 목적으로 하는 법인(사회기반시설투융자회사는 제외)의 지분증권, ⅵ) 법 제80조 제1항 제1호 라목부터 사목52)까지의 증권, ⅶ)

---

52) 라. 특정한 부동산을 개발하기 위하여 존속기간을 정하여 설립된 회사("부동산개발회사")가 발행한 증권
　　마. 부동산, 그 밖에 금융위원회가 정하여 고시하는 부동산 관련 자산을 기초로 하여 자산유동화법 제2조 제4호에 따라 발행된 유동화증권으로서 그 기초자산의 합계액이 자산유동화법 제2조 제3호에 따른 유동화자산 가액의 70% 이상인 유동화증권

해외자원개발 사업법 제14조의2 제1항 제2호에 따른 해외자원개발 전담회사와 특별자산에 대한 투자만을 목적으로 하는 법인(외국법인을 포함)이 발행한 지분증권·채무증권은 제외된다.

　　증권집합투자기구는 투자대상의 종류를 보다 세분화하여 집합투자규약→투자설명서→운용계획서상의 운용전략을 기준으로 다음과 같이 분류한다.[53]

(2) 채권형(MMF 제외)

채권형(MMF제외)이란 증권집합투자기구로서 집합투자규약상 운용대상에 주식[주식관련파생상품(파생결합증권) 포함]이 편입되지 아니하고 자산총액의 60% 이상(또는 연평균 60% 이상)을 채권[54] 및 채권관련파생상품(파생결합증권)으로 운용하는 상품(2000년 6월 이전에 설정된 상품으로 종전 기준에 의해 공사채형으로 분류된 상품 포함)을 말한다. 다만, 자본시장법 시행령 제80조 제1항 제6호에 따라 자산총액의 60% 이상을 채무증권에 투자할 수 있는 증권집합투자기구가 국채, 통안채로 구성되는 상장지수집합투자기구에 투자하는 경우 본문의 투자비율을 산정함에 있어 그 상장지수집합투자기구를 채권으로 본다.

(3) 주식형

주식형은 증권집합투자기구로서 집합투자규약상 자산총액의 60% 이상(또는 연평균 60% 이상)을 주식[55] 및 주식관련 파생상품(파생결합증권)으로 운용하는 상품을 말한다.

(4) 혼합주식형

혼합주식형은 증권집합투자기구로서 집합투자규약상 채권형과 주식형에 해당되지 아니하고, 자산총액 중 주식 및 주식관련 파생상품(파생결합증권)에 투자할 수 있는 최고편입 한도가 50% 이상인 상품을 말한다.

(5) 혼합채권형

혼합채권형은 증권집합투자기구로서 집합투자규약상 채권형(채권파생형)과 주식형(주식파

바. 주택저당채권유동화회사법 또는 한국주택금융공사법에 따른 주택저당채권담보부채권 또는 주택저당증권(주택저당채권유동화회사법에 따른 주택저당채권유동화회사, 한국주택금융공사 법에 따른 한국주택금융공사 또는 제79조 제2항 제5호 가목부터 사목까지의 금융기관이 지급 을 보증한 주택저당증권)
사. 다음의 요건을 모두 갖춘 회사("부동산투자목적회사")가 발행한 지분증권
　1) 부동산(법 제229조 제2호에 따른 부동산) 또는 다른 부동산투자목적회사의 증권, 그 밖에 금융위원회가 정하여 고시하는 투자대상자산에 투자하는 것을 목적으로 설립될 것
　2) 해당 회사와 그 종속회사(외부감사법 시행령 제3조 제1항에 따른 종속회사)가 소유하고 있 는 자산을 합한 금액 중 부동산을 합한 금액이 90% 이상일 것
53) 금융투자회사의 영업 및 업무에 관한 규정 시행세칙 제27조 <별지 제15호> 집합투자기구 분류 참조.
54) 자본시장법 제4조 제2항 제1호 채무증권[국채증권, 지방채증권, 특수채증권, 사채권(ABS사채, MBS사채, 사모사채, 투기등급 사채권 포함하며, 주식관련사채는 제외), 기업어음증권(기업이 사업에 필요한 자금을 조달하기 위하여 발행한 약속어음으로서 법 시행령 제4조의 요건을 갖춘 것)]을 말한다(이하 "채권"이라 한다).
55) 자본시장법 제4조 제2항 제2호 지분증권(주권 또는 신주인수권이 표시된 것, 법률에 의하여 직접 설립된 법인이 발행한 출자증권)을 말한다(이하 "주식"이라 한다).

생형)에 해당되지 아니하고, 자산총액 중 주식 및 주식관련 파생상품(파생결합증권)에 투자할 수 있는 최고편입 한도가 50% 이하인 상품을 말한다.

(6) 투자계약증권형

자산총액의 60% 이상을 투자계약증권(법4⑥)으로 운용하는 상품이다. 그러나 투자계약증권에 60% 미만 투자시 혼합주식형 또는 혼합채권형으로 분류된다.

(7) 재간접형

증권집합투자기구로서 집합투자규약상 자산총액의 40% 이상(또는 연평균 40% 이상)을 집합투자증권으로 운용하는 상품을 말한다.

2. 부동산집합투자기구(부동산펀드)

(1) 의의

부동산집합투자기구는 집합투자재산의 50%를 초과하여 부동산에 투자하는 집합투자기구이다(법229(2), 영240③). 부동산의 범위에는 전통적인 부동산 이외에 부동산을 기초자산으로 한 파생상품, 부동산개발과 관련된 법인에 대한 대출, 그 밖에 "대통령령으로 정하는 방법"으로 부동산 및 "대통령령으로 정하는 부동산과 관련된 증권"에 투자하는 경우를 포함한다(법229(2)).

(2) 대통령령으로 정하는 방법

"대통령령으로 정하는 방법"이란 ⅰ) 부동산의 개발(제1호), ⅱ) 부동산의 관리 및 개량(제2호), ⅲ) 부동산의 임대 및 운영(제3호), ⅳ) 지상권·지역권·전세권·임차권·분양권 등 부동산 관련 권리의 취득(제4호), ⅴ) 기업구조조정 촉진법 제2조 제3호[56]에 따른 채권금융기관이 채권자인 금전채권(부동산을 담보로 한 경우만 해당)의 취득(제5호), ⅵ) 제1호부터 제5호까지의 어느 하나에 해당하는 방법과 관련된 금전의 지급(제6호)에 해당하는 방법을 말한다(영240④).

(3) 대통령령으로 정하는 부동산과 관련된 증권

"대통령령으로 정하는 부동산과 관련된 증권"이란 ⅰ) 다음의 어느 하나에 해당하는 자산, 즉 부동산, 지상권·지역권·전세권·임차권·분양권 등 부동산 관련 권리, 기업구조조정 촉진법 제2조 제3호에 따른 채권금융기관[57]이 채권자인 금전채권(부동산을 담보로 한 경우만 해당)이

---

56) 3. "채권금융기관"이란 금융채권자 중 금융위원회법 제38조 각 호에 해당하는 기관 및 그 밖에 법률에 따라 금융업무 또는 기업구조조정 업무를 행하는 기관으로서 대통령령으로 정하는 자를 말한다. 여기서 "대통령령으로 정하는 자"란 다음의 어느 하나에 해당하는 자를 말한다(기업구조조정 촉진법 시행령2①). 1. 은행법 제59조에 따라 은행으로 보는 외국은행의 지점 또는 대리점, 2. 한국산업은행, 3. 한국수출입은행, 4. 중소기업은행, 5. 자산유동화법에 따른 유동화전문회사, 6. 한국자산관리공사, 7. 예금보험공사 및 정리금융회사, 8. 신용보증기금, 9. 기술보증기금, 10. 산업발전법 제20조에 따른 기업구조개선 경영참여형 사모집합투자기구, 11. 한국무역보험공사.

57) 이에 준하는 외국 금융기관과 금융산업구조개선법에 따른 금융기관이었던 자로서 청산절차 또는 채무자회생법에 따른 파산절차가 진행 중인 법인을 포함한다(영240②(1) 다목).

신탁재산, 집합투자재산 또는 유동화자산의 50% 이상을 차지하는 경우에는 그 수익증권, 집합투자증권 또는 유동화증권(제1호), ⅱ) 부동산투자회사가 발행한 주식(제2호), ⅲ) 시행령 제80조 제1항 제1호 라목부터 사목까지의 증권(제3호)을 말한다(영240⑤).

(4) 부동산펀드의 유형

자본시장법상 부동산펀드는 투자자산의 유형 및 운용방법, 투자행위 등에 따라 구분한다.[58]

(가) 실물형

실물형 부동산펀드는 실물상태의 부동산자산에 투자하는 형태의 부동산펀드를 말하는데, 펀드재산의 50%를 초과하여 투자해야 한다. 실물형 부동산펀드에는 매매형 부동산펀드, 임대형 부동산펀드, 개량형 부동산펀드, 경·공매형 부동산펀드, 개발형(직접개발형) 부동산펀드 등이 있다.

1) 매매형

매매형 부동산펀드는 펀드재산의 50%를 초과하여 부동산을 취득한 후 일정기간 보유하다 취득시점 대비 해당 부동산의 가격이 상승한 시점에서 투자대상 부동산을 매각함으로써 매각차익을 획득하는 것을 목적으로 하는데, 취득 부동산은 대부분 완성된 부동산이다.

2) 임대형

임대형 부동산펀드는 투자자로부터 조달된 투자금으로 상업용 또는 임대형 등의 수익 부동산 등을 매수하여 운용한 후 일정시점에 매각하는 형태의 부동산펀드로서 안정적인 임대소득(운용수입)과 부동산 가격상승에 따른 매각차익(자본이득)을 얻는 것을 목적으로 하는 매수·임대 방식의 부동산펀드를 말한다.

3) 개량형

개량형 부동산펀드는 펀드재산의 50%를 초과하여 실물 부동산을 취득한 후 해당 부동산을 적극적으로 수선 또는 리모델링 등의 개량을 통하여 부동산 가치를 증대시킨 후, 해당 부동산을 매각하거나 또는 임대 후 매각하는 부동산펀드를 말한다.

4) 경·공매형

법원이 실시하는 경매 또는 자산관리공사, 은행 등이 실시하는 공매를 통해 주로 업무용, 상업용 부동산을 저가에 매수한 후 임대하거나 또는 매각함으로써 임대수익과 시세차익을 얻는 것을 주된 운용목적으로 하는 부동산펀드를 말한다. 임대형 부동산펀드가 임대수익의 취득을 주된 운용목적으로 하는 반면 경·공매형 부동산펀드는 시세차익의 취득을 주된 운용목적으

---

58) 박승룡(2011), "부동산펀드의 건전성 제고 방안에 관한 연구", 중앙대학교 대학원 석사학위논문(2011. 8), 12-16쪽.

로 하는 점에서 기본적인 차이가 있다.

　5) 개발형

　개발형 부동산펀드는 개발사업의 시행주체인 시행사 또는 SPC에 지분투자를 통해 개발사업의 이익을 취하는 구조이며, SPC의 경우 명목회사로서 AMC(자산관리회사)를 통해 사업관리 및 수탁은행(자금관리회사)에 의한 자금관리 업무를 수행한다. 개발사업은 기간이 오래 소요되기 때문에 펀드설정 시점에 사업성 분석이 중요하다.

　(나) 대출형

　대출형 부동산펀드는 펀드재산의 50%를 초과하여 "부동산개발회사 또는 개발과 관련된 법인(주로 부동산개발 시행사)에 대한 대출"을 실행한 후 대출에 대한 이자금으로 수익을 확보하는 부동산펀드를 말한다. 대표적인 대출형 부동산펀드는 프로젝트금융 펀드, 즉 PF 대출형을 들 수 있다. PF 대출형은 오피스텔, 상가, 아파트 등을 건설하는데 있어 시행사의 토지매입대금 또는 초기에 필요한 사업자금, 시공과 관련된 시공자금을 대출하여 주고, 미리 약정한 이자를 받아 투자자들에게 배당하는 방식이다. 즉 사업성을 담보로 하여 사업자에게 돈을 빌려주고 이자와 수익을 받아 투자자들에게 돌려주는 상품으로 수익이 클 수 있지만 그만큼 위험요소를 많이 내포하고 있다. 주로 사업부지를 확보하지 못할 경우의 위험, 인허가를 받지 못한 경우의 위험, 준공할 때 미준공 사태가 발생할 위험, 분양률 저조에 따른 이자 손실로 인해 발생하는 이자확보의 위험, 미분양시 원금손실 위험 등과 같은 여러 가지 위험들이 있다.

　(다) 권리형

　권리형 부동산펀드는 펀드재산의 50%를 초과하여 부동산과 관련된 권리인 전세권, 지역권, 임차권, 분양권, 지상권 및 부동산 관련 신탁수익권, 부동산담보부 금전채권 등 부동산 관련 권리에 투자하는 펀드인데, 이중 부동산담보부 금전채권은 자본시장법상 금융기관이 보유한 부동산담보부 금전채권도 부동산으로 간주되므로 이에 투자하는 펀드도 부동산펀드이다.

　(라) 증권형

　증권형 부동산펀드는 펀드재산의 50%를 초과하여 부동산과 관련된 증권에 투자하는 부동산펀드를 말하는데, 주로 부동산 또는 부동산 권리와 관련된 집합투자증권에 투자하는 펀드, 부동산 시행회사에 대한 대출채권 및 미분양 아파트와 관련한 신탁수익권, 리츠의 발행주식에 대하여 투자하는 펀드, 특정 부동산개발을 위하여 존속기간이 설정된 개발회사가 발행한 증권에 투자하는 펀드, 부동산과 관련된 증권에 투자하는 펀드 등이 있다.

　(마) 파생상품형

　파생상품형 부동산펀드는 펀드재산의 50%를 초과하여 부동산을 기초자산으로 하는 파생상품에 투자하는 부동산펀드를 말한다. 아직까지 국내에는 파생상품펀드가 설정된 사례가 없다.

(바) 재간접형

재간접형 부동산펀드는 부동산투자회사(리츠) 등에 주로 투자하는 부동산펀드이다.

3. 특별자산집합투자기구(특별자산펀드)

(1) 의의

특별자산집합투자기구는 집합투자재산의 50%를 초과하여 특별자산(증권 및 부동산을 제외한 투자대상자산을 말하며, 시행령 제80조 제1항 제1호 카목의 정의에 따른 사업수익권을 포함)에 투자하는 집합투자기구이다(법229(3), 영240⑥). 사업수익권은 상법에 따른 합자회사·유한책임회사·합자조합·익명조합의 출자지분, 민법에 따른 조합의 출자지분, 그 밖에 특정사업으로부터 발생하는 수익을 분배받을 수 있는 계약상의 출자지분 또는 권리를 말한다(영6의2(4)).

「금융투자회사의 영업 및 업무에 관한 규정 시행세칙」 제27조 <별지 제15호> "집합투자기구 분류"에 따라 특별자산펀드를 분류하면 아래와 같다.

(2) 선박펀드

일반투자자 공모자금과 금융기관 차입자금 등으로 선박을 건조하거나 매입하여 선박운항회사(선사)에 빌려주고 용선료에서 차입금과 제비용을 공제한 나머지를 투자자에게 배당하는 펀드이다.

(3) 인프라(SOC) 펀드

사회간접시설 개발사업에 투자하는 펀드이다. 다만, 인프라 관련 기업 주식에 투자하는 경우는 주식고·저편입형의 섹터펀드로 분류된다.

(4) 엔터테인먼트펀드

각종 공연(영화, 드라마, 음반, 뮤지컬 등)제작 등 엔터테인먼트 사업의 수익을 분배받을 수 있는 계약상의 출자지분 또는 권리에 투자하는 펀드이다.

(5) 아트펀드

아트 관련 수익권에 투자하는 펀드이다.

(6) 탄소(배출권)펀드

유엔이 정한 온실가스 감축사업에 투자하고 이를 통해 확보한 "배출권"을 팔아 얻은 수익을 투자자에게 배분하는 펀드이다.

(7) 우주&항공펀드

우주&항공 산업 관련 수익권에 투자하는 펀드이다.

(8) 상품펀드

농산물·축산물·수산물·임산물, 광산물·에너지 등 상품에 투자하는 펀드이다. 실물에 직접 투자하는 경우로 와인펀드 등을 그 예로 들 수 있다.

(9) 사업수익권 펀드

사업수익권에 투자하는 펀드이다.

4. 혼합자산집합투자기구(혼합자산펀드)

혼합자산집합투자기구는 집합투자재산을 운용함에 있어서 증권, 부동산, 특별자산집합투자기구 관련 규정의 제한을 받지 않는 집합투자기구이다(법229(4)).

5. 단기금융집합투자기구(MMF)

(1) 의의

단기금융집합투자기구(MMF)는 자산을 주로 단기성자산(잔존만기가 짧은 채권, 콜론, CP, CD 등)으로 운용하는 상품이다. 즉 자본시장법에 의하면 단기금융집합투자기구는 집합투자재산 전부를 "대통령령으로 정하는 단기금융상품"에 투자하는 집합투자기구로서 "대통령령으로 정하는 방법"으로 운용되는 집합투자기구이다(법229(5)).

MMF는 미국에서 처음 도입된 이후 투자자들에게 유동성, 수익성 및 안전성을 겸비한 투자수단으로 인식되면서 단기금융시장의 주요 상품으로 성장하였다. 그러나 2008년 리먼 브라더스 사태 당시 미국에서 MMF 인출사태가 발생하면서 MMF도 위험한 투자상품이라는 인식이 크게 확산되었다. MMF 운용 관련 리스크는 포트폴리오리스크, 투자자리스크, 운용사리스크 등으로 분류된다. 포트폴리오리스크는 신용리스크, 금리리스크, 유동성리스크를 포괄하는 개념으로 MMF에 편입된 자산의 가격이 이자율 변동, 편입자산의 신용도 변화, 유동성 상황 등에 따라 변동하는 위험으로 정의된다. 투자자리스크는 MMF 투자자의 구성 및 투자성향에 따라 MMF 자금 유출입이 영향을 받게 되는 위험이며, 운용사리스크는 MMF 손실 발생시 자산운용사 또는 모기업의 자금지원 가능성 여부에 따라 영향을 받게 되는 위험을 의미한다.[59]

(2) 대통령령으로 정하는 단기금융상품(투자대상 상품)

(가) 투자대상 상품

"대통령령으로 정하는 단기금융상품"이란 원화로 표시된 자산으로서 ⅰ) 남은 만기가 6개월 이내인 양도성예금증서, ⅱ) 남은 만기가 5년 이내인 국채증권, 남은 만기가 1년 이내인 지방채증권·특수채증권·사채권(주권 관련 사채권 및 사모의 방법으로 발행된 사채권은 제외)·기업어

음증권(다만, 환매조건부매수의 경우에는 남은 만기의 제한을 받지 아니한다), iii) 남은 만기가 1년 이내인 제79조 제2항 제5호[60]에 따른 어음(기업어음증권은 제외), iv) 법 제83조 제4항[61]에 따른 단기대출, ⅴ) 만기가 6개월 이내인 제79조 제2항 제5호 각 목의 금융기관 또는 체신관서에의 예치, ⅵ) 다른 단기금융집합투자기구의 집합투자증권, ⅶ) 단기사채등을 말한다(영241①).

(나) 잔존만기

위의 시행령 제241조 제1항 제1호부터 제5호까지의 자산의 잔존만기를 산정함에 있어서 금리조정부자산의 잔존기간은 산정일부터 다음에서 규정한 날까지의 기간으로 한다(금융투자업규정7-15③).

1. 변동금리부자산: 차기 이자조정일
2. 금리연동부자산(처분옵션이 있는 자산을 포함): 잔존기간 산정일의 다음날
3. 만기가 1년 이내인 처분옵션부 변동금리부자산: 차기 이자조정일과 처분옵션을 행사할 경우 원리금을 상환받을 수 있는 날 중 먼저 도래하는 날
4. 만기가 1년을 초과하는 처분옵션부 변동금리부자산: 차기이자조정일과 처분옵션을 행사할 경우 원리금을 상환받을 수 있는 날 중 나중에 도래하는 날
5. 만기가 1년을 초과하는 처분옵션부 금리연동부자산: 처분옵션을 행사할 경우 원리금을 상환받을 수 있는 날

(3) 대통령령으로 정하는 방법(운용방법)

"대통령령으로 정하는 방법"이란 다음의 어느 하나에 해당하는 방법을 말한다(영241②).

1. 증권을 대여하거나 차입하는 방법으로 운용하지 아니할 것
1의2. 남은 만기가 1년 이상인 국채증권에 집합투자재산의 5% 이내에서 금융위원회가 정하여 고시하는 범위에서(금융투자업규정7-15① = 5%) 운용할 것
2. 환매조건부매도는 금융위원회가 정하여 고시하는 범위 이내일 것(금융투자업규정7-15② = 집합투자기구에서 보유하고 있는 증권 총액의 5%)
3. 각 단기금융집합투자기구 집합투자재산의 남은 만기의 가중평균된 기간이 금융위원회가 정하여 고시하는 범위[62] 이내일 것

---

60) 5. 다음의 어느 하나에 해당하는 금융기관이 발행·할인·매매·중개·인수 또는 보증하는 어음의 매매
가. 은행, 나. 한국산업은행, 다. 중소기업은행, 라. 한국수출입은행, 마. 투자매매업자 또는 투자중개업자, 바. 증권금융회사, 사. 종합금융회사, 아. 상호저축은행.
61) ④ 집합투자업자는 집합투자재산을 운용함에 있어서 집합투자재산 중 금전을 대여(대통령령으로 정하는 금융기관에 대한 30일 이내의 단기대출을 제외)하여서는 아니 된다.
62) "금융위원회가 정하여 고시하는 범위"란 다음을 말한다(금융투자업규정7-15④).
1. 제7-36조 제1항 제1호에 따른 단기금융집합투자기구: 75일
2. 제7-36조 제1항 제2호에 따른 단기금융집합투자기구: 60일

4. 각 단기금융집합투자기구(법 제76조 제2항에 따라 판매가 제한되거나 법 제237조에 따라 환매가 연기된 단기금집합투자기구는 제외)의 집합투자재산이 다음 각 목의 기준을 충족하지 못하는 경우에는 다른 단기금융집합투자기구를 설정·설립하거나 다른 단기금융집합투자기구로부터 그 운용업무의 위탁을 받지 아니할 것. 다만, 국가재정법 제81조에 따른 여유자금을 통합하여 운용하는 단기금융집합투자기구 및 그 단기금융집합투자기구가 투자하는 단기금융집합투자기구를 설정·설립하거나 그 운용업무의 위탁을 받는 경우에는 다음 각 목의 기준을 적용하지 않으며, 나목의 단기금융집합투자기구에 대해서는 금융위원회가 법 제238조 제1항 단서의 집합투자 재산 평가방법에 따라 그 기준을 달리 정할 수 있다.

  가. 투자자가 개인으로만 이루어진 단기금융집합투자기구인 경우: 3천억원 이상
  나. 투자자가 법인으로만 이루어진 단기금융집합투자기구인 경우: 5천억원 이상

5. 투자대상자산의 신용등급 및 신용등급별 투자한도, 남은 만기의 가중평균 계산방법, 그 밖에 자산운용의 안정성 유지에 관하여 금융위원회가 정하여 고시하는 내용을 준수할 것

(4) 운용대상자산의 제한

(가) 운용금지 자산

집합투자업자는 단기금융집합투자기구의 집합투자재산을 ⅰ) 자산의 원리금 또는 거래금액이 환율·증권의 가치 또는 증권지수의 변동에 따라 변동하거나 계약시점에 미리 정한 특정한 신용사건의 발생에 따라 확대 또는 축소되도록 설계된 자산(제1호), ⅱ) 제1호와 같이 원리금 또는 거래금액, 만기 또는 거래기간 등이 확정되지 아니한 자산(제2호)에 운용하여서는 아니 된다(금융투자업규정7-16①).

(나) 운용의무 자산

집합투자업자는 단기금융집합투자기구(외국환거래법 제13조에 따른 외국환평형기금만이 투자자인 단기금융집합투자기구와 국가재정법 제81조에 따라 여유자금을 통합하여 운용하는 단기금융집합투자기구를 제외)의 집합투자재산을 운용함에 있어 집합투자재산의 40% 이상을 채무증권(법 제4조 제3항의 국채증권, 지방채증권, 특수채증권, 사채권, 기업어음증권에 한하며, 환매조건부채권 매매는 제외)에 운용하여야 한다(금융투자업규정7-16②).

(다) 취득금지 자산

집합투자업자는 단기금융집합투자기구의 집합투자재산을 운용함에 있어 현금, 국채증권, 통화안정증권, 잔존만기가 1영업일 이내인 자산으로서 ⅰ) 양도성예금증서·정기예금, ⅱ) 지방채증권·특수채증권·사채권(법 제71조 제4호 나목에 따른 주권 관련 사채권 및 사모의 방법으로 발행된 사채권은 제외)·기업어음증권, ⅲ) 영 제79조 제2항 제5호에 따른 어음(기업어음증권은 제

---

3. 그 밖의 단기금융집합투자기구: 120일

외), iv) 단기사채, 그리고 환매조건부매수, 단기대출, 수시입출금이 가능한 금융기관에의 예치자산을 합산한 금액이 집합투자재산의 10% 미만인 경우에는 위에서 열거한 자산 외의 자산을 취득하여서는 아니 된다(금융투자업규정7-16③).

집합투자업자는 단기금융집합투자기구의 집합투자재산을 운용함에 있어 현금, 국채증권, 통화안정증권, 잔존만기가 7영업일 이내인 자산으로서 ⅰ) 양도성예금증서·정기예금, ⅱ) 지방채증권·특수채증권·사채권(법 제71조 제4호 나목에 따른 주권 관련 사채권 및 사모의 방법으로 발행된 사채권은 제외)·기업어음증권, ⅲ) 영 제79조 제2항 제5호에 따른 어음(기업어음증권은 제외), iv) 단기사채, 그리고 환매조건부매수, 단기대출, 수시입출금이 가능한 금융기관에의 예치자산을 합산한 금액이 집합투자재산의 30% 미만인 경우에는 앞에서 열거한 자산 외의 자산을 취득하여서는 아니 된다(금융투자업규정7-16④).

(5) 신용평가등급의 제한

집합투자업자가 단기금융집합투자기구의 집합투자재산으로 운용할 수 있는 채무증권(양도성예금증서 및 금융기관이 발행·매출·중개한 어음 및 채무증서를 포함)은 취득시점을 기준으로 신용평가업자의 신용평가등급(둘 이상의 신용평가업자로부터 신용평가등급을 받은 경우에는 그 중 낮은 신용평가등급)이 최상위등급 또는 최상위등급의 차하위등급(이하 "상위 2개 등급"이라 한다) 이내이어야 한다. 이 경우 신용평가등급은 세분류하지 않은 신용평가등급을 말한다(금융투자업규정 7-17①).

그러나 ⅰ) 보증인의 신용평가등급이 상위 2개 등급 이내인 채무증권, ⅱ) 담보 또는 처분옵션을 감안하여 집합투자재산평가위원회가 상위 2개 등급에 상응한다고 인정하는 채무증권, 또는 ⅲ) 신용평가등급이 없는 채무증권으로서 집합투자재산평가위원회가 상위 2개 등급에 상응한다고 인정하는 채무증권은 신용평가등급이 상위 2개 등급에 미달하거나 신용평가등급이 없는 경우에도 단기금융집합투자기구의 집합투자재산으로 운용할 수 있다(금융투자업규정7-17②).

(6) 운용대상자산의 분산

(가) 한도초과 운용금지

집합투자업자는 각 단기금융집합투자기구의 집합투자재산을 채무증권에 운용하고자 하는 경우 당해 채무증권의 취득 당시 다음의 한도를 초과하여 동일인이 발행한 채무증권[국채증권, 정부가 원리금의 상환을 보증한 채무증권, 지방채증권, 특수채증권 및 법률에 따라 직접 설립된 법인이 발행한 어음(법 제4조 제3항에 따른 기업어음증권 및 영 제79조 제2항 제5호 각 목의 금융기관이 할인·매매·중개 또는 인수한 어음만 해당)을 제외]에 운용하여서는 아니 된다(금융투자업규정7-19①).

1. 채무증권: 각 집합투자기구 자산총액의 5%(다만, 최상위등급의 차하위등급의 채무증권은

각 집합투자기구 자산총액의 2%로 한다)

2. 어음: 각 집합투자기구 자산총액의 3%(다만, 최상위등급의 차하위등급의 어음은 각 집합투자기구 자산총액의 1%로 한다)

3. 발행 당시 만기가 7영업일 이내인 단기사채: 각 집합투자기구 자산총액의 1%(다만, 최상 위등급의 차하위등급의 경우 각 집합투자기구 자산총액의 1,000분의 5로 한다). 이 경우 제1호의 한도에 포함하지 아니한다.

(나) 일정 비율 자산총액 초과 운용금지

집합투자업자는 각 단기금융집합투자기구의 집합투자재산으로 동일인이 발행한 채무증권의 평가액과 그 동일인을 거래상대방으로 하는 그 밖의 거래금액의 합계액이 채무증권의 취득 당시 또는 그 밖의 거래 당시 각 단기금융집합투자기구 자산총액의 100분의 10을 초과하도록 운용하여서는 아니 된다. 이 경우 한도를 초과하는 채무증권 또는 그 밖의 거래에 대해서는 편입비율을 축소하는 등 투자자보호를 위한 조치를 취하여야 한다(금융투자업규정7-19②).

(다) 거래금액 제외대상

그러나 다음의 어느 하나에 해당하는 경우, 즉 ⅰ) 자금중개회사를 경유하여 신용평가업자의 신용평가등급이 상위 2개 등급 이내인 금융기관에 단기대출한 금액, ⅱ) 만기 30일 이내이고, 거래상대방의 신용평가등급이 상위 2개 등급 이내인 금융기관이며, 대상증권은 국채증권, 정부가 원리금의 상환을 보증한 채무증권, 지방채증권, 특수채증권 및 최상위등급의 채무증권인 경우의 환매조건부매수는 제2항에 따른 거래금액에 포함되지 않는 것으로 본다(금융투자업규정7-19③).

(라) 동일인 기준

제1항 및 제2항에서 "동일인"은 다음의 기준에 해당하는 자, 즉 ⅰ) 채무증권은 당해 채무증권의 발행인(다만, 제7-17조 제2항 제1호에 따라 보증인을 기준으로 신용평가등급을 인정하는 경우에는 당해 보증인), ⅱ) 금융기관에의 예치는 당해 금융기관, ⅲ) 단기대출·환매조건부매수는 당해 거래상대방(다만, 환매조건부매수의 경우 당해 환매조건부매수의 대상자산이 담보되어 있고 시가로 평가한 담보가치가 거래금액의 100%를 초과하는 경우에는 당해 환매조건부매수 대상자산의 발행인을 동일인으로 할 수 있다) ⅳ) 자산유동화증권은 제2항을 적용함에 있어 자산유동화법 제2조 제4호에 따른 유동화증권 및 상법 제169조에서 정한 회사가 자산유동화법 제2조 제1호에서 정한 방법으로 채권, 부동산 기타 재산권을 기초로 하여 발행하는 증권의 경우에는 그 기초자산 총액의 10% 이상에 해당하는 기초자산의 발행인 또는 해당 기초자산에 대해 지급의무를 지는 자(다만, 제7-17조 제2항 제1호에 따라 보증인을 기준으로 신용평가등급을 인정하는 경우에는 당해 보증인)를 말한다(금융투자업규정7-19④).

(7) 위험관리에 대한 특례

집합투자업자는 유동성이 높고 위험이 적은 단기금융상품에 운용함으로써 투자자에게 유용한 현금관리수단을 제공한다는 단기금융집합투자기구의 운용목적에 적합하게 그 자산가치가 안정적으로 유지될 수 있도록 운용하여야 한다(금융투자업규정7-20①). 집합투자업자는 단기금융집합투자기구의 위험을 체계적으로 관리할 수 있도록 ⅰ) 위험의 정의 및 종류에 관한 사항, ⅱ) 위험의 측정방법에 관한 사항, ⅲ) 위험의 허용수준에 관한 사항, ⅳ) 위험의 관리조직에 관한 사항, ⅴ) 그 밖에 단기금융집합투자기구의 체계적 위험관리를 위하여 필요하다고 인정하는 사항이 포함된 위험관리기준을 제정하고 이를 준수할 수 있는 내부통제제도를 갖추어야 한다(금융투자업규정7-20②). 집합투자업자는 집합투자재산의 효율적인 운용을 저해하거나 투자자의 이익을 해할 우려가 있다고 판단되는 경우에는 단기금융집합투자기구의 집합투자증권의 매수를 제한할 수 있다는 내용을 집합투자규약에 정할 수 있다(금융투자업규정7-20④).

Ⅱ. 특수한 형태의 집합투자기구

1. 개방형과 폐쇄형(환매금지형)

집합투자기구는 집합투자증권의 환매가 가능한지 여부에 따라 개방형(Open-end)과 폐쇄형(Closed-end)으로 구분된다.

(1) 개방형

개방형펀드는 투자자가 환매를 청구할 수 있는 형태이고 투자대상자산의 공정한 평가가 매일 가능한 자산에 투자를 하게 된다. 개방형은 환매수요 충당과 펀드 규모 확대를 위해 계속적으로 집합투자증권을 발행한다. 집합투자증권의 계속적인 판매(발행)와 환매(소각)로 인해 펀드 규모도 그에 따라 변동하게 된다. 개방형펀드에서의 환매는 펀드의 순자산가치(NAV)에 따라서 해야 하므로 펀드재산의 평가 및 가격결정이 중요한 의미를 갖는다. 헤지펀드 투자전략을 추구하는 전문사모집합투자기구는 환매를 허용하는 개방형펀드로 조직하는 경우가 많을 것이기 때문에 자본시장법은 전문사모집합투자기구에도 집합투자재산의 평가에 관한 규정(법238) 등이 적용되도록 하고 있다.[63]

(2) 폐쇄형

폐쇄형은 발행(판매)한 집합투자증권의 환매가 허용되지 않는 형태이고 펀드의 존속기간이 정해져 있다. 자본시장법에서는 환매금지형 집합투자기구(법230)라 한다. 폐쇄형펀드는 환

---

63) 박삼철(2017), 78-79쪽.

매부담이 없으므로 펀드 내에 유동성을 확보하지 않고 펀드의 투자목적에 따라 펀드자산의 전부를 투자할 수 있고 유동성 없는 자산에도 투자할 수 있다. 그 대신 투자자금 회수를 위해 증권시장에 상장하도록 하며 투자자보호를 위한 규제가 행해진다.

폐쇄형펀드의 경우 투자자가 환매를 통한 투자금 회수가 어려우므로 별도의 환금성 보장 등이 없는 경우 발행일로부터 90일 이내에 집합투자증권을 증권시장에 상장(법230③)하도록 하여 투자자가 상장된 펀드지분을 증권시장에서 매매거래를 통하여 투자금을 회수하도록 하는 구조를 갖는다(공모펀드의 경우만 적용). 폐쇄형펀드는 원칙적으로 추가설정을 통해 집합투자증권을 발행할 수 없으나 자본시장법에서 정한 예외적인 경우에 한해 집합투자증권의 추가발행이 허용된다(법230②). 폐쇄형펀드는 환매부담이 없으므로 펀드의 투자목적에 따라 펀드자산을 전부 투자할 수 있고 부동산과 같이 매일 공정한 평가가 어려운 자산에 대한 투자를 하게 된다. 따라서 폐쇄형펀드에 대해서는 기준가격 산정, 기준가격의 공고·게시의무를 면제하고 있다(법230④).

자본시장법의 폐쇄형펀드에 관한 규정은 전문사모집합투자기구에는 적용되지 않는다(법249의8). 따라서 부동산, 부동산 관련 자산에 주로 투자하는 경우에도 반드시 폐쇄형펀드로 조직해야 하는 것은 아니며(영242②), 일정한 경우에는 집합투자증권을 추가 발행할 수도 있다(영242①).

2. 추가형과 단위형

추가설정 가능 여부에 따라 추가설정 가능한 경우는 추가형이며, 추가설정 불가능한 경우는 단위형이라 한다.

3. 종류형

종류형집합투자기구(종류형펀드)란 동일한 펀드에서 판매보수의 차이로 인해 기준가격이 다르거나 판매수수료가 다른 여러 종류의 집합투자증권을 발행하는 펀드를 말한다(법231①). 투자자의 유형(기관투자자, 개인 등)이나 판매방법(창구판매, 인터넷판매 등)에 따라 판매비용을 달리 책정하기 위한 목적으로 고안된 것이다. 판매보수는 판매재산에서 지급되므로 판매보수를 달리하는 여러 종류의 집합투자증권을 발행하는 경우에는 집합투자증권 종류별로 기준가격이 달라진다. 판매수수료는 투자자가 지급하므로 판매수수료를 달리하는 여러 종류의 집합투자증권을 발행하는 경우에도 기준가격이 동일하다. 물론 판매보수와 판매수수료 모두를 달리하는 경우에는 집합투자증권 종류별로 기준가격이 달라진다.[64]

---

64) 박삼철(2017), 80쪽.

전문사모집합투자기구를 종류형펀드로 조직하는 경우에는 자본시장법상의 종류형집합투자기구에 관한 규정(법231)이 적용된다. 투자매매업자 또는 투자중개업자는 종류형펀드를 판매하는 경우에는 판매수수료나 판매보수가 다른 여러 종류의 집합투자증권이 있다는 사실과 각 종류별 차이를 설명하여야 한다(영243③).[65]

4. 전환형

전환형펀드란 동일한 운용사가 운용하는 복수의 펀드 간에 각 펀드의 투자자가 소유하고 있는 집합투자증권을 다른 펀드의 집합투자증권으로 전환할 수 있는 권리를 투자자에게 부여하는 구조의 펀드를 말한다(법232①). 전환형펀드를 설정·설립하는 경우에는 전환형펀드에 속하는 복수의 집합투자기구는 법적 형태가 동일해야 하며(예: 투자신탁으로만 또는 투자회사로만 조직), 복수의 집합투자기구 간에 공통으로 적용되는 집합투자규약이 있어야 한다(법232①). 전환을 청구한 투자자에게 환매수수료를 부과하여서는 아니 된다(영244②).

5. 모자형

모자형펀드는 규모의 경제를 이루어 비용절감을 통한 운용의 효율을 극대화하기 위해 동일한 집합투자업자가 설정한 여러 펀드의 재산을 모펀드에 통합하여 운용하는 것을 말한다. 자펀드는 모펀드가 발행한 집합투자증권을 편입하게 된다.[66] 따라서 모펀드와 자펀드의 자산운용회사는 동일해야 하고, 자펀드는 모펀드가 발행한 펀드지분 외의 다른 펀드지분은 취득할 수 없으며, 자펀드 외의 자는 모펀드가 발행한 펀드지분을 취득할 수 없다(법233①). 모자형펀드 설립·설정 사후보고시 자펀드가 취득하는 모펀드 집합투자증권에 관한 사항을 포함해야 한다(영245①). 자펀드 투자설명서에 모펀드에 관한 사항을 포함하여야 한다(금융투자업규정7-25①). 자펀드는 모펀드의 집합투자자총회의 의결사항과 관련하여 자펀드의 집합투자자총회에서 의결된 찬반비율에 비례하도록 의결권을 행사하여야 한다(금융투자업규정7-25②).

6. 재간접형(FoF)

펀드재산을 주로 다른 펀드에 투자하는 펀드를 재간접형펀드라고 한다.[67] 자본시장법은

65) 금융투자업규정 제7-24조(종류형집합투자기구의 비용부담 등) ① 영 제243조 제5항에 따라 법 제230조 제1항에 따른 집합투자업자등은 법 제231조 제1항에 따른 종류형집합투자기구를 설정·설립함에 있어 종류형집합투자기구의 집합투자증권의 투자자가 직접 또는 간접으로 부담하는 수수료 등 비용은 판매보수·판매수수료 및 환매수수료를 제외하고는 각 종류의 집합투자증권별로 같도록 하여야 한다. 다만, 종류집합투자자총회의 운용비용 등 특정 집합투자증권에 대하여만 발생한 비용에 대하여는 그러하지 아니하다.
66) 박삼철(2017), 79쪽.
67) 자본시장법에서는 재간접형펀드를 따로 정의하고 있지는 않지만, 자본시장법상의 펀드(공모펀드) 분류기

펀드가 다른 펀드(집합투자증권)에 투자하는 것에 대해 법 제81조 제1항 제3호[68]에서 여러 가지 규제를 하고 있다.

모자형펀드와 재간접형펀드는 모두 다른 펀드에 투자한다는 점에서 같지만 다음과 같은 점에서 차이가 있다. ⅰ) 모자형펀드는 모펀드와 자펀드의 운용사가 동일하지만, 재간접형펀드는 운용사가 다른 것이 일반적이다. ⅱ) 모자형펀드의 자펀드 펀드재산의 전부를 모펀드에만 투자해야 하지만, 재간접형펀드는 펀드 외의 자산에도 투자할 수 있다. ⅲ) 모자형펀드의 경우 모펀드와 자펀드 모두 국내펀드이지만, 재간접형펀드의 투자대상에는 외국펀드도 포함된다. 자본시장법에 따라 모자형펀드를 설립·설정하여 모펀드가 외국펀드에 투자하는 구조, 즉 모펀드를 재간접펀드로 설계하는 것은 가능하다.[69]

7. 상장지수펀드(ETF)

상장지수펀드(ETF)는 증권시장에 상장되어 거래되는 증권으로서 기초자산의 가격 또는 기초자산의 종류에 따라 다수 종목의 가격수준을 종합적으로 표시하는 지수의 변화에 연동해 운

준에 따르면 재간접형펀드는 원칙적으로 증권펀드로 분류된다. 다른 펀드에 투자한다는 것은 집합투자증권에 투자하는 것이고, 집합투자증권은 증권으로 분류되기 때문이다. 다만 예외적으로 부동산펀드(부동산에 주로 투자하는 펀드)에 주로 투자하는 펀드는 부동산펀드로 분류된다. 부동산에 50% 이상 투자하는 펀드의 집합투자증권은 부동산(자산)으로 분류되기 때문이다(영240⑤).

68) 집합투자업자는 집합투자재산을 운용함에 있어서 다음의 어느 하나에 해당하는 행위를 하여서는 아니 된다(법81①).
3. 집합투자재산을 집합투자증권(제279조 제1항의 외국 집합투자증권을 포함)에 운용함에 있어서 다음 각 목의 어느 하나에 해당하는 행위
  가. 각 집합투자기구 자산총액의 50%를 초과하여 같은 집합투자업자(제279조 제1항의 외국 집합투자업자를 포함)가 운용하는 집합투자기구(제279조 제1항의 외국 집합투자기구를 포함)의 집합투자증권에 투자하는 행위
  나. 각 집합투자기구 자산총액의 20%를 초과하여 같은 집합투자기구(제279조 제1항의 외국 집합투자기구를 포함)의 집합투자증권에 투자하는 행위
  다. 집합투자증권에 자산총액의 40%를 초과하여 투자할 수 있는 집합투자기구(제279조 제1항의 외국 집합투자기구를 포함)의 집합투자증권에 투자하는 행위
  라. 각 집합투자기구 자산총액의 5% 이내에서 대통령령으로 정하는 비율을 초과하여 사모집합투자기구(사모집합투자기구에 상당하는 외국 사모집합투자기구를 포함)의 집합투자증권에 투자하는 행위
  마. 각 집합투자기구의 집합투자재산으로 같은 집합투자기구(제279조 제1항의 외국 집합투자기구를 포함)의 집합투자증권 총수의 20%를 초과하여 투자하는 행위. 이 경우 그 비율의 계산은 투자하는 날을 기준으로 한다.
  바. 집합투자기구의 집합투자증권을 판매하는 투자매매업자 또는 투자중개업자가 받는 판매수수료 및 판매보수와 그 집합투자기구가 투자하는 다른 집합투자기구(제279조 제1항의 외국 집합투자기구를 포함)의 집합투자증권을 판매하는 투자매매업자[외국 투자매매업자(외국 법령에 따라 외국에서 투자매매업에 상당하는 영업을 영위하는 자를 말한다)를 포함] 또는 투자중개업자[외국 투자중개업자(외국 법령에 따라 외국에서 투자중개업에 상당하는 영업을 영위하는 자를 말한다)를 포함]가 받는 판매수수료 및 판매보수의 합계가 대통령령으로 정하는 기준을 초과하여 집합투자증권에 투자하는 행위
69) 박삼철(2017), 81-82쪽.

용하는 구조화된 집합투자기구의 증권을 말한다(법234①). 따라서 상장되어 거래되는 증권으로서의 특징과 기초자산의 가치를 반영하는 지수펀드의 성격을 동시에 가진 금융상품이라 할 수 있으며, 기초자산의 종류에 따라 다양한 ETF의 구성이 가능하다.

상장지수펀드(ETF)에 관한 상세한 내용은 앞에서 살펴보았다.

Ⅲ. 해외투자 · 국내투자(3차 분류)

금융투자협회의 「금융투자회사의 영업 및 업무에 관한 규정」("업무규정")에 따라 투자지역을 분류한다.

1. 해외투자형

해외투자형이란 집합투자규약 또는 투자설명서상 최저 60% 이상 해외자산에 투자하는 집합투자기구(자집합투자기구와 종류형집합투자증권,[70] 집합투자증권에 투자하는 집합투자기구의 경우 해당 집합투자기구가 편입하는 상위 집합투자기구가 해외자산에 투자하는 비중이 최저 60% 이상인 집합투자기구를 포함)를 말한다. 다만, 집합투자규약 또는 투자설명서상 구분이 곤란한 경우 운용전략상 연평균 60% 이상 해외자산에 투자하는 집합투자기구를 말한다(업무규정4-5(2)).

2. 국내외혼합투자형

국내외혼합투자형이란 집합투자규약 또는 투자설명서상 최저 30% 이상-60% 이내 해외자산에 투자하는 집합투자기구(자집합투자기구와 종류형집합투자증권, 집합투자증권에 투자하는 집합투자기구의 경우 해당 집합투자기구가 편입하는 상위 집합투자기구가 해외자산에 투자하는 비중이 최저 30% 이상-60% 이내인 집합투자기구를 포함)를 말한다. 다만, 집합투자규약 또는 투자설명서 상 구분이 곤란한 경우 운용전략상 연평균 최저 30% 이상-60% 이내 해외자산에 투자하는 집합투자기구를 말한다(업무규정4-58(3)).

3. 국내투자형

국내투자형이란 집합투자규약 또는 투자설명서상 해외자산으로의 투자 비중이 제2호 및 제3호에 해당되지 않는 집합투자기구를 말한다(업무규정4-58(4)). 즉 집합투자규약 또는 투자설명서상 해외자산으로의 투자 비중이 해외투자형과 국내외혼합투자형에 해당되지 않는 상품이다.

---

70) 자본시장법 제231조 제1항에 따라 같은 집합투자기구에서 판매보수(법76④)의 차이로 인하여 기준가격이 다르거나 판매수수료가 다르게 발행된 여러 종류의 집합투자증권을 말한다.

제4장

파생상품

제1절 서설

Ⅰ. 파생상품의 개념

1. 의의

파생상품(Derivatives)은 기초자산으로부터 그 가치가 파생되어 나온 상품을 말한다. 예를 들어 기초자산이 삼성전자인 파생상품은 삼성전자 주식 가치의 변동(주가 상승 또는 하락)에 따라 가치가 결정된다. 여기서 기초자산(underlying asset)이란 파생상품거래의 대상으로 파생상품의 가치를 산정하는 기초가 되는 금융상품이나 자산을 말한다.

파생상품의 발달 초기에는 농축산물이나 원자재 같은 실물자산들이 주된 기초자산이었던 반면, 금융이 발달한 현재에 와서는 사실상 수치화될 수 있는 모든 대상이 파생상품의 기초자산이 되고 있다. 이에 따라 전 세계적으로 외국환(달러, 유로, 엔 등)과 같이 증권(특정 기업의 주식, 채권 등)은 물론이고 주가지수(코스피200, S&P500 등)와 같이 통계적으로 산출된 수치를 기초자산으로 하는 파생상품도 크게 발달하였다.[1]

2. 자본시장법

자본시장법은 파생상품을 기초자산의 가격을 기초로 손익(수익구조)이 결정되는 금융투자

---

1) 한국거래소(2017), 「손에 잡히는 파생상품시장」, 한국거래소(2017. 10), 24쪽.

상품으로, ⅰ) 선도, 옵션, 스왑의 어느 하나에 해당하는 계약상의 권리(법5①)로 정의하고, ⅱ) 파생상품시장 등에서 거래되는 파생상품을 장내파생상품으로 규정하면서(법5②), ⅲ) 장내파생상품 외의 파생상품을 장외파생상품으로 정의하고 있다(법5③). 그 외 기타 규정에서 목적에 따라 한정적으로 적용되는 파생상품의 구체적 정의를 두는 경우가 있으나,[2] 자본시장법상 정의 외 일반적으로 적용되는 정의는 존재하지 않는다. 자본시장법상 파생상품의 기초자산은 파생결합증권의 기초자산과 동일하다.

일반적으로 파생상품은 원본 초과손실이 발생할 수 있는 금융투자상품으로서 금융투자상품, 통화, 일반상품, 신용위험, 기타 합리적인 방법에 의해 가치의 평가가 가능한 것을 기초자산으로 하는 선물, 옵션, 스왑 계약을 의미한다. 자본시장법에서는 기초자산이나 기초자산의 가격, 이자율, 지표, 단위 또는 이를 기초로 하는 지수 등에 의하여 산출된 금전등을 장래의 특정시점에 인도하거나, 권리를 부여하거나 또는 금전등을 교환할 것을 약정하는 계약으로 정의하고 있다(법5). 초기 파생상품은 기초상품의 가격변동위험을 헤지하기 위한 수단으로 시작되었으나, 최근에는 적은 자금으로 고수익을 누리기 위한 투자수단으로 사용되고 있다. 우리나라는 파생상품을 한국거래소에서 거래되는 장내파생상품과 그 외의 장외파생상품으로 구분하고 있다.

3. 외국환거래법

외국환거래법은 파생상품을 ⅰ) 자본시장법 제5조에 따른 파생상품과, ⅱ) 상품의 구성이 복잡하고 향후 수익을 예측하기 어려워 대규모 외화유출입을 야기할 우려가 있는 금융상품으로서 기획재정부장관이 고시하는 것(외국환거래법3①(9) 및 영5)으로 정의하고 있다. 이는 기본적으로 자본시장법상의 파생상품 이외에도 그 외연을 확대할 수 있는 여지를 남겨두고 있는 것으로 향후 금융기법의 발전과 현실여건을 감안하여 탄력적으로 대응함으로써 규제 공백을 막고자 하는 입법으로 생각된다.[3]

4. 채무자회생법

채무자회생법은 파생금융거래를 "기초자산 또는 기초자산의 가격·이자율·지표·단위나 이를 기초로 하는 지수를 대상으로 하는 선도, 옵션, 스왑거래를 말한다"고 정의하고, 그 기초자산으로는 자본시장법과 실질적으로 동일한 내용으로 ⅰ) 금융투자상품(유가증권, 파생금융거래

---

2) 예컨대 외국환거래규정은 외환파생상품의 정의(1-2(20-2))와 함께 선물환거래의 정의(같은 조 11호)를 두고 있고, 금융투자업규정 시행세칙은 파생상품거래 회계처리기준과 관련하여 파생상품 중 일부 유형을 정의하고 있다(별표23 참조).

3) 박철우(2010), "파생상품거래의 규제에 관한 연구", 고려대학교 대학원 석사학위논문(2010. 6), 6쪽.

에 기초한 상품), ⅱ) 통화(외국의 통화를 포함), ⅲ) 일반상품(농산물·축산물·수산물·임산물·광산물·에너지에 속하는 물품 또는 이 물품을 원재료로 하여 제조하거나 가공한 물품 그 밖에 이와 유사한 것), ⅳ) 신용위험(당사자 또는 제3자의 신용등급의 변동·파산 또는 채무재조정 등으로 인한 신용의 변동), ⅴ) 그 밖에 자연적·환경적·경제적 현상 등에 속하는 위험으로서 합리적이고 적정한 방법에 의하여 가격·이자율·지표·단위의 산출이나 평가가 가능한 것을 예시하고 있다(법120③(1), 영14①).4)

Ⅱ. 파생상품에서 제외되는 금융투자상품

해당 금융투자상품의 유통 가능성, 계약당사자, 발행사유 등을 고려하여 증권으로 규제하는 것이 타당한 것으로서 대통령령으로 정하는 금융투자상품은 파생상품에서 제외하고 있다(법5① 단서). 현재 대통령령으로 파생상품에서 제외되는 금융투자상품은 ⅰ) 투자매매업자가 발행하는 워런트증권(영4의3(1)), ⅱ) 주주가 신주를 배정받을 권리를 표시한 신주인수권증서 및 분리형 신주인수권부사채에서 사채와 분리되어 양도되는 신주인수권증권(영4의3(2))이다.

여기서 워런트 증권은 파생결합증권에 해당하고, 신주인수권증서와 신주인수권증권은 파생결합증권에서도 명시적으로 제외되는 결과(법4⑦(5) 및 영4의2) 출자지분을 취득할 권리가 표시된 것으로서 지분증권에 해당하게 된다(법4④).

제2절 파생상품의 분류

Ⅰ. 계약형태에 따른 분류

자본시장법은 파생상품을 선도, 옵션, 스왑 중의 어느 하나에 해당하는 계약상의 권리로서 정의하여 파생상품거래가 계약임을 표현하고 있다.

---

4) 파생상품에 관한 법령상 용어는 파생상품과 파생금융상품이 혼용되고 있다. 실질적으로 파생상품거래를 규율하는 법령 중에서 구 증권거래법 시행령 제35조의13, 제36조의2 및 제84조의29와 증권거래법 시행규칙 제13조, 제36조의18에서는 "파생금융상품"의 용어를 사용하였으며, 현행 채무자회생법 제120조 및 동법 시행령 제14조와 보험업법 시행령 제49조 제2항 제1호에서는 "파생금융거래"의 용어를 사용하고 있으나, 2009년 2월 자본시장법의 제정·시행으로 구 증권거래법이 폐지됨에 따라 현행 법령 중 보험업법 시행령, 채무자회생법 및 동법 시행령을 제외하고는 모두 "파생상품"의 용어를 사용하고 있다.

1. 선도

(1) 개념

선도(Forward)는 파생상품 중 가장 기본이 되는 상품으로 ⅰ) 장래 특정시점에 ⅱ) 계약시점에 정해 놓은 가격과 수량으로 ⅲ) 기초자산을 매매하기로 약속하는 계약이다.[5] 자본시장법상 선도는 "기초자산이나 기초자산의 가격·이자율·지표·단위 또는 이를 기초로 하는 지수 등에 의하여 산출된 금전등을 장래의 특정시점에 인도할 것을 약정하는 계약상의 권리"를 말한다(법5①(1)). 즉 ⅰ) 선도거래는 일정한 대상(기초자산)을 매매(인도)하는 계약을 체결하면서 그 대상의 인도와 대금의 수령시점을 장래의 특정시점으로 정해 두는 이행기가 장래인 매매(인도)계약으로 볼 수 있다. ⅱ) 선도의 실질적인 매매시점은 장래이나 목적물의 가격변동위험을 회피하기 위하여 현재시점에서 가격과 수량을 결정하는 것이다. 예를 들어 금 100온스(기초자산)를 3개월 후에(장래의 특정시점) 온스당 1,000달러에 매매(인도)할 것을 약정하는 선도거래를 생각해보자. 이는 실질적인 매매시점은 3개월 후이나 현재시점에서 가격과 수량이 결정되는데, 위험회피 목적의 거래자(hedger)의 경우, 이 선도거래를 3개월간의 가격변동위험을 회피하기 위한 목적으로 사용할 수 있다. 반면 투기자(speculator)는 선도거래를 이익추구를 위한 목적으로 사용할 수도 있다.[6]

선도계약(forward contract)은 계약시점 당시에 자산을 매수 또는 매도하는 현물계약(spot contract)과 대비되는 개념이다. 여기서 계약시점에 미리 정한 거래가격을 선도가격(forward price)이라 한다. 선도계약은 공식적인 거래소가 아닌 장외시장에서 거래되는 점에서 선물계약(futures contract)과 구별된다.[7]

선도거래는 주로 장외시장에서 거래되기 때문에 상대방의 채무불이행위험(신용위험)이 장내거래에 비해 크지만 제도화된 시장의 부재로 인하여 신뢰성 있는 계약만을 취급하므로 일반 금융상품에 비해서는 낮은 편이다. 그러나 계약 만기시점에 계약내용을 실물로 100% 인도하여야 하는 선도거래의 특성상 시장가격 변동에 따른 시장위험에 완전히 노출되어 있고, 거래당사자 간에 계약이 건별로 이루어짐에 따라 계약의 중도해지나 대체시 거래상대방을 찾기 어려운 유동성위험에 노출되어 있다.

(2) 법적 성격

선도거래는 장외파생상품으로서 거래조건이 거래당사자들의 거래목적에 부합하도록 기초금융상품의 수량, 품질 및 가격, 인도일과 인도조건, 결제방식 등의 거래조건이 조정되며 대부

---

5) 한국거래소(2017), 25쪽.
6) 박선종(2010), "파생상품의 법적규제에 관한 연구", 고려대학교 대학원 박사학위논문(2010. 12), 9쪽.
7) 유혁선(2010), "파생상품거래의 규제에 관한 법적 연구", 성균관대학교 대학원 박사학위논문(2010. 12), 42쪽.

분 인도일에 기초상품을 인수도함으로써 종료된다. 선도계약의 주요 계약조건으로는 ⅰ) 계약
당사자, ⅱ) 거래대상 및 수량, ⅲ) 이행기(만기), ⅳ) 거래가격, ⅴ) 이행(결제)방법 등을 들 수
있다. 결제방법에는 장래의 인도시점에 특정물을 인도하는 것이 원칙이지만, 대안으로서 계약
시점과 장래의 인도시점 간 차액을 결제할 수도 있다.[8]

결제방법이 달라지고 선도계약의 체결시점과 기초자산의 인도시점이 달라진다는 점에서
선도계약의 법적 성격에 대해 견해의 대립이 있다. 생각건대 원칙적으로 금전을 제외한 재산적
가치있는 것에 대한 선도거래의 경우 현물거래와 마찬가지로 이행기만을 달리하는 매매(민법
563)에 해당한다고 할 것이나 결제방법에 따라 현물결제의 경우에는 매매로, 차액결제의 경우
에는 매매와 상계가 결합된 비전형계약으로 보는 것이 타당하다. 다만 선도계약 중 기초자산과
그에 대한 대가에 따라 매매에 해당되지 않을 수 있다.[9] 외국통화를 대상으로 하는 외환매매
의 경우 민법 제563조의 재산권에 외국통화를 포함하여 이해함으로써 매매거래로 볼 수도 있
으나 당초 민법이 예정한 전형적인 매매거래는 아니라고 보아야 한다.[10]

자본시장법 제5조 제4항에서는 "제1항 각 호의 어느 하나에 해당하는 계약 중 매매계약이
아닌 계약의 체결은 이 법을 적용함에 있어서 매매계약의 체결로 본다"고 규정하여 선도계약
을 비롯한 파생상품에 해당하는 거래가 실질적으로 매매계약에 해당하지 않는다 하더라도 매
매계약의 체결로 보아 자본시장법의 적용대상 여부에 대해 논란의 소지가 없도록 하였다.[11]

선도계약에서 당사자의 수익구조(payoff structure)는, 매수(long)한 매수인은 기초자산의 가
격이 상승하는 경우 이득을 보고 하락하는 경우 손해를 보게 되며, 매도(short)한 매도인은 각
각의 경우에 매수인과 반대의 상황에 처하게 된다.[12]

(3) 선도거래 사례와 선도거래의 약점

농가와 유통업자가 봄철에 미리 가격과 수량을 정해 가을에 수확 예정인 농산물을 수확철

---

8) 박철우(2010), 17쪽.
9) 민법 제563조에 따르면 매매계약은 당사자 일방이 재산권을 상대방에게 이전할 것을 약정하고 상대방은
  이에 대해 대금(금전)을 지급하기로 할 때 성립한다. 따라서 예를 들어 자본시장법 제4조 제10항 제4호의
  기초자산에 해당하는 신용위험이나 지수 등에 의해 산출된 금전을 지급하기로 하는 약정 등은 매매나 그
  밖의 민법상 전형계약에 해당되지 않는다. 또한 재산권의 대가로 금전이 아닌 그 밖의 재산적 가치가 있는
  것을 지급하는 경우에도 민법상 매매에 해당되지 않는다.
10) 박철우(2010), 17-18쪽.
11) 유가증권지수의 선물거래를 유가증권의 매매거래로 본 구 증권거래법 제2조의2의 규정의 취지는 유가증권
  지수의 선물거래에 있어 공정하고 원활한 거래를 도모하며 투자자를 보호하기 위한 제도적 장치를 마련하
  고자 그에 대해서도 증권거래법을 적용함으로써 유가증권거래와 마찬가지의 법적 규제를 가하는 데 그 목
  적이 있는 것으로서, 법인세 과세와 관련하여 접대비 한도 계산기준이 되는 유가증권 매각대금의 범위와
  는 무관하므로, 주가지수선물 매각대금을 구 법인세법 시행령 제40조 소정의 유가증권 매각대금에 포함되
  는 것으로 볼 수는 없다(대법원 2007. 10. 25. 선고 2005두8924 판결).
12) 박철우(2010), 18쪽.

에 거래할 것을 약속하는 이른바 "밭떼기 거래"가 선도거래의 대표적인 예이다. 배추농사를 짓는 나배추씨와 농산물 유통업자인 너유통씨의 사례를 들어 본다.[13]

나배추씨는 작년 풍작에도 불구하고 배추 시세가 폭락하여 손해를 보았던 기억 때문에 올해는 봄에 미리 출하시점의 가격을 정하는 선도거래를 하기로 하였다. 한편 너유통씨는 올해 초부터 웰빙열풍으로 김치에 대한 관심이 지속적으로 높아지자 수확철에 배추 가격이 폭등할 가능성을 우려하여 배추 선도거래를 하기로 결정하였다. 이 두 사람은 출하시기에 배추 10,000 포기를 포기당 2,000원의 가격으로 매매하기로 약속하였다.

만일 출하시점의 배추 시세가 미리 약속한 가격인 2,000원보다 낮게 형성된다면 농가는 선도거래를 통해 2,000원에 배추를 넘길 수 있으므로 이익을 보게 되며, 유통업자는 출하시기에 시세대로 사면 더 싸게 살 수 있는 배추를 2,000원에 사야 하므로 손해를 보게 된다. 반대로 출하시점의 배추 시세가 2,000원보다 높게 형성된다면 농가는 시세대로 파는 것이 이익임에도 선도거래로 인해 2,000원에 넘겨야 하므로 그만큼 손해를 보게 되며, 유통업자는 시세보다 낮은 2,000원에 살 수 있으므로 이익을 보게 된다.

그렇다면 출하시기의 실제 농산물 시세에 따라 손해를 보거나 이익을 볼 수 있다는 말인데 굳이 왜 선도거래를 할까? 가장 큰 이유는 농가는 출하시점에 농산물의 가격이 하락하면 손해를 보므로 농산물 가격의 하락에 대비하여 출하시점의 판매가격을 미리 확정해 두고 싶어하고, 반대로 유통업자는 출하시점에 농산물의 가격이 상승하면 농가로부터 비싸게 농산물을 구매해야 하므로 미리 출하시점의 구매가격을 확정해 두고 싶어하기 때문이다.

그런데 선도계약은 몇 가지 약점이 있다. ⅰ) 조건이 맞는 거래상대방을 구하기 어렵다는 점이다. ⅱ) 거래만기일이 되었을 때 상황이 불리해진 일방이 계약을 위반할 수 있다는 점이다. 유통업자는 출하시기에 배추를 포기당 2,000원에 농가로부터 사기로 약속하였지만 실제 산지가격이 500원으로 폭락한다면 선도계약을 어기고 싶을 수 있다. 또 농사를 망쳐서 약속한 물량을 수확하지 못한 경우도 있을 수 있다. 이때 농가는 부족한 물량을 다른 곳에서 사서라도 맞추어 주어야 하지만 전반적으로 작황이 부진하여 가격이 천정부지로 뛰어오른다면 부족한 물량을 맞추지 못할 가능성이 높아진다.

앞서 본 바와 같이 선도계약의 경우 일일이 거래상대방을 찾아서 거래조건을 협상해야 하는 불편함이 있다. 이러한 불편함을 없애기 위해 기초자산의 품질을 균일화하고 결제일을 통일하는 등 거래를 표준화하고 거래절차를 체계화하여 거래소에서 거래하는 것이 "선물(Futures)"이다. 선물은 거래소가 거래상대방의 결제불이행위험에 대비하기 위해 증거금을 받고 체계적으로 위험을 관리하는 시스템을 갖추고 있어 계약의 이행이 보장되는 장점이 있다.

---

13) 한국거래소(2017), 25-27쪽.

2. 선물

(1) 선물의 의의

(가) 개념

선도거래 중 표준화된 계약조건에 따라 공인된 거래소에서 경쟁매매방식에 의하여 이루어지는 것을 선물거래(futures)라고 한다. 선물은 수량·규격·품질 등이 표준화되어 있는 특정 대상물을 현재시점(계약시점)에서 정한 가격(선물가격)으로 장래의 일정시점(최종거래일)에 주고받을 것을 정한 계약을 말한다. 선도계약과는 ⅰ) 표준화된 계약서에 의해 공식적인 거래소를 통하여 거래가 이루어지는 점, ⅱ) 계약시점과 결제시점 간 시간적 간격이 장기라는 점, ⅲ) 결제시점 이전 언제라도 반대매매를 통하여 계약으로부터 벗어날 수 있다는 점 등에서 차이가 있다.[14]

선물거래는 제반 거래조건이 표준화되어 있어 이를 이용하는 사람들은 일반적으로 계약의 수량만을 고려하며, 현재 주식, 채권, 외환 및 지수나 변동이자율 등 광범위한 기초상품에 대해 선물거래가 이루어지고 있다.

(나) 특징

선물거래는 선도거래와 달리 매도인과 매수인을 알 수 없기 때문에 중간에 결제기관이 개입하여 매도인과 매수인 모두에 대해 거래상대방의 역할을 수행함으로써 계약이행의 책임을 진다. 이를 위하여 결제기관은 각 시장참여자의 거래포지션에 대해 계약의 이행을 보증하는 성격의 증거금을 징수하고 선물포지션의 가치변화에 따른 손익을 일일정산하여 증거금에 반영하기 때문에 계약에 따르는 신용위험이 선도계약에 비해 현저하게 낮다. 이처럼 선물거래는 근본적으로 선도거래와 동질적이지만 증거금(margin requirement), 일일정산(daily marking tomarket), 청산기관(clearing house) 등의 제도적인 장치를 통해 거래상대방의 계약이행을 보증하기 때문에 거래의 유동성이 극대화되고 있다. 이외에도 선물거래에는 가격등락폭의 제한, 표준화된 계약, 조직화된 시장 등의 운영으로 계약이행에 관련된 위험을 줄이려는 제도적 장치가 마련되어 있다.

선물거래는 대상물에 따라 금융선물거래·일반상품선물거래로 구분되고, 금융선물거래는 증권선물거래·통화선물거래·금리선물거래 등으로, 증권선물거래는 주식선물거래·주가지수선물거래 등으로 세분될 수 있다.

(2) 법적 성격

선물거래의 주요 계약조건으로는 ⅰ) 기초자산, ⅱ) 거래단위, ⅲ) 인도장소, ⅳ) 인도월,

---

14) 박철우(2010), 19쪽.

ⅴ) 가격표시방법(price quote), ⅵ) 일일가격변동 제한폭(price limits), ⅶ) 포지션한도(position limits), ⅷ) 최소가격변동단위(minimum price fluctuation), ⅸ) 최종거래일, ⅹ) 최종결제일, ⅺ) 최종결제방법 등을 들 수 있는데, 이들은 모두 거래소의 규정으로 정하게 된다. 선물시장의 참여자로는 투자자와 선물거래소(futures exchange), 선물중개기관(broker), 청산기관(clearing house) 등이 있다.15)

투자자와 선물거래소 또는 청산기관과의 법률관계가 문제된다. 장내파생상품의 거래에 있어서 이행의 위험을 부담하는 측면에서는 거래소가 모든 매수인과 매도인에 대하여 당사자가 되지만 거래소는 가격변동에 따른 이익을 추구하거나 또는 위험을 부담하는 측면에서는 당사자가 아닌 중개자의 역할을 하고 있다. 이 점이 양 당사자 간의 매매계약과 다르며 거래소는 "이행위험을 담보하는 특별한 당사자"로 볼 수 있다.16) 선물중개기관, 즉 금융투자업자(거래소 회원)는 위탁매매인(상법101)으로 투자자와 관계에서는 위임의 규정이 준용된다(상법112). 선물계약의 법적 성격과 당사자의 수익구조는 앞에서 본 선도계약의 경우와 같다.

(3) 매매계약과의 비교

매매는 당사자 일방이 재산권을 상대방에게 이전할 것을 약정하고 상대방이 그 대금을 지급할 것을 약정함으로써 그 효력이 생긴다(민법563). 민법상의 매매계약은 현물거래를 대상으로 한다. 현물거래는 매수인이 대금을 오늘 지급하고 목적물을 오늘 수령하는 계약이다. 매도인의 입장에서는 대금을 오늘 수령하고 목적물을 매수인에게 오늘 인도하는 것을 현물거래(cash 또는 spot)라 하는데, 현물계약은 현물거래를 체결하기 위한 매수인과 매도인 간의 계약이다. 그러나 선물거래는 당사자, 재산권(목적물)의 보유 여부에 따른 거래의 제한 및 대금의 지급방법이 현물거래와 다르고, 효력이 발생하는 모습도 현물거래를 대상으로 한 매매계약과는 다르다.17)

선물계약에서는 매수인도 대금(증거금)을 지급하고 매도인도 대금(증거금)을 지급한다는 점에서, 민법상의 매매계약으로 포섭되기 어렵다. 왜냐하면 민법상 매매계약은 당사자 일방이 재산권을 상대방에게 이전할 것을 약정하고 상대방은 그 대금을 지급할 것을 약정하는 것(민법563)인데, 선물계약은 매수인과 매도인 양 당사자가 모두 대금을 지급하는 구조이기 때문이다.

선물계약은 청산기관(거래소)이 매수인의 증거금을 받는 대가로 실물인도 등 이행을 보증하고, 매도인의 증거금을 받는 대가로 실물인수 등 이행을 보증한다. 예컨대 선물계약은 민법상의 전형계약이 아니고, 시장에서 규칙과 약관을 통해 형성된 일종의 계약상품이다. 따라서 민법 구조로 정확하게 부합되는 설명을 할 수는 없지만, 자본시장법에서는 선물계약을 매매로

---

15) 박철우(2010), 19-20쪽.

16) 박선종(2008), "법률가를 위한 파생금융상품의 이해", 증권법연구 제9권 제1호(2008. 6), 472-473쪽.

17) 박선종(2010), 9쪽.

간주하고 있다(법5④).

3. 옵션

(1) 옵션의 의의

(가) 개념

옵션(Option)은 ⅰ) 특정시점(만기일)에 ⅱ) 미리 정한 가격(행사가격)과 수량으로 ⅲ) 기초자산을 사거나 팔 수 있는 권리가 부여된 계약이다. 자본시장법은 옵션을 "당사자 어느 한쪽의 의사표시에 의하여 기초자산이나 기초자산의 가격·이자율·지표·단위 또는 이를 기초로 하는 지수 등에 의하여 산출된 금전등을 수수하는 거래를 성립시킬 수 있는 권리를 부여하는 것을 약정하는 계약상의 권리"로 정의하고 있다(법5①(2)). 기초자산을 행사가격에 살 수 있는 권리가 부여된 계약을 콜옵션(Call Option), 행사가격에 팔 수 있는 권리가 부여된 계약을 풋옵션(Put Option)이라고 한다. 또한 옵션계약에서 권리를 부여받은 자를 "옵션 매수인", 권리를 보장하는 자를 "옵션 매도인" 또는 "옵션 발행인"이라고 한다

예를 들어 2020년 6월 1일 6개월 후에 S전자주식 100주를 주당 1만원으로 살 수 있는 권리를 거래하였다면, 6개월 후에 S전자주식 1주가 2만원으로 상승한 경우에, 옵션 매수인은 시장가격과 무관하게 사전에 약정된 가격인 1만원으로 S전자주식 100주를 살 수 있는 권리를 행사할 수 있고(100만원 대금 지급), 매도인은 S전자주식 100주를 1만원에 인도하여야 할 이행책임을 진다. 반면 6개월 후 S전자주식 1주가 5,000원으로 하락한 경우에는 옵션 매수인은 권리를 행사하지 않고 이를 포기하면 그것으로 거래는 종결된다. 즉 옵션 매수인이 일정한 조건하에서 옵션을 행사하거나 포기할 수 있는 권리를 정할 수 있다.

(나) 특징

선도거래, 선물거래, 스왑거래에서는 계약을 이행하는 의무가 주어지나, 옵션에서는 권리만을 부여하기 때문에 옵션 매수인(option holder)은 현물가격과 행사가격을 비교하여 유리한 경우에는 옵션을 행사하지만, 불리한 경우에는 옵션을 행사하지 않아도 된다. 이처럼 옵션은 매수인에게 권리이지 의무가 아니기 때문에 보험의 성격을 갖는 상품으로서 옵션의 소지자가 기초자산의 시장가격과 옵션의 행사가격을 비교하여 권리행사 여부를 결정하게 된다.

옵션의 권리자(매수인)는 기초자산의 시장가격과 옵션의 행사가격을 비교하여 권리행사 여부를 결정하면 되지만 옵션 매도인은 매수인의 권리행사에 반드시 응하여야 한다. 옵션은 선물거래와 마찬가지로 공인된 거래소에서 이루어지는 것이 일반적이지만 당사자 간의 개별계약도 가능하다. 옵션을 살 때 지급하는 가격을 옵션프리미엄(option premium)이라고 한다. 옵션프리미엄은 기초자산의 가격, 행사가격, 만기까지의 잔여기간, 기초자산의 변동성, 무위험 이자율,

만기일까지 예상되는 배당금 유무 등에 영향을 받아 결정된다.[18]

(다) 옵션 손익구조

코스피200지수를 기초자산으로 하는 코스피200 콜옵션과 풋옵션의 사례를 통해 옵션의 손익구조를 살펴본다.

ⅰ) 콜옵션: 5월 10일 매수인 나대박씨와 매도인 정반대씨가 코스피200콜옵션(6월물, 행사가격 300P)을 4P의 가격으로 1계약 거래한 경우, 나대박씨는 옵션프리미엄 100만원[=4P×25만원(거래승수)×1계약]을 지급하고 정반대씨는 프리미엄을 받는다.

6월 만기일에 지수가 310P로 마감하면 나대박씨는 콜옵션을 행사하여 150만원의 수익을 얻고 정반대씨는 150만원의 손실을 입는다. 만일 6월 만기일에 지수종가가 300P 이하일 경우, 나대박씨는 옵션 행사를 포기하게 되어 옵션프리미엄인 100만원 만큼 손실을 입게 되고, 정반대씨는 그만큼의 이익을 얻게 된다.

ⅱ) 풋옵션: 5월 10일 나대박씨와 정반대씨가 코스피200풋옵션(6월물, 행사가격 300P)을 4P의 가격으로 1계약 거래하였다고 가정하자. 나대박씨는 옵션프리미엄으로 100만원[=4P×25만원(거래승수)×1계약]을 지급하고 정반대씨는 프리미엄 100만원을 받는다.

6월 만기일에 지수가 290P로 마감하면 나대박씨는 풋옵션을 행사하여 6P인 150만원의 수익을 얻고 정반대씨는 150만원의 손실을 입을 것이다. 만일 6월 만기일 지수종가가 300P 이상일 경우에는 나대박씨는 옵션 행사를 포기하게 되어, 옵션프리미엄인 100만원의 손실을 입게 되고, 정반대씨는 그만큼의 이익을 얻게 된다.

(라) 옵션거래의 사례

앞서 살펴본 나배추씨와 너유통씨의 선도거래에서는 매수인과 매도인 모두 의무와 권리를 동시에 가지는 반면, 옵션거래에서는 매수인은 권리만을 가지고 매도인은 의무만을 가지게 된다. 따라서 매수인은 옵션이라는 권리를 매도인으로부터 받는 대신 매도인에게 대가를 지급하게 되는데, 이를 "옵션가격" 또는 "옵션프리미엄"이라고 한다.

다시 한 번 출하시기의 배추 가격이 하락할 것을 걱정하는 나배추씨와 배추 가격이 급등할 것을 우려하는 너유통씨의 예를 들어 옵션의 거래구조를 살펴본다. 나배추씨는 작년에는 배추를 포기당 1,000원에 판매하였으나, 올해는 비료 가격을 포함한 각종 비용을 고려하여 최소 1,500원을 받아야 할 것으로 생각하고 있다. 반면 너유통씨는 올해 배추 작황이 부진한 데다 웰빙열풍에 따른 김장수요의 증가로 김장철 배추가격은 포기당 최소 3,000원 정도가 될 것으로 예상하고 있다.[19]

---

18) 박철우(2010), 21쪽.
19) 한국거래소(2017), 28-29쪽.

이에 너유통씨는 나배추씨에게 "출하시점에 포기당 2,000원으로 배추 10,000포기를 살 권리(콜옵션)"를 500만원(포기당 500원×10,000포기)에 사겠다고 제안한다. 만일 출하시점에 배추 시세가 포기당 3,000원이 된다면 포기당 2,000원에 살 수 있는 너유통씨는 1,000만원(포기당 1,000원×10,000포기)의 차익을 얻을 수 있다. 당초 지급한 옵션프리미엄 500만원을 고려하더라도 500만원의 이익을 얻게 되는 셈이다. 한편 나배추씨는 500만원의 옵션프리미엄과 2,000만원의 배추 값을 받게 되니 2,500만원의 수익을 얻게 되며, 시장에 바로 팔았을 때의 수익인 3,000만원(포기당 3,000원×10,000포기)에 비해서는 500만원의 상대적 손실을 보게 된다.

반대로 출하시점에 배추 시세가 작년과 비슷한 수준인 1,000원에 형성된다면, 너유통씨는 당연히 옵션을 포기할 것이고 옵션프리미엄으로 지급한 500만원은 손실이 된다. 따라서 너유통씨가 지출한 금액은 총 1,500만원으로 옵션을 매수하지 않고 시장에서 시세대로 배추를 구매하는 경우의 지출금액인 1,000만원에 비해 500만원의 손해를 입게 된다. 나배추씨의 입장에서는 배추 가격이 손실을 피할 최소 금액인 1,500만원에 비해 낮지만 옵션거래를 통해 이미 500만원을 받았으므로 1,500만원의 수익을 얻게 된다. 이는 시장에서 시세대로 배추를 팔 때 얻는 1,000만원의 수익에 비해 500만원의 이익을 본 셈이 된다.

(2) 법적 성격

옵션계약은 당사자 어느 한쪽, 즉 매수인의 의사표시만으로 거래를 성립시킬 수 있다. 이 점에서 옵션계약은 매매의 일방예약(민법 564)과 유사한 점이 있다. 예약이란 본계약에 대응하는 개념으로서, 장차 일정한 계약을 체결할 것을 약속하는 계약을 예약이라 하고, 이 예약에 기하여 장차 맺어질 계약을 본계약이라 한다. 옵션계약에서 최초 거래, 즉 옵션프리미엄의 가격 결정을 "예약"으로 본다면, 장차 권리행사에 따르는 이행의무를 부담할 것을 "본계약"으로 볼 수 있다. 여기서 옵션 매수인의 권리행사권은 예약완결권과 유사한 점이 있다.[20]

옵션계약을 매매로 볼 것인가 매매의 예약으로 볼 것인가 하는 것은 관점에 따라 견해가 다를 수 있다. 즉 옵션계약의 구조 전체를 본다면 프리미엄이라는 금전을 대가로 행사권을 매매하는 매매계약으로 볼 수 있고, 프리미엄의 지급시점과 행사시점을 분리하여 프리미엄의 수수를 단순히 예약으로 보고, 권리행사권의 행사에 따른 이행의무 부담을 본계약으로 본다면, 매매의 예약으로도 볼 수 있을 것이다.

옵션계약에서 권리를 부여하는 자는 매도인이고 권리를 부여받는 자는 매수인이다. 이 권리를 권리행사권(right of exercise)이라 하는데, 이는 형성권이다. 옵션계약은 옵션 보유자(option-holder: 옵션 매수인)가 상대방에게 약정금액의 지급이나 수령을 강제할 수 있는 권리 또는 약정자산의 인도나 인수를 강제할 수 있는 형성권을 갖는다. 이와 대조적으로 선물계약(선

---

20) 박선종(2010), 76-77쪽.

도계약)은 권리보유자(right-holder)인 양 당사자가 한 계약의 양쪽에서 반대되는 권리를 보유하고 있는 합성옵션구조로 볼 수 있다. 그러므로 가격의 변동에 따라 선물계약(선도계약)의 한 당사자가 권리를 행사하면 상대방은 약정된 대금을 지급하거나(가격하락의 경우), 약정자산을 인도할(가격상승의 경우) 의무를 부담한다. 예컨대 선물계약의 매수인은 손실인 경우에도 대금지급의무를 부담하지만, 옵션계약의 매수인은 손실시 지급의무가 없다는 점에서 구분되는데, 자본시장법에서는 옵션계약을 매매로 간주한다(법5조④).[21]

옵션 포지션은 ⅰ) 콜옵션 매수, ⅱ) 풋옵션 매수, ⅲ) 콜옵션 매도, ⅳ) 풋옵션 매도의 네 가지 형태가 있으며 콜옵션 매수인의 경우를 예로 들면 기초자산의 가치가 행사가격을 초과하면 옵션프리미엄을 제외한 이익을 얻지만 행사가격 미만이면 옵션행사를 포기하고 옵션프리미엄 만큼 손해를 보게 되며 선도계약과는 달리 수익구조는 비대칭적이다.[22]

(3) 옵션의 종류
(가) 콜옵션과 풋옵션

권리자가 약정일에 미리 정한 행사가격으로 기초자산을 살 수 있는 권리를 콜옵션, 팔 수 있는 권리를 풋옵션이라 한다.

한국거래소의 「파생상품시장 업무규정」("업무규정")은 "옵션거래"를 콜옵션과 풋옵션으로 분류하고 있다(업무규정2①). 업무규정에 의하면 콜옵션은 ⅰ) 기초자산을 수수하는 옵션거래 및 선물옵션거래의 경우: 권리행사에 의하여 행사가격으로 기초자산의 매수로 되는 거래를 성립시킬 수 있는 옵션, ⅱ) 현금을 수수하는 옵션거래의 경우: 권리행사에 의하여 행사가격이 권리행사결제기준가격보다 낮은 경우에 그 차이로부터 산출되는 금전을 수령하게 되는 거래를 성립시킬 수 있는 옵션을 말한다(업무규정2②(11)). 즉 콜옵션은 매수인이 매수포지션의 취득을 청구할 수 있는 형성권이다. 매수포지션(long position)이란 매수행위에 기하여 장부상 기재된 매수계약잔고를 의미한다. 행사가격(strike price, exercise price)이란 "권리행사에 따라 성립되는 거래에 있어서 사전에 설정된 기초자산의 가격 또는 수치"를 말한다(업무규정2①(10)). 행사가격은 옵션가격(프리미엄)의 결정에 중대한 영향을 미치며, 옵션계약의 매수인이 형성권을 행사하였을 때, 매수포지션(콜옵션) 또는 매도포지션(풋옵션)을 취득하게 되는 기준가격이다.

콜옵션의 매수인은 형성권을 행사하면 시장가격보다 낮은 가격에 목적물을 취득할 수 있거나 또는 매수포지션을 취득하게 된다. 콜옵션의 매도인은 매수인이 동 옵션을 행사하면 시장가격보다 낮은 가격에 목적물을 처분하여야 하거나 또는 매도포지션을 취득하게 된다.

업무규정에 의하면 풋옵션이란 ⅰ) 기초자산을 수수하는 옵션거래 및 선물옵션거래의 경

---

21) 박선종(2010), 17쪽.
22) 박철우(2010), 22쪽.

우: 권리행사에 의하여 행사가격으로 기초자산의 매도로 되는 거래를 성립시킬 수 있는 옵션, ii) 현금을 수수하는 옵션거래의 경우: 권리행사에 의하여 행사가격이 권리행사가격결제기준보다 높은 경우에 그 차이로부터 산출되는 금전을 수령하게 되는 거래를 성립시킬 수 있는 옵션을 말한다(업무규정2②(12)). 즉 풋옵션은 매수인이 매도포지션의 취득을 청구할 수 있는 형성권이다. 매도포지션(short position)이란 매도행위에 기하여 장부상 기재된 매도계약잔고를 말한다.

풋옵션의 매수인은 동 옵션을 행사하면 시장가격보다 높은 가격에 목적물을 처분할 수 있거나 또는 매도포지션을 취득하게 된다. 풋옵션의 매도인은 매수인이 동 옵션을 행사하면 시장가격보다 높은 가격에 목적물 또는 매수포지션을 취득하게 된다.

(나) 미국식옵션과 유럽식옵션

미국식옵션(American Option)은 매수인이 옵션계약의 체결 후 만기(이행기)까지 언제든지 형성권을 행사할 수 있는 옵션이다. 유럽식옵션(European Option)은 매수인이 옵션계약의 만기(이행기)에만 형성권을 행사할 수 있는 옵션이다. 두 옵션의 형성권을 행사할 수 있는 기준가격은 행사가격이다.[23]

옵션거래의 형성기부터 미국시장에서는 통상 만기 전 언제든지 매수인이 권리를 행사할 수 있는 옵션이 거래되었고, 유럽시장에서는 통상 만기일에만 행사가 가능한 옵션이 거래되어 그 내용에 차이가 있었다. 이를 구분하기 위하여 시장에서는 미국식옵션, 유럽식옵션이라는 용어로 통용되고 있다.

한국거래소의 코스피200옵션, 개별주식옵션, 미국달러옵션은 모두 최종거래일에만 행사가 가능한 유럽식옵션이다.

(다) 현물옵션과 선물옵션

현물콜옵션(call option on cash)은 매수인이 형성권을 행사하면 행사가격 상당의 금원을 지급하고 현물(cash 또는 physical)인 목적물을 취득하게 된다. 현물풋옵션은 매수인이 형성권을 행사하면 행사가격 상당의 금원을 수령하고 현물을 인도할 수 있다. 물론 두 경우 모두 형성권 행사 당시 현물의 시장가격은 무시되고, 오로지 행사가격만이 대금산정의 기준이 된다. 선물콜옵션(call option on futures)은 매수인이 형성권을 행사하면 행사가격과 동일한 선물매수포지션(long futures position)인 목적물을 취득하게 된다. 선물풋옵션은 매수인이 형성권을 행사하면 행사가격과 동일한 선물매도포지션(short futures position)인 목적물을 취득하게 된다. 물론 두 경우 모두 형성권 행사 당시 선물의 시장가격은 무시되고, 오로지 행사가격과 동일한 가격에 매수·매도 포지션이 취득된다.[24]

---

23) 박선종(2010), 46쪽.
24) 박선종(2010), 46-47쪽.

2008년 키코(KIKO) 사태가 발생하였다.[25] 이로 인하여 환율 때문에 손해를 볼 것을 염려하여 환헤지 상품인 KIKO에 가입한 많은 기업들이 부도로 몰리게 되었으며, 이에 대한 소송이 제기되었다. 피해 기업들은 13개 은행을 상대로 124건의 관련 소송을 제기하였다. 키코(KIKO: Knock-In Knock-Out)란 통화옵션거래의 한 방식으로 환율이 일정범위에 머물러 있을 경우에 시장가보다 높은 지정환율로 외화를 팔 수 있도록 하는 통화옵션이다. 그리고 환율이 일정 범위보다 하락하면 계약은 소멸되고, 환율의 범위보다 상승하면 계약금액의 2-3배를 계약환율로 하여 은행에 매도하도록 설계된 통화옵션이다.[26]

키코는 만기(이행기) 이전에는 행사할 수 없다는 점에서 유럽식옵션이다. 키코는 만기(이행기)가 도래하여 옵션 매수인이 행사하면 현물포지션을 이전하게 된다는 점에서 보면 현물옵션이다. 키코는 거래소가 배제되고 은행과 기업 양당사자 간의 거래라는 점에서 장외옵션이다. 유럽식 장외옵션이라는 점에서 만기 이전 반대매매의 가능성은 현실적으로 극히 제한적이다.[27]

(4) 옵션과 선물의 비교

선물이 권리와 의무가 동시에 존재하는 상품인데 반해, 옵션은 권리와 의무가 분리되어 매수인은 권리를 갖고 매도인은 의무를 부담하는 상품이다. 따라서 선물과는 달리 옵션 매수인은 권리에 대한 대가로 옵션프리미엄(option premium = 옵션가격)을 옵션 매도인에게 지급하여야 한다.

선물 매수를 보유하고 있는 경우에는 선물가격이 오르면 이익이 나고 가격이 내리면 손해를 보는 일반적인 주식 매수와 같은 단순한 구조를 가지게 되지만, 옵션은 권리와 의무가 분리되어 있기 때문에 일정한 프리미엄을 주고 권리만을 매수한 경우(즉 옵션 매수)에는 기초자산의 가격이 오르면 그 이익을 수취하고 반대로 가격이 하락하여 불리해지면 투자한 프리미엄만 손해를 보고 그 권리를 포기하면 되기 때문에 손실이 제한적으로 발생하는 특성을 지닌다.[28]

옵션 매수인은 불리한 상황의 경우 자신이 가진 권리를 포기함으로써 손실을 한정하게 된다. 즉 권리를 포기함으로써 옵션 매수인의 최대가능 손실액은 프리미엄으로 한정된다. 그러나 매도인의 경우에는 권리를 가진 매수인이 자신에게 유리한 상황이 되었을 때, 옵션을 행사함으로써 이익을 향유하고자 할 것이므로, 이에 대응하여 손해가 발생하게 된다. 옵션 매도인은 이

---

25) KIKO 사태는 2007년 말 환율이 900원대 후반이던 시절 하한선 890원 상한선 975원 정도로 계약이 이루어졌는데, 환율이 1,040원으로 급등하면서 기업들은 시장에서 달러를 사서 은행에 다시 약정환율로 팔아야 하는 사태를 맞이하게 되었다.

26) 송호신(2011), "파생상품의 위험성과 규제에 관한 자본시장법의 재정비", 법학연구 제19권 제1호(2011. 4), 67쪽.

27) 박선종(2010), 47쪽.

28) 유혁선(2010), 48쪽.

론적으로는 무한대의 손실을 기록할 수 있다. 따라서 옵션매매 당사자 간의 계약을 보호하기 위해서는 증거금 제도가 필요하게 된다.

향후 손실가능금액이 거래 개시일에 지급한 프리미엄을 초과하지 않는 매수인에게는 증거금 부과의무가 없지만, 거래 개시일에 프리미엄을 수취한 매도인에게는 향후 발생할 수 있는 손실가능성에 따라 증거금을 매일 징수하게 된다. 즉 옵션 매수인은 증거금이 필요 없이 프리미엄만 납부하면 되지만, 매도인은 최대가능 손실액이 이론적으로는 무한대로 커질 수 있기 때문에 증거금을 통해 채무이행을 담보해야 한다.[29]

4. 스왑

(1) 스왑의 의의
(가) 개념

스왑(Swap)은 "교환하다"는 의미로 거래당사자가 서로의 이익을 위해 일정기간 동안 실물 또는 현금흐름(Cash Flow)을 교환하는 계약이다. 자본시장법은 스왑을 "장래의 일정기간 동안 미리 정한 가격으로 기초자산이나 기초자산의 가격·이자율·지표·단위 또는 이를 기초로 하는 지수 등에 의하여 산출된 금전등을 교환할 것을 약정하는 계약상의 권리"로 정의하고 있다(법5①(3)). 즉 미래의 특정기간에 발생하는 일정한 현금흐름을 통화나 금리면에서 차이가 있는 다른 현금흐름과 합의된 공식에 따라 서로 교환하는 거래를 말한다. 스왑은 이미 존재하는 채권이나 채무의 조건을 변경하기 위해 사용되기 때문에 스왑에서 주고받은 순금액은 채권 및 채무의 현금흐름 발생시에 동시에 교환하게 된다. 따라서 스왑거래는 이러한 계약상의 권리를 거래하는 계약이다.

예를 들어 달러 채권을 보유한 자가 이 채권을 장래의 특정시점에 특정가격에 매도한다면 이는 선도거래가 되지만, 원화 채권을 보유한 사람과 교환하는 방법도 있는데, 이것이 통화스왑의 한 예이다. 즉 선도는 목적물을 금전을 대가로 매매하는 것임에 비하여, 스왑은 두 개의 목적물을 상호 교환하는 계약으로 볼 수 있다. 한편 판례[30]는 스왑거래를 "외국환거래에 있어서 환거래의 당사자가 미래의 이자율 또는 환율변동에서 오는 위험을 회피하기 위하여 채권이나 채무를 서로 교환하는 거래"라고 설명하고 있다. 스왑계약은 통상 이행기가 다수이나, 이행기가 단수인 스왑계약도 성립될 수 있다.[31]

자본시장법은 스왑계약의 체결을 매매계약의 체결로 간주하는 규정을 두고 있다(법5④).

---

29) 유혁선(2010), 49쪽.
30) 대법원 1997. 6. 13. 선고 95누15476 판결.
31) 박선종(2010), 22쪽.

이는 자본시장법이 금융투자업자의 행위규제와 관련 매매를 중심으로 규정하고 있는데, 예컨대 스왑계약과 같은 파생상품거래가 계약 형식상으로, 법률상의 매매계약 형태를 띠고 있지 않을 수 있으므로 매매계약으로 본다는 간주규정을 둔 것이다. 즉 실질이 동일하면 동일한 규제를 하겠다는 자본시장법의 기본취지가 반영된 것으로 생각된다.

(나) 특징

선물·옵션이 미래 발생할 거래의 가격을 고정하는 것이라면, 스왑은 미래 일정기간 동안 발생할 일련의 현금흐름을 고정하는 것이라 할 수 있다. 예를 들어 미국에서 6개월 이자지급주기 3년 만기 채권을 발행한 우리나라 기업의 경우 이자지급시와 원금상환시 환위험에 노출된다. 이때 기업은 매번 별도의 외환선도계약을 맺는 대신 여러 번의 대금지급을 헤지할 수 있는 스왑계약을 체결함으로써 한 번의 계약으로 일련의 환위험을 헤지할 수 있다. 즉 스왑은 만기와 현금흐름 교환시기가 각각인 일련의 선도계약의 합으로 볼 수 있으며, 반대로 선도계약은 일회 지급 스왑(Single Payment Swap)으로 볼 수 있다. 다만 통화스왑과 같은 일부 스왑계약은 현물거래 및 일련의 선도계약의 합으로 볼 수 있다.[32]

대표적인 스왑거래 유형인 고정금리와 변동금리 간의 이자율스왑을 들어 스왑을 살펴본다. 변동금리 대출을 통해 자금을 조달한 기업이 금리상승을 우려하여 고정금리 대출로 변경하고 싶다고 가정해 보자. 이때 기업은 기존 은행(대출은행)과 대출계약을 해지(정산)하고 새로이 고정금리 대출계약을 맺을 수도 있지만, 계약을 해지하지 않고 다른 은행(스왑은행)과 이자율스왑 계약을 맺을 수도 있다. 기업은 스왑은행으로부터 받은 변동금리 이자를 대출은행에 지급하고 스왑은행에게는 고정금리 이자를 지급하는 것이다. 결국 기업은 스왑은행과 이자율스왑 계약을 체결함으로써 기존 변동금리 대출을 해지하고 고정금리 대출을 받은 것과 같은 효과를 볼 수 있다.

스왑은 거래소 시장에서 거래되지 않고 은행 등 금융기관 간에 직접 거래되는 장외파생상품이다. 이자율스왑, 통화스왑, 신용스왑 등 다양한 종류의 스왑이 거래되고 있다.

(다) 기능

대부분의 스왑계약은 다음의 기능을 수행한다. ⅰ) 위험배분을 통한 장기간의 헤지를 가능하게 한다. ⅱ) 차익거래(arbitrage)인데, 이는 서로 다른 시장에서의 비교우위를 활용하여 자금조달비용을 절감시킨다. ⅲ) 시장완성기능(market completion)인데, 이는 각국의 조세 및 외환통제, 금융규제 등을 극복하고, 유리한 지원제도 등을 이용함으로써 직접 접근 불가능한 시장에 실제적으로 접근한 것과 동일한 효과를 준다.[33]

---

32) 한국거래소(2017), 29-30쪽.
33) 박선종(2010), 23쪽.

스왑은 위험을 관리하는 데 매우 탄력적인 금융상품으로 1980년대 초반 최초의 스왑계약이 이루어진 이후 스왑시장은 매우 급속히 성장하였다. 현재 스왑은 장외파생상품시장에서 가장 중요한 상품으로 거래되고 있으며, 금융시장 역사상 가장 성공적인 상품으로 여겨진다.[34]

(2) 스왑의 기본구조

스왑계약은 장외파생상품이라는 특성상 매우 다양한 형태를 띠고 있다. 하지만 기초자산, 즉 명목자산(notional asset)을 한 번 이상 거래하는데 보통 스왑 개시시점에서 명목자산을 교환하고 스왑 종료시점에서 이를 재교환하는 것이 기본구조이다. 스왑계약에서 교환되는 명목자산은 서로 동일할 수도 있고 다를 수도 있으며, 스왑기간 동안 두 당사자는 상대방의 명목자산을 사용한 대가를 주기적으로 지급한다. 예를 들어 A가 B의 자산을 사용한 대가로 고정금액을 주기적으로 지급하고, 이와 반대로 B는 A의 자산을 사용한 대가로 변동금액을 주기적으로 지급하기로 하는 스왑계약을 체결할 수 있다. 보통 이러한 형태의 스왑은 표준스왑(genetic or plain vanilla swap)으로 분류되며, 이러한 스왑계약에 따라 주기적으로 지급되는 금액을 스왑쿠폰(swap coupon)이라 한다.[35]

(3) 법적 성격

스왑계약의 법적 성격에 대해서는 민법상의 전형계약에 해당하지 않는 특수한 형태의 비전형계약이라는 견해와 통화스왑에 대해 환매조건부매매로 파악하는 견해가 있다. 생각건대 스왑계약은 교환대상이나 거래형태에 따라 일률적으로 파악하기는 어렵고 구체적인 스왑계약의 내용과 스왑계약을 정의하고 있는 자본시장법 제5조 제1항 제3호, 그 밖의 관련 규정들을 종합하여 판단하여야 할 것이다. 일반적으로 양 당사자 간에 금전을 지급하기로 하는 통화스왑이나 금리스왑에서 원금교환이 있는 경우에는 "교환"이라는 용어를 사용하고 있음에도 불구하고 교환계약(민법596)으로 볼 수는 없고, 오히려 소비대차(민법598)의 성질을 가진 두 개의 계약이 성립된 것으로 볼 여지는 있다. 그러나 소비대차로도 볼 수 없는 다양한 형태의 스왑계약을 고려하고 상호계산(상법72)과도 유사한 스왑계약의 특수성에 비추어 단일한 비전형계약으로의 실체를 인정해야 할 것이다. 다만 "장래의 일정기간" 동안 거래가 이루어진다는 점에서 계속적 계약의 성질을 가진다.[36]

(4) 스왑의 종류

(가) 기초자산의 유형에 따른 분류

스왑거래[37]는 기초자산의 종류에 따라 주식스왑, 금리스왑(이자율스왑), 통화스왑, 외환스

---

34) 유혁선(2010), 43-44쪽.
35) 박철우(2010), 25쪽.
36) 박철우(2010), 24-25쪽.
37) 스왑의 의의와 종류, 운용형태에 관한 판례로는 대법원 1997. 6. 13. 선고 95누15476 판결 참조.

왑, 상품스왑, 신용스왑, 날씨스왑 등 다양한 분류가 가능하며 실제로 이들 거래가 혼합되어 발생하는 경우도 많다.[38)

1) 주식스왑

주식스왑(equity swap)이란 한 당사자가 거래상대방으로부터 명목원금(notional principal)에 주식수익률을 곱한 수익금액을 지급받기로 약정하고, 상대방에게 고정금리 또는 변동금리에 기초한 이자액을 지급하기로 약정한 스왑이다. 펀드매니저는 주식스왑을 통해 주식을 매수 또는 매도하지 않고도 주식을 매수하거나 매도하는 효과를 얻게 되고, 이를 통해 주식포지션의 위험관리에 활용할 수 있다.[39)

2) 금리스왑

금리스왑(IRS: interest rate swap)은 국내뿐만 아니라 전 세계적으로 거래가 가장 많이 되는 스왑 형태로, 양 당사자가 서로 다른 금리조건을 일정기간 동안 상호 교환하기로 약속하는 계약이다. 변동금리와 고정금리를 교환하는 표준형 금리스왑(plain vanilla swap)이 가장 일반적이며, 원금의 교환없이 변동금리와 고정금리 간의 금리 차액만을 한쪽 당사자가 결제하는 방식이 주로 이용된다.[40)

금리스왑의 기본적인 형태로는 고정금리와 변동금리를 교환하는 고정 대 변동 금리스왑(fixed for floating interest rate swap)이 있는데, 이 스왑거래에서는 명목원금은 교환되지 않고 명목원금에 고정금리를 곱하여 산정한 고정이자와 변동이자를 주기적으로 교환한다. 스왑계약을 통하여 거래당사자들은 고정금리 또는 변동금리의 부채나 자산을 변형하는 효과를 얻을 수 있다.[41)

금리스왑거래에서 이용되는 변동금리는 국제적으로는 런던은행 간 대출금리(LIBOR)이고, 국내거래에서는 금융투자협회가 고시하는 91일물 양도성예금증서(CD) 금리이다. 금리스왑은 부채 및 자산의 형태를 변동금리에서 고정금리로 또는 고정금리에서 변동금리로 변형할 수 있게 한다.[42)

스왑을 활용하는 근거로 일반적으로 거론되는 것은 비교우위 논리이다. 예를 들어 A기업은 고정금리로 차입할 때 비교우위를 갖는 반면에 B기업은 변동금리로 차입할 때 비교우위를 가질

---

38) 통화스왑은 1976년에 영국에서 최초로 Continental Illinois Bank와 Goldman Sachs사의 주선으로 영국의 ICI Finance사와 네덜란드의 Bos Kalis Westminster사 간에 체결되었고, 1981년에는 영국에서 최초로 Citibank와 Continental Illinois Bank에 의해 금리스왑이 체결되었으며, 1986년에는 상품스왑이 미국의 Chase Manhattan Bank에 의해 최초로 개발되었다.
39) 유혁선(2010), 47쪽.
40) 한국거래소(2017), 127쪽.
41) 박철우(2010), 26쪽.
42) 유혁선(2010), 44쪽.

수 있는 경우, 부채를 변형시키기 위하여 금리스왑을 이용하는 경우를 살펴보자. 기업은 비교우위를 갖는 시장에서 신규로 차입하는 것이 합리적이다. 그런데 기업은 변동금리로 차입하기를 원하는데 고정금리로 차입하는 것이 비교우위에 있다든지, 고정금리로 차입하기를 원하는데 변동금리로 차입하는 것이 비교우위에 있게 되는 경우도 발생한다. 이때 기업은 비교우위가 존재하는 형태로 자금을 차입하고, 스왑을 통해 원하는 형태로 부채를 변형할 수 있게 된다.

3) 통화스왑

통화스왑(CRS: cross currency swap)이란 양 당사자 간 서로 다른 통화를 교환하고 일정기간 후 원금을 재교환하기로 약정하는 거래를 말한다. 즉 통화스왑이란 한 국가의 통화기준(예: 달러)에 의해 차입한 원금 및 이자액을 다른 국가의 통화기준(예: 파운드)에 의해 차입한 원금 및 이자액과 교환하는 거래를 말한다.[43)]

통화스왑의 가장 단순한 형태는 이자액이 미리 사전에 정해진 고정금리에 의해 지급되는 방식이다. 예를 들어 A기업과 B기업이 달러화와 파운드화로 스왑계약을 체결하였다면, 원금은 스왑 개시일과 만기일에 교환되고, 정해진 이자지급 시점에 각국의 통화로 표시된 고정금리를 지급하는 방식이다. 이 밖에도 사전에 정해진 변동금리 적용방식을 기준으로 쌍방간에 변동금리를 지급하는 방식이 있을 수 있다. 그리고 한 통화의 변동금리가 다른 통화의 고정금리와 교환되기도 하는데, 이를 통화간 금리스왑(cross currency interest rate swap)이라 한다.

통화스왑거래는 장기자금조달, 환위험관리, 금리차익 및 금리변동을 이용한 투기적 거래 등의 목적에서 이루어진다. 통화스왑거래는 당사자 간 직접거래 또는 브로커를 통한 중개거래 방식으로 이루어지는데, 중개회사를 통해 거래되는 원화와 미국 달러화 간의 통화스왑의 경우 원화 고정금리와 미달러화 변동금리(6개월 LIBOR)가 교환되는 cross currency coupon swap 방식으로 거래된다.

4) 외환스왑

외환스왑은 환리스크의 회피, 결제일 조정, 금리차익거래 등을 위해 거래 방향이 서로 반대되는 현물환거래와 선물환거래 또는 선물환거래와 선물환거래가 동시에 이루어지는 거래로서 이종통화로 표시된 장기자금의 원리금을 모두 교환하는 통화스왑과는 구분된다. 스왑기간 중 이자지급은 없으나 계약시 통화 간 이자율 차이가 반영되어 만기시 환율이 산정되며 일반적으로 일정 외환을 현물환시장에서 매수(또는 매도)하는 동시에 선물환시장에서 매도(또는 매수)하는 형태로 이루어진다.

통화스왑과 외환스왑은 스왑기간과 이자지급방법이 다르다. 즉 외환스왑은 1년 이하의 단기자금조달 및 환위험 헤지 수단으로 이용되는 반면 통화스왑은 1년 이상의 중장기 환위험

---

43) 유혁선(2010), 45쪽.

및 금리위험 헤지 수단으로 이용된다. 이자지급방법에 있어서도 외환스왑은 스왑기간 중 해당 통화에 대해 이자를 교환하지 않고 만기시점에 양 통화 간 금리차이를 반영한 환율(계약시점의 선물환율)로 원금을 재교환하나 통화스왑은 계약기간 동안 이자(매 6개월 또는 매 3개월)를 교환한다.

5) 상품스왑

상품스왑(commodity swap)은 계약당사자의 일방이 상대방에게 일정한 양의 상품(명목거래량)에 대해 상품 1단위당 고정가격으로 환산한 금액을 정기적으로 제공하고, 상대방은 반대급부로 상품 1단위당 시가로 환산한 금액을 정기적으로 제공하는 형태의 계약이다.[44]

6) 기타 스왑

파생상품은 기본적으로 금융소비자의 수요를 충족시킬 수 있도록 고안된 상품이다. 따라서 투자자의 투자성향에 따라 다양한 현금흐름을 교환하는 스왑거래가 이루어지고 있다. 현금흐름의 결정산식에 옵션적 특성을 가미하여 이자율의 변동가능성을 확대하기도 하는데, 이러한 스왑을 레버리지스왑(leveraged swap)이라고 한다.[45]

1993년 11월 2일 뱅커스트러스트(BT: Bankers Trust)와 프록터앤갬블(P&G: Proctor and Gamble) 간의 스왑계약이 한 예가 될 수 있다. 이 스왑은 5년 만기 6개월 단위 교환방식의 스왑으로 명목원금은 2억 달러이다. BT는 P&G에게 연이율 5.3%를 지급하고, P&G는 BT에게 30일 기업어음(CP) 평균금리에서 75bp(bp는 basis point를 말하며, 100bp=1%이다. 75bp란 0.75%를 의미한다)를 차감하고 특별한 산식에 의해 계산된 옵션적 성격이 있는 스프레드(spread)[46]를 더하여 지급하기로 약정한 스왑계약이다. 이와 같이 스왑계약은 본질적으로 쌍방 거래당사자 간의 현금흐름을 교환하는 계약으로 그 교환의 내용은 거래당사자의 합의에 의해 얼마든지 변경이 가능하며, 따라서 그 구조는 매우 다양하다.[47]

(나) 스왑의 운용형태에 따른 분류

스왑의 운용형태에 따라 베이시스스왑, 원금변동스왑, 범위스왑 등이 있다. ⅰ) 베이시스스왑(basis swap)은 고정금리와 변동금리를 교환하는 금리스왑과는 달리 두 가지의 변동금리를 상호 교환하는 스왑이다. LIBOR, T-bill rate(미국 단기재무부채권 수익률), 미국 prime rate(우대

---

44) 박철우(2010), 29쪽.
45) 유혁선(2010), 47쪽.
46) 스프레드는 5년 만기 T-Note와 30년 만기 T-bond 수익률의 변동에 의해 결정되는 구조를 지니고 있는데, 항상 양의 값을 갖도록 구조화되어 있다. 이 스왑구조는 근본적으로 BT가 옵션을 매수한 구조를 갖는다. CP 금리에서 75bp를 차감한 것은 항상 양의 값인 스프레드의 수익구조를 얻기 위해 지급한 일종의 옵션프리미엄이다. 이 스왑거래는 1994년 초 이자율이 급격히 상승하여 스프레드가 매우 큰 양의 값을 갖게 됨으로 인해 P&G는 이 거래를 통해 많은 손해를 보았다.
47) 유혁선(2010), 47-48쪽.

금리), 유럽 CP금리지수(composite index of Euro commercial paper rate) 등 서로 다른 시장의 변동금리를 교환한다(예: 미국 국내은행 prime rate와 LIBOR 간의 베이시스스왑, 또는 3개월 만기 LIBOR와 6개월 만기 LIBOR 간의 베이시스스왑 등의 형태로 거래가 이루어진다). 베이시스스왑에는 동일 통화 내에서의 베이시스스왑과 이종통화 간의 베이시스스왑의 두 종류가 있다.[48]

ⅱ) 원금변동스왑은 금리스왑에서 시간이 지남에 따라 미리 정한 방식에 따라 명목원금이 변화하는 형태의 스왑을 말한다. 원금증가형스왑(accreting swap), 원금감소형스왑(amortising swap), 원금이 증가하기도 하고 감소하기도 하는 롤러코스터스왑(rollercoaster swap)이 있다.

ⅲ) 범위스왑(range swap)은 금리스왑의 일종으로 변동금리를 지급하는 쪽에서는 기준변동금리에 일정한 가산금리를 붙여 지급하지만, 기준변동금리가 일정한 수준보다 높거나 낮으면 금리를 지급할 필요가 없는 형태이다. 범위스왑은 accrual swap 혹은 fairway swap이라 불리기도 한다.

Ⅱ. 기초자산의 유형에 따른 분류

1. 의의

파생상품은 "그 가치가 글자 그대로 기초를 이루는 자산(또는 기준율이나 지수)에서 파생되는 상품"이다.[49] 파생상품거래상의 계약당사자의 기본적 권리의무(금전지급의무 또는 금전 이외의 재산교부의무)는 다른 자산이나 다른 경제적 위험을 기초로 결정된다는 점에서 "파생"상품거래로 불린다. 파생상품거래의 구체적인 내용은 거래의 기초가 되는 다른 자산이나 위험이 무엇인가에 따라 다르다. 자본시장법은 파생상품의 기초가 되는 자산 또는 위험을 "기초자산"으로 정의함으로써 금융시장에서 개발될 수 있는 거의 모든 파생상품이 자본시장법의 규율 범위 내에 속하도록 하였다(법4⑩).

자본시장법은 파생상품의 기초자산의 종류로서 ⅰ) 금융투자상품, ⅱ) 통화(외국통화 포함), ⅲ) 일반상품(농산물·축산물·수산물·임산물·광산물·에너지에 속하는 물품 및 이 물품을 원료로 하여 제조하거나 가공한 물품, 그 밖에 이와 유사한 것), ⅳ) 신용위험(당사자 또는 제3자의 신용등급의 변동, 파산 또는 채무재조정 등으로 인한 신용의 변동), ⅴ) 그 밖에 자연적·환경적·경제적 현상 등에 속하는 위험으로서 합리적이고 적정한 방법에 의하여 가격·이자율·지표·단위의 산출이나 평가가 가능한 것(법4⑩)을 들고 있다.

---

48) 박철우(2010), 29쪽.
49) 이금호(2008), "신용파생금융거래의 종류 및 법적 문제", 증권법연구 제9권 제2호(2008. 12), 188쪽.

2. 주식(주가지수) 관련 파생상품

기초자산이 주식 또는 주가지수인 경우(Equity Derivatives)에는 개별주식옵션, 개별주식선도, 주가지수선물, 주가지수옵션, 주가지수선도, 주식스왑 등이 있다. 여기서는 개별주식옵션, 주가지수선물과 주가지수옵션을 살펴본다.

(1) 개별주식옵션

주식시장에 상장되어 있는 주식을 기초자산으로 하는 옵션을 주식옵션 또는 개별주식옵션이라고 한다. 개별주식옵션은 기초자산이 되는 주식의 거래 유동성, 시가총액, 해당 기업의 재무상태 등을 감안하고 거래수요가 있는 주식의 옵션만이 상장된다.

(2) 주가지수선물

주가지수선물은 기초상품이 실물형태가 아닌 주가지수라는 점에서 결제수단과 결제방식이 일반 선물과 다르다. 결제수단은 실물의 양수도가 불가능하므로 거래시 약정한 주가지수와 만기일의 실제 주가지수 간의 차이를 현금으로 결제하게 된다. 따라서 만기시 실제 주가지수가 거래시 약정한 주가지수를 상회할 경우에는 선물 매수인이 이익을 수취하고 반대의 경우에는 선물 매도인이 이익을 수취한다.[50]

(3) 주가지수옵션

주가지수옵션은 주가지수를 대상으로 장래의 일정시점에 사전에 약정한 가격으로 매수·매도할 수 있는 권리이다. 주가지수옵션은 주가지수("기초자산")를 만기일에 사전에 약정한 가격("행사가격")으로 매수 또는 매도할 수 있는 권리를 나타내는 증서로서 매수권리인 콜옵션과 매도권리인 풋옵션으로 구분된다. 옵션거래시 매도인은 매수인에게 옵션을 제공하고 매수인은 그 대가로 프리미엄(옵션가격)을 지급한다.[51]

주가지수옵션은 주가지수선물과 마찬가지로 실물이 존재하지 않는 주가지수를 거래대상으로 하고 있으나 거래의 목적물이 권리라는 점에서 주가지수선물과 다르다. 또한 주가지수옵션은 주가지수선물과 달리 기초자산 가격변동에 따른 투자자의 손익구조가 비대칭적이다. 옵션 매수인은 손실이 프리미엄으로 한정되는 반면 이익은 기초자산 가격에 비례하여 증가하고, 역으로 옵션 매도인은 이익이 프리미엄에 국한되는 반면 손실은 제한이 없다.[52]

---

50) 한국은행(2016b), 297, 317-319쪽.

51) 콜옵션 매수인은 만기일에 기초자산 가격(코스피200 종가 등)이 행사가격을 넘어서면 권리를 행사할 유인이 발생하게 된다. 이 경우 손익분기점은 기초자산 가격이 행사가격과 프리미엄의 합에 해당하는 금액과 일치할 때이며 기초자산 가격이 행사가격과 프리미엄의 합을 초과하는 금액만큼 콜옵션 매수인의 이익이 된다. 풋옵션 매수인은 만기일에 기초자산 가격(코스피200 종가 등)이 행사가격보다 낮아야만 권리를 행사할 유인이 발생하며 기초자산 가격이 행사가격과 프리미엄을 차감한 금액을 하회하는 만큼 풋옵션 매수인의 이익이 된다.

52) 옵션 매수인은 계약시 지급한 프리미엄으로 손실이 제한되므로 일일정산 방식이 적용되지 않는 반면 옵션

3. 금리관련 파생상품

기초자산이 금리인 경우에는 금리선도거래, 금리선물거래, 금리스왑거래 등이 있다.

(1) 금리선도거래

금리선도거래는 장래의 금융움직임에 대하여 헤지를 하거나 투기의사를 가진 투자자 간의 거래로 인하여 실제 대금의 차입 또는 대출거래가 발생하지 않고 약정금리와 실제금리와의 차액만을 결제하는 계약이기 때문에 실제 대출의 발생 없이 위험을 줄일 수 있는 거래이다. 그러나 자금차입자의 경우 금리가 하락하는 경우 차액을 지급하고 금리가 상승하는 경우 차액을 받고, 자금대출자의 경우 금리가 상승하는 경우 차액을 지급하고 금리가 하락하는 경우 차액을 받기 때문에 위험헤지가 금리변동의 한 방향에 대해서만 이루어져 금리예측이 잘못되는 경우에 손실이 발생할 수 있다.

(2) 금리선물거래

금리선물거래란 기초자산인 금리를 거래대상으로 현재시점에서 정한 가치로 장래의 특정시점에서 사거나 팔 것을 약정한 계약이다. 실제로 거래대상이 되는 기초자산은 국채금리, 페더럴펀드금리, 유로달러금리 등으로 다양하며 이들 거래대상의 만기에 따라 단기금리선물과 장기금리선물로 나뉜다. 금리선물은 장래의 특정시점에 인도할 금리부 상품의 가격을 현재시점에서 고정시킨다는 측면에서 금리선도거래와 매우 유사하다. 그러나 금리선도거래는 계약당사자 중 어느 일방에 의한 결제불이행 등으로 거래상대방위험이 잠재되어 있는 반면 금리선물은 이러한 거래위험을 제도적으로 보완한 상품이라 할 수 있다.[53]

(3) 금리스왑거래

금리스왑거래는 차입금에 대한 금리변동위험의 헤지(hedge)나 차입비용의 절감을 위하여 두 차입자가 각자의 채무에 대한 이자지급의무를 상호간에 교환하는 계약으로서 일반적으로 변동(고정)금리를 고정(변동)금리로 전환하는 형식을 취한다. 금리스왑거래는 통화, 원금 및 만기가 같은 부채구조를 가지고 있는 두 당사자 간의 거래가 대부분으로 통화스왑거래와는 달리 계약당사자 간에 이자지급의무만 있고 원금상환의무가 없다. 자금의 흐름도 원금의 교환없이 이자차액만 주고받는 것으로 당초의 자금조달과는 관계가 없는 별도의 계약에 의해 거래가 성립된다. 금리스왑은 원금을 교환하지 않기 때문에 채권투자 등에 비해 자금부담과 신용위험이 낮다.[54]

매도인은 상황변화에 따라 손실 규모가 달라질 수 있으므로 증거금을 납입하고 일일정산 방식에 따라 증거금이 인상될 경우 추가증거금을 납입해야 한다.

53) 한국은행(2016b), 334-335쪽.
54) 한국은행(2016b), 365쪽.

4. 통화관련 파생상품

기초자산이 통화인 경우에는 통화스왑거래, 선물환거래, 통화선도거래, 통화옵션거래 등이 있다.

(1) 통화스왑거래

통화스왑거래는 둘 또는 그 이상의 거래기관이 사전에 정해진 만기와 환율에 기초하여 상이한 통화로 차입한 자금의 원리금 상환을 상호 교환하는 거래이다. 일반적인 통화스왑거래 메커니즘을 설명하면 다음과 같다. 예를 들어 A는 달러화 자금을, B는 엔화 자금을 각각 유리한 조건으로 차입할 수 있는데, A는 엔화 자금이, B는 달러화 자금이 필요하다고 가정하자. 이 경우 A는 달러화 자금을, B는 엔화 자금을 각각 차입하고 동 차입자금을 상호 교환한다. 차입자금에 대한 이자는 최초 차입자가 지급하는 것이 아니라 자금이용자(A는 엔화 자금, B는 달러화 자금)가 대신 지급하고 만기가 되면 최초 차입자가 차입원금을 상환할 수 있도록 달러화 자금과 엔화 자금을 재교환함으로써 통화스왑이 종료된다.[55]

(2) 선물환거래

선물환거래란 계약일로부터 통상 2영업일 경과 후 특정일에 외환의 인수도와 결제가 이루어지는 거래를 말한다. 선물환거래는 현재시점에서 약정한 가격으로 장래시점에 결제하게 되므로 선물환계약을 체결하면 약정된 결제일까지 매매 쌍방의 결제가 이연된다는 점에서 현물환거래와 구별된다. 일반 선물환의 거래과정을 예를 들어보면 다음과 같다. 2020년 9월 4일(금) A은행이 B은행으로부터 1백만 달러를 선물환율 1,202원에 1개월 후 매수하기로 하는 계약을 체결하였다고 하자. 이 경우 결제일인 10월 8일(목)에 A은행은 B은행에 12억2백만원(＝1,202원×1,000,000달러)을 지급하고 B은행은 A은행에 1백만달러를 지급함으로써 거래가 종결된다.[56]

(3) 통환선도거래

통화선도거래는 장래의 일정시점에 통화를 미리 약정환율로 서로 매매하기로 현재시점에서 약속하고 약정한 기일이 도래하면 환율로 통화를 매매하는 거래방식으로서 환율의 상승을 예상하여 계약을 체결하는 것을 선매수(long position)라 하고, 환율의 하락을 예상하여 매도계약을 체결하는 것을 선매도(short position)라 한다.

(4) 통화옵션거래

통화옵션거래란 장래의 특정시점(만기일 또는 만기 이전)에 특정통화(기초자산)를 미리 약정한 가격(행사가격)으로 사거나(call option) 팔 수 있는 권리(put option)를 매매하는 거래를 말한

---

55) 한국은행(2016b), 376쪽.
56) 한국은행(2016a), 「한국의 외환제도와 외환시장」, 한국은행(2016. 1), 146-147쪽.

다. 통화옵션거래시 통화옵션 매수인은 대상 통화를 매매할 수 있는 권리를 사는 대가로 통화옵션 매도인에게 프리미엄(옵션가격)을 지급하고 이후 환율변동에 따라 자유롭게 옵션을 행사하거나 또는 행사하지 않을(권리를 포기할) 수 있다. 반면 통화옵션 매도인은 통화옵션 매수인이 권리를 행사할 경우 반드시 계약을 이행해야 하는 의무를 부담한다.[57]

5. 상품관련 파생상품

기초자산이 일반상품인 경우에는 일반상품선도, 일반상품옵션, 일반상품스왑 등이 있고, 최근에는 기초자산이 날씨, 물가, 재해 위험 등으로 확대되고 있다.

6. 신용파생상품

(1) 서설
(가) 신용파생상품의 개념

신용파생상품(Credit Derivatives)이란 파생상품 중에서 금융기관 등이 보유하고 있는 대출채권 등 준거자산에 내재되어 있는 신용위험을 거래상대방에게 이전하고, 거래상대방은 위험부담에 따른 수수료를 수취하는 금융거래계약으로 정의할 수 있다. 즉 신용파생상품은 장외파생상품의 하나로서, 대출자의 신용도 변화에 따라 가치가 변동하는 대출금, 회사채 등의 준거자산으로부터 신용위험만을 분리하여 매매하는 금융계약이다.[58]

신용파생상품은 준거자산의 이전 없이 신용위험만을 분리하여 거래하므로 신용위험에 대한 가격산정의 적정성을 높여 신용위험을 다수의 투자자에 분산시키는 기능을 한다. 일반적으로 금융자산은 금리, 환율 등 가격변수의 변동에 따라 그 가치가 변화하는 시장위험과 차입자의 부도, 신용등급 하락 등에 따라 자산가치가 변화하는 신용위험을 가지고 있는데, 시장위험은 선물, 옵션, 스왑 등을 통하여 대처할 수 있으며 신용위험은 신용파생상품을 통해 헤지할 수 있다.[59]

(나) 신용파생상품의 금융관련법규상 정의

현재 일부 금융관련법규가 신용파생상품을 규정하고 있다.[60] 자본시장법에서는 신용파생상품을 "파생상품 중 기초자산이 신용위험(당사자 또는 제3자의 신용등급의 변동, 파산 또는 채무재

---

57) 한국은행(2016b), 364-365쪽.
58) 이금호(2008), 189쪽.
59) 최초의 신용파생상품거래는 1993년 Credit Suisse First Boston의 파생상품 운용부문인 Credit Suisse Financial Products와 Bankes Trust 간의 거래로 알려져 있다.
60) 연혁적으로는 외국환거래법이 기본적 정의를 시작하였으나, 자본시장법이 시행된 후에는 다른 법에서도 자본시장법상의 개념을 인용하여 규정하고 있다.

조정 등으로 인한 신용의 변동)인 파생상품"을 의미하는 것으로 규정(법4⑩ 및 법5)하고 있고, 외국환거래규정에서는 신용파생상품을 "자본시장법 제5조에 따른 파생상품 중 신용위험을 기초자산으로 하는 파생상품을 말한다"(규정1-2(13-2))라고 규정하고 있다. 한편 보험업법에서는 "외국환거래법 제3조 제9호에 따른 파생상품에 관한 거래로서 채무불이행, 신용등급 하락 등 계약당사자 간의 약정된 조건에 의한 신용사건 발생 시 신용위험을 거래당사자 한쪽에게 전가하는 거래"(법105(7) 및 동법 시행령49②(1))로 규정하고 있고, 채무자회생법에서는 "신용위험(당사자 또는 제3자의 신용등급의 변동, 파산 또는 채무재조정 등으로 인한 신용의 변동) 또는 신용위험의 가격, 이자율, 지표, 단위나 이를 기초로 하는 지수를 대상으로 하는 선도, 옵션, 스왑거래"(법120③(1) 및 동법 시행령14①(4))라고 규정하고 있다.

(다) 신용파생상품거래의 기본구조

1) 거래참가자

신용파생상품거래의 참가자에는 크게 보장매수인(protection buyer)과 보장매도인(protection seller)이 있다. 보장매수인은 신용파생상품 매수계약을 통하여 신용위험을 이전시키고자 하는 자를 말하며, 보유자산의 신용위험을 보장매도인에게 이전하는 대가로 일정 프리미엄을 지급한다. 보장매도인은 신용파생상품 매도계약을 통하여 보장매수인으로부터 신용위험을 인수하는 자를 말하며 프리미엄을 받는다. 보장매도인은 프리미엄을 받는 대신에 계약상의 준거자산에 신용사건(credit event)이 발생할 경우 보장매수인에게 약정된 금액을 지급한다. 보장매수인 입장에서는 ⅰ) 보유자산을 양도하지 않으면서 자산의 신용위험을 이전하는 효과를 얻을 수 있어 고객과의 관계를 유연하게 가져갈 수 있으며, ⅱ) 신용위험 이전에 따라 규제자본의 경감효과라는 이익을 얻을 수 있다. 보장매도인 입장에서는 ⅰ) 준거자산을 보유하지 않고도 보유하고 있는 것과 같은 효용을 얻을 수 있고, ⅱ) 신규수익원의 창출이라는 이점이 있다. 국내금융기관의 신용파생상품거래 잔액을 살펴보면 은행과 보험회사는 상대적으로 보장매도인으로서 증권회사는 보장매수인으로서의 니즈(needs)가 많은 것으로 파악되고 있다.[61]

2) 준거자산(reference asset)과 기초자산(underlying asset)

신용사건의 발생 여부를 판단하는 기준이 되는 자산을 준거자산(reference asset)이라 한다. 준거자산은 신용사건 발생 여부 판단대상에 따라 준거기업(reference entity) 또는 준거채무(reference obligation)의 형태로 달리 표현될 수 있다. 즉 신용사건 발생의 판단대상이 기업일 경우에는 준거기업, 판단대상이 채무일 경우에는 준거채무라 표현한다.

기초자산은 보장매수인이 신용위험을 헤지하고자 하는 대상자산을 말한다. 준거자산과 기

---

[61] 노성호(2009), "신용파생상품 활용으로 건설회사의 신용공여위험을 분산하는 방안 연구", 건국대학교 석사학위논문(2009. 12), 6-7쪽.

초자산은 혼용되어 사용되기도 한다. 신용위험을 이전하고 싶은 대상, 다시 말해 기초자산이 신용사건 발생 판단대상인 준거자산과 동일할 수 있기 때문이다.[62)

3) 신용사건(credit event)

신용사건은 보장매도인이 보장매수인에게 신용보장금액을 지급(default protection payment)하게 하는 사건을 의미한다. 신용파생상품은 장외에서 거래되기 때문에, 즉 표준화되어 있지 않기 때문에 계약서의 작성이 매우 중요하다. 신용파생상품 매매는 ISDA가 제공하는 표준계약서(Master Agreement)를 거래상대방 기관별로 체결하고 개별상품의 거래시에는 거래확인서(Confirmation)를 주고받는다. 계약에서 제일 중요한 부분을 꼽자면 신용사건의 정의라고 할 수 있다. 신용사건의 정의를 명확히 하지 않아 미미한 금액의 신용사건(soft credit event)에도 신용사건 발생을 선언할 수 있는 개연성이 많기 때문이고, 이는 신용파생상품거래의 안정성과 활성화를 해치는 결과를 낳을 수 있기 때문이다. ISDA 표준계약서 중에서 가장 많이 사용되는 것은 1998년 출간된 Confirmation, 1999년 출간된 ISDA 신용파생상품정의집(1999 ISDA credit derivative definitions)이며, 이외에도 각종 ISDA 표준계약서상의 정의 및 절차를 보완하는 부록들이 다수 발간되어 사용되고 있다. ISDA에서 정한 표준계약서에서는 신용사건의 유형을 파산, 합병, 기한이익 상실, 교차부도, 신용등급 하락, 지급불능, 지급거절, 채무재조정 등 8가지로 구분하고 있다.[63)

(라) 신용파생상품거래의 장단점

1) 신용파생상품거래의 장점

신용파생상품거래는 다음과 같은 장점이 있다. ⅰ) 대출 등 준거자산에서 신용위험 자체를 분리하여 거래할 수 있는 수단을 제공함으로써 은행 등 금융기관으로 하여금 보다 능동적인 위험관리를 가능하게 한다. ⅱ) 신용파생상품거래는 보장매도인(또는 투자자)에게 수익성이 높은 대출시장에 간접적으로 참여할 수 있는 기회를 줄 뿐만 아니라 거의 자금부담 없이 신용위험만을 부담하는 레버리지 효과를 통하여 고수익을 겨냥할 수 있는 투자수단을 제공한다. ⅲ) 신용파생상품거래는 준거자산 자체의 유동성 또는 거래조건 등과는 관계없이 신용위험만을 분리하여 거래대상으로 하기 때문에 신용위험을 거래 가능한 상품으로 변화시켜 다양한 상품구조를 창출할 수 있게 해줄 뿐만 아니라, 준거자산의 유동성을 제고시켜 전반적인 금융시장의 중개기능을 높인다. ⅳ) 양도 또는 증권화를 통한 거래의 경우에는 채무자에 대한 통지 또는 승낙이 필요한 반면, 신용파생금융거래는 이러한 절차가 필요하지 않기 때문에 거래의 기밀유지가 가능하다.[64)

---

62) 노성호(2009), 8쪽.
63) 황도윤(2011), "신용파생금융거래에 관한 법적 연구", 고려대학교 법무대학원 석사학위논문(2011. 6), 8-9쪽.
64) 황도윤(2011), 12쪽.

2) 신용파생상품거래의 단점

신용파생상품거래는 다음과 같은 단점도 있다. ⅰ) 신용위험 보장매도기관 등의 투기적 목적의 과도한 레버리지 부담은 보장매도 금융기관의 부실 등 건전성 악화로 이어질 가능성이 있다. ⅱ) 금융기관이 차주기업에 대한 신용위험을 회피할 수 있게 되므로 동 기업에 관한 사후감시(monitoring) 유인을 저하시킬 가능성이 있어 도덕적 해이가 증가할 가능성이 커진다. ⅲ) 부외거래의 특성상 일반투자자의 금융기관 재무상태에 대한 평가를 어렵게 하여 시장의 자율규제기능 및 감독당국의 감독기능을 약화시키는 등 시장의 안전성을 저해시킬 가능성이 있다. ⅳ) 신용파생상품거래에 대해 내부통제시스템이 미흡하거나 이해가 부족할 경우 금융기관의 도산 등 위기상황에 봉착할 가능성이 높아질 수 있다.[65]

(2) 신용부도스왑(CDS)

(가) 서설

1) CDS의 의의와 연혁

가) 의의

① 개념

CDS는 기업, 금융기관, 국가 등의 부도위험에 대한 보장(protection)을 거래하는 신용파생상품이며, CDS 프리미엄은 이러한 위험보장의 대가를 의미한다. 일반적으로 헤지목적의 CDS 거래에서는 보장매수인이 보장매도인에게 보험료와 유사한 성격의 CDS 프리미엄(수수료)을 지급하고, 보장매도인은 계약기간 중 준거자산[66]의 파산이나 지급거절 등과 같은 신용사건이 발생할 경우 준거자산의 손실을 보전하게 된다.

② CDS 프리미엄

CDS 프리미엄은 준거자산의 부도위험에 따라 결정되는데, 프리미엄이 낮을수록 부도확률이 낮은 것으로 이해될 수 있다. 프리미엄은 1년 단위로 지급되는 금액으로서 베이시스 포인트(bp)[67]로 표시되며, 통상 분기 지급이 일반적이다. 일반적으로 CDS를 매수할 경우 동 회사의 부도에 따른 손실을 보전받기 때문에 이론상 회사채 금리에서 CDS 프리미엄을 차감하면 무위

---

65) 황도윤(2011), 12-13쪽.
66) 준거자산이 반드시 보장매수인이 CDS거래를 통해 신용위험을 헤지하고자 하는 기초자산과 동일할 필요는 없다. 예컨대 보장매수인이 보유하고 있는 대출이나 채권 등과 같은 기초자산의 신용위험과 상관관계가 매우 높은 준거자산을 대상으로 CDS거래를 통해 신용위험을 헤지할 수도 있기 때문이다.
67) basis point의 약어로 이자율을 계산할 때 사용하는 단위로 1%는 100bp이고 1bp는 0.01%이다. 예컨대 액면이자율이 10%인 채권이 가격하락으로 실질수익률이 10.5%가 되었을 경우 액면이자율보다 50베이시스 포인트 높아졌다고 말한다. 국제금융시장에서는 자금을 차입하고 대출할 때 사용하는 금리를 런던은행간 금리(LIBOR)에 가산금리(주로 bp로 표시)를 더해 정한다. 국제금융시장에서는 1bp라도 더 받으려는 자금 공급자와 1bp라도 싸게 차입하려는 차입자 간의 힘겨루기가 치열하다.

험 수익률이 남는다.[68] 따라서 CDS 프리미엄은 회사채 수익률과 무위험 수익률의 차액과 같으며, 그런 의미에서 개별회사의 CDS 프리미엄은 동 회사의 차입여건을 나타낸다고 볼 수 있다. 또한 만기가 길어질수록, 준거자산 및 보장매도인의 신용등급이 낮을수록 CDS 프리미엄은 높아지게 된다. 예를 들면 신용등급이 A인 준거자산의 신용위험을 전가시키려는 보장매수인의 입장에서는 신용등급이 BB인 보장매도인과 계약을 맺는 것은 큰 의미가 없다. 왜냐하면 보장매도인인 거래상대방이 먼저 채무불이행 상태에 빠지면 계약을 이행할 수 없기 때문이다. 따라서 보장매수인은 신용등급이 높을수록 프리미엄은 높아지게 되며, 준거자산과 보장매도인 간 채무불이행 상관관계가 낮을수록 프리미엄이 높아진다.[69]

③ 손실보전방식

손실보전방식은 크게 현금정산방식(cash settlement)과 현물인도방식(physical delivery)으로 구분할 수 있는데, 현금정산방식의 경우 손실액을 현금으로 보상해주는 방식으로 손실액 전액을 보상하거나 미리 정한 액수만큼 보상한다. 현물인도방식의 경우 보장매도인이 보장매수인에게 특정 인도 가능 채권을 액면가로 인도함으로써 손실을 보상하는 방식인데, 여기서 인도 가능 채권은 준거자산이거나 일정한 조건을 만족시키는 채권이다.[70] 현물인도방식의 경우 현물인도 후에 신용위험 인수자(보장매도인)가 준거자산을 이용하거나 부도채권의 소유자로서 워크아웃 과정에 직접 참여할 수도 있다는 점에서 현금정산방식과 다르다.

④ CDS거래와 투자

한편 CDS거래는 준거자산에 대한 채권관계와 상관없이 투자목적으로도 많이 이루어지는데, 예컨대 프리미엄 하락(상승)이 예상되는 경우 보장매도(매수)를 하고 프리미엄 하락(상승)시 보장매수(매도)를 하게 되면 프리미엄 차이만큼 이익을 얻게 된다. 실제 거래에서는 프리미엄의 급변동으로 손실을 보는 쪽에서 남은 계약기간 동안의 예상 손실규모를 거래상대방에게 한꺼번에 지급하면서 계약을 조기청산하기도 한다.

⑤ CDS거래의 주요 참가자

CDS거래는 주로 대형 은행의 중개를 통한 장외거래로 이루어지며, 은행, 투자은행, 헤지펀드 및 보험회사 등이 주요 시장참가자이다. CDS시장의 주요 거래자인 은행은 CDS 매수거래를 통해 위험자산의 신용위험을 헤지할 수 있게 되면서 위험자산 투자를 증가시킬 수 있게 되었다. 또한 대형 보험회사 및 헤지펀드 입장에서는 CDS가 보험과의 유사성에도 불구하고 제도적으로 규제를 받는 보험상품이 아니기 때문에 수수료 수입 확대나 투자목적 거래를 많이 하

---

68) 이를 흔히 "Duffie's Parity"라 말한다.
69) 서병호·이윤석(2010), "국내외 은행의 CDS 프리미엄 결정요인 분석 및 시사점", 한국금융연구원(2010. 10), 3-6쪽.
70) 예컨대 대상채권들 중 가장 싸게 거래가 되는 최저 인도 가능 채권(cheapest to delivery)일 수도 있다.

게 되었다.

　나) 연혁

　　CDS는 1990년대 초반부터 원시적인 형태로 산발적으로 거래되었으나, 본격적인 상품으로 취급되기 시작한 것은 1995년 전후 JP Morgan에 의해서인 것으로 알려져 있다. 1989년 Alaska 지방에서 발생한 기름유출사고로 인해 심각한 자금난을 겪고 있던 Exxon사는 1994년 말 JP Morgan에 대출을 요청했는데, Exxon사가 오래된 고객임에도 불구하고 JP Morgan은 부실을 우려하여 대출을 꺼리고 있었다. 그러던 중 당시 신용파생상품팀의 팀장이었던 Blythe Masters가 Exxon사에 대한 대출의 신용위험을 유럽부흥개발은행(EBRD)에 떠넘기는 거래를 성사시켰고, 이것이 오늘날 CDS거래를 활성화시키는 계기로 작용하였다.[71]

　　JP Morgan이 처음으로 CDS를 개발하게 된 이유는 크게 두 가지로 요약될 수 있다. ⅰ) JP Morgan은 당시 여타 투자은행들에 비해 대출규모가 컸기 때문에 신용위험을 헤지할 유인이 높았다. ⅱ) JP Morgan은 당시 런던지점을 중심으로 유럽 주요국의 국채를 활발히 거래하고 있었으므로 1999년 유럽통화동맹(EMU) 출범을 앞두고 유럽 일부 국가에 대한 신용위험을 헤지할 필요가 있었다.

　2) 특징

　　CDS[72]는 기초자산으로부터 신용위험을 분리하여 거래상대방에게 이전하고 그 대가로 일정한 수수료(premium)를 지급하는 금융상품으로 프리미엄과 손실보전금액(contingent default payment)을 교환하는 계약이며 모든 신용파생상품의 기본이 된다.

　　보장매수인은 약정된 계약금액에 대한 프리미엄을 보장매도인에게 지급하고, 계약기간 동안 준거자산에 대한 신용사건이 발생할 경우 보장매도인은 보장매수인에게 손실보전금액을 지급하게 된다. 이러한 스왑계약을 통해 준거자산의 신용위험이 보장매수인에게서 보장매도인에게로 이전하게 된다. CDS계약에서 보장매수인은 준거자산을 기초자산으로 하는 풋옵션[73]을 매수한 것과 동일한 효과를 얻게 되며, 보장매도인의 입장에서는 프리미엄을 지급받고 풋옵션을 매도한 셈이 된다. 또한 CDS의 보장매수인은 준거기업이 발행한 채권에 투자하고 그 채권의 신용위험만을 보장매도인에게 이전한 결과와 유사한 효과를 거둘 수 있다.[74]

---

71) 서병호 · 이윤석(2010), 8쪽.
72) CDS는 국제 신용파생상품시장 또는 국내 신용파생상품시장에서 가장 큰 비중을 차지하고 있는 기본적인 상품이다.
73) 자산을 일정가격에 매도할 수 있는 권리를 의미한다.
74) 노성호(2009), 10-11쪽.

3) 기능

가) 순기능

은행 등 금융기관은 동일차주, 특정 산업 등으로 포트폴리오가 집중되어 있는 경우 도산할 확률이 높아지는데, CDS와 같은 신용파생상품을 활용할 경우, 이러한 신용위험을 완화할 수 있다. 예를 들어 은행이 대출자산 등 유동성이 낮은 자산을 시장에서 매각하는 것은 현실적으로 매우 어렵다. 그러나 은행이 CDS거래를 통해 유동성이 낮은 준거자산에 대한 보장을 매수하면 준거자산을 계속 보유하면서 신용위험을 낮출 수 있다. 이와 같이 CDS는 은행 등 금융기관으로 하여금 고객관계를 그대로 유지하면서 신용위험만을 분리하여 제거할 수 있는 수단을 제공한다는 측면에서 재무구조의 건전성 제고를 위한 유용한 방편으로 활용될 수 있다.

반면 보장매도인의 입장에서 CDS는 수익성이 높은 대출시장에 간접 참여할 수 있는 기회를 주며 최소한의 자금부담으로 신용위험만을 부담하는 레버리지 효과를 통해 고수익을 겨냥할 수 있는 투자수단이다. 즉 은행 대출채권의 수익률에는 관심이 있지만 대출관리 등에 소요되는 비용을 꺼리는 투자자들이 은행 대출채권을 직접 매수하지 않고도 매수한 것과 동일한 효과를 누릴 수 있다. 또한 은행 등 금융기관은 이미 보유하고 있는 신용위험과 상관관계가 낮은 다른 신용위험을 매수함으로써(보장매도인으로 참여) 자신의 신용 포트폴리오를 다변화하여 전체 자산 포트폴리오의 안정성을 높이는 동시에 수수료 수입의 확대를 도모할 수도 있다.

또한 거시적인 측면에서 볼 때 CDS와 같은 신용파생상품을 활성화하게 되면 신용위험에 대한 가격결정의 효율성을 높여 금융시장의 안정성 및 효율성을 높이는 효과를 기대할 수 있으며 대출시장에 유동성을 제공함으로써 전반적인 금융중개기능도 제고된다. 이와 더불어 신용파생상품시장의 발달은 대출 등의 신용위험에 대한 유용한 가격정보를 제공하여 금융시장의 효율성을 높이는 기회를 제공한다. 예를 들어 1997년 외환위기 이후 은행의 신규대출 기피 및 기존대출 회수 사례, 1999년 8월 대우사태, 2000년 5월 현대사태 이후 금융기관의 회사채인수 기피 사례 등에서 우리나라가 경험한 신용경색 현상은 CDS시장의 미발달에도 일부 기인한다.

나) 역기능

반면 CDS는 잠재적인 역기능도 하고 있는데, ⅰ) 금융기관의 차주기업에 대한 사후감시(monitoring) 유인을 저하시킬 가능성이 있고, ⅱ) 보장매도인 등의 과도한 레버리지 부담이 보장매도 금융기관의 도산 등 부실로 이어질 가능성이 있으며, ⅲ) 부외거래의 특성상 일반투자자의 금융기관 재무상태에 대한 평가를 어렵게 하여 시장의 자율규제기능 및 감독당국의 감독기능을 약화시킬 가능성이 있다. 2008년 9월 16일 미국 연준으로부터 850억 달러 규모의 구제금융 지원을 받은 미국 최대의 보험회사인 AIG의 사례가 가장 극명한 예일 것이다. 2008년 초전까지만 해도 주가가 50달러를 상회하고 1조 달러를 상회하는 자산과 자본금이 960억 달러에 달했던 금융기관이 한때 주가가 1달러에도 못미치게 되었다. 이는 다름 아닌 그동안 AIG의 막대한 수익원이었던 614억 달러에 달하는 CDS 포트폴리오가 부실화되었기 때문이다.

이처럼 CDS거래는 부도위험을 분산 또는 이전시킴으로써 금융기관의 자산유동화를 촉진시키는 등 그동안 많은 순기능을 해 왔음에도 불구하고 금융위기시 초래할 수 있는 막대한 손실에 대해서는 많은 사람들이 크게 신경쓰지 않았다. 물론 CDS거래의 위험성에 대한 각계의 지적은 AIG사태 이전부터 있어 왔던 것은 사실이다.[75] 그러나 이러한 지적이나 경고는 CDS거래에 대한 규제로 이어지지는 않고 단순히 그 위험성에 대해서 주의를 환기시키는 정도로 넘어가곤 하였다.[76]

(나) CDS와 지급보증

1) CDS와 지급보증의 유사성

지급보증은 은행 등의 금융기관 등이 상품으로 취급하는 보증계약[77]을 말한다.[78] 지급보증은 민법 제428조의 보증채무를 지는 계약, 즉 보증계약의 일종으로서 보증인이 주채무자로부터 수수료 등의 대가를 받고(즉 상행위로서) 채권자와 체결한다는 특성을 갖는다. 따라서 일반적인 보증계약과 같이 다음과 같은 주요한 특성을 가진다. i) 주채무자가 주채무의 이행을 하지 못하는 경우 보증인이 이를 대신 이행할 책임을 진다(민법428①). ii) 보증채무의 부담은 주채무를 한도로 한다(민법430). iii) 주채무자의 항변(상계권, 취소권, 해제권 등)을 원용할 수 있다(민법434 및 435). iv) 보증인이 주채무를 변제한 경우에는 주채무자에 대한 구상권을 가진다(민법442).

종래 CDS와 지급보증이 비교되어 왔던 이유는, CDS의 준거자산이 주채무자에 대한 채권일 경우 보장매수인인 채권자가 보장매도인으로부터 지급보증을 받은 것과 거의 동일한 경제

---

75) 2001년 노벨 경제학상 수상자인 George Akerlof는 1993년에 CDS가 다음 금융위기의 원인으로 작용할 것이라고 예언하였으며, 투자의 귀재로 불리는 워렌 버핏은 2003년에 CDS를 이른바 "대량살상무기(weapons of mass destruction)"로 규정하였다. Christopher Cox 前 미국 증권거래위원회 위원장도 규제로부터 자유로운 CDS가 글로벌 금융위기 발발에 주요한 원인 중 하나라고 지적하였다. 투자의 연금술사로 불리는 조지 소로스도 CDS가 "독성(toxic)"을 지녔으며 굉장히 위험한 파생상품임을 강조하였다. 1997년 노벨 경제학상 수상자이며 CDS 프리미엄 결정모형 개발에 결정적 기여를 한 Myron Scholes는 장외 CDS거래가 너무 위험하기 때문에 이들을 전부 "폭파"시키거나 "소각"해야 한다고 주장하였다.

76) 서병호·이윤석(2010), 10~11쪽.

77) 지급보증이란 은행이 거래처(지급보증신청인)의 위탁에 따라 그 거래처가 제3자에 대하여 부담하는 채무를 보증하여 주는 거래로서, 은행과 거래처 사이에 체결된 보증위탁계약에 터 잡아 은행이 다시 채권자와 사이에 보증계약을 체결함으로써 성립하고, 그로 인하여 지급보증을 한 은행은 거래처가 주채무를 이행하지 못할 경우에 그 보증채무를 이행할 의무를 지게 되며, 이러한 지급보증계약은 통상 은행이 지급보증서라는 형식의 서면에 보증의 의사표시를 하여 피보증인인 거래처로 하여금 채권자에게 전달하는 방식으로 체결되고, 그 보증범위는 지급보증서 등에 표시된 보증의사의 해석을 통하여 결정된다고 판시하여 지급보증의 성격을 정의하고 있다(대법원 2002. 10. 11. 선고 2001다62374 판결).

78) 은행법 제2조 제1항 제6호는 "지급보증"이란 은행이 타인의 채무를 보증하거나 인수하는 것을 말한다고 규정한다.

적 효과를 거둘 수 있기 때문이다. 즉 채권자를 CDS의 보장매수인으로, 보증인을 CDS의 보장매도인으로 치환하면, 주채무자의 채무불이행시 보장매수인은 보장매도인에게 주채권을 양도하고 주채권의 명목가치(통상 잔존원금가액)를 받아서 주채무의 이행과 동일한 효과를 거두거나(실물결제의 경우), 아니면 주채무자가 이행하지 못한 금액만큼을 보장매도인으로부터 받아 주채무의 이행과 동일한 효과를 거둘 수 있다(현금결제의 경우).[79]

2) 지급보증과 CDS의 차이

CDS와 지급보증은 법적으로는 구별이 가능한데, 그 이유는 다음과 같은 4가지 점에서 유형의 본질적 차이가 있기 때문이다. 4가지 구별기준 중 가장 중요한 차이는 세 번째 사유라고 할 수 있다.

ⅰ) 주채무자와 보증인의 관계

㉠ 지급보증: 주채무자가 보증인에게 비용을 지급하고 보증을 위탁한다. 일반적으로 주채무자와 보증인의 관계가 채권자와 보증인의 관계보다 긴밀하며,[80] 주채무자가 보증인에게 수수료를 지급한다. ㉡ CDS: 준거자산의 채무자와 보장매도인은 아무런 관계가 없다.

ⅱ) 채권자와 보증인의 관계

㉠ 지급보증: 채권자와 보증인 사이에 보증계약이 체결되지만, 채권자가 보증인에게 수수료를 지급하지는 않는다. ㉡ CDS: 보장매도인과 보장매수인 간에 CDS계약 체결 후 보장매수인이 보장매도인에게 수수료를 지급한다.

ⅲ) 주채무의 존재와 보증계약의 관계

㉠ 지급보증: 주채무의 존재는 필수적이며 피보증인은 주채무의 채무자이어야 한다. 보증인은 주채무의 한도에서만 책임을 지고, 주채무에 생긴 사유가 보증계약에 영향을 준다. ㉡ CDS: 준거자산은 존재해야 하나 보장매수인이 반드시 준거자산을 보유해야 하는 것은 아니다. 준거자산이 개별적으로 변제·소멸·취소되었다는 사정이 CDS계약에 영향을 미치지 않는다.

ⅳ) 구상권의 존재

㉠ 지급보증: 보증인은 주채무자에 대하여 보증인이 대이행한 채무에 상응하는 구상권을 행사할 수 있다. ㉡ CDS: 보장매도인이 실물결제의 방법으로 준거자산을 양수한 경우에만 채권양수인으로서 준거자산의 채무자에게 채권을 행사할 수 있다.

---

79) 정성구(2017), "TRS와 지급보증, 신용공여 및 보험 규제의 접점", 서울대학교 금융법센터 BFL 제83호 (2017. 5), 45-46쪽.
80) 극단적으로 채권자가 누구냐와 상관없이 특정인의 채무를 보증하는 계약도 성립할 수 있는데, 한국의 보증계약은 채권자와 보증인 사이의 계약을 필요로 하므로 위와 같은 계약은 보증계약으로 부르기는 어렵다. 단 보증보험, 사채보증, 어음보증과 같은 경우에 그러한 유형의 보증행위를 볼 수 있다.

3) CDS를 지급보증과 같이 규제하는 경우

앞서 보았듯이 CDS와 지급보증은 법적으로는 구별되나 경제적으로는 유사성이 강하다. 따라서 지급보증에 관한 법적 취급에서 규제의 이유가 경제적 효과에 기인하는 때에는 CDS도 동일하게 취급되는 경우가 많다. 다음과 같은 예를 들어 볼 수 있다.[81]

i) 보험업법 제113조에 따르면 보험회사는 타인을 위하여 그 소유자산을 담보로 제공하거나 채무보증을 할 수 없다. 다만 보험업법 및 동법 시행령에서 정하는 바에 따라 채무보증을 할 수 있는 경우에 한하여 가능하다. 이에 따라 보험업법 시행령 제57조의2 제1항에서는 "신용위험을 이전하려는 자가 신용위험을 인수한 자에게 금전등의 대가를 지급하고, 신용사건이 발생하면 신용위험을 인수한 자가 신용위험을 이전한 자에게 손실을 보전해 주기로 하는 계약에 기초한 증권(자본시장법 제3조 제2항 제1호에 따른 증권) 또는 예금을 매수하거나 가입할 수 있다"라고 규정하여 신용연계채권(CLN: credit linked note)과 신용연계예금(CLD: credit linked deposit)을 예외적으로 허용하고 있다. 그 반대해석으로 위 보험업법 제113조 및 동법 시행령 제57조의2 제1항에 따른 예외로 취급되지 않는 CDS는 허용되지 않는 보증으로서 보험회사가 취급하는 것(즉 보장매도인이 되는 것을 말한다)은 금지된다.

ii) 은행업감독규정 시행세칙 [별표 3] "신용·운영리스크 위험가중자산에 대한 자기자본비율 산출기준(Basel Ⅲ 기준)" 제2장 신용리스크 표준방법, 제6절 신용위험경감기법, 제6관 보증 및 신용파생상품, 제1목 적격요건(항목 88-98)에 따르면 일정 요건을 충족하는 보증과 신용파생상품을 동등한 신용위험경감기법으로 인정한다.

iii) 금융투자업자는 겸영업무로서 지급보증업무를 수행할 수 있는데(자본시장법40①(5) 및 영43⑤(6)), 이 업무를 영위하기 위하여는 증권 및 장외파생상품에 대한 투자매매업을 경영하는 경우에만 가능하다. 그 이유는 신용파생상품이나 신용파생결합증권을 취급할 수 있는 금융투자업자는 지급보증을 금지하여도 어차피 동일한 경제적 효과를 가진 신용파생상품 또는 신용파생결합증권을 취급할 수 있기 때문이다.

지급보증과 CDS의 기능적 목적(채권자가 보유하는 신용위험의 이전)이 상호 유사한 점에 관하여는 의문을 제기하기 어렵다. 따라서 위에 열거된 것 외에도 지급보증을 규제하는 목적이 보증인에 의한 신용위험 인수를 이유로 하는 경우, 같은 기능적 목적을 가진 CDS도 규제하는 것이 타당하다고 생각된다.

(다) CDS와 보험

1) 보험의 특징

CDS와 보험의 유사성 및 그 구별기준에 대하여는 이미 국내외에서 많은 연구가 이루어져

있다. 학계와 실무에서 두 상품의 유사성에 관심을 기울이고 연구를 하게 되는 이유는 어느 나라이든 보험과 CDS에 대한 규제를 매우 다른 각도에서 접근하고 있어 두 상품 간 규제차익이 매우 큰 데 비하여 두 상품이 경제적인 면에서 매우 유사하기 때문이다. 즉 준거채무자 또는 준거자산에 관한 신용사건이 발생하였을 때 보장매수인에게 발생할 수 있는 손실을 보장매도인이 보전해 주는 CDS의 구조에서, 보장매도인을 보험자, 신용사건을 보험사고, 보장매수인을 피보험자로 대체하면 CDS와 보험(그중에서도 손해보험) 사이의 경제적 기능의 차이를 발견하기 어렵다.

두 상품에 적용되는 가장 중요한 규제상 차이는 진입규제에서 나타난다. 보험은 전통적인 금융상품으로서 일반투자자를 상대로 한 장기수신상품이라는 특성상 어느 나라나 대개 보험업을 영위할 수 있는 자격을 인·허가로 제한하고 있고, 그러한 인·허가를 받은 보험회사 외에는 보험상품을 다루지 못하게 하고 있다.[82] 반면 CDS는 비교적 최근에 개발된 금융상품으로서, 상품개발 초기에는 규제가 없다가 2008년 금융위기 이후 각국에서 강력한 규제를 하기 시작하였다. 앞서 보았듯이 우리나라의 경우 보험회사는 CDS의 보장매도인이 될 수 없고 다른 나라도 비슷한 규제를 둔 경우가 있다.[83] 이와 같이 보험이냐 CDS냐에 따라 어느 금융기관이 이를 취급할 수 있느냐(다시 말하면 취급할 수 없는 상품을 취급함으로써 발생하는 매우 중요한 위법사실의 존재 여부)가 결정되므로, 보험과 CDS의 구별은 매우 중요한 의미를 갖는다.[84]

보험의 본질적 요소만을 간단하게 요약하면 다음과 같다. i) 동질적이고 우연한 사고의 발생에 관한 경제적 위험 및 그 위험을 공유하는 다수의 자(즉 보험가입자)들이 존재하여야 한다. ii) 보험자가 다수의 보험가입자로부터 해당 위험을 인수하고 그 대가로서 대수의 법칙을 응용한 확률계산방식으로 계산한 보험료를 받아 이를 관리·운영하여야 한다. iii) 보험자는 어느 보험가입자에게 실제로 위험이 발생한 경우 해당 보험가입자에게 발생한 재산상의 수요를 충족하기 위하여 약정한 방식으로 계산되는 금원을 해당 보험가입자에게 지급하여야 한다.[85]

82) 보험업을 영위하기 위하여는 한국의 경우 보험업법 제4조에 의한 금융위원회의 허가가 필요하다. 미국의 경우 주마다 보험업법을 두고 있는데 뉴욕주 보험업법은 주정부의 면허(license)가 필요하다(New York Insurance Law Sec.1102). 일본은 내각총리장관의 면허가 필요하다(일본 보험업법3). 영국의 경우 보험의 인수는 The Financial Services and Markets Act 2000(Regulated Activities) Order 2001 제10조에 의하여 그 영업을 위하여 금융행위규제청(Financial Conduct Authority: FCA)의 인가(authorization)가 필요하다(이기형·변혜원·정인영(2012), "보험산업 진입 및 퇴출에 관한 연구", 보험연구원(2012. 10), 69~70쪽, 94쪽).
83) 예를 들어 영국의 경우에도 보험회사는 FCA 핸드북에 포함된 Prudential Sourcebook for Insurers(INSPRU) 1.5.13R에 의해 투자업무에 제한을 받게 되는데, 신용파생상품을 통한 신용보장(credit protection)을 제공하는 것도 금지된다고 한다.
84) 보험상품은 보험의 주된 고객인 일반투자자의 보호를 위하여 영업행위에 관한 엄격한 제한을 두고 있으며(영업행위규제), 보험회사의 건전성에 관하여는 모든 금융기관 중 최고 수준으로 강력한 규제를 받는다(건전성규제). 이에 반하여 CDS거래 자체는 독자적인 건전성규제의 대상은 아니며, 다른 파생상품과 함께 거래에 따른 위험을 계산하여 파생상품을 거래하는 금융투자업자의 자본적정성에 영향을 주게 된다(건전성규제). 또한 CDS와 같은 상품은 일반투자자가 거래하는 경우는 거의 상정하기 어렵다.
85) 정성구(2017), 53~54쪽.

2) 보험과 CDS의 차이

위 본질적 요소에 근거하여 보험계약과 CDS를 구별해 보면 아래와 같다.

ⅰ) 위험

㉠ 보험: 우연한 사고로 발생하는 위험이 존재해야 한다. ㉡ CDS: 당사자가 통제할 수 없는 신용위험이 존재해야 한다.

ⅱ) 당사자

㉠ 보험: 동질적 위험을 공유하는 다수의 자가 존재해야 한다. ㉡ CDS: 보장매수인이 실제로 신용위험을 부담하는 자일 필요는 없다.

ⅲ) 비용

㉠ 보험: 다수의 자로부터 대수의 법칙을 응용한 확률 계산을 응용해 산정한 보험료를 비축하고, 이 보험료를 운용한 재원으로 급부가 이루어진다. ㉡ CDS: 수수료 계산은 반드시 대수의 법칙에 근거할 필요가 없고, 급부의 재원도 다수의 자로부터 출연된 것을 적립·운영한 것일 이유는 없다.

ⅳ) 급부

㉠ 보험: 위험 발생시의 실제 손해에 상응하는 금원의 지급이 있어야 한다. ㉡ CDS: 신용사건 발생시에는 정해진 공식에 따른 금전을 지급하면 되며, 실제 손해금일 이유는 없다.

3) CDS와 보험의 구별기준

유사성의 연결고리가 존재함에도 불구하고, 보험업과 파생상품에 관한 투자매매업이 별도로 존재하는 국내 규제체계상 CDS와 보험을 같은 상품으로 인식하는 것은 곤란하다. 결국 우리나라에서도 양자의 구별은 필요한데, 기능적인 면에서 양자를 구별하는 것은 매우 어렵다. 따라서 미국이나 일본의 선례에 따라 입법적인 해결을 생각해 볼 수 있다.[86]

양자의 구별기준은 아래와 같이 주로 형식적인 면에 기초한 것이며, 주로 실무에서 보험과 CDS를 구별하는 방법을 요약한 것이다. 이를 통하여 CDS와 보험은 대부분의 경우 구별이 가능할 것으로 예상된다. 비록 파생상품과 보험을 구별하는 입법이 없어도 실제 보험과 신용파생상품이 규제 측면에서 서로 문제를 발생시키는 경우는 거의 없는 것으로 보이며, 실무에서 양자는 완전히 구별되는 것으로 취급되고 있다.[87]

일단 보험계약을 구별해 내는 것보다는 CDS를 구별해 내는 것이 용이하다. 그 이유는 CDS는 자본시장법상 스왑계약임을 전제로 하고(법5①(3)), 스왑계약의 경우에는 대부분 채무자

---

86) 보험업법 시행령 제1조의2 제3항에는 14종류의 손해보험이 열거되어 있는데, 이 중 보증보험은 포함되어 있고 신용파생상품은 포함되어 있지 않다. 신용파생상품이 여기에 열거되지 않은 것은 신용파생상품이 보험이 아니라는 점에 대하여 의문의 여지가 없기 때문일 것이다.

87) 정성구(2017), 57-58쪽.

회생법 제120조 제3항의 기본계약으로 인정되기 위한 독특한 구조를 갖고 있으며, 거의 100%의 스왑계약이 국제적 또는 국내적으로 표준화된 형식의 계약서를 사용하여 체결되므로 외관상 확연히 구별이 가능하기 때문이다.[88] 한편 보험의 경우에는 (당사자가 보험업법을 위반할 생각이 아니라면) 대부분 금융감독당국이 미리 승인한 표준약관을 사용하며, 표준약관이 아닌 경우에도 금융감독기관에 신고한 약관을 사용한다. 또한 보험계약에서는 보험계약에 정한 보험가입자의 권리를 표창하는 보험증권을 교부하는 특징이 있다.

나아가 계약내용을 살펴보면 적지 않은 상이점을 찾을 수 있다. i) CDS는 보장매수인이 준거자산을 보유하고 있지 않는 경우, 즉 네이키드 스왑이 존재할 수 있지만 보험은 그러한 경우가 존재할 수 없다. 따라서 준거자산의 보유를 전제로 하거나 그 증빙에 관한 내용이 있다면 보험계약으로 보아야 할 가능성이 높다. ii) CDS는 현물결제방식을 통해 보장매도인이 인도자산을 인도하는 경우가 아니라면 보장매도인이 보장매수인을 대위하여 준거채무자에게 채권을 행사할 수 없으나, 보험은 기본적으로 보험자대위가 가능하다. 근래의 CDS는 점점 현물결제를 지양하고, 현금결제 특히 경매방식의 결제(auction settlement)를 기본적 결제방법(default settlement)으로 하는 경우가 많아지고 있으므로, 이 또한 중요한 구별기준으로 작용할 수 있다. iii) CDS는 대리인을 통해 거래하는 경우가 불가능한 것은 아니나 극히 드물다. 반면 보험은 대리인을 통해 거래하는 경우가 매우 많다. iv) CDS는 일방의 해지권이 인정되지 않으며 해지시 환급에 관한 조항이 없거나 명확하지 않다. 그러나 보험은 법률상의 요건 때문에 해지와 환급에 관한 내용이 대부분 포함되어 있다. v) CDS는 계약기간 중간에 위험이 증가한다고 하여 수수료를 올리는 경우는 드물지만, 보험은 현저한 위험증가를 사유로 보험료를 조정하는 경우가 많다.

(라) 국가 CDS 프리미엄

1) 서설

가) 국가신용위험지표의 의의

외평채[89] 가산금리와 국가 CDS 프리미엄은 국제금융시장에서 우리나라의 신용위험 수준을 나타내는 지표로 널리 사용된다.[90] 따라서 국가신용위험지표의 급속한 상승은 직접적으로 외화자금 조달비용 상승을 가져올 뿐만 아니라 시장참가자들 사이에 우리 경제에 대한 불안

---

88) ISDA Master Agreement나 금융투자협회에서 제정한 장외파생상품거래 한글약정서 권고안 등이 그것이다.

89) 외평채란 외국환평형기금채권(외국환거래법13 및 14)의 약자로 우리나라 정부가 환율과 외환시장을 안정시키기 위해 조성하는 외국환평형기금을 마련하기 위해 발행하는 채권을 말한다.

90) 외평채 가산금리, 국가 CDS 프리미엄과 더불어 국가신용위험지표로 흔히 언급되는 국가신용등급(sovereign credit rating)은 국제신용평가기관들이 통상 특정 국가의 신용위험도 변화가 영구적(permanent)인 것으로 판단될 경우에 신용등급을 조정하기 때문에 단기적인 국가신용위험 변화를 반영하는 데 한계가 있다.

심리를 고조시킬 가능성이 있다. 또한 국가신용위험지표의 상승으로 시장의 불안 심리가 확산
될 경우 환율변동성 확대 등으로 환율정책 운용상의 어려움도 가중될 수 있다.

2008년 글로벌 금융위기 이전 매우 낮은 수준을 지속하던 우리나라의 국가 CDS 프리미엄
과 외평채 가산금리는 미국 서브프라임 모기지 사태에 따른 국제금융시장 불안의 여파로 2007
년 하반기 들어 상승세로 돌아선 후 2008년 9월 15일 리먼 브라더스 파산사태 이후에는 급등
세를 나타냈다. 이런 가운데 글로벌 금융위기 이후 아시아 주요 신흥시장국의 국가신용위험지
표 상승폭 및 변동성을 국가 CDS 프리미엄을 기준으로 비교해 보면,[91] 우리나라가 상대적으로
크게 나타났다.[92]

나) 국가 CDS 스프레드의 의의

2013년 국제신용평가기관들이 세계 주요국의 부채상환능력에 대한 우려를 반영하여 일부
서방 선진국의 국가신용등급을 하향조정하면서, 이들 국가의 CDS 스프레드가 큰 폭으로 상승
하였다. 우리나라의 경우 2011년 하반기 유럽 재정위기의 영향으로 상승세를 보였던 외평채
CDS 스프레드가 글로벌 금융시장의 불안과 한반도의 지정학적 리스크에도 불구하고 최근에는
비교적 안정된 모습을 보이고 있다. 국가 CDS 스프레드는 국가신용위험을 나타내는 지표로
CDS 스프레드가 상승하면 정부의 외화조달비용이 상승하고 해당 국가에 속한 기업의 자금조
달비용에도 악영향을 미친다. 또한 대외 국가신인도를 하락시켜 외국인 투자자금의 유출과 국
내금융시장의 변동성을 확대시키는 요인으로 작용한다.

국가신용위험의 지표로 채권 가산금리가 주로 활용되었으나, 2011년 유럽 재정위기의 영
향으로 국가부도위험에 대한 우려가 커진 가운데 국채를 기초자산으로 하는 국가 CDS의 거래
가 급증하면서 국가신용위험의 대용 지표로 국가 CDS 스프레드에 대한 관심이 높아졌다.

CDS는 정부, 기업 등 채권 발행주체의 부도위험에 대한 보장을 거래하는 파생상품이다.
부도위험을 헤지하기를 원하는 CDS 매수인은 매도인에게 위험보장의 대가로 수수료를 지급하
고, 매도인은 계약기간 중 부도가 발생하면 매수인의 손실을 보전해 주는 구조이다. CDS 스프
레드는 CDS 매수인이 매도인에게 부도위험을 이전한 대가로 지급하는 수수료를 말한다. CDS
스프레드는 기준금리인 리보(LIBOR: London interbank offered rate)에 부도위험 프리미엄, 즉 가
산금리를 더해 결정된다. CDS는 1997년 아시아 외환위기 당시 신흥시장국에 대한 해외 투자자

91) 여타 아시아 신흥시장국도 우리나라의 외평채에 해당하는 외화표시국채를 발행하였다. 그러나 이러한 외
화표시국채의 발행시기 및 만기 등이 국가별로 크게 달라 동일 기준으로 가산금리 수준 등을 비교하기 어
려운 점이 있다. 이에 반해 국가 CDS 프리미엄은 동일한 기준(예: 5년 만기 계약)을 적용하여 국가 간 비
교를 쉽게 할 수 있다.
92) 성광진(2009), "우리나라의 국가신용위험지표에 관한 분석", 한국은행 MONTHLY BULLETIN (2009. 11),
24쪽.

들의 헤지 수요가 증가하면서 시장규모가 확대되었다. 2000년대 초반 1조 달러 정도에 불과했던 CDS의 시장규모는 글로벌 금융위기 이전인 2007년에는 60조를 상회하였다. 2008년 이후에는 글로벌 금융위기의 여파로 CDS의 거래가 다소 위축되었으나 2011년 유럽 재정위기와 신흥시장의 금융시장 불안 등의 영향으로 거래규모가 다시 증가하고 있다.

국가 CDS는 각국 정부가 발행한 국채를 기초자산으로 하는 신용파생상품으로 외화표시 국채발행 물량이 많은 국가들에서 활발히 거래되고 있다. 국가 CDS거래의 가격지표인 국가 CDS 스프레드는 투자자들이 국제금융시장에서 해당 국가의 부도 내지 신용위험을 평가하는 지표로 그 활용도가 높아지고 있다. 우리나라의 경우 정부가 발행한 외평채를 기초자산으로 한 CDS가 거래되고 있다. 우리나라의 외평채 CDS 스프레드는 글로벌 금융위기의 여파로 2008년 10월 말 675bp를 기록하여 사상 최고치를 기록한 바 있으나, 이후 하락하여 비교적 안정된 모습을 보였다. 2011년 하반기에는 유럽 재정위기의 영향으로 외평채 CDS 스프레드가 다시 상승하는 양상을 보였으나, 2012년 이후에는 국제금융시장의 안정과 국내경제의 회복세 등에 힘입어 다시 하향안정세를 나타내고 있다.[93]

다) 논의의 배경

A기업은 1년 만기로 100억원의 회사채를 발행하였고 이를 B은행 50억원, C은행 50억원에 매수하였다. 그러나 C은행은 최근 A기업의 자금경색에 대비하여 D금융회사와 CDS계약을 맺고 프리미엄을 지급하였다. 한 달 뒤 A기업은 법정관리를 신청했고 결국 부도처리 되었다. 이때 B은행은 투자금을 회수하지 못했으나 C은행은 D금융회사를 통해 회수할 수 있었다.[94]

2013년 미국의 셧다운(정부 폐쇄)이 장기화할 조짐을 보이면서「미국 디폴트(채무불이행)」우려가 제기되어 투자자들을 불안에 떨게 하였다. 2013년 10월 3일 미국의 부도 가능성을 나타내는 국채(5년물) CDS 프리미엄은 42bp를 기록하며 지난 2009년 11월 이후 가장 큰 상승폭을 나타냈다. 그 후 미국 상원이 부채한도를 일시적으로 증액하고 정부 운영을 재개하기로 합의함에 따라 미국 정부는 디폴트 우려에서 벗어나게 되었다.

2008년 금융위기 이후 기업이나 국가의 부도위험이 높아지면서 CDS 프리미엄의 역할이 중요해졌다.

---

93) 조성원(2014), "국가 신용부도스왑 프리미엄의 결정요인: 거시경제 기초여건의 영향", 한국자료분석학회(2014. 6), 1363- 1365쪽.

94) 이조은(2013), "한국CDS(Credit Default Swap) 프리미엄 결정요인에 관한 소고", 한국주택금융공사 주택금융월보 2013년 11월호(2013. 11), 20-21쪽.

2) 국가 CDS 프리미엄과 외평채 가산금리

가) 국가 CDS 프리미엄의 개념

CDS는 기업, 금융기관, 국가 등의 부도위험에 대한 보장(protection)을 거래하는 신용파생상품이며, CDS 프리미엄은 보장매수인이 부도위험을 이전한 대가, 즉 원금을 보장받는 대가로 지급하는 수수료를 의미한다. 위 사례에서 C은행(보장매수인)은 D금융기관에 수수료를 지급하였기 때문에 A기업의 부도에도 불구하고 원금을 보장받을 수 있었다.[95]

보장매수인은 보유채권의 부도위험을 이전하기 위해 CDS 프리미엄을 지급하고(CDS 매수), 보장매도인은 위험감수 대가로 프리미엄을 수취하고 신용사건 발생시 손실보전(CDS 매도)하는 것으로 한국 CDS거래는 외평채를 준거자산으로 한다.[96]

개별 국가의 신용위험을 거래하는 국가 CDS는 외화표시 국채발행 물량이 많은 일부 신흥시장국 및 선진국을 중심으로 비교적 활발히 거래되는 것으로 파악되고 있다. 우리나라의 국가 CDS 프리미엄은 우리나라에 신용사건이 발생할 경우 외평채에 대한 투자손실을 보전받기 위해 지급하는 대가를 의미한다.[97]

우리나라의 국가 CDS 프리미엄은 시장에서 평가하는 우리나라의 신용위험 수준을 나타낸다. 따라서 국가 CDS 프리미엄은 기본적으로 우리나라의 경제펀더멘털이나 대외지급능력을 반영하게 된다. 또한 국내 주식 및 채권 투자 등으로 우리나라에 대한 익스포져를 보유한 투자자의 신용위험 헤지 수요 정도도 국가 CDS 프리미엄에 영향을 미칠 수 있다. 이외에도 국제금융시장의 여건이나 글로벌 위험회피도(global risk aversion) 등 투자 심리적 요인에 의해서도 국가 CDS 프리미엄이 변동한다. 특히 리먼 브라더스 파산사태 이후에는 전반적인 CDS시장 상황이 투자 심리적 요인에 매우 민감하게 반응하는 모습을 나타내었다.[98]

나) 외평채 가산금리의 개념

외평채 가산금리란 국제금융시장에서 형성된 외평채 수익률의 미국 국채 수익률 대비 가산금리(spread)를 말한다. 여기서 가산금리의 산정은 유통 중인 외평채[99]의 잔여 만기와 가까운 만기의 미국 국채를 기준으로 한다.

---

95) 이조은(2013), 21-22쪽.
96) 외평채를 보유하고 있지 않은 헤지펀드 등이 향후 우리나라의 신용위험이 높아지고, 이에 따라 CDS 프리미엄이 상승할 것이란 예상하에 투기(speculation) 목적의 보장매수 거래를 할 수도 있으며, 예상대로 CDS 프리미엄이 상승할 경우 기존 거래를 청산함으로써 CDS 프리미엄 변동분만큼 이익을 실현할 수 있다.
97) 우리나라의 국가 CDS거래는 통상 미달러화를 기준통화로 하여 이루어지기 때문에 신용사건 발생 시 보장매수인은 미달러화 표시 외평채를 인도하고 채권 액면금액을 지급받게 된다.
98) 성광진(2009), 26-27쪽.
99) 정부는 외화유동성을 확보하는 동시에 기업, 금융기관 등 민간부문의 해외차입시 기준금리(benchmark) 역할을 수행하게 할 목적으로 국제금융시장에서 미달러화 및 유로화 표시 외평채(외국환평형기금채권)를 발행하였다.

외평채 가산금리는 외평채 수익률과 무위험자산(risk-free asset)으로 인식되는 미국 국채 수익률 간의 차이이므로 결국 채권 발행주체인 우리나라의 신용위험 수준을 나타내는 것으로 볼 수 있다. 따라서 외평채 가산금리도 CDS 프리미엄과 같이 기본적으로 우리나라의 경제펀더멘털이나 대외지급능력을 반영하게 된다. 다만 최근 들어서는 외평채 가산금리가 우리나라 경제여건의 변화와 상관없이 글로벌 위험회피도의 변화, 미국 국채 수익률의 변동,[100] 외평채 및 여타 신흥시장국 외화표시채권의 수급 상황 등에 크게 영향을 받는 것으로 보인다.[101]

다) 국가 CDS 프리미엄과 외평채 가산금리 간 이론적 관계

CDS 프리미엄과 외평채 가산금리는 우리나라의 국가 신용위험 정도를 나타내고 서로 밀접하게 연계된 지표이나, 산정방법이나 결정요인 등의 면에서 일부 차이점이 있다. 우선 외평채 가산금리가 미국 국채 수익률을 기준금리로 하여 산정되는 데 비해 CDS 프리미엄은 일반적으로 리보(LIBOR)에 대한 가산금리로 간주[102]되고 있다.

또한 결정요인 면에서 외평채 가산금리는 우리나라의 경제펀더멘털이나 대외지급능력 외에 미국 국채 수익률의 변동, 신흥시장국 외화표시채권 수급 등의 요인에 의해서도 영향을 받는다. 이에 비해 CDS 프리미엄은 우리나라에 대한 익스포져를 보유한 투자자의 헤지 수요 정도에 따라 크게 등락할 수 있다.

실제로 거래비용, 최저가인도옵션(cheapest-to-deliver option),[103] 시장의 수급요인, 거래상대방위험[104] 등에 따라 CDS 프리미엄과 외평채 가산금리 간에 일정 수준의 괴리가 발생하는 것이 보통이다.

---

100) 일례로 2009년 3월 18일 미국 연준의 장기국채 매수계획 발표 등으로 미국 국채 수익률이 급락(5년물 기준 전일 대비 45bp 하락)함에 따라 외평채 가산금리는 전일 대비 34bp나 급등한 바 있다.

101) 성광진(2009), 30-31쪽.

102) 이는 CDS 등 파생상품거래가 위험채권 투자와 연계하여 이루어질 경우 조달비용 내지 기회비용으로서 리보를 고려하는 것이 합리적이기 때문이다. 이처럼 CDS 프리미엄이 가산금리의 성격을 갖고 있기 때문에 CDS 프리미엄이라는 용어 대신에 CDS 스프레드(CDS spread)라는 표현도 널리 사용된다.

103) 최저가인도옵션은 우리나라에 신용사건이 발생할 경우 CDS 보장매수인이 우리 정부가 발행한 여러 외평채 가운데 유통가격이 가장 낮은 채권을 인도할 수 있는 권리를 말한다.

104) 외평채를 매수한 투자자는 우리나라의 신용위험에 노출되기는 하지만 거래상대방위험을 부담하지 않는다. 이에 비해 외평채를 매수하고 우리나라의 신용위험을 헤지하기 위해 CDS 보장매수를 한 투자자는 우리나라에 신용사건이 발생할 경우 보장매도인이 손실을 보전해 주지 못할 위험, 즉 거래상대방위험을 부담하게 된다. 글로벌 금융위기 이후 대형 금융기관의 부실 및 파산이 이어지면서 장외파생상품거래와 관련한 거래상대방위험이 큰 이슈가 되었다. 이와 관련하여 ECB(2009)는 소수의 전문화된 대형 금융기관들이 CDS 등 장외파생상품 포지션을 대거 보유하고 있고 장외파생상품 포지션이 금융기관간에 밀접히 연계되어 있는 점이 금융안정에 커다란 위협요소라고 평가하였다(ECB, "Credit Default Swaps and Counterparty Risk", European Central Bank, August 2009).

(3) 총수익스왑(TRS)

(가) 서설

1) 의의

TRS계약은 "대출채권이나 증권, 그 밖의 기초자산에서 발생하는 실제현금흐름과 사전에 약정된 확정현금흐름을 교환하는 거래"로서 신용파생상품의 하나로 분류된다. 전통적인 주식스왑의 발전된 형태라고 할 수 있다. 즉 주식에서 발생하는 실제현금흐름을 수취하는 대신 그 주식을 매수하는 데 필요한 자금조달비용에 해당하는 확정현금흐름을 지급하는 구조이다. TRS계약의 기초자산은 주식이나 사채에 한정되지 않고 통화의 가치를 비롯한 자본시장법상 모든 기초자산을 대상으로 할 수 있다. 물론 기초자산의 종류에 따라 발생하는 법률문제에는 많은 차이가 존재한다. 예컨대 자산보유자인 A가 거래상대방인 B에게 기초자산인 주식, 그 밖의 지분증권이나 대출채권, 사채, 그 밖의 채무증권에서 발생하는 실제현금흐름을 지급한다. 그리고 거래상대방인 B가 자산보유자인 A에게 사전에 약정된 확정현금흐름을 지급한다. 이 경우 자산보유자인 A는 보장의 관점에서는 보장매수인, 위험의 관점에서는 위험매도인(risk seller)이 된다. 거래상대방인 B는 보장의 관점에서는 보장매도인, 위험의 관점에서는 위험매수인(risk buyer)이 된다.[105]

TRS계약은 기초자산의 신용위험과 시장위험을 모두 투자자에게 이전하는 계약이다. 보장매수인은 기초자산으로부터 발생하는 이자, 자본손익 등 총손익을 보장매도인에게 지급하고 보장매도인은 보장매수인에게 일정한 약정이자를 지급한다. 기초자산으로부터 발생하는 모든 현금흐름을 보장매도인에게 이전하기 때문에 현금흐름 측면에서는 해당 자산을 매각하는 것과 동일한 효과가 있다. CDS계약에서는 신용사건이 발생한 경우에만 결제가 일어나지만 TRS계약은 신용사건의 발생과 관계없이 평상시에도 기초자산의 시장가치를 반영하여 거래당사자 간에 현금흐름이 발생한다. 또한 CDS계약은 기초자산의 신용위험만을 이전하지만 TRS계약은 신용위험은 물론이고 금리, 환율 등의 시장위험도 같이 이전하는 계약이다. 보장매수인 입장에서는 실제 보유자산의 매도없이 보유자산을 매도하는 것과 동일한 효과를 얻을 수 있으며, 일시적으로 신용위험과 함께 시장위험까지도 헤지하는 수단으로 활용할 수 있다. 보장매도인 입장에서는 자기자본의 부담없이 위험부담에 따른 고수익 획득이 가능할 뿐만 아니라 부외자산으로 처리됨에 따라 일부 규제를 회피할 수 있는 수단으로 활용할 수 있다는 이점이 있다.[106]

---

105) 정순섭(2017), "총수익률스왑의 현황과 기업금융법상 과제: 헤지, 자금조달, 의결권 제한, 그 밖의 규제회피기능의 법적 평가", 서울대학교 금융법센터 BFL 제83호(2017. 5), 7쪽.
106) 노성호(2009), 13-14쪽.

2) 특징

TRS는 기초자산에 관한 모든(신용위험·시장위험을 막론하고) 위험을 보장매도인에게 이전한다. 따라서 보장매도인의 입장에서는 해당 기초자산을 직접 보유하는 것과 동일한 위험을 보유하게 된다. 이는 기초자산에서 발생하는 수익 하락의 위험만 이전하거나[예를 들어 이자율스왑과 같이 일정한 명목금액(notional amount)에서 발생하는 금리의 차이만 정산하는 것], 아니면 기초자산의 부도시 가격 하락위험만을 이전하는 것(예를 들면 CDS의 경우가 이에 해당)보다 더 많은 위험을 이전하는 것처럼 보이게 하는 TRS의 특징이 된다. 그러나 TRS의 위험은 기초자산의 유형에 따라 다르고, 기초자산의 위험이 당사자 사이에 이전된다는 요소는 모든 스왑거래 나아가 파생금융거래의 공통적 요소라서, TRS가 다른 파생상품보다 더 위험하다고 말하기는 어렵다.

중요한 것은 TRS가 위험하냐 아니냐가 아니라, TRS가 기초자산에 관한 "모든" 위험을 이전하기 위해 고안된 상품이라는 점이다. TRS가 이전하는 위험에는 당연히 기초자산에 내재된 신용위험도 포함되며 이로 인하여 TRS도 신용파생상품의 일종이라고 생각하는 것이다.

3) 종류

TRS는 기초자산이 주식과 같은 지분증권인 경우와 대출채권이나 사채와 같은 채무증권인 경우로 구분할 수 있다. 지분증권을 기초자산으로 하는 경우 의결권 제한의 회피와 같은 문제가 발생할 수 있다. 대출채권이나 채무증권을 기초자산으로 하는 경우 신용공여 규제나 보증 또는 보험규제의 회피 가능성이 문제될 수 있다. TRS는 다양한 목적으로 이용된다. 전통적인 기능인 헤지뿐만 아니라 기업의 자금조달, 순환출자 해소, 의결권 제한, 그 밖의 다양한 규제회피 목적으로 사용된다. 1990년대 초 최초로 등장할 때는 종래의 고객관계를 유지하면서 대규모 여신거래에 따른 신용위험을 전가하기 위한 수단으로 활용되었다. 그러나 파생상품으로서의 구조적·기능적 유연성에 힘입어 TRS는 전통적인 헤지는 물론 계열사 신용지원을 비롯한 다양한 목적으로 이용되고 있다. 따라서 TRS는 그 목적 또는 경제적 기능에 따라서 헤지형, 신용지원형, 차입형, 규제회피형 등으로 구분할 수 있다. 당사자들은 어디까지나 정당한 기업재무활동이라고 주장할 것이므로 실질적 효과를 기준으로 한 분류라고 할 수 있다.[107]

(나) TRS와 지급보증

1) TRS와 지급보증의 유사성

가) 시장성이 없는 자산

TRS는(준거자산이 채권과 같이 신용위험과 결부된 자산인 한) CDS의 신용위험 이전의 기능을 포함한 거래이다. 따라서 TRS의 보장매수인은 CDS의 보장매수인과 유사하게 TRS를 통하여 그가 보유한 준거자산의 신용위험을 이전하는 효과를 누릴 수 있다. 특히 그 자산의 유형이 시장

---

107) 정순섭(2017), 7-8쪽.

성이 없는 자산(일반대출계약이나 유통이 거의 불가능한 사모사채 등과 같은 것을 말한다)이라면, TRS를 통해 해당 자산의 시장가치 하락의 위험을 이전하는 효과는 없거나 미미하므로 오히려 해당 TRS의 주된 목적은 신용위험의 이전이 될 것이고 CDS와 매우 유사해질 것이다. 따라서 TRS도 경우에 따라서는 지급보증으로 볼 여지가 존재한다.

나) 고려사항

TRS를 지급보증으로 보고 규제할 것이냐가 문제되는 경우라면 다음 두 측면을 고려해 보아야 한다. ⅰ) 준거자산이 신용위험을 동반하는 자산이면서 동시에 시장성이 없거나 미약한 자산인지 여부이다. 이러한 성격의 자산일수록 보증에 가깝다. ⅱ) 보장매수인이 준거자산으로부터 취득하는 수익이 TRS계약의 체결을 염두에 두고 결정된 것인지 여부이다. 예를 들어 준거자산이 대출채권인데, 이때 채무자에게 통상적으로 받을 수 있는 이자율보다 낮은 이자율이 책정된 경우라면 해당 대출채권의 발생시 TRS의 보증으로서의 효과가 반영되어 있을 것이기 때문이다.[108]

다) 고려사항 충족 여부

이상의 요건을 충족한다면, 해당 TRS는 기능적인 면에서 지급보증과 거의 같다고 보아야 한다. 따라서 어느 법규가 지급보증을 금지 또는 제한하고, 그러한 금지 또는 제한의 취지가 TRS의 보장매도인이 보장매수인의 경제적 위험(즉 신용위험)을 공유하는 것 자체를 금지하는 것이라면 TRS 또한 해당 법규에 따라 금지 또는 제한되는 것이 옳다. 이러한 예로서 공정거래법 제10조의2에 따른 채무보증제한 기업집단에 속한 회사에 대한 계열사 채무보증 금지의무가 있다. 동법상의 채무보증 금지의 취지는 공정거래위원회 스스로의 설명에 의하여도[109] 순수한 보증행위만을 규제하는 행위라고 보기는 어렵다.[110]

2) TRS와 지급보증의 차이

TRS는 보장매도인이 보장매수인의 기초자산에 대한 신용위험과 시장위험을 보장한다는 기능 면에서 지급보증과 매우 유사하다. 그러나 ⅰ) TRS는 일반적으로 기초자산의 채무자나 발행인이 모르게 거래되는 점에서 지급보증에서처럼 주채무자의 부탁이 없는 점, ⅱ) TRS에서 보장매도인의 보장매수인에 대한 지급이 이루어진 경우에도 보장매도인이 보증인의 구상권에 해당하는 권리를 기초자산의 채무자나 발행인에게 행사할 수 없는 점을 고려하면 형식적인 측

---

108) 반면 TRS계약의 체결을 전혀 고려하지 않고 결정된 것이라면, 보장매수인의 입장에서 볼 때 이러한 TRS는 보증이라기보다는 보장매도인에게 해당 대출채권을 양도하는 효과를 기대하였을 가능성이 크다.

109) 공정거래위원회는 이 제도의 취지를 "계열회사에 대한 채무보증은 대기업집단으로서의 편중여신을 초래하여 상호출자와 함께 경제력 집중을 심화시키는 요인이 되며, 경쟁력을 상실한 한계 부실계열기업의 퇴출을 가로막아 그룹 전체의 부실화를 초래하고, 나아가 금융기관의 부실화를 심화시켜 경제위기를 초래하는 주요 원인이 되며 또한 구조조정도 저해하기 때문"이라고 설명한다.

110) 정성구(2017), 48-49쪽.

면에서 TRS는 지급보증과 구별된다. 다만 보증규제를 회피하는 수단으로 남용될 수 있는 측면은 존재한다. 그러나 은행 등 금융회사는 신용공여 규제의 테두리 안에 포함되어 있음을 주의할 필요가 있다(은행법2②, 동법 시행령1의3, 은행업감독규정 <별표 2>).[111]

(다) TRS와 신용공여: TRS거래의 자금조달적 성격

1) 차입거래와 매입거래의 결합

TRS의 보장매도인은 일정기간 동안 준거자산에서 발생하는 모든 현금흐름을 보장매수인으로부터 이전받는 것에 대한 상환으로, 보장매수인에게 준거자산의 명목가치에 일정한 이자율을 곱한 금액을 지급한다. 즉 보장매도인은 마치 준거자산의 명목가치에 상응하는 금전을 보장매수인으로부터 대출받은 것과 같은 대가를 지급한다. 반면 보장매도인이 준거자산에서 발생하는 모든 현금흐름(시장가치의 변동 포함)을 받는 것은 바꾸어 말하면, 경제적으로는 보장매도인이 준거자산의 소유자와 동일하다는 점을 의미하는 것이다. 따라서 TRS는 보장매도인의 보장매수인으로부터의 준거자산의 명목금액 상당의 차입거래(거래 1)와 보장매수인이 보장매도인의 계산으로 준거자산을 취득하는[112] 매입거래(거래 2)의 결합으로 볼 수 있다. 즉 ⅰ) 차입거래(거래 1)는 명목금액 대출이다. 여기서 보장매수인은 보장매도인에게 준거자산의 명목금액에 해당되는 금액을 대여하고, 보장매도인은 보장매수인에게 명목금액에 대한 이자를 지급한다. ⅱ) 매입거래(거래 2)는 준거자산 취득이다. 여기서 보장매수인은 보장매도인에게 준거자산으로부터 나오는 모든 손익을 이전하고, 보장매도인은 보장매수인에게 명목금액(준거자산 취득 비용)을 지급한다. 그리고 보장매도인의 계산으로 준거자산을 취득한다.

2) 자금조달기능과 TRS 청산

TRS를 분해하여 보면, TRS는 보장매수인의 보장매도인에 대한 신용공여의 요소를 언제나 포함하고 있다고 볼 수 있으며, 이는 CDS와 구별되는 TRS의 본질적 요소이자 핵심이다.[113] 즉 TRS가 CDS가 제공하는 지급보증의 효과를 가질 수 있는 것은 사실 TRS는 준거자산에 관한 지급보증을 넘어선 준거자산의 취득을 위한 신용공여의 효과를 가지기 때문이다. 이런 의미에서 TRS는 보장매도인의 입장에서 준거자산의 경제적 취득을 위한 자금조달행위(funding)이며, 보장매수인의 입장에서는 (은행법에서 말하는 넓은 의미에서의 신용공여가 아니라 좁은 의미에서의) 신

---

111) 정순섭(2017), 10–11쪽.

112) 물론 보장매수인 입장에서 반드시 준거자산을 실제로 취득해야 하는가는 또 다른 문제이기는 하다. 그러나 준거자산이 시장성이 없거나 있더라도 이른바 Delta 1 Hedge를 할 수 있을 정도로 유통성을 가질 수 없는 자산인 경우이거나 특히 지분증권과 같이 가격등락도 심하고 현금흐름이 일정하지 않은 경우라면, 거의 100% 준거자산을 취득한다고 보아도 무방할 것이다. 따라서 많은 경우에 TRS는 보장매수인이 보장매도인에게 준거자산의 취득비용(예를 들어 중개수수료, 증권거래세 등)까지 전가시키는 조건을 갖는다.

113) TRS는 보장매도인의 입장에서는 신용공여 효과가 분명히 존재한다. 따라서 은행법 등의 신용공여 규제에 TRS를 포함하지 않으면 탈법행위의 가능성을 충분히 예상할 수 있다. 현재 은행법은 TRS를 신용공여 규제의 대상에 포함하고 있다(은행업감독규정 <별표 2>).

용공여, 즉 자금공여이다. 이러한 특성은 TRS에 관한 많은 연구에서 공통적으로 지적되는 TRS의 핵심적 속성이다.114)

　TRS의 자금조달기능의 특성으로 TRS의 보장매도인은 실제 자산을 취득할 비용 전체를 지급하지 않으면서 자산을 향유하는 것과 동일한 경제적 수익을 기대할 수 있다. 즉 초기투자가 0인 무한의 레버리지가 가능한 속성을 갖는다.115) 이러한 과다한 레버리지 투자가 가능한 점은 TRS를 가장 많이 이용하는 고객군이 레버리지 투자의 대명사와도 같은 헤지펀드들인 점과 연결된다.

　보장매도인의 입장에서 TRS의 자금조달기능을 이용함에 의하여 취득한 준거자산을 합성적 자산(synthetic asset)이라 한다. 따라서 TRS를 통한 합성적 자산의 취득은 자산의 합성적 취득(synthetic acquisition)이라 부를 수 있을 것이다. TRS의 합성적 취득을 실제취득과 연결시키는 고리는 주로 TRS의 청산과정에서 발생한다. 논리적으로 TRS의 청산은 다음의 거래를 반대로 하는 것과 같다. 즉 ⅰ) 보장매도인이 명목금액 상당의 현금을 보장매수인에게 반환(즉 대출금의 상환)하는 과정이고, ⅱ) 보장매수인이 보장매도인에게 명목금액을 양도하는 과정이다. 이 둘을 합성하면 보장매수인이 보장매도인에게 준거자산을 명목금액에 양도하는 거래가 된다. 즉 실제로 보장매도인에 의한 준거자산의 취득을 발생시키며, 이러한 청산을 통하여 보장매도인은 언제든지 실제 투자자로 전환할 수 있다.

　3) 청산거래의 전제 여부

　통상적인 TRS거래에서는 보장매도인과 보장매수인 사이에 이러한 준거자산의 양도를 통한 청산과정에 관하여 미리 구체적으로 합의하는 경우는 거의 없다. 양도방식의 청산이 계약상으로도 예정되어 있다면, 보장매도인은 합성적 취득을 한 것이 아니라 실제취득을 예약한 것으로 보아도 무방할 것이다. 그러나 설령 계약상 청산방식에 합의한 바 없다 하더라도 TRS를 중도청산해야 하는 많은 경우에, TRS의 두 당사자가 이런 간편한 방식의 청산을 마다할 이유는 별로 없다. 따라서 합성적 취득을 실제취득으로 규제할 것이냐의 핵심적 요소로서는 이러한 청산거래가 명시적으로 또는 암묵적으로 전제되어 있는가를 살펴야 할 것이다.116) 예를 들어 다음과 같은 요소가 고려될 수 있을 것이다. ⅰ) 보장매수인에 의한 준거자산의 취득이 예정되어 있는지 여부, ⅱ) 준거자산이 유통물량이 적어 시장성이 떨어지는 자산인지 여부, ⅲ) 보장매도

114) Janet Tavakoli, Credit Derivatives & Synthetic Structures, 2nd Ed., John Wiley & Sons Inc., p. 24(2001)에서는 매우 중요한 의미에서(in a very important sense) TRS는 신용파생상품이 아니며 파이낸싱 수단이라고 단언한다.
115) 물론 TRS를 제조한 자에 대한 수수료나 담보가 필요하므로 초기투자가 0이라고 보는 것은 이론이지 실제는 아니다.
116) 정성구(2017), 51-53쪽.

인이 임의로 TRS를 중도청산할 권리를 갖고 있는지 여부 등이다.

(라) 결어: TRS의 조건 검토

기초자산에서 발생하는 시장위험과 신용위험을 포함한 모든 위험을 이전하는 TRS는 기초자산에서 발생하는 신용위험만을 이전하는 CDS의 기능을 개념적으로 포함하는 상품이다. 따라서 CDS가 신용위험을 이전한다는 측면에서 지급보증 및 보험과도 늘 비교되고, 규제의 측면에서 동등하게 보아야 할 가능성에 대하여 언급되듯이, (CDS를 포함하는) TRS도 규제의 관점에서도 지급보증이나 보험 등과 동일하게 다룰 필요가 있을 수 있다.

그러나 TRS는 CDS와 구별되는 특징으로 자금조달적 기능이 있다. 따라서 CDS나 지급보증, 보증보험 등이 신용공여를 용이하게 하기 위한 간접적이고 보조적인 수단으로 이용됨에 비추어, TRS는 그 자체로 직접적인 신용공여의 효과를 갖는다. 또한 TRS는 CDS처럼 신용사건의 발생과 그로 인하여 발생하는 경제적 손해의 처리에 특화된 구조를 갖고 있지 아니하므로, 지급보증이나 보험을 완전히 대체하기에는 부적절한 경우가 있을 수 있다.

따라서 TRS가 CDS, 보증, 보험과 같이 규제될 필요가 있는가는 일률적으로 말할 수 없다. 따라서 관련된 규제의 목적과 함께 해당 TRS의 조건을 따져 볼 필요가 있다. 예를 들어 준거자산이 신용위험을 동반하는 자산이면서 동시에 시장성이 없거나 미약한 자산이라면, 신용위험 이전의 기능이 강조되는 경우로서 보증이나 보험과 유사한 기능을 할 가능성이 높다. 또한 보장매수인이 준거자산에서 취득하는 수익이 TRS의 체결과 관련이 있다면 역시 TRS가 보증이나 보험에 가깝다는 판단에 도움이 될 것이다.[117]

(4) 신용연계채권(CLN)

(가) 의의

CLN은 일반채권에 CDS를 결합하여 증권화시킨 신용파생상품이다. CLN을 발행하는 보장매수인은 준거자산의 신용상태와 연계된 채권(CLN)을 발행하고 약정에 따라 이자를 지급하고 신용사건이 발생하는 경우 CLN을 상환하는 대신 계약에 따라 준거자산에서 발생하는 손실을 보장받는다. CLN 발행인이 지급하는 이자는 일반채권에 비해 훨씬 더 많은 스프레드(spread)[118]를 가산한다. CLN을 매수하는 보장매도인은 준거자산에 대한 보장의무가 첨부된 일반채권을 매수한 효과가 있으며, 유통시장에서 유통이 가능하다. 통상적으로 신용파생거래는 현금의 이동이 없어 보장매도인의 신용도가 해당 신용파생거래의 신용도에 중요한 영향을 미치는데 반

---

117) 정성구(2017), 59쪽.

118) 채권시장에서는 가산금리를 spread라고 칭하고 있다. 채권의 금리(가격)를 표시하는 방법으로 「기준금리 +spread」 방식이 있다. 예를 들어 (주)신촌이 3년 만기 회사채를 발행한다고 할 때 ㈜신촌의 채권 발행 금리를 「국채 3년 4.5%+0.5%」라고 표시할 수 있으며, 이때 국채 3년은 기준금리이고 0.5%는 spread이다. (주)신촌이 발행하는 채권은 국채 3년 금리인 4.5%에 0.5%를 더한 금리에 평가되고 있다는 의미이다.

해, CLN은 현금거래를 수반하는 증권발행의 형식을 지님에 따라 보장매도인의 신용도에 영향을 받지는 않는다. 따라서 거래의 안정성을 담보하기 위해 조달된 자금이 거래의 이행을 담보하는 역할을 하게 되며, 이에 따라 담보자산의 수탁 및 관리, 결제 등의 구조가 도입되어야 한다. CLN은 보장매수인보다는 보장매도인의 입장에서 보다 면밀한 검토가 필요하다. 보장매도인은 준거자산에 대한 신용위험뿐 아니라 CLN 발행인 위험에도 노출되기 때문이다. 이런 위험을 해결하기 위해 SPC를 설립하여 CLN을 발행하며 CLN의 발행대금을 신용도가 우량한 자산에 투자하도록 함으로써 발행인위험을 절연시키는 것이 일반적이다.[119]

(나) 외국환거래규정

외국환거래규정(1-2(13-1))상 "신용파생결합증권"이란 자본시장법상의 증권 중 신용사건 발생시 신용위험을 거래당사자의 일방에게 전가하는 신용연계채권(Credit Linked Note) 및 손실을 우선 부담(First to Default 또는 First Loss)시키는 합성담보부채권(Synthetic Collateralized Debt Obligations, Synthetic Collateralized Loan Obligations) 또는 이와 유사한 거래를 말한다.

(다) 특징

준거자산인 대출채권의 차입자 또는 변동금리부사채 발행기업의 신용등급의 하락·부도와 같은 신용사건이 발생하는 경우, 지급이자가 축소되거나 원금의 상환시기가 연기되기도 하며, CLN의 원리금 지급이 중지되고 CLN의 투자자는 정산절차를 거쳐 준거자산의 손실을 부담하기도 한다. 대출채권 또는 변동금리부사채를 보유하고 있는 금융기관은 이러한 준거자산의 신용위험에 연계되어 있는 CLN을 발행하여 제3자에게 매각함으로써 투자자금 조기 회수의 기회를 얻는 동시에 일종의 부분적인 신용위험 헤지가 가능해지는 것이다.[120]

CLN은 ⅰ) 보장매수인의 직접발행, ⅱ) 특수목적회사(SPV)를 통한 간접발행으로 구분된다. SPV를 통한 발행에서는 보장매수인이 SPV와 CDS계약을 체결하여 준거자산의 신용위험을 이전하고, SPV는 동 CDS계약이 내재된 CLN을 발행하는데 SPV는 CLN 발행대금으로 우량담보자산에 투자하여 신용사건 발생시 손실보전에 대비하는 한편, 평상시에는 보장매수인으로부터 수취하는 CDS 프리미엄 및 담보자산 원리금을 보장매도인에게 지급한다.[121]

(5) 합성담보부증권(synthetic CDO)

(가) 의의

합성담보부증권(합성 CDO: Synthetic Collateralized Debt Obligations)은 보장매수인의 기초자산에 내재된 신용위험을 특수목적회사(SPV)가 이전받아 이를 기초로 발행한 선·후순위 채권이

---

119) 노성호(2009), 12쪽.
120) 이금호(2008), 193쪽.
121) 박철우(2010), 35쪽.

다. 즉 합성 CDO는 CDS 등의 신용파생거래를 이용하여 다수의 대출채권 및 일반채권 등 준거자산에 내재된 신용위험을 별도로 설립한 SPV에 이전하고, SPV는 동 신용위험과 연계된 신용도가 각기 다른 계층의 증권을 발행하여 투자자를 대상으로 매각하는 형태를 갖춤으로써 전통적인 일반 CDO(cash flow CDO)와 유사한 현금흐름을 창출하는 효과를 가진 구조화 금융상품이다. 일반 CDO는 SPV가 대출채권 자체를 양수한 후 이를 기초로 발행되는 반면, 합성 CDO는 대출채권의 법적 소유권을 이전하지 않은 상태에서 신용위험만을 SPV와 투자자로 이전하도록 발행함으로써 자산을 유동화하고 있다.

(나) 특징

합성 CDO를 발행하게 되는 동기는 담보부사채 구조에 신용파생상품거래를 첨부함으로써 준거자산을 보유한 금융기관이 준거자산의 원래 거래상대방에게 채권양도의 통지나 동의를 구하지 않고도 준거자산의 신용위험을 제거할 수 있다는 점이다. 전통적인 일반 CDO에 있어서는 SPV에로 대출채권을 양도하기 전에 대출자산의 원래 거래상대방인 차주에 대한 통지 또는 차주의 동의가 필요하다. 반면 합성 CDO 거래에 있어서는 준거자산의 실질적인 양도절차가 없으므로 이러한 차주에 대한 통지 또는 동의 절차가 불필요하다.[122]

Ⅲ. 거래장소에 따른 분류

자본시장법은 파생상품을 표준화된 시장의 유무에 따라 장내파생상품과 장외파생상품으로 구분한다. 장내파생상품은 거래소에 상장되어 거래되는 파생상품을 말하며, 장외파생상품은 그 외 거래상대방과 직접 협의를 통하거나 브로커를 통해 거래되는 파생상품을 말한다.

1. 장내파생상품

(1) 의의
(가) 개념

자본시장법상 장내파생상품이란 ⅰ) "파생상품시장"에서 거래되는 파생상품, ⅱ) "해외 파생상품시장"에서 거래되는 파생상품, ⅲ) 그 밖에 금융투자상품시장을 개설하여 운영하는 자가 정하는 기준과 방법에 따라 금융투자상품시장에서 거래되는 파생상품을 말한다(법5②). 여기서 "파생상품시장"이란 장내파생상품의 매매를 위하여 거래소가 개설하는 시장을 말한다(법8의2④(2)). 파생상품시장이라는 표현은 파생상품이 거래되는 모든 장소를 지칭하지만 자본시장법은 파생상품시장을 장내파생상품의 매매를 위해 거래소가 개설하는 시장이라고 명시하고 있다.

---

122) 이금호(2008), 194쪽.

"해외 파생상품시장"이란 파생상품시장과 유사한 시장으로서 해외에 있는 시장과 "대통령령으로 정하는 해외 파생상품거래"가 이루어지는 시장을 말한다(법5②(2)). 여기서 "대통령령으로 정하는 해외 파생상품거래"란 ⅰ) 런던금속거래소의 규정에 따라 장외(파생상품시장과 비슷한 시장으로서 해외에 있는 시장 밖을 말한다)에서 이루어지는 금속거래(제1호), ⅱ) 런던귀금속시장협회의 규정에 따라 이루어지는 귀금속거래(제2호), ⅲ) 미국선물협회의 규정에 따라 장외에서 이루어지는 외국환거래(제3호),[123] ⅳ) 선박운임선도거래업자협회의 규정에 따라 이루어지는 선박운임거래(제5호), ⅴ) 그 밖에 국제적으로 표준화된 조건이나 절차에 따라 이루어지는 거래로서 금융위원회가 정하여 고시하는 거래(제6호)[124]를 말한다(영5).

(나) 종류

한국거래소에 상장되어 있는 파생상품을 살펴본다. ⅰ) 주가지수선물: 코스피200지수를 기초자산으로 하는 코스피200선물과 코스피200옵션이 있다. 또한 코스피200에너지/화학, 코스피200정보기술, 코스피200금융, 코스피200경기소비재, 코스피200건설, 코스피200중공업 등을 기초자산으로 하는 코스피200섹터지수선물이 있다. 코스피고배당50, 코스피배당성장50을 기초자산으로 하는 배당지수선물이 있다. 코스피200지수를 기초자산으로 하는 미니코스피200선물과 미니코스피200옵션이 있다. 코스닥150지수를 기초자산으로 하는 코스닥150선물이 있으며, 유로스톡스50지수를 기초자산으로 하는 유로스톡50선물이 있다.

ⅱ) 변동성지수상품: 코스피200변동성지수를 기초자산으로 한다. ⅲ) 개별주식상품: 상장주식을 기초자산으로 하는 주식선물과 주식옵션이 있다. ⅳ) ETF상품: ARIRANG고배당주, KODEX삼성그룹주, TIGER헬스케어를 기초자산으로 한다. ⅴ) 금리상품: 3년국채선물, 5년국채선물, 10년국채선물이 있다. ⅵ) 통화상품: 미국달러화(USD)를 기초자산으로 하는 미국달러선물과 미국달러옵션, 일본엔(JPY)을 기초자산으로 하는 엔선물, 유로화(EUR)를 기초자산으로 하는 유로선물, 중국위안화(CNH)를 기초자산으로 하는 위안선물이 있다. ⅶ) Commodity상품: 순도 99.99%의 금지금을 기초자산으로 하는 금선물과 돈육대표가격(산출기관: 축산물품질평가원)을 기초자산으로 하는 돈육선물이 있다.

---

123) 제4호는 삭제됨[2017. 5. 8].
124) "금융위원회가 정하여 고시하는 거래"란 다음의 어느 하나에 해당하는 거래를 말한다(금융투자업규정 1-3).
    1. 대륙간 거래소의 규정에 따라 장외에서 이루어지는 에너지거래
    2. 일본 금융상품거래법에 따라 장외에서 이루어지는 외국환거래
    3. 유럽연합의 금융상품시장지침에 따라 장외에서 이루어지는 외국환거래
    4. 영국 금융감독청의 업무행위감독기준에 따라 장외에서 이루어지는 외국환거래

(2) 특징

(가) 표준화된 계약

한국거래소에서 거래되는 파생상품은 그 거래의 내용이나 조건이 표준화되어 있어 당사자간의 합의에 따라 개개인의 다양한 수요를 충족시킬 수 있는 장외파생상품과는 차이가 있다. 구체적으로 거래단위, 결제월, 결제방법 등의 계약명세(Contract Specification)가 표준화되어 있다. 이렇게 표준화된 계약의 가장 큰 장점은 다수의 투자자가 동일한 상품을 거래하게 됨에 따라 내가 필요로 할 때 해당 거래를 할 수 있는 가능성(거래체결 가능성)을 높일 수 있게 된다는 점이다. 이를 두고 표준화된 계약을 통해 유동성을 높였다고 말하기도 한다.125)

(나) 거래소에 의한 채무이행

한국거래소는 장내에서 거래되는 모든 파생상품거래에 따른 각 당사자의 채무를 면책적으로 인수하여 거래상대방이 된다. 즉 한국거래소는 매도인에 대해서는 매수인, 매수인에 대해서는 매도인이 되어 결제이행책임을 지는 청산결제기관을 겸한다. 이와 같이 거래소가 결제이행책임을 부담하므로 투자자는 장외시장에서 파생상품을 거래할 때와는 달리 상대방의 신용상태를 점검할 필요가 없다.

(다) 결제안정화제도

파생상품거래 구조에서 현물거래와 가장 큰 차이점은 계약시점과 결제시점 간에 시차가 크다는 점이다. 계약체결일로부터 일정 시간이 경과한 후에 결제하는 파생상품거래의 특성상 매도인 또는 매수인 일방이 결제를 이행하지 않을 위험이 있다. 거래소는 이러한 결제불이행을 사전에 방지하고자 반대거래, 일일정산, 증거금제도를 두고 있다.

1) 반대거래

본래 파생상품은 최종거래일에 기초자산을 인수도하거나 가격변동에 따른 차액을 수수하기로 하는 계약이므로 거래당사자는 최종거래일까지 계약에서 벗어날 수 없게 되어 거래상 많은 불편을 겪게 된다. 이와 같은 불편을 해소하기 위해 장내파생상품거래에서는 최종거래일 이전에 거래당사자가 원할 경우 언제든지 계약에서 벗어날 수 있도록 반대거래를 제도적으로 허용한다.

2) 일일정산

파생상품거래는 최종거래일에 기초자산을 인수도하거나 차액을 수수하기로 하는 계약이므로 최초 계약체결 후 기초자산의 가격이 크게 변동하면 결제할 금액이 매우 커지게 된다. 이 경우 손해를 보게 되는 거래당사자는 결제금액이 부담될 수 있고 경우에 따라서는 결제를 하지 않을 수도 있다. 이 때문에 장내파생상품을 보유할 경우에는 전일의 가격과 당일의 가격과

---

125) 한국거래소(2017), 32-34쪽.

의 차이에 해당하는 금액을 그 익일에 결제하도록 하는 일일정산제도를 운영하고 있다.

3) 증거금

증거금은 투자자가 결제를 이행하지 않을 경우 결제당사자(한국거래소 결제회원 또는 한국거래소)가 결제대금으로 사용할 수 있도록 투자자가 증권회사 등에 예치한 담보금을 말한다. 증거금은 투자자가 결제회원에게 증거금을 예탁하고 회원이 다시 거래소에 증거금을 예탁하는 구조를 갖는다.

(3) 증거금거래와 레버리지 효과

(가) 증거금거래

파생상품을 거래하기 위해서는 증거금(Margin)을 먼저 예탁하여야 한다. 여기서는 이해를 돕기 위해 증거금을 부동산 계약금과 비교하여 살펴본다.[126]

일반적인 부동산 계약의 경우 부동산 계약시점과 실제 권리이전시점이 달라 매수인과 매도인 모두 실제 권리(등기)를 이전할 때까지 상대방이 계약을 파기할 가능성에 대해 우려한다. 따라서 통상 거래대금의 10%에 해당하는 계약금을 매수인이 매도인에게 선지급하도록 한다. 또한 매수인이 계약을 파기할 경우에는 계약금을 포기하도록 하고, 매도인이 계약을 파기할 경우에는 계약금의 2배(해약금)를 매수인에게 지급하도록 하여[127] 계약의 이행을 강제하기 위한 장치를 마련하고 있다.

파생상품거래의 경우에도 미래에 인도하거나(선물) 인도할 수도 있는(옵션) 기초자산을 거래하므로 계약시점과 결제이행시점이 달라 거래당사자는 상대방의 결제불이행위험에 대해 우려하게 된다. 따라서 부동산 계약금과 유사하게 미래의 결제이행을 담보하기 위한 금전적 장치를 마련하였는데, 이것이 증거금이다.

즉 증거금이란 파생상품거래시 투자자가 입을 수 있는 손실금액을 미리 예탁해 두었다가 손실이 발생할 경우 이를 보전하는데 충당하도록 함으로써 결제불이행을 방지하는 일종의 보증금이다.

예를 들어 코스피200선물 1계약을 거래하기 위해서는 매수인과 매도인 모두 거래규모의 7.5%[128]에 해당하는 금액을 증거금으로 예탁하여야 코스피200선물을 주문할 수 있다. 투자자가 예탁한 금액은 거래소와 회원(증권회사 또는 선물회사)이 관리하다가 계약 종료시 결제금액에 따라 정산한 후 투자자에게 되돌려주게 된다.

---

126) 한국거래소(2017), 34-37쪽.
127) 만일 매도인이 계약을 이행하지 않을 뿐만 아니라 해약금을 매수인에게 지급하지도 않을 경우 거래대상인 부동산에 대해 처분금지가처분이나 가압류 등의 절차를 거칠 수 있다.
128) 파생상품시장의 증거금률은 기초자산 가격변동성을 기초로 결제안전성 및 상품별 특성 등을 감안하여 조정하고 있다.

부동산 계약금과 파생상품 증거금의 결정적인 차이점은 부동산거래는 계약시점에 계약금 납부시점과 계약금이 확정되므로 계약시점과 납부시점 간의 시간적 차이만 존재하는 반면, 파생상품거래는 계약시점에 증거금 예탁시점뿐만 아니라 증거금액도 확정되지 않는다는 점이다. 따라서 부동산 계약금은 선납금 개념이 강하고 증거금은 이행보증금 성격이 강하다고 볼 수 있다.

(나) 레버리지 효과

파생상품거래가 증거금거래이기 때문에 갖게 되는 가장 큰 특징은 레버리지 효과이다. 레버리지 효과는 지렛대 효과라고도 한다. 지렛대를 사용하면 동일한 힘으로 더 무거운 물건을 들어 올릴 수 있듯이, 파생상품거래는 증거금을 활용하여 투자비용 대비 높은 수익을 올릴 수 있다. 반대로 손실을 입을 경우 손실 규모는 레버리지를 사용하지 않은 거래보다 훨씬 클 수도 있다. 주식현물거래와 주식선물거래의 비교를 통해 레버리지 효과를 살펴본다.

ⅰ) 현물거래: 현재 주당 220만원에 거래되고 있는 삼성전자 10주 매수→2,200만원 예탁

ⅱ) 선물거래: 현재 주당 220만원[129)]에 거래되고 있는 삼성전자 주식선물 1계약(10주) 매수→313.5만원 예탁(삼성전자 주식선물 위탁증거금률 14.25%[130)]×220만원×10주=313.5만원)

만일 삼성전자 주식현물가격과 주식선물가격이 동일하게 240만원으로 상승한다면, 투자자는 주식거래로 200만원의 이익[＝(240만원-220만원)×10주]을 얻을 수 있으며, 이때 수익률은 약 9.1%(＝200만원÷2,200만원×100)가 될 것이다. 현물 대신 선물에 투자한 경우에도 투자자는 200만원의 이익을 얻을 수 있지만, 이때 수익률은 투자한 자본이 313.5만원에 불과하므로 현물에 투자한 경우보다 약 7배 높은 63.8%가 될 것이다.

반대로 삼성전자 주식현물가격과 주식선물가격이 똑같이 200만원으로 하락한다면 투자자는 현물거래로 200만원의 손실을 입을 수 있으며, 이때 수익률은 약 -9.1%가 될 것이다. 한편 선물거래시에는 현물거래시와 동일하게 200만원의 손실을 입지만 수익률은 약 63.8%가 될 것이다.[131)] 이 경우에도 투자자의 손실률은 이전의 예와 동일하게 현물거래시보다 7배 정도 높다.

이것이 바로 파생상품거래가 높은 수익을 창출할 수도 있으나 위험하다고 여겨지는 이유이다. 전체 포지션(이 사례에서는 삼성전자 주식 10주, 2,200만원)에 비해 소액(이 사례에서는 313.5만원)만을 예탁하면 거래가 가능한 파생상품의 특성상 수익률도 크지만 손실률도 크다는 점을 반드시 알아야 한다.

---

129) 일반적으로 선물가격과 현물가격은 다른 경우가 많지만 여기서는 이해를 돕기 위해 같다고 가정한다.

130) 증거금률은 해당 기초자산의 변동성을 기초로 하되, 파생상품의 특성, 시장상황 등에 따라 결정되며, 거래소에서는 매 분기 증거금률의 적정성을 점검하여 필요시 증거금률을 조정하고 있다. 또한 개별주식선물의 증거금률도 해당 주식의 가격변동성에 따라 상이하다.

131) 만일 이 사례에서 투자자가 보유현금 2,200만원을 모두 선물을 사는 데 투입한다면 투자자는 선물 7계약(＝2,200만원÷313.5만원) 매수가 가능하다. 이는 약 1억 5,400만원으로 현물(주식) 70주에 투자한 효과가 나게 되어 주가가 200만원으로 하락할 경우 1,400만원의 손실을 입게 된다.

2. 장외파생상품

(1) 의의

자본시장법상 장외파생상품은 파생상품으로서 장내파생상품이 아닌 것을 말한다(법5③). 따라서 거래소등을 통한 경쟁매매방식에 의존하지 않고 개별 경제주체 간의 사적인 계약형태의 파생상품거래는 모두 장외파생상품거래에 해당한다.[132]

장외파생상품은 주로 중개회사(IDB: Inter Dealer Broker)의 중개를 통해 딜러 간 이루어지는 딜러 간 시장과 딜러와 고객 간에 이루어지는 대고객거래로 크게 구분된다. 우리나라에서는 주로 은행들과 일부 금융기관이 IDB 중개시장에 딜러로 참여하고 있으며, IDB는 서울외국환중개, 한국자금중개 등이 있다.

(2) 종류

장외시장에서 거래가 이루어지는 장외파생상품으로는 통화스왑을 비롯하여, 금리스왑, 통화옵션, 선도금리계약, 상품옵션, 주식옵션, 주식스왑, 신용부도스왑, 신용부도옵션(Credit Default Option) 등이 있다. 장외파생상품으로는 이외에도 금리스왑(IRS)으로 대표되는 이자율연계 장외파생상품이 있는데, IRS 시장은 2000년 채권시가평가제가 도입되면서 현물채권의 시장위험을 관리할 필요성에 의해 발전되었다. 장내파생상품인 국고채선물이 풍부한 유동성을 바탕으로 이자율위험을 헤지하는 수단으로서의 역할을 수행하였지만, 다양한 이자율 관련 상품을 헤지하는데 한계가 있어 현실에서는 IRS가 부각되어 발전하였다.

또한 키코(KIKO)를 통해 일반인에게도 익숙하게 된 통화 관련 장외파생상품은 일반적으로 개인을 위한 상품이라기보다는 주로 수출입기업들의 환헤지 상품을 중심으로 발전되어 왔다. 선물환, 통화스왑, 표준옵션(plain vanilla options) 등이 주요 상품이지만, 키코와 같은 이색옵션(exotic options)이 결합된 구조화된 장외파생상품도 거래된다.

아울러 신용위험을 기초자산으로 하는 장외파생상품도 존재하는데, 신용파생상품은 기초자산의 신용위험을 매매하는 상품으로 보장매수인은 프리미엄을 보장매도인에게 지급하여 신용위험을 이전시키고, 보장매도인은 프리미엄을 지급받는 대신 신용위험을 인수하여 계약체결당시 정의된 신용사건이 발생할 경우 약정된 금액을 지급하는 방식의 상품이다. 국내시장은 외국계 은행 및 투자은행이 보장을 매수하고 국내은행 및 보험회사가 보장을 매도하는 채권의 대체 상품적 성격을 지닌 CLN과 특정 회사 및 국가에 대한 신용위험을 기초자산으로 하는 CDS 정도가 소규모로 거래될 뿐 크게 활성화되지는 못하였다.[133]

---

132) 유혁선(2010), 22쪽.
133) 유혁선(2010), 23쪽.

(3) 특징

국내에서 거래되는 주식 관련 장외파생상품의 대부분은 ELS와 연관되어 있다. ELS는 자본시장법상 파생결합증권으로 "증권"의 범주에 해당하며 파생상품은 아니다. 그러나 자본시장법은 그 시행령(영4의3(1))에서 파생결합증권의 발행은 증권에 대한 투자매매업(영15① [별표 1] 1-1-1 또는 1-1-2)의 금융투자업 인가를 받은 자가 장외파생상품에 대한 투자매매업(영15①[별표 1] 1-3-1 또는 1-3-2)의 금융투자업 인가를 받은 경우로 한정하고 있으므로, 결국 장외파생상품 인가를 받지 않은 금융투자업자는 ELS와 같은 파생결합증권을 발행할 수 없다. 또한 ELS 등 파생결합증권을 발행한 금융투자업자는 해당 포지션의 위험을 상쇄하기 위하여 다른 국내·외의 금융투자업자와 장외파생상품거래를 수행한다. 따라서 ELS는 파생결합증권으로 증권의 범주에 해당하나 이의 발행 및 위험관리를 위해서는 장외파생상품의 거래를 수반하는 경우가 상당하다.134)

장외거래는 거래당사자의 합의에 따라 다양한 형태의 파생상품을 거래할 수 있다는 것이 장점이다. 다만 거래상대방위험이 커서 이에 대한 관리가 무엇보다 중요한데 이를 위해 ⅰ) 거래상대방 신용제공 한도의 설정, ⅱ) ISDA 표준계약서의 사용, ⅲ) 마감상계와 담보설정, ⅳ) 정기적인 현금결제, ⅴ) 청산기구를 통한 결제방법 등이 있다. 특히 청산기구를 통한 결제에서는 거래상대방 신용위험 관리와 거래절차가 청산기구에 위임되지만 청산기구는 비교적 표준화된 장외파생상품거래를 취급하며 복잡한 구조의 장외파생상품거래는 취급할 수 없다는 한계가 있다.135)

(4) 거래구조

장외파생상품거래의 계약체결 및 청산·결제가 주로 양 당사자 간에 이루어지고 있는 것은 흔히 장외파생상품시장의 "구조적 결함"으로 지적된다. 이러한 구조적 결함의 발생은 장외파생상품의 헤지 경로에서 기인한다. 예를 들어 X가 Y와 이자율스왑 계약을 체결하였고, Y도 그가 부담하게 된 위험을 헤지하기 위하여 Z와 파생상품계약을 체결했으며, Z 역시 그의 위험을 헤지하기 위해서 또 다른 시장참가자136)와 파생상품계약을 체결한 경우를 생각해 볼 수 있다. X는 Y에 대한 권리를 가지는 동시에 다른 시장참가자들을 위해 헤지를 제공하는 위치에

---

134) 유혁선(2010), 23쪽.
135) 박철우(2010), 29쪽.
136) 파생상품 시장참가자는 일반적으로 위험을 회피하고자 하는 자(hedger), 투기자(speculator), 차익거래자(arbitrageur)로 분류할 수 있다. 위험회피자는 자신이 보유하고 있는 환율변동위험, 이자율변동위험 등에 따른 손실가능성을 방지하고자 거래하는 자이다. 기초자산을 보유하고 있거나 보유할 예정인 자가 위험회피자에 해당한다. 투기자는 기초자산의 보유 여부와 관계없이 선물의 가격변동을 이용하여 적극적으로 이익을 얻을 목적으로 거래에 참여하는 자이다. 차익거래자는 현물시장과 선물시장 간의 가격불균형 내지 가격 차이를 이용하여 아무런 위험을 부담하지 않고 수익을 얻으려는 시장참가자이다.

있게 된다. 시장참가자들 간은 서로 밀접한 관계에 놓여 있지만, 그 누구도 거래상대방의 재무건전성에 대해 정확한 정보를 가지고 있지 않다. 장외파생상품거래는 주로 양자 간에 체결되기 때문에 시장참가자들은 각자가 거래하는 상대방에 대한 채권액의 규모는 알 수 있어도, 거래상대방이 장외파생상품거래를 통해 금융시스템 내의 다른 참가자들에게 어느 정도의 채권액을 갖고 있는지는 알 수 없다. 그 결과 시장참가자들 간에 상호의존적인 관계가 형성되고, 한 사람이 채무불이행에 빠지게 되면 전체적으로 연쇄효과를 일으키는 시스템 실패로 귀결될 가능성이 높다. 실제로 장외파생상품거래가 주로 양자 간 거래에 의해 이루어지는 구조적 결함은 서브프라임 모기지 사태의 충격을 더욱 증폭시키는 역할을 했다는 평가가 있다.

(5) CFD: 차액결제거래

(가) 개념

차액결제거래(CFD: Contract for Difference)란 기초자산의 보유없이 가격변동을 이용한 차익을 목적으로 매매하며, 진입가격과 청산가격의 차액을 당일 현금결제하는 장외파생상품거래를 말한다. 즉 CFD란 해외의 CFD 거래상대방이 정하는 기준 및 방법에 따라 장외에서 이루어지는 거래로서 ⅰ) 주식을 기초자산으로 하여 계약 진입시점 가격과 청산시점 가격의 차액만을 수수하여 결제하는 거래, ⅱ) 기초자산 가격의 일정비율의 증거금만으로 거래를 할 수 있으며, 계약이행을 위한 증거금이 유지되어야 하는 거래, ⅲ) 증권회사는 거래당사자 간 거래의 중개업무를 수행하는 거래를 말한다.

CFD거래는 일반적인 주식거래와 유사한 방식으로 거래되고, 기초자산의 보유없이 기초자산의 가격변동에 노출되고, 일정 부분의 증거금만을 가지고 롱·숏 포지션 진입이 가능하며, 만기 없이 포지션 유지가 가능하다(금융비용 및 대차수수료 발생).

CFD는 투자자가 주식 등을 실제로 거래하지 않고, 해외IB 등을 통해 실제로 거래한 것과 유사한 효과를 얻는 것으로 거래와 관련된 손익만 정산하고 원금의 교환이 없다는 점에서 자본시장법 제166조의2에 따른 장외파생상품거래이다.

국내의 경우 기초자산은 상품을 판매하는 증권회사별로 차이가 존재하지만 유가증권 및 코스닥 시장 상장주식 2,300여 개 종목 및 미국, 홍콩 등 해외주식으로 구성된다. 매수 및 매도 양방향 포지션 보유가 가능하고, 진입시점의 가격과 청산시점의 가격 간의 차이에 CFD 계약수량을 곱해 이익 및 손실 금액을 계산한다.[137]

(나) 특징

CFD는 매수 또는 매도하려는 주식의 약정금액 일부인 증거금만으로 거래가 가능하며, 종

---

137) 자본시장연구원(2020), "차액결제거래(CFD) 시장 현황 및 특징", 자본시장 포커스 2020-13호(2020. 5), 1-6쪽.

목별 증거금률은 기업의 신용도에 따라 등급을 나누어 10-100%로 차등 산정한다. CFD 거래 주문을 위한 위탁증거금을 예탁해야 하고, 위탁증거금의 80% 이상의 유지증거금이 추가적으로 필요하다.

CFD 거래에서 발생할 수 있는 손실규모는 증거금을 초과할 수 있다. 증권회사는 시장 마감 기준 종가로 보유포지션을 평가해 추가증거금 납입을 요청할 수 있으며, 추가증거금 미납시 반대매매를 집행해 계약을 강제로 청산할 수 있다. 시장 급변동 등의 이유로 계좌에 마이너스 (-) 잔고가 발생했을 경우 캐쉬콜(미수)이 발생되며, 미수 발생시 미수금액 해소가 필요하다. 미납된 미수금액에 대해서는 발생일로부터 해소 전까지 미수이자가 발생하며, 해당 원리금이 회수되지 않을 경우 강제 추심이 진행된다.

일정 부분의 증거금만을 가지고 거래하기 때문에 레버리지 효과가 발생한다. 따라서 금융 투자상품에 관한 전문성을 보유하고 투자의 위험감수능력이 있는 전문투자자에 한하여 거래를 허용하고 있다(법166의2①(1)).

CFD는 레버리지 활용 및 롱·숏 포지션을 모두 활용할 수 있다는 점에서 선물과 비슷하나 만기가 없다는 장점을 보유하고 있다. 만기일에 구애받지 않고 원하는 포지션에 대한 보유 기간을 자유롭게 설정할 수 있어 거래의 자유가 보장된다. 다만 레버리지를 활용하는 상품이기 때문에 매수 미결제 약정 대금에 대한 이자 비용[138] 및 매도 미결제 약정 대금에 대한 주식 차입 비용(종목별 상이)이 보유일 수에 따라 발생하며, 투자자는 이를 부담해야 거래를 유지할 수 있다.

국내주식 CFD는 해외 장외파생상품이므로 일반 주식현물 거래방식과 상당 부분 다르다. CFD는 USD base 해외 장외파생상품이므로 달러 예수금으로만 거래할 수 있다. 청산손익, 수수료 출금, 금융비용 입출금, 각종 차액보정 이벤트 등 모든 거래가 USD로 이루어진다. 증권회사 HTS와 MTS상에서 원화로 표시되는 계좌정보는 투자자의 편의를 위해 가환율인 매매기준환율로 표시한 것일 뿐이며 실제 모든 거래는 USD로 이루어진다.

(다) CFD 거래현황

1) 주요국 시장

해외에서는 CFD를 최초로 도입한 영국을 비롯하여 독일, 호주 등 전 세계 20여 개국으로 확산되며, 거래가 활발하게 진행되었다. 1990년대 초기 영국에서 장외거래 및 주식스왑의 한 형태로 거래되다가 헤지펀드가 런던거래소에 상장된 주식 현물 포지션에 대한 헤지를 하면서 본격적으로 거래가 시작되었으며, 2008년 금융위기 이후 글로벌 시장에서 외환거래를 대체하

---

138) 국내 CD금리(거래 체결일 또는 체결일 부근 일자, 정산 일자의 금리)기준으로 가산금리가 적용되어 일일 변동 적용되며, 통상 신용거래융자 이자율과 비슷한 수준이다.

는 상품으로 부상하였다. 해외에서는 기초자산이 주식뿐만 아니라 지수, 상품, 통화, 채권 등 다양한 종목으로 거래가 가능하다.

2007년~2011년 중 글로벌 거래량은 연평균 20% 증가하였으며, 영국, 독일, 호주 등에서 거래가 활발하게 진행되었다. 영국의 경우 개인투자자들의 CFD는 영국 전체 주식거래의 약 30%를 차지하고 있으며, 독일은 2018년 3월 기준 CFD 고객수가 전년 대비 23% 증가한 7만 6,000명가량으로 급속한 성장세를 시현하였고, 호주의 경우 호주거래소의 거래량 1/3 이상이 CFD를 통해 거래되고 있다.

다만 미국의 경우 증권거래위원회(SEC)의 장외 금융상품에 대한 규제조치로 인해 미국 내 거주자 및 미국시민은 CFD 거래가 금지된다.

2) 국내시장

국내에서는 2015년 교보증권이 처음으로 CFD를 도입한 이후 서비스 제공이 제한적이었으나, 최근 들어 주요 증권회사들이 경쟁적으로 서비스를 도입하고 있다. 2019년 6월 키움증권, DB투자증권, 2019년 10월 하나금융투자, 2020년 한국투자증권, 신한금융투자, 유진투자증권이 서비스를 도입하였으며, NH투자증권, 미래에셋대우, 삼성증권 등도 서비스 도입 여부를 검토하고 있다.

증권회사들은 외국계 증권회사와 협업으로 CFD 서비스를 진행하고 있다. 투자자가 국내 증권회사에 주문을 하면 외국계 증권회사를 통해 한국거래소에 실제 주문을 실행하는 방식을 이용한다. 교보증권은 CGS-CIMB증권, 키움증권은 모건스탠리, 하나금융투자는 소시에테제네랄 등과 협업하고 있다.[139]

현재 형성된 국내 CFD 시장은 아직 초기 단계로 시장규모에 대한 공식적인 통계는 제공되고 있지 않으나, 2019년 10월 국정감사 자료에 따르면 교보증권, 키움증권, DB투자증권의 일평균 거래액 합계는 339억원 수준인 것으로 알려지고 있다.

(라) 결어

CFD 시장 활성화는 높은 투자위험도, 세금 회피수단으로 활용 가능성 등 부작용이 우려됨에 따라 구체적인 관련 제도를 만들고 영업행위, 위험관리 등에 대한 세부적 지침을 제시할 필요가 있다.

높은 레버리지를 사용해 거래하는 경우 기초자산 가격 또는 관련 시장 요인이 조금만 변해도 평가금액은 크게 변해 투자위험도가 증대할 것이다. 영국의 FCA(Financial Conduct Authority)가 CFD 거래에 대한 샘플 분석을 한 결과, 82%의 투자자가 손실을 본 것으로 분석되었다.[140]

139) The bell, "첫 포문 연 교보증권, 대형사들도 도입 채비 분주"(2019. 10. 21) 기사.
140) FCA, "FCA proposes stricter rules for contract for difference products", 2016. 12. 6.

　　세법개정으로 상장주식 양도소득 과세대상 대주주의 범위가 단계적으로 확대되어 과세 기준이 강화됨에 따라 고액투자자들이 세금 회피수단으로 CFD를 악용할 가능성이 높다. 대주주 요건이 2020년 4월 코스피 및 코스닥 상장사 보유지분 금액 15억원에서 10억원으로 하향 조정되었으며, 2021년 4월 이후에는 3억원으로 재조정될 예정이다.[141] CFD는 매매에 따른 이익 및 손실이 투자자에게 귀속되나 소유권이 부여되지 않기 때문에 주주로서의 권리 및 의무는 갖지 않는다.

　　국내에서 CFD 시장이 확대되고 있지만 아직까지 CFD에 대한 세부적 규제방안은 마련되지 않은 상황이다. 국제증권거래위원회(IOSCO)에서 CFD 등 장외거래 레버리지 상품에 대해 지나친 거래위험 등을 지적하고 투자자 보호 강화를 위해 규제를 권고한 바 있다.[142]

Ⅳ. 파생상품과 유사한 금융투자상품

1. 변액보험

(1) 개념

　　변액보험이란 보험업법 제108조 제1항 제3호에 근거를 둔 보험으로서, "변액보험계약자가 지급한 정액보험료 중 준비금에 상당하는 재산의 전부 또는 일부를 기타의 재산운용기금(일반계정)과 구별하여 이용하기 위한 특별계정에 편입하고, 이 특별계정이 주로 주식이나 채권 등의 유가증권에 투자하여 그 운용실적에 따라 보험금액 및 해약환급금이 변동하는 구조를 지닌 생명보험상품"을 말한다.[143] 즉 변액보험이란 고객이 납입한 보험료를 모아 펀드를 구성한 후 주식, 채권 등 유가증권에 투자하고 투자실적에 따라 보험금을 지급하는 실적배당형 보험이다. 변액보험은 원본손실 가능성이 있는 금융투자상품으로 투자실적이 악화되면 보험계약자가 실적 감소에 따른 손실분을 부담해야 한다. 그러나 보험회사가 실적 감소분을 보전해 주는 옵션을 포함한 변액보험 상품도 있다. 계약자가 보증비용을 부담하면 보험회사가 실적 감소분을 보전해 주는 옵션이 그것이다.[144]

(2) 법적 규제

　　변액보험의 법률상 정의는 "보험금이 자산운용성과에 따라 변동하는 보험계약(보험업법108①(3))"이다. 변액보험은 생명보험과 집합투자(펀드운용에 의한 실적배당)의 성격을 동시에 가지므

---

141) 기획재정부(2017), "2017년 세법개정안"(2017. 8. 2) 보도자료.
142) IOSCO, "Report on Retail OTC Leveraged Products", 2018. 9.
143) 김선정(2013), "변액유니버셜보험계약에 있어서 설명의무와 적합성원칙에 대한 재론: 대법원 2013. 6. 13. 선고 2010다34159 판결", 금융법연구 제10권 제2호(2013. 12), 103쪽.
144) 생명보험협회(2019), 「변액보험의 이해와 판매」, 생명보험협회(2019. 8), 35-36쪽.

로 법적 규제에 있어서도 보험업법과 자본시장법의 일부 규정이 동시에 적용된다. 또한 변액보험은 생명보험상품 중 하나이므로 손해보험회사에서는 취급할 수 없다(보험업감독규정5-6①(3)).

변액보험은 보험업법에 따라 특별계정을 설정하여 운용해야 한다. 특별계정이란 보험상품의 도입목적, 상품운용방법 등이 일반상품과 크게 상이하여 보험회사로 하여금 다른 보험상품과 구분하여 별도로 관리 및 운용을 할 것을 보험관련법규에서 지정한 것으로 계정 상호간 계약자를 보호하는 것을 목적으로 설정한 것이며, 주요 특별계정 상품으로는 퇴직보험, 연금저축, 변액보험 등이 있다. 일반계정의 경우 보험계약의 종류에 구분 없이 보험료를 운용하고 그 결과에 대하여 보험회사가 책임을 지는 데 반해, 변액보험은 특별계정의 자산운용성과에 따라 보험금의 차이가 발생한다. 따라서 변액보험특별계정에는 회계처리나 자산운용방법, 자산의 평가방법 등에 있어서 일반계정과 다른 규제와 제한이 적용된다.[145]

(3) 종류

변액보험의 종류에는 변액종신보험(variable life insurance), 변액유니버설보험(variable universal life insurance), 변액연금보험(variable annuity) 등이 있다.[146]

ⅰ) 변액종신보험은 사망보험금(최저사망보험금인 「기본보험금」＋운용실적에 연동하는 「변동보험금」)과 해지환급금(＝해약환급금)이 변동하는 보험으로서, 중도에 적립금의 입출금이 제한된다는 점에서 유니버설보험과 구별된다. 변액종신보험은 최저사망보험금은 보장이 되나 보험료로 운용되는 펀드의 운용실적이 저조한 경우 해지환급금이 보장되지 않고 원금손실이 발생할 수 있다. 고객은 자신의 투자성향에 따라 채권형, 주식형, 혼합형 등 투자대상자산을 변경할 수 있다.

ⅱ) 변액유니버설보험은 간접적인 투자상품의 실적배당, 보험의 보장성, 수시입출금기능을 결합한 종합금융형 보험으로 장기투자 목적의 적립형과 사망보장을 주목적으로 하는 보장형으로 구분되며, 적립형은 기납입보험료를 최저보증하고, 보장형은 기본보험금을 최저보증한다. 이에 따라 변액유니버설보험에서의 사망보험금은 [기본보험금, 기납입보험료, 투자실적에 따라 매일 적립되는 계약자적립금의 일정비율(105-110% 수준)] 중에서 최대금액을 지급하게 되며, 해지환급금은 투자수익률에 따라 매일 변동되는데 투자실적이 저조할 경우 원금손실이 발생할 수도 있다. 변액종신보험과 마찬가지로 변액유니버설보험에서도 고객은 자신의 투자성향에 따라 채권형, 주식형, 혼합형 등 투자대상자산을 변경할 수 있다.

ⅲ) 변액연금보험은 연금개시 전 사망시에는 [기본사망보험금＋투자실적에 따라 연동되는 사망당시의 적립금]을, 생존시에는 계약자적립금을 투자실적에 따라 적립한 후 연금개시 연령이

---

145) 생명보험협회(2019), 148쪽.
146) 박철우(2016), "파생상품거래와 투자자보호의 법리에 관한 연구", 고려대학교 대학원 박사학위논문(2016. 12), 13-14쪽.

되면 계약자가 선택한 방식에 따라 계약자적립금을 재원으로 공시이율을 적용한 연금(공시이율연금형) 또는 투자실적에 연동한 연금(변액연금형)을 지급하게 되는 보험이다. 변액연금보험은 최저사망보험금이 보장되는 가운데 기본사망보험금과 해지환급금이 변동하며, 고객의 투자성향에 따라 자산운용 형태를 변경할 수 있다는 점이 특징이다.

(4) 파생상품적 특성

변액보험은 간접적 투자상품의 성격과 보험으로서의 성격을 동시에 가지고 있는 것으로 평가된다. 그런데 변액보험이 채권형, 주식형 또는 혼합형 펀드 등을 통한 간접투자상품으로 인식되고 있음에도 불구하고 보험료 및 보험금이 자산운용 실적과 연계하여 산출되는 점에서는 해당 펀드자산을 기초로 보험금이 연동되는 일종의 파생상품으로 파악할 수도 있다. 특히 혼합형 펀드로 운용되는 경우에는 투자대상자산에 CD금리선물 등의 채권 관련 파생상품, KOSPI200 주가지수 선물·옵션 등 주식 관련 파생상품이 포함되어 있어 실질적으로 파생상품에 연동하여 보험금 등이 결정된다는 점, 고객의 자산운용 형태 및 투자자산에 대한 선택권이 확대될수록 펀드의 위탁자산 성격보다는 고객이 직접 투자하는 파생상품의 기초자산의 성격에 가까워진다는 점 등에 비추어볼 때 기초자산과의 연계성과 장래 이행성이라는 파생상품의 요건을 충족하고 있다고 볼 수 있다. 나아가 자본시장법상 파생상품의 요건인 "추가지급의무의 존재" 요건의 충족 여부를 살펴보면, 투자실적이 악화되는 경우 해지환급금이 보장되지 않고 원본손실 가능성이 있다는 점, 변액유니버설보험에서 보험료 의무납입기간 경과 이후 보험료 납입 중지시 투자실적이 악화되는 경우 보험료를 추가납입하지 않으면 보험계약 자체가 해지됨에 따라 "원본손실위험" 외에 실질적으로 "추가납입이 강제되는 효과"가 있다는 점 등에 비추어보면, 법적으로는 추가납입의무가 인정되지 않기 때문에 자본시장법의 "추가지급의무" 요건을 완전히 충족한다고 보기는 어렵지만, 금융투자상품 특히 파생상품의 특성을 강하게 지닌다고 할 수 있다.[147]

2. FX 마진거래

(1) 서설

(가) 의의

FX 마진거래(Foreign Exchange Margin)는 자본시장법상 장내파생상품으로 미국선물협회의 규정에 따라 장외에서 이루어지는 외국환거래로서, 환율변동을 이용하여 시세차익을 얻는 거래[148]로 고객이 일정 증거금을 납입하고 통화를 매매한 후 환율변동 및 해당 통화의 금리 등을

---

147) 박철우(2016), 14-15쪽.
148) 대법원 2015. 9. 10. 선고 2012도9660 판결.

기준으로 산출된 금액으로 손익을 정산하는 거래를 말한다. FX 마진거래에 해당하는 "외환증거금거래"에 대해 외국환거래법에 따른 외국환거래규정은 "통화의 실제인수도 없이 외국환은행에 일정액의 거래증거금을 예치한 후 통화를 매매하고, 환율변동 및 통화 간 이자율 격차 등에 따라 손익을 정산하는 거래"로 정의하고 있다(외국환거래규정1-2(20-1)).

자본시장법에서는 FX 마진거래가 2005년 1월 27일 개정·시행된 구 선물거래법 시행규칙(재정경제부령 제412호)에서 "유사해외선물거래"로서 도입된 것을 연유로 "해외 파생상품시장(파생상품시장과 유사한 시장으로서 해외에 있는 시장과 대통령령으로 정하는 해외 파생상품거래가 이루어지는 시장)에서 거래되는 장내파생상품"(자본시장법5②(2))으로서 "미국선물협회의 규정에 따라 장외에서 이루어지는 외국환거래"(자본시장법 시행령5(3))의 하나로 규율하고 있으며 별도 정의규정은 없다.

그런데 자본시장법에 의하면 일반투자자가 해외 파생상품시장에서 장내파생상품의 매매거래를 하는 경우에는 투자중개업자를 통해서만 거래를 하도록 규정(영184①)하고 있기 때문에 일반투자자의 FX 마진거래는 투자중개업자를 통해 이루어져야 하며 그렇지 않고 해외 투자중개업자와 직접 거래를 하는 것은 위법이다.[149]

(나) 도입경과

2005년 1월 선물업계의 영업기반 확대요구에 따라 선물거래법 시행규칙 제1조의2를 개정하여 미국선물협회의 규정 또는 일본의 상품거래소법에 따라 장외에서 이루어지는 외국환거래를 해외선물거래로 지정함으로써 선물업자는 FX 마진거래, 그 위탁이나 위탁의 중개 등을 할 수 있게 되었다. 즉 FX 마진거래를 유사해외선물거래로 지정하여 국내 선물업자만이 FX 마진거래의 중개업무를 영위할 수 있다. 또한 2005년 4월 선물협회는 선물회사의 FX 마진거래업무의 원활화를 위하여 "FX 마진거래업무 가이드라인"을 제정하였다.[150] 외국의 관련 법령에서는 FX 마진거래를 장외파생상품 또는 별도의 외환투자상품으로 구분하고 있지만, 자본시장법은 종래 선물거래법과 마찬가지로 해외 파생상품거래로 보아 장내파생상품으로 분류하는 입법체계를 유지하고 있다(법5②, 영5).

자본시장법은 FX 마진거래에 대하여 정의규정을 두고 있지 않고 유사해외통화선물거래로 간주하여 장내파생상품으로 분류하고 있기 때문에 동법에 의해 선물업을 인가받은 선물업자는 국내 일반투자자와 해외거래소 회원인 해외 선물중개회사(FCM: Futures Commission Merchant) 사이의 거래를 중개하는(introducing broker형) FX 마진거래를 취급하고 있다. 다만 한국금융투

---

[149] FX 마진거래는 투자자에게 새로운 금융투자상품을 제공하고 선물업자에게 수익원 창출의 기회를 제공한다는 의미에서 긍정적인 측면이 없지 않으나, FX 마진거래의 높은 거래비용구조와 레버리지로 인한 사행심 조장 등의 부정적인 측면도 아울러 존재한다.

[150] 박임출(2011), "FX 마진거래 규제의 법적 과제", 상사판례연구 제24집 제4권(2011. 12. 31), 348쪽.

자협회 「금융투자회사의 영업 및 업무에 관한 규정」("업무규정") 제3-29조 제1항은 유사해외통화선물거래의 대상을 원화를 제외한 이종통화로 규정하고 있고, 미국의 FCM은 원화를 기초로 하는 FX 마진거래를 취급하고 있지 않기 때문에 국내 선물업자는 원화를 제외한 이종통화 마진거래만을 취급하고 있다.[151)]

(2) 법적 규제체계

(가) 자본시장법 관련법령

1) 자본시장법

자본시장법 제5조 제2항은 장내파생상품을 "파생상품으로서 파생상품시장에서 거래되는 것 또는 해외 파생상품시장에서 거래되는 것"으로 정의하는 한편 해외 파생상품시장을 "파생상품시장과 유사한 시장으로서 해외에 있는 시장과 대통령령으로 정하는 해외 파생상품거래가 이루어지는 시장"으로 정의하고 있다. 이에 따라 동법 시행령 제5조 제3호는 대통령령으로 정하는 해외 파생상품거래를 "미국선물협회의 규정에 따라 장외에서 이루어지는 외국환거래"로 정의하고 있다. 따라서 미국선물협회의 규정에 따라 장외에서 이루어지는 외국환거래는 해외 파생상품거래로 인정되고, 나아가 미국선물협회의 규정에 따라 장외에서 외국환거래가 이루어지는 시장은 국내파생상품시장과 유사한 시장으로 간주된다. 요컨대 미국선물협회의 규정에 따라 장외에서 이루어지는 외국환거래는 본질적으로 장외파생상품거래에 해당하지만, 자본시장법은 국내 파생상품시장에서 거래되는 것과 유사한 선물거래로 간주하고 있다.[152)]

이와 같이 유사해외통화선물거래를 장내파생상품으로 간주하기 때문에 자본시장법에 의해 장내파생상품을 대상으로 하는 투자매매업·투자중개업을 인가받은 금융투자업자만이 미국의 장외시장에서 이루어지는 FX 마진거래를 할 수 있다. 다만 자본시장법에 의해 선물업을 인가받은 증권회사 또는 선물회사는 미국의 파생상품시장회원이 아니기 때문에 국내 투자자와 해외 FCM 사이의 거래를 중개하고 있다. 이에 따라 일반투자자가 해외 증권시장이나 해외 파생상품시장에서 FX 마진거래를 하고자 하는 경우에는 국내 선물업자를 통해야 하고, 선물업자는 일반투자자로부터 해외 파생상품시장에서의 FX 마진거래를 수탁하는 경우 투자자의 재산보호를 위해 외국 FCM에 자기계산에 의한 매매거래계좌와 별도의 매매거래계좌를 개설하여야 한다(영184②). 또한 자산총액 1천억원 이상인 FX 마진거래 중개업자의 경우 내부통제 강화를 위하여 파생상품 투자자보호에 필요한 절차나 기준의 수립 및 집행에 관한 관리·감독 업무, 장외파생상품 매매에 대한 승인업무 등을 수행하는 파생상품업무책임자를 반드시 두어야 한다

---

151) 박임출(2011), 339쪽.
152) 이에 따라 유사해외통화선물거래라고 한다(금융투자협회의 금융투자회사의 영업 및 업무에 관한 규정 제4장).

(법28의2, 영32의2).

2) 금융투자업규정

FX 마진거래 중개업자(선물업자)는 일반투자자로부터 해외 금융투자상품시장에서의 매매주문을 수탁받을 때에는 다음의 사항을 준수하여야 한다(금융투자업규정5-31③).

1. 일반투자자의 매매주문을 외국투자중개업자등을 통하여 처리하는 때에는 종목, 수량, 가격, 해외 금융투자상품시장 사용종목번호 및 결제(해외 증권시장 및 외국 다자간매매체결 회사에 한한다)를 예탁결제원이 처리한다는 사실을 당해 외국투자중개업자등에 명확히 통보할 것
2. 증권매매주문수탁에 관하여 증권시장 업무규정에서 정한 내용 및 방법을, 파생상품매매주문수탁에 관하여 파생상품시장 업무규정에서 정한 내용 및 방법을 각각 준용할 것. 다만, 증권 및 파생상품의 종류, 당해 해외 금융투자상품시장 사용종목번호 등 외화증권 및 장내 파생상품 매매주문과 관련된 사항은 이를 별도로 표기할 수 있다.
3. 다음의 사항이 포함된 위험고지서를 일반투자자에게 교부할 것
   가. 해외 파생상품시장거래에는 환율변동위험이 수반된다는 사실
   나. 해외 파생상품시장거래는 가격정보 획득, 주문처리 속도 등 제반 거래여건이 불리하다는 사실
   다. 해외 파생상품시장제도는 국내제도와 다를 수 있다는 사실

한편 선물업자는 내부통제가 철저히 이루어질 수 있도록 각 지점별 FX 마진거래 영업관리자의 지정에 관한 사항, FX 마진거래를 위한 계좌개설시 파생상품 영업관리자의 계좌개설에 관한 확인 및 투자자보호에 필요한 조치에 관한 사항, 거래내용이 투자자의 투자목적 등에 비추어 적합한지 여부 등에 대하여 파생상품 영업관리자의 주기적인 점검에 관한 사항을 내부통제기준에 반영하여야 한다(금융투자업규정2-24).

3) 협회의 업무규정

협회의 업무규정은 자본시장법에 의한 유사해외통화선물거래의 대상을 원화를 제외한 이종통화로 규정하고 있다. 그런데 미국의 FCM은 원화를 기초로 하는 FX 마진거래를 취급하고 있지 않기 때문에 국내 선물업자는 원화를 제외한 이종통화를 대상으로 하는 FX 마진거래만을 취급할 수 있다. 또한 FX 마진거래의 거래단위는 기준통화의 100,000단위이고, 투자자는 투자중개업에 거래단위당 미화 1만 달러 이상을 위탁증거금으로 예탁하여야 하며, 투자자의 예탁자산평가액이 회사가 정한 유지증거금(위탁증거금의 50% 이상의 미화)에 미달하는 경우 투자자의 미결제약정을 소멸시키는 거래를 할 수 있다. 또한 투자자가 유사해외통화선물거래를 하고자 하는 경우 금융투자회사의 명의와 투자자의 계산으로 유사해외통화선물거래를 하도록 하여야 하고, 투자자의 계좌별로 동일한 유사해외통화선물 종목에 대하여 매도와 매수의 약정수량 중

대등한 수량을 상계한 것으로 보아 소멸시켜야 한다(업무규정3-29).

(나) 외국환거래규정

"외환증거금거래"라 함은 통화의 실제인수도 없이 외국환은행에 일정액의 거래증거금을 예치한 후 통화를 매매하고, 환율변동 및 통화간 이자율 격차 등에 따라 손익을 정산하는 거래를 말한다(외국환거래규정1-2(20-1)). 외환증거금거래를 취급하고자 하는 외국환은행은 은행간 공통거래기준(최소계약단위, 최소거래증거금 등을 포함)을 따라야 하고, 위의 거래기준을 정하는 경우에는 기획재정부장관과 사전에 협의하여야 하며, 외국환은행의 장은 월간 외환증거금거래 실적을 다음달 10일까지 한국은행총재에게 보고하여야 하며, 한국은행총재는 은행별 거래실적을 다음달 20일까지 기획재정부장관에게 보고하여야 한다(외국환거래규정2-4의2).

(3) 구조와 절차

(가) FX 마진거래의 구조

1) 증거금에 의한 차액결제

외환시장에서의 외환거래와 달리 FX 마진거래는 소액의 증거금을 선물업자 등에 예탁하고 해당 증거금의 수십 배에 달하는 외화를 매매할 수 있다. 즉 외환거래는 현실적으로 통화교환이 수반되지만 FX 마진거래는 현실적인 통화교환을 예정하지 않고 증거금의 수십 배에 해당되는 외화의 매매를 가정하여 예상원본을 제외한 예상원본의 차익 또는 차손을 목표로 한다. 이와 같이 FX 마진거래의 기본적 구조는 레버리지를 이용한 고수익을 추구하는 거래라는 점에서 선도거래나 신용거래(주식)와 유사하고, 시세의 변동에 따라 실제의 손익규모가 크게 달라지는 거래이다.[153]

2) 은행간(interbank)시장과의 관계

외환거래는 통상 은행과 은행 사이에 이루어지는 상대거래이고, 외환거래의 최저단위는 100만 달러이다. 이와 같은 외환거래는 선물업자와 투자자 사이의 상대거래[154]인 FX 마진거래와 다르다. FX 마진거래는 차액결제를 예정하고 있어 상대거래의 일방이 차액을 수취하고(차익), 다른 일방이 차액을 지급(차손)한다. 이와 같이 선물업자는 고객에 대해 환리스크를 부담하기 때문에 환리스크를 헤지할 필요가 있다. 그런데 은행간시장의 거래는 최저 100만 달러이기 때문에 은행이 아닌 선물업자가 곧바로 은행간시장에 참가하여 FX 마진거래에서 발생하는 모든 환리스크를 헤지할 수 없다. 이에 따라 선물업자는 FX 마진거래로 인한 파산의 위험성을 항상 떠안고 있기 때문에 FX 마진거래의 고객과 이해상충 관계에 있다.

---

153) 박임출(2011), 340-342쪽.
154) 은행간시장(interbank market)을 primary market이라 하고, 소액투자자가 참여하는 외환시장을 secondary OTC market이라 한다.

3) 스왑금리

FX 마진거래는 환율변동에 따른 차익/차손 외에 교환되는 통화의 금리차이에 따른 금액의 교환이 동시에 이루어진다. 예를 들면 엔/달러를 대상으로 FX 마진거래를 하는 경우 투자자가 엔화로 달러화를 매수한 경우 달러화의 금리가 높기 때문에 그 투자자는 엔화와 달러화의 금리차를 얻을 수 있고, 반대로 투자자가 달러화를 매도한 경우 그 달러화의 매도를 위하여 달러화를 조달하는 금리를 지급하여야 한다. 본래 달러화 매수나 달러화 매도는 달러화와 엔화의 금리차가 동일하기 때문에 투자자가 금리차를 얻는 경우나 지급하는 경우 모두 동일하여야 한다. 그러나 투자자가 금리차를 지급하는 경우에는 조달을 위한 수수료가 존재하기 때문에 달러화의 매수로 투자자가 얻는 금액보다 달러화 매도로 투자자가 지급하는 금액이 더 많다. 요컨대 투자자는 rollover 시점부터 여·수신 금리차이와 같은 스왑포인트(매입통화금리-매도통화금리)를 지급하거나 수취할 수 있다.

4) 수수료

FX 마진거래는 투자자와 업자 사이의 상대거래임에도 불구하고 거래할 때에 투자자가 업자에게 수수료를 지급하는 경우가 많다. 매도와 매수의 가격에 수수료가 포함되는 외환거래와 다르다. 예컨대 1달러에 110엔이면 투자자가 달러화를 매수하기 위해서는 수수료 1엔을 더하여 111엔을 업자(은행)에게 지급하여야 하지만, 투자자가 은행에 달러화를 매도하는 경우 수수료 1엔을 빼고 109엔으로 매도한다. 이와 같이 매도와 매수의 가격 차이를 스프레드라고 한다. FX 마진거래에서도 매수와 매도의 가격은 다르다. 또한 거래를 할 때마다 수수료를 지급하기 때문에 수수료가 이중으로 계산된다고 볼 수 있다.

5) 예탁금의 보관

FX 마진거래는 상대거래로서 은행간시장과 연계하여 거래하는 것이 곤란하기 때문에 일반적으로 파산의 위험성을 안고 있다. 투자자가 선물업자에게 예탁하는 증거금을 어떻게 보관할 것인가는 선물업자의 재량으로 선물업자는 통상 투자자의 예탁금을 자기의 재산과 분리하여 보관하고 있다. 그러나 선물업자가 파산한 경우에는 채권자의 재산보전의 대상에서 제외되기 곤란하기 때문에 결국 일반재산과 동일하게 취급될 수 있다.

(나) FX 마진거래의 절차

국내 투자자가 유사해외선물거래인 FX 마진거래를 하기 위해서는 우선 국내 선물업자에게 위탁자계좌를 개설하여야 한다. 해외 외환딜러 자격을 갖춘 FCM을 상대방으로 장외에서 외화현물을 거래하는 것이기 때문에 투자자는 선물업자와 계약을 체결한 해당 FCM이 요구하는 일정한 액수의 증거금을 선물업자에게 납입하여야 주문을 낼 수 있다. 통상적으로 최종 FCM에서 해당 증거금을 보관한다.[155] 투자자는 FCM이 고시하는 매도/매수 가격을 보고 HTS, 전화 등으로 선물업자에게 투자대상, 매수/매도, 가격, 계약 수, 주문의 종류 등을 알려주면 선물업 자는 그 주문 내용을 FCM에 전달한다. FCM은 해외 외환시장에서 투자자의 주문에 대응하는 외화를 직접 매매한다. FCM으로부터 주문체결 결과가 통보되면 선물업자는 투자자에게 그 결 과를 통지해 준다. 선물업자는 투자자의 보유포지션이나 장중매매에 따라 손익을 정산하여 증 거금이 부족한 경우 자동 반대매매(청산거래)를 한다. 이와 같이 국내 선물업자는 투자자의 주 문을 전달하는 중개업자로서 역할을 하지만, 해당 FCM이 외환거래의 딜러 역할을 담당한다는 점에서 해외 FCM이 중개업자 역할을 하는 해외 선물거래와 차이가 있다. FX 마진거래는 주말 을 제외하고 24시간 거래가 가능하고, 선물이 아닌 현물환을 거래하기 때문에 선물거래에 비하 여 거래기법이 단순하며, 장중 마진콜이 발생하는 경우 강제 반대매매로 인한 손실을 차단하는 등 증권투자의 대체수단으로서 일반투자자의 유인이 높다.[156]

(4) 파생상품적 특성

FX 마진거래에서는 일일 가격제한폭도 존재하지 않으며, T+2일 결제 원칙에 따라 원칙 적으로 일일정산하게 되므로 만기가 별도로 없다는 점에서 현물환거래의 성격을 가진다고 할 수 있다. 이에 따라 2003년 하나은행에서 국내에 도입할 당시에도 "마진현물환"으로 불렸다. FX 마진거래의 법적 성격에 대해서는 거래형태 및 규제 필요성 등과 관련하여 견해가 일치되 지는 않고 있다. 국내에서는 현물환으로 보는 견해가 있는 반면, 선물거래의 일종으로 보는 견 해, 또는 통화선물과 유사한 금융투자상품으로 보는 견해 등이 있다.

미국의 경우에는 CFTC v. Zelener 사건과 CFTC v. Erskine 사건에서 법원은 FX 마진거래 가 "현물환(spot exchange rate)의 롤오버(rollover) 거래" 또는 "선도계약(forward contracts)과 유 사한 거래"로 판단하고, 당시 상품선물현대화법(CFMA: Commodity Futures Modernization Act of 2000)에 따라 선물시장에 대한 감독 권한을 행사해 온 상품선물거래위원회(CFTC: Commodity Futures Trading Commission)의 감독권을 부정하였다. 이에 따라 발생한 규제 공백을 막기 위해 미국 의회는 CFTC 권한재부여법(CRA: CFTC Reauthorization Act of 2008)에 의해 선물업자(FCMs: Futures Commission Merchants) 또는 소매외환딜러(RFEDs: Retail Foreign Exchange Dealers)에 대 한 감독 권한을 상품선물시장 감독기관인 CFTC에 부여함으로써 FX 마진거래를 "장내선물시 장"의 규제체계 안에 두었다. 한편 일본의 경우 2005년 7월에 개정된 금융선물거래법(金融先物 取引法)에 의해 처음으로 FX 마진거래에 대해 규제하기 시작했으며, 2007년 9월부터 금융상품

---

155) FX 마진거래는 장외 현물환거래이기 때문에 해외 FCM이 국내 선물업자로부터 받은 증거금 대부분을 보 관하고 있다. 이에 따라 FCM이 해당 증거금을 유용할 가능성이 있기 때문에 국내 선물업자는 해외 FCM 과 거래계약을 체결할 때에 해당 증거금을 FCM의 고유자산과 분리하여 보관하도록 하고 있다.
156) 박임출(2011), 343쪽.

거래법 제38조 제4호, 동법 시행령 제16조의4 제1항에 의해 "장외파생상품"으로 분류하여 규제하고 있다. 결국 선도계약으로 보든 선물계약으로 보든 미국 판례는 FX 마진거래를 파생상품으로 보고 규율하고 있으며, 일본도 장외파생상품으로 분류하고 있다.

생각건대 고객은 10% 내외의 증거금 납입과 마진콜(margin call)의 부담을 지며, 실물통화의 인도 없이 차액결제로 청산된다는 점, 불특정 다수를 상대로 거래하고 중도청산이 가능하다는 점, 거래 당일 중에 고객이 처음의 거래와 반대방향으로 거래를 하여 보유포지션을 청산하지 않고 롤오버를 하게 되는 경우에는 기준통화와 상대통화의 금리차에 따라 정산[157]을 하게 된다는 점 등에서는 통화선물의 성격을 가진다고 할 수 있다.[158]

---

157) 예를 들어 EUR/USD 매도시 기준통화(base cureency)인 EUR보다 상대통화(counter currency)이자 매수 통화인 USD의 금리가 높은 경우 1일분의 금리차(swap point)를 수취하게 되며, 반대로 매수시에는 1일분의 금리차를 지급하게 되어 그만큼 손실이 발생한다.
158) 박철우(2016), 24-25쪽.

제5장

신탁상품

제1절 서설

Ⅰ. 신탁의 의의와 종류

1. 신탁의 의의

(1) 신탁의 개념

신탁은 "믿고(信) 맡긴다(託)"는 의미를 갖는다. 자본시장법상 신탁업이란 "신탁"을 영업으로 하는 것을 말하고(법6⑨), 자본시장법에서 "신탁"이란 신탁법 제2조의 신탁을 말한다. 신탁법 제2조에 의하면, "신탁"이란 ⅰ) 신탁을 설정하는 자(=위탁자)와 신탁을 인수하는 자(=수탁자) 간의 신임관계에 기하여, ⅱ) 위탁자가 수탁자에게 특정의 재산(영업이나 저작재산권의 일부를 포함)을 이전하거나 담보권의 설정 또는 그 밖의 처분을 하고, ⅲ) 수탁자로 하여금 일정한 자(=수익자)의 이익 또는 특정의 목적을 위하여 그 재산의 관리, 처분, 운용, 개발, 그 밖의 신탁 목적의 달성을 위하여 필요한 행위를 하는 법률관계를 말한다(신탁법2). 즉 신탁은 위탁자가 타인(수탁자)에게 사무 처리를 부탁하는 형태로, 형식적인 재산권 귀속자인 관리자(관리권자)와 실질적인 이익향유자(수익자)를 분리하면서 이익향유자를 위한 재산의 안전지대를 구축하는 제도이다. 신탁의 주된 구성요소는 위탁자, 수익자, 신탁의 목적, 신탁설정 행위 및 신탁재산이다. 수익자가 없는 특정의 목적을 위한 신탁(목적신탁)도 인정된다.

(2) 신탁의 기능

현대의 금융거래에서 신탁은 매우 중요한 역할을 하고 있다. 금융거래에서 신탁의 기본적인 기능으로는, 신탁재산의 독립성에 따라 신탁재산이 위탁자와 수탁자의 도산으로부터 절연될 수 있게 하는 기능(= 도산절연기능)과 재산을 단일 또는 복층의 신탁 수익권으로 변환시켜 보다 쉽게 금융거래의 수단이 될 수 있도록 하는 기능(= 재산변환기능)을 들 수 있다. 또한 신탁재산이나 그에 관한 수익권의 행사를 수익자에 대한 채무의 담보목적으로 제한하는 경우에는 신탁재산이 실질적으로 담보의 기능을 한다(= 신탁의 담보적 기능). 이러한 신탁의 기능을 활용하여, 가장 기본적인 담보부대출 거래에서부터 다양한 금융기법이 총체적으로 이용되는 자산유동화 등의 복잡한 구조화금융 거래에 이르기까지 신탁이 널리 이용되고 있다. 신탁을 이용한 금융거래로는 투자신탁, 자산유동화, 담보신탁, 프로젝트금융, 교환사채, 담보부사채신탁 등을 들 수 있고, 신탁법 개정에 의하여 사업신탁, 담보권신탁, 유한책임신탁, 신탁사채, 수익증권발행신탁, 신탁의 합병·분할 등 새로운 제도가 도입됨으로써 신탁의 이용가능성이 증대되었다.[1]

2. 신탁의 종류

신탁은 그것을 통해 어떤 목적을 달성하고자 하는지 그리고 어떻게 설계하는지에 따라 다양한 형태로 설정될 수 있다. 또한 신탁은 개별적인 기준에 따라 여러 종류로 분류될 수 있다. 여기서는 기본적인 유형을 살펴본다.

(1) 임의신탁과 법정신탁

신탁은 발생원인에 따라 임의신탁과 법정신탁으로 구분된다. 당사자의 의사표시(신탁계약, 유언, 신탁선언 등)에 따라 설정되는 경우가 임의신탁이고, 신탁종료 이후의 신탁(신탁법101④)과 같이 법률에 의해 그 존속이 간주되는 신탁이 법정신탁이다.

(2) 공익신탁과 사익신탁

신탁의 목적에 따라 공익신탁과 사익신탁으로 구분되는데, 학술, 종교, 제사, 자선, 기예, 환경, 그 밖에 공익을 목적으로 하는 신탁(신탁법106)을 제외하고는 사익신탁이 된다. 사익신탁은 다시 위탁자와 수익자가 동일한 경우인 자익신탁과 위탁자와 수익자가 상이한 타익신탁으로 나뉜다. 타익신탁은 제3자를 위한 계약의 형태이다.

(3) 능동신탁과 수동신탁

신탁이 설정되면 통상 수탁자는 적극적으로 신탁재산을 관리·운용 또는 처분하는데 이를 능동신탁이라고 한다. 수동신탁은 수탁자가 신탁재산의 명의인이 될 뿐 신탁재산의 관리방법

---

1) 박준·한민(2019), 228-229쪽.

에 대한 재량을 가지고 있지 않고, 수익자, 위탁자 등의 지시에 따라 관리·처분 등을 하는 신탁 또는 수탁자가 신탁재산을 적극적으로 관리 또는 처분을 해야 할 권리·의무를 부담하지 아니하는 신탁이다. 과거에는 수동신탁의 효력에 관하여 의문을 제기하는 견해가 있었던 것으로 보이나 근래에는 수동신탁이라고 하더라도 신탁법상의 신탁으로서의 효력을 인정하는 것이 일반적인 견해이다.[2]

(4) 자익신탁과 타익신탁

위탁자가 수익자를 겸하는 경우를 자익신탁이라고 부르고, 위탁자와 수익자가 다른 경우를 타익신탁이라고 한다. 위탁자가 자신을 위해 재산의 관리·운용 목적의 신탁을 하는 경우 자익신탁 방식에 의한다. 재산의 승계, 담보제공, 기타 처분목적으로 신탁을 하는 경우에는 처음부터 타익신탁에 의할 수도 있고, 자익신탁에 의하여 위탁자가 수익권을 취득한 후 수익권을 제3자에게 양도, 담보제공, 기타의 방법으로 처분할 수도 있다. 처음부터 타익신탁으로 설정하는 경우 위탁자는 수익자로부터 신탁행위의 원인이 되는 법률행위로 반대급부를 받는 경우도 있고 그렇지 아니한 경우(증여)도 있다. 신탁행위로 달리 정하지 아니한 경우, 위탁자가 수익권 전부를 갖고 있는 자익신탁(후발적으로 자익신탁이 된 경우를 포함)은 위탁자나 그 상속인이 언제든지 종료할 수 있다.[3]

금융거래에 이용되는 신탁에서는 하나의 신탁에 타익신탁과 자익신탁이 혼합되어 있는 경우가 많다. 예컨대 담보신탁은 타익신탁 부분(= 위탁자의 채권자에 대한 우선수익권 부여)과 자익신탁 부분(= 위탁자 자신의 후순위수익권 취득)으로 구성된다.

(5) 영리(영업)신탁과 비영리(비영업)신탁

신탁은 수탁자가 신탁을 인수하는 것이 "영업으로"하는 것인지 여부에 따라 영리신탁(= 상사신탁)과 비영리신탁(=민사신탁)으로 구분할 수 있다. 영리신탁이란 신탁법상 신탁을 영업으로 하는 경우를 말하며(법9㉔), 비영리신탁이란 상행위로서가 아닌 사인 간의 민사신탁행위를 말한다. 영리신탁의 경우에는 신탁법뿐 아니라 자본시장법이 적용되며, 금융위원회로부터 신탁업 인가를 받아야 영위할 수 있다.

영리신탁의 경우, 수탁자는 "업으로", 즉 "이익을 얻을 목적으로 계속적이거나 반복적인 방법으로" 신탁의 인수를 하는 신탁업자로서 자본시장법에 따른 규제(진입규제, 건전성규제, 영업행위규제 등)를 받는다. 자본시장법에 따라 규제되는 영리신탁은 신탁재산의 종류에 따라 금전신탁과 비금전신탁(=증권, 금전채권, 동산, 부동산, 부동산 관련 권리 또는 무체재산권을 신탁재산으로 하는 신탁)으로 구분된다(법103①). 종류가 다른 복수의 재산을 종합하여 수탁하는 것을 "종

---

2) 박준·한민(2019), 224쪽.
3) 박준·한민(2019), 224-225쪽.

합신탁"이라고 한다(법103②). 금전신탁은 다시 위탁자가 신탁재산인 금전의 운용방법을 지정하는 것인지 여부에 따라 특정금전신탁과 불특정금전신탁으로 구분된다(영103).

(6) 자산운용형신탁 · 자산관리형신탁 · 자산유동화형신탁

영리신탁(상사신탁)은 신탁재산을 신탁하는 목적을 기준으로 i) 자산운용전문가인 신탁업자에게 보유자산의 운용을 맡기는 신탁("자산운용형신탁"), ii) 신탁업자가 위탁자의 지시에 따라 단순히 신탁재산의 보관·관리업무를 수행하는 신탁("자산관리형신탁"), 그리고 iii) 위탁자가 자금조달을 목적으로 보유자산을 유동화하는 신탁("자산유동화형신탁")으로 구분할 수 있다.

II. 신탁업과 신탁의 법체계

1. 신탁업

(1) 신탁업의 의의

신탁의 인수를 영업으로 하는 것을 신탁업이라고 한다(법6⑨). 따라서 신탁업이란 신탁업자(신탁회사)에 의하여 업(業)으로 행하여지는 영리신탁으로 정의할 수 있다. 자본시장법상 신탁업자는 구신탁업법상 신탁회사의 업무범위를 그대로 채택함에 따라 신탁의 수익권이 금융투자상품인지 여부를 떠나 금융투자업자로 분류된다. 자본시장법에서 규율하고 있는 금융투자업 중 그 정의 내용에 금융투자상품을 포함하지 않는 것은 신탁업이 유일하다. 투자매매·중개업 등은 그 업무의 속성이 금융투자상품과 밀접하게 연관되어 있는 반면 신탁업의 경우 신탁을 영업으로 한다고 정의함으로써 사실상 금융투자상품과 직접적인 관련성을 갖지 않는 방식으로 정의되어 있다. 이처럼 자본시장법에서 신탁업이 다른 금융투자업과 다른 방식으로 정의되어 있는 것은 신탁업의 특성상 위탁자와 수탁자 간의 신탁계약에 의해 다양하게 구현될 수 있을 뿐만 아니라 신탁업의 영업이 아닌 공익신탁 등도 존재하고 있다는 점을 고려한 것으로 생각된다.

다만 자본시장법은 종전의 신탁업법과 달리 증권의 하나인 수익증권의 범위를 확대적용하고 있다는 점이다. 즉 종전에는 금전신탁의 경우에만 수익증권을 발행할 수 있도록 규정하고 있었으나 자본시장법은 수익증권의 범위를 금전신탁뿐만 아니라 그 밖에 신탁의 수익권이 표시된 것도 수익증권의 범주에 포함시킴으로써 신탁의 수익권을 금융투자상품의 범주에 포함시키고 있다(법4⑤).

신탁업의 본질적 업무는 i) 신탁계약(투자신탁의 설정을 위한 신탁계약을 포함)과 집합투자재산(투자신탁재산은 제외)의 보관·관리계약의 체결과 해지업무, ii) 신탁재산(투자신탁재산은 제외)의 보관·관리업무, ⅲ) 집합투자재산의 보관·관리업무(운용과 운용지시의 이행 업무를 포함), ⅳ) 신탁재산의 운용업무[신탁재산에 속하는 지분증권(지분증권과 관련된 증권예탁증권을 포함)의 의결권행사를 포함]를 말한다(영47①(6)).

(2) 신탁업의 연혁

우리나라에서 근대적 의미의 신탁제도가 1910년대 도입된 이후 해방 직후의 혼란기를 거치면서 신탁업 발전이 답보상태에 있었으나, 1960년대 들어서면서 경제개발계획을 추진하는 과정에서 장기저축성 자금의 조달수단으로 신탁업 육성의 필요성이 제기되면서 신탁업 발전의 계기가 되었다. 1962년 11월에 4개 전국은행이, 1968년에는 지방은행인 부산은행이 신탁업을 영위하게 되면서 신탁업의 규모가 증가하게 되었다. 그러다가 신탁업 본연의 장기금융기능과 재산관리기능을 살릴 수 있는 신탁업 전담기관의 설립 필요성이 제기되어 1968년 12월 한국신탁은행을 설립하는 한편 기존의 신탁업 겸영은행에 대해서는 신규수탁을 금지하였다. 이에 따라 1980년대 다른 일반은행에게 신탁업 겸영을 허용하기까지 한국신탁은행이 신탁업을 전담하는 독점체제가 유지되었다. 그러나 금융기관 간 경쟁을 촉진시키기 위해서 1983년부터 일반은행에게 신탁업을 겸영업무로 허용해주기 시작하면서 경쟁체제로 전환하게 되었다. 1983년 지방은행에 대해서 신탁업이 겸영업무로서 허용되었고, 1984년에는 전국은행에 대해서도 허용되었으며, 1989년에는 특수은행에 대해서도 신탁업무가 허용되었다. 1991년에는 전업 신탁회사인 부동산신탁회사의 설립이 허용되었으며, 2005년에는 증권회사 및 보험회사에 대해서도 신탁업이 겸영업무로 허용되는 등 신탁회사의 범위가 확대되었다.[4]

이처럼 신탁업은 신탁의 본래적인 기능인 재산관리 목적으로 시작된 것이 아니라 주로 은행 등 금융기관의 겸영업무로서 영위하다 보니 신탁의 본래 기능인 재산관리기능보다는 금융상품의 하나로 취급되어 왔다는 한계가 있다.

(3) 신탁업의 유형

신탁업자가 수탁할 수 있는 신탁재산의 종류는 신탁업의 분류와 밀접한 관련이 있다. 자본시장법은 신탁업을 다음과 같이 두 유형으로 구분하고, 이에 따라 수탁할 수 있는 신탁재산을 규정하는 방식을 취하고 있다. 자본시장법에서 허용하고 있는 신탁 가능한 모든 재산권(법103①)을 신탁재산으로 수탁할 수 있는 종합신탁업과 금전 또는 동산, 부동산 및 부동산 관련 권리를 수탁할 수 있는 전문신탁업으로 구분할 수 있다. 전문신탁업은 다시 금전만을 수탁할 수 있는 금전신탁업과 부동산 및 부동산 관련 권리만을 수탁할 수 있는 부동산신탁업으로 분류하고 있다. 또한 금전신탁업은 다시 특정금전신탁과 불특정금전신탁으로 구분된다(영103).

---

4) 한국은행(2018), 「한국의 금융제도」, 한국은행(2018. 12), 264-265쪽.

2. 신탁의 법체계

(1) 법체계

1961년에 신탁법과 신탁업법이 제정되었고, 1962년에 담보부사채신탁법이 제정되었다. 2009년에 자본시장법이 제정되면서 신탁업법은 폐지되었고 자본시장법에 통합되었다. 우리나라의 신탁제도는 영리신탁을 중심으로 발전하여 왔다. 2011년 7월 2일 신탁법이 전면개정되어 2012년 7월 26일부터 시행되었다(아래서는 전면개정된 신탁법을 "신탁법" 또는 "개정 신탁법", 개정 전의 신탁법을 "(구)신탁법"이라고 한다). 신탁법 개정 내용 중에는 신탁재산의 범위 확대, 담보권신탁·자기신탁 등 신탁행위의 범위 확대, 사해신탁제도의 개선, 유한책임신탁·수익증권발행신탁 및 신탁사채의 도입, 수익자가 여럿인 경우의 의사결정 방법 신설, 상계 관련 규정의 정비, 신탁사무 위임의 유연화 등이 포함되어 있다.[5]

신탁법은 관련 당사자 간의 권리의무 관계를 규율하는 거래법적 성격을 갖고 있고, 많은 규정이 신탁행위에 의해 달리 정할 수 있는 임의규정으로 되어 있다. 신탁업을 영위하는 신탁업자는 자본시장법의 규제를 받는데, 신탁법과의 관계에서는 자본시장법상 영업행위규제가 중요하다. 신탁법에서 허용된 행위라도 신탁업자와의 관계에서는 자본시장법상의 영업행위규제에 따라 금지 또는 제한될 수 있다. 담보부사채신탁법은 사채에 물상담보를 붙이려고 하는 경우에 적용되는 법으로서 신탁법과 자본시장법의 특별법이라고 할 수 있고 거래법과 규제법의 속성을 모두 갖고 있다. 신탁법에 따른 신탁으로서 일정한 공익사업을 목적으로 하는 공익신탁은 공익신탁법에 의하여 규율된다. 개정 신탁법에 따라 사해신탁제도가 대폭 변경되고 파산능력을 갖는 유한책임신탁이 새로 도입됨에 따라 2013년 5월 28일 채무자회생법이 개정되어 신탁행위의 부인에 관한 특칙과 유한책임신탁의 신탁재산에 대한 파산절차가 신설되었다. 또한 2013년 5월 28일자로 부동산등기법이 개정되어 부동산 저당권 또는 근저당권을 설정하는 담보권신탁에 관한 신탁등기제도가 마련되었다.

위와 같은 신탁 관련 제도의 개선은 신탁을 이용한 금융거래의 활성화에 크게 기여할 것으로 기대된다. 그러나 개정 신탁법에 의해 새로운 유형의 신탁이 도입되고 신탁제도가 개선되어도 신탁업 규제에 관한 자본시장법의 규정이 이를 적절히 수용하지 아니할 경우, 신탁제도 개혁의 취지가 퇴색될 수 있다. 예를 들면 개정 신탁법에서 담보권신탁을 도입하였지만 자본시장법 제103조 제1항에 따라 신탁업자가 수탁할 수 있는 재산에는 "담보권"이 포함되어 있지 아니하여 신탁업자가 영업행위로서 담보권신탁을 인수하는 것은 허용되지 않고 있다. 또한 개정 신탁법은 수익증권발행신탁제도를 새로이 도입하였으나 자본시장법상으로는 금전신탁계약에

---
5) 박준(2019), 226-228쪽.

의한 수익권과 투자신탁의 수익권이 표시된 수익증권만 발행할 수 있다(자본시장법110 및 189). 가까운 시기에 개정 신탁법에 따른 신탁제도의 개선을 수용하기 위한 자본시장법의 개정이 이루어져야 할 것이다. 신탁은 기본적으로 일대일 계약의 비정형성을 갖는 것이고 금융부문뿐만 아니라 비금융부문도 포괄하고 있다는 점을 고려하여, 자본시장법 밖에서 신탁업에 대한 독립적 규율체계를 마련할 필요가 있다.

(2) 자본시장법상 신탁업의 특징

자본시장법에 의하면 "금융투자업"이란 이익을 얻을 목적으로 계속적이거나 반복적인 방법으로 행하는 행위로서 투자매매업, 투자중개업, 집합투자업, 투자자문업, 투자일임업, 신탁업 중 어느 하나에 해당하는 업(業)을 말한다(법6①). 자본시장법상 금융투자업 중 그 정의 내용이나 본질적 업무를 살펴볼 때 금융투자상품을 포함하지 않는 것은 신탁업이 유일하다. 투자매매업을 비롯하여 다른 금융투자업은 금융투자상품을 중심으로 영업이 이루어지고 있는 반면, 신탁업의 경우 신탁을 영업으로 한다고 정의함으로써(법6⑧) 금융투자상품과 직접적인 관련성을 갖지 않는 방식으로 정의하고 있다. 더욱이 자본시장법은 금융투자상품을 정의하면서 수탁자에게 신탁재산의 처분권한이 부여되지 아니한 신탁, 즉 "관리신탁"의 수익권은 투자자보호의 필요성이 없기 때문에 금융투자상품에서 제외하고 있다(법3①(2)). 따라서 관리신탁의 경우는 자본시장법의 규제를 받지 아니한다. 또한 자본시장법은 금융업권별로 구분된 금융업을 경제적 실질에 따라 투자매매업 등 6개 단위의 금융투자업 개념을 도입하여, 이들 간에 겸영을 기본적으로 자유롭게 허용하는 체제를 도입하고 있다. 하지만 자본시장법은 신탁을 집합투자기구로 상정하고 있지 않으며, 신탁업자가 집합투자업을 영위할 수 없도록 하고 있다.[6][7]

(3) 신탁법과 자본시장법의 관계

신탁법과 자본시장법은 일반법과 특별법의 관계에 있어 신탁을 영업으로 하는 경우 자본시장법이 특별법으로서 우선 적용되고 자본시장법이 규율하지 아니한 부분은 신탁법이 적용된다.

---

6) 안성포(2014), "현행 신탁업의 규제체계와 한계", 한독법학 제19호(2014. 2), 106~108쪽.
7) 여기서 자본시장법이 신탁업을 금융투자업의 6개의 단위 중 하나로 분류하는 방식이 과연 옳은 것인가? 나아가 금융투자업을 신탁업에 대한 상위 개념이라고 할 수 있는 것인가? 라는 의문이 든다. 다시 말하면 금융투자상품을 대상으로 하는 투자매매업, 투자중개업, 집합투자업, 투자자문업, 투자일임업과 금융투자상품과 직접적인 관련이 없는 신탁업을 병렬적으로 분류하는 것은 신탁의 다양한 기능성을 무시하는 것이고, 나아가 신탁의 개념에 비추어 볼 때 논리적으로도 적절하지 않다는 비판을 받는다.

제2절 자본시장법상 신탁상품

Ⅰ. 신탁재산의 제한

1. 신탁재산의 의의

신탁재산이란 신탁행위의 대상으로 수탁자가 위탁자로부터 양수하거나 처분받아 신탁의 목적에 따라 관리·처분하여야 할 대상을 말한다. 따라서 신탁재산은 형식적으로는 수탁자에게 귀속되어 관리·처분권이 있으나, 실질적으로는 수탁자가 신탁의 목적에 따라 관리·처분하여야 하는 제약을 받는다. 신탁은 수탁자가 보유하는 신탁재산에 관한 법률관계라고 할 수 있다. 모든 신탁에 있어서 위탁자는 수탁자에게 특정 재산을 이전하거나 기타 처분을 하게 하고(신탁법2), 이 재산은 신탁관계의 중심이 된다.[8]

2. 신탁재산의 범위

신탁재산은 위탁자가 처분하는 하나 또는 다수의 재산을 포함하는데, 신탁법은 특별히 목적재산으로서의 신탁재산(trust fund)과 신탁재산에 속한 개별 재산(property)을 구분하지 않는다. 그리고 개별 신탁재산의 종류에 대하여도 특별한 제한을 두고 있지 않다.[9] 다만 수탁자가 신탁업자인 경우 수탁할 수 있는 재산은 자본시장법에 따라 ⅰ) 금전, ⅱ) 증권, ⅲ) 금전채권, ⅳ) 동산, ⅴ) 부동산, ⅵ) 지상권, 전세권, 부동산임차권, 부동산소유권 이전등기청구권, 그 밖의 부동산 관련 권리, ⅶ) 무체재산권(지식재산권 포함)만에 한정된다(법103①). 이를 위반하여 다른 재산을 수탁한 신탁업자는 징역 1년 이하 또는 3천만원 이하의 벌금에 처한다(법446(18)). 그리고 수탁자의 신탁사무의 내용은 개별 약정에 따라 다양하지만 실무상 기준에 의하면 관리, 처분, 운용, 개발 등으로 구분될 수 있다. 실무상 신탁은 그 수탁자산에 따라 크게 금전신탁과 재산신탁(부동산신탁 제외), 부동산신탁, 종합재산신탁으로 분류할 수 있다.

또한 부동산개발사업을 목적으로 하는 신탁계약을 체결한 신탁업자는 그 신탁계약에 의한 부동산개발사업별로 금전을 대통령령으로 정하는 사업비의 15% 이내에서 수탁할 수 있다(법

---

8) 최수정(2016), 「신탁법」, 박영사(2016. 2), 235쪽.
9) 신탁재산은 신탁설정시에 대체로 확정되나 신탁 설정 후에도 고정되어 있는 것은 아니다. 즉 신탁재산의 범위는 신탁설정시 신탁행위에 의하여 결정되나, 신탁설정시 신탁재산에 하자가 있으면 위탁자의 담보책임으로 인하여 신탁재산은 변동이 생기며 또한 신탁설정시 신탁행위의 모든 요건이 완비되어 있지 않으면 그것이 완비될 때까지 신탁재산에 관하여 목적물의 변형, 과실의 산출, 비용의 투하 등 여러 가지 변동이 일어날 수 있다. 그러나 신탁행위 이후의 신탁재산의 범위는 이른바 물상대위 원칙에 의하여 결정된다.

103④). 여기서 "대통령령으로 정하는 사업비"란 공사비, 광고비, 분양비 등 부동산개발사업에
드는 모든 비용에서 부동산 자체의 취득가액과 등기비용, 그 밖에 부동산 취득에 관련된 부대
비용을 제외한 금액을 말한다(영104⑦). 이를 위반한 신탁업자는 징역 1년 이하 또는 3천만원
이하의 벌금에 처해진다(법446(18)).

3. 투자성있는 신탁상품

자본시장법상 금융투자상품이란 이익을 얻거나 손실을 회피할 목적으로 현재 또는 장래의
특정시점에 금전, 그 밖의 재산적 가치가 있는 것을 지급하기로 약정함으로써 취득하는 권리로서,
그 권리를 취득하기 위하여 지급하였거나 지급하여야 할 금전등으로 실제 투자에 활용되지 않은
서비스 제공의 대가의 총액(판매수수료 등 수수료, 보험계약상 사업비 및 위험보험료 등)이 그 권리로부
터 회수하였거나 회수할 수 있는 금전등(해지수수료와 제세금 등)과 발행인·거래상대방의 파산 등
에 따른 손실의 총액을 초과하게 될 위험이 있는 것을 말한다(법3①, 영3). 따라서 자본시장법의
적용을 받는 신탁상품은 원본손실의 가능성이 있는 실적배당형 신탁상품을 원칙으로 한다.

신탁의 수탁과 관련한 신탁의 종류, 손실의 보전 또는 이익의 보장, 그 밖의 신탁거래조건
등에 관하여 필요한 사항을 대통령령으로 정할 수 있고(법103③), 이에 따라 신탁업자는 신탁당
시에 인수한 재산에 대하여 손실보전 또는 이익의 보장을 할 수 없도록 규정하고 있다(영104
①). 따라서 신탁계약기간이 종료된 경우에 신탁업자는 신탁재산의 운용실적에 따라 반환하여
야 한다(영104③).

그리고 신탁계약기간이 종료되기 전에 위탁자가 신탁계약을 해지하는 경우에는 신탁재산
의 운용실적에서 신탁계약이 정하고 있는 중도해지수수료를 빼고 반환하여야 한다(영104④ 본
문). 다만, 금융위원회가 정하여 고시하는 사유[10]에 해당하는 경우에는 이를 빼지 아니한다(영
104④ 단서).

손실의 보전 또는 이익의 보장을 한 신탁재산의 운용실적이 신탁계약으로 정한 것에 미달
하는 경우에는 신탁업자는 특별유보금(손실의 보전이나 이익의 보장계약이 있는 신탁의 보전 또는 보

---

10) "금융위원회가 정하여 고시하는 사유"란 다음의 어느 하나에 해당하는 경우를 말한다(금융투자업규정4-82
②).
1. 조세특례제한법, 그 밖의 조세관계법령에서 소득세 납부의무가 면제되는 신탁으로서 중도해지하는 경
우에도 세제혜택이 부여되는 일정한 사유의 발생으로 신탁계약을 해지하는 경우
2. 신탁업자가 합병하거나 경영합리화 등을 위해 영업점을 통·폐합 또는 이전함에 따라 수익자가 거래불
편 등을 이유로 신탁계약을 중도해지하는 경우
3. 제4-93조 제1호의 불건전 영업행위를 시정하기 위하여 신탁계약을 중도해지하는 경우(제4-93조 제1호
의 불건전 영업행위는, "신탁대출, 증권의 매입 등 신탁자금의 운용과 관련하여 신탁, 예·적금, 집합투
자증권, 보험 등 고유부문 취급 금융상품 판매 또는 가입을 강요함으로써 차주 등의 자금사용을 제한하
거나 금융비용을 가중시키는 행위"를 말한다)

장을 위하여 적립하는 금액을 말함), 신탁보수, 고유재산의 순으로 이를 충당하여야 한다(영104②).

4. 신탁상품의 종류

신탁상품을 최초 신탁계약을 체결할 때 신탁받는 신탁재산의 종류에 따라 금전신탁, 증권신탁, 금전채권신탁, 동산신탁, 부동산신탁, 지상권·전세권 등 부동산의 권리에 관한 신탁, 무체재산권의 신탁으로 구분하고, 여러 가지 종류의 재산을 하나의 신탁계약으로 신탁받는 것을 종합재산신탁이라 한다.

여기서는 금전신탁, 재산신탁(증권신탁, 금전채권신탁, 동산신탁, 부동산관련 권리의 신탁, 무체재산권의 신탁), 종합신탁재산, 부동산신탁을 차례대로 살펴본다.

Ⅱ. 금전신탁

1. 의의

금전신탁은 위탁자로부터 금전을 수탁하여 증권의 매수, 금융기관 예치, 대출, CP의 매수 등[11]으로 운용한 후 신탁기간 종료시 금전 또는 운용자산 그대로 수익자에게 교부하는 신탁이다.[12] 금전신탁은 금전을 맡겨 자산운용을 통해 원본과 이익을 받는 것으로 적극적인 투자를 통한 재산증식을 목적으로 하는데, 오늘날 가장 많이 이용되고 있다.

금전신탁은 운용방법의 지정 여부에 따라 ⅰ) 위탁자가 신탁재산인 금전의 운용방법을 지정하는 특정금전신탁,[13] ⅱ) 위탁자가 신탁재산인 금전의 운용방법을 지정하지 아니하는 불특정금전신탁으로 구분한다(영103).[14]

---

11) 신탁법에서는 금전의 관리방법을 국채, 지방채, 특수채, 은행예금, 우체국예금 등 안전자산 위주로 허용하고 있으나(제41조), 자본시장법에서는 신탁재산의 운용방법으로 대통령령을 정하는 증권의 매수, 장내외파생상품 매수, 대통령령으로 정하는 금융기관에의 예치, 금전채권의 매수, 대출, 어음의 매수, 실물자산의 매수, 무체재산권의 매수, 부동산의 매수 또는 개발, 그 밖에 신탁재산의 안전성·수익성 등을 고려하여 대통령령으로 정하는 방법으로 운용대상을 폭넓게 인정하고 있다(법105①, 영106).
12) 일본의 경우는 신탁종료시 금전으로 교부하는 "금전신탁"과 종료 당시의 현상(현물)대로 교부하는 "금외신탁"을 구분하고 있으나 우리나라는 이를 구분하지 않고 있다.
13) 금융투자상품에 비해 특정금전신탁의 경우에는 위탁자가 운용재산을 지정한다는 성격을 반영하여 자본시장법에 마련된 투자자보호 장치로서 강화된 판매규제나 자산운용상의 규제가 완화되어 있다. 즉 특정금전신탁상품의 경우 위탁자가 운용방법을 지정하도록 되어 있다는 점과 그러기 위해서는 위탁자가 그 지정된 상품에 대해 잘 알고 있다는 것이 전제되어 있다. 하지만 현실에서의 특정금전신탁은 금융기관(수탁자)이 투자상품을 미리 예정해 놓고 해당 투자상품을 고객(위탁자)에게 권유하여 판매하는 투자상품 판매의 실질을 가지면서 형식만 신탁계약의 형식을 취하는 경우가 대부분이다. 이를 "투자형 특정금전신탁"이라고 하는데, 현실에서 일반투자자는 대부분 이러한 투자형 금전신탁을 이용하고 있다.
14) 즉 위탁자의 운용지시권 보유 여부에 따라 특정금전신탁과 불특정금전신탁을 구분하고 있는데, 이러한 특정금전신탁과 불특정금전신탁의 구분기준은 구신탁업법의 정의를 그대로 승계한 것이다.

2. 특정금전신탁

(1) 서설

(가) 의의

특정금전신탁은 위탁자인 고객이 신탁재산의 운용방법을 수탁자인 신탁회사에게 지시하고, 신탁회사는 위탁자의 운용지시에 따라 신탁재산을 운용한 후 실적 배당하는 단독운용 신탁상품이다. 즉 특정금전신탁이란 "위탁자가 신탁재산인 금전의 운용방법을 지정하는 금전신탁"을 말하며(영103(1)), 이 경우 신탁업자는 위탁자의 운용지시에 따라 운용을 해야 하는 구속을 받게 된다(금융투자업규정4-85).[15] 특정금전신탁은 위탁자가 운용방법을 지정하지 않고 신탁업자에게 운용을 일임하는 "불특정금전신탁"과 구별된다.[16]

특정금전신탁은 영리신탁에만 존재하는 개념으로 위탁자와 수익자가 동일한 자익신탁인 경우가 대부분이다. 또한 특정금전신탁에는 "실적배당원칙"이 적용되므로 불특정금전신탁과 같이 원리금 보전이 불가능하며(영104③), 개별 고객의 신탁재산을 집합하여 운용(이른바 "합동운용")해서는 안된다는 제약을 받는다(영109③(5)).

신탁상품은 본래 분별관리의 원칙에 따라 신탁회사의 고유재산과도 구분하여 관리하여야 하고, 다른 위탁자의 신탁재산과도 구분하여 관리하는 것이 원칙으로 위탁자별로 구분하여 관리한다고 하여 단독운용신탁이라 한다. 집합투자기구(펀드)는 특정 투자형태를 정하고 투자자가 가입하나, 특정금전신탁은 고객과 금융회사가 개별적 계약을 맺어 맞춤형 서비스가 가능하다.

금융투자협회의 「특정금전신탁 업무처리 모범규준」("모범규준")은 신탁업자가 특정금전신탁의 업무를 처리함에 있어 필요한 구체적인 기준을 정하여 투자자 보호 및 건전한 금융거래질서 유지에 기여함을 목적으로 한다(모범규준1). 이 규준은 신탁업자의 임직원과 투자권유대행인("임직원등")의 특정금전신탁 관련 업무의 범위 내에서 적용된다(모범규준2).

(나) 특정금전신탁의 구분(지정형과 비지정형)

특정금전신탁은 "지정형 특정금전신탁"과 "비지정형 특정금전신탁"으로 구분된다. "지정형 특정금전신탁"이란 투자자가 운용대상을 특정 종목과 비중 등 구체적으로 지정한 특정금전

---

15) 금융투자업규정 제4-85조(특정금전신탁의 자금운용기준) ① 신탁업자는 영 제106조 제5항 제3호에 따라 특정금전신탁의 자금을 위탁자가 지정한 방법에 따라 운용하여야 한다.
　　② 신탁업자는 제1항에 따른 위탁자로부터 신탁자금 운용방법을 지정받는 경우 법령에서 정하고 있는 범위에서 지정받아야 하며, 신탁자금 운용방법을 신탁계약서에 명시하여야 한다.
　　③ 신탁업자는 제1항에 불구하고 위탁자가 지정한 운용방법대로 운용할 수 없는 신탁재산이 있는 경우에는 제4-87조 제1항 제1호 또는 제2호에서 정하는 방법으로 운용할 수 있다.
16) 2004년 7월부터는 연금신탁상품을 제외하고는 불특정금전신탁의 신규수탁이 금지되고 있다(간접투자자산운용업법<법률 제6987호, 2003. 10. 4.> 부칙14②).

신탁을 말하며, "비지정형 특정금전신탁"이란 투자자가 운용대상을 특정종목과 비중 등 구체적으로 지정하지 아니한 특정금전신탁을 말한다(모범규준3). 지정형 특정금전신탁과 비지정형 특정금전신탁의 차이는 지정형 특정금전신탁이 투자판단까지 위탁자가 지정하는 형태이며, 비지정형 특정금전신탁은 운용방법을 자산종류 등으로 포괄적으로 지정하고, 투자판단은 신탁회사에게 일임하는 형태의 신탁을 말한다.[17]

따라서 특정금전신탁은 고객의 운용지시에 의해서 신탁재산을 운용하는 상품이므로 지정형(비일임형) 특정금전신탁이 원칙이지만, 고객이 운용지시를 할 때 일정 부분 신탁회사에게 위임하는 비지정형(일임형) 특정금전신탁도 가능하다. 예를 들어 위탁자가 금전 1억원을 신탁회사에 위탁하고, 운용지시로 삼성전자 주식 50주를 1주당 60,000원에 매수하라고 하면 신탁회사는 아무런 투자판단 없이 고객의 지시에 따라 주식매수를 실행하고 자금결제 후 보관관리업무를 수행하게 되면, 이를 지정형(비일임형) 특정금전신탁이라 한다. 반면 운용지시할 때 상장주식으로 운용하라고 지시만 하고 종목선정, 매수 가격 및 수량은 신탁회사가 결정하도록 위임함으로써 신탁회사의 투자판단에 의해 주식매수가 이루어질 경우 이를 비지정형(일임형) 특정금전신탁이라 한다.[18]

(다) 합동운용금지

특정금전신탁에 있어서는 "신탁재산을 각각의 계약에 따른 신탁재산별로 운용하지 아니하고 집합하여 운용하는 행위"가 불건전 영업행위로 금지된다(영109③(5) 본문). 다만, 다음의 어느 하나에 해당하는 경우에는 합동운용이 허용된다(영109③(5) 단서). 즉 ⅰ) 종합재산신탁으로서 금전의 수탁비율이 40% 이하인 경우이거나, 신탁재산의 운용에 의하여 발생한 수익금의 운용 또는 신탁의 해지나 환매에 따라 나머지 신탁재산을 운용하기 위해 불가피한 경우, ⅱ) 다른 투자매매업자 또는 투자중개업자와 합병하는 등 금융위원회가 정하여 고시하는 요건을 갖춘 신탁업자[19]가 제104조 제1항 단서에 따라 손실의 보전이나 이익의 보장을 한 신탁재산(그

---

17) 대법원 2007. 11. 29. 선고 2005다64552 판결은 위탁자가 "기타 재정경제원장관의 인가를 받은 유가증권의 인수 또는 매입"이라고 포괄적으로 지정한 경우에도 위탁자의 운용지시가 있었다는 점을 중시하여 "특정금전신탁"에 해당한다고 판단한 바 있으며, 실무에서도 포괄적인 지시가 있는 경우를 특정금전신탁으로 취급하고 있다.
18) 전진형(2014), "금전신탁 규제 강화의 문제점과 제도 개선방안 연구: 특정금전신탁을 중심으로", 고려대학교 정책대학원 석사학위논문(2014. 8), 8쪽.
19) "금융위원회가 정하여 고시하는 요건을 갖춘 신탁업자"란 국내에서 투자매매업 또는 투자중개업을 영위하는 자(집합투자증권에 대한 투자매매업 또는 투자중개업만을 영위하는 자는 제외)로서 다음의 어느 하나에 해당하는 신탁업자를 말한다(금융투자업규정4-92의2).
  1. 2018년 3월 31일까지 국내에서 영업하는 다른 투자매매업자 또는 투자중개업자(집합투자증권에 대한 투자매매업 또는 투자중개업만을 영위하는 자는 제외)를 합병하거나 합병할 목적으로 인수한 자. 다만 당해 인수·합병이 다음의 어느 하나에 해당하는 경우에 한한다.
    가. 존속법인의 자기자본(인수의 경우에는 인수법인과 피인수법인 자기자본의 합계액)에서 인수·합병

요건을 갖춘 날부터 3년 이내에 설정한 신탁의 신탁재산으로 한정)을 운용하는 경우에 한한다.

(라) 신탁업자 준수사항

신탁업자는 특정금전신탁[20] 계약을 체결(갱신을 포함)하거나 금전의 운용방법을 변경할 때에는 다음의 사항을 준수하여야 한다(영104⑥ 본문). 즉 ⅰ) 계약을 체결할 때: 위탁자로 하여금 신탁재산인 금전의 운용방법으로서 운용대상의 종류·비중·위험도, 그 밖에 위탁자가 지정하는 내용을 계약서에 자필로 적도록 하거나(제1호), 또는 ⅱ) 위 ⅰ)의 금전의 운용방법을 변경할 때: 위탁자로 하여금 그 변경내용을 계약서에 자필로 적도록 하거나 서명(전자서명법 제2조 제2호에 따른 전자서명을 포함), 기명날인, 또는 녹취의 방법으로 확인받도록 하여야 한다(다만, 운용대상의 위험도를 변경하는 경우에는 그 변경내용을 계약서에 자필로 적도록 하여야 한다)(제2호). 다만, 수익자 보호 및 건전한 거래질서를 해칠 우려가 없는 경우로서 계약의 특성 등을 고려하여 금융위원회가 정하여 고시하는 특정금전신탁의 경우[21]는 제외한다(영104⑥ 단서).

(2) 표준계약서 예시안

여기서는 실무상 많이 사용되는 금융투자협회의 신탁 관련 표준계약서 예시안인 특정금전신탁계약서 예시안, 자문형 특정금전신탁계약서 예시안, 그리고 특정금전신탁 운용지시서의 주

전의 자기자본(인수·합병에 참여한 법인 중 자기자본 규모가 가장 큰 법인의 자기자본)을 차감한 금액이 1천억원 이상이면서 존속법인의 자기자본이 인수·합병 전의 자기자본의 120% 이상인 경우
  나. 존속법인의 자기자본에서 인수·합병 전의 자기자본을 차감한 금액이 3천억원 이상인 경우
  2. 2018년 3월 31일까지 신탁업자의 최대주주가 신탁업자와 합병시킬 목적으로 국내에서 영업하는 다른 투자매매업자 또는 투자중개업자를 인수하고, 당해 인수가 다음의 어느 하나에 해당하는 경우 그 신탁업자
  가. 최대주주가 인수한 투자매매업자 또는 투자중개업자의 자기자본이 1천억원 이상이면서 최대주주가 당초 소유하고 있던 신탁업자의 자기자본의 20% 이상인 경우
  나. 최대주주가 인수한 투자매매업자 또는 투자중개업자의 자기자본이 3천억원 이상인 경우
20) 동양그룹 계열사의 BB 등급의 회사채와 CP는 투기등급에 해당하는 금융상품이었으며, 이러한 투기등급의 채권을 특정금전신탁을 이용해 편법으로 판매하였다. 즉 금융투자협회 증권인수업무규정(제13조, 제21조)에 의해 증권회사는 계열회사가 발행하는 증권 관련 대표주관회사가 되거나 최다물량을 인수, 모집주선할 수 없었음에도 불구하고 동양증권은 다른 증권회사를 공동주관회사로 약정하여 모집계약을 체결한 이후 거의 전 물량을 동양증권의 일반투자자에게 판매하였다(서태종(2013), "동양사태 계기 금융감독당국의 금융제도 개선방향", 국회 금융 피해방지 정책토론자료, 2013. 11).
21) "금융위원회가 정하여 고시하는 특정금전신탁의 경우"란 다음의 어느 하나에 해당하는 경우를 말한다(금융투자업규정4-82③).
  1. 퇴직급여법에 따라 신탁재산으로 퇴직연금 적립금을 운용하는 경우
  2. 영상통화로 법 제47조에 따른 설명의무를 이행하는 경우로서 다음 각 목 중 어느 하나에 해당하는 경우
  가. 특정금전신탁 계약을 체결하는 경우: 위탁자로 하여금 신탁재산인 금전의 운용방법으로서 운용대상의 종류비중위험도, 그 밖에 위탁자가 지정하는 내용을 전자적 방식을 통해 계약서에 직접 적도록 하는 경우
  나. 가목에서 정한 금전의 운용방법을 변경할 때: 위탁자로 하여금 그 변경내용을 계약서에 전자적 방식을 통해 직접 적도록 하거나, 영 제104조 제6항 제2호 각 목의 어느 하나에 해당하는 방법으로 확인받는 경우. 다만, 운용대상의 위험도를 변경하는 경우에는 그 변경내용을 전자적 방식을 통해 직접 적도록 하는 경우로 제한한다.

요 내용을 살펴본다.

(가) 특정금전신탁계약서 예시안

1) 신탁재산의 운용(제5조)

위탁자는 [별표1][22]의 신탁재산 운용방법 중에서 신탁재산인 금전의 운용방법을 선택하여 [별표2]의 특정금전신탁 운용지시서에 적어 운용하도록 지시하며, 수탁자는 이 지시에 따라 신탁재산인 금전을 운용한다(동조① 본문). 다만 위탁자가 지정한 방법대로 운용할 수 없는 신탁재산이 있는 경우에는 수탁자는 금융투자업규정 제4-85조 제3항에 따라 수탁자의 고유계정에 대한 일시적인 자금 대여 또는 자금중개회사의 중개를 거쳐 행하는 단기자금 대여의 방법으로 운용할 수 있다(동조① 단서).

2) 원본과 이익의 보전(제9조)

이 신탁계약은 원본과 이익을 보전하지 아니하며 경우에 따라서는 원본의 손실이 발생할 수 있다(근거규정: 자본시장법 시행령104①).

3) 손익의 귀속(제10조)

신탁재산 운용으로 발생되는 수익 및 손실은 전부 수익자에게 귀속된다(근거규정: 자본시장법 시행령104①).

4) 신탁계약의 종료사유(제18조)

신탁계약 종료사유 발생일 이후 위탁자가 신탁재산에 대한 처리방법에 대하여 별도의 지시를 하지 않는 경우 수탁자는 제5조 제1항 단서에서 정하는 방법에 따라 신탁재산을 운용한다. 이 경우 신탁계약 종료사유 발생일 이후의 기본보수는 제12조에서 정한 기본보수의 일정비율(예: 1/3)로 계산한다(유의사항: 신탁계약 종료사유 발생일 이후의 처리방법을 명시하고 신탁계약 기간 내의 신탁보수와 신탁계약 종료사유가 발생한 이후의 신탁보수를 달리 정하도록 함)(동조②).

신탁계약이 종료된 경우 수탁자는 최종계산서를 작성하여 수익자의 승인을 얻는다(동조③). 최종계산서에 대하여 수익자가 승인을 하지 아니한 경우 수탁자는 수익자에게 최종계산의 승인을 요구하고, 수익자는 계산승인의 요구를 받은 때로부터 1개월 이내에 승인여부를 수탁자에게 통지하여야 한다(동조④). 수탁자는 제4항의 계산승인을 요구하는 경우 "수익자는 최종

---

22) [별표1] 신탁재산 운용방법
다음의 신탁재산 운용방법(1. 내지 25.에서 정한 방법) 중에서 운용방법을 지정하여 [별표2]의 신탁재산 운용지시서에 직접 기재하고 도장을 찍어 주시기 바랍니다.
1. 대출금, 2. 콜론, 3. 환매조건부채권, 4. 국채, 5. 통화안정증권, 6. 그 밖의 금융채, 7. 지방채, 8. 사채, 9. 주식, 10. 외화증권, 11. 보증어음, 12. 자유금리기업어음, 13. 표지어음, 14. 중개어음, 15. 발행어음, 16. 양도성예금증서, 17. 신용카드채권, 18. 개발신탁수익증권, 19. 공사채형수익증권, 20. 주식형 수익증권, 21. 그 밖의 증권, 22. 부동산의 매입 및 개발, 23. 증권지수의 선물거래, 24. 증권의 옵션, 25. 그 밖의 신탁법 및 신탁업 관계 법령에서 정한 방법.

계산에 대하여 이의가 있는 경우 계산승인을 요구받은 때로부터 1개월 이내에 이의를 제기할 수 있으며, 그 기간 내에 이의를 제기하지 않으면 수익자가 최종계산을 승인한 것으로 본다"라는 취지의 내용을 수익자에게 알려야 한다(유의사항: 수익자가 최종계산에 대한 이의제기를 하지 않으면 최종계산을 승인한 것으로 본다는 내용을 명시하여 통지하여야 함)(동조⑤). 수익자가 수탁자로부터 제4항의 계산승인을 요구받은 때로부터 1개월 내에 이의를 제기하지 아니하는 경우 제3항의 계산을 승인한 것으로 본다(근거규정: 신탁법103③)(동조⑥).

수탁자는 신탁재산 중 처분하여 현금화하기 곤란하거나, 수익자가 신탁재산을 운용현상대로 교부할 것을 요청한 경우에는 신탁재산을 운용현상대로 교부한다(동조⑦ 본문). 다만 운용현상대로 교부가 곤란한 경우 수탁자는 수익자가 별도의 의사표시를 하지 않는 한 교부가 가능해 질 때까지 보관, 관리 및 추심을 한다(동조⑦ 단서). 신탁계약의 종료 이후에 신탁재산의 만기가 다 된 경우 신탁계약이 종료할 때 신탁재산을 처분하여 현금화하기가 곤란하여 신탁원본 및 신탁이익의 지급이 정상적으로 이루어지지 않을 수 있으며, 신탁재산을 처분하여 현금화할 수 있더라도 가격조건이 불리하게 되어 수익률이 하락할 수 있다. 또한 신탁계약의 종료 이전에 신탁재산의 만기가 다 된 경우에는 수익률이 하락할 수 있다(금감원 유의사항: 은감신 6151-00185)(동조⑧).

(나) 자문형 특정금전신탁계약서 예시안

자문형 특정금전신탁 계약서 예시안은 앞에서 본 특정금전신탁계약서 예시안의 주요 내용과 동일한 사항을 규정하고 있다. 그 이외에 다음의 사항을 추가로 들고 있다.

1) 신탁재산의 운용(제5조)

수탁자는 운용방법 내에서 선량한 관리자의 주의로써 ⅰ) 투자전략의 수립(제1호), ⅱ) 자산배분 및 포트폴리오의 구성(제2호), ⅲ) 투자대상자산의 종류, 종목의 결정(제3호), ⅳ) 투자대상자산의 취득·처분, 취득·처분의 방법·수량·가격 및 시기 등의 결정(제4호), ⅴ) 신탁재산의 보관 및 관리(제5호), ⅵ) 그 밖의 제1호부터 제5호까지와 관련된 부수업무(제6호)를 수행한다(동조③).

수탁자는 신탁계약을 체결할 때 신탁재산의 운용인력에 관한 사항을 서면으로 위탁자에게 제공하여야 하고 운용인력에 변동이 생긴 경우 지체 없이 그 사실을 위탁자와 수탁자가 사전에 합의한 방법으로 위탁자에게 통지하여야 한다(동조④). 수탁자는 신탁재산의 운용을 위하여 제8조에서 위탁자가 지정하는 투자자문업자로부터 투자자문을 받을 수 있다(동조⑤ 본문). 다만 투자자문을 받는 경우에도 수탁자의 최종적인 투자판단 과정을 거쳐 신탁재산을 운용하므로 투자자문업자의 투자자문 내용과는 다르게 운용될 수 있다(동조⑤ 단서).

2) 재무상태 등의 확인(제6조)

위탁자는 위탁자의 연령, 투자위험 감수능력, 투자목적, 소득수준, 금융자산의 비중 등 신탁재산 운용을 위해 고려 가능한 요소("재무상태 등")를 ⅰ) 신탁계약 체결할 때, ⅱ) 매분기 1회 이상, ⅲ) 수탁자의 변경여부 확인 요청이 있는 경우, ⅳ) 위탁자가 수탁자에게 재무상태 등의 확인을 요청하는 경우에 수탁자에게 제공하여야 한다(동조①). 수탁자는 위탁자의 재무상태 등의 변경 여부를 확인하고 변경상황을 신탁재산 운용에 반영하여야 한다(동조② 본문). 다만 위탁자가 변경여부의 확인에 응하지 않는 경우 변경상황을 반영하지 않을 수 있다(동조② 단서).

재무상태 등의 변경 여부 확인은 대면, 전화, 서면, 전자우편 등 위탁자와 수탁자가 사전에 합의한 방법으로 할 수 있다(동조③). 위탁자가 재무상태 등을 수탁자에게 정확하게 제공하지 않거나, 수탁자의 변경 여부 확인 요청에 응하지 않는 경우 등 위탁자의 책임 있는 사유로 위탁자에게 적합한 방식으로 신탁재산이 운용되지 않을 수 있으며 수탁자는 이에 대하여 수탁자의 책임 있는 사유가 없는 한 책임을 지지 아니한다(동조④).

3) 투자자문업자의 지정(제8조)

위탁자는 신탁재산의 효율적 운용을 위하여 투자자문업자를 지정하는 경우 아래와 같이 기재하여 투자자문회사를 지정한다(동조①).

투자자문회사명 (자필기재_____)

위탁자가 투자자문회사를 지정한 이후에 ⅰ) 위탁자가 투자자문회사의 변경을 요청한 경우(제1호), ⅱ) 위탁자가 지정한 투자자문회사와 수탁자 사이의 투자자문계약이 해지된 경우(제2호), ⅲ) 위탁자가 지정한 투자자문회사의 영업정지, 파산 등으로 인하여 투자자문이 불가능한 경우(제3호) 위탁자는 수탁자가 제시한 투자자문회사 중 1개의 투자자문회사를 새로 지정하여야 한다(동조②). 위 제2항 제2호 및 제3호의 사유가 발생한 경우 수탁자는 위탁자에게 지체 없이 그 내용을 통지하여야 하며, 신탁재산의 운용방법에 대하여는 위탁자와 수탁자가 합의하여 정하기로 한다(동조③).

4) 투자자문수수료(제9조)

수탁자와 투자자문회사 간에 체결하는 투자자문계약과 관련하여 발생하는 투자자문수수료는 수탁자가 부담한다.

5) 장부·서류의 열람 및 공시 등(제11조)

위탁자는 수탁자에게 영업시간 중에 이유를 기재한 서면 등으로 위탁자에 관련된 신탁재산에 관한 ⅰ) 신탁재산 명세서, ⅱ) 재무제표 및 그 부속명세서, ⅲ) 신탁재산 운용내역서의 열람이나 등본 또는 초본의 교부를 요구할 수 있다(동조①).

수탁자는 ⅰ) 신탁재산의 운용내역 등이 포함된 장부·서류를 제공함으로써 제공받은 자가 그 정보를 거래 또는 업무에 이용하거나 타인에게 제공할 것이 명백하게 염려되는 경우, ⅱ) 신탁재산의 운용내역 등이 포함된 장부·서류를 제공함으로써 다른 수익자에게 손해를 입힐 것이 명백히 인정되는 경우, ⅲ) 신탁계약이 해지된 신탁재산에 관한 장부·서류로서 자본시장법 시행령 제62조 제1항에 따른 보존기한이 지나는 등의 사유로 인하여 위탁자의 열람제공 요청에 응하는 것이 불가능한 경우에 해당하는 사유를 제외하고는 위탁자의 요구를 거절하여서는 아니 된다(동조② 본문). 다만 수탁자가 위탁자의 제1항에 따른 요구를 거절하는 경우에는 열람이나 교부가 불가능하다는 뜻과 그 사유가 기재된 서면 등을 위탁자에게 내주어야 한다(동조② 단서).

6) 일부해지(제23조)

위탁자는 수탁자에게 이 신탁계약의 일부 해지를 신청할 수 있으며, 수탁자는 특별한 사유가 없는 한 이에 응해야 한다. 이 경우 수탁자는 제20조에 따라 중도해지수수료를 받는다.

(다) 특정금전신탁 운용지시서

특정금전신탁의 경우 위탁자가 운용방법을 정하여야 하므로 통상 "운용지시서"가 계약서에 첨부되게 된다. 특정금전신탁계약서 예시안 및 자문형 특정금전신탁계약서 예시안 모두 예를 들어 보면, 계약서 말미 [별표1] "신탁재산 운용방법"에서 대출금, 콜론, 환매조건부채권을 비롯한 24가지의 구체적인 운용방법과 "25. 그 밖의 신탁법 및 신탁업 관계 법령에서 정한 방법"을 예시하고 위탁자가 그중에서 지정하도록 하고 있다.

한편 [별지2] "특정금전신탁 운용지시서"에서는 위 [별표1]의 신탁재산 운용방법 중에서 선택하여 운용대상을 기재하고, 세부내용을 직접 기재하도록 하고 있다.

(3) 특정금전신탁상품 종류

특정금전신탁을 크게 보면 하나의 신탁상품으로 볼 수 있지만, 특정금전신탁 도구(Vehicle)를 통해 투자하고자 하는 자산과 가입목적에 따라 아래와 같이 여러 상품으로 세분류할 수 있다.

(가) 확정금리형 상품

특정금전신탁을 통해서 국채나 회사채, CP, ABS, ABCP, 은행예금 등 확정금리를 지급하는 자산에 투자하는 상품을 말한다. 투자자는 투자대상 증권 등의 발행인이 도산하지 않는다면, 최초 투자할 당시의 확정금리수익을 안정적으로 수취할 수 있어서 위험도가 낮은 상품이다. 많이 투자되고 있는 회사채나 CP, ABS 등의 금리는 은행예금보다 높은 경우가 일반적이므로 이 상품을 통해 투자자는 은행금리보다 조금 높은 금리를 받을 수 있다. 그러나 발행인이 도산한다면 원금손실이 발생할 수 있다.

(나) 주식형 상품

특정금전신탁을 통해 주식에 투자하는 상품으로서 대부분 신탁회사의 전문적인 자산운용능력을 활용하여 적극적으로 주식을 운용하여 매매차익을 실현하고자 하는 목적으로 많이 이용된다. 따라서 자산운용 권한을 신탁회사가 갖고 있는 일임형 상품이 일반적이며, 증권회사의 일임형 랩어카운트(Wrap Account)상품23)이나 투자자문사의 투자일임계약상품(MMW)24)과 유사한 상품이다. 그러나 일임형랩이나 투자일임상품은 투자자 본인 명의로 자산을 소유하면서 대리인의 자격으로 증권사나 투자자문사가 자산을 운용하는 상품인데 반해 주식형 특정금전신탁은 신탁회사가 자산의 소유권을 가지고 주식을 운용하기 때문에 상속 등의 다른 목적으로도 활용할 수 있는 등 활용범위가 더 넓은 상품이라 할 수 있다.

(다) 자문형 상품

투자자의 신탁재산 운용지시(투자자문사 지정 포함)에 의해 투자자문사의 자문을 받아 신탁회사의 최종적인 투자판단에 따라 신탁재산을 운용하는 특정금전신탁상품이다. 투자자문사는 신탁회사와의 투자자문계약에 의해 신탁회사의 신탁재산 투자판단에 필요한 자료를 제공하고, 은행(신탁회사)은 은행(신탁회사)의 비용으로 투자자문사에 자문수수료를 지급한다.

(라) 파생결합신탁 상품

특정금전신탁을 통해서 파생상품 등에 투자하여 기대수익을 구조화하거나 파생결합증권에 직접 투자하는 상품을 말한다. 파생결합신탁 상품은 주식이나 채권, 원자재 등의 가격이 하락할 경우에도 수익을 얻을 수 있는 등 일반적인 투자상품보다 다양한 수익구조를 신탁회사와 협의하여 설계할 수 있다.

(마) 수시입출식 상품(MMT)

하루만 맡겨도 시장실세금리 수준의 수익을 얻을 수 있는 단기자금을 관리하기 위한 신탁상품으로 일반 요구불예금과 마찬가지로 수시입출금이 가능하다. 주로 1일 만기의 콜론, 고유계정대, RP, 발행어음 등으로 운용되어 당일 입출금에 어려움이 없는 상황이나 일부 증권사의 경우 수익률을 높이기 위해 CP 등을 편입시키고 있어 자산과 수탁의 만기 불일치가 발생하고 있으며 이에 따른 자전거래25)가 발생하고 있다.

---

23) 랩어카운트(Wrap Account): 증권회사가 고객의 자산을 대신 운용하는 계좌이고, 이에 관련된 자산운용 서비스의 모든 것을 랩 서비스(Wrap Service)라고 한다. 포장하다(Wrap)와 계좌(Account)의 합성어인 랩어카운트는 고객이 맡긴 자산에 대해 자산구성부터 운용, 투자, 자문까지 통합적으로 관리해주는 종합서비스로 투자중개업무와 투자일임업무가 결합된 자산관리계좌이다.

24) MMW(Money Market Wrap): 투자일임계약상품 중 투자자의 단기자금운용 수요에 대응하여 금융회사 예치, CP, 콜론, RP, 채권 등 유동자산 등으로 일임재산을 운용하는 상품이다.

25) 같은 신탁업자가 운용하는 신탁재산 상호간에 매도·매수하는 거래로 증권시장 등을 통한 처분이 곤란한 경우 등 불가피한 경우에만 허용되고 있으나 일부 증권사의 경우 자전거래 관행이 존재하고 있다. 자전거래는 집합투자업자(증권사·자산운용사)가 운용하고 있는 자사 펀드 또는 계좌, 신탁재산에 편입된 자산을 상호 거래하는 행위를 말한다. 즉 자산운용사의 A특정금전신탁에 편입되어 있는 B채권을 팔 때, 동일한 자산운용사가 운용하는 C특정금전신탁이 B채권을 사는 것을 말한다. 참고로 주식시장에서 자전거래는 증권사가 같은 주식을 같은 가격으로 매도·매수주문 내는 것을 말한다. 채권의 자전거래가 주식의 자전거래

3. 불특정금전신탁

(1) 의의

불특정금전신탁은 위탁자의 신탁목적과 수탁자의 운용방법에 따라 세분화될 수 있다. 다만 상사신탁 부분에서 현재 불특정금전신탁은 대부분 자본시장법상 집합투자기구, 즉 펀드의 개념으로 포섭되어 그 영역을 달리하고 있다. 불특정금전신탁은 위탁자의 운용지시권이 없다는 점에 착안하여 불특정금전신탁이 집합투자와 동일한 개념으로 사용되고 있다.

불특정금전신탁은 2004년 7월부터 간접투자자산운용업법에서 집합투자와 유사하다는 이유로 예외적인 경우를 제외하고는 추가설정을 허용하지 않았다. 즉 세액공제 혜택이 있고 원금이 보장되는 연금신탁상품은 원금보장의 특징상 펀드와 구분되므로 불특정금전신탁상품이지만 유일하게 계속 판매가 허용되고 있다. 이로써 현재 시장에서 신규 판매되고 있는 금전신탁은 고객이 운용지시하고 있는 특정금전신탁이 대부분을 차지하고 있다.[26]

(2) 연금신탁

연금신탁은 금전신탁의 일종으로 기업 등으로부터 갹출된 기금을 관리·운용하여 종업원들에게 연금급부를 시행하는 신탁을 말한다. 위탁자가 개인인 경우와 기업 등의 단체인 경우가 있으나, 일반적으로 기업의 퇴직연금제도에 의하여 기업 또는 기업과 그 종업원이 갹출하는 연금기금을 기업이 위탁자로서 신탁업자(은행)에게 신탁한다. 수익자는 연금제도에 가입되어 있는 종업원과 그 유족 등의 연금 및 일시금의 수급권자이다.[27]

자본시장법은 신탁상품의 경우 신탁업자는 수탁한 재산에 대하여 손실의 보전이나 이익의 보장을 하여서는 아니 된다(영104①)고 규정함으로써 원금보장이 되지 않는 것이 원칙이지만, 단서조항에서 연금이나 퇴직금의 지급을 목적으로 하는 신탁으로서 금융위원회가 정하여 고시하는 경우에는 손실의 보전이나 이익의 보장을 할 수 있다고 함으로써[28] 연금신탁의 경우 원금보장을 할 수 있도록 하는 예외 규정을 두고 있다.

보다 더 문제가 되는 이유는 주식은 주식시장에 의해 그 거래 기준가격인 시가가 명확하게 나타나지만, 채권의 경우 그 기준가격이 명확하게 나타나지 않기 때문이다.

26) 전진형(2014), 7쪽.
27) 윤종미(2019), "은행신탁상품의 운용리스크 관리와 투자자보호방안", 금융법연구 제16권 제1호(2019. 3), 67쪽.
28) 신탁업자는 손실의 보전이나 이익의 보장을 한 신탁재산의 운용실적이 신탁계약으로 정한 것에 미달하는 경우에는 특별유보금(손실의 보전이나 이익의 보장계약이 있는 신탁의 보전 또는 보장을 위하여 적립하는 금액), 신탁보수, 고유재산의 순으로 충당하도록 하고 있다(자본시장법 시행령104②).

Ⅲ. 재산신탁

재산신탁(부동산신탁 제외)은 금전 외의 재산을 수탁하는 것을 말한다. ⅰ) 증권신탁은 고객으로부터 증권을 수탁하여 관리·운용하고 신탁만기시 신탁재산을 운용현상대로 교부하는 신탁으로서, 관리증권신탁과 운용증권신탁이 있다. ⅱ) 금전채권신탁은 금전채권을 신탁재산으로 수탁하여 이를 관리 또는 추심하고 신탁만기시 수익자에게 지급하는 신탁으로서, 신탁재산으로는 대출채권, 신용카드채권, 리스채권 등이 있다. 금전채권신탁은 금전채권의 관리·추심을 목적으로 하는 신탁이지만, 수탁된 금전채권의 수익권을 제3자에게 양도하여 자금을 조달하는 수단으로 주로 이용된다. ⅲ) 동산신탁은 선박, 항공기, 차량, 중기 등의 수용설비나 기계용 설비 등을 신탁받은 후 사업자에게 임대 운용하는 방식으로 신탁재산을 관리·운용하거나 처분하는 신탁으로 주로 신탁수익권 양도를 통한 자금조달수단으로 활용된다. 동산신탁의 신탁재산은 선박, 항공기, 자동차 등과 같이 등기 또는 등록할 수 있는 재산이어야 한다. ⅳ) 부동산 관련 권리의 신탁은 지상권, 전세권, 부동산임차권 등의 관리 및 활용을 목적으로 한다. ⅴ) 무체재산권의 신탁은 저작권, 상표권, 특허권 등의 무체재산권의 관리 또는 처분을 목적으로 하는 신탁으로, 기업들의 특허권이나 영화, 음반 제작회사의 저작권 등을 신탁회사에 신탁하여 전문적인 관리가 가능하도록 하거나 신탁수익권의 양도를 통한 자금조달수단으로 활용된다.

Ⅳ. 종합재산신탁

종합재산신탁이란 하나의 신탁계약에 의해 금전, 증권, 부동산, 무체재산권(지식재산권 포함) 등 여러 유형의 재산을 함께 수탁받아 통합관리·운용할 수 있는 신탁제도이다(법103②). 이것은 고객이 신탁재산의 운용지시권을 갖는다는 점에서 특정금전신탁과 유사하나, 수탁재산의 범위가 금전에만 국한되지 않고 증권, 부동산 등 모든 재산으로 확대된다는 점에서 투자일임업(Wrap Account)과 구별된다. 즉 투자일임업은 주로 금전을 위탁받아 금융투자상품에 운용하나, 종합재산신탁은 수탁재산의 종류가 다양하고 운용대상도 증권 외에 부동산 등으로 확대 가능하므로 운용방식이나 자산 포트폴리오 구성에서 우위를 가질 수 있다.

종합재산신탁의 수탁과 관련한 신탁의 종류, 손실의 보전 또는 이익의 보장, 그 밖의 신탁거래 조건 등에 관하여 필요한 사항은 대통령령으로 정한다(법103③). 자본시장법 시행령 제6조 제4항 제2호 가목에서 종합재산신탁으로서 금전의 수탁비율이 40% 이하인 경우(영6④(2) 가목) 재산신탁 내의 소액신탁자금 운용의 효율성을 도모하기 위해 합동운용29)을 허용하고는 있지만

---

29) 투자목적이 같은 계좌별 신탁자금을 모아서 합동운용한 후 투자성과를 배분하는 이른바 합동운용기금

(영109③(5) 단서), 신탁회사가 행하는 종합재산신탁은 집합투자로 보지는 않는다(법6⑤ 단서).

종합재산신탁의 도입에 따른 기대효과를 살펴보면, ⅰ) 고객의 요구에 맞는 종합금융서비스를 제공할 수 있다는 점이다. 금전 위주의 자산운용에서 탈피하여 고객의 모든 재산에 대한 관리와 운용이 가능해지고 하나의 신탁계약으로 모든 재산을 관리함에 따라 거래비용이 절감되고 금융기관의 전문가에 의한 안정적인 재산관리가 가능해질 수 있다. ⅱ) 기업의 입장에서는 금전채권, 유가증권 등의 보유자산을 하나의 신탁계약에 의해 유동화증권을 발행함으로 자금조달의 편리성과 효율성을 높이고 수수료 등 비용의 절감과 안전성의 확보도 가능하게 된다. ⅲ) 노후생활자금의 확보수단으로 활용될 수 있다는 점이다. 개인 소유의 모든 재산을 신탁하고 신탁의 수익권을 통해 정기적인 금전을 수령하는 신탁계약도 가능하게 되는데 역모기지(reverse mortgage) 등을 통한 노후생활자금의 손쉬운 확보수단으로 활용할 수 있을 것이다. 즉 고령화사회에 대비하여 생전에는 재산을 보전, 증식하며 사후에는 유산관련업무까지 포괄하는 전 생애에 걸친 금융서비스 시스템의 구축이 가능해졌고 각종 연금과 함께 고령화사회의 도래에 따른 사회적 안전망의 기능도 가능하게 되었다.[30]

제3절 자본시장법상 부동산신탁

Ⅰ. 서설

1. 부동산신탁의 도입배경

1980년대 후반 각종 부동산개발사업으로 인해 부동산가격 급상승과 투기수요를 초래하였으며, 이를 불식시키기 위해 1989년 토지의 직접소유를 제한하고 지가상승에 대한 이익을 환수하는 토지초과이득세법, 택지소유상한제, 개발이익환수제 등 토지공개념 확대도입을 검토하였다. 이와 함께 1990년 4월 13일 부동산 투기억제대책의 일환으로 유휴토지를 신탁회사에 위탁하여 토지의 효율적 이용방안을 도모하는 부동산신탁제도가 도입되었으며, 1991년 2월 부동산신탁제도 도입이 확정되었다.[31]

도입 초기인 1991년에는 한국감정원의 한국부동산신탁과 성업공사(현 한국자산관리공사)의

(CIF: Collective Investment Fund)을 말한다.

30) 조중연(2004), "종합재산신탁의 도입과 영향", 하나경제 리포트(2004. 9), 1쪽 이하.

31) 진웅기(2018), "차입형 토지신탁 이용자의 만족도가 재신탁의향 및 추천의도에 미치는 영향에 관한 연구", 전주대학교 대학원 박사학위논문(2018. 8), 8-9쪽.

대한부동산신탁이 설립인가를 받아 관리신탁 및 부수업무 중심으로 운영되다가 1992년 11월 토지신탁이 허용되었고 1993년 2월 부동산 담보신탁이 허용되었다. 그러나 1997년 외환위기 시절 부동산 경기침체로 인한 분양부진 및 신탁수익을 선지급하는 방식으로 토지비를 신탁회사 명의로 차입하여 무리하게 지원한 점이 주요 원인이 되어 대한부동산신탁과 한국부동산신탁의 부도를 초래하였고, 부실자산을 청산하기 위해 민간업계 신탁업 인가 및 신탁회사의 사업비 조달의무가 없는 관리형 토지신탁을 중심으로 신탁업계가 재편되었다.

한편 1997년 외환위기 이후 2013년부터 국내 부동산시장의 호조 및 정부의 경기부양책, 신탁회사의 역할 증대 등으로 차입형 토지신탁이 다시 급증하여 현재에 이르고 있으며, 부동산 개발에 대한 신탁회사의 노하우 등으로 인해 차입형 토지신탁에 대한 수요가 증가하고 있고, 부동산개발사업의 구조적 안정성을 보완한 기존의 관리형 토지신탁 방식은 신탁회사의 수익성 향상 및 성장을 위해 최근 그 비중이 급증하고 있는 추세이며, 신탁회사의 주요 수익원으로 부상하였다.

2. 부동산신탁의 의의와 기능

(1) 부동산신탁의 의의

부동산신탁은 부동산을 신탁의 목적물로 하는 신탁이다. 즉 신탁을 설정하는 자(위탁자)와 신탁을 인수하는 자(수탁자) 간의 신탁계약을 통해 수탁자에게 부동산을 이전 또는 담보권의 설정 및 그 밖의 처분을 하고, 수탁자로 하여금 일정한 자(수익자)의 이익 또는 특정의 목적을 위하여 그 재산의 관리, 운용, 처분, 개발, 그 밖에 신탁 목적의 달성을 위하여 필요한 행위를 하게 하는 법률관계를 말한다(신탁법2). 위탁자는 신탁을 설정함으로 인해 수탁자에게 재산을 이전하고, 수탁자는 사전에 계약서에서 약정한 목적에 따라 해당 재산을 관리, 운용, 처분, 개발 등의 행위를 하게 된다. 이러한 신탁행위로 발생한 이익은 수익자에게 귀속된다. 위탁자와 수익자는 별개의 지위이다. 하지만 반드시 다른 자임을 요하지 않으며, 당사자 간의 약정에 따라 위탁자 스스로 또는 제3자로 하여금 수익자의 지위를 갖게 할 수도 있다.

부동산신탁회사는 자본시장법 제12조(금융투자업자의 인가) 및 자본시장법 시행령 제16조(인가요건 등)에 따라 일정한 요건을 갖추고 금융위원회로부터 인가를 받아 금융투자업(신탁업)을 영위하는 금융기관이다. 이에 따라 부동산신탁업자의 영업행위와 관련해서는 자본시장법이 특별법으로 우선 적용되며 자본시장법에 특별한 규정이 없는 경우에는 신탁법의 적용을 받는다.

(2) 부동산신탁의 기능

신탁은 위탁자와 수탁자 간의 계약이지만, 위탁자의 유언 또는 신탁의 목적, 신탁재산, 수익자 등을 특정하고 자신을 수탁자로 정한 위탁자의 선언 등으로 이루어진다(신탁법3①(1)(2)).

등기 또는 등록을 함으로써 그 재산이 신탁재산에 속한 것임을 제3자에게 대항할 수 있다(신탁
법4①). 이와 같은 신탁재산은 위탁자의 채권자들의 강제집행 등이 제한되고(신탁법22①), 상계
나 혼동에 의하여 소멸되지 않는다(신탁법25 및 26). 이처럼 신탁법상 신탁은 위탁자, 수탁자 및
수익자가 중심이 되어 이루어지는데, 신탁재산은 대내외적으로 수탁자에게 귀속되고 있으나
최종적으로 신탁계약이 종료되면 그 신탁재산은 위탁자의 소유로 복귀한다.

　　신탁은 신탁재산의 관리·운용에 관한 다양한 상품조성 구조와 각종 금융상품을 설계하기
위한 "틀"을 제공한다. 이러한 신탁의 상거래 활성화 기능은 신탁이 가진 도산절연(Insolvency
Protection), 도관과세(Conduit Taxation), 신인체계(Fiduciary Regime), 구조의 유연성(Flexibility in
Design)의 4가지 요소를 기초로 한다.32) 이러한 신탁의 기능을 전환기능과 도산절연기능으로
구분하여 설명하기도 한다. 먼저, 전환기능은 신탁이 형식적인 재산권의 귀속자 내지 관리자와
실질적인 이익의 수익자를 분리하고, 수익자를 위한 재산을 안전지대(safe harbor)를 확보하는
특성에 착안한다. 따라서 재산권의 실질은 유지되면서도 구체적이고 개별적인 목적에 맞게 재
산권을 다른 형태로 전환시킨다. 이러한 전환기능에는 ⅰ) 권리자 전환기능,33) ⅱ) 재산권 전
환기능,34) ⅲ) 시간 전환기능35)이 있다. 다음으로, 도산절연기능은 신탁재산의 독립성에 기하
여 위탁자와 수탁자의 고유재산이 분리되어 재산보전의 효과를 발생시키는 것을 일컫는다. 따
라서 수탁자 및 신탁자에게 권리가 있는 채권자는 신탁재산에 대하여 강제집행이 불가능할뿐
더러 파산시에도 신탁재산은 파산재산에 포함되지 않는다. 이렇듯 신탁의 도산절연기능은 재

---

32) 정순섭(2006), "신탁의 기본구조에 관한 연구", 서울대학교 금융법센터 BFL 제17호(2006. 5), 10쪽.
33) 권리자가 재산을 적절히 관리할 수 없을 때 또는 보다 전문적인 관리를 원할 때 이를 친구나 친족 또는
　　신용 있는 전문회사 등에 신탁하여 관리하도록 함으로써 권리자의 재산관리능력이나 경제적 신용, 법인격
　　을 수탁자의 권리로 전환하는 것을 말한다. 미국에서는 특히 학술, 종교, 자선, 기예, 사교 등의 목적으로
　　비영리재단법인을 설립할 수 있지만, 동일한 목적을 위해 신뢰할 수 있는 개인이나 단체 등을 수탁자로 하
　　여 목적신탁 또는 공익신탁(charitable trust)을 설정할 수 도 있다(26 U.S. Code § 4947). 신탁의 구조상
　　신탁재산 자체는 수탁자에게 귀속되고 수탁자가 재산에 대한 권능을 행사하지만, 그 재산으로부터의 이익
　　은 수익자에게 돌아간다. 동일한 재산에 대하여 귀속과 수익이 분리되고, 재산으로부터의 이익을 수여하는
　　방법도 다양하게 설계할 수 있다는 장점이 있다.
34) 신탁은 재산권의 성질을 전환하는 기능도 가진다. 어떠한 재산권도 신탁을 거치면 신탁수익권이라고 하는
　　특수한 권리로 전환되고, 수익권의 증권화를 통하여 본래의 재산권의 유동성도 증대시킬 수 있다. 이와 같
　　이 수익권화된 재산권은 그 수익권의 양도방법에 따라 이전된다. 증권화되지 않은 수익권은 민법상의 지
　　명채권양도 방법에 의하여, 증권화된 수익권은 유가증권의 법리에 의하여 처리된다.
35) 개정 신탁법상 유언대용신탁의 경우처럼 재산권으로부터 일정한 이익을 현재 누릴 수 있지만 신탁을 통해
　　서 그 시점을 장래의 어느 시점으로 연기할 수 있는 기능을 말한다. 배우자나 자녀의 생활보장을 위해 위
　　탁자가 생존 중에는 자신을 수익자로 하고 사망 후에는 그들을 수익자로 지정하거나 유언신탁을 통해 후
　　손들의 교육과 생활 등을 장기간에 걸쳐 지원할 수 있다. 또한 신탁수익을 바로 배분하기보다는 수탁자로
　　하여금 전부 또는 일부를 적립하였다가 이를 원본에 합산하거나 새로운 재산에 투자하도록 함으로써 신탁
　　수익의 향수기간을 장래로 미룰 수도 있다. 이와 같이 신탁을 통하여 재산적 이익을 향수하는 시점을 위탁
　　자의 의사에 상응하여 다각적으로 설계함으로써 재산권을 향수하는 시간을 조정할 수 있다.

산보전이라고 하는 점에서 다양하게 활용된다.[36]

3. 국내 부동산신탁산업의 특징

부동산신탁산업은 부동산경기와 밀접한 관련이 있으며 특히 차입형 토지신탁의 경우 고위험-고수익 구조의 사업모델로 사업 특성상 신탁계정대여금 발생에 따른 대손위험과 유동성위험이 상존하고 있다. 부동산신탁산업의 주요 특징은 아래와 같다.[37]

(1) 신탁업 인가

부동산신탁회사는 금융위원회로부터 설립인가를 받아야 하며 자본시장법상 신탁업자에 해당된다. 부동산신탁회사는 부동산, 지상권, 전세권 등 부동산 관련 권리에 대한 신탁업무 및 부대업무만을 영위하는 조건으로 인가를 받은 신탁업자를 의미한다. 최저자기자본은 투자자의 유형이 일반투자자를 포함할 경우 100억원이며 전문투자자만을 포함할 경우 50억원 수준으로 최저자본금 규모는 타업권 대비 낮은 편이다(영15① [별표1] 인가업무 단위).

부동산신탁회사는 자기재산과 신탁재산 간 이해관계 충돌을 방지하여 수익자의 이익을 보호하기 위해 고유재산을 관리하는 고유계정과 위탁자로부터 수탁받은 재산을 관리하는 신탁계정을 구분해 운용해야 한다. 신탁계정의 경우에는 신탁사업 단위별로 구분하여 관리해야 하며 회계처리 또한 사업별로 구분하여 처리해야 한다.

(2) 신용위험 집중도

다른 금융권의 경우 다양한 업종에 익스포져(Exposure)[38]가 분산되어 있지만, 부동산신탁업은 신탁계정대여금, 출자유가증권, 매출채권 및 우발채무 등 직·간접 익스포져 대부분이 부동산과 관련되어 있어 부동산에 대한 신용위험 집중도가 매우 높은 특성을 가진다. 부동산경기는 부동산신탁회사의 신규수주와 부실사업장 발생에 영향을 미치게 되며, 부동산경기가 침체될 경우 신탁계정대여금 대손위험과 유동성위험이 발생할 가능성이 높아지게 된다. 부동산경기가 호황일 경우에는 대손위험과 유동성위험은 낮아지나 부동산신탁에 대한 수요가 감소할

---

36) 고은수(2020), "부동산신탁 과세제도의 문제점 및 개선방안", 고려대학교 법무대학원 석사학위논문(2020. 2), 5-7쪽.

37) 조장원(2018), "부동산신탁회사의 리스크관리 개선방안에 관한 연구: 핵심리스크 관리지표를 중심으로", 건국대학교 부동산대학원 석사학위논문(2018. 5), 32-35쪽.

38) 익스포져(Exposure)는 리스크에 노출되어 있는 금액을 의미하는 것으로 노출된 리스크의 유형에 따라 시장리스크 익스포져, 신용리스크 익스포져 등으로 구분된다. 시장리스크 익스포져는 금리, 환율, 주가 등의 변동에 따라 가치가 변화하는 자산의 총계를, 신용리스크 익스포져는 거래상대방의 신용도 하락, 채무불이행 등에 따른 경제적 손실위험에 노출된 금액을 의미한다. 익스포져는 장부가액보다 포괄적인 개념으로 사용된다. 즉 난내자산(on-balance-sheet items)은 대차대조표 금액 합계가 통상 익스포져액과 동일하나, 난외항목(off-balance-sheet items)의 경우에는 난외항목(지급보증, 약정 등)이 대차대조표상의 자산으로 현실화될 가능성 등을 나타내는 신용환산율(credit conversion factor)을 계약금액에 곱한 금액이 익스포져 금액에 포함된다(금융감독원, 금융용어사전).

수 있고 신탁계정대여금 회수가 빨라져 수익성에 부정적인 영향을 미칠 수 있다.

(3) 차입형, 혼합형, 비차입형의 구분

부동산신탁회사는 업무영역에 따라 차입형 그룹, 혼합형 그룹, 비차입형 그룹으로 구분된다. 경쟁 강도는 그룹별로 큰 차이를 보이고 있는 상태로 차입형 및 혼합형 그룹은 경쟁 강도가 상대적으로 낮은 편이나, 비차입형 그룹은 서비스 차별화가 어렵고 겸영신탁회사도 비차입형 그룹이 영위하는 업무를 수행할 수 있어 경쟁 강도가 매우 높은 편이다. 차입형 토지신탁은 자금조달 능력과 리스크관리 능력 등 전반적인 사업관리 능력을 갖춘 대형 부동산신탁회사 위주로 시장이 형성되어 있어 경쟁 강도가 상대적으로 낮은 상태이며 2017년 말 기준 상위 4개 사가 차입형 토지신탁 시장의 90% 이상을 점유하고 있다. 최근 새로운 사업모델로 수주 규모가 급증하고 있는 책임준공확약형 토지신탁(금융투자업규정 제3-22조 제1항 제12호의 책임준공확약형 관리형토지신탁을 말한다)은 금융지주회사의 우수한 신용도를 바탕으로 금융지주계열 2개 회사에서 수주를 거의 독점하고 있는 상태이다.

(4) 차입형 토지신탁과 사업위험

부동산신탁산업은 차입형 토지신탁 업무를 영위하는 업체와 그렇지 않은 업체 간의 사업위험 수준이 큰 차이를 보이는 특징을 가지고 있다. 차입형 그룹 부동산신탁회사는 자산구성이나 수익구성 측면에서 비차입형 그룹 회사와 많은 차이를 나타낸다. 차입형 토지신탁 비중이 높은 회사는 개발사업 진행시 신탁계정대여금이 발생하며 신탁계정대여금 조달을 위해 외부 차입금이 발생하게 되어 비차입형 그룹 회사에 비해 자산규모 및 부채규모가 상대적으로 크며, 수익구성 측면에서도 높은 신탁수수료 수익과 신탁계정대여금 이자수취가 가능하여 상대적으로 수익성이 양호한 편이다. 하지만 미분양 발생 및 시공사 부도 등으로 신탁계정대여금을 회수하지 못하는 상황이 발생할 경우에는 대손발생과 이에 따른 유동성위험에 처할 가능성이 많아 사업위험 또한 매우 높은 특징을 가지고 있다.

(5) 자산건전성 분류기준의 특징

부동산신탁회사의 자산건전성 분류기준은 타 금융권과 차이가 많다. 타 금융기관은 자산건전성 분류시 채무자의 상환능력 및 재무상태를 고려하는 것이 일반적이지만 부동산신탁회사는 자산의 대부분을 차지하고 있는 신탁계정대여금에 대한 자산건전성 분류시 최초의 분양계획과 공정계획을 기준으로 목표에 미달할 경우 해당 자산을 요주의 이하 자산으로 분류한다. 따라서 최초에 목표 분양률과 공정률을 높게 설정한 경우에는 해당 신탁계정대여금이 요주의 자산으로 분류될 가능성이 높아지게 된다. 부동산신탁회사의 요주의 자산규모를 타 금융기관의 요주의 자산과 단순 비교하는 것은 의미가 없으나, 부실징후를 사전에 반영하고 있다는 점에서 요주의 자산규모는 재무건전성을 판단하는 중요지표로 활용된다.

(6) 차입형 토지신탁과 유동성 관리

차입형 토지신탁 사업에서는 부동산신탁회사가 사업비 조달의무를 부담하므로 사업장의 분양부진, 자금조달 및 운용의 만기 불일치시 신탁계정대여금을 통해 사업비를 투입해야 한다. 다수의 사업장에 대규모 신탁계정대여금을 투입해야 하는 경우 부동산신탁회사의 유동성위험이 증가하게 되며, 이에 따른 차입금 이자비용 증가로 인해 수익성 또한 저하하게 된다. 따라서 분양대금 유입 및 사업비 지출에 대한 현금흐름 관리가 매우 중요하며 유동성위험에 대비하기 위해 현금성 자산과 차입금 약정한도를 적정 수준으로 보유하고 있어야 한다.

(7) 소송 등 우발채무 위험

개발사업 진행과정에서는 다수의 이해관계자가 개입되므로, 부동산신탁회사는 업무수행시 많은 소송위험에 노출되게 된다. 소송의 상당 부분은 신탁계정에 일차적인 책임이 있어 고유계정에 미치는 영향은 적으나, 소송에서 패소하여 신탁계정으로 충당이 불가능한 경우에는 고유계정에서 손실이 발생하게 된다. 따라서 패소 가능성이 많거나 소가(訴價)가 큰 소송에 대해서는 소송진행 상황을 지속적으로 점검할 필요가 있고, 사전에 적정 대손충당금 적립 및 신탁재산 관리를 통해 비경상적인 손실 발생 가능성에 대비해야 한다.

Ⅱ. 부동산신탁의 유형

1. 개요

일반적으로 신탁재산의 운영이 영리를 목적으로 하는지에 따라 영리신탁과 비영리신탁으로 분류[39]하는데, 부동산신탁은 신탁을 업으로 하는 수탁자가 영리로 하는지 비영리로 하는지에 따라서 "영리 부동산신탁"과 "비영리 부동산신탁"으로 나뉜다. 일반적으로 재건축조합에서 재건축사업 등의 정비사업 시행을 위해 조합원들로부터 부동산을 수탁하는 경우에 해당하는 것이 비영리 부동산신탁의 대표적인 사례이다. 다만 그 외의 일반 사인들의 신탁계약에서는 거의 사용되지 않는다. 반면 영리 부동산신탁은 1990. 4. 13. 부동산 투기억제대책의 일환으로 부동산신탁제도가 도입된 이후, 1991년에 성업공사의 대한부동산신탁 및 한국감정원의 한국부동산신탁이 설립되었다.[40]

영리 부동산신탁의 유형은 관리신탁, 처분신탁, 담보신탁, 토지신탁 등으로 나누어 볼 수

---

39) 영리신탁에서 신탁회사와 같이 상행위로서 신탁의 인수를 영업으로 하면 상사신탁이라고 하며 일반적으로 신탁회사의 형태를 가진다. 이와 반대로 가족신탁, 성년후견신탁, 소비자보호신탁 등과 같은 민사신탁의 예를 들 수 있다. 일반적으로 수탁자가 보수를 받지 않는 비영리신탁인 경우가 많다. 수탁자의 자격은 일반적으로 신탁법으로 그 결격사유와 더불어 그 목적에 맞는 능력을 정하고 있다.

40) 고은수(2020), 7-8쪽.

있다. 실무적으로 영리 부동산신탁은 전형적인 관리신탁, 처분신탁, 담보신탁, 토지신탁의 신탁계약서에 특약사항으로 여러 조항을 추가하여 사용되며, 이해관계자의 합리적인 요청에 의해 혼합적으로 이루어지는 경우가 빈번하다. 구체적인 사안에서 해당 부동산신탁의 유형을 판단할 때 그 신탁계약서 제목으로 판단할 것이 아니라 신탁계약서의 전체 조항을 종합적으로 검토한 후 그 신탁의 계약이 어떠한 유형에 해당하는 부동산신탁인지를 판단해야 한다. 부동산관리신탁계약서에 특약사항으로 수탁자가 제3자에게 신탁부동산을 직접 처분할 수 있다는 취지의 조항을 추가하는 경우 부동산 관리신탁 외에 부동산 처분신탁의 성질도 함께 가지게 되므로 위 신탁의 사해행위 해당 여부를 판단[41]해야 할 필요도 있다.

2. 관리신탁

(1) 의의

부동산 관리신탁은 다양하고 복잡한 권리를 보호하고 재산을 합리적으로 운용하기 위하여 전문적인 능력을 가진 부동산 관리자를 세워 부동산소유자 대신에 해당 부동산의 임대차, 시설유지, 세무 등의 관리를 일체적이고 종합적으로 하는 신탁이다. 전업 부동산신탁회사, 은행, 증권회사 및 보험회사 모두 관리신탁 행위를 업으로 영위할 수 있지만, 증권회사와 보험회사는 분양관리신탁을 업으로 영위할 수는 없다(영15① [별표 1] 인가업무 단위).

(2) 종류와 특징

관리신탁은 수익자에게 신탁의 수익을 배분하는 "갑종관리신탁"과 신탁부동산의 소유명의만을 관리하여 주는 "을종관리신탁"으로 나뉜다. 실무상으로는 갑종관리신탁이 이용되는 사례는 많지 않고 을종관리신탁만이 행해진다.

(가) 갑종관리신탁

갑종관리신탁은 위탁자가 신탁부동산의 소유권을 수탁자에게 이전하고, 수탁자가 신탁부동산의 소유권 보존은 물론, 개량 및 임대 등 신탁부동산을 종합적으로 관리·운용하고, 그 수익을 수익자에게 교부하는 신탁을 말한다. 즉 갑종관리신탁의 경우에는 부동산의 전반적인 관리 자체를 목적으로 하는 신탁을 말하며, 수탁자는 임대차관리, 시설의 유지관리 등의 업무를 수행한다. 갑종관리신탁은 보통 부동산소유자가 장기간 해외에 나가게 되어 부동산 관리가 어려운 경우 또는 부동산을 소유하고 있으나 임대차 유지, 시설의 유지관리, 세무관리, 수익금 관리업무 등 복잡하고 어려운 빌딩 관리업무에 대한 전문지식 결여로 관리업무 실행이 어려울 때 이용된다.

---

41) 진상훈(2008), "부동산신탁의 유형별 사해행위 판단방법", 민사집행법연구 제4권(2018. 2), 316쪽.

(나) 을종관리신탁

을종관리신탁은 위탁자가 신탁부동산의 소유권을 수탁자에게 이전하고, 수탁자가 신탁부동산의 소유권만을 관리·보존하는 것을 목적하는 신탁을 말한다. 즉 을종관리신탁은 신탁을 통하여 등기부상 소유권만을 보전하기 위하여 신탁하는 경우이다. 현재 실무상 취급하고 있는 관리신탁 대부분이 여기 해당한다. 부동산소유자가 자신의 부동산에 발생할 수 있는 예기치 못한 위험으로부터 소유권을 안전하게 보존할 필요가 있는 경우에 이용된다.

3. 처분신탁

(1) 의의

부동산 처분신탁은 위탁자가 신탁부동산의 소유권을 수탁자에게 이전하고, 수탁자는 신탁부동산의 등기명의를 보존하고 이를 처분하여 그 처분대금을 신탁계약에 정해진 바에 따라 수익자에게 지급하는 것을 목적으로 하는 신탁을 말한다. 즉 신탁받은 부동산의 규모가 크거나 고가라서 매수인의 수가 제한되어 있거나, 권리관계가 복잡하게 얽혀 있어서 처분절차나 방법이 어려운 경우, 잔금 청산까지 오랜 기간이 소요되어 소유권의 유지와 관리에 각별히 주의를 요하는 부동산인 경우, 수탁자가 전문성과 공신력을 갖추고 있어서 처분을 목적으로 수탁자에게 그 소유권을 일시 이전한 후 수탁자가 대신 그 부동산을 처분하게 하는 것이다. 자본시장법에 의하면 신탁을 전문적으로 하는 부동산신탁회사, 은행, 증권회사 및 보험회사는 모두 처분신탁의 수탁자가 될 수 있다(영15① [별표 1] 인가업무 단위).[42]

(2) 종류

부동산 처분신탁도 부동산 관리신탁과 동일하게 수탁자가 신탁받은 부동산의 명의만을 관리하다가 처분하는 "을종처분신탁"과 명의 이외에 처분 전까지 각종 물건관리행위 일체를 스스로 할 수 있는 "갑종처분신탁"으로 나뉜다. 처분신탁에서 신탁의 목적은 주로 처분하는 것이며, 처분 전까지의 관리는 대체로 소극적이다. 실무상으로는 명의관리를 하다가 처분하는 을종처분신탁만이 행해지고 있다.

(3) 특징

신탁의 처분행위는 신탁재산권의 현상 또는 그 성질을 바꾸는 사실적 처분행위(가옥의 철거 등)와 신탁재산권의 변동을 발생시키는 법률적 처분행위(가옥의 매각, 담보권 설정 등)로 나눌 수 있다. 그러나 실무상 처분신탁은 거의 매각을 목적으로 하고 있으며, 가옥의 철거나 지상권 설정 등 담보권의 설정은 거의 이루어지지 않고 있다. 처분신탁에서 원칙적으로 신탁재산의 처분 주체는 수탁자이며, 처분행위에서 수탁자의 기본적인 의무는 관리신탁의 경우와 동일하다.

---

42) 고은수(2020), 7-8쪽.

처분신탁에 의하여 수탁자가 해당 부동산을 처분하면 실질과세원칙에 따라 그 처분시에 위탁자가 처분한 것으로 간주하여 각종 부동산 조세를 부과하게 된다.[43]

부동산개발사업에서 부동산 처분신탁은 부동산PF의 전 단계인 이른바 토지작업 단계에서 광범위하게 사용된다. 사업시행자는 사업부지 내의 부동산소유자와 매매계약을 체결하는 방식으로 토지작업을 하는데, 사업부지에 포함된 부동산 필지가 다수이고 소유자도 많은 경우 그 토지작업에 상당한 시간이 소요된다. 그 과정에서 지가의 상승이 이루어지고, 먼저 매매계약을 체결한 토지소유자가 변심하여 매매대금의 증액 요구, 매매계약의 해제 요구, 잔금 수령 거절 등을 하는 경우가 많다. 이러한 경우 매수인인 사업시행자가 부동산의 소유권을 확보하려면 매매대금 잔금을 공탁하고 소유권이전등기청구소송을 제기하는 방법밖에 없는데, 부동산 처분신탁이 있는 경우 이러한 소송절차에 의하지 아니하고도 소유권을 확보할 수 있다. 사업시행자의 토지작업에서 이용되는 부동산 처분신탁은, 매도인이 위탁자로서 신탁회사에 소유권을 이전하고, 사업시행자를 지정매수인으로 지정하며, 사업시행자가 매도인에게 매매대금 잔금을 지급하거나 이를 공탁하는 경우 수탁자는 부동산의 소유권을 지정매수인인 사업시행자에게 이전함을 정하게 된다. 이를 통해 사업시행자는 매도인의 변심에도 불구하고 매매계약의 이행을 확보할 수 있게 된다.[44]

4. 담보신탁

(1) 의의

부동산 담보신탁은 채무자의 우선수익자[45]에 대한 채무이행을 담보하기 위하여, 위탁자는 신탁부동산의 소유권을 수탁자에게 이전하고 수탁자는 신탁부동산의 소유권을 보전 및 관리하며 신탁계약에서 정해진 사유 발생시 신탁부동산을 처분하여 그 처분대가 등 신탁재산을 신탁계약에 정해진 바에 따라 지급하는 것을 목적으로 하는 신탁을 말한다. 즉 부동산 담보신탁이란 수익자를 채권자로 하여 채무자 또는 제3자(일종의 물상보증인)가 신탁부동산의 소유권을 수탁자에게 이전하고, 수탁자는 해당 신탁재산을 담보목적으로 관리하다가 정상적으로 채무가 이행될 경우 해당 신탁재산의 소유권을 위탁자에게 환원한다. 만약 채무자가 채무를 변제하지 아니할 경우에는 해당 신탁재산을 처분하고, 그 처분대금으로 채권자인 수익자에게 변제한다. 잔액이 남을 경우에는 채무자에게 다시 반환한다. 다시 말해 신탁제도를 활용한 부동산 담보방

---

43) 조장원(2018), 42쪽.
44) 최용호(2019), "부동산신탁회사의 부동산개발 관련 금융기능 강화 경향", 한국신탁학회 추계학술대회 (2019. 11), 91쪽.
45) "우선수익자"란 수익자들 중에서 신탁계약에 따라 신탁재산으로부터 우선적으로 지급을 받을 권리를 갖고 의무를 부담하는 자를 말한다.

법이다.[46] 담보신탁은 신탁제도의 담보기능을 이용한 관리신탁과 처분신탁의 결합형으로, 실무상으로 관·처분신탁 계약 형식으로 체결된다. 부동산신탁회사 및 은행은 담보신탁의 수탁자가 될 수 있으나 증권회사와 보험회사는 수탁자가 될 수 없다(영15① [별표 1] 인가업무 단위). 뒤에서 볼 관리형 토지신탁과 분양형(차입형) 토지신탁 역시 위탁자의 채권자를 우선수익자로 지정함으로써 부동산 담보신탁으로서의 기능도 가지는 것이 일반적이다.[47]

(2) 특징

기존의 부동산담보제도로 이용되고 있는 저당권은 피담보채권에의 부종성으로 인하여 저당권 자체만을 유통시킬 수 없고, 그 실행시 경매의 방법에 의하므로 시간과 비용이 많이 소모되며 경매대금은 실거래가격보다 낮은 경우가 대부분인 단점이 있고, 변칙담보(양도담보, 가등기담보 등)는 그 실행을 위한 청산금을 담보권자 스스로 평가함으로써 평가액의 공정성에 의문이 있으며, 담보목적의 등기임이 공시되지 않아 공시방법이 불충분하다는 단점이 있다. 이에 반하여 부동산 담보신탁은 피담보채권과 분리하여 수익권만을 양도할 수 있고, 그 실행을 임의매각 방법에 의하므로 시간과 비용을 절약할 수 있으며, 매각대금도 경매대금보다 일반적으로 높고, 공신력 있는 신탁회사가 수탁자로서 임의매각하므로 매각대금의 적정성을 기대할 수 있으며, 담보목적의 신탁등기임이 신탁원부를 통하여 공시될 수 있는 장점이 있다.[48]

부동산담보신탁계약에는 우선수익자의 채권의 내용, 우선수익권의 수익한도금액, 우선수익자의 신탁재산 공매요청권, 공매요청 사유 등을 정하게 되는데, 통상 우선수익자에 대한 위탁자 채무의 기한이익이 상실된 경우 우선수익자의 요청에 의해 수탁자가 신탁재산을 공매하여 이를 금전화한 후 우선수익자에게 우선수익권에 기한 수익을 지급하게 되며, 이를 통해 우선수익자는 신탁된 부동산에 대해 담보권을 가지고 있는 것과 유사한 효과를 얻게 된다.[49]

참고로 주택법에 따른 공동주택 개발사업의 경우 분양을 하기 위해서는 대지상에 설정된 저당권 등 담보물권, 가압류, 가처분 등을 말소하여야 하고, 처분 제한에 관한 부기등기를 하여야 하며, 그러한 제한은 입주 가능일로부터 60일의 기간 동안 유지되므로(주택법61①②③, 주택공급에 관한 규칙16), 위탁자가 채권자를 위해 건축 대지에 대한 부동산 담보신탁을 한 경우 그 신탁을 해지하여야 한다. 그 결과 부동산PF의 대주는 건축물 완공 후 미분양물에 대해 담보를 목적으로 한 신탁등기가 이루어질 때까지는 부동산에 관한 무담보 상태가 되며, 이것이 부동산PF에서 관리형 토지신탁이 광범위하게 이용되고 있는 중요한 원인이 된다. 그 결과 순수한 부동산 담보신탁만을 하는 부동산PF는 드물지만, 여전히 신탁회사가 사업시행자가 되기 어려운「산업입지 및

---

46) 진상훈(2008), 317쪽.
47) 최용호(2019), 90쪽.
48) 진상훈(2008), 317-318쪽.
49) 최용호(2019), 90쪽.

개발에 관한 법률」에 따른 산업단지 개발사업 등에는 부동산 담보신탁이 이용되고 있다.[50]

5. 분양관리신탁

(1) 의의

분양관리신탁은 「건축물의 분양에 관한 법률」("건축물분양법")에 따라 분양관리사업을 수행하기 위하여, 위탁자는 신탁부동산의 소유권을 수탁자에게 이전하고, 수탁자는 신탁부동산의 소유권을 보전 및 관리하며, 신탁계약에서 정해진 사유 발생시 신탁부동산을 처분하여 그 처분대가 등 신탁재산을 신탁계약에 정해진 바에 따라 지급하는 것을 목적으로 하는 신탁이다. 즉 분양관리신탁은 건축물분양법에 따라 상가 등 건축물을 신축 또는 증축하여 분양하는 사업에 있어 수탁자가 신탁부동산의 소유권을 보전·관리하여 피분양자를 보호하고 위탁자가 부담하는 채무의 불이행시 신탁부동산을 환가처분하여 정산함을 목적으로 하는 신탁을 말한다. 건축물분양법 제4조[51]에 의하면 오피스텔, 주상복합건물 등 일정한 성질 및 규모에 해당하는 건축물을 분양하고자 하는 분양사업자가 착공신고 후 곧바로 분양을 하려면 수분양자의 보호를 위하여 금융기관 등으로부터 분양보증을 받거나 또는 자본시장법에 따른 신탁업자와 신탁계약 및 대리사무계약을 체결하여야 한다.

(2) 특징

분양관리신탁은 업무 자체의 특성에 기인하여 아래와 같은 특징을 갖고 있다.[52]

ⅰ) 분양관리신탁계약 자체만으로는 건축물분양법에 근거한 신탁회사의 의무를 다할 수 없으므로 분양관리, 자금관리, 시공관리를 별도로 규정하고 있는 대리사무계약과 불가분의 관계를 가지고 있다. 이러한 특징에 비추어 분양관리신탁계약 및 대리사무계약만으로는 금융기관, 건설사 등의 이해관계인과 신탁회사 간 관계설정에 한계가 있어, 상호간 분쟁방지 및 원활한 업무이행을 위해 위탁자, 건설사, 금융기관 간의 다자간 사업약정을 체결하기도 한다.

ⅱ) 분양관리신탁은 담보신탁의 역할을 동시에 수행한다. 건축물분양법상 분양사업자(위탁

---

50) 최용호(2019), 90-91쪽.
51) 건축물의 분양에 관한 법률 제4조(분양시기 등) ① 분양사업자는 다음의 구분에 따라 건축물을 분양하여야 한다.
   1. 자본시장법에 따른 신탁업자와 신탁계약 및 대리사무계약을 체결한 경우 또는 금융기관 등으로부터 분양보증을 받는 경우: 건축법 제21조에 따른 착공신고 후
   2. 해당 건축물의 사용승인에 대하여 다른 건설업자 둘 이상의 연대보증을 받아 공증받은 경우: 골조공사의 3분의 2 이상이 완료된 후
   ② 제1항 제1호의 적용과 관련하여 신탁회사가 분양사업자로 되는 신탁계약이 체결된 경우에는 착공 신고 후 분양을 위한 별도의 신탁계약이 필요하지 아니하다.
   ④ 제1항 제1호에 따른 신탁계약·대리사무계약의 방법과 기준, 분양보증을 할 수 있는 금융기관 등의 종류 및 범위는 대통령령으로 정한다.
52) 조장원(2018), 45-46쪽.

자)는 사업부지에 대한 소유권을 완전히 확보하여야 하고, 소유권에 대하여 제3자에게 권리를 설정하는 등의 행위를 해서는 안 된다. 그러나 실제로 분양사업자는 사업부지 소유권을 확보하기 위해 금융기관으로부터 토지비 대출을 받을 수밖에 없는데, 이 경우 분양관리신탁에 있어서도 우선수익권을 금융기관에 담보로 제공하는 등 담보신탁으로서의 기능도 동시에 수행하게 된다. 다만 이 경우 우선수익자는 건물의 준공 및 피분양자에 대한 소유권이전 전에는 우선수익권에 따른 환가를 요청할 수 없으며, 분양대금에 의한 원리금 상환에도 제한을 받는다.

iii) 분양관리신탁은 신탁법과 건축물분양법에 기초하여 업무를 수행해야 한다. 기타 일반 신탁상품의 경우에는 신탁법에 근거하여 그 권리관계의 구성 및 신탁목적을 수행하고 있으나, 분양관리신탁의 경우 건축물분양법에 따라 피분양자 보호를 위하여 다른 채권자나 수익자의 권리보다도 우선 보호받을 수 있다는 규정과 이를 수행하기 위하여 대리사무계약에서 기본적 사항을 정하고 있는 등 여타 신탁상품과 달리 신탁법과 건축물분양법을 근거로 하여 신탁목적과 권리관계를 혼합하여 적용하고 있다.

iv) 분양관리신탁은 시공사의 책임준공을 기반으로 한다. 건축물분양법에서는 시공사의 신용도 또는 책임준공에 관하여 별도의 언급을 하지 않고 있는데, 이는 시공사에 대하여 기성에 따른 기성금 지급으로 공사비 과지급이 없는 상태에서는 원만한 시공사 교체가 가능하다는 이론적 전제에 기인한 것이다. 그러나 실제 일정 부분 분양 및 공사가 진행된 상태에서 분양사업자 및 시공사가 모두 계약불이행 상태에 놓이게 될 경우 사업을 중도에 청산할 수밖에 없는데, 이 경우 신탁부동산 처분대금으로 피분양자가 납부한 분양대금을 모두 반환하거나 금융기관에 대해 토지비 대출을 모두 완제하지 못하게 되는 경우가 발생한다. 이 경우 피분양자 및 금융기관의 민원 및 분쟁을 사전에 차단하기 위해서는 시공사의 신용도 및 책임준공 이행가능성을 면밀히 판단하여 피분양자 및 금융기관 권리를 최대한 보호할 수 있도록 신탁회사는 선관주의의무를 다해야 한다.

6. 토지신탁

토지신탁에 관한 상세한 내용은 아래서 살펴본다.

Ⅲ. 토지신탁

1. 토지신탁의 의의 및 도입취지

(1) 토지신탁의 의의

부동산 토지신탁이란 신탁회사가 신탁의 인수시에 신탁재산으로 토지 등을 수탁하고 신탁계약에 따라 토지 등에 건물, 택지, 공장용지 등의 유효시설을 조성하여 처분·임대 등 부동산 사업을 시행하고 그 성과를 수익자에게 교부하여 주는 신탁을 말한다(금융투자회사의 영업 및 업무에 관한 규정2-65⑥). 토지신탁은 개발사업 후 수익을 올리는 방법에 따라 임대형 토지신탁, 분양형 (처분형) 토지신탁, 혼합형 토지신탁으로 나뉜다. 그리고 사업비 조달의무를 누가 부담하는지에 따라 사업비 조달의무를 위탁자가 부담하는 "관리형 토지신탁"과 사업비의 조달의무를 신탁사(수탁자)가 부담하는 "차입형 토지신탁"으로 구분된다(금융투자회사의 영업 및 업무에 관한 규정 별표 15 토지신탁수익의 신탁종료 전 지급기준). 토지신탁은 전업 부동산신탁회사만이 가능하고, 은행, 증권회사 및 보험회사는 토지신탁의 수탁자가 될 수 없다(영15① [별표 1] 인가업무 단위).

(2) 토지신탁의 범위

넓은 의미에서 토지신탁은 토지라는 신탁재산을 수탁받아 관리·처분하는 모든 신탁을 말한다. 그러나 좁은 의미에서 토지신탁은 수탁자의 적극적인 개발행위가 포함된 신탁만을 의미한다. 즉 부동산신탁 실무상 토지신탁은 토지나 건물의 관리·처분을 하는 신탁이 아닌 토지를 수탁받아 개발행위를 포함한 적극적인 사업집행형 신탁을 말한다. 그러므로 신탁원본[53]으로서 "금전등"을 수탁받아 이를 집합하여 토지를 구매한 이후 그 토지로 개발사업을 진행하는 것은, 수탁자가 신탁으로 인수한 재산이 토지가 아닌 금전으로, 이는 금전신탁 또는 집합투자의 영역에 속한다. 다만 다수의 사람이 보유한 토지를 신탁원본으로 수탁받아 이를 신탁회사가 단독으로 토지를 소유하여 개발하는 것은 위탁자가 다수인 토지신탁의 범위에 포함된다.[54]

(3) 토지신탁의 도입취지

우리나라는 가계 자산의 대부분이 부동산으로 구성되어 있을 만큼 부동산에 대한 선호도가 높은 나라이다. 이러한 부동산에 대한 선호도는 건설사와 시행사에 빠른 성장동력을 제공하였고, 금융기관 역시 이들에 대한 대출을 통해 막대한 이득을 얻어왔다. 그러나 과도하게 부동산 개발이익을 추구한 결과 지가상승과 이로 인한 사회적 비용이 증가하여 오히려 경제발전에

---

[53] 신탁원본과 신탁재산은 종종 혼용하여 사용되지만, 신탁원본은 "신탁으로 인해 수탁자가 위탁자로부터 인수한 재산 자체"를 말하고, 신탁재산은 "신탁재산의 관리, 처분, 운용, 개발, 멸실, 훼손, 그 밖의 사유로 수탁자가 얻은 재산"(신탁법27)을 말한다.

[54] 김용진(2013), "토지신탁제도의 개선방안에 관한 연구: 사업신탁을 중심으로", 한양대학교 대학원 석사학위논문(2013. 2), 8-9쪽.

악영향을 미치게 되었다. 이런 부작용을 억제하고자 정부의 주도하에 근대적인 부동산신탁이 도입되었으며, 이 중 토지신탁은 토지공개념을 통한 토지의 효율적 개발과 이를 통한 부동산 투기억제대책에서 출발하였다.

현재 토지신탁은 국내 부동산신탁회사의 주요 수익원 중 하나이다. 위탁자가 높은 수수료를 부담하지만 신탁회사가 자금조달의무를 지고 사업주체로서 사업에 대한 손실책임을 지는 차입형 토지신탁의 경우 자본이 많지 않은 시행사도 개발사업이 가능하도록 하였다. 이는 자본이 취약한 시행사가 신용보강을 통해 건전한 중소 시행사로서 역할을 영위할 수 있도록 순기능을 하기도 한다. 그러나 도입취지와 달리 신탁회사가 자본이 취약한 시행사의 부동산 개발사업을 도맡아 신탁회사의 고유재산에까지 위험이 미치게 되는 악순환을 야기할 수도 있다.[55]

2. 토지신탁의 구조와 특징

(1) 토지신탁의 구조

토지신탁은 크게 토지소유자인 위탁자, 신탁회사인 수탁자, 그리고 수익자인 금융기관으로 이루어진다. 건설사와 수분양자(임차인)의 경우 신탁관계인은 아니다. 다만 신탁재산을 관리하는 수탁자가 토지신탁의 목적을 달성하기 위한 신탁사무처리의 일환으로 도급계약 또는 분양계약을 맺은 자이다. 따라서 실제 토지신탁에서 신탁관계인은 위탁자, 수탁자, 수익자로 이루어진다.[56]

(가) 위탁자

위탁자는 토지소유자로서 수탁자가 신탁목적에 따라 재산을 관리 또는 처분할 수 있도록 재산권의 이전과 기타 처분을 하는 자(신탁설정자)를 말한다. 장래 신탁이 종료되면 신탁행위에 별도의 정함이 없는 경우 신탁재산의 귀속권리자[57]가 된다. 위탁자의 자격은 특별한 제한이 없어 자연인인 경우 누구라도 위탁자가 될 수 있다. 실무상 자연인인 위탁자보다 법인인 위탁자가 절대 다수를 차지한다. 신탁은 기본적으로 처분행위이다. 따라서 위탁자가 법인인 경우 정관의 목적 범위내에서 처분권한이 있는 자의 신탁설정의 의사표시가 있어야 하고, 공익법인이나 재단의 경우에는 관련 법규에 따라 시도지사의 승인이 필요한 경우 처분행위에 필요한 절차를 거쳐야 한다.

위탁자는 신탁재산을 출연한 신탁의 설정자로서 수탁자가 신탁의 목적에 따라 신탁재산을

---

55) 김용진(2013), 7쪽.
56) 김용진(2013), 11~16쪽.
57) 귀속권리자는 민법 제80조에서 차용한 개념으로 신탁이 존속 중인 때에는 수익권을 행사할 수 없지만 신탁이 종료한 때에 신탁의 잔여재산이 자신에게 귀속하는 내용의 기대권을 갖는 자이다.

운용하는지 감시·감독한다. 또한 수탁자에게 신탁계약상 신탁재산의 운용 방법과 범위에 대한 일정한 가이드라인을 제시할 권한이 있다. 신탁법상 신탁은 무상이 원칙이나 신탁을 업으로 하는 경우에는 상행위로서 위탁자나 수익자는 보수를 지급할 의무가 있다.[58]

(나) 수탁자

수탁자는 신탁의 설정자인 위탁자의 상대방으로서 위탁자로부터 재산권을 이전 또는 처분받아 이에 대한 배타적 권리를 가지고 있는 자이다. 수탁자는 신탁의 목적에 따라 선량한 관리자의 주의로써 그 신탁재산을 관리·처분할 의무를 부담한다. 수탁자는 신탁재산의 주체이면서 동시에 고유재산의 주체로 이중적인 지위를 가진다.

토지신탁의 수탁자는 자본시장법에 따라 금융위원회로부터 부동산신탁업 인가를 받은 법인이다. 신탁업의 인가를 받지 않은 회사는 신탁업을 영위할 수 없으며 수탁자를 자신으로 하는 등기를 할 수 없다.[59] 신탁의 인수를 업으로 하는 수탁자는 신탁사무처리에 대한 보수를 청구할 수 있는 보수청구권을 갖고 있으며, 필요비, 유익비의 경우 신탁재산에서 지출할 수 있다. 신탁사무처리에 필요한 비용을 고유재산에서 지출한 경우 이에 대한 비용과 이자를 신탁재산에서 지출할 수 있다. 필요비와 유익비로 인정되는 경우 민사집행시 우선변제권이 있다(신탁법 46 및 48). 반면 수탁자는 신탁재산을 관리함에 있어 선관의무, 충실의무, 이익향수금지 및 분별관리의무 등 신탁법에 따른 의무를 준수해야 한다(신탁법32, 33, 36, 37).

(다) 수익자

수익자는 신탁행위에서 신탁계약의 당사자는 아니지만 신탁에 따라 신탁이익을 받는 자를 말한다. 수익권은 신탁계약에서 정한 바에 따라 신탁재산으로부터 향수할 수 있는 일체의 권리와 이익을 포괄하는 것이다. 수익권자는 신탁의 계속 중에는 신탁재산의 관리, 처분에 따른 이익을 향수할 수 있는 권리와 신탁이 종료한 이후에는 신탁재산 중 원본의 부분을 향유할 수 있는 권리를 갖는다. 전자를 수익수익권(收益受益權), 후자를 원본수익권(元本受益權)이라고 한다. 구체적으로 수익수익권은 신탁재산의 관리·처분에 따른 일정한 급부를 받을 수 있는 권리로 수익금의 교부청구권 등이 있고, 원본수익권은 신탁종료시 원본에 대한 수익권으로 신탁종료에 따른 잔여재산의 소유권이전등기청구권 등을 말한다. 수익권은 재산권의 일종으로 양도성과 상속성을 가지고 있으며, 담보로 제공할 수도 있다.

수익권을 위탁자가 전부 누리는 자익신탁의 경우 신탁에 있어 수익 향유의 주체가 위탁자이므로 위탁자는 수익자의 지위를 겸하게 된다. 수익권을 위탁자가 아닌 다른 사람으로 정하는

---

58) 수탁자는 신탁행위에 정함이 있는 경우에만 보수를 받을 수 있다. 다만, 신탁을 영업으로 하는 수탁자의 경우에는 신탁행위에 정함이 없는 경우에도 보수를 받을 수 있다(신탁법47①).

59) 등기선례 5-610, 1997.11.12. 등기3402-866 건설사업 부지에 대하여 건설회사를 수탁자로 하는 신탁등기를 할 수 있는지 여부(소극)

타익신탁은 위탁자와 수익자가 각각 다른 주체에 속한다. 위탁자와 수익자의 지위가 동일인에게 속하게 되는 경우일지라도 위탁자로서의 지위와 수익자로서의 지위로서 가지는 권리와 의무는 그 측면을 달리한다. 수익권은 단순한 신탁이익을 향유할 수 있는 권리만을 주는 것은 아니며 수탁자의 신탁위반행위에 대하여 취소권을 행사할 수도 있으며 수탁자의 해임청구, 보수변경청구 등 수익권을 유지관리하기 위한 권한도 포함되어 있다.

토지신탁의 경우 보통 금융기관이 수익자의 지위를 가지게 되는데, 이 경우 금융기관은 수익자가 지는 의무를 회피하기 위해 위탁자의 수익권에 질권을 설정하거나 부담이 없는 수익자로 자신을 1순위로 지정한 이후 부담부 수익권은 위탁자에게 귀속하도록 하는 형태가 일반적이다.

(2) 토지신탁의 특징

토지신탁의 특징은 토지소유자인 위탁자 측면, 수탁자 측면, 그리고 수익자 측면에서 나누어 볼 수 있다.[60]

(가) 위탁자 측면

위탁자 측면에서 특징은 미활용토지의 이용과 개발을 전문 신탁기관을 통해 유효가치를 높이거나 이를 촉진시킬 수 있다는 점이다. 토지를 가지고 있는 소유자가 건물을 건축할 자금여력이 충분하지 않는 경우, 또는 개발사업의 경험이 없는 경우에 이를 개발사업을 전문으로 하는 신탁회사에 위탁함으로써 토지의 효율적 이용방안을 모색하고, 이에 따른 안정적인 사업수익을 기대할 수 있다. 특히 개발사업의 경험이 있는 경우 개발에 필요한 인·허가와 건설·분양 등을 신탁회사가 대리하여 처리할 수 있으며, 자금 부족과 같이 개발사업 중도에 일어날 수 있는 여러 제반 문제에 대하여 수탁자가 처리하도록 하여 수분양자의 보호에도 안정적이다. 또한 위탁자의 소유권이 수탁자로 이전되나 이는 결국 수익권이라는 형태로 다시 위탁자에게 환원된다. 위탁자가 이 수익권을 유동화할 경우 초기 개발사업에 필요한 비용부담을 줄일 수 있다. 신탁법에 따라 수익증권을 발행할 경우, 이러한 수익증권의 판매 등을 통해 조기에 사업자금을 회수할 수 있고, 또한 비용면에서도 상속·매매 등을 토지나 건물이 아닌 수익증권으로 처리할 경우 개발사업에 필요한 자금이 수익권 평가시 공제되어 양도세, 상속세 등의 절감효과와 함께 수익권증서의 양도를 통해 손쉽게 자산을 유동화할 수 있다.

(나) 수탁자 측면

수탁자는 개발사업을 위탁자로부터 위임받아 이를 대행하면서 토지를 수탁재산으로 받게 되므로 개발사업에 따른 자금조달 부담이 적다. 또한 수탁자는 일정한 수수료만을 수수하고 개발이익과 비용은 원칙적으로 수익자가 부담하게 되어, 이에 따른 신탁사업의 리스크가 상대적

---

60) 김용진(2013), 10–11쪽.

으로 감소된다.[61] 그리고 신탁재산의 독립성과 강제집행 금지의 원칙이 적용되어 사업기간 중 비교적 안정적으로 사업을 영위할 수 있다. 신탁재산의 독립성(신탁법22)이 인정되어 원 토지소유자의 부도나 파산 등의 사유가 발생하더라도 개발사업에는 직접적으로 영향을 주지 않는다. 또한 위탁자의 채권자가 신탁재산에 강제집행 등 압류가 불가능하여 사업진행 도중 사업중단과 같은 문제가 발생하지 않아 사업운영의 안정성과 계속성이 확보되어 임차인과 수분양자를 안전하게 보호할 수 있다.

(다) 수익자 측면

수익자는 개발사업이 끝난 이후 개발에 따른 이익을 배당받을 권리를 보유한 자인데, 수익자는 토지소유자가 될 수도 있으나 토지소유자가 자금확보를 위하여 수익권을 양도하였을 경우 최종적으로 수익권을 보유한 자이다. 수익권 양수인은 상대적으로 적은 금액으로 개발사업에 따른 이익을 향유할 수 있다.

3. 토지신탁의 분류

토지신탁의 기본구조는 위탁자와 수탁자 간의 계약으로 수탁자인 신탁회사는 사업시행 주체로서 자금조달과 수분양자 관리 및 시공관리를 부담하고 위탁자는 이에 같이 조력하는 형태이다. 이와 별도로 자금을 대여하는 금융기관이 수익자로 지정되어 있어 신탁관계에서는 위탁자, 수탁자, 수익자의 3면 관계가 형성된다. 또한 신탁관계와 별도로 부동산을 분할하여 매수하는 지위에 있는 수분양자들과 도급계약에 따라 시공을 하는 시공사가 있다. 수탁자인 신탁회사는 사업주체로서 주택법 등 부동산 공법(公法)에 따라 수분양자에게 완성된 주택을 공급할 의무를 준수해야 하며, 시공사와의 관계에서도 인·허가 및 하자보수와 같은 책임을 분담하여 처리해야 한다. 토지신탁의 기본구조에서 위탁자 및 금융기관의 요구에 따라 그 분담하는 책임 범위가 달라지고 이에 따라 토지신탁의 종류가 나누어진다.[62]

토지신탁을 크게 구분하면 건물의 분양형태와 수탁자의 자금조달의무에 따라 분류한다. 개발사업 과정에서 위탁자가 건물의 임대를 목적으로 하는 경우를 임대형 토지신탁이라 하고, 건물의 분양을 목적으로 하는 경우를 분양형 토지신탁이라 한다. 실무에서는 보기 힘드나 건물의 임대와 분양을 혼합하여 신탁사업을 진행하는 혼합형 토지신탁도 있다. 수탁자인 신탁회사의 자금조달의무가 있는지에 따라 수탁자가 자금조달의무가 있는 경우를 차입형 토지신탁이라 하고 자금조달의무가 없는 경우를 관리형 토지신탁이라 한다.

---

61) 차입형 토지신탁의 경우 수탁자가 자금을 조달할 의무를 부담하므로 분양이 미진할 경우 이에 대한 리스크는 커지게 된다.
62) 김용진(2013), 16–17쪽.

4. 분양형태에 따른 분류(임대형과 분양형)

(1) 임대형 토지신탁

임대형 토지신탁은 토지와 건물을 매각하지 않고 수탁자가 완성된 건물을 기초로 임대사업을 운영하다가 신탁종료시 임대 현상 그대로 수익자에게 이를 반환한다. 토지소유자가 실질적인 소유권을 보유하면서 토지의 이용가치를 도모하고 안정적인 부동산 임대수입을 얻는 것을 목적으로 하는 신탁으로 토지소유자는 임대소득뿐만 아니라 신탁종료시 부동산 가격상승에 따른 자본소득도 기대할 수 있는 사업방식이다. 현재 우리나라의 개발사업은 분양형 토지신탁이 대부분이어서 임대형 토지신탁이 활용되는 경우는 찾아보기 어렵지만, 향후 기업형 임대주택시장의 성장 등 부동산시장의 변화에 따라 재조명받을 수 있을 것으로 예상된다.[63]

(2) 분양형 토지신탁

분양형 토지신탁은 토지소유자가 신탁한 토지에 신탁회사가 건물을 신축하여 일반에 매각하는 형태로 개발이익을 목적으로 하는 신탁이다. 토지와 건물의 소유권은 건물의 준공과 동시에 수분양자에게 이전되고 그 처분에 따른 이익금은 수익자에게 지급된다. 분양수입에서 개발에 소요된 자금의 상환 및 기타 개발비용을 충당하게 되고 최종적으로 남게 되는 개발이익은 금전 내지 미분양 부동산의 현상 그대로를 수익자에게 교부하게 된다. 이와 같은 분양형 토지신탁이 현재 우리나라에서 이용되는 토지신탁상품의 대부분을 차지하고 있다.[64] 주택의 임차보다는 구입을 선호하는 우리나라의 문화적 특성이 반영된 부분도 있으나, 임대형 토지신탁의 경우 부동산신탁회사의 입주자 및 건물 관리에 적지 않은 인력과 비용이 소모되게 되어 채산성이 맞지 않아 임대형 토지신탁 수탁고는 저조한 실정이다.[65]

(3) 혼합형 토지신탁

혼합형 토지신탁은 임대형 토지신탁과 분양형 토지신탁을 다양하게 조합한 것으로 등가교환방식 조합형 토지신탁, 차지권부 건물분양형 토지신탁, 포괄형 토지신탁 등으로 구분할 수 있다.

ⅰ) 등가교환방식 조합형 토지신탁은 수탁자가 토지를 신탁받아 개발업자에 의하여 건축된 건축물과 토지를 등가로 교환하는 방식이다. ⅱ) 차지권부 건물분양형 토지신탁은 토지소유자로부터 토지를 신탁받아 그 토지에 건물을 건축한 후 건물은 분양하고 건물에 해당하는 대지는 임대하는 방식이다. 등가교환방식 조합형 토지신탁이나 차지권부 건물분양형 토지신탁은

---

63) 심창우(2017), "토지신탁의 토지비 관련 규제 개선에 관한 연구", 건국대학교 부동산대학원 석사학위논문 (2017. 2), 23쪽.
64) 심창우(2017), 24쪽.
65) 김용진(2013), 17-18쪽.

현재 국내에서는 그 사용이 거의 없다. 토지의 교환이 까다로울 뿐만 아니라 건물만을 분양하는 형태의 개발사업의 수요가 없기 때문이다. iii) 포괄형 토지신탁은 토지만을 신탁하는 것이 아니라 금전도 같이 신탁하여 토지와 금전을 종합재산으로 수탁받아 개발사업을 진행하는 것이다. 수탁자인 신탁회사의 자금조달의무가 경감되므로 사업수익에 따른 배당이 증가한다. 토지와 금전의 소유자가 각각 다른 형태의 포괄신탁도 생각할 수 있으나, 현재 포괄신탁은 자본시장법에 따른 종합재산신탁 인가를 받은 경우에만 수탁이 가능하다.

5. 신탁회사의 차입유무에 따른 분류(차입형과 관리형)

신탁회사의 자금조달의무 여부에 따라 차입형 토지신탁과 관리형 토지신탁으로 나눌 수 있다. 관리형 토지신탁에는 책임준공확약형 관리형 토지신탁이 있다. 책임준공확약형 관리형 토지신탁이란 시공사 또는 위탁자가 책임준공의무를 불이행하는 경우 부동산신탁업자가 그에 갈음하여 책임준공의무를 부담하게 되는 형태의 관리형 토지신탁을 말한다(금융투자업규정3-22①(12)).

(1) 차입형 토지신탁

(가) 의의

1) 차입형 토지신탁의 개념

「금융투자회사의 영업 및 업무규정」 제2-65조 제6항 및 위 규정 별표 15는 차입형 토지신탁과 관련하여, 토지신탁의 한 종류로서, "사업비의 조달의무를 신탁사가 부담하는 신탁"이라고 정의하고 있다. 즉 차입형 토지신탁은 토지신탁사업(신탁토지에 신탁건물을 신축·증축·개축·재축·대수선 및 리모델링 등의 방법으로 개발하여 분양 그 밖의 방법으로 처분하거나 임대하는 사업)을 수행하기 위하여 위탁자는 신탁부동산의 소유권을 수탁자에게 이전하고, 수탁자는 신탁부동산을 보전 및 관리하며 이를 개발하여 신탁계약에서 정해진 바에 따라 신탁부동산을 분양 및 그 밖의 방법으로 처분하거나 임대한 다음 그 처분대가나 임대료 등 신탁재산을 신탁계약에 정해진 바에 따라 지급하는 것을 목적으로 하는 신탁을 말한다.

차입형 토지신탁은 신탁회사와 위탁자 간의 신탁계약에 의하여 신탁회사가 위탁자의 부동산을 소유(신탁에 의한 소유권이전을 통한 소유권 확보)하고 분양, 처분, 임대 등의 부동산 사업의 사업주체가 되어 신탁회사가 토지비 이외의 사업비를 조달하여 사업을 진행하고 사업이 완료될 경우 신탁회사가 조달하여 투입한 자금을 우선 회수하고 남은 수익을 위탁자에게 정산 지급하는 신탁상품이다. 사업비 조달에 있어 신탁회사가 채무자가 되어 금융기관 등으로부터 사업비를 조달함에 따라, 신탁회사의 차입금 부담 리스크가 높은 반면, 사업비 조달을 포함한 개발사업에 관한 모든 역할을 신탁회사가 수행하게 되므로 위탁자의 입장에서는 가장 편리한 사업개발 방식이다. 신탁회사가 공사비를 포함한 사업비를 직접 조달하여 투입하므로 시공사 측

면에서는 공사대금채권에 대한 안정성이 높아지고 공사에 전념할 수 있다.[66]

2) 차입형 토지신탁과 관리형 토지신탁의 비교

차입형 토지신탁에서는 신탁회사가 부동산개발사업의 사업시행자가 되므로, 뒤에서 보게 될 관리형 토지신탁에서의 신탁회사의 지위 및 대외적 법률관계가 차입형 토지신탁에도 그대로 적용된다. 차입형 토지신탁이 관리형 토지신탁과 다른 점은 신탁회사가 사업비 조달의무를 부담한다는 점이다. 통상 사업비는 신탁회사의 고유계정에서 신탁계정으로 자금을 대여하는 방식으로 조달된다. 따라서 차입형 토지신탁에서 신탁회사는 사업비를 대출하는 프로젝트금융(PF) 대주와 유사한 지위를 가지게 되고, 대출금 미상환 등 사업의 위험에 노출된다. 자신의 고유계정 대여금이 상환위험에 놓이게 되는 만큼, 신탁회사는 관리형 토지신탁에서 단순히 사업시행자의 명의만을 가지고 형식적인 업무만을 하는 것과 달리 실제 사업의 당사자로서 모든 업무를 위탁자 등 관계자와 협의하여 주도적으로 처리하며, 상당한 결정 권한을 가지게 된다. 그러한 위험부담에 상응하는 상당히 높은 수준의 신탁보수와 차입금 이자로 인한 이익을 얻게 된다.[67]

차입형 토지신탁에서 신탁회사의 고유계정 대여금과 토지비 대출(우선수익자) 간 상환순위는 신탁회사의 고유계정 대여금이 우선하는 것이 일반적이다. 고유계정 대여금 원리금은 신탁비용으로 취급되는데, 차입형 토지신탁계약에서는 이러한 신탁비용의 지급 완료 후 우선수익자에 대한 수익 지급을 규정하는 경우가 거의 대부분이기 때문이다. 따라서 아래서 보는 신탁종료 전 수익 지급기준에도 불구하고, 신탁회사의 고유계정 대여금 상환 전에 우선수익자에 대한 수익 지급을 통해 토지비 대출을 상환하는 예는 많지 않다.

(나) 차입형 토지신탁의 특징

1) 차입형 토지신탁의 장단점

가) 차입형 토지신탁의 장점

차입형 토지신탁의 장점은 다음과 같다. ⅰ) 토지소유자는 자금, 시간 및 노하우 등의 부족으로 인해 각종 불리한 세금을 납부하면서 이용되지 못하고 있는 토지를 토지개발 전문회사인 신탁회사에 신탁함으로써 토지의 유효한 이용과 안정적인 수익을 기대할 수 있다. ⅱ) 수탁자인 신탁회사가 토지소유자를 대신하여 토지의 유효한 이용에 대한 사업계획의 입안, 건축자금 조달, 건설, 신탁회사의 공신력을 바탕으로 한 분양업무 효율성 제고, 건물의 유지 및 관리업무, 회계처리 등의 일체를 대행함으로써 토지소유자는 아무런 경험이 없어도 부동산개발 또는 임대사업을 수행할 수 있다. ⅲ) 토지소유자는 신탁기간 중 자금을 필요로 하는 경우 신탁수익권의 전부 또는 일부를 양도하거나 질권을 설정하여 자금을 조달할 수 있다. ⅳ) 신탁법상

---

66) 진웅기(2018), 20쪽.
67) 최용호(2019), 96쪽.

신탁재산을 독립된 재산으로 취급함으로써 신탁설정 후의 토지소유자의 상속·파산 등은 개발사업에 직접적으로 영향을 미치지 아니하므로 사업운영의 안정성이 보장된다. ⅴ) 토지신탁 수익권이 상속되는 경우 신탁회사가 신탁의 목적에 따라 부담할 차입금 등의 채무는 상속세 과세가격 산정시 채무로 인정받으므로 상속세 대책으로 이용 가능하다. ⅵ) 신탁은 실질적으로 토지소유권이 위탁자에게 귀속되므로, 위탁자가 지가의 상승에 따른 이익 및 사업에 따른 개발이익 또한 향유할 수 있어 경제적 이익을 극대화 할 수 있다. ⅶ) 복수의 토지소유자의 권리조정이 필요한 공동개발사업에 있어서 신탁회사의 공평하고 중립적인 권리조정을 통해 사업을 원활하게 운영할 수 있다.[68]

나) 차입형 토지신탁의 단점

사업시행자의 입장에서는 비용 측면에서 토지신탁(또는 개발신탁)을 통한 사업비용 절감보다는 통상적으로 토지신탁보수의 비중이 커서 비용증가 요인으로 작용하며, 신탁회사의 토지신탁 업무수행능력 정도에 따라 다수의 사업이해관계자 간 신속한 의사결정을 방해하는 결과를 초래할 수도 있다.

2) 차입형 토지신탁에 의해 진행되는 부동산 개발사업

실무상 차입형 토지신탁은 주로 소규모 개발사업에서 이용되는 경우가 많다. 소규모 개발사업의 경우 이른바 1군 시공사들이 참여하지 않는 경우가 많아, 사업비 조달을 위한 PF대출도 성사되기 어려운 경우가 많다. 따라서 차입형 토지신탁은 소규모 부동산개발사업의 자금조달을 위한 해결책이 될 수 있으며, 동시에 신탁회사에게는 위험에 상응하는 높은 수익을 창출할 수 있는 기회로 활용된다.

한편 관리형 토지신탁의 경우 분양률이 상당히 높아 충분한 사업비 확보가 예상되는 상황에서도 토지신탁수익의 신탁종료 전 지급제한으로 인해 잉여 현금으로 PF대출을 일부밖에 상환하지 못하는 경우가 있는데, 그 해결책으로 차입형 토지신탁이 이용되는 사례가 있다. 관리형 토지신탁에서 사업비에 충당하고도 상당한 잉여 현금이 있는 경우 토지신탁 수익 지급의 엄격한 제한을 받지 않을 목적으로 관리형 토지신탁계약을 차입형 토지신탁계약으로 전환하는 사례이다.[69] 이 경우 차입형 토지신탁임에도 불구하고 신탁회사가 실제 사업비를 부담할 일은 거의 없을 것이므로, 당사자들은 사실상 위탁자의 PF대출 조기상환을 통한 금융비용 절감을 주된 목적으로 신탁계약 변경을 하게 되는 것으로 보인다.[70]

---

68) 진웅기(2018), 28-29쪽.
69) 이 경우 차입형 토지신탁임에도 불구하고 신탁계약상 신탁회사의 사업비 조달 한도를 매우 낮게 정하는 경우가 다수이며, 이를 실무에서는 "한정 차입형 토지신탁"이라고 하는 것으로 보인다.
70) 최용호(2019), 97쪽.

3) 부동산신탁회사의 대주로서의 지위

차입형 토지신탁에서는 신탁회사가 사업비 조달의무를 부담하며, 이는 신탁회사의 고유계정에서 자금을 차입하는 형태로 이루어진다. 이를 통해 신탁회사는 높은 수준의 신탁보수와 고유계정 대여금에 대한 이자를 신탁재산 또는 위탁자로부터 회수할 수 있다. 결국 차입형 토지신탁에서 신탁회사는 PF 대주의 역할을 겸하게 되는 것이다. 이는 자본시장법이 명시적으로 허용하고 있는 부동산신탁회사의 신용공여업무라는 점에서 큰 의미를 갖는다.

한편 실질적으로 PF 대주에 상응하는 지위를 가지게 됨에도 불구하고 신탁회사는 신탁의 우선수익자가 될 필요는 없다. 신탁회사는 신탁사무의 처리에 관하여 지출한 비용을 신탁재산이나 수익자로부터 상환받을 수 있고,[71] 그 비용 충당을 위해 신탁재산을 매각할 수도 있으므로,[72] 차입형 토지신탁계약서에 신탁회사의 고유계정으로부터의 차입금은 신탁사무처리를 위한 비용으로서 우선수익자, 수익자에 대한 수익 지급보다 우선하여 신탁재산에서 상환이 이루어진다는 점을 명시함으로써 그 채권상환을 확보할 수 있기 때문이다.[73]

(다) 토지신탁수익의 신탁종료 전 지급제한

1) 의의

차입형 토지신탁에서는 신탁회사가 사업비를 조달하게 되고, 자신의 자력으로 사업 진행을 담보하게 되므로, 신탁종료 전 수익 지급이 허용되는 범위는 관리형 토지신탁과 비교할 수 없을 정도로 넓다. 신탁회사 자신이 사업 진행을 담보하는 조건으로 사업을 수주한 것이고, 자

---

71) 신탁법 제46조(비용상환청구권) ① 수탁자는 신탁사무의 처리에 관하여 필요한 비용을 신탁재산에서 지출할 수 있다.
② 수탁자가 신탁사무의 처리에 관하여 필요한 비용을 고유재산에서 지출한 경우에는 지출한 비용과 지출한 날 이후의 이자를 신탁재산에서 상환(상환)받을 수 있다.
③ 수탁자가 신탁사무의 처리를 위하여 자기의 과실 없이 채무를 부담하거나 손해를 입은 경우에도 제1항 및 제2항과 같다.
④ 수탁자는 신탁재산이 신탁사무의 처리에 관하여 필요한 비용을 충당하기에 부족하게 될 우려가 있을 때에는 수익자에게 그가 얻은 이익의 범위에서 그 비용을 청구하거나 그에 상당하는 담보의 제공을 요구할 수 있다. 다만, 수익자가 특정되어 있지 아니하거나 존재하지 아니하는 경우 또는 수익자가 수익권을 포기한 경우에는 그러하지 아니하다.
⑤ 수탁자가 신탁사무의 처리를 위하여 자기의 과실 없이 입은 손해를 전보(전보)하기에 신탁재산이 부족할 때에도 제4항과 같다.
⑥ 제1항부터 제5 항까지의 규정에서 정한 사항에 대하여 신탁행위로 달리 정한 사항이 있으면 그에 따른다.
72) 신탁법 제48조(비용상환청구권의 우선변제권 등) ① 수탁자는 신탁재산에 대한 민사집행절차 또는 국세징수법에 따른 공매절차에서 수익자나 그 밖의 채권자보다 우선하여 신탁의 목적에 따라 신탁재산의 보존, 개량을 위하여 지출한 필요비 또는 유익비의 우선변제를 받을 권리가 있다.
② 수탁자는 신탁재산을 매각하여 제46조에 따른 비용상환청구권 또는 제47조에 따른 보수청구권에 기한 채권의 변제에 충당할 수 있다. 다만, 그 신탁재산의 매각으로 신탁의 목적을 달성할 수 없게 되거나 그 밖의 상당한 이유가 있는 경우에는 그러하지 아니하다.
73) 최용호(2019), 99-100쪽.

신의 이익을 위해 사업위험을 감수한 것이므로, 굳이 신탁종료 전 수익 지급을 좁게 허용할 이유가 없기 때문이다.[74]

차입형 토지신탁에서 신탁종료 전 수익 지급이 허용되는 구체적인 기준은 「금융투자회사의 영업 및 업무에 관한 규정」 별표 15 「토지신탁수익의 신탁종료 전 지급기준」에서 정하고 있다. 지급기준은 선지급 한도 부분에서 관리형 토지신탁과 가장 큰 차이를 보인다. 차입형 토지신탁에서는 건축물 사용승인 전에 수납이 예정된 분양수입금 총액에서 토지비를 제외한 총사업비를 공제한 금액을 한도로 분양수입금을 수익 지급에 사용할 수 있다.[75]

2) 선지급조건

"선지급조건"은 다음과 같다. ⅰ) 토지비[76]를 대여한 자가 수익권에 대한 질권자 또는 우선수익자의 지위에 있을 경우에 한하여 토지비를 대여한 자에 대한 토지비 등의 선지급이 가능함을 차입형 토지신탁 계약서에 명기하여야 한다. ⅱ) 「토지신탁수익의 신탁종료 전 지급기준」에서 정한 범위 내에서 선지급이 가능하다는 취지의 조항을 차입형 토지신탁계약서 및 개별 약정서 등에 명기하여야 한다. ⅲ) 수분양자의 보호를 위해 분양대금이 토지비, 공사비 등의 지급에 사용될 수 있음을 분양계약서에 명기하여야 한다. ⅳ) 아래 ㉠㉡㉢의 3가지 조건이 모두 충족되는 경우에는 신탁사업에서 발생한 위탁자의 법인세, 법인지방소득세, 종합소득세, 개인지방소득세("법인세 등") 지급을 목적으로 선지급금액 범위 내에서 수익자에 대한 선지급이 가능하다. 3가지 조건은 ㉠ 위탁자가 해당 신탁사업의 법인세 등 산정 내역(전체 사업 및 사업별로 구분된 사업매출, 비용, 산출세액 등 신탁회사가 신탁사업의 법세 등 확인을 위해 요구하는 자료 등)을 신탁회사에게 제출하여야 하고, ㉡ 우선수익자 및 수익권에 대한 질권자 전원이 법인세 등 납부를 위한 선지급에 동의하여야 하며, ㉢ 위탁자가 신탁회사 앞으로의 법인세 등 환급금 양도를 약정하여야 한다.

3) 선지급금액

"선지급금액의 산정"은 다음과 같다. 선지급금액 ≦ 분양수입금[77] − 사업비[78](지급시점에

---

74) 최용호(2019), 96–97쪽.
75) 예를 들어 토지비가 300억원, 토지비를 제외한 사업비가 500억원인 사업을 가정하여 살펴본다. 이때 분양계약이 체결된 총 분양매출이 1,000억원이고, 이 중 기수납된 계약금과 중도금이 200억원이라고 하면, 차입형 토지신탁에서는 위 분양수입금 200억원을 전부 토지비 대출 상환을 위해 사용할 수 있다[선지급 한도＝1,000억원−500억원]. 반면 관리형 토지신탁의 경우라면 기수납된 분양수입금에서 전체 사업비 대비 토지비 비율만큼 상환이 가능하므로, 분양수입금 200억원 중 75억원만을 토지비 대출 상환을 위해 사용할 수 있다[선지급 한도＝200억원×300억원/(300억원＋500억원)].
76) 토지비는 부동산 자체의 취득가액과 등기비용, 그 밖에 부동산 취득에 관련된 부대비용을 합한 금액이다.
77) 분양수입금은 부동산개발사업에 따른 수입을 말하는데, 다음 등식이 성립된다. [분양수입금＝사업비＋토지비＋사업이익].
78) 사업비는 공사비, 광고비, 분양비 등 부동산개발사업에 드는 모든 비용에서 토지비를 제외한 금액이다.

서 안정적인 사업비 확보가 예상되는 경우 선지급 가능). 여기서 선지급금액은 지급시점의 분양분에 대한 기수납 및 장래 수납예정 분양수입금총액을 말하고, 사업비는 지급시점까지 지급된 사업비 및 향후 지급 예상되는 사업비이다. 총 선지급금액은 예상 신탁수익금액을 초과할 수 없다.

4) 적용 예외

사용승인일 이후에는 선지급조건 및 선지급금액의 적용 없이 선지급이 가능하다.

5) 금지사항

금지사항은 다음과 같다. ⅰ) 대출약정의 효력이 신탁계약의 효력과 동등하거나 우선하게 하는 내용의 신탁계약 체결이 금지된다. ⅱ) 신탁회사는 「토지신탁수익의 신탁종료 전 지급기준」에 반하는 금융기관과의 임의인출 약정, 금융기관과의 자금집행순서 및 방법 임의변경약정 등의 체결이 금지된다. ⅲ) 신탁회사가 당사자가 되는 토지비 대출약정 체결이 금지된다. ⅳ) 신탁재산(분양대금계좌, 운영계좌, 보험금 및 건축중인 건축물 등)에 대한 대출금융기관의 질권설정 또는 대출금융기관에 대한 양도담보 제공 등이 금지된다. ⅴ) 신탁회사의 분양수입금 관리계좌에서 선지급 및 사업비 집행을 위한 이체 외에 시공사 등 제3자의 계좌로 이체가 금지된다.

(라) 자금조달방식

차입형 토지신탁의 경우 수탁자인 신탁회사가 사업시행자로서 부동산개발사업에 소요되는 사업비를 조달해야 하는 의무가 있다. 신탁회사가 부담하는 비용은 부동산개발사업에 드는 모든 비용에서 부동산 자체의 취득비용을 제외한 "사업비"이고 사업대상지인 토지의 완전한 소유권을 취득하기 위한 일체의 비용은 위탁자인 시행사가 전적으로 부담한다. 차입형 토지신탁계약에 의한 자금회수 구조상 신탁회사의 사업비가 토지비(총사업비의 평균 15%)와 사업이익(총사업비의 평균 9%), 시공사 건축비 대물인수분(총사업비의 평균 5%)에 대하여 우선하므로 일반적으로 준공시 평균 분양률이 대략 70%를 상회할 경우 신탁회사 입장에서 사업비의 회수가 가능한 것으로 알려져 있다.[79]

한편 사업대상지 토지의 완전한 소유권을 취득하기 위하여 위탁자가 금융기관으로부터 대출한 토지비는 선순위 신탁수익[80] 또는 신탁수익에 대한 질권으로 담보되므로 향후 사업비 등보다 후순위로 상환받게 되고 신탁종료 전에는 본 사업의 성과가 확실하다고 판단되지 않는 한 지급받을 수 없다. 이 부분이 토지신탁과 프로젝트금융(PF)의 자금구조가 충돌하는 지점인데, 일반적으로 프로젝트금융을 하여 자금을 조달하는 경우에는 시행사에 토지비를 대출하여 준 금융기관이 향후 유입될 분양대금으로부터 최우선 순위로 상환을 받을 수 있는 반면 차입

79) 심창우(2017), 28-29쪽.
80) 신탁수익은 신탁계약 종료시 신탁계약에 따라 수익자에게 지급하는 금액을 말하는데, 다음 등식이 성립된다. [신탁수익＝토지비＋사업이익]. 여기서 사업이익은 분양수입금에서 사업비와 토지비를 공제한 금액을 말한다.

형 토지신탁을 활용할 경우에는 토지비가 신탁수익에 포함됨으로써 위탁자에게 토지비를 대출하여 준 금융기관은 공사비 등 사업비보다 후순위로 상환을 받을 수밖에 없다.

따라서 토지신탁의 실제 분양률이 당초 예상한 분양률에 미치지 못하거나, 신탁회사가 분양률 제고를 위해 할인분양을 실행하는 경우에는 토지비를 대출하여 준 금융기관이 대출원리금을 변제받지 못하는 상황이 발생하기도 한다. 이처럼 차입형 토지신탁을 활용하여 부동산개발사업을 진행하는 경우 금융기관으로부터 토지비를 조달하기가 어렵게 되고, 결국 차입형 토지신탁으로 진행할 수 있는 개발사업의 범위가 제한될 수밖에 없다.

(2) 관리형 토지신탁

(가) 서설

1) 관리형 토지신탁의 개념

「금융투자회사의 영업 및 업무에 관한 규정」 제2-65조 제6항 및 위 규정 별표 15는 관리형 토지신탁과 관련하여, 토지신탁의 한 종류로서, "사업비의 조달의무를 위탁자가 부담하는 신탁"이라고 정의하고 있다. 관리형 토지신탁이란 사업부지를 소유한 위탁자가 부동산개발사업의 추진을 위하여 그 토지를 신탁회사에 신탁하고, 신탁회사는 토지의 소유자이자 해당 부동산개발사업의 대외적인 사업시행자가 되어 사업을 진행하되, 사업비는 여전히 실질적인 사업주체인 위탁자가 조달하며, 신탁회사는 그 부동산개발사업의 사업수익을 수익자에게 배분하는 내용의 신탁으로 정의할 수 있다.[81]

부동산신탁 중 개발사업에 가장 많이 활용되는 관리형 토지신탁은 신탁회사가 개발사업의 사업주체(시행자)로서의 법률적인 지위를 보유하고, 신탁계약에 따라 일체의 시행 관련 업무는 시공사 및 위탁자가 수행하므로 정상적으로 사업이 진행되는 경우 신탁회사의 부담은 없으나, 시공사 및 위탁자의 부도·파산시 신탁회사가 사업주체의 역할을 맡아 인·허가, 착공, 기성,[82] 준공, 분양 및 정산 등 사업 진행의 최종책임을 부담하는 개발사업에 적용되는 신탁상품이다. 이는 위탁자가 시행자의 지위를 유지하고 신탁회사는 관리업무만을 수행하는 분양관리신탁 또는 "담보신탁 + 대리사무"의 단점을 보완하여 사업을 진행하는 대안으로 2006년을 전후로 시작되어 현재까지 신탁회사가 중점적으로 취급하고 있는 신탁상품이다.[83]

2) 관리형 토지신탁의 제도적 의의

부동산신탁은 토지안정화 정책의 일환으로 도입하였으나, 현재 추세는 부동산을 담보로 대출할 경우 근저당을 대신하는 상품으로 발전하였고, 이후 개발사업 진행시 개발사업 안정성

---

81) 최용호(2019), 92-93쪽.
82) 기성이란 공사의 진척도 또는 진행 정도를 말한다.
83) 김영규(2017), "관리형 토지신탁의 리스크관리 개선방안에 대한 연구", 고려대학교 정책대학원 석사학위논문(2017. 6), 12쪽.

에 대한 방안을 요구하는 형태로 진화하고 있는데, 이러한 방안에 대한 개발사업 안정성에 목적을 둔 신탁의 한 종류로서 관리형 토지신탁이 탄생하게 되었다. 관리형 토지신탁은 부동산개발사업의 안정적인 수행을 위하여 사업주체가 신탁회사(수탁자)에 토지를 신탁하고, 수탁자는 사업의 시행자로서 일체 인·허가의 사업주체(또는 건축주) 및 분양사업자 명의를 제공하고 모든 사업의 실무는 위탁자 및 시공사가 자기책임으로 사업비 조달, 인·허가, 분양 등의 제반 업무를 수행하는 신탁방식이다.

이러한 신탁방식은 신탁회사가 사업주체로서 명의를 대여하고, 일체의 시행 관련 업무는 위탁자 및 시공사가 진행하므로, 정상적 사업진행시 신탁회사의 부담은 없으나 위탁자 및 시공사의 부도·파산시 신탁회사가 인·허가, 준공, 분양 등 사업 진행의 최종적인 책임을 부담하므로, 부동산개발사업에 적용되는 신탁제도로서 의의가 있다.[84]

3) 신탁계약의 당사자

관리형 토지신탁의 구조를 파악하기 위하여 신탁계약의 당사자를 정리하면 다음과 같다.

가) 위탁자

위탁자는 신탁설정자를 말한다. 위탁자는 신탁행위의 당사자로서 법률에 따라 신탁행위의 무효 내지 취소의 주장이 가능하다. 일반적인 신탁에서의 위탁자와 다르게 관리형 토지신탁의 위탁자는 개발사업의 진행을 목적으로 하는 사업주체이어야 한다.[85]

나) 수탁자

수탁자는 위탁자(신탁설정자)로부터 재산권을 이전받음으로 수탁한 신탁재산의 신탁목적에 따라 신탁재산의 관리 또는 처분을 실행하는 자를 말한다. 관리형 토지신탁의 경우 자본시장법에 따라 인가를 받은 신탁회사만이 수탁이 가능하며, 이러한 신탁회사들 가운데서도 금융위원회로부터 관리형 토지신탁에 대한 별도의 인가를 받은 신탁회사만이 가능하다.

다) 수익자

수익자는 신탁물건의 설정에 따라 장래에 신탁재산의 운영·관리를 통하여 신탁의 이익을 향유하는 자를 말한다. 일반적으로 부동산신탁에서 위탁자는 신탁계약 체결시 수익자의 지정이 가능하며 별도로 지정하지 않은 경우에는 위탁자가 수익자를 겸하게 된다. 수익자가 가지는 이러한 권리를 수익권이라 한다.

라) 우선수익자

관리형 토지신탁의 우선수익자는 설정한 수익한도 금액의 범위 안에서 수익자보다 우선적

---

84) 송석주(2012), "관리형 토지신탁을 활용한 개발사업 위험요인 관리에 관한 연구", 서울시립대학교 도시과학대학원 석사학위논문(2012. 8), 7쪽.
85) 김영규(2017), 14쪽.

으로 신탁의 수익을 교부받을 권리를 가진 자를 말한다. 관리형 토지신탁에서는 대출금융기관과 시공사가 우선수익자의 지위를 가지게 되는 것이 일반적이다.

마) 결어

관리형 토지신탁은 수탁자인 신탁회사가 사업비의 조달책임을 부담하지 아니한 상태로 사업주체의 의무 중 전부 또는 일부를 책임지는 방식으로 이루어지는 소극적인 형태의 토지신탁이다. 초기의 관리형 토지신탁 사업에서 사업비의 조달책임은 규모가 상대적으로 영세한 위탁자보다는 신용도가 높은 시공사가 부담하게 되며, 시공사는 책임준공 및 사업비 조달에 대한 지급보증 등의 신용공여를 부담하기 때문에 시공사의 신용도가 개발사업의 진행에 가장 큰 영향을 끼치게 된다. 이와 같은 이유로 초기의 관리형 토지신탁은 신용도가 우량한 대형 시공사의 경우에만 신탁회사가 사업성과 신용도를 검토 후 수탁을 받는 형태가 일반적이라 할 수 있다. 그러나 신탁회사 간의 영업경쟁의 심화, 대출금융기관의 관리형 토지신탁 선호 현상에 따른 시장의 요구 등에 따라 신용도가 다소 낮은 시공사를 대상으로도 관리형 토지신탁을 수탁받는 경우가 증가하면서 신탁회사의 리스크가 증가하는 추세이다.[86]

(나) 관리형 토지신탁의 특징

1) 관리형 토지신탁의 장점

관리형 토지신탁에서 신탁회사는 위탁자 겸 수익자인 토지소유자에게 토지를 수탁받아 시공사(건설회사)와 공사도급계약을 체결하고 대출금융기관으로부터 사업비 조달 및 차입금 상환의 역할을 수행한다. 법률적으로 건축주의 지위를 신탁회사가 확보하고 있기 때문에 위탁자의 인·허가 및 준공검사 비협조를 예방할 수 있으며, 시공사의 부도·파산시에도 대체 시공사를 선정하여 사업을 지속적으로 진행하는 것이 가능하며, 피분양자에게는 매도인의 자격으로 분양대금을 수납한 후 소유권을 직접 이전해 줌으로써 사업의 안정성을 확보할 수 있다는 장점이 있다. 또한 신탁회사가 보유한 기술인력을 활용할 수 있기 때문에 설계 및 감리업무에 대한 협업 및 관리에 있어서 위탁자 등에 비하여 상대적으로 전문성을 확보할 수 있다는 장점을 가지고 있다.[87]

2) 부동산PF에서 관리형 토지신탁이 선호되는 이유

관리형 토지신탁은 PF 대주와 시공사에게 부동산 담보신탁에 비하여 비교할 수 없을 정도로 안정적인 담보수단을 제공한다. 이에 더하여 PF 대주와 시공사 입장에서는 사업시행자 지위가 신탁회사로 이전되어 있다는 점에서 시행사와의 의견 불일치, 시행사의 비협조 등으로 인한 갈등이 있는 경우 신탁회사의 사업시행자 지위에서의 업무수행을 통해 자신들의 의견을 관

---

86) 김영규(2017), 15-16쪽.
87) 김영규(2017), 13-14쪽.

철할 수 있는 수단도 가질 수 있게 되고, 극단적으로 시행사가 도산상태에 빠진 경우에도 사업을 진행할 수 있는 가능성도 생긴다.[88] 시행사 입장에서도 관리형 토지신탁에 의하는 경우 사업의 안정성이 확보되고 그에 상응하는 금융비용을 절감할 수 있으므로, 관리형 토지신탁이 시행사에게 불리한 것으로 보기 어렵다. 따라서 부동산PF 실무에서 관리형 토지신탁을 선호하는 것은 당연한 현상으로 보인다.[89]

3) 신탁회사의 법률적 지위 및 그 대외적 권리관계

관리형 토지신탁에서 신탁회사는 신탁재산인 토지의 소유자가 된다. 이에 더하여 해당 사업부지에서 추진되는 부동산개발사업의 사업시행자가 된다. 이러한 개발사업 인·허가권은 공법상 인정된 권리이므로, 일반적으로 사인 간의 계약에 의해 양도·이전할 수는 없다. 따라서 예를 들어 주택법에 따른 공동주택건설사업의 경우 사업시행자였던 위탁자는 관할관청에 주택건설사업계획의 사업시행자를 위탁자에서 신탁회사로 변경하는 주택건설사업계획변경승인을 신청하게 되고, 관할관청이 그 변경승인을 함으로써 신탁회사는 사업시행자가 된다. 이를 위해서 신탁회사가 사업부지의 소유권, 주택건설사업 등의 등록 등 관련 법령상 요구되는 사업시행자의 요건을 모두 갖추어야 함은 물론이다.[90]

신탁회사가 사업시행자가 된다는 의미는 신탁회사가 분양의 주체(공급자)가 되고, 건축주로서 완성된 건물의 원시 취득자가 됨을 의미한다. 이는 부동산 담보신탁과 비교할 때 부동산PF 대주, 시공사 등 채권자에게 상당한 의미를 갖게 되는데, 이를 살펴보면 다음과 같다.

ⅰ) 신탁회사가 분양주체(공급자)가 된다는 것은 곧 수분양자들이 납부할 분양대금이 신탁회사에 귀속된다는 것을 의미한다. 따라서 수분양자들이 납부하는 분양대금 역시 신탁재산으로 관리되며, 이에 대해서도 도산절연의 효과가 발생한다. 부동산PF는 분양수입금으로 상환되는 것을 목표로 하므로, 분양수입금의 신탁회사에 의한 관리 및 도산절연은 대주에게 담보확보 면에서 큰 의미를 갖는다.

ⅱ) 신탁회사가 부동산소유자이자 사업시행자의 지위에서 분양을 하는 것이므로, 주택법 제61조 제1항,[91] 「주택공급에 관한 규칙」 제16조[92]의 소유권 확보 및 담보물권 등 말소의무가

---

88) 시행사가 사업시행자로서의 공법적인 지위를 가지고 있지 아니하므로, 이른바 "도장 값"을 받는 행위를 막을 수 있다. 그리고 부동산PF 실무상 시행사의 사업시행권 포기각서 등을 징구하는 사례가 많은데, 관리형 토지신탁에서는 이론적으로 그러한 각서가 필요하지 않게 된다.

89) 최용호(2019), 94-95쪽.

90) 최용호(2019), 93-94쪽.

91) 주택법 제61조(저당권설정 등의 제한) ① 사업주체는 주택건설사업에 의하여 건설된 주택 및 대지에 대하여는 입주자 모집공고 승인 신청일(주택조합의 경우에는 사업계획승인 신청일) 이후부터 입주예정자가 그 주택 및 대지의 소유권이전등기를 신청할 수 있는 날 이후 60일까지의 기간 동안 입주예정자의 동의 없이 다음의 어느 하나에 해당하는 행위를 하여서는 아니 된다. 다만, 그 주택의 건설을 촉진하기 위하여 대통령령으로 정하는 경우에는 그러하지 아니하다.

신탁회사를 기준으로 모두 준수된 것이 된다. 따라서 분양시에도 신탁을 해지할 필요가 없으며, 이는 곧 부동산 담보신탁의 경우와 달리 분양이 있는 경우에도 부동산PF의 대주 등 채권자가 담보권을 그대로 보유할 수 있는 결과가 된다.

iii) 신탁회사가 사업시행자로서 완성된 건물의 원시취득자가 되므로, 건물은 별도의 신탁행위 없이 신탁재산이 된다. 이는 미완성인 건축 중의 건물인 경우에도 마찬가지이다. 반면 부동산 담보신탁에 의하는 경우에는 완성된 건물이 당연히 신탁재산이 되는 것이 아니며, 준공 및 소유권보존등기 후에 별도의 신탁행위, 신탁을 목적으로 한 소유권이전등기를 하여야 한다.

(다) 토지신탁수익의 신탁종료 전 지급제한

1) 의의

관리형 토지신탁에서는 신탁회사가 사업시행자가 되고 수분양자들에 대하여 건축물을 공급할 자의 지위에 있으므로, 건축물의 완성은 신탁회사에게도 중요한 의미가 있다. 만일 분양수입금을 사업비에 사용하지 아니하고 위탁자의 채권자인 우선수익자에 대한 수익 지급에만 사용한다면 사업비 부족으로 인해 건물이 준공되지 않을 수 있고, 이는 신탁회사의 수분양자들에 대한 법적 책임 부담 및 부실화로 이어질 수 있다. 따라서 「금융투자회사의 영업 및 업무에 관한 규정」은 관리형 토지신탁의 신탁종료 전 수익 지급을 엄격한 기준에 의하여 허용하고 있다.

관리형 토지신탁에서 신탁종료 전 수익 지급이 허용되는 구체적인 기준은 「금융투자회사의

---

1. 해당 주택 및 대지에 저당권 또는 가등기담보권 등 담보물권을 설정하는 행위
2. 해당 주택 및 대지에 전세권·지상권 또는 등기되는 부동산임차권을 설정하는 행위
3. 해당 주택 및 대지를 매매 또는 증여 등의 방법으로 처분하는 행위

92) 주택공급에 관한 규칙 제16조(입주자모집 조건) ① 사업주체는 주택이 건설되는 대지의 소유권을 확보하고 있으나 그 대지에 저당권·가등기담보권·가압류·가처분·전세권·지상권 및 등기되는 부동산임차권 등("저당권등")이 설정되어 있는 경우에는 그 저당권등을 말소해야 입주자를 모집할 수 있다. 다만, 다음의 어느 하나에 해당하는 경우는 그렇지 않다.
  1. 사업주체가 영 제71조 제1호 또는 제2호에 따른 융자를 받기 위하여 해당 금융기관에 대하여 저당권등을 설정한 경우
  2. 저당권등의 말소소송을 제기하여 법원의 승소 판결(판결이 확정될 것을 요구하지 아니한다)을 받은 경우. 이 경우 사업시행자는 법 제49조에 따른 사용검사 전까지 해당 주택건설 대지의 저당권등을 말소하여야 한다.
  3. 다음 각 목의 어느 하나에 해당하는 구분지상권이 설정된 경우로서 구분지상권자의 동의를 받은 경우
    가. 도로법 제28조에 따른 구분지상권
    나. 도시철도법 제12조에 따른 구분지상권
    다. 「철도의 건설 및 철도시설 유지관리에 관한 법률」 제12조의3에 따른 구분지상권
  ② 사업주체는 대지의 사용승낙을 받아 주택을 건설하는 경우에는 입주자를 모집하기 전에 해당 대지의 소유권을 확보하여야 한다. 다만, 다음의 어느 하나에 해당하는 경우에는 그러하지 아니하다.
  1. 대지의 소유자가 국가 또는 지방자치단체인 경우
  2. 사업주체가 공공사업의 시행자와 택지분양계약을 체결하여 해당 공공사업으로 조성된 택지를 사용할 수 있는 권원을 확보한 경우
  ③ 사업주체는 입주자를 모집하려는 때에는 시장·군수·구청장으로부터 제15조에 따른 착공확인 또는 공정확인을 받아야 한다.

영업 및 업무에 관한 규정」 별표 15 「토지신탁수익의 신탁종료 전 지급기준」에서 정하고 있다.

2) 선지급조건

"선지급조건"은 다음과 같다. ⅰ) 지급시점을 기준으로 회사채 신용등급 BBB^0 이상 시공사의 책임준공약정이 있어야 한다. 회사채 미발행 시공사의 경우 CP등급과 기업신용평가등급을 기준으로 신용도를 판단하며, 지급시점을 기준으로 CP등급이 A3 이상이거나 기업신용평가가 BBB^0 이상인 때에는 "회사채 신용등급 BBB^0 이상"에 해당하는 것으로 본다. ⅱ) 지급시점을 기준으로 회사채 신용등급 BBB- 이하의 시공사가 책임준공약정을 한 경우에는 BBB^+ 이상 시공사(당해 사업의 공사도급금액 이상의 시공능력평가액도 함께 보유)가 자금보충약정 또는 책임준공 연대보증을 하여야 한다. ⅲ) 토지비를 대여한 자가 수익권에 대한 질권자 또는 우선수익자의 지위에 있을 경우에 한하여 토지비를 대여한 자에 대한 토지비 등의 선지급이 가능함을 관리형 토지신탁 계약서에 명기하여야 한다. ⅳ) 「토지신탁수익의 신탁종료 전 지급 기준」에서 정한 범위 내에서 선지급이 가능하다는 취지의 조항을 관리형 토지신탁 계약서 및 개별약정서 등에 명기하여야 한다. ⅴ) 수분양자의 보호를 위해 분양대금이 토지비, 공사비 등의 지급에 사용될 수 있음을 분양계약서에 명기하여야 한다. ⅵ) 아래 ㉠㉡㉢의 3가지 조건이 모두 충족되는 경우에는 신탁사업에서 발생한 위탁자의 법인세, 법인지방소득세, 종합소득세, 개인지방소득세("법인세 등") 지급을 목적으로 선지급금액 범위 내에서 수익자에 대한 선지급이 가능하다. 3가지 조건은 ㉠ 위탁자가 해당 신탁사업의 법인세 등 산정 내역(전체 사업 및 사업별로 구분된 사업매출, 비용, 산출세액 등 신탁회사가 신탁사업의 법인세 등 확인을 위해 요구하는 자료 등)을 신탁회사에게 제출하여야 하고, ㉡ 우선수익자 및 수익권에 대한 질권자 전원이 법인세 등 납부를 위한 선지급에 동의하여야 하며, ㉢ 위탁자가 신탁회사 앞으로의 법인세 등 환급금 양도를 약정하여야 한다.

3) 선지급금액

"선지급금액의 산정"은 다음과 같다. ⅰ) 선지급금액 ≤ 분양수입금 × [토지비 / (토지비 + 사업비)](기수납된 분양수입금 중 토지비 비율만큼 선지급 가능). 여기서 분양수입금은 지급시점의 분양분에 대한 기수납 분양수입금을 말한다. 토지비와 사업비는 신탁계약시 사업수지표상 자료를 적용한다. 다만, 토지취득에 따른 이자비용은 계산에서 제외한다. ⅱ) 시공사의 회사채 신용등급이 BBB^+ 이상이며, 예상 분양수입금이 사업비의 110%를 초과하고, 전체 공사비(부지 매입비 제외)의 50% 이상 투입이 확인된 경우(다만, 아파트의 경우 동별 건축공정이 30% 이상이어야 함)로서 직전 회차 중도금이 완납된 때에는 다음의 기준을 적용할 수 있다. 즉 선지급금액 ≤ (분양수입금 - 사업비). 여기서 분양수입금은 지급시점의 분양분에 대한 기수납 및 장래수납예정 분양수입금 총액을 말하고, 사업비는 지급시점까지 지급된 사업비 및 향후 지급 예상되는 사업비를 말한다. 지급기준 ⅱ)의 적용 이후에는 ⅰ)의 기준에 의한 지급은 할 수 없다. ⅲ) 총

선지급 금액은 예상 신탁수익금액을 초과할 수 없다.

4) 적용예외

다음의 어느 하나에 해당하는 경우에는 「토지신탁수익의 신탁종료 전 지급 기준」의 선지급조건 및 선지급금액의 적용 없이 선지급이 가능하다. ⅰ) 대출금융기관이 자금보충약정을 한 경우, ⅱ) 시공사(선지급조건의 시공사 요건을 갖춘 시공사)의 관계회사인 시공사(회사채 신용등급 BBB⁺ 이상이어야 함)가 자금보충약정 및 책임준공 연대보증을 한 경우, ⅲ) 사용승인일 이후, ⅳ) 기관투자자나 펀드 등이 단독 또는 공동으로 분양물건을 일괄매수한 경우로서 매수자가 확정되고 시공사(회사채 신용등급 BBB⁰ 이상)의 책임준공약정이 체결되었으며 위탁자 및 시공사의 요청과 매수자 전원의 서면동의가 있는 경우. 다만, 매수자가 중도금을 납입한 이후 또는 사용승인일까지 계약해제를 금지한 경우에 한한다.

5) 금지사항

금지사항은 다음과 같다. ⅰ) 대출약정의 효력이 신탁계약의 효력과 동등하거나 우선하게 하는 내용의 신탁계약 체결은 금지된다. ⅱ) 신탁회사는 「토지신탁수익의 신탁종료 전 지급기준」에 반하는 금융기관과의 임의인출 약정, 금융기관과의 자금집행순서 및 방법 임의변경약정 등의 체결은 금지된다. ⅲ) 신탁회사가 당사자가 되는 토지비 대출약정 체결은 금지된다. ⅳ) 신탁재산(분양대금계좌, 운영계좌, 보험금 및 건축중인 건축물 등)에 대한 대출금융기관의 질권설정 또는 대출금융기관에 대한 양도담보 제공 등은 금지된다.

6) 결어

위 토지신탁수익의 신탁종료 전 지급기준에 의해 관리형 토지신탁에서의 사용승인 전 PF대출 상환은 실제 입금된 분양수입금 중 전체 사업비에서 토지비가 차지하는 비율에 한하여 가능하다. 따라서 분양률이 상당히 높은 사업장의 경우 충분한 사업비 확보가 예상되는 상황에서도 잉여 현금으로 PF대출을 일부밖에 상환하지 못하는 경우가 존재한다. 이와 같은 문제점을 감안하여 부동산PF 실무에서는 대출을 한도 조건으로 설정하고, 그때그때 필요한 금액만을 인출하며, 분양수입금 입금 정도에 따라 대출한도를 차감하는 방식을 흔하게 볼 수 있다.[93]

(라) 자금조달방식

관리형 토지신탁의 경우 일반적으로 계약당사자는 위탁자 겸 수익자인 시행사, 수탁자인 신탁회사, 대주 겸 제1순위 우선수익자인 대출금융기관, 시공사 겸 제2순위 우선수익자인 건설회사가 된다. 차입형 토지신탁의 경우와 마찬가지로 토지비가 사업비가 아닌 신탁수익에 포함됨으로써 위탁자에게 토지비를 대출하여 준 금융기관이 사업비 등보다 후순위로 상환을 받게 된다. 그러나 관리형 토지신탁의 경우 실무적으로 자금의 용도에 따라 복수의 자금관리계좌를

---

93) 최용호(2019), 94쪽.

개설하는 방식으로 자금조달의 어려움을 해결하고 있는데, 대출금 상환을 위한 계좌 및 이자를 유보할 계좌를 개설하고 분양수입금이 유입될 때마다 일정금액을 대출금 상환계좌 및 이자 유보계좌로 이체하고 그 나머지를 사업비 등이 지출되는 운용계좌에 이체하는 방식이 그것이다. 이러한 방식은 토지비의 대출 원리금 등을 신탁종료 전에 사업비보다 먼저 지급하는 것은 아니지만 신탁수익을 별도의 계좌에 유보시켜 놓음으로써 향후 사업비 등의 부족으로 원활한 사업진행이 어려워질 수 있는 위험이 있다.[94]

제4절 신탁법상 신탁상품

Ⅰ. 자금조달을 위한 신탁

1. 유한책임신탁

유한책임신탁은 2011년 신탁법 개정에 따라 신설된 신탁[95]으로 신탁행위로 수탁자가 신탁재산에 속하는 채무에 대하여 신탁재산만으로 책임지는 신탁을 말하며, 유한책임신탁을 설정하려면 이를 등기하여야 효력이 발생한다(신탁법114). 유한책임신탁은 자원, 부동산 등 대규모 개발 사업이나 사업신탁 등에서 널리 이용될 수 있으며, 신탁사업의 연쇄부도로 인한 피해를 방지할 수 있는 장점이 있다.[96] 유한책임신탁과 거래하는 제3자를 보호하기 위하여 유한책임신탁의 명칭 사용의 제한과 위반시 제재, 수탁자의 명시·교부의무, 회계서류 작성의무, 수탁자의 제3자에 대한 책임, 고유재산에 대한 강제집행 등의 금지, 수익자에 대한 급부의 제한, 초과급부에 대한 전보책임에 관하여 규정하고 있다(신탁법115-121).

2. 수익증권발행신탁

수익증권발행신탁이란 신탁행위로 수익권을 표시하는 수익증권을 발행하기로 정한 신탁

---

94) 심창우(2017), 29쪽.
95) 유한책임신탁의 도입배경을 살펴보면, 수탁자는 신탁채무에 대해 고유재산으로도 무한책임을 져야 하는 것이 원칙이나, 상사신탁에서는 신탁의 부실이 수탁자의 파산으로 이어지는 불합리한 현상이 발생할 가능성이 있으므로, 수탁자가 안심하고 신탁을 맡고 적극적인 활동을 할 수 있도록 보장하기 위하여 고유재산이 아닌 신탁재산만으로 신탁채무에 대해 책임을 지는 유한책임신탁 도입의 필요성에 따라 도입되었다(안성포(2014), 130쪽).
96) 법무부, "유언대용 신탁으로 상속재산 자녀분쟁 이제 그만!-재산 사회환원도 손쉽게, 「신탁법」 50년만에 전면개정"(2011. 6), 보도자료.

으로서, 신탁의 수익자가 가지는 권리를 유가증권에 얹어 투자자 간에 유통시키고 권리를 취득하기 위해 투자한 금전을 회수하기 쉽게 만든 신탁을 말한다. 수익증권발행신탁은 종전의 집합투자기구로서의 기능, 유동화 기구로서의 기능, 기업의 대용으로 사용하는 것도 가능하며, 더나아가 수탁자가 신탁재산을 분할하여 다수의 수익자에게 유동화시키는 것도 가능하다.[97]

과거에는 은행의 특정금전신탁, 투자신탁, 유동화증권(ABS) 등과 같이 특별법상 정함이 있는 경우에 한하여 수익증권의 발행이 허용되고 있었으나, 수익권의 양도성 증대와 거래비용 감소의 필요성[98]에 따라 개정 신탁법에서는 모든 신탁에서 수익권을 표창하는 유가증권을 발행할 수 있는 수익증권발생신탁이 도입되었다. 신탁행위로 수익권을 표시하는 수익증권을 발행하는 뜻을 정할 수 있도록 하고(신탁법78①), 수익증권발생신탁의 수탁자는 지체없이 수익자 명부를 작성하고(신탁법79①), 수익권을 양도할 때에는 수익권을 표시하는 수익증권을 교부하도록하고 있다(신탁법81①). 또한 수익증권의 권리추정력 및 선의취득에 관하여는 수표법 제21조를 준용하도록 하고 있다(신탁법82②).

Ⅱ. 재산관리형 신탁

자신의 재산을 다양한 방법으로 후손에게 물려주거나 사회에 환원할 수 있는 신탁으로써 유언대용신탁과 증여신탁, 수익자연속신탁 등이 있다.

1. 유언대용신탁

유언대용신탁이란 금융기관과 생전에 자산신탁계약을 맺고, 위탁자가 생존 중 본인의 의사로써 수탁자에게 재산관리 및 유산상속 승계 사무처리를 맡기는 것으로 위탁자가 생존 중처음에는 스스로를 수익자로 지정하여 신탁의 효력을 발생시킨 다음, 위탁자가 사망한 시점에서 지정된 자, 즉 수익자(특정상속인이나 제3자)에게 계약내용대로 자산을 분배·관리하는 형태의 신탁을 말한다(신탁법59). 예를 들어 현금 10억원을 유언대용신탁에 가입하면서 자신이 치매에 걸리거나 사망할 경우 자녀가 성년이 될 때까지 매달 300만원의 생활비를 지급하다 대학졸업 후 신탁계약을 해지하고 자녀에게 재산을 물려주도록 계약하는 방식이다.

개정 신탁법이 시행되면서 민법에서 허용되는 유언방식인 자필증서, 녹음, 공정증서, 비밀증서, 구수증서 외에 유언대용신탁도 유언의 효력을 발휘할 수 있게 되었다. 유언대용신탁의 장점으로는 상속인의 사망을 대비하여 제2·제3의 상속인 설정이 가능하며, 미성년자가 상속인이 될 경우 후견인의 개입이 우려되는 것을 대비하여 미성년 상속인이 일정 연령에 도달했을

---

98) 안성포(2014), 122쪽.

시 상속받도록 하는 설정이 가능하다. 또한 금융기관이 파산하게 되더라도 이 신탁자산은 별다른 손해없이 본인이나 상속인에게 돌아가게 되는 이점이 있다.[99]

2. 증여신탁

증여신탁이란 부모명의로 돈을 맡기면 자산이 국·공채 같은 신용도가 높은 채권 등에 안정적으로 투자하여 원금 및 투자이익을 수증자(자녀 등)의 명의계좌로 원금과 이자를 돌려주는 금융상품을 말한다. 증여신탁으로 자녀 등에게 증여세의 합법적인 절세와 수증자의 재산소진의 위험을 감소시킬 수 있는 분할 지급식 증여신탁을 많이 활용하고 있으며, 일반 증여시 보다 절세효과가 있으므로 효과적이라 할 수 있다.[100]

3. 수익자 연속신탁

수익자 연속신탁이란 신탁행위로 수익자가 사망한 경우 그 수익자가 갖는 수익권이 소멸하고 타인이 새로 수익권을 취득하도록 하는 뜻을 정할 수 있는 형태의 신탁을 말한다. 이 경우 수익자의 사망에 의하여 차례로 타인이 수익권을 취득하는 경우를 포함한다(신탁법60). 영미에서는 재화의 유통을 저해하는 것을 막는다는 취지에서 일반적으로 이용되고 있는 제도로써 위탁자 생전의 신탁계약과 사후의 유언신탁에 의하여 발생할 수 있는데, 위탁자가 생전에는 자신을 수익자로, 자신의 사후에는 부인을 수익자로, 부인의 사후에는 자녀를 수익자로 하는 유형의 신탁을 허용할 필요성과 수익자 연속신탁에 관한 학설상의 논란을 입법적으로 해결하기 위해 명시적으로 규정을 둔 것이다.[101]

Ⅲ. 기타 신탁

그 밖에 동산신탁, 성년후견신탁, 반려동물을 위한 신탁 등이 있다. 동산신탁이란 선박, 항공기, 차량, 중기 등의 수송용 설비나 기계용 설비 등을 신탁받은 후 사업자에게 임대 운용하는 방식으로 신탁자산을 관리, 운용하거나 처분하는 신탁을 말한다. 성년후견신탁이란 위탁자가 향후 치매 발병 등에 대비해 은행과 신탁계약을 맺고 금전을 맡기는 신탁상품이며, 반려동물을 위한 신탁이란 주인이 사망해 동물을 돌보지 못할 경우를 대비해 신탁업자에게 새 부양자를 지정하고 돈을 맡기는 신탁상품을 말한다.[102]

---

99) 윤종미(2019), 63쪽.
100) 윤종미(2019), 63-64쪽.
101) 안성포(2014), 111쪽.
102) 윤종미(2019), 65-66쪽.

제6장

금융투자업자의
신용공여

제1절 자본시장법상 신용공여

금융투자업자는 자본시장법 제6조(금융투자업)에서 규정하는 본질적인 업무 이외에 다른 금융업무 및 부수업무를 영위할 수 있다(법40 및 법41). 그러나 다른 법률 내용 및 부수업무의 성격상 금융투자업자는 자본시장법에서 허용하는 경우에 한하여 여신상품거래를 할 수 있다.

자본시장법은 은행법, 보험업법, 상호저축은행법 등과는 달리 제1편 총칙에서 자본시장법 전체에 적용되는 신용공여 정의규정을 두지 않고, 신용공여 관련 개별 조문에서 신용공여 정의규정을 두는 입법형식을 취하고 있다. 그 이유는 자본시장법에서는 신용공여라는 용어가 해당 조문에 따라 각각 다른 의미로 사용되므로 입법기술상 개별규정에서 신용공여 정의규정을 두고 있는 것으로 생각된다. 즉 제1편 총칙에서 신용공여에 대한 포괄적 정의규정을 두는 것이 어렵기 때문인 것으로 보인다.

여기서는 자본시장법 개별규정에 나오는 신용공여 관련 규정을 살펴본다.

제2절 금융투자업자의 건전성 규제와 대주주와의 거래 등의 제한

자본시장법상 금융투자업규제는 진입규제, 건전성규제, 영업행위규제로 구분할 수 있는데,

자본시장법은 건전성규제 부분 제34조(대주주와의 거래 등의 제한) 제2항에서 신용공여 정의규정을 두고 있다.

Ⅰ. 원칙적 금지

금융투자업자는 대주주(그의 특수관계인을 포함)에 대하여 신용공여를 하여서는 아니 되며, 대주주는 그 금융투자업자로부터 신용공여를 받아서는 아니 된다(법34② 본문). 여기서 신용공여란 금전·증권 등 경제적 가치가 있는 재산의 대여, 채무이행의 보증, 자금 지원적 성격의 증권의 매입, 그 밖에 거래상의 신용위험을 수반하는 직접적·간접적 거래로서 "대통령령으로 정하는 거래"를 말한다(법34② 본문).

여기서 "대통령령으로 정하는 거래"란 다음의 어느 하나에 해당하는 거래를 말한다(영38①).

1. 대주주(그의 특수관계인을 포함)를 위하여 담보를 제공하는 거래
2. 대주주를 위하여 어음을 배서(어음법 제15조[1] 제1항에 따른 담보적 효력이 없는 배서는 제외)하는 거래
3. 대주주를 위하여 출자의 이행을 약정하는 거래
4. 대주주에 대한 금전·증권 등 경제적 가치가 있는 재산의 대여, 채무이행의 보증, 자금 지원적 성격의 증권의 매입, 제1호부터 제3호까지의 어느 하나에 해당하는 거래의 제한을 회피할 목적으로 하는 거래로서 다음 각 목의 어느 하나에 해당하는 거래
   가. 제3자와의 계약 또는 담합 등에 의하여 서로 교차하는 방법으로 하는 거래
   나. 장외파생상품거래, 신탁계약, 연계거래 등을 이용하는 거래
5. 그 밖에 채무인수 등 신용위험을 수반하는 거래로서 금융위원회가 정하여 고시하는 거래[2]

Ⅱ. 예외적 허용

금융투자업자의 건전성을 해할 우려가 없는 신용공여로서 "대통령령으로 정하는 신용공여"의 경우에는 이를 할 수 있다(법34② 단서). 여기서 "대통령령으로 정하는 신용공여"란 다음

---

1) 제15조(배서의 담보적 효력) ① 배서인은 반대의 문구가 없으면 인수와 지급을 담보한다.
② 배서인은 자기의 배서 이후에 새로 하는 배서를 금지할 수 있다. 이 경우 그 배서인은 어음의 그 후의 피배서인에 대하여 담보의 책임을 지지 아니한다.
2) "금융위원회가 정하여 고시하는 거래"란 다음의 행위를 말한다(금융투자업규정3-72①).
1. 채무의 인수
2. 자산유동화회사 등 다른 법인의 신용을 보강하는 거래
3. 그 밖에 대주주의 지급불능시 이로 인하여 금융투자업자에 손실을 초래할 수 있는 거래

의 어느 하나에 해당하는 것을 말한다(영38②).

1. 임원에 대하여 연간 급여액(근속기간 중에 그 금융투자업자로부터 지급된 소득세 과세대
   상이 되는 급여액)과 1억원 중 적은 금액의 범위에서 하는 신용공여
2. 금융위원회가 정하여 고시하는 해외 현지법인3)에 대한 신용공여
3. 다음 각 목의 어느 하나의 경우가 법 제34조 제2항 본문에 따른 신용공여에 해당하는 경우
   그 신용공여
   가. 담보권의 실행 등 권리행사를 위하여 필요한 경우로서 법 제34조 제1항 각 호의 행위를
   하는 경우
   나. 법 제176조 제3항 제1호에 따른 안정조작이나 같은 항 제2호에 따른 시장조성을 하는
   경우로서 법 제34조 제1항 각 호의 행위를 하는 경우
   다. 제37조 제1항 각 호의 경우
   라. 제37조 제3항에 따른 비율의 범위에서 주식, 채권 및 약속어음(법 제34조 제1항 제2호
   에 따른 약속어음을 말한다. 이하 제39조에서 같다)을 소유하는 경우. 다만, 금융투자업
   자의 대주주가 발행한 증권을 소유하는 경우는 제외한다.

제3절 투자매매업·중개업자의 영업행위 규제와 신용공여

Ⅰ. 서설

1. 의의

자본시장법은 투자매매업자 및 투자중개업자(투자매매업자등)의 신용공여행위(법72)와 신탁
업자의 대출 및 증권의 대여(법105①, 영106③)를 허용하고 있다. 증권금융회사도 여신상품거래
를 할 수 있으나, 이는 투자매매업자, 투자중개업자 또는 신탁업자의 자격에서 하는 것이다.

투자매매·중개업자의 신용공여는 일반적으로 "미수거래" 등으로 인식되고 있어 대출과
다른 것으로 인식되고 있지만, 그 본질은 대출이다.

---

3) "금융위원회가 정하여 고시하는 해외 현지법인"이란 제3-65조 제4호에 따른 해외 현지법인을 말한다(금융
투자업규정3-72②). 여기서 제3-65조 제4호에 따른 해외 현지법인이란 다음 각 목의 어느 하나에 해당하
는 방법으로 외국에서 금융투자업을 영위하는 법인을 말한다.
   가. 외국에서 법인의 발행주식총수 또는 출자총액의 50% 이상을 소유 또는 출자하거나 사실상 경영권을
   지배하는 방법
   나. 가목에 따른 법인으로 하여금 외국에서 금융투자업을 영위하는 다른 법인의 발행주식총수 또는 출자
   총액의 50% 이상을 소유 또는 출자하게 하거나 사실상 경영권을 지배하게 하는 방법

투자매매업·중개업자의 영업행위규제에서 자본시장법 제72조(신용공여)를 두면서 신용공여 정의규정은 시행령 제69조(신용공여)가 금융투자업규정 제4-21조(용어의 정의)에 위임하고 있다.

2. 신용공여의 방법

투자매매업자 또는 투자중개업자는 증권과 관련하여 금전의 융자 또는 증권의 대여의 방법으로 투자자에게 신용을 공여할 수 있다(법72① 본문). 이에 따라 투자매매업자 또는 투자중개업자는 ⅰ) 해당 투자매매업자 또는 투자중개업자에게 증권 매매거래계좌를 개설하고 있는 자에 대하여 증권의 매매를 위한 매수대금을 융자하거나 매도하려는 증권을 대여하는 방법, ⅱ) 해당 투자매매업자 또는 투자중개업자에게 계좌를 개설하여 전자등록주식등을 보유하고 있거나 증권을 예탁하고 있는 자에 대하여 그 전자등록주식등 또는 증권을 담보로 금전을 융자하는 방법으로 투자자에게 신용을 공여할 수 있다(영69①). 다만, 투자매매업자는 증권의 인수일부터 3개월 이내에 투자자에게 그 증권을 매수하게 하기 위하여 그 투자자에게 금전의 융자, 그 밖의 신용공여를 하여서는 아니 된다(법72① 단서).

3. 신용공여의 개념

"신용공여"란 투자매매업자 또는 투자중개업자가 증권에 관련하여 청약자금대출, 신용거래융자 또는 신용거래대주, 증권담보융자를 하는 것을 말한다. ⅰ) 청약자금대출은 모집·매출, 주권상장법인의 신주발행에 따른 주식을 청약하여 취득하는데 필요한 자금의 대출을 말하고, ⅱ) 신용거래융자는 증권시장에서의 매매거래(다자간매매체결회사에서의 매매거래를 포함)를 위하여 투자자(개인에 한한다)에게 제공하는 매수대금의 융자("신용거래융자") 또는 매도증권의 대여("신용거래대주")를 말하며, ⅲ) 증권담보융자는 투자자 소유의 전자등록주식등(전자증권법에 따른 전자등록주식등) 또는 예탁증권을 담보로 하는 금전의 융자(이 경우 매도되었거나 환매 청구된 전자등록주식등 또는 예탁증권을 포함)를 말한다(영69③, 금융투자업규정4-21(1)).

4. 신용공여약정의 체결

투자매매업자 또는 투자중개업자가 신용공여를 하고자 하는 경우에는 투자자와 신용공여에 관한 약정을 체결하여야 하고, 약정을 체결하는 경우 투자자 본인(법인투자자의 경우에는 그 대리인)의 기명날인 또는 서명을 받거나 본인(전자서명법18의2)임을 확인하여야 하며, 투자매매업자 또는 투자중개업자가 투자자로부터 신용거래(신용거래융자 또는 신용거래대주를 받아 결제하는 거래)를 수탁받은 때에는 신용거래계좌를 설정하여야 한다(금융투자업규정4-22①②③).

Ⅱ. 담보대출(담보의 징구)

투자매매업자등의 신용공여는 기본적으로 담보물이 존재하는 담보대출이다. 신용공여의 종류별로 담보[4]의 대상을 살펴보면, ⅰ) 청약자금대출을 함에 있어서는 청약하여 배정받은 증권을 담보로 징구하여야 한다. 다만 당해 증권이 교부되지 아니한 때에는 당해 증권이 교부될 때까지 그 납입영수증(청약증거금영수증을 포함)으로 갈음할 수 있다. ⅱ) 신용거래융자를 함에 있어서는 매수한 주권(주권과 관련된 증권예탁증권을 포함) 또는 상장지수집합투자기구의 집합투자증권을, 신용거래대주를 함에 있어서는 매도대금을 담보로 징구하여야 한다. ⅲ) 증권담보융자를 함에 있어서는 가치산정이 곤란하거나 담보권의 행사를 통한 대출금의 회수가 곤란한 증권을 담보로 징구하여서는 아니 된다. 이 경우 협회는 그 구체적인 기준을 정할 수 있다(금융투자업규정4-24①②③).

Ⅲ. 신용공여의 한도

1. 신용공여의 회사별 한도

투자매매업자 또는 투자중개업자의 총 신용공여 규모(이미 매도된 증권의 매도대금을 담보로 한 신용공여는 제외)는 자기자본(분기별 업무보고서에 기재된 개별재무상태표상의 자본총계)의 범위 이내로 하되, 신용공여 종류별로 투자매매업자 또는 투자중개업자의 구체적인 한도는 금융위원회 위원장이 따로 결정할 수 있다(금융투자업규정4-23①).

2. 담보비율

투자매매업자등이 개인에게 제공하는 신용공여의 한도는 담보비율등에 의하여 결정되는데 금융투자업규정은 이에 대하여 최저비율을 규정하고 있다. 투자매매업자 또는 투자중개업자는 투자자의 신용상태 및 종목별 거래상황 등을 고려하여 신용공여금액[5]의 140% 이상에 상당하는 담보를 징구하여야 한다. 다만 매도되었거나 환매 청구된 예탁증권을 담보로 하여 매도

---

[4] "담보"란 투자매매업자 또는 투자중개업자가 투자자에게 신용공여하면서 그 채무의 이행을 확보하기 위하여 인출제한, 질권 취득, 보관 등의 조치를 취할 수 있는 대상이 되는 증권 등을 말한다(금융투자업규정4-21(3)).

[5] "신용공여금액"이란 투자매매업자 또는 투자중개업자가 투자자에게 제공한 대출금, 신용거래융자금, 신용거래대주 시가상당액을 말한다. 이 경우 다음의 금액을 감안하여 산출할 수 있다(금융투자업규정4-21(4)).
가. 매매계약의 체결에 따라 대출, 융자가 예정되거나 상환이 예정된 대출금, 융자금
나. 매매계약의 체결에 따라 대여 혹은 상환이 예정된 신용거래대주 시가상당액

금액 또는 환매금액 한도 내에서 융자를 하는 경우에는 그러하지 아니하다(금융투자업규정 4-25 ①). 투자매매업자 또는 투자중개업자가 신용거래를 수탁하고자 하는 경우에는 투자자가 주문하는 매매수량에 지정가격(지정가격이 없을 때에는 상한가)을 곱하여 산출한 금액에 투자자의 신용상태 및 종목별 거래상황 등을 고려하여 정한 비율에 상당하는 금액을 보증금으로 징수하여야 하는데(이 경우 보증금은 대용증권6)으로 대신할 수 있다), 그 비율은 40% 이상으로 한다(금융투자업규정4-25②④).

담보로 제공된 증권의 평가방법에 대해서는 금융투자업규정(4-26 및 4-27)과 금융투자협회가 제정한 「금융투자회사의 영업 및 업무에 관한 규정」(3-12)에서 규정하고 있다.

Ⅳ. 신용공여의 이자율

1. 의의

신용공여의 이자율에 대해서는 자본시장법 및 금융투자업규정 등에서는 규제하지 않고, 투자매매업·중개업자(투자매매업자등)의 자율에 맡기고 있다. 다만 금융투자회사는 일반투자자가 신용거래융자를 하고자 하는 경우 투자매매업자등으로 하여금 핵심설명서를 추가로 교부하고 그 내용을 충분히 설명하여야 한다(금융투자회사의 영업 및 업무에 관한 규정2-5③(3)). 또한 금융투자회사는 외부 신용평가기관이 제공한 고객의 신용등급 등을 고려한 자체의 신용거래리스크관리기준에 의하여 고객별로 신용거래융자 한도를 차등하여 설정할 수 있으며 일정 기준에 미달하는 경우 신용거래 약정을 체결하지 아니한다(금융투자회사의 리스크관리 모범규준3-9①).

2. 대출 기준금리와 가산금리

금융투자협회의 「금융회사의 대출금리 산정 모범규준」("모범규준")은 투자매매업·중개업자(증권회사)가 신용공여를 함에 있어, 즉 신용거래융자 및 증권담보융자에 관한 대출금리 산정 기준을 규정하고 있다.

(1) 대출 기준금리

대출 기준금리란 대출금리 산정의 기준이 되는 금리로서 CD, CP, RP, 전자단기사채, 금융채, 통안채, 국고채 등의 시장금리 또는 코리보, 코픽스 등의 지표금리를 말한다(모범규준3(1)). 증권회사는 이들 금리 중 하나를 기준금리로 선택하면 된다.

---

6) "대용증권"이란 신용공여와 관련하여 투자매매업자 또는 투자중개업자가 투자자로부터 현금에 갈음하여 담보로 징구하는 증권으로서 한국거래소의 증권시장업무규정에서 정하는 것을 말한다(금융투자업규정 4-21(5)).

(2) 가산금리

가산금리란 리스크프리미엄, 유동성프리미엄, 신용프리미엄, 자본비용, 업무원가 등 제반
비용, 목표이익률, 가감조정 전결금리 등을 감안하여 회사가 대출 기준금리에 가산하는 금리를
자율적으로 정한 것을 말한다(모범규준3(2)). 여기서 "리스크프리미엄"이란 회사의 조달금리와
대출 기준금리 간의 차이를 말하고(모범규준3(3)), "유동성프리미엄"이란 신용공여 재원의 만기
보다 실제 신용공여 기간이 길어짐에 따라 발생할 수 있는 불확실성에 따른 유동성리스크 관
리비용 등을 말하며(모범규준3(4)), "신용프리미엄"이란 차주의 신용상황, 가격변동성 등 담보물
의 특성, 담보비율, 대출만기 등에 따라 향후 평균적으로 발생할 수 있는 예상손실비용 등을
말한다(모범규준3(5)). 또한 "자본비용"이란 예상치 못한 손실에 대비하여 보유하여야 하는 필요
자본의 기회비용 등을 말하고(모범규준3(6)), "업무원가 등 제반비용"이란 회사의 인건비, 전산
비, 판매관리비 등 신용공여 업무와 관련하여 직·간접적으로 발생하는 제반비용을 말한다(모
범규준3(7)).

3. 대출금리의 산정

대출금리는 대출 기준금리 및 가산금리를 구분하여 회사가 자율적으로 합리적인 기준에
따라 산정한다(모범규준4). 금리 가산 근거를 합리적으로 설명할 수 없는 항목은 가산금리 항목
에 포함하지 않는다(모범규준11). 증권회사는 대출 기준금리를 매월 재산정한다(모범규준12①).

4. 대출금리 공시 등

증권회사는 대출금리 부과기준 및 대출 기준금리와 가산금리가 구분 표시된 설명서를 차
주에게 제공하고 대출금리의 재산정 결과가 협회 홈페이지를 통하여 공시될 수 있도록 대출
기준금리의 산정방식 및 대출 기준금리와 가산금리로 구분된 대출금리 현황을 협회에 매월 보
고한다(모범규준16).

Ⅴ. 투자매매업·중개업자의 프로젝트파이낸싱 대출업무

1. 프로젝트금융의 개념

프로젝트금융이란 설비투자, 사회간접자본 시설투자, 자원개발, 그 밖에 상당한 기간과 자
금이 소요되는 프로젝트를 수주한 기업을 위하여 사업화 단계부터 특수목적기구(특정 프로젝트
를 사업으로 운영하고 그 수익을 주주 등에게 배분하는 목적으로 설립된 회사, 그 밖의 기구)에 대하여

신용공여, 출자, 그 밖의 자금지원을 하는 것을 말한다(법71(3), 영68②(4의2)).

투자매매업·중개업자는 겸영업무로서 프로젝트파이낸싱 대출업무를 영위할 수 있다(법40 ①(5), 영43⑤(4), 금융투자업규정4-1②).

2. 부동산 프로젝트금융(PF)

(1) 부동산PF의 의의

(가) 부동산PF 대출의 의의

"부동산PF 대출"이란 특정 부동산사업에 필요한 자금을 그 사업에서 발생하는 현금흐름을 상환재원으로 하여 취급하는 대출을 말한다(금융투자회사의 리스크관리 모범규준6-2(1)), 이하 "모범규준"). 이와 관련 "익스포져(Exposure)"란 부동산PF 투자의 결과 노출 또는 발생될 수 있는 위험의 비중 또는 금액을 의미한다(모범규준6-2(2)).

(나) 부동산PF 채무보증의 의의

부동산PF 채무보증이란 부동산PF에 대한 채무보증을 말하는데, "채무보증"이란 명칭의 여하에 불문하고 타인의 채무이행을 직접 또는 간접으로 보장하기 위하여 행하는 보증·배서·담보제공·채무인수·추가투자의무(letter of commitment)·매입보장약정·유동성공급계약·신용파생상품에서의 보장의 매도, 그 밖에 이에 준하는 것을 말한다(금융투자업규정3-6(19) 본문). 다만, 신용파생상품에서의 보장의 매도는 한국채택국제회계기준에 따라 파생상품으로 회계처리하지 아니하는 경우에 한정한다(금융투자업규정3-6(19) 단서).

"부동산 채무보증비율"이란 자기자본에 대한 부동산 관련 채무보증금액의 비율을 말하는데, 부동산 관련 채무보증금액은 국내 주거시설(단독주택·공동주택·오피스텔·주상복합 등) 부동산 관련 법인에 대한 채무보증의 경우 채무보증금액의 100%, 국내 주거시설 부동산 또는 사회기반시설 이외의 부동산 관련 법인에 대한 채무보증의 경우 채무보증금액의 50%를 각각 합산한 금액으로 한다(금융투자업규정3-6(19의2)).

투자매매·중개업자의 부동산 채무보증한도는 부동산 채무보증금액 비율이 100%를 초과한 경우 금감원장에게 보고해야 하며, 100% 이하에 이를 때까지 신규 부동산 채무보증 취급이 제한된다(금융투자업규정3-24의5)).

(2) 부동산PF 업무

부동산PF 업무란 ⅰ) 부동산PF 대출 또는 부동산PF 대출채권의 매입, ⅱ) 부동산PF 대출 관련 유동화증권의 인수계약 또는 매입보장약정의 체결, ⅲ) 부동산PF 대출채권을 기초자산으로 하는 장외파생상품계약의 체결, ⅳ) 부동산PF 대출 관련 유동화증권 또는 수익증권의 취득, 또는 ⅴ) 그 밖에 회사의 고유재산 또는 투자자재산에 익스포져를 발생시키는 모든 부동산PF

관련 행위 등에 해당하는 부동산PF 관련 행위를 말한다(모범규준6-2(3)).

(3) 이자율

부동산PF 업무와 관련하여, 회사가 수령하거나 투자자재산으로 수령하게 하는 이자율 등은 대부업법 등에서 정하는 한도를 초과할 수 없으며, 회사 또는 투자자재산은 건전한 금융관행을 따라야 한다(모범규준6-4). 여기서 투자자재산이란 회사의 고유재산 외에 집합투자재산, 투자일임재산, 신탁재산 등을 말한다(모범규준6-2(4)).

(4) 고유재산의 부동산PF 업무

(가) 익스포져 한도

투자매매·중개업자는 리스크관리위원회에서 부동산PF 업무에 따른 익스포져 한도를 설정하여야 하고, 설정된 한도를 초과하지 않도록 투자실행을 통제하는 절차와 정책을 마련하여야 한다(모범규준6-8①).

익스포져 한도를 설정할 경우 ⅰ) 부동산PF 대출(부동산PF 대출채권의 매입 포함)과 매입보장약정이행으로 취득한 부동산PF 대출 관련 유동화증권을 합하여 투자한도를 자기자본[7]의 30% 이내로 제한(자기자본 감소로 인하여 투자금액이 자기자본의 30%를 초과하게 된 경우에는 이를 30%로 본다)하고, 동 비율을 초과하여 투자할 경우에는 리스크관리위원회의 승인을 미리 받아야 하고, ⅱ) 자산담보부기업어음증권(Asset Backed Commercial Paper, ABCP)에 대한 매입보장약정을 할 경우에는 <별표 14>를 참조하여 동 약정에 신용회피조항 등을 두고,[8] 해당 자산담보부기업어음증권의 신용등급이 상위 2등급(A2) 이내이어야 한다. 다만, 리스크관리위원회의 별도 승인이 있는 경우에는 신용등급을 상위 3등급(A3) 이내로 할 수 있다(모범규준6-8②).

(나) 사업성 평가 및 건전성 분류 등

투자매매·중개업자는 자산건전성 관리를 위해 대손충당금 적립대상인 부동산PF 관련 자산을 보유한 경우 매분기별로 부동산PF 사업장별 사업성을 평가하고 이를 반영하여 부동산PF 관련 자산에 대한 건전성을 분류하고 적정한 대손충당금을 적립하여야 한다(모범규준6-9①). 사업성 평가, 건전성 분류 및 대손충당금 적립의 세부기준은 <별표 17> 사업성 평가 세부기준 및 <별표 18> 건전성 분류 및 대손충당금 적립 세부기준에 따른다(모범규준6-9②).

---

7) 직전 분기 말 개별(별도) 재무상태표의 자기자본으로 하되, 증자 등 자본금 증가 사유가 있는 경우 이를 반영할 수 있으며, 법 제336조에 따른 종합금융회사의 업무를 겸영하는 회사의 경우에는 해당 시점의 대손충당금 차감 전 대출채권 금액을 말한다.

8) 금융감독원의 공문 "증권회사의 ABCP 매입보장 업무 유의사항 안내(금투총-00551, '09. 11. 26)" 참조.

제4절 종합금융투자사업자와 신용공여

Ⅰ. 서설

2013년 5월 개정된 자본시장법은 골드만삭스 등과 같은 투자은행을 활성화하기 위하여 대형 증권회사를 종합금융투자사업자로 지정하여 신규 업무를 허용하는 것을 주요 내용으로 하고 있다. 종합금융투자사업자제도는 투자은행 활성화를 통해 위탁매매·단순중개 업무에만 치중되어 있는 국내 증권산업의 구조개편과 함께 자본시장의 실물경제 지원을 강화하는 데에 그 목적이 있다. 하지만 종합금융투자사업자제도 도입 후 증권산업은 여전히 중개업 영역에서 크게 벗어나지 못하고 있고, 투자은행으로서의 기능과 경쟁력은 부족하다는 것이 일반적인 평가이다. 이에 정부는 2016년 8월 초대형 투자은행 육성을 위한 종합금융투자사업자제도의 개선방안을 발표하였으며, 2017년 자본시장법 시행령 개정을 통해 자기자본 규모에 따라 신규 업무를 추가 허용하는 등 증권회사의 대형화를 유도하는 정책을 강화하고 있다. 개정된 자본시장법 시행령은 자기자본 요건에 따라 초대형 종합금융투자사업자가 영위할 수 있는 단기금융업무(4조원), 종합투자계좌업무(8조원)를 추가 허용하는 것을 주요 내용을 하고 있다.[9]

자기자본 3조원 이상 증권회사는 종합금융투자사업자로 지정신청을 할 수 있고, 종합금융투자사업자로 지정되면 신용공여 한도 및 대상 등이 증권회사에 비해 확대되고, 헤지펀드 및 기관투자자 등에 대한 신용공여, 증권대여 중개 등 전담중개업무(prime brokerage service)가 허용된다. 종합금융투자사업자는 자기자본이 4억원 이상이 되는 경우 초대형 IB 지정을 신청할 수 있고, 초대형 IB로 지정되면 단기금융업무 인가를 받아 고정금리부 수신상품(발행어음)을 판매할 수 있다.

Ⅱ. 전담중개업무

1. 전담중개업무의 의의와 범위

자본시장법은 종합금융투자사업자가 프라임브로커(prime broker)로서 전문투자형 사모집합투자기구 등을 대상으로 증권대차, 신용공여, 펀드재산 보관·관리 등의 종합금융서비스를 제공할 수 있도록 전담중개업무를 허용하고 있다(법77의3①).

---

9) 조대형(2018), "종합금융투자사업자 제도의 입법영향에 대한 연구", 은행법연구 제11권 제1호(2018. 5), 123쪽.

전담중개업무란 전문투자형 사모집합투자기구, 그 밖에 대통령령으로 정하는 투자자[10] ("전문투자형 사모집합투자기구등")에 대하여 ⅰ) 증권의 대여 또는 그 중개·주선이나 대리업무 (제1호), ⅱ) 금전의 융자, 그 밖의 신용공여(제2호), ⅲ) 전문투자형 사모집합투자기구등의 재산 의 보관 및 관리(제3호), ⅳ) 그 밖에 전문투자형 사모집합투자기구등의 효율적인 업무수행을 지원하기 위하여 필요한 업무로서 대통령령으로 정하는 업무(제4호)[11]를 효율적인 신용공여와 담보관리 등을 위하여 대통령령으로 정하는 방법[12]에 따라 연계하여 제공하는 업무를 말한다 (법6⑩).

2. 전담중개업무계약

종합금융투자사업자는 전문투자형 사모집합투자기구등에 대하여 전담중개업무를 제공하 는 경우에는 미리 해당 전문투자형 사모집합투자기구등, 그 밖에 대통령령으로 정하는 자[13]와 ⅰ) 전담중개업무와 관련된 종합금융투자사업자와 전문투자형 사모집합투자기구등의 역할 및 책임에 관한 사항, ⅱ) 종합금융투자사업자가 전문투자형 사모집합투자기구등의 재산을 제3자 에 대한 담보, 대여, 환매조건부매매의 방법으로 이용하는 경우 그 이용에 관한 사항, ⅲ) 종합 금융투자사업자가 이용한 전문투자형 사모집합투자기구등의 재산 현황 등에 관한 정보를 전문

---

10) "대통령령으로 정하는 투자자"란 다음의 어느 하나에 해당하는 투자자를 말한다(영6의3①).
   1. 전문투자자인 금융기관(영10②)
   2. 법률에 따라 설립된 기금(신용보증기금 및 기술보증기금 제외) 및 그 기금을 관리·운용하는 법인(영10 ③(12)), 법률에 따라 공제사업을 경영하는 법인(영10③(13)), 그리고 이에 준하는 외국인
   3. 법 제9조 제19항 제1호에 따른 경영참여형 사모집합투자기구
   4. 법 제279조 제1항에 따른 외국 집합투자기구(법 제9조 제19항에 따른 사모집합투자기구에 상당하는 집 합투자기구로 한정)
11) "대통령령으로 정하는 업무"란 다음의 어느 하나에 해당하는 업무를 말한다(영6의3③).
   1. 전문투자형 사모집합투자기구등(법6⑩)의 투자자재산(전문투자형 사모집합투자기구등의 재산으로서 전 담중개업무의 대상이 되는 투자자재산)의 매매에 관한 청약 또는 주문의 집행업무
   2. 전문투자형 사모집합투자기구등의 투자자재산의 매매 등의 거래에 따른 취득·처분 등의 업무
   3. 파생상품의 매매 또는 그 중개·주선·대리업무
   4. 환매조건부매매 또는 그 중개·주선·대리업무
   5. 집합투자증권의 판매업무
   6. 전문투자형 사모집합투자기구등의 투자자재산의 운용과 관련한 금융 및 재무 등에 대한 자문업무
   7. 다른 투자자의 투자를 유치하거나 촉진하기 위하여 전문투자형 사모집합투자기구에 출자(투자신탁의 경우에는 그 수익증권의 매수를 포함)를 하는 업무
12) "대통령령으로 정하는 방법"이란 법 제6조 제10항 제1호부터 제3호까지의 업무 및 이 조 제3항 각 호의 업무를 서로 연계하여 제공하는 것을 말한다. 이 경우 법 제6조 제10항 제2호 및 제3호의 업무가 포함되어 야 한다(영6의3②).
13) "그 밖에 대통령령으로 정하는 자"란 종합금융투자사업자로부터 전문투자형 사모집합투자기구등의 재산의 보관 및 관리(법6⑩(3))업무를 위탁받은 자 및 전문투자형 사모집합투자기구등으로부터 투자회사재산의 계산(법184⑥(2))업무를 위탁받은 일반사무관리회사를 말한다(영77의4②).

투자형 사모집합투자기구등에게 제공하는 절차 및 방법(제3호), ⅳ) 전담중개업무의 범위와 기준 및 절차 등에 관한 사항, ⅴ) 전담중개업무 제공에 따른 수수료 또는 그 밖의 비용 등에 관한 사항, ⅵ) 계약 종료의 사유 및 절차, 계약당사자의 채무불이행에 따른 손해배상 등에 관한 사항을 포함하는 내용에 관한 계약을 체결하여야 한다(법77의3②, 영77의4④).

3. 신용공여

투자매매업자 또는 투자중개업자가 전담중개업무를 제공하는 경우에는 ⅰ) 증권의 매매를 위한 매수대금을 융자하거나 매도하려는 증권을 대여하는 방법, ⅱ) 전담중개업무로서 보관·관리하는 전문투자형 사모집합투자기구등의 투자자재산인 증권을 담보로 금전을 융자하는 방법으로 그 전담중개업무를 제공받는 전문투자형 사모집합투자기구등에 대하여 신용을 공여할 수 있다(영69②).

Ⅲ. 기업신용공여

1. 의의

종합금융투자사업자는 전담중개업무 외에 투자은행업무 활성화를 위해 기존에 금융투자업자에게 허용되지 않았던 기업에 대한 신용공여업무를 영위할 수 있는데(법77의3③(1)), 자본시장법 또는 다른 금융관련법령에도 불구하고 기업에 대한 신용공여업무를 영위할 수 있다(법77의3③(1)). 따라서 종합금융투자사업자는 대출, 기업어음증권에 해당하지 않는 어음의 할인·매입 등의 방법으로 신용공여를 할 수 있다(영77의5①). 종합금융투자사업자가 전담중개업무를 영위하는 경우에는 증권 외의 금전등에 대한 투자와 관련하여 전문투자형 사모집합투자기구등에 신용공여를 할 수 있다(법77의3④).

기업신용공여 업무는 기업에 대한 대출과 어음할인을 의미하며, 전통적으로 은행, 저축은행, 보험회사, 여신전문금융회사 등에서 이루어지던 업무이다. 2013년 4월 자본시장법 개정 전까지는 증권과 관련된 신용공여(청약자금대출, 신용거래융자, 예탁증권담보융자)와 기업금융업무 또는 만기 3개월 이내의 프로젝트파이낸싱과 관련된 대출만이 증권회사의 업무로 허용되었는데, 2013년 4월 자본시장법 개정으로 기업에 대한 신용공여가 전면적으로 허용되었다.

2. 신용공여총액한도

종합금융투자사업자의 신용공여업무는 부작용 방지를 위해 총 신용공여한도, 개별기업 신용공여한도 규제 등의 보완장치를 마련하였다. 종합금융투자사업자가 기업신용공여, 전문투자형 사모집합투자기구, 투자매매업·중개업자로서의 투자자에 대한 신용공여를 하는 경우에는 신용공여의 총 합계액이 자기자본의 200%를 초과하여서는 아니 된다(법77의3⑤ 본문).

다만, 종합금융투자사업자 업무의 특성, 해당 신용공여가 종합금융투자사업자의 건전성에 미치는 영향 등을 고려하여 ⅰ) 금융위원회가 정하여 고시하는 방법14)에 따라 전문투자형 사모집합투자기구등으로부터 받은 담보를 활용하여 제3자로부터 조달한 자금으로 신용공여를 하는 경우, ⅱ) 기업금융업무와 관련하여 6개월 이내의 신용공여를 하는 경우, ⅲ) 국가, 지방자치단체, 외국 정부, 은행, 한국산업은행, 중소기업은행, 보험회사, 투자매매업자, 증권금융회사, 종합금융회사, 신용보증기금(신용보증기금이 지급을 보증한 보증사채권에는 민간투자법에 따라 산업기반신용보증금의 부담으로 보증한 것을 포함), 기술보증기금 또는 이에 준하는 외국금융기관이 원리금의 상환에 관하여 보증한 신용공여(원리금의 상환이 보증된 부분에 한정)를 하는 경우에는 그러하지 아니하다(법77의3⑤ 단서, 영77의5②).

또한 ⅰ) 제71조 제3호에 따른 기업금융업무 관련 신용공여(제1호), ⅱ) 중소기업기본법 제2조 제1항에 따른 중소기업에 대한 신용공여(제2호)를 제외한 신용공여의 합계액이 자기자본의 100%를 초과하여서는 아니 된다(법77의3⑥).

3. 동일인한도

종합금융투자사업자가 기업에 대한 신용공여를 하는 경우 동일한 법인 및 그 법인과 같은 기업집단[(공정거래법 제2조 제2호에 따른 기업집단)에 속하는 회사](영77의5③)에 대하여 그 종합금융투자사업자의 자기자본의 25%에 해당하는 금액을 초과하는 신용공여를 할 수 없다(법77의3⑦, 영77의5④).

4. 한도초과

종합금융투자사업자가 추가로 신용공여를 하지 아니하였음에도 불구하고 자기자본의 변동, 동일차주 구성의 변동 등으로 인하여 제5항부터 제7항까지의 한도를 초과하게 되는 경우에는 그 한도를 초과하게 된 날부터 1년 이내에 그 한도에 적합하도록 하여야 한다(법77의3⑧).

---

14) "금융위원회가 정하여 고시하는 방법"이란 다음의 요건을 모두 충족하는 것을 말한다(금융투자업규정 4-102의4①).
    1. 제3자로부터 조달한 자금으로 전문투자형 사모집합투자기구등에 전담신용공여를 하는 금액은 그 전문투자형 사모집합투자기구등으로부터 제공받은 담보물의 가액을 초과하지 아니할 것
    2. 전문투자형 사모집합투자기구등이 담보물의 반환 또는 변경 등을 요구하는 경우 제삼자에게 제공한 담보를 신속하게 회수할 수 있는 방법 등 적정한 담보관리 방안을 마련할 것

5. 신용공여 대상의 제한

종합금융투자사업자는 그와 계열회사의 관계에 있는 법인(대통령령으로 정하는 해외법인[15])을 포함)에 대하여 기업신용공여를 하거나 또는 그 법인이 운용하는 전문투자형 사모집합투자기구에 대하여 전담중개업무를 제공하여서는 아니 된다(법77의3⑨).

6. 은행법 적용배제

종합금융투자사업자에 대하여는 한국은행법과 은행법을 적용하지 아니한다(법77의3⑩). 종합금융투자사업자의 기업신용공여를 은행법의 적용대상에서 제외한 것이다.

Ⅳ. 단기금융업무(발행어음업무)

1. 개요

2017년 5월 자본시장법 시행령 개정으로 종합금융투자사업자 중에서 4조원, 8조원의 자기자본 요건을 갖추어 금융위원회로부터 초대형 종합금융투자업자로 지정받으면 다음의 업무를 추가 영위할 수 있다. 즉 자기자본 4조원 이상인 종합금융투자사업자는 자본시장법 제360조에 따른 단기금융업무를 영위할 수 있다. 다만 이 경우 종합금융투자사업자 지정 외에 자본시장법 제360조 제1항에 따른 단기금융업무 인가를 별도로 받아야 한다. 자기자본 8조원 이상인 종합금융투자사업자는 고객으로부터 예탁받은 금전을 통합하여 운용하고 그 수익을 고객에게 지급하는 종합투자계좌(IMA) 업무를 추가로 영위할 수 있다. 종합투자계좌에 예탁된 자금은 증권회사의 신용위험에 노출되므로, 투자자 보호 측면에서 충분한 자기자본을 갖춘 종합금융투자사업자에만 허용하고 있다.[16]

2. 단기금융업무의 개념

종합금융투자사업자는 자본시장법 또는 다른 금융관련법령에도 불구하고 해당 종합금융투자사업자의 건전성, 해당 업무의 효율적 수행에 이바지할 가능성 등을 고려하여 종합금융투자사업자에만 허용하는 것이 적합한 업무로서 자본시장법 제360조에 따른 단기금융업무(제2호)

---

15) "대통령령으로 정하는 해외법인"이란 종합금융투자사업자가 기업집단에 속하는 경우로서 그 동일인과 공정거래법 시행령 제3조 제1호 나목부터 라목까지의 어느 하나에 해당하는 관계에 있는 외국법인을 말한다(영77의5⑤).
16) 조대형(2018), 130쪽.

를 영위할 수 있다(법77의3③(2)).

자본시장법 제360조에 따른 단기금융업무(영77의6①(2))에 따라 자본시장법 제6편 금융투자업관계기관 제6장 단기금융회사와 단기금융업무를 검토해야 할 필요가 있다. 왜냐하면 단기금융회사가 수행하는 업무가 단기금융업무이기 때문이다. 여기서는 단기금융회사에 관한 규정 제360조부터 제364조까지의 규정 중 제360조와 제361조를 중심으로 살펴본다.

단기금융업무란 1년 이내에 만기가 도래하는 어음의 발행·할인·매매·중개·인수 및 보증업무와 그 부대업무로서 어음을 담보로 한 대출업무를 말한다(법360①), 영348①②). 단기금융회사란 단기금융업무를 영위하기 위하여 일정한 요건을 갖추어 금융위원회의 인가를 받은 자를 말한다(법360①②, 영348①-④). 즉 종합금융투자사업자로서 지정된 후 일정한 요건을 갖추어 금융위원회의 인가를 받은 자가 단기금융회사이다.

3. 신용공여

자본시장법 제361조는 "인가받은 단기금융업무의 범위에서" 종합금융회사 규정을 준용하고 있다(법361 및 법342). 여기서 신용공여와 관련된 규정은 다음과 같다. 즉 자본시장법 제342조와 제343조인데, 제342조가 신용공여 정의규정을 두면서 "이하 이 장에서 같다"라고 규정하고 있으므로 제343조도 해당된다.

따라서 단기금융회사는 같은 개인·법인 및 그와 신용위험을 공유하는 자("동일차주")에 대하여 그 단기금융회사의 자기자본(국제결제은행의 기준에 따른 기본자본과 보완자본의 합계액)의 25%를 초과하는 신용공여를 할 수 없다(법342①). 여기서 신용공여란 대출, 어음의 할인, 지급보증, 자금지원적 성격의 증권의 매입, 어음의 매입, 지급보증에 따른 대지급금의 지급, 시설대여, 그 밖에 거래상대방의 지급불능시 이로 인하여 단기금융회사에 손실을 초래할 수 있는 거래, 단기금융회사가 직접적으로 앞의 거래를 한 것은 아니나, 실질적으로 그에 해당하는 결과를 가져올 수 있는 거래를 말한다(영336).

자본시장법 시행령 제336조는 신용공여의 구체적인 범위를 금융위원회가 정하여 고시한다고 규정한다. 이에 따라 금융투자업규정 제8-33조(신용공여의 범위)는 신용공여의 구체적인 범위를 정하고 있다(별표 23).

제5절 신탁업자의 대출 및 증권의 대여

신탁업자는 신탁재산에 속하는 금전을 대출 또는 증권의 대여를 할 수 있다(법105①(5), 법 105①(10) 및 영106③(4)). 금융투자업규정(4-87①)은 대출 및 증권대여의 상대방을 특정하지 않고 있기 때문에 일반 금융소비자도 신탁업자로부터 대출 및 증권의 대여를 받을 수 있다. 신탁업자는 신탁재산을 대출로 운용할 때 동일한 개인에게 불특정금전신탁 수탁고 잔액의 5%를 초과하여 대출할 수 없고, 증권을 대여하는 경우 그 대여거래 총액은 각 불특정금전신탁상품별로 신탁재산의 50%를 초과할 수 없다(영106⑤(2) 마목 및 금융투자업규정4-84②).[17] 은행법은 신탁업무만을 경영하는 회사를 은행으로 보지 않기 때문에(은행법6) 순수 신탁업자에게는 은행법상 대출상품 관련 규정은 적용되지 않는다.

---

[17] 금융투자업규정 제4-84조(불특정금전신탁의 신탁재산운용) ② 신탁업자는 영 제106조 제5항 제2호 마목에 따라 불특정금전신탁의 신탁재산을 운용함에 있어 다음의 기준을 따라야 한다.
  1. 신탁재산을 대출로 운용함에 있어 다음의 어느 하나에 해당하는 경우를 제외하고는 동일한 개인 또는 법인에 대한 대출은 전 회계연도말 불특정금전신탁 수탁고 잔액의 5%를 초과하지 아니할 것
    가. 당해 신탁업자의 고유계정(신탁업자의 고유재산을 관리하는 계정을 말한다)에 대한 일시적인 자금의 대여. 다만, 금액의 규모 또는 시간의 제약으로 인하여 다른 방법으로 운용할 수 없는 경우에 한한다.
    나. 전 회계연도말 불특정금전신탁 수탁고 잔액의 10% 이내에서 법 제355조의 자금중개회사의 중개를 거쳐 행하는 단기자금의 대여
  2. 신탁재산에 속하는 증권을 대여하는 방법으로 운용하는 경우 그 대여거래 총액은 각 불특정금전신탁상품별로 신탁재산의 50%를 초과하지 아니할 것
  3. 대여자산의 중도상환 요청기간 중 결제를 목적으로 하는 경우 이외에는 신탁재산으로 증권을 차입하지 아니할 것

제3편

금융투자업자

제1장

총 설

제1절 서론

I. 금융기관의 의의 및 기능

1. 금융기관의 의의

금융기관은 금융업을 영업으로 하는 주식회사이다. 여기서 영업으로 하는 것은 영리를 목적으로 금융행위를 반복하는 것이다. 이는 영리성, 계속성, 영업의사를 요소로 하여, 규칙적·조직적으로 영위하는 것이다. 당연상인인 상사회사의 설립에 관하여 상법은 원칙적으로 엄격준칙주의이다. 금융업에 관하여는 영업면허제도를 채택하고 있다. 이렇게 볼 때 개별 법률에 의해 금융업 영위의 인가·허가를 취득하거나 등록한 주식회사를 통칭하여 금융기관이라고 할 수 있다. 주식회사로 운영되기는 하지만 이윤추구만을 목표로 하는 영리법인인 일반 주식회사와는 달리, 금융기관은 예금자의 재산을 보호하고 신용질서 유지와 자금중개기능의 효율성 유지를 통해 금융시장의 안정 및 국민경제의 발전에 이바지해야 하는 공공적 역할을 담당하는 위치에 있기 때문이다.[1]

금융기관은 영리기업으로 상행위의 한 형태로서 금융업을 영위한다. 금융기관이 영리기업이라는 점에서 "금융회사"로 표현하기도 하지만 여기서는 금융기관의 자산-부채 구조의 특성상 높은 수준의 공공성이 요구되고 있고 국제적으로도 Financial Institution 용어가 보편화되어

---

1) 정찬형·최동준·김용재(2009), 「로스쿨 금융법」, 박영사(2009. 9), 11쪽.

있으므로 "금융기관"이라는 용어를 쓰기로 한다. 경우에 따라서는 "금융회사"라는 용어도 함께 사용한다.

2. 금융기관의 기능

금융기관은 자금의 공급자와 수요자 사이의 금융거래를 성립시켜 주는 것을 목적으로 금융중개를 하거나 또는 단순히 자금의 공급자와 수요자를 연결하는 기능을 수행한다. 금융기관은 계약의 당사자로서 역할을 수행하기도 하지만 단순한 중개자로서 보조적 역할을 수행하기도 한다. 예를 들면 은행의 경우 계약의 당사자로서 예금자로부터 금전소비대차계약을 통해 자금을 수취하게 되어 예금자의 반환청구에 대한 책임을 부담하고, 대출계약을 통해 차주에게 자금을 융통하는 채권관계를 형성한다. 반면 증권회사와 같이 기업이 회사채를 발행하는 경우 필요한 서비스를 제공하는 경우에는 해당 금융거래의 직접 당사자가 아닌 단순한 중개자나 보조자에 지나지 않는 형태를 띠기도 한다.

이에 따라 간접금융거래를 중개하는 금융기관의 경우 위험을 분담하는데 반해, 직접금융에 참여하는 금융기관은 해당 금융거래에 따른 위험을 부담하지 않기 때문에 개별 금융기관의 특성이 드러난다. 은행의 경우에는 자금중개기능을 본질적 요소로 하고, 증권회사의 경우 위험인수기능을 주된 요소로 하며, 보험회사의 경우에는 위험인수기능과 자금중개기능을 보유한다.

금융기관은 자금공급자와 자금수요자 간의 탐색비용을 줄여주고, 신용정보 획득의 용이성 및 정보분석능력을 통해 감시비용을 절감시키는 거래비용 절감기능과 거래기간을 일치시키는 만기변환기능, 여신위험분산 등을 통해 손실위험을 축소시키는 위험변환기능, 소액의 자금을 집적하여 거액의 자금으로 전환하는 금액변환기능, 다양한 지급결제 수단을 지급하고 결제하는 지급결제기능을 수행한다. 금융기관은 이런 역할을 통해 자금의 공급자와 수요자 간의 상충된 이해관계를 조정함으로써 자금의 이전을 원활하게 하여 국민경제의 안정적인 성장과 발전을 지속시키는데 기여한다.[2]

II. 금융기관의 특수성 및 구분

1. 금융기관의 특수성

금융기관은 금융거래를 중개하는 기관으로 금융중개를 통해 금융시장의 위험을 감소시키고, 금융시장에 유동성을 공급하며, 자금의 수요자와 공급자 사이에 발생하는 이해관계를 조정

---

2) 노태석(2012), "금융기관의 부실에 대한 임원의 법적 책임에 관한 연구", 성균관대학교 대학원 박사학위논문(2012. 6), 10쪽.

함으로써 효율적인 자원배분을 가능하게 하는 공적인 기능을 수행하지만, 본질적으로 금융업을 영위하는 주식회사이다. 따라서 영리를 목적으로 금융거래를 업으로써 반복적·계속적으로 수행한다. 그러나 금융기관은 일반 주식회사와 달리 특별한 취급을 받는다. 상법상 주식회사의 설립과 달리 금융기관의 설립에 있어 금융위원회로부터 인·허가를 받거나 금융위원회에 등록을 하는 등 진입규제가 존재하고, 영업활동과 퇴출에 이르기까지 각종 규제를 받는다.3)

　　일반 주식회사와 달리 금융기관에 대해 강한 규제가 이루어지는 이유는 금융기관의 고유한 특성에서 찾을 수 있다. ⅰ) 금융기관은 강한 공공적 성격을 갖고 있다. 금융기관은 불특정다수인으로부터 자금을 수취하여 이를 배분하는 자금중개기능을 통해 금융시장의 안정성을 도모하고, 금융이용자를 보호하며, 국민경제 발전에 이바지해야 하는 공공적 역할을 수행하기 때문에 일반 주식회사에 비하여 강한 규제가 요청된다. 특히 개별 금융기관의 문제가 금융기관 전체에 영향을 미쳐 금융질서의 안정성을 위협할 수 있으므로 금융기관에 대한 위험통제가 필요하고, 이에 따라 규제의 강도가 일반 주식회사에 비해 상대적으로 강하게 이루어지게 된다.

　　ⅱ) 금융기관은 일반 주식회사와 다른 자본구조를 갖고 있다. 자본구조의 면에서 금융기관은 적은 자기자본과 높은 부채의존도를 보인다. 이는 금융기관이 불특정다수인으로부터 수취하는 자금이 부채의 형태로 조달되고, 금융기관은 이를 바탕으로 높은 지렛대 효과(leverage effect)를 거두고 있다. 금융기관이 높은 부채비율에도 불구하고 문제가 되지 않는 이유는 대부분의 자산이 유동성이 높은 자산, 예를 들어 대출자산이나 유가증권 등에 운용되기 때문에 현금흐름에 별다른 문제가 발생하지 않기 때문이다. 또한 예금보험제도를 통해서 일정 부분 보장을 받고 있기 때문에 안정적인 자산보호가 가능하다. 그런데 금융기관은 상대적으로 높은 부채비율을 갖고 있다는 점에서 채권자인 예금자 등의 금융이용자가 금융기관의 성과에 따른 자산가치의 변동위험에 노출되어 있으며, 예금보험제도로 말미암아 금융기관 경영에 대한 예금자 등 금융이용자의 감시유인이 낮기 때문에 금융기관의 경영부실 및 이로 인한 금융위기 가능성이 상존한다. 또한 금융기관의 자산 대부분이 유동성 자산에 운용되고 있기 때문에 내부자에 의한 사적인 이익추구의 가능성이 높다. 유동성 자산은 그 성격상 쉽게 전용이 가능하다는 점에서 외부자에 의한 통제가 어려워 내부자에 의한 자금유용 사례가 빈번하게 발생한다. 이런 이유에서도 일반 주식회사와 달리 금융기관에 대한 엄격한 통제가 필요하다.

　　ⅲ) 금융업은 위험성을 수반하는 산업으로 외부성이 높은 산업이다. 즉 금융업은 미래에 대한 정보와 예측을 바탕으로 위험에 대한 적절한 통제를 통해 수익추구를 꾀하는 업으로 업무영위에 있어 각종 위험에 노출되어 있으며, 특정 금융기관의 위험이 다른 금융기관에 전이될 수 있고, 신용불안으로 인한 예금인출사태(bank run)와 같은 문제로 인해 금융질서 전체에 악

---

3) 노태석(2012), 11-13쪽.

영향을 줄 수 있다.

이러한 금융기관의 특성으로 말미암아 금융기관은 일반 주식회사와 달리 특별한 취급을 받고 있으나, 금융기관도 금융시장에서 자유롭게 경쟁하면서 일반 주식회사와 마찬가지로 영리를 추구하고 성장해 나가는 기업성 또한 갖고 있기 때문에 금융기관에 대한 규제는 금융기관의 특수성을 인정하면서 기업성이 제대로 발휘될 수 있도록 해야 하는 문제도 내포하고 있다.

2. 금융기관의 구분

금융기관은 금융시장에서 저축자와 차입자 사이에서 저축과 투자를 연결해 주는 기능 등을 수행하며 보통 은행, 비은행예금취급기관, 금융투자업자, 보험회사, 기타 금융기관 등으로 분류할 수 있다.[4]

이러한 분류체계를 중심으로 각 그룹에 포함되는 금융기관을 구체적으로 보면 우선 은행에는 일반은행과 특수은행이 있다. 일반은행은 시중은행, 지방은행 그리고 외국은행 국내지점으로 구성된다. 특수은행은 은행법이 아닌 개별적인 특별법에 의해 설립되어 은행업무를 핵심업무로 취급하고 있는 금융기관이다. 여기에는 한국산업은행, 한국수출입은행, 중소기업은행, 농협은행 및 수협은행 등이 포함된다.

비은행예금취급기관은 은행과 유사한 여수신업무를 주요 업무로 취급하고 있지만 보다 제한적인 목적으로 설립되어 자금조달 및 운용 등에서 은행과는 상이한 규제를 받는 금융기관이다. 즉 지급결제기능을 전혀 제공하지 못하거나 제한적으로만 제공할 수 있는 등 취급 업무의 범위가 은행에 비해 좁으며 영업대상이 개별 금융기관의 특성에 맞추어 사전적으로 제한되기도 한다. 여기에 분류되는 금융기관으로는 상호저축은행, 신용협동조합·새마을금고·상호금융기관 등 신용협동기구, 그리고 종합금융회사 등이 있다.

금융투자업자는 직접금융시장에서 유가증권의 거래와 관련된 업무를 주된 업무로 하는 금융기관을 모두 포괄하는 그룹이다. 여기에는 투자매매·중개업자(증권회사 및 선물회사), 집합투자업자(자산운용회사), 투자자문·일임업자, 그리고 신탁업자가 있다.

보험회사는 사망·질병·노후 또는 화재나 각종 사고를 대비하는 보험을 인수·운영하는 기관이다. 보험회사는 업무 특성과 기관 특성을 함께 고려하여 생명보험회사, 손해보험회사, 우체국보험, 공제기관[5] 등으로 구분된다. 손해보험회사에는 일반적인 손해보험회사 이외에 재

---

4) 이러한 구분은 업종별 분류에 따른 것이라기보다는 금융기관의 제도적 실체에 중점을 둔 것이다. 즉 은행업, 금융투자업, 보험업 등 금융업무를 구분하고 각 업무별로 해당 업무를 영위하는 기관을 분류한 것이 아니라 각 금융기관의 근거 법률을 중심으로 주된 업무의 성격이 유사한 금융기관을 그룹별로 구분한 것이다(한국은행(2018), 「한국의 금융제도」, 한국은행(2018. 12), 51쪽 참조).

5) 공제기관의 경우 일반인을 대상으로 보험서비스를 판매하고 있는 수산업협동조합공제, 신용협동조합공제,

보험회사와 보증보험회사가 있다.

　기타 금융기관은 앞에서 열거한 그룹에 속하는 금융기관의 업무로 분류하기 어려운 금융 업무들을 주된 업무로 취급하는 기관을 말한다. 여기에는 금융지주회사, 여신전문금융회사(리 스회사, 신용카드회사, 할부금융회사, 신기술사업금융회사), 대부업자 등이 있다.

제2절 금융업

Ⅰ. 금융업의 분류와 규율

　금융업을 육성하기 위한 전업주의(또는 분업주의)에 따라, 우리나라 금융업은 은행업, 금융 투자업, 보험업, 서민금융업으로 크게 구분된다. 은행업은 예금의 수입, 유가증권 기타 채무증 서의 발행에 의하여 불특정다수인으로부터 채무를 부담함으로써 조달한 자금을 대출하는 것이 다. 금융투자업은 금융투자상품을 생산하거나 금융투자상품을 투자자에게 취득시키는 행위로 서 투자매매업, 투자중개업, 집합투자업, 투자자문업, 투자일임업, 신탁업 등의 하나에 해당하 는 것이다. 보험업은 사람의 생사에 관하여 약정한 급여의 제공을 약속하거나 우연한 사고로 인하여 발생하는 손해의 보상을 약속하고 금전을 수수하는 것으로 생명보험업, 손해보험업 및 제3보험업으로 구분된다. 그리고 서민금융업이란 상호저축은행업, 상호금융업, 여신전문금융 업, 대부업 등 서민금융분야를 취급하는 금융업이다. 한편 금융거래의 전자화로 전자화폐의 발 행 및 관리, 전자자금이체, 직불전자지급수단의 발행 및 관리, 선불전자지급수단의 발행 및 관 리, 전자지급결제대행, 결제대금예치, 전자고지결제 등의 업무를 수행하는 전자금융업이 있다.

　금융업은 은행과 같이 자금의 공급·조달 자체를 제공하는 것을 영업으로 하는 경우도 있 고 증권회사와 같이 자금의 공급·조달과 관련된 서비스를 제공하는 경우도 있다. 금융업은 연 혁적인 이유로 은행, 증권, 보험의 3대 권역이 중심이 되어 왔고, 금융업의 규율도 권역별 기관 별로 달리해 왔다. 현재도 은행업은 은행법, 증권회사 등에 의한 금융투자업에 대하여는 자본 시장법, 보험업은 보험업법, 신용카드업을 비롯한 여신전문금융업은 여신전문금융업법으로 규 율하고 있다. 금융업을 영위하는 회사 또는 회사의 집단을 지배하는 금융지주회사는 금융지주 회사법으로 규율하고 있다. 금융회사가 새로운 금융상품과 서비스를 개발함으로써 권역별 구 별의 의미가 약화되고 있고 기능별 규율의 필요성이 제기되고 있다. 자본시장법은 자본시장에

　새마을금고공제 등이 포함된다.

서의 금융업이라고 할 수 있는 금융투자업에 관하여 기능별 규제를 하고 있다.

Ⅱ. 금융업의 특성

금융업은 다음과 같은 특성을 보이고 있다. ⅰ) 금융회사의 업무범위가 확대되었고 이로 인해 전통적인 권역별 구분의 경계가 불명료하게 되었다. 은행이 자본시장 업무에도 관여하고 [예: 집합투자(펀드) 상품의 판매], 증권회사가 예금과 유사한 기능을 하는 금융상품[예: 자산관리계좌 (CMA: Cash Management Account), 환매조건부채권매매]을 고객에게 제공하며, 보험회사가 집합투자(펀드)의 성격을 갖는 변액보험을 판매하고, 파생상품거래에는 은행과 증권회사 및 기타 다른 금융기관들도 참여하는 현상 등이 그것이다. 이와 같은 현상에 대응하여 법적인 측면에서는 권역별·기관별 규제가 아닌 기능별 규제가 도입되었다(예: 자본시장법의 제정).[6]

ⅱ) 개별 금융기관은 일정한 권역의 업무를 영위하지만 여러 금융기관들이 집단을 형성하여 집단 단위로는 은행, 증권, 보험, 신용카드 등 거의 전 분야에 걸친 금융업을 영위하는 금융그룹화가 이루어졌다. 법적인 측면에서는 금융지주회사법에 따른 금융그룹에 대한 규율이 정비되었다.

ⅲ) 복잡한 내용의 새로운 금융상품(특히 파생상품)의 개발과 판매가 확대되었다. 예금, 대출, 채권(債券), 주식 등의 전통적인 금융상품보다 훨씬 복잡한 내용의 파생상품, 그러한 파생상품이 반영된 증권, 그러한 파생상품이나 증권에 투자하는 집합투자(펀드)상품이 개발되어 다양한 방법으로 투자자에게 판매되고 있다. 복잡한 내용의 금융상품 판매시 드러나는 금융기관과 고객 간의 정보 불균형과 판단능력의 차이에 대해서는 금융규제법뿐 아니라 사법(私法)에서도 관심을 가질 필요가 있다.

ⅳ) 금융거래의 국제화를 들 수 있다. 자유무역의 확대와 정보통신의 발달로 국제적인 금융거래가 확대되었다. 금융거래의 국제화는 금융업의 국제화를 수반하게 되고, 국제적인 금융업을 영위하는 금융기관의 부실화는 그 금융기관의 설립지 또는 주된 영업지 이외의 다른 지역에까지 영향을 주게 된다. 2008년 글로벌 금융위기시 리먼 브라더스의 도산은 경제적으로 전세계에 큰 영향을 주었고, 법적으로도 국제적 도산과 국제적 금융거래의 법적인 처리에 관한 여러 쟁점들을 제기하였다. 또한 금융거래의 국제화로 인하여 개별국가의 규제·감독으로는 한계가 있다는 인식 아래서 국제기구[(예: 금융안정위원회(FSB), 바젤은행감독위원회(BCBS), 국제증권감독기구(IOSCO)]의 역할이 증대되고 있다.

---

6) 박준·한민(2019), 「금융거래와 법」, 박영사(2019. 8), 51-52쪽.

제2장

금융투자업자

제1절 개념

Ⅰ. 금융투자업자의 의의

금융투자업자란 금융투자상품의 거래와 관련된 업무를 주된 업무로 하는 금융기관으로 금융투자업에 대하여 금융위원회의 인가를 받거나 금융위원회에 등록하여 이를 영위하는 자를 말한다(법8①). 즉 금융투자업자는 직접금융시장에서 증권의 거래와 관련된 업무를 주된 업무로 하는 금융기관을 모두 포괄하는 용어이다. 여기에는 투자매매·중개업자(증권회사 및 선물회사), 집합투자업자(자산운용회사), 투자자문·일임업자, 신탁업자가 있다.

금융투자업이란 이익을 얻을 목적으로 계속적이거나 반복적인 방법으로 행하는 행위로서 기능에 따라 투자매매업, 투자중개업, 집합투자업, 신탁업, 투자자문업, 투자일임업의 6가지로 구분한다(법6①). 증권업은 집합투자업을 제외한 나머지의 조합으로 이해할 수 있다. 6가지 금융투자업 중 투자자문업과 투자일임업은 등록제이며 나머지 4가지 업종은 인가제가 적용된다. 인가제와 등록제는 투자자가 노출되는 위험의 크기에 따라 기능적으로 구분한 것이다.

자본시장법이 기능별로 분류된 6개의 금융투자업을 한 회사 내에서 모두 수행할 수 있도록 겸영을 허용하면서, 우리나라의 증권사 또는 자산운용사 등도 주요 선진 투자은행(IB: Investment Bank)과 마찬가지로 기업금융업무, 직접투자업무, 증권서비스업무, 자산관리업무 등의 모든 금융투자업을 종합적으로 영위할 수 있도록 하여 투자은행이 영위할 수 있는 모든 업무를 하나의 회사에서 겸영할 수 있게 되었다.

Ⅱ. 기능별 규제

금융투자업자에 대한 분류와 관련하여 종래의 증권회사·선물회사·종합금융회사는 투자매매·중개업자로, 자산운용회사는 집합투자업자로, 투자자문회사 및 투자일임회사는 투자자문업자 및 투자일임업자로, 신탁회사는 신탁업자로 단순히 명칭만 변경된 것으로 오해될 수도 있다. 이는 자본시장법 시행 이후에도 대다수 금융투자업자는 증권회사, 선물회사, 자산운용회사 등 종래 명칭을 그대로 유지하고 있으며 영위하는 업무도 기존과 거의 유사하기 때문이다. 그러나 금융투자업자로의 명칭 변경은 실제로 종래와는 다른 큰 차이를 반영하고 있다. 왜냐하면 자본시장법은 금융투자업자의 진입규제와 관련하여 금융기능별로 진입요건을 정해 놓고, 그 요건의 부합 여부를 심사하는 add-on 방식을 취함에 따라 금융투자업자가 복수의 업무단위를 자유롭게 선택하여 영위할 수 있기 때문이다. 예를 들어 종래의 증권회사는 유가증권의 매매, 위탁매매, 인수·주선 등 현재 투자매매 및 투자중개 업무를 주로 영위하였으나 현재의 증권회사는 원칙적으로 인가취득에 따라 집합투자업 등 모든 금융투자 관련 업무를 영위할 수 있다. 여타 선물회사, 자산운용회사 등도 동일하다.

금융기관이 금융투자업을 영위하기 위해서는 금융투자업의 종류, 금융투자상품의 범위, 투자자의 유형[1] 등 금융기능 조합으로부터 설정되는 한 단위의 금융기능을 "인가업무 단위"로 하여 인가업무 단위의 전부나 일부를 선택하여 금융위원회로부터 인가를 받아야 한다(법12①). 다만 자본시장법은 각 금융기능별로 투자자가 부담하는 위험의 크기에 따라 인가제와 등록제로 구분하고 있다. 이에 따라 고객과 직접 채무관계를 갖거나 고객의 자산을 수탁하는 투자매매·투자중개·집합투자·신탁업은 인가대상으로 하고, 투자자의 재산을 수탁하지 않는 투자자문·투자일임업은 등록만으로 영위할 수 있도록 하고 있다(법12①, 18①). 한편 자본시장법 시행령은 금융투자업의 위험과 투자자 보호 필요성 등에 따라 인가 및 등록 단위별 최저 자본요건을 다르게 설정하고, 취급하려는 인가업무가 늘어나면 그에 해당하는 자기자본 금액을 추가로 보유하도록 함으로써 금융투자업자의 대형화, 겸업화, 전문화 및 진입완화 규제를 유도하고 있다. 업종별로는 투자매매업은 투자중개업에 비해, 신탁업은 집합투자업에 비해, 인가대상 업무

---

1) "전문투자자"란 금융투자상품에 관한 전문성 구비 여부, 소유자산규모 등에 비추어 투자에 따른 위험감수 능력이 있는 투자자로서 다음의 어느 하나에 해당하는 자를 말한다. 1. 국가, 2. 한국은행, 3. 대통령령으로 정하는 금융기관, 4. 주권상장법인(다만, 금융투자업자와 장외파생상품 거래를 하는 경우에는 전문투자자와 같은 대우를 받겠다는 의사를 금융투자업자에게 서면으로 통지하는 경우에 한한다), 5. 그 밖에 대통령령으로 정하는 자(법9⑤ 본문)이고, "일반투자자"란 전문투자자가 아닌 투자자를 말한다(법9⑥).

는 등록대상 업무에 비해 각각 높은 자기자본을 요구하고 있다. 금융상품별로는 장외파생상품, 증권, 장내파생상품 순으로, 투자자 유형별로는 일반투자자를 대상으로 하는 경우 높은 자기자본을 요구하고 있다.

Ⅲ. 적용배제

자본시장법은 제7조 제1항부터 제5항까지 개별 금융투자업과 관련하여 금융투자업으로 보지 않는 경우를 규정한다. 이에 관해서는 개별 금융투자업별로 후술한다. 그 외에 제7조 제6항에서 대통령령2)이 정하는 바에 따라 금융투자업으로 보지 않는 다음과 같은 경우를 규정한다. 즉 ⅰ) 거래소가 증권시장 또는 파생상품시장을 개설·운영하는 경우(제1호), ⅱ) 투자매매업자를 상대방으로 하거나 투자중개업자를 통하여 금융투자상품을 매매하는 경우(제2호), ⅲ) 전문사모집합투자업자가 자신이 운용하는 전문투자형 사모집합투자기구의 집합투자증권을 판매하는 경우(제3호), ⅳ) 그 밖에 해당 행위의 성격 및 투자자 보호의 필요성 등을 고려하여 금융투자업의 적용에서 제외할 필요가 있는 것으로서 "대통령령으로 정하는 경우"(제4호)3)이다.

---

2) 자본시장법 제7조 제6항에 따라 다음의 어느 하나에 해당하는 경우에는 해당 호의 금융투자업으로 보지 아니한다(영7⑤).
   1. 법 제7조 제6항 제1호의 경우: 투자중개업
   2. 법 제7조 제6항 제2호의 경우: 투자매매업
   3. 법 제7조 제6항 제3호의 경우: 투자매매업 또는 투자중개업
   4. 법 제7조 제6항 제4호의 경우: 다음 각 목의 금융투자업
      가. 제4항 제1호부터 제3호까지 및 제5호의2: 투자매매업
      나. 제4항 제4호: 투자중개업
      다. 제4항 제5호, 제6호 및 제6호의2: 투자매매업 또는 투자중개업
      라. 제4항 제7호: 투자자문업 또는 투자일임업
      마. 제4항 제8호 및 제9호: 투자자문업
      바. 제4항 제10호: 투자자문업 또는 투자일임업
3) "대통령령으로 정하는 경우"란 다음의 경우를 말한다(영7④).
   1. 국가 또는 지방자치단체가 공익을 위하여 관련 법령에 따라 금융투자상품을 매매하는 경우
   2. 한국은행이 공개시장 조작을 하는 경우
   3. 다음의 어느 하나에 해당하는 자 간 환매조건부매도 또는 환매조건부매수("환매조건부매매")를 하는 경우
      가. 제10조 제2항 각 호(전문투자자에 해당하는 금융기관)의 자
      나. 제10조 제3항(전문투자자에 해당하는 자) 제1호부터 제4호까지, 제4호의2 및 제9호부터 제13호까지의 자(이에 준하는 외국인을 포함)
      다. 그 밖에 금융위원회가 정하여 고시하는 자(금융투자업규정1-5①)
   4. 한국금융투자협회가 증권시장에 상장되지 아니한 주권의 장외매매거래에 관한 업무 및 증권시장에 상장되지 않은 지분증권(주권을 제외한 지분증권)의 장외매매거래에 관한 업무를 하는 경우
   5. 내국인이 국외에서 증권을 모집·사모·매출하는 경우로서 외국 투자매매업자(외국 법령에 따라 외국에서 투자매매업에 상당하는 영업을 하는 자)나 외국 투자중개업자(외국 법령에 따라 외국에서 투자중개업에 상당하는 영업을 하는 자)가 다음 각 목의 어느 하나에 해당하는 행위를 하는 경우
      가. 금융위원회가 정하여 고시하는 기준(금융투자업규정1-5②)에 따라 그 내국인과 국내에서인수계약

(그 내국인을 위하여 해당 증권의 모집·사모·매출을 하거나 그 밖에 직접 또는 간접으로 증권의 모집·사모·매출을 분담하기로 하는 내용의 계약을 포함을 체결하는 행위로서 금융위원회의 인정을 받은 경우

나. 금융위원회가 정하여 고시하는 기준에 따라 그 내국인과 인수계약의 내용을 확정하기 위한 협의만을 국내에서 하는 행위로서 금융위원회에 관련 자료를 미리 제출한 경우

5의2. 외국 투자매매업자가 국외에서 파생결합증권을 다음의 기준을 모두 갖추어 발행하는 경우

가. 외국 투자매매업자가 외국금융투자감독기관으로부터 해당 파생결합증권의 발행과 관련하여 경영건전성, 불공정거래 방지, 그 밖에 투자자 보호 등에 관한 감독을 받을 것

나. 경영능력, 재무상태 및 사회적 신용에 관하여 금융위원회가 정하여 고시하는 기준(금융투자업규정 1-5⑥)에 적합할 것

다. 금융위원회가 자본시장법 또는 자본시장법에 상응하는 외국의 법령을 위반한 외국 투자매매업자의 행위에 대하여 자본시장법 또는 자본시장법에 상응하는 외국의 법령에서 정하는 방법에 따라 행하여진 조사 또는 검사자료를 상호주의의 원칙에 따라 가목의 외국금융투 자감독기관으로부터 제공받을 수 있는 국가의 외국 투자매매업자일 것

라. 해당 파생결합증권을 국내에서 매매하는 경우 투자매매업자가 그 파생결합증권을 인수하여 전문투자자(제103조 제1호에 따른 특정금전신탁을 운용하는 신탁업자는 제외)에게 이를 취득하도록 하거나 투자중개업자를 통하여 전문투자자에게 그 파생결합증권을 매도할 것. 이 경우 투자매매업자나 투자중개업자는 증권에 관한 투자매매업이나 투자중개업 인가를 받은 자로서 장외파생상품(해당 파생결합증권의 기초자산이나 그 가격·이자율·지표 등과 동일한 것을 기초자산이나 그 가격·이자율·지표 등으로 하는 장외파생상품)에 관한 금융투자업인가를 받은 자로 한정한다.

6. 외국 투자매매업자나 외국 투자중개업자가 국외에서 다음의 어느 하나에 해당하는 행위를 하는 경우

가. 투자매매업자를 상대방으로 하여 금융투자상품을 매매하거나 투자중개업자를 통하여 금융투자상품의 매매를 중개·주선 또는 대리하는 행위

나. 국내 거주자(투자매매업자 및 투자중개업자는 제외)를 상대로 투자권유 또는 투자광고를 하지 아니하고 국내 거주자의 매매에 관한 청약을 받아 그 자를 상대방으로 하여 금융투자상품을 매매하거나 그 자의 매매주문을 받아 금융투자상품의 매매를 중개·주선 또는 대리하는 행위

6의2. 외국 투자신탁이나 외국 투자익명조합의 외국 집합투자업자 또는 외국 투자회사등이 다음의 기준을 모두 갖추어 외국 집합투자증권(외국 집합투자증권)을 국내에서 판매하는 경우

가. 해당 외국 집합투자증권에 그 집합투자기구 자산총액의 100%까지 투자하는 집합투자기구(투자신탁 또는 투자익명조합의 경우 그 집합투자재산을 보관·관리하는 신탁업자를 포함)에 대하여 판매할 것

나. 해당 외국 집합투자증권을 발행한 외국 집합투자기구는 제80조 제1항 제6호 가목에 따라 그 집합투자재산을 외화자산에 70% 이상 운용하는 것으로서 등록한 외국 집합투자기구일 것

7. 외국 투자자문업자 또는 외국 투자일임업자가 국외에서 다음의 어느 하나에 해당하는 자를 상대로 투자권유 또는 투자광고를 하지 아니하고 그 자를 상대방으로 투자자문업이나 투자일임업을 하는 경우

가. 국가

나. 한국은행

다. 제10조 제3항 제4호·제12호의 자

라. 그 밖에 금융위원회가 정하여 고시하는 자

8. 따로 대가 없이 다른 영업에 부수하여 금융투자상품등(법6⑦: 투자자문업의 대상인 금융투자자산)의 가치나 그 금융투자상품등에 대한 투자판단에 관한 자문에 응하는 경우

9. 집합투자기구평가회사, 채권평가회사, 공인회계사, 감정인, 신용평가를 전문으로 하는 자, 변호사, 변리사 또는 세무사, 그 밖에 이에 준하는 자로서 해당 법령에 따라 자문용역을 제공하고 있는 자(그 소속 단체를 포함)가 해당 업무와 관련된 분석정보 등을 제공하는 경우

10. 다른 법령에 따라 건축물 및 주택의 임대관리 등 부동산의 관리대행, 부동산의 이용·개발 및 거래에 대한 상담, 그 밖에 부동산의 투자·운용에 관한 자문 등의 업무를 영위하는 경우

제2절 투자매매 · 중개업자

Ⅰ. 투자매매업자

1. 의의

투자매매업자란 금융투자업자 중 누구의 명의로 하든지 자기의 계산으로 금융투자상품의 매도 · 매수, 증권의 발행 · 인수 또는 그 청약의 권유, 청약, 청약의 승낙을 영업으로 하는 금융투자업자를 말한다(법8② 및 법6②). 투자매매업자의 증권의 발행은 일반적으로는 증권의 생산이 아닌 증권의 판매를 말한다. 다만 파생결합증권의 경우에는 증권의 생산도 포함한다.

고유재산운용업무는 "누구의 명의로 하든지 자기의 계산으로 금융투자상품을 매매하거나 소유하는 업무로서 투자매매업이나 기업금융업무(영68②)⁴⁾가 아닌 업무"를 말한다(영50①(1)). 따라서 고유재산운용업무에 대하여는 자본시장법상 투자매매업에 관한 규제가 적용되지 않는다.

2. 금융투자상품의 매매

투자매매업과 투자중개업은 계산의 주체를 기준으로 구분되며 투자매매업은 일반적으로 자기매매 또는 딜러매매라 하고 투자중개업은 위탁매매 또는 브로커매매로 불린다. 자기매매업무(dealing)는 투자매매업무로서 자기계산으로 인적 · 물적 시설을 갖추고 계속적 · 반복적으로 금융투자상품을 매매하는 업무를 말한다. 투자매매업자는 자기매매업무를 통해 증권시장 또는 장외거래에서 일시적인 수급불균형을 조정하는 한편 금융투자상품 가격의 연속성을 확보함으로써 시장조성자(market maker)로서의 역할을 수행한다.

---

4) "기업금융업무"란 다음의 어느 하나에 해당하는 업무를 말한다(영68②).
  1. 인수업무
  2. 모집 · 사모 · 매출의 주선업무
  3. 기업의 인수 및 합병의 중개 · 주선 또는 대리업무
  4. 기업의 인수 · 합병에 관한 조언업무
  4의2. 설비투자, 사회간접자본 시설투자, 자원개발, 그 밖에 상당한 기간과 자금이 소요되는 프로젝트를 수주한 기업을 위하여 사업화 단계부터 특수목적기구(특정 프로젝트를 사업으로 운영하고 그 수익을 주주 등에게 배분하는 목적으로 설립된 회사, 그 밖의 기구)에 대하여 신용공여, 출자, 그 밖의 자금지원("프로젝트금융")을 하는 자금조달구조를 수립하는 등 해당 사업을 지원하는 프로젝트금융에 관한 자문업무
  4의3. 프로젝트금융을 제공하려는 금융기관 등을 모아 일시적인 단체를 구성하고 자금지원조건을 협의하는 등 해당 금융기관 등을 위한 프로젝트금융의 주선업무
  4의4. 제4호의2에 따른 자문업무 또는 제4호의3에 따른 주선업무에 수반하여 이루어지는 프로젝트금융
  5. 경영참여형 사모집합투자기구 집합투자재산의 운용업무

투자매매업자를 상대방으로 하거나 투자중개업자를 통하여 금융투자상품을 매매하는 경우는 투자매매업에 포함되지 않는다(법7⑥(2)). 전문사모집합투자업자가 자신이 운용하는 전문투자형 사모집합투자기구의 집합투자증권을 판매하는 경우도 금융투자업으로 보지 않는다(법7⑥(3)). 또한 국가 또는 지방자치단체가 공익을 위하여 관련 법령에 따라 금융투자상품을 매매하는 경우와 한국은행이 공개시장 조작을 하는 경우는 투자매매업으로 보지 않으며(영7④(1)(2)), 환매조건부매매(RP매매) 중 일반투자자를 상대로 하는 경우에는 투자매매업으로 보고, 전문투자자 등 일정한 요건에 해당하는 전문투자자 간의 환매조건부매매는 투자매매업으로 보지 않는다(영7④(3)).

3. 증권의 발행

일반기업이 자금조달 목적으로 주권, 사채 등의 증권을 발행하는 경우를 투자매매업이라고 보기 어려우므로 자본시장법은 자기가 증권을 발행하는 경우에는 투자매매업으로 보지 아니한다(법7① 본문). 다만, ⅰ) 투자신탁의 수익증권, ⅱ) 대통령령으로 정하는 파생결합증권, ⅲ) 투자성 있는 예금계약, 그 밖에 이에 준하는 것으로서 대통령령으로 정하는 계약에 따른 증권, ⅳ) 투자성 있는 보험계약에 따른 증권은 투자매매업으로 규율하고 있다(법7① 단서). 이것은 자기가 증권을 발행하더라도 계속적·반복적으로 영리를 목적으로 증권을 발행하는 경우에는 투자매매업으로 포함시킬 필요가 있기 때문이다. 목차를 바꾸어 살펴본다.

4. 투자매매업으로 보는 경우

(1) 투자신탁의 수익증권

투자신탁의 수익증권을 발행하는 행위는 자금을 조달하여 특정 자산에 투자하고 그 결과를 투자자에게 귀속시키는 것을 목적으로 집합투자증권을 매도하는 행위이므로 투자매매업에 해당한다.

(2) 파생결합증권

자본시장법 제7조 제1항 제2호에서 "대통령령으로 정하는 파생결합증권"이란 ⅰ) 기초자산이 통화 또는 외국통화로서 지급하거나 회수하는 금전등이 그 기초자산과 다른 통화 또는 외국통화로 표시되고, ⅱ) 증권의 발행과 동시에 금융위원회가 정하여 고시하는 위험회피 목적의 거래5)가 이루어지며, ⅲ) 사업에 필요한 자금을 조달하기 위하여 발행되고, ⅳ) 해당 파생

---

5) "금융위원회가 정하여 고시하는 위험회피 목적의 거래"란 다음의 요건을 모두 충족하는 장외파생상품 거래를 말한다(금융투자업규정1-4의3①).
  1. 위험회피대상인 파생결합증권과 장외파생상품의 기초자산이 동일하고 손익의 변화방향이 반대일 것
  2. 위험회피대상인 파생결합증권의 액면금액과 장외파생상품의 명목원금이 동일할 것

결합증권의 발행인이 전문투자자(시행규칙1의2)라는 발행요건 등을 모두 충족하는 파생결합증권을 제외한 파생결합증권을 말한다(영7①). 이는 국내 기업 또는 금융기관이 낮은 비용으로 달러화를 조달하기 위해 "이종통화표시달러결제채권"[6]을 발행하는 관행을 감안한 것으로 생각된다.

(3) 투자성 있는 예금·보험

자본시장법 제7조 제1항 제3호의 "투자성 있는 예금계약, 그 밖에 이에 준하는 것으로서 대통령령으로 정하는 계약에 따른 증권"은 투자매매업에 해당한다. 여기서 "대통령령으로 정하는 계약에 따른 증권"이란 다음의 어느 하나에 해당하는 것("금적립계좌등")을 말한다(영7②). 즉 ⅰ) 시행령 제4조 각 호[7]의 어느 하나에 해당하는 자("은행등")가 투자자와 체결하는 계약에 따라 발행하는 금적립계좌 또는 은적립계좌[투자자가 은행등에 금전을 지급하면 기초자산인 금(金) 또는 은(銀)의 가격 등에 따라 현재 또는 장래에 회수하는 금전등이 결정되는 권리가 표시된 것으로서 금융위원회가 정하여 고시하는 기준[8]에 따른 파생결합증권], ⅱ) 그 밖에 증권 및 장외파생상품에 대한 투자매매업의 인가를 받은 자가 투자자와 체결하는 계약에 따라 발행하는 파생결합증권으로서 금융위원회가 투자에 따른 위험과 손익의 구조 등을 고려하여 고시하는 파생결합증권[9]을 말한다. 이는 전형적인 예금과 달리 투자성이 있는 금융투자상품의 매매에 해당하는 점을 감안한 것으로 생각된다.

---

3. 위험회피대상인 파생결합증권과 장외파생상품의 계약기간(조기상환조건이 있는 경우 그 조기 상환일을 포함한다)이 동일할 것
6) 이종통화표시달러결제채권은 외화표시채권의 하나로서, 표시통화는 이종통화(달러가 아닌 통화)이고 결제통화는 달러인 채권이다. 투자자의 입장에서 실질적인 자금의 투자는 달러로 이루어지고 만기 이후에 이자와 원금에 대한 수취도 달러로 결제되는 구조를 취한다.
7) 1. 다음의 어느 하나에 해당하는 자("은행")
　　가. 은행법에 따라 인가를 받아 설립된 은행(인가를 받은 외국은행의 지점 또는 대리점 포함)
　　나. 수산업협동조합법에 따른 수협은행
　　다. 농업협동조합법에 따른 농협은행
　2. 한국산업은행법에 따른 한국산업은행
　3. 중소기업은행법에 따른 중소기업은행
8) "금융위원회가 정하여 고시하는 기준"이란 다음의 요건을 모두 충족하는 것을 말한다(금융투자업규정1-4의3②).
　1. 투자자가 금전등을 지급한 날에 파생결합증권이 발행될 것
　2. 파생결합증권의 계약기간(계약기간을 따로 정하지 아니한 경우에는 무기한으로 본다) 동안 매영업일마다 청약 및 발행이 가능할 것
　3. 파생결합증권의 계약기간 동안 매 영업일마다 투자자가 그 파생결합증권을 매도하여 금전 또는 실물로 회수할 수 있을 것
　4. 발행인이 파생결합증권의 발행을 통하여 조달한 자금의 일부를 투자자에게 지급할 실물의 매입을 위하여 사용할 것
9) "금융위원회가 투자에 따른 위험과 손익의 구조 등을 고려하여 고시하는 파생결합증권"이란 금융투자업자가 발행한 파생결합증권(기초자산이 금 또는 은인 파생결합증권에 한한다)으로서 제2항 각 호의 요건을 모두 충족하는 파생결합증권을 말한다(금융투자업규정1-4의3③).

5. 증권의 인수

인수란 제3자에게 증권을 취득시킬 목적으로 ⅰ) 그 증권의 전부 또는 일부를 취득하거나 취득하는 것을 내용으로 하는 계약을 체결하는 것(제1호), ⅱ) 그 증권의 전부 또는 일부에 대하여 이를 취득하는 자가 없는 때에 그 나머지를 취득하는 것을 내용으로 하는 계약을 체결하는 것(제2호) 중 어느 하나에 해당하는 행위를 하거나 그 행위를 전제로 발행인 또는 매출인을 위하여 증권의 모집·사모·매출을 하는 것을 말한다(법9⑪).

증권의 인수업무(underwriting)는 투자매매업무로서 투자매매업자가 신규 발행된 증권을 매출할 목적으로 취득하는 업무를 말하며 발행형태로는 모집·매출(공모), 사모의 세 가지가 있다. "모집"이란 대통령령으로 정하는 방법에 따라 산출한 50인 이상의 투자자에게 새로 발행되는 증권의 취득의 청약을 권유하는 것을 말하고(법9⑦), "매출"이란 대통령령으로 정하는 방법에 따라 산출한 50인 이상의 투자자에게 이미 발행된 증권의 매도의 청약을 하거나 매수의 청약을 권유하는 것(법9⑨)을 말한다. 한편 "사모"란 새로 발행되는 증권의 취득의 청약을 권유하는 것으로서 모집에 해당하지 아니하는 것을 말한다(법9⑧).

Ⅱ. 투자중개업자

1. 의의

투자중개업자란 금융투자업자 중 누구의 명의로 하든지 타인의 계산으로 금융투자상품의 매도·매수, 그 중개나 청약의 권유, 청약, 청약의 승낙 또는 증권의 발행·인수에 대한 청약의 권유, 청약, 청약의 승낙을 영업으로 하는 금융투자업자를 말한다(법8③ 및 법6③). 투자중개업자는 타인의 계산에 의해 영업이 이루어진다는 점에서 투자매매업자와 구분된다. 투자중개업은 종전의 증권거래법에서 규정하고 있던 위탁매매, 매매의 중개 또는 대리, 국내외 증권시장에서의 매매거래에 관한 위탁의 중개·주선 또는 대리 및 모집·매출의 주선업무를 포함한다.

2. 위탁매매업무

위탁매매업무(brokerage)는 증권 및 파생상품 등 금융투자상품에 대한 투자중개업무로서 고객의 매매주문을 성사시키고 수수료를 받는 업무이다. 위탁매매업무는 위탁매매, 매매의 중개·대리 및 위탁의 중개·주선·대리 세 가지 형태로 이루어진다.

ⅰ) 위탁매매는 고객의 매매주문을 받아 투자중개업자의 명의와 고객의 계산으로 금융투

자상품의 매매를 하는 업무이다. 매매거래에 따른 손익은 위탁자인 고객에게 귀속되며 투자중개업자는 고객으로부터 일정한 위탁수수료를 받는다. ⅱ) 매매의 중개·대리는 타인 간의 금융투자상품의 매매가 성립되도록 노력하거나 고객을 대리하여 매매를 하고 일정한 수수료를 받는 업무를 말한다. ⅲ) 위탁의 중개·주선·대리는 한국거래소의 회원이 아닌 투자중개업자가 수행하는 업무로서 비회원인 투자중개업자는 회원인 투자중개업자를 통해 고객의 위탁매매 주문을 중개·주선·대리해주고 고객으로부터 받은 수수료를 회원인 투자중개업자와 배분한다.10)

3. 펀드판매업무 및 랩어카운트업무(자산관리업무)

펀드는 자본시장법상 집합투자기구를 지칭하며, 펀드판매업무는 증권회사가 투자중개업자로서 펀드에서 발행하는 수익증권 등을 투자자에게 판매하는 업무이다.11) 자산관리업무는 투자자문 및 투자일임업자로서 투자자에게 랩어카운트(Wrap Account)12) 및 CMA(Cash Management Account) 서비스 등을 제공하는 업무이다. 랩어카운트는 투자일임업을 경영하는 투자중개업자가 투자중개업무와 투자일임업무를 결합한 자산관리계좌["맞춤식 자산관리계좌(Wrap Account)]이다(금융투자업규정4-77(7)).13) 즉 랩어카운트는 증권회사가 고객의 증권거래, 고객에 대한 자문 등의 서비스를 통합해 제공하고 그 대가로 고객예탁재산의 평가액에 비례하여 연간 단일보수율로 산정한 수수료를 받는 업무이다. 랩어카운트에는 자문형과 일임형 두 가지가 있는데 자문형은 예탁재산의 운용에 대하여 자산관리자가 투자자문서비스를 제공하고 최종결정은 고객이 내리는 반면, 일임형은 증권회사가 고객의 성향에 따라 주식이나 채권, 주식형 펀드 등 투자자의 자산 포트폴리오 구성에서 운용까지 모든 자산운용 업무를 대신한다.

4. CMA업무

CMA(Cash Management Account) 업무는 고객과 사전 약정에 따라 예치자금이 MMF, RP 등 특정 단기금융상품에 투자되도록 설계한 CMA계좌를 고객예탁금 계좌와 연계해 수시입출, 급

---

10) 한국은행(2018), 246-247쪽.

11) 2017년말 현재 투자중개업자별 펀드 판매비중을 보면 증권회사 50.6%, 은행 43.6%, 보험회사 2.9%, 기타 2.9%로 국내에서 판매되는 대부분의 펀드는 증권회사 및 은행을 통해 판매되고 있다. 한편 증권회사 및 은행 모두 MMF와 주식형펀드의 판매비중이 높다(한국은행(2018), 247쪽).

12) 랩어카운트(Wrap Account): 증권회사가 고객의 자산을 대신 운용하는 계좌이고, 이에 관련된 자산운용 서비스의 모든 것을 랩 서비스(Wrap Service)라고 한다. 포장하다(Wrap)와 계좌(Account)의 합성어인 랩어카운트는 고객이 맡긴 자산에 대해 자산구성부터 운용, 투자, 자문까지 통합적으로 관리해주는 종합서비스로 투자중개업무와 투자일임업무가 결합된 맞춤식 자산관리계좌이다.

13) Wrap이란 금융투자회사가 고객의 금융투자상품 거래와 관련한 투자조언, 거래집행, 계좌 및 금융투자상품의 관리 등 일체의 서비스를 단일계약과 단일 수수료체계에 의하여 종합적으로 제공하는 일종의 one- stop service 상품을 지칭하는 실무적 용어로 사용되어 왔다. 2011년 1월 금융투자업규정 개정으로 "투자중개업무와 투자일임업무를 결합한 자산관리계좌"를 "맞춤식 자산관리계좌(Wrap Account)"로 정의하였다.

여이체, 신용카드 결제대금 납부 등의 부가서비스를 제공하는 업무이다.[14] 운용자산의 종류에 따라 RP 투자형 CMA, MMF 투자형 CMA, 투자일임형 CMA, 종금형 CMA, 발행어음형 CMA 등으로 구분된다.

ⅰ) RP 투자형 CMA의 경우 CMA 입금액은 RP에 투자되며, RP는 예금자보호가 되지 않는다. RP수익률은 입금시 회사가 고시하는 약정수익률이 적용되며, 당해 수익률은 시장금리 상황 등에 따라 변동될 수 있다. 파산 등 증권회사의 지급불능 사유 발생시 투자자는 증권회사로부터 현금을 받지 못하고 회사가 투자자에게 조건부 매도한 RP 채권을 보유하게 될 수 있으며, 이 경우 해당 채권의 등급, 금리상황 등에 따라 손실을 입거나 현금화에 곤란을 겪을 수 있다 (금융투자협회 CMA 업무관련 모범규준).

ⅱ) MMF 투자형의 경우 CMA 입금액은 MMF에 투자되며, MMF는 예금자보호가 되지 않는다. MMF는 운용결과에 따라 투자원금의 손실이 발생할 수 있으며, 그 손실은 투자자에게 귀속된다. MMF는 장부가로 평가하지만 시가와 장부가의 차이가 ±0.5%를 초과하거나 초과할 우려가 있는 경우 시가로 전환된다. MMF는 실적배당상품으로 운용결과에 따라 손익이 결정되며, 증권회사가 그 수익을 보장하지 않는다.

ⅲ) 투자일임형 CMA의 경우 CMA 입금액은 증권금융 예수금·콜론, RP 등에 투자된다. CMA 입금액은 운용결과 손실이 발생할 수 있으며 예금자보호가 되지 않는다.

ⅳ) 종금형 CMA는 증권회사가 종합금융회사의 업무도 수행하는 경우 CMA는 최고 5,000만원까지 예금자보호가 가능하다.

ⅴ) 발행어음형 CMA는 종합금융투자사업자가 자본시장법 시행령 제77조의6 제1항 제2호의 단기금융업무에 따라 취급하는 발행어음 투자형 CMA 계좌를 의미한다. 발행어음형 CMA는 CMA 입금액이 발행어음에 투자되며, 예금자보호가 되지 않고, 발행사인 증권회사의 신용위험 (부도, 파산 등)으로 원금 및 수익금을 제때 지급받지 못하거나 원금손실이 발생할 수 있다.

5. 투자중개업으로 보지 않는 경우

투자권유대행인이 투자권유를 대행하는 경우에는 투자중개업으로 보지 아니한다(법7②). 투자권유대행인은 별도로 규제(법51 및 법52)를 받기 때문에 투자중개업으로 보지 않는 것이다. 따라서 등록한 투자권유대행인은 투자중개업 인가를 받지 않고 투자권유대행을 할 수 있다. 거래소가 증권시장 또는 파생상품시장을 개설·운영하는 경우에는 투자중개업으로 보지 않는다

---

14) CMA는 1984년 8월 「종합금융회사에 관한 법률」에 따라 종합금융회사 수신상품의 하나로 도입되었으며 증권회사들은 2003년 11월부터 약관에 의해 취급하기 시작하였다. 그리고 자본시장법 시행으로 2009년 7월부터 은행 요구불예금 수준의 지급결제서비스도 가능해졌다.

(법7⑥(1)). 거래소 회원 간의 중개행위는 투자중개업의 규제에서 제외한 것이다. 한국금융투자협회가 증권시장에 상장되지 아니한 주권의 장외매매거래에 관한 업무(법286①(5)) 및 증권시장에 상장되지 않은 지분증권(주권을 제외한 지분증권)의 장외매매거래에 관한 업무(영 307②(5의2))를 하는 경우도 투자중개업으로 보지 않는다(영7④(4)).

제3절 집합투자업자

Ⅰ. 서설

1. 의의

집합투자업자는 2인 이상의 투자자로부터 모은 금전 등을 투자자의 일상적인 운용지시 없이 투자대상자산에 운용하고 그 결과를 투자자에게 배분 및 귀속시키는 집합투자를 영업으로 하는 금융투자업자를 말한다(법8④ 및 법6④⑤). 집합투자업자는 투자신탁, 투자회사 등의 방식으로 설정·설립되는 집합투자기구의 재산을 운용하는 것을 주된 업무로 한다. 집합투자업자는 자본시장법에 따른 집합투자를 수행하는 금융기관으로서 자산운용회사에 해당된다.

"전문사모집합투자업자"란 집합투자업자 중 전문사모집합투자업을 영위하는 자를 말한다(법9㉙). "전문사모집합투자업"이란 집합투자업 중 전문투자형 사모집합투자기구를 통한 집합투자를 영업으로 하는 것을 말한다(법9㉘).

2. 특징

집합투자의 정의에 해당하는 행위를 영업으로 하는 것은 집합투자업이 되므로, 자본시장법에 따라 집합투자업 라이선스를 가진 자만이 할 수 있다. 금융위원회로부터 집합투자업 인가(공모 집합투자기구)를 받거나 전문사모집합투자업 등록을 하지 않고 집합투자업을 영위하는 것은 금지되며, 위반시에는 형사제재를 받게 된다.

집합투자업자는 투자매매·중개업자와 마찬가지로 시장중개기관에 속한다. 집합투자가 비록 투자자로부터 자금 등을 모아 집합투자기구라는 도구를 통해서 재산을 운용하므로 금융중개기관의 외형을 갖추고 있다 하더라도, 결정적으로 자기계산으로 신용 대위를 하지 않기 때문에 금융중개기관이라고 볼 수 없다. 집합투자업자는 투자자로부터 받은 금전 등에 대해 위험부담을 지지 않으며, 손익에 관계 없이 운용에 대해 일정한 보수·수수료만을 취득할 뿐이다. 편드가 투자한 주식·채권 등이 큰 손실을 본다 할지라도, 집합투자업자는 여전히 일정한 보수·수수료를 취득하며 그 손실에 대해서는 투자자 단독의 부담이 된다.

　　이렇게 집합투자는 투자자가 아닌 자의 명의[15]로 운용된다고 하더라도, 투자자의 계산으로 이루어지기 때문에 금융기관인 집합투자업자는 시장중개기관에 속한다. 그래서 투자자 아닌 자의 지배하에서 운용되는 집합투자 특성은 투자자와 운용자 사이에 중요한 이해상충 문제를 발생시킬 수 있다. 운용자가 운용하지만, 그 손익은 투자자의 몫이 되는 구조에서는 운용자가 투자자의 의사에 반하여 큰 손실을 끼칠 우려가 있다.

Ⅱ. 업무

　　집합투자업자의 업무를 크게 집합투자기구의 기획, 집합투자재산의 운용의 두 가지로 나누어 보았다.

1. 집합투자기구의 기획업무

　　집합투자업자는 집합투자를 수행하기 위해 집합투자기구를 설정·설립한다. 투자신탁형태에서 집합투자업자는 신탁업자(신탁회사)와의 신탁계약을 통해서 투자신탁을 설정하고, 회사형인 투자회사·투자유한회사·투자합자회사·투자유한책임회사에서 집합투자업자는 초기 설립시 정관작성의 주체로 참여한다.[16] 조합형에서 집합투자업자는 조합계약(투자합자조합의 경우)이나 익명조합계약(투자익명조합의 경우)을 작성하는 주체로서 집합투자기구를 설립한다.

　　투자신탁형은 회사형·조합형 집합투자기구와는 달리 스스로 집합투자기구를 설정할 수 없다는 특징이 있다. 즉 투자신탁을 설정하기 위해서 집합투자업자는 반드시 신탁업자인 당사자를 끌어들여야 한다.

2. 집합투자재산의 운용업무

　　집합투자재산의 운용은 매우 광범위하게 해석하여 단순히 집합투자재산을 취득·처분하는 것뿐만 아니라, 집합투자재산과 관련된 집합투자증권의 발행·판매 및 환매, 집합투자기구의 합병 및 해지·해산과 같은 행위까지도 운용업무에 포함될 수 있다. 적어도 집합투자재산이 집합투자기구에 남아 있는 동안 이루어지는 모든 행위는 집합투자재산의 운용업무라고 보아야 투자자를 두텁게 보호할 수 있다.

---

15) 예컨대 투자신탁형은 집합투자업자가, 투자회사형은 투자회사의 명의로 운용된다.
16) 투자회사는 집합투자업자가 아닌 자들로 발기인조합이 구성되어 투자회사를 설립하는 것도 가능하다.

여기서는 협의의 운용업무로 한정하여 살펴본다. 운용이란 집합투자재산에 직접적인 영향을 미치는 행위로, 집합투자재산의 취득·처분 등의 행위를 말한다. 투자신탁과 투자익명조합을 제외하고는 모두 집합투자기구의 명의로 그 운용을 행하며(법80⑤), 투자신탁은 신탁회사의 명의로, 투자익명조합은 집합투자업자의 명의로 운용한다. 투자신탁에서 집합투자업자는 단지 명의자인 신탁업자로 하여금 그 운용의 지시를 내릴 뿐이다.

투자신탁과 관련하여 살펴보면, 집합투자업자는 신탁업자로 하여금 운용의 지시를 통해서 집합투자재산을 운용하는데, 이는 별도의 신탁관계를 통해서 집합투자 운용이 이루어진다고 볼 수 있다. 즉 집합투자업자는 위탁자로서 수탁자인 신탁업자로 하여금 위탁지시를 통해서 신탁업자의 명의로 투자신탁재산을 운용하는 것이다. 하지만 자본시장법에는 투자신탁이 신탁업자 명의로 운용되지 않는 예외조항도 존재한다. 수탁자가 아닌 집합투자업자(위탁자) 스스로의 명의로 운용할 수 있는 단서 규정(법80① 단서)을 두고 있고, 그에 해당하는 투자행위의 범위도 상당히 넓게 규정하고 있다. 집합투자업자의 자산운용에 관하여는 뒤에서 상세히 살펴보기로 한다.

제4절 투자자문·일임업자

I. 투자자문업자

1. 의의

투자자문업자란 금융투자업자 중 금융투자상품, 그 밖에 대통령령으로 정하는 투자대상자산[17]("금융투자상품등")의 가치 또는 금융투자상품등에 대한 투자판단(종류, 종목, 취득·처분, 취

---

[17] "대통령령으로 정하는 투자대상자산"이란 다음의 자산을 말한다(영6의2).
　1. 부동산
　2. 지상권·지역권·전세권·임차권·분양권 등 부동산 관련 권리
　3. 제106조 제2항 각 호의 금융기관에의 예치금
　4. 다음의 어느 하나에 해당하는 출자지분 또는 권리("사업수익권")
　　가. 상법에 따른 합자회사·유한책임회사·합자조합·익명조합의 출자지분
　　나. 민법에 따른 조합의 출자지분
　　다. 그 밖에 특정사업으로부터 발생하는 수익을 분배받을 수 있는 계약상의 출자지분 또는 권리
　5. 다음의 어느 하나에 해당하는 금지금[조세특례제한법 제106조의3 제1항 각 호 외의 부분에 따른 금지금(金地金)＝금괴(덩어리)·골드바 등 원재료 상태로서 순도가 1000분의 995 이상인 금]
　　가. 거래소가 개설한 시장에서 거래되는 금지금
　　나. 은행이 그 판매를 대행하거나 매매·대여하는 금지금
　6. 법 제336조 제1항 제1호 또는 법 제360조 제1항에 따라 발행된 어음(＝단기금융업무)

득·처분의 방법·수량·가격 및 시기 등에 대한 판단)에 관한 자문에 응하는 것을 영업으로 하는 금융투자업자를 말한다(법8⑤ 및 법6⑦).

현재 자본시장에서는 투자매매·중개업자(증권회사), 집합투자업자(자산운용사) 또는 전업투자자문사 등이 투자자문업을 영위한다. 투자자문업은 투자매매·중개업 및 집합투자업과 직접적 연관이 있기 때문에 증권사 및 자산운용사는 투자자문업을 겸영하는 것이 일반적이다. 반면 전업 투자자문사는 투자자문업 또는 투자일임업만을 영위하는 회사이다.

2. 투자자문업으로 보지 않는 경우

불특정 다수인을 대상으로 발행 또는 송신되고, 불특정 다수인이 수시로 구입 또는 수신할 수 있는 간행물·출판물·통신물 또는 방송 등을 통하여 조언을 하는 경우에는 투자자문업으로 보지 아니한다(법7③). 투자자문업자 이외의 자가 이러한 조언을 일정한 대가를 받고 행하는 경우 신고만으로 영업을 할 수 있는 유사투자자문업으로 분류된다(영102). 유사투자자문업이란 불특정 다수인을 대상으로 발행 또는 송신되고, 불특정 다수인이 수시로 구입 또는 수신할 수 있는 간행물·출판물·통신물 또는 방송 등을 통하여 투자자문업자 외의 자가 일정한 대가를 받고 행하는 투자조언을 말한다(영102①).

따로 대가 없이 다른 영업에 부수하여 금융투자상품등의 가치나 그 금융투자상품등에 대한 투자판단에 관한 자문에 응하는 경우에는 투자자문업으로 보지 않는다(영7④(8)).

집합투자기구평가회사, 채권평가회사, 공인회계사, 감정인, 신용평가를 전문으로 하는 자, 변호사, 변리사 또는 세무사, 그 밖에 이에 준하는 자로서 해당 법령에 따라 자문용역을 제공하고 있는 자(그 소속단체를 포함)가 해당 업무와 관련된 분석정보 등을 제공하는 경우에는 투자자문업으로 보지 않는다(영7④(9) 및 영7⑤(4) 마목).

Ⅱ. 투자일임업자

1. 의의

투자일임업자란 금융투자업자 중 투자자로부터 금융투자상품등에 대한 투자판단의 전부 또는 일부를 일임받아 투자자별로 구분하여 그 투자자의 재산상태나 투자목적 등을 고려하여 금융투자상품등을 취득·처분, 그 밖의 방법으로 운용하는 것을 영업으로 하는 금융투자업자를 말한다(법8⑥ 및 법6⑧).

투자일임업에는 매매 등 자산의 운용, 자산의 보관 및 관리(배당금과 이자의 수령 등), 자산

운용에 따른 각종 보고 등의 업무가 포함된다. 투자일임재산은 투자자문업의 경우와 같이 금융투자상품에 한정되나, 그 운용방법으로는 매매 외에 다양한 방법이 인정된다. 자본시장법은 자산운용방법을 특별히 제한하고 있지 않기 때문에 투자신탁 등 집합투자, 신탁업자에 대한 신탁, 금융기관에의 예치, 단기대출 등의 방법으로 운용하는 것이 가능하다.

투자일임행위가 투자일임업으로 인정되기 위해서는 그에 대한 "보수를 받고" 이를 "영업으로" 하여야 한다. 투자매매·중개업자(증권회사)가 투자자의 매매주문을 처리하는 과정에서 투자자로부터 투자판단의 전부 또는 일부를 일임받는 것은 단지 위탁매매의 실행에 부수하는 것으로서 별도의 보수가 지급되지 않기 때문에 투자일임업으로 보지 않는다.

투자일임업은 성질상 법인뿐만 아니라 개인도 영위할 수 있으나, 자본시장법은 투자자 보호를 위하여 영업의 건전성과 재무안정성 및 전문성을 확보하고자 투자일임업을 영위할 수 있는 자의 자격을 다른 금융투자업의 경우와 마찬가지로 상법상 주식회사로 제한하였다. 투자일임약정은 투자일임재산의 운용과 관련한 일체의 권한을 투자일임업자에게 위임하는 위임계약에 해당한다. 투자자는 투자일임재산의 취득·처분 등 운용에 직접 관여할 수 있고, 투자일임재산이 주식인 경우에는 의결권 등 공익권과 이익배당청구권 등 자익권 모두를 직접 행사할 수 있으며, 언제든지 투자일임약정을 해지할 수 있다.

투자일임업은 투자일임업자가 투자결정을 전담한다는 점에서 집합투자업과 유사하나, 집합투자업이 불특정 다수인이 참여하는 집합투자수단(투자신탁, 투자회사 등)을 제공하는 것과 달리, 투자일임업은 특정 투자자를 위한 개별적인 투자수단을 제공하는 점에서 차이가 있다.

2. 강화된 등록요건

투자자문은 증권 등 투자자문자산의 가치분석 등에 의하여 투자자에게 투자판단에 관한 조언을 하는 것이고, 투자일임은 그 투자판단을 기초로 고객을 위해 투자의 결정까지 하는 것이다. 양자는 모두 투자판단을 전제로 하는데, 투자자문은 투자결정에 관한 권한이 고객 자신에게 있는 반면, 투자일임업은 투자일임업자에게 이에 관한 재량권이 부여된다. 따라서 자본시장법은 투자일임업에 대해서 투자자문업의 등록요건에 더하여 자기자본, 투자운용 전문인력 등에 있어 한 단계 더 강화된 등록요건을 부과하고 있다. 이러한 특성상 투자일임업은 투자자문업을 전제로 하고, 당연히 투자자문업을 겸하게 된다.

3. 투자일임업으로 보지 않는 경우

투자중개업자가 투자자의 매매주문을 받아 이를 처리하는 과정에서 금융투자상품에 대한 투자판단의 전부 또는 일부를 일임받을 필요가 있는 경우로서 ⅰ) 투자자가 금융투자상품의 매매거래일(하루에 한정)과 그 매매거래일의 총매매수량이나 총매매금액을 지정한 경우로서 투자자로부터 그 지정 범위에서 금융투자상품의 수량·가격 및 시기에 대한 투자판단을 일임받은 경우, ⅱ) 투자자가 여행·질병 등으로 일시적으로 부재하는 중에 금융투자상품의 가격 폭락 등 불가피한 사유가 있는 경우로서 투자자로부터 약관 등에 따라 미리 금융투자상품의 매도 권한을 일임받은 경우, ⅲ) 투자자가 금융투자상품의 매매, 그 밖의 거래에 따른 결제나 증거금의 추가예탁 또는 법 제72조에 따른 신용공여와 관련한 담보비율 유지의무나 상환의무를 이행하지 아니한 경우로서 투자자로부터 약관 등에 따라 금융투자상품의 매도권한(파생상품인 경우에는 이미 매도한 파생상품의 매수권한을 포함)을 일임받은 경우, ⅳ) 투자자가 투자중개업자가 개설한 계좌에 금전을 입금하거나 해당 계좌에서 금전을 출금하는 경우에는 따로 의사표시가 없어도 자동으로 단기금융집합투자기구의 집합투자증권 등을 매수 또는 매도하거나 증권을 환매를 조건으로 매수 또는 매도하기로 하는 약정을 미리 해당 투자중개업자와 체결한 경우로서 투자자로부터 그 약정에 따라 해당 집합투자증권 등을 매수 또는 매도하는 권한을 일임받거나 증권을 환매를 조건으로 매수 또는 매도하는 권한을 일임받은 경우, ⅴ) 그 밖에 투자자 보호 및 건전한 금융거래질서를 해칠 염려가 없는 경우로서 금융위원회가 정하여 고시하는 경우에는 투자일임업으로 보지 아니한다(법7④, 영7③). 이 경우는 투자중개업자가 따로 대가 없이 금융투자상품에 대한 투자판단(법 제6조 제7항에 따른 투자판단)의 전부나 일부를 일임받는 경우이다(영7③).

제5절 신탁업자

Ⅰ. 의의

1. 신탁업자의 의의

신탁업자란 금융투자업자 중 신탁업을 영위하는 금융투자업자를 말한다(법8⑦ 및 법6⑨). 신탁업자는 금전 또는 재산을 고객(위탁자)으로부터 수탁받아 수익자(고객 또는 제3자)의 이익을 위해 운영·관리·처분하는 기능을 담당한다.

신탁업자로는 은행, 금융투자업자(증권회사), 보험회사 등에 의한 신탁겸업사와 부동산신탁회사가 있다. 겸업사의 경우 부동산신탁업무의 범위[18] 등에서 다소 차이가 있는 점을 제외

---

18) 투자매매·중개업자(증권회사)의 경우 신탁업자로서의 대출업무가 제한된다. 부동산 신탁업무와 관련하여 은행의 경우 토지신탁 업무가, 투자매매·중개업자 및 보험회사는 담보 및 토지신탁 업무가 제한된다.

하고는 대부분 동일하다. 겸업사 신탁계정에서는 금전 및 재산을 신탁받아 이를 유가증권, 대출금 등으로 운용하여 그 수익을 분배하는 업무가 이루어진다.

2020년 12월말 기준 신탁 겸업사는 국내은행 16개[19]와 외국은행 국내지점 3개,[20] 증권사 20개,[21] 보험회사 6개[22] 등이 있다. 한편 부동산 신탁회사는 2009년(2개사 인가) 이후 추가 진입 없이 11개사[23]가 영업 중이었는데, 2019년 3개사[24]를 신규인가하여 총 14개사가 영업 중이다.

2. 부동산신탁업자의 의의

부동산신탁업자는 부동산 소유자인 위탁자와 신탁계약을 체결하고 그 부동산을 관리·처분·개발함으로써 나오는 수익을 수익자에게 교부하고 그 대가로 수수료(신탁보수)를 취득한다. 부동산신탁과 유사 개념으로 부동산투자신탁이 있는바, 이는 금전을 신탁받아 부동산에 투자하는 기존의 불특정금전신탁 상품을 일컫는 것으로서 현물인 부동산 자체를 신탁받는 부동산신탁과는 근본적으로 다르다.

부동산의 관리·처분·개발에 신탁제도를 도입한 이유는 신탁재산은 독립성이 보장되고 강제집행 등이 금지되어 수익자 및 신탁재산의 보호에 만전을 기할 수 있기 때문이다. 부동산신탁제도는 부동산에 대한 전문성을 보유한 신탁회사가 부동산을 관리·개발함으로써 한정된 자원을 효율적으로 이용할 수 있을 뿐만 아니라 부동산 매매가 수반되지 않으므로 양도과정에서의 양도세 및 등록세 등 제반 비용을 절감할 수 있다. 한편 부동산신탁회사는 인가조건으로 그 수탁가능 재산이 부동산 등으로 제한됨에 따라 부동산을 수탁받아 그에 대한 관리·처분·개발을 대행하는 업무를 수행하고 부수업무로서 주로 부동산컨설팅, 대리사무, 부동산매매의 중개 등을 수행한다.[25]

Ⅱ. 업무

신탁업무는 신탁관계인, 신탁재산 등의 개념과 수탁자의 권리의무 등 신탁에 관한 일반적

---

19) 신한, 우리, SC제일, KEB하나, 씨티, 국민, 대구, 부산, 광주, 경남, 산업, 기업, 농협, 수협, 전북 15개사(인가단위: 종합신탁업), 제주 1개사(인가단위: 금전신탁업).
20) 뉴욕멜론(인가단위: 종합신탁업), 도이치, 홍콩상하이 2개사(인가단위: 금전신탁업).
21) 신한, 교보, 대신, 미래에셋대우, 하나, 유안타, 삼성, 한국투자, KB, 키움, NH투자, 한화, 메리츠, 신영, 유진투자, HMC투자, 동부, SK, IBK 19개(인가단위: 종합신탁업), 하이(인가단위: 금전신탁업).
22) 미래에셋생명, 삼성생명, 한화생명, 흥국생명(인가단위: 종합신탁업), 교보생명, 삼성화재(인가단위: 금전신탁업)
23) 한국토지, KB부동산, 대한토지, 생보부동산, 한국자산, 하나자산, 코람코자산, 아시아, 국제자산, 무궁화, 코리아(인가단위: 부동산신탁업).
24) 대신자산신탁, 신영부동산신탁, 한국투자부동산신탁(인가단위: 부동산신탁업).
25) 한국은행(2018), 268쪽.

인 법률관계를 민사적 차원에서 규정하고 있는 신탁법과 신탁업자 업무의 내용, 감독 등을 규정하고 있는 자본시장법에 의하여 운영된다. 신탁업자가 신탁계약에 따라 인수할 수 있는 재산은 금전, 증권, 금전채권, 동산, 부동산, 지상권·전세권·부동산임차권·부동산소유권 이전등기청구권 및 그 밖의 부동산 관련 권리, 지적재산권 등 무체재산권으로 제한되어 있다. 수탁업무는 이러한 인수재산에 따라 크게 금전신탁과 재산신탁으로 구분된다. 이외에도 담보부사채신탁법, 신탁법 등에 근거를 두고 담보부사채신탁, 공익신탁 등의 수탁업무를 영위하고 있다.

자본시장법은 신탁재산에 속하는 금전의 운용방법을 증권, 장내외 파생상품 등 금융투자상품의 매수, 금융기관에의 예치, 금전채권의 매수, 대출, 어음의 매수, 실물자산의 매수, 무체재산권의 매수, 부동산의 매수 또는 개발, 그 밖에 신탁재산의 안전성·수익성 등을 고려하여 대통령령으로 정하는 방법 등으로 제한하고 있다(법106). 또한 신탁운용자산의 처분은 이해상충 방지를 위해 시장을 통하여 매매함을 원칙으로 하며 특정 신탁상품의 수익률을 제고할 목적으로 운용자산을 편출하거나 편입할 수 없다.

제6절 종합금융투자사업자

Ⅰ. 서설

1. 입법배경

국내 증권산업은 대형 증권회사나 중소형 증권회사 모두 위탁매매·단순중개 위주의 동질적인 업무를 주로 수행하고 있어 증권회사의 역량이 글로벌 투자은행(IB)[26]에 비해 절대적으로 낮은 수준이다. 국내 증권회사는 기업공개(IPO), 회사채 인수 등의 전통적인 투자은행 업무에 이제 진입한 단계로 해외 유수의 투자은행이 자본시장에 제공하는 M&A, 프로젝트파이낸싱 등 모험자본의 기능은 부족한 것으로 평가받고 있다.[27] 그 결과 국내 증권회사들은 대형 증권회사와 중소형 증권회사 모두 위탁매매·IPO·회사채 인수 등의 동질적인 업무를 수행하면서 저

---

26) 전통적인 투자은행의 개념은 증권의 발행시장에서 인수(underwriting) 등 투자의 형태로 기업에 자금을 중개·공급하는 업무를 의미하지만, 최근 투자은행의 영역은 기업의 설립·성장·변경·구조조정의 과정에서 M&A, 프로젝트파이낸싱 등 금융업무 일체를 주선·자문하는 업무로 확대되었다.
27) 국내 상위 5개 증권회사의 규모는 미국 골드만삭스 대비 총자산 1.6%, 자기자본 3.2%, 직원 수 5.9%에 불과하고, 일본 노무라 자기자본의 1/8, 중국 중신증권 자기자본의 1/4로 나타나는 등 매우 작은 수준이다 (자본시장연구원(2011), "국내 투자은행 활성화 방안", 자본시장 제도개선 민관합동위원회 제4차 회의 (2011. 6. 1), 4쪽).

가 출혈 경쟁을 벌이고 있는 상황으로 볼 수 있다. 반대로 M&A 자문, 구조화증권(주가연계증권 등) 발행 등 고부가가치 업무는 외국계 투자은행에 내주는 등 고착화된 국내 증권산업의 구조 변화가 필요하다는 지적이 제기되어 왔다.[28]

한편 2009년 2월 금융투자상품 포괄주의, 금융투자업 겸영주의 도입 등 증권회사 간 경쟁을 촉진시켜 자본시장의 구조적인 변화를 유도하기 위한 자본시장법이 제정·시행되었다. 하지만 2008년 미국에서 촉발된 서브프라임 모기지 사태가 유럽 재정위기 등 글로벌 금융위기로 확대되면서 법률 제정 당시 기대했던 선진 투자은행의 출현 등의 혁신적인 변화는 미흡한 상황이었다. 이에 따라 정부는 자본시장과 금융투자업의 재도약을 위한 시장 선도적인 한국형 투자은행의 출현을 유도하기 위해 종합금융투자사업자 제도를 도입하는 자본시장법 개정을 추진하였다.

2013년 5월 개정된 자본시장법은 투자은행을 활성화하기 위하여 대형 증권회사를 종합금융투자사업자로 지정하여 신규 업무를 허용하는 것을 주요 내용으로 하고 있다. 종합금융투자사업자제도는 투자은행 활성화를 통해 위탁매매·단순중개 업무에만 치중되어 있는 국내 증권산업의 구조개편과 함께 자본시장의 실물경제 지원을 강화하는 데에 그 목적이 있다.

하지만 종합금융투자사업자제도 도입 후 현재까지 국내 증권산업은 여전히 중개업 영역에서 크게 벗어나지 못하고 있고, 투자은행으로서의 기능과 경쟁력은 부족하다는 것이 일반적인 평가이다. 이에 정부는 2016년 8월 초대형 투자은행 육성을 위한 종합금융투자사업자제도의 개선방안[29]을 발표하였으며, 2017년 5월 자본시장법 시행령 개정을 통해 자기자본 규모에 따라 신규 업무를 추가 허용하는 등 증권회사의 대형화를 유도하는 정책을 강화하고 있다. 개정된 자본시장법 시행령은 자기자본 요건에 따라 초대형 종합금융투자사업자가 영위할 수 있는 단기금융업무(4조원), 종합투자계좌업무(8조원)를 추가 허용하는 것을 주요 내용으로 하고 있다.

2. 종합금융투자사업자의 의의와 지정요건

종합금융투자사업자란 투자매매업자 또는 투자중개업자 중 금융위원회의 지정을 받은 자를 말한다(법8⑧). 자본시장법은 금융투자업을 크게 6가지로 분류하여 금융위원회의 인가를 받거나 등록을 하도록 하고 있는데(법12), 종합금융투자사업자는 인가 제도가 아닌 투자매매업자 또는 투자중개업자가 일정 요건을 구비한 경우 투자은행 업무를 영위할 수 있도록 금융위원회가 지정하는 방식이다(법77의2①). 투자매매업자 또는 투자중개업자가 종합금융투자사업자로

---

28) 조대형(2018), "종합금융투자사업자 제도의 입법영향에 대한 연구", 은행법연구 제11권 제1호(2018. 5), 123–125쪽.
29) 금융위원회(2016), "초대형 투자은행 육성을 위한 종합금융투자사업자 제도 개선방안"(2016. 8. 2) 보도자료.

지정받고자 하는 경우 금융위원회에 신청하여야 한다(법77의2②).

투자매매업자 또는 투자중개업자가 금융위원회로부터 종합금융투자사업자로 지정받기 위해서는 다음의 요건을 모두 갖추어야 한다. ⅰ) 상법에 따른 주식회사이어야 한다. 지정요건의 하나로 주식회사의 형태를 요구함으로써 종합금융투자사업자의 자본력 축적을 유도하고 있다. ⅱ) 증권에 관한 인수업을 영위해야 한다. 투자은행의 핵심 업무가 인수(underwriting) 업무라는 것을 감안하여 종합금융투자사업자 지정을 신청하는 투자매매업자 또는 투자중개업자가 인수업을 영위하고 있어야 하는 요건을 부과하고 있다. ⅲ) 3조원 이상으로서 대통령령으로 정하는 금액[30] 이상의 자기자본을 보유하여야 한다. 종합금융투자사업자의 자기자본 3조원 기준은 시장 선도적 대형 투자은행을 육성하려는 정책 목적을 달성하기 위해 충분한 자기자본이 필요하다는 점이 고려되었다. ⅳ) 해당 투자매매업자 또는 투자중개업자의 신용공여 업무수행에 따른 위험관리 능력 등을 고려하여 대통령령으로 정하는 기준[31]을 충족해야 한다(법77의2①).[32]

2020년 12월 기준 금융위원회로부터 종합금융투자사업자로 지정받은 증권회사는 미래에셋대우, NH투자증권, 한국투자증권, 삼성증권, KB증권, 신한금융투자, 메리츠종합금융증권, 하나금융투자 총 8개사이다.[33]

---

30) "대통령령으로 정하는 금액"이란 다음의 구분에 따른 금액을 말한다(영77의3①).
    1. 전담중개업무, 기업에 대한 신용공여 업무 및 다자간매매체결업무(영77의6①(1))를 하려는 종합금융투자사업자: 3조원
    2. 제1호에 따른 업무 및 단기금융업무(법360)를 하려는 종합금융투자사업자: 4조원
    3. 제2호에 따른 업무 및 종합투자계좌[고객으로부터 예탁받은 자금을 통합하여 기업신용공여 등 금융위원회가 정하여 고시하는 기업금융 관련 자산("기업금융관련자산") 등에 운용하고, 그 결과 발생한 수익을 고객에게 지급하는 것을 목적으로 종합금융투자사업자가 개설한 계좌]업무(영77의6①(3))를 하려는 종합금융투자사업자: 8조원
31) "대통령령으로 정하는 기준"이란 다음의 기준을 말한다(영77의3②).
    1. 종합금융투자사업자의 업무와 관련한 위험관리 및 내부통제 등을 위한 적절한 인력, 전산시스템 및 내부통제장치를 갖출 것
    2. 다음의 요건을 모두 갖출 것
       가. 법 제44조(이해상충의 관리)에 따라 이해상충이 발생할 가능성을 파악·평가·관리할 수 있는 적절한 내부통제기준을 갖출 것
       나. 정보교류행위(법45①②)가 발생하지 아니하도록 적절한 체계를 갖출 것
32) A금융투자는 법 제77조의2 및 영 제77조의3 제1항 제1호에 따라 종합금융투자사업자 지정을 신청하였다. 다만, 자기자본 3조원의 종합금융투자사업자가 영위할 수 있는 3가지 업무, 즉 전문투자형 사모집합투자기구 등에 대한 전담중개업무(법77의3①), 기업에 대한 신용공여업무(법77의3③), 내부주문집행업무(영77의6①(1)) 중 기업에 대한 신용공여업무만을 신청하였다. A금융투자의 종합금융투자사업자 지정신청에 대하여 법령상 요건을 검토한 결과 요건을 모두 충족하고 있어 신청내용대로 영 제77조의3 제1항 제1호에 따른 종합금융투자사업자로 지정하였다.
33) 2013년 10월 30일 금융위원회로부터 미래에셋대우(구 대우증권), NH투자증권(구 우리투자증권), 한국투자증권, 삼성증권, KB증권(구 현대증권)이 종합금융투자사업자로 지정받았으며, 2017년 3월 8일 신한금융투자, 2017년 11월 23일 메리츠종합금융증권, 2019년 7월 10일 하나금융투자가 종합금융투자사업자로 추가 지정받았다.

Ⅱ. 업무

1. 전담중개업무

종합금융투자사업자가 프라임브로커(prime broker)로서 전문투자형 사모집합투자기구 등을 대상으로 증권대차, 신용공여, 펀드재산 보관·관리 등의 종합금융서비스를 제공할 수 있도록 전담중개업무를 허용하고 있다(법77의3①).

전담중개업무란 전문투자형 사모집합투자기구, 그 밖에 대통령령으로 정하는 투자자[34] ("전문투자형 사모집합투자기구등")에 대하여 ⅰ) 증권의 대여 또는 그 중개·주선이나 대리업무, ⅱ) 금전의 융자, 그 밖의 신용공여, ⅲ) 전문투자형 사모집합투자기구등의 재산의 보관 및 관리, ⅳ) 전문투자형 사모집합투자기구등의 투자자재산(전문투자형 사모집합투자기구등의 재산으로서 전담중개업무의 대상이 되는 투자자재산)의 매매에 관한 청약 또는 주문의 집행업무, ⅴ) 전문투자형 사모집합투자기구등의 투자자재산의 매매 등의 거래에 따른 취득·처분 등의 업무, ⅵ) 파생상품의 매매 또는 그 중개·주선·대리업무, ⅶ) 환매조건부매매 또는 그 중개·주선·대리업무, ⅷ) 집합투자증권의 판매업무, ⅸ) 전문투자형 사모집합투자기구등의 투자자재산의 운용과 관련한 금융 및 재무 등에 대한 자문업무, ⅹ) 다른 투자자의 투자를 유치하거나 촉진하기 위하여 전문투자형 사모집합투자기구에 출자(투자신탁의 경우에는 그 수익증권의 매수를 포함)를 하는 업무를 효율적인 신용공여와 담보관리 등을 위하여 증권의 대여 또는 그 중개·주선이나 대리업무, 금전의 융자, 그 밖의 신용공여, 전문투자형 사모집합투자기구등의 재산의 보관 및 관리(법 제6조 제10항 제1호부터 제3호까지의 업무) 및 위의 업무를 서로 연계하여 제공하는 업무를 말한다(법6⑩, 영6의3③②). 이 경우 금전의 융자, 그 밖의 신용공여, 전문투자형 사모집합투자기구등의 재산의 보관 및 관리(법 제6조 제10항 제2호 및 제3호)의 업무가 포함되어야 한다(영6의3②).

2. 신용공여업무

종합금융투자사업자는 전담중개업무 외에 투자은행 업무 활성화를 위해 기존에 금융투자업자에게 허용되지 않았던 기업에 대한 신용공여업무를 영위할 수 있다(법77의3③(1)). 따라서

---

[34] "대통령령으로 정하는 투자자"란 다음의 어느 하나에 해당하는 투자자를 말한다(영6의3①).
  1. 전문투자자인 금융기관(영10②)
  2. 법률에 따라 설립된 기금(제10호 및 제11호는 제외) 및 그 기금을 관리·운용하는 법인(영10③(12)), 법률에 따라 공제사업을 경영하는 법인(영10③(13)), 그리고 이에 준하는 외국인
  3. 경영참여형 사모집합투자기구(법9⑲(1))
  4. 법 제279조 제1항에 따른 외국 집합투자기구(법 제9조 제19항에 따른 사모집합투자기구에 상당하는 집합투자기구로 한정)

종합금융투자사업자는 대출, 기업어음증권에 해당하지 않는 어음의 할인·매입 등의 방법으로 신용공여를 할 수 있다(영77의5①).[35] 종합금융투자사업자가 전담중개업무를 영위하는 경우에는 제72조[36]에도 불구하고 증권 외의 금전등에 대한 투자와 관련하여 전문투자형 사모집합투자기구등에 신용공여를 할 수 있다(법77의3④).

3. 기타 대통령령으로 정하는 업무

(1) 의의

종합금융투자사업자는 자본시장법 또는 다른 금융관련법령에도 불구하고 해당 종합금융투자사업자의 건전성, 해당 업무의 효율적 수행에 이바지할 가능성 등을 고려하여 종합금융투자사업자에게만 허용하는 것이 적합한 업무로서 ⅰ) 상장주권 등의 장외매매업무 등(제1호), ⅱ) 법 제360조에 따른 단기금융업무(제2호), ⅲ) 종합투자계좌업무를 영위할 수 있다(법77의3③ (2), 영77의6①).

(2) 상장주권 등의 장외매매업무 등

종합금융투자사업자는 증권시장에 상장된 주권, 증권시장에 상장되지 아니한 주권, 그 밖에 금융위원회가 정하여 고시하는 금융투자상품에 관하여 동시에 다수의 자를 거래상대방 또는 각 당사자로 하는 장외매매 또는 그 중개·주선이나 대리업무로서 ⅰ) 해당 금융투자상품의 매매주문이 금융위원회가 정하여 고시하는 매매금액 또는 매매수량 기준을 초과하고, ⅱ) 증권시장에 상장된 주권인 경우 그 주권이 상장된 거래소에서 형성된 매매가격에 근거하여 매매가격을 결정하는데 적합한 업무(영77의6①(1))를 영위할 수 있다.

(3) 단기금융업무

(가) 의의

단기금융업무란 1년 이내에 만기가 도래하는 어음의 발행·할인·매매·중개·인수 및 보증업무와 그 부대업무로서 어음을 담보로 한 대출업무를 말한다(법360①), 영348①②). 단기금융회사란 단기금융업무를 영위하기 위하여 일정한 요건을 갖추어 금융위원회의 인가를 받은 자를 말한다(법360①②, 영348①-④). 즉 종합금융투자사업자로서 지정된 후 일정한 요건을 갖추어 금융위원회의 인가를 받은 자가 단기금융회사이다.

---

35) 기업신용공여 업무는 기업에 대한 대출과 어음할인을 의미하며, 전통적으로 은행, 저축은행, 보험사, 여신전문금융회사 등에서 이루어지던 업무이다.

36) 투자매매업자 또는 투자중개업자는 증권과 관련하여 금전의 융자 또는 증권의 대여의 방법으로 투자자에게 신용을 공여할 수 있다. 다만, 투자매매업자는 증권의 인수일부터 3개월 이내에 투자자에게 그 증권을 매수하게 하기 위하여 그 투자자에게 금전의 융자, 그 밖의 신용공여를 하여서는 아니 된다(법72).

(나) 신용공여

자본시장법 제361조는 "인가받은 단기금융업무의 범위에서" 종합금융회사 규정을 준용하고 있다(법361). 여기서 신용공여와 관련된 규정은 다음과 같다. 즉 자본시장법 제342조와 제343조인데, 제342조가 신용공여 정의규정을 두면서 "이하 이 장에서 같다"라고 규정하고 있으므로 제343조도 해당된다.

따라서 단기금융회사는 같은 개인·법인 및 그와 신용위험을 공유하는 자("동일차주")에 대하여 그 단기금융회사의 자기자본(국제결제은행의 기준에 따른 기본자본과 보완자본의 합계액을 말한다)의 25%를 초과하는 신용공여를 할 수 없다(법342①). 여기서 신용공여란 대출, 어음의 할인, 지급보증, 자금 지원적 성격의 증권의 매입, 그 밖에 금융거래상의 신용위험을 수반하는 단기금융회사의 직접·간접적 거래를 말한다(법342①). 자기자본, 신용공여 및 동일차주와 제2항에 따른 관계인의 구체적 범위는 대통령령으로 정한다(법342⑦).

이에 따라 자본시장법 시행령에 의하면 신용공여는 대출, 어음의 할인, 지급보증, 자금지원적 성격의 증권의 매입, 어음의 매입, 지급보증에 따른 대지급금의 지급, 시설대여, 그 밖에 거래상대방의 지급불능시 이로 인하여 종합금융회사에 손실을 초래할 수 있는 거래로 하되, 그 구체적인 범위는 금융위원회가 정하여 고시한다고 규정한다(영336). 이에 따라 금융투자업규정 제8-33조(신용공여의 범위)는 신용공여의 구체적인 범위를 정하고 있다(별표 23).

(4) 종합투자계좌업무

종합금융투자사업자는 종합투자계좌업무를 영위할 수 있다(영77의6①(3)).[37] 종합투자계좌란 고객으로부터 예탁받은 자금을 통합하여 기업신용공여 등 금융위원회가 정하여 고시하는 기업금융 관련 자산("기업금융관련자산")[38] 등에 운용하고, 그 결과 발생한 수익을 고객에게 지

---

[37] 종합투자계좌업무는 고객으로부터 예탁받은 금전을 통합 운용하고 창출된 수익을 고객에게 지급하는 업무이다. 종합투자계좌업무는 자산운용방식(통합운용), 자산관리방식(신탁)), 고객모집방법(불특정다수 고객을 상대로 한 투자권유)에서 집합투자업 또는 과거 은행이 운용해온 불특정금전신탁 업무와 유사하다고 할 수 있다. 다만 종합투자계좌의 경우 투자손실 발생 시 동 손실을 종합금융투자사업자가 적립한 손실충당금으로 우선 충당하도록 하고 있어, 완전 실적배당 방식인 펀드 등과 차이가 있다.

[38] "금융위원회가 정하여 고시하는 기업금융 관련 자산"이란 다음의 어느 하나에 해당하는 것을 말한다(금융투자업규정4-102의6).
1. 기업에 대한 신용공여 업무(법77의3③(1))를 영위하면서 취득한 대출채권 또는 어음(기업어음증권에 해당하지 아니하는 어음)
2. 발행인 또는 인수인으로부터 직접 취득한 발행인이 기업인 증권
3. 프로젝트파이낸싱을 위해 설립된 특수목적기구에 대한 출자지분 및 대출채권
4. 다음의 어느 하나에 해당하는 기구에 대한 출자지분
   가. 기업인수목적회사(영6④(14))
   나. 경영참여형 사모집합투자기구
   다. 전문투자형 사모집합투자기구(제4-6조 제4항 제2호 기준을 충족하는 것에 한한다)
   라. 영 제6조 제1항 각 호에 따른 법률(＝부동산투자회사법, 선박투자회사법, 문화산업진흥 기본법, 산

급하는 것을 목적으로 종합금융투자사업자가 개설한 계좌를 말한다(영77의6①(3)).

제7절 겸영금융투자업자

겸영금융투자업자란 은행, 보험회사, 한국산업은행, 중소기업은행, 한국수출입은행, 증권금융회사, 종합금융회사, 자금중개회사, 외국환거래법에 따른 외국환중개회사, 한국주택금융공사 등으로 금융투자업을 겸영하는 자를 말한다(법8⑨, 영7의2).

제8절 온라인소액투자중개업자

Ⅰ. 서설

1. 크라우드펀딩의 의의

크라우드펀딩이란 창의적 아이디어나 사업계획을 가진 신생·창업기업 등이 중개업자의 온라인 펀딩포털(인터넷 홈페이지)에서 집단지성을 활용하여 다수의 투자자로부터 자금을 조달하는 방식을 의미한다.[39] 크라우드펀딩(Crowdfunding)은 사업자나 프로젝트 실행 주체 등이 불특정 대중(Crowd)으로부터 인터넷을 통한 자금의 공급을 받는 구조이며 기부, 지원, 상품·서비스의 구입, 투자자금조달(금융) 등 다양한 면을 가지고 있다. 크라우드펀딩은 오프라인 금융시장에서 정보통신기술의 발달과 SNS(Social Network Service) 활성화로 인하여 더욱 성장하고 있다. 크라우드펀딩은 크게 4가지 형태로 나눌 수 있다. 즉 크라우드펀딩 플랫폼은 투자방식

업발전법, 벤처투자 촉진에 관한 법률, 여신전문금융업법, 소재·부품·장비산업 경쟁력강화를 위한 특별조치법, 농림수산식품투자조합 결성 및 운용에 관한 법률)에 따라 설립된 투 자기구
　마. 그 밖에 금융감독원장이 정하는 투자기구
　5. 코넥스시장에 주권을 상장한 법인의 주권
　6. 신용평가업자로부터 투자부적격 등급, 투자적격 등급 중 최하위 등급 또는 차하위 등급을 받은 회사채(단기사채는 제외)
　7. 그 밖에 기업 자금 조달과의 관련성을 감안하여 금융감독원장이 정하는 자산
39) 금융위원회·미래창조과학부·문화체육관광부·중소기업청·민관합동창조경제추진단·금융감독원, "크라우드펀딩 활성화 방안"(2016. 1. 19) 보도자료.

및 목적에 따라 지분투자, 대출, 후원(비금전적 보상), 기부 방식의 4가지 형태로 구분이 가능하다. 그중 금융형 크라우드펀딩인 증권형·대출형 크라우드펀딩은 자금수요자의 입장에서는 대안적 자금조달수단으로서 활용할 수 있도록 하고, 자금공급자의 입장에서는 저금리에 따른 투자수익의 문제를 극복하기 위해 활용되고 있다.[40]

크라우드펀딩은 인터넷을 통하여 불특정 일반대중(Crowd)으로부터 소액의 자금을 십시일반으로 모집하는 행위로서 제도권 금융기관에 접근하기 어려운 창업 초기단계의 기업 또는 영세 중소기업, 예술가, 사회운동가 등이 자금을 모집할 때 사용한다. 소규모 후원이나 투자 등의 목적으로 인터넷과 같은 플랫폼을 통해 다수의 개인들이 참여하며 소셜 네트워크서비스를 활용한다는 의미에서 소셜펀딩(social funding)이라고도 한다. "크라우드펀딩"의 발상지는 미국으로 Crowd(대중)와 Funding(펀딩)을 합한 개념이다. 즉 다양한 사회적 문제를 해결하는 아이디어를 실현하기 위한 프로젝트를 기획한 기획자에 대하여 대중의 자금에 의한 출자활동을 총칭해서 크라우드펀딩이라고 부른다.

2. 크라우드펀딩의 연혁

크라우드펀딩의 시작은 1990년대에 미국의 인터넷 사이트 운영자가 무명작가의 활동자금을 인터넷을 통하여 모금 또는 기부의 형태로 모은 것에서 비롯된 것으로 알려져 있다. 기존 금융서비스를 받지 못한 주체, 서비스의 대상이 되기 어려웠던 주체 등이 인터넷을 통해서 자금조달을 필요로 하는 프로젝트 등의 경우 불특정 다수에 대한 프레젠테이션을 하고 찬성자로부터 자금을 제공 받는 방식에서 시작되었다. 2007년 서브프라임 모기지 사태 및 2008년 리먼 브라더스의 파산으로 인한 금융위기 이후 바젤 Ⅲ로 금융기관에 대한 건전성규제가 강화됨으로 인해 금융기관의 대출 여력이 줄어들게 되었고, 신생·벤처기업 등에 대한 금융소외 현상이 심화되자 크라우드펀딩이 대안적 기업금융 방식으로서 급속히 발전하게 되었다.[41]

크라우드펀딩은 미국에서 기부형 및 구매형을 중심으로 확대되었다. 그 뒤 투자형 크라우드펀딩의 활용에 따른 신흥기업의 자금조달의 편리성을 향상하고, 일자리 창출에 연결한다는 정책목적을 위해 2012년에 JOBS법(Jumpstart Our Business Startups Act)이 제정되어 개인투자자가 주식형 크라우드펀딩 거래를 하기 위한 환경이 정비되었다.[42]

---

[40] 손영화(2018), "증권형 크라우드펀딩 제도의 개선방안에 대한 연구", 증권법연구 제19권 제3호(2018. 12), 145–146쪽.

[41] 손영화(2018), 146–147쪽.

[42] JOBS법의 내용 중에서 가장 주목할 점은 신생기업이 소액투자자들로부터 자금을 조달할 기회가 커진 것이다. 미국법에서는 현재 사모에 투자할 수 있는 자는 적격투자자만으로 알려져 있다. 미국의 적격투자자들은 주된 주거 이외에 적어도 100만 달러의 순자산을 갖고 있어야 한다(그러한 투자자는 신흥기업 투자자의 1%에 해당한다). JOBS법에서는 누구든지 연간 1만 달러까지 또는 연봉이 10만달러 미만의 경우에는

우리나라에서도 2015년 7월 자본시장법 개정안이 국회를 통과함에 따라 온라인 플랫폼을 통해 다수의 투자자를 대상으로 공모증권을 발행하는 온라인소액투자중개업 제도가 신설되었다. 2016년 1월 25일부터 시행된 증권형 크라우드펀딩 제도를 통해 자금수요자(기업)의 크라우드펀딩을 통한 증권발행과 자금공급자(투자자)의 증권투자가 전면 허용되었다. 증권형 크라우드펀딩 제도는 혁신적인 신생기업 등이 아이디어를 널리 알려 전문투자자뿐만 아니라 일반투자자로부터도 자금을 조달할 수 있게 함으로써 계속기업으로 성장하고 일자리를 창출할 수 있도록 돕기 위한 목적으로 도입되었다.[43]

3. 증권형 크라우드펀딩의 의의

2015년 7월 6일 자본시장법에 도입된 증권형 크라우드펀딩(Equity-based crowdfundig)은 기업이 투자자에게 증권을 발행하는 조건으로 온라인 플랫폼업체를 통해 자금을 조달하는 형태를 말한다. 증권형 크라우드펀딩을 통해 모집할 수 있는 증권은 지분증권, 채무증권, 투자계약증권이다(법9㉗). 이러한 증권형 크라우드펀딩은 기업의 부채비율이 낮아져 자산건전성이 강화되고 신생기업이 겪는 자금경색 기간의 생존율을 높임으로써 사업의 성공확률을 높이고, 우호적인 엔젤투자자를 많이 확보한다는 장점이 있다.

Ⅱ. 온라인소액투자중개업자

1. 의의

온라인소액투자중개업자란, 온라인상에서 누구의 명의로 하든지 타인의 계산으로 온라인소액증권발행인[44]이, "대통령령으로 정하는 방법"으로 발행하는 채무증권, 지분증권, 투자계약증권의 모집 또는 사모에 관한 중개("온라인소액투자중개")를 영업으로 하는 투자중개업자를 말한다(법9㉗). 여기서 "대통령령으로 정하는 방법"이란 온라인소액투자중개업자의 인터넷 홈페이지[이동통신단말장치에서 사용되는 애플리케이션(Application), 그 밖에 이와 비슷한 응용프로그램을

순소득의 10%까지 주식을 공개하지 않는 기업에 대하여 투자할 수 있다. 즉 모든 사람이 신생기업의 자금조달에 어느 정도 참여할 수 있다. 이에 의해 중소기업의 투자와 고용이 증가할 가능성이 있는 점은 JOBS법의 주된 내용이다.

43) 2016년 1월 25일 온라인소액투자중개가 시행된 이후 약 10개월간 100개 기업(105건)이 총 163억원을 조달하여, 기업별 평균조달금액은 1.6억원에 달하였다. 펀딩 성공률은 43%로, 아이디어의 약 절반이 사업으로 현실화되었다. 크라우드펀딩으로 자금조달한 업종을 살펴보면 제조, IT·모바일, 문화콘텐츠, 농식품 분야 등 다양한 분야에서 이루어지고 있다(금융위원회(2016), "크라우드펀딩 현황(100번째 성공기업 탄생) 및 크라우드펀딩 발전방안(11. 7) 후속조치 진행상황"(2016. 12. 12) 보도자료.
44) 온라인소액투자중개를 통하여 증권을 발행하는 자를 말한다(법117의7③).

통하여 온라인소액투자중개업자가 가상의 공간에 개설하는 장소를 포함＝크라우드펀딩 플랫폼][45]에 게
재한 사항에 관하여 온라인소액증권발행인과 투자자 간, 투자자 상호 간에 해당 인터넷 홈페이
지에서 의견의 교환이 이루어질 수 있도록 한 후에 채무증권, 지분증권 또는 투자계약증권을
발행하는 방법을 말한다(영14의4①).

즉 자본시장법 제117조의10 제2항에 의하여 온라인소액증권발행인은 투자자를 보호하기
위하여 증권의 발행조건과 재무상태, 사업계획서 및 그 밖에 대통령령이 정하는 사항을 크라우
드펀딩 플랫폼에 게재할 의무가 있는바, 본 규정에 의하여 온라인소액증권발행인이 크라우드
펀딩 플랫폼에 게재한 핵심정보에 관하여 의견교환이 이루어지도록 한 뒤에 발행되는 채무증
권, 지분증권 또는 투자계약증권의 모집 또는 사모에 관한 중개를 영업으로 하는 투자중개업자
가 온라인소액투자중개업자에 해당한다. 다시 말하면 온라인소액투자중개업자란 크라우드펀딩
플랫폼에서 온라인소액증권발행인이 발행하는 증권의 모집 또는 사모에 관한 중개를 영업으로
하는 투자중개업자를 의미한다.[46] 온라인소액투자중개업자는 자본시장법상 금융투자업자로서
온라인소액투자중개를 영업으로 하는 투자중개업자에 해당한다.

2. 등록

무자격 업체의 난립에 따른 투자자의 피해양상 등 시장질서 교란을 방지하기 위하여 온라
인소액투자중개업자는 반드시 자본금, 인적·물적 요건 등 일정 요건을 갖추어 금융위원회에 등
록하여야 한다(법117의4①). 온라인소액투자중개업자에 대하여는 일반적인 투자중개업자에 비해
영업범위가 협소하고 투자자의 재산을 직접 관리하지 않는 점 등을 고려하여 진입규제 등 규제
수준을 대폭 완화하고 있다(법117의4②). 금융위원회는 온라인소액투자중개업자 등록 여부를 결
정할 때 등록요건을 갖추지 못하거나, 등록신청서를 거짓으로 작성하거나, 등록신청서의 보완요
구를 이행하지 아니하는 경우를 제외하고는 그 등록을 거부하여서는 안된다(법117의4⑥).

Ⅲ. 업무

온라인소액투자중개업자의 업무인 "모집 또는 사모에 관한 중개"란 새로 발행되는 증권에

---

45) "크라우드펀딩 플랫폼"은 법률용어는 아니지만 통용되고 있다. 이는 온라인소액투자중개업자가 크라우드
    펀딩을 중개하는 온라인상의 공간을 말한다. 크라우드펀딩 플랫폼은 이동통신단말장치에서 사용되는 애플
    리케이션, 그 밖에 이와 비슷한 응용프로그램을 통하여 온라인소액투자중개업자가 가상의 공간에 개설하
    는 장소를 포함한다(영14의4①).
46) 신현탁(2016), "자본시장법상 온라인소액투자중개업자의 법적 지위에 관한 해석론상 문제점", 증권법연구
    제17권 제2호(2016. 8), 95-96쪽.

대하여 온라인소액증권발행인을 위하여 ⅰ) 투자자에게 그 증권의 취득에 관한 청약을 권유하는 행위, ⅱ) 직접 또는 간접으로 온라인소액증권발행인과 그 증권의 모집 또는 사모를 분담하는 행위, ⅲ) 투자자로부터 그 증권의 취득에 관한 청약을 받아 온라인소액증권발행인에게 전달하는 행위를 말한다(영14의4②).

제3장

금융투자업자규제

제1절 진입규제

Ⅰ. 규제 필요성

진입규제는 부적격자의 시장진입을 원천적으로 차단하고 과당 경쟁에 따른 폐해를 최소화하는 기능을 갖는다. 진입규제는 금융제도의 안정을 위해 정부가 취하는 규제라는 점에서 생산기술이나 상품의 특성으로 인해 잠재적인 진입자의 신규진입이 제약되는 일반산업의 진입장벽과는 다르다. 일반산업의 경우 진입 또는 퇴출 장벽이 없어야만 경쟁 증대에 의한 시장의 효율성이 달성될 수 있다. 그러나 금융산업의 경우 공공성과 외부성이 큰 산업이기 때문에 금융제도의 안정과 시장실패를 막기 위해 진입 및 퇴출에 관해 정부가 개입하지 않을 수 없다. 진입규제의 전형적인 수단은 금융기관의 신설 또는 지점의 설치에 대해 금융당국의 인허가를 받도록 함으로써 금융기관의 수를 제한하는 것이다. 또한 금융기관의 퇴출 또한 예금자와 투자자의 보호 및 퇴출에 따른 파급효과를 최소화하기 위해 당국이 퇴출 방법, 부실기관의 처리 등을 결정한다.

금융업은 아무나 하도록 하는 것이 아니라 여러 자격을 갖추어야 할 수 있게 한다. 즉 정부로부터 인허가를 받아야 하는 산업이다. 그러다 보니 인허가를 받은 자체가 가치(chartered value)를 가진다. 진입장벽에 따른 프리미엄을 갖는다. 진입장벽이 있으므로 경제적 지대(economic rent)가 있다. 말하자면 땅 짚고 헤엄치는 격으로 영업을 하는 측면이 있다. 따라서 정부는 이 경제적 지대가 지나치지 않은지, 영업을 건전하게 잘하고 있는지, 도덕적 해이나 역선택은 일어나고 있지 않는지 등을 감시(monitoring)하게 된다.

금융회사를 설립하기 위해서는 법규에서 달리 정하고 있는 경우를 제외[신협 이외의 상호금융조합인 농협, 수협, 산림조합은 개별 법률에 의해 인가를 받아야 하고, 새마을금고는 행정안전부장관의 인가를 받아야 한다(새마을금고법7(1)]하고는 금융위원회로부터 인가 또는 허가를 받거나 금융위원회에 등록하여야 한다. 이처럼 금융업을 영위하려는 자에 대하여 인허가 제도를 운영하는 이유는 법인 성격의 적합성, 사업계획의 타당성, 자본금 및 주주구성과 설립·인수 자금의 적정성, 발기인·대주주·경영진의 경영능력과 성실성 및 공익성 등을 확인함으로써 금융업을 수행하기에 부적절한 자가 금융업에 진출하는 것을 사전적으로 차단하기 위해서이다.[1]

Ⅱ. 인가 · 등록 요건

1. 무인가 · 미등록 영업금지

자본시장법("법")에 따르면 누구든지 금융투자업인가(변경인가를 포함)를 받지 아니하고는 금융투자업(투자자문업, 투자일임업 및 전문사모집합투자업은 제외)을 영위할 수 없고(법11), 금융투자업등록(변경등록 포함)을 하지 아니하고는 투자자문업 또는 투자일임업을 영위할 수 없다(법17). 또한 전문사모집합투자업 등록을 하지 아니하고는 전문사모집합투자업을 영위할 수 없다(법249). 그리고 투자신탁이나 투자익명조합의 집합투자업자 또는 투자회사등은 집합투자기구의 집합투자증권을 대한민국 정부와 외국 정부 간 체결한 것으로서 대통령령으로 정하는 집합투자기구 교차판매에 관한 협약 등[2]("교차판매협약등")을 체결한 해당 외국에서 판매하려는 경우에는 그 집합투자기구를 금융위원회에 교차판매 집합투자기구로 등록할 수 있다(법182의2①).

---

1) 이효근(2019), "금융법상 규제 및 제재의 개선에 관한 연구: 실효적 제재수단의 모색을 중심으로", 아주대학교 대학원 박사학위논문(2019. 2), 63쪽.
2) "대통령령으로 정하는 집합투자기구 교차판매에 관한 협약 등"이란 대한민국 정부와 외국 정부 사이에 집합투자기구의 집합투자증권 교차판매에 공통으로 적용되는 기준을 마련하기 위해 체결한 양해각서로서 금융위원회가 정하여 고시하는 양해각서를 말한다(영211의2①). 여기서 "금융위원회가 정하여 고시하는 양해각서"란 "아시아 지역 펀드 교차판매에 관한 양해각서(Memorandum of Cooperation on the Establishment and Implementation of the Asia Region Funds Passport)"를 말한다(금융투자업규정7-6의2①).

2. 인가·등록업무 단위

(1) 의의

(가) 인가업무 단위

금융투자업을 영위하려는 자는 금융투자업의 종류, 금융투자상품 및 금융투자상품의 범위, 투자자의 유형을 구성요소로 하여 대통령령으로 정하는 업무 단위("인가업무 단위")3)의 전부나 일부를 선택하여 금융위원회로부터 하나의 금융투자업인가를 받아야 한다(법12①, 영15②).

여기서 금융투자업의 종류는 투자매매업, 투자중개업, 집합투자업 및 신탁업을 말하되, 투자매매업 중 인수업을 포함한다. 금융투자상품은 집합투자업의 경우에는 집합투자기구의 종류를 말하며, 신탁업의 경우에는 법 제103조 제1항 각 호의 신탁재산을 말한다. 금융투자상품의 범위는 증권, 장내파생상품 및 장외파생상품을 말하되, 증권 중 국채증권, 사채권, 채무증권, 지방채증권, 특수채증권, 지분증권(집합투자증권은 제외), 상장주권, 집합투자증권, 그 밖에 금융위원회가 정하여 고시하는 증권4)(영181①(1))을 포함하고 파생상품 중 주권을 기초자산으로 하는 파생상품, 주권 외의 것을 기초자산으로 하는 파생상품, 통화·이자율을 기초자산으로 하는 파생상품을 포함한다(영15③). 투자자의 유형은 전문투자자 및 일반투자자를 말한다.

금융투자업자는 인가받은 인가업무 단위 외에 다른 인가업무 단위를 추가하여 금융투자업을 영위하려는 경우에는 금융위원회의 변경인가를 받아야 한다(법16①).

(나) 등록업무 단위

투자자문업 또는 투자일임업을 영위하려는 자는 투자자문업 또는 투자일임업, 금융투자상품등의 범위(증권, 장내파생상품, 장외파생상품 및 그 밖에 대통령령으로 정하는 투자대상자산5)), 투자

---

3) "대통령령으로 정하는 업무 단위"란 [별표 1]과 같다(영15①).
4) "금융위원회가 정하여 고시하는 증권"이란 다음의 어느 하나에 해당하는 증권을 말한다(금융투자업규정 5-18①).
  1. 보증사채권
  2. 다음의 어느 하나에 해당하는 증권으로서 모집 또는 매출된 채권
      가. 무보증사채권
      나. 공공기관운영법에 따른 공공기관이 발행한 채권
      다. 지방공기업법에 따른 지방공사가 발행한 채권
      라. 자산유동화법 제32조에 따라 신탁업자가 자산유동화계획에 의해 발행하는 수익증권
      마. 주택저당채권유동화회사법 제2조 제1항 제4호에 따른 주택저당증권
      바. 한국주택금융공사법 제2조 제5호에 따른 주택저당증권 및 같은 조 제7호에 따른 학자금대출증권
  3. 외국정부가 발행한 국채증권
5) "대통령령으로 정하는 투자대상자산"이란 다음의 자산을 말한다(영20②, 영6의2).
  1. 부동산
  2. 지상권·지역권·전세권·임차권·분양권 등 부동산 관련 권리
  3. 제106조 제2항 각 호의 금융기관(＝은행, 한국산업은행, 중소기업은행, 증권금융회사, 종합금융회사, 상

자의 유형을 구성요소로 하여 대통령령으로 정하는 업무 단위("등록업무 단위")6)의 전부나 일부를 선택하여 금융위원회에 하나의 금융투자업등록을 하여야 한다(법18①).

금융투자업자는 등록한 등록업무 단위 외에 다른 등록업무 단위를 추가하여 금융투자업을 영위하려는 경우에는 금융위원회에 변경등록하여야 한다(법21①).

전문사모집합투자업의 경우 사모집합투자기구 특례를 두어 별도의 등록요건을 정하고 있다(법249의3). 그리고 경영참여형 사모집합투자기구의 업무집행사원의 경우에도 특례를 두어 등록요건을 정하고 있다(법249의15). 또한 교차판매 집합투자기구의 경우도 별도의 등록요건을 규정하고 있다(법182의2).

(2) 업무단위의 세분화

(가) 금융투자업의 종류

금융투자업의 종류에는 금융투자업의 6가지 업무인 투자매매업, 투자중개업, 집합투자업, 투자자문업, 투자일임업, 신탁업으로 구분하고, 투자매매업의 경우 다시 ⅰ) 인수업을 포함한 투자매매업 전부를 영위하는 경우, ⅱ) 인수업무만 영위하는 경우, ⅲ) 인수업무를 제외한 투자매매업을 영위하는 경우 등으로 구분한다. 투자중개업은 증권투자중개업, 장내파생상품투자중개업, 장외파생상품투자중개업 등으로 구분한다.

(나) 금융투자상품의 범위

1) 인가업무 단위

가) 증권

증권은 1단계로 채무증권, 집합투자증권을 제외한 지분증권, 집합투자증권7)으로 구분하고, 2단계로 채무증권은 국공채와 사채로 구분하고, 3단계로 RP업무대상증권은 별도로 규정한다. 즉 채무증권을 대상으로 하는 투자매매업 외에 채무증권 중 국공채증권만을 대상으로 하는

호저축은행, 농업협동조합, 수산업협동조합, 신용협동조합, 산림조합, 체신관서, 새마을금고, 위의 금융기관에 준하는 외국 금융기관)에의 예치금
4. 다음의 어느 하나에 해당하는 출자지분 또는 권리("사업수익권")
   가. 상법에 따른 합자회사·유한책임회사·합자조합·익명조합의 출자지분
   나. 민법에 따른 조합의 출자지분
   다. 그 밖에 특정사업으로부터 발생하는 수익을 분배받을 수 있는 계약상의 출자지분 또는 권리
5. 다음의 어느 하나에 해당하는 금지금[조세특례제한법 제106조의3 제1항 각 호 외의 부분에 따른 금지금(金地金)]
   가. 한국거래소가 승인을 받아 그 매매를 위하여 개설한 시장에서 거래되는 금지금
   나. 은행이 은행법 시행령 제18조 제1항 제4호에 따라 그 판매를 대행하거나 매매·대여하는 금지금
6. 법 제336조 제1항 제1호 또는 법 제360조 제1항에 따라 발행된 어음
6) "대통령령으로 정하는 업무 단위"란 별표 3과 같다(영20①).
7) 은행, 보험회사, 종합금융회사 등의 집합투자증권 판매업은 집합투자증권의 투자매매·투자중개업 인가를 받아야 한다. 또한 단기금융집합투자기구(MMF)의 환매업무는 투자매매업 인가가 필요하다.

투자매매업도 독립한 인가업무 단위가 된다.

나) 장내파생상품과 장외파생상품

파생상품은 장내파생상품, 주권을 기초자산으로 하는 장외파생상품, 주권 이외의 것을 기초자산으로 하는 장외파생상품으로 구분하고, 주권의 기초자산의 경우 그 하위에 통화와 이자율을 별도의 기초자산으로 세분화한다.

다) 집합투자업의 경우

집합투자업의 경우에는 집합투자기구의 종류에 따라 세분화하는데, 구체적으로 혼합자산집합투자기구(혼합펀드)를 종합단위로 설정하고 그 하위에 증권펀드, 부동산펀드, 특별자산펀드 등 집합투자기구를 세분단위로 분류한다.

라) 신탁업의 경우

신탁업의 경우에는 자본시장법 제103조 제1항 각 호의 모든 신탁재산(금전, 증권, 금전채권, 동산·부동산·지상권 등 부동산 관련 권리, 무체재산권)을 취급하는 것을 종합단위로 설정하고, 그 하위에 금전만의 신탁이 가능한 금전신탁(법103①(1))과 금전 외의 재산을 신탁재산으로 하는 재산신탁(법103①(2)-(7))으로 구분하고, 재산신탁의 세부단위로 동산, 부동산, 지상권, 전세권, 부동산임차권, 부동산소유권 이전등기청구권, 그 밖의 부동산 관련 권리를 신탁재산으로 하는 것을 별도로 구분한다(법103①(4)-(6)).

2) 등록업무 단위

투자자문업과 투자일임업의 경우, 금융투자업의 종류가 투자자문업인지 투자일임업인지 여부와, 투자자의 유형이 일반투자자를 포함하는지 여부만을 구분하고, 금융투자상품의 범위는 증권, 장내파생상품 및 장외파생상품(즉 모든 금융투자상품)으로 동일하고, 금융투자상품의 종류별로 다시 세분화하지 않는다(법18①(2)). 따라서 등록업무 단위는 인가업무 단위에 비하면 간단하다.

(다) 투자자의 유형

투자자의 유형을 일반투자자와 전문투자자로 구분하여, 일반투자자와 전문투자자 모두를 대상으로 영위하는 경우와 전문투자자만을 대상으로 영위하는 경우로 업무단위를 구분한다.

3. 인가요건

금융투자업인가를 받으려는 자는 다음의 요건을 모두 갖추어야 한다(법12②).

(1) 법적 형태

금융투자업 인가를 받으려면 ⅰ) 국내금융투자업자의 경우에는 상법에 따른 주식회사이거나 일정 범위의 금융기관(한국산업은행, 중소기업은행, 한국수출입은행, 농업협동조합중앙회 및 농협은행, 수산업협동조합중앙회 및 수협은행, 외국은행의 국내지점, 외국보험회사의 국내지점, 그 밖에 금융위원회가 정하여 고시하는 금융기관8))에 해당하여야 하고, ⅱ) 외국 금융투자업자(외국 법령에 따라 외국에서 금융투자업에 상당하는 영업을 영위하는 자)9)로서 외국에서 영위하고 있는 영업에 상당하는 금융투자업 수행에 필요한 지점, 그 밖의 영업소를 설치한 자에 해당하여야 한다(법12②(1), 영16①).

(2) 자기자본

금융투자업 인가를 받으려는 자는 인가업무 단위별로 5억원 이상으로서 "대통령령으로 정하는 금액"(시행령 별표 1은 인가범위 단위 및 최저자기자본을 정하고 있다) 이상의 자기자본을 갖추어야 한다(법12②(2), 영16③). 금융투자업자는 업무단위별로 영위하려는 금융투자업마다 규정된 최저자기자본의 합산액을 갖추어야 한다.

(3) 사업계획의 타당성과 건전성

금융투자업 인가를 받으려는 자는 사업계획이 타당하고 건전하여야 한다(법12②(3)). 사업계획은 ⅰ) 수지전망이 타당하고 실현가능성이 있고, ⅱ) 위험관리와 금융사고 예방 등을 위한 적절한 내부통제장치가 마련되어 있으며, ⅲ) 투자자 보호에 적절한 업무방법을 갖추고(집합투자증권에 대한 투자매매업·투자중개업 인가의 경우에는 해당 신청인의 자기자본 적정성 등을 고려하여 집합투자증권의 매매·중개와 관련된 손해의 배상을 보장하기 위한 보험에의 가입을 포함), ⅳ) 법령을 위반하지 아니하고 건전한 금융거래질서를 해칠 염려가 없어야 한다(영16④).

(4) 인적·물적 설비

금융투자업 인가를 받으려는 자는 투자자의 보호가 가능하고 그 영위하고자 하는 금융투자업을 수행하기에 충분한 인력과 전산설비, 그 밖의 물적 설비를 갖추어야 한다(법12②(4)). 금융투자업을 수행하기에 충분한 인력은 ⅰ) 경영하려는 금융투자업에 관한 전문성과 건전성을 갖춘 주요직무 종사자(법 제286조 제1항 제3호10)에 따른 주요직무 종사자)와 업무를 수행하기 위한 전산요원 등 필요한 인력을 적절하게 갖추어야 하고, ⅱ) 경영하려는 금융투자업을 수행하기에

---

8) "금융위원회가 정하여 고시하는 금융기관"이란 다음의 어느 하나에 해당하는 금융기관(집합투자증권의 투자매매업 또는 투자중개업을 영위하는 경우에 한한다)을 말한다(금융투자업규정2-1①).
　　1. 신용협동조합, 2. 농업협동조합법 제2조 제1호의 조합 중 신용사업을 영위하는 조합, 3. 수산업협동조합법 제2조 제4호의 조합 중 신용사업을 영위하는 조합, 4. 새마을금고, 5. 체신관서
9) 외국 금융투자업자는 다음의 요건에 적합하여야 한다(영16②).
　　1. 별표 2 제4호 나목부터 마목까지의 요건을 갖출 것
　　2. 외국 금융투자업자에 대한 본국의 감독기관의 감독내용이 국제적으로 인정되는 감독기준에 맞을 것
10) 3. 다음의 주요직무 종사자의 등록 및 관리에 관한 업무
　　가. 투자권유자문인력(투자권유를 하거나 투자에 관한 자문업무를 수행하는 자)
　　나. 조사분석인력(조사분석자료를 작성하거나 이를 심사·승인하는 업무를 수행하는 자)
　　다. 투자운용인력(집합투자재산·신탁재산 또는 투자일임재산을 운용하는 업무를 수행하는 자)
　　라. 그 밖에 투자자 보호 또는 건전한 거래질서를 위하여 대통령령으로 정하는 주요직무 종사자

필요한 전산설비와 통신수단, 사무실 등 충분한 업무공간과 사무장비, 전산설비 등의 물적 설비를 안전하게 보호할 수 있는 보안설비, 그리고 정전·화재 등의 사고가 발생할 경우에 업무의 연속성을 유지하기 위하여 필요한 보완설비를 갖추어야 한다(영16⑤).

(5) 임원의 자격요건

금융투자업 인가를 받으려는 자는 임원이 금융회사지배구조법 제5조(임원의 자격요건)에 적합하여야 한다(법12②(5)).

(6) 대주주·외국금융투자업자 요건

금융투자업 인가를 받으려는 자는 대주주나 외국 금융투자업자가 다음의 구분에 따른 요건을 갖추어야 한다(법12②(6)).

(가) 상법상 주식회사 또는 대통령령으로 정하는 금융기관

대주주가 충분한 출자능력, 건전한 재무상태 및 사회적 신용을 갖추어야 한다. 대주주에는 최대주주의 특수관계인인 주주를 포함하며, 최대주주가 법인인 경우 그 법인의 중요한 경영사항에 대하여 사실상 영향력을 행사하고 있는 자로서 "대통령령으로 정하는 자"를 포함한다(법12②(6) 가목). 여기서 "대통령령으로 정하는 자"란 ⅰ) 최대주주인 법인의 최대주주(최대주주인 법인을 사실상 지배하는 자가 그 법인의 최대주주와 명백히 다른 경우에는 그 사실상 지배하는 자를 포함), ⅱ) 최대주주인 법인의 대표자를 말한다(영16⑦ 본문). 다만, 법인의 성격 등을 고려하여 금융위원회가 정하여 고시하는 경우[11]에는 위 ⅰ)에 해당하는 자는 제외한다(영16⑦ 단서).

(나) 외국 금융투자업자

외국 금융투자업자는 충분한 출자능력, 건전한 재무상태 및 사회적 신용을 갖추어야 한다(법12②(6) 나목). 외국 금융투자업자는 국내업자와 달리 대주주요건을 별도로 요구하지 않는다.

(7) 건전한 재무상태 및 사회적 신용 요건

금융투자업 인가를 받으려는 자는 "대통령령으로 정하는 건전한 재무상태와 사회적 신용"을 갖추어야 한다(법12②(6의2)). 여기서 "대통령령으로 정하는 건전한 재무상태와 사회적 신용"이란 다음의 구분에 따른 사항을 말한다(영16⑧).

1. 건전한 재무상태: 법 제31조에 따른 경영건전성기준(겸영금융투자업자인 경우에는 해당 법령에서 정하는 경영건전성기준)을 충족할 수 있는 상태
2. 사회적 신용: 다음의 모든 요건에 적합한 것. 다만, 그 위반 등의 정도가 경미하다고 인정되는 경우는 제외한다.

---

11) "금융위원회가 정하여 고시하는 경우"란 최대주주인 법인이 금융위원회법 제38조에 따른 검사대상기관("금융회사")으로서 설립근거법에 따른 소유한도 유무, 주식소유의 분산정도 등을 고려하여 금융회사의 최대주주가 그 금융회사를 사실상 지배하고 있지 아니하다고 금융위원회가 인정하는 경우를 말한다(금융투자업규정2-1②).

가. 최근 3년간 금융회사지배구조법 시행령 제5조에 따른 법령("금융관련법령"),[12] 공정거래법 및 조세범 처벌법을 위반하여 벌금형 이상에 상당하는 형사처벌을 받은 사실이 없을 것. 다만, 법 제448조, 그 밖에 해당 법률의 양벌규정에 따라 처벌을 받은 경우는 제외한다.

나. 최근 3년간 채무불이행 등으로 건전한 신용질서를 해친 사실이 없을 것

다. 최근 5년간 금융산업구조개선법에 따라 부실금융기관으로 지정되었거나 금융관련법령에 따라 영업의 허가·인가·등록 등이 취소된 자가 아닐 것

라. 금융관련법령이나 외국 금융관련법령(금융관련법령에 상당하는 외국 금융관련법령)에 따라 금융위원회, 외국 금융감독기관 등으로부터 지점, 그 밖의 영업소의 폐쇄 또는 그 업무의 전부나 일부의 정지 이상의 조치(이에 상당하는 행정처분을 포함)를 받은 후 다음 구분에 따른 기간이 지났을 것

1) 업무의 전부정지: 업무정지가 끝난 날부터 3년

2) 업무의 일부정지: 업무정지가 끝난 날부터 2년

3) 지점, 그 밖의 영업소의 폐쇄 또는 그 업무의 전부나 일부의 정지: 해당 조치를 받은 날부터 1년

(8) 이해상충방지체계의 구축

금융투자업 인가를 받으려는 자는 금융투자업자와 투자자 간, 특정 투자자와 다른 투자자 간의 이해상충을 방지하기 위한 체계("이해상충방지체계")를 갖추어야 한다(법12②(7)). 이해상충방지체계는 다음에 적합하여야 한다(영16⑨).

1. 이해상충(법44)이 발생할 가능성을 파악·평가·관리할 수 있는 적절한 내부통제기준(금융회사지배구조법 제24조 제1항에 따른 내부통제기준)을 갖출 것

2. 일정 범위의 정보교류 행위(법45①②)가 발생하지 아니하도록 적절한 체계를 갖출 것

4. 등록요건

투자자문·일임업을 영위하려는 금융투자업자 또는 전문사모집합투자업을 영위하려는 전

---

12) 금융관련법령이란 금융회사지배구조법, 금융회사지배구조법 시행령, 공인회계사법, 퇴직급여법, 금융산업구조개선법, 금융실명법, 금융위원회법, 금융지주회사법, 금융혁신지원 특별법, 한국자산관리공사법, 기술보증기금법, 농림수산식품투자조합 결성 및 운용에 관한 법률, 농업협동조합법, 담보부사채신탁법, 대부업법, 문화산업진흥 기본법, 벤처기업육성에 관한 특별조치법, 보험업법, 감정평가법, 부동산투자회사법, 민간투자법, 산업발전법, 상호저축은행법, 새마을금고법, 선박투자회사법, 소재부품장비산업법, 수산업협동조합법, 신용보증기금법, 신용정보법, 신용협동조합법, 여신전문금융업법, 예금자보호법, 외국인투자 촉진법, 외국환거래법, 유사수신행위법, 은행법, 자본시장법, 자산유동화법, 전자금융거래법, 전자증권법, 외부감사법, 주택법, 중소기업은행법, 중소기업창업 지원법, 채권추심법, 특정금융정보법, 한국산업은행법, 한국수출입은행법, 한국은행법, 한국주택금융공사법, 한국투자공사법, 해외자원개발 사업법을 말한다(금융회사지배구조법 시행령5).

문사모집합투자업자가 되려면 다음의 등록요건을 모두 갖추어야 한다(법18②, 법249의3②).

(1) 법적 형태

투자자문·일임업 등록을 하려는 자는 다음의 어느 하나에 해당하는 자이어야 한다(법18② (1) 본문). 다만, 외국 투자자문업자(외국 법령에 따라 외국에서 투자자문업에 상당하는 영업을 영위하는 자) 또는 외국 투자일임업자(외국 법령에 따라 외국에서 투자일임업에 상당하는 영업을 영위하는 자)가 외국에서 국내 거주자를 상대로 직접 영업을 하거나 통신수단을 이용하여 투자자문업 또는 투자일임업을 영위하는 경우에는 적용하지 아니한다(법18②(1) 단서).

  가. 상법에 따른 주식회사이거나 대통령령으로 정하는 금융기관(영21①: 한국산업은행, 중소기업은행, 한국수출입은행, 농협은행 등)
  나. 외국 투자자문업자로서 투자자문업의 수행에 필요한 지점, 그 밖의 영업소를 설치한 자
  다. 외국 투자일임업자로서 투자일임업의 수행에 필요한 지점, 그 밖의 영업소를 설치한 자

전문사모집합투자업 등록을 하려는 자는 다음의 어느 하나에 해당하는 자이어야 한다(법249의3②(1)).

  가. 상법에 따른 주식회사이거나 대통령령으로 정하는 금융회사(영271의2①: 한국산업은행, 중소기업은행, 한국수출입은행, 농협은행 등)
  나. 외국 집합투자업자(외국 법령에 따라 외국에서 집합투자업에 상당하는 영업을 영위하는 자)로서 외국에서 영위하고 있는 영업에 상당하는 집합투자업 수행에 필요한 지점, 그 밖의 영업소를 설치한 자

(2) 자기자본

투자자문·일임업 등록을 하려는 자는 등록업무 단위별로 1억원 이상으로서 대통령령으로 정하는 금액 이상의 자기자본을 갖추어야 한다(법18②(2)). 여기서 "대통령령으로 정하는 금액"이란 별표 3과 같다(영21②).

전문사모집합투자업 등록을 하려는 자는 10억원 이상의 자기자본을 갖추어야 한다(법249의3②(2), 영271의2③).

(3) 인적요건

투자자문업을 영위하려면 상근 임직원 1인(다만, 금융산업구조개선법 제4조에 따른 인가를 받아 합병으로 신설되거나 존속하는 종합금융회사인 경우에는 상근 임직원 4인) 이상의 투자권유자문인력을 갖추어야 하고(영21③), 투자일임업을 영위하려면 상근 임직원 2인 이상의 투자운용인력을 갖추어야 한다(법18②(3), 영21④). 투자권유자문인력은 투자권유를 하거나 투자에 관한 자문

업무를 수행하는 자를 말하고, 투자운용인력은 집합투자재산·신탁재산 또는 투자일임재산을 운용하는 업무를 수행하는 자를 말한다(법286①(3)). 이 경우 외국 투자자문업자 또는 외국 투자일임업자가 해당 국가에서 투자권유자문인력 또는 투자운용인력에 상당하는 자를 상기 수 이상 확보하고 있는 때에는 해당 요건을 갖춘 것으로 본다(법18②(3)).

전문사모집합투자업을 영위하려는 자는 투자자의 보호가 가능하고 그 영위하려는 전문사모집합투자업을 수행하기에 충분한 인력과 전산설비, 그 밖의 물적 설비를 갖추어야 한다(법249의3②(3)).[13]

(4) 임원의 자격요건

투자자문·일임업 등록을 하려는 자는 임원이 금융회사지배구조법 제5조에 적합하여야 한다(법18②(4)). 전문사모집합투자업을 영위하려는 자도 임원이 금융회사지배구조법 제5조에 적합하여야 한다(법249의3②(4)).

(5) 대주주의 사회적 신용요건

대주주의 사회적 신용요건은 인가요건의 경우 보다 크게 완화되어 있다. 투자자문·일임업 등록을 하려는 자는 대주주나 외국 투자자문업자 또는 외국 투자일임업자가 다음의 구분에 따른 요건을 갖추어야 한다(법18②(5)).

> 가. 제1호 가목의 경우 대주주(제12조 제2항 제6호 가목의 대주주)가 대통령령으로 정하는 사회적 신용[14]을 갖출 것
> 나. 제1호 각 목 외의 부분 단서 및 같은 호 나목·다목의 경우 외국 투자자문업자 또는 외국 투자일임업자가 대통령령으로 정하는 사회적 신용[15]을 갖출 것

---

13) 인력과 전산설비, 그 밖의 물적 설비는 다음의 요건에 적합하여야 한다(영271의2④).
　1. 상근 임직원인 투자운용인력을 3명 이상 갖출 것
　2. 다음의 전산설비 등의 물적 설비를 모두 갖출 것
　　가. 전문사모집합투자업을 수행하기에 필요한 전산설비와 통신수단
　　나. 사무실 등 충분한 업무공간과 사무장비
　　다. 전산설비 등의 물적 설비를 안전하게 보호할 수 있는 보안설비
　　라. 정전·화재 등의 사고가 발생할 경우에 업무의 연속성을 유지하기 위하여 필요한 보완설비
14) "대통령령으로 정하는 사회적 신용"이란 다음의 요건을 말한다(영21⑤).
　1. 대주주가 별표 2 제1호부터 제3호까지 또는 제5호(라목은 제외)에 해당하는 자인 경우에는 같은 표 제1호 마목의 요건을 갖출 것. 다만, 법 제12조에 따른 금융투자업인가를 받은 자가 금융투자업등록을 하려는 경우에 관하여는 금융위원회가 그 요건을 달리 정하여 고시할 수 있다.
　2. 대주주가 별표 2 제4호 또는 제5호 라목에 해당하는 자인 경우에는 같은 표 제4호 가목·라목 및 마목의 요건을 갖출 것. 이 경우에 같은 표 같은 호 가목 중 "인가"는 "등록"으로, "인가 받으려는"은 "등록하려는"으로 본다.
15) "대통령령으로 정하는 사회적 신용"이란 별표 2 제4호 가목·라목 및 마목의 요건을 말한다. 이 경우 같은 표 같은 호 가목 중 "인가"는 "등록"으로, "인가 받으려는"은 "등록하려는"으로 하며, 같은 호 라목 중 "3년"은 "2년"으로 본다(영21⑥).

전문사모집합투자업을 영위하려는 자는 대주주나 외국 집합투자업자가 다음의 구분에 따른 요건을 갖추어야 한다(법249의3②(5)).[16]

　가. 제1호 가목의 경우 대주주(제12조 제2항 제6호 가목의 대주주)가 충분한 출자능력, 건전한 재무상태 및 사회적 신용을 갖출 것

　나. 제1호 나목의 경우 외국 집합투자업자가 충분한 출자능력, 건전한 재무상태 및 사회적 신용을 갖출 것

(6) 건전한 재무상태 및 신용요건

투자자문·일임업 등록을 하려는 자는 대통령령으로 정하는 건전한 재무상태와 사회적 신용을 갖추어야 한다(법18②(5의2)). "대통령령으로 정하는 건전한 재무상태와 사회적 신용"이란 시행령 제16조 제8항에 따른 사항을 말한다(영21⑦).

전문사모집합투자업을 영위하려는 자는 경영건전성기준 등 대통령령으로 정하는 건전한 재무상태[17]와 법령 위반사실이 없는 등 대통령령으로 정하는 건전한 사회적 신용[18]을 갖추어야 한다(법249의3②(6)).

(7) 이해상충방지체계의 구축

금융투자업자와 투자자 간, 특정 투자자와 다른 투자자 간의 이해상충을 방지하기 위한 체계로서 대통령령으로 정하는 요건을 갖추어야 한다(법18②(6)).

전문사모집합투자업자와 투자자 간, 특정 투자자와 다른 투자자 간의 이해상충을 방지하기 위한 체계를 갖추어야 한다(법249의3②(7)).

5. 교차판매 집합투자기구의 등록요건

교차판매 집합투자기구의 등록요건은 다음과 같다(법182의2②).

　1. 법 제182조 제1항에 따라 등록된 집합투자기구일 것

　2. 교차판매 집합투자기구를 운용하는 투자신탁이나 투자익명조합의 집합투자업자 또는 투자

---

16) 대주주(법 제12조 제2항 제6호 가목에 따른 대주주)는 다음의 요건에 적합하여야 한다(영271의2⑤).
　1. 대주주가 별표 2 제1호부터 제3호까지 또는 제5호(라목은 제외)에 해당하는 자인 경우에는 같은 표 제1호 라목 및 마목의 요건을 갖출 것
　2. 대주주가 별표 2 제4호 또는 제5호 라목에 해당하는 자인 경우에는 같은 표 제4호 가목·라목 및 마목의 요건을 갖출 것. 이 경우 같은 호 가목 중 "인가신청일"은 "등록신청일"로, "인가 받으려는"은 "등록하려는"으로 본다.
17) "경영건전성기준 등 대통령령으로 정하는 건전한 재무상태"란 제16조 제8항 제1호에 따른 사항을 말한다(영271의2⑦).
18) "법령 위반사실이 없는 등 대통령령으로 정하는 건전한 사회적 신용"이란 제16조 제8항 제2호에 따른 사항을 말한다(영271의2⑧).

회사등이 자기자본, 임원 및 운용인력 등 대통령령으로 정하는 적격요건을 갖출 것

3. 그 밖에 집합투자재산의 투자대상자산 등 교차판매협약등의 내용 등을 고려하여 대통령령으로 정하는 요건을 갖출 것

위 제2호에서 "자기자본, 임원 및 운용인력 등 대통령령으로 정하는 적격요건"이란 다음의 적격 요건을 말한다(영211의2②).

1. 미화 100만달러 이상으로서 금융위원회가 정하여 고시하는 금액[19] 이상의 자기자본을 갖출 것

2. 임원 및 운용인력의 수와 경력에 관하여 다음의 기준 범위에서 금융위원회가 정하여 고시하는 기준[20]을 충족하는 인력을 보유할 것

   가. 해당 투자신탁이나 투자익명조합의 집합투자업자 또는 투자회사등의 대표이사, 사내 이사 또는 이에 준하는 임원이 금융서비스 관련 분야의 경력이 있을 것

   나. 금융서비스 관련 분야의 경력이 있는 1명 이상의 임원 또는 운용인력을 법 제182조의2 제1항에 따른 교차판매 집합투자기구에 대한 투자의사결정 권한이 있는 자 또는 감독 책임이 있는 자로 지정할 것

3. 직전 사업연도말 현재 운용자산규모(금융위원회가 정하여 고시하는 방법에 따라 계산한 것)가 미화 5억달러 이상일 것[21]

4. 제1호부터 제3호까지의 요건 외에 교차판매 집합투자기구의 설정·설립 및 운용과 관련된 조직 등에 관하여 제1항에 따른 집합투자기구 교차판매에 관한 협약 등("교차판매협약 등")의 내용을 고려하여 금융위원회가 정하여 고시하는 기준[22]을 충족할 것

위 제3호에서 "대통령령으로 정하는 요건"이란 다음의 요건을 말한다(영211의2③).

1. 집합투자재산을 다음의 어느 하나에 해당하는 자산에 운용하거나 파생상품 매매 또는 증권 대여의 방법으로 운용할 것

   가. 통화

   나. 예금

---

19) "금융위원회가 정하여 고시하는 금액"이란 영 제211조의2 제2항 제3호에 따른 운용자산규모에서 미화 5억 달러를 차감한 금액의 1,000분의 1과 미화 100만 달러를 더한 금액(합산금액이 미화 2,000만 달러를 초과하는 경우에는 미화 2,000만 달러)을 말한다(금융투자업규정7-6의2②).

20) "금융위원회가 정하여 고시하는 기준"이란 별표 16의2 제2호 가목과 같다(금융투자업규정7-6의2③).

21) 제3호에 따른 운용자산규모는 투자신탁이나 투자익명조합의 집합투자업자 또는 투자회사등과 그 특수관계인이 운용하는 집합투자재산 및 투자일임재산을 포함한다. 다만, 해당 투자신탁이나 투자익명조합의 집합투자업자 또는 투자회사등과 그 특수관계인이 운용하는 다른 집합투자기구 또는 다른 투자일임계정에 투자되는 자산은 제외한다(금융투자업규정7-6의2④).

22) "금융위원회가 정하여 고시하는 기준"이란 별표 16의2 제1호 및 제2호를 말한다(금융투자업규정7-6의2⑥).

다. 증권

라. 금 예탁증서(대한민국 또는 외국에서 은행업을 경영하는 법인이 증서 보유자의 지시에 따라 일정한 양의 금을 제공할 의무가 있음을 문서화한 증서)

마. 금융위원회가 정하여 고시하는 단기금융상품23)

바. 그 밖에 교차판매협약등을 고려하여 금융위원회가 정하여 고시하는 금융상품

2. 교차판매 집합투자기구의 재산을 보관·관리하는 자는 금융위원회가 정하여 고시하는 적격요건24)을 갖출 것

3. 그 밖에 투자자를 보호하기 위해 필요한 사항으로서 집합투자재산 운용의 방법 및 제한 등 교차판매협약등을 고려하여 금융위원회가 정하여 고시하는 요건25)을 충족할 것

Ⅲ. 인가·등록 절차

1. 인가절차

(1) 인가의 신청 및 심사

(가) 인가신청서 제출

금융투자업인가를 받으려는 자는 인가신청서를 금융위원회에 제출하여야 한다(법13①). 인가신청서의 기재사항은 다음과 같다. ⅰ) 상호, ⅱ) 본점과 지점, 그 밖의 영업소의 소재지, ⅲ) 임원에 관한 사항, ⅳ) 경영하려는 인가업무 단위에 관한 사항, ⅴ) 자기자본 등 재무에 관한 사항, ⅵ) 사업계획에 관한 사항, ⅶ) 인력과 전산설비 등의 물적 설비에 관한 사항, ⅷ) 대주주나 외국 금융투자업자에 관한 사항, ⅸ) 이해상충방지체계에 관한 사항, ⅹ) 그 밖에 인가요건의 심사에 필요한 사항으로서 금융위원회가 정하여 고시하는 사항을 기재하여야 한다(영17①).

인가신청서의 첨부서류는 다음과 같다. ⅰ) 정관(이에 준하는 것을 포함), ⅱ) 발기인총회, 창립주주총회 또는 이사회의 의사록 등 설립이나 인가신청의 의사결정을 증명하는 서류, ⅲ) 본점과 지점, 그 밖의 영업소의 위치와 명칭을 기재한 서류, ⅳ) 임원의 이력서와 경력증명서, ⅴ) 인가업무 단위의 종류와 업무방법을 기재한 서류, ⅵ) 최근 3개 사업연도의 재무제표와 그 부속명세서(설립 중인 법인은 제외하며, 설립일부터 3개 사업연도가 지나지 아니한 법인의 경우에는 설립일부터 최근 사업연도까지의 재무제표와 그 부속명세서), ⅶ) 업무개시 후 3개 사업연도의 사업계

획서(추정재무제표를 포함) 및 예상수지계산서, ⅷ) 인력, 물적 설비 등의 현황을 확인할 수 있는 서류, ⅸ) 인가신청일(인가업무 단위를 추가하기 위한 인가신청 또는 겸영금융투자업자의 인가신청인 경우에는 최근 사업연도말) 현재 발행주식총수의 1% 이상을 소유한 주주의 성명 또는 명칭과 그 소유주식수를 기재한 서류, ⅹ) 대주주나 외국 금융투자업자가 법 제12조 제2항 제6호 각 목의 요건을 갖추었음을 확인할 수 있는 서류, ⅺ) 이해상충방지체계를 갖추었는지를 확인할 수 있는 서류, ⅻ) 그 밖에 인가요건의 심사에 필요한 서류로서 금융위원회가 정하여 고시하는 서류이다(영17②).

(나) 인가신청서 심사

금융위원회는 인가신청서를 접수한 경우에는 그 내용을 심사하여 3개월(예비인가를 받은 경우에는 1개월) 이내에 금융투자업인가 여부를 결정하고, 그 결과와 이유를 지체 없이 신청인에게 문서로 통지하여야 한다. 이 경우 인가신청서에 흠결이 있는 때에는 보완을 요구할 수 있다(법13②). 심사기간을 산정함에 있어서 인가신청서 흠결의 보완기간 등 총리령으로 정하는 기간[26]은 심사기간에 산입하지 아니한다(법13③). 금융위원회는 금융투자업인가를 하는 경우에는 경영의 건전성 확보 및 투자자 보호에 필요한 조건을 붙일 수 있고(법13④), 이 경우에는 그 이행 여부를 확인하여야 한다(영17⑪).[27] 조건이 붙은 금융투자업인가를 받은 자는 사정의 변경, 그 밖에 정당한 사유가 있는 경우에는 금융위원회에 조건의 취소 또는 변경을 신청할 수 있다. 이 경우 금융위원회는 2개월 이내에 조건의 취소 또는 변경 여부를 결정하고, 그 결과를 지체 없이 신청인에게 문서로 통지하여야 한다(법13⑤). 인가신청서 또는 조건의 취소·변경 신청서의 기재사항·첨부서류 등 인가신청 또는 조건의 취소·변경의 신청에 관한 사항과 심사의 방

---

26) "총리령으로 정하는 기간"이란 다음의 어느 하나에 해당하는 기간을 말한다(시행규칙2).
   1. 법 제12조 제2항 각 호의 요건을 충족하는지를 확인하기 위하여 다른 기관 등으로부터 필요한 자료를 제공받는 데에 걸리는 기간
   2. 법 제13조 제2항 후단에 따라 인가신청서 흠결의 보완을 요구한 경우에는 그 보완기간
   3. 금융투자업인가를 받으려는 자, 금융투자업인가를 받으려는 자의 대주주(법 제12조 제2항 제6호 가목에 따른 대주주) 또는 법 제12조 제2항 제1호 나목에 따른 외국 금융투자업자를 상대로 형사소송 절차가 진행되고 있거나 금융위원회, 공정거래위원회, 국세청, 검찰청 또는 금융감독원 등(외국 금융투자업자인 경우에는 이들에 준하는 본국의 감독기관 등을 포함)에 의한 조사·검사 등의 절차가 진행되고 있고, 그 소송이나 조사·검사 등의 내용이 인가심사에 중대한 영향을 미칠 수 있다고 인정되는 경우에는 그 소송이나 조사·검사 등의 절차가 끝날 때까지의 기간
27) A(인가 후 A부동산신탁으로 상호변경 예정)는 신탁업을 영위하고자 법 제13조의 규정에 의하여 금융투자업 인가를 신청하였는데, 인가신청업무는 다음과 같다. 인가업무단위(4-121-1), 금융투자업(신탁업), 수탁재산의 종류(법 제103조 제1항 4.호부터 6.호까지의 신탁재산: 동산, 부동산, 지상권·전세권·부동산임차권·부동산소유권 이전등기청구권, 그 밖의 부동산 관련 권리), 투자자(일반투자자 및 전문투자자). A는 금융투자업 영위에 필요한 제반 요건을 충족하고 있으므로 신청내용대로 금융투자업을 인가함이 타당하다고 판단하였다. 다만 금융위원회는 차입형 토지신탁 업무의 상대적 위험도를 감안하여 최초 인가시는 차입형 토지신탁 업무 영위를 제한하기로 함에 따라 특별한 사정이 없는 한 본인가일로부터 2년 경과 후부터 차입형 토지신탁 업무를 허용하는 조건을 부과하였다.

법·절차, 그 밖에 필요한 사항은 대통령령으로 정한다(법13⑦).

(2) 인가의 공고

금융위원회는 금융투자업인가를 하거나 그 인가의 조건을 취소 또는 변경한 경우에는 ⅰ) 금융투자업인가의 내용, ⅱ) 금융투자업인가의 조건(조건을 붙인 경우에 한한다), ⅲ) 금융투자업인가의 조건을 취소하거나 변경한 경우 그 내용(조건을 취소하거나 변경한 경우에 한한다)을 관보 및 인터넷 홈페이지 등에 공고하여야 한다(법13⑥).

(3) 예비인가와 본인가

(가) 예비인가

금융투자업인가("본인가")를 받으려는 자는 미리 금융위원회에 예비인가를 신청할 수 있다(법14①). 예비인가가 임의사항으로 규정되어 있으므로 예비인가를 신청하지 않고 곧바로 본인가를 신청하는 것도 가능하다. 인가요건은 인가 신청시부터 갖출 것을 요구하고 있기 때문에 기대와 달리 인가를 받지 못할 경우 신청인에게 초래될 물적·금전적 손실을 방지하기 위한 것이다. 예비인가는 신규인가뿐 아니라 업무추가를 위한 변경인가의 경우에도 적용된다.

금융위원회는 예비인가를 신청받은 경우에는 2개월 이내에 인가요건을 갖출 수 있는지 여부를 심사하여 예비인가 여부를 결정하고, 그 결과와 이유를 지체 없이 신청인에게 문서로 통지하여야 한다. 이 경우 예비인가신청에 관하여 흠결이 있는 때에는 보완을 요구할 수 있다(법14②). 심사기간을 산정함에 있어서 예비인가신청과 관련된 흠결의 보완기간 등 총리령으로 정하는 기간[28]은 심사기간에 산입하지 아니한다(법14③). 금융위원회는 예비인가를 하는 경우에는 경영의 건전성 확보 및 투자자 보호에 필요한 조건을 붙일 수 있다(법14④).[29]

(나) 본인가

예비인가를 받은 자는 예비인가를 받은 날부터 6개월 이내에 예비인가의 내용 및 조건을

---

28) "총리령으로 정하는 기간"이란 다음의 어느 하나에 해당하는 기간을 말한다(시행규칙3).
   1. 법 제12조 제2항 각 호의 요건을 충족하는지를 확인하기 위하여 다른 기관 등으로부터 필요한 자료를 제공받는 데에 걸리는 기간
   2. 법 제14조 제2항 후단에 따른 예비인가신청서 흠결의 보완을 요구한 경우에는 그 보완기간
   3. 예비인가를 받으려는 자, 예비인가를 받으려는 자의 대주주 또는 외국 금융투자업자를 상대로 형사소송 절차가 진행되고 있거나 금융위원회, 공정거래위원회, 국세청, 검찰청 또는 금융감독원 등(외국 금융투자업자인 경우에는 이들에 준하는 본국의 감독기관 등을 포함)에 의한 조사·검사 등의 절차가 진행되고 있고, 그 소송이나 조사·검사 등의 내용이 예비인가심사에 중대한 영향을 미칠 수 있다고 인정되는 경우에는 그 소송이나 조사·검사 등의 절차가 끝날 때까지의 기간
29) (가칭)A 서울지점은 법 제14조의 규정에 따라 금융투자업 예비인가를 신청하였는데, 예비인가 신청업무의 내용은 다음과 같다. 인가단위(2-2-2), 금융투자업(투자중개업), 금융투자상품(장내파생상품), 투자자(전문투자자). 이 사안과 관련 예비인가 신청에 대하여 법령상 요건을 심사한 결과 해당 요건을 충족하고 있어 다음과 같은 조건, 즉 해외 파생상품시장에서 거래되는 장내파생상품을 전자금융거래가 아닌 방식으로 행하는 투자중개에 한하고, 예비인가 후 6개월 이내에 예비인가의 내용 및 법률상 요건을 이행한 후 법 제12조에 따른 인가를 신청하여야 한다는 인가 조건을 붙여 예비인가를 하였다.

이행한 후 본인가를 신청하여야 한다(영18④ 본문). 다만, 금융위원회가 예비인가 당시 본인가 신청기한을 따로 정하였거나, 예비인가 후 예비인가를 받은 자의 신청을 받아 본인가 신청기한을 연장한 경우에는 그 기한 이내에 본인가를 신청할 수 있다(영18④ 단서). 금융위원회는 예비인가를 받은 자가 본인가를 신청하는 경우에는 예비인가의 조건을 이행하였는지 여부와 본인가 요건을 갖추었는지 여부를 확인한 후 본인가 여부를 결정하여야 한다(법14⑤).[30]

(4) 인가요건의 유지 · 완화

금융투자업자는 금융투자업인가를 받아 그 영업을 영위함에 있어서 인가요건을 유지하여야 한다(법15). 다만, "대주주가 충분한 출자능력, 건전한 재무상태 및 사회적 신용을 갖출 것"(법12②(6) 가목)이라는 요건, "대통령령으로 정하는 건전한 재무상태와 사회적 신용을 갖출 것"(법12②(6의2))이라는 요건은 유지요건에서 제외하며, "인가업무 단위별로 5억원 이상으로서 대통령령으로 정하는 금액 이상의 자기자본을 갖출 것"(법12②(2))이라는 요건, "외국금융투자업자가 충분한 출자능력, 건전한 재무상태 및 사회적 신용을 갖출 것"(법12②(6) 나목)이라는 요건의 경우에는 완화된 요건을 유지하여야 한다(영19①).

이와 같이 대주주요건이나 자기자본요건을 완화한 이유는 금융투자업을 영위하는 과정에서 일시적으로 요건을 유지하지 못하는 경우가 발생할 수 있다는 점을 고려한 것이다.

(5) 업무의 추가 및 변경인가

금융투자업자는 인가받은 인가업무 단위 외에 다른 인가업무 단위를 추가하여 금융투자업을 영위하려는 경우에는 금융위원회의 변경인가를 받아야 한다(법16① 전단).[31] 이 경우 예비인가와 본인가에 관한 제14조(예비인가)를 적용한다(법16① 후단). 변경인가를 함에 있어서 대주주 · 외국금융투자업자의 인가요건(법12②(6))에 관하여는 완화된 요건(영19의2)을 적용한다(법16②).[32]

---

30) A준비법인㈜은 법 제14조의 규정에 따라 금융투자업 예비인가를 신청하였는데, 본인가 후 A증권㈜으로 상호를 변경 예정이었고, 예비인가 신청업무는 증권 투자중개업(2-1-1)이었다. 금융투자업을 영위하려는 자는 인가업무 단위를 정하여 인가를 받아야 하며 이를 위해 법인격, 자기자본, 인력과 물적 설비, 타당하고 건전한 사업계획, 이해상충방지체계를 갖추어야 하고 건전경영 및 대주주 요건을 충족하여야 한다. A준비법인㈜의 금융투자업 예비인가 신청에 대하여 법령상 요건을 심사한 결과 해당 요건을 충족하고 있어 예비인가를 하였다. 예비인가 후 6개월 이내에 예비인가신청의 내용 및 법률상 요건을 이행한 후 법 제12조에 따른 금융투자업 인가를 신청하여야 한다.

31) A은행은 법 제12조 및 제16조의 규정에 따라 금융투자업 변경인가를 신청하였는데, 변경인가 신청업무는 현재의 금전신탁업(4-11-1)에서 종합신탁(4-1-1)으로의 변경인가 신청이었다. 이는 다양한 고객 수요에 대응하고, 비이자 이익 수익원 다각화를 위한 변경인가 신청이었는데, 심사한 결과 자기자본 요건, 인력 및 물적설비 요건, 사업계획, 이해상충방지 체계, 대주주 요건 등의 법령상 요건을 충족하고 있어 신청내용대로 인가하였다.

32) A자산운용은 자본시장법 제16조에 따라 금융투자업 변경인가를 신청(예비인가 절차 없이 본인가를 신청)하였고, 인가신청업무는 집합투자업 관련 업무범위의 확대(증권 · 단기금융 → 종합)이었다. 구체적으로 인가업무 단위는 현행 업무단위(3-11-1) → 변경인가시 업무단위(3-1-1), 금융투자업 종류는 현행 업무단위(집합투자업) → 변경인가시 업무단위(집합투자업), 금융투자상품 범위(집합투자기구 종류)는 현행 업무

(6) 영업개시의무

금융투자업인가를 받은 자는 그 인가를 받은 날부터 6개월 이내에 영업을 시작하여야 한다(영17⑩ 본문). 다만, 금융위원회가 그 기한을 따로 정하거나 금융투자업인가를 받은 자의 신청을 받아 그 기간을 연장한 경우에는 그 기한 이내에 그 인가받은 영업을 시작할 수 있다(영17⑩ 단서). 인가를 받은 날로부터 6개월 이내에 정당한 사유 없이 영업을 시작하지 아니하거나 영업을 시작한 후 정당한 사유 없이 인가받은 업무를 6개월 이상 계속해서 하지 아니한 경우에는 인가를 취소할 수 있다(법420①(8), 영373④(1)).

2. 등록절차

(1) 등록의 신청과 검토

투자자문·일임업 등록을 하려는 자는 등록신청서를 금융위원회에 제출하여야 한다(법19①). 금융위원회는 등록신청서를 접수한 경우에는 그 내용을 검토하여 2개월 이내에 금융투자업 등록 여부를 결정하고, 그 결과와 이유를 지체 없이 신청인에게 문서로 통지하여야 한다. 이 경우 등록신청서에 흠결이 있는 때에는 보완을 요구할 수 있다(법19②). 검토기간을 산정함에 있어서 등록신청서 흠결의 보완기간 등 총리령으로 정하는 기간[33]은 검토기간에 산입하지 아니한다(법19③). 등록절차에는 인가시 예비인가와 같은 사전절차는 존재하지 않는다. 등록요건은 인가요건에 비해 완화되어 있고, 사업계획의 타당성요건이 없으므로 예비등록제의 필요성이 없기 때문이다.

금융위원회는 투자자문·일임업 등록 여부를 결정함에 있어서 ⅰ) 금융투자업 등록요건을

단위(증권·단기금융 집합투자기구) → 변경인가시 업무단위(증권·단기금융·부동산·특별자산·혼합자산 집합투자기구), 투자자 유형은 현행 업무단위(일반투자자·전문투자자) → 변경인가시 업무단위(일반투자자·전문투자자)였다. 인가업무 단위 외에 자기가 운용하는 집합투자기구의 집합투자증권에 대한 투자매매업(인수업 제외, 11-13-1) 및 투자중개업(2-13-1) 인가업무 단위를 당시 보유 중이었다. A자산운용의 금융투자업 변경인가 신청에 대하여 자본시장법상 요건을 심사한 결과, 법령상 변경인가 요건 모두를 충족하고 있으므로 신청한 내용대로 인가하였다.

33) "총리령으로 정하는 기간"이란 다음의 어느 하나에 해당하는 기간을 말한다(시행규칙4).
  1. 법 제18조 제2항 각 호의 요건을 충족하는지를 확인하기 위하여 다른 기관 등으로부터 필요한 자료를 제공받는 데에 걸리는 기간
  2. 법 제19조 제2항 후단에 따른 등록신청서 흠결의 보완을 요구한 경우에는 그 보완기간
  3. 금융투자업등록을 하려는 자, 금융투자업등록을 하려는 자의 대주주, 법 제18조 제2항 제1호 각 목 외의 부분 단서에 따른 외국 투자자문업자 또는 같은 호 각 목 외의 부분 단서에 따른 외국 투자일임업자를 상대로 형사소송 절차가 진행되고 있거나 금융위원회, 공정거래위원회, 국세청, 검찰청 또는 금융감독원 등(외국 투자자문업자 또는 외국 투자일임업자인 경우에는 이들에 준하 는 본국의 감독기관 등을 포함)에 의한 조사·검사 등의 절차가 진행되고 있고, 그 소송이나 조사·검사 등의 내용이 등록검토에 중대한 영향을 미칠 수 있다고 인정되는 경우에는 그 소송이나 조사·검사 등의 절차가 끝날 때까지의 기간

갖추지 아니한 경우, ⅱ) 등록신청서를 거짓으로 작성한 경우, ⅲ) 보완요구를 이행하지 아니한 경우가 아닌 한 등록을 거부하여서는 아니 된다(법19④). 이는 등록신청에 대한 검토가 사실상 인가신청에 대한 심사 수준으로 이루어지는 것을 방지하기 위한 것이다.

전문사모집합투자업 등록을 하려는 자는 등록신청서를 금융위원회에 제출하여야 한다(법249의3③). 금융위원회는 등록신청서를 접수한 경우에는 그 내용을 검토하여 2개월 이내에 전문사모집합투자업 등록 여부를 결정하고, 그 결과와 이유를 지체 없이 신청인에게 문서로 통지하여야 한다. 이 경우 등록신청서에 흠결이 있는 때에는 보완을 요구할 수 있다(법249의3④). 검토기간을 산정할 때 등록신청서 흠결의 보완기간 등 총리령으로 정하는 기간[34]은 검토기간에 산입하지 아니한다(법249의3⑤). 금융위원회는 전문사모집합투자업 등록 여부를 결정할 때 ⅰ) 전문사모집합투자업 등록요건을 갖추지 아니한 경우, ⅱ) 등록신청서를 거짓으로 작성한 경우, ⅲ) 보완요구를 이행하지 아니한 경우에 해당하지 않으면 등록을 거부해서는 아니 된다(법249의3⑥).

(2) 등록의 공고

금융위원회는 금융투자업 등록을 결정한 경우 투자자문업자 등록부 또는 투자일임업자 등록부에 필요한 사항을 기재하여야 하며, 등록결정한 내용을 관보 및 인터넷 홈페이지 등에 공고하여야 한다(법19⑤).

금융위원회는 전문사모집합투자업 등록을 결정한 경우 전문사모집합투자업자 등록부에 필요한 사항을 적어야 하며, 등록결정한 내용을 관보 및 인터넷 홈페이지 등에 공고하여야 한다(법249의3⑦).

(3) 등록요건의 유지 · 완화

투자자문업자 또는 투자일임업자는 금융투자업등록 이후 그 영업을 영위함에 있어서 등록요건을 유지하여야 한다. 다만 건전한 신용상태와 사회적 신용요건(법18②(5의2))은 유지요건에서 제외하며, 자기자본요건과 대주주요건에 한하여 완화된 요건(영23)이 적용된다(법20).

전문사모집합투자업자는 등록 이후 그 영업을 영위하는 경우 제2항 각 호의 등록요건(같

---

34) "등록신청서 흠결의 보완기간 등 총리령으로 정하는 기간"이란 다음의 어느 하나에 해당하는 기간을 말한다(시행규칙24의2).
   1. 법 제249조의3 제2항 각 호의 요건을 충족하는지를 확인하기 위하여 다른 기관 등으로부터 필요한 자료를 제공받는 데에 걸리는 기간
   2. 법 제249조의3 제4항 후단에 따른 등록신청서 흠결의 보완을 요구한 경우에는 그 보완기간
   3. 전문사모집합투자업 등록을 하려는 자, 전문사모집합투자업 등록을 하려는 자의 대주주 또는 법 제249조의3 제2항 제1호 나목에 따른 외국 집합투자업자를 상대로 형사소송 절차가 진행되고 있거나 금융위원회, 공정거래위원회, 국세청, 검찰청 또는 금융감독원 등(외국 집합투자업자인 경우에는 이들에 준하는 본국의 감독기관 등을 포함)에 의한 조사 · 검사 등의 절차가 진행되고 있고, 그 소송이나 조사 · 검사 등의 내용이 등록검토에 중대한 영향을 미칠 수 있다고 인정되는 경우에는 그 소송이나 조사 · 검사 등의 절차가 끝날 때까지의 기간

은 항 제6호는 제외하며, 같은 항 제2호 및 제5호의 경우에는 대통령령으로 정하는 완화된 요건)을 유지
하여야 한다(법249의3⑧).

(4) 업무의 추가 및 변경등록

금융투자업자는 등록한 등록업무 단위 외에 다른 등록업무 단위를 추가하여 금융투자업을
영위하려는 경우에는 금융위원회에 변경 등록하여야 한다(법21①). 변경등록을 함에 있어서 대
주주·외국금융투자업자 요건(법18②(5))에 관하여는 완화된 요건(영23의2, 영23(2))을 적용한다
(법21②).

(5) 영업개시의무

금융투자업 등록을 한 자는 등록을 한 날로부터 6개월 이내에 정당한 사유 없이 영업을
시작하지 아니하거나 영업을 시작한 후 정당한 사유 없이 등록한 업무를 6개월 이상 계속해서
하지 아니한 경우에는 등록을 취소할 수 있다(법420①(8), 영373④(1)). 등록의 경우 인가와 달리
영업개시의무에 관한 규정은 없으나 실제로는 등록의 경우에도 영업개시의무가 적용된다.

3. 교차판매 집합투자기구의 등록절차

교차판매 집합투자기구의 등록과 변경등록의 절차 등에 관하여는 법 제182조(집합투자기구
의 등록) 제3항부터 제7항까지의 규정을 준용한다(법182의2④ 전단). 이 경우 등록신청서 및 변
경등록신청서의 기재사항, 첨부서류 등 필요한 사항은 대통령령으로 정한다(법182의2④ 후단).

Ⅳ. 인가 · 등록취소 등

1. 취소사유

금융위원회는 금융투자업자가 다음의 어느 하나에 해당하는 경우에는 제12조에 따른 금
융투자업인가 또는 제18조·제117조의4 및 제249조의3에 따른 금융투자업등록을 취소할 수 있
다(법420①).

1. 거짓, 그 밖의 부정한 방법으로 금융투자업의 인가를 받거나 등록한 경우
2. 인가조건을 위반한 경우
3. 제15조에 따른 인가요건 또는 제20조·제117조의4 제8항 및 제249조의3 제8항에 따른 등
   록요건의 유지의무를 위반한 경우
4. 업무의 정지기간 중에 업무를 한 경우
5. 금융위원회의 시정명령 또는 중지명령을 이행하지 아니한 경우
6. 별표 1 각 호의 어느 하나에 해당하는 경우로서 대통령령으로 정하는 경우

7. 대통령령으로 정하는 금융관련법령 등을 위반한 경우로서 대통령령으로 정하는 경우
8. 금융소비자법 제51조 제1항 제4호 또는 제5호[35])에 해당하는 경우
9. 그 밖에 투자자의 이익을 현저히 해할 우려가 있거나 해당 금융투자업을 영위하기 곤란하다고 인정되는 경우로서 대통령령으로 정하는 경우

2. 금융위원회의 조치

금융위원회는 금융투자업자가 위 제420조 제1항 각 호(제6호를 제외)의 어느 하나에 해당하거나 별표 1 각 호의 어느 하나에 해당하는 경우 또는 금융회사지배구조법 별표 각 호의 어느 하나에 해당하는 경우(제1호에 해당하는 조치로 한정), 금융소비자보호법 제51조 제2항 각 호 외의 부분 본문 중 대통령령으로 정하는 경우에 해당하는 경우(제1호에 해당하는 조치로 한정)에는 다음의 어느 하나에 해당하는 조치를 할 수 있다(법420③).

1. 6개월 이내의 업무의 전부 또는 일부의 정지
2. 신탁계약, 그 밖의 계약의 인계명령
3. 위법행위의 시정명령 또는 중지명령
4. 위법행위로 인한 조치를 받았다는 사실의 공표명령 또는 게시명령
5. 기관경고
6. 기관주의
7. 그 밖에 위법행위를 시정하거나 방지하기 위하여 필요한 조치로서 대통령령으로 정하는 조치

3. 인가 · 등록 취소와 해산

금융투자업자(겸영금융투자업자 제외)는 그 업무에 관련된 금융투자업인가와 금융투자업등록이 모두 취소된 경우에는 이로 인하여 해산한다(법420②). 금융위원회는 외국 금융투자업자가 국내지점, 그 밖의 영업소가 영위하는 금융투자업에 상당하는 영업의 폐지 또는 인가·등록의 취소 등의 사유에 해당하는 경우에는 그 외국 금융투자업자의 지점, 그 밖의 영업소에 대하여 금융투자업인가 또는 금융투자업등록을 취소할 수 있다(법421①). 외국 금융투자업자의 지점, 그 밖의 영업소는 그 업무에 관련된 금융투자업인가와 금융투자업등록이 모두 취소된 경우에는 지체 없이 청산하여야 한다(법421③).

---

35) 4. 금융위원회의 시정명령 또는 중지명령을 받고 금융위원회가 정한 기간 내에 시정하거나 중지하지 아니한 경우
5. 그 밖에 금융소비자의 이익을 현저히 해칠 우려가 있거나 해당 금융상품판매업등을 영위하기 곤란하다고 인정되는 경우로서 대통령령으로 정하는 경우

4. 교차판매 집합투자기구의 등록취소

금융위원회는 다음의 어느 하나에 해당하는 경우에는 교차판매 집합투자기구의 등록을 취소할 수 있다(법253④ 본문). 다만, 제1호 및 제4호의 경우에는 등록을 취소하여야 한다(법253④ 단서).

1. 거짓이나 그 밖의 부정한 방법으로 제182조의2 제1항 또는 제3항에 따른 등록이나 변경 등록을 한 경우
2. 제182조의2 제2항 각 호에 따른 등록요건을 갖추지 못하게 된 경우
3. 제182조의2 제3항에 따른 변경등록을 하지 아니한 경우
4. 제1항에 따라 집합투자기구의 등록이 취소된 경우
5. 그 밖에 투자자의 이익을 현저히 해할 우려가 있거나 교차판매 집합투자기구로서 존속하기 곤란하다고 인정되는 경우로서 대통령령으로 정하는 경우[36]

V. 형사제재

금융투자업인가(변경인가를 포함)를 받지 아니하고 금융투자업(투자자문업, 투자일임업 및 전문사모집합투자업은 제외)을 영위한 자, 또는 거짓, 그 밖의 부정한 방법으로 금융투자업인가(변경인가를 포함)를 받은 자는 5년 이하의 징역 또는 2억원 이하의 벌금에 처한다(법444(1)(2)). 금융투자업등록(변경등록을 포함)을 하지 아니하고 투자자문업 또는 투자일임업을 영위한 자, 또는 거짓, 그 밖의 부정한 방법으로 금융투자업등록(변경등록을 포함)을 한 자는 3년 이하의 징역 또는 1억원 이하의 벌금에 처한다(법445(1)(2)). 또한 전문사모집합투자업 등록을 하지 아니하고 전문사모집합투자업을 영위한 자, 또는 거짓, 그 밖의 부정한 방법으로 전문사모집합투자업 등록을 한 자는 3년 이하의 징역 또는 1억원 이하의 벌금에 처한다(법445(25의2)(25의3)).

---

[36] "대통령령으로 정하는 경우"란 교차판매 집합투자기구로 등록된 이후 투자한 투자자(해당 교차판매 집합투자기구를 운용하는 투자신탁이나 투자익명조합의 집합투자업자 또는 투자회사등과 그 특수관계인은 제외)가 없는 경우로서 해당 투자신탁이나 투자익명조합의 집합투자업자 또는 투자회사등이 교차판매 집합투자기구의 등록취소를 신청한 경우를 말한다(영275의2①).

제2절 자본건전성 규제

I. 서설

1. 자기자본규제의 의의

대부분의 국가는 국민경제에 중대한 영향을 미치는 금융기관의 건전경영 확보를 위해 다양한 재무건전성제도를 운영하고 있다. 재무건전성제도는 각국의 상황에 따라 그 체계를 조금씩 달리 하나 대부분 자본적정성, 자산건전성, 유동성 등에 대한 규제를 포함한다. 우리나라 금융기관의 재무건전성제도도 자본적정성 규제, 자산건전성 규제, 유동성 규제, 외환건전성 규제 등의 여러 가지가 있으나 이 중 금융기관의 손실흡수능력 제고를 목적으로 하는 자기자본규제가 핵심을 이룬다. 이러한 금융기관에 대한 자기자본규제[37]는 금융기관으로 하여금 보유자산의 부실화 등 미래의 위험에 대비하여 충분한 손실흡수능력을 확보할 수 있도록 자기자본을 적립하도록 하는 제도라고 정의할 수 있다. 현재 금융기관에 대한 자기자본규제를 보면 은행은 위험가중자산에 대한 자기자본비율을, 금융투자업자는 영업용순자본비율을, 보험회사는 RBC 방식 지급여력비율을 채택하고 있다.

2. 자기자본규제의 목적

금융기관에 대한 자기자본규제의 목적은 금융기관의 파산을 예방하여 예금자, 투자자, 보험계약자 등의 권익을 보호하고, 금융기관의 연쇄적 파산을 예방하여 금융시스템 전체의 안정성을 도모하는 데 있다. 은행의 경우에는 전체 금융시스템 및 지급결제시스템에서 차지하는 높은 비중으로 인해 시스템위험을 유발할 가능성이 높다는 점에서 개별 금융기관의 파산 가능성 억제를 위한 자기자본규제의 중요성이 강조되고 있다.

금융기관에 있어 자기자본은 영업을 위한 기본적 자금을 공급하는 기능과 함께 예상하지 못한 손실에 대한 최종 안전판이라는 중요한 기능을 수행한다. 손실위험에 대한 안전판으로서의 기능을 수행하는 것으로서 대손충당금(준비금 등)과 자기자본을 들 수 있는데, 양자는 대응되는 위험의 종류가 각기 다르다. 일반적으로 대출, 유가증권 등 수익성 있는 자산은 기본적으

---

37) 은행법은 은행에 대하여 "위험가중자산에 대한 자기자본비율"(은행법34, 동법 시행령20)을 규정하고, 자본시장법은 금융투자업자에 대하여 "영업용순자본비율"(자본시장법31 등)을 규정하고, 보험업법은 보험회사의 자본적정성에 관한 재무건전성 기준을 "지급여력비율"로 규정(보험업법123, 동법 시행령65)하고 있다. 여기서는 이를 통칭하는 용어로 "자기자본규제"라 하고, 개별적으로 일반적 명칭으로서 은행은 BIS비율, 금융투자업자는 영업용순자본비율, 보험은 지급여력비율이라 한다.

로 일정 정도의 손실위험을 내포하고 있는데, 이러한 예상손실에 대해 적립하는 예비자금이 "준비금 또는 대손충당금"이며, 급격한 경제위기 등 예상치 못한 손실에 대한 최종적인 예비자금의 기능을 하는 것이 자기자본이다. 즉 자기자본규제는 장래 파산위기 등 금융기관에 예상하지 못한 손실이 발생하더라도 이를 충당할 수 있는 자기자본을 보유하도록 함으로써 해당 금융기관의 손실흡수능력을 높여 주는 기능을 한다. 오늘날 금융기관에 대한 자기자본규제 기준은 손실흡수를 통해 개별 금융기관의 지급능력(solvency)을 보장하고, 금융시스템 및 실물경제의 안정성을 확보하기 위한 가장 중요한 규제수단으로 인식되고 있다.

Ⅱ. 재무건전성과 경영건전성

1. 재무건전성 유지

(1) 재무건전성규제의 특징

건전성규제는 원래 개별 금융기관이 건전한 경영상태를 유지하도록 하여 금융기관의 부실을 방지하고 금융기관의 파산 등으로 인하여 고객에게 피해가 가는 것을 예방하기 위한 미시적 목표가 최초의 출발점이었다. 그러나 금융기관이 점차 대형화되고 고객 간 및 금융기관 간 거래관계가 복잡다기화되고 상호 연결되면서 금융시스템 자체가 불안정해지는 결과가 초래되자, 금융시스템의 안정성을 유지하여 고객, 채권자, 투자자를 보호하는 이른바 거시적 목표를 병행하는 것에 이르게 되었다.

시스템위험이 가장 많은 은행과는 달리 금융투자회사의 경우는 그 고객이 통상 자신의 책임하에 투자를 하고 투자자산도 고객에게 직접 귀속되기 때문에 금융투자회사의 파산 등 사유가 시스템 위기로까지 번질 가능성이 크지 않다. 또한 금융투자회사가 영위하는 업무의 종류가 매우 다양하기 때문에 일률적인 건전성기준을 적용하기도 어렵다. 그러나 자본시장에서도 시스템적인 거래가 많이 도입되고, 금융투자회사 중에서는 대형 IB업무를 하면서 사실상 수신업무를 할 수 있게 되었으며, 자본거래의 자유화 및 국제화로 인해 하나의 금융투자회사에서 벌어지는 일들이 자본시장의 투자자 심리에 미치는 영향이 커졌기 때문에 점차 건전성규제 강화의 필요성이 대두되고 있다.

이에 자본시장법은 금융투자업자에게 영업용순자본을 총위험액 이상으로 유지하도록 하고(법30①), 금융위원회가 경영건전성기준을 정하고, 경영실태 및 위험에 대한 평가를 하여 위반사항에 대하여는 자본금 증액이나 이익배당 제한과 같은 적절한 조치를 취할 수 있도록 하였으며, 대주주와의 거래를 제한하는 등 이해상충의 우려가 있는 행위를 엄격하게 규제하고 있다(법34). 다만 금융투자업이 그 특성상 업무의 스펙트럼이 매우 넓은 관계로 각 업무별로 건전성규제의 수준을 달리하고 있다. 예를 들어 고객과 직접적인 채권채무관계가 형성될 수 있는 투자매매업에 대하여는 강화된 건전성규제를 적용하고 있으며, 고객의 자산을 수탁하는 투자중개업, 집합투자업, 신탁업 등에 대하여는 완화된 건전성규제를 적용하고, 고객의 자산을 아예 수탁하지 않는 투자일임업과 투자자문업에 대하여는 물적·인적 설비에 대한 매우 기초적인 건전성규제만 적용하고 있다.[38]

(2) 영업용순자본비율

(가) 순자본비율(영업용순자본비율) 규제 연혁

금융투자업자의 재무건전성규제의 핵심인 영업용순자본비율(NCR: Net Capital Ratio)[39] 규제는 1997년 4월부터 증권회사에 처음 도입되었다. 그러나 2009년 자본시장법이 시행되면서 금융투자업에 대한 add-on 방식의 인가·등록제 도입에 따른 진입요건 완화와 자율화·겸업화 등으로 금융투자산업의 경쟁이 심화되고 자본시장법에서 포괄주의 도입에 따른 신종 금융투자상품의 개발과 파생금융상품 거래의 증가로 새로운 위험요인이 급격하게 증가하면서 금융투자업자의 파산위험이 높아지고 있다. 그런 의미에서 영업용순자본비율 규제의 의미가 재조명되고 있으나 기존의 NCR제도는 변화하고 있는 시장환경을 충분히 반영하지 못하고 있다는 평가가 있었다.[40] 즉 위탁매매 중심의 국내 영업에 대한 규율에 치중하다 보니 최근 들어 급증하는 PI투자, 인수금융 등의 IB업무와 해외진출 등의 영업을 과도하게 제약하는 요소가 되기도 하였다. 또한 파생결합증권의 발행이 기하급수적으로 증가함으로써 증권사의 신용위험이 중요해지고 있음에도 정확한 손실흡수능력을 제대로 나타내 주지 못하고 있었다.[41]

이에 2014년 4월에 새로운 재무건전성지표인 순자본[42] 비율을 도입하였는데, 그 주요 내용은 ⅰ) 손실흡수능력을 정확하게 산출할 수 있게 되었고, ⅱ) 자회사 리스크의 정확한 산출이 가능하게 되었으며, ⅲ) 금융투자업자에게 적용되는 건전성지표를 다원화하였다는 점이다. 이에 관하여 아래서 살펴본다.

---

38) 이효근(2019), 90-91쪽.

39) "영업용순자본비율"이란 총위험액에 대한 영업용순자본의 비율을 백분율(%)로 표시한 수치로서 금융산업구조개선법 제10조 제1항에 따른 자기자본비율을 말한다(금융투자업규정3-6(5)).

40) 국제증권감독기구(IOSCO)는 "증권규제의 목적과 원칙(2003. 5)"을 통하여 다음과 같은 점을 천명하고 있다. ⅰ) 자본적정성기준(자기자본규제)은 시장상황이 금융투자업자에게 크게 불리한 방향으로 움직여도 금융투자업자가 그 손실을 감내할 수 있도록 설계되어야 한다. ⅱ) 금융투자업자가 영업을 정리하는 경우에도 자사 또는 타사의 고객에게 손실을 입히지 않고 금융시장의 질서도 침해하지 않으면서 단기간에 정리할 수 있도록 설계되어야 하고 감독당국이 개입할 수 있는 시간을 가질 수 있도록 설계되어야 한다. ⅲ) 자본적정성기준의 충족여부를 검토할 때에는 그 금융투자업자가 수행하는 영업의 속성과 규모를 기준으로 직면하고 있는 위험을 판단하여야 한다.

41) 이효근(2019), 91-93쪽.

42) "순자본"이란 영업용순자본에서 총위험액을 차감한 금액을 말한다(금융투자업규정3-6(1)).

ⅰ) 기존의 NCR 산출체계에서는 총위험액이 분모에 반영되어 증권회사에 필요 이상의 유휴자본을 강요하는 측면이 있었으나, 새로 도입된 순자본비율제도에서는 분모를 필요유지자기자본[43])으로 고정시키고 분자에 잉여자본(영업용순자본-총위험액)을 반영함으로써 증권사의 손실흡수능력을 정확하게 산출해 낼 수 있게 되었다.

ⅱ) 기존의 NCR체계에서는 자회사의 위험수준에 관계없이 자회사 출자금을 영업용순자본에서 전액 차감함으로써 자회사의 자산·부채 리스크를 정확하게 반영하지 못하고, 해외진출 또는 M&A과정에서 인수한 자회사 출자지분을 전액 차감함에 따라 증권회사의 해외진출 및 M&A를 제약하는 문제점이 있었다. 새로 도입된 순자본비율제도에서는 개별재무제표 기준이 아닌 연결재무제표 기준으로 잉여자본을 산출하여, 자회사의 자산·부채에 대한 위험 값을 각각 산출함으로써 자회사 리스크를 정확하게 산출할 수 있도록 하였다.

ⅲ) 순자본비율제도를 도입[44])하면서 "동일행위 동일규제" 개념을 세분화하여 금융투자업자에게 적용되는 건전성지표를 다원화하였는데, 투자매매·중개업을 영위하는 1종 금융투자업자에 대하여는 순자본비율제도를 적용하고, 신탁업자와 같은 3종 금융투자업자는 영업용순자본비율제도를 계속 적용받게 하였으며, 집합투자업자인 2종 금융투자업자에 대하여는 2015년 4월부터 집합투자업의 고유한 특성을 반영하여 순자본비율(영업용순자본비율)제도의 적용을 배제하였다.

(나) 영업용순자본비율

1) 영업용순자본과 총위험액

금융투자업자는 영업용순자본을 총위험액 이상으로 유지하여야 한다(법30①). 이는 금융투자회사의 재무건전성규제는 자기자본규제 방식으로 하고 있음을 의미한다.

여기서 영업용순자본은 ⅰ) 자본금·준비금, 그 밖에 총리령으로 정하는 금액의 합계액(가산항목)[45])에서 ⅱ) 고정자산, 그 밖에 단기간 내에 유동화가 어려운 자산으로서 총리령으로 정하는 자산의 합계액(차감항목)[46])을 뺀 금액을 말한다(법30①). 이는 금융투자업자의 유동성부족

---

43) "필요유지자기자본"이란 영 제19조 제1항 제1호 및 영 제23조 제1호, 영 제118조의6 제1호 및 영 제271조의3 제1호에 따라 인가업무 또는 등록업무 단위별로 요구되는 자기자본을 합계한 금액을 말한다(금융투자업규정3-6(2)).

44) 순자본비율제도는, 조기적용을 선택한 회사들은 2015년 1월부터, 선택하지 아니한 회사는 2016년 1월부터 적용하고 있다.

45) 가산항목은 대차대조표에서 부채로 계상되었으나 실질적인 채무이행의무가 없거나 실질적으로 자본의 보완적 기능을 하는 항목들이 포함된다. 이에는 ⅰ) 유동자산에 설정한 대손충당금(제1호), ⅱ) 후순위 차입금(제2호), ⅲ) 금융리스 부채(제3호), ⅳ) 자산평가이익(제4호), ⅴ) 제1호부터 제4호까지에서 규정한 사항 외에 자본적 성격을 가지는 부채 등 영업용순자본에 포함시킬 필요가 있다고 금융위원회가 정하여 고시하는 사항(제5호)이 있다(시행규칙5①).

46) 차감항목은 대차대조표상 자산 중 즉시 현금화하기 곤란한 자산들이 포함된다. 이에는 ⅰ) 선급금(제1호), ⅱ) 선급비용(제2호), ⅲ) 선급법인세(제3호), ⅳ) 자산평가손실(제4호), ⅴ) 제1호부터 제4호까지에서 규

이나 경영악화로 인한 파산위험에 대처할 수 있는 자산을 제대로 확보하고 있으라는 의미이다. 총위험액이란 자산 및 부채에 내재하거나 업무에 수반되는 위험을 금액으로 환산하여 합계한 금액을 말한다. 총위험액은 시장위험액,[47] 신용위험액,[48] 운영위험액[49]을 모두 합산한 것을 말한다.

영업용순자본과 총위험액의 산정에 관한 구체적인 기준 및 방법은 금융위원회가 정하여 고시한다(법30②). 금융투자업규정 제3-11조는 제1항에서 "영업용순자본은 다음 산식에 따라 산정한 금액으로 한다. 영업용순자본 = 기준일 현재 재무상태표의 자산총액에서 부채총액을 차감한 잔액("순재산액") - 차감항목[50]의 합계금액 + 가산항목[51]의 합계금액"으로 규정하고,

---

정한 사항 외에 단기간 내에 유동화가 곤란한 자산 등 영업용순자본에서 제외할 필요가 있다고 금융위원회가 정하여 고시하는 사항(제5호)이 있다(시행규칙5②).

47) "시장위험액"이란 시장성 있는 증권 등에서 주가, 이자, 환율 등 시장가격의 변동으로 인하여 금융투자업자가 입을 수 있는 잠재적인 손실액을 말한다(금융투자업규정3-6(6)).

48) "신용위험액"이란 거래상대방의 계약불이행 등으로 인하여 발생할 수 있는 잠재적인 손실액을 말한다(금융투자업규정3-6(7)).

49) "운영위험액"이란 부적절하거나 잘못된 내부의 절차, 인력 및 시스템의 관리부실 또는 외부의 사건 등으로 인하여 발생할 수 있는 잠재적인 손실액을 말한다(금융투자업규정3-6(8)).

50) 금융투자업규정 제3-14조(차감항목) ① 제3-11조 제1항에 따른 차감항목은 다음의 어느 하나에 해당하는 자산등의 금액으로 한다.
1. 유형자산(투자부동산을 포함). 다만, 유형자산 중 부동산은 다음의 금액 중 금융투자업자가 선택한 금액을 제외한다.
   가. 만기 1년 이상의 차입계약(담보로 제공된 부동산에 대해서만 담보권의 행사가 인정되고 금융투자업자의 다른 재산에 대하여는 어떠한 상환청구권이 인정되지 아니하는 것에 한한다)을 체결한 경우 그 부채 상당액과 부동산의 장부가액(제14호에 따라 차감된 경우 이를 제외) 중 적은 금액
   나. 장부가액(제14호에 따라 차감된 경우 이를 제외)의 40%를 초과하지 않는 범위 내에서 정부가 고시하는 공시지가 또는 이에 준하는 방법으로 평가한 당해 부동산 감정시세의 70%에 상당하는 금액
2. 선급금, 선급법인세, 이연법인세자산 및 선급비용. 다만, 선급금 중 이자부 증권을 매입하면서 지급한 선급경과이자는 제외한다.
3. 삭제
4. 대출채권(콜론, 환매조건부매수, 대출금, 매입대출채권, 사모사채, 제4-21조 제1호 다목에 따른 신용공여 및 이에 준하는 거래) 중 담보가액(담보물의 종류, 담보가액 등의 구체적인 방법 등은 금융감독원장이 정한다)을 초과하는 금액. 다만, 다음에 해당하는 것은 제외한다.
   가. 잔존만기 3개월 이내 대출채권. 다만, 만기 자동연장조건 또는 만기시 재취득조건 등의 특약으로 인해 실질적으로 잔존만기가 3개월을 초과하는 것은 제외한다.
   나. 채권보유 이후 1개월 이내에 처분 또는 상환이 예정된 대출채권(다만, 재취득조건 등 특약이 있는 것은 제외) 및 제9호에 해당하는 대출채권
   다. 전환사채, 비분리형신주인수권부사채, 교환사채 등 주식관련 사모사채
   라. 제4-21조 제1호 가목 및 나목에 따른 신용공여
   마. 임직원 대여금
   바. 제3-24조의2 제1항에 따라 금융감독원장으로부터 리스크관리 기준의 승인을 받은 금융투자업자가 영 제68조 제2항 제1호 내지 제4호 업무를 영위하는 과정에서 수반된 대출금
   사. 종합금융투자사업자가 법 제77조의3 제3항 제1호에 따라 수행한 기업에 대한 신용공여
   아. 종합금융투자사업자가 영 제68조 제2항 제1호 내지 제4호 업무를 영위하는 과정에서 수반된 대출금
   자. 다음의 요건을 모두 충족하는 사모사채

(1) 증권의 발행 및 공시 등에 관한 규정 제2-2조 제2항 제4호에 따라 적격기관투자자 사이에서만 양수·양도될 것
(2) 신용평가사로부터 증권에 대한 신용평가를 받을 것
(3) 증권에 관한 정보를 협회가 정하는 방법에 따라 공개하고, 다수의 적격기관투자자에게 청약의 기회를 부여할 것
차. 「중소기업 특화 금융투자회사의 운영에 관한 지침」에 따라 지정된 금융투자업자가 다음의 요건을 모두 충족하면서 취급한 대출금
(1) 영 제68조 제2항 제1호부터 제4호까지의 업무를 영위하는 과정에서 취급한 중소기업기본법 제2조에 따른 중소기업 및 벤처기업 육성에 관한 특별조치법 제2조에 따른 벤처기업에 대한 대출금으로서 자기자본의 50% 이내인 대출금
(2) 신용위험 유발거래 전후 신용위험을 적절히 평가·관리할 수 있는 내부통제체계 및 사후관리체계를 구축·운영할 것
(3) 내부통제체계 및 사후관리체계를 효율적으로 구축·운영할 수 있도록 내부통제기준을 마련하고 당해 업무를 수행할 수 있는 조직을 운영할 것
(4) 제3-24조의2 제2항에 따른 리스크관리 기준을 마련하고 준수할 것. 다만, 제3-24조의2 제2항 제1호에 따른 신용공여 총 합계액을 산정함에 있어 (1)에 따른 신용공여액은 제외한다.
4의2. 다음의 어느 하나에 해당하는 행위를 통하여 제4호의 대출채권의 취득과 동일한 효과를 초래하는 경우 그 해당 금액
가. 법 제110조에 따른 수익증권의 취득
나. 사모집합투자기구의 증권의 취득
다. 자산유동화 회사 등 다른 법인이 발행한 증권의 취득
라. 신탁, 사모집합투자기구 또는 특수목적회사와의 스왑거래
마. 대출채권을 기초자산으로 하는 장외파생상품계약의 체결
5. 특수관계인 채권등. 다만 이연법인세부채상당액과 투자매매업자 또는 투자중개업자(집합투자증권에 대한 투자매매업 또는 투자중개업만을 영위하는 자는 제외)인 자회사에 대한 출자지분(법 제12조에 따른 인가를 받은 투자매매업자 또는 투자중개업자가 다른 국내 투자매매업자 또는 투자중개업자를 인수한 경우로서 금융위원회가 인정한 경우에 한한다)은 제외한다.
6. 자회사의 결손액(최근 결산기말 또는 반기말 현재 재무상태표상 부채총계가 자산총계를 초과하는 경우 그 초과액) 중 금융투자업자 소유지분 해당액. 다만, 이 금액이 당해 자회사에 대한 금융투자업자의 채무보증액보다 작은 경우에는 채무보증액으로 한다.
7. 지급의무가 발생하였으나 아직 대지급이 일어나지 아니한 채무보증금액(관련 대손충당금 등을 제외)
8. 경영참여형 사모집합투자기구의 무한책임사원인 경우 그 경영참여형 사모집합투자기구의 결손액(부채가 자산을 초과하는 경우 그 초과액)
9. 신탁계정대여금 금액(대손준비금을 차감)에 다음 각 목의 어느 하나에 해당하는 비율을 곱한 금액(부동산신탁업자에 한함)
가. "정상" 분류 신탁계정대여금: 10%
나. "요주의" 분류 신탁계정대여금: 15%
다. "고정" 분류 신탁계정대여금: 25%
라. "회수의문" 분류 신탁계정대여금: 50%
마. "추정손실" 분류 신탁계정대여금: 100%
10. 상환우선주 자본금 및 자본잉여금. 다만, 다음의 요건을 모두 충족하는 것은 제외하되, 그 규모는 제3-12조 제2호 및 제5호에 따른 가산액 및 제10의2호에 따라 차감에서 제외되는 금액과 합하여 순재산액의 50% 이내로 한다.
가. 상환으로 인하여 금융투자업자가 별표 10의2 제3호 가목 또는 별표 10의4 제3호 가목에 해당할 경우에는 계약상의 상환시기가 도래하는 경우에도 상환하지 아니한다는 약정이 있을 것
나. 상환을 보증하는 담보의 제공, 상계 및 만기 전 상환을 금지하는 약정이 있고, 그 밖에 상환우선주의 본질을 해할 우려가 있는 약정이 없을 것

제2항에서 총위험액은 "시장위험액,52) 신용위험액,53) 운영위험액"을 합산한 금액으로 한다고

다. 발행일부터 상환일까지의 기간이 5년 이상이고 5년 이내에 중도 상환되지 아니할 것. 이 경우 잔존기간(발행자가 중도상환권을 보유하고 있는 경우 잔존기간은 차기 중도상환권 행사가능일까지로 한다)이 5년 미만이 되는 경우 상환우선주의 자본금 및 자본잉여금에 다음에 해당하는 비율을 곱한 금액은 차감금액에서 제외하며, 잔존기간이 1년 미만이 되는 경우 전액을 차감한다.
(1) 잔존기간 4년 이상 5년 미만: 80%
(2) 잔존기간 3년 이상 4년 미만: 60%
(3) 잔존기간 2년 이상 3년 미만: 40%
(4) 잔존기간 1년 이상 2년 미만: 20%

10의2. 자본증권 발행자금. 다만, 제3-13조의2 제1항에 따른 요건을 충족하는 것은 제외한다.

11. 임차보증금 및 전세권 금액. 다만, 다음 각 목의 어느 하나에 해당하는 것은 제외한다.
가. 임차 또는 전세계약에 따라 임차 또는 전세계약을 3개월 이내에 해지할 수 있는 경우 그 임차보증금 및 전세권 금액
나. 임차 또는 전세계약에 따라 임차 또는 전세보증금 예치계약을 3개월 이내에 소정의 월세계약으로 전환할 수 있는 경우 그 임차보증금 및 전세권 금액

12. 제3-8조에 따라 적립한 대손준비금 잔액

13. 신용위험 변동으로 인한 금융부채의 누적미실현평가손익

14. 이익잉여금 중 한국채택국제회계기준 전환일에 발생한 유형자산 재평가이익. 다만, 이사회 또는 주주총회 결의, 정관의 변경 등에 의해 배당이 제한된 금액은 차감하지 않는다.

15. 무형자산(시장성이 인정되는 무형자산은 제외)

16. 지급예정 현금배당액

17. 금융투자협회 가입비

② 제1항에도 불구하고 급격한 경제여건의 변화 등 불가피한 사유가 있다고 금융위원회가 인정하는 경우에는 제1항 각 호의 일부 또는 전부를 차감항목에서 제외할 수 있다.

51) 금융투자업규정 제3-12조(가산항목) 제3-11조 제1항에 따른 가산항목은 다음의 어느 하나에 해당하는 자산등의 금액으로 한다.
1. 제3-7조에 따른 자산건전성 분류 대상에 적립된 대손충당금 등으로서 "정상" 및 "요주의"로 분류된 자산에 설정된 대손충당금 등
2. 후순위 차입금(채권의 발행을 통한 차입을 포함하며, 제3-13조에 따른 요건을 충족하는 경우에 한한다)
3. 금융리스부채(계약해지금은 제외하며, 리스조건에 리스자산에 의한 현물상환이 가능하다고 명시하고 현금상환을 해야 한다는 별도 약정이 없는 경우에 한한다)
4. 자산평가이익(재무제표의 당기순이익 또는 순재산액 산정시 반영된 이익은 제외)
5. 부채로 분류되는 상환우선주 발행잔액. 다만, 다음의 요건을 모두 충족하는 경우에 한하며, 가산액은 제2호에 따른 가산액 및 제3-14조 제1항 제10호 및 제3-14조 제1항 제10의2호에 따라 차감에서 제외되는 금액과 합하여 순재산액의 50% 이내로 한다.
가. 상환으로 인하여 별표 10의2 제3호 가목 또는 별표 10의4 제3호 가목에 해당할 경우에는 계약상의 상환시기가 도래하는 경우에도 상환하지 아니한다는 약정이 있을 것
나. 상환을 보증하는 담보의 제공, 상계 및 만기 전 상환을 금지하는 약정이 있고, 그 밖에 후순위 변제의 본질을 해할 우려가 있는 약정이 없을 것
다. 발행일부터 상환일까지의 기간이 5년 이상이고 5년 이내에 중도 상환되지 아니할 것. 이 경우 잔존기간(발행자가 중도상환권을 보유하고 있는 경우 잔존기간은 차기 중도상환권 행사가능일까지로 한다)이 5년 미만이 되는 경우 상환우선주 발행잔액에 다음에 해당하는 비율을 곱한 금액을 가산하며, 잔존기간이 1년 미만이 되는 경우에는 가산하지 아니한다.
(1) 잔존기간 4년 이상 5년 미만: 80%
(2) 잔존기간 3년 이상 4년 미만: 60%
(3) 잔존기간 2년 이상 3년 미만: 40%
(4) 잔존기간 1년 이상 2년 미만: 20%

규정한다.

  2) 적용제외 금융투자업자

    금융투자업자에게 이러한 재무건전성기준을 유지하도록 하는 것은 시스템위험을 방지하고 부실경영으로 인해 금융투자업자의 고객 등에 대한 피해를 최소화하기 위한 것이므로 그러한 위험이 없는 금융투자업자에 대하여서까지 영업용순자본 유지의무를 부과할 필요는 없다. 따라

---

52) 금융투자업규정 제3-15조(시장위험액) 제3-11조 제2항 제1호에 따른 시장위험액은 다음의 금액을 합산한 금액으로 한다.
  1. 주식위험액(금융투자업규정 제3-16조에 따라 산정한다고 규정한다)
  2. 금리위험액(금융투자업규정 제3-17조에 따라 산정한다고 규정한다)
  3. 외환위험액(금융투자업규정 제3-18에 따라 산정한다고 규정한다)
  4. 집합투자증권등 위험액(금윤투자업규정 제3-19조에 따라 산정한다고 규정한다)
  5. 일반상품위험액(금융투자업규정 제3-20조에 따라 산정한다고 규정한다)
  6. 옵션위험액(금융투자업규정 제3-21조에 따라 산정한다고 규정한다)
53) 금융투자업규정 제3-22조(신용위험액 산정) ① 제3-11조 제2항 제2호에 따른 신용위험액은 다음의 어느 하나에 해당하는 포지션을 대상으로 하여 산정한다.
  1. 예금, 예치금 및 콜론. 다만, 신탁업자에게 신탁하는 투자자예탁금 별도예치금에 대하여는 신용위험액을 산정하지 아니하고 집합투자증권등 위험액을 산정한다.
  2. 증권의 대여 및 차입
  3. 환매조건부매도 및 환매조건부매수
  4. 대고객 신용공여
  5. 채무보증(제3-14조 제7호에 해당하는 채무보증은 제외하며, 관련 대손충당금 등을 차감한다)
  6. 대여금, 미수금, 미수수익, 그 밖의 금전채권
  7. 잔여계약기간이 3개월 이내인 임차보증금 및 전세권
  8. 선물, 선도, 스왑 등 파생상품
  9. 사모사채. 다만 다음에 해당하는 경우는 제외한다.
    가. 제3-14조 제1항 제4호 및 제3-14조 제1항 제4호의2에 따라 차감항목에 해당하는 경우
    나. 제3-14조 제1항 제4호 자목 및 제3-17조 제1항 제1호에 따라 금리위험액 산정대상에 해당하는 경우
    다. 전환사채, 비분리형신주인수권부사채, 교환사채 등 주식관련 사모사채인 경우
  10. 대출채권(제3-14조 제1항 제4호 및 제3-14조 제1항 제4호의2에 따라 차감항목에 해당하는 경우는 제외)
  11. 한도대출약정
  12. 시공사 또는 위탁자가 책임준공의무를 불이행하는 경우 부동산신탁업자가 그에 갈음하여 책임준공의무를 부담하게 되는 형태의 관리형토지신탁 계약("책임준공확약형 관리형토지신탁계약")
  13. 그 밖에 영업용순자본 산정시 차감항목 이외의 자산중에서 위험액 산정대상이 아닌 자산
  ② 신용위험액은 산정대상에 따라 별도로 환산하는 신용환산액에 거래상대방별 위험값을 적용하여 산정한다. 다만, 제1항 제12호에 따른 책임준공확약형 관리형토지신탁 포지션에 대하여 신용위험액을 산정하는 방식은 금융감독원장이 정하는 바에 따른다.
  ③ 제2항에 따른 신용환산액이 음수(-)인 경우에는 신용위험액을 산정하지 아니한다.
  ④ 제1항 제8호에 따른 파생상품 포지션에 대하여는 시장위험액과 신용위험액을 동시에 산정한다.
  ⑤ 동일인(중앙정부, 지방자치단체, 중앙은행, 특별법에 의해 설립된 법인으로서 정부에 의해 결손보전이 이루어지는 공공법인 및 국제기구를 제외) 또는 동일기업집단(공정거래법 제2조 제2호에 서 정하는 기업집단)을 대상으로 한 금리위험액 산정대상 및 신용위험액 산정대상 포지션의 합계액이 영업용순자본의 20%를 초과하는 경우에는 신용집중위험액으로 산정하여 제2항에 따른 신용위험액에 가산하여야 한다.
  ⑥ 제2항에 따른 신용환산액과 거래상대방별 위험값, 제5항에 따른 신용집중위험액의 산정방법 및 적격금융기관의 범위 등은 금융감독원장이 정한다.

서 겸영금융투자업에 대하여는 각 겸영금융투자업자의 건전성규제 제도 및 기준은 당해 금융업자의 영업전반에 따른 경영의 건전성을 규제하는 것이므로 자본시장법상의 재무건전성기준 적용에서 제외된다. 또한 ⅰ) 투자자문업자 또는 투자일임업자(다른 금융투자업을 경영하지 아니하는 경우만 해당), ⅱ) 집합투자업자(집합투자증권 외의 금융투자상품에 대한 투자매매업 또는 투자중개업을 경영하는 자는 제외)에 대하여는 영업용순자본 유지의무가 없다(영34①).

3) 보고 및 공시

금융투자업자는 매 분기의 말일을 기준으로 영업용순자본에서 총위험액을 뺀 금액을 기재한 서면(분기별 업무보고서)을 해당 분기의 말일부터 45일 이내에 금융위원회에 보고하여야 하며, 보고기간 종료일부터 3개월간 본점과 지점, 그 밖의 영업소에 비치하고, 인터넷 홈페이지 등을 이용하여 공시하여야 한다(법30③).

(다) 순자본비율

순자본비율이란 필요유지자기자본에 대한 순자본의 비율을 백분율(%)로 표시한 수치로서 금융산업구조개선법 제10조 제1항에 따른 자기자본비율을 말한다(금융투자업규정3-6(3)).[54]

2. 경영건전성기준

(1) 경영건전성의 내용

금융투자업자(겸영금융투자업자 제외)는 경영의 건전성을 유지하기 위하여 ⅰ) 자기자본비율, 그 밖의 자본의 적정성에 관한 사항, ⅱ) 자산의 건전성에 관한 사항, ⅲ) 유동성에 관한 사항, ⅳ) 위험관리에 관한 사항, ⅴ) 외환건전성에 관한 사항에 관하여 금융위원회가 정하여 고시하는 경영건전성기준을 준수하여야 하며, 이를 위한 적절한 체계를 구축·시행하여야 한다(법31①, 영35①).

---

54) 금융투자업규정 제3-10조(순자본비율 등 산정의 기본원칙) ① 순자본비율 산정의 기초가 되는 금융투자업자의 자산, 부채, 자본은 법 제32조의 회계처리기준에 따라 작성된 연결재무제표에 계상된 장부가액(평가성 충당금을 차감한 것)을 기준으로 한다. 다만, 연결대상 회사의 구체적인 범위는 금융감독원장이 정하며, 연결대상 회사가 없는 금융투자업자는 개별 재무제표를 기준으로 한다.
② 영업용순자본비율 산정의 기초가 되는 금융투자업자의 자산, 부채, 자본은 업무보고서의 개별재무제표에 계상된 장부가액(평가성 충당금을 차감한 것)을 기준으로 한다.
③ 시장위험과 신용위험을 동시에 내포하는 자산에 대하여는 시장위험액과 신용위험액을 모두 산정해야 한다.
④ 영업용순자본 산정시 차감항목에 대하여는 원칙적으로 위험액을 산정하지 않는다.
⑤ 영업용순자본의 차감항목과 위험액 산정대상 자산 사이에 위험회피효과가 있는 경우에는 위험액산정대상 자산의 위험액을 감액할 수 있다.
⑥ 부외자산과 부외부채에 대해서도 위험액을 산정하는 것을 원칙으로 한다.
⑦ 순자본비율은 가결산일 및 결산일 현재를 기준으로 산정하고 법 제33조 제1항에 따른 업무보고서에 포함한다.

금융위원회는 경영건전성기준을 정함에 있어서 금융투자업자가 영위하는 금융투자업의 종류 등을 고려하여 금융투자업별로 그 내용을 달리 정할 수 있다(법31②).

(2) 경영실태평가

(가) 자본시장법

금융위원회는 금융투자업자의 경영건전성 확보를 위한 경영실태 및 위험에 대한 평가를 할 수 있다(법31③ 본문). 다만, 자산규모 등을 고려하여 대통령령으로 정하는 금융투자업자에 대하여는 평가를 실시하여야 한다(법31③ 단서). 자본시장법 제31조 제3항 본문은 임의평가를 규정하고, 단서는 의무평가를 규정하고 있다. 여기서 "대통령령으로 정하는 금융투자업자"란 다음에 해당하는 자를 말한다(영35②).

1. 경영실태에 대한 평가의 경우에는 다음의 어느 하나에 해당하지 아니하는 금융투자업자
    가. 다자간매매체결회사
    나. 채권중개전문회사(다른 금융투자업을 경영하지 아니하는 경우만 해당)
    다. 투자자문업자 또는 투자일임업자(다른 금융투자업을 경영하지 아니하는 경우만 해당)
    라. 외국 금융투자업자의 지점, 그 밖의 영업소
    마. 집합투자업자(집합투자증권 외의 금융투자상품에 대한 투자매매업 또는 투자중개업을 경영하는 자는 제외)
2. 위험에 대한 평가의 경우에는 다음의 기준을 모두 충족하는 금융투자업자
    가. 최근 사업연도말일을 기준으로 자산총액(대차대조표상의 자산총액에서 투자자예탁금을 뺀 금액)이 1천억원 이상일 것
    나. 장외파생상품에 대한 투자매매업 또는 증권에 대한 투자매매업(인수업을 경영하는 자만 해당)을 경영할 것

(나) 금융투자업규정

금융투자업자에 대한 경영실태평가는 2009년 자본시장법 시행으로 모든 금융투자업자(전업 투자자문·일임업자는 제외)에 공통적으로 적용될 수 있는 경영실태평가제도로 개편하였다. 동 개편의 가장 큰 특징은 규제차익 방지를 위하여 평가지표를 통합하되 영업별 특성을 반영하기 위해 평가부문을 공통평가부문과 업종평가부문으로 구분하고 있다.

금융감독원장은 금융투자업자의 경영 및 재무건전성을 판단하기 위하여 금융투자업자의 재산과 업무상태 및 위험을 종합적·체계적으로 분석 평가("경영실태평가")하여 감독하여야 한다(금융투자업규정3-25①). 경영실태평가는 검사 등을 통하여 실시하며 평가대상 금융투자업자가 영위하는 금융투자업의 종류에 따라 별표 10에서 규정하는 부문별로 구분 평가하고 부문별 평가결과를 감안하여 종합평가한다(금융투자업규정3-25②). 경영실태평가 부문별 평가항목(별표

10)을 살펴보면 다음과 같다. 공통부문은 자본적정성, 수익성, 경영관리 등 3개 평가부문으로 구성되어 있으며, 업종부문[투자매매·중개업, (부동산)신탁업]은 유동성, 자산건전성 등 2개 평가부문으로 구성되어 있다.

경영실태평가를 위한 구체적인 사항은 금융감독원장이 정하며, 이 경우 연결재무제표를 작성하는 금융투자업자에 대하여는 연결대상이 되는 회사의 경영실태를 감안할 수 있다(금융투자업규정3-25⑥). 검사 이외의 기간에는 부문별 평가항목 중 계량평가가 가능한 항목에 대해서만 분기별로 평가한다(금융투자업규정3-25③).

경영실태평가는 금융투자업자 본점, 해외 현지법인 및 해외지점(단, 신설된 후 5년이 경과하지 아니한 해외 현지법인 및 해외지점은 제외)을 대상으로 하며 1등급(우수), 2등급(양호), 3등급(보통), 4등급(취약), 5등급(위험)의 5단계 등급으로 구분한다(금융투자업규정3-25④). 금융감독원장은 금융투자업자에 대한 경영실태평가 결과를 감독 및 검사업무에 반영할 수 있다(금융투자업규정3-25⑤).

(3) 적기시정조치

(가) 의의

금융위원회는 금융투자업자가 경영건전성기준을 충족하지 못하거나 재무건전성 유지의무를 위반한 경우에는 금융투자업자에 대하여 자본금의 증액, 이익배당의 제한 등 경영건전성 확보를 위한 필요한 조치를 명할 수 있다(법31④). 금융투자업규정 제3-6조는 금융투자업자를 다음과 같이 구분한다. "1종 금융투자업자"란 금융투자업자 중 투자매매업자 또는 투자중개업자를 말한다. 다만, 집합투자업을 영위하면서 투자매매업 또는 투자중개업 중 집합투자증권에 대한 영업만을 인가받은 투자매매업자 또는 투자중개업자는 제외한다(금융투자업규정3-6(21)). "2종 금융투자업자"란 금융투자업자 중 금융위원회의 인가를 받은 집합투자업자(집합투자증권을 제외한 다른 금융투자상품에 대한 투자매매업과 투자중개업을 영위하는 자는 제외)를 말한다(금융투자업규정3-6(22)). "3종 금융투자업자"란 금융투자업자 중 신탁업자(1종 금융투자업자를 제외)를 말한다(금융투자어규정3-6(23)).

위와 같이 구분하고 금융투자업자의 종류에 따라 적기시정조치의 기준을 달리 정하고 있다. 1종 금융투자업자는 순자본비율, 2종 금융투자업자는 자기자본, 3종 금융투자업자는 영업용순자본비율을 기준으로 한다. 제3-26조는 경영개선권고를, 제3-27조는 경영개선요구를, 제3-28조는 경영개선명령을, 제3-29조는 조치의 근거와 이유 제시를, 제3-30조는 적기시정조치의 유예를, 제3-31조는 경영개선계획의 제출 및 평가를 각각 규정하고 있다.

(나) 경영개선권고

금융위원회는 금융투자업자가 다음의 구분에 따른 기준에 해당하는 경우 당해 금융투자업자에 대하여 필요한 조치를 이행하도록 권고하여야 한다(금융투자업규정3-26①(1)(2)(3)).

1종 금융투자업자는 ⅰ) 순자본비율이 100% 미만인 경우, ⅱ) 경영실태평가 결과 종합평가등급이 3등급(보통) 이상으로서 자본적정성 부문의 평가등급을 4등급(취약) 이하로 판정받은 경우, ⅲ) 거액의 금융사고 또는 부실채권의 발생으로 위 ⅰ) 또는 ⅱ)의 기준에 해당될 것이 명백하다고 판단되는 경우, ⅳ) 직전 2 회계연도 간 연속하여 당기순손실이 발생하고, 레버리지비율이 900%를 초과하는 경우[다만, 직전 2회계연도 간 발생한 당기순손실의 합계액이 직전 3회계연도말 자기자본(구체적인 산정방식은 금융감독원장이 정한다)의 5% 미만인 경우는 제외], 또는 ⅴ) 레버리지비율이 1,100%를 초과하는 경우 경영개선권고를 받는다.

2종 금융투자업자는 ⅰ) 자기자본이 최소영업자본액에 미달하는 경우, 또는 ⅱ) 거액의 금융사고 또는 부실채권의 발생으로 위 ⅰ)의 기준에 해당될 것이 명백하다고 판단되는 경우 경영개선권고를 받는다.

3종 금융투자업자는 ⅰ) 영업용순자본비율이 150% 미만인 경우, ⅱ) 경영실태평가 결과 종합평가등급이 3등급(보통) 이상으로서 자본적정성 부문의 평가등급을 4등급(취약) 이하로 판정받은 경우, 또는 ⅲ) 거액의 금융사고 또는 부실채권의 발생으로 위 ⅰ) 또는 ⅱ)의 기준에 해당될 것이 명백하다고 판단되는 경우 경영개선권고를 받는다.

(다) 경영개선요구

금융위원회는 금융투자업자가 다음의 구분에 따른 기준에 해당하는 경우 당해 금융투자업자에 대하여 필요한 조치를 이행하도록 요구하여야 한다(금융투자업규정3-27①(1)(2)(3)).

1종 금융투자업자는 ⅰ) 순자본비율이 50% 미만인 경우, ⅱ) 경영실태평가 결과 종합평가등급을 4등급(취약) 이하로 판정받은 경우, ⅲ) 거액의 금융사고 또는 부실채권의 발생으로 위 ⅰ) 또는 ⅱ)의 기준에 해당될 것이 명백하다고 판단되는 경우, ⅳ) 직전 2회계연도 간 연속하여 당기순손실이 발생하고, 레버리지비율이 1,100%를 초과하는 경우[다만, 직전 2회계연도 간 발생한 당기순손실의 합계액이 직전 3회계연도말 자기자본(구체적인 산정방식은 금융감독원장이 정한다)의 5% 미만인 경우는 제외], 또는 ⅴ) 레버리지비율이 1,300%를 초과하는 경우에 경영개선요구를 받는다.

2종 금융투자업자는 ⅰ) 자기자본이 필요유지자기자본 이상이면서 필요유지자기자본, 고객자산운용 필요자본의 50%, 그리고 고유자산운용 필요자본의 50%를 합산한 금액에 미달하는 경우, 또는 ⅱ) 거액의 금융사고 또는 부실채권의 발생으로 위 ⅰ)의 기준에 해당될 것이 명백하다고 판단되는 경우에는 경영개선요구를 받는다.

3종 금융투자업자는 ⅰ) 영업용순자본비율이 120% 미만인 경우, ⅱ) 경영실태평가 결과 종합평가등급을 4등급(취약) 이하로 판정받은 경우, 또는 ⅲ) 거액의 금융사고 또는 부실채권의 발생으로 위 ⅰ) 또는 ⅱ)의 기준에 해당될 것이 명백하다고 판단되는 경우에는 경영개선요구를 받는다.

(라) 경영개선명령

금융위원회는 금융투자업자가 다음의 구분에 따른 기준에 해당하는 경우 당해 금융투자업자에 대하여 필요한 조치를 이행하도록 명령하여야 한다(금융투자업규정3-28①(1)(2)(3)).

1종 금융투자업자는 ⅰ) 순자본비율이 0% 미만인 경우, 또는 ⅱ) 금융산업구조개선법 제2조 제2호에서 정하는 부실금융기관에 해당하는 경우에는 경영개선명령을 받는다. 2종 금융투자업자는 ⅰ) 자기자본이 필요유지자기자본에 미달하는 경우, 또는 ⅱ) 금융산업구조개선법 제2조 제2호에서 정하는 부실금융기관에 해당하는 경우에는 경영개선명령을 받는다. 3종 금융투자업자는 ⅰ) 영업용순자본비율이 100% 미만인 경우, 또는 ⅱ) 금융산업구조개선법 제2조 제2호에서 정하는 부실금융기관에 해당하는 경우에는 경영개선명령을 받는다.

3. 회계처리

금융투자업자는 ⅰ) 회계연도를 금융투자업별로 총리령으로 정하는 기간55)으로 하고, ⅱ) 금융투자업자의 고유재산과 신탁재산, 그 밖에 총리령으로 정하는 투자자재산56)을 명확히 구분하여 회계처리하며, ⅲ) 증권선물위원회의 심의를 거쳐 금융위원회가 정하여 고시하는 금융투자업자 회계처리준칙 및 외부감사법 제5조에 따른 회계처리기준을 따라 회계처리를 하여야 한다(법32①).

금융투자업자의 고유재산의 회계처리에 관한 사항으로서 제1항에서 정하지 아니한 회계처리, 계정과목의 종류와 배열순서, 그 밖에 필요한 사항은 금융위원회가 정하여 고시한다(법32②).

---

55) "총리령으로 정하는 기간"이란 다음의 구분에 따른 기간을 말한다(시행규칙6①).
　　1. 투자매매업, 투자중개업, 집합투자업, 투자자문업 및 투자일임업: 매년 4월 1일부터 다음 해 3월 31일까지의 기간. 다만, 해당 금융투자업자가 외부감사법 제5조 제1항 제1호에 따른 회계처리기준을 도입한 경우 등 금융위원회가 정하여 고시하는 경우에는 회계기간을 1월 1일부터 12월 31일까지로 할 수 있다.
　　2. 신탁업, 종합금융회사 및 자금중개회사: 정관에서 정하는 기간
56) "총리령으로 정하는 투자자재산"이란 다음의 투자자재산을 말한다(시행규칙6②).
　　1. 투자자가 예탁한 재산
　　2. 집합투자재산
　　3. 제1호 및 제2호에서 규정한 사항 외에 고유재산, 신탁재산 및 제1호·제2호의 재산과 명확히 구분하여 회계처리할 필요가 있는 것으로서 금융위원회가 정하여 고시하는 투자자재산

4. 경영공시

(1) 업무보고서 작성 및 보고

(가) 분기별 업무보고서 및 월별 업무보고서 작성 및 제출

금융투자업자는 매 사업연도 개시일부터 3개월간·6개월간·9개월간 및 12개월간의 업무보고서를 작성하여 그 기간 경과 후 45일 이내에 금융위원회에 제출하여야 한다(법33①, 영36①). 금융투자업자는 업무보고서를 금융위원회에 제출한 날부터 그 업무보고서 중 중요사항을 발췌한 공시서류를 1년간 본점과 지점, 그 밖의 영업소에 이를 비치하고, 인터넷 홈페이지 등을 이용하여 공시하여야 한다(법33②). 금융투자업자는 업무보고서 외에 매월의 업무 내용을 적은 보고서를 다음 달 말일까지 금융위원회에 제출하여야 한다(법33④).

(나) 분기별 업무보고서 및 월별 업무보고서의 기재사항

분기별 업무보고서 및 월별 업무보고서의 기재사항은 ⅰ) 금융투자업자의 개요, ⅱ) 금융투자업자가 경영하고 있는 업무의 내용에 관한 사항, ⅲ) 재무에 관한 현황, ⅳ) 영업에 관한 사항, ⅴ) 최대주주(그의 특수관계인을 포함)와 주요주주에 관한 사항, ⅵ) 특수관계인과의 거래에 관한 사항, ⅶ) 지점, 그 밖의 영업소와 인력의 관리에 관한 사항, ⅷ) 투자자재산의 현황과 그 보호에 관한 사항, ⅸ) 장외파생상품 매매, 그 밖의 거래의 업무내용, 거래현황과 평가손익현황(장외파생상품의 위험을 회피하기 위한 관련 거래의 평가손익을 포함) 등에 관한 사항,[57] ⅹ) 금융투자업자나 그 임직원이 최근 5년간 금융위원회, 금융감독원장 등으로부터 조치를 받은 경우 그 내용, ⅺ) 그 밖에 금융투자업자의 영업이나 경영에 관련된 사항으로서 금융위원회가 정하여 고시하는 사항[58]이다(영36③).

---

[57] 금융투자업자는 장외파생상품 매매, 그 밖의 거래의 업무내용, 거래현황과 평가손익현황 등에 관한 사항을 적은 "월별 업무보고서"를 다음 달 말일까지 금융감독원장에게 제출하여야 함에도, A증권사는 2014년 12월-2018년 5월 기간 중 월별업무보고서(파생상품 업무보고서)를 제출하면서 장외파생상품인 TRS거래의 매매 및 중개 거래내역을 총 11회 누락한 사실이 있어 과태료 제재를 받았다.
[58] "금융위원회가 정하여 고시하는 사항"이란 다음의 사항을 말한다(금융투자업규정3-66①).
1. 감사인의 반기별 감사의견 또는 검토의견. 다만, 영 제35조 제2항 제2호에 해당하는 금융투자업자의 경우에는 분기별 감사의견 또는 검토의견을 말한다.
2. 이사회 등 회사의 기관 및 계열회사에 관한 사항
3. 다음의 구분에 따른 사항
   가. 1종 금융투자업자: 순자본비율
   나. 2종 금융투자업자: 자기자본 및 최소영업자본액
   다. 3종 금융투자업자: 영업용순자본비율
4. 계열회사가 발행한 증권을 취급하는 경우 그 내역에 관한 사항
5. 위험관리정책에 관한 사항
6. 법규준수를 위한 내부통제정책에 관한 사항
7. 투자매매업자 또는 투자중개업자가 자산유동화법 제2조 제4호에서 정하는 유동화증권(자산유동화법에

(다) 위반시 제재

법 제33조 제1항을 위반하여 업무보고서를 제출하지 아니하거나 거짓으로 작성하여 제출한 자(제13호),[59] 제33조 제2항을 위반하여 공시서류를 비치 또는 공시하지 아니하거나 거짓으로 작성하여 비치 또는 공시한 자(제14호), 제33조 제4항을 위반하여 보고서를 제출하지 아니하거나 거짓으로 작성하여 제출한 자(제15의2호)[60]에 대하여는 1억원 이하의 과태료를 부과한다(법449조).

(2) 경영상황 보고사항과 보고방법

금융투자업자는 거액의 금융사고 또는 부실채권의 발생 등 금융투자업자의 경영상황에 중대한 영향을 미칠 사항으로서 금융투자업의 종류별로 대통령령으로 정하는 사항이 발생한 경우에는 금융위원회에 보고하고, 인터넷 홈페이지 등을 이용하여 공시하여야 한다(법33③, 영36②).

(가) 투자매매업이나 투자중개업인 경우(제1호)

투자매매업이나 투자중개업인 경우는 ⅰ) 거액의 금융사고 또는 부실채권 등이 발생한 경우(가목), ⅱ) 금융산업구조개선법 제10조에 따른 적기시정조치를 받은 경우(나목), ⅲ) 법 제161조(주요사항보고서의 제출) 제1항 각 호의 어느 하나에 해당하는 경우(법 제159조 제1항에 따른 사업보고서 제출대상법인이 아닌 금융투자업자만 해당)(다목), ⅳ) 투자매매업이나 투자중개업의 경영과 관련하여 해당 법인이나 그 임직원이 형사처벌을 받은 경우(라목), ⅴ) 증권시장(다자간매

서 정하는 유동화전문회사 또는 신탁업자가 아닌 회사, 그 밖의 특수목적기구가 자산유동화에 준하는 업무를 하여 발행하는 증권이나 같은 법률에서 정하는 방법 이외의 것에 따라 유동화자산을 기초로 발행하는 증권을 포함하며, 이하 이 호에서 "유동화증권등"이라 한다)을 매매 또는 중개하는 경우에는 유동화증권등 매매 또는 중개의 업무내용, 거래현황 등에 관한 사항

7의2. 제2-24조 제1항 제4호와 관련된 다음의 사항
  가. 제2-24조 제1항 제4호 가목의 구분 관리에 따른 파생결합증권의 발행을 통해 조달한 자금별 운용 내역
  나. 제2-24조 제1항 제4호 다목에 따라 정한 투자대상 자산이 갖추어야 할 요건의 내용과 준수 여부
7의3. 금융투자업자가 제공하거나 제공받은 재산상 이익 현황
8. 종합금융투자사업자 중 단기금융업무 또는 종합투자계좌업무를 하는 자는 다음에 해당하는 사항
  가. 단기금융업무를 하는 자: 단기금융업무를 통해 조달한 자금의 운용에 관한 사항
  나. 종합투자계좌업무를 하는 자: 종합투자계좌 수탁금의 운용에 관한 사항
9. 그 밖에 금융투자업자의 경영 및 영업에 관한 중요사항

59) 법 제33조 제1항 등에 의하면 금융투자업자는 분기별 업무보고서를 거짓 없이 작성하여 금융위원회에 제출하여야 하는데도, A투자자문은 2017년 12월부터 2018년 9월 기간 중 상근하는 투자운용인력이 아닌 X, Y, Z를 분기별 업무보고서에 상근 투자운용인력으로 거짓으로 기재하여 제출(4회)한 사실이 있어 과태료 제재를 받았다.
60) 법 제33조 제1항 등에 의하면 금융투자업자는 매 사업연도 개시일로부터 3개월·6개월·9개월 및 12개월간의 업무보고서("분기별 업무보고서")를 작성하여 그 기간 경과 후 45일 이내에 금융위원회에 제출하여야 하고, 매월의 업무내용을 적은 업무 보고서("월별 업무보고서")를 다음 달 말일까지 금융위원회에 제출하여야 하는데도, A투자자문은 2017년 11월부터 2018년 6월까지 기간에 대한 분기별(3회) 및 월별(8회) 업무보고서를 금융위원회에 제출하지 아니한 사실이 있어 과태료 제재를 받았다.

매체결회사에서의 거래를 포함), 파생상품시장 등의 결제를 하지 아니한 경우(마목), vi) 그 밖에 금융위원회가 정하여 고시하는 경우(바목)61)에 금융위원회에 보고하고, 인터넷 홈페이지를 이용하여 공시하여야 한다.

(나) 집합투자업인 경우(제2호)

집합투자업자인 경우는 ⅰ) 제1호 가목부터 다목까지의 어느 하나에 해당하는 경우(다만, 투자자 보호와 건전한 거래질서를 해할 우려가 크지 아니한 사항으로서 금융위원회가 정하여 고시하는 사항62)은 제외)(가목), ⅱ) 집합투자업의 경영과 관련하여 해당 법인이나 그 임직원이 형사처벌을 받은 경우(나목), ⅲ) 그 밖에 금융위원회가 정하여 고시하는 경우(다목)에 금융위원회에 보고하고, 인터넷 홈페이지를 이용하여 공시하여야 한다.

---

61) 영 제36조 제2항 제1호 바목, 같은 항 제2호 다목, 같은 항 제3호 다목 및 같은 항 제4호 라목에서 "금융위원회가 정하여 고시하는 경우"란 다음의 어느 하나에 해당하는 경우를 말한다(금융투자업규정3-70①).
1. 공정거래법 제2조 제2호에서 정하는 동일 기업집단별(동일 기업집단이 아닌 경우 개별기업별)로 금융투자업자의 직전 분기말 현재 재무상태표의 자산총액에서 부채총액을 차감한 잔액("직전 분기말 자기자본")의 10%에 상당하는 금액을 초과하는 부실채권(회수불확실 및 회수불능채권)이 발생한 경우. 다만 그 금액이 40억원 이하인 경우에는 그러하지 아니하다.
2. 「금융기관 검사 및 제재에 관한 규정」에서 정하는 금융사고등으로 금융투자업자의 직전 분기말 자기자본의 2%에 상당하는 금액을 초과하는 손실이 발생하였거나 손실이 예상되는 경우. 다만, 그 금액이 10억원 이하인 경우에는 그러하지 아니하다.
3. 민사소송의 패소 등의 사유로 금융투자업자의 직전 분기말 자기자본의 1%에 상당하는 금액을 초과하는 손실이 발생한 경우. 다만, 그 금액이 10억원 이하인 경우에는 그러하지 아니하다.
4. 제3-26조부터 제3-28조까지 및 제3-35조, 법 제420조 제1항 각 호 외의 부분 및 제3항 제1호·제2호 또는 금융산업구조개선법 제14조 제2항 각 호 외의 부분 본문에 따른 조치를 받은 경우
5. 원화유동성비율을 위반한 경우
6. 회계기간 변경을 결정한 경우
7. 상장법인이 아닌 금융투자업자에 다음의 어느 하나에 해당되는 사항이 발생하는 경우
   가. 재무구조에 중대한 변경을 초래하는 사항
   나. 금융투자업자 경영환경에 중대한 변경을 초래하는 사항
   다. 재산 등에 대규모변동을 초래하는 사항
   라. 채권채무관계에 중대한 변동을 초래하는 사항
   마. 투자 및 출자관계에 관한 사항
   바. 손익구조변경에 관한 사항
   사. 그 밖에 금융투자업자 경영에 중대한 영향을 미칠 수 있는 사항
62) "금융위원회가 정하여 고시하는 사항"은 다음의 어느 하나에 해당하는 사항을 말한다(금융투자업규정3-70②).
1. 법 제161조 제1항 제5호(= 대통령령으로 정하는 경우에 해당하는 자본 또는 부채의 변동에 관한 이사회 등의 결정이 있은 때)의 결정이 있는 경우
2. 법 제161조 제1항 제8호[=자기주식을 취득(자기주식의 취득을 목적으로 하는 신탁계약의 체결 포함) 또는 처분(자기주식의 취득을 목적으로 하는 신탁계약의 해지 포함)할 것을 결의한 때]의 결의를 한 경우
3. 영 제171조 제2항 제5호[=양수·양도하려는 자산액(장부가액과 거래금액 중 큰 금액)이 최근 사업연도말 현재 자산총액(한국채택국제회계기준을 적용하는 연결재무제표 작성대상법인인 경우에는 연결재무제표의 자산총액)의 10% 이상인 양수·양도. 다만, 일상적인 영업활동으로서 상품·제품·원재료를 매매하는 행위 등 금융위원회가 정하여 고시하는 자산의 양수·양도는 제외]의 결의를 한 경우
4. 영 제171조 제3항 제3호부터 제6호까지의 사실이 발생한 경우

(다) 투자자문업이나 투자일임업인 경우(제3호)

투자자문업이나 투자일임업인 경우는 ⅰ) 제1호 가목부터 다목까지의 어느 하나에 해당하는 경우(가목), ⅱ) 투자자문업이나 투자일임업의 경영과 관련하여 해당 법인 또는 그 임직원이 형사처벌을 받은 경우(나목), ⅲ) 그 밖에 금융위원회가 정하여 고시하는 경우(다목)에 금융위원회에 보고하고, 인터넷 홈페이지를 이용하여 공시하여야 한다.

(라) 신탁업인 경우(제4호)

신탁업자인 경우는 ⅰ) 제1호 가목부터 다목까지의 어느 하나에 해당하는 경우(가목), ⅱ) 신탁업의 경영과 관련하여 해당 법인이나 그 임직원이 형사처벌을 받은 경우(나목), ⅲ) 시공사 또는 위탁자가 발행하는 어음이나 수표가 부도로 되거나 은행과의 거래가 정지되거나 금지된 경우(다목), ⅳ) 그 밖에 금융위원회가 정하여 고시하는 경우(라목)에 금융위원회에 보고하고, 인터넷 홈페이지를 이용하여 공시하여야 한다.

(마) 위반시 제재

제33조 제3항을 위반하여 보고 또는 공시를 하지 아니하거나 거짓으로 보고 또는 공시한 자(제15호)에 대하여는 1억원 이하의 과태료를 부과한다(법449조).[63]

Ⅲ. 대주주와의 거래규제

1. 대주주와의 거래제한

(1) 거래금지 당사자

(가) 거래금지 의무자

모든 금융투자업자는 자본시장법 제34조의 거래제한을 받는다. 다만 겸영금융투자업자는 개별 법률에 따라 대주주와의 거래제한을 받기 때문에 제외한다(법34①).

(나) 거래금지 상대방

금융투자업자가 일정한 거래를 할 수 없는 상대방은 금융투자업자의 대주주(법34①(1))와 계열회사(법34①(2))이다. 자본시장법상 대주주란 금융회사지배구조법 제2조 제6호에 따른 주주를 말한다. 이 경우 금융회사는 법인으로 본다(법9①). 따라서 자본시장법상 대주주는 최대주주와 주요주주를 말한다.

---

63) 법 제33조 제3항 등에 의하면 금융투자업자는 최대주주가 변경된 때에는 그 다음날까지 금융위원회에 보고하고 이를 인터넷 홈페이지 등에 공시하여야 하는데도, A자산운용은 대표이사 X의 지분취득으로 최대주주가 됨에 따라 최대주주가 변경(2016. 7. 18.)되었다는 사실을 기한인 그 다음 날(2016. 7. 19.)까지 금융위원회 보고 및 인터넷 홈페이지 공시를 하지 아니한 사실이 있어 과태료 제재를 받았다(금융투자업규정 제3-70조 제1항 제7호 마목 위반).

1) 최대주주

금융회사지배구조법상 최대주주는 금융회사의 의결권 있는 발행주식(출자지분을 포함) 총
수를 기준으로 본인 및 그와 대통령령으로 정하는 특수한 관계가 있는 자("특수관계인")⁶⁴⁾가 누
구의 명의로 하든지 자기의 계산으로 소유하는 주식(그 주식과 관련된 증권예탁증권을 포함)을 합
하여 그 수가 가장 많은 경우의 그 본인을 말한다(금융회사지배구조법2(6) 가목).

최대주주가 법인인 경우 그 법인의 중요한 경영사항에 대하여 사실상 영향력을 행사하고
있는 자로서 대통령령으로 정하는 자⁶⁵⁾를 포함한다(금융회사지배구조법31①).

---

64) "대통령령으로 정하는 특수한 관계가 있는 자"란 본인과 다음의 어느 하나에 해당하는 관계가 있는 자("특
수관계인")를 말한다(금융회사지배구조법 시행령3①).
   1. 본인이 개인인 경우: 다음의 어느 하나에 해당하는 자. 다만, 공정거래법 시행령 제3조의2 제1항 제2호
      가목에 따른 독립경영자 및 같은 목에 따라 공정거래위원회가 동일인관련자의 범위로부터 분리를 인정
      하는 자는 제외한다.
      가. 배우자(사실상의 혼인관계에 있는 사람을 포함)
      나. 6촌 이내의 혈족
      다. 4촌 이내의 인척
      라. 양자의 생가(生家)의 직계존속
      마. 양자 및 그 배우자와 양가(養家)의 직계비속
      바. 혼인외의 출생자의 생모
      사. 본인의 금전이나 그 밖의 재산으로 생계를 유지하는 사람 및 생계를 함께 하는 사람
      아. 본인이 혼자서 또는 그와 가목부터 사목까지의 관계에 있는 자와 합하여 법인이나 단체에 30% 이
         상을 출자하거나, 그 밖에 임원(업무집행책임자는 제외)의 임면 등 법인이나 단체의 중요한 경영사
         항에 대하여 사실상의 영향력을 행사하고 있는 경우에는 해당 법인 또는 단체와 그 임원(본인이 혼
         자서 또는 그와 가목부터 사목까지의 관계에 있는 자와 합하여 임원의 임면 등의 방법으로 그 법인
         또는 단체의 중요한 경영사항에 대하여 사실상의 영향력을 행사하고 있지 아니함이 본인의 확인서
         등을 통하여 확인되는 경우에 그 임원은 제외)
      자. 본인이 혼자서 또는 그와 가목부터 아목까지의 관계에 있는 자와 합하여 법인이나 단체에 30% 이
         상을 출자하거나, 그 밖에 임원의 임면 등 법인이나 단체의 중요한 경영사항에 대하여 사실상의 영
         향력을 행사하고 있는 경우에는 해당 법인 또는 단체와 그 임원(본인이 혼자서 또는 그와 가목부터
         아목까지의 관계에 있는 자와 합하여 임원의 임면 등의 방법으로 그 법인 또는 단체의 중요한 경영
         사항에 대하여 사실상의 영향력을 행사하고 있지 아니함이 본인의 확인서 등을 통하여 확인되는 경
         우에 그 임원은 제외)
   2. 본인이 법인이나 단체인 경우: 다음의 어느 하나에 해당하는 자
      가. 임원
      나. 공정거래법에 따른 계열회사 및 그 임원
      다. 혼자서 또는 제1호 각 목의 관계에 있는 자와 합하여 본인에게 30% 이상을 출자하거나, 그 밖에
         임원의 임면 등 본인의 중요한 경영사항에 대하여 사실상의 영향력을 행사하고 있는 개인(그와 제1
         호 각 목의 관계에 있는 자를 포함) 또는 법인(계열회사는 제외), 단체와 그 임원
      라. 본인이 혼자서 또는 본인과 가목부터 다목까지의 관계에 있는 자와 합하여 다른 법인이나 단체에
         30% 이상을 출자하거나, 그 밖에 임원의 임면 등 다른 법인이나 단체의 중요한 경영사항에 대하여
         사실상의 영향력을 행사하고 있는 경우에는 해당 법인, 단체와 그 임원(본인이 임원의 임면 등의
         방법으로 그 법인 또는 단체의 중요한 경영사항에 대하여 사실상의 영향력을 행사하고 있지 아니함
         이 본인의 확인서 등을 통하여 확인되는 경우에 그 임원은 제외)
65) "대통령령으로 정하는 자"란 다음의 자를 말한다(금융회사지배구조법 시행령26①).

2) 주요주주

금융회사지배구조법상 주요주주는 ⅰ) 누구의 명의로 하든지 자기의 계산으로 금융회사의 의결권 있는 발행주식 총수의 10% 이상의 주식(그 주식과 관련된 증권예탁증권을 포함)을 소유한 자(제1호), ⅱ) 임원(업무집행책임자는 제외)의 임면 등의 방법으로 금융회사의 중요한 경영사항에 대하여 사실상의 영향력을 행사하는 주주로서 대통령령으로 정하는 자(제2호)[66]를 말한다(금융회사지배구조법2(6) 나목).

3) 계열회사

계열회사란 공정거래법에 따른 계열회사를 말한다. 계열회사가 금융투자업자의 대주주에 해당하는 경우에는 대주주로서 규제대상이므로 계열회사에 포함되지 않는다.

(2) 증권 등의 소유 금지

(가) 금지행위

금융투자업자(겸영금융투자업자는 제외)는 다음의 어느 하나에 해당하는 행위를 하여서는 아니 된다(법34① 본문).

1. 그 금융투자업자의 대주주가 발행한 증권을 소유하는 행위
2. 그 금융투자업자의 특수관계인(금융투자업자의 대주주 제외) 중 대통령령으로 정하는 자가 발행한 주식, 채권 및 약속어음(기업이 사업에 필요한 자금을 조달하기 위하여 발행한 것에 한한다)을 소유하는 행위. 다만, 대통령령으로 정하는 비율의 범위에서 소유하는 경우를 제외한다.

---

1. 최대주주인 법인의 최대주주(최대주주인 법인의 주요 경영사항을 사실상 지배하는 자가 그 법인의 최대주주와 명백히 다른 경우에는 그 사실상 지배하는 자를 포함)
2. 최대주주인 법인의 대표자

66) "대통령령으로 정하는 자"란 다음의 어느 하나에 해당하는 자를 말한다(금융회사지배구조법 시행령4).
1. 혼자서 또는 다른 주주와의 합의·계약 등에 따라 대표이사 또는 이사의 과반수를 선임한 주주
2. 다음의 구분에 따른 주주
　가. 금융회사가 자본시장법 제8조 제1항에 따른 금융투자업자(겸영금융투자업자는 제외)인 경우: 다음의 구분에 따른 주주
　　1) 금융투자업자가 자본시장법에 따른 투자자문업, 투자일임업, 집합투자업, 집합투자증권에 한정된 투자매매업·투자중개업 또는 온라인소액투자중개업 외의 다른 금융투자업을 겸영하지 아니하는 경우: 임원(상법 제401조의2 제1항 각 호의 자를 포함)인 주주로서 의결권 있는 발행주식 총수의 5% 이상을 소유하는 사람
　　2) 금융투자업자가 자본시장법에 따른 투자자문업, 투자일임업, 집합투자업, 집합투자증권에 한정된 투자매매업·투자중개업 또는 온라인소액투자중개업 외의 다른 금융투자업을 영위하는 경우: 임원인 주주로서 의결권 있는 발행주식 총수의 1% 이상을 소유하는 사람
　나. 금융회사가 금융투자업자가 아닌 경우: 금융회사(금융지주회사인 경우 그 금융지주회사의 금융지주회사법 제2조 제1항 제2호 및 제3호에 따른 자회사 및 손자회사를 포함)의 경영전략·조직변경 등 주요 의사결정이나 업무집행에 지배적인 영향력을 행사한다고 인정되는 자로서 금융위원회가 정하여 고시하는 주주

3. 그 밖에 금융투자업자의 건전한 자산운용을 해할 우려가 있는 행위로서 대통령령으로 정하는 행위

(나) 대주주 발행의 증권 소유 금지(제1호)

금융투자업자는 그 금융투자업자의 대주주가 발행한 증권을 소유하는 행위를 하지 못한다 (법34①(1)).

(다) 계열회사가 발행한 주식 · 채권 · 약속어음의 소유 금지(제2호)

금융투자업자는 그 금융투자업자의 특수관계인(금융투자업자의 대주주를 제외) 중 계열회사가 발행한 주식, 채권 및 약속어음(기업이 사업에 필요한 자금을 조달하기 위하여 발행한 것에 한한다)을 소유하는 행위를 하지 못한다(법34①(2) 본문). 다만, 금융위원회가 정하여 고시하는 자기자본[67]의 8%(영37③) 범위에서 소유하는 경우를 제외한다(법34①(2) 단서).

(라) 건전한 자산운용을 해할 우려가 있는 행위 금지(제3호)

금융투자업자는 그 밖에 금융투자업자의 건전한 자산운용을 해할 우려가 있는 행위로서 대통령령으로 정하는 행위를 하여서는 아니 된다(법34①(3)). 여기서 "대통령령으로 정하는 행위"란 다음의 어느 하나에 해당하는 행위를 말한다(영37④).

1. 대주주나 특수관계인과 거래를 할 때 그 외의 자를 상대방으로 하여 거래하는 경우와 비교하여 해당 금융투자업자에게 불리한 조건으로 거래를 하는 행위
2. 법 제34조 제1항 제1호 · 제2호 또는 시행령 제37조 제4항 제1호에 따른 제한을 회피할 목적으로 하는 행위로서 다음 각 목의 어느 하나에 해당하는 행위
   가. 제3자와의 계약이나 담합 등에 의하여 서로 교차하는 방법으로 하는 거래행위
   나. 장외파생상품거래, 신탁계약, 연계거래 등을 이용하는 행위

(3) 신용공여의 금지

(가) 원칙

금융투자업자는 대주주에 대하여 신용공여를 하여서는 아니 되며, 대주주는 그 금융투자업자로부터 신용공여를 받아서는 아니 된다. 이때 대주주는 그의 특수관계인을 포함한다(법34② 본문). 이는 금융투자업자의 대주주가 특수한 관계를 이용하여 과다한 신용공여를 제공받는 것을 규제하여, 금융투자업자가 부당한 내부거래에 의해 부실화되거나 대주주의 사금고로 전락하는 것을 방지함으로써 금융투자업자의 건전성을 확보하기 위한 것이다.[68]

---

67) "금융위원회가 정하여 고시하는 자기자본"이란 다음 산식에 따라 산정된 금액을 말하며, (가)결산이 확정되기 전까지는 다음 산식 중 "최근(가)결산기말"은 "직전(가)결산기말"로 본다(금융투자업규정3-71⑤).
    자기자본 = 최근(가)결산기말의 자산총액 − 최근(가)결산기말의 부채총액 ± 최근(가)결산기말 경과 후 자본금 및 자본잉여금의 증감액 · 중간배당액.
68) 서울고등법원 2014. 10. 31. 선고 2014노597 판결.

(나) 신용공여의 범위

신용공여란 금전·증권 등 경제적 가치가 있는 재산의 대여, 채무이행의 보증, 자금 지원적 성격의 증권의 매입, 그 밖에 거래상의 신용위험을 수반하는 직접적·간접적 거래로서 대통령령으로 정하는 거래를 말한다(법34②). 여기서 "대통령령으로 정하는 거래"란 다음의 어느 하나에 해당하는 거래를 말한다(영38①).

1. 대주주(그의 특수관계인을 포함)를 위하여 담보를 제공하는 거래[69]
2. 대주주를 위하여 어음을 배서(담보적 효력이 없는 배서는 제외)하는 거래
3. 대주주를 위하여 출자의 이행을 약정하는 거래
4. 대주주에 대한 금전·증권 등 경제적 가치가 있는 재산의 대여,[70] 채무이행의 보증,[71] 자금 지원적 성격의 증권의 매입, 제1호부터 제3호까지의 어느 하나에 해당하는 거래의 제한을 회피할 목적으로 하는 거래로서 다음 각 목의 어느 하나에 해당하는 거래
    가. 제3자와의 계약 또는 담합 등에 의하여 서로 교차하는 방법으로 하는 거래
    나. 장외파생상품거래, 신탁계약, 연계거래 등을 이용하는 거래
5. 그 밖에 채무인수 등 신용위험을 수반하는 거래로서 금융위원회가 정하여 고시하는 거래[72][73]

---

[69] 금융투자업자는 대주주 및 특수관계인에 대하여 담보제공 등의 방식으로 신용공여를 하여서는 아니 되는데도, A자산운용은 2019. 2. 14. 특수관계인 B가 C증권사 등 대주 금융기관으로부터 430억원을 차입하는 과정에서 자신이 보유한 B의 주식 24,100주(지분율 4.82%, 액면가 기준 2.4억원 상당)에 대주 금융기관 등을 공동근질권자로 하는 주식근질권을 설정한 사실이 있어 과징금 제재를 받았다.

[70] 법 제34조 제2항 등에 의하면 금융투자업자는 대주주(특수관계인 포함)에 대하여 신용공여를 하여서는 아니 되는데도, A자산운용은 2018. 3. 14., 2018. 7. 3. 두 차례에 걸쳐 대주주 B사모투자합자회사(PEF)의 특수관계인 C[A자산운용의 지분을 100% 보유하고 있는 B사모투자합자회사의 GP(업무집행사원)로 A자산운용 대표이사 D가 100% 지분을 보유]에 총 3억 6000백만원의 신용공여를 한 사실로 과징금 제재를 받았다.

[71] 법 제34조 제2항 등에 의하면 금융투자업자는 대주주 및 그의 특수관계인에 대하여 금전 대여, 채무이행 보증 등의 방식으로 신용공여를 하여서는 아니 되는데도, A투자자문은 대표이사 겸 대주주(지분율 49.7%)인 Y의 특수관계인인 B사에 대하여 2015. 11. 23. 2,400백만원의 채무보증을 하는 등 2015. 11. 23.-2017. 8. 18. 기간 중 최고 8,000백만원 정도의 신용공여를 한 사실이 있어 과징금 제재를 받았다.

[72] "금융위원회가 정하여 고시하는 거래"란 다음의 행위를 말한다(금융투자업규정3-72①).
  1. 채무의 인수
  2. 자산유동화회사 등 다른 법인의 신용을 보강하는 거래
  3. 그 밖에 대주주의 지급불능시 이로 인하여 금융투자업자에 손실을 초래할 수 있는 거래

[73] 법 제34조 제2항 등에 의하면 금융투자업자는 대주주(특수관계인 포함)에 대하여 신용공여(채무이행의 보증, 자산유동화회사 등 다른 법인의 신용을 보강하는 거래, 그 밖에 대주주의 지급불능시 이로 인하여 금융투자업자에 손실을 초래할 수 있는 거래 등을 포함)를 하여서는 아니 되는데도, ⅰ) A증권(구 B증권 ㅁ ㅁㅁ사업부)은 대주주인 ◇◇상선이 보유하고 있던 컨테이너선 2척을 매입하기 위해 설립된 선박투자회사 "■■■■■" 주식 전량을 선박펀드(△△△△△△선박사모특별자산투자신탁2호)에 매각하는 과정에서, 2013. 2. 28. 동 선박펀드의 주식매수자금 마련을 위해 SPC(▲▲▲▲▲유한회사)가 ◇◇상선이 지급하는 용선료 수입에 기초하여 발행한 자산유동화기업어음(ABCP, 441억원)에 대하여 "어음보증약정"을 제공함으로써 대주주인 ◇◇상선의 용선료 지급불능 등의 사유로 ABCP의 원리금이 지급되지 못하는 경우 A증권에게 손실을 초래할 수 있는 지급보증계약을 체결하여 대주주에 신용을 공여하였고, ⅱ) A증권은 2012.

(4) 예외적 허용
(가) 예외적으로 허용되는 경우
1) 증권 등 소유

담보권의 실행 등 권리행사에 필요한 경우, 안정조작 또는 시장조성을 하는 경우, 그 밖에 금융투자업자의 건전성을 해치지 아니하는 범위에서 금융투자업의 효율적 수행을 위하여 "대통령령으로 정하는 경우"에는 예외적으로 증권 등의 소유등의 행위를 할 수 있다. 이 경우 금융위원회는 각 호별로 그 소유기한 등을 정하여 고시[74]할 수 있다(법34① 단서).

여기서 "대통령령으로 정하는 경우"란 다음의 어느 하나에 해당하는 경우를 말한다(영37①).

1. 대주주 발행 증권 소유 관련(법34①(1))
   가. 대주주가 변경됨에 따라 이미 소유하고 있는 증권이 대주주가 발행한 증권으로 되는 경우
   나. 인수와 관련하여 해당 증권을 취득하는 경우
   다. 관련 법령에 따라 사채보증 업무를 할 수 있는 금융기관 등이 원리금의 지급을 보증하는 사채권을 취득하는 경우
   라. 특수채증권을 취득하는 경우
   마. 그 밖에 금융투자업자의 경영건전성을 해치지 아니하는 경우로서 금융위원회가 정하여 고시하는 경우[75]

2. 계열회사 발행 주식·채권·약속어음 소유 관련(법34①(2))
   가. 특수관계인이 변경됨에 따라 이미 소유하고 있는 주식, 채권 및 법 제34조 제1항 제2

---

7. 19. 대주주인 ◇◇상선의 유동성 확보를 위하여 ◇◇상선 등 본인과 계열사가 보유하고 있던 서울시 종로구 ●●동 소재 사옥을 부동산펀드(ⓛⓛⓛREF)에 매각하는 과정에서, 사옥매각이 원활하게 이루어질 수 있도록 부동산펀드가 매수대금 조달을 위해 설립한 자산유동화회사(▲▲▲▲▲유한회사)에게 본인이 보유하고 있는 건물의 지분(15.2%)을 초과하여 후순위 수익증권담보부대출(ABL) 총 200억원을 제공함으로써 자산유동화회사의 신용을 보강[신용보강금액은 1·2순위 금융회사로부터 요구받은 후순위 자금(430.32억원) 중 A증권 소유지분율(15.2%)을 초과하는 대출금액인 134.59억원]하는 거래를 한 사실로 기관제재, 신분제재, 과징금의 제재를 받았다(금융투자업규정 제3-72조 제1항 제2호 및 제3호 위반).
74) 법 제34조 제1항 각 호 외의 부분 단서에 따라 금융투자업자는 대주주가 발행한 증권 또는 계열회사가 발행한 주식, 채권 및 약속어음을 다음 각 호의 기한까지 소유할 수 있다. 다만, 법 제34조 제1항 각 호 외의 부분 단서에 따라 안정조작이나 시장조성을 하는 경우에는 안정조작 및 시장조성이 완료된 날로부터 3개월까지 소유할 수 있다(금융투자업규정3-71②).
   1. 제1항 제1호, 영 제37조 제1항 제1호 가목·나목 및 제2호 가목·나목(제1호 나목에 한한다)·마목 의 경우: 취득일 또는 사유발생일부터 3개월
   2. 제1항 제2호의 경우: 금융위원회가 정하는 기간
   3. 법 제34조 제1항 각 호 외의 부분 단서에 따라 담보권의 실행 등 권리행사를 위한 경우: 취득일부터 3개월
75) "금융위원회가 정하여 고시하는 경우"란 다음의 어느 하나에 해당하는 경우를 말한다(금융투자업규정3-71①).
   1. 제5편(장외거래) 제10장(단주 장외거래 등)에 따라 단주를 취득하는 경우
   2. 그 밖에 금융위원회가 인정하는 불가피한 경우

호에 따른 약속어음이 특수관계인이 발행한 주식, 채권 및 약속어음으로 되는 경우

나. 위의 제1호 나목부터 마목까지의 어느 하나에 해당하는 경우

다. 경영권 참여를 목적으로 지분을 취득하는 경우 등 금융위원회가 정하여 고시하는 출자[76]로 주식을 취득하는 경우

라. 차익거래나 투자위험을 회피하기 위한 거래로서 금융위원회가 정하여 고시하는 거래[77]를 목적으로 주식, 채권 및 약속어음을 소유하는 경우

마. 자기자본의 변동이나 특수관계인이 발행한 주식, 채권 및 약속어음의 가격변동으로 인하여 자기자본의 8%를 초과하는 경우

바. 해외 집합투자기구를 설립하기 위하여 자기자본의 100%의 범위에서 금융위원회의 확인을 받아 주식을 취득하는 경우

사. 그 밖에 금융투자업자의 경영건전성을 해치지 아니하는 경우로서 금융위원회가 정하여 고시하는 경우

2) 신용공여

금융투자업자는 금융투자업자의 건전성을 해할 우려가 없는 신용공여로서 대통령령으로 정하는 신용공여의 경우에는 이를 할 수 있다(법34② 단서). 여기서 "대통령령으로 정하는 신용공여"란 다음의 어느 하나에 해당하는 것을 말한다(영38②).

1. 임원에 대하여 연간 급여액(근속기간 중에 그 금융투자업자로부터 지급된 소득세 과세대상이 되는 급여액)과 1억원 중 적은 금액의 범위에서 하는 신용공여[78]

2. 금융위원회가 정하여 고시하는 해외 현지법인[79]에 대한 신용공여

---

76) "금융위원회가 정하여 고시하는 출자"란 제3-6조 제20호를 말한다(금융투자업규정3-71③). 금융투자업규정 제3-6조 제20호의 "출자"란 금융투자업자가 경영지배나 참여를 목적으로 행하는 법인지분의 취득을 말한다. 이 경우 모집 또는 매출되지 않은 주식의 취득, 자회사 주식의 취득 그리고 당해 주식의 취득으로 인하여 금융투자업자와 그 특수관계인이 합하여 당해 회사의 최대주주가 되는 경우에 그 주식의 취득은 출자로 본다.

77) "금융위원회가 정하여 고시하는 거래"란 다음의 거래를 말한다(금융투자업규정3-71④).
1. 차익거래는 주가지수선물 포지션과 당해 지수에 상응하는 주식바스켓 또는 상장지수집합투자기구를 이용한 의도적인 차익거래 또는 상장지수집합투자기구와 주식바스켓을 이용한 의도적인 차익거래를 말한다.
2. 투자위험을 회피하기 위한 거래는 다른 포지션과 분리되어 별도 관리되고 투자위험을 회피하기 위한 목적으로 계획되고 매매거래됨이 입증된 거래를 말한다.

78) 금융투자업자는 대주주의 특수관계인인 임원에 대하여 연간 급여액과 1억원 중 적은 금액의 범위에서 신용공여를 할 수 있으나, A자산운용은 2017. 8. 8. 임원 2명에 대하여 한도금액(1억원)을 초과하여 자금을 대여한 사실이 있어 "대주주의 특수관계인에 대한 신용공여 제한 위반"으로 기관제재와 과징금 제재를 받았다.

79) "금융위원회가 정하여 고시하는 해외 현지법인"이란 제3-65조 제4호에 따른 해외 현지법인을 말한다(금융투자업규정3-72②). 여기서 금융투자업규정 제3-65조 제4호의 "해외 현지법인"이란 다음의 어느 하나에 해당하는 방법으로 외국에서 금융투자업을 영위하는 법인을 말한다.

3. 다음의 어느 하나의 경우가 법 제34조 제2항 본문에 따른 신용공여에 해당하는 경우 그 신용공여

    가. 담보권의 실행 등 권리행사를 위하여 필요한 경우로서 법 제34조 제1항 각 호의 행위를 하는 경우

    나. 자본시장법상 안정조작(법176③(1))이나 시장조성(법176③(2))을 하는 경우로서 법 제34조 제1항 각 호의 행위를 하는 경우

    다. 자본시장법 시행령 제37조 제1항 각 호의 경우

    라. 자기자본의 8% 범위(영37③)에서 주식, 채권 및 약속어음(법 제34조 제1항 제2호에 따른 약속어음)을 소유하는 경우. 다만, 금융투자업자의 대주주가 발행한 증권을 소유하는 경우는 제외한다.

(나) 관련 절차

1) 이사회 결의

금융투자업자는 제1항 제2호 단서 또는 제2항 단서에 해당하는 행위를 하고자 하는 경우에는 미리 이사회 결의를 거쳐야 한다(법34③ 전단). 이 경우 이사회 결의는 재적이사 전원의 찬성으로 한다(법34③ 후단).[80] 다만 금융위원회가 정하여 고시하는 단일거래 금액[81]이 자기자본의 1만분의 10에 해당하는 금액과 10억원 중 적은 금액의 범위에서 소유하거나 신용공여하려는 행위를 제외한다(영39① 본문). 다만, 해당 금융투자업자의 일상적인 거래분야의 거래로서 약관에 따른 거래금액은 단일거래 금액에서 제외한다(영39① 단서).

2) 거래사실의 보고 및 공시

금융투자업자는 위와 같은 기준(자기자본의 8% 이내)에 따라 허용되는 증권 소유 및 신용공여를 한 경우에는 그 사실을 금융위원회에 지체 없이 보고하고, 인터넷 홈페이지 등을 이용하여 공시하여야 한다(법34④). 금융투자업자는 보고사항 중 "대통령령으로 정하는 사항"을 종합

    가. 외국에서 법인의 발행주식총수 또는 출자총액의 50% 이상을 소유 또는 출자하거나 사실상 경영권을 지배하는 방법

    나. 가목에 따른 법인으로 하여금 외국에서 금융투자업을 영위하는 다른 법인의 발행주식총수 또는 출자총액의 50% 이상을 소유 또는 출자하게 하거나 사실상 경영권을 지배하게 하는 방법

80) 법 제34조 제1항 제2호 등에 따르면 금융투자업자는 계열회사가 발행한 기업어음증권을 자기자본의 100분의 8의 범위에서 소유하고자 하는 경우 미리 재적이사 전원의 찬성으로 이사회 결의를 거쳐야 하는데도, A사는 2015. 6. 19.–2016. 7. 4. 기간 중 5회에 걸쳐 계열회사인 B가 발행한 기업어음증권(액면금액 총 162억원)을 취득하면서 미리 이사회 결의를 거치지 아니한 사실이 있어 과태료 제재를 받았다.

81) "금융위원회가 정하여 고시하는 단일거래 금액"이란 동일한 개인 또는 법인 각각에 대한 개별 신용 공여약정에 따른 약정금액(주식, 채권 및 법 제34조 제1항 제2호에 따른 약속어음 취득의 경우에는 단일한 매매계약에 따른 취득금액)을 기준으로 산정한 금액을 말한다. 다만, 동일한 법인 또는 개인에 대하여 같은 날에 다수의 약정이 체결되는 경우에는 개별 약정금액의 합계액을 기준으로 산정한 금액을 말한다(금융투자업규정3-73).

하여 분기별로 금융위원회에 보고하고, 인터넷 홈페이지 등을 이용하여 공시하여야 한다(법34
⑤). 여기서 "대통령령으로 정하는 사항"이란 다음과 같다(영39②).

    1. 법 제34조 제1항 제2호 단서에 따라 주식, 채권 및 약속어음을 소유하는 경우
        가. 분기 말 현재 주식, 채권 및 약속어음의 소유 규모
        나. 분기 중 주식, 채권 및 약속어음의 증감 내역
        다. 취득가격이나 처분가격
        라. 그 밖에 금융위원회가 정하여 고시하는 사항[82]
    2. 법 제34조 제2항 단서에 따라 신용공여를 하는 경우
        가. 분기 말 현재 신용공여의 규모
        나. 분기 중 신용공여의 증감 금액
        다. 신용공여의 거래조건
        라. 그 밖에 금융위원회가 정하여 고시하는 사항[83]

(5) 위반에 대한 조치 및 제재
(가) 자료제출명령 및 제한조치

    금융위원회는 금융투자업자 또는 그의 대주주가 제1항부터 제5항까지의 규정을 위반한
혐의가 있다고 인정될 경우에는 금융투자업자 또는 그의 대주주에게 필요한 자료의 제출을 명
할 수 있다(법34⑥).

    금융위원회는 금융투자업자의 대주주(회사에 한한다)의 부채가 자산을 초과하는 등 재무구
조의 부실로 인하여 금융투자업자의 경영건전성을 현저히 해칠 우려가 있는 경우로서 ⅰ) 대
주주(회사만 해당하며, 회사인 특수관계인을 포함)의 부채가 자산을 초과하는 경우, ⅱ) 대주주가
둘 이상의 신용평가회사에 의하여 투자부적격 등급으로 평가받은 경우에는 금융투자업자에 대
하여 대주주가 발행한 증권의 신규취득 및 신용공여를 제한할 수 있다(법34⑦, 영40).

(나) 위반시 제재

    법 제34조 제1항을 위반하여 같은 항 제1호 또는 제2호에 해당하는 행위를 한 자(제3호),
법 제34조 제2항을 위반하여 신용공여를 한 금융투자업자와 그로부터 신용공여를 받은 자(제4

---

82) "금융위원회가 정하여 고시하는 사항"이란 다음의 사항을 말하며, 법 제34조 제5항에 따라 주식, 채권 및
    약속어음 취득현황을 발행회사별로 구분하여 공시하여야 한다(금융투자업규정3-74①). 1. 취득목적, 2. 분
    기말 현재 보유지분율, 3. 분기말 현재 시가, 4. 당해 분기 중 처분한 경우 처분가격 및 동 처분에 따른 손
    익현황.
83) "금융위원회가 정하여 고시하는 사항"이란 신용공여 형태별로 다음의 사항을 말하며, 대주주 전체에 대한
    신용공여현황을 동일한 개인 또는 법인 각각에 대한 신용공여현황을 포함하여 공시하여야 한다(금융투자
    업규정3-74②). 1. 자금용도, 2. 신용공여기간·적용금리 등 거래조건, 3. 담보의 종류 및 평가액, 4. 주요
    특별약정내용.

호)는 5년 이하의 징역 또는 2억원 이하의 벌금에 처한다(법444(3)(4)).

금융위원회는 금융투자업자가 법 제34조 제1항 제1호를 위반한 경우에는 취득금액(제1호), 법 제34조 제1항 제2호를 위반한 경우에는 허용비율을 초과하는 취득금액(제2호), 법 제34조 제2항을 위반한 경우에는 신용공여액(제3호)을 초과하지 아니하는 범위에서 과징금을 부과할 수 있다(법428①(1)(2)(3)).

법 제34조 제3항을 위반하여 이사회 결의를 거치지 아니한 자(제16호), 법 제34조 제4항 또는 제5항을 위반하여 보고 또는 공시를 하지 아니하거나 거짓으로 보고 또는 공시한 자(제17호), 제34조 제6항에 따른 자료의 제출명령을 위반한 자(제18호)에 대하여는 1억원 이하의 과태료를 부과한다(법449①(16)(17)(18)).

2. 대주주의 부당한 영향력 행사 금지

(1) 금지행위
(가) 금지내용

금융투자업자의 대주주(그의 특수관계인을 포함)는 금융투자업자의 이익에 반하여 대주주 자신의 이익을 얻을 목적으로 ⅰ) 부당한 영향력을 행사하기 위하여 금융투자업자에 대하여 외부에 공개되지 아니한 자료 또는 정보의 제공을 요구하는 행위(다만, 금융회사지배구조법 제33조 제6항[84] 또는 상법 제466조[85]에 따른 권리의 행사에 해당하는 경우를 제외), ⅱ) 경제적 이익 등 반대급부의 제공을 조건으로 다른 주주와 담합하여 금융투자업자의 인사 또는 경영에 부당한 영향력을 행사하는 행위, ⅲ) 금융투자업자로 하여금 위법행위를 하도록 요구하는 행위, ⅳ) 금리, 수수료, 담보 등에 있어서 통상적인 거래조건과 다른 조건으로 대주주 자신이나 제3자와의 거래를 요구하는 행위, ⅴ) 법 제71조 제2호에 따른 조사분석자료의 작성과정에서 영향력을 행사하는 행위를 하여서는 아니 된다(법35, 영41).

(나) 위반시 제재

법 제35조(제350조에서 준용하는 경우를 포함)를 위반하여 대주주(그의 특수관계인을 포함) 자신의 이익을 얻을 목적으로 같은 조 각 호의 어느 하나에 해당하는 행위를 한 자는 5년 이하의 징역 또는 2억원 이하의 벌금에 처한다(법444(5)).

---

84) ⑥ 6개월 전부터 계속하여 금융회사의 발행주식 총수의 10만분의 50 이상(대통령령으로 정하는 금융회사의 경우에는 10만분의 25 이상)에 해당하는 주식을 대통령령으로 정하는 바에 따라 보유한 자는 상법 제466조에 따른 주주의 권리를 행사할 수 있다.
85) 제466조(주주의 회계장부열람권) ① 발행주식의 총수의 100분의 3 이상에 해당하는 주식을 가진 주주는 이유를 붙인 서면으로 회계의 장부와 서류의 열람 또는 등사를 청구할 수 있다.
② 회사는 제1항의 주주의 청구가 부당함을 증명하지 아니하면 이를 거부하지 못한다.

(2) 자료제출명령

(가) 금융투자업자 또는 그의 대주주

금융위원회는 금융투자업자의 대주주가 제35조를 위반한 혐의가 있다고 인정될 경우에는 금융투자업자 또는 그의 대주주에게 필요한 자료의 제출을 명할 수 있다(법36).

(나) 위반시 제재

법 제36조(제350조에서 준용하는 경우를 포함)에 따른 자료의 제출명령을 위반한 자(제18호)에 대하여는 1억원 이하의 과태료를 부과한다(법449①(18)).

제3절 지배구조 건전성규제

Ⅰ. 의의

금융기관은 업종별로 진입규제와 건전성규제, 영업행위 등이 다르게 마련되어 있는데, 영위하는 업무에 따라 특별한 보호를 필요로 하는 금융소비자의 존부나 범위, 금융시스템에 대한 영향 등이 다르기 때문에 영위하는 업무에 맞추어 적정한 요건을 요구하고 있다. 업종별로 다르지만 대부분 자본금 요건, 업무수행에 필요한 인적·물적 시설의 구비, 사업계획의 타당성 등과 함께 주주 또는 출자자의 출자능력, 재무건전성 및 사회적 신용 등을 심사요건으로 하고 있다. 특히 대주주 또는 주요 출자자에 대한 심사는 ⅰ) 금융기관의 설립 및 인가단계에서의 자격심사, ⅱ) 기존 금융기관의 경영권 변동에 따른 변경승인 심사, ⅲ) 금융기관 존속기간 중 자격유지의무 및 주기적 심사의 3단계로 나눌 수 있다.

설립 및 인가단계에서의 대주주 요건은 업권별로 요구하는 내용이 다르기 때문에 개별 업권을 규율하는 법에서 업권별로 정하고 있다. 진입규제에서 인가를 요구하지 않고 등록제로 운용하는 업권(금융투자업과 여신전문금융업 중 일부)에서는 대체로 이에 맞추어 대주주 변경도 승인대상이 아닌 신고대상으로 규정한다.

은행, 은행지주회사 및 상호저축은행은 해당 법에서 인가단계, 변경승인단계 및 주기적 적격성에 대하여 규정하고 있으며, 금융회사지배구조법의 적용대상이 되는 것은 금융투자업자, 보험회사, 신용카드사와 비은행금융지주 등 제2금융권이다. 특히 이들 제2금융권에 대하여는 금융회사지배구조법에 따라 주기적 적격성심사가 새로 도입되었다. 자본시장법에 의한 금융투자업자와 여신전문금융업법에 의한 신용카드사의 경우 인가요건을 유지할 의무를 법에서 규정하고 있었으나, 구체적인 심사규정이 없었으므로 금융회사지배구조법에 따라 신설된 것으로 보아야 할 것이다.[86]

Ⅱ. 대주주 변경승인제도

1. 의의

금융기관의 대주주는 해당 금융기관의 건전성과 영업행위를 비롯한 조직문화 전반에 걸쳐 영향을 미칠 수 있다. 따라서 금융감독당국은 대주주가 금융회사를 건전하게 영위할 만한 자격이 있는지 여부를 정기적으로 또는 수시로 점검하고 있다. 이와 관련하여 개별 금융업법은 최초 인허가·등록시에 대주주의 적격요건을 심사하고, 대주주 변경시에는 금융회사지배구조법("법")에서 금융위원회가 이를 승인하거나 금융위원회에 사후 보고를 하도록 하고 있다.

제2금융권에 속하는 금융회사[87]가 발행한 주식을 취득·양수하여 새로이 대주주가 되려는 자는 금융회사지배구조법 제31조에 따라 사전에 변경승인을 받아야 한다. 변경승인의 요건은 금융회사지배구조법 시행령 별표 1에서 상세하게 규정하고 있는데, 대주주가 금융기관인지 개인인지 외국인인지 집합투자기구인지 등에 따라 재무건전성 등 여러 요건을 다르게 요구한다. 대주주의 분류에도 불구하고 일반적으로 적용되는 내용으로 대주주의 법령위반이 없는 등 사회적 신용요건이 있다.

변경승인제도에 위반하면 금융위원회의 처분명령의 대상이 될 수 있으며, 의결권행사가 제한된다. 다만 불가피한 사유로 변경대상 대주주가 된 경우에는 사후승인을 신청할 수 있다.

2. 승인대상

금융회사[88]가 발행한 주식을 취득·양수(실질적으로 해당 주식을 지배하는 것을 말하며, 이하 "취득등")하여 대주주[89](최대주주의 경우 최대주주의 특수관계인인 주주를 포함하며, 최대주주가 법인

---

86) 김연미(2016), "금융회사 지배구조법에 따른 대주주 건전성 및 소수주주권", 금융법연구 제13권 제3호 (2016. 12), 40-41쪽.
87) 인가대상 금융투자업자, 보험회사, 신용카드사와 비은행금융지주회사가 이에 속하며, 은행, 은행지주회사 및 상호저축은행은 은행법 등 해당 법령에서 규율한다. 등록대상 금융기관은 적용범위에 들어가지 않는다.
88) 은행법에 따른 인가를 받아 설립된 은행, 금융지주회사법에 따른 은행지주회사, 상호저축은행법에 따른 인가를 받아 설립된 상호저축은행, 자본시장법 투자자문업자 및 투자일임업자, 여신전문금융업법에 따른 시설대여업자, 할부금융업자, 신기술사업금융업자는 제외한다(법31①).
89) "대주주"란 다음의 어느 하나에 해당하는 주주를 말한다(법2(6)).
　　가. 금융회사의 의결권 있는 발행주식(출자지분을 포함) 총수를 기준으로 본인 및 그와 대통령령으로 정하는 특수한 관계가 있는 자("특수관계인")가 누구의 명의로 하든지 자기의 계산으로 소유하는 주식(그 주식과 관련된 증권예탁증권을 포함)을 합하여 그 수가 가장 많은 경우의 그 본인("최대주

인 경우 그 법인의 중요한 경영사항에 대하여 사실상 영향력을 행사하고 있는 자로서 대통령령으로 정하는 자[90]를 포함)가 되고자 하는 자는 건전한 경영을 위하여 공정거래법, 조세범 처벌법 및 금융관련법령(영26②)을 위반하지 아니하는 등 대통령령으로 정하는 요건[91]을 갖추어 미리 금융위원회의 승인을 받아야 한다(법31① 본문). 다만, 대통령령으로 정하는 자[92]는 그러하지 아니하다(법31① 단서).

3. 승인요건

대주주가 금융기관인 경우의 승인요건은 다음과 같다(영26③ 별표1 제1호 요건).

가. 해당 금융기관에 적용되는 재무건전성에 관한 기준으로서 금융위원회가 정하는 기준을 충족할 것

나. 해당 금융기관이 상호출자제한기업집단등이거나 주채무계열에 속하는 회사인 경우에는 해당 상호출자제한기업집단등 또는 주채무계열의 부채비율이 300% 이하로서 금융위원회가 정하는 기준을 충족할 것

다. 다음의 요건을 충족할 것. 다만, 그 위반 등의 정도가 경미하다고 금융위원회가 인정하거나, 그 사실이 건전한 업무수행을 어렵게 한다고 볼 수 없는 경우에는 그렇지 않다.

    주")

   나. 다음 각 1) 및 2)의 어느 하나에 해당하는 자("주요주주")

     1) 누구의 명의로 하든지 자기의 계산으로 금융회사의 의결권 있는 발행주식총수의 10% 이상의 주식(그 주식과 관련된 증권예탁증권을 포함)을 소유한 자

     2) 임원(업무집행책임자는 제외)의 임면 등의 방법으로 금융회사의 중요한 경영사항에 대하여 사실상의 영향력을 행사하는 주주로서 대통령령으로 정하는 자

90) "대통령령으로 정하는 자"란 다음의 자를 말한다(영26①).

   1. 최대주주인 법인의 최대주주(최대주주인 법인의 주요 경영사항을 사실상 지배하는 자가 그 법인의 최대주주와 명백히 다른 경우에는 그 사실상 지배하는 자를 포함)

   2. 최대주주인 법인의 대표자

91) "대통령령으로 정하는 요건"이란 별표 1의 요건을 말한다(영26③).

92) "대통령령으로 정하는 자"란 다음의 어느 하나에 해당하는 자를 말한다(영26④).

   1. 국가

   2. 예금보험공사

   3. 한국산업은행(금융산업구조개선법에 따라 설치된 금융안정기금의 부담으로 주식을 취득하는 경우만 해당)

   4. 자본시장법에 따른 전문사모집합투자업자 및 온라인소액투자중개업자의 대주주가 되려는 자. 다만, 자본시장법 시행령 별표 1에 따른 금융투자업 인가를 받은 자의 대주주가 되려는 자는 제외한다.

   5. 최대주주 또는 그의 특수관계인 주주로서 금융회사의 의결권 있는 발행주식총수 또는 지분의 1% 미만을 소유하는 자. 다만, 제4조 각 호의 어느 하나에 해당하는 자는 제외한다.

   6. 한국자산관리공사

   7. 국민연금공단

   8. 회사의 합병·분할에 대하여 금융관련법령에 따라 금융위원회의 승인을 받은 금융회사의 신주를 배정받아 대주주가 된 자

1) 최근 5년간 금융관련법령, 공정거래법 또는 조세범 처벌법을 위반하여 벌금형 이상에 상당하는 처벌받은 사실이 없을 것

2) 최근 5년간 채무불이행 등으로 건전한 신용질서를 저해한 사실이 없을 것

3) 금융산업구조개선법에 따라 부실금융기관으로 지정되거나 금융관련법령에 따라 허가·인가 또는 등록이 취소된 금융기관의 대주주 또는 그의 특수관계인이 아닐 것. 다만, 법원의 판결에 의하여 부실책임이 없다고 인정된 자 또는 부실에 따른 경제적 책임을 부담한 경우 등 금융위원회가 정하는 기준에 해당하는 자는 제외한다.

4) 그 밖에 1)부터 3)까지의 규정에 준하는 것으로서 금융위원회가 정하여 고시하는 건전한 금융거래질서를 저해한 사실이 없을 것

한편 대주주가 법인인 경우 형식적으로는 사회적 신용에 관한 결격사유에 해당하나 현재의 법인에 대하여 그 결격사유에 대한 귀책사유가 있다고 보기 어려운 경우에는 특례를 인정하여 결격사유에 해당하지 않는 것으로 본다.[93]

4. 승인신청

승인을 받으려는 자는 ⅰ) 신청인에 관한 사항, ⅱ) 대주주가 되려고 금융회사의 주식을 취득하려는 경우 그 금융회사가 발행한 주식의 소유현황, ⅲ) 대주주가 되려는 자가 주식취득 대상 금융회사가 발행하였거나 발행할 주식을 취득하려는 경우 그 취득계획, ⅳ) 그 밖에 승인요건 심사에 필요한 사항으로서 금융위원회가 정하여 고시하는 사항이 기재된 대주주 변경승인신청서를 금융위원회에 제출하여야 한다(영26⑥).

---

93) 금융회사 지배구조 감독규정 별표 4 [대주주 변경승인의 요건] 제8호
  (1) 대주주가 합병회사로서 합병전 피합병회사의 사유로 인하여 제1호 다목 및 제3호 마목에서 정하는 사실에 해당하는 경우(그 사실에 직접 또는 간접으로 관련되는 피합병회사의 임원, 최대주주 및 주요주주가 합병회사의 경영권에 관여하지 아니하거나 사실상 영향력을 행사할 수 없는 경우에 한한다)
  (2) 대주주가 경영권이 변경된 회사로서 경영권 변경 전의 사유로 인하여 제1호 다목 및 제3호 마목에서 정하는 사실에 해당할 경우 (그 사실에 직접 또는 간접으로 관련되는 경영권변경 전의 임직원, 최대주주 및 주요주주가 그 사실이 종료될 때까지 경영에 관여하거나 사실상 영향력을 행사하는 경우는 제외한다. 이와 관련하여 금융회사는 그 사실에 직접 또는 간접으로 관련되는 경영권변경 전의 임직원, 최대주주 및 주요주주를 그 사실이 종료될 때까지 경영에 관여하는 직 위에 임명할 수 없다)
  (3) 그 밖에 (1) 및 (2)와 유사한 경우로서 지분변동 등으로 실질적으로 대주주의 동일성이 유지되 고 있다고 인정하기 어려운 경우에 지배주주가 지분변동 등의 전의 사유로 인하여 제1호 다목 및 제3호 마목에서 정하는 사실에 해당하는 경우

5. 승인심사기간

(1) 원칙

금융위원회는 변경승인신청서를 제출받은 경우에는 그 내용을 심사하여 60일 이내에 승인 여부를 결정하고, 그 결과와 이유를 지체 없이 신청인에게 문서로 통지하여야 한다(영26⑨ 전단). 이 경우 변경승인신청서에 흠결이 있는 경우에는 보완을 요구할 수 있다(영26⑨ 후단).

(2) 예외

심사기간을 계산할 때 변경승인신청서의 흠결 보완기간 등 금융위원회가 정하여 고시하는 기간은 심사기간에 넣지 아니한다(영26⑩).

여기서 "금융위원회가 정하여 고시하는 기간"이란 다음의 어느 하나에 해당하는 기간을 말한다(금융회사 지배구조 감독규정16③). 실무에서는 심사대상자가 아래 제3호의 사유에 해당하여 심사가 중단되는 경우가 종종 있다.

1. 법 제31조 제1항의 요건을 충족하는지를 확인하기 위하여 다른 기관 등으로부터 필요한 자료를 제공받는 데에 걸리는 기간
2. 영 제26조 제9항 후단에 따라 변경승인신청서 흠결의 보완을 요구한 경우에는 그 보완기간
3. 금융회사의 대주주가 되려는 자를 상대로 형사소송 절차가 진행되고 있거나 금융위, 공정거래위원회, 국세청, 검찰청 또는 감독원 등(외국 금융회사인 경우에는 이들에 준하는 본국의 감독기관 등을 포함)에 의한 조사·검사 등의 절차가 진행되고 있고, 그 소송이나 조사·검사 등의 내용이 심사에 중대한 영향을 미칠 수 있다고 인정되는 경우에는 그 소송이나 조사·검사 등의 절차가 끝날 때까지의 기간
4. 천재·지변 그 밖의 사유로 불승인사유를 통지할 수 없는 기간

6. 사후승인

금융회사지배구조법에서는 불가피한 사유에 의한 대주주 변경의 경우 사후승인을 얻도록 규정하고 있다. 이는 저축은행에 대하여 규정하던 내용을 모든 금융기관에 확대한 것이다. 주식의 취득등이 기존 대주주의 사망 등 대통령령으로 정하는 사유로 인한 때에는 취득등을 한 날부터 3개월 이내에서 대통령령으로 정하는 기간 이내에 금융위원회에 승인을 신청하여야 한다(법31②). 승인을 신청하려는 자는 다음의 구분에 따른 기간 이내에 금융위원회에 승인을 신청하여야 한다(영26⑤).

1. 기존 주주의 사망에 따른 상속·유증·사인증여로 인하여 주식을 취득·양수(실질적으로 해

당 주식을 지배하는 것을 말하며, 이하 이 항에서 "득등"이라 한다)하여 대주주가 되는 경우: 기존 주주가 사망한 날부터 3개월. 다만, 불가피한 사유가 있으면 금융위원회의 승인을 받아 3개월의 범위에서 그 기간을 연장할 수 있다.

2. 담보권의 실행, 대물변제의 수령 또는 그 밖에 이에 준하는 것으로서 금융위원회가 정하여 고시하는 원인에 의하여 주식의 취득등을 하여 대주주가 되는 경우: 주식 취득등을 한 날부터 1개월

3. 다른 주주의 감자(減資) 또는 주식처분 등의 원인에 의하여 대주주가 되는 경우: 대주주가 된 날부터 1개월

7. 보고대상

한편 금융기관의 진입규제가 인가제가 아닌 등록제인 경우에는 대주주 변경의 경우에도 승인대상이 아니고 사후적 보고의무만을 부담한다. 즉 투자자문업자 및 투자일임업자, 시설대여업자, 할부금융업자, 신기술사업금융업자는 대주주가 변경된 경우에는 이를 2주 이내에 금융위원회에 보고하여야 한다(법31⑤ 전단).

8. 의결권행사 제한 및 처분명령

대주주 변경승인을 받지 아니한 자는 승인 없이 취득하거나 취득 후 승인을 신청하지 아니한 주식에 대하여 의결권을 행사할 수 없다(법31④). 승인을 받지 아니하고 취득등을 한 주식에 대하여 6개월 이내의 기간을 정하여 처분을 명할 수 있다(법31③).

Ⅲ. 대주주 적격성 심사제도

1. 의의

대주주의 적격성 심사제도는 은행에 대하여 규정되어 있던 제도로, 2011년 저축은행사태 이후 저축은행에도 도입되었으며, 2013년 동양그룹사태 이후 제2금융권 전반에 확대해야 한다는 논의가 촉발되어 현재 금융회사지배구조법에 도입되었다. 도입 과정에서 적용대상이 되는 제2금융권 중 특히 보험업계에서 반발이 심하였다.[94]

대주주 적격성 심사제도의 적용대상은 대주주 변경승인 대상과 동일한 제2금융권 금융기관이다. 금융위원회가 해당 금융기관에 대하여 주기적으로 최대주주 중 최다출자자 1인의 자격요건 유지 여부를 심사하여, 자격 미달의 경우 금융위원회는 적격성 유지요건을 충족하기 위

---

94) 김연미(2016), 47쪽.

한 조치를 취할 것을 명할 수 있고, 심사대상이 보유한 주식의 일정 부분에 대하여 의결권행사를 제한할 수 있다.

은행, 은행지주회사, 상호저축은행은 금융회사지배구조법이 아닌 은행법 등에서 대주주 적격성 심사를 받고 있다. 또한 자본시장법에 따른 투자자문업자 및 투자일임업자, 여신전문금융업법에 따른 시설대여업자, 할부금융업자, 신기술사업금융업자는 제외되는데, 이들은 진입규제에서 인가제가 아닌 등록제를 취하고 있기 때문에 더 엄격한 주기적 심사의 대상이 되지 않는다.

2. 승인대상

최대주주(특수관계인을 포함하며, 법인인 경우 그 최대주주 및 대표자를 포함)와 주요주주에 대하여 모두 요건 충족을 요구하는 대주주 변경승인과 달리, 대주주의 주기적 적격성은 최대주주의 최다출자자 개인에 한정하여 적용된다.

금융위원회는 금융회사(제31조 제1항의 적용대상인 금융회사에 한정)의 최대주주 중 최다출자자 1인(최다출자자 1인이 법인인 경우 그 법인의 최대주주 중 최다출자자 1인을 말하며, 그 최다출자자 1인도 법인인 경우에는 최다출자자 1인이 개인이 될 때까지 같은 방법으로 선정한다. 다만, 법인 간 순환출자 구조인 경우에는 최대주주 중 대통령령으로 정하는 최다출자자[95] 1인으로 한다. 이하 "적격성 심사대상")에 대하여 대통령령으로 정하는 기간[96]마다 변경승인요건 중 공정거래법, 조세범 처벌법 및 금융관련법령을 위반하지 아니하는 등 대통령령으로 정하는 요건("적격성 유지요건")에 부합하는지 여부를 심사하여야 한다(법32①). 금융회사는 해당 금융회사의 적격성 심사대상이 적격성 유지요건을 충족하지 못하는 사유가 발생한 사실을 알게 된 경우에는 그 사실을 알게 된 날부터 7영업일 이내에 ⅰ) 적격성 심사대상이 충족하지 못하는 적격성 유지요건의 내용 및 충족하지 못하게 된 사유(제1호), ⅱ) 향후 적격성 유지요건 충족 가능 여부(제2호), ⅲ) 적격성 심사대상과 해당 금융회사의 거래 관계(제3호) 등을 금융위원회에 보고하여야 한다(법32②, 영27⑤).[97]

---

95) "대통령령으로 정하는 최다출자자"란 순환출자 구조의 법인이 속한 기업집단(공정거래법 제2조 제2호에 따른 기업집단)의 동일인(같은 호에 따른 동일인) 또는 그 밖에 이에 준하는 자로서 금융위원회가 정하는 자를 말한다. 다만, 동일인이 법인인 경우에는 그 법인의 최대주주 중 최다출자자 1인을 말하며, 그 최다출자자 1인도 법인인 경우에는 최다출자자 1인이 개인이 될 때까지 같은 방법으로 선정한다(영27①).

96) "대통령령으로 정하는 기간"이란 2년을 말한다. 다만, 법 제32조 제2항에 따라 해당 금융회사가 금융위원회에 보고하는 경우 또는 법 제32조 제1항에 따른 적격성 심사대상과 금융회사의 불법거래 징후가 있는 등 특별히 필요하다고 인정하는 경우에는 2년 이내의 기간으로 할 수 있다(영27②).

97) 법 제32조 제2항 등에 의하면 금융회사는 자신의 최대주주에게 대주주 적격성 유지요건 결격사유가 발생하였다는 사실을 인지한 경우 7영업일 이내에 그 사실을 금융위원회에 보고하여야 함에도, A자산운용은 최대주주인 전 대표이사 Y가 2016. 10. 1. 한국신용정보원에 국세체납자로 등록되어 대주주 적격성 유지요건 결격사유가 발생하였다는 사실을 2016. 12. 21. 인지하였음에도 그 사실을 금융위원회에 보고하지 아니한 사실이 있어 과태료 제재를 받았다.

3. 적격성 유지요건

"대통령령으로 정하는 요건"(적격성 유지요건)이란 다음의 요건을 말한다(영27④).

1. 법 제5조 제1항 제1호·제2호·제5호·제6호·제7호에 해당하지 아니할 것[98]
2. 다음의 요건을 모두 충족할 것. 다만, 그 위반 등의 정도가 경미하다고 인정되거나 해당 금융회사의 건전한 업무 수행을 어렵게 한다고 볼 수 없는 경우는 제외한다.
   가. 최근 5년간 금융관계법령, 공정거래법 또는 조세범 처벌법을 위반하여 벌금형 이상에 상당하는 형사처벌을 받은 사실이 없을 것
   나. 금융산업구조개선법에 따라 부실금융기관으로 지정되었거나 금융관계법령에 따라 영업의 허가·인가·등록 등이 취소된 금융기관의 대주주 또는 그 특수관계인이 아닐 것. 다만, 법원의 판결에 따라 부실책임이 없다고 인정된 자 또는 부실에 따른 경제적 책임을 부담하는 등 금융위원회가 정하여 고시하는 기준에 해당하는 자는 제외한다.
   다. 최근 5년간 부도발생 및 그 밖에 이에 준하는 사유로 은행거래정지처분을 받은 사실이 없을 것
   라. 최근 3년간 신용정보법에 따른 종합신용정보집중기관에 금융질서 문란정보 거래처 또는 약정한 기일 내에 채무를 변제하지 아니한 자로 등록된 사실이 없을 것[99]
   마. 최근 5년간 채무자회생법에 따른 회생절차 또는 파산절차를 진행 중인 기업의 최대주주 또는 주요주주로서 해당 기업을 회생절차 또는 파산절차에 이르게 한 책임이 인정

---

[98] 다음의 어느 하나에 해당하는 사람은 금융회사의 임원이 되지 못한다(법5①).
1. 미성년자·피성년후견인 또는 피한정후견인
2. 파산선고를 받고 복권되지 아니한 사람
5. 금융회사지배구조법 또는 금융관계법령에 따라 벌금 이상의 형을 선고받고 그 집행이 끝나거나(집행이 끝난 것으로 보는 경우를 포함) 집행이 면제된 날부터 5년이 지나지 아니한 사람
6. 다음의 어느 하나에 해당하는 조치를 받은 금융회사의 임직원 또는 임직원이었던 사람(그 조치를 받게 된 원인에 대하여 직접 또는 이에 상응하는 책임이 있는 사람으로서 대통령령으로 정하는 사람으로 한정)으로서 해당 조치가 있었던 날부터 5년이 지나지 아니한 사람
   가. 금융관계법령에 따른 영업의 허가·인가·등록 등의 취소
   나. 금융산업구조개선법 제10조 제1항에 따른 적기시정조치
   다. 금융산업구조개선법 제14조 제2항에 따른 행정처분
7. 금융회사지배구조법 또는 금융관계법령에 따라 임직원 제재조치(퇴임 또는 퇴직한 임직원의 경우 해당 조치에 상응하는 통보를 포함)를 받은 사람으로서 조치의 종류별로 5년을 초과하지 아니하는 범위에서 대통령령으로 정하는 기간이 지나지 아니한 사람
[99] 금융위원회는 금융회사의 최대주주 중 최다출자자 1인에 대하여 2년마다 적격성 유지요건을 심사하여야 하는데, A자산운용의 적격성 심사대상인 Y의 국세체납 등록 사실은 "최근 3년간 종합신용정보집중기관에 약정한 기일 내에 채무를 변제하지 아니한 자로 등록된 사실이 없을 것"이라는 적격성 유지요건의 불충족에 해당하여 적격성 유지요건을 충족하지 못하는 사유를 A자산운용의 주주 및 금융소비자들이 알 수 있도록 A자산운용 및 한국금융투자협회 인터넷 홈페이지에 지체 없이 공시(6개월간 공시)하는 조치를 취하였다.

되지 아니하고 이에 직접 또는 간접으로 관련된 사실이 없을 것

4. 요건 미충족시의 조치

위반분 전체에 대한 의결권 제한과 처분명령을 규정하고 있는 대주주 변경승인의 경우와 달리, 주기적 적격성 심사에서는 금융위원회에 6개월 이내의 기간을 정하여 해당 금융회사의 경영건전성을 확보하기 위한 i) 적격성 유지요건을 충족하기 위한 조치, ii) 해당 적격성 심사대상과의 거래의 제한 등 이해상충 방지를 위한 조치, iii) 적격성 심사대상의 적격성 유지조건을 충족하지 못하는 사유 및 법 제32조 제4항 제1호 및 제2호의 조치와 관련한 사항을 해당 금융회사의 주주 및 금융소비자들이 알 수 있도록 인터넷 홈페이지 등에 공시, iv) 그 밖에 금융회사의 경영건전성을 위하여 필요하다고 인정되는 조치로서 금융위원회가 정하여 고시하는 조치[100]를 이행할 것을 명하는 권한만이 부여되어 있다(법32④, 영27⑥).

금융위원회는 심사 결과 적격성 심사대상이 i) 제1항에 규정된 법령의 위반으로 금고 1년 이상의 실형을 선고받고 그 형이 확정된 경우(제1호), ii) 그 밖에 건전한 금융질서 유지를 위하여 대통령령으로 정하는 경우(제2호)[101]로서 법령위반 정도를 감안할 때 건전한 금융질서와 금융회사의 건전성이 유지되기 어렵다고 인정되는 경우 5년 이내의 기간으로서 대통령령으로 정하는 기간[102] 내에 해당 적격성 심사대상이 보유한 금융회사의 의결권 있는 발행주식(최다출자자 1인이 법인인 경우 그 법인이 보유한 해당 금융회사의 의결권 있는 발행주를 말한다) 총수의 10% 이상에 대하여는 의결권을 행사할 수 없도록 명할 수 있다(법32⑤).

의결권 행사금지는 5년 이내의 기간으로 명할 수 있으며, 대상은 해당 적격성 심사대상이 보유한 금융회사의 의결권 있는 발행주식 총수의 10% 이상이다. 예컨대 적격성 심사대상이 해당 금융회사의 주식을 15% 소유하고 있다면 10% 이상이 되는 부분인 5% 부분에 대하여 의결권 행사금지를 명할 수 있다.[103]

---

100) "금융위원회가 정하여 고시하는 조치"란 다음의 어느 하나를 말한다(금융회사 지배구조 감독규정17①).
    1. 금융회사의 경영건전성을 위한 계획의 제출 요구
    2. 제1호에 따른 계획의 수정 요구
    3. 제1호 또는 제2호에 따른 계획의 이행 촉구
101) "대통령령으로 정하는 경우"란 다음의 어느 하나에 해당하는 경우를 말한다. 다만, 제2호 및 제3호는 그 사실이 발생한 날부터 1개월 이내에 그 사실이 해소된 경우는 제외한다(영27⑧).
    1. 제4항 제2호 나목의 요건을 충족하지 못하는 경우
    2. 최근 5년간 부도발생 및 그 밖에 이에 준하는 사유로 인하여 은행거래정지처분을 받은 경우
    3. 최근 3년간 신용정보법에 따른 종합신용정보집중기관에 금융질서 문란정보 거래처 또는 약정한 기일내에 채무를 변제하지 아니한 자로 등록된 경우
102) "대통령령으로 정하는 기간"이란 5년을 말한다. 다만, 금융위원회는 적격성 심사대상의 법령 위반 정도를 고려하여 그 기간을 줄일 수 있다(영27⑦).
103) 김태진(2016), "금융회사의 지배구조에 관한 법률에서의 주주통제", 서울대학교 금융법센터 BFL 제79호

Ⅳ. 지배구조규제

1. 경영진구성과 관련한 규제

금융회사지배구조법("법")상 금융회사의 임원의 범위는 이사, 감사, 집행임원(상법상 집행임원을 둔 경우로 한정) 및 업무집행책임자로 한정하고(법2(2)), 금융회사는 임원의 자격요건을 충족하는지를 확인하여 선임하여야 하며(법7①), 임원의 선임 및 해임 내용을 인터넷 홈페이지에 공시하고 금융위원회에 보고하여야 한다(법7②③).[104] 특히 사외이사의 경우는 임원요건을 충족하여야 함은 물론 해당 금융회사 또는 그 계열사와 일정한 관계에 있는 자뿐만 아니라 최대주주 및 주요주주 등과 일정한 관계에 있는 자에 대하여는 사외이사 선임을 배제함으로써 사외이사들이 대주주 및 경영진으로부터 독립성을 확보할 수 있도록 하고 있다(법6). 또한 사외이사, 대표이사, 대표집행임원, 감사위원은 임원후보추천위원회의 추천에 의해 주주총회에서 선임하여야 한다(법17).

금융회사의 상근임원은 다른 영리법인에 상근으로 종사하는 것이 원칙적으로 금지된다(법10① 본문).[105] 다만 금융지주회사는 금융자회사를 지배하는 것이 고유업무이므로 금융지주회사의 임직원이 자회사 등의 임직원을 겸직하는 것은 허용되며, 금융지주회사 자회사의 임직원이 동일 금융지주회사 산하 다른 자회사의 임직원을 겸직하는 것도 허용된다(법10②④).

대규모 금융회사(은행, 금융지주회사, 자산규모가 5조원 이상인 금융투자업자·보험회사·여신전문금융회사, 자산규모가 7천억원 이상인 저축은행이 이에 해당)의 경우에는 이사회에 사외이사를 3명 이상 두어야 하며(법12①), 사외이사의 수가 이사 총수의 과반수가 되어야 한다(법 12②). 또한 이러한 대규모 금융회사는 지배구조 내부규범을 마련하여 이사회의 구성과 운영, 이사회 내 위원회의 설치, 임원의 전문성요건, 임원 성과평가 및 최고경영자의 자격 등 경영승계에 관한 사항 등에 관하여 지켜야 할 구체적인 원칙과 절차를 마련하여야 한다(법14①). 또한 이사회 내 위원회로 임원후보추천위원회, 감사위원회, 위험관리위원회, 보수위원회를 설치하여야 하며(법

(2016. 9), 66쪽.

104) 금융회사는 임원을 선임·해임(사임 포함)하는 경우 그 사실을 금융위원회에 보고하고 해당 금융회사 및 금융투자협회의 인터넷 홈페이지에 공시해야 함에도 불구하고, A투자자문은 2019. 7. 3. 대표이사 Y가 사임하고 같은 날 대표이사 X가 선임되었다는 사실을 금융위원회에 보고하지 않고 인터넷 홈페이지에도 공시하지 아니한 사실이 있어 과태료 제재를 받았다.

105) 법 제10조 제1항에 의하면 금융회사의 상근임원은 다른 영리법인의 상시적인 업무에 종사할 수 없음에도, A투자자문의 상근임원인, X는 2017. 10. 13.-2018. 7. 12. 기간 중 유사투자자문업자인 B의 대표이사를 겸직하고, 2018. 1. 1.-2018. 7. 13. 기간 중 유사투자자문업자인 C의 상무(미등기임원)로 근무하였으며, Y는 2017. 10. 13.-2018. 11. 22. 기간 중 온라인광고업체인 D의 대표이사로 상시 근무하였으며, Z는 2018. 3. 14.-2018. 11. 22. 기간 중 유사투자자문업자인 C의 미등기임원으로 근무하면서 상시적인 업무에 종사한 사실이 있어 신분제재(금융회사지배구조법35)와 과태료 제재(금융회사지배구조법43)를 받았다.

16①), 위원회 위원의 과반수는 사외이사로 구성하고(법16③), 위원회의 대표는 사외이사로 한다(법16④).

2. 내부통제 및 위험관리

지배구조규제에 있어 중요한 부분은 내부통제와 위험관리에 관한 사항이다. 사외이사나 이사회 내 위원회 등 이사회 관련 제도가 대규모 금융회사에게만 국한되는 규제인 반면에 내부통제기준과 위험관리기준에 관한 사항과 이와 관련된 업무를 하는 준법감시인제도와 위험관리책임자제도는 규모, 업종 및 상장 여부 등에 관계없이 모든 금융회사에 적용되는 점이 다르다. 아래서는 내부통제기준과 준법감시인제도, 위험관리기준과 위험관리책임자제도를 살펴본다.

(1) 내부통제

(가) 내부통제기준

금융회사는 법령을 준수하고, 경영을 건전하게 하며, 주주 및 이해관계자 등을 보호하기 위하여 금융회사의 임직원이 직무를 수행할 때 준수하여야 할 기준 및 절차인 내부통제기준을 마련하여야 한다(법24①).

내부통제기준에는 금융회사의 내부통제가 실효성있게 이루어질 수 있도록 i) 업무의 분장 및 조직구조, ii) 임직원이 업무를 수행할 때 준수하여야 하는 절차, iii) 내부통제와 관련하여 이사회, 임원 및 준법감시인이 수행하여야 하는 역할, iv) 내부통제와 관련하여 이를 수행하는 전문성을 갖춘 인력과 지원조직, v) 경영의사결정에 필요한 정보가 효율적으로 전달될 수 있는 체제의 구축, vi) 임직원의 내부통제기준 준수 여부를 확인하는 절차·방법과 내부통제기준을 위반한 임직원의 처리, vii) 임직원의 금융관계법령 위반행위 등을 방지하기 위한 절차나 기준(임직원의 금융투자상품 거래내용의 보고 등 불공정행위를 방지하기 위한 절차나 기준을 포함), viii) 내부통제기준의 제정 또는 변경 절차, ix) 준법감시인의 임면절차, x) 이해상충을 관리하는 방법 및 절차 등(금융회사가 금융지주회사인 경우는 예외로 한다), xi 상품 또는 서비스에 대한 광고의 제작 및 내용과 관련한 준수사항, xii) 임직원 겸직이 제11조 제4항 제4호 각 목의 요건을 충족하는지에 대한 평가·관리, xiii) 그 밖에 내부통제기준에서 정하여야 할 세부적인 사항으로서 금융위원회가 정하여 고시하는 사항이 포함되어야 한다(영19①).[106]

---

106) 금융회사 지배구조 감독규정 제11조(내부통제기준 등) ① 금융회사는 내부통제기준을 설정·운용함에 있어 별표 2에서 정하는 기준을 준수하여야 한다.
② 금융회사는 다음의 사항 및 별표 3의 기준에 따른 사항을 내부통제기준에 포함하여야 한다.
1. 내부고발자 제도의 운영에 관한 다음 각 목의 사항
   가. 내부고발자에 대한 비밀보장

금융지주회사가 금융회사인 자회사등의 내부통제기준을 마련하는 경우 그 자회사등은 내부통제기준을 마련하지 아니할 수 있다(법24②). 금융회사(소규모 금융회사는 제외)는 내부통제기준의 운영과 관련하여 최고경영자를 위원장으로 하는 내부통제위원회를 두어야 한다(영19②).[107] 금융회사는 금융위원회가 정하여 고시하는 바에 따라 내부통제를 전담하는 조직을 마련하여야 한다(영19③).[108]

(나) 준법감시인

1) 의의

준법감시인은 금융회사(자산규모 등을 고려하여 대통령령으로 정하는 투자자문업자 및 투자일임업자[109]는 제외)에서 내부통제기준의 준수 여부를 점검하고 내부통제기준을 위반하는 경우 이를

나. 내부고발자에 대한 불이익 금지 등 보호조치
다. 회사에 중대한 영향을 미칠 수 있는 위법·부당한 행위를 인지하고도 회사에 제보하지 않는 사람에 대한 불이익 부과
2. 위법·부당한 행위를 사전에 방지하기 위하여 명령휴가제도 도입 및 그 적용대상, 실시주기, 명령휴가기간, 적용 예외 등 명령휴가제도 시행에 필요한 사항
3. 사고발생 우려가 높은 단일거래에 대해 복수의 인력 또는 부서가 참여하도록 하는 직무분리 기준에 대한 사항
4. 새로운 금융상품 개발 및 금융상품 판매 과정에서 금융소비자 보호 및 시장질서 유지 등을 위하여 준수하여야 할 업무절차에 대한 사항
5. 영업점 자체점검의 방법·확인사항·실시 주기 등에 대한 사항
6. 특정금융정보법 제2조 제4호에 따른 자금세탁행위 및 같은 조 제5호에 따른 공중협박자금조달행위("자금세탁행위등")를 방지하기 위한 다음의 사항(법 제2조 제1호 나목의 금융투자업자 중 투자자문업자는 제외)
  가. 특정금융정보법 제2조 제2호에 따른 금융거래에 내재된 자금세탁행위 등의 위험을 식별, 분석, 평가하여 위험도에 따라 관리 수준을 차등화하는 자금세탁 위험평가체계의 구축 및 운영
  나. 자금세탁행위등의 방지 업무를 수행하는 부서로부터 독립된 부서 또는 외부전문가가 그 업무수행의 적절성, 효과성을 검토·평가하고 이에 따른 문제점을 개선하기 위한 독립적 감사체계의 마련 및 운영
  다. 소속 임직원이 자금세탁행위등에 가담하거나 이용되지 않도록 하기 위한 임직원의 신원사항 확인 및 교육·연수
107) 내부통제위원회는 다음의 사항을 준수하여야 한다(금융회사 지배구조 감독규정11⑦).
  1. 매반기별 1회 이상 회의를 개최할 것
  2. 대표이사를 위원장으로 하고 준법감시인, 위험관리책임자 및 그 밖에 내부통제 관련 업무담당 임원을 위원으로 할 것
  3. 다음의 역할을 수행할 것
    가. 내부통제 점검결과의 공유 및 임직원 평가 반영 등 개선방안 검토
    나. 금융사고 등 내부통제 취약부분에 대한 점검 및 대응방안 마련
    다. 내부통제 관련 주요 사항 협의
    라. 임직원의 윤리의식·준법의식 제고 노력
  4. 회의결과를 의사록으로 작성하여 보관할 것
108) 내부통제업무가 효율적으로 수행될 수 있도록 충분한 경험과 능력을 갖춘 적절한 수의 인력으로 지원조직을 구성·유지하여 준법감시인의 직무수행을 지원하여야 한다. 다만, 자산총액이 1천억원 미만인 금융회사의 경우에는 준법감시인 본인만으로 내부통제 조직을 운영할 수 있다(금융회사 지배구조 감독규정11③).
109) "대통령령으로 정하는 투자자문업자 및 투자일임업자"란 자본시장법에 따른 투자자문업이나 투자일 임업

조사하는 등 내부통제 관련 업무를 총괄하는 사람을 말하는데(법25①), 준법감시인은 필요하다고 판단하는 경우 조사결과를 감사위원회 또는 감사에게 보고할 수 있다(법25①). 금융회사는 준법감시인에 대하여 회사의 재무적 경영성과와 연동하지 아니하는 별도의 보수지급 및 평가기준을 마련하여 운영하여야 한다(법25⑥).

2) 선임과 해임

금융회사는 준법감시인을 1명 이상 두어야 하며(법25①), 사내이사 또는 업무집행책임자 중에서 준법감시인을 선임하여야 한다(법25② 본문). 다만, 자산규모, 영위하는 금융업무 등을 고려하여 대통령령으로 정하는 금융회사110) 또는 외국금융회사의 국내지점은 사내이사 또는 업무집행책임자가 아닌 직원 중에서 준법감시인을 선임할 수 있다(법25② 단서). 준법감시인을 직원 중에서 선임하는 경우 「기간제 및 단시간근로자 보호 등에 관한 법률」에 따른 기간제근로자 또는 단시간근로자를 준법감시인으로 선임하여서는 아니 된다(법25⑤). 금융회사(외국금융회사의 국내지점은 제외)가 준법감시인을 임면하려는 경우에는 이사회의 의결을 거쳐야 하며, 해임할 경우에는 이사 총수의 3분의 2 이상의 찬성으로 의결한다(법25③). 준법감시인의 임기는 2년 이상으로 한다(법25④).

3) 자격요건

준법감시인은 다음의 요건을 모두 충족한 사람이어야 한다(법26①). 즉 ⅰ) 최근 5년간 금융회사지배구조법 또는 금융관계법령을 위반하여 금융위원회 또는 금융감독원의 원장, 그 밖에 대통령령으로 정하는 기관111)으로부터 문책경고 또는 감봉요구 이상에 해당하는 조치를 받은 사실이 없어야 하고(제1호), ⅱ) 다음 각 목의 어느 하나에 해당하는 사람이어야 한다. 다만, 다음 각 목(라목 후단의 경우는 제외)의 어느 하나에 해당하는 사람으로서 라목 전단에서 규정한 기관에서 퇴임하거나 퇴직한 후 5년이 지나지 아니한 사람은 제외한다(제2호). ㉠ 금융위원법

외의 다른 금융투자업을 겸영하지 아니하는 자로서 최근 사업연도 말 현재 운용하는 투자일임 재산의 합계액이 5천억원 미만인 자를 말한다(영20①).

110) "대통령령으로 정하는 금융회사"란 다음의 어느 하나에 해당하는 자를 말한다. 다만, 해당 금융회사가 주권상장법인으로서 최근 사업연도 말 현재 자산총액이 2조원 이상인 자는 제외한다(영20②).
   1. 최근 사업연도 말 현재 자산총액이 7천억원 미만인 상호저축은행
   2. 최근 사업연도 말 현재 자산총액이 5조원 미만인 금융투자업자. 다만, 최근 사업연도 말 현재 운용하는 집합투자재산, 투자일임재산 및 신탁재산의 전체 합계액이 20조원 이상인 금융투자업자는 제외한다.
   3. 최근 사업연도 말 현재 자산총액이 5조원 미만인 보험회사
   4. 최근 사업연도 말 현재 자산총액이 5조원 미만인 여신전문금융회사
   5. 그 밖에 자산규모, 영위하는 금융업무 등을 고려하여 금융위원회가 정하여 고시하는 자
111) "대통령령으로 정하는 기관"이란 다음의 기관을 말한다(영21①).
   1. 해당 임직원이 소속되어 있거나 소속되었던 기관
   2. 금융위원회와 금융감독원장이 아닌 자로서 금융관계법령에서 조치 권한을 가진 자

법 제38조에 따른 검사대상기관(이에 상당하는 외국금융회사를 포함)에서 10년 이상 근무한 사람
(가목), ⓛ 금융 관련 분야의 석사학위 이상의 학위소지자로서 연구기관 또는 대학에서 연구원
또는 조교수 이상의 직에 5년 이상 종사한 사람(나목), ⓒ 변호사 또는 공인회계사의 자격을 가
진 사람으로서 그 자격과 관련된 업무에 5년 이상 종사한 사람(다목), ⓔ 기획재정부, 금융위원
회, 증권선물위원회, 감사원, 금융감독원, 한국은행, 예금보험공사, 그 밖에 금융위원회가 정하
여 고시하는 금융 관련 기관에서 7년 이상 근무한 사람. 이 경우 예금보험공사의 직원으로서
부실금융회사 또는 부실우려금융회사와 정리금융회사의 업무 수행을 위하여 필요한 경우에는
7년 이상 근무 중인 사람을 포함한다(라목), ⓜ 그 밖에 가목부터 라목까지의 규정에 준하는 자
격이 있다고 인정되는 사람으로서 대통령령으로 정하는 사람112)(마목)이어야 한다.

(2) 위험관리

(가) 위험관리기준

1) 위험관리기준 마련 의무

금융회사는 자산의 운용이나 업무의 수행, 그 밖의 각종 거래에서 발생하는 위험을 제때
에 인식·평가·감시·통제하는 등 위험관리를 위한 기준 및 절차("위험관리기준")를 마련하여야
한다(법27①). 위험관리기준에는 ⅰ) 위험관리의 기본방침, ⅱ) 금융회사의 자산운용 등과 관련
하여 발생할 수 있는 위험의 종류, 인식, 측정 및 관리, ⅲ) 금융회사가 부담 가능한 위험 수준
의 설정, ⅳ) 적정투자한도 또는 손실허용한도의 승인, ⅴ) 위험관리를 전담하는 조직의 구조
및 업무분장, ⅵ) 임직원이 업무를 수행할 때 준수하여야 하는 위험관리 절차, ⅶ) 임직원의 위
험관리기준 준수 여부를 확인하는 절차·방법과 위험관리기준을 위반한 임직원의 처리, ⅷ) 위
험관리기준의 제정이나 변경, ⅸ) 위험관리책임자의 임면, ⅹ) 그 밖에 위험관리기준에서 정하
여 할 세부적인 사항으로서 금융위원회가 정하여 고시하는 사항113)이 포함되어야 한다(영22

---

112) "대통령령으로 정하는 사람"이란 다음의 사람을 말한다(영21②).
   1. 보험계리사 자격을 취득한 후 그 자격과 관련된 업무에 5년 이상 종사한 사람(보험회사에 두는 준법감
     시인만 해당)
   2. 다음의 기관에서 7년 이상 종사한 사람
     가. 전국은행연합회
     나. 한국금융투자협회
     다. 보험협회 중 생명보험회사로 구성된 협회
     라. 보험협회 중 손해보험회사로 구성된 협회
     마. 상호저축은행중앙회
     바. 여신전문금융업협회
     사. 그 밖에 가목부터 바목까지의 기관에 준하는 기관으로서 금융위원회가 정하여 고시하는 기관[=
       한국거래소, 한국예탁결제원, 한국투자공사(준법감시인을 선임하려는 금융회사가 금융투자업자인
       경우에 한한다): 금융회사 지배구조 감독규정 제12조].
113) 금융회사 지배구조 감독규정 제13조(위험관리기준 등) ① 영 제22조 제1항 제10호에서 "금융위원회가 정
    하여 고시하는 사항"이란 다음을 말한다.

①). 그러나 금융지주회사가 금융회사인 자회사등의 위험관리기준을 마련하는 경우 그 자회사 등은 위험관리기준을 마련하지 아니할 수 있다(법27②).

2) 위반시 제재

법 제27조 제1항을 위반하여 위험관리기준을 마련하지 아니한 자(제21호)에게는 1억원 이하의 과태료를 부과한다(법43①).[114]

(나) 위험관리책임자

금융회사(자산규모 및 영위하는 업무 등을 고려하여 대통령령으로 정하는 투자자문업자 및 투자일

---

1. 금융사고 등 우발상황에 대한 위험관리 비상계획
2. 영 제22조 제2항에 따른 위험관리전담조직의 구성 및 운영
3. 부서별 또는 사업부문별 위험부담한도 및 거래한도 등의 설정·운영
4. 개별 자산 또는 거래가 금융회사에 미치는 영향(잠재적인 영향을 포함)의 평가
5. 위험한도의 운영상황 점검 및 분석
6. 위험관리정보시스템의 운영
7. 장부외 거래기록의 작성·유지
8. 내부적으로 관리할 지급여력수준(해당 금융회사가 보험회사인 경우에 한하여 적용)
② 금융회사가 금융투자업자인 경우에는 위험관리기준에서 다음의 사항을 포함하여야 한다.
1. 금융투자업자가 내부적으로 관리하여야 할 다음의 구분에 따른 항목
   가. 1종 금융투자업자: 순자본비율 및 자산부채비율의 수준(일정한 변동범위를 포함)
   나. 2종 금융투자업자: 자기자본 및 최소영업자본액의 수준(일정한 변동범위를 포함)
   다. 3종 금융투자업자: 영업용순자본비율 및 자산부채비율의 수준(일정한 변동범위를 포함)
2. 운용자산의 내용과 위험의 정도
3. 자산의 운용방법
4. 고위험 자산의 기준과 운용한도
5. 자산의 운용에 따른 영향
6. 콜차입 등 단기차입금 한도
7. 내부적인 보고 및 승인체계
8. 고유재산과 투자자재산 등 자산 및 집합투자재산을 운용하면서 발생하는 위험을 효율적으로 관리하기 위한 다음의 사항
   가. 자산 및 집합투자재산의 운용시 발생할 수 있는 위험의 종류, 인식, 측정 및 관리체계에 관한 내용
   나. 금융투자업자 또는 집합투자기구가 수용할 수 있는 위험수준의 설정에 관한 내용
   다. 금융투자업규정 제4-14조에 따른 장부외거래기록의 작성·유지에 관한 사항
   라. 개별 자산 또는 거래가 금융투자업자 또는 집합투자기구에 미치는 영향(잠재적인 영향을 포함)의 평가에 관한 내용
   마. 그 밖의 건전한 자산운용을 위해 필요한 사항
114) 법 제27조 제1항 등에 의하면 집합투자업자는 자산의 운용 등에서 발생하는 위험을 제때에 인식·평가·감시·통제하는 등 위험관리를 위한 기준 및 절차를 마련하여야 하고, 위험관리기준에는 "집합투자재산의 운용 과정에서 발생하는 위험을 인식·측정 및 관리 체계에 대한 내용"과 "우발상황에 대한 위험관리 비상계획" 등을 포함하여야 함에도, A자산운용은 2014. 4. 29.-2018. 8. 27.(검사종료일) 기간 중 투자적격 등급 미만의 해외 대출채권에 주로 투자하는 "A 미국 금리연동 특별자산 모투자신탁" 등 2개 집합투자기구를 해외 계열사에 위탁하여 운용하면서, 취득한 개별 대출채권의 투자 집중도 관리절차, 대출채권 차주의 부도 등 신용위험 급변시 위탁운용사의 통보절차, 대출채권의 출자전환에 따라 취득하게 되는 비상장주식의 가치산정 준비 절차 및 우발상황 발생시 투자자의 손실 방지 등을 위한 위험관리 비상계획 등이 포함된 위험관리기준을 마련하지 아니한 사실이 있어 신분제재, 기관제재, 과태료 제재를 받았다.

임업자115)는 제외)는 자산의 운용이나 업무의 수행, 그 밖의 각종 거래에서 발생하는 위험을 점검하고 관리하는 위험관리책임자를 1명 이상 두어야 한다(법28①). 위험관리책임자의 임면, 임기 등에 관하여는 준법감시인의 임면에 관한 제25조 제2항부터 제6항까지를 준용한다. 이 경우 "준법감시인"은 "위험관리책임자"로 본다(법28②).

위험관리책임자는 위험관리에 대한 전문적인 지식과 실무경험을 갖춘 사람으로서 ⅰ) 최근 5년간 금융회사지배구조법 또는 금융관계법령을 위반하여 금융위원회 또는 금융감독원장, 그 밖에 대통령령으로 정하는 기관으로부터 문책경고 또는 감봉요구 이상에 해당하는 조치를 받은 사실이 없어야 하고, ⅱ) 다음 각 목의 어느 하나에 해당하는 사람이어야 한다. 다만, 다음 각 목의 어느 하나에 해당하는 사람으로서 다목에서 규정한 기관에서 퇴임하거나 퇴직한 후 5년이 지나지 아니한 사람은 제외한다(제2호). ㉠ 금융위원회의 설치 등에 관한 법률 제38조에 따른 검사 대상 기관(이에 상당하는 외국금융회사를 포함)에서 10년 이상 근무한 사람(가목), ㉡ 금융 관련 분야의 석사학위 이상의 학위소지자로서 연구기관 또는 대학에서 위험관리와 관련하여 연구원 또는 조교수 이상의 직에 5년 이상 종사한 사람(나목), ㉢ 금융감독원, 한국은행, 예금보험공사, 그 밖에 금융위원회가 정하는 금융 관련 기관에서 위험관리 관련 업무에 7년 이상 종사한 사람(다목), ㉣ 그 밖에 가목부터 다목까지의 규정에 준하는 자격이 있다고 인정되는 사람으로서 대통령령으로 정하는 사람(라목)의 요건을 모두 충족한 사람이어야 한다(법28③).

위험관리책임자가 된 사람이 제3항 제1호의 요건을 충족하지 못하게 된 경우에는 그 직을 잃는다(법28④).

(3) 선관주의의무와 겸직금지

준법감시인 및 위험관리책임자는 선량한 관리자의 주의로 그 직무를 수행하여야 하며, ⅰ) 자산운용에 관한 업무, ⅱ) 해당 금융회사의 본질적 업무(해당 금융회사가 인가를 받거나 등록을 한 업무와 직접적으로 관련된 필수업무로서 대통령령으로 정하는 업무116)) 및 그 부수업무, ⅲ) 해

---

115) "대통령령으로 정하는 투자자문업자 및 투자일임업자"란 자본시장법에 따른 투자자문업이나 투자일임업 외의 다른 금융투자업을 겸영하지 아니하는 자로서 최근 사업연도 말 현재 운용하는 투자일임재산의 합계액이 5천억원 미만인 자를 말한다(영23①, 영20①).
116) "대통령령으로 정하는 업무"란 다음의 어느 하나에 해당하는 업무를 말한다(영24①).
　1. 은행법 제27조에 따른 은행업무
　2. 자본시장법에 따라 해당 금융투자업자가 영위하고 있는 업무로서 같은 법 시행령 제47조 제1항에 따른 금융투자업의 종류별로 정한 업무
　3. 보험업법에 따라 해당 보험회사가 취급하는 보험에 관한 업무로서 다음에서 정하는 업무
　　가. 보험상품 개발에 관한 업무
　　나. 보험계리에 관한 업무(위험관리책임자가 해당 업무를 수행하는 사람인 경우는 예외)
　　다. 모집 및 보험계약 체결에 관한 업무
　　라. 보험계약 인수에 관한 업무
　　마. 보험계약 관리에 관한 업무

당 금융회사의 겸영업무, ⅳ) 금융지주회사의 경우에는 자회사등의 업무(금융지주회사의 위험관
리책임자가 그 소속 자회사등의 위험관리업무를 담당하는 경우는 제외), ⅴ) 그 밖에 이해가 상충할
우려가 있거나 내부통제 및 위험관리업무에 전념하기 어려운 경우로서 대통령령으로 정하는
업무117)를 수행하는 직무를 담당해서는 아니 된다(법29).

(4) 금융회사의 의무

금융회사는 준법감시인 및 위험관리책임자가 그 직무를 독립적으로 수행할 수 있도록 하
여야 하고(법30①), 준법감시인 및 위험관리책임자를 임면하였을 때에는 대통령령으로 정하는
바에 따라 그 사실을 금융위원회에 임면일부터 7영업일 이내에 보고하여야 한다(법30②, 영25
①).118) 금융회사 및 그 임직원은 준법감시인 및 위험관리책임자가 그 직무를 수행할 때 필요
한 자료나 정보의 제출을 요구하는 경우 이에 성실히 응하여야 한다(법30③). 금융회사는 준법
감시인 및 위험관리책임자였던 사람에 대하여 그 직무수행과 관련된 사유로 부당한 인사상의
불이익을 주어서는 아니 된다(법30④).

Ⅴ. 처분 및 제재절차

1. 금융회사에 대한 조치

금융위원회는 금융회사가 별표119) 각 호의 어느 하나에 해당하는 경우에는 ⅰ) 위법행위
의 시정명령, ⅱ) 위법행위의 중지명령, ⅲ) 금융회사에 대한 경고, ⅳ) 금융회사에 대한 주의,
ⅴ) 위법행위로 인하여 조치를 받았다는 사실의 공표명령 또는 게시명령, ⅵ) 경영이나 업무방
법의 개선요구 또는 개선권고, ⅶ) 금융회사지배구조법을 위반한 경우 수사기관에의 고발 또는

바. 보험금 지급에 관한 업무
사. 재보험에 관한 업무
아. 그 밖에 보험에 관한 업무로서 금융위원회가 정하여 고시하는 업무
4. 상호저축은행법 제11조에 따른 상호저축은행의 업무
5. 여신전문금융업법 제46조 제1항에 따른 여신전문금융회사의 업무
117) "대통령령으로 정하는 업무"란 다음의 구분에 따른 업무를 말한다. 다만, 제20조 제2항에 따른 금융회사
및 외국금융회사의 자산총액 7천억원 미만인 국내지점(자본시장법 제3조 제2항 제2호에 따른 파생상품을
대상으로 하는 투자매매업을 겸영하지 아니하는 경우에 한정)의 경우에는 다음의 구분에 따른 업무를 겸
직할 수 있다(영24②).
1. 위험관리책임자: 법 제25조 제1항에 따른 준법감시인의 내부통제 관련 업무
2. 준법감시인: 법 제28조 제1항에 따른 위험관리책임자의 위험 점검·관리 업무
118) 금융회사는 영 제25조 제1항에 따라 준법감시인 및 위험관리책임자를 임면하였을 때에는 다음의 사항을
감독원장에게 보고하여야 한다(금융회사 지배구조 감독규정14①).
1. 선임한 경우: 성명 및 인적사항, 법에서 정한 자격요건에 적합하다는 사실, 임기 및 업무범위에 대한 사항
2. 해임한 경우: 성명, 해임 사유, 향후 선임일정 및 절차
119) 별표는 금융회사 및 임직원에 대한 조치(제34조 및 제35조 관련)를 규정하고 있다.

통보 조치를 할 수 있다(법34①, 영29).

2. 임직원에 대한 제재조치

금융위원회는 금융회사의 임원(업무집행책임자는 제외)이 별표 각 호의 어느 하나에 해당하는 경우에는 해임요구, 6개월 이내의 직무정지 또는 임원의 직무를 대행하는 관리인의 선임, 문책경고, 주의적 경고, 또는 주의 조치를 할 수 있다(법35①).

금융위원회는 금융회사의 직원(업무집행책임자를 포함)이 별표 각 호의 어느 하나에 해당하는 경우에는 면직, 6개월 이내의 정직, 감봉, 견책, 또는 주의 조치를 할 것을 그 금융회사에 요구할 수 있다(법35②).

3. 청문 및 이의신청

금융위원회는 임직원에 대한 제재조치 중 임원의 해임요구 또는 직원의 면직요구의 조치를 할 경우 청문을 하여야 한다(법36).

금융위원회의 금융회사에 대한 조치 및 임직원에 대한 제재조치(해임요구 또는 면직요구의 조치는 제외)에 대하여 불복하는 자는 그 조치를 고지받은 날부터 30일 이내에 그 사유를 갖추어 금융위원회에 이의를 신청할 수 있다(법37①). 금융위원회는 이의신청에 대하여 60일 이내에 결정을 하여야 한다(법37② 본문). 다만, 부득이한 사정으로 그 기간 이내에 결정을 할 수 없는 경우에는 30일의 범위에서 그 기간을 연장할 수 있다(법37② 단서).

4. 이행강제금

금융위원회는 승인을 받지 아니하고 취득등을 한 주식과 취득등을 한 후 승인을 신청하지 아니한 주식에 대하여 6개월 이내의 기간을 정하여 주식처분명령(법31③)을 받은 자가 그 정한 기간 이내에 그 명령을 이행하지 아니하면 이행기간이 지난 날부터 1일당 그 처분하여야 하는 주식의 장부가액에 1만분의 3을 곱한 금액을 초과하지 아니하는 범위에서 이행강제금을 부과할 수 있다(법39①). 이행강제금은 주식처분명령에서 정한 이행기간의 종료일의 다음 날부터 주식처분명령을 이행하는 날(주권지급일을 말한다)까지의 기간에 대하여 이를 부과한다(법39②). 금융위원회는 주식처분명령을 받은 자가 주식처분명령에서 정한 이행기간의 종료일부터 90일이 지난 후에도 그 명령을 이행하지 아니하면 그 종료일부터 매 90일이 지나는 날을 기준으로 하여 이행강제금을 징수한다(법39③). 이행강제금의 부과 및 징수에 관하여는 은행법 제65조의4부터 제65조의8까지, 제65조의10 및 제65조의11을 준용한다(법39④).

제4절 영업행위규제

I. 규제의 목적

일반적으로 금융회사 영업행위규제를 시계열적으로 분류해 보면 금융거래계약 체결 이전의 영업행위규제와 계약체결시와 관련된 영업행위규제, 그리고 계약체결 이후 계약이행 단계에서의 영업행위규제로 나눌 수 있다. 금융거래계약 체결 이전의 주요 영업행위규제로는 대표적으로 광고규제나 약관심사규제 등을 들 수가 있고, 계약체결 단계에서의 주요 영업행위규제로는 금융상품권유시 고객에 대한 상품 설명의무, 고객파악의무(know your customer rule), 신의성실의무, 적합성원칙 준수의무 등을 들 수 있다. 계약이행 단계에서는 약관 등에 따른 금전지급 준수의무 등을 들 수 있다. 그리고 자금세탁과 관련한 여러 가지 금융기관의 준수의무 등은 계약자와의 관계에서라기보다는 자금세탁방지의 목적을 실현하기 위한 행정법적인 영업규제 사항의 하나라고 볼 수 있다.[120]

II. 공통영업행위규제

1. 신의성실의무와 투자자 이익 우선의무

자본시장법상 금융투자업자는 신의성실의 원칙에 따라 공정하게 금융투자업을 영위하여야 한다(법37①). 여기서 신의성실의 원칙은 모든 금융투자업자는 업무를 수행하는 과정에서 투자자의 신뢰와 기대를 배반하여서는 안 된다는 것을 의미하며 투자자와의 분쟁이 발생하는 경우 신의성실의 원칙 준수 여부가 판단기준이 될 수 있다. 금융투자업자는 금융투자업을 영위함에 있어서 정당한 사유 없이 투자자의 이익을 해하면서 자기가 이익을 얻거나 제3자가 이익을 얻도록 하여서는 아니 된다(법37②).

2. 겸영업무와 부수업무

(1) 겸영업무
(가) 겸영업무 보고

금융투자업자(겸영금융투자업자, 그 밖에 대통령령으로 정하는 금융투자업자[121] 제외)는 투자자

---

120) 이효근(2019), 105쪽.
121) "대통령령으로 정하는 금융투자업자"란 다음의 어느 하나에 해당하는 금융투자업자를 말한다(영43①).

보호 및 건전한 거래질서를 해할 우려가 없는 금융업무로서 ⅰ) 자본시장법 또는 금융관련법
령에서 인가·허가·등록 등을 요하는 금융업무 중 보험업법 제91조에 따른 보험대리점의 업무
또는 보험중개사의 업무, 그 밖에 대통령령으로 정하는 금융업무(제1호),[122] ⅱ) 자본시장법 또
는 금융관련법령에서 정하고 있는 금융업무로서 해당 법령에서 금융투자업자가 영위할 수 있
도록 한 업무(제2호), ⅲ) 국가 또는 공공단체 업무의 대리(제3호), ⅳ) 투자자를 위하여 그 투자
자가 예탁한 투자자예탁금(법74①)으로 수행하는 자금이체업무(제4호), ⅴ) 그 밖에 그 금융업무
를 영위하여도 투자자 보호 및 건전한 거래질서를 해할 우려가 없는 업무로서 대통령령으로
정하는 금융업무(제5호)[123]를 영위할 수 있다(법40① 전단). 이 경우 금융투자업자는 제2호부터

1. 법 제40조 제3호 및 제4호를 적용할 때 투자매매업 또는 투자중개업을 경영하지 아니하는 금융투자업자
2. 법 제40조 제5호를 적용할 때 다음의 어느 하나에 해당하는 금융투자업만을 경영하는 금융투자업자
  가. 투자자문업
  나. 투자일임업
  다. 투자자문업 및 투자일임업
3. 그 밖에 금융위원회가 정하여 고시하는 금융투자업자
[122] "대통령령으로 정하는 금융업무"란 다음의 어느 하나에 해당하는 금융업무를 말한다(영43③).
  1. 일반사무관리회사(법254⑧)의 업무
  2. 외국환거래법에 따른 외국환업무 및 외국환중개업무
  3. 삭제 [2009. 7. 1]
  4. 퇴직급여법에 따른 퇴직연금사업자의 업무
  5. 담보부사채신탁법에 따른 담보부사채에 관한 신탁업무
  6. 부동산투자회사법에 따른 자산관리회사의 업무
  7. 산업발전법(법률 제9584호 산업발전법 전부개정법률로 개정되기 전의 것) 제14조에 따라 등록된 기업
    구조조정전문회사의 업무
  8. 중소기업창업 지원법에 따른 중소기업창업투자회사의 업무
  9. 여신전문금융업법에 따른 신기술사업금융업
  10. 그 밖에 투자자 보호 및 건전한 거래질서를 해칠 염려가 없는 금융업무로서 금융위원회가 정하여 고시
    하는 금융업무
  제10호에서 "금융위원회가 정하여 고시하는 금융업무"란 전자금융거래법에 따른 전자금융업무를 말한다
  (금융투자업규정4-1①).
[123] "대통령령으로 정하는 금융업무"란 다음의 업무를 말한다. 다만, 제4호의 업무는 증권에 대한 투자매매업
  을 경영하는 경우만 해당하고, 제5호의 업무는 해당 증권에 대한 투자매매업 또는 투자중개업을 경영하는
  경우만 해당하며, 제6호의 업무는 증권 및 장외파생상품에 대한 투자매매업을 경영하는 경우만 해당하고,
  제7호 및 제8호의 업무는 채무증권에 대한 투자매매업 또는 투자중개업을 경영하는 경우만 해당한다(영
  43⑤).
  1. 자산유동화법에 따른 자산관리자의 업무와 유동화전문회사업무의 수탁업무
  2. 투자자계좌에 속한 증권·금전 등에 대한 제3자 담보권의 관리업무
  3. 상법 제484조 제1항에 따른 사채모집의 수탁업무
  4. 법 제71조 제3호에 따른 기업금융업무, 그 밖에 금융위원회가 정하여 고시하는 업무와 관련한 대출업무
    [= 프로젝트파이낸싱 대출업무(금융투자업규정4-1②)]
  5. 증권의 대차거래와 그 중개·주선 또는 대리업무
  6. 지급보증업무
  7. 원화로 표시된 양도성예금증서의 매매와 그 중개·주선 또는 대리업무
  8. 대출채권, 그 밖의 채권의 매매와 그 중개·주선 또는 대리업무

제5호까지의 업무를 영위하고자 하는 때에는 그 업무를 영위하기 시작한 날부터 2주 이내에 이를 금융위원회에 보고하여야 한다(법40① 후단).

(나) 제한명령 또는 시정명령 사유

금융위원회는 겸영업무 보고내용이 ⅰ) 금융투자업자의 경영건전성을 저해하는 경우, ⅱ) 투자자 보호에 지장을 초래하는 경우, ⅲ) 금융시장의 안정성을 저해하는 경우에는 그 겸영업무의 영위를 제한하거나 시정할 것을 명할 수 있다(법40②).

(다) 제한명령 또는 시정명령 기한과 방식

제한명령 또는 시정명령은 보고를 받은 날부터 30일 이내에 그 내용 및 사유가 구체적으로 기재된 문서로 하여야 한다(법40③).

(라) 공고

금융위원회는 보고받은 겸영업무 및 제한명령 또는 시정명령을 한 겸영업무를 대통령령으로 정하는 방법 및 절차에 따라 인터넷 홈페이지 등에 공고하여야 한다(법40④).

(2) 부수업무

(가) 부수업무 보고

금융투자업자는 금융투자업에 부수하는 업무를 영위하고자 하는 경우에는 그 업무를 영위하기 시작한 날부터 2주 이내에 이를 금융위원회에 보고하여야 한다(법41①).

(나) 제한명령 또는 시정명령 사유

금융위원회는 부수업무 보고내용이 ⅰ) 금융투자업자의 경영건전성을 저해하는 경우, ⅱ) 인가를 받거나 등록한 금융투자업의 영위에 따른 투자자 보호에 지장을 초래하는 경우, ⅲ) 금융시장의 안정성을 저해하는 경우에는 그 부수업무의 영위를 제한하거나 시정할 것을 명할 수 있다(법41②).

(다) 제한명령 또는 시정명령 기한과 방식

제한명령 또는 시정명령은 보고를 받은 날부터 30일 이내에 그 내용 및 사유가 구체적으로 기재된 문서로 하여야 한다(법41③).

(라) 공고

금융위원회는 보고받은 부수업무 및 제한명령 또는 시정명령을 한 부수업무를 대통령령으

---

9. 대출의 중개·주선 또는 대리업무
10. 그 밖에 투자자 보호 및 건전한 거래질서를 해칠 염려가 없는 금융업무로서 금융위원회가 정하여 고시하는 금융업무
제10호에서 "금융위원회가 정하여 고시하는 금융업무"란 다음의 업무를 말한다(금융투자업규정4-1③).
1. 금지금 및 은지금의 매매 및 중개업무
2. 퇴직연금사업자로서 퇴직급여법 제7조의 퇴직연금 수급권을 담보로 한 대출업무

로 정하는 방법 및 절차에 따라 인터넷 홈페이지 등에 공고하여야 한다(법41④).

3. 금융투자업자의 업무위탁

(1) 업무위탁의 허용범위

(가) 범위

금융투자업자는 ⅰ) 고유업무(＝금융투자업), ⅱ) 겸영업무(법40①), ⅲ) 부수업무(법41①)와 관련하여 그 금융투자업자가 영위하는 업무의 일부를 제3자에게 위탁할 수 있다(법42①).

(나) 본질적 업무와 수탁자의 자격

본질적 업무란 해당 금융투자업자가 인가를 받거나 등록을 한 업무와 직접적으로 관련된 필수업무로서 대통령령으로 정하는 업무[124]를 말한다(법42④). 위탁받는 업무가 본질적인 경우

---

124) "대통령령으로 정하는 업무"란 금융투자업의 종류별로 다음에서 정한 업무를 말한다. 다만, 제3호 나목 및 제5호 나목의 업무 중 부동산의 개발, 임대, 관리 및 개량 업무와 그에 부수하는 업무, 제6호 나목 및 다목의 업무 중 채권추심업무 및 그 밖에 투자자 보호 및 건전한 거래질서를 해칠 우려가 없는 경우로서 금융위원회가 정하여 고시하는 업무는 제외한다(영47①).
   1. 투자매매업인 경우
      가. 투자매매업 관련 계약의 체결과 해지업무
      나. 금융투자상품의 매매를 위한 호가 제시업무
      다. 매매에 관한 청약의 접수, 전달, 집행 및 확인업무
      라. 증권의 인수업무
      마. 인수대상 증권의 가치분석업무
      바. 인수증권의 가격결정, 청약사무수행 및 배정업무
   2. 투자중개업인 경우에는 다음의 업무. 다만, 온라인소액투자중개업인 경우에는 온라인소액 투자중개업 관련 계약의 체결·해지 업무, 법 제117조의11에 따른 게재 내용의 사실확인 업무 및 청약의 접수·전달·집행·확인 업무에 한정한다.
      가. 투자중개업 관련 계약의 체결 및 해지업무
      나. 일일정산업무
      다. 증거금 관리와 거래종결업무
      라. 매매주문의 접수, 전달, 집행 및 확인업무
   3. 집합투자업인 경우
      가. 투자신탁의 설정을 위한 신탁계약의 체결·해지업무와 투자유한회사, 투자합자회사, 투자유한책임회사, 투자합자조합 또는 투자익명조합의 설립업무
      나. 집합투자재산의 운용·운용지시업무[집합투자재산에 속하는 지분증권(지분증권과 관련된 증권예탁증권을 포함)의 의결권행사를 포함]
      다. 집합투자재산의 평가업무
   4. 투자자문업인 경우
      가. 투자자문계약의 체결과 해지업무
      나. 투자자문의 요청에 응하여 투자판단을 제공하는 업무
   5. 투자일임업인 경우
      가. 투자일임계약의 체결과 해지업무
      나. 투자일임재산의 운용업무
   6. 신탁업인 경우
      가. 신탁계약(투자신탁의 설정을 위한 신탁계약을 포함)과 집합투자재산(투자신탁재산은 제외)의 보관·

그 본질적 업무를 위탁받는 자는 그 업무수행에 필요한 인가를 받거나 등록을 한 자이어야 한다(법42④ 전단). 이 경우 그 업무를 위탁받는 자가 외국 금융투자업자로서 대통령령으로 정하는 요건125)을 갖춘 경우에는 인가를 받거나 등록을 한 것으로 본다(법42④ 후단).

(다) 재위탁 허용업무

업무를 위탁받은 자는 위탁받은 업무를 제3자에게 재위탁하여서는 아니 된다(법42⑤ 본문). 다만, 투자자 보호를 해하지 아니하는 범위에서 금융투자업의 원활한 수행을 위하여 필요한 경우로서 대통령령으로 정하는 경우126)에는 위탁한 자의 동의를 받아 제3자에게 재위탁할 수 있

관리계약의 체결과 해지업무
 나. 신탁재산(투자신탁재산은 제외)의 보관·관리업무
 다. 집합투자재산의 보관·관리업무(운용과 운용지시의 이행 업무를 포함)
 라. 신탁재산의 운용업무[신탁재산에 속하는 지분증권(지분증권과 관련된 증권예탁증권을 포함)의 의결권행사를 포함]
영 제47조 제1항 각 호 외의 부분 단서에서 "금융위원회가 정하여 고시하는 업무"란 집합투자재산의 운용·운용지시 업무와 투자일임재산의 운용업무로서 다음의 요건을 모두 갖추어 전자적투자조언장치를 활용하는 업무를 말한다(금융투자규정4-4의2).
 1. 위탁자인 금융투자업자가 전자적 투자조언장치에 대한 배타적 접근권한 및 통제권을 보유하면서 직접 전자적 투자조언장치를 이용할 것
 2. 위탁자인 금융투자업자가 운용·운용지시 업무의 주체로서 투자자 등에 대하여 운용·운용지시와 관련하여 직접적인 책임을 부담한다는 사항을 집합투자규약 또는 투자일임계약에 명시할 것
 3. 위탁자인 금융투자업자가 전자적 투자조언장치에 대해 충분히 이해하고, 전자적 투자조언장치 점검, 유지·보수, 변경 등의 주체로서 역할을 할 것
125) "대통령령으로 정하는 요건"이란 외국 금융투자업자가 소재한 국가에서 외국 금융감독기관의 허가·인가·등록 등을 받아 위탁받으려는 금융투자업 또는 법 제40조 제1호에 따른 금융업무에 상당하는 영업을 하는 것을 말한다(영47②).
126) "대통령령으로 정하는 경우"란 다음에서 정한 업무를 위탁하는 경우를 말한다(영48).
 1. 위탁받은 업무의 일부로서 다음의 어느 하나에 해당하는 업무
  가. 전산관리·운영 업무
  나. 고지서 등 발송 업무
  다. 보관업무(신탁업에 해당하는 보관 업무는 제외)
  라. 조사분석 업무
  마. 법률검토 업무
  바. 회계관리 업무
  사. 문서 등의 접수 업무
  아. 채권추심 업무
  자. 그 밖에 금융위원회가 정하여 고시하는 단순 업무
 2. 외화자산인 집합투자재산의 운용·운용지시업무[집합투자재산에 속하는 지분증권(지분증권과 관련된 증권예탁증권을 포함)의 의결권 행사를 포함] 및 집합투자재산의 평가업무(외화자산의 평가업무로서 의사결정권한까지 위탁하지 아니하는 것만 해당)
 3. 외화자산인 투자일임재산의 운용업무
 4. 제47조 제1항 제6호 나목 및 다목의 업무 중 전자등록주식등, 법 제308조 제2항에 따른 예탁대상증권등 및 외화자산의 보관·관리업무(집합투자재산의 운용 및 운용지시의 이행업무를 포함)와 같은 호 라목의 업무 중 외화자산인 신탁재산의 운용업무[신탁재산에 속하는 지분증권(지분증권과 관련된 증권예탁증권을 포함)의 의결권 행사를 포함]

다(법42⑤ 단서).

(2) 업무위탁 관계자 간의 법률관계

(가) 위탁계약의 체결

금융투자업자는 제3자에게 업무를 위탁하는 경우에는 ⅰ) 위탁하는 업무의 범위, ⅱ) 수탁자의 행위제한에 관한 사항, ⅲ) 위탁하는 업무의 처리에 대한 기록유지에 관한 사항, ⅳ) 업무위탁계약의 해지에 관한 사항, ⅴ) 위탁보수 등에 관한 사항, ⅵ) 그 밖에 업무위탁에 따른 이해상충방지체계 등 금융위원회가 정하여 고시하는 사항127)을 포함하는 위탁계약을 체결하여야 한다(법42②, 영46②).

(나) 정보제공

업무를 위탁한 자는 다음의 기준, 즉 ⅰ) 제공하는 정보는 위탁한 업무와 관련한 정보이어야 하고, ⅱ) 정보제공과 관련된 기록을 유지하여야 하며, ⅲ) 제공하는 정보에 대한 수탁자의 정보이용에 관하여 관리·감독이 가능하여야 한다(영49①)는 기준에 따라 위탁한 업무의 범위에서 위탁받은 자에게 투자자의 금융투자상품의 매매, 그 밖의 거래에 관한 정보 및 투자자가 맡긴 금전, 그 밖의 재산에 관한 정보를 제공할 수 있다(법42⑥).

(다) 업무위탁 운영기준

금융투자업자는 업무위탁을 하고자 하는 경우 투자자정보 보호 및 위험관리·평가 등에 관한 업무위탁 운영기준을 정하여야 한다(법42⑦). 업무위탁 운영기준에는 ⅰ) 업무위탁에 따른 위험관리·평가에 관한 사항, ⅱ) 업무위탁의 결정·해지절차에 관한 사항, ⅲ) 수탁자에 대한 관리·감독에 관한 사항, ⅳ) 투자자정보 보호에 관한 사항, ⅴ) 수탁자의 부도 등 우발상황에 대한 대책에 관한 사항, ⅵ) 위탁업무와 관련하여 자료를 요구할 수 있는 수단 확보에 관한 사항, ⅶ) 그 밖에 금융위원회가 정하여 고시하는 사항128)을 포함하여야 한다(영49②).

---

127) "금융위원회가 정하여 고시하는 사항"이란 다음의 사항을 말한다(금융투자업규정4-4②).
   1. 업무위탁에 따른 이해상충방지체계에 관한 사항
   2. 수탁자의 정보이용 제한에 관한 사항
   3. 수탁자에 대한 관리·감독에 관한 사항
   4. 위탁업무에서 발생하는 자료에 대한 위탁 금융투자업자의 소유권과 당해 금융투자업자의 물적 설비 및 지적재산권 등의 이용 조건
   5. 투자자정보 보호에 관한 사항
   6. 업무의 연속성을 확보하기 위한 백업시스템 확보 등 비상계획에 관한 사항
   7. 면책조항, 보험가입 및 분쟁해결(중재 및 조정 등) 방법에 관한 사항
   8. 수탁자의 책임한계에 관한 사항
   9. 검사당국의 검사 수용의무에 관한 사항
   10. 업무 재위탁의 제한에 관한 사항
   11. 준거법 및 관할법원에 관한 사항(외국인 또는 외국법인등에게 위탁하는 경우에 한한다)
   12. 그 밖에 업무위탁에 따른 위험관리 등을 위하여 필요한 사항
128) "금융위원회가 정하여 고시하는 사항"이란 다음의 사항을 말한다(금융투자업규정4-5①).

　　재위탁의 경우에는 법 제42조 제2항부터 제4항까지, 제5항 본문, 제6항부터 제10항까지, 법 제43조 및 이 조 제2항·제3항·제6항을 각각 준용한다(영49④ 전단). 이 경우 법 제42조 제2항·제7항 및 제8항을 준용할 때에는 재위탁 계약의 내용을 금융위원회에 보고하여야 하는 자, 업무재위탁 운영기준을 정하여야 하는 자와 업무위탁 내용을 계약서류 등에 기재하고 투자자에게 통보하여야 하는 자는 최초로 업무를 위탁한 금융투자업자로 한다(영49④ 후단). 투자자 보호 및 건전한 거래질서를 해할 우려가 없는 재위탁으로서 금융위원회가 정하여 고시하는 요건129)을 충족하는 경우에는 제4항을 적용하지 않는다(영49⑤).

(라) 투자자에 대한 통보

　　금융투자업자는 업무위탁을 한 내용을 계약서류(금융소비자보호법23①) 및 투자설명서(집합투자업자의 경우 간이투자설명서를 포함)에 기재하여야 하며, 투자자와 계약을 체결한 후에 업무위탁을 하거나 그 내용을 변경한 경우에는 이를 투자자에게 통보하여야 한다(법42⑧).

(3) 위탁금지업무(핵심업무)

　　금융투자업자는 투자자 보호 또는 건전한 거래질서를 해할 우려가 있는 것으로서 대통령령으로 정하는 업무(=핵심업무)130)를 제3자에게 위탁하여서는 아니 된다(법42① 단서). 위탁이

---

　　1. 이해상충방지체계에 관한 사항
　　2. 재판관할에 관한 사항
　　3. 재위탁과 관련한 제1호·제2호 및 영 제49조 제2항 제1호부터 제7호까지의 사항

129) "금융위원회가 정하여 고시하는 요건"이란 영 제47조 제1항 제6호 나목 및 다목의 업무 중 외화자산의 보관관리업무(외화자산인 집합투자재산의 운용 및 운용지시의 이행업무를 포함)를 신탁업자로부터 법 제42조 제1항의 규정에 따라 위탁받은 자가 재위탁한 업무로부터 발생하는 손해에 대해 최종적인 배상 책임의무를 부담하는 내용으로 위탁계약을 체결하는 것을 말한다(금융투자업규정4-5의2).

130) "대통령령으로 정하는 업무"란 다음의 업무를 말한다. 다만, 투자자 보호 및 건전한 거래질서를 해칠 우려가 없는 경우로서 금융위원회가 정하여 고시하는 업무는 제외한다(영45).
　　1. 다음의 업무(해당 업무에 관한 의사결정권한까지 위탁하는 경우만 해당)
　　　가. 금융회사지배구조법에 따른 준법감시인의 업무 중 금융위원회가 정하여 고시하는 업무를 제외한 업무
　　　나. 내부감사업무
　　　다. 위험관리업무
　　　라. 신용위험의 분석·평가업무
　　2. 금융투자업의 종류에 따른 다음 업무
　　　가. 투자매매업인 경우에는 제47조 제1항 제1호 가목(단순한 계좌개설 업무 및 실명확인 업무는 제외)·나목 및 라목의 업무
　　　나. 투자중개업인 경우에는 제47조 제1항 제2호 가목(단순한 계좌개설 업무 및 실명확인 업무는 제외) 및 다목의 업무. 다만, 온라인소액투자중개업인 경우에는 온라인소액투자중개업 관련 계약의 체결·해지 업무(실명확인 업무는 제외)에 한정한다.
　　　다. 집합투자업인 경우에는 제47조 제1항 제3호 각 목의 업무(해당 업무에 관한 의사결정권한까지 위탁하는 경우만 해당). 다만, 다음의 어느 하나에 해당하는 업무는 제외한다.
　　　　1) 집합투자재산 중 외화자산의 운용·운용지시업무[집합투자재산에 속하는 지분증권(지분증권과 관련된 증권예탁증권을 포함)의 의결권 행사를 포함]
　　　　2) 원화자산(외화자산이 아닌 자산)인 집합투자재산 총액의 50% 범위에서의 운용·운용지시업무

금지되는 업무는 본질적 업무와 구별하여 업무위탁 자체가 금지되는 업무를 핵심업무라고 한다. 시행령 제45조 제1호는 내부통제영역에 속하는 업무에 관한 의사결정권한까지 위탁하는 것을 금지하고, 제2호는 각 금융투자업의 종류에 따라 금지되는 업무를 규정하고 있다.

(4) 업무위탁에 대한 감독

(가) 업무위탁의 보고

금융투자업자는 업무를 위탁받은 자가 그 위탁받은 업무를 실제로 수행하려는 날의 7일 전까지 ⅰ) 업무위탁계약서 사본, ⅱ) 업무위탁 운영기준, ⅲ) 업무위탁계약이 법 제42조 제3항 각 호의 어느 하나에 해당하지 아니하고 업무위탁 운영기준에 위배되지 아니한다는 준법감시인(준법감시인이 없는 경우에는 감사 등 이에 준하는 자)의 검토의견 및 관련 자료, ⅳ) 법 제42조 제4항 후단에 따라 외국 금융투자업자에게 본질적 업무를 위탁하는 경우에는 그 외국 금융투자업자가 제47조 제2항에 따른 요건을 갖춘 자임을 증명하는 서류, ⅴ) 그 밖에 투자자 보호나 건전한 거래질서를 위하여 필요한 서류로서 금융위원회가 정하여 고시하는 서류[131]를 첨부하

---

   3) 집합투자재산의 운용·운용지시업무와 관련한 조사분석업무
   4) 집합투자재산에 속한 증권, 장내파생상품, 외국환거래법에 따른 대외지급수단의 단순매매주문업무
   5) 집합투자재산의 평가업무(해당 업무에 대한 의사결정 권한까지 위탁하지 아니하는 경우로 한정)
   6) 부동산인 집합투자재산의 개발, 임대, 운영, 관리 및 개량 업무와 그에 부수하는 업무
 라. 투자자문인 경우에는 제47조 제1항 제4호 가목 및 나목의 업무. 다만, 투자자문계약자산 중 외화자산에 대한 투자판단을 제공하는 업무 및 원화자산인 투자자문계약자산 총액의 50% 범위에서의 투자판단을 제공하는 업무는 제외한다.
 마. 투자일임인 경우에는 제47조 제1항 제5호 가목 및 나목의 업무. 다만, 다음의 어느 하나에 해당하는 업무는 제외한다.
   1) 투자일임재산 중 외화자산의 운용업무
   2) 원화자산인 투자일임재산 총액의 50% 범위에서의 운용업무
   3) 투자일임재산의 운용업무와 관련한 조사분석업무
   4) 투자일임재산에 속한 증권, 장내파생상품, 외국환거래법에 따른 대외지급수단의 단순매매주문업무
   5) 부동산인 투자일임재산의 개발, 임대, 운영, 관리 및 개량 업무와 그에 부수하는 업무
 바. 신탁업인 경우에는 제47조 제1항 제6호 가목부터 라목까지의 업무. 다만, 다음의 어느 하나에 해당하는 업무는 제외한다.
   1) 전자등록주식등(전자증권법 제2조 제4호에 따른 전자등록주식등), 법 제308조 제2항에 따른 예탁대상증권등 또는 외화자산인 집합투자재산·신탁재산의 보관·관리업무(외환자산인 집합투자재산의 운용 및 운용지시의 이행업무를 포함)
   2) 신탁재산 중 외화자산의 운용업무[신탁재산에 속하는 지분증권(지분증권과 관련된 증권예탁증권을 포함)의 의결권 행사를 포함]
   3) 원화자산인 신탁재산 총액의 20% 범위에서의 운용업무(금융투자업자에게 위탁하는 경우만 해당)
   4) 신탁재산의 운용업무와 관련한 조사분석업무
   5) 신탁재산에 속한 증권, 장내파생상품, 외국환거래법에 따른 대외지급수단의 단순매매주문업무
   6) 전담중개업무로 제공하는 전문투자형 사모집합투자기구등의 투자자재산의 보관·관리업무
131) "금융위원회가 정하여 고시하는 서류"란 다음의 사항이 기재된 서류를 말한다(금융투자업규정4-4①). 1. 업무위탁의 필요성 및 기대효과, 2. 업무위탁에 따른 업무처리절차의 주요 변경내용

여 금융위원회에 보고하여야 한다(영46① 본문). 다만, 이미 보고한 내용을 일부 변경하는 경우로서 변경되는 내용이 경미한 경우 등 금융위원회가 정하여 고시하는 경우[132]에는 금융위원회가 보고시기 및 첨부서류 등을 다르게 정하여 고시할 수 있다(영46① 단서).

(나) 제한명령 또는 시정명령

금융위원회는 위탁계약의 내용이 ⅰ) 금융투자업자의 경영건전성을 저해하는 경우, ⅱ) 투자자 보호에 지장을 초래하는 경우, ⅲ) 금융시장의 안정성을 저해하는 경우, ⅳ) 금융거래질서를 문란하게 하는 경우에는 해당 업무의 위탁을 제한하거나 시정할 것을 명할 수 있다(법42③).

(다) 검사와 처분

업무를 위탁받은 자는 그 위탁받은 업무와 관련하여 그 업무와 재산상황에 관하여 금융감독원의 원장의 검사를 받아야 한다(법43① 전단). 이 경우 제419조 제5항부터 제7항까지 및 제9항[133]을 준용한다(법43① 후단). 금융위원회는 업무를 위탁받은 자가 검사를 거부·방해 또는 기피한 경우 등에 해당하는 경우에는 위탁계약의 어느 한쪽 또는 양쪽 당사자에게 위탁계약의 취소 또는 변경을 명할 수 있다(법43②). 금융위원회는 위탁계약의 취소 또는 변경 조치를 한 경우에는 그 내용을 기록하고, 이를 유지·관리하여야 한다(법43③).

(5) 준용규정

민법 제756조(사용자의 배상책임)는 업무를 위탁받은 자(재위탁받은 자 포함)가 그 위탁받은

---

132) "금융위원회가 정하여 고시하는 경우"란 다음의 어느 하나에 해당하는 경우를 말한다(금융투자업규정4-4 ③).
   1. 해당 금융투자업자가 이미 보고한 위탁내용과 동일한 내용이거나 수수료 변경, 계약기간의 변경(갱신하는 경우를 포함) 등 경미한 일부사항을 변경하는 경우
   2. 주된 업종이 동일한 다른 금융투자업자가 이미 보고한 위탁내용과 동일한 내용이거나 수수료 변경, 계약기간의 변경 등 경미한 일부사항을 변경하는 경우
   3. 해당 금융투자업자 또는 주된 업종이 동일한 다른 금융투자업자가 이미 보고한 위탁내용에 대해 관련되는 경미한 일부업무를 추가 또는 삭제하는 경우로서 위탁업무 범위의 동일성이 유지되는 경우
   4. 그 밖에 위탁내용이 해당 금융투자업자 또는 주된 업종이 동일한 다른 금융투자업자가 보고한 내용과 동일하거나 이에 준하는 것으로써 법 제42조 제3항 각호에 해당하지 아니함이 명백한 경우
   5. 계열회사인 집합투자업자(자기가 운용하는 집합투자기구의 집합투자증권에 대한 투자매매업·투자중개업 이외의 투자매매업·투자중개업 또는 신탁업을 경영하지 아니하는 집합투자업자) 간 업무를 위탁하는 경우
133) ⑤ 금융감독원장은 제1항의 검사를 함에 있어서 필요하다고 인정되는 경우에는 금융투자업자에게 업무 또는 재산에 관한 보고, 자료의 제출, 증인의 출석, 증언 및 의견의 진술을 요구할 수 있다.
   ⑥ 제1항에 따라 검사를 하는 자는 그 권한을 표시하는 증표를 지니고 이를 관계자에게 내보여야 한다.
   ⑦ 금융감독원장이 제1항에 따른 검사를 한 경우에는 그 보고서를 금융위원회에 제출하여야 한다. 이 경우 이 법 또는 이 법에 따른 명령이나 처분을 위반한 사실이 있는 때에는 그 처리에 관한 의견서를 첨부하여야 한다.
   ⑨ 금융위원회는 검사의 방법·절차, 검사결과에 대한 조치기준, 그 밖의 검사업무와 관련하여 필요한 사항을 정하여 고시할 수 있다.

업무를 영위하는 과정에서 투자자에게 손해를 끼친 경우에 준용한다(법42⑨). 제54조(직무관련 정보의 이용 금지), 제55조(손실보전 등의 금지) 및 금융실명법 제4조(금융거래의 비밀보장)는 업무를 위탁받은 자가 그 위탁받은 업무를 영위하는 경우에 준용한다(법42⑩). 법 제42조 제10항에서 준용하는 금융실명법 제4조 제1항 또는 제3항부터 제5항까지의 규정을 위반하여 거래정보 등을 제3자에게 제공하거나 누설한 자와 이를 요구한 자는 5년 이하의 징역 또는 2억원 이하의 벌금에 처한다(법444(6)).

4. 이해상충방지

(1) 이해상충규제의 기본원칙

자본시장법은 다음과 같이 3단계로 이해상충방지의무를 부과하고 있다.

ⅰ) 내부통제를 통한 이해상충방지의무이다. 금융투자업자는 이해상충 발생 가능성을 상시적으로 파악·평가하고 내부통제기준이 정하는 방법과 절차에 따라 적절하게 관리할 의무가 있다. 이해상충이 발생할 가능성이 있다고 인정하는 경우에는 그 사실을 미리 해당 투자자에게 알려야 하고, 그 이해상충이 발생할 가능성을 내부통제기준이 정하는 방법 및 절차에 따라 투자자보호에 문제가 없는 수준으로 낮춘 후 매매, 그 밖의 거래를 하여야 하며, 이해상충 가능성을 낮추는 것이 곤란하다고 판단되는 경우에는 그러한 거래를 해서는 안 된다(법44).

ⅱ) 이해상충 발생의 가능성이 높은 개별행위를 법령에서 직접 금지시키고 있다. 이해상충은 금융투자업의 종류에 따라 다르게 나타날 수 있는 만큼 6가지 금융투자업별(투자매매업, 투자중개업, 집합투자업, 투자자문업, 투자일임업, 신탁업)로 금지되는 이해상충행위를 불건전 영업행위로서 각각 규정하고 있다.

ⅲ) 이해상충이 발생할 가능성이 큰 부서간 정보교류를 금지시키는 Chinese-Wall 설치를 의무화하고 있다(법45). 이러한 정보교류 차단장치는 공통적으로 정보교류 차단장치의 설치 대상, 교류금지 정보의 범위, 금지대상 정보교류 행위를 각각 규정하고 있다.

자본시장법은 개별 금융투자업자별로 이해상충행위를 금지하는 규정을 두고, 일반적인 의무로서 이해상충관리의무와 정보교류차단의무를 규정하고 있다.

(2) 내부통제

(가) 이해상충 파악·평가·관리 의무

금융투자업자는 금융투자업의 영위와 관련하여 금융투자업자와 투자자 간, 특정 투자자와 다른 투자자 간의 이해상충을 방지하기 위하여 이해상충이 발생할 가능성을 파악·평가하고, 금융회사지배구조법에 내부통제기준이 정하는 방법 및 절차에 따라 이를 적절히 관리하여야 한다(법44①).

(나) 이해상충 공시 · 감축 의무

금융투자업자는 이해상충이 발생할 가능성을 파악·평가한 결과 이해상충이 발생할 가능성이 있다고 인정되는 경우에는 그 사실을 미리 해당 투자자에게 알려야 하며, 그 이해상충이 발생할 가능성을 내부통제기준이 정하는 방법 및 절차에 따라 투자자 보호에 문제가 없는 수준으로 낮춘 후 매매, 그 밖의 거래를 하여야 한다(법44②). 금융투자업자는 그 이해상충이 발생할 가능성을 낮추는 것이 곤란하다고 판단되는 경우에는 매매, 그 밖의 거래를 하여서는 아니 된다(법44③).

(3) 정보교류의 차단

(가) 금융투자업 간 정보교류차단

금융투자업자는 금융투자업, 제40조 제1항 각 호의 업무(겸영업무), 부수업무 및 제77조의3에서 종합금융투자사업자에 허용된 업무("금융투자업등")를 영위하는 경우 내부통제기준이 정하는 방법 및 절차에 따라 제174조 제1항 각 호 외의 부분에 따른 미공개중요정보 등 대통령령으로 정하는 정보의 교류를 적절히 차단하여야 한다(법45①).

(나) 계열회사 등 간 정보교류차단

금융투자업자는 금융투자업등을 영위하는 경우 계열회사를 포함한 제3자에게 정보를 제공할 때에는 내부통제기준이 정하는 방법 및 절차에 따라 제174조 제1항 각 호 외의 부분에 따른 미공개중요정보 등 대통령령으로 정하는 정보의 교류를 적절히 차단하여야 한다(법45②).

(다) 내부통제기준 포함사항

내부통제기준은 ⅰ) 정보교류 차단을 위해 필요한 기준 및 절차, ⅱ) 정보교류 차단의 대상이 되는 정보의 예외적 교류를 위한 요건 및 절차, ⅲ) 그 밖에 정보교류 차단의 대상이 되는 정보를 활용한 이해상충 발생을 방지하기 위하여 대통령령으로 정하는 사항을 반드시 포함하여야 한다(법45③).

(라) 준수사항

금융투자업자는 정보교류 차단을 위하여 ⅰ) 정보교류 차단을 위한 내부통제기준의 적정성에 대한 정기적 점검을 하여야 하고, ⅱ) 정보교류 차단과 관련되는 법령 및 내부통제기준에 대한 임직원 교육을 하여야 한다(법45④).

(4) 이해상충방지의무 위반에 대한 책임

금융투자업자는 법령에 위반하는 행위를 하거나 그 업무를 소홀히 하여 투자자에게 손해를 발생시킨 경우에는 그 손해를 배상할 책임이 있다(법64① 본문). 다만, 배상의 책임을 질 금융투자업자가 투자매매업 또는 투자중개업과 집합투자업을 함께 영위함에 따라 발생하는 이해상충방지의무를 위반한 경우에는 그 금융투자업자가 상당한 주의를 하였음을 증명하거나 투자자가 금융투자상품의 매매, 그 밖의 거래를 할 때에 그 사실을 안 경우에는 배상의 책임을 지지 아니한다(법64① 단서).

5. 투자권유규제

(1) 투자권유의 의의와 판단기준

(가) 투자권유의 의의

투자권유란 특정 투자자를 상대로 금융투자상품의 매매 또는 투자자문계약·투자일임계약·신탁계약(관리형신탁계약 및 투자성 없는 신탁계약 제외)의 체결을 권유하는 것을 말한다(법9④). 즉 투자자가 금융상품의 취득·처분 등에 관하여 판단을 하는 데 영향을 미치는 정보를 제공하거나 또는 이에 관한 조언을 하는 행위로서 청약의 유인에 해당한다. 투자권유는 각종 투자자 보호장치가 작동하는 출발점이다. 자본시장법은 투자자 유형을 일반투자자와 전문투자자로 구분하여 투자권유시 적용되는 보호장치를 달리한다.

(나) 투자권유의 판단기준

투자권유란 "계약체결을 권유"하는 것이므로 민법상 청약의 유인, 즉 투자자로 하여금 청약하게끔 하려는 의사의 표시에 해당하여야 한다. 따라서 특정 금융투자상품의 매매·계약체결의 권유가 수반되지 않는 단순한 상담이나 금융투자상품의 소개·설명, 계약이 이미 체결된 이후의 발언 등은 투자권유에 해당하지 않지만, 단순한 상담이나 금융투자상품의 소개·설명 등의 정도를 넘어 이와 함께 계약체결을 권유하고, 그러한 소개·설명 등을 들은 투자자가 해당 금융투자업자에 대한 신뢰를 바탕으로 계약체결에 나아가거나 투자 여부 결정에 그 권유와 설명을 중요한 판단요소로 삼았다면, 해당 금융투자업자는 투자권유를 하였다고 평가할 수 있는데, 투자권유에 해당하는지는 설명의 정도, 투자판단에 미치는 영향, 실무처리 관여도, 이익 발생 여부 등과 같은 투자에 관한 제반 사정을 종합하여 판단하여야 한다.[134]

(2) 손해배상책임

금융투자업자는 금융소비자보호법 제19조(설명의무) 제1항[135] 또는 제3항[136]을 위반한 경우 이로 인하여 발생한 일반투자자의 손해를 배상할 책임이 있다(법48①). 이는 투자자에게 거

---

134) 대법원 2017. 12. 5. 선고 2014도14924 판결.
135) ① 금융상품판매업자등은 일반금융소비자에게 계약체결을 권유(금융상품자문업자가 자문에 응하는 것을 포함)하는 경우 및 일반금융소비자가 설명을 요청하는 경우에는 금융상품에 관한 중요한 사항(일반금융소비자가 특정 사항에 대한 설명만을 원하는 경우 해당 사항으로 한정)을 일반금융소비자가 이해할 수 있도록 설명하여야 한다.
136) ③ 금융상품판매업자등은 제1항에 따른 설명을 할 때 일반금융소비자의 합리적인 판단 또는 금융상품의 가치에 중대한 영향을 미칠 수 있는 사항으로서 대통령령으로 정하는 사항을 거짓으로 또는 왜곡(불확실한 사항에 대하여 단정적 판단을 제공하거나 확실하다고 오인하게 할 소지가 있는 내용을 알리는 행위를 말한다)하여 설명하거나 대통령령으로 정하는 중요한 사항을 빠뜨려서는 아니 된다.

래행위에 필연적으로 수반되는 위험성에 관한 올바른 인식형성을 방해하거나 투자자의 투자상
황에 비추어 과대한 위험성을 수반하는 거래를 적극적으로 권유한 행위로서 투자자 보호의무
를 위반한 불법행위를 구성하기 때문이다. 이러한 설명의무는 투자자의 손해발생시 사실상 입
증책임을 금융투자업자에게 이전시키는 효과가 있다. 집합투자상품의 경우와 같이 관련된 금
융회사가 복수인 경우에는 자산운용회사와 같은 집합투자업자와 이를 판매한 판매은행이 공동
불법행위책임을 질 수도 있다.

금융투자상품의 취득으로 인해 일반투자자가 지급하였거나 지급하여야 할 금전등의 총액
에서 그 금융투자상품의 처분, 그 밖의 방법으로 그 일반투자자가 회수하였거나 회수할 수 있
는 금전등의 총액을 뺀 금액은 제1항에 따른 손해액으로 추정한다(법48②).[137]

(3) 투자권유준칙

(가) 투자권유준칙 제정의무

금융투자업자는 투자권유를 함에 있어서 금융투자업자의 임직원이 준수하여야 할 구체적
인 기준 및 절차("투자권유준칙")를 정하여야 한다(법50① 본문). 다만, 파생상품등에 대하여는 일
반투자자의 투자목적·재산상황 및 투자경험 등을 고려하여 투자자 등급별로 차등화된 투자권
유준칙을 마련하여야 한다(법50① 단서). 금융투자업자는 투자권유준칙을 정한 경우 이를 인터
넷 홈페이지 등을 이용하여 공시하여야 한다(법50② 전단). 투자권유준칙을 변경한 경우에도 또
한 같다(법50② 후단). 협회는 투자권유준칙과 관련하여 금융투자업자가 공통으로 사용할 수 있
는 표준투자권유준칙을 제정할 수 있다(법50③).

(나) 위반시 제재

법 제50조 제1항에 따른 투자권유준칙을 정하지 아니한 자에게는 1억원 이하의 과태료를
부과한다(법449①(23)).[138]

(4) 투자권유대행인

(가) 투자권유대행인의 의의와 자격

투자권유대행인(개인에 한한다)이란 금융투자업자의 위탁을 받아 금융투자상품에 대한 투
자권유(파생상품등에 대한 투자권유를 제외)를 대행하는 자이다(법51①).[139] 금융투자업자는 투자

---

137) 대법원 2018. 9. 28. 선고 2015다69853 판결(금융투자업자가 설명의무 등을 위반함에 따른 일반투자자의
손해는 미회수금액의 발생이 확정된 시점에 현실적으로 발생하고, 그 시점이 투자자가 금융투자업자에게
갖는 손해배상청구권의 지연손해금 기산일이 된다. 따라서 금융투자상품을 취득하기 위하여 금전을 지급
할 당시에 미회수금액의 발생이 이미 객관적으로 확정되어 있었다면, 금융투자상품을 취득하기 위하여 금
전을 지급한 시점이 금융투자업자에 대한 손해배상청구권의 지연손해금 기산일이 된다).
138) 법 제50조 제1항에 의하면 금융투자업자는 투자권유를 함에 있어 투자권유준칙을 정하여야 하는데도, A투
자자문은 투자권유준칙을 정하지 않고 2013. 9. 24.–2017. 3. 2. 기간 중 투자권유를 한 사실로 과태료 제
재를 받았다.
139) 자본시장법은 과거 간접투자자산운용업법에 있던 간접투자증권(펀드) 취득권유인 제도를 확대하여 금융투

권유대행인 외의 자에게 투자권유를 대행하게 하여서는 아니 된다(법52①).

금융투자업자는 ⅰ) 금융위원회에 투자권유대행인으로 이미 등록된 자가 아닐 것(제1호), ⅱ) 금융투자상품에 관한 전문지식이 있는 자로서 대통령령으로 정하는 자격[140]을 갖출 것(제2호), ⅲ) 등록이 취소된 경우 그 등록이 취소된 날부터 3년이 경과하였을 것(제3호)의 요건을 모두 갖춘 자에게 투자권유를 위탁할 수 있다(법51① 전단). 이 경우 금융투자업자의 업무위탁에 관한 제42조를 적용하지 않는다(법51① 후단).

(나) 투자권유대행인의 등록

1) 등록의무

가) 등록전 투자권유 금지

금융투자업자로부터 투자권유를 위탁받은 자는 등록 전에는 투자권유를 하여서는 아니 된다(법51②).

나) 위반시 제재

법 제51조 제2항을 위반하여 등록 전에 투자권유를 한 자는 3년 이하의 징역 또는 1억원 이하의 벌금에 처한다(법445(7)).

다) 자격요건 유지의무

투자권유대행인으로 등록된 자는 등록 이후 그 영업을 영위함에 있어서 금융투자상품에 관한 전문지식이 있는 자로서 제51조 제1항 제2호의 요건을 유지하여야 한다(법51⑨).

2) 등록절차

금융투자업자는 투자권유를 위탁한 경우에는 위탁받은 자를 금융위원회에 등록하여야 한다(법51③ 전단).[141] 이 경우 금융위원회는 그 등록업무를 대통령령으로 정하는 바에 따라 협회

자업자로 하여금 그에 소속된 임직원이 아닌 자 중 금융투자상품에 대한 전문지식이 있는 자로서 일정한 요건을 갖춘 자에게 투자권유를 위탁할 수 있도록 하되, 투자자보호를 위해 투자권유대행인(Introducing Broker)에 대하여도 금융투자업자에게 적용되는 투자권유 관련 규제를 준용하고 있다(법52⑥).

[140] "대통령령으로 정하는 자격"이란 다음의 요건을 모두 충족하는 것을 말한다(영56).
  1. 다음의 어느 하나에 해당하는 자일 것
    가. 법 제286조 제1항 제3호 가목에 따라 협회에서 시행하는 투자권유자문인력의 능력을 검증할 수 있는 시험에 합격한 자
    나. 법 제286조 제1항 제3호 다목에 따라 협회에서 시행하는 투자운용인력의 능력을 검증할 수 있는 시험에 합격한 자
    다. 보험업법 시행령 별표 3에 따른 보험설계사·보험대리점 또는 보험중개사의 등록요건을 갖춘 개인으로서 보험모집에 종사하고 있는 자(집합투자증권의 투자권유를 대행하는 경우만 해당)
  2. 협회가 정하여 금융위원회의 인정을 받은 교육을 마칠 것
[141] A투자자문은 일정 기간 중 회사 영업 확대 및 투자자금 모집을 위하여 임직원이 아닌 90여명과 투자권유 업무 대행을 위한 위촉계약을 체결한 후 위촉받은 자들을 금융투자협회에 투자권유대행인으로 등록하지 않아 제재를 받았다.

에 위탁할 수 있다(법51③ 후단).[142] 금융투자업자는 투자권유를 위탁받은 자를 등록하고자 하는 경우에는 금융위원회(협회에 위탁한 경우에는 협회)에 등록신청서를 제출하여야 한다(법51④).

금융위원회는 등록신청서를 접수한 경우에는 그 내용을 검토하여 2주 이내에 등록 여부를 결정하고, 그 결과와 이유를 지체 없이 신청인에게 문서로 통지하여야 한다(법51⑤ 전단). 이 경우 등록신청서에 흠결이 있는 때에는 보완을 요구할 수 있다(법51⑤ 후단). 검토기간을 산정함에 있어서 등록신청서 흠결의 보완기간 등 총리령으로 정하는 기간[143]은 검토기간에 산입하지 아니한다(법51⑥). 금융위원회는 등록 여부를 결정함에 있어서 ⅰ) 등록요건을 갖추지 아니한 경우, ⅱ) 등록신청서를 거짓으로 작성한 경우, ⅲ) 보완요구를 이행하지 아니한 경우에 해당하지 않는 한 등록을 거부하여서는 아니 된다(법51⑦).

금융위원회는 투자권유대행인의 등록을 결정한 경우 투자권유대행인등록부에 필요한 사항을 기재하여야 하며, 등록 결정한 내용을 인터넷 홈페이지 등에 공고하여야 한다(법51⑧).

(다) 투자권유대행기준과 준용규정

1) 투자권유대행기준 제정의무

금융투자업자는 투자권유대행인이 투자권유를 대행함에 있어서 법령을 준수하고 건전한 거래질서를 해하는 일이 없도록 성실히 관리하여야 하며, 이를 위한 투자권유대행기준을 정하여야 한다(법52④).

2) 준용규정

법 제48조(손해배상책임), 제54조(직무관련 정보의 이용금지), 제55조(손실보전 등이 금지) 및 금융실명법 제4조(금융거래의 비밀보장)는 투자권유대행인이 투자권유를 대행하는 경우에 준용한다(법52⑥).

3) 위반시 제재

투자권유준칙 또는 투자권유대행기준을 정하지 아니한 자에게는 1억원 이하의 과태료를 부과한다(법449①(23)).

법 제52조 제6항이 준용하는 금융실명법 제4조 제1항 또는 제3항부터 제5항까지의 규정을 위반하여 거래정보등을 제3자에게 제공하거나 누설한 자와 이를 요구한 자는 5년 이하의

---

142) 금융위원회는 등록업무를 협회에 위탁하는 경우에는 협회와 미리 다음의 내용이 포함된 위탁계약을 체결하여야 한다(영57).
  1. 협회는 위탁받은 등록업무를 수행하는 경우에 법 제51조 제5항부터 제8항까지 및 이 영 제58조 제3항 및 제4항을 준수하여야 한다는 내용. 이 경우 "금융위원회"는 "협회"로 본다.
  2. 협회는 매 분기별로 금융위원회에 등록현황을 보고하여야 한다는 내용
143) "총리령으로 정하는 기간"이란 다음의 어느 하나에 해당하는 기간을 말한다(시행규칙7).
  1. 법 제51조 제1항 각 호의 요건을 충족하는지를 확인하기 위하여 다른 기관 등으로부터 필요한 자료를 제공받는 데에 걸리는 기간
  2. 법 제51조 제5항 후단에 따른 등록신청서 흠결의 보완을 요구한 경우에는 그 보완기간

징역 또는 2억원 이하의 벌금에 처한다(법444⑥).

(라) 검사 및 조치

1) 검사

투자권유대행인은 투자권유의 대행과 관련하여 그 업무와 재산상황에 관하여 금융감독원장의 검사를 받아야 한다. 이 경우 제419조 제5항부터 제7항까지 및 제9항(금융감독원장의 금융투자업자에 대한 검사)을 준용한다(법53①).

2) 등록취소 또는 업무정지

금융위원회는 투자권유대행인이 ⅰ) 등록요건 유지의무를 위반한 경우, ⅱ) 제52조 제6항(제54조, 제55조 및 금융실명법 제4조 제1항, 같은 조 제3항부터 제5항까지의 규정을 준용하는 경우에 한한다)을 위반한 경우, ⅲ) 검사를 거부·방해 또는 기피한 경우, ⅳ) 제419조(금융투자업자에 대한 검사) 제5항에 따른 보고 등의 요구에 불응한 경우, ⅴ) 금융소비자보호법 제51조 제1항 제3호부터 제5호[144])까지의 어느 하나에 해당하는 경우, ⅵ) 금융소비자보호법 제51조제2항 각 호 외의 부분 본문 중 대통령령으로 정하는 경우(투자권유대행업무를 정지하는 경우로 한정)에는 금융투자업자의 투자권유대행인 등록을 취소하거나 그 투자권유대행인에 대하여 6개월 이내의 투자권유대행업무를 정지할 수 있다(법53②).

3) 기록 유지·관리와 공고

금융위원회는 투자권유대행인 등록을 취소하거나 투자권유대행업무를 정지한 경우에는 그 내용을 기록하고, 이를 유지·관리하여야 하고(법53③), 투자권유대행인 등록을 취소하거나 투자권유대행업무를 정지한 경우에는 그 사실을 인터넷 홈페이지 등에 공고하여야 한다(법53④).

4) 조치내용 조회 등

금융투자업자 또는 투자권유대행인(투자권유대행인이었던 자를 포함)은 금융위원회에 자기에 대한 제2항에 따른 조치 여부 및 그 내용을 조회할 수 있다(법53⑤). 금융위원회는 조회요청을 받은 경우에는 정당한 사유가 없는 한 조치 여부 및 그 내용을 그 조회 요청자에게 통보하여야 한다(법53⑥). 법 제423조(제2호를 제외)는 제2항에 따른 투자권유대행인 등록의 취소에 관하여 준용하고, 법 제425조는 제2항에 따른 투자권유대행인 등록의 취소 및 투자권유대행업무의 정지에 관하여 준용한다(법53⑦).

---

144) 3. 업무의 정지기간 중에 업무를 한 경우
　　 4. 금융위원회의 시정명령 또는 중지명령을 받고 금융위원회가 정한 기간 내에 시정하거나 중지하지 아니한 경우
　　 5. 그 밖에 금융소비자의 이익을 현저히 해칠 우려가 있거나 해당 금융상품판매업등을 영위하기 곤란하다고 인정되는 경우로서 대통령령으로 정하는 경우

6. 직무관련 정보의 이용 금지 등

(1) 직무관련 정보 및 정보교류 차단대상 정보의 이용 금지

(가) 금지내용

금융투자업자는 직무상 알게 된 정보로서 외부에 공개되지 아니한 정보를 정당한 사유 없이 자기 또는 제3자의 이익을 위하여 이용하여서는 아니 된다(법54①).[145] 금융투자업자 및 그 임직원은 제45조 제1항 또는 제2항에 따라 정보교류 차단의 대상이 되는 정보를 정당한 사유 없이 본인이 이용하거나 제3자에게 이용하게 하여서는 아니 된다(법54②).

(나) 위반시 제재

직무관련 정보 및 정보교류 차단대상 정보의 이용 금지규정을 위반하여 직무상 알게 된 정보로서 외부에 공개되지 아니한 정보를 자기 또는 제3자의 이익을 위하여 이용한 자는 3년 이하의 징역 또는 1억원 이하의 벌금에 처한다(법445(9)).

(2) 손실보전 등의 금지

(가) 금지내용

금융투자업자는 금융투자상품의 매매, 그 밖의 거래와 관련하여 제103조 제3항에 따라 손실의 보전 또는 이익의 보장을 하는 경우, 그 밖에 건전한 거래질서를 해할 우려가 없는 경우로서 정당한 사유가 있는 경우를 제외하고는 ⅰ) 투자자가 입을 손실의 전부 또는 일부를 보전하여 줄 것을 사전에 약속하는 행위, ⅱ) 투자자가 입은 손실의 전부 또는 일부를 사후에 보전하여 주는 행위, ⅲ) 투자자에게 일정한 이익을 보장할 것을 사전에 약속하는 행위, ⅳ) 투자자에게 일정한 이익을 사후에 제공하는 행위를 하여서는 아니 된다. 금융투자업자의 임직원이 자기의 계산으로 하는 경우에도 또한 같다(법55).

이 규정은 자본시장의 건전한 거래질서를 확보하기 위해 제정된 강행법규로서 이를 위반하는 약정은 무효이다.[146]

(나) 위반시 제재

법 제55조(제42조 제10항 또는 제52조 제6항에서 준용하는 경우를 포함)를 위반하여 같은 조 각

---

145) 자본시장법 제174조의 미공개중요정보 이용행위 금지와는 업무관련성이 요구되지 않는 점과 상장법인·상장예정법인이 발행한 특정증권등에 한정되지 않는 점에서 구별된다.

146) 대법원 2003. 1. 24. 선고 2001다2129 판결(증권회사 직원이 과거 자신의 잘못으로 고객의 계좌에 발생한 손해를 보전하여 주기 위한 방법으로 고객에게 향후 증권거래 계좌 운용에서 일정한 최소한의 수익을 보장할 것을 약정한 것은 공정한 증권거래질서의 확보를 위하여 구 증권거래법(2000. 1. 21. 법률 제6176호로 개정되기 전의 것) 제52조 제1호 및 제3호에서 금지하고 있는 것에 해당하여 무효라고 할 것이고, 손실보전약정이 유효함을 전제로 일정기간 동안 법적 조치 등을 취하지 않기로 하는 약정도 당연히 무효로 된다).

호의 어느 하나에 해당하는 행위를 한 자는 3년 이하의 징역 또는 1억원 이하의 벌금에 처한다(법445(10)).

(3) 약관규제

(가) 약관 제정·변경의 보고와 신고

1) 사후보고

금융투자업자는 금융투자업의 영위와 관련하여 약관을 제정 또는 변경하는 경우에는 약관의 제정 또는 변경 후 7일 이내에 금융위원회 및 협회에 보고하여야 한다(법56① 본문).

2) 사전신고

투자자의 권리나 의무에 중대한 영향을 미칠 우려가 있는 경우로서 ⅰ) 약관의 제정으로서 기존 금융서비스의 제공 내용·방식·형태 등과 차별성이 있는 내용을 포함하는 경우, ⅱ) 투자자의 권리를 축소하거나 의무를 확대하기 위한 약관의 변경으로서 변경 전 약관을 적용받는 기존 투자자에게 변경된 약관을 적용하는 경우 또는 기존 금융서비스의 제공 내용·방식·형태 등과 차별성이 있는 내용을 포함하는 경우, ⅲ) 그 밖에 투자자 보호 등을 위하여 금융위원회가 정하여 고시하는 경우에는 약관의 제정 또는 변경 전에 미리 금융위원회에 신고하여야 한다(법56① 단서, 영59의2①). 금융위원회는 신고를 받은 경우 그 내용을 검토하여 자본시장법에 적합하면 신고를 수리하여야 한다(법56⑤).

3) 보고와 신고의 예외

ⅰ) 보고 또는 신고된 약관과 동일하거나 유사한 내용으로 약관을 제정하거나 변경하는 경우, ⅱ) 표준약관의 제정 또는 변경에 따라 약관을 제정하거나 변경하는 경우, ⅲ) 변경명령에 따라 약관을 제정하거나 변경하는 경우, ⅳ) 법령의 제정 또는 개정에 따라 약관을 제정하거나 변경하는 경우, ⅴ) 그 밖에 투자자의 권리나 의무에 중대한 영향을 미칠 우려가 없다고 인정하는 경우로서 금융위원회가 정하여 고시하는 경우는 사전신고하는 경우에 해당하지 않는다(영59의2②).

4) 약관 제정·변경의 공시

금융투자업자는 약관을 제정 또는 변경한 경우에는 인터넷 홈페이지 등을 이용하여 공시하여야 한다(법56②).

(나) 표준약관의 제정과 변경

협회는 건전한 거래질서를 확립하고 불공정한 내용의 약관이 통용되는 것을 방지하기 위하여 금융투자업 영위와 관련하여 표준이 되는 약관("표준약관")을 제정할 수 있다(법56③). 협회는 표준약관을 제정 또는 변경하고자 하는 경우에는 미리 금융위원회에 신고하여야 한다(법56④ 본문). 금융위원회는 신고를 받은 경우 그 내용을 검토하여 자본시장법에 적합하면 신고를 수리하여야 한다(법56⑤).

다만, 전문투자자만을 대상으로 하는 표준약관을 제정 또는 변경하는 경우에는 그 표준약관을 제정 또는 변경한 후 7일 이내에 금융위원회에 보고하여야 한다(법56④ 단서).

(다) 공정거래위원회에의 통보

약관을 신고 또는 보고받거나 표준약관을 신고 또는 보고받은 금융위원회는 그 약관 또는 표준약관을 공정거래위원회에 통보하여야 한다(법56⑥ 전단). 이 경우 공정거래위원회는 통보받은 약관 또는 표준약관이 약관규제법 제6조부터 제14조까지의 규정에 위반된 사실이 있다고 인정될 때에는 금융위원회에 그 사실을 통보하고 그 시정에 필요한 조치를 취하도록 요청할 수 있으며, 금융위원회는 특별한 사유가 없는 한 이에 응하여야 한다(법56⑥ 후단).

(라) 약관변경명령

금융위원회는 약관 또는 표준약관이 자본시장법 또는 금융과 관련되는 법령에 위반되거나 그 밖에 투자자의 이익을 침해할 우려가 있다고 인정되는 경우에는 금융투자업자 또는 협회에 그 내용을 구체적으로 기재한 서면에 의하여 약관 또는 표준약관을 변경할 것을 명할 수 있다(법56⑦).

(마) 위반시 제재

법 제56조 제1항 단서에 따른 신고를 하지 아니하고 약관을 제정 또는 변경한 자 또는 거짓, 그 밖의 부정한 방법으로 제56조 제1항 단서에 따른 신고를 한 자에 대하여는 1억원 이하의 과태료를 부과한다(법449①(24)(25)).

(4) 수수료규제

금융투자업자는 투자자로부터 받는 수수료의 부과기준 및 절차에 관한 사항을 정하고, 인터넷 홈페이지 등을 이용하여 공시하여야 하고(법58①), 수수료 부과기준을 정함에 있어서 투자자를 정당한 사유 없이 차별하여서는 아니 되며(법58②), 수수료 부과기준 및 절차에 관한 사항을 협회에 통보하여야 하고(법58③), 협회는 통보받은 사항을 금융투자업자별로 비교하여 공시하여야 한다(법58④).

(5) 자료의 기록·유지

(가) 기록유지기간

1) 자료의 종류와 기록유지기간

금융투자업자는 금융투자업 영위와 관련한 자료를 대통령령으로 정하는 자료의 종류별로 대통령령으로 정하는 기간 동안 기록·유지하여야 한다(법60①). 이에 따라 금융투자업자는 다음의 자료를 다음의 기간 동안 기록·유지하여야 한다(영62① 본문). 다만, 금융위원회는 투자자 보호를 해칠 염려가 없는 경우에는 그 기간을 단축하여 고시할 수 있다(영62① 단서).

1. 영업에 관한 자료

    가. 투자권유 관련 자료: 10년

    나. 주문기록, 매매명세 등 투자자의 금융투자상품의 매매, 그 밖의 거래 관련 자료 및 다자간매매체결회사의 다자간매매체결업무(법 제8조의2 제5항 각 호 외의 부분에 따른 다자간매매체결업무) 관련 자료: 10년

    다. 집합투자재산, 투자일임재산, 신탁재산 등 투자자재산의 운용 관련 자료: 10년

    라. 매매계좌 설정·약정 등 투자자와 체결한 계약 관련 자료: 10년

    마. 업무위탁 관련 자료: 5년

    바. 부수업무 관련 자료: 5년

    사. 그 밖의 영업 관련 자료: 5년

2. 재무에 관한 자료: 10년

3. 업무에 관한 자료

    가. 주주총회 또는 이사회 결의 관련 자료: 10년

    나. 주요사항보고서에 기재하여야 하는 사항에 관한 자료: 5년

    다. 고유재산 운용 관련 자료: 3년

    라. 자산구입·처분 등, 그 밖의 업무에 관한 자료: 3년

4. 내부통제에 관한 자료

    가. 내부통제기준, 위험관리 등 준법감시 관련 자료: 5년

    나. 임원·대주주·전문인력의 자격, 이해관계자 등과의 거래내역 관련 자료: 5년

    다. 그 밖의 내부통제 관련 자료: 3년

5. 그 밖에 법령에서 작성·비치하도록 되어 있는 장부·서류: 해당 법령에서 정하는 기간(해당 법령에서 정한 기간이 없는 경우에는 제1호부터 제4호까지의 보존기간을 고려하여 금융위원회가 정하여 고시하는 기간[147])을 말한다)

---

147) 금융투자업규정 제4-13조(기록보관) ① 금융투자업자는 영 제62조 제1항 제5호에 따라 금융투자업 영위와 관련한 자료를 그 종류별로 별표 12에서 정한 최소보존기간 이상(계약서 등 권리·의무 및 중요한 사실관계에 관한 자료의 경우에는 당해 권리·의무 및 사실관계의 종료일로부터 기산) 서면, 전산자료, 그 밖에 마이크로 필름 등의 형태로 기록·유지하여야 한다. 다만, 다른 법령·규정 등에서 보존기간을 달리 정한 경우에는 그에 따른다.
② 금융투자업자는 제1항에 따라 보관하여야 할 기록이 사후 변조가 불가능하도록 적절한 대책을 수립하여야 하며 금융감독원의 검사조사시 3영업일 이내에 이를 제출할 수 있어야 한다.
③ 제1항에서 정한 보존기간동안 투자자가 별표 12에서 정한 자료를 서면으로 요청하는 경우 다음 각 호의 자료를 6영업일 이내에 제공하여야 한다. 다만, 불가피한 사유 때문에 그 기간 안에 제공하지 못하는 경우에는 그 사유와 제공가능일자를 투자자에게 통지하여야 한다.
1. 당해 투자자의 거래 기록물
2. 금융투자업자가 당해 투자자에게 통지한 내용의 기록물
3. 증권 및 파생상품의 거래 업무와 관련하여 당해 투자자로부터 제출받은 의사표시자료의 사본

2) 위반시 제재

법 제60조 제1항(제255조, 제260조 또는 제265조에서 준용하는 경우를 포함)을 위반하여 자료를 기록·유지하지 아니한 자는 3년 이하의 징역 또는 1억원 이하의 벌금에 처한다(법445(11)).

(나) 대책의 수립·시행

금융투자업자는 기록·유지하여야 하는 자료가 멸실되거나 위조 또는 변조가 되지 아니하도록 적절한 대책을 수립·시행하여야 한다(법60②).

(6) 소유증권의 예탁

(가) 증권예탁의무

금융투자업자(겸영금융투자업자 제외)는 그 고유재산을 운용함에 따라 소유하게 되는 증권(대통령령으로 정하는 것을 포함)을 예탁결제원에 지체 없이 예탁하여야 한다(법61① 본문). 위에서 "대통령령으로 정하는 것"이란 그 밖에 금융위원회가 정하여 고시하는 것(영63①(2))[148]을 말한다(법61① 본문).

(나) 예탁의무의 예외

해당 증권의 유통 가능성, 다른 법령에 따른 유통방법이 있는지 여부, 예탁의 실행 가능성 등을 고려하여 ⅰ) 자본시장법 및 동법 시행령, 그 밖에 다른 법령에 따라 해당 증권을 예탁결제원에 예탁할 수 있는 증권 또는 증서로 발행할 수 없는 경우, ⅱ) 발행인이 투자자와 해당 증권을 예탁결제원에 예탁할 수 있는 증권 또는 증서로 발행하지 아니할 것을 발행조건 등에 따라 약정하는 경우, ⅲ) 외국환거래법 제3조 제1항 제8호에 따른 외화증권을 자본시장법 시행령 제63조 제3항에 따른 방법으로 예탁결제원에 예탁할 수 없는 경우로서 금융위원회가 정하여 고시하는 외국 보관기관[149]에 예탁하는 경우, ⅳ) 그 밖에 해당 증권의 성격이나 권리의 내용 등을 고려할 때 예탁이 부적합한 경우로서 총리령으로 정하는 경우[150]에는 예탁결제원에 예탁

---

148) "금융위원회가 정하여 고시하는 것"이란 다음의 어느 하나에 해당하는 것을 말한다(금융투자업규정4-15①).
 1. 어음(기업어음증권을 제외)
 2. 그 밖에 증권과 유사하고 집중예탁과 계좌 간 대체에 적합한 것으로서 예탁결제원이 따로 정하는 것
149) "금융위원회가 정하여 고시하는 외국 보관기관"이란 각각 다음의 어느 하나에 해당하는 기관을 말한다(금융투자업규정4-15②).
 1. 예탁결제원과 유사한 기능을 수행할 목적으로 설립된 외국의 증권예탁기관 또는 결제기관으로서 당해 외국 정부 또는 감독기관의 감독을 받는 기관
 2. 제1호에 해당하는 기관이 출자한 기관으로서 국제예탁 및 결제업무를 수행할 목적으로 특별히 설립된 기관
 3. 다음의 요건을 모두 갖춘 외국의 금융기관
    가. 보관규모가 미화 100억 달러 이상의 국제증권 전문보관기관
    나. 국제보관업무의 경험이 풍부하고 현지증권시장 사정에 정통한 기관
    다. 국제적 또는 특정권역(대륙별)에 걸쳐 보관업무를 제공할 수 있는 기관
 4. 제1호부터 제3호까지 이외의 기관으로서 특정국가에서 특화된 예탁·보관을 위하여 예탁결제원이 특별히 필요하다고 인정하는 기관
150) "총리령으로 정하는 경우"란 다음의 어느 하나에 해당하는 경우를 말한다(시행규칙7의2).

하지 아니할 수 있다(법61① 단서, 영63②).

(다) 외화증권의 예탁

금융투자업자가 외화증권[151]을 예탁결제원에 예탁하는 경우에는 금융위원회가 정하여 고시하는 외국 보관기관에 개설된 예탁결제원 계좌로 계좌대체 등을 통하여 예탁하는 방법에 따라 예탁하여야 한다(법61②, 영63③).

(7) 금융투자업 폐지 공고 등

(가) 영업폐지의 공고와 통지

1) 공고와 통지

금융투자업자는 금융투자업 또는 지점, 그 밖의 영업소의 영업을 폐지하고자 하는 경우에는 그 뜻을 폐지 30일 전에 전국을 보급지역으로 하는 둘 이상의 일간신문에 공고하여야 하며, 알고 있는 채권자에게는 각각 통지하여야 한다(법62①).

2) 위반시 제재

법 제62조 제1항을 위반하여 공고 또는 통지를 하지 아니한 자에 대하여는 1억원 이하의 과태료를 부과한다(법449①(27)).

(나) 거래종결

금융투자업자는 ⅰ) 투자매매업, 투자중개업, 집합투자업, 신탁업에 해당하는 금융투자업 전부(이에 준하는 경우 포함)의 폐지의 승인을 받은 경우, ⅱ) 투자자문업, 투자일임업에 해당하는 금융투자업 전부(이에 준하는 경우 포함)의 폐지의 승인을 받은 경우, ⅲ) 국내 금융투자업자 또는 외국 금융투자업자의 지점등의 금융투자업인가 또는 금융투자업 등록이 취소된 경우에는 그 금융투자업자가 행한 금융투자상품의 매매, 그 밖의 거래를 종결시켜야 한다(법62② 전단). 이 경우 그 금융투자업자는 그 매매, 그 밖의 거래를 종결시키는 범위에서 금융투자업자로 본다(법62② 후단).

(8) 임직원의 금융투자상품 매매(자기매매)

(가) 매매제한의 내용

금융투자업자의 임직원(겸영금융투자업자 중 대통령령으로 정하는 금융투자업자[152])의 경우에는

---

1. 해당 증권이 투자계약증권인 경우
2. 해당 증권이 상법에 따른 합자회사·유한책임회사·합자조합·익명조합의 출자지분이 표시된 것인 경우. 다만, 집합투자증권은 제외한다.
3. 해당 증권이 발행일부터 만기가 3일 이내에 도래하는 어음인 경우
151) "외화증권"이란 외국통화로 표시된 증권 또는 외국에서 지급받을 수 있는 증권을 말한다(외국환거래법3①(8)).
152) "대통령령으로 정하는 금융투자업자"란 다음의 어느 하나에 해당하는 금융투자업자를 말한다(영64①).
   1. 법 제8조 제9항 제1호(=은행) 및 제2호(=보험회사)의 자
   2. 제7조의2 제1호부터 제3호(=한국산업은행, 중소기업은행, 한국수출입은행)까지 및 제5호부터 제9호(=

금융투자업의 직무를 수행하는 임직원에 한한다)은 자기의 계산으로 대통령령으로 정하는 금융투자상품[153])을 매매하는 경우에는 다음의 방법에 따라야 한다(법63①).[154])

1. 자기의 명의로 매매할 것
2. 투자중개업자 중 하나의 회사(투자중개업자의 임직원의 경우에는 그가 소속된 투자중개업자에 한하되, 그 투자중개업자가 그 임직원이 매매하려는 금융투자상품을 취급하지 아니하는 경우에는 다른 투자중개업자를 이용할 수 있다)를 선택하여 하나의 계좌를 통하여 매매할 것. 다만, 금융투자상품의 종류, 계좌의 성격 등을 고려하여 대통령령으로 정하는 경우[155])에는 둘 이상의 회사 또는 둘 이상의 계좌를 통하여 매매할 수 있다.

종합금융회사, 자금중개회사, 외국환중개회사, 한국주택금융공사, 그 밖에 금융위원회가 정하여 고시하는 금융기관 등)까지의 자

153) 자본시장법 제63조 제1항에 따라 다음의 어느 하나에 해당하는 금융투자상품을 매매하는 경우에는 법 제63조 제1항 각 호의 방법에 따라야 한다. 다만, 다음 각 호의 금융투자상품이 법 제9조 제4항에 따른 투자일임계약에 따라 매매되는 경우에는 법 제63조 제1항 제3호를 적용하지 아니한다(영64②).
   1. 증권시장에 상장된 지분증권(장외거래 방법에 의하여 매매가 이루어지는 주권을 포함). 다만, 다음 각 목의 어느 하나에 해당하는 것은 제외한다.
      가. 법 제9조 제18항 제2호에 따른 투자회사의 주권과 투자유한회사·투자합자회사·투자유한책임회사·투자합자조합·투자익명조합의 지분증권
      나. 근로복지기본법 제33조에 따라 설립된 우리사주조합 명의로 취득하는 우리사주조합이 설립된 회사의 주식
   2. 증권시장에 상장된 증권예탁증권(제1호에 따른 지분증권과 관련된 증권예탁증권만 해당)
   3. 주권 관련 사채권(제68조 제4항에 따른 주권 관련 사채권)으로서 제1호에 따른 지분증권이나 제2호에 따른 증권예탁증권과 관련된 것
   4. 제1호에 따른 지분증권, 제2호에 따른 증권예탁증권이나 이들을 기초로 하는 지수의 변동과 연계된 파생결합증권. 다만, 불공정행위 또는 투자자와의 이해상충 가능성이 크지 아니한 경우로서 금융위원회가 정하여 고시하는 파생결합증권은 제외한다.
   5. 장내파생상품
   6. 제1호에 따른 지분증권, 제2호에 따른 증권예탁증권이나 이들을 기초로 하는 지수의 변동과 연계된 장외파생상품
   위 제4호에서 "금융위원회가 정하여 고시하는 파생결합증권"이란 영 제64조 제2항 제1호 또는 제2호의 증권이 30종목 이상 편입된 지수의 변동과 연계된 파생결합증권을 말한다(금융투자업규정4-16①).
154) 자본시장법 제63조 제1항 등에 의하면 금융투자업자의 임직원은 자기의 계산으로 금융투자상품을 매매하는 경우 자기의 명의로 하나의 계좌를 개설하고, 이를 소속 금융투자업자의 준법감시인에게 신고하여야 하며, 매매명세를 분기별로 소속 금융투자업자에게 통지하여야 하고, 탈법행위를 목적으로 타인의 실명으로 금융거래를 하여서는 아니 됨에도, A증권 직원 B는 2010. 10. 21.-2018. 6. 8. 기간 중 타인(B의 동생) 명의계좌를 이용하여 자기의 계산으로 선물옵션을 매매(최대투자원금: 230백만원, 기간 중 매매일수: 373일)하면서 소속 금융투자업자에게 계좌개설 사실 및 분기별 매매명세를 통지하지 않은 사실로 과태료 제재를 받았다.
155) "대통령령으로 정하는 경우"란 다음의 어느 하나에 해당하는 경우를 말한다(영64③).
   1. 둘 이상의 회사를 통하여 매매할 수 있는 경우: 다음 각 목의 어느 하나에 해당하는 경우
      가. 금융투자업자의 임직원이 거래하고 있는 투자중개업자가 그 금융투자업자의 임직원이 매매하려는 금융투자상품을 취급하지 아니하는 경우
      나. 모집·매출의 방법으로 발행되거나 매매되는 증권을 청약하는 경우
      다. 그 밖에 금융위원회가 정하여 고시하는 경우

3. 매매명세를 분기별(투자권유자문인력, 제286조 제1항 제3호 나목의 조사분석인력 및 투자
   운용인력의 경우에는 월별로 한다)로 소속 금융투자업자에게 통지할 것156)
4. 그 밖에 불공정행위의 방지 또는 투자자와의 이해상충의 방지를 위하여 대통령령으로 정
   하는 방법 및 절차를 준수할 것157)

금융투자업자는 그 임직원의 자기계산에 의한 금융투자상품 매매와 관련하여 불공정행위
의 방지 또는 투자자와의 이해상충의 방지를 위하여 그 금융투자업자의 임직원이 따라야 할
적절한 기준 및 절차를 정하여야 한다(법63②). 금융투자업자는 분기별로 임직원의 금융투자상
품의 매매명세를 이러한 기준 및 절차에 따라 확인하여야 한다(법63③).

(나) 위반시 제재

법 제63조 제1항 제1호(제289조, 제304조, 제323조의17, 제328조, 제335조의14, 제367조, 제383
조 제3항 또는 제441조에서 준용하는 경우를 포함)를 위반하여 같은 호에 규정된 방법에 따르지 아
니하고 금융투자상품을 매매한 자는 3년 이하의 징역 또는 1억원 이하의 벌금에 처한다(법
445(12)).

(9) 고객응대직원에 대한 보호 조치 의무

금융투자업자는 고객을 직접 응대하는 직원("고객응대직원")을 고객의 폭언이나 성희롱, 폭

---

2. 둘 이상의 계좌를 통하여 매매할 수 있는 경우: 다음 각 목의 어느 하나에 해당하는 경우
   가. 투자중개업자가 금융투자상품별로 계좌를 구분·설정하도록 함에 따라 둘 이상의 계좌를 개설하는
      경우
   나. 조세특례제한법에 따라 조세특례를 받기 위하여 따로 계좌를 개설하는 경우
   다. 그 밖에 금융위원회가 정하여 고시하는 경우
[금융투자업규정] 제4-16조(임직원 금융투자상품 매매의 예외) ② 영 제64조 제3항 제1호 다목에서 "금융
위원회가 정하여 고시하는 경우"란 다음의 어느 하나에 해당하는 경우를 말한다.
1. 상속, 증여(유증을 포함), 담보권의 행사, 그 밖에 대물변제의 수령 등으로 취득한 금융투자상품을 매도
   하는 경우
2. 당해 금융투자업자의 임직원이 되기 전에 취득한 금융투자상품을 매도하는 경우
③ 영 제64조 제3항 제2호 다목에서 "금융위원회가 정하여 고시하는 경우"란 제2항 제1호에 해당하는 경
우를 말한다.
156) 금융투자업자의 임직원은 자기의 계산으로 금융투자상품을 매매하는 경우 소속 회사에 계좌개설사실을
   신고하고 매매명세를 분기별로 통지하여야 하는데도, A는 2012. 3. 22. 본인 명의의 증권사 계좌를 개설하
   여 2012. 3. 30. ‒ 2018. 12. 6. 기간 중 금융투자상품을 매매하였음에도 계좌개설 사실의 신고 및 분기별
   매매명세 통지의무를 이행하지 않아 과태료의 금전제재와 신분제재를 받은 사례가 있다.
157) 금융투자업자의 임직원은 자기의 계산으로 제2항 각 호의 어느 하나에 해당하는 금융투자상품을 매매하는
   경우에는 법 제63조 제1항 제4호에 따라 다음의 방법과 절차를 준수하여야 한다(영64④).
1. 금융투자상품을 매매하기 위한 계좌를 개설하는 경우에는 소속 금융투자업자의 준법감시인(준법감시인
   이 없는 경우에는 감사 등 이에 준하는 자)에게 신고할 것
2. 소속 금융투자업자의 준법감시인이 매매, 그 밖의 거래에 관한 소명을 요구하는 경우에는 이에 따를 것
3. 소속 금융투자업자의 내부통제기준으로 정하는 사항을 준수할 것
4. 그 밖에 금융위원회가 정하여 고시하는 방법과 절차를 준수할 것

행 등으로부터 보호하기 위하여 다음의 조치를 하여야 한다(법63의2①).

1. 고객응대직원이 요청하는 경우 해당 고객으로부터의 분리 및 업무담당자 교체
2. 고객응대직원에 대한 치료 및 상담 지원
3. 고객응대직원을 위한 상시적 고충처리 기구 설치 또는「근로자참여 및 협력증진에 관한 법률」제26조에 따라 고충처리위원을 두는 경우에는 고객응대직원을 위한 고충처리위원의 선임 또는 위촉
4. 그 밖에 고객응대직원의 보호를 위하여 필요한 법적 조치 등 대통령령으로 정하는 조치[158]

고객응대직원은 금융투자업자에 대하여 위와 같은 조치를 요구할 수 있다(법63의2②). 금융투자업자는 위와 같은 요구를 이유로 고객응대직원에게 불이익을 주어서는 아니 된다(법63의2③).

(10) 손해배상책임

(가) 손해배상책임의 발생

금융투자업자는 법령·약관·집합투자규약·투자설명서에 위반하는 행위를 하거나 그 업무를 소홀히 하여 투자자에게 손해를 발생시킨 경우에는 그 손해를 배상할 책임이 있다(법64① 본문).

(나) 면책사유

배상의 책임을 질 금융투자업자가 제37조 제2항(투자자이익우선의무), 제44조(이해상충의 관리), 제45조(정보교류의 차단), 제71조(투자매매업자·투자중개업자의 불건전 영업행위의 금지) 또는 제85조(집합투자업자의 불건전 영업행위의 금지)를 위반한 경우(투자매매업 또는 투자중개업과 집합투자업을 함께 영위함에 따라 발생하는 이해상충과 관련된 경우에 한한다)로서 그 금융투자업자가 상당한 주의를 하였음을 증명하거나 투자자가 금융투자상품의 매매, 그 밖의 거래를 할 때에 그 사실을 안 경우에는 배상의 책임을 지지 아니한다(법64① 단서).

---

158) "법적 조치 등 대통령령으로 정하는 조치"란 다음의 조치를 말한다(영64의2).
1. 고객의 폭언이나 성희롱, 폭행 등("폭언등")이 관계 법률의 형사처벌규정에 위반된다고 판단되고 그 행위로 피해를 입은 직원이 요청하는 경우: 관할 수사기관 등에 고발
2. 고객의 폭언등이 관계 법률의 형사처벌규정에 위반되지는 아니하나 그 행위로 피해를 입은 직원의 피해정도 및 그 직원과 다른 직원에 대한 장래 피해발생 가능성 등을 고려하여 필요하다고 판단되는 경우: 관할 수사기관 등에 필요한 조치 요구
3. 직원이 직접 폭언등의 행위를 한 고객에 대한 관할 수사기관 등에 고소, 고발, 손해배상청구 등의 조치를 하는 데 필요한 행정적, 절차적 지원
4. 고객의 폭언등을 예방하거나 이에 대응하기 위한 직원의 행동요령 등에 대한 교육 실시
5. 그 밖에 고객의 폭언등으로부터 직원을 보호하기 위하여 필요한 사항으로서 금융위원회가 정하여 고시하는 조치

(다) 임원의 연대책임

금융투자업자가 손해배상책임을 지는 경우로서 관련되는 임원에게도 귀책사유가 있는 경우에는 그 금융투자업자와 관련되는 임원이 연대하여 그 손해를 배상할 책임이 있다(법64②).

(11) 외국 금융투자업자의 특례

(가) 간주규정

외국 금융투자업자의 지점, 그 밖의 영업소("국내지점등")에 대하여 자본시장법을 적용함에 있어서 "대통령령으로 정하는 영업기금"은 이를 자본금으로 보고, 자본금·적립금 및 이월이익 잉여금의 합계액은 이를 자기자본으로 보며, 국내대표자는 임원으로 본다(법65①). 여기서 "대통령령으로 정하는 영업기금"이란 다음의 것을 말한다(영65①).

1. 외국 금융투자업자가 지점, 그 밖의 영업소를 설치하거나 영업을 하기 위하여 그 지점, 그 밖의 영업소에 공급한 원화자금
2. 외국 금융투자업자의 지점, 그 밖의 영업소("국내지점등")의 적립금으로부터 전입한 자금
3. 외국 금융투자업자가 지점, 그 밖의 영업소를 추가로 설치하기 위하여 이미 국내에 설치된 지점, 그 밖의 영업소의 이월이익잉여금에서 전입한 자금

(나) 독립결산과 보전의무

국내지점등은 영업기금과 부채의 합계액에 상당하는 자산을 대통령령으로 정하는 방법159) 으로 국내에 두어야 한다(법65②). 국내지점등은 ⅰ) 본점과 독립하여 결산할 것(제1호), ⅱ) 결산 결과 해당 국내지점등이 제2항 각 호의 방법으로 국내에 두고 있는 자산의 합계액이 영업기금과 부채의 합계액에 미달하는 경우에는 결산이 확정된 날부터 60일 이내에 보전할 것(제2호) 등의 사항을 준수하여야 한다(영65③).

(다) 청산 및 파산

국내지점등이 청산 또는 파산하는 경우 그 국내에 두는 자산은 국내에 주소 또는 거소가 있는 자에 대한 채무의 변제에 우선 충당하여야 한다(법65③).

---

159) 국내지점등이 국내에 자산을 두어야 하는 방법은 다음과 같다(영65②).
   1. 현금이나 국내 금융기관에 대한 예금·적금·부금
   2. 국내에 예탁하거나 보관된 증권
   3. 국내에 있는 자에 대한 대여금, 그 밖의 채권
   4. 국내에 있는 고정자산
   5. 그 밖에 국내법에 따라 강제집행이 가능한 자산 중 금융위원회가 정하여 고시하는 자산
   제5호에서 "금융위원회가 정하여 고시하는 자산"이란 다음의 어느 하나에 해당하는 자산을 말한다(금융투자업규정4-17).
   1. 영 제65조 제2항 제1호에 준하는 금, 외국통화, 예치금 및 증거금
   2. 제1호 외의 유동성 자산

(라) 직무대행자

금융위원회는 다음의 요건을 모두 충족하는 국내지점등의 대표자의 직무를 일시 대행할 자("직무대행자")를 지정하여야 하며, 그 국내지점등은 그 사실을 소재지에서 등기하여야 한다(법65④ 전단). 이 경우 금융위원회는 직무대행자에게 적정한 보수를 지급할 것을 그 국내지점등에 명할 수 있다(법65④ 후단).

1. 국내지점등의 대표자가 없거나 대표자가 그 직무를 수행할 수 없음에도 불구하고 대표자를 새로 선임하지 아니하거나 직무대행자를 지정하지 아니하는 경우로서 국내지점등과 이해관계가 있는 자가 금융위원회에 직무대행자의 선임을 요구할 것
2. 금융위원회가 제1호의 요구에 따라 그 국내지점등에 대하여 10일 이내에 대표자 또는 직무대행자를 선임하거나 지정할 것을 요청할 것
3. 제2호의 요청을 받은 국내지점등이 제2호에 따른 기간 이내에 대표자 또는 직무대행자를 선임하거나 지정하지 아니할 것

(마) 위반에 대한 제재

법 제65조 제2항을 위반하여 자산을 국내에 두지 아니한 자 또는 제65조 제3항을 위반하여 자산을 국내에 주소나 거소가 있는 자에 대한 채무의 변제에 우선 충당하지 아니한 자는 1년 이하의 징역 또는 3천만원 이하의 벌금에 처한다(법446(9)(10)).

Ⅲ. 금융투자업자별 영업행위규제

1. 투자매매·중개업자

(1) 매매관련 규제
(가) 매매형태의 명시
1) 의의

투자매매업자 또는 투자중개업자는 투자자로부터 금융투자상품의 매매에 관한 청약 또는 주문을 받는 경우에는 사전에 그 투자자에게 자기가 투자매매업자인지 투자중개업자인지를 밝혀야 한다(법66). 금융투자상품은 거래상대방이 누구이냐에 따라 신용위험 등에 큰 차이가 발생할 수 있기 때문에 투자매매·중개업자를 통해 거래하는 경우에 거래상대방이 누구인지를 분명히 할 필요가 있기 때문이다.[160]

---

160) 이효근(2019), 130쪽.

2) 위반시 제재

법 제66조를 위반하여 사전에 자기가 투자매매업자인지 투자중개업자인지를 밝히지 아니하고 금융투자상품의 매매에 관한 청약 또는 주문을 받은 자는 1년 이하의 징역 또는 3천만원 이하의 벌금에 처한다(법446(11)).

금융위원회는 법 제66조를 위반하여 사전에 자기가 투자매매업자인지 투자중개업자인지를 밝히지 아니하고 금융투자상품의 매매에 관한 청약 또는 주문을 받은 경우 금융투자업자 및 그 임직원에 대하여 일정한 조치를 취할 수 있다(법420①(6), 420③, 422①②, [별표 1] 74).

(나) 자기계약의 금지

1) 원칙적 금지

투자매매업자 또는 투자중개업자는 금융투자상품에 관한 같은 매매에 있어 자신이 본인이 됨과 동시에 상대방의 투자중개업자가 되어서는 아니 된다(법67 본문). 자기계약 금지의무는 투자매매·중개업자가 투자중개업자로서 투자자로부터 금융투자상품 매매를 위탁받고 나서 타인이 아니라 자기와 직접 계약을 체결하는 경우를 금지하는 것이다. 이 경우에는 공정한 가격으로 매매가 이루어질 수 없으므로 투자중개업자에게 매매를 위탁한 투자자를 보호하기 위한 것이다.

2) 예외적 허용

투자매매업자 또는 투자중개업자가 증권시장 또는 파생상품시장을 통하여 매매가 이루어지도록 한 경우, 자기가 판매하는 집합투자증권을 매수하는 경우, 다자간매매체결회사를 통하여 매매가 이루어지도록 한 경우, 종합금융투자사업자가 금융투자상품의 장외매매가 이루어지도록 한 경우, 그 밖에 공정한 가격 형성과 매매, 거래의 안정성과 효율성 도모 및 투자자의 보호에 우려가 없는 경우로서 금융위원회가 정하여 고시하는 경우[161]에는 자기계약 금지 규정이 적용되지 않는다(법67 단서, 영66).

이는 시장을 통한 거래에서는 상대방이 우연적으로 결정되므로 투자매매·중개업자가 투자자의 상대방이 된다고 하더라도 투자자의 이익을 침해할 가능성이 없기 때문이다.

3) 위반에 대한 제재

법 제67조를 위반하여 금융투자상품을 매매한 자는 1년 이하의 징역 또는 3천만원 이하의 벌금에 처한다(법446(12)).

---

161) "금융위원회가 정하여 고시하는 경우"란 다음의 어느 하나에 해당하는 경우를 말한다(금융투자업규정 4-17의2).
   1. 투자매매업자 또는 투자중개업자(영 제7조 제4항 제3호 각 목의 어느 하나에 해당하는 자를 거래상대방 또는 각 당사자로 하는 환매조건부매매의 수요·공급을 조성하는 자로 한정)가 기관간조건부매매(제5-1조 제7호에 따른 기관간조건부매매)를 중개·주선 또는 대리하면서 시장조성을 위하여 기관간조건부매매를 하는 경우
   2. 투자매매업자 또는 투자중개업자가 영 제176조의8 제4항 제2호에 따라 신주인수권증서를 매매하는 경우

(다) 최선집행의무

1) 의의

최선집행의무란 금융투자상품의 매매에 관한 투자자의 청약 또는 주문을 최선의 거래조건으로 집행해야 하는 투자매매업자 또는 투자중개업자의 의무를 말한다(법68①). 최선집행의무162)를 부담하는 주체는 금융투자업자 가운데 투자매매업자 또는 투자중개업자로 한정된다. 투자자문업자(investment advisor)도 최선집행의무를 부담하는 미국의 경우와 차이가 있다.163)

2) 적용대상 금융투자상품

투자매매업자 또는 투자중개업자가 모든 금융투자상품의 매매처리에 관하여 최선집행의무를 부담하는 것은 아니다. 다음과 같은 금융투자상품의 매매에 관하여는 최선집행의무가 적용되지 않는다(법68①, 영66의2①, 시행규칙7의3). 즉 증권시장에 상장되지 아니한 증권, 장외파생상품, 채무증권, 지분증권(주권은 제외), 수익증권, 투자계약증권, 파생결합증권, 증권예탁증권(주권과 관련된 증권예탁증권은 제외), 장내파생상품 그 매매처리 시 최선집행의무가 적용되지 않는다.

따라서 상장주권과 주권예탁증권만이 최선집행의무의 대상이 된다. 이처럼 최선집행의무의 적용대상상품을 제한하는 이유는 다자간매매체결회사164)가 취급할 수 있는 상장주권과 주권예탁증권을 우선적으로 최선집행의무의 대상으로 하기 위한 것이다.

3) 최선집행기준 작성의무

투자매매업자나 투자중개업자가 최선집행의무를 이행하는 방법은 최선의 거래조건으로 집행하기 위한 기준("최선집행기준")을 마련하고 이에 따라 금융투자상품의 매매에 관한 투자자의 청약 또는 주문을 처리하는 것이다(법68①②).

최선집행기준에는 ⅰ) 금융투자상품의 가격, ⅱ) 투자자가 매매체결과 관련하여 부담하는 수수료 및 그 밖의 비용, ⅲ) 그 밖에 청약 또는 주문의 규모 및 매매체결의 가능성 등을 고려

---

162) "최선집행"이라는 용어는 "best execution"을 번역한 용어로 보인다. 집행이라는 단어는 상황에 따라 다양한 의미로 사용되는데, 최선집행에서의 집행이란 고객의 주문 내용에 따른 계약의 체결(the completion of a buy or sell order for a security)을 가리키는 것이라 할 수 있다.

163) 장근영(2013), "자본시장법상 금융투자업자의 최선집행의무", 상사법연구 제32권 제3호(2013. 11), 69-70쪽.

164) "다자간매매체결회사"란 정보통신망이나 전자정보처리장치를 이용하여 동시에 다수의 자를 거래상대방 또는 각 당사자로 하여 다음 각 호의 어느 하나에 해당하는 매매가격의 결정방법으로 증권시장에 상장된 주권, 그 밖에 대통령령으로 정하는 증권("매매체결대상상품")의 매매 또는 그 중개·주선이나 대리 업무("다자간매매체결업무")를 하는 투자매매업자 또는 투자중개업자를 말한다(법8의2⑤).
  1. 경쟁매매의 방법(매매체결대상상품의 거래량이 대통령령으로 정하는 기준을 넘지 아니하는 경우로 한정)
  2. 매매체결대상상품이 상장증권인 경우 해당 거래소가 개설하는 증권시장에서 형성된 매매가격을 이용하는 방법
  3. 그 밖에 공정한 매매가격 형성과 매매체결의 안정성 및 효율성 등을 확보할 수 있는 방법으로서 대통령령으로 정하는 방법

하여 최선의 거래조건으로 집행하기 위한 방법 및 그 이유 등이 포함되어야 한다(영66의2② 본문). 다만 투자자가 청약 또는 주문의 처리에 관하여 별도의 지시를 하였을 때에는 그에 따라 최선집행기준과 달리 처리할 수 있다(영66의2② 단서).

4) 최선집행기준 공표의무

투자매매업자 또는 투자중개업자는 마련된 최선집행기준을 공표하여야 하고(법68①), 3개월마다 최선집행기준의 내용을 점검하여야 한다(법68③ 전단, 영66의2⑤). 이 경우 최선집행기준의 내용이 청약 또는 주문을 집행하기에 적합하지 아니한 것으로 인정되는 때에는 이를 변경하고, 그 변경 사실을 공표하여야 한다(법68③ 후단).

최선집행기준의 공표 또는 그 변경 사실의 공표는 투자매매업자 또는 투자중개업자의 본점과 지점, 그 밖의 영업소에 게시하거나 비치하여 열람에 제공하는 방법, 또는 인터넷 홈페이지를 이용하여 공시하는 방법으로 하여야 한다(영66의2③ 전단). 이 경우 최선집행기준의 변경 사실을 공표할 때에는 그 이유를 포함하여야 한다(영66의2③ 후단).

5) 최선집행기준에 따른 주문의 집행의무

투자매매업자 또는 투자중개업자는 최선집행기준에 따라 금융투자상품의 매매에 관한 청약 또는 주문을 집행하여야 한다(법68②). 다만 투자자의 다양한 수요에 탄력적으로 대응하기 위해 투자자가 청약 또는 주문의 처리에 관하여 별도의 지시를 하는 경우에는 그에 따라 최선집행기준과 달리 처리할 수 있도록 하였다(이른바 opt-out 방식)(영66의2② 단서).

6) 최선집행기준 설명서 교부의무

투자매매업자 또는 투자중개업자는 금융투자상품의 매매에 관한 청약 또는 주문을 받는 경우에는 미리 문서, 전자문서, 팩스의 방법으로 최선집행기준을 기재 또는 표시한 설명서를 투자자에게 교부하여야 한다(법68④ 본문, 영66의2⑥). 다만 이미 해당 설명서(최선집행기준을 변경한 경우에는 변경한 내용이 기재 또는 표시된 설명서)를 교부한 경우에는 그러하지 아니하다(법68④ 단서).

7) 최선집행보고서 교부의무

투자매매업자 또는 투자중개업자는 투자자의 청약 또는 주문을 집행한 후 해당 투자자가 그 청약 또는 주문이 최선집행기준에 따라 처리되었음을 증명하는 서면 등을 요구하는 경우에는 금융위원회가 정하여 고시하는 기준과 방법165)에 따라 해당 투자자에게 제공하여야 한다(영

---

165) "금융위원회가 정하여 고시하는 기준과 방법"이란 다음의 요건을 모두 충족하는 것을 말한다(금융투자업규정4-17의3①).
  1. 다음의 어느 하나에 해당하는 방법("서면등")으로 투자자에게 제공할 것
    가. 서면 교부
    나. 전화, 전신 또는 모사전송, 전자우편, 그 밖에 이와 비슷한 전자통신

66의2④).

이 규정의 취지는 투자매매업자 또는 투자중개업자가 최선집행기준에 따라 집행하였음을 투자자에 대하여 서면으로 설명하게 함으로써 투자자의 주문이 최선집행기준에 따라 집행되었음을 담보하려는 것이다.

8) 위반시 제재

최선집행의무에 관한 자본시장법 제68조 제1항부터 제5항까지의 규정을 위반하여 각 해당 조항의 의무를 이행하지 아니한 자에 대하여는 1억원 이하의 과태료를 부과한다(법449(28의2)). 최선집행의무를 위반한 경우에는 손해배상에 관한 특칙이 없으므로, 손해를 입은 투자자는 해당 금융투자업자에 대해 금융투자업자의 주의의무 위반에 대한 증명책임전환을 규정한 자본시장법 제64조에 의한 손해배상책임을 물을 수 있다.

(라) 자기주식의 예외적 취득

투자매매업자는 투자자로부터 그 투자매매업자가 발행한 자기주식으로서 증권시장(다자간매매체결회사에서의 거래를 포함)의 매매 수량단위 미만의 주식에 대하여 매도의 청약을 받은 경우에는 이를 증권시장 밖에서 취득할 수 있다(법69 전단). 이 경우 취득한 자기주식은 취득일로부터 3개월 이내에 처분하여야 한다(법69 후단).

증권시장에서는 일정 수량 이상으로 최소 거래단위를 규정하고 있어 거래 수량 이하의 주식을 보유한 투자자의 경우에는 이를 매도하기 어려운 상황에 직면한다. 이런 점을 고려하여 자본시장법에서는 투자매매업자가 투자자로부터 그 투자매매업자가 발행한 자기주식으로서 증권시장(다자간매매체결회사에서의 거래를 포함)의 매매 수량단위 미만의 주식에 대하여 매도의 청약을 받은 경우에는 이를 증권시장 밖에서 취득할 수 있도록 허용한다. 그러나 자본시장법에서는 이러한 방법이 불공정거래에 활용될 여지가 여전히 있는 만큼 이를 통해 취득한 자기주식을 3개월 이내에 처분하도록 하고 있다.[166)]

(마) 임의매매의 금지

1) 임의매매의 의의

임의매매는 투자매매·중개업자가 투자자나 그 대리인으로부터 금융투자상품의 매매의 청약 또는 주문을 받지 아니하고 투자자로부터 예탁받은 재산으로 금융투자상품의 매매를 하는

---

2. 투자자에게 제공하는 서면등에 다음의 사항을 포함할 것
　　가. 금융투자상품의 종목, 수량 및 매도·매수의 구분 등 투자자의 매매주문내역
　　나. 매매주문이 체결된 시간, 장소, 그 밖에 체결내용 및 방법
　　다. 매매주문이 최선집행기준에서 정한 절차에 따라 집행되었는지 여부 및 그 이유
3. 투자자가 영 제66조의2 제4항에 따라 요구한 날로부터 1개월 이내에 제1항에 따른 서면등을 제공할 것
166) 변제호외 5인(2015), 「자본시장법」, 지원출판사(2015. 6), 243-244쪽.

것을 말한다(법70). 임의매매는 일임매매보다 위법성이 크기 때문에 엄격히 금지된다.

자본시장법은 과거 증권거래법상 증권회사가 일임매매방식으로 일임업무를 수행할 수 있었던 것을 원칙적으로 불건전 영업행위로 규정하여 금지시키고 투자일임업 등록을 받아 투자판단을 위임받아 거래하는 것만 허용하고 있다(법71(6)). 다만 투자자가 신용공여와 관련한 담보비율 유지의무나 상환의무를 이행하지 않는 등 일정한 유형의 일임매매행위를 투자일임업의 예외로 인정하고 있다(법71(6), 법7④).

2) 위반시 제재

법 제70조를 위반하여 투자자로부터 예탁받은 재산으로 금융투자상품의 매매를 한 자는 5년 이하의 징역 또는 2억원 이하의 벌금에 처한다(법444(7)).

(바) 매매명세의 통지

1) 의의

투자매매업자 또는 투자중개업자는 금융투자상품의 매매가 체결된 경우에는 그 명세를 대통령령으로 정하는 방법에 따라 투자자에게 통지하여야 한다(법73).

2) 통지의 내용과 방법

투자매매업자 또는 투자중개업자는 통지를 하는 경우에는 다음에서 정하는 방법에 따라야 한다(영70①).

1. 다음에 따른 기한 내에 통지할 것
   가. 매매의 유형, 종목·품목, 수량, 가격, 수수료 등 모든 비용, 그 밖의 거래내용: 매매가 체결된 후 지체 없이
   나. 집합투자증권 외의 금융투자상품의 매매가 체결된 경우, 월간 매매내역·손익내역, 월말 현재 잔액현황·미결제약정현황 등의 내용: 매매가 체결된 날의 다음 달 20일까지
   다. 집합투자증권의 매매가 체결된 경우, 집합투자기구에서 발생한 모든 비용을 반영한 실질 투자 수익률, 투자원금 및 환매예상 금액, 그 밖에 금융위원회가 정하여 고시하는 사항167): 매월 마지막 날까지
2. 다음의 어느 하나에 해당하는 방법 중 투자매매업자 또는 투자중개업자와 투자자 간에 미리 합의된 방법(계좌부 등에 의하여 관리·기록되지 아니하는 매매거래에 대하여는 가목만 해당)으로 통지할 것. 다만, 투자자가 보유한 집합투자증권이 상장지수집합투자기구, 단기금융집합투자기구, 사모집합투자기구의 집합투자증권이거나 평가기준일의 평가금액이 10만원 이하인 경우(집합투자증권의 매매가 체결된 경우에 한정) 또는 투자자가 통지를 받기를

---

167) "금융위원회가 정하여 고시하는 사항"이란 총 보수(투자자에게 지속적으로 제공하는 용역의 대가로 집합투자기구에서 발생하는 모든 비용을 합산한 것)와 판매수수료 각각의 요율을 말한다(금융투자업규정4-35의2).

원하지 아니하는 경우에는 지점, 그 밖의 영업소에 비치하거나 인터넷 홈페이지에 접속하여 수시로 조회가 가능하게 함으로써 통지를 갈음할 수 있다.

가. 서면 교부

나. 전화, 전신 또는 모사전송

다. 전자우편, 그 밖에 이와 비슷한 전자통신

라. 그 밖에 금융위원회가 정하여 고시하는 방법[168]

통지와 관련하여 필요한 세부사항은 금융위원회가 정하여 고시한다(영70②).[169]

3) 위반시 제재

법 제73조를 위반하여 매매명세를 통지하지 아니하거나 거짓으로 통지한 자에 대하여는 3천만원 이하의 과태료를 부과하며(법449③(5)), 자본시장법 [별표 1]은 금융투자업자 및 그 임

---

[168] "금융위원회가 정하여 고시하는 방법"이란 다음의 어느 하나에 해당하는 방법을 말한다. 다만, 투자자가 영 제70조 제1항 제2호 가목부터 다목까지의 방법으로 매매성립내용을 통지받고자 하는 경우에는 그러하지 아니하다(금융투자업규정4-36①).
1. 예탁결제원 또는 전자등록기관의 기관결제참가자인 투자자 또는 투자일임업자(예탁결제원 또는 전자등록기관을 통하여 투자자의 매매거래내역 등을 관리하는 자에 한한다)에 대하여 예탁결제원 또는 전자등록기관의 전산망을 통하여 매매확인서 등을 교부하는 방법
2. 인터넷 또는 모바일시스템을 통해 수시로 조회할 수 있도록 하는 방법
3. 투자매매업자 또는 투자중개업자가 모바일시스템을 통해 문자메시지 또는 이와 비슷한 방법으로 통지하는 방법

[169] 금융투자업규정 제4-37조(월간 매매내역등의 통지 등) ① 투자매매업자 또는 투자중개업자는 월간 금융투자상품(집합투자증권은 제외)의 거래가 있는 계좌에 대하여 월간 매매내역·손익내역, 월말잔액·잔량현황, 월말 현재 파생상품의 미결제약정현황·예탁재산잔고·위탁증거금 필요액 현황 등("월간 매매내역등")을 다음 달 20일까지, 반기 동안 금융투자상품의 거래가 없는 계좌에 대하여는 반기말 잔액·잔량현황을 그 반기 종료 후 20일까지 영 제70조 제1항 제2호의 방법으로 투자자에게 통지하여야 한다. 다만, 다음의 어느 하나에 해당하는 경우에는 월간 매매내역등 또는 반기말 잔액·잔량현황을 통지한 것으로 본다.
1. 통지한 월간 매매내역등 또는 반기말 잔액·잔량현황이 3회 이상 반송된 투자자계좌에 대하여 투자자의 요구시 즉시 통지할 수 있도록 지점, 그 밖의 영업소에 이를 비치한 경우
2. 반기동안 매매, 그 밖의 거래가 없는 계좌의 반기말 현재 예탁재산 평가액이 금융감독원장이 정하는 금액을 초과하지 않는 경우에 그 계좌에 대하여 투자자 요구시 즉시 통지할 수 있도록 지점, 그 밖의 영업소에 반기말 잔액·잔량현황을 비치한 경우
3. 매매내역을 투자자가 수시로 확인할 수 있도록 통장 등으로 거래하는 경우
4. 영 제7조 제3항 제4호에 따라 투자중개업자가 투자자로부터 일임받은 권한을 행사하여 법 제229조 제5호에 따른 단기금융집합투자기구의 집합투자증권 등을 매수 또는 매도하였거나 증권을 환매하는 조건으로 매수 또는 매도한 내역 이외에 월간 금융투자상품의 거래가 없는 계좌에 대하여 투자자의 요구시 즉시 통지할 수 있도록 지점, 그 밖의 영업소에 이를 비치한 경우
5. 제4-77조 제7호에 따른 맞춤식 자산관리계좌(Wrap Account)에 대하여 법 제99조에 따라 투자일임보고서를 교부한 경우
② 투자매매업자 또는 투자중개업자는 거래인감변경, 증권카드재발급, 지점, 그 밖의 영업소간 이관·이수, 통합계좌에서의 해제 등이 발생한 투자자계좌에 대하여는 잔액·잔량조회를 실시하여야 한다. 이 경우 파생상품의 투자매매업자 또는 투자중개업자는 미결제약정현황 및 위탁자예탁재산내역을 투자자에게 영 제70조제1항제2호의 방법으로 지체 없이 통지하여야 한다.
③ 그 밖에 월간거래내역 등의 통지 등에 관한 세부사항은 금융감독원장이 정한다.

직원에 대한 처분 및 업무 위탁계약 취소·변경 명령의 사유(법420①(6), 법420③ 및 법422①②
[별표 1] 81)를 정하고 있다.

(2) 불건전 영업행위의 금지

(가) 개관

투자매매업자 또는 투자중개업자의 불건전영업행위 금지는 자본시장법 제71조, 동법 시행
령 제68조 및 시행령 제68조 제5항 14호에서 금융위원회가 정하여 고시하는 행위인 금융투자
업규정 제4-19조(불건전한 인수행위의 금지), 제4-20조(불건전 영업행위의 금지)에서 상세하게 규
정하고 있다.

자본시장법 제71조는 다음과 같은 불건전 영업행위를 열거한 후 투자매매업자 또는 투자
중개업자는 이러한 행위를 하여서는 아니 된다고 규정한다. 과태료 부과대상인 제7호를 제외
하고 이러한 행위를 한 자는 5년 이하의 징역 또는 2억원 이하의 벌금에 처한다(법444(8)).

투자매매업자 또는 투자중개업자는 다음의 어느 하나에 해당하는 행위를 하여서는 아니
된다(법71 본문).

1. 투자자로부터 금융투자상품의 가격에 중대한 영향을 미칠 수 있는 매수 또는 매도의 청약
   이나 주문을 받거나 받게 될 가능성이 큰 경우 이를 체결시키기 전에 그 금융투자상품을 자
   기의 계산으로 매수 또는 매도하거나 제3자에게 매수 또는 매도를 권유하는 행위
2. 특정 금융투자상품의 가치에 대한 주장이나 예측을 담고 있는 자료("조사분석자료")를 투자
   자에게 공표함에 있어서 그 조사분석자료의 내용이 사실상 확정된 때부터 공표 후 24시간
   이 경과하기 전까지 그 조사분석자료의 대상이 된 금융투자상품을 자기의 계산으로 매매하
   는 행위
3. 조사분석자료 작성을 담당하는 자에 대하여 대통령령으로 정하는 기업금융업무와 연동된
   성과보수를 지급하는 행위
4. 다음 각 목의 어느 하나에 해당하는 증권의 모집 또는 매출과 관련한 계약을 체결한 날부터
   그 증권이 증권시장에 최초로 상장된 후 대통령령으로 정하는 기간 이내에 그 증권에 대한
   조사분석자료를 공표하거나 특정인에게 제공하는 행위
   가. 주권
   나. 대통령령으로 정하는 주권 관련 사채권
   다. 가목 또는 나목과 관련된 증권예탁증권
5. 투자권유대행인 및 투자권유자문인력이 아닌 자에게 투자권유를 하게 하는 행위
6. 투자자로부터 금융투자상품에 대한 투자판단의 전부 또는 일부를 일임받아 투자자별로 구
   분하여 금융투자상품을 취득·처분, 그 밖의 방법으로 운용하는 행위. 다만, 투자일임업으로
   서 행하는 경우와 제7조 제4항에 해당하는 경우에는 이를 할 수 있다.

7. 그 밖에 투자자 보호 또는 건전한 거래질서를 해할 우려가 있는 행위로서 대통령령으로 정
   하는 행위

다만 투자자 보호 및 건전한 거래질서를 해할 우려가 없는 경우로서 대통령령으로 정하는
경우에는 이를 할 수 있다(법71 단서). 법 제71조 제1호, 제2호, 제3호, 제5호 등에 관하여 시행
령에서 허용되는 경우는 다음과 같다(영68①).

1. 법 제71조 제1호를 적용할 때 다음의 어느 하나에 해당하는 경우
   가. 투자자의 매매에 관한 청약이나 주문에 관한 정보를 이용하지 아니하였음을 증명하는
      경우
   나. 증권시장(다자간매매체결회사에서의 거래를 포함)과 파생상품시장 간의 가격 차이를
      이용한 차익거래, 그 밖에 이에 준하는 거래로서 투자자의 정보를 의도적으로 이용하
      지 아니하였다는 사실이 객관적으로 명백한 경우
2. 법 제71조 제2호를 적용할 때 다음의 어느 하나에 해당하는 경우
   가. 조사분석자료의 내용이 직접 또는 간접으로 특정 금융투자상품의 매매를 유도하는 것
      이 아닌 경우
   나. 조사분석자료의 공표로 인한 매매유발이나 가격변동을 의도적으로 이용하였다고 볼 수
      없는 경우
   다. 공표된 조사분석자료의 내용을 이용하여 매매하지 아니하였음을 증명하는 경우
   라. 해당 조사분석자료가 이미 공표한 조사분석자료와 비교하여 새로운 내용을 담고 있지
      아니한 경우
3. 법 제71조 제3호를 적용할 때 해당 조사분석자료가 투자자에게 공표되거나 제공되지 아니
   하고 금융투자업자 내부에서 업무를 수행할 목적으로 작성된 경우
4. 법 제71조 제5호를 적용할 때 투자권유대행인 및 투자권유자문인력이 아닌 자에게 금적립
   계좌등에 대한 투자권유를 하게 하는 경우

(나) 선행매매 금지

1) 원칙적 금지

투자매매·중개업자는 투자자로부터 금융투자상품의 가격에 중대한 영향을 미칠 수 있는
매수 또는 매도의 청약이나 주문을 받거나 받게 될 가능성이 큰 경우 이를 체결시키기 전에 그
금융투자상품을 자기의 계산으로 매수 또는 매도하거나 제3자에게 매수 또는 매도를 권유하는
행위를 하여서는 아니 된다(법71(1)). 즉 이러한 선행매매(front running)가 금지되므로 위탁매매
를 자기매매보다 우선하여 행하여야 한다.

선행매매는 주로 기관투자자의 대량주문 또는 외국인의 주문동향과 관련하여 발생한다.

매매는 투자자의 주문방향과 동일한 방향으로 나타난다. 예를 들어 기관투자자가 대량의 주식을 매수하는 경우에는 대량매수주문을 처리하기 이전에 자기 등의 계산으로 미리 해당 주식 등을 매수하는 것이다.

금융투자상품의 시장가격에 중대한 영향을 미칠 것으로 예상되는 투자자의 매매주문을 위탁받고 이를 시장에 공개하기 전에 당해 주문에 관한 정보를 제3자에게 제공하는 행위도 금지된다. 다만 ⅰ) 정보의 제공이 당해 매매주문의 원활한 체결을 위한 것이고, ⅱ) 정보를 제공받는 자가 예상되는 가격변동을 이용한 매매를 하지 아니하거나 주문정보를 다른 제3자에게 전달하지 아니할 것이라고 믿을 수 있는 합리적 근거가 있으며, ⅲ) 매매주문을 위탁한 투자자에 관한 일체의 정보제공이 없는 경우는 제외한다(금융투자업규정4-20①(4)).

2) 예외적 허용

선행매매가 시행령에 의해 허용되는 경우는 ⅰ) 투자자의 매매에 관한 청약이나 주문에 관한 정보를 이용하지 아니하였음을 증명하는 경우, ⅱ) 증권시장(다자간매매체결회사에서의 거래를 포함)과 파생상품시장 간의 가격 차이를 이용한 차익거래, 그 밖에 이에 준하는 거래로서 투자자의 정보를 의도적으로 이용하지 아니하였다는 사실이 객관적으로 명백한 경우이다(영68①(1)).

(다) 조사분석자료 공표전 매매거래 금지(스캘핑)

1) 원칙적 금지

투자매매업자·투자중개업자는 특정 금융투자상품의 가치에 대한 주장이나 예측을 담고 있는 자료("조사분석자료")를 투자자에게 공표함에 있어서 그 조사분석자료의 내용이 사실상 확정된 때부터 공표 후 24시간이 경과하기 전까지 그 조사분석자료의 대상이 된 금융투자상품을 자기의 계산으로 매매하는 행위를 하지 못한다(법71(2)). 이러한 행위를 스캘핑(scalping)이라고 한다.[170]

조사분석자료의 작성 및 공표와 관련하여 다음의 어느 하나에 해당하는 행위도 금지된다(금융투자업규정4-20①(6)). 즉 ⅰ) 조사분석자료를 일반인에게 공표하기 전에 조사분석자료 또

---

170) 금융투자회사의 영업 및 업무에 관한 규정 제2-25조(용어의 정의) 이 장에서 사용하는 용어의 정의는 다음 각 호와 같다.
  1. "조사분석자료"란 금융투자회사의 명의로 공표 또는 제3자에게 제공되는 것으로 특정 금융투자상품(집합투자증권은 제외)의 가치에 대한 주장이나 예측을 담고 있는 자료를 말한다.
  2. "금융투자분석사"란 금융투자회사 임직원으로서 조사분석자료의 작성, 심사 및 승인 업무를 수행하는 자로 전문인력규정 제3-1조에 따라 협회에 등록된 금융투자전문인력을 말한다.
  3. "조사분석 담당부서"란 명칭에 관계없이 조사분석자료의 작성, 심사 및 승인 등의 업무를 수행하는 부서를 말한다.
  4. "공표"란 조사분석자료의 내용을 다수의 일반인이 인지할 수 있도록 금융투자회사 또는 조사분석 담당부서가 공식적인 내부절차를 거쳐 발표(언론기관 배포·인터넷 게재·영업점비치·영업직원에 대한 통보·전자통신수단에 의한 통지 등을 포함)하는 행위를 말한다.

는 조사분석자료의 주된 내용을 제3자(나목의 조사분석자료 작성업무에 관여한 자를 제외)에게 먼저 제공한 경우 당해 조사분석자료를 일반인에게 공표할 때에는 이를 제3자에게 먼저 제공하였다는 사실과 최초의 제공시점을 함께 공표하지 않는 행위(가목), ⅱ) 조사분석자료의 작성업무에 관여한 계열회사, 계열회사의 임직원, 그 밖에 이에 준하는 자가 있는 경우 사전에 그 자에 대하여 법 제71조 제2호에 따른 매매거래를 하지 아니하도록 요구하지 아니하는 행위(나목), ⅲ) 나목의 요구를 하였으나 이에 응하지 않을 경우 조사분석자료의 작성과정에 관여하지 못하도록 하는 등 필요한 적절한 조치를 취하지 않는 행위(다목)도 금지된다.

2) 예외적 허용

조사분석자료 공표 전 매매거래가 시행령에 의해 예외적으로 허용되는 경우는 ⅰ) 조사분석자료의 내용이 직접 또는 간접으로 특정 금융투자상품의 매매를 유도하는 것이 아닌 경우, ⅱ) 조사분석자료의 공표로 인한 매매유발이나 가격변동을 의도적으로 이용하였다고 볼 수 없는 경우, ⅲ) 공표된 조사분석자료의 내용을 이용하여 매매하지 아니하였음을 증명하는 경우, ⅳ) 해당 조사분석자료가 이미 공표한 조사분석자료와 비교하여 새로운 내용을 담고 있지 아니한 경우이다(영68①(2)).

(라) 조사분석자료 작성 담당자에 대한 성과보수 지급 금지

1) 원칙적 금지

투자매매·중개업자는 조사분석자료 작성을 담당하는 자에 대하여 ⅰ) 인수업무(제1호), ⅱ) 모집·사모·매출의 주선업무(제2호), ⅲ) 기업의 인수 및 합병의 중개·주선 또는 대리업무(제3호), ⅳ) 기업의 인수·합병에 관한 조언업무(제4호), ⅴ) 설비투자, 사회간접자본 시설투자, 자원개발, 그 밖에 상당한 기간과 자금이 소요되는 프로젝트를 수주(受注)한 기업을 위하여 사업화 단계부터 특수목적기구(특정 프로젝트를 사업으로 운영하고 그 수익을 주주 등에게 배분하는 목적으로 설립된 회사, 그 밖의 기구)에 대하여 신용공여, 출자, 그 밖의 자금지원("프로젝트금융")을 하는 자금조달구조를 수립하는 등 해당 사업을 지원하는 프로젝트금융에 관한 자문업무(제4의2호), ⅵ) 프로젝트금융을 제공하려는 금융기관 등을 모아 일시적인 단체를 구성하고 자금지원조건을 협의하는 등 해당 금융기관 등을 위한 프로젝트금융의 주선업무(제4의3호), ⅶ) 제4호의2에 따른 자문업무 또는 제4호의3에 따른 주선업무에 수반하여 이루어지는 프로젝트금융(제4의4호), ⅷ) 경영참여형 사모집합투자기구 집합투자재산의 운용업무(제5호)와 연동된 성과보수를 지급하는 행위를 하지 못한다(법71(3), 영68②).

기업금융업무는 거래성사 여부에 따라 투자매매·중개업자의 손익이 크게 달라지므로 조사분석자료 작성자를 이러한 손익관계에 연계시킴으로써 왜곡된 자료를 작성하도록 하는 것을 방지하기 위한 목적이다.

2) 예외적 허용

해당 조사분석자료가 투자자에게 공표되거나 제공되지 아니하고 금융투자업자 내부에서 업무를 수행할 목적으로 작성된 경우에는 조사분석자료 작성을 담당하는 자에 대하여 성과보수를 지급하는 행위를 할 수 있다(영68①(3)).

(마) 증권의 인수업무와 관련된 조사분석자료의 공표 금지

투자매매업자·투자중개업자는 ⅰ) 주권, ⅱ) 주권 관련 사채권[전환사채권, 신주인수권부사채권, 교환사채권(주권, 전환사채권 또는 신주인수권부사채권과 교환을 청구할 수 있는 교환사채권만 해당), 전환형 조건부자본증권](영68④), ⅲ) 이와 관련된 증권예탁증권의 모집 또는 매출과 관련한 계약을 체결한 날부터 그 증권이 증권시장에 최초로 상장된 후 40일 이내에 그 증권에 대한 조사분석자료를 공표하거나 특정인에게 제공하는 행위는 금지된다(법71(4)).

이러한 규제를 두는 이유는 편향적일 수 있는 조사분석자료의 영향없이 시장 스스로 공정가격을 형성할 수 있도록 하기 위한 것이다.

(바) 부적격자에 의한 투자권유대행 금지

투자매매업자·투자중개업자는 투자권유대행인 및 투자권유자문인력이 아닌 자에게 투자권유를 하게 하는 행위를 하지 못한다(법71(5)). 다만 투자권유대행인 및 투자권유자문인력이 아닌 자에게 금적립계좌등에 대한 투자권유를 하게 하는 경우는 허용된다(영68①(4)).

(사) 일임매매 금지

1) 원칙적 금지

투자매매업자·투자중개업자는 투자자로부터 금융투자상품에 대한 투자판단의 전부 또는 일부를 일임받아 투자자별로 구분하여 금융투자상품을 취득·처분, 그 밖의 방법으로 운용하는 행위를 하지 못한다(법71(6) 본문).

2) 예외적 허용

투자일임업으로서 행하는 경우와 자본시장법 제7조 제4항에 해당하는 경우에는 이를 할 수 있다(법71(6) 단서). 따라서 투자중개업자가 투자자의 매매주문을 받아 이를 처리하는 과정에서 금융투자상품에 대한 투자판단의 전부 또는 일부를 일임받을 필요가 있는 경우로서 대통령령으로 정하는 경우에는 투자일임업으로 보지 아니한다(법7④).

자본시장법 제7조 제4항에서 "대통령령으로 정하는 경우"란 투자중개업자가 따로 대가 없이 금융투자상품에 대한 투자판단(종류, 종목, 취득·처분, 취득·처분의 방법·수량·가격 및 시기 등에 대한 판단)의 전부나 일부를 일임받는 경우로서 ⅰ) 투자자가 금융투자상품의 매매거래일(하루에 한정)과 그 매매거래일의 총매매수량이나 총매매금액을 지정한 경우로서 투자자로부터 그 지정 범위에서 금융투자상품의 수량·가격 및 시기에 대한 투자판단을 일임받은 경우, ⅱ) 투자자가 여행·질병 등으로 일시적으로 부재하는 중에 금융투자상품의 가격 폭락 등 불가피한 사유가 있는 경우로서 투자자로부터 약관 등에 따라 미리 금융투자상품의 매도 권한을 일임받은 경우, iii) 투자자가 금융투자상품의 매매, 그 밖의 거래에 따른 결제나 증거금의 추가 예탁 또는 법 제72조에 따른 신용공여와 관련한 담보비율 유지의무나 상환의무를 이행하지 아니한 경우로서 투자자로부터 약관 등에 따라 금융투자상품의 매도권한(파생상품인 경우에는 이미 매도한 파생상품의 매수권한을 포함)을 일임받은 경우, iv) 투자자가 투자중개업자가 개설한 계좌에 금전을 입금하거나 해당 계좌에서 금전을 출금하는 경우에는 따로 의사표시가 없어도 자동으로 단기금융집합투자기구의 집합투자증권 등을 매수 또는 매도하거나 증권을 환매를 조건으로 매수 또는 매도하기로 하는 약정을 미리 해당 투자중개업자와 체결한 경우로서 투자자로부터 그 약정에 따라 해당 집합투자증권 등을 매수 또는 매도하는 권한을 일임받거나 증권을 환매를 조건으로 매수 또는 매도하는 권한을 일임받은 경우, v) 그 밖에 투자자 보호 및 건전한 금융거래질서를 해칠 염려가 없는 경우로서 금융위원회가 정하여 고시하는 경우를 말한다(영7③).

(아) 기타 불건전 영업행위

투자매매업자·투자중개업자는 그 밖에 투자자 보호 또는 건전한 거래질서를 해할 우려가 있는 행위로서 대통령령으로 정하는 행위를 하지 못한다(법71(7)). 형사제재의 대상인 제1호부터 제6호까지의 위반행위와 달리 제7호 위반행위는 1억원 이하의 과태료 부과대상이다(법449(29)).

자본시장법 제71조 제7호에서 "대통령령으로 정하는 행위"란 다음의 어느 하나에 해당하는 행위를 말한다(영68⑤).

1. 법 제9조 제5항 단서에 따라 일반투자자와 같은 대우를 받겠다는 전문투자자(제10조 제1항 각 호의 자는 제외)의 요구에 정당한 사유 없이 동의하지 아니하는 행위

1의2. 제10조 제3항 제17호 가목에 따른 서류를 제출한 이후에는 전문투자자와 같은 대우를 받지 않겠다는 의사를 표시하기 전까지는 전문투자자로 대우받는다는 사실을 일반투자자에게 설명하지 않고 서류를 제출받는 행위

1의3. 제10조 제3항 제17호에 따른 요건을 갖추지 못했음을 알고도 전문투자자로 대우하는 행위

2. 일반투자자의 투자목적, 재산상황 및 투자경험 등을 고려하지 아니하고 일반투자자에게 지나치게 자주 투자권유를 하는 행위

2의2. 다음 각 목의 어느 하나에 해당하는 일반투자자를 대상으로 제52조의2 제1항 제1호 또는 제3호에 따른 금융투자상품("녹취대상상품")을 판매하는 경우 판매과정을 녹취하지 아니하거나 녹취된 파일을 해당 투자자의 요청에도 불구하고 제공하지 아니하는 행위[171]

---

171) 법 제71조 등에 의하면, 투자중개업자는 부적합투자자(일반투자자의 투자목적·재산상황 및 투자경험 등의 정보를 파악한 결과 녹취대상상품이 적합하지 아니하거나 적정하지 아니하다고 판단되는 자) 또는 70

가. 그 일반투자자의 투자목적·재산상황 및 투자경험 등의 정보를 파악한 결과 녹취대상상
품이 적합하지 아니하거나 적정하지 아니하다고 판단되는 자

나. 70세 이상인 사람

3. 투자자(투자자가 법인, 그 밖의 단체인 경우에는 그 임직원을 포함) 또는 거래상대방(거래
상대방이 법인, 그 밖의 단체인 경우에는 그 임직원을 포함) 등에게 업무와 관련하여 금융
위원회가 정하여 고시하는 기준[172]을 위반하여 직접 또는 간접으로 재산상의 이익을 제공
하거나 이들로부터 재산상의 이익을 제공받는 행위[173]

4. 증권의 인수업무 또는 모집·사모·매출의 주선업무와 관련하여 다음 각 목의 어느 하나에
해당하는 행위

가. 발행인이 증권신고서(정정신고서와 첨부서류를 포함)와 투자설명서(예비투자설명서 및
간이투자설명서를 포함) 중 중요사항에 관하여 거짓의 기재 또는 표시를 하거나 중요
사항을 기재 또는 표시하지 아니하는 것을 방지하는 데 필요한 적절한 주의를 기울이
지 아니하는 행위[174]

나. 증권의 발행인·매출인 또는 그 특수관계인에게 증권의 인수를 대가로 모집·사모·매
출 후 그 증권을 매수할 것을 사전에 요구하거나 약속하는 행위[175]

세 이상인 일반투자자를 대상으로 녹취대상상품을 판매하는 경우 판매과정을 녹취하여야 하는데도, A은
행의 B지점 등 7개 영업점은 2018. 7. 26.-2019. 3. 7. 기간 중 부적합투자자 또는 70세 이상인 일반투자
자 10여 명을 대상으로 해외금리연계 DLF 10여 건(가입금액 30.5억원)을 판매하면서 녹취를 적정하게 하
지 않았거나, 판매일로부터 1-56일 이후에 사후녹취하는 등 펀드상품 판매시 녹취의무를 위반하여 과태
료 제재를 받았다.

172) "금융위원회가 정하여 고시하는 기준"이란 투자매매업자·투자중개업자(그 임직원 포함)가 투자매매계약
의 체결 또는 투자중개계약의 체결과 관련하여 투자자(투자자가 법인, 그 밖의 단체인 경우 그 임직원 포
함) 또는 거래상대방(거래상대방이 법인, 그 밖의 단체인 경우 그 임직원 포함)등에게 제공하거나 투자자
또는 거래상대방으로부터 제공받는 금전·물품·편익 등의 범위가 일반인이 통상적으로 이해하는 수준에 반
하지 않는 것을 말한다(금융투자업규정4-18①).

173) 투자중개업자(그 임직원을 포함)는 거래상대방(그 임직원을 포함)등으로부터 업무와 관련하여 부당한 재
산상의 이익을 제공받아서는 아니 되는데도, A증권사 구조화금융부장 X는 경유판매수익권을 기초자산으
로 ABCP 등 금융투자상품(290억원)이 발행되는 구조를 설계하고 경유판매회사에 B사가 선정되도록 한
대가로 2013. 9. 17.-2014. 4. 10. 기간 중 B사 대표이사로부터 현금 2,000만원 및 백화점 상품권 등 3,400
만원 상당의 부당한 재산상 이익을 제공받은 사실이 있어 과태료 제재 등을 받았다.

174) 금융투자업자는 증권의 인수업무와 관련하여 발행인이 증권신고서 중 중요사항에 관하여 거짓의 기재 또
는 표시를 하는 것을 방지하는 데 필요한 적절한 주의를 기울여야 함에도, A증권사 기업금융본부는 A제2
호기업인수목적주식회사(SPAC)와 B사를 합병하기로 하는 협의가 진행된 후 A제2호기업인수목적주식회사
의 설립 및 공모절차가 진행된 사실을 알면서도, 대표주관회사로서 기업실사 업무를 수행함에 있어 동
SPAC이 2014. 6. 17.-2014.7.11. 기간 중 제출한 IPO 증권신고서, 정정신고서 및 투자설명서에 중요사항
을 거짓 기재(「투자위험요소」란 등에 증권신고서 제출일 현재 합병대상법인이 정해지지 않았고, 합병대상
회사를 선정하기 위한 협의 등을 진행하고 있지 않다는 내용을 기재)하는 것을 방지하는 데 적절한 주의
를 기울이지 않은 사실이 있어 과태료 제재를 받았다.

175) 증권회사 IB팀이 일정기간 동안 코스닥상장법인 A사 등 3개사가 발행하는 사모전환사채(CB)를 인수하여
발행인의 특수관계인에게 매도하기로 사전에 약속한 후, 이 3개사가 발행한 사모전환사채(CB) 총 440억
원을 인수하여 그 중 95억원을 사전에 약속한 동사들의 특수관계인에게 매도한 사실로 제재를 받은 사례

다. 인수(모집·사모·매출의 주선을 포함)하는 증권의 배정을 대가로 그 증권을 배정받은 자로부터 그 증권의 투자로 인하여 발생하는 재산상의 이익을 직접 또는 간접으로 분배받거나 그 자에게 그 증권의 추가적인 매수를 요구하는 행위

라. 인수하는 증권의 청약자에게 증권을 정당한 사유 없이 차별하여 배정하는 행위

마. 그 밖에 투자자의 보호나 건전한 거래질서를 해칠 염려가 있는 행위로서 금융위원회가 정하여 고시하는 행위[176][177]

5. 금융투자상품의 가치에 중대한 영향을 미치는 사항을 미리 알고 있으면서 이를 투자자에게 알리지 아니하고 해당 금융투자상품의 매수나 매도를 권유하여 해당 금융투자상품을 매도하거나 매수하는 행위

6. 투자자가 자본시장법 제174조·제176조 및 제178조를 위반하여 매매, 그 밖의 거래를 하려는 것을 알고 그 매매, 그 밖의 거래를 위탁받는 행위

7. 금융투자상품의 매매, 그 밖의 거래와 관련하여 투자자의 위법한 거래를 감추어 주기 위하여 부정한 방법을 사용하는 행위[178]

가 있다.

176) "금융위원회가 정하여 고시하는 행위"란 다음의 어느 하나에 해당하는 행위를 말한다(금융투자업규정 4-19).
  1. 증권의 인수와 관련하여 발행인 또는 청약자에 대하여 해당 인수계약에 명시되지 아니한 증권의 청약·인수, 자금의 지원 또는 증권의 매매 등을 하는 행위
  2. 제1호의 행위를 제의, 요구 또는 약속하는 행위
  3. 투자자의 증권 청약증거금 관리, 반환 등의 업무에 대해 적절한 주의의무를 하지 않는 행위
  4. 증권의 공모가격 결정 및 절차 등이 협회가 정한 기준 등 건전한 시장관행에 비추어 현저히 불공정하게 이루어진 행위
  5. 자신 및 이해관계인이 주식등을 보유하고 있는 회사의 기업공개 또는 장외법인공모를 위한 주관회사 업무를 수행하는 경우 상장일부터 과거 2년 이내에 취득한 동 주식등을 상장일부터 30일 이내 처분하거나 타인에게 양도하는 행위
  6. 기업공개를 위한 대표주관회사 및 인수 회사가 협회가 정한 기준 등에 따라 인수업무조서를 작성하지 않거나, 관련 자료를 보관하지 않는 행위
  7. 협회가 정하는 이해관계가 있는 자가 발행하는 주식(협회가 정하는 기업공개 또는 장외법인공모를 위하여 발행되는 주식에 한한다) 및 무보증사채권의 인수(모집의 주선을 포함)를 위하여 주관회사의 업무를 수행하거나 또는 가장 많은 수량을 인수하는 행위
177) 금융투자업자는 계열회사가 발행하는 무보증사채의 인수를 위하여 가장 많은 수량을 인수하는 행위를 하여서는 아니 되는데도, A증권은 2016. 3. 4.-2018. 2. 20. 기간 중 계열회사인 AA 등 2개사가 발행한 AA69-1 등 6개 종목 무보증사채 총 5,500억원 중 2,300억원을 인수하는 과정에서 총 6회에 걸쳐 최대물량을 인수한 사실이 있어 과태료 제재를 받았다(금융투자업규정 제4-19조 제7호 위반).
178) 법 제71조 제7호 등에 의하면 투자매매업자 또는 투자중개업자는 금융투자상품의 매매, 그 밖의 거래와 관련하여 투자자의 위법한 거래를 감추어 주기 위하여 부정한 방법을 사용하여서는 아니 되는데도, A증권은 펀드 판매사인 B은행이 주도하는 C자산운용 및 D자산운용의 펀드 운용과 관련하여 채권매매를 성사시켜 주기로 사전에 합의한 상황에서, C자산운용 및 D자산운용이 판매사인 B은행의 지시에 따라 미스매칭 펀드를 설정 및 운용하는 등 투자매매업자로부터 명령·지시 등을 받아 운용하는 위법한 거래를 감추어 주기 위하여[A증권은 자산운용사가 운용하는 미스매칭 펀드(펀드의 만기와 채권의 만기가 불일치하는 펀드)의 만기시점에 만기가 도래하지 않은 채권을 B가 지시한 금리로 매수해 줌으로써 B는 고객들에게 매칭 펀드로 판매], C자산운용의 사모 제9호 및 제12호 펀드 만기(2017. 7. 11.)가 도래하자 아직 만기가

8. 금융투자상품의 매매, 그 밖의 거래와 관련하여 결제가 이행되지 아니할 것이 명백하다고 판단되는 경우임에도 정당한 사유 없이 그 매매, 그 밖의 거래를 위탁받는 행위

9. 투자자에게 해당 투자매매업자 · 투자중개업자가 발행한 자기주식의 매매를 권유하는 행위

10. 투자자로부터 집합투자증권(증권시장에 상장된 집합투자증권은 제외)을 매수하거나 그 중개 · 주선 또는 대리하는 행위. 다만, 법 제235조 제6항 단서에 따라 매수하는 경우는 제외한다.

11. 손실보전의 금지(법55) 및 불건전 영업행위의 금지(법71)에 따른 금지 또는 제한을 회피할 목적으로 하는 행위로서 장외파생상품거래, 신탁계약, 연계거래 등을 이용하는 행위[179]

12. 채권자로서 그 권리를 담보하기 위하여 백지수표나 백지어음을 받는 행위

13. 집합투자증권의 판매업무와 집합투자증권의 판매업무 외의 업무를 연계하여 정당한 사유 없이 고객을 차별하는 행위

13의2. 종합금융투자사업자가 제77조의6 제2항을 위반하여 같은 조 제1항 제2호에 따른 단기금융업무를 하는 행위

13의3. 종합금융투자사업자가 제77조의6 제3항을 위반하여 같은 조 제1항 제3호에 따른 종합투자계좌업무를 하는 행위

13의4. 법 제117조의10 제4항 단서에 따라 온라인소액증권발행인이 정정 게재를 하는 경우 온라인소액투자중개업자가 정정 게재 전 해당 증권의 청약의 의사를 표시한 투자자에게 다음 각 목의 행위를 하지 않는 행위

　가. 정정 게재 사실의 통지

　나. 제118조의9 제1항 각 호의 어느 하나에 해당하는 방법을 통한 투자자 청약 의사의 재확인(제130조 제1항 제1호 가목에 따른 모집가액 또는 매출가액이 증액되거나 같은 호 나목에 따른 사항이 변경됨에 따라 정정 게재를 하는 경우는 제외)

도래하지 않은 "E 4회차" 채권(만기: 2018. 7. 11.) 총 106억원(각각 79억원, 27억원)을 B은행의 지시대로 2017. 7. 5. C자산운용으로부터 3.61% 금리로 매수하고, 동 채권을 B은행의 지시대로 2017. 7. 18. D자산운용의 "단기채권 전문투자형 제1호 및 제2호" 펀드에 3.35% 금리로 매도(각각 65.8억원, 40.2억원)하는 방식으로, 2017. 4. 26.–2018. 4. 4. 기간 중 펀드만기가 도래한 미스매칭 펀드에 편입되어 있는 채권 총 1,439억원을 B은행의 지시대로 매매하는 등 부정한 방법을 사용한 사실(종목분석 등 정상적인 절차를 거쳐 채권을 매매하지 않고, B은행으로부터 거래상대방, 매입금리, 매매일자 등을 지시받고 이에 따라 거래)이 있어 과태료 제재를 받았다.

179) 법 제71조 제7호, 영 제68조 제5항 제4호 나목 및 제11호에 의하면 투자매매업자 또는 투자중개업자는 증권의 발행인 등에게 증권의 인수를 대가로 모집 · 사모 · 매출 후 그 증권을 매수할 것을 사전에 요구하거나 약속하는 행위를 하거나 동 제한을 회피할 목적으로 연계거래를 이용하여서는 아니 되는데도, A증권 X팀은 B사에 대한 대출금 220억을 구조화한 사채를 A증권이 설립한 SPC를 통하여 발행하여 이를 인수한 다음 그 즉시 B사의 특수관계인인 C사에 매도하기로 사전에 약정하고, 2015. 12. 1. 위 대출금을 기초자산으로 하여 SPC인 D사가 발행한 "제1회 무기명식 무보증 이권부 사모사채"(연 3.75%, 만기 2017. 4. 30.) 220억원 상당을 인수하고 그 즉시 C사에 매도하여, 증권의 발행인 등에 대한 인수증권 재매도약정 제한을 회피할 목적으로 SPC를 통한 연계거래를 이용한 사실이 있어 과태료 제재를 받았다.

13의5. 법 제117조의10 제6항 제2호에 따른 투자자가 온라인소액투자중개의 방법을 통하여 증권을 청약하려는 경우 온라인소액투자중개업자가 해당 투자자에게 투자에 따르는 위험 등에 대하여 이해했는지 여부를 질문을 통하여 확인하지 않거나, 확인한 결과 투자자에게 온라인소액투자중개의 방법을 통한 투자가 적합하지 않음에도 청약의 의사표시를 받는 행위

13의6. 청약금액이 모집예정금액에 제118조의16 제5항에 따른 비율을 곱한 금액을 초과하여 증권의 발행이 가능한 요건이 충족되었음에도 온라인소액투자중개업자가 해당 사실을 청약자에게 통지하지 않는 행위

14. 그 밖에 투자자의 보호나 건전한 거래질서를 해칠 염려가 있는 행위로서 금융위원회가 정하여 고시하는 행위180)181)182)183)184)

---

180) "금융위원회가 정하여 고시하는 행위"란 다음의 어느 하나에 해당하는 행위를 말한다(금융투자업규정 4-20①).
   1. 경쟁을 제한할 목적으로 다른 투자매매업자 또는 투자중개업자와 사전에 협의하여 금융투자상품의 매매호가, 매매가격, 매매조건 또는 수수료 등을 정하는 행위
   2. 다른 투자매매업자 또는 투자중개업자에 대하여 금융투자상품의 매매호가, 매매가격, 매매조건 또는 수수료 등의 변경을 요구하거나 직접 또는 간접으로 이를 강요하는 행위
   3. 투자자의 거래가 탈세의 수단으로 하는 행위라는 사실을 알면서도 이를 지원하거나 알선하는 행위
   4. 금융투자상품의 시장가격에 중대한 영향을 미칠 것으로 예상되는 투자자의 매매주문을 위탁받고 이를 시장에 공개하기 전에 당해 주문에 관한 정보를 제3자에게 제공하는 행위. 다만, 다음의 요건을 모두 충족하는 정보제공행위는 제외한다.
      가. 정보의 제공이 당해 매매주문의 원활한 체결을 위한 것일 것
      나. 정보를 제공받는 자가 예상되는 가격변동을 이용한 매매를 하지 아니하거나 주문정보를 다른 제3자에게 전달하지 아니할 것이라고 믿을 수 있는 합리적 근거가 있을 것
      다. 매매주문을 위탁한 투자자에 관한 일체의 정보제공이 없을 것
   5. 투자권유와 관련하여 다음의 어느 하나에 해당하는 행위
      가. 일반투자자를 대상으로 빈번한 금융투자상품의 매매거래 또는 과도한 규모의 금융투자상품의 매매거래를 권유하는 행위. 이 경우 특정거래가 빈번한 거래인지 또는 과도한 거래인지 여부는 다음의 사항을 감안하여 판단한다.
         (1) 일반투자자가 부담하는 수수료의 총액
         (2) 일반투자자의 재산상태 및 투자목적에 적합한지 여부
         (3) 일반투자자의 투자지식이나 경험에 비추어 당해 거래에 수반되는 위험을 잘 이해하고 있는지 여부
         (4) 개별 매매거래시 권유내용의 타당성 여부
      나. 투자자를 거래상대방으로 하여 매매하는 경우 외에 금융투자상품시장에서 자기계산에 따라 금융투자상품 매매를 유리하게 또는 원활히 할 목적으로 투자자에게 특정 금융투자상품의 매매를 권유하는 행위
      다. 신뢰할 만한 정보·이론 또는 논리적인 분석·추론 및 예측 등 적절하고 합리적인 근거를 가지고 있지 아니하고 특정 금융투자상품의 매매거래나 특정한 매매전략·기법 또는 특정한 재산운용배분의 전략·기법을 채택하도록 투자자에게 권유하는 행위
      라. <삭제 2014. 11. 4.>
      마. <삭제 2014. 11. 4.>
      바. 해당 영업에서 발생하는 통상적인 이해가 아닌 다른 특별한 사유(인수계약 체결, 지급보증의 제공, 대출채권의 보유, 계열회사 관계 또는 자기가 수행 중인 기업인수 및 합병 업무대상, 발행주식총수의 1% 이상 보유 등)로 그 금융투자상품의 가격이나 매매와 중대한 이해관계를 갖게 되는 경우에 그 내용을 사전에 일반투자자에게 알리지 아니하고 특정 금융투자상품의 매매를 권유하는 행위. 다

만, 다음의 어느 하나에 해당하는 사유로 이를 알리지 아니한 경우는 제외한다.
(1) 투자자가 매매권유 당시에 당해 이해관계를 알고 있었거나 알고 있었다고 볼 수 있는 합리적 근거가 있는 경우. 다만, 조사분석자료에 따른 매매권유의 경우는 제외한다.
(2) 매매를 권유한 임직원이 그 이해관계를 알지 못한 경우. 다만, 투자매매업자 또는 투자중개업자가 그 이해관계를 알리지 아니하고 임직원으로 하여금 당해 금융투자상품의 매매를 권유하도록 지시하거나 유도한 경우는 제외한다.
(3) 당해 매매권유가 투자자에 대한 최선의 이익을 위한 것으로 인정되는 경우. 다만, 조사분석자료에 따른 매매권유의 경우는 제외한다.
사. 조사분석자료를 작성하거나 이에 영향력을 행사하는 자가 자신의 재산적 이해에 영향을 미칠 수 있는 금융투자상품의 매매를 일반투자자에게 권유하는 경우 그 재산적 이해관계를 고지하지 아니하는 행위. 이 경우 재산적 이해의 범위, 고지의 내용과 방법에 관한 사항은 협회가 정한다.
아. 특정 금융투자상품의 매매를 권유한 대가로 권유대상 금융투자상품의 발행인 및 그의 특수관계인 등 권유대상 금융투자상품과 이해관계가 있는 자로부터 재산적 이익을 제공받는 행위
자. 바목에 불구하고 일반투자자를 상대로 자신 또는 계열회사가 발행한 증권 중 증권의 발행인이 파산할 경우에 타 채무를 우선 변제하고 잔여재산이 있는 경우에 한하여 당해 채무를 상환한다는 조건이 있거나, 투자적격 등급에 미치지 아니하거나 또는 신용등급을 받지 아니한 사채권, 자산유동화증권, 기업어음증권 및 이에 준하는 고위험 채무증권의 매매를 권유하는 행위
6. 조사분석자료의 작성 및 공표와 관련하여 다음의 어느 하나에 해당하는 행위
가. 조사분석자료를 일반인에게 공표하기 전에 조사분석자료 또는 조사분석자료의 주된 내용을 제3자(나목의 조사분석자료 작성업무에 관여한 자를 제외)에게 먼저 제공한 경우 당해 조사분석자료를 일반인에게 공표할 때에는 이를 제3자에게 먼저 제공하였다는 사실과 최초의 제공시점을 함께 공표하지 않는 행위
나. 조사분석자료의 작성업무에 관여한 계열회사, 계열회사의 임직원, 그 밖에 이에 준하는 자가 있는 경우 사전에 그 자에 대하여 법 제71조 제2호에 따른 매매거래를 하지 아니하도록 요구하지 아니하는 행위
다. 나목의 요구를 하였으나 이에 응하지 않을 경우 조사분석자료의 작성과정에 관여하지 못하도록 하는 등 필요한 적절한 조치를 취하지 않는 행위
7. 다음의 어느 하나에 해당하는 행위[사전에 준법감시인(준법감시인이 없는 경우에는 감사 등 이에 준하는 자)에게 보고한 경우에 한한다]를 제외하고 증권의 매매, 그 밖에 거래와 관련하여 손실을 보전하거나 이익을 보장하는 행위
가. 투자매매업자·투자중개업자 및 그 임직원이 자신의 위법(과실로 인한 위법을 포함)행위여부가 불명확한 경우 사적 화해의 수단으로 손실을 보상하는 행위. 다만, 증권투자의 자기책 임원칙에 반하는 경우에는 그러하지 아니하다.
나. 투자매매업자 또는 투자중개업자의 위법행위로 인하여 손해를 배상하는 행위
다. 분쟁조정 또는 재판상의 화해절차에 따라 손실을 보상하거나 손해를 배상하는 행위
8. 일중매매거래 및 시스템매매와 관련하여 다음의 어느 하나에 해당하는 행위
가. 일중매매거래 및 시스템매매 프로그램의 투자실적에 관하여 허위의 표시를 하거나 과장 등으로 오해를 유발하는 표시를 하는 행위
나. 일중매매거래나 시스템매매에 수반되는 위험을 일반투자자에게 고지하지 아니하는 행위. 이 경우 위험고지의 대상·시기·방법 및 내용에 대하여는 협회가 정한다.
다. 금융투자상품 거래에 관한 경험·지식·재산상태 및 투자목적 등에 비추어 일중매매거래에 적합하다고 보기 어려운 일반투자자를 상대로 일중매매거래기법을 교육하는 등 일중매매거래를 권유하는 행위
라. 금융투자상품 거래에 관한 경험·지식 등에 비추어 당해 투자자가 시스템매매를 바르게 이해하고 있다고 볼 수 있는 합리적 근거가 있는 경우를 제외하고는 일반투자자를 상대로 특정시스템매매 프로그램의 이용을 권유하는 행위
9. 설명의무 및 매매거래 전 정보제공과 관련하여 다음의 어느 하나에 해당하는 행위

가. 투자자의 매매거래주문을 처리하기 전에 다음의 사실을 고지하지 아니하는 행위. 다만, 투자자가 이미 이를 알고 있다고 인정할 만한 합리적 근거가 있는 경우는 제외한다.
    (1) 당해 매매거래에 있어서 투자매매업자·투자중개업자가 동시에 다른 투자자의 위탁매매인, 중개인 또는 대리인의 역할을 하는 경우 그 사실
    (2) 중개 또는 대리시 매매상대방이 투자자의 실명을 요구하는 때에는 이를 알릴 수 있다는 사실
    (3) 매매거래의 결제를 위하여 증권의 실물을 전달하게 되는 경우 당해 증권의 하자와 관련한 책임소재
나. 다음의 어느 하나에 해당하는 경우를 제외하고 설명의무를 이행하기 위한 설명서를 교부하지 아니하는 행위. 이 경우 설명서의 구체적인 내용은 협회가 정한다.
    (1) 영 제132조 제2호에 따른 방법으로 설명서의 수령을 거부하는 경우
    (2) 설명서에 갈음하는 투자설명서를 교부하는 경우
다. 나목에 따른 설명서를 각 영업점에서 투자자의 접근이 용이한 장소에 비치하거나 전자통신 등의 방법에 따라 공시하는 등 투자자가 언제든지 열람할 수 있도록 하는 조치를 취하지 아니하는 행위
10. 집합투자증권의 판매와 관련하여 다음의 어느 하나에 해당하는 행위
가. 다음 각각의 어느 하나에 해당하는 행위
    (1) 특정 집합투자증권 취급시 자기가 받는 판매보수 또는 판매수수료가 다른 집합투자증권 취급시 받는 판매보수 또는 판매수수료보다 높다는 이유로 일반투자자를 상대로 특정 집합투자증권의 판매에 차별적인 판매촉진노력(영업직원에 대한 차별적인 보상이나 성과보수의 제공 및 집중적 판매독려 등)을 하는 행위. 다만, 투자자의 이익에 부합된다고 볼 수 있는 합리적 근거가 있어 판매대상을 단일집합투자업자의 집합투자증권으로 한정하거나 차별적인 판매촉진노력을 하는 경우는 제외한다.
나. 자기가 행한 집합투자증권의 판매의 대가로 집합투자업자를 상대로 집합투자재산의 매매주문을 자기나 제3자에게 배정하도록 직접 또는 간접으로 요구하는 행위. 다만, 집합투자업자가 사전에 투자설명서에 최선의 매매조건을 제시하는 투자매매업자 또는 투자중개업자가 둘 이상 있는 때에는 판매실적을 감안하여 매매를 위탁하는 투자매매업자 또는 투자중개업자를 선정하겠다고 사전에 공시한 집합투자증권을 투자매매업자 또는 투자중개업자가 판매하는 경우 그 공시내용을 근거로 판매의 대가로 집합투자업자에 대하여 매매주문을 요구하는 경우는 제외한다.
다. 집합투자증권의 판매의 대가로 자기에게 위탁하는 집합투자재산의 매매거래에 대하여 유사한 다른 투자자의 매매거래보다 부당하게 높은 수수료를 요구하는 행위
라. 특정 집합투자증권의 판매와 관련하여 투자자를 상대로 예상수익률의 보장, 예상수익률의 확정적인 단언 또는 이를 암시하는 표현, 실적배당상품의 본질에 반하는 주장이나 설명 등을 하는 행위
마. 매 사업연도별로 집합투자증권의 총 판매금액 중 계열회사 또는 계열회사에 준하는 회사인 집합투자업자가 운용하는 집합투자기구의 집합투자증권의 판매금액의 비중(판매금액의 비중을 산정하는 구체적인 기준은 별표 12의2와 같다)이 25%를 초과하도록 계열회사 또는 계열회사에 준하는 회사[자기가 해당 회사의 발행주식(의결권 없는 주식은 제외) 총수의 30% 이상을 소유한 회사, 상호간 임원 겸임 또는 계열회사로 인정될 수 있는 영업상의 표시행위 등의 사실이 있는 회사 등]가 운용하는 집합투자기구의 집합투자증권을 판매하는 행위
바. 법 제192조 제2항 제5호, 법 제202조 제1항 제7호(제211조 제2항, 제216조 제3항 및 제217조의6 제2항에서 준용하는 경우를 포함) 및 법 제221조 제1항 제4호(제227조 제3항에서 준용하는 경우를 포함)에 따른 해지 또는 해산을 회피할 목적으로 투자자의 수가 1인인 집합투자기구가 발행한 집합투자증권을 다음의 어느 하나에 해당하는 자에게 판매하는 행위
    1) 해당 집합투자기구를 운용하는 집합투자업자
    2) 해당 집합투자증권을 판매하는 투자매매업자 또는 투자중개업자
    3) 해당 집합투자기구의 집합투자재산을 보관·관리하는 신탁업자
    4) 1)부터 3)까지에 해당하는 자의 임직원
11. 투자자의 매매주문의 접수·집행 등과 관련하여 다음의 어느 하나에 해당하는 행위
가. 일반투자자를 거래상대방으로 하여 금융투자상품을 매매거래하는 경우 매매거래 당시의 시장상황

및 투자자의 거래탐색비용 등에 비추어 투자자에게 부당한 거래조건으로 거래하는 행위. 다만, 재고부담 등 정당한 사유로 인하여 거래시세보다 불리한 거래조건을 투자자에게 제시하고 당시의 시세를 투자자에게 사전에 고지하는 경우에는 제외한다.

나. 시장에서의 매매주문을 받은 경우 투자자가 지정한 주문 내용과 방법에 따라 즉시 주문을 당해 시장에 전달하지 아니하는 행위. 다만, 다음의 요건을 모두 충족하는 경우에는 주문방법(매매거래시장, 주문의 시장전달 시기, 호가방법 등)을 변경하거나 다른 주문과 합하여 일괄처리할 수 있다.

  (1) 매매주문방법의 변경이 투자자의 당초 매매주문의 목적을 달성하는데 더 효과적이라고 볼 수 있는 합리적 근거가 있을 것

  (2) 주문에 대한 최선의 매매체결을 위하여 투자매매업자 또는 투자중개업자가 주문방법의 변경이나 다른 주문과 합하여 일괄처리 할 수 있다는 것에 대하여 투자자의 서면 등에 의한 사전에 동의가 있을 것

  (3) 주문방법의 변경이나 주문의 일괄처리에 대한 내부통제가 적절히 이루어지고 있을 것

다. 다음의 어느 하나에 해당하는 경우를 제외하고는 계좌명의인 이외의 자로부터 매매거래의 위탁을 받는 행위. 다만, 업무상 통상적인 노력을 기울여 이 목에 따른 정당한 매매주문자로 볼 수 있었던 자로부터 주문을 받은 경우(주문자가 정당한 매매주문자가 아니라는 사실을 알고 있었던 경우는 제외)는 제외한다.

  (1) 계좌개설 시에 투자자가 매매주문을 대리할 수 있는 자를 서면으로 지정하고 동 대리인이 매매주문을 내는 경우

  (2) 위임장 등으로 매매주문의 정당한 권한이 있음을 입증하는 자가 매매주문을 내는 경우

  (3) 일임계약에 따라 일임매매관리자가 주문을 내는 경우

라. 단일계좌에서의 거래와 관련하여 계좌명의인이 계좌명의인 이외의 자를 매매주문자, 입출금(고) 청구자, 매매거래통지의 수령자 등으로 지정하는 경우 계좌명의인으로부터 위임의사를 서면으로 제출받지 아니하는 행위

마. 계좌명의인으로부터 라목에 따른 위임의사를 제출받았음에도 불구하고 단일계좌에서 계좌명의인 이외의 자가 행하는 거래에 관한 지시를 거부하는 행위. 다만, 투자매매업자 또는 투자중개업자가 계좌명의인 이외의 자에 대한 위임의 일부 또는 전부를 인정하지 아니하겠다는 의사를 사전에 계좌명의인에게 서면으로 표시한 경우는 제외한다.

바. 투자자가 매매거래의 진정한 의사가 없음이 명백함에도 주문을 수탁하는 행위. 이 경우 진정한 매매거래 의사가 있었는지 여부는 다음의 사항을 감안하여야 한다.

  (1) 당해 매매주문의 대상이 되는 증권시장등에 상장된 금융투자상품의 수량 및 평균거래량

  (2) 증권시장에 상장된 주권 발행기업의 지분분포

  (3) 당해 투자자의 예탁재산 규모 및 거래행태

  (4) 매매주문 당시의 호가상황

12. 수수료의 지급 등과 관련하여 다음의 어느 하나에 해당하는 행위

가. 국내·외에서 금융투자업을 영위하지 아니하는 자(투자권유대행인을 제외)에 대하여 거래대금, 거래량 등 투자자의 매매거래 규모 또는 금융투자업자의 수수료 수입에 연동하여 직접 또는 간접의 대가를 지급하는 행위. 다만, 금융투자업자와 물리적인 사무공간을 공유하면서 공동으로 영업하는 금융기관(영 제10조 제2항에 따른 금융기관)에게 공동영업에 따른 수수료를 지급하는 경우는 제외한다.

나. 투자자로부터 성과보수(예탁자산규모에 연동하여 보수를 받는 경우는 이 절에서 성과보수로 보지 아니한다)를 받기로 하는 약정을 체결하는 행위 및 그에 따라 성과보수를 받는 행위

13. 금융투자업자 자기가 발행하였거나 발행하고자 하는 주식(전환사채 등 주식관련사채를 포함)을 일반투자자를 상대로 매수를 권유하거나 매도하는 행위. 다만, 다음 각 목의 어느 하나에 해당하는 경우는 제외한다.

가. 둘 이상의 신용평가업자로부터 모두 상위 2등급 이상에 해당하는 신용등급을 받은 경우

나. 주권상장법인인 금융투자업자가 주식을 모집 또는 매출하는 경우

14. 금융투자상품의 투자중개업자가 투자자의 주문을 다른 금융투자상품의 투자중개업자에게 중개함에 있

(3) 신용공여

(가) 의의

투자매매업자 또는 투자중개업자는 증권과 관련하여 금전의 융자 또는 증권의 대여의 방법으로 투자자에게 신용을 공여할 수 있다(법72① 본문). 다만, 투자매매업자는 증권의 인수일부터 3개월 이내에 투자자에게 그 증권을 매수하게 하기 위하여 그 투자자에게 금전의 융자, 그 밖의 신용공여를 하여서는 아니 된다(법72① 단서).

인수 관련 신용공여를 금지하는 이유는 증권의 인수인이 된 투자매매업자가 증권의 인수와 관련하여 신용공여의 이익을 제공함으로써 신용공여의 이익을 제공하지 않는다면 용이하게 처분할 수 없는 증권을 투자자에게 취득시키고 인수위험을 부당하게 투자자에게 전가하는 것을 방지하기 위함이다.

(나) 신용공여의 방법

1) 증권매수대금융자 및 증권대여

투자매매업자·투자중개업자는 ⅰ) 해당 투자매매업자 또는 투자중개업자에게 증권 매매거래계좌를 개설하고 있는 자에 대하여 증권의 매매를 위한 매수대금을 융자하거나 매도하려는 증권을 대여하는 방법, ⅱ) 해당 투자매매업자 또는 투자중개업자에 증권을 예탁하고 있는

어 중개수수료 이외의 투자자의 재산을 수탁받는 행위

181) 투자매매업자 또는 투자중개업자는 일반투자자를 상대로 자신 또는 계열회사가 발행한 후순위채권의 매매를 권유하는 행위를 하여서는 아니 됨에도, A증권 채권상품부는 2015. 3. 23.– 2017. 1. 17. 기간 중 동사의 계열회사인 AA가 발행한 후순위채권 1,261백만원을 지점에서 일반투자자에게 매매를 권유하게 하여 판매한 사실이 있어 과태료 제재를 받았다(금융투자업규정 제4-20조 제1항 제5호 자목 위반).

182) 금융투자업자는 매 사업연도별로 집합투자증권의 총 판매금액 중 계열회사인 집합투자업자가 운용하는 집합투자기구의 집합투자증권 판매금액 비중이 100분의 50을 초과하여 판매해서는 아니 되는데도, A증권사는 2017년말 기준 집합투자증권 총 판매금액 662억원 중 계열회사인 A자산운용이 운용하는 집합투자기구의 집합투자증권을 630억원(95.17%) 판매하여 판매비중 50%를 초과한 사실이 있어 과태료 제재를 받았다(금융투자업규정 제4-20조 제1항 제10호 마목 위반).

183) 법 제71조 제7호 등에 의하면 투자매매업자 또는 투자중개업자는 위임장 등으로 매매주문의 정당한 권한이 있음을 입증하는 자("정당한 매매주문자") 등을 제외하고는 계좌명의인 이외의 자로부터 매매거래의 위탁을 받는 행위를 하여서는 아니 되는데도, A증권 B센터에서는 2015. 1. 2.–2016. 12 .21. 기간 중 정당한 매매주문자가 아닌 자로부터 고객 16명의 위탁계좌에서 4,295회에 걸쳐 총 349억원 상당의 주식 매매주문(체결금액 305억원)을 수탁한 사실이 있어 과태료 제재를 받았다(금융투자업규정 제4-20조 제1항 제11호 다목 위반).

184) 투자중개업자는 금융투자업을 영위하지 아니하는 자에 대하여 수수료 수입에 연동하여 직접 또는 간접의 대가를 지급하여서는 아니 되는데도, A증권 C지점 前 부지점장 X는 2012년 1월경 D연금재단("재단")의 특별감사위원회 전문위원 Y(기금운용에 대한 특별감사 및 향후 운용방안에 대해 영향력을 행사한 자)와 재단 기금을 동 지점에 일괄 이관해 주면 동 지점 투자권유대행인(Z 등 총 4인)의 보수 중 일부를 Y에게 지급하기로 공모한 후, 2012. 5. 25.– 2015. 9. 25. 기간 동안 재단기금 계좌(유치금액 1,506억원)에서 발생한 A증권의 수수료 수입에 연동하여 동 투자권유대행인 4인이 월 단위로 동사로부터 받은 투자권유대행 보수(총 1,843,470,215원) 중 1,420,498,413원을 총 78회에 걸쳐 Y에게 지급한 사실이 있어 과태료 제재를 받았다(금융투자업규정 제4-20조 제1항 제12호 가목 위반).

자에 대하여 그 증권을 담보로 금전을 융자하는 방법으로 투자자에게 신용을 공여할 수 있다 (영69①).

그러나 투자매매·중개업자가 전담중개업무를 제공하는 경우에는 ⅰ) 증권의 매매를 위한 매수대금을 융자하거나 매도하려는 증권을 대여하는 방법, ⅱ) 전담중개업무로서 보관·관리하는 전문투자형 사모집합투자기구등의 투자자재산인 증권을 담보로 금전을 융자하는 방법으로 그 전담중개업무를 제공받는 전문투자형 사모집합투자기구등에 대하여 신용을 공여할 수 있다 (영69②).

2) 신용공여 등 용어의 정의

신용공여의 구체적인 기준과 담보의 비율 및 징수방법 등은 금융위원회가 정하여 고시한다(영69③).

가) 신용공여

"신용공여"란 투자매매업자 또는 투자중개업자가 증권에 관련하여 ⅰ) 모집·매출, 주권상장법인의 신주발행에 따른 주식을 청약하여 취득하는데 필요한 자금의 대출("청약자금대출"), ⅱ) 증권시장에서의 매매거래(다자간매매체결회사에서의 매매거래를 포함)를 위하여 투자자(개인에 한한다)에게 제공하는 매수대금의 융자("신용거래융자") 또는 매도증권의 대여("신용거래대주"), ⅲ) 투자자 소유의 전자등록주식등(전자증권법에 따른 전자등록주식등) 또는 예탁증권을 담보로 하는 금전의 융자("증권담보융자": 이 경우 매도되었거나 환매 청구된 전자등록주식등 또는 예탁증권을 포함)의 어느 하나에 해당하는 방법으로 투자자에게 금전을 대출하거나 증권을 대여하는 것을 말한다(금융투자업규정4-21(1)).

나) 신용거래와 담보

"신용거래"란 신용거래융자 또는 신용거래대주를 받아 결제하는 거래를 말한다(금융투자업규정4-21(2)). "담보"란 투자매매업자 또는 투자중개업자가 투자자에게 신용공여하면서 그 채무의 이행을 확보하기 위하여 인출제한, 질권 취득, 보관 등의 조치를 취할 수 있는 대상이 되는 증권 등을 말한다(금융투자업규정4-21(3)).

다) 신용공여금액

"신용공여금액"이란 투자매매업자 또는 투자중개업자가 투자자에게 제공한 대출금, 신용거래융자금, 신용거래대주 시가상당액을 말한다. 이 경우 ⅰ) 매매계약의 체결에 따라 대출, 융자가 예정되거나 상환이 예정된 대출금, 융자금, ⅱ) 매매계약의 체결에 따라 대여 혹은 상환이 예정된 신용거래대주 시가상당액 등을 감안하여 신용증여금액을 산출할 수 있다(금융투자업규정4-21(4)).

라) 대용증권

"대용증권"이란 신용공여와 관련하여 투자매매업자 또는 투자중개업자가 투자자로부터 현금에 갈음하여 담보로 징구하는 증권으로서 법 제393조 제1항의 증권시장업무규정(거래소의 유가증권시장 업무규정 제88조,[185] 코스닥시장 업무규정 제43조,[186] 코넥시장업무규정 제63조[187])에서 정하는 것을 말한다(금융투자업규정4-21(5)).

마) 금융투자업규정

금융투자업규정은 제4-22조부터 제4-35조까지 신용공여계약의 체결, 신용공여의 회사별 한도, 담보의 징구, 담보비율, 담보로 제공된 증권의 평가, 담보평가의 특례, 임의상환방법, 신용거래종목, 신용공여 한도 및 보고, 매매주문의 수탁 제한, 신용공여 관련조치, 자료의 제출, 제재조치 등에 관하여 상세히 규정하고 있다.

(다) 신용공여계약의 체결

투자매매업자 또는 투자중개업자가 신용공여를 하고자 하는 경우에는 투자자와 신용공여에 관한 약정을 체결하여야 하는데(금융투자업규정4-22①), 약정을 체결하는 경우 투자자 본인(법인투자자의 경우에는 그 대리인)의 기명날인 또는 서명을 받거나 전자서명법 제18조의2[188]에

---

185) 대용증권은 다음의 어느 하나에 해당하는 증권으로 한다(유가증권시장 업무규정88②).
    1. 주식시장 상장주권 및 상장외국주식예탁증권. 다만, 다음의 어느 하나에 해당하는 종목은 제외한다.
      가. 관리종목
      나. 정리매매종목
      다. 상장규정 제153조 제1항 제2호, 제3호 및 제16호에 따라 매매거래가 정지된 종목
      라. 그 밖에「시장감시규정」제5조의3에 따른 투자경고종목 및 투자위험종목
    2. 상장지수집합투자기구 집합투자증권 및 상장지수증권. 다만, 다음의 어느 하나에 해당하는 종목은 제외한다.
      가. 상장규정 제153조 제1항 제2호에 따라 매매거래가 정지된 종목
      나. 투자유의종목
      다. 그 밖에 세칙으로 정하는 종목
    3. 상장채무증권. 다만, 다음의 어느 하나에 해당하는 종목은 제외한다.
      가. 정리매매종목
      나. 그 밖에 세칙으로 정하는 종목
    4. 그 밖에 세칙으로 정하는 증권
186) 대용증권은 다음의 어느 하나에 해당하는 증권으로 한다(코스닥시장 업무규정43②).
    1. 시장에 상장된 주권 및 외국주식예탁증권. 다만 세칙에서 정하는 종목은 제외한다.
    2. 유가증권시장 업무규정 또는 코넥스시장 업무규정에 따라 대용증권으로 지정된 증권
    3. 제1호 외에 세칙이 정하는 증권
187) 대용증권은 다음의 어느 하나에 해당하는 증권으로 한다(코넥스시장 업무규정63②).
    1. 시장에 상장된 주권. 다만 세칙에서 정하는 종목은 제외한다.
    2. 유가증권시장 업무규정 또는 코스닥시장 업무규정에 따라 대용증권으로 지정된 증권
    3. 그 밖에 세칙이 정하는 증권
188) 제18조의2(공인인증서를 이용한 본인확인)
    다른 법률에서 공인인증서를 이용하여 본인임을 확인하는 것을 제한 또는 배제하고 있지 아니한 경우에는 이 법의 규정에 따라 공인인증기관이 발급한 공인인증서에 의하여 본인임을 확인할 수 있다.

따라 본인임을 확인하여야 하며(금융투자업규정4-22②), 투자자로부터 신용거래를 수탁받은 때에는 신용거래계좌를 설정하여야 한다(금융투자업규정4-22③).

(라) 신용공여의 회사별 한도

투자매매업자 또는 투자중개업자의 총 신용공여 규모(이미 매도된 증권의 매도대금을 담보로 한 신용공여는 제외)는 자기자본의 범위 이내로 하되, 신용공여 종류별로 투자매매업자 또는 투자중개업자의 구체적인 한도는 금융위원회 위원장이 따로 결정할 수 있다(금융투자업규정4-23①). 자기자본은 시행령 제36조에 따른 분기별 업무보고서에 기재된 개별재무상태표 상의 자본총계를 말한다(금융투자업규정4-23②).

(마) 담보의 징구

투자매매업자 또는 투자중개업자는 청약자금대출을 함에 있어서는 청약하여 배정받은 증권을 담보로 징구하여야 한다(금융투자업규정4-24① 본문). 다만 당해 증권이 교부되지 아니한 때에는 당해 증권이 교부될 때까지 그 납입영수증(청약증거금영수증을 포함)으로 갈음할 수 있다(금융투자업규정4-24① 단서). 투자매매업자 또는 투자중개업자는 신용거래융자를 함에 있어서는 매수한 주권(주권과 관련된 증권예탁증권을 포함) 또는 상장지수집합투자기구의 집합투자증권을, 신용거래대주를 함에 있어서는 매도대금을 담보로 징구하여야 한다(금융투자업규정4-24②). 투자매매업자 또는 투자중개업자가 증권담보융자를 함에 있어서는 가치산정이 곤란하거나 담보권의 행사를 통한 대출금의 회수가 곤란한 증권을 담보로 징구하여서는 아니 된다(금융투자업규정4-24③ 전단). 이 경우 협회는 그 구체적인 기준을 정할 수 있다(금융투자업규정4-24③ 후단).

(바) 담보비율

투자매매업자 또는 투자중개업자는 투자자의 신용상태 및 종목별 거래상황 등을 고려하여 신용공여금액의 140% 이상에 상당하는 담보를 징구하여야 한다(금융투자업규정4-25① 본문). 다만 매도되었거나 환매 청구된 예탁증권을 담보로 하여 매도금액 또는 환매금액 한도 내에서 융자를 하는 경우에는 그러하지 아니하다(금융투자업규정4-25① 단서). 투자매매업자 또는 투자중개업자가 신용거래를 수탁하고자 하는 경우에는 투자자가 주문하는 매매수량에 지정가격(지정가격이 없을 때에는 상한가)을 곱하여 산출한 금액에 투자자의 신용상태 및 종목별 거래상황 등을 고려하여 정한 비율에 상당하는 금액을 보증금으로 징수하여야 한다. 이 경우 보증금은 대용증권으로 대신할 수 있다(금융투자업규정4-25②). 투자매매업자 또는 투자중개업자는 신용공여금액에 대한 담보 평가금액의 비율이 투자매매업자 또는 투자중개업자가 정한 일정비율("담보유지비율")에 미달하는 때에는 지체 없이 투자자에게 추가담보의 납부를 요구하여야 한다(금융투자업규정4-25③ 본문). 다만, 투자자와 사전에 합의한 경우에는 담보의 추가납부를 요구하지 아니하고 투자자의 계좌에 담보로 제공하지 아니한 현금 또는 증권을 추가담보로 징구할 수 있다(금융투자업규정4-25③ 단서). 제2항에 따른 비율은 40% 이상으로 한다(금융투자업규정 4-25④). 제1항부터 제4항까지의 비율을 산정함에 있어 투자자의 매매거래에 따른 결제를 감안하여 계산할 수 있으며 제3항의 비율을 계산함에 있어 다수의 신용공여가 있을 때에는 이를 합산하여 계산할 수 있다(금융투자업규정4-25⑤). 투자매매업자 또는 투자중개업자가 제3항에 따라 징구하는 추가담보는 현금 또는 증권에 한하며, 추가담보를 징구함에 있어서는 가치산정이 곤란하거나 담보권의 행사가 곤란한 증권을 담보로 징구하여서는 아니 된다(금융투자업규정4-25⑥ 전단). 이 경우 협회는 그 구체적인 기준을 정할 수 있다(금융투자업규정4-25⑥ 후단). 투자매매업자 또는 투자중개업자는 제3항에 따라 투자자에게 추가담보를 요구하는 경우에는 내용증명 우편, 통화내용 녹취 또는 투자자와 사전에 합의한 방법 등 그 요구사실이 입증될 수 있는 방법에 따라야 한다(금융투자업규정4-25⑦).

(사) 담보로 제공된 증권의 평가

신용공여와 관련하여 담보 및 보증금으로 제공되는 증권(결제가 예정된 증권을 포함)의 평가는 다음 각 호에 따른다(금융투자업규정4-26① 본문). 다만, 다음 각 호 외의 증권의 담보사정가격은 협회가 정한다(금융투자업규정4-26① 단서).

1. 청약하여 취득하는 주식: 취득가액. 다만, 당해 주식이 증권시장에 상장된 후에는 당일 종가(당일 종가에 따른 평가가 불가능한 경우에는 최근일 기준가격)로 한다.

2. 상장주권(주권과 관련된 증권예탁증권을 포함) 또는 상장지수집합투자기구의 집합투자증권: 당일 종가(당일 종가에 따른 평가가 불가능한 경우에는 최근일 기준가격)로 한다. 다만, 채무자회생법에 따른 회생절차개시신청을 이유로 거래 정지된 경우에는 투자매매업자 또는 투자중개업자가 자체적으로 평가한 가격으로 한다.

3. 상장채권 및 공모파생결합증권(주가연계증권에 한한다): 2 이상의 채권평가회사가 제공하는 가격정보를 기초로 투자매매업자 또는 투자중개업자가 산정한 가격

4. 집합투자증권(제2호의 집합투자증권을 제외): 당일에 고시된 기준가격(당일에 고시된 기준가격에 따른 평가가 불가능한 경우에는 최근일에 고시된 기준가격)

매도되거나 또는 환매 신청된 증권을 담보로 하여 투자매매업자 또는 투자중개업자가 투자자에게 금전을 융자하는 경우에는 당해 증권의 매도가격 또는 융자일에 고시된 기준가격(이에 따른 평가가 불가능한 경우에는 대출일 전일에 고시된 기준가격)을 담보 평가금액으로 한다(금융투자업규정4-26②). 투자매매업자 또는 투자중개업자는 제1항에 불구하고 당일종가 또는 최근일 기준가격에 따른 평가를 적용하지 않기로 투자자와 합의한 경우에는 당해 합의에 따라 담보증권을 평가할 수 있다(금융투자업규정4-26③).

(아) 담보평가의 특례

담보를 평가함에 있어 권리발생이 확정된 증권(배정기준일 전전일에 매수하여 결제가 도래하지 않은 주식을 포함)을 담보로 제공하고 있는 경우에는 다음의 기간 중에는 당해 권리도 담보로 본다(금융투자업규정4-27①).

1. 무상증자시 신주기준일 전날부터 증권시장 상장 전일까지
2. 유상증자시 신주인수권기준일 전날부터 유상청약 종료일까지
3. 유상증자시 청약한 신주유상 청약종료일부터 증권시장 상장 전일까지
4. 청약하여 취득하는 주식: 청약종료일 또는 배정일부터 증권시장 상장 전일까지
5. 합병, 회사분할 등에 의해 상장이 예정된 주식: 출고일부터 증권시장 상장 전일까지

이 경우 권리의 평가는 투자매매업자 또는 투자중개업자가 정하는 바에 따른다(금융투자업규정4-27②).

(자) 임의상환방법

투자매매업자 또는 투자중개업자는 다음 각 호의 어느 하나에 해당하는 경우 그 다음 영업일에 투자자계좌에 예탁된 현금을 투자자의 채무변제에 우선 충당하고, 담보증권, 그 밖의 증권의 순서로 필요한 수량만큼 임의처분하여 투자자의 채무변제에 충당할 수 있다(금융투자업규정4-28① 본문). 다만, 투자매매업자 또는 투자중개업자와 투자자가 사전에 합의한 경우에는 상환기일에도 투자자계좌에 예탁되어 있는 현금으로 채무변제에 충당할 수 있다(금융투자업규정4-28① 단서).

1. 투자자가 신용공여에 따른 채무의 상환요구를 받고 상환기일 이내에 상환하지 아니하였을 때
2. 투자자가 담보의 추가납부를 요구받고 투자매매업자 또는 투자중개업자가 정한 납입기일까지 담보를 추가로 납입하지 않았을 때
3. 투자자가 신용공여와 관련한 이자·매매수수료 및 제세금 등의 납부요구를 받고 투자매매업자 또는 투자중개업자가 정한 납입기일까지 이를 납입하지 아니하였을 때

투자매매업자 또는 투자중개업자는 투자자와 사전에 합의하고 시세의 급격한 변동 등으로 인하여 채권회수가 현저히 위험하다고 판단되는 경우에는 투자자에 대하여 담보의 추가납부를 요구하지 아니하거나 추가로 담보를 징구하지 아니하고 필요한 수량의 담보증권, 그 밖에 예탁한 증권을 임의로 처분할 수 있다(금융투자업규정4-28조② 전단). 이 경우 투자매매업자 또는 투자중개업자는 처분내역을 지체 없이 투자자에게 내용증명우편, 통화내용 녹취 또는 투자자와 사전에 합의한 방법 등 그 통지사실이 입증될 수 있는 방법에 따라 통지하여야 한다(금융투자업규정4-28조② 후단). 투자매매업자 또는 투자중개업자가 증권시장에 상장된 증권을 처분하는 경

우에는 투자자와 사전에 합의한 방법에 따라 호가를 제시하여야 한다(금융투자업규정4-28조③). 투자매매업자 또는 투자중개업자가 비상장주권, 비상장채권, 집합투자증권, 그 밖에 투자매매업자 또는 투자중개업자가 제3항에 따라 처분할 수 없는 증권을 처분하고자 하는 경우 처분방법은 협회가 정한다(금융투자업규정4-28조④). 처분대금은 처분제비용, 연체이자, 이자, 채무원금의 순서로 충당한다(금융투자업규정4-28⑤).

(차) 신용거래종목

투자매매업자 또는 투자중개업자가 신용거래에 의해 매매할 수 있는 증권은 증권시장에 상장된 주권(주권과 관련된 증권예탁증권을 포함) 및 상장지수집합투자증권으로 한다(금융투자업규정4-30①). 투자매매업자 또는 투자중개업자는 종목이 ⅰ) 거래소가 투자경고종목, 투자위험종목 또는 관리종목으로 지정한 증권, ⅱ) 거래소가 매매호가전 예납조치 또는 결제전 예납조치를 취한 증권의 경우에는 신규의 신용거래를 하여서는 아니 된다(금융투자업규정4-30②).

(카) 신용공여 한도 및 보고

투자자별 신용공여한도, 신용공여 기간, 신용공여의 이자율 및 연체이자율 등은 신용공여 방법별로 투자매매업자 또는 투자중개업자가 정한다(금융투자업규정4-31①). 투자매매업자 또는 투자중개업자는 신용공여의 이자율 및 연체이자율, 최저 담보유지비율 등을 정하거나 변경한 경우에는 지체 없이 금융감독원장에게 이를 보고하여야 한다(금융투자업규정4-31②).

(타) 매매주문의 수탁 제한

투자매매업자 또는 투자중개업자는 상환기일이 도래한 신용공여가 있는 투자자에 대하여는 신용공여금액의 상환을 위한 주문수탁 이외의 매매주문의 수탁이나 현금 또는 증권의 인출을 거부할 수 있다(금융투자업규정4-32).

(파) 신용공여 관련조치

금융위원회는 신용공여 상황의 급격한 변동, 투자자 보호 또는 건전한 거래질서유지를 위하여 필요한 경우에는 ⅰ) 투자매매업자 또는 투자중개업자별 총 신용공여 한도의 변경, ⅱ) 신용공여의 방법별 또는 신용거래의 종목별 한도의 설정, ⅲ) 신용공여시 투자매매업자 또는 투자중개업자가 징구할 수 있는 담보의 제한, ⅳ) 신용거래의 중지 또는 매입증권의 종목제한 등의 조치를 취할 수 있다(금융투자업규정4-33①). 금융위원회는 천재지변, 전시, 사변, 경제사정의 급변, 그 밖에 이에 준하는 사태가 발생하는 경우에는 투자매매업자 또는 투자중개업자에 대하여 신용공여의 일부 또는 전부를 중지하게 할 수 있다(금융투자업규정4-33②). 그 밖에 신용거래와 관련된 배당청구권, 신주인수권 등의 구체적인 처리방법은 금융감독원장이 정한다(금융투자업규 4-33③).

(하) 자료의 제출

투자매매업자 또는 투자중개업자는 협회가 정하는 바에 따라 매일 당일의 신용공여 상황 등을 협회에 제출하여야 한다(금융투자업규정4-34①). 협회는 투자매매업자 또는 투자중개업자가 제4-33조 제1항 제1호 또는 제2호에 따른 한도를 위반한 때에는 그 위반 내용을 지체 없이 금융감독원장에게 보고하여야 한다(금융투자업규정4-34②).

(거) 제재조치

금융위원회는 제2절 신용공여에 관한 규정을 위반한 투자매매업자 또는 투자중개업자에 대하여 신용공여의 일부 또는 전부를 중지시키거나, 그 밖에 필요한 조치를 취할 수 있다(금융투자업규정4-35).

(4) 투자자예탁금의 별도예치

(가) 별도예치 · 신탁

1) 투자자예탁금의 의의

투자자예탁금은 투자자로부터 금융투자상품의 매매, 그 밖의 거래와 관련하여 예탁받은 금전을 말한다(법74①).

2) 예치 · 신탁기관

투자매매업자 또는 투자중개업자는 투자자예탁금을 고유재산과 구분하여 증권금융회사에 예치 또는 신탁하여야 한다(법74①). 겸영금융투자업자 중 은행, 한국산업은행, 중소기업은행, 보험회사는 투자자예탁금을 증권금융회사에 예치 또는 신탁 외에 신탁업자에게 신탁할 수 있다(법74② 전단, 영71). 이 경우 그 투자매매업자 또는 투자중개업자가 신탁업을 영위하는 경우에는 신탁법 제3조 제1항에 불구하고 자기계약을 할 수 있다(법74② 후단).

증권금융회사 또는 신탁업자("예치기관")는 예치 또는 신탁받은 투자자예탁금을 자기재산과 구분하여 신의에 따라 성실하게 관리하여야 한다(영75④).

3) 투자자예탁금의 범위

투자매매업자 또는 투자중개업자가 예치기관에 예치 또는 신탁하여야 하는 투자자예탁금의 범위는 아래 제1호의 금액에서 제2호의 금액을 뺀 것으로 한다(영75①).

1. 다음의 금액의 합계액
   가. 투자자가 금융투자상품의 매매, 그 밖의 거래를 위하여 예탁한 금액
   나. 투자자예탁금의 이용료 등 투자매매업자 또는 투자중개업자가 투자자에게 지급한 금액
   다. 투자자가 보유하는 장내파생상품의 일일정산에 따라 발생한 이익금액
2. 다음의 금액의 합계액
   가. 투자자가 증권시장(다자간매매체결회사에서의 거래를 포함) 또는 파생상품시장에서 행

하는 금융투자상품의 매매, 그 밖의 거래를 위하여 투자매매업자 또는 투자중개업자가 거래소(금융위원회가 정하여 고시하는 자[189]를 포함)와 다른 투자매매업자 또는 투자중개업자에게 예탁 중인 금액

나. 투자자가 해외에서 행하는 금융투자상품의 매매, 그 밖의 거래를 위하여 투자매매업자 또는 투자중개업자가 해외 증권시장(그 결제기관을 포함), 외국 다자간매매체결회사(외국 법령에 따라 외국에서 다자간매매체결회사에 상당하는 업무를 하는 자를 말하며, 그 결제기관을 포함) 또는 해외 파생상품시장(법 제5조 제2항 제2호에 따른 해외 파생상품시장을 말하며, 그 결제기관을 포함)과 외국 투자매매업자 또는 외국 투자중개업자에게 예탁 중인 금액

다. 위탁수수료 등 투자자가 행한 금융투자상품의 매매, 그 밖의 거래와 관련된 모든 비용액

라. 예금자보호법 시행령 제3조 제3항 제1호·제2호·제3호(법 제76조 제1항에 따라 투자자가 집합투자증권의 취득을 위하여 투자매매업자 또는 투자중개업자에게 납입한 금전 은 제외) 및 제4호[190]의 금전

마. 투자자가 보유하는 장내파생상품의 일일정산에 따라 발생한 손실금액

투자매매업자 또는 투자중개업자는 시행령 제75조 제1항에 따라 산출된 금액의 100% 이상을 예치기관에 예치 또는 신탁하여야 한다(영75②). 투자자예탁금의 범위, 예치 또는 신탁의 시기·주기·비율·방법, 인출 및 관리 등을 위하여 필요한 세부사항은 금융위원회가 정하여 고시한다(영75⑤).

4) 투자자예탁금의 인출

예치금융투자업자는 ⅰ) 이미 예치 또는 신탁한 투자자예탁금이 예치 또는 신탁하여야 할 투자자예탁금보다 많은 경우에는 예치 또는 신탁한 투자자예탁금과 예치 또는 신탁하여야 할 투자자예탁금의 차액을, ⅱ) 제74조 제5항 각 호에 따른 우선지급 사유가 발생한 경우에는 예치 또는 신탁한 투자자예탁금을, ⅲ) 투자자로부터 일시에 대량으로 투자자예탁금의 지급청구가 있는 등 금융위원회가 투자자예탁금의 인출이 필요하다고 인정하는 경우[191]에는 인정받은

---

189) "금융위원회가 정하여 고시하는 자"란 외국환은행을 말한다(금융투자업규정4-41).
190) 1. 투자자예탁금에 관하여 발생한 조세의 납부를 위하여 예탁되어 있는 금전
　　2. 환매조건부채권을 매도하여 조달한 금전
　　3. 자본시장법에 따라 모집 또는 매출되는 증권의 취득 또는 매수의 청약을 위하여 예탁되어 있는 금전
　　4. 자본시장법에 따라 고객에게 대부한 증권의 담보를 위하여 예탁된 금전 중 증권금융회사에 보관된 금전
191) 금융투자업규정 제4-42조(별도예치금의 인출) ① 영 제75조 제3항 제3호에 따라 금융감독원장이 별도예치금의 인출을 인정할 수 있는 경우는 다음과 같다.
　　1. 투자자예탁금이 대량으로 지급청구되거나 대량으로 지급청구될 것이 예상되는 경우
　　2. 거래소시장 또는 다자간매매체결회사를 통해서 체결된 투자자의 주문결제(장내파생상품거래의 정산을 포함)를 위하여 필요한 경우
　　3. 투자자 보호 및 건전한 거래질서유지를 위하여 필요한 경우

금액을 인출할 수 있다(영75③).

(나) 투자자재산의 명시의무

투자매매업자 또는 투자중개업자는 증권금융회사 또는 신탁업자("예치기관")에게 투자자예탁금을 예치 또는 신탁하는 경우에는 그 투자자예탁금이 투자자의 재산이라는 뜻을 밝혀야 한다(법74③).

(다) 상계 등 금지

1) 양도 등 금지

누구든지 예치기관에 예치 또는 신탁한 투자자예탁금을 상계·압류(가압류를 포함)하지 못하며, 투자자예탁금을 예치 또는 신탁한 투자매매업자 또는 투자중개업자("예치금융투자업자")는 예치기관에 예치 또는 신탁한 투자자예탁금을 양도하거나 담보로 제공하여서는 아니 된다(법74④).

2) 양도금지의 예외

다음의 경우, 즉 ⅰ) 예치금융투자업자가 다른 회사에 흡수합병되거나 다른 회사와 신설합병함에 따라 그 합병에 의하여 존속되거나 신설되는 회사에 예치기관에 예치 또는 신탁한 투자자예탁금을 양도하는 경우, ⅱ) 예치금융투자업자가 금융투자업의 전부나 일부를 양도하

---

② 예치금융투자업자가 제1항에 따라 인정을 받고자 하는 경우에는 다음의 사항을 기재한 신청서를 금융감독원장에게 제출하여야 한다.
1. 인출시기
2. 인출사유 및 인출목적
3. 인출금액
4. 최근 7영업일간 투자자예탁금의 출금내역(제1항 제1호의 사유로 인정을 신청한 경우에 한한다)
5. 의무예치액에 미달하는 금액의 충당방법
③ 예치금융투자업자가 다음의 어느 하나에 해당하여 별도예치금을 인출하는 때에는 영 제75조 제3항 제3호에 따라 인정을 받은 것으로 본다.
1. 투자자예탁금 반환요구에 응하기 위하여 그 투자매매업자 또는 투자중개업자 별도예치금의 10%에 해당하는 금액 중 금융감독원장이 정하는 금액과 10억원 중 큰 금액의 범위 내에서 인출하는 경우
2. 투자자의 장내파생상품거래와 관련하여 거래소에 매매증거금으로 예치하거나 결제대금, 정산 차금, 손실 또는 제비용을 결제하기 위하여 해당금액을 인출하는 경우
3. 투자자의 공모주청약등과 관련하여 청약증거금으로 제4-44조 제5항에서 정하는 바에 따라 증권금융회사 또는 은행에 예치하기 위하여 해당금액을 인출하는 경우
4. 투자자의 장내파생상품거래를 위하여 제4-44조 제1항에 따른 기타예치기관에 담보로 제공하거나 예치 또는 신탁하기 위한 경우
5. 예치기관에 예치 또는 신탁하기 위하여 제4-44조 제1항에 따른 기타예치기관으로부터 인출하는 경우
6. 투자자에 대한 채권의 회수, 그 밖의 권리행사를 위하여 해당금액을 인출하는 경우. 이 경우 채권의 회수, 그 밖의 권리행사에 필요한 기간 동안 해당금액에 대하여 제4-39조 제3항을 적용하지 아니한다.
④ 예치금융투자업자가 제3항 제2호부터 제6호까지에 따라 별도예치금을 인출하고자 하는 경우에는 다음의 사항을 기재한 신청서를 예치기관에 제출하여야 한다.
1. 인출시기
2. 인출사유 및 인출목적
3. 인출금액

는 경우로서 양도내용에 따라 양수회사에 예치기관에 예치 또는 신탁한 투자자예탁금을 양도하는 경우, iii) 투자자를 위하여 그 투자자가 예탁한 투자자예탁금으로 수행하는 자금이체업무(법40(4))와 관련하여 금융위원회가 정하여 고시하는 한도[192] 이내에서 금융위원회가 정하여 고시하는 방법[193]에 따라 예치금융투자업자가 은행에 예치기관에 예치 또는 신탁한 투자자예탁금을 담보로 제공하는 경우, iv) 그 밖에 투자자의 보호를 해칠 염려가 없는 경우로서 금융위원회가 정하여 고시하는 경우[194]에는 예외적으로 양도하거나 담보로 제공할 수 있다(영72).

(라) 예탁금의 투자자 우선지급

1) 예치금융투자업자의 우선지급 사유

예치금융투자업자는 i) 인가가 취소된 경우, ii) 해산의 결의를 한 경우, iii) 파산선고를 받은 경우, iv) 투자매매업 및 투자중개업 전부 양도가 승인된 경우, v) 투자매매업 및 투자중개업 전부 폐지가 승인된 경우, vi) 투자매매업 및 투자중개업 전부의 정지명령을 받은 경우, vii) 그 밖에 앞의 6가지 사유에 준하는 사유가 발생한 경우에는 예치기관에 예치 또는 신탁한 투자자예탁금을 인출하여 투자자에게 우선하여 지급하여야 한다(법74⑤ 전단).

2) 지급시기 등의 공고

이 경우 그 예치금융투자업자는 앞의 우선지급 사유가 발생한 날부터 2개월 이내에 그 사실과 투자자예탁금의 지급시기·지급장소, 그 밖에 투자자예탁금의 지급과 관련된 사항을 둘 이상의 일간신문에 공고하고, 인터넷 홈페이지 등을 이용하여 공시하여야 한다(법74⑤ 후단, 영73 본문).

3) 기간 연장

불가피한 사유가 발생하여 그 기간 내에 공고와 공시를 할 수 없는 경우에는 금융위원회의 확인을 받아 1개월의 범위에서 그 기간을 연장할 수 있다(영73 단서).

---

192) "금융위원회가 정하여 고시하는 한도"란 예치금융투자업자의 자금이체업무와 관련하여 금융통화위원회의 「지급결제제도 운영·관리규정」 제19조에 따른 순이체한도를 말한다(금융투자업규정4-38①).
193) "금융위원회가 정하여 고시하는 방법"이란 다음의 요건을 모두 충족하는 경우를 말한다(금융투자업규정 4-38②).
    1. 금융투자업자가 투자자예탁금을 증권금융회사에 특정금전신탁의 방법으로 신탁할 것
    2. 금융투자업자가 제1호에 따른 신탁재산을 은행에 예금으로 운용토록 지시할 것
    3. 금융투자업자는 제1호에 따른 신탁의 수익권을 은행에 담보로 제공할 것
194) "금융위원회가 정하여 고시하는 경우"란 다음의 어느 하나에 해당하는 경우를 말한다(금융투자업규정 4-38③).
    1. 예치금융투자업자 영업의 전부 또는 일부의 정지, 결제불이행, 파산, 그 밖에 이에 준하는 사유가 발생하여 금융감독원장의 동의를 얻어 양도하는 경우
    2. 투자자가 다른 예치금융투자업자로의 계좌이관을 신청하여 양도하는 경우
    3. 금융감독원장의 지시에 따라 양도하는 경우

4) 예치기관의 우선지급의무

예치기관은 그 예치기관이 앞의 우선지급 사유 중 어느 하나에 해당하게 된 경우에는 예치금융투자업자에게 예치 또는 신탁받은 투자자예탁금을 우선하여 지급하여야 한다(법74⑥).

(마) 예탁금의 운용방법

예치기관은 ⅰ) 국채증권 또는 지방채증권의 매수, ⅱ) 정부·지방자치단체 또는 은행, 한국산업은행, 중소기업은행, 보험회사, 투자매매업자 또는 투자중개업자, 증권금융회사, 종합금융회사, 신용보증기금, 기술보증기금이 지급을 보증한 채무증권의 매수, ⅲ) 증권 또는 원화로 표시된 양도성예금증서를 담보로 한 대출, ⅳ) 한국은행 또는 체신관서에의 예치, ⅴ) 특수채증권의 매수, ⅵ) 그 밖에 투자자예탁금의 안전한 운용이 가능하다고 인정되는 것으로서 금융위원회가 정하여 고시하는 방법[195]으로 투자자예탁금을 운용하여야 한다(법74⑦, 영74①②).

---

195) 금융투자업규정 제4-40조(별도예치금의 운용) ① 영 제74조 제2항 제4호에서 "금융위원회가 정하여 고시하는 방법"이란 다음의 어느 하나에 해당하는 방법을 말한다.
  1. 국제결제은행(BIS) 자기자본비율이 10%를 초과하는 은행이 발행한 채권 중 후순위채권 및 주식관련채권 이외의 채권 및 한국주택금융공사법에 따른 한국주택금융공사가 채권유동화 계획에 따라 발행한 주택저당증권의 매입
  2. 조건부매수. 단 대상증권은 법, 영 및 규정에 따라 예치기관이 별도예치금으로 매입할 수 있는 채권과 신용평가업자로부터 A등급 이상의 신용등급을 받은 채권(주식 관련 사채권을 제외)에 한한다.
  3. 예금자보호법 등 법령에 따라 원본 이상이 보호되는 예금, 그 밖의 금융상품의 가입 또는 매수
  4. 국제결제은행(BIS) 자기자본비율이 8%를 초과하는 은행예금의 가입 또는 양도성예금증서의 매수
  5. 법 제152조 제3항에 따른 공공적 법인이 발행한 채권(주식 관련 사채권은 제외)의 매수
  6. 법령에 따라 금융위원회의 감독을 받는 금융기관 중 다음 각 목의 구분에 따른 재무건전성의 기준미달로 인한 적기시정조치의 대상(적기시정조치가 유예중인 금융기관을 포함)이 아닌 금융기관으로서 예치기관이 채무불이행의 우려가 없다고 인정하는 금융기관에 대한 단기자금의 대출(법 제83조 제4항에 따른 단기대출에 한한다)
    가. 은행법에 의한 은행: 국제결제은행(BIS) 자기자본비율
    나. 1종 금융투자업자: 순자본비율
    다. 2종 금융투자업자: 최소영업자본액
  7. 단기금융집합투자기구의 집합투자증권의 매수
  8. 파생상품시장에 상장된 양도성예금증서 금리선물 및 국채선물에 대한 투자(금리변동위험을 회피하기 위한 매도거래에 한한다). 다만, 투자에 따른 위탁증거금 합계액은 별도예치금의 5%를 초과할 수 없다.
  9. 별도 예치한 투자자예탁금의 운용결과 취득한 증권(환매조건부로 매입하거나 담보로 취득한 증권을 포함)의 대여(금융감독원장이 정하는 적격금융기관 중 국내금융기관에 대한 대여에 한한다)
  ② 제1항 제6호 및 제7호에 따른 별도예치금 운용금액의 합계액은 대출일이 속하는 주의 직전주의 별도예치금 일평균잔액의 30%를 초과하여서는 아니 된다. 다만, 제4-39조 제1항 제2호의 집합투자증권투자자예수금의 운용에 대해서는 이를 적용하지 아니한다.
  ③ 예치기관이 제1항 제9호에 따라 증권을 대여하는 경우 다음의 어느 하나의 행위를 하여서는 아니 된다.
  1. 취득한 증권 종목별로 50%를 초과하여 증권을 대여하는 행위
  2. 증권 대여와 관련하여 취득한 자금으로 증권을 재매수하는 행위
  3. 담보로 취득한 증권을 담보권의 실행 등 권리행사 이외의 목적으로 매도하는 행위
  ④ 영 제74조 제2항 제1호에 따른 대출과 제1항 제6호에 따른 개별 투자매매업자 또는 투자중개업자에 대한 단기대출은 그 투자매매업자 또는 투자중개업자의 별도예치금을 재원으로 하되, 단기대출 한도는 대출일이 속하는 주의 직전주의 그 투자매매업자 또는 투자중개업자 별도예치금 일평균잔액의 10%(순자본비

(5) 투자자 예탁증권의 예탁

(가) 예탁대상증권

투자매매업자 또는 투자중개업자는 금융투자상품의 매매, 그 밖의 거래에 따라 보관하게 되는 투자자 소유의 증권(대통령령으로 정하는 것을 포함)을 예탁결제원에 지체 없이 예탁하여야 한다(법75① 본문).[196] 여기서 "대통령령으로 정하는 것"이란 "그 밖에 금융위원회가 정하여 고시하는 것"을 말하고(영76①(2)), "금융위원회가 정하여 고시하는 것"이란 금융투자업규정 제4-15조 제1항 각 호의 어느 하나에 해당하는 것을 말하는데(금융투자업규정4-47①), 제1호는 어음(기업어음증권 제외), 제2호는 그 밖에 증권과 유사하고 집중예탁과 계좌 간 대체에 적합한 것으로서 예탁결제원이 따로 정하는 것을 규정하고 있다.

투자매매업자 또는 투자중개업자가 제75조 제1항 본문에 따라 외화증권을 예탁결제원에 예탁하는 경우에는 금융위원회가 정하여 고시하는 외국 보관기관에 개설된 예탁결제원 계좌로 계좌대체 등을 통하여 예탁하여야 한다(법75②, 영76③). 여기서 "금융위원회가 정하여 고시하는 외국 보관기관"이란 금융투자업규정 제4-15조 제2항 각 호의 어느 하나에 해당하는 기관을 말한다(금융투자업규정4-47③).[197]

(나) 예탁의 예외

해당 증권의 유통 가능성, 다른 법령에 따른 유통방법이 있는지 여부, 예탁의 실행 가능성 등을 고려하여 ⅰ) 자본시장법 및 동법 시행령, 그 밖에 다른 법령에 따라 해당 증권을 예탁결

율이 150% 미만인 1종 금융투자업자 또는 자기자본이 최소영업자본액의 1.5배 미만인 2종 금융투자업자의 경우에는 5%)에 해당하는 금액으로 한다.

⑤ 예치기관은 별도예치금을 운용함으로써 보유하게 되는 증권 또는 증서 등을 고유재산과 구분하여 보관·관리하여야 한다.

⑥ 예치기관은 제4-39조 제1항 제1호의 장내파생상품거래예수금 및 제2호의 집합투자증권투자자예 수금을 다른 투자자예탁금과 구분하여 계리하여야 한다.

[196] 투자매매업자 또는 투자중개업자가 투자자증권등을 예탁받는 경우에는 법 제75조 제1항에 따라 그 증권 등을 지체 없이 예탁결제원에 예탁하여야 한다. 다만 불가피한 사유로 투자자 예탁증권 등을 직접 보관하는 경우에는 물리적으로 안전한 장소에 회사의 증권등과 구분하여 보관하고 이에 관한 적절한 보관·관리 절차와 대책을 서면으로 마련하여 시행하여야 한다(금융투자업규정4-47②).

[197] "금융위원회가 정하여 고시하는 외국 보관기관"이란 각각 다음의 어느 하나에 해당하는 기관을 말한다(금융투자업규정4-15②).
1. 예탁결제원과 유사한 기능을 수행할 목적으로 설립된 외국의 증권예탁기관 또는 결제기관으로서 당해 외국 정부 또는 감독기관의 감독을 받는 기관
2. 제1호에 해당하는 기관이 출자한 기관으로서 국제예탁 및 결제업무를 수행할 목적으로 특별히 설립된 기관
3. 다음의 요건을 모두 갖춘 외국의 금융기관
   가. 보관규모가 미화 100억 달러 이상의 국제증권 전문보관기관
   나. 국제보관업무의 경험이 풍부하고 현지증권시장 사정에 정통한 기관
   다. 국제적 또는 특정권역(대륙별)에 걸쳐 보관업무를 제공할 수 있는 기관
4. 제1호부터 제3호까지 이외의 기관으로서 특정국가에서 특화된 예탁·보관을 위하여 예탁결제원이 특별히 필요하다고 인정하는 기관

제원에 예탁할 수 있는 증권 또는 증서로 발행할 수 없는 경우, ⅱ) 발행인이 투자자와 해당 증권을 예탁결제원에 예탁할 수 있는 증권 또는 증서로 발행하지 아니할 것을 발행조건 등에 따라 약정하는 경우, ⅲ) 외국환거래법 제3조 제1항 제8호에 따른 외화증권(＝외국통화로 표시된 증권 또는 외국에서 지급받을 수 있는 증권)을 제3항에 따른 방법으로 예탁결제원에 예탁할 수 없는 경우로서 금융위원회가 정하여 고시하는 외국 보관기관에 예탁하는 경우, ⅳ) 그 밖에 해당 증권의 성격이나 권리의 내용 등을 고려할 때 예탁이 부적합한 경우로서 총리령으로 정하는 경우에는 예탁결제원에 예탁하지 아니할 수 있다(법75① 단서, 영76②, 영63②).

(6) 집합투자증권 판매 등에 관한 특례

(가) 내용

투자매매업자 또는 투자중개업자는 집합투자증권을 판매하는 경우 투자자가 집합투자증권의 취득을 위하여 금전등을 납입한 후 최초로 산정되는 기준가격으로 판매하여야 한다(법76① 본문). 여기서 기준가격이란 투자신탁이나 투자익명조합의 집합투자업자 또는 투자회사등이 집합투자재산의 평가결과에 따라 산정한 집합투자증권의 기준가격을 말한다(법238⑥).

다만 투자자의 이익을 해할 우려가 없는 경우로서 "대통령령으로 정하는 경우"에는 "대통령령으로 정하는 기준가격"으로 판매하여야 한다(법76① 단서).

판매가격의 제한, 집합투자증권의 판매 제한, 집합투자증권의 판매광고 제한, 판매수수료 및 판매보수 규제에 관하여는 제2편 금융투자상품에서 살펴보았다.

(나) 위반시 제재

법 제76조 제3항을 위반하여 집합투자증권을 판매하거나 판매를 위한 광고를 한 자는 3년 이하의 징역 또는 1억원 이하의 벌금에 처한다(법445(13)).

법 제76조 제4항부터 제6항까지의 규정을 위반하여 판매수수료나 판매보수를 받은 자에 대하여는 1억원 이하의 과태료를 부과한다(법449(30)).

(7) 투자성 있는 예금·보험에 대한 특례

(가) 투자매매업 인가 간주

은행이 투자성 있는 예금계약, 금적립계좌등의 발행을 위한 계약을 체결하는 경우에는 투자매매업에 관한 금융투자업인가를 받은 것으로 본다(법77① 전단, 영77의2). 보험회사, 외국보험회사, 보험설계사, 보험대리점이 투자성 있는 보험계약을 체결하거나 그 중개 또는 대리를 하는 경우에는 투자매매업 또는 투자중개업에 관한 금융투자업인가를 받은 것으로 본다(법77② 전단).

(나) 적용배제 조항

은행이 투자성 있는 예금계약을 체결하는 경우와 보험회사가 투자성 있는 보험계약을 체결하거나 그 중개 또는 대리를 하는 경우에는 제15조, 제39조부터 제45조까지, 제56조, 제58조,

제61조부터 제65조까지 및 제2편 제2장·제3장·제4장 제2절 제1관을 적용하지 아니한다(법77① 후단, 법77② 후단).

제3편 제1장(증권신고서)은 그 적용배제의 범위가 다르다. 은행의 경우에는 투자성 있는 외화예금계약을 체결하는 경우에 대하여는 적용하지 아니하고(법77① 후단), 보험회사의 경우에는 모든 투자성 있는 보험에 적용이 배제된다(법77② 후단). 또한 보험회사의 경우에는 제51조부터 제53조까지도 적용이 배제된다(법77② 후단).

2. 집합투자업자

(1) 선관의무 및 충실의무

집합투자업자는 투자자에 대하여 선량한 관리자의 주의로써 집합투자재산을 운용하여야 하고(법79①), 투자자의 이익을 보호하기 위하여 해당 업무를 충실하게 수행하여야 한다(법79②).[198] 자본시장법은 금융투자업자 중 집합투자업자·투자자문업자·투자일임업자·신탁업자에게만 선관의무 및 충실의무를 직접 부여하고 있다. 이는 타인의 자산을 운용하는 업무를 수행하고 있다는 업무의 특수성에 기인하는 것으로 생각된다.[199][200]

---

[198] 대법원 2018. 9. 28. 선고 2015다69853 판결(투자신탁을 설정한 집합투자업자는 가능한 범위 내에서 수집된 정보를 바탕으로 신중하게 집합투자재산을 운용함으로써 투자자의 이익을 보호하여야 할 의무가 있다. 구체적으로 집합투자재산을 어떻게 운용하여야 하는지는 관계 법령, 투자신탁약관의 내용, 그 시점에서의 경제 상황 및 전망 등의 제반 사정을 종합적으로 고려하여 판단하여야 한다).

[199] 대법원 2012. 11. 15. 선고 2011다10532,10549 판결(투자신탁에서 자산운용회사가 직접 또는 판매회사를 통하여 투자자인 고객에게 신탁약관의 내용보다 구체적인 내용이 담긴 운용계획서를 교부한 경우에 그 내용이 개별약정으로서 구속력이 있는지 여부는 운용계획서의 작성 목적과 명의, 형식 및 내용, 그와 같은 서류가 교부되게 된 동기와 경위, 당사자의 진정한 의사를 종합적으로 고려하여 판단하여야 한다(대법원 2007. 9. 6. 선고 2004다53197 판결 참조). 한편 구 간접투자자산운용업법(2007. 8. 3. 법률 제8635호로 제정되어 2009. 2. 4.부터 시행된 자본시장과 금융투자업에 관한 법률 부칙 제2조에 의하여 폐지되기 전의 것)상의 자산운용회사는 판매회사나 투자자에게 투자신탁의 수익구조와 위험요인에 관한 올바른 정보를 제공함으로써 투자자가 그 정보를 바탕으로 합리적인 투자판단을 할 수 있도록 투자자를 보호하여야 할 주의의무를 부담하므로, 자산운용회사가 투자신탁에 관한 운용계획서를 작성하여 투자자에게 제공·전달한 경우에 투자자에게 중요한 사항에 대하여 오해를 유발할 수 있는 표시나 투자신탁의 수익과 위험에 관하여 균형성을 상실한 정보를 담고 있었고, 그것이 투자자의 투자판단에 영향을 주었다면, 자산운용회사는 투자권유단계에서의 투자자보호의무를 다하였다고 볼 수 없다(대법원 2011. 7. 28. 선고 2010다76368 판결 등 참조). 또한 자산운용회사가 투자신탁의 운용에 관한 구체적 기준이 담긴 운용계획서를 투자자에게 교부·제시한 경우 그 운용계획서가 개별약정에 해당한다고 볼 수 없더라도 그 내용은 자산운용회사의 운용단계에서의 투자자보호의무 내지 선관주의의무의 위반 여부를 판단하는 중요한 자료가 된다).

[200] 대법원 2015. 11. 12. 선고 2014다15996 판결(자산운용회사는 투자신탁을 설정하고 투자신탁재산을 운용하는 자로서 투자신탁에 관하여 제1차적으로 정보를 생산하고 유통시켜야 할 지위에 있고, 투자자도 자산운용회사의 전문적인 지식과 경험을 신뢰하여 자산운용회사가 제공하는 투자정보가 올바른 것이라고 믿고 그에 의존하여 투자판단을 한다. 따라서 자산운용회사는 투자신탁재산의 운용대상이 되는 자산과 관련된 제3자가 제공한 운용자산에 관한 정보를 신뢰하여 이를 그대로 판매회사나 투자자에게 제공하는 데에 그쳐서는 아니 되고, 정보의 진위를 비롯한 투자신탁의 수익구조 및 위험요인에 관한 사항을 합리적으로 조사한 다음 올바른 정보를 판매회사와 투자자에게 제공하여야 하며, 만약 합리적인 조사를 거친 뒤에도

(2) 자산운용의 지시 및 실행

(가) 자산운용지시

투자신탁의 집합투자업자는 투자신탁재산을 운용함에 있어서 그 투자신탁재산을 보관·관리하는 신탁업자에 대하여 그 지시내용을 전산시스템에 의하여 객관적이고 정확하게 관리할 수 있는 방법(영79①)에 따라 투자신탁재산별로 투자대상자산의 취득·처분 등에 관하여 필요한 지시를 하여야 하며, 그 신탁업자는 집합투자업자의 지시에 따라 투자대상자산의 취득·처분 등을 하여야 한다(법80① 본문).

집합투자기구는 집합투자재산에 대한 사실상의 운용책임을 부담하는 집합투자업자와 집합투자재산을 보관·관리하는 신탁업자가 분리되어 있으며, 집합투자기구도 투자회사와 같이 별도의 법인격을 보유하고 있는 경우와 투자신탁의 경우처럼 법인격이 별도로 없는 경우가 있기 때문에 자산운용의 지시 및 실행의 주체가 누구인지가 중요하다.

(나) 집합투자업자의 직접 취득·처분

투자신탁의 경우 별도의 법인격이 없으므로 집합투자업자가 신탁업자에게 운용지시를 하고 신탁업자는 이러한 지시에 따라 신탁업자의 명의로 투자대상자산의 취득·처분 등을 하는 것이 원칙이지만, 수시로 가격이 변동하는 자산을 거래하는 경우 이와 같은 원칙에 의하면 적시에 거래하지 못하게 된다. 따라서 집합투자업자의 직접 취득·처분을 인정하고 있다.

1) 직접 취득·처분의 대상매매

자본시장법은 투자신탁재산의 효율적 운용을 위하여 불가피한 경우로서 신탁계약서에 다음의 어느 하나에 해당하는 방법을 정하여 투자대상자산을 운용하는 경우에는 집합투자업자는 자신의 명의로 직접 투자대상자산의 취득·처분 등을 할 수 있다(법80① 단서, 영79②).

ⅰ) 증권시장이나 해외 증권시장에 상장된 지분증권, 지분증권과 관련된 증권예탁증권, 수익증권 및 파생결합증권, 또는 거래소의 증권상장규정에 따라 상장예비심사를 청구하여 거래소로부터 그 증권이 상장기준에 적합하다는 확인을 받은 법인이 발행한 지분증권, 지분증권과 관련된 증권예탁증권, 수익증권 및 파생결합증권의 매매

ⅱ) 국채증권, 지방채증권, 특수채증권, 사채권(신용평가회사로부터 신용평가를 받은 것으로

투자신탁의 수익구조와 위험요인에 관한 정보가 불명확하거나 불충분한 경우에는 판매회사나 투자자에게 그러한 사정을 분명하게 알려야 할 투자자보호의무를 부담한다. 판매회사는 특별한 사정이 없는 한 자산운용회사에서 제공받은 투자설명서나 운용제안서 등의 내용을 명확히 이해한 후 이를 투자자가 정확하고 균형 있게 이해할 수 있도록 설명하면 되고, 내용이 진실한지를 독립적으로 확인하여 이를 투자자에게 알릴 의무가 있다고 할 수는 없다. 그러나 판매회사가 투자신탁재산의 수익구조나 위험요인과 관련한 주요 내용을 실질적으로 결정하는 등으로 투자신탁의 설정을 사실상 주도하였다고 볼 만한 특별한 사정이 있는 경우에는 판매회사 역시 자산운용회사와 마찬가지로 투자신탁의 수익구조와 위험요인을 합리적으로 조사하여 올바른 정보를 투자자에게 제공하여야 할 투자자보호의무를 부담한다).

한정한다. 이 경우 신용평가 등에 필요한 사항은 금융위원회가 정하여 고시한다), 제183조 제1항 각호[201)의 기준을 충족하는 기업어음증권 또는 단기사채(전자증권법 제59조에 따른 단기사채등 중 같은 법 제2조 제1호 나목[202)에 해당하는 것에 한정)(이와 유사한 것으로서 외국에서 발행된 채무증권을 포함)의 매매

ⅲ) 장내파생상품의 매매, ⅳ) 자본시장법 제83조 제4항에 따른 단기대출(＝대통령령으로 정하는 금융기관에 대한 30일 이내의 단기대출), ⅴ) 자본시장법 제251조 제4항[203)에 따른 대출

ⅵ) 은행, 한국산업은행, 중소기업은행, 한국수출입은행, 투자매매업자 또는 투자중개업자, 증권금융회사, 종합금융회사, 상호저축은행이 발행·할인·매매·중개·인수 또는 보증하는 어음의 매매

ⅶ) 양도성예금증서의 매매, ⅷ) 외국환거래법에 따른 대외지급수단의 매매거래, ⅸ) 투자위험을 회피하기 위한 장외파생상품의 매매 또는 금융위원회가 정하여 고시하는 기준[204)에 따른 법 제5조 제1항 제3호에 따른 계약의 체결

ⅹ) 환매조건부매매, ⅺ) 그 밖에 투자신탁재산을 효율적으로 운용하기 위하여 불가피한 경우로서 금융위원회가 정하여 고시하는 경우

2) 집합투자업자의 이행책임

투자신탁의 집합투자업자(그 투자신탁재산을 보관·관리하는 신탁업자를 포함)는 투자대상자산의 취득·처분 등을 한 경우 그 투자신탁재산을 한도로 하여 그 이행책임을 부담한다(법80② 본문). 다만 그 집합투자업자가 제64조 제1항에 따라 손해배상책임을 지는 경우에는 그러하지 아니하다(법80② 단서).

3) 투자신탁재산별 배분의무 등

집합투자업자는 투자대상자산의 취득·처분 등의 업무를 수행하는 경우에는 투자신탁재산별로 미리 정하여진 자산배분명세에 따라 취득·처분 등의 결과를 공정하게 배분하여야 한다(법80③ 전단). 이 경우 집합투자업자는 자산배분명세, 취득·처분 등의 결과, 배분결과 등에 관한 장부 및 서류를 총리령으로 정하는 방법[205)에 따라 작성하고 이를 유지·관리하여야 한다

---

201) 1. 둘 이상의 신용평가회사로부터 신용평가를 받은 기업어음증권일 것
　　2. 기업어음증권에 대하여 직접 또는 간접의 지급보증을 하지 아니할 것
202) 나. 사채(신탁법에 따른 신탁사채 및 자본시장법에 따른 조건부자본증권을 포함)
203) ④ 집합투자겸영보험회사는 제83조 제4항에 불구하고 투자신탁재산에 속하는 자산을 보험업법에서 정하는 방법에 따라 그 보험에 가입한 자에게 대출하는 방법으로 운용할 수 있다.
204) 영 제79조 제2항 제8호에 따라 투자신탁의 집합투자업자는 스왑거래(법 제5조 제1항 제3호에 따른 계약)를 함에 있어 거래상대방과 기본계약을 체결하고 그에 따라 계속적으로 계약을 체결하는 경우에는 자신의 명의로 직접 거래할 수 있다(금융투자업규정4-49).
205) 시행규칙 제9조(자산배분명세 등에 관한 장부 및 서류 등) ① 투자신탁의 집합투자업자는 법 제80조 제3항 후단에 따라 투자대상자산의 취득·처분 등의 업무를 수행하기 전에 취득·처분 등을 하려는 투자대상자산에 대하여 법 제9조 제18항 제1호에 따른 투자신탁의 재산("투자신탁재산")별로 주문금액, 가격, 수량

(법80③ 후단). 자산배분명세 등에 관하여 필요한 사항은 총리령으로 정한다(법80④).206)

(다) 집합투자기구 명의의 거래

투자신탁을 제외한 집합투자기구의 집합투자업자는 그 집합투자재산을 운용함에 있어서 집합투자기구의 명의(투자익명조합의 경우에는 그 집합투자업자의 명의)로 대통령령으로 정하는 방법에 따라 집합투자재산(투자신탁재산은 제외)별로 투자대상자산의 취득·처분 등을 하고, 그 집합투자기구의 신탁업자에게 취득·처분 등을 한 자산의 보관·관리에 필요한 지시를 하여야 하며, 그 신탁업자는 집합투자업자의 지시에 따라야 한다(법80⑤ 전단). 이 경우 집합투자업자가 투자대상자산의 취득·처분 등을 함에 있어서는 집합투자업자가 그 집합투자기구를 대표한다는 사실을 표시하여야 한다(법80⑤ 후단). 투자신탁을 제외한 집합투자기구의 집합투자업자가 그 집합투자재산을 운용하는 경우 집합투자재산별로 투자대상자산의 취득·처분 등을 하는 방법 및 그 집합투자기구의 신탁업자에게 취득·처분 등을 한 자산의 보관·관리에 필요한 지시를 하는 방법에 대해서는 시행령 제79조 제1항 및 법 제80조 제3항·제4항을 준용한다(영79③).

(라) 위반시 제재

법 제80조 제3항 전단을 위반하여 투자신탁재산별로 미리 정하여진 자산배분명세에 따라 취득·처분 등의 결과를 배분하지 아니한 자는 3년 이하의 징역 또는 1억원 이하의 벌금에 처

등을 기재한 취득·처분 등의 주문서와 투자신탁재산별로 배분내용을 기재한 자산배분명세서를 작성하여야 한다. 취득·처분 등의 주문 또는 배분내용을 정정하는 경우에도 같다.

206) 시행규칙 제10조(자산배분방법 등) ① 투자신탁의 집합투자업자는 법 제80조 제3항에 따라 취득·처분 등의 결과를 투자신탁재산별로 배분하는 경우에는 다음의 기준에 따라야 한다.
 1. 취득·처분 등을 한 투자대상자산을 균등한 가격으로 배분할 것
 2. 취득·처분 등을 한 투자대상자산의 수량이 취득·처분 등의 주문 수량에 미달하는 경우에는 미리 정한 자산배분명세에 따라 배분할 것
 ② 투자신탁의 집합투자업자는 자산배분명세에 관한 사항을 정하는 경우에는 법 제238조 제2항에 따른 평가위원회의 의결을 거쳐 다음의 기준에 따라 정하여야 한다.
 1. 특정 수익자 또는 특정 투자신탁재산에 유리하거나 불리하지 아니할 것
 2. 투자신탁재산별 취득·처분 등의 주문서와 자산배분명세가 전산으로 기록·유지될 것
 ③ 투자신탁의 집합투자업자는 제2항에 따라 정한 자산배분명세에 관한 사항을 인터넷 홈페이지 등을 이용하여 공시하여야 한다.
 ④ 투자신탁의 집합투자업자는 법 제80조 제3항에 따른 투자대상자산의 취득·처분 등의 업무를 하는 경우에는 집합투자재산의 운용을 담당하는 직원과 투자대상자산의 취득·처분 등의 실행업무를 담당하는 직원을 구분하여야 한다. 다만, 다음의 어느 하나에 해당하는 경우는 제외한다.
 1. 증권에 관하여 그 종류에 따라 다수 종목의 가격수준을 종합적으로 표시하는 지수의 변화에 연동하여 운용하는 것을 목표로 하는 집합투자기구의 집합투자재산을 취득·처분 등을 하는 경우
 2. 제1호에서 규정한 사항 외에 금융위원회가 정하여 고시하는 경우
 위 제2호에서 "금융위원회가 정하여 고시하는 경우"란 다음의 어느 하나에 해당하는 경우를 말한다(금융투자업규정4-55).
 1. 투자신탁별로 계좌를 개설하고 계좌별로 이루어지는 매매거래의 경우
 2. 사전에 결정된 투자 전략에 따라 증권시장과 파생상품시장 간의 가격의 차이를 이용한 차익 거래로서 거래소에 프로그램 매매 주문이 이루어지는 경우
 3. 장내파생상품 거래의 경우

한다(법445(14)).

(3) 자산운용의 제한

(가) 투자대상별 제한

집합투자업자는 집합투자재산을 운용함에 있어서 다음의 투자한도의 제한을 받는다(법81 ① 본문).

1) 증권 및 파생상품에 대한 투자한도

집합투자재산을 증권 또는 파생상품에 운용함에 있어서 다음의 어느 하나에 해당하는 행위를 하여서는 아니 된다(법81①(1)). 이때의 증권에는 집합투자증권과 외국 집합투자증권을 제외하며(영80②), 원화로 표시된 양도성예금증서, 기업어음증권 외의 어음, 대출채권, 예금, 사업수익권을 포함한다(영80③).

가) 금지행위

ⅰ) 각 집합투자기구 자산총액의 10%(영80④)를 초과하여 동일종목의 증권에 투자하는 행위는 금지된다. 이 경우 동일법인 등이 발행한 증권 중 지분증권(그 법인 등이 발행한 지분증권과 관련된 증권예탁증권 포함)과 지분증권을 제외한 증권은 각각 동일종목으로 본다(가목).

ⅱ) 각 집합투자업자가 운용하는 전체 집합투자기구 자산총액으로 동일법인 등이 발행한 지분증권 총수의 20%를 초과하여 투자하는 행위는 금지된다(나목).

ⅲ) 각 집합투자기구 자산총액으로 동일법인 등이 발행한 지분증권 총수의 10%를 초과하여 투자하는 행위는 금지된다(다목).

ⅳ) 국가, 한국은행, 은행 등 일정한 범위의 전문투자자(영10① 각호)가 적격 요건(영80⑤), 즉 ㉠ 신용평가회사(외국법령에 따라 외국에서 신용평가업무에 상당하는 업무를 수행하는 자 포함)에 의하여 투자적격 등급 이상으로 평가받은 경우, ㉡ 신용평가회사에 의하여 투자적격등급 이상으로 평가받은 보증인을 둔 경우, 또는 ㉢ 담보물을 제공한 경우(적격 요건)를 갖추지 못한 자와 장외파생상품을 매매하는 행위는 금지된다(라목).

ⅴ) 파생상품의 매매에 따른 위험평가액이 각 집합투자기구의 자산총액에서 부채총액을 뺀 가액의 100%를 초과하여 투자하는 행위는 금지된다. 다만, 가격변동의 위험이 크지 아니한 경우로서 금융위원회가 정하여 고시하는 기준을 충족하는 상장지수집합투자기구 또는 법 제234조 제1항 제1호의 요건을 갖춘 집합투자기구[207]의 경우에는 200%로 한다(영80⑥)(마목).

---

207) "금융위원회가 정하여 고시하는 기준을 충족하는 상장지수집합투자기구 또는 법 제234조 제1항 제1호의 요건을 갖춘 집합투자기구("상장지수집합투자기구 등")"란 다음의 요건을 모두 충족하는 집합투자기구를 말한다(금융투자업규정4-52의2).
   1. 당해 상장지수집합투자기구 등이 목표로 하는 지수의 변화의 2배(음의 배율도 포함) 이내로 연동하여 운용하는 것을 목표로 할 것
   2. 당해 상장지수집합투자기구 등의 투자대상자산이 거래되는 시장에서의 일일 가격 변동폭이 전일 종가

vi) 파생상품의 매매와 관련하여 기초자산 중 동일법인 등이 발행한 증권(그 법인 등이 발행한 증권과 관련된 증권예탁증권을 포함)의 가격변동으로 인한 위험평가액이 각 집합투자기구 자산총액의 10%를 초과하여 투자하는 행위는 금지된다(바목).

vii) 같은 거래상대방과의 장외파생상품 매매에 따른 거래상대방 위험평가액이 각 집합투자기구 자산총액의 10%를 초과하여 투자하는 행위는 금지된다(사목).

나) 위험평가액 산정방법

법 제81조 제1항 제1호 마목, 바목의 위험평가액 및 사목의 거래상대방 위험평가액의 산정방법 등에 관하여 필요한 사항은 금융위원회가 정하여 고시[208]한다(법81②).

(해당 시장의 매매거래시간 종료시까지 형성되는 최종가격)의 일정비율 이하로 제한될 것
3. 당해 상장지수집합투자기구 등의 집합투자재산을 법 제5조 제1항 제2호부터 제4호에 따른 파생상품이나 장외파생상품에 운용하지 아니할 것
208) 금융투자업규정 제4-54조(위험평가액 산정방법) ① 법 제81조 제1항 제1호 마목에 따른 파생상품의 매매에 따른 위험평가액은 장내파생상품 또는 장외파생상품의 거래에 따른 명목계약금액으로 하며, 그 명목계약금액은 다음의 방법으로 산정하되 승수효과(레버리지)가 있는 경우 이를 감안하여야 한다.
 1. 법 제5조 제1항 제1호의 파생상품: 기초자산(자산의 가격이나 이를 기초로 하는 지수인 경우에는 지수)의 가격에 거래량(계약수)과 승수를 곱하여 산정한다.
 2. 법 제5조 제1항 제2호의 파생상품("옵션")은 다음을 명목계약금액으로 한다.
    가. 옵션매수: 기초자산 가격에 계약수와 승수 및 델타(기초자산 가격이 1단위 변화하는 경우 옵션 가격 변화)를 각각 곱한 금액("델타위험액")
    나. 옵션매도: 델타위험액에 추가로 델타 변화에 따른 위험액("감마위험액")과 기초자산 변동성 변화에 따른 위험액("베가위험액")을 모두 합산한 금액. 이 경우, "감마위험액" 및 "베가위험액"은 제3-21조 제4항 및 제5항에 따라 금액을 산정한다.
 3. 법 제5조 제1항 제3호의 파생상품("스왑")은 다음을 명목계약금액으로 한다.
    가. 서로 다른 통화를 교환하는 거래(통화스왑) : 지급하기로 한 통화의 명목원금
    나. 고정금리와 변동금리를 교환하는 거래(금리스왑): 고정금리를 지급하는 경우 만기까지 지급하기로 한 금전총액, 변동금리를 지급하는 경우 만기까지 지급할 것으로 예상되는 금전총액의 시가평가금액
    다. 준거자산의 신용사건 발생 여부에 따라 금전 등을 교환하는 거래(신용부도스왑): 보장매수자의 경우 지급하기로 한 금전총액, 보장매도자의 경우 신용사건 발생시 지급하기로 한 명목금액
    라. 준거자산의 수익을 교환하는 거래(총수익스왑): 수취하기로 한 금전총액이 부(-)의 값을 가지는 경우 지급하기로 한 금전총액과 수취하기로 한 금전총액의 절대값을 더한 금액, 수취하기로 한 금전총액이 양(+)의 값을 가지는 경우 지급하기로 한 금전총액
    마. 가목~라목 외 기초자산의 교환을 포함하는 거래: 기초자산 가격에 거래상대방에게 만기까지 지급하기로 한 금전총액을 더한 금액
    바. 가목~라목 외 기초자산을 제외한 금전만 교환하기로 한 거래: 거래상대방에게 만기까지 지급하기로 한 금전총액
 4. 그 밖의 거래: 제1호부터 제3호까지의 파생상품거래가 혼합된 경우에는 제1호부터 제3호까지의 방법을 준용하여 산정한다. 다만, 만기손익구조의 최대손실금액이 제한되어 있는 합성거래의 경우에는 그 최대손실금액을 명목계약금액으로 할 수 있다.
 5. 제1호부터 제4호까지에 불구하고 장외파생상품 거래시 금융감독원장이 인정하는 경우 거래 당사자 간에 거래체결시 합의하는 명목원금으로 산정할 수 있다. 이 경우 기초자산의 가격변화를 감안하여야 한다.
② 제1항에 불구하고 집합투자업자는 다음의 어느 하나에 해당하는 방법으로 명목계약금액을 산정할 수 있다.
 1. 외부감사법에 따른 회계기준상 위험회피회계의 적용대상이 되는 거래: 명목계약금액 산정대상에서 제

다) 투자비율

법 제81조 제1항 제1호 가목 및 마목부터 사목까지와 제3호 가목·나목, 제229조 각 호에 따른 투자비율은 집합투자기구의 최초 설정일 또는 설립일부터 6개월(제229조 제2호에 따른 부동산집합투자기구의 경우 1년) 이내의 범위에서 부동산집합투자기구는 1년, 특별자산집합투자기구는 6개월, 그 밖의 집합투자기구는 1개월까지는 적용하지 아니한다(법81④, 영81④).

2) 부동산에 대한 투자한도

집합투자재산을 부동산에 운용함에 있어서 다음의 어느 하나에 해당하는 행위를 하여서는 아니 된다(법81①(2)). 즉 ⅰ) 부동산을 취득한 후 5년 이내의 범위에서 국내에 있는 부동산 중 주택법 제2조 제1호에 따른 주택은 1년 이내에 이를 처분하는 행위는 금지된다. 다만, 집합투자기구가 미분양주택(주택법 제54조에 따른 사업주체가 같은 조에 따라 공급하는 주택으로서 입주자모집공고에 따른 입주자의 계약일이 지난 주택단지에서 분양계약이 체결되지 아니하여 선착순의 방법으로 공급하는 주택)을 취득하는 경우에는 집합투자규약에서 정하는 기간으로 한다. 국내에 있는 부동산 중 주택법 제2조 제1호에 따른 주택에 해당하지 아니하는 부동산은 1년 이내에 이를 처분하는 행위가 금지되며, 국외에 있는 부동산은 집합투자규약으로 정하는 기간 동안 이를 처분하는 행위가 금지된다(영80⑦). 다만 부동산개발사업(토지를 택지·공장용지 등으로 개발하거나 그 토지 위에 건축물, 그 밖의 공작물을 신축 또는 재축하는 사업)에 따라 조성하거나 설치한 토지·건

외하는 방법
2. 파생상품 거래가 다음 각목의 요건을 충족한다고 금융감독원장이 지정한 거래: 금융감독원장이 정하는 조정값을 반영하여 위험평가액을 감액하는 방법
　가. 입증가능한 위험 감소가 있을 것
　나. 동일 기초자산군과 관련될 것
　다. 정상적이지 않은 시장 상황에서도 유효하게 적용될 것
　라. 수익창출 목적의 거래가 아닐 것
　마. 파생상품과 관련된 위험이 상쇄될 것
3. 기초자산이 동일(발행인이 동일하고 잔존만기의 차이가 1년 이내인 채무증권의 경우에는 이를 동일한 기초자산으로 본다)하고 가격의 변화방향이 반대인 파생상품 거래(거래상대방이 다른 장외파생상품 거래는 제외): 각각의 위험평가액을 기준으로 상계한 후 잔여 명목계약금액을 위험평가액으로 산정하는 방법
③ 제2항에 따라 명목계약금액을 산정한 경우에는 이를 입증할 수 있는 근거자료를 보관·유지하여야 한다.
④ 법 제81조 제1항 제1호 바목의 동일법인 등이 발행한 증권의 가격변동으로 인한 위험평가액은 제1항 및 제2항에 따라 평가한 파생상품 매매에 따른 위험평가액 중 동일법인 등이 발행한 증권의 가격변동으로 인한 파생상품 매매에 따른 위험평가액으로 한다.
⑤ 법 제81조 제1항 제1호 사목의 거래상대방 위험평가액은 동일 거래상대방 기준으로 장외파생상품 매매 거래의 만기까지 거래상대방의 부도 등으로 인하여 발생할 수 있는 최대손실에 대한 추정금액(거래상대방으로부터 당해 거래와 관련하여 담보를 제공받은 경우에는 그 담보가치를 차감한 금액)을 말한다. 이 경우 당해 거래로 인하여 지급받기로 한 금액과 지급하기로 한 금액간에 상계한다는 내용의 계약이 있는 경우에는 상계한 후 거래상대방으로부터 지급받을 것으로 평가(법 제238조에 따른 평가)되는 총 금액으로 산정한다.
⑥ 제5항에 따라 담보가치를 차감하는 경우에는 가치산정이나 담보권 행사를 통한 채권회수가 곤란한 자산을 담보로 받아서는 아니 되며 공정가액 등을 고려하여 합리적으로 담보사정가격을 산정하여야 한다.

축물 등을 분양하는 경우, 집합투자기구가 합병·해지 또는 해산되는 경우를 제외한다(영80⑧).

ⅱ) 건축물, 그 밖의 공작물이 없는 토지로서 그 토지에 대하여 부동산개발사업을 시행하기 전에 이를 처분하는 행위는 금지된다. 다만, 집합투자기구의 합병·해지 또는 해산, 부동산개발사업을 하기 위하여 토지를 취득한 후 관련 법령의 제정·개정 또는 폐지 등으로 인하여 사업성이 뚜렷하게 떨어져서 부동산개발사업을 수행하는 것이 곤란하다고 객관적으로 증명되어 그 토지의 처분이 불가피한 경우를 제외한다(영80⑨).

3) 집합투자증권에 대한 투자한도

집합투자재산을 집합투자증권(외국 집합투자증권을 포함)에 운용함에 있어서 다음의 어느 하나에 해당하는 행위를 하여서는 아니된다(법81①(3)).

ⅰ) 각 집합투자기구 자산총액의 50%를 초과하여 같은 집합투자업자(외국 집합투자업자를 포함)가 운용하는 집합투자기구(외국 집합투자기구를 포함)의 집합투자증권에 투자하는 행위는 금지된다(가목).

ⅱ) 각 집합투자기구 자산총액의 20%를 초과하여 같은 집합투자기구(외국 집합투자기구를 포함)의 집합투자증권에 투자하는 행위는 금지된다(나목).

ⅲ) 집합투자증권에 자산총액의 40%를 초과하여 투자할 수 있는 집합투자기구(외국 집합투자기구를 포함)의 집합투자증권에 투자하는 행위는 금지된다(다목).

ⅳ) 각 집합투자기구 자산총액의 5%(영80⑩)를 초과하여 사모집합투자기구(사모집합투자기구에 상당하는 외국 사모집합투자기구를 포함)의 집합투자증권에 투자하는 행위는 금지된다(라목).

ⅴ) 각 집합투자기구의 집합투자재산으로 같은 집합투자기구(외국 집합투자기구를 포함)의 집합투자증권 총수의 20%를 초과하여 투자하는 행위는 금지된다. 이 경우 그 비율의 계산은 투자하는 날을 기준으로 한다(마목).

ⅵ) 집합투자기구의 집합투자증권을 판매하는 투자매매업자 또는 투자중개업자가 받는 판매수수료 및 판매보수와 그 집합투자기구가 투자하는 다른 집합투자기구(외국 집합투자기구를 포함)의 집합투자증권을 판매하는 투자매매업자[외국 투자매매업자(외국법령에 따라 외국에서 투자매매업에 상당하는 영업을 영위하는 자)를 포함] 또는 투자중개업자[외국 투자중개업자(외국법령에 따라 외국에서 투자중개업에 상당하는 영업을 영위하는 자)를 포함]가 받는 판매수수료 및 판매보수의 합계가 대통령령으로 정하는 기준[209]을 초과하여 집합투자증권에 투자하는 행위는 금지된다(바목).

---

209) "대통령령으로 정하는 기준"이란 영 제77조 제4항에서 정한 한도를 말한다(영80⑪, 영77④).
   1. 판매수수료: 납입금액 또는 환매금액의 2%
   2. 판매보수: 집합투자재산의 연평균가액의 1%. 다만, 투자자의 투자기간에 따라 판매보수율이 감소하는 경우로서 2년(금융투자업감독규정 4-48조①)을 넘는 시점에 적용되는 판매보수율이 1% 미만인 경우 그 시점까지는 1%에서부터 1.5%까지의 범위에서 정할 수 있다.

4) 기타 투자한도

그 밖에 투자자 보호 또는 집합투자재산의 안정적 운용 등을 해할 우려가 있는 행위로서 ⅰ) 각 집합투자기구에 속하는 증권 총액의 범위에서 50%(금융투자업규정4-53①)를 초과하여 환매조건부매도(증권을 일정기간 후에 환매수할 것을 조건으로 매도하는 경우)를 하는 행위, ⅱ) 각 집합투자기구에 속하는 증권의 범위에서 50%(금융투자업규정4-53①)를 초과하여 증권을 대여하는 행위, ⅲ) 각 집합투자기구의 자산총액 범위에서 20%(금융투자업규정4-53②)를 초과하여 증권을 차입하는 행위는 금지된다(법81①(4), 영81①).

(나) 적합 투자한도 간주

집합투자재산에 속하는 투자대상자산의 가격변동 등, 즉 ⅰ) 집합투자재산에 속하는 투자대상자산의 가격 변동, ⅱ) 투자신탁의 일부해지 또는 투자회사·투자유한회사·투자합자회사·투자유한책임회사·투자합자조합 및 투자익명조합의 집합투자증권의 일부소각, ⅲ) 담보권의 실행 등 권리행사, ⅳ) 집합투자재산에 속하는 증권을 발행한 법인의 합병 또는 분할합병, ⅴ) 그 밖에 투자대상자산의 추가 취득 없이 투자한도를 초과하게 된 경우 등 불가피하게 투자한도를 초과하게 된 경우에는 초과일부터 3개월까지(부도 등으로 처분이 불가능하거나 집합투자재산에 현저한 손실을 초래하지 아니하고는 처분이 불가능한 투자대상자산은 그 처분이 가능한 시기까지)는 그 투자한도에 적합한 것으로 본다(법81③, 영81②③).

(다) 운용제한의 예외

투자자 보호 및 집합투자재산의 안정적 운용을 해할 우려가 없는 경우로서 다음의 어느 하나에 해당하는 경우에는 예외를 허용하고 있다(법81① 단서, 영80①).

1. 법 제81조 제1항 제1호 가목을 적용할 때 다음의 어느 하나에 해당하는 투자대상 자산에 각 집합투자기구[라목부터 사목까지의 경우에는 부동산집합투자기구, 아목부터 타목까지의 경우에는 특별자산집합투자기구로서 그 집합투자규약에 해당 내용을 정한 경우만 해당] 자산총액의 100%까지 투자하는 행위

   가. 국채증권

   나. 한국은행통화안정증권

   다. 국가나 지방자치단체가 원리금의 지급을 보증한 채권

   라. 특정한 부동산을 개발하기 위하여 존속기간을 정하여 설립된 회사("부동산개발회사")가 발행한 증권

   마. 부동산, 그 밖에 금융위원회가 정하여 고시하는 부동산 관련 자산[210]을 기초로 하여 자

---

210) "금융위원회가 정하여 고시하는 부동산 관련 자산"이란 다음의 어느 하나에 해당하는 자산을 말한다(금융투자업규정4-50①).

1. 부동산매출채권(부동산의 매매·임대 등에 따라 발생한 매출채권)

산유동화법 제2조 제4호[211])에 따라 발행된 유동화증권으로서 그 기초자산의 합계액이 자산유동화법 제2조 제3호[212])에 따른 유동화자산 가액의 70% 이상인 유동화증권

바. 주택저당채권유동화회사법 또는 한국주택금융공사법에 따른 주택저당채권담보부채권 또는 주택저당증권(주택저당채권유동화회사법에 따른 주택저당채권유동화회사, 한국주택금융공사법에 따른 한국주택금융공사 또는 자본시장법 시행령 제79조 제2항 제5호 가목부터 사목까지의 금융기관이 지급을 보증한 주택저당증권)

사. 다음의 요건을 모두 갖춘 회사("부동산투자목적회사")가 발행한 지분증권

　1) 부동산(법 제229조 제2호에 따른 부동산) 또는 다른 부동산투자목적회사의 증권, 그 밖에 금융위원회가 정하여 고시하는 투자대상자산에 투자하는 것을 목적으로 설립될 것

　2) 해당 회사와 그 종속회사(외부감사법 시행령 제3조 제1항에 따른 종속회사)가 소유하고 있는 자산을 합한 금액 중 부동산을 합한 금액이 90% 이상일 것

아. 민간투자법에 따른 사회기반시설사업의 시행을 목적으로 하는 법인이 발행한 주식 및 채권

자. 민간투자법에 따른 사회기반시설사업의 시행을 목적으로 하는 법인에 대한 대출채권

차. 민간투자법에 따라 하나의 사회기반시설사업의 시행을 목적으로 하는 법인이 발행한 주식 및 채권을 취득하거나 그 법인에 대한 대출채권을 취득하는 방식으로 투자하는 것을 목적으로 하는 법인(같은 법에 따른 사회기반시설투융자회사는 제외)의 지분증권

카. 사업수익권

타. 다음의 요건을 모두 갖춘 회사("특별자산투자목적회사")가 발행한 지분증권

　1) 법 제229조 제3호에 따른 특별자산 또는 다른 특별자산투자목적회사의 증권, 그밖에 금융위원회가 정하여 고시하는 투자대상자산에 투자하는 것을 목적으로 설립될 것

　2) 해당 회사와 그 종속회사가 소유하고 있는 자산을 합한 금액 중 특별자산 관련 금액이 90% 이상일 것

2. 법 제81조 제1항 제1호 가목을 적용할 때 다음의 어느 하나에 해당하는 투자대상 자산에 각 집합투자기구 자산총액의 30%까지 투자하는 행위

가. 지방채증권

나. 특수채증권(제1호 나목 및 다목은 제외) 및 직접 법률에 따라 설립된 법인이 발행한 어음(기업어음증권 및 제79조 제2항 제5호 각 목의 금융기관이 할인·매매·중개 또는 인수한 어음만 해당)

다. 파생결합증권

---

2. 부동산담보부채권

211) 4. "유동화증권"이라 함은 유동화자산을 기초로 하여 제3조의 규정에 의한 자산유동화계획에 따라 발행되는 출자증권·사채·수익증권 기타의 증권 또는 증서를 말한다.

212) 3. "유동화자산"이라 함은 자산유동화의 대상이 되는 채권·부동산 기타의 재산권을 말한다.

라. 제79조 제2항 제5호 가목부터 사목까지의 금융기관이 발행한 어음 또는 양도성 예금 증서와 같은 호 가목, 마목부터 사목까지의 금융기관이 발행한 채권

마. 제79조 제2항 제5호 가목부터 사목까지의 금융기관이 지급을 보증한 채권(모집의 방법 으로 발행한 채권만 해당) 또는 어음

바. 경제협력개발기구에 가입되어 있는 국가나 투자자 보호 등을 고려하여 총리령으로 정 하는 국가(시행규칙10의2: 중화인민공화국)가 발행한 채권

사. 자산유동화법 제31조에 따른 사채 중 후순위 사채권 또는 같은 법 제32조에 따른 수익 증권 중 후순위 수익증권(집합투자규약에서 후순위 사채권 또는 후순위 수익증권에 금 융위원회가 정하여 고시하는 비율[213] 이상 투자하는 것을 정한 집합투자기구만 해당)

아. 주택저당채권유동화회사법 또는 한국주택금융공사법에 따른 주택저당채권담보부채권 또는 주택저당증권(주택저당채권유동화회사법에 따른 주택저당채권유동화회사, 한국주 택금융공사법에 따른 한국주택금융공사 또는 자본시장법 시행령 제79조 제2항 제5호 가목부터 사목까지의 금융기관이 지급을 보증한 주택저당증권)

자. 제79조 제2항 제5호 가목부터 사목까지의 규정에 따른 금융기관에 금전을 대여하거나 예치ㆍ예탁하여 취득한 채권

2의2. 법 제81조 제1항 제1호 가목을 적용할 때 이 항 제5호의3에 따른 부동산ㆍ특별자산투자 재간접집합투자기구가 동일한 부동산투자회사(부동산투자회사법 제14조의8 제3항에 따 른 부동산투자회사)가 발행한 지분증권에 부동산ㆍ특별자산투자재간접집합투자기구 자 산총액의 50%까지 투자하는 행위

3. 법 제81조 제1항 제1호 가목을 적용할 때 동일법인 등이 발행한 지분증권(그 법인 등이 발 행한 지분증권과 관련된 증권예탁증권을 포함)의 시가총액비중이 10%를 초과하는 경우에 그 시가총액비중까지 투자하는 행위. 이 경우 시가총액비중은 거래소가 개설하는 증권시장 또는 해외 증권시장별로 산정하며 그 산정방법, 산정기준일 및 적용기간 등에 관하여 필요 한 사항은 금융위원회가 정하여 고시[214]한다.

3의2. 법 제81조 제1항 제1호 가목을 적용할 때 동일법인 등이 발행한 증권(그 법인 등이 발 행한 증권과 관련된 증권예탁증권을 포함)에 각 집합투자기구 자산총액의 25%까지 투

---

213) "금융위원회가 정하여 고시하는 비율"이란 다음에서 정한 비율을 말한다(금융투자업규정4-50②).
  1. 자산유동화법 제31조에 따라 유동화전문회사가 특정 집합투자기구로부터 양도받은 채권 등을 기초로 하여 발행한 후순위 사채권 또는 같은 법 제32조에 따른 후순위 수익증권을 당해 집합투자기구에서 그 채권 등의 양도금액의 50% 이내에서 취득하는 경우: 10%
  2. 조세특례제한법 제91조의7에 따른 고수익고위험투자신탁 등의 경우: 10%
  3. 제1호 및 제2호 이외의 경우: 50%
214) 금융투자업규정 제4-51조(시가총액비중의 산정방법) ① 영 제80조 제1항 제3호에 따른 지분증권의 시가 총액비중은 거래소가 개설하는 증권시장별로 또는 해외 증권시장별로 매일의 그 지분증권의 최종시가의 총액을 그 시장에서 거래되는 모든 종목의 최종시가의 총액을 합한 금액으로 나눈 비율을 1개월간 평균한 비율로 계산한다.
  ② 제1항의 지분증권의 시가총액비중은 매월 말일을 기준으로 산정하며, 그 다음 1개월간 적용한다.

자하는 행위로서 다음의 요건을 모두 충족하는 행위

가. 투자자 보호 및 집합투자재산의 안정적 운용의 필요성을 고려하여 금융위원회가 정하여 고시하는 법인 등이 발행한 증권에 투자하지 아니할 것

나. 해당 집합투자기구 자산총액의 50% 이상을 다른 동일법인 등이 발행한 증권에 그 집합투자기구 자산총액의 5% 이하씩 각각 나누어 투자할 것. 다만, 제1호 가목부터 다목까지의 어느 하나에 해당하는 증권의 경우에는 각각 30%까지 투자할 수 있고, 제2호 각목의 어느 하나에 해당하는 증권의 경우에는 각각 10%까지 투자할 수 있다.

3의3. 법 제81조 제1항 제1호 가목을 적용할 때 동일종목의 증권에 법 제234조 제1항 제1호의 요건을 갖춘 각 집합투자기구 자산총액의 30%까지 투자하는 행위. 다만, 금융위원회가 정하여 고시하는 지수에 연동하여 운용하는 집합투자기구[215]의 경우 동일종목이 차지하는 비중이 30%를 초과하는 경우에는 해당 종목이 지수에서 차지하는 비중까지 동일종목의 증권에 투자할 수 있다.

4. 법 제81조 제1항 제1호 나목 또는 다목을 적용할 때 각 집합투자업자가 운용하는 전체 부동산집합투자기구의 자산총액 또는 각 부동산집합투자기구의 자산총액으로 다음의 어느 하나에 해당하는 지분증권에 그 지분증권 총수의 100%까지 투자하는 행위

가. 부동산개발회사가 발행한 지분증권

나. 부동산투자목적회사가 발행한 지분증권

4의2. 법 제81조 제1항 제1호 다목을 적용할 때 이 항 제5호의3에 따른 부동산·특별자산투자재간접집합투자기구의 자산총액으로 동일한 부동산투자회사가 발행한 지분증권의 50% 까지 투자하는 행위

5. 법 제81조 제1항 제1호 나목 또는 다목을 적용할 때 각 집합투자업자가 운용하는 전체 특별자산집합투자기구의 자산총액 또는 각 특별자산집합투자기구의 자산총액으로 다음의 어느 하나에 해당하는 지분증권에 그 지분증권 총수의 100%까지 투자하는 행위

가. 민간투자법에 따른 사회기반시설사업의 시행을 목적으로 하는 법인이 발행한 주식

나. 민간투자법에 따른 하나의 사회기반시설사업의 시행을 목적으로 하는 법인이 발행한 주식 또는 채권을 취득하거나 그 법인에 대한 대출채권을 취득하는 방식으로 투자하는 것을 목적으로 하는 법인(같은 법에 따른 사회기반시설투융자회사는 제외한다)의 지분증권

다. 다음의 어느 하나와 관련된 특별자산에 투자하는 특별자산투자목적회사가 발행한 지분증권

1) 민간투자법에 따른 사회기반시설사업

2) 선박, 항공기, 그 밖에 이와 유사한 자산으로서 금융위원회가 정하여 고시하는 특별

---

215) "금융위원회가 정하여 고시하는 지수에 연동하여 운용하는 집합투자기구"란 거래소에서 거래되는 다수 종목의 가격수준을 종합적으로 표시하는 지수로서 금융감독원장이 정하는 지수에 연동하여 운용하는 집합투자기구를 말한다(금융투자업규정4-51③).

자산

5의2. 법 제81조 제1항 제3호 가목을 적용할 때 전문투자형 사모집합투자기구(이와 유사한 집합투자기구로서 법 제279조 제1항에 따라 등록한 외국 집합투자기구를 포함)가 발행하는 집합투자증권에 자산총액의 50%를 초과하여 투자한 집합투자기구("사모투자재간접집합투자기구")가 같은 집합투자업자(외국 집합투자업자를 포함)가 운용하는 집합투자기구(이와 유사한 집합투자기구로서 법 제279조 제1항에 따라 등록한 외국 집합투자기구를 포함)의 집합투자증권에 각 집합투자기구 자산총액의 100%까지 투자하는 행위

5의3. 법 제81조 제1항 제3호 가목을 적용할 때 다음의 어느 하나에 해당하는 집합투자기구의 집합투자증권에 대한 투자금액을 합산한 금액이 자산총액의 80%를 초과하는 집합투자기구("부동산·특별자산투자재간접집합투자기구")가 같은 집합투자업자가 운용하는 집합투자기구의 집합투자증권에 각 집합투자기구 자산총액의 100%까지 투자하는 행위

가. 부동산집합투자기구

나. 제5호 다목 1) 및 2)에 해당하는 특별자산에 투자하는 특별자산집합투자기구

다. 부동산 또는 나목에 따른 특별자산에 자산총액의 50%를 초과하여 투자하는 전문투자형 사모집합투자기구

라. 부동산투자회사법 제2조 제1호에 따른 부동산투자회사

5의4. 법 제81조 제1항 제3호 가목을 적용할 때 다음의 요건을 모두 충족한 집합투자기구가 같은 집합투자업자(외국 집합투자업자를 포함)가 운용하는 집합투자기구(외국 집합투자기구를 포함)의 집합투자증권에 각 집합투자기구 자산총액의 100%까지 투자하는 행위

가. 집합투자재산을 주된 투자대상자산·투자방침과 투자전략이 상이한 복수의 집합투자기구(외국 집합투자기구를 포함)에 투자할 것

나. 집합투자기구가 투자한 집합투자증권의 비율을 탄력적으로 조절하는 투자전략을 활용할 것

다. 집합투자업자가 본인이 운용하는 집합투자기구의 집합투자증권에 각 집합투자기구의 집합투자재산의 50%를 초과하여 투자하는 경우에는 일반적인 거래조건에 비추어 투자자에게 유리한 운용보수 체계를 갖출 것

6. 법 제81조 제1항 제3호 가목 또는 나목을 적용할 때 다음의 어느 하나에 해당하는 집합투자증권에 각 집합투자기구(자산총액의 40%를 초과하여 투자할 수 있는 집합투자기구만 해당하되, 나목은 자산총액의 60% 이상 채무증권에 투자할 수 있는 증권집합투자기구도 포함) 자산총액의 100%까지 투자하는 행위

가. 집합투자업자(외국 집합투자업자를 포함)가 운용하는 집합투자기구(외국 집합투자기구의 경우에는 법 제279조 제1항에 따라 등록한 것만 해당한다. 이하 이 목 및 다목에서 같다)의 집합투자재산을 외화자산으로 70% 이상 운용하는 경우에 그 집합투자기구의 집합투자증권

나. 금융위원회가 정하여 고시하는 상장지수집합투자기구[216](상장지수집합투자기구와 비슷한 것으로서 외국 상장지수집합투자기구를 포함)의 집합투자증권(외국 집합투자증권의 경우에는 법 제279조 제1항에 따라 등록한 집합투자기구의 집합투자증권만 해당)

다. 같은 집합투자업자가 운용하는 집합투자기구의 집합투자재산을 둘 이상의 다른 집합투자업자에게 위탁하여 운용하는 경우에 그 집합투자기구의 집합투자증권(같은 집합투자업자가 운용하는 집합투자기구의 자산총액의 90% 이상을 외화자산에 운용하는 경우에 한한다)

6의2. 법 제81조 제1항 제3호 가목을 적용할 때 같은 집합투자업자가 운용하는 집합투자기구(법 제279조 제1항의 외국 집합투자기구를 포함)의 집합투자재산을 둘 이상의 다른 집합투자업자에게 위탁하여 운용하는 경우에 그 집합투자기구의 집합투자증권(같은 집합투자업자가 운용하는 집합투자기구의 자산총액의 90% 이상을 외화자산에 운용하는 경우만 해당)에 각 집합투자기구 자산총액의 100%까지 투자하는 행위

7. 법 제81조 제1항 제3호 나목을 적용할 때 상장지수집합투자기구(투자자 보호 등을 고려하여 금융위원회가 정하여 고시하는 상장지수집합투자기구[217]에 한정)의 집합투자증권이나 같은 집합투자업자가 운용하는 집합투자기구(외국 집합투자기구를 포함)의 집합투자재산을 둘 이상의 다른 집합투자업자에게 위탁하여 운용하는 경우에 그 집합투자기구의 집합투자증권(같은 집합투자업자가 운용하는 집합투자기구의 자산총액의 90% 이상을 외화자산에 운용하는 경우만 해당)에 각 집합투자기구 자산총액의 30%까지 투자하는 행위

7의2. 법 제81조 제1항 제3호 나목을 적용할 때 부동산·특별자산투자재간접집합투자기구가 같은 집합투자기구의 집합투자증권에 각 집합투자기구 자산총액의 50%까지 투자하는 행위

8. 법 제81조 제1항 제3호 가목 또는 나목을 적용할 때 같은 집합투자기구(외국 집합투자기구를 포함)에 법 제251조 제1항에 따라 보험회사가 설정한 각 투자신탁 자산총액의 100%까지 투자하는 행위. 다만, 보험회사가 설정한 전체 투자신탁 자산총액의 50%를 초과하여 그

---

216) "금융위원회가 정하여 고시하는 상장지수집합투자기구"란 다음의 어느 하나에 해당하는 요건을 충족한 상장지수집합투자기구로서 당해 상장지수집합투자기구가 설정 또는 설립된 6개월 이상 경과하고 최근 6개월간 영 제251조 제2항에 따른 추적오차율이 연 5%를 초과하지 아니한 상장지수집합투자기구를 말한다(금융투자업규정4-52①).
   1. 당해 상장지수집합투자기구가 목표로 하는 지수의 구성종목이 영 제80조 제1항 제1호 가목부터 다목까지의 어느 하나에 해당하는 증권일 것
   2. 당해 상장지수집합투자기구가 목표로 하는 지수를 구성하는 종목의 수가 30종목 이상이고, 각 종목의 직전 3개월의 평균시가총액을 그 지수를 구성하는 종목의 직전 3개월의 평균시가총액의 합으로 나눈 값이 20%를 초과하지 아니할 것
217) "금융위원회가 정하여 고시하는 상장지수집합투자기구"란 제7-26조 제4항 제1호의 방법으로 운용되는 상장지수집합투자기구를 말한다(금융투자업규정4-52②). 여기서 제7-26조 제4항 제1호는 "상장지수집합투자기구의 순자산가치의 변화를 가격 및 지수의 변화의 일정배율(음의 배율도 포함)로 연동하여 운용하는 것을 목표로 할 것"을 말한다.

의 계열회사가 운용하는 집합투자기구에 투자하여서는 아니 된다.

8의2. 법 제81조 제1항 제3호 다목을 적용할 때 제5호의4 각 목의 요건을 모두 충족하는 집합투자기구의 재산을 다음의 어느 하나에 해당하는 집합투자기구의 집합투자증권에 투자하는 행위

　　가. 부동산집합투자기구(이와 유사한 집합투자기구로서 법 제279조 제1항에 따라 등록한 외국 집합투자기구를 포함)의 집합투자증권에 집합투자재산의 40%를 초과하여 투자하는 집합투자기구(법 제279조 제1항에 따라 등록한 외국 집합투자기구를 포함)

　　나. 특별자산집합투자기구(이와 유사한 집합투자기구로서 법 제279조 제1항에 따라 등록한 외국 집합투자기구를 포함)의 집합투자증권에 집합투자재산의 40%를 초과하여 투자하는 집합투자기구(법 제279조 제1항에 따라 등록한 외국 집합투자기구를 포함)

　　다. 부동산투자회사법에 따른 부동산투자회사가 발행한 주식(이와 유사한 것으로서 외국 증권시장에 상장된 주식을 포함)에 집합투자재산의 40%를 초과하여 투자하는 집합투자기구(법 제279조 제1항에 따라 등록한 외국 집합투자기구를 포함)

8의3. 법 제81조 제1항 제3호 라목을 적용할 때 사모투자재간접집합투자기구가 전문투자형 사모집합투자기구(이와 유사한 집합투자기구로서 법 제279조 제1항에 따라 등록한 외국 집합투자기구를 포함)의 집합투자증권에 각 집합투자기구 자산총액의 100%까지 투자하는 행위

8의4. 법 제81조 제1항 제3호 라목을 적용할 때 부동산·특별자산투자재간접집합투자기구가 전문투자형 사모집합투자기구의 집합투자증권에 각 집합투자기구 자산총액의 100%까지 투자하는 행위

9. 법 제81조 제1항 제3호 마목을 적용할 때 법 제251조 제1항에 따라 보험회사가 설정한 투자신탁재산으로 같은 집합투자기구(외국 집합투자기구를 포함)의 집합투자증권 총수의 100%까지 투자하는 행위

9의2. 법 제81조 제1항 제3호 마목을 적용할 때 각 집합투자기구의 집합투자재산으로 법 제234조에 따른 상장지수집합투자기구의 집합투자증권 총수의 50%까지 투자하는 행위

9의3. 법 제81조 제1항 제3호 마목을 적용할 때 각 사모투자재간접집합투자기구의 집합투자재산으로 같은 집합투자기구(법 제279조 제1항에 따라 등록한 외국 집합투자기구를 포함)의 집합투자증권 총수의 50%까지 투자하는 행위

9의4. 법 제81조 제1항 제3호 마목을 적용할 때 각 부동산·특별자산투자재간접집합투자기구의 집합투자재산으로 같은 집합투자기구의 집합투자증권 총수의 50%까지 투자하는 행위

10. 법 제81조 제1항 제3호 바목을 적용할 때 법 제251조 제1항에 따라 보험회사가 설정한 투자신탁재산으로 법 제81조 제1항 제3호 바목에 따른 기준을 초과하여 투자하는 행위

11. 국가재정법 제81조에 따른 여유자금을 통합하여 운용하는 경우 법 제81조 제1항 제3호를 적용할 때 같은 호에 따른 기준을 초과하여 투자하는 행위

12. 그 밖에 투자자의 보호 및 집합투자재산의 안정적 운용을 해칠 염려가 없는 행위로서 금융위원회가 정하여 고시하는 행위

(라) 전문투자형 사모집합투자기구의 집합투자재산 운용방법 등

1) 초과운용금지

전문사모집합투자업자가 전문투자형 사모집합투자기구의 집합투자재산을 운용하는 경우 ⅰ) 파생상품에 투자하는 경우 그 파생상품의 매매에 따른 위험평가액(제1호), ⅱ) 집합투자재산으로 해당 전문투자형 사모집합투자기구 외의 자를 위하여 채무보증 또는 담보제공을 하는 방법으로 운용하는 경우 그 채무보증액 또는 담보목적물의 가액(제2호), 그리고 ⅲ) 전문투자형 사모집합투자기구의 계산으로 금전을 차입하는 경우 그 차입금의 총액(제3호)을 합산한 금액이 전문투자형 사모집합투자기구의 자산총액에서 부채총액을 뺀 가액의 400%를 초과해서는 아니 된다(법249의7① 본문, 영271의10①).

다만, 투자자 보호 및 집합투자재산의 안정적 운용을 해칠 우려가 없는 경우로서 대통령령으로 정하는 전문투자형 사모집합투자기구의 경우에는 제1호와 제2호를 합산한 금액 또는 제3호의 금액이 각각 전문투자형 사모집합투자기구의 자산총액에서 부채총액을 뺀 가액의 400%를 초과해서는 아니 된다(법249의7① 단서, 영271의10①).

2) 부동산 운용시 금지행위

전문사모집합투자업자는 전문투자형 사모집합투자기구의 집합투자재산을 부동산에 운용할 때 ⅰ) 국내에 있는 부동산을 취득한 후 1년 이내에 이를 처분하는 행위는 금지된다. 집합투자기구가 미분양주택(주택법 제54조에 따른 사업주체가 같은 조에 따라 공급하는 주택으로서 입주자모집공고에 따른 입주자의 계약일이 지난 주택단지에서 분양계약이 체결되지 아니하여 선착순의 방법으로 공급하는 주택)을 취득하는 경우에는 집합투자규약에서 정하는 기간으로 한다. 다만 부동산개발사업에 따라 조성하거나 설치한 토지·건축물 등을 분양하는 경우, 전문투자형 사모집합투자기구가 합병·해지 또는 해산되는 경우는 제외한다. ⅱ) 건축물, 그 밖의 공작물이 없는 토지로서 그 토지에 대하여 부동산개발사업을 시행하기 전에 이를 처분하는 행위는 금지된다. 다만, 전문투자형 사모집합투자기구의 합병·해지 또는 해산, 부동산개발사업을 하기 위하여 토지를 취득한 후 관련 법령의 제정·개정 또는 폐지 등으로 인하여 사업성이 뚜렷하게 떨어져서 부동산개발사업을 수행하는 것이 곤란하다고 객관적으로 증명되어 그 토지의 처분이 불가피한 경우는 제외한다(법249의7②, 영271의10③④⑤).

3) 운용현황 등 보고

전문사모집합투자업자는 전문투자형 사모집합투자기구별로 ⅰ) 파생상품 매매 현황, ⅱ)

채무보증 또는 담보제공 현황, iii) 금전차입 현황을 금융위원회가 정하여 고시하는 서식 및 절차에 따라 보고하여야 한다(법249의7③, 영271의10⑥). 전문사모집합투자업자는 아래의 보고기준일로부터 1개월 이내에 금융감독원장이 정하는 서식 및 작성방법에 따른 보고서를 제출하여야 한다(금융투자업규정7-41의6③). 보고의 기준일은 ⅰ) 집합투자재산 총액이 100억원 이상인 전문투자형 사모집합투자기구는 매년 6월 30일 및 12월 31일이고, ⅱ) 집합투자재산 총액이 100억원 미만인 전문투자형 사모집합투자기구는 매년 12월 31일이다(영271의10⑦).[218]

4) 위반시 제재

법 제249조의7 제3항을 위반하여 보고를 하지 아니하거나 거짓으로 보고한 자(제41의3호)에 대하여는 1억원 이하의 과태료를 부과한다(법449①).

(마) 위반에 대한 제재

법 제81조 제1항을 위반하여 집합투자재산을 운용함에 있어서 같은 항 각 호의 어느 하나에 해당하는 행위를 한 자(제9호) 또는 법 제249조의7제2항을 위반하여 집합투자재산을 운용한 자(제19의3호)는 5년 이하의 징역 또는 2억원 이하의 벌금에 처한다(법444).

(4) 자기집합투자증권의 취득 제한과 처분

투자신탁이나 투자익명조합의 집합투자업자는 집합투자기구의 계산으로 그 집합투자기구의 집합투자증권을 취득하거나 질권의 목적으로 받지 못한다(법82 본문). 다만 ⅰ) 담보권의 실행 등 권리행사에 필요한 경우, ⅱ) 반대수익자의 수익증권매수청구권에 따라 수익증권을 매수하는 경우에는 집합투자기구의 계산으로 그 집합투자기구의 집합투자증권을 취득할 수 있다(법82 단서). 담보권의 실행 등 권리행사에 필요한 경우에는 취득한 집합투자증권은 취득일부터 1개월 이내에 소각 또는 투자매매업자 또는 투자중개업자를 통한 매도의 방법으로 처분하여야 한다(영82).

(5) 금전차입 등의 제한

(가) 의의

집합투자업자는 집합투자재산을 운용함에 있어서 집합투자기구의 계산으로 금전을 차입(借入)하지 못한다(법83① 본문). 그 취지는 집합투자기구의 계산으로 금전을 차입하는 경우에는 집합투자기구의 이자부담이 발생하고, 투자대상자산의 가격하락시에 투자손실이 확대되는 것을 방지하기 위함이다.

---

218) 법 제249조의7 제3항 등에 의하면 전문사모집합투자업자는 전문투자형 사모집합투자기구의 집합투자재산 운용 현황, 금전차입 현황 등에 관하여 보고기준일로부터 1개월 이내 금융위원회에 보고하여야 하는데도, A자산운용은 보고기준일 2015. 12. 31.부터 2018. 12. 31.까지 전문투자형 사모집합투자기구의 파생상품 매매현황 등 정기보고서(7회)를 제출하지 아니한 사실이 있어 과태료 제재를 받았다.

(나) 예외적 허용과 한도

1) 허용 사유와 차입 금융기관

다음의 어느 하나에 해당하는 경우, 즉 ⅰ) 집합투자증권의 환매 청구가 대량으로 발생하여 일시적으로 환매대금의 지급이 곤란한 때, ⅱ) 반대수익자의 수익증권매수청구 및 투자회사 주주의 주식매수청구가 대량으로 발생하여 일시적으로 매수대금의 지급이 곤란한 때, ⅲ) 증권시장이나 해외 증권시장의 폐쇄·휴장 또는 거래정지, 그 밖에 이에 준하는 사유로 집합투자재산을 처분할 수 없는 경우, ⅳ) 거래상대방의 결제지연 등이 발생한 경우, ⅴ) 환율의 급격한 변동이 발생한 경우에 해당하여 환매대금의 지급이 일시적으로 곤란한 때에는 집합투자기구의 계산으로 금전을 차입할 수 있다(법83① 단서, 영83②).

집합투자기구의 계산으로 금전을 차입하는 경우에는 은행, 한국산업은행, 중소기업은행, 한국수출입은행, 투자매매업자 또는 투자중개업자, 증권금융회사, 종합금융회사, 상호저축은행, 보험회사, 앞의 금융기관에 준하는 외국 금융기관으로부터 금전을 차입할 수 있다(영83①).

2) 차입한도

집합투자기구의 계산으로 금전을 차입하는 경우 그 차입금의 총액은 차입 당시 집합투자기구 자산총액에서 부채총액을 뺀 가액의 10%를 초과하여서는 아니 된다(법83②). 집합투자업자는 금전을 차입한 경우에는 그 차입금 전액을 모두 갚기 전까지 투자대상자산을 추가로 매수(파생상품의 전매와 환매는 제외)하여서는 아니 된다(영83③).

(다) 금전대여 제한

집합투자업자는 집합투자재산을 운용함에 있어서 집합투자재산 중 금전을 대여하여서는 아니 된다. 다만 대통령령으로 정하는 금융기관(영345① 각 호[219]의 금융기관)에 대한 30일 이내의 단기대출은 할 수 있다(법83④, 영83④).

---

219) 1. 시행령 제10조 제2항 제1호부터 제7호까지, 제9호부터 제11호까지, 제13호·제14호·제16호 및 제17호의 자(=은행, 한국산업은행, 중소기업은행, 한국수출입은행, 농업협동조합중앙회, 수산업협동조합중앙회, 보험회사, 증권금융회사, 종합금융회사, 자금중개회사, 여신전문금융회사, 상호저축은행 및 그 중앙회, 새마을금고연합회, 신용협동조합중앙회
2. 시행령 제10조 제3항 제2호 및 제4호의2의 자(=한국자산관리공사)
3. 그 밖에 제1호 및 제2호에 준하는 자로서 금융위원회가 정하여 고시하는 자
위 제3호에서 "금융위원회가 정하여 고시하는 자"란 다음의 자를 말한다(금융투자업규정8-78①). 1. 금융투자업자(전업투자자문업자는 제외), 2. 창업투자회사, 3. 대한주택보증주식회사, 4. 주택저당채권유동화회사, 5. 유동화전문회사, 6. 한국주택금융공사(다만, 해당 법인에 설치한 주택금융신용보증기금은 제외), 7. 체신관서, 8. 금융지주회사, 9. 산림조합중앙회, 10. 예금보험공사 및 정리금융회사, 11. 한국투자공사, 12. 법률에 따라 설립된 기금 및 그 기금을 관리·운용하는 법인, 13. 법률에 따라 공제사업을 경영하는 법인, 14. 투자일임계약을 체결한 일반투자자(기관간조건부매수를 하는 경우에 한한다), 15. 영 제7조 제4항 제3호 각 목의 기관에 준하는 외국 금융기관

(라) 채무보증 · 담보제공 제한

집합투자업자는 집합투자재산을 운용함에 있어서 집합투자재산으로 해당 집합투자기구 외의 자를 위하여 채무보증 또는 담보제공을 하여서는 아니 된다(법83⑤).

(6) 이해관계인과의 거래제한 등

(가) 원칙적 금지

집합투자업자는 집합투자재산을 운용함에 있어서 다음의 이해관계인, 즉 i) 집합투자업자의 임직원과 그 배우자, ii) 집합투자업자의 대주주와 그 배우자, iii) 집합투자업자의 계열회사, 계열회사의 임직원과 그 배우자, iv) 집합투자업자가 운용하는 전체 집합투자기구의 집합투자증권(국가재정법 제81조에 따라 여유자금을 통합하여 운용하는 집합투자기구가 취득하는 집합투자증권은 제외)을 30% 이상 판매 · 위탁판매한 투자매매업자 또는 투자중개업자("관계 투자매매업자 · 투자중개업자"), v) 집합투자업자가 운용하는 전체 집합투자기구의 집합투자재산의 30% 이상을 보관 · 관리하고 있는 신탁업자,[220] vi) 집합투자업자가 법인이사인 투자회사의 감독이사와 거래행위를 하여서는 아니 된다(법84① 본문, 영84).

이는 집합투자기구의 투자자와 이해관계인 사이에 이해상충을 방지하기 위한 취지이다. 예를 들어 집합투자기구에 속하는 증권을 이해관계인에게 매도하는 경우 그 매도가격을 시장가격보다 낮게 한다면 이는 집합투자업자의 이해관계인에게는 이익을 가져다 주는 반면 집합투자기구의 투자자에게는 손실이 될 수 있기 때문이다.

(나) 예외적 허용

집합투자기구와 이해가 상충될 우려가 없는 거래로서 다음의 어느 하나에 해당하는 거래의 경우에는 이를 할 수 있다(법84① 단서, 영85).

i) 이해관계인이 되기 6개월 이전에 체결한 계약에 따른 거래, 증권시장 등 불특정다수인이 참여하는 공개시장을 통한 거래, 일반적인 거래조건에 비추어 집합투자기구에 유리한 거래는 할 수 있다.

ii) 이해관계인의 중개 · 주선 또는 대리를 통하여 이해관계인이 일정 수수료만을 받고 집합투자업자와 이해관계인이 아닌 자 간의 투자대상자산의 매매를 연결시켜 주는 방법에 따라 이해관계인이 아닌 자와 행하는 투자대상자산의 매매는 할 수 있다(영85(1), 금융투자업규정4-56①).

iii) 이해관계인의 매매중개(금융위원회가 정하여 고시하는 매매형식의 중개[221])를 통하여 그

---

220) 이 경우 집합투자재산의 비율을 계산할 때 국가재정법 제81조에 따라 여유자금을 통합하여 운용하는 집합투자기구, 주택도시기금법 제3조(기금의 설치) 및 제10조(기금의 관리 · 운용)에 따라 주택도시기금을 위탁받아 운용하는 집합투자기구, 산업재해보상보험법 제95조(산업재해보상보험및예방기금의 설치 및 조성) 및 제97조(기금의 관리 · 운용)에 따라 기금을 위탁받아 운용하는 집합투자기구의 집합투자재산은 제외한다(영84(5) 단서).

이해관계인과 행하는 채무증권, 원화로 표시된 양도성예금증서, 어음(기업어음증권은 제외)의 매매는 할 수 있다(영85⑵).

iv) 각 집합투자기구 자산총액의 10% 이내에서 이해관계인(집합투자업자의 대주주나 계열회사는 제외)과 집합투자재산을 법 제83조 제4항에 따른 단기대출 또는 환매조건부매수(증권을 일정기간 후에 환매도할 것을 조건으로 매수하는 경우)의 방법으로 운용하는 거래는 할 수 있다(영85⑶).

v) 이해관계인인 금융기관(제83조 제1항 제1호에 따른 금융기관과 이에 준하는 외국 금융기관만 해당)에의 예치는 할 수 있다. 이 경우 집합투자업자가 운용하는 전체 집합투자재산 중 이해관계인인 금융기관에 예치한 금액은 전체 금융기관에 예치한 금액의 10%를 초과하여서는 아니 된다(영85⑷).

vi) 이해관계인인 신탁업자와의 거래로서 외국환거래법에 따른 외국통화의 매매(환위험을 회피하기 위한 선물환거래를 포함), 환위험을 회피하기 위한 장외파생상품의 매매로서 법 제5조 제1항 제3호에 따른 계약의 체결(그 기초자산이 외국통화인 경우로 한정), 또는 법 제83조 제1항 단서에 따른 금전차입의 거래(이 경우 신탁업자의 고유재산과의 거래로 한정)는 할 수 있다(영85⑸).

vii) 이해관계인(전담중개업무를 제공하는 제84조 제4호 및 제5호에 따른 이해관계인인 경우만 해당)과 전담중개업무로서 하는 거래는 할 수 있다(영85⑸의2).

viii) 환매기간을 30일 이내의 기간(금융투자업규정4-56③)으로 하여 이해관계인(제7조 제4항 제3호 각 목의 어느 하나에 해당하는 자를 거래상대방 또는 각 당사자로 하는 환매조건부매매의 수요·공급을 조성하는 자로 한정)과 환매조건부매매를 하거나 그 이해관계인이 환매조건부매매를 중개·주선 또는 대리하는 거래는 할 수 있다(영85⑸의3).

ix) 그 밖에 거래의 형태, 조건, 방법 등을 고려하여 집합투자기구와 이해가 상충될 염려가 없다고 금융위원회의 확인을 받은 거래는 할 수 있다(영85⑹).

(다) 이해관계인과의 거래내용 통보

집합투자업자는 예외적으로 허용되는 이해관계인과의 거래가 있는 경우 또는 이해관계인의 변경이 있는 경우에는 그 내용을 해당 집합투자재산을 보관·관리하는 신탁업자에게 즉시 통보하여야 한다(법84②). 이는 신탁업자가 해당거래의 적법 여부를 다시 확인하도록 한 2중의

---

221) "금융위원회가 정하여 고시하는 매매형식의 중개"란 집합투자업자가 같은 호 각 목의 투자대상자산을 이해관계인과 거래하는 경우 이해관계인에게 지급한 중개수수료(명목에 불구하고 이해관계인이 매매의 중개를 행한 대가로 취득하는 이익)를 감안할 때 거래의 실질이 중개의 위탁으로 볼 수 있고, 이해관계인이 집합투자업자로부터 매매 또는 중개의 위탁을 받아 집합투자업자 또는 제3자로부터 매입한 투자대상자산을 지체 없이 제3자 또는 집합투자업자에 매도하는 경우를 말한다(금융투자업규정4-56②).

안전장치이다.

(라) 자기 발행 증권의 취득제한

집합투자업자는 집합투자재산을 운용함에 있어서 집합투자기구의 계산으로 그 집합투자업자가 발행한 증권을 취득하여서는 아니 된다. 다만 투자신탁의 수익증권은 취득할 수 있다(법84③).

(마) 계열회사 증권의 취득제한

1) 취득한도

집합투자업자는 집합투자재산을 운용함에 있어서 대통령령으로 정하는 한도를 초과하여 그 집합투자업자의 계열회사가 발행한 증권을 취득하여서는 아니 된다(법84④). 이는 집합투자기구가 계열회사의 경영권을 유지하는 도구가 되어 일종의 사금고화되는 것을 방지하고 집합투자재산의 건전성을 유지하기 위한 것이다.

위 제4항에서 "대통령령으로 정하는 한도"란 다음의 한도를 말한다(영86①).

1. 집합투자업자가 운용하는 전체 집합투자기구의 집합투자재산으로 계열회사가 발행한 지분증권(그 지분증권과 관련된 증권예탁증권을 포함)을 취득하는 경우에 계열회사가 발행한 전체 지분증권에 대한 취득금액은 집합투자업자가 운용하는 전체 집합투자기구 자산총액 중 지분증권에 투자 가능한 금액의 5%와 집합투자업자가 운용하는 각 집합투자기구 자산총액의 25%. 다만, 다음 각 목의 어느 하나에 해당하는 경우는 제외한다.

   가. 계열회사가 발행한 전체 지분증권의 시가총액비중(제80조 제1항 제3호 후단에 따라 산정한 시가총액 비중)의 합이 집합투자업자가 운용하는 전체 집합투자기구 자산총액 중 지분증권에 투자 가능한 금액의 5%를 초과하는 경우로서 그 계열회사가 발행한 전체 지분증권을 그 시가총액 비중까지 취득하는 경우

   나. 계열회사가 발행한 전체 지분증권의 시가총액 비중의 합이 25%를 초과하는 경우로서 집합투자업자가 운용하는 각 집합투자기구에서 그 계열회사가 발행한 전체 지분증권을 그 시가총액 비중까지 취득하는 경우

   다. 다수 종목의 가격수준을 종합적으로 표시하는 지수 중 금융위원회가 정하여 고시하는 지수[222]의 변화에 연동하여 운용하는 것을 목표로 하는 집합투자기구의 집합투자재산으로 그 계열회사가 발행한 전체 지분증권을 해당 지수에서 차지하는 비중까지 취득하

---

222) "금융위원회가 정하여 고시하는 지수"란 다음의 요건을 모두 충족하는 지수를 말한다(금융투자업규정 4-57).
   1. 지수의 구성종목수가 10종목 이상일 것
   2. 지수를 구성하는 하나의 종목이 그 지수에서 차지하는 비중(그 종목의 직전 3개월의 평균시가총액을 그 지수를 구성하는 종목의 직전 3개월의 평균시가총액의 합으로 나눈 값)이 30%를 초과하지 아니할 것
   3. 지수를 구성하는 종목 중 시가총액 순으로 85%에 해당하는 종목은 시가총액(직전 3개월간 시가총액의 평균)이 150억원 이상이고 거래대금(직전 3개월간 거래대금평균)이 1억원 이상일 것

는 경우

2. 각 집합투자업자가 운용하는 전체 집합투자기구의 집합투자재산으로 계열회사(법률에 따라 직접 설립된 법인은 제외)가 발행한 증권(법 제84조 제4항에 따른 증권 중 지분증권을 제외한 증권)에 투자하는 경우에는 계열회사 전체가 그 집합투자업자에 대하여 출자한 비율에 해당하는 금액. 이 경우 계열회사 전체가 그 집합투자업자에 대하여 출자한 비율에 해당하는 금액은 계열회사 전체가 소유하는 그 집합투자업자의 의결권 있는 주식수를 그 집합투자업자의 의결권 있는 발행주식 총수로 나눈 비율에 그 집합투자업자의 자기자본(자기자본이 자본금 이하인 경우에는 자본금)을 곱한 금액으로 한다.

취득이 제한되는 계열회사가 발행한 증권에는 투자신탁의 수익증권, "집합투자증권 및 외국 집합투자증권, 파생결합증권, 신탁업자의 금전신탁계약에 의한 수익증권"(영86②)을 제외하며, 계열회사가 발행한 지분증권과 관련한 증권예탁증권 및 "원화로 표시된 양도성예금증서, 기업어음증권 외의 어음, 그 외에 대출채권, 예금, 그 밖에 금융위원회가 정하여 고시하는 채권(債權) 등의 투자대상자산"(영86③)을 포함한다(법84④).

2) 의결권행사제한

집합투자업자가 자신이 운용하는 집합투자기구를 통해 계열회사의 주식을 취득한 후 해당 주식의 의결권행사를 통해 경영권 방어 수단 등의 수단으로 활용하는 문제를 방지하기 위해 자본시장법은 의결권행사방법을 제한하고 있다.

집합투자업자는 계열회사의 전체 주식을 각 집합투자기구 자산총액의 5%를 초과하여 취득하는 경우에는 집합투자기구 자산총액의 5%를 기준으로 집합투자재산에 속하는 각 계열회사별 주식의 비중을 초과하는 계열회사의 주식에 대하여는 집합투자재산에 속하는 주식을 발행한 법인의 주주총회에 참석한 주주가 소유하는 주식수에서 집합투자재산에 속하는 주식수를 뺀 주식수의 결의내용에 영향을 미치지 아니하도록(법87②) 의결권을 행사하여야 한다(영86④).

3) 취득한도 초과 인정사유

집합투자업자는 계열회사가 발행한 증권을 추가적으로 취득하지 아니하였음에도 불구하고 ⅰ) 영 제81조 제2항 각 호의 어느 하나에 해당하는 경우, ⅱ) 집합투자업자의 자기자본의 감소, ⅲ) 집합투자업자의 합병, 분할, 분할합병 또는 영업의 양도·양수로 인하여 한도를 초과하게 된 때에는 그 사유가 발생한 날부터 3개월 이내에 그 한도에 적합하도록 운용하여야 한다(영86⑤, 금융투자업규정4-58).

(바) 위반시 제재

법 제84조 제1항을 위반하여 집합투자재산을 운용함에 있어서 이해관계인과 거래행위를 한 자는 5년 이하의 징역 또는 2억원 이하의 벌금에 처한다(법444(10)).

(7) 불건전 영업행위의 금지
(가) 원칙적 금지

집합투자업자는 타인으로부터 자금을 모아 투자대상자산에 투자하여 그 수익을 배분하는 것을 영업으로 한다는 특징이 있다. 따라서 자본시장법은 이해상충 등이 발생할 수 있는 다음과 같은 행위를 불건전 영업행위로 금지하고 있다(법85 본문).

1. 집합투자재산을 운용함에 있어서 금융투자상품, 그 밖의 투자대상자산의 가격에 중대한 영향을 미칠 수 있는 매수 또는 매도 의사를 결정한 후 이를 실행하기 전에 그 금융투자상품, 그 밖의 투자대상자산을 집합투자업자 자기의 계산으로 매수 또는 매도하거나 제3자에게 매수 또는 매도를 권유하는 행위
2. 자기 또는 대통령령으로 정하는 관계인수인[223]이 인수한 증권을 집합투자재산으로 매수하는 행위
3. 자기 또는 관계인수인이 발행인 또는 매출인으로부터 직접 증권의 인수를 의뢰받아 인수조건 등을 정하는 업무(영87③)를 담당한 법인의 특정증권등(제172조 제1항의 특정증권등)에 대하여 인위적인 시세(제176조 제2항 제1호의 시세)를 형성하기 위하여 집합투자재산으로 그 특정증권등을 매매하는 행위
4. 특정 집합투자기구의 이익을 해하면서 자기 또는 제3자의 이익을 도모하는 행위
5. 특정 집합투자재산을 집합투자업자의 고유재산 또는 그 집합투자업자가 운용하는 다른 집합투자재산, 투자일임재산(투자자로부터 투자판단을 일임받아 운용하는 재산) 또는 신탁재산과 거래하는 행위
6. 제3자와의 계약 또는 담합 등에 의하여 집합투자재산으로 특정 자산에 교차하여 투자하는 행위
7. 투자운용인력이 아닌 자에게 집합투자재산을 운용하게 하는 행위
8. 그 밖에 투자자 보호 또는 건전한 거래질서를 해할 우려가 있는 행위로서 대통령령으로 정하는 행위

위 제8호에서 "대통령령으로 정하는 행위"란 다음의 어느 하나에 해당하는 행위를 말한다(영87④).

---

[223] "대통령령으로 정하는 관계인수인"이란 다음의 어느 하나에 해당하는 인수인을 말한다(영87②).
　1. 집합투자업자와 같은 기업집단(공정거래법 제2조 제2호에 따른 기업집단)에 속하는 인수인
　2. 집합투자업자가 운용하는 전체 집합투자기구의 집합투자증권(국가재정법 제81조에 따라 여유자금을 통합하여 운용하는 집합투자기구가 취득하는 집합투자증권은 제외)을 금융위원회가 정하여 고시하는 비율(금융투자업규정4-60②: 30%) 이상 판매한 인수인

1. 집합투자규약이나 투자설명서를 위반하여 집합투자재산을 운용하는 행위[224]

2. 집합투자기구의 운용방침이나 운용전략 등을 고려하지 아니하고 집합투자재산으로 금융투자상품을 지나치게 자주 매매하는 행위

3. 집합투자업자가 운용하는 집합투자기구의 집합투자증권을 판매하는 투자매매업자 또는 투자중개업자(그 임직원과 투자권유대행인을 포함)에게 업무와 관련하여 금융위원회가 정하여 고시하는 기준[225]을 위반하여 직접 또는 간접으로 재산상의 이익을 제공하는 행위

4. 투자매매업자 또는 투자중개업자(그 임직원을 포함) 등으로부터 업무와 관련하여 금융위원회가 정하여 고시하는 기준[226]을 위반하여 직접 또는 간접으로 재산상의 이익을 제공받는 행위[227]

---

224) 집합투자업자는 집합투자규약을 위반하여 집합투자재산을 운용하여서는 아니 되는데도, A자산운용은 집합투자규약을 위반하여 MMF를 운용한 사실이 있다. 즉 MMF의 집합투자규약에서는 자산의 원리금 또는 거래금액이 계약시점에 미리 정한 특정한 신용사건의 발생에 따라 확대 또는 축소되도록 설계된 자산에 투자할 수 없도록 규정(금융투자업규정 제7-16조 제1항에 규정된 내용으로 모든 MMF의 집합투자규약에 동일한 내용이 반영)하고 있음에도, A자산운용은 MMF를 운용하는 과정에서, 신용사건 발생시 원리금이 축소되도록 설계된 CDS계약을 기초자산으로 하는 CDS 연계 유동화증권에 투자한 사실로 과태료 제재를 받았다.

225) 금융투자업규정 제4-61조(집합투자업자의 이익제공 기준) ① 영 제87조 제4항 제3호에서 "금융위원회가 정하여 고시하는 기준"이란 집합투자업자(그 임직원을 포함)가 집합투자증권의 판매와 관련하여 판매수수료·판매보수 외에 투자매매업자 또는 투자중개업자(그 임직원 및 투자권유대행인을 포함)에 제공할 수 있는 금전·물품·편익 등의 범위가 다음의 어느 하나에 해당하는 것으로서 일반인이 통상적으로 이해하는 수준에 반하지 않는 것을 말한다.
1. 집합투자증권에 대한 설명·교육 또는 판매촉진을 위하여 제공되는 것
2. 집합투자증권 판매와 관련된 투자매매업자·투자중개업자의 광고·인쇄비의 일부를 부담하는 것
② 집합투자업자가 제1항에 따른 금전·물품·편익 등을 10억원을 초과하여 특정 투자매매업자·투자중개업자에게 제공한 경우 그 내용을 인터넷 홈페이지등을 통하여 공시하여야 한다.
③ 집합투자업자는 제1항에 따른 금전·물품·편익 등을 투자매매업자·투자중개업자에 제공하는 경우 제공목적, 제공내용, 제공일자 및 제공받는 자 등에 대한 기록을 유지해야 한다.
④ 협회는 제1항부터 제3항까지의 시행을 위하여 필요한 구체적 기준을 정할 수 있다.

226) 금융투자업규정 제4-62조(집합투자업자의 이익수령 기준) ① 영 제87조 제4항 제4호에서 "금융위원회가 정하여 고시하는 기준"이란 집합투자업자(그 임직원을 포함)가 집합투자재산의 운용과 관련하여 투자매매업자·투자중개업자(그 임직원 및 투자권유대행인을 포함)로부터 제공받는 금전·물품·편익 등의 범위가 일반인이 통상적으로 이해하는 수준에 반하지 않는 것을 말한다.
② 집합투자업자가 제1항에 따른 금전·물품·편익 등을 10억원을 초과하여 특정 투자매매업자·투자중개업자로부터 제공받은 경우 그 내용을 인터넷 홈페이지등을 통하여 공시하여야 한다.
③ 집합투자업자는 제1항에 따른 금전·물품·편익 등을 투자매매업자·투자중개업자로부터 제공받는 경우 제공목적, 제공내용, 제공일자 및 제공받는 자 등에 대한 기록을 유지해야 한다.
④ 협회는 제1항부터 제3항까지의 시행을 위하여 필요한 구체적 기준을 정할 수 있다.

227) 법 제85조 제8호 등에 의하면 집합투자업자는 자기가 운용하는 집합투자기구의 집합투자증권을 판매하는 투자매매업자 또는 투자중개업자에게 업무와 관련하여 금융위원회가 정하여 고시하는 기준을 위반하여 직접 또는 간접으로 재산상의 이익을 제공해서는 아니 되는데도, A자산운용은 자기가 운용하는 집합투자기구의 집합투자증권을 판매하는 B[기존 변액보험가입자(약 270여명) 대상으로 "이탈 고객 방지 및 보험 적립금 증대" 목적으로 한 호텔에서 변액보험 판매촉진 행사 개최]에게 집합투자증권의 판매와 관련하여 제공할 수 있는 금전·물품·편익 등의 범위에 해당되지 아니하는 보험상품 판촉 행사비용 총 약 4천만원 상당을 대신하여 지급함으로써 부당한 재산상 이익을 제공한 사실이 있어 과태료 제재를 받았다(금융투자

5. 투자자와의 이면계약 등에 따라 그 투자자로부터 일상적으로 명령·지시·요청 등을 받아 집합투자재산을 운용하는 행위[228]

6. 집합투자업자가 운용하는 집합투자기구의 집합투자증권을 판매하는 투자매매업자 또는 투자중개업자와의 이면계약 등에 따라 그 투자매매업자 또는 투자중개업자로부터 명령·지시·요청 등을 받아 집합투자재산을 운용하는 행위[229]

7. 법 제55조, 제81조, 제84조 및 제85조에 따른 금지 또는 제한을 회피할 목적으로 하는 행위로서 장외파생상품거래, 신탁계약, 연계거래 등을 이용하는 행위

8. 채권자로서 그 권리를 담보하기 위하여 백지수표나 백지어음을 받는 행위

8의2. 단기금융집합투자기구의 집합투자재산을 제241조 제1항 각 호[230] 외의 자산에 투자하거나 같은 조 제2항[231]에서 정하는 방법 외의 방법으로 운용하는 행위

업규정 제4-61조 제1항 위반).

228) 법 제85조 제8호 등에 의하면 집합투자업자는 투자자와의 이면계약 등에 따라 그 투자자로부터 일상적으로 명령·지시·요청 등을 받아 집합투자재산을 운용하여서는 아니 되는데도, A자산운용은 2016. 5. 11.–2018. 4. 20. 기간 중 "A 성장기업 전문투자형 사모 혼합자산투자신탁 1호" 등 3개 전문투자형 사모집합투자기구를 운용하는 과정에서 후순위 투자자인 B의 일상적인 운용 요청 등을 받아 집합투자재산을 운용[B가 투자시기·방법·조건 등을 구체적으로 정하여 요구하는 바에 따라 비상장사 주식 또는 상장회사 사모발행 전환사채 등에 투자(총 27건, 투자집행액 총 1,441억원)]한 사실이 있어 과태료 제재를 받았다.

229) 법 제85조 제8호 등에 의하면 집합투자업자는 자기가 운용하는 집합투자기구의 집합투자증권을 판매하는 투자매매업자 또는 투자중개업자와의 이면계약 등에 따라 그 투자매매업자 또는 투자중개업자로부터 명령·지시·요청 등을 받아 집합투자재산을 운용하는 행위를 하여서는 아니 됨에도, A자산운용은 2016. 7. 15.–2018. 6. 19. 기간 중 "00사모증권투자신탁 제100호" 등 총 53개 투자신탁을 운용하는 과정에서 투자매매업자인 B은행으로부터 투자대상자산의 매수 및 매도와 관련한 구체적인 지시[채권만기보다 존속기간이 짧은 펀드(미스매칭펀드)를 설정·운용하면서 펀드편입대상 채권종목, 금리조건, 시기, 거래상대방 증권사 등을 지시] 등을 받고 총 2,172억원 규모의 집합투자재산을 운용한 사실이 있어 과태료 제재를 받았다.

230) 1. 남은 만기가 6개월 이내인 양도성예금증서
   2. 남은 만기가 5년 이내인 국채증권, 남은 만기가 1년 이내인 지방채증권·특수채증권·사채권(주권 관련 사채권 및 사모의 방법으로 발행된 사채권은 제외)·기업어음증권. 다만, 환매조건부매수의 경우에는 남은 만기의 제한을 받지 아니한다.
   3. 남은 만기가 1년 이내인 제79조 제2항 제5호에 따른 어음(기업어음증권은 제외)
   4. 법 제83조 제4항에 따른 단기대출
   5. 만기가 6개월 이내인 제79조 제2항 제5호 각 목의 금융기관 또는 우체국예금보험법에 따른 체신관서에의 예치
   6. 다른 단기금융집합투자기구의 집합투자증권
   7. 단기사채등

231) ② 법 제229조 제5호에서 "대통령령으로 정하는 방법"이란 다음의 어느 하나에 해당하는 방법을 말한다.
   1. 증권을 대여하거나 차입하는 방법으로 운용하지 아니할 것
   1의2. 남은 만기가 1년 이상인 국채증권에 집합투자재산의 5% 이내에서 금융위원회가 정하여 고시하는 범위에서 운용할 것
   2. 환매조건부매도는 금융위원회가 정하여 고시하는 범위 이내일 것
   3. 각 단기금융집합투자기구 집합투자재산의 남은 만기의 가중평균된 기간이 금융위원회가 정하여 고시하는 범위 이내일 것
   4. 각 단기금융집합투자기구(법 제76조 제2항에 따라 판매가 제한되거나 법 제237조에 따라 환매가 연기된 단기금융집합투자기구는 제외)의 집합투자재산이 다음의 기준을 충족하지 못하는 경우에는 다른 단

9. 그 밖에 투자자의 보호와 건전한 거래질서를 해칠 염려가 있는 행위로서 금융위원회가 정
하여 고시하는 행위232)233)234)235)236)

기금융집합투자기구를 설정·설립하거나 다른 단기금융집합투자기구로부터 그 운용업무의 위탁을 받지
아니할 것. 다만, 국가재정법 제81조에 따른 여유자금을 통합하여 운용하는 단기금융집합투자기구 및
그 단기금융집합투자기구가 투자하는 단기금융집합투자기구를 설정·설립하거나 그 운용업무의 위탁을
받는 경우에는 다음의 기준을 적용하지 않으며, 나목의 단기금융집합투자기구에 대해서는 금융위원회
가 법 제238조 제1항 단서의 집합투자재산 평가방법에 따라 그 기준을 달리 정할 수 있다.
　가. 투자자가 개인으로만 이루어진 단기금융집합투자기구인 경우: 3천억원 이상
　나. 투자자가 법인으로만 이루어진 단기금융집합투자기구인 경우: 5천억원 이상
5. 투자대상자산의 신용등급 및 신용등급별 투자한도, 남은 만기의 가중평균 계산방법, 그 밖에 자산운용
의 안정성 유지에 관하여 금융위원회가 정하여 고시하는 내용을 준수할 것
232) 금융투자업규정 제4-63조(불건전 영업행위의 금지) 영 제87조 제4항 제9호에 따라 집합투자업자는 다음의
어느 하나에 해당하는 행위를 하여서는 아니 된다.
　1. 자신 또는 관계인수인, 관계 투자중개업자의 매매수수료를 증가시킬 목적으로 증권을 단기매매하게 하
는 행위
　2. 집합투자재산을 일정기간동안 월 또는 일단위로 계속하여 매수하는 조건이나 위약금 지급 조건 등의
별도약정이 있는 증권에 운용하는 행위
　3. 합리적인 기준 없이 집합투자재산에 대한 매매주문을 처리할 투자중개업자를 선정하거나 정당한 근거
없이 투자중개업자간 수수료를 차별하는 행위
　3의2. 집합투자재산을 금융투자상품에 운용하는 경우에 매 사업연도별로 총 거래대금 중 계열회사인 투자
중개업자의 중개를 통하여 거래한 금액의 비중이 50%를 초과하도록 계열회사인 투자중개업자와 거래
하는 행위
　4. 집합투자업자가 공모집합투자기구의 집합투자재산으로 국내에서 발행된 무보증사채를 편입함에 있어 2
이상(제8-19조의14 제2항에 따라 금융감독원장이 선정하여 통보한 신용평가회사로부터 평가를 받은
경우 또는 신용평가회사의 업무정지 등 부득이한 사유가 있는 경우에는 1 이상)의 신용평가회사로부터
신용평가를 받지 아니한 무보증사채를 편입하는 행위. 다만, 다음 각 목의 어느 하나에 해당하는 경우
에는 그러하지 아니하다.
　　가. 발행일부터 소급하여 3개월 이내에 신용평가를 받은 사실이 있는 무보증사채를 집합투자재산으로
편입하는 경우
　　나. 「증권의 발행 및 공시 등에 관한 규정」 제2-2조 제2항 제4호에 해당하는 무보증사채를 조세특례제
한법 제16조 제1항 제2호에 따른 벤처기업투자신탁의 집합투자재산으로 편입하는 경우
　5. 제3자로부터 집합투자재산의 운용과 관련하여 자문을 받은 집합투자업자가 법 제79조의 선관의무 및
충실의무에 위반하여 내부적인 투자판단 과정없이 집합투자재산을 운용하는 행위
　6. 집합투자재산을 집합투자업자의 계열회사가 발행한 고위험 채무증권 등에 운용하는 행위
　7. 법 제251조 제1항에 따른 집합투자겸영보험회사가 투자신탁재산을 영 제273조 제1항 제1호·제2호에
해당하는 방법으로 운용하는 경우에 전체 투자신탁재산의 50%를 초과하여 계열회사에 위탁 또는 투자
일임하는 행위
　8. 집합투자업자가 영 제373조 제4항 제1호에 따른 인가취소의 처분을 회피할 목적으로 그 집합투자업자
의 고유재산, 특수관계인(영 제2조 제4호의 특수관계인을 말한다. 이하 제4-77조 제17호에서 같다) 또
는 이해관계인(영 제84조의 이해관계인을 말한다. 이하 제4-77조 제17호에서 같다)의 재산만으로 집합
투자재산을 운용하거나 또는 허위·이면계약 등을 체결하는 행위
　9. 집합투자증권을 판매하는 투자매매업자 또는 투자중개업자가 제4-20조 제1항 제10호 바목에 따른 행
위를 하였다는 사실을 알면서도 해당 집합투자기구를 계속하여 운용하는 행위
　10. 집합투자재산의 원본을 초과하는 손실이 발생하는 경우에 투자자가 해당 집합투자기구의 집합투자증
권을 추가로 매입하도록 사전에 약정하는 행위
233) 법 제85조 제8호 등에 의하면 집합투자업자는 합리적인 기준없이 집합투자재산에 대한 매매주문을 처리

(나) 예외적 허용

투자자 보호 및 건전한 거래질서를 해할 우려가 없는 경우로서 대통령령으로 정하는 경우에는 이를 할 수 있다(법85 단서). 여기서 "대통령령으로 정하는 경우"란 다음의 어느 하나에 해당하는 경우를 말한다(영87①).

1. 법 제85조 제1호를 적용할 때 다음 각 목의 어느 하나에 해당하는 경우
   가. 집합투자재산의 운용과 관련한 정보를 이용하지 아니하였음을 증명하는 경우
   나. 증권시장(다자간매매체결회사에서의 거래를 포함)과 파생상품시장 간의 가격 차이를 이용한 차익거래, 그 밖에 이에 준하는 거래로서 집합투자재산의 운용과 관련한 정보를 의도적으로 이용하지 아니하였다는 사실이 객관적으로 명백한 경우
2. 법 제85조 제2호를 적용할 때 인수일부터 3개월이 지난 후 매수하는 경우
2의2. 법 제85조 제2호를 적용할 때 인수한 증권이 국채증권, 지방채증권, 한국은행통화안정증권, 특수채증권 또는 사채권(주권 관련 사채권 및 제176조의13 제1항에 따른 상각형 조

할 투자중개업자를 선정해서는 아니 되는데도, A자산운용은 전문사모운용사 등록일인 2017. 3. 27.부터 검사종료일인 2018. 4. 27.까지 합리적 기준없이 임의로 투자중개업자를 선정하고 매매주문을 처리한 사실이 있어 과태료 제재를 받았다(금융투자업규정 제4-63조 제3호 위반).
234) 법 제85조 제8호 등에 의하면 집합투자업자는 집합투자재산을 집합투자업자의 계열회사가 발행한 고위험 채무증권 등에 운용하여서는 아니 되는데도, A자산운용은 2016. 1. 14. – 2016. 6. 13. 기간 중 "퇴직연금모[채권]" 등 2개 펀드의 집합투자재산(13.6억원)을 계열회사인 AA가 발행한 후순위채권 "AA 17–08이10갑(후)"에 운용한 사실이 있어 과태료 제재를 받았다(금융투자업규정 제4-63조 제6호 위반).
235) 금융투자업규정 제4-64조(운용인력에 대한 행위 제한) 영 제87조 제4항 제9호에 따라 집합투자재산의 운용업무를 담당하는 자는 다음의 어느 하나에 해당하는 행위를 하여서는 아니 된다. 다만, 전문투자형 사모집합투자기구의 운용업무에 대해서는 제2호, 제3호 및 제4호를 적용하지 아니한다.
   1. 규칙 제10조 제4항 및 제4-55조에 해당하는 경우를 제외하고는 집합투자재산의 운용을 담당하는 업무와 직접 자산의 취득·매각 등의 실행을 담당하는 업무를 겸직하는 행위
   2. 별표 2의 증권운용전문인력이 아닌 자가 금융투자상품의 운용업무를 하는 행위
   3. 별표 2의 부동산운용전문인력이 아닌 자가 부동산의 운용업무(부동산개발과 관련되는 사업을 영위하는 법인에 대한 대출채권의 신탁에 따른 수익권의 매입, 부동산개발과 관련되는 사업을 영위하기 위하여 설립된 법인이 발행한 증권의 매입 및 그 증권의 신탁에 따른 수익권의 매입에 집합투자재산의 40%를 초과하여 투자하는 경우를 포함)를 하는 행위
   3의2. 별표 2의 전문투자형 사모집합투자기구 운용전문인력(법 제286조 제1항 제3호 다목에 따라 협회에 등록한 투자운용인력을 포함)이 아닌 자가 전문투자형 사모집합투자기구의 운용업무를 하는 행위
   4. 별표 13의 사회기반시설운용전문인력이 아닌 자가 사회기반시설의 운용업무(사회기반시설과 관련되는 법인에 대한 대출채권의 신탁에 따른 수익권의 매입, 사회기반시설과 관련되는 법인이 발행한 증권의 매입 및 그 증권의 신탁에 따른 수익권의 매입에 집합투자재산의 40%를 초과하여 투자하는 경우를 포함)를 하는 행위
236) 법 제85조 제8호 등에 의하면 집합투자업자는 집합투자재산의 운용업무를 담당하는 자와 투자대상자산의 취득·매각 등의 실행업무를 담당하는 자를 겸직하게 하여서는 아니 되는데도, A자산운용 채권운용본부는 2013. 11. 7. 집합투자재산 「P 2M-10호」를 운용하는 과정에서 직접 "N은행 후순위채권" 등 5건(24억원)의 집합투자재산을 매각하고, "M개발144-2" 채권(30억원)을 취득하는 등 집합투자재산의 운용업무와 투자대상자산의 취득·매각 등의 실행업무를 겸직하게 한 사실이 있어 과태료 제재를 받았다(금융투자업규정 제4-64조 제1호 위반).

건부자본증권은 제외) 중 어느 하나에 해당하는 경우. 다만, 사채권의 경우에는 투자자 보호 및 건전한 거래질서를 위하여 금융위원회가 정하여 고시하는 발행조건, 거래절차 등의 기준237)을 충족하는 채권으로 한정한다.

2의3. 법 제85조 제2호를 적용할 때 인수한 증권이 증권시장에 상장된 주권인 경우로서 그 주권을 증권시장에서 매수하는 경우

2의4. 법 제85조 제2호를 적용할 때 일반적인 거래조건에 비추어 집합투자기구에 유리한 거래

3. 법 제85조 제5호를 적용할 때 집합투자업자가 운용하는 집합투자기구 상호 간에 자산(제224조 제4항에 따른 미지급금 채무를 포함)을 동시에 한쪽이 매도하고 다른 한쪽이 매수하는 거래로서 다음 각 목의 어느 하나에 해당하는 경우. 이 경우 집합투자업자는 매매가격, 매매거래절차 및 방법, 그 밖에 투자자 보호를 위하여 금융위원회가 정하여 고시하는 기준238)을 준수하여야 한다.

　가. 자본시장법, 동법 시행령 및 집합투자기구의 집합투자규약상의 투자한도를 준수하기 위한 경우

---

237) "금융위원회가 정하여 고시하는 발행조건, 거래절차 등의 기준"이란 다음에 모두 해당하는 경우를 말한다(금융투자업규정4-60①).
1. 집합투자업자가 모집의 방법으로 발행되는 채권을 청약을 통하여 매수하며, 그 매수금액이 발행금액의 30%를 초과하지 아니할 것
2. 거래시점을 기준으로 신용평가업자로부터 최상위등급 또는 최상위등급의 차하위등급 이내의 신용등급을 받은 채권일 것
3. 제1호의 거래를 수행한 경우에는 그 사항에 대하여 준법감시인의 확인을 받을 것
4. 관계인수인으로부터 매수한 채권의 종목, 수량 등 거래내역을 협회가 정하는 방법과 절차에 따라 매분기별로 공시할 것
238) 금융투자업규정 제4-59조(집합투자기구간 거래 등) ① 집합투자업자가 영 제87조 제1항 제3호에 따라 자기가 운용하는 집합투자기구 상호 간에 같은 자산을 같은 수량으로 같은 시기에 일방이 매도하고 다른 일방이 매수하는 거래("자전거래")를 하는 경우에는 다음의 요건을 모두 충족하여야 한다.
1. <삭제 2015. 10. 21.>
2. 제7-35조 제2항에 따른 부도채권 등 부실화된 자산이 아닐 것
3. 당해 집합투자기구의 투자자의 이익에 반하지 않는 거래일 것
4. 당해 집합투자기구의 집합투자규약 및 투자설명서의 투자목적 및 방침에 부합하는 거래일 것
② 제1항 제2호에 불구하고 부도채권 등 부실화된 자산에 주로 투자하는 것을 집합투자규약에 정한 집합투자기구에 대하여는 부도채권 등 부실화된 자산을 자전거래를 통하여 매도할 수 있다.
③ 집합투자업자가 자전거래를 하는 경우 그 가격은 영 제260조에 따라 평가한 가액으로 한다. 다만, 시장상황의 변동 등으로 인하여 영 제260조에 따라 평가한 가액으로 자전거래를 하는 것이 투자자의 이익에 반한다고 준법감시인이 판단하는 경우에는 집합투자재산평가위원회가 시장상황 등을 감안하여 평가한 가액으로 한다.
④ 집합투자업자는 자기가 운용하는 사모집합투자기구 및 공모집합투자기구간에 자전거래를 할 수 없다. 다만, 집합투자자의 이익을 해할 우려가 없다고 집합투자업자의 준법감시인 및 신탁업자의 확인을 받은 경우에는 그러하지 아니하다.
⑤ 집합투자업자는 신탁업자의 확인을 받아 자전거래와 관련하여 필요한 절차·방법 등 세부기준을 마련하여야 한다.
⑥ 집합투자업자는 자전거래와 관련하여 제1항에서 정한 요건의 충족여부를 확인할 수 있는 자료를 5년간 보관·유지하여야 한다.

　　나. 집합투자증권의 환매에 응하기 위한 경우

　　다. 집합투자기구의 해지 또는 해산에 따른 해지금액 등을 지급하기 위한 경우

　　라. 그 밖에 금융위원회가 투자자의 이익을 해칠 염려가 없다고 인정한 경우

4. 법 제85조 제5호를 적용할 때 특정 집합투자재산을 그 집합투자업자의 고유재산과 제85조 제2호에 따른 매매중개를 통하여 같은 호 각 목의 투자대상자산을 매매하는 경우

5. 법 제85조 제7호를 적용할 때 전자적 투자조언장치[239]를 활용하여 집합투자재산을 운용하는 경우

(다) 위반시 제재

　　법 제85조(제8호 제외)를 위반하여 각 해당 조항 각 호의 어느 하나에 해당하는 행위를 한 자는 5년 이하의 징역 또는 2억원 이하의 벌금에 처한다(법444(8)).

　　법 제85조 제8호를 위반하여 각 해당 조항의 해당 호에 해당하는 행위를 한 자에 대하여는 1억원 이하의 과태료를 부과한다(법449①(29)).

---

239) "전자적 투자조언장치"란 다음의 요건을 모두 갖춘 자동화된 전산정보처리장치를 말한다(영2(6)).
　　가. 활용하는 업무의 종류에 따라 다음의 요건을 갖출 것
　　　　1) 집합투자재산을 운용하는 경우: 집합투자기구의 투자목적·투자방침과 투자전략에 맞게 운용할 것
　　　　2) 투자자문업 또는 투자일임업을 수행하는 경우: 투자자의 투자목적·재산상황·투자경험 등을 고려하여 투자자의 투자성향을 분석할 것
　　나. 정보통신망법 제2조 제7호에 따른 침해사고 및 재해 등을 예방하기 위한 체계 및 침해사고 또는 재해가 발생했을 때 피해 확산·재발방지와 신속한 복구를 위한 체계를 갖출 것
　　다. 그 밖에 투자자 보호와 건전한 거래질서 유지를 위해 금융위원회가 정하여 고시하는 요건을 갖출 것
위 제6호 다목에서 "금융위원회가 정하여 고시하는 요건"이란 다음의 요건을 말한다(금융투자업규정1-2의2).
1. 전자적 투자조언장치를 활용하는 업무의 종류에 따라 다음 각 목의 요건을 갖출 것
　　가. 집합투자재산을 운용하는 경우: 전자적 투자조언장치의 활용이 집합투자규약등에 명기된 투자목적·투자방침과 투자전략 등에 부합하는지 주기적으로 점검할 것
　　나. 투자자문업 또는 투자일임업을 수행하는 경우: 다음의 요건을 갖출 것
　　　　1) 투자자문의 내용 또는 투자일임재산에 포함된 투자대상자산이 하나의 종류·종목에 집중되지 아니할 것
　　　　2) 매 분기별로 1회 이상 다음의 사항을 평가하여 투자자문의 내용 또는 투자일임재산의 운용방법의 변경이 필요하다고 인정되는 경우 그 투자자문의 내용 또는 투자일임재산의 운용방법을 변경할 것
　　　　　　가) 투자자문 내용 또는 투자일임재산의 안전성 및 수익성
　　　　　　나) 영 제2조 제6호 가목2)에 따른 투자자의 투자성향 분석을 고려하여 투자자문의 내용 또는 투자일임재산에 포함된 투자대상자산의 종목·수량 등이 적합한지 여부
2. 전자적 투자조언장치를 유지·보수하기 위하여 별표 29의 요건을 갖춘 전문인력을 1인 이상 둘 것
3. 영 제2조 제6호 가목부터 다목까지의 요건을 충족하는지를 확인하기 위하여 ㈜코스콤의 지원을 받아 외부전문가로 구성된 심의위원회가 수행하는 요건 심사 절차를 거칠 것

(8) 성과보수의 제한

(가) 원칙적 금지

집합투자업자는 집합투자기구의 운용실적에 연동하여 미리 정하여진 산정방식에 따른 보수("성과보수")를 받아서는 아니 된다(법86① 본문). 이는 운용실적에 따른 성과보수를 받기 위해 무리한 투자를 할 경우 기본적인 운용보수는 집합투자업자가 가져가게 되고 그 손실은 투자자가 부담하는 문제를 막기 위한 것이다.

(나) 예외적 허용

집합투자기구가 사모집합투자기구인 경우에는 성과보수를 받을 수 있다(법86① 단서). 또한 사모집합투자기구 외의 집합투자기구 중 운용보수의 산정방식, 투자자의 구성 등을 고려하여 투자자 보호 및 건전한 거래질서를 해할 우려가 없는 경우로서 i) 집합투자업자가 임의로 변경할 수 없는 객관적 지표 또는 수치("기준지표등")를 기준으로 성과보수를 산정하고, ii) 집합투자기구의 운용성과가 기준지표등의 성과보다 낮은 경우에는 성과보수를 적용하지 아니하는 경우보다 적은 운용보수를 받게 되는 보수체계를 갖추며, iii) 집합투자기구의 운용성과가 기준지표등의 성과를 초과하더라도 해당 운용성과가 부(負)의 수익률을 나타내거나 일정 성과가 금융위원회가 정하여 고시하는 기준에 미달하는 경우에는 성과보수를 받지 아니하고, iv) 집합투자기구의 형태별로 환매금지형집합투자기구인 경우에는 최소 존속기한을 1년 이상으로 설정·설립되고, 환매금지형집합투자기구에 해당하지 아니하는 집합투자기구인 경우에는 존속기한 없이 설정·설립되고, v) 성과보수의 상한을 정한 경우에는 성과보수를 받을 수 있다(법86① 단서, 영88① 전단). 이 경우 성과보수의 산정방식, 지급시기 등에 대하여 필요한 사항은 금융위원회가 정하여 고시한다(영88① 후단).[240]

(다) 성과보수의 산정방식 기재

집합투자업자는 성과보수를 받고자 하는 경우에는 그 성과보수의 산정방식, 성과보수가 지급된다는 뜻과 그 한도, 성과보수를 지급하지 아니하는 집합투자기구보다 높은 투자위험에 노출될 수 있다는 사실, 성과보수를 포함한 보수 전체에 관한 사항, 기준지표등 및 성과보수의

---

240) 금융투자업규정 제4-65조(성과보수의 제한) ① <삭제 2017. 5. 8.>
　② 집합투자업자는 성과보수 상한, 성과보수 지급시기, 영 제88조 제1항 제1호의 기준지표등을 변경하고자 하는 경우에는 집합투자자총회의 결의(법 제237조 제1항 후단의 결의를 말한다)를 거쳐야 한다.
　③ 영 제88조 제1항 제3호에서 "금융위원회가 정하여 고시하는 기준에 미달하는 경우"라 함은 성과보수를 지급하게 됨으로써 당해 집합투자기구의 운용성과가 부의 수익률을 나타내게 되는 경우를 말한다.
　④ 집합투자업자는 집합투자기구의 형태별로 다음의 구분에 따라 성과보수를 지급받는다.
　1. 법 제230조에 따른 환매금지형집합투자기구: 6개월 이상의 기간으로서 연 2회 이내에서 집합투자규약에서 정하는 시기
　2. 제1호에 해당하지 아니하는 집합투자기구(상장지수집합투자기구는 제외): 투자자가 집합투자증권을 환매하는 시점

상한(법 제86조 제1항 제2호의 경우로 한정), 성과보수의 지급시기, 성과보수가 지급되지 아니하는 경우에 관한 사항, 집합투자기구의 운용을 담당하는 투자운용인력의 경력, 집합투자기구의 운용을 담당하는 투자운용인력의 운용성과 등을 해당 투자설명서 및 집합투자규약에 기재하여야 한다(법86②, 영88②, 금융투자업규정4-65⑥).

(라) 위반시 제재

법 제86조를 위반하여 성과보수를 받은 자에 대하여는 1억원 이하의 과태료를 부과한다 (법449①(31)).

(9) 의결권 행사 및 공시

(가) 의결권행사의 원칙

집합투자업자 중 투자신탁이나 투자익명조합의 집합투자업자의 경우에는 투자자의 이익을 보호하기 위하여 집합투자업자가 집합투자재산에 속하는 주식의 의결권을 충실하게 행사하여야 한다(법87①). 이는 투자신탁이나 투자익명조합의 경우 독립된 법인격이 없기 때문에 집합투자업자로 하여금 주식의 의결권을 행사하도록 허용한 것이다.

(나) 의결권행사방법의 제한

집합투자업자는 ⅰ) 그 집합투자업자 및 그와 특수관계인 및 공동보유자(영141②), 또는 그 집합투자업자에 대하여 사실상의 지배력을 행사하는 자로서 관계 투자매매업자·투자중개업자와 및 그 계열회사 또는 집합투자업자(투자신탁이나 투자익명조합의 집합투자업자에 한한다)의 대주주(최대주주의 특수관계인인 주주를 포함)(영89②)가 그 집합투자재산에 속하는 주식을 발행한 법인을 계열회사로 편입하기 위한 경우, ⅱ) 그 집합투자재산에 속하는 주식을 발행한 법인이 그 집합투자업자와 계열회사의 관계가 있는 경우, 또는 그 집합투자업자에 대하여 사실상의 지배력을 행사하는 관계로서 시행령 제89조 제2항 각 호의 어느 하나에 해당하는 자가 되는 관계(영89③)가 있는 경우에는 집합투자재산에 속하는 주식을 발행한 법인의 주주총회에 참석한 주주가 소유하는 주식수에서 집합투자재산에 속하는 주식수를 뺀 주식수의 결의내용에 영향을 미치지 아니하도록 의결권을 행사하여야 한다(법87②, 영89①).[241]

(다) 의결권행사방법 제한의 범위

의결권을 행사하는 경우에도 집합투자업자는 법인의 합병, 영업의 양도·양수, 임원의 임면, 정관변경, 그 밖에 이에 준하는 사항으로서 투자자의 이익에 명백한 영향을 미치는 사항

---

241) 2013년 자본시장법이 개정되기 이전까지는 집합투자업자의 의결권행사는 중립투표(shadow voting)를 원칙으로 하면서 펀드의 이해관계에 중요한 사항에 대하여는 선관주의의무에 따라 의결권을 행사할 수 있도록 하였고, 주권상장법인에 대해 의결권을 행사하는 경우에도 그 행사내용(찬성, 반대, 중립)만 공시하면 되고 그 사유는 미공시하였다. 그러나 2013년 개정된 자본시장법은 제87조 제1항에서 원칙적으로 충실의무를 명시하면서 예외적인 경우에만 의무적으로 중립투표(shadow voting)를 하도록 하고 있다(법87②).

("주요의결사항")에 대하여 의결권을 행사하는 경우 집합투자재산에 손실을 초래할 것이 명백하게 예상되는 때에는 의결권을 행사할 수 있다(법87③ 본문).

다만 공정거래법 제9조 제1항에 따른 상호출자제한기업집단에 속하는 집합투자업자는 집합투자재산으로 그와 계열회사의 관계에 있는 주권상장법인이 발행한 주식을 소유하고 있는 경우에는 ⅰ) 그 주권상장법인의 특수관계인(공정거래법 제7조 제1항 제5호 가목에 따른 특수관계인)이 의결권을 행사할 수 있는 주식의 수를 합하여 그 법인의 발행주식총수의 15%를 초과하지 아니하도록 의결권을 행사하여야 하고, ⅱ) 집합투자업자가 제81조 제1항 각 호 외의 부분 단서에 따라 같은 항 제1호 가목의 투자한도를 초과하여 취득한 주식은 그 주식을 발행한 법인의 주주총회에 참석한 주주가 소유한 주식수에서 집합투자재산인 주식수를 뺀 주식수의 결의 내용에 영향을 미치지 아니하도록 의결권을 행사할 수 있다(법87③ 단서).

(라) 의결권행사제한과 처분명령

집합투자업자는 제81조 제1항(자산운용 제한) 및 제84조 제4항(계열회사가 발행한 증권의 취득)에 따른 투자한도를 초과하여 취득한 주식에 대하여는 그 주식의 의결권을 행사할 수 없다(법87④). 집합투자업자는 제3자와의 계약에 의하여 의결권을 교차하여 행사하는 등 제87조 제2항부터 제4항까지의 규정의 적용을 면하기 위한 행위를 하여서는 아니 된다(법87⑤). 금융위원회는 집합투자업자가 제2항부터 제5항까지의 규정을 위반하여 집합투자재산에 속하는 주식의 의결권을 행사한 경우에는 6개월 이내의 기간을 정하여 그 주식의 처분을 명할 수 있다(법87⑥).

(마) 의결권행사의 공시

집합투자업자는 의결권공시대상법인에 대한 의결권행사 여부 및 그 내용(의결권을 행사하지 아니한 경우에는 그 사유)을 영업보고서에 기재하는 방법(영90②)에 따라 기록·유지하여야 한다(법87조⑦). 여기서 의결권공시대상법인은 각 집합투자재산에서 각 집합투자기구 자산총액의 5% 또는 100억원(영90①) 이상을 소유하는 주식을 발행한 법인이다.

집합투자업자는 집합투자재산에 속하는 주식 중 주권상장법인이 발행한 주식(주식과 관련된 증권예탁증권을 포함)의 의결권행사 내용 등과 관련하여 ⅰ) 주요의결사항에 대하여 의결권을 행사하는 경우는 의결권의 구체적인 행사내용 및 그 사유를, ⅱ) 의결권공시대상법인에 대하여 의결권을 행사하는 경우는 의결권의 구체적인 행사내용 및 그 사유를, ⅲ) 의결권공시대상법인에 대하여 의결권을 행사하지 아니한 경우는 의결권을 행사하지 아니한 구체적인 사유를 공시하여야 한다(법87⑧, 영91①).[242]

---

242) 법 제87조 제8항 등에 의하면 집합투자업자는 집합투자재산에 속하는 주식 중 의결권공시대상법인이 발행한 주식의 의결권을 행사하지 아니한 경우 구체적인 사유를 증권시장을 통하여 공시하여야 함에도, A자산운용은 A 드림하이 전문투자형 사모증권투자신탁 1호 및 2호가 소유하고 있는 B 등 3개 의결권공시대상법인 주식의 의결권을 해당법인 주주총회에서 행사하지 아니하였음에도 의결권 미행사 사유를 증권시

이에 따라 집합투자업자는 매년 4월 30일까지 직전 연도 4월 1일부터 1년간 행사한 의결권행사 내용 등을 증권시장을 통하여 공시하여야 하고(영91②), 투자자가 그 의결권행사 여부의 적정성 등을 파악하는 데에 필요한 자료로서 ⅰ) 의결권 행사와 관련된 집합투자업자의 내부지침, ⅱ) 집합투자업자가 의결권 행사와 관련하여 집합투자기구별로 소유하고 있는 주식 수 및 증권예탁증권 수, ⅲ) 집합투자업자와 의결권행사 대상 법인의 관계가 특수관계인 및 공동보유자, 관계 투자매매·중개업자 및 그 계열회사, 집합투자업자의 대주주에 해당하는지 여부를 함께 공시하여야 한다(법87⑨, 영91④).

(바) 위반시 제재

법 제87조 제7항을 위반하여 기록·유지하지 아니한 자 또는 제87조 제8항을 위반하여 공시를 하지 아니하거나 거짓으로 공시한 자에 대하여는 1억원 이하의 과태료를 부과한다(법449①(32)(33)).

(10) 자산운용보고서의 교부

(가) 원칙적 교부

자산운용보고서는 투자자들이 자기가 투자하고 있는 펀드의 수익률과 펀드 내 보유하고 있는 포트폴리오 구성 등에 대한 평가를 통해 펀드의 계속 보유 여부를 결정하는 중요한 자료이다. 집합투자업자는 자산운용보고서를 작성하여 해당 집합투자재산을 보관·관리하는 신탁업자의 확인을 받아 3개월마다 1회 이상 해당 집합투자기구의 투자자에게 교부하여야 한다(법88① 본문).

(나) 예외적 미교부

투자자가 수시로 변동되는 등 투자자의 이익을 해할 우려가 없는 경우로서 ⅰ) 투자자가 자산운용보고서의 수령을 거부한다는 의사를 서면, 전화·전신·팩스, 전자우편 또는 이와 비슷한 전자통신의 방법으로 표시한 경우, ⅱ) 집합투자업자가 단기금융집합투자기구를 설정 또는 설립하여 운용하는 경우로서 매월 1회 이상 금융위원회가 정하여 고시하는 방법[243]으로 자산운용보고서를 공시하는 경우, ⅲ) 집합투자업자가 환매금지형집합투자기구를 설정 또는 설립하여 운용하는 경우(그 집합투자증권이 상장된 경우만 해당)로서 3개월마다 1회 이상 금융위원회가 정하여 고시하는 방법으로 자산운용보고서를 공시하는 경우, ⅳ) 투자자가 소유하고 있는 집합투자증권의 평가금액이 10만원 이하인 경우로서 집합투자규약에 자산운용보고서를 교부하지 아니한다고 정하고 있는 경우에는 자산운용보고서를 투자자에게 교부하지 아니할 수 있다(법88① 단서, 영92①).

장을 통하여 2회 공시하지 아니한 사실이 있어 과태료 제재를 받았다.

243) 영 제92조 제1항 제2호 및 제3호에서 "금융위원회가 정하여 고시하는 방법"이란 각각 단기금융집합투자기구 또는 환매금지형집합투자기구의 자산운용보고서를 집합투자업자, 투자매매업자·투자중개업자 및 협회의 인터넷 홈페이지를 이용하여 공시하는 방법을 말한다(금융투자업규정4-66①).

(다) 기재사항

집합투자업자는 자산운용보고서에 ⅰ) 기준일, 즉 회계기간의 개시일부터 3개월이 종료되는 날, 회계기간의 말일, 계약기간의 종료일 또는 존속기간의 만료일, 또는 해지일 또는 해산일 현재의 해당 집합투자기구의 자산·부채 및 집합투자증권의 기준가격, ⅱ) 직전의 기준일(직전의 기준일이 없는 경우에는 해당 집합투자기구의 최초 설정일 또는 성립일)부터 해당 기준일까지의 기간("해당 운용기간") 중 운용경과의 개요 및 해당 운용기간 중의 손익 사항, ⅲ) 기준일 현재 집합투자재산에 속하는 자산의 종류별 평가액과 집합투자재산 총액에 대한 각각의 비율, ⅳ) 해당 운용기간 중 매매한 주식의 총수, 매매금액 및 매매회전율(영92②: 해당 운용기간 중 매도한 주식가액의 총액을 그 해당 운용기간 중 보유한 주식의 평균가액으로 나눈 비율), ⅴ) 기준일 현재 집합투자재산에 속하는 투자대상자산의 내용, ⅵ) 집합투자기구의 투자운용인력에 관한 사항, ⅶ) 집합투자기구의 투자환경 및 운용계획, ⅷ) 집합투자기구의 업종별·국가별 투자내역, ⅸ) 집합투자기구의 결산 시 분배금 내역(결산 후 최초로 작성하는 자산운용보고서로 한정), ⅹ) 집합투자기구의 투자대상 범위 상위 10개 종목, ⅺ) 집합투자기구의 구조, ⅻ) 집합투자기구가 환위험을 회피할 목적으로 파생상품을 거래하는 경우 그 거래에 관한 사항, ⅹⅲ) 그 밖에 투자자를 보호하기 위하여 필요한 사항으로서 금융위원회가 정하여 고시하는 사항[244]을 기재하여야 한다(법88②, 영92③ 본문).

다만, 회계기간 개시일로부터 3개월, 6개월, 9개월이 종료되는 날을 기준일로 하여 작성하는 자산운용보고서에는 집합투자기구의 투자운용인력에 관한 사항 및 집합투자기구의 구조를 기재하지 않을 수 있다(영92③ 단서).

(라) 교부시기 및 교부방법

집합투자업자는 투자자에게 자산운용보고서를 교부하는 경우에는 집합투자증권을 판매한 투자매매업자·투자중개업자 또는 전자등록기관을 통하여 기준일부터 2개월 이내에 직접, 전자우편 또는 이와 비슷한 전자통신의 방법으로 교부하여야 한다(영92④ 본문). 다만, 투자자가 해당 집합투자기구에 투자한 금액이 100만원 이하이거나 투자자에게 전자우편 주소가 없는 등의 경우에는 법 제89조 제2항 제1호의 방법에 따라 공시하는 것으로 갈음할 수 있으며, 투자자가 우편발송을 원하는 경우에는 그에 따라야 한다(영92④ 단서).[245] 자산운용보고서를 작성·교부

---

[244] "금융위원회가 정하여 고시하는 사항"이란 다음의 사항을 말한다(금융투자업규정4-66②).

    1. 집합투자기구의 집합투자업자, 집합투자증권을 판매한 투자매매업자·투자중개업자, 신탁업자 등에게 지급한 보수, 그 밖의 수수료 금액(투자중개업자에게 지급한 매매수수료 중 투자중개업자로부터 제공받는 조사분석업무 등의 서비스와 관련한 수수료에 대해서는 이를 구분하여야 한다)

    2. 집합투자업자가 고유재산으로 자기가 운용하는 집합투자기구가 발행하는 집합투자증권에 투자한 경우 투자한 집합투자증권의 명칭, 투자 금액 및 수익률. 다만, 해당 집합투자기구에 대한 투자금액이 1억원 미만인 경우에는 그러지 아니하다.

하는 데에 드는 비용은 집합투자업자가 부담한다(영92⑤).

(마) 위반시 제재

법 제88조를 위반하여 자산운용보고서를 제공하지 아니한 자 또는 거짓으로 작성하거나 그 기재사항을 누락하고 작성하여 제공한 자는 1년 이하의 징역 또는 3천만원 이하의 벌금에 처한다(법446(14)).

(11) 자산운용에 관한 수시공시
(가) 공시사항

투자신탁이나 투자익명조합의 집합투자업자는 다음의 어느 하나에 해당하는 사항이 발생한 경우 이를 지체 없이 공시하여야 한다(법89①, 영92③).

ⅰ) 투자운용인력의 변경이 있는 경우 그 사실과 변경된 투자운용인력의 운용경력(운용한 집합투자기구의 명칭, 집합투자재산의 규모와 수익률)을 공시하여야 한다. 투자신탁이나 투자익명조합의 집합투자업자가 공시하여야 하는 투자운용인력의 운용경력은 투자운용인력을 변경한 날부터 최근 3년 이내의 운용경력으로 한다(법89①(1), 영93①).

ⅱ) 환매연기 또는 환매재개의 결정 및 그 사유, 발행인의 부도, 채무자회생법에 따른 회생절차개시의 신청 등의 사유로 인하여 금융위원회가 부실자산으로 정하여 고시하는 자산[246](영93②)이 발생한 경우 그 명세 및 상각률, 집합투자자총회의 결의내용을 공시하여야 한다(법89①(2)(3)(4)).

ⅲ) 투자설명서의 변경을 공시하여야 한다. 다만, 자본시장법 및 동법 시행령의 개정 또는 금융위원회의 명령에 따라 투자설명서를 변경하는 경우, 집합투자규약의 변경에 따라 투자설명서를 변경하는 경우, 투자설명서의 단순한 자구수정 등 경미한 사항을 변경하는 경우, 또는 투자운용인력의 변경이 있는 경우로서 법 제123조 제3항 제2호에 따라 투자설명서를 변경하는 경우는 제외한다(영93③(1)).

ⅳ) 집합투자업자의 합병, 분할, 분할합병 또는 영업의 양도·양수, 집합투자업자 또는 일반사무관리회사가 기준가격을 잘못 산정하여 이를 변경하는 경우에는 그 내용(제262조 제1항 후단에 따라 공고·게시하는 경우에 한한다)을 공시하여야 한다(영93③(2)(3)).

ⅴ) 사모집합투자기구가 아닌 집합투자기구(존속하는 동안 투자금을 추가로 모집할 수 있는 집

---

245) 집합투자업자가 영 제92조 제4항에 따라 전자등록기관을 통하여 자산운용보고서를 교부하려는 경우에는 집합투자증권을 판매한 투자매매업자·투자중개업자는 투자자의 성명 및 주소 등 자산운용보고서의 교부에 필요한 정보를 전자등록기관에 제공하여야 한다(금융투자업규정4-66④).
246) "금융위원회가 부실자산으로 정하여 고시하는 자산"이란 제7-35조 제2항에 따른 부도채권 등 부실화된 자산을 말한다(금융투자업규정4-67). 여기서 "부도채권 등 부실화된 자산"이란 발행인 또는 거래상대방의 부도, 회생절차개시신청 또는 파산절차의 진행 등으로 인하여 원리금의 전부 또는 일부의 회수가 곤란할 것이 명백히 예상되는 자산을 말한다(금융투자업규정7-35②).

합투자기구로 한정)로서 설정 및 설립 이후 1년이 되는 날에 원본액이 50억원 미만인 경우 그 사실과 해당 집합투자기구가 법 제192조 제1항 단서에 따라 해지될 수 있다는 사실을 공시하여야 한다(영93③(4)).

vi) 사모집합투자기구가 아닌 집합투자기구가 설정 및 설립되고 1년이 지난 후 1개월간 계속하여 원본액이 50억원 미만인 경우 그 사실과 해당 집합투자기구가 법 제192조 제1항 단서에 따라 해지될 수 있다는 사실을 공시하여야 한다(영93③(5)).

vii) 부동산집합투자기구 또는 특별자산집합투자기구(부동산·특별자산투자재간접집합투자기구를 포함)인 경우 영 제242조 제2항 각 호 외의 부분 단서에 따른 시장성 없는 자산의 취득 또는 처분, 부동산집합투자기구 또는 특별자산집합투자기구의 집합투자증권의 취득 또는 처분(다만, 이미 취득한 것과 같은 집합투자증권을 추가로 취득하거나 일부를 처분하는 경우는 제외), 지상권·지역권 등 부동산 관련 권리 및 사업수익권·시설관리운영권 등 특별자산 관련 중요한 권리의 발생·변경, 또는 금전의 차입 또는 금전의 대여를 공시하여야 한다(영93③(6)).

공시와 관련하여 그 서식과 작성방법, 기재사항 등에 관한 구체적인 기준은 금융위원회가 정하여 고시[247]한다(영93④).

(나) 공시방법

수시공시는 ⅰ) 집합투자업자, 집합투자증권을 판매한 투자매매업자 또는 투자중개업자 및 협회의 인터넷 홈페이지를 이용하여 공시하는 방법, ⅱ) 집합투자증권을 판매한 투자매매업자 또는 투자중개업자로 하여금 전자우편을 이용하여 투자자에게 알리는 방법, 또는 ⅲ) 집합투자업자, 집합투자증권을 판매한 투자매매업자 또는 투자중개업자의 본점과 지점, 그 밖의 영업소에 게시하는 방법으로 한다(법89②).

(다) 위반시 제재

법 제89조(제186조 제2항에서 준용하는 경우를 포함)를 위반하여 공시를 하지 아니하거나 거짓으로 공시한 자는 1년 이하의 징역 또는 3천만원 이하의 벌금에 처한다(법446(15)).

(12) 집합투자재산에 관한 보고

(가) 분기영업보고서

집합투자업자(투자신탁이나 투자익명조합의 집합투자업자)는 집합투자재산(투자신탁재산 및 투자익명조합재산만 해당)에 관한 ⅰ) 투자신탁의 설정 현황 또는 투자익명조합의 출자금 변동 상황, ⅱ) 집합투자재산의 운용 현황과 집합투자증권(투자신탁 수익증권과 투자익명조합 지분증권만 해당)의 기준가격표, ⅲ) 법 제87조 제8항 제1호·제2호에 따른 의결권의 구체적인 행사내용 및

---

247) 영 제93조 제4항에 따라 같은 조 제3항 제4호·제5호에 해당하는 사항의 경우 그 사항이 발생하는 날이 속하는 월말의 다음 영업일에 이를 일괄하여 공시할 수 있다(금융투자업규정4-67의2).

그 사유를 적은 서류, iv) 집합투자재산에 속하는 자산 중 주식의 매매회전율(법 제88조 제2항 제4호에 따른 매매회전율)과 자산의 위탁매매에 따른 투자중개업자별 거래금액·수수료와 그 비중으로 구분하여 매 분기의 영업보고서를 작성하여 매 분기 종료 후 2개월 이내에 금융위원회 및 협회에 제출하여야 한다(법90①, 영94①).

(나) 결산서류

집합투자업자는 집합투자기구에 대하여 i) 집합투자기구의 회계기간 종료, ii) 집합투자기구의 계약기간 또는 존속기간의 종료, iii) 집합투자기구의 해지 또는 해산 중 어느 하나에 해당하는 사유가 발생한 경우 그 사유가 발생한 날부터 2개월 이내에 결산서류(대차대조표·손익계산서·자산운용보고서)를 금융위원회 및 협회에 제출하여야 한다(법90②).

(다) 공시방법

금융위원회 및 협회는 제출받은 서류를 인터넷 홈페이지 등을 이용하여 공시하여야 한다(법90③). 협회는 각 집합투자재산의 순자산가치의 변동명세가 포함된 운용실적을 비교하여 그 결과를 인터넷 홈페이지 등을 이용하여 공시하여야 한다(법90④).

협회는 각 집합투자재산의 운용실적을 비교·공시하는 경우에는 집합투자업자, 투자매매업자·투자중개업자, 집합투자기구의 종류, 당해 집합투자규약의 투자목적에 당해 집합투자기구가 주로 투자하는 자산으로 명시되어 있는 자산(금융투자업규정4-69②), 운용보수, 판매수수료·판매보수, 수익률[이 경우 사모집합투자기구가 아닌 집합투자기구(존속하는 동안 투자금을 추가로 모집할 수 있는 집합투자기구로 한정)로서 원본액 50억원 미만과 50억원 이상의 집합투자기구의 수익률은 별도로 비교·공시하여야 한다]로 구분하여 금융위원회가 정하여 고시하는 기준에 따라 비교·공시하여야 한다(영94②).[248]

협회는 집합투자기구의 운용실적을 비교·공시하기 위하여 필요한 범위에서 각 집합투자기구의 집합투자규약, 투자설명서 및 기준가격 등에 관한 자료의 제출을 투자신탁이나 투자익명조합의 집합투자업자 또는 법 제182조 제1항(투자회사·투자유한회사·투자합자회사·투자유한책

---

248) 금융투자업규정 제4-69조(협회의 운용실적의 비교 공시) ① 협회가 영 제94조 제2항 각 호 외의 부분에 따라 각 집합투자재산의 운용실적을 비교·공시하는 경우에는 다음의 내용을 포함하여야 한다.
　1. 집합투자기구의 명칭
　2. 투자운용인력
　3. 보유하고 있는 자산의 유형별 금액 및 비중
　4. 자산규모 및 기준가격
　5. 기준가격의 변동에 관한 사항
　6. 수익률 및 분배율
　③ 협회는 집합투자기구의 분류, 공시주기, 비교방법, 공시기준 및 투자신탁이나 투자익명조합의 집합투자업자 또는 투자회사등으로부터의 자료수령방법, 그 밖에 운용실적의 비교 공시업무에 관하여 필요한 세부기준을 정할 수 있다.

임회사 및 투자합자조합)에 따른 투자회사등에 요청할 수 있다(영94③).

(라) 위반시 제재

법 제90조 제1항(제186조 제2항에서 준용하는 경우를 포함) 또는 제2항(제186조 제2항에서 준용하는 경우를 포함)을 위반하여 영업보고서나 결산서류를 제출하지 아니하거나 거짓으로 작성하여 제출한 자에 대하여는 1억원 이하의 과태료를 부과한다(법449①(34)).

(13) 장부·서류의 열람 및 공시

(가) 투자자의 열람권

투자자는 집합투자업자(투자신탁이나 투자익명조합의 집합투자업자에 한하며, 해당 집합투자증권을 판매한 투자매매업자 및 투자중개업자를 포함)에게 영업시간 중에 이유를 기재한 서면으로 그 투자자에 관련된 집합투자재산에 관한 장부·서류의 열람이나 등본 또는 초본의 교부를 청구할 수 있다(법91① 전단). 이 경우 그 집합투자업자는 ⅰ) 집합투자재산의 매매주문내역 등이 포함된 장부·서류를 제공함으로써 제공받은 자가 그 정보를 거래 또는 업무에 이용하거나 타인에게 제공할 것이 뚜렷하게 염려되는 경우, ⅱ) 집합투자재산의 매매주문내역 등이 포함된 장부·서류를 제공함으로써 다른 투자자에게 손해를 입힐 것이 명백히 인정되는 경우, 또는 ⅲ) 해지 또는 해산된 집합투자기구에 관한 장부·서류로서 보존기한이 지나는 등의 사유로 인하여 투자자의 열람제공 요청에 응하는 것이 불가능한 경우가 아닌 한 이를 거절하여서는 아니 된다(법91① 후단, 영95① 전단). 이 경우 집합투자업자(법 제91조 제1항에 따른 집합투자업자)는 열람이나 교부가 불가능하다는 뜻과 그 사유가 기재된 서면을 투자자에게 내주어야 한다(영95① 후단).

투자자가 열람이나 등본 또는 초본의 교부를 청구할 수 있는 장부·서류는 집합투자재산명세서, 집합투자증권 기준가격대장, 재무제표 및 그 부속명세서, 집합투자재산 운용내역서 등이다(영95②).

(나) 집합투자규약의 공시

집합투자업자는 집합투자규약을 인터넷 홈페이지 등을 이용하여 공시하여야 한다(법91③).

(다) 위반시 제재

법 제91조 제1항(제186조 제2항에서 준용하는 경우를 포함)을 위반하여 열람이나 교부 청구를 거절한 자는 1년 이하의 징역 또는 3천만원 이하의 벌금에 처한다(법446(16)).

(14) 환매연기 등의 통지

투자신탁·투자익명조합의 집합투자업자는 ⅰ) 집합투자증권의 환매를 연기한 경우, ⅱ) 집합투자기구에 대한 회계감사인의 감사의견이 적정의견이 아닌 경우에는 해당 집합투자증권을 판매한 투자매매업자 또는 투자중개업자에게 이를 즉시 통지하여야 한다(법92①). 이러한 사유가 해소된 경우에는 해당 집합투자증권을 판매한 투자매매업자 또는 투자중개업자에게 이를 즉시 통지하여야 한다(법92②).

(15) 파생상품 및 부동산의 운용 특례
(가) 파생상품의 운용 특례
1) 파생상품 매매에 따른 위험평가액 특례

집합투자업자는 파생상품 매매에 따른 위험평가액(제81조 제1항 제1호 마목의 위험평가액)이 집합투자기구 자산총액의 10%를 초과하여 투자할 수 있는 집합투자기구의 집합투자재산을 파생상품에 운용하는 경우에는 계약금액, 파생상품 매매에 따른 만기시점의 손익구조, 시장상황의 변동에 따른 집합투자재산의 손익구조의 변동 또는 일정한 보유기간에 일정한 신뢰구간 범위에서 시장가격이 집합투자기구에 대하여 불리하게 변동될 경우에 파생상품 거래에서 발생할 수 있는 최대손실예상금액, 그 밖에 투자자의 투자판단에 중요한 기준이 되는 지표로서 금융위원회가 정하여 고시하는 위험에 관한 지표를 인터넷 홈페이지 등을 이용하여 공시하여야 한다(법93① 전단, 영96①② 본문).[249)] 이 경우 그 집합투자기구의 투자설명서에 해당 위험에 관한 지표의 개요 및 위험에 관한 지표가 공시된다는 사실을 기재하여야 한다(법93① 후단).

다만 위험에 관한 지표 산출을 위한 자료가 부족하여 지표의 산출이 불가능한 경우 등 금융위원회가 정하여 고시하는 파생상품[250)]인 경우에는 시장상황의 변동에 따른 집합투자재산의

---

249) 집합투자업자가 법 제93조 제1항 전단에 따른 집합투자기구의 집합투자재산을 파생상품에 운용하는 경우 투자자에게 공시하여야 하는 위험지표는 영 제96조 제3항에 따라 다음의 방법으로 산정·작성한다(금융투자업규정4-71①).
1. 계약금액: 파생상품거래의 유형별로 매수, 매도 및 순포지션(매수-매도)으로 나누어 제4-54조 제1항 각 호의 방법으로 산정된 명목계약금액의 총액을 기재하며, 그 구체적인 내용은 별표 14와 같다.
2. 파생상품 거래에 따른 만기시점의 손익구조: 당해 파생상품의 기초자산의 가격변동에 따라 집합투자기구의 이익이 발생하는 구간과 손익이 없는 구간 및 손실이 발생하는 구간으로 구분하여 투자자가 이해하기 쉽도록 도표 등으로 나타내고 이를 서술식으로 요약하여 기재한다.
3. 시장상황변동에 따른 집합투자재산의 손익구조변동은 시나리오법에 따라 산정하며, 그 구체적인 내용은 금융감독원장이 정한다.
4. 일정한 보유기간에 일정한 신뢰구간 범위 안에서 시장가격이 집합투자기구에 대하여 불리하게 변동될 경우 파생상품 거래에서 발생할 수 있는 최대손실예상금액("VaR"):
   가. 최대손실예상금액(VaR)은 10영업일의 보유기간 및 99%의 단측 신뢰구간을 적용하여 일일단위로 측정되어야 한다. 다만, 10영업일보다 짧은 보유기간을 사용하여 최대손실예상금액(VaR)을 산정한 후 이를 10영업일에 상당하는 수치로 전환시켜 산정할 수 있으며,
   나. 최대손실예상금액(VaR)은 1년 이상의 자료관측기간을 기초로 하여 측정되어야 하며, 시장상황에 따라 최소한 3개월에 1회 이상 자료구성을 수정·보완시키되, 시장가격의 중대한 변동이 있는 경우에는 수정·보완기간을 단축하여야 한다.
   다. 옵션포지션에 대한 최대손실예상금액(VaR)은 간편법 또는 델타플러스법에 따라 산정하며, 그 구체적인 내용은 금융감독원장이 정한다.
250) "금융위원회가 정하여 고시하는 파생상품"이란 다음의 어느 하나에 해당하는 파생상품을 말한다(금융투자업규정4-70).
1. 위험에 관한 지표 산출을 위한 자료가 부족하여 지표의 산출이 불가능한 파생상품
2. 제1호 외의 사유로 지표의 산출이 불가능한 파생상품으로서 금융감독원장의 확인을 받은 파생상품

손익구조의 변동 또는 일정한 보유기간에 일정한 신뢰구간 범위에서 시장가격이 집합투자기구에 대하여 불리하게 변동될 경우에 파생상품거래에서 발생할 수 있는 최대손실예상금액을 적용하지 아니한다(영96② 단서).

2) 장외파생상품 매매에 따른 위험평가액 특례

집합투자업자는 장외파생상품 매매에 따른 위험평가액이 집합투자기구 자산총액의 10%를 초과하여 투자할 수 있는 집합투자기구의 집합투자재산을 장외파생상품에 운용하는 경우에는 장외파생상품 운용에 따른 위험관리방법을 작성하여 그 집합투자재산을 보관·관리하는 신탁업자의 확인을 받아 금융위원회에 신고하여야 한다(법93②, 영96④).

(나) 부동산의 운용 특례

1) 금전차입의 특례

가) 차입방법

집합투자업자는 원칙적으로 집합투자기구의 계산으로 금전을 차용하지 못하지만(법83①), 집합투자재산으로 부동산을 취득하는 경우(부동산집합투자기구는 운용하는 경우를 포함)에는 집합투자업자가 ⅰ) 은행, 한국산업은행, 중소기업은행, 한국수출입은행, 투자매매업자 또는 투자중개업자, 증권금융회사, 종합금융회사, 상호저축은행, ⅱ) 보험회사, ⅲ) 국가재정법에 따른 기금, ⅳ) 다른 부동산집합투자기구, ⅴ) 앞의 4가지에 준하는 외국 금융기관 등에게 부동산을 담보로 제공하거나 금융위원회가 정하여 고시하는 방법에 따라 집합투자기구의 계산으로 금전을 차입할 수 있다(법94①, 영97① 본문). 다만, 집합투자자총회에서 달리 의결한 경우에는 그 의결에 따라 금전을 차입할 수 있다(영97① 단서).

나) 운용방법

집합투자업자는 차입한 금전을 부동산에 운용하는 방법 외의 방법으로 운용하여서는 아니된다(영97⑧ 본문). 다만, 차입한 금전으로 부동산에 투자할 수 없는 불가피한 사유가 발생하여 일시적으로 현금성 자산에 투자하는 경우에는 부동산에 운용하는 방법 외의 방법으로 운용할 수 있다(영97⑧ 단서, 금융투자업규정4-72③).

다) 차입한도

집합투자업자가 금전을 차입하는 경우에 그 차입금 한도는 ⅰ) 부동산집합투자기구의 계산으로 차입하는 경우는 그 부동산집합투자기구의 자산총액에서 부채총액을 뺀 가액의 200%이다. 다만, 집합투자자총회에서 달리 의결한 경우에는 그 의결한 한도이다. ⅱ) 부동산집합투자기구가 아닌 집합투자기구의 계산으로 차입하는 경우는 그 집합투자기구에 속하는 부동산 가액의 70%(금융투자업규정4-72②)이다. 이 경우 부동산 가액의 평가는 집합투자재산평가위원회가 제94조 제3항에 따른 집합투자재산평가기준에 따라 정한 가액으로 한다(제2호)(영97⑦).

2) 금전대여의 특례

집합투자업자는 30일 이내의 단기대출을 제외하고는 원칙적으로 금전을 대여할 수 없지만(법83④), ⅰ) 집합투자규약에서 금전의 대여에 관한 사항을 정하고 있고, ⅱ) 집합투자업자가 부동산에 대하여 담보권을 설정하거나 시공사 등으로부터 지급보증을 받는 등 대여금을 회수하기 위한 적절한 수단을 확보한 경우에는(영97③) 집합투자재산으로 부동산개발사업을 영위하는 법인(부동산신탁업자, 부동산투자회사법에 따른 부동산투자회사 또는 다른 집합투자기구)에 대하여, 해당 집합투자기구의 자산총액에서 부채총액을 뺀 가액의 100%를 한도(법94⑥, 영97②④)로 금전을 대여할 수 있다(법94②).

3) 실사보고서와 사업계획서

가) 실사보고서 작성·비치

집합투자업자는 집합투자재산으로 부동산을 취득하거나 처분하는 경우에는 그 부동산의 현황, 거래가격, 부동산의 거래비용, 부동산과 관련된 재무자료, 부동산의 수익에 영향을 미치는 요소, 담보권 설정 등 부동산과 관련한 권리의무관계에 관한 사항, 실사자에 관한 사항이 기재된 실사보고서를 작성·비치하여야 한다(법94③, 영97⑤, 금융투자업규정4-72①).

나) 사업계획서 작성·공시

집합투자업자는 집합투자재산으로 부동산개발사업에 투자하고자 하는 경우에는 추진일정·추진방법, 건축계획 등이 포함된 사업계획에 관한 사항, 자금의 조달·투자 및 회수에 관한 사항, 추정손익에 관한 사항, 사업의 위험에 관한 사항, 공사시공 등 외부용역에 관한 사항 등이 기재된 사업계획서를 작성하여 감정평가법에 따른 감정평가법인등으로부터 그 사업계획서가 적정한지의 여부에 대하여 확인을 받아야 하며, 이를 인터넷 홈페이지 등을 이용하여 공시하여야 한다(법94④, 영97⑥).

4) 부동산 등기의 특례

투자신탁재산으로 부동산을 취득하는 경우 부동산등기법 제81조(신탁등기의 등기사항)를 적용할 때에는 그 신탁원부에 수익자를 기록하지 아니할 수 있다(법94⑤).

3. 투자자문업자 및 투자일임업자

(1) 선관의무 및 충실의무

투자자문업자는 투자자에 대하여 선량한 관리자의 주의로써 투자자문에 응하여야 하며, 투자일임업자는 투자자에 대하여 선량한 관리자의 주의로써 투자일임재산을 운용하여야 한다(법96①). 투자자문업자 및 투자일임업자는 투자자의 이익을 보호하기 위하여 해당 업무를 충실하게 수행하여야 한다(법96②). 투자자문업자 및 투자일임업자에게는 아래와 같이 보다 강화된 규제가 적용된다.

(2) 계약의 체결

(가) 계약체결 전 서면자료의 교부

투자자문업자 또는 투자일임업자는 일반투자자와 투자자문계약 또는 투자일임계약을 체결하고자 하는 경우에는 ⅰ) 투자자문의 범위 및 제공방법 또는 투자일임의 범위 및 투자대상 금융투자상품등, ⅱ) 투자자문업 또는 투자일임업의 수행에 관하여 투자자문업자 또는 투자일임업자가 정하고 있는 일반적인 기준 및 절차, ⅲ) 투자자문업 또는 투자일임업을 실제로 수행하는 임직원의 성명 및 주요경력, ⅳ) 투자자와의 이해상충방지를 위하여 투자자문업자 또는 투자일임업자가 정한 기준 및 절차, ⅴ) 투자자문계약 또는 투자일임계약과 관련하여 투자결과가 투자자에게 귀속된다는 사실 및 투자자가 부담하는 책임에 관한 사항, ⅵ) 수수료에 관한 사항, ⅶ) 투자실적의 평가 및 투자결과를 투자자에게 통보하는 방법(투자일임계약의 경우에 한한다), ⅷ) 투자자는 투자일임재산의 운용방법을 변경하거나 계약의 해지를 요구할 수 있다는 사실, ⅸ) 임원 및 대주주에 관한 사항, ⅹ) 투자일임계약인 경우에는 투자자가 계약개시 시점에서 소유할 투자일임재산의 형태와 계약종료 시점에서 소유하게 되는 투자일임재산의 형태, ⅺ) 투자일임재산을 운용할 때 적용하는 투자방법에 관한 사항, ⅻ) 투자일임보고서(법99①)의 작성대상 기간, ⅹⅲ) 자산구성형 개인종합자산관리계약[251])의 경우에는 제2항 제2호 전단에 따라

---

251) 영 제98조 제1항에 따른 자산구성형 개인종합자산관리계약은 조세특례제한법 제91조의18 제1항에 따른 개인종합자산관리계좌(같은 조 제3항 제2호에 따라 신탁업자와 특정금전신탁계약을 체결하여 개인종합자산관리계좌의 명칭으로 개설한 계좌는 제외)에 관한 투자일임계약으로서 다음의 요건을 모두 갖춘 투자일임계약으로 한다(영98②).
  1. 삭제 [2019. 3. 12]
  2. 투자일임업자는 투자일임계약을 체결하기 전에 투자대상자산의 종류 · 비중 · 위험도 등의 내용이 포함된 운용방법을 투자자에게 제시할 것. 이 경우 투자자의 투자목적 · 재산상황 · 투자경험 · 위험감수 능력 등을 고려하여 둘 이상의 운용방법을 마련하여 제시하여야 한다.
  3. 투자일임업자는 다음의 내용이 포함된 투자일임계약을 투자자와 체결할 것
     가. 투자자로부터 투자대상자산에 대한 투자판단의 전부를 일임받지 아니한다는 내용
     나. 제2호 전단에 따라 투자자에게 제시하여 투자자가 선택한 운용방법의 내용
     다. 투자일임업자는 나목에 따른 운용방법으로 투자일임재산을 운용한다는 내용
     라. 제4호부터 제7호까지의 규정에 따른 내용
  4. 해당 투자자가 제3호 나목에 따라 투자일임계약의 내용으로 정한 운용방법의 변경을 요구하는 경우 투자일임업자는 그 요구에 따를 것
  5. 투자일임업자가 제3호 나목에 따라 투자일임계약의 내용으로 정한 운용방법에 따라 투자일임재산을 운용할 때 취득 · 처분하려는 투자대상자산의 종목 · 수량 및 취득 · 처분의 방법 등을 취득 · 처분하기 전에 해당 투자자에게 통지할 것
  6. 해당 투자자가 제5호에 따른 통지를 받은 후 그 취득 · 처분을 하지 아니할 것을 요구하거나 취득 · 처분한 투자대상자산의 종목 · 수량 및 취득 · 처분의 방법 등의 변경을 요구하는 경우 투자일임업자는 그 요구에 따를 것
  7. 투자일임업자는 제4호에 따른 투자자의 요구가 없더라도 매 분기별로 1회 이상 다음의 사항을 평가하여 제3호 나목에 따라 투자일임계약의 내용으로 정한 운용방법을 변경할지 여부를 검토한 후 그 변경

투자자에게 제시되는 운용방법의 내용 및 같은 호 후단에 따라 둘 이상으로 마련되는 운용방법 간 내용상의 차이에 관한 사항, xiv) 그 밖에 투자자가 계약체결 여부를 결정하는 데에 중요한 판단기준이 되는 사항으로서 금융위원회가 정하여 고시하는 사항252)을 기재한 서면자료를 미리 일반투자자에게 교부하여야 한다(법97①, 영98①).

(나) 계약서류의 기재사항

투자자문업자 또는 투자일임업자는 일반투자자와 투자자문계약 또는 투자일임계약을 체결하는 경우 일반투자자에게 교부하는 계약서류(금융소비자보호법23①)에 ⅰ) 위의 서면 자료의 기재사항, ⅱ) 계약당사자에 관한 사항, ⅲ) 계약기간 및 계약일자, ⅳ) 계약변경 및 계약해지에 관한 사항, ⅴ) 투자일임재산이 예탁된 투자매매업자·투자중개업자, 그 밖의 금융기관의 명칭 및 영업소명을 기재하여야 한다(법97② 전단). 이 경우 그 기재내용은 교부한 서면자료에 기재된 내용과 달라서는 아니 된다(법97② 후단).

이 필요하다고 인정되는 경우 그 운용방법을 변경할 것
　가. 제3호 나목에 따라 투자일임계약의 내용으로 정한 운용방법으로 투자대상자산을 취득·처분한 결과에 따른 투자일임재산의 안전성 및 수익성
　나. 해당 투자자의 투자목적·재산상황·투자경험·위험감수능력 등을 고려하여 그 투자일임재산으로 운용한 투자대상자산의 종목·수량 등이 적합한지 여부
　다. 투자자 보호 및 건전한 거래질서의 유지를 위하여 필요한 사항으로서 금융위원회가 정하여 고시하는 사항
252) "금융위원회가 정하여 고시하는 사항"이란 다음의 사항을 말한다(금융투자업규정4-73).
　1. 투자자는 투자일임재산의 운용에 대하여 합리적인 제한(투자일임계약에서 정한 바에 따라 운용조건 등을 변경하는 것)을 두거나 특정증권 등의 취득·처분 및 계약의 해지를 요구할 수 있으며, 투자일임업자는 투자일임계약에서 정한 특별한 사유가 없는 한 투자자의 합리적인 제한 또는 특정증권 등의 취득·처분 및 계약의 해지 요구에 대하여 응할 의무가 있다는 사항
　2. 일반투자자의 경우 다음의 사항
　　가. 연 1회 이상 투자자의 재무상태, 투자목적 등의 변경 여부를 확인한다는 사항
　　나. 매 분기 1회 이상 투자자의 재무상태, 투자목적 등의 변경이 있는 경우 회신해 줄 것을 투자자에게 통지하고, 투자자는 변경된 내용을 회신할 수 있다는 사항
　　다. 투자자의 재무상태, 투자목적 등의 변경을 확인하거나 투자자로부터 변경된 내용을 회신받은 경우 변경된 내용에 부합하도록 투자일임재산을 운용한다는 사항
　　라. 투자자가 가목에 따른 확인에 연 4회 이상 회신하지 아니하고, 나목에 따른 회신도 없는 경우에는 투자일임계약을 해지할 수 있다는 사항
　3. 투자일임계약을 체결한 투자자는 자기의 재무상태, 투자목적 등에 대하여 투자일임업자의 임·직원에게 상담을 요청할 수 있으며, 투자일임업자의 임·직원은 그 상담요구에 대하여 응한다는 사항
　4. 투자일임업자와 주로 거래하는 투자매매업자·투자중개업자가 있는 경우 그 명칭 및 이해관계의 내용에 관한 사항
　5. 당해 임직원이 과거에 내부자거래, 시세조종, 부정거래행위 등 위법행위로 형사제재를 받았거나 금융위원회로부터 법 제422조 제1항 제1호부터 제5호까지 또는 같은 조 제2항 제1호부터 제6호까지의 조치를 받은 사실이 있는 경우 그 사항
　6. 법 제98조 및 영 제99조에서 정하고 있는 투자자문업자 또는 투자일임업자의 금지행위에 관한 사항
　7. 성과보수는 기준지표(제4-65조 제1항에 따른 요건을 충족하는 기준지표)에 연동하여 산정한다는 사실. 단 투자일임업자와 투자자의 합의에 의해 달리 정할 수 있다.

(3) 불건전 영업행위의 금지

(가) 투자자문업자 · 투자일임업자

1) 원칙적 금지

투자자문업자 또는 투자일임업자는 ⅰ) 투자자로부터 금전·증권, 그 밖의 재산의 보관·예탁을 받는 행위(제1호), ⅱ) 투자자에게 금전·증권, 그 밖의 재산을 대여하거나 투자자에 대한 제3자의 금전·증권, 그 밖의 재산의 대여를 중개·주선 또는 대리하는 행위(제2호), ⅲ) 투자권유자문인력 또는 투자운용인력이 아닌 자에게 투자자문업 또는 투자일임업을 수행하게 하는 행위(제3호), ⅳ) 계약으로 정한 수수료 외의 대가를 추가로 받는 행위(제4호), ⅴ) 투자자문에 응하거나 투자일임재산을 운용하는 경우 금융투자상품등의 가격에 중대한 영향을 미칠 수 있는 투자판단에 관한 자문 또는 매매 의사를 결정한 후 이를 실행하기 전에 그 금융투자상품 등을 자기의 계산으로 매매하거나 제3자에게 매매를 권유하는 행위(제5호)를 하여서는 아니 된다(법98① 본문).

2) 예외적 허용

투자자 보호 및 건전한 거래질서를 해할 우려가 없는 경우로서 ⅰ) 법 제98조 제1항 제1호 및 제2호를 적용할 때 투자자문업자 또는 투자일임업자가 다른 금융투자업, 그 밖의 금융업을 겸영하는 경우로서 그 겸영과 관련된 해당 법령에서 법 제98조 제1항 제1호 및 제2호에 따른 행위를 금지하지 아니하는 경우, ⅱ) 법 제98조 제1항 제3호를 적용할 때 전자적 투자조언장치를 활용하여 일반투자자를 대상으로 투자자문업 또는 투자일임업을 수행하는 경우, ⅲ) 법 제98조 제1항 제5호를 적용할 때 투자자문 또는 투자일임재산의 운용과 관련한 정보를 이용하지 아니하였음을 증명하는 경우, 또는 차익거래 등 투자자문 또는 투자일임재산의 운용과 관련한 정보를 의도적으로 이용하지 아니하였다는 사실이 객관적으로 명백한 경우에는 이를 할 수 있다(법98① 단서, 영99①).

(나) 투자일임업자

1) 원칙적 금지

투자일임업자는 투자일임재산을 운용함에 있어서 다음의 어느 하나에 해당하는 행위를 하여서는 아니 된다(법98② 본문).

1. 정당한 사유 없이 투자자의 운용방법의 변경 또는 계약의 해지 요구에 응하지 아니하는 행위
2. 자기 또는 관계인수인이 인수한 증권을 투자일임재산으로 매수하는 행위
3. 자기 또는 관계인수인이 대통령령으로 정하는 인수업무[253]를 담당한 법인의 특정증권등

---

253) "대통령령으로 정하는 인수업무"란 발행인이나 매출인으로부터 직접 증권의 인수를 의뢰받아 인수조건 등을 정하는 업무를 말한다(영99③).

(제172조 제1항의 특정증권등)에 대하여 인위적인 시세(제176조 제2항 제1호의 시세)를 형성하기 위하여 투자일임재산으로 그 특정증권등을 매매하는 행위

4. 특정 투자자의 이익을 해하면서 자기 또는 제3자의 이익을 도모하는 행위
5. 투자일임재산으로 자기가 운용하는 다른 투자일임재산, 집합투자재산 또는 신탁재산과 거래하는 행위
6. 투자일임재산으로 투자일임업자 또는 그 이해관계인의 고유재산과 거래하는 행위
7. 투자자의 동의 없이 투자일임재산으로 투자일임업자 또는 그 이해관계인이 발행한 증권에 투자하는 행위
8. 투자일임재산을 각각의 투자자별로 운용하지 아니하고 여러 투자자의 자산을 집합하여 운용하는 행위
9. 투자자로부터 다음의 행위를 위임받는 행위
   가. 투자일임재산을 예탁하는 투자매매업자·투자중개업자, 그 밖의 금융기관을 지정하거나 변경하는 행위
   나. 투자일임재산을 예탁하거나 인출하는 행위
   다. 투자일임재산에 속하는 증권의 의결권, 그 밖의 권리를 행사하는 행위
10. 그 밖에 투자자 보호 또는 건전한 거래질서를 해할 우려가 있는 행위로서 "대통령령으로 정하는 행위"

위 제10호에서 "대통령령으로 정하는 행위"란 다음의 어느 하나에 해당하는 행위를 말한다(영99④).

1. 법 제9조 제5항 단서에 따라 일반투자자와 같은 대우를 받겠다는 전문투자자(제10조 제1항 각 호의 자는 제외)의 요구에 정당한 사유 없이 동의하지 아니하는 행위
2. 투자일임계약을 위반하여 투자일임재산을 운용하는 행위254)
2의2. 제98조 제2항에 따른 자산구성형 개인종합자산관리계약을 체결한 투자일임업자의 경우 같은 항 각 호의 요건에 따르지 아니하는 행위
3. 투자일임의 범위, 투자목적 등을 고려하지 아니하고 투자일임재산으로 금융투자상품을 지나치게 자주 매매하는 행위
4. 투자자(투자자가 법인, 그 밖의 단체인 경우에는 그 임직원을 포함) 또는 거래상대방(거래

---

254) 법 제98조 등에 의하면 투자일임업자는 투자일임계약을 위반하여 투자일임재산을 운용하여서는 아니 되는데도, A자산운용은 B생명보험의 일반계정 자산을 일임받아 운용하면서, 투자일임계약상 투자일임업무를 수행할 때는 보험업법 제106조의 보험사 자산운용 비율 규제를 준수하도록 정하고 있음에도, 2010. 3. 18.–2014. 2. 17. 기간 중 동일차주인 H사 기업집단에 속하는 H사 등 7개사가 발행한 채권을 운용함에 있어 일반계정 총자산의 100분의 12를 최소 0.1%p(한도초과금액 8억원) – 최대 8.6%p(한도초과금액 1,190억원) 초과하여 운용하는 등 투자일임계약을 위반하여 투자일임재산을 운용한 사실이 있어 과태료 제재를 받았다.

상대방이 법인, 그 밖의 단체인 경우에는 그 임직원을 포함) 등에게 업무와 관련하여 금융
위원회가 정하여 고시하는 기준[255]을 위반하여 직접 또는 간접으로 재산상의 이익을 제공
하거나 이들로부터 제공받는 행위[256]

5. 법 제55조(손실보전 등의 금지) 및 제98조(불건전 영업행위의 금지)에 따른 금지 또는 제한
을 회피할 목적으로 하는 행위로서 장외파생상품거래, 신탁계약, 연계거래 등을 이용하는
행위

6. 채권자로서 그 권리를 담보하기 위하여 백지수표나 백지어음을 받은 행위

7. 그 밖에 투자자 보호 또는 건전한 거래질서를 해칠 염려가 있는 행위로서 금융위원회가 정
하여 고시하는 행위[257][258][259][260][261][262]

---

255) 금융투자업규정 제4-76조(투자일임업자의 이익제공·수령기준) ① 영 제99조 제4항 제4호에서 "금융위원
회가 정하여 고시하는 기준"이란 투자일임업자(그 임직원을 포함)가 투자일임계약의 체결 또는 투자일임
재산의 운용과 관련하여 투자자(투자자가 법인, 그 밖의 단체인 경우 그 임직원을 포함) 또는 거래상대방
(거래상대방이 법인, 그 밖의 단체인 경우 그 임직원을 포함)등에게 제공하거나 투자자 또는 거래상대방
으로부터 제공받는 금전·물품·편익 등의 범위가 일반인이 통상적으로 이해하는 수준에 반하지 않는 것을
말한다.
② 투자일임업자가 제1항에 따른 금전·물품·편익 등을 10억원을 초과하여 특정 투자자 또는 거래상 대
방에게 제공하거나 특정 투자자 또는 거래상대방으로부터 제공받은 경우 그 내용을 인터넷 홈페이지등을
통하여 공시하여야 한다.
③ 투자일임업자가 제1항에 따른 금전·물품·편익 등을 제공하거나 제공받는 경우 제공목적, 제공내용,
제공일자 및 제공받는 자 등에 대한 기록을 유지해야 한다.
④ 협회는 제1항부터 제3항까지의 시행을 위하여 필요한 구체적 기준을 정할 수 있다.
256) 법 제98조 제2항 제10호, 영 제99조 제4항 제4호 등에 의하면, 투자일임업자는 금융위원회가 정하여 고시
하는 기준을 위반하여 직접 또는 간접으로 부당한 재산상의 이익을 제공받아서는 아니 되는데도, A증권은
고객의 투자일임재산(일임형 CMA 자금)을 B사에 예치하여 예치규모가 일정금액 이상인 경우 B사로부터
기본이자(우대이자 포함)와 별도로 특별이자(3-10bp)를 차등하여 수취하기로 한 특별약정을 체결하면서,
동 특별이자는 고객에게는 지급하지 않고 자사에 귀속시키기로 하고 이를 위해 특별이자 상당액을 고객에
게 우선 지급하고 동액만큼 투자일임수수료를 인상해 고객으로부터 재수취하는 우회적인 방식으로 2009.
11. 24.-2015. 9. 30. 기간에 걸쳐 총 23,000백만원의 부당한 재산상 이익을 제공받은 사실이 있어 과태료
제재를 받았다.
257) "금융위원회가 정하여 고시하는 행위"란 다음의 어느 하나에 해당하는 행위를 말한다(금융투자업규정
4-77).
1. 불특정다수의 투자일임재산을 통합하여 운용할 목적으로 설계된 상품을 불특정다수의 투자자에게 제공
하는 행위
2. 투자자의 동의를 얻지 아니하고 투자운용인력을 교체하는 행위. 다만, 투자일임계약에서 부득이하다고
기재한 경우를 제외한다.
3. 투자일임재산의 운용내역 및 자산의 평가가액에 대한 투자자의 조회를 거부하거나 방해하는 행위
4. 특정 증권 등의 취득과 처분을 각 계좌재산의 일정비율로 정한 후 여러 계좌의 주문을 집합하는 행위.
다만, 제5호에 따라 투자자를 유형화한 경우 각 유형에 적합한 방식으로 투자일임재산을 운용하는 경우
에는 그러하지 아니하다.
5. 투자자의 연령·투자위험 감수능력·투자목적·소득수준·금융자산의 비중 등 재산운용을 위해 고려 가
능한 요소를 조사하여 투자자를 유형화하고 각 유형에 적합한 방식으로 투자일임재산을 운용하지 않는
행위. 다만, 전문투자자가 투자자를 유형화하기 위한 조사를 원하지 아니할 경우에는 조사를 생략할 수
있으며, 이 경우 전문투자자는 자기의 투자 유형을 선택할 수 있다.
6. 제4-73조 제2호 가목 및 나목에 따라 일반투자자의 재무상태, 투자목적 등의 변경여부를 확인한 후 변

경상황을 재산운용에 반영하지 아니하는 행위
7. 투자일임업을 경영하는 투자중개업자가 투자중개업무와 투자일임업무를 결합한 자산관리계좌(이하 "맞춤식 자산관리계좌(Wrap Account)"라 한다)를 운용함에 있어 투자일임재산에 비례하여 산정하는 투자일임수수료 외에 위탁매매수수료 등 다른 수수료를 부과하는 행위. 다만, 투자자의 주식에 대한 매매지시 횟수가 투자일임계약시 일입업자와 투자자간 합의된 기준을 초과하는 경우 투자일임 수수료를 초과하여 발생한 위탁매매 비용은 실비의 범위 이내에서 투자자에게 청구할 수 있다.
8. 성과보수를 수취하는 경우 기준지표(제4-77조의2 제1항에 따른 요건을 충족하는 기준지표)에 연동하여 산정하지 않는 행위. 단 투자일임업자와 투자자간 합의에 의해 달리 정한 경우에는 그러하지 아니하다.
9. 투자일임재산을 운용하지 않는 임직원이 투자일임재산에 편입된 금융투자상품의 취득·처분 등 투자일임재산의 운용에 관하여 투자자에게 상담하는 행위. 다만 투자일임재산을 운용하는 자가 상담일로부터 2주전에 투자일임재산에 편입된 금융투자상품에 대하여 작성한 자료에 근거할 경우에는 그러하지 아니하다.
10. 고유재산운용업무와 투자일임재산간 법 제45조 제1항 제1호에 해당하는 행위
11. 투자광고의 내용에 특정 투자일임계좌의 수익률 또는 여러 투자일임계좌의 평균수익률을 제시하는 행위
12. 투자권유시 제5호에 따라 투자자를 유형화한 경우 월별, 분기별 등 일정기간 동안의 각 유형별 가중평균수익률과 최고·최저수익률을 같이 제시하는 행위 이외의 방법으로 수익률을 제시하는 행위
13. 투자자문업자로부터 투자자문을 받은 투자일임업자는 법 제96조의 선관의무 및 충실의무에 위반하여 내부적인 투자판단 과정없이 투자일임재산을 운용하는 행위
14. 수시입출방식으로 투자일임 계약을 체결하고 투자일임재산을 운용하면서 다음의 사항을 준수하지 아니하는 행위
   가. 투자일임재산을 거래일과 결제일이 동일한 자산으로 운용할 것
   나. 투자일임재산으로 운용할 수 있는 채무증권(금융기관이 발행·매출·중개한 어음을 포함)은 취득시점을 기준으로 신용평가업자의 신용평가등급(둘 이상의 신용평가업자로부터 신용평가등급을 받은 경우에는 그중 낮은 신용평가등급이고, 세분류하지 않은 신용평가등급을 말한다)이 최상위등급 또는 최상위등급의 차하위등급 이내일 것.
   다. 투자일임재산의 남은 만기의 가중평균된 기간이 90일 이내일 것
   라. 투자일임재산을 잔존만기별로 구분하여 관리하고 다음에 해당하는 비율을 유지할 것(이 경우 제7-16조 제5항을 준용)
      (1) 제7-16조 제3항 각 호에 해당하는 자산의 비율: 10% 이상
      (2) 제7-16조 제4항 각 호에 해당하는 자산의 비율: 30% 이상
15. 투자일임재산으로 투자일임업자 또는 그 계열회사가 발행한 증권에 다음의 어느 하나에 해당하는 기준을 초과하여 투자하는 행위
   가. 지분증권의 경우: 각 투자일임재산 총액을 기준으로 50%
   나. 지분증권을 제외한 증권(집합투자증권, 파생결합증권 및 법 제110조에 따른 수익증권은 제외)의 경우: 전체 투자일임재산을 기준으로 계열회사 전체가 그 투자일임업자에 대하여 출자한 비율에 해당하는 금액[계열회사 전체가 소유하는 그 투자일임업자의 의결권 있는 주식수를 그 투자일임업자의 의결권 있는 발행주식 총수로 나눈 비율에 그 투자일임업자의 자기자본(자기자본이 자본금 이하인 경우에는 자본금)을 곱한 금액]
16. 제15호에 불구하고 투자일임재산을 투자일임업자 또는 그 계열회사가 발행한 고위험 채무증권 등 운용하는 행위
17. 투자자문·일임업자가 영 제373조 제4항 제1호에 따른 등록취소를 회피할 목적으로 고유재산, 이해관계인 또는 특수관계인의 재산만을 이용하거나, 허위 또는 이면계약 체결 등을 하는 행위
18. 투자일임계약시 대면으로 설명의무를 이행하지 아니하는 경우. 다만, 다음의 어느 어느 하나에 해당하는 경우에는 그러하지 아니하다.
   가. 투자일임업자가 투자자와 영 제98조 제2항에 따른 자산구성형 개인종합자산관리계약을 체결하는 경우
   나. 법 제100조 제1항에 따른 역외투자일임업자가 투자자와 투자일임계약을 체결하는 경우

2) 예외적 허용

투자자 보호 및 건전한 거래질서를 해할 우려가 없는 경우로서 "대통령령으로 정하는 경우"에는 이를 할 수 있다(법98② 단서).

여기서 "대통령령으로 정하는 경우"란 다음의 경우를 말한다(영99②).

다. 영상통화로 설명의무를 이행하는 경우

라. 투자일임업자와 투자자가 최근 1년 6개월 이상 ㈜코스콤 홈페이지에 운용성과, 위험지표 등 주요사항을 매일 공시하고 있는 전자적 투자조언장치를 활용하는 투자일임계약을 체결하는 경우

19. 영 제99조 제1항 제1호의2에 따른 전자적 투자조언장치를 활용하여 투자일임업을 수행하는 경우 투자일임재산을 실제로 운용하는 전자적 투자조언장치를 투자자의 동의를 얻지 아니하고 교체하는 행위. 다만, 기존 전자적 투자조언장치와 동일성이 유지되는 범위 내에서 전자적 투자조언장치를 단순 수정, 개선하는 등의 경우를 제외한다.

258) 법 제98조 제2항 등에 의하면 투자일임업자는 투자자의 동의를 얻지 아니하고 투자운용인력을 교체하는 행위를 하여서는 아니 되는데도, A자산운용은 2017. 11. 14. - 2018. 7. 24. 기간 중 Y 등 23명의 투자자와 계약한 투자일임재산을 운용하면서 투자자의 동의를 얻지 아니하고 투자운용인력을 교체한 사실이 있어 과태료 제재를 받았다(금융투자업규정 제4-77조 제2호 위반).

259) 법 제98조 제2항 제10호 등에 의하면 투자일임업을 경영하는 투자중개업자가 투자중개업무와 투자일임업무를 결합한 자산관리계좌("맞춤식 자산관리계좌(Wrap Account)"라 함)를 운용함에 있어 투자일임재산에 비례하여 산정하는 투자일임수수료 외에 위탁매매수수료 등 다른 수수료를 부과하는 행위를 하여서는 아니 되는데도, A증권은 2011. 1. 28.-2016. 5. 3. 기간 중 맞춤식 자산관리계좌(지점운용 고객일임계좌)를 운용하면서, 본점 고유재산으로 채권을 장외 매수하여 지점운용 고객일임계좌로 매도하거나 고객일임계좌 보유채권을 매수하여 장외 매도하면서 동일자 매수·매도수익률을 다르게 하는 방법으로 고객 138명으로부터 272회에 걸쳐 매수·매도수익률 차액에 상당하는 금액 총 177백만원을 투자일임수수료 외의 다른 수수료로 수취한 사실이 있어 과태료 제재를 받았다(금융투자업규정 제4-77조 제7호 위반).

260) 법 제98조 제2항 등에 의하면 투자일임업자는 투자일임재산을 운용함에 있어서 고유재산과 투자일임재산의 운용업무 간 금융투자상품 매매 및 소유현황에 관한 정보를 제공하는 행위를 하여서는 아니 되는데도, A자산운용은 대표이사 X로 하여금 2014. 11. 20. 고유재산과 투자일임재산을 통해 동일 종목인 K사 주식을 시간외대량매매 방식으로 매수하고, 2014. 11. 21.-2014. 12. 16. 기간 중 투자일임재산으로 K사 주식을 장내매수하는 방법으로 고유재산과 투자일임재산을 동일 종목에 함께 투자하였으며, 2014. 12. 3. 개최된 위험관리실무위원회에서 K사 주식에 대한 고유재산의 시간외대량매매 내역을 심의하면서 투자일임재산 운용업무를 담당하는 Y를 동 위원회의 위원으로 참석하도록 하고, Y가 2014. 12. 19.-2014. 12. 23. 기간 중 투자일임재산으로 동일 종목인 K사 주식을 매도하게 함으로써, 고유재산과 투자일임재산 간 금융투자상품의 매매 및 소유현황에 관한 정보가 공유되도록 한 사실이 있어 과태료 제재을 받았다(금융투자업규정 제4-77조 제10호 위반).

261) 법 제98조 제2항 제10호 등에 의하면 투자일임업자는 투자권유시 월별, 분기별 등 일정기간 동안의 가중평균수익률과 최고·최저수익률을 같이 제시하는 이외의 방법으로 수익률을 제시하는 행위를 하여서는 아니 되는데도, A증권은 2012. 1. 1.-2014. 6. 30. 기간 중 우정사업본부 등 기관투자자를 대상으로 투자일임상품을 투자권유하면서 총 362회에 걸쳐 서면으로 제공하는 금융상품제안서에 확정 목표수익률을 제시한(판매금액: 14조 3,131억원) 사실이 있어 과태료 제재를 받았다(금융투자업규정 제4-77조 제12호 위반).

262) 법 제98조 제2항 등에 의하면 투자일임업자는 투자일임계약시 설명의무를 대면으로 이행하여야 함에도, A투자자문은 2018. 4. 12. 일반투자자인 X와 2건의 투자일임계약을 체결하면서 투자자에 대한 설명의무를 비대면(투자일임계약서에 대표이사의 직인을 날인하여 고객에게 팩스로 전송하고 고객이 날인한 계약서를 우편으로 송부받는 방식으로 계약체결절차를 진행)으로 이행한 사실이 있어 과태료 제재를 받았다(금융투자업규정 제4-77조 제18호 위반).

1. 삭제 [2013. 8. 27]

2. 법 제98조 제2항 제2호를 적용할 때 인수일부터 3개월이 지난 후 매수하는 경우

2의2. 법 제98조 제2항 제2호를 적용할 때 인수한 증권이 국채증권, 지방채증권, 한국은행통화안정증권, 특수채증권 또는 사채권(주권 관련 사채권 및 제176조의13 제1항에 따른 상각형 조건부자본증권은 제외) 중 어느 하나에 해당하는 경우. 다만, 사채권의 경우에는 투자자 보호 및 건전한 거래질서를 위하여 금융위원회가 정하여 고시하는 발행조건, 거래절차 등의 기준[263]을 충족하는 채권으로 한정한다.

2의3. 법 제98조 제2항 제2호를 적용할 때 인수한 증권이 증권시장에 상장된 주권인 경우로서 그 주권을 증권시장에서 매수하는 경우

2의4. 법 제98조 제2항 제2호를 적용할 때 일반적인 거래조건에 비추어 투자일임재산에 유리한 거래인 경우

2의5. 법 제98조 제2항 제5호를 적용할 때 투자자의 요구에 따라 동일한 투자자의 투자일임재산 간에 거래하는 경우

3. 법 제98조 제2항 제6호를 적용할 때 다음의 어느 하나에 해당하는 경우

가. 이해관계인이 되기 6개월 이전에 체결한 계약에 따른 거래인 경우

나. 증권시장 등 불특정 다수인이 참여하는 공개시장을 통한 거래인 경우

다. 일반적인 거래조건에 비추어 투자일임재산에 유리한 거래인 경우

라. 환매조건부매매

마. 투자일임업자 또는 이해관계인의 중개·주선 또는 대리를 통하여 금융위원회가 정하여 고시하는 방법[264]에 따라 투자일임업자 또는 이해관계인이 아닌 자와 행하는 투자일임재산의 매매

바. 이해관계인이 매매중개(금융위원회가 정하여 고시하는 매매형식의 중개[265])를 통하여

---

263) "금융위원회가 정하여 고시하는 발행조건, 거래절차 등의 기준"이란 다음에 모두 해당하는 경우를 말한다(금융투자업규정4-73의3).
　1. 투자일임업자가 모집의 방법으로 발행되는 채권을 청약을 통하여 매수하며, 그 매수금액이 발행금액의 30%를 초과하지 아니할 것
　2. 거래시점을 기준으로 신용평가업자로부터 최상위등급 또는 최상위등급의 차하위등급 이내의 신용등급을 받은 채권일 것
　3. 제1호의 거래를 수행한 경우에는 그 사항에 대하여 준법감시인(준법감시인이 없는 경우에는 감사 등 이에 준하는 자)의 확인을 받을 것
　4. 관계인수인으로부터 매수한 채권의 종목, 수량 등 거래내역을 협회가 정하는 방법과 절차에 따라 매분기별로 공시할 것

264) "금융위원회가 정하여 고시하는 방법"이란 투자일임업자 또는 이해관계인이 일정 수수료만을 받고 투자일임재산과 제3자간의 투자대상자산의 매매를 연결시켜 주는 방법을 말한다(금융투자업규정4-74).

265) "금융위원회가 정하여 고시하는 매매형식의 중개"란 투자일임업자가 채무증권, 원화로 표시된 양도성 예금증서 또는 어음(기업어음증권을 제외)을 이해관계인과 거래하는 경우 이해관계인에게 지급한 중개수수료(명목에 불구하고 이해관계인이 매매의 중개를 행한 대가로 취득하는 이익)를 감안할 때 거래의 실질이 중개의 위탁으로 볼 수 있고, 이해관계인이 투자일임업자로부터 매매 또는 중개의 위탁을 받아 투자일임업자 또는 제3자로부터 매입한 채권 등을 지체 없이 제3자 또는 투자일임 업자에 매도하는 경우를 말한다

채무증권, 원화로 표시된 양도성예금증서 또는 어음(기업어음증권은 제외)을 그 이해관
계인과 매매하는 경우

사. 투자에 따르는 위험을 회피하기 위하여 투자일임재산으로 상장지수집합투자기구의 집
합투자증권을 차입하여 매도하는 거래인 경우

아. 그 밖에 금융위원회가 투자자의 이익을 해칠 염려가 없다고 인정하는 경우

3의2. 법 제98조 제2항 제6호 및 같은 항 제9호 나목을 적용할 때 증권에 관한 투자매매업자 또
는 투자중개업자인 투자일임업자가 제182조 제2항에 따라 증권의 대차거래 또는 그 중개·주
선이나 대리 업무를 하기 위하여 투자자로부터 동의를 받아 투자일임재산(증권인 투자일임
재산으로 한정)으로 해당 투자일임업자의 고유재산과 거래하거나 투자자로부터 투자일임재
산의 인출을 위임받는 경우. 이 경우 해당 업무를 하기 전에 다음의 사항에 관하여 준법감
시인의 확인을 받아야 한다.

가. 해당 투자일임재산이 제182조 제2항에 따른 대차거래의 중개의 목적으로만 활용되는
지 여부

나. 그 대차거래의 중개로 해당 투자일임재산과 고유재산이 혼화(混和)됨에 따라 투자자 보
호와 건전한 거래질서를 저해할 우려가 없는지 여부

다. 그 밖에 금융위원회가 정하여 고시하는 사항

4. 법 제98조 제2항 제8호를 적용할 때 개별 투자일임재산을 효율적으로 운용하기 위하여 투
자대상자산의 매매주문을 집합하여 처리하고, 그 처리 결과를 투자일임재산별로 미리 정하
여진 자산배분명세에 따라 공정하게 배분하는 경우

5. 법 제98조 제2항 제9호 다목을 적용할 때 다음의 어느 하나에 해당하는 경우

가. 주식매수청구권의 행사

나. 공개매수에 대한 응모

다. 유상증자의 청약

라. 전환사채권의 전환권의 행사

마. 신주인수권부사채권의 신주인수권의 행사

바. 교환사채권의 교환청구

사. 파생결합증권의 권리의 행사

아. 법 제5조 제1항 제2호에 따른 권리의 행사

자. 투자자의 이익을 보호하기 위하여 금융위원회가 정하여 고시하는 요건을 갖춘 투자일
임업자[266]가 제10조 제3항 제12호에 따른 기금(이에 준하는 외국인을 포함), 같은 항

(금융투자업규정4-75).

[266] "금융위원회가 정하여 고시하는 요건을 갖춘 투자일임업자"란 투자자의 이익을 보호하기 위하여 투자일임
재산에 속하는 주식의 의결권을 충실하게 행사할 수 있도록 의결권 행사의 원칙 및 세부기준, 담당조직 및
조직체계, 이해상충 방지 정책, 투자자에 대한 사후통지 절차 등 의결권 행사와 관련한 사항을 투자일임업
자 및 협회의 인터넷 홈페이지를 이용하여 공시한 투자일임업자를 말한다(금융투자업규정4-75의2).

제13호에 따른 법인(이에 준하는 외국인을 포함) 또는 「우정사업 운영에 관한 특례법」 제2조 제2호[267])에 따른 우정사업총괄기관으로부터 위임받은 의결권의 행사. 이 경우 의결권 행사의 제한에 관하여는 법 제112조 제2항부터 제4항까지의 규정을 준용하며, "신탁업자"는 "투자일임업자"로, "신탁재산"은 "투자일임재산"으로, "신탁계약"은 "투자일임계약"으로 본다.

(다) 위반시 제재

법 제98조 제1항(제101조 제4항에서 준용하는 경우를 포함)·제2항(제10호를 제외)을 위반하여 각 해당 조항 각 호의 어느 하나에 해당하는 행위를 한 자는 5년 이하의 징역 또는 2억원 이하의 벌금에 처한다(법444(8)). 그리고 제98조 제2항(제10호에 한한다)을 위반하여 각 해당 조항의 해당 호에 해당하는 행위를 한 자에 대하여는 1억원 이하의 과태료를 부과한다(법449①(29)).

(4) 성과보수의 제한

(가) 원칙적 금지

투자자문업자 또는 투자일임업자는 투자자문과 관련한 투자결과 또는 투자일임재산의 운용실적과 연동된 성과보수를 받아서는 아니 된다(법98의2① 본문).

(나) 예외적 허용

투자자 보호 및 건전한 거래질서를 해할 우려가 없는 경우로서 "대통령령으로 정하는 경우"에는 성과보수를 받을 수 있다(법98의2① 단서).

여기서 "대통령령으로 정하는 경우"란 다음의 어느 하나에 해당하는 경우를 말한다(영99의2①).

1. 투자자가 전문투자자인 경우
2. 투자자가 일반투자자인 경우에는 다음의 요건을 모두 충족하는 경우
   가. 성과보수가 금융위원회가 정하여 고시하는 요건을 갖춘 기준지표[268]) 또는 투자자와 합의에 의하여 정한 기준수익률("기준지표등")에 연동하여 산정될 것
   나. 운용성과(투자자문과 관련한 투자결과 또는 투자일임재산의 운용실적)가 기준지표등의 성과보다 낮은 경우에는 성과보수를 적용하지 아니하는 경우보다 적은 운용보수를 받게 되는 보수체계를 갖출 것

---

267) 2. "우정사업조직"이란 과학기술정보통신부장관의 소관 사무 중 우정사업을 나누어 맡기 위하여 과학기술정보통신부장관 소속으로 두는 우정사업을 총괄하는 기관("우정사업총괄기관")과 그 소속 기관을 말한다.
268) "금융위원회가 정하여 고시하는 요건을 갖춘 기준지표"란 다음의 요건을 모두 충족하는 지표를 말한다(금융투자업규정4-77의2①).
   1. 증권시장 또는 파생상품시장에서 널리 사용되는 공인된 지수를 사용할 것
   2. 투자일임재산의 운용성과(투자자문업의 경우 투자자가 투자자문에 따라 투자한 성과를 포함)를 공정하고 명확하게 보여줄 수 있는 지수를 사용할 것
   3. 검증가능하고 조작할 수 없을 것

다. 운용성과가 기준지표등의 성과를 초과하더라도 그 운용성과가 부(負)의 수익률을 나타
내거나 또는 금융위원회가 정하여 고시하는 기준[269]에 미달하는 경우에는 성과보수를
받지 아니하도록 할 것

라. 그 밖에 성과보수의 산정방식, 지급시기 등에 관하여 금융위원회가 정하여 고시하는 요
건[270]을 충족할 것

(다) 계약서류 기재

투자자문업자 또는 투자일임업자가 성과보수를 받고자 하는 경우에는 그 성과보수의 산정
방식, 성과보수가 지급된다는 뜻과 그 한도, 성과보수를 지급하지 아니하는 경우보다 높은 투
자위험에 노출될 수 있다는 사실,[271] 성과보수를 포함한 보수 전체에 관한 사항, 기준지표등,
성과보수의 지급시기, 성과보수가 지급되지 아니하는 경우에 관한 사항 등을 해당 투자자문 또
는 투자일임의 계약서류에 기재하여야 한다(법98의2②, 영99의2②).

(5) 투자일임보고서 교부

(가) 교부의무

투자일임업자는 투자일임보고서를 작성하여 3개월마다 1회 이상 투자일임계약을 체결한
일반투자자에게 교부하여야 한다. 투자일임보고서에는 ⅰ) 투자일임재산의 운용현황, ⅱ) 투자
일임재산 중 특정 자산을 그 투자일임업자의 고유재산과 거래한 실적이 있는 경우 그 거래시
기·거래실적 및 잔액이 포함되어야 한다(법99①).

(나) 기재사항

투자일임보고서에는 해당 투자일임보고서 작성대상 기간에 대하여 ⅰ) 운용경과의 개요
및 손익 현황, ⅱ) 투자일임재산의 매매일자, 매매가격, 위탁수수료 및 각종 세금 등 운용현황,
ⅲ) 투자일임재산에 속하는 자산의 종류별 잔액현황, 취득가액, 시가 및 평가손익, ⅳ) 투자일
임수수료를 부과하는 경우에는 그 시기 및 금액, ⅴ) 그 밖에 투자자를 보호하기 위하여 필요
한 사항으로서 금융위원회가 정하여 고시하는 사항[272]을 기재하여야 한다(영100①).

---

[269] "금융위원회가 정하여 고시하는 기준에 미달하는 경우"란 성과보수를 지급할 경우 당해 투자일임재산의
운용성과가 부(負)의 수익률을 나타내게 되는 경우를 말한다(금융투자업규정4-77의2②).
[270] 영 제99조의2 제1항 라목에 따른 지급주기 및 지급시기는 연 1회로서 투자일임업자와 투자자간 합의한 시
기로 한다. 다만, 투자일임업자와 투자자간 합의한 경우에는 지급 주기를 달리 정할 수 있다(금융투자업규
정4-77의2③).
[271] A증권회사의 Wrap운용부는 2016. 4. 1.-2018. 11. 18. 기간 동안 3종의 성과보수형 투자일임상품(잔고
94.1억원)에 대한 핵심설명서 등 계약서류에 법령상 필수 기재사항인 위 경고문구를 누락하여 교부하고,
2017. 1. 26.-2019. 3. 22. 기간 동안 2.6억원의 성과보수를 수취한 사실로 A증권사는 과태료 제재를 받
은 사례가 있다.
[272] "금융위원회가 정하여 고시하는 사항"이란 다음의 사항을 말한다(금융투자업규정4-78①).
1. 투자일임재산을 실제로 운용한 투자운용인력에 관한 사항
2. 성과보수에 관한 약정이 있을 경우 기준지표의 성과와 성과보수 지급내역

(다) 교부방법

투자일임업자는 투자자에게 투자일임보고서를 내주는 경우에는 투자일임보고서 작성대상 기간이 지난 후 2개월 이내에 직접 또는 우편발송 등의 방법으로 내주어야 한다(영100② 본문). 다만, 일반투자자가 전자우편 또는 이와 비슷한 전자통신의 방법을 통하여 투자일임보고서를 받는다는 의사표시를 한 경우 또는 전자적 투자조언장치를 활용하여 투자일임업을 수행하는 경우에는 전자우편 또는 이와 비슷한 전자통신의 방법을 통하여 보낼 수 있다(영100② 단서). 투자일임업자는 우편발송 등의 방법으로 내준 투자일임보고서가 3회 이상 반송된 경우 투자자가 요구할 때 즉시 내줄 수 있도록 지점이나 그 밖의 영업소에 투자일임보고서를 비치하는 것으로 그에 갈음할 수 있다(영100③).

(6) 역외투자자문업자 · 역외투자일임업자

(가) 의의

외국 투자자문업자(외국법령에 따라 외국에서 투자자문업에 상당하는 영업을 영위하는 자) 또는 외국 투자일임업자(외국법령에 따라 외국에서 투자일임업에 상당하는 영업을 영위하는 자)가 외국에서 국내 거주자를 상대로 직접 영업을 하거나 통신수단을 이용하여 투자자문업 또는 투자일임업을 영위하는 자로서 금융위원회에 등록한 자를 말한다(법18②(1)).

(나) 적용배제 규정

자본시장법상 파생상품업무책임자, 경영건전성 감독, 대주주와의 거래제한 등, 상호, 금융투자업자의 다른 금융업무 영위, 금융투자업자의 부수업무 영위, 이해상충의 관리, 정보교류의 차단, 투자권유준칙, 투자권유대행인의 등록 등, 투자권유대행인의 금지행위 등, 약관 및 소유증권의 예탁, 금융투자업 폐지 공고 등, 임직원의 금융투자상품 매매 등에 관한 규정은 역외투자자문업자 또는 역외투자일임업자에게는 적용하지 아니한다(법100①).

(다) 연락책임자

역외투자자문업자 또는 역외투자일임업자는 투자자 보호를 위하여 총리령으로 정하는 요건에 해당하는 연락책임자[273]를 국내에 두어야 한다(법100②).

---

3. 투자자의 투자성향개요
4. 투자자가 부여한 각종 투자제한사항
5. 실제 적용된 투자전략과 시장상황분석
6. 운용과정에서 발생한 위험요소 분석
7. 투자일임수수료, 증권거래세 등 총 발생비용 및 세부내역
8. 매매회전률
9. 성과보수 수취시 성과보수 부과기준 및 충족 여부
10. 영 제99조 제1항 제1호의2에 따른 전자적 투자조언장치를 활용하여 투자일임업을 수행하는 경우 투자일임재산을 실제로 운용하는 전자적 투자조언장치에 관한 사항 및 해당 전자적 투자조언장치를 유지·보수하는 전문인력에 관한 사항

[273] "총리령으로 정하는 요건에 해당하는 연락책임자"란 법 제100조 제1항에 따른 역외투자자문업자 또는 역

(라) 관할합의

역외투자자문업자 또는 역외투자일임업자는 국내 거주자와 체결하는 투자자문계약 또는 투자일임계약 내용에 그 계약에 대하여 국내법이 적용되고 그 계약에 관한 소송은 국내법원이 관할한다는 내용을 포함하여야 한다(법100③).

(마) 불건전 영업행위 점검

역외투자자문업자 또는 역외투자일임업자는 제98조(불건전 영업행위의 금지)에서 정한 사항의 준수 여부 점검 등을 위하여 임직원이 그 직무를 수행함에 있어서 따라야 할 적절한 기준 및 절차를 마련하고, 그 운영실태를 정기적으로 점검하여야 한다(법100④).

(바) 업무보고서

역외투자자문업자 또는 역외투자일임업자는 매 사업연도 개시일부터 3개월간·6개월간·9개월간 및 12개월간의 업무보고서를 금융위원회가 정하여 고시하는 기준[274])에 따라 작성하여 그 기간이 지난 후 1개월 이내에 금융위원회에 제출하여야 한다(법100⑤, 영101①).

(사) 역외투자일임업자의 영업제한

역외투자일임업자는 전문투자자 중 대통령령으로 정하는 자[275]) 외의 자를 대상으로 투자일임업을 영위하여서는 아니 된다(법100⑥).

외투자일임업자의 대리인으로서 다음의 어느 하나에 해당하는 자를 말한다(시행규칙11).
　1. 다음 각 목의 어느 하나에 해당하는 금융기관 가. 은행, 나. 한국산업은행. 다. 한국수출입은행, 라. 중소기업은행, 마. 금융투자업자(겸영금융투자업자는 제외), 바. 증권금융회사, 사. 종합금융회사, 아. 상호저축은행
　2. 다음 각 목의 어느 하나에 해당하는 자 가. 법무법인, 나. 법무법인(유한). 다. 법무조합, 라. 법무법인으로서 소득세법 에 따라 공동사업장으로 등록된 경우에는 그 공동사업장에 소속된 변호사
　3. 회계법인
274) 금융투자업규정 제4-79조(역외투자자문·일임업자의 업무보고서) ① 영 제101조 제1항에 따른 역외투자자문업자 또는 역외투자일임업자의 업무보고서에는 다음의 사항이 포함되어야 한다.
　1. 회사의 개황 등에 관한 사항: 회사의 개황, 연혁, 영업의 개요, 재무현황, 주요주주, 임원, 전문인력 및 영업소 현황 등
　2. 영업에 관한 사항: 투자자문·일임업무 담당자, 투자자문·일임계약 현황 등
　② 역외투자일임업자는 투자자와 투자일임계약을 체결하는 경우 영 제101조 제5항에 따라 그 계약의 내용에 투자원칙, 투자대상의 종류별·지역별 구성비율, 위험수준, 비교지표(벤치마크), 투자일임재산의 평가방법 등을 정하여야 하며 투자자의 서면 동의 없이 이를 변경하여서는 아니 된다.
　③ 역외투자자문업자 또는 역외투자일임업자의 업무보고서 서식 및 작성방법 등에 관하여 필요한 사항은 금융감독원장이 정한다.
275) "대통령령으로 정하는 자"란 다음의 어느 하나에 해당하는 자를 말한다(영101②).
　1. 국가
　2. 한국은행
　3. 제10조(전문투자자의 범위 등) 제2항 제1호부터 제17호까지의 어느 하나에 해당하는 자
　4. 제10조 제3항 제1호부터 제14호까지의 어느 하나에 해당하는 자

(아) 외화증권의 보관

역외투자일임업자는 투자일임재산으로 취득한 외화증권을 대통령령으로 정하는 외국 보관기관에 보관하여야 한다(법100⑦). "대통령령으로 정하는 외국 보관기관"이란 시행령 제63조 제3항에 따른 외국 보관기관을 말한다(영101③).

(자) 기타

역외투자일임업자는 금융위원회가 정하여 고시하는 기준에 따라 작성한 투자일임보고서를 월 1회 이상 투자자에게 직접 또는 우편발송 등의 방법으로 내주어야 한다(영101④ 본문). 다만, 투자자가 전자우편을 통하여 해당 투자일임보고서를 받는다는 의사표시를 한 경우에는 전자우편을 통하여 보낼 수 있다(영101④ 단서).

(7) 유사투자자문업

(가) 유사투자자문업의 의의

유사투자자문업이란 불특정 다수인을 대상으로 하여 발행되는 간행물, 전자우편 등에 의하여 금융투자상품에 대한 투자판단 또는 금융투자상품의 가치에 관한 조언으로서, 불특정 다수인을 대상으로 발행 또는 송신되고, 불특정 다수인이 수시로 구입 또는 수신할 수 있는 간행물·출판물·통신물 또는 방송 등을 통하여 투자자문업자 외의 자가 일정한 대가를 받고 행하는 투자조언을 하는 것을 말한다(법101①, 영102①).

(나) 신고 및 보고

유사투자자문업을 영위하고자 하는 자는 금융위원회가 정하여 고시하는 서식[276)]에 따라 금융위원회에 신고하여야 하고(법101①), 유사투자자문업을 영위하는 자는 ⅰ) 유사투자자문업을 폐지한 경우, ⅱ) 명칭 또는 소재지를 변경한 경우, ⅲ) 대표자를 변경한 경우에 2주 이내에 이를 금융위원회에 보고하여야 한다(법101②).

신고의 유효기간은 신고를 수리한 날부터 5년으로 한다(법101⑥). 신고를 하려는 자는 투자자 보호를 위하여 유사투자자문업의 영위에 필요한 교육을 받아야 한다(법101⑦).[277)] 교육의 실시기관, 대상, 내용, 방법 및 절차 등에 관하여 필요한 사항은 금융위원회가 정하여 고시한다

---

276) 유사투자자문업을 영위하고자 하는 자가 법 제101조 제1항에 따라 신고하거나, 유사투자자문업을 영위하는 자가 같은 조 제2항 각 호 외의 부분에 따라 보고하는 경우 그 서식 및 작성방법 등에 관하여 필요한 사항은 금융감독원장이 정한다(금융투자업규정4-80).

277) 금융투자업규정 제4-80조의2(유사투자자문업 교육) ① 법 제101조 제7항에 따른 교육은 유사투자자문업을 하려는 자 또는 법인의 대표자를 대상으로 협회가 다음의 사항을 내용으로 실시하는 집합교육을 말한다.
　　1. 유사투자자문업 신고, 유사투자자문업자의 불건전 영업행위, 유사투자자문업자의 보고 및 자료제출 의무 등 법 제101조에 따른 사항
　　2. 그 밖에 유사투자자문업의 질서유지 및 고객보호 등을 위하여 협회가 정하는 사항
　　② 제1항에 따른 교육은 유사투자자문업을 신고하려는 날 전 1년 이내의 기간 중에 이수하여야 한다.
　　③ 협회는 제1항에 따른 교육을 받은 자에게 이수일이 기재된 교육이수증을 교부하여야 한다.

(법101⑧).

(다) 자료제출요구

금융위원회는 유사투자자문업의 질서유지 및 고객보호 등을 위하여 필요하다고 인정되는 경우에는 유사투자자문업을 영위하는 자에 대하여 영업내용 및 업무방법 등에 관한 자료의 제출을 요구할 수 있다(법101③ 전단). 이 경우 자료의 제출을 요구받은 자는 정당한 사유가 없으면 그 요구에 따라야 한다(법101③ 후단).

(라) 불건전 영업행위의 금지

투자자문업자 또는 투자일임업자의 불건전 영업행위의 금지에 관한 법 제98조 제1항(제3호 제외)은 유사투자자문업신고를 하여야 하는 자에게 준용한다(법101④). 따라서 유사투자자문업자는 ⅰ) 투자자로부터 금전·증권, 그 밖의 재산의 보관·예탁을 받는 행위, ⅱ) 투자자에게 금전·증권, 그 밖의 재산을 대여하거나 투자자에 대한 제3자의 금전·증권, 그 밖의 재산의 대여를 중개·주선 또는 대리하는 행위, ⅲ) 계약으로 정한 수수료 외의 대가를 추가로 받는 행위, ⅳ) 투자자문에 응하거나 투자일임재산을 운용하는 경우 금융투자상품등의 가격에 중대한 영향을 미칠 수 있는 투자판단에 관한 자문 또는 매매 의사를 결정한 후 이를 실행하기 전에 그 금융투자상품등을 자기의 계산으로 매매하거나 제3자에게 매매를 권유하는 행위를 할 수 없다.

(마) 수리거부사유와 직권말소사유 등

1) 수리거부사유

금융위원회는 ⅰ) 자본시장법이나 금융관련법령을 위반하여 벌금 이상의 형을 선고받고 그 집행이 끝나거나(집행이 끝난 것으로 보는 경우를 포함) 면제된 날부터 5년이 지나지 아니한 자(법인인 경우 임원을 포함)(제1호), ⅱ) 제2항에 따라 유사투자자문업의 폐지를 보고하고 1년이 지나지 아니한 자(제2호), ⅲ) 제7항에 따른 교육을 받지 아니한 자(제3호), ⅳ) 제9항에 따라 신고가 말소되고 5년이 지나지 아니한 자(제4호), ⅴ) 그 밖에 제1호부터 제4호까지에 준하는 경우로서 투자자 보호의 필요성 등을 고려하여 대통령령으로 정하는 자(제5호)에 대하여 유사투자자문업 신고를 수리하지 아니할 수 있다(법101⑤).

2) 직권말소사유

금융위원회는 ⅰ) 유사투자자문업자가 부가가치세법 제8조에 따라 관할 세무서장에게 폐업신고를 하거나 관할 세무서장이 사업자등록을 말소한 자(제1호), ⅱ) 제2항 또는 제3항 후단을 위반하여 과태료를 연속하여 3회 이상 받은 자(제2호), ⅲ) 제5항 각 호의 어느 하나에 해당하는 자에 대한 신고사항을 직권으로 말소할 수 있다(법101⑨).

3) 정보제공

금융위원회는 제9항 제1호의 말소를 위하여 필요한 경우 관할 세무서장에게 영업자의 폐업 여부에 관한 정보제공을 요청할 수 있다(법101⑩ 전단). 이 경우 요청을 받은 관할 세무서장은 전자정부법 제39조에 따라 영업자의 폐업 여부에 관한 정보를 제공한다(법101⑩ 후단).

(바) 금융감독원장의 검사

금융감독원장은 ⅰ) 유사투자자문업을 영위하는 자가 제2항에 따른 보고를 하지 않거나 거짓으로 보고한 경우, ⅱ) 유사투자자문업을 영위하는 자가 제3항 후단에 따른 정당한 사유 없이 자료제출을 하지 않거나 거짓으로 제출한 경우 그 업무와 재산상황에 관하여 검사를 할 수 있고, 검사에 관하여는 제419조(금융투자업자에 대한 검사)를 준용한다(법101⑪).

(사) 위반시 제재

법 제101조 제1항에 따른 신고를 하지 아니하고 유사투자자문업을 영위한 자는 1년 이하의 징역 또는 3천만원 이하의 벌금에 처한다(법446(17의2)).

정당한 사유 없이 제101조 제2항에 따른 보고를 하지 않거나 거짓으로 보고한 자에 대하여는 3천만원 이하의 과태료를 부과한다(법449③(5의2)).[278]

4. 신탁업자

(1) 선관의무 및 충실의무

신탁업자는 수익자에 대하여 선량한 관리자의 주의로써 신탁재산을 운용하여야 한다(법102①).[279] 신탁법 제32조(수탁자의 선관의무)도 "수탁자는 선량한 관리자의 주의로 신탁사무를 처리하여야 한다. 다만 신탁행위로 달리 정한 경우에는 그에 따른다"고 규정하고 있다.

---

278) 대법원 2015. 6. 24. 선고 2013다13849(유사투자자문업자가 고객에게 금융투자상품에 대한 투자판단 또는 금융투자상품의 가치에 관한 정보를 제공하고 조언을 할 때 고객의 투자판단에 영향을 미칠 수 있는 중요한 사항에 관하여 허위의 정보를 제공하거나 아무런 합리적이고 객관적인 근거가 없는 정보를 마치 객관적인 근거가 있는 확실한 정보인 것처럼 제공하였고, 고객이 위 정보를 진실한 것으로 믿고 금융투자상품에 관한 거래를 하여 손해를 입었다면, 고객은 유사투자자문업자에 대하여 민법상 불법행위책임을 물을 수 있다. 그리고 이러한 법리는 유사투자자문업자와 고용 등의 법률관계를 맺고 그에 따라 유사투자자문업자의 업무를 직접 수행하는 자에 대하여도 마찬가지로 적용된다).

279) 대법원 2015. 12. 23. 선고 2015다231092 판결(특정금전신탁은 위탁자가 신탁재산인 금전의 운용방법을 지정하는 금전신탁으로서 신탁업자는 위탁자가 지정한 운용방법대로 자산을 운용하여야 하고, 그 과정에서 신탁업자가 신탁재산에 대하여 선량한 관리자의 주의의무를 다하였다면 자기책임의 원칙상 신탁재산의 운용 결과에 대한 손익은 모두 수익자에게 귀속되는 것이지만, 신탁업자가 특정금전신탁의 신탁재산인 금전의 구체적인 운용방법을 미리 정하여 놓고 고객에게 계약 체결을 권유하는 등 실질적으로 투자를 권유하였다고 볼 수 있는 경우에는, 신탁업자는 신탁재산의 구체적 운용방법에 따르는 수익구조와 위험요인을 합리적으로 조사하여 올바른 정보를 고객에게 제공하고 고객이 이해할 수 있도록 명확히 설명함으로써 고객이 그 정보를 바탕으로 합리적인 투자판단을 할 수 있도록 고객을 보호하여야 할 주의의무가 있고, 이러한 주의의무를 위반한 결과 고객에게 손해가 발생한 때에는 불법행위로 인한 손해배상책임을 진다).

신탁업자는 수익자의 이익을 보호하기 위하여 해당 업무를 충실하게 수행하여야 한다(법 102②). 신탁법 제33조(충실의무)도 "수탁자는 수익자의 이익을 위하여 신탁사무를 처리하여야 한다"고 규정하고 있다.[280]

(2) 신탁업무의 방법

(가) 손실의 보전 또는 이익보장의 금지와 예외

신탁업자는 수탁한 재산에 대하여 손실의 보전이나 이익의 보장을 하여서는 아니 된다(영 104① 본문). 다만, 연금이나 퇴직금의 지급을 목적으로 하는 신탁으로서 금융위원회가 정하여 고시하는 경우에는 손실의 보전이나 이익의 보장을 할 수 있다(영104① 단서). 신탁업자는 손실의 보전이나 이익의 보장을 한 신탁재산의 운용실적이 신탁계약으로 정한 것에 미달하는 경우에는 특별유보금(손실의 보전이나 이익의 보장 계약이 있는 신탁의 보전 또는 보장을 위하여 적립하는 금액), 신탁보수, 고유재산의 순으로 충당하여야 한다(영104②).

(나) 운용실적에 따른 반환

신탁업자는 신탁계약기간이 끝난 경우에는 손실의 보전이나 이익의 보장을 한 경우를 제외하고는 신탁재산의 운용실적에 따라 반환하여야 한다(영104③). 신탁업자는 위탁자가 신탁계약기간이 종료되기 전에 신탁계약을 해지하는 경우에는 신탁재산의 운용실적에서 신탁계약에서 정하고 있는 중도해지수수료를 빼고 반환하여야 한다(영104④ 본문). 다만, 금융위원회가 정하여 고시하는 사유[281]에 해당하는 경우에는 이를 빼지 아니한다(영104④단서). 신탁업자는 신

---

280) 대법원 2019. 7. 11. 선고 2016다224626 판결(신탁업자의 영업행위 규칙을 다루고 있는 자본시장법 제102조에서는 공통 영업행위 규칙에서의 적합성원칙 등과 달리, 금융투자업자로서의 신탁업자가 부담하는 선관주의의무 및 충실의무에 관하여 수익자가 전문투자자인지 일반투자자인지 구별하지 않고, 신탁업자는 수익자에 대하여 선량한 관리자의 주의로써 신탁재산을 운용하여야 하고 수익자의 이익을 보호하기 위하여 해당 업무를 충실하게 수행하여야 한다고만 규정하고 있다. 따라서 특정금전신탁의 신탁업자가 계약체결 이후 투자자의 재산을 관리·운용하는 단계에서 수익자에 대하여 부담하는 선관주의의무 및 충실의무의 정도는 수익자가 전문투자자인지 여부에 따라 달라진다고 보기 어렵다. 특정금전신탁은 위탁자가 신탁재산의 운용방법을 특정하는 금전신탁으로서, 수탁자는 위탁자가 지정한 방법대로 자산을 운용하여야 하고, 그러한 운용의 결과 수익률의 변동에 따른 위험은 수탁자인 신탁업자가 신탁재산에 대하여 선량한 관리자로서의 주의의무를 다하지 아니하였다는 등의 특별한 사정이 없는 한 수익자가 부담하여야 한다. 이러한 특정금전신탁의 특성에 비추어 보면, 특정금전신탁의 신탁업자가 위탁자가 지시한 바에 따라 가능한 범위 내에서 수집된 정보를 바탕으로 신탁재산의 최상의 이익에 합치된다는 믿음을 가지고 신중하게 신탁재산을 관리·운용하였다면 신탁업자는 위 법 규정에 따른 선관주의의무를 다하였다고 할 것이고, 설사 그 예측이 빗나가 신탁재산에 손실이 발생하였다고 하더라도 그것만으로 선관주의의무를 위반한 것이라고 할 수 없다).
281) "금융위원회가 정하여 고시하는 사유"란 다음의 어느 하나에 해당하는 경우를 말한다(금융투자업규정 4-82②).
　1. 조세특례제한법, 그 밖의 조세관계법령에서 소득세 납부의무가 면제되는 신탁으로서 중도해지하는 경우에도 세제혜택이 부여되는 일정한 사유의 발생으로 신탁계약을 해지하는 경우
　2. 신탁업자가 합병하거나 경영합리화 등을 위해 영업점을 통·폐합 또는 이전함에 따라 수익자가 거래불편 등을 이유로 신탁계약을 중도해지하는 경우

탁계약이 정하는 바에 따라 신탁보수를 받을 수 있다(영104⑤).

(다) 특정금전신탁계약과 준수사항

신탁업자는 특정금전신탁 계약을 체결(갱신을 포함)하거나 금전의 운용방법을 변경할 때에는 ⅰ) 계약을 체결할 때는 위탁자로 하여금 신탁재산인 금전의 운용방법으로서 운용대상의 종류·비중·위험도, 그 밖에 위탁자가 지정하는 내용을 계약서에 자필로 적도록 해야 하고, ⅱ) 금전의 운용방법을 변경할 때는 위탁자로 하여금 그 변경내용을 계약서에 자필로 적도록 하거나 서명(전자서명 포함), 기명날인, 녹취의 방법으로 확인받도록 하여야 한다. 운용대상의 위험도를 변경하는 경우에는 그 변경내용을 계약서에 자필로 적도록 하여야 한다(영104⑥ 본문). 다만, ⅰ) 퇴직급여법에 따라 신탁재산으로 퇴직연금 적립금을 운용하는 경우, ⅱ) 영상통화로 설명의무를 이행하는 경우로서 ㉠ 특정금전신탁 계약을 체결하는 경우에는 위탁자로 하여금 신탁재산인 금전의 운용방법으로서 운용대상의 종류비중위험도, 그 밖에 위탁자가 지정하는 내용을 전자적 방식을 통해 계약서에 직접 적도록 하는 경우, 또는 ㉡ 금전의 운용방법을 변경할 때에는 위탁자로 하여금 그 변경내용을 계약서에 전자적 방식을 통해 직접 적도록 하거나, 서명(전자서명 포함), 기명날인, 녹취의 방법으로 확인받는 경우282)는 제외한다(영104⑥ 단서, 금융투자업규정4-82③).

(3) 신탁재산과 고유재산의 구분
(가) 신탁법 규정

수탁자는 신탁재산을 수탁자의 고유재산과 분별하여 관리하고 신탁재산임을 표시하여야 하고(신탁법37①), 여러 개의 신탁을 인수한 수탁자는 각 신탁재산을 분별하여 관리하고 서로 다른 신탁재산임을 표시하여야 하며(신탁법37②), 신탁재산이 금전이나 그 밖의 대체물인 경우에는 그 계산을 명확히 하는 방법으로 분별하여 관리할 수 있다(신탁법37③).

또한 수탁자는 누구의 명의로도 ⅰ) 신탁재산을 고유재산으로 하거나 신탁재산에 관한 권리를 고유재산에 귀속시키는 행위, ⅱ) 고유재산을 신탁재산으로 하거나 고유재산에 관한 권리를 신탁재산에 귀속시키는 행위, ⅲ) 여러 개의 신탁을 인수한 경우 하나의 신탁재산 또는 그에 관한 권리를 다른 신탁의 신탁재산에 귀속시키는 행위, ⅳ) 제3자의 신탁재산에 대한 행위에서 제3자를 대리하는 행위, ⅴ) 그 밖에 수익자의 이익에 반하는 행위를 하지 못한다(신탁법34①). 그러나 수탁자는 ⅰ) 신탁행위로 허용한 경우, ⅱ) 수익자에게 그 행위에 관련된 사실을

---

3. 제4-93조 제1호의 불건전 영업행위(=신탁대출, 증권의 매입 등 신탁자금의 운용과 관련하여 신탁, 예·적금, 집합투자증권, 보험 등 고유부문 취급 금융상품 판매 또는 가입을 강요함으로써 차주 등의 자금 사용을 제한하거나 금융비용을 가중시키는 행위)를 시정하기 위하여 신탁계약을 중도해지하는 경우
282) 다만, 운용대상의 위험도를 변경하는 경우에는 그 변경내용을 전자적 방식을 통해 직접 적도록 하는 경우로 제한한다(금융투자업규정4-82③(2) 나목).

고지하고 수익자의 승인을 받은 경우, ⅲ) 법원의 허가를 받은 경우에는 신탁재산을 고유재산으로 하는 행위를 예외적으로 할 수 있다(신탁법34②).

(나) 자본시장법 규정

신탁법 제34조(이익에 반하는 행위의 금지) 제2항은 신탁업자에게는 적용하지 아니한다(법 104①). 신탁업자는 다음의 어느 하나에 해당하는 경우 신탁계약이 정하는 바에 따라 신탁재산을 고유재산으로 취득할 수 있다(법104②).

1. 신탁행위에 따라 수익자에 대하여 부담하는 채무를 이행하기 위하여 필요한 경우[금전신탁 재산의 운용으로 취득한 자산이 거래소시장(다자간매매체결회사에서의 거래를 포함) 또는 이와 유사한 시장으로서 해외에 있는 시장에서 시세(제176조 제2항 제1호의 시세)가 있는 경우에 한한다][283]
2. 신탁계약의 해지, 그 밖에 수익자 보호를 위하여 불가피한 경우로서 대통령령으로 정하는 경우(제103조 제3항에 따라 손실이 보전되거나 이익이 보장되는 신탁계약에 한한다)[284]

위 제2호에서 "대통령령으로 정하는 경우"란 다음의 요건을 모두 충족하는 경우로서 금융위원회가 인정하는 경우를 말한다(영105).

1. 신탁계약기간이 종료되기까지의 남은 기간이 3개월 이내일 것
2. 신탁재산을 고유재산으로 취득하는 방법 외에 신탁재산의 처분이 곤란할 경우일 것
3. 취득가액이 공정할 것

(다) 위반에 대한 제재

법 제104조 제2항을 위반하여 신탁재산을 고유재산으로 취득한 자는 3년 이하의 징역 또는 1억원 이하의 벌금에 처한다(법445(16)).

(4) 신탁재산의 운용

(가) 신탁재산에 속하는 금전의 운용방법

신탁업자는 신탁재산에 속하는 금전을 ⅰ) 증권(투자계약증권을 제외한 나머지 유형의 증권)의 매수, ⅱ) 장내파생상품 또는 장외파생상품의 매수, ⅲ) 대통령령으로 정하는 금융기관[285]

---

283) 이는 시장가격에 따라 거래가 이루어질 경우 이해상충이나 투자자보호에 문제가 없다는 전제 아래 시장을 통해 신탁재산과 고유재산의 거래를 허용하는 것이다.
284) 이는 이해상충이나 투자자보호 측면 뿐만 아니라 거래의 신속성과 불가피성을 고려하여 신탁재산과 고유재산의 거래를 허용한 것으로 생각된다.
285) "대통령령으로 정하는 금융기관"이란 다음의 어느 하나에 해당하는 금융기관을 말한다(영106②).
　　1. 은행, 2. 한국산업은행, 3. 중소기업은행, 4. 증권금융회사, 5. 종합금융회사, 6. 상호저축은행, 7. 농업협동조합, 8. 수산업협동조합, 9. 신용협동조합, 9의2. 산림조합, 10. 체신관서, 10의2. 새마을금고, 11. 제1호부터 제10호까지 및 제10호의2의 기관에 준하는 외국 금융기관

에의 예치, iv) 금전채권의 매수, ⅴ) 대출, ⅵ) 어음의 매수, ⅶ) 실물자산의 매수, ⅷ) 무체재산권의 매수, ⅸ) 부동산의 매수 또는 개발, ⅹ) 그 밖에 신탁재산의 안전성·수익성 등을 고려하여 대통령령으로 정하는 방법286)으로 운용하여야 한다(법105①).

신탁업자가 신탁재산에 속하는 금전을 운용하는 경우에는 다음의 기준을 지켜야 한다(영 106⑤).

1. 특정금전신탁인 경우(그 신탁재산으로 법 제165조의3 제3항에 따라 주권상장법인이 발행하는 자기주식을 취득·처분하는 경우만 해당)

    가. 법 제165조의3 제1항 제1호의 방법(＝상법」제341조 제1항287)에 따른 방법)으로 취득할 것

    나. 자기주식을 취득한 후 1개월 이내에 처분하거나 처분한 후 1개월 이내에 취득하지 아니할 것

    다. 자기주식을 취득하고 남은 여유자금을 금융위원회가 정하여 고시하는 방법288) 외의 방법으로 운용하지 아니할 것

    라. 제176조의2 제2항 제1호부터 제5호까지289)의 어느 하나에 해당하는 기간 동안에 자기

---

286) "대통령령으로 정하는 방법"이란 다음의 어느 하나에 해당하는 방법을 말한다(영106③).
    1. 원화로 표시된 양도성예금증서의 매수
    2. 지상권, 전세권, 부동산임차권, 부동산소유권 이전등기청구권, 그 밖의 부동산 관련 권리에의 운용
    3. 환매조건부매수
    4. 증권의 대여 또는 차입
    5. 퇴직급여법 제29조(자산관리업무에 관한 계약의 체결) 제2항에 따른 신탁계약으로 퇴직연금 적립금을 운용하는 경우에는 같은 법 시행령 제26조 제1항 제1호 나목에 따른 보험계약(＝보험회사가 취급하는 보험계약 중 적립금이 반환되는 것으로서 금융위원회가 고시하는 보험계약)의 보험금 지급청구권에의 운용
    6. 그 밖에 신탁재산의 안정성·수익성 등을 고려하여 금융위원회가 정하여 고시하는 방법
287) ① 회사는 다음의 방법에 따라 자기의 명의와 계산으로 자기의 주식을 취득할 수 있다. 다만, 그 취득가액의 총액은 직전 결산기의 대차대조표상의 순자산액에서 제462조제1항 각 호의 금액을 뺀 금액을 초과하지 못한다.
    1. 거래소에서 시세(時勢)가 있는 주식의 경우에는 거래소에서 취득하는 방법
    2. 제345조 제1항의 주식의 상환에 관한 종류주식의 경우 외에 각 주주가 가진 주식 수에 따라 균등한 조건으로 취득하는 것으로서 대통령령으로 정하는 방법
288) "금융위원회가 정하여 고시하는 방법"이란 다음의 어느 하나에 해당하는 방법을 말한다(금융투자업규정 4-83).
    1. 제4-87조 제1항 제1호(＝당해 신탁업자의 고유계정에 대한 일시적인 자금의 대여. 다만, 금액의 규모 또는 시간의 제약으로 인하여 다른 방법으로 운용할 수 없는 경우에 한한다) 또는 제2호(＝법 제355조의 자금중개회사의 중개를 거쳐 행하는 단기자금의 대여. 이 경우 한도는 전 회계연도말 신탁 수탁고 잔액의 10% 이내로 한다)에 따른 운용
    2. 영 제106조 제2항 각 호의 금융기관에 대한 예치
289) 1. 다른 법인과의 합병에 관한 이사회 결의일부터 과거 1개월간
    2. 유상증자의 신주배정에 관한 기준일(일반공모증자의 경우에는 청약일) 1개월 전부터 청약일까지의 기간

주식을 취득하거나 처분하지 아니할 것

2. 불특정금전신탁인 경우

　가. 사모사채(금융위원회가 정하여 고시하는 자[290])가 원리금의 지급을 보증한 사모사채와 담보부사채는 제외)에 운용하는 경우에는 각 신탁재산의 3%를 초과하지 아니할 것

　나. 지분증권(그 지분증권과 관련된 증권예탁증권을 포함) 및 장내파생상품에 운용하는 경우에는 각 신탁재산의 50%를 초과하지 아니할 것. 이 경우 장내파생상품에 운용하는 때에는 그 매매에 따른 위험평가액(법 제81조 제2항에 따른 위험평가액)을 기준으로 산정한다.

　다. 장외파생상품에 운용하는 경우에는 그 매매에 따른 위험평가액이 각 신탁재산의 10%를 초과하지 아니할 것

　라. 동일 법인 등이 발행한 지분증권(그 지분증권과 관련된 증권예탁증권을 포함)에 운용하는 경우에는 그 지분증권 발행총수의 15%를 초과하지 아니할 것

　마. 그 밖에 금융위원회가 정하여 고시하는 신탁재산의 운용방법[291]에 따를 것

3. 제1호 및 제2호 외의 신탁인 경우 수익자 보호 또는 건전거래질서를 유지하기 위하여 금융위원회가 정하여 고시하는 기준[292][293][294]을 따를 것[295]

---

3. 준비금의 자본전입에 관한 이사회 결의일부터 신주배정기준일까지의 기간
4. 영 제205조 제1항 제5호에 따른 시장조성을 할 기간
5. 법 제174조 제1항에 따른 미공개중요정보가 있는 경우 그 정보가 공개되기 전까지의 기간

290) "금융위원회가 정하여 고시하는 자"란 다음의 어느 하나에 해당하는 자를 말한다(금융투자업규정 4-84①).
　1. 제4-87조 제1항 제5호 가목부터 다목까지의 자
　2. 투자매매업자·투자중개업자
　3. 여신전문금융회사

291) 신탁업자는 제2호 마목에 따라 불특정금전신탁의 신탁재산을 운용함에 있어 다음의 기준을 따라야 한다(금융투자업규정제4-84②).
　1. 신탁재산을 대출로 운용함에 있어 다음의 어느 하나에 해당하는 경우를 제외하고는 동일한 개인 또는 법인에 대한 대출은 전 회계연도말 불특정금전신탁 수탁고 잔액의 5%를 초과하지 아니할 것
　　가. 당해 신탁업자의 고유계정(신탁업자의 고유재산을 관리하는 계정)에 대한 일시적인 자금의 대여. 다만, 금액의 규모 또는 시간의 제약으로 인하여 다른 방법으로 운용할 수 없는 경우에 한한다.
　　나. 전 회계연도말 불특정금전신탁 수탁고 잔액의 10% 이내에서 자금중개회사의 중개를 거쳐 행하는 단기자금의 대여
　2. 신탁재산에 속하는 증권을 대여하는 방법으로 운용하는 경우 그 대여거래 총액은 각 불특정금전신탁상품별로 신탁재산의 50%를 초과하지 아니할 것
　3. 대여자산의 중도상환 요청기간 중 결제를 목적으로 하는 경우 이외에는 신탁재산으로 증권을 차입하지 아니할 것

292) 금융투자업규정 제4-85조(특정금전신탁의 자금운용기준) ① 신탁업자는 영 제106조 제5항 제3호에 따라 특정금전신탁의 자금을 위탁자가 지정한 방법에 따 라 운용하여야 한다.
　② 신탁업자는 제1항에 따른 위탁자로부터 신탁자금 운용방법을 지정받는 경우 법령에서 정하고 있는 범위에서 지정받아야 하며, 신탁자금 운용방법을 신탁계약서에 명시하여야 한다.
　③ 신탁업자는 제1항에 불구하고 위탁자가 지정한 운용방법대로 운용할 수 없는 신탁재산이 있는 경우에는 제4-87조 제1항 제1호 또는 제2호에서 정하는 방법으로 운용할 수 있다.

293) 신탁업자는 특정금전신탁의 자금을 신탁계약에 따라 위탁자가 지정한 방법대로 운용하여야 하는데도, A은

행 신탁부는 2017년 5. 17.–8. 9. 기간 중 위탁자로부터 특정금전신탁 상품 6건의 계약(총 2,665백만원)에 대하여 특정 종목의 전자단기사채에 특정 금액을 투자하도록 지시를 받았음에도 운용지시서에 기재된 내용과 상이한 종목의 금융상품을 편입하는 등 신탁재산을 신탁계약상 위탁자가 지정한 방법에 따라 운용하지 않은 사실로 과태료 제재를 받았다.

294) 부동산신탁업자는 부동산신탁사업을 영위함에 있어서 부동산신탁재산으로 자금을 차입하는 경우에는 해당 사업 소요자금의 100% 이내에서 자금을 차입할 수 있다. 다만, 법 제103조 제4항에 따라 금전을 수탁한 경우에는 그 수탁금액과 자금차입 금액을 합산한 금액이 사업 소요자금의 100% 이내여야 한다(금융투자업규정4-86).

295) 금융투자업규정 제4-87조(신탁재산의 운용방법) ① 신탁업자가 영 제106조 제5항 제3호에 따라 대출의 방법으로 신탁재산을 운용하는 경우 해당 대출의 범위는 다음의 것으로 한다. 다만, 제1호에 따른 대출은 투자매매업자 또는 투자중개업자로서 신탁업을 영위하는 자와 신탁업을 겸영하는 은행, 증권금융회사 또는 보험회사에 한한다.
1. 당해 신탁업자의 고유계정에 대한 일시적인 자금의 대여. 다만, 금액의 규모 또는 시간의 제약으로 인하여 다른 방법으로 운용할 수 없는 경우에 한한다.
2. 자금중개회사의 중개를 거쳐 행하는 단기자금의 대여. 이 경우 한도는 전 회계연도말 신탁수탁고 잔액의 10% 이내로 한다.
3. 신용대출
4. 저당권 또는 질권에 따라 담보되는 대출
5. 다음의 어느 하나에 해당하는 자가 원리금의 지급을 보증하는 대출
   가. 은행
   나. 영 제7조의2 제1호부터 제5호까지의 금융기관(＝한국산업은행, 중소기업은행, 한국수출입은행, 증권금융회사, 종합금융회사)
   다. 보증보험회사, 신용보증기금, 기술신용보증기금 또는 주택금융신용보증기금
   라. 건설산업기본법 제54조에 따른 공제조합
6. 사모사채의 매수. 다만, 다음의 어느 하나에 해당하는 경우는 제외한다.
   가. 투자매매업자 또는 투자중개업자로서 신탁업을 영위하는 자가 단기사채를 매수하는 경우
   나. 투자매매업자가 사업자금조달 목적이 아닌 금융투자상품 판매 목적으로 발행하는 상법 제469조 제2항 제3호에 따른 사채(＝유가증권이나 통화 또는 그 밖에 대통령령으로 정하는 자산이나 지표 등의 변동과 연계하여 미리 정하여진 방법에 따라 상환 또는 지급 금액이 결정되는 사채＝파생결합사채)의 경우로서 법 제4조 제7항 제1호에 해당하는 사채권(＝1. 발행과 동시에 투자자가 지급한 금전등에 대한 이자, 그 밖의 과실(果實)에 대하여만 해당 기초자산의 가격·이자율·지표·단위 또는 이를 기초로 하는 지수 등의 변동과 연계된 증권)을 신탁업을 영위하는 자가 매수하는 경우
② 신탁업자가 영 제106조 제5항 제3호에 따라 어음을 매수하는 방법으로 신탁재산을 운용하는 경우 해당 어음은 다음의 어느 하나에 해당하여야 한다.
1. 다음의 금융기관이 발행·매출·중개한 어음 가. 신탁업자, 나. 은행, 다. 한국산업은행, 라. 중소기업은행, 마. 종합금융회사, 바. 상호저축은행, 사. 한국수출입은행, 아. 투자매매업자 또는 투자중개업자, 자. 증권금융회사, 차. 보험회사, 카. 여신전문금융회사
2. 다음의 어느 하나에 해당하는 법인이 발행한 어음
   가. 상장법인
   나. 법률에 따라 직접 설립된 법인
③ 영 제106조 제5항 제2호 마목 및 같은 조 같은 항 제3호에 따라 신탁업자는 시장성 없는 증권 등을 공정하게 분류·평가하기 위하여 증권 등 시가평가위원회를 설치·운영할 수 있다.
④ 제3항의 시가평가위원회는 다음의 업무를 수행한다.
1. 평가대상채권의 매도실현위험에 대한 가산금리의 결정
2. 법 제263조의 채권평가회사가 제시하는 채권가격정보가 적용되지 아니하는 채권의 평가
3. 그 밖에 신탁재산의 평가에 관한 사항의 결정 등
⑤ 신탁업자는 시가평가위원회의 운용 등에 관한 세부기준을 정할 수 있다.

(나) 고유재산으로부터의 차입

신탁업자는 제103조 제1항 제5호(부동산) 및 제6호(지상권, 전세권, 부동산임차권, 부동산소유권 이전등기청구권, 그 밖의 부동산 관련 권리)의 재산만을 신탁받는 경우, 법 제103조 제4항에 따라 부동산개발사업을 목적으로 하는 신탁계약을 체결한 경우로서 그 신탁계약에 의한 부동산개발사업별로 사업비(제104조 제7항에 따른 사업비)의 15% 이내에서 금전을 신탁받는 경우, 신탁계약의 일부해지 청구가 있는 경우에 신탁재산을 분할하여 처분하는 것이 곤란하고 차입금리가 공정한 경우로서 금융위원회의 인정을 받은 경우를 제외하고는 신탁의 계산으로 그 신탁업자의 고유재산으로부터 금전을 차입할 수 없다(법105②, 영106④).

(다) 위반시 제재

법 제105조 제1항부터 제3항까지의 규정을 위반하여 신탁재산을 운용한 자는 1년 이하의 징역 또는 3천만원 이하의 벌금에 처한다(법446(19)).

(5) 여유자금의 운용

신탁업자는 제103조 제1항 제5호(부동산) 및 제6호(지상권, 전세권, 부동산임차권, 부동산소유권 이전등기청구권, 그 밖의 부동산 관련 권리)의 재산만을 신탁받는 경우 그 신탁재산을 운용함에 따라 발생한 여유자금을 ⅰ) 대통령령으로 정하는 금융기관[296]에의 예치, ⅱ) 국채증권, 지방채증권 또는 특수채증권의 매수, ⅲ) 정부 또는 대통령령으로 정하는 금융기관이 지급을 보증한 증권의 매수, ⅳ) 법 제83조 제4항에 따른 30일 이내의 단기대출, ⅴ) 영 제106조 제2항 각 호의 금융기관이 발행한 채권(특수채증권은 제외)의 매수, ⅵ) 그 밖에 신탁재산의 안정성·수익성 등을 해치지 아니하는 방법으로서 금융위원회가 정하여 고시하는 방법[297]으로 운용하여야 한다(법106, 영107②).

(6) 불건전 영업행위의 금지

(가) 원칙적 금지

신탁업자는 다음의 어느 하나에 해당하는 행위를 하여서는 아니 된다(법108 본문).

---

296) 제1호 및 제3호에서 "대통령령으로 정하는 금융기관"이란 각각 시행령 제106조 제2항 각 호의 금융기관을 말한다(영107①). 여기서 시행령 제106조 제2항 각 호의 금융기관은 다음과 같다.
　1. 은행, 2. 한국산업은행, 3. 중소기업은행, 4. 증권금융회사, 5. 종합금융회사, 6. 상호저축은행, 7. 농업협동조합, 8. 수산업협동조합, 9. 신용협동조합, 9의2. 산림조합, 10. 체신관서, 11. 제1호부터 제10호까지의 기관에 준하는 외국 금융기관
297) "금융위원회가 정하여 고시하는 방법"이란 다음의 어느 하나에 해당하는 신탁업자가 금액의 규모 또는 시간의 제약으로 인하여 다른 방법으로 운용할 수 없는 경우에 한하여 당해 신탁업자의 고유계정에 일시적으로 자금을 대여하는 방법으로 운용하는 것을 말한다(금융투자업규정4-88).
　1. 투자매매업자 또는 투자중개업을 겸영하는 신탁업자
　2. 신탁업을 겸영하는 은행, 증권금융회사 또는 보험회사

1. 신탁재산을 운용함에 있어서 금융투자상품, 그 밖의 투자대상자산의 가격에 중대한 영향을 미칠 수 있는 매수 또는 매도 의사를 결정한 후 이를 실행하기 전에 그 금융투자상품, 그 밖의 투자대상자산을 자기의 계산으로 매수 또는 매도하거나 제3자에게 매수 또는 매도를 권유하는 행위
2. 자기 또는 관계인수인이 인수한 증권을 신탁재산으로 매수하는 행위
3. 자기 또는 관계인수인이 대통령령으로 정하는 인수업무298)를 담당한 법인의 특정증권등 (제172조 제1항의 특정증권등)에 대하여 인위적인 시세(제176조 제2항 제1호의 시세)를 형성시키기 위하여 신탁재산으로 그 특정증권등을 매매하는 행위
4. 특정 신탁재산의 이익을 해하면서 자기 또는 제3자의 이익을 도모하는 행위
5. 신탁재산으로 그 신탁업자가 운용하는 다른 신탁재산, 집합투자재산 또는 투자일임재산과 거래하는 행위
6. 신탁재산으로 신탁업자 또는 그 이해관계인의 고유재산과 거래하는 행위
7. 수익자의 동의 없이 신탁재산으로 신탁업자 또는 그 이해관계인이 발행한 증권에 투자하는 행위
8. 투자운용인력이 아닌 자에게 신탁재산을 운용하게 하는 행위
9. 그 밖에 수익자 보호 또는 건전한 거래질서를 해할 우려가 있는 행위로서 대통령령으로 정하는 행위

위 제9호에서 "대통령령으로 정하는 행위"란 다음의 어느 하나에 해당하는 행위를 말한다 (영109③).

1. 법 제9조 제5항 단서에 따라 일반투자자와 같은 대우를 받겠다는 전문투자자(제10조 제1항 각 호의 자는 제외)의 요구에 정당한 사유 없이 동의하지 아니하는 행위
1의2. 제68조 제5항 제2호의2 각 목의 어느 하나에 해당하는 일반투자자와 신탁계약(신탁재산을 녹취대상상품에 운용하는 경우에 한정)을 체결하는 경우 해당 신탁계약 체결과정을 녹취하지 아니하거나 녹취된 파일을 해당 투자자의 요청에도 불구하고 제공하지 아니하는 행위299)
2. 신탁계약을 위반하여 신탁재산을 운용하는 행위300)

---

298) "대통령령으로 정하는 인수업무"란 발행인 또는 매출인으로부터 직접 증권의 인수를 의뢰받아 인수조건 등을 정하는 업무를 말한다(영109②).
299) 법 제108조 제9호 등에 의하면, 신탁업자는 부적합투자자(일반투자자의 투자목적·재산상황 및 투자경험 등의 정보를 파악한 결과 녹취대상상품이 적합하지 아니하거나 적정하지 아니하다고 판단되는 자) 또는 70세 이상인 일반투자자를 대상으로 신탁재산이 녹취대상 상품[시행령 52조의2 제1항 제1호(파생결합증권)]에 운용되는 신탁계약을 체결하는 경우 해당 신탁계약 체결과정을 녹취하여야 하는데도, A은행의 2개 영업점에서는 2018년 4. 20.-9. 28. 기간 중 70세 이상인 일반투자자와 신탁재산을 ELS(파생결합증권)에 운용하는 신탁계약 8건(6억원)을 체결하면서 해당 신탁계약 체결과정을 녹취하지 않은 사실로 과태료 제재를 받았다.
300) 신탁업자는 신탁계약을 위반하여 신탁재산을 운용하는 행위를 하여서는 아니 되는데도, A증권사 신탁팀은

3. 신탁계약의 운용방침이나 운용전략 등을 고려하지 아니하고 신탁재산으로 금융투자상품을 지나치게 자주 매매하는 행위

4. 수익자(수익자가 법인, 그 밖의 단체인 경우에는 그 임직원을 포함) 또는 거래상대방(거래상대방이 법인, 그 밖의 단체인 경우에는 그 임직원을 포함) 등에게 업무와 관련하여 금융위원회가 정하여 고시하는 기준[301]을 위반하여 직접 또는 간접으로 재산상의 이익을 제공하거나 이들로부터 재산상의 이익을 제공받는 행위[302]

5. 신탁재산을 각각의 신탁계약에 따른 신탁재산별로 운용하지 아니하고 여러 신탁계약의 신탁재산을 집합하여 운용하는 행위.[303] 다만, 다음의 어느 하나에 해당하는 경우에는 이를 할 수 있다.

　가. 제6조 제4항 제2호[304]에 해당하는 경우

　나. 다른 투자매매업자 또는 투자중개업자와 합병하는 등 금융위원회가 정하여 고시하는

2014. 8. 27.–2014. 11. 24. 기간 중 52개 계좌의 "기업지배구조 블루칩 포커스 신탁" 재산을 운용하는 과정에서 신탁계약을 위반하여 A증권사 주식에 대한 운용 한도(신탁계약서에 B사 30%, C사 10%, A증권사 10% 한도로 운용하도록 정함)를 최소 0.21%p, 최대 8.18%p 초과한 사실이 있어 과태료 제재를 받았다.

301) 금융투자업규정 제4-92조(신탁업자의 이익제공·수령 기준) ① 영 제109조 제3항 제4호에서 "금융위원회가 정하여 고시하는 기준"이란 신탁업자(그 임직원을 포함)가 신탁계약의 체결 또는 신탁재산의 운용과 관련하여 수익자(수익자가 법인, 그 밖의 단체인 경우 그 임직원을 포함) 또는 거래상대방(거래상대방이 법인, 그 밖의 단체인 경우 그 임직원을 포함)등에게 제공하거나 수익자 또는 거래상대방으로부터 제공받는 금전·물품·편익 등의 범위가 일반인이 통상적으로 이해하는 수준에 반하지 않는 것을 말한다.
　② 신탁업자가 제1항에 따른 금전·물품·편익 등을 10억원을 초과하여 특정 수익자 또는 거래상대방에게 제공하거나 특정 수익자 또는 거래상대방으로부터 제공받은 경우 그 내용을 인터넷 홈페이지등을 통하여 공시하여야 한다.
　③ 신탁업자가 제1항에 따른 금전·물품·편익 등을 제공하거나 제공받는 경우 제공목적, 제공내용, 제공일자 및 제공받는 자 등에 대한 기록을 유지해야 한다.
　④ 협회는 제1항부터 제3항까지의 시행을 위하여 필요한 구체적 기준을 정할 수 있다.

302) 신탁업자가 신탁계약의 체결 또는 신탁재산의 운용과 관련하여 수익자 또는 거래상대방 등에게 재산상 이익을 제공하는 경우 그 범위는 일반인이 통상적으로 이해하는 수준에 반하지 않는 것이어야 함에도, A사는 2011. 11. 21.–2018. 1. 29. 기간 중 10여 개 관리형 토지신탁사업에서 4,172억원의 신탁수익을 부당하게 선지급한 사실로 과태료 제재를 받았다.

303) 법 제108조 제9호 등에 의하면, 신탁업자는 신탁재산을 각각의 신탁계약에 따른 신탁재산별로 운용하지 아니하고 여러 신탁계약의 신탁재산을 집합하여 운용하여서는 아니 되며, 개별 신탁재산을 효율적으로 운용하기 위하여 투자대상자산의 매매주문을 집합하여 처리하는 경우에는 신탁재산별로 미리 정하여진 자산배분명세에 따라 취득·처분 등의 결과를 공정하게 배분하여야 하는데도, A은행의 신탁부는 2016. 1. 4.–2018. 9. 18. 기간 중 신탁재산을 운용하기 위하여 투자대상자산의 매매주문을 집합하여 처리하는 과정에서 총 239회(거래금액 3,064억원)에 걸쳐 신탁재산별로 미리 자산배분명세를 정하지 않고 채권 등을 처분한 후 신탁재산별로 배분한 사실로 과태료 제재를 받았다(영 제109조 제1항 제5호, 제3항 제5호 위반).

304) 2. 다음의 어느 하나에 해당하는 경우로서 신탁업자가 신탁재산을 효율적으로 운용하기 위하여 수탁한 금전을 공동으로 운용하는 경우
　가. 법 제103조 제2항에 따른 종합재산신탁으로서 금전의 수탁비율이 40% 이하인 경우
　나. 신탁재산의 운용에 의하여 발생한 수익금의 운용 또는 신탁의 해지나 환매에 따라 나머지 신탁재산을 운용하기 위하여 불가피한 경우

요건을 갖춘 신탁업자305)가 제104조 제1항 단서에 따라 손실의 보전이나 이익의 보장을 한 신탁재산(그 요건을 갖춘 날부터 3년 이내에 설정한 신탁의 신탁재산으로 한정)을 운용하는 경우

6. 여러 신탁재산을 집합하여 운용한다는 내용을 밝히고 신탁계약의 체결에 대한 투자권유를 하거나 투자광고를 하는 행위

7. 제3자와의 계약 또는 담합 등에 의하여 신탁재산으로 특정 자산에 교차하여 투자하는 행위

8. 법 제55조(손실보전 등의 금지)·제105조(신탁재산 등 운용의 제한)·제106조(신탁재산의 운용방법 등)·제108조(불건전 영업행위의 금지) 및 이 영 제104조(신탁업무의 방법 등) 제1항에 따른 금지 또는 제한을 회피할 목적으로 하는 행위로서 장외파생상품거래, 신탁계약, 연계거래 등을 이용하는 행위306)

9. 채권자로서 그 권리를 담보하기 위하여 백지수표나 백지어음을 받는 행위

10. 그 밖에 수익자의 보호 또는 건전한 거래질서를 해칠 염려가 있는 행위로서 금융위원회가 정하여 고시하는 행위307)308)309)310)311)

---

305) "금융위원회가 정하여 고시하는 요건을 갖춘 신탁업자"란 국내에서 투자매매업 또는 투자중개업을 영위하는 자(집합투자증권에 대한 투자매매업 또는 투자중개업만을 영위하는 자는 제외)로서 다음의 어느 하나에 해당하는 신탁업자를 말한다(금융투자업규정4-92의2).
  1. 2018년 3월 31일까지 국내에서 영업하는 다른 투자매매업자 또는 투자중개업자(집합투자증권에 대한 투자매매업 또는 투자중개업만을 영위하는 자는 제외)를 합병하거나 합병할 목적으로 인수한 자. 다만 당해 인수·합병이 다음의 어느 하나에 해당하는 경우에 한한다.
    가. 존속법인의 자기자본(인수의 경우에는 인수법인과 피인수법인 자기자본의 합계액)에서 인수·합병 전의 자기자본(인수·합병에 참여한 법인 중 자기자본 규모가 가장 큰 법인의 자기자본)을 차감한 금액이 1천억원 이상이면서 존속법인의 자기자본이 인수·합병 전의 자기자본의 120% 이상인 경우
    나. 존속법인의 자기자본에서 인수·합병 전의 자기자본을 차감한 금액이 3천억원 이상인 경우
  2. 2018년 3월 31일까지 신탁업자의 최대주주가 신탁업자와 합병시킬 목적으로 국내에서 영업하는 다른 투자매매업자 또는 투자중개업자를 인수하고, 당해 인수가 다음의 어느 하나에 해당하는 경우 그 신탁업자
    가. 최대주주가 인수한 투자매매업자 또는 투자중개업자의 자기자본이 1천억원 이상이면서 최대주주가 당초 소유하고 있던 신탁업자의 자기자본의 20% 이상인 경우
    나. 최대주주가 인수한 투자매매업자 또는 투자중개업자의 자기자본이 3천억원 이상인 경우
306) 법 제108조 제2호 및 제9호 등에 의하면 신탁업자는 자기 또는 관계인수인이 인수한 증권을 신탁재산으로 매수하는 행위를 하여서는 아니 되고, 이를 회피하기 위해 연계거래를 이용하는 행위를 하여서는 아니 되는데도, A증권 X본부는 자기 인수증권 신탁편입 금지규정을 회피할 목적으로 2013. 8. 29. B증권으로 하여금 계열회사인 AA사가 발행한 전자단기사채(80억원)를 인수하도록 하고 발행 당일 동 전자단기사채를 A증권 신탁재산으로 매수하는 등 2013. 8. 29.–2014. 2. 21. 기간 중 B증권, C증권, D증권 3개사로 하여금 AA사의 전자단기사채를 인수하도록 하고 발행 당일 동 전자단기사채를 A증권의 신탁재산으로 매수하는 연계거래(6회, 액면금액 500억원)를 이용한 사실이 있어 과태료 제재를 받았다.
307) "금융위원회가 정하여 고시하는 행위"란 다음의 어느 하나에 해당하는 행위를 말한다(금융투자업규정4-93).
  1. 신탁대출, 증권의 매입 등 신탁자금의 운용과 관련하여 신탁, 예·적금, 집합투자증권, 보험 등 고유부문 취급 금융상품 판매 또는 가입을 강요함으로써 차주 등의 자금사용을 제한하거나 금융비용을 가중시키는 행위
  2. 특정금전신탁에 속하는 금전으로 당해 신탁에 가입한 위탁자 또는 그 계열회사 발행주식, 어음, 회사채를 취득하거나 위탁자 또는 그 계열회사에 대출하는 행위(영 제106조 제5항 제1호에 따른 특정금전신

탁재산으로 해당 위탁자가 발행하는 자기주식을 취득하는 경우를 제외)

3. 신탁자금의 운용과 관련하여 일정기간 동안 기업어음을 월 또는 일 단위로 계속하여 발행·중개·매수하는 조건, 위약금 지급 조건 등의 별도약정이 부수된 기업어음을 위탁자의 운용지시 없이 취득하는 행위

4. 영 제109조 제1항 제4호 아목[=예금거래(수탁액이 3억원 이상인 특정금전신탁 또는 자산유동화법 제3조에 따른 자산유동화계획에 의한 여유자금운용)]의 예금의 금리 등을 고유계정의 예금과 불합리하게 차등하는 행위

5. 합리적인 기준 없이 신탁재산에 대한 매매주문을 처리할 투자중개업자를 선정하거나 정당한 근거 없이 투자중개업자간 수수료를 차별하는 행위

6. 신탁재산으로 신탁업자 또는 그 계열회사가 발행한 증권에 다음의 어느 하나에 해당하는 기준을 초과하여 투자하는 행위. 다만, 영 제106조 제5항 제1호에 따라 신탁재산으로 자기주식을 취득하는 경우는 제외한다.

　가. 지분증권의 경우: 각 신탁재산 총액을 기준으로 50%

　나. 지분증권을 제외한 증권(집합투자증권, 파생결합증권 및 법 제110조에 따른 수익증권은 제외)의 경우: 전체 신탁재산을 기준으로 계열회사 전체가 그 신탁업자에 대하여 출자한 비율에 해당하는 금액[계열회사 전체가 소유하는 그 신탁업자의 의결권 있는 주식수를 그 신탁업자의 의결권 있는 발행주식 총수로 나눈 비율에 그 신탁업자의 자기자본(자기자본이 자본금 이하인 경우에는 자본금)을 곱한 금액]

6의2. 제6호에 불구하고 신탁재산을 신탁업자 또는 그 계열회사가 발행한 고위험 채무증권 등에 운용하는 행위

7. 신탁업자가 별표 13에서 정하는 전문인력을 갖추지 아니하고 민간투자법에 따른 사회기반시설에 투자하는 신탁계약(사회기반시설과 관련되는 법인에 대한 대출채권의 신탁에 따른 수익권의 매입, 사회기반시설과 관련되는 법인이 발행한 증권의 매입 및 그 증권의 신탁에 따른 수익권의 매입에 집합투자재산의 40%를 초과하여 투자하는 집합투자기구를 포함)을 체결하는 행위

8. 증권운용전문인력이 아닌 자가 금융투자상품의 운용업무를 하거나 부동산운용전문인력이 아닌 자가 부동산의 운용업무를 하는 행위

9. 별표 13에서 정하는 준법감시전문인력 및 집합투자재산 계산전문인력을 각각 2인 이상 갖추지 아니하고 집합투자재산의 보관·관리 업무를 하는 행위

10. 특정금전신탁의 특정한 상품(신탁업자가 신탁재산의 구체적인 운용방법을 미리 정하여 위탁자의 신탁재산에 대한 운용방법 지정이 사실상 곤란한 상품)에 대해서 정보통신망을 이용하거나 안내 설명서를 비치하거나 배포하는 등의 방법으로 불특정다수의 투자자에게 홍보하는 행위

11. 금전신탁계약(투자자가 운용대상을 특정종목과 비중 등 구체적으로 지정하는 특정금전신탁의 경우에는 제외)을 체결한 투자자에 대하여 매 분기별 1회이상 신탁재산의 운용내역(신탁운용보고서의 기재사항 등은 제4-78조를 준용한다)을 신탁계약에서 정한 바에 따라 투자자에게 통지하지 아니하는 행위. 다만, 다음의 어느 하나에 해당하는 경우는 제외한다.

　가. 투자자가 서면으로 수령을 거절하는 의사표시를 한 경우

　나. 수탁고 잔액이 10만원 이하인 경우. 다만, 투자자가 신탁운용보고서의 통지를 요청하거나 직전 신탁운용보고서의 통지일로부터 3년 이내에 금전의 수탁 또는 인출이 있는 경우에는 그러하지 아니하다.

12. 신탁재산으로 증권을 매매할 경우 매매계약의 본인이 됨과 동시에 상대방의 위탁매매인·중개인 또는 대리인이 되는 행위. 다만, 다음의 어느 하나에 해당하는 특정금전신탁은 제외한다.

　가. 수탁액이 3억원 이상인 경우

　나. 증권시장을 통하여 거래되는 증권으로 운용하는 경우

13. 신탁 계약조건 등을 정확하게 공시하지 아니하는 행위

14. 신탁 계약조건 등의 공시와 관련하여 다음의 어느 하나에 해당하는 행위

　가. 신탁거래와 관련하여 확정되지 않은 사항을 확정적으로 표시하거나 포괄적으로 나타내는 행위

　나. 구체적인 근거와 내용을 제시하지 아니하면서 현혹적이거나 타 신탁상품보다 비교우위가 있음을 막연하게 나타내는 행위

다. 특정 또는 불특정 다수에 대하여 정보통신망을 이용하거나 상품안내장 등을 배포하여 명시적으로 나 암시적으로 예정수익률을 제시하는 행위

라. 오해 또는 분쟁의 소지가 있는 표현을 사용하는 행위

15. 원본의 보전계약을 할 수 없는 상품에 대하여는 신탁통장 등에 신탁재산의 운용실적에 따라 원본의 손실이 발생할 수 있다는 내용을 기재하지 아니하는 행위

16. 실적배당 신탁상품의 수익률의 공시와 관련하여 다음 각 목의 사항을 준수하지 아니하는 행위

가. 실적배당 신탁상품에 대하여 매일의 배당률 또는 기준가격을 영업장에 비치하는 등 게시할 것

나. 배당률 또는 기준가격을 참고로 표시하는 경우에는 장래의 금리변동 또는 운영실적에 따라 배당률 또는 기준가격이 변동될 수 있다는 사실을 기재할 것

다. 수익률을 적용하는 상품에 대하여 하나의 배당률로 표시하는 경우에는 전월 평균배당률로 기재하되, 하나 이상의 배당률로 표시하는 경우에는 최근 배당률부터 순차적으로 기재할 것

17. 고유재산·다른 신탁상품의 이익 또는 손실회피를 주된 목적으로 하는 행위로서 다음 각 목의 어느 하나에 해당하는 행위

가. 신탁재산을 고유재산·다른 신탁상품으로부터 신용공여를 받은 자가 발행한 증권·어음 등으로 운용하는 행위

나. 신탁재산을 고유재산·다른 신탁상품으로부터 신용공여를 받은 자에 대한 대출로 운용하는 행위

18. 특정금전신탁계약의 체결을 권유함에 있어 제4-94조 각 호의 사실을 사전에 알리지 아니하는 행위

19. 투자자문업자로부터 투자자문을 받은 신탁업자는 법 제102조의 선관의무 및 충실의무에 위반하여 내부적인 투자판단 과정없이 신탁재산을 운용하는 행위

20. 수시입출방식으로 신탁계약을 체결하고 신탁재산을 운용하면서 다음의 사항을 준수하지 아니하는 행위

가. 신탁재산을 거래일과 결제일이 동일한 자산으로 운용할 것

나. 신탁재산으로 운용할 수 있는 채무증권(금융기관이 발행·매출·중개한 어음을 포함)은 취득시점을 기준으로 신용평가업자의 신용평가등급(둘 이상의 신용평가업자로부터 신용평가등급을 받은 경우에는 그 중 낮은 신용평가등급이고, 세분류하지 않은 신용평가등급)이 최상위등급 또는 최상위등급의 차하위등급 이내일 것.

다. 신탁재산의 남은 만기의 가중평균된 기간이 90일 이내일 것

라. 신탁재산을 잔존만기별로 구분하여 관리하고 다음에 해당하는 비율을 유지할 것(이 경우 제7-16조 제5항을 준용한다)

(1) 제7-16조 제3항 각 호에 해당하는 자산의 비율: 10% 이상

(2) 제7-16조 제4항 각 호에 해당하는 자산의 비율: 30% 이상

21. 특정 증권 등의 취득과 처분을 각 계좌재산의 일정비율로 정한 후 여러 계좌의 주문을 집합하는 행위. 다만 제26호에 따라 투자자를 유형화한 경우 각 유형에 적합한 방식으로 신탁재산을 운용하는 경우에는 그러하지 아니하다.

22. 연 1회 이상 일반투자자의 재무상태 등 변경여부를 확인하고 변경상황을 재산운용에 반영하지 아니하는 행위. 다만 투자자가 운용대상을 특정종목과 비중 등 구체적으로 지정하는 특정금전신탁은 제외한다.

22의2. 매 분기 1회 이상 일반투자자의 재무상태, 투자목적 등의 변경이 있는 경우 회신해 줄 것을 투자자에게 통지하지 아니하는 행위. 다만, 투자자가 특정종목과 비중 등 운용대상을 구체적으로 지정하는 특정금전신탁은 제외한다.

23. 투자광고의 내용에 특정 신탁계좌의 수익률 또는 여러 신탁계좌의 평균수익률을 제시하는 행위

24. 투자권유시 제26호에 따라 투자자를 유형화한 경우 월별, 분기별 등 일정기간동안의 각 유형별 가중평균수익률과 최고·최저수익률을 같이 제시하는 행위 이외의 방법으로 수익률을 제시하는 행위

25. 성과보수를 수취하는 경우기준지표(제4-65조 제1항에 따른 요건을 충족하는 기준지표)에 연동하여 산정하지 않는 행위. 단 신탁업자와 투자자간 합의에 의해 달리 정한 경우에는 그러하지 아니하다.

26. 금전신탁(투자자가 운용대상을 특정종목과 비중 등 구체적으로 지정하는 특정금전신탁은 제외)의 경우 투자자의 연령·투자위험 감수능력·투자목적·소득수준·금융자산의 비중 등 재산운용을 위해 고려 가능한 요소를 반영하여 투자자를 유형화하고 각 유형에 적합한 방식으로 신탁재산을 운용하지 않는 행위. 다만, 전문투자자가 투자자를 유형화하기 위한 조사를 원하지 아니할 경우에는 조사를 생략할 수

있으며, 이 경우 전문투자자는 자기의 투자 유형을 선택할 수 있다.

27. 신탁업을 경영하는 투자중개업자가 신탁업무와 투자중개업무를 결합한 자산관리계좌를 운용함에 있어 신탁재산에 비례하여 산정하는 신탁보수 외에 위탁매매수수료 등 다른 수수료를 부과하는 행위. 다만, 투자자의 주식에 대한 매매 지시 횟수가 신탁계약시 신탁업자와 투자자간 합의된 기준을 초과하는 경우 신탁보수를 초과하여 발생한 위탁매매 비용은 실비의 범위 이내에서 투자자에게 청구할 수 있다.

28. 투자권유자문인력이 아닌 자(투자권유대행인을 포함)에게 파생상품등에 투자하는 특정금전신탁계약의 투자권유를 하게 하는 행위

29. 특정금전신탁계약(퇴직급여법에 따라 퇴직연금의 자산관리업무를 수행하기 위한 특정금전신탁 및 제20호에 따라 신탁재산을 수시입출방식으로 운용하는 특정금전신탁은 제외)을 체결하는 개인투자자에 대하여 다음의 어느 하나에 해당하는 경우를 제외하고 설명의무를 이행하기 위한 설명서를 교부하지 아니하는 행위. 이 경우 설명서의 구체적인 내용은 협회가 정한다.

    가. 서명 또는 기명날인으로 설명서의 수령을 거부하는 경우

    나. 설명서에 갈음하여 신탁재산으로 운용하는 자산에 대한 투자설명서(집합투자증권의 경우 투자자가 투자설명서의 교부를 별도로 요청하지 아니하는 경우에는 간이투자설명서를 말한다)를 교부하는 경우

30. 제4-90조 제1항에 따른 자전거래 요건을 회피할 목적으로 신탁업자의 중개·주선 또는 대리를 통해 특정금전신탁의 수익권을 양도하거나 특정금전신탁계약을 포괄적으로 계약이전하는 행위

31. 신탁업자의 대주주(그의 특수관계인을 포함)를 신탁사업과 관련한 공사계약 또는 용역계약의 상대방으로 선정하는 행위(제3자 또는 하도급 등을 통하여 우회하여 참여하게 하는 행위를 포함). 다만, 다음의 어느 하나에 해당하는 경우에는 그러하지 아니하다.

    가. 경쟁입찰(5인 이상의 지명경쟁입찰을 포함)을 통하여 대주주가 시공사 또는 용역업체로 선정된 경우

    나. 경쟁입찰을 통하여 대주주가 하수급인으로 선정된 경우

32. 건설업종을 영위하거나 영위할 가능성이 있는 대주주의 임원 또는 직원(임원 또는 직원이 퇴임 또는 퇴직한 때로부터 2년 이내인 경우를 포함)을 임원(상법 제401조의2 제1항 각 호의 자를 포함)으로 선임 또는 겸직하게 하거나 파견 받아 근무하게 하는 행위

308) 신탁업자는 특정금전신탁에 속하는 금전으로 당해 신탁에 가입한 위탁자 또는 그 계열회사 발행주식, 어음, 회사채를 취득하거나 위탁자 또는 그 계열회사에 대출하는 행위를 하여서는 아니 됨에도, A증권은 2015. 12. 15.–2018. 1. 5. 기간 중 H사 등 5개사가 위탁한 금전으로 당해 위탁자의 계열회사가 발행한 기업어음(13건, 850억원) 및 위탁자의 계열회사가 발행한 회사채를 기초자산으로 한 ABCP(14건, 383억원)를 취득한 사실로 과태료 제재를 받았다(금융투자업규정 제4-93조 제2호 위반).

309) 법 제108조 제9호 등에 의하면 신탁업자는 특정금전신탁의 특정한 상품에 대해서 정보통신망을 이용하는 등의 방법으로 불특정 다수의 투자자에게 홍보하는 행위를 하여서는 아니 되는데도, A은행의 107개 영업점에서는 2016. 5. 3.–2018. 6. 29. 기간 중 319회에 걸쳐 문자메세지를 발송(21,636건)하는 방법으로 11,190명의 고객에게 특정금전신탁 상품을 홍보한 사실이 있어 과태료 제재를 받았다(금융투자업규정 제4-93조 제10호 위반).

310) 법 제108조 제9호 등에 의하면, 신탁업자는 투자권유자문인력이 아닌 자에게 파생상품등에 투자하는 특정금전신탁계약의 투자권유를 하게 하여서는 아니 되는데도, A은행의 3개 영업점에서는 2018년 1. 3.–9. 28. 기간 중 파생상품 투자권유 자격을 보유하지 않은 7명의 직원이 동일 영업점 내 파생상품투자권유자문인력의 사번을 이용하는 방법으로 118명의 고객에게 자본시장법상 "파생상품등"에 해당하는 ELS(주가연계증권) 특정금전신탁계약 177건(96억원)의 투자를 권유한 사실로 과태료 제재를 받았다(금융투자업규정 제4-93조 제28호 위반).

311) 법 제108조 제9호 등에 의하면, 신탁업자는 특정금전신탁계약을 체결하는 개인투자자에 대하여 설명의무를 이행하기 위한 설명서를 교부하여야 하는데, A은행 신탁부는 2017. 9. 29.–2018. 9. 28. 기간 중 신탁재산을 "양매도 ETN"[TRUE KOSPI 양매도 5% OTM ETN(상장지수증권): 매월 옵션만기일의 KOSPI200 주가지수 종가를 기준으로 5% 외가격 콜옵션 2종목과 5% 외가격 풋옵션 2종목을 매도(Short Position)하여 옵션 프리미엄(가격)을 확보하며, KOSPI200 주가지수가 한 달 내 일정범위(±5%)안에 있을 경우 수익(옵션 프리미엄(가격))이 그렇지 않을 경우 손실(KOSPI200 주가지수 변동률 - 5% - 옵션 프리미엄(가

(나) 예외적 허용

수익자 보호 및 건전한 거래질서를 해할 우려가 없는 경우로서 "대통령령으로 정하는 경우"에는 이를 할 수 있다(법108 단서).

여기서 "대통령령으로 정하는 경우"란 다음의 어느 하나에 해당하는 경우를 말한다(영109①).

1. 법 제108조 제1호를 적용할 때 다음 각 목의 어느 하나에 해당하는 경우
    가. 신탁재산의 운용과 관련한 정보를 이용하지 아니하였음을 증명하는 경우
    나. 증권시장(다자간매매체결회사에서의 거래를 포함)과 파생상품시장 간의 가격 차이를 이용한 차익거래, 그 밖에 이에 준하는 거래로서 신탁재산의 운용과 관련한 정보를 의도적으로 이용하지 아니하였다는 사실이 객관적으로 명백한 경우
2. 법 제108조 제2호를 적용할 때 인수일부터 3개월이 지난 후 매수하는 경우
2의2. 법 제108조 제2호를 적용할 때 인수한 증권이 국채증권, 지방채증권, 한국은행통화안정증권, 특수채증권 또는 사채권(주권 관련 사채권 및 제176조의13 제1항에 따른 상각형 조건부자본증권은 제외) 중 어느 하나에 해당하는 경우. 다만, 사채권의 경우에는 투자자 보호 및 건전한 거래질서를 위하여 금융위원회가 정하여 고시하는 발행조건, 거래절차 등의 기준[312]을 충족하는 채권으로 한정한다.
2의3. 법 제108조 제2호를 적용할 때 인수한 증권이 증권시장에 상장된 주권인 경우로서 그 주권을 증권시장에서 매수하는 경우
2의4. 법 제108조 제2호를 적용할 때 일반적인 거래조건에 비추어 신탁재산에 유리한 거래인 경우
3. 법 제108조 제5호를 적용할 때 같은 신탁업자가 운용하는 신탁재산 상호 간에 자산을 동시에 한쪽이 매도하고 다른 한쪽이 매수하는 거래로서 다음 각 목의 어느 하나에 해당하는 경우. 이 경우 매매가격, 매매거래 절차 및 방법, 그 밖에 필요한 사항은 금융위원회가 정하여 고시[313]한다.

격))이 발생하는 옵션 매도 스트랭글(Short Strangle) 전략을 구사하는 상품]에 운용하는 지정형 특정금전신탁계약(9,249억원, 13,694개 계좌)을 체결하는 개인투자자에 대하여 신탁에 편입된 상품인 양매도 ETN의 주요 내용과 구조 및 성격 등에 대한 설명이 포함되어 있지 않은 운용자산설명서를 제작하여 판매 직원들로 하여금 교부하도록 한 사실로 과태료 제재를 받았다(금융투자업규정 제4-93조 제29호 위반).

312) "금융위원회가 정하여 고시하는 발행조건, 거래절차 등의 기준"이란 다음에 모두 해당하는 경우를 말한다(금융투자업규정4-89의2).
    1. 신탁업자가 모집의 방법으로 발행되는 채권을 청약을 통하여 매수하며, 그 매수금액이 발행금액의 30%를 초과하지 아니할 것
    2. 거래시점을 기준으로 신용평가업자로부터 최상위등급 또는 최상위등급의 차하위등급 이내의 신용등급을 받은 채권일 것
    3. 제1호의 거래를 수행한 경우에는 그 사항에 대하여 준법감시인의 확인을 받을 것
    4. 관계인수인으로부터 매수한 채권의 종목, 수량 등 거래내역을 협회가 정하는 방법과 절차에 따라 매분기별로 공시할 것
313) 금융투자업규정 제4-90조(신탁재산 상호간의 거래) ① 영 제109조 제1항 제3호에 따라 같은 신탁업자가

가. 신탁계약의 해지(일부해지를 포함)에 따른 해지금액 등을 지급하기 위하여 불가피한 경우

나. 그 밖에 금융위원회가 수익자의 이익을 해칠 염려가 없다고 인정하는 경우

4. 법 제108조 제6호를 적용할 때 다음 각 목의 어느 하나에 해당하는 경우. 다만, 퇴직급여법에 따른 특정금전신탁의 경우에는 다음 각 목(라목은 제외)의 어느 하나에 해당하는 경우 중 신탁재산으로 신탁업자의 원리금 지급을 보장하는 고유재산과 거래하는 경우는 제외한다.

가. 이해관계인이 되기 6개월 이전에 체결한 계약에 따른 거래

나. 증권시장 등 불특정다수인이 참여하는 공개시장을 통한 거래

다. 일반적인 거래조건에 비추어 신탁재산에 유리한 거래

라. 환매조건부매매

마. 신탁업자 또는 이해관계인의 중개·주선 또는 대리를 통하여 금융위원회가 정하여 고시하는 방법314)에 따라 신탁업자 및 이해관계인이 아닌 자와 행하는 투자대상자산의 매매

바. 신탁업자나 이해관계인의 매매중개(금융위원회가 정하여 고시하는 매매형식의 중개315))를 통하여 그 신탁업자 또는 이해관계인과 행하는 채무증권, 원화로 표시된 양도성 예금증서 또는 어음(기업어음증권은 제외)의 매매

사. 법 제104조 제2항 또는 법 제105조 제2항에 따른 거래

아. 예금거래(수탁액이 3억원 이상인 특정금전신탁 또는 자산유동화법 제3조에 따른 자산유동화계획에 의한 여유자금운용)

운용하는 신탁재산 상호 간에 자산을 동시에 한쪽이 매도하고 다른 한쪽이 매수하는 거래("자전거래")를 하는 경우에는 다음의 요건을 모두 충족하여야 한다.

1. 증권시장 등을 통한 처분(다자간매매체결회사를 통한 처분을 포함)이 곤란한 경우 등 그 불가피성이 인정되는 경우일 것
2. 제7-35조 제2항에 따른 부도채권 등 부실화된 자산이 아닐 것
3. 당해 신탁의 수익자의 이익에 반하지 않는 거래일 것
4. 당해 신탁약관의 투자목적 및 방침에 부합하는 거래일 것

② 신탁업자가 다음 각 호의 어느 하나에 해당하는 사유로 인하여 운용자산의 처분이 필요하나 시장매각이 곤란하다고 인정되는 경우에는 그 소요금액의 범위내에서 시장가격을 적용하여 운용자산을 자전거래하는 경우 영 제109조 제1항 제3호 나목에 따라 금융위원회로부터 인정받은 것으로 본다. 다만, 시장성 없는 자산의 경우에는 채권평가충당금 등을 감안하여 시장가격에 준하는 적정한 가격을 적용하여야 한다.

1. 이자, 조세공과금 또는 신탁보수의 지급
2. 신탁약관 등에서 정한 각종 한도의 준수

③ 신탁업자는 자전거래와 관련하여 필요한 절차·방법 등 세부기준을 마련하고 자전거래 관련 자료를 5년간 보관·유지하여야 한다.

314) "금융위원회가 정하여 고시하는 방법"이란 이해관계인이 일정수수료만을 받고 신탁업자와 이해관계인이 아닌 자 간의 투자대상자산의 매매를 연결시켜 주는 방법을 말한다(금융투자업규정4-91①).

315) "금융위원회가 정하여 고시하는 매매형식의 중개"란 신탁업자가 채무증권, 원화로 표시된 양도성예금증서 또는 어음(기업어음증권을 제외)을 이해관계인과 거래하는 경우 이해관계인에게 지급한 중개수수료(명목에 불구하고 이해관계인이 매매의 중개를 행한 대가로 취득하는 이익)를 감안할 때 거래의 실질이 중개의 위탁으로 볼 수 있고, 이해관계인이 신탁업자로부터 매매 또는 중개의 위탁 을 받아 신탁업자 또는 제3자로부터 매입한 채권 등을 지체 없이 제3자 또는 신탁업자에 매도하는 경우를 말한다(금융투자업규정4-91②).

자. 금액의 규모 또는 시간의 제약으로 인하여 다른 방법으로 운용할 수 없는 경우로서 일시적인 자금의 대여(그 신탁재산을 운용하는 신탁업자에게 대여하는 경우만 해당)

차. 그 밖에 거래의 형태, 조건, 방법 등을 고려하여 신탁재산과 이해가 상충될 염려가 없는 경우로서 금융위원회가 정하여 고시하는 거래

5. 제3항 제5호를 적용할 때 개별 신탁재산을 효율적으로 운용하기 위하여 투자대상자산의 매매주문을 집합하여 처리하고, 그 처리 결과를 신탁재산별로 미리 정하여진 자산배분명세에 따라 공정하게 배분하는 경우

(다) 위반시 제재

법 제108조(제9호를 제외)를 위반하여 각 호의 어느 하나에 해당하는 행위를 한 자는 5년 이하의 징역 또는 2억원 이하의 벌금에 처한다(법444(8)).

법 제108조 제9호를 위반하여 해당 호에 해당하는 행위를 한 자에 대하여는 1억원 이하의 과태료를 부과한다(법449①(29)).

(7) 신탁계약

신탁업자는 위탁자와 신탁계약을 체결하는 경우 위탁자에게 교부하는 계약서류(금융소비자보호법23①)에 ⅰ) 위탁자, 수익자 및 신탁업자의 성명 또는 명칭, ⅱ) 수익자의 지정 및 변경에 관한 사항, ⅲ) 신탁재산의 종류·수량과 가격, ⅳ) 신탁의 목적, ⅴ) 계약기간, ⅵ) 신탁재산의 운용에 의하여 취득할 재산을 특정한 경우에는 그 내용, ⅶ) 손실의 보전 또는 이익의 보장을 하는 경우 그 보전·보장 비율 등에 관한 사항, ⅷ) 신탁업자가 받을 보수에 관한 사항, ⅸ) 신탁계약의 해지에 관한 사항, ⅹ) 수익자가 확정되지 아니한 경우에는 수익자가 될 자의 범위·자격, 그 밖에 수익자를 확정 하기 위하여 필요한 사항, ⅺ) 수익자가 신탁의 이익을 받을 의사를 표시할 것을 요건으로 하는 경우에는 그 내용, ⅻ) 신탁법 제4조 제1항에 따른 등기·등록 또는 같은 조 제2항에 따른 신탁재산의 표시와 기재에 관한 사항, ⅻⅲ) 수익자에게 교부할 신탁재산의 종류 및 교부방법·시기, ⅻⅳ) 신탁재산의 관리에 필요한 공과금·수선비, 그 밖의 비용에 관한 사항, ⅻⅴ) 신탁계약 종료 시의 최종계산에 관한 사항, ⅻⅵ) 그 밖에 건전한 거래질서를 유지하기 위하여 필요한 사항으로서 금융위원회가 정하여 고시하는 사항[316]을 기재하여야 한다(법109, 영110).

---

[316] "금융위원회가 정하여 고시하는 사항"이란 특정금전신탁계약서의 경우 다음의 사항을 말한다(금융투자업규정4-94).
1. 위탁자가 신탁재산인 금전의 운용방법을 지정하고 수탁자는 지정된 운용방법에 따라 신탁재산을 운용한다는 사실
2. 특정금전신탁계약을 체결한 투자자는 신탁계약에서 정한 바에 따라 특정금전신탁재산의 운용방법을 변경지정하거나 계약의 해지를 요구할 수 있으며, 신탁회사는 특별한 사유가 없는 한 투자자의 운용방법 변경지정 또는 계약의 해지 요구에 대하여 응할 의무가 있다는 사실
3. 특정금전신탁계약을 체결한 투자자는 자기의 재무상태, 투자목적 등에 대하여 신탁회사의 임·직원에게 상담을 요청할 수 있으며, 신탁업자의 임직원은 그 상담요구에 대하여 응할 준비가 되어 있다는 사실

(8) 수익증권의 발행

(가) 신탁법에 의한 수익증권 발행

신탁법은 "수익증권발행신탁"을 규정하고 있다. 신탁행위로 수익권을 표시하는 수익증권을 발행하는 뜻을 정할 수 있다(신탁법78① 전단). 이 경우 각 수익권의 내용이 동일하지 아니할 때에는 특정 내용의 수익권에 대하여 수익증권을 발행하지 아니한다는 뜻을 정할 수 있다(신탁법78① 후단). 수익증권발행신탁의 수탁자는 신탁행위로 정한 바에 따라 지체 없이 해당 수익권에 관한 수익증권을 발행하여야 한다(신탁법78②). 수익증권은 기명식 또는 무기명식으로 한다(신탁법78③ 본문). 다만, 담보권을 신탁재산으로 하여 설정된 신탁의 경우에는 기명식으로만 하여야 한다(신탁법78③ 단서). 신탁행위로 달리 정한 바가 없으면 수익증권이 발행된 수익권의 수익자는 수탁자에게 기명수익증권을 무기명식으로 하거나 무기명수익증권을 기명식으로 할 것을 청구할 수 있다(신탁법78④). 또한 신탁법은 수익증권의 기재사항, 수익자명부제도, 수익증권의 불소지 제도와 기준일 제도, 수익증권의 양도방법 및 대항요건 등에 대하여 상법의 주권에 준하여 상세히 규정하고 있다. 수익증권발행신탁제도는 신탁을 활성화함으로써 이를 이용한 기업의 자금조달 등을 보다 원활하게 하고자 하는 취지이다.

(나) 자본시장법상 수익증권

1) 수익증권의 범위

자본시장법상 수익증권이란 제110조의 수익증권(금전신탁의 수익증권), 제189조의 수익증권(투자신탁의 수익증권), 그 밖에 이와 유사한 것으로서 신탁의 수익권이 표시된 것을 말한다(법4조⑤). 이에 따르면 부동산신탁의 수익권증서도 수익증권의 범주안에 포함될 수 있다. 뿐만 아니라 자본시장법은 "수익증권에 표시될 수 있거나 표시되어야 할 권리는 그 증권이 발행되지 아니한 경우에도 그 증권으로 본다"고 규정함으로써 수익증권의 범위를 넓히고 있다(법4⑨).

2) 금전신탁 수익증권의 특칙

가) 수익증권 발행

자본시장법 제110조는 금전신탁계약에 의한 수익권이 표시된 수익증권에 관한 특칙이다. 신탁업자는 금전신탁계약에 의한 수익권이 표시된 수익증권을 발행할 수 있다(법110①). 신탁업자는 금전신탁계약에 의한 수익증권을 발행하고자 하는 경우에는 ⅰ) 수익증권 발행계획서, ⅱ) 자금운용계획서, ⅲ) 신탁약관이나 신탁계약서 등을 첨부하여 금융위원회에 미리 신고하여야 한다(법110②, 영111①). 수익증권은 무기명식으로 한다(법110③ 본문). 다만, 수익자의 청구가 있는 경우에는 기명식으로 할 수 있다(법110③ 단서). 기명식 수익증권은 수익자의 청구에 의하여 무기명식으로 할 수 있다(법 110조④).

---

4. 특정금전신탁재산의 운용내역 및 자산의 평가가액을 투자자가 조회할 수 있다는 사실

나) 수익증권 기재사항

수익증권에는 ⅰ) 신탁업자의 상호, ⅱ) 기명식의 경우에는 수익자의 성명 또는 명칭, ⅲ) 액면액, ⅳ) 운용방법을 정한 경우 그 내용, ⅴ) 손실의 보전 또는 이익의 보장에 관한 계약을 체결한 경우에는 그 내용, ⅵ) 신탁계약기간, ⅶ) 신탁의 원금의 상환과 수익분배의 기간 및 장소, ⅷ) 신탁보수의 계산방법, ⅸ) 수익증권의 발행일, 수익증권의 기호 및 번호를 기재하고 신탁업자의 대표자가 이에 기명날인 또는 서명하여야 한다(법110⑤, 영111②). 수익증권이 발행된 경우에는 해당 신탁계약에 의한 수익권의 양도 및 행사는 그 수익증권으로 하여야 한다(법110⑥ 본문). 다만, 기명식 수익증권의 경우에는 수익증권으로 하지 아니할 수 있다(법110⑥ 단서).

(9) 수익증권의 매수

신탁법 제36조는 "수탁자는 누구의 명의로도 신탁의 이익을 누리지 못한다. 다만, 수탁자가 공동수익자의 1인인 경우에는 그러하지 아니하다"라고 규정한다. 이는 신탁이익의 주체는 수익자이고 수탁자는 수익자를 겸할 수 없다는 것을 의미한다. 그러나 자본시장법은 신탁업자가 수익증권을 그 고유재산으로 매수하는 경우에는 신탁재산의 운용실적에서 신탁계약에서 정하고 있는 중도해지수수료를 뺀 가액으로 매수할 수 있고, 신탁법 제36조를 적용하지 아니한다(법111, 영112).

(10) 의결권의 행사

(가) 의결권행사와 충실의무

신탁재산으로 취득한 주식에 대한 권리는 신탁업자가 행사한다(법112① 전단). 이 경우 신탁업자는 수익자의 이익을 보호하기 위하여 신탁재산에 속하는 주식의 의결권을 충실하게 행사하여야 한다(법112① 후단).

(나) 의결권행사방법 제한

신탁업자는 신탁재산에 속하는 주식의 의결권을 행사함에 있어서 ⅰ) 신탁업자 또는 그와 특수관계인 및 공동보유자, 또는 신탁업자에 대하여 사실상의 지배력을 행사하는 자로서 신탁업자의 대주주(최대주주의 특수관계인인 주주를 포함)가 그 신탁재산에 속하는 주식을 발행한 법인을 계열회사로 편입하기 위한 경우(제1호), ⅱ) 신탁재산에 속하는 주식을 발행한 법인이 그 신탁업자와 계열회사의 관계에 있는 경우, 또는 신탁업자에 대하여 사실상의 지배력을 행사하는 관계로서 신탁업자의 대주주가 되는 관계에 있는 경우(제2호), ⅲ) 그 밖에 수익자의 보호 또는 신탁재산의 적정한 운용을 해할 우려가 있는 경우로서 대통령령으로 정하는 경우에는 신탁재산에 속하는 주식을 발행한 법인의 주주총회의 참석 주식수에서 신탁재산에 속하는 주식수를 뺀 주식수의 결의내용에 영향을 미치지 아니하도록 의결권을 행사하여야 한다(법112② 본문, 영113).

(다) 의결권행사방법 제한의 범위

신탁재산에 속하는 주식을 발행한 법인의 합병, 영업의 양도·양수, 임원의 선임, 그 밖에 이에 준하는 사항으로서 신탁재산에 손실을 초래할 것이 명백하게 예상되는 경우에는 그러하지 아니하다(법112② 단서). 그러나 이 규정은 상호출자제한기업집단에 속하는 신탁업자에게는 적용하지 아니한다(법112⑤).

(라) 의결권 제한

신탁업자는 신탁재산에 속하는 주식이 ⅰ) 동일법인이 발행한 주식 총수의 15%를 초과하여 주식을 취득한 경우 그 초과하는 주식, 또는 ⅱ) 신탁재산에 속하는 주식을 발행한 법인이 자기주식을 확보하기 위하여 신탁계약에 따라 신탁업자에게 취득하게 한 그 법인의 주식인 경우에는 그 주식의 의결권을 행사할 수 없다(법112③).

신탁업자는 제3자와의 계약 등에 의하여 의결권을 교차하여 행사하는 등 제2항 및 제3항의 적용을 면하기 위한 행위를 하여서는 아니 된다(법112④).

(마) 금융위원회의 처분명령

금융위원회는 신탁업자가 제2항부터 제5항까지의 규정을 위반하여 신탁재산에 속하는 주식의 의결권을 행사한 경우에는 6개월 이내의 기간을 정하여 그 주식의 처분을 명할 수 있다(법112⑥).

(바) 의결권행사의 공시

신탁업자는 합병, 영업의 양도·양수, 임원의 선임 등 경영권의 변경과 관련된 사항에 대하여 의결권을 행사하는 경우에는 ⅰ) 의결권을 행사하려는 주식을 발행한 법인이 주권상장법인인 경우에는 주주총회일부터 5일 이내에 증권시장을 통하여 의결권행사 내용 등을 공시하는 방법으로, ⅱ) 의결권을 행사하려는 주식을 발행한 법인이 주권상장법인이 아닌 경우에는 집합투자업자, 집합투자증권을 판매한 투자매매업자 또는 투자중개업자 및 협회의 인터넷 홈페이지를 이용하여 공시하는 방법에 따라 공시하여 일반인이 열람할 수 있도록 하는 방법으로 인터넷 홈페이지 등을 이용하여 공시하여야 한다(법112⑦, 영114).

(사) 위반시 제재

법 제112조 제2항부터 제5항까지의 규정을 위반하여 의결권을 행사한 자는 5년 이하의 징역 또는 2억원 이하의 벌금에 처한다(법444(11)).

법 제112조 제7항을 위반하여 공시를 하지 아니하거나 거짓으로 공시한 자에 대하여는 1억원 이하의 과태료를 부과한다(법449①(33)).

(11) 장부·서류의 열람 및 공시

(가) 열람청구권

수익자는 신탁업자에게 영업시간 중에 이유를 기재한 서면으로 그 수익자에 관련된 신탁재산에 관한 장부·서류의 열람이나 등본 또는 초본의 교부를 청구할 수 있다(법113① 전단). 이 경우 그 신탁업자는 ⅰ) 신탁재산의 운용내역 등이 포함된 장부·서류를 제공함으로써 제공받은 자가 그 정보를 거래 또는 업무에 이용하거나 타인에게 제공할 것이 뚜렷하게 염려되는 경우, ⅱ) 신탁재산의 운용내역 등이 포함된 장부·서류를 제공함으로써 다른 수익자에게 손해를 입힐 것이 명백히 인정되는 경우, 또는 ⅲ) 신탁계약이 해지된 신탁재산에 관한 장부·서류로서 제62조 제1항에 따른 보존기한이 지나는 등의 사유로 인하여 수익자의 열람제공 요청에 응하는 것이 불가능한 경우가 아닌 한 이를 거절하여서는 아니 된다(법113① 후단, 영115① 전단). 이 경우 신탁업자는 열람이나 교부가 불가능하다는 뜻과 그 사유가 기재된 서면을 수익자에게 내주어야 한다(영115① 후단).

(나) 열람청구의 대상

수익자가 열람이나 등본 또는 초본의 교부를 청구할 수 있는 장부·서류는 신탁재산 명세서, 재무제표 및 그 부속명세서, 신탁재산 운용내역서이다(영115②).

(다) 위반시 제재

법 제113조 제1항을 위반하여 열람이나 교부 청구를 거절한 자는 1년 이하의 징역 또는 3천만원 이하의 벌금에 처한다(법446(16)).

(12) 신탁재산의 회계처리

(가) 회계처리기준

신탁업자는 신탁재산에 관하여 회계처리를 하는 경우 금융위원회가 증권선물위원회의 심의를 거쳐 정하여 고시한 회계처리기준에 따라야 한다(법114①).[317] 금융위원회는 회계처리기준의 제정 또는 개정을 한국회계기준원(영116)에게 위탁할 수 있다(법114② 전단). 이 경우 한국회계기준원은 회계처리기준을 제정 또는 개정한 때에는 이를 금융위원회에 지체 없이 보고하여야 한다(법114② 후단).

(나) 회계감사

신탁업자는 신탁재산에 대하여 그 신탁업자의 매 회계연도 종료 후 2개월 이내에 외부감

---

317) 법 제114조 제1항, 「기업회계기준서 제5004호」 28 등에 의하면 부동산신탁업자의 신탁계정 대차대조표는 기업회계기준서에 따라 보고기준 종료일 현재 신탁계정의 자산, 부채, 자본의 금액을 표시하여야 하는데도, A사는 2012. 10. 1.–2015. 6. 30. 기간 중 신탁계약이 해지된 경우에도 해당 신탁재산 등을 신탁계정 재무제표에서 제외하지 아니하여 신탁계정 대차대조표상 자본(신탁원본)을 최소 1,741억원에서 최대 6,876억원까지 과대계상한 사실이 있어 과태료 제재를 받았다.

사법 제2조 제7호에 따른 감사인("회계감사인")의 회계감사를 받아야 한다(법114③ 본문). 다만, 수익자의 이익을 해할 우려가 없는 경우로서 특정금전신탁, 이익의 보장을 하는 금전신탁(손실만을 보전하는 금전신탁은 제외), 회계감사 기준일 현재 수탁원본이 300억원 미만인 금전신탁, 또는 법 제103조 제1항 제2호부터 제7호(금전 외의 재산)까지의 재산의 신탁인 경우에는 회계감사를 받지 아니할 수 있다(법114③ 단서, 영117).

신탁업자는 신탁재산의 회계감사인을 선임하거나 교체하는 경우에는 그 선임일 또는 교체일부터 1주 이내에 금융위원회에 그 사실을 보고하여야 한다(법114④). 신탁업자는 회계감사인을 선임하거나 교체하려는 경우에는 감사의 동의(감사위원회가 설치된 경우에는 감사위원회의 의결)를 받아야 한다(영118①).

(다) 회계감사인의 지위

회계감사인은 신탁업자가 행하는 수익증권의 기준가격 산정업무 및 신탁재산의 회계처리업무를 감사할 때 관련 법령을 준수하였는지 여부를 감사하고 그 결과를 신탁업자의 감사(감사위원회가 설치된 경우에는 감사위원회)에게 통보하여야 한다(법114⑤). 회계감사인은 감사기준 및 회계감사기준에 따라 회계감사를 실시하여야 한다(법114⑥).

회계감사인은 신탁업자에게 신탁재산의 회계장부 등 관계 자료의 열람·복사를 요청하거나 회계감사에 필요한 자료의 제출을 요구할 수 있다(법114⑦ 전단). 이 경우 신탁업자는 지체 없이 이에 응하여야 한다(법114⑦ 후단). 회계감사인의 비밀엄수에 관한 외부감사법 제20조는 신탁재산의 회계감사에 관하여 준용한다(법114⑧).

신탁재산에 대한 회계감사와 관련하여 회계감사인의 권한은 법 및 외부감사법에서 정하는 바에 따른다(영118③).

(라) 회계감사보고서의 작성 및 제출

회계감사인은 신탁재산에 대한 회계감사를 마친 때에는 신탁재산의 대차대조표, 신탁재산의 손익계산서, 신탁재산의 수익률계산서, 신탁업자와 그 특수관계인과의 거래내역이 기재된 회계감사보고서를 작성하여 신탁업자에게 지체 없이 제출하여야 한다(영118④).

신탁업자는 회계감사인으로부터 회계감사보고서를 제출받은 경우에는 이를 지체 없이 금융위원회에 제출하여야 한다(영118⑤). 신탁업자는 금융위원회가 정하여 고시하는 방법에 따라 해당 수익자가 회계감사보고서를 열람할 수 있도록 하여야 한다(영118⑥).[318] 회계감사에 따른

---

318) 금융투자업규정 제4-95조(신탁업자의 회계감사보고서 열람) ① 신탁업자는 영 제118조 제6항에 따라 회계감사보고서를 수익자가 열람할 수 있도록 해당 신탁업자의 본점 및 지점, 그 밖의 영업소에 2년간 비치하여야 한다.
② 회계감사보고서의 비치는 신탁업자가 회계감사보고서를 해당 신탁업자의 인터넷 홈페이지에 게재하는 것으로 갈음할 수 있다. 다만, 신탁업자는 수익자가 해당 신탁업자의 본점 및 지점, 그 밖의 영업소에서 회

비용은 그 회계감사의 대상인 신탁재산에서 부담한다(영118⑦).

(마) 위반시 제재

법 제114조 제3항을 위반하여 회계감사를 받지 아니한 자는 3년 이하의 징역 또는 1억원 이하의 벌금에 처한다(법445(18)).

법 제114조 제1항을 위반하여 회계처리를 한 자에 대하여는 1억원 이하의 과태료를 부과한다(법449①(35)).

(13) 회계감사인의 손해배상책임

(가) 회계감사인의 책임

회계감사인은 신탁재산(법114③)에 대한 회계감사의 결과 회계감사보고서 중 중요사항에 관하여 거짓의 기재 또는 표시가 있거나 중요사항이 기재 또는 표시되지 아니함으로써 이를 이용한 수익자에게 손해를 끼친 경우에는 그 수익자에 대하여 손해를 배상할 책임을 진다(법115① 전단). 이 경우 외부감사법 제2조 제7호 나목에 따른 감사반이 회계감사인인 때에는 그 신탁재산에 대한 감사에 참여한 자가 연대하여 손해를 배상할 책임을 진다(법115① 후단).

(나) 연대책임과 비례책임

회계감사인이 수익자에 대하여 손해를 배상할 책임이 있는 경우로서 그 신탁업자의 이사·감사(감사위원회가 설치된 경우에는 감사위원회의 위원)에게도 귀책사유가 있는 경우에는 그 회계감사인과 신탁업자의 이사·감사는 연대하여 손해를 배상할 책임을 진다(법115② 본문). 다만, 손해를 배상할 책임이 있는 자가 고의가 없는 경우에 그 자는 법원이 귀책사유에 따라 정하는 책임비율에 따라 손해를 배상할 책임이 있다(법115② 단서). 그러나 손해배상을 청구하는 자의 소득인정액(국민기초생활 보장법 제2조 제8호에 따른 소득인정액)이 대통령령으로 정하는 금액 이하[319]에 해당되는 경우에는 회계감사인과 신탁업자의 이사·감사는 연대하여 손해를 배상할 책임이 있다(법115③).

손해를 배상할 책임이 있는 자가 고의가 없는 경우에 그 자는 법원이 귀책사유에 따라 정하는 책임비율에 따라 손해를 배상할 책임이 있다(외부감사법31④ 단서). 외부감사법 제4항 단서에 따라 손해를 배상할 책임이 있는 자 중 배상능력이 없는 자가 있어 손해액의 일부를 배상하지 못하는 경우에는 같은 항 단서에 따라 정해진 각자 책임비율의 50% 범위에서 대통령령으로 정하는 바에 따라 손해액을 추가로 배상할 책임을 진다(법115④, 외부감사법31⑥).

계감사보고서의 열람을 요청한 경우에는 이에 응하여야 한다.

[319] 자본시장법 법 제115조 제3항에 따라 회계감사인과 신탁업자의 이사·감사가 연대하여 손해를 배상할 책임이 있는 경우는 손해배상을 청구하는 자의 그 손해배상 청구일이 속하는 달의 직전 12개월간의 소득인정액 합산금액이 1억5천만원 이하인 경우로 한다(영118의2).

(다) 준용규정

외부감사법 제31조 제7항부터 제9항까지의 규정은 제1항 및 제2항의 경우에 준용한다(법 115④).

(14) 관리형신탁에 관한 특례

자본시장법은 수익증권발행신탁 또는 금전신탁이 아닌 신탁으로서 신탁업자가 ⅰ) 위탁자(신탁계약에 따라 처분권한을 가지고 있는 수익자를 포함)의 지시에 따라서만 신탁재산의 처분이 이루어지는 수동적인 신탁, ⅱ) 신탁계약에 따라 신탁재산에 대하여 보존행위 또는 그 신탁재산의 성질을 변경하지 아니하는 범위에서 이용·개량 행위만을 하는 부동산신탁 등을 관리형신탁으로 정의하고, 그 수익권을 금융투자상품에서 명시적으로 배제하고 있다(법3①(2)). 이는 관리형신탁의 경우 재산의 보관·관리가 주된 업무이므로 투자권유 등 투자자보호 장치를 적용할 필요가 낮다는 측면을 고려한 것이다.

이와 함께 자본시장법은 관리형신탁의 특성을 고려하여 금전채권의 수탁에 관한 특례를 별도로 규정하고 있다. 구체적으로 동산, 부동산, 지상권·전세권·부동산임차권·부동산소유권이전등기청구권과 그 밖의 부동산 관련 권리 중 어느 하나에 규정된 재산만을 수탁받는 신탁업자가 관리형신탁계약을 체결하는 경우 그 신탁재산에 수반되는 금전채권을 수탁할 수 있다(법117①). 이는 부동산신탁업자가 부동산 저당권을 수탁하였으나, 금전신탁의 인가를 받지 않아 그 저당권에 수반되는 금전채권을 함께 수탁할 수 없는 실무적인 어려움 등을 개선하기 위한 것으로 보인다.[320]

다만 신탁업자가 금전채권을 수탁한 경우 그 금전채권에서 발생한 과실인 금전은 ⅰ) 제106조 제2항 각 호의 금융기관에의 예치, ⅱ) 국채증권, 지방채증권 또는 특수채증권의 매수, ⅲ) 국가 또는 제106조 제2항 각 호의 금융기관이 지급을 보증한 증권의 매수, 또는 ⅳ) 그 밖에 신탁재산의 안정성 및 수익성 등을 고려하여 총리령으로 정하는 방법으로 운용하여야 한다(영118의3①).

---

320) 변제호(2015), 354쪽.

제5절 금융소비자보호법

I. 서설

1. 금융소비자보호법의 제정과정

「금융소비자 보호에 관한 법률」("금융소비자보호법")은 금융상품판매업자등의 영업행위 준수사항, 금융교육 지원 및 금융분쟁조정 등 금융소비자 관련 제도를 규정함으로써 금융소비자 보호에 관한 정책을 일관되게 추진할 수 있는 제도적 기반을 마련[321]하는 것을 제안이유로 2020년 3월 24일 법률 제17112호로 제정됨으로써 2021년 3월 25일 시행을 앞두고 있다.[322] 「금융소비자 보호에 관한 법률 시행령」 제정령안(이하 "영")은 2020년 10월 28일 입법예고되었다. 여기서는 아직 시행령이 제정되지 않은 관계로 위 제정령안의 내용을 참고하여 살펴보기로 한다.

2008년 금융위기 당시 신한·산업·우리·하나·씨티·대구은행 등이 기업들이 수출로 번 돈의 가치가 환율변동으로 떨어지는 것을 막기 위해 고안된 파생금융상품인 키코(KIKO)를 판매하여 150여개 중소기업들이 30억에서 800억원, 최대 4,000억원 정도의 피해를 본 키코(KIKO) 사건과 2013년 자금난에 몰린 동양그룹이 동양증권을 통해 상환능력이 없음에도 1조 3,000억원 정도의 기업어음(CP)과 회사채 등을 발행한 후 약 1조원을 지급불능으로 처리함으로써 피해자 4만 여명이 1조 7,000억원 정도의 피해를 본 동양증권후순위채 사건 등으로 인한 대형 금융소비자 피해가 발생하자 이에 대한 반성으로 금융소비자보호법 제정이 논의되기 시작하였다. 2012년 국회에 금융소비자보호법이 처음 제출된 이후 활발한 논의가 진행되지 못한 채 19대 국회에서 자동 폐기되는 등 난항을 겪었으나, 최초 정부안 제출 이후 입법 환경의 변화 등을 반영하여 20대 국회에서 금융소비자보호법의 제정을 재추진한 결과 지난 2016년 6월 27일 「금융소비자보호기본법」 제정안 입법예고 등을 거쳐 마침내 2020년 3월 「금융소비자 보

---

321) 「금융소비자 보호에 관한 법률안(대안)」(의안번호 24775), 3-4쪽.
322) 부칙 제1조(시행일) 이 법은 공포 후 1년이 경과한 날(2021년 3월 25일)부터 시행한다. 다만, 제1호의 규정 중 금융상품자문업자 관련 부분과 제2호의 규정은 공포 후 1년 6개월이 경과한 날(2021년 9월 25일)부터 시행한다.
   1. 제10조, 제11조, 제12조 제1항·제2항·제4항부터 제6항까지, 제13조부터 제15조까지, 제16조 제1항, 제17조, 제19조부터 제21조까지, 제22조, 제23조, 제27조, 제32조 제2항부터 제4항까지, 제44조, 제46조부터 제56조까지, 제57조 제1항·제3항·제4항, 제58조부터 제64조까지, 제67조 제1호·제2호, 제68조, 제69조 제1항 제1호부터 제5호까지, 제7호, 제9호부터 제13호까지, 같은 조 제2항 제1호·제2호 및 같은 조 제3항
   2. 제16조 제2항 및 제28조

호에 관한 법률」이라는 이름으로 국회 본회의를 통과하여 제정되었다.323)

2019년 KEB하나은행과 우리은행이 판매한 해외금리 연계 파생결합펀드(DLF, DLS)의 적합성원칙 위반 및 설명의무 불이행 등에 따른 불완전판매로 인해 금융소비자들의 피해가 급증함에 따라 동 법률의 제정과 시행에 대한 관심이 모아지고 있다.

2. 금융소비자보호법의 주요 내용

금융소비자보호법("법")은 ⅰ) 금융상품 유형 분류 및 금융회사등 업종 구분, ⅱ) 금융상품판매업자 및 금융상품자문업자 등록 근거 마련, ⅲ) 금융상품판매업자등의 영업행위 준수사항 마련, ⅳ) 금융교육 지원 및 금융교육협의회 설치 등, ⅴ) 금융분쟁 조정제도 개선, ⅵ) 금융상품판매업자등의 손해배상책임 강화, ⅶ) 금융소비자의 청약 철회권 및 위법한 계약해지권 도입, ⅷ) 금융상품판매업자가 설명의무 등 영업행위 준수사항 위반 시 과징금 제도의 도입 등을 주요 내용324)으로 하여, 금융소비자의 권익 증진과 금융상품판매업 및 금융상품자문업의 건전한 시장질서 구축을 위하여 금융상품판매업자 및 금융상품자문업자의 영업에 관한 준수사항과 금융소비자 권익 보호를 위한 금융소비자정책 및 금융분쟁조정절차 등에 관한 사항을 규정함으로써 금융소비자 보호의 실효성을 높이고 국민경제 발전에 이바지함(법1)을 목적으로 하고 있다.

특히 금융소비자보호법은 금융상품 및 판매행위의 속성을 재분류·체계화하고, 동일기능·동일규제를 원칙으로 하는 체계를 도입했다는 점에서 성과가 인정되는데, 금융소비자보호정책의 패러다임이 변화하고 있는 추세 속에서 금융소비자보호법은 금융상품을 예금성·대출성·투자성·보장성 상품으로 재분류하고, 판매업자 등을 직판업자·판매대리 및 중개업자·자문업자 등으로 구분하여 규제하는 것을 전제로 금융소비자에 대한 사전 정보제공을 강화하는 한편 개별 금융법상 판매행위 규제를 총망라하여 모든 금융상품의 판매에 관한 6대 판매행위 원칙(적합성원칙, 적정성원칙, 설명의무, 불공정영업행위 금지, 부당권유금지, 광고규제)을 규정하였으며, 특히 징벌적 과징금 제도의 도입을 통해 금융회사의 자율적 규제 준수 노력을 확보할 수 있는 발판을 마련하였다. 따라서 금융소비자보호법을 통해 사전 정보제공부터 판매행위 규제, 사후구제에 걸쳐 실효성 있는 금융소비자보호의 기반을 다질 수 있을 것으로 기대된다.

그러나 금융소비자의 사후 피해구제의 측면에서 금융소비자보호법 논의 초기 단계부터 제시되었던 집단소송, 금융감독체계 개편을 통한 별도의 금융소비자보호기구 설치 및 금융소비자보호기금의 설치, 분쟁조정위원회 조정결과에 대한 편면적 구속력 부여, 대표소송제도의 도

---

323) 맹수석·이형욱(2020), "사후적 피해구제제도 개선을 통한 금융소비자보호법 실효성 제고 방안", 금융소비자연구 제10권 제1호(2020. 4), 64-65쪽.
324) 「금융소비자 보호에 관한 법률안(대안)」(의안번호 24775), 4-6쪽.

입, 징벌적 손해배상제도의 도입 등은 반영하지 못한 채 제정되었는데, 금융소비자보호와 금융소비자보호 관련 정책의 일관된 추진이라는 금융소비자보호법의 취지에 부합하기 위해서는 위와 같은 실효적인 사후적 피해구제제도를 적극적으로 검토하여 도입할 필요가 있다.

3. 금융소비자보호법의 적용범위 등

금융소비자보호법은 자본시장법 제6조 제5항 제1호에 해당하는 경우에는 적용하지 아니한다(법5). 자본시장법 제6조 제5항 제1호는 부동산투자회사법 등 개별법에 의한 사모펀드를 말한다. 집합투자기구에 대해서는 자본시장법에서 규정하고 있지만, 자본시장법뿐 아니라 다른 개별법에서도 집합투자기구에 대해 다루고 있다.

금융소비자 보호에 관하여 다른 법률에서 특별히 정한 경우를 제외하고는 금융소비자보호법에서 정하는 바에 따른다(법6).

Ⅱ. 금융상품과 금융소비자

1. 금융상품

(1) 금융상품의 정의

금융상품이란 ⅰ) 은행법에 따른 예금 및 대출(가목), ⅱ) 자본시장법에 따른 금융투자상품(나목), ⅲ) 보험업법에 따른 보험상품(다목), ⅳ) 상호저축은행법에 따른 예금 및 대출(라목), ⅴ) 여신전문금융업법에 따른 신용카드, 시설대여, 연불판매, 할부금융(마목), ⅵ) 그 밖에 가목부터 마목까지의 상품과 유사한 것으로서 대통령령으로 정하는 것(바목)을 말한다(법2(1)).

위 ⅵ)에서 "대통령령으로 정하는 것"이란 다음의 어느 하나에 해당하는 것을 말한다(영2①).

1. 다음 각 목의 자가 계약에 따라 금융소비자로부터 금전을 받고 장래에 금융소비자로부터 받은 금전 및 그에 따른 이자 등 대가를 지급하기로 하는 계약
   가. 금융산업구조개선법에 따라 종합금융회사와 합병한 기관(예금자보호법 제2조 제1호 가목부터 사목[325])까지의 부보금융회사)
   나. 농협은행
   다. 상호저축은행

---

325) 은행, 한국산업은행, 중소기업은행, 농협은행, 수협은행, 외국은행의 국내 지점 및 대리점(대통령령으로 정하는 외국은행의 국내 지점 및 대리점은 제외), 투자매매업자·투자중개업자(다자간매매체결회사, 예금등이 없는 투자매매업자·투자중개업자로서 대통령령으로 정하는 자 및 「농업협동조합의 구조개선에 관한 법률」 제2조 제1호에 따른 조합은 제외)(예금자보호법 시행령2(1) 가목-사목).

　라. 수협은행

　마. 신용협동조합

　바. 은행

　사. 증권금융회사

　아. 종합금융회사

　자. 중소기업은행

　차. 한국산업은행

2. 다음 각 목의 자가 금융소비자에 어음 할인·매출채권 매입(각각 금융소비자에 금전의 상환을 청구할 수 있는 계약으로 한정)·대출·지급보증 또는 이와 유사한 것으로서 금전 또는 그 밖의 재산적 가치가 있는 것("금전등")을 제공하고 장래에 금전등 또는 그에 따른 이자 등 대가를 받기로 하는 계약

　가. 제1호 가목부터 차목까지의 자

　나. 대부업법 제3조 제2항에 따라 금융위원회에 등록한 대부업자

　다. 보험회사

　라. 신용협동조합중앙회

　마. 여신전문금융회사 및 겸영여신업자

　바. 온라인투자연계금융업자

　사. 자본시장법 따른 다음의 자

　　1) 금융투자업자

　　2) 단기금융회사

　　3) 자금중개회사

3. 온라인투자연계금융업법에 따른 연계투자에 관한 계약("연계투자계약")

4. 자본시장법 제9조 제4항[326]에 따른 신탁계약 및 투자일임계약

5. 신용협동조합법에 따른 공제계약

6. 그 밖에 제1호부터 제5호까지의 금융상품과 유사한 것으로서 금융위원회가 정하여 고시하는 계약

(2) 금융상품의 유형

　금융소비자보호법은 위의 모든 금융상품을 예금성 상품, 대출성 상품, 투자성 상품, 보장성 상품으로 재분류(법3)하였다. 금융상품의 유형은 다음과 같이 구분한다(법3 본문). 다만, 개별 금융상품이 상품유형 중 둘 이상에 해당하는 속성이 있는 경우에는 해당 상품유형에 각각 속하는 것으로 본다(법3 단서).

---

326) ④ 이 법에서 "투자권유"란 특정 투자자를 상대로 금융투자상품의 매매 또는 투자자문계약·투자일임계약·신탁계약(관리형신탁계약 및 투자성 없는 신탁계약을 제외)의 체결을 권유하는 것을 말한다.

(가) 예금성 상품

예금성 상품은 은행법·상호저축은행법에 따른 예금 및 이와 유사한 것으로서 대통령령으로 정하는 금융상품을 말한다(법3(1)). 여기서 "대통령령으로 정하는 금융상품"은 영 제2조 제1항 제1호 및 제6호에 따른 금융상품을 말한다(영3①).

(나) 대출성 상품

대출성 상품은 은행법·상호저축은행법에 따른 대출, 여신전문금융업법에 따른 신용카드·시설대여·연불판매·할부금융 및 이와 유사한 것으로서 대통령령으로 정하는 금융상품을 말한다(법3(2)). 여기서 "대통령령으로 정하는 금융상품"은 영 제2조 제1항 제2호 및 제6호에 따른 금융상품을 말한다(영3②).

(다) 투자성 상품

투자성 상품은 자본시장법에 따른 금융투자상품 및 이와 유사한 것으로서 대통령령으로 정하는 금융상품을 말한다(법3(3)). 여기서 "대통령령으로 정하는 금융상품"은 영 제2조 제1항 제3호·제4호 및 제6호에 따른 금융상품을 말한다(영3③).

(라) 보장성 상품

보장성 상품은 보험업법에 따른 보험상품 및 이와 유사한 것으로서 대통령령으로 정하는 금융상품을 말한다(법3(4)). 여기서 "대통령령으로 정하는 금융상품"은 영 제2조 제1항 제5호 및 제6호에 따른 금융상품을 말한다(영3④).

2. 금융소비자

(1) 금융소비자의 정의

금융소비자란 금융상품에 관한 계약의 체결 또는 계약체결의 권유를 하거나 청약을 받는 것("금융상품계약체결등")에 관한 금융상품판매업자의 거래상대방 또는 금융상품자문업자의 자문업무의 상대방인 전문금융소비자 또는 일반금융소비자를 말한다(법2(8)).

(2) 전문금융소비자의 정의

(가) 의의

1) 전문금융소비자의 개념

전문금융소비자란 금융상품에 관한 전문성 또는 소유자산규모 등에 비추어 금융상품 계약에 따른 위험감수능력이 있는 금융소비자로서 ⅰ) 국가(가목), ⅱ) 한국은행(나목), ⅲ) 대통령령으로 정하는 금융회사(다목), ⅳ) 주권상장법인(투자성 상품 중 대통령령으로 정하는 금융상품계약체결등을 할 때에는 전문금융소비자와 같은 대우를 받겠다는 의사를 금융상품판매업자등에게 서면으로 통지하는 경우만 해당)(라목), ⅴ) 그 밖에 금융상품의 유형별로 대통령령으로 정하는 자(마목)

를 말한다(법2⑼ 본문). ⅲ), ⅳ), ⅴ)는 아래서 구체적으로 살펴본다.

2) 대통령령으로 정하는 금융회사(다목)

"대통령령으로 정하는 금융회사"는 법 제2조 제6호에 따른 금융회사(겸영금융투자업자는 제외)를 말한다(영⑧). 금융회사란 ⅰ) 은행(은행법의 적용을 받는 중소기업은행, 한국산업은행, 신용협동조합중앙회의 신용사업 부문, 농협은행, 수협은행 및 상호저축은행중앙회를 포함), ⅱ) 투자매매업자, 투자중개업자, 투자자문업자, 투자일임업자, 신탁업자 또는 종합금융회사, ⅲ) 보험회사(농협생명보험 및 농협손해보험을 포함), ⅳ) 상호저축은행, ⅴ) 여신전문금융회사, ⅵ) 등록을 한 금융상품자문업자, ⅶ) 겸영금융투자업자를 말한다(법2⑹, 영2⑤).

3) 대통령령으로 정하는 금융상품계약체결등(라목)

주권상장법인은 전문금융소비자에 해당한다. 다만 투자성 상품 중 장외파생상품(자본시장법5③)에 관한 계약의 체결 또는 계약체결의 권유를 하거나 청약을 받는 것("계약체결등")을 할 때에는 전문금융소비자와 같은 대우를 받겠다는 의사를 금융상품판매업자등에게 서면으로 통지하는 경우만 전문금융소비자에 해당한다(영2⑨).

4) 대통령령으로 정하는 자(마목)

"대통령령으로 정하는 자"는 다음의 구분에 따른 자를 말한다(영2⑩).

가) 모든 금융상품

지방자치단체, 국가재정법 [별표 2]에 규정된 법률에 따라 설치된 기금("기금")을 관리·운용하는 자, 금융감독원, 예금보험공사 및 정리금융회사, 한국자산관리공사, 한국주택금융공사, 한국투자공사, 한국예탁결제원, 한국거래소, 한국금융투자협회, 생명보험협회, 손해보험협회, 상호저축은행중앙회, 여신전문금융업협회, 대부업협회, 전국은행연합회, 신용협동조합중앙회, 온라인투자연계금융협회, 대부업자 및 대부중개업자, 신용협동조합중앙회의 공제사업 부문, 신용협동조합, 온라인투자연계금융업자, 집합투자업자, 증권금융회사, 단기금융회사, 자금중개회사, 금융지주회사, 농업협동조합중앙회, 산림조합중앙회, 새마을금고중앙회, 수산업협동조합중앙회, 신용협동조합중앙회, 금융투자상품거래청산회사, 한국수출입은행, 법률에 따라 공제사업을 영위하는 법인, 자본시장법에 따른 집합투자기구, 주권을 외국 증권시장에 상장한 법인, 외국정부, 국제기구, 외국 중앙은행 등이다(영2⑩(1)).

나) 예금성 상품

법인, 조합 및 그 밖의 단체("법인등"), 민법 제4조[327]에 따른 성년에 해당하는 자. 다만, 피성년후견인, 피한정후견인 및 고령자(만 65세 이상인 자)는 제외한다(영2⑩(2)).

---

327) 민법 제4조(성년) 사람은 19세로 성년에 이르게 된다.

다) 대출성 상품

상시근로자가 5인 이상인 법인등, 여신전문금융업법 제3조 제3항 제2호328)에 해당하는 겸영여신업자, 대출성 상품에 관한 금융상품판매대리 · 중개업자이다(영2⑩(3)).

라) 투자성 상품

자본시장법 시행령 제10조(전문투자자의 범위 등) 제3항 제16호329)에 해당하는 법인등, 자본시장법 시행령 제10조 제3항 제17호330)에 해당하는 개인, 앞의 법인등과 개인에 준하는 외국인, 자본시장법 제51조(투자권유대행인의 등록 등) 제9항에 따른 투자권유대행인, 전자증권법에 따른 전자등록기관이다(영2⑩(4)).

마) 보장성 상품

보장성 상품을 취급하는 금융상품판매대리 · 중개업자, 보험요율 산출기관(보험업법176), 보험 관계 단체(보험업법178), 보험업법 시행령 제6조의2(전문보험계약자의 범위 등) 제3항 제18호331)에 해당하는 자, 앞의 4가지의 자에 준하는 외국인이다(영2⑩(5)).

(나) 일반금융소비자 의제

전문금융소비자 중 "대통령령으로 정하는 자"가 일반금융소비자와 같은 대우를 받겠다는 의사를 금융상품판매업자 또는 금융상품자문업자("금융상품판매업자등")에게 서면으로 통지하는 경우 금융상품판매업자등은 정당한 사유가 있는 경우를 제외하고는 이에 동의하여야 하며, 금융상품판매업자등이 동의한 경우에는 해당 금융소비자는 일반금융소비자로 본다(법2(9) 단서).

328) 2. 경영하고 있는 사업의 성격상 신용카드업을 겸하여 경영하는 것이 바람직하다고 인정되는 자로서 대통령령으로 정하는 자. 여기서 "대통령령으로 정하는 자"란 ⅰ) 유통산업발전법 제2조 제3호에 따른 대규모점포를 운영하는 자와, ⅱ) 계약에 따라 같은 업종의 여러 도매 · 소매점포에 대하여 계속적으로 경영을 지도하고 상품을 공급하는 것을 업(業)으로 하는 자를 말한다(여신전문금융업법 시행령3②).
329) 16. 다음의 요건을 모두 충족하는 법인 또는 단체(외국 법인 또는 외국 단체는 제외)
    가. 금융위원회에 나목의 요건을 충족하고 있음을 증명할 수 있는 관련 자료를 제출할 것
    나. 관련 자료를 제출한 날 전날의 금융투자상품 잔고가 100억원(외부감사법에 따라 외부감사를 받는 주식회사는 50억원) 이상일 것
    다. 관련 자료를 제출한 날부터 2년이 지나지 아니할 것
330) 17. 다음의 요건을 모두 충족하는 개인. 다만, 외국인인 개인, 조세특례제한법 제91조의18 제1항에 따른 개인종합자산관리계좌에 가입한 거주자인 개인(같은 조 제3항 제2호에 따라 신탁업자와 특정금전신탁계약을 체결하는 경우 및 이 영 제98조 제1항 제4호의2 및 같은 조 제2항에 따라 투자일임업자와 투자일임계약을 체결하는 경우로 한정) 및 전문투자자와 같은 대우를 받지 않겠다는 의사를 금융투자업자에게 표시한 개인은 제외한다.
    가. 금융위원회가 정하여 고시하는 금융투자업자에게 나목부터 다목까지의 요건을 모두 충족하고 있음을 증명할 수 있는 관련 자료를 제출할 것
    나. 관련 자료를 제출한 날의 전날을 기준으로 최근 5년 중 1년 이상의 기간 동안 금융위원회가 정하여 고시하는 금융투자상품을 월말 평균잔고 기준으로 5천만원 이상 보유한 경험이 있을 것
    다. 금융위원회가 정하여 고시하는 소득액 · 자산 기준이나 금융 관련 전문성 요건을 충족할 것
331) 18. 그 밖에 보험계약에 관한 전문성, 자산규모 등에 비추어 보험계약의 내용을 이해하고 이행할 능력이 있는 자로서 금융위원회가 정하여 고시하는 자

여기서 "대통령령으로 정하는 자"란 다음의 구분에 따른 자를 말한다(영2⑦).

1) 대출성 상품

대출성 상품의 경우 상시근로자가 5인 이상인 법인등이다(영2⑦(1)).

2) 투자성 상품

투자성 상품의 경우 다음에 해당하는 자이다(영2⑦(2)). 즉 ⅰ) 주권상장법인(투자성 상품 중 대통령령으로 정하는 금융상품계약체결등을 할 때에는 전문금융소비자와 같은 대우를 받겠다는 의사를 금융상품판매업자등에게 서면으로 통지하는 경우만 해당)이다. 다만, 계약의 체결 또는 계약체결의 권유를 하거나 청약을 받는 경우는 제외한다. ⅱ) 지방자치단체, 국가재정법 [별표 2]에 규정된 법률에 따라 설치된 기금("기금")을 관리·운용하는 자, 법률에 따라 공제사업을 영위하는 법인, 주권을 외국 증권시장에 상장한 법인이다. 다만, 기술보증기금과 신용보증기금은 제외한다. ⅲ) 자본시장법 시행령 제10조(전문투자자의 범위 등) 제3항 제16호에 해당하는 법인등, 자본시장법 시행령 제10조 제3항 제17호에 해당하는 개인, 앞의 법인등과 개인에 준하는 외국인이다. ⅳ) 위 ⅱ)에 준하는 외국인이다.

3) 보장성 상품

보장성 상품의 경우 다음에 해당하는 자이다(영2⑦(3)). 즉 ⅰ) 주권상장법인(투자성 상품 중 대통령령으로 정하는 금융상품계약체결등을 할 때에는 전문금융소비자와 같은 대우를 받겠다는 의사를 금융상품판매업자등에게 서면으로 통지하는 경우만 해당)이다. ⅱ) 지방자치단체, 국가재정법 [별표 2]에 규정된 법률에 따라 설치된 기금을 관리·운용하는 자, 주권을 외국 증권시장에 상장한 법인이다. 다만, 기술보증기금과 신용보증기금은 제외한다. ⅲ) 법 제2조 제6호에 따른 금융회사(겸영금융투자업자는 제외) 및 대부업자 및 대부중개업자(대부업자가 취급하는 대출성 상품에 관한 금융상품판매대리·중개업을 영위하는 자), 신용협동조합중앙회의 공제사업 부문, 신용협동조합, 온라인투자연계금융업자, 집합투자업자, 증권금융회사, 단기금융회사, 자금중개회사, 금융지주회사, 농업협동조합중앙회, 대부업자 및 대부중개업자(대부업자가 취급하는 대출성 상품에 관한 금융상품판매대리·중개업을 영위하는 자는 제외), 산림조합중앙회, 새마을금고중앙회, 수산업협동조합중앙회, 신용협동조합중앙회, 금융투자상품거래청산회사 및 국가재정법 제8조 제1항[332]에 따른 기금관리주체(이에 준하는 외국기관으로서 대통령령으로 정하는 자를 포함)(자본시장법6⑤(1)), 한국수출입은행에 준하는 외국 금융회사등이다. ⅳ) 보험업법 시행령 제6조의2(전문보험계약자의 범위 등) 제3항 제18호에 해당하는 자이다.

---

332) 국가재정법 제8조(성과중심의 재정운용) ① 각 중앙관서의 장과 법률에 따라 기금을 관리·운용하는 자(기금의 관리 또는 운용 업무를 위탁받은 자를 제외하며, 이하 "기금관리주체"라 한다)는 재정활동의 성과관리체계를 구축하여야 한다.

(3) 일반금융소비자의 정의

"일반금융소비자"란 전문금융소비자가 아닌 금융소비자를 말한다(법2(10)).

Ⅲ. 금융상품의 판매방식 등

1. 금융상품판매업과 금융상품판매업자

(1) 금융상품판매업

금융상품판매업이란 이익을 얻을 목적으로 계속적 또는 반복적인 방법으로 하는 행위로서 ⅰ) 금융상품직접판매업은 자신이 직접 계약의 상대방으로서 금융상품에 관한 계약의 체결을 영업으로 하는 것 또는 투자중개업(가목)을 말하고, ⅱ) 금융상품판매대리·중개업은 금융상품에 관한 계약의 체결을 대리하거나 중개하는 것을 영업으로 하는 것(나목)을 말한다(법2(2) 본문).

다만, 해당 행위의 성격 및 금융소비자 보호의 필요성을 고려하여 금융상품판매업에서 제외할 필요가 있는 것으로서 ⅰ) 담보부사채신탁법에 따른 신탁업, ⅱ) 자본시장법 제7조 제6항 각 호333)의 어느 하나에 해당하는 업, ⅲ) 저작권법에 따른 저작권신탁관리업, ⅳ) 그 밖에 해당 행위의 성격 및 금융소비자 보호의 필요성을 고려하여 금융상품판매업에서 제외할 필요가 있다고 금융위원회가 정하여 고시하는 업(영2②)은 제외한다(법2(2) 단서, 영2②).

(2) 금융상품판매업자

금융상품판매업자란 금융상품판매업을 영위하는 자로서 대통령령으로 정하는 금융관계법률("금융관계법률")334)에서 금융상품판매업에 해당하는 업무에 대하여 인허가 또는 등록을 하도록 규정한 경우에 해당 법률에 따른 인허가를 받거나 등록을 한 자(금융관계법률에서 금융상품판매업에 해당하는 업무에 대하여 해당 법률에 따른 인허가를 받거나 등록을 하지 아니하여도 그 업무를 영위할 수 있도록 규정한 경우에는 그 업무를 영위하는 자를 포함) 및 금융상품판매업의 등록을 한 자를 말하며, 금융상품직접판매업자는 금융상품판매업자 중 금융상품직접판매업을 영위하는 자를 말하고, 금융상품판매대리·중개업자는 금융상품판매업자 중 금융상품판매대리·중개업을

---

333) 1. 거래소가 증권시장 또는 파생상품시장을 개설·운영하는 경우
　　2. 투자매매업자를 상대방으로 하거나 투자중개업자를 통하여 금융투자상품을 매매하는 경우
　　3. 전문사모집합투자업자가 자신이 운용하는 전문투자형 사모집합투자기구의 집합투자증권을 판매하는 경우
　　4. 그 밖에 해당 행위의 성격 및 투자자 보호의 필요성 등을 고려하여 금융투자업의 적용에서 제외할 필요가 있는 것으로서 대통령령으로 정하는 경우

334) "대통령령으로 정하는 금융관계법률"이란 퇴직급여법, 농업협동조합법, 대부업법, 보험업법, 상호저축은행법, 수산업협동조합법, 신용협동조합법, 여신전문금융업법, 온라인투자연계금융업법, 은행법, 인터넷전문은행법, 자본시장법, 중소기업은행법, 한국산업은행법, 그 밖에 금융위원회가 정하여 고시하는 법률을 말한다(영2③).

영위하는 자를 말한다(법2(3)).

2. 금융상품자문업과 금융상품자문업자

(1) 금융상품자문업

금융상품자문업이란 이익을 얻을 목적으로 계속적 또는 반복적인 방법으로 금융상품의 가치 또는 취득과 처분 결정에 관한 자문("금융상품자문")에 응하는 것을 말한다(법2(4) 본문). 다만, ⅰ) 불특정 다수인을 대상으로 발행되거나 송신되고, 불특정 다수인이 수시로 구입하거나 수신할 수 있는 간행물·출판물·통신물 또는 방송 등을 통하여 조언을 하는 것, ⅱ) 감정인, 공인회계사, 변호사, 변리사, 세무사, 집합투자기구평가회사, 채권평가회사, 신용평가회사, 그 밖에 이에 준하는 자로서 영업의 근거가 되는 법률에 따라 용역을 제공하는 자(소속단체를 포함)가 업무와 관련된 분석정보 등을 제공하는 경우, ⅲ) 따로 대가를 받지 않고 금융상품판매업에 부수하여 금융상품의 가치 또는 취득과 처분결정에 관한 자문에 응하는 경우, 또는 ⅳ) 그 밖에 해당 행위의 성격 및 금융소비자 보호의 필요성을 고려하여 금융상품자문업에서 제외할 필요가 있는 것으로서 금융위원회가 정하여 고시하는 것은 제외한다(법2(4) 단서, 영2④).

(2) 금융상품자문업자

금융상품자문업자란 금융상품자문업을 영위하는 자로서 금융관계법률에서 금융상품자문업에 해당하는 업무에 대하여 인허가 또는 등록을 하도록 규정한 경우에 해당 법률에 따른 인허가를 받거나 등록을 한 자 및 금융상품자문업의 등록을 한 자를 말한다(법2(5)).

3. 금융회사와 금융회사등

(1) 금융회사

금융회사란 ⅰ) 은행(은행법의 적용을 받는 중소기업은행, 한국산업은행, 신용협동조합중앙회의 신용사업 부문, 농협은행, 수협은행 및 상호저축은행중앙회를 포함), ⅱ) 투자매매업자, 투자중개업자, 투자자문업자, 투자일임업자, 신탁업자 또는 종합금융회사, ⅲ) 보험회사(농협생명보험 및 농협손해보험을 포함), ⅳ) 상호저축은행, ⅴ) 여신전문금융회사, ⅵ) 등록을 한 금융상품자문업자, ⅶ) 겸영금융투자업자를 말한다(법2(6), 영2⑤).

(2) 금융회사등

금융회사등이란 금융회사, 투자권유대행인, 보험설계사, 보험대리점, 보험중개사, 겸영여신업자, 여신전문금융업법에 따른 모집인, 등록을 한 금융상품판매대리·중개업자, 대부업자 및 대부중개업자(대부업자가 취급하는 대출성 상품에 관한 금융상품판매대리·중개업을 영위하는 자), 신용협동조합중앙회의 공제사업 부문, 신용협동조합, 온라인투자연계금융업자, 집합투자업자,

증권금융회사, 단기금융회사, 자금중개회사, 그 밖에 금융위원회가 정하여 고시하는 자를 말한다(법2(7), 영2⑥).

(3) 금융회사등의 업종구분

금융회사등은 금융소비자보호법에 따라 i) 은행, 투자매매업자, 투자중개업자, 신탁업자, 종합금융회사, 보험회사, 상호저축은행, 여신전문금융회사·겸영여신업자, 신용협동조합, 온라인투자연계금융업자, 집합투자업자는 금융상품직접판매업자 또는 금융상품판매대리·중개업자로, ii) 투자자문업자는 금융상품자문업자로, iii) 투자일임업자, 대부업자, 신용협동조합중앙회의 공제사업 부문, 증권금융회사, 단기금융회사는 금융상품직접판매업자로, iv) 투자권유대행인, 보험설계사, 보험대리점, 보험중개사, 여신전문금융업법상의 모집인, 대부중개업자는 금융상품판매대리·중개업자로 구분한다(법4 본문, 영4).

다만, 앞의 금융회사등이 앞에서 열거하지 아니하는 금융상품판매업등(금융상품판매업과 금융상품자문업)을 다른 법률에 따라 겸영하는 경우에는 겸영하는 업에 해당하는 금융상품판매업자등에도 해당하는 것으로 본다(법4 단서).

Ⅳ. 금융소비자의 권리와 책무 및 국가와 금융상품판매업자등의 책무

1. 금융소비자의 기본적 권리

금융소비자는 i) 금융상품판매업자등의 위법한 영업행위로 인한 재산상 손해로부터 보호받을 권리, ii) 금융상품을 선택하고 소비하는 과정에서 필요한 지식 및 정보를 제공받을 권리, iii) 금융소비생활에 영향을 주는 국가 및 지방자치단체의 정책에 대하여 의견을 반영시킬 권리, iv) 금융상품의 소비로 인하여 입은 피해에 대하여 신속·공정한 절차에 따라 적절한 보상을 받을 권리, ⅴ) 합리적인 금융소비생활을 위하여 필요한 교육을 받을 권리, ⅵ) 금융소비자 스스로의 권익을 증진하기 위하여 단체를 조직하고 이를 통하여 활동할 수 있는 권리를 가진다(법7).

2. 금융소비자의 책무

금융소비자는 금융상품판매업자등과 더불어 금융시장을 구성하는 주체임을 인식하여 금융상품을 올바르게 선택하고, 금융소비자의 기본적 권리를 정당하게 행사하여야 한다(법8①). 금융소비자는 스스로의 권익을 증진하기 위하여 필요한 지식과 정보를 습득하도록 노력하여야 한다(법8②).

3. 국가의 책무

국가는 금융소비자의 기본적 권리가 실현되도록 하기 위하여 ⅰ) 금융소비자 권익 증진을 위하여 필요한 시책의 수립 및 실시, ⅱ) 금융소비자 보호 관련 법령의 제정·개정 및 폐지, ⅲ) 필요한 행정조직의 정비 및 운영 개선, ⅳ) 금융소비자의 건전하고 자주적인 조직활동의 지원·육성의 책무를 진다(법9).

4. 금융상품판매업자등의 책무

금융상품판매업자등은 금융소비자의 기본적 권리가 실현되도록 하기 위하여 ⅰ) 국가의 금융소비자 권익 증진 시책에 적극 협력할 책무, ⅱ) 금융상품을 제공하는 경우에 공정한 금융소비생활 환경을 조성하기 위하여 노력할 책무, ⅲ) 금융상품으로 인하여 금융소비자에게 재산에 대한 위해가 발생하지 아니하도록 필요한 조치를 강구할 책무, ⅳ) 금융상품을 제공하는 경우에 금융소비자의 합리적인 선택이나 이익을 침해할 우려가 있는 거래조건이나 거래방법을 사용하지 아니할 책무, ⅴ) 금융소비자에게 금융상품에 대한 정보를 성실하고 정확하게 제공할 책무, ⅵ) 금융소비자의 개인정보가 분실·도난·누출·위조·변조 또는 훼손되지 아니하도록 개인정보를 성실하게 취급할 책무를 진다(법10).

Ⅴ. 금융상품판매업자등의 등록 등

1. 금융상품판매업자등을 제외한 영업행위 금지

누구든지 금융소비자보호법에 따른 금융상품판매업자등을 제외하고는 금융상품판매업등을 영위해서는 아니 된다(법11).

2. 금융상품판매업자등의 등록

(1) 등록 여부

금융상품판매업등을 영위하려는 자는 금융상품직접판매업자, 금융상품판매대리·중개업자 또는 금융상품자문업자별로 예금성 상품, 대출성 상품, 투자성 상품 및 보장성 상품 중 취급할 상품의 범위를 정하여 금융위원회에 등록하여야 한다(법12① 본문). 다만, ⅰ) 금융관계법률에서 금융상품판매업등에 해당하는 업무에 대하여 인허가를 받거나 등록을 하도록 규정한 경우, ⅱ) 금융관계법률에서 금융상품판매업등에 해당하는 업무에 대하여 해당 법률에 따른 인허가를 받거나 등록을 하지 아니하여도 업무를 영위할 수 있도록 규정한 경우에는 등록을 하지 아니하고 금융상품판매업등을 영위할 수 있다(법12① 단서).

(2) 금융상품직접판매업자 또는 금융상품자문업자 등록요건

금융상품직접판매업자 또는 금융상품자문업자로 등록하려는 자는 다음의 요건을 모두 갖추어야 한다(법12② 본문). 다만, 금융상품직접판매업자에게는 금융상품판매업자와 이해관계를 갖지 않는 자에 관한 요건(제6호의 요건)을 적용하지 아니한다(법12② 단서).

금융상품자문업자로 등록하려는 자는 취급할 금융상품의 유형("상품유형") 각각에 대하여 등록요건을 모두 갖추어야 한다(영5① 본문). 다만, 대출성 상품, 보장성 상품 또는 투자성 상품에 대하여 등록요건을 갖춘 경우에는 예금성 상품에 대하여 등록요건을 갖춘 것으로 본다(영5① 단서). 아래서는 등록요건을 살펴본다.

(가) 인력 · 물적 설비요건

금융소비자 보호 및 업무수행이 가능하도록 인력과 전산 설비, 그 밖의 물적 설비를 갖추어야 한다(법12②(1), 영5②). 즉 ⅰ) 금융상품의 가치 또는 취득과 처분결정에 관한 자문("금융상품자문")에 응하는 업무를 수행하는데 필요한 전문성 및 윤리성을 갖춘 사람으로서 ㉠ 해당 상품유형의 금융상품자문업을 영위하는데 필요한 연수과정을 금융위원회가 정하여 고시하는 바에 따라 이수한 사람, 또는 ㉡ 해당 상품유형의 금융상품판매업에 3년 이상 종사한 경력이 있는 사람(등록 신청일부터 5년 내에 해당 업무에 종사한 사람으로 한정)으로서 금융위원회가 정하는 바에 따라 해당 상품유형의 금융상품, 금융소비자 보호 관련 제도 및 분쟁사례 등에 대한 교육을 받은 사람을 1명 이상 두어야 하고, ⅱ) 전산설비 운용 · 관리 관련 업무수행이 가능한 전문인력을 1명 이상 두어야 하며, ⅲ) 금융소비자의 개인정보가 분실 · 도난 · 누출 · 위조 · 변조 또는 훼손되지 아니하도록 개인정보를 성실하게 취급할 책무의 이행, 내부통제기준의 운영 및 자료의 기록 · 유지 · 관리 등에 필요한 전산설비 · 통신수단을 갖추어야 하고, ⅳ) 금융위원회가 정하여 고시하는 바에 따라 고정사업장 및 사무장비를 갖추어야 하며, ⅴ) 전산설비, 통신수단, 그 밖에 물적 설비를 안전하게 보호할 수 있는 검증된 보안설비를 갖추어야 하고, ⅵ) 정전 · 화재 등의 사고가 발생할 경우 업무의 연속성을 유지할 수 있는 설비를 확보하여야 한다.

(나) 자기자본 요건

등록하려는 업무별로 일정 금액 이상의 자기자본을 갖추어야 한다(법12②(2), 영5③). 즉 ⅰ) 금융상품자문의 대상이 투자성 상품인 경우는 집합투자증권, 파생결합증권 및 이와 유사한 증권으로서 금융위원회가 정하여 고시하는 증권, 또는 환매조건부매매에 해당하는 투자성 상품으로 한정하는 경우는 1억원 이상, 그 밖의 경우는 2.5억원 이상이어야 하고, ⅱ) 금융상품자문의 대상이 예금성 상품, 대출성 상품 또는 보장성 상품인 경우는 각각 1억원 이상이어야 한다.

(다) 사회적 신용 요건

자기자본 대비 부채비율이 200% 이하이고 사회적 신용을 갖추어야 한다(법12②(3), 영5④). 여기서 "사회적 신용"이란 [별표 1]의 기준을 말한다(영5⑤). [별표 1]의 금융상품자문업자 및 금융상품대리·중개업자의 사회적 신용 요건은 다음과 같다. 법령위반 등의 정도가 경미하다고 금융위원회가 인정하는 경우에는 아래의 사회적 신용 요건을 갖춘 것으로 본다(별표 1, 비고 제1호).

1. 최근 3년간(대주주[335]의 경우 "5년간") 금융회사지배구조법 시행령 제5조에 따른 법령("금융관련법령"), 공정거래법 또는 조세범 처벌법을 위반하여 벌금형 이상에 상당하는 형사처벌을 받은 사실이 없을 것. 다만, 법 제68조(양벌규정), 그 밖에 해당 법률의 양벌규정에 따라 처벌을 받은 경우는 제외한다.

2. 최근 3년간(대주주의 경우 "5년간") 채무불이행 등으로 건전한 신용질서를 해친 사실이 없을 것

3. 최근 5년간 금융산업구조개선법에 따라 부실금융기관으로 지정되었거나 금융관련법령에 따라 영업의 허가·인가·등록 등이 취소된 자가 아닐 것

4. 금융관련법령이나 외국 금융관련법령(금융관련법령에 상당하는 외국 법령)에 따라 금융위원회, 외국 금융감독기관(국제금융감독기구를 포함) 등으로부터 지점, 그 밖의 영업소의 폐쇄나 그 업무의 전부 또는 일부의 정지 이상의 조치(이에 상당하는 행정처분을 포함)를 받은 후 다음의 구분에 따른 기간이 지났을 것
   가. 지점, 그 밖의 영업소의 폐쇄 또는 그 업무의 전부나 일부의 정지: 해당 조치를 받은 날부터 1년
   나. 업무의 일부정지: 업무정지가 끝난 날부터 2년
   다. 업무의 전부정지: 업무정지가 끝난 날부터 3년

5. 대주주가 금융산업구조개선법에 따라 부실금융기관으로 지정되었거나 금융관련법령에 따라 영업의 허가·인가·등록 등이 취소된 금융회사등(법 제2조 제7호에 따른 "금융회사등")의 대주주 또는 그 특수관계인(부실금융기관으로 지정되거나 영업의 허가 등이 취소될 당시 공정거래법 시행령 제3조의2 제1항 제2호 가목에 따른 독립경영자에 해당하거나 같은 목에 따라 공정거래위원회로부터 동일인관련자의 범위에서 분리되었다고 인정을 받은 자는 제외)이 아닐 것. 다만, 법원의 판결에 따라 부실책임이 없다고 인정된 자 또는 부실에 따른 경제적 책임을 부담하는 등 금융위원회가 정하여 고시하는 기준에 해당하는 자는 제외한다.

6. 대주주가 외국 법령에 따라 설립된 외국 법인인 경우에 해당 대주주는 다음의 기준을 충족할 것(신청인이 금융상품자문업자인 경우에만 적용)

---

335) 위 제1호·제2호·제5호·제6호에서의 "대주주"는 금융회사지배구조법 제2조 제6호에 따른 "대주주"를 준용한다. 이경우 신청인이 상법에 따른 주식회사가 아닌 경우에는 대주주에 준하는 사원(상법에 따른 "사원"을 말한다) 등을 대주주로 본다(별표 1, 비고 제2호).

가. 최근 3년간 금융업에 상당하는 영업과 관련하여 본국에서 벌금형 이상에 상당하는 형사처벌을 받은 사실이 없을 것

나. 등록을 신청한 날을 기준으로 외국에서 금융상품자문업에 상당하는 영업을 하고 있을 것

(라) 임원 요건

임원이 뒤에서 살펴보는 금융상품직접판매업자 또는 금융상품자문업자의 임원 결격 요건(법12④(1) 각목)에 해당하지 아니하여야 한다(법12②(4)).

다음에 해당하는 자는 임원이 될 수 없다. ⅰ) 미성년자, 피성년후견인 또는 피한정후견인, ⅱ) 파산선고를 받고 복권되지 아니한 사람, ⅲ) 금고 이상의 실형을 선고받고 그 집행이 끝나거나(집행이 끝난 것으로 보는 경우를 포함) 집행이 면제된 날부터 5년이 지나지 아니한 사람, ⅳ) 금고 이상의 형의 집행유예를 선고받고 그 유예기간 중에 있는 사람, ⅴ) 금융소비자보호법, 대통령령으로 정하는 금융 관련 법률[336] 또는 외국 금융 관련 법령에 따라 벌금 이상의 형을 선고받고 그 집행이 끝나거나(집행이 끝난 것으로 보는 경우를 포함) 집행이 면제된 날부터 5년이 지나지 아니한 사람, ⅵ) 금융소비자보호법 또는 대통령령으로 정하는 금융 관련 법률[337]에 따라 임직원 제재조치(퇴임 또는 퇴직한 임직원의 경우 해당 조치에 상응하는 통보를 포함)를 받은 사람으로서 그 조치의 종류별로 5년을 초과하지 아니하는 범위에서 대통령령으로 정하는 기간[338]이 지나지 아니한 사람, ⅶ) 금융소비자 보호 및 건전한 거래질서를 해칠 우려가 있는

---

336) "대통령령으로 정하는 금융 관련 법률"은 금융회사지배구조법 시행령 제5조에 따른 법령("금융관련법령")을 말한다(영7①).

337) "대통령령으로 정하는 금융 관련 법률"은 금융회사지배구조법 시행령 제5조에 따른 법령("금융관련법령")을 말한다(영7①).

338) "대통령령으로 정하는 기간"이란 금융회사지배구조법 시행령 제7조(임원의 자격요건) 제2항에 따른 기간을 말한다(영7②). 여기서 "대통령령으로 정하는 기간"이란 다음의 구분에 따른 기간을 말한다(금융회사지배구조법 시행령7②).
1. 임원에 대한 제재조치의 종류별로 다음에서 정하는 기간
   가. 해임(해임요구 또는 해임권고를 포함): 해임일(해임요구 또는 해임권고의 경우에는 해임요구일 또는 해임권고일)부터 5년
   나. 직무정지(직무정지의 요구를 포함) 또는 업무집행정지: 직무정지 종료일(직무정지 요구의 경우에는 직무정지 요구일) 또는 업무집행정지 종료일부터 4년
   다. 문책경고: 문책경고일부터 3년
2. 직원에 대한 제재조치의 종류별로 다음에서 정하는 기간
   가. 면직요구: 면직요구일부터 5년
   나. 정직요구: 정직요구일부터 4년
   다. 감봉요구: 감봉요구일부터 3년
3. 재임 또는 재직 당시 금융관계법령에 따라 그 소속기관 또는 금융위원회·금융감독원장 외의 감독·검사기관으로부터 제1호 또는 제2호의 제재조치에 준하는 조치를 받은 사실이 있는 경우 제1호 또는 제2호에서 정하는 기간
4. 퇴임하거나 퇴직한 임직원이 재임 또는 재직 중이었더라면 제1호부터 제3호까지의 조치를 받았을 것으로 인정되는 경우 그 받았을 것으로 인정되는 조치의 내용을 통보받은 날부터 제1호부터 제3호까지에

경우로서 대통령령으로 정하는 사람

(마) 이해상충방지체계

금융소비자와의 이해 상충을 방지하기 위한 체계로서 소속 임직원이 법 제27조(금융상품자문업자의 영업행위준칙 등)를 준수하도록 관리하는데 필요한 기준 및 절차 요건을 갖추어야 한다(법12②(5), 영5⑥).

(바) 이해관계를 갖지 않는 자 요건

금융상품판매업자와 이해관계를 갖지 않는 자로서 다음의 요건을 갖추어야 한다(법12②(6)).

1) 금융 및 보험업 겸영 금지

금융상품판매업(투자일임업은 제외)과 통계법 제22조 제1항[339]에 따른 한국표준산업분류의 "금융 및 보험업"을 겸영하지 아니하여야 한다(법12②(6) 가목, 영5⑦ 본문). 다만, 공정거래법에 따른 지주회사 중 금융지주회사법에 따른 금융지주회사가 아닌 자, 공공기관운영법에 따른 공공기관, 그 밖에 금융위원회가 정하여 고시하는 자가 영위하는 업은 제외한다(영5⑦ 단서).

2) 계열회사 제외

금융상품판매업자(투자일임업자는 제외)와 공정거래법 제2조 제3호[340]에 따른 계열회사 또는 외부감사법 시행령 제26조 제1항 각 호[341]의 회사("계열회사등")가 아니어야 한다(법12②(6) 나목, 영5⑧).

3) 겸직 또는 파견 금지

임직원이 금융상품판매업자의 임직원 직위를 겸직하거나 그로부터 파견받은 자가 아니어야 한다(법12②(6) 다목).

4) 이해상충 방지와 전자적 장치 설치

금융소비자와의 이해상충을 방지할 수 있도록 금융위원회가 정하는 사항을 갖춘 소프트웨어를 설치한 전자적 장치(전자금융거래법에 따른 전자적 장치)를 갖추어야 한다(법12②(6) 라목, 영5⑨). 이 요건은 전자적 장치를 통하여 금융소비자와 직접 대면하거나 의사소통을 하지 않고 자

서 정하는 기간

339) 통계법 제22조(표준분류) ① 통계청장은 통계작성기관이 동일한 기준에 따라 통계를 작성할 수 있도록 국제표준분류를 기준으로 산업, 직업, 질병·사인(死因) 등에 관한 표준분류를 작성·고시하여야 한다. 이 경우 통계청장은 미리 관계 기관의 장과 협의하여야 한다.

340) 3. "계열회사"라 함은 2이상의 회사가 동일한 기업집단에 속하는 경우에 이들 회사는 서로 상대방의 계열회사라 한다.

341) 1. 제3조 제1항에 따른 지배·종속의 관계에 있는 종속회사
   2. 회계처리기준에 따른 관계기업(종속회사는 아니지만 투자자가 일정한 영향력을 보유하는 기업)
   3. 회계처리기준에 따른 공동기업(둘 이상의 투자자가 공동으로 지배하는 기업)
   4. 그 밖에 해당 회사와 이해관계가 있는 것으로 금융위원회가 정하는 회사

동화된 방식으로 서비스를 제공하는 형태로 금융상품자문업을 영위하는 법인에만 적용한다(영 5⑨).

(3) 금융상품판매대리ㆍ중개업자 등록요건

금융상품판매대리ㆍ중개업자로 등록하려는 자는 다음의 요건을 모두 갖추어야 한다(법12 ③).

(가) 교육 이수 및 사회적 신용 요건

대출성 상품(개인이 등록하려는 경우 금융상품판매대리ㆍ중개업자가 취급하는 금융상품은 제외)을 취급하는 금융상품판매대리ㆍ중개업자는 교육 이수 및 사회적 신용 요건을 갖추어야 한다(법12 ③(1), 영6①).

1) 개인이 등록하려는 경우

대출성 상품에 관한 계약의 체결을 대리하거나 중개하는데 필요한 전문성 및 윤리성을 갖춘 사람으로서 ⅰ) 대출성 상품을 취급하는 금융상품판매대리ㆍ중개업을 영위하는데 필요한 연수과정을 금융위원회가 정하여 고시하는 바에 따라 이수한 사람(가목)이거나, 또는 ⅱ) 대출성 상품을 취급하는 금융상품직접판매업에 3년 이상 종사한 경력이 있는 사람(등록신청일부터 5년 이내에 해당 업무에 종사한 사람으로 한정)으로서 금융위원회가 정하는 바에 따라 대출성 상품, 관련 금융소비자 보호 관련 제도 및 분쟁사례 등에 대한 교육을 받은 사람(나목)[342]에 해당하여야 한다(영6①(1)).

2) 법인이 등록하려는 경우

[별표 1]의 기준을 모두 갖추어야 한다. 이에 관하여는 앞에서 살펴보았다.

(나) 임원 등 요건

금융상품판매대리ㆍ중개업자로 등록하려는 자가 개인의 경우에는 그 개인이 임원 결격 요건(법12④(2))에 해당하지 아니하여야 하고, 금융상품판매대리ㆍ중개업자로 등록하려는 법인의 경우에는 임원이 임원 결격 요건(법12④(2))에 해당하지 아니하여야 한다(법12③(2)).

금융상품판매대리ㆍ중개업자로 등록하려는 자는 다음에 해당하지 않아야 한다. ⅰ) 미성

---

342) 부칙 제3조(금융상품판매대리ㆍ중개업자의 등록요건에 관한 경과조치) 2021년 1월 13일 이전에 다음의 기관에 등록된 금융상품판매대리ㆍ중개업자(대출성 상품을 취급하는 자에 한정한다. 다만, 신용카드만을 취급하는 금융상품판매대리ㆍ중개업자는 제외한다)는 제6조 제1항 제1호 나목에 따른 "금융상품직접판매업에 3년 이상 종사한 경력이 있는 사람"으로 간주한다.
　1. 생명보험협회
　2. 손해보험협회
　3. 여신금융협회
　4. 은행연합회
　5. 저축은행중앙회
　6. 신용협동조합중앙회

년자, 피성년후견인 또는 피한정후견인, ⅱ) 파산선고를 받고 복권되지 아니한 사람, ⅲ) 금고 이상의 형의 집행유예를 선고받고 그 유예기간 중에 있는 사람, ⅳ) 금고 이상의 실형을 선고받고 그 집행이 끝나거나(집행이 끝난 것으로 보는 경우를 포함) 집행이 면제된 날부터 2년이 지나지 아니한 사람, ⅴ) 금융소비자보호법, 대통령령으로 정하는 금융 관련 법률343) 또는 외국 금융 관련 법령에 따라 벌금 이상의 형을 선고받고 그 집행이 끝나거나(집행이 끝난 것으로 보는 경우를 포함) 집행이 면제된 날부터 2년이 지나지 아니한 사람

(다) 업무 수행기준 등

대출성 상품을 취급하는 금융상품판매대리·중개업자가 되려는 법인은 업무 수행기준, 필요한 인력의 보유 등 다음의 요건을 갖추어야 한다(법12③(3), 영6② 본문).

1) 업무 수행기준

금융상품판매대리·중개업자가 되려는 법인은 업무 수행기준(다음의 사항이 금융위원회가 정하는 바에 따라 포함된 기준)을 갖추어야 한다(영6②(1)). 업무 수행기준에는 ⅰ) 영업 관련 직무 수행에 관한 절차·방법 및 기준, ⅱ) 영업 관련 직무를 수행하는 임직원등이 이수해야 하는 교육 또는 자격요건, ⅲ) 광고물 제작 시 준수해야 할 절차·방법 및 기준, ⅳ) 금융소비자와의 이해상충 방지에 관한 절차·방법 및 기준, ⅴ) 금융소비자의 신용정보 관리에 관한 절차·방법 및 기준이 포함되어야 한다.

2) 필요적 인력 보유 요건

금융상품판매대리·중개업자가 되려는 법인은 ⅰ) 대출성 상품을 취급하는 금융상품판매대리·중개업을 영위하는데 필요한 연수과정을 금융위원회가 정하여 고시하는 바에 따라 이수한 사람이거나, 또는 ⅱ) 대출성 상품을 취급하는 금융상품직접판매업에 3년 이상 종사한 경력이 있는 사람(등록신청일부터 5년 이내에 해당 업무에 종사한 사람으로 한정)으로서 금융위원회가 정하는 바에 따라 대출성 상품, 관련 금융소비자 보호 관련 제도 및 분쟁사례 등에 대한 교육을 받은 사람을 1명 이상 두어야 하고, 전산설비 운용·관리 관련 업무수행이 가능한 전문인력도 1명 이상 두어야 한다(영6②(2)).

3) 물적 설비 요건

금융상품판매대리·중개업자가 되려는 법인은 ⅰ) 금융소비자의 개인정보가 분실·도난·누출·위조·변조 또는 훼손되지 아니하도록 개인정보를 성실하게 취급할 책무의 이행, 내부통제기준의 운영 및 자료의 기록·유지·관리 등에 필요한 전산설비·통신수단을 갖추어야 하고, ⅱ) 금융위원회가 정하여 고시하는 바에 따라 고정사업장 및 사무장비를 갖추어야 하며, ⅲ)

---

343) "대통령령으로 정하는 금융 관련 법률"은 금융회사지배구조법 시행령 제5조에 따른 법령("금융관련법령")을 말한다(영7①).

전산설비, 통신수단, 그 밖에 물적 설비를 안전하게 보호할 수 있는 검증된 보안설비를 갖추어야 하고, vi) 정전·화재 등의 사고가 발생할 경우 업무의 연속성을 유지할 수 있는 설비를 확보하여야 한다(영6②(3)).

4) 보증금 예탁 또는 보장성 상품 가입 요건

금융상품판매대리·중개업자가 되려는 법인은 금융상품판매업자등의 손해배상책임에 따른 손해(법44①)를 배상할 책임을 보장하기 위하여 5천만원 이상을 금융위원회가 정하는 기관에 보증금으로 예탁하거나 같은 금액을 최소 보장금액으로 하는 보장성 상품에 가입하여야 한다. 이 경우 금융위원회는 법인의 거래규모 등을 고려하여 금융소비자 보호를 위해 필요하다고 인정되는 경우에는 그 금액의 증액을 요구할 수 있다(영6②(4)).

이 요건은 대출성 상품에 관한 금융상품판매대리·중개업을 전자금융거래(금융상품판매업자등이 전자적 장치를 통하여 서비스를 제공하고 금융소비자가 금융상품판매업자등과 직접 대면하거나 의사소통을 하지 아니하고 자동화된 방식으로 이를 이용하는 거래) 방식으로만 영위하는 법인("대출성 상품 온라인 판매 대리·중개업자")에 한정하여 적용한다(영6② 단서).

5) 이해상충 방지와 전자적 장치 설치 요건

금융상품판매대리·중개업자가 되려는 법인은 금융소비자와의 이해상충을 방지할 수 있도록 금융위원회가 정하여 고시하는 요건을 갖춘 소프트웨어를 전자적 장치에 설치하여야 한다(영6②(5)). 이 요건은 대출성 상품에 관한 금융상품판매대리·중개업을 전자금융거래(금융상품판매업자등이 전자적 장치를 통하여 서비스를 제공하고 금융소비자가 금융상품판매업자등과 직접 대면하거나 의사소통을 하지 아니하고 자동화된 방식으로 이를 이용하는 거래) 방식으로만 영위하는 법인("대출성 상품 온라인 판매 대리·중개업자")에 한정하여 적용한다(영6② 단서).

(4) 금융상품판매업자등의 임원

다음에 해당하는 사람은 등록을 한 금융상품직접판매업자, 금융상품자문업자 또는 법인인 금융상품판매대리·중개업자의 임원이 될 수 없다(법12④).

1) 금융상품직접판매업자 또는 금융상품자문업자의 경우

금융상품직접판매업자 또는 금융상품자문업자의 경우 다음의 사람은 임원이 될 수 없다(법12④). i) 미성년자, 피성년후견인 또는 피한정후견인, ii) 파산선고를 받고 복권되지 아니한 사람, iii) 금고 이상의 실형을 선고받고 그 집행이 끝나거나(집행이 끝난 것으로 보는 경우를 포함) 집행이 면제된 날부터 5년이 지나지 아니한 사람, iv) 금고 이상의 형의 집행유예를 선고받고 그 유예기간 중에 있는 사람, v) 금융소비자보호법, 대통령령으로 정하는 금융 관련 법률 또는 외국 금융 관련 법령에 따라 벌금 이상의 형을 선고받고 그 집행이 끝나거나(집행이 끝난 것으로 보는 경우를 포함) 집행이 면제된 날부터 5년이 지나지 아니한 사람, vi) 금융소비자보호법 또는 대통령령으로 정하는 금융 관련 법률에 따라 임직원 제재조치(퇴임 또는 퇴직한 임직원의 경우 해당 조치에 상응하는 통보를 포함)를 받은 사람으로서 그 조치의 종류별로 5년을 초과하지 아니하는 범위에서 대통령령으로 정하는 기간이 지나지 아니한 사람, vii) 금융소비자 보호 및 건전한 거래질서를 해칠 우려가 있는 경우로서 대통령령으로 정하는 사람

2) 법인인 금융상품판매대리 · 중개업자의 경우

법인인 금융상품판매대리 · 중개업자의 경우 다음의 사람은 임원이 될 수 없다(법12④(2)). i) 미성년자, 피성년후견인 또는 피한정후견인, ii) 파산선고를 받고 복권되지 아니한 사람, iii) 금고 이상의 형의 집행유예를 선고받고 그 유예기간 중에 있는 사람, iv) 금고 이상의 실형을 선고받고 그 집행이 끝나거나(집행이 끝난 것으로 보는 경우를 포함) 집행이 면제된 날부터 2년이 지나지 아니한 사람, v) 금융소비자보호법, 대통령령으로 정하는 금융 관련 법률 또는 외국 금융 관련 법령에 따라 벌금 이상의 형을 선고받고 그 집행이 끝나거나(집행이 끝난 것으로 보는 경우를 포함) 집행이 면제된 날부터 2년이 지나지 아니한 사람

(5) 등록수수료

금융상품판매업자등으로 등록을 신청하려는 자는 등록요건 심사 및 관리에 필요한 비용을 고려하여 수수료를 내야 한다(법12⑤). 여기서 수수료란 법인인 금융상품판매대리 · 중개업자는 20만원, 개인인 금융상품판매대리 · 중개업자는 2만원을 말한다(영8).

(6) 등록신청

(가) 등록신청서 제출

금융상품판매업자 또는 금융상품자문업자로 등록하려는 자("신청인")는 등록신청서를 작성하여 금융위원회에 제출하여야 한다(영9①. 신청인이 등록신청서에 기재해야 할 사항 및 첨부해야 할 서류는 [별표 2]와 같다(영9②). 시행령 [별표 2]는 등록신청서 기재사항 및 첨부서류(제9조 제2항 관련)를 규정하고 있다.

1) 기재사항

가) 금융상품자문업자로 등록하려는 자

금융상품자문업자로 등록하려는 자의 기재사항은 상호, 본점의 소재지, 임원에 관한 사항, 취급하고자 하는 금융상품에 관한 사항, 자기자본 등 재무에 관한 사항, 인력과 전산설비 등의 물적 설비에 관한 사항, 이해상충방지체계에 관한 사항, 금융상품판매업자와 이해관계를 갖지 않는 자에 관한 사항, 그 밖에 등록의 검토에 필요한 사항으로서 금융위원회가 정하여 고시하는 사항이다.

나) 금융상품판매대리·중개업자로 등록하려는 자

(ㄱ) 개인

금융상품판매대리·중개업자로 등록하려는 자가 개인의 경우 기재사항은 신청인의 인적 사항, 취급하고자 하는 금융상품에 관한 사항, 교육 이수 등 자격에 관한 사항, 신청인에게 금융상품계약체결등을 대리 또는 중개하는 업무를 위탁하는 금융상품직접판매업자 또는 금융상품판매대리·중개업자에 관한 사항, 그 밖에 등록의 검토에 필요한 사항으로서 금융위원회가 정하여 고시하는 사항이다.

(ㄴ) 법인

금융상품판매대리·중개업자로 등록하려는 자가 법인의 경우 기재사항은 상호, 본점의 소재지, 임원에 관한 사항, 취급하고자 하는 금융상품에 관한 사항, 교육 이수 등 자격에 관한 사항, 업무 수행기준, 필요인력 보유 등에 관한 사항, 신청인에게 금융상품계약체결등을 대리 또는 중개하는 업무를 위탁하는 금융상품직접판매업자 또는 금융상품판매대리·중개업자에 관한 사항, 그 밖에 등록의 검토에 필요한 사항으로서 금융위원회가 정하여 고시하는 사항이다.

2) 첨부서류

가) 금융상품자문업자로 등록하려는 자

금융상품자문업자로 등록하려는 자의 첨부서류는 정관(이에 준하는 것을 포함), 본점의 위치와 명칭을 기재한 서류, 임원의 이력서와 경력증명서, 취급하고자 하는 금융상품의 유형 등을 기재하는 서류, 최근 3개 사업연도의 재무제표와 그 부속명세서(설립 중인 법인은 제외하며, 설립일부터 3개 사업연도가 지나지 아니한 법인의 경우에는 설립일부터 최근 사업연도까지의 재무제표와 그 부속명세서), 인력과 전산설비 등의 물적 설비에 관한 사항, 이해상충방지체계를 갖추었는지를 확인할 수 있는 서류, 금융상품판매업자와 이해관계를 갖지 않는 자임을 확인할 수 있는 서류, 그 밖에 등록의 검토에 필요한 서류로서 금융위원회가 정하여 고시하는 서류이다.

나) 금융상품판매대리·중개업자로 등록하려는 자

(ㄱ) 개인

금융상품판매대리·중개업자로 등록하려는 자가 개인의 경우 첨부서류는 신청인의 인적 사항을 확인할 수 있는 서류, 취급하고자 하는 금융상품의 유형 등을 기재하는 서류, 교육 이수 등 자격을 확인할 수 있는 서류, 신청인에게 금융상품계약체결등을 대리 또는 중개하는 업무를 위탁하는 금융상품직접판매업자 또는 금융상품판매대리·중개업자에 관한 서류, 그 밖에 등록의 검토에 필요한 서류로서 금융위원회가 정하여 고시하는 서류이다.

(ㄴ) 법인

금융상품판매대리·중개업자로 등록하려는 자가 법인의 경우 첨부서류는 정관(이에 준하는 것을 포함), 본점의 위치와 명칭을 기재한 서류, 임원의 이력서와 경력증명서, 취급하고자 하는 금융상품의 유형 등을 기재하는 서류, 교육 이수 등 자격을 확인할 수 있는 서류, 업무 수행기준, 필요인력 보유 등에 관한 사항을 확인할 수 있는 서류, 신청인에게 금융상품계약체결등을 대리 또는 중개하는 업무를 위탁하는 금융상품직접판매업자 또는 금융상품판매대리·중개업자에 관한 서류, 그 밖에 등록의 검토에 필요한 서류로서 금융위원회가 정하여 고시하는 서류이다.

(나) 등록 여부 결정 통지 및 보완요구

금융위원회는 등록신청서를 제출받은 경우에 그 내용이 등록요건을 갖추었는지를 확인·검토하여 2개월 이내에 등록 여부를 결정하고, 그 결과와 이유를 지체 없이 신청인에 서면으로 알려야 한다(영9③ 전단). 이 경우 등록신청서에 흠이 있는 경우에는 보완을 요구할 수 있다(영9 ③ 후단). 검토기간을 산정하는 경우에 신청인이 등록신청서의 흠을 보완하는 기간 등 금융위원회가 정하여 고시하는 기간은 검토기간에서 제외한다(영9④).

(다) 등록거부

금융위원회는 신청인이 i) 등록요건을 갖추지 않은 경우, ii) 등록신청서를 거짓으로 작성한 경우, iii) 보완요구를 정당한 사유 없이 이행하지 않은 경우에 등록을 거부할 수 있다(영9 ⑤).

(라) 등록 여부 통지와 게시

금융위원회는 등록 여부를 결정한 경우에는 지체 없이 그 결과를 신청인에게 문서로 알리고 인터넷 홈페이지(모바일 응용프로그램 및 이에 준하는 전자적 시스템을 포함)에 게시하여야 한다(영9⑥).

Ⅵ. 금융상품판매업자등의 영업행위 준수사항

1. 영업행위 일반원칙

(1) 영업행위 준수사항 해석의 기준

누구든지 영업행위 준수사항에 관한 규정을 해석·적용하려는 경우 금융소비자의 권익을 우선적으로 고려하여야 하며, 금융상품 또는 계약관계의 특성 등에 따라 금융상품 유형별 또는 금융상품판매업자등의 업종별로 형평에 맞게 해석·적용되도록 하여야 한다(법13).

(2) 신의성실의무 등

금융상품판매업자등은 금융상품 또는 금융상품자문에 관한 계약의 체결, 권리의 행사 및 의무의 이행을 신의성실의 원칙에 따라 하여야 한다(법14①). 금융상품판매업자등은 금융상품 판매업등을 영위할 때 업무의 내용과 절차를 공정히 하여야 하며, 정당한 사유 없이 금융소비자의 이익을 해치면서 자기가 이익을 얻거나 제3자가 이익을 얻도록 해서는 아니 된다(법14②).

(3) 차별금지

금융상품판매업자등은 금융상품 또는 금융상품자문에 관한 계약을 체결하는 경우 정당한 사유 없이 성별·학력·장애·사회적 신분 등을 이유로 계약조건에 관하여 금융소비자를 부당하게 차별해서는 아니 된다(법15).

(4) 금융상품판매업자등의 관리책임

금융상품판매업자등은 임직원 및 금융상품판매대리·중개업자(보험중개사는 제외)가 업무를 수행할 때 법령을 준수하고 건전한 거래질서를 해치는 일이 없도록 성실히 관리하여야 한다(법16①).

(5) 내부통제기준

(가) 내부통제기준 마련의무

1) 법인인 금융상품판매업자등의 관리업무 수행과 내부통제기준

법인인 금융상품판매업자등은 관리업무를 이행하기 위하여 그 임직원 및 금융상품판매대리·중개업자가 직무를 수행할 때 준수하여야 할 기준 및 절차("내부통제기준")를 마련하여야 한다(법16②, 영10① 본문).

2) 내부통제기준 마련의무의 제외 대상법인

다음의 어느 하나에 해당하는 법인, 즉 대부업자 및 대부중개업자, 상호저축은행중앙회, 신기술사업금융업자·신기술사업금융전문회사, 온라인투자연계금융업자, 온라인소액투자중개업자, 금융상품직접판매업자 및 금융상품자문업자로서 상시근로자가 5명 미만인 경우, 금융상품판매대리·중개업자로서 ⅰ) 하나의 금융상품직접판매업자가 취급하는 금융상품에 관한 계약의 체결만 대리·중개하는 것을 영업으로 하는 경우(다만, 그 금융상품직접판매업자가 이 항 단서에 해당하는 경우에는 내부통제기준을 마련하여야 한다), ⅱ) 소속된 개인 금융상품판매대리·중개업자가 5명 미만인 경우(다만, 전자금융거래방식만으로 금융상품판매업등을 영위하는 법인은 상시근로자가 3명 미만인 경우에 내부통제기준을 마련하지 않을 수 있다), 그 밖에 금융상품판매업자등의 특성상 내부통제기준을 운영하기 어렵거나 내부통제기준을 마련해야 할 필요성이 낮은 법인으로서 금융위원회가 정하여 고시하는 법인은 제외한다(영10① 단서).

(나) 내부통제기준 마련시 준수사항

금융상품판매업자등은 내부통제기준을 마련하는 경우에 다음 사항을 지켜야 한다(영10②).

1) 내부통제기준 필요적 포함사항

[별표 3]의 기준을 내부통제기준에 포함시켜야 한다. 다만, [별표 3]의 기준 중 일부는 금융상품판매업자등의 영업규모 등을 고려하여 금융위원회가 정하는 바에 따라 내부통제기준에

포함하지 않을 수 있다(영10②(1)). [별표 3]의 내부통제기준에 포함되어야 하는 사항(제10조 제2항 관련)은 다음과 같다.

가) 내부통제기준의 설정·운영에 관한 사항(별표 3 제1호)

내부통제기준의 설정·운영에 관한 사항은 ⅰ) 내부통제기준을 운영하는데 필요한 전담조직 및 담당 임직원의 직무 및 자격요건에 관한 사항, ⅱ) 대표이사, 이사 등 법인의 업무집행에 관한 의사결정 권한을 가진 자의 내부통제기준 운영에 관한 권한 및 책임에 관한 사항, ⅲ) 내부통제기준 신설·변경 및 평가에 관한 사항, ⅳ) 임직원 및 금융상품판매대리·중개업자(보험중개사는 제외)의 법령·내부통제기준 위반 예방에 관한 사항, ⅴ) 임직원 및 금융상품판매대리·중개업자("임직원등")가 법령·내부통제기준을 충실히 준수하는지에 대한 점검에 관한 사항, ⅵ) 임직원등의 법령·내부통제기준 위반에 대한 조치에 관한 사항, ⅶ) 임직원등의 법령·내부통제기준 위반 사실 신고를 접수·처리하는 체계에 관한 사항이다.

나) 금융소비자 보호를 전담하는 조직에 관한 사항(별표 3 제2호)

금융소비자 보호를 전담하는 조직에 관한 사항은 ⅰ) 금융소비자 보호에 관한 중요사항을 조정하는 위원회("금융소비자보호협의회")의 설치·권한 및 운영 등에 관한 사항, ⅱ) 금융소비자 보호를 전담하는 조직의 설치·권한 및 운영 등에 관한 사항. 이 경우 해당 조직은 금융소비자 보호 관련 업무 수행 시 영업행위로부터 독립성을 확보하여야 한다. ⅲ) 금융소비자 보호를 전담하는 임직원의 임명·자격요건·권한 및 직무 등에 관한 사항. 다만, 금융소비자 보호를 전담하는 임원("금융소비자보호책임자")을 별도로 두어야 할 필요성이 크지 않거나 경영에 과중한 부담을 준다고 볼 수 있는 경우로서 금융위원회가 정하여 고시하는 경우에는 내부통제기준 운영담당 임원이 금융소비자보호책임자의 직무를 수행하게 할 수 있다.

다) 금융상품판매업등의 업종별 영업행위에 관한 사항(별표 3 제3호)

(ㄱ) 금융상품직접판매업자

금융상품직접판매업자의 영업행위에 관한 사항은 ⅰ) 금융상품의 개발 및 판매에 관한 정책 수립 시 금융소비자 보호를 전담하는 조직과 다른 조직 간의 협의 및 정보공유, 민원, 외부 전문가 의견 또는 금융소비자 의견 등의 반영, 금융상품 판매 시 금융소비자에 발생할 수 있는 잠재적 위험요인에 대한 평가를 준수하도록 하는데 필요한 절차·방법 및 기준, ⅱ) 광고물 제작 시 준수해야 할 절차·방법 및 기준, ⅲ) 광고내용(금융상품판매대리·중개업자의 광고내용을 포함)의 법령 준수 여부 및 내부통제기준 부합 여부를 점검하는 절차·방법 및 기준, ⅳ) 영업 관련 직무를 수행하는 임직원등이 이수해야 하는 교육 또는 자격요건, ⅴ) 영업 관련 직무수행에 관한 절차·방법 및 기준, ⅵ) 임직원등의 이해상충 방지에 관한 사항, ⅶ) 금융소비자의 신용정보 관리에 관한 절차·방법 및 기준, ⅷ) 계약체결 이후 그 계약으로 인해 금융소비자가 재산상 피해를 입을 우려가 있는 경우에 해당 정보를 신속하게 관련 임직원 등 및 금융소비자에 알리는데 필요한 절차·방법 및 기준, ix) 금융상품에 관한 계약의 체결을 대리·중개하는 업무를 위탁하는 경우 준수해야 할 사항이다.

(ㄴ) 금융상품자문업자

금융상품자문업자의 영업행위에 관한 사항은 i) 광고물 제작 시 준수해야 할 절차·방법 및 기준, ii) 광고내용(금융상품판매대리·중개업자의 광고내용을 포함)의 법령 준수 여부 및 내부통제기준 부합 여부를 점검하는 절차·방법 및 기준, iii) 영업 관련 직무를 수행하는 임직원등이 이수해야 하는 교육 또는 자격요건, iv) 영업 관련 직무수행에 관한 절차·방법 및 기준, v) 임직원등의 이해상충 방지에 관한 사항, vi) 금융소비자의 신용정보 관리에 관한 절차·방법 및 기준, vii) 계약체결 이후 그 계약으로 인해 금융소비자가 재산상 피해를 입을 우려가 있는 경우에 해당 정보를 신속하게 관련 임직원 등 및 금융소비자에 알리는데 필요한 절차·방법 및 기준이다. 위의 i)의 광고물 제작 시 준수해야 할 절차·방법 및 기준에서 광고물은 금융상품자문업자의 광고물을 말한다.

(ㄷ) 금융상품판매대리·중개업자

금융상품판매대리·중개업자의 영업행위에 관한 사항은 i) 광고물 제작 시 준수해야 할 절차·방법 및 기준, ii) 광고내용(금융상품판매대리·중개업자의 광고내용을 포함)의 법령 준수 여부 및 내부통제기준 부합 여부를 점검하는 절차·방법 및 기준, iii) 영업 관련 직무를 수행하는 임직원등이 이수해야 하는 교육 또는 자격요건, iv) 영업 관련 직무수행에 관한 절차·방법 및 기준, v) 임직원등의 이해상충 방지에 관한 사항, vi) 금융소비자의 신용정보 관리에 관한 절차·방법 및 기준, vii) 금융상품직접판매업자로부터 받는 수수료에 관한 기준이다. 위의 i)의 광고물 제작 시 준수해야 할 절차·방법 및 기준에서 광고물은 금융상품판매대리·중개업자의 광고물을 말한다.

라) 금융상품판매업자등의 성과 보상에 관한 사항(별표 3 제4호)

금융상품판매업자등의 성과 보상에 관한 사항은 i) 영업 담당 임직원과 금융소비자 간에 이해상충이 발생하지 않도록 하는 성과 보상체계의 설계·운영에 관한 절차·방법 및 기준, ii) 금융소비자보호책임자가 성과 보상체계를 주기적으로 평가하고 그 결과를 금융소비자보호협의회에서 논의하는 체계의 구축에 관한 절차·방법 및 기준이다.

마) 기타 사항(별표 3 제5호)

고령자 및 장애인의 금융거래 편의성을 높이고 재산상 피해를 방지하기 위해 준수하여야 할 절차·방법 및 기준이다.

2) 관리업무를 위한 필요적 포함사항

다음의 어느 하나에 해당하는 경우, 즉 ⅰ) 자체 점검, 금융소비자 보호실태 평가 또는 금융상품판매업자등에 대한 검사 결과 내부통제기준이 관리업무에 상당한 지장을 주는 경우, ⅱ) 임직원 또는 금융상품판매대리·중개업자의 법 위반이 반복적으로 발생하는 경우, ⅲ 내부통제기준에 규정된 사항과 관련된 법령의 중요한 변경내용이 제때 반영되지 않은 경우에는 관리업무를 위해 필요한 사항을 내부통제기준에 포함시켜야 한다(영10②(2)).

3) 금융위원회가 정하여 고시하는 사항 준수의무

그 밖에 금융상품판매업자등은 임직원 및 금융상품판매대리·중개업자(보험중개사는 제외)가 업무를 수행할 때 법령을 준수하고 건전한 거래질서를 해치는 일이 없도록 성실히 관리(법16①)하여야 하는데, 이 관리를 위해 필요한 사항으로서 금융위원회가 정하여 고시하는 사항을 지켜야 한다(영10②(3)).

(다) 내부통제기준 신설 · 변경과 이사회 의결 등

내부통제기준을 신설하거나 변경하는 경우에 이사회 또는 이에 준하는 기관(이사회가 없는 경우에 한정)의 승인을 받는 절차를 거쳐야 한다(영10③ 본문). 다만, 신설·변경하는 사항이 경미한 경우에는 대표이사의 승인으로 갈음할 수 있다(영10③ 단서).

(6) 위반시 제재

법 제16조 제2항을 위반하여 내부통제기준을 마련하지 아니한 자에게는 1억원 이하의 과태료를 부과한다(법69①(1)).

2. 금융상품 유형별 영업행위 준수사항

(1) 적합성원칙

(가) 소비자 분류 확인의무(소비자 유형 구분)

금융상품판매업자등은 금융상품계약체결등을 하거나 자문업무를 하는 경우에는 상대방인 금융소비자가 일반금융소비자인지 전문금융소비자인지를 확인하여야 한다(법17①).

(나) 소비자 정보 파악 · 확인의무

금융상품판매업자등은 일반금융소비자에게 다음의 금융상품 계약체결을 권유(금융상품자문업자가 자문에 응하는 경우를 포함)하는 경우에는 면담·질문 등을 통하여 다음의 구분에 따른 정보를 파악하고, 일반금융소비자로부터 서명(전자서명을 포함), 기명날인, 녹취 또는 서명(전자서명을 포함), 기명날인, 녹취 각각에 준하여 안정성·신뢰성이 확보될 수 있는 전자적 확인방식으로 확인을 받아 이를 유지·관리하여야 하며, 확인받은 내용을 일반금융소비자에게 지체 없이 제공하여야 한다(법17②, 영11①).

1) 보장성 상품 계약체결을 권유하는 경우

보장성 상품인 변액보험계약[344] 및 이와 유사한 금융상품으로서 금융상품직접판매업자가 보험료(공제계약의 경우 공제료) 중 일부를 금융투자상품의 취득·처분 또는 그 밖의 방법으로 운용하여 발생한 수익이나 손실이 보험금 또는 해약환급금(금융소비자가 계약의 해지를 요구하여 계약이 해지된 경우에 금융상품판매업자가 금융소비자에게 환급해주는 금액)에 반영되는 상품 계약체결을 권유하는 경우에는 일반금융소비자의 연령, 재산상황(부채를 포함한 자산 및 소득에 관한 사항), 보장성 상품 계약체결의 목적을 파악하고 확인하여야 한다(법17②(1), 영11②).

2) 투자성 상품 등의 계약체결을 권유하는 경우

투자성 상품 및 운용실적에 따라 수익률 등의 변동 가능성이 있는 금융상품으로서 대통령령으로 정하는 예금성 상품 계약체결을 권유하는 경우에는 일반금융소비자의 해당 금융상품 취득 또는 처분 목적, 재산상황, 취득 또는 처분 경험을 파악하고 확인하여야 한다(법17②(2)). 다만 온라인소액투자중개의 대상이 되는 증권, 연계투자계약, 그 밖에 금융위원회가 정하여 고시하는 금융상품(영11③)은 제외한다(법17②(2)).

3) 대출성 상품 계약체결을 권유하는 경우

대출성 상품 계약체결을 권유하는 경우에는 일반금융소비자의 재산상황, 신용 및 변제계획을 파악하고 확인하여야 한다(법17②(3)).

4) 적합한 계약체결을 권유하기 위한 정보

그 밖에 일반금융소비자에게 적합한 금융상품 계약의 체결을 권유하기 위하여 필요한 정보로서 다음의 사항을 파악하고 확인하여야 한다(법17②(4), 영11④).

가) 보장성 상품

보장성 상품(법17②(1))의 경우 금융상품을 취득·처분한 경험, 금융상품을 이해하는데 필요한 지식의 수준, 위험에 대한 태도를 파악하고 확인하여야 한다(영11④(1)).

나) 투자성 상품

투자성 상품(법17②(2)) 경우 일반금융소비자의 연령, 금융상품을 이해하는데 필요한 지식의 수준, 위험에 대한 태도를 파악하고 확인하여야 한다(영11④(2)).

다) 대출성 상품

대출성 상품(법17②(3)) 경우 일반금융소비자의 연령, 금융상품을 이해하는데 필요한 지식의 수준을 파악하고 확인하여야 하며, 다음의 대출성 상품, 즉 은행법에 따른 예금 및 대출과 상호저축은행법에 따른 예금 및 대출, 어음할인·매출채권 매입(각각 금융소비자에 금전의 상환을 청구할 수 있는 계약으로 한정)·대출·지급보증 또는 이와 유사한 것으로서 금전 또는 그 밖의

---

344) 변액보험계약은 보험금이 자산운용의 성과에 따라 변동하는 보험계약을 말한다(보험업법108①(3)).

재산적 가치가 있는 것("금전등")을 제공하고 장래에 금전등 또는 그에 따른 이자 등 대가를 받기로 하는 계약의 경우는 계약체결의 목적을 파악하고 확인하여야 한다(영11④(3)).

라) 기타 적합성 판단에 상당한 정보

그 밖에 금융상품판매업자등이 적합성 판단기준(법17③ 후단)을 일반금융소비자에 적용하기 위하여 필요하다고 인정할 만한 상당한 이유가 있는 정보를 파악하고 확인하여야 한다(영11④(4)).

(다) 부적합 계약체결 권유 금지 의무

금융상품판매업자등은 확인한 정보를 고려하여 그 일반금융소비자에게 적합하지 아니하다고 인정되는 계약체결을 권유해서는 아니 된다(법17③ 전단).345) 이 경우 적합성 판단기준은 [별표 4]와 같다(법17③ 후단, 영11⑤). 시행령 [별표 4]는 적합성 및 적정성 판단기준(제11조 제5항 및 제12조 제6항 관련)을 규정하고 있다. [별표 4]의 적합성 판단기준은 다음과 같다.

일반금융소비자가 다음의 구분에 따른 사항 중 어느 하나에 해당한다는 합리적 근거가 있는 경우에는 해당 금융상품을 권유하지 아니하여야 한다. 이 경우 금융상품판매업자는 그 합리적 근거에 관한 사항을 금융위원회가 정하는 바에 따라 기록하여야 한다(별표 4 제1호 본문).

1) 보장성 상품 · 투자성 상품(별표 4 제1호 가목)

ⅰ) 거래목적, 위험감수능력(금융상품 처분 시 감수할 수 있는 손실 수준을 객관적·합리적으로 평가한 결과) 또는 거래성향에 해당 금융상품이 부합하지 않는 경우

ⅱ) 투자성 상품을 취득·처분한 경험 또는 설명의무에 따른 설명을 이해할 수 있는 능력이 해당 금융상품의 위험에 비해 상당히 부족한 경우

2) 대출성 상품(별표 4 제1호 나목)

ⅰ) 일반기준: 계약기간 내 원리금을 상환할 수 있는 능력(일반금융소비자가 계약에 따라 금전을 제때 지급할 수 있는지를 현재·미래 소득, 부채, 신용점수 등을 고려하여 객관적·합리적으로 평가한 결과를 말한다. 이하 이 별표에서 "상환능력"이라 한다)이 상당히 부족한 경우. 이 경우, 일반금융

---

345) 서울중앙지방법원 2008. 12. 30.자 2008카합3816 결정(피신청인 은행은 이 사건 계약의 내용이 신청인들의 주된 거래 목적인 환위험 회피에 적합한 것인지, 그리고 그 계약으로 인하여 신청인들이 그 재무구조나 영업상황, 위험관리능력 등에 비하여 과도한 위험에 노출되지는 않는지 등을 미리 점검하여 그 계약의 내용이 신청인들에게 적합하지 아니하다고 인정되는 경우에는 그러한 계약의 체결을 권유하지 않거나 혹은 계약의 내용을 신청인들에게 적합하도록 변경하여 계약의 체결을 권유하여야 할 의무가 있다고 할 것이다. 그런데 이 사건 계약에 의하면 환율이 급등하는 경우에 신청인들은 무제한의 손실의 위험에 노출되는바, 신청인들의 거래 목적, 재무구조 및 영업상황, 위험관리능력 등에 비추어 이는 신청인들에게 적합하지 않은 거래조건이라 할 것이므로, 피신청인 은행으로서는 신청인들에게 이 사건 계약의 체결을 권유함에 있어 신청인들의 손실을 제한할 수 있는 다른 거래조건(예컨대 신청인들의 손실 총액에 제한을 둔다든가, 환율이 일정 수준 이상으로 오르는 경우에 신청인들이 합리적인 금액을 배상하고 계약을 장래를 향하여 해지할 수 있도록 한다든가, 피신청인 은행의 넉인 콜옵션에 다시 넉아웃 조건을 둔다든가 하는 등의 방식)을 모색하여 이를 권유하여야 할 의무가 있다고 할 것임에도 그러한 의무를 이행하지 않았다).

소비자가 제공한 담보의 가치만으로 상환능력을 판단하여서는 아니된다.

ⅱ) 서민의 금융생활 지원에 관한 법률("서민금융법") 제2조 제5호[346])에 따른 신용대출사업 등 서민의 생활안정을 위해 자금을 지원하는 상품의 경우: 해당 상품에 관한 계약을 체결할 수 있는 요건에 해당하지 않는 경우

(라) 금융상품 유형별 정보내용

금융상품판매업자등이 금융상품의 유형별로 파악하여야 하는 정보의 세부적인 내용은 시행령 [별표 5]와 같다(법17④, 영11⑥). 시행령 [별표 5]는 금융상품판매업자등이 금융상품의 유형별로 파악하여야 하는 일반금융소비자 정보의 세부적인 내용(제11조 제6항 및 제12조 제7항 관련)을 규정하고 있다. [별표 5]의 금융상품 유형별 정보의 세부 내용은 다음과 같다.

1) 보장성 상품

보장성 상품의 경우 ⅰ) 거래목적은 보장기간, 보장받고자 하는 위험의 내용, 기대이익 및 감수할 수 있는 손실 수준을 말하고, ⅱ) 재산상황은 개인의 경우 보유자산, 연간 소득 및 부채(원리금 연체 상황도 포함)를 말하고, 법인등은 회계정보를 말한다. ⅲ) 상품 취득·처분 경험 또는 그 밖의 정보의 경우 과거 취득·처분한 상품에 관한 다음의 사항, 즉 상품의 내용, 취득·처분의 목적 및 금액, 유사 금융상품의 거래기간 및 거래빈도를 말하고, 또한 해당 금융상품에 대한 이해도, 연령, 위험에 대한 태도를 말한다.

2) 투자성 상품

투자성 상품의 경우 ⅰ) 거래목적은 투자기간, 기대이익 및 감수할 수 있는 손실 수준을 말하고, ⅱ) 재산상황은 보장성 상품의 경우와 같다. ⅲ) 상품 취득·처분 경험 또는 그 밖의 정보의 경우도 보장성 상품의 경우와 같다.

3) 대출성 상품

대출성 상품의 경우 ⅰ) 거래목적은 대출 용도를 말하는데, 고객의 거래목적을 파악하여야 하는 대출성 상품은 대출(법 제2조 제1호 가목·라목에 따른 대출 또는 영 제2조 제1항 제2호 본문 및 같은 항 제6호에 따른 대출)로 한정한다. ⅱ) 재산상황은 보장성 상품의 경우와 같다. ⅲ) 상품 취득·처분 경험 또는 그 밖의 정보의 경우는 신용점수, 계약기간 동안의 변제계획, 해당 금융상품에 대한 이해도, 연령을 말한다. 금융상품판매업자 등이 대출성 상품 중 신용카드에 관한

---

346) 5. "서민 금융생활 지원사업"이란 다음의 사업을 말한다.
　　가. 저소득층의 창업, 취업, 주거, 의료 및 교육을 지원하기 위한 신용대출사업
　　나. 금융채무 불이행자의 경제적 회생을 지원하기 위한 신용대출사업
　　다. 저소득층의 보험계약 체결 및 유지를 지원하기 위한 사업
　　라. 저소득층의 원활한 금융생활 지원을 위한 종합상담 및 금융상품 등의 소개 사업
　　마. 그 밖에 서민생활의 안정을 위한 사업으로서 대통령령으로 정하는 사업

계약체결을 권유하는 경우에 파악하여야 하는 정보는 일반금융소비자의 연간 소득, 부채, 신용점수 및 신용카드 이용대금 결제계획으로 한정한다.

(마) 전문투자형 사모집합투자기구의 집합투자증권 판매

금융상품판매업자등이 전문투자형 사모집합투자기구의 집합투자증권을 판매하는 경우에는 소비자 분류 확인의무(법17①), 소비자 정보 파악·확인의무(법17②), 부적합 계약체결 권유금지 의무(법17③) 규정을 적용하지 아니한다(법17⑤ 본문).

다만, 적격투자자(자본시장법249의2) 중 일반금융소비자 등 투자성 상품에 관한 계약의 일반금융소비자가 소비자 분류 확인의무(법17①), 소비자 정보 파악·확인의무(법17②), 부적합 계약체결 권유 금지 의무(법17③) 규정을 적용받겠다는 의사를 금융상품판매업자등에 서면 또는 우편 또는 팩스에 따른 서신전달, 전화, 전자우편, 또는 이에 준하는 전자적 의사표시, 그 밖에 상대방에 의사를 표시하였다는 사실을 객관적으로 입증할 수 있는 방법("서면등")으로 알린 경우(영11⑧)에는 그러하지 아니하다(법17⑤ 단서, 영11⑦).

(바) 투자성 상품과 별도 요청시 준수사항

금융상품판매업자등이 투자성 상품에 관한 계약의 일반금융소비자에 소비자 분류 확인의무(법17①), 소비자 정보 파악·확인의무(법17②), 부적합 계약체결 권유 금지 의무(법17③) 규정의 적용을 별도로 요청할 수 있음을 알리는 경우에 다음의 사항을 지켜야 한다(법17⑥, 영11⑦⑨).

ⅰ) 계약체결의 권유를 하기 전에 알려야 하고(영11⑨(1)), ⅱ) 소비자 분류 확인의무(법17①), 소비자 정보 파악·확인의무(법17②), 부적합 계약체결 권유 금지 의무(법17③) 규정의 적용을 별도로 요청할 수 있다는 사실 및 요청 방법, 소비자 분류 확인의무(법17①), 소비자 정보 파악·확인의무(법17②), 부적합 계약체결 권유 금지 의무(법17③) 규정의 적용을 별도로 요청하지 않을 경우에는 일반금융소비자에 적합하지 않은 계약의 체결로 인한 손해에 대해 금융상품판매업자등이 해당 규정에 따른 책임을 지지 않는다는 사실을 일반금융소비자에 서면등(전화를 제외)으로 알리고 그 사실에 대해 서명 또는 그 밖에 전자금융거래법 제21조 제2항[347]에 따른 기준을 지키는 안전성과 신뢰성이 확보될 수 있는 수단을 통해 확인을 받아야 하고(영11⑨(2)), ⅲ) 그 밖에 일반금융소비자의 보호를 위하여 금융위원회가 정하여 고시하는 사항을 지켜야 한다(영11⑨(3)).

(사) 위반시 제재

법 제17조 제2항을 위반하여 정보를 파악하지 아니하거나 확인을 받지 아니하거나 이를

---

347) 전자금융거래법 제21조(안전성의 확보의무) ② 금융회사등은 전자금융거래의 안전성과 신뢰성을 확보할 수 있도록 전자적 전송이나 처리를 위한 인력, 시설, 전자적 장치, 소요경비 등의 정보기술부문, 전자금융업무 및 전자서명법에 의한 인증서의 사용 등 인증방법에 관하여 금융위원회가 정하는 기준을 준수하여야 한다.

유지·관리하지 아니하거나 확인받은 내용을 지체 없이 제공하지 아니한 자(제1호), 법 제17조 제3항을 위반하여 계약체결을 권유한 자(제2호)에게는 3천만원 이하의 과태료를 부과한다(법69 ②(1)(2)).

(2) 적정성원칙

(가) 소비자 정보파악의무

금융상품판매업자는 "대통령령으로 각각 정하는 보장성 상품, 투자성 상품 및 대출성 상품"(적용대상 상품)에 대하여 일반금융소비자에게 계약체결을 권유하지 아니하고 금융상품 판매 계약을 체결하려는 경우에는 미리 면담·질문 등을 통하여 다음의 구분에 따른 정보를 파악하여야 한다(법18①).

1) 적용대상 상품

"대통령령으로 각각 정하는 보장성 상품, 투자성 상품 및 대출성 상품"이란 다음의 구분에 따른 상품을 말한다(영12①). 적정성원칙의 적용대상 상품은 다음과 같다. 적정성원칙은 키코(KIKO) 상품의 불완전판매가 사회적 이슈가 되어 2009년 2월 3일 자본시장법 개정시 되입되었다.

가) 보장성 상품

보장성 상품은 변액보험계약 및 이와 유사한 금융상품으로서 금융상품직접판매업자가 보험료(공제계약의 경우 공제료) 중 일부를 금융투자상품의 취득·처분 또는 그 밖의 방법으로 운용하여 발생한 수익이나 손실이 보험금 또는 해약환급금(금융소비자가 계약의 해지를 요구하여 계약이 해지된 경우에 금융상품판매업자가 금융소비자에게 환급해주는 금액)에 반영되는 상품을 말한다. 또한 그 밖에 금융위원회가 정하여 고시하는 금융상품을 말한다(영12①(1), 영11②).

나) 투자성 상품

투자성 상품은 ⅰ) 자본시장법에 따른 파생상품, ⅱ) 자본시장법 따른 파생결합증권(다만, 자본시장법 시행령 제7조 제2항 각 호[348]의 증권은 제외), ⅲ) 자본시장법에 따른 집합투자재산을 금융위원회가 정하는 기준을 초과하여 파생상품이나 파생결합증권으로 운용하는 집합투자기구에 대한 집합투자증권(다만, 금융위원회가 정하여 고시하는 집합투자기구의 집합투자증권은 제외), ⅳ) 이익참가부사채·교환사채·상환사채·파생결합사채(상법469②), 전환사채(상법513) 및 신수인수권부사채(상법516의2)에 따른 사채와 다른 종류의 사채로서 일정한 사유가 발생하는 경우

---

348) 1. 제4조 각 호의 어느 하나에 해당하는 자("은행등")가 투자자와 체결하는 계약에 따라 발행하는 금적립계좌 또는 은적립계좌[투자자가 은행등에 금전을 지급하면 기초자산인 금(金) 또는 은(銀)의 가격 등에 따라 현재 또는 장래에 회수하는 금전등이 결정되는 권리가 표시된 것으로서 금융위원회가 정하여 고시하는 기준에 따른 파생결합증권을 말한다]

    2. 그 밖에 증권 및 장외파생상품에 대한 투자매매업의 인가를 받은 자가 투자자와 체결하는 계약에 따라 발행하는 파생결합증권으로서 금융위원회가 투자에 따른 위험과 손익의 구조 등을 고려하여 고시하는 파생결합증권

주식으로 전환되거나 원리금을 상환해야 할 의무가 감면될 수 있는 사채, ⅴ) 고난도금융투자상품, ⅵ) 앞의 5가지의 금융상품 중 어느 하나를 취득·처분하는 금전신탁계약의 수익증권(이와 유사한 것으로서 신탁계약에 따른 수익권이 표시된 것을 포함), ⅶ) 고난도금전신탁계약, ⅷ) 고난도투자일임계약, ⅸ) 그 밖에 금융위원회가 정하여 고시하는 금융상품을 말한다(영12①(2)).

다) 대출성 상품

대출성 상품은 ⅰ) 주택(주택법 제2조 제1호349)에 따른 주택)을 담보로 하여 계약을 체결하는 대출성 상품, ⅱ) 증권 등 시장가치가 크게 변동될 수 있는 재산을 담보로 하여 계약을 체결하는 대출성 상품, ⅲ) 그 밖에 금융위원회가 정하여 고시하는 금융상품을 말한다(영12①(3)).

2) 정보파악의무의 내용

가) 보장성 상품

보장성 상품은 일반금융소비자의 연령, 재산상황(부채를 포함한 자산 및 소득에 관한 사항), 보장성 상품 계약체결의 목적을 파악하여야 한다(법18①(1)).

나) 투자성 상품

투자성 상품은 일반금융소비자의 해당 금융상품 취득 또는 처분 목적, 재산상황, 취득 또는 처분 경험을 파악하여야 한다(법18①(2)).

다) 대출성 상품

대출성 상품은 일반금융소비자의 재산상황, 신용 및 변제계획을 파악하여야 한다(법18①(3)).

라) 적정성 판단 정보

금융상품판매업자가 금융상품 판매계약이 일반금융소비자에게 적정한지를 판단하는 데 필요하다고 인정되는 정보로서 다음 구분에 따른 정보를 파악하여야 한다(법18①(4), 영12②, 영11④).

(ㄱ) 보장성 상품

보장성 상품(법17②(1))의 경우 금융상품을 취득·처분한 경험, 금융상품을 이해하는데 필요한 지식의 수준, 위험에 대한 태도를 파악하여야 한다(영11④(1)).

---

349) 1. "주택"이란 세대(世帶)의 구성원이 장기간 독립된 주거생활을 할 수 있는 구조로 된 건축물의 전부 또는 일부 및 그 부속토지를 말하며, 단독주택과 공동주택으로 구분한다.
2. "단독주택"이란 1세대가 하나의 건축물 안에서 독립된 주거생활을 할 수 있는 구조로 된 주택을 말하며, 그 종류와 범위는 대통령령으로 정한다.
3. "공동주택"이란 건축물의 벽·복도·계단이나 그 밖의 설비 등의 전부 또는 일부를 공동으로 사용하는 각 세대가 하나의 건축물 안에서 각각 독립된 주거생활을 할 수 있는 구조로 된 주택을 말하며, 그 종류와 범위는 대통령령으로 정한다.

(ㄴ) 투자성 상품

투자성 상품(법17②(2))의 경우 일반금융소비자의 연령, 금융상품을 이해하는데 필요한 지식의 수준, 위험에 대한 태도를 파악하여야 한다(영11④(2)).

(ㄷ) 대출성 상품

대출성 상품(법17②(3))의 경우 일반금융소비자의 연령, 금융상품을 이해하는데 필요한 지식의 수준을 파악하여야 하며, 다음의 대출성 상품, 즉 은행법에 따른 예금 및 대출과 상호저축은행법에 따른 예금 및 대출, 어음할인·매출채권 매입(각각 금융소비자에 금전의 상환을 청구할 수 있는 계약으로 한정)·대출·지급보증 또는 이와 유사한 것으로서 금전 또는 그 밖의 재산적 가치가 있는 것("금전등")을 제공하고 장래에 금전등 또는 그에 따른 이자 등 대가를 받기로 하는 계약의 경우는 계약체결의 목적을 파악하여야 한다(영11④(3)).

(ㄹ) 기타 적정성 판단시 상당한 정보

그 밖에 금융상품판매업자등이 적정성 판단기준을 일반금융소비자에 적용하기 위하여 필요하다고 인정할 만한 상당한 이유가 있는 정보를 파악하여야 한다(영11④(4)).

(나) 부적정 판단 사실 통지·확인의무 등

1) 통지·확인

금융상품판매업자는 확인한 사항을 고려하여 해당 금융상품이 그 일반금융소비자에게 적정하지 아니하다고 판단되는 경우에는 서면등으로 그 사실을 알리고, 그 일반금융소비자로부터 서명, 기명날인, 녹취, 서명(전자서명 포함), 기명날인, 녹취 각각에 준하여 안정성·신뢰성이 확보될 수 있는 전자적 확인방식으로 확인을 받아야 한다(법18② 전단, 영12③⑤).

2) 적정성 판단기준

부적정 판단 사실을 통지·확인하는 경우 적정성 판단기준은 시행령 [별표 4]와 같다(법18② 후단, 영12⑥). 일반금융소비자가 보장성 상품·투자성 상품과 대출성 상품의 구분에 따른 사항 중 어느 하나에 해당한다는 합리적 근거가 있는 경우에는 해당 금융상품이 적정하지 아니하다는 사실을 일반금융소비자에게 알려야 한다. 이 경우 금융상품판매업자는 그 검토내역을 구체적으로 작성하여야 한다(별표 4 제2호). 보장성 상품·투자성 상품과 대출성 상품에 관한 적정성 판단기준은 위에서 살펴본 적합성 판단기준의 내용과 같다.

3) 적정성 판단 보고서와 설명서 제공

해당 금융상품이 적정하지 않다는 사실을 알리는 경우에 ⅰ) 적정성 판단 보고서(적정성 판단기준을 적용한 결과 및 판단근거를 금융위원회가 정하는 바에 따라 작성한 문서), ⅱ) 금융상품에 관한 설명서를 일반금융소비자에 서면등으로 제공하여야 한다(영12④ 본문). 다만, 일반금융소비자가 원하지 않는 경우에는 제공하지 않을 수 있다(영12④ 단서).

(다) 금융상품 유형별 정보내용

금융상품판매업자가 금융상품의 유형별로 파악하여야 하는 정보의 세부적인 내용은 [별표 5]와 같다(법18③, 영12⑦). 이에 관하여는 앞에서 살펴보았다.

(라) 전문투자형 사모집합투자기구의 집합투자증권 판매

금융상품판매업자가 전문투자형 사모집합투자기구의 집합투자증권을 판매하는 경우에는 소비자 정보파악의무(법18①) 및 부적정 판단 사실 통지·확인의무(법18②) 규정을 적용하지 아니한다(법18④ 본문).

다만, 적격투자자 중 일반금융소비자 등 투자성 상품에 관한 계약의 일반금융소비자가 소비자 정보파악의무(법18①) 및 부적정 판단 사실 통지·확인의무(법18②) 규정을 적용받겠다는 의사를 금융상품판매업자에 서면등으로 알린 경우에는 그러하지 아니하다(법18④ 단서, 영12⑧⑨).

(마) 투자성 상품과 별도 요청 통지 및 준수사항

금융상품판매업자는 법 제18조 제4항 단서에 따라 투자성 상품에 관한 계약의 일반금융소비자에게 소비자 정보파악의무(법18①) 및 부적정 판단 사실 통지·확인의무(법18②) 규정을 별도로 요청할 수 있음을 미리 알려야 한다(법18⑤, 영12⑧).

이에 따라 금융상품판매업자는 소비자 정보파악의무(법18①) 및 부적정 판단 사실 통지·확인의무(법18②) 규정의 적용을 별도로 요청할 수 있음을 알리는 경우에 ⅰ) 계약체결의 권유를 하기 전에 알려야 하고, ⅱ) 소비자 정보파악의무(법18①) 및 부적정 판단 사실 통지·확인의무(법18②) 규정의 적용을 별도로 요청할 수 있다는 사실 및 요청 방법, 소비자 정보파악의무(법18①) 및 부적정 판단 사실 통지·확인의무(법18②) 규정의 적용을 별도로 요청하지 않을 경우에는 일반금융소비자에 적정하지 않은 계약의 체결로 인한 손해에 대해 금융상품판매업자등이 해당 규정에 따른 책임을 지지 않는다는 사실을 일반금융소비자에 서면등으로 알리고 그 사실에 대해 서명 또는 그 밖에 전자금융거래법 제21조 제2항에 따른 기준을 지키는 안전성과 신뢰성이 확보될 수 있는 수단을 통해 확인을 받아야 하며, ⅲ) 그 밖에 일반금융소비자의 보호를 위하여 금융위원회가 정하여 고시하는 사항을 지켜야 한다(영12⑩).

(바) 위반시 제재

법 제18조 제1항을 위반하여 정보를 파악하지 아니한 자(제3호), 법 제18조 제2항을 위반하여 해당 금융상품이 적정하지 아니하다는 사실을 알리지 아니하거나 확인을 받지 아니한 자(제4호)에게는 3천만원 이하의 과태료를 부과한다(법69②(3)(4)).

(3) 설명의무

(가) 중요한 사항 설명의무

금융상품판매업자등은 일반금융소비자에게 계약체결을 권유(금융상품자문업자가 자문에 응하는 것을 포함)하는 경우 및 일반금융소비자가 설명을 요청하는 경우에는 다음의 금융상품에 관한 중요한 사항(일반금융소비자가 특정 사항에 대한 설명만을 원하는 경우 해당 사항으로 한정)을 일반금융소비자가 이해할 수 있도록 설명하여야 한다(법19①).

1) 금융상품의 유형에 관한 사항

가) 보장성 상품

금융상품판매업자등은 보장성 상품의 경우 보장성 상품의 내용인 위험보장의 내용, 보험료 납입기간, 해약을 하거나 만기가 도래한 경우 각각의 환급금에 관한 사항(영13①), 보험료(공제료를 포함), 보험금(공제금을 포함) 지급제한 사유 및 지급절차, 위험보장의 범위, 위험보장 기간, 계약의 취소 및 무효에 관한 사항, 일반금융소비자 또는 피보험자(계약체결 이후 위험을 보장받는 자)가 고지의무 및 통지의무를 각각 위반한 경우에 금융상품직접판매업자가 계약을 해지할 수 있다는 사실, 상법 제647조[350]에 따라 보험료의 감액을 청구할 수 있는 권리, 일반금융소비자가 제공받는 서비스별 수수료 등 부대비용(영19②)을 설명하여야 한다(법19①(1) 가목).

나) 투자성 상품

금융상품판매업자등은 투자성 상품의 경우 "투자성 상품의 내용", "투자에 따른 위험", "대통령령으로 정하는 투자성 상품"의 경우 "대통령령으로 정하는 기준"에 따라 금융상품직접판매업자가 정하는 위험등급, 그 밖에 금융소비자가 부담해야 하는 수수료 등 투자성 상품에 관한 중요한 사항으로서 ⅰ) 일반금융소비자가 제공받는 서비스별 수수료 등 부대비용, ⅱ) 계약의 해제·해지에 관한 사항(일반금융소비자가 계약을 해지할 경우 받는 불이익을 포함)을 설명하여야 한다(법19①(1) 나목, 영13⑦).

(ㄱ) 투자성 상품의 내용

"투자성 상품의 내용"이란 ⅰ) 연계투자계약의 경우 온라인투자연계금융업법 제22조 제1항 각 호[351](제3호는 제외)에 해당하는 정보를 말하고, ⅱ) 그 밖의 투자성 상품의 경우 계약기

---

350) 상법 제647조(특별위험의 소멸로 인한 보험료의 감액청구) 보험계약의 당사자가 특별한 위험을 예기하여 보험료의 액을 정한 경우에 보험기간중 그 예기한 위험이 소멸한 때에는 보험계약자는 그 후의 보험료의 감액을 청구할 수 있다.

351) 온라인투자연계금융업법 제22조(투자자에게 제공하는 정보) ① 온라인투자연계금융업자는 투자자에게 다음에 해당하는 정보를 투자자가 쉽게 이해할 수 있도록 온라인플랫폼을 통하여 제공하여야 한다.
   1. 대출예정금액, 대출기간, 대출금리, 상환 일자·일정·금액 등 연계대출의 내용
   2. 제20조 제1항에 따라 확인한 차입자에 관한 사항
   3. 연계투자에 따른 위험
   4. 수수료·수수료율
   5. 이자소득에 대한 세금·세율
   6. 연계투자 수익률·순수익률
   7. 투자자가 수취할 수 있는 예상 수익률
   8. 담보가 있는 경우에는 담보가치, 담보가치의 평가방법, 담보설정의 방법 등에 관한 사항

간, 금융상품의 구조, 기대수익(객관적·합리적인 산출근거가 있는 경우에 한정)을 말한다. 기대수익의 경우 객관적·합리적인 근거를 포함하여 설명하여야 한다(영13③).

(ㄴ) 투자에 따른 위험

"투자에 따른 위험"이란 ⅰ) 연계투자계약의 경우 연계투자에 따른 위험(온라인투자연계금융업법22①(3))을 말하고, ⅱ) 그 밖의 투자성 상품의 경우 손실이 발생할 수 있는 상황(최대 손실이 발생할 수 있는 상황을 포함) 및 그에 따른 손실 추정액을 말한다. 이 경우 객관적·합리적인 근거를 포함하여 설명하여야 한다(영13④).

(ㄷ) 대통령령으로 정하는 투자성 상품

"대통령령으로 정하는 투자성 상품"은 투자성 상품을 말한다(영13⑤ 본문). 다만, ⅰ) 연계투자계약, ⅱ) 증권, 금전채권, 동산, 부동산, 지상권, 전세권, 부동산임차권, 부동산소유권 이전등기청구권, 그 밖의 부동산 관련 권리, 무체재산권(지식재산권을 포함)(자본시장법103①(2)-(7))에 관한 신탁계약의 금융상품은 제외한다(영13⑤).

(ㄹ) 대통령령으로 정하는 기준

"대통령령으로 정하는 기준"이란 금융상품직접판매업자가 ⅰ) 금융상품의 가치변동 위험에 관한 다음의 사항인 금융상품 또는 금융상품의 가치에 영향을 주는 기초자산(자본시장법4⑩)의 변동성과 환율의 변동성(외국화폐로 투자하는 경우에 한정), ⅱ) 금융상품의 신용등급 및 해당 금융상품을 발행한 자의 신용위험(신용등급의 변동, 파산, 기업구조조정 촉진법 제2조 제9호[352])에 따른 채무조정 또는 그 밖에 이에 준하는 경우)에 관한 사항, ⅲ) 금융상품의 구조 및 원금손실가능 범위에 관한 사항, ⅳ) 그 밖에 위험등급을 정하는 경우에 고려해야 할 사항으로서 금융위원회가 정하여 고시하는 사항을 고려하여 금융위원회가 정하는 바에 따라 마련한 기준을 말한다(영13⑥).

다) 예금성 상품

금융상품판매업자등은 예금성 상품의 경우 예금성 상품의 내용인 계약기간, 이자·수익의 지급시기 및 지급제한 사유(영13⑧), 이자율(계약을 해지할 경우 적용되는 이자율 및 만기 후 적용되는 이자율을 포함) 또는 수익률(이 경우 산출근거를 포함하여 설명하여야 한다), 일반금융소비자가 제공받는 서비스별 수수료 등 부대비용, 일반금융소비자가 계약을 해지할 경우 받는 불이익, 계좌이체 제한 등 금융상품 이용 관련 제한사항(영13⑨)을 설명하여야 한다(법19①(1) 다목).

---

9. 채무불이행 시 추심, 채권매각 등 원리금상환 절차 및 채권추심수수료 등 관련비용에 관한 사항
10. 연계대출채권 및 차입자 등에 대한 사항에 변경이 있는 경우에는 그 변경된 내용
11. 그 밖에 투자자 보호를 위하여 필요한 정보로서 금융위원회가 정하여 고시하는 사항
352) 9. "채무조정"이란 금융채권자가 보유한 금융채권에 대하여 상환기일 연장, 원리금 감면, 채권의 출자전환 및 그 밖에 이에 준하는 방법으로 채무의 내용을 변경하는 것을 말한다.

라) 대출성 상품

금융상품판매업자등은 대출성 상품의 경우 ⅰ) 금리 및 변동 여부, 중도상환수수료(금융소비자가 대출만기일이 도래하기 전 대출금의 전부 또는 일부를 상환하는 경우에 부과하는 수수료) 부과 여부·기간 및 수수료율 등 대출성 상품의 내용인 계약기간, 일반금융소비자가 적용받을 수 있는 이자율 및 산출기준, 중도상환수수료에 관한 사항(영13⑩), ⅱ) 상환방법에 따른 상환금액·이자율·시기, ⅲ) 저당권 등 담보권 설정에 관한 사항, 담보권 실행사유 및 담보권 실행에 따른 담보목적물의 소유권 상실 등 권리변동에 관한 사항, ⅳ) 대출원리금, 수수료 등 금융소비자가 대출계약을 체결하는 경우 부담하여야 하는 금액의 총액, ⅴ) 그 밖에 대출계약의 해지에 관한 사항 등 대출성 상품에 관한 중요한 사항으로서 일반금융소비자가 계약을 해지할 경우 받는 불이익, 신용점수(법인인 경우 신용등급)에 미치는 영향, 원리금 납부 연체시 적용되는 이자율("연체이자율") 및 그 밖에 원리금 납부 연체에 따른 불이익(일정 기간 납부해야 할 원리금이 연체될 경우에 계약만료 기한이 도래하기 전에 모든 원리금을 변제해야 할 의무가 발생할 수 있다는 사실을 포함), 계약의 연장 거부 등 금융상품 이용 관련 제한사항(영13⑪)을 설명하여야 한다(법19①(1) 라목).

2) 연계·제휴서비스등에 관한 사항

금융상품판매업자등은 위 1)의 보장성 상품, 투자성 상품, 예금성 상품, 대출성 상품과 연계되거나 제휴된 금융상품 또는 서비스 등("연계·제휴서비스등")이 있는 경우 연계·제휴서비스등의 내용, 연계·제휴서비스등의 이행책임에 관한 사항, 금융상품과 연계되거나 제휴된 금융상품 또는 서비스 등("연계·제휴서비스등")의 제공기간, 연계·제휴서비스등의 변경에 관하여 변경내용 및 그 사유 등을 일반금융소비자에 사전에 알린다는 사실 및 알리는 방법을 설명하여야 한다(법19①(2), 영13②).

3) 청약 철회의 기한·행사방법·효과에 관한 사항

금융상품판매업자등은 청약 철회(법46)의 기한·행사방법·효과에 관한 사항을 설명하여야 한다(법19①(3)).

4) 기타 금융소비자보호를 위한 사항

금융상품판매업자등은 민원처리 및 분쟁조정 절차에 관한 사항을 설명하여야 하고, 금융상품판매업자는 ⅰ) 예금보험기금 등 법률상 기금에 따라 보호되는지에 관한 사항을 설명하여야 하고, ⅱ) 위법계약해지권(법47) 행사에 관한 사항(자동차손해배상 보장법에 따른 책임보험 등 법률에 가입해야 할 의무가 부과되는 보장성 상품의 경우에는 계약해지 전까지 해당 금융상품에 관한 다른 계약을 체결해야 한다는 사실을 포함해야 한다)을 설명하여야 한다. 다만 예금보험기금 등 법률상 기금에 따라 보호되는지에 관한 사항의 경우는 대출성 상품에 적용하지 않는다. 또한 금융상품판매업자등은 그 밖에 일반금융소비자의 합리적 의사결정 지원 또는 권익보호를 위해 필요한 정보로서 금융위원회가 정하여 고시하는 사항을 설명하여야 한다(법19①(4), 영13③).

(나) 설명서 포함사항

설명서에는 위에서 살펴본 금융상품의 유형에 관한 사항, 연계·제휴서비스등에 관한 사항, 청약 철회의 기한·행사방법·효과에 관한 사항, 그리고 기타 금융소비자보호를 위한 사항(법19① 각 호)이 포함되어야 하고, 설명을 한 내용과 설명서의 내용이 동일하다는 사실 및 그 사실을 확인하는 서명(금융상품직접판매업자의 임직원, 금융상품판매대리·중개업자 등 설명을 직접 수행한 사람의 서명)이 포함되어야 한다(영14③(1)(2) 본문). 다만, 예금성 상품·대출성 상품에 관한 계약의 경우와 전자금융거래 방식으로 계약을 체결하는 경우는 서명이 포함되지 않아도 된다(영14③(2) 단서).

(다) 설명서 교부 및 확인의무

금융상품판매업자등은 설명에 필요한 설명서를 일반금융소비자에게 제공하여야 하며, 설명한 내용을 일반금융소비자가 이해하였음을 서명, 기명날인, 녹취 또는 전자적 확인방식으로 확인을 받아야 한다(법19② 본문, 영13⑭).

금융상품판매업자등은 설명을 할 때 일반금융소비자에 설명서(금융상품자문에 응하는 경우에는 금융상품자문서)를 서면등으로 제공하여야 하고, 전화를 이용하여 설명을 하는 경우에는 설명 후 지체 없이 설명서를 제공하여야 한다(영14①).

(라) 설명서 제공·확인의무의 예외

금융소비자 보호 및 건전한 거래질서를 해칠 우려가 없는 경우로서 ⅰ) 기본계약을 체결하고 그 계약내용에 따라 계속적·반복적으로 거래를 하는 경우, ⅱ) 기존계약을 같은 내용으로 갱신하는 경우, ⅲ) 금융상품자문업자가 금융소비자보호법 제27조(금융상품자문업자의 영업행위준칙 등) 제3항 각 호의 사항, 자문업무 관련 금융상품에 관한 세부정보를 확인할 수 있는 방법, 그 밖에 금융위원회가 정하여 고시하는 사항을 포함한 서류("금융상품자문서")를 일반금융소비자에게 제공하는 경우, ⅳ) 온라인투자연계금융업자가 일반금융소비자에 온라인투자연계금융업법 제22조 제1항 각 호의 정보를 제공하거나 같은 법 제24조 제1항 각 호[353]의 사항을 모

---

353) 온라인투자연계금융업법 제24조(연계대출계약의 체결 등) ① 온라인투자연계금융업자는 차입자와 연계대출계약을 체결하는 경우에는 다음의 사항이 포함된 계약서를 차입자에게 교부하여야 한다.
  1. 온라인투자연계금융업자 및 차입자의 명칭 또는 성명 및 주소 또는 소재지
  2. 계약일자
  3. 대출금액
  4. 대출이자율 및 연체이자율
  5. 수수료 등 부대비용
  6. 변제기간 및 변제방법
  7. 손해배상액 또는 강제집행에 관한 약정이 있는 경우에는 그 내용

두 설명한 경우, ⅴ) 대부업자 또는 대부중개업자가 일반금융소비자에 대부업법 제6조 제1항 각 호354)의 사항을 모두 설명한 경우, ⅵ) 그 밖에 금융소비자 보호 및 건전한 거래질서를 해 칠 우려가 없다고 금융위원회가 정하여 고시하는 경우에는 설명서를 제공하지 아니할 수 있다 (법19② 단서, 영13⑮).

(마) 핵심설명서 제공의무

금융상품판매업자는 설명서를 제공하는 경우에 금융상품의 유형에 관한 사항, 연계·제휴 서비스등에 관한 사항, 청약 철회의 기한·행사방법·효과에 관한 사항, 그리고 기타 금융소비 자보호를 위한 사항(법19① 각 호) 중 ⅰ) 일반금융소비자의 계약체결 여부 판단에 중요한 영향 을 줄 수 있는 사항, ⅱ) 일반금융소비자의 권익 보호에 중요한 사항을 금융위원회가 정하는 바에 따라 작성한 요약서("핵심설명서")를 함께 제공하여야 한다(영14② 본문). 다만, 예금성 상 품에 관한 계약체결을 권유하는 경우에는 그러하지 아니하다(영14② 단서).

(바) 중요한 사항의 거짓·왜곡 설명 및 누락 금지

금융상품판매업자등은 설명을 할 때 앞에서 살펴본 금융상품의 유형에 관한 사항, 연계· 제휴서비스등에 관한 사항, 청약 철회의 기한·행사방법·효과에 관한 사항, 그리고 기타 금융 소비자보호를 위한 사항(법19① 각 호)을 거짓으로 또는 왜곡(불확실한 사항에 대하여 단정적 판단 을 제공하거나 확실하다고 오인하게 할 소지가 있는 내용을 알리는 행위)하여 설명하거나 금융상품의 유형에 관한 사항, 연계·제휴서비스등에 관한 사항, 청약 철회의 기한·행사방법·효과에 관한 사항, 그리고 기타 금융소비자보호를 위한 사항(법19① 각 호)을 빠뜨려서는 아니 된다(법19③, 영13⑥).

---

8. 채무의 조기상환 조건
9. 그 밖에 차입자를 보호하기 위하여 필요한 사항으로서 대통령령으로 정하는 사항
354) 대부업법 제6조(대부계약의 체결 등) ① 대부업자가 그의 거래상대방과 대부계약을 체결하는 경우에는 거 래상대방이 본인임을 확인하고 다음의 사항이 적힌 대부계약서를 거래상대방에게 교부하여야 한다.
   1. 대부업자(그 영업소를 포함) 및 거래상대방의 명칭 또는 성명 및 주소 또는 소재지
   2. 계약일자
   3. 대부금액
   3의2. 제8조 제1항에 따른 최고이자율
   4. 대부이자율(제8조 제2항에 따른 이자율의 세부내역 및 연 이자율로 환산한 것을 포함)
   5. 변제기간 및 변제방법
   6. 제5호의 변제방법이 계좌이체 방식인 경우에는 변제를 받기 위한 대부업자 명의의 계좌번호
   7. 해당 거래에 관한 모든 부대비용
   8. 손해배상액 또는 강제집행에 관한 약정이 있는 경우에는 그 내용
   9. 보증계약을 체결한 경우에는 그 내용
   10. 채무의 조기상환수수료율 등 조기상환조건
   11. 연체이자율
   12. 그 밖에 대부업자의 거래상대방을 보호하기 위하여 필요한 사항으로서 대통령령으로 정하는 사항

(사) 설명서·핵심설명서 및 금융상품자문서 성립요건

설명서·핵심설명서 및 금융상품자문서는 각각 다음의 요건, 즉 ⅰ) 금융상품직접판매업자가 작성하여야 하고,[355] ⅱ) 일반금융소비자가 쉽게 이해할 수 있도록 알기 쉬운 용어를 사용하여야 하며, ⅲ) 일반금융소비자의 이익에 중요한 영향을 줄 수 있는 사항으로서 일반금융소비자가 선택해야 하는 항목의 경우 항목들 간의 비교가 쉽도록 관련 정보를 제공하여야 하고, ⅳ) 중요한 내용은 부호, 색채, 굵고 큰 글자 등으로 명확하게 표시하여 알아보기 쉽게 작성하여야 하며, ⅴ) 일반금융소비자가 해당 금융상품에서 얻는 편익 및 그 편익을 얻는 데 필요한 요건을 함께 알 수 있도록 하여야 하고, ⅵ) 그 밖에 일반금융소비자가 설명서를 쉽게 이해하는데 필요한 사항으로서 금융위원회가 정하여 고시하는 사항의 요건을 모두 갖춰야 한다(영14④ 본문). 다만, 금융상품자문서의 경우 금융상품직접판매업자가 작성하지 않아도 된다(영14④ 단서).

그 밖에 설명서·핵심설명서 및 금융상품자문서 각각의 내용 및 제공 방법·절차 관련 구체적인 사항은 금융위원회가 정하여 고시한다(영14⑤).

(아) 위반시 제재

법 제19조 제1항을 위반하여 중요한 사항을 설명하지 아니하거나 같은 조 제2항을 위반하여 설명서를 제공하지 아니하거나 확인을 받지 아니한 자에게는 1억원 이하의 과태료를 부과한다(법69①(2)).

금융상품판매대리·중개업자가 금융상품계약체결등의 업무를 대리하거나 중개하게 한 금융상품판매대리·중개업자가 법 제19조 제1항을 위반하여 중요한 사항을 설명하지 아니하거나 법 제19조 제2항을 위반하여 설명서를 제공하지 아니하거나 확인을 받지 아니한 경우에 그 업무를 대리하거나 중개하게 한 금융상품판매대리·중개업자에게는 1억원 이하의 과태료를 부과한다(법69①(6) 본문 가목). 다만, 업무를 대리하거나 중개하게 한 금융상품판매대리·중개업자로서 그 위반행위를 방지하기 위하여 해당 업무에 관하여 적절한 주의와 감독을 게을리하지 아니한 자는 제외한다(법69①(6) 단서).

(4) 불공정영업행위의 금지

(가) 우월적 지위 이용금지

금융상품판매업자등은 우월적 지위를 이용하여 금융소비자의 권익을 침해하는 다음의 어느 하나에 해당하는 행위("불공정영업행위")를 해서는 아니 된다(법20①).

---

[355] 다만, 해당 집합투자증권의 발행인이 작성한 자본시장법 제123조 제1항에 따른 투자설명서 및 간이투자설명서를 금융상품직접판매업자가 검증(법 제19조 제3항에 해당되는지에 대한 확인)하여 금융소비자에 제공한 경우에 그 검증된 사항은 설명서 및 핵심설명서에 작성하지 않아도 된다(영14④(1) 단서).

1) 금융소비자의 의사에 반한 금융상품의 계약체결 강요행위 금지

대출성 상품, 채무증권, 지분증권, 집합투자증권, 그 밖에 금융소비자에 대한 자금지원 성격의 거래로서 금융위원회가 정하여 고시하는 금융상품에 관한 계약체결과 관련하여 금융소비자의 의사에 반하여 다른 금융상품의 계약체결을 강요하는 행위는 금지된다(법20①(1), 영15①).

2) 부당한 담보 · 보증 요구행위 금지

대출성 상품, 채무증권, 지분증권, 집합투자증권, 그 밖에 금융소비자에 대한 자금지원 성격의 거래로서 금융위원회가 정하여 고시하는 금융상품에 관한 계약체결과 관련하여 부당하게 담보를 요구하거나 보증을 요구하는 행위는 금지된다(법20①(2), 영15①).

3) 편익 요구 · 제공받는 행위 금지

금융상품판매업자등 또는 그 임직원이 업무와 관련하여 편익을 요구하거나 제공받는 행위는 금지된다(법20①(3)).

4) 대출상품의 경우 금지행위

대출성 상품의 경우 다음이 행위는 금지된다(법20①(4)).

가) 자기 또는 제3자 이익을 위한 특정 대출 상환방식 강요행위 금지

자기 또는 제3자의 이익을 위하여 금융소비자에게 특정 대출 상환방식을 강요하는 행위는 금지된다(법20①(4) 가목).

나) 수수료, 위탁금 또는 중도상환수수료 부과행위 금지

수수료, 위약금 또는 그 밖에 어떤 명목이든 중도상환수수료를 부과하는 행위는 금지된다. 다만 대출계약이 성립한 날부터 3년 이내에 상환하는 경우, 다른 법령에 따라 중도상환수수료 부과가 허용되는 경우, 금융소비자가 시설대여 · 연불판매 또는 할부금융에 관한 계약을 해지한 경우는 허용된다. 다만, 이 경우 ⅰ) 계약에 따른 재화를 인도받지 않은 경우, ⅱ) 금융소비자의 고의 · 과실이 없었으나 시설대여연불판매 · 할부금융에 관한 계약에 따라 취득한 재화가 재해 등으로 멸실되거나 정상적인 사용이 어려운 경우, ⅲ) 그 밖에 중도상환수수료 부과가 부당한 경우로서 금융위원회가 정하여 고시하는 경우는 예외로 한다. 또한 그 밖에 계약의 해지로 인해 금융상품판매업자등이 부담하게 되는 손실 등을 고려하여 중도상환수수료 부과가 필요한 경우로서 금융위원회가 정하여 고시하는 경우는 중도상환수수료를 부과할 수 있다(법20①(4) 나목, 영15②).

다) 제3자의 연대보증 요구행위 금지

개인에 대한 대출 등 "대통령령으로 정하는 대출상품"의 계약과 관련하여 제3자의 연대보증을 요구하는 행위는 금지된다(법20①(4) 다목). 여기서 "대통령령으로 정하는 대출상품"이란 금융소비자가 개인인 대출과 금융소비자가 법인인 대출이 있다. 여기의 대출에는 은행의 대출,

상호저축은행의 대출, 금융소비자에 어음할인·매출채권 매입(각각 금융소비자에 금전의 상환을 청구할 수 있는 계약으로 한정)·대출·지급보증 또는 이와 유사한 것으로서 금전 또는 그 밖의 재산적 가치가 있는 것("금전등")를 제공하고 장래에 금전등 또는 그에 따른 이자 등 대가를 받기로 하는 계약이 해당한다(영15③(1)(2) 본문).

다만, 금융소비자가 법인인 대출의 경우 ⅰ) 대표이사 또는 무한책임사원, ⅱ) 상법에 따른 최대주주, ⅲ) 의결권 있는 발행 주식 총수의 30%(배우자·4촌 이내의 혈족 및 인척이 보유한 의결권 있는 발행 주식을 합산)를 초과하여 보유한 자, ⅳ) 그 밖에 앞의 3가지에 준하는 자로서 금융위원회가 정하여 고시하는 자에 대한 연대보증을 요구하는 대출은 제외한다(영15③(2) 단서).

5) 연계·제휴서비스등의 부당 축소·변경행위 금지

연계·제휴서비스등이 있는 경우 연계·제휴서비스등을 부당하게 축소하거나 변경하는 행위로서 ⅰ) 연계·제휴서비스등이 축소·변경된다는 사실을 금융위원회가 정하여 고시하는 바에 따라 금융소비자에 충분히 알리지 않은 경우, ⅱ) 연계·제휴서비스등을 금융소비자에 불리하게 축소·변경하는 경우(다만, 연계·제휴서비스등이 3년 이상 제공된 상태에서 해당 연계·제휴서비스등으로 인해 금융상품의 수익성이 현저히 낮아져 축소·변경하는 경우는 제외), ⅲ) 그 밖에 앞의 2가지와 유사한 행위로서 금융위원회가 정하여 고시하는 행위(제3호)는 금지된다(법20①(5) 본문, 영15④). 다만, 연계·제휴서비스등을 불가피하게 축소하거나 변경하더라도 금융소비자에게 그에 상응하는 다른 연계·제휴서비스등을 제공하는 경우와 금융상품판매업자등의 휴업·파산·경영상의 위기 등에 따른 불가피한 경우는 제외한다(법20①(5) 단서).

그러나 ⅰ) 금융상품판매업자등 또는 연계·제휴서비스등을 제공하는 자의 휴업·파산·경영상의 위기, 천재지변이 발생한 경우, ⅱ) 연계·제휴서비스등을 제공하는 자가 금융상품판매업자등의 의사에 반하여 해당 연계·제휴서비스등을 축소하거나 변경한 경우(이 경우 금융상품판매업자등은 다른 연계·제휴서비스등을 제공하는 자를 통해 유사한 연계·제휴서비스등을 제공하여야 한다), ⅲ) 그 밖에 앞의 2가지 사유와 유사한 경우로서 금융위원회가 정하여 고시하는 경우에는 연계·제휴서비스등을 부당하게 축소하거나 변경하는 행위로 보지 않는다(영15⑤).

6) 기타 권익 침해행위 금지

그 밖에 금융상품판매업자등이 우월적 지위를 이용하여 금융소비자의 권익을 침해하는 행위는 금지된다(법20①(6)).

(나) 불공정영업행위 유형 또는 기준

불공정영업행위에 관하여 구체적인 유형 또는 기준은 대통령령으로 정한다(법20②). 이에 따라 금융상품판매업자등은 다음의 어느 하나에 해당하는 행위를 해서는 안 된다(영15⑥).

1. 대출, 그 밖에 금융위원회가 정하여 고시하는 금융상품에 관한 계약체결과 관련하여 금융소 비자로 하여금 제3자의 명의를 사용하거나 다른 기관과 계약을 체결하는 방법을 통해 다른 금융상품에 관한 계약을 체결하도록 강요하는 행위

2. 부당하게 담보를 요구하거나 보증을 요구하는 행위로서 다음의 어느 하나에 해당하는 행위
   가. 금융소비자 또는 제3자로부터 담보 또는 보증을 취득할 때 정당한 사유 없이 포괄근담 보(包括根擔保: 현재 발생하였거나 장래에 발생할 다수의 채무 또는 불확정 채무를 일 정한 한도에서 담보하기 위한 물건 또는 권리를 제공하는 것) 또는 포괄근보증(包括根 保證: 현재 발생하였거나 장래에 발생할 다수의 채무또는 불확정 채무를 일정한 한도에 서 보증하는 것)을 요구하는 행위. 다만, 포괄근담보가 금융소비자에 객관적으로 편리 한 경우 등 금융위원회가 정하여 고시하는 경우에 해당하는 행위는 제외한다.
   나. 대출금액에 대하여 통상적인 담보를 취득하였거나 기금에서 채무보증이 가능한 경우에 도 정당한 사유 없이 추가적으로 제3자의 보증을 요구하는 행위

3. 대출, 그 밖에 금융위원회가 정하여 고시하는 금융상품에 관한 계약체결과 관련하여 다음의 어느 하나에 해당하는 행위를 하는 경우
   가. 금융소비자가 중소기업(중소기업기본법에 따른 중소기업 중 금융위원회가 정하여 고시 하는 중소기업)인 경우 그 금융소비자의 대표자 또는 관계인(금융위원회가 고시하는 자 에 한정)에 다른 금융상품의 계약체결을 강요하는 행위
   나. 계약체결 이후 단기간 내 동일한 금융소비자와 다른 금융상품에 관한 계약을 체결하는 행위 등 금융소비자에 다른 금융상품의 계약체결을 강요하였다고 볼 수 있는 행위로서 금융위원회가 정하여 고시하는 행위(금융소비자가 다음의 어느 하나에 해당하는 자인 경우에 한정)
      1) 중소기업, 그 기업의 대표자 또는 금융위원회가 정하여 고시하는 관계인
      2) 신용점수가 금융위원회가 정하여 고시하는 수준 이하에 해당하는 사람

4. 대출에 관한 계약("기존계약")을 체결했던 금융소비자와 기존계약과 동일한 금전등을 제공 하는 새로운 대출에 관한 계약("신규 계약")을 체결한 후에 기존계약의 유지기간과 신규 계 약의 유지기간을 합하여 3년이 넘었음에도 대출계약이 성립한 날부터 3년 이내에 상환하는 경우(법20①(4) 나목)에 해당한다는 이유로 금융소비자의 계약해지에 대해 중도상환수수료 를 부과하는 행위 등 계약의 변경·해지를 이유로 금융소비자에 수수료 등 금전의 지급을 부당하게 요구하는 행위

5. 정당한 사유 없이 금융상품에 관한 계약의 체결·해지 또는 계약에 따른 금융상품의 이용을 제한하는 행위

6. 금융상품에 관한 계약체결 이후 자체 점검, 민원 또는 감독(법48①)·검사를 통해 다음의 사항이 확인된 후에도 그 사실을 금융소비자에 알리지 않는 행위
   가. 계약체결 과정에서의 법 위반 사실

　　나. 계약으로 인해 금융소비자의 재산에 현저한 손실이 발생할 위험이 높다는 사실

7. 금융소비자가 청약을 철회(법46①)하였다는 이유로 금융상품에 관한 계약에 불이익을 부과하는 행위. 다만, 같은 금융상품판매업자등에 같은 상품유형의 금융상품에 관한 계약에 대하여 1개월 내 두 번 이상 청약의 철회의사를 표시한 경우 및 그 밖에 금융위원회가 정하여 고시하는 경우는 제외한다.

8. 금융소비자가 위법계약의 해지(법47①)를 요구하거나 금융상품판매업자등이 정당한 사유없이 해지 요구를 따르지 않아 계약을 해지한 경우(법47②) 계약을 해지하였다는 이유로 금융상품에 관한 계약에 불이익을 부과하는 행위

9. 금융상품에 대한 계약해지 신청 또는 법령에 따른 이자율·보험료 인하 요구를 정당한 사유 없이 거절하거나 그 처리를 상당 기간 지연시키는 행위

10. 이자율 및 대여 가능한 금전의 한도에 다음의 사항을 정당한 사유 없이 반영하지 않는 행위
　　가. 금융소비자가 제공한 정보
　　나. 금융소비자의 신용 및 상환능력

11. 그 밖에 제1호부터 제10호까지의 행위와 유사한 행위로서 금융위원회가 정하여 고시하는 행위

(다) 위반시 제재

　　법 제20조 제1항 각 호의 어느 하나에 해당하는 행위를 한 자에게는 1억원 이하의 과태료를 부과한다(법69①(3)).

　　금융상품판매대리·중개업자가 금융상품계약체결등의 업무를 대리하거나 중개하게 한 금융상품판매대리·중개업자가 법 제20조 제1항 각 호의 어느 하나에 해당하는 행위를 한 경우에 그 업무를 대리하거나 중개하게 한 금융상품판매대리·중개업자에게는 1억원 이하의 과태료를 부과한다(법69①(6) 본문 나목). 다만, 업무를 대리하거나 중개하게 한 금융상품판매대리·중개업자로서 그 위반행위를 방지하기 위하여 해당 업무에 관하여 적절한 주의와 감독을 게을리하지 아니한 자는 제외한다(법69①(6) 단서).

(5) 부당권유행위 금지

(가) 금지행위

　　금융상품판매업자등은 계약체결을 권유(금융상품자문업자가 자문에 응하는 것을 포함)하는 경우에 다음의 어느 하나에 해당하는 행위를 해서는 아니 된다(법21 본문, 영16③).

　　ⅰ) 불확실한 사항에 대하여 단정적 판단을 제공하거나 확실하다고 오인하게 할 소지가 있는 내용을 알리는 행위는 금지된다(법21(1)). ⅱ) 금융상품의 내용을 사실과 다르게 알리는 행위는 금지된다(법21(2)). ⅲ) 금융상품의 가치에 중대한 영향을 미치는 사항을 미리 알고 있으면서 금융소비자에게 알리지 아니하는 행위는 금지된다(법21(3)).

iv) 금융상품 내용의 일부에 대하여 비교대상 및 기준을 밝히지 아니하거나 객관적인 근거 없이 다른 금융상품과 비교하여 해당 금융상품이 우수하거나 유리하다고 알리는 행위는 금지된다(법21(4)). ⅴ) 보장성 상품의 경우 다음의 어느 하나에 해당하는 행위, 즉 금융소비자[이해관계인으로서 피보험자를 포함(영16②)]가 보장성 상품 계약의 중요한 사항을 금융상품직접판매업자에게 알리는 것을 방해하거나 알리지 아니할 것을 권유하는 행위는 금지되고, 금융소비자가 보장성 상품 계약의 중요한 사항에 대하여 부실하게 금융상품직접판매업자에게 알릴 것을 권유하는 행위는 금지된다(법21(5)).

ⅵ) 투자성 상품의 경우 다음의 어느 하나에 해당하는 행위, 즉 금융소비자로부터 계약의 체결권유를 해줄 것을 요청받지 아니하고 방문·전화 등 실시간 대화의 방법을 이용하는 행위(가목)는 금지되고, 계약의 체결권유를 받은 금융소비자가 이를 거부하는 취지의 의사를 표시하였는데도 계약의 체결권유를 계속하는 행위(나목)는 금지된다(법21(6)). ⅶ) 금융상품에 관한 중요한 사항을 설명하는데 필요한 역량을 법령, 내부통제기준 등에 따라 갖추지 않은 사람이 권유하는 행위는 금지된다(법21(7), 영16③(1)).

ⅷ) 기존에 보유한 금융상품에 관한 계약을 해지하고 그 금융상품보다 불리한 금융상품을 취득할 것을 일반금융소비자에 권유하는 행위는 금지된다(법21(7), 영16③(2)). ⅸ) 소비자 정보 파악·확인의무(법17②) 및 부적정 판단 사실 통지·확인의무(법18②)에 따라 확인해야 하는 일반금융소비자의 정보를 일반금융소비자가 조작하도록 유도하거나 조작하여 권유하는 행위는 금지된다(법21(7), 영16③(3)). ⅹ) 적합성원칙(법17)을 적용받지 않기 위해 일반금융소비자로부터 계약체결의 권유를 원하지 않는다는 의사를 서면등으로 받는 행위는 금지된다(법21(7), 영16③(4)).

ⅺ) 일반금융소비자가 금전의 대여나 그 대리·중개를 요청하지 않았으나 금전의 대여와 연계하여 투자성 상품을 권유하는 행위는 금지된다(법21(7), 영16③(5)). ⅻ) 그 밖에 금융소비자의 합리적 판단을 저해하거나 이해 상충이 발생하는 등 금융소비자 보호 또는 건전한 거래질서를 해칠 우려가 있는 행위로서 금융위원회가 정하여 고시하는 행위는 금지된다(법21(7), 영16③(6)).

(나) 금지행위의 제외

금융소비자 보호 및 건전한 거래질서를 해칠 우려가 없는 행위로서 다음의 행위는 제외한다(법21 단서, 영16①). 즉 금융소비자로부터 계약의 체결권유를 해줄 것을 요청받지 아니하고 방문·전화 등 실시간 대화의 방법을 이용하는 행위(법21(6) 가목)는 금지되는데, 금융소비자로부터 계약의 체결권유를 해줄 것을 요청받지 않고 방문·전화 등 실시간 대화의 방법을 이용하여 증권 또는 장내파생상품을 권유하는 행위는 제외된다(영16①(1)). 계약의 체결권유를 받은 금융소비자가 이를 거부하는 취지의 의사를 표시하였는데도 계약의 체결권유를 계속하는 행위(법 21(6) 나목)는 금지되는데, 계약체결을 권유받은 금융소비자가 이를 거부하는 취지의 의사를 표시한 때로부터 금융위원회가 정하여 고시하는 기간이 지난 후에 다시 계약체결을 권유하는 행위는 제외되고(영16①(2) 가목), 다른 유형의 금융투자상품을 권유하는 행위도 제외된다. 이 경우 다른 유형인지에 대한 판단에 필요한 기준은 금융위원회가 정하여 고시한다(영16①(2) 나목).

(다) 위반시 제재

법 제21조 각 호의 어느 하나에 해당하는 행위를 한 자에게는 1억원 이하의 과태료를 부과한다(법69①(4)).

금융상품판매대리·중개업자가 금융상품계약체결등의 업무를 대리하거나 중개하게 한 금융상품판매대리·중개업자가 법 제21조 각 호의 어느 하나에 해당하는 행위를 한 경우에 그 업무를 대리하거나 중개하게 한 금융상품판매대리·중개업자에게는 1억원 이하의 과태료를 부과한다(법69①(6) 본문 다목). 다만, 업무를 대리하거나 중개하게 한 금융상품판매대리·중개업자로서 그 위반행위를 방지하기 위하여 해당 업무에 관하여 적절한 주의와 감독을 게을리하지 아니한 자는 제외한다(법69①(6) 단서).

(6) 금융상품등에 관한 광고 관련 준수사항

(가) 광고주체

1) 광고할 수 없는 자

금융상품판매업자등이 아닌 자 및 금융상품판매대리·중개업자는 금융상품에 관한 광고를 할 수 없다(법22① 본문, 영17①(1) 본문). 다만, 금융상품직접판매업자의 승인을 받은 경우(투자성 상품에 관한 금융상품판매대리·중개업자가 금융상품직접판매업자로부터 승인을 받는 경우는 제외)는 금융상품에 관한 광고를 할 수 있다(영17①(1) 단서).

금융상품판매업자등이 아닌 자 및 투자성 상품에 관한 금융상품판매대리·중개업자는 금융상품판매업자등의 업무(금융상품에 관한 계약의 체결 또는 금융상품자문을 유인할 목적이 아닌 업무로서 금융위원회가 정하여 고시하는 업무는 제외)에 관한 광고를 할 수 없다(법22① 본문, 영17①(2)).

2) 광고할 수 있는 자

다음의 어느 하나에 해당하는 기관("협회등"), 즉 ⅰ) 한국금융투자협회, ⅱ) 생명보험협회, ⅲ) 손해보험협회, ⅳ) 상호저축은행중앙회, ⅴ) 여신전문금융업협회, ⅵ) 대부업협회, 전국은행연합회, 신용협동조합중앙회, 온라인투자연계금융협회, 그 밖에 금융위원회가 정하여 고시하는 기관(영17③), ⅶ) 그 밖에 금융상품판매업자등이 아닌 자로서 금융상품판매업자등을 자회사 또는 손자회사로 하는 금융지주회사 등, 즉 금융지주회사법에 따른 금융지주회사(이 경우 자회사·손자회사가 운영하는 금융상품판매업등에 대한 광고로 한정), 증권의 발행인 또는 매출인(이 경우 해당 증권에 대한 광고로 한정), 집합투자업자, 그 밖에 금융위원회가 지정하여 고시하는 자(영17 ②)는 금융상품등에 관한 광고(금융상품에 관한 광고 및 금융상품판매업자등의 업무에 관한 광고)를 할 수 있다(법22① 단서).

(나) 금융상품 내용의 명확·공정한 전달의무

금융상품판매업자등(위의 광고를 할 수 있는 자를 포함)이 금융상품등에 관한 광고를 하는 경우에는 금융소비자가 금융상품의 내용을 오해하지 아니하도록 명확하고 공정하게 전달하여 야 한다(법22②).

(다) 광고포함사항

금융상품판매업자등이 하는 금융상품등에 관한 광고에는 다음의 내용이 포함되어야 한다 (법22③ 본문). 다만, 전문투자형 사모집합투자기구의 집합투자증권을 판매하는 경우(법17⑤ 본 문)에 따른 투자성 상품에 관한 광고에 대해서는 그러하지 아니하다(법22③ 단서).

1) 설명서 및 약관 읽어 볼 것을 권유하는 내용

금융상품판매업자등이 하는 금융상품등에 관한 광고에는 금융상품에 관한 계약을 체결하 기 전에 금융상품 설명서 및 약관을 읽어 볼 것을 권유하는 내용이 포함되어야 한다(법22③(1)).

2) 금융상품판매업자등의 명칭과 금융상품의 내용

금융상품판매업자등이 하는 금융상품등에 관한 광고에는 금융상품판매업자등의 명칭 및 "금융상품의 내용"이 포함되어야 한다(법22③(2)). 여기서 "금융상품의 내용"이란 다음의 구분 에 따른 사항을 말한다(영17④). 즉 ⅰ) 보장성 상품은 금융상품의 명칭, 보험금 지급제한 사유 를 말한다(영17④(1)). ⅱ) 투자성 상품은 연계투자계약의 경우 온라인투자연계금융업법 제19조 제4항[356]에 따른 연계투자 상품의 내용을 말하고, 그 밖의 경우 이자·수익의 지급시기 및 지 급제한 사유를 말한다(영17④(2)). ⅲ) 예금성 상품은 이자·수익의 지급시기 및 지급제한 사유 를 말한다(영17④(3)). ⅳ) 대출성 상품의 경우 신용카드는 연회비, 이자율(연체이자율을 포함), 연계·제휴서비스등의 이용조건(연계·제휴서비스등을 포함하여 광고하는 경우에 한정)을 말하고, 시설대여·연불판매·할부금융은 이자율(연체이자율을 포함), 금융소비자가 계약기간 중 금전· 재화를 상환하는 경우 적용받는 조건을 말하며, 그 밖의 대출성 상품은 이자율(연체이자율을 포 함)을 말한다(영17④(4)).

---

356) 온라인투자연계금융업법 제19조(광고) ④ 온라인투자연계금융업자는 특정 연계투자 상품 또는 연계투자 조건에 관한 광고를 하는 경우에는 자신의 명칭, 연계투자 상품의 내용, 연계투자에 따른 위험, 그 밖에 대통령령으로 정하는 사항이 포함되도록 하여야 한다. 다만, 다른 매체를 이용하여 광고하는 경우에는 해 당 연계투자 상품을 해당 매체의 운영자가 제공하는 것으로 오인하지 않도록 대통령령으로 정하는 사항을 준수하여야 한다.

3) 보장성 상품

금융상품판매업자등이 하는 금융상품등에 관한 광고에는 보장성 상품의 경우 기존에 체결했던 계약을 해지하고 다른 계약을 체결하는 경우에는 계약체결의 거부 또는 보험료 등 금융소비자의 지급비용("보험료등")이 인상되거나 보장내용이 변경될 수 있다는 사항이 포함되어야 한다(법22③(3) 가목).

4) 투자성 상품

금융상품판매업자등이 하는 금융상품등에 관한 광고에는 투자성 상품의 경우 "투자에 따른 위험", 과거 운용실적을 포함하여 광고를 하는 경우에는 그 운용실적이 미래의 수익률을 보장하는 것이 아니라는 사항이 포함되어야 한다(법22③(3) 나목).

여기서 "투자에 따른 위험"이란 연계투자계약의 경우 온라인투자연계금융업법 제19조 제4항에 따른 연계투자에 따른 위험을 말한다. 그 밖의 경우 ⅰ) 투자원금의 손실이 발생할 수 있으며, 그 손실은 투자자에게 귀속된다는 사실을 말하고, ⅱ) 손실이 발생할 수 있는 상황(최대손실이 발생할 수 있는 상황을 포함) 및 그에 따른 손실 추정액을 말한다. 이 경우 객관적·합리적인 근거를 포함하여야 한다(영17⑤).

5) 예금성 상품

금융상품판매업자등이 하는 금융상품등에 관한 광고에는 예금성 상품의 경우 만기지급금 등을 예시하여 광고하는 경우에는 해당 예시된 지급금 등이 미래의 수익을 보장하는 것이 아니라는 사항(만기 시 지급금이 변동하는 예금성 상품으로서 수익이 기초자산의 가치에 따라 변동하는 예금성 상품의 경우에 한정)이 포함되어야 한다(법22③(3) 다목, 영17⑥).

6) 대출성 상품

금융상품판매업자등이 하는 금융상품등에 관한 광고에는 대출성 상품의 경우 대출조건이 포함되어야 한다(법22③(3) 라목). 여기서 "대출조건"이란 신용점수 등 금융소비자의 자격요건(담보를 조건으로 하는 대출인 경우에 담보에 관한 사항을 포함)과 원리금 상환방법을 말한다(영17⑦).

7) 기타 금융소비자 보호를 위한 사항

금융상품판매업자등이 하는 금융상품등에 관한 광고에는 그 밖에 금융소비자 보호를 위하여 "대통령령으로 정하는 내용"이 포함되어야 한다(법22③(4)). 여기서 "대통령령으로 정하는 내용"이란 다음의 구분에 따른 사항을 말한다(영17⑧).

가) 금융상품판매업자

금융상품판매업자는 다음의 구분에 따른 사항을 말한다(영17⑧(1)).

(ㄱ) 모든 금융상품 및 그에 관한 업무

모든 금융상품 및 그에 관한 업무는 ⅰ) 해당 광고가 법령 또는 내부통제기준에 따른 심의 또는 승인을 받았다는 사실, ⅱ) 일반금융소비자는 금융상품판매업자로부터 충분한 설명을 받을 권리가 있으며, 그 설명을 이해한 후 거래할 것을 권고하는 내용(금융상품에 관한 광고에만 적용), ⅲ) 예금보험기금 등 법률상 기금에 의해 보호되는지에 관한 사항(대출성 상품 및 금융상품자문업에는 적용하지 않는다)을 말한다(영17⑧(1) 가목).

(ㄴ) 보장성 상품 및 그에 관한 금융상품판매업자의 업무

보장성 상품 및 그에 관한 금융상품판매업자의 업무는 ⅰ) 변액보험계약 및 이와 유사한 금융상품으로서 금융상품직접판매업자가 보험료(공제계약의 경우 공제료) 중 일부를 금융투자상품의 취득·처분 또는 그 밖의 방법으로 운용하여 발생한 수익이나 손실이 보험금 또는 해약환급금(금융소비자가 계약의 해지를 요구하여 계약이 해지된 경우에 금융상품판매업자가 금융소비자에게 환급해주는 금액)에 반영되는 상품을 광고하는 경우 보험료 중 일부를 금융투자상품을 취득·처분하는데 사용하거나 그 밖의 방법으로 운용한 결과에 따라 보험금 또는 해약환급금에 손실이 발생할 수 있다는 사실을 말하고, ⅱ) 보험료·보험금 각각의 예시를 광고에 포함하는 경우 주된 위험보장사항·부수적인 위험보장사항 및 각각의 보험료·보험금 예시, 해약을 하거나 만기에 이른 경우 각각의 환급금 예시 및 산출근거, 해약시 환급금이 이미 납부한 보험료보다 적거나 없을 수 있다는 사실을 말한다(영17⑧(1) 나목).

(ㄷ) 투자성 상품 및 그에 관한 금융상품판매업자의 업무

투자성 상품 및 그에 관한 금융상품판매업자의 업무는 수수료 부과기준 및 절차를 말한다(영17⑧(1) 다목).

(ㄹ) 대출성 상품 및 그에 관한 금융상품판매업자등의 업무

대출성 상품 및 그에 관한 금융상품판매업자등의 업무는 다음의 사항 및 관련 경고문구를 말한다(영17⑧(1) 라목). 여기서 다음의 사항이란 ⅰ) 상환능력에 비해 대출금, 신용카드 사용액이 과도할 경우 신용점수가 하락할 수 있다는 사실, ⅱ) 신용점수 하락으로 금융거래와 관련된 불이익이 발생할 수 있다는 사실, ⅲ) 일정 기간 납부해야 할 원리금이 연체될 경우에 계약만료 기한이 도래하기 전에 모든 원리금을 변제해야 할 의무가 발생할 수 있다는 사실을 말한다.

나) 금융상품판매대리·중개업자

금융상품판매대리·중개업자는 금융상품판매대리·중개업자가 대리·중개하는 금융상품직접판매업자의 명칭 및 업무 내용, 하나의 금융상품직접판매업자만을 대리하거나 중개하는 금융상품판매대리·중개업자인지 여부, 금융상품직접판매업자로부터 금융상품 계약체결권을 부여받지 아니한 금융상품판매대리·중개업자의 경우 자신이 금융상품계약을 체결할 권한이 없다는 사실(법26①(1)-(3)), 그리고 금융관련법령에 따라 등록되어 있다는 사실을 말한다(영17⑧(2)).

다) 금융상품자문업자

금융상품자문업자는 ⅰ) 독립금융상품자문업자[금융 및 보험업 겸영 금지, 계열회사 제외, 겸 직 또는 파견 금지, 이해상충 방지와 전자적 장치 설치 요건(법12②(6))을 갖춘 자]인지 여부, ⅱ) 금융 상품판매업자로부터 자문과 관련한 재산상 이익을 제공받는 경우 그 재산상 이익의 종류 및 규모(다만, 경미한 재산상 이익으로서 대통령령으로 정하는 경우는 제외), ⅲ) 금융상품판매업을 겸영 하는 경우 자신과 금융상품계약체결등 업무의 위탁관계에 있는 금융상품판매업자의 명칭 및 위탁내용, ⅳ) 자문업무를 제공하는 금융상품의 범위를 말한다(영17⑧(3), 법27③(1)-(4)).

라) 그 밖의 사항

그 밖의 사항은 금융소비자의 계약체결 여부 판단이나 금융소비자의 권리·의무에 중요한 영향을 줄 수 있는 사항으로서 금융위원회가 정하여 고시하는 사항을 말한다(영17⑧(4)).

(라) 금지행위

금융상품판매업자등이 금융상품등에 관한 광고를 하는 경우 다음의 구분에 따른 행위를 해서는 아니 된다(법22④).

1) 보장성 상품

금융상품판매업자등이 금융상품등에 관한 광고를 하는 경우 ⅰ) 보장한도, 보장 제한 조 건, 면책사항 또는 감액지급 사항 등을 빠뜨리거나 충분히 고지하지 아니하여 제한 없이 보장 을 받을 수 있는 것으로 오인하게 하는 행위(가목), ⅱ) 보험금이 큰 특정 내용만을 강조하거나 고액 보장 사례 등을 소개하여 보장내용이 큰 것으로 오인하게 하는 행위(나목), ⅲ) 보험료를 일(日) 단위로 표시하거나 보험료의 산출기준을 불충분하게 설명하는 등 보험료등이 저렴한 것 으로 오인하게 하는 행위(다목), ⅳ) 만기시 자동갱신되는 보장성 상품의 경우 갱신시 보험료등 이 인상될 수 있음을 금융소비자가 인지할 수 있도록 충분히 고지하지 아니하는 행위(라목), ⅴ) 금리 및 투자실적에 따라 만기환급금이 변동될 수 있는 보장성 상품의 경우 만기환급금이 보장성 상품의 만기일에 확정적으로 지급되는 것으로 오인하게 하는 행위 등 금융소비자 보호 를 위하여 대통령령으로 정하는 행위(마목)[357]는 금지된다(법22④(1)).

---

357) 법 제22조 제4항 제1호 마목, 같은 항 제2호 다목, 같은 항 제3호 나목 및 같은 항 제4호 나목에서 "대통 령령으로 정하는 행위"란 다음의 행위를 말한다(영17⑩).
  1. 이자율 및 투자실적에 따라 만기환급금이 변동될 수 있는 보장성 상품과 관련하여 만기환급금이 보장 성 상품의 만기일에 확정적으로 지급되는 것으로 오인하게 하는 행위 등 금융상품등의 거래조건, 편익 등과 관련하여 확정되지 않은 사항을 확정적인 것으로 표현하거나 그 변동가능성에 관한 사항 등을 제 시하지 않는 행위
  2. 수익률이나 운용실적을 표시하는 경우 수익률이나 운용실적이 좋은 기간의 수익률이나 운용실적만을 표시하는 행위 등 금융상품 및 금융상품판매업자등의 업무("금융상품등")와 관련하여 해당 계약체결 여 부 판단에 중요한 영향을 줄 수 있는 사항 또는 금융소비자의 권리·의무에 중대한 영향을 주는 사항을 과장·왜곡·은폐(일부 축소하는 행위를 포함)하거나 분명하지 않은 표현을 사용하는 행위

2) 투자성 상품

금융상품판매업자등이 금융상품등에 관한 광고를 하는 경우 ⅰ) 손실보전(損失補塡) 또는 이익보장이 되는 것으로 오인하게 하는 행위는 금지된다. 다만, 금융소비자를 오인하게 할 우려가 없는 경우로서 자본시장법 시행령 제104조 제1항 단서358)에 따라 손실을 보전하거나 이익을 보장하는 경우(영17⑪)는 제외한다(가목). ⅱ) 집합투자증권(영17②)에 대하여 해당 투자성 상품의 특성을 고려하여 대통령령으로 정하는 사항359) 외의 사항을 광고에 사용하는 행위는 금지된다(나목). ⅲ) 수익률이나 운용실적을 표시하는 경우 수익률이나 운용실적이 좋은 기간의 수익률이나 운용실적만을 표시하는 행위 등 금융소비자 보호를 위하여 대통령령으로 정하는 행위(다목)는 금지된다(법22④(2)).

3) 예금성 상품

금융상품판매업자등이 금융상품등에 관한 광고를 하는 경우 ⅰ) 이자율의 범위·산정방법, 이자의 지급·부과 시기 및 부수적 혜택·비용을 명확히 표시하지 아니하여 금융소비자가 오인하게 하는 행위(가목), ⅱ) 수익률이나 운용실적을 표시하는 경우 수익률이나 운용실적이 좋은 기간의 것만을 표시하는 행위 등 금융소비자 보호를 위하여 대통령령으로 정하는 행위(나목)는 금지된다(법22④(3)).

---

3. 대출이자를 일 단위로 표시하는 행위 등 보통의 주의력을 가진 일반적인 금융소비자가 금융상품등의 편익이나 불리한 사항을 잘못 인식할 수 있는 내용을 광고하는 행위
4. 비교대상 및 기준을 분명하게 밝히지 않거나 객관적인 근거 없이 다른 금융상품등과 비교를 하여 우월함을 강조하거나 다른 금융상품등이 열등한 것으로 표현하는 행위
5. 객관적인 근거 없이 해당 금융상품등의 편익만을 강조하거나 다른 금융상품등의 불리한 사실만을 강조하는 행위
6. 광고에서 금융상품과 관련하여 해당 광고매체 또는 금융상품판매대리·중개업자의 상호를 부각시키는 등 금융소비자가 금융상품직접판매업자를 올바르게 인지하는 것을 방해하는 행위
7. 그 밖에 금융소비자의 합리적 의사결정을 저해하거나 건전한 시장질서를 훼손할 우려가 있는 행위로서 금융위원회가 정하여 고시하는 행위
358) 신탁업자는 수탁한 재산에 대하여 손실의 보전이나 이익의 보장을 하여서는 아니 된다. 다만, 연금이나 퇴직금의 지급을 목적으로 하는 신탁으로서 금융위원회가 정하여 고시하는 경우에는 손실의 보전이나 이익의 보장을 할 수 있다(자본시장법 시행령104①).
359) "대통령령으로 정하는 사항"이란 다음의 사항을 말한다(영17⑬).
   1. 집합투자업자, 집합투자재산을 보관·관리하는 신탁업자와 집합투자증권을 판매하는 투자매매업자·투자중개업자(일반사무관리회사가 있는 경우에는 그 회사를 포함)의 상호 등 그 업자에 관한 사항
   2. 제1호의 자가 받는 보수나 수수료에 관한 사항
   3. 집합투자재산 운용 인력에 관한 사항
   4. 과거의 집합투자재산 운용실적(운용실적이 있는 경우에 한정)
   5. 집합투자증권의 환매에 관한 사항
   6. 그 밖에 광고에 포함해도 금융소비자 보호를 해치지 않는다고 인정되는 사항으로서 금융위원회가 정하여 고시하는 사항

4) 대출성 상품

금융상품판매업자등이 금융상품등에 관한 광고를 하는 경우 ⅰ) 대출이자율의 범위·산정 방법, 대출이자의 지급·부과 시기 및 부수적 혜택·비용을 명확히 표시하지 아니하여 금융소비자가 오인하게 하는 행위(가목), ⅱ) 대출이자를 일 단위로 표시하여 대출이자가 저렴한 것으로 오인하게 하는 행위 등 금융소비자 보호를 위하여 대통령령으로 정하는 행위(나목)는 금지된다(법22④(4)).

(마) 광고의 방법 및 절차

1) 광고의 방법

광고물은 그 글자의 색깔·크기 또는 음성의 속도·크기 등이 보통의 주의력을 가진 일반적인 금융소비자가 해당 금융상품으로 인해 입을 수 있는 불이익을 충분히 인지할 수 있도록 만드는 등 광고의 방법에 관한 구체적인 사항은 금융위원회가 정하여 고시한다(영19①).

2) 준법감시인의 심의

금융상품판매업자등은 광고를 하려는 경우에 준법감시인(준법감시인이 없는 경우에는 감사 등 이에 준하는 자)의 심의를 받는 등 내부통제기준에 따른 절차를 거쳐야 한다(영19②).

3) 광고물 회수

금융상품판매업자등은 ⅰ) 광고의 유효기간이 있는 경우 해당 유효기간의 종료일까지, ⅱ) 금융상품의 주요사항이 변경된 경우 변경된 사항 시행일의 전일까지 광고물을 회수해야 한다(영19③ 본문). 다만, 광고물 일체를 회수하기 곤란한 경우로서 금융위원회가 인정하는 경우에는 그러하지 아니하다(영19③ 단서).

(바) 표시광고법 적용

금융상품등에 관한 광고를 할 때 표시광고법 제4조 제1항[360]에 따른 표시·광고사항이 있는 경우에는 표시광고법에서 정하는 바에 따른다(법22⑤).

---

360) 표시광고법 제4조(중요정보의 고시 및 통합공고) ① 공정거래위원회는 상품등이나 거래 분야의 성질에 비추어 소비자 보호 또는 공정한 거래질서 유지를 위하여 필요한 사항으로서 다음의 어느 하나에 해당하는 사항인 경우에는 사업자등이 표시·광고에 포함하여야 하는 사항("중요정보")과 표시·광고의 방법을 고시(인터넷 게재를 포함)할 수 있다. 다만, 다른 법령에서 표시·광고를 하도록 한 사항은 제외한다.
1. 표시·광고를 하지 아니하여 소비자 피해가 자주 발생하는 사항
2. 표시·광고를 하지 아니하면 다음의 어느 하나에 해당하는 경우가 생길 우려가 있는 사항
   가. 소비자가 상품등의 중대한 결함이나 기능상의 한계 등을 정확히 알지 못하여 구매 선택을 하는 데에 결정적인 영향을 미치게 되는 경우
   나. 소비자의 생명·신체 또는 재산에 위해(危害)를 끼칠 가능성이 있는 경우
   다. 그 밖에 소비자의 합리적인 선택을 현저히 그르칠 가능성이 있거나 공정한 거래질서를 현저히 해치는 경우

(사) 협회등 광고심의 등

1) 협회등의 광고 관련 기준 준수 확인 및 통보

협회등은 금융상품판매업자등의 금융상품등에 관한 광고와 관련하여 광고주체(법22①), 금융상품 내용의 명확·공정한 전달의무(법22②), 광고포함사항(법22③), 금융상품에 관한 광고를 하는 경우 금지행위(법22④)의 광고 관련 기준을 준수하는지를 확인하고 그 결과에 대한 의견을 해당 금융상품판매업자등에게 통보할 수 있다(법22⑥).

2) 광고심의

협회등(은행연합회는 제외)은 다음의 구분에 따른 광고가 광고주체(법22①), 금융상품 내용의 명확·공정한 전달의무(법22②), 광고포함사항(법22③), 금융상품에 관한 광고를 하는 경우 금지행위(법22④)의 규정을 준수하는지를 확인("광고심의")할 수 있다(영18①).

ⅰ) 대부업협회는 대부업자 및 대부업자가 취급하는 대출성 상품에 관한 금융상품판매대리·중개업을 영위하는 자의 광고를 심의할 수 있다(영18①(1)). ⅱ) 생명보험협회는 생명보험회사 및 그 회사가 취급하는 보장성 상품·대출성 상품에 관한 금융상품판매대리·중개업을 영위하는 자의 광고를 심의할 수 있다(영18①(2)). ⅲ) 손해보험협회는 손해보험회사 및 그 회사가 취급하는 보장성 상품·대출성 상품에 관한 금융상품판매대리·중개업을 영위하는 자의 광고를 심의할 수 있다(영18①(3)). ⅳ) 상호저축은행중앙회는 상호저축은행 및 상호저축은행이 취급하는 예금성 상품·대출성 상품에 관한 금융상품판매대리·중개업을 영위하는 자의 광고를 심의할 수 있다(영18①(4)).

ⅴ) 신용협동조합중앙회는 신용협동조합(금융상품직접판매업자인 경우에 한정) 및 신용협동조합이 취급하는 예금성 상품·대출성 상품·보장성 상품에 관한 금융상품판매대리·중개업을 영위하는 자의 광고를 심의할 수 있다(영18①(5)). ⅵ) 여신전문금융업협회는 여신전문금융회사(겸영여신업자를 포함) 및 여신전문금융회사가 취급하는 대출성 상품을 취급하는 금융상품판매대리·중개업을 영위하는 자의 광고를 심의할 수 있다(영18①(6)). ⅶ) 온라인투자연계금융협회는 온라인투자연계금융업자의 광고를 심의할 수 있다(영18①(7)). ⅷ) 한국금융투자협회는 금융투자업자(겸영금융투자업자를 포함)의 광고를 심의할 수 있다(영18①(8)).

3) 자료 징구

협회등은 광고가 광고주체(법22①), 금융상품 내용의 명확·공정한 전달의무(법22②), 광고포함사항(법22③), 금융상품에 관한 광고를 하는 경우 금지행위(법22④)의 광고 관련 기준을 지키는지를 확인하는 과정에서 그 확인에 필요한 객관적·합리적인 자료를 해당 금융상품판매업자로부터 징구하고 보관하여야 한다(영18②).

(아) 위반시 제재

법 제22조 제1항·제3항 또는 제4항을 위반하여 금융상품등에 관한 광고를 한 자에게는 1억원 이하의 과태료를 부과한다(법69①(5)).

금융상품판매대리·중개업자가 금융상품계약체결등의 업무를 대리하거나 중개하게 한 금융상품판매대리·중개업자가 광고포함사항(법22③) 또는 금융상품에 관한 광고를 하는 경우 금지행위(법22④) 규정을 위반하여 금융상품등에 관한 광고를 한 경우에 그 업무를 대리하거나 중개하게 한 금융상품판매대리·중개업자에게는 1억원 이하의 과태료를 부과한다(법69①(6) 본문 라목). 다만, 업무를 대리하거나 중개하게 한 금융상품판매대리·중개업자로서 그 위반행위를 방지하기 위하여 해당 업무에 관하여 적절한 주의와 감독을 게을리하지 아니한 자는 제외한다(법69①(6) 단서).

(7) 계약서류의 제공의무

(가) 금융상품 유형별 제공

금융상품직접판매업자 및 금융상품자문업자는 금융소비자와 금융상품 또는 금융상품자문에 관한 계약을 체결하는 경우 금융상품의 유형별로 ⅰ) 금융상품직접판매업자의 경우에는 계약서(보장성 상품의 경우에 보험업법에 따른 청약서), 약관, 설명서 및 핵심설명서(영13⑮(3)＝금융상품자문업자가 금융상품자문서를 일반금융소비자에게 제공하는 경우는 제외), 보험증권(상법640)361) 또는 보험증권에 준하는 공제증권, ⅱ) 금융상품자문업자의 경우에는 계약서(보장성 상품의 경우에 보험업법에 따른 청약서) 및 약관을 금융소비자에게 지체 없이 제공하여야 한다(법23① 본문, 영20①).

(나) 금융상품 유형별 제공 예외

계약내용 등이 금융소비자 보호를 해칠 우려가 없는 경우로서 ⅰ) 기본계약을 체결하고 그 계약내용에 따라 계속적·반복적으로 거래를 하는 경우 또는 기존계약을 같은 내용으로 갱신하는 경우(영13⑮(1)(2)), ⅱ) 대부업자, 온라인소액투자중개업자, 온라인투자연계금융업자와 계약을 체결하는 경우, ⅲ) 보장성 상품에 관한 기존의 계약을 변경하는 경우에 기존계약에 따른 보험증권에 그 사실을 쓰는 경우, ⅳ) 그 밖에 계약서류를 제공하지 않아도 금융소비자 보호가 저해될 우려가 없는 경우로서 금융위원회가 정하여 고시하는 경우에는 계약서류를 제공하지 아니할 수 있다(법23① 단서, 영20②).

---

361) 상법 제640조(보험증권의 교부) ① 보험자는 보험계약이 성립한 때에는 지체없이 보험증권을 작성하여 보험계약자에게 교부하여야 한다. 그러나 보험계약자가 보험료의 전부 또는 최초의 보험료를 지급하지 아니한 때에는 그러하지 아니하다.
② 기존의 보험계약을 연장하거나 변경한 경우에는 보험자는 그 보험증권에 그 사실을 기재함으로써 보험증권의 교부에 갈음할 수 있다.

(다) 계약서류 제공 시기 및 방식

계약서류는 계약이 체결된 후 즉시 금융소비자가 요청하거나 동의하는 방식에 따라 서면 등(전화는 제외)으로 제공하여야 한다(영20③ 본문). 다만, 금융소비자가 계약서류의 제공을 원하지 않은 경우에는 ⅰ) 금융소비자가 계약서류의 제공을 원하지 않는다는 사실, ⅱ) 계약서류를 제공받지 않을 경우 추후 권리행사시 불리할 수 있다는 사실을 금융상품직접판매업자가 계약이 체결된 후 즉시 설명하였다는 사실에 대해 금융소비자로부터 서명 또는 그 밖에 전자금융거래법 제21조 제2항에 따른 기준을 지키는 안전성과 신뢰성이 확보될 수 있는 수단을 통해 확인을 받은 경우에 한정하여 제공하지 않을 수 있다(영20③ 단서).

(라) 계약서류 제공사실 확인

금융상품직접판매업자 및 금융상품자문업자는 계약서류를 제공한 사실에 대해 금융소비자로부터 서명 또는 그 밖에 전자금융거래법 제21조 제2항에 따른 기준을 지키는 안전성과 신뢰성이 확보될 수 있는 수단을 통해 확인을 받아야 한다(영20④).

(마) 계약서류 제공사실 증명책임

계약서류의 제공 사실에 관하여 금융소비자와 다툼이 있는 경우에는 금융상품직접판매업자 및 금융상품자문업자가 이를 증명하여야 한다(법23②).

(바) 위반시 제재

법 제23조 제1항을 위반하여 금융소비자에게 계약서류를 제공하지 아니한 자에게는 1억원 이하의 과태료를 부과한다(법69①(7)).

3. 금융상품판매업자등의 업종별 영업행위 준수사항

(1) 미등록자를 통한 금융상품판매 대리·중개 금지

금융상품판매업자는 금융상품판매대리·중개업자가 아닌 자에게 금융상품계약체결등을 대리하거나 중개하게 해서는 아니 된다(법24).

(2) 금융상품판매대리·중개업자의 금지행위

(가) 급부 수령·대가제공 금지 등

금융상품판매대리·중개업자는 다음의 어느 하나에 해당하는 행위를 해서는 아니 된다(법25①).

1) 투자금, 보험료 등 계약의 이행으로서 급부를 받는 행위 금지

가) 원칙

금융상품판매대리·중개업자는 금융소비자로부터 투자금, 보험료 등 계약의 이행으로서 급부를 받는 행위를 할 수 없다(법25①(1) 본문).

나) 예외

금융상품직접판매업자로부터 급부 수령에 관한 권한을 부여받은 경우로서 특정 금융상품 직접판매업자를 위해 보장성 상품에 관한 계약의 체결을 대리·중개하는 것을 영업으로 하는 자가 금융소비자로부터 보험료를 수령하는 행위는 제외한다(법25①(1) 단서, 영25① 전단). 이 경우 해당 금융상품판매대리·중개업자가 금융상품직접판매업자로부터 계약에 관한 의사표시를 할 수 있는 권한을 부여받지 않은 경우에는 금융상품직접판매업자가 작성한 영수증을 금융소비자에게 교부하여야 한다(영21① 후단).

2) 대리·중개업무의 제3자 위탁 및 대가 지급 행위 금지

가) 원칙

금융상품판매대리·중개업자가 대리·중개하는 업무를 제3자에게 하게 하거나 그러한 행위에 관하여 수수료·보수나 그 밖의 대가를 지급하는 행위는 금지된다(법25①(2) 본문).

나) 예외

금융상품직접판매업자의 이익과 상충되지 아니하고 금융소비자 보호를 해치지 아니하는 경우로서 다음의 행위는 제외한다(법25①(2) 단서). 여기서 다음의 행위란 다음의 구분에 따른 행위를 말한다(영21②).

(ㄱ) 보장성 상품

보장성 상품의 경우 ⅰ) 보험설계사는 같은 보험회사·보험대리점 또는 보험중개사에 소속된 다른 보험설계사에 계약의 체결을 대리·중개하는 업무를 하게 하거나 그러한 행위에 대해 수수료·보수나 그 밖의 대가를 지급하는 행위를 할 수 있다. ⅱ) 보험대리점은 소속 보험설계사 또는 같은 보험회사와 모집에 관한 위탁계약을 체결한 다른 보험대리점에 계약의 체결을 대리·중개하는 업무를 하게 하거나 그러한 행위에 대해 수수료·보수나 그 밖의 대가를 지급하는 행위를 할 수 있다. 다만, 다른 보험대리점과 위탁계약을 체결하기 위해서는 금융상품직접판매업자로부터 그 계약의 내용에 대해 동의를 받아야 한다. ⅲ) 보험중개사는 소속 보험설계사 또는 다른 보험중개사에 계약의 체결을 대리·중개하는 업무를 하게 하거나 그러한 행위에 대해 수수료·보수나 그 밖의 대가를 지급하는 행위를 할 수 있다(영21②(1)).

(ㄴ) 예금성 상품·대출성 상품

예금성 상품·대출성 상품의 경우 법인인 금융상품판매대리·중개업자가 자신과 위탁계약을 체결하고 예금성 상품 또는 대출성 상품에 관한 계약의 체결을 대리·중개하는 사람에게 계약의 체결을 대리·중개하는 업무를 하게 하거나 그러한 행위에 관하여 수수료·보수나 그 밖의 대가를 지급하는 행위를 할 수 있다(영21②(2)).

3) 기타 금지행위

금융상품판매대리·중개업자는 금융소비자 보호 또는 건전한 거래질서를 해칠 우려가 있는 행위로서 "대통령령으로 정하는 행위"를 할 수 없다(법25①(3)). 여기서 "대통령령으로 정하는 행위"란 다음의 어느 하나에 해당하는 행위를 말한다(영21③).

1. 금융상품직접판매업자 또는 금융소비자를 대리하여 계약을 체결하는 행위. 다만, 보험대리점이 해당 금융상품직접판매업자로부터 계약에 관한 의사표시를 할 수 있는 권한을 받은 경우는 제외한다.
2. 같은 상품유형의 금융상품에 대하여 둘 이상의 금융상품직접판매업자를 위해 금융상품에 관한 계약의 체결을 대리·중개하는 행위(동일인이 다수의 금융상품판매대리·중개업자에 각각 사실상 영향력을 행사하는 경우에 해당 법인들은 모두 하나의 금융상품판매대리·중개업자로 본다). 다만, 다음의 행위는 제외한다.
   가. 보장성 상품을 취급하는 금융상품판매대리·중개업자가 둘 이상의 금융상품직접판매업자를 위해 보장성 상품에 관한 계약의 체결을 대리·중개하는 행위
   나. 대출성 상품을 취급하는 금융상품직접판매업자가 다른 금융상품직접판매업자의 대출성 상품에 관한 계약의 체결을 대리·중개하는 행위
   다. 신용카드, 시설대여, 연불판매 또는 할부계약에 관한 계약의 체결을 대리·중개하는 자가 다른 하나의 금융상품직접판매업자를 위해 대출 계약의 체결을 대리·중개하는 행위
   라. 시설대여, 연불판매 또는 할부계약에 관한 계약의 체결을 대리·중개하는 자가 다른 하나의 금융상품직접판매업자를 위해 신용카드에 관한 계약의 체결을 대리·중개하는 행위
   마. 다음의 자가 둘 이상의 금융상품직접판매업자를 위해 대출성 상품에 관한 계약의 체결을 대리·중개하는 행위
      1) 대부중개업자
      2) 대출성 상품에 관한 금융상품판매대리·중개업을 전자금융거래 방식으로만 영위하는 법인
   바. 시설대여·연불판매·할부금융 또는 이와 유사한 금융상품에 관한 계약의 체결을 대리·중개하는 행위
   사. 그 밖에 금융소비자 보호 및 건전한 거래질서를 해칠 가능성이 낮은 행위로서 금융위원회가 정하여 고시하는 행위
3. 금융상품판매대리·중개업자라는 사실을 나타내는 표지나 증표(법26②)를 위조하여 게시하거나 금융소비자에 제시하는 행위
4. 금융소비자로 하여금 금융상품판매대리·중개업자를 정부, 금융감독원, 공공기관운영법에 따른 공공기관, 금융상품직접판매업자, 금융상품자문업자 또는 그 밖에 이와 유사한 자로 오인할 수 있는 상호를 광고 등 영업에 사용하는 행위

5. 자신이 아닌 다른 금융상품판매대리·중개업자에 대리·중개 업무를 위탁하거나 위탁하지 않도록 금융상품직접판매업자에 직접적·간접적으로 강요하는 행위

6. 다른 금융상품판매대리·중개업자의 명의(성명 또는 상호)를 사용하거나 다른 금융상품판매대리·중개업자가 자신의 명의를 사용하도록 하는 행위

7. 대출성 상품에 관한 계약의 체결을 대리하거나 중개하는 자가 다음의 업을 영위하는 행위

   가. 대부업법에 따른 대부업·대부중개업

   나. 방문판매법에 따른 다단계판매업

   다. 사행산업통합감독위원회법에 따른 사행산업

   라. 식품위생법 시행령에 따른 단란주점영업 및 유흥주점영업

마. 그 밖에 금융소비자와 이해상충이 발생하거나 시장의 질서를 저해할 우려가 있는 업으로서 금융위원회가 정하여 고시하는 업

8. 투자성 상품에 관한 계약의 체결을 대리하거나 중개하는 행위로서 다음의 어느 하나에 해당하는 행위

   가. 투자일임재산이나 신탁재산을 각각의 금융소비자별 또는 재산별로 운용하지 않고 모아서 운용하는 것처럼 투자일임계약이나 신탁계약의 계약체결등을 대리·중개하거나 광고하는 행위

   나. 금융소비자로부터 금융투자상품을 매매할 수 있는 권한을 위임받는 행위

   다. 투자성 상품에 관한 계약의 체결과 관련하여 제3자가 금융소비자에 금전을 대여하도록 대리하거나 중개하는 행위

   라. 보험설계사가 위탁계약을 체결하지 않은 보험회사의 투자성 상품에 관한 계약의 체결을 대리하거나 중개하는 행위

9. 그 밖에 금융소비자 보호 또는 건전한 거래질서를 해칠 우려가 있는 행위로서 금융위원회가 정하여 고시하는 행위

(나) 수수료 외의 재산상 이익 요구·수령 금지

금융상품판매대리·중개업자는 금융상품판매 대리·중개 업무를 수행할 때 금융상품직접판매업자로부터 정해진 수수료 외의 금품, 그 밖의 재산상 이익을 요구하거나 받아서는 아니 된다(법25②).

1) 수수료

수수료란 금융상품에 관한 계약체결의 대리·중개 업무에 대한 대가로서 유사한 금융상품에 관한 계약체결의 대리·중개 업무에 통상적으로 적용되거나 적용될 것으로 판단되는 금액을 과도하게 초과하지 않는 범위 내에서 지급되는 대가를 말한다(영21④ 전단). 이 경우 금융상품판매대리·중개업자는 수수료를 해당 금융상품의 유형과 거래규모, 업무의 난이도 및 그 계약의 체결로 인하여 금융상품직접판매업자가 얻게 되는 구체적 이익 등을 고려하여 객관적인 기

준에 따라 합리적으로 정하여야 한다(영21④ 후단).

2) 재산상 이익

재산상 이익은 ⅰ) 금융상품직접판매업자가 제공하는 상품·서비스 가격의 할인, ⅱ) 금전 등의 대여, ⅲ) 보험료 등의 예탁에 따른 수익, ⅳ) 계약체결의 대리·중개 과정에서 발생하는 비용의 보전 또는 손실에 대한 보상, ⅴ) 수수료 외에 금융상품판매대리·중개업자가 대리·중개한 계약에서 발생한 이익의 배분, ⅵ) 앞의 5가지의 사항에 준하여 금융상품판매대리·중개업자에 직접적·간접적으로 제공되는 재산상 이익을 말한다(영21⑤).

(다) 위반시 제재

금융상품직접판매업자가 금융상품계약체결등의 업무를 대리하거나 중개하게 한 금융상품판매대리·중개업자가 제25조 제1항 제2호에 해당하는 행위를 한 경우에 그 업무를 대리하거나 중개하게 한 금융상품직접판매업자에게는 1억원 이하의 과태료를 부과한다(법69①(8) 본문). 다만, 업무를 대리하거나 중개하게 한 금융상품직접판매업자로서 그 위반행위를 방지하기 위하여 해당 업무에 관하여 적절한 주의와 감독을 게을리하지 아니한 자는 제외한다(법69①(8) 단서).

법 제25조 제1항 각 호의 어느 하나에 해당하는 행위를 한 자(제5호), 법 제25조 제2항을 위반하여 수수료 외의 금품, 그 밖의 재산상 이익을 요구하거나 받은 자(제6호)에게는 3천만원 이하의 과태료를 부과한다(법69②(5)(6)).

(3) 금융상품판매대리·중개업자의 고지의무

(가) 고지사항

금융상품판매대리·중개업자는 금융상품판매 대리·중개 업무를 수행할 때 금융소비자에게 ⅰ) 금융상품판매대리·중개업자가 대리·중개하는 금융상품직접판매업자의 명칭 및 업무 내용, ⅱ) 하나의 금융상품직접판매업자만을 대리하거나 중개하는 금융상품판매대리·중개업자인지 여부, ⅲ) 금융상품직접판매업자로부터 금융상품 계약체결권을 부여받지 아니한 금융상품판매대리·중개업자의 경우 자신이 금융상품계약을 체결할 권한이 없다는 사실, ⅳ) 손해배상책임에 관한 사항, ⅴ) 예탁금(금융소비자가 금융투자상품의 매매, 그 밖의 거래와 관련하여 금융상품직접판매업자에 예탁하는 금전), 보험료 등 금융소비자가 계약에 따라 금융상품직접판매업자에 지급해야 하는 금전을 받을 수 있는 권한이 없다는 사실, ⅵ) 금융소비자로부터 청약, 해지 등 계약에 관한 의사표시를 수령할 수 있는 권한이 없다는 사실, ⅶ) 법 제25조 제1항 제2호의 단서에 따라 금융상품판매대리·중개업자의 업무를 수탁받은 경우에 그 업무를 위탁한 금융상품판매대리·중개업자의 명의(증표·표지를 포함) 및 업무 내용, ⅷ) 금융상품판매대리·중개업자가 대리·중개하는 금융상품직접판매업자의 명의 및 그 금융상품직접판매업자가 금융관련법령에 따라 인가·허가를 받거나 등록되었는지 여부, ix) 그 밖에 금융소비자 보호 또는 건전한 거래질서를 위하여 필요한 사항으로서 금융위원회가 정하는 사항 모두를 미리 알려야 한다(법26①, 영22①).

(나) 표지게시 또는 증표제시

금융상품판매대리·중개업자는 금융상품판매 대리·중개 업무를 수행할 때 자신이 금융상품판매대리·중개업자라는 사실을 나타내는 표지를 게시하거나 증표를 금융소비자에게 보여주어야 한다(법26②).

표지게시 및 증표제시는 i) 법인인 경우는 금융상품판매대리·중개업자임을 나타내는 표지(등록기관, 등록번호, 등록기관의 기관장 직인 등 식별에 필요한 정보를 포함)를 사업장(인터넷 홈페이지가 있는 경우에는 인터넷 홈페이지를 포함)에 금융소비자가 명확하게 알 수 있도록 게시하여야 하고, ii) 개인인 경우는 금융상품판매대리·중개업자임을 금융소비자가 명확하게 알 수 있는 증표(등록기관, 등록번호, 등록기관의 기관장 직인 등 식별에 필요한 정보를 포함한 문서)를 금융소비자에 제시하여야 하며, iii) 그 밖에 금융위원회가 정하여 고시하는 사항을 지키는 방법으로 하여야 한다(영22②).

(다) 위반시 제재

법 제26조 제1항을 위반하여 같은 항 각 호의 어느 하나에 해당하는 사항을 미리 금융소비자에게 알리지 아니한 자 또는 같은 조 제2항을 위반하여 표지를 게시하지 아니하거나 증표를 보여 주지 아니한 자(제7호)에게는 3천만원 이하의 과태료를 부과한다(법69②(7)).

(4) 금융상품자문업자의 영업행위준칙 등

(가) 선관주의의무 및 충실의무

금융상품자문업자는 금융소비자에 대하여 선량한 관리자의 주의로 자문에 응하여야 하고 (법27①), 금융소비자의 이익을 보호하기 위하여 자문업무를 충실하게 수행하여야 한다(법27②).

(나) 고지사항 및 표시게시 등

금융상품자문업자는 자문업무를 수행하는 과정에서 i) 독립금융상품자문업자[금융 및 보험업 겸영 금지, 계열회사 제외, 겸직 또는 파견 금지, 이해상충 방지와 전자적 장치 설치 요건(법12② (6))을 갖춘 자]인지 여부, ii) 금융상품판매업자로부터 자문과 관련한 재산상 이익을 제공받는 경우 그 재산상 이익의 종류 및 규모[다만, 경미한 재산상 이익으로서 금융상품판매업자가 금융소비자에 제공하고자 하는 소액의 경품 및 금융위원회가 정하여 고시하는 재산상 이익(영23①)은 제외], iii) 금융상품판매업을 겸영하는 경우 자신과 금융상품계약체결등 업무의 위탁관계에 있는 금융상품판매업자의 명칭 및 위탁내용, iv) 자문업무를 제공하는 금융상품의 범위, v) 자문업무의 제공 절차, vi) 금융상품자문에 관한 계약으로 정한 보수 외의 대가를 추가로 받지 않는다는 사실, vii) 자문업무 제공에 따른 보수 및 그 부과기준, viii) 금융소비자가 자문업무 제공내용에 따라 금융상품을 취득·처분한 결과에 대해 금융상품자문업자는 책임지지 않는다는 사실, ix) 그 밖에 금융소비자 권익 보호 또는 건전한 거래질서를 위하여 금융위원회가 정하여 고시하는 사항을 금융소비자에게 알려야 하며, 자신이 금융상품자문업자라는 사실을 나타내는 표지를 게시하거나 증표를 금융소비자에게 내보여야 한다(법27③, 영23②).

(다) 독립금융상품자문업자의 독립문자 사용금지

독립금융상품자문업자가 아닌 자는 "독립"이라는 문자 또는 이와 같은 의미를 가지고 있는 외국어 문자로서 독립적, 중립적, 객관적 또는 이와 유사한 의미를 가지는 외국어 문자(한글 표기를 포함)("독립문자")를 명칭이나 광고에 사용할 수 없다(법27④, 영23③).

(라) 독립금융상품자문업자의 금지행위

독립금융상품자문업자는 i) 금융소비자의 자문에 대한 응답과 관련하여 금융상품판매업자(임직원 포함)로부터 재산상 이익을 받는 행위(다만, 금융상품판매업자의 자문에 응하여 그 대가를 받는 경우 등 금융상품판매업자의 계산으로 하는 거래에 관한 자문에 응하여 대가를 받는 경우(영23④)는 제외), ii) 해당 상품유형의 금융상품자문업을 영위하는데 필요한 연수과정을 금융위원회가 정하여 고시하는 바에 따라 이수한 사람 또는 해당 상품유형의 금융상품판매업에 3년 이상 종사한 경력이 있는 사람(등록신청일부터 5년 내에 해당 업무에 종사한 사람으로 한정)으로서 금융위원회가 정하는 바에 따라 해당 상품유형의 금융상품, 금융소비자 보호 관련 제도 및 분쟁사례 등에 대한 교육을 받은 사람(영5②(1) 가목 및 나목)에 해당하지 않는 사람(전자적 장치를 통하여 금융소비자와 직접 대면하거나 의사소통을 하지 않고 자동화된 방식으로 서비스를 제공하는 형태로 금융상품자문업을 영위하는 법인은 제외)이 자문업무를 수행하게 하는 행위, iii) 계약의 체결과 해지 업무 또는 자문에 응하여 금융상품의 가치 또는 취득과 처분결정에 관한 사항을 제공하는 업무를 제3자에 위탁하는 행위, iv) 다른 법인이 자신의 상호를 사용하여 금융상품자문업을 영위하게 하는 행위, v) 특정 금융상품직접판매업자의 금융상품에 한정하여 자문에 응하는 행위(다만, 해당 금융상품이 금융소비자에 유리한 경우는 제외), vi) 금융소비자로부터 금전등을 예탁받는 행위, vii) 금융소비자로부터 계약에 따라 정해진 보수 외 금전등을 요구하거나 받는 행위, viii) 특정 금융상품판매업자 또는 특정 금융상품을 광고하는 행위, ix) 그 밖에 금융소비자와의 이해상충이 발생할 수 있는 행위로서 금융위원회가 정하여 고시하는 행위를 해서는 아니 된다(법27⑤, 영23⑤).

(마) 위반시 제재

법 제27조 제3항을 위반하여 같은 항 각 호의 어느 하나에 해당하는 사항을 금융소비자에게 알리지 아니한 자 또는 표지를 게시하지 아니하거나 증표를 내보이지 아니한 자(제9호), 법

제27조 제4항을 위반하여 독립문자를 명칭에 사용하거나 광고에 사용한 자(제10호), 법 제27조 제5항 각 호의 어느 하나에 해당하는 행위를 한 자(제11호)에게는 1억원 이하의 과태료를 부과한다(법69①(9)(10)(11)).

(5) 자료의 기록 및 유지·관리 등

(가) 자료의 기록 및 유지·관리의무

금융상품판매업자등은 금융상품판매업등의 업무와 관련한 자료로서 대통령령으로 정하는 자료를(기록 자료) 기록하여야 하며, 자료의 종류별로 대통령령으로 정하는 기간(유지·관리 기간) 동안 유지·관리하여야 한다(법28①). 이에 따라 금융상품판매업자등은 기록 및 유지·관리하여야 하는 자료가 멸실 또는 위조되거나 변조되지 아니하도록 적절한 대책을 수립·시행하여야 한다(법28②).362)

1) 기록 자료

금융상품판매업등의 업무와 관련한 자료로서 기록하여야 하는 자료는 다음과 같다(영24①).

가) 금융상품직접판매업자

금융상품직접판매업자는 ⅰ) 금융상품의 계약체결등 및 그 이행에 관한 자료, ⅱ) 내부통제기준(금융소비자보호기준을 포함) 및 그 준수에 관한 자료, ⅲ) 광고 관련 자료, ⅳ) 회계처리에 관한 자료, ⅴ) 금융소비자의 권리행사에 관한 청약의 철회 자료, 계약의 해제·해지 자료, 금융소비자의 자료 열람 요구 자료, ⅵ) 금융상품판매대리·중개업자 및 금융상품자문업자와의 업무위탁에 관한 자료를 기록하여야 한다(영24①(1)).

나) 금융상품판매대리·중개업자

금융상품판매대리·중개업자는 법인인 경우 ⅰ) 금융상품의 계약체결등 및 그 이행에 관한 자료, ⅱ) 내부통제기준(금융소비자보호기준을 포함) 및 그 준수에 관한 자료, ⅲ) 광고 관련 자료, ⅳ) 회계처리에 관한 자료, ⅴ) 금융상품직접판매업자 및 다른 금융상품판매대리·중개업자와의 위탁계약 체결에 관한 자료를 기록하여야 하고, 개인인 경우 금융상품직접판매업자 및 다른 금융상품판매대리·중개업자와의 위탁계약 체결에 관한 자료를 기록하여야 한다(영24①(2)).

다) 금융상품자문업자

금융상품자문업자는 ⅰ) 금융상품의 계약체결등 및 그 이행에 관한 자료, ⅱ) 내부통제기준(금융소비자보호기준을 포함) 및 그 준수에 관한 자료, ⅲ) 광고 관련 자료, ⅳ) 회계처리에 관

---

362) 부칙 제2조(자료의 기록 및 유지·관리 등에 관한 적용례) 제28조는 이 법 시행 이후 금융상품 또는 금융상품자문에 관한 계약의 체결을 권유(금융상품자문업자가 자문에 응하는 경우를 포함)하거나 계약을 체결하는 경우부터 적용한다.

한 자료, v) 금융소비자의 권리행사에 관한 청약의 철회 자료, 계약의 해제·해지 자료, 금융소비자의 자료 열람 요구 자료, vi) 금융상품판매업자로부터 자문과 관련한 재산상 이익을 제공받는 경우 해당 금융상품판매업자와의 계약체결에 관한 자료를 기록하여야 한다(영24①(3)).

2) 유지·관리 기간

금융상품판매업자등은 금융상품판매업등의 업무와 관련한 자료로서 자료의 종류별로 10년 동안 유지·관리하여야 한다(법28①, 영24② 본문). 보장성 상품에 관한 계약의 위험보장기간이 10년을 초과하는 경우에는 해당 계약 관련 금융상품의 계약체결등 및 그 이행에 관한 자료를 위험보장기간 동안 유지·관리해야 한다(영24② 본문). 다만 내부통제기준의 제정·변경 등 조직 내부 경영에 관한 자료와 금융상품판매업자로부터 자문과 관련한 재산상 이익을 제공받는 경우 해당 금융상품판매업자와의 계약체결에 관한 자료는 5년 이내의 범위에서 금융위원회가 자료를 유지·관리해야 하는 기간을 정하여 고시한다(영24② 단서).

그러나 금융상품직접판매업자 또는 금융상품자문업자가 금융소비자와 계약을 체결하지 않은 경우에는 금융상품의 계약체결등 및 그 이행에 관한 자료를 유지·관리해야 하는 기간을 3개월로 한다(영24③).

(나) 자료 열람 요구권

금융소비자는 분쟁조정 또는 소송의 수행 등 권리구제를 위한 목적으로 금융상품판매업자등이 기록 및 유지·관리하는 자료의 열람(사본의 제공 또는 청취를 포함)을 요구할 수 있고(법28③), 자료의 열람을 요구하는 경우에 열람 목적, 열람하고자 하는 자료의 구체적인 내용, 열람 방법을 금융위원회가 정하는 바에 따라 작성하여 금융상품판매업자등에 제출하여야 한다(영24④).

(다) 자료 열람 제공의무

금융상품판매업자등은 열람을 요구받았을 때에는 해당 자료의 유형에 따라 요구받은 날부터 8일 내에 금융소비자가 해당 자료를 열람할 수 있도록 하여야 한다(법28④ 전단, 영24⑤). 이 경우 해당 기간 내에 열람할 수 없는 정당한 사유가 있을 때에는 금융소비자에게 그 사유를 알리고 열람을 연기할 수 있으며, 그 사유가 소멸하면 지체 없이 열람하게 하여야 한다(법28④ 후단).

(라) 열람 여부의 통지

금융상품판매업자등은 금융소비자가 자료의 열람을 요구한 경우 지체 없이 다음의 구분에 따른 사항을 금융소비자에 알려야 한다(영24⑥). 즉 i) 열람이 가능한 경우 열람이 가능한 자료의 목록, 열람이 가능한 날짜 및 시간, 열람 방법, ii) 열람을 요구한 자료 중 일부만 열람이 가능한 경우 열람이 가능한 자료의 목록, 열람이 가능한 날짜 및 시간, 열람 방법, 열람을 요구한 자료 중 일부만 열람이 가능한 이유, 이의제기 방법, iii) 열람이 불가한 경우 열람이 불가한 사유, 이의제기 방법을 알려야 한다.

(마) 자료 열람 제한 · 거절

금융상품판매업자등은 ⅰ) 법령에 따라 열람을 제한하거나 거절할 수 있는 경우, ⅱ) 다른 사람의 생명 · 신체를 해칠 우려가 있거나 다른 사람의 재산과 그 밖의 이익을 부당하게 침해할 우려가 있는 경우, ⅲ) 금융상품판매업자등 또는 연계 · 제휴서비스등제공업자 등 관계되는 자의 영업비밀(부정경쟁방지법 제2조 제2호363)에 따른 영업비밀)이 현저히 침해되는 경우, ⅳ) 다른 사람의 성명 · 주민등록번호 등 개인에 관한 사항으로서 공개될 경우 사생활의 비밀 또는 자유를 침해할 우려가 있다고 인정되는 경우, ⅴ) 열람하고자 하는 자료가 열람목적과 관련이 없다는 사실이 명백한 경우, ⅵ) 그 밖에 금융소비자의 권리구제 필요성에도 불구하고 사회통념상 자료의 열람이 객관적으로 부적절하다고 볼 수 있는 경우로서 금융위원회가 정하여 고시하는 경우에는 금융소비자에게 그 사유를 알리고 열람을 제한하거나 거절할 수 있다(법28⑤, 영24⑦).

(바) 수수료와 우송료 청구

금융상품판매업자등은 금융소비자가 열람을 요구하는 경우 수수료와 우송료(사본의 우송을 청구하는 경우만 해당)를 청구할 수 있는데, 수수료는 자료 열람 관련 행정처리비용을 말하고, 우송료는 자료를 우편으로 보내는데 든 실제 비용을 말한다(법28⑥, 영24⑧).

(사) 위반시 제재

법 제28조 제1항을 위반하여 자료를 기록하지 아니하거나 자료의 종류별로 유지 · 관리하지 아니한 자에게는 1억원 이하의 과태료를 부과한다(법69①(12)).

Ⅶ. 금융소비자 보호

1. 금융소비자정책 수립 및 금융교육 등

(1) 금융소비자 보호와 금융교육

(가) 금융소비자 보호

금융위원회는 금융소비자의 권익 보호와 금융상품판매업등의 건전한 시장질서 구축을 위하여 금융소비자정책을 수립하여야 하며(법29①), 금융소비자의 권익 증진, 건전한 금융생활 지원 및 금융소비자의 금융역량 향상을 위하여 노력하여야 한다(법29②).

(나) 금융교육

금융위원회는 금융교육을 통하여 금융소비자가 금융에 관한 높은 이해력을 바탕으로 합리적인 의사결정을 내리고 이를 기반으로 하여 장기적으로 금융복지를 누릴 수 있도록 노력하여

---

363) 2. "영업비밀"이란 공공연히 알려져 있지 아니하고 독립된 경제적 가치를 가지는 것으로서, 비밀로 관리된 생산방법, 판매방법, 그 밖에 영업활동에 유용한 기술상 또는 경영상의 정보를 말한다.

야 하며, 예산의 범위에서 이에 필요한 지원을 할 수 있다(법30①). 금융위원회는 금융환경 변화에 따라 금융소비자의 금융역량 향상을 위한 교육프로그램을 개발하여야 한다(법30②). 금융위원회는 금융교육과 학교교육·평생교육을 연계하여 금융교육의 효과를 높이기 위한 시책을 수립·시행하여야 한다(법30③). 금융위원회는 3년마다 금융소비자의 금융역량에 관한 조사를 하고, 그 결과를 금융교육에 관한 정책 수립에 반영하여야 한다(법30④).[364]

(다) 교육업무위탁

금융위원회는 금융교육에 관한 업무를 금융감독원장 또는 금융교육 관련 기관·단체에 위탁할 수 있다(법30⑤). 이에 따라 금융위원회는 교육프로그램 개발, 시책의 시행, 금융역량 조사를 금융감독원장에 위탁한다(영25①). 금융감독원장은 위탁받은 업무수행계획 및 그 실적을 금융위원회가 정하는 바에 따라 금융위원회에 보고하여야 한다(영25②).

(라) 금융교육협의회

1) 협의회 설치 및 구성

금융교육에 대한 정책을 심의·의결하기 위하여 금융위원회에 금융교육협의회("협의회")를 둔다(법31①). 협의회는 의장 1명을 포함하여 25명 이내의 위원으로 구성하며(법31③), 협의회의 의장은 금융위원회 부위원장이 된다(법31④). 협의회의 위원은 금융위원회, 공정거래위원회, 기획재정부, 교육부, 행정안전부, 고용노동부, 여성가족부의 고위공무원단에 속하는 공무원으로서 소속기관의 장이 지명하는 사람, 금융소비자보호 업무를 담당하는 금융감독원의 부원장이 된다(법31⑤, 영26①).

2) 협의회 회의와 의결

협의회의 회의("회의")는 정기회의는 매년 2회 개최하고, 임시회의는 의장이 필요하다고 인정하는 경우에 개최한다(영26②). 회의는 위원 과반수의 출석으로 개의하며, 출석한 위원 과반수의 찬성으로 안건을 의결한다(영26③). 안건이 경미하거나 위원을 소집할 수 없는 불가피한 상황이 발생하는 등 의장이 필요하다고 판단한 경우에는 안건을 서면으로 의결할 수 있다(영26④). 의장은 안건의 효율적인 심의를 위하여 금융교육 관련 기관·단체 등 전문가를 회의에 참석시켜 의견을 들을 수 있다(영26⑤).

3) 협의회의 심의·의결사항

협의회는 i) 금융교육의 종합적 추진에 관한 사항, ii) 금융소비자 교육과 관련한 평가, 제도개선 및 부처 간 협력에 관한 사항, iii) 그 밖에 의장이 금융소비자의 금융역량 강화를 위하여 토의에 부치는 사항을 심의·의결한다(법31②).

---

364) 부칙 제3조(금융소비자의 금융역량에 관한 조사에 관한 적용례) 제30조 제4항에 따라 최초로 실시하는 금융소비자의 금융역량에 관한 조사는 이 법 시행일 이후 3년 이내에 한다.

4) 관련자료 제출요구권

협의회는 심의·의결을 위하여 필요한 경우 관련 자료의 제출을 위의 협의회 위원인 기관에 요구할 수 있다(법31⑥).

(2) 금융상품 비교공시

(가) 금융상품 유형별 비교공시

금융위원회는 금융소비자가 금융상품의 주요 내용을 알기 쉽게 비교할 수 있도록 금융상품의 유형별로 금융상품의 주요 내용을 비교하여 공시할 수 있다(법32①). 여기서 "금융상품"이란 ⅰ) 금융산업구조개선법에 따라 종합금융회사와 합병한 기관, 농협은행, 상호저축은행, 수협은행, 신용협동조합, 은행, 증권금융회사, 종합금융회사, 중소기업은행, 한국산업은행(영2①(1))이 취급하는 예금·적금, ⅱ) 금융산업구조개선법에 따라 종합금융회사와 합병한 기관, 농협은행, 상호저축은행, 수협은행, 신용협동조합, 은행, 증권금융회사, 종합금융회사, 중소기업은행, 한국산업은행, 금융위원회에 등록한 대부업자, 보험회사, 신용협동조합중앙회, 여신전문금융회사 및 겸영여신업자, 온라인투자연계금융업자, 금융투자업자, 단기금융회사, 자금중개회사(영2①(2))가 취급하는 대출, ⅲ) 소득세법 제20조의3 제1항 제2호 각 목 외의 부분에 따른 연금계좌, ⅳ) 보험상품(법2(1) 다목), ⅴ) 집합투자증권, ⅵ) 그 밖에 일반금융소비자가 보편적으로 취득·처분할 수 있는 금융상품으로서 금융위원회가 정하여 고시하는 금융상품을 말한다(영27①).

(나) 비교공시 내용과 작성방법

비교공시의 내용은 일반금융소비자의 계약체결 여부 판단에 중요한 영향을 줄 수 있는 사항("비교항목")으로서 이자율, 보험료, 수수료 또는 금융위원회가 정하여 고시하는 사항을 말한다(영27②). 비교공시의 내용은 ⅰ) 금융소비자가 필요로 하는 정보를 간단명료하게 전달하여야 하고(제1호), ⅱ) 보통의 주의력을 가진 일반적인 금융소비자가 알기 쉽도록 하여야 하며(제2호), ⅲ) 내용의 정확성·중립성·적시성을 유지하여야 하고(제3호), ⅳ) 일관되고 통일된 기준에 따라 산출된 정보이어야 하며(제4호), ⅴ) 그 밖에 일반금융소비자가 비교공시 내용의 신뢰성 및 유용성을 확보하는데 필요한 사항으로서 금융위원회가 정하여 고시하는 사항(제5호)을 갖춰야 한다(영27③).

(다) 비교공시에 필요한 자료제출 요청

금융위원회는 협회등에 비교공시에 필요한 자료를 주기적으로 제출할 것을 요청할 수 있다(영27④ 전단). 이 경우 해당 자료를 제출하는 시기, 작성방법(제3항 각 호의 사항을 갖출 수 있는 방법을 포함), 제출방법 등에 대하여 협회등과 사전에 협의해야 한다(영27④ 후단).

(라) 일반금융소비자의 만족도 조사의무

금융위원회는 비교공시 시스템의 주기적인 개선을 위해 매년 비교공시 내용 및 관련 전산처리시스템에 대한 일반금융소비자의 만족도를 조사하여야 한다(영27⑤).

(3) 금융소비자 보호실태평가

(가) 평가대상

금융감독원장은 금융감독원장이 금융위원회가 정하여 고시하는 바에 따라 ⅰ) 연간 영업규모 등 일반금융소비자에 미치는 영향, ⅱ) 금융감독원장이 접수한 민원, ⅲ) 그 밖에 금융소비자 보호에 관한 사항으로서 금융위원회가 정하여 고시하는 사항을 고려하여 매년 지정하는 금융상품판매업자등("평가대상")의 금융소비자 보호실태를 평가하고 그 결과를 공표할 수 있다(법32②, 영28①).

(나) 평가항목

평가항목인 "금융소비자 보호 실태"의 내용은 ⅰ) 내부통제기준(다만, [별표 3] 제1호의 내부통제기준의 설정·운영에 관한 사항은 제외), ⅱ) 금융소비자보호기준의 운영 및 이행의 충실도를 말한다(영28②).

(다) 평가 시기와 사전통지

평가는 매년 실시한다(영28③ 전단). 이 경우 금융감독원장은 평가를 실시하기 전에 평가대상에 평가의 기간, 방법, 내용 및 책임자를 미리 서면으로 알려야 한다(영28③ 후단).

(라) 평가시 준수사항

금융감독원장은 평가하는 경우에 ⅰ) 신뢰성과 타당성을 확보할 수 있는 계량적·비계량적 지표("평가지표")를 사용하여야 하고, ⅱ) 평가대상이 취급하는 금융상품의 특성을 반영하여야 하며, ⅲ) 평가지표는 평가항목을 확인하는데 적정하여야 하고, ⅳ) 평가결과(평가항목별 결과를 포함)에 대한 객관적인 근거를 확보하여야 한다(영28④).

(마) 평가결과 통지 및 게시

금융감독원장은 평가결과를 평가대상·관련 협회등 및 금융위원회에 알린 후 금융감독원의 인터넷 홈페이지에 지체 없이 게시하여야 한다(영28⑤). 통지를 받은 평가대상은 평가결과를 본점과 지점, 그 밖의 영업소에 금융소비자가 열람할 수 있도록 다음 평가를 받을 때까지 비치하고 인터넷 홈페이지에 게시하여야 한다(영28⑥).

(4) 금융소비자보호기준

(가) 금융소비자보호기준 제정

법인인 금융상품판매업자등("금융상품판매업자등")은 금융소비자 불만 예방 및 신속한 사후구제를 통하여 금융소비자를 보호하기 위하여 그 임직원이 직무를 수행할 때 준수하여야 할 기본적인 절차와 기준("금융소비자보호기준")을 정하여야 한다(법32③, 영29① 본문).

다만, 대부업자 및 대부중개업자, 상호저축은행중앙회, 신기술사업금융업자·신기술사업금융전문회사, 온라인투자연계금융업자, 온라인소액투자중개업자, 금융상품직접판매업자 및 금융상품자문업자가 상시근로자가 5명 미만인 경우, 금융상품판매대리·중개업자가 하나의 금융상품직접판매업자가 취급하는 금융상품에 관한 계약의 체결만 대리·중개하는 것을 영업으로 하는 경우, 또는 소속된 개인 금융상품판매대리·중개업자가 5명 미만인 경우(다만, 전자금융거래 방식만으로 금융상품판매업등을 영위하는 법인은 상시근로자가 3명 미만인 경우에 금융소비자보호기준을 마련하지 않을 수 있다), 그 밖에 금융상품판매업자등의 특성상 금융소비자보호기준을 운영하기 어렵거나 금융소비자보호기준을 마련해야 할 필요성이 낮은 법인으로서 금융위원회가 정하여 고시하는 법인(영10① 각 호)은 제외한다(영29① 단서).

(나) 금융소비자보호기준의 내용

금융소비자보호기준은 금융소비자의 민원처리에 관한 절차 및 방법, 금융소비자의 민원 상황 및 처리결과, 금융소비자와의 분쟁조정·소송 진행상황 및 결과를 체계적으로 관리하기 위한 전자정보처리시스템에 관한 기준 및 절차를 정한다(영29②).

(다) 금융소비자보호기준 신설·변경 절차

금융소비자보호기준을 신설하거나 변경하는 경우에 이사회 또는 이에 준하는 기관(이사회가 없는 경우에 한정)의 승인을 받는 절차를 거쳐야 한다. 다만, 신설변경하는 사항이 경미한 경우에는 대표이사의 승인으로 갈음할 수 있다(영29③, 영10③).

2. 금융분쟁의 조정

(1) 분쟁조정기구 설치

조정대상기관, 금융소비자 및 그 밖의 이해관계인 사이에 발생하는 금융 관련 분쟁의 조정에 관한 사항을 심의·의결하기 위하여 금융감독원에 금융분쟁조정위원회("조정위원회")를 둔다(법33).

(2) 조정위원회의 구성 및 위원의 지명철회·위촉해제

(가) 조정위원회의 구성 및 위원의 자격

조정위원회는 위원장 1명을 포함하여 35명 이내의 위원으로 구성한다(법34①). 조정위원회 위원장은 금융감독원장이 소속 부원장 중에서 지명한다(법34②).

조정위원회 위원은 금융감독원장이 소속 부원장보 중에서 지명하는 사람 및 ⅰ) 판사·검사 또는 변호사 자격이 있는 사람, ⅱ) 소비자기본법에 따른 한국소비자원 및 같은 법에 따라 등록한 소비자단체의 임원, 임원으로 재직하였던 사람 또는 15년 이상 근무한 경력이 있는 사람, iii) 조정대상기관 또는 금융 관계 기관·단체에서 15년 이상 근무한 경력이 있는 사람, iv) 금융 또는 소비자 분야에 관한 학식과 경험이 있는 사람, ⅴ) 전문의(專門醫) 자격이 있는 의사, vi) 그 밖에 분쟁조정과 관련하여 금융감독원장이 필요하다고 인정하는 사람 중에서 성별을 고려하여 금융감독원장이 위촉한 사람으로 한다(법34③). 위원의 임기는 2년으로 한다(법34④).

조정위원회 위원장이 부득이한 사유로 직무를 수행할 수 없을 때에는 금융감독원장이 지명하는 조정위원회 위원이 직무를 대행한다(법34⑤). 조정위원회의 위원 중 공무원이 아닌 위원은 형법 제129조부터 제132³⁶⁵)조까지의 규정을 적용할 때에는 공무원으로 본다(법34⑥).

(나) 위원의 지명철회·위촉해제

금융감독원장은 조정위원회 위원이 i) 심신장애로 인하여 직무를 수행할 수 없게 된 경우, ii) 직무와 관련된 비위사실이 있는 경우, iii) 직무태만, 품위손상이나 그 밖의 사유로 위원에 적합하지 아니하다고 인정되는 경우, iv) 제척사유(법38①) 중 어느 하나에 해당함에도 불구하고 회피하지 아니한 경우, ⅴ) 위원 스스로 직무를 수행하기 어렵다는 의사를 밝히는 경우에는 해당 위원의 지명을 철회하거나 해당 위원의 위촉을 해제할 수 있다(법35).

(다) 위원의 제척·기피 및 회피

1) 제척

조정위원회 위원은 i) 위원이나 그 배우자 또는 배우자였던 사람이 해당 사건의 당사자(당사자가 법인·단체 등인 경우에는 그 임원을 포함)가 되거나 그 사건의 당사자와 공동권리자 또는 공동의무자인 경우, ii) 위원이 해당 사건의 당사자(당사자가 법인·단체 등인 경우에는 그 임원을 포함)와 친족이거나 친족이었던 경우, iii) 위원이 해당 사건의 당사자인 법인 또는 단체(계열회사등을 포함)에 속하거나 조정신청일 전 최근 5년 이내에 속하였던 경우, iv) 위원 또는 위원이 속한 법인 또는 단체, 사무소가 해당 사건에 관하여 증언·법률자문 또는 손해사정 등을 한 경우, ⅴ) 위원 또는 위원이 속한 법인 또는 단체, 사무소가 해당 사건에 관하여 당사자의 대리인으로서 관여하거나 관여하였던 경우에는 그 분쟁조정신청사건("사건")의 심의·의결에서 제척(除斥)된다(법38①).

2) 기피

당사자는 위원에게 공정한 심의·의결을 기대하기 어려운 사정이 있는 경우에는 조정위원회 위원장에게 기피(忌避)신청을 할 수 있으며, 조정위원회 위원장은 기피신청이 타당하다고 인정할 때에는 기피의 결정을 한다(법38②).

3) 회피

위원이 제척 사유에 해당하는 경우에는 스스로 그 사건의 심의·의결에서 회피(回避)하여

---

365) 제129조(수뢰, 사전수뢰), 제130조(제삼자뇌물제공), 제131조(수뢰후부정처사, 사후수뢰), 제132조(알선수뢰).

야 한다(법38③).

(3) 분쟁의 조정

(가) 조정신청 주체

조정대상기관, 금융소비자 및 그 밖의 이해관계인은 금융과 관련하여 분쟁이 있을 때에는 금융감독원장에게 분쟁조정을 신청할 수 있다(법36①).

(나) 합의권고 여부

금융감독원장은 분쟁조정 신청을 받았을 때에는 관계 당사자에게 그 내용을 통지하고 합의를 권고할 수 있다(법36② 본문). 다만, 분쟁조정의 신청내용이 ⅰ) 신청한 내용이 분쟁조정대상으로서 적합하지 아니하다고 금융감독원장이 인정하는 경우, ⅱ) 신청한 내용이 관련 법령 또는 객관적인 증명자료 등에 따라 합의권고절차 또는 조정절차를 진행할 실익이 없는 경우, ⅲ) 신청 당시 이미 소가 제기되었거나 분쟁조정이 종결되지 않은 상태에서 소가 제기된 경우(다만, 법 제41조 제1항에 따라 소송절차가 중지된 경우는 제외), ⅳ) 신청서가 금융감독원장이 정한 바에 따라 작성되지 않아 금융감독원장이 영 제31조 제6항에 따른 보완을 요구하였으나 정해진 기간에 보완하지 않은 경우, ⅴ) 신청내용의 중요한 사항이 거짓으로 또는 왜곡되어 작성되어 있는 경우, ⅵ) 신청내용이 신청인과 직접적인 이해관계가 없는 경우, ⅶ) 신청인이 부당한 이익을 얻을 목적으로 분쟁조정을 신청하였다고 볼 수 있는 경우에는 합의를 권고하지 아니하거나 조정위원회에의 회부를 하지 아니할 수 있다(법36② 단서, 영32①).

금융감독원장은 합의권고를 하지 아니하거나 조정위원회에 회부하지 아니할 때에는 그 사실을 관계 당사자에게 서면으로 통지하여야 한다(법36③).

(다) 조정위원회 회의 및 회부

조정위원회의 회의는 조정위원회 위원장과 조정위원회 위원장이 회의마다 지명하는 6명 이상 10명 이하의 조정위원회 위원으로 구성하며, 회의는 조정위원회 위원장이 소집한다(법37①). 조정위원회는 구성원 과반수의 출석과 출석위원 과반수의 찬성으로 의결한다(법37②).

금융감독원장은 분쟁조정 신청을 받은 날부터 30일 이내에 합의가 이루어지지 아니할 때에는 지체 없이 조정위원회에 회부하여야 한다(법36④).

(라) 조정안 작성

조정위원회는 조정을 회부받았을 때에는 이를 심의하여 조정안을 60일 이내에 작성하여야 한다(법36⑤).

(마) 조정안 수락 권고

금융감독원장은 조정위원회가 조정안을 작성하였을 때에는 신청인과 관계 당사자에게 제시하고 수락을 권고할 수 있다(법36⑥).

(바) 조정안 수락 거부 의제

신청인과 관계 당사자가 조정안을 제시받은 날부터 20일 이내에 조정안을 수락하지 아니한 경우에는 조정안을 수락하지 아니한 것으로 본다(법36⑦).

(4) 조정의 효력

양 당사자가 조정안을 수락한 경우 해당 조정안은 재판상 화해와 동일한 효력을 갖는다(법39).

(5) 시효중단

분쟁조정의 신청은 시효중단의 효력이 있다(법40① 본문). 다만 합의권고를 하지 아니하거나 조정위원회에 회부하지 아니할 때에는 그러하지 아니하다(법40① 단서). 이 경우에 1개월 이내에 재판상의 청구, 파산절차참가, 압류 또는 가압류, 가처분을 한 때에는 시효는 최초의 분쟁조정의 신청으로 인하여 중단된 것으로 본다(법40②).[366]

중단된 시효는 ⅰ) 양 당사자가 조정안을 수락한 경우, ⅱ) 분쟁조정이 이루어지지 아니하고 조정절차가 종료된 경우에 해당하는 때부터 새로이 진행한다(법40③).

(6) 소송과의 관계

조정이 신청된 사건에 대하여 신청 전 또는 신청 후 소가 제기되어 소송이 진행 중일 때에는 수소법원은 조정이 있을 때까지 소송절차를 중지할 수 있다(법41①). 이에 따라 조정위원회는 소송절차가 중지되지 아니하는 경우에는 해당 사건의 조정절차를 중지하여야 한다(법40②). 조정위원회는 조정이 신청된 사건과 동일한 원인으로 다수인이 관련되는 동종·유사 사건에 대한 소송이 진행 중인 경우에는 조정위원회의 결정으로 조정절차를 중지할 수 있다(법40③).

(7) 소액분쟁사건에 관한 특례

조정대상기관은 ⅰ) 일반금융소비자가 신청한 사건이고, ⅱ) 조정을 통하여 주장하는 권리나 이익의 가액이 2천만원 이내인 분쟁사건("소액분쟁사건")에 대하여 조정절차가 개시된 경우에는 조정안을 제시받기 전에는 소를 제기할 수 없다(법42 본문, 영35). 다만, 합의권고를 하지 아니하거나 조정위원회에 회부하지 아니한다는 사실을 서면으로 통지받거나 60일 내에 조정안을 제시받지 못한 경우에는 그러하지 아니하다(법42 단서).

---

366) 부칙 제4조(조정신청의 시효중단 효력 등에 관한 적용례) 제40조부터 제42조까지의 규정은 이 법 시행 이후 분쟁조정을 신청하는 경우부터 적용한다.

Ⅷ. 감독 및 처분

1. 금융상품판매업자등에 대한 감독

(1) 명령·처분 준수 여부 감독

금융위원회는 금융소비자의 권익을 보호하고 건전한 거래질서를 위하여 금융상품판매업자등이 금융소비자보호법 또는 금융소비자보호법에 따른 명령이나 처분을 적절히 준수하는지를 감독하여야 한다(법48①).

(2) 금융상품자문업자의 업무보고서 제출의무

등록을 한 금융상품자문업자는 매 사업연도 개시일부터 3개월간·6개월간·9개월간 및 12개월간의 업무보고서를 작성하여 각각의 기간 경과 후 45일 내에 업무보고서를 금융위원회에 제출하여야 한다(법48②, 영39①).[367]

금융상품자문업자가 업무보고서에 기재해야 할 사항은 ⅰ) 금융상품자문업자의 상호, 소재지, 주주·임직원 현황 등 경영 일반, ⅱ) 자문업무를 제공하는 금융상품의 범위, ⅲ) 자문업무의 제공절차, ⅳ) 재무현황, ⅴ) 내부통제기준 및 금융소비자보호기준, ⅵ) 보수 부과기준 및 산정근거, ⅶ) 금융상품판매업자로부터 자문과 관련하여 대가 등 재산상 이익을 제공받은 경우 그 재산상 이익의 종류 및 규모, ⅷ) 업무 위탁·제휴 관계에 있는 금융상품판매업자의 명칭 및 위탁·제휴 내용(금융상품판매업자와의 업무 위탁·제휴 관계가 있는 경우에 한정), ⅸ) 금융상품자문업자 및 그 임직원이 최근 5년간 법 제12조(금융상품판매업자등의 등록) 제4항 제1호 다목부터 바목[368]까지의 규정에 해당하는 사유가 발생한 경우 그 내용, ⅹ) 그 밖에 금융상품자문업자에 대한 감독에 필요한 사항으로서 금융위원회가 정하여 고시하는 사항이다(영39②).

(3) 금융상품판매업자등의 변동사항 보고의무

등록한 금융상품판매업자등은 등록요건(법12)이 변동된 경우 1개월 이내에 그 변동사항을 금융위원회에 보고하여야 한다(법48③, 영40①②). 변경보고의 보고서에는 금융위원회가 정하여

---

367) 부칙 제9조(업무보고서 제출에 관한 적용례) 제48조 제2항은 이 법 시행 이후 시작되는 사업연도부터 적용한다.

368) 다. 금고 이상의 실형을 선고받고 그 집행이 끝나거나(집행이 끝난 것으로 보는 경우를 포함) 집행이 면제된 날부터 5년이 지나지 아니한 사람

　라. 금고 이상의 형의 집행유예를 선고받고 그 유예기간 중에 있는 사람

　마. 금융소비자보호법, 대통령령으로 정하는 금융관련법률 또는 외국 금융 관련 법령에 따라 벌금 이상의 형을 선고받고 그 집행이 끝나거나(집행이 끝난 것으로 보는 경우를 포함) 집행이 면제된 날부터 5년이 지나지 아니한 사람

　바. 금융소비자보호법 또는 대통령령으로 정하는 금융관련법률에 따라 임직원 제재조치(퇴임 또는 퇴직한 임직원의 경우 해당 조치에 상응하는 통보를 포함)를 받은 사람으로서 그 조치의 종류별로 5년을 초과하지 아니하는 범위에서 대통령령으로 정하는 기간이 지나지 아니한 사람

고시하는 방법에 따라 변경사유 및 변경내용을 써야 하며, 이를 증명할 수 있는 서류를 첨부하여야 한다(영40③). 금융위원회는 변경보고의 내용에 관한 사실 여부를 확인하여야 한다(영40④).

(4) 위반시 제재

법 제48조 제3항을 위반하여 등록요건에 대한 변동사항을 보고하지 아니한 자에게는 1천만원 이하의 과태료를 부과한다(법69③).

2. 금융위원회의 명령권

(1) 금융상품판매업자등에 대한 시정·중지 명령

금융위원회는 금융소비자의 권익 보호 및 건전한 거래질서를 위하여 필요하다고 인정하는 경우에는 금융상품판매업자등에게 ⅰ) 금융상품판매업자등의 경영 및 업무개선에 관한 사항, ⅱ) 영업의 질서유지에 관한 사항, ⅲ) 영업방법에 관한 사항, ⅳ) 금융상품에 대하여 투자금 등 금융소비자가 부담하는 급부의 최소 또는 최대한도 설정에 관한 사항, ⅴ) 내부통제기준 및 금융소비자보호기준의 운영에 관한 사항, ⅵ) 금융소비자 보호를 위해 필요한 공시에 관한 사항, ⅶ) 금융상품판매업자등의 업무범위에 관한 사항, ⅷ) 금융소비자 또는 금융상품판매업자등으로부터 받는 재산상 이익에 관한 사항, ⅸ) 금융상품판매업자등의 업무내용 보고에 관한 사항에 관하여 시정·중지 등 필요한 조치를 명할 수 있다(법49①, 영41①).

(2) 금융상품판매업자에 대한 계약체결 권유 금지 또는 계약체결 제한·금지 명령

(가) 원칙

금융위원회는 금융상품으로 인하여 금융소비자의 재산상 현저한 피해가 발생할 우려가 있다고 명백히 인정되는 경우로서 ⅰ) 금융상품의 구조로 인해 금융소비자에 현저한 손실이 발생할 가능성이 높으며, 해당 금융상품의 복잡성, 영업방식 등으로 인해 금융소비자가 그 위험을 고려하지 않고 계약을 체결할 가능성이 상당히 높은 경우, ⅱ) 금융상품으로 인해 심각한 손실이 발생하였고 손실이 더 늘어날 것으로 예상되는 경우, ⅲ) 그 밖에 앞의 2가지 사유에 준하는 경우로서 금융위원회가 정하여 고시하는 경우에는 그 금융상품을 판매하는 금융상품판매업자에 대하여 해당 금융상품 계약체결의 권유 금지 또는 계약체결의 제한·금지를 명할 수 있다(법49②, 영41②).

(나) 예외

다음의 어느 하나에 해당하는 경우, 즉 ⅰ) 공시 등 다른 조치가 보다 효율적인 경우, ⅱ) 해당 금융상품판매업자가 금융소비자의 재산상 현저한 피해가 발생할 우려를 없애거나 해당 금융상품에 관한 계약체결을 중단한 경우, ⅲ) 그 밖에 앞의 2가지 사유에 준하는 경우로서 금융위원회가 정하여 고시하는 경우에는 그 금융상품을 판매하는 금융상품판매업자에 대하여 해당 금융상품 계약체결의 권유 금지 또는 계약체결의 제한·금지 명령을 하지 않을 수 있다(영41③).

3. 금융상품판매업자등에 대한 검사

(1) 업무와 재산상황 검사

금융상품판매업자등은 그 업무와 재산상황에 관하여 금융감독원장의 검사를 받아야 한다(법50①).

(2) 업무 또는 재산에 관한 보고 등

금융감독원장은 검사를 할 때 필요하다고 인정하는 경우에는 금융상품판매업자등에게 업무 또는 재산에 관한 보고, 자료의 제출, 관계인의 출석 및 의견 진술을 요구하거나 금융감독원 소속 직원으로 하여금 금융상품판매업자등의 사무소나 사업장에 출입하여 업무상황이나 장부·서류·시설 또는 그 밖에 필요한 물건을 검사하게 할 수 있다(법50②).

(3) 증표제시

검사를 하는 사람은 그 권한을 표시하는 증표를 지니고 관계인에게 보여주어야 한다(법50③).

(4) 보고 및 의견서 첨부

금융감독원장은 검사를 한 경우에는 그 결과를 금융위원회에 보고하여야 한다(법50④ 전단). 이 경우 금융소비자보호법 또는 금융소비자보호법에 따른 명령이나 처분을 위반한 사실이 있을 때에는 그 처리에 관한 의견서를 첨부하여야 한다(법50④ 후단).

(5) 외부감사인에 대한 자료제출요구

금융감독원장은 외부감사법에 따라 금융상품판매업자등이 선임한 외부감사인에게 해당 금융상품판매업자등을 감사한 결과 알게 된 정보, 그 밖에 영업행위와 관련되는 자료의 제출을 사용목적에 필요한 최소한의 범위에서 서면으로 요구할 수 있다(법50⑤).

(6) 위반시 제재

법 제50조 제1항에 따른 검사를 정당한 사유 없이 거부·방해 또는 기피한 자에게는 1억원 이하의 과태료를 부과한다(법69①(13)).

4. 금융상품판매업자등에 대한 처분 등

(1) 등록취소

금융위원회는 금융상품판매업자등 중 등록을 한 금융상품판매업자등이 ⅰ) 거짓이나 그 밖의 부정한 방법으로 등록을 한 경우, ⅱ) 금융상품직접판매업자 또는 금융상품자문업자의 등록요건(법12②) 또는 금융상품판매대리·중개업자의 등록요건(법12③)을 유지하지 아니하는 경우(다만, 일시적으로 등록요건을 유지하지 못한 경우로서 대통령령으로 정하는 경우369)는 제외), iii) 업무의 정지기간 중에 업무를 한 경우, iv) 금융위원회의 시정명령 또는 중지명령을 받고 금융위원회가 정한 기간 내에 시정하거나 중지하지 아니한 경우, ⅴ) 금융상품판매업자에 대한 계약체결 권유 금지 또는 계약체결 제한·금지 명령(법49②)에 따르지 않은 경우, ⅵ) 등록을 한 날부터 1년 이내에 정당한 사유 없이 영업을 시작하지 않거나 영업을 시작한 후 정당한 사유 없이 1년 이상 계속하여 영업을 하지 않는 경우, ⅶ) 등록한 업무와 관련하여 제3자로부터 부정한 방법으로 금전등을 받거나 금융소비자에게 지급하여야 할 금전등을 받는 경우, ⅷ) 동일·유사한 위법행위를 계속하거나 반복하는 경우, ⅸ) 등록한 업무와 관련하여 신용정보법 제15조(수집 및 처리의 원칙), 제32조(개인신용정보의 제공·활용에 대한 동의), 제33조(개인신용정보의 이용) 및 제34조(개인식별정보의 수집·이용 및 제공)를 위반하여 같은 법에 따른 개인신용정보·개인식별정보를 수집·이용 및 제공하는 경우에는 금융상품판매업등의 등록을 취소할 수 있다(법51① 본문, 영42②). 다만, 위 사유 중 ⅰ)의 거짓이나 그 밖의 부정한 방법으로 등록을 한 경우에는 그 등록을 취소하여야 한다(법51① 단서).

(2) 금융상품판매업자등에 대한 조치

금융위원회는 금융상품판매업자등이 위의 등록취소 사유 중 거짓이나 그 밖의 부정한 방법으로 등록을 한 경우 이외의 사유에 해당하거나 금융소비자보호법 또는 금융소비자보호법에 따른 명령을 위반하여 건전한 금융상품판매업등을 영위하지 못할 우려가 있다고 인정되는 경우로서 시행령 [별표 6]370)에 해당하는 경우(영42③)에는 대통령령으로 정하는 바에 따라 ⅰ) 6개월 이내의 업무의 전부 또는 일부의 정지, ⅱ) 위법행위에 대한 시정명령, ⅲ) 위법행위에 대한 중지명령, ⅳ) 위법행위로 인하여 조치를 받았다는 사실의 공표명령 또는 게시명령, ⅴ) 기관경고, ⅵ) 기관주의, ⅶ) 특정 지점(영업소를 포함)의 폐쇄, ⅷ) 특정 지점 업무의 전부 또는 일부의

---

369) "대통령령으로 정하는 경우"란 다음의 어느 하나에 해당하는 경우를 말한다(영42①).
  1. 임원이 퇴임하거나 직원이 퇴직하여 법 제12조 제2항 제1호 또는 같은 조 제3항 제3호를 충족하지 못하는 상황이 발생한 날부터 60일이 지나지 않은 경우
  2. 임원이 금융관련법령에 따라 문책경고를 받은 경우(법 제53조 전단에 따른 통보를 받은 경우를 포함)에 해당하여 법 제12조 제2항 제4호 또는 같은 조 제3항 제2호를 충족하지 못하는 경우. 이 경우 해당 임원의 남은 임기만료일과 퇴임일 중 먼저 도래하는 기간까지로 한다.
  3. 금융상품판매업자등이 불가피하게 법 제12조 제2항 제2호에 따른 등록요건을 충족하지 못했으나 그 날부터 6개월 이내에 그 등록요건을 갖추고 이에 따라 금융위원회가 해당 금융상품판매업자등에 대해 등록취소를 하지 않기로 정한 경우
  4. 그 밖에 일시적으로 등록요건을 유지하지 못하였으나 등록취소가 불필요한 경우로서 금융위원회가 정하여 고시하는 경우
370) 시행령 [별표 6]은 금융상품판매업자등 및 그 임직원에 대한 처분 등 사유(제42조 제3항 및 제43조 관련)를 규정하고 있다.

정지, ix) 경영이나 업무방법의 개선요구나 개선권고, x) 손해에 대한 변상 요구, xi) 법 위반
사실의 고발 또는 수사기관에의 통보, xii) 다른 법률 위반사실의 관련 기관 또는 수사기관에의
통보, xiii) 위법행위에 따른 조치를 받았다는 사실에 대한 공표명령 또는 게시명령을 할 수 있
다(법51② 본문, 영42④). 다만, 위 사유 중 i)의 6개월 이내의 업무의 전부 또는 일부의 정지 조
치는 금융상품판매업자등 중 등록을 한 금융상품판매업자등에 한정한다(법51② 단서).

(3) 은행, 보험회사, 여신전문금융회사 등의 금융상품판매업자에 대한 조치

은행(중소기업은행, 한국산업은행, 신용협동조합중앙회의 신용사업 부문, 농협은행, 수협은행 및 상
호저축은행중앙회를 포함), 보험회사(농협생명보험 및 농협손해보험 포함), 여신전문금융회사, 보험
대리점, 보험중개사, 겸영여신업자에 해당하는 금융상품판매업자에 대해서는 다음에서 정하는
바에 따른다(법51③).

(가) 은행과 특수은행 등의 금융상품판매업자등에 대한 조치

금융위원회는 은행(중소기업은행, 한국산업은행, 신용협동조합중앙회의 신용사업 부문, 농협은행,
수협은행 및 상호저축은행중앙회를 포함)에 해당하는 금융상품판매업자등에 대해서는 금융감독원
장의 건의에 따라 i) 위법행위에 대한 시정명령, ii) 위법행위로 인하여 조치를 받았다는 사
실의 공표명령 또는 게시명령, iii) 특정 지점(영업소를 포함)의 폐쇄, iv) 특정 지점 업무의 전부
또는 일부의 정지, v) 경영이나 업무방법의 개선요구나 개선권고, vi) 손해에 대한 변상 요구,
vii) 법 위반사실의 고발 또는 수사기관에의 통보, viii) 다른 법률 위반사실의 관련 기관 또는 수
사기관에의 통보, ix) 위법행위에 따른 조치를 받았다는 사실에 대한 공표명령 또는 게시명령
을 하거나 금융감독원장으로 하여금 위법행위에 대한 중지명령, 기관경고 또는 기관주의 조치
를 하게 할 수 있다(법51③(1)).

(나) 보험회사, 여신전문금융회사 등의 금융상품판매업자등에 대한 조치

금융위원회는 보험회사(농협생명보험 및 농협손해보험 포함), 여신전문금융회사, 보험대리점,
보험중개사, 겸영여신업자에 해당하는 금융상품판매업자등에 대해서는 금융감독원장의 건의에
따라 i) 위법행위에 대한 시정명령, ii) 위법행위에 대한 중지명령, iii) 위법행위로 인하여 조
치를 받았다는 사실의 공표명령 또는 게시명령, iv) 기관경고, v) 기관주의, vi) 특정 지점(영
업소를 포함)의 폐쇄, vii) 특정 지점 업무의 전부 또는 일부의 정지, viii) 경영이나 업무방법의
개선요구나 개선권고, ix) 손해에 대한 변상 요구, x) 법 위반사실의 고발 또는 수사기관에의
통보, xi) 다른 법률 위반사실의 관련 기관 또는 수사기관에의 통보, xii) 위법행위에 따른 조치
를 받았다는 사실에 대한 공표명령 또는 게시명령을 하거나 금융감독원장으로 하여금 기관경
고 또는 기관주의 조치를 하게 할 수 있다(법51③(2)).

5. 금융상품판매업자등의 임직원에 대한 조치

(1) 금융상품판매업자등의 임원에 대한 조치

금융위원회는 법인인 금융상품판매업자등의 임원이 금융소비자보호법 또는 금융소비자보호법에 따른 명령을 위반하여 건전한 금융상품판매업등을 영위하지 못할 우려가 있다고 인정되는 경우로서 시행령 [별표 6]에 해당하는 경우(영43)에는 ⅰ) 해임요구, ⅱ) 6개월 이내의 직무정지, ⅲ) 문책경고, ⅳ) 주의적 경고, ⅴ) 주의 중 어느 하나에 해당하는 조치를 할 수 있다(법52①).

(2) 금융상품판매업자등의 직원에 대한 조치요구

금융위원회는 금융상품판매업자등의 직원이 금융소비자보호법 또는 금융소비자보호법에 따른 명령을 위반하여 건전한 금융상품판매업등을 영위하지 못할 우려가 있다고 인정되는 경우로서 시행령 [별표 6]에 해당하는 경우(영43)에는 ⅰ) 면직, ⅱ) 6개월 이내의 정직, ⅲ) 감봉, ⅳ) 견책, ⅴ) 주의 중 어느 하나에 해당하는 조치를 할 것을 그 금융상품판매업자등에게 요구할 수 있다(법52②).

(3) 은행, 보험회사, 여신전문금융회사 등의 임원에 대한 조치

은행(중소기업은행, 한국산업은행, 신용협동조합중앙회의 신용사업 부문, 농협은행, 수협은행 및 상호저축은행중앙회를 포함), 보험회사(농협생명보험 및 농협손해보험을 포함), 여신전문금융회사, 보험대리점, 보험중개사, 겸영여신업자에 해당하는 금융상품판매업자등의 임원에 대해서는 다음에 정하는 바에 따른다(법52③).

(가) 은행에 해당하는 금융상품판매업자등의 임원에 대한 조치

금융위원회는 은행(중소기업은행, 한국산업은행, 신용협동조합중앙회의 신용사업 부문, 농협은행, 수협은행 및 상호저축은행중앙회를 포함)에 해당하는 금융상품판매업자등의 임원에 대해서는 금융감독원장의 건의에 따라 해임요구 또는 6개월 이내의 직무정지의 조치를 할 수 있으며, 금융감독원장으로 하여금 문책경고, 주의적 경고, 주의 중 어느 하나에 해당하는 조치를 하게 할 수 있다(법52③(1)).

(나) 보험회사 등에 해당하는 금융상품판매업자등의 임원에 대한 조치

금융위원회는 보험회사(농협생명보험 및 농협손해보험을 포함), 여신전문금융회사, 보험대리점, 보험중개사, 겸영여신업자에 해당하는 금융상품판매업자등의 임원에 대해서는 금융감독원장의 건의에 따라 해임요구, 6개월 이내의 직무정지, 문책경고, 주의적 경고, 주의 중 어느 하나에 해당하는 조치를 하거나, 금융감독원장으로 하여금 문책경고, 주의적 경고, 주의 중 어느 하나에 해당하는 조치를 하게 할 수 있다(법52③(2)).

(4) 은행, 보험회사, 여신전문금융회사 등의 직원에 대한 조치요구

은행(중소기업은행, 한국산업은행, 신용협동조합중앙회의 신용사업 부문, 농협은행, 수협은행 및 상호저축은행중앙회를 포함), 보험회사(농협생명보험 및 농협손해보험을 포함), 여신전문금융회사, 보험대리점, 보험중개사, 겸영여신업자에 해당하는 금융상품판매업자등의 직원에 대해서는 다음에서 정하는 바에 따른다(법52④).

(가) 은행에 해당하는 금융상품판매업자등의 직원에 대한 조치요구

금융감독원장은 은행(중소기업은행, 한국산업은행, 신용협동조합중앙회의 신용사업 부문, 농협은행, 수협은행 및 상호저축은행중앙회를 포함)에 해당하는 금융상품판매업자등의 직원에 대해서는 면직, 6개월 이내의 정직, 감봉, 견책, 주의 중 어느 하나에 해당하는 조치를 그 금융상품판매업자에게 요구할 수 있다(법52④(1)).

(나) 보험회사 등에 해당하는 금융상품판매업자등의 직원에 대한 조치요구

금융위원회는 보험회사(농협생명보험 및 농협손해보험을 포함), 여신전문금융회사, 보험대리점, 보험중개사, 겸영여신업자에 해당하는 금융상품판매업자등의 직원에 대해서는 면직, 6개월 이내의 정직, 감봉, 견책, 주의 중 어느 하나에 해당하는 조치를 할 것을 금융감독원장의 건의에 따라 그 금융상품판매업자에게 요구하거나 금융감독원장으로 하여금 요구하게 할 수 있다(법52④(2)).

(5) 관리 · 감독 책임자의 공동책임

금융위원회 또는 금융감독원장은 금융상품판매업자등의 임직원에 대하여 조치를 하거나 금융상품판매업자등에게 조치를 요구하는 경우 그 임직원에 대해서 관리 · 감독의 책임이 있는 임직원에 대한 조치를 함께 하거나 이를 요구할 수 있다(법52⑤ 본문). 다만, 관리 · 감독의 책임이 있는 사람이 그 임직원의 관리 · 감독에 적절한 주의를 다한 경우에는 조치를 감경하거나 면제할 수 있다(법52⑤ 단서).

6. 퇴임(퇴직)한 임직원에 대한 조치내용 통보

금융위원회(금융상품판매업자등의 임직원에 대한 조치를 하거나 조치를 할 것을 요구할 수 있는 금융감독원장을 포함)는 금융상품판매업자등의 퇴임한 임원 또는 퇴직한 직원이 재임 또는 재직 중이었더라면 조치를 받았을 것으로 인정되는 경우에는 그 받았을 것으로 인정되는 조치의 내용을 해당 금융상품판매업자등의 장에게 통보할 수 있다(법53 전단). 이 경우 통보를 받은 금융상품판매업자등은 그 내용을 해당 임원 또는 직원에게 통보하여야 한다(법53 후단).

7. 청문

금융위원회는 ⅰ) 금융상품판매업자등에 대한 등록의 취소, ⅱ) 임원의 해임요구 또는 직원의 면직요구 중 어느 하나에 해당하는 처분 또는 조치를 하려면 청문을 하여야 한다(법54).

8. 이의신청

금융상품판매업자등에 대한 처분 등(법51) 및 금융상품판매업자등의 임직원에 대한 조치(법52)(등록의 취소, 해임요구 또는 면직요구는 제외)에 불복하는 자는 처분 또는 조치를 고지받은 날부터 30일 이내에 불복 사유를 갖추어 이의를 신청할 수 있다(법55①). 금융위원회는 이의신청에 대하여 60일 이내에 결정을 하여야 한다(법55② 본문). 다만, 부득이한 사정으로 그 기간 내에 결정을 할 수 없을 경우에는 30일의 범위에서 그 기간을 연장할 수 있다(법55② 단서).

9. 처분 등의 기록 등

(1) 금융위원회 및 금융감독원장의 처분 등의 기록 유지·관리의무

금융위원회 및 금융감독원장은 금융위원회의 명령권(법49), 금융상품판매업자등에 대한 처분 등(법51) 또는 금융상품판매업자등의 임직원에 대한 조치(법52)에 따라 처분 또는 조치를 한 경우에는 그 내용을 기록하고 유지·관리하여야 한다(법56①).

(2) 금융상품판매업자등의 임직원 조치 기록 유지·관리의무

금융상품판매업자등은 금융위원회 또는 금융감독원장의 요구에 따라 해당 임직원을 조치한 경우와 퇴임(퇴직)한 임직원에 대한 조치의 내용을 통보받은 경우에는 그 내용을 기록하고 유지·관리하여야 한다(법56②).

(3) 금융상품판매업자등 또는 그 임직원의 처분등 내용 조회요청

금융상품판매업자등 또는 그 임직원(임직원이었던 사람을 포함)은 금융위원회, 금융감독원 또는 금융상품판매업자등에게 자기에 대한 처분 또는 조치 여부 및 그 내용의 조회를 요청할 수 있다(법56③).

(4) 금융위원회 등의 조회요청에 대한 통보의무

금융위원회, 금융감독원 또는 금융상품판매업자등은 조회를 요청받은 경우에는 정당한 사유가 없으면 처분 또는 조치 여부 및 그 내용을 그 조회요청자에게 통보하여야 한다(법56④).

IX. 손해배상책임 등

1. 금융상품판매업자등의 손해배상책임

(1) 금융소비자보호법 위반

금융상품판매업자등이 고의 또는 과실로 금융소비자보호법을 위반하여 금융소비자에게 손해를 발생시킨 경우에는 그 손해를 배상할 책임이 있다(법44①).

(2) 설명의무위반과 입증책임의 전환

금융상품판매업자등이 설명의무(법19)를 위반하여 금융소비자에게 손해를 발생시킨 경우에는 그 손해를 배상할 책임을 진다(법44② 본문). 다만, 그 금융상품판매업자등이 고의 및 과실이 없음을 입증한 경우에는 그러하지 아니하다(법44② 단서).371)

2. 금융상품직접판매업자의 손해배상책임

(1) 금융상품판매대리 · 중개업자등의 대리 · 중개 업무에 대한 책임

금융상품직접판매업자는 금융상품계약체결등의 업무를 대리 · 중개한 금융상품판매대리 · 중개업자(제25조 제1항 제2호 단서에서 정하는 바에 따라 대리 · 중개하는 제3자를 포함하고, 보험중개사는 제외) 또는 보험업법 제83조 제1항 제4호372)에 해당하는 임원 또는 직원("금융상품판매대리 · 중개업자등")이 대리 · 중개 업무를 할 때 금융소비자에게 손해를 발생시킨 경우에는 그 손해를 배상할 책임이 있다(법45① 본문). 다만, 금융상품직접판매업자가 금융상품판매대리 · 중개업자등의 선임과 그 업무감독에 대하여 적절한 주의를 하였고 손해를 방지하기 위하여 노력한 경우에는 그러하지 아니하다(법45① 단서).373)

(2) 구상권

금융상품직접판매업자의 손해배상책임은 금융상품판매대리 · 중개업자등에 대한 금융상품직접판매업자의 구상권 행사를 방해하지 아니한다(법45②).

---

371) 부칙 제5조(금융상품판매업자등의 손해배상책임에 관한 적용례) 제44조 제2항은 이 법 시행 이후 금융상품판매업자등이 설명의무(법19를 위반하여 금융소비자에게 손해를 발생시킨 경우부터 적용한다.

372) 보험업법 제83조(모집할 수 있는 자)
　① 모집을 할 수 있는 자는 다음 각 호의 어느 하나에 해당하는 자이어야 한다.
　4. 보험회사의 임원(대표이사 · 사외이사 · 감사 및 감사위원은 제외) 또는 직원

373) 부칙 제6조(금융상품직접판매업자의 손해배상책임에 관한 적용례) 제45조는 이 법 시행 이후 금융상품판매대리 · 중개업자가 대리 · 중개 업무를 하는 경우부터 적용한다.

3. 청약의 철회

(1) 청약철회기간

금융상품판매업자등과 "대통령령으로 각각 정하는 보장성 상품, 투자성 상품, 대출성 상품" 또는 금융상품자문에 관한 계약의 청약을 한 일반금융소비자는 다음의 구분에 따른 기간 (거래 당사자 사이에 다음의 기간보다 긴 기간으로 약정한 경우에는 그 기간) 내에 청약을 철회할 수 있다(법46①).374)

(가) 철회대상 상품

"대통령령으로 각각 정하는 보장성 상품, 투자성 상품, 대출성 상품"이란 다음의 구분에 따른 금융상품을 말한다(영37①).

1) 보장성 상품

보장성 상품에 관한 계약의 청약을 한 일반금융소비자는 철회기간 내에 청약을 철회할 수 있다. 다만, 다음에 해당하는 금융상품은 제외한다(영37①(1)). 즉 ⅰ) 보험증권을 받은 날부터 15일과 청약을 한 날부터 30일 중 먼저 도래하는 기간(법46①(1))에 해당 금융상품이 보장하는 혜택의 상당 부분을 금융소비자가 받을 수 있는 금융상품으로서 그 계약기간이 금융위원회가 정하는 기간 이내인 금융상품은 제외한다. ⅱ) 제3자를 위한 보증보험(보험업법4①(2) 라목)은 제외한다. 다만, 일반금융소비자가 제3자의 동의를 받은 경우는 철회할 수 있다. ⅲ) 그 밖에 금융위원회가 정하여 고시하는 보장성 상품은 제외한다

2) 투자성 상품

투자성 상품에 관한 계약의 청약을 한 일반금융소비자는 철회기간 내에 청약을 철회할 수 있다. 투자성 상품은 ⅰ) 고난도금융투자상품(집합투자업자가 기간을 정하여 금융소비자를 모집하고 그 기간이 종료된 후에 금융소비자가 지급한 금전등으로 집합투자를 실시하는 것을 내용으로 하는 계약에 한정), ⅱ) 고난도투자일임계약, ⅲ) 신탁계약(금전에 관한 신탁계약은 고난도금전신탁계약에 한정)에 해당하는 금융상품이다(영37①(2)).

3) 대출성 상품

대출성 상품에 관한 계약의 청약을 한 일반금융소비자는 철회기간 내에 청약을 철회할 수 있다. 다만, 다음에 해당하는 금융상품, 즉 ⅰ) 시설대여·할부금융·연불판매(다만, 계약에 따른 재화를 제공받지 않은 경우는 제외), ⅱ) 온라인투자연계금융업법에 따른 연계대출에 관한 계약, ⅲ) 자본시장법 제72조 제1항375)에 따른 신용의 공여(금융상품판매업자가 일반금융소비자가 표시한 청약

---

374) 부칙 제7조(청약의 철회에 관한 적용례) 제46조는 이 법 시행 이후 계약의 청약을 한 경우부터 적용한다.
375) 자본시장법 제72조(신용공여) ① 투자매매업자 또는 투자중개업자는 증권과 관련하여 금전의 융자 또는 증권의 대여의 방법으로 투자자에게 신용을 공여할 수 있다. 다만, 투자매매업자는 증권의 인수일부터 3

의 철회의사를 받기 전에 해당 대출성 상품과 관련하여 담보로 제공된 증권을 자본시장법에 따라 처분한 경우에 한정), ⅳ) 그 밖에 금융위원회가 정하여 고시하는 대출성 상품은 제외한다(영37①(3)).

(나) 철회기간

일반금융소비자는 다음의 구분에 따른 기간(거래 당사자 사이에 다음의 기간보다 긴 기간으로 약정한 경우에는 그 기간) 내에 청약을 철회할 수 있다(법46①).

1) 보장성 상품

보장성 상품은 일반금융소비자가 보험증권(상법640)을 받은 날부터 15일과 청약을 한 날부터 30일 중 먼저 도래하는 기간 내에 청약을 철회할 수 있다(법46①(1)).

2) 투자성 상품과 금융상품자문

투자성 상품과 금융상품자문은 ⅰ) 계약서류를 제공받은 날(법23① 본문), ⅱ) 계약서류를 제공할 필요가 없어 제공받지 않는 경우에는 계약체결일(법23① 단서) 중 어느 하나에 해당하는 날부터 7일 내에 청약을 철회할 수 있다(법46①(2)).

3) 대출성 상품

대출성 상품은 계약서류를 제공받은 날(법23① 본문), 또는 계약서류를 제공할 필요가 없어 제공받지 않는 경우에는 계약체결일(법23① 단서) 중 어느 하나에 해당하는 날부터 14일 내에 청약을 철회할 수 있다(법46①(3)). 대출성 상품이 계약서류를 제공받은 날(법23① 본문), 또는 계약서류를 제공할 필요가 없어 제공받지 않는 경우에는 계약체결일(법23① 단서) 중 어느 하나에 해당하는 날보다 계약에 따른 금전·재화·용역("금전·재화등")의 지급이 늦게 이루어진 경우에는 그 지급일부터 14일 내에 청약을 철회할 수 있다(법46①(3)).

(2) 청약의 효력발생시기 등

청약의 철회는 다음에서 정한 시기에 효력이 발생한다(법46②).

(가) 보장성 상품, 투자성 상품, 금융상품자문

보장성 상품, 투자성 상품, 금융상품자문의 경우 일반금융소비자가 청약의 철회의사를 표시하기 위하여 서면등(우편 또는 팩스에 따른 서신전달, 전자우편 또는 이에 준하는 전자적 의사표시, 그 밖에 상대방에 의사를 표시하였다는 사실을 객관적으로 입증할 수 있는 방법)을 발송한 때에 효력이 발생한다(법46②(1), 영37②).

(나) 대출성 상품

대출성 상품의 경우 일반금융소비자가 청약의 철회의사를 표시하기 위하여 서면등을 발송하고, 다음의 금전·재화등(이미 제공된 용역은 제외하며, 일정한 시설을 이용하거나 용역을 제공받을 수 있는 권리를 포함), 즉 ⅰ) 이미 공급받은 금전·재화등, ⅱ) 이미 공급받은 금전과 관련하여

개월 이내에 투자자에게 그 증권을 매수하게 하기 위하여 그 투자자에게 금전의 융자, 그 밖의 신용공여를 하여서는 아니 된다.

일반금융소비자가 금융상품판매업자등으로부터 금전을 지급받은 날부터 금전을 돌려준 날까지의 기간에 대해 약정된 이자율과 공급받은 금전을 곱한 금액(영37③), iii) 해당 계약과 관련하여 금융상품판매업자등이 제3자에게 이미 지급한 수수료 등 금융상품직접판매업자가 계약체결 등과 관련하여 제3자에 지급한 비용(영37④ 본문)을 반환한 때에 효력이 발생한다(법46②(2)). 다만 위 iii)과 관련하여 금융상품직접판매업자가 금융상품판매대리·중개업자 또는 금융상품자문업자에 지급한 비용은 제외한다(영37④ 단서).

(다) 책임보험 등 법률에 가입의무가 부과되는 계약

일반금융소비자가 자동차손해배상 보장법에 따른 책임보험 등 법률에 따라 가입의무가 부과되는 계약에 대하여 청약의 철회의사를 표시하려는 경우에는 철회의사를 표시하기 전에 다른 금융상품직접판매업자와 해당 보험에 관한 계약을 체결하여야 한다(영37⑤).

(라) 신탁계약

신탁계약(영37①(2) 다목)으로 인해 금융상품직접판매업자가 부득이하게 재산세(신탁재산에 부과되는 조세) 등의 비용을 부담한 경우에는 일반금융소비자가 철회의사를 표시하기 전에 그 비용을 금융상품직접판매업자에 지급하여야 한다(영37⑥).

(마) 투자성 상품의 철회 제한

투자성 상품에 관한 계약의 경우 그 계약 내용에 금융상품직접판매업자가 계약서류를 제공받은 날(법23① 본문) 또는 계약체결일(법23① 단서)부터 7일 내에 일반금융소비자가 예탁한 금전등을 지체 없이 운용하는데 일반금융소비자가 동의한다는 사실이 포함된 경우에 그 일반금융소비자는 청약을 철회할 수 없다(영37⑦).

(3) 금전·재화등의 반환방법

청약이 철회된 경우 금융상품판매업자등이 일반금융소비자로부터 받은 금전·재화등의 반환은 다음의 어느 하나에 해당하는 방법으로 한다(법46③).

(가) 보장성 상품

보장성 상품의 경우 금융상품판매업자등은 청약의 철회를 접수한 날부터 3영업일 이내에 이미 받은 금전·재화등을 반환하고, 금전·재화등의 반환이 늦어진 기간에 대하여는 금전·재화등의 반환이 지연된 기간에 대하여 약관에 따라 보험금 지급이 지연되는 경우 적용되는 이자율을 금융소비자로부터 이미 받은 금전 또는 재화등의 대금에 적용하여 산정한 금액(영37⑧)을 더하여 지급하여야 한다(법46③(1)).

(나) 투자성 상품과 금융상품자문

1) 반환방법

투자성 상품과 금융상품자문의 경우 금융상품판매업자등은 청약의 철회를 접수한 날부터

3영업일 이내에 이미 받은 금전·재화등을 반환하고, 금전·재화등의 반환이 늦어진 기간에 대해서는 각각 금전·재화등의 반환이 늦어진 기간에 대하여 약관에 기재된 연체이자율을 금융소비자로부터 이미 받은 금전·재화 등에 적용하여 산정한 금액(영37⑨)을 더하여 지급하여야 한다(법46③(2) 본문).

2) 반환의 예외

다음의 구분에 따른 금액 이내인 경우에는 반환하지 아니할 수 있다(법46③(2) 단서, 영37 ⑩). 즉 금융상품자문에 관한 계약에 따른 자문에 응하지 않은 경우는 금융상품자문에 관한 계약을 체결하기 위하여 사회통념상 필요한 비용에 상당하는 금액 이내이고, 금융상품자문에 관한 계약에 따른 자문에 응한 경우는 다음의 구분에 따른 금액(자문에 응한 수수료로서 사회통념상 상당하다고 인정되는 금액을 초과하는 경우에는 그 초과한 금액을 뺀 금액) 이내인데, 구체적으로 살펴보면 ⅰ) 수수료를 자문에 응하는 횟수에 따라 산정하는 것으로 하고 있는 경우는 철회의 효력발생시기(법46②)까지 자문에 응한 횟수에 따라 산정한 수수료에 상당하는 금액 이내이고, ⅱ) 그 밖의 경우는 전체 계약기간에 대한 수수료를 그 계약기간의 총일수로 나눈 금액에 계약서류를 제공받은 날(법23①)부터 청약의 철회의사를 표시한 날까지의 일수를 곱한 금액 이내인 경우에는 반환하지 아니할 수 있다.

(다) 대출성 상품

대출성 상품의 경우 금융상품판매업자등은 일반금융소비자로부터 금전·재화등, 이자 및 수수료를 반환받은 날부터 3영업일 이내에 일반금융소비자에게 해당 대출과 관련하여 일반금융소비자로부터 받은 수수료를 포함하여 이미 받은 금전·재화등을 반환하고, 금전·재화등의 반환이 늦어진 기간에 대해서는 각각 금전·재화등의 반환이 늦어진 기간에 대하여 약관에 기재된 연체이자율을 금융소비자로부터 이미 받은 금전·재화 등에 적용하여 산정한 금액(영37⑨)을 더하여 지급하여야 한다(법46③(3)).

따라서 금융상품직접판매업자는 해당 대출과 관련하여 받은 금전·재화등을 모두 돌려주어야 한다(영37⑪ 본문). 다만, 금융상품직접판매업자가 계약체결등을 위하여 제3자(금융상품판매대리·중개업자는 제외)에 지급해야 할 비용을 일반금융소비자가 부담한 경우에 해당 금전은 돌려주지 않는다(영37⑪ 단서).

(4) 손해배상 또는 위약금 청구금지

청약이 철회된 경우 금융상품판매업자등은 일반금융소비자에 대하여 청약의 철회에 따른 손해배상 또는 위약금 등 금전의 지급을 청구할 수 없다(법46④).

(5) 보장성 상품의 경우 철회의 효력발생 여부

보장성 상품의 경우 청약이 철회된 당시 이미 보험금의 지급사유가 발생한 경우에는 청약

철회의 효력은 발생하지 아니한다(법46⑤ 본문). 다만, 일반금융소비자가 보험금의 지급사유가 발생했음을 알면서 청약을 철회한 경우에는 그러하지 아니하다(법46⑤ 단서).

(6) 일반금융소비자에 불리한 특약의 무효

청약철회기간(법46①), 청약의 효력발생시기(법46②), 금전·재화등의 반환방법(법46③), 손해배상 또는 위약금 청구금지(법46④), 보장성 상품의 경우 철회의 효력발생(법46⑤) 규정에 반하는 특약으로서 일반금융소비자에게 불리한 것은 무효로 한다(법46⑥.

4. 위법계약의 해지

(1) 금융소비자의 해지요구권과 금융상품판매업자등의 수락 여부 통지의무

금융소비자는 금융상품판매업자등이 부적합 계약체결 권유 금지 의무(법17③), 부적정 판단 사실 통지·확인의무(법18②), 중요한 사항 설명의무(법19①) 및 중요한 사항의 거짓·왜곡 설명 및 누락 금지 의무(법19③), 불공정영업행위의 금지 의무(법20①), 부당권유행위 금지 의무(법21) 규정을 위반하여 "대통령령으로 정하는 금융상품"(계약해지 요건 충족 금융상품)에 관한 계약을 체결한 경우 5년 이내의 "대통령령으로 정하는 기간"(계약해지기간) 내에 서면등으로 해당 계약의 해지를 요구할 수 있다(법47① 전단).[376]

(가) 계약해지 요건 충족 금융상품

"대통령령으로 정하는 금융상품"(계약해지 요건 충족 금융상품)이란 ⅰ) 계약의 형태가 계속적이어야 하고(계약의 체결로 집합투자규약이 적용되는 경우에는 그 적용기간을 포함), ⅱ) 계약기간 종료 전 금융소비자가 계약을 해지할 경우 그 계약에 따라 금융소비자의 재산에 불이익이 발생하여야 하며, ⅲ) 그 밖에 금융소비자 보호 및 건전한 거래질서를 유지하기 위해 필요한 사항으로서 금융위원회가 정하는 사항의 요건을 모두 충족하는 금융상품을 말한다(법38①).

(나) 계약해지기간

"대통령령으로 정하는 기간"(계약해지기간)이란 금융소비자가 금융상품판매업자등이 부적합 계약체결 권유 금지 의무(법17③), 부적정 판단 사실 통지·확인의무(법18②), 중요한 사항 설명의무(법19①) 및 중요한 사항의 거짓·왜곡 설명 및 누락 금지 의무(법19③), 불공정영업행위의 금지 의무(법20①), 부당권유행위 금지 의무(법21) 규정을 위반한 사실("법 위반사실")을 안 날부터 1년 또는 계약서류를 받은 날(계약서류가 제공되지 않은 경우에는 계약체결일)과 ⅰ) 보장성 상품의 경우 최초로 보험료를 납부한 날, ⅱ) 투자성 상품의 경우 최초로 수수료를 납부한 날(다만, 금융소비자의 재산을 운용한 후 수수료를 지급받기로 약정한 경우에는 계약서류를 받은 날), ⅲ)

---

376) 부칙 제8조(위법한 계약의 해지에 관한 적용례) 제47조는 이 법 시행 이후 계약을 체결하는 경우부터 적용한다.

대출성 상품의 경우 금융상품직접판매업자가 계약에 따른 금전·재화 등을 최초로 지급한 날 중 늦은 때로부터 5년(예금성 상품은 계약서류를 받은 날로부터 5년) 중 먼저 도달한 기간을 말한다(영38②).

(다) 계약해지요구서 제출

금융소비자는 계약의 해지를 요구("계약해지요구")할 경우 ⅰ) 금융상품의 명칭, ⅱ) 법 위반사실, ⅲ) 법 위반사실 확인에 필요한 객관적·합리적인 근거자료, ⅳ) 그 밖에 금융위원회가 정하여 고시하는 사항을 작성한 문서("계약해지요구서")를 금융위원회가 정하는 바에 따라 금융상품직접판매업자 또는 금융상품자문업자("금융상품판매업자등")에 제출하여야 한다(영38③).

(라) 금융상품판매업자등의 수락 여부 통지의무

금융상품판매업자등은 해지를 요구받은 날부터 10일 이내에 금융소비자에게 수락 여부를 통지하여야 하며, 거절할 때에는 거절사유를 함께 통지하여야 한다(법47① 후단). 금융상품직접판매업자등은 금융소비자에 거절사유를 알리는 경우에 정당한 사유와 그에 대한 객관적·합리적 근거(설명의무 위반인 경우에는 해당 위반사실이 없다는 객관적·합리적 근거를 포함)를 함께 알려야 한다(영38⑤).

(2) 금융소비자의 계약해지권

금융소비자는 금융상품판매업자등이 정당한 사유 없이 해지 요구를 따르지 않는 경우 해당 계약을 해지할 수 있다(법47②).

(가) 정당한 사유

정당한 사유란 금융소비자가 ⅰ) 금융소비자가 계약해지요구서를 제출하지 않은 경우, ⅱ) 계약해지요구서의 중요한 사항이 거짓으로 기재되어 있거나 빠진 경우, ⅲ) 법 위반사실이 있는지를 확인하는데 필요한 객관적·합리적인 근거 자료를 제시하지 않은 경우, ⅳ) 금융소비자가 계약 후 발생한 자신의 사정변경을 이유로 해당 계약에 법 위반사실이 있다고 판단한 경우, ⅴ) 금융상품판매업자등이 경미한 위반행위에 대해 금융소비자의 동의를 받아 조치를 취한 경우, ⅵ) 금융소비자가 금융상품판매업자등의 행위에 법 위반사실이 있다는 사실을 계약을 체결하기 전에 이미 알고 있었다고 볼 수 있는 경우, ⅶ) 그 밖에 앞의 6가지 사유에 준하여 금융위원회가 정하여 고시한 경우를 말한다(영38④).

(나) 정당한 사유의 부존재 의제

금융상품판매업자등이 다음의 어느 하나에 해당하는 경우에는 정당한 사유가 없다고 본다(영38⑥). 즉 ⅰ) 계약해지요구를 받은 날부터 10일 이내에 금융소비자에 수락 여부를 알리지 않은 경우에는 정당한 사유가 없다고 본다. 다만, 계약해지요구를 한 금융소비자의 연락처나 소재지를 확인할 수 없는 등 수락 여부를 알리기가 곤란한 경우는 제외되고, 관련 자료 확인

등을 이유로 금융소비자의 동의를 받아 통지를 일정 기간 유예한 경우도 제외된다. 이 경우 유예한 기간에 금융소비자에 수락 여부를 알리지 않은 경우에는 정당한 사유가 없다고 본다(영38⑥(1)).

ⅱ) 정당한 사유 및 그에 대한 객관적·합리적 근거를 금융소비자에 알리지 않은 경우(영38⑥(2))에도 정당한 사유가 없다고 보고, ⅲ) 계약해지요구와 관련하여 기존계약과 관련이 없는 경제적 이익을 제공하거나 제공할 것을 약속하는 경우(영38⑥(3))에도 정당한 사유가 없다고 보며, ⅳ) 다른 상품으로 변경할 것을 권유하는 경우(영38⑥(4) 본문)에도 정당한 사유가 없다고 본다. 다만, 금융소비자가 변경을 요청한 경우에는 정당한 사유가 있다고 본다(영38⑥(4) 단서). ⅴ) 계약해지요구서에 대한 의견은 제시하지 않고 계약해지에 따른 불이익만을 반복적으로 설명하거나 그 불이익을 과장하여 설명하는 경우(영38⑥(5))에도 정당한 사유가 없다고 보며, ⅵ) 그 밖에 금융소비자가 계약해지요구 관련 절차를 이행하는데 과중한 부담을 부과하는 등 계약해지요구를 수락하지 않을 정당한 사유가 없다고 볼 수 있는 경우로서 금융위원회가 정하여 고시하는 경우(영38⑥(6))에도 정당한 사유가 없다고 본다.

(3) 계약해지와 관련 비용 요구 금지

계약이 해지된 경우 금융상품판매업자등은 수수료, 위약금 등 계약의 해지와 관련된 비용을 요구할 수 없다(법47③). 계약의 해지와 관련된 비용이란 계약의 해지와 관련하여 금융상품직접판매업자등에 직접적·간접적으로 발생하는 일체의 비용을 말한다(영38⑦).

Ⅹ. 과징금

1. 과징금 부과대상

(1) 금융상품직접판매업자 또는 금융상품자문업자의 위반행위
(가) 수입등의 50% 이내의 과징금 부과

금융소비자보호법은 징벌적 과징금 제도를 도입하였다. 금융위원회는 금융상품직접판매업자 또는 금융상품자문업자가 ⅰ) 설명의무(법19①)를 위반하여 중요한 사항을 설명하지 아니하거나 설명서 교부 및 확인의무(법19②)를 위반한 경우(제1호), ⅱ) 불공정영업행위의 금지(법20① 각호) 규정을 위반한 경우(제2호), ⅲ) 부당권유행위 금지(법21 각호) 규정을 위반한 경우(제3호), ⅳ) 금융상품등에 관한 광고 관련 준수사항(법22③④)을 위반하여 금융상품등에 관한 광고를 한 경우(제4호) 그 위반행위와 관련된 계약으로 얻은 수입 또는 이에 준하는 금액("수입등")의 50% 이내에서 과징금을 부과할 수 있다(법57① 본문).[377]

---

377) 부칙 제11조(과징금 등에 관한 경과조치) 이 법 시행 전에 부칙 제13조에 따라 개정되기 전의 법률("종전

(나) 10억원 이하의 과징금 부과

위반행위를 한 자가 그 위반행위와 관련된 계약으로 얻은 수입등이 없거나 수입등의 산정이 곤란한 경우로서 ⅰ) 위반행위와 관련된 계약으로 얻은 수입 또는 이에 준하는 금액("수입등")이 영업을 개시하지 않거나 영업을 중단하는 등의 사유로 없는 경우, ⅱ) 재해 등으로 인하여 수입등을 산정하는데 필요한 자료가 소멸되거나 훼손되는 등 객관적으로 수입등을 산정하기가 곤란한 경우, ⅲ) 그 밖에 앞의 2가지 사유에 준하는 경우로서 금융위원회가 정하여 고시한 경우에는 10억원을 초과하지 아니하는 범위에서 과징금을 부과할 수 있다(법57① 단서, 영44①).

(2) 금융상품판매대리 · 중개업자 또는 금융상품직접판매업자의 소속 임직원의 위반행위

(가) 수입등의 50% 이내의 과징금 부과

금융위원회는 금융상품직접판매업자가 금융상품계약체결등을 대리하거나 중개하게 한 금융상품판매대리 · 중개업자(금융소비자법 또는 다른 금융 관련 법령에 따라 하나의 금융상품직접판매업자만을 대리하는 금융상품판매대리 · 중개업자로 한정) 또는 금융상품직접판매업자의 소속 임직원이 ⅰ) 설명의무(법19①)를 위반하여 중요한 사항을 설명하지 아니하거나 설명서 교부 및 확인의무(법19②)를 위반한 경우(제1호), ⅱ) 불공정영업행위의 금지(법20① 각호)규정을 위반한 경우(제2호), ⅲ) 부당권유행위 금지(법21 각호)규정을 위반한 경우(제3호), ⅳ) 금융상품등에 관한 광고 관련 준수사항(법22③④)을 위반하여 금융상품등에 관한 광고를 한 경우(제4호)에는 그 금융상품직접판매업자에 대하여 그 위반행위와 관련된 계약으로 얻은 수입등의 50% 이내에서 과징금을 부과할 수 있다(법57② 본문).

(나) 임의적 감면

금융상품직접판매업자가 그 위반행위를 방지하기 위하여 해당 업무에 관하여 적절한 주의와 감독을 게을리하지 아니한 경우에는 그 금액을 감경하거나 면제할 수 있다(법57② 단서).

(3) 업무정지처분 대체 과징금

금융위원회는 금융상품판매업자등에 대하여 6개월 이내의 업무의 전부 또는 일부의 정지(법51②(1))를 명할 수 있는 경우로서 업무정지가 금융소비자 등 이해관계인에게 중대한 영향을 미치거나 공익을 침해할 우려가 있는 경우에는 업무정지처분을 갈음하여 업무정지기간 동안 얻을 이익의 범위에서 과징금을 부과할 수 있다(법57③). 여기서 과징금은 시행령 [별표 7]에서 정하는 기준에 따라 부과하여야 한다(영44②). 시행령 [별표 7]은 과징금의 부과기준(제44조 제2항 및 제4항 관련)을 규정하고 있다.

법률")의 위반행위로서 이 법 시행 전에 종료되거나 이 법 시행 이후에도 그 상태가 지속되는 위반행위에 대하여 제49조에 따른 명령, 제51조에 따른 금융상품판매업자등에 대한 처분, 제52조에 따른 임직원에 대한 조치, 제57조에 따른 과징금의 부과 등 행정처분을 할 때에는 그 위반한 행위에 대한 종전 법률의 규정에 따른다.

(4) 수입등의 산정

위반행위와 관련된 계약으로 얻은 수입등의 산정에 관한 사항은 금융시장 환경변화로 인한 변동요인, 금융상품 유형별 특성, 금융상품계약체결등의 방식 및 금융상품판매업자등의 사업규모 등을 고려하여 대통령령으로 정한다(법57④).

여기서 "수입등"(수입 또는 이에 준하는 금액)이란 다음의 구분에 따른 금액, 즉 ⅰ) 예금성 상품은 계약에 따라 금융소비자로부터 받은 금액을 말하고, ⅱ) 대출성 상품은 계약에 따라 금융소비자에 지급한 금액 및 이자수입을 말하며, ⅲ) 보장성 상품은 금융소비자로부터 보험료로 받은 금액을 말하고, ⅳ) 투자성 상품은 계약에 따라 금융소비자로부터 받은 금전등 및 해당 금전등을 운용하여 얻은 수익을 말한다. 이 경우 수익은 금융시장 환경변화로 인한 변동요인, 금융상품계약체결등의 방식, 그 밖에 수입등을 산정하는데 필요하다고 금융위원회가 인정한 사항을 고려하여 산정한다. ⅴ) 금융상품자문업의 경우는 자문업무에 대한 대가를 말한다(영44③).

2. 과징금 부과요건과 절차

(1) 필요적 고려사항

금융위원회는 과징금을 부과하는 경우에는 시행령 [별표 7]에 따른 기준(영44④)에 따라 ⅰ) 위반행위의 내용 및 정도, ⅱ) 위반행위의 기간 및 위반횟수, ⅲ) 위반행위로 인하여 취득한 이익의 규모, ⅳ) 업무정지기간(업무정지처분 대체 과징금을 부과하는 경우만 해당)을 고려하여야 한다(법58①).

(2) 합병의 경우

금융위원회는 금융소비자보호법을 위반한 법인이 합병을 하는 경우 그 법인이 한 위반행위는 합병 후 존속하거나 합병으로 신설된 법인이 행한 행위로 보아 과징금을 부과·징수할 수 있다(법58②).

(3) 과징금 부과 통지

과징금을 부과하는 경우에는 금융위원회가 정하여 고시하는 방법에 따라 그 위반행위의 종별과 해당 과징금의 금액을 명시하여 이를 납부할 것을 문서로 통지하여야 한다(영45①).

(4) 과징금 납부기한

과징금 부과 통지를 받은 자는 그 통지를 받은 날부터 60일 이내에 금융위원회가 정하여 고시하는 수납기관에 과징금을 납부하여야 한다(영45② 본문). 다만, 천재지변 및 그 밖에 부득이한 사유로 해당 기간에 납부할 수 없는 경우에는 그 사유가 없어진 날부터 30일 이내에 납부하여야 한다(영45② 단서).

3. 이의신청

과징금 부과처분에 불복하는 자는 처분을 고지받은 날부터 30일 이내에 불복 사유를 갖추어 금융위원회에 이의를 신청할 수 있다(법59①). 금융위원회는 이의신청에 대하여 60일 이내에 결정을 하여야 한다(법59② 본문). 다만, 부득이한 사정으로 그 기간 내에 결정을 할 수 없을 경우에는 30일의 범위에서 그 기간을 연장할 수 있다(법59② 단서).

4. 납부기한의 연장 및 분할납부

(1) 사유

금융위원회는 과징금납부의무자가 ⅰ) 재해 또는 도난 등으로 재산에 현저한 손실을 입은 경우, ⅱ) 사업여건의 악화로 사업이 중대한 위기에 처한 경우, ⅲ) 과징금의 일시납부에 따라 자금사정에 현저한 어려움이 예상되는 경우, ⅳ) 그 밖에 앞의 3가지의 사유에 준하는 사유가 있는 경우 과징금 전액을 일시에 납부하기가 어렵다고 인정되는 경우에는 그 납부기간을 연장하거나 분할납부하게 할 수 있다(법60① 전단). 이 경우 필요하다고 인정될 때에는 담보를 제공하게 할 수 있다(법60① 후단).

납부기한의 연장은 그 납부기한의 다음 날부터 1년을 초과할 수 없다(영46①). 금융위원회는 분할납부를 하도록 한 경우에는 각 분할된 납부기한 간의 간격은 6개월 이내, 분할 횟수는 3회 이내로 해야 한다(영46②).

(2) 신청

과징금납부의무자가 과징금 납부기간을 연장받거나 분할납부를 하려는 경우에는 그 납부기한의 10일 전까지 금융위원회에 신청하여야 한다(법60②).

(3) 취소

금융위원회는 따라 납부기간이 연장되거나 분할납부가 허용된 과징금납부의무자가 ⅰ) 분할납부 결정된 과징금을 그 납부기간 내에 납부하지 아니한 경우, ⅱ) 담보의 변경, 그 밖에 담보 보전에 필요한 금융위원회의 명령을 이행하지 아니한 경우, ⅲ) 강제집행, 경매의 개시, 파산선고, 법인의 해산, 국세 또는 지방세의 체납처분을 받는 등 과징금의 전부 또는 나머지를 징수할 수 없다고 인정되는 경우), ⅳ) 그 밖에 앞의 3가지의 사유에 준하는 사유가 있는 경우에는 그 납부기간의 연장 또는 분할납부 결정을 취소하고 과징금을 일시에 징수할 수 있다(법60③).

5. 과징금 징수 및 체납처분

(1) 징수 및 체납처분 절차

금융위원회는 과징금납부의무자가 납부기한까지 과징금을 납부하지 아니한 경우에는 납부기한의 다음 날부터 납부한 날의 전일까지의 기간에 대하여 체납된 과징금액에 연 6%를 적용하여 계산한 금액(영47① 전단)의 가산금을 징수할 수 있다(법61① 전단). 이 경우 가산금을 징수하는 기간은 60개월을 초과할 수 없으며(법61① 후단), 가산금을 가산하는 기간도 60개월을 초과하지 못한다(영47① 후단).

금융위원회는 과징금납부의무자가 납부기한까지 과징금을 납부하지 아니한 경우에는 기간을 정하여 독촉을 하고, 그 지정된 기간 내에 과징금과 가산금을 납부하지 아니한 경우에는 국세체납처분의 예에 따라 징수한다(법61②).

(2) 체납처분의 위탁

금융위원회는 과징금 및 가산금의 징수 또는 체납처분에 관한 업무를 국세청장에게 위탁할 수 있다(법61③).

6. 과오납금의 환급

금융위원회는 과징금납부의무자가 이의신청의 재결 또는 법원의 판결 등을 근거로 과징금 과오납금의 환급을 청구하는 경우에는 지체 없이 환급하여야 하며, 과징금납부의무자의 청구가 없는 경우에도 금융위원회가 확인한 과오납금은 환급하여야 한다(법62①). 금융위원회는 과오납금을 환급하는 경우 환급받을 자가 금융위원회에 납부하여야 하는 다른 과징금이 있으면 환급하는 금액을 그 과징금에 충당할 수 있다(법62②).

금융위원회는 과징금을 환급하는 경우에는 과징금을 납부한 날부터 환급한 날까지의 기간에 대하여 금융상품직접판매업자가 취급하는 예금성 상품의 이자율을 고려하여 금융위원회가 정하여 고시하는 이자율(영48)을 적용하여 환급가산금을 환급받을 자에게 지급하여야 한다(법63).

7. 결손처분

금융위원회는 과징금납부의무자에게 ⅰ) 체납처분이 끝나고 체납액에 충당된 배분금액이 체납액에 미치지 못하는 경우, ⅱ) 과징금 등의 징수권에 대한 소멸시효가 완성된 경우, ⅲ) 체납자의 행방이 분명하지 아니하거나 재산이 없다는 것이 판명된 경우, ⅳ) 체납처분의 목적물인 총재산의 추산가액이 체납처분 비용에 충당하면 남을 여지가 없음이 확인된 경우, ⅴ) 체납처분의 목적물인 총재산이 과징금 등보다 우선하는 국세, 지방세, 전세권·질권·저당권 및 동산채권담보법에 따른 담보권으로 담보된 채권 등의 변제에 충당하면 남을 여지가 없음이 확인 된 경우, vi) 채무자회생법 제251조[378]에 따라 면책된 경우, vii) 불가피한 사유로 환수가 불가 능하다고 인정되는 경우로서 금융위원회가 정하여 고시하는 경우에는 결손처분을 할 수 있다 (법64, 영49).

XI. 과태료

금융소비자보호법 제69조는 일정한 위반행위에 대하여 1억원 이하의 과태료를 부과하는 경우(제1항), 3천만원 이하의 과태료를 부과하는 경우(제2항), 1천만원 이하의 과태료를 부과하 는 경우(제3항)를 규정한다(법69①②③). 과태료는 대통령령으로 정하는 바에 따라 금융위원회가 부과·징수한다(법69④). 과태료를 부과하는 기준은 시행령 [별표 8]과 같다(영53).[379] 시행령 [별표 8]은 과태료의 부과기준(제53조 관련)을 규정하고 있다.

XII. 형사제재

1. 벌칙

다음의 어느 하나에 해당하는 자, 즉 i) 제12조(금융상품판매업자등의 등록)를 위반하여 금 융상품판매업등의 등록을 하지 아니하고 금융상품판매업등을 영위한 자(제1호), ii) 거짓이나 그 밖의 부정한 방법으로 제12조에 따른 등록을 한 자(제2호), 또는 iii) 제24조(미등록자를 통한 금융상품판매 대리·중개 금지)를 위반하여 금융상품판매대리·중개업자가 아닌 자에게 금융상품 계약체결등을 대리하거나 중개하게 한 자(제3호)는 5년 이하의 징역 또는 2억원 이하의 벌금에 처한다(법67).

2. 양벌규정

법인(단체를 포함)의 대표자나 법인 또는 개인의 대리인, 사용인, 그 밖의 종업원이 그 법 인 또는 개인의 업무에 관하여 제67조의 위반행위를 하면 그 행위자를 벌하는 외에 그 법인 또

---

378) 채무자회생법 제251조(회생채권 등의 면책 등) 회생계획인가의 결정이 있는 때에는 회생계획이나 이 법의 규정에 의하여 인정된 권리를 제외하고는 채무자는 모든 회생채권과 회생담보권에 관하여 그 책임을 면하 며, 주주·지분권자의 권리와 채무자의 재산상에 있던 모든 담보권은 소멸한다. 다만, 제140조 제1항의 청 구권은 그러하지 아니하다.
379) 부칙 제12조(벌칙 등에 관한 경과조치) 이 법 시행 전에 행한 종전 법률의 위반행위에 대하여 벌칙 및 과 태료를 적용할 때에는 그 위반한 행위에 대한 종전 법률의 규정에 따른다.

는 개인에게도 해당 조문의 벌금형을 과한다(법68 본문). 다만, 법인 또는 개인이 그 위반행위를 방지하기 위하여 해당 업무에 관하여 적절한 주의와 감독을 게을리하지 아니한 경우에는 그러하지 아니하다(법68 단서).

제4편

금융투자 상품시장

제1장

개 관

제1절 서설

I. 금융시장의 의의

금융시장이란 가계, 기업, 정부 등 경제주체들이 금융상품을 거래하여 필요한 자금을 조달하고 여유자금을 운용하는 조직화된 장소를 말한다. 금융상품이란 현재 또는 미래의 현금흐름에 대한 법률적 청구권을 갖는 상품을 의미하는데, 주식·채권 등의 증권과 같은 금융상품뿐만 아니라 선물·옵션·스왑 등 파생금융상품을 포함한다. 조직화된 장소란 반드시 증권거래소와 같이 구체적인 형체를 지닌 시장(장내시장)만을 의미하는 것은 아니며, 거래가 체계적·계속적·반복적으로 이루어지는 장외시장과 같은 추상적 의미의 시장도 포함한다.

금융시장은 거래되는 금융상품의 성격에 따라 일반적으로 예금·대출시장, 집합투자증권(펀드)시장, 보험시장, 단기금융시장(자금시장), 자본시장, 파생상품시장, 외환시장으로 구분된다. 파생상품시장과 외환시장에서는 자금의 대차거래가 이루어지지 않지만, 자금이 운용되고 있는 점에서 금융시장의 범주에 포함시킨다.

단기금융시장은 통상 "만기 1년 이내의 금융상품"(단기금융상품)이 거래되는 시장으로 참가자들이 일시적인 자금수급의 불균형을 조정하는 시장이다. 콜시장, 환매조건부매매시장(RP시장), 양도성예금증서시장(CD시장), 기업어음시장(CP시장), 전자단기사채시장(ABSTB시장) 등이 이에 해당된다. 자본시장은 장기금융시장이라고도 하며 주로 일반기업·금융기관 등이 만기 1

년 이상의 장기자금을 조달하는 시장으로 주식시장과 채권시장 등이 여기에 속한다.

외환시장은 서로 다른 종류의 통화가 거래되는 시장으로 거래당사자에 따라 외국환은행간 외환매매가 이루어지는 은행간시장과 은행과 비은행 고객 간에 외환매매가 이루어지는 대고객시장으로 구분할 수 있다. 은행간시장은 금융기관, 외국환중개기관, 한국은행 등이 참가하는 시장으로 외환거래가 대량으로 이루어지는 도매시장의 성격을 가지며 일반적으로 외환시장이라 할 때는 은행간시장을 의미한다.[1]

파생상품시장은 금융상품을 보유하는 데에 따르는 금리·주가·환율의 변동위험을 회피하기 위하여 형성된 시장으로서, 이곳에서는 단기금융시장과 자본시장 및 외환시장 거래에서 발생하는 위험을 회피하기 위한 금리선물·통화선물·주가지수선물·옵션 등의 거래가 이루어진다.

Ⅱ. 금융시장의 기능

금융시장의 기능은 다음과 같다. ⅰ) 금융시장은 국민경제 내 자금의 공급부문과 수요부문을 직·간접적으로 연결함으로써 원활한 생산활동을 지원하는 한편 효율적인 자원배분을 통하여 경제주체들의 후생 증진에 기여한다.[2]

ⅱ) 금융시장은 가계에 여유자금을 운용할 수 있는 수단을 제공하고 이러한 여유자금을 생산 및 투자를 담당하는 기업 등으로 이전시킴으로써 국가경제의 생산활동을 지원한다. 또한 금융시장은 소비주체인 가계에 적절한 자산운용 및 차입기회를 제공하여 가계가 소비 시기를 선택하는 것을 가능하게 함으로써 소비자 효용을 증진시킨다.

ⅲ) 금융시장은 시장참가자들이 투자위험을 분산시킬 수 있는 환경을 제공한다. 즉 투자자들은 금융시장에 존재하는 다양한 금융상품에 분산하여 투자하거나 파생금융상품과 같은 위험 헤지수단을 활용함으로써 투자위험을 줄일 수 있다.

ⅳ) 금융시장은 부동산 등 실물 투자자산과 달리 현금화가 쉬운 유동성 수단을 제공한다. 일반적으로 금융상품의 가격은 유동성 수준을 반영하여 결정된다. 예를 들어 투자자는 유동성이 떨어지는 금융상품을 매수할 경우에는 향후 현금으로 전환하는 데 따른 손실을 예상하여 일정한 보상, 즉 유동성 프리미엄을 요구하게 된다.

ⅴ) 금융시장은 금융거래에 필요한 정보를 수집하는 데 드는 비용과 시간을 줄여준다. 금융거래 당사자가 거래상대방의 신용도, 재무상황 등에 관한 정보를 직접 파악하려 한다면 비용과 시간이 많이 들 뿐 아니라 때로는 불가능할 수도 있다. 그런데 금융시장에서는 이러한 정보

---

1) 한국은행(2016b), 5쪽.
2) 한국은행(2016b), 2-4쪽.

들이 주가나 회사채 금리 등 여러 가격변수에 반영되므로 투자자들은 이를 통해 투자에 필요한 기본적인 정보를 손쉽게 파악할 수 있다.

vi) 금융시장은 시장규율(market discipline) 기능을 수행한다. 시장규율이란 시장참가자가 주식이나 채권가격 등에 나타난 시장신호(market signal)를 활용하여 당해 차입자의 건전성에 대한 감시기능을 수행하는 것이다. 예를 들면 어떤 기업이 신규사업을 영위하기 위해 인수합병 계획을 발표했는데, 그러한 계획이 당해 기업의 재무건전성을 악화시킬 것으로 평가된다면 금융시장에서 거래되는 동 기업의 주식이나 회사채 가격이 즉각 하락하게 된다. 즉 시장참가자들의 인수합병 계획에 대한 부정적인 시각이 가격에 반영되어 그 기업의 자금조달비용이 높아져 인수합병을 통한 무리한 사업 확장에 제동이 걸릴 수 있다.

제2절 금융시장의 구조(분류)

금융거래가 금융중개기관을 통해 이루어지느냐 여부에 따라 금융시장을 간접금융시장과 직접금융시장으로, 금융상품의 신규발행 여부에 따라 발행시장과 유통시장으로, 거래규칙의 표준화 여부에 따라 장내시장(증권거래소시장)과 장외시장으로 구분한다. 또한 금융시장을 금융거래 당사자의 거주성 및 거래 발생 장소에 따라 국내금융시장과 국제금융시장으로, 금융상품의 표시통화에 따라 원화금융시장과 외화금융시장으로 구분하기도 한다.

I. 국내금융시장

1. 간접금융시장과 직접금융시장

(1) 간접금융시장

간접금융시장은 자금공급자와 자금수요자가 직접적인 거래의 상대방이 되지 않고 은행과 같은 중개기관이 거래당사자로 개입하여 자금의 중개기능을 하는 금융시장이다. 간접금융시장에서는 은행과 투자신탁회사와 같은 금융중개기관이 예금증서나 수익증권과 같은 간접증권(indirect or secondary security)을 발행하여 조달한 자금으로 자금의 최종 수요자가 발행하는 직접증권을 매입하여 자금을 공급하는 방법으로 금융이 이루어진다. 간접금융시장에는 다음과 같은 시장이 있다. 예금·대출시장은 금융중개기관(대표적인 것으로 은행이 있다)을 통해 예금상품 및 대출상품이 거래되는 시장이다. 집합투자증권(펀드)시장은 집합투자증권(펀드상품)이 거래되는 시장이고, 신탁시장은 신탁상품이 거래되는 시장이며, 보험시장은 보험상품이 거래되는 시장이다.

(2) 직접금융시장

직접금융시장에서는 자금공급자와 자금수요자가 직접 거래의 상대방이 된다. 직접금융시장에는 ⅰ) 단기금융시장(자금시장), ⅱ) 자본시장(주식시장, 채권시장), ⅲ) 외환시장, ⅳ) 파생금융상품시장 등이 있다.

직접금융시장 가운데 가장 중요한 자본시장에서 거래되는 대표적인 금융상품은 주식과 채권(債券)이다. 주식은 주식회사가 발행하지만 채권은 주식회사가 발행하는 회사채 이외에도 국가, 지방자치단체, 공기업 등이 발행하는 국채, 지방채, 공채도 있다. 자본시장법에서는 주식은 지분증권에 속하고 채권은 채무증권에 속한다. 전통적인 회사채 이외에 파생상품적 요소가 가미된 파생결합사채도 일정한 요건을 갖추면 채무증권에 속한다. 회사채에 특수한 조건을 붙인 경우로는 만기가 없는 영구채(perpetual bond), 채권의 순위가 일반 채권자보다 후순위인 후순위채(subordinated bond), 원리금 감면 또는 주식전환 조건을 특별히 정한 조건부자본증권 등을 들 수 있다. 파생상품시장에서는 파생상품이 거래된다.[3]

2. 발행시장과 유통시장

(1) 발행시장

자본시장(증권시장)은 발행시장과 유통시장으로 구분되며, 두 시장은 상호보완 관계에 있다. 발행시장은 증권이 발행인 또는 보유자로부터 최초의 투자자에게 매도되는 시장으로서 자금의 수요자인 발행인이 증권을 새로 발행하거나 특정인(예: 대주주)이 보유하고 있는 증권을 투자자에게 매각함으로써 증권시장에 새로운 증권을 공급하고 자금을 조달하는 추상적인 시장이다. 새로운 증권이 최초로 출현하는 시장이라는 점에서 1차 시장(Primary Market)이라고도 한다. 이에 반해 유통시장(2차 시장: Secondary Market)은 이미 발행되어 있는 증권을 투자자 상호간에 매매하는 구체적·현실적인 시장을 말한다. 즉 발행시장은 발행인과 투자자 사이에 이루어지는 종적 시장, 장소적 개념이 없는 추상적 시장인 데 반해, 유통시장은 투자자 사이에 이루어지는 횡적 시장, 장소적 개념을 전제로 하는 구체적인 시장이다.

발행시장은 증권의 발행인이 자금을 조달하는 시장이다. 발행시장은 원칙적으로 증권거래소와는 아무런 관련이 없다. 발행인은 증권을 직접 투자자들에게 매각하는 것이 아니라, 인수인(underwriter)이라는 중개기관을 통해서 매각한다. 여기서 인수인과 투자자 사이의 매매는 증

---

3) 박준·한민(2019), 「금융거래와 법」, 박영사(2019. 8), 15쪽.

권거래소 밖에서 이루어진다. 따라서 상장되어 있는 증권의 경우에만 공모발행이 가능한 것은 아니다. 물론 주식이 이미 증권거래소에 상장되어 있다면 신규로 발행하는 주식의 가격은 거래소의 시세에 따라 결정될 것이다. 그러나 그 경우에도 발행되는 주식은 증권거래소를 통하지 않고 인수인으로부터 투자자에게 직접 넘어간다. 거래규모면에서 발행시장은 유통시장에 비하여 훨씬 왜소하다.[4]

(2) 유통시장

유통시장은 이미 발행된 증권이 투자자와 투자자 사이에서 거래되는 시장을 말한다. 따라서 유통시장은 회사가 새로운 자금을 조달할 수 있는 시장은 아니지만, 투자의 유동성을 제공함으로써 회사의 자금조달에 간접적으로 이바지한다. 투자자가 자신의 투자를 다시 쉽게 회수할 수 있는 유통시장이 없다면, 투자자들은 당초에 발행시장에 들어가는 것을 주저할지도 모른다. 이러한 의미에서 원활한 유통시장의 존재는 발행시장의 발달에 필수적인 조건이다.[5] 발행시장에서 증권의 발행이 완료되면 발행된 증권은 유통시장에서 다수의 투자자들 사이에 매매가 이루어지게 된다.

3. 장내시장과 장외시장

(1) 장내시장

"금융투자상품시장"이란 증권 또는 장내파생상품의 매매를 하는 시장을 말한다(법8의2①). 금융투자상품거래는 그 거래가 이루어지는 장소에 따라 장내거래와 장외거래로 구분한다. 그리고 장내거래시장의 개설 주체는 거래소와 다자간매매체결회사이고, 거래소가 개설하는 금융투자상품시장을 "거래소시장"이라고 한다(법8의2③). 거래소시장을 장내시장이라고 한다. 거래소시장은 거래대상 상품에 따라 증권의 매매를 위한 증권시장과 장내파생상품의 매매를 위한 파생상품시장으로 구분한다(법8의2④).

"다자간매매체결회사(ATS)"란 "다자간매매체결업무"를 하는 투자매매업자 또는 투자중개업자를 말하는데, "다자간매매체결업무"란 정보통신망이나 전자정보처리장치를 이용하여 동시에 다수의 자를 거래상대방 또는 각 당사자로 하여 다음의 어느 하나에 해당하는 매매가격의 결정방법으로 증권시장에 상장된 주권, 그 밖에 대통령령으로 정하는 증권("매매체결대상상품")[6]의 매매 또는 그 중개·주선이나 대리 업무를 하는 투자매매업자 또는 투자중개업자를 말한다

---

4) 이상복(2012), 「기업공시」, 박영사(2012. 6), 31–32쪽.
5) 김건식·송옥렬(2001), 「미국의 증권규제」, 홍문사(2001. 7), 37쪽.
6) "대통령령으로 정하는 증권"이란 다음의 어느 하나에 해당하는 것을 말한다(영7의3①).
   1. 주권과 관련된 증권예탁증권으로서 증권시장에 상장된 것
   2. 그 밖에 공정한 가격 형성 및 거래의 효율성 등을 고려하여 총리령으로 정하는 증권

(법8의2⑤). 2020년 12월 말 현재 대체거래소라 불리는 다자간매매체결회사(ATS) 인가 신청은 없는 상태이다.

1. 경쟁매매의 방법(매매체결대상상품의 거래량이 대통령령으로 정하는 기준을 넘지 아니하는 경우[7]로 한정)
2. 매매체결대상상품이 상장증권인 경우 해당 거래소가 개설하는 증권시장에서 형성된 매매가격을 이용하는 방법
3. 그 밖에 공정한 매매가격 형성과 매매체결의 안정성 및 효율성 등을 확보할 수 있는 방법으로서 대통령령으로 정하는 방법[8]

(2) 장외시장

장외시장이란 거래소시장 및 다자간매매체결회사 이외의 시장을 말한다(금융투자업규정 5-1(1)). 자본시장법은 장외거래를 거래소시장 및 다자간매매체결회사 외에서 증권이나 장외파생상품을 매매하는 경우(영177)로 규정하고 있는데, 이러한 장외거래가 이루어지는 시장이 장외시장이다. 본래 증권의 거래는 수많은 증권보유자가 다양한 필요에 의해 다양한 방식으로 이루어지므로 정형화된 거래소시장만으로는 그 수요를 만족시키기는 어렵고, 이러한 필요에 의해 장외시장의 존재는 불가피하다.

Ⅱ. 국제금융시장

1. 국제금융시장의 의의와 기능

(1) 국제금융시장의 의의

국내거주자들 사이에 소요자금의 조달과 보유자금의 운용이 이루어지는 것을 국내금융이라고 한다면, 이와 같은 자금의 조달 및 운용이 비거주자를 상대로 국경을 넘어 이루어지는 경우를 국제금융이라고 한다. 국제금융에서 "국제"란 국가 사이란 의미도 있지만, 국제금융거래

---

7) "대통령령으로 정하는 기준을 넘지 아니하는 경우"란 다음의 요건을 모두 충족하는 경우를 말한다(영7의3②)
  1. 매월의 말일을 기준으로 법 제4조 제2항에 따른 증권의 구분별로 과거 6개월간 해당 다자간매매체결회사의 경쟁매매의 방법을 통한 매매체결대상상품(법 제8조의2 제5항 각 호 외의 부분에 따른 매매체결대상상품)의 평균거래량(매매가 체결된 매매체결대상상품의 총수량을 매매가 이루어진 일 수로 나눈 것)이 같은 기간 중 증권시장에서의 매매체결대상상품의 평균거래량의 15% 이하일 것
  2. 매월의 말일을 기준으로 과거 6개월간 해당 다자간매매체결회사의 경쟁매매의 방법을 통한 종목별 매매체결대상상품의 평균거래량이 같은 기간 중 증권시장에서의 그 종목별 매매체결대상상품의 평균거래량의 30% 이하일 것
8) "대통령령으로 정하는 방법"이란 매매체결대상상품의 종목별로 매도자와 매수자 간의 호가가 일치하는 경우 그 가격으로 매매거래를 체결하는 방법을 말한다(영7의3③).

의 주체는 한쪽이 반드시 비거주자이기 때문에 거주자와 비거주자 간 또는 비거주자 간이라는 의미도 갖는다. 국제금융시장이란 이러한 국제금융이 이루어지는 장소로, 국가 간에 장단기자금의 거래가 지속적으로 이루어지면서 자금의 수급이 국제적 차원에서 효율적으로 연계되는 장소 또는 거래 메커니즘을 총칭하는 개념이다.

전통적으로 국제금융시장은 국내 거주자 간에 자금의 대차가 이루어지는 국내금융시장과 대칭되는 개념으로 이용되어 왔다. 또한 구체적 장소의 개념으로서 국제금융시장은 런던, 뉴욕 등 주요 국제금융 중심지나 이 지역에서 운영되고 있는 증권거래소, 선물옵션거래소 등을 의미한다. 그러나 오늘날에는 각국의 금융시장이나 외환시장에서 규제가 크게 완화 또는 철폐되고 정보통신기술이 급속히 발전하면서 금융시장의 세계적 통합화 현상이 가속화됨에 따라 국제금융시장은 거주성이나 장소적 구분을 초월하여 각국의 금융시장이나 유로시장 그리고 외환시장을 포괄하는 총체적인 거래 메커니즘으로 이해되고 있다.[9]

(2) 국제금융시장의 기능

(가) 순기능

일반적으로 자유무역이 세계자원의 효율적 배분과 이용을 촉진하듯이 효율적이고 완전한 국제금융시장은 세계금융자산의 최적배분을 촉진하게 한다. 한 국가의 재무상태에 따라 국가 전체적인 재무상황이 좋지 않을 때는 국제금융시장을 통하여 자금을 차입할 수 있고, 반대로 재무상황이 좋은 시기에는 동 시장을 통하여 자금을 대여할 수 있다. 기업 입장에서는 이용 가능한 자금이 증대되어 궁극적으로 자본비용을 절감할 수 있게 된다. 미시적으로 국제금융시장은 자금수급자 모두에게 보다 높은 유동성과 수익성 그리고 안정성을 제공한다. 거시적으로도 시장의 경쟁시스템에 따라 금융자산의 효율적 배분은 결국 각국의 실물자산의 생산성을 높이고 세계무역의 확대나 직접투자의 증대를 가져오게 함으로써 세계경제의 지속적 발전에 기여하게 된다.

국제금융시장은 세계적 차원에서 자금을 효율적으로 배분시켜 자본의 생산성을 제고하고, 무역 및 투자를 확대하며, 국제유동성을 조절함으로써 세계 경제발전을 촉진하고 있다. 자본을 수입함으로써 국내투자와 성장을 촉진시킬 수 있게 된다. 국제증권시장이 발달하는 경우에는 금융기관 간 상호경쟁을 촉진하여 더욱 효율적인 금융시스템을 가져오게 만들고, 기업공개비용을 낮추는 효과도 가져올 수 있다.[10]

---

9) 김희준(2011), "국제금융시장을 통한 회사자금조달의 법적 문제점과 해결방안: 회사법·자본시장법·세법을 중심으로", 고려대학교 대학원 박사학위논문(2011. 12), 7-8쪽.
10) 김희준(2011), 20쪽.

(나) 역기능

오늘날 국제금융의 특징 중의 하나는 금융의 세계화가 진행되면서 금융기관 간 치열한 경쟁이 이루어지고 있다는 점이다. 이 과정에서 금융기관들은 고수익·고위험 자산에 투자를 증가시켜 경영면에서 불안정성이 높아졌다. 한 금융기관의 도산이 다른 금융기관으로 즉시 확산되는 시스템리스크로 인해 국제금융제도의 불안정성이 크게 높아졌다. 리스크의 확산은 금융기관 간의 문제에 그치지 아니하고, 국제금융시장의 발전으로 한 국가의 금융위기가 인접국을 넘어 세계경제 전체를 충격에 빠트릴 수 있기 때문에 규제의 신중과 국가 간 공조체제의 유지가 필요하다.[11]

2. 국제금융시장의 성격과 법적 측면

(1) 국제금융시장의 성격

국제금융시장은 전통적으로 금융기관들이 참여하는 대규모 도매시장이라고 할 수 있지만, 점차 국제금융거래에 참여하는 일반투자자들이 증가하고 있다. 국제금융시장을 규율하는 국제법이 별도로 존재하는 것은 아니고 국제금융거래에 관여한 당사자·통화·장소를 관할하는 국가의 금융관련법령이 적용된다.[12]

(2) 국제금융시장 발전의 법적 측면

국제금융시장은 1960년대 유로시장이 발생하면서 성장하고 경제활동의 국제화와 더불어 계속 발전하고 있다. 국제금융시장의 발전 요인과 관련하여 법적인 면에서 관심을 둘 사항은 금융거래 하부구조의 강화[예: 결제 및 예탁을 담당하는 유로클리어(Euroclear-1968년)와 세델(Cedel-1971년)의 설립], 금융계약의 표준화[예: 1985년 설립된 ISDA(International Swaps and Derivatives Association)]의 파생상품거래 계약서의 표준화] 및 금융기관규제에 관한 협력의 증진[예: 1974년 Herstatt Bank 위기를 계기로 설립된 바젤은행감독위원회(BCBS)의 은행감독기준 설정, 글로벌 금융위기 이후 2009년 설립된 금융안정위원회(FSB)의 활동] 등을 들 수 있다.[13]

---

11) 김희준(2011), 21쪽.
12) 박준·한민(2019), 18쪽.
13) 박준·한민(2019), 18쪽.

제2장

주식시장

제1절 서설

Ⅰ. 자본시장의 의의와 기능

자본시장이란 기업, 정부, 지방자치단체, 공공기관 등이 장기자금을 조달하는 시장으로 넓은 의미에서는 은행의 시설자금대출 등 장기대출시장을 포함하기도 하나 통상적으로는 국채, 회사채, 주식 등이 거래되는 증권시장을 의미한다. 여기서는 자본시장의 범위를 주식시장과 채권시장으로 제한하여 살펴본다.

자본시장은 다음과 같은 기능을 수행하고 있다.

ⅰ) 가계 등의 여유자금을 기업 등에 장기투자재원으로 공급함으로써 국민경제의 자금잉여부문과 자금부족부문의 자금수급 불균형을 조절한다.[1]

ⅱ) 자금의 배분이 효율적으로 이루어지도록 한다. 미래 수익성이 높고 성장성이 기대되는 기업으로 자본이 집중되도록 하여 이들 기업이 다른 기업보다 낮은 비용으로 필요한 자금을 조달하고 생산능력을 확충할 수 있게 한다. 이에 따라 국민경제는 이들 기업을 중심으로 생산효율이 극대화되고 산업구조의 고도화가 촉진되면서 경제전체의 부(富)도 늘어난다.

ⅲ) 다양한 투자수단을 제공한다. 투자자의 입장에서 주식, 채권 등은 유용한 투자수단이 되며 자본시장 발달과 함께 증권의 종류가 다양화·고도화되면서 투자자는 더욱 다양한 포트폴

---

1) 한국은행(2016b), 150-151쪽.

리오를 구성할 수 있는 기회를 갖게 된다. 자본시장에서 거래되는 금융투자상품은 금리변동에 따른 자본손실위험 및 신용위험이 비교적 커서 이들 상품의 수익률이 단기금융상품에 비해 높은 것이 일반적이다. 최근 경제주체들의 금리민감도가 높아진 가운데 위험선호도가 높은 투자자를 중심으로 주식과 채권에 대한 수요가 확대되고 있으며 전체 금융상품 중 이들 장기금융상품의 비중도 높아지는 추세에 있다.

iv) 자본시장은 중앙은행의 통화정책이 실물경제에 영향을 미치는 매개기능을 수행한다. 중앙은행이 정책금리를 변경하면 여러 경로를 통해 자본시장의 장기수익률에 영향을 미치고 기업의 자금조달비용을 변동시킴으로써 궁극적으로 기업의 투자결정에 영향을 미친다. 동시에 채권 및 주식의 자산가치 변동으로 인한 부의 효과(wealth effect)를 통해 가계소비에도 영향을 미치게 된다.

Ⅱ. 주식시장의 의의와 구분

주식시장은 주식회사의 지분권을 표시하는 증권인 주식이 거래되는 시장이다. 주식시장은 기업공개 및 유상증자 등을 통해 주식이 새롭게 공급되는 발행시장과 이미 발행된 주식이 투자자 간에 거래되는 유통시장으로 나누어진다. 유통시장은 장내시장과 장외시장으로 구분되는데, 장내시장(거래소시장)은 유가증권시장, 코스닥시장, 코넥스시장으로 분류되고, 장외시장은 금융투자협회가 관리하는 K-OTC시장 등이 있다.

유가증권시장은 한국거래소에서 개설하는 시장으로 동 시장의 시가총액이 우리나라의 대표주가지수인 코스피의 산출기준이 되므로 코스피시장이라고도 한다. 코스닥시장은 유가증권시장과 더불어 거래소에 개설된 시장이며 유망 중소기업, 벤처기업 등에게 자본시장을 통한 자금조달 기회를 제공하는 한편 투자자에게는 고위험·고수익 투자수단을 제공하는 역할을 한다. 코넥스시장은 유가증권시장, 코스닥시장에 이은 제3의 거래소시장으로 중소기업기본법상 중소기업만 상장이 가능하다. K-OTC시장은 비상장 주식의 매매를 위해 한국금융투자협회가 자본시장법에 따라 개설·운영하는 장외시장이다.

제2절 발행시장

주식의 발행은 주식회사가 설립자본금을 조달하거나 자본금을 증액할 때 이루어진다. 자본금 증액을 위한 주식발행에는 금전의 출자를 받아 자본금을 증가시키는 유상증자 이외에 무상증자, 주식배당 및 전환사채의 주식전환 등이 포함된다. 발행시장은 새로운 주식이 최초로 출시되는 시장이라는 점에서 제1차 시장이라고도 한다.[2]

I. 기본구조

발행시장은 자금수요자인 발행인, 자금공급자인 투자자, 주식발행사무를 대행하고 발행위험을 부담하는 인수인으로 구성된다. 발행인에는 기업 등이 포함된다. 투자자는 일반투자자와 전문투자자로 구분되며 인수인의 역할은 투자매매업자가 담당한다. 여기서 전문투자자는 금융상품에 대한 전문성 구비 여부, 소유자산 규모 등에 비추어 투자에 따른 위험감수능력이 있는 투자자로서 국가, 한국은행, 대통령이 정하는 금융기관 및 그 밖에 대통령이 정하는 자 등이다(법9⑤). 일반투자자는 전문투자자가 아닌 투자자를 말한다(법9⑥).

II. 발행형태

주식의 발행은 기업공개, 유상증자, 무상증자, 주식배당 등 여러 가지 형태로 이루어진다.

1. 기업공개(IPO)

기업공개(IPO)란 주식회사가 신규 발행주식을 다수의 투자자로부터 모집하거나, 이미 발행되어 대주주 등이 소유하고 있는 주식을 매출하여 주식을 분산시키는 것을 말한다. 기업공개를 추진하는 기업은 먼저 금융위원회에 등록하고 증권선물위원회가 지정하는 감사인에게 최근 사업연도 재무제표에 대한 회계감사를 받아야 한다. 그리고 대표주관회사[3]를 선정하고 수권주식수, 1주의 액면가액 등과 관련한 정관 개정 및 우리사주조합 결성 등의 절차를 진행한다. 이후 금융위원회에 증권신고서 제출, 수요예측 및 공모가격 결정,[4] 청약·배정·주금납입, 자본금 변경등기, 금융위원회에 증권발행실적보고서 제출 등의 절차를 거쳐 한국거래소에 상장신청 후 승인을 받으면 공개절차가 마무리된다.

---

2) 한국은행(2016b), 261-264쪽.

3) 대표주관회사란 상장신청인에게서 직접 증권의 인수를 의뢰받아 인수조건 등을 정하는 금융투자회사를 말한다.

4) 수요예측은 공모가격 결정을 위해 공모주 청약을 받기 전에 기관투자자 등으로부터 사전에 희망매수가격과 수량을 조사하는 것을 말하며, 공모가격은 수요예측 결과를 감안하여 대표주관회사와 발행사가 협의하여 정한다.

2. 유상증자

유상증자란 기업재무구조 개선 등의 목적으로 회사가 신주를 발행하여 자본금을 증가시키는 것을 말한다. 유상증자시 신주인수권의 배정 방법에는 주주배정증자, 주주우선공모증자, 제3자배정증자, 일반공모증자 등이 있다. 주주배정증자는 주주와 우리사주조합에 신주를 배정하고 실권주가 발생하면 이사회의 결의에 따라 그 처리방법을 결정하는 것이다. 주주우선공모증자는 주주배정증자와 거의 동일하나 실권주 발생시 불특정다수인을 대상으로 청약을 받은 다음 청약이 미달되면 이사회의 결의에 따라 그 처리방침을 정한다는 점에서 차이가 있다. 제3자배정증자는 주주 대신 관계회사나 채권은행 등 제3자가 신주를 인수하도록 하는 방식이며 일반공모증자는 주주에게 신주인수 권리를 주지 않고 불특정다수인을 대상으로 청약을 받는 방식이다. 유상증자의 절차를 보면 주주배정증자방식의 경우 이사회의 신주발행 결의, 금융위원회에 증권신고서 제출, 신주발행 및 배정기준일 공고, 신주인수권자에 신주배정 통지, 신주청약 접수, 실권주 처리, 주금납입 및 신주발행등기, 신주 상장신청 순으로 이루어진다. 유상증자시 신주발행가액은 기준주가[5]에 기업이 정하는 할인율[6]을 적용하여 산정한다.

3. 무상증자

무상증자란 주금납입 없이 이사회의 결의로 준비금 또는 자산재평가적립금을 자본에 전입하고 전입액만큼 발행한 신주를 기존 주주에게 소유주식 수에 비례하여 무상으로 교부하는 것이다.

4. 주식배당

주식배당이란 현금 대신 주식으로 배당함으로써 이익을 자본으로 전입하는 것을 의미한다. 상법에서는 주식배당을 배당가능이익의 50% 이내로 제한하고 있다. 배당가능이익은 대차대조표상의 순자산액에서 자본금, 자본준비금 및 이익준비금을 차감하여 구한다.

Ⅲ. 발행방식

주식의 발행방식은 주식의 수요자를 선정하는 방법에 따라 공모발행과 사모발행으로, 그

---

5) 제3자배정증자방식 및 일반공모증자방식의 경우 청약일 전 과거 제3거래일부터 제5거래일까지의 가중산술평균주가(그 기간 동안 증권시장에서 거래된 해당 종목의 총거래금액을 총거래량으로 나눈 가격)이다.
6) 제3자배정증자방식은 10% 이내, 일반공모증자방식의 경우에는 30% 이내로 제한된다.

리고 발행에 따르는 위험부담과 사무절차를 담당하는 방법에 따라 직접발행과 간접발행으로 구분된다.[7]

1. 공모발행과 사모발행

공모발행이란 발행회사가 투자자에 제한을 두지 않고 동일한 가격과 조건으로 주식을 다수의 투자자(50인 이상)에게 발행하는 방식으로 자본시장법상 모집과 매출이 이에 해당한다. 모집이란 50인 이상의 투자자에게 새로 발행되는 증권의 취득 청약을 권유하는 것이며(법9⑦), 매출은 50인 이상의 투자자에게 이미 발행된 증권의 매도 또는 매수 청약을 권유하는 것(법9⑨)을 말한다. 사모발행은 발행회사가 특정한 개인 및 법인을 대상으로 주식을 발행하는 방법이다(법9⑧).

2. 직접발행과 간접발행

직접발행은 발행회사가 자기명의로 인수위험 등을 부담하고 발행사무도 직접 담당하는 방식으로 직접모집 또는 자기모집이라고도 한다. 이 방식은 미청약분이 발생하면 발행규모를 축소하거나 재모집해야 하므로 발행규모가 작고 소화에 무리가 없는 경우에 주로 이용된다. 간접발행은 발행회사가 전문적인 지식, 조직 및 경험을 축적하고 있는 금융투자회사를 통해 주식을 발행하는 방식이다. 이 경우 발행회사는 주식발행과 관련한 위험을 금융투자회사에 부담시키고 그 대가로 수수료를 지급하게 된다. 기업공개 및 유상증자는 간접발행을 통해 이루어진다.

한편 간접발행은 금융투자회사의 발행위험 부담 정도에 따라 다시 모집주선, 잔액인수 및 총액인수로 구분한다. 모집주선이란 발행회사가 발행위험을 부담하고 발행사무만 금융투자회사에 위탁하는 방법이다. 잔액인수란 응모총액이 모집총액에 미달할 경우 금융투자회사가 미소화분의 인수 의무를 부담하는 방법이다. 총액인수는 발행금액 전액을 금융투자회사가 인수하는 방식이다. 총액인수의 경우 인수에 따른 자금소요 및 위험부담이 큰 만큼 이를 분산시키고 발행주식의 매출을 원활히 하기 위해 통상 여러 금융투자회사가 공동으로 참가한다.

제3절 유통시장

유통시장은 이미 발행된 주식이 매매되는 시장으로 제2차 시장이라고도 한다. 유통시장은

---

7) 일반적으로 공모발행은 간접발행방식을 취하며, 사모발행은 직접발행방식을 취한다.

발행된 주식의 시장성과 환금성을 높여 주고 자유경쟁을 통해 공정한 가격을 형성하는 기능을
한다.

Ⅰ. 장내시장(거래소시장)

1. 의의

자본시장법상 "거래소"란 증권 및 장내파생상품의 공정한 가격 형성과 그 매매, 그 밖의
거래의 안정성 및 효율성을 도모하기 위하여 금융위원회의 허가를 받아 금융투자상품시장을
개설하는 자를 말한다(법8의2②). "거래소시장"이란 거래소가 개설하는 금융투자상품시장을 말
한다(법8의2③). 거래소시장을 장내시장이라고도 한다.

거래소시장은 거래대상 상품에 따라 증권의 매매를 위한 증권시장과 장내파생상품의 매매
를 위한 파생상품시장으로 구분한다(법8의2④). 증권시장이란 증권의 매매를 위하여 거래소가
개설하는 시장(법8의2④(1))으로서, 한국거래소가 운영하는 증권시장은 상장증권8)을 거래하는
조직적이고 구체적인 유통시장을 의미한다. 한국거래소의 증권시장에는 유가증권시장, 코스닥
시장, 코넥스시장 등이 있다.

유가증권시장이란 자본시장법 제4조 제2항 각 호의 증권(채무증권·지분증권·수익증권·투자
계약증권·파생결합증권·증권예탁증권)의 매매거래를 위하여 개설하는 시장을 말한다. 코스닥시
장은 유가증권시장에 상장되지 아니한 증권의 매매를 위하여 개설하는 시장을 말한다. 코넥스
시장은 코스닥시장의 상장요건보다 완화된 요건이 적용되는 시장으로 코스닥시장과 별도로 개
설·운영되는 시장을 말한다.

여기서는 거래소의 「유가증권시장 업무규정」("업무규정"), 「유가증권시장 상장규정」("상장
규정"), 「유가증권시장 공시규정」("공시규정")을 중심으로 주요 내용을 살펴보면서 필요에 따라
코스닥시장 업무규정과 코넥스시장 업무규정도 살펴보기로 한다.

2. 매매거래의 수탁

(1) 계좌의 설정
(가) 회원의 자격과 종류

"회원"이란 거래소가 개설한 증권시장에서의 증권의 매매거래 또는 파생상품시장에서의

---

8) 한국거래소의 상장증권의 종류에는 주식(지분증권), 외국주식예탁증권(DR), 채무증권, 상장지수집합투자
   기구 집합투자증권(ETF), 상장지수증권(ETN), 주식워런트증권(ELW), 신주인수권증권, 신주인수권증서, 수
   익증권 등이 있다.

장내파생상품거래에 누구의 계산으로 하든지 자기의 명의로 참가할 수 있는 자를 말한다(회원관리규정2(1)). 회원이 될 수 있는 자는 투자매매업 또는 투자중개업의 인가를 받은 자로 한다(회원관리규정4①).

거래소의 회원은 참가할 수 있는 시장 및 매매거래할 수 있는 금융투자상품의 범위에 따라 ⅰ) 증권회원: 증권시장에서 증권의 매매거래에 참가할 수 있는 자, ⅱ) 지분증권전문회원: 증권시장에서 지분증권(집합투자증권은 제외)의 매매거래에 참가할 수 있는 자, ⅲ) 채무증권전문회원: 증권시장에서 채무증권의 매매거래에 참가할 수 있는 자, ⅳ) 파생상품회원: 파생상품시장에서 장내파생상품거래에 참가할 수 있는 자, ⅴ) 주권기초파생상품전문회원: 파생상품시장에서 주권을 기초자산으로 하는 장내파생상품 거래에 참가할 수 있는 자, ⅵ) 통화·금리기초파생상품전문회원: 파생상품시장에서 통화 또는 채무증권을 기초자산으로 하는 장내파생상품 거래에 참가할 수 있는 자로 구분한다(회원관리규정3①).

거래소의 회원은 거래소에 대하여 증권의 매매거래 또는 장내파생상품거래에 대한 결제이행책임의 부담 여부에 따라 ⅰ) 결제회원: 자기의 명의로 성립된 증권의 매매거래나 장내파생상품거래 또는 매매전문회원으로부터 결제를 위탁받은 증권의 매매거래나 장내파생상품거래에 대하여 자기의 명의로 결제를 하는 회원, ⅱ) 매매전문회원: 자기의 명의로 성립된 증권의 매매거래나 장내파생상품거래에 따른 결제를 결제회원에게 위탁하는 회원으로 구분한다(회원관리규정3②).

(나) 매매거래계좌 설정의무

회원은 위탁자로부터 매매거래의 위탁을 받아 이를 처리하고자 할 때에는 위탁자와 사전에 매매거래계좌를 설정하여야 한다(업무규정77① 본문). 여기서의 회원은 증권회원, 지분증권전문회원 및 채무증권전문회원을 말한다(업무규정2①).

다만, 회원이 소액채권의 매매거래를 위하여 소액채권전용공동계좌("공동계좌")를 설정하여 처리하는 경우에는 그러하지 아니하며, 공동계좌의 설정에 관하여 필요한 사항은 세칙으로 정한다(업무규정77① 단서). 이에 따라 회원이 공동계좌를 설정하여 처리하는 경우에는 공동계좌를 이용한다는 약정사항을 기재한 주문표에 위탁자가 기명날인하여야 한다(유가증권시장 업무규정 시행세칙103①, 이하 "시행세칙"). 공동계좌는 위탁자별 거래내역을 명확히 구분할 수 있어야 한다(시행세칙103②).

(다) 계좌의 설정방법

1) 회원의 고객파악의무

회원은 계좌설정(또는 투자권유) 전에 해당 투자자에 관한 정보를 조사하고 이를 기초로 투자대상 상품에 대한 적합성을 파악하여야 한다. 즉 회원인 금융투자업자는 투자자가 일반투자자인지 전문투자자인지의 여부를 확인하여야 .하고, 일반투자자에게 투자권유를 하기 전에 면담·질문 등을 통하여 일반투자자의 투자목적·재산상황 및 투자경험 등의 정보를 파악하고, 일반투자자로부터 서명(전자서명 포함), 기명날인, 녹취, 그 밖의 방법으로 확인을 받아 이를 유지·관리하여야 하며, 확인받은 내용을 투자자에게 지체 없이 제공하여야 하고, 일반투자자에게 투자권유를 하는 경우에는 일반투자자의 투자목적·재산상황 및 투자경험 등에 비추어 그 일반투자자에게 적합하지 아니하다고 인정되는 투자권유를 하여서는 아니 된다.

2) 매매거래계좌설정계약 체결

회원이 매매거래계좌를 설정하고자 할 경우에는 ⅰ) 회원과 위탁자는 거래소가 개설한 유가증권시장에서의 매매거래를 위하여 매매거래계좌를 설정한다는 사항, ⅱ) 위탁자는 유가증권시장에서의 매매거래수탁에 관한 약관을 승인한다는 사항을 기재한 매매거래계좌설정약정서에 의하여 매매거래계좌설정계약을 체결하여야 한다(업무규정77②).

회원이 위탁자와 매매거래계좌를 설정할 때에는 위탁자로부터 성명 또는 명칭 및 주민등록번호, 사업자등록번호, 납세번호, 외국인의 경우 외국인투자등록 고유번호(금융위원회의 금융투자업규정에 따른 내국민대우외국인의 경우에는 여권번호, 사업자록번호 또는 납세번호)등 실지명의를 확인할 수 있는 번호, 주소 및 전화번호, 비밀번호 등의 사항을 확인하여 이를 기록·유지하여야 한다(업무규정77③, 시행세칙104①).

3) 주문방법 등의 공표 및 설명

회원은 주문의 수탁방법 및 처리방법, 그에 따른 이용조건 및 비용 등("주문방법등")에 관한 사항을 정하여야 한다. 이 경우 회원은 합리적인 이유 없이 이용조건을 제한하거나 위탁자 간에 비용을 차등 부과해서는 아니 된다(업무규정77의2①). 회원이 주문방법등을 정하거나 변경하는 경우에는 사전에 회원 인터넷 홈페이지 등에 공표하고 즉시 이를 거래소에 통보하여야 한다(시행세칙104의2②). 회원은 위탁자와 매매거래계좌설정계약을 체결하는 경우에는 주문방법 등에 관한 사항을 설명하고 위탁자가 적합한 주문방법을 선택할 수 있도록 하여야 한다(업무규정77의2③).

4) 매매거래수탁에 관한 약관

「매매거래수탁에 관한 약관」이란 회원이 매매거래계좌를 설정할 때 사용하는 표준화된 계약내용을 말한다. 회원이 위탁자와 매매거래계좌설정계약을 체결하는 때에는 위탁자에게 약관의 중요내용을 설명하고 위탁자가 요구하는 경우에는 당해 약관을 교부하여야 한다(업무규정78②). 회원이 약관을 제정하거나 변경하는 경우에는 당해 약관의 시행일부터 5매매거래일 내에 거래소에 통보하여야 한다(업무규정78③ 본문, 시행세칙105). 다만, 회원이 한국금융투자협회가 제정한 표준약관을 그대로 사용하는 경우에는 예외로 한다(업무규정78③ 단서).

(2) 주문의 수탁

(가) 수탁의 방법

회원은 위탁자로부터 ⅰ) 문서에 따른 방법, ⅱ) 전화, 전보, 모사전송, 전자우편 그 밖에 이와 유사한 방법("전화등방법"), ⅲ) 컴퓨터 그 밖에 이와 유사한 전자통신의 방법("전자통신방법") 중 어느 하나의 방법으로 매매거래의 위탁을 받을 수 있다(업무규정82①).

ⅰ) 문서에 의한 수탁은 회원의 영업점(지점)에서 이루어지는 수탁방법이다. 회원은 위탁자가 수탁의 내용(종목, 매수·매도 구분, 가격, 수량 등)을 기재하고 기명날인 또는 서명한 주문표에 의하여야 한다(시행세칙109②). ⅱ) 전화등방법으로 매매거래의 위탁을 받을 때에는 주문의 접수자는 위탁자 본인임을 확인한 후 주문표를 작성하여야 하며, 녹음 등의 방법을 이용하여 주문사항을 입증할 수 있는 자료를 일정기간 보관하여야 한다(시행세칙109③). ⅲ) 전자통신방법에 의한 수탁은 HTS, MTS, 인터넷 홈페이지 등의 방법으로 주문을 수탁하는 것을 말한다. 이 경우는 일정한 요건을 갖춘 시스템에 의하여야 하며, 위탁자와 미리 전자통신방법에 의한 수탁에 관한 계약을 체결하여야 한다(시행세칙109⑤).

회원은 위탁자의 주문에 의하여 당해 매매거래가 성립된 때에는 매매거래내용을 지체없이 당해 위탁자에게 통지하여야 한다(업무규정82③ 본문). 다만, 위탁자가 사전에 동의한 경우 당일 장종료 이후 매매거래내용을 일괄하여 통지할 수 있다(업무규정82③ 단서).

(나) 수탁의 거부

회원은 시장의 공정한 거래질서를 유지하고 선의의 투자자를 보호해야 할 책임이 있기 때문에 이러한 목적에 반하는 다음과 같은 주문의 위탁 등이 있는 경우에는 수탁을 거부하여야 한다(업무규정84① 전단). 이 경우 그 이유를 주문표 또는 주문내용을 기록한 문서에 기재하여야 하며, 그 사실을 위탁자에게 통지하여야 한다(업무규정84① 후단).

ⅰ) 회원은 내부자의 단기매매차익 반환(법172), 미공개중요정보 이용행위 금지(법174), 시세조종행위 등의 금지(법176), 부정거래행위 등의 금지(법178) 및 시장질서 교란행위의 금지(법178의2) 규정에 위반하거나 위반할 가능성이 있는 매매거래를 위탁하는 사실을 안 경우에는 매매거래의 수탁을 거부하여야 한다(업무규정84① 전단).

ⅱ) 회원은 공매도호가의 제한(업무규정17 및 44의2) 또는 차입공매도호가의 가격제한(업무규정18 및 44의3) 규정에 위반하는 공매도주문의 수탁을 거부하여야 한다(업무규정84②).

ⅲ) 회원은 기본예탁금(업무규정87의2) 규정에 위반하는 주식워런트증권(ELW), 상장지수집합투자기구 집합투자증권(ETF) 또는 상장지수증권(ETN) 주문의 수탁을 거부하여야 한다(업무규정84⑤).

ⅳ) 회원은 미수가 있는 위탁자에 대하여 약관이 정하는 바에 따라 신규주문의 수탁 또는

현금 및 증권의 인출을 거부하거나 제한할 수 있다(업무규정84③).

(3) 위탁증거금

(가) 의의

위탁증거금이란 회원이 고객으로부터 증권의 매매거래를 수탁하는 경우 해당 위탁자의 결제이행을 확보하기 위하여 징수하는 현금 또는 증권을 말한다. 즉 위탁주문이 체결된 후에 결제를 이행하지 않을 가능성에 대비하여 회원이 채권확보를 위한 담보를 해당 위탁자로부터 미리 징수하는 것이다.[9] 회원은 매수주문을 수탁하는 경우에는 현금 또는 대용증권, 매도주문을 수탁하는 경우에는 해당 매도증권, 현금 또는 대용증권으로 위탁증거금을 징수할 수 있다(업무규정87①). 위탁증거금의 징수율과 그 징수방법(대용증권의 징수비율을 포함, 이하 "위탁증거금징수기준")은 회원이 정한다(업무규정87②).

(나) 대용증권

1) 의의

대용증권이란 신용공여와 관련하여 투자매매업자 또는 투자중개업자가 투자자로부터 현금에 갈음하여 담보로 징구하는 증권으로서 증권시장업무규정에서 정하는 것을 말한다(금융투자업규정4-21(5)). 대용증권은 투자자가 보유한 증권의 활용도를 높이기 위해 현금에 갈음하여 위탁증거금으로 사용할 수 있도록 거래소가 지정한 증권이다. 즉 회원은 자사가 정하는 대용증권의 납부비율 이내에서 투자자의 보유증권을 위탁증거금으로 징수할 수 있다. 이때 회원은 거래소가 산출·공표하는 증권의 대용가격 범위 이내에서 대용증권을 위탁증거금으로 충당하여야 한다. 또한 회원은 전체 증거금 중 대용증권으로 징수할 수 있는 비율도 자율적으로 정할 수 있다.[10]

대용증권은 국가·지방자치단체 또는 공공기관에 납부할 각종 보증금 및 공탁금으로 대신 납부할 수 있고(법171①), 투자매매업자 또는 투자중개업자가 신용거래를 수탁하고자 하는 경우에는 투자자가 주문하는 매매수량에 지정가격(지정가격이 없을 때에는 상한가)을 곱하여 산출한 금액에 투자자의 신용상태 및 종목별 거래상황 등을 고려하여 정한 비율에 상당하는 금액을 보증금으로 징수하여야 하는데, 이 경우 보증금은 대용증권으로 대신할 수 있다(금융투자업규정4-25②).

2) 대용증권의 종류

현재 대용증권은 주식시장 상장주권 및 DR, ETF·ETN, 상장채무증권, 코스닥시장 업무규정에서 대용증권으로 지정한 코스닥시장상장증권, 코넥스시장 업무규정에서 대용증권으로 지

---

9) 한국거래소(2019b), 「2019 주식시장 매매제도의 이해」, 한국거래소(2019. 7), 29쪽.
10) 한국거래소(2019b), 30쪽.

정한 코넥스시장상장증권, 투자신탁의 수익증권 및 비상장투자회사주권(사모집합투자기구의 주권 및 수익증권은 제외), 투자신탁의 수익증권 외의 상장수익증권 등이 있다(업무규정88②, 시행세칙112②).

그러나 관리종목, 정리매매종목, 매매거래가 정지된 종목, 투자경고종목 및 투자위험종목, 투자유의종목, 상장지수증권 중 조기상환조건이 있는 종목 등은 제외한다(업무규정88②, 시행세칙112①).

(다) 위탁증거금 징수의 특례

1) 의의

거래소는 위탁증거금 제도의 자율화에도 불구하고, 과도한 투기적 매매거래에 따른 증권시장의 불안정성을 완화할 수 있도록 예외적인 경우에 한하여 위탁증거금을 100% 징수하도록 의무화하고 있다. 회원은 다음의 어느 하나에 해당하는 위탁자로부터 매도주문의 위탁을 받을 때에는 해당 위탁증권 전부를 위탁증거금으로 징수하여야 한다(업무규정89④).

ⅰ) 상장주식수가 5만주 미만인 종목의 매도주문을 수탁한 경우이다. 이 경우 매수계약이 체결되거나 회원이 결제일까지 고객계좌부에 전자등록될 것으로 확인할 수 있는 증권에 대하여 당해 수량의 범위내에서 매도주문의 위탁을 받는 경우도 포함되고, 회원으로부터 신용거래 융자 또는 신용거래대주를 받아 결제를 하고자 하는 위탁자로부터 매매거래의 위탁을 받는 경우도 포함된다.

ⅱ) 결제일에 매수대금 또는 매도증권을 납부하지 않은 투자자의 주문을 수탁한 경우(미수동결계좌)이다.

ⅲ) 업무규정 제18조의2(공매도호가의 사후관리) 제3항 및 제4항에 따라 거래소 또는 다른 회원으로부터 매도증권의 사전납부 확인 대상으로 통보받은 위탁자이다. 여기서 위탁자의 경우는 통보받은 날의 다음 매매거래일로부터 통보받은 기간 동안에 한한다.

ⅳ) 회원은 투자경고종목, 투자위험종목, 투자유의종목 또는 레버리지 ETF · ETN에 대하여 매수주문의 위탁을 받을 때에는 위탁금액 전부(현금에 한함)를 위탁증거금으로 징수하여야 한다(업무규정89⑤ 본문). 다만, 매도계약이 체결된 경우로서 해당 매도대금(위탁자가 회원에게 납부하여야 하는 금액이 있는 경우에는 그 금액을 제외한 금액)의 범위 내에서 매수주문의 위탁을 받는 경우에는 위탁증거금을 징수하지 아니할 수 있다(업무규정89⑤ 단서).

2) 미수동결계좌의 지정

「미수동결제도」는 주가상승 기대감으로 레버리지를 이용한 미수거래가 급격히 확대됨에 따라 이를 억제하기 위한 제도이다. 회원은 미수가 발생한 위탁자의 매매거래계좌에 대해 "미수동결계좌"로 지정하여 위탁증거금을 징수하여야 한다.

회원은 결제일까지 매수대금 또는 매도증권을 납부하지 아니한 위탁자(코스닥시장·코넥스시장에서 매수대금 등을 납부하지 아니한 위탁자 및 다른 회원에게 매수대금 등을 납부하지 아니하여 신용정보법에 따른 종합신용정보집중기관에 등록된 위탁자를 포함)로부터 매매거래의 위탁을 받을 때에는 다음의 기간 동안 매수의 경우에는 위탁금액 전부(현금에 한함), 매도의 경우에는 당해 위탁증권 전부를 위탁증거금으로 징수하여야 한다(업무규정89①). 즉 ⅰ) 결제일까지 매수대금을 납부하지 아니한 위탁자의 경우 결제일(다른 회원에게 매수대금을 납부하지 아니한 위탁자의 경우 종합신용정보집중기관에 등록된 날)의 다음 매매거래일부터 30일간, ⅱ) 결제일까지 매도증권을 납부하지 아니한 위탁자의 경우 결제일(다른 회원에게 매도증권을 납부하지 아니한 위탁자의 경우 종합신용정보집중기관에 등록된 날)의 다음 매매거래일부터 120일간이다.

3) 적용 예외

투자자의 불편을 최소화하기 위해 ⅰ) 위탁자가 결제일까지 납부하지 아니한 매수대금이 10만원 이하인 경우, ⅱ) 천재지변, 긴급사태, 전산장애, 회원의 업무착오 그 밖에 위탁자에게 고의 또는 과실이 없다고 회원이 인정하는 사유(세칙에서 정하는 경우[11])는 제외)로 위탁자가 결제일까지 매수대금 또는 매도증권을 납부하지 아니한 경우에는 적용대상에서 제외하고 있다(업무규정89② 전단). 이 경우 회원은 관련자료를 기록·유지하여야 한다(업무규정89② 후단).

또한 회원은 ⅰ) 미수를 해소한 위탁자의 매도계약이 체결된 경우로서 당해 매도대금의 범위 내에서 매수주문의 위탁을 받는 경우, ⅱ) 매수계약이 체결되거나 회원이 결제일까지 고객계좌부에 전자등록될 것으로 확인할 수 있는 증권에 대하여 당해 수량의 범위 내에서 매도주문의 위탁을 받는 경우, ⅲ) 회원으로부터 신용거래융자 또는 신용거래대주를 받아 결제를 하고자 하는 위탁자로부터 매매거래의 위탁을 받는 경우에는 위탁증거금을 징수하지 아니할 수 있다(업무규정89③).

(4) 위탁수수료

회원은 투자자로부터 주문을 수탁하여 매매거래가 성립되면 결제시점에 투자자로부터 일정 수준의 위탁수수료를 징수하게 된다. 이는 회원이 투자자에게 매매체결 서비스를 제공한 대가로 징수하는 보수적 성격의 수수료이다.

회원은 위탁자로부터 매도 또는 매수의 위탁을 받아 매매가 성립되었을 때에는 당해 위탁자로부터 결제시 회원이 정하는 바에 따라 위탁수수료를 징수할 수 있다(업무규정100①). 회원이 위탁수수료의 징수율과 징수방법("위탁수수료징수기준")을 정하거나 변경한 때에는 당해 위탁수수료징수기준의 시행일부터 5매매거래일 내에 거래소에 통보하여야 한다(업무규정100②, 시행

---

11) "세칙에서 정하는 경우"란 최근 6개월 동안 결제일까지 매도증권을 납부하지 아니한 날이 5일 이상이고 결제부족금액의 합계액이 10억원 초과인 경우를 말한다(시행세칙122).

세칙125). 회원은 위탁수수료징수기준을 위탁자가 사전에 알 수 있도록 공표하여야 한다(업무규정100③).

(5) 기본예탁금

(가) 코넥스시장

코넥스시장은 기본적으로 유가증권시장 및 코스닥시장과 동일한 수탁제도를 운영하고 있으나, 초기 중소·벤처기업 전문 주식시장으로서 상대적으로 투자위험도가 높은 시장 특성을 고려하여, 2013년 7월 1일 시장개설 당시부터 다른 증권시장과 달리 일정 수준 이상의 위험감내능력을 갖춘 투자자로 시장참여자를 제한하기 위해 기본예탁금제도를 도입하였다.[12]

회원이 위탁자(해당 회원에 설정된 계좌별 위탁자를 말하고, 투자중개업자로부터 위탁의 주선을 받은 경우에는 그 투자중개업자에 설정된 계좌별 위탁자를 포함)로부터 매수주문의 위탁을 받는 때에는 사전에 3천만원("기본예탁금") 이상의 현금 또는 대용증권을 기본예탁금으로 예탁받아야 한다(코넥스시장 업무규정62 본문). 다만, 위탁자가 전문투자자(법9⑤) 및 세칙으로 정하는 자[13]인 경우에는 그러하지 아니하다(코넥스시장 업무규정62 단서).

(나) ELW·ETF·ETN

투자자의 추종매매·투기수요 억제를 위하여 레버리지 ETF·ETN에 대해 기본예탁금을 부과하고 차입투자를 제한하고 있다. 개인투자자(외국인 포함, 전문투자자 제외)의 레버리지 ETF·ETN 매수주문에 대하여 기본예탁금을 부과하고 위반시 주문의 수탁을 거부하고 있다. 매수주문시에만 기본예탁금 유지 여부를 확인하고 주문 이후 인출제한은 적용하지 않는다(ELW도 동일하게 적용).

회원이 다음 거래의 위탁을 받는 때에는 사전에 세칙으로 정하는 금액[14]("기본예탁금") 이

---

12) 한국거래소(2019b), 37쪽.
13) "세칙으로 정하는 자"란 다음의 어느 하나에 해당하는 자를 말한다(코넥스시장 업무규정 시행세칙74①).
   1. 법 시행령 제6조 제1항 각 호의 어느 하나에 해당하는 법률에 따라 설립 또는 설정된 집합투자기구
   2. 「벤처투자 촉진에 관한 법률」("벤처투자법") 제2조 제10호에 따른 중소기업창업투자회사
   3. 벤처투자법 제2조 제8호에 따른 개인투자조합("개인투자조합")
   4. 「벤처기업육성에 관한 특별조치법」 제2조의2 제1항 제2호 가목 (8)에 해당하는 자("전문엔젤투자자")
   5. 조세특례제한법 제91조의15 제1항에 따른 고위험고수익투자신탁에 해당하는 투자일임재산
   6. 금융투자업규정 제4-77조 제7호에 따른 맞춤식 자산관리계좌("랩어카운트")를 통해 위탁하는 자
   7. 근로복지기본법 제2조 제4호에 따른 우리사주조합
   8. 벤처투자법 제2조 제9호에 따른 창업기획자
14) "세칙으로 정하는 금액"이란 다음에 해당하는 금액의 범위내에서 회원이 위탁자의 투자목적, 투자경험, 신용상태 및 위탁자 파악에 필요하다고 인정하는 사항 등을 감안하여 위탁자별로 구분하여 정하는 금액을 말한다(시행세칙111의3①).
   1. ELW: 다음의 구분에 따른 금액. 다만, 개인인 위탁자가 ELW를 거래하기 위한 계좌를 최초로 설정하는 경우에는 나목 또는 다목을 적용하여야 한다.
      가. 제1단계: 500만원 이상 1천500만원 미만

상의 현금 또는 대용증권을 기본예탁금으로 예탁받아야 한다(업무규정87의2①). 여기서 다음의
거래란 ⅰ) ELW 보유잔고가 없는 개인인 위탁자(해당 회원에 설정된 계좌별 위탁자를 말하고, 투자
중개업자로부터 위탁의 주선을 받은 경우에는 그 투자중개업자에 설정된 계좌별 위탁자를 포함)의 ELW
거래, ⅱ) 목표로 하는 기초자산의 가격 또는 지수 변화에 1배를 초과한 배율(음의 배율을 포함)
로 연동하는 ETF·ETN에 대한 개인인 위탁자의 매수주문을 말한다.

　　ELW의 매도로 ELW 보유잔고가 소멸된 후에는 결제시한이 도래하기 전까지 ELW 보유잔
고가 있는 것으로 보고, 최종거래일의 도래로 ELW 보유잔고가 소멸된 후에는 해당 ELW의 권
리행사기간만료 후 권리행사에 따른 결제금액 지급시한까지는 ELW 보유잔고가 있는 것으로
본다(업무규정87의2②).

3. 주식시장 매매제도

(1) 시장운영

(가) 매매거래의 일반절차

　　투자자가 증권시장에서 매매거래를 하기 위해서는 먼저 회원에 매매거래계좌를 개설해야
한다. 이후 투자자는 매매거래계좌를 개설한 회원에게 주문을 제출하고 회원은 해당 주문을 접
수순서에 따라 거래소로 제출(호가)한다. 회원으로부터 매매거래의 호가를 접수한 거래소는 업
무규정에서 정하는 매매체결원칙에 따라 매매거래를 체결하고, 그 결과를 즉시 해당 회원에게
통보한다. 회원은 거래소가 통보한 체결결과를 다시 투자자에게 통보하게 된다. 결제는 매매거
래일(T)로부터 2거래일(T+2)에 이루어진다(업무규정7①(3)).[15] 투자자는 체결결과에 따라 결제
일에 매수대금 또는 매도증권을 회원에게 납부하고, 반대로 회원은 투자자에게 매도대금을 지
급하고 매수증권을 계좌에 입고한다.

(나) 매매거래일 및 매매거래시간

　　매매거래일은 월요일부터 금요일까지이며, 휴장일은 ⅰ) 관공서의 공휴일에 관한 규정에 의
한 공휴일, ⅱ) 근로자의 날, ⅲ) 토요일, ⅳ) 12월 31일(공휴일 또는 토요일인 경우에는 직전의 매매
거래일), ⅴ) 그 밖에 경제사정의 급변 또는 급변이 예상되거나 거래소가 시장관리상 필요하다고

　　나. 제2단계: 1천500만원 이상 3천만원 미만
　　다. 제3단계: 3천만원 이상
2. 레버리지 ETF·ETN: 다음의 구분에 따른 금액. 다만, 개인인 위탁자가 레버리지 ETF·ETN을 거래하기
　위한 계좌를 최초로 설정하는 경우에는 나목 또는 다목을 적용하여야 한다.
　　가. 제1단계: 1천만원 미만(면제를 포함)
　　나. 제2단계: 1천만원
　　다. 제3단계: 1천만원 초과 3천만원 이하
15) 예외적으로 국채거래는 익일(T+1)결제이고, 일반채권 및 환매조건부채권 거래는 당일(T)결제이다(시행세
　칙9②(1)(2).

인정하는 날이다(업무규정5). 휴장일에는 매매거래뿐 아니라 청산결제도 이루어지지 않는다.

매매거래시간은 ⅰ) 정규시장은 9시부터 15시 30분까지, ⅱ) 시간외시장의 경우, 장개시 전 시간외시장은 8시부터 9시까지, 장종료 후 시간외시장은 15시 40분부터 18시까지이다(업무규정4③).

(다) 가격제한 및 기준가격

1) 가격제한폭

유가증권시장, 코스닥시장 및 코넥스시장에서는 주권, DR, ETF, ETN, 수익증권의 공정한 가격형성을 도모하고 급격한 시세변동에 따른 투자자의 피해방지 등 공정한 거래질서 확립을 위해 하루 동안 가격이 변동할 수 있는 폭을 기준가격 대비 상하 30%로 제한(코넥스시장 15%: 시간외대량매매의 경우에는 30%)하고 있다. 가격제한폭 제도에 따라 당일에 변동 가능한 가격범위인 상한가와 하한가의 가격은 기준가격에 상하 30% 범위 이내에서 가장 가까운 호가가격단위에 해당하는 가격으로 정한다. 다만 가격변동의 폭이 큰 정리매매종목, ELW, 신주인수권증서, 신주인수권증권의 경우에는 균형가격의 신속한 발견을 위하여 가격제한폭 제도를 적용하지 않는다. 또한 기초자산 가격변화의 일정배율(음의 배율도 포함)로 연동하는 레버리지 ETF 및 ETN은 그 배율만큼 가격제한폭을 확대하여 적용한다(유가증권시장 업무규정20, 코스닥시장 업무규정14, 코넥스시장 업무규정19).

2) 기준가격

기준가격은 가격제한폭을 정하는데 기준이 되는 가격으로서, 거래소시장에서는 일반적으로 전일종가(전일종가가 없는 경우에는 전일의 기준가격)를 기준가격으로 하고 있다(시행세칙30①(1)). 하지만 유상증자(주주에게 배정하는 경우에 한함), 무상증자, 주식배당, 주식분할 및 주식병합 등이 이루어지는 경우(시행세칙30①(4)(6))에는 해당 이벤트 발생 전후의 변화된 주식가치를 기준가격에 반영해 줄 필요가 있다. 이에 따라 거래소는 이벤트가 발생한 경우 일정한 산식을 통해 산출된 적정 이론가격으로 기준가격을 조정하고 있다.[16]

한편 적정 기업가치를 거래소가 평가하기 곤란한 신규상장·자본금감소 종목 등의 경우에는 시장에서 평가를 받아 형성된 시초가를 당일 기준가격으로 적용함으로써 신속한 균형가격 발견을 도모하고 있다(시행세칙30①(2)(7)). 다만 신규상장종목 중에서도 집합투자기구에 해당하는 투자회사(뮤추얼펀드), 부동산투자회사(리츠) 및 선박투자회사의 주권, 수익증권은 직전 공모가를 최초 기준가격으로 하고(시행세칙30(4의2)), ETF는 주당 순자산가치(NAV)를, ETN은 증권당 지표가치(IV)를 최초 기준가격으로 하고 있다(시행세칙30①(5)).

---

16) 한국거래소(2019b), 47-48쪽.

3) 기세

기세는 정규시장 종료시까지 매매거래가 성립되지 아니한 종목의 경우에도 당일 기준가격 대비 낮은(높은) 매도(매수)호가가 있는 경우 가장 낮은(높은) 매도(매수)호가의 가격을 그날의 종가로 인정하는 제도를 말한다(업무규정2⑨). 즉 기세는 다음 날의 기준가격으로 적용된다.

가격제한폭이 있는 거래소시장에서는 시장의 흐름을 주가에 반영하는 기세제도가 필요하다. 예를 들어 특정 종목에 중요정보가 발생하는 경우 일방의 호가만 제출되어 매매거래가 체결되지 않을 수 있다. 이때 유입된 일방의 호가를 인정하지 않으면, 당일의 가격제한폭이 다음 날에도 적용되어 중요정보가 계속해서 주가에 반영되지 못하고, 시장에서 원활한 매매거래가 이루어질 수 없게 된다. 이처럼 기세는 매매거래가 성립되지 아니하더라도 즉시 체결이 가능한 호가가 제출된 경우에는 시장의 흐름을 주가에 반영하기 위한 제도로서, 단일가매매를 위한 호가접수 시간 중 매매거래가 정지되어 당일 중 재개되지 않은 경우에는 즉시 체결 가능한 호가가 없으므로 기세를 산출하지 아니한다.[17]

(라) 호가가격단위

호가가격단위(Tick Size)란 종목별로 가격이 표시되는 최소단위이며, 동시에 가격이 한번에 변동할 수 있는 최소단위를 의미한다. 호가가격단위가 작을수록 가격변동에 따른 거래비용(시장충격비용)을 줄일 수 있으나, 거래 가능한 가격이 세분화되어 균형가격을 찾는데 많은 시간이 소요되는 등 거래의 효율성을 저해할 수 있다. 이에 따라 거래소는 투자자의 거래비용 및 거래의 효율성 등을 고려하여 가격대에 따라 호가가격단위를 다르게 정하고 있다.[18]

호가가격단위는 ⅰ) 1주(1증권, 1증서 또는 1좌를 포함)의 가격이 1,000원 미만인 종목: 1원, ⅱ) 1주의 가격이 1,000원 이상 5,000원 미만인 종목: 5원, ⅲ) 1주의 가격이 5,000원 이상 10,000원 미만인 종목: 10원, ⅳ) 1주의 가격이 10,000원 이상 50,000원 미만인 종목: 50원, ⅴ) 1주의 가격이 50,000원 이상 100,000원 미만인 종목: 100원, ⅵ) 1주의 가격이 100,000원 이상 500,000원 미만인 종목: 500원, ⅶ) 1주의 가격이 500,000원 이상인 종목: 1,000원이다(시행세칙32② 본문). 다만, ETF, ETN 및 ELW의 경우에는 5원으로 한다(시행세칙32② 단서).

(마) 매매수량단위

매매수량단위는 투자자가 매수·매도 주문을 제출하는 데 적용되는 최저수량단위를 말한다. 매매수량단위가 작을수록 투자자의 편의를 제고하는 측면이 있으나, 주문건수 증대에 따른 주문전달 및 매매체결 지연 등으로 원활한 매매거래가 제약되어 투자자 불편을 초래할 수 있다.[19]

---

17) 한국거래소(2019b), 49쪽.
18) 한국거래소(2019b), 45쪽.
19) 한국거래소(2019b), 44쪽.

매매수량단위는 주권은 1주, DR은 1증권, ETF는 1주, ETN은 1증권, 신주인수권증서는 1증서, 신주인수권증권은 1증권, ELW는 10증권, 수익증권은 1좌이다(시행세칙33①). 그러나 호가폭주로 전산장애가 발생할 우려가 있거나 거래소가 시장관리상 필요하다고 인정하는 경우에는 거래소가 정하는 날부터 매매수량단위를 조정할 수 있다(시행세칙33③). 이에 따라 매매수량단위를 조정하는 경우에는 그 사실을 예고하여야 한다(시행세칙33⑤).

(2) 호가

(가) 호가(주문)의 종류

투자자가 회원에게 주문을 제출하고 회원은 해당 주문을 거래소에 호가로 제출하는 구조이므로, 호가 및 주문은 의사표시 주체에 따라 구분될 뿐 유형은 동일하다(업무규정2④⑤).[20] 주문이란 위탁자가 매매거래를 하기 위한 매도 또는 매수의 의사표시를 말하며, 다음과 같이 구분한다(업무규정2⑤(1)-(7)).

1) 지정가주문

지정가주문은 시장에서 가장 일반적으로 이용되는 주문형태로서 투자자가 지정한 가격 또는 그 가격보다 유리한 가격으로 매매거래를 하고자 하는 주문이다. 즉 매수 지정가주문의 경우 투자자가 지정한 가격이나 그보다 낮은 가격, 매도 지정가주문의 경우 투자자가 지정한 가격이나 그보다 높은 가격이면 어떠한 가격으로도 매매거래가 가능하다. 지정가주문은 투자자가 지정한 가격보다 불리한 가격으로 체결되지 않는다는 장점이 있다. 하지만 동 가격에 부합하는 상대주문이 없는 경우에는 상대주문이 유입될 때까지 매매체결은 이루어지지 않는다.

2) 시장가주문

시장가주문은 수량을 지정하되 가격은 지정하지 않는 주문유형으로, 현재시점에서 시장에서 형성되는 가격으로 즉시 매매거래를 하고자 하는 주문을 말한다. 시장가주문은 매매거래가 신속히 이루어진다는 장점이 있으나, 상대방 주문이 충분하지 않은 상태에서는 현재가와 현저히 괴리된 가격으로 체결될 위험이 있다. 따라서 정리매매종목, 신주인수권증서, 신주인수권증권, ELW와 같이 가격제한이 없는 종목 등의 경우에는 시장가주문을 허용하지 않는다.

3) 조건부지정가주문

조건부지정가주문은 종가단일매매 개시 전까지는 지정가주문으로 매매거래에 참여하지만 매매체결이 이루어지지 않은 잔여수량은 종가단일가매매(장종료 전 10분간)시 자동으로 시장가주문으로 전환하는 주문이다. 시장가주문으로 전환되는 경우 종가단일가매매 개시시점에 접수된 것으로 보며, 조건부지정가주문 간의 우선순위는 ⅰ) 낮은 가격의 매도주문은 높은 가격의 매도주문에, 높은 가격의 매수주문은 낮은 가격의 매수주문에 각각 우선하고, ⅱ) 동일한 가격

---

20) 한국거래소(2019b), 50-55쪽.

으로 주문한 경우 주문이 제출된 시간의 선후에 따라 먼저 접수된 주문이 뒤에 접수된 주문에 우선한다.

4) 최유리지정가주문

최유리지정가주문은 상대방 최우선호가의 가격으로 즉시 체결이 가능하도록 하기 위해 주문 접수시점의 상대방 최우선호가의 가격으로 지정되는 주문형태이다. 즉 매도의 경우 해당 주문접수 시점에 가장 높은 매수호가의 가격, 매수의 경우 해당 주문접수 시점에 가장 낮은 매도호가의 가격의 지정가주문으로 보아 매매체결에 참여하는 주문이다. 이 주문은 시장가주문처럼 전량 체결될 때까지 상대방 주문을 흡수하지 않고, 가장 우선하는 상대방 호가와 즉시 체결된 후 남은 잔량은 최초로 지정된 가격으로 주문이 유지된다.

5) 최우선지정가주문

최우선지정가주문은 해당 주문의 접수시점에 자기 주문방향의 최우선호가 가격으로 지정되어 주문이 제출된다. 매도의 경우 해당 주문접수 시점에 가장 낮은 매도호가의 가격, 매수의 경우 해당 주문접수 시점에 가장 높은 매수호가의 가격의 지정가주문으로 보아 매매체결에 참여하는 주문이다.

6) 목표가주문

목표가주문은 투자자가 특정 지정가격이 아닌 당일의 거래량 가중평균가격(VWAP: Volume Weighted Average Price) 등 향후에 결정될 가격 또는 그와 근접한 가격으로 매매체결을 원하는 경우, 회원이 재량으로 투자자가 목표로 하는 가격에 최대한 근접하여 체결될 수 있도록 하는 주문유형이다. 다만 목표가주문과 관련된 호가유형은 별도로 존재하지 않기 때문에 회원은 투자자가 정한 목표가격의 달성을 위해 투자자 주문을 지정가호가 또는 시장가호가 등의 형태로 분할하여 제출하여야 한다.

7) 경쟁대량매매주문

경쟁대량매매주문은 투자자가 수량은 지정하되 당일의 거래량가중평균가격(VWAP)으로 매매거래를 하고자 하는 주문유형이다. 이는 시장충격을 최소화하는 대량매매제도의 한 유형으로서 최소수량 요건 등이 적용되며 정규시장과는 별도의 시장에서 비공개로 매매체결이 이루어진다.

(나) 호가의 효력

호가는 호가접수 당일의 호가접수시간 내에서 호가를 접수한 때부터 매매거래가 성립될 때까지 효력이 있다(업무규정12①). 호가의 접수시기는 호가의 효력발생 시점이며 동시에 동일한 가격의 호가 간의 매매체결 순위를 결정하는 시점으로 의미를 갖는다.

(다) 호가의 취소 및 정정

호가의 취소 및 정정은 매매거래가 성립되지 아니한 수량에 한한다(업무규정13①). 회원은 이미 제출한 호가 중 매매거래가 성립되지 아니한 수량(잔량)의 전부 또는 일부를 취소할 수 있다(시행세칙17①). 수량의 일부를 취소하는 경우 시간상의 우선순위는 변화가 없으나, 동시호가 수량 배분시 수량상의 우선순위는 다음 배분 차수에서 후순위로 밀리게 된다. 다만 수량을 증가하는 방식으로 호가를 정정할 수는 없고, 이를 위해서는 원하는 수량만큼 신규의 호가를 제출하여야 한다. 회원은 이미 제출한 호가의 가격 또는 호가의 종류를 정정할 수 있다. 호가를 정정하는 경우 시간상 우선순위는 정정호가 접수시점으로 변경된다(시행세칙17③).

(3) 매매체결

증권시장에서 다수의 호가 간에 보다 빨리, 보다 유리한 가격으로 매매거래를 성립시키기 위한 경쟁이 불가피하다. 따라서 거래소는 매매체결 우선순위와 관련하여 일정한 원칙을 정하고 있다. 매매거래는 개별경쟁매매의 방법에 의하며, 개별경쟁매매는 단일가격에 의한 개별경쟁매매(단일가매매)와 복수가격에 의한 개별경쟁매매(접속매매)로 구분한다(업무규정22①).

(가) 매매체결원칙

1) 가격우선의 원칙

낮은 가격의 매도호가는 높은 가격의 매도호가에 우선하고, 높은 가격의 매수호가는 낮은 가격의 매수호가에 우선한다(업무규정22②(1) 본문). 다만, 시장가호가는 지정가호가에 가격적으로 우선하되, 매도시장가호가와 하한가의 매도지정가호가, 매수시장가호가와 상한가의 매수지정가호가는 각각 동일한 가격의 호가로 본다(업무규정22②(1) 단서).

2) 시간우선의 원칙

동일한 가격호가 간의 우선순위와 시장가호가 간의 우선순위는 호가가 행하여진 시간의 선후에 따라 먼저 접수된 호가가 뒤에 접수된 호가에 우선한다(업무규정22②(2)).

3) 시간우선의 원칙의 예외(동시호가)

가) 예외적용의 경우

거래소시장에서는 단일가매매 방식으로 시가 등을 결정한다. 이 경우에도 일반적으로는 가격우선의 원칙과 시간우선의 원칙이 적용되지만, 예외적으로 시가 등이 상·하한가로 결정되는 경우에는 단일가매매에 참여한 상한가매수호가 또는 하한가매도호가(시장가호가 포함) 간에는 동시에 접수된 호가로 간주하여 시간상 우선순위를 배제한다. 동시호가란 호가시간의 선후를 구분하지 아니하는 호가를 말한다(업무규정2⑥). 이를 동시호가제도라 하고 시가결정뿐만 아니라 서킷브레이커스(Circuit Breakers) 발동, 전산장애 또는 풍문 등에 의한 거래중단 후 재개시의 최초가격이 상·하한가로 결정되는 경우에도 적용된다. 그러나 종가결정 또는 시간외단일가매매시에는 동시호가제도를 적용하지 않는다.

나) 예외시의 체결원칙

동시호가의 우선순위는 위탁매매호가가 자기매매호가에 우선하는 것으로 한다(시행세칙34
①). 이를 위탁자우선의 원칙이라 한다. 위탁자주문을 회원의 자기매매 주문보다 우선하고 체
결하게 하는 것은, 회원이 투자매매업(자기매매[21])과 투자중개업(위탁매매[22])을 겸업함에 따라
발생할 수 있는 이해상충을 방지하기 위함이다.

위탁매매 호가 간, 자기매매 호가 간에는 주문수량이 많은 호가부터 우선적으로 수량을
배분하여 매매거래를 체결한다(수량우선의 원칙). 수량이 동일한 때에는 거래소시스템[23]상의 기
록순위로 배분한다(시행세칙34②). 이는 시장의 불안정한 상황에서 투자자의 주문수량에 비례하
여 공평하게 분배하기 위한 것이다.

(나) 매매체결방법

1) 개요

일반적으로 증권시장의 매매체결방법은 매도자와 매수자 간의 경쟁관계에 따라 다음과 같
이 구분된다. ⅰ) 경쟁매매: 복수의 매도자와 매수자 간의 가격경쟁에 의한 매매거래, ⅱ) 상대
매매: 매도자와 매수자 간의 가격협상에 의한 매매거래, ⅲ) 경매(입찰매매): 단일의 매도자와
복수의 매수자 또는 복수의 매도자와 단일의 매수자 간의 경쟁입찰에 의한 매매거래이다.

국내 증권시장의 일반적인 매매체결은 매도·매수 수급에 의한 균형가격을 가장 효율적으
로 반영하는 경쟁매매 방법을 채용하고 있고, 세부적으로는 "단일가격에 의한 개별경쟁매매"와
"복수가격에 의한 개별경쟁매매"로 구분하고 있다. 이와 함께 일정 수량 이상의 대량주문 또는
비공개거래를 원하는 주문 등은 별도의 방식으로 체결될 수 있도록 특례제도를 운영하고 있
다.[24]

2) 단일가격에 의한 개별경쟁매매(단일가매매)

단일가매매는 일정 시간 동안 접수한 호가를 하나의 가격으로 집중 체결하는 방식이다.
이 방식은 매매거래의 연속성이 단절된 경우(시가) 또는 주가급변 가능성이 높은 경우(종가) 등
(업무규정23①)에 다수의 시장참가자 주문을 통해 새로운 균형가격을 신속히 발견하는 데 효율

---

21) "자기매매"라 함은 회원이 자기의 명의와 계산으로 행하는 매매거래나 회원이 비회원인 투자매매업자로부
　터 매매거래의 위탁을 받아 자기의 명의와 그 비회원인 투자매매업자의 계산으로 행하는 매매거래를 말한
　다(업무규정2⑪).
22) "위탁매매"라 함은 회원이 해당 회원 외의 자로부터 위탁을 받아 행하는 매매거래로서 자기매매가 아닌 것
　을 말한다(업무규정2⑩)
23) "거래소시스템"이라 함은 매매계약체결의 중개업무를 하기 위하여 거래소가 운영하는 전산시스템을 말한
　다(업무규정2⑱).
24) 한국거래소(2019b), 65쪽.

적인 제도이다.

단일가매매는 매도호가의 합계수량과 매수호가의 합계수량이 일정한 가격에서 합치한 가격("합치가격")으로 하며, 호가의 우선순위에 따라 다음에 해당하는 호가 간에 매매거래를 성립시킨다(업무규정23④). 즉 ⅰ) 합치가격에 미달하는 매도호가와 합치가격을 초과하는 매수호가의 전수량, ⅱ) 합치가격의 호가 간에는 매도호가 또는 매수호가의 어느 일방의 전수량을 체결하고, 타방의 호가수량 중 당해 종목의 매매수량단위 이상의 수량으로 매매거래를 체결한다.

합치가격이 2개 이상일 경우에는 ⅰ) 직전의 가격(기세 포함)과 동일한 가격이 있을 때에는 그 가격, ⅱ) 직전의 가격과 동일한 가격이 없을 경우에는 직전의 가격에 가장 가까운 가격으로 한다(업무규정23⑤).

3) 복수가격에 의한 개별경쟁매매(접속매매)

단일가매매가 적용되지 아니하는 매매거래시간에는 "복수가격에 의한 개별경쟁매매(접속매매, Continuouw Auction)" 방식으로 매매체결이 이루어진다. 이 방식은 매매체결이 가능한 주문이 유입되면 즉시 매매거래를 체결하기 때문에 매매거래시간 중에는 복수의 가격이 계속적으로 형성된다. 이러한 매매방식은 시장상황에 대한 정보가 주가에 신속히 반영되고 투자자가 시황변화에 능동적으로 대처할 수 있다는 장점이 있다. 다만 유동성 수준이 낮은 종목 등에도 동일하게 접속매매를 적용하는 경우 균형가격을 벗어난 일부 주문에 의해 가격변동성이 증가하는 등 부작용이 발생할 우려가 있다. 따라서 이런 종목에 대해서는 호가를 집적시켜 안정적인 가격형성을 도모하기 위해 접속매매가 아닌 단일가매매 방식으로 매매거래를 체결한다.[25]

정규시장의 매매거래시간 중 가격의 결정은 접속매매에 의한다(업무규정24①). 접속매매는 단일가매매에 의해 체결가능한 모든 매수·매수호가 간 거래가 이루어진 상황에서 시작된다. 이후 가격조건이 일치하는 주문이 신규(또는 정정)로 유입되면 가격우선의 원칙과 시간우선의 원칙에 따라 매매거래를 체결시킨다(업무규정24③ 후단). 한편 매매체결 조건이 성립되는 매도호가와 매수호가 간의 가격괴리(예: 매도호가 가격이 매수호가 가격보다 낮은 경우)가 있으면 먼저 접수된 호가(선행호가)의 가격으로 매매거래를 성립시킨다(업무규정24③ 전단).

4) 경매매(코넥스시장)

가) 의의

매도측 또는 매수측의 어느 한쪽이 단수이고 또 다른 한쪽은 복수일 때 이루어지는 매매거래방식으로서, 코넥스시장에서는 매도측이 단수인 경우로서 일정한 요건에 따른 경우 경매매 방식을 매매체결 방법으로 허용한다. 경매매 방식은 최대주주 등에 집중되어 있는 지분을 초기에 분산하고 매도자가 원하는 가격으로 거래를 하기에 효과적이므로 코넥스시장에서는 경

---

25) 한국거래소(2019b), 68쪽.

매매 방식을 매매체결 방법의 하나로 허용하고 있다. 다만 매수측이 단수이고 매도측이 복수인 경우에는 공개매수와 구조가 거의 유사하여 자본시장법상 공개매수규제를 회피하기 위한 수단으로서 악용될 우려가 있어 이를 허용하지 않는다.[26]

나) 경매매 방법

경매매는 매도하고자 하는 종목, 수량, 최저 입찰가격 및 최저 매도희망수량을 정하여 회원이 거래소에 신청하는 경우 매수호가(지정가호가에 한함)를 접수하여 해당 종목의 매매거래를 성립시키는 방법으로 한다(코넥스시장 업무규정27①). 경매매의 최저 입찰가격 및 매수호가는 당일의 상한가와 하한가 이내의 가격으로 한다(코넥스시장 업무규정27② 전단). 이 경우 매수호가는 최저 입찰가격 미만으로 제출할 수 없다(코넥스시장 업무규정27② 후단). 경매매 매수호가의 우선순위는 고가의 매수호가는 저가의 매수호가에 우선하고, 동일한 가격호가 간의 우선순위는 먼저 접수된 호가가 뒤에 접수된 호가에 우선한다(코넥스시장 업무규정27③).

매매는 매수호가의 수량의 합계가 최저 매도희망수량 이상인 경우에 매매거래를 성립시킨다(코넥스시장 업무규정27④). 경매매는 우선순위에 따라 순차적으로 체결시키고 그 체결가격은 누적 체결수량이 가장 많게 되는 매수호가의 가격으로 한다(코넥스시장 업무규정27⑤).

다) 경매매 신청요건

경매매 신청은 3매매거래일 전일 및 직전 매매거래일의 장종료 후부터 17시 30분까지 경매매신청서를 제출하는 방법으로 하여야 하고(코넥스시장 업무규정 시행세칙35①), 단일 회원의 매도호가(공매도 호가 제외)로서 해당 종목의 상장주식 총수의 1% 이상 매도이면서 호가수량에 경매매 당일의 기준가격을 곱한 금액이 5천만원에 해당하는 수량 이상으로 하여야 하며(동세칙35②), 종목별로 1일 1건에 한한다(동세칙35③).

(다) 특수한 매매체결방법

1) 대량·바스켓매매

가) 개요

대량·바스켓매매는 일정 수량 또는 금액 이상의 개별종목 또는 주식집단에 대하여 거래당사자 간 합의한 조건(가격, 수량)으로 매매체결이 이루어지는 상대매매방식이다. 이 방식은 기관투자자의 특수한 거래 수요에 부응하고, 대량거래의 정규시장 유입에 따른 주가 급등락 등 시장왜곡 현상을 예방할 수 있다는 장점이 있다.

대량매매는 매도·매수 쌍방이 합의한 매매가 시장에 충격을 주지 않고 원활이 처리될 수 있도록 하고, 바스켓매매는 다수의 종목을 대량으로 매매하는 기관투자자들이 포트폴리오를 새로 구성하거나 해소하는데 도움을 주기 위하여 시간외시장에서 먼저 도입(코넥스시장은 시간

---

26) 한국거래소(2019b), 70쪽

외바스켓매매 미도입)되었다. 이러한 시간외대량·바스켓매매 제도 도입에도 불구하고 정규시장에 대량의 거래가 유입되는 경우 주가 급등락 등 시장충격을 유발할 수 있고, 주가 급변에 따라 투자자 역시 본인이 원하는 가격으로 거래를 할 수 없는 불편함이 있다. 이에 따라 거래소는 대량거래의 시장 영향을 줄이고, 대량거래 수요자의 매매 편의 및 원활화를 위하여 기존에 시간외시장에서만 가능하였던 대량·바스켓매매를 정규시장의 매매거래시간 중에도 가능하도록 확대 시행하고 있다.[27]

나) 매매방법

유가증권시장 업무규정(규정31 및 32), 코스닥시장 업무규정(규정19의2 및 19의4), 코넥스시장 업무규정(규정25)의 주요 내용을 살펴본다.

ⅰ) 거래대상 증권은 주권, DR, ETF, ETN이며, 대량매매의 경우 정규시장 매매거래 미형성 종목은 거래대상에서 제외된다. 다만 코넥스시장은 제외되는데, 코넥스시장은 대량매매의 편의성 제고를 위하여 정규시장에서 거래가 미형성된 종목도 대량매매를 허용하고 있다. 그리고 코넥스시장의 경우 바스켓매매는 도입되지 않았다.

ⅱ) 거래시간은 시간외시장의 경우 8:00-9:00, 15:40-18:00이며, 정규시장의 경우 9:00-15:30이다. ⅲ) 체결방법은 주문내용이 일치하는 매도·매수 쌍방주문을 즉시 체결하는 상대매매 방식이다. ⅳ) 체결가격은 매도·매수 쌍방 당사자 간 합의한 가격이다. ⅴ) 호가종류는 지정가호가이다. ⅵ) 가격범위는 유가증권시장과 코스닥시장의 경우 시간외시장은 당일 상·하한가 이내이며, 정규시장은 호가제출 직전까지 형성된 당일 최고가격과 최저가격 사이이다. 코넥스시장은 당일 상·하한가 이내로 가격제한폭이 시간외시장의 경우 30%, 정규시장의 경우 15%이다.

ⅶ) 수량요건은 유가증권시장의 경우 대량매매는 매매수량단위의 5,000배(ETF·ETN: 500배) 또는 1억 원 이상이고, 바스켓매매는 5종목 이상이면서 10억 원 이상이다. 코스닥시장의 경우 대량매매는 5천만원 이상, 바스켓매매는 5종목이면서 2억원 이상이다. 코넥스시장의 경우 대량매매는 5천만원 이상, 바스켓매매 제도는 도입되지 않았다.

ⅷ) 호가가격단위는 1원, ⅸ) 매매수량단위는 1주, ⅹ) 회원은 매도·매수회원 중 어느 일방은 단일 회원이다. ⅺ) 정정·취소는 매매체결 전까지 정정 및 취소할 수 있다.

2) 경쟁대량매매

가) 개요

경쟁대량매매는 익명거래를 원하는 투자자의 일정규모 이상의 대량호가를 정규시장 호가와는 별도로 집중시켜 비공개로 매매거래를 체결하는 제도이다. 이는 기존의 대량매매제도가

---

27) 한국거래소(2019b), 72쪽.

가진 단점(투자자의 매매전략 관련 정보 노출)을 보완함으로써 시장에 잠재된 대량거래 수요를 충분히 수용하고, 이를 통해 시장참가자의 거래비용(대량거래의 시장충격비용)을 완화하는 등 증권시장의 경쟁력 강화를 위해 도입(코넥스시장 미도입)하였다.[28]

나) 매매방법

경쟁대량매매는 기존의 대량매매와는 달리 "시간우선의 원칙"이 적용되는 경쟁매매방식이다. 즉 투자자는 상대방 탐색 및 가격협상 없이 일정 요건에 부합하는 대량의 호가를 제출하고, 거래소는 매수·매도 쌍방의 호가가 접수되는 즉시 먼저 접수된 호가부터 우선하여 체결한다. 이때 체결되는 가격은 해당 종목의 거래량 가중평균가격(VWAP)으로서 거래소가 장종료 후에 산출하여 각 당사자에게 통보한다. 경쟁대량매매 호가의 수량 및 체결정보는 공개하지 않지만, 종목별로 경쟁대량매매를 위한 매수·매도 호가의 유무 정보는 최소한의 거래정보로서 정규시장의 매매거래시간 중에 한하여 공개한다.

여기서는 유가증권시장 업무규정(규정30의2 및 34의30)과 코스닥시장 업무규정(규정19의3 및 21의2)의 주요 내용을 살펴본다.

ⅰ) 거래대상 증권은 주식, DR, ETF, ETN이며, 관리종목과 정리매매종목은 제외된다. ⅱ) 거래시간은 시간외시장의 경우 8:00-9:00, 정규시장의 경우 9:00-15:00이다. ⅲ) 체결방법은 양방향 주문이 있는 경우 즉시 매매를 체결하는 경쟁매매(접속매매)이며, 시간우선원칙에 따라 먼저 접수된 주문부터 전량 체결된다.

ⅳ) 체결가격은 시간외시장의 경우 당일(All Day) 거래량가중평균가격(VWAP)으로 정규시장 개시 시점부터 장종료시까지의 총거래대금÷총거래량으로 산출된다. 정규시장의 경우 체결시점(Match Point) 직후부터의 거래량가중평균가격(VWAP)으로 체결시점부터 장종료시까지의 총거래대금÷총거래량으로 산출된다. 또한 정규시장 중 거래 미형성 등으로 경쟁대량매매에 적용할 거래량가중평균가격(VWAP)이 없는 경우는 당일 종가(종가가 없는 경우 기준가격)를 적용한다.

ⅴ) 호가종류는 경쟁대량매매호가로 가격은 입력하지 않는다. ⅵ) 수량요건은 유가증권시장의 경우 5억원(기준가격×호가수량) 이상이며, 코스닥시장의 경우 2억원(기준가격×호가수량) 이상이다. ⅶ) 호가가격단위는 1원이고, ⅷ) 매매수량단위는 유가증권시장의 경우 100주, 코스닥시장의 경우는 1주이다. ⅸ) 정정 및 취소는 매매체결 전까지 수량 전부 또는 일부를 취소할 수 있으나, 일부를 취소하는 경우는 취소 후 잔량이 수량요건을 충족하는 경우에 한하여 가능하다.

3) 시간외매매

가) 개요

시간외매매란 정규시장의 매매거래시간 이전 또는 이후의 시간에 매매거래를 체결하는 제

---

28) 한국거래소(2019b), 74-75쪽.

도이다. 증권시장에서는 매매체결방법에 따라 시간외종가매매, 시간외단일가매매, 시간외경쟁대량매매, 시간외대량매매, 시간외바스켓매매로 구분한다(업무규정33 본문). 다만, 시간외단일가매매는 장종료 후 시간외시장에 한하고, 시간외경쟁대량매매는 장개시 전 시간외시장에 한한다(업무규정33 단서).

시간외매매는 정규시장에서 매매거래 기회를 갖지 못한 투자자에게 추가적인 매매거래 기회를 부여하고, 대량매매와 같이 일반 경쟁매매를 통해 수용하기 어려운 특수한 매매수요를 충족하고 있다. 시간외매매는 공통적으로 주권, DR, ETF, ETN에 대하여만 허용하고, 지정가 호가 외의 다른 유형의 호가는 허용하지 않는다.[29]

나) 시간외종가매매 방법

시간외종가매매는 종가를 확인한 이후 해당 가격으로 매매하고자 하는 투자자의 수요를 수용하기 위한 제도로, 장종료 후 또는 장개시 전에 일정 시간 동안 당일 종가(장개시 전 시간외종가매매는 전일 종가)로 매도·매수호가를 접수하여 양방향 호가가 있는 경우 접수순서에 따라 즉시 매매거래를 체결한다.

여기서는 유가증권시장 업무규정(규정34), 코스닥시장 업무규정(규정20), 코넥스시장 업무규정(규정26)의 주요 내용을 살펴본다.

ⅰ) 거래대상증권은 주권, DR, ETF, ETN이며, 정규시장 매매거래 미형성 종목은 거래대상에서 제외된다. ⅱ) 거래시간은 장개시 전 8:30-8:40, 장종료 후 15:40-16:00, 호가접수시간은 8:30-8:40, 15:30-16:00이다. ⅲ) 체결방법은 매도·매수 호가 간에 시간우선원칙으로 매매체결된다. ⅳ) 호가종류는 지정가호가이다. ⅴ) 가격범위는 당일 종가 기준 ±10% 이내의 가격으로 당일 상·하한가 이내이다. ⅵ) 매매수량단위는 1주이며, ⅶ) 정정 및 취소의 경우 매매체결 전까지 정정 및 취소할 수 있다.

다) 시간외단일가매매 방법

시간외단일가매매는 장종료 후에 10분 단위 단일가매매방식으로 매매거래를 체결하는 시장으로, 한국ECN증권㈜의 영업중단에 따라 ECN시장의 거래기능을 수용하기 위하여 2005. 5. 30 도입되었다. 한편 코넥스시장에는 시간외단일가매매가 도입되지 않았다.

여기서는 유가증권시장 업무규정(규정34의2), 코스닥시장 업무규정(규정21의3)의 주요 내용을 살펴본다.

ⅰ) 거래대상증권은 주권, DR, ETF, ETN이며, 정규시장 매매거래 미형성 종목은 거래대상에서 제외된다. ⅱ) 거래시간은 16:00-18:00이다. ⅲ) 체결방법은 16:00 이후부터 매 10분 단위로 주문을 제출받아 단일가로 매매체결된다. 총 12회 단일가로 체결된다. ⅳ) 호가종류는 지

---

29) 한국거래소(2019b), 76쪽.

정가호가이다. ⅴ) 가격범위는 당일 종가 기준 ±10% 이내의 가격으로 당일 상·하한가 이내이다. ⅵ) 매매수량단위는 1주이며, ⅶ) 정정 및 취소의 경우 매매체결 전까지 정정 및 취소할수 있다.

(라) 매매체결방법의 특례

1) 신규상장종목등의 최초의 가격결정방법

가) 의의

신규상장종목, 재상장종목 및 변경상장종목, 자본금감소 종목, 종류주식으로서 최초로 상장(기상장 종류주식과 권리내용이 다른 종류주식으로서 최초로 상장되는 경우 포함)되는 종목 등은 거래소시장에서 형성된 가격이 없거나 주가에 현저한 영향을 미치는 기업 이벤트가 발생한 경우로서 적정기준을 재평가하고 있다. 이는 증권시장의 가격제한폭으로 인한 균형가격 발견 지연현상을 억제하고 원활한 주가형성을 도모하기 위한 제도이다.

기준가격 재평가는 다수 시장참가자의 참여를 통해 일시에 결정하는 단일가매매 방식을적용하고 있다. 즉 일반 상장종목의 시가결정 방식과 동일하게 매매개시 전 호가접수시간(08:30-09:00) 동안 제출된 매도·매수호가에 의해 체결된 최초가격을 기준가격으로 한다. 다만일반 종목과 다른 점은 최초가격(기준가격) 결정시의 호가범위를 넓게 설정하여 가격결정이 이루어질 수 있는 폭을 확대해주는 것이다. 최초가격(기준가격)이 결정된 이후에는 그 가격을 기준으로 가격제한폭을 산출하여 설정한 상·하한가 이내에서 일반 종목과 동일하게 접속매매가이루어진다.[30]

나) 평균가격 및 호가범위의 결정

평균가격이란 신규상장종목 등의 최초가격 결정을 위해 제출할 수 있는 호가범위의 기준이 되는 가격이다. 예를 들어 호가범위가 평가가격의 90-200%로 제한되는 신규상장종목의 경우 평균가격이 10,000원으로 정해지면 신규상장일 시초가 결정시 참여할 수 있는 호가범위는9,000-20,000원으로 제한된다.

평균가격 및 호가범위를 설정하는 이유는 신속한 균형가격 발견을 위해 가격결정의 폭을확대해주는 동시에 비정상적인 호가에 의해 최초가격이 기업의 적정가치와 크게 괴리되는 문제를 최소화하는 데 있다.

2) 정리매매종목

여기서는 유가증권시장 업무규정(규정38), 코스닥시장 업무규정(규정23), 코넥스시장 업무규정(규정28의2)의 주요 내용을 살펴본다.

정리매매란 거래소가 특정한 종목의 증권을 상장폐지하는 경우에 일정한 기간을 정하여

---

30) 한국거래소(2019b), 78쪽.

그 증권의 매매거래를 허용하는 것을 말하는데, 정리매매에 허용되는 기간은 7일(매매거래일을 기준)로 하되 거래소가 달리 정하는 경우에는 그러하지 아니하다(유가증권시장 상장규정9①②). 주주에게 상장폐지 전에 마지막 환금의 기회를 주기 위한 것이다. 정리매매종목의 경우 정규시장 및 시간외단일가매매 시간 동안 30분 단위 단일가매매 방법으로 매매거래(1일 정규시장 14회, 시간외시장 4회)가 이루어지고, 가격제한은 하지 않고 있다.

3) 단기과열종목

미확인 정보의 확산 등으로 단기간에 주가가 급등하는 현상이 발생하는 종목을 단기과열종목으로 지정하여 관리하고 있다. 단기과열종목의 경우 추종매매로 인한 투자자 피해를 방지하고 주가의 급등락에 따른 시장 변동성을 완화하기 위해 30분 단위 단일가 매매 방법으로 매매거래를 체결하고 있다(시행세칙56의2②).

4) 이상급등종목

시장감시위원회는 투자경고종목 및 투자위험종목 중 이상거래가 염려되어 집중적인 감시가 필요한 종목을 이상급등종목으로 선정하여 집중 감시한다. 이상급등종목의 경우 불공정거래 예방 등을 위해 30분 단위 단일가매매 방법에 의하는 것이다(시행세칙56의2①②).

5) 저유동성종목

유동성 수준이 낮은 저유동성 종목의 경우에는 접속매매시 일부 주문에 의해 가격 변동성이 증가하는 부작용을 방지하고 안정적인 가격형성을 도모하기 위하여 10분 단위 단일가매매 방법으로 매매거래를 체결한다(업무규정38의3, 시행세칙56의3④).

(4) 가격안정화장치

(가) 의의

증권시장은 자율경쟁에 의한 가격형성이라는 기본원리를 가지고 있기 때문에 가격형성에 인위적인 제한을 하는 것은 바람직하지 않은 면이 있다. 그러나 일시적인 수급의 편중이나 심리적인 요인 등에 의해 주가가 불안정해지고 단기간에 급등락을 하게 되면 선의의 투자자가 불측의 손실을 입을 우려가 있는 것이 현실이다. 따라서 증권시장은 가격의 급등락을 완화하고 투자자에게 주의를 환기시키기 위한 다양한 가격안정화 장치를 마련하고 있다.[31]

(나) 주식시장의 매매거래중단(CB)

1) 의의

서킷브레이커스(CB: Circuit Breakers) 제도는 증시의 내·외적 요인에 의해 주가지수가 일정수준 이상 급락하는 경우 시장참여자들에게 냉정한 투자판단의 시간(Cooling-off Period)을 제공하기 위해 증권시장 전체의 매매거래를 일시적으로 중단하는 제도이다. 주가 급락시에는 기

---

31) 한국거래소(2019b), 91-92쪽.

업가치의 적정성에 대한 판단보다는 시장분위기에 편승한 매매주문의 쏠림현상이 심화되고, 이로 인한 시장실패 가능성이 높아지게 되므로 투자자보호 및 증권시장의 안정화를 위한 장치가 필요하다.

여기서는 유가증권시장 업무규정(규정25), 코스닥시장 업무규정(규정26)의 주요 내용을 살펴본다.

2) 발동요건

CB의 발동요건은 3단계로 나뉜다. 1단계 CB는 코스피(코스닥시장은 코스닥지수)가 전일대비 8% 이상 하락하여 1분간 지속될 경우 발동된다. 2단계 CB는 지수가 전일 대비 15% 이상 하락하고, 1단계 CB 발동시점 지수대비 1% 이상 추가적으로 하락하여 1분간 지속되는 경우 발동된다. 3단계 CB는 지수가 전일 대비 20% 이상 하락하고, 2단계 CB 발동시점 지수대비 1% 이상 추가적으로 하락하여 1분간 지속되는 경우 발동된다(업무규정25① 본문).

발동요건에 따라 각 단계는 순차적으로 발동된다. 예를 들어 지수가 전일 대비 15% 이상 하락한 경우라도 1단계 CB가 발동된 적이 없다면, 우선 1단계 CB가 발동된다. 이후에 지수가 1단계 CB 발동시점 대비 1% 이상 추가적으로 하락하여 1분간 지속되어야 2단계 CB가 발동된다.

단계별로 1일 1회에 한하여 발동하며, 당일 종가결정시간 확보를 위해 1단계 및 2단계 CB는 장종료 40분 전(14시 50분) 이후에는 발동하지 않는다. 3단계 CB는 장종료 40분 전 이후에도 발동이 가능하나 종가결정을 위한 단일가매매 호가접수시간인 장종료 10분 전(15시 20분) 이후에는 발동하지 않는다(시행세칙39②).

3) 발동효과

1단계 및 2단계 CB가 발동되면 증권시장의 모든 종목(채권은 제외) 및 주식 관련 선물·옵션시장의 매매거래를 20분간 중단한다. 다만 이 경우 신규 및 정정호가의 접수는 거부되지만, 호가의 취소는 가능하다. 3단계 CB가 발동되면 그 즉시 당일 장을 종료한다. 이 경우 취소호가를 포함한 모든 호가제출이 불가능하며, 장종료 후 시간외매매 등 이후의 모든 매매거래가 불가능하다(업무규정25① 본문).

4) 발동해제(매매거래재개)

1단계, 2단계 CB발동에 따른 매매거래중단 후 20분이 경과된 때에 매매거래를 재개하며(업무규정25①(1)(2)), 재개시 최초의 가격은 재개시점부터 10분간 호가를 접수하여 단일가매매 방법에 의하여 결정하며, 그 이후에는 접속매매 방법으로 체결한다.

(다) 변동성완화장치(VI)

1) 의의

기존의 가격제한폭만 운영하는 상황에서는 장중에 상·하한가 이내에서의 순간적인 가격

급변을 완화할 수 있는 장치가 미흡해 선의의 투자자 피해에 대한 우려가 있다. 이에 변동성완화장치(VI: Volatility Interruption)가 도입되었다. 종목별 변동성완화장치(VI)는 개별종목에 대한 가격안정화장치이다. 주문실수, 수급 불균형 등에 의한 일시적 주가급변시 단일가매매로 단기간의 냉각기간(Cooling-off Period)을 부여하여 시장참가자로 하여금 주가급변 상황에 대해 주의를 환기시킴으로써 가격급변을 완화하는 제도이다.32)

변동성완화장치(VI)는 동적 변동성완화장치(Volatility Interruption with Dynamic Price Range)와 정적 변동성완화장치(Volatility Interruption with Static Price Range)로 구분된다. 주식시장은 우선적으로 동적 변동성완화장치를 도입(2014. 9. 1)하였고, 그 후 가격제한폭 확대(15%→30%)와 함께 정적 변동성완화장치를 도입(2015. 6. 15)하였다. 다만 코넥스시장은 가격제한폭을 종전과 같이 15%(업무규정19②)33)로 유지하면서 동적·정적 변동성완화 장치를 모두 도입하지 않았다.

여기서는 유가증권시장 업무규정(규정26의2)과 코스닥시장 업무규정(규정23의3)의 주요 내용을 살펴본다.

2) 적용대상 증권

적용대상 증권은 주권, DR, ETF, ETN, 수익증권이다. 코스닥시장은 주권과 DR의 경우만 적용된다. 다만 정리매매종목, 단기과열종목, 이상급등 단일가매매종목, 투자유의종목 등은 적용되지 않는다.

3) 발동요건

가) 동적 변동성완화장치(동적 VI)

동적 VI는 특정 호가에 의한 순간적인 수급 불균형이나 주문 착오 등으로 야기되는 일시적 변동성을 완화하기 위한 장치이다. 호가접수 직전의 체결가격을 기준으로 1~6%의 가격 범위를 설정하고, 잠정 체결가격이 이 가격 범위를 넘어서는 경우 발동된다. 동적 VI의 경우 유동성·변동성 수준 및 세션별로 발동가격률에 차등을 두고 있으며, 특히 종가 단일가매매 세션의 발동가격률(2-4%)을 접속매매세션(3-6%)보다 작게 두고 있다(업무규정26의2①(1), 시행세칙41의2①).

또한 주식관련 파생상품의 최종거래일에는 차익 및 헤지거래 물량 출회 등으로 종가결정시 가격이 급변할 가능성이 클 수 있다. 따라서 투자자에게 이러한 가격급변에 대응할 시간을 부여하고, 최종결제가격의 안정성을 확보할 수 있도록 주식관련 파생상품 기초주권의 동적 VI 발동가격률을 1%로 평상시보다 작게 설정하고 있다(시행세칙41의2①).

---

32) 한국거래소(2019b), 96쪽.
33) 시간외대량매매의 경우에는 30%이다.

나) 정적 변동성완화장치(정적 VI)

정적 변동성완화장치(정적 VI)는 여러 호가로 야기되는 누적적이고, 보다 장기간의 가격변동을 완화하기 위한 장치이다. 호가접수 직전의 단일가매매 체결가격을 기준으로 10%의 가격범위를 설정하고, 잠정 체결가격이 이 가격범위를 넘어서는 경우 발동된다. 정적 VI의 경우 특정 호가에 의한 영향보다는 여러 호가에 의한 누적적인 가격 변동성을 완화하기 위한 것이므로 동적 VI처럼 종목 및 세션별 차등을 두지 않고 모두 10%의 발동가격률을 설정하고 있다(업무규정26의2①(2), 시행세칙41의2②).

4) 발동효과

접속매매 중 동적 VI 또는 정적 VI가 발동되면 그 즉시 2분간 단일가매매 방식으로 전환된다. 단일가매매 중인 경우에는 2분간 단일가매매 시간이 연장된다(시행세칙41의2② 및 35(4)).

5) 발동 세션

동적 VI는 정규시장(시가단일가매매 제외)부터 장종료 후 시간외단일가매매 세션까지 적용되고, 정적 VI는 정규시장(시가단일가매매 및 종가단일가매매 포함) 세션에만 적용된다(업무규정26의2①).

시가단일가매매는 전일 장종료 이후 발생한 정보가 반영되는 과정에서 상대적으로 가격변동이 클 수 있는데 동적 VI의 빈번한 발동이 오히려 가격발견을 저해할 수 있으므로 동적 VI의 적용을 배제하고 있다. 시간외단일가매매시에는 동적 VI와 정적 VI를 동시에 적용할 경우 발동가격률이 작은 동적 VI만 항상 발동되므로 정적 VI는 적용을 배제하고 있다.[34]

6) 다른 가격안정화장치와의 중복되는 경우

투자자 편의 제고 등을 위해 다른 가격안정화장치와 중복시에는 원칙적으로 하나의 제도만 적용한다. CB 발동시 기발동된 변동성완화장치는 취소되고, 변동성완화 장치 발동으로 인한 단일가매매시에는 새로운 변동성완화장치를 적용하지 않는다.

(5) 기타 시장관리제도

(가) 공매도 관리

1) 의의

공매도(Short Sale, 空賣渡)는 일반적으로 증권을 소유하지 않은 자가 가격이 하락할 것으로 예상하는 경우 이익을 기대하고 증권을 매도하는 것을 말한다. 우리 증시에서는 소유하지 않은 증권의 매도(무차입공매도)를 원칙적으로 금지하고 있으나, 일정한 경우 차입한 증권으로 매도(차입공매도)하는 것은 허용하고 있다(자본시장법180).

공매도는 주식시장에 추가적인 유동성을 공급하여 가격발견의 효율성을 제고하고 투자자

---

34) 한국거래소(2019b), 98-99쪽.

의 거래비용을 절감할 수 있게 해준다. 또한 부정적인 정보가 가격에 빠르게 반영될 수 있도록 하여 주가버블 형성을 방지하고 변동성을 줄이는 등 순기능이 있다. 그러나 소유하지 않은 증권을 매도하여 결제일에 결제불이행이 발생할 우려가 있고, 시장불안시 공매도가 집중될 경우 주가하락 가속화 및 변동성 확대 등 안정적인 시장의 운영에 잠재적인 위험요인으로 작용할 수 있다. 따라서 각국의 증권시장에서는 공매도를 허용하되 공매도에 따른 잠재적인 위험을 관리하기 위해 관리수단을 도입하고 있고, 우리 증권시장에서도 각각의 위험을 방지하기 위한 관리방안을 마련하고 있다.[35]

2) 결제불이행 위험 방지를 위한 관리

가) 차입공매도의 예외적 허용

자본시장법은 공매도를 ⅰ) 소유하지 아니한 상장증권의 매도(무차입공매도), ⅱ) 차입한 상장증권으로 결제하고자 하는 매도(차입공매도)로 구분하여 정의하고 있다. 원칙적으로 모든 유형의 공매도 및 그 위탁이나 수탁은 금지된다(법180① 본문). 다만 차입공매도로서 증권시장의 안정성 및 공정한 가격형성을 위하여 대통령령으로 정하는 방법에 따르는 경우에는 예외적으로 허용한다(법180① 단서).

따라서 증권시장에서는 신용대주거래 또는 대차거래 등에 의해 차입한 증권에 대해서만 공매도로 호가할 수 있다. ⅰ) 신용대주거래는 개인투자자가 회원 또는 한국증권금융이 보유하고 있는 주식을 신용으로 차입하는 방법을 말하고(법72, 영69, 금융투자업규정4-21부터 4-35까지), ⅱ) 증권대차거래는 기관투자자 등이 한국예탁결제원 및 한국증권금융 등의 중개기관을 통해 거래당사자 간 주식을 대여 및 차입하는 방법을 말한다(법166, 영182, 금융투자업규정5-25부터 5-27까지).

나) 공매도호가의 방법

유가증권시장 업무규정(규정17), 코스닥시장 업무규정(규정9의2), 코넥스시장 업무규정(규정 11)은 공매도 주문에 대한 확인방법과 절차 등을 정하고 공매도거래의 투명성을 확보하고 있다.

회원은 위탁자로부터 매도주문을 수탁할 경우 그 매도가 차입공매도인지와 그 차입공매도에 따른 결제가 가능한지를 확인하여야 하고(업무규정17②(1) 나목), 확인은 문서, 전화 · 전보 · 모사전송 · 전자우편 등의 방법, 컴퓨터 그 밖의 이와 유사한 전자통신의 방법으로 하여야 하며 (업무규정17③(2)), 확인한 내용은 회원이 위탁자로부터 통보받은 내용을 확인할 수 있는 문서, 음성 또는 전자기록 등을 위탁자가 통보한 일시와 함께 3년 이상 보관하여야 한다(시행세칙24의 2①).

회원이 위탁자로부터 공매도를 하지 않는다는 확약서를 제출받고 해당 위탁자 계좌에서

---

35) 한국거래소(2019b), 102-103쪽.

공매도 주문이 제출되지 않도록 전산조치를 한 경우에는 위의 확인절차를 생략할 수 있도록 하여 공매도를 하지 않는 투자자의 거래 편의를 제고하고 있다(업무규정17④ 본문).

다) 공매도호가의 사후관리

유가증권시장 업무규정(규정18의2), 코스닥시장 업무규정(규정9의4), 코넥스시장 업무규정(규정13)은 공매도호가의 사후관리를 규정하고 있다.

회원은 결제일에 직접 또는 보관기관(예탁결제원, 외국환은행, 투자매매업자, 투자중개업자, 집합투자업자 또는 외국 보관기관)의 통보내용을 통해 위탁자의 결제부족 여부를 확인한 경우 위탁자로부터 해당 매매거래와 관련된 차입계약서 또는 증권보유잔고내역 등 관련자료를 제출받아 공매도 관련 법규의 위반 여부를 확인하고, 동 기록을 3년 이상 보관·유지하여야 한다(업무규정18의2①, 시행세칙28의2①).

공매도 관련 법규를 위반한 위탁자에게 일정기간 동안 매도증권 사전납부 의무를 부과하고 있다(업무규정18의2③). 따라서 회원은 공매도 관련 법규 위반규모 및 빈도가 다음의 기준에 해당하는 위탁자에 대해서는 40일에서 120일간 공매도 주문 수탁시 매도증권을 사전에 납부하도록 수탁강화 조치를 취하여야 한다.

ⅰ) 40일 동안 매도증권을 사전납부 해야 하는 경우는 ㉠ 매도일수가 1일이고 누적매도금액이 5억원 초과 10억원 이하인 경우, ㉡ 매도일수가 2일 이상 4일 이하이고 누적매도금액이 5억원 이하인 경우이다.

ⅱ) 80일 동안 매도증권을 사전납부해야 하는 경우는 ㉠ 매도일수가 1일이고 누적매도금액이 10억원 초과인 경우, ㉡ 매도일수가 2일 이상 4일 이하이고 누적매도금액이 5억원 초과 10억원 이하인 경우, ㉢ 매도일수가 5일 이상이고 누적매도금액이 5억원 이하인 경우이다.

ⅲ) 120일 동안 매도증권을 사전납부해야 하는 경우는 ㉠ 매도일수가 2일 이상 4일 이하이고 누적매도금액이 10억원 초과인 경우, ㉡ 매도일수가 5일 이상이고 누적매도금액이 5억원 초과 10억원 이하인 경우이다.

ⅳ) 매도일수가 5일 이상이고 누적매도금액이 10억원 초과인 경우 120일 동안 매도증권을 사전납부해야 하는데, 이 경우는 모든 매도주문시(일반매도, 차입공매도, 기타매도)에도 매도증권을 사전납부해야 한다. 다른 경우는 차입공매도 주문을 수탁하는 경우에만 사전납부을 확인한다.

3) 시장불안 방지를 위한 관리

가) 공매도호가의 가격제한(Uptick Rule)

유가증권시장 업무규정(규정18), 코스닥시장 업무규정(규정9의3), 코넥스시장 업무규정(규정12)은 공매도호가의 가격제한을 규정하고 있다.

공매도는 직전가격 이하의 가격으로 호가할 수 없다(업무규정18① 본문). 다만, 가격이 상승하는 경우(직전가격이 그 직전가격보다 높은 경우)에는 예외적으로 직전가격으로 호가할 수 있다 (업무규정18②). 즉 차익거래(지수차익거래, 섹터지수차익거래, 주식차익거래, ETF차익거래, ETN차익거래, DR차익거래), 유동성공급호가, 시장조성호가, ETF·ELW·ETN에 대하여 유동성공급호가의 헤지거래를 위한 호가, 파생상품시장 시장조성호가의 헤지거래를 위한 호가를 제출하는 경우, 그리고 상대매매인 장중경쟁대량매매, 장중대량매매, 장중바스켓매매, 시간외시장의 매매거래 (시간외단일가매매 제외)에(시행세칙25③)는 가격제한이 적용되지 않는다.

나) 공매도 과열종목 지정제도

거래소는 비정상적으로 공매도가 급증하고, 동시에 가격이 급락하는 종목에 대해 투자자의 주의를 환기하고, 주가 하락의 가속화를 방지하기 위하여 공매도 과열종목 지정제도를 시행하고 있다.

주가하락률, 공매도 비중, 공매도 거래대금 증가율이 다음을 모두 충족하는 종목(공매도 과열종목)은 차입공매도를 제한할 수 있다(시행세칙24의3②). 즉 ⅰ) 당일 종가가 당일의 기준가격 대비 95% 이하이고, ⅱ) 당일 거래대금 대비 차입공매도 거래대금 비중이 해당 매매거래일이 속한 분기의 직전 분기 전체 상장종목(주권 및 외국주식예탁증권)의 거래대금 대비 같은 기간 차입공매도 거래대금비중의 3배 이상이며, ⅲ) 당일 차입공매도 거래대금이 직전 40매매거래일간 차입공매도 거래대금의 평균 대비 6배 이상인 종목이어야 한다.

다만, 시가기준가종목, 당일 정규시장에서 매매거래가 성립되지 않은 종목, 정리매매종목 또는 직전 40매매거래일 동안 매매거래가 성립된 날이 20일 미만인 종목의 경우에는 공매도 과열종목에서 제외한다(시행세칙24의3② 단서).

다) 공매도 금지조치

극단적인 시황급변 등으로 시장의 안정성 및 공정한 가격형성을 저해할 우려가 있는 경우 거래소는 금융위원회의 승인을 받아 상장증권의 전부 또는 일부에 대해 차입공매도를 제한할 수 있다. 거래소는 ⅰ) 공매도 과열종목, ⅱ) 금융위원회가 증권시장의 안정성 및 공정한 가격형성을 해칠 우려가 있다고 판단하여 거래소의 요청에 따라 범위, 매매거래의 유형, 기한 등을 정하여 차입공매도를 제한한 종목에 대한 차입공매도를 제한할 수 있다(업무규정17⑥ 본문).

2008년 글로벌 금융위기 및 2011년 미국 신용등급 하향조정 등에 따른 시황급변시 전체 상장증권에 대한 공매도 금지조치를 하였다.

(나) 프로그램매매 관리

1) 프로그램매매의 정의

프로그램매매는 일반적으로 시장분석, 투자시점 판단, 주문제출 등의 과정을 컴퓨터로 처리하는 거래기법을 총칭한다. 즉 투자자는 시장상황별로 실행할 투자전략을 미리 수립하여 그 내용을 컴퓨터에 프로그래밍하고, 해당 요건 발생시 컴퓨터가 자동적으로 주문 처리하게 된다.36) 한편 거래소는 프로그램매매에 대한 일반적인 정의와는 달리 관리의 목적을 고려하여 프로그램매매를 지수차익거래와 비차익거래로 구분하여 다음과 같이 정의하고 있다(유가업무규정2㉑, 코스닥업무규정2⑧).

가) 지수차익거래

지수차익거래는 주식(현물)시장과 파생상품시장의 가격 차이를 이용하여 이익을 얻을 목적으로, 지수에 연동되는 주식집단의 매수와 동시에 또는 매수의 전후에 지수선물(주가지수합성선물37) 포함)을 매도하는 전략 또는 그 반대의 매매매거래 전략을 말한다. 구체적으로는 다음에 해당하는 주식집단과 파생상품을 연계한 거래로 지수차익거래를 정의하고 있다(유가시행세칙6의4①, 코스닥시행세칙2④). ⅰ) 유가증권시장: 코스피200 구성종목 + 코스피200선물·옵션, ⅱ) 유가증권/코스닥시장: KRX300 구성종목 + KRX300선물, ⅲ) 코스닥시장: 코스닥150 구성종목 + 코스닥150선물·옵션.

나) 비차익거래

비차익거래는 동일인이 일시에 다음에 해당하는 종목 수 이상을 매수 또는 매도하는 거래를 말한다(유가시행세칙6의5②, 코스닥시행세칙2⑧). ⅰ) 유가증권시장: 코스피 구성종목 중 15종목 이상, ⅱ) 코스닥시장: 코스닥지수 구성종목 중 10종목 이상.

2) 프로그램매매의 관리 필요성

프로그램매매는 시장에 풍부한 유동성을 제공하고 가격발견기능의 효율성을 제고하는 순기능이 있는 반면, 시황변화에 따른 기계적 투자전략으로서 시장이 불안정할 경우에는 변동성을 심화시킬 우려가 있다. 특히 선물·옵션 최종거래일에는 기존의 차익거래 포지션을 해소하기 위한 매매가 집중됨에 따라 주가급변의 위험이 확대될 수 있다. 따라서 파생상품시장과 연계된 과도한 프로그램매매가 주식시장에 주는 충격을 완화하고, 투자자보호 및 시장의 안정적 관리를 도모하기 위하여 프로그램매매에 대한 시장관리방안을 마련하고 있다.38)

3) 프로그램매매호가의 관리

가) 프로그램매매호가의 구분 표시

거래소는 프로그램매매의 투명성 확보를 위해 회원(투자자)의 호가제출시 프로그램매매 해

---

36) 한국거래소(2019b), 111-112쪽.
37) "주가지수합성선물의 매도"란 파생상품시장 업무규정 제3조 제2항 제1호에 따른 지수옵션시장의 지수차익거래대상지수 옵션거래("주가지수옵션거래")의 콜옵션을 매도하고 풋옵션을 매수하는 것을 말하며, "주가지수합성선물의 매수"란 주가지수옵션거래의 콜옵션을 매수하고 풋옵션을 매도하는 것을 말한다(유가시행세칙6의4③, 코스닥시행세칙2⑥).
38) 한국거래소(2019b), 113쪽.

당 여부(차익거래와 비차익거래 구분)를 입력하도록 하여 프로그램매매호가를 관리하고 관련 통계를 시장에 공표한다.

나) 프로그램매매호가 효력의 일시정지제도(Sidecar)

여기서는 유가증권시장 업무규정(규정16)과 코스닥시장 업무규정(규정13)의 주요 내용을 살펴본다.

① 의의

사이드카는 파생상품시장에서 선물가격이 급등락할 경우 프로그램매매가 주식시장(현물시장)에 미치는 충격을 완화하기 위하여 주식시장 프로그램매매호가의 효력을 일시적으로 정지하는 제도이다.

② 발동기준

유가증권시장의 경우 코스피200선물 가격이 기준가 대비 6% 이상 상승 또는 하락하여 1분간 지속되는 경우(유가증권시장 업무규정16①), 코스닥시장의 경우 코스닥150선물 가격이 기준가 대비 6% 상승 또는 하락하고, 코스닥150 수치가 3% 이상 상승 또는 하락하여 1분간 지속되는 경우(코스닥시장 업무규정13①)에 발동된다. 매수·매도 구분없이 1일 1회에 한하여 발동되며, 장개시 후 5분이 경과한 시점부터 발동기준을 계산하므로 실제로는 9시 6분부터 발동될 수 있다.

③ 발동효과

상승의 경우 프로그램 매수호가, 하락의 경우 프로그램 매도호가(취소 및 정정호가 포함)의 효력을 5분 동안 정지한다(유가증권시장 업무규정16②, 코스닥시장 업무규정13②).

④ 해제기준

호가의 효력이 정지된 프로그램매매호가(취소 및 정정호가 포함)는 ⅰ) 프로그램매매호가의 효력정지개시시점부터 5분이 경과한 때, ⅱ) 장종료 40분 전, ⅲ) 프로그램매매호가의 효력정지 시간 중 주식시장의 매매거래가 중단된 경우에는 당해 매매거래가 재개된 때에 호가의 효력정지가 해제되며, 이 경우 접수순에 따라 가격결정에 참여한다(유가증권시장 업무규정16③, 코스닥시장 업무규정13③).

(다) 시장경보제도

시장감시위원회("위원회")는 투기적이거나 불공정거래의 개연성이 있는 종목 또는 주가가 단기간에 비정상적으로 급등하는 종목의 경우 투자자의 주의를 환기시키기 위하여 시장경보제도를 운영한다. 시장경보제도는 일반투자자의 추종매매를 억제하고 불공정거래의 확산을 사전에 차단하기 위하여 "투자주의종목→투자경고종목→투자위험종목"으로 이어지는 3단계의 경보체계로 운영된다.[39]

---

39) 한국거래소(2019b), 117쪽.

투자경고·위험종목으로 지정되는 경우 신규의 신용거래가 제한되며(금융투자업규정4-30
②), 회원은 해당 종목의 매수주문에 대하여 위탁증거금을 100% 징수하여야 하고, 대용증권으
로는 사용할 수 없다. 또한 투자경고종목으로서 그 지정일 이후 주가가 계속 상승하는 경우,
투자위험종목으로 지정되는 경우 및 투자위험종목 지정일 이후 추가적으로 주가가 계속 상승
하는 경우에는 각각 1일간 매매거래가 정지될 수 있다(시장감시규정5의2 및 5의3).

(라) 착오매매 관련 제도

1) 의의

거래소는 회원이 투자자(위탁자)의 주문을 처리하는 과정에서 착오로 주문내용과 다르게
처리한 경우 회원의 신청을 받아 매매계약 체결내용을 정정하는 착오매매 정정제도를 운영한
다. 또한 대규모 착오주문이 발생하는 경우 시장 전체의 리스크로 전이되는 것을 미연에 방지
하기 위하여 호가일괄취소 제도, 대규모착오매매 구제제도 등의 안정화 장치를 도입(코넥스시장
미도입)하였다.[40]

2) 착오매매의 정정

가) 착오매매의 의의

유가증권시장 업무규정(규정28), 코스닥시장 업무규정(규정27), 코넥스시장 업무규정(규정
32)은 착오매매의 정정에 관하여 규정하고 있다.

회원착오매매는 거래소시스템에 접수된 호가로서 회원이 위탁자의 주문을 접수하여 처리
하는 과정, 동 주문을 회원시스템[41]에 입력하는 과정 또는 호가를 거래소시스템에 입력하는
과정에서 주문내용에 맞지 아니한 매매계약체결(시행세칙44(2))을 말한다. 따라서 매매체결을
전제로 하므로 회원이 투자자의 주문을 누락하거나 주문내용보다 적은 수량을 호가한 경우에
는 착오매매에 포함되지 않는다.

나) 착오매매 정정방법

거래소는 종목, 수량, 가격 및 매도·매수 등에 대한 착오매매의 경우 착오분을 당해 회원
의 상품으로 인수하여 정정하고, 회원시스템의 프로그램운영상의 장애 등의 사유로 인한 위탁
매매와 자기매매의 구분에 대한 착오매매의 경우 그 구분에 맞도록 정정한다(시행세칙45①(2)).
이에 따른 상품인수의 경우 투자매매업 인가를 받지 아니한 회원의 경우에는 해당 회원이 자
기계산으로 다른 회원에게 매매거래를 위탁하여 매매하는 방법에 따른다(시행세칙45②).

---

40) 한국거래소(2019b), 126쪽.
41) "회원시스템"이라 함은 회원의 본점·지점 그 밖의 영업소에서 거래소시스템으로 호가를 전달하는 전산시
   스템을 말한다(업무규정2⑲).

다) 착오매매 정정절차

회원은 착오매매 발생시 당일(T)부터 그 다음 매매거래일(T+1) 15시 30분까지 정정신청서(전자문서)를 거래소에 제출하여야 하고, 거래소는 건별로 즉시 정정확정 후 착오매매 정정내역을 반영하여 결제자료를 산출한다(시행세칙45③).

3) 호가일괄취소(Kill Switch) 제도

여기서는 유가증권시장 업무규정(규정13의2)과 코스닥시장 업무규정(규정50의2)의 주요 내용을 살펴본다.

가) 의의

호가일괄취소 제도는 알고리즘거래계좌에서 프로그램 오류 등으로 인한 착오주문 발생 시 회원이 신청할 경우 해당 계좌의 미체결 호가를 일괄취소하고 추가적인 호가접수를 차단하는 제도이다. 알고리즘거래란 사전에 정한 일정한 규칙에 따라 투자의 판단, 호가의 생성 및 제출 등을 사람의 개입 없이 자동화된 시스템으로 하는 매매거래를 말한다(유가업무규정13의2①, 코스닥업무규정50의2①).

나) 알고리즘거래계좌의 신고방법

유가증권시장 업무규정(규정13의2), 코스닥시장 업무규정(규정50의2)은 알고리즘거래의 관리에 관하여 규정하고 있다.

회원은 알고리즘거래시 발생할 수 있는 위험을 파악하고 관리하여야 하고(업무규정13의2①), 알고리즘거래를 수행하는 계좌를 설정·변경 또는 해지하는 경우에는 지체 없이 거래소에 신고하여야 한다(업무규정13의2②). 알고리즘거래계좌의 신고는 회원이 별지 제1호의2 서식에 따른 신고서를 18시까지 회원시스템을 통하여 거래소시스템에 입력하는 방법으로 한다(시행세칙17의2).

다) 계좌단위호가처리의 신청방법

회원은 알고리즘거래와 관련하여 시스템 장애, 착오 등으로 인한 비상 상황이 발생하는 경우에는 알고리즘거래계좌(설정·변경의 신고를 한 계좌)별로 계좌단위호가처리(첫째, 호가를 한꺼번에 취소하는 조치, 둘째, 추가적으로 호가를 접수하지 않는 조치)를 거래소에 신청할 수 있다(업무규정13의2③ 본문).

계좌단위호가처리의 신청방법은 회원이 알고리즘거래계좌번호(신청 전일까지 알고리즘거래계좌로 신고한 계좌에 한함), 계좌단위호가처리의 유형 및 그 내용을 회원시스템이나 회원증권단말기를 통하여 거래소시스템에 입력하는 방법으로 한다(시행세칙17의3①). 회원은 계좌단위호가처리를 신청한 후 10분이 경과한 후부터 해제신청을 할 수 있으며, 거래소는 회원이 해제신청을 하지 않는 경우에는 당일 장종료 후 시간외시장 종료시점에 계좌단위호가처리를 해제할 수 있다(시행세칙17의3③). 그러나 거래소는 시스템 장애, 그 밖에 시장관리상 필요하다고 인정하는 경우에는 회원의 계좌단위호가처리 신청이나 해제신청을 거부할 수 있다(시행세칙17의3④).

4) 대규모착오매매의 구제

가) 대규모착오매매의 의의

대규모착오매매 구제제도는 시장가격과 상당히 괴리된 가격으로 성립된 착오매매를 거래소 직권으로 구제하는 제도이다. 대규모착오매매의 구제에 관하여는 유가증권시장 업무규정(규정28의2)과 코스닥시장 업무규정(규정27의2)에서 규정하고 있다.

거래소는 정규시장의 매매거래시간 중 개별경쟁매매의 방법으로 거래된 주권, DR, ETF, ETN, ELW 및 수익증권과 관련하여 회원 또는 위탁자의 착오로 인하여 본래의 의사와 다르게 성립된 거래 중 대규모착오매매에 대하여 회원의 신청이 있는 경우에는 이를 구제할 수 있다(업무규정28의2① 본문). 다만, 시장상황의 급변, 그 밖에 시장관리상 필요하다고 인정하는 경우에는 제외한다(업무규정28의2① 단서).

나) 대규모착오매매의 구제요건

대규모착오매매란 계좌별로 다음의 요건을 모두 충족하는 매매거래를 말한다(시행세칙47의2). 즉 ⅰ) 단일가매매의 방법으로 체결된 매매거래가 아니고, ⅱ) 시장조성호가로 성립된 매매거래가 아니며, ⅲ) 해당 매매거래의 최초 발생시점부터 종료시점까지의 시간이 30분 이내이고, ⅳ) 해당 계좌의 착오매매 대상종목 중 체결가격이 다음의 ㉠과 ㉡에 해당하는 종목("구제대상종목")이 하나 이상이어야 하며, ㉠ 착오로 매수한 경우: 해당 매매거래가 성립하기 직전의 가격(직전의 가격이 없는 경우 당일의 최초 체결가격을 말하며, 이하 "착오매매구제 기준가격") 대비 10%(ELW의 경우에는 15%)를 초과하여 상승한 가격, ㉡ 착오로 매도한 경우: 착오매매구제 기준가격 대비 10%를 초과하여 하락한 가격, ⅴ) 해당 계좌의 착오매매 대상종목의 체결가격과 착오매매 구제기준가격과의 차이[42]에 해당 매매거래의 체결수량을 곱하여 산출한 금액의 합계가 100억원 이상이어야 하고,[43] ⅵ) 해당 매매거래가 동일한 착오에 의하여 연속적으로 체결되어야 하며, ⅶ) 그 밖에 안정적이고 원활한 결제를 위하여 해당 매매거래를 구제할 필요가 있어야 한다.

다) 대규모착오매매의 구제신청

대규모착오매매의 구제신청을 하려는 회원(대규모착오매매를 초래한 위탁자로부터 구제신청을 요청받은 경우를 포함)은 회원시스템 또는 회원증권단말기를 통하여 거래소시스템에 해당 대규

---

42) 착오매매 구제기준가격에서 매도체결가격을 뺀 금액 또는 매수체결가격에서 착오매매 구제기준가격을 뺀 금액을 말한다.

43) 이 경우 해당 금액의 합계는 주식시장, ETF시장, ETN시장, ELW시장 또는 수익증권시장별로 각각 산출한다.

모착오매매의 내용을 입력하는 방법으로 구제신청을 하여야 한다(시행세칙47의3① 본문). 다만, 시스템 장애 등 비상시의 경우 별지 제5호 서식에 따른 신청서를 거래소에 제출하는 방법으로 구제신청을 할 수 있다(시행세칙47의3① 단서).

구제신청은 해당 대규모착오매매가 발생한 때부터 30분 이내에 하여야 한다(시행세칙47의3② 본문). 다만, 거래소는 회원시스템의 장애 발생 등 불가피하다고 인정하는 경우에는 신청시한을 연장할 수 있다(시행세칙47의3② 단서). 구제신청을 한 회원은 대규모착오매매에 대한 소명자료를 지체 없이 거래소에 제출하여야 한다(시행세칙47의3③). 거래소는 회원의 구제신청을 접수하는 경우에는 해당 구제신청의 접수 사실 등을 지체 없이 공표하고, 상대방 회원에게 통지하여야 한다(시행세칙47의3⑤).

라) 대규모착오매매의 구제방법

거래소는 구제신청 내용과 소명자료를 검토한 후 구제요건을 모두 충족하는 경우에는 해당 대규모착오매매를 구제할 수 있다(시행세칙47의4①). 거래소는 구제신청일의 다음 매매거래일 17시까지 구제 여부를 결정하여 지체 없이 공표하고, 구제신청을 한 회원 및 상대방 회원에게 통지하며, 해당 회원은 해당 대규모착오매매가 위탁매매에 따른 것인 경우에는 이를 지체 없이 해당 위탁자에게 통보하여야 한다(시행세칙47의4②).

거래소는 대규모착오매매 구제를 결정한 경우에는 거래소와 결제회원 간 구제대상종목의 결제가격을 ⅰ) 착오로 매수한 경우: 착오매매구제 기준가격 대비 10% 높은 가격으로(호가가격단위 미만은 절상), ⅱ) 착오로 매도한 경우: 착오매매구제 기준가격 대비 10% 낮은 가격(호가가격단위 미만은 절사)으로 변경할 수 있다(시행세칙47의4③).

(마) 호가정보등의 공표

호가정보등의 공표에 관하여는 유가증권시장 업무규정(규정101), 코스닥시장 업무규정(규정50), 코넥스시장 업무규정(규정70)에서 규정하고 있다.

거래소는 투자판단의 기초자료가 되는 시장의 호가내용을 실시간으로 시장참가자에게 공표함으로써 시장의 가격발견기능의 효율성을 제고하고 있다. 매매체결방법에 따라 다음과 같이 호가내용을 공개한다(시행세칙126①). ⅰ) 단일가매매를 위한 호가접수시간 중에는 예상체결가격·예상체결수량, 매도·매수별 예상최우선호가의 가격을 포함하는 연속 3개의 예상우선호가의 가격 및 그 가격의 호가수량을 공표한다. 다만, 시가결정을 위한 호가접수시간 중에는 호가접수시간의 개시시점부터 10분이 경과한 때부터 이를 공표한다. ⅱ) 접속매매를 위한 호가접수시간 중에는 매도·매수별 최우선호가의 가격을 포함하는 연속 10개의 우선호가의 가격, 그 가격의 호가수량 및 당해 호가수량의 합계수량을 공표한다. 다만, ETF, ETN 또는 ELW로서 연속 10개의 우선호가 중에 유동성공급호가가 제출되어 있는 경우에는 이를 구분하여 공표할 수 있다. iii) 시간외종가매매를 위한 호가접수시간 중에는 매도·매수별 총호가수량을 공표한다. iv) 장중경쟁대량매매를 위한 호가접수시간 중에는 매도호가와 매수호가 중 호가잔량이 있는 방향을 공표한다.

또한 거래소는 호가정보 외에도 투자자별 거래현황 등 투자자의 투자판단에 참고가 될 수 있는 다양한 정보를 홈페이지 등을 통해 공개하고 있다. 일반적으로 정보의 공개는 실시간 공개를 원칙으로 하나, 실시간으로 공개할 경우 추종매매에 따른 변동성 확대 등의 우려가 있는 종목별 투자자별 거래현황, 대량매매 거래현황, 공매도 거래현황 등은 당일(T) 장종료 후에 공개하며, 공매도 순보유잔고 정보는 T+2일 18시 이후에 공개하고 있다.[44]

(바) 배당락과 권리락

배당락과 권리락에 관하여는 유가증권시장 업무규정(규정105), 코스닥시장 업무규정(규정51), 코넥스시장 업무규정(규정71)에서 규정하고 있다.

1) 배당락

가) 의의

배당락이란 해당 사업연도에 대한 기업의 이익배당을 받을 권리가 소멸하였음을 의미하며, 배당락 조치는 동 권리가 소멸되었음을 투자자에게 주지시켜 주기 위한 공시를 말한다.[45]

나) 배당락 조치일

배당락의 조치일은 권리를 행사할 자를 확정하기 위한 기준이 되는 날("기준일")의 직전일로 한다. 이 경우 기준일이 휴장일 또는 명의개서정지기간 중인 경우에는 그 최초휴장일 또는 명의개서정지개시일의 직전일을 기준일로 본다(시행세칙132①).

상장법인은 해당 사업연도의 최종일(12월 결산법인의 경우 12월 31일)까지 주식을 보유하고 있는 주주에 대해 배당금을 지급한다. 이때 12월 31일에 주주를 확정하기 위해 주주명부를 폐쇄하고 명의개서를 정지한다. 이를 "기준일"이라 하고 증권시장에서는 연말 휴장일을 감안하여 직전 매매거래일인 12월 30일(12월 30일이 공휴일인 경우는 직전 매매거래일이 기준일)을 실제 기준일로 본다. 그러나 증권시장에서는 실제 증권의 결제가 매매체결일(T)을 포함하여 3거래일(T+2)째 되는 날에 이루어지기 때문에 주주명부에 등록되기 위해서는 기준일을 포함하여 3일 전까지 해당 주식을 매수하여야 한다. 즉 12월 28일까지 주식을 매수하여야 하고 배당락일이 되는 12월 29일에는 해당 주식을 매수하더라도 배당을 받을 권리가 없다.

---

44) 한국거래소(2019b), 130쪽.
45) 한국거래소(2019b), 123쪽.

2) 권리락

가) 의의

권리락이란 주식회사가 주주배정증자를 하는 경우 해당 증자에 따른 신주를 배정받을 수 있는 권리가 소멸되었음을 의미하고, 권리락 조치는 이런 사실을 시장참가자에게 알려주기 위한 조치이다. 한편 권리락 조치는 기존 주주의 권리에 변경이 발생하여 이를 알려주기 위한 것으로서 주주에게 신주를 배정하는 방법에 의한 증자의 경우에만 권리락 조치를 한다.

나) 권리락 조치일

권리락 조치일은 배당락의 경우와 마찬가지로 보통거래의 결제시한을 감안하여 신주배정기준일 전일이 된다. 즉 신주배정기준일 2일 전(권리부)까지 해당 주식을 매수한 투자자는 신주인수권을 갖는다.

(사) 단기과열완화제도

1) 의의

특정 테마주(정치, 업종 등)에 대한 미확인된 정보 등이 시장에 확산되고 주가상승을 기대한 불특정 다수인이 관련 종목을 추종매매하면서, 단기간에 주가가 급등하였다가 급락하는 등의 단기과열 현상이 발생한다. 이 경우 테마주를 추종매매한 투자자가 피해를 입고 주가의 급등락에 따라 시장의 변동성이 커지는 등 시장에 부정적인 영향이 발생한다. 기존의 시장관리수단으로는 적절히 대응할 수 없었던 이러한 단기과열현상에 대응하기 위하여 단기과열완화제도가 도입(코넥스시장 미도입)되었다.[46]

단기과열종목의 지정 및 지정해제에 관하여는 유가증권시장 업무규정(규정38의2 및 106의2), 코스닥시장 업무규정(규정23의2)에서 규정하고 있다.

유가증권시장 및 코스닥시장의 상장주권 및 DR 중 단기과열종목 지정요건에 따라 적출되는 경우 가격안정화 등을 위하여 일정 기간 동안 단기과열종목으로 지정하고 30분 단위의 단일가매매를 시행한다. 다만 이미 단기과열종목으로 지정된 종목, 정리매매종목, 거래정지된 종목, 투자경고·위험종목 등은 단기과열종목 지정을 위한 요건을 산출하지 않는다(유가증권시장 업무규정106의2, 코스닥시장 업무규정23의2).

2) 단기과열종목의 지정과 지정해제

가) 유통주식수가 부족한 관리종목 등

(ㄱ) 대상종목

보통주식의 경우에는 관리종목(코스닥시장의 경우 투자주의환기종목 포함)으로 지정된 종목 중 유통주식비율이 상장증권 총수의 3%(코스닥시장의 경우 5%) 미만 또는 유통주식수가 30만주

---

46) 한국거래소(2019b), 120쪽.

미만인 종목이 대상이다. 종류주식의 경우에는 관리종목으로 지정된 종목 또는 상장주식수가 10만주 미만인 종목이 대상이다(시행세칙133①(1)(2), 코스닥시장 업무규정 시행세칙28의2①(1)(3)).

　코스닥 시장의 경우 자본감소, 주식병합 또는 회생절차 중 자본증감 등의 사유로 30매매거래일 이상 매매거래가 정지된 후 최근 6개월 이내에 매매거래가 재개된 종목 및 주식분산기준 미달로 관리종목으로 지정된 종목의 경우에도 적용된다(코스닥시장 업무규정 시행세칙28의2①(2)(4)).

　(ㄴ) 지정요건

　ⓐ 지정예고

　다음 3가지 요건 중 어느 하나를 충족한 날로서 당일 종가가 직전 매매거래일의 종가보다 높은 경우 해당 종목이 단기과열종목으로 지정될 수 있다는 사실을 그 다음 매매거래일에 예고할 수 있다(시행세칙133의2①(1)). 3가지 요건은 ⅰ) 주가상승률은 당일 종가가 직전 40매매거래일 종가 평균의 100분의 130 이상이어야 한다. ⅱ) 거래회전율은 당일을 포함한 최근 2일(종목의 매매거래일 기준) 일별 거래회전율 평균이 직전 40매매거래일 일별 거래회전율 평균의 100분의 600 이상이어야 한다. ⅲ) 주가변동성은 당일을 포함한 최근 2일(종목의 매매거래일 기준) 일별 주가변동성 평균이 직전 40매매거래일 일별 주가변동성 평균의 100분의 150 이상이어야 한다.

　ⓑ 지정

　단기과열종목으로 지정될 수 있다는 사실이 예고된 날부터 10매매거래일 이내에 위 지정예고 3가지 요건 중 어느 하나에 해당하는 경우에 지정된다(시행세칙133①). 해당 여부를 판단하는 날의 종가가 직전 매매거래일의 종가 및 지정예고일의 직전 매매거래일의 종가보다 높은 경우에 한한다.

　(ㄷ) 지정내용

　10매매거래일 간 정규시장의 매매체결방식이 접속매매 방식에서 30분 단위의 단일가매매 방식으로 변경되며, 시간외단일가매매의 경우에도 체결주기가 10분에서 30분으로 변경된다.

　(ㄹ) 지정해제

　지정기간(10매매거래일) 경과 후 다음 매매거래일에 자동적으로 지정이 해제되나, 지정해제일(10매매거래일) 종가가 지정일 직전 매매거래일의 종가의 120% 이상인 경우에는 해제일이 10매매거래일 연장될 수 있다(시행세칙134①②).

　나) 그 외의 일반 종목

　(ㄱ) 대상종목

　위에서 살펴본 유통주식수가 부족한 관리종목 등을 제외한 종목을 대상으로 한다(시행세칙133①(2)).

(ㄴ) 지정요건

ⓐ 지정예고

다음의 3가지 요건을 모두 충족한 날로서 당일 종가가 직전 매매거래일의 종가보다 높은 날("기준일")의 다음 매매거래일부터 10매매거래일 이내에 3가지 요건을 모두 재충족[47]하는 경우 해당 종목이 단기과열종목으로 지정될 수 있다는 사실을 그 다음 매매거래일에 예고할 수 있다(시행세칙133의2①(2)). 3가지 요건은 ⅰ) 주가상승률은 당일 종가가 직전 40매매거래일 종가 평균의 100분의 130 이상이어야 하고, ⅱ) 거래회전율은 당일을 포함한 최근 2일(종목의 매매거래일 기준) 일별 거래회전율 평균이 직전 40매매거래일 일별 거래회전율 평균의 100분의 600 이상이어야 하며, ⅲ) 주가변동성은 당일을 포함한 최근 2일(종목의 매매거래일 기준) 일별 주가변동성 평균이 직전 40매매거래일 일별 주가변동성 평균의 100분의 150 이상이어야 한다.

ⓑ 지정

단기과열종목으로 지정될 수 있다는 사실이 예고된 날부터 10매매거래일 이내에 위 지정예고 3가지 요건을 모두 충족하는 경우에 지정된다(시행세칙133①). 해당 여부를 판단하는 날의 종가가 직전 매매거래일의 종가 및 지정예고일의 직전 매매거래일의 종가보다 높은 경우에 한한다.

(ㄷ) 지정내용

3매매거래일 간 정규시장의 매매체결방식이 접속매매방식에서 30분 단위의 단일가매매방식으로 변경되며, 시간외단일가매매의 경우에도 체결주기가 10분에서 30분으로 변경된다.

(ㄹ) 지정해제

지정기간(3매매거래일) 경과 후 다음 매매거래일에 자동적으로 지정이 해제되나, 지정해제일(3매매거래일) 종가가 지정일 직전 매매거래일의 종가의 120% 이상인 경우에는 해제일이 3매매거래일 연장될 수 있다(시행세칙134①②).

(6) 시장 유동성 관리

(가) 개요

일반적으로 시장의 구조는 투자자의 주문에 의해 가격이 형성되는 주문주도형(Order-driven) 시장과, 시장조성자(Market Maker)가 제공하는 호가에 의해 투자자가 대응함으로써 매매거래가 이루어지는 호가주도형(Quote-driven) 시장으로 구분된다. 주문주도형 시장과 호가주도형 시장은 반드시 상반되는 것이 아니라 서로의 기능이 공존할 수 있으며, 두 기능이 공존하는 시장을 하이브리드(Hybrid) 시장이라 부른다. 대다수 거래소는 현재 하이브리드 시장의 형태로 운영되고 있으며, 거래소시장도 주문주도형 시장의 성격에 시장조성자(Market Maker) 제

---

47) 재충족 여부를 판단하는 날의 종가가 직전 매매거래일의 종가 및 기준일의 종가보다 높은 경우에 한한다.

도 및 유동성공급자(Liquidity Provider) 제도가 도입된 하이브리드 시장이다.[48]

(나) 시장조성자 제도

1) 의의

시장조성자(Market Maker)는 거래소가 금융투자회사와 시장조성계약을 체결하고 사전에 정한 종목에 대해 지속적으로 매도·매수 양방향의 호가를 제시하도록 하여 유동성을 높이는 제도이다. 시장조성자 제도는 호가 스프레드를 감소시키고 투자자가 원하는 시점에 즉시 거래가 형성될 가능성을 높이는 장점이 있다. 유동성이 낮은 종목은 특정 호가에 의해 가격이 급격히 변동할 수 있으나, 시장조성호가에 의해 불필요한 가격변동이 줄어들어 가격의 안정성도 개선될 수 있다.

거래소는 주식시장의 가격발견기능과 유동성을 높이기 위해 2016년부터 시장조성자 제도를 시행하고 있다. 시장조성자의 원활한 유동성공급을 위해 시장조성호가에 의한 거래는 증권거래세가 일부 면제된다. 다만 코넥스시장에서는 유동성공급자 지정이 의무화되어 있어(코넥스 업무규정17), 시장조성자 제도를 별도로 도입하고 있지 않다.

유동성공급자는 시장스프레드가 큰 경우에 호가제출의무를 갖는 수동적인 유동성공급기능을 하는 반면, 시장조성자는 시장조성스프레드를 의무요건 이내로 항시 유지할 의무를 갖는 적극적인 유동성공급기능을 담당한다.

시장조성자, 시장조성호가 유지의무, 시장조성자의 평가 등에 관하여는 유가증권시장 업무규정(규정20의9, 규정20의10, 규정20의11)과 코스닥시장 업무규정(규정12의7, 규정12의8, 규정12의9)에서 규정하고 있다.

2) 시장조성계약

시장조성자로 참여하는 회원과 거래소는 시장조성계약을 체결해야 한다. 매년 거래소는 시장조성 대상종목을 정하고, 시장조성자와 시장조성계약을 체결한다(시행세칙31의16①).

시장조성자는 다음과 같은 자격요건을 갖추어야 한다(업무규정20의9②, 시행세칙31의13①). 즉 ⅰ) 주권에 대하여 투자매매업 인가를 받은 결제회원이어야 하고, ⅱ) 최근 1년 이내에 시장조성 의무 불이행에 따른 벌점 누적으로 시장조성계약이 해지된 사실이 없어야 하며, ⅲ) 최근 1년 이내에 시장조성업무와 관련하여 증권관계법규 및 거래소 업무관련규정을 위반하여 형사제재 또는 과징금, 영업정지, 거래정지 또는 회원 제재금(5천만원 이상) 이상의 조치를 받은 사실이 없어야 하고, ⅳ) 시장조성을 위한 전산시스템을 구축하고 소속 임직원 중 시장조성 담당자를 지정하여야 하며, ⅴ) 시장조성 담당자가 최근 1년 이내에 증권관계법규 및 거래소 업무관련규정을 위반하여 형사제재를 받거나 과징금 또는 정직 이상의 조치를 받은 사실이 없어

---

48) 한국거래소(2019b), 132-133쪽.

야 한다.

3) 시장조성 대상종목

거래소는 매년 7월부터 다음 해 6월까지의 거래실적을 바탕으로 종목별로 연례 유동성 등급을 평가한다. 거래소가 양적 유동성(상장주식 회전율), 질적 유동성(유효스프레드) 등을 감안하여 시장조성 대상종목을 선정하면 시장조성자는 희망하는 종목에 대해 시장조성을 할 수 있다(시행세칙31의14①).

4) 시장조성의무

가) 시장조성의무의 원칙

시장조성자는 ⅰ) 정규시장 접속매매시간 중에 ⅱ) 매도와 매수 양방향에 ⅲ) 호가 금액이 매도와 매수 각각 시장조성계약에서 정한 최소호가유지금액 이상이 되도록 하여 ⅳ) 시장조성계약에서 정한 의무스프레드 이내에 시장조성호가를 유지하여야 한다(시행세칙31의17①).

나) 시장조성의무의 예외

다음과 같은 경우는 시장조성의무의 예외사유에 해당한다(시행세칙31의17②). ⅰ) 장개시 이후 3분 이내인 경우, ⅱ) 단일가매매 방법으로 가격이 결정되는 때의 호가접수시간인 경우, ⅲ) 해당 시장조성종목의 상한가에 매수호가만 있거나 하한가에 매도호가만 있는 경우, ⅳ) 해당 시장조성종목에 대한 시장조성호가를 통한 일중 거래금액이 일평균거래대금의 50%를 초과하는 때에는 그 시점부터 당일의 장종료시점까지의 경우, ⅴ) 해당 시장조성종목이 투자주의종목, 투자경고종목 또는 투자위험종목으로 지정된 경우, ⅵ) 해당 시장조성종목이 관리종목으로 지정된 경우, ⅶ) 해당 시장조성종목에 상장폐지사유가 발생한 시점부터 해당 사유의 해소 시점까지의 경우, ⅷ) 그 밖에 시스템 장애 등 시장조성호가를 제출하는 것이 곤란하다고 거래소가 인정하는 경우이다.

다) 시장조성호가의 양방향 유지의무의 예외

시장조성 의무시간 중에는 원칙적으로 양방향 시장조성호가 유지의무가 부과된다. 다만 시장조성자 주식포지션이 일방향으로 과다하거나, 일방향의 호가유지가 곤란한 경우 등에는 타방에 대해서만 유지의무를 부과한다(시행세칙31의18).

매수호가 유지의무가 면제되는 경우는 다음과 같다. ⅰ) 해당 시장조성종목에 대하여 보유잔고(차입하여 보유한 수량은 제외)가 상장주식수의 1000분의 2를 초과하거나 보유잔고 금액(직전의 가격과 차입하여 보유한 수량을 제외한 보유잔고를 곱한 금액)이 1억원을 초과하는 경우, ⅱ) 해당 시장조성종목의 상장주식수에서 시장조성자의 보유잔고를 뺀 수량이 최소호가수량에 미달하는 경우, ⅲ) 해당 시장조성종목의 최우선매도호가와 당일의 하한가와의 가격차이가 시장조성계약에서 정하는 의무스프레드 범위 이내인 경우이다.

매도호가 유지의무가 면제되는 경우는 다음과 같다. ⅰ) 시장조성자의 해당 시장조성종목에 대한 보유잔고가 최소호가수량에 미달하는 경우, ⅱ) 해당 시장조성종목의 최우선매수호가와 당일의 상한가와의 가격차이가 시장조성계약에서 정하는 의무스프레드 범위 이내인 경우이다.

라) 최소호가유지금액 및 의무스프레드 유지의무

시장조성자가 유지해야 하는 최소호가유지금액 및 의무스프레드는 종목별 유동성수준 등을 감안하여 시장조성계약에서 정하고 있다. 최소호가유지금액은 매도와 매수 각각에서 시장조성호가 잔량의 합산을 기준으로 적용한다. 또한 시장조성자는 시장스프레드가 의무스프레드 이내인 경우에도 시장조성호가를 의무스프레드 이내로 유지하여야 한다.[49]

(다) 유동성공급자제도

1) 의의

일부 매매거래가 부진한 종목은 주가가 불안정함에 따라 투자자의 신뢰가 저하되어 거래부진(유동성 부족) 현상이 더욱 심화될 수 있다. 이에 따라 거래소는 저유동성 종목의 원활한 가격형성을 도모하고자 상장법인과 회원 간 자율적 계약에 의해 회원이 해당 종목에 대해 지속적으로 매도·매수호가를 제시(유동성 공급)하도록 하는 유동성공급자(LP: Liquidity Provider) 제도를 운영하고 있다.[50]

코넥스시장의 경우 유동성이 낮은 시장 특성상 원활한 가격형성을 도모하기 위해 원칙적으로 지정자문업무를 수행하는 회원(지정자문인)이 해당 종목에 대한 유동성공급자 역할을 담당하도록 의무화하고 있다. 다만 지정자문인의 부담 완화를 위하여 상장 후 3년이 경과한 경우에는 거래량이 지나치게 낮은 경우(6개월 일평균 250주 미만)를 제외하고 유동성공급호가 제출의무가 소멸된다(코넥스시장 업무규정17 및 18).

유동성공급호가에 관하여는 유가증권시장 업무규정 제20의2부터 제20의9까지, 코스닥시장 업무규정 제12의2부터 제12의6까지 규정하고 있다.

2) 유동성공급 방법

회원은 상장법인과 LP 계약을 체결하여 해당 종목에 대해 계약기간 동안의 유동성공급 의무를 부담하고 이와 관련하여 상장법인으로부터 일정한 수수료를 지급받는다(시행세칙31의4①). LP는 시장에서 매도·매수 호가 간 가격차이가 큰 경우, 이를 축소시키는 방향으로 일정 수량 이상의 호가를 제시하여 투자자 주문에 대응한다.

가) LP 자격요건(유동성공급회원의 자격요건)

유동성공급호가를 제출할 수 있는 회원은 다음의 요건을 갖추어야 한다(업무규정20의2②).

---

49) 한국거래소(2019b), 136쪽.
50) 한국거래소(2019b), 137쪽.

ⅰ) 주권에 대하여 투자매매업 인가를 받은 결제회원이어야 하고, ⅱ) 유동성공급업무를 담당하는 직원을 정하여야 하며(코넥스시장은 해당없음), ⅲ) 유동성공급자 평가결과 3회 연속 가장 낮은 등급을 받은 경우(코넥스시장은 해당없음) 또는 유동성공급업무를 수행함에 있어서 증권관계법규 및 거래소의 업무관련규정을 위반하여 형사제재를 받거나 영업정지 또는 거래정지 이상의 조치를 받은 경우에는 그때부터 1년 이상이 경과하여야 한다.

나) LP 호가의무(유동성공급호가 제출의무)

(ㄱ) 제출의무

LP의 호가 제출의무는 기본적으로 해당 상장기업과의 유동성공급계약을 통해 정하고 있지만, 거래소는 해당 LP가 준수해야 할 최소한의 의무를 다음과 같이 정하고 있다.

(a) 호가제출의무

유가증권·코스닥시장의 경우는 호가 스프레드(최우선매도·매수호가의 차이)가 일정 비율(유가증권시장 3%, 코스닥시장 2% 이내에서 유동성공급계약에서 정한 비율) 이상 확대된 경우, 5분 이내에 이를 축소시킬 수 있는 매도·매수 양방향 호가 제출의무가 있다(유가증권시장 업무규정 20의4①(1), 코스닥시장 업무규정12의4①(1)).

코넥스시장의 경우는 장종료 1시간 전(통상 14시 30분)까지 체결이 없는 경우 10분 이내에 LP 매수·매도호가 간 스프레드 비율이 6% 이내가 되도록 양방향 호가 제출의무가 있다(코넥스시장 업무규정 시행세칙23의2①).

(b) 최소호가수량

유가증권·코스닥시장의 경우는 매매수량단위의 10배 이상으로서 당해 주권 상장법인과 유동성공급계약을 체결한 회원이 거래소에 신고한 수량 이상을 제출할 의무가 있다(유가증권시장 업무규정 시행세칙31의6④(1), 코스닥시장 업무규정 시행세칙12의6④(1)).

코넥스시장의 경우는 회원이 거래소에 신고한 수량 이상으로서 매매수량단위의 100배 이상이고 호가수량에 호가가격을 곱한 금액이 1백만원에 해당하는 수량 이상으로 하여야 한다(코넥스시장 업무규정 시행세칙23②).

(ㄴ) 제출의무면제

유가증권·코스닥시장의 경우 LP는 예외적으로 다음의 사유(코넥스시장은 별도 사유 있음)에 해당하는 경우에는 호가제출의무가 면제된다(유가증권시장 업무규정 시행세칙31의5, 코스닥시장 업무규정 시행세칙12의5). ⅰ) 호가스프레드 비율이 유동성공급계약에서 정한 범위 이내인 경우, ⅱ) 의무스프레드 비율 이내로 호가스프레드 비율을 축소시킬 수 있는 호가가격단위가 없는 경우, ⅲ) 단일가매매 호가접수시간 및 해당 시간 종료 후 5분이 경과되지 아니한 경우, ⅳ) 유동성공급계약에서 일정 수량 이상의 거래가 이루어진 후에는 호가제출의무를 면제한 경우, ⅴ)

해당기업의 LP 보유 지분율이 유동성공급계약에서 정한 수준 이상인 경우의 매수호가 등이다.

3) LP의 사후관리

거래소는 LP별로 유동성공급호가 제출의무의 이행 정도, 유동성공급호가 제출에 따른 당해 종목의 호가스프레드 개선 기여도, 유동성공급호가 제출의 적극성, 유동성공급업무와 관련한 증권관계법규 및 거래소 업무관련규정의 준수 여부에 대하여 매분기마다 평가하여 이를 공표할 수 있다(시행세칙31의9①(1)).

LP는 유동성공급계약의 체결, 당해 계약의 해지 그 밖에 계약내용의 중요한 변경이 있는 때에는 당해 계약체결 등의 효력이 발생하기 3매매거래일 전일까지 거래소에 통보하여야 한다(시행세칙31의4②).

4. 주권상장

여기서는 유가증권시장 상장규정("상장규정")을 중심으로 주요 내용을 살펴본다.

(1) 서설

(가) 한국거래소 증권시장

거래소는 증권시장을 유가증권시장 및 코스닥시장으로 구분하고 유가증권시장은 중대형 우량기업 중심으로, 코스닥시장은 중소형 벤처기업 중심으로 시장을 특화하여 운영하고 있다. 또한 코스닥시장 상장요건을 충족하지 못하는 중소벤처기업의 자금조달을 위해 코넥스 시장을 개설(2013. 7. 1)하여 자본시장을 이용한 기업의 단계적 성장을 뒷받침하고 있다.[51]

(나) 상장의 의의

상장(Listing)이란 주식회사가 발행한 증권이 거래소가 정하는 일정한 요건을 충족하여 유가증권시장, 코스닥시장, 코넥스시장에서 거래될 수 있는 자격을 부여하는 것을 말한다. 상장과 혼용되어 사용되고 있는 용어로 기업공개(IPO: Initial Public Offering)가 있는데, 이는 기업이 공모(모집 또는 매출)를 통하여 일반대중에게 발행주식을 분산시키고 기업의 재무내용 등 기업의 실체를 알리는 것으로서 상장 이전의 단계를 말한다.

(2) 상장절차

(가) 개요

상장을 준비하는 기업은 대표주관계약을 체결하고 금융감독원에 회계감사인 지정을 신청(상장 희망 사업연도의 직전사업연도 또는 당해사업연도)하여야 한다. 상장예비심사신청시 지정된 회계감사인의 감사보고서를 제출하여야 한다.

상장을 희망하는 기업은 유가증권시장 상장규정에 명시된 첨부서류를 대표주관회사 명의

---

51) 한국거래소(2019c), 「2020 유가증권시장 상장심사 가이드북」, 한국거래소(2019. 12), 12-13쪽.

의 상장예비심사신청 공문과 함께 제출하여야 한다. 상장예비심사신청서가 접수되면 거래소는 해당 사실을 보도자료와 홈페이지를 통하여 공개하므로 상장신청인은 사전에 거래소와 협의해야 한다. 유가증권시장에서는 상장예비심사신청서 접수 후 3일 이내에 심사결과 통보기한을 안내하고 있다.

상장을 준비하는 기업은 상장예비심사신청서 제출전 한국거래소에 표준코드를 신청하여 부여받아야 한다. 표준코드 신청 및 부여는 거래소 채권시장부에서 담당한다.[52]

(나) 상장예비심사의 절차

상장심사는 상장예비심사를 신청한 기업이 상장규정에 명시되어 있는 상장요건(형식적 및 질적 심사요건)을 충족하는지 검토하는 과정이며, 거래소는 질적 심사요건에 대하여 질적심사기준에 따라 상장심사를 진행한다.

상장신청인은 상장예비심사신청시점에 형식적 및 질적 심사요건을 모두 충족하여야 한다. 다만, 심사과정에서 경미한 미비사항에 한해서 개선 또는 보완할 수도 있다. 심사과정에서 개선 또는 보완된 사항은 경우에 따라 증권신고서에 그 내용을 명시하여야 하고 필요한 경우 상장 후 최장 1년간 사후관리 대상이 될 수도 있다.

1) 서류검토

상장심사는 상장신청인 및 대표주관회사가 제출한 상장예비심사신청서와 첨부서류의 검토로 시작된다. 거래소는 상장예비심사신청시 제출한 서류의 검토과정에서 의문점이 발견되면 심사자료를 추가로 요청할 수 있다.

2) 인터뷰 및 현지방문

심사기간 중 거래소는 상장신청인 및 대표주관회사와 수차례 인터뷰를 실시한다. 인터뷰 과정에서는 서류검토만으로 부족한 점을 보완하고 추가적인 설명을 듣기도 한다. 상장신청인의 부담을 최소화하기 위하여 전화인터뷰로 대체하고 있으나, 필요한 경우 상장신청인이 거래소를 방문하여 회의를 진행하기도 한다.

심사를 진행하면서 주요 심사 포인트가 결정되면 거래소는 해당 이슈에 대하여 대표주관회사와 상장신청인에게 상장적격성 확인서한(Comment Letter)을 발송하여 상장신청인의 구체적인 의견을 요청한다. 이때 상장신청인과 대표주관회사는 주요 심사포인트에 대한 입장을 서면 또는 전자우편으로 제출할 수 있으며, 이는 상장신청인의 공식적인 의견으로 간주되므로 신중하게 작성하여야 한다. 확인서한(Comment Letter)은 필요한 경우 여러 번에 걸쳐 발송되기도 한다.

거래소는 상장신청인의 생산시설 등을 확인하고, 검토가 필요한 서류 등을 상장신청인의 본사와 공장에서 직접 확인하기 위하여 현지방문을 실시한다. 그러나 상장신청인의 생산시설

---

52) 한국거래소(2019c), 27쪽.

이 단순하고 사업내용이 일반적으로 많이 알려져 있어 확인이 필요 없거나, 심사서류 검토와 면담과정을 통하여 충분히 심사가 진행된 경우에는 현지방문이 생략되기도 한다.[53]

3) 상장공시위원회 심의

거래소는 상장공시위원회의 심의를 거쳐 상장예비심사 결과를 확정한다(상장규정22④). 주권상장법인을 자회사로 하는 지주회사 중 일정요건을 충족하는 지주회사(상장규정31②)와 공공적 법인(상장규정18(9)), 우량 외국기업의 2차 상장(적격 해외증권시장 상장 5년 경과)(상장규정53②) 등은 공익과 투자자 보호를 위하여 상장이 필요하다고 인정되는 경우 상장공시위원회 심의를 거치지 않을 수 있다.

4) 상장예비심사 결과의 통지와 효력 상실

거래소는 상장예비심사신청서를 접수한 날부터 45일(영업일 기준) 이내에 상장예비심사 결과를 해당 상장예비심사신청인과 금융위원회에 서면으로 알린다(상장규정22①). 그러나 상장예비심사신청서 또는 첨부서류의 정정·보완이 필요하거나 그 밖에 추가적인 심사가 필요한 경우에는 통지기한을 연장할 수 있다. 이 경우 거래소는 그 사유와 예상처리기한을 명시하여 상장예비심사신청인에게 서면으로 알린다(상장규정22②).

거래소는 상장예비심사 결과를 통지한 후에 다음의 어느 하나에 해당하는 사유가 생겨 상장예비심사 결과에 중대한 영향을 미친다고 판단하는 경우에는 그 상장예비심사 결과의 효력을 인정하지 않을 수 있다(상장규정23①). 즉 ⅰ) 발행한 수표 또는 어음의 부도, 영업활동의 정지, 재해 또는 과대한 손실의 발생, 다액의 고정자산의 매각, 소송의 제기, 최대주주 및 임원(집행임원 설치회사의 경우에는 집행임원 포함)의 변경, 합병, 분할·분할합병(물적분할에 의한 분할·분할합병 포함), 영업의 양도·양수, 주요 자산의 임대 또는 경영위임의 결의 등 경영상 중대한 사실이 생긴 경우, ⅱ) 투자자 보호에 중요한 사항이 상장예비심사신청서에 거짓으로 적혀 있거나 빠져 있는 사실이 발견된 경우, ⅲ) 국내회계기준 위반으로 증권선물위원회로부터 검찰 고발, 검찰통보, 증권발행 제한 또는 과징금 부과 조치를 받은 경우(외국기업인 때에는 외국회계기준과 본국 감독당국의 조치), ⅳ) 투자설명서, 예비투자설명서, 간이투자설명서의 내용이 상장신청서와 다른 경우, ⅴ) 상장예비심사 결과를 통지받은 날부터 6개월 이내에 신규상장신청서나 재상장신청서를 제출하지 않은 경우(다만, 상장신청인이 유가증권시장의 상황 급변 등 불가피한 사유로 제출기한의 연장을 요청하여 거래소가 승인하는 경우에는 6개월 이내에서 제출기한을 연장할 수 있다), ⅵ) 상장예비심사신청일부터 상장일 전일까지 제3자배정방식으로 신주를 발행하는 경우 등이다.

5) 최근 사업연도 변경에 따른 상장심사

상장예비심사신청 후 주권 상장일 전까지 사업연도가 바뀌어 해를 넘기게 되면 거래소는

---

53) 한국거래소(2019c), 28-29쪽.

상장심사의 연장선상에서 상장신청인의 상장적격성을 훼손하는 사유가 발생하였는지를 확인한다. 최근 사업연도가 변경되었으므로 상장신청인은 주주총회 등을 통해 재무제표가 확정된 경우 재무제표 및 감사보고서를 거래소에 제출하여야 하며, 거래소는 상장예비심사 신청시점에 검토하였던 형식적 심사요건 충족 여부를 변경된 최근 사업연도 기준으로 재확인한다. 이는 신규상장 및 재상장 등 예비심사제도가 있는 모든 상장심사의 대전제로써 예비심사 시점부터 본신청까지 기업의 기본적인 상장요건이 유지되어야 함을 의미한다.[54]

(다) 증권의 공모

상장예비심사가 승인되면 공모를 거쳐 주권이 거래소에 상장된다. 공모 과정은 대표주관회사의 주도하에 진행되며, 거래소에 공모 일정 등 진행상황을 통지한다. 거래소는 공모 후 분산요건 등을 충족하였는지, 상장예비심사결과 통지 후 경영상의 중대한 사실이 발생하였는지를 검토하고 최종적으로 신규상장을 승인한다. 유가증권시장 상장시 분산요건을 이미 충족하여 공모절차 없이 상장을 진행하는 경우에는 거래소 상장규정에 따른 상장명세서를 제출하여야 한다.

1) 증권신고서 등의 제출

가) 개요

상장예비심사 승인을 받은 상장신청인은 증권신고서를 금융위원회에 제출하여야 한다. 증권신고서는 모집 또는 매출하는 증권의 내용과 증권의 발행인에 관한 사항을 일정한 형식에 따라 작성한 서류로, 청약권유의 기초가 되는 공시서류이다.

금융위원회는 증권시장에 처음으로 진입하는 기업에게 공모하는 증권에 대한 일정한 공시의무를 부과하고 있다. 이는 투자자에게 증권발행기업에 관한 정보를 공시하고, 투자판단에 필요한 기초정보를 제공하기 위해서이다.

기재사항에 허위의 내용이 있거나 중요한 사항이 누락된 경우 발행인, 대표주관회사, 회계법인 등은 소송의 대상이 되어 손해배상책임을 부담할 수 있다(법125①). 대표주관회사 등은 Due-Diligence의 내용과 외부감사인의 의견, 변호사의 법률 검토의견 등을 기초로 상장신청인이 작성한 증권신고서의 기재내용을 검토한다. 외국주권 상장신청인이 국내에서 증권을 발행하고자 하는 경우 외국환거래규정에 따라 기획재정부에 증권발행 신고를 하여야 하며, 일반적으로 증권신고서 제출 이전에 신고절차를 완료하고 있다.

나) 증권신고서 기재사항

증권신고서에는 모집 또는 매출에 관한 사항과 발행인에 관한 사항을 기재한다(영125①). 모집 또는 매출에 관한 사항은 ⅰ) 모집 또는 매출에 관한 일반사항, ⅱ) 모집 또는 매출되는

---

54) 한국거래소(2019c), 34-36쪽.

증권의 권리내용, iii) 모집 또는 매출되는 증권의 취득에 따른 투자위험요소, iv) 모집 또는 매출되는 증권에 대한 인수인의 의견(인수인이 있는 경우만 해당), ⅴ) 자금의 사용목적, ⅵ) 그 밖에 투자자를 보호하기 위하여 필요한 사항 등이다(영125①(2)).

발행인에 관한 사항은 회사의 개요, 사업의 내용, 재무에 관한 사항, 회계감사인의 감사의견, 이사회 등 회사의 기관 및 계열회사에 관한 사항, 주주에 관한 사항, 임원 및 직원에 관한 사항, 이해관계자와의 거래내용, 그 밖에 투자자를 보호하기 위하여 필요한 사항 등이다(영125①(3)).

다) 정정신고서

금융위원회는 증권신고서에 형식상 불비가 있거나 중요한 사항의 기재가 불충분하다고 인정한 때에는 그 이유를 제시하고 정정신고서의 제출을 명할 수 있다(법122①). 또한 증권신고서 제출인도 청약일 개시 전에 신고서의 기재사항에 변경이 있는 때에는 정정신고서를 제출할 수 있다(법122③).

정정신고서가 제출된 때에는 그 정정신고서가 수리된 날에 당해 증권신고서가 수리된 것으로 본다. 정정신고서를 제출하는 경우 예비투자설명서와 투자설명서도 동일하게 정정되어야 하며, 이 경우 거래소에 그 정정내용을 통보하여야 한다.

공모가액이 확정되는 경우에도 확정된 공모가액과 수요예측 결과 등을 추가로 기재한 정정신고서를 제출하여야 하며, 정정신고서는 처음 제출한 증권신고서의 효력발생에 영향을 미치지 않는다.

라) 예비투자설명서 제출

증권을 모집 또는 매출하고자 하는 기업은 증권신고서가 수리된 후 그 효력이 발생되기 전에 예비투자설명서를 작성하여 당해 증권의 청약을 권유하는데 사용할 수 있다. 예비투자설명서를 사용하기 위해서는 예비투자설명서를 증권신고서와 함께 제출하여야 한다. 증권신고서의 효력이 발생될 때까지 증권신고서의 기재사항에 변경이 없는 경우에는 예비투자설명서를 투자설명서로 사용할 수 있다.

마) 효력발생

증권신고서는 금융위원회가 이를 수리한 날로부터 15일이 경과하면 그 효력이 발생한다(시행규칙12①). 증권신고서의 효력이 발생하면 발행회사는 투자설명서를 발행회사의 본점과 지점, 금융위원회, 거래소, 청약사무를 취급하는 장소에 비치하여 일반인에게 열람하게 하고(법129) 청약자의 요구가 있는 경우 투자설명서를 교부하여야 한다(법124①).

증권신고서의 효력이 발생하고 투자설명서의 비치와 교부가 완료되면 증권의 발행인, 매도인과 그 대리인은 청약절차에 들어가게 된다.

바) 투자설명서 제출

투자설명서는 증권의 청약을 권유할 때 일반투자자에게 제공하는 투자권유문서이며, 증권신고서 효력 발생 후 모집 및 매출의 조건이 확정된 경우 일반투자자에게 청약의 권유 및 승낙을 위하여 이용하는 청약권유문서이다.

예비투자설명서는 증권신고서 수리 후 효력발생 전에 청약권유를 위하여 사용하는 것인데 비해, 투자설명서는 증권신고서가 수리되어 효력이 발생한 후 사용하는 투자권유문서이다.

투자설명서에는 증권신고서에 기재된 내용과 다른 내용을 표시하거나 그 기재사항을 누락하여서는 아니 된다(법123②). 발행인은 투자설명서를 작성하여 발행회사의 본·지점뿐만 아니라 금융위원회, 거래소 및 청약사무를 취급하는 장소에 비치하고 일반인들이 열람할 수 있도록 하여야 한다(법129).

투자설명서에는 예비투자설명서의 기재사항에 증권신고서의 효력발생일 및 확정공모가액을 추가 기재하여야 한다. 또한 청약개시일까지 당해 증권신고서의 기재사항 중 일부가 변경될 수 있다는 것과 금융위원회가 증권신고서의 기재사항이 진실 또는 정확하다는 것을 인정하거나 당해 증권의 가치를 보증 또는 승인하는 것이 아니며, 청약일 전에 정정될 수 있다는 내용을 기재한다.

사) 공모희망가격 산정

상장에 있어서 공모가격의 결정은 매우 중요한 사항 중의 하나로, 먼저 대표주관회사가 회사의 가치를 가장 적절하게 평가할 수 있는 분석방법을 사용하여 공모희망가격을 밴드로 제시한다. 과거에는 금융투자협회의 「증권 인수업무 등에 관한 규정」에서 공모가 산정방법을 정의하고 있어 비교적 정형화된 방법으로 산정하였으나, 현재는 대표주관회사가 회사의 가치를 적절히 평가할 수 있도록 공모가 산정방법이 자율화되었다.

아) 주요 Valuation 방법 및 할인율

대표주관회사는 Due-Diligence 실시 후 다양한 방법으로 회사의 가치를 평가하여 적정가격을 산정하고, 상장신청인과 협의된 적절한 할인율을 반영하여 공모희망가격(밴드)을 결정한다.

2) IR과 수요예측

가) IR(Investor Relations)

기업설명회(IR)는 주주, 투자자, 애널리스트 등에게 회사의 사업내용, 경영전략, 장래비전 등에 관한 정보를 제공함으로써 기업의 이미지를 향상시키고 시장으로부터 적절한 평가를 받기 위하여 실시한다. 궁극적으로는 주식시장과 회사와의 신뢰관계를 구축하기 위한 것으로 상장 이후에도 정기적으로 IR을 개최하기도 한다.

일반적으로 기업공개 및 신규상장과 관련하여 실시하는 IR은 증권신고서 효력발생 이후 수요예측 실시 전까지 약 1주일간 집중적으로 실시한다. 기업은 독자적으로 IR을 실시할 수 있으며, 대표주관회사 또는 IR을 전문적으로 지원하는 회사(IR 대행업체) 등과 협의하여 실시할 수도 있다. 이때 대표주관회사 또는 IR 대행업체의 역할은 기관투자자, 애널리스트 등 핵심투자자를 선정하여 초청하고, IR과 관련한 전문적인 도움을 주게 된다. 거래소 역시 상장예정기업이 요청하는 경우에 IR 개최장소와 설비 등을 지원한다.

IR은 그 규모에 따라 1:1 IR, 소규모 IR, 대규모 IR 등으로 구분할 수 있다. 1:1 IR은 국내외 대형 자산운용회사, 투자신탁회사 등 약 10여개 대형 기관투자자를 개별 방문하여 IR을 실시하는 것이다. 반면에 소규모 IR은 중소형 기관투자자, 은행, 투자매매업자, 투자중개업자, 보험사 및 업종 애널리스트를 대상으로, 대규모 IR은 일반투자자 등 불특정 다수를 대상으로 실시되는 것이다.[55]

나) 수요예측(Book Building)과 공모가격 결정

수요예측이란 주식을 공모함에 있어 인수가격을 결정하기 위하여 대표주관회사가 발행주식의 공모희망가격(밴드)을 제시하고, 그에 대한 수요상황(가격 및 수량)을 파악하는 것을 말한다(증권 인수업무 등에 관한 규정2(7)).

수요예측은 공모주식 중 우리사주조합 배정분과 일반청약자 배정분을 제외한 기관투자자 배정분을 대상으로 실시하며, 「증권 인수업무 등에 관한 규정」에서 정하는 기관투자자가 수요예측에 참여할 수 있다.

기관투자자는 일반투자자에 비해 정보 수집력과 분석능력이 우수하므로 대표주관회사가 제시한 공모희망가격의 적정성을 일반투자자를 대신하여 검증할 수 있다. 따라서 대표주관회사와 발행회사는 이러한 수요예측 결과를 감안하여 최종적인 공모가격을 결정하게 된다. 다만, 증권 인수업무 등에 관한 규정에 의하면 상장 이후 1개월 이상의 기간 동안 일반 청약자에 대한 환매청구권(풋백옵션) 부여를 전제로 단일가격(주관사와 발행인의 협의하에 단일가격 설정) 방식 적용도 가능하다(증권 인수업무 등에 관한 규정10의3②(1)).

3) 청약과 납입

가) 청약

대표주관회사는 증권신고서 제출 후 청약일 전까지 증권신고서와 함께 제출한 투자설명서(예비투자설명서, 간이투자설명서 포함)의 내용에 따라 발행회사, 대표주관회사 및 인수회사 전원의 연명으로 청약 안내를 공고한다.

증권신고서 효력발생 후 약 2일간 대표주관회사와 인수회사는 실명확인 절차를 거쳐 사전

에 투자자에게 공시한 기준에 따라 청약을 접수한다.

대표주관회사 및 인수회사는 청약의 불이행을 방지하기 위하여 청약자로부터 일정률의 증거금을 받는 것이 일반적이며, 청약증거금률은 시장상황, 공모주식수 등에 따라 자율적으로 정하고 있다. 청약증거금은 발행회사별로 청약증거금임을 표시하여 금융투자회사 또는 은행에 별도로 예치하여야 하며, 이를 담보로 제공하는 것은 금지된다.

나) 배정

대표주관회사는 청약마감 후 청약결과를 집계하여 자체 배정기준에 따라 배정한다. 인수회사로부터 제출받은 청약단위별 집계표, 청약자별 명세서, 배정내역 등과 자체 청약결과를 종합하여 이중 청약자를 검색하고 인수회사별로 배정내역을 점검한다.

대표주관회사는 당해 공모와 관련하여 발행회사 또는 인수회사에 용역을 제공하는 등 발행회사 또는 인수회사와 중대한 이해관계가 있는 자에 대해서는 공모주식을 배정할 수 없다(증권 인수업무 등에 관한 규정9).

대표주관회사는 발행회사와 협의하여 공모예정주식을 초과하여 발행할 수 있는 초과배정옵션제도를 이용하여 시장상황에 따라 공모규모를 조절할 수도 있다(증권 인수업무 등에 관한 규정10).

다) 납입

청약자별로 배정주식수가 확정된 후 대표주관회사 및 인수회사는 청약자의 납입금액을 청약증거금에서 대체시키고 초과청약증거금은 각 청약자에게 환불한다. 반대로 청약증거금이 납입예정금액보다 적은 경우 청약자는 그 미달금액을 추가로 납입하여야 하며, 미납입된 청약분은 인수회사가 자기의 계산으로 인수하여야 한다(증권 인수업무 등에 관한 규정8②③). 대표주관회사가 주금을 납입한 후 납입은행으로부터 주금납입증명서를 발급받아, 이를 발행회사에 인계함으로써 납입절차는 완료된다.

라) 증자등기 및 증권발행실적 보고

주금납입이 완료되면 발행회사는 주금납입증명서와 인수회사의 주식청약서, 총액인수 및 매출계약서 사본, 정관, 이사회의사록 사본 등을 첨부하여 납입일 익일부터 2주 이내에 본점소재지 관할 등기소에 자본금변경 등기를 하여야 한다(상법317②(2)(3) 및 상법317④). 그러나 신속한 상장을 위해서는 납입일 익일에 변경등기를 완료하는 것이 바람직하다.

납입절차가 완료되면 발행회사는 지체 없이 금융위원회에 증권발행실적보고서를 제출하고(법128) 그 사본을 거래소에 제출하여야 한다.

(라) 신규상장

공모를 마친 기업은 신규상장신청서를 거래소에 제출한다. 거래소는 주식분산요건 등 상장예비심사단계에서 확인되지 않은 사항과 명의개서대행계약 체결 여부, 주금납입 여부 등을 확인한다. 또한 신규상장심사 시점을 기준으로 상장요건 충족 여부를 다시 검토한다. 상장신청인의 영업, 경영환경 등에 중대한 변화가 발생하지 않았다면 공모를 통한 주식분산요건 충족 여부만 추가로 확인하고 있다. 다만, 상장예비심사신청시점과 신규상장 신청시점의 사업연도가 다르다면 신규상장 신청시점에서 최근 사업연도의 확정된 재무제표를 기준으로 상장요건 충족 여부를 재검토하여야 한다.

거래소는 상장신청서를 접수한 후 지체 없이 신규상장승인 여부를 신규상장신청인 및 관계기관에게 통보한다.

상장을 준비하는 기업은 거래소로부터 두 번의 심사를 받아야 한다. 상장예비심사는 상장자격에 대한 심사를 뜻하며, 신규상장심사는 분산요건 충족 여부 등의 심사를 말한다. 상장예비심사를 통과한 기업이 공모를 통하여 주식분산 요건을 충족하게 되면 신규상장을 신청하게 되고, 거래소는 최종적으로 신규상장심사를 진행한다.

신규상장신청은 상장예비심사 승인 후 짧게는 6주, 길게는 6개월이 소요되고, 증시급변 등 예외적 사유로 인해 거래소로부터 상장심사 승인효력 연장을 승인받는다면 최대 1년이 소요될 수도 있다. 신규상장 시기는 상장예비심사 승인기업이 기한 내에서 자율적으로 결정하고 있으므로, 상장예비심사 승인시점에서는 정확한 시기를 알 수 없다.[56]

(3) 상장을 위한 준비사항

(가) 감사인 지정신청

1) 신청의 필요성

주식회사의 외부감사에 관한 법률("외부감사법")상 감사인 선임은 계약자유의 원칙에 따라 이루어지나, 투자자 보호를 위해 공정한 감사가 필요하다고 인정되는 경우 증권선물위원회에서 지정하도록 되어 있다.

공정한 감사가 필요하다고 인정되는 경우는 외부감사법에서 나열하고 있는데(외부감사법 시행령14⑥), 해당 사업연도 또는 다음 사업연도 중에 상장예정인 기업도 공정한 감사가 필요한 기업에 해당된다. 따라서 거래소에 상장하고자 하는 국내기업은 상장을 희망하는 당해연도 또는 그 전년도에 감사인 지정을 신청하여야 한다.

2) 신청방법

감사인 지정 실무는 금융감독원 회계제도실에서 담당하고 있다. 상장을 준비하는 기업은 1회에 한하여 감사인의 재지정을 요청할 수 있으며, 재지정 이후에는 지정요청 철회가 불가능하다. 금융감독원은 감사인 지정신청 접수 후 다음 달 2주 이내에 감사인 지정결과를 통보하고

---

56) 한국거래소(2019c), 47쪽.

있다.

(나) 대표주관회사 선정

1) 대표주관회사의 역할

대표주관회사는 기업의 성공적인 IPO와 상장을 위한 서비스를 제공한다. 대표주관회사의 IPO 업무와 관련한 대표주관계약, 공모가격 결정 등 전반적인 규제사항은 「증권 인수업무 등에 관한 규정」에서 정하고 있으므로 대표주관회사 선정 및 IPO 진행과 관련하여 참고할 수 있다.

대표주관회사는 Due-Diligence(기업실사) 과정에서 상장을 희망하는 기업의 상장적격성, 주식가치 등을 검토하고 상장을 희망하는 기업과 인수조건 등을 결정한다. 또한 인수와 청약업무를 총괄하여 관리하고, 기타 주식인수와 관련하여 필요한 업무를 수행한다. 대표주관회사의 역할은 구체적으로 다음과 같다. ⅰ) 상장신청인의 경영실적, 영업 관련 사항 등에 대한 자료 확인과 현지조사, ⅱ) 상장신청인의 재무, 회계 등에 대한 지도와 점검, ⅲ) 상장요건과 관련한 협의와 지도, ⅳ) 증권신고서 기재내용 점검 등에 관한 사항, ⅴ) 상장 관련 진척 사항의 정기 점검과 상장 관련 서류의 작성 지원, ⅵ) 주식분석, 수요예측, 공모가격 협의, ⅶ) 공모와 청약 사무 주관 등이다.[57]

2) 대표주관회사의 자격 제한

증권 인수업무 등에 관한 규정은 대표주관회사의 Due-Diligence의 공정성을 높이기 위하여 상장을 희망하는 기업과 특별한 이해관계가 있을 것으로 판단되는 금융투자회사는 단독으로 대표주관회사가 될 수 없도록 규정하고 있다. 즉 주관회사(이해관계인 포함)가 상장신청인의 주식등을 5% 이상 보유하고 있는 경우에는 다른 금융투자회사와 공동으로 하여야 한다. 다만, SPAC, 외국기업이 발행하는 주식은 제외한다. 여기서 이해관계인은 당해 회사의 임원, 최대주주, 주요주주, 계열회사 및 그 임원, 이해관계인의 배우자 및 직계존속을 말하고, 주식등이란 주권, 신주인수권증권, 전환사채권, 신주인수권부사채권, 교환사채권, 파생결합증권 등을 말한다(증권 인수업무 등에 관한 규정6①). 다만 주식등의 취득일이 상장예비심사청구일 이전이고, 해당 주식등을 한국예탁결제원에 의무보유등록하겠다는 확약서를 협회에 제출한 경우 보유비율 5% 산정대상 주식에서 제외된다(증권 인수업무 등에 관한 규정6⑤).

(다) 기업시스템 정비 등

1) 정관 개정

상장을 준비하는 기업은 상장요건에 적합하도록 정관의 사전정비를 해야 할 필요가 있다. 유가증권시장에 상장을 희망하는 기업은 한국상장회사협의회에서 제공하는 상장기업 표준정관을 참고할 수 있다.

---

57) 한국거래소(2019c), 62-63쪽.

가) 수권주식수

상장기업은 공모 및 상장 후 증자과정에서 발행주식총수가 증가할 수 있으므로 수권주식수를 조정하여 주식의 추가발행이 용이하도록 해야 한다. 수권주식수를 결정할 때에는 상장을 위한 공모와 상장 후 유상증자, 주식배당 등을 고려하여 충분한 수량이 확보되도록 하여야 한다.

나) 1주의 금액(액면가)

주식은 정관으로 정하기에 따라 액면주식 또는 무액면주식으로 발행할 수 있다. 액면주식을 발행할 경우 주식은 1주당 자체의 금액을 가지며, 그 합계로서 자본을 구성한다. 따라서 액면주식은 자본금의 분수적 지분으로서의 의미를 가진다. 이러한 1주의 금액을 액면가라 하는데, 이는 정관에 기재되어야 하고 모든 주식에 대해 균일하여야 한다(상법329②). 따라서 액면가에 발행주식 총수를 곱하면 자본금이 산출된다(상법451). 액면가는 자본금의 구성단위가 된다는 의미에서의 추상적인 가격이므로, 실제 주식을 발행하면서 회사가 주식의 인수 대가로 제시하는 발행가와는 구별된다. 무액면주식을 발행하는 경우(상법329①) 1주의 금액은 없다.

공모가격과 상장주식수를 고려하여 액면가액을 조정할 수 있다. 정관으로 정한 경우에는 무액면주식을 발행할 수 있으며, 액면주식을 발행한 경우에는 액면가액이 100원 이상이어야 한다. 액면가액이 5,000원 이하인 경우에는 100원, 200원, 500원, 1,000원, 2,500원, 5,000원이 가능하며, 액면가액이 5,000원 초과시는 1만원 배수(10,000원, 20,000원 등)로 1주의 금액 결정이 가능하다.

액면가액이 커서 공모가격이 높고 상대적으로 상장주식수와 유동주식수가 적다고 판단되는 경우, 액면분할을 통하여 공모가격을 낮추고 유동주식수를 늘리는 것을 고려할 필요가 있다.

다) 신주인수권 제한

주주의 신주인수권이란 회사가 신주를 발행할 경우에 주주가 각자 가진 주식수에 비례하여 신주를 인수할 수 있는 권리를 말한다(상법418①). 그러나 주주들이 회사의 새로운 자금수요를 충족시키지 못해 자력있는 출자자를 확보하여야 할 경우도 있고, 시장확보나 기타 경영전략상 다른 기업과 투자 제휴를 하거나 주주기반을 다양화할 필요가 생길 수도 있다. 상법은 "정관에 정하는 바에 따라 주주 외의 자에게 신주를 배정할 수 있다"고 규정하여(상법418②), 주주의 신주인수권을 정관을 제한할 수 있도록 하였다.

따라서 정관에 주주의 신주인수권을 제한할 수 있는 조항을 두어야만 일반투자자를 대상으로 신주를 모집하거나 우리사주조합에 우선 배정이 가능하다.

라) 주주총회 소집공고

상장회사가 주주총회를 소집하는 경우 의결권 있는 발행주식총수의 1% 이하의 주식을 소유하는 주주에게는 정관으로 정하는 바에 따라 주주총회일의 2주 전에 주주총회를 소집하는 뜻과 회의의 목적사항을 2개 이상의 일간신문에 각각 2회 이상 공고하거나 금융감독원 또는 거래소가 운용하는 전자공시시스템에 공고함으로써 소집통지를 갈음할 수 있다(상법542의4①, 상법 시행령31②). 따라서 상장을 준비하는 기업은 이러한 사항을 정관에 기재해야 한다.

마) 명의개서대리인

명의개서는 회사가 함이 원칙이나 정관이 정하는 바에 의하여 명의개서대리인을 둘 수 있다(상법337②). 명의개서대리인이란 회사를 위하여 명의개서사무를 대행하는 자이다. 명의개서 대리인제도는 명의개서를 전문으로 하는 자에게 동업무를 위임하여 주식사무의 효율성을 확보하기 위한 제도이다. 자본시장법상으로는 명의개서대리인(명의개서대행회사)은 명의개서의 대행 외에 배당·이자 및 상환금의 지급을 대행하는 업무와 증권의 발행을 대행하는 업무를 영위할 수 있다(법366).

상장기업은 상장규정에 의하여 명의개서대리인에게 주식사무를 대행하도록 하고 있으므로(상장규정81①), 명의개서대리인을 선임한다는 사실을 정관에 기재하여야 한다. 명의개서대리인의 자격은 한국예탁결제원 및 자본시장법에 따라 금융위원회에 등록한 주식회사에 한하여 주어진다(법365①②). 현재 예탁결제원. 하나은행, 국민은행이 동업무를 수행하고 있다.

바) 주식매수선택권 부여

주식매수선택권(스톡옵션)이란 회사의 임원 또는 직원에게 장래 일정한 시기에 이르러 예정된 가격에 회사가 보유하고 있는 자기주식 또는 새로이 발행되는 신주를 취득 또는 인수를 포기할 수 있는 권리를 부여하는 제도이다. 상장법인은 주식매수선택권 부여대상의 확대와 부여절차의 간소화 혜택을 누리기 위하여 정관에 주식매수선택권 부여와 관련한 내용을 기재하여야 한다.

사) 신주의 배당기산일

상장법인은 유상증자, 무상증자, 주식배당에 의하여 신주를 발행할 경우 신주에 대하여 구주와 동일한 배당기산일이 적용되도록 이에 관한 조항을 정관에서 정하여야 한다. 주식의 종류별로 배당기산일이 다른 경우에는 그 사유가 해소될 때까지 당해 주권의 증권시장 상장이 유예된다(상장규정24②(2)).

2) 공시체계 정비

상장법인은 제반 법규상의 공시의무 이행을 위하여 적절한 공시체계를 갖추어야 한다. 즉 영업 및 생산활동에 관한 사항, 재무구조에 변경을 초래하는 사항, 기업경영활동에 관한 사항 등 주요경영사항(유가증권시장 공시규정7①, 이하 "공시규정")을 관리하고 공시하는 기능을 담당하는 조직을 설치하여야 한다.

상장법인은 1명의 공시책임자 및 2인 이상(직원수 300인 미만인 경우 1명)의 공시담당자를 지정하여 거래소에 등록해야 한다. 공시책임자 및 공시담당자는 신규상장일이 속하는 반기의 다음 반기말까지 공시와 관련한 교육을 이수해야 한다(공시규정88, 유가증권시장 공시규정 시행세칙24, 이하 "시행세칙").

(라) 내부통제시스템 정비

1) 이사회 및 감사

상장예비심사를 신청한 기업은 아직 상장된 것이 아니므로 상장법인에 요구되는 사외이사와 상근감사의 선임이 의무사항은 아니지만, 기업지배구조의 투명성 확보 등을 위하여 사외이사 및 상근감사 선임을 하는 것이 권고된다. 상장 전에 상법상 규정된 사외이사와 상근감사를 선임할 경우 상장심사 과정에서 기업지배구조의 투명성에 대해 긍정적인 평가를 받을 수 있다.[58]

2) 사외이사 선임

국내 상장법인은 이사 총수 1/4 이상의 사외이사를 선임하여야 한다. 또한 최근 사업연도말 현재 자산총액이 2조원 이상인 상장법인은 3인 이상의 사외이사를 선임하되, 이사 총수의 과반수 이상을 사외이사로 선임하여야 한다. 거래소에 신규로 상장하는 기업은 상법에 따라 상장 후 최초로 소집되는 정기주주총회까지 사외이사를 선임하여야 한다(상법542의8①, 상법 시행령34①(3)). 다만 지주회사의 경우에는 상법의 규정에도 불구하고 상장규정상 신규상장일 전까지 사외이사를 선임하도록 하고 있다(상장규정29①(8)).

사외이사가 사전에 미리 선임되어 이사회 운영 참가, 의견 개진 등 충분한 역할을 지속적으로 수행해 올 경우 상장심사과정에서 바람직한 지배구조를 갖춘 것으로 간주될 수 있다. 따라서 상장을 준비하는 기업은 투자자 신뢰 제고 등을 위해 일반적으로 상장공시위원회 심의 전까지는 사외이사를 선임하고 있다.

3) 상근감사 선임 및 감사위원회 구성

감사는 회사의 업무감사 및 회계감사를 직무로 하는 주식회사의 필요적 상설기관이다. 다만 자본금의 총액이 10억원 미만인 회사의 경우에는 감사를 선임하지 아니할 수 있다(상법409④). 감사에는 상근감사와 비상근감사가 있으며, 양자의 권한과 지위에는 차이가 없다.

최근 사업연도말 현재 자산총액이 1천억원 미만인 상장회사는 상장회사라도 상근감사 및 감사위원회 설치의무는 없다. 이 경우 상근감사를 두더라도 상법 제542의10 제2항의 상근감사 결격요건을 적용하지 않는다. 최근 사업연도말 현재 자산총액이 1천억원 이상 2조원 미만인 상장회사는 상근감사를 두어야 하며, 감사위원회를 둘 경우 상근감사에 갈음한다. 최근 사업연도말 현재 자산총액이 2조원 이상인 상장회사는 의무적으로 감사위원회를 설치하여야 한다.

---

58) 한국거래소(2019c), 69쪽.

상법 제542조의10은 상근감사, 상법 제542조의11은 감사위원회에 관하여 규정하고 있다. 상법상 상근감사 설치시기는 신규상장일 전까지이며, 감사위원회 설치시기는 상장 후 최초로 도래하는 정기주주총회 전까지이다. 하지만 감사(감사위원회)가 사전에 미리 선임되어 이사회 운영 참가, 의견 개진 등 충분한 역할을 지속적으로 수행해 올 경우 상장심사과정에서 바람직한 지배구조를 갖춘 것으로 간주될 수 있다. 신규상장신청시 상근감사가 선임되지 않은 경우에는 상장이 승인되지 않는다. 감사위원회는 총위원의 2/3 이상을 사외이사로 구성해야 하며, 1인 이상의 회계 및 재무전문가로 구성되어야 한다.

4) 내부통제시스템 정비

상장을 준비하는 기업은 내부규정 등을 정비하여 상장기업에 적합한 내부통제시스템을 구축하여야 한다. 특히 경영의 투명성을 보여 줄 수 있는 이사회 운영규정과 특수관계인 거래에 관한 규정을 갖추어 철저하게 운영하는 것이 중요하다. 외부감사법을 적용받는 국내기업은 관련 법규에 따라 내부회계관리제도의 구축과 그에 대한 외부감사인의 검토가 의무화되어 있다. 외부감사인의 검토 결과 내부회계관리제도에 중요한 취약점이 발견될 경우 취약점을 해소하고, 재발되지 않도록 제도적 장치를 마련하여야 한다.

5) 이사회 운영규정

이사회는 대표이사의 기업경영을 견제하고 감독하는 기능을 가지고 있으므로 이사회의 올바른 운영은 기업의 내부통제시스템을 강화하는 효과가 있다. 상장을 준비하는 기업은 실정에 맞는 이사회 운영규정을 제정하고 이에 따라 이사회가 운영되도록 하여야 하며, 이사회의사록을 자세히 작성하여야 한다. 특히 특수관계인 거래 비중이 높거나 국세 추징 등 거래조건의 타당성이 의문시되는 사례가 존재하는 경우, 투자자 보호를 위해 독립적인 사외이사 선임 등 구성뿐만 아니라 의결요건 강화 등을 통하여 거래조건의 비합리적인 결정에 대한 우려를 방지하는 것이 권고되고 있다.[59]

6) 특수관계인 거래 관련 규정

상장을 준비하는 기업은 최대주주 및 관계회사, 주요주주 등을 상대로 한 자산의 양수도, 금전의 대여 또는 영업 관련 거래 등이 존재하는 경우 거래의 공정성을 확보할 수 있는 방안을 마련하여야 한다. 사업구조, 영업환경 등에 따라 특수관계인 거래가 빈번하게 발생한다면 해당 거래에 대한 통제 규정을 제정하여 공정성을 확보하는 것도 하나의 방법이 될 수 있다. 또한 특수관계인 거래는 이사회 결의 등 엄격한 절차를 거치게 하거나, 외부기관의 공정한 평가 등을 반영하도록 해야 한다. 상법 제542조의9는 주요주주 등 이해관계자와의 거래에 관하여 규정하고 있다.

---

59) 한국거래소(2019c), 75쪽.

(마) 의무보유(보호예수)

1) 전자증권제도

2019년 9월 16일 전자증권법이 시행되면서 기존 실물증권 기반의 증권예탁제도가 전자증권 기반의 제도로 변경되었다. 전자증권 기반의 제도로 변경한 이유는 발달된 정보통신기술을 바탕으로 증권의 소지 없이 권리의 양도 및 행사 등이 가능하도록 하기 위한 것이다.

기존 실물증권 제도에서도 상법상 주권 불소지 제도(상법358의2①)를 이용하는 경우 실물증권을 발행하지 않아도 되었지만, 주주는 언제든지 주권의 발행과 반환을 청구할 수 있으므로 (상법358의2④) 일정 부분 주권을 실물 발행하여 보관하는 경우가 있었다.

반면 전자증권 기반의 제도에서는 주권의 발행을 대신하여 전자등록기관(예탁결제원)의 전자등록부에 주권을 등록하고 권리의 발생, 변경, 소멸에 대한 정보를 전자적 방식으로 기재한다.

유가증권시장에 상장하는 주식은 반드시 전자등록기관에 신규전자등록을 신청하여야 하므로(전자증권법25①) 상장예비심사신청 전 정관을 전자등록이 가능하도록 변경하고, 예탁결제원에 발행인관리계좌를 개설한 후 전자등록을 신청하여야 한다(전자증권법21①). 또한 전자등록 신청 전 예탁결제원이 사전심사를 거치게 되므로 관련 정보를 제출하여야 하며, 기발행된 주식은 1개월 이상의 기간을 정하여 일정한 사항을 공고하고, 주주명부등에 권리자로 기재되어 있는 자에게 그 사항을 통지하여야 한다(전자증권법27①).

2) 의무보유제도

가) 의의와 제도적 취지

전자증권 제도의 도입으로 실물증권을 보관하여 매각 등을 제한하는 보호예수 제도가 전산 장부에 제한 내용을 등록하여 매각 등을 제한하는 의무보유 제도로 변경되었다. "의무보유"란 상장규정에 따른 의무보유대상자가 소유한 주식등을 일정기간 동안 예탁결제원에 계좌 간 대체 및 질권설정·말소("처분등")가 제한되도록 전자등록하는 것을 말한다(상장규정2(13)).

상장신청인의 최대주주등이 소유하고 있는 주식은 상장 후 일정기간 동안 매각이 제한("의무보유")된다. 또한 상장예비심사신청일 전 1년 이내에 최대주주등으로부터 주식을 취득한 주주의 지분 역시 의무보유대상이 된다. 이는 상장예비심사신청 전 지분 매각을 통하여 의무보유를 회피하는 것을 방지하기 위한 것이다.[60]

나) 의무보유 대상 및 기간

보통주권의 신규상장과 관련하여 ⅰ) 신규상장신청인의 최대주주등,[61] ⅱ) 상장예비심사

---

60) 한국거래소(2019c), 81-82쪽

61) "최대주주등"이란 다음의 어느 하나에 해당하는 자를 말한다(상장규정2(11)).

　　가. 금융회사지배구조법 제2조 제6호 가목에 따른 최대주주("최대주주"). 이 경우 "금융회사"는 "법인"으로 본다.

신청일 전 1년 이내에 신규상장신청인이 제3자배정방식으로 발행한 주식등62)을 취득하거나 같은 기간 동안에 신규상장신청인의 최대주주등이 소유하는 주식등을 취득한 자(이 경우 해당 취득분에 한정)는 자신이 소유하는 주식등을 의무보유해야 한다. 이 경우 주식등에는 상장 후 6개월 이내에 무상증자(유상증자와 무상증자를 동시에 실시하는 경우에는 무상증자만 해당)로 발행된 신주를 포함한다(상장규정27①).

의무보유기간은 상장일부터 6개월로 한다. 제3자배정방식으로 발행한 주식등을 취득한 경우에는 발행일부터 1년으로 하되, 그날이 상장일부터 6개월 이내인 경우에는 상장일부터 6개월이 되는 날까지 의무보유기간을 연장한다. 또한 신규상장신청인의 최대주주가 자본시장법 제9조 제18항 제7호에 따른 사모투자전문회사(PEF)인 경우 최대주주등에 대한 의무보유기간은 상장일부터 1년으로 한다.

따라서 최대주주와 특수관계인은 지분 양도시 해당 사실을 알리고 양수자의 동의를 구해야 한다. 이러한 사실을 알리지 않아 양수자가 의무보유를 거부하거나 재양도하여 주식을 보유하지 않고 있는 경우, 최대주주등은 다른 투자자로부터 해당 주식수 만큼 매입하여 의무보유해야 한다. 상장신청인은 상장을 준비하는 과정에서 미리 해당 주식을 파악하여야 하며, 의무보유대상 주식이 질권설정 등을 통해 담보로 제공된 경우 실제로 의무보유가 가능한지를 사전에 점검하여야 한다.

(바) 기타 주의사항
1) 최대주주 변경
과거에는 상장예비심사신청일 이전 1년 동안 상장신청인의 최대주주의 지분이 단 1주도 거래되지 못하도록 제한하였으나, 현재는 최대주주 변경 관련 내용을 질적심사로 변경하여 거래당사자 간의 관계, 거래에 따른 지분구조의 변동 등을 고려하여 실질 경영권이 유지된다고 인정되는 경우에는 최대주주 변경 제한을 적용하지 않고 있다.

2) 명의개서대행계약 체결
상장으로 인하여 주주수가 많아지고 주식의 매매거래가 빈번해지면 기업이 직접 주주명부나 주권을 관리하기 어려우므로 거래소는 주식 사무를 전문적으로 대행하는 명의개서대행회사를 선임하도록 하고 있다. 한국예탁결제원, 하나은행, 국민은행이 명의개서대행업무를 수행하고 있으며, 상장신청인은 예비심사신청 전까지 명의개서대행계약을 체결하고 예비심사신청시

나. 금융회사지배구조법 시행령 제3조 제1항 각 호에 따라 최대주주와 특수한 관계에 있는 자("특수관계인"). 이 경우 상법 제408조의2 제1항에 따른 집행임원 설치회사에는 금융회사지배구조법 시행령 제3조 제1항 각 호의 임원에 집행임원이 포함되는 것으로 본다.
62) "주식등"이란 주권, 신주인수권이 표시된 것, 전환사채권, 신주인수권부사채권, 앞의 증권으로 교환하거나 상환할 수 있는 사채권(교환사채와 상환사채), 전환형 조건부자본증권 등을 말한다(상장규정2(9)).

동 사본을 제출하여야 한다.

3) 우리사주조합 결성

우리사주제도는 근로자의 경제적·사회적 지위 향상과 노사 협력을 증진하기 위하여 근로자가 자사주를 취득하게 하는 제도이다. "우리사주"란 주식회사의 소속 근로자 등이 그 주식회사에 설립된 우리사주조합을 통하여 취득하는 그 주식회사의 주식을 말하고, "우리사주조합"이란 주식회사의 소속 근로자가 그 주식회사의 주식을 취득·관리하기 위하여 근로자복지기본법에서 정하는 요건을 갖추어 설립한 단체를 말한다(근로자복지기본법2). 우리사주제도와 우리사주조합의 설립 등은 근로자복지기본법에서 상세하게 규정하고 있다. 우리사주조합의 설립은 근로자의 임의적 선택사항이기 때문에 근로자와 기업이 협의하여 자율적으로 우리사주조합을 설립할 수 있다.

또한 자본시장법은 유가증권시장에 상장하는 국내기업의 우리사주조합원에게 기업이 모집·매출하는 주식에 대하여 20%를 우선 배정을 받을 수 있도록 권리를 부여하고 있다(법165의7①).

4) 회계감리를 위한 상장예비심사신청 계획 통보

대표주관회사는 상장을 희망하는 기업의 상장예비심사신청 계획을 거래소에 미리 통보해야 한다. 거래소는 상장예비심사신청 예정기업 목록을 금융감독원에 전달하여 회계감리대상에 포함되도록 하고 있으며, 금융감독원은 통보받은 기업 중 감리대상을 선정하여 회계감리를 실시한다. 상장예비심사신청 계획을 통보하지 않을 경우 금융감독원의 회계감리대상 선정 과정에서 누락되어, 상장예비심사신청서의 제출이 지연될 수 있으므로 각별히 주의하여야 한다.

회계감리결과 회계처리기준 위반행위가 확인되어 증권선물위원회로부터 검찰고발, 검찰통보, 증권발행제한, 과징금부과조치를 받은 경우 거래소는 상장예비심사신청을 기각한다. 또한 상장신청인은 기각일로부터 3년 이내에는 상장예비심사를 다시 신청할 수 없다(상장규정5②①).

(4) 상장예비심사신청 사전협의

거래소는 상장예비심사신청서 등의 부실기재를 사전에 예방하기 위해 상장예비심사신청서 제출 전에 대표주관회사로부터 상장예비심사신청서 초안, 대표주관회사 종합의견, Due-Diligence 체크리스트, 감사보고서를 제출받아 그 기재내용을 확인하고 있다.

사전협의 전 대표주관회사는 Due-Diligence를 충실하게 이행하는 것이 무엇보다 중요하다. 거래소는 상장예비심사신청서의 부실기재나 오류기재가 발견되는 경우 수정기재를 요구하고 있으며, 상장예비심사신청서 검토와 함께 해당기업의 위험요소를 조기에 발견하여 그 해결방안을 대표주관회사와 함께 논의한다.

사전협의는 상장예비심사신청서 제출 전 최소 1주일 전에 실시하는 것이 원칙이므로, 대표주관회사는 조속한 상장예비심사 진행을 위해 사전협의를 철저히 준비하는 것이 바람직하다.

특히 기업규모와 경영실적이 일정수준 이상인 우량기업에 대해서는 기업계속성 심사를 면제하고, 상장예비심사기간을 20영업일로 단축하는 우량기업 상장심사 간소화 절차(Fast Track)를 시행하고 있다. 이에 따라 Fast Track을 적용받을 기업의 경우 원활한 상장절차 진행을 위하여 보다 신속하고 충실한 사전협의가 필요하다. 이 경우 사전협의시점은 상장예비심사신청서 제출 전 최소 1주일이라는 시점에 구애받지 않고 그 이전이라도 중요한 이슈가 발생할 때마다 거래소와 협의하는 것이 바람직하다.

또한 대표주관회사가 대표주관계약 체결 사실을 거래소에 통보하면 상장부 심사역이 해당 기업을 방문하여 상장준비에 필요한 사항에 대해 자문하는 서비스를 제공하고 있다. 따라서 상장신청인이 심사기간 단축을 원한다면 거래소가 제공하는 사전 방문컨설팅 서비스를 통하여 조기에 사전협의를 하는 것이 바람직하다.[63]

(5) 상장예비심사신청서 제출

거래소는 상장예비심사신청서에 기재된 내용을 바탕으로 심사를 진행한다. 따라서 상장예비심사신청서는 상장신청인에 대한 정보를 전달하는 중요한 자료이므로 신중하고 정확하게 기재하여야 한다.

상장예비심사신청서의 내용이 허위로 기재되거나 중요사항이 누락되어 있는 경우와 상장신청이 공익 실현과 투자자 보호 등에 부적절하다고 판단되는 경우 거래소는 상장예비심사신청서의 접수를 거부할 수 있다. 예를 들면 대규모의 우선주를 발행한 상장신청인이 정관상 우선주의 전환비율 및 존속기간 등을 명시하지 않아, 우선주 및 보통주 주주 간 법적 분쟁 가능성이 존재하고 공모주주의 주식가치 희석화 문제가 발생할 수 있는 경우 등이 이에 해당될 수 있다. 또한 정관상 특별한 사유 없이 주식양도를 제한하는 것 등도 투자자 보호에 문제가 발생할 수 있어 거래소는 상장예비심사신청서 접수를 거부할 수 있다.

상장예비심사신청서는 상장신청인의 현황을 검토할 수 있는 내용으로 구성되어 있어야 한다. 상장신청인의 최근 3년간 재무내용을 포함하여 주요 사업과 해당 산업의 현황을 기술하고, 지배구조 및 이해관계자와의 거래 관련 사항 등을 기재한다.

상장신청인은 거래소 홈페이지 또는 상장공시시스템(filing.krx.co.kr)에서 상장예비심사신청서 양식 등을 다운로드 받을 수 있으며, 대표주관회사의 도움을 받아 작성한 후 첨부서류와 함께 거래소에 제출하여야 한다. 상장예비심사신청서는 많은 분량으로 작성하는 것보다는 상장신청인의 사업과 산업에 대한 핵심사항에 대한 분석내용을 간략하고 정확하게 기술하는 것이 필요하다.

---

63) 한국거래소(2019c), 90-91쪽.

(6) 상장(예비)심사 요건

(가) 신규상장 신청

보통주권의 신규상장신청인이 거래소의 상장예비심사를 통과한 후에 해당 보통주권을 신규상장하려면 상장예비심사 결과를 통지받은 날부터 6개월 이내(제출기한이 연장된 경우에는 그 연장된 날까지로 한다)에 신규상장신청서와 첨부서류를 거래소에 제출해야 한다(상장규정28①). 그러나 신규상장신청인이 상장예비심사를 신청한 후에 모집·매출을 하지 않거나 상장예비심사를 신청한 때에 제출한 서류에서 바뀐 사항이 없는 경우에는 해당 첨부서류의 제출을 생략할 수 있다(상장규정28②). 상장예비심사를 신청한 후에 모집·매출을 하는 신규상장신청인은 거래소가 필요하다고 인정하는 경우를 제외하고는 해당 모집·매출의 주금 납입기일까지 신규상장신청서와 첨부서류를 거래소에 제출해야 한다(상장규정28③).

(나) 상장요건의 특징

거래소의 상장(예비)심사요건은 크게 형식적 심사요건과 질적 심사요건으로 구분된다. 형식적 심사요건은 상장을 희망하는 기업의 영업활동 및 실적, 주주분포 등 상장예비심사를 신청할 수 있는 자격요건(양적요건, 외형요건)으로 형식적 심사요건 미비시는 거래소에 상장예비심사를 신청할 수 없다.

질적 심사요건은 형식적 심사요건을 충족한다는 전제하에 거래소에서 심사하는 요건으로 기본적으로 투자자 보호, 자본시장의 신뢰성 및 공정성 제고라는 자본시장법의 취지를 따르고 있다. 질적 심사요건은 크게 기업의 계속성, 경영 투명성, 경영의 안정성, 투자자 보호로 나눌 수 있다.

(다) 형식적 심사요건

1) 영업활동기간

상장예비심사신청일 현재 설립 후 3년 이상이 경과하고 계속 영업을 하고 있어야 한다(상장규정29①(1)). 거래소는 상장(예비)심사시 영업활동기간을 법인등기부등본상의 회사 설립일을 기준으로 하고 있다. 이는 법인등기부등본이 상장신청인의 영업활동기간을 가장 객관적으로 파악할 수 있는 자료이기 때문이다.

지주회사[64]는 "주요 자회사"[65]의 실질적인 영업활동기간을 고려하여 상장예비심사를 신

---

64) "지주회사"란 다음의 어느 하나에 해당하는 회사를 말한다(상장규정2(20)).
　가. 공정거래법 제2조 제1호의2에 따른 지주회사("일반지주회사")
　나. 금융지주회사법 제2조 제1항 제1호에 따른 금융지주회사("금융지주회사")
　다. 주식의 소유를 통하여 외국기업의 사업 활동을 지배하는 것을 주된 사업(소유하는 자회사 주식가액의 합계액이 자산총액의 50% 이상인 경우)으로 하는 국내법인으로서 세칙으로 정하는 요건을 모두 충족한 회사("외국기업지배지주회사")
65) "주요 자회사"란 최근 사업연도 말 현재 지주회사의 재무상태표(설립 또는 전환 후에 1사업연도가 지나지

청할 수 있으며, 주요 자회사에 해당하지 않는 자회사인 경우 실질적인 영업활동기간 고려에 포함하지 않고 있다(상장규정29②(1)).

2) 기업규모

상장예비심사신청일 현재 ⅰ) 상장예정인 보통주식총수가 100만주 이상이어야 하고, ⅱ) 자기자본이 300억원 이상이어야 한다. 이 경우 종속회사[66]가 있는 법인(지주회사가 아닌 경우에는 한국채택 국제회계기준을 적용한 사업연도만 해당)의 자기자본은 연결재무제표상 자본총계에서 비지배지분을 제외한 금액을 기준으로 한다. 기업규모 요건은 상장예비심사를 신청한 후에 모집·매출을 하는 법인은 신규상장신청일을 기준으로 판단한다.

ⅰ) 상장예정 주식총수 충족 여부의 경우 상장예비심사신청일 현재 상장예정 주식수 100만주 요건을 충족하지 못한 상장신청인은 상장예비심사 통과 후 모집을 통하여 확정된 공모금액과 모집 주식수를 감안하여 상장예정주식수 요건을 충족하면 된다.

ⅱ) 자기자본은 최근 사업연도말부터 상장예비심사신청일까지 유상증자 등의 변동분과 심사 이후 공모를 통한 자기자본 증가분을 고려하여 충족 여부를 판단하게 된다. 이때 유상증자 등 변동분 상장예비심사신청일 현재 법인등기부등본, 주주총회의사록, 이사회의사록, 상장예비심사신청서의 자본금 변동사항 등을 통해 확인한다. 공모를 통한 자기자본 증가분은 신규상장신청시 제출하는 법인등기부등본과 증권발행실적보고서 등을 통하여 요건 충족 여부를 추가로 확인한다.[67]

3) 주식분산

상장예비심사신청일 현재의 보통주식을 기준으로 공모 후 분산요건과 일반주주수 요건을 모두 충족하여야 한다. 이 경우 상장예비심사를 신청한 후에 모집·매출을 하는 법인은 신규상장신청일을 기준으로 판단한다(상장규정29①(3)).

가) 공모 후 분산요건 충족

(ㄱ) 분산요건은 공모 이후 시점에 보통주 발행주식총수와 의결권 있는 주식총수를 기준으로 산정한다.

분산요건은 보통주 주식수를 기준으로 산정한다. 공모에 따른 분산요건은 신규상장신청 전까지 충족하면 되므로, 상장신청인은 상장예비심사를 통과한 후 공모를 통하여 주식을 분산시키면 된다.

않은 경우에는 설립 또는 전환 시의 재무상태표)에 기재된 자회사의 장부가액을 큰 순서대로 더한 금액이 그 장부가액 합계의 75%에 해당하는 자회사를 말한다(상장규정2(3)).

66) "종속회사"란 외부감사법 시행령" 제3조 제1항에 따른 종속회사를 말한다(상장규정2(24)).

67) 한국거래소(2019c), 116-117쪽

공모는 신주모집과 구주매출을 병행해서 실시할 수도 있고, 신주모집[68] 또는 구주매출[69] 만으로도 실시할 수 있다. 거래소는 상장신청인이 구주매출을 희망할 경우 구주매출의 대상, 목적 및 규모 등을 종합적으로 검토하고 있으며, 구주매출시 최대주주의 상장신청인에 대한 지배력 약화가 발생할 수 있는지를 살펴보고 있다. 재무적 투자자(FI)가 주주로 있는 상장신청인의 경우, 재무적 투자자의 출구(Exit) 전략의 하나로 구주매출을 통한 신규상장을 추진하는 사례가 있다. 이 경우 재무적 투자자와 최대주주 및 특수관계인과의 주주간 계약 등으로 인하여 소액투자자 보호 관련 문제 여지가 없는지 확인한다.[70]

(ㄴ) 적법하게 취득된 자기주식은 구주매출을 통해 매각될 수 있다.

상법은 배당가능이익의 한도에서 주주총회의 결의(정관으로 정하는 경우 이사회 결의)로 거래소에서 시세가 있는 주식의 경우에는 거래소에서 취득하는 방법 등으로 자기주식을 취득하는 것은 허용하고 있다(상법341①②). 또한 회사의 합병 또는 다른 회사의 영업전부의 양수로 인한 경우, 회사의 권리를 실행함에 있어 그 목적을 달성하기 위하여 필요한 경우, 단주(端株)의 처리를 위하여 필요한 경우, 주주가 주식매수청구권을 행사한 경우 등 특정목적에 의한 자기주식의 취득을 인정하고 있다(상법341의2).

회사가 보유하는 자기의 주식을 처분하는 경우에 처분할 주식의 종류와 수, 처분할 주식의 처분가액과 납입기일, 주식을 처분할 상대방 및 처분방법에 대하여 정관에 규정이 없는 것은 이사회가 결정한다(상법342).

상장신청인이 자기주식을 처분하는 방법은 다양하게 존재할 수 있으며, 기업공개 및 상장과정에서 자기주식을 처분하는 것도 가능하다. 이는 상장신청인이 비상장기업으로서 현실적으로 자기주식을 처분하기 어려운 점을 감안한 것이다. 비상장기업의 경우 적정한 거래상대방을 찾거나 가격산정에 있어서 상장기업보다 현실적으로 어려움이 많을 수 있기 때문이다. 따라서 상장신청인이 기업공개 및 신규상장 과정에서 구주매출 방식으로 자기주식을 처분할 수 있다.

(ㄷ) 공모를 실시한 상장신청인의 분산요건 충족 여부는 증권발행실적보고서를 통해 확인한다.

상장신청인의 상장예비심사신청일 현재 주식분산 현황은 상장예비심사신청서 및 최근 사업연도말 폐쇄된 주주명부(최근 사업연도말 이후 상장예비심사신청일 이전 주주명부를 폐쇄한 경우에는 그 주주명부) 및 실질주주명부로 확인하며, 심사통과 후 공모실적은 증권발행실적보고서를 통해 확인한다. 또한 거래소에서는 상장신청인으로부터 주식분포상황표를 제출받아 확인한다

---

68) 신주모집은 상장신청인이 신주를 발행하여 불특정 다수의 50인 이상의 투자자에게 매도하는 공모의 한 유형으로 상장신청인 입장에서는 자본금의 증가가 발생하게 된다(법9⑦).
69) 구주매출은 상장신청인의 기존 주주가 보유하고 있는 주식을 불특정 다수의 50인 이상 투자자에게 매도하는 공모의 한 유형으로 기존 주주의 투자자금 회수가 발생하게 된다(법9⑧).
70) 한국거래소(2019c), 113쪽.

(시행세칙26). 대표주관회사는 Due-Diligence 과정에서 최근 사업연도말 주주명부폐쇄 이후 최대주주등을 제외한 주주의 주식이동상황을 확인하여야 한다.

(ㄹ) 분산요건은 상장신청인의 자기자본 또는 시가총액 규모에 따라 달리 정할 수 있다.

일반주주의 소유주식 수 등이 다음의 어느 하나를 충족하여야 한다(상장규정29①(3) 가목).

ⅰ) 일반주주가 보통주식총수의 25% 이상 또는 일반주주의 소유주식 수가 500만주[71] 이상을 소유하고 있어야 한다.

ⅱ) 모집 또는 매출로 발행하거나 매각한 주식의 총수가 보통주식총수의 25% 이상 또는 500만주[72] 이상이어야 한다.

ⅲ) 상장예비심사를 신청한 후에 모집 또는 매출로 발행하거나 매각한 주식의 총수가 신규상장신청일 현재 보통주식총수의 10% 이상으로서 다음의 어느 하나에 해당하여야 한다. 첫째, 상장예비심사신청일 현재의 자기자본을 기준으로 다음의 어느 하나에 해당하여야 하는데, ㉠ 500억원 이상 1,000억원 미만인 법인: 100만주 이상, ㉡ 1,000억원 이상 2,500억원 미만인 법인: 200만주 이상, ㉢ 2,500억원 이상인 법인: 500만주 이상이어야 한다. 둘째, 신규상장신청일 현재의 기준시가총액을 기준으로 다음의 어느 하나에 해당하여야 하는데, ㉠ 1,000억원 이상 2,000억원 미만인 법인: 100만주 이상, ㉡ 2,000억원 이상 5,000억원 미만인 법인: 200만주 이상, ㉢ 5,000억원 이상인 법인: 500만주 이상이어야 한다.

ⅳ) 국내외 동시공모를 하는 법인의 경우에는 국내외 동시공모로 발행하거나 매각한 주식의 총수가 신규상장신청일 현재 보통주식총수의 10% 이상이고, 국내에서 모집 또는 매출로 발행하거나 매각한 주식의 총수가 100만주(액면주식인 경우에는 액면가액 5,000원 기준) 이상이어야 한다.

25% 또는 10% 이상의 공모 요건을 선택한 기업은 상장규정에 따른 공모주식수를 결정함으로써 주식분산기준을 충족할 수 있다. 그러나 분산요건 중 일반주주 소유비율 기준 25%를 충족하고자 하는 상장신청인은 공모 주식수를 신중하게 결정하여야 한다. 공모를 통해 배정한 주식이라고 하더라도, 주요주주의 주식수는 일반주주 비율 산정에서 제외되고 있기 때문에 상장신청인의 주식분산 비율이 예상보다 적을 수 있다. 또한 일반주주수를 산정하는 경우 자기주식(신탁계약 포함)은 최대주주등에 포함되는 것도 주의하여야 한다.

과거에는 기존에 분산요건을 충족하고 있는 경우에도 상장예비심사신청 이후 5% 이상과 10억원 이상을 의무적으로 공모하도록 하였으나, 2014년 개정된 상장규정에서는 이러한 의무

---

71) 다만, 상장예정인 보통주식총수가 5천만주를 초과하는 경우에는 상장예정인 보통주식총수의 10%에 해당하는 수량으로 한다(시행세칙23②).
72) 다만, 상장예정인 보통주식총수가 5천만주를 초과하는 경우에는 상장예정인 보통주식총수의 10%에 해당하는 수량으로 한다(시행세칙23②).

공모 요건을 폐지하였다. 다만 의무공모 제도 폐지에 따라 상장예비심사신청 이후 모집·매출을 하지 않는 법인의 경우, 상장명세서를 작성하여 거래소에 제출하여야 한다.[73]

나) 일반주주수 요건 충족

(ㄱ) 일반주주의 수가 500명 이상이어야 한다(상규정29①(3) 다목). 일반주주는 최대주주등과 주요주주를 제외한 주주를 말한다. 일반주주수를 확인하기 위해서는 최근 폐쇄된 주주명부와 주식분포상황표로 주주수를 확인하되, 공모한 경우에는 공모실적을 반영한다.

(ㄴ) 우리사주조합은 지분율에 관계없이 일반주주에 포함시키며 주주수 산정시에는 1인으로 간주한다. 우리사주조합의 지분율은 대부분 1%가 넘지만 실질적으로 다수의 종업원이 보유하고 있으므로, 분산요건 적용시는 그 실질을 반영하여 일반주주에 포함시키되, 주주수 산정시에는 1인으로 간주한다.

(ㄷ) 전문투자자가 1% 미만의 주식을 소유한 경우에는 소액주주로 간주하며, 실기주 존재시 실질 소유자를 확인하여야 한다. 실기주(실물 인출 후 명의개서가 이루어지지 않은 주식)가 존재하는 경우 실질 소유자를 상세히 확인하여 소액주주인지 여부를 판단한다.

4) 경영성과

매출액과 수익성이 다음의 가)와 나) 요건을 모두 충족여야 한다(상장규정29①(4) 가목).

가) 매출액 및 이익요건 충족

(ㄱ) 매출액과 이익액이 최소요건 이상이어야 한다.

ⅰ) 매출액: 최근 사업연도에 1,000억원 이상이고, 최근 3사업연도(1사업연도가 1년 미만인 경우에는 3년) 평균 700억원 이상이어야 한다(개별·별도재무제표 기준). 이 경우 지주회사는 연결재무제표상 매출액을 기준으로 한다.

ⅱ) 수익성: 다음의 ㉠㉡㉢ 중 어느 하나에 해당하여야 한다. 이 경우 종속회사가 있는 법인(지주회사가 아닌 경우에는 한국채택 국제회계기준을 적용한 사업연도만 해당)은 연결재무제표상 금액으로 하되, 자기자본이익률은 당기순이익에서 비지배지분을 제외한 금액을 기준으로 한다. ㉠ 법인세비용차감전계속사업이익: 최근 사업연도에 30억원 이상이고, 최근 3사업연도의 합계가 60억원 이상이어야 한다. ㉡ 자기자본이익률(ROE)[74]: 최근 사업연도에 5% 이상이고, 최근 3사업연도의 합계가 10% 이상이어야 한다. 이 경우 최근 3사업연도 중 어느 한 사업연도의 자기자본이익률을 산출할 수 없는 때에는 해당 요건을 충족하지 못한 것으로 본다. ㉢ 법인세비용차감전계속사업이익·자기자본이익률·영업현금흐름: 상장예비심사신청일 현재 자기자본이

1,000억원 이상인 법인으로서 최근 사업연도의 법인세비용차감전계속사업이익이 50억원 이상이거나 자기자본이익률이 3% 이상이고, 최근 사업연도의 영업활동에 따른 현금흐름("영업현금흐름")이 양(+)이어야 한다. 이 경우 지주회사는 연결재무제표상 영업현금흐름을 기준으로 한다.

매출액은 법인등기부등본상의 설립일 이후 시현된 매출액만을 대상으로 하며, 기업의 규모를 파악하는 기준으로서 업종에 따른 차이를 구분하지 않고 최소한의 기준만을 정하고 있다. 따라서 합병, 분할, 영업양수, 종속회사 편입, 주식회사로의 조직변경 등이 발생한 경우에도 매출액 요건을 충족하여야 상장예비심사신청이 가능하다(상장규정29⑤, 시행세칙25).

매출액은 감사보고서상의 매출액을 기준으로 하며, 특정 연도가 아닌 최근 3사업연도에 지속적으로 발생하여야 한다. 결산기 변경 등으로 인하여 월할 계산하는 경우 월별 매출액 명세서, 매출장, 부가세 신고서, 외부감사인의 검토확인서 등을 통해 확인한다.

감사보고서에 대한 감리결과, 회계처리기준을 위반한 것으로 지적된 경우에는 질적심사 과정에서 동 사항을 반영하여 외형요건을 충족하지 못할 가능성을 심사한다. 거래소는 매출액이나 자기자본이익률이 형식적 심사요건의 1.3배 이하인 경우에는 상장신청인의 최근 2사업연도 재무제표에 대하여 증권선물위원회에 감사보고서 감리를 요청할 수 있으며, 이를 통하여 회계신뢰성에 대하여 추가 확인할 수 있다(상장규정29④).

(ㄴ) 이익요건 적용시 영업이익, 법인세비용차감전계속사업이익, 당기순이익 중 적은 금액(이익액) 기준으로 산정하고, ROE 요건은 각 사업연도를 합하여 산정한다.

자기자본이익률(ROE) 요건 적용시 최근 3사업연도를 기준으로 하고 있다. 3사업연도에 대한 ROE 요건 적용시 각 사업연도의 자기자본 및 이익액을 기준으로 ROE를 먼저 산출한 후 이를 합산해야 한다. 상장신청인 중 자기자본이 1,000억원 이상인 대형기업으로서 최근 사업연도의 영업활동에 따른 현금흐름이 양(+)인 경우, ROE 3% 이상 또는 이익액 50억원 이상이라면 기준을 선택적으로 적용할 수 있다.

나) 기준시가총액 요건 충족

기준시가총액 중심의 경영성과 요건은 다음과 같다(상장규정29①(3) 나목, 다목, 라목). 즉 ⅰ) 최근 사업연도의 매출액이 1,000억원 이상이고, 신규상장신청일 현재의 기준시가총액이 2,000억원 이상이어야 한다. ⅱ) 최근 사업연도의 법인세비용차감전계속사업이익이 50억원 이상이고, 신규상장신청일 현재의 기준시가총액이 2,000억원 이상이어야 한다. ⅲ) 신규상장신청일 현재의 기준시가총액이 6,000억원 이상이고, 자기자본이 2,000억원 이상이어야 한다.

현재의 실적이 매출액·이익요건에 미달하여도 다음의 요건으로 예비심사신청이 가능하다. ⅰ) 일시적으로 실적이 미흡하지만 실적 개선이 기대되는 기업: 매출액＋기준시가총액 요건, ⅱ 매출규모에 비해 수익성이 높은 기업: 이익액＋기준시가총액 요건, ⅲ) 향후 높은 성장성이 기대되는 대형기업: 기준시가총액＋자기자본요건이다.

다만 이익이 일시적으로 낮은 기업은 그 원인이 일시적인 사항임을 입증하여야 하며, 향후 영업이익 등이 개선될 수 있음을 객관적으로 판단할 수 있는 자료를 준비해야 한다. 또한 사업계획과 사업전망 등을 반영하여 작성한 예상현금흐름 또는 예상손익 등에 비추어 경영성과의 개선 가능성이 합리적으로 인정되어야 한다.[75]

5) 감사의견

최근 3사업연도의 개별재무제표와 연결재무제표에 대한 감사인의 감사의견이 ⅰ) 최근 사업연도에 대하여 적정이고, ⅱ) 최근 사업연도의 직전 2사업연도에 대하여 적정 또는 한정이어야 한다. 다만 감사범위 제한에 따른 한정은 제외한다. 이 경우 종속회사가 있는 법인(지주회사 제외)은 한국채택 국제회계기준을 적용한 사업연도만 연결재무제표를 적용한다(상장규정29①(5)).

따라서 상장신청인은 최근 사업연도에는 적정의견, 직전 2년에는 적정 또는 한정의견을 받아야만 상장할 수 있다. 그러나 한정의견의 사유가 감사범위 제한에 따른 것이라면 상장요건을 충족하지 못한다. 이는 감사범위 제한사항이 상장신청인의 재무제표에 미치는 영향을 확인할 수가 없기 때문이다.

상장예비심사신청 후 신규상장신청 전, 회계감리 결과가 확정되어 신규상장신청인의 수정감사보고서가 발행되는 경우, 수정감사보고서의 의견이 위 감사의견 요건에 위배되는지를 추가적으로 검토하고 있다. 또한 종속회사가 있는 신규상장신청인이 K-IFRS를 적용한 경우에는 연결감사보고서의 감사의견도 별도재무제표와 동일하게 적용된다.

6) 합병 등이 있는 경우

가) 합병등이 발생한 경우 실제 영업활동 기간이 3년을 초과한 경우

설립 후 3사업연도가 경과되지 않은 신규상장신청인이 상장예비심사를 신청하기 전에 합병, 분할, 분할합병, 종속회사의 편입, 자산양수(양수 자산이 양수회사의 주된 자산이 되는 경우로 한정), 영업양수(이전된 영업부문이 양수회사의 주된 영업에 해당하는 경우로 한정), 유한회사에서 주식회사로의 조직변경 등의 사유에 해당하는 경우에는 추가된 사업부문의 실질적인 영업활동기간을 기준으로 상장신청인의 영업활동기간을 산정한다(상장규정29⑤).

상장신청인의 사업기간이 설립 후 3년 미만인 경우라도 합병 등으로 추가된 사업부문이 중요한 경우에는 추가된 부문의 실질적인 영업활동기간을 고려하고 있다. 분할 또는 분할합병으로 인한 신설법인이 설립 후 3년 미만인 경우라도 분할 전 사업부문의 영업활동기간을 고려하고 있다. 예를 들어 설립 2년차의 영업활동이 없는 회사가 설립경과연수가 10년인 기업과 합병하는 경우에는 업력 10년의 사업부문이 물적·인적설비를 갖추고, 영업의 동일성을 유지하

75) 한국거래소(2019c), 125-126쪽.

며, 실질적인 영업활동을 영위하고 있는지 등을 기준으로 감안한다. 다만 자산양수 및 영업양수의 경우에는 이전된 부문이 양수한 회사의 주된 자산 및 영업인 경우로 제한하고 있어, 합병에 비하여 그 적용범위가 좁다.

나) 합병등 해당 기업구조변경을 반영한 감사인 감사보고서 등의 제출

ⅰ) 합병등이 발생하고 재무제표 확정 전에 상장예비심사를 신청하는 경우, 합병등 기업구조변경 행위를 반영한 재무제표·감사인의 감사보고서를 제출하여야 한다.

상장예비심사는 상장신청인의 과거 실적을 토대로 미래에도 유사한 경영성과 등이 유지된다는 가정하에 이루어지는 것이므로, 합병등으로 기업실체가 변화된 경우에는 그 영향이 충분히 반영된 재무제표를 근거로 상장심사를 진행한다.

과거에는 합병등의 기준일로부터 결산일까지 3개월 이상의 시간이 경과한 경우에는 합병등으로 인한 영향이 당해 사업연도의 재무제표에 충분히 반영된 것으로 보았다. 그러나 합병후 결산일까지 기간이 3개월 미만인 경우에는 합병의 영향이 최근 사업연도 실적에 충분히 반영되지 못한 것으로 보아, 그 다음 사업연도의 반기 감사보고서를 제출하도록 하였다.

거래소는 상장예비심사신청 전 합병 등이 있는 경우 기업재무구조 변경 등을 반영한 감사인의 감사보고서 등을 제출받아 그 중요성과 영향 등을 감안해 상장심사를 진행한다(기업구조변경 행위의 기일이 속한 분반기에 대해 제출).[76]

ⅱ) 영업 양수도는 등기 대상이 아니므로 당사자 간의 계약서 외에는 명백한 확인 수단이 없어 계약서상 양수도일을 기준으로 판단한다. 그러나 실질적인 영업 양수도 여부를 확인하기 위해, 관련 매출 발생과 영업활동 지속 여부 관련 자료를 거래소에 제출하여야 한다.

ⅲ) 영업 양수도의 중요성 판단은 대상자산, 부채, 매출액 등의 10%를 기준으로 한다. 자본시장법 시행령 제171조 제2항에서는 업종의 변경 또는 양수도 대상 사업부의 자산, 부채, 매출액 중의 하나가 양수도 직전 사업연도 각각의 10% 이상인 경우 중요한 영업 양수도로 보고 있어, 거래소도 이를 따르고 있다.

7) 최대주주등의 소유주식 의무보유

ⅰ) 최대주주 및 특수관계인 소유지분을 파악하여 필요한 의무보유 조치를 이행하고 의무보유확약서 및 예탁결제원이 발행한 의무보유를 증명할 수 있는 서류를 제출하여야 한다. 의무보유는 주식매도 제한의 실효성을 거두기 위해 전자증권의 의무보유 사항을 등록하는 제도이다.

상장신청인과 대표주관회사는 상장규정에서 정하는 의무보유를 준수하여야 하며, 추가적으로 필요한 경우 자발적 의무보유를 할 수 있다. 자발적 의무보유는 경영권 안정 및 기타 투자자 보호 목적으로 주식의 소유자가 자발적으로 실시하고 있다. 자발적 의무보유도 의무보유

76) 한국거래소(2019c), 129-130쪽.

와 동일한 방식으로 이루어진다.

　ⅱ) 최대주주와 특수관계인은 상장 후 일정기간 동안 보유주식 전부를 한국예탁결제원에 의무보유하여야 한다.

　유가증권시장의 최대주주와 특수관계인은 상장 후 최소 6개월간, 제3자배정으로 신주를 취득한 주주는 주식 발행일로부터 1년 또는 상장일로부터 6개월 중 긴 기간 동안 보유주식을 한국예탁결제원에 의무보유하여야 한다. 그리고 최대주주가 사모집합투자기구(PEF)인 경우 최대주주등에 대한 의무보유기간은 상장일로부터 1년이다.

　ⅲ) 상장신청인의 최대주주가 명목회사[77]인 경우에는 그 명목회사의 최대주주가 소유한 명목회사 주식도 의무보유가 필요하다. 최대주주가 명목회사인 기업이 상장을 추진하는 경우, 의무보유제도의 취지를 고려하여 실질 지배자인 명목회사의 최대주주 및 특수관계인이 보유한 명목회사의 주식을 함께 의무보유하여야 한다. 이는 최대주주가 명목회사인 경우 실질 최대주주는 명목회사가 아닌 그 명목회사의 최대주주이기 때문이며, 명목회사 기준에 해당하지 않더라도 투자자 보호 등을 위하여 거래소가 필요하다고 판단하는 경우에는 명목회사와 동일하게 의무보유를 적용할 수 있다. 또한 명목회사의 형식요건에 해당하는 경우에도 상장신청인에 대한 실질지배력이 인정되는 경우 의무보유대상에서 제외하고 있다.

(라) 질적 심사요건

질적심사 요건의 적용은 [별표 2의2]의 질적심사기준을 따른다(시행세칙4의2①(2)).

1) 개요

거래소는 질적 심사요건으로 기업의 계속성, 경영의 투명성, 경영의 안정성, 기타 투자자 보호 등을 검토한다.

가) 기업의 계속성

기업의 계속성은 상장신청인이 거래소에 주권을 상장한 이후에도 영속성을 가지고 운영될

---

77) "명목회사"란 주권비상장법인으로서 다음의 요건을 모두 충족하는 회사를 말한다(상장규정2①(19), 시행세칙3①).
　1. 주권상장법인(해외증권시장에 외국주권등을 상장한 법인을 포함)이 아닐 것
　2. 최근 사업연도 말 현재 해당 회사가 소유하고 있는 다른 법인("출자대상법인")의 주식가액총액이 자산총액의 50% 이상일 것.
　3. 다음의 어느 하나에 해당하지 않는 업무로부터 발생한 매출액이 최근 사업연도의 손익계산서를 기준으로 전체 매출액의 30% 미만일 것
　　가. 출자대상법인에 대한 경영관리 업무
　　나. 주식 또는 사채의 발행, 상장 등 자금조달에 관한 업무
　　다. 예산의 수립 · 집행, 인력의 채용 · 관리, 전산시스템의 구축 · 운영 등 회사의 운영을 위하여 일반적으로 필요한 업무
　　라. 가목부터 다목까지의 업무에 부수하는 업무
　4. 조직, 인력 및 의사결정권한 등을 고려하여 해당 회사가 신규상장신청인에 대한 실질적인 지배력을 행사하고 있지 않는 경우

수 있는지를 검증하는 것으로 영업의 계속성, 재무안정성 유지 여부 등이 주된 심사기준이다. 상장신청인은 기본적으로 매입·매출거래가 안정적으로 유지되어야 하고, 지속적인 성장세를 유지한 상태에서 꾸준한 수익을 기록하고 있는 것이 바람직하다. 간혹 일시적인 영업활동 악화, 지분법 평가손실 및 파생상품평가 손실로 최근사업연도 적자를 기록하는 경우, 높은 성장성이 기대되나 매출이나 이익은 미흡한 성장형기업의 경우에는 상장에 어려움을 겪을 수 있다.

거래소는 이러한 문제점을 보완하기 위해 기준시가총액 요건을 신설하여 일시적인 적자기업 또는 성장형기업의 상장이 가능하도록 하고 있다. 구체적으로 살펴보면 기업규모상 기준시가총액이 일정규모 이상인 경우, 상장예비심사를 청구할 수 있다. 다만 상장신청인은 기업의 적자 현상이 일시적인 사항임을 입증해야 하므로 현재 개선되는 추이를 분·반기 재무제표에 대한 외부감사, 수주실적 등을 통해 객관적으로 입증하는 것이 필요하다.[78]

나) 경영의 투명성

경영의 투명성은 기업지배구조, 내부통제제도, 공시체제 및 특수관계인과의 거래투명성 유지 여부가 주된 심사기준이다. 상장기업은 투명한 경영을 통해 주주이익을 극대화하여야 할 필요가 있다. 상장신청인은 상장을 준비하는 과정에서 경영의 투명성 유지를 위해 독립적인 의사결정을 할 수 있는 사외이사 및 전문경영인 선임 등을 통해 기업지배구조를 개선하는 것이 필요하고, 사전에 이사회 운영규정 및 이해관계자 거래 관련 규정 등의 실효성 있는 각종 규정을 갖추고 운영할 필요가 있다.

다) 경영의 안정성

경영의 안정성은 지분 당사자 간 관계, 지분구조 변동 내용과 기간 등을 감안한 실질 경영 주체의 유지가 주된 심사기준이다.

라) 기타 투자자 보호

투자자 보호는 거래소 상장심사의 가장 기본이 되는 항목으로 거래소는 상장신청인의 상장적격성 판단시 투자자 보호 측면을 최우선으로 고려하고 있다. 상장신청인은 상장 이후 투자자 보호를 위해 대표주관회사 선정에 심혈을 기울여야 한다. 대표주관회사는 Due-Diligence과정에서 투자자 보호 측면에서 우려가 되는 사항을 미리 확인하고, 이를 개선할 수 있는 조언자 역할을 수행하고 있기 때문이다. 특히 투자자 보호 차원에서 적정공모가를 산정할 수 있는 대표주관회사의 역량은 매우 중요하다.

2) 기업의 계속성 심사기준

영업, 재무상황, 경영환경 등에 비추어 기업의 계속성이 인정되어야 한다([별표 2의2] 질적 심사기준 2. 공통기준 가).

---

78) 한국거래소(2019c), 138-139쪽.

가) 영업의 계속성

(ㄱ) 영업의 안정성

(a) 수익창출 능력 및 지속적 수익발생 가능 여부

매출액 또는 이익의 규모, 추이 및 그 내용에 비추어 영업활동의 급격한 악화가능성이 높지 않는 것으로 인정되고, 상장예비심사신청일이 속한 사업연도 기준으로 상장규정 제29조 제1항 제4호의 경영성과 등 재무 관련 요건이 충족될 것으로 예상되어야 한다. 이 경우 매출액과 이익은 계절성, 일시적 매출·이익 여부, 산업의 성장주기, 대체산업의 출현 등을 감안하고, 매출액이 최근 3사업연도 평균 대비 연환산 30% 수준 이상 감소하거나 영업이익, 법인세비용차감전계속사업이익 또는 당기순이익(종속회사가 있는 법인의 경우에는 비지배지분을 제외한 금액을 기준으로 한다)이 최근 3사업연도 평균 대비 연환산 50% 수준 이상 감소한 경우에는 영업활동의 급격한 악화로 추정한다. 이하 이 기준에서 같다. 다만 상장규정 제29조 제1항 제4호 라목에 해당하는 경우로서 영업활동(구매, 생산, 판매활동 등)이 지속적으로 이루어지고 있다고 인정되는 경우에는 이 요건을 적용하지 아니한다.

따라서 산업의 성장주기를 파악하고, 성장주기가 쇠퇴기 또는 도입기에 있는 경우 그에 대한 대책을 마련하여야 한다. 산업의 업황 분석을 통해 성장성 여부를 판단할 수 있어야 한다. 주요 사업부문별 수익·비용 구조 현황분석을 통해 안정적인 수입 및 이익 창출능력이 확인되어야 한다. 핵심역량의 개발 및 보유로 지속적인 수익을 유지할 수 있어야 한다. 정부규제 및 관련법령 위반 가능성과 범위에 대해 사전에 파악하고 위험발생이 예상되는 경우 대응전략을 수립하여야 한다.[79]

(b) 안정적인 시장점유율과 수주현황 등

주요 제품 또는 서비스에 대한 시장점유율 감소 또는 수주잔고 감소 등이 있는 상장신청인의 경우 그로 인한 영업활동의 급격한 악화 가능성이 높지 않은 것으로 인정되어야 한다.

따라서 산업의 경쟁 현황에 비추어 안정적인 시장점유율 유지가 어려울 경우 대응방안을 제시하여야 한다. 장기 판매계약체결 등을 통해 상장 이후 영업의 안정성과 대응방안이 제시되어야 한다.

(c) 매출채권 및 재고자산 검토

매출채권과 재고자산이 최근 사업연도말 대비 20% 수준 이상 증가한 상장신청인의 경우 그 증가 원인, 매출채권의 회수가능성 및 재고자산의 판매가능성, 회전율 등에 비추어 영업활동의 급격한 악화 가능성이 높지 않은 것으로 인정되어야 한다.

따라서 매출채권과 재고자산이 급격히 증가하는 경우 그 원인과 향후 추이 전망 및 대책

---

79) 한국거래소(2019c), 142-147쪽.

에 대한 객관적인 설명을 제시할 수 있어야 한다.

(d) 신규사업 진출

신규사업 등에 진출한 상장신청인의 경우 사업성격, 투자규모 및 수익창출시기 등에 비추어 상장신청인의 재무안정성이 현저하게 악화될 가능성이 높지 않은 것으로 인정되어야 한다.

따라서 신규사업 진출시 현재 영위 사업과 시너지를 발생시킬 수 있어야 한다.

(e) 기준시가총액 요건 적용시, 경영성과 개선 여부

경영성과 요건 중 매출액(1,000억원 이상)·기준시가총액 요건(2,000억원 이상)을 적용하는 경우 최근 사업연도에 발생된 손실의 발생원인, 규모 및 그 추이 등에 비추어 경영성과 개선이 합리적으로 인정되어야 한다. 또한 경영성과 요건 중 매출액(1,000억원 이상)·기준시가총액 요건(2,000억원 이상) 또는 기준시가총액 요건(6,000억원 이상)·자기자본 요건(2,000억원 이상)을 적용하는 경우 사업계획, 산업전망 등을 반영하여 작성한 상장 후 최소 3년 이상의 예상현금흐름 또는 예상손익 등에 비추어 경영성과 개선 가능성이 인정되어야 한다. 이 경우 경영성과 개선 가능성은 사업계획 달성 가능성, 사업계획 달성전략 및 공모자금 사용계획과 경영성과 향상 간의 관련성 등을 고려하여 판단하며, 예상현금흐름 및 예상손익 등은 구체적인 산정근거를 제시하여야 한다.

따라서 시가총액 위주의 경영성과 요건을 적용받는 상장신청인은 향후 경영성과 개선 가능성에 대해 객관적인 설명을 할 수 있어야 한다.

(ㄴ) 영업의 독립성

(a) 영업활동의 독자적 수행능력 보유 여부

규모의 경제, 산업의 특성, 상장신청인의 산업 내 지위 및 특성 등에 비추어 구매, 생산, 판매 등의 영업활동을 독자적으로 수행한다고 인정되어야 한다.

따라서 상장신청인은 구매, 생산, 판매 등의 주요 영업활동을 독자적으로 수행할 능력과 시스템을 갖추어야 한다.

(b) 주된 영업활동을 의존하는 경우 거래 지속 가능성

주된 영업활동을 다른 법인(개인사업자, 조합 등을 포함)에 의존하고 있는 상장신청인의 경우 의존 정도, 거래의 기간·조건·이익률 및 불가피성 등에 비추어 그 다른 법인과의 거래 지속가능성이 인정되어야 한다.

따라서 불가피하게 영업의 일부를 다른 기업에 의존하는 경우 합리적인 사유가 인정되어야 한다.

(c) 주된 영업활동을 의존하는 법인과의 거래가 감소하는 경우 대체거래처 확보 여부

주된 영업활동을 의존하고 있는 다른 법인과의 거래가 급격하게 감소되거나 감소될 가능성

이 있는 상장신청인의 경우 대체거래처 확보 등을 통한 영업의 지속가능성이 인정되어야 한다.

따라서 주된 영업활동을 의존하고 있는 다른 법인과의 거래가 감소하고 있거나 감소할 가능성이 높은 경우 영업의 계속성에 문제가 있는 것으로 판단하므로, 상장신청인은 대체거래처 등을 확보하였다는 객관적인 증빙을 제시하여야 상장적격성이 인정될 수 있다.

(ㄷ) 매출처

(a) 매출처 편중시 거래 지속성

주요 제품 또는 서비스의 매출액이 70% 수준 이상 특정한 다른 법인에 편중되어 있고, 대체 매출처 확보가 어려운 상장신청인의 경우 매출처 및 상장신청인의 원가구조, 재무상황, 매출채권 회수기간 등에 비추어 거래가 중단될 가능성이 높지 않은 것으로 인정되어야 한다.

따라서 특정기업에 대한 매출편중시 그에 대한 합리적 사유가 제시되어야 한다. 매출처 편중이 상장신청인의 독자적인 기술력과 상호의존적 거래관계에 따라 발생하는 경우에는 타당성이 인정될 수 있다.

(b) 주요 매출처의 재무안정성

자본잠식, 손실, 과다한 차입금 등으로 인해 주요 매출처의 부도가 발생되거나 발생될 가능성이 높은 것으로 판단되는 상장신청인의 경우 매출채권 또는 재고자산 증가 등으로 상장신청인의 영업활동의 급격한 악화 가능성이 높지 않은 것으로 인정되어야 한다.

따라서 주요 매출처의 재무상태가 양호하게 유지되어 지속적인 거래관계가 유지될 수 있어야 한다. 지속적 성장을 위해 매출품목 및 매출처 다변화 등 회사의 대책 및 실제 이행 현황이 객관적인 자료에 의해 확인되어야 한다.

나) 재무안정성

(ㄱ) 재무구조

(a) 부채 등으로 인한 채무불이행 가능성

부채비율, 부채규모 및 만기구조, 유동성 상황 등에 비추어 채무불이행 가능성이 높지 않은 것으로 인정되어야 한다. 다만, 최근 사업연도말 또는 최근 분반기 기준 부채비율이 300%에 상당하는 경우 채무불이행 가능성이 높은 것으로 추정한다. 다만 업종의 특성, 현금흐름, 부채 감축계획 등을 기초로 채무불이행 가능성이 높지 않은 것으로 상장신청인이 증명하는 경우는 제외한다.

따라서 부채비율이 높거나 부채규모가 클 경우 발생원인과 해소방안이 명확히 제시되어야 한다. 산업 평균보다 양호한 재무상태를 유지하지 못할 경우 사유를 명확히 제시하여야 한다. 특히 최근 사업연도말 또는 최근 분반기 기준 부채비율이 300%에 상당하는 경우에는 상장신청인은 채무불이행 가능성이 높지 않다는 것을 구체적으로 증명하여야 한다. 상장신청인은 현재의 차입금을 상환할 수 있도록 추가적인 차입 여력을 안정적으로 유지하고 있어야 한다.

(b) 양호한 영업현금흐름 여부

영업활동으로 인한 현금흐름의 규모 및 그 추이 등에 비추어 유동성의 급격한 악화 가능성이 높지 않은 것으로 인정되어야 한다. 다만, 상장규정 제29조 제1항 제4호 라목에 해당하는 경우에는 재무활동과 투자활동으로 인한 현금흐름을 포함하여 이 요건을 적용한다.

따라서 경영성과 요건으로서 기준시가총액·자기자본 요건을 적용하는 경우 영업활동현금흐름뿐만 아니라 재무활동과 투자활동으로 인한 현금흐름을 포함하여 판단하여야 한다.

(c) 자본잠식이 있는 경우 자본구조의 개선 가능성

자본잠식이 있더라도 자본금의 50% 수준 이상 잠식되지 아니한 상장신청인의 경우, 잠식의 정도, 추이 등에 비추어 유상증자(공모에 의한 경우 포함) 또는 이익의 발생 등으로 자본구조의 개선 가능성이 합리적으로 인정되어야 한다.

따라서 자본잠식이 있는 기업의 경우 최근 매출액 및 이익추이를 통해 자본잠식 상태가 개선되고 있어야 한다.

(ㄴ) 우발채무

우발채무가 현실화될 경우 그로 인해 재무안정성이 현저하게 악화될 가능성이 높지 않은 것으로 인정되어야 한다.

따라서 파생금융상품 투자의사결정 과정이 투명하여야 하며 투자위험관리에 대한 객관적이고 구체적인 전략을 수립하여야 한다. 관계회사에 대한 지급보증시 정당한 사유 및 상환가능성을 입증하여야 하며 상장신청인의 재무적 리스크에 대한 영향분석을 하여야 한다.

다) 소송 및 분쟁

특허, 경영권 등과 관련하여 소송이나 분쟁이 발생한 상장신청인의 경우 그로 인해 기업경영에 중대한 영향을 미치지 않을 것으로 인정되어야 한다. 이 경우 승소가능성 및 위험의 현실화 가능성 등을 감안하고, 소송이나 분쟁으로 인한 예상손실가액이 자기자본의 10% 수준 이상일 경우 "기업경영에 중대한 영향을 미치는 것"으로 추정한다.

따라서 분쟁 및 소송 사건이 있는 경우 발생 사유 및 상장신청인에 미치는 영향을 계량화하여 파악하고 파급효과에 대한 법적 검토를 실시하여야 한다.

라) 시가총액 산정방법의 합리성

영업현황, 산업전망, 주식시장 상황 및 비교대상회사와의 상대적 평가 등에 근거한 상장주선인의 예상 시가총액 산정방법이 합리적인 것으로 인정되어야 한다.

3) 경영의 투명성 심사기준

기업지배구조, 내부통제제도, 공시체제, 특수관계인과의 거래 등에 비추어 경영투명성이 인정되어야 한다([별표 2의2] 질적 심사기준 2. 공통기준 나).

가) 기업지배구조

(ㄱ) 경영의 독립성

(a) 이사회 구성의 독립성

상장예비심사신청일 현재 기업경영의 주요 의사결정이 이사회 구성현황 등에 비추어 최대주주등으로부터 독립적으로 이루어지는 것으로 인정되어야 한다. 다만, 상장예비심사신청 이후 상장규정 시행세칙 제4조의3 제1항 제9호[80])에 따라 개선·보완이 된 경우에도 이 요건을 충족하는 것으로 본다.

따라서 이사회는 최대주주나 대표이사로부터 독립적이고 합리적인 의사결정이 가능한 이사로 구성되어야 한다.

(b) 경영조직의 독립성

경영활동을 수행하는데 필요한 주요 경영조직을 지배회사 등에 현저하게 의존하는 상장신청인의 경우 합리적인 사유가 있는 것으로 인정되어야 한다.

따라서 경영활동에 필요한 주요 경영조직을 갖추고 독자적인 경영활동을 수행하여야 한다.

(c) 최대주주등에 의한 경제적 가치 훼손 가능성

최대주주등이 자신 또는 제3자의 이익을 위하여 상장신청인의 경제적 가치 등을 훼손한 사실이 있거나 훼손할 가능성이 높은 것으로 판단되는 상장신청인의 경우 내부거래규정 등 효과적인 방지장치를 통하여 상장예비심사신청일 현재 최대주주등으로부터 경영의 독립성을 확보한 것으로 인정되어야 한다.

따라서 최대주주의 전횡으로 기업가치가 훼손된 사례가 발생한 경우 방지대책을 수립하여야 한다. 최대주주등에 의해 상장신청인의 사업이 축소되거나 관계회사 거래를 통한 부당한 이익 전가를 통한 상장신청인의 부의 훼손 가능성이 없어야 한다. 최대주주는 상장전 상장신청인의 성장잠재력을 저해하는 과도한 배당금 지급을 지양해야 하며, 배당금 반환시 적절한 절차를 준수하여야 한다.

(ㄴ) 경영진 구성

(a) 임원 겸직

상장신청인의 임원이 다른 법인의 임원을 겸직하고 있는 경우 상법 제397조(경업금지), 제397조의2(회사의 기회 및 자산의 유용 금지) 및 제398조(이사 등과 회사 간의 거래)를 준수하고 있는 것으로 인정되어야 한다. 이 경우 상장신청인이 금융기관인 때에는 자본시장법 제34조(대주주

---

80) 9. 상장예비심사신청인이 상장예비심사신청 이후 상장요건과 관련된 사항을 개선·보완하는 경우 그 내용을 고려하여 상장예비심사를 한다.

와의 거래 등의 제한) 등 금융기관 관련법규도 준수하고 있는 것으로 인정되어야 한다.

따라서 사전승인을 통해 최대주주 및 특수관계인에 대한 적정한 보수 및 복리후생이 지급되어야 한다. 각종 수수료 등 지배기업 또는 관계회사와의 거래사항은 국내외적으로 보편타당성이 있어야 하며, 객관적인 기준에 따라 적정하게 지급되어야 한다. 이해상충 가능성이이 있는 타회사의 임원 겸직은 가능한 상장예비심사신청 전에 해소하는 것이 바람직하다.

(b) 사외이사 자격의 적정성

사외이사를 선임하는 경우 상법 제382조(이사의 선임, 회사와의 관계 및 사외이사) 및 제542조의8(사외이사의 선임)에 따른 사외이사의 자격 등의 요건을 충족하고 있는 것으로 인정되어야 한다. 이 경우 상장신청인이 금융기관인 때에는 금융사지배구조법 제17조(임원후보추천위원회) 등 금융기관 관련법규도 준수하고 있는 것으로 인정되어야 한다.

따라서 상법상의 사외이사 자격요건은 최소요건으로 모두 충족하여야 한다. 사외이사는 전문성과 독립성을 유지하여야 한다. 상장기업의 사외이사 겸직은 최대 2개사까지만 가능하다. 사외이사를 겸직하는 경우 업무충실성이 보장되어야 한다.

(ㄷ) 감사의 독립성

(a) 감사 자격의 적정성

상근 또는 비상근 감사를 두는 경우 상법 제411조(겸임금지) 및 제542조의10(상근감사)에 따른 감사의 자격 등의 요건을 충족하고 있는 것으로 인정되어야 한다. 이 경우 상장신청인이 금융기관인 때에는 금융사지배구조법 제19조(감사위원회의 구성 및 감사위원의 선임 등) 등 금융기관 관련법규도 준수하고 있는 것으로 인정되어야 한다.

따라서 상법상의 상근감사 자격요건은 최소요건으로 모두 충족하여야 한다. 전문성과 독립성이 확보된 상근감사를 선임하여야 한다.

(b) 감사위원회 구성 및 위원 자격의 적정성

감사위원회를 설치해야 하는 상장신청인의 경우 상법 제542조의11(감사위원회) 및 제542조의12(감사위원회의 구성 등)에 따른 구성, 위원의 자격 등의 요건을 충족하고 있는 것으로 인정되어야 한다. 다만, 감사위원회를 상장신청인 스스로 설치하는 경우 상법 제415조의2(감사위원회)가 정하는 바에 따른다.

따라서 상법상의 감사위원회 구성 및 위원 자격 요건은 최소요건으로 모두 충족하여야 한다.

(ㄹ) 준법지원인 선임

상법(법542의13 등)에서는 상장기업(최근 사업연도말 현재의 자산총액이 5천억원 이상인 회사)은 준법통제에 관한 기준을 마련하고, 준법통제기준의 준수 여부를 점검하는 준법지원인을 선임하도록 하고 있다. 이에 거래소는 상장신청인이 준법통제기준을 설치하고 선임된 준법지원인이 관련법규에서 요구하고 있는 자격을 충족하고 있는지 여부를 검토한다.

따라서 상법상의 준법통제기준 및 준법지원인의 자격요건을 모두 충족하여야 한다.

나) 내부통제제도

(ㄱ) 내부통제제도 구축 및 운영의 적정성

이사회운영규정 및 회계규정 등 내부통제와 관련된 규정이 한국상장회사협의회의 「상장회사 표준이사회규정」, 「상장회사 내부회계관리규정 표준예시」 및 「상장회사 회계업무처리규정 표준예시」 등의 수준으로 정비·운영되고 있는 것으로 인정되어야 한다. 이 경우 상장신청인의 실정을 감안하여 판단한다.

따라서 경영진의 불법행위가 있는 경우 상장신청인의 경영 및 소액투자자에 미치는 영향을 최소화하여야 한다. 윤리규정 제정 등을 통해 임직원의 윤리의식을 제고하고 내부감사팀의 철저한 내부감시체계가 이루어져야 한다.

(ㄴ) 이해관계자 거래의 적정성

최대주주등을 포함한 이해관계인이 상장신청인과 거래가 있었던 경우 상법 제542조의9(주요주주 등 이해관계자와의 거래)에 따른 이해관계자와의 거래승인 등 관련법규를 준수하고 있는 것으로 인정되어야 한다.

따라서 이사회 운영규정 및 회계규정 등을 제정하고 실제로 철저한 이행을 하여야 한다.

(ㄷ) (지주회사의 경우) 자회사 관리시스템의 적정성

지주회사의 경우 자회사에 대한 실질적인 지배력 행사를 위하여 임원선임, 경영성과에 대한 보고체계, 경영계약 체결 등 적절한 자회사 관리시스템이 구축·운영되고 있는 것으로 인정되어야 한다.

따라서 거래소는 지주회사의 상장심사시에 자회사에 대한 사업과 그에 대한 지주회사의 지배력을 심사한다. 일반적으로 자회사에 대한 실질 지배력은 임원선임, 자회사 경영성과에 대한 보고체계 현황 등을 참고하여 심사한다.[81]

다) 공시체제

(ㄱ) 회계처리 투명성

(a) 회계시스템 구축 및 운영

신뢰성 있는 회계정보를 산출하기 위한 인력을 갖추고, 한국상장회사협의회의 「내부회계관리규정 표준예시」 및 「회계업무처리규정 표준예시」 등에서 정하는 수준의 회계규정 및 회계시스템 등이 마련·운영되고 있는 것으로 인정되어야 한다. 이 경우 상장신청인의 실정을 감안하여 판단한다.

---

81) 한국거래소(2019c), 212쪽.

따라서 K-IFRS에 따른 결산업무를 수행할 수 있는 전문적인 지식을 갖춘 인력을 보유하여야 한다. 상장회사로서 신뢰성 있는 회계정보를 산출하기 위한 인력과 규정, 회계시스템을 구축하고 운영하여야 한다. 상장을 준비하는 단계부터 K-IFRS에 따른 결산체제를 구축하여야 한다. 효율적인 내부회계관리제도를 설계 및 운영하여야 한다. 중대한 회계처리 오류가 발생한 경우 그 사유를 적시하고 해결방안을 마련하여야 한다. 사업결합금액평가의 결과로 발생한 무형자산 및 영업권이 존재하는 경우 공정가치의 산정시 사용된 가정 및 평가기준을 객관적으로 제시하여야 한다. 지정감사인으로의 변경 이외의 외부감사인 변경은 정당한 사유가 있어야 한다. 동종업계와 회계처리방법에 차이가 있는 경우 그 사유 및 향후 계획을 마련하여야 한다. K-IFRS 도입으로 인한 변경사항에 주의를 기울여야 한다.

(b) 회계감리 및 세무조사 등

최근 3사업연도 감사보고서에 대한 회계감리 결과 증권선물위원회로부터 검찰고발, 검찰통보, 증권발행 제한 또는 과징금 부과에 해당하는 조치 및 세무조사 결과 조세포탈 혐의 등에 따른 검찰통보 조치 등 중대한 오류나 회계처리의 신뢰성을 의심할 만한 특이사항이 발견되지 않았어야 한다.

따라서 금융감독원 또는 한국공인회계사회의 감리대상으로 지정된 경우 상장예비심사 종료 전에 감리결과가 확정될 수 있도록 하여야 한다. 상환주를 발행한 경우 재무건전성에 미치는 영향을 파악해야 한다. 세무조사 등에서 지적된 사항이 있는 경우 이에 대한 개선책을 마련해야 한다.

(ㄴ) 적정 공시 능력

(a) 공시조직의 적정성

법 제119조(모집 또는 매출의 신고)·제159조(사업보고서 등의 제출) 및 제161조(주요사항보고서의 제출), 공시규정 제7조부터 제11조까지의 규정 등 관련법규에 따라 상장법인이 준수해야 하는 제반 공시의무를 적절하게 수행하기 위하여 인력 등이 공시규정 제88조(공시책임자 등의 지정)의 수준으로 정비되어 있는 것으로 인정되어야 한다.

따라서 각종 공시의무를 수행할 수 있는 인력과 조직을 구축하여야 한다. 불성실공시법인 등에 지정된 사례가 있는 경우, 공시체계 재점검과 보완대책을 마련하여야 한다.

(b) 공시관련 내부통제제도의 적정성

미공개중요정보 이용행위 등의 방지를 위한 공시관련 내부통제제도가 한국상장회사협의회의 「상장회사 표준공시정보관리규정」 등의 수준으로 마련되어 있어야 한다.

따라서 미공개중요정보의 관리 적정성을 확보하여 불공정거래 발생을 막기 위하여 관련규정을 제정·정비하여야 한다.

라) 특수관계인과의 거래

(ㄱ) 거래의 적정성

특수관계인(최대주주 포함)과의 거래가 있는 상장신청인의 경우 특수관계가 없는 독립된 거래 당사자 간의 유사거래의 조건 등을 기준으로 그 거래의 타당성 및 거래조건의 적정성 등이 인정되어야 한다. 다만, 독립된 거래 당사자 간의 유사거래가 없는 경우 해당 제품 또는 서비스의 원가 등을 기준으로 판단한다.

따라서 특수관계인과의 거래는 타당성이 인정되어야 하며, 거래조건은 공정해야 한다. 특수관계인과의 부당한 거래가 있는 경우 증권신고서 등에 공시하고 부당거래 이득을 반환해야 한다. 과거 중대한 경영상 흠결이 없는 경우에도 상장기업으로서의 철저한 내부통제장치를 마련하여야 한다.

(ㄴ) 공시의 적정성

특수관계인의 주요 거래내역이 예비심사신청서 및 감사보고서에 충실하게 기재되어 있어야 한다. 특수관계인과의 거래내용뿐만 아니라 투자자 보호에 중요한 사항이 상장예비심사신청서에 거짓으로 적혀있거나 빠져있는 사실이 발견될 경우 상장예비심사 결과가 부인되어 승인 효력을 상실할 수 있다. 또한 상장 이후에라도 동 사실이 적발되면 상장적격성 실질심사를 통하여 상장기업으로서의 자격 여부를 재심사받게 된다.

4) 경영의 안정성 심사기준

지분 당사자 간의 관계, 지분구조의 변동내용·기간 등에 비추어 기업경영의 안정성이 인정되어야 한다([별표 2의2] 질적 심사기준 2. 공통기준 다).

가) 경영의 안정성

최대주주등의 지분율, 경영권분쟁 및 주식관련사채 발행현황 등에 비추어 기업경영의 안정성이 현저하게 저해되지 않는 것으로 인정되어야 한다. 이 경우 경영성과요건 적용대상 기간 중 최대주주등이 변경된 경우에는 변경 이후 주된 거래처와의 거래 지속 여부, 특수관계인과의 거래 등 신청기업의 경영성과 및 내부통제제도 등의 변동사항을 고려하여 과거 경영성과 및 내부통제제도 등이 향후에도 지속될 수 있을 것으로 인정되어야 한다. 다만, 최대주주등의 변경 영향 확인에 기간이 충분하지 않은 경우에는 최대주주등의 유사기업 운영 경험 보유 여부 및 성과, 향후 운영계획 등을 고려할 수 있다. 또한 상장 이후 최대주주등의 변경이 예상되는 경우(주식관련사채의 전환 등 변경 후 최대주주가 특정되는 경우에 한한다)에도 동일하다.

따라서 기업의 과거 지분구조 변동내역 등을 고려하여 경영권의 실질적 변동 여부를 확인하고, 경영권의 변경이 기업의 경영성과 및 내부통제시스템 운영 등에 미치는 영향을 확인하여야 한다. PEF가 최대주주인 기업에 대하여 원칙적으로 일반기업과 동일한 상장요건을 적용하되, Buy-out 기업의 특수성을 반영하여 별도의 의무보유를 적용한다. 지배구조와 주식의 소유구조를 명확히 하기 위하여 최대주주 및 특수관계인은 차명으로 주식을 보유하거나, 주주 간 계약 등을 통하여 실질적으로 주식을 양도하는 행위는 금지된다. 거래소는 복층지배구조 기업의 경우 원칙상 1개의 SPC만을 허용하며, 여러 SPC가 신청회사를 지배하는 복층지배구조 기업의 상장을 허용하지 않고 있다.[82]

나) 상장전 지분변동의 적정성

상장예비심사신청일 1년 전의 날부터 상장일까지 최대주주등의 지분양수도 또는 유상증자 등이 발생한 경우 그 가격 등에 비추어 지분변동의 적정성이 인정되고, 신청일 이후 최대주주등의 지분변동이 발생한 경우에는 최대주주등의 경영권이 유지되는 것으로 인정되어야 하며, 다음의 요건을 충족하여야 한다. ⅰ) 가격의 적정성: 거래 당시 해당 주권등의 한국금융투자협회의 「K-OTC시장 운영규정」에 따른 K-OTC시장에서의 거래가격, 독립된 전문평가기관의 평가가격 등을 기준으로 판단한다. ⅱ) 의무보유 등: 신청일 이후 취득한 주식은 상장규정 제27조에 따라 의무보유하고, 권리행사 또는 법령에서 정한 의무이행 이외에는 상장을 위한 공모(매출) 참여를 제한한다.

따라서 상장예비심사신청전 유·무상증자 및 최대주주 지분 양도는 적절한 가치평가를 통해 공정하게 이루어져야 한다.

5) 주식회사 속성 및 기타 투자자 보호 관련 심사기준

가) 법적 성격과 운영방식 측면에서 상법상 주식회사로 인정될 것

상법에서 정하는 수준의 주식회사로서의 법적 성격과 운영방식을 갖추고 있는 것으로 인정되어야 한다([별표 2의2] 질적 심사기준 2. 공통기준 라).

따라서 주주간 계약서 및 기술이전 계약서는 소액투자자 보호 관점에서 체결되어야 한다. 상법상의 주주권리가 보호되고 행사될 수 있어야 한다.

나) 그 밖에 공익 실현과 투자자 보호를 해치지 않는다고 인정될 것

(ㄱ) 업종의 상장 적합성 및 매매거래의 유동성 확보 등

상장신청인의 업종이 선량한 풍속 그 밖의 사회질서에 위반하지 않고 상장 후 매매거래의 충분한 유동성을 확보할 수 있는 등 공익 실현과 투자자 보호를 해치지 않는다고 인정되어야 한다. 이 경우 상장신청인의 주된 영업이 성매매·윤락업, 불법사행산업 등인 때에는 "선량한 풍속 그 밖의 사회질서에 위반하는 것"으로 추정한다([별표 2의2] 질적 심사기준 2. 공통기준 마).

(ㄴ) 기업의 사회적 책임 이행

상장신청인은 환경보호, 투명한 경영 및 사회적 책임 수행을 통한 기업과 사회의 조화로

---

82) 한국거래소(2019c), 236-240쪽.

운 발전의 중요성을 인식하고 상장신청인의 실정에 맞는 기업의 사회적 책임(CSR: Corporate Social Responsibility) 이행 체계를 구축·운영하고 있거나 사회적 책임을 다하기 위해 노력할 것으로 인정되어야 한다.

다) 기타 심사사항

(ㄱ) 대표주관회사 기업실사의 충실성 등

대표주관회사가 철저한 Due-Diligence를 진행하는 경우 거래소의 상장심사가 보다 수월하게 진행될 수 있다. 대표주관회사는 상장신청인에 대한 Due-Diligence를 진행한다.

증권 인수업무 등에 관한 규정에 따르면 대표주관회사는 예비심사신청 전 최소 2개월 전에는 상장신청인과 대표주관계약을 체결해야 하므로, 최소 2개월의 Due-Diligence 기간은 확보해야 한다. 대표주관회사는 상장신청인의 위험수준에 따라 충분한 기간을 두어 Due-Diligence를 시행해야 하며, 일반적으로 6개월 이상의 기간이 필요하다.

분할재상장, 이전상장 등 인수행위가 없는 상장을 진행하는 경우에는 상장주선인은 증권 인수업무 등에 관한 규정의 적용을 받지는 않지만, 충실한 Due-Diligence 를 위해 충분한 실사기간 및 인력을 확보하는 것이 바람직하다.

대표주관회사는 Due-Diligence 과정에서 법무법인 및 회계법인과 원활한 커뮤니케이션을 진행하여야 한다. 또한 법무법인의 철저한 법률 실사에 참여하여 법적인 이슈를 조기에 발견하고 해소함으로써 투자자 보호에 만전을 기하여야 한다.

Due-Diligence 기간 중 대표주관회사는 상장신청인에 대하여 기업의 계속성, 투명성 및 투자자 보호 측면의 위험요소를 파악하여 개선계획을 마련하고, 이를 치유한 후 상장신청을 하는 것이 바람직하다.

거래소는 주관사의 실사결과에 따라 심사 신청 가능 시기를 다르게 운영하고 있다. 따라서 대표주관회사는 상장예비심사신청서 제출 이전에 위험요소의 개선 여부를 확인하고, 개선계획이 효과적으로 이행되고 있는지 확인할 수 있는 기간을 두는 것이 바람직하다. 대표주관회사의 철저한 Due-Diligence는 결과적으로 거래소의 상장예비심사기간 단축으로 연결되고 있으며, 상장신청인도 거래소의 상장예비심사를 보다 수월하게 진행할 수 있다.[83]

(ㄴ) 공모 등 상장절차의 적정성

공모가격 산정시 적정한 비교대상 기업을 선정하고 객관적인 산정절차를 거쳐야 한다. 공모가격은 공모과정 중 수요예측 결과를 토대로 상장신청인과 대표주관회사가 협의하여 결정하는 사항으로 거래소 상장요건과는 무관하다. 그러나 공모가는 IPO시 투자자 및 상장신청인의 주요 관심사항으로 각 당사자별 이해상충관계가 존재한다. 상장신청인은 보다 높은 공모가를

---

83) 한국거래소(2019c), 249-251쪽.

희망하고, 일반투자자 입장에서는 보다 저렴한 가격을 원한다. 따라서 대표주관회사의 역할 및 책임이 무엇보다 중요하다.

주관회사는 공모가 산정시 투자자 보호를 위해 상장신청인의 사업구조, 전망 등을 보다 객관적으로 평가하여 보수적으로 반영하여야 한다. 구체적으로 공모가 산정시 비교대상 기업은 상장신청인과 동일업종 내 동일제품을 생산하는 기업을 선정해야 한다. 종종 상장신청인의 제품과 동일한 제품을 생산하는 기업이 존재하지 않는 경우도 있다. 이 경우 대표주관회사는 최대한 동일업종 내의 유사기업을 선정하는 것이 필요하다. 따라서 주관회사는 거래소에 공모가 산정을 위한 가정과 비교기업의 선정기준을 명확히 제시하여야 한다.

상장신청인의 입장에서도 상장 이후 장기적인 주가 관리를 고려하여, 기업공개시 공모가 산정에 있어 투자자 피해가 없도록 적정 수준에서 대표주관회사와 협의하여야 하며, 대표주관 계약 체결시 무작정 높은 공모가를 제시하는 대표주관회사는 배제하는 것이 바람직하다.

Ⅱ. 장외시장

1. 서설

(1) 장외시장의 의의

장외시장이란 거래소시장 이외의 시장을 말한다(금융투자업규정5-1(1)). 자본시장법은 장외시장에서 금융투자상품을 매매, 그 밖의 거래를 하는 경우 그 매매, 그 밖의 거래방법 및 결제의 방법 등 필요한 사항은 대통령령으로 정한다(법166)고 규정하고 있다. 순수하게 개인 간에 이루어지는 금융투자상품거래에 대하여는 민법 등 사법의 영역으로 자본시장법이 개입할 여지가 없다. 그러나 거래소시장 수준에 이르지는 않지만 계속적으로 금융투자상품거래가 이루어져서 시장에 가까운 기능을 수행하는 경우에는 적어도 금융투자업자(투자매매업자 또는 투자중개업자)로서의 라이선스 문제가 있고, 또한 조직적인 거래가 이루어지는 경우에는 거래질서 및 투자자 보호를 위해 일정한 규제를 하는 것이 필요하다.

(2) 장외거래의 의의와 방법

장외거래란 거래소시장 또는 다자간매매체결회사 외(장외시장)에서 금융(투자)상품을 매매, 그 밖의 거래를 하는 경우를 말한다(법166). 넓은 의미의 장외거래는 금융투자업자를 통하지 않고 거래당사자 간의 합의에 의하여 성립하는 거래(직접거래·대면거래)도 포함하지만, 이러한 의미의 장외거래에 대하여는 불공정거래 외에는 자본시장법 적용이 특별히 문제되지 않는다.

장외시장에서 증권이나 장외파생상품을 매매하는 경우에는 단일의 매도자와 매수자 간에 매매하는 방법으로 하여야 한다. 즉 상대거래를 원칙으로 한다. 장외시장에서의 거래원칙을 상대거래로 함으로써 매매대상의 규격화, 매매방식의 표준화 등에 의해 경쟁매매를 원칙으로 하는 거래소시장과 구분하고 있다. 그러나 최근 ATS 등 과거의 장외시장으로 분류되던 시장이 다수의 시장참가자와 경쟁매매적 요소를 통해 거래소시장과 유사한 시장 메커니즘을 가짐에 따라 매매방식에 의한 시장 구별은 그 의미가 적어지고 있다. 이미 자본시장법은 금융투자협회를 통한 매매거래의 경우(영178①)와 채권중개전문회사를 통한 매매거래(영179)에 대하여는 상대거래 원칙의 예외를 인정하고 있다(영177).

2. K-OTC시장

(1) K-OTC시장의 의의와 소속부 구분

(가) K-OTC시장의 의의

K-OTC시장은 2000년 3월 제3시장으로 출범해서 2005년 7월 프리보드로 명칭을 변경한 후 2014년 8월 이를 또다시 확대 개편하며 재출범한 금융투자협회("협회") 산하의 조직화된 장외주식시장이다. 금융투자협회의 「K-OTC시장 운영규정」("운영규정")에 의하면 "K-OTC시장"이란 증권시장에 상장되지 아니한 주권의 장외매매거래를 위하여 협회가 운영하는 금융투자상품시장을 말한다(운영규정2①(1)).

(나) 소속부 구분

협회는 K-OTC시장을 등록기업부와 지정기업부로 구분하여 운영한다(운영규정4①). ⅰ) 등록기업부란 신규등록 신청 또는 지정법인의 소속부 변경신청에 따라 협회가 매매거래대상으로 등록한 주권을 발행한 법인을 말한다. 등록기업부에 등록된 주권("등록종목")을 발행한 법인을 "등록법인"이라 한다(운영규정2①(2)). ⅱ) 지정기업부란 협회가 매매거래대상으로 지정한 주권을 발행한 법인을 말한다. 지정기업부에 지정된 주권("지정종목")을 발행한 법인을 "지정법인"이라 한다(운영규정2①(3)).

"신규등록"이란 등록법인 및 지정법인이 아닌 법인이 발행한 주권을 등록기업부에 등록하는 것을 말하고, "신규지정"이란 등록법인 및 지정법인이 아닌 법인이 발행한 주권을 지정기업부에 지정하는 것을 말한다(운영규정2①(4)(5)). 신규등록요건이 신규지정요건보다 더 엄격하다.

(2) 등록 및 지정

(가) 신규등록요건

협회에 신규등록을 신청하고자 하는 법인은 ⅰ) 최근 사업연도말 현재 자본전액잠식(최근 사업연도말 이후부터 등록신청일까지의 유상증자금액 및 자산재평가에 의하여 자에 전입할 금액을 반영한다) 상태가 아니어야 하고, ⅱ) 최근 사업연도의 매출액(재화의 판매와 용역의 제공금액을 합산한 금액)이 5억원 이상이어야 하며, iii) 최근 사업연도의 재무제표에 대한 감사인의 감사의견이 적정이어야 하고, iv) 예탁결제원이 정하는 증권등 취급규정에 따른 주권이거나, 전자등록된 주식이어야 하며, v) 명의개서대행회사와 명의개서대행계약을 체결하고 있어야 하고, vi) 정관 등에 주식양도의 제한이 없어야 한다. 다만, 다른 법령에 따라 제한되는 경우로서 그 제한이 K-OTC시장에서의 매매거래를 해치지 아니한다고 인정되는 경우에는 그러하지 아니하다. vii) 일정한 등록해제 사유에 해당하지 않아야 한다는 요건을 모두 갖추어야 한다(운영규정5).

(나) 신규지정요건

협회는 다음의 요건, 즉 i) 사업보고서 제출대상법인으로서 최근 사업연도의 사업보고서(사업연도 개시일로부터 6개월이 경과한 경우에는 최근 반기의 반기보고서 포함)를 금융위원회에 제출하여 공시하고 있어야 하고, ii) 해당 주권과 관련하여 모집하거나 매출한 실적이 있거나, 증권신고서나 법 제130조(신고서를 제출하지 아니하는 모집·매출) 및 영 제137조 제1항 제1호에 따른 서류84)를 금융위원회에 제출한 사실이 있거나, 또는 해당 법인이 K-OTC시장 지정 동의서를 협회에 제출하였어야 하며, iii) 해당 주권이 증권시장에 상장되어 있지 않아야 하고, iv) 위에서 살펴본 신규등록요건 중 vii)을 제외한 신규등록요건을 모두 충족하는 법인이 발행한 주권을 지정할 수 있다. 이 경우 협회는 금융감독원 전자공시시스템상의 공시정보, 예탁결제원이 공표하는 증권정보 등을 통하여 요건의 충족 여부를 확인한다(운영규정14①).

(3) K-OTC시장의 운영

매매거래시간은 오전 9시부터 오후 3시 30분까지로 한다(운영규정18①). 협회는 토요일, 공휴일, 근로자의 날, 연말의 1일간(이 경우 일수의 계산시 토요일과 공휴일은 산입하지 아니한다), 그 밖에 협회가 필요하다고 인정하는 날에는 K-OTC시장을 휴장한다(운영규정19①). 그러나 의무휴장일에도 불구하고 협회는 공익과 투자자보호를 위하여 필요하다고 인정하는 경우에는 K-OTC시장을 개장할 수 있다(운영규정19②). K-OTC시장에서 금융투자회사 간 매매거래의 중개업무는 협회가 행한다(운영규정20).

(4) 매매거래의 수탁

(가) 계좌의 설정

금융투자회사가 종목에 대하여 위탁자의 주문(위탁자가 매매거래를 하기 위한 매도 또는 매수의 의사표시)을 받아 이를 처리하고자 할 때에는 사전에 위탁자에게 매매거래계좌를 설정하도록 하여야 한다(운영규정21①).

---

84) 1. 증권의 모집 또는 매출 전에 발행인의 재무상태와 영업실적을 기재한 서류를 금융위원회에 제출할 것. 이 경우 해당 서류는 금융위원회가 정하여 고시하는 바에 따라 회계감사인의 회계감사를 받거나 공인회계사의 확인과 의견표시를 받은 것이어야 한다.

(나) 투자자 유의사항 고지

금융투자회사는 위탁자(전문투자자 제외)로부터 최초로 매매거래의 주문을 받기 전에 문서에 의한 방법 등으로 K-OTC시장 제도의 특성 및 비상장주식의 투자위험성 등을 위탁자에게 고지하고 확인을 받아야 한다(운영규정22).

(다) 수탁의 방법

금융투자회사는 위탁자로부터 문서에 의한 방법, 전화·전보·모사전송(FAX) 등의 방법, 또는 컴퓨터 및 그 밖에 이와 유사한 전자통신방법으로 매매거래의 위탁을 받을 수 있다(운영규정24①). 금융투자회사는 위탁자의 주문에 대하여 매매거래가 성립된 때에는 종목명, 체결일, 체결수량 및 가격, 매도 또는 매수의 구분 등의 매매거래내용을 위의 방법 또는 우편, 매매보고서의 교부 등의 방법으로 지체 없이 해당 위탁자에게 통지하여야 한다(운영규정24②).

(라) 수탁의 거부

금융투자회사는 위탁자의 주문이 ⅰ) 자본시장법 제178조의 부정거래행위 금지규정을 위반하거나 위반할 가능성이 있는 매매거래를 위탁하는 사실을 안 경우, ⅱ) 그 밖에 공익과 투자자보호 또는 K-OTC시장의 건전한 거래질서의 안정을 위하여 수탁의 거부가 필요하다고 판단되는 주문의 경우에는 매매거래의 수탁을 거부하여야 한다. 이 경우 그 이유를 주문표 등에 적고 그 사실을 위탁자에게 알려야 한다(운영규정25).

(마) 위탁증거금

금융투자회사는 위탁자로부터 매매거래의 위탁을 받을 경우 매수의 경우에는 매수대금 전액을, 매도의 경우에는 해당 매도증권 전부를 위탁증거금으로 징수하여야 하고(운영규정26), 매매거래계좌에 위탁증거금, 매수대금, 매도증권 등의 수입, 예탁, 반환, 인도, 지급 등 매매거래에 관한 사항을 기록하여야 한다(운영규정27).

(5) 호가 및 매매방법 등

(가) 매매개시일

등록종목 및 지정종목은 신규등록 승인일(신규지정 결정일) 또는 변경(추가)등록 승인일[변경(추가)지정 결정일] 다음 날로부터 2영업일째가 되는 날에 매매거래를 개시한다. 다만, 신주권 교부일의 변경 등 주식발행 일정에 변동이 있는 경우 협회는 매매개시일을 달리 정할 수 있다(운영규정29).

(나) 호가의 제출

금융투자회사가 K-OTC시장을 통하여 매매거래를 하고자 하는 경우에는 매매거래시간 내에 호가를 제출하여야 하며(운영규정30①), 호가를 제출하는 경우에는 금융투자회사명 또는 금융투자회사번호, 종목, 가격, 수량, 매도 또는 매수의 구분, 위탁매매 또는 자기매매 구분, 지점명 또는 지점번호, 처리구분(정상, 정정, 취소), 주문번호(정정, 취소의 경우 원주문번호), 계좌번호 등의 사항이 포함되어야 한다(운영규정30②). 금융투자회사는 매매계약이 체결된 주권에 대하여 결제일 이전에 매수한 경우에는 매도의 호가, 매도한 경우에는 매수의 호가를 제출할 수 있다 (운영규정30③).

(다) 호가의 효력

호가는 호가제출 당일 중 호가를 접수한 때부터 매매거래가 성립될 때까지 효력이 지속되는 것으로 한다. 다만, 호가중개시스템의 장애가 발생한 경우 또는 연초의 개장일 또는 연말의 폐장일의 경우 등으로 매매거래가 중단된 경우 해당 중단기간 중 입력된 호가(취소호가는 제외)의 경우에는 그 효력을 인정하지 아니한다(운영규정31①). 호가의 취소 및 정정은 접수된 호가 중에서 매매거래가 성립되지 아니한 경우에 한하며, 정정 및 취소호가의 접수순으로 처리한다 (운영규정31②).

(라) 호가의 가격제한폭

종목의 호가가격은 기준가격에 가격제한폭을 더한 가격보다 높거나 기준가격에서 가격제한폭을 뺀 가격보다 낮아서는 아니 된다(운영규정32①). 가격제한폭은 협회장이 정하는 기준가격에 30%를 곱하여 산출한 금액으로 하며, 가격제한폭과 관련하여 필요한 사항은 협회장이 정한다(운영규정32②)

(마) 매매방법 및 매매거래의 통보

매매거래는 당사자 간 매도호가와 매수호가가 일치하는 경우 그 가격으로 매매거래를 체결시킨다(운영규정35①). 이에 따라 매매거래를 체결할 경우 동일한 가격의 호가 간에는 먼저 접수된 호가가 뒤에 접수된 호가에 우선한다(운영규정35②). 협회는 매매거래가 체결된 경우에는 즉시 그 내용을 호가중개시스템을 통하여 금융투자회사에 통보하고, 금융투자회사는 이를 통보받은 때에 그 내용을 확인한 것으로 본다(운영규정36①).

(6) 매매거래의 결제

K-OTC시장의 결제기구는 예탁결제원으로 하고, 매매거래의 결제는 결제기구를 통하여야 한다(운영규정39①). 협회는 매매체결이 이루어진 경우 호가중개시스템을 통하여 그 매매체결내용을 예탁결제원에 즉시 통보하여야 한다(운영규정40①). K-OTC시장을 통한 매매거래는 매매체결일로부터 기산하여 3영업일째 되는 날에 결제한다(운영규정40②). 금융투자회사는 매매거래의 결제를 제3자에게 위임할 수 없다(운영규정41).

(7) 등록법인의 공시

지정법인을 제외한 등록법인은 공시의무의 성실이행과 책임, 주요경영사항의 신고, 정기공시서류의 제출, 조회공시, 불성실공시법인 지정, 공시책임자의 신고 등의 규제를 받는다(운영규정 제44부터 제51조까지).

(8) 시세공표 등

협회는 K-OTC시장에서 형성된 가격, 호가 등 종목의 매매거래와 관련하여 필요하다고 인정되는 시세 등을 호가중개시스템을 통하여 공표한다(운영규정52①). 협회는 공익과 투자자보호, K-OTC시장의 건전한 거래질서를 위하여 K-OTC시장위원회를 둔다(운영규정54의2). K-OTC 시장에서의 매매거래에 참가할 수 있는 자는 협회 회원인 금융투자회사로 한다(운영규정56).

3. K-OTCBB시장

(1) 의의

"K-OTCBB"란 금융투자회사(금융위원회로부터 지분증권에 대한 투자매매업 또는 투자중개업을 인가받은 금융투자업자에 한함)의 신청에 따라 비상장주권의 장외거래의 호가 및 매매체결내용 등을 공표하기 위하여 협회가 운영하는 전산시스템을 말한다(K-OTCBB 운영 시행세칙2(1)).

(2) K-OTCBB 대상종목

"K-OTCBB 대상종목"이란 K-OTCBB에 호가 및 매매체결내용 등을 공표할 수 있는 비상장주권을 말하는데(동시행세칙2(2)), K-OTC시장 등록종목 및 지정종목이 아닌 비상장주권 중 한국예탁결제원이 예탁대상증권등으로 지정한 비상장주권 및 이에 준하는 전자등록된 비상장주권에 한한다(동시행세칙3).

(3) 호가공표와 위탁증거금 등

K-OTCBB의 호가접수시간은 영업일 09:00부터 15:30까지로 하며, 금융투자회사가 K-OTCBB에 호가를 게시하고자 하는 경우에는 금융투자회사명 또는 금융투자회사번호, 종목, 희망가격, 수량, 매도 또는 매수의 구분, 위탁매매 또는 자기매매 구분 등을 협회에 제출하여야 한다. 이 경우 호가수량단위는 1주로 하며, 호가가격단위는 별표에서 정하는 바에 따른다(동시행세칙4①②).

금융투자회사가 위탁자로부터 매매거래의 위탁을 받아 K-OTCBB에 호가를 게시하고자 하는 경우에는 매수의 경우에는 매수대금 전액을, 매도의 경우에는 해당 매도증권 전부를 위탁증거금으로 징수하여야 한다(동시행세칙4③).

금융투자회사는 K-OTCBB에 게시한 호가를 정정, 취소할 필요가 있거나 매매가 체결된 경우 지체없이 해당 호가를 정정, 취소 또는 삭제하여야 한다(동시행세칙4④).

협회는 금융투자회사가 호가를 제출하는 경우 지체없이 이를 K-OTCBB를 통하여 공표하며, 금융투자회사가 해당 호가를 취소 또는 삭제할 때까지 K-OTCBB에 게시한다. 다만, 협회는 해당 호가의 종목이 K-OTCBB대상종목이 아니게 된 경우 등에는 그 호가의 게시를 중지할 수 있다(동시행세칙4⑤). 금융투자회사는 K-OTCBB에 게시한 호가의 매매가 성립된 경우에는 그 매매체결내용을 협회에 제출하여야 한다(동시행세칙4⑥).

(4) 수탁의 거부

금융투자회사는 위탁자의 주문(위탁자가 매매거래를 하기 위한 매도 또는 매수의 희망조건)이 ⅰ) 자본시장법 제178조의 부정거래행위 등의 금지규정을 위반하거나 위반할 가능성이 있는 매매거래를 위탁하는 사실을 안 경우, ⅱ) 그 밖에 공익과 투자자보호 또는 K-OTCBB의 건전한 거래질서의 안정을 위하여 수탁의 거부가 필요하다고 판단되는 주문의 경우에는 K-OTCBB 호가게시 수탁을 거부하여야 한다. 이 경우 그 사실을 위탁자에게 알려야 한다(동시행세칙5).

(5) 매매체결내용 공표

K-OTCBB의 매매체결내용 접수시간은 영업일 09:00부터 17:00까지로 하며(동시행세칙6 ①), 금융투자회사가 K-OTCBB에 매매체결내용을 게시하고자 하는 경우에는 해당 매매체결일에 금융투자회사명 또는 금융투자회사번호, 종목, 체결가격, 수량, 매도 또는 매수의 구분, 위탁매매 또는 자기매매 구분, 상대방 금융투자회사명 또는 금융투자회사번호 등을 협회에 제출하여야 한다(동시행세칙6②). 협회는 금융투자회사가 매매체결내용을 제출하는 경우 그 다음 영업일 09:00 이전에 이를 K-OTCBB를 통하여 공표한다(동시행세칙6③).

(6) 참여자격

K-OTCBB에 호가 및 매매체결내용을 게시할 수 있는 자는 협회 회원인 금융투자회사로 하고(동시행세칙8①), 금융투자회사가 K-OTCBB에 신규로 참가하거나 이를 중단하고자 하는 경우에는 사전에 협회에 통지하여야 하며, 신규참가의 경우에는 K-OTCBB 참여 신청서를 작성하여 협회에 제출하여야 한다(동시행세칙8①).

4. K-OTC PRO시장

(1) 의의

"K-OTC PRO"란 증권시장에 상장되지 아니한 지분증권("비상장주권 등")의 장외매매거래와 관련하여 협회가 운영하는 정보통신망(Korea Over-The-Counter Professional, K-OTC PRO)을 말하고, "K-OTC PRO 시스템"이란 비상장주권 등의 장외거래 등을 위하여 호가를 게시하고 거래협상 등을 할 수 있도록 협회가 운영하는 전산시스템을 말한다((K-OTC PRO 운영 시행세칙1 및 2(1)).

(2) K-OTC PRO 대상종목

"K-OTC PRO 대상종목"이란 K-OTC PRO 시스템에 호가 등을 게시할 수 있는 지분증권 중 비상장기업이 발행한 것을 말한다. 다만 동시행세칙 제8조 제2항 및 제3항[85]의 방법에 따

---

85) ② 양쪽 당사자는 중개회원을 통해 거래체결을 위탁하고자 할 경우 합의 등의 결과를 중개증권사에게 통

라 거래하고자 할 경우에는 한국예탁결제원이 예탁대상증권 등으로 지정한 지분증권 및 이에 준하는 전자등록된 지분증권에 한한다(동시행세칙2(1)(2) 및 3).

(3) 운영시간 및 휴장

K-OTC PRO의 호가접수시간은 영업일 09:00부터 17:00까지로 한다(동시행세칙4①). 협회는 전산장애 발생 등으로 인하여 관리상 필요하다고 인정하여 협회가 정하는 경우에는 위의 시간을 임시로 변경할 수 있다(동시행세칙4②). 협회는 토요일, 공휴일, 근로자의 날, 연말의 1일간(이 경우 일수의 계산시 토요일과 공휴일은 산입하지 아니한다), 그 밖에 협회가 필요하다고 인정하는 날에는 K-OTC PRO를 휴장한다(동시행세칙4③).

(4) 호가의 게시 등

투자자회원[86]이 K-OTC PRO 시스템에 호가[87]를 게시하는 경우에는 종목명(단, 지분증권일 경우 지분명 및 세부 구성 종목명), 매매 희망가격, 매매 희망수량, 매도 또는 매수의 구분, 직접거래 또는 위탁거래 구분, 기타 필요한 사항을 K-OTC PRO 시스템에 입력하여야 한다(동시행세칙5①). 투자자회원이 K-OTC PRO에서 입찰[88]이나 경매[89]를 통해 거래하고자 할 경우에는 종목명(단, 지분증권일 경우 지분명 및 세부 구성 종목명), 입찰 또는 경매 방식(최저입찰가, 최고입찰가 등), 입찰 또는 경매 기간, 매매 희망 기준가격, 매매 희망수량, 매도 또는 매수의 구분, 기타 필요한 사항을 K-OTC PRO 시스템에 입력하여야 한다(동시행세칙5②). 호가를 게시하는 경우 수량단위는 1주로 하며, 가격단위는 1원으로 한다(동시행세칙5⑤).

기업회원[90]이 K-OTC PRO에서 유상증자를 신청하고자 할 경우에는 발행을 희망하는 주

지하여야 한다. 이 경우 합의 등의 결과 통지는 매매거래의 위탁으로 본다.
③ 제2항에 따라 합의 등의 결과를 통지받은 중개회원은 위탁자의 잔고가 거래조건에 부합하는지 여부를 확인한 후 계좌 간 이체방법으로 매매거래를 성립시켜야 한다.

[86] "투자자회원"이란 K-OTC PRO에 매도 또는 매수하려는 비상장주권 등의 가격, 수량 등에 관한 호가를 게시하고 해당 주문과 관련된 협상 등을 할 수 있는 자를 말한다(동시행세칙2(4)).

[87] "호가"란 단일의 거래상대방 또는 동시에 다수의 자를 각 당사자로 하여 협상 등을 통해 K-OTC PRO 대상종목의 매매거래를 위하여 "회원"이 K-OTC PRO에 제출하는 매도 또는 매수의 희망조건을 말한다(동시행세칙2(8)). 여기서 "회원"이란 K-OTC PRO 시스템을 이용하기 위하여 협회에 가입신청을 하고, 협회로부터 가입승인을 받은 "투자자회원", "기업회원", "중개회원", "서비스제공회원"을 말한다(동시행세칙2(3)).

[88] "입찰"이란 다수의 매수 또는 매도 등의 거래희망자로 하여금 거래희망 가격 등을 "입찰의향서" 또는 "투자확약서" 양식으로 제시받고, 그중 가격 등 가장 유리한 조건을 제시하는 상대자와 우선협상 또는 거래체결 등을 할 수 있는 거래방법을 말한다(동시행세칙2(9)). 여기서 "입찰의향서"란 투자의사가 있음을 밝히는 문서로, 입찰시 구체적인 거래조건 등에 대한 우선협상자로 선정되기 위하여 제출하는 문서를 말하고, "투자확약서"란 투자와 관련하여 구체적인 금액, 수량 등을 기재한 문서로, 낙찰시 바로 거래체결하기 위하여 제출하는 문서를 말한다(동시행세칙2(11)(12)).

[89] "경매"란 다수의 매수 또는 매도 등의 거래희망자로 하여금 거래희망 가격 등을 제시받고, 그중 가격 등 가장 유리한 조건을 제시하는 상대자와 거래체결하는 거래방법을 말한다(동시행세칙2(10)).

[90] "기업회원"이란 회원 대상 자금조달 계획 공고, 재무 등의 자문서비스 신청, 임직원 보유 우리사주의 매매

식의 종류, 예상 발행 주식수, 자금조달의 목적, 예상 발행가액, 예상 발행총액, 신주의 인수방법, 신주의 청약일 및 주금 납입일, 신주의 배당기산일, 기타 필요한 사항을 K-OTC PRO 시스템에 입력하여야 한다(동시행세칙5③). 기업회원이 K-OTC PRO에서 주식담보대출을 신청하고자 할 경우에는 주식의 종류, 주식 보유수량, 주식의 장부가, 대출 희망금액, 희망 대출기간, 기타 필요한 사항을 K-OTC PRO 시스템에 입력하여야 한다(동시행세칙5④).

(5) 협상 및 응찰 등

K-OTC PRO에 호가를 게시한 투자자회원은 K-OTC PRO 시스템 등을 통해 다른 회원과 종목, 수량, 가격 등 거래조건에 관한 협상을 할 수 있다(동시행세칙6①). K-OTC PRO에 입찰 또는 경매를 신청한 회원은 K-OTC PRO 시스템을 통해 다른 회원들로부터 입찰의향서를 제출받아 우선협상자를 선정하고 종목, 수량, 가격 등 거래조건에 관한 협상을 하거나, 투자확약서를 제출받아 가장 유리한 조건을 제시한 회원과 거래를 확정할 수 있다(동시행세칙6②).

K-OTC PRO에 자금조달을 신청한 기업회원은 K-OTC PRO 시스템을 통해 다른 회원과 투자규모, 투자기간 및 방법 등 투자조건에 관한 협상을 할 수 있다(동시행세칙6③).

회원은 협상, 거래상대방 확정 등과 관련한 업무를 중개회원[91]에 위탁할 수 있다(동시행세칙6④).

(6) 합의결과 보고

위 제6조 제1항의 협상에 따라 양쪽 당사자가 거래조건을 합의한 경우나 입찰이나 경매 절차를 통해 거래상대자가 확정된 경우, 각 당사자는 거래상대방 확정일 익일 18:00까지 회원 아이디, 거래 종목 또는 지분명, 체결 가격, 체결 수량, 매도 또는 매수의 구분, 직접거래 또는 위탁매매 구분, 거래 상대방 회원 아이디를 협회에 제출하여야 한다(동시행세칙7①).

위 제6조 제3항의 협상에 따라 양쪽 당사자가 거래조건을 합의한 경우 각 당사자는 회원 아이디, 자금조달 방법(또는 투자방법), 자금조달(또는 투자) 규모, 직접거래 또는 위탁매매 구분, 거래 상대방 회원 아이디를 협회에 제출하여야 한다(동시행세칙7②).

(7) 거래체결

양쪽 당사자는 결과보고 시점 익일부터 5영업일 이내에 거래를 체결해야 한다. 단, 양쪽 당사자가 합의한 경우 거래체결 시점을 연장할 수 있으며(동시행세칙8①), 중개회원을 통해 거래체결을 위탁하고자 할 경우 합의 등의 결과를 중개증권사에게 통지하여야 한다. 이 경우 합의 등의 결과 통지는 매매거래의 위탁으로 본다(동시행세칙8②). 이에 따라 합의 등의 결과를 통

를 위한 호가게시 및 협상 등을 할 수 있는 비상장기업을 말한다(동시행세칙2(5)).

91) "중개회원"이란 K-OTC PRO에서 투자매매 또는 투자중개 업무 및 기업회원 대상 재무 등에 대한 자문업무를 수행할 수 있는 금융투자회사를 말한다(동시행세칙2(6).

지받은 중개회원은 위탁자의 잔고가 거래조건에 부합하는지 여부를 확인한 후 계좌 간 이체방법으로 매매거래를 성립시켜야 한다(동시행세칙8③).

(8) 회원의 신청

K-OTC PRO를 이용하고자 하는 자는 K-OTC PRO 시스템을 통해 회원가입 신청을 하여야 하며, 중개회원 및 서비스제공회원[92]의 경우에는 K-OTC PRO 업무권한 신청서를 작성하여 협회에 제출하여야 한다(동시행세칙10①).

(9) 참여자격

K-OTC PRO에 참여할 수 있는 자는 K-OTC PRO 시스템을 통해 회원가입 신청을 하고 협회로부터 승인을 받은 자로 한하며, 회원의 종류별 가입대상은 다음과 같다(동시행세칙11①(1)-(4)).

(가) 투자자회원

투자자회원은 자본시장법 시행령 제11조 제2항 각 호의 어느 하나에 해당하는 자[93]를 대상으로 한다.

(나) 기업회원

기업회원은 모든 비상장기업을 대상으로 한다. 다만, 유상증자나 주식담보대출 등 자금조달 관련 업무을 신청하고자 하는 자는 ⅰ) 벤처기업육성에 관한 특별조치법 제2조의2 제1항 제2호 가목(8)의 요건을 갖춘 자로서 중소벤처기업부장관으로부터 전문엔젤투자자 확인을 받은 자 또는 협회가 인정하는 전문·기관투자자 등으로부터 신청일 기준 2년 이내 1회 이상 공식적으로 투자받은 실적이 있는 경우, ⅱ) 직전연도의 자산 10억 이상, 매출액 10억 이상 또는 당기순이익 15백만원 이상(이 중 1개 이상 충족 필요)이 경우, ⅲ) K-OTC PRO내 중개회원이 자

---

92) "서비스제공회원"이란 법률 및 회계 자문, 기업정보제공 등의 업무를 수행할 수 있는 자로 법무법인, 법률사무소, 회계법인, 채권평가기관 등을 말한다(동시행세칙2(7)).

93) 전문투자자, 회계법인, 신용평가회사, 발행인에게 회계, 자문 등의 용역을 제공하고 있는 공인회계사·감정인·변호사·변리사·세무사 등 공인된 자격증을 가지고 있는 자, 그 밖에 발행인의 재무상황이나 사업내용 등을 잘 알 수 있는 전문가로서 금융위원회가 정하여 고시하는 자, 발행인의 최대주주[금융회사지배구조법 제2조 제6호 가목에 따른 최대주주를 말한다. 이 경우 "금융회사"는 "법인"으로 보고, "발행주식(출자지분을 포함)"은 "발행주식"으로 본다]와 발행주식 총수의 5% 이상을 소유한 주주, 발행인의 임원(상법 제401조의2 제1항 각 호의 자 포함) 및 근로복지기본법에 따른 우리사주조합원, 발행인의 계열회사와 그 임원, 발행인이 주권비상장법인(주권을 모집하거나 매출한 실적이 있는 법인 제외)인 경우에는 그 주주, 외국법령에 따라 설립된 외국 기업인 발행인이 종업원의 복지증진을 위한 주식매수제도 등에 따라 국내 계열회사의 임직원에게 해당 외국 기업의 주식을 매각하는 경우에는 그 국내 계열회사의 임직원, 발행인이 설립 중인 회사인 경우에는 그 발기인, 그 밖에 발행인의 재무상황이나 사업내용 등을 잘 알 수 있는 연고자로서 금융위원회가 정하여 고시하는 자, 부동산투자회사법·선박투자회사법·문화산업진흥 기본법·산업발전법·벤처투자 촉진에 관한 법률·여신전문금융업법·소재·부품·장비산업 경쟁력강화를 위한 특별조치법·농림수산식품투자조합 결성 및 운용에 관한 법률에 따라 설립되거나 설정된 집합투자기구, 그 밖에 중소기업 또는 벤처기업 등에 대한 투자의 전문성 등을 고려하여 금융위원회가 정하여 고시하는 자이다.

금조달 관련 주관업무를 수행하겠다는 확인을 받았을 경우, iv) 신용보증기금, 기술보증기금 등 공공금융기관으로부터 투자확약을 받은 경우, v) 신청일 기준 2년 이내에 기술신용평가(TCB)에서 기술평가등급 TI-6 이상을 받았을 경우, vi) 기타 협회가 인정하는 경우 중 하나 이상의 조건을 충족한 자 중 K-OTC PRO 시스템을 통해 권한 신청을 하고 협회로부터 승인받은 자로 한한다.

(다) 중개회원

중개회원은 금융위원회로부터 지분증권에 대한 투자매매업 또는 투자중개업을 인가받은 금융투자업자 중 협회 회원인 금융투자회사로 한다.

(라) 서비스제공회원

서비스제공회원은 변호사법 제41조에 따라 설립되고 법무부의 인가를 받은 법무법인, 변호사법 제21조 등에 따라 개설된 법률사무소, 공인회계사법 제24조에 따라 설립되고 금융위원회에 등록된 회계법인, 자본시장법 제263조에 따라 금융위원회에 채권평가업무 영위를 위해 등록한 채권평가회사 등으로 한다.

위의 참여자격 이외의 기관 등의 회원가입이 필요하다고 협회가 인정하는 경우 회원으로 가입할 수 있다(동시행세칙11②).

제3장

채권시장

제1절 서설

Ⅰ. 의의

자본시장의 근간을 구성하는 기본적인 축은 주식 및 채권시장이라고 할 수 있다. 채권시장은 국가 또는 기업이 자금을 조달하는 시장으로서 매우 중요한 역할을 한다. 채권시장은 주식시장에 비해 다양한 경제주체의 금융행위가 이루어지는 구조를 가지고 있다. 채권시장은 민간부문의 자금융통은 물론 국가, 지방자치단체와 공기업 등 공공부문의 자금조달 창구일 뿐만 아니라, 각종 정책수단의 장으로도 활용된다. 특히 국채시장에서 형성되는 국채수익률은 국가 재정정책 및 금융정책 수행에 수반되는 비용적 측면을 반영할 뿐만 아니라 그 밖의 모든 경제주체들의 금융행위의 준거 금리로 사용되고 있다.

채권시장은 발행시장과 유통시장으로 나뉜다. 발행시장은 채권이 자금수요자에 의해 최초로 발행되는 시장이며 유통시장은 이미 발행된 채권이 투자자들 사이에서 매매되는 시장이다. 채권 투자자는 채권을 발행시장에서 인수하거나 유통시장에서 매수할 수 있으며 이자소득 외에 가격변동에 따른 자본이득(capital gain)을 기대할 수 있기 때문에 채권은 자산 포트폴리오를 구성하는 중요한 투자수단이 된다.[1]

---

1) 한국은행(2016b), 154쪽.

Ⅱ. 특징

채권이란 일반적으로 정부, 금융기관, 민간기업 등이 비교적 장기로 불특정다수인으로부터 거액의 자금을 조달하기 위하여 정해진 이자와 원금의 지급을 약속하면서 발행하는 증권을 말한다. 채권은 매 기간 투자자에게 일정 금액의 이자가 지급된다는 점에서 고정소득증권으로 불린다. 채권은 만기 전에 매도할 경우 가격변동에 따라 자본이득 또는 손실이 발생할 뿐만 아니라 발행인이 부도를 내면 원리금 회수가 곤란해지기 때문에 투자시점에서 수익이 확정되는 것은 아니다.

채권의 발행 주체 및 한도는 관련 법률에 의하여 정해진다. 국채의 경우 국회의 동의, 회사채 등은 금융위원회에 증권신고서 제출 등의 절차를 거쳐서 발행된다. 국채, 지방채, 법률에 따라 직접 설립된 법인이 발행한 채권(특수채) 등은 증권신고서 제출의무가 면제된다. 다만 은행과 같이 채권을 수시로 발행해야 할 필요성이 있는 경우에는 발행할 때마다 증권신고서를 제출하는 대신 사전에 일괄신고서를 제출하고 발행시점에 일괄신고추가서류를 제출함으로써 증권신고서 제출을 갈음할 수 있다.

채권은 발행 주체에 따라 정부가 발행하는 국고채권("국고채"), 국민주택채권 등 국채, 지방자치단체가 발행하는 지방채, 한국전력공사·예금보험공사 등 법률에 의해 직접 설립된 법인이 발행하는 특수채, 상법상의 주식회사가 발행하는 회사채 등으로 구분할 수 있다.

제2절 발행시장

채권시장에서는 많은 발행인이 채권을 발행한다. 채권을 단순하게 바라보면 자금이 필요한 발행인이 자금을 조달하기 위해 발행하는 증권으로 볼 수 있지만, 그 실상을 들여다보면 단순히 자금조달의 차원을 넘어 다양한 이유와 특징을 가지고 있다.

Ⅰ. 국채

1. 의의

국채시장은 한 국가의 지표채권이 거래되는 시장이다. 대부분의 국가에서 신용위험이 없는 국채 중 가장 최근에 발행되어 유동성이 제일 높은 국채가 지표채권으로 통용되고 있다. 국채는 지표채권으로서 국민경제 및 금융시장의 발전에 여러 가지 중요한 역할을 담당한다. 우선 지표채권이 형성하는 수익률 곡선은 회사채 등 다른 금융상품의 가격을 결정하는 기준이 되어 자산의 적정가격 형성을 돕는다. 또한 이를 통해 새로운 자산운용 기법 등이 발달할 수 있는 기회를 제공한다. 그리고 지표채권의 발달은 통화정책의 효과를 실물경제로 파급시키는 효율적인 경로를 제공하여 통화정책의 실효성을 증대시킨다. 아울러 국채가 지표채권으로서의 기능을 활발히 수행하게 되면 국채발행비용의 절감이라는 파생효과도 유발된다.[2]

2. 국채의 발행 방법 및 절차

(1) 국채법 관련 규정

국채법("법")에 따른 국채는 국회의 의결을 받아 기획재정부장관이 발행한다(법5①). 국채는 공개시장에서 발행하는 것을 원칙으로 한다(법5②). 그러나 기획재정부장관은 제13조(국채 상환기일 이전의 매입·교환) 또는 다른 법률에 따라 특정인으로 하여금 국채를 매입하게 하거나 특정인에게 현금을 지급하는 대신 국채를 발행할 수 있다(법5③ 전단). 이 경우 그 국채의 이자율은 그 발행목적에 부합하는 범위에서 상환기한과 발행 당시의 시장금리를 고려하여 적정 수준으로 정하여야 한다(법5③ 후단).

국채법 제4조 제1항 제2호(=다른 법률에 특별한 규정이 있는 경우 그 법률에 따라 회계, 다른 기금 또는 특별계정의 부담으로 발행하는 국채)에 따른 국채의 경우 다른 법률에 따라 회계, 다른 기금 또는 특별계정을 관리하는 중앙행정기관의 장이 대통령령으로 정하는 바에 따라 기획재정부장관에게 그 발행을 요청하여야 한다(법5④).[3]

국채는 액면금액 또는 할인의 방법으로 발행한다(국채법 시행규칙2① 본문, 이하 "시행규칙"). 다만, 금융시장의 자금사정 등의 동향에 따라 액면을 초과하거나 액면에 미달하는 가액으로 발행할 수 있다(시행규칙2① 단서). 기획재정부장관은 국채를 그가 지정하는 자에게 위탁하거나 인수시키는 방법으로 발행할 수 있다(시행규칙2②). 이에 의하여 국채를 발행하는 경우에는 발행금액의 1%의 범위 안에서 위탁받은 자 또는 인수한 자에게 수수료를 지급할 수 있다(시행규칙2③).

국고채권의 발행과 국채 원금의 상환 등 국채에 관한 사무는 기획재정부령으로 정하는 바

---

2) 김학겸·안희준·장운욱(2015), "국고채시장의 시장조성활동이 가격발견기능과 유동성에 미치는 영향", 한국증권학회지 제44권 1호(2015. 2), 54쪽.

3) 법 제5조 제4항에 따라 중앙행정기관의 장이 기획재정부장관에게 법 제4조 제1항 제2호에 따른 국채(=다른 법률에 특별한 규정이 있는 경우 그 법률에 따라 회계, 다른 기금 또는 특별 계정의 부담으로 발행하는 국채)의 발행을 요청하는 경우에는 다음의 사항을 명시하여야 한다(국채법 시행령2). 1. 발행한도액, 2. 발행요청액, 3. 액면금액의 종류, 4. 소화(消化)계획, 5. 원리금상환계획, 6. 그 밖에 국채발행에 관하여 필요한 사항.

에 따라 한국은행이 처리한다(법15①). 이에 따라 한국은행이 처리하는 국채에 관한 사무 중 국채 발행에 따라 수입되는 자금과 국채 원금의 상환 및 이자 지급을 위한 자금 등의 출납과 보관에 관하여는 「국고금 관리법」제36조 제4항 및 제5항[4]을 준용한다(법15②).

국고채권의 발행, 상환, 교환, 원리금 지급 및 이와 관련된 공고, 입찰, 등록, 상장신청 등 발행사무는 국채법에 따라 한국은행이 대행한다. 실무적으로는 금융결제망(BOK-Wire＋)으로 이루어지며, 입찰 참가기관은 BOK-Wire＋ 단말기를 이용하여 입찰정보의 조회, 응찰, 낙찰결과 수신 및 확인, 낙찰대금 납부, 등록신청 등을 수행한다.[5]

(2) 법령에 의한 의무발행

법령에 의한 강제발행 국채로는 주택도시기금법("법")에 의해 첨가소화되는 제1종국민주택채권과 제2종국민주택채권이 있다. 국민주택채권은 다음과 같이 구분하여 발행한다(주택도시기금법 시행령5①, 이하 "영").

제1종국민주택채권은 국가 또는 지방자치단체로부터 면허·허가·인가를 받는 자, 국가 또는 지방자치단체에 등기·등록을 신청하는 자, 그리고 국가·지방자치단체 또는 공공기관운영법에 따른 공공기관 중 "대통령령으로 정하는 공공기관"과 건설공사의 도급계약을 체결하는 자가 매입한다(영5①(1)). 여기서 공공기관 중 "대통령령으로 정하는 공공기관"이란 정부가 납입자본금의 50% 이상을 출자한 공공기관을 말한다(영8① 본문). 다만, 주택도시보증공사, 한국산업은행, 중소기업은행, 한국수출입은행, 은행, 인천국제공항공사, 한국공항공사는 제외한다(영8① 단서). 제1종국민주택채권을 매입하여야 하는 자와 그 매입기준은 별표와 같다(영8②). 제2종국민주택채권은 주택법에 따라 건설·공급하는 주택을 공급받는 자가 매입한다(영5①(2)).

정부는 국민주택사업에 필요한 자금을 조달하기 위하여 기금의 부담으로 국민주택채권을 발행할 수 있다(법7①). 국민주택채권은 국토교통부장관의 요청에 따라 기획재정부장관이 발행한다(법7②). 국민주택채권의 발행기간은 1년을 단위로 하고, 발행일은 매출한 달의 말일로 한다(영5②). 국민주택채권은 증권을 발행하지 아니하고 전자증권법에 따른 전자등록기관에 전자등록하여 발행한다(영5② 전단). 이 경우 채권자는 이미 전자등록된 국민주택채권에 대하여 그 증권의 교부를 청구할 수 없다(영5② 후단).

(3) 국고채전문딜러에 의한 입찰발행

국고채전문딜러("전문딜러")라 함은 국고채의 원활한 발행과 유통을 위하여 국채딜러[자본시장법에 의하여 국채에 대한 투자매매업(인수업 포함) 인가를 받은 자] 중에서 기획재정부장관이 지

---

4) ④ 한국은행등은 그 취급한 국고금의 출납에 관하여 감사원의 검사를 받아야 한다.
   ⑤ 한국은행등과 한국은행등을 대리하는 금융회사등이 국고금의 출납·보관에 관하여 국가에 손해를 끼친 경우 배상책임에 관하여는 민법과 상법을 적용한다.
5) 한국거래소(2019a), 「한국의 채권시장」, 지식과 감성(2019. 1), 91쪽.

정하는 자를 말한다(국고채권의 발행 및 국고채전문딜러 운영에 관한 규정2(1), 이하 "운영규정"). 예비국고채전문딜러("예비전문딜러")라 함은 전문딜러로 지정받기 위하여 국고채 유통시장에서 시장조성자로서 전문딜러의 자격을 갖추고 전문딜러의 의무를 수행하는 국채딜러 중에서 기획재정부장관이 지정하는 자를 말한다(운영규정2(2)).

(가) 국고채의 종목

국고채의 만기는 3년, 5년, 10년, 20년, 30년, 50년으로 한다(운영규정3① 본문). 다만, 재정자금 수요 및 국채시장 상황 등을 고려하여 기타의 만기로 발행할 수 있다(운영규정3① 단서). 3년 만기 국고채는 매년 6월 10일과 12월 10일에 신규종목을 발행한다(운영규정3②). 5년 만기 국고채는 매년 3월 10일과 9월 10일에 신규종목을 발행한다(운영규정3③). 10년 만기 국고채는 매년 6월 10일과 12월 10일에 신규종목을 발행한다(운영규정3④ 본문). 다만, 10년 만기 물가연동국고채[6]의 신규종목은 격년으로 6월 10일에 발행한다(운영규정3④ 단서). 20년 만기 국고채는 매년 9월 10일에 신규종목을 발행하고, 30년 만기 국고채는 매년 3월 10일에 신규종목을 발행한다(운영규정3⑤). 50년 만기 국고채는 기획재정부 장관이 재정운용 상황과 시장 여건 등을 고려하여 발행여부 등 발행과 관련된 사항을 별도로 정한다(운영규정3⑥). 변동금리부국고채는 국채시장 상황을 고려하여 만기와 발행일을 결정한다(운영규정3⑦).

(나) 발행 계획 및 입찰 일정

기획재정부장관은 국고채 발행에 관하여 연간 계획과 월간 계획을 공표한다(운영규정5① 전단). 이 경우 월간 계획에 따른 국고채 발행규모는 연간 계획 및 월별 균등발행원칙에 따라 정하되 재정자금 수요 및 시장상황 등을 고려하여 조정할 수 있다(운영규정5① 후단). 월간 국고채 발행계획은 전월 말일까지 공표하며 만기물별 발행액, 입찰일 등에 관한 사항을 포함한다(운영규정5② 본문). 다만, 특별하게 재정자금 소요 등을 확정하지 못하는 경우 등에는 예외적으로 특별한 사유가 해소되는 즉시 만기물별 발행액, 입찰일 등을 공표할 수 있다(운영규정5② 단서). 기획재정부장관은 입찰일 3일 전까지 입찰일, 입찰시간, 발행액, 표면금리, 기준금리 및 대금결제 등에 관한 사항을 포함하는 입찰 계획을 공고한다(운영규정5③ 본문). 다만, 긴급한 자금 수요 등의 사유가 있는 경우에는 입찰 직전일에 입찰 계획을 공고할 수 있다(운영규정5③ 단서).

3년 만기 국고채는 매월 첫째 월요일, 5년 만기 국고채는 매월 둘째 월요일, 10년 만기 국고채는 매월 셋째 월요일, 20년 만기 국고채는 매월 넷째 월요일, 30년 만기 국고채는 매월 첫째 화요일을 정기 입찰일로 한다(운영규정6① 본문). 다만, 재정자금 수요 및 국채시장 상황 등에 따라 수시 입찰을 하거나 입찰일을 변경할 수 있다(운영규정6① 단서). 입찰시간은 원칙적으로 입찰일 10:40부터 11:00까지로 한다(운영규정6② 본문). 다만, 발행월(발행일이 속하는 달) 전에

---

6) "물가연동국고채"라 함은 원금 및 이자지급액을 물가지수에 연동시킨 국고채를 말한다(운영규정2(6)).

입찰이 이루어지는 선매출종목7)의 경우에는 09:40부터 10:00까지로 하고, 변동금리부국고채8)의 경우에는 10:20부터 10:40까지로 한다(운영규정6② 단서). 입찰은 한국은행 금융결제망을 통해 전산으로 처리한다(운영규정6③ 본문). 다만, 입찰 전 또는 입찰 중 정전 또는 전산 장애 등 불가피한 사유로 정상적인 입찰이 어려울 경우 입찰일 11:20부터 11:40까지 모사전송(팩스) 또는 전자우편에 의한 입찰을 실시한다(운영규정6③ 단서).

(다) 입찰 참가

국고채의 입찰에는 전문딜러, 예비전문딜러 및 일반인(전문딜러 및 예비전문딜러를 제외한 개인, 금융기관, 기타 법인 등)이 참가할 수 있다(운영규정7). 전문딜러별 응찰한도는 경쟁입찰 발행예정금액의 30% 이내, 예비전문딜러별 응찰한도는 15% 이내로 한다(운영규정8① 본문). 다만, 변동금리부국고채는 그러하지 아니하다(운영규정8① 단서). 응찰최저금액은 10억원으로 하고, 10억원의 정수배로 증액한다(운영규정8②).

(4) 일반인 대상 발행

일반인은 전문딜러를 통하여 입찰하여야 한다(운영규정12①). 일반인이 응찰신청을 하기 위해서는 입찰대행 전문딜러에게 계좌를 개설하여야 한다(운영규정12② 본문). 다만, 이미 계좌를 개설한 자는 그 계좌를 이용할 수 있다(운영규정12② 단서). 입찰에 참여하고자 하는 자는 입찰 공고일부터 입찰 전일까지 입찰대행 전문딜러에게 매입희망금액을 기재한 응찰서를 제출하고 매입희망금액의 액면총액을 입찰보증금으로 납부하여야 한다(운영규정12③). 일반인의 응찰최저금액은 10만원으로 하고, 10만원의 정수배로 증액하되 10억원을 넘지 못한다(운영규정12④). 일반인은 응찰금리를 제출할 수 없다(운영규정12⑤). 입찰대행 전문딜러는 일반인의 응찰내역을 입찰일 당일 10:00까지 입찰업무를 처리하는 한국은행에 제출하여야 한다(운영규정12⑥ 본문). 단, 발행월 전에 입찰이 이루어지는 선매출종목의 경우에는 09:00까지 실시한다(운영규정12⑥ 단서). 일반인이 입찰에 참가한 경우 경쟁입찰 발행예정금액의 20% 범위 내에서 일반인의 총 응찰금액 상당액을 일반인에게 우선 배정한다(운영규정12⑦). 일반인의 총 응찰금액이 배정금액을 초과하는 경우에는 응찰금액에 비례하여 배정한다(운영규정12⑧). 일반인이 낙찰받은 국고채는 입찰대행 전문딜러의 명의로 교부하고, 입찰대행 전문딜러는 이를 일반인의 고객계좌에 기재한다(운영규정14②).

---

7) "선매출종목"이라 함은 발행일 전에 매출이 이루어진 국고채를 말한다(운영규정2(14)).
8) "변동금리부국고채"라 함은 기준금리의 변동에 따라 지급이자율이 달라지는 국고채를 말한다(운영규정2(7)).

3. 국고채권의 통합발행

기획재정부장관은 국채의 유동성 조절 등을 위하여 필요한 경우에는 3년 이내의 범위에서 일정한 기간을 정하여 같은 종목으로 취급할 수 있도록 이자율과 상환기한 등이 같은 국고채권을 그 일정한 기간 동안 통합하여 발행할 수 있다(법7①). 기획재정부장관은 국채시장의 안정적 관리 등을 위하여 필요하다고 인정하는 경우에는 통합하여 발행한 국고채권에 대하여 그 일정한 기간이 끝난 후에도 해당 국고채권을 다시 발행할 수 있다(법7②).

즉 통합발행이란 일정기간 내에 발행하는 채권의 만기와 표면금리 등 발행조건을 동일하게 하여 이 기간 동안 발행된 채권을 단일 종목으로 취급하는 제도를 말한다. 예를 들어 2020년 6월 10일에 신규로 발행된 3년 만기 국고채는 2020년 4월 2일, 4월 30일, 5월 28일, 7월 2일, 7월 30일, 8월 27일, 10월 1일, 10월 29일에 동일한 조건으로 통합발행되어 발행시기는 다르지만 유통시장에서는 동일종목으로 거래되는 것이다.

통합발행의 목적은 종목당 발행물량을 증가시켜 유동성을 제고시킴으로써 정부의 이자비용을 절감하고 신뢰성 있는 지표금리를 형성하는 것이다. 채권의 유동성은 일반적으로 종목당 물량에 비례하고, 발행금리는 유동성에 반비례하기 때문이다. 통합발행제도의 도입으로 국고채의 종목당 발행금액이 지속적으로 증가하고 이와 더불어 거래량도 많아져 지표채권으로서의 위치가 확고해졌다. 또한 유동성 확대로 인해 유동성 프리미엄을 낮추어 발행비용을 절감하는 효과도 거둘 수 있게 되었다.[9]

4. 국채 원금의 상환과 이자의 지급

국채의 원금과 이자는 해당 국채를 발행할 때에 정하는 바에 따라 상환·지급한다. 이 경우 국채 원금의 상환기일은 해당 국채를 발행할 때에 정하는 바에 따른다(법11①). 무기명의 국채증권 또는 이권에 대한 원금 및 이자는 당해 국채증권 또는 이권의 소지인에게 그 증권 또는 이권과 교환하여 이를 지급한다(영21①). 기명의 국채증권 또는 이권에 대한 원금 및 이자는 당해 국채증권 또는 이권의 기명자 또는 그 대리인에게 그 증권 또는 이권과 교환하여 이를 지급한다(영21②). 등록국채의 원금 및 이자는 영수증서와 교환하여 기명자 또는 그 대리인에게 이를 지급한다(영21③ 본문). 다만, 기명국채증권을 발행한 경우에는 그 증권 또는 이권과 교환하여 지급한다(영21③ 단서). 국채의 원금과 이자를 동시에 지급하여야 하는 경우 그 이자는 원금을 지급하는 때에 국채증권과 교환하여 이를 지급한다(영21④).

---

9) 한국거래소(2019a), 94쪽.

5. 국고채전문딜러제도

(1) 개요

국고채전문딜러(Primary Dealer)는 국고채에 대한 투자매매업 인가를 받은 기관 중 자금력과 시장운영의 전문성을 갖춘 자로서 국고채에 대한 시장조성기능을 담당한다. 국채의 원활한 발행 및 국채유통시장 활성화를 위해 은행, 증권회사 중에서 재무건전성, 국채거래 실적 등이 우수한 기관을 대상으로 기획재정부장관이 지정·운영하고 있다. 전문딜러는 국고채 발행시장에서 국고채 인수 등에 관하여 우선적인 권리를 부여받는 대신 국채전문유통시장에서 시장조성자로서 호가제시, 거래 등의 업무를 수행한다.

전문딜러의 수에는 특별한 제한은 없으나, 우리나라 국고채시장의 규모를 고려하여 통상 20개사 내외에서 지정하고 있다. 2018년 12월말 현재 금융투자업자 10개사, 은행 7개사 총 17개사의 국고채전문딜러가 활동하고 있다.[10]

(2) 국고채전문딜러의 지정

(가) 예비전문딜러의 지정

기획재정부장관은 다음의 요건을 충족하는 자를 예비전문딜러로 지정할 수 있다(운영규정 28①). 첫째, 재무건전성 기준으로 ⅰ) 은행 및 종합금융회사("은행등")는 지정을 신청한 날이 속한 분기의 직전 분기말의 자기자본비율(BIS)이 은행법 제34조에 따라 금융위원회가 정하는 경영개선권고 기준 이상이고 재무제표상의 자기자본 총계가 3조원 이상이어야 한다. 다만, 외국은행 국내지점의 자기자본은 3천억원 이상이어야 한다. ⅱ) 증권회사는 지정을 신청한 날이 속한 분기의 직전 분기말의 순자본비율이 자본시장법 제31조에 따라 금융위원회가 정하는 경영개선권고 기준 이상이고 재무제표상의 자기자본 총계가 3천억원 이상이어야 한다. 둘째, 운영규정 별표 2에서 정하는 전문딜러 지정기준을 충족하여야 한다.

예비전문딜러로 지정받고자 하는 자는 매년 5월 1일부터 5월 31일까지 또는 11월 1일부터 11월 30일까지의 기간 중에 별지 2의 서식에 의한 예비국고채전문딜러 지정신청서를 기획재정부장관에게 제출하여야 한다(운영규정28②).

(나) 전문딜러의 지정

전문딜러로 지정받고자 하는 자는 먼저 예비전문딜러로 지정받아야 한다(운영규정29①). 기획재정부장관은 다음의 요건을 충족하는 예비전문딜러 중에서 전체 전문딜러의 수 및 국채시장 안정과 발전에 기여도 등을 감안하여 전문딜러를 지정할 수 있다(운영규정29②). 요건은 ⅰ) 재무건전성 기준으로 ㉠ 은행 및 종합금융회사는 전문딜러 지정일이 속한 분기의 직전 분

---

10) 한국거래소(2019a), 96쪽.

기말의 자기자본비율(BIS)이 은행법 제34조에 따라 금융위원회가 정하는 경영개선권고 기준 이상이고 재무제표상 자기자본 총계가 4조원 이상이어야 한다. 다만, 외국은행 국내지점의 자기자본은 5천억원 이상이어야 한다. ⓒ 증권회사는 전문딜러 지정일이 속한 분기의 직전 분기 말의 순자본비율이 자본시장법 제31조에 따라 금융위원회가 정하는 경영개선권고 기준 이상이고 재무제표상의 자기자본 총계가 4천억원 이상이어야 한다. ii) 운영규정 별표 2에서 정하는 전문딜러 지정 기준을 충족하여야 한다. iii) 전문딜러 지정이 취소된 경우에는 지정이 취소된 후 1년 이상 경과하였어야 한다. iv) 의무이행실적 평가에 따른 연간 의무이행 실적(직전연도에 예비전문딜러로 지정받은 경우에는 지정받은 날이 속하는 분기부터 4개 분기까지 의무이행 실적)이 140점 이상이어야 한다. v) 평가일이 속하는 분기의 직전 2개 분기 중에 운영규정 제44조에 따라 예비전문딜러로 지정받은 경우에는 예비전문딜러로 지정받은 날이 속하는 분기부터 2개 분기 간 의무이행 실적이 70점 이상이어야 한다.

(3) 국고채전문딜러의 발행시장에서의 의무

발행시장에서 전문딜러는 각 만기별 국고채에 대하여 매월 입찰 공고상 발행예정물량의 10% 이상을 인수하여야 한다(운영규정30① 본문). 다만, 물가연동국고채 인수실적은 월별 발행물량의 5% 이상을 인수하여야 한다(운영규정30① 단서).

위의 제1항 본문에 따른 만기별 인수실적 계산시 최고낙찰금리부터 최고낙찰금리에 0.02%P(다만, 10년 만기, 20년 만기, 30년 만기 국고채는 0.03%P)를 더한 금리 이하 구간으로 응찰한 금액 중 실제 인수금액을 제외한 부분에 대해서는 해당 응찰금액의 2분의 1 내에서 실제 인수금액의 최대 200%까지 인수실적으로 계산하고(다만, 부분낙찰시 해당 금리에 응찰한 물량 중 미낙찰 금액은 인수실적으로 별도 인정), 변동금리부국고채는 인수금액의 2배를 인수실적으로 계산한다(운영규정30②). 기획재정부장관은 국채시장의 여건, 전문딜러 수의 변동 등을 고려하여 인수의무 비율을 조정할 수 있다(운영규정30③).

Ⅱ. 지방채

1. 의의

지방채는 공유재산의 조성 등 소관 재정투자사업과 그러한 사업에 직접적으로 수반되는 경비의 충당 등을 위하여 자금을 차입하면서 부담하는 채무이며, 지방채증권 또는 차입금의 형식을 취한다(지방재정법11, 이하 "법"). 지방채증권은 지방자치단체가 증권을 발행하면서 차입하는 지방채이며, 차입금은 지방자치단체가 증서로 차입하는 지방채이다(지방재정법 시행령7, 이하 "영").

지방채는 일정 한도 내에서 행정안전부장관의 승인 없이 지방의회의 의결을 거쳐 발행할 수 있는데, 이를 지방채 발행한도액이라고 하며, 행정안전부장관이 매년 자치단체의 채무규모, 채무상환 일정 등 재정상황을 고려하여 해당 자치단체의 전전년도 예산액의 10% 범위 내에서 정하도록 하고 있다(법11②, 영10①).

이러한 지방채(채권 또는 차입금)는 채무부담행위, 보증채무부담행위액 중 이행책임액과 함께 지방채무를 구성한다(법2(5)). 즉 지방채무는 금전의 지급을 목적으로 하는 지방자치단체의 의무를 말한다.

2. 지방채 발행방법

(1) 모집발행

지방자치단체가 모집의 방법으로 지방채증권을 발행하는 때에는 지방자치단체의 명칭, 지방채증권의 발행총액, 지방채증권의 발행목적, 지방채증권의 권면금액, 지방채증권의 발행가액 또는 최저가액, 지방채증권의 이율, 지방채증권의 상환과 이자지급의 방법 및 기한, 지방채증권에 대하여 수회에 걸쳐 분할 납부할 것을 정한 때에는 그 분납금액과 시기, 지방채증권을 기명식 또는 무기명식으로 한정한 때에는 그 뜻, 지방채증권 모집의 위탁을 받은 회사가 있는 때에는 그 상호와 주소, 지방채증권의 응모액이 발행총액에 달하지 못한 경우에 그 잔액을 인수할 것을 약정한 자가 있는 때에는 그 뜻, 명의개서 대리인을 둔 때에는 그 성명·주소 또는 영업소, 지방채증권의 청약기한을 기재한 지방채증권청약서를 작성하여야 한다(영13①).

모집발행은 불특정 다수를 대상으로 투자자를 모집하여 현금의 납입을 받은 후에 발행하는 경우를 말한다. 모집발행의 방법으로는 공모발행과 사모발행이 있다. 공모발행은 지방자치단체가 증권시장을 통해 투자자를 공개모집하는 방법을 말하고, 사모발행은 지방자치단체가 은행, 보험회사, 자산운용회사 등 금융기관과 계약을 체결하고 발행하는 것을 말한다.

(2) 매출발행

지방자치단체가 매출의 방법에 의하여 지방채증권을 발행하는 때에는 지방자치단체의 명칭, 지방채증권의 발행총액, 지방채증권의 발행목적, 지방채증권의 권면금액, 지방채증권의 이율, 지방채증권의 상환과 이자지급의 방법 및 기한, 지방채증권을 기명식 또는 무기명식으로 한정한 때에는 그 뜻, 명의개서 대리인을 둔 때에는 그 성명·주소 또는 영업소, 지방채증권의 매출기간, 지방채증권의 매출가액, 지방채증권매출의 위탁을 받은 회사가 있는 때에는 그 상호와 주소 등을 공고하여야 한다(영18).

매출발행은 지방자치단체가 특정 역무를 제공받는 주민 또는 법인을 대상으로 주로 지하철, 상하수도, 도로 등의 사업을 위하여 특정한 인허가, 등기·등록시에 첨가하여 소화시키는 발행방법으로 준조세적 성격을 갖고 있으며, 매입시기나 지역 간 형평성을 위하여 이자율 등 발행조건을 동일하게 하여 발행하고 있다. 대부분의 지방채가 매출발행으로 발행되고 있으며, 대표적으로 지역개발채권(17개 광역자치단체 발행)과 도시철도채권(서울, 부산, 대구) 등이 있다.

(3) 교부발행

지방채증권은 지방자치단체의 채무이행에 갈음하여 지방채증권을 교부하는 방법으로 발행할 수 있다(영8①). 교부발행은 지방자치단체가 공사대금 또는 보상금을 지급하는 대신 후년도에 지급을 약속하는 채권을 발행하여 채권자에게 교부하는 경우로서 채권발행시 자금의 이동이 발생하지 않는다. 지방채의 교부발행은 모집발행과 매출발행이 활성화되지 못했던 과거에 주로 이용되었으나, 교부당사자인 시공업체 또는 토지소유자가 지방채 인수를 기피함으로써 현재는 거의 이용되지 않는다.[11]

3. 지방채의 발행절차

(1) 발행 전 절차

행정안전부장관은 매년 7월 1일까지 지방채발행 한도액 산정기준을 포함한 다음 연도 지방채발행계획 수립기준을 각 지방자치단체의 장에게 통보해야 한다(영11①). 통보를 받은 지방자치단체의 장은 해당 지방자치단체의 다음 연도 지방채발행 한도액을 정하여 7월 15일까지 행정안전부장관에게 통보해야 한다(영11②). 이에 따라 행정안전부장관은 지방자치단체의 장이 통보한 지방채발행 한도액에 대한 타당성을 검토하고 필요한 경우 보완을 요구할 수 있다(영11③ 전단). 이 경우 행정안전부장관은 지방자치단체의 장에게 타당성 검토를 위하여 지방채발행 한도액의 산정에 관련된 자료의 제출을 요구할 수 있다(영11③ 후단).

지방자치단체의 장이 다음 연도에 외채를 발행하거나 지방자치단체조합의 장이 다음 연도에 지방채를 발행하려는 경우에는 지방채발행계획 수립기준에 따라 작성한 다음 연도의 지방채발행계획안을 8월 31일까지 행정안전부장관에게 제출하여 승인을 요청해야 한다(영11④). 지방자치단체의 장이 다음 연도에 지방채발행 한도액의 범위를 초과하여 지방채를 발행하려는 경우에는 지방채발행계획 수립기준에 따라 작성한 다음 연도의 지방채발행계획안에 지방채의 발행액 등이 포함된 자료를 첨부하여 8월 31일까지 행정안전부장관에게 제출하여 협의를 요청해야 한다(영11⑤ 본문). 다만, 지방채발행 한도액의 범위를 초과하여 지방채를 발행할 경우 다음 연도의 예산대비 채무비율이 25%를 초과하게 되는 경우에는 행정안전부장관에게 승인을 요청해야 한다(영11⑤ 단서). 행정안전부장관은 요청을 받은 경우 관계 중앙관서(국가재정법 제6조 제2항[12])에

---

11) 한국거래소(2019a), 122쪽.
12) ② 이 법에서 "중앙관서"라 함은 헌법 또는 정부조직법 그 밖의 법률에 따라 설치된 중앙행정기관을 말한다.

따른 중앙관서)의 장과 협의하여 10월 31일까지 협의 결과 또는 승인 여부를 결정·통보해야 한다(영11⑦).

시장·군수 및 자치구의 구청장이 다음 연도 지방채발행 한도액을 통보하거나 다음 연도의 지방채발행계획안을 제출하는 경우에는 시·도지사를 거쳐야 한다(영11⑥).

(2) 첨가소화지방채 발행절차

지방채(도시철도채권, 지역개발채권 등)는 대부분 첨가소화의 방법으로 발행되며, 인·허가, 등기·등록시에 매입해야 하는 준조세적 성격을 가지고 있으므로 일반채권의 발행방법과는 다른 특징을 갖고 있다.[13]

Ⅲ. 특수채

1. 의의

특수채는 법률에 의해 직접 설립된 법인이 발행하는 채권을 말하며, 자본시장법 제4조 제3항에서 규정하고 있다. 특수채는 한국은행이 발행하는 통화안정증권, 특별법에 의해 설립된 특수은행이 발행하는 금융특수채와 특수은행을 제외한 특별법에 의해 설립된 기관이 발행하는 비금융특수채로 구분된다.

2. 특수채의 종류별 발행방법

(1) 통화안정증권

(가) 의의

한국은행이 통화량을 조절하기 위해 금융통화위원회 결정에 따라 한국은행법 제69조 및 한국은행 통화안정증권법에 근거하여 금융기관과 일반인을 대상으로 발행하는 특수채이며 공개시장운영규정 제12조에서 발행한도를 매 3개월마다 금융시장 여건과 시중 유동성 사정을 감안하여 금융통화위원회에서 결정하는 것을 원칙으로 한다. 다만 금융경제 여건상 부득이한 경우에는 3개월이 경과하기 전이라고 발행한도를 변경할 수 있다.

한국은행은 경상수지 흑자(적자) 또는 외국인투자자금 유입(유출) 등으로 시중의 유동성이 증가(감소)하여 이를 구조적으로 환수(공급)할 필요가 있을 경우에 통화안정증권을 순발행(순상환)하여 유동성을 흡수(공급)하게 된다. 통화안정증권은 공모 또는 상대매출로 발행한다(공개시장운영규정13①). 공모발행은 모집, 매출 또는 경쟁입찰로 한다(공개시장운영규정13② 본문). 다만,

---

13) 한국거래소(2019a), 126쪽.

모집 또는 매출의 방법으로 발행하는 경우에는 제2조 제2항에 따른 대상기관에게 위탁하거나 인수시켜 발행할 수 있다(공개시장운영규정13② 단서).

공모발행 통화안정증권의 만기는 ⅰ) 할인발행시에는 14일, 28일, 63일, 91일, 140일, 182일, 364일, 371일, 392일, 546일로 하고, ⅱ) 액면발행시에는 1년, 1년 6개월, 2년으로 한다(공개시장운영규정14①). 그러나 일상적 유동성조절과 관련하여 상대매출로 발행하는 통화안정증권의 만기는 2년 이내에서 총재가 정한다(공개시장운영규정14②). 통화안정증권은 통합발행할 수 있다(공개시장운영규정14의2①). 통합발행하는 기간, 통합발행 대상증권의 만기 등은 총재가 정한다(공개시장운영규정14의2②).

통화안정증권을 이표채 방식으로 액면발행하는 경우 이자는 발행일로부터 3개월마다 지급한다(공개시장운영규정18의2). 통화안정증권의 종류는 1백만원권, 5백만원권, 1천만원권, 5천만원권, 1억원권으로 한다(공개시장운영규정22).

(나) 경쟁입찰방식

경쟁입찰로 통화안정증권을 발행하는 경우 낙찰자 및 낙찰금액은 입찰자가 응찰한 금리를 기준으로 한국은행에 유리한 순서로 결정하되, 동일한 입찰금리로 경합된 입찰자의 낙찰금액은 응찰금액에 비례하여 배분한다(공개시장운영규정17① 본문). 다만, 총재는 필요하다고 인정하는 경우 입찰자별 응찰금액을 제한할 수 있다(공개시장운영규정17① 단서). 낙찰금액을 응찰금액에 비례하여 배분하는 경우 비례배분에 관한 끝수 조정방식은 총재가 정한다(공개시장운영규정17②). 경쟁입찰에서 경합된 입찰금리 이하로 응찰한 금액의 합이 발행예정금액을 초과하는 때에는 총재가 정하는 범위에서 발행예정금액을 초과하여 낙찰시킬 수 있다(공개시장운영규정17③). 총재는 경쟁입찰에서 응찰률이 현저히 낮거나 응찰금리가 시장금리와 과도하게 괴리되는 경우 발행금액을 조정할 수 있다(공개시장운영규정17④).

한국은행과「통화안정증권 거래에 관한 약정」을 맺은 금융기관인 거래상대기관[14]을 대상으로 한국은행금융결제망(BOK-Wire＋)을 통해 전자입찰방식으로 실시하며, 한국은행과 거래약정을 맺지 않은 금융기관들은 경쟁입찰 참가기관을 통해 간접적으로 입찰 참여가 가능하다. 경쟁입찰은 통상 입찰일 직전 영업일에 통화안정증권 발행예정금액을 결정하여 한국은행금융결제망(BOK-Wire＋)을 통해 통보하고 한국은행 홈페이지 및 언론매체에 입찰내역을 공고함으로써 시작된다. 입찰은 통상 BOK-Wire＋에서 10분간 실시되고, 낙찰결과를 참가기관에 통보 및 언론에 공표하며 완료된다. 경쟁입찰시 낙찰은 한국은행이 시장금리 수준을 감안하여 내부적으로 정해 놓은 금리수준을 상한으로 낮은 금리로 응찰한 부분부터 이루어지며, 발행금리는 입

---

14) 한국은행이 재무건전성 등 선정요건을 충족하는 금융기관 중에서 공개시장 조작 거래 참여 실적, 통화안정증권 거래실적 및 공개시장 조작 관련 업무협조도 등을 감안하여 매년 거래대상기관을 선정한다.

찰참가기관들의 적극적인 입찰참여 유도를 위해 단일금리결정방식(Dutch Auction)15)을 채택하고 있다.16)

(다) 모집방식

모집으로 통화안정증권을 발행하는 경우의 낙찰결정은 제7조 제2항·제3항을 준용한다(공개시장운영규정17⑥ 전단). 이 경우 응모금액이 발행예정금액을 초과하는 때에는 총재가 정하는 범위에서 발행예정금액을 초과하여 낙찰시킬 수 있다(공개시장운영규정17⑥ 후단). 모집으로 통화안정증권을 발행하는 경우 응모자의 낙찰금액은 응모금액으로 하되, 응모금액이 발행예정금액을 초과하는 경우에는 응모금액에 비례하여 배분한다(공개시장운영규정17⑥ 전단, 동규정7② 본문). 다만, 총재는 필요하다고 인정하는 경우 응모자별 응모금액을 제한할 수 있다(공개시장운영규정17⑥ 전단, 동규정7② 단서). 낙찰금액을 응찰금액 또는 응모금액에 비례하여 배분하는 경우 비례배분에 관한 끝수 조정방식은 총재가 정한다(공개시장운영규정17⑥ 전단, 동규정7③).

모집방식은 미리 정한 발행예정금액과 발행금리를 공고한 후 입찰참가자(거래대상기관으로 제한)들의 응모금액에 따라 물량을 배분하는 방식을 말하는 것이다. 필요시 응모자별 응모금액은 제한될 수 있으며 응모금액이 발행예정금액을 초과할 경우 응모금액에 따라 안분배분하고, 응모금액이 발행예정금액 이하일 경우는 각 기관의 응모금액이 낙찰금액이 된다.

(라) 매출방식

발행금리가 사전에 결정되어 공시되며, 발행예정금액 범위 내에서 매입신청순서에 따라 신청자에게 배분되며, 거래상대기관이 아니라도 참여할 수 있다. 그러나 2009년 6월 모집발행이 도입되면서 잠정 중단되었다.17)

(마) 상대매출방식

상대매출은 유동성조절 또는 통화신용정책의 운영을 위하여 필요할 때에 특정 금융기관 또는 정부 출자·출연기관을 상대로 행한다(공개시장운영규정13③ 전단). 이 경우 증권의 만기 및 발행금리는 공모발행할 때와 다르게 적용할 수 있다(공개시장운영규정13③ 후단). 일상적 유동성 조절과 관련하여 통화안정증권을 상대매출할 경우에는 총재가 따로 정하는 금리로 발행할 수 있다(공개시장운영규정21).

---

15) 단일금리결정방식이란 매입기관에게 유리하도록 낙찰자가 제시한 금리 중 최고금리를 모든 입찰자에게 똑같이 적용하는 방식으로 복수금리결정방식과 대조된다. 반면 복수금리결정방식이란 낙찰자가 입찰시 제시한 금리(가격) 중 가장 낮은 금리(가장 높은 가격)를 제시한 입찰자 순으로 각각을 낙찰금리로 하여 낙찰시키는 방식으로, 가장 낮은 금리로 국채 입찰에 응찰한 기관이 성공적으로 인수할 수 있지만 인수가격면에서 여타 낙찰기관보다 손해를 보는 현상(winner's curse)이 있어 응찰기관이 적극적으로 입찰에 참가하지 않는 경향이 있다.
16) 한국거래소((2019a), 130쪽.
17) 한국거래소(2019a), 131쪽.

(2) 금융특수채

금융특수채는 특별법에 의해 설립된 특수은행이 발행하는 채권을 말하며, 특수은행에는 한국산업은행, 한국수출입은행, 중소기업은행, 농협은행, 수협은행 등이 있다. 발행방법은 매출발행 형식의 직접발행과 인수발행 방식의 간접발행이 있다. 발행한도는 각각 설립 근거법에 명시되어 있다.

한국산업은행이 발행할 수 있는 산업금융채권의 발행액은 납입자본금과 적립금을 합한 금액의 30배를 초과할 수 없다(한국산업은행법23③). 수출입은행이 수출입금융채권을 발행할 수 있는 한도는 납입자본금과 적립금을 합한 금액의 30배로 한다(한국수출입은행법23). 중소기업은행이 발행하는 중소기업금융채권의 발행액은 자본금과 적립금을 합한 금액의 20배를 초과할 수 없다(중소기업은행법36의2②). 농협은행은 각각 자기자본의 5배를 초과하여 농업금융채권을 발행할 수 없다(농업협동조합법153②). 수협은행은 자기자본의 5배를 초과하여 수산금융채권을 발행할 수 없다(수산업협동조합법156②).

(3) 비금융특수채

비금융특수채란 공사·공단의 설립 근거법에 의거하여 발행되는 채권을 말한다. 발행방법은 인수기관을 통한 간접발행과 교부발행 방식의 매출발행이 있다. 대부분의 공사·공단에서 간접발행 방식을 채택하고 있다. 채권의 발행한도는 개별 설립 근거법에 명시되어 있다.

Ⅳ. 회사채

1. 의의

회사채는 1년 이상의 장기자금을 직접금융시장에서 조달하는 채무증권이다. 즉 회사채는 신규투자, 기업운영 및 기 발행 회사채의 차환 등에 필요한 자금을 조달하기 위해 민간기업이 발행하는 채권이다. 기업이 자금을 조달하는 방법에는 간접금융 방식과 직접금융 방식으로 나누어지며, 은행 등 금융회사의 대출, 해외차관 등이 전자에 속하고 회사채 또는 주식발행은 후자에 속한다.

2. 발행 방법 및 조건

회사채는 공모발행과 사모발행으로 구분된다. 공모발행의 경우 인수기관인 증권회사, 한국산업은행 등이 총액을 인수하여 발행하며 사모발행의 경우에는 발행기업이 최종매수인과 발행조건을 직접 협의하여 발행하게 된다. 회사채는 개정 상법의 시행(2012년 4월)으로 정관에서 정하는 바에 따라 이사회 결의가 없이도 발행이 가능해졌으며,[18] 순자산액의 4배까지였던 발행한도도 폐지되었다. 한편 공모발행을 하는 경우 증권신고서를 금융위원회에 제출해야 한다.[19]

만기를 보면 일반적으로 1, 2, 3, 5, 10년 등으로 발행되는데 대체로 3년 이하가 주종을 이루고 있다. 표면금리는 발행기업과 인수기관 간 협의에 의해 자율적으로 결정되는데 2003년 이후 시장금리 수준이 낮아지면서 표면금리와 유통수익률 간의 괴리가 0.5%p 이내로 좁혀졌으며, 표면금리를 유통수익률에 맞추어 발행하는 경우도 많아졌다. 이 경우 발행가격과 액면가격이 거의 동일하게 된다.[20]

3. 발행절차

발행회사는 발행주관회사(주로 증권회사)를 선정하여 발행사무를 위임하며 인수기관은 발행 회사채를 총액인수한 후 당일 매수자(은행, 자산운용회사, 보험회사 등 기관투자자)에게 매출한다. 발행주관회사는 금융투자협회의 프리본드 시스템을 통하여 수요예측을 진행하게 되고 수요예측의 결과에 따라 발행사채의 수량, 가격, 매수자 등을 발행기업과 협의하여 최종결정한다. 매수자는 지정된 청약 일시에 발행주관회사에 청약서를 제출하고 수탁은행에 청약내용을 통보하여 발행주관회사에 대금지급을 지시하며, 발행주관회사는 청약 당일에 발행자금을 발행기업의 주거래은행에 입금한다. 한편 회사채의 인수도는 발행주관회사가 회사채를 매수자 명의로 한국예탁결제원에 개설된 계좌에 등록함으로써 끝난다.[21]

IMF 외환위기 이후 우리나라의 회사채는 대부분 무보증사채로 발행된다. 또한 공모발행(모집·매출)의 경우 대부분 인수인이 발행물량 전액을 인수한 후 투자자에게 모집·매출하는 총액인수 방식으로 발행된다. 여기서는 무보증사채를 중심으로 발행절차를 살펴본다. 여기서 "무보증사채"란 자본시장법 시행령 제362조 제8항 각 호의 어느 하나에 해당하는 금융기관 등[22]이 원리금의 지급을 보증한 보증사채, 담보부사채신탁법에 따라 발행되는 담보부사채 및 이중상환채권법에 따라 발행되는 이중상환청구권부채권을 제외한 사채를 말한다(증권 인수업무 등에 관한 규정2(1)).

---

18) 이사회는 대표이사에게 사채의 금액 및 종류를 정하여 1년을 초과하지 아니하는 기간 내에 사채를 발행할 것을 위임할 수 있다(상법469③).
19) 모집가액 또는 매출가액이 10억원 이상인 경우 증권신고서를 금융위원회에 제출해야 한다(자본시장법119①).
20) 한국은행(2016b), 176쪽.
21) 한국은행(2016b), 178-179쪽.
22) 은행, 한국산업은행, 중소기업은행, 보험회사, 투자매매업자, 증권금융회사, 종합금융회사, 신용보증기금(신용보증기금이 지급을 보증한 보증사채권에는 민간투자법에 따라 산업기반신용보증기금의 부담으로 보증한 것을 포함), 기술보증기금.

(1) 대표주관회사 및 인수단 선정을 위한 RFP 발송

사채를 발행하고자 하는 회사는 대표주관회사와 인수단 선정을 위한 제안요청서(REP: Request For Proposal)를 증권회사에 발송한다. REP를 받은 증권회사 중 회사채를 인수하기 희망하는 곳에서는 REP에 따라 제안서를 작성하여 다시 발행회사에 제출한다.[23]

(2) 대표주관계약 체결 및 협회 신고

발행회사는 제안서를 제출한 증권회사 중 한 곳을 대표주관회사[24]로 선정한다. 금융투자회사는 무보증사채의 인수를 의뢰받은 때에는 증권신고서 제출 10영업일 이전에 대표주관계약을 체결하고, 대표주관계약서 사본을 계약체결일부터 5영업일 이내에 협회에 신고하여야 한다(증권 인수업무 등에 관한 규정11① 본문). 다만, 유동화사채[25] 또는 일괄신고서 제출을 통해 모집·매출하는 무보증사채의 인수를 의뢰받은 경우에는 대표주관계약 체결의무가 적용되지 아니한다(증권 인수업무 등에 관한 규정11① 단서).

대표주관계약 제도는 인수단 선정시 발생할 수 있는 과도한 금리 및 물량 경쟁을 방지하여 증권회사의 IB 기능을 강화하기 위한 취지로 도입되었다. 또한 증권신고서 제출 전까지 10영업일의 충분한 기업실사 기간을 보장함으로써 투자자를 보호하기 위한 목적도 있다.

대표주관계약서에는 ⅰ) 발행회사의 경영실적, 영업관련 사항 및 재무건전성 등에 대한 확인 및 조사에 관한 사항, ⅱ) 발행회사의 자료제출에 관한 사항, ⅲ) 증권신고서의 기재사항 점검 등에 관한 사항, ⅳ) 발행회사 및 그 최대주주 등에 대한 평판 점검 등에 관한 사항, ⅴ) 수요예측 실시 등 공모금리 결정과 관련한 사항, ⅵ) 계약의 해제·해지 및 변경에 관한 사항이 포함되어야 한다(증권 인수업무 등에 관한 규정11②).

(3) 신용평가회사의 신용등급 평가

금융투자회사가 무보증사채를 인수하는 경우 신용평가회사 중에서 2개 이상(자산유동화법에 따라 사채의 형태로 발행되는 유동화증권을 인수하는 경우, 금융투자업규정 제8-19조의14[26])에 따라

---

23) 한국거래소(2019a), 141쪽.
24) "주관회사"란 증권을 인수함에 있어서 인수회사를 대표하여 발행회사와 인수조건 등을 결정하고 인수 및 청약업무를 통할하며, 기타 증권 인수업무 등에 관한 규정에서 정하는 업무를 수행하는 금융투자회사를 말하며, "대표주관회사"란 발행회사로부터 증권의 인수를 의뢰받은 자로서 주관회사를 대표하는 금융투자회사를 말한다(증권 인수업무 등에 관한 규정2(5)).
25) "유동화사채"란 자산유동화법에 따라 사채의 형태로 발행되는 유동화증권 및 자산유동화법에서 정하는 유동화전문회사 또는 신탁업자가 아닌 회사, 그 밖의 특수목적기구가 자산유동화에 준하는 업무를 하여 사채의 형태로 발행하는 증권이나 자산유동화법에서 정하는 방법 이외의 것에 따라 유동화자산을 기초로 사채의 형태로 발행하는 증권을 말한다(증권 인수업무 등에 관한 규정2(1의2)).
26) 금융투자업규정 제8-19조의14(신용평가회사 선정의 신청) ① 발행인은 무보증사채(다음 각 호의 어느 하나에 해당하는 것은 제외)의 신용평가를 위하여 금융감독원장에게 본인을 대신하여 평가를 수행할 신용평가회사를 선정해 줄 것을 신청할 수 있다.
   1. 단기사채

선정된 신용평가회사로부터 평가를 받은 경우 또는 신용평가회사의 업무정지 등 부득이한 사유가 있는 경우에는 1개 이상의 신용평가회사(외국법인등이 발행한 무보증사채의 경우에는 「증권의 발행 및 공시 등에 관한 규정」 제2-11조 제2항 제1호 마목의 금융감독원장이 정하는 국제신용평가기관을 포함)로부터 해당 무보증사채에 대한 평가를 받은 것이어야 한다(증권 인수업무 등에 관한 규정11의2①).

신용평가회사는 발행회사의 사업성, 수익성, 현금흐름, 재무안정성 등을 기초로 신용등급을 부여하며, 투자자에게 해당 회사채의 안정성에 대한 정보를 제공함으로써 발행금리(표면이자율) 결정에 큰 영향을 미친다. 신용평가 기간이 통상 2-3주 소요되므로 대표주관계약 체결 직후 요청되는 경우가 많다. 신용평가회사들은 회사채 발행시장에서 발행내용이 확정된 경우 신용등급을 공시하고, 통상 1년마다 새로 발표되는 재무제표를 근거로 신용등급을 조정한다.[27]

(4) 기업실사

대표주관계약 체결 후 대표주관회사는 발행회사의 실질적인 정보 발굴, 위험 평가 등을 위한 기업실사(Due Diligence)를 실시한다. 증권회사들은 금융감독원의 「금융투자회사의 기업실사 모범규준」("모범규준")을 기초로 실사지침을 제정한다. 대표주관회사는 자사의 기업실사지침에 따라 발행회사의 신용등급별로 차등화된 체크리스트를 작성하여 실사를 수행한다.

Due Diligence를 수행한 해당 담당자는 관련 업무수행을 완료한 경우, 체크리스트와 이행내역서 및 검토의견 등을 포함한 Due Diligence 이행결과보고서를 작성하여야 한다(모범규준24①). 발행주관부서는 Due Diligence 이행결과보고서를 회사에서 정하는 전결규정에 따라 보고하고 결재를 받아야 하며, 발행주관부서장은 Due Diligence 담당자의 조사검증이 충실히 이행되었는지에 대해 확인하여야 한다(모범규준24②). 감사부서나 준법감시부서 등은 Due Diligence 담당 부서장의 확인에 대하여 점검하여야 한다(모범규준24③). 이행결과 보고는 증권신고서 제출 전에 이루어져야 한다(모범규준24④). 대표주관회사는 Due Diligence 이행결과보고서 및 관련 자료(발행회사에 대한 질의서, 경영진과의 면담기록, 외부감사인 등 전문가로부터의 의견서, 수정보완요청서, 발행회사 제출 신고서 기재내용의 검증자료 등)를 Due Diligence 수행 후 5년간 보관하여야 한다(모범규준24⑤ 본문). 다만, 주관업무를 수행하지 아니한 인수·주선회사의 경우 인수·주선업무와 관련된 사항에 한한다(모범규준24⑤ 단서).

---

2. 자산유동화법에 따라 사채권의 형태로 발행되는 유동화증권 및 상법상 주식회사가 유동화자산을 기초로 하여 상법 제469조 제1항의 규정에 의하여 발행하는 사채권

3 자본시장법 시행령 제324조의3 제1항 각 호의 어느 하나에 해당하는 금융기관이 발행한 사채권

② 금융감독원장은 제1항에 따른 신청이 있는 경우 금융감독원장이 정하는 기준에 따라 신용평가회사를 선정하고 그 결과를 지체 없이 발행인에게 통보한다.

27) 한국거래소(2019a), 142쪽.

(5) 이사회 결의 및 각종 계약체결

이사회의 결의에 따라 회사채를 발행할 수 있으며, 이사회는 1년을 초과하지 않는 기간 내에서 회사채의 금액 및 종류를 정하여 대표이사에게 위임할 수 있다(상법469①⑤). 주권상장 법인의 경우 이사회 결의내용을 거래소를 통해 공시해야 한다.

발행회사는 사채를 발행하는 경우에 은행, 신탁업자 등의 사채관리회사를 정하여 변제의 수령, 채권의 보전, 그 밖에 사채의 관리를 위탁할 수 있다(상법480의2). 무보증사채를 인수하는 경우에는 무보증사채의 발행인과 사채관리회사 간에 협회가 정한 표준무보증사채 사채관리계약서("표준사채관리계약서")에 의한 계약이 체결된 것이어야 한다(증권 인수업무 등에 관한 규정11의2② 본문). 다만, ⅰ) 여신전문금융회사가 발행하는 사채, ⅱ) 종합금융회사가 발행하는 사채, ⅲ) 은행법에 의한 금융기관이 발행하는 사채, ⅳ) 금융투자회사가 발행하는 사채, ⅴ) 유동화사채, ⅵ) 증권금융회사가 발행하는 사채, ⅶ) 그 밖에 특별법에 따라 법인이 발행하는 채권 중 협회가 고시하는 채권 중의 어느 하나에 해당하는 무보증사채는 그러하지 아니하다(증권 인수 업무 등에 관한 규정11의2② 단서).

또한 회사채 금액을 납입할 장소와 발행 후 원금 상환 및 이자지급을 대행할 은행을 선정하여 원리금지급 대행계약도 체결한다. 그리고 대표주관회사는 인수회사의 자격요건을 구비한 회사 중에서 인수단을 구성하여 인수단 및 발행회사와 연명으로 최종 총액인수(매출) 계약을 체결한다.[28]

(6) 증권신고서 제출

대표주관회사는 간접공모방식으로 발행되는 회사채에 대해 해당 공모가액 및 과거 1년 간 신고서를 제출하지 않은 공모가액의 합산액이 10억원 이상일 경우 금융위원회에 증권신고서를 제출해야 한다. 증권신고서 제출시 예비투자설명서를 첨부하여 공시해야 하며, 증권신고서의 효력 발생일 전까지는 예비투자설명서를 기초로 투자권유를 하는 것이 가능하다. 증권신고서의 효력 발생 후에는 투자설명서를 제출하여 공시해야 하고, 효력발생일 이후부터는 투자설명서를 이용하여 투자권유를 할 수 있다.

(7) 상장신청 및 등록신청

발행회사는 증권신고서가 접수 처리된 때에 한국거래소에 회사채의 상장을 신청해야 하며, 전자증권법에 따라 한국예탁결제원에도 등록을 신청한다.

(8) 수요예측

수요예측이란 무보증사채를 공모함에 있어 공모금리를 결정하기 위하여 대표주관회사가 공모예정기업의 공모희망금리를 제시하고, 매입희망 가격, 금리 및 물량 등의 수요상황을 파악

---

28) 한국거래소(2019a), 143쪽.

하는 것을 말한다(증권 인수업무 등에 관한 규정2(7)).

무보증사채의 공모금리는 수요예측을 실시하고 그 결과를 감안하여 주관회사와 발행회사가 협의하여 정한다(증권 인수업무 등에 관한 규정12① 본문). 다만, 공모예정금액이 100억원 미만인 무보증사채, 주권관련사채(전환사채, 신주인수권부사채 및 교환사채), 일괄신고서 제출을 통해 모집·매출하는 무보증사채, 유동화사채, 공모예정금액이 모두 일반청약자에게 배정되는 무보증사채의 경우에는 수요예측을 실시하지 아니할 수 있다(증권 인수업무 등에 관한 규정12① 단서). 대표주관회사는 수요예측 참여자가 자신의 고유재산과 그 외의 재산을 구분하여 수요예측에 참여하도록 하여야 한다(증권 인수업무 등에 관한 규정12③). 주관회사는 수요예측 참여자별 신청금리 및 신청수량 등의 정보가 누설되지 아니하도록 하여야 한다(증권 인수업무 등에 관한 규정12④).

회사채의 수요예측은 금융투자협회가 운영하는 장외 채권거래 전용시스템인 K-Bond를 통해 이루어지고 있다. 수요예측은 협회의 「무보증회사채 수요예측 모범규준」이 정한 절차 및 내용에 따라 진행된다.

(9) 증권신고서 효력발생

증권신고서는 금융위원회가 수리한 날로부터 일정기간이 경과한 날에 그 효력이 발생한다. 일반적으로 증권신고서의 수리는 제출한 날에 이루어지며, 무보증사채는 7일이 경과한 후 효력이 발생한다(시행규칙12①(1)).

효력발생이 증권신고서의 기재내용이 진실 또는 정확하다는 것을 인정하거나 금융위원회가 회사채의 가치를 보증 또는 승인하는 것이 아님에 유의해야 한다. 금융위원회는 증권신고서의 형식을 제대로 갖추지 아니하거나 중요사항에 대해 허위 기재 또는 누락된 경우에만 증권신고서의 수리를 거부할 수 있다(법120②).

(10) 투자설명서 작성 및 공시

증권신고서의 효력이 발생하면 투자설명서를 금융위원회에 제출하고 발행기업의 본점, 금융위원회, 한국거래소 및 청약사무 취급장소에 비치·공시해야 한다(법123①). 투자설명서에는 증권신고서의 기재내용과 다른 내용을 표시하거나 누락해서는 안되나, 기업경영 등 비밀유지와 투자자 보호와의 형평 등을 고려하여 예외를 인정하기도 한다(법123②).

(11) 채권상장

유가증권시장 상장규정에서 정하는 상장요건을 갖춘 회사채는 한국거래소에 상장할 수 있다.

(12) 증권발행실적결과보고서 제출

증권신고의 효력이 발생한 증권의 발행인은 금융위원회가 정하여 고시하는 방법에 따라 그 발행실적에 관한 보고서("증권발행실적보고서")를 금융위원회에 제출하여야 한다(법128).

4. 회사채 신용평가제도

신용평가기관이 부여한 회사채 신용등급은 투자자에게 원리금 회수 가능성 정도에 대한 정보를 제공함으로써 회사채 발행금리 결정에 결정적인 영향을 미친다. 회사채 발행기업의 입장에서는 신용평가 수수료의 부담에도 불구하고 객관적인 신용등급을 획득[29]함으로써 잠재 투자자를 확보할 수 있기 때문에 총 자금조달비용이 낮아지는 효과가 있다.

현재 무보증회사채 발행기업들은 2개 이상의 신용평가회사로부터 기업의 사업성, 수익성, 현금흐름, 재무안정성 등을 기초로 회사채 상환능력을 평가받고 있다. 회사채 평가등급은 AAA-D까지 10개 등급으로 분류되는데 AAA-BBB는 원리금 지급능력이 양호하다고 인정되는 투자등급, BB 이하는 지급능력이 상대적으로 의문시되는 투기등급을 나타낸다.[30]

5. 투자자보호제도

1997년 외환위기 이후 회사채 발행은 보증부에서 무보증부로 전환되었는데, 이는 회사채 발행회사의 채무불이행위험이 높아지면서 회사채 보증기관들이 지급보증을 기피한데다 종합금융회사 등 일부 보증기관의 신인도 저하로 투자자도 회사채의 보증 여부보다는 발행기업의 신용도를 더욱 중시하였기 때문이다. 무보증사채의 일반화로 보증사채 발행시 보증기관이 일부 수행하였던 투자자보호 기능이 약화되었다. 이에 따라 무보증사채 투자자에 대한 보호장치를 강화할 필요성이 대두되었으며, 무보증사채 발행시 기존 사채모집 위탁계약서 대신 사채권자 보호를 강화한 표준무보증사채 사채관리계약서[31] 사용이 의무화되었다.[32] 동 계약서는 발행회사의 의무 및 책임, 회사채의 기한이익 상실사유, 수탁회사의 권한 등을 포함하고 있다. 또한 2011년 4월 상법 개정시 사채권자의 권리보호 강화를 위해 기존 회사채 발행 주관사 등이 주로 담당하던 사채관리사무를 별도의 독립된 기관이 담당하도록 하는 사채관리회사[33] 제도를 도입하였다.[34]

---

29) 신용평가회사들은 회사채 발행시점에서 발행내용이 확정된 경우 신용등급을 공시하고 발행 후 통상 1년마다 새로 발표되는 재무제표를 근거로 신용평가등급을 조정하고 있다.
30) 한국은행(2016b), 176-177쪽.
31) 2012년 4월 상법 개정에 따라 기존 "표준무보증사채 수탁계약서"를 "표준무보증사채 사채관리계약서"로 명칭을 변경하였다.
32) 2001년 12월 「유가증권인수업무에 관한 규칙」을 개정하여 2002년 2월 유가증권신고서 제출분부터 적용하였다. 「증권 인수업무 등에 관한 규정」이 2009년 2월 4일부터 시행되면서 「유가증권 인수업무에 관한 규칙」은 폐지되었다.
33) 사채권자를 위한 법정대리인으로서 사채관리의 전반을 관장하는 기관이다. 사채관리회사는 은행, 신탁회사, 증권회사, 한국예탁결제원 등이 수행할 수 있다(상법480의3①, 상법 시행령26).
34) 한국은행(2016b), 176-177쪽.

제3절 유통시장

Ⅰ. 개요

채권 발행시장을 통해 채권을 취득한 투자자는 만기 이전에 채권 발행인에게 원금상환을 요청할 수 없으므로, 만기 전 채권 현금화를 위해서는 별도의 유통시장이 필요하게 된다. 채권 유통시장은 이미 발행된 채권이 거래되는 제2차 시장으로 채권의 매매거래를 통한 투자원본의 회수와 투자수익의 실현, 적정 가격발견기능 등을 수행한다. 채권 유통시장은 거래상대방을 찾는 방식에 따라 직접탐색시장, 브로커시장, 딜러시장, 경매시장으로 나뉘고, 시장운영 주체에 따라 장내시장인 거래소시장과 장외시장으로 구분할 수 있다.

Ⅱ. 장내시장(거래소시장)

여기서는 「유가증권시장 업무규정」("업무규정")상의 채권의 매매거래, 「유가증권시장 상장규정」("상장규정")상의 채권에 관한 상장 등을 중심으로 주요 내용을 살펴본다.

1. 시장의 구분

조직적 시장인 거래소시장은 장내시장으로 불리며, 한국거래소에서는 시장의 개설목적 및 시장참여자에 따라 도매시장인 국채전문유통시장(KTS시장), 환매조건부채권시장(RP시장), 소액채권시장, 일반채권시장을 운영하고 있다.

(1) 국채전문유통시장

(가) 의의 및 도입배경

국채전문유통시장이라 함은 국채딜러[35] 간 매매거래 및 증권회사를 통한 위탁매매거래를 위하여 거래소가 개설한 시장을 말한다(국고채권의 발행 및 국고채전문딜러 운영에 관한 규정2(5), 이하 "운영규정").

전자거래시스템을 이용한 경쟁매매시장은 브로커를 통한 거래상대방 탐색 및 협상을 거치지 않고 익명으로 가격경쟁에 의해 거래가 체결되는 시장이다. 경쟁매매시장에서는 모든 호가가 스크린으로 집중되기 때문에 시장참가자는 브로커의 중개 없이 스크린에 제시된 호가만을 가지고 실시간으로 매매거래를 수행할 수 있다. 전자거래시스템은 거래비용을 절감시키고, 실

---

[35] "국채딜러"라 함은 국채증권에 대하여 투자매매업의 인가를 받은 자를 말한다(업무규정55①).

시간으로 금리를 공표하여 지표금리를 제시할 뿐만 아니라 실제 체결가능한 호가가 공개됨으로써 시장투명성을 증대시키는 장점이 있다. 우리나라에서는 채권 전자거래시스템을 통한 경쟁매매시장을 활성화하기 위해 정부의 정책적인 지원하에 1999년 3월 한국거래소가 전자거래시스템(KTS: KRX Trading System for Government Securities)을 기반으로 한 국채전문유통시장을 개설하였다.[36]

주요 시장참가자는 거래소의 채무증권전문회원 인가를 취득한 은행과 금융투자회사(국채딜러)이다. 딜러회사는 별도의 전산투자 없이 한국거래소가 개발한 매매프로그램을 거래담당자의 PC에 설치하고 인터넷을 통해 한국거래소의 국채매매시스템(KTS)에 직접 접속하여 거래를 수행한다.

국채전문유통시장은 자본시장법에 의해 국채에 대한 투자매매업 인가를 받은 국채딜러가 참여하는 딜러간 시장이며, 각각의 딜러가 제출하는 매도·매수 주문의 내역이 시스템에 집중되어 공시된다.

(나) 시장참가유형 및 방법

국채전문유통시장의 참가자는 국채딜러인 금융투자회사 및 은행에 한정된다. 금융투자회사는 거래소의 증권회원으로서 참여가 가능하며, 은행은 채무증권전문회원의 자격으로 참여할 수 있다. 채무증권전문회원제도는 원칙적으로 회원인 금융투자회사만이 참여 가능한 거래소시장에 은행의 참여가 가능하도록 마련된 제도로서, 채무증권전문회원이 되기 위해서는 국채증권, 지방채증권, 특수채증권, 사채권, 기업어음증권 등의 투자매매업 인가를 받아야 한다.

현재 채무증권전문회원의 자격을 갖춘 금융기관은 은행에 한정되는데, 은행의 시장참여는 2000년 「재정경제부고시 제2000-8호」를 통해 은행의 부수업무 중 하나로 구 증권거래법상의 증권업무 중 국공채의 자기매매업(투자매매업)을 인가받음으로써 가능하게 되었다. 그러나 금융투자회사가 국채전문유통시장에서 위탁참여기관의 주문에 대한 수탁 금융투자회사로 시장에 참여할 수 있는 데 반해, 은행은 국채의 자기매매(투자매매)에 한하여 인가를 받았으므로 금융투자회사와 같이 수탁기능을 수행할 수는 없다.

국채에 대해 자기매매업을 인가받아 국채전문유통시장의 참가자격을 갖춘 국채딜러는 시장조성자(market maker)인 국고채전문딜러(PD: Primary Dealer, 이하 "전문딜러"),[37] 예비국고채전문딜러(PPD: Preliminary Primary Dealer, 이하 "예비전문딜러") 및 일반딜러로 구분된다. 2018년 12말 현재 17개의 전문딜러, 5개의 예비전문딜러, 40개의 일반딜러가 있다.

---

36) 한국거래소(2019a), 150-151쪽.
37) "국고채전문딜러("전문딜러")"라 함은 국채딜러중에서 기획재정부장관이 지정하는 자를 말한다(업무규정 55(2)).

직접 참가자격을 갖춘 딜러기관과 위탁참가기관이 국채전문유통시장에서 거래를 하기 위해서는 기관 등록과 거래원 등록이라는 소정의 절차를 순차적으로 거쳐야 한다. 기관 등록은 특정 금융투자회사, 은행 등의 기관 명의를 국채전문유통시장 거래시스템에 등록하는 절차를 의미하고, 거래원 등록은 해당 기관의 특정 업무담당자를 거래시스템에 등록하고 인증을 부여하는 절차를 의미한다. 기관 등록과 거래원 등록은 각각 1일이 소요되는데, 특별한 사정이 없으면 등록의 효력은 지속적으로 유지된다.[38)]

(다) 매매제도

국채전문유통시장은 자본시장법에 의하여 국채에 대한 투자매매업 인가를 받은 국채딜러가 참여하는 딜러간시장(inter-dealer market)으로, 각각의 딜러가 제출하는 매도·매수 주문의 내역이 시스템에 집중되어 공시된다.

1) 거래대상증권

국채전문유통시장에서 거래되는 채권은 국고채권(외평채 포함)뿐만 아니라 통화안정증권, 예금보험기금채권인데, 국고채권은 시장조성을 위해 특별하게 취급되는 지표종목과 비지표종목으로 구분된다(업무규정55(3)). 즉 "국채전문유통시장의 매매거래"라 함은 i) 국채증권 중 기획재정부장관이 국채증권 지표종목으로 지정한 종목("지표종목"), ii) 국채증권 관련법규에 의하여 입찰에 의한 방법으로 발행되는 국채증권 중 지표종목이 아닌 국고채권("비지표종목")(다만, 원금이자분리채권은 비지표종목으로 한다), iii) 통화안정증권 및 예금보험기금채권에 대한 매매거래를 말한다(업무규정55(3)).

지표채권(지표종목)은 유동성이 풍부하여 유통시장을 통한 지표금리의 형성에 가장 적합하다고 판단되는 채권으로, 경쟁입찰을 통하여 발행된 명목 국고채권 중 만기별로 가장 최근에 발행된 종목과 물가연동국고채권 중 가장 최근에 발행된 종목을 말한다(국고채권의 발행 및 국고채전문딜러 운영에 관한 규정2(3)).

2) 호가의 구분: 조성호가와 매매호가

매매거래의 호가는 조성호가와 매매호가로 구분한다(업무규정56 본문). 다만, 비지표종목, 통화안정증권 및 예금보험기금채권의 경우에는 구분하지 아니한다(업무규정56 단서).

"조성호가"라 함은 지표종목에 대한 시장조성을 위하여 국채딜러가 제출하는 호가를 말하며, 양방의 조성호가와 일방의 조성호가로 구분하는데, i) 양방의 조성호가는 전문딜러가 매도 및 매수호가를 동시에 제출하는 호가를 말하고, ii) 일방의 조성호가는 국채딜러가 제출하는 매도 또는 매수호가를 말한다(업무규정55(4)). "매매호가"라 함은 조성호가와의 매매거래를 목적으로 국채딜러가 제출하는 일방의 호가를 말한다(업무규정55(5)).

---

38) 한국거래소(2019a), 154-155쪽.

3) 호가의 접수시간 및 방법

호가접수시간은 정규시장의 매매거래시간으로 한다(시행세칙79①). 전문딜러는 정규시장의 매매거래시간 동안 양방의 조성호가를 지속적으로 제출하여야 한다(업무규정57②). 이 경우 호가스프레드는 거래소가 시장상황등을 고려하여 필요한 경우에는 그때마다 정한다(시행세칙79②). 이에 따라 양방의 조성호가를 한 전문딜러는 당해 양방의 조성호가 중 어느 일방이 전량 매매체결된 경우(어느 일방의 잔량이 국채증권 관련법규에 따른 양방향조성호가 수량 미만인 경우 포함)에는 10분 이내에 양방의 조성호가를 다시 하여야 한다(시행세칙79④).

모든 국채딜러는 일방의 조성호가 및 매매호가를 제출할 수 있다(업무규정57④). 회원이 매매거래의 위탁을 받아 호가를 제출하는 경우에는 일방의 조성호가 및 매매호가의 방법으로 한다(업무규정57⑤).

회원은 국채전문유통시장의 매매거래에 있어 ⅰ) 개별경쟁매매의 경우에는 상장잔액을 초과하거나 1천억원 이상인 호가, ⅱ) 협의매매 또는 신고매매의 경우에는 상장잔액을 초과하거나 9,990억원을 초과하는 호가를 입력할 수 없다(시행세칙79⑥).

4) 호가가격단위

호가가격단위는 2016년 6월부터 채권의 잔존 만기별로 차등화하여 운영하고 있다. 종전에 호가가격단위가 1원으로 단일 운영되었을 때는 하나의 채권가격에 다수의 수익률이 존재하였으나, 호가가격단위가 세분화됨에 따라 각 채권수익률에 대응하는 정확한 채권가격 산출이 가능해져 가격의 정확성 및 공정성이 제고되었다. 뿐만 아니라 호가가격단위의 세분화로 호가스프레드의 축소 효과가 나타나 거래비용 절감 및 시장효율성 제고에 기여하였다.[39]

호가가격단위의 경우 잔존만기가 2년 미만인 경우는 0.1원, 잔존만기가 2년 이상 10년 미만인 경우는 0.5원, 잔존만기가 10년 이상인 경우는 1원이며, 국고채 10년 지표물 및 물가연동국고채권의 경우는 잔존만기와 관계없이 1원이 유지되고 있다(시행세칙85 및 시행세칙65②).

5) 호가의 효력정지

양방의 조성호가를 제출한 전문딜러는 필요한 경우 당해 호가의 효력을 일시 정지할 수 있다(업무규정58①). 양방향 조성호가의 효력정지는 호가접수시간 중에 한하며, 정지 횟수에는 제한을 두지 아니한다(시행세칙80②). 전문딜러가 양방의 조성호가의 효력을 정지한 후 효력을 재개하기 전까지는 해당 조성호가의 효력은 정지된 것으로 본다(시행세칙80③).

6) 호가의 제한

양방의 조성호가가 ⅰ) 매도가격이 매수가격보다 낮거나 같은 경우, ⅱ) 매도 또는 매수 어느 일방의 가격 또는 수량이 누락된 경우, ⅲ) 호가스프레드를 벗어난 경우에는 그 호가를

---

39) 한국거래소(2019a), 162쪽.

입력할 수 없다(시행세칙81).

7) 매매계약의 체결 및 매매수량단위

매매거래의 경우 가격결정은 복수가격에 의한 개별경쟁매매의 방법에 의한다(업무규정59①). 국채전문유통시장은 주식시장이나 일반채권시장과는 달리 동시호가제도와 장종료시 단일가매매제도가 존재하지 않는다. 정규장은 거래일의 9시부터 15시 30분까지 운영되며 신고매매는 7시 30분부터 16시까지 가능하다. 장개시 이후 조성호가와 매매호가가 집계될 때마다 가격 및 시간우선의 원칙에 따라 복수가격에 의한 개별경쟁매매로 매매계약을 체결한다(시행세칙79①).

매매수량단위는 액면 10억원으로 한다(시행세칙84 본문). 다만, 원금이자분리채권의 경우에는 액면 1억원으로 한다(시행세칙84 단서).

(라) 협의매매

1) 의의

협의매매란 정규시장의 매매거래시간 동안 호가를 요청하는 자("호가요청자")와 요청호가에 대응하여 호가를 제안하는 자("호가제안자") 간 협의에 따라 결정된 가격 또는 환매이자율에 의한 매매거래를 말한다(업무규정53의2①). 경쟁매매와는 달리 거래 당사자 간 협의에 의해 가격 및 수량을 결정하고 매매를 체결시키는 방식이다.

2) 요청호가와 제안호가

협의매매의 호가는 요청호가와 제안호가로 구분된다(시행세칙75의2②). ⅰ) 요청호가란 호가요청자가 수량 또는 가격을 지정하여 요청하는 호가를 말하고, ⅱ) 제안호가란 호가제안자가 가격 또는 수량을 지정하여 제안하는 호가를 말한다. 협의매매의 경우 호가요청자가 특정 종목에 대하여 수량과 가격을 기입하고 요청호가를 전송하면 호가제안자는 이에 상응하는 수량과 가격을 기입하여 역으로 제안호가를 전송한다. 양자 간에 가격조건이 합치되는 경우 양자의 협의에 의해 매매계약이 체결된다.

3) 호가수량단위ㆍ호가가격단위ㆍ매매수량단위

협의매매의 호가수량단위는 액면 1만원, 호가가격단위의 경우 잔존만기가 2년 미만인 경우는 0.1원, 잔존만기가 2년 이상 10년 미만인 경우는 0.5원, 잔존만기가 10년 이상인 경우 및 지표종목 중 10년 만기 국고채권과 물가연동국고채권의 경우인 경우는 1원이다.

협의매매의 매매수량단위는 액면 100억원이며, 호가요청자는 10인 이내에서 호가제안자를 지정하여 요청호가를 제출하여야 하며, 요청호가의 유효시간은 호가를 접수한 때부터 5분으로 하며, 거래소가 정하는 방법에 따라 협의가 이루어지는 경우 매매계약체결이 성립한다(시행세칙75의2⑤⑥⑦).

(마) 국고채전문딜러의 시장조성제도

1) 개요

국고채전문딜러("전문딜러")는 시장조성자로서 유통시장의 유동성을 확보하기 위해 국채전문유통시장에서 매도·매수의 양방향조성호가를 최대 허용스프레드 이내로 지속적으로 제시해야 할 의무가 있다. 국고채전문딜러의 양방향조성호가가 실시간으로 호가테이블에 누적됨에 따라 거래를 원하는 시장참가자는 언제든지 호가를 제출하여 거래를 실행할 수 있게 된다. 이처럼 국고채전문딜러는 국채전문유통시장에서 실시간 시세를 반영하는 양방향호가를 제시하여 거래가 원활하게 체결되도록 유동성을 공급하는 시장조성자의 역할을 한다.[40]

2) 전문딜러에 대한 비경쟁인수권한 부여

기획재정부장관은 전문딜러의 시장조성 기능강화 및 경쟁 활성화 등을 위해 전문딜러에게 경쟁입찰 시행일 이후 국고채를 추가로 인수할 수 있는 권한("비경쟁인수권한")을 부여할 수 있다(국고채권의 발행 및 국고채전문딜러 운영에 관한 규정11① 본문, 이하 "운영규정"). 다만, 변동금리부국고채에 대한 비경쟁인수권한은 부여하지 아니한다(운영규정11① 단서). 전문딜러의 비경쟁인수권한은 매년 1월부터 11월까지 부여되고(운영규정11②), 비경쟁인수권한의 단위는 10억원으로 한다(운영규정11③).

각 전문딜러의 비경쟁인수권한 행사금리는 운영규정 제8조 제8항에 의한 최고낙찰금리로 한다(운영규정11⑤). 전문딜러는 개별 기관별로 부여된 비경쟁인수권한 한도 내에서 경쟁입찰 시행일 이후 3영업일까지 한국은행 총재가 정하는 바에 따라 비경쟁인수권한을 행사할 수 있으며, 경쟁입찰 시행일 당일은 12:00부터 15:30까지, 경쟁입찰 시행일 이후 1영업일부터 3영업일까지는 09:00부터 15:30까지 할 수 있다(운영규정11⑥). 이에 따라 행사한 비경쟁인수권한은 당일 행사 신청분에 한하여 취소할 수 있으며, 취소 가능 시간은 위 제6항을 준용한다(운영규정11⑦).

3) 국채전문유통시장에서의 호가의무

전문딜러는 국채전문유통시장에서 거래 가능한 날에는 각 국고채 지표종목에 대하여 매도호가와 매수호가를 다음에 해당하는 개수와 시간 동안 제출하여야 한다(운영규정31① 본문). 다만, 전문딜러가 제출한 호가를 취소한 후 3분 이내에 다시 호가를 제출하는 경우에는 호가를 계속 제출한 것으로 본다(운영규정31① 단서). 제출하는 호가의 수량은 액면금액 기준 10억원 이상으로 한다(운영규정31②).

1. 호가개수: 각각 10개 이상, 다만, 30년 만기 국고채는 5개 이상, 물가연동국고채는 5개 이상

---

40) 한국거래소(2019a), 157-158쪽.

으로 한다.

2. 호가제출시간: 매 거래일마다 09:00부터 12:00까지 시간 중 2시간 30분 이상, 13:00부터 15:00까지 시간 중 1시간 30분 이상, 15:00부터 15:30분까지 시간 전체. 다만, 30년 만기 국고채는 매 거래일마다 09:00부터 12:00까지 시간 중 2시간 이상, 13:30부터 15:30까지 시간 중 1시간 이상으로 한다.

매도호가와 매수호가 간의 호가 범위는 다음과 같다(운영규정31③ 단서). 다만, 기획재정부 장관은 시장상황 등을 감안하여 필요하다고 인정되는 경우에는 호가 범위를 변경할 수 있다(운영규정31③ 단서).

1. 3년 만기 지표종목: 1개 호가는 2원 이내, 4개 호가는 4원 이내, 나머지 호가는 6원 이내
2. 5년 만기 지표종목: 1개 호가는 3원 이내, 4개 호가는 6원 이내, 나머지 호가는 9원 이내
3. 10년 만기 지표종목: 1개 호가는 7원 이내, 4개 호가는 14원 이내, 나머지 호가는 21원 이내
4. 20년 만기 지표종목: 1개 호가는 15원 이내, 4개 호가는 30원 이내, 나머지 호가는 45원 이내
5. 10년 만기 물가연동국고채 지표종목: 1개 호가는 15원 이내, 나머지 호가는 30원 이내
6. 30년 만기 지표종목: 1개 호가는 20원 이내, 나머지 호가는 30원 이내

4) 국고채유통시장 조성의무

전문딜러는 고객이 국고채 거래를 요청하는 경우에는 당해 국고채에 대한 매도수익률호가 또는 매수수익률호가를 제시하고 고객과의 거래에 응하여야 한다(운영규정32①).

전문딜러는 국고채 거래실적이 ⅰ) 은행등의 경우에는 전문딜러 중 은행등의 평균 국고채 거래량(전문딜러 중 은행등의 평균 국고채 거래량의 3배를 초과하는 전문딜러의 거래량을 제외하고 계산한다)의 120% 이상, ⅱ) 증권회사의 경우에는 전문딜러 중 증권회사의 평균 국고채 거래량(전문딜러 중 증권회사의 평균 국고채 거래량의 3배를 초과하는 전문딜러의 거래량을 제외하고 계산한다)의 120% 이상이 되도록 하여야 한다(운영규정32② 본문). 다만, 기획재정부장관은 국채시장의 여건, 전문딜러 수의 변동 등을 고려하여 유통시장 의무비율을 조정할 수 있다(운영규정32② 단서).

국채전문유통시장에서의 국고채 지표종목별 1일 거래량이 전월 지표종목 일평균 거래량의 3배를 초과하는 경우 동 종목의 해당일 거래는 위 제2항의 조성의무 평가에서 제외한다(운영규정32③ 본문). 다만, 3년 만기 국고채와 5년 만기 국고채는 2배를 초과하는 경우 제외한다(운영규정32③ 단서).

5) 원금이자분리채권 조성의무

전문딜러는 원금이자분리채권[41] 거래실적이 ⅰ) 은행등의 경우에는 전문딜러 중 은행등의

---

41) "원금이자분리채권"이라 함은 원금분리채권과 이자분리채권을 총칭하는 것을 말하고(운영규정2(12)), "원금분리채권"이라 함은 원본국고채를 원금과 이자로 분리한 경우 원본국고채의 원금에 해당하는 무이표부

평균 원금이자분리채권 거래량(전문딜러 중 은행등의 평균 원금이자분리채권 거래량의 3배를 초과하는 전문딜러의 거래량을 제외하고 계산한다)의 120% 이상, ⅱ) 증권회사의 경우에는 전문딜러 중 증권회사의 평균 원금이자분리채권 거래량(전문딜러 중 증권회사의 평균 원금이자분리채권 거래량의 3배를 초과하는 전문딜러의 거래량을 제외하고 계산한다)의 120% 이상이 되도록 하여야 한다(운영규정32의2①). 국채전문유통시장에서의 원금이자분리채권 1일 거래량이 전월 일평균 거래량의 3배를 초과하는 경우 해당일 거래는 제2항의 조성의무 평가에서 제외한다(운영규정32의2③).

6) 10년국채선물시장 조성의무

전문딜러는 10년국채선물 거래실적이 ⅰ) 은행등의 경우에는 전문딜러 중 은행등의 평균 10년 국채선물 거래량(전문딜러 중 은행등의 평균 10년국채선물 거래량의 3배를 초과하는 전문딜러의 거래량을 제외하고 계산한다)의 120% 이상, ⅱ) 증권회사의 경우에는 전문딜러 중 증권회사의 평균 10년 국채선물 거래량(전문딜러 중 증권회사의 평균 10년국채선물 거래량의 3배를 초과하는 전문딜러의 거래량을 제외하고 계산한다)의 120% 이상이 되도록 하여야 한다(운영규정33).

7) 국고채 보유의무

전문딜러는 매분기별로 자기매매(딜링)용 국고채보유 평균잔액을 1조원 이상(국고채 관련 기초지수를 추종하는 ETF를 포함한다 단, 분기별 평균잔액 1천억원까지만 인정한다) 유지하여야 한다(운영규정34 전단). 이 경우 자기매매(딜링)용 국고채는 외부감사법에 따른 회계처리기준에 의하여 단기매매증권으로 분류되는 것을 말한다(운영규정34 후단).

8) 국고채 매입 또는 교환시 낙찰의무

전문딜러는 기획재정부장관이 입찰을 통하여 매입 또는 교환을 하는 경우 해당 월 입찰공고상 매입 또는 교환 예정물량의 5% 이상을 낙찰받아야 한다(운영규정35).

9) 시장조성 상황 등의 보고 등

전문딜러는 매월 ⅰ) 국채종류별(국고채는 종목별) 보유 잔액 현황(각 계정별 매월 말일 및 월평잔(영업일) 기준), ⅱ) 국고채 거래실적(국고채종목별, 국채전문유통시장거래와 기타거래별로 구분, 국채전문유통시장의 경우 자기매매(딜링)와 위탁매매 구분), ⅲ) 운영규정 제30조 내지 제36조의 의무이행실적, ⅳ) 위탁기관별 응찰 및 낙찰물량, ⅴ) 운영규정 제20조의2 제5항의 행사실적에 대하여 다음달 5일까지 한국거래소를 경유하여 기획재정부장관에게 보고하여야 한다(운영규정37①).

국고채를 말하며(운영규정2(10)), "이자분리채권"이라 함은 원본국고채를 원금과 이자로 분리한 경우 원본국고채의 이자에 해당하는 무이표부 국고채를 말한다(운영규정2(11)). "원본국고채"라 함은 원금과 이자를 분리하기 이전의 이표부 국고채를 말하며(운영규정2(9)), "원금이자분리(STRIPS)"라 함은 기획재정부장관이 지정한 이표부 국고채의 원금과 이자를 분리하여 각각을 별개의 무이표부 국고채로 매매하는 것을 말한다(운영규정2(8)).

전문딜러는 국고채에 대한 고객 수요, 시장 동향 등 국고채 정책 수립과 집행에 필요한 시장 상황 정보를 수시로 기획재정부장관에게 제공하여야 하며, 기획재정부장관의 요청이 있는 경우에도 또한 같다(운영규정37②).

(바) 채권시장조성회원의 시장조성제도

1) 채권시장조성회원의 의의

"채권시장조성회원"이란 채무증권에 대한 시장조성을 위하여 거래소가 지정하는 회원을 말한다(업무규정71의2(1)).

"조성호가"란 채무증권에 대한 시장조성을 위하여 제출하는 호가를 말하며, 양방향 조성호가와 일방의 조성호가로 구분되는데, i) 양방의 조성호가란 매도와 매수호가를 동시에 제출하는 호가를 말하고, ii) 일방의 조성호가란 매도 또는 매수호가 중 어느 하나를 제출하는 호가를 말한다. 매매호가란 조성호가 이외의 호가를 말한다(업무규정71의2(2)(3)).

2) 채권시장조성회원의 지정 및 지정취소

가) 지정

국채전문유통시장의 매매거래에 대한 채권시장조성회원이 되고자 하는 자는 매 분기별로 거래소가 정하는 기간 내에 채권시장조성회원 지정신청서를 거래소에 제출하여야 한다(업무규정71의3①②, 시행세칙99의3①). 거래소는 지정신청서를 제출한 자에 대하여 참가자격이 있는 경우 채권시장조성회원으로 지정한다(시행세칙99의3②). 그러나 국채전문유통시장의 매매거래의 채권시장조성회원이 아닌 자가 해당 매매거래의 협의매매에 참가하는 경우에 한정하여 해당 매매거래의 채권시장조성회원으로 본다(시행세칙99의3③).

나) 지정취소

거래소는 채권시장조성회원이 i) 지정취소를 신청하는 경우, ii) 별표 4의 기본 조성종목수 요건에 대하여 평가대상기간 전체 매매거래일수의 2분의 1 이상을 이행하지 아니한 경우, iii) 시장조성과 관련하여 시장감시위원회로부터 불공정거래로 제재를 받은 사실이 확인된 경우에는 그 지정을 취소할 수 있다. 다만, 위의 ii)에 해당하는 경우에는 평가대상기간인 분기의 마지막 매매거래일에 그 지정을 취소할 수 있다(시행세칙99의3④). 거래소는 지정이 취소된 자에 대하여는 그 지정이 취소된 날이 속한 분기의 다음 분기부터 4개 분기 동안("재지정제한기간") 채권시장조성회원으로 지정하지 아니한다(시행세칙99의3⑤).

3) 조성호가의 제출방법

채권시장조성회원은 정규시장의 매매거래시간 동안 채무증권에 대한 조성호가를 제출할 수 있다(업무규정71의4②).

채권시장조성회원은 양방의 조성호가를 제출할 수 있다(시행세칙99의4①(1)). 그러나 양방의 조성호가를 제출하는 경우에는 ⅰ) 매도가격이 매수가격보다 낮거나 같은 호가, ⅱ) 매도 및 매수 어느 일방의 가격 또는 수량이 누락된 호가, ⅲ) 조성호가의 스프레드를 벗어난 호가, ⅳ) 조성호가의 수량에 미달하는 호가를 제출할 수 없다(시행세칙99의4②).

4) 조성호가 제출대상채권

채권시장조성회원은 지표종목과 비지표종목에 조성호가를 제출할 수 있다. 다만, 원금이 자분리채권의 경우에는 스트립전문딜러만 거래소가 지정하는 종목에 한하여 조성호가를 제출할 수 있다(시행세칙99의5(1)).

5) 조성호가의 스프레드 및 수량

가) 조성호가의 스프레드

채권시장조성회원이 조성호가를 제출하는 경우 호가의 스프레드는 ⅰ) 지표종목의 경우에는 「국고채권 운영규정」 제31조 제3항에서 정하는 가격으로 한다. ⅱ) 비지표종목의 경우에는 수익률을 기준으로 0.08%포인트 이내에 해당하는 가격으로 한다. 다만, 원금이자분리채권의 경우에는 「국고채권 운영규정」 제19조의2 제1항에서 정하는 가격으로 한다(시행세칙99의6①). 그러나 호가상황 또는 거래상황의 급격한 변동, 그 밖에 거래소가 시장 관리상 필요하다고 인정하는 경우에는 조성호가의 스프레드를 변경할 수 있다(시행세칙99의6③).

나) 조성호가의 수량

채권시장조성회원이 조성호가를 제출하는 경우 호가의 수량은 ⅰ) 지표종목의 경우에는 「국고채권 운영규정」 제31조 제1항 및 제3항에서 정하는 개수 및 수량이다. 이 경우 호가수량이 10억원을 초과하는 경우에는 해당 호가수량을 10억원으로 나눈 개수만큼의 호가를 제출한 것으로 본다. ⅱ) 비지표종목의 경우에는 액면금액을 기준으로 10억원 이상이다. 다만, 원금이 자분리채권의 경우에는 「국고채권 운영규정」 제19조의2 제1항에서 정하는 개수 및 수량으로 한다. 이 경우 호가수량이 10억원을 초과하는 경우에는 해당 호가수량을 10억원으로 나눈 개수만큼의 호가를 제출한 것으로 본다(시행세칙99의6②).

6) 조성호가 제출의 특례

이미 제출된 조성호가를 취소한 후 3분 이내에 다시 제출하여야 지속적으로 호가한 것으로 본다(시행세칙99의7①).

양방의 조성호가를 한 전문딜러는 당해 양방의 조성호가 중 어느 일방이 전량 매매체결된 경우(어느 일방의 잔량이 국채증권 관련법규에 따른 양방향조성호가 수량 미만인 경우 포함)에는 10분 이내에 양방의 조성호가를 다시 하여야 한다. 양방향 조성호가의 효력정지는 호가접수시간 중에 한하며, 정지 횟수에는 제한을 두지 아니한다. 전문딜러가 양방의 조성호가의 효력을 정지한 후 효력을 재개하기 전까지는 해당 조성호가의 효력은 정지된 것으로 본다(시행세칙99의7③).

호가상황 또는 거래상황의 급격한 변동, 그 밖에 거래소가 시장 관리상 필요하다고 인정하는 경우에는 조성호가 제출을 면제할 수 있다(시행세칙99의7④).

7) 조성호가의 취소 및 정정

채권시장조성회원은 매매거래가 성립되지 아니한 조성호가를 취소하고자 하는 경우에는 그 수량의 전부를 취소해야 하고, 스프레드 요건을 충족하는 경우에 한하여 조성호가의 가격을 정정할 수 있으며, 수량요건을 충족하는 경우에 한하여 조성호가의 수량을 정정할 수 있다(시행세칙99의8).

8) 채권시장조성회원에 대한 평가

거래소는 채권시장조성회원을 대상으로 ⅰ) 조성호가 제출실적(국채전문유통시장에서의 협의매매의 조성호가 제출실적 제외), ⅱ) 조성호가에 의한 매매거래실적(국채전문유통시장에서의 협의매매의 매매거래실적 제외)을 분기별로 평가한다. 다만, 상대호가가 동일회원의 조성호가인 경우의 매매거래실적은 제외한다(시행세칙99의10①). 채권시장조성회원의 평가는 별표 4에서 정하는 방법에 따른다(시행세칙99의10②).

9) 채권시장조성회원에 대한 대가 지급

거래소는 별도로 정하는 기준에 따라 채권시장조성회원에게 대가를 지급한다(시행세칙99의11①). 거래소는 매 분기 종료 후 1개월 이내에 대가를 지급한다(시행세칙99의11②).

(사) 스트립전문딜러의 시장조성제도

1) 의의

스트립전문딜러는 원금이자분리채권의 호가조성을 전담하는 전문딜러를 말한다((국고채권의 발행 및 국고채전문딜러 운영에 관한 규정19①, 이하 "운영규정"). 2016년 7월 기획재정부는 국고채스트립 거래 활성화를 위하여 스트립에 대한 시장조성을 수행하는 스트립전문딜러제도를 도입하였다. "원금이자분리(STRIPS, 스트립)"라 함은 기획재정부장관이 지정한 이표부 국고채의 원금과 이자를 분리하여 각각을 별개의 무이표부 국고채로 매매하는 것을 말한다(운영규정2(8)). 2018년 12월 말 현재 총 16개사가 스트립전문딜러로 지정되어 있다. 스트립전문딜러제도는 단기적으로는 국고채스트립 거래 활성화, 장기적으로는 단기지표금리 형성 등에 기여할 것으로 보인다.[42]

2) 스트립전문딜러 지정

기획재정부장관은 스트립전문딜러를 매 6개월마다 지정할 수 있다(운영규정19①). 스트립전문딜러로 지정받고자 하는 전문딜러는 매년 2월 또는 8월의 초일부터 말일까지의 기간 중에 기획재정부장관에게 별지 1의 서식에 의한 지정신청서를 제출하여야 한다(운영규정19②).

---

42) 한국거래소(2019a), 160-161쪽.

기획재정부장관은 지정신청이 있는 경우 스트립전문딜러 지정 여부를 신청서 제출기한일이 속한 달의 다음달 말일까지 결정한다. 이 경우 최근 6개월의 원금이자분리채권 거래실적 및 스트립전문딜러 개수 등을 고려하여 신규 지정여부를 결정할 수 있다(운영규정19③ 본문). 다만, 스트립전문딜러 지정이 취소된 전문딜러의 경우에는 스트립전문딜러 지정이 취소된 후 1년 이상 경과하여야 한다(운영규정19③ 단서).

기획재정부장관은 ⅰ) 호가조성실적이 70% 미만인 경우, ⅱ) 스트립전문딜러가 지정취소를 요청하는 경우, ⅲ) 전문딜러 자격정지 또는 지정취소 등이 발생한 경우에는 스트립전문딜러 지정을 취소할 수 있다(운영규정19④).

3) 호가조성 및 수익률 고시

스트립전문딜러는 국채전문유통시장에서 거래 가능한 날에는 ⅰ) 호가종목은 최근 만기가 도래하는 원금분리채권 또는 이자분리채권으로 한국거래소가 지정하는 3개 종목, ⅱ) 호가개수는 종목당 3개 이상, ⅲ) 호가제출시간은 매 거래일마다 09:00부터 12:00까지, 13:00부터 15:30까지 시간 중 각각 1시간 이상(이 경우, 의무이행시간대별 호가비중이 모두 80% 이상이어야 한다), ⅳ) 호가수량은 호가당 액면금액기준 10억원 이상, ⅴ) 매도호가와 매수호가 간 호가범위는, 최근 만기종목의 경우는 0.3원 이내, 차최근 만기종목의 경우는 0.5원 이내, 그리고 기타 호가종목의 경우는 1.0원 이내에서 매도호가와 매수호가를 제출하여야 한다(운영규정19의2① 전단). 이 경우 위에서 정하지 않은 사항은 제31조(국채전문유통시장에서의 호가의무)에 따른다(운영규정19의2① 후단).

스트립전문딜러는 최근 6개월간 호가조성실적이 평가기간 중 국채전문유통시장 거래가능일수의 70% 이상이어야 한다. 이 경우 신규 지정된 스트립전문딜러는 스트립전문딜러 지정일 이후부터의 기간을 대상으로 호가조성실적을 평가한다(운영규정19의2②).

한국거래소는 호가 및 체결현황 등을 고려하여 3개월, 6개월 등 만기별 무이표 국고채수익률을 산출 및 고시할 수 있으며(운영규정19의2③), 한국거래소가 지정한 민간채권평가기관의 만기별 무이표 국고채수익률을 산술평균한 수익률로 계산한 원금이자분리채권의 가격을 고시한다(운영규정19의2④).

4) 원금이자분리 조건부 비경쟁인수권한 부여

기획재정부장관은 원금이자분리채권시장 활성화를 위해 스트립전문딜러에게 원금이자분리 조건부 비경쟁인수권한을 부여할 수 있다(운영규정20의2①).

스트립전문딜러는 경쟁입찰 시행일 이후 제3영업일 09:00부터 15:30까지 해당 경쟁입찰대상 국고채(발행월 이전의 선매출종목은 제외)를 대상으로 종목별 배정한도의 20% 내에서 기획재정부장관이 정하는 바에 따라 비경쟁인수권한을 행사할 수 있다. 이 경우 신청분에 한하여 제3

영업일 09:00부터 15:30까지 취소할 수 있다(운영규정20의2②).

종목별 배정한도는 경쟁입찰발행예정금액의 30% 내에서 기획재정부장관이 정하되 시장상황 등을 고려하여 조정할 수 있다(운영규정20의2③). 총 배정한도는 비경쟁인수권한을 행사한 스트립전문딜러 중에서 월별평가실적이 높은 스트립전문딜러부터 총 배정한도의 10% 내에서 기획재정부장관이 정하는 수량을 순차적으로 배정한다(운영규정20의2④ 본문). 다만, 잔여배정금액이 발생하는 경우 월별평가실적이 높은 스트립전문딜러부터 순차적으로 배정한다(운영규정20의2④ 단서). 이에 따라 배정받은 전문딜러는 배정일이 속한 월의 익월 중 원금이자 분리실적이 배정액 이상이어야 한다. 이 경우 배정일이 속한 월은 월간 계획을 기준으로 한다(운영규정20의2⑤).

분리의무 미이행 또는 호가조성의무 미이행(이 경우 월단위로 평가하되 평가기간 등의 산정은 제41조의2를 준용한다)한 스트립전문딜러에 대해서는 최근월 중 비경쟁인수권한 행사를 제한할 수 있다(운영규정20의2⑥).

(2) 환매조건부채권시장(RP시장)

(가) 의의

RP(Repurchase Agreement)란 현재시점(매매일)에 현물로 유가증권을 매도(매수)함과 동시에 사전에 정한 미래의 특정시점(환매일)에 동 증권을 환매수(환매도)하기로 하는 2개의 매매계약이 동시에 이루어지는 유가증권의 매도·매수계약을 말한다. 채권, 주식, CP, CD, MBS 등 다양한 유가증권이 RP거래의 대상이 될 수 있으나, 통상 채권만이 주류를 이루기 때문에 우리 말로는 환매조건부채권매매거래("환매채거래") 또는 RP거래로 불린다.[43)]

(나) 매매제도

1) 시장참가자 및 거래상대방

딜러의 자금조달을 효율적으로 지원하고 시장간 차익거래 등 연계거래를 촉진시키기 위하여 국채딜러에게 시장참가를 허용하고 있다. 2018년 12월말 현재 35개 금융투자회사, 22개 은행 및 증권금융 등 총 58개사가 RP시장에 참여하고 있다. 각 계약에 대한 거래상대방은 매도자 및 매수자가 되지만 거래소는 각 거래당사자의 포지션 위험이 노출되지 않도록 하기 위하여 이를 익명으로 처리한다. 모든 매매 및 미환매약정자료는 거래상대방별로 관리하며 결제와 관련해서는 거래소가 매도자에 대한 결제의 상대방 또는 매수자에 대한 결제의 상대방이 된다. 따라서 어느 일방으로부터 결제불이행이 발생하면 거래소는 결제불이행을 초래한 일방을 대신하여 결제를 이행한다.[44)]

---

43) 한국거래소(2019a), 170쪽.
44) 한국거래소(2019a), 179-180쪽.

2) 거래대상채권

환매채거래의 대상채권은 국채증권 및 지방채증권, 통화안정증권, 예금보험기금채권, 사채권과 통화안정증권 및 예금보험기금채권을 제외한 특수채증권 중 신용평가회사가 발표하는 신용등급(신용평가회사별 신용등급이 다른 경우에는 가장 낮은 신용등급을 적용)이 AA 이상인 종목이다(업무규정61 본문). 다만, 매매거래일부터 환매일[45]까지의 기간 중 만기가 도래하는 종목은 제외한다(업무규정61 단서). 이와 같이 거래대상채권을 한정한 것은 발행채권의 위험이 낮고 종목당 유동성이 풍부하며 보유자별 분산도가 높은 채권을 거래대상채권으로 함으로써 RP거래의 안정성을 확보하기 위함이다.

3) 거래기간 및 환매일

채권딜러가 RP시장을 이용하는 이유는 단기적인 자금과 증권의 과부족을 해소하기 위한 것이므로 거래기간(매매대금을 결제한 날부터 환매일까지의 기간)은 1년 이내(거래기간의 계산시 휴장일 산입)로 한다(업무규정62①). 거래기간의 종류는 1일, 2일, 3일, 4일, 7일, 14일, 21일, 30일, 60일, 90일로 하며, 거래기간별 환매일은 매매대금을 결제한 날부터 기산하여 각각 2일째, 3일째, 4일째, 5일째, 8일째, 15일째, 22일째, 31일째, 61일째, 91일째 되는 날로 하며(시행세칙88), 공휴일인 경우에는 순연한다.

4) 호가의 접수 및 집계

가) 종류별 호가접수 및 집계

거래소 RP시장은 일반 유가증권시장과는 다른 독특한 호가 및 호가집계장 제도를 운영하고 있다. 일반적으로 증권의 매매호가는 특정종목을 지정하여 매도 및 매수호가를 제출한다. 그러나 RP거래에서는 자금의 차입자 또는 제공자가 자금대차의 담보로 수수하는 채권이 일정한 수준의 안정성만 확보된다면 종목에 구애받지 않고 호가를 할 수 있도록 하고 있다. 이러한 호가방식이 종목 비지정 호가제도인데, 거래소는 종목 비지정 호가 중 매수호가에 대해서만 비지정 호가를 허용하고 있다.[46]

거래소 RP시장에서는 이와 같은 비지정매수호가를 매매체결 환경에 반영하기 위하여 호가를 RP 종류별로 접수한다. "종류"는 환매채거래분류와 거래기간을 조합하여 만든 것으로써 환매채거래분류는 동일한 정도의 위험수준을 가진 매매거래 대상채권의 그룹을 나타내는 것이고, 거래기간은 자금 및 증권의 동일한 조달기간을 의미한다. 따라서 다른 모든 조건이 동일하다면 동일한 종류 내에서는 동질적인 RP Rate가 형성될 수 있다. 현재 거래소 RP시장에서는 3

---

45) "환매일"이라 함은 매매계약에 따라 환매조건부채권매도자("매도자")는 환매대금을 지급하고 환매조건부채권매수자("매수자")는 매매채권을 반환함으로써 매매계약이 종료하는 날을 말한다(업무규정60(2)).

46) 한국거래소(2019a), 181쪽.

분류의 매매거래 대상채권의 그룹과 10개의 기간으로 조합된 총 30개(3×10)의 종류호가집계표가 있다.

종류호가집계표에 따르면 매도·매수별, 가격대별(환매이자율[47])별)로 구분하여 접수시각 순으로 호가를 기록하며, 매매체결도 종류호가집계표 내에서 이루어지도록 하고 있다. 따라서 호가 간의 경합은 종류호가집계표 내에서 이루어져 채권의 종목이 다르더라도 비지정가매수호가와 경합이 발생하는 경우에는 매매거래가 성립될 수 있다. 다만 종류호가집계표를 달리하는 호가 간에는 경합이 이루어질 수 없다.

나) 호가 및 매매수량단위

RP거래의 호가는 자금대차적 거래 특성을 반영한 매매대금기준 호가와 채권조달 측면의 특성을 반영한 액면기준 호가로 구분되는데, 거래소 RP거래는 액면기준방식을 채택하고 있다. 매매대금기준호가는 1차적으로 대차금액이 결정되고 그에 따라 담보풀 내에서 인도할 채권수량이 결정되는 방식을 말하며, 액면기준호가는 대차할 채권수량이 결정되고 그에 따라 수수할 자금이 결정되는 방식을 말한다.

호가수량단위는 매매대금 1만원으로 하고, 호가가격단위는 소수점 둘째자리의 환매이자율로 나타내는데, 동 환매이자율은 채권액면금액이 아닌 매매대금에 대해 지급할 연기준 금리를 말한다. 매매수량단위는 액면 10억원의 정수배로 한다(시행세칙89①②③).

다) 호가입력시간 및 매매거래시간

호가접수시간은 정규시장의 매매거래시간으로 하고(시행세칙89④), 주식시장과 달리 단일가매매제도는 허용하지 않는다.

5) 매매계약의 체결

가) 호가 간의 경합과 매매체결의 원칙

각 종류별호가집계표 내에서 종목매수호가는 동일한 종목의 매도호가와 경합이 이루어지며, 비지정가매수호가는 모든 종목의 매도호가와 경합할 수 있다. 즉 호가 간의 경합과 매매거래의 성립은 30개의 개별 종류별호가집계표 내에서만 가능하다.

환매채거래의 가격결정은 복수가격에 의한 개별경쟁매매의 방법에 의한다. 이 경우 높은 환매이자율의 매도호가는 낮은 환매이자율의 매도호가에 우선하고, 낮은 환매이자율의 매수호가는 높은 환매이자율의 매수호가에 우선하며(가격우선원칙), 동일한 환매이자율호가 간의 우선순위는 호가가 행하여진 시간의 선후에 따라 먼저 접수된 호가가 뒤에 접수된 호가에 우선(시간우선원칙)한다(업무규정64①).

---

47) "환매이자율"이라 함은 매매계약에 따라 매도자가 환매일에 매수자에게 지급하기로 약정한 이자의 연이율을 말한다(업무규정60(3)).

비지정매수호가란 종목을 지정하지 아니하고 환매조건부로 채권을 매수하고자 하는 호가를 말하는데, 비지정매수호가의 경우에는 종목에 관계없이 가장 높은 환매이자율의 매도호가와 가장 낮은 환매이자율의 매수호가가 합치되는 경우 선행호가의 환매이자율로 매매거래를 성립시킨다(업무규정64②).

나) 매매대금의 산정

매매대금은 매매계약에 따라 매수자가 매매채권에 대한 대가로 매도자에게 지급하는 금액으로 다음의 산식에 따라 산출되는 금액(금액의 계산시 원미만을 절사한다)으로 한다(업무규정65①).

$$\text{매매대금} = (\text{매매채권의 액면총액} \times \text{시장가치}/10{,}000) / (1 + \text{보전비율})$$

여기서 시장가치는 액면 1만원을 기준으로 산출한 채권의 시장가치이다. 이는 채권평가회사가 발표하는 채권의 평가가격을 기초로 하여 거래소가 산출한 가격("시가평가가격")으로 한다(업무규정65②). 시장가치는 전일의 시가평가가격으로 한다(시행세칙90②).

보전비율은 RP거래기간 동안 담보로 제공된 채권의 가격변동위험을 담보하는 할인율로서, 거래소 RP시장에서는 우리나라의 금융거래 관행을 고려하여 매수자가 매도자에게 보전비율의 적용을 요구하도록 설계하였다. 보전비율은 2%로 한다(시행세칙90①).

다) 환매대금의 산정

환매대금은 매매계약에 따라 매도자가 환매일에 매수자에게 지급하는 금액으로 다음의 산식에 따라 산출되는 금액으로 한다(업무규정65③).

$$\text{환매대금} = \text{매매대금} \times (1 + \text{환매이자율} \times \text{약정일수}/365)$$

6) 협의매매

협의매매란 정규시장의 매매거래시간 동안 호가를 요청하는 자("호가요청자")와 요청호가에 대응하여 호가를 제안하는 자("호가제안자") 간 협의에 따라 결정된 가격 또는 환매이자율에 의한 매매거래를 말한다(업무규정53의2①). 경쟁매매와는 달리 거래 당사자 간 협의에 의해 가격 및 수량을 결정하고 매매를 체결시키는 방식이다. 협의매매의 호가는 요청호가와 제안호가로 구분된다(시행세칙75의2②). 이 부분은 국채전문유통시장의 매매거래와 같다.

환매채거래의 호가수량단위는 매매대금 1만원이고, 호가가격단위는 환매이자율이며, 매매수량단위는 매매대금 1억원이며, 호가요청자는 5인 이내에서 호가제안자를 지정하여 요청호가를 제출하여야 한다. 다만, 호가제안자를 지정하지 아니할 수도 있다. 요청호가의 유효시간은 호가를 접수한 때부터 30분인데, 이 경우 제안호가가 제출되는 경우에는 그 시각부터 유효시간이 다시 시작되는 것으로 하고, 호가요청자는 유효시간을 5분 단위로 연장할 수 있다. 거래기간은 365일 이내(거래기간의 계산 시 휴장일 산입)로 하며, 담보로 사용되는 매매채권의 수량은 다음 산식에 따라 산출하는 평가금액이 매매대금을 상회하는 최소 채권수량을 1만원 단위까지로 한다(시행세칙75의2③-⑨).

$$평가금액 = (담보채권의\ 액면총액 \times 시장가치/10,000)/(1 + 보전비율)$$

(다) 미환매약정 관리

일단 RP계약이 성립하면 환매일까지 미환매약정에 대하여는 수익의 반환, 일일정산, 채권의 대체 및 교환 등의 미환매약정 관리가 이루어진다.

1) 수익의 반환 및 처리

RP거래의 경제적 특성상 매도자 및 매수자는 거래기간 동안 매매채권 및 증거금유지채권(당해 채권을 처분한 경우를 포함)에서 발생하는 이자 등("수익")에 상당하는 금액을 거래소를 통하여 각각 매수자 및 매도자에게 반환하여야 한다(업무규정66). 이때 매매채권 또는 증거금유지채권을 또 다른 RP거래의 담보로 활용하거나 현물거래로 채권을 처분한 경우에도 해당 거래를 하지 않았더라면 발생하였을 수익을 상대방에게 반환하여야 한다.

거래소를 경유하여 상대방에게 반환하는 수익은 RP기간 중 발생하는 이표채의 표면이자이며, 반환하는 수익의 규모는 원천징수 후 수익이 된다. 또한 수익의 반환시기는 수익지급일 당일이며 휴장일인 경우에는 그 다음 매매거래일에 반환하고 경과이자를 반영한다.

수익의 반환처리는 거래소가 수익지급일에 매수자로부터 수익(세후)을 지급받아 매도자에게 넘겨주게 된다. 수익지급일이 휴장일인 경우에는 다음 영업일에 처리되며 수익지급일부터 반환일 동안의 적용이자율(그 계약의 환매이자율)을 사용하여 산출한 이자를 가산하여 이전하게 된다.[48]

2) 일일정산 및 마진콜

가) 일일정산의 의의

일일정산(Marking to Market)이란 RP거래의 결제이행을 보증하기 위하여 거래기간 중 일별로 매매채권의 가격변동위험에 대비할 수 있도록 동일 상대방과의 모든 미환매약정에 대한 일방 또는 상대방의 정산요구금액을 산출하여 추가증거금을 징수하는 방법으로 적정한 수준의 담보가치를 유지시키는 일련의 절차를 말한다.

거래소는 개별계약에 대하여 매도자가 보유하고 있는 [매매대금과 증거금], 그리고 매수자가 보유하고 있는 [매매채권과 증거금]에 대하여 각각의 보유포지션을 평가한다. 다음으로

---

48) 한국거래소(2019a), 185쪽.

매도자와 매수자의 모든 계약을 하나의 계약관계(Single Agreement)로 보고 양자의 총위험노출액을 산출한다. 이때 어느 일방의 위험노출액이 상대적으로 높아지면 상대방에게 마진콜(Margin Call)을 하여 양 당사자의 계약가치가 균형을 이루도록 한다.

이와 같이 양당사자의 계약가치를 총량 평가하는 이유는 ⅰ) 개별계약 단위로 평가하면 잦은 마진콜(Margin Call)이 발생하게 되어 RP시장 참가자의 업무처리가 번잡해지기 때문이다. ⅱ) 위험노출액을 동일 상대방별로 총량 관리하여야 특정 참가자의 신용사건 발생에 따른 손실액을 정확이 파악하고 조기청산 등을 통하여 효율적으로 대처할 수 있기 때문이다. ⅲ) 한편 위험노출액을 일별로 평가하는 이유는 안정적으로 RP거래를 지속하기 위하여 위험노출도를 일별 허용치(증거금유지의무 면제비율) 내로 한정하여 결제불이행 위험에 대비하기 위한 것이다.[49]

나) 일일정산의 절차

(ㄱ) 개별매매계약의 정산요구금액 산출

개별매매계약을 대상으로 ⅰ) 매매채권 및 매매대금에 대한 평가, ⅱ) 개별매매계약의 추가증거금 보유분에 대한 평가, ⅲ) 동일상대방과의 모든 매매계약에 대한 정산요구금액의 산출에 따라 순차적으로 실시한다(업무규정67②).

(ㄴ) 동일상대방과의 모든 매매계약에 대한 정산요구금액 산출

동일 상대방과의 모든 매매계약을 하나의 계약관계(Single Agreement)으로 보고 위험을 총량으로 산정한다. 동일상대방과의 모든 계약에 대한 정산요구금액도 기본적으로는 개별매매계약에 대한 정산요구금액의 산출방법과 동일하다(시행세칙93①).

(ㄷ) 증거금유지의무 면제비율 적용

매매거래일별로 일방의 정산요구금액이 동일 상대방과의 매매계약별 일일정산 환매대금의 합계금액에 비하여 소액일 경우 빈번한 추가증거금 입출에 따른 업무 번잡을 초래할 수 있다. 따라서 이를 방지하기 위하여 증거금유지의무 면제비율(Threshold)을 설정하고 동 비율의 범위를 초과하지 않으면 추가증거금 징수를 하지 아니한다. 증거금유지의무 면제비율은 2%로 한다(시행세칙94③④).

3) 채권의 교환

가) 의의

매매채권의 발행인 또는 보증사채권의 경우 보증기관[50]에게 ⅰ) 발행한 어음 또는 수표의 부도발생이나 은행과의 거래정지 또는 금지, ⅱ) 영업활동의 전부 또는 중요한 일부의 정지 또

---

49) 한국거래소(2019a), 186쪽.
50) 은행, 한국산업은행, 중소기업은행, 보험회사, 투자매매업자, 증권금융회사, 종합금융회사, 신용보증기금(신용보증기금이 지급을 보증한 보증사채권에는 민간투자법에 따라 산업기반신용보증기금의 부담으로 보증한 것을 포함), 기술보증기금(영362⑧).

는 영업허가의 취소, iii) 법률의 규정에 의한 파산, 해산 또는 회생절차 개시신청이나 사실상의 회생절차 개시의 사유가 발생하는 경우 매수자는 거래소를 통하여 매도자에게 매매채권을 대상채권 중 다른 종목의 채권(한 종목에 한한다. 이하 "교환채권")으로 교환할 것을 청구할 수 있으며, 청구를 받은 매도자는 매매채권을 교환하여야 하고, 교환채권의 평가금액은 매매대금에 대한 평가금액 이상이어야 한다(업무규정68①②).

RP거래에 교환제도를 두는 이유는 매매채권 자체에 문제가 발생하더라도 당해 계약의 당사자에게 신용위험이 발생하지 않았다면 매매채권을 교환하여 당초의 RP계약을 지속시키고자 하는 데 있다. 즉 문제가 발생하는 매매채권은 가격이 급격히 하락하거나 또는 평가가격 자체가 산출되지 않을 수 있을 뿐만 아니라, 매수자가 이를 처분할 수조차 없게 됨으로써 RP거래의 안정성을 해칠 수 있기 때문에 교환제도를 통해서 RP계약을 정상상태로 환원시키고자 하는 것이다.[51]

따라서 교환사유가 발생하면 매수자는 교환을 요구할 수 있는 권리가 있고, 매수자의 교환청구가 있게 되면 매도자는 반드시 의무적으로 교환에 응하여야 한다. 불응시에는 계약별 조기환매사유에 해당된다. 그리고 교환채권은 당초의 RP계약을 지속하는 것이므로 당해 RP계약의 매매채권으로 본다.

나) 교환청구 등

매수자가 채권의 교환을 청구하는 경우 해당 사유가 발생하는 날의 13시 30분까지 거래소에 신청하여야 하고, 거래소는 매도자에게 교환청구사실을 통지하며, 통지를 받은 매도자는 교환채권을 지정하여 당일의 14시 30분까지 거래소에 신고하여야 한다(시행세칙95①). 매수자가 당일의 13시 30분까지 신청할 수 없는 경우에는 그 다음 매매거래일의 13시 30분까지 신청할 수 있다(시행세칙95④). 교환채권의 평가금액은 [매매채권의 평가금액＝매매채권의 액면총액×시장가치/10,000]을 준용하여 산출되는 금액으로 한다(시행세칙95⑤).

매수자의 신고가 있는 경우 매도자 및 매수자는 교환채권, 매매채권, 산출되는 당해 매매계약의 추가증거금 보유분 및 산출되는 당해 매매계약의 매매채권 및 증거금유지채권의 수익을 당일의 결제시한 이전에 거래소에 각각 납부하여야 한다(시행세칙95②). 거래소는 납부받은 교환채권, 매매채권, 추가증거금 보유분 및 수익을 당일의 결제시한 이후에 각각 매수자 및 매도자에게 지급한다(시행세칙95③).

4) 채권의 대체

가) 의의

채권의 대체란 매도자가 매수자의 동의하에 매매채권을 다른 종목의 채권으로 교체하는

---

51) 한국거래소(2019a), 188쪽.

것을 말한다. 대체대상 종목은 대체 후에도 원래의 매매계약과 동일한 정도의 위험수준을 유지하여야 하므로 원래의 매매채권과 동일한 분류 내의 채권으로 한정한다.

매도자는 매매채권을 매매대금을 결제한 날의 다음날부터 환매일의 전일까지 대상채권 중 다른 종목의 채권(한 종목에 한한다. 이하 "대체채권")으로 대체할 수 있다(업무규정69①). 채권을 대체하는 경우 매도자는 거래소를 통하여 매수자의 동의를 얻어야 하고, 대체채권의 평가금액은 매매채권의 평가금액 이상이어야 한다(업무규정69②).

나) 채권의 대체신청 등

매도자가 채권의 대체를 하고자 하는 경우 당일의 13시 30분까지 대체채권을 지정하여 거래소에 신청하여야 하고, 거래소는 매수자에게 대체신청사실을 통지하며, 통지를 받은 매수자는 당일의 14시 30분까지 동의여부를 거래소에 신고하여야 한다(시행세칙96①). 매수자의 동의가 있는 경우 매도자 및 매수자는 대체채권 및 매매채권을 당일의 결제시한 이전에 거래소에 각각 납부하여야 한다(시행세칙96②). 거래소는 납부받은 대체채권 및 매매채권을 당일의 결제시한 이후에 각각 매수자 및 매도자에게 지급한다(시행세칙96③).

채권의 대체는 매매계약별로 10회(매매거래일별 1회)로 한정한다(시행세칙96④).

(라) RP거래의 종료

환매채거래는 당해 계약에서 약정한 환매일이 도래하면 종료하지만, 당해 계약의 매매채권이나 거래당사자의 일방에 조기 환매사유가 발생하면 RP거래의 안정성을 위하여 조기에 환매를 종료하도록 하고 있다.

1) 정상 환매절차

환매일의 도래로 환매는 종료한다(업무규정70①(1)). 매도자 및 매수자는 환매대금 및 매매채권을 환매일의 결제시한 이전에 거래소에 각각 납부하고, 거래소는 당해 환매대금 및 매매채권을 당일의 결제시한 이후에 각각 매수자 및 매도자에게 지급함으로써 환매채거래는 종료한다(업무규정70②). 매도자 및 매수자는 지급받은 추가증거금을 환매일의 결제시한 이전에 거래소에 각각 반환하여야 하고, 거래소는 당해 추가증거금을 당일의 결제시한 이후에 각각 매수자 및 매도자에게 지급한다(업무규정70③). 추가증거금의 반환은 다음의 방법에 의한다(시행세칙97). 즉 i) 증거금유지채권의 경우는 증거금유지채권, 증거금유지채권의 납부일부터 환매일까지의 기간 중 매도자 및 매수자가 지급받은 수익 중 실제로 매수자 및 매도자에게 반환되지 아니한 수익 및 그 수익에 수익지급일부터 환매일까지의 기간에 대하여 적용이자율을 사용하여 산정한 이자를 더한 금액을 반환한다. ii) 현금증거금의 경우는 현금증거금과 그 납부일부터 환매일까지의 기간에 대하여 적용이자율을 사용하여 산정한 이자를 더한 금액을 반환한다.

거래소는 매도자 또는 매수자가 결제를 이행할 수 없는 경우 다음과 같이 처리한다(업무규정70④). 즉 ⅰ) 거래소는 매도자가 결제를 이행할 수 없는 경우 매도자가 지급 및 반환하여야 하는 환매대금 및 추가증거금에 상당하는 금액을 환매일의 결제시한 이후에 매수자에게 지급함으로써 결제에 갈음한다. ⅱ) 거래소는 매수자가 결제를 이행할 수 없는 경우 매수자가 반환하여야 하는 매매채권 및 추가증거금에 상당하는 금액을 환매일의 결제시한 이후에 매도자에게 지급함으로써 결제에 갈음한다.

2) 조기 환매절차

조기환매사유가 당해 계약의 매매채권 자체의 문제로 발생하는 경우에는 개별매매계약만 종료하고, 거래당사자의 일방에 신용위험이 발생하는 경우에는 그 일방과의 모든 미환매약정을 조기에 청산한다. 조기환매의 경우 당해 사유 발생일을 환매일로 본다.

조기종료사유는 ⅰ) 매도자가 채권의 교환을 이행하지 아니하는 경우, ⅱ) 매매채권의 원리금이 조기에 상환되는 경우, ⅲ) 매매채권이 상장폐지되는 경우, ⅳ) 매도자 또는 매수자가 매매거래의 결제(환매대금의 지급 및 매매채권의 반환, 추가증거금의 반환과 추가증거금의 납부 포함)를 이행하지 아니하는 경우, ⅴ) 매도자 또는 매수자에게 발행한 어음 또는 수표의 부도발생이나 은행과의 거래정지 또는 금지, 영업활동의 전부 또는 중요한 일부의 정지 또는 영업허가의 취소, 또는 법률의 규정에 의한 파산, 해산 또는 회생절차 개시신청이나 사실상의 회생절차 개시 중 어느 하나에 해당하는 사유가 발생하는 경우 등이다(업무규정70①).

(3) 소액채권시장

(가) 서설

1) 개요

소액채권시장은 일반 국민들이 주택구입·부동산등기·자동차등록 등 각종 인·허가시에 의무적으로 매입한 국공채(첨가소화채권)의 환금성을 높이기 위하여 개설된 특수목적의 시장이다. 채권을 의무적으로 매입한 채권매입자는 매출은행 창구나 금융투자회사를 통해 매입채권의 매도주문을 낼 수 있다.

소액채권시장에는 소액채권매입의무자, 소액채권매출대행기관, 소액채권매출대행회원, 소액채권전담회원 등 다른 시장에는 없는 시장참여자들이 있다.

2) 거래소 집중매매제도

회원이 소액채권의 매매거래를 하고자 할 때에는 시장을 통하여야 한다(업무규정43(2)). 따라서 소액채권의 매매거래는 원칙적으로 거래소시장을 통해야 하는데, 이는 거래소의 공신력을 활용하여 대부분이 일반 국민들이 채권의무매입자의 매매 편의를 제고하고 경제적 부담을 경감하기 위한 것이다.

소액채권시장 개설 이전 첨가소화채권은 중간수집상(법무사, 자동차 영업사원 등)에 의해 제값을 받지 못한 채 헐값에 거래되는 경우가 많았고, 간접적으로 비실명 음성거래를 조장하는 등 폐단이 컸다. 이러한 폐단을 막기 위해 정부는 1995년 10월부터 첨가소화채권을 한국거래소 소액채권시장에 집중시켜 거래하도록 하고 있으며, 이를 통해 채권의무매입자는 거래소시장에서 형성된 공정한 가격으로 중간상을 거치지 않고도 직접 채권을 팔 수 있게 되었다.[52]

3) 거래대상증권

소액채권시장에서는 첨가소화채권인 제1종 국민주택채권, 서울도시철도채권 및 서울특별시지역개발채권 ("서울도시철도채권등"), 지방공기업법에 의하여 광역시 및 도가 발행한 지역개발채권, 부산도시철도채권, 대구도시철도채권, 인천도시철도채권, 광주도시철도채권 및 대전도시철도채권("지방도시철도채권")이 거래될 수 있지만 모든 첨가소화채권이 거래될 수 있는 것은 아니다. 거래소는 첨가소화채권 중에서도 매매거래일을 기준으로 당월 및 전월 발행분에 한하여 1인당 호가수량이 5,000만원 이하인 채권을 "소액채권"이라 정의하고 있는데, 이 소액채권에 해당하는 첨가소화채권만이 거래될 수 있다(시행세칙61).

(나) 시장운영

1) 매매거래시간

소액채권시장의 호가접수시간은 08:00-15:30까지이며, 정규 매매거래시간은 09:00-15:30까지이다. 특히 15:10-15:30까지 20분간은 전일에 결정된 신고시장가격으로만 거래가 된다(업무규정4).

휴장일은 「관공서의 공휴일에 관한 규정」에 의한 공휴일, 근로자의 날, 토요일, 12월 31일(공휴일 또는 토요일인 경우 직전매매일) 및 기타 거래소가 필요하다고 인정하는 날로 정해져 있다. 한편 거래소는 시장관리상 필요한 경우 매매거래시간을 임시 변경할 수 있다(업무규정5). 대표적인 예로 연초 개장일의 거래시간은 10:00-15:30까지로 1시간 단축하여 운영하고 있으며, 대학수학능력시험일의 거래시간은 10:00-16:30로 1시간 순연하여 운영하고 있다.

2) 호가단위

소액채권의 호가수량단위는 액면 1만원(업무규정65①(1))이고, 호가가격단위는 0.5원(업무규정65②(1))이며, 매매수량단위는 액면 1,000원(업무규정66(1))으로 일반채권과 동일하다.

3) 호가수량

소액채권에서 "1인당 호가수량이 액면 5,000만원 이하"란 신규 호가수량과 미체결 호가수량을 합한 것을 말하며, 소액채권별로 매도호가와 매수호가에 대하여 각각 적용된다. 또한 소액채권전용 공동계좌를 통한 호가수량을 포함한다(시행세칙61).

---

52) 한국거래소(2019a), 200쪽.

4) 주문(호가)의 종류

소액채권시장은 일반채권시장과 동일하게 지정가주문만 가능하다. 지정가주문은 시장에서 가장 일반적으로 이용되는 주문형태로서 투자자가 지정한 가격 또는 그 가격보다 유리한 가격으로 매매거래를 하고자 하는 주문이다.

5) 호가의 입력내용

회원이 거래소 채권시장에 호가를 제출할 때에는 위탁매매와 자기매매, 매도와 매수를 각각 구분하여 입력하여야 한다. 호가 입력시 회원명, 종목, 수량, 가격, 호가유형 등을 입력하여야 한다.

(다) 매매체결

소액채권시장의 매매체결은 개별경쟁매매방식으로 매매가 이루어지고 있으며 가격우선의 원칙, 시간우선의 원칙, 위탁매매우선의 원칙, 수량우선의 원칙 등 4가지의 경쟁매매원칙이 적용된다. 개별경쟁매매방식은 다시 단일가격에 의한 개별경쟁매매와 복수가격에 의한 개별경쟁매매로 구분된다. 소액채권시장은 오전 장개시 전 매매(08:00부터 09:00까지)와 오후 장종료 매매(15:10부터 15:30까지)는 동시호가방식(단일가매매에서 호가 간의 시간우선원칙은 배제되는 매매체결방식)으로, 정규시장(09:00부터 15:10까지)은 복수가격에 의한 개별경쟁매매방식으로 운영된다.

1) (08:00-09:00)오전 동시호가의 우선순위 및 수량배분 순서(단일가매매)

오전 9:00에 결정되는 소액채권시장의 시가는 단일가격에 의한 개별경쟁매매 중 하나인 동시호가에 의하여 결정된다. 60분간 제출된 호가를 바탕으로 개별종목별로 시가단일가가 형성되고, 수량은 다음과 같은 우선순위에 의해 배분된다(업무규정47, 시행세칙67 및 68). 동시호가의 우선순위 결정방법은 ⅰ) 가격우선(시간우선은 적용배제), ⅱ) 동일한 가격대의 경우는 종목별매수호가가 종류별매수호가에 우선하고, 위탁매매호가가 자기매매호가보다 우선하며, 자기매매호가 간에는 소액채권전담회원의 매수호가가 우선한다, ⅲ) 위탁매매호가 간, 자기매매호가 간, 종목별매수호가 간, 종류별매수호가 간 우선순위는 호가별로 수량이 많은 호가가 수량이 적은 호가(수량이 동일한 경우에는 거래소 시스템상 기록순위로 한다)보다 아래의 수량에 달할 때까지 우선한다. 수량배분순서는 1,000만원→5,000만원→1억원→3억원→5억원→잔량의 순으로 배분된다.

2) (09:00-15:10)정규장 중 복수가격에 의한 개별경쟁매매(접속매매)

소액채권시장의 장 중에는 복수가격에 의한 개별경쟁매매방식이 적용된다. 복수가격에 의한 개별경쟁매매방식은 시장참가자의 매도호가와 매수호가의 경합에 의하여 가장 낮은 매도호가와 가장 높은 매수호가가 합치되는 경우 선행호가의 가격으로 매매체결이 되는 방식으로 가격 및 시간우선원칙에 따라 매매가 계속적으로 이루어진다(업무규정48).

3) (15:10-15:30) 오후 장종료시 단일가 매매거래

소액채권의 장종료시 매매거래는 15:10분부터 15:30까지 20분간이며, 매매체결가는 당일 매출대행은행에서 즉시 매도시 적용되는 신고시장가격에 의한 단일가격에 의한다(업무규정53 ①). 장종료시 매매거래에 적용되는 매도호가 및 매수호가의 범위는 다음과 같다.

매도호가의 경우에는 ⅰ) 매도대행회원의 소액채권전용 공동계좌에서 제출되는 매도호가, ⅱ) 장종료 20분 전부터 장종료시까지 접수된 신고시장가격 이하의 위탁매도호가(상품매도호가 배제), ⅲ) 그 이전에 접수된 신고시장가격 이하의 위탁매도호가 중 매매거래가 성립되지 아니한 호가까지(단, 신고시장가격을 초과하는 호가는 효력 배제)이다(시행세칙75①(1)).

매수호가의 경우에는 ⅰ) 장종료 20분 전부터 장종료시까지 접수된 신고시장가격 이상의 소액채권 전담회원의 자기매수호가, ⅱ) 그 이전에 접수된 신고시장가격 이상의 소액채권전담 회원의 자기매수호가 중 매매거래 미성립 호가, ⅲ) 장종료 20분 전부터 장종료시까지 접수된 신고시장가격 이상의 위탁매수호가, ⅳ) 그 이전에 접수된 신고시장가격 이상의 위탁매수호가 중 매매거래 미성립 호가이다. 이때 위탁매수호가는 개인투자자의 매수호가로 제한된다(시행세칙75①(2)).

특히 종류별 매수호가가 가능한 경우에는 종목별 매수호가는 배제된다. 거래소는 특정 소액채권전담회원이 매도물량에 대해 독점하는 것을 방지하기 위하여 종류별 자기매수호가를 100억원 이하로 제한하여 매매를 규제하고 있다(시행세칙14①(4) 라목).

장종료시 매매거래에 적용되는 매도호가의 우선순위 결정에는 가격우선의 원칙이 배제되며, 매도호가의 총 호가수량이 매수호가의 총 호가수량보다 많은 경우 매도주문대행계약을 체결한 회원이 소액채권전용 공동계좌를 통하여 제출한 매도호가가 다른 매도호가보다 우선하며, 매도호가별로 수량이 적은 매도호가가 수량이 많은 매도호가보다 우선한다. 이 경우 호가시간의 선후는 구분하지 아니하며, 호가수량이 동일한 때에는 거래소시스템상의 기록순위로 한다(시행세칙75②(1)).

매수호가 우선순위는 위탁매매우선의 원칙이 배제되며, 매수호가의 총 호가수량이 매도호가의 총 호가수량보다 많은 경우 매수호가별로 수량이 많은 매수호가가 수량이 적은 매수호가보다 안분비례로 산출한 수량(매매수량단위 미만의 수량이 있는 경우 그 수량을 수량이 가장 많은 호가에 합산)까지 우선하고, 수량이 동일한 때에는 거래소 시스템상의 기록순위에 의한다.

총 매수호가수량이 총 매도호가수량보다 많은 경우 소액채권전담회원의 자기매수호가가 총 매도호가수량의 45%에 달할 때까지 다른 매수호가보다 우선한다. 이 경우 소액채권전담회원의 자기매수호가 간에는 수량이 많은 매수호가가 수량이 적은 매수호가보다 안분비례로 산출한 수량까지 우선한다. 앞의 것을 제외한 매도호가 수량의 경우 매수호가 간에는 호가잔량을 기준으로 수량이 많은 매수호가가 수량이 적은 매수호가보다 안분비례로 산출한 수량(매매수량 단위 미만의 수량이 있는 경우에는 그 수량을 최초 호가수량이 가장 많은 호가에 합산)까지 우선한다. 이 경우 호가시간의 선후는 구분하지 아니하며, 호가수량이 동일한 때에는 거래소시스템상의 기록순위로 한다(시행세칙75②(2)).

4) 소액채권 자기매매의 신고

시장집중원칙에도 불구하고 소액채권의 당일 결제거래에 한하여 매매가격이 시장가격 이상이거나 거래소 매매거래시간 이후인 경우에는 장외시장에서 자기매매를 할 수 있다. 이 경우에 기준이 되는 시장가격은 신고시장수익률 기준으로 환산된 가격이며, 자기매매를 한 회원은 종목, 수량, 가격, 매도·매수의 구분 및 매매건별로 매매시간에 관한 사항을 지체 없이 회원시스템을 통하여 거래소시스템에 입력하여 신고하여야 한다(업무규정52, 시행세칙73).

(라) 시장관리: 전산장애 및 호가폭주시 매매체결방법

거래소는 전산장애가 발생한 사실이 확인되고 전산장애가 계속될 것으로 예상되는 경우에는 호가접수정지 또는 매매계약체결을 정지할 수 있다. 이 경우 전산장애가 복구되는 때에는 거래소가 정하는 시간부터 호가접수 또는 매매계약체결을 재개한다(시행세칙70①).

전산장애가 장시간 계속되는 경우의 매매계약체결방법은 다음과 같이 한다(시행세칙70②). ⅰ) 회원시스템 장애시에는 장애가 장종료 전 일정시간까지 복구되지 아니하는 경우에는 장애발생시점에서 당일의 매매거래가 종결된 것으로 본다. ⅱ) 거래소시스템 장애시에는 장종료시까지 전산장애가 복구되지 아니할 것으로 예상되어 매매계약을 체결하는 것이 불가능하다고 인정되는 경우에는 장애발생시점에서 당일의 매매거래가 종결된 것으로 본다.

전산장애가 복구되어 매매계약체결을 재개하는 경우 최초의 가격결정은 복수가격에 의한 개별경쟁매매 방법에 따른다. 이 경우 해당가격을 결정하기 위하여 참여하는 호가의 범위는 거래소가 그때마다 정한다. 이외의 전산장애시 매매계약체결방법은 거래소가 그때마다 정하는 바에 따른다(시행세칙70③(2) 및 70④). 호가폭주종목에 대하여는 호가상황 기타 거래소시스템의 상황 등을 감안하여 호가접수를 정지하거나 당일의 매매거래를 종결할 수 있다. 호가폭주종목의 매매계약체결방법은 거래소가 그때마다 정하는 바에 따른다(시행세칙71③④).

(마) 주요 시장참여자

1) 매입의무자

주택, 자동차 등을 구입시 첨가소화채권을 매입비율에 따라 의무적으로 매입해야 한다. 대부분 매입 즉시 은행창구에서 신고시장가격으로 매도하고 있으며, 매입가격과 매도가격의 차액만 은행에 지불하고 있다.[53]

---

53) 한국거래소(2019a), 206-207쪽.

2) 매출대행기관(매출대행은행)

정부 및 지방자치단체 등 첨가소화채권 발행기관과의 업무위임계약에 따라 의무매입자 사이에서 채권매출행위에 따른 제반 업무 수행과 함께 발행에 따른 위험부담 및 판매기능을 담당하는 전문기관을 말한다. 당일 매출된 채권은 거래소시장에서 매도되도록 매도대행금융투자회사(매도대행회원)에 매도를 의뢰하는 역할을 수행한다.

3) 소액채권 매도대행회원

매출대행기관과 소액채권에 대하여 매도주문대행계약을 체결한 회원으로 매출대행기관에서 매출된 채권을 인수받아 소액채권시장에서 신고시장가격으로 매도하는 역할을 한다(업무규정95①, 시행세칙124②). 이는 일반국민에게 첨가소화채권 매입 후 매도에 따른 환금성의 기회를 제공해 주고 채권의 원활한 유통에 기여하기 위한 것으로 매도대행회원은 소액채권전담회원과 함께 소액채권시장에서 중추적인 역할을 수행한다.

4) 소액채권전담회원

소액채권의 매매거래를 원활하게 하기 위하여 매도대행기관을 통해 매도된 소액채권에 대하여 의무적으로 매수호가를 제출하고, 신고시장가격 산출을 위한 신고가격을 제시하고 있다(업무규정44, 47 및 53).

(바) 소액채권시장의 제도적 특징

1) 신고시장가격

소액채권의 장종료시 매매거래는 신고시장가격에 의한 단일가격에 의하며, 신고시장가격은 전일 장종료 후 소액채권전담회원이 신고한 가격 중 가격이 높은 순으로 전체 소액채권전담회원수의 10%(소수점 첫째자리는 반올림한다)와 낮은 순으로 20%를 제외한 가격을 단순산술평균한 가격(호가가격단위 미만의 가격은 절사한다)으로 한다(업무규정53①②).

신고시장가격은 소액채권전담회원이 제출한 신고시장수익률을 기준으로 거래소가 매일 산출하여 공시하고 있으며, 소액채권의무매입자의 즉시 매도가격(매출대행기관의 매입가격), 매도대행회원의 매도주문 대행 의뢰된 물량에 대한 매도가격, 소액채권전담회원의 의무매수호가 제출가격으로 사용된다. 신고시장가격은 소액채권전담회원이 전일 17:30까지 거래소에 제출한 신고시장수익률 중 하위 수익률 10%와 상위 수익률 20%를 제외하여 산술평균수익률을 구하고 해당 수익률에 대한 신고시장가격을 거래소가 산출하여 공시하면 해당 가격이 익일 신고시장가격이 된다.[54]

이렇게 산출된 신고시장가격은 익일 오후 장종료시 매매거래 및 매출대행기관 창구에서 적용될 첨가소화채권의 매매가격이 된다. 따라서 첨가소화채권을 의무매입한 후 즉시 매도하

---

54) 한국거래소(2019a), 208쪽.

려는 일반 국민은 중간거래상을 거치지 않고도 거래소가 산출한 공정한 신고시장가격(거래소 홈페이지에 매일 게재)으로 직접 매도하면 된다.

2) 소액채권전담회원 의무매수호가

소액채권전담회원은 매출 물량의 원활한 소화를 위하여 오전 동시호가 및 장종료시 매매시간에 일정 수량의 매수호가를 의무적으로 제출하여야 한다(시행세칙74).

3) 매도대행회원의 매도호가 제출

매도대행회원은 매출대행기관(매출대행은행)으로부터 매도 의뢰된 물량을 전량 소액채권시장에 매도하여야 한다. 당일 장중에 매출대행은행으로부터 매도 의뢰된 물량은 오후 장종료시 매매거래시간 중에 신고시장가격으로 매도호가하여야 하며, 장종료 후 매도 의뢰된 물량은 상품매수한 후 신고매매하여야 한다. 동 신고매매분에 대하여는 익일 장 개시 전 오전 동시호가시간에 경과일수 당 0.5원 더한 가격으로 매도호가하여야 한다(시행세칙76①(2), 124② 및 76⑤).

4) 종류매수호가

소액채권전담회원은 소액채권의 매매거래를 위하여 발행월별로 매일 장개시 전까지 일정한 금액 이상의 종류별매수호가를 하여야 한다(시행세칙74①). 종류매수호가는 유동성이 낮은 종목의 원활한 장내 유통을 위하여 동일 종류의 여러 종목을 하나의 종류로 분류하여 매매시키는 호가방식이다(시행세칙10). 지역개발채권, 도시철도채권에 대해 매매거래일을 기준으로 당월 및 전월에 발행된 채권 중 발행월이 동일한 채권에 한하여 종류별호가를 적용하며, 종류별매수호가의 경우 해당 종류의 모든 매도호가와 매매거래가 가능하다.

5) 소액채권 전용 공동계좌의 설정

회원은 소액채권의 매매거래에 있어 일반 국민의 편의를 위하여 회원명의의 소액채권 전용 공동계좌를 반드시 개설해야 한다. 이 공동계좌는 1회성 매도주문수량의 처리 및 매출대행기관과 매도주문대행계약을 체결한 회원 간의 매도주문수량을 처리하는데 이용된다(업무규정77① 단서). 회원이 공동계좌를 설정하여 처리하는 경우에는 공동계좌를 이용한다는 약정사항을 기재한 주문표에 위탁자가 기명날인하여야 하고, 공동계좌는 위탁자별 거래내역을 명확히 구분할 수 있어야 한다(시행세칙103).

6) 소액채권 매도주문대행 등

회원은 매출대행기관과 소액채권에 대한 매도주문의 대행, 매도대금의 지급, 매매보고서 교부 등과 관련한 업무에 관하여 대행계약("매도주문대행계약")을 체결하여 처리할 수 있다(업무규정95①). 회원은 매출대행기관과 소액채권에 대하여 매도주문대행계약을 체결하는 경우에는 주문대행방법에 관한 사항, 주문가격에 관한 사항, 대금결제에 관한 사항, 대행수수료에 관한 사항, 기타 주문대행에 필요한 사항을 정하여야 한다. 이 경우 회원은 지체 없이 그 내용을 거래소에 신고하여야 한다(시행세칙124①).

매출대행기관이 매도주문대행을 할 수 있는 소액채권은 해당 매출대행기관에서 매출된 채권에 한하며, 이 경우 회원은 장종료시 신고시장가격으로 매도호가를 하여야 한다(시행세칙124②).

회원은 매출대행기관이 공동계좌를 이용하여 제출한 주문을 합산하여 호가를 제출한 경우에는 거래소가 시장관리상 필요하다고 인정하여 합산하기 전의 주문내역을 요청한 때에는 그 내역을 직접 또는 모사전송의 방법으로 통보하여야 한다(시행세칙124③). 그 밖에 매도주문대행에 관하여 필요한 사항은 계약당사자 간 합의에 의하여 결정한다(시행세칙124④).

(사) 소액채권전담회원의 의무

1) 의무매수호가 제출

소액채권전담회원은 소액채권의 매매거래를 위하여 발행월별로 다음에서 정하는 금액 이상의 종류별매수호가를 하여야 한다(시행세칙74①). ⅰ) 당월발행 채권의 경우는 제1종 국민주택채권 24억원, 서울도시철도채권등 2억원, 지역개발채권 4억원, 지방도시철도채권 2억원 이상이고, ⅱ) 전월발행 채권의 경우는 제1종 국민주택채권 2억원, 서울도시철도채권등 1억원, 지역개발채권 1억원, 지방도시철도채권 1억원 이상이어야 한다.

소액채권전담회원이 오전 장개시 전 동시호가(08:00-09:00)에 제출해야 하는 의무매수호가는, 매출대행회원이 대출대행기관으로부터 전일 장종료 후 매도의뢰받은 주문수량을 장개시 전에 반대매도하는 것을 소화하기 위한 것이고, 장종료 후 단일가 매매거래(15:10-15:30)시 제출하는 의무매수호가는, 매도대행회원이 매출대행기관으로부터 당일 장종료 전 매도의뢰받은 주문수량을 매도하는 것을 소화하기 위한 것이다. 이 경우 거래소는 호가 상황을 감안하여 소액채권전담회원에게 필요한 수량에 대하여 추가적인 매수호가 제출을 요구할 수 있다(시행세칙74②).

2) 신고시장수익률 제출

소액채권전담회원은 익일 장종료시 매매거래 및 매출대행 금융기관 창구에서 적용할 신고시장가격 산출을 위한 신고가격을 시장상황 및 제반여건을 고려하여 적정하게 산출하여 거래소시스템에 입력하여야 한다. 소액채권전담회원은 신고시장가격 산출을 위한 가격("소액채권전담회원신고가격")을 장종료 후 17시 30분까지 거래소시스템에 입력하는 방법으로 신고하여야 한다(시행세칙74③).

(아) 소액채권전담회원 지정 및 지정취소

1) 소액채권전담회원 지정

거래소는 소액채권의 매매거래가 원활히 이루어지도록 의무적으로 매수호가를 제출하고 신고시장가격 산출을 위한 신고가격을 제시하는 소액채권전담회원을 전체 24개사 이내에서 지정·운영한다(업무규정44, 시행세칙62②). 소액채권전담회원이 되고자 하는 금융투자회사는 매년 말 거래소가 지정하는 기간 내에 소액채권전담회원 지정신청서를 거래소에 제출하여야 한다(시행세칙62①). 다만 기존 소액채권전담회원은 지정신청서 제출이 면제된다. 소액채권전담회원을 지정하는 경우 그 지정기간은 다음 해 1월 1일부터 12월 31일까지 1년으로 하며, 소액채권전담회원 지정이 취소된 회원에 대하여는 지정이 취소된 다음해 2년 동안 소액채권전담회원으로 지정하지 아니한다(시행세칙62④⑥).

2) 소액채권전담회원 지정취소

소액채권전담회원이 지정취소를 신청하는 경우, 최근 2반기 합산 평가점수가 150점 미만인 경우(당해연도에 신규로 지정된 소액채권전담회원은 제외), 시장운영에 지장을 초래하거나 공정성을 현저히 저해한다고 인정하는 경우에 지정을 취소한다(시행세칙63①).

소액채권시장에서 매매와 관련하여 일반회원 및 일반투자자는 1인당 최대 5천만 원까지 매수주문이 가능하지만(시행세칙6), 소액채권전담회원으로 지정되면 소액채권전담회원은 종류매수호가에 한하여 최대 100억 원까지 가능하기 때문에(시행세칙14①(4) 다목) 첨가소화채권을 매수하여 운영하는데 있어서 유리하다. 따라서 거래소에서는 소액채권전담회원에 대하여 운영에 관한 회의 주재 및 지도, 불공정성 매매에 대한 감독을 철저히 하여 소액채권시장을 관리하고 있다(시행세칙64).

(자) 소액채권시장조성회원

소액채권시장조성회원은 장개시 전 오전 동시호가와 오후 장종료시 매매를 제외한 정규장접속매매시간(09:00-15:10)에 제1종 국민주택채권 등 모든 첨가소화채권에 대하여 유동성을 공급하는 시장조성자를 말한다.[55]

1) 소액채권시장조성회원의 지정

소액채권시장의 시장조성회원은 소액채권전담회원 또는 매도대행회원을 대상으로 지정한다. 시장조성회원이 되고자 하는 소액채권전담회원 또는 매도대행회원이 거래소에 지정신청서를 제출하면 거래소는 이를 접수하여 시장조성회원으로 지정하여 통보한다(업무규정71의3①(②(3), 시행세칙99의3①②(1)).

2) 소액채권시장조성회원의 지정취소

거래소는 시장조성회원이 지정취소를 신청하는 경우, 소액채권전담회원 또는 매도대행회원 중 어느 하나에도 해당되지 아니하게 된 경우, 시장조성과 관련하여 시장감시위원회로부터 불공정거래로 제재를 받은 사실이 확인된 경우에 그 지정을 취소할 수 있다(시행세칙99의3④). 또한 소액채권전담회원 또는 매도대행회원 자격 상실로 인하여 지정이 취소된 경우를 제외하

---

55) 한국거래소(2019a), 213쪽.

고는 지정이 취소된 자에 대하여는 그 지정이 취소된 날이 속한 분기의 다음 분기부터 4개 분기 동안 채권시장조성회원으로 지정하지 아니한다(시행세칙99의3⑤).

(차) 효과적인 소액채권 처분방법

1) 매출대행기관(은행)을 통한 즉시 매도

대부분의 국민들이 많이 이용하는 방법으로 의무매입한 채권을 매출대행기관(은행)에서 즉시 매도하는 방법이다. 이 경우는 채권매입원금(액면가)과 신고시장가격의 차액만 지불하면 되기 때문에 은행 방문 전 차액만 미리 문의하여 준비해 가면 된다. 등기·등록을 위해서는 즉시 매도 후 해당 은행으로부터 영수증을 받아 매입채권의 발행번호를 등기·등록시 관련 서류에 기재하거나 영수증을 제출하면 된다.[56]

부동산 구입시 의무 매입하는 제1종 국민주택채권은 매출대행기관(은행) 전 지점에서 즉시 매도 가능하며, 자동차 구입시 의무매입하는 도시철도채권 및 지역개발채권은 각 시·구청에 있는 당해 채권의 매출대행기관 지점(출장소)에서 즉시 매도 가능하다.

2) 금융투자회사를 통한 매도

의무매입채권을 전체 매입한 후, 향후 원하는 시기에 매도하거나 만기까지 보유하여 원리금을 수령하는 방법도 있다. 금융투자회사에 증권계좌를 미리 개설한 다음(기존 주식계좌 이용 가능) 매출대행기관에서 구입한 채권을 금융투자회사 계좌로 이체하는 절차를 거치면 된다.

이 경우 채권매입금액 전체가 필요하며 신규계좌·기존계좌·금융투자회사 명의의 소액채권전용공동계좌 모두 이용이 가능하다. 부동산 등기를 위해서는 채권 매입 후 지급받은 영수증에 적힌 매입한 채권번호를 관련 서류에 기재하면 되고, 자동차 등록시에는 매수한 채권의 영수증을 기타 서류들과 함께 해당 구청에 제출하면 된다.

(4) 일반채권시장

(가) 서설

1) 의의

거래소에 상장된 모든 채권이 거래되는 시장으로서 거래소 내 다른 채권시장(국채전문유통시장, RP시장, 소액채권시장)과 구별하기 위하여 일반채권시장이라고 부른다.

2) 거래대상증권

거래대상채권은 국채, 지방채, 특수채, 회사채 등 거래소에 상장된 모든 채권을 거래대상으로 하며, 주로 회사채와 주권관련사채권(전환사채, 신주인수권부사채, 교환사채 등) 및 제1·2종 국민주택채권 등의 거래가 많다. 일반채권시장에서 매매되는 채권 중 전환사채의 매매는 공정한 가격형성 및 유동성 제고를 위해 반드시 거래소시장을 통해야 한다(업무규정43(1)).

---

56) 한국거래소(2019a), 215-216쪽.

3) 소매채권시장과 통합

일반적으로 채권시장은 기관투자자 및 거액 자산가들이 주로 투자하는 시장으로 인식되어 일반투자자의 참여가 활발하지 않았다. 일반투자자의 채권투자는 금융투자회사의 영업 창구(지점)를 통하여 그 금융투자회사가 보유하고 있는 채권에 주로 투자되어 왔다. 따라서 다양한 채권정보를 얻기 위해서는 여러 금융투자회사들을 직접 방문하여 계좌를 개설해야 하는 등 절차가 번거로워 일반투자자의 채권투자 활성화가 어려웠다.

이에 일반투자자들도 손쉽게 채권에 투자할 수 있도록 2007년 8월 소규모 금액으로도 거래가 가능한 소매채권시장을 개설하였다. 또한 소매채권시장에 소매채권전문딜러라는 시장조성자제도를 두어 매도호가와 매수호가를 지속적으로 제공하도록 함으로써 매매거래시 참조할 수 있도록 하였다.

한편 소매채권과 일반채권시장에서 동일 채권이 동시에 거래됨에 따른 유동성 분산, 가격 발견기능 저하 등을 해소하기 위하여 2014년 3월부터 양 시장을 통합·운영하고 있다. 소매채권시장에서 유동성을 공급하던 소매채권전문딜러는 채권시장조성회원으로 명칭을 변경하여 통합된 일반채권시장에서 유동성 공급기능을 수행하였다. 그러나 조성활동에 대한 보상 및 조성호가 요건 등의 한계가 있어 시장조성 실적이 미미하였다. 이에 일반채권시장의 유동성 공급 기능을 강화하기 위하여 2015년 7월부터 채권시장조성회원제도로 개편하여 운영하고 있다.[57]

(나) 시장운영

1) 시장참가자

일반채권시장의 참여에는 원칙적으로 제한이 없으며 거래소 회원이 아닌 투자자(개인, 법인, 기관투자자, 외국인 등)는 회원인 금융투자회사에 위탁계좌를 개설하여 간접적으로 시장에 참여할 수 있다.

2) 일반투자자의 시장참가 방법

채권투자 역시 주식거래와 동일한 방법으로 매매가 가능하다. 금융투자회사에 위탁자 계좌가 있는 경우에는 이를 통해 매매가 가능하며 위탁자 계좌가 없는 경우에는 신규로 계좌를 개설하여 주문하면 된다. 주문을 받은 금융투자회사는 매매체결을 위해 이를 거래소시장에 전달하는 역할을 한다. 거래소는 금융투자회사로부터 주문받은 내용을 매매원칙에 따라 매매체결을 하며 체결결과는 금융투자회사를 통하여 일반투자자에게 통보된다.

3) 매매거래시간

호가접수시간은 08:00-15:30까지이며, 정규 매매거래시간은 09:00-15:30이다. 채권시장은 장외시장에서 거래가 가능하기 때문에 정규시장 외 추가적인 시간외시장은 운영하지 않는다.

---

57) 한국거래소(2019a), 224-225쪽.

휴장일 운영기준은 소액채권시장과 동일하다.

4) 호가단위 및 매매수량단위

일반채권시장의 호가단위 및 매매수량단위를 채권의 종류에 따라 정리하면 다음과 같다. 호가가격단위는 채권 잔존만기에 따라 잔존만기가 2년 미만인 경우는 0.1원, 잔존만기가 2년 이상 10년 미만인 경우에는 0.5원, 잔존만기가 10년 이상인 경우에는 1원이다. 호가수량단위는 액면 1만원으로 기준으로 한다. 다만 외화표시채권은 환율로 표준화한 포인트로 거래하고 있기 때문에 호가가격단위는 0.1포인트, 0.5포인트, 1포인트이며, 호가수량단위는 1만 포인트(최소권종금액을 1만포인트로 본다)를 기준으로 한다(시행세칙65).

매매수량단위는 투자자가 매수·매도 주문을 제출할 때 적용되는 최저수량단위를 의미한다. 일반채권시장의 매매수량단위는 10만원이었으나, 투자자의 편의를 제고하기 위하여 2014년 3월부터 1,000원으로 하향 조정하였다. 다만, 전자단기사채(=단기사채등)는 최저발행금액이 1억 원임을 감안하여 동 사채의 매매수량단위는 액면 1억 원으로 하고 있다. 포인트로 거래되는 외화표시채권의 매매수량단위는 호가수량단위와 동일한 1만 포인트이다(시행세칙66).

5) 주문(호가)의 종류

주문이란 회원이 아닌 일반투자자가 회원에게 제출하는 매매거래의 의사표시를 말하고, 호가는 거래소의 회원인 금융투자회사가 자기명의로 시장에 매도 또는 매수의 의사표시를 하는 행위를 말한다.

지정가주문은 시장에서 가장 일반적으로 이용되는 주문형태로서 투자자가 지정한 가격 또는 그 가격보다 유리한 가격으로 매매거래를 하고자 하는 주문이다. 즉 매수 지정가주문의 경우 투자자가 지정한 가격이나 그보다 낮은 가격, 매도 지정가주문의 경우 투자자가 지정한 가격이나 그보다 높은 가격에 매매가 체결되는 주문이다.

지정가주문은 투자자가 지정한 가격보다 불리한 가격으로 체결되지 않는다는 장점이 있다. 그러나 동 가격에 부합하는 상대주문이 없는 경우에는 상대주문이 유입될 때까지 매매체결은 이루어지지 않는다. 일반채권시장에서는 지정가주문(호가)만 가능하다.

6) 호가의 입력내용

회원이 거래소 채권시장에 호가를 제출할 때에는 위탁매매와 자기매매, 매도와 매수를 각각 구분하여 입력하여야 한다. 호가 입력시 회원명, 종목, 수량, 가격, 호가유형 등을 입력하여야 한다.

(다) 매매체결

일반채권시장은 주식처럼 개별경쟁매매방식으로 매매가 이루어지고 있으며 가격우선의 원칙, 시간우선의 원칙에 의해 매매가 이루어진다. 개별경쟁매매방식은 다시 단일가격에 의한 개별경쟁매매와 복수가격에 의한 개별경쟁매매로 구분된다(업무규정46①).

1) 가격우선의 원칙 및 시간우선의 원칙

개별경쟁매매에 있어서의 호가의 우선순위는 다음과 같다(업무규정46②).

가) 가격우선의 원칙

낮은 가격의 매도호가는 높은 가격의 매도호가에 우선하고, 높은 가격의 매수호가는 낮은 가격의 매수호가에 우선한다.

나) 시간우선의 원칙

동일한 가격호가 간의 우선순위는 호가가 행하여진 시간의 선후에 따라 먼저 접수된 호가가 뒤에 접수된 호가에 우선한다.

2) 단일가격에 의한 개별경쟁매매

가) 개요

단일가격에 의한 개별경쟁매매는 수요와 공급을 집중시켜 균형가격형성의 필요성이 큰 경우에 이용되는 매매방법으로, 일정시간 동안 매도호가와 매수호가를 접수하여 가격우선 및 시간우선원칙에 따라 우선하는 호가 간에 하나의 가격으로 매매체결이 이루어진다.

2014년 3월 이전에는 단일가격에 의한 개별경쟁매매에 참여하는 호가의 우선순위를 동시호가로 간주하여 시간우선의 원칙을 적용하지 않았으나, 2014년 3월부터는 동시호가의 적용을 배제하고 가격 및 시간우선원칙을 적용하고 있다. 따라서 단일가매매에 참여하는 호가의 경우에는 가격우선 및 시간우선원칙에 따라 우선하는 호가 간에 매매를 체결하고, 동일가격대의 호가 간에는 수량배분을 하지 않는다.[58]

나) 단일가격에 의한 개별경쟁매매 체결방법(단일가매매)

다음과 같이 매도호가의 합계수량과 매수호가의 합계수량이 합치하는 합치가격[59]으로 하며, 가격우선원칙과 시간우선원칙에 의한 호가의 우선순위에 따라 합치되는 호가 간에 매매거래를 성립시킨다(업무규정47③). ⅰ) 합치가격에 미달하는 매도호가와 합치가격을 초과하는 매수호가의 전수량, ⅱ) 합치가격에 해당하는 경우 매도호가 또는 매수호가의 어느 일방의 전수량을 체결하고, 타방의 호가수량 중 당해 종목의 매매수량단위 이상의 수량으로 매매거래를 성립킨다.

합치가격이 2개 이상 있을 경우에는 최고 및 최저합치가격을 단순산술평균한 가격(호가가격단위에 미달하는 경우에는 이를 호가가격단위로 절상)으로 결정된다(업무규정47④).

---

58) 한국거래소(2019a), 228쪽.
59) 합치가격은 일정시간 동안 접수한 매도호가수량과 매수호가수량을 가장 많이 체결시킬 수 있는 가격이다.

다) 동시호가의 범위

단일가격에 의한 개별경쟁매매방법에 따른 호가의 범위는 시가결정의 경우 정규시장의 호가접수시간의 개시시점부터 장개시 시점까지로 하고, 시장 또는 매매거래가 재개된 후의 최초의 가격을 결정할 때에는 시장 또는 매매거래의 재개시점부터 10분간 접수된 호가로 하며, 그 이전에 접수한 호가 중 매매거래가 성립되지 아니한 호가가 있는 경우에는 이를 포함한다. 다만, 이러한 호가로 매매거래가 성립되지 아니한 경우에는 최초의 가격결정이 있을 때까지의 모든 호가로 한다(시행세칙68).

3) 복수가격에 의한 개별경쟁매매(접속매매)

단일가매매가 적용되지 않는 정규시장의 매매거래시간 중 가격의 결정은 복수가격에 의한 개별경쟁매매에 의한다(업무규정48①). 복수가격에 의한 개별경쟁매매 방식은 시장참가자의 매도호가와 매수호가의 경합에 의하여 가장 낮은 매도호가와 가장 높은 매수호가가 합치되는 경우 선행호가의 가격으로 매매체결이 되는 방식으로 가격 및 시간우선원칙에 따라 매매가 계속적으로 이루어진다(업무규정48②).

4) 협의매매

정규시장의 매매거래시간 동안 호가를 요청하는 자("호가요청자")와 요청호가에 대응하여 호가를 제안하는 자("호가제안자") 간 협의에 따라 결정된 가격 또는 환매이자율에 의한 매매거래를 말한다(업무규정53의2①). 경쟁매매와는 달리 거래 당사자 간 협의에 의해 가격 및 수량을 결정하고 매매를 체결시키는 방식이다. 이 부분은 국채전문유통시장의 매매거래 및 환매조건부채권매매거래에서 살펴본 것과 같다.

(라) 시장관리

1) 종목별 매매거래 정지 및 재개

거래소는 다음의 종목에 해당하는 경우 매매거래를 정지한 후 일정 시기 경과 후 매매거래를 재개한다(업무규정49①, 시행세칙69①). ⅰ) 매매거래가 폭주하여 신속하게 매매거래를 성립시킬 수 없다고 인정되는 종목의 경우 매매거래를 정지할 수 있다. 이 경우 호가상황 및 매매거래상황을 감안하여 매매거래의 재개시기를 정한다. ⅱ) 투자유의채권종목으로 지정된 종목의 경우 매매거래를 정지할 수 있다. 이 경우 투자유의채권종목으로 지정된 지정일의 그 다음 매매거래일에 재개한다. ⅲ) 그 밖에 시장관리상 필요하다고 인정되는 종목의 경우 매매거래를 정지할 수 있다. 이 경우는 시장상황 및 매매거래상황을 감안하여 매매거래의 재개시기를 정한다.

매매거래를 정지하거나 재개한 경우에는 즉시 그 사실을 공표한다(시행세칙69②).

2) 채권의 전산장애 및 호가폭주시 조치

거래소는 전산장애가 발생한 사실이 확인되고 전산장애가 계속될 것으로 예상되는 경우에는 호가접수정지 또는 매매계약체결을 정지할 수 있다(시행세칙70① 전단). 전산장애가 장시간 계속되는 경우의 매매계약체결방법은 다음과 같다(시행세칙70②). ⅰ) 회원시스템 장애시 매매계약체결방법: 장애가 장종료 전 일정시간까지 복구되지 아니하는 경우에는 장애발생시점에서 당일의 매매거래가 종결된 것으로 본다. ⅱ) 거래소시스템 장애시 매매계약체결방법: 장종료시까지 전산장애가 복구되지 아니할 것으로 예상되어 매매계약을 체결하는 것이 불가능하다고 인정되는 경우에는 장애발생시점에서 당일의 매매거래가 종결된 것으로 본다.

전산장애가 복구되는 때에는 거래소가 정하는 시간부터 호가접수 또는 매매계약체결을 재개한다(시행세칙70① 후단). 매매계약체결을 재개하는 경우의 최초의 가격의 결정은 단일가격에 의한 개별경쟁매매방법에 따른다. 이 경우 해당 가격을 결정하기 위하여 참여하는 호가의 범위는 거래소가 그때마다 정한다(시행세칙70③).

거래소는 호가폭주종목에 대하여는 호가상황 그 밖에 거래소시스템의 상황 등을 감안하여 호가접수를 정지하거나 당일의 매매거래를 종결할 수 있다(시행세칙71③).

(마) 채권시장조성회원

1) 의의

채권시장조성회원이란 일반투자자의 채권투자가 원활하게 이루어지도록 일반채권시장에 유동성을 공급하는 시장조성자를 말한다. 즉 일반채권시장에 유동성을 공급하기 위하여 금융투자회사가 신청서를 제출한 후 거래소가 심사하여 지정함으로써 시장조성의무를 수행하는 자를 말한다. 시장조성이란 시장에 유동성을 공급하는 과정을 말하며, 채권시장조성회원은 시장조성대상 채권의 가격(수익률) 및 수량을 지속적으로 제시함으로써 유동성을 공급한다. 거래소는 일반채권시장에 시장조성자로의 참여를 신청한 회원(채무증권에 대하여 투자매매업의 인가를 받은 회원) 중에서 지정한다.[60]

2) 채권시장조성회원의 지정

채권시장조성회원이 되고자 하는 회원은 매 분기별로 거래소가 정하는 기간 내에 지정신청서를 제출하고, 거래소는 지정신청서를 제출한 회원을 평가하여 채권시장조성회원으로 지정한다(시행세칙99의3①②). 채권시장조성회원으로 지정된 회원은 채권상장종목에 대하여 조성호가를 제출할 수 있다(업무규정71의2).

3) 채권시장조성회원의 지정취소

거래소는 해당 회원이 지정취소를 신청하거나 시장조성과 관련하여 시장감시위원회로부터 불공정거래로 제재를 받은 사실이 확인된 경우에는 그 지정을 취소할 수 있다(시행세칙99의3④). 거래소는 채권시장조성회원의 지정이 취소된 자에 대하여는 그 지정이 취소된 날이 속한 분기

---

60) 한국거래소(2019a), 233-234쪽.

의 다음 분기부터 4개 분기 동안 채권시장조성회원으로 지정하지 아니한다(시행세칙99의3⑤).

4) 채권시장조성회원의 시장조성방법

만일 제출한 조성호가[61]의 전부 또는 일부가 체결된 경우에는 체결수량에 대하여 조성호가 제출의무를 이행한 것으로 간주하며, 미체결수량은 일일 매매거래시간의 2/3 이상 시간 동안 계속 유지되어야 조성호가 제출의무를 이행한 것으로 인정된다. 조성호가를 제출한 것으로 인정되기 위해서는 일일 매매거래시간의 2/3 이상 시간 동안 호가를 할 수 있는 시점(11시 10분) 이전에 거래소에 접수되어야 한다. 다만 11시 10분 이후에 제출된 조성호가라도 최소 호가수량이 1억원 이상 체결된 경우에는 조성호가 제출의무를 이행한 것으로 인정한다.

양방의 조성호가는 매도호가 및 매수호가의 수익률을 기준으로 신용등급 AA- 미만 회사채의 경우 최대 0.2%p, 그 외의 경우 0.15%(국채의 경우 0.1%p) 이내에 해당하는 가격으로 호가스프레드가 유지되어야 한다(시행규칙99의6①(4)). 한편 양방의 조성호가는 매도호가 및 매수호가를 동시에 제출하는 하나의 호가이기 때문에 종목당 매도 및 매수 수량을 각각 액면 1억원 이상 100억원 이하로 제출하여야 한다(시행규칙99의6②(3)).

시장조성회원의 조성호가 제출은 자발적 참여에 의한 것이므로 조성호가 제출에 대한 의무를 부여하지 않는다. 다만 참여를 독려하기 위하여 기본조성 요건을 충족한 경우 분기별 조성실적 평가시 가산점을 부여한다(시행규칙99의10②).

2. 채권시장관리제도

(1) 호가입력제한

(가) 의의

채권시장에서 투자자·회원사 직원의 주문입력 착오로 인한 재산상의 손실 및 가격 왜곡현상 등을 방지하기 위해 도입된 제도로, 거래소 채권시장에서 거래되는 모든 채권에 대해 적용되며 채권의 특성을 감안하여 입력제한 범위를 차등 적용하고 있다.[62]

(나) 호가입력의 제한

주권관련사채권을 제외한 채권은 호가가격이 전일종가(전일종가가 없는 경우에는 채권평가회사가 발표하는 당해 매매채권의 평가가격을 산술평균한 가격)를 기준으로 30%를 초과하는 매수호가 및 30%에 미달하는 매도호가는 입력할 수 없으며, 주권관련사채권은 일반채권보다 가격변동 가능성이 높기 때문에 호가입력 제한범위로 50%를 적용한다(시행세칙14①(4) 라목). 다만, 채권

---

61) "조성호가"란 채무증권에 대한 시장조성을 위하여 제출하는 호가를 말하며, 양방의 조성호가는 매도와 매수호가를 동시에 제출하는 호가를 말하고, 일방의 조성호가는 매도 또는 매수호가 중 어느 하나를 제출하는 호가를 말한다. "매매호가"란 조성호가 외의 호가를 말한다(시행세칙71의2(2)(3)).

62) 한국거래소(2019a), 243쪽.

의 상장폐지를 앞둔 정리매매기간(7일) 동안에는 투자자의 환금성(신속한 매매)에 지장을 주지 않기 위해 동 제도를 적용하지 않는다.

(다) 기타 호가입력의 제한

종목별 호가의 경우 호가수량이 상장잔액을 초과하는 호가, 소액채권에 대해 1인당 호가수량이 5,000만원을 초과하는 호가, 소액채권전담회원의 종류별매수호가(소액채권은 종목별매수호가)의 경우 호가수량이 100억원(평가 결과가 상위 20% 이내인 소액채권전담회원의 경우에는 200억원 이내에서 거래소가 별도로 정하는 호가수량)을 초과하는 호가는 호력입력이 제한된다. 또한 주권관련사채권으로서 신규 상장된 종목의 최초가격을 정하고자 하는 경우 가격이 제한되는 차입공매도호가의 입력이 제한된다(시행세칙14①(4) 가목, 나목, 다목, 마목).

(2) 착오매매정정

거래소는 채권의 매매계약체결의 중개업무를 하는 과정에서 착오가 발생하거나 회원이 호가를 제출하는 과정에서 착오가 발생한 경우에는 매매계약체결내용을 정정할 수 있다(업무규정51①). 정정방법은 주식시장(시행세칙44, 45, 46, 47) 관련 규정을 준용한다(시행세칙72).

(3) 투자유의채권지정

(가) 의의

일반채권시장에서는 발행회사의 회생절차개시 등 신용사건이 발생하거나 가격 급등락 등 채권가격 이상 징후 포착시 회사채 투자자의 주의 환기를 위하여 투자유의채권지정제도를 운용하고 있다. 거래소는 투자유의채권종목 공표를 통해 투자위험을 고지함으로써 투자 과열을 방지하고 선의의 피해를 예방하고 있다. 적용대상 채권은 거래소 채권시장에 상장된 금융채 및 회사채이며 투자유의채권 지정예고, 지정, 지정예고해제의 3단계로 구분된다.[63]

(나) 투자유의채권종목 지정예고

거래소는 ⅰ) 채권상장법인이 회생절차개시 신청, 상장채무증권의 기한의 이익 상실, 사채권자집회 소집, 또는 사채권자집회 결의에 해당하는 사실 또는 결정을 공시한 경우, ⅱ) 회사채 종목의 종가가 액면가의 80% 미만으로 하락한 경우 또는 직전 매매거래일의 종가 대비 15% 이상 상승하거나 하락한 경우(다만, 당일 거래량이 1억원 미만인 경우는 제외) 그 법인이 발행한 상장채무증권의 종목이 투자유의채권종목으로 지정될 수 있다는 사실을 해당 사유가 발생한 날의 다음 매매거래일까지 예고할 수 있다(시행세칙134의2①).

(다) 투자유의채권종목 지정 및 매매거래정지

투자유의채권종목으로 지정예고된 종목의 종가가 직전 매매거래일의 종가 대비 15% 이상 상승하거나 하락한 경우 투자유의채권종목으로 지정한다. 투자유의채권종목으로 지정된 종목

63) 한국거래소(2019a), 245쪽.

으로 매매거래가 정지되어 직전 매매거래일의 종가가 없는 경우에 한하여 2매매거래일 전일의 종가로 한다. 당일 거래량이 1억원 미만인 경우 또는 정리매매 종목은 제외한다. 이 경우 그 다음 매매거래일을 지정일로 한다(시행세칙134의3). 이때 지정일 1일간 매매거래정지되며 지정일 익일에 지정해제 및 매매거래가 재개된다(시행세칙134의7①).

(라) 투자유의채권종목 지정예고해제

거래소는 투자유의채권종목으로 지정예고된 경우로서 해당 채권상장법인이 회생절차 종결에 해당하는 사실 또는 결정을 공시한 경우, 기한의 이익 상실의 취소가 사채권자집회 결의를 통해 효력이 발생되는 경우 또는 기한의 이익 상실의 취소 사실을 거래소가 인정하는 경우, 사채권자집회 결의 사항의 효력이 발생하는 경우에는 지정예고를 해제할 수 있다. 다만, 거래소가 공익과 투자자보호 또는 시장에서의 거래질서의 안정을 위하여 필요하다고 인정하는 경우에는 지정예고를 해제하지 않을 수 있다(시행세칙134의2③(1)).

또한 투자유의채권종목으로 지정예고된 경우로서 ⅰ) 최근 6개월 동안 종가가 액면가의 80% 이상 유지되는 경우(매매거래가 없는 경우를 포함), ⅱ) 최근 5매매거래일 동안 종가가 직전 매매거래일의 종가 대비 8% 이상 상승하거나 하락하지 않은 경우를 모두 충족하는 경우에는 지정예고를 해제할 수 있다(시행세칙134의2③(2)).

(4) 공매도

(가) 공매도호가의 제한

회원은 무차입공매도를 하거나 그 위탁을 받아 호가를 하여서는 아니 된다. 다만, 다음의 어느 하나에 해당하는 경우에는 이를 공매도로 보지 아니한다(업무규정44의2①). ⅰ) 거래소시장에서 매수계약이 체결된 주권관련사채권(제3조 제2항의 수익증권을 포함)을 해당 수량의 범위에서 결제일 전에 매도하는 경우, ⅱ) 결제일까지 결제가 가능한 경우로서 다음의 어느 하나에 해당하는 경우, 즉 ㉠ 매도주문을 위탁받는 회원 외의 다른 보관기관에 보관하고 있거나, 그 밖의 방법으로 소유하고 있는 사실이 확인된 주권관련사채권의 매도, ㉡ 증권예탁증권에 대한 예탁계약의 해지로 취득할 주권관련사채권의 매도, ㉢ 대여 중인 주권관련사채권 중 반환이 확정된 주권관련사채권의 매도, ㉣ 시장 외에서의 매매, 그 밖의 계약에 의하여 인도받을 주권관련사채권의 매도, ㉤ 회원이 호가를 하는 날의 장종료 후에 주권관련사채권을 매수하기로 위탁자와 약정한 경우로서 해당 수량 범위에서의 당해 주권관련사채권의 매도는 공매도로 보지 아니한다.

(나) 공매도호가의 가격제한

공매도는 직전가격 이하의 가격으로 호가할 수 없다. 가격이 상승하는 경우(직전가격이 그 직전가격보다 높은 경우)에는 예외적으로 직전가격을 호가할 수 있다. 다만 채권시장조성회원의 조성호가에 대해서는 가격규제를 적용하지 않는다(시행세칙64의3).

(5) 채권의 신고매매

(가) 의의

거래소는 종목, 가격, 수량이 동일한 채권의 매도호가와 매수호가에 대하여 회원이 매매거래를 성립시키고자 신청하는 경우 그 가격과 수량으로 매매거래를 성립시킬 수 있는데(업무규정54①), 이를 채권의 신고매매라 한다.

(나) 신청

신고매매를 하기 위해서는 매도 및 매수 회원이 각각 회원시스템을 통하여 거래소 시스템에 입력하여야 하며, 거래소는 신고매매의 신청이 있는 경우 당해 호가 간에 매매를 성립시키고 그와 동시에 결제가 이루어진 것으로 간주한다. 다만, 국채금융 대행기관이 국고채전문딜러와 환매채거래를 하는 경우에 따른 신고매매의 경우의 매수호가는 비지정매수호가로 보아 환매일 전일까지 다른 종목의 채권으로 대체하여 신청할 수 있다(업무규정54③④).

(다) 대상채권과 신고매매시간

신고매매 대상채권 및 신고매매 시간은 다음과 같다(시행세칙76①). ⅰ) 전환사채권을 장종료 후 매매거래를 성립시키는 경우(장종료시점부터 18시까지), ⅱ) 소액채권의 매도주문대행계약을 체결한 회원이 장종료 후 매출대행기관으로부터 접수한 매도주문에 대하여 당일의 신고시장가격으로 매수호가를 하는 경우(장종료시점부터 18시까지), ⅲ) 외국인 또는 외국법인등이 매매거래하고자 하는 채무증권에 대하여 매매거래를 성립시키는 경우(장개시시점부터 18시까지), ⅳ) 소액채권 중 매매거래일을 기준으로 당월 및 전월에 발행된 채권에 대하여 매매거래를 성립시키는 경우(장개시시점부터 18시까지), ⅴ) 발행일전거래로서 입찰일에 매매거래를 성립시키는 경우(장개시시점부터 16시까지), ⅵ) 국채전문유통시장에서 매매거래를 성립시키는 경우(8시 30분부터 16시까지), ⅶ) 국고채전문딜러가 국고채권의 수급불안을 해소하기 위해 정부 또는 한국은행과 환매채거래를 하는 경우(장개시시점부터 장종료시점까지), ⅷ) 기획재정부의 「국고채권의 발행 및 국고채전문딜러 운영에 관한 규정」("국고채권 운영규정")에 따른 국채금융을 위하여 국채금융 대행기관이 국고채전문딜러와 환매채거래를 하는 경우(장개시시점부터 장종료시점까지), ⅸ) 환매채거래 이외에 환매조건부채권매매거래 참가약정서를 제출한 자간에 환매채거래를 하는 경우(장개시시점부터 15시 40분까지) 등이다.

3. 채권상장

(1) 신규상장의 신청

거래소가 정한 신규상장심사요건을 갖춘 채권 중에서 상장을 하고자 하는 채권의 발행인은 증권신고서가 수리된 때(국채, 지방채 및 특수채는 발행일이 속하는 월의 다음달 10일까지) 신규상장 신청서와 증빙서류를 거래소에 제출하여야 한다(상장규정86①②). 신규상장 신청은 대표주관회사가 이를 대행할 수 있다(상장규정86③). 신규상장신청인은 거래소가 필요하다고 인정하는 경우에는 발행조건이 다른 여러 종목의 채무증권을 하나의 종목으로 상장할 수 있다(상장규정86④).

(2) 채권종류별 신규상장 절차

(가) 국채 상장

국채는 국채증권 상장의뢰서를 제출하면 별도의 상장심사 없이 상장처리된다(상장규정86①). 현재 국고채권은 한국은행이 상장신청 업무를 대행하고 있으며, 입찰일에 신규상장신청이 되면 매출일(입찰일 익일)에 상장된다.

(나) 지방채 상장

지방채는 국채와 마찬가지로 공익성을 감안하여 상장심사가 면제되고 있으며 발행주체인 지방자치단체가 상장신청을 한 채권에 한해 상장된다. 공모지방채는 신규상장신청과 함께 신탁증서, 인수계약서, 매출계약서 또는 모집위탁계약서 사본(당해 채권이 간접발행인 경우에 한함) 등을 제출하여야 하며 기타 서류의 제출은 면제된다.[64]

(다) 특수채 상장

특수채는 채권의 종류별로 각각 다른 방식으로 상장 처리된다. 통화안정증권은 국고채권과 같은 방식으로 한국은행이 매출일 또는 입찰일에 상장신청하면 발행일 또는 매출일 익일에 상장되며, 금융특수채와 비금융특수채는 금융투자회사 등을 통해 간접발행한 채권에 대하여 채권상장 신청서와 인수계약서 등의 증빙서류를 제출하면 상장된다. 특수채는 발행기관의 상장신청 편의를 위해 월중 발행한 채권을 취합하여 익월 10일까지 상장신청할 수 있다(시행세칙73③).

(라) 회사채 상장

회사채 상장은 발행인 또는 그 대리인의 상장신청 및 거래소의 상장심사를 통해 이루어진다. 신규상장 신청서를 제출하는 경우에는 일반적으로 증권신고서와 납입증명 서류를 제출하고 있다. 그러나 일괄신고서를 금융위원회에 제출하고 채권을 발행할 때마다 일괄신고추가서류를 제출하는 경우에는 증권신고서 대신 일괄신고추가서류를 증빙으로 제출할 수 있다.

(3) 신규상장 심사요건

채권의 신규상장심사요건은 유가증권시장 상장규정에서 발행기관 및 발행금액 규모 등을 기준으로 정하고 있으며, 국채, 지방채 및 특수채는 상장심사를 면제하고 있다(상장규정88).

---

64) 한국거래소(2019a), 284쪽.

채권을 신규상장하려면 다음의 심사요건을 모두 충족해야 한다(상장규정88). ⅰ) 신규상장 신청인의 자본금이 5억원 이상이어야 한다. 다만, 보증사채권, 담보부사채권, 커버드본드, 자산 유동화채권과 비정형 유동화채권의 경우에는 제외한다. ⅱ) 해당 채무증권이 모집·매출되었어 야 한다. ⅲ) 해당 채무증권의 발행총액과 미상환발행총액이 3억원 이상이어야 한다. 다만, 보 증사채권, 담보부사채권과 커버드본드는 5천만원 이상으로 한다. ⅳ) 해당 채무증권이 비정형 유동화채권인 경우에는 다음의 ㉠, ㉡, ㉢, ㉣ 요건을 모두 충족하여야 한다. ㉠ 자산보유자가 세칙으로 정하는 자65)이어야 하고, ㉡ 신용평가회사 중 2개 이상의 신용평가회사로부터 투자 적격등급 중 AAA 등급을 받아야 하며, ㉢ 자산양도의 방식이 자산유동화법 제13조 각 호66)에 따라야 하며, ㉣ 발행총액은 양도받은 유동화자산의 평가가액의 총액을 한도로 하여야 한다.

Ⅲ. 장외시장

1. 의의와 특징

(1) 의의

장외시장은 거래소 이외의 곳에서 비조직적으로 거래되는 시장을 말한다. 주로 금융투자 회사 창구를 중심으로 협의매매 방식의 거래가 이루어지며, 딜러 시장(Dealer Market),67) 브로 커 시장(Broker Market),68) 직접 탐색시장(Direct Search Market) 등을 통칭한다. 거래소시장(장내

---

65) "세칙으로 정하는 자"란 자산유동화법 제2조 제2호에 따른 자산보유자로서 다음의 어느 하나에 해당하는 자를 말한다(시행세칙74의2①. 한국산업은행, 한국수출입은행, 중소기업은행, 은행(수산업협동조합중앙회 의 신용사업 부문, 외국은행의 국내지점 포함), 금융투자업자(투자매매업자, 투자중개업자 또는 집합투자 업자에 한함), 종합금융회사, 보험사업자, 여신전문금융회사, 한국자산관리공사, 한국토지주택공사, 농협은 행, 예금보험공사 및 정리금융기관, 중소기업진흥공단, 신용보증기금 및 기술신용보증기금, 주택도시보증 공사, 국주택금융공사.
66) 1. 매매 또는 교환에 의할 것
  2. 유동화자산에 대한 수익권 및 처분권은 양수인이 가질 것. 이 경우 양수인이 당해 자산을 처분하는 때 에 양도인이 이를 우선적으로 매수할 수 있는 권리를 가지는 경우에도 수익권 및 처분권은 양수인이 가 진 것으로 본다.
  3. 양도인은 유동화자산에 대한 반환청구권을 가지지 아니하고, 양수인은 유동화자산에 대한 대가의 반환 청구권을 가지지 아니할 것
  4. 양수인이 양도된 자산에 관한 위험을 인수할 것. 다만, 당해 유동화자산에 대하여 양도인이 일정 기간 그 위험을 부담하거나 하자담보책임(채권의 양도인이 채무자의 자력을 담보한 경우에는 이를 포함한 다)을 지는 경우에는 그러하지 아니하다.
67) 딜러란 자신이 직접 고객의 거래상대방이 되어 위험을 부담하면서 자기계정으로 채권거래를 하는 금융기 관을 말한다. 딜러를 통해 거래가 이루어지는 딜러시장에서는 딜러가 자신이 제시한 호가에 따라 즉시 채 권을 매매할 수 있는 장점이 있다. 딜러의 이익은 매도호가와 매수호가 간의 스프레드로 실현된다.
68) 브로커시장이란 투자자들이 거래상대방을 찾기 위하여 중개인(Broker)에게 매매를 위임하여 간접적으로 참 가하는 형태이다. 브로커는 딜러와 달리 자기계정의 포지션을 갖지 않고 거래의 중개만을 담당한다. 자기

시장)이 투자자 보호와 투명성 강화 등을 실현하기 위해 중앙 집중적으로 제도화된 시장인데 반하여 장외시장은 자생적으로 생성된 시장을 사후적으로 제도화하여 관리하는 시장으로 거래 관행의 영향력이 큰 시장이다.

우리나라의 채권 장외시장은 1976년 장외거래를 금지했던 증권거래법이 개정되어 국채의 장외거래가 허용되면서 시작되었고, 1980년대 경제발전과 함께 채권의 발행종목 및 시장참여자가 증가하면서 점차 유통시장의 한 축으로 성장하였다. 특히 1984년 정부가 채권시장의 대중화를 위해 모든 채권의 장외거래를 허용하고, 「채권 장외거래에 관한 규정」을 제정하여 장외시장을 제도화하면서 발전기반이 구축되었다.[69]

(2) 특징

주식과는 달리 채권은 대부분의 국가에서 주로 장외에서 유통된다. 채권의 유통이 장외시장에서 주로 이루어지는 근본적인 이유는 경쟁매매가 활발히 전개될 수 없도록 작용하는 요인들이 채권시장에 내재되어 있기 때문이다. 채권은 동일한 주체가 발행하더라도 발행일, 만기, 상환조건 등 발행조건에 따라 서로 다른 종목이 되므로 비표준화 특성을 가진 상품이다. 따라서 종목 수는 많으나 종목당 금액은 크지 않은 채권은 전통적으로 중앙 집중화된 거래소시장 대신 장외시장에서 주로 거래되어 왔다.

채권은 발행조건에 따라 서로 다른 종목이 되는 특성을 갖기 때문에 종목 수가 지나치게 많다. 개별 채권 종목별로 분할된 채권시장의 유동성은 극히 빈약하여 매수 및 매도 호가의 경쟁이 발생하기 어려운 상태가 된다. 즉 채권시장에서는 불특정 다수의 호가 간 경쟁을 바탕으로 하는 거래소의 경쟁매매 시스템이 원활히 작동하기 위한 최소한의 유동성 수준이 형성되지 못하는 경우가 일반적이다. 이러한 유동성 부족 상태에서는 거래상대방을 찾아주는 브로커 또는 유동성을 공급해 줄 수 있는 딜러의 기능이 필수적으로 요구되기 때문에 채권은 거래소를 중심으로 한 장내시장보다 브로커/딜러를 중심으로 한 장외시장에서 거래되는 것이 일반적이다. 이러한 장외시장 중심의 채권시장은 장내시장 중심의 주식시장에 비해서 시장 분할의 정도가 높아서 주식시장에 비해서 유동성, 투명성 및 효율성 수준이 낮다.[70]

(3) 매매거래구조

채권은 주식과 달리 대규모로 거래되기 때문에 개인투자자보다는 금융기관이나 연기금 등 기관투자자 간의 대량매매가 많고, 기관투자자는 거래상대방 탐색비용을 줄이기 위해 브로커

고객을 위하여 거래상대방을 찾아가서 거래가격을 협상하고 그 대가로 수수료를 받는다. 우리나라의 채권시장은 딜러 시장 중심으로 발달한 미국 및 유럽의 채권시장과는 달리 브로커시장 중심으로 발달하였다.
69) 한국거래소(2019a), 259-260쪽.
70) 권기혁(2018), "한국 장외채권시장의 투명성 규제 제도 및 개선방안에 관한 연구", 연세대학교 경제대학원 석사학위논문(2018. 6), 1-2쪽.

(증권회사)를 통한 상대매매(협의매매) 형태로 거래에 참여하고 있다. 장외채권시장에서는 증권회사 상호 간, 증권회사와 고객 간, 또는 고객 상호 간에 상장 및 비상장 채권 구분 없이 모든 채권이 거래대상이 된다. 장외시장은 거래 및 장소, 거래대상채권, 조건 등 거래소시장에서 표준화하여 거래하기 곤란한 채권에 유동성을 부여함으로써 다양한 채권의 유통 원활화에 기여하고 있다. 매매수량단위는 통상적으로 액면 100억원의 정수배이고, 매매거래시간은 특별한 제한이 없으나 일반적으로 현·선물 차익거래 및 위험회피거래(선물헷지) 등 선물시장과의 거래 연계 등 사유로 한국거래소 국채선물시장의 거래시간(08:00-15:45)을 전후하여 거래가 이루어진다.

대부분의 장외채권거래는 중개업무(brokerage)를 수행하는 증권회사를 통하여 이루어진다. 증권회사의 채권업무는 일반적으로 채권운용과 채권영업으로 구분된다. 채권운용은 증권사 고유 자금과 채권으로 투자자와 직접 거래하여 운용수익을 높이는 업무로서 자본시장법상 투자매매업에 해당하며, 채권영업은 고객의 채권 매도주문이나 매수주문을 접수한 후 이에 부합하는 거래상대방을 탐색하여 매매거래를 성립시켜 주고 중개수수료를 받는 업무로서 자본시장법상 투자중개업에 해당한다.

장외시장에서 증권회사가 연기금·은행·보험사·운용사 등 금융기관과 채권거래를 하는 경우 주로 채권거래전용시스템(K-Bond) 메신저, 전화, 보이스박스(Voice Box)라는 쌍방향 의사소통수단을 이용한다. 예를 들어 딜러(기관투자자)는 브로커(증권사)와 메신저를 통해 매매거래 정보를 실시간으로 주고받으며 거래하고자 하는 채권의 종류·가격 및 수량 등에 대해 메신저에서 1차 합의가 이루어지면 전화 등 유선상으로 채권정보와 결제 내역을 상호 확인한 후 매매를 최종 확정하는 거래구조를 가지고 있다.[71]

(4) 규제 및 관리

장외시장의 경우 "채무증권의 매매거래(증권시장 밖에서의 매매거래만 해당)에 대한 정보 관리 및 공시에 관한 업무"를 규정한 자본시장법 시행령(영307②(3))을 근거로 시장 투명성 규제 및 관리는 금융투자협회("협회")가 담당하고 있다. 협회는 장외채권시장의 효율적이고 신속한 정보 관리 및 공시를 위하여 채권 장외거래보고·관리시스템 구축, 장외호가집중공시제도, 채권거래전용시스템 도입 및 개선 등 지속적으로 투명성 관련 정책을 펼치고 있다.

(가) 거래 전 투명성 규제 및 관리

거래 전 투명성과 관련하여 호가정보 보고를 위해 「금융투자회사의 영업 및 업무에 관한 규정」("업무규정")에 근거하여 채권거래를 하는 금융투자회사는 금융투자협회의 채권거래전용시스템을 통해 협회에 보고하도록 되어 있다.

협회에 채권거래와 관련된 호가정보를 보고해야 하는 기관의 범위는 채권 투자매매업을

---

71) 권기혁(2018), 20-22쪽.

인가받은 증권회사(투자매매·투자중개업자), 은행 및 종합금융회사 등이다. 보고대상 채권의 범위는 모든 채권을 대상으로 한다. 다만 대량매매가 이루어지는 장외시장의 특성을 고려하여, 호가정보 취득 및 공시의 효율성을 목적으로 호가수량 50억원 미만의 호가는 보고대상에서 제외하고 있다(금융투자회사의 영업 및 업무에 관한 규정 시행세칙47②, 이하 "시행세칙").

(나) 거래 후 투명성 규제 및 관리

거래 후 투명성과 관련하여, 우리나라에서는 2000년 5월 "채권시장구조의 선진화 추진방안"을 추진하여, 채권 장외시장에서 금융투자회사가 고객과 채권을 거래한 경우 채권거래가 체결된 후 15분 이내에 해당 체결거래내역을 전산단말기를 통해 협회에 보고하도록 하고 있다.

협회는 채권 체결내역의 보고 및 공시업무를 지원하기 위해 금융투자회사와 협회 사이에서 실시간 데이터(Data) 처리가 가능한 채권 장외거래보고·관리시스템을 구축하여 운영하고 있다.

거래 후 투명성 규제제도 역시 보고의무와 정보공개로 구분할 수 있으며, 협회는 채권 장외거래 보고·관리시스템을 이용하여 금융투자회사의 보고의무 및 체결정보의 공시 등 업무를 일괄적으로 관리하고 있다.

2. 장외 채권거래전용시스템(K-Bond)

(1) 의의와 도입경과

(가) 의의

채권거래전용시스템(K-Bond)은 장외 채권 매매 및 중개업무를 위하여 호가정보[72] 등을 탐색하거나 거래상대방과 협상하는 것을 지원하기 위해 협회가 운영하는 전자시스템을 말한다. 즉 K-Bond는 채권 장외시장에서 가격발견기능과 거래 효율성을 향상시켜 장외 채권거래의 규모와 유동성을 높이기 위해 협회가 기존 장외 채권거래전용시스템인 프리본드(2010년 4월 도입)를 재구축하여 2017년 7월 오픈한 장외거래 지원 시스템이다. K-Bond는 호가 클라이언트 및 메신저(대화방 기능 포함)를 구성요소로 하며, 채권의 장외거래 (중개) 업무를 위한 호가정보 등의 탐색 및 거래상대방과의 협상, 채무증권의 모집·매출시 수요예측 등 가격발견기능 등을 지원한다.

(나) 도입경과

과거 장외에서는 브로커들이 야후(Yohoo) 메신저 등 일반 온라인 메신저의 1:1 채팅이나 비공개 대화방을 통해 채권을 거래함으로써 투명성과 효율성이 떨어지는 문제가 있었다. 또한

---

72) "호가정보"란 채권의 장외거래 또는 장외거래 중개를 위하여 제출하는 종목명, 수량, 수익률 등 매도 또는 매수의 의사표시와 관련된 일체의 정보를 말한다(금융투자회사의 영업 및 업무에 관한 규정7-2(3)).

메신저에 장애가 발생할 경우 전체 장외채권시장이 마비되는 일도 종종 발생하였다. 이에 금융위원회는 2009년 10월 "채권 유통시장 개선방안"에서 협회의 채권 장외 호가집중시스템(BQS)을 개선하여 사설 메신저를 대체하는 방안을 발표하였고, 2010년 4월 장외 채권거래 전용시스템인 프리본드(FreeBond)가 개발되어 가동되었다.

프리본드는 1:1 및 1:N[73] 대화 기능과 대화내용 저장 기능 등을 제공하는 "FB메신저"와, 실시간 호가정보, 주문, 거래 협의 및 확정, 분석 및 보고 기능 등을 지원하는 "Trading Board"로 구성되어 채권거래에 특화된 서비스를 제공하고자 하였다. 협회는 프리본드를 채권시장 종사자들만 이용할 수 있도록 사전등록·신고를 받고, 금융투자회사의 영업 및 업무에 관한 규정에 따라 시스템을 운영하였다.

그러나 도입취지와는 달리 브로커들은 여전히 프리본드의 메신저 기능만을 이용하여 협의매매를 계속하였고, 다수 참가자의 동시접속에 의한 메신저 장애도 지속적으로 발생하는 문제가 생겼다. 이에 협회는 2017년 9월 프리본드의 서버 용량을 확대하여 안정성을 강화하고 메신저에 편리한 기능을 추가하여 이용자의 편의를 증대하도록 시스템을 재구축하고 K-Bond라 명명하였다.[74]

(2) 온라인 메신저

K-Bond의 메신저는 다수의 참여자들이 매매의사를 밝히거나 호가를 제시하는 대화방 기능, 당사자 간의 호가 협상을 위한 1:1 및 1:N 메신저 기능, 개별 대화창을 드래그하여 한 곳에 볼 수 있도록 정렬하는 M보드 기능 등을 제공한다.

메신저에는 국고채·통안채 위주의 대화방, 단기채·크레딧 위주의 대화방 등이 상시 개설되어 있으며, 주로 특정 채권 종목이나 특정 조건을 만족하는 채권에 대한 잠재적 매수·매도자를 탐색하거나 호가를 제시하는 용도로 사용된다. 거래당사자는 거래를 확정한 후 중요한 개별 정보를 다시 전화나 모바일 메신저(텔레그램 등)를 통해 주고받는다.

장외에서 채권을 거래하는 시장참가자들은 해외에 비해 국내 채권시장이 상대적으로 채권시장 종사자 수가 적고, 발행되는 채권의 규모가 작으며, 딜링(자기매매)을 위한 재고보유가 작은 브로커시장 위주로 발달하였기 때문에 메신저를 통한 협의매매 방식이 효율적인 측면도 있다며 선호하는 경향이다.

---

73) 하나의 대화창에서 다수(N) 사용자가 전송한 메시지 내용을 볼 수 있고 동시에 메시지를 전송할 수 있는 기능을 한다.
74) 한국거래소(2019a), 263-264쪽.

(3) 장외호가집중제도

장외호가집중제도란 채권거래 금융투자회사가 장외에서 거래하는 모든 채권에 대한 호가정보를 협회에 실시간으로 보고하여 한 곳에 집중하고, 협회는 이를 실시간으로 시장에 공시하는 제도를 말한다.

(4) 수요예측 시스템

K-Bond는 공모 회사채 발행시장을 지원하기 위한 수요예측 시스템을 제공한다. K-Bond의 사용이 의무화된 것은 아니지만, 2012년 수요예측 시스템 제도 도입 당시 금융당국에서 새로운 전용시스템을 개발하는 대신 기존의 프리본드 시스템을 활용하도록 권고함으로써 현재와 같이 모든 공모 회사채 수요예측이 K-Bond에서 이루어지게 되었다. 수용예측 시스템은 크게 수요예측 등록→수요예측 참여→배정→통지 등의 단계별로 관련 기능 화면을 제공한다.[75]

(5) 중개수수료 체계

현재 금융투자회사는 채권중개업무에 따른 중개수수료를 수취하는 경우 명목상 수수료를 청구하는 방식이 아니라 금융투자회사가 고객의 주문에 대한 거래상대방이 되어 매매차익을 얻는 방식을 이용한다. 이에 따른 거래수입은 회계처리상 중개수수료가 아닌 상품운용에 따른 자본이익으로 계상된다.[76]

장외채권거래시 통상적으로 매도자의 채권가격에 1년 이상 채권의 경우 10,000원당 1원, 1년 미만의 경우 10,000원당 0.5원, 3개월 미만의 단기물의 경우 이보다 더 낮은 수준으로 암묵적 수수료를 부과한다. 예를 들어 액면 100억 원을 9,500원에 거래하는 경우 위탁매수자는 95억 원을 지불하고 위탁매도자는 94억 9천 9백만 원을 수취하며 차액 1백만 원을 중개회사가 수수료로 취한다. 이때 매수자가 지급하는 거래대금은 중개수수료가 포함된 가격이므로 실질적인 수수료 부담은 매도자와 매수자 모두에게 귀착됨을 알 수 있다. 만약 중개회사가 2개사인 경우 각 50만 원씩을 취하게 된다.

(6) 장외채권거래 선호요인

채권을 거래하는 기관투자자들이 장외시장을 선호하는 이유는 거래의 익명성 보장, 거래의 유연함, 가격탐색기능 활성화 등이 있다.[77]

ⅰ) 기관투자자들은 거래의 익명성을 보장받기 위해 장외시장에 참여한다. 장외채권시장에 참여하는 기관투자자들은 자신의 거래포지션이 시장에 노출되어 채권가격에 영향을 미치는 것을 피하고, 거래전략을 보호받기 위해 주로 장외거래를 이용하게 된다. 메신저를 이용한 브

---

75) 한국거래소(2019a), 267-268쪽.
76) 한국거래소(2019a), 268쪽.
77) 권기혁(2018), 22-23쪽.

로커 위주의 상대거래 방식인 장외거래의 특성이 거래정보의 보안유지에 적합하다고 판단하기 때문이다.

ⅱ) 상대적으로 거래의 유연성이 있다. 장외채권거래는 거래절차가 비교적 간소하며, 별도의 체결행위 없이 메신저 거래확정 내역을 결제부서(Back Office)에 전달하는 것으로 거래당사자의 매매행위가 종결된다. 체결 이후 정정 및 취소가 불가능한 장내거래에 비해 거래정정의 유연성도 좋다. 장외에서는 주문 실수가 있었을 경우 체결 이후라도 예탁결제원의 결제가 이루어지기 전까지 거래상대방의 동의만 있다면 수량 또는 가격의 정정이 가능하다. 다만 거래시장 안정성 유지 및 거래상대방으로서의 신용도·평판 등을 고려하여 정정 이외의 취소는 거의 없는 상황이다.

ⅲ) 유동성이 부족한 상품에 대한 가격발견기능이 우수하고 탐색비용이 낮다. 브로커를 통한 장외에서의 거래상대방 탐색이 활성화되어 거래소시장에서 확보하기 어려운 채권들도 네트워크를 활용한 물량 확보가 가능하다. 유동성이 부족한 시장에서는 거래 부족으로 인해 적정한 가격을 발견하지 못하는 경우가 많은데, 이때 딜러(또는 거래상대방)와의 우호적인 관계를 바탕으로 수량 및 가격 협의를 통해 가격발견을 통한 거래 창출이 가능하다.

3. 채권의 장외거래

(1) 결제방법

채권의 장외거래에 따른 결제는 매도자와 매수자가 협의하여 매매계약을 체결한 날의 다음날(T+1)부터 30영업일(T+30) 이내에 행한다(금융투자업규정5-4① 본문). 일반적으로 거래일 다음날(T+1)에 결제한다. 다만, 조건부매매(RP), 소매채권매매, 단기금융집합투자기구(MMF)의 채권매매 및 단기사채등(=전자단기사채)의 경우에는 매매계약을 체결한 날에 결제를 행할 수 있다(금융투자업규정5-4① 단서).

국채법에 따른 등록채권의 결제는 등록필통지서의 교부로 이에 갈음할 수 있으며, 이 경우에는 국채법이 정하는 등록변경에 필요한 서류를 첨부하여야 한다(금융투자업규정5-4②).

투자매매업자등과 기관 간 채권의 장외거래의 결제는 ⅰ) 채권은 다음의 구분에 따른 장부에서의 계좌 간 대체하는데, ㉠ 예탁대상증권등(자본시장법 제308조 제2항에 따른 예탁대상증권등)은 예탁결제원이 작성·관리하는 예탁자계좌부를 통한 방법으로, ㉡ 전자등록주식등(전자증권법 제2조 제4호에 따른 전자등록주식등)은 전자등록기관이 작성·관리하는 전자등록계좌부를 통한 방법으로, ⅱ) 대금은 한국은행, 은행, 투자매매업자 또는 투자중개업자를 통한 자금이체의 방법으로 채권과 예금을 동시에 결제(DVP: Delivery-verse-Payment)하여야 한다(금융투자업규정5-4③ 본문). 다만, 예탁결제원 또는 전자등록기관이 따로 정하는 경우에는 그러하지 아니하다

(금융투자업규정5-4③ 단서).

(2) 채권의 공매도

투자매매업자는 소유하지 아니한 채권을 장외에서 매도하는 경우에는 ⅰ) 증권시장 및 장외시장에서 직전에 체결된 가격이 있는 경우에는 당해 가격보다 낮은 가격, ⅱ) 증권시장 및 장외시장에서 직전에 체결된 가격이 없는 경우에는 같은 신용등급을 가진 같은 종류의 채권가격으로서 증권시장에서 직전에 체결되었거나 장외시장에서 체결되어 협회가 직전에 공시한 가격보다 낮은 가격으로 호가할 수 없다(금융투자업규정5-5).

(3) 매매약정단가

금융투자업규정 제5-7조 제1항에 따라 매매수익률호가를 게시한 채권의 매매약정단가는 액면가액 1만원에 대하여 호가를 게시한 매매수익률로서 당사자 간에 합의한 수익률로 복할인한 가격으로 정하고, 제5-7조 제2항 제2호에서 정한 채권의 매매약정단가는 제5-7조 제1항에서 정한 참고수익률을 참작하여 투자매매업자등과 투자자 간에 합의한 수익률로 복할인한 가격으로 정한다(금융투자업규정5-6 전단). 이 경우 매매약정단가 산출은 협회가 정하는 산식에 따르며, 원미만은 절사한다(금융투자업규정5-6 후단).

(4) 매매수익률호가 게시 등

투자매매업자등은 채권의 종류별·잔존기간별로 ⅰ) 그 채권이 속하는 종류별, 잔존기간별로 증권시장에서 형성된 전일 최종호가수익률, 협회가 공시하는 수익률("협회공시수익률") 또는 채권평가회사가 고시한 수익률, ⅱ) 그 채권이 속하는 종류별로 증권시장에서 형성된 전일 종합수익률 또는 협회공시수익률, ⅲ) 거래일 전 7영업일 이내에 증권시장에서 형성된 수익률 또는 협회공시수익률 중 최근의 수익률("참고수익률")을 순차적으로 참작하여 매수수익률호가와 매도수익률호가를 게시할 수 있다(금융투자업규정5-7①).

투자매매업자등은 ⅰ) 위 제1항에 따라 매매수익률호가를 게시하는 채권, ⅱ) 당해 투자매매업자등이 투자자에게 매도한 채권에 대하여 투자자의 매매주문이 있는 경우에 당해 투자매매업자등이 정하는 투자자별 한도 내에서 이에 응하여야 한다(금융투자업규정5-7②).

이에 따른 채권매매업무를 영위하고자 하는 투자매매업자등은 매매수익률호가게시 대상 채권의 종류 및 투자자별 매수·매도한도 등 그 업무에 관한 방법서를 금융감독원장에게 신고하여야 한다(금융투자업규정5-7③ 전단). 그 방법서의 내용이 변경된 경우에도 또한 같다(금융투자업규정5-7③ 후단).

원화표시 양도성예금증서의 매매 또는 그 중개·주선·대리업무를 영위하는 투자매매업자 또는 투자중개업자는 전일(전일 거래가 없는 경우에는 거래가 있었던 최근일) 거래된 양도성예금증서의 만기별 거래량, 대표수익률 등을 창구에 공시하여야 한다(금융투자업규정5-7④).

(5) 장외거래정보의 공시 등

협회는 투자매매업자등[투자매매업자(겸영금융투자업자를 제외), 투자매매업 인가를 받은 은행, 증권금융회사 및 종합금융회사] 또는 투자자가 장외거래를 함에 있어서 필요한 발행조건 등 채권의 발행정보를 체계적으로 관리·공시하여야 하고(금융투자업규정5-8①), 투자매매업자등 또는 투자자가 장외거래를 함에 있어서 참고할 수 있도록 장외시장에서의 채권거래수익률, 호가정보, 건별 매매·중개거래내역 등을 관리·공시하여야 한다(금융투자업규정5-8②).

협회는 협회공시수익률, 투자매매업자등이 시행령 제7조 제4항 제3호 각 목의 어느 하나에 해당하는 기관과 매매를 한 원화표시 양도성예금증서의 대표수익률("협회공시수익률등")의 산출을 위하여 협회가 정하는 방법에 따라 투자매매업자등을 지정하여야 한다(금융투자업규정5-8③).

(6) 호가정보 등의 기록, 유지 및 보고

투자매매업자등 및 채권중개전문회사는 호가정보를 서면, 전산자료, 마이크로필름 등의 형태로 3년 이상 기록, 유지하여야 하고(금융투자업규정5-9①), 장외거래 또는 중개를 함에 있어 호가정보, 협회공시수익률등, 건별 매매·중개거래내역 등을 협회에 보고하여야 한다(금융투자업규정5-9②).

4. 채권장외거래의 공시

(1) 채권장외거래 호가정보의 공시

(가) 호가정보의 보고

"채권거래 금융투자회사"[78]는 채권의 장외거래 또는 장외거래 중개와 관련된 호가정보를 채권거래전용시스템을 통하여 지체 없이 협회에 보고하여야 한다(금융투자회사의 영업 및 업무에 관한 규정7-3①, 이하 "업무규정"). 그러나 투자매매업 인가를 받은 은행, 증권금융회사 및 종합금융회사("은행 등")가 은행 등을 제외한 채권거래 금융투자회사를 통하여 채권을 장외에서 거래하거나 중개하는 경우 해당 채권거래 금융투자회사가 보고하는 것으로 갈음할 수 있다(업무규정7-3②).

(나) 호가정보의 공시

협회는 보고받은 호가정보를 전산매체 등을 통하여 공시한다(업무규정7-4①). 채권거래 금융투자회사는 협회가 호가정보의 확인을 요청하는 경우 이에 성실히 응하여야 한다(업무규정

---

78) "채권거래 금융투자회사"란 협회가 지정한 채무증권을 투자자와 거래하는 자로서 투자매매업자 등[투자매매업자(겸영금융투자업자 제외), 투자매매업 인가를 받은 은행, 증권금융회사 및 종합금융회사]·투자중개업자·채권중개전문회사를 말한다(업무규정7-2(2)).

7-4②).

(2) 채권장외거래수익률 등의 공시

(가) 장외거래내역의 보고

채권거래 금융투자회사는 장외시장에서 투자자와 채권(해외에서 발행된 외화채권과 단기사채 등은 제외)을 매매거래하거나 중개한 경우 해당 채권거래와 관련된 건별 매매·중개거래 내역을 매매계약 체결시점부터 15분 이내에 전산매체 등을 통하여 협회에 보고하여야 한다(업무규정 7-5①). 그러나 투자매매업 인가를 받은 은행, 증권금융회사 및 종합금융회사가 투자매매업자 (겸영금융투자업자 제외) 또는 투자중개회사·채권중개전문회사와 거래하는 경우에는 매매거래 내역을 거래 당일 19시까지 보고할 수 있다(업무규정7-5⑤).

협회는 체결내역의 공시업무를 원활하게 처리하기 위하여 채권거래 금융투자회사와 협회 간에 실시간으로 데이터 처리가 가능한 "채권장외거래 보고·관리시스템(B-TRIS: Bond-Trade Report & Information Service)"을 구축하여 운영하고 있다.

(나) 거래수익률 등의 공시

협회는 보고받은 채권거래 및 조건부매매 관련 정보를 활용하여 ⅰ) 장외거래 대표수익률,[79] ⅱ) 종류별·잔존기간별 가중평균수익률, 거래량, 거래대금, ⅲ) 종목별 수익률, 거래량, 거래대금, ⅳ) 기관 간 조건부매매의 중개내역, ⅴ) 그 밖에 채권장외거래 및 조건부매매 관련 정보를 전산매체 등을 통하여 공시한다(업무규정7-6①).

"장외거래 대표수익률" 공시대상채권 및 "종류별·잔존기간별 가중평균수익률" 공시대상 채권의 종류와 잔존기간은 「금융투자회사의 영업 및 업무에 관한 규정 시행세칙」 제50조에서 규정하고 있다.

(다) 최종호가수익률 및 시가평가기준수익률의 공시

협회는 채권의 최종호가수익률 및 시가평가기준수익률을 전산매체 등을 통하여 공시한다 (업무규정7-8①). "최종호가수익률"이란 협회에 의해 별도로 선정된 채권거래 금융투자회사가 협회가 지정한 채권, 기업어음증권, 양도성예금증서를 거래한 최종거래수익률 또는 호가수익률 을 산술평균한 수익률을 말한다(업무규정7-2(4)). "시가평가기준수익률"이란 협회가 정한 채권, 기업어음증권, 양도성예금증서의 종류별·신용등급별·잔존만기별로 채권평가회사가 제출하는 시장 참고수익률을 말한다(업무규정7-2(5)).

---

79) "대표수익률"이란 협회가 지정한 채권을 투자매매업자(겸영금융투자업자 제외), 투자매매업 인가를 받은 은행, 증권금융회사 및 종합금융회사, 투자중개회사, 채권중개전문회사("채권거래 금융투자회사")가 투자 자와 거래한 수익률을 거래대금으로 가중 평균하여 산출한 수익률을 말한다(업무규정7-2(2)).

5. 채권중개전문회사(IDB)를 통한 장외거래

(1) 채권중개전문회사의 의의

채권중개전문회사란 자본시장법 시행령 별표 1 인가업무 단위 중 2i-11-2i의 인가를 받은 투자중개업자를 말한다(영179). 즉 채권중개전문회사(IDB: Inter-Dealer Broker)란 개별 채권 딜러(채권의 자기매매가 가능한 금융기관 및 기관투자자)들이 매매하고자 하는 채권 종목과 호가를 수집해 스크린에 제공함으로써 매매현황을 공개하고 채권매매를 중개하는 회사를 말한다. IDB는 금융투자업규정에 따라 채권매매 중개에 필요한 경우 자기계정을 통한 매수·매도로 중개업무를 수행할 수도 있다.

(2) 도입배경

IDB는 2000년 5월 정부가 발표한 "채권시장구조 선진화 추진방안"에 따라 설립되었다. 스크린을 통한 거래정보의 실시간 제공을 통해 채권거래의 투명성을 확보하여 회사채 등 유동성이 낮은 채권에 대한 딜러 간 거래를 활성화하는 것이 그 목적이었다. 또한 궁극적으로는 브로커 중심의 채권시장구조에서 탈피하여 IDB 중심의 시장통합을 통한 채권시장 효율성 향상을 목적으로 하였다.

또한 대부분의 채권이 장외에서 거래됨으로써 발생하는 부당내부거래 및 불공정거래(가격 및 수수료 담합)의 개연성을 경감시키는 것도 IDB 도입의 취지였다. 이를 위해 정부는 2002년 7월 "채권 유통시장구조 개선방안"을 발표하여 채권시장 투명성 제고방안의 일환으로 딜러 간 거래만을 중개하게 되어 있던 IDB의 대상을 일반 기관투자자까지 확대하였다.

현재 한국자금중개, KIDB채권중개, 서울외국환중개, 증권금융 등 총 4개사가 인가를 받았으나, 장외채권거래의 대부분은 여전히 증권사를 통해 이루어지며 IDB를 통한 거래는 미미한 실정이다.[80]

(3) 업무기준 준수의무

채권중개전문회사가 증권시장 외에서 채무증권 매매의 중개업무를 하는 경우에는 다음의 기준을 준수하여야 한다(영179).

(가) 매매중개 대상기관

채무증권 매매의 중개는 매매의 중개대상이 되는 채무증권에 관하여 다음에 해당하는 자 간의 매매의 중개이어야 한다. 여기서 다음에 해당하는 자는 은행, 한국산업은행, 중소기업은행, 한국수출입은행, 농업협동조합중앙회, 수산업협동조합중앙회, 보험회사, 금융투자업자(겸영금융투자업자 제외), 증권금융회사, 종합금융회사, 자금중개회사, 금융지주회사, 여신전문금융회

사, 상호저축은행 및 그 중앙회, 산림조합중앙회, 새마을금고연합회, 신용협동조합중앙회, 예금
보험공사 및 정리금융회사, 한국자산관리공사, 한국주택금융공사, 한국투자공사, 금융투자협회,
한국예탁결제원, 전자등록기관, 한국거래소, 금융감독원, 집합투자기구, 신용보증기금, 기술보
증기금, 법률에 따라 설립된 기금(신용보증기금 및 기술보증기금 제외) 및 그 기금을 관리·운용하
는 법인, 법률에 따라 공제사업을 경영하는 법인, 체신관서를 말한다(영179(1)).

(나) 호가 및 수량 공표의무

동시에 다수의 자를 각 당사자로 하여 당사자가 매매하고자 제시하는 채무증권의 종목,
매수호가 또는 매도호가와 그 수량을 공표하여야 한다. 채무증권의 종목과 관련하여 매조건부
매매의 중개업무를 하는 경우에는 그 매매의 대상인 여러 종목의 채무증권을 하나의 종목으로
볼 수 있다(영179(2)).

(다) 합치가격에 따른 매맥거래 체결의무

채무증권의 종목별로 당사자 간의 매도호가와 매수호가가 일치하는 가격으로 매매거래를
체결시켜야 한다(영179(3)).

(라) 업무방법 준수의무

업무방법 등이 금융위원회가 정하여 고시하는 기준을 충족하여야 한다. 여기서 "금융위원
회가 정하여 고시하는 기준"이란 다음의 기준을 말한다(영179(4), 금융투자업규정5-10).

ⅰ) 채권매매의 중개를 위하여 필요한 경우에는 자기계정을 통한 매수 및 매도의 방법으
로 매매중개 대상기관 간의 매매의 중개를 영위하여야 한다. ⅱ) 중개신청의 방법, 중개신청의
취소 및 정정의 방법, 매매체결의 원칙 및 방법, 착오매매 정정의 방법, 매매체결내용의 통지방
법, 매매계약의 이행방법, 기록의 작성·유지 및 공시방법, 그리고 그 밖에 채권중개전문회사가
채권매매의 중개를 위하여 필요하다고 인정하는 사항을 업무규정에 정하고, 업무규정을 제정·
변경 또는 폐지하는 경우 즉시 금융감독원장에게 보고하여야 한다. ⅲ) 채권매매의 중개를 신
청하거나 이에 따른 채권매매의 계약을 체결한 투자매매업자에 관한 정보를 당해 투자매매업
자의 동의 또는 정당한 사유 없이 제3자에게 제공하거나 누설하지 아니하여야 한다.

6. 채권전문자기매매업자를 통한 장외거래

(1) 채권전문자기매매업자의 의의

채권전문자기매매업자("채권전문딜러")란 채권을 대상으로 하여 투자매매업을 영위하는 자
가 매도수익률호가 및 매수수익률호가를 동시에 제시하는 방법으로 해당 채권의 거래를 원활하
게 하는 역할을 수행하는 자로서 금융투자업규정 제5-11조 제2항에 따라 금융감독원장이 지정
한 자를 말한다(금융투자업규정5-1(2)). 채권전문딜러는 장외에서 시장조성자 역할을 수행하며

시장조성을 위한 채권(국고채권의 지표종목은 시장조성 채권에서 제외)을 보유하는 자를 말한다.

채권전문딜러제도는 채권시장구조 선진화 방안의 일환으로 채권 수요 기반의 확충을 위해 2000년 6월 도입되었다. 채권전문딜러는 최소호가수량 10억원 이상의 양방향 호가를 제출하여 채권장외시장에 유동성을 공급하고, 그 호가를 금융투자협회를 통해 실시간으로 공시해야 한다. 채권전문딜러의 원활한 시장조성을 위하여 금융감독원장은 증권금융을 통한 자금지원, 채권투자매매업 허가(은행, 종합금융회사), 장외파생상품에 대한 투자매매업 인가심사나 경영실태 평가시 의무이행 평가결과 반영 등에 필요한 조치를 지원할 수 있다.[81]

(2) 채권전문자기매매업자의 지정

채권전문자기매매업자의 지정을 받고자 하는 투자매매업자는 금융감독원장이 정하는 바에 따라 지정신청서를 작성하여 금융감독원장에게 제출하여야 한다(금융투자업규정5-11①).

금융감독원장은 지정신청서를 제출한 투자매매업자가 다음 요건을 모두 충족하는 경우 채권전문자기매매업자로 지정할 수 있다(금융투자업규정5-11②).

1. 재무건전성 기준
    가. 은행 및 종합금융회사: 자기자본비율(BIS)이 8% 이상일 것
    나. 겸영금융투자업자가 아닌 투자매매업자: 별표 10의2 제1호 가목에 해당하지 않을 것
2. 시장조성자금의 규모 및 채권매매거래 실적
    가. 채권전문자기매매업자 담당부서의 직전 6개월간 상품계정 보유채권 평균잔액이 제5-12조 제5항의 총자산에 따른 월평균 보유금액의 3배(재지정시는 4배)
    나. 직전 6개월간 채권거래금액이 채권장외거래금액 총액(조건부매매거래 제외)의 1,000분의 5(재지정시는 1,000분의 10) 이상일 것
3. 금융감독원장이 정하는 채권전문자기매매업자의 업무능력평가기준에 따른 세부평가항목 중 중 최하위 등급이 3개 이하일 것. 다만, 최하위 등급의 해당 항목에 대하여는 개선계획서를 제출하고 6개월 이내에 상위등급으로 개선하는 것을 조건으로 지정할 수 있다.
4. 재지정시는 지정취소사유를 해소하였을 것

금융감독원장은 제2항 제3호에 따른 채권전문자기매매업자로서의 업무능력을 평가하기 위하여 필요한 경우 관계자 면담, 실사 또는 필요한 자료 등을 징구할 수 있다(금융투자업규정 5-11③).

(3) 채권전문자기매매업자의 의무

(가) 시장조성의무

채권전문자기매매업자는 시장조성채권 중 회사채 5종목 및 금융채 2종목 이상을 포함한 9

---

81) 한국거래소(2019a), 275쪽.

종목 이상의 채권에 대하여 거래가능한 날의 3분의 2 이상(일중 거래가능한 시간의 3분의 2 이상) 기간 동안 매도 및 매수수익률 호가를 동시에 제시하는 방법에 따라 지속적으로 시장조성을 하여야 한다(금융투자업규정5-12① 본문). 다만, 채권전문자기매매업자가 시장조성을 하기 위하여 제시한 호가가 전량 매매체결된 경우 당해 매매체결이 이루어진 종목에 대하여는 매매체결된 당일에 한하여 시장조성을 한 것으로 본다(금융투자업규정5-12① 단서). 이에 따라 제시하는 호가 중 매도 및 매수수익률호가 간의 호가수익률범위는 ⅰ) 국채증권은 20bp 이내, ⅱ) 국채 외의 채권은 40bp 이내이다(금융투자업규정5-12③).

채권전문자기매매업자는 시장조성을 하는 당일 1일 중에는 호가를 제시한 채권을 변경하여서는 아니 되며(금융투자업규정5-12②), 호가를 제시한 채권에 대하여는 투자자의 매매주문에 응하여야 하되, 체결되는 수익률은 매도수익률호가와 매수수익률호가의 범위 이내이어야 한다(금융투자업규정5-12④).

(나) 보유금액 유지의무

채권전문자기매매업자는 직전 6개월간 시장조성채권의 월평균 보유금액(채권의 액면가액을 기준으로 한다)을 다음과 같이 유지하여야 한다(금융투자업규정5-12⑤). 즉 ⅰ) 직전사업연도말 현재 총자산("총자산")이 1조원 이상인 경우는 300억원 이상, ⅱ) 총자산이 5,000억원 이상 1조원 미만인 경우는 200억원 이상, ⅲ) 총자산이 5,000억원 미만인 경우는 100억원 이상을 유지하여야 한다.

(다) 시장조성실적 유지의무

채권전문자기매매업자는 직전 6개월간 시장조성실적을 채권전문자기매매업자의 전체 시장조성실적을 기준으로 다음과 같이 유지하여야 한다(금융투자업규정5-12⑥). 즉 ⅰ) 총자산이 1조원 이상인 경우는 1,000분의 25 이상, ⅱ) 총자산이 5,000억원 이상 1조원 미만인 경우는 1,000분의 15 이상, ⅲ) 총자산이 5,000억원 미만인 경우는 1,000분의 10 이상 유지하여야 한다.

(4) 최소호가수량과 호가의 공시

채권전문자기매매업자가 호가를 제시함에 있어 최소호가수량은 채권액면 10억원 이상이어야 하고(금융투자업규정5-14), 제시하는 호가는 협회를 통하여 실시간으로 공시하여야 한다(금융투자업규정5-15①). 공시를 함에 있어 필요한 사항은 협회가 정한다(금융투자업규정5-15②).

이에 따라 채권전문자기매매업자로 지정된 투자매매업자등은 매매수익률 호가를 매도·매수별로 매일 전산매체 등을 통하여 협회에 보고하여야 하고(이를 변경한 경우에도 같다), 협회는 채권전문자기매매업자가 제출한 매매수익률 호가를 전산매체 등을 통하여 공시한다(금융투자회사의 영업 및 업무에 관한 규정7-7).

(5) 거래내역 등의 보고

채권전문자기매매업자는 매월 5일까지 전월의 일별 시장조성 실적 및 일별 재고보유현황을 협회에 보고하고, 협회는 이를 매월 10일까지 금융감독원장에게 보고하여야 한다(금융투자업규정5-17).

7. 환매조건부매매

(1) 서설
(가) 환매조건부채권(RP)의 도입

RP는 미국 정부와 중앙은행이 시장의 유동성을 관리하기 위해 도입하였다. 19세기까지 은행은 어음할인 같은 "상업적 대부"를 중심으로 발전했기 때문에, 중앙은행(대표적으로 영란은행)도 재할인 정책을 통해 단기금융시장(=자금시장)에 개입하였다. 은행은 유동성이 필요할 때, 자산을 매각하는 대신에 중앙은행에서 어음을 재할인하였다. 그러나 20세기 전반 미국의 중앙은행은 재할인이 아니라 국채를 담보로 자금을 대출·차입하는 방식으로 단기금융시장에 개입하였다. 이는 당시 미국이 두 차례의 전쟁에서 막대한 규모의 국채를 발행하였기 때문이다. 단적으로 1945년 연방정부의 부채는 대략 2,600억 달러로, GDP의 1.2배가 넘는다. 연방정부는 이를 상환하는 대신에 국채시장을 활성화함으로써 국채를 경제적으로 활용하고자 하였다.[82]

미국의 국채시장은 프라이머리 딜러(PD: Primary Dealer)[83]를 중심으로 양방향에서 형성된다. 즉 이들은 한쪽에서는 정부, 다른 한쪽에서는 금융기관을 상대로 국채시장을 형성한다. 이를 통해 중앙은행은 단기금융시장의 유동성을 관리하고, 가계, 기업, 은행은 자금을 조달한다. 시장에 더 많은 유동성이 필요할 때 프라이머리 딜러에게 국채를 담보로 저금리로 자금을 빌려주고, 반대의 경우에는 국채를 담보로 돈을 빌린다. 이 같은 공개시장 조작에서 사용하는 금융기법이 RP이다. RP는 환매를 조건으로 국채를 팔아 자금을 조달하는 방식이다. 예를 들어 은행이 100달러 가치의 미국 국채를 6개월 후에 96.72달러에 환매하는 조건으로 96달러에 판매한다. 6개월간 이자를 0.72달러 지불한 셈이니 RP금리는 연 1.5%($=0.72\times2/96$)이다. 은행이 환매하지 못하면 대부자는 국채를 소유하면 된다. 여기서는 계산상의 편의를 위해 6개월 후 환매를 가정했지만, 대체로 하룻밤(overnight) 대출처럼 만기가 짧다. 연방준비은행은 RP를 통하여 연방기금금리(federal fund rate: 상업은행이 예치한 지급준비금을 하룻밤 빌릴 때의 금리)를 목표

82) 윤종희(2019), "그림자은행 시스템의 출현과 발전", 경제와사회 통권 제124호(2019. 12), 387–389쪽.
83) 프라이머리 딜러는 정부와 직접 거래해 재무부 채권을 매매하는 특수한 지위의 금융기관으로, 대부분 미국을 대표하는 대형 상업은행과 투자은행으로 구성된다. 이 제도는 1960년에 공식화된다. 초기에는 18개의 딜러에서 시작했다가 1988년에 46개로 증가하고, 현재는 24개 기관이 프라이머리 딜러로 활동한다. 여기에는 독일계, 일본계 등 해외 금융기관도 참여해 미국의 국채가 세계의 다른 지역으로 확산될 수 있도록 한다.

치에 맞게 조정한다. 그 결과 연방기금금리와 RP금리가 일치한다.

이와 같이 RP는 처음에 국채시장에서 국채를 담보로 자금을 차입·대출하기 위해 사용되었다. 이는 19세기 영란은행의 재할인 창구와 기능이 거의 유사하다. 그런데 1960년대 중반부터 민간기업이 시장에서 단기자금을 차입하는 수단으로 활용된다.[84]

(나) 환매조건부매매의 의의

환매조건부매매(RP)란 "증권을 일정기간 경과 후 원매도가액에 이자 등 상당금액을 합한 가액으로 환매수할 것을 조건으로 하는 매도"(조건부매도) 또는 "증권을 일정기간 경과 후 원매수가액에 이자 등 상당금액을 합한 가액으로 환매도할 것을 조건으로 하는 매수"(조건부매수)하는 조건부매매를 말한다(금융투자업규정5-1(6)).

증권의 매매가 처음 이루어지는 시점과 이후 환매매가 이루어지는 시점을 각각 매입일 (purchase date)과 환매일(repurchase date)이라 하며, 매입일의 증권 매매가격은 매입가(purchase price), 환매일의 매매가격은 환매가(repurchase price)라고 부른다. 또한 매입일에 매입가를 수취하고 증권을 매도하는 것을 "RP매도"라 하며, 매입가를 지급하고 증권을 매입하는 것을 "RP매수"라 한다.[85]

(다) 환매조건부매매의 법적 성격

법적으로 RP거래는 약정기간 동안 대상증권의 법적 소유권이 RP매도자에서 RP매수자로 이전되는 증권의 매매거래이다. 따라서 RP매도자가 파산 등으로 약정 사항을 이행하지 못할 경우 RP매수자는 대상증권을 정산할 권리를 갖게 된다. 채무자회생법에서도 기본계약에 근거하여 이루어진 RP거래는 회생 및 파산 절차상의 해제, 해지, 취소 및 부인의 대상에서 제외(채무자회생법120③)됨으로써 매매거래로서의 성격을 강화하고 있다.[86]

---

84) RP거래는 담보증권의 소유권을 이전하는 담보부 거래로서 주요국에서 금융기관간 단기자금의 주된 조달 및 운용 수단으로 활용된다. RP거래는 단기금융시장과 채권시장 및 파생상품시장을 연결함으로써 금융시장의 효율성, 유동성 제고에 기여하며 통화정책의 효과가 원활히 파급되도록 하는 매개 역할을 수행한다. 그동안 RP거래는 안전성이 높은 것으로 인식되어 규제의 필요성이 제기되지 않았으나 2008년 금융위기 시 미국 등 선진국에서 RP시장을 통해 시스템리스크가 확산된 것으로 평가되면서 거시건전성 측면에서 규제의 필요성이 제기되고 있다. 주요국의 RP시장은 2000년대 들어 헤지펀드 및 투자은행의 발달과 함께 급성장하였다. 헤지펀드는 2008년 금융위기의 영향으로 2008-09년 중 PF ABCP의 차환 발행이 곤란해짐에 따라 금융기관들의 출자로 설립된 「채권시장안정펀드」가 PF ABCP를 상당 규모로 매입한 바 있다. 금융기관들은 반복적인 RP거래를 통해 레버리지를 창출하였고, 투자은행은 대고객거래에서 수취한 담보증권을 RP거래에 재활용함으로써 저리로 단기자금을 조달하였다. 특히 미국에서는 RP담보증권으로 모기지증권 (MBS)이 널리 활용되면서 RP거래를 통해 ABS시장에 대규모 유동성이 공급되었다. 그러나 2008년 금융위기 직후 거래상대방과 담보증권의 신용리스크 증대 및 이로 인한 금융기관의 디레버리징으로 대규모 환매가 일어나면서 시스템리스크가 확산된 바 있다(김병우(2013), "그림자 금융의 동향과 건전성 제고에 관한 연구", 경영교육저널 제24권 제3호(2013. 12), 17쪽).

85) 한국은행(2016b), 50쪽.

86) 한국은행(2016b), 51쪽.

이러한 법적 성격에도 불구하고 경제적 실질 측면에서 RP거래는 일정기간 동안 RP매도자가 RP매수자에게 증권을 담보로 제공하고 자금을 차입하는 증권담보부 소비대차로서 기능한다. 이러한 측면에서 RP매수자와 RP매도자는 각각 자금대여자 및 자금차입자이며, 매매대상 증권은 차입담보에 해당된다. 또한 환매가와 매입가의 차이는 대출이자로, 매매대상 증권의 시가와 매입가의 차이는 초과담보로 볼 수 있다.

(라) 환매조건부매매의 유형

환매조건부매매는 거래주체를 기준으로 ⅰ) 일정한 범위의 전문투자자(영7④(3))[87]에 해당하는 기관 간에 이루어지는 "기관간조건부매매"(기관간RP: 금융투자업규정5-1(7)), ⅱ) 투자매매업자등[투자매매업자(겸영금융투자업자를 제외), 투자매매업 인가를 받은 은행, 증권금융회사 및 종합금융회사]이 일정한 범위의 전문투자자(영7④(3))에 해당하는 기관 이외의 법인 또는 개인과 행하는 "대고객조건부매매"(대고객RP: 금융투자업규정5-1(8)), ⅲ) 한국은행의 공개시장 조작 수단으로서 한국은행과 금융기관 간에 이루어지는 한국은행RP[88]로 구분된다.

RP유형 중 단기금융시장에 가장 중요한 영향을 미치는 유형은 기관 간RP인데 금융기관의 단기자금조달을 통한 유동성 관리와 단기금융시장과 자본시장의 연결이라는 측면에서 기관 간RP는 핵심적인 역할을 담당한다. 기관간RP의 주된 매도기관(즉 자금조달기관)은 증권사와 증권사 신탁계정이다.[89] 국내은행과 기타 여신기관들로부터 일정 수준의 매도가 이루어지고는 있지만, 매도량의 절반 이상이 증권사와 증권사 신탁계정에 의한 것으로 나타난다. 이는 증권사들이 콜머니 차입제한 조치에 대응하면서 단기자금을 조달하기 위하여 보유하고 있는 채권들을 적극적으로 활용하고 있기 때문이다. 사실 기관간RP 시장의 급격한 성장은 제2금융권에 대한 콜머니 차입제한 조치에 힘입은 바가 크다.[90]

---

87) 다음의 어느 하나에 해당하는 자 간 환매조건부매매 하는 경우(영7④(3)).
 가. 은행, 한국산업은행, 중소기업은행, 한국수출입은행, 농업협동조합중앙회, 수산업협동조합중앙회, 보험회사, 금융투자업자(겸영금융투자업자 제외), 증권금융회사, 종합금융회사, 자금중개회사, 금융지주회사, 여신전문금융회사, 상호저축은행 및 그 중앙회, 산림조합중앙회, 새마을금고연합회, 신용협동조합중앙회, 기타 위의 기관에 준하는 외국 금융기관(영10②)
 나. 예금보험공사 및 정리금융회사, 한국자산관리공사, 한국주택금융공사, 한국투자공사(영10③ 1호부터 4호까지), 그리고 집합투자기구, 신용보증기금, 기술보증기금, 법률에 따라 설립된 기금(신용보증기금 및 기술보증기금 제외) 및 그 기금을 관리·운용하는 법인, 법률에 따라 공제사업을 경영하는 법인(영10③ 9호부터 13호까지)
 다. 그 밖에 금융위원회가 정하여 고시하는 자
88) 한국은행 RP에 관하여는 공개시장운영규정에서 정하고 있다.
89) 증권사 신탁계정은 신탁업 인가를 받은 증권사가 고객(위탁자)으로부터 위탁받은 재산(주로 금전)을 관리하기 위하여 증권사의 고유계정과는 별도로 설정한 계정을 말한다. 신탁업을 겸업하는 증권사는 신탁계정의 재산을 증권사 고유계정의 재산과는 엄격히 분리하여 관리해야 한다.
90) 황세운, 김준석, 손삼호(2013. 9), "국내 단기금융시장 금리지표의 개선에 관한 연구", 재무관리연구 제30권 제3호, 237-238쪽.

(마) 환매조건부매매시장의 기능

환매조건부매매시장은 국채 등 담보자산에 대해 여타 부차적인 조건 없이, 즉시 유동성을 공급한다는 측면에서 전당포와 유사한 역할을 은행에 제공하고 있으며, 은행들의 단기유동성 확보를 위한 필수적인 신용조달 채널로 자리 잡고 있다. 은행 등 금융기관들은 일상적으로 환매조건부매매시장을 통해 단기금융펀드(MMF)나 여타 잉여 유동성을 보유하고 있는 금융기관들로부터 최단기의 익일물 신용(overnight loan)을 확보하고 있다.

RP거래의 가장 큰 기능은 채권을 담보로 하기 때문에 자금회수 가능성을 높임으로써 금융기관 간 장기 자금거래 가능성을 높인다는 점이다. 그 이유는 거래상대방위험보다는 담보채권의 가치에 거래의 위험성이 결정되기 때문에 무거래기관과의 장기 자금거래도 가능하게 된다. RP거래는 장기상품인 채권과 연계하여 이루어지는 거래라는 고유의 특성을 가지고 있어, RP거래를 이용한 금융기법을 통해 다양한 효과를 기대할 수 있다. RP시장이 활성화되면 단기시장금리와 채권수익률의 격차를 이용한 차익거래, 채권의 현·선물시장과 연계된 차익거래 등을 활용하여 금융시장 간 연계를 강화시킬 수 있다. RP시장이 활성화되면 단기금융시장을 대상으로 하는 중앙은행 통화정책의 효과가 채권시장 등 장기금융시장으로 원활히 파급되면서 통화정책의 효율성이 높아진다. 미국의 경우 미연준이 공개시장 조작을 통해 공급한 자금이 RP시장을 통해 금융기관에 배분되면서 페더럴펀드시장과 채권시장이 긴밀하게 움직인다.[91]

한국은행은 공개시장 조작 수단의 하나로 환매조건부매매(RP)를 이용하고 있다. 한국은행은 일시적인 유동성 과부족을 조절하기 위한 수단으로 RP매매를 활용하기 때문에 통화안정증권, 통화안정계정에 비해 단기로 운용된다. RP매매는 RP매도와 RP매수로 구분되는데 한국은행은 유동성을 흡수하기 위해서는 RP매도를 실시하고 유동성을 공급하기 위해서는 RP매수를 실시한다. 미국, 유럽중앙은행(ECB), 영란은행 등 유로지역 등 주요 선진국 중앙은행들은 환매조건부매매를 주된 공개시장 조작 수단으로 활용하고 있다. 이는 RP매매가 증권을 담보로 하기 때문에 신용위험이 작고, 유동성 상황에 따라 유동성조절 방향과 규모, 만기, 금리 등을 탄력적으로 조정할 수 있기 때문이다.

(2) 대고객조건부매매(대고객RP)

(가) 의의

투자매매업자는 일정한 범위의 전문투자자(영7④(3))에 해당하는 기관 이외의 법인 또는 개인("일반투자자등")과 환매조건부매매를 하는 경우에는 다음의 기준을 준수하여야 한다(영181①).[92]

91) 김영도(2013a), "국내 단기금융시장의 발전과 향후 과제: 단기지표금리 개선 과제를 중심으로", 한국금융연구원 금융리포트(2013. 3), 14-15쪽.
92) 거래 약관으로는 금융투자협회가 제정한 「대고객환매조건부매매약관」이나 개별 금융기관이 자체적으로 제정한 약관이 사용된다. 금융기관별로 최저 가입금액이나 약정 기간별 금리를 차등 규정하는 경우도 있

ⅰ) 국채증권, 지방채증권, 특수채증권, 그 밖에 금융위원회가 정하여 고시하는 증권을 대상으로 하여야 하고, ⅱ) 금융위원회가 정하여 고시하는 매매가격으로 매매하여야 하며, ⅲ) 환매수 또는 환매도하는 날을 정하여야 한다. 이 경우 환매조건부매수를 한 증권을 환매조건부매도하려는 경우에는 해당 환매조건부매도의 환매수를 하는 날은 환매조건부매수의 환매도를 하는 날 이전으로 하여야 한다. ⅳ) 환매조건부매도를 한 증권의 보관·교체 등에 관하여 금융위원회가 정하여 고시하는 기준을 따라야 한다.

(나) 참가기관

대고객RP는 투자매매업자(겸영금융투자업자 제외), 투자매매업 인가를 받은 은행, 증권금융회사 및 종합금융회사(금융투자업규정5-1(8)) 및 우체국예금보험법(법19)에 의한 체신관서가 취급하고 있다.

(다) 매매대상 증권

1) 대상증권

매매대상 증권은 국채증권, 지방채증권, 특수채증권, 보증사채권, 다음의 어느 하나에 해당하는 증권으로서 모집 또는 매출된 채권, ㉠ 무보증사채권, ㉡ 공공기관운영법에 따른 공공기관이 발행한 채권, ㉢ 지방공기업법에 따른 지방공사가 발행한 채권, ㉣ 신탁업자가 자산유동화계획에 의해 발행하는 수익증권(자산유동화법32[93]), ㉤ 주택저당증권(주택저당채권유동화회사법2①(4)[94]), ㉥ 주택저당증권 및 학자금대출증권(한국주택금융공사법2(5)[95] 및 동법2(7)[96]), 외국정부가 발행한 국채증권을 대상으로 하여야 한다(영181①(1), 금융투자업규정5-18①). 그리고 전자등록주식등이다(증권등의담보관리에 관한 규정39②).

2) 요건

대고객조건부매매의 대상이 되는 증권은 다음의 요건을 모두 충족하여야 한다(금융투자업규정5-18②). 다음의 요건이란 시장성이 있고 채권평가회사등이 일별로 시가평가를 할 수 있어야 하고, 다음의 어느 하나에 해당하는 증권이어야 한다.

ⅰ) 신용평가업자로부터 투자적격(회사채 BBB 이상) 판정을 받은 증권이어야한다. 다만, 투자매매업자등이 투자자와의 약정에 따라 투자자자금을 자동투자하는 대고객RP 경우에는 대상증권의 신용등급(2개 이상의 신용평가업자로부터 신용등급을 받은 경우에는 그 중 낮은 신용등급)이

으나, 중도 환매는 일반적으로 허용하고 있다.
93) 제32조(수익증권의 발행) ① 신탁업자는 자산유동화계획에 따라 수익증권을 발행할 수 있다.
② 제1항의 규정에 의한 수익증권의 발행에 관하여는 자본시장법 제110조 제1항부터 제4항까지를 적용하지 아니한다.
94) 4. "주택저당증권"이란 주택저당채권을 기초로 하여 발행하는 수익증권을 말한다.
95) 5. "주택저당증권"이란 공사가 주택저당채권을 기초로 하여 발행하는 수익증권을 말한다.
96) 7. "학자금대출증권"이란 공사가 학자금대출채권을 기초로 하여 발행하는 수익증권을 말한다.

조건부매매거래시점을 기준으로 상위 3개 등급 이내인 증권이어야 한다.

ⅱ) 금융감독원장이 정하는 적격금융기관이 발행 또는 보증한 증권이어야 한다. ⅲ) 정부 또는 지방자치단체가 보증한 증권이어야 한다.

ⅳ) 다음의 요건(영24의2② 각 호)을 모두 충족하는 외국정부가 발행하는 국채증권이어야 한다. 여기서 다음의 요건이란 ㉠ 해당 외국정부 또는 법 제9조 제16항 제5호(＝대통령령으로 정하는 국제기구)에 해당하는 자의 신용등급 등이 금융위원회가 정하여 고시하는 기준[97]을 충족하여야 하고, ㉡ 투자매매업자 또는 투자중개업자를 통하여 매출이 이루어져야 하며, ㉢ 투자매매업자 또는 투자중개업자가 해당 증권 및 증권의 발행인에 관한 정보를 금융위원회가 정하여 고시하는 방법[98]에 따라 인터넷 홈페이지 등에 게재하여야 하고, ㉣ 그 밖에 금융위원회가 정하여 고시하는 요건[99]을 충족하여야 한다.

3) 매매의 관리

금융투자업규정 투자매매업자등은 투자자에게 매도한 매도증권을 보관·관리하는 경우 이를 지체 없이 예탁결제원에 예탁하거나 고객계좌부(전자증권법 제2조 제3호 가목에 따른 고객계좌부)에 전자등록하여야 한다(증권등의담보관리에 관한 규정56①). 매도증권을 예탁하거나 고객계좌부에 전자등록한 투자매매업자등은 매영업일마다 매도증권의 종목별 수량 합계와 매도증권의 환매가액 합계액를 예탁결제원에 통지하여야 한다(동규정56②). 예탁결제원은 투자매매업자등의 매도증권에 대하여 세칙으로 정하는 바에 따라 매영업일마다 일일정산을 실시하고, 그 결과를 투자매매업자등에게 통지하여야 한다(동규정57①). 통지를 받은 투자매매업자등은 부족한 매도증권을 납부하여야 하며, 초과한 매도증권은 반환을 청구할 수 있다(동규정57②).

(라) 매매가격

매매가격은 금융위원회가 정하여 고시하는 매매가격으로 매매하여야 한다(영181①(2)). 여기서 "금융위원회가 정하여 고시하는 매매가격"이란 매매대상 증권을 공정한 시세로 평가한 가액("시장가액")에서 환매수 또는 환매도의 이행을 담보하기 위하여 제공하거나 제공받는 추가

---

97) "금융위원회가 정하여 고시하는 기준"이란 2개 이상의 국제신용평가기관(감독원장이 정하는 국제신용평가기관)에서 A 이상의 신용등급을 받는 경우를 말한다(증권발행공시규정2-4의2②).
98) "금융위원회가 정하여 고시하는 방법"이란 투자자가 외국정부가 발행한 국채증권의 시세, 발행인에 관한 정보 등을 확인할 수 있도록 투자매매업자 또는 투자중개업자가 인터넷 홈페이지 등에 관련 정보를 게재하는 것을 말한다. 이 경우 인터넷 홈페이지 등에 게재하는 사항은 한국금융투자협회가 정한다(증권발행공시규정2-4의2③).
99) "금융위원회가 정하여 고시하는 요건"이란 투자매매업자 또는 투자중개업자가 투자자에게 외국정부가 발행한 국채증권에 대한 기본정보, 투자위험, 그 밖에 투자판단에 중요한 영향을 미칠 수 있는 사항 등을 감독원장이 정하는 바에 따라 사전에 제공설명하고, 투자자의 확인을 받는 것을 말한다. 다만, 대고객RP의 대상증권으로서 외국정부가 발행한 국채증권을 투자자에게 매도하고자 하는 경우에는 해당 증권에 대한 사전 설명 및 투자자 확인을 하지 아니할 수 있다(증권발행공시규정2-4의2③).

담보상당가액을 차감한 가액을 말한다(금융투자업규정5-19).

(마) 환매수 또는 환매도하는 날

환매수 또는 환매도하는 날을 정하여야 한다. 이 경우 환매조건부매수를 한 증권을 환매조건부매도하려는 경우에는 해당 환매조건부매도의 환매수를 하는 날은 환매조건부매수의 환매도를 하는 날 이전으로 하여야 한다(영181①(3)).

(바) 매매거래의 통지

투자매매업자등은 투자자와 조건부매매거래가 성립된 때에는 ⅰ) 대고객RP 매도 또는 매수가액, ⅱ) 환매수 또는 환매도 약정일자 또는 기한, ⅲ) 환매수 또는 환매도 가액 또는 그 결정방법, ⅳ) 대고객조건부매매거래 증권의 내용(종류 및 종목명, 발행인, 발행일 및 만기일, 표면이율, 액면금액 등), ⅴ) 대고객조건부매매거래 증권의 시장가액 및 신용등급(신용등급을 받은 경우에 한함)이 포함된 매매거래 성립내용을 투자자에게 지체 없이 통지하여야 한다(금융투자업규정5-20①).

(사) 매도증권의 보관 및 교체

환매조건부매도를 한 증권의 보관·교체 등에 관하여 금융위원회가 정하여 고시하는 기준을 따라야 한다(영181①(4)).

1) 매도증권의 보관·관리 등

투자매매업자등은 대고객 조건부매도업무를 영위함에 있어 거래상대방의 위탁을 받거나 요구가 있는 경우 조건부매도 증권을 보관·관리할 수 있다. 이 경우 그 보관 중에 받은 수입이자는 동 증권의 환매수일까지 이를 거래상대방에게 지급하지 아니한다(금융투자업규정5-21①).

투자매매업자등은 보관하게 되는 조건부매도 증권 전부에 대하여 ⅰ) 예탁대상증권등은 투자자예탁분임을 명시하여 지체 없이 예탁결제원에 예탁하여 관리하여야 하고, ⅱ) 전자등록주식등은 고객계좌부(전자증권법22②)에 지체 없이 증가의 전자등록을 하여 관리하여야 한다(금융투자업규정5-21②).

투자매매업자등은 투자자의 조건부매도 증권을 보관하는 경우에는 매 영업일마다 투자자별로 산정한 그 증권의 시장가액이 환매수가액의 105% 이상이 되도록 유지하여야 한다(금융투자업규정5-21③). 투자매매업자등은 투자자별 조건부매도 증권을 보관·관리함에 있어 그 증권의 시장가액이 105%에 미달하는 경우에는 지체 없이 그 부족분 이상을 투자자에게 이전하여야 하며, 초과하는 경우에는 그 초과분을 투자자로부터 이전받을 수 있다(금융투자업규정5-21④).

2) 매도증권의 종목교체

투자매매업자등이 조건부매도 증권을 보관·관리하는 경우에는 환매수에 지장을 주지 아니하는 범위 내에서 보관 중인 증권을 다른 증권으로 교체("종목교체")할 수 있다(금융투자업규정

제 4 편   금융투자상품시장

5-22①). 투자매매업자등이 종목교체를 함에 있어 보관 중인 증권보다 신용등급이 낮은 증권으로 교체하는 경우 또는 교체 후 증권의 시장가액이 종전 가액을 하회하는 경우 등 투자자에게 불리한 조건으로 종목교체를 할 때에는 서면, 전화녹취 등의 방법을 통하여 사전에 투자자의 동의를 얻어야 한다(금융투자업규정5-22② 본문). 다만, 투자매매업자등이 거래를 개시하기 전에 교체범위에 관하여 서면 등의 방법으로 투자자의 확인을 받고 그 범위 내에서 교체하는 경우에는 투자자의 동의를 얻은 것으로 본다(금융투자업규정5-22② 단서).

투자매매업자등이 증권의 이전 또는 종목교체를 행하는 경우에는 대고객RP 증권의 내용(종류 및 종목명, 발행인, 발행일 및 만기일, 표면이율, 액면금액 등) 및 대고객RP 증권의 시장가액 및 신용등급(신용등급을 받은 경우에 한함)이 포함된 조건부매도 증권 변동내역을 지체 없이 투자자에게 통지하여야 한다(금융투자업규정5-22③ 본문). 다만, 투자매매업자등이 다음의 조건을 충족하는 조치를 취하는 경우에는 통지를 생략할 수 있다(금융투자업규정5-22③ 단서).

1. 조건부매도 증권을 보관·관리하고 조건부매도거래와 관련하여 적정수준의 담보 유지 여부 등에 대한 예탁결제원 또는 전자등록기관의 점검서비스를 제공받을 것
2. 투자매매업자등이 보관·관리하는 조건부매도 증권의 내용을 투자자가 상시 확인할 수 있는 체제를 구축할 것

(아) 겸영금융투자업자

별표 1의 인가업무 단위 중 11r-1r-1의 인가를 받은 겸영금융투자업자는 일반투자자등을 상대로 환매조건부매수업무를 영위하여서는 아니 된다(영181②). 다만 금융위원회가 정하여 고시하는 자인 증권금융회사는 제외한다(영181②, 금융투자업규정5-18③).

(자) 현황보고

투자매매업자등은 대고객조건부매매의 현황을 다음달 10일까지 협회에 보고하여야 한다(금융투자업규정5-24①). 투자매매업자등은 대고객조건부매매업무를 취급하기 위하여 필요한 사항을 정할 수 있으며, 이 경우에는 그 내용을 지체 없이 금융감독원장에게 보고하여야 한다(금융투자업규정5-24③).

(3) 기관간조건부매매(기관간RP)

(가) 개요

기관간RP의 경우 대상증권의 종류, 가격, 만기, 거래금액 등 거래조건에 관한 제도적 제한은 없으며, 거래약관이나 환매서비스기관의 운영규정 등에 기초하여 거래당사자 간 협의로 결정된다. 거래약관으로는 금융투자협회가 제정한 「기관간환매조건부매매약관」이 주로 사용되고 있으며 일부 외국계 금융기관과의 거래시에는 「국제표준약관」이 사용되기도 한다. 시장 운영

규정은 장외 RP의 경우 한국예탁결제원이, 장내 RP의 경우 한국거래소가 정하고 있는데 이들 간에는 대상증권과 만기, 매매단위 등에서 차이가 있다. 장외 RP의 경우 대상증권등에 관하여는 한국예탁결제원의 「증권등의담보관리에 관한 규정」 및 동규정 시행세칙이 정하고 있으며, 장내 RP의 경우 대상증권등에 관하여는 한국거래소의 「유가증권시장 업무규정」 및 동규정 시행세칙이 정하고 있다.

(나) 참가기관

기관간 RP거래는 자본시장법상 전문투자자에 해당하는 금융기관 및 금융공기업 등이 참가할 수 있다(금융투자업규정5-1(7)). 따라서 자금중개회사가 중개하는 장외 RP시장 참가자는 은행, 한국산업은행, 중소기업은행, 한국수출입은행, 농업협동조합중앙회, 수산업협동조합중앙회, 보험회사, 금융투자업자(겸영금융투자업자 제외), 증권금융회사, 종합금융회사, 자금중개회사, 금융지주회사, 여신전문금융회사, 상호저축은행 및 그 중앙회, 산림조합중앙회, 새마을금고연합회, 신용협동조합중앙회, 기타 위의 기관에 준하는 외국 금융기관(영10②), 그리고 예금보험공사 및 정리금융회사, 한국자산관리공사, 한국주택금융공사, 한국투자공사(영10③ 1호부터 4호까지), 그리고 집합투자기구, 신용보증기금, 기술보증기금, 법률에 따라 설립된 기금(신용보증기금 및 기술보증기금 제외) 및 그 기금을 관리·운용하는 법인, 법률에 따라 공제사업을 경영하는 법인(영10③ 9호부터 13호까지: 이에 준하는 외국인 포함)이다.

현재 장외 RP거래의 중개는 한국자금중개㈜, KIDB자금중개(주), 서울외국환중개(주) 등 자금중개회사 3사와 한국증권금융 등이, 장내 RP의 중개는 한국거래소가 수행하고 있다.

(다) 매매대상 증권 등

여기서는 비교를 위하여 위에서 살펴본 장내 RP거래도 함께 살펴본다.

1) 장내 RP거래

가) 대상증권

환매채거래의 대상채권(매매거래일부터 환매일까지의 기간 중 만기가 도래하는 종목 제외)은 국채·지방채, 통화안정증권, 예금보험기금채권, 사채권 및 특수채(통화안정증권과 예금보험기금채권 제외) 중 "신용평가회사"가 발표하는 신용등급(신용평가회사별 신용등급이 다른 경우에는 가장 낮은 신용등급을 적용)이 AA 이상인 일반사채와 특수채(주식관련사채권은 제외)이다(유가증권시장 업무규정61 및 동규정 시행세칙87).

나) 거래기간 및 환매일

환매채거래의 거래기간(매매대금을 결제한 날부터 환매일까지의 기간)은 1년 이내(거래기간 계산시 휴장일 산입)로 하는데, 거래기간의 종류는 1일, 2일, 3일, 4일, 7일, 14일, 21일, 30일, 60일, 90일로 하며, 거래기간별 환매일은 매매대금을 결제한 날부터 기산하여 각각 2일째, 3일째,

4일째, 5일째, 8일째, 15일째, 22일째, 31일째, 61일째, 91일째 되는 날로 한다(유가증권시장 업무규정62 및 동규정 시행세칙88).

2) 장외 RP거래

가) 대상증권

매매관리업무의 대상증권은 국채·지방채·특수채·사채, 기업어음증권, 자산유동화법에 따라 신탁업자가 발행하는 유동화증권(수익증권에 한한다), 주택저당채권유동화회사법에 따라 주택저당채권유동화회사가 발행하는 주택저당증권, 한국주택금융공사가 발행하는 주택저당증권 및 학자금대출증권, 상장지수집합투자증권, 상장주권이다(증권등의담보관리에관한규정39①).

나) 매매의 결제

매도자인 참가자는 기관간RP 체결 후 지체 없이 세칙으로 정하는 방법에 따라 매매체결내역("매매자료")을 예탁결제원에 통지하여야 한다. 다만, 투자중개업자의 중개에 의한 매매거래인 경우에는 그 투자중개업자가 통지할 수 있다(동규정44①). 예탁결제원은 매매자료를 통지받은 때에는 이를 지체없이 상대방 참가자(투자중개업자의 중개에 의한 매매거래인 경우에는 참가자 쌍방)에게 통지하여야 한다(동규정44②).

기관간RP의 체결에 따른 결제("개시결제")는 매매체결일에 행한다. 다만, 매매당사자가 매매체결일과 다른 날을 결제일로 정한 경우에는 그 날에 행한다(동규정46①).

환매결제는 환매일이 도래하거나 참가자의 환매 청구가 있는 때에 행한다(동규정47①). 참가자는 기관간RP의 체결시 환매일을 정한 경우에는 환매일 전이라도 거래상대방의 동의를 얻어 언제든지 예탁결제원에 환매를 청구할 수 있으며, 환매일을 정하지 아니한 경우로서 매매당사자 간 별도의 정함이 없는 때에는 환매하고자 하는 날을 포함하여 3영업일 이전에 환매를 청구하여야 한다(동규정47②).

다) 매매의 관리

예탁결제원은 매수증권을 기관간RP의 매수자의 예탁자계좌부 또는 전자등록계좌부에 기재·관리하여야 한다(동규정50①). 예탁결제원은 매수증권 및 증거금에 대하여 매 영업일마다 세칙으로 정하는 바에 따라 일일정산을 실시하고, 그 결과를 해당 참가자에게 통지하여야 한다(동규정51①). 예탁결제원은 참가자가 납부하는 증권증거금을 거래상대방의 예탁자계좌부 또는 전자등록계좌부에 기재·관리하여야 한다(동규정52①).

(라) 준수사항

1) 의의

기관간에 환매조건부매매를 할 경우 i) 대상증권의 매수자는 담보증권의 특성과 매도자의 신용위험을 반영한 최소증거금률(환매조건부매매가액 대비 그 증권의 시장가액의 비율)을 설정·

적용하여야 하고, ⅱ) 대상증권의 매도자는 금융위원회가 정하여 고시하는 바에 따라 현금성 자산을 보유하여야 한다(영181③).

2) 현금성 자산의 범위

"금융위원회가 정하여 고시하는 현금성 자산"이란 처분에 제한이 없고, 당일 현금화가 가능한 자산으로서 다음의 어느 하나에 해당하는 경우를 말한다(금융투자업규정5-23의2①). ⅰ) 현금, ⅱ) 예금·적금, ⅲ) 양도성예금증서, ⅳ) 당일 인출가능한 대출 약정, ⅴ) 증권금융회사 예탁금(고객자금·증거금 등 처분에 제한이 있는 자금은 제외)(제5호), ⅵ) 수시입출식 금전신탁·투자일임재산(MMT,[100] MMW[101])[다만, MMT, MMW의 경우 시장충격 상황 하에서 대규모 출금 요청시 현금화 제약 가능성이 있어, 현재 시행 중인 고유동성 규제비율[102](30%) 만큼만 인정], ⅶ) 단기금융회사의 발행어음, 종합금융회사(겸영금융투자업자를 포함)의 발행어음 및 증권금융회사의 발행어음(모두 수시 상환이 가능한 경우에 한함), ⅷ) 한국은행에 보유된 지급준비금으로 한정된다.

3) 현금성 자산 보유의무 비율

환매조건부매매거래에서 증권의 매도자는 현금성 자산을 다음의 구분에서 정하는 비율로 매 영업일마다 보유하여야 한다(금융투자업규정5-23의2②). 현금성 자산 보유비율은 직전 3개월간 환매조건부 매도잔액이 없는 경우에는 적용하지 아니한다(금융투자업규정5-23의2④).

1. 매매거래일부터 1영업일 이내에 환매수할 기관간조건부매도: 매월 직전 3개월의 환매조건부 매매거래의 월별 일평균 매도잔액(해당월 중 영업일별 총매도 잔액누적액을 해당월 중 영업일수로 나눈 값) 중 가장 높은 금액의 20% 이상
2. 매매거래일 2영업일 이후부터 3영업일 이내에 환매수할 기관간조건부매도 및 환매일을 정하지 않은 기관간조건부매도: 매월 직전 3개월의 환매조건부 매매거래의 월별 일평균 매도잔액 중 가장 높은 금액의 10% 이상
3. 매매거래일 4영업일 이후부터 6영업일 이내에 환매수할 기관간조건부매도: 매월 직전 3개월의 환매조건부 매매거래의 월별 일평균 매도잔액 중 가장 높은 금액의 5% 이상

따라서 RP거래 만기에 따라 만기 1영업일은 기준금액의 20%, 2-3영업일은 10%, 4-6영업일은 5% 이상 보유하여야 한다. 만기가 짧을수록 차환리스크가 큰 것을 반영하고, 만기가 긴 거래를 유도하기 위해 만기에 따라 현금성 자산 보유비율을 차등화한 것이다.

---

100) MMT(Money Market Trust)는 특정금전신탁상품 중 1일물 또는 시장매각을 통해 즉시 현금화가 가능한 자산으로 운용하는 수시입출식금전신탁 상품을 말한다.
101) MMW(Money Market Wrap)는 투자일임계약상품 중 투자자의 단기자금운용 수요에 대응하여 금융회사 예치, CP, 콜론, RP, 채권 등 유동자산 등으로 일임재산을 운용하는 상품이다.
102) 현금, 국채, 통안채, RP, 단기대출, 수시입출예금, 잔존만기 7영업일 이내 CD·예금, 지방채, 특수채 ⇒ 집합투자재산의 30% 이상 유지해야 한다(금융투자업규정4-77(14) 및 4-93(20)).

4) 현금성 자산 비율 산정기준 금액

현금성 자산 보유의무 비율에도 불구하고, 집합투자업자는 집합투자재산을 운용함에 있어 각 집합투자기구별로 현금성 자산을 다음의 구분에서 정하는 비율로 매 영업일마다 유지하여 야 한다(금융투자업규정5-23의2③).

1. 매매거래일부터 1영업일 이내에 환매수할 기관간조건부매도: 당일 매도잔액의 20% 이상
2. 매매거래일 2영업일 이후부터 3영업일 이내에 환매수할 기관간조건부매도 및 환매일을 정하지 않은 기관간조건부매도: 당일 매도잔액의 10% 이상
3. 매매거래일 4영업일 이후부터 6영업일 이내에 환매수할 기관간조건부매도: 당일 매도잔액의 5% 이상

금융위원회는 급격한 경제여건의 변화 등 불가피한 사유가 있는 경우 6개월 이내의 기간을 정하여 현금성 자산 규제비율을 완화할 수 있다(금융투자업규정5-23의2⑤).

5) 현황보고

금융투자업규정 제5-23조에 따라 환매조건부매매를 중개한 투자중개업자는 조건부매매이율 등 건별 중개내역을 조건부매매 체결 즉시 협회에 보고하여야 하며, 협회는 이를 전산단말기 등을 통하여 공시하여야 한다(금융투자업규정5-24②).

(마) 결제방법

기관(일정한 범위의 전문투자자)은 ⅰ) 일정한 범위의 전문투자자(영7④(3) 각 목의 어느 하나에 해당하는 자) 상호 간에 투자중개업자를 통하여 환매조건부매매를 한 경우, ⅱ) 투자매매업자를 상대방으로 환매조건부매매를 한 경우(신탁업자가 신탁재산으로 환매조건부매매를 한 경우는 제외)에는 금융위원회가 정하여 고시하는 방법에 따라 그 대상증권과 대금을 동시에 결제하여야 한다(영181④ 본문). 다만, 금융위원회가 정하여 고시하는 경우에는 그 대상증권과 대금을 동시에 결제하지 아니할 수 있다(영181④ 단서).

(4) 한국은행 환매조건부매매(한국은행RP)

(가) 의의

한국은행은 RP매매를 주된 공개시장 조작[103] 수단의 하나로 이용하고 있다.[104] 한국은행

---

[103] 공개시장 조작은 중앙은행이 금융시장에서 금융기관을 상대로 증권 등을 거래하여 시중유동성이나 시장금리 수준에 영향을 미치는 통화정책 수단이다. 오늘날 대부분의 선진국 중앙은행들은 지급준비제도, 중앙은행 여수신제도 등과 함께 공개시장 조작을 주된 통화정책 수단으로 사용하고 있으며 금융위기 이후에는 금융시장 안정 수단으로서 그 중요성이 더욱 강조되고 있다. 공개시장 조작은 다른 통화정책 수단에 비해 운영시기와 규모를 신축적으로 조절할 수 있을 뿐만 아니라 다양한 경제주체가 참가하는 금융시장에서 시장메커니즘에 따라 이루어지기 때문에 시장경제시스템에 가장 부합하는 정책수단이다. 또한 중앙은행과 금융기관 간의 즉각적인 매매거래만으로 신속하게 정책을 시행할 수 있다는 장점이 있다(한국은행(2016), 87쪽).

은 통화신용정책을 수행하기 위하여 자기계산으로 ⅰ) 국채, ⅱ) 원리금 상환을 정부가 보증한 유가증권, ⅲ) 그 밖에 금융통화위원회가 정한 유가증권을 공개시장에서 매매하거나 대차할 수 있다(한국은행법68①). 위의 유가증권은 자유롭게 유통되고 발행조건이 완전히 이행되고 있는 것으로 한정한다(한국은행법68①). 한국은행법 제68조에 따라 한국은행은 자기계산으로 공개시장에서 증권을 매매할 수 있다(공개시장운영규정1).

한국은행은 일시적인 유동성 과부족을 조절하기 위한 수단으로 RP매매를 활용하기 때문에 통화안정증권, 통화안정계정에 비해 단기로 운용된다. RP매매는 RP매각과 RP매입으로 구분되는데 한국은행은 유동성을 흡수하기 위해서는 RP매각을 실시하고 유동성을 공급하기 위해서는 RP매입을 실시한다. RP매각의 경우 한국은행이 보유채권을 금융기관에 매도하면서 일정기간 후에 그 채권을 되사기로 하는 계약을 체결한다. 따라서 RP매각 시점에서는 한국은행이 금융기관의 유동성을 흡수하게 되고 RP매각 만기도래 시점에서는 채권 환매수를 통해 다시 유동성을 공급하게 된다. 이와 반대로 RP매입의 경우 한국은행이 금융기관 보유채권을 매입하면서 일정기간 후에 그 채권을 되팔기로 하는 계약을 체결한다. 따라서 RP매입 시점에서는 한국은행이 금융기관에 유동성을 공급하게 되고 RP매입 만기도래 시점에서는 채권 환매도를 통해 유동성을 흡수하게 된다.[105]

(나) 매매방식

공개시장운영규정(2(1), 7 및 8)에 따르면 한국은행 RP매매는 매매방식에 따라 공개시장에서 불특정 상대방을 대상으로 하는 공모방식과 특정 상대방을 대상으로 하는 상대매매로 구분된다. 상대매매는 금융시장의 안정 또는 통화신용정책의 원활한 운영을 위하여 필요한 경우 예외적으로 실시하며 금리와 만기 등 매매조건은 한국은행과 상대기관 간 협의에 의해 결정된다.

공모방식에 의한 매매는 경쟁입찰과 모집으로 나누어진다. 경쟁입찰은 금리입찰방식으로서 한국은행이 결정한 내정금리와 금융기관이 제시한 응찰금리에 따라 낙찰기관이 결정된다. RP매입의 경우에는 최저 매입내정금리 이상에서 높은 금리 순으로 낙찰기관이 정해지고, RP매

---

104) 한국은행은 공개시장 조작을 통해 금융기관의 지급준비금("지준") 규모를 변동시킴으로써 콜금리가 기준금리에서 크게 벗어나지 않도록 조정한다. 한국은행법에 의해 지준예치의무가 있는 금융기관은 지준 적립 대상 채무에 대해서 필요지급준비금("필요지준") 만큼을 한국은행에 예치하여야 하며 지준 과부족이 발생할 경우 콜시장을 통해 자금을 조달하거나 운용한다. 즉 금융기관은 보유하고 있는 지준이 필요지준에 미치지 못할 경우에는 콜머니를 통해 부족한 지준을 조달하고 보유지준이 필요지준을 초과할 경우에는 콜론으로 잉여 지준을 운용한다. 한편 금융기관의 지준 부족으로 콜머니가 증가하고 콜금리 상승압력이 증대될 경우 한국은행은 RP매입 등의 공개시장 조작을 통해 지준을 공급하여 콜금리의 상승을 제한하며, 반대로 지준 잉여로 콜론이 증가하고 콜금리 하락압력이 증대될 경우에는 RP매각, 통화안정계정 예치, 통화안정증권 발행 등의 공개시장 조작을 통해 잉여 지준을 흡수하여 콜금리의 하락을 제한한다. 이처럼 한국은행은 공개시장 조작을 통해 지준의 수급 불일치를 조정함으로써 콜금리가 기준금리에서 크게 벗어나지 않도록 유지하고 있다(한국은행(2016b), 87-88쪽).

105) 한국은행(2016b), 74쪽.

각의 경우에는 최고 매각내정금리 이하에서 낮은 금리 순으로 낙찰기관이 결정된다. 모집은 고정금리 입찰방식으로서 매매금리가 고정되고 입찰참가기관의 응찰규모에 따라 낙찰규모가 비례 배분된다.

(다) 대상증권

RP매매 대상증권은 2020년 4월 9일 현재 ⅰ) 국채(제1호), ⅱ) 정부가 원리금 상환을 보증한 증권(제2호), ⅲ) 통화안정증권(다만, 환매도를 조건으로 매입하는 경우에 한정)(제3호), ⅳ) 한국주택금융공사가 발행한 주택저당증권(제4호), ⅴ) 한국산업은행이 발행한 산업금융채권(제5호), ⅵ) 중소기업은행이 발행한 중소기업금융채권(제6호), ⅶ) 한국수출입은행이 발행한 수출입금융채권(제7호), ⅷ) 다음의 법인이 발행한 특수채(정부가 원리금 상환을 보증한 채권은 제외), 즉 예금보험공사, 중소벤처기업진흥공단, 한국가스공사, 한국도로공사, 한국수자원공사, 한국전력공사, 한국철도공사, 한국철도시설공단, 한국토지주택공사가 발행한 특수채(제8호), ⅸ) 다음 각목의 채권, 즉 농업협동조합중앙회나 농협은행이 발행한 농업금융채권, 수산업협동조합중앙회나 수협은행이 발행한 수산금융채권, 은행법 제33조에 따라 은행이 발행한 금융채(다만, 전환사채, 교환사채 및 신주인수권부사채로서 그 매매기간 내에 채권에 부속된 청구권의 행사기간이 도래하는 채권은 제외)(제9호)이다(공개시장운영규정4①).

위 제1항 제8호 및 제9호의 채권의 매매는 환매조건부매매에 한정한다(공개시장운영규정4②). 위 제1항 제4호부터 제9호까지의 채권으로서 증권매매 상대방 자신 또는 그와 다음의 어느 하나에 해당하는 관계에 있는 자가 발행하는 채권은 매매할 수 없다(공개시장운영규정4③).

1. 매매상대방을 지배하는 금융지주회사법에 따른 금융지주회사의 다른 자회사 또는 손자회사
2. 매매상대방이 발행한 의결권 있는 주식총수의 30% 이상을 소유하고 있거나 최다수 주식 소유자로서 경영에 참여하고 있는 회사

위 제1항 제4호부터 제9호까지의 증권으로서 매매기간 내에 그 발행인 또는 소지인이 만기전 상환을 요구할 수 있는 선택권의 행사기간이 도래하는 증권은 매매할 수 없다(공개시장운영규정4④).

후순위채권, 상각 또는 주식전환 등의 가능성이 있는 조건부자본증권, 환매기간 중에 원금의 상환기한이 도래하거나 발행인 또는 소지인이 만기 전 상환을 요구할 수 있는 선택권의 행사기간이 도래하는 증권은 매매대상으로 할 수 없다(공개시장운영세칙9).

(라) 거래 대상기관

대상기관은 은행, 중소기업은행, 한국산업은행, 한국수출입은행, 투자매매업자, 투자중개업자, 집합투자업자, 신탁업자, 증권금융회사, 종합금융회사, 자금중개회사, 한국거래소, 보험회

사, 국민연금기금이다(공개시장운영규정2①). 한국은행총재는 원칙적으로 매년 1회 위 대상기관 중에서 공개시장운영과 관련한 거래를 행할 대상기관을 <별표>에서 정하는 기준에 따라 선정하여야 한다. 다만 총재는 금융경제 상황 등을 고려하여 필요하다고 인정하는 경우 금융통화위원회의 의결을 거쳐 <별표>의 기준과는 별도로 대상기관을 추가 선정할 수 있다(공개시장운영규정2②).

8. 증권의 대차거래

(1) 서설

(가) 의의

증권대차거래(securities lending and borrowing)는 주식, 채권, ETF 등과 같은 증권을 보유하고 있는 대여자(lender)가 보유증권의 소유권을 차입자(borrower)에게 이전할 것을 약정하고, 차입자는 동일종목·동일수량의 증권을 대차거래 만기시 또는 대여자의 요청에 따라 반환할 것을 약정함으로써 성립하는 증권소비대차계약이다.

증권대차거래로 인하여 대차된 증권에 대한 처분권과 대차증권으로부터 발생하는 수익권은 차입자가 가진다. 그러나 차입자는 대차거래로 인하여 대여자가 입은 대차증권에서 발생하는 배당금, 무상주식, 주식배당, 이자 등과 같은 과실에 대한 경제적 손실을 대여자에게 보상하여야 한다. 차입자가 대여자에게 보상하는 증권 또는 금전을 대체지급분(substitute payment)이라 한다. 증권대차거래에 따른 담보의 제공이 현금 형태를 취하는 경우 증권대차거래는 RP거래와 유사한 구조를 가지게 되나, 증권대차거래는 대상증권의 "매매와 환매"라는 요소가 개입되지 않기 때문에 고전적인 RP거래와는 차이가 있다.[106]

(나) 기능

증권대차거래는 증권시장에서 다양한 기능을 수행한다. ⅰ) 증권대차거래를 통해 차입된 증권은 매매거래에 따른 결제 부족분으로 충당할 수 있어 증권시장에서의 결제 불이행을 줄여준다. ⅱ) 증권대차거래가 현금담보부로 거래되는 경우 대여자는 보유증권을 담보로 자금을 조달할 수 있으며, 차입자는 보유자금을 증권을 담보로 안전하게 운영할 수 있다. 이를 역 Repo(reverse Repo)라고도 한다. ⅲ) 대차거래를 통한 증권의 대여와 차입 및 공매도는 현물시장, 파생상품시장, 현물시장과 파생상품시장과의 연계 등을 통하여 다양한 차익거래와 헤지거래를 가능하게 한다. 이러한 증권대차거래를 활용한 차익거래와 헤지거래의 발달은 증권시장의 가격 효율성과 유동성을 증진시킨다. ⅳ) 증권대차거래에 담보로 제공된 현금이나 증권은

---

106) 정승화(2015), "증권대차거래의 투자자보호 및 위험관리에 관한 고찰", 증권법연구 제16권 제1호(2015. 4), 63-64쪽.

다시 RP거래 또는 파생상품거래에 활용됨으로써 RP거래와 파생상품거래의 유동성을 증대시킬 뿐만 아니라 증권시장 전체의 유동성을 증가시킨다. 예를 들어 대차거래를 통하여 차입한 증권의 공매도로부터 얻어지는 현금을 증권 차입을 위한 담보로 활용하고, 증권대여자는 동 현금을 RP거래를 포함하여 보다 만기가 긴 자산에 재투자하는 일련의 연쇄거래를 발생시킬 수 있다. 이러한 연쇄거래는 현금을 안전한 담보로 투자하는 보수적인 재투자방식으로부터 보다 많은 수익을 추구하기 위해 파생상품과 같이 보다 위험한 곳에 투자하는 방식으로 변화시킬 수 있다. ⅴ) 자산유동화증권과 같이 신용등급과 유동성이 낮은 증권을 증권대차거래의 담보로 설정하고 대신에 국채와 같이 신용등급이 높고 잔존만기가 길며, 담보헤어컷이 작은 우량증권을 차입하기 위하여 증권대차거래를 활용하는 경우도 있다.

(2) 참가기관

(가) 차입자

증권대차거래의 차입자는 일반차입자와 헤지펀드인 차입자로 구분할 수 있다. 일반차입자에는 외국인·증권회사·자산운용회사·은행 등이 있으며, 국내의 보험회사, 연기금 등은 안정적인 자산운용을 위하여 차입을 허용하는 근거규정이 마련되어 있지 아니하여 증권을 차입하지 아니하고 있다. 헤지펀드인 차입자는 보유 포트폴리오의 위험을 헤지하기 위하여 레버리지와 공매도를 활용하는데, 이와 관련한 다양한 투자전략을 구사하기 위하여 증권대차거래를 활용하고 있다.[107]

(나) 대여자

국내의 경우 보유증권의 대여가 법규상으로 금지된 기관투자자는 없으며, 이에 따라 증권대차거래의 대여에는 연기금, 자산운용사, 보험회사, 은행, 증권회사, 대주주 등이 주요 대여자로 참가하고 있다. 이들 대여자는 관련 법령 또는 내부규정에 의하여 증권을 대여하고 있으며, 대여비율은 보유자산 대비 일정 수준으로 제한되고 있다. 외국의 경우 주요 대여자는 자산을 보수적으로 운용하는 뮤추얼펀드 및 상장지수펀드(ETF) 등이다. 이들은 대규모로 포트폴리오를 운영하면서 자산을 장기적으로 운영하기 때문에 자연스럽게 보유증권을 단기적으로 대여하여 낮은 리스크로 초과수익을 창출할 수 있는 증권대차거래를 활용하고 있다. 특히 대차거래는 대여증권에 대한 현금 또는 국채 등 안전자산을 차입자가 담보로 제공하기 때문에 낮은 리스크로 초과수익을 기대할 수 있어 수익률 증가 및 고객수수료 인하를 위한 목적으로 많이 이용되고 있다.

증권대차거래에서 대여자는 자신이 보유하는 증권을 대여하여 대여료라는 안정적인 수익을 획득할 수 있으며, 대여기간 동안 의결권을 제외한 현금배당, 주식배당 등과 같은 경제적

---

107) 정승화(2015), 64-68쪽.

이익이 모두 보상되기 때문에 대여자의 경제적인 손실은 거의 없다고 할 수 있다.

(다) 중개기관

증권대차거래의 중개·주선 또는 대리업무 등의 업무를 수행하는 자에 대하여 자본시장법상 특별한 제한은 없지만, 대차거래의 중개기관은 증권대차거래와 관련한 자본시장법의 관련 규정을 준수하여야 한다(영182④ 참조). 현재 증권대차거래의 중개업무를 영위하고 있는 기관으로는 겸영업무 신고를 한 증권회사와 업무인가를 받은 예탁결제원과 증권금융이 있다.

증권회사는 증권대차의 중개기관으로서 거래상대방에게 제공하는 업무는 대차거래에 따른 신용을 중개하는 업무, 대차거래에 따른 유동성위험을 부담하는 업무, 대차거래의 수요 및 공급을 매칭하는 업무 등을 수행한다. 예탁결제원과 증권금융의 경우 전문 대차중개기관으로서 결제거래, 경쟁거래, 맞춤거래, 지정거래 등 다양한 거래형태를 통하여 외국인과 내국인을 대상으로 대차중개업무를 수행하고 있다. 특히 대차거래와 관련하여 대여자와 차입자를 위하여 대이행 책임을 부담하면서, 대차거래에 중요한 역할을 담당하고 있다.

(라) 프라임브로커

프라임브로커(prime broker)는 헤지펀드 및 기타 대체투자자(alternative investor)를 위하여 신용공여, 증권대여, 재산보관 및 관리(custody), 매매체결, 청산 및 결제, 기록보관, 실적보고, 위험관리, 자본조달지원 등 종합적인 서비스를 제공하는 자이다. 프라임브로커는 증권회사 내에 있는 하나의 조직단위로서 1990년대 미국에서 헤지펀드의 활동이 증대하면서 증권대차시장에서 주요한 역할을 담당하고 있다. 미국의 경우 소수의 투자은행이 프라임브로커리지 서비스를 장악하고 있는데, 대부분은 보관은행업무와 신용전문기능을 갖춘 투자은행이다. 국내의 경우 종합금융투자사업자만이 프라임브로커리지 서비스를 수행할 수 있다(법77의3①).

(마) 이행보증기관

이행보증기관은 대차거래 차입자의 채무 불이행시 차입자를 대신하여 대여자에게 대이행 책임을 부담하는 보증기관이다. 증권의 대차거래에 따른 차입자의 주요 채무는 차입증권의 상환, 차입수수료 지급, 대차증권에서 발생하는 경제적 과실의 지급 또는 인도 등이다. 이와 관련하여 이행보증기관은 대여자에 대한 대이행 책임과 관련하여 차입자로부터 차입자의 채무에 상당하는 가액 이상의 담보를 장래에 발생할 수도 있는 구상권을 담보하기 위하여 차입자로부터 제공받는다. 대차중개기관 중 예탁결제원 및 증권금융과 같은 전문대차중개기관은 대차중개기관 역할과 이행보증기관 역할을 동시에 수행하고 있다. 그리고 증권회사가 대차중개기관인 경우에는 대부분 간접중개방식의 대차거래가 이루어지기 때문에 증권회사가 대여자로서 직접 담보권자가 되므로 별도의 이행보증기관은 요구되지 않는다.

(3) 담보의 징구

(가) 원칙

투자매매업자 또는 투자중개업자는 증권의 대차거래 또는 그 중개·주선이나 대리업무를 하는 경우에는 금융위원회가 정하여 고시하는 방법에 따라 차입자로부터 담보를 받아야 한다(영182①(1) 본문).

투자매매업자, 투자중개업자, 전자등록기관 또는 증권금융회사("투자매매업자등")는 증권의 대차거래 또는 그 중개·주선·대리업무를 영위하는 경우에는 차입자로부터 증권(양도성예금증서를 포함), 현금(투자매매업자등이 정하는 외국통화 포함) 또는 시행령 제106조 제2항 각 호의 금융기관(＝은행, 한국산업은행, 중소기업은행, 증권금융회사, 종합금융회사, 상호저축은행, 농업협동조합, 수산업협동조합, 신용협동조합, 산림조합, 체신관서, 새마을금고, 앞의 기관에 준하는 외국 금융기관)에의 예치금을 담보로 징구하여야 한다(금융투자업규정5-25①). 이에 따른 담보의 징구비율은 투자매매업자등이 정한다(금융투자업규정5-25②). 투자매매업자등은 담보의 관리를 다른 투자매매업자등에게 위탁할 수 있다(금융투자업규정5-25③).

(나) 예외

증권의 대여자와 차입자가 합의하여 조건을 별도로 정하는 대차거래로서 투자매매업자 또는 투자중개업자가 필요하다고 인정하는 대차거래의 중개의 경우에는 담보를 받지 아니할 수 있다(영182①(1) 단서). 다만 투자매매업자등이 자기계산으로 특정 당사자로부터 증권을 차입하여 다른 당사자에게 대여하는 형식으로 중개하는 것은 제외한다(영182①(1) 단서).

다음의 요건을 모두 충족하는 담보목적 대차거래(담보 또는 증거금을 제공하기 위한 목적의 증권 대차거래)의 경우에는 담보를 징구하지 아니할 수 있다(금융투자업규정5-25④).

1. 채무자회생법 제120조 제3항[108]에 따른 기본계약에 대한 담보 또는 증거금을 제공할 목적으로 이루어지는 대차거래일 것

---

[108] ③ 일정한 금융거래에 관한 기본적 사항을 정한 하나의 계약("기본계약")에 근거하여 다음의 거래("적격금융거래")를 행하는 당사자 일방에 대하여 회생절차가 개시된 경우 적격금융거래의 종료 및 정산에 관하여는 채무자회생법의 규정에 불구하고 기본계약에서 당사자가 정한 바에 따라 효력이 발생하고 해제, 해지, 취소 및 부인의 대상이 되지 아니하며, 제4호의 거래는 중지명령 및 포괄적 금지명령의 대상이 되지 아니한다. 다만, 채무자가 상대방과 공모하여 회생채권자 또는 회생담보권자를 해할 목적으로 적격금융거래를 행한 경우에는 그러하지 아니하다.
1. 통화, 유가증권, 출자지분, 일반상품, 신용위험, 에너지, 날씨, 운임, 주파수, 환경 등의 가격 또는 이자율이나 이를 기초로 하는 지수 및 그 밖의 지표를 대상으로 하는 선도, 옵션, 스왑 등 파생금융거래로서 대통령령이 정하는 거래
2. 현물환거래, 유가증권의 환매거래, 유가증권의 대차거래 및 담보콜거래
3. 제1호 내지 제2호의 거래가 혼합된 거래
4. 제1호 내지 제3호의 거래에 수반되는 담보의 제공·처분·충당

2. 담보목적 대차거래로 제공하는 증권은 국채증권 또는 통화안정증권에 해당할 것
3. 담보목적 대차거래 당사자 간 다음 각 목이 모두 포함된 계약을 체결할 것
   가. 담보목적 대차거래로 제공받은 증권은 환매조건부매매, 제3자에 대한 담보 또는 증거금 제공외에는 재활용하지 않을 것
   나. 담보목적 대차거래로 제공되는 증권의 재활용에 대하여 제공자의 동의를 받을 것
   다. 증권 반환 없는 대차거래의 종료는 채무자회생법 제120조 제3항에 따른 기본계약이 일괄정산 되는 경우만 가능할 것
4. 담보목적 대차거래의 기본계약이 장외파생상품 매매인 경우 다음 각 목의 요건을 모두 충족할 것
   가. 장외파생상품매매와 관련하여 국제증권감독위원회(IOSCO)가 정하는 기준을 감안하여 금융감독원장이 정하는 기준을 감안하여 금융감독원장이 정하는 기준을 충족할 것
   나. 담보목적 대차거래의 목적이 개시증거금(initial margin)을 제공하기 위한 것이 아닐 것
5. 담보목적 대차거래 대상 증권에 대하여 시가평가를 통해 일일정산할 것

(4) 대차거래 대상증권의 인도

(가) 원칙

투자매매업자 또는 투자중개업자는 증권의 대차거래 또는 그 중개·주선이나 대리업무를 하는 경우에는 금융위원회가 정하여 고시하는 방법에 따라 그 대상증권의 인도와 담보의 제공을 동시에 이행하여야 한다(영182①(2) 본문).

투자매매업자등은 대차거래 대상증권의 인도를 다음의 어느 하나에 해당하는 방법에 따라 담보와 동시에 이행하여야 한다(금융투자업규정5-26①).

1. 대차거래대상 증권 및 담보증권(담보로 제공된 양도성예금증서를 포함)이 예탁결제원이 예탁대상증권으로 지정한 증권인 경우에는 예탁결제원의 예탁자계좌부 또는 투자매매업자등의 투자자계좌부상 계좌 간 대체(다만, 담보증권의 계좌 간 대체는 법 제311조 제2항[109]에 의한 질권설정으로 갈음할 수 있다)
1의2. 대차거래대상 증권 및 담보증권이 전자등록주식등인 경우에는 전자등록기관의 계좌관리기관등 자기계좌부(전자증권법 제22조 제2항에 따라 작성되는 계좌관리기관등 자기계좌부) 또는 투자매매업자등의 고객계좌부상 계좌 간 대체(다만, 담보증권의 계좌 간 대체의 전 자등록은 전자증권법 제31조 제1항에 의한 질권 설정의 전자등록으로 갈음할 수 있다)
2. 현금(투자매매업자등이 정하는 외국통화 포함)담보인 경우에는 한국은행, 은행 또는 투자매매업자등을 통한 자금이체

---

109) ② 투자자계좌부 또는 예탁자계좌부에 증권등의 양도를 목적으로 계좌 간 대체의 기재를 하거나 질권설정을 목적으로 질물(質物)인 뜻과 질권자를 기재한 경우에는 증권등의 교부가 있었던 것으로 본다.

3. 제1호 및 제2호 이외의 담보인 경우에는 질권설정

(나) 예외

다만, 외국인 간의 대차거래의 경우에는 그러하지 아니하다(영182①(2) 단서).

(5) 대차거래의 중개방법 및 공시

투자매매업자 또는 투자중개업자는 증권의 대차거래 또는 그 중개·주선이나 대리업무를 하는 경우에는 증권의 대차거래 내역을 협회를 통하여 당일에 공시하여야 한다(영182①(3)). 투자매매업자 또는 투자중개업자는 대차중개(금융위원회가 정하여 고시하는 대차거래 형식의 중개)의 방법으로 대차거래의 중개를 할 수 있다(영182②). 여기서 "금융위원회가 정하여 고시하는 대차거래 형식의 중개"란 투자매매업자등이 자기계산으로 특정 당사자로부터 증권을 차입하여 다른 당사자에게 대여하는 형식으로 중개하는 것을 말한다(금융투자업규정5-27①). 투자매매업자등은 증권의 대여현황과 체결된 대차거래증권의 종목, 수량 등의 거래내역을 협회를 통하여 당일 공시하여야 한다(금융투자업규정5-27②). 협회는 대차거래내역을 매달말 기준으로 다음달 10일까지 금융감독원장에게 보고하여야 한다(금융투자업규정5-27③).

금융투자회사 등은 당일 중 발생한 증권의 대여현황과 체결된 대차거래증권의 종목, 수량 등의 거래내역을 협회에 보고하여야 한다(금융투자회사의 영업 및 업무에 관한 규정7-31①). 대차거래내역 공시항목 및 기준 등은 별지 제34호와 같다(동규정 시행세칙55①).

9. 기업어음증권 및 단기사채등의 장외거래

(1) 투자매매·중개업자의 준수의무

투자매매업자 또는 투자중개업자는 기업어음증권 및 단기사채등을 매매하거나 중개·주선 또는 대리하는 경우에는 ⅰ) 2개 이상의 신용평가회사로부터 신용평가를 받은 기업어음증권 및 단기사채등이어야 하고, ⅱ) 기업어음증권 및 단기사채등에 대하여 직접 또는 간접의 지급보증을 하지 아니하여야 한다(영183①).

(2) 취급방법의 제한

투자매매업자 또는 투자중개업자가 기업어음증권 및 단기사채등을 매매 또는 중개하는 경우에는 투자매매업자 또는 투자중개업자가 책임을 지지 아니하는 무담보매매·중개방식으로 하여야 하며, 환매조건부 기업어음증권매매 등 기업어음증권 및 단기사채등을 매개로 하는 자금거래를 하여서는 아니 된다(금융투자업규정5-28).

(3) 신용평가방법

기업어음증권 및 단기사채등에 대한 신용등급은 발행인의 최근사업연도 수정재무제표를

기준으로 평가한 것이어야 한다(금융투자업규정5-29①). 그러나 기업어음증권 및 단기사채등의 발행인이 최근사업연도 종료일부터 수정재무제표를 기준으로 평가한 복수신용등급을 받지 못한 경우 최근사업연도 종료일로부터 6개월이 경과하기 전까지는 직전사업연도의 수정재무제표를 기준으로 평가한 복수신용등급을 적용할 수 있다(금융투자업규정5-29②).

(4) 기업어음증권 및 단기사채등 거래 등의 공시

(가) 기업어음증권의 거래방법 등

채권거래 금융투자회사(겸영금융투자회사는 제외한다. 이하 기업어음증권에 관하여는 같다)는 기업어음증권을 실물 또는 통장(증권카드 포함) 거래방식으로 매매 또는 중개하며, 기업어음증권 실물을 보관·관리하는 경우 선량한 관리자로서 주의의무를 다하여야 한다(금융투자회사의 영업 및 업무에 관한 규정7-12①), 이하 "업무규정").

채권거래 금융투자회사가 기업어음증권을 매매 또는 중개하는 경우에는 통장 또는 해당 기업어음증권의 여백에 복수신용평가등급을 표시하여야 한다(업무규정7-12②).

채권거래 금융투자회사는 복수신용평가등급과 수익률 등을 영업점 등에 게시하여야 하며, 복수신용평가등급의 변경이나 기업어음증권의 상환과 관련하여 중요한 사실이 발생한 경우에는 그 사실을 게시하여야 한다(업무규정7-12③).

(나) 기업어음증권의 매매단가의 계산 등

기업어음증권의 매매단가는 [매매단가＝액면금액－(액면금액×수익률×기간÷365)]의 산식에 따라 산정한다(업무규정7-13①). 채권거래 금융투자회사는 자신이 매출한 기업어음증권을 해당 기업어음증권의 만기일 전에 투자자가 재매입을 청구하는 경우 이에 응할 수 있는데, 이 경우 매입단가의 산정에 관해서는 위의 산식에 따라 산정한다(업무규정7-13②).

채권거래 금융투자회사로부터 할인을 받은 기업어음증권의 발행인이 자기가 발행한 기업어음증권을 매입하는 경우 채권거래 금융투자회사는 해당 기업어음증권을 상환된 것으로 처리하고 잔존기간에 해당하는 이자를 환급하여야 한다(업무규정7-13③).

(다) 기업어음증권 및 단기사채등 거래내역의 보고

채권거래 금융투자회사는 기업어음증권 또는 단기사채등을 거래한 경우 해당 거래와 관련된 내역을 전산매체 등을 통하여 협회에 보고하여야 하는데(업무규정7-14), 거래내역과 관련하여 보고회사명, 거래종류별 구분(할인, 매출, 중개), 매매상대방 구분, 종목번호, 거래량, 수익률, 그 밖에 기업어음증권 및 단기사채등 거래관련 정보 공시에 필요한 사항 등을 거래 당일 17시 30분까지 전산매체 등을 통하여 협회에 보고하여 한다(금융투자회사의 영업 및 업무에 관한 규정 시행세칙52, 이하 "시행세칙").

(라) 기업어음증권 및 단기사채등 대표수익률 등의 공시

협회는 채권거래 금융투자회사로부터 보고받은 기업어음증권 또는 단기사채등 관련 정보를 활용하여 거래종류별·잔존기간별로 대표수익률 등을 전산매체 등을 통하여 공시한다(업무규정7-15). 따라서 협회는 대표수익률, 거래량, 거래대금, 자산유동화기업어음증권[110]의 거래내역, 단기사채등의 거래내역, 그 밖에 기업어음증권 및 단기사채등 거래관련정보를 전산매체 등을 통하여 공시한다(시행세칙53①).

대표수익률, 거래량, 그리고 거래대금의 공시는 59일 이하, 60일 이상-90일 이하, 91일 이상-180일 이하, 181일 이상-270일 이하, 271일 이상-1년 이하의 잔존기간별로 구분한다(시행세칙53②).

자산유동화기업어음증권의 거래내역 및 단기사채등의 거래내역에 관한 공시항목은 거래일, 발행회사, 기초자산, 신용등급, 거래구분, 그 밖에 거래내역 공시에 필요한 사항이다(시행세칙53③).

(마) 기업어음증권의 최종호가수익률 및 시가평가기준수익률의 공시

협회는 기업어음증권의 최종호가수익률 및 시가평가기준수익률을 전산매체 등을 통하여 공시한다(업무규정7-16①). 이에 따른 최종호가수익률의 공시와 관련하여 수익률을 보고하여야 하는 채권거래 금융투자회사의 선정기준 및 수익률 공시방법 등은 금융투자회사의 영업 및 업무에 관한 규정 시행세칙 제51조에서 규정하고 있다(업무규정7-16②). 또한 시가평가기준수익률의 공시와 관련하여 채권평가회사는 수익률을 보고하여야 하는데, 이에 관하여는 금융투자회사의 영업 및 업무에 관한 규정 시행세칙 제51조의2에서 규정하고 있다(업무규정7-16③).

(바) 기업어음증권의 발행정보의 보고

채권거래 금융투자회사가 기업어음증권을 할인 또는 중개하거나 기업어음증권의 발행인이 만기 전에 자기가 발행한 기업어음증권을 매입하는 경우 해당 채권거래 금융투자회사는 관련정보를 전산매체 등을 통하여 협회에 보고하여야 한다(업무규정7-17). 발행정보와 관련하여 보고회사명, 발행구분(할인, 중개, 만기전 매입), 종목번호(법인등록번호), 발행인, 발행액, 복수신용평가등급, 금리, 만기, 상환일, 기타 발행관련정보를 거래 당일 17시 30분까지 전산매체 등을 통하여 협회에 보고하여야 한다(시행세칙54).

---

110) 자산유동화법 제2조 제5호의 유동화전문회사 등이 증권·파생상품·대출채권 등 유동화대상자산을 양도받아 이를 기초로 발행한 기업어음증권을 말한다.

10. 해외 금융투자상품시장 거래

(1) 서설

(가) 해외 증권시장거래와 해외 파생상품시장거래

1) 일반투자자의 범위

일반투자자에는 "금융위원회가 정하여 고시하는 전문투자자"를 포함하는데, "금융위원회가 정하여 고시하는 전문투자자"란 외국환거래규정 제1-2조 제4호에 따른 기관투자가에 해당하지 아니하는 전문투자자를 말한다(금융투자업규정5-31①). 여기서 외국환거래규정 제1-2조 제4호에 따른 기관투자가라 함은 은행, 한국산업은행, 중소기업은행, 한국수출입은행, 농업협동조합중앙회, 수산업협동조합중앙회, 보험회사, 금융투자업자(겸영금융투자업자 제외), 증권금융회사, 종합금융회사, 자금중개회사, 금융지주회사, 여신전문금융회사, 상호저축은행 및 그 중앙회, 산림조합중앙회, 새마을금고연합회, 신용협동조합중앙회 및 집합투자기구, 한국주택금융공사, 법률에 따라 설립된 기금(신용보증기금 및 기술보증기금 제외) 및 그 기금을 관리·운용하는 법인, 법률에 따라 공제사업을 경영하는 법인 및 체신관서를 말한다.

2) 투자중개업자를 통한 매매거래의무

일반투자자는 해외 증권시장이나 해외 파생상품시장에서 외화증권(＝외국통화로 표시된 증권 또는 외국에서 지급받을 수 있는 증권) 및 장내파생상품의 매매거래(외국 다자간매매체결회사에서의 거래를 포함)를 하려는 경우에는 투자중개업자를 통하여 매매거래를 하여야 한다(영184①).

3) 별도의 매매거래 계좌 개설의무

투자중개업자가 일반투자자로부터 해외 증권시장 또는 해외 파생상품시장에서의 매매거래를 수탁하는 경우에는 외국 투자중개업자 등에 자기계산에 의한 매매거래 계좌와 별도의 매매거래 계좌를 개설하여야 한다(영184②).

4) 금융위원회 고시

해외 증권시장과 해외 파생상품시장에서의 매매에 관한 청약이나 주문의 수탁, 결제, 체결결과 및 권리행사 등의 통지, 그 밖에 투자매매업자·투자중개업자의 외화증권 및 장내파생상품의 국내 거래에 관하여 필요한 사항은 금융위원회가 정하여 고시한다(영184③).

(나) 국내장외거래의 거래대상 제한

투자매매업자 또는 투자중개업자가 일반투자자와 국내장외거래를 하는 경우에는 투자매매업자 또는 투자중개업자의 역외집합투자기구가 발행한 증권(그 역외집합투자기구의 집합투자증권을 포함)을 거래대상으로 하여서는 아니 된다(금융투자업규정5-31②). 여기서 "국내장외거래"란 투자매매업자 또는 투자중개업자와 일반투자자가 외화증권을 국내에서 상대거래하거나 매매의 위탁·중개에 따라 거래하는 것을 말한다(금융투자업규정5-30(4)).

(다) 투자자중개업자의 의무

투자중개업자가 일반투자자로부터 해외 금융투자상품시장에서의 매매주문을 수탁받을 때에는 다음의 사항을 준수하여야 한다(금융투자업규정5-31③).

1. 일반투자자의 매매주문을 외국투자중개업자등을 통하여 처리하는 때에는 종목, 수량, 가격, 해외 금융투자상품시장 사용종목번호 및 결제(해외 증권시장 및 외국 다자간매매체결 회사에 한한다)를 예탁결제원이 처리한다는 사실을 당해 외국투자중개업자등에 명확히 통보할 것
2. 증권매매주문수탁에 관하여 증권시장 업무규정에서 정한 내용 및 방법을, 파생상품매매주문수탁에 관하여 파생상품시장 업무규정에서 정한 내용 및 방법을 각각 준용할 것. 다만, 증권 및 파생상품의 종류, 당해 해외 금융투자상품시장 사용종목번호 등 외화증권 및 장 내 파생상품 매매주문과 관련된 사항은 이를 별도로 표기할 수 있다.
3. 다음의 사항이 포함된 위험고지서를 일반투자자에게 교부할 것
   가. 해외 파생상품시장거래에는 환율변동위험이 수반된다는 사실
   나. 해외 파생상품시장거래는 가격정보 획득, 주문처리 속도 등 제반 거래여건이 불리하다는 사실
   다. 해외 파생상품시장제도는 국내제도와 다를 수 있다는 사실

(2) 해외 증권시장에서의 외화증권 매매거래

(가) 외화증권의 결제와 결제일

투자중개업자는 일반투자자의 외화예금계정에 예치된 외국통화로 국내장외거래의 결제대금에 충당할 수 있다(금융투자업규정5-32 본문). 다만, 당해 외국통화로 직접 결제가 불가능한 때에는 이를 원화로 환산하여 결제대금에 충당한다(금융투자업규정5-32 단서).

해외증권시장거래(외국 다자간매매체결회사에서의 거래를 포함)의 국내에서의 결제일은 매매주문일의 다음 영업일("약정일")로부터 기산하여 당해 외화증권이 거래된 해외 증권시장의 결제기간 또는 투자매매업자 또는 투자중개업자와 외국 투자매매업자 또는 투자중개업자등이 별도로 정한 결제기간이 경과한 날로 한다(금융투자업규정5-33① 본문). 다만, 약정일 이후 동 결제기간 경과 전에 국내와 시간대가 동일한 해외 증권시장에서 결제가 이루어지는 경우에는 해외 증권시장에서의 결제일을 국내에서의 결제일로 할 수 있다(금융투자업규정5-33① 단서).

외화증권의 국내장외거래의 결제일은 매매주문일로 한다(금융투자업규정5-33②).

(나) 외화증권의 매매성립결과 통지

투자중개업자가 외국투자중개업자 또는 외국보관기관 등으로부터 외화증권의 매매성립결과를 확인한 때에는 지체 없이 당해 일반투자자, 예탁결제원 및 외국환은행에게 대금 인·수

도, 외화결제금액 등 매매성립 내용을 금융감독원장이 정하는 방법에 따라 통지하여야 한다(금융투자업규정5-34 본문). 다만, 당해 일반투자자에 대한 매수성립 결과는 환전 후에 통지할 수 있다(금융투자업규정5-34 단서).

(다) 외화증권의 권리행사 통지 등

투자매매업자 또는 투자중개업자가 일반투자자의 외화증권의 권리행사 내용을 예탁결제원으로부터 통보받은 때에는 지체 없이 당해 일반투자자에게 통지하여야 한다(금융투자업규정5-35①).

투자매매업자 또는 투자중개업자는 주주총회·사채권자집회·수익자총회에서 의결권 또는 신주인수권행사 등 취득 외화증권의 권리행사에 일반투자자의 의사결정 및 지시가 필요한 경우에는 당해 일반투자자로부터 권리의 행사여부를 확인하여 예탁결제원에 통지하여야 한다(금융투자업규정5-35②).

투자매매업자 또는 투자중개업자는 발행인으로부터 교부된 통지서 또는 자료 등을 예탁결제원을 통하여 수령한 때에는 당해 수령일로부터 이를 3년간 보관하고 일반투자자의 열람에 제공하여야 한다(금융투자업규정5-35③).

(라) 외화증권 매매를 위한 환전 및 송금 또는 수령

투자중개업자는 일반투자자의 외화증권 투자업무를 처리하기 위하여 자기명의 거주자계정과 구분하여 개설한 투자중개업자 명의의 외화예금 계정을 통하여 환전을 할 수 있다(금융투자업규정5-36①). 투자중개업자는 일반투자자의 외화증권 매매 및 권리행사에 따른 원화와 외화와의 환전 및 외화송금을 당해 일반투자자로부터 위임을 받아 대행하거나, 투자중개업자 외화예금계정을 통하여 처리할 수 있다. 이 경우 투자중개업자는 그 내역을 지체 없이 일반투자자에게 통보하여야 한다(금융투자업규정5-36②).

투자중개업자가 일반투자자의 외화증권 매매 또는 권리행사와 관련하여 외화를 외국으로 송금하거나 외국으로부터 수령하고자 할 때에는 외국보관기관에 개설된 예탁결제원 명의의 외화예금계정을 통하여야 한다(금융투자업규정5-36③ 본문). 다만, 일반투자자가 외국에서 신규로 발행되는 외화증권을 청약하고자 하는 때에는 투자중개업자가 외국의 납입은행 등에 자기명의로 직접 외화를 송금할 수 있다(금융투자업규정5-36③ 단서). 이에 따라 외화를 송금한 경우에는 그 사실을 지체 없이 예탁결제원에 통보하여야 한다(금융투자업규정5-36④ 본문). 다만, 같은 항 단서에 따른 경우에는 그러하지 아니하다(금융투자업규정5-36④ 단서). 투자중개업자는 일반투자자의 외화증권 매매 또는 권리행사와 관련하여 수령한 외화를 예탁결제원 명의의 외화예금계정에 예치할 수 있다(금융투자업규정5-36⑤).

(3) 해외 파생상품시장에서의 장내파생상품 매매거래

(가) 해외 파생상품시장거래의 계좌별 구분관리

1) 투자매매업자 또는 투자중개업자의 계좌별 구분관리의무

장내파생상품의 투자매매업자 또는 투자중개업자는 해외 파생상품시장거래자기계좌,[111] 해외 파생상품시장거래총괄계좌[112] 및 해외 파생상품시장거래중개계좌[113]를 각각 구분하여 개설·관리하여야 하며, 서로 다른 용도의 계좌를 동일한 모계좌에 속한 자계좌, 모계좌와 자계좌, 그 밖에 공동계산의 계좌로 운영하여서는 아니 된다(금융투자업규정5-37①).

2) 거래총괄계좌개설 약정서면 명시사항

기타예치기관과의 해외 파생상품시장거래총괄계좌개설 약정서면에 다음의 사항을 명시하여야 한다(금융투자업규정5-37②). 여기서 다음의 사항이란 ⅰ) 예치자 명의(당해 투자중개업자의 명의로 하되 "투자자예탁금"이라고 부기하여야 한다), ⅱ) 투자중개업자는 예치금이 투자자예탁금이라는 점을 충분히 설명하였고 기타예치기관도 이를 인지하고 있다는 사항, ⅲ) 약정의 당사자는 법규에 따르거나 금융감독원장이 인정한 경우를 제외하고는 예치금을 담보로 제공하거나 양도하지 아니한다는 사항, ⅳ) 기타예치기관은 예치금을 투자중개업자, 그 밖의 제3자에 대한 채권과 상계하거나 압류(가압류 포함다)하지 아니한다는 사항, ⅴ) 약정의 당사자는 투자중개업자에게 법 제74조 제5항 각 호[114]에 따른 우선지급사유가 발생한 경우로서 금융감독원장이 우선지급업무에 관한 별도의 지시를 하는 경우 이를 준수하겠다는 내용을 말한다.

3) 투자중개업자의 재무건전성 기준 충족의무

장내파생상품의 투자중개업자는 해당국가의 파생상품관련 규제기관의 재무건전성 기준

---

111) "해외 파생상품시장거래자기계좌"란 장내파생상품의 투자매매업자 또는 투자중개업자가 해외 파생상품시장거래를 자기의 명의와 계산으로 하기 위하여 당해 해외 파생상품시장의 회원자격을 보유하고 있는 자("해외 파생상품시장회원") 또는 해외 파생상품시장회원에게 거래를 중개할 수 있는 자("해외파생상품중개인")에게 개설하는 계좌를 말한다(금융투자업규정5-30(8)).

112) "해외 파생상품시장거래총괄계좌"란 장내파생상품의 투자중개업자가 자기의 명의와 위탁자의 계산으로 해외 파생상품시장거래를 하기 위하여 해외 파생상품시장회원 또는 해외파생상품중개인에게 개설하는 계좌를 말한다(금융투자업규정5-30(9)).

113) "해외 파생상품시장거래중개계좌"란 위탁자가 장내파생상품의 투자중개업자의 중개를 통하여 해외 파생상품시장거래를 하기 위하여 해외 파생상품시장회원 또는 해외파생상품중개인에게 자기의 명의와 계산으로 개설하는 계좌를 말한다(금융투자업규정5-30(10)).

114) 1. 인가가 취소된 경우
2. 해산의 결의를 한 경우
3. 파산선고를 받은 경우
4. 제6조 제1항 제1호(=투자매매) 및 제2호(=투자중개업)의 금융투자업 전부 양도가 승인된 경우
5. 제6조 제1항 제1호 및 제2호의 금융투자업 전부 폐지가 승인된 경우
6. 제6조 제1항 제1호 및 제2호의 금융투자업 전부의 정지명령을 받은 경우
7. 그 밖에 제1호부터 제6호까지의 사유에 준하는 사유가 발생한 경우

또는 이와 유사한 재무기준에 미달하는 해외 파생상품시장회원 또는 해외파생상품중개인에게 해외 파생상품시장거래자기계좌 및 해외 파생상품시장거래총괄계좌를 유지하여서는 아니되며, 해외 파생상품시장거래중개계좌를 개설하고 있는 일반투자자에 대하여는 당해 미달사실을 지체 없이 통지하여야 한다(금융투자업규정5-37③).

(나) 해외 파생상품시장거래의 외국환은행계좌의 지정

1) 투자매매 · 중개업자의 외화예금계좌 및 원화예금계좌 개설의무

외국환은행업자를 제외한 장내파생상품의 투자매매업자 또는 투자중개업자는 해외 파생상품시장거래총괄계좌 또는 해외 파생상품시장거래자기계좌의 해외 파생상품시장거래관련 자금의 송금 또는 회수를 위하여 외국환은행에 다른 예금계좌와 구분하여 해외 파생상품시장거래총괄계좌 및 해외 파생상품시장거래자기계좌별로 각각 외화예금계좌 및 원화예금계좌를 개설하여야 한다. 이 경우 해외 파생상품시장거래총괄계좌용 외화예금계좌 및 원화예금계좌에 대하여는 위의 제5-37조 제2항을 준용한다(금융투자업규정5-38①).

2) 투자중개업자의 개설내역 파악 · 관리의무

장내파생상품의 투자중개업자는 해외 파생상품시장거래의 중개를 의뢰하는 일반투자자로부터 해외 파생상품시장거래관련 자금의 송금 또는 회수를 위하여 일반투자자가 외국환은행에 다른 예금계좌와 구분하여 개설한 외화예금계좌 및 원화예금계좌 개설내역을 파악 · 관리하여야 한다(금융투자업규정5-38②).

(다) 해외파생상품신용거래

장내파생상품의 투자매매업자 · 투자중개업자 또는 중개계좌를 개설한 일반투자자는 해외 파생상품시장회원 또는 해외파생상품중개인이 제공하는 신용으로 해외 파생상품시장거래관련 자금을 충당하도록 하는 거래("해외파생상품신용거래")를 할 수 있다(금융투자업규정5-39①).

1) 용도 외 사용금지의무 및 보고의무

장내파생상품의 투자매매업자 또는 투자중개업자는 해외 파생상품시장거래총괄계좌에 대하여 해외신용을 얻은 경우라도 이를 일반투자자에게 제공하거나 그 사용대가를 일반투자자에게 부담시켜서는 아니 되며(금융투자업규정5-39②), 자기 또는 일반투자자에게 제공된 해외신용이 해외 파생상품시장거래관련자금 이외의 용도로 사용되었음을 알게 된 경우에는 그 내역을 지체 없이 금융감독원장에게 보고하여야 한다(금융투자업규정5-39③). 보고를 받은 금융감독원장은 해외 파생상품시장거래의 질서유지, 그 밖에 공익을 위하여 필요한 경우 장내파생상품의 투자매매업자 · 투자중개업자별 또는 일반투자자별로 해외파생상품신용거래한도를 제한할 수 있다(금융투자업규정5-39④).

2) 신용거래약정서 등 보관·유지의무

장내파생상품의 투자매매업자 또는 투자중개업자는 자기 및 해외 파생상품시장거래중개계좌를 이용하는 일반투자자에 관한 해외파생상품신용거래 약정서, 사용잔고 변동내역, 사용대가 지급내역을 기준일부터 10년 이상의 기간 동안 보관·유지하여야 한다(금융투자업규정5-39⑤).

(라) 자금확인서 발급 및 발급내역 보관·유지의무

장내파생상품의 투자매매업자 또는 투자중개업자는 자기 또는 일반투자자가 해외 파생상품시장거래와 관련된 자금의 용도로 외국환은행에 지급보증을 의뢰하거나 해외에 송금하고자 하는 경우 금융감독원장이 정하는 서식에 따라 해외 파생상품시장거래 자금확인서를 발급할 수 있으며(금융투자업규정5-40①), 해외 파생상품시장거래 자금확인서 발급내역 및 발급한 해외 파생상품시장거래 자금확인서 사본을 기준일로부터 10년 이상의 기간 동안 보관·유지하여야 한다(금융투자업규정5-40②).

(마) 위탁증거금 또는 결제대금의 예탁시한

장내파생상품의 투자중개업자는 해외 파생상품시장거래를 하는 일반투자자의 계좌에서 위탁증거금 또는 결제대금 등의 예탁사유가 발생한 경우 그 예탁시한을 해외 파생상품시장, 해외 파생상품시장회원 또는 해외파생상품중개인이 지정하는 납부시한보다 빠른 시점으로 하여야 한다(금융투자업규정5-41).

(바) 보고 등

투자매매업자 또는 투자중개업자는 외국환거래규정 제7-35조에 따른 외화증권 투자현황과 장내파생상품 거래현황을 금융감독원장이 정하는 서식에 따라 매분기말을 기준으로 다음달 10일까지 이를 금융감독원장에게 보고하여야 한다. 이 경우 투자매매업자 또는 투자중개업자는 매월 장내파생상품 거래현황을 협회를 통해 금융감독원장에게 보고할 수 있다(금융투자업규정5-42①).

외화증권의 매매·취득에 따른 매매결제, 예탁·보관 및 권리행사와 관련하여 외화증권의 예탁·보관방법에 관한 사항, 예탁결제원 명의의 외화예금계정에 예치된 외화의 관리에 관한 사항, 권리행사 절차 등에 관한 사항, 예탁수수료율 및 징수방법에 관한 사항, 그 밖에 외화증권의 집중예탁 및 권리행사에 필요하다고 인정되는 사항은 예탁결제원이 정한다(금융투자업규정5-42②). 금융감독원장은 시행에 필요한 세부사항을 정할 수 있다(금융투자업규정5-42③).

제4장

파생상품시장

제1절 서설

Ⅰ. 의의

파생상품시장이란 장내파생상품의 매매를 위하여 거래소가 개설하는 시장을 말한다(법8의 2④(2)). "파생상품거래"란 한국거래소가 개설한 파생상품시장에서 이루어지는 자본시장법 제5조 제2항의 장내파생상품의 거래를 말한다(파생상품시장 업무규정2①(1)). 여기서는 파생상품시장 업무규정("업무규정")에 따라 대표적인 파생상품거래를 살펴본다.

"선물거래"란 파생상품시장 업무규정에서 정하는 기준과 방법에 따라 시장에서 이루어지는 ⅰ) 당사자가 장래의 특정 시점에 특정한 가격으로 기초자산[1]을 수수할 것을 약정하는 매매거래(가목), 또는 ⅱ) 당사자가 기초자산에 대하여 사전에 약정한 가격이나 이자율, 지표, 단위 및 지수 등의 수치("수치")와 장래의 특정 시점의 해당 기초자산의 가격이나 수치("최종결제가격")와의 차이로부터 산출되는 현금을 수수할 것을 약정하는 거래(나목)를 말한다(업무규정2①(2)).

"옵션거래"란 파생상품시장 업무규정에서 정하는 기준과 방법에 따라 시장에서 이루어지는 거래로서 당사자 중 한쪽이 다른 쪽의 의사표시에 의하여 다음의 어느 하나에 해당하는 거래를 성립시킬 수 있는 권리("옵션")를 다른 쪽에게 부여하고, 그 다른 쪽은 그 한쪽에게 대가를 지급할 것을 약정하는 파생상품거래를 말한다(업무규정2①(3)). 여기서 다음의 어느 하나에

---

1) "기초자산"이란 선물거래의 경우에는 거래의 대상물을 말하고, 옵션거래의 경우에는 매수자의 일방적 의사표시("권리행사")에 의하여 성립되는 거래의 대상물을 말한다(업무규정2(9)).

해당하는 거래는 ⅰ) 기초자산의 매매거래(가목), ⅱ) 행사가격2)과 권리행사일의 기초자산의 가격이나 수치("권리행사결제기준가격")와의 차이로부터 산출되는 현금을 수수하는 거래(나목), ⅲ) 가목의 선물거래(다목), ⅳ) 나목의 선물거래(라목)의 거래를 말한다.

Ⅱ. 업무규정

파생상품시장에서의 매매에 관하여 ⅰ) 장내파생상품 매매의 수탁에 관한 사항, ⅱ) 취급하는 장내파생상품 매매의 유형 및 품목, ⅲ) 장내파생상품 매매의 결제월, ⅳ) 파생상품시장의 개폐·정지 또는 휴장에 관한 사항, ⅴ) 장내파생상품 매매에 관한 계약의 체결 및 제한에 관한 사항, ⅵ) 위탁증거금 및 거래증거금에 관한 사항, ⅶ) 결제의 방법, ⅷ) 그 밖에 장내파생상품 매매 및 그 수탁에 관하여 필요한 사항은 거래소의 파생상품시장 업무규정으로 정한다(법 393②). 파생상품시장에 관하여는 상장규정·공시규정이 없다.

Ⅲ. 시장의 구분

파생상품시장은 주식상품시장, 금리상품시장, 통화상품시장, 일반상품시장, 선물스프레드시장 및 플렉스시장으로 구분한다(업무규정3①). 각 시장은 다음과 같이 구분한다(업무규정3②). ⅰ) 주식상품시장의 경우는 국내지수선물시장, 섹터지수선물시장, 해외지수선물시장, 국내지수옵션시장, 변동성지수선물시장, 국내주식선물시장, 해외주식선물시장, 국내주식옵션시장, ETF선물시장 및 ETF옵션시장으로 구분되고, ⅱ) 금리상품시장의 경우는 국채선물시장으로, ⅲ) 통화상품시장의 경우는 통화선물시장 및 통화옵션시장으로, ⅳ) 일반상품시장의 경우는 금선물시장 및 돈육선물시장으로, ⅴ) 선물스프레드시장의 경우는 국내지수선물스프레드시장, 섹터지수선물스프레드시장, 해외지수선물스프레드시장, 변동성지수선물스프레드시장, 국내주식선물스프레드시장, 해외주식선물스프레드시장, ETF선물스프레드시장, 국채선물스프레드시장, 통화선물스프레드시장, 금선물스프레드시장, 돈육선물스프레드시장 및 국채선물상품간스프레드시장으로, ⅵ) 플렉스시장의 경우는 플렉스선물시장으로 구분된다.

Ⅳ. 거래시간

시장의 정규거래시간은 9시부터 15시 45분까지로 한다. 다만, 돈육선물시장(돈육선물스프

---

2) "행사가격"이란 권리행사에 따라 성립되는 거래에서 사전에 설정된 기초자산의 가격 또는 수치를 말한다(업무규정2(10)).

레드시장을 포함)의 경우에는 10시 15분부터 15시 45분까지로 하고, 해외지수선물시장(해외지수
선물스프레드시장을 포함) 및 해외주식선물시장(해외주식선물스프레드시장을 포함)의 경우에는 해외
파생상품시장(법 제5조에 따른 해외 파생상품시장)의 거래시간, 거래 수요 및 거래의 편의성 등을
고려하여 9시부터 15시 45분까지로 한다(업무규정4①). 그러나 최종거래일3)이 도래한 종목4)의
정규거래시간은 최종결제방법, 최종결제가격의 산출방법 등을 고려하여 세칙으로 정한다(업무
규정4②).5)

제2절 거래소 파생상품시장의 구분

Ⅰ. 주식상품시장

1. 주가지수선물시장

(1) 의의 및 특징
(가) 의의

주가지수선물이란 "주가지수"를 기초자산으로 하는 선물을 말한다. 여기서 "주가지수"
(Stock Price Index)란 주식시장에서 거래되는 여러 기업의 주식으로 구성된 "주식묶음"을 설정
하고 이 "주식묶음"의 가치를 평가한 것이라고 할 수 있다. 즉 주가지수선물은 주가지수라는
"주식묶음"을 하나의 가상 주식처럼 생각하고 거래하는 주식선물과 유사하다고 할 수 있다. 주
가지수는 필요에 따라 얼마든지 자유롭게 설정가능하며 다양한 지수가 산출·발표되고 있다.

---

3) 최종거래일은 파생상품계약이 만료되는 날로 만기일이라고도 한다.
4) "종목"이란 선물거래의 경우에는 기초자산·최종거래일·최종결제방법 및 거래승수 등으로 구분되는 것을
  말하고, 옵션거래의 경우에는 기초자산·콜옵션과 풋옵션·행사가격·최종거래일·거래승수 및 권리행사의
  유형(최종거래일에만 권리행사를 할 수 있는 유형과 최종거래일 이전에 권리행사를 할 수 있는 유형) 등
  으로 구분되는 것을 말한다(업무규정2(13)).
5) 최종거래일이 도래한 종목(플렉스선물거래 및 해외지수선물거래의 종목은 제외하고, 선물스프레드거래의
  경우에는 선물스프레드를 구성하는 선물거래의 2개 종목 중 최종거래일이 도래한 종목이 있는 종목으로
  한다)의 정규거래시간은 다음의 구분에 따른 시간으로 한다(시행세칙3의3②).
  1. 주식상품시장 및 일반상품시장 중 금선물시장의 경우: 9시부터 15시 20분까지. 다만, 코스피200변동성
    지수선물시장의 경우에는 9시부터 15시 35분까지로 한다.
  2. 금리상품시장 및 통화상품시장의 경우: 9시부터 11시 30분까지. 다만, 통화상품시장 중 미국달러 옵선
    시장의 경우에는 9시부터 15시 30분까지로 한다.
  3. 일반상품시장 중 돈육선물시장의 경우: 10시 15분부터 15시 45분까지
  4. 선물스프레드시장의 경우: 제1호부터 제3호까지의 거래시간 중 선물스프레드를 구성하는 선물거래의
    종목에 해당하는 거래시간

그중 코스피200지수, 코스피200섹터지수, 코스피배당지수, 그리고 코스닥150지수 및 유로스톡스50지수 등 크게 5종류의 지수선물이 상장되어 있다.[6]

(나) 특징

주가지수선물시장은 주가지수를 대상으로 선물거래가 이루어지는 시장이다. 주가지수선물시장은 기초상품이 실물형태가 아닌 주가지수라는 점에서 결제수단과 결제방식이 일반 선물시장과 다르다. 결제수단은 실물의 양수도가 불가능하므로 거래시 약정한 주가지수와 만기일의 실제 주가지수 간의 차이를 현금으로 결제하게 된다. 그러므로 만기시 실제 주가지수가 거래시 약정한 주가지수를 상회할 경우에는 선물매수자가 이익을 수취하고 반대의 경우에는 선물매도자가 이익을 수취한다.[7]

거래에 참가하기 위해서는 약정금액의 일부분을 증거금으로 납부해야 하며, 적은 투자자금으로 큰 규모의 거래가 가능한 선물거래의 특성상 결제불이행위험을 방지하기 위해 일일정산방식(mark to market)이 적용되고 있다.

한편 주가지수선물시장에서는 가격결정이 합리적으로 이루어질 수 있도록 이론가격이 작성·발표된다. 이론가격은 주가지수선물 대신 현물시장에서 실제로 주식을 매입하는 경우를 가정하여 현물가격에 주가지수선물 결제일까지의 자금조달비용과 배당수익을 가감하여 산정된다. 이와 같은 이론가격에 근거하여 투자자들은 선물가격의 고평가 또는 저평가 여부를 판단한다.

(2) 기초자산

주가지수선물거래의 기초자산은 다음의 구분에 따른 주가지수로 한다(업무규정10).

(가) 국내지수선물거래의 경우

국내지수선물거래의 경우는 거래소 또는 지수산출전문기관이 주식시장을 대상으로 산출하는 국내주가지수로서 해당 지수의 대표성 및 상품성, 거래 수요 등을 고려하여 세칙으로 정하는 주가지수를 기초자산으로 한다.

여기서 "세칙으로 정하는 주가지수"란 다음의 구분에 따른 주가지수를 말한다(시행세칙4의6①). ⅰ) 코스피200선물거래 및 미니코스피200선물거래의 경우는 코스피200,[8] ⅱ) 코스닥150선물거래의 경우는 코스닥150,[9] ⅲ) KRX300선물거래의 경우는 KRX300[10]이다.

---

6) 한국거래소(2017), 「손에 잡히는 파생상품시장」, 스톤비(2017. 10), 66쪽.

7) 한국은행(2018), 「한국의 금융제도」, 한국은행(2018. 12), 367-368쪽.

8) 코스피200은 유가증권시장에 상장된 주권 중 200종목에 대하여 기준일인 1990년 1월 3일의 지수를 100포인트로 하여 거래소가 산출하는 시가총액방식의 주가지수를 말한다.

9) 코스닥150은 코스닥시장에 상장된 주권 중 150종목에 대하여 기준일인 2010년 1월 4일의 지수를 1천포인트로 하여 거래소가 산출하는 시가총액방식의 주가지수를 말한다.

10) KRX300은 유가증권시장 및 코스닥시장에 상장된 주권 중 300종목에 대하여 기준일인 2010년 1월 4일의 지수를 1천포인트로 하여 거래소가 산출하는 시가총액방식의 주가지수를 말한다.

(나) 섹터지수선물거래의 경우

섹터지수선물거래의 경우는 "ⅰ) 거래소 또는 지수산출전문기관이 산출하여야 하고, ⅱ) 시가총액이 10조원 이상이며, ⅲ) 구성종목이 10종목 이상이어야 한다(다만, 산업의 특수성 등을 고려하여 세칙으로 정하는 경우에는 구성종목이 5종목 이상)"는 요건을 충족하는 섹터지수[11]로서 구성종목과의 가격상관성 및 거래 수요 등을 고려하여 세칙으로 정하는 주가지수를 기초자산으로 한다. 여기서 "세칙으로 정하는 주가지수"란 별표 1의3에서 정하는 주가지수를 말한다(시행세칙4의6②).

(다) 해외지수선물거래의 경우

해외지수선물거래의 경우는 "ⅰ) 해외 파생상품시장에서 거래되는 파생상품의 기초자산이고, ⅱ) 해외증권시장(=증권시장과 유사한 시장으로서 해외에 있는 시장)을 대상으로 산출하여야 하며, ⅲ) 외국거래소(=외국 법령에 따라 외국에서 거래소에 상당하는 기능을 수행하는 자) 또는 지수산출전문기관이 산출하여야 하고, ⅳ) 해당 지수 또는 해당 지수를 기초자산으로 하는 파생상품 거래에 관한 권한을 가진 자와 그 지수의 사용 또는 그 파생상품의 거래 등에 관하여 제휴 또는 계약을 체결하여야 한다"는 요건을 충족하는 해외주가지수로서 해당 지수의 대표성 및 상품성, 거래 수요 및 거래의 편의성 등을 고려하여 세칙으로 정하는 주가지수를 기초자산으로 한다. 여기서 "세칙으로 정하는 주가지수"란 유로스톡스50[12]을 말한다(시행세칙4의6③).

(3) 결제월

주가지수선물거래의 결제월[13]은 ⅰ) 코스피200선물거래, 코스닥150선물거래, KRX300선물거래 및 섹터지수선물거래 및 해외지수선물거래의 경우는 3월, 6월, 9월 및 12월("분기월")이고, ⅱ) 미니코스피200선물거래의 경우는 매월로 한다(업무규정11①, 동규정 시행세칙4의7①, 이하 "시행세칙").

주가지수선물거래의 결제월의 수는 ⅰ) 코스피200선물거래, 코스닥150선물거래 및 섹터지수선물거래의 경우는 7개(3월 1개, 9월 1개, 6월 2개, 12월 3개), ⅱ) 미니코스피200선물거래의 경우는 연속하는 월 중 6개, ⅲ) KRX300선물거래의 경우는 분기월 중 4개, ⅳ) 해외지수선물거래의 경우는 분기월 중 3개로 한다(업무규정11①, 시행세칙4의7②).

주가지수선물거래 각 결제월의 거래기간은 ⅰ) 코스피200선물거래, 코스닥150선물거래 및

---

11) 섹터지수는 주식시장 상장주권을 대상으로 산업군별 또는 유형별로 구분하여 산출한 지수를 말한다.
12) 유로스톡스50은 유럽 12개 국가의 증권시장에 상장된 주권 중 50종목에 대하여 기준일인 1991년 12월 31일의 지수를 1천포인트로 하여 지수산출전문기관인 스톡스(STOXX Limited)가 산출하는 시가총액방식의 주가지수를 말한다.
13) 결제월이란 최종거래일이 도래하여 선물거래의 계약이 이행되는 달로 인도월(Delivery Month)이라고도 한다.

섹터지수선물거래의 경우, 3월종목 및 9월종목의 경우는 1년, 6월종목의 경우는 2년, 12월종목의 경우는 3년, ii) 미니코스피200선물거래의 경우는 6개월, iii) KRX300선물거래의 경우는 1년, iv) 해외지수선물거래의 경우는 9개월로 한다(업무규정11①, 시행세칙4의7③).

(4) 거래승수 및 호가가격단위

주가지수선물거래의 거래승수는 i) 코스피200선물거래의 경우는 25만, ii) 미니코스피200선물거래 및 KRX300선물거래의 경우는 5만, iii) 코스닥150선물거래의 경우는 1만, iv) 섹터지수선물거래의 경우는 별표 1의3에서 정하는 수치, v) 해외지수선물거래의 경우는 1만으로 한다(시행세칙4의8).

주가지수선물거래의 호가가격단위는 i) 코스피200선물거래의 경우는 0.05포인트, ii) 미니코스피200선물거래의 경우는 0.02포인트, iii) 코스닥150선물거래의 경우는 0.10포인트, iv) KRX300선물거래 및 섹터지수선물거래의 경우는 0.20포인트(다만 코스피고배당50선물거래 및 코스피배당성장50선물거래의 경우에는 0.50포인트), v) 해외지수선물거래의 경우는 1포인트로 한다(시행칙4의9).

(5) 최종결제방법, 최종거래일 및 최종결제일

주가지수선물거래의 최종결제는 최종거래일까지 소멸되지 아니한 미결제약정[14]수량("최종결제수량")에 대하여 최종결제차금[15]을 수수하는 방법으로 한다(업무규정14①).

주가지수선물거래의 최종거래일은 i) 제2호 이외의 거래의 경우는 결제월의 두 번째 목요일(제1호), ii) 해외지수선물거래의 경우는 유렉스 유로스톡스50선물거래의 최종거래일(제2호)로 하는데, 휴장일인 경우에는 순차적으로 앞당긴다(업무규정14②, 시행세칙5①).

주가지수선물거래의 최종결제일은 i) 제2호 이외의 거래의 경우는 최종거래일의 다음 거래일(제1호), ii) 해외지수선물거래의 경우는 최종거래일부터 계산하여 3일째의 거래일(제2호)로 한다(업무규정14②, 시행세칙5②).

주가지수선물거래의 최종결제가격은 i) 제2호 이외의 거래의 경우는 최종거래일의 해당 주가지수의 최종 수치. 다만, 최종거래일에 해당 주가지수가 없거나 해당 주가지수를 산출할 수 없는 경우에는 거래소가 다음 거래일에 해당 주가지수 구성종목의 최초약정가격[규정 제4조 제4항 제2호에 따른 주식시장의 기세를 포함]을 기초로 하여 해당 주가지수의 산출방법에 따라 산

---

14) 미결제약정은 선물의 매수·매도 포지션을 취한 상태에서 청산되지 않고 남아있는 계약 수를 말한다. 미결제약정은 선물시장에서 가격·거래량과 함께 시장상황을 판단하는 지표이다. 새로운 선물계약이 늘어나면 미결제약정이 증가하고 기존 포지션에 대한 청산계약이 증가하면 미결제약정은 감소한다. 포지션을 청산하지 않은 약정이 많다는 것은 선물을 통해 단기 시세차익을 노리는 단기거래자보다는 실제 수요에 의해 선물을 이용하는 장기투자자가 더 많다는 것을 의미한다.

15) 최종결제차금은 최종거래일의 정산가격과 최종결제가격과의 차이에 최종결제수량 및 거래승수를 곱하여 산출되는 금액을 말한다.

출하는 주가지수의 수치("특별최종결제가격")로 한다(제1호). ⅱ) 해외지수선물거래의 경우는 유렉스 유로스톡스50선물의 최종결제가격(유렉스가 정하는 기준과 방법에 따라 산출하는 해당 결제월종목의 최종결제가격)(제2호)으로 한다(시행세칙5③).

(6) 상장 주가지수선물

(가) 코스피200지수

코스피200지수는 유가증권시장에 상장된 전체 종목 중에서 시장대표성, 업종대표성 및 유동성을 감안하여 선정된 200종목을 구성종목으로 하여 산출한 지수이다. 코스피200지수는 주가지수 선물 및 옵션 거래를 용이하게 하기 위해 개발되었으며, 1990년 1월 3일을 100P(Point)로 하여 1994년 6월 15일부터 산출·발표하고 있다. 코스피200지수는 유가증권시장에 상장된 주식 중 대표적인 주식 200종목을 골라 설정한 주식묶음의 가격이라고 할 수 있다.[16]

(나) 코스피200섹터지수

코스피200섹터지수란 코스피200지수 구성종목 내에서 각 산업군(섹터)별로 대표적인 종목을 골라 묶어 만든 여러 지수를 통칭하는 말이다. 2020년 4월 기준 총 11개의 코스피200섹터지수가 있으며 모든 지수에 대한 선물상품이 상장되어 있다. 예를 들어 코스피200금융, 코스피200 정보기술, 코스피200중공업 등이다. 코스피200섹터지수 역시 코스피200지수와 기본적인 산출방식은 유사하지만 1개 종목이 지수구성 종목 전체 시가총액의 25%를 넘지 않도록 함으로써 상대적으로 소수의 종목으로 구성된 섹터지수가 특정 기업주식의 가치변동에 지나치게 의존하지 않도록 하고 있다.

(다) 코스피배당지수

거래소는 유가증권시장 상장종목 중 배당성이 높은 종목을 대상으로 다양한 종류의 코스피배당지수를 산출하고 있다. 이 중 코스피고배당50지수와 코스피배당성장50지수에 대한 선물이 파생상품시장에 상장되어 있다.

(라) 코스닥150지수

코스닥150선물은 코스닥시장의 기술주 섹터에 중점을 두면서 코스닥 종합지수의 흐름을 잘 따라가도록 시장대표성, 섹터대표성, 유동성 등의 기준으로 선정된 150개 종목으로 구성된 코스닥150지수(산출기준시점 2010. 1. 4., 1,000P)를 기초자산으로 하는 선물이다. 코스닥150지수는 코스피200지수와 같이 코스닥시장의 대표지수로 볼 수 있다.

(마) 유로스톡스50지수

유로스톡스50지수는 유로존 주요 12개국(오스트리아, 벨기에, 핀란드, 프랑스, 독일, 그리스, 아일랜드, 이탈리아, 룩셈부르크, 네덜란드, 포르투갈, 스페인)의 50종목을 대상으로 지수산출전문기관

---

16) 한국거래소(2017), 67-68쪽.

인 STOXX가 산출하는 유럽시장의 대표지수이다. 유로스톡스50지수는 국내에서 ELS 기초자산 등으로 활용되고 있으며, 유로스톡스50선물은 국내 투자자가 해외 파생상품을 거래할 때 소요 되는 높은 거래비용 및 거래환경 열위 등을 개선하기 위해 2016년 6월 상장되었다.

2. 주가지수옵션시장

(1) 의의 및 특징

(가) 의의

주가지수옵션시장은 현물시장의 주가지수를 대상으로 미래의 일정시점에 사전에 약정한 가격으로 매입·매도할 수 있는 권리가 거래되는 시장이다. 주가지수옵션시장은 주가 변동위험 에 대한 헤지 등 다양한 투자수요를 충족시키기 위해 1983년 3월 미국의 시카고옵션거래소 (CBOE: Chicago Board Options Exchange)에 S&P100지수를 대상으로 최초로 개설되었다. 우리나 라에서는 1997년 7월에 코스피200옵션시장이, 2001년 11월에 코스닥50옵션시장이, 2002년 1월 에는 개별주식을 기초자산으로 하는 주식옵션시장이 개설되었다.

주가지수옵션은 주가지수("기초자산")를 만기일에 사전에 약정한 가격("행사가격")으로 매입 또는 매도할 수 있는 권리를 나타내는 증서로서 매입권리인 콜옵션(call option)과 매도권리인 풋옵션(put option)으로 구분된다. 옵션거래시 매도자는 매수자에게 옵션을 제공하고 매수자는 그 대가로 프리미엄(옵션가격)을 지급한다.[17]

콜옵션 매수자는 만기일에 기초자산 가격(코스피200 종가 등)이 행사가격을 넘어서면 권리 를 행사할 유인이 발생하게 된다. 이 경우 손익분기점은 기초자산 가격이 행사가격과 프리미엄 의 합에 해당하는 금액과 일치할 때이며 기초자산 가격이 행사가격과 프리미엄의 합을 초과하 는 금액만큼 콜옵션 매수자의 이익이 된다. 풋옵션 매수자는 만기일에 기초자산 가격(코스피200 종가 등)이 행사가격보다 낮아야만 권리를 행사할 유인이 발생하며 기초자산 가격이 행사가격 과 프리미엄을 차감한 금액을 하회하는 만큼 풋옵션 매수자의 이익이 된다.

(나) 특징

주가지수옵션은 주가지수선물과 마찬가지로 실물이 존재하지 않는 주가지수를 거래대상 으로 하고 있으나 거래의 목적물이 권리라는 점에서 주가지수선물과 다르다. 또한 주가지수옵 션은 주가지수선물과 달리 기초자산 가격 변동에 따른 투자자의 손익구조가 비대칭적이다. 옵 션매수자는 손실이 프리미엄으로 한정되는 반면 이익은 기초자산 가격에 비례하여 증가하고, 역으로 옵션매도자는 이익이 프리미엄에 국한되는 반면 손실은 제한이 없다.

옵션매수자는 계약시 지급한 프리미엄으로 손실이 제한되므로 일일정산방식이 적용되지

---

17) 한국은행(2018), 370-371쪽.

않는 반면 옵션매도자는 상황변화에 따라 손실규모가 달라질 수 있으므로 증거금을 납입하고 일일정산방식에 따라 증거금이 인상될 경우 추가증거금을 납입해야 한다. 한편 주가지수옵션시장에서도 옵션투자와 주식투자의 기대수익이 같다는 전제하에 이론가격이 작성·발표되고 있다.[18]

(2) 기초자산

주가지수옵션거래의 기초자산은 코스피200, 코스닥150으로 한다(업무규정15, 시행세칙5의2).

(3) 결제월 및 행사가격

주가지수옵션거래의 결제월은 매월로 한다(업무규정16, 시행세칙5의3①). 주가지수옵션거래의 결제월의 수는 ⅰ) 코스피200옵션거래의 경우는 분기월이 아닌 월("비분기월") 중 4개와 분기월 중 7개(3월 1개, 9월 1개, 6월 2개, 12월 3개)의 총11개, ⅱ) 미니코스피200옵션거래의 경우는 연속하는 월 중 6개, ⅲ) 코스닥150옵션거래의 경우는 비분기월 중 2개와 분기월 중 4개의 총 6개로 한다(업무규정16, 시행세칙5의3②).

주가지수옵션거래 각 결제월의 거래기간은 ⅰ) 코스피200옵션거래의 경우, 비분기월종목의 경우는 6개월, 3월종목 및 9월종목의 경우는 1년, 6월종목의 경우는 2년, 12월종목의 경우는 3년이고, ⅱ) 미니코스피200옵션거래의 경우는 6개월이며, ⅲ) 코스닥150옵션거래의 경우, 비분기월종목의 경우는 3개월이고, 분기월종목의 경우는 1년이다(업무규정16, 시행세칙5의3③).

주가지수옵션거래의 행사가격은 각 거래개시일에 설정하고, 거래개시일의 다음 거래일 이후에는 행사가격을 추가로 설정할 수 있다(업무규정16③).

(4) 거래승수 및 호가가격단위

주가지수옵션거래의 거래승수는 ⅰ) 코스피200옵션거래의 경우는 25만, ⅱ) 미니코스피200옵션거래의 경우는 5만, ⅲ) 코스닥150옵션거래의 경우는 1만으로 한다(업무규정19, 시행세칙6의2①).

주가지수옵션거래의 호가가격단위는 ⅰ) 코스피200옵션거래의 경우, 호가의 가격이 10포인트 미만인 경우는 0.01포인트이고, 10포인트 이상인 경우는 0.05포인트이며, ⅱ) 미니코스피200옵션거래의 경우, 호가의 가격이 3포인트 미만인 경우는 0.01포인트이고, 3포인트 이상 10포인트 미만인 경우는 0.02포인트이고, 10포인트 이상인 경우는 0.05포인트이며, ⅲ) 코스닥150옵션거래의 경우, 호가의 가격이 50포인트 미만인 경우는 0.1포인트이고, 50포인트 이상인 경우는 0.5포인트이다(업무규정19, 시행세칙6의2②).

(5) 권리행사 결제방법, 최종거래일 및 최종결제일

주가지수옵션거래의 권리행사결제는 권리행사수량 및 배정수량("권리행사결제수량")에 대

---

18) 한국은행(2018), 371쪽.

하여 권리행사차금[19]을 수수하는 방법으로 한다(업무규정21①).

주가지수옵션거래의 최종거래일은 ⅰ) 결제월거래의 경우는 결제월의 두 번째 목요일(휴장일인 경우에는 순차적으로 앞당긴다), ⅱ) 결제주거래의 경우는 결제월거래의 최종거래일을 제외한 결제주의 목요일(휴장일인 경우에는 순차적으로 앞당긴다)이다(시행세칙7①).

주가지수옵션거래 권리행사의 유형은 최종거래일에만 권리행사를 할 수 있는 유형으로 하고(시행세칙7②), 권리행사에 대한 결제일("권리행사결제일")은 권리행사일의 다음 거래일로 하며(시행세칙7③), 권리행사결제기준가격은 권리행사일의 해당 주가지수의 최종 수치로 한다(시행세칙7④ 본문). 다만, 권리행사일에 해당 주가지수가 없거나 해당 주가지수를 산출할 수 없는 경우에는 특별최종결제가격으로 한다(시행세칙7④ 단서).

(6) 상장 주가지수옵션

(가) 코스피200옵션

코스피200옵션은 코스피200주가지수를 기초자산으로 하는 옵션이다. 코스피200지수는 특정 주식바스켓의 가격이라고 볼 수 있고 코스피200옵션은 이 코스피200 주식바스켓을 하나의 주식처럼 생각하고 거래하는 주식옵션과 같다고 할 수 있다. 거래소의 코스피200옵션은 1997년 7월에 상장되었다.[20]

(나) 미니코스피200옵션

미니코스피200옵션은 기존 코스피200옵션과 동일하게 한국의 대표 주가지수인 코스피200지수를 기초자산으로 하는 상품이다. 다만 1계약금액이 5분의 1(거래승수 25만 → 5만)로 작아져 소액투자 및 정밀헤지가 가능하다. 미니코스피200옵션은 2015년 7월에 상장되었다.

3. 변동성지수선물시장

(1) 의의

변동성지수선물이란 변동성지수를 기초자산으로 하는 선물상품이다. 여기서 변동성은 통계학적으로 "평균에서 멀어지는 정도"의 측정치로 기초자산 가격이 얼마나 변할 수 있을지 측정하는 척도이다. 좀 더 정확하게 말하면 기초자산 가격의 변화율(수익률) 분포의 표준편차가 변동성이 된다. 투자자 측면에서 변동성은 투자에 따른 위험을 나타내기도 한다. 변동성지수는 옵션가격을 이용, 투자자들이 예상하는 지수의 미래 변동성을 측정한 지수로 거래소는 코스피200옵션에 내재되어 있는 코스피200의 지수변동성에 대한 투자자들의 기대치인 V-KOSPI200

---

19) 권리행사차금은 행사가격과 권리행사결제기준가격과의 차이에 권리행사결제수량 및 거래승수를 곱하여 산출되는 금액을 말한다.

20) 한국거래소(2017), 68-69쪽.

지수를 산출하여 발표하고 있다. 이 V-KOSPI200지수를 기초자산으로 하는 선물이 코스피200 변동성지수선물(V-KOSPI200선물)이다.[21]

(2) 기초자산

변동성지수선물거래의 기초자산은 거래소가 산출하는 미래 일정기간의 변동성을 나타내는 지수로서 코스피200변동성지수[22]를 말한다(업무규정21의2, 시행세칙7의2).

(3) 결제월

변동성지수선물거래의 결제월은 매월로 하고(시행세칙7의3①), 결제월의 수는 연속하는 월 중 6개로 하며(시행세칙7의3②), 각 결제월의 거래기간은 6개월로 한다(시행세칙7의3③).

(4) 거래승수 및 호가가격단위

변동성지수선물거래의 거래승수는 25만으로 하고(시행세칙7의4①), 호가가격단위는 0.05포인트로 한다(시행세칙7의4②).

(5) 최종결제방법, 최종거래일 및 최종결제일

변동성지수선물거래의 최종결제는 최종결제수량에 대하여 최종결제차금을 수수하는 방법으로 하고(업무규정21의5①), 최종거래일은 결제월의 다음 달 코스피200옵션거래(결제주거래는 제외) 최종거래일의 30일 전의 날(휴장일인 경우에는 순차적으로 앞당긴다)로 하며(시행세칙7의5①), 최종결제일은 최종거래일의 다음 거래일로 하고(시행세칙7의5②), 최종결제가격은 최종거래일의 최종 코스피200변동성지수의 수치로 한다(시행세칙7의5③).

4. 주식선물시장

(1) 의의

주식시장에 상장되어 있는 주식을 기초자산으로 하는 선물을 주식선물 또는 개별주식선물이라고 한다. 모든 개별주식에 대한 선물이 상장되는 것은 아니며, 기초자산이 되는 주식의 거래유동성, 시가총액, 해당기업의 재무상태 등을 감안하여 거래수요가 있는 주식에 대해서만 선물이 상장된다. 2020년 8월 기준 거래소에는 총 146개 기업의 주식에 대한 주식선물이 상장되어 있다.[23]

(2) 기초자산

주식선물거래의 기초자산은 ⅰ) 기초자산이 국내 주권인 경우는 주식시장에 상장된 보통

---

21) 한국거래소(2017), 99쪽.
22) 코스피200변동성지수는 코스피200옵션시장에 상장된 결제월종목 등의 가격을 이용하여 거래소가 산출하는 미래 일정기간 코스피200의 변동성을 나타내는 지수를 말한다.
23) 주식선물시장은 개별주식 위험을 관리하고 ELS, ELW 등 주가연계 파생증권의 발행과 관련된 헤지수단을 제공하기 위해 2008년 5월 개설되었다.

주식 중에서 유동성, 안정성, 시가총액, 재무상태 등을 감안하여 세칙으로 정하는 주권24)이고, ⅱ) 기초자산이 해외 주권인 경우는 ㉠ 해외 파생상품시장에서 거래되는 파생상품의 기초자산이고, ㉡ 해외증권시장에 상장된 해외 주권이며, ㉢ 해당 해외 주권을 기초자산으로 하는 파생상품 거래 등에 관한 권한을 가진 자와 그 파생상품의 거래 등에 관하여 제휴 또는 계약을 체결하여야 하는 요건을 충족하는 해외 주권 중에서 상품성, 거래 수요 및 거래의 편의성 등을 감안하여 세칙으로 정하는 주권("기초주권")으로 한다(업무규정22①).

(3) 결제월

주식선물거래의 결제월은 매월로 하고, 결제월의 수는 비분기월 중 2개와 분기월 중 7개(3월 1개, 9월 1개, 6월 2개, 12월 3개)의 총 9개로 하며, 각 결제월의 거래기간은 비분기월종목의 경우는 3개월, 3월종목 및 9월종목의 경우는 1년, 6월종목의 경우는 2년, 12월종목의 경우는 3년으로 한다(업무규정24. 시행세칙8의4).

(4) 거래승수 및 호가가격단위

주식선물거래의 거래승수는 10으로 한다(업무규정25①, 시행세칙8의5). 그러나 거래소는 배당락, 권리락, 주식분할 또는 주식병합 등("배당락등")으로 기초주권의 가격이 조정되는 경우에는 세칙으로 정하는 바에 따라 거래승수를 조정한다(업무규정25② 본문). 다만, 기초주권이 1의 정수배로 분할되어 조정하려는 승수가 거래승수의 정수배가 되는 경우, 미결제약정이 없는 결제월종목의 경우, 그 밖에 시장관리상 필요하다고 인정하는 경우에는 거래승수를 조정하지 아

---

24) "세칙으로 정하는 주권"이란 매년 4월의 마지막 날("기초주권 선정기준일")을 기준으로 다음 기준을 모두 충족하는 주권 중에서 시가총액 등을 감안하여 거래소가 별도로 정하여 공표하는 주권("기초주권")을 말한다(시행세칙8①).
  1. 안정성 기준
    가. 주식시장에 상장되어 있을 것. 다만, 유가증권시장 업무규정 또는 코스닥시장 업무규정에 따라 대용증권에서 제외되는 종목은 제외한다.
    나. 기초주권 선정기준일이 속하는 월의 직전월부터 소급한 6개월의 일평균 종가(수정주가를 포함)가 액면가액의 150% 이상일 것
    다. 기초주권 선정기준일이 속하는 사업연도의 직전 3개 사업연도 사업보고서상 50% 이상의 자본잠식이 없는 법인이 발행할 것
    라. 기초주권 선정기준일이 속하는 사업연도의 직전 3개 사업연도 감사보고서상 감사의견이 적정인 법인이 발행할 것
    마. 기초주권 선정기준일이 속하는 사업연도의 직전 3개 사업연도 중에 회생절차가 개시되거나 채권금융기관 또는 채권은행의 공동관리·경영관리가 개시된 법인이 아닌 법인이 발행할 것
    바. 직전월부터 소급한 36개월 이내의 기간에 단기과열종목(주식시장에서 단기과열종목으로 지정된 주권 종목)으로 지정된 횟수가 2회 이내인 법인이 발행할 것
  2. 유동성 기준
    가. 유통주식수가 2백만주 이상일 것
    나. 소액출자자(자본시장법 시행령 제120조 제2항에 따른 소액출자자)수가 2천명 이상일 것
    다. 1년간 주식시장에서의 거래대금이 5천억원 이상일 것

니할 수 있다(업무규정25② 단서). 거래승수를 조정하지 아니하는 경우에는 미결제약정의 계약 금액이 유지될 수 있도록 세칙으로 정하는 바에 따라 미결제약정수량을 조정할 수 있다(업무규정25③).

주식선물거래의 호가가격단위는 ⅰ) 기초주권이 유가증권시장 상장주권인 경우, 호가의 가격이 1만원 미만인 경우는 10원, 1만원 이상 5만원 미만인 경우는 50원, 5만원 이상 10만원 미만인 경우는 100원, 10만원 이상 50만원 미만인 경우는 500원, 50만원 이상인 경우는 1천원이고, ⅱ) 기초주권이 코스닥시장 상장주권인 경우, 호가의 가격이 1천원 미만인 경우는 1원, 1천원 이상 5천원 미만인 경우는 5원, 5천원 이상 1만원 미만인 경우는 10원, 1만원 이상 5만원 미만인 경우는 50원, 5만원 이상인 경우는 100원으로 한다(업무규정25④, 시행세칙10의2).

(5) 최종결제방법 · 최종거래일 · 최종결제일

주식선물거래의 최종결제는 최종결제수량에 대하여 최종결제차금을 수수하는 방법으로 하고(업무규정27①), 최종거래일은 결제월의 두 번째 목요일(휴장일인 경우에는 순차적으로 앞당긴다)로 하며(시행세칙11①), 최종결제일은 최종거래일의 다음 거래일로 하고(시행세칙11②), 최종결제가격은 최종거래일 기초주권의 종가로 한다(시행세칙11③ 본문). 다만, 최종거래일에 종가가 없는 경우에는 최종거래일 기초주권의 기준가격으로 한다(시행세칙11③ 단서).

5. 주식옵션시장

(1) 의의

주식시장에 상장되어 있는 주식을 기초자산으로 하는 옵션을 주식옵션 또는 개별주식옵션이라고 한다. 우리나라에서는 미국 등 다른 나라와 달리 주식선물(2008년)보다 주식옵션이 먼저 상장되었으며, 2002년 1월 33개 기업이 주식을 기초자산으로 하는 옵션이 상장되었다. 주식옵션의 경우에도 주식선물의 경우와 동일하게 기초자산이 되는 주식의 거래 유동성, 시가총액, 해당 기업의 재무상태 등을 감안하고 거래수요가 있는 주식의 옵션만이 상장되며, 2020년 8월 기준 총 46개 종목이 상장되어 있다.

(2) 기초자산

주식옵션거래의 기초자산은 주식시장에 상장된 보통주식 중에서 유동성, 안정성, 시가총액, 재무상태 등을 감안하여 기초주권 선정기준일을 기준으로 유동성 기준 및 안정성 기준을 모두 충족하는 주권 중에서 시가총액 등을 감안하여 거래소가 별도로 정하여 공표하는 주권으로 한다(업무규정28, 시행세칙13①).

(3) 결제월 및 행사가격

주식옵션거래의 결제월은 매월로 하고(시행세칙13의2①), 결제월의 수는 비분기월 중 2개와 분기월 중 4개의 총 6개로 하며(시행세칙13의2②), 각 결제월의 거래기간은 비분기월종목의 경우는 3개월, 분기월종목의 경우는 1년으로 한다(시행세칙13의2③).

주식옵션거래의 행사가격은 각 결제월의 거래개시일에 설정하고, 거래개시일의 다음 거래일 이후에는 행사가격을 추가로 설정할 수 있으며(업무규정30②), 각 결제월의 거래개시일에 설정하는 행사가격의 수는 9개로 한다(시행세칙14①).

(4) 거래승수 및 호가가격단위

주식옵션거래의 거래승수는 10으로 한다(시행세칙15의2). 그러나 거래소는 배당락등으로 기초주권의 가격이 조정되는 경우에는 세칙으로 정하는 바에 따라 거래승수를 조정한다(업무규정35② 본문). 거래승수를 조정하는 경우에는 세칙으로 정하는 바에 따라 조정한 거래승수와 구분하여 조정 전 승수를 1계약으로 하는 행사가격의 설정을 한다(업무규정35④).

다만, 기초주권이 1의 정수배로 분할되어 조정하려는 승수가 거래승수의 정수배가 되는 경우, 미결제약정이 없는 종목의 경우, 그 밖에 시장관리상 필요하다고 인정하는 경우에는 거래승수를 조정하지 아니할 수 있다(업무규정35② 단서). 거래승수를 조정하지 아니하는 경우에는 미결제약정의 계약 금액이 유지될 수 있도록 세칙으로 정하는 바에 따라 미결제약정수량을 조정할 수 있다(업무규정35③).

주식옵션거래의 호가가격단위는 호가의 가격이 1천원 미만인 경우는 10원, 1천원 이상 2천원 미만인 경우는 20원, 2천원 이상 5천원 미만인 경우는 50원, 5천원 이상 1만원 미만인 경우는 100원, 1만원 이상인 경우는 200원으로 한다(시행세칙18의2).

(5) 권리행사결제 · 최종거래일 · 권리행사결제일

주식옵션거래의 권리행사결제는 권리행사결제수량에 대하여 권리행사차금을 수수하는 방법으로 하며(업무규정37①), 최종거래일은 결제월의 두 번째 목요일(휴장일인 경우에는 순차적으로 앞당긴다)로 한다(시행세칙19①). 주식옵션거래 권리행사의 유형은 최종거래일에만 권리행사를 할 수 있는 유형으로 하고(시행세칙19②), 권리행사결제일은 권리행사일의 다음 거래일로 하며(시행세칙19③), 권리행사결제기준가격은 권리행사일 기초주권의 종가로 한다(시행세칙19④ 단서). 다만, 권리행사일에 종가가 없는 경우에는 권리행사일 기초주권의 기준가격으로 한다(시행세칙19④ 단서).

6. ETF선물시장

(1) 의의

ETF선물은 주식시장에 상장되어 있는 ETF를 기초자산으로 하는 선물상품으로 현재 거래소에는 투자자 수요가 높고 ETF현물 거래량이 많은 ETF를 기초자산으로 하는 ETF선물 3종목이 상장되어 있다. 거래소는 2017년 6월 ETF선물을 최초로 상장하였으며, ETF선물의 상장으로 주가지수·개별주식·ETF로 이어지는 주식 관련 파생상품 라인업이 완비되었다.[25] 2020년 8월 기준 총 5개의 ETF선물이 상장되어 있다.

(2) 기초자산

ETF선물거래의 기초자산은 주식시장에 상장된 ETF 중에서 유동성, 안정성, 시가총액, 거래 수요 등을 감안하여 세칙으로 정하는 ETF로 한다(업무규정37의2). 여기서 "세칙으로 정하는 ETF"란 기초ETF 선정기준일을 기준으로 다음의 기준을 모두 충족하는 ETF 중에서 시가총액 등을 감안하여 별표 1의4에서 정하는 ETF("기초ETF")를 말한다(시행세칙20의2①).

1. 주식시장에 상장되어 있을 것. 다만, 유가증권시장 업무규정에 따라 대용증권에서 제외되는 종목은 제외한다.
2. 기초ETF 선정기준일이 속하는 월의 직전월("직전월")부터 소급한 36개월 이내의 기간에 유가증권시장 상장규정 제115조에 따라 관리종목으로 지정된 횟수가 1회 이내일 것
3. 발행좌수가 1백만좌 이상일 것
4. 1년간 주식시장에서의 거래대금이 500억원 이상일 것

제1항에 따른 시가총액은 직전월부터 소급한 12개월의 월평균 시가총액으로 한다. 이 경우 각 월의 시가총액은 각 월의 마지막 거래일의 ETF 종가에 발행좌수를 곱한 금액으로 한다(시행세칙20의2②).

제1항 제4호에 따른 거래대금은 직전월부터 소급한 12개월의 거래대금으로 한다. 이 경우 그 기간 중에 상장된 ETF의 거래대금은 상장일 이후의 거래대금을 12개월의 거래대금으로 환산하여 계산한다(시행세칙20의2③).

(3) 결제월

ETF선물거래의 결제월은 분기월로 하고(시행세칙20의3①), 결제월의 수는 4개로 하며(시행세칙20의3②), 각 결제월의 거래기간은 1년으로 한다(시행세칙20의3③).

---

25) 한국거래소(2017), 69쪽.

(4) 거래승수 및 호가가격단위

ETF선물거래의 거래승수는 100으로 한다(시행세칙20의4①). 그러나 거래소는 분배락 등으로 ETF의 가격이 조정되는 경우에는 세칙으로 정하는 바에 따라 거래승수를 조정한다. 다만, 분배락 등으로 조정하려는 승수가 거래승수(=100)의 정수배가 되는 경우, 미결제약정이 없는 종목의 경우, 그 밖에 시장관리상 필요하다고 인정하는 경우에는 거래승수를 조정하지 아니할 수 있다(업무규정37의4②). 거래승수를 조정하지 아니하는 경우에는 미결제약정의 계약 금액이 유지될 수 있도록 세칙으로 정하는 바에 따라 미결제약정수량을 조정할 수 있다(업무규정37의4③). ETF선물거래의 호가가격단위는 5원으로 한다(시행세칙20의4②).

(5) 최종결제방법·최종거래일·최종결제일

ETF선물거래의 최종결제는 최종결제수량에 대하여 최종결제차금을 수수하는 방법으로 한다(업무규정37의5①). ETF선물거래의 최종거래일은 결제월의 두 번째 목요일(휴장일인 경우에는 순차적으로 앞당긴다)로 하고(시행세칙20의5①), 최종결제일은 최종거래일의 다음 거래일로 하며(시행세칙20의5②), 최종결제가격은 최종거래일 기초ETF의 종가로 한다. 다만, 최종거래일에 종가가 없는 경우에는 최종거래일 기초ETF의 기준가격으로 한다(시행세칙20의5③).

그러나 ⅰ) 기초ETF가 상장폐지되는 경우로서 상장폐지일의 직전 2거래일 이후에 그 기초ETF에 관한 ETF선물거래의 최종거래일이 도래하는 경우에는 최종거래일을 기초ETF 상장폐지일의 직전 2거래일로 변경하고, ⅱ) 그 밖에 거래소가 시장관리상 필요하다고 인정하는 경우에는 최종거래일을 거래소가 그때마다 정하는 날로 변경한다(시행세칙20의5④).

Ⅱ. 금리상품시장(국채선물시장)

1. 채권선물의 의의

채권선물은 국고채, 지방채 등의 채권을 기초자산으로 하는 선물상품으로 현재 거래소에는 만기가 3종류인 국채선물(기초자산이 국고채)이 상장되어 있다. 3년국채선물은 선물의 만기일 기준 3년의 잔존기간을 가진 국고채를 대상으로 거래하는 상품이며 5년국채선물과 10년국채선물은 만기일 기준 각 5년, 10년의 잔존기간을 가진 국고채를 대상[26]으로 거래하는 상품을 말한다.[27]

---

26) 실제로는 매번 선물의 만기일마다 해당 조건을 충족하는 채권이 존재하는 것은 불가능하기 때문에 시장에 존재하는 여러 채권을 가지고 선물상품에 적합한 채권과 동등하도록 합성한 여러 채권 묶음(이른바 "채권바스켓")을 기초자산으로 거래한다.
27) 한국거래소(2017), 69쪽.

2. 기초자산 및 거래단위

국채선물거래의 기초자산은 국채법 제4조 제1항 제1호[28])의 국고채권 중 일정한 잔존기간별 금리 대표성, 유동성, 거래 수요 등을 감안하여 ⅰ) 3년국채선물거래의 경우는 액면 100원, 만기 3년, 표면금리 연 5%, 6개월 단위 이자지급방식의 국고채권표준물을 말하고, ⅱ) 5년국채선물거래의 경우는 액면 100원, 만기 5년, 표면금리 연 5%, 6개월 단위 이자지급방식의 국고채권표준물을 말하며, ⅲ) 10년국채선물거래의 경우는 액면 100원, 만기 10년, 표면금리 연 5%, 6개월 단위 이자지급방식의 국고채권표준물을 말한다(시행세칙20의6①).

국채선물거래의 거래단위는 액면 1억원으로 한다(시행세칙20의6②).

3. 결제월

국채선물거래의 결제월은 분기월로 하고(시행세칙20의7①), 결제월의 수는 2개로 하며(시행세칙20의7②), 각 결제월의 거래기간은 6개월로 한다(시행세칙20의7③).

4. 거래승수, 호가가격단위 및 가격의 표시

국채선물거래의 거래승수는 100만으로 하고, 호가가격단위는 0.01로 하며, 가격은 액면 100원당 원화로 표시한다(시행세칙20의8).

5. 최종결제방법, 최종거래 및 최종결제일

국채선물거래의 최종결제는 최종결제수량에 대하여 최종결제차금을 수수하는 방법으로 하고(업무규정42①), 최종거래일은 결제월의 세 번째 화요일(휴장일인 경우에는 순차적으로 앞당긴다)로 하며, 최종결제일은 최종거래일의 다음 거래일로 한다(시행세칙20의9①②).

Ⅲ. 통화상품시장

1. 통화선물시장

(1) 의의

통화선물이란 미래의 일정시점에 인수도할 외국환을 현재시점에서 미리 매수하거나 매도하는 거래(선물거래)를 말한다. 외국환의 종류에 따라 달러선물, 엔선물 등으로 불리는데 거래

---

28) 1. 공공자금관리기금법 제2조에 따른 공공자금관리기금의 부담으로 발행하는 국채("국고채권").

소에는 미국달러선물, 엔선물, 유로선물, 위안선물이 상장되어 있다.[29]

통화선물거래는 환리스크 관리 목적, 투기적 목적 및 차익거래 목적 등으로 이용된다. 환리스크 관리 목적 거래는 현재 보유 중이거나 또는 앞으로 발생할 현물환포지션과 반대방향으로 통화선물을 매수 또는 매도함으로써 환율변동에 따른 리스크를 회피하는 것을 말한다. 투기적 목적 거래는 환율상승 예상시 통화선물을 매수하고 환율하락 예상시 통화선물을 매도함으로써 시세차익을 추구한다. 그리고 차익거래 목적 거래는 환율의 변동방향과 상관없이 선물가격과 현물가격의 일시적인 불균형을 이용하여 선물환과 현물환 중 상대적으로 저평가된 것을 매수하고 고평가된 것을 매도한 후 현물환율과 선물환율의 차이가 축소된 시점에서 반대거래를 통하여 위험을 부담하지 않고 이익을 실현한다.[30]

(2) 기초자산 및 거래단위

통화선물거래의 기초자산은 "외국환거래법 제3조 제1항 제2호의 외국통화"(내국통화 외의 통화) 중 유동성, 국제금융시장의 대표성, 거래 수요 등을 감안하여 세칙으로 정하는 외국통화로 한다(업무규정44①). 여기서 "세칙으로 정하는 외국통화"란 미국달러, 엔, 유로 및 위안을 말한다(시행세칙25의2①). 통화선물거래의 거래단위는 미국달러선물거래의 경우는 1만달러, 엔선물거래의 경우는 100만엔, 유로선물거래의 경우는 1만유로, 그리고 위안선물거래의 경우는 10만위안으로 한다(시행세칙25의2②).

(3) 결제월

통화선물의 결제월은 매월로 하고, 결제월의 수는 ⅰ) 미국달러선물거래의 경우는 비분기월 중 8개와 분기월 중 12개의 총 20개, ⅱ) 엔선물거래, 유로선물거래, 위안선물거래의 경우는 비분기월 중 4개와 분기월 중 4개의 총 8개로 하며, 각 결제월의 거래기간은 ⅰ) 미국달러선물거래의 경우, 비분기월종목의 경우는 1년, 분기월종목의 경우는 3년, ⅱ) 엔선물거래, 유로선물거래, 위안선물거래의 경우는 비분기월종목의 경우는 6개월, 분기월종목의 경우는 1년으로 한다(시행세칙25의3).

(4) 거래승수, 호가가격단위 및 가격의 표시

통화선물거래의 거래승수는 ⅰ) 미국달러선물거래, 엔선물거래 및 유로선물거래의 경우는 1만, ⅱ) 위안선물거래의 경우는 10만으로 한다(시행세칙25의4①). 통화선물거래의 호가가격단위는 0.10으로 한다. 다만, 위안선물거래의 경우에는 0.01로 한다(시행세칙25의4②). 통화선물거래의 가격은 ⅰ) 미국달러선물거래의 경우는 1달러당 원화, ⅱ) 엔선물거래의 경우는 100엔당 원화, ⅲ) 유로선물거래의 경우는 1유로당 원화, ⅳ) 위안선물거래의 경우는 1위안당 원화로

---

29) 한국거래소(2017), 70쪽.
30) 한국은행(2016b), 181-182쪽.

표시한다(시행세칙25의4③).

(5) 최종결제방법, 최종거래일 및 최종결제일

통화선물거래의 최종결제는 최종결제수량에 대하여 통화와 최종결제대금을 수수하는 방법으로 하고(업무규정48①), 최종거래일은 결제월의 세 번째 월요일(휴장일인 경우에는 순차적으로 앞당긴다)로 하고(시행세칙25의5①), 최종결제일은 최종거래일부터 계산하여 3일째의 거래일로 한다(시행세칙25의5②).

통화선물거래의 최종결제대금은 [최종결제가격 × 최종결제수량 × 거래승수]의 계산식에 따라 산출한다(시행세칙25의5③).

통화선물거래의 최종결제가격은 최종거래일의 정산가격으로 한다(시행세칙25의5④).

(6) 인수도내역의 통지

거래소는 최종거래일의 장종료 후 통화선물거래의 최종결제수량 및 통화의 수수액과 최종결제대금등 인수도내역을 결제회원에게 통지한다(시행세칙27①). 결제회원이 거래소로부터 통화선물거래의 인수도내역을 통지받은 경우에는 지체 없이 매매전문회원에게 해당 매매전문회원의 인수도내역을 통지하여야 한다(시행세칙27②).

(7) 통화와 결제대금의 수수

통화선물거래의 최종결제에 따른 통화와 최종결제대금의 수수는 다음 구분에 따른 방법으로 한다(시행세칙28①). 통화의 수수는 결제은행에 거래의 결제를 위하여 개설한 계좌를 통하여 통화를 지급 또는 수령하는 방법으로 수행한다(시행세칙28②).

1. 납부할 결제회원은 제109조에 따른 인수도결제시한까지 통화 또는 최종결제대금을 거래소에 납부하고, 거래소는 규정 제105조의2에 따라 수령할 결제회원(자신이 납부할 최종결제대금 또는 통화의 납부를 완료한 결제회원)에게 통화를 인도하거나 최종결제대금을 지급한다.
2. 지정결제회원과 매매전문회원은 규정 제104조제3항에 따라 통화와 최종결제대금을 수수하여야 한다.

2. 통화옵션시장

(1) 의의

미리 정한 환율로 최종거래일에 외국환을 매수 또는 매도할 수 있는 권리를 거래하는 것을 통화옵션이라고 한다. 이때 미리 정한 환율이 옵션의 행사가격이 된다. 미국달러옵션은 1999년 4월 3일 상장되었으며, 우리가 흔히 쓰는 환율표기 방식인 원/$를 가격표시방식으로

사용하고 있다.[31]

(2) 기초자산 및 거래단위

통화옵션거래의 기초자산은 "외국환거래법 제3조 제1항 제2호의 외국통화(내국통화 외의 통화) 중 유동성, 국제금융시장의 대표성, 거래 수요 등을 감안하여 정한 미국달러를 말한다(시행규칙28의2①). 통화옵션거래의 거래단위는 1만 미국달러로 한다(시행세칙28의2②).

(3) 결제월 및 행사가격

통화옵션거래의 결제월은 매월로 하고, 결제월의 수는 비분기월 중 2개와 분기월 중 2개의 총 4개로 하며, 각 결제월의 거래기간은 비분기월종목의 경우는 3개월, 분기월종목의 경우는 6개월로 한다(시행세칙28의3).

통화옵션거래의 행사가격은 각 결제월의 거래개시일에 설정하고, 거래개시일의 다음 거래일 이후에는 행사가격을 추가로 설정할 수 있다(업무규정50②). 통화옵션거래 각 결제월의 거래개시일에 설정하는 행사가격의 수는 7개로 한다(시행세칙29①). 통화옵션거래 각 결제월의 거래개시일에는 10원을 행사가격단위로 하여 등가격 및 등가격에 연속하는 상하 각 3개의 행사가격을 설정한다(시행세칙29②). 통화옵션거래 각 결제월의 거래개시일의 다음 거래일 이후에 등가격이 변경되고 등가격보다 높은 행사가격의 수 또는 낮은 행사가격의 수가 3개보다 작은 거래일에는 등가격보다 높은 행사가격의 수 또는 낮은 행사가격의 수가 각각 3개가 되는 때까지 가장 높거나 가장 낮은 행사가격으로부터 10원을 행사가격단위로 하여 행사가격을 추가로 설정한다(시행세칙29③).

(4) 거래승수, 호가가격단위 및 가격의 표시

통화옵션거래의 거래승수는 1만으로 하고, 호가가격단위는 0.10으로 하며, 가격은 원화로 표시한다(시행세칙29의4).

(5) 권리행사 결제방법, 최종거래일 및 최종결제일

통화옵션거래의 권리행사결제는 권리행사결제수량에 대하여 권리행사차금을 수수하는 방법으로 한다(업무규정55①). 통화옵션거래의 최종거래일은 결제월의 세 번째 월요일(휴장일인 경우에는 순차적으로 앞당긴다)로 한다. 다만, 결제월의 세 번째 월요일이 서울외국환중개주식회사의 비영업일인 경우에는 최종거래일은 ⅰ) 해당 종목의 거래개시일 이전부터 비영업일인 경우는 결제월 세 번째 월요일의 전일, ⅱ) 해당 종목의 거래개시일 이후에 비영업일로 되는 경우는 결제월 세 번째 월요일의 다음 거래일로 변경한다(시행세칙29의5①).

통화옵션거래 권리행사의 유형은 최종거래일에만 권리행사를 할 수 있는 유형으로 하며(시행세칙29의5②), 권리행사결제일은 권리행사일의 다음 거래일로 한다(시행세칙29의5③).

---

31) 한국거래소(2017), 99쪽.

통화옵션거래의 권리행사결제기준가격은 외국환거래규정 제1-2조 제7호 및 「외국환거래
업무 취급세칙」 제4-3조에 따라 외국환중개회사의 장이 권리행사일의 다음 날 영업개시 30분
전까지 기획재정부장관 등에게 통보하는 매매기준율로 한다(시행세칙29의5④ 본문). 다만 ⅰ) 최
종거래일에 본문에 따른 매매기준율이 없는 경우는 권리행사일의 다음 영업일(서울외국환 중개
주식회사의 영업일)에 서울외국환중개주식회사에서 최초로 공표하는 매매기준율을 권리행사결
제기준가격으로 하고, ⅱ) 그 밖에 시장관리상 필요한 경우는 거래소가 그때마다 정하는 가격
을 권행사결제기준가격으로 한다(시행세칙29의5④ 단서).

Ⅳ. 일반상품시장(금선물시장 및 돈육선물시장)

1. 의의

미래 일정시점에 거래할 일반상품(원자재, 귀금속, 에너지 상품 등)을 현재 미리 거래하는 계
약으로 거래소에는 축산물품질평가원에서 산출하는 돈육대표가격을 기초자산으로 하는 돈육선
물, 순도 99.99%의 금지금을 기초자산으로 하는 금선물이 일반상품선물로 상장되어 있다.[32]

2. 기초자산 및 거래단위

일반상품선물거래의 기초자산은 ⅰ) 금선물거래의 경우는 금지금,[33] ⅱ) 돈육선물거래의
경우는 돈육대표가격[34]을 기초자산으로 한다(업무규정56①).

일반상품선물거래의 거래단위는 ⅰ) 금선물거래의 경우는 중량 100그램, ⅱ) 돈육선물거
래의 경우는 중량 1천킬로그램으로 한다(시행세칙29의6①).

3. 결제월

일반상품선물거래의 결제월은 매월로 하며(시행세칙29의6②), 결제월의 수는 ⅰ) 금선물거
래의 경우는 2월·4월·6월·8월·10월·12월("짝수월") 중 6개와 짝수월이 아닌 월("홀수월") 중
1개의 총 7개, ⅱ) 돈육선물거래의 경우는 연속하는 월 중 6개로 한다(시행세칙29의6③).

일반상품선물거래 각 결제월의 거래기간은 ⅰ) 금선물거래의 경우, 짝수월종목의 경우는
1년, 홀수월종목의 경우는 2개월, ⅱ) 돈육선물거래의 경우는 6개월로 한다(시행세칙29의6④).

---

32) 한국거래소(2017), 70쪽.
33) 금지금은 「KRX금시장 운영규정」에 따른 금지금을 말한다.
34) 돈육대표가격은 품질평가원이 「돈육 대표가격 관리기준」에 따라 공표하는 일별 대표가격으로서 공표일 직
전 2일간 축산물도매시장에서 형성된 돈육도체별 경락가격의 합계액을 도체중량 합계액으로 나누어 산출
하는 돈육의 1킬로그램당 평균가격을 말한다.

4. 거래승수, 호가가격단위 및 가격의 표시

일반상품선물거래의 거래승수는 금선물거래의 경우는 100, 돈육선물거래의 경우는 1천으로 한다(시행세칙29의7①).

일반상품선물거래의 호가가격단위는 금선물거래의 경우는 10원, 돈육선물거래의 경우는 5원으로 한다(시행세칙29의7②).

일반상품선물거래의 가격은 금선물거래의 경우는 1그램당 원화, 돈육선물거래의 경우는 1킬로그램당 원화로 표시한다(시행세칙29의7③).

5. 최종결제방법, 최종거래일 및 최종결제일

일반상품선물거래의 최종결제는 최종결제수량에 대하여 최종결제차금을 수수하는 방법으로 하고(업무규정60①), 최종거래일은 결제월의 세 번째 수요일(휴장일인 경우에는 순차적으로 앞당긴다)로 한다(시행세칙30①). 그러나 돈육선물거래에서 결제월의 세 번째 수요일이 규정 제5조 제1항 제6호[35])에 따른 휴장일인 경우에는 그 휴장일의 다음 거래일을 최종거래일로 변경한다. 다만, 규정 제5조 제1항 제6호에 따른 휴장일이 결제월의 세 번째 수요일부터 6일 이상 연속되는 경우에는 6일째의 휴장일로 한다(시행세칙30②). 다만 거래소는 시장관리상 필요하다고 인정하는 경우에는 최종거래일을 변경하지 아니하거나 제2항에서 정하는 날 이외의 날로 최종거래일을 변경할 수 있다(시행세칙30③). 최종거래일을 변경하는 경우에 새로운 결제월의 거래개시일은 변경되는 최종거래일의 다음 거래일로 한다(시행세칙30④).

일반상품선물거래의 최종결제일은 금선물거래의 경우는 최종거래일의 다음 거래일, 돈육선물거래의 경우는 최종거래일부터 계산하여 3일째의 거래일로 한다(시행세칙32의2①).

V. 선물스프레드시장

1. 의의와 구분

(1) 선물스프레드거래의 의의

선물스프레드거래란 기초자산이 동일한 선물거래의 2개 결제월물 중 1개 결제월물은 매수하고 다른 결제월물은 매도하기 위하여 2개 결제월물 간의 가격차이(스프레드)로 호가하여 거래하는 상품이다.

---

35) 6. 돈육선물시장의 경우에는 「축산법」에 따라 설립된 축산물품질평가원("품질평가원")이 「돈육 대표가격 관리기준」에서 정한 축산부류도매시장 및 축산물공판장("축산물도매시장")의 과반수가 휴장하는 날

선물스프레드거래의 매도·매수는 일반적으로 선물의 종목이 잔존만기가 길수록 가격이 높아지기 때문에 가격이 높은 원월물을 기준으로 구분한다. 다만 금리상품은 반대로 근월물의 가격이 높기 때문에 근월물을 기준으로 구분한다.[36]

선물스프레드거래의 경우 스프레드를 구성하는 결제월이 다르면 다른 종목으로 취급되며, 현재는 거래량이 많은 최근월종목과 각 원월종목 간 선물스프레드거래만 인정하고 있다. 따라서 코스피200선물스프레드거래의 경우에는 코스피200선물의 종목 수가 7개이므로 6개의 선물스프레드 종목이 있으며, 3년국채선물스프레드거래는 3년국채선물의 종목 수가 2개이므로 항상 1개의 선물스프레드 종목이 있게 된다.

(2) 구분

선물스프레드거래는 종목간스프레드거래와 상품간스프레드거래로 구분된다(업무규정2①(14)). ⅰ) 종목간스프레드거래는 기초자산 및 거래승수가 같은 선물거래의 2개 종목 중 동일한 수량으로 한쪽 종목의 매도와 다른 쪽 종목의 매수를 동시에 성립시키기 위하여 해당 2개 종목의 가격 차이("선물스프레드")를 기초자산으로 하는 거래를 말하고, ⅱ) 상품간스프레드거래는 기초자산이 다른 선물거래의 2개 종목 중 한쪽 종목의 매도와 다른 쪽 종목의 매수를 동시에 성립시키기 위하여 해당 2개 종목의 선물스프레드를 기초자산으로 하는 거래를 말한다.

2. 종목간스프레드거래

(1) 종목간스프레드거래의 종목

종목간스프레드거래의 종목은 기초자산 및 거래승수가 동일한 선물거래에서 세칙으로 정하는 2개의 종목 간 선물스프레드별로 구분한다(업무규정62①). 이에 따라 종목간스프레드거래의 종목은 다음 구분에 따른 종목으로 한다(시행세칙46①).

ⅰ) 3년국채선물스프레드거래, 5년국채선물스프레드거래 및 10년국채선물스프레드거래의 경우는 최근월종목[37]과 원월종목 간 1개의 종목, ⅱ) 해외지수선물스프레드거래의 경우는 최근월종목과 각 원월종목 간 2개의 종목, ⅲ) KRX300선물스프레드거래 및 ETF선물스프레드거래의 경우는 최근월종목과 각 원월종목 간 3개의 종목, ⅳ) 미니코스피200선물스프레드거래, 코스피200변동성지수선물스프레드거래 및 돈육선물스프레드거래의 경우는 최근월종목과 각 원월종목 간 5개의 종목, ⅴ) 코스피200선물스프레드거래, 코스닥150선물스프레드거래, 섹터지수선물스프레드거래 및 금선물스프레드거래의 경우는 최근월종목과 각 원월종목 간 6개의 종목, ⅵ) 엔선물스프레드거래, 유로선물스프레드거래 및 위안선물스프레드거래의 경우는 최근월

---

36) 한국거래소(2017), 73-74쪽.
37) "최근월종목"이란 결제월종목 중 최종거래일이 가장 먼저 도래하는 종목을 말한다(업무규정2(19)).

종목과 각 원월종목 간 7개의 종목, vii) 주식선물스프레드거래의 경우: 최근월종목과 각 원월종목 간 8개의 종목, viii) 미국달러선물스프레드거래의 경우는 최근월종목과 각 원월종목 간 19개의 종목이다.

그러나 거래가 개시되지 않은 종목이 있는 종목간스프레드거래의 종목과 주식선물스프레드거래의 종목 중에서 최근월종목과 원월종목 간 거래승수가 다른 종목간스프레드거래의 종목을 제외한다(시행세칙46②).

(2) 종목간스프레드거래의 가격

종목간스프레드거래에서 가격은 원월종목(최종거래일이 나중에 도래하는 종목)의 가격에서 근월종목(최종거래일이 먼저 도래하는 종목) 가격을 뺀 가격으로 한다. 다만, 금리상품의 경우에는 근월종목의 가격에서 원월종목의 가격을 뺀 가격으로 한다(업무규정62②). 종목간스프레드거래에서 매도는 근월종목의 매수 및 원월종목의 매도를 하는 거래로 한다. 다만, 금리상품의 경우에는 근월종목의 매도 및 원월종목의 매수를 하는 거래로 한다(업무규정62③). 종목간스프레드거래에서 매수는 근월종목의 매도 및 원월종목의 매수를 하는 거래로 한다. 다만, 금리상품의 경우에는 근월종목의 매수 및 원월종목의 매도를 하는 거래로 한다(업무규정62④).

(3) 호가가격단위 및 가격의 표시방법

종목간스프레드거래의 호가가격단위는 선물스프레드를 구성하는 선물거래의 호가가격단위로 한다. 이 경우 주식선물스프레드거래의 호가가격단위는 선물스프레드를 구성하는 선물거래 종목의 기준가격에 해당하는 호가가격단위 중 낮은 가격으로 한다(시행세칙46의2①). 종목간스프레드거래의 가격은 0, 양수 또는 음수로 표시한다(시행세칙46의2②).

(4) 종목간스프레드거래의 성립에 따른 의제약정가격

종목간스프레드거래가 성립된 경우에는 해당 체결된 수량과 동일한 수량으로 기초자산 및 거래승수가 동일한 선물거래의 근월종목과 원월종목의 결제월거래가 동시에 세칙으로 정하는 가격을 약정가격으로 하여 체결된 것으로 본다(업무규정63).

여기서 세칙으로 정하는 의제약정가격[38]은 ⅰ) 최근월종목의 경우는 해당 종목간스프레드거래가 성립되기 이전에 체결된 최근월종목의 직전약정가격으로 하고, ⅱ) 원월종목의 경우는 최근월종목의 의제약정가격에 해당 종목간스프레드거래의 약정가격을 더한 가격으로 한다. 다만, 금리상품의 경우에는 최근월종목의 의제약정가격에서 해당 종목간스프레드거래의 약정가격을 뺀 가격으로 한다(시행세칙47①).

그러나 앞의 원월종목의 의제약정가격이 제56조(선물거래의 가격제한) 제1항의 상한가보다

---

38) "의제약정가격"이란 선물스프레드거래의 성립에 따라 거래가 체결된 것으로 보는 선물거래 결제월종목의 약정가격을 말한다(시행세칙2(3)).

높은 경우에는 상한가를, 제56조 제2항의 하한가보다 낮은 경우에는 하한가를 해당 원월종목의 의제약정가격으로 한다. 이 경우 최근월종목의 의제약정가격은 원월종목의 의제약정가격에서 해당 종목간스프레드거래의 약정가격을 뺀 가격(금리상품의 경우에는 원월종목의 의제약정가격에 해당 종목간스프레드거래의 약정가격을 더한 가격)으로 한다(시행세칙47②).

최근월종목의 경우를 적용하는 경우 제64조(단일가호가의 범위) 제1항 제1호부터 제3호까지의 단일가호가에 따라 가장 먼저 성립되는 최근월종목의 약정가격(제64조 제1항 각 호 외의 부분 단서에 따라 성립되는 약정가격은 제외)이 종목간스프레드거래의 약정가격보다 나중에 체결되는 경우에도 해당 최근월종목의 약정가격이 종목간스프레드거래의 약정가격보다 먼저 성립된 것으로 본다 (시행세칙47③).

3. 상품간스프레드거래

(1) 상품간스프레드거래의 종목

상품간스프레드거래의 종목은 국채선물상품간스프레드거래로서 3년국채선물과 10년국채선물의 최종거래일이 같은 종목 간 2개의 종목으로 한다(시행세칙47의2①). 그러나 거래가 개시되지 않은 종목이 있는 상품간스프레드거래의 종목은 제외한다(시행세칙47의2②).

(2) 상품간스프레드거래의 매수 · 매도의 구분방법 등

국채선물상품간스프레드거래에서 매수는 3년국채선물 종목 3계약의 매수 및 10년국채선물 종목 1계약의 매도를 하는 거래로 하고, 매도는 3년국채선물 종목 3계약의 매도 및 10년국채선물 종목 1계약의 매수를 하는 거래로 한다(시행세칙47의3①).

국채선물상품간스프레드거래의 가격은 다음의 계산식에 따라 산출되는 가격으로 한다(시행세칙47의3②).

(3년국채선물의 가격 − 3년국채선물의 기준가격) × 3년국채선물 종목 계약수 ÷ 10년국채선물 종목 계약수 − (10년국채선물의 가격 − 10년국채선물의 기준가격)

(3) 상품간스프레드거래의 호가가격단위 등

국채선물상품간스프레드거래의 호가가격단위는 0.01로 한다(시행세칙47의4①). 국채선물상품간스프레드거래의 가격은 0, 양수 또는 음수로 표시한다(시행세칙47의4②).

(4) 상품간스프레드거래의 성립에 따른 의제약정가격 등

상품간스프레드거래가 성립된 경우에는 선물거래가 세칙으로 정하는 약정가격 및 수량으로 동시에 체결된 것으로 본다(업무규정63의3). 이에 따라 국채선물상품간스프레드거래의 의제약정가격은 ⅰ) 3년국채선물 종목의 경우는 해당 종목의 기준가격, ⅱ) 10년국채선물 종목의 경우는 해당 종목의 기준가격에서 해당 상품간스프레드거래의 약정가격을 뺀 가격으로 한다(시행세칙47의5①). 국채선물상품간스프레드거래의 1계약당 의제약정수량은 3년국채선물 종목 3계약 및 10년국채선물 종목 1계약으로 한다(시행세칙47의5②).

Ⅵ. 플렉스시장(플렉스선물시장)

1. 비결제월거래

파생상품시장 업무규정 제9조[39) 제1항에도 불구하고 플렉스선물거래는 매 거래일별로 거래를 구분한다(업무규정64의2①). 파생상품시장 업무규정 제9조 제2항에도 불구하고 플렉스선물거래는 제75조의4(플렉스협의거래)에 따라 특정한 최종거래일 및 최종결제방법으로 하는 플렉스협의거래가 최초로 신청되는 날을 새로운 종목의 거래개시일로 한다(업무규정64의2②). 거래소는 천재·지변, 전시·사변, 시장에서의 화재, 경제사정의 급변 또는 급변이 예상되는 경우, 그밖에 시장관리상 필요하다고 인정하는 경우에는 플렉스선물거래의 최종거래일을 변경할 수 있다(업무규정64의2③).

2. 기초자산, 거래단위 및 거래승수

플렉스선물거래의 기초자산은 미국달러로 한다(시행세칙47의6①). 미국달러플렉스선물거래의 거래단위, 거래승수, 호가가격단위 및 가격의 표시에 관하여는 제25조의2 및 제25조의4의 미국달러선물거래를 준용한다(시행세칙47의6②).

3. 최종결제방법·최종거래일·최종결제일 등

(1) 최종결제방법

플렉스선물거래의 최종결제는 각 종목별로 ⅰ) 기초자산을 수수하는 종목의 경우는 최종결제수량에 대하여 기초자산과 최종결제대금을 수수하는 방법으로, 또는 ⅱ) 현금을 수수하는 종목의 경우는 최종결제수량에 대하여 최종결제차금을 수수하는 방법 중에서 플렉스협의거래의 당사자 간에 협의된 방법으로 한다(업무규정64의5①).

(2) 최종거래일

미국달러플렉스선물거래의 최종거래일은 각 종목별로 플렉스협의거래의 신청일부터 미국

---

39) 파생상품시장 업무규정 제9조(결제월거래) ① 파생상품거래는 결제월의 특정한 거래일을 최종거래일로 하는 거래("결제월거래")로 구분한다.
② 파생상품거래는 최초로 최종거래일이 도래하는 결제월거래의 최종거래일의 다음 거래일을 새로운 결제월거래의 거래개시일로 한다.

달러선물거래 제6근월종목의 최종거래일 직전 2거래일까지의 기간 중에서 ⅰ) 해당 미국달러 플렉스선물거래 종목의 거래가 개시되지 않은 경우에는 플렉스협의거래의 신청일을 제외한 거래일, ⅱ) 미국달러선물거래 각 결제월종목의 최종거래일 및 최종거래일 전후 1거래일을 제외한 거래일, ⅲ) 그 밖에 시장관리상 필요하다고 거래소가 인정하는 날을 제외한 거래일로 한다 (시행세칙47의7①).

(3) 최종결제일

미국달러플렉스선물거래의 최종결제일은 ⅰ) 기초자산을 수수하는 종목의 경우는 최종거래일부터 계산하여 3일째의 거래일, ⅱ) 현금을 수수하는 종목의 경우는 최종거래일의 다음 거래일로 한다(시행세칙47의7②).

(4) 최종결제대금

미국달러플렉스선물거래의 최종결제대금은 다음 계산식에 따라 산출한다(시행세칙47의7③).

$$최종결제가격 \times 최종결제수량 \times 거래승수$$

(5) 최종결제가격

미국달러플렉스선물거래의 최종결제가격은 최종거래일에 플렉스협의거래의 신청시간 종료 전 30분간 서울외국환중개주식회사에서 형성된 미국달러 현물환거래의 환율("현물환율")을 거래량으로 가중평균하여 산출되는 가격(소수점 다섯째자리에서 반올림한다)으로 한다(시행세칙47의7④ 본문). 다만, ⅰ) 플렉스협의거래의 신청시간 종료 전 30분간 형성된 현물환율이 5건 미만인 경우는 당일 플렉스협의거래 신청시간 종료 직전에 형성된 현물환율 5건을 거래량으로 가중평균하여 산출되는 가격(소수점 다섯째자리에서 반올림한다)으로 하고, ⅱ) 당일 플렉스협의거래 신청시간 종료 이전에 체결된 현물환율이 5건 미만인 경우는 외국환거래규정에 따라 다음 날에 지정·고시되는 매매기준율(해당 매매기준율이 없는 경우에는 그 직전일의 매매기준율)로 한다(시행세칙47의7④ 단서). 제4항 단서에도 불구하고 플렉스협의거래의 신청시간이 변경되거나 그 밖에 시장관리상 필요한 경우에는 거래소가 그때마다 정하는 가격을 미국달러플렉스선물거래의 최종결제가격으로 할 수 있다(시행세칙47의7⑤).

제3절 장외파생상품시장

Ⅰ. 서설

1. 개요

2007년 미국에서 발생한 서브프라임 모기지 사태를 기점으로 전세계 금융시장은 오랜 기간 혼란의 시기를 거쳐 왔다. 장외파생상품과 관련해서는 전반적으로 금융기관 간 거래상대방위험 관리의 부족한 측면을 노출시켰으며, 시장과 관련된 전반적인 투명성이 결여되어 있음을 여실히 드러내었다. 예컨대 전세계 금융시장에서 영업활동을 하던 리먼 브라더스, AIG 등 대형 금융기 관의 투자손실이 파생상품을 포함한 다양한 매개체를 통해 전체 금융시장의 시스템리스크를 증 가시켰고, 이는 연쇄적인 반응을 통해 금융시스템 전반을 위협하는 위기를 초래하였다.[40]

파생상품거래가 2008년 이후 불거진 글로벌 금융위기의 주된 원인 중 하나로 지목받음에 따라 국제적으로 파생상품에 대한 규제강화에 대한 논의가 시작되었다. 규제의 사각지대에 있 던 장외파생상품시장을 규제권역으로 끌어들여 투명성을 높이고 위험을 방지하려는 전세계적 인 공감대가 형성되었다. 규제의 범위와 관련해서는 특정 국가의 범위 내에서 논의되는 것이 아니라 G20, FSB 등과 같은 국제금융기구에서 전반적인 방향성에 대한 지침을 제공하고, 하위 실행기구에서는 구체적으로 정형화된 지침을 만드는 등 국제적인 수준으로 논의가 이루어지고 있기 때문에 국내파생상품시장을 둘러싼 규제환경의 변화도 필연적이라고 할 수 있다.

따라서 파생상품의 경우 국경 간 거래가 빈번하여 국제시장 간 연계성이 높은 상품 또는 시장이기 때문에 이러한 규제환경 변화에 따라 국내파생상품시장과 관련된 규제와 감독 방식 의 변화도 예외로 빠질 수 없는 상황이 되었다.

일견 국내파생상품시장을 둘러싼 규제환경의 경우, 다른 선진국 시장과 비교해서 상대적 으로 체계적이고 엄격하여 규제의 허점(loophole)이 비교적 작은 것으로 평가할 수 있다. 하지 만 새로운 규제환경을 받아들이는 시기는 국가별로 다소 차이가 있을 수 있으나, 우리나라도 이를 결국에는 받아들일 수밖에 없는 상황에 직면해 있고, 이미 일부 조치는 받아들이기 위한 법적 장치를 마련하고 있다.

---

40) 김영도(2013b), 「장외파생상품시장 규제환경 변화와 국내시장의 영향」, 한국금융연구원 연구보고서(2013. 10), 1쪽.

2. 장외파생상품시장의 규제강화 배경

2008년 전세계 금융시장을 강타한 글로벌 금융위기 촉발의 주요 원인 중 하나로 장외파생상품 거래가 지목되었다. 실제로 글로벌 금융위기의 시발이라고 할 수 있는 리먼 브라더스의 파산 사건이나 AIG의 부실 사태 등에서 빠지지 않고 등장했던 이슈들이 장외파생상품, 특히 신용관련 파생금융상품의 거래와 관련된 내용이며, 그중에서 가장 핵심적인 내용은 장외파생상품 거래와 관련된 통제되지 않은 위험에 대한 것이었다. 이 중에서도 리먼 브라더스의 파산 이후 이와 장외파생상품 거래를 수행했던 수 많은 거래상대방들이 연쇄적으로 또 다른 위험에 직면하게 되는 등 과거에 전혀 주목을 받지 못했던 거래상대방위험이 새롭게 부각되기 시작하였다.[41]

프라임 브로커리지 은행이었던 리먼 브라더스가 파산상태에 빠지자 헤지펀드들이 자금조달시 리먼 브라더스에 담보로 맡겨놓은 자산들이 동결되면서 단기금융시장이 일시에 마비되는 등 시장 전체의 혼란을 가져왔다. 또한 여러 금융기관들이 기초자산 포지션 위험을 제거하기 위해 AIG 등 보험회사로부터 구매했던 신용부도스왑(CDS)이 AIG의 부실화로 인하여 가치를 상실했던 것도 거래상대방위험의 중요성을 일깨워주는 계기로 작용하였다. 뿐만 아니라 거래 당사자 간의 일대일 합의거래를 기본으로 하는 장외파생상품의 거래 특성으로 인해 각국의 감독당국은 시장의 전체적인 위험을 파악하고 적절한 해결방안을 도출하는 데 장시간 애로를 겪었고, 이로 인해 장외파생상품시장의 투명성 확보에 심각한 문제가 있음을 깨닫게 되었다.

장외파생상품시장은 국내외적으로 그동안 공적규제에서 벗어나 있었다. 미국 등 금융 선진국에서도 장외파생상품 거래는 일반적으로 기존 규제의 틀에서 벗어나 있는 거래(또는 상품)로 간주하면서 비정형화된 금융상품을 거래하는 시장으로 인식되었다. 하지만 금융공학의 발달과 같은 기술적인 요인과 함께 2000년대 접어들면서 지속된 저금리 기조, 금융의 세계화 등 다양한 요인으로 인해 다양한 금융상품에 대한 시장수요가 팽창하고, 또한 이를 공급하려는 국제적인 금융기관의 성장으로 장외파생상품시장이 급격하게 팽창하기 시작하였다.

글로벌 금융위기 이후 각국의 감독당국은 규제 공백으로 인한 시장의 성장에 주목하였으며, 결국 시장의 과도한 팽창이 글로벌 금융위기를 불러일으키는 결정적인 역할을 수행했다고 판단하였다. 실제 금융위기 과정에서 장외파생상품시장은 과도한 양자간 거래에 따른 거래상대방위험 증가, 딜러-대고객 간 정보 비대칭문제, 도미노효과 차단 장치 부재, 상품의 비표준화 규제체계 부재 등 여러 문제점도 함께 노출되었다.

이러한 장외파생상품시장과 관련된 문제의식이 고취되며 글로벌 금융위기 이후로 전세계의 금융패러다임은 감독과 규제를 강화하는 추세로 전환되었으며, 주요국에서는 국제적인 논

---

41) 김영도(2013b), 3~4쪽.

의와 별개로 자발적으로 선제적인 장외파생상품시장에 대한 규제 및 감독 강화에 나서려는 움직임도 본격화되기 시작하였다.

3. 새로운 장외파생상품 거래 인프라

전세계적으로 논의되고 있는 장외파생상품과 관련된 규제의 핵심은 장외파생상품과 관련된 거래 인프라를 구축하여 전체적인 시장의 위험을 줄이고, 시스템위험을 사전에 파악하여 대응할 수 있는 체제를 구축하는 것이라고 할 수 있다. 2009년 G20 피츠버그 정상회의의 합의안 등에 포함되어 있고, 국제적인 차원에서 논의되고 있는 주요 인프라는 중앙청산소, 거래정보저장소, 전자거래플랫폼, 거래확인자동화(automatic matching and confirmation) 서비스, 그리고 잔존거래 축약(compression) 서비스 등이 있다.

(1) 중앙청산소

거래 인프라 중에서 우선 각국에서 핵심적으로 추진된 것은 중앙청산소(CCP)이다. 일반적으로 파생상품을 포함하는 금융상품의 거래절차는 매매체결, 청산, 그리고 결제로 구분할 수 있다. 이 중에서 청산(clearing)은 거래당사자 간의 거래를 차감(netting)하여 하나의 채권 또는 채무를 산출하고 결제를 지시하는 일련의 과정을 의미한다. 중앙청산소의 개념은 표준화된 모든 장외파생상품 거래에서 모든 매도자(또는 매수자)에 대한 매수자(또는 매도자) 역할을 중앙청산소가 수행하여 청산절차를 시행하고 결제이행을 보증하는 것이다. 그리하여 거래상대방위험을 제거하고, 다자간 차감에 의한 순포지션(net position)을 정리하여 위험산정액을 감소시키며, 결제불이행으로 인한 위험의 전이를 사전에 차단하는 데 그 의의가 있다.[42]

실제로 다양한 거래 인프라 중에서 국제적으로 가장 빠르게 구축되고 있는 것이 중앙청산소이다. 글로벌 금융위기 이전에도 미국, 유럽 등 금융선진국에서는 일부 금융상품에 대한 중앙청산소를 운영하고 있었다. 하지만 금융위기가 확산된 이후 규제당국의 움직임과 별도로 관련 업계가 자발적으로 중앙청산소를 통한 청산서비스 제공을 확대하였다. 미국에서는 CME Clearing House, International Derivative Clearing Group(IDCG) 산하의 IDCH, 그리고 ICE trust를 통해 금리스왑(IRS), 신용부도스왑(CDS) 및 상품파생거래의 청산서비스를 제공하기 시작하였다.

1999년부터 LCH.Clearnet을 통해 IRS에 대한 청산서비스를 선도적으로 제공하였던 유럽에서도 LCH.Clearnet, NYSE Euronext의 자회사인 Liffe, ICE Clear Europe, Eurex 등에서 CDS와 같은 새로운 장외파생상품의 청산서비스를 개시하였다. 또한 2011년 이후에는 CME, LCH.Clearnet 등에서 주식 및 NDF와 같은 통화파생상품에 대한 새로운 청산서비스를 제공하

---

42) 김영도(2013b), 11-12쪽.

고 있다.

아시아권에서도 중앙청산소 설립이 가시화되고 있다. 일본에서는 6개 거래소가 공동출자하여 만든 JSCC가 IRS와 CDS에 대한 청산서비스를 각각 2012년 10월, 2011년 7월부터 시행하고 있다. 오랫동안 상품·해운과 관련한 청산서비스를 제공하고 있는 싱가폴 SGX도 NDF에 청산서비스를 개시하면서 금융거래와 관련된 서비스 영역을 확대하고 있다.

(2) 거래정보저장소

또 다른 중요 장외파생상품 거래 인프라로 거래정보저장소(TR)가 있다. 거래정보저장소는 이름 그대로 장외파생상품의 계약별 거래정보(상세 계약정보)를 계약당사자로부터 보고받아 기록을 수집하고 관리하는 주체를 말한다. 거래정보가 집중되기 때문에 거래정보저장소를 이용하여 시장 전체의 장외파생상품 거래량 및 포지션 등의 정보를 집계하고 공시할 수 있으며, 감독기관에게 장외파생상품시장에 관한 감독 정보의 정기적인 제공과 개별 거래내역에 대한 정확한 정보제공이 적시에 이루어질 수 있게 된다. 하지만 중앙청산소의 설립과는 달리 거래정보저장소 설립과 이용에 관해서는 다양한 이슈가 해결되지 않고 있는 실정이다. 다양한 이슈들은 수집 정보의 보안문제, 감독 정보 공유시 각국별 정보보호법의 충돌문제, 그리고 다수의 거래정보저장소 설립시 감독방안에 대한 문제들을 포함한다. 따라서 아직까지 중앙청산소에 비해 상대적으로 진전이 느린 것으로 평가할 수 있다.[43]

그러나 일부 진전된 모습을 보이기도 하였는데, 미국의 DTCC TIW(Trade Information Warehouse)는 2010년 3월부터 CDS 거래와 관련된 정보를 저장하고 자발적으로 감독당국에게 관련 정보를 제공한다고 발표하였다. 스웨덴에 위치하고 있는 ICAP 그룹의 TriOptima는 이자율파생상품 거래와 관련된 정보를 제공하기 위해 IR TRR(Interest Rate Trade Reporting Repository)을 2010년 1월에 설립하고 본격적인 운영에 들어갔다. DTCC와 MarkitSERV는 조인트벤처 형식으로 EDRR(Equity Derivatives Reporting Repository)이라는 주식파생상품에 관한 거래정보저장소 서비스를 제공하면서 주식관련 파생상품의 거래정보저장소로서의 역할을 수행하기 시작하였다. EDRR에는 14개의 글로벌 금융딜러들이 참가하고 있으며, 장외주식파생상품에 대해 옵션, 주식·배당·포트폴리오 스왑, CFD(contract for difference) 등의 서비스를 제공하고 있다.

또한 전자거래플랫폼과 관련된 인프라에서도 MarkitWire, SWIFT 등 기존에 유사한 서비스를 제공하던 업체 중심으로 새로운 플랫폼을 개발하여 전통적인 수작업확인 방식에서 자동화된 거래확인 시스템으로 변모를 꾀하고 있다. 이로써 주요 금융회사들이 2009년 뉴욕연방준비은행에 보낸 서신에서 확약하였던 거래정보저장소 이용을 위해 CDS의 경우 DTCC의 TIW가, 금리파생상품의 경우에는 TriOptima의 IR TRR이, 그리고 주식파생상품은 EDRR이 담당하는

---

43) 김영도(2013b), 14–15쪽.

형태로 CDS, 이자율 및 주식 관련 장외파생상품 등 주요 장외파생상품에 관한 거래정보저장소가 모두 서비스를 시작하게 되었다.

(3) 전자거래플랫폼

조직화된 매매체결기구로서의 전자거래플랫폼도 주요한 거래 인프라의 하나이다. 전통적인 장외파생상품의 매매체결은 전화나 보이스 브로커(voice broker) 등을 이용한 수작업에 의존해 왔다. 전자거래플랫폼은 이러한 매매체결 과정을 효율적으로 만들기 위해 등장한 것으로 현재 이용되고 있는 방식은 스크린 방식, 보이스 브로커와 연계된 하이브리드 방식 등이 있다. 하지만 정규거래소, 딜러의 거래사이트, 브로커 중개거래 등과의 역할 구분이 불분명하여 국제적인 개념 정립도 미진한 상황으로 남아 있다. 또한 거래확인자동화, 그리고 잔존거래축약 서비스 등도 중요한 거래 인프라로 거론되고 있지만 아직은 인프라 구축과 관련된 논의와 진행이 더딘 상황이다.[44]

Ⅱ. 장외파생상품의 매매

1. 장외파생상품의 매매규제

투자매매업자 또는 투자중개업자는 장외파생상품을 대상으로 하여 투자매매업 또는 투자중개업을 하는 경우에는 다음의 기준을 준수하여야 한다(법166의2①).

(1) 일반투자자의 위험회피 목적 거래로 제한

장외파생상품의 매매 및 그 중개·주선 또는 대리의 상대방이 일반투자자인 경우에는 그 일반투자자가 대통령령으로 정하는 위험회피 목적의 거래를 하는 경우에 한하여야 한다. 이 경우 투자매매업자 또는 투자중개업자는 일반투자자가 장외파생상품 거래를 통하여 회피하려는 위험의 종류와 금액을 확인하고, 관련 자료를 보관하여야 한다(법166의2①(1)).

여기서 "대통령령으로 정하는 위험회피 목적의 거래"란 위험회피를 하려는 자가 보유하고 있거나 보유하려는 자산·부채 또는 계약 등("위험회피대상")에 대하여 미래에 발생할 수 있는 경제적 손실을 부분적 또는 전체적으로 줄이기 위한 거래로서 계약체결 당시 다음의 요건을 충족하는 거래를 말한다(영186의2). 다음의 요건은 ⅰ) 위험회피대상을 보유하고 있거나 보유할 예정이고, ⅱ) 장외파생거래 계약기간 중 장외파생거래에서 발생할 수 있는 손익이 위험회피대상에서 발생할 수 있는 손익의 범위를 초과하지 않을 것을 말한다.

---

44) 김영도(2013b), 15쪽.

(2) 매매에 따른 위험액의 한도제한

장외파생상품의 매매에 따른 위험액이 금융위원회가 정하여 고시하는 한도를 초과하지 아니하여야 한다(법166의2①(2)). 여기서 위험액은 "금융위원회가 정하여 고시하는 위험액"을 말하는데, 이는 시장위험액, 신용위험액, 그리고 운영위험액(겸영금융투자업자의 경우에는 내부 위험관리기준에 따른 위험액)을 합산한 금액을 말한다(금융투자업규정5-49①).

또한 여기서 "금융위원회가 정하여 고시하는 한도"란 ⅰ) 겸영금융투자업자 이외의 투자매매업자 또는 투자중개업자는 자기자본(개별재무제표의 자본총계)의 30%를 말하고, ⅱ) 겸영금융투자업자인 투자매매업자 또는 투자중개업자는 당해 겸영금융투자업자의 내부기준에서 정한 한도를 말한다(금융투자업규정5-49② 본문). 다만, 겸영금융투자업자가 그 한도를 정하거나 변경하는 경우에는 그 사실을 10영업일 이내에 금융감독원장에게 보고하여야 한다(금융투자업규정5-49② 단서).

(3) 업무제한

영업용순자본에서 총위험액을 차감한 금액을 제15조(인가요건의 유지), 제20조(등록요건의 유지), 제117조의4 제8항(온라인소액투자중개업자의 등록요건의 유지) 또는 제249조의3 제8항(전문사모집합투자업의 등록요건의 유지)에서 요구하는 인가업무 또는 등록업무 단위별 자기자본(각 해당 조항에서 대통령령으로 정하는 완화된 요건)을 합계한 금액으로 나눈 값이 150%에 미달하는 경우에는 그 미달상태가 해소될 때까지 새로운 장외파생상품의 매매를 중지하고, 미종결거래의 정리나 위험회피에 관련된 업무만을 수행하여야 한다(법166의2①(3)). 겸영금융투자업자의 경우에는 금융위원회가 정하여 고시하는 경우를 말한다(법166의2①(3)). 여기서 "금융위원회가 정하여 고시하는 경우"란 당해 겸영금융투자업자에 적용되는 금융산업구조개선법에 따른 적기시정조치의 기준을 하회하는 경우를 말한다(금융투자업규정5-49③).

(4) 파생상품업무책임자의 승인

장외파생상품의 매매를 할 때마다 파생상품업무책임자의 승인을 받아야 한다(법166의2①(4)). 다만, 다음의 요건을 모두 충족하는 장외파생상품의 매매에 대하여는 매매를 할 때마다 파생상품업무책임자의 승인을 받지 아니할 수 있다(금융투자업규정5-49④). 여기서 다음의 요건은 ⅰ) 파생상품업무책임자의 승인을 받은 기본계약서에 근거하여 체결한 장외파생상품 매매이어야 하고, ⅱ) 법 제5조 제1항 제1호(＝선물) 또는 제3호(＝스왑)에 따른 파생상품으로서 채권가격, 금리 또는 통화를 기초자산으로 하는 장외파생상품 매매이거나 또는 파생상품업무책임자로 부터 위임받은 자가 승인한 매매(파생상품업무책임자에게 사후보고하는 거래에 한한다)이어야 한다. 다만 승인을 위임하고자 하는 금융투자회사는 매매금액 및 위험 등을 고려한 위임 및 사후보고에 관한 내부기준을 마련하여야 하는 것을 말한다.

(5) 거래내역 보고의무

월별 장외파생상품(파생결합증권을 포함)의 매매, 그 중개·주선 또는 대리의 거래내역을 다음 달 10일까지 금융위원회에 보고하여야 한다(법166의2①(5)).

(6) 금융투자협회의 사전심의

기초자산이 시행령 제4조 제10항 제4호 또는 제5호[45])에 해당하는 장외파생상품 또는 일반투자자를 대상으로 하는 장외파생상품을 신규로 취급하는 경우 협회의 사전심의를 받아야 한다(법166의2①(6)).

다만, 기초자산 등에 관한 정보가 증권시장 등에서 충분히 제공되는 경우(일반투자자를 대상으로 하는 장외파생상품은 제외), 협회의 사전심의를 받은 장외파생상품과 같거나 비슷한 구조의 상품으로서 협회가 정하는 기준을 충족하는 경우 등은 사전심의 대상에서 제외한다(영177조의2).

장외파생상품에 관한 사전심의업무의 수행을 위하여 금융투자협회에 장외파생상품심의위원회를 설치한다(288의2)

2. 장외파생상품의 위험관리기준

(1) 위험관리조직 설치의무

장외파생상품에 대한 투자매매업의 인가를 받은 금융투자업자 또는 인수업을 포함한 투자매매업의 인가를 받은 금융투자업자는 경영상 발생할 수 있는 위험을 실무적으로 종합관리하고 이사회(위험관리위원회 포함)와 경영진을 보조할 수 있는 영업부서 및 지원부서와는 독립적으로 운영되는 전담조직을 두어야 한다(금융투자업규정3-43②).

(2) 위험관리기준 요건 충족

장외파생상품을 대상으로 하여 투자매매업 또는 투자중개업을 영위하는 금융투자업자는 다음의 위험관리기준을 모두 충족하여야 한다. 즉 위험관리기준인 ⅰ) 별표 15에 따른 종합평가결과가 "양호" 이상이어야 하고, ⅱ) 별표 15의 "1. 평가항목" 중 ㉠ 위험관리조직 및 인력, ㉡ 위험측정 및 관리실무, 그리고 ㉢ 위험관리 및 내부통제전산시스템에 대한 평가점수는 각각 2.4점 이하이어야 한다(금융투자업규정5-50① 전단). 이 경우 별표 15 제5호(=인가업무 단위별 위험관리기준 평가방법)에서 정하는 바에 따라 장외파생상품에 대한 투자매매업과 투자중개업의 특성 및 장외파생상품에 대한 인가업무 단위에 따라 부담하는 위험의 차이를 고려하여 평가할

---

45) 4. 신용위험(당사자 또는 제3자의 신용등급의 변동, 파산 또는 채무재조정 등으로 인한 신용의 변동)
　　5. 그 밖에 자연적·환경적·경제적 현상 등에 속하는 위험으로서 합리적이고 적정한 방법에 의하여 가격·이자율·지표·단위의 산출이나 평가가 가능한 것

수 있다(금융투자업규정5-50① 후단). 이에 따른 위험관리에 관한 세부평가기준은 별표 16(=위험관리 및 내부통제기준등에 관한 세부 평가기준)과 같다(금융투자업규정5-50②).

(3) 종합평가와 보고의무

장외파생상품을 대상으로 하여 투자매매업 또는 투자중개업을 영위하는 금융투자업자는 반기별로 종합평가를 실시하고 그 결과를 금융감독원장에게 보고하여야 한다(금융투자업규정5-50③).

(4) 거래평가서의 통보

장외파생상품을 대상으로 투자매매업을 영위하는 금융투자업자는 장외파생상품을 일반투자자와 매매한 경우 월 1회 이상 장외파생상품의 평가내역이 포함된 거래평가서를 일반투자자에게 통보하여야 한다(금융투자업규정5-50④).

3. 외환파생상품 거래 위험관리

외국환업무취급금융투자업자는 "외환파생상품거래위험관리기준"을 자체적으로 설정·운영하여야 한다(금융투자업규정3-45의2①). 외국환업무취급금융투자업자는 외환파생상품 거래를 체결할 경우 거래의 상대방에 대하여 그 거래가 위험회피 목적인지 여부를 확인하여야 하고, 거래상대방별로 거래한도를 설정하여야 하며, 다른 외국환업무취급기관과 이미 체결된 외환파생상품 거래잔액을 감안하여 운영하여야 한다(금융투자업규정3-45의2②).

Ⅲ. 거래정보저장소

1. 거래정보저장소의 선정

금융위원회는 장외파생상품 거래의 매매에 따른 위험관리 및 투자자보호를 위하여 ⅰ) 장외파생상품 거래와 관련된 정보를 수집·보관 및 관리하기에 충분한 인력과 전산설비, 그 밖의 물적 설비를 갖추고, ⅱ) 정관 및 업무규정이 법령에 적합하여야 하며, ⅲ) 이해상충방지, 정보보호 및 천재지변, 전산장애 등에 대비한 비상계획의 수립 등 적절한 내부통제기준을 갖춘 자 중에서 장외파생상품 거래와 관련된 정보를 수집·보관 및 관리하는 기관("거래정보저장소")을 선정할 수 있다(금융투자업규정5-50의2).

2. 거래정보의 보고

(1) 보고의무

금융투자업자 및 금융투자상품거래청산회사는 자신의 명의로 체결하거나 채무를 부담하는 장외파생상품의 거래에 관하여 거래정보를 거래정보저장소에 보고하여야 한다(금융투자업규정 5-50의3① 전단). 여기서 거래정보란 ⅰ) 거래당사자에 관한 정보(거래당사자별 고유식별정보포함), ⅱ) 장외파생상품의 세부 계약조건에 관한 정보(고유거래식별기호 포함), ⅲ) 장외파생상품 계약의 가치평가에 관한 정보, ⅳ) 장외파생상품 거래시 제공하거나 제공받은 담보에 관한 정보를 말한다. 다만, 집합투자업자의 경우에는 자신이 운용하는 집합투자기구의 명의로 체결한 장외파생상품의 거래에 대해서도 그 거래정보를 보고하여야 한다(금융투자업규정5-50의3① 단서).

(2) 보고시한

금융투자업자 및 금융투자상품거래청산회사는 거래정보를 다음에서 정하는 시한까지 보고하여야 한다(금융투자업규정5-50의3②). ⅰ) 금융투자업자는 거래일의 그 다음 영업일로서 거래정보저장소가 정하는 시간(다만, 거래일 당일 18시 이후에 체결된 거래의 경우에는 거래일의 그 다음 다음 영업일로서 거래정보저장소가 정하는 시간)까지 보고하여야 하고, ⅱ) 금융투자상품거래청산회사는 금융투자상품거래청산회사의 청산업무규정에 따라 채무부담 등록이 완료된 날의 당일에 보고하여야 한다.

(3) 보고업무의 위탁

금융투자업자는 거래정보의 보고에 관한 업무를 제3자에게 위탁할 수 있다. 다만, 이 경우 보고업무를 위탁한 금융투자업자는 이 규정에 따른 보고의무에 관한 책임을 면하지 못한다(금융투자업규정5-50의3③).

(4) 보고의무의 예외

정부 또는 한국은행이 거래상대방인 거래, 동일법인 내 거래(외국 금융투자업자의 국내지점과 그 본점 또는 외국 지점 간 거래는 제외), 또는 거래취소 등의 사유로 거래일 당일 종료된 거래의 경우에는 거래정보저장소에 거래정보를 보고하지 아니한다(금융투자업규정5-50의3④).

(5) 보고 의제

거래일의 그 다음 영업일로서 거래정보저장소가 정하는 시간(다만, 거래일 당일 18시 이후에 체결된 거래의 경우에는 거래일의 그 다음 다음 영업일로서 거래정보저장소가 정하는 시간) 이전에 금융투자상품거래청산회사의 청산업무규정에 따라 채무부담 등록이 완료된 거래의 경우에는 금융투자업자가 거래정보를 보고한 것으로 본다(금융투자업규정5-50의3⑤).

3. 거래정보저장소의 업무규정 등

(1) 업무규정

거래정보저장소는 거래정보의 수집·보관 및 관리에 필요한 세부사항을 업무규정으로 정하여야 하며, 업무규정을 제정 또는 변경하려는 경우에는 금융위원회의 승인을 받아야 한다(금융투자업규정5-50의4①).

(2) 거래정보 제공의무

거래정보저장소는 보고받은 거래정보를 금융위원회, 금융감독원, 한국은행, 금융위원회와 상호 거래정보 교환에 관한 협약을 체결한 외국 금융감독기관, 그리고 그 밖에 금융위원회에 특정한 거래정보의 제공을 요청하여 승인을 받은 자에게 제공하여야 한다(금융투자업규정5-50의4② 본문). 다만, 금융위원회와 상호 거래정보 교환에 관한 협약을 체결한 외국 금융감독기관 및 그 밖에 금융위원회에 특정한 거래정보의 제공을 요청하여 승인을 받은 자에게 거래정보를 제공하는 경우 금융위원회는 그 내용·범위 및 제공방법 등에 관하여 필요한 조건을 붙일 수 있다(금융투자업규정5-50의4② 단서).

Ⅳ. 장외거래의 청산의무

1. 거래상대방의 채무인수 의무 등

금융투자업자는 다른 금융투자업자 및 외국 금융투자업자("거래상대방")와 청산의무거래를 하는 경우 금융투자상품거래청산회사, 외국금융투자상품거래청산회사에게 청산의무거래에 따른 자기와 거래상대방의 채무를 채무인수, 경개, 그 밖의 방법으로 부담하게 하여야 한다(법166의3).

2. 청산의무거래

청산의무거래(그 거래에 따른 채무의 불이행이 국내 자본시장에 중대한 영향을 줄 우려가 있는 경우로 한정)란 원화로 표시된 원본액에 대하여 일정한 기간 동안 고정이자와 변동이자를 장래의 특정 시점마다 원화로 교환할 것을 약정하는 거래로서 기초자산, 거래의 만기 등에 관하여 금융위원회가 정하여 고시하는 요건을 충족하는 장외파생상품 거래를 말한다(영186의3② 본문). 여기서 "금융위원회가 정하여 고시하는 요건"이란 ⅰ) 기초자산은 협회가 발표하는 91일 만기 양도성예금증서의 이자율, ⅱ) 거래의 만기는 30년 이내의 범위에서 금융투자상품거래청산회사의 청산업무규정으로 정하는 기간, ⅲ) 그 밖에 최소계약금액 등 금융투자상품거래청산회사의 청산업무규정에서 정하는 사항을 말한다(금융투자업규정5-50의5①).

3. 외국금융투자상품거래청산회사

외국금융투자상품거래청산회사란 외국 법령에 따라 외국에서 금융투자상품거래청산업에 상당하는 업무를 하는 자로서 다음의 요건을 모두 충족하는 자 중에서 금융위원회가 승인하는 자를 말한다(영186의3③).

1. 외국금융투자상품거래청산회사가 해당 금융투자상품거래청산업에 상당하는 업무를 하기 위하여 외국금융투자감독기관의 허가·인가 또는 승인 등을 받을 것
2. 외국금융투자상품거래청산회사가 외국금융투자감독기관으로부터 금융투자상품거래청산업에 상당하는 업무와 관련하여 적절한 감독을 받을 것
3. 금융위원회가 자본시장법 또는 자본시장법에 상응하는 외국의 법령을 위반한 외국금융투자상품거래청산회사의 행위에 대하여 자본시장법 또는 자본시장법에 상응하는 외국의 법령에서 정하는 방법에 따라 행하여진 조사 또는 검사자료를 상호주의의 원칙에 따라 외국금융투자감독기관으로부터 제공받을 수 있는 국가의 외국금융투자상품거래청산회사일 것
4. 금융위원회가 외국금융투자상품거래청산회사가 소재한 국가의 외국금융투자감독기관과 상호 정보교환 및 청산대상거래 등 금융위원회가 정하여 고시하는 사항에 관한 협력약정 등을 체결하고 있을 것

위 제4호에서 "금융위원회가 정하여 고시하는 사항"이란 다음의 사항을 말한다(금융투자업규정5-50의5②).

1. 금융위원회가 요청하는 외국금융투자상품거래청산회사에 대한 정보를 제공받을 수 있는 정보교환체계
2. 외국금융투자상품거래청산회사가 자본시장법 또는 자본시장법에 상응하는 외국의 법령을 위반하여 본국 정부 및 감독기관으로부터 제재를 받을 경우 지체 없이 금융위원회에 통보토록 하는 고지체계
3. 외국금융투자상품거래청산회사가 국내 청산대상업자를 대상으로 금융투자상품거래청산업을 영위하는 경우 지체 없이 금융위원회에 통보토록 하는 고지체계
4. 외국금융투자상품거래청산회사에 대한 금융위원회와 본국 감독당국간 현장검사 등을 포함한 감독 및 검사업무 협력체계

금융위원회는 외국금융투자상품거래청산회사를 승인할 경우 경영의 건전성 및 투자자보호에 필요한 조건을 붙일 수 있다(금융투자업규정5-50의5③).

제5편

기업공시규제

제1장

서 설

제1절 의의

금융시장규제는 금융기관 이외에 일반인이 함께 참여하는 증권시장과 장내파생상품시장과 같은 자본시장의 규제를 중심으로 한다. 자본시장은 다수의 일반투자자가 참여하는 시장이고 시장의 신뢰가 시장의 존속을 위한 필수적인 요소이다. 이런 관점에서 자본시장법은 시장의 효율성뿐 아니라 공정성을 유지할 수 있도록 하는 법적인 장치로서 정보의 공시(발행시장공시와 유통시장공시)와 불공정거래규제(미공개정보이용행위 금지, 시세조종행위 금지, 부정거래행위 금지, 시장질서교란행위 규제 등)의 두 축을 중심으로 규율하고 있다. 또한 외국환거래에 대해서는 외국환거래법이 다양한 규제를 하고 있다.

자본시장 참여자에는 증권을 발행하는 기업, 증권이나 파생상품에 투자하는 투자자, 그리고 증권의 중개 등을 통하여 시장에 유통시키는 금융투자회사 등이 있으며, 자본시장의 인프라라고 할 수 있는 회계감사업무를 하는 회계감사인과 신용평가회사 등도 자본시장 참여자로 볼 수 있다. 하지만 여기서는 자본시장을 발행시장과 유통시장으로 구분하여 투자자보호를 위해 자본시장법이 각각의 시장에서 요구하는 공시규제에 한정하여 살펴보기로 한다. 불공정거래규제에 관하여는 제6편에서 살펴본다.

제2절　정보공시 규제

　　자본시장법상 발행시장은 기업이 자금조달을 위해 증권을 신규발행하고 투자자들은 투자이익, 경영참여 등 각기 다른 목적 달성을 위해 신규로 발행된 증권에 투자하는 시장을 의미한다. 자금을 조달하는 기업 입장에서는 투자유치를 위해 투자자들에게 기업 및 증권에 대해 긍정적이고 희망적인 정보를 제시할 유인이 있고, 투자자의 입장에서는 투자 결정을 위해 객관적이고 정확한 정보가 제공되기를 바란다. 이러한 양 당사자의 입장 차이에서 비롯되는 정보비대칭을 해소하기 위해 자본시장법은 증권을 신규로 발행하여 자금을 조달하고자 하는 기업으로 하여금 투자자에게 투자판단에 필요한 정보를 신속하고 정확하게 시장에 제공하도록 강제하는 공시규제를 마련하여 운용하고 있다. 공시규제는 발행시장 공시규제, 유통시장 공시규제로 구분할 수 있다. 제3장에서 다루는 기업지배권 변동과 공시규제(지분공시)는 유통시장 공시규제에 해당한다.

제2장

발행시장 공시규제
(발행공시)

제1절 기업공시제도 개관

Ⅰ. 서설

1. 기업공시제도의 의의

기업공시제도(Corporate Disclosure)란 기업으로 하여금 투자판단에 필요한 기업내용인 경영실적, 재무상태, 신제품의 개발, 증자 등 주가에 상당한 영향을 줄 수 있는 기업의 중요한 정보를 주주, 종업원, 채권자, 소비자, 거래처, 일반투자자 등 기업의 이해관계자에게 완전히 공시하도록 함으로써 이들이 기업의 실체를 정확히 파악하여 이들 스스로의 자유로운 판단과 책임하에서 투자 내지 행동결정을 하도록 하는 제도를 말한다. 기업공시는 자본시장의 이상이라고 할 수 있는 완전경쟁 상태인 효율적 시장(efficient market)을 위한 핵심요건이며 투자자에 대한 상장법인의 기본적 의무라고 할 수 있다.[1]

2. 기업공시제도의 필요성

자본시장에서 투자자가 투자판단을 함에 있어 가장 중요한 것은 당연히 기업의 경영전략, 재무상태 등을 포함한 기업의 중요정보가 될 것이다. 종래 자본시장의 문제점으로 지적되어 왔

---

[1] 성희활(2008), "자본시장과 금융투자업에 관한 법률의 수시공시 규제체계에 관한 고찰", 법과 정책연구 제8집 제1호(2008. 6), 61쪽.

던 정보의 불균형으로 인해, 개인투자자들은 기관투자자, 특정 애널리스트, 우리나라의 경우는 특히 외국인 투자자들에게 상대적으로 정보면에서 소외되어 왔다. 그리고 기업내용을 공시함에 있어 기업측에서는 소극적이며 기피하는 현상을 보이는 반면에 투자자 입장에서는 적극적으로 정확하고 정직한 기업의 정보공개를 희망함으로 인해, 자본시장을 구성하는 기본적 구성요소인 양자간의 갈등이 발생하여 왔다. 이러한 정보제공의 불균형을 가장 효과적으로 해소할 수 있는 방법이 바로 기업공시제도이다. 또한 기업공시제도는 기업내용공시를 법적으로 규제함으로써 공시로 소요되는 기업측의 정보제공비용과 투자자측의 정보탐색비용을 적절한 선에서 균형점을 찾아주는 기능도 수행하고 있다.[2]

Ⅱ. 기업공시의 분류

1. 의의

기업공시에 관해서는 주로 자본시장법과 이에 근거한 관련 규정이 구체적으로 규정하고 있으며, 상법에서도 기업내용공시에 관한 기본적인 사항을 규정하고 있다. 따라서 기업공시는 이를 규제하는 근거법에 의해 구분할 때 크게 자본시장법상의 기업내용공시와 상법상의 기업내용공시로 구분할 수 있다. 또한 자본시장법상의 기업내용공시는 증권의 수요공급 과정을 기준으로 하여 발행시장에서의 공시와 유통시장에서의 공시로 나눌 수 있다.

상법상 공시목적은 주로 기존의 주주나 채권자를 보호하기 위한 것임에 반하여, 자본시장법상의 공시목적은 잠재적인 투자자를 포함한 광의의 일반투자자를 보호하는 데 있다.

2. 자본시장법상 기업공시

(1) 발행시장과 기업공시

발행시장에서의 공시는 기본적으로 증권의 모집 또는 매출과 상장법인의 신주발행시 제출하는 증권신고서의 공시와 모집·매출시 투자자들에게 교부하는 투자설명서 및 증권발행실적보고서의 공시가 주된 내용을 이루고 있다. 증권의 발행은 정기적으로 이루어지는 것이 아니기 때문에 발행시마다 기업 전반에 관한 일회성 공시의 형태를 띠게 된다.

특정증권에 대한 정보의 백지상태에서, 당해 증권에 대한 부적절한 선입견을 배제하고 정확한 정보를 제시하기 위해 오직 증권신고서와 투자설명서 등 극히 제한된 매체만 이용하여 공시할 것이 요구된다. 책임에 있어서도 발행인에게 사실상 무과실책임을 부과하는 등 상대적

---

2) 이상복(2012), 「기업공시」, 박영사(2012. 6), 37쪽.

으로 무거운 책임을 부과하는 발행시장공시는 신규로 시장에 집입하는 IPO에 적합한 공시형태이다.[3]

(2) 유통시장과 기업공시

유통시장에서의 공시는 발행시장에서의 공시와는 달리 증권의 취득 또는 매수를 하고자한 자뿐만 아니라 매도를 하고자 하는 자도 보호하기 위한 것으로서 회사의 영업실적, 재무내용및 회사의 주요변동사항 등에 관한 자료가 정기적으로 또는 수시로 제출·공시되어야 한다. 따라서 유통시장공시는 제출되는 자료·정보의 형태와 공시시기 등에 따라 정기공시, 수시공시로구분할 수 있다. 정기공시는 사업보고서와 반기·분기보고서에 의해 이루어지고, 수시공시는 상장법인 내에 수시로 발생하는 중요한 기업내용, 즉 기업의 현재와 미래의 중요정보를 발생 즉시공시하는 것을 말한다. 또한 상장법인에 관한 풍문이나 신문보도에 대하여 그 사실 여부를 밝히는 조회공시는 수시공시의 범주에 속한다. 유통시장공시에 대하여는 후술하기로 한다.

제2절 증권발행의 구조와 방법

Ⅰ. 발행시장의 구성요소

1. 발행인

발행인이란 증권을 발행하였거나 발행하고자 하는 자를 말한다(법9⑩ 본문). 즉 발행시장에서 증권을 발행하여 자금을 조달하는 자로서 주식이나 회사채를 발행하는 주식회사, 국공채를 발행하는 국가 및 지방자치단체, 특별법에 의하여 설립된 법인(특수법인, 특수은행 등), 국내에서 증권을 발행하는 외국법인 등이 있다. 다만 증권예탁증권을 발행함에 있어서는 그 기초가되는 증권을 발행하였거나 발행하고자 하는 자를 말한다(법9⑩ 단서).

2. 인수인

증권의 발행인과 투자자 사이에서 발행주체를 대신하여 증권발행에 따른 사무를 처리하고증권발행이 원활하게 이루어질 수 있도록 해당 증권의 인수 등 여러 가지 위험을 부담하는 기관으로 이러한 책임과 위험을 분산하기 위하여 여러 인수기관이 공동으로 하나의 증권발행에참여하는 경우도 있다.

---

3) 성희활(2008), 62쪽.

자본시장법상 "인수인"이란 증권을 모집·사모·매출하는 경우 인수를 하는 자를 말한다 (법9⑫). 여기서 "인수"란 제3자에게 증권을 취득시킬 목적으로 ⅰ) 그 증권의 전부 또는 일부를 취득하거나 취득하는 것을 내용으로 하는 계약을 체결하는 행위, 또는 ⅱ) 그 증권의 전부 또는 일부에 대하여 이를 취득하는 자가 없는 때에 그 나머지를 취득하는 것을 내용으로 하는 계약을 체결하는 행위를 하거나 그 행위를 전제로 발행인 또는 매출인을 위하여 증권의 모집·사모·매출을 하는 행위를 말한다(법9⑪).

3. 주선인

"주선인"이란 인수(법9⑪) 외에 발행인 또는 매출인을 위하여 해당 증권의 모집·사모·매출을 하거나 그 밖에 직접 또는 간접으로 증권의 모집·사모·매출을 분담하는 자를 말한다(법9⑬).

4. 매출인

"매출인"이란 증권의 소유자로서 스스로 또는 인수인이나 주선인을 통하여 그 증권을 매출하였거나 매출하려는 자를 말한다(법9⑭).

5. 투자자

투자자는 모집·매출에 응하여 최종적으로 증권을 취득하는 자로서 발행주체 입장에서 보면 자금의 공급자가 되며, 전문투자자와 일반투자자로 구분할 수 있다. "전문투자자"란 금융투자상품에 관한 전문성 구비 여부, 소유자산규모 등에 비추어 투자에 따른 위험감수능력이 있는 투자자로서 국가, 한국은행, 대통령령으로 정하는 금융기관, 주권상장법인 등을 말한다(법9⑤ 본문). "일반투자자"란 전문투자자가 아닌 투자자를 말한다(법9⑥). 전문투자자 중 대통령령으로 정하는 자(영10③)가 일반투자자와 같은 대우를 받겠다는 의사를 금융투자업자에게 서면으로 통지하는 경우 금융투자업자는 정당한 사유가 있는 경우를 제외하고는 이에 동의하여야 하며, 금융투자업자가 동의한 경우에는 해당 투자자는 일반투자자로 본다(법9⑤ 단서).

Ⅱ. 증권발행방법의 구분

1. 증권의 수요자를 구하는 방법에 의한 구분

(1) 공모발행
공모주체가 널리 일반인을 상대(과거 6월간 통산하여 50인 이상을 대상)로 하여 증권을 발행하는 형태로서 자본시장법상 모집·매출이 이에 해당한다. "모집"이란 대통령령으로 정하는 방법에 따라 산출한 50인 이상의 투자자에게 새로 발행되는 증권의 취득의 청약을 권유하는 것을 말하고(법9⑦),[4] "매출"이란 대통령령으로 정하는 방법에 따라 산출한 50인 이상의 투자자에게 이미 발행된 증권의 매도의 청약을 하거나 매수의 청약을 권유하는 것을 말한다(법9⑨).

(2) 사모발행

일반인을 대상으로 하지 않고 특정한 개인이나 금융기관 등에 증권을 취득하도록 하는 발행방법으로 그 대상이 일반 다수가 아니라는 점에서 비공모발행이라고도 한다. 즉 "사모"란 새로 발행되는 증권의 취득의 청약을 권유하는 것으로서 모집에 해당하지 아니하는 것을 말한다(법9⑧).

2. 위험부담과 사무절차를 담당하는 방법에 의한 구분

(1) 직접공모

직접공모는 증권의 발행인이 자신의 명의로 발행과 관련한 위험 등을 부담하고 제반 발행사무를 직접 담당하면서 증권을 공모하는 방법으로 일반적으로 주주 또는 특정인을 대상으로 하는 증권의 공모방식에 이용된다.

직접공모란 "주권비상장법인(설립 중인 법인을 포함)이 인수인의 인수 없이 지분증권(지분증권과 관련된 증권예탁증권을 포함)의 모집 또는 매출"을 하는 것이다(영125①(2) 바목). 발행인의 신용도가 높은 경우에는 인수인을 통하지 않고 발행인이 모든 위험을 부담하면서 직접공모에 의하여 증권을 발행할 수 있다. 그러나 대부분의 경우 인수인의 공신력에 의하여 공모가 성공할 가능성이 크고, 인수인이 공모차질로 인한 위험을 부담하는 역할로 인하여 간접공모에 따른 비용에도 불구하고 인수인을 통한 간접공모가 주로 이용된다.

직접공모에 관한 신고서를 제출하는 경우에는 금융위원회가 정하여 고시하는 요건을 갖춘

---

4) 대법원 2005. 9. 30. 선고 2003두9053 판결(증권거래법(2001. 3. 28. 법률 제6423호로 개정되기 전의 것, 이하 "법"이라 한다) 제2조, 제8조 제1항 및 법 시행령 제2조의4 제1항에서 50인 이상의 자를 상대로 유가증권을 모집하는 발행인으로 하여금 유가증권신고서를 제출하도록 한 취지는, 투자자인 청약권유 대상자에게 발행인의 재무상황이나 사업내용 등에 관한 정보가 충분히 제공되도록 함으로써 투자자를 보호함과 아울러 유가증권시장의 건전한 발전을 도모하기 위한 것이므로, 유가증권신고서의 제출 대상인 유가증권의 모집에 해당하는지 여부를 판단함에 있어서는 특별한 사정이 없는 한, 신규로 발행되는 유가증권의 취득의 청약을 권유받는 자를 모두 합산하여 법 제2조, 법 시행령 제2조의4 제1항에 규정된 50인의 청약권유 대상자 수를 산정하여야 할 것이나, 다만 예외적으로 발행인으로부터 설명을 듣지 아니하고도 발행인의 재무상황이나 사업내용 등의 정보에 충분히 접근할 수 있는 위치에 있을 뿐만 아니라, 그것을 판단할수 있는 능력을 갖추고 있어 스스로 자기이익을 방어할 수 있는 자는 50인의 청약권유 대상자 수에서 제외하여야 할 것이고, 따라서 50인의 청약권유 대상자 수를 산정함에 있어서 제외되는 자를 규정한 법 시행령 제2조의4 제3항 제7호 및 신고규정 제2조 각 호의 규정 역시 위와 같은 취지에 비추어 제한적으로 해석되어야 할 것이다).

분석기관("증권분석기관")의 평가의견을 기재하여야 한다.5) 다만, 금융위원회가 정하여 고시하
는 경우에는 이를 생략할 수 있다(영125①(2) 바목).

(2) 간접공모

발행주체가 인수기관 또는 발행사무 대행기관 등 중개인을 통하여 증권을 발행하는 방법
으로 전문적인 지식과 조직을 가진 증권회사 등에 발행사무를 위탁하여 발행하게 된다. 자본시
장법 제9조 제11항은 인수의 개념에 관한 규정을 두고 있다. 간접공모시 인수형태는 위험부담
정도에 따라 다음과 같이 구분된다.

(가) 총액인수

총액인수란 인수기관이 공모증권의 전액을 취득하여 이를 매출할 목적으로 자기명의로 인
수(매입)함으로써 이에 따른 발행위험을 부담하고 발행사무도 담당하는 방식이다. 이 방식은
미청약 증권이 있는 경우 인수기관이 이를 자기계산으로 취득하여야 하므로 발행위험이 크다.
실무상 인수인이 인수한 증권을 매출하지 못하게 되는 부담과 매출시까지의 가격변동에 따른
위험에도 불구하고 총액인수를 선호하는 것은 증권의 발행과 관련된 위험을 부담하는 대신 수
수료가 높기 때문이다.

---

5) 대법원 2010. 1. 28. 선고 2007다16007 판결(비상장회사가 인수인을 통하지 않고 일반공모를 하는 경우에
공모가액의 적정성에 대하여 유가증권분석 전문기관의 평가를 거칠 의무가 있다고 하더라도 나아가 공모
에 참여하는 투자자들을 보호하기 위하여 그러한 평가를 거쳐 산정된 주당 본질가치에 따라 공모가액을
결정하여야 할 주의의무까지 부여되어 있다고 할 수는 없으나, 비상장회사가 실제 주당 본질가치보다 공
모가액을 높게 정한 것에 그치지 않고 회사의 주당 본질가치가 부(-)의 가치임에도 공모가액을 이보다 현
저히 높게 결정한 후에 유가증권분석 전문기관이 회사의 주당 본질가치를 부당하게 높게 평가한 사정을
알았거나 알 수 있었음에도 불구하고 유가증권신고서에 유가증권분석 전문기관이 잘못 평가한 주당 본질
가치를 감안하여 주당 공모가액을 정한 것처럼 기재하거나 그 밖에 주당 공모가액이 적정하게 결정된 것
으로 투자자들이 오인할 수 있는 기재를 하여 공모절차를 진행하였다면, 특별한 사정이 없는 한 이를 신뢰
한 투자자들에 대하여 불법행위책임이 성립한다. 유가증권분석 전문기관이 비상장법인 주식의 모집가액
또는 매출가액의 적정성에 대하여 평가를 할 경우 재무에 관한 사항은 원칙적으로 기업회계기준을 따라야
하고, 그 이외의 사항 또한 유가증권 분석 전문가로서의 평균적 지식에 비추어 객관적이고 합리적이라고
볼 수 있는 방법에 따라 평가할 주의의무가 있으므로, 유가증권분석 전문기관이 자신의 평가의견이 비상
장법인의 주식공모에 참가하는 투자자들의 이용에 제공된다는 사정을 인식하면서도 기업회계기준에 반하
여 불합리하게 유가증권을 평가하거나 지나치게 합리성이 결여되고 객관적 정당성을 상실한 방법에 따라
평가를 한 경우에는 위법하다고 보아야 한다. 유가증권분석 전문기관이 인수인을 통하지 않고 직접 공모
하는 비상장법인 주식의 공모가액의 적정성을 평가하는 과정에서 주의의무를 위반하여 부당한 평가를 함
으로써 위법한 행위를 한 경우에, 그 부당한 평가의견이 유가증권신고서나 청약안내공고 등에 의하여 투
자자들에게 일반적으로 제공되고 또한 유가증권 공모회사가 분석기관의 평가의견이 기재된 유가증권신고
서 등을 이용하여 투자자들에게 개별적으로 투자권유를 함에 따라 투자자들의 투자에 관한 의사결정에 영
향을 미친다는 사정은 쉽게 예견할 수 있으므로, 실질적인 주식가치를 제대로 평가한 유가증권분석 전문
기관의 평가의견이 유가증권신고서나 청약안내공고 등에 기재되었더라면 투자자들이 그와 상당히 차이가
있는 공모가액으로는 공모에 응하지 않았을 것이라는 사정이 인정되는 경우에는 다른 특별한 사정이 없는
한 유가증권분석 전문기관의 부당한 평가와 그 평가의견을 제공받은 투자자들이 공모에 응하여 입은 손해
사이에는 상당인과관계가 인정된다).

자본시장법은 "증권을 모집·사모·매출하는 경우 제3자에게 그 증권을 취득시킬 목적으로 그 증권의 전부 또는 일부를 취득하는 것을 내용으로 하는 계약을 체결하는 것"(법9⑪(1))을 총액인수로 정의하고 있다.

(나) 잔액인수

잔액인수는 공모증권의 미청약분을 인수기관이 인수하는 방식이다. 이 방식의 경우 인수기관의 입장에서 어느 정도의 발행위험이 존재하게 된다. 그러나 인수기관은 주선분에 대한 수수료 수입뿐만 아니라 잔액인수분에 대한 매매차익을 얻을 수 있는 장점도 있다.

자본시장법은 "증권을 모집·사모·매출하는 경우 그 증권의 전부 또는 일부에 대하여 이를 취득하는 자가 없는 때에 그 나머지를 취득하는 것을 내용으로 하는 계약을 체결하는 것" (법9⑪(2))을 잔액인수로 정의하고 있다.

(다) 모집·매출의 주선

인수기관이 수수료를 받고 모집·매출을 주선하거나 직접 또는 간접으로 모집·매출을 분담(법9⑬)하는 방식이다. 이 경우 인수기관은 증권의 모집·매출 결과 발생하는 미청약분에 대하여 인수책임을 부담하지 않는다. 주선이란 자기명의로서 타인의 계산으로 법률행위를 하는 것을 말한다. 따라서 명의와 계산이 분리되므로 법적 효과와 경제적 효과가 분리된다.

상법 제46조 제12호는 "영업으로 하는 위탁매매 기타의 주선에 관한 행위"를 기본적 상행위로 규정하는데, 이는 자기의 명의로 타인의 계산으로 거래하는 것을 인수하는 행위로서 간접대리의 인수이다. 상법상 위탁매매인(101조), 운송주선인(114조) 등의 위탁계약이 이에 속한다. 이에 반해 상법 제46조 제10호는 "영업으로 하는 상행위의 대리의 인수"를 기본적 상행위로 규정하는데, 이는 독립된 상인이 다른 일정한 상인을 위하여 계속적으로 상행위를 대리할 것을 인수하는 행위이다.

제3절 증권의 모집 및 매출의 규제

I. 모집 및 매출(공모)의 의의

1. 모집과 매출(공모) 개념의 필요성

증권을 공급하고 자금을 조달하는 방법으로는 소수의 특정인을 대상으로 하는 방법인 사모와 다수의 투자자를 대상으로 하는 방법인 공모로 구분된다. 특정 연고자 등을 대상으로 하는 사모발행의 경우에는 일반적으로 해당 회사의 내용을 개별 청약자 등에게 설명하는 기회를 갖거나, 그 청약자가 회사의 내용을 잘 알고 있기 때문에 별도의 공시절차가 필요하지 않다. 그러나 불특정 다수인을 대상으로 하는 공모발행의 경우에는 증권의 공급자와 취득자간에 정보의 불균형이 존재하기 때문에 증권을 취득하는 경우에 회사에 대한 합리적인 판단을 하는 것이 어렵다. 따라서 당해 증권의 공모내용과 발행인에 대한 정보를 증권시장의 참여자에게 정확하게 알릴 수 있는 공시절차가 필요하다.

모집과 매출의 개념을 정의하는 이유는 모집·매출행위 중 어느 범위까지를 자본시장법 소정의 모집 및 매출행위로 보아 동법상의 규제대상으로 삼아야 할 것인가를 확정하기 위한 것이다. 만약 어떤 행위가 동법 소정의 모집·매출행위에 해당하지 않는다고 할 경우에는 이러한 행위는 단순한 사모에 불과하여 모집·매출과 관련된 동법상의 각종 규제를 받지 않기 때문이다.

자본시장법은 증권신고서제도를 마련하여 투자자가 신규로 발행되거나 매도될 수 있는 증권의 내용에 대하여 사전에 충분한 정보를 갖고 투자에 대한 판단을 할 수 있도록 하고 있다. 이 경우 증권의 내용에 대해 정보를 갖고 있는 전문가와 연고자는 보호대상이 아니지만, 정보가 부족한 불특정 다수의 일반투자자는 보호대상이 되고 있다.

따라서 자본시장법상 보호대상인 불특정 다수의 일반투자자에 대한 증권의 신규발행 또는 매도행위의 개념과 범위를 정할 필요가 있다. 이를 위하여 마련된 개념이 모집과 매출의 개념이다. 모집 또는 매출에의 해당 여부에 따라 공모와 사모를 구별하는데, 모집 또는 매출에 해당되면 공모이고, 이에 해당하지 않으면 사모이다.

2. 모집과 매출(공모)의 개념

모집은 "대통령령으로 정하는 방법에 따라 산출한 50인 이상의 투자자에게 새로 발행되는 증권의 취득의 청약을 권유하는 것"을 말한다(법9⑦). 모집은 불특정 다수인을 상대로 증권을 발행하여 기업이 자금을 조달하는 행위이다. 그리고 매출은 "대통령령으로 정하는 방법에 따라 산출한 50인 이상의 투자자에게 이미 발행된 증권의 매도의 청약을 하거나 매수의 청약을 권유하는 것"을 말한다(법9⑨). 매출은 이미 발행된 증권의 보유자가 불특정 다수인에게 증권을 매도하여 그 대금을 취득하는 행위이다.

따라서 모집과 매출은 그 대상인 증권이 새로 발행되는 것인가 아니면 기(旣) 발행되어 있는 것인가에 따라 구별된다. 예를 들면 신주를 발행하여 50인 이상의 일반투자자들로 하여금 매수하도록 하는 행위는 증권의 모집이고, 비상장법인의 대주주가 이미 보유하고 있는 주식을 50인 이상의 일반투자자들로 하여금 매수하도록 하는 행위는 증권의 매출에 해당된다.

자본시장법은 모집과 매출에의 해당 여부를 50인 이상인지의 여부로 정하고 있으며, 50인은 청약을 권유받는 자를 기준으로 산정하고 있다. 따라서 실제로 청약을 하는 자가 50인 미만이더라도 권유받는 자가 50인 이상이면 모집 또는 매출에 해당하게 된다.

Ⅱ. 청약의 권유

1. 개념

(1) 의의

모집 또는 매출이 되기 위해서는 해당 증권에 대한 청약의 권유가 있어야 한다. 청약의 권유는 특정인을 위하여 제3자가 계약의 상대방으로 하여금 계약하도록 유인하는 행위이다. 따라서 이는 특정인과 그 상대방 간의 계약을 매개하는 청약의 유인행위와 사실상 유사하다.

다만 청약의 권유에 의한 계약의 일반적 성립과정을 보면 먼저 청약의 권유가 있은 뒤 상대방의 청약행위가 있게 되고 청약의 권유자가 이를 승낙함으로써 계약이 성립되는 것임에 비하여 자본시장법상의 모집·매출은 이와는 달리 일방적으로 채무를 부담하겠다는 승낙의 의사표시가 내포된 청약의 권유가 있은 뒤 이 승낙에 대하여 상대방인 투자자가 일방적으로 판단하여 청약함으로써 계약이 성립되는 것이라는 점에 특색이 있다.

그러나 자본시장법 제121조 제1항에서 보는 바와 같이 자본시장법은 상대방의 매수청약이후 그 매수청약에 대한 발행인측의 승낙이 있는 것을 예정하고 있기 때문에 청약권유의 특색에 대한 위의 견해를 그대로 수용하기에는 다소 문제가 있다.

자본시장법상 "청약의 권유"는 신규로 발행되는 증권의 취득청약의 권유(모집) 또는 이미 발행된 증권의 매도청약이나 매수청약의 권유(매출)를 합한 것을 말한다(영2(2)).

(2) 청약의 권유방법

"청약의 권유"란 권유받는 자에게 증권을 취득하도록 하기 위하여 신문·방송·잡지 등을 통한 광고, 안내문·홍보전단 등 인쇄물의 배포, 투자설명회의 개최, 전자통신 등의 방법(투자광고의 방법 포함)으로 증권 취득청약의 권유 또는 증권 매도청약이나 매수청약의 권유 등 증권을 발행 또는 매도한다는 사실을 알리거나 취득의 절차를 안내하는 활동을 말한다(영2(1) 본문).

따라서 증권을 발행 또는 매도한다는 사실을 알리거나 취득의 절차를 안내하는 모든 활동이 청약의 권유에 해당하므로, 서면·사진·프리젠테이션 등 시각적인 방법, 구두로 설명·대화·전화 등 청각적인 방법 등의 모든 의사전달 수단이 청약의 권유에 해당한다.

(3) 청약의 권유에서 제외되는 경우

자본시장법은 "단순광고"를 청약의 권유 개념에서 제외하고 있다. 왜냐하면 단순광고를 청약의 권유 개념에 포함하는 경우, 자본시장법 제119조 제1항에 따라 단순광고도 증권신고서가 수리된 후에만 가능하다고 보게 되어 발행행위가 위축될 수 있기 때문이다. 따라서 인수인의 명칭과 증권의 발행금액을 포함하지 아니하는 등 금융위원회가 정하여 고시하는 기준6)에 따라 다음의 사항 중 전부나 일부에 대하여 광고 등의 방법으로 단순히 그 사실을 알리거나 안내하는 경우는 제외한다(영2(2) 단서).

가. 발행인의 명칭
나. 발행 또는 매도하려는 증권의 종류와 발행 또는 매도 예정금액
다. 증권의 발행이나 매도의 일반적인 조건
라. 증권의 발행이나 매출의 예상 일정
마. 그 밖에 투자자 보호를 해칠 염려가 없는 사항으로서 금융위원회가 정하여 고시하는 사항

2. 모집과 매출(공모)의 상대방: 50인의 수 산정기준

(1) 합산대상

모집 또는 매출(공모)의 해당 여부를 판단하는 경우 청약의 권유를 받는 자가 50인 이상인지를 기준으로 판단한다. 이와 관련하여 50인을 산출하는 경우에는 청약의 권유를 하는 날 이전 6개월 이내에 해당 증권과 같은 종류의 증권에 대하여 모집이나 매출에 의하지 아니하고 청약의 권유를 받은 자를 합산한다(영11① 본문).

여기서 50인 이상이라 함은 현실적으로 취득하거나 매수한 자가 50인 이상이어야 한다는 의미는 아니므로 50인 이상에 대하여 권유가 행해지기만 하면 현실적으로 취득하거나 매수한 자가 50인 미만이라 하더라도 자본시장법 적용대상으로서의 증권 모집·매출요건을 구비한 것이다. 따라서 청약의 권유를 받은 투자자의 수가 50인 미만에 해당하는 경우에는 공모가 아닌 사모로서 공시규제의 대상이 아니다.

자본시장법이 50인 이상을 대상으로 한 경우를 증권의 모집 및 매출로 정의하고 이에 대한 각종 규제제도를 둔 이유는 50인 미만의 경우에는 실무상 일반적으로 사람들이 당해 증권

---

6) "금융위원회가 정하여 고시하는 기준"이란 청약의 권유에서 제외되는 단순 사실의 광고 또는 안내 방법으로서 다음에 따라야 한다[증권의 발행 및 공시 등에 관한 규정(이하 "증권발행공시규정")1-3].
   1. 인수인의 명칭을 표시하지 않을 것
   2. 증권의 발행금액 및 발행가액을 확정하여 표시하지 않을 것
   3. 증권신고의 대상이 되는 증권의 거래를 위한 청약의 권유는 투자설명서, 예비투자설명서 또는 간이투자설명서에 따른다는 뜻을 명시할 것

의 발행회사나 증권의 내용 자체에 대하여 잘 알고 있거나 상호간 정보교류를 통하여 그 내용을 알고 있는 경우가 대부분인 반면, 50인 이상의 경우에는 이러한 발행회사나 증권에 대하여 제대로 알고 있지 못한 경우가 많기 때문에 이처럼 당해 증권의 투자가치의 판단에 필요한 정보를 입수할 수 없는 자에게 널리 신고제도를 통하여 공시하도록 함으로써 투자자들을 보호하기 위한 것이다.

"청약의 권유를 하는 날"에 관하여는 명문규정이 없으므로, 실제로 청약을 한 날로 보아야 하고, "청약의 권유를 하는 날 이전 6개월 이내"의 의미는 청약의 권유를 하는 날로부터 과거 6개월로 잡고 그 기간 중 같은 종류의 증권에 대하여 공모에 의하지 아니하고 청약의 권유를 받은 투자자의 수를 합산한다.

"모집이나 매출에 의하지 아니하고"의 의미는 증권신고서를 제출하지 아니하고 청약의 권유를 한 경우를 말한다. "청약의 권유를 받은 자"를 합산하는 것이고 실제로 증권을 취득하거나 매수한 투자자를 의미하는 것이 아니다. 따라서 최종적으로 주금을 납입하고 주권을 교부받은 자가 50인 이상이라 하더라도 최초의 청약권유 대상자가 50인 미만이면 "모집"에 해당되지 않는다.[7]

(2) 같은 종류의 증권

"해당 증권과 같은 종류의 증권"의 개념에 관하여는 자본시장법 제4조 제2항이 규정하는 증권의 종류에 따라 판단한다. 자본시장법 제4조 제2항은 채무증권, 지분증권, 수익증권, 투자계약증권, 파생결합증권, 증권예탁증권의 6가지로 규정하면서, 각 증권별 개념에서 다시 개별 증권을 열거하고 있으므로, 열거된 개별 증권의 구분에 따라 "같은 종류의 증권" 여부를 판단

---

7) 대법원 2004. 2. 13. 선고 2003도7554 판결(관계 법령의 규정과 증권거래법의 입법취지를 종합해 보면, 발행인이 신규로 발행되는 유가증권의 취득의 청약을 권유하는 행위가 증권거래법령상의 "모집"에 해당되어 발행인에게 당해 유가증권에 관하여 금융감독위원회에 신고서를 제출할 의무가 있다고 하기 위해서는, 우선 유가증권 발행인이 "신규로 발행되는 유가증권을 취득하도록 하기 위하여 신문·방송·잡지 등을 통한 광고, 안내문·홍보전단 등 인쇄물의 배포, 투자설명회의 개최, 전자통신 기타 이에 준하거나 이와 유사한 방법으로 유가증권을 발행 또는 매도한다는 사실을 알리거나 취득의 절차를 안내하는 활동"을 하는 경우라야 하고, 나아가 발행인으로부터 그와 같은 방법으로 권유받는 자의 수가 50인 이상이거나 적어도 그와 같은 방법으로 청약의 권유를 하는 날부터 과거 6월 이내에 당해 유가증권과 동일한 종류의 유가증권에 대하여 "모집 또는 매출에 의하지 아니하고"(즉 위에서 열거된 바와 같은 방법에 의하지 아니하고) 청약의 권유를 받은 자까지 합산(다만, 발행인의 주주, 임원 등은 일정한 경우 그 합산에서 제외)하여 그 수가 50인 이상인 때이어야 한다고 할 것이다. 그런데 이 사건에 관하여 보면, 우선 원심이 인정한 범죄사실은 물론 기록에 나온 증거에 비추어 보아도, 피고인이공소외 회사의 대표이사로서 김○○ 등 55명이나 그 밖의 다른 사람 등을 상대로 하여 "신문·방송·잡지 등을 통한 광고, 안내문·홍보전단 등 인쇄물의 배포, 투자설명회의 개최, 전자통신 및 그 밖에 이에 준하거나 이와 유사한 방법"으로 청약의 권유를 하였다고 볼 만한 자료가 없으므로, 원심이 인정한 바와 같이 피고인이 직접 또는 순차로 이 사건 주식에 대한 청약을 권유하여 그에 응하여 주금을 납입하고 주권을 교부받은 자가 55명에 이르렀다는 사실만으로 이를 증권거래법령상의 유가증권의 "모집"에 해당된다고 볼 수 없다).

하면 된다. 예컨대 채무증권의 경우 국채증권, 지방채증권, 특수채증권, 사채권, 기업어음증권 등으로 열거되어 있으므로 열거된 개별 증권별로 "같은 종류의 증권"으로 보면 된다.8)

(3) 합산제외대상

자본시장법 시행령은 발행인의 재무상황이나 사업내용 등을 잘 알 수 있는 다음의 전문가와 연고자를 모집 또는 매출과 관련된 50인 산정에서 제외하고 있다(영11① 단서). 전문가와 연고자는 증권시장의 정보에 대한 접근이 가능하고 정보수집능력을 구비한 투자자이므로 공시규제를 통해 보호할 필요가 없기 때문이다. 그러나 증권 발행회사 최대주주의 특수관계인, 발행회사의 직원, 계열회사의 직원은 50인을 산정하는 경우 제외되지 않는다.

  1. 전문가
     가. 전문투자자
     나. 삭제 [2016. 6. 28]
     다. 공인회계사법에 따른 회계법인
     라. 신용평가회사(법 제335조의3에 따라 신용평가업인가를 받은 자)
     마. 발행인에게 회계, 자문 등의 용역을 제공하고 있는 공인회계사·감정인·변호사·변리사·세무사 등 공인된 자격증을 가지고 있는 자
     바. 그 밖에 발행인의 재무상황이나 사업내용 등을 잘 알 수 있는 전문가로서 금융위원회가 정하여 고시하는 자9)
  2. 연고자
     가. 발행인의 최대주주와 발행주식 총수의 5% 이상을 소유한 주주
     나. 발행인의 임원(상법 제401조의2 제1항 각 호의 자를 포함) 및 근로복지기본법에 따른 우리사주조합원
     다. 발행인의 계열회사와 그 임원
     라. 발행인이 주권비상장법인(주권을 모집하거나 매출한 실적이 있는 법인은 제외)인 경우에는 그 주주

---

8) 그러나 금융감독원의 실무는 ⅰ) 주식과 관련하여 상법상 수종의 주식에 해당하는 경우인 보통주, 우선주, 혼합주를 같은 종류의 증권으로 보지 않고 있다. 이것은 투자자보호 목적상 입법으로 해결할 필요가 있을 것이다. ⅱ) 사채의 경우 자본시장법상 보증유무를 기준으로 종류를 구분하지 않으므로 보증사채와 무보증사채는 같은 종류의 증권으로 판단한다. ⅲ) 파생결합증권의 경우 "주식워런트증권(ELW)", "주가연계증권(ELS)" 및 "기타파생결합증권(DLS)"은 각각 그 구조·기초자산·특성 등이 다르므로 다른 종류의 증권으로 취급한다. 다만 "기타파생결합증권"의 경우에는 기초자산(예를 들면 환율과 이자율)을 달리하더라도 같은 종류의 증권에 해당한다(금융감독원(2010), 기업공시 실무안내(2010. 7), 72쪽).

9) "금융위원회가 정하여 고시하는 자"란 다음의 어느 하나에 해당하는 자를 말한다(증권발행공시규정2-1②).
   1. 중소기업창업지원법에 따른 중소기업창업투자회사
   2. 그 밖에 제1호 및 영 제11조 제1항 제1호 각 목의 전문가와 유사한 자로서 발행인의 재무내용이나 사업성을 잘 알 수 있는 특별한 전문가라고 금융감독원장이 정하는 자

　　마. 외국 법령에 따라 설립된 외국 기업인 발행인이 종업원의 복지증진을 위한 주식매수제
　　　도 등에 따라 국내 계열회사의 임직원에게 해당 외국 기업의 주식을 매각하는 경우에
　　　는 그 국내 계열회사의 임직원

　　바. 발행인이 설립 중인 회사인 경우에는 그 발기인

　　사. 그 밖에 발행인의 재무상황이나 사업내용 등을 잘 알 수 있는 연고자로서 금융위원회
　　　가 정하여 고시하는 자[10]

(4) 코넥스시장 주권상장법인 등의 특례

　한국거래소가 중소기업기본법 제2조에 따른 중소기업이 발행한 주권 등을 매매하기 위하
여 개설한 증권시장으로서 금융위원회가 정하여 고시하는 증권시장("코넥스시장")에 주권을 상
장한 법인(해당 시장에 주권을 상장하려는 법인을 포함)이 발행한 주권 등 또는 장외매매거래(영178
①(2))가 이루어지는 지분증권의 경우에는 다음의 어느 하나에 해당하는 자를 합산 대상자에서
제외한다(영11②).

1. 전문투자자
2. 제1항 제1호 다목부터 바목까지의 어느 하나에 해당하는 자
3. 제1항 제2호 각 목의 어느 하나에 해당하는 자
4. 집합투자의 적용이 배제되는 법률(영6①)에 따라 설립되거나 설정된 집합투자기구
5. 그 밖에 중소기업 또는 벤처기업 등에 대한 투자의 전문성 등을 고려하여 금융위원회가 정
　하여 고시하는 자

---

10) "금융위원회가 정하여 고시하는 자"란 다음의 어느 하나에 해당하는 자를 말한다(증권발행공시규정2-1
③).
　1. 발행인(설립중인 회사 제외)의 제품을 원재료로 직접 사용하거나 발행인(설립중인 회사 제외)에게 자사
　　제품을 원재료로 직접 공급하는 회사 및 그 임원
　2. 발행인(설립중인 회사 제외)과 대리점계약 등에 의하여 발행인의 제품 판매를 전업으로 하는 자 및 그
　　임원
　3. 발행인이 협회 등 단체의 구성원이 언론, 학술 및 연구 등 공공성 또는 공익성이 있는 사업을 영위하기
　　위하여 공동으로 출자한 회사(설립중인 회사 포함)인 경우 해당 단체의 구성원
　4. 발행인이 지역상공회의소, 지역상인단체, 지역농어민단체 등 특정지역 단체의 구성원이 그 지역의 산업
　　폐기물 처리, 금융·보험서비스 제공, 농수축산물의 생산·가공·판매 등의 공동사업을 영위하기 위하여
　　공동으로 출자한 회사(설립중인 회사 포함)인 경우 해당 단체의 구성원
　5. 발행인이 동창회, 종친회 등의 단체 구성원이 총의에 의하여 공동의 사업을 영위하기 위하여 공동으로
　　출자한 회사(설립중인 회사 포함)인 경우 해당 단체의 구성원
　6. 사업보고서 제출대상법인이 아닌 법인("사업보고서 미제출법인")의 주주가 그 사업보고서 미제출법인
　　의 합병, 주식의 포괄적 교환·이전, 분할 및 분할합병의 대가로 다른 사업보고서 미제출법인이 발행한
　　증권을 받는 경우 그 주주
　7. 기타 제1호부터 제6호까지 및 영 제11조 제1항 제2호 각 목의 연고자와 유사한 자로서 발행인의 재무
　　내용이나 사업성을 잘 알 수 있는 특별한 연고자라고 감독원장이 정하는 자

(5) 매출시 합산대상

증권시장에서의 거래에도 매출에 관한 50인의 산정기준을 적용하면 증권시장의 기능을 상실하게 될 것이다. 따라서 매출에 대하여는 증권시장 및 다자간매매체결회사 밖에서 청약의 권유를 받는 자를 기준으로 그 수를 산출한다(영11④).

Ⅲ. 증권의 모집으로 보는 전매가능성 기준

1. 도입취지

증권의 발행 당시에는 청약의 권유를 받는 자의 수가 50인 미만으로서 증권의 모집에 해당되지 않지만 발행일로부터 1년 이내에 50인 이상의 자에게 양도될 수 있는 경우로서 금융위원회가 정하는 전매기준에 해당하는 경우에는 사실상 모집과 동일한 효과를 발생시키므로 이를 전매가능성이 있는 것으로 인정(영11③)하여, 청약권유 대상자의 수가 50인 미만인 경우에도 모집으로 간주하여 동일한 공시의무를 부과함으로써 공시의무를 회피하려는 의도를 차단하고 동 증권의 유통과정에서 합리적인 투자판단의 근거자료를 제공하려는 것이다. 모집에 관하여만 전매가능성을 고려하는 것은 매출에 대해 전매가능성 기준을 적용할 경우 장외에서 이루어지는 대부분의 증권매매가 이에 해당하게 되어 장외시장 자체가 제 기능을 수행할 수 없기 때문이다.

전매제한규정을 두고 있는 것은 소수인을 대상으로 증권을 1차로 발행하고 이를 다시 50인 미만의 다수인에게 전매되게 하는 경우, 또는 50인 미만의 자를 대상으로 수회에 걸쳐 모집하는 경우 등도 모집으로 간주하고자 하는 것이다. 시행령 제11조 제1항이 규정하는 "50인의 수 합산에서 제외되는 대상"만을 대상으로 증권을 발행하는 경우에도 전매가능성 기준에 해당하는 경우에는 모집으로 간주된다.

다만, 해당 증권이 법 제165조의10 제2항에 따라 사모의 방법으로 발행할 수 없는 사채(분리형 신주인수권부사채)인 경우에는 그러하지 아니하다(영11③ 단서).

2. 전매가능성의 판단기준

(1) 간주모집의 개념

모집·매출에 관하여 청약의 권유를 받는 자의 수가 50인 미만으로서 증권의 모집에 해당되지 아니할 경우에도 해당 증권이 발행일부터 1년 이내에 50인 이상의 자에게 양도될 수 있는 경우로서 증권의 종류 및 취득자의 성격 등을 고려하여 금융위원회가 정하여 고시하는 전매기준에 해당하는 경우에는 모집으로 본다(영11③ 본문).

　　이는 증권의 발행 당시에는 청약의 권유 대상자가 50인 미만으로 사모에 해당하지만, 증권발행 후 1년 이내에 50인 이상의 자에게 양도될 가능성이 있는 경우로서 금융위원회가 정하여 고시하는 전매기준에 해당하는 경우에는 모집으로 간주하는 것이다. 즉 사모발행이라고 하더라도 전매기준에 해당하는 경우에는 사실상 모집과 동일한 효과를 발생하므로 모집으로 간주(간주모집)하여 증권신고서 제출의무를 부과하는 것이다. 간주모집에 대한 증권신고서 제출의무는 공시의무를 피하기 위한 모집행위를 방지하기 위한 것으로서 신규로 증권을 발행하는 경우에만 적용된다.

(2) 전매기준과 전매제한조치

　　사모로 증권을 신규 발행하는 경우 전매기준에 해당하지 않도록 하기 위해서는 전매제한조치를 취하여야 한다. 증권발행공시규정 제2-2조 제1항과 제2항, 제2-2조의2, 제2-2조의3은 전매기준과 전매제한조치를 규정하고 있다.

　　[증권의 발행 및 공시 등에 관한 규정]
　　제2-2조(증권의 모집으로 보는 전매기준) ① 영 제11조 제3항에서 "금융위원회가 정하여 고시하는 전매기준에 해당하는 경우"란 다음 각 호의 어느 하나에 해당하는 경우를 말한다.
　　1. 지분증권(지분증권과 관련된 증권예탁증권을 포함)의 경우에는 같은 종류의 증권이 모집 또는 매출된 실적이 있거나[11] 증권시장(코넥스시장 제외)에 상장된 경우. 이 경우 분할 또는 분할합병(상법 제530조의12에 따른 물적분할의 경우를 제외)으로 인하여 설립된 설립된 회사가 발행하는 증권은 분할되는 회사가 발행한 증권과 같은 종류의 증권으로 본다.
　　2. 지분증권이 아닌 경우(기업어음증권 제외)에는 50매 이상으로 발행되거나 발행 후 50매 이상으로 권면분할되어 거래될 수 있는 경우. 다만, 전자등록(전자증권법에 따른 전자등록) 또는 등록(은행법에 따른 등록)발행의 경우에는 매수가 아닌 거래단위를 기준으로 적용한다.[12]
　　3. 전환권, 신주인수권 등 증권에 부여된 권리의 목적이 되는 증권이 제1호 또는 제2호에 해당되는 경우[13]

---

11) 증권을 모집한 실적이 있는 발행인은 청약을 권유받는 자의 수가 50인 미만이더라도 금융위원회가 고시하는 전매기준에 해당하는 경우로서 전매제한조치를 취하지 않으면 모집에 해당되고, 과거 1년 동안 증권신고서를 제출하지 아니한 모집가액의 합계액이 10억원 이상인 경우 증권신고서를 금융위원회에 제출하여야 함에도, A사는 2019. 5. 11. 38인을 대상으로 11억원의 제3자배정 유상증자를 전매제한 조치없이 실시하여 모집에 해당됨에도 증권신고서를 제출하지 않아 과징금 제재를 받았다.

12) 증권을 모집하려는 발행인은 채무증권 발행시 청약을 권유받는 자의 수가 50인 미만이더라도 권면 매수가 50매 이상으로 발행되면 모집에 해당되고, 모집가액의 합계액이 10억원 이상인 경우 증권신고서를 금융위원회에 제출하여 수리되지 아니하면 모집을 할 수 없음에도, 비상장법인 A사는 2017. 1. 19. X 등 8인에게 전환사채권 68매를 발행하여 50억원을 모집하면서 증권신고서를 제출하지 않은 사실이 있어 과징금 제재를 받았다.

13) A사는 2015. 6.15. 보통주를 모집한 실적이 있는 법인으로 2017. 6. 27.-2018. 5. 16. 기간 중 3회에 걸쳐

4. 삭제 <2009. 7. 6>

5. 자본시장법 제4조 제3항에 따른 기업어음증권의 경우에는 다음 각 목의 어느 하나에 해당하는 경우

   가. 50매 이상으로 발행되는 경우

   나. 기업어음의 만기가 365일 이상인 경우

   다. 기업어음이 영 제103조에 따른 특정금전신탁에 편입되는 경우

6. 자본시장법 제4조 제7항에 따른 파생결합증권이 영 제103조 제1호에 따른 특정금전신탁에 편입되는 경우

② 제1항에도 불구하고 증권을 발행함에 있어 다음 각 호의 어느 하나에 해당하는 경우에는 제1항에 따른 전매기준에 해당되지 않는 것으로 본다.

1. 증권을 발행한 후 지체없이 한국예탁결제원에 전자등록하거나 예탁하고 그 전자등록일 또는 예탁일부터 1년간 해당 증권(증권에 부여된 권리의 행사로 취득하는 증권을 포함)을 인출하거나 매각(매매의 예약 등을 통해 사실상 매각이 이루어지는 경우를 포함)하지 않기로 하는 내용의 계약을 예탁결제원과 체결한 후 그 계약을 이행하는 경우 또는 금융산업구조개선법 제12조 제1항에 따라 정부 또는 예금보험공사가 부실금융기관에 출자하여 취득하는 지분증권에 대하여 취득일부터 1년 이내에 50인 이상의 자에게 전매되지 않도록 필요한 조치를 취하는 경우[14]

2. 제1항 제2호 중 50매 미만으로 발행되는 경우에는 증권의 권면에 발행 후 1년 이내 분할금지특약을 기재하는 경우. 다만, 전자등록 또는 등록발행의 경우에는 거래단위를 50단위 미만으로 발행하되 발행 후 1년 이내에는 최초 증권 발행시의 거래단위 이상으로 분할되지 않도록 조치를 취하는 경우를 말한다.

3. 제1항 제3호에 해당되는 경우에는 권리행사금지기간을 발행 후 1년 이상으로 정하는 경우

4. 채무증권(기업어음은 제외)으로서 다음 각 목의 요건을 모두 충족하는 경우

   가. 다음 (1)부터 (5)까지에 해당하는 자("적격기관투자자")가 발행인 또는 인수인으로 부터 직접 취득하고, 감독원장이 정하는 바에 따라 적격기관투자자 사이에서만 양도·양수될 것. 단, 제5호의 유동화증권(자산유동화법에서 정하는 방법으로 발행된 채무증권)을 발행하기 위하여 자산유동화전문회사에 양도하는 경우에는 그러하지 아니하다.

   (1) 영 제10조 제1항 제1호부터 제4호까지의 자(영 제10조 제2항 제11호, 같은 조 제3

제3자배정 유상증자(보통주 1,354,711주, 발행총액 97.3억원)를 전매제한 조치없이 실시하여 각각 모집에 해당되고, 2018. 5. 16. 제3자배정 유상증자(전환우선주 91,744주, 발행총액 10억원)를 전매제한 조치없이 실시하여 모집에 해당됨에도 증권신고서를 제출하지 아니한 사실이 있어 과징금 제재를 받았다.

14) 비상장법인 A는 2014. 11. 28., 2014. 12. 30., 2015. 3. 21., 2015. 5. 1. 총 4회의 유상증자를 함에 있어 모집주선인 X를 통하는 방법 등으로 각각 55명, 66명, 137명, 85명에게 청약을 권유하여 총 121.9억원을 모집하였음에도 증권신고서를 총 4회 제출하지 아니하였고, 증권을 모집한 실적이 있는 법인으로 2015. 5. 15. 유상증자를 함에 있어 전매제한조치를 취하지 않아 모집에 해당됨에도 증권신고서를 제출하지 아니한 사실이 있어 과징금 제재를 받았다.

　　　　　항 제5호부터 제8호까지에 해당하는 자는 제외)

　　(2) 주권상장법인, 영 제10조 제3항 제12호·제13호 및 같은 항 제16호에 해당하는 자

　　(3) 중소기업진흥에 관한 법률에 따른 중소기업진흥공단

　　(4) 삭제 <2016. 6. 28>

　　(5) (1)부터 (4)까지의 적격기관투자자에 준하는 외국인

　나. 직전 사업연도말 총자산이 2조원 이상인 기업이 발행한 증권이 아닐 것. 다만, 제1-2조 제6항에 따른 원화표시채권 또는 외화표시채권을 발행하는 경우에는 그러하지 아니하다.

5. 유동화증권으로서 다음 각 목의 요건을 모두 충족하는 경우

　가. 제4호 각 목의 요건을 충족하는 채무증권이 유동화자산의 80% 이상일 것

　나. 적격기관투자자가 발행인 또는 인수인으로부터 직접 취득하고, 감독원장이 정하는 바에 따라 적격기관투자자 사이에서만 양도·양수 될 것

6. 제1항 제5호 다목 및 제6호의 경우에는 발행인이 특정금전신탁의 위탁자를 합산하여 50인 이상(영 제11조 제1항 제1호 및 제2호에 해당하는 자는 제외)이 될 수 없다는 뜻을 인수계약서와 취득계약서에 기재하고, 발행인 또는 기업어음, 파생결합증권을 인수한 금융투자업자가 그러한 발행조건의 이행을 담보할 수 있는 장치를 마련한 경우

7. 단기사채(전자증권법 제2조 제1호 나목에 따른 권리로서 같은 법 제59조 각 호의 요건을 모두 갖추고 전자등록된 것)로서 만기가 3개월 이내인 경우

8. 근로복지기본법에 따라 우리사주조합원이 우리사주조합을 통해 취득한 주식을 같은 법 제43조에 따른 수탁기관에 전자등록 또는 예탁하고 그 전자등록일 또는 예탁일로부터 1년간 해당 주식(주식에 부여된 권리의 행사로 취득하는 주식을 포함)을 인출하거나 매각하지 않기로 하는 내용의 계약을 수탁기관과 체결한 후 그 계약을 이행하는 경우

9. 온라인소액투자중개를 통해 지분증권을 모집한 발행인이 다음 각목의 요건을 모두 충족하는 경우

　가. 영 제118조의17 제2항 각 호에 해당하는 자에게 온라인소액투자중개를 통해 모집 한 지분증권과 같은 종류의 증권을 발행할 것

　나. 온라인소액투자중개 이외의 방법으로 같은 종류의 증권을 모집 또는 매출한 실적이 없을 것

　다. 같은 종류의 증권이 증권시장(코넥스시장 제외)에 상장되어 있지 않을 것

　라. 온라인소액투자중개를 통해 모집의 방법으로 최근 발행된 지분증권에 대하여 법 제117조의10 제7항에 따른 매도 또는 양도가 제한되는 기간("제한기간")이 경과하지 않은 때에는, 해당 증권을 지체 없이 예탁결제원에 전자등록하거나 예탁하고 제한기간의 종료일까지 인출하거나 매각하지 않기로 하는 내용의 계약을 예탁결제원과 체결한 후 그 계약을 이행할 것

제2-2조의2(해외증권 발행시 증권의 모집으로 보는 전매기준) ① 제2-2조에도 불구하고 해외에서 증권을 발행하는 경우(청약의 권유, 청약 등 발행과 관련한 주요 행위가 해외에서 이루어지는 경우를 말한다) 해당 증권, 해당 증권에 부여된 권리 또는 그 권리의 행사에 따라 발행되는 증권 등(이하 이 조에서 "해당 증권 등"이라 한다)을 외국환거래법에 따른 거주자(증권의 발행과 관련한 인수계약에 따라 해당 증권을 취득하는 금융투자업자를 제외한다. 이하 이 조에서 같다)가 해당 증권의 발행 당시 취득 가능하거나 또는 발행일부터 1년 이내에 취득 가능한 조건으로 발행하는 경우(외국법인등에 관하여는 다음 각 호의 어느 하나에 해당하는 외국법인등이 해외에서 증권을 발행하는 경우에 한한다)에는 영 제11조 제3항에서 "금융위원회가 정하여 고시하는 전매기준에 해당하는 경우"로 본다.[15]

1. 외국법인등이 국내에 증권을 상장한 경우
2. 최근 사업연도 말을 기준으로 외국법인등이 발행한 지분증권 발행주식총수의 20% 이상을 거주자가 보유하고 있는 경우

② 제1항에도 불구하고 다음 각 호의 어느 하나에 해당하는 경우에는 제1항에 따른 전매기준에 해당되지 않는 것으로 본다.

1. 발행당시 또는 발행일부터 1년 이내에 해당 증권등을 거주자에게 양도할 수 없다는 뜻을 해당 증권의 권면(실물발행의 경우에 한한다), 인수계약서, 취득계약서 및 청약권유문서에 기재하고, 발행인 또는 인수한 금융투자업자가 취득자로부터 그러한 발행조건을 확인·서명한 동의서를 징구하고, 해당 동의서의 이행을 담보할 수 있는 장치를 강구한 후 발행하는 경우
2. 발행 후 지체없이 발행지의 공인 예탁결제기관에 예탁하고 그 예탁일부터 1년 이내에는 이를 인출하지 못하며 거주자에게 해당 증권등을 양도하지 않는다는 내용의 예탁계약을 체결한 후 그 예탁계약을 이행하는 경우
3. 전환사채권·신주인수권부사채권·교환사채권이 아닌 사채권으로서 제2-2조 제2항 제4호(나목은 제외)에 따라 적격기관투자자가 취득(발행시점에서 발행인 또는 인수인으로부터 취득하는 것을 포함)하고 적격기관투자자 사이에서만 양도·양수되는 경우로서 다음 각목의 요건을 모두 충족하는 경우
   가. 외국통화로 표시하여 발행하고 외국통화로 원리금을 지급할 것
   나. 발행금액의 80% 이상을 거주자 외의 자에게 배정할 것(발행시점에서 발행인 또는 인수인으로부터 취득하는 것에 한한다)

---

15) 대법원 2004. 6. 17. 선고 2003도7645 전원합의체 판결(상장회사가 해외에서 해외투자자를 상대로 전환사채를 공모함에 있어서 내국인이 최초 인수자인 해외투자자로부터 재매수하기로 하는 이면계약을 별도로 체결하였다 할지라도, 해외투자자와 발행회사 사이의 투자계약은 여전히 유효한 것이고, 또한 증권거래법 제8조 제1항에 의한 유가증권발행신고서 제출의무는 국내 발행시장에서 모집에 응하는 투자자를 보호하기 위한 것임에 비추어 볼 때, 국내 투자자가 유통시장에서 그 이면약정에 따라 이를 다시 인수하였는지 여부를 불문하고 해외에서 발행된 전환사채에 대하여는 증권거래법 제8조 제1항에 의한 유가증권발행신고서 제출의무가 인정되지 아니한다).

　　다. 사채권이 감독원장이 정하는 해외주요시장에 상장되거나 해외주요시장 소재지국의 외
　　　　국금융투자감독기관에 등록 또는 신고, 그 밖에 모집으로 볼 수 있는 절차를 거친 것
　　라. 발행당시 또는 발행일부터 1년 이내에 적격기관투자자가 아닌 거주자에게 해당 사채권
　　　　을 양도할 수 없다는 뜻을 해당 사채권의 권면(실물발행의 경우에 한한다), 인수계약서,
　　　　취득계약서 및 청약권유문서에 기재하는 조치를 취할 것
　　마. 발행인과 주관회사(주관회사가 있는 경우에 한한다. 이하 이 목에서 같다)가 가목부터
　　　　라목까지의 조치를 취하고 관련 증빙서류를 발행인 및 주관회사가 각각 또는 공동으로
　　　　보관할 것
4. 외국법인등이 외국통화로 표시된 증권을 해외에서 발행하는 경우로서 발행당시 또는 발행
　일로부터 1년 이내에 해당 증권 등을 거주자에게 양도할 수 없다는 뜻을 해당 증권의 권면
　(실물발행의 경우에 한한다), 인수계약서, 취득계약서 및 청약권유문서에 기재하고 국내 금
　융투자업자가 해당 증권 등을 중개 또는 주선하지 않는 경우
5. 그 밖에 발행당시 또는 발행일부터 1년 이내에 거주자가 해당 증권등을 취득할 수 없는 구
　조로 발행되는 경우

제2-2조의3(코넥스시장에 관한 특례 등) ① 영 제11조 제2항 각 호 외의 부분에서 "금융위원
회가 정하여 고시하는 증권시장"이란 한 국거래소[법 부칙(법률 제11845호) 제15조 제1항에
따라 거래소허가를 받은 것으로 보는 한국거래소]의 코넥스시장 업무규정에 따른 코넥스시장
을 말한다.
② 영 제11조 제2항 제5호에서 "금융위원회가 정하여 고시하는 자"란 다음 각 호의 어느 하
나에 해당하는 자를 말한다. 다만, 제2호의2 및 제3호에 해당하는 자는 영 제178조 제1항 제2
호에 따른 증권시장에 상장되지 아니한 지분증권의 장외매매거래 대상에서 제외한다.
1. 벤처기업육성에 관한 특별조치법 제13조에 따른 개인투자조합
2. 벤처기업육성에 관한 특별조치법 제2조의2 제1항 제2호 가목(8)에 해당하는 자
2의2. 조세특례제한법 제91조의15 제1항에 따른 고위험고수익투자신탁에 해당하는 투자일임
　　　재산의 명의자
2의3. 자본시장법 제249조의15에 따라 금융위원회에 등록한 업무집행사원
2의4. 벤처기업육성에 관한 특별조치법 제4조의3 제1항 제3호에 따른 상법상 유한회사 또는
　　　유한책임회사
2의5. 벤처기업육성에 관한 특별조치법 제4조의3 제1항 제4호에 따른 외국투자회사
3. 한국거래소의 코넥스시장 업무규정 제62조에 따른 기본예탁금을 납부한 자
4. 중소기업창업 지원법 제2조 제4호의2에 따른 창업기획자

(3) 전매제한조치의 예외적 인출사유

증권을 사모로 발행하는 발행인은 발행이 모집으로 간주되지 않기 위하여 해당 증권에 대하여 앞에서 살펴본 "증권발행공시규정" 제2-2조 제2항에 따라 전매제한조치를 취하여야 한다. 전매제한조치의 방법으로 한국예탁결제원에 보호예수(의무보유)[16]를 할 수 있다.

이 경우 발행인은 다음 중 어느 하나에 해당하는 사유가 발생하는 경우 해당 증권의 일시 인출을 신청할 수 있다(증권발행공시규정2-2③). 이와 같은 인출사유는 증권신고서 제출의무 면제를 위하여 전매제한조치가 취해진 경우에 한하며, 다른 법률이나 사인 간의 계약에 의하여 전매제한조치가 있었던 경우에는 해당 법률이나 계약에 따라야 한다. 또한 전매제한조치로서의 보호예수는 전매를 금지, 즉 소유권의 이전을 금지하기 위한 것이므로 이를 예외적으로 인출하는 경우에도 소유권을 이전하여서는 안된다. 공개매수에 응모하면 결과적으로 보호예수된 증권의 소유권에 변동이 생길 수 있으므로 공개매수에 응모하기 위하여 전매제한조치로서 보호예수된 증권을 예외적으로 인출하는 것은 허용되지 않는다.[17]

제2-2조(증권의 모집으로 보는 전매기준) ③ 예탁결제원 및 수탁기관은 제2항 제1호 전단 또는 같은 항 제8호에 따라 예탁된 증권에 대하여 다음 각 호의 어느 하나에 해당하는 사유가 발생하는 경우 발행인의 신청에 의하여 해당 증권의 인출을 허용할 수 있다. 이 경우 예탁결제원 또는 수탁기관은 사유가 종료되는 대로 해당 증권이나 전환권 등 권리의 행사에 따라 취득한 증권을 지체없이 재예탁하도록 하여야 한다.

1. 통일규격증권으로 교환하기 위한 경우
2. 전환권, 신주인수권 등 증권에 부여된 권리행사를 위한 경우
3. 회사의 합병, 분할, 분할합병, 또는 주식의 포괄적 교환·이전에 따라 다른 증권으로 교환하기 위한 경우
4. 액면 또는 권면의 분할 또는 병합에 따라 새로운 증권으로 교환하기 위한 경우
5. 전환형 조건부자본증권을 주식으로 전환하기 위한 경우
6. 기타 상기 사유와 유사한 것으로서 감독원장이 인정하는 경우

---

16) 증권발행공시규정 제2-2조 제2항 제1호 본문의 규정에 따라 증권을 발행한 후 지체없이 한국예탁결제원에 예탁하고 그 예탁일로부터 1년간 해당 증권을 인출하거나 매각하기 않기로 하는 내용의 예탁계약을 예탁결제원과 체결한 후 그 예탁계약을 이행하는 경우를 보호예수(의무보유)라 한다.
17) 금융감독원(2010), 83쪽.

제4절 발행시장과 공시규제

Ⅰ. 증권신고서

1. 서설

(1) 의의

증권의 모집 또는 매출(대통령령으로 정하는 방법에 따라 산정한 모집가액 또는 매출가액 각각의 총액이 대통령령으로 정하는 금액 이상인 경우에 한한다)은 발행인이 그 모집 또는 매출에 관한 신고서를 금융위원회에 제출하여 수리되지 아니하면 이를 할 수 없다(법119①).

자금조달 계획의 동일성 등 ⅰ) 증권의 발행 또는 매도가 동일한 자금조달 계획에 따른 것인지 여부, ⅱ) 증권의 발행 또는 매도의 시기가 6개월 이내로 서로 근접한지 여부, ⅲ) 발행 또는 매도하는 증권이 같은 종류인지 여부, ⅳ) 증권의 발행 또는 매도로 인하여 발행인 또는 매도인이 수취하는 대가가 같은 종류인지 여부를 종합적으로 고려하여 둘 이상의 증권의 발행 또는 매도가 사실상 동일한 증권의 발행 또는 매도로 인정되는 경우에는 하나의 증권의 발행 또는 매도로 보아 제119조 제1항을 적용한다(법119⑧, 영129의2).

(2) 취지

기업이 증권을 발행하는 경우 상법의 관련 규정에 따라 증권의 청약과 관련된 내용을 신문공고 또는 주식청약서나 사채청약서에 기재하도록 하여 투자자가 이를 근거로 투자판단에 필요한 정보를 얻도록 하고 있다. 그러나 주식청약서나 사채청약서의 내용만으로는 투자자가 투자판단을 위한 정보를 얻기에 부족하다. 따라서 증권의 내용뿐만 아니라 발행회사의 사업내용 및 재무내용 등을 투자자에게 상세하게 제공하는 것이 필요하다. 이를 고려하여 자본시장법은 증권을 공모하는 경우에는 발행회사 및 증권에 관한 상세한 정보를 증권신고서에 기재하여 일반투자자에게 공시하도록 하여 투자자들이 이를 투자판단의 자료로 이용할 수 있도록 하고 있다. 이것은 증권을 발행하는 회사와 투자자 사이의 정보비대칭을 해소하여 투자자를 보호하기 위한 것이다.[18]

2. 증권신고서 제출면제

(1) 증권신고서 제출기준금액

소액을 공모하는 경우에도 증권신고서를 제출해야 한다면 발행회사로서는 조달금액에 비

---

18) 이상복(2012), 54쪽.

하여 많은 시간과 비용을 들이게 되는 부담이 있고, 조달하려는 금액이 소액이므로 그만큼 투자자를 보호할 필요성도 적은 편이다. 따라서 자본시장법은 소액의 금액을 공모하는 경우 발행회사의 비용부담을 고려하고, 투자자 보호의 효과가 미미함을 감안하여 증권신고서 제출의무를 면제하고 있다.

자본시장법은 증권의 모집 또는 매출은 대통령령으로 정하는 방법에 따라 산정한 모집가액 또는 매출가액 각각의 총액이 대통령령으로 정하는 금액 이상인 경우에 한한다(법119①)고 규정하고 있다. 이에 따라 증권의 모집 또는 매출을 하기 위하여 신고서를 제출하여야 하는 경우를 다음과 같이 10억원을 기준으로 정하고 있다(영120①). 따라서 이 기준금액에 미달하는 경우의 공모는 소액공모로서 증권신고서 제출이 면제된다.

1. 모집[19] 또는 매출[20]하려는 증권의 모집가액 또는 매출가액과 해당 모집일 또는 매출일부터 과거 1년 동안 이루어진 증권의 모집 또는 매출로서 그 신고서를 제출하지 아니한 모집가액 또는 매출가액[소액출자자(그 증권의 발행인과 인수인은 제외)가 시행령 제178조 제1항 제1호에 따른 장외거래 방법에 따라 증권을 매출하는 경우에는 해당 매출가액은 제외] 각각의 합계액이 10억원 이상인 경우
2. 시행령 제11조 제1항에 따라 합산을 하는 경우(청약의 권유를 하는 날 이전 6개월 이내에 해당 증권과 같은 종류의 증권에 대하여 모집이나 매출에 의하지 아니하고 청약의 권유를 받은 자를 합산하면 50인 이상이 되어 공모에 해당하는 경우)에는 그 합산의 대상이 되는 모든 청약의 권유 각각의 합계액이 10억원 이상인 경우[21]

제1호에서 "소액출자자"란 해당 법인이 발행한 지분증권총수의 1%에 해당하는 금액과 3억원 중 적은 금액 미만의 지분증권을 소유하는 자(법 제159조 제1항 본문에 따른 사업보고서 제출

---

19) 증권을 모집하려는 발행인은 50인 이상의 투자자에게 새로 발행되는 증권의 취득 청약을 권유하면 모집에 해당되고, 모집가액이 10억원 이상인 경우 증권신고서를 금융위원회에 제출하여 수리되지 아니하면 모집을 할 수 없음에도. 비상장법인 A사는 2015. 9. 23., 2015. 11. 2. 직원 266명을 대상으로 유상증자를 실시하여 85억 2,500만원을 모집하였음에도 증권신고서를 제출하지 아니한 사실로 과징금 제재를 받았다

20) 증권을 매출하려는 자는 매수의 청약의 권유를 받은 자의 수가 50인 이상이고, 매출한 금액이 10억원 이상인 경우에는 발행인이 증권신고서를 금융위원회에 제출하여 수리되지 아니하면 매출행위를 할 수 없음에도, 비상장법인 A사의 최대주주 겸 대표이사 Y는 2018. 7. 15. 53인에게 보통주 250,150주를 12.4억원에 매출하였고, 2019. 2. 22. 87인에게 보통주 1,547,287주를 11.0억원에 매출하였음에도, A사는 총 2회의 매출에 대한 증권신고서를 제출하지 아니한 사실로 과징금의 제재를 받았다.

21) 증권을 모집하려는 발행인은 청약의 권유를 하는 날 이전 6개월 이내에 해당 증권과 같은 종류의 증권에 대하여 모집에 의하지 아니하고 권유를 받는 자의 수가 50인 이상이면 모집에 해당되고, 과거 1년 동안 신고서를 제출하지 않고 모집한 금액이 10억원 이상인 경우에는 증권신고서를 금융위원회에 제출하여야 함에도 불구하고, 비상장법인 A사는 2015. 12. 15. 49인을 대상으로 5억 2,700만원의 유상증자를 실시함에 있어 과거 6개월 이내에 신고서를 제출하지 않고 청약의 권유를 받은 자가 총 55명(연고자·전문가 제외), 총 모집금액이 10억 2,200만원에 해당됨에도 증권신고서를 제출하지 아니한 사실로 과징금 제재를 받은 사례가 있다.

대상 법인의 경우에는 지분증권총수의 10% 미만의 지분증권을 소유하는 자)를 말한다(영120② 본문). 다만, 그 법인의 최대주주 및 그 특수관계인은 소액출자자로 보지 아니한다(영120② 단서).

제1호는 공모 또는 간주모집에 의한 합산에 해당하는 경우를 규정하고, 제2호는 사모에 의한 합산에 해당하는 경우를 규정하고 있다. 따라서 증권신고서는 모집 또는 매출(공모)에 해당하면서, 즉 50인 이상에 대한 청약의 권유를 하면서 동시에 각각의 총액이 10억원 이상인 경우에 제출되어야 한다.

(2) 증권신고서 제출면제증권(적용면제증권)

증권의 발행인은 증권신고서 제출을 준비하기 위해서 변호사, 회계사 등의 자문을 받는 경우에는 시간과 비용이 많이 들게 된다. 따라서 일정한 경우 발행인의 부담을 경감해 줄 필요가 있어 발행인의 신용도가 높은 증권 등의 경우와 같이 투자자 보호의 필요성이 크지 않은 경우에는 증권신고서 제출을 면제하고 있다.

(가) 국채증권 · 지방채증권

국채증권과 지방채증권은 발행인의 신용도가 높기 때문에 투자자를 보호할 필요성이 낮아 증권신고서 제출이 면제된다(법118).

(나) 특수채

대통령령으로 정하는 법률22)에 따라 직접 설립된 법인이 발행한 채권(법118)을 특수채라고 한다. 특수채는 국책은행과 공기업이 발행하는 채권으로서 공익을 위하여 발행하고, 특별법에 의해 관계 감독기관의 감독을 받기 때문에 증권신고서의 제출을 면제하고 있다. 국책은행인 한국은행, 한국산업은행, 중소기업은행, 한국수출입은행 등은 증권신고서의 제출이 면제되지만, 일반 시중은행이 발행하는 은행채는 면제증권에 포함되지 않는다. 이것은 시중은행은 도산위험이 있음을 고려한 것이고, 영국이나 독일 등의 경우 시중은행은 증권신고서를 제출하고 있음을 고려한 것이다.

---

22) "대통령령으로 정하는 법률"이란 다음의 법률을 말한다(영119①).

    1. 한국은행법, 2. 한국산업은행법, 3. 중소기업은행법, 4. 한국수출입은행법, 5. 농업협동조합법(농업협동조합중앙회 및 농협은행만 해당), 6. 수산업협동조합법(수산업협동조합중앙회 및 수협은행만 해당), 7. 예금자보호법, 8. 한국자산관리공사법, 9. 한국토지주택공사법, 10. 한국도로공사법, 11. 한국주택금융공사법, 12. 삭제 [2009. 9. 21.], 13. 한국전력공사법, 14. 한국석유공사법, 15. 한국가스공사법, 16. 대한석탄공사법, 17. 한국수자원공사법, 18. 한국농어촌공사 및 농지관리기금법, 19. 한국농수산식품유통공사법, 20. 한국공항공사법, 21. 인천국제공항공사법, 22. 항만공사법, 23. 삭제[2011. 8. 11 제23073호(한국컨테이너부두공단법 시행령)], 24. 한국관광공사법, 25. 한국철도공사법, 26. 한국철도시설공단법, 27. 한국환경공단법」, 28. 삭제 [2009. 12. 24 제21904호(한국환경공단법 시행령)], 29. 수도권매립지관리공사의 설립 및 운영 등에 관한 법률, 30. 중소기업진흥에 관한 법률, 31. 제주특별자치도 설치 및 국제자유도시 조성을 위한 특별법, 32. 삭제 [2014. 12. 30 제25945호(한국산업은행법 시행령)], 33. 산업집적활성화 및 공장설립에 관한 법률, 34. 한국장학재단 설립 등에 관한 법률, 35. 한국광물자원공사법, 36. 무역보험법, 37. 한국해양진흥공사법, 38. 새만금사업 추진 및 지원에 관한 특별법

(다) 기타 면제증권

그 밖에 다른 법률에 따라 충분한 공시가 행하여지는 등 투자자 보호가 이루어지고 있다고 인정되는 증권으로서 대통령령으로 정하는 증권에 관하여는 적용하지 아니한다(법118).

여기서 "대통령령으로 정하는 증권"이란 다음의 증권을 말한다(영119②).

1. 국가 또는 지방자치단체가 원리금의 지급을 보증한 채무증권
2. 국가 또는 지방자치단체가 소유하는 증권을 미리 금융위원회와 협의하여 매출의 방법으로 매각하는 경우의 그 증권
3. 지방공기업법 제68조 제1항부터 제6항[23])까지의 규정에 따라 발행되는 채권 중 도시철도의 건설 및 운영과 주택건설사업을 목적으로 설립된 지방공사가 발행하는 채권
4. 「국제금융기구에의 가입조치에 관한 법률」 제2조 제1항에 따른 국제금융기구가 금융위원회와의 협의를 거쳐 기획재정부장관의 동의를 받아 발행하는 증권
5. 한국주택금융공사법에 따라 설립된 한국주택금융공사가 채권유동화계획에 의하여 발행하고 원리금 지급을 보증하는 주택저당증권 및 학자금대출증권
6. 전자증권법 제59조에 따른 단기사채등으로서 만기가 3개월 이내인 증권

(라) 투자성 있는 예금 · 보험

은행이 투자성 있는 외화예금계약을 체결하는 경우와 보험회사가 투자성 있는 보험계약을 체결하거나 그 중개 또는 대리를 하는 경우에는 제3편 1장(증권신고서)을 적용하지 아니한다(법 77①②).

(마) 매출에 관한 증권신고서 제출의무 면제

증권신고서 제출의무에 관한 제119조 제1항부터 제5항까지의 규정에도 불구하고 발행인 및 같은 종류의 증권에 대하여 충분한 공시가 이루어지고 있는 등 대통령령으로 정한 사유에 해당하는 때에는 매출에 관한 증권신고서를 제출하지 아니할 수 있다(법119⑥).

여기서 "발행인 및 같은 종류의 증권에 대하여 충분한 공시가 이루어지고 있는 등 대통령

---

23) 지방공기업법 제68조(사채 발행 및 차관) ① 공사는 지방자치단체의 장의 승인을 받아 사채를 발행하거나 외국차관을 할 수 있다. 이 경우 사 채 발행의 한도는 대통령령으로 정한다.
   ② 삭제 [2002. 3. 25.]
   ③ 지방자치단체의 장은 제1항에 따라 발행되는 사채가 대통령령으로 정하는 기준을 초과하는 경우에는 제1항에 따른 승인을 하기 전에 미리 행정안전부장관의 승인을 받아야 한다. 이 경우 대통령령으로 정하는 기준은 공사의 부채비율, 경영성과 등을 고려하여야 한다.
   ④ 지방자치단체는 사채의 상환을 보증할 수 있다.
   ⑤ 삭제 [2002. 3. 25]
   ⑥ 사채의 발행, 매각 및 상환에 필요한 사항은 조례로 정한다.
   ⑦ 도시철도의 건설 및 운영 또는 주택건설사업 등을 목적으로 설립된 공사가 제1항부터 제6항까지의 규정에 따라 발행하는 채권에 대하여 자본시장법을 적용할 때에는 같은 법 제4조 제3항에 따른 특수채증권으로 본다.

령으로 정한 사유에 해당하는 때"란 다음의 요건을 모두 충족하였을 때를 말한다(영124의2①).

1. 발행인이 사업보고서 제출대상법인으로서 최근 1년간 사업보고서·반기보고서 및 분기보고서를 기한 내에 제출하였을 것
2. 발행인이 최근 1년간 공시위반으로 법 제429조에 따른 과징금을 부과받거나 이 영 제138조(금융위원회의 조치)·제175조(금융위원회의 조치)에 따른 조치를 받은 사실이 없을 것
3. 최근 2년 이내에 매출하려는 증권과 같은 종류의 증권에 대한 증권신고서가 제출되어 효력이 발생한 사실이 있을 것
4. 증권시장에 상장하기 위한 목적의 매출이 아닐 것
5. 투자매매업자 또는 투자중개업자를 통하여 매출이 이루어질 것
6. 그 밖에 금융위원회가 정하여 고시하는 요건24)을 충족할 것

또한 시행령 제1항에도 불구하고 외국정부가 발행한 국채증권 또는 대통령령으로 정하는 국제기구(법9⑯(5))가 발행한 채무증권으로서 다음의 요건을 모두 충족한 경우에도 매출에 관한 증권신고서를 제출하지 아니할 수 있다(영124의2②).

1. 해당 외국정부 또는 대통령령으로 정하는 국제기구(법9⑯(5))의 신용등급 등이 금융위원회가 정하여 고시하는 기준25)을 충족할 것
2. 투자매매업자 또는 투자중개업자를 통하여 매출이 이루어질 것
3. 제2호에 따른 투자매매업자 또는 투자중개업자가 해당 증권 및 증권의 발행인에 관한 정보를 금융위원회가 정하여 고시하는 방법26)에 따라 인터넷 홈페이지 등에 게재할 것
4. 그 밖에 금융위원회가 정하여 고시하는 요건27)을 충족할 것

---

24) "금융위원회가 정하여 고시하는 요건"이란 다음의 사항을 말한다(증권발행공시규정2-4의2①).
  1. 발행인과 매출인이 법 제9조 제1항 및 제2항에서 정하는 대주주, 주요주주 또는 임원의 관계가 아닐 것
  2. 발행인이 최근 1년간 공시위반으로 한국거래소의 유가증권시장 상장규정 제47조 제1항 제12호 또는 코스닥시장 상장규정 제28조 제1항 제8호에 따른 관리종목 지정을 받은 사실이 없을 것
  3. 매출인이 최근 1년간 공시위반으로 법 제429조에 따른 과징금 부과, 영 제138조 또는 제175조에 따른 조치, 한국거래소의 유가증권시장 상장규정 제47조 제1항 제12호 또는 코스닥시장 상장규정 제28조 제1항 제8호에 따른 관리종목 지정을 받은 사실이 없을 것
  4. 주권으로서 과거 6개월간 매출인이 매출신고서를 제출하지 아니하고 매출한 수량과 이번에 매출하고자 하는 수량의 합계가 다음 각 목의 어느 하나에 해당하는 수량보다 적을 것
    가. 발행주식 총수의 1%에 해당하는 수량
    나. 매매 체결일 전일을 기산일로 하여 소급한 1개월간 일평균 거래량의 25%에 해당하는 수량
25) "금융위원회가 정하여 고시하는 기준"이란 2개 이상의 국제신용평가기관(감독원장이 정하는 국제신용평가기관)에서 A 이상의 신용등급을 받는 경우를 말한다(증권발행공시규정2-4의2②).
26) "금융위원회가 정하여 고시하는 방법"이란 투자자가 외국정부가 발행한 국채증권의 시세, 발행인에 관한 정보 등을 확인할 수 있도록 투자매매업자 또는 투자중개업자가 인터넷 홈페이지 등에 관련 정보를 게재하는 것을 말한다. 이 경우 인터넷 홈페이지 등에 게재하는 사항은 한국금융투자협회가 정한다(증권발행공시규정2-4의2③).
27) "금융위원회가 정하여 고시하는 요건"이란 투자매매업자 또는 투자중개업자가 투자자에게 외국정부가 발

(3) 적용면제거래

증권신고서 제출의무는 공모에만 적용되므로 사모의 경우에는 증권신고서 제출의무가 면제된다. 이 경우는 투자자를 보호할 필요성이 없는 경우이다. 또한 소액공모의 경우는 발행인의 비용부담을 경감시켜 줄 목적으로 증권신고서 제출의무를 면제하고 있다. 무상증자, 주식배당, 전환사채권자의 전환권의 행사, 신주인수권부사채권자의 신주인수권의 행사 등의 경우와 같이 청약의 권유가 없는 경우에도 증권신고서 제출의무가 없다.

(4) 자료제출요구

종속회사가 있는 법인("연결재무제표 작성대상법인") 중 증권신고서를 제출하여야 하는 법인은 증권신고서의 작성을 위하여 필요한 범위에서 종속회사에게 관련 자료의 제출을 요구할 수 있다(법119의2①). 종속회사란 발행인이 지배회사로서 그 회사와 외부감사법 제2조 제3호에 따른 대통령령으로 정하는 지배ㆍ종속의 관계에 있는 경우 그에 종속되는 회사를 말하며, 국제회계기준 등 발행인이 적용한 회계기준에 따라 연결재무제표 작성대상 종속회사를 보유한 외국법인등의 경우에는 해당 회계기준에 따른 종속회사를 말한다(법119의2①). 연결재무제표 작성대상법인 중 증권신고서를 제출하여야 하는 법인은 증권신고서의 작성을 위하여 필요한 자료를 입수할 수 없거나 종속회사가 제출한 자료의 내용을 확인할 필요가 있는 때에는 종속회사의 업무와 재산상태를 조사할 수 있다(법119의2②).

3. 증권신고서 제출절차

(1) 증권신고서 제출의무자

증권의 모집 또는 매출은 발행인이 그 모집 또는 매출에 관한 증권신고서를 금융위원회에 제출하여야 한다(법119①). 발행인이란 증권을 발행하였거나 발행하고자 하는 자를 말한다. 다만 증권예탁증권을 발행함에 있어서는 그 기초가 되는 증권을 발행하였거나 발행하고자 하는 자를 말한다(법9⑩). 발행인에는 "증권을 발행하고자 하는 자"도 포함되므로 설립중의 회사의 발기인이 증권을 모집하는 경우에도 증권신고서를 제출하여야 한다.

매출의 경우 발행인 이외의 제3자가 매출의 주체가 되는 경우가 대부분이지만, 모집뿐 아니라 매출의 경우에도 발행인이 증권신고서를 제출하여야 한다. 증권신고서제도에 의한 공시가 요구되는 기업에 관한 정보에 대하여는 발행인이 준비하는 것이 가장 정확하기 때문이다.

행한 국채증권에 대한 기본정보, 투자위험, 그 밖에 투자판단에 중요한 영향을 미칠 수 있는 사항 등을 감독원장이 정하는 바에 따라 사전에 제공설명하고, 투자자의 확인을 받는 것을 말한다. 다만, 금융투자업규정 제5-1조 제8호에 따른 대고객조건부매매의 대상증권으로서 외국정부가 발행한 국채증권을 투자자에게 매도하고자 하는 경우에는 해당 증권에 대한 사전 설명 및 투자자 확인을 하지 아니할 수 있다(증권발행공시규정2-4의2④).

(2) 증권신고서 기재사항 및 첨부서류

(가) 의의

증권신고서에는 "모집 또는 매출에 관한 사항"과 "발행인에 관한 사항"으로 나누어 기재하여야 하는데, 투자자의 투자판단에 필요한 사항을 기재하여야 한다. 증권신고서의 기재사항 및 그 첨부서류에 관하여 필요한 사항은 대통령령으로 정한다(법119⑦). 이에 근거하여 자본시장법 시행령은 증권신고서에 관하여 일반적인 규정과 집합투자증권 및 자산유동화증권에 대한 특칙을 규정하고 있다(영125, 127, 128). 일반적인 증권이 발행인의 건전성에 따라 발행되는 증권의 가치가 달라지는 특성을 가짐에 반하여, 집합투자증권 및 자산유동화증권의 경우 발행인이 누구인지와 건전한지 여부 등이 큰 영향을 미치지 않는다. 그 대신 해당 집합투자기구의 설계방식이나 유동화자산의 구성방식 등이 해당 집합투자증권이나 자산유동화증권의 가치를 결정하는데 중요하다. 이에 따라 자본시장법은 집합투자증권 및 자산유동화증권에 대하여 특칙을 두고 있다. 또한 증권신고서의 기재사항을 증명하기 위하여 첨부서류를 제출하도록 하고 있다.

(나) 집합투자증권 및 유동화증권 이외의 증권

1) 기재사항

집합투자증권 및 유동화증권은 이외의 증권에 대한 증권신고서에는 다음의 사항을 기재하여야 한다(영125①).

1. 대표이사 및 신고업무를 담당하는 이사의 제124조 각 호의 사항에 대한 서명
2. 모집 또는 매출에 관한 다음의 사항
   가. 모집 또는 매출에 관한 일반사항
   나. 모집 또는 매출되는 증권의 권리내용
   다. 모집 또는 매출되는 증권의 취득에 따른 투자위험요소
   라. 모집 또는 매출되는 증권의 기초자산에 관한 사항(파생결합증권 및 금융위원회가 정하여 고시하는 채무증권의 경우만 해당)
   마. 모집 또는 매출되는 증권에 대한 인수인의 의견(인수인이 있는 경우만 해당)
   바. 주권비상장법인(설립 중인 법인을 포함)이 인수인의 인수 없이 지분증권(지분증권과 관련된 증권예탁증권을 포함)의 모집 또는 매출("직접공모")에 관한 신고서를 제출하는 경우에는 금융위원회가 정하여 고시하는 요건을 갖춘 분석기관("증권분석기관")[28]의

---

28) 증권발행공시규정 제2-5조(증권분석기관 등) ① 영 제125조 제1항 제2호 바목에서 "금융위원회가 정하여 고시하는 요건을 갖춘 분석기관"이란 모집가액 또는 매출가액의 적정성 등 증권의 가치를 평가하는 기관으로서 다음의 어느 하나에 해당하는 자를 말한다.
   1. 제1호(인수업무) 및 제2호(모집·사모·매출의 주선업무)를 인가받은 자
   2. 신용평가회사
   3. 공인회계사법에 따른 회계법인

평가의견. 다만, 금융위원회가 정하여 고시하는 경우²⁹⁾에는 이를 생략할 수 있다.

　사. 자금의 사용목적

　아. 그 밖에 투자자를 보호하기 위하여 필요한 사항으로서 금융위원회가 정하여 고시하는
　　사항³⁰⁾

　3. 발행인에 관한 다음의 사항(설립 중인 법인의 경우에는 금융위원회가 정하여 고시하는 사

---

4. 법 제263조에 따른 채권평가회사
② 제1항에 따른 분석기관("증권분석기관")이 다음의 어느 하나에 해당하는 경우에는 그 기간 중에 증권 분석업무를 할 수 없다. 다만, 제4호의 경우에는 해당 특정회사에 대한 증권분석업무만 할 수 없다.
1. 제1항 제1호에 해당하는 증권분석기관이 금융위원회로부터 증권 인수업무의 정지조치를 받은 경우 그 정지기간
2. 제1항 제2호에 해당하는 증권분석기관이 금융위원회로부터 신용평가업무의 정지조치를 받은 경우 그 정지기간
3. 제1항 제3호에 해당하는 증권분석기관이 금융위원회로부터 업무의 정지조치를 받은 경우 그 정지 기간
4. 제1항 제3호에 해당하는 증권분석기관이 외감법에 따라 특정회사에 대한 감사업무의 제한조치를 받은 경우에는 그 제한기간
5. 제1항 제4호에 해당하는 증권분석기관이 금융위원회로부터 업무의 정지조치를 받은 경우 그 정지 기간
③ 증권분석기관이 영 제125조 제1항 제2호 바목에 따른 공모를 하려는 법인과 다음의 어느 하나의 관계 가 있는 경우에는 제1항에 따른 평가를 할 수 없다.
1. 증권분석기관이 해당 법인에 그 자본금의 3% 이상을 출자하고 있는 경우 및 그 반대의 경우
2. 증권분석기관에 그 자본금의 5% 이상을 출자하고 있는 주주와 해당 법인에 5% 이상을 출자하고 있는 주주가 동일인이거나 영 제2조 제4항에 따른 특수관계인인 경우. 다만, 그 동일인이 영 제11조 제1항 제1호 가목 및 나목에 따른 전문투자자로서 증권분석기관 및 해당 법인과 제5호의 관계에 있지 아니한 경우에는 그러하지 아니하다.
3. 증권분석기관의 임원이 해당 법인에 그 자본금의 1% 이상을 출자하고 있거나 해당 법인의 임원이 증권 분석기관에 100분의 1 이상을 출자하고 있는 경우
4. 증권분석기관 또는 해당 법인의 임원이 해당 법인 또는 증권분석기관의 주요주주의 특수관계인인 경우
5. 동일인이 증권분석기관 및 해당 법인에 대하여 임원의 임면 등 법인의 주요경영사항에 대하여 사실상 영향력을 행사하는 관계가 있는 경우
⑥ 영 제178조 제1항 제1호에서 정하는 방법으로 지분증권의 매매를 중개하는 방법("호가중개시스템")을 통하여 지분증권을 매출하는 경우 증권분석기관은 해당 증권의 가치에 대한 평가로 제1항에 따른 매출가 액의 적정성에 대한 평가를 갈음할 수 있다.
29) "금융위원회가 정하여 고시하는 경우"란 소액공모(제2-17조에 따른 소액공모)를 하는 경우 또는 모집설립 의 경우로서 다음의 어느 하나에 해당하는 경우를 말한다(증권발행공시규정2-5⑤).
1. 은행법에 따라 금융위원회의 금융기관 신설을 위한 예비인가를 받은 경우
2. 금융지주회사법에 따라 금융위원회의 금융지주회사 신설을 위한 예비인가를 받은 경우
3. 회사설립시에 발행하는 지분증권 중 상당부분(최대주주로서 설립시 총지분의 25% 이상을 취득하는 경 우)을 정부 또는 지방자치단체가 취득할 예정인 경우
4. 특별법에 따라 정부로부터 영업인가 또는 허가를 받은 경우
5. 그 밖에 사업의 내용 등에 비추어 국민경제 발전을 위하여 필요하다고 금융감독원장이 인정하는 경우
30) "금융위원회가 정하여 고시하는 사항"이란 다음의 사항을 말한다(증권발행공시규정2-6①).
1. 시장조성 또는 안정조작에 관한 사항
2. 영 제6조 제4항 제14호 가목 및 금융투자업규정 제1-4조의2 제2항에 따라 증권금융회사 또는 신탁업자 에 예치 또는 신탁한 금전("예치자금등")의 주주에 대한 지급에 관한 사항(영 제6조 제4항 제14호 각 목 외의 부분에 따른 기업인수목적회사에 한한다)
3. 그 밖에 투자자 보호를 위하여 필요한 사항

항31))

가. 회사의 개요

나. 사업의 내용

다. 재무에 관한 사항

라. 회계감사인의 감사의견

마. 이사회 등 회사의 기관 및 계열회사에 관한 사항

바. 주주에 관한 사항

사. 임원 및 직원에 관한 사항

아. 이해관계자와의 거래내용

자. 그 밖에 투자자를 보호하기 위하여 필요한 사항으로서 금융위원회가 정하여 고시하는 사항32)

증권신고서를 제출하여야 하는 법인 중 외부감사법 시행령 제3조 제1항에 따른 종속회사가 있는 법인("연결재무제표 작성대상법인")의 경우에는 제1항 제3호 다목에 따른 재무에 관한 사항, 그 밖에 금융위원회가 정하여 고시하는 사항은 외부감사법 제2조 제3호에 따른 연결재무제표("연결재무제표")를 기준으로 기재하되 그 법인의 재무제표를 포함하여야 하며, 제1항 제3호 라목에 따른 회계감사인의 감사의견은 연결재무제표와 그 법인의 재무제표에 대한 감사의견을 기재하여야 한다(영125③).

---

31) "금융위원회가 정하여 고시하는 사항"이란 다음의 사항을 말한다(증권발행공시규정2-6②).
   1. 회사의 개요
   2. 사업의 내용
   3. 설립 후 예상되는 이사회 등 회사의 기관 및 계열회사에 관한 사항
   4. 설립 후 예상되는 주주에 관한 사항
   5. 발기인에 관한 사항
   6. 임원선임 및 직원 등의 채용계획
   7. 그 밖에 투자자 보호를 위하여 필요한 사항
32) "금융위원회가 정하여 고시하는 사항"이란 다음의 사항을 말한다(증권발행공시규정2-6③).
   1. 부속명세서
   2. 주요사항보고서 및 거래소 공시사항 등의 진행·변경상황
   3. 우발채무 등
   4. 자금의 사용내역에 관한 사항
   5. 발기인 및 주주인 지분증권 투자매매업자에 관한 사항(기업인수목적회사에 한한다. 이하 제6호에서 같다)
   6. 영 제6조 제4항 제14호에서 정하는 요건의 충족 여부에 관한 사항
   7. 그 밖에 투자자 보호를 위하여 필요한 사항
      가. 주주총회 의사록 요약
      나. 제재현황
      다. 결산기이후 발생한 주요사항
      라. 중소기업기준검토표 등
      마. 장래계획에 관한 사항의 추진실적

2) 첨부서류

집합투자증권 및 유동화증권 이외의 증권에 대한 증권신고서에는 다음의 서류를 첨부하여
야 한다. 이 경우 금융위원회는 전자정부법에 따른 행정정보의 공동이용을 통하여 법인 등기사
항증명서를 확인하여야 한다(영125②).

1. 정관 또는 이에 준하는 것으로서 조직운영 및 투자자의 권리의무를 정한 것
2. 증권의 발행을 결의한 주주총회(설립 중인 법인인 경우에는 발기인 총회) 또는 이사회의사
   록(그 증권의 발행이 제3자배정(상법418②)에 따른 발행인 경우에는 그 증권의 발행의 구
   체적인 경영상 목적, 그 주주 외의 자와 발행인과의 관계 및 그 주주 외의 자의 선정경위를
   포함)의 사본, 그 밖에 증권의 발행결의를 증명할 수 있는 서류
3. 법인 등기사항증명서에 준하는 것으로서 법인 설립을 증명할 수 있는 서류(법인 등기사항
   증명서로 확인할 수 없는 경우로 한정)
4. 증권의 발행에 관하여 행정관청의 허가·인가 또는 승인 등을 필요로 하는 경우에는 그 허
   가·인가 또는 승인 등이 있었음을 증명하는 서류
5. 증권의 인수계약을 체결한 경우에는 그 계약서의 사본
6. 다음의 증권을 증권시장에 상장하려는 경우에는 거래소로부터 그 증권이 상장기준에 적합
   하다는 확인을 받은 상장예비심사결과서류(코넥스시장에 상장하려는 경우에는 상장심사결
   과서류)
   가. 지분증권(집합투자증권 제외)
   나. 증권예탁증권(지분증권과 관련된 것만 해당)
   다. 파생결합증권(증권시장이나 해외 증권시장에서 매매거래되는 가목 또는 나목의 증권
       의 가격이나 이를 기초로 하는 지수의 변동과 연계하여 미리 정하여진 방법에 따라 가
       목 또는 나목의 증권의 매매나 금전을 수수하는 거래를 성립시킬 수 있는 권리가 표시
       된 것만 해당)
7. 예비투자설명서를 사용하려는 경우에는 예비투자설명서
8. 간이투자설명서를 사용하려는 경우에는 간이투자설명서
9. 직접공모의 경우에는 다음의 서류
   가. 증권분석기관의 평가의견서
   나. 가목의 평가와 관련하여 기밀이 새지 아니하도록 하겠다는 증권분석기관 대표자의 각서
   다. 시행령 제137조 제1항 제3호의2에 따른 청약증거금관리계약에 관한 계약서 사본 및 같
       은 계약에 따라 청약증거금을 예치하기 위하여 개설한 계좌의 통장 사본
10. 그 밖에 투자자를 보호하기 위하여 필요한 서류로서 금융위원회가 정하여 고시하는 서류[33]

---

33) "금융위원회가 정하여 고시하는 서류"란 다음에 따른 서류를 말한다(증권발행공시규정2-6⑧).
    1. 기존 법인이 지분증권을 모집 또는 매출하는 경우
       가. 회계감사인의 감사보고서(기업인수목적회사가 설립된 후 최초사업연도가 경과하지 아니한 경우에

는 회사 설립 시점의 회계감사인의 감사보고서)

나. 회계감사인의 연결감사보고서

다. 회계감사인의 반기감사보고서 또는 반기검토보고서(증권시장에 주권을 상장하기 위한 모집 또는 매출의 경우 제2-4조 제5항 제3호 다목에도 불구하고 반기재무제표가 확정된 이후에는 반기감사보고서 또는 반기검토보고서를 첨부하여야 한다)

라. 회계감사인의 분기감사보고서 또는 분기검토보고서

마. 주권비상장법인의 경우에는 주주명부

바. 부동산투자회사법에 따른 부동산투자회사(기업구조조정부동산투자회사를 포함하며 이하 "부동산투자회사"라 한다)가 같은 법에 따라 그 자산의 투자·운용에 관한 업무를 위탁하는 계약 ("업무위탁계약서")을 체결한 경우에는 업무위탁계약서 사본

사. 증권의 모집·매출의 주선계약을 체결한 경우에는 그 계약서의 사본

아. 기업인수목적회사 설립 후 주권의 최초 모집 전에 영 제139조 제1호 각 목의 증권 및 의결권 없는 주식에 관계 된 증권(이하 이 호에서 "주식등"이라 한다)을 취득한 자(이하 이 호에서 "주주등"이라 한다)의 주식등에 대한 계속보유확약서 및 보호예수증명서의 사본(기업인수목적 회사에 한한다. 이하 이 호에서 같다)

자. 주주등의 의결권 및 주식매수청구권 행사 제한에 관한 약정서의 사본

차. 주주등이 금융투자업규정 제1-4조의2 제5항 제2호 각 목의 어느 하나에 해당되어 해산되는 경우 증권금융회사 또는 신탁업자의 예치자금등의 반환과 관련하여 정관에서 정하는 방법 및 절차를 준수하겠다는 내용의 약정서의 사본

카. 기업인수목적회사 또는 당해 주주 등의 손해배상책임 부담에 관한 약정서의 사본

타. 증권금융회사 또는 신탁업자와 체결한 주권발행대금의 예치·신탁계약서의 사본

파. 영 제68조 제5항 제4호 가목에 따른 주관회사의 적절한 주의의무 이행 서류

하. 증권시장에 주권 상장시 증권신고서에 기재된 재무관련사항이 기업의 재무상황을 적정하게 반영하였다는 것을 증명하는 회계감사인의 확인서 등 서류

2. 설립 중인 법인이 지분증권을 모집하는 경우

가. 제1호 사목의 서류

나. 사업계획서

다. 발기인 전원의 이력서

라. 발기인이 법인인 경우에는 그 개요, 연혁 등을 기재한 서류 및 최근 사업연도의 재무제표

마. 증권분석기관의 평가의견서(제2-5조 제5항에 따라 평가를 받지 아니한 경우는 제외)

3. 보증사채권을 모집 또는 매출하는 경우

가. 제1호 사목의 서류

나. 원리금지급 대행계약을 체결한 경우에는 그 계약서 사본

다. 증권 신탁계약을 체결한 경우에는 그 계약서 사본

라. 원리금지급보증계약서 사본

4. 담보부사채권을 모집 또는 매출하는 경우

가. 제1호 가목 및 사목의 서류

나. 제3호 가목 및 나목의 서류

다. 신탁증서 사본

5. 무보증사채권을 모집 또는 매출하는 경우

가. 제1호 가목부터 라목까지, 사목 및 파목의 서류

나. 제3호 가목 및 나목의 서류

다. 모집위탁계약을 체결한 경우에는 그 계약서 사본

라. 해당 사채권에 대하여 신용평가회사의 평가등급을 받은 경우에는 그 신용평가서 사본

6. 파생결합증권을 모집 또는 매출하는 경우 제1호 가목부터 라목까지의 서류 및 사목의 서류

7. 투자계약증권을 모집 또는 매출하는 경우

가. 제1호 사목의 서류

(다) 집합투자증권

1) 기재사항

집합투자증권의 증권신고서에는 다음의 사항을 기재하여야 한다(영127①).

1. 대표이사 및 신고업무를 담당하는 이사의 제124조 각 호의 사항에 대한 서명
2. 모집 또는 매출에 관한 다음의 사항
   가. 모집 또는 매출에 관한 일반사항
   나. 모집 또는 매출되는 집합투자증권의 권리내용
   다. 모집 또는 매출되는 집합투자증권의 취득에 따른 투자위험요소
   라. 모집 또는 매출되는 집합투자증권에 대한 인수인의 의견(인수인이 있는 경우만 해당)
   마. 그 밖에 투자자를 보호하기 위하여 필요한 사항으로서 금융위원회가 정하여 고시하는 사항
3. 집합투자기구에 관한 다음의 사항
   가. 집합투자기구의 명칭
   나. 투자목적·투자방침과 투자전략에 관한 사항
   다. 운용보수, 판매수수료·판매보수, 그 밖의 비용에 관한 사항
   라. 출자금에 관한 사항(투자신탁인 경우는 제외)
   마. 재무에 관한 사항. 다만, 최초로 증권신고서를 제출하는 경우는 제외한다.
   바. 집합투자업자(투자회사인 경우 발기인과 감독이사를 포함)에 관한 사항
   사. 투자운용인력에 관한 사항
   아. 집합투자재산의 운용에 관한 사항
   자. 집합투자증권의 판매와 환매에 관한 사항
   차. 집합투자재산의 평가와 공시에 관한 사항
   카. 손익분배와 과세에 관한 사항
   타. 신탁업자와 일반사무관리회사(일반사무관리회사가 있는 경우만 해당)에 관한 사항
   파. 자본시장법 제42조에 따른 업무위탁에 관한 사항(그 업무위탁이 있는 경우만 해당)
   하. 그 밖에 투자자를 보호하기 위하여 필요한 사항으로서 금융위원회가 정하여 고시하는 사항[34)]

        나. 자금모집자와 투자자간에 체결된 투자계약관계서류
        다. 외부에의 업무위탁 등이 있는 경우 업무위탁계약서 사본
        라. 변호사의 법률검토의견
[34)] "금융위원회가 정하여 고시하는 사항"이란 다음의 사항을 말한다(증권발행공시규정2-7①).
    1. 집합투자기구의 조직에 관한 사항
    2. 집합투자기구의 연혁
    3. 운용실적에 관한 사항
    4. 운용성과 산출을 위한 비교지수에 관한 사항

2) 첨부서류

집합투자증권의 증권신고서에는 다음의 서류를 첨부하여야 한다. 이 경우 금융위원회는 전자정부법에 따른 행정정보의 공동이용을 통하여 법인 등기사항증명서를 확인하여야 한다(영 127②).

1. 집합투자규약[35](부속서류를 포함)
2. 법인 등기사항증명서에 준하는 것으로서 법인 설립을 증명할 수 있는 서류(법인 등기사항 증명서로 확인할 수 없는 경우로 한정하며, 투자신탁, 투자합자조합 및 투자익명조합인 경우는 제외)
3. 출자금의 납부를 증명할 수 있는 서류(투자신탁인 경우는 제외)
4. 다음의 자와 체결한 업무위탁계약서(그 부속서류를 포함)의 사본. 다만, 나목 또는 다목의 자와 체결한 업무위탁계약서 사본의 경우에는 해당 사업연도에 같은 내용의 업무 위탁계약 서 사본을 이미 첨부하여 제출하였으면 그 업무위탁계약서 사본으로 갈음할 수 있다.
   가. 집합투자업자(투자신탁 및 투자익명조합인 경우는 제외)
   나. 신탁업자
   다. 일반사무관리회사(그 일반사무관리회사와 업무위탁계약을 체결한 경우만 해당)
   라. 자본시장법 제42조에 따른 업무수탁자(그 업무수탁자와 업무위탁계약을 체결한 경우 만 해당)
5. 삭제 [2009. 7. 1]
6. 집합투자증권의 인수계약을 체결한 경우에는 그 계약서의 사본
7. 그 밖에 투자자를 보호하기 위하여 필요한 서류로서 금융위원회가 정하여 고시하는 서류[36]

(라) 유동화증권

1) 기재사항

유동화증권의 증권신고서에는 다음의 사항을 기재하여야 한다(영128①).

1. 대표이사 및 신고업무를 담당하는 이사의 제124조 각 호의 사항에 대한 서명
2. 모집 또는 매출에 관한 다음의 사항
   가. 모집 또는 매출에 관한 일반사항

---

5. 그 밖에 투자자 보호를 위하여 필요한 사항
35) "집합투자규약"이란 집합투자기구의 조직, 운영 및 투자자의 권리·의무를 정한 것으로서 투자신탁의 신탁 계약, 투자회사·투자유한회사·투자합자회사·투자유한책임회사의 정관 및 투자합자조합·투자익명조합의 조합계약을 말한다(자본시장법9㉒).
36) "금융위원회가 정하여 고시하는 서류"란 다음의 서류를 말한다(증권발행공시규정2-7②).
   1. 예비투자설명서를 사용하려는 경우에는 예비투자설명서
   2. 간이투자설명서를 사용하려는 경우에는 간이투자설명서

　나. 모집 또는 매출되는 유동화증권의 권리내용

　다. 모집 또는 매출되는 유동화증권의 취득에 따른 투자위험요소

　라. 모집 또는 매출되는 유동화증권에 대한 인수인의 의견(인수인이 있는 경우만 해당)

　마. 자금의 사용목적

3. 발행인에 관한 다음의 사항

　가. 회사의 개요

　나. 임원에 관한 사항

　다. 업무의 위탁에 관한 사항

4. 자산유동화법 제2조 제2호에 따른 자산보유자에 관한 다음의 사항

　가. 자산보유자의 개요

　나. 사업의 내용

　다. 재무에 관한 사항

　라. 임원에 관한 사항

5. 유동화자산에 관한 다음의 사항

　가. 유동화자산의 종류별 세부명세

　나. 유동화자산의 평가내용

　다. 유동화자산의 양도 등의 방식 및 세부계획

6. 자산유동화법 제3조에 따른 자산유동화계획 등에 관한 다음의 사항

　가. 자산유동화계획의 세부구조

　나. 유동화증권의 발행과 상환계획 등

　다. 자산유동화법 제10조에 따른 자산관리자와 자산의 관리방법 등

　라. 자금의 차입과 운용계획

7. 그 밖에 투자자를 보호하기 위하여 필요한 사항으로서 금융위원회가 정하여 고시하는 사항[37]

2) 첨부서류

유동화증권의 증권신고서에는 다음의 서류를 첨부하여야 한다. 이 경우 금융위원회는 전자정부법에 따른 행정정보의 공동이용을 통하여 법인 등기사항증명서를 확인하여야 한다(영128②).

1. 시행령 제125조 제2항 제1호부터 제5호까지의 서류

2. 자산관리위탁계약서 사본

---

37) "금융위원회가 정하여 고시하는 사항"이란 다음의 사항을 말한다(증권발행공시규정2-8①).
　1. 신용보강에 관한 사항
　2. 자산실사에 관한 사항
　3. 자산유동화계획 참여하는 기관에 관한 사항
　4. 전문가의 검토의견
　5. 그 밖에 투자자 보호를 위하여 필요한 사항

3. 업무위탁계약서 사본

4. 그 밖에 투자자를 보호하기 위하여 필요한 서류로서 금융위원회가 정하여 고시하는 서류[38]

(마) 외국기업 등에 대한 특칙

금융위원회는 투자자 보호 등을 위하여 필요하다고 인정되는 경우에는 제125조부터 제128조까지의 규정에도 불구하고 외국기업 등 발행인의 성격, 자본시장법 제4조 제2항 각 호에 따른 증권의 구분 및 종류 등을 고려하여 증권신고서의 기재사항 및 첨부서류를 달리 정하여 고시할 수 있다(영129). 이에 따라 증권의 발행 및 공시 등에 관한 규정은 제2-11조(외국법인등의 증권신고서의 기재사항 및 첨부서류)와 제2-12조(신고서 기재사항의 특례) 등을 두고 있다.

증권의 발행인으로서 "외국법인등"이란 ⅰ) 외국 정부, ⅱ) 외국 지방자치단체, ⅲ) 외국 공공단체, ⅳ) 외국 법령에 따라 설립된 외국 기업, ⅴ) 조약에 따라 설립된 국제기구), ⅵ) 외국 법령에 따라 설정·감독하거나 관리되고 있는 기금이나 조합, ⅶ) 외국 정부, 외국 지방자치단체 또는 외국 공공단체에 의하여 설정·감독하거나 관리되고 있는 기금이나 조합, ⅷ) 조약에 따라 설립된 국제기구에 의하여 설정·감독하거나 관리되고 있는 기금이나 조합을 말한다(법9⑯, 영13①②).

외국기업은 준거법 등이 우리나라와 달라 위에서 살펴본 증권신고서의 기재사항 및 첨부서류를 국내 발행인과 동일하게 제출하는 것이 곤란한 경우가 있으므로 금융위원회가 이를 달리 정할 수 있도록 하였다.

(바) 참조방식에 의한 증권신고서

증권신고서를 제출하는 경우 증권신고서에 기재하여야 할 사항이나 그 첨부서류에 이미 제출된 것과 같은 부분이 있는 때에는 그 부분을 적시하여 이를 참조하라는 뜻을 기재한 서면으로 갈음할 수 있다(법119④). 이것은 발행인이 증권신고서를 작성하는 부담을 덜어 주기 위한 것이다.

(3) 예측정보

(가) 의의

자본시장법은 "발행인은 증권신고서에 발행인의 미래의 재무상태나 영업실적 등에 대한 예측 또는 전망에 관한 사항으로서 다음의 사항("예측정보")을 기재 또는 표시할 수 있다(법119③ 전단). 이 경우 예측정보의 기재 또는 표시는 제125조 제2항 제1호·제2호 및 제4호의 방법

---

38) "금융위원회가 정하여 고시하는 서류"란 다음의 서류를 말한다(증권발행공시규정2-8②).
　1. 자본시장법 제165조의4 제2항에 따른 외부평가기관의 평가의견서
　2. 자산실사보고서
　3. 예비투자설명서를 사용하려는 경우에는 예비투자설명서
　4. 간이투자설명서를 사용하려는 경우에는 간이투자설명서

에 따라야 한다"고 규정하고 있다(법119③ 후단). 예측정보라 함은 일반적으로 장래 사실의 예측, 계획, 주관적인 판단 등과 같이 표시의 시점에서는 정보의 진위 여부를 판정할 수 없지만, 장래의 결과에 의하여 적부의 평가가 다를 가능성이 있는 정보를 말한다.

이러한 규정은 발행시장에서의 증권신고서에 적용되는데 그치지 아니하고, 유통시장에서의 공시규제에도 적용되고 있다. 유통시장에서의 정기공시제도로서 사업보고서(법159⑥)는 과거의 확정된 실적의 공시를 목적으로 하는 것이지만, 예측정보를 자발적으로 공시할 수 있다. 또한 유통시장에서의 거래상황공시제도로 분류할 수 있는 공개매수신고서(법134④)에서도 동일하다.

자본시장법이 예측정보의 공시제도를 규정하고 있는 것은 예측정보가 투자판단의 기초자료로서는 불확실하고 또 검증도 되지 않아서 투자자에게 오해를 유발할 소지가 있다는 문제가 있음에도 불구하고, 증권의 시세는 발행인의 미래의 영업전망, 성장가능성 요소에 의하여 크게 영향을 받는다는 점에서 이를 공시할 수 있게 하는 것은 투자판단에 유용한 자료로서 작용할 수 있다는 점이 고려된 것이다.[39]

(나) 적용범위

자본시장법은 포괄적으로 "발행인의 미래의 재무상태나 영업실적 등에 대한 예측 또는 전망에 관한 사항"을 예측정보라 정의하고, 이에 속하는 구체적인 사항으로서 다음의 사항을 열거하고 있다(법119③).[40]

1. 매출규모·이익규모 등 발행인의 영업실적, 그 밖의 경영성과에 대한 예측 또는 전망에 관한 사항
2. 자본금규모·자금흐름 등 발행인의 재무상태에 대한 예측 또는 전망에 관한 사항
3. 특정한 사실의 발생 또는 특정한 계획의 수립으로 인한 발행인의 경영성과 또는 재무상태의 변동 및 일정시점에서의 목표수준에 관한 사항
4. 그 밖에 발행인의 미래에 대한 예측 또는 전망에 관한 사항으로서 대통령령으로 정하는 사항[41]

이와 같이 자본시장법상 명시된 예측정보는 일정한 요건을 구비하여 증권신고서 등에 기

---

39) 이상복(2012), 76쪽.

40) 대법원 2010. 1. 28. 선고 2007다16007 판결(구 증권거래법 제14조에 따라 유가증권신고서의 허위기재 등으로 인한 배상책임의 대상에서 제외되는 예측정보는 발행인의 영업실적 기타 경영성과에 대한 예측 또는 전망에 관한 사항, 발행인의 재무상태에 대한 예측 또는 전망에 관한 사항, 특정 사실의 발생이나 계획의 수립에 따른 발행인의 경영성과 또는 재무상태의 변동 및 목표수준에 관한 사항 등을 말하는 것이고, 유가증권신고서에 기재된 분석기관의 유가증권에 대한 평가의견은 이에 해당한다고 볼 수 없다).

41) "대통령령으로 정하는 사항"이란 법 제119조 제3항 제1호부터 제3호까지의 규정에 따른 예측정보에 관하여 평가요청을 받은 경우에 그 요청을 받은 자가 그 예측정보의 적정성에 관하여 평가한 사항을 말한다(영123).

재되어 공시될 경우에는 그에 대한 부실공시로 인한 손해배상책임이 면제될 수 있다는 것에 특별한 의미를 갖는다. 부실공시로 인한 면책특례(법125③)에 대하여는 후술하는 "예측정보와 손해배상책임" 부분에서 설명하기로 한다.

자본시장법상 명시된 예측정보의 범위는 미국의 1933년 증권법상 범위와 대체로 유사하지만, 미국의 경우에는 장래의 재무상황이나 영업실적 등의 표시의 근거가 되거나 이와 관련된 가정의 표시도 예측정보의 하나로서 명시되어 있는데 반하여,[42] 우리나라의 경우에는 이것이 예측정보공시의 방법 및 면책기준의 하나로서 명시되고 있는 점이 다르다.

중요한 것은 외견상으로는 법상 명시된 예측정보인 것으로 보이더라도 사용된 용어의 의미, 용어의 뉘앙스, 문맥상의 실질적 의미에 따라 문제의 표시사항이 법상 예측정보인지 또는 아예 예측정보에도 해당하지 않는지의 여부를 둘러싸고 해석상의 문제가 야기될 수도 있다는 점일 것이다.[43] 전자의 경우에는 면책특례가 허용될 수 있지만, 후자의 경우에는 허용되지 않는 결과로 되기 때문이다.

(다) 예측정보 공시제도의 특성

자본시장법은 공시규제에 대하여 원칙적으로 강제공시주의(mandatory disclosure)를 취하고 있으므로 법정의 공시사항에 대하여는 이를 의무적으로 공시하여야 한다. 그러나 예측정보의 공시에 있어서는 예측정보에 해당하는 정보의 범위만을 법률이 규정하고 그에 속하는 구체적인 정보의 공시에 대하여는 발행인의 자율적 의사에 따르게 하는 임의공시 또는 자발적 공시주의(voluntary disclosure)를 취하고 있다.

이와 같이 예측정보에 대하여 자발적 공시방식을 택한 것은 예측정보는 본질적으로 주관적이며 불확실하기 때문에 투자자에게는 확정되지 않은 정보를 신뢰하게 할 수 있어 투자판단의 착오를 초래할 가능성이 높고, 발행인에게는 예측치와 실제치 간의 불일치로 인한 손해배상책임의 위험부담이 크기 때문이다. 그리하여 예측정보가 투자판단에 중요성을 가지더라도 이

---

42) 1933년 증권법 제27A(i)(1); 1934년 증권거래법 제21E(i)(1). 예측정보라 함은 다음 각호의 사항을 말한다. (A) 수익, 손익, 주당손익, 자본지출, 배당, 자본구성의 예측에 관한 사항(기타 재무사항에 관한 계획 또는 목표 포함), (B) 장래의 사업을 위한 경영계획 및 목표에 관한 사항(발행인의 제품 또는 서비스에 관련된 계획이나 목표 포함), (C) 장래의 영업실적에 관한 사항(경영진에 의한 재무상태의 검토와 분석에 관련된 계획이나 목표 포함), (D) (A),(B),(C)의 근거가 되거나 관련되는 가정에 관한 사항, (E) 발행인으로부터 검토를 의뢰받은 외부의 자가 발행인에 의하여 작성된 예측정보를 평가한 보고서, (F) 기타 증권거래위원회의 규칙 등에 의하여 명시된 항목의 예측 또는 추정을 포함하는 사항, 이것은 1979년의 SEC규칙(1933년 증권법 SEC Rule 175, 1934년 증권거래법 SEC Rule 3b-6)보다 예측정보의 범위를 다소 확장하고 있다.

43) 예컨대 "우리 회사는 … 문제를 해결중에 있습니다"라고 표시한 경우에 이 문언은 형식상으로 현재시제로 표시되어 있고, 실질적으로도 최소한 하나의 문제를 다룸에 있어 과거의 성공에 대한 하나의 의견을 표시하는 의미를 지닌다고 볼 수 있으므로 이것은 면책이 허용되는 장래사실에 대한 예측정보에는 해당되지 않을 것이다. 그러나 다른 한편으로 그 문언을 장래사업을 위한 계획과 경영목표를 표시한 것이라고 본다면 이는 면책이 허용되는 예측정보가 될 것이다.

의 공시는 강제되지 아니한다.

다만 자발적 공시주의를 취하면서도 예측정보가 투자자를 위하여 투자판단상 유익할 수 있기 때문에 일정한 요건을 정하여 이를 충족하는 경우에는 예측정보의 부실공시에 대하여 면책을 허용함으로써 발행인에 대하여 예측정보의 적극적 공시를 유도하고자 한 것이다. 이러한 입법태도는 미국의 1933년 증권법을 따른 것이다.

(라) 연혁

1) 미국

미국의 경우 1970년대 초까지 예측정보는 본질적으로 신뢰할 수 없는 정보이고, 또 일반 투자자는 투자판단에 있어서 예측정보에 과도한 비중을 둔다는 점을 인식하여 증권거래위원회 (SEC)에 의하여 예측정보의 공시가 금지되었다. 그런데 많은 증권분석가들의 권고에 따라 증권거래위원회가 구성한 휘트 위원회(Wheat Commission)의 보고(1969년)를 계기로 예측정보의 허용 또는 강제공시 문제를 검토하기 시작함으로써 예측정보의 공시문제가 본격적으로 논의되었다. 그 후 많은 논의를 거쳐 1979년에 증권거래위원회는 1933년 증권법 SEC Rule 175와 1934년 증권거래법 SEC Rule 3b-6조에 이를 명문화함으로써 자발적인 예측정보공시제도를 도입하게 되었다.

그러나 증권거래위원회의 Rule에 의하여 도입된 예측정보공시제도는 법률적으로 예측정보의 부실공시에 대한 책임을 면제하는 것은 아니어서 투자자로부터 부실공시에 기한 손해배상책임의 소송이 증가하고, 또 발행인도 이러한 소송의 위험으로부터 벗어나기 위하여 예측정보의 적극적 공시를 회피하는 현상이 늘게 되어 당초에 예정했던 예측정보공시제도의 도입취지가 무색하게 되었다. 그리하여 1995년에는 증권민사소송개혁법(Private Securities Litigation Reform Act of 1995: PSLRA)의 일환으로서 1933년 증권법(제27A조)과 1934년 증권거래법(제21E조)을 개정하여 예측정보를 기초로 한 민사책임으로부터 일정한 발행인과 기타의 자들을 보호할 수 있도록 하였다. 여기에서는 민사소송상 증거개시절차의 남용(abuse of the discovery process)을 포함하여 소송의 남용가능성으로부터 발행인 등을 보호하여야 한다는 점, 예측정보의 공시는 투자자에게 바람직하다는 점, 그리고 기업경영에 장애가 되어왔던 소송의 남발을 억제함으로써 예측정보의 공시를 장려하여야 할 필요가 있다는 점 등이 주요한 입법배경으로 작용하였다.[44]

2) 한국

1999년 개정 증권거래법은 발행시장에서 유가증권을 모집 또는 매출하는 발행인은 금융감독위원회에 제출하여야 할 유가증권신고서에 법령상의 의무적 기재사항 이외에도 장래의 예

---

44) 송종준(2000), "예측정보의 부실공시와 민사책임구조", 증권법연구 제1권 제1호(2000. 12), 10쪽.

측정보(forward-looking information)를 자율적으로 기재할 수 있도록 하였다(증권거래법8②).

원래 증권거래법상 발행인 등이 공시하여야 할 정보는 경성정보(hard information)로서 과거의 확정된 정보를 뜻하는 것이 원칙이었지만, 증권거래법 개정으로 발행인은 발행시장에서든 유통시장에서든 연성정보(soft information)로서 장래의 불확실한 예측정보도 공시할 수 있게되었다.

자본시장법의 예측정보에 관한 규정은 증권거래법 제8조 제2항과 제14조 제2항의 규정을거의 그대로 계수한 것이다.

(마) 기재방법(예측정보공시의 형식규제)

이 경우 예측정보의 기재 또는 표시는 ⅰ) 그 기재 또는 표시가 예측정보라는 사실이 밝혀져 있을 것, ⅱ) 예측 또는 전망과 관련된 가정이나 판단의 근거가 밝혀져 있을 것, ⅲ) 그기재 또는 표시에 대하여 예측치와 실제 결과치가 다를 수 있다는 주의문구가 밝혀져 있어야한다(법119③ 후단, 법125②(1)(2)(4)).

이와 같이 자본시장법은 예측정보의 공시에 있어서 일정한 방법에 의할 것을 강제하고 있다. 이와 같은 예측정보의 공시방법을 따르는 경우에는 예측정보에 중요사항의 부실표시가 있어도 소위 안전항 면책규정(safe harbor provision)의 특례가 인정된다. 따라서 이러한 방법에 따르지 아니한 예측정보의 공시에 대하여는 그러한 면책특례의 적용이 배제된다.

(4) 대표이사와 신고업무를 담당하는 이사의 확인·서명

(가) 의의

증권신고서를 제출하는 경우 신고 당시 해당 발행인의 대표이사(집행임원 설치회사의 경우대표집행임원) 및 신고업무를 담당하는 이사(대표이사 및 신고업무를 담당하는 이사가 없는 경우 이에 준하는 자)는 그 증권신고서의 기재사항 중 중요사항에 관하여 거짓의 기재 또는 표시가 있거나 중요사항의 기재 또는 표시가 누락되어 있지 아니하다는 사실 등 대통령령으로 정하는사항을 확인·검토하고 이에 각각 서명하여야 한다(법119⑤).

증권신고서의 부실표시에 대하여 손해배상책임을 부담하는 발행인의 대표이사와 신고업무를 담당한 이사의 책임을 명확히 하기 위하여 이들에게 기재사항에 대한 확인·검토 후 서명을 하도록 한 것이다.

이 제도는 미국에서 엔론 등 기업의 분식회계로 증권시장에 충격을 주고 투자자에게 엄청난 손실을 발생시키자 이에 대한 대응방법으로 공시서류의 진실성을 강력하게 담보하기 위하여 2002년 7월에 제정된 사베인스옥슬리법(Sarbanes-Oxley Act)의 내용을 계수한 것이다.

따라서 이 제도는 기업회계 및 경영의 투명성 제고를 위하여 증권신고서 등의 공시서류의부실표시를 방지하기 위하여 2003년 12월 31일 증권거래법에 신설되었다가 자본시장법에 그대로 계수되었다. 이것은 공시를 위한 회사의 내부결제절차가 요식행위로 이루어지고 있는 점을 고려하여 사후제재의 실효성 확보와 내부통제시스템 구축절차의 일환으로 사전예방적인 차원에서 도입된 것이다.

(나) 확인 · 서명 의무자

증권신고서의 기재사항 중 중요사항에 관하여 거짓의 기재 또는 표시가 있거나 중요사항의 기재 또는 표시가 누락되어 있지 아니하다는 사실 등 대통령령으로 정하는 사항을 확인 · 검토하고 이에 각각 서명하여야 하는 자는 "신고 당시 해당 발행인의 대표이사 및 신고업무를 담당하는 이사(대표이사 및 신고업무를 담당하는 이사가 없는 경우 이에 준하는 자)"이다(법119⑤).

대표이사가 수인이 있는 경우 각자 대표가 원칙이므로 1인의 대표이사가 확인 · 검토하고 서명하여야 한다. 그리고 공동대표이사 등 대표이사가 단독으로 업무를 수행함에 제한이 있는 경우에는 공동대표이사가 공동으로 확인 · 검토하고 서명하여야 한다.

신고업무를 담당하는 이사는, 회사의 이사들 중에서 당해 신고업무를 수행하도록 회사의 정관이나 내규에 신고 등의 공시업무를 담당할 이사가 정해져 있는 경우에는 그 이사가 의무자가 되지만, 그 외에는 실제로 업무를 직접 수행한 이사가 의무자이다.

대표이사 및 신고업무를 담당하는 이사가 없는 경우 이에 준하는 자란 대표이사 및 신고업무를 담당하는 이사가 결원이 된 경우로 그 직무를 대행하는 자를 말한다.

(다) 확인 · 검토의 내용

대표이사 및 신고업무를 담당하는 이사(대표이사 및 신고업무를 담당하는 이사가 없는 경우 이에 준하는 자)가 확인 · 검토할 사항은 "증권신고서의 기재사항 중 중요사항에 관하여 거짓의 기재 또는 표시가 있거나 중요사항의 기재 또는 표시가 누락되어 있지 아니하다는 사실 등 대통령령으로 정하는 사항"이다(법119⑤).

여기서 "중요사항"은 "투자자의 합리적인 투자판단 또는 해당 금융투자상품의 가치에 중대한 영향을 미칠 수 있는 사항"(법47③)을 말한다. "대통령령으로 정하는 사항"이란 다음에 해당하는 사항을 말한다(영124).

1. 증권신고서의 기재사항 중 중요사항에 관하여 거짓의 기재 또는 표시가 없고, 중요사항의 기재 또는 표시가 빠져 있지 아니하다는 사실
2. 증권신고서의 기재 또는 표시 사항을 이용하는 자로 하여금 중대한 오해를 일으키는 내용이 기재 또는 표시되어 있지 아니하다는 사실
3. 증권신고서의 기재사항에 대하여 상당한 주의를 다하여 직접 확인 · 검토하였다는 사실
4. 외부감사법 제4조에 따른 외부감사대상 법인인 경우에는 같은 법 제8조에 따라 내부회계관리제도가 운영되고 있다는 사실

(라) 서명

대표이사와 신고업무를 담당하는 이사는 자신들이 확인·검토한 사항에 대하여 각각 서명하여야 한다. 서명하여야 한다고 명시하고 있으므로 기명날인은 허용되지 않는다.

4. 증권신고서의 심사와 수리거부

(1) 증권신고서의 심사

(가) 심사의 의의와 범위

자본시장법은 증권신고서의 심사에 대하여 명시적으로 규정하고 있지는 않다. 그러나 수리 여부를 결정하기 위하여 그 전제로서 심사를 인정하여야 한다.

금융위원회는 증권신고서의 형식을 제대로 갖추지 아니한 경우 또는 그 증권신고서 중 중요사항에 관하여 거짓의 기재 또는 표시가 있거나 중요사항이 기재 또는 표시되지 아니한 경우를 제외하고는 그 수리를 거부하여서는 아니 된다(법120②).

이에 따라 금융위원회는 "증권신고서의 형식을 제대로 갖추지 아니한 경우"와 "증권신고서 중 중요사항에 관하여 거짓의 기재 또는 표시가 있거나 중요사항이 기재 또는 표시되지 아니한 경우"만을 심사할 수 있고, 이에 해당하면 수리를 거부하여야 한다. 증권신고서의 기재사항은 진실하고 정확하여야 하며, 첨부서류와 그 내용이 일치하여야 한다. 금융위원회는 발행인이 제출한 증권신고서의 형식상 불비가 없고, 증권의 모집·매출이 법령에 위반하지 않으면 증권신고서를 수리하고 있다.

(나) 심사결과의 통지

효력발생기간을 계산함에 있어 금융위원회가 신고서를 수리하면 접수된 날에 수리된 것으로 본다. 이 경우 금융위원회가 신고서를 수리 또는 수리거부를 한 때에는 신고서를 제출한 발행인에게 이를 서면, 정보통신망법에 따른 정보통신망을 이용한 전자문서 또는 모사전송(FAX)의 방법으로 통지한다. 다만, 정정신고서를 수리한 때에는 그 통지를 생략할 수 있다(증권발행공시규정2-3⑤).

(2) 증권신고서의 수리거부와 정정신고서의 제출요구

(가) 수리거부

금융위원회는 증권신고서에 대한 심사결과 "증권신고서의 형식을 제대로 갖추지 아니한 경우 또는 그 증권신고서 중 중요사항에 관하여 거짓의 기재 또는 표시가 있거나 중요사항이 기재 또는 표시되지 아니한 경우"에는 증권신고서의 수리를 거부할 수 있다(법120② 반대해석).

(나) 정정신고서의 제출요구

금융위원회는 증권신고서의 형식을 제대로 갖추지 아니한 경우 또는 그 증권신고서 중 중요사항에 관하여 거짓의 기재 또는 표시가 있거나 중요사항이 기재 또는 표시되지 아니한 경우와 중요사항의 기재나 표시내용이 불분명하여 투자자의 합리적인 투자판단을 저해하거나 투자자에게 중대한 오해를 일으킬 수 있는 경우에는 그 증권신고서에 기재된 증권의 취득 또는 매수의 청약일 전일까지 그 이유를 제시하고 그 증권신고서의 기재내용을 정정한 신고서("정정신고서")의 제출을 요구할 수 있다(법122①).

5. 증권신고서의 효력발생시기

(1) 효력발생의 의의

증권신고서가 금융위원회에 제출되어 수리된 날부터 증권의 종류 또는 거래의 특성 등을 고려하여 총리령으로 정하는 기간이 경과한 날에 그 효력이 발생한다(법120①). 여기서 수리된 날로부터 효력발생일까지의 기간을 대기기간(waiting period)이라고 하며, 대기기간은 금융위원회에게는 증권신고서 심사기간이고, 투자자에게는 증권신고서 기재내용을 이해하고 투자 여부를 판단할 수 있는 숙고기간이며, 발행인에게는 모집·매출을 위한 준비기간이다.

따라서 증권신고서의 효력이 발생하여야 모집·매출을 할 수 있다. 즉 신고의 효력이 발생하지 아니한 증권의 취득 또는 매수의 청약이 있는 경우에 그 증권의 발행인·매출인과 그 대리인은 그 청약의 승낙을 하여서는 아니 된다(법121①). 증권신고서의 효력의 발생은 그 증권신고서의 기재사항이 진실 또는 정확하다는 것을 인정하거나 정부에서 그 증권의 가치를 보증 또는 승인하는 효력을 가지지 아니한다(법120③).

(2) 효력발생기간

증권신고의 효력발생시기는 그 증권신고서가 수리된 날부터 다음의 기간이 경과한 날로 한다(시행규칙12①).

1. 채무증권의 모집 또는 매출인 경우에는 7일. 다만, 다음의 어느 하나에 해당하는 채무증권인 경우에는 5일
    가. 담보부사채신탁법에 따라 발행되는 담보부사채
    나. 보증사채권[45]
    다. 자산유동화법 제3조에 따른 자산유동화계획에 따라 발행되는 사채권
    라. 일괄신고서에 의하여 모집 또는 매출되는 채무증권
2. [일반공모] 지분증권의 모집 또는 매출인 경우에는 15일. 다만, 주권상장법인(투자회사 제

---

[45] "보증사채권"이란 다음의 어느 하나에 해당하는 금융기관 등이 원리금의 지급을 보증한 사채권을 말한다(영362⑧). 1. 은행, 2. 한국산업은행, 3. 중소기업은행, 4. 보험회사, 5. 투자매매업자, 6. 증권금융회사, 7. 종합금융회사, 8. 신용보증기금(신용보증기금이 지급을 보증한 보증사채권에는 민간투자법에 따라 산업기반신용보증기금의 부담으로 보증한 것을 포함), 9. 기술보증기금.

외)의 주식의 모집 또는 매출인 경우에는 10일, [주주 또는 제3자 배정] 주식(투자회사의 주식은 제외)의 모집 또는 매출인 경우에는 7일

3. 증권시장에 상장된 환매금지형집합투자기구의 집합투자증권의 모집 또는 매출인 경우에는 10일, 주주 등 출자자 또는 수익자에게 배정하는 방식의 환매금지형집합투자기구의 집합투자증권의 모집 또는 매출인 경우에는 7일

4. 제1호부터 제3호까지에 해당하는 증권의 모집 또는 매출 외의 경우에는 15일

효력발생기간은 증권신고서의 기재내용에 대한 심사기간일 뿐만 아니라 투자자에게는 해당 증권에 대하여 투자판단을 할 수 있는 숙고기간이기 때문에 증권의 성격 및 발행인의 유형에 따라 그 기간에 차등을 두어 적용하고 있는 것이다.

(3) 정정신고서의 효력발생시기

증권신고서에 대한 정정신고서가 제출된 경우에는 그 정정신고서가 수리된 날에 그 증권신고서가 수리된 것으로 본다(법122⑤). 따라서 효력발생기간은 원칙적으로 수리일로부터 기산하여야 한다. 그러나 다음과 같은 경우에는 예외이다.

(가) 일반 정정신고서

모집가액, 매출가액, 발행이자율 및 이와 관련된 사항의 변경으로 인하여 정정신고서를 제출하는 경우에는 그 정정신고서가 수리된 날부터 3일이 지난 날에 해당 증권신고의 효력이 발생한다(시행규칙12②(1)). 이 경우는 증권신고서의 내용이 이미 일반인에게 널리 알려져 있거나 쉽게 이해할 수 있는 경우이기 때문이다.

(나) 집합투자기구의 등록사항 변경을 위한 정정신고서

집합투자기구의 등록된 사항을 변경하기 위하여 정정신고서를 제출하는 경우에는 그 정정신고서가 수리된 다음 날에 해당 증권신고의 효력이 발생한다(시행규칙12②(2)). 이 경우도 증권신고서의 내용이 이미 일반인에게 널리 알려져 있거나 쉽게 이해할 수 있는 경우이기 때문이다.

(다) 정정신고서가 먼저 수리된 경우

위의 "일반 정정신고서"와 "집합투자기구의 등록사항 변경을 위한 정정신고서"에서 정하는 날이 시행규칙 제1항 각 호에서 정하는 날 이전인 경우에는 제1항 각 호에 따른다(시행규칙12② 단서).

(4) 효력발생시기의 특례

(가) 단축요건

금융위원회는 다음의 어느 하나에 해당하여 증권신고의 효력발생시기를 앞당길 필요가 있는 경우에는 제1항 각 호 및 제2항 각 호에 따른 기간을 단축하여 효력발생시기를 따로 정하여 고시할 수 있다(시행규칙12③).

1. 해당 증권신고서의 내용이 이미 일반인에게 널리 알려져 있거나 쉽게 이해될 수 있을 것
2. 해당 증권의 발행인이 영 제119조 제1항 각 호의 어느 하나에 해당하는 법률에 따라 직접 설립되었거나 국가·지방자치단체로부터 업무감독을 받는 자 또는 금융위원회가 정하여 고시하는 국제기구 또는 단체로서 이미 일반인에게 그 공공성을 널리 인정받고 있을 것

(나) 특례 내용

1) 효력발생기간이 단축되는 경우

가) 증권신고서의 내용이 이미 일반인에게 널리 알려져 있거나 쉽게 이해될 수 있는 경우(시행규칙12③(1))

[증권의 발행 및 공시 등에 관한 규정]

제2-3조(효력발생시기의 특례 등) ① 규칙 제12조에 따라 금융위원회가 따로 정하는 효력발생시기는 다음 각 호와 같다.

1. 일괄신고서의 정정신고서는 수리된 날부터 3일이 경과한 날에 그 효력이 발생한다. 다만, 일괄신고서의 정정신고서가 수리된 날부터 3일이 경과한 날이 당초의 일괄신고서의 효력이 발생하는 날보다 먼저 도래하는 경우에는 당초의 일괄신고서의 효력이 발생하는 날에 그 효력이 발생한다.

2. 사업보고서, 반기보고서, 분기보고서 또는 신고서를 제출한 사실이 있는 법인이 신고서의 기재사항 중 발행인에 관한 사항이 이미 제출한 사업보고서·반기보고서 및 분기보고서 또는 신고서와 동일한 내용의 신고서를 제출하는 경우 무보증사채권(보증사채권 또는 담보부사채권을 제외한 사채권)의 발행을 위한 신고서는 수리된 날부터 5일, 보증사채권, 담보부사채권의 발행을 위한 신고서는 수리된 날부터 3일이 경과한 날에 각각 그 효력이 발생한다. 다만, 「관공서의 공휴일에 관한 규정」 제2조에 따른 휴일은 그 기간에 산입하지 아니한다.

3. 사채권의 발행을 위하여 신고서를 제출한 자가 사채거래수익률 등의 변동으로 인한 발행가액의 변경 또는 발행이자율의 변경을 위하여 정정신고서를 제출하는 경우에는 정정신고서가 수리된 다음날에 그 효력이 발생한다. 다만, 제2호 또는 시행규칙 제12조 제1항 제1호의 기간이 경과하기 전에 정정신고서가 수리되어 그 효력이 발생하게 되는 경우에는 당초의 신고서의 효력이 발생하는 날에 그 효력이 발생한다.

4. 삭제 <2013. 9. 17>

5. 법 제4조 제7항 제1호에 해당하는 증권의 모집 또는 매출을 위하여 신고서를 제출한 자가 시장상황의 변동 등으로 동 증권의 지급금액 결정방식을 변경하기 위하여 정정신고서를 제출하는 경우에는 정정신고서를 수리한 날부터 3일이 경과한 날에 그 효력이 발생한다. 다만, 제2호 단서의 공휴일은 효력발생기간에 산입하지 아니하며 시행규칙 제12조 제1항에서

정한 기간이 경과하기 전에 정정신고서가 수리되어 그 효력이 발생하게 되는 경우에는 당
초의 신고서의 효력이 발생하는 날에 그 효력이 발생한다.

6. 집합투자기구간 합병을 위해 신고서를 제출하는 경우로서 수익자총회일의 2주전부터 합병
   계획서 등을 공시하는 경우에는 그 신고서가 수리된 날부터 3일이 경과한 날에 그 효력이
   발생한다.

7. 제1호에도 불구하고 영 제7조 제2항에 따른 금적립계좌등의 발행을 위하여 제출한 일괄 신
   고서가 효력이 발생한 후에 제출하는 정정신고서는 수리된 날에 그 효력이 발생한다.

나) 일반인에게 공공성이 인정받고 있는 경우(시행규칙12③(2))

[증권의 발행 및 공시 등에 관한 규정]
제2-3조(효력발생시기의 특례 등) ④ 규칙 제12조 제3항 제2호에 따라「국제금융기구에의 가
입조치에 관한 법률」제2조 제1항 각 호의 어느 하나에 해당하는 국제금융기구가 원화표시채
권을 발행하기 위하여 증권신고서를 제출하는 경우에는 증권신고서가 수리된 날부터 5일이 경
과한 날에 효력이 발생한다.

2) 정정신고서를 제출하는 경우에도 당초의 효력발생일에 영향을 미치지 않는 경우

[증권의 발행 및 공시 등에 관한 규정]
제2-3조(효력발생시기의 특례 등) ② 신고서를 제출한 자가 다음의 어느 하나의 사유로 정정
신고서를 제출하는 경우에는 당초의 신고서 효력 발생일에 영향을 미치지 아니한다.

1. 증권시장에 상장하기 위하여 지분증권(지분증권과 관련된 증권예탁증권을 포함)을 모집 또
   는 매출하는 경우로서 모집 또는 매출할 증권수를 당초에 제출한 신고서의 모집 또는 매출
   할 증권수의 80% 이상과 120% 이하에 해당하는 증권수로 변경하는 경우

2. 초과배정옵션계약을 추가로 체결하거나 초과배정 수량을 변경하는 경우

3. 공개매수의 대가로 교부하기 위하여 신주를 발행함에 있어서 발행예정주식수가 변경되는
   경우

4. 채무증권(주권 관련 사채권은 제외)을 모집 또는 매출하는 경우로서 모집가액 또는 매출가
   액의 총액을 당초에 제출한 신고서의 모집가액 또는 매출가액의 총액의 80% 이상과 120%
   이하에 해당하는 금액으로 변경하는 경우

③ 사소한 문구수정 등 투자자의 투자판단에 크게 영향을 미치지 아니하는 경미한 사항을
정정하기 위하여 정정신고서를 제출하는 경우에도 당초의 효력발생일에 영향을 미치지 아니
한다.

(다) 효력발생기간 계산방법

효력발생기간을 계산함에 있어 금융위원회가 신고서를 수리하면 접수된 날에 수리된 것으로 본다. 이 경우 금융위원회가 신고서를 수리 또는 수리거부를 한 때에는 신고서를 제출한 발행인에게 이를 서면, 정보통신망법에 따른 정보통신망을 이용한 전자문서 또는 모사전송(FAX)의 방법으로 통지한다. 다만, 제2-12조 제4항의 규정에 의한 정정신고서를 수리한 때에는 그 통지를 생략할 수 있다(증권발행공시규정2-3⑤).

(5) 신고서 기재사항의 특례

증권발행공시규정은 증권신고서 기재사항의 특례를 다음과 같이 규정하고 있다.

지분증권을 모집 또는 매출하는 경우 모집 또는 매출가액을 결정하기 전에 신고서를 제출하는 때에는 ⅰ) 모집 또는 매출가액, ⅱ) 청약증거금, ⅲ) 인수증권수, ⅳ) 인수조건, ⅴ) 인수인(모집 또는 매출하는 증권의 발행인 또는 매출인으로부터 해당 증권의 인수를 의뢰받아 인수조건 등을 결정하고 해당 모집 또는 매출과 관련된 업무를 통할하는 자("주관회사")를 제외)에 대한 기재를 하지 않을 수 있다. 이 경우 그 산정방법 또는 인수인이 확정된 후 추후 기재한다는 사실을 기재하여 신고서를 제출하여야 한다(증권발행공시규정2-12①).

전환사채권, 신주인수권부사채권 또는 교환사채권을 발행함에 있어서 필요한 경우 전환가액, 신주인수권행사가액 또는 교환가액 등에 대하여는 그 산정 또는 결정방법만을 기재한 신고서를 제출할 수 있다(증권발행공시규정2-12②). 채무증권을 발행함에 있어서 필요한 경우 발행가액과 발행이자율에 대하여는 그 산정 또는 결정방법만을 기재한 신고서를 제출할 수 있다(증권발행공시규정2-12③). 위 제1항부터 제3항까지의 경우 발행가액 또는 인수인 등이 확정된 때에는 법 제122조에 따른 정정신고서를 제출하여야 한다. 이 경우 당초의 신고서 효력발생일에 영향을 미치지 아니한다(증권발행공시규정2-12④).

Ⅱ. 일괄신고서

1. 의의

일괄신고서는 증권의 종류, 발행예정기간, 발행횟수, 발행인의 요건 등을 고려하여 대통령령으로 정하는 기준과 방법에 따라 일정기간 동안 모집하거나 매출할 증권의 총액을 일괄하여 기재한 신고서를 말한다. 일괄신고서를 금융위원회에 제출하여 수리된 경우에는 그 기간 중에 그 증권을 모집하거나 매출할 때마다 제출하여야 하는 신고서를 따로 제출하지 아니하고 그 증권을 모집하거나 매출할 수 있다(법119② 전단).

일괄신고서를 제출하면 일괄신고서에 기재된 그 증권(집합투자증권 및 파생결합증권 중 대통령령으로 정하는 것을 제외)을 모집하거나 매출할 때마다 대통령령으로 정하는 일괄신고추가서류를 제출하여야 하는데(법119② 후단), 이에 대하여는 별도의 수리 및 효력발생의 절차를 거칠 필요없이 증권을 모집하거나 매출할 수 있게 되는 것이다.

증권신고서는 모집·매출하는 경우마다 제출하는데 반하여, 일괄신고서는 같은 종류의 증권을 계속 발행하는 발행인에게 발행인에 관한 사항과 일정기간 동안의 모집·매출 예정물량을 금융위원회에 사전에 일괄하여 신고하고, 실제 발행하는 경우 일괄신고추가서류만을 제출하면 증권신고서를 제출한 것과 동일한 효과를 갖도록 하여 증권의 모집·매출을 원활하게 하는 제도이다.

2. 대상증권

일괄신고서를 제출할 수 있는 증권은 ⅰ) 주권(제1호), ⅱ) 주권 관련 사채권 및 이익참가부사채권(제2호), ⅲ) 제2호의 사채권을 제외한 사채권(＝일반사채권)(제3호), ⅳ) 파생결합증권(제4호), ⅴ) 개방형 집합투자증권, 즉 환매금지형집합투자기구가 아닌 집합투자기구의 집합투자증권, 또는 앞의 집합투자증권에 준하는 것으로서 외국 집합투자증권으로 한다(영121① 본문). 다만, 조건부자본증권은 제외한다(영121① 단서).

3. 발행예정기간 및 발행횟수

(1) 발행예정기간

(가) 일반원칙

발행예정기간은 일괄신고서에 의하여 모집하거나 매출할 수 있는 기간을 말한다. 일괄신고서의 발행예정기간은 일괄신고서의 효력발생일부터 2개월 이상 1년 이내의 기간으로 한다(영121② 본문).

(나) 개방형 집합투자증권 또는 금적립계좌등

개방형 집합투자증권 또는 금적립계좌등인 경우에는 해당 집합투자규약 또는 발행계약에서 정한 존속기간 또는 계약기간을 발행예정기간으로 하고, 집합투자규약 또는 발행계약에서 존속기간 또는 계약기간을 정하지 아니한 경우에는 무기한으로 한다(영121② 단서).

(다) 잘 알려진 기업의 주권 및 사채권

시행령 제126조 제6항 각 호의 요건을 갖춘 잘 알려진 기업은 제1항 제1호부터 제3호까지의 증권에 대한 일괄신고서를 제출할 수 있다. 이 경우 제2항에도 불구하고 발행예정기간은 2년 이내로 한다(영121⑥).

(2) 발행횟수

일괄신고서를 제출한 자는 발행예정기간 중 3회 이상 그 증권을 발행하여야 한다(영121
③). 다만 잘 알려진 기업이 주권 및 사채권을 발행하는 경우에는 그러하지 아니하다(영121⑥).

4. 제출가능법인

(1) 일반법인

시행령 제121조 제1항 제3호 및 제4호(금적립계좌등은 제외)의 증권에 대한 일괄신고서를
제출할 수 있는 자는 다음의 요건을 모두 갖춘 자로 한다(영121④).

1. 다음의 어느 하나에 해당하는 자로서 제1항 제3호 또는 제4호에 따른 증권 중 같은 종류에
   속하는 증권을 최근 1년간 모집 또는 매출한 실적이 있을 것
   가. 최근 1년간 사업보고서와 반기보고서를 제출한 자
   나. 최근 1년간 분기별 업무보고서 및 월별 업무보고서를 제출한 금융투자업자
2. 최근 사업연도의 재무제표에 대한 회계감사인의 감사의견이 적정일 것
3. 최근 1년 이내에 금융위원회로부터 증권의 발행을 제한하는 조치를 받은 사실이 없을 것

(2) 분할 또는 분할합병으로 인하여 설립 또는 존속하는 법인

분할 또는 분할합병으로 인하여 설립 또는 존속하는 법인은 다음의 요건을 모두 충족하는
경우에는 위 제4항에도 불구하고 일괄신고서를 제출할 수 있다(영121⑤).

1. 분할 전 또는 분할합병 전의 법인이 제4항에 따른 요건을 충족할 것
2. 분할 또는 분할합병으로 인하여 설립된 법인의 최근 사업연도 재무제표에 대한 회계감사
   인의 감사의견이 적정일 것

(3) 잘 알려진 기업(WKSI)

자본시장법은 잘 알려진 기업에 대하여 공시부담을 경감시켜 주기 위하여 일괄신고서의
사용제한을 완화하여 규정하고 있다.

잘 알려진 기업이 되기 위해서는 다음의 요건을 갖추어야 한다(영121⑥).

1. 주권상장법인으로서 주권이 상장된 지 5년이 경과하였을 것
2. 최근 사업연도의 최종 매매거래일 현재 시가총액이 5천억원 이상일 것. 이 경우 시가총액
   은 해당 주권상장법인의 주권의 가격(증권시장에서 성립된 최종가격)에 발행주식총수를 곱
   하여 산출한 금액을 말한다.
3. 최근 3년간 사업보고서·반기보고서 및 분기보고서를 기한 내에 제출하였을 것

4. 최근 3년간 공시위반으로 금융위원회 또는 거래소로부터 금융위원회가 정하여 고시하는 제재[46]를 받은 사실이 없을 것
5. 최근 사업연도의 재무제표에 대한 회계감사인의 감사의견이 적정일 것
6. 최근 3년간 법에 따라 벌금형 이상의 형을 선고받거나 외부감사법 제5조에 따른 회계처리기준의 위반과 관련하여 같은 법에 따라 벌금형 이상의 형을 선고받은 사실이 없을 것

일괄신고서를 제출한 법인이 일괄신고서에 기재된 발행예정기간 중 합병 등에 따라 새로운 법인으로 설립되는 경우로서 합병 등의 당사자가 되는 모든 법인이 위 제6항에 따른 모든 요건을 충족하는 경우에는 이미 제출한 일괄신고서를 이용할 수 있다(영121⑦ 본문). 다만, 합병 등의 당사자가 되는 법인이 제6항 각 호의 요건 중 일부를 갖추지 못하는 경우에도 금융위원회가 정하여 고시하는 조건에 해당하는 경우[47]에는 이미 제출한 일괄신고서를 이용할 수 있다(영121⑦ 단서).

제6항 및 제7항의 일괄신고서에 따라 증권을 모집하거나 매출하려면 일괄신고서에 기재된 발행예정기간 동안 같은 항 각 호의 요건을 모두 충족하여야 한다(영121⑧).

5. 기재사항과 첨부서류

(1) 기재사항

일괄신고서(집합투자증권은 제외)에는 ⅰ) 대표이사 및 신고업무를 담당하는 이사의 제124조 각 호의 사항에 대한 서명, ⅱ) 발행예정기간, ⅲ) 발행예정금액, ⅳ) 시행령 제125조 제1항 제3호에 따른 발행인에 관한 사항, ⅴ) 그 밖에 투자자를 보호하기 위하여 필요한 사항으로서 금융위원회가 정하여 고시하는 사항을 기재하여야 한다(영126①).

(2) 첨부서류

집합투자증권을 제외한 일괄신고서에는 다음의 서류를 첨부하여야 한다. 이 경우 금융위원회는 전자정부법에 따른 행정정보의 공동이용을 통하여 법인 등기사항증명서를 확인하여야 한다(영126②).

---

46) "금융위원회가 정하여 고시하는 제재"란 법 제429조에 따른 과징금 부과, 법 제449조 제1항 제36호부터 제38호까지 및 같은 조 제2항 제7호부터 제8의2호까지(제8호의 경우는 법 제131조 제1항, 제146조 제1항, 제151조 제1항, 제158조 제1항, 제164조 제1항이 관련된 경우에 한한다)에 따른 과태료 부과, 영 제138조 제1호·제2호의 조치, 한국거래소의 유가증권시장 상장규정 제47조 제1항 제12호 및 코스닥시장 상장규정 제28조 제1항 제8호에 따른 관리종목 지정을 말한다(증권발행공시규정2-4①).

47) "금융위원회가 정하여 고시하는 조건에 해당하는 경우"란 다음에 해당하는 경우를 말한다(증권발행공시규정2-4②).
  1. 영 제121조 제6항에 따라 일괄신고서를 제출한 법인의 분할로 인하여 설립 또는 존속하는 법인(주권상장법인에 한한다)이 영 제121조 제6항 제2호를 충족하는 경우
  2. 영 제121조 제6항에 따라 일괄신고서를 제출한 법인이 상법 제527조의3에 따라 다른 법인과 합병하는 경우

1. 정관 또는 이에 준하는 것으로서 조직운영과 투자자의 권리의무를 정한 것
2. 일괄하여 신고할 것을 결의한 이사회의사록이나 그 결의를 증명할 수 있는 서류의 사본
3. 법인 등기사항증명서에 준하는 것으로서 법인 설립을 증명할 수 있는 서류(법인 등기사항 증명서로 확인할 수 없는 경우로 한정)
4. 회계감사인의 감사보고서
5. 연결재무제표의 작성의무가 있는 경우에는 회계감사인이 작성한 연결재무제표에 대한 감사보고서
6. 그 밖에 투자자를 보호하기 위하여 필요한 서류로서 금융위원회가 정하여 고시하는 서류[48]

6. 일괄신고추가서류

(1) 의의

일괄신고서를 제출한 발행인은 이미 일정기간 동안 모집하거나 매출할 증권의 총액을 일괄하여 신고하였기 때문에, 같은 종류의 증권을 계속하여 개별적으로 모집하거나 매출하는 경우에는 일괄신고추가서류를 제출하여야 한다. 다만 개방형 집합투자증권 및 금적립계좌등은 제외한다(법119② 후단, 영122①). 일괄신고추가서류를 제출하여야 하는 경우 그 일괄신고추가서류가 제출되지 아니하면 그 증권의 발행인·매출인과 그 대리인은 그 증권에 관한 취득 또는 매수의 청약에 대한 승낙을 하여서는 아니 된다(법121②).

개방형 집합투자증권 및 금적립계좌등의 경우 일괄신고추가서류 제출의무를 면제한 이유는 투자자가 언제든지 판매와 환매를 원하기 때문에 일괄신고추가서류의 제출이 사실상 어렵기 때문이다.

(2) 기재사항

일괄신고추가서류에는 다음의 사항을 기재하여야 한다(영122②). 일괄신고추가서류의 기재내용은 일괄신고서(정정신고서를 포함)의 기재내용을 변경하는 내용이어서는 아니 된다(영122③).

1. 대표이사 및 신고업무를 담당하는 이사의 제124조 각 호의 사항에 대한 서명. 다만, 투자자 보호를 해칠 염려가 없는 경우로서 금융위원회가 정하여 고시하는 경우[49]에는 생략할

---

48) "금융위원회가 정하여 고시하는 서류"란 제4항 제3호 다목 및 라목을 말한다(증권발행공시규정2-4⑦).
   다. 회계감사인의 반기감사보고서 또는 반기검토보고서(법 제160조에 따라 반기보고서를 제출하는 법인이 반기재무제표가 확정된 이후에 신고서를 제출하는 경우에 첨부해야 할 반기감사보고서 또는 반기검토보고서)
   라. 회계감사인의 분기감사보고서 또는 분기검토보고서(영 제170조 제1항 제2호 단서에 따른 금융기관·주권상장법인이 분기재무제표가 확정된 이후에 신고서를 제출하는 경우에 첨부해야 할 분기감사보고서 또는 분기검토보고서)
49) "금융위원회가 정하여 고시하는 경우"란 금융위원회법 제38조에 따른 검사대상기관이 일괄신고추가서류를 제출하거나 영 제121조 제6항의 요건을 갖춘 자가 영 같은 조 제1항 제3호의 사채권을 발행하기 위해 일

수 있다.

2. 모집 또는 매출의 개요

3. 일괄신고서상의 발행예정기간 및 발행예정금액

4. 발행예정기간 중에 이미 모집 또는 매출한 실적

5. 모집 또는 매출되는 증권에 대한 인수인의 의견(인수인이 있는 경우만 해당)

6. 그 밖에 투자자를 보호하기 위하여 필요한 사항으로서 금융위원회가 정하여 고시하는 사항[50]

(3) 첨부서류

일괄신고추가서류의 서식과 작성방법, 첨부서류 등에 관하여 필요한 사항은 금융위원회가 정하여 고시한다(영122④). 이 규정에 따라 금융위원회가 정하여 고시한 첨부서류는 다음과 같다.

[증권의 발행 및 공시 등에 관한 규정]
제2-4조(일괄신고서 및 추가서류 관련사항) ⑤ 영 제122조 제4항에서 "금융위원회가 정하여 고시하는 첨부서류"는 다음 각 호에 따른 서류를 말한다.

1. 보증사채권을 모집 또는 매출하는 경우

   가. 영 제125조 제2항 제1호부터 제5호까지의 서류(다만, 이사회의사록의 경우 영 제121조 제1항 제3호의 사채권 및 같은 조 같은 항 제4호의 파생결합증권에 한하여 발행 인의 이사회가 일괄신고서 제출 당시에 이에 관한 구체적인 범위를 정하여 대표이사 에게 위임하고 대표이사가 위임범위 내에서 발행하는 경우에는 일괄신고서 제출당시 에 첨부한 이사회의사록을 재첨부할 수 있다)

   나. 예비투자설명서를 사용하려는 경우에는 예비투자설명서

   다. 간이투자설명서를 사용하려는 경우에는 간이투자설명서

   라. 회계감사인의 감사보고서

   마. 원리금지급 대행계약을 체결한 경우에는 그 계약서 사본

   바. 증권 신탁계약을 체결한 경우에는 그 계약서 사본

   사. 원리금지급보증계약서 사본

   아. 증권의 모집·매출의 주선계약을 체결한 경우에는 그 계약서의 사본

2. 담보부사채권을 모집 또는 매출하는 경우

괄신고추가서류를 제출하는 경우를 말한다(증권발행공시규정2-4③).

50) "금융위원회가 정하여 고시하는 사항"이란 다음의 사항을 말한다(증권발행공시규정2-4④).

1. 모집 또는 매출되는 증권의 권리내용

2. 모집 또는 매출되는 증권의 취득에 따른 투자위험요소

3. 모집 또는 매출되는 증권의 기초자산에 관한 사항(파생결합증권의 경우만 해당)

4. 자금의 사용목적

5. 그 밖에 투자자 보호를 위하여 필요한 사항

　　가. 제1호 가목부터 바목까지의 서류 및 아목의 서류

　　나. 신탁증서 사본

3. 무보증사채권을 모집 또는 매출하는 경우

　　가. 제1호 가목부터 바목까지의 서류 및 아목의 서류

　　나. 회계감사인의 연결감사보고서(연결재무제표의 작성의무가 없는 경우에는 이를 제외)

　　다. 회계감사인의 반기감사보고서 또는 반기검토보고서(법 제160조에 따라 반기보고서를 제출하는 법인이 반기재무제표가 확정된 이후에 신고서를 제출하는 경우에 첨부해야 할 반기감사보고서 또는 반기검토보고서)

　　라. 회계감사인의 분기감사보고서 또는 분기검토보고서(영 제170조 제1항 제2호 단서에 따른 금융기관·주권상장법인이 분기재무제표가 확정된 이후에 신고서를 제출하는 경우에 첨부해야 할 분기감사보고서 또는 분기검토보고서)

　　마. 모집위탁계약을 체결한 경우에는 그 계약서 사본

　　바. 해당 사채권에 대하여 법 제335조의3에 따라 인가를 받은 신용평가회사의 평가등급 을 받은 경우에는 그 신용평가서 사본

4. 파생결합증권을 모집 또는 매출하는 경우

　　가. 제1호 가목부터 라목까지의 서류 및 아목의 서류

　　나. 제3호 나목부터 라목까지의 서류

　　다. 해당 증권을 증권시장에 상장하고자 하는 경우 상장예비심사결과서류

5. 주권을 모집 또는 매출하는 경우

　　가. 제1호 가목부터 라목까지의 서류 및 아목의 서류

　　나. 제3호 나목부터 라목까지의 서류

7. 일괄신고서의 효력발생기간

　　일괄신고서에 의하여 모집 또는 매출되는 채무증권의 경우 증권신고의 효력발생시기는 일괄신고서가 수리된 날로부터 5일이 경과한 날로 한다(시행규칙12①(1) 라목). 따라서 일괄신고서 제출로 모집 및 매출을 하고자 할 경우에는 일괄신고서 자체의 효력발생기간인 5일이 경과하여야 하고, 실제 발행할 경우 사전에 일괄신고추가서류를 제출하여야 한다.

　　일괄신고추가서류는 일괄신고서상 신고된 발행예정기간 동안 제출하여야 하기 때문에 일괄신고서의 효력발생 이후에만 제출할 수 있다. 또한 일괄신고추가서류 자체에는 별도의 효력발생기간이 없으므로 일괄신고추가서류 제출일 당일부터 증권을 모집하거나 매출할 수 있다. 따라서 일괄신고추가서류를 제출하여야 하는 경우에는 발행인은 투자설명서를 그 일괄신고추가서류를 제출하는 날 금융위원회에 제출하여야 한다(법123①).

Ⅲ. 철회신고서

1. 의의

증권의 발행인은 증권신고를 철회하고자 하는 경우에는 그 증권신고서에 기재된 증권의 취득 또는 매수의 청약일 전일까지 철회신고서를 금융위원회에 제출하여야 한다(법120④).

2. 철회가능기간

증권신고를 철회하고자 하는 경우에는 그 증권신고서에 기재된 증권의 취득 또는 매수의 청약일 전일까지 철회신고서를 금융위원회에 제출하여야 한다. 철회신고서를 제출하는 것으로 족하며 별도의 수리행위가 불필요하다. 다만 철회신고서에는 철회사유를 명시하고 그 사유를 소명하는 자료를 첨부하는 것이 필요할 것이다.

3. 철회의 공시

증권신고서가 제출되어 수리되면 일반인이 열람할 수 있게 되므로 증권신고의 철회도 투자자보호를 위하여 공시하는 것이 필요하다.

Ⅳ. 정정신고서

1. 의의

정정신고서란 증권신고서의 형식을 제대로 갖추지 아니한 경우 또는 중요사항이 부실표시된 경우, 기재내용의 변경이 있는 경우, 또는 투자자보호를 위하여 필요한 경우 등 그 기재사항이 적당하지 아니한 경우에는 이를 수정하여야 하므로 증권의 청약일 개시 전까지 증권신고서를 제출한 발행인이 기제출한 신고서를 수정하여 제출하는 신고서를 말한다.

2. 정정신고서 제출사유

(1) 금융위원회의 요구에 의한 정정

(가) 의의

금융위원회는 증권신고서의 형식을 제대로 갖추지 아니한 경우 또는 그 증권신고서 중 중요사항에 관하여 거짓의 기재 또는 표시가 있거나 중요사항이 기재 또는 표시되지 아니한 경우와 중요사항의 기재나 표시내용이 불분명하여 투자자의 합리적인 투자판단을 저해하거나 투자자에게 중대한 오해를 일으킬 수 있는 경우에는 그 증권신고서에 기재된 증권의 취득 또는 매수의 청약일 전일까지 그 이유를 제시하고 그 증권신고서의 기재내용을 정정한 신고서("정정신고서")의 제출을 요구할 수 있다(법122①).

(나) 사유

금융위원회가 정정신고서의 제출을 요구할 수 있는 사유로는, ⅰ) 증권신고서의 형식을 제대로 갖추지 아니한 경우, 또는 ⅱ) 그 증권신고서 중 중요사항에 관하여 거짓의 기재 또는 표시가 있거나 중요사항이 기재 또는 표시되지 아니한 경우와 중요사항의 기재나 표시내용이 불분명하여 투자자의 합리적인 투자판단을 저해하거나 투자자에게 중대한 오해를 일으킬 수 있는 경우이다(법122①).

금융위원회의 정정요구사유는 증권신고서의 수리거부사유와 동일하고, 증권신고서의 기재내용과 관련된 금융위원회의 조사결과 처분사유와 큰 차이가 없다. 이것은 증권신고서의 제출의 경우 증권의 발행 및 그 이후까지의 단계에서 증권신고서의 진실성에 대한 심사 또는 조사를 하겠다는 것을 의미한다. 다만 증권발행의 적시성과 증권신고서 기재내용의 진실성 확보라는 두 가지 이해를 조정하기 위하여 수리거부, 정정요구, 발행중지 등의 조치를 차별적으로 적용하는 것이다.

(다) 기간

금융위원회는 증권신고서에 기재된 증권의 취득 또는 매수의 청약일 전일까지 정정신고서의 제출을 요구할 수 있다. 여기서 청약일 전일까지라 함은 투자자가 청약을 개시하기 전에 투자판단에 중대한 영향을 미칠 수 있는 정보를 제공하도록 해야 한다는 점에서 청약일 또는 청약기간의 개시일 전일까지로 해석하여야 한다.

(라) 방법

정정요구의 방법에는 제한이 없으나, 반드시 "그 이유를 제시하고" 정정신고서의 제출을 요구하여야 한다.

(마) 효과

금융위원회의 정정요구가 있는 경우 그 증권신고서는 그 요구를 한 날부터 수리되지 아니한 것으로 본다(법122②). 따라서 이전에 제출한 증권신고서의 효력발생기간의 진행이 중지되므로, 증권의 모집·매출을 할 수 없다.

발행인이 정정신고서의 제출을 요구받은 후 3개월 이내에 발행인이 정정신고서를 제출하지 아니하는 경우에는 해당 증권신고서를 철회한 것으로 본다(법122⑥, 영130⑤).

(2) 자발적인 정정

(가) 의의

증권신고서를 제출한 자는 그 증권신고서의 기재사항을 정정하고자 하는 경우에는 그 증권신고서에 기재된 증권의 취득 또는 매수의 청약일 전일까지 정정신고서를 제출할 수 있다(법 122③). 발행인의 자발적인 정정은 그 정정사유에 제한이 없다.

(나) 제출기간

증권신고서에 기재된 증권의 취득 또는 매수의 청약일 전일까지 정정신고서를 제출할 수 있다.

(3) 의무정정

(가) 의의

증권신고서(일괄신고추가서류 포함)를 제출한 자는 그 증권신고서에 기재된 증권의 취득 또는 매수의 청약일 전일까지 ⅰ) 대통령령으로 정하는 중요한 사항을 정정하고자 하는 경우, 또는 ⅱ) 투자자 보호를 위하여 그 증권신고서에 기재된 내용을 정정할 필요가 있는 경우로서 대통령령으로 정하는 경우에는 반드시 정정신고서를 제출하여야 한다(법122③).

(나) 사유

1) 대통령령으로 정하는 중요한 사항을 정정하고자 하는 경우

"대통령령으로 정하는 중요한 사항"이란 다음의 어느 하나에 해당하는 사항을 말한다(영 130①).

1. 집합투자증권을 제외한 증권인 경우에는 다음의 어느 하나에 해당하는 사항
   가. 모집가액 또는 매출가액·발행이율 등 발행조건
   나. 배정기준일·청약기간 또는 납입기일
   다. 자금의 사용목적
   라. 인수인·보증기관 또는 수탁회사
   마. 그 밖에 투자자의 합리적인 투자판단이나 해당 증권의 가치에 중대한 영향을 미칠 수 있는 사항으로서 금융위원회가 정하여 고시하는 사항[51]
2. 집합투자증권인 경우에는 다음의 어느 하나에 해당하는 사항
   가. 모집가액 또는 매출가액, 발행예정기간, 발행예정금액 등 발행조건
   나. 인수인(인수인이 있는 경우만 해당)

---

51) "금융위원회가 정하여 고시하는 사항"이란 다음의 사항을 말한다(증권발행공시규정2-13①).
   1. 증권 발행과 관련된 담보·보증 또는 기초자산
   2. 발행증권의 수
   3. 모집 또는 매출되는 증권의 취득에 따른 투자위험요소

　　다. 자본시장법 제182조 제1항에 따라 등록한 사항을 변경하는 경우
　　라. 그 밖에 투자자의 합리적인 투자판단이나 해당 집합투자증권의 가치에 중대한 영향을 미칠 수 있는 사항으로서 금융위원회가 정하여 고시하는 사항[52]

2) 투자자 보호를 위하여 증권신고서의 기재내용을 정정할 필요가 있는 경우

투자자 보호를 위하여 그 증권신고서에 기재된 내용을 정정할 필요가 있는 경우로서 "대통령령으로 정하는 경우"란 다음의 어느 하나에 해당하는 경우를 말한다(영130②).

1. 증권신고서의 기재나 표시내용이 불분명하여 그 증권신고서를 이용하는 자로 하여금 중대한 오해를 일으킬 수 있는 내용이 있는 경우
2. 발행인(투자신탁의 수익증권이나 투자익명조합의 지분증권인 경우에는 그 투자신탁이나 투자익명조합)에게 불리한 정보를 생략하거나 유리한 정보만을 강조하는 등 과장되게 표현된 경우
3. 집합투자증권을 제외한 증권인 경우에는 다음의 어느 하나에 해당하는 사실이 발생한 때
　　가. 최근 사업연도의 재무제표 또는 반기보고서, 분기보고서가 확정된 때
　　나. 발행인의 사업목적이 변경된 때
　　다. 영업의 양도·양수 또는 합병계약이 체결된 때
　　라. 발행인의 경영이나 재산 등에 중대한 영향을 미치는 소송의 당사자가 된 때
　　마. 발행한 어음이나 수표가 부도로 되거나 은행과의 당좌거래가 정지되거나 금지된 때
　　바. 영업활동의 전부나 중요한 일부가 정지된 때
　　사. 채무자회생법에 따른 회생절차개시의 신청이 있은 때
　　아. 자본시장법, 상법, 그 밖의 법률에 따른 해산사유가 발생한 때
4. 집합투자증권인 경우에는 다음의 어느 하나에 해당하는 사실이 발생한 때
　　가. 최근 결산기의 재무제표가 확정된 때
　　나. 집합투자기구 간의 합병계약이 체결된 때
　　다. 집합투자재산 등에 중대한 영향을 미치는 소송이 제기된 때

(다) 제출기간

정정신고서 제출기간은 증권신고서에 기재된 증권의 취득 또는 매수의 청약일 전일까지이다(법122③).

(4) 일괄신고서의 정정신고서

(가) 의의

일괄신고서를 제출한 자는 정정신고서를 제출할 수 있다(법122④). 일괄신고서를 제출한

---

52) "금융위원회가 정하여 고시하는 사항"이란 모집 또는 매출되는 증권의 취득에 따른 투자위험요소를 말한다(증권발행공시규정2-13②).

발행인은 일괄신고추가서류를 제출하고 별도의 효력발생기간 없이 증권을 발행할 수 있으므로 일괄신고추가서류의 정정절차는 없다. 따라서 일괄신고서의 정정의 대상은 일괄신고서 자체의 정정을 말한다.

(나) 제출기간

일괄신고서를 제출한 자는 그 발행예정기간 종료 전까지 정정신고서를 제출할 수 있다(법 122④).

(다) 정정사항

일괄신고서의 경우 개방형 집합투자증권을 제외하고는 발행예정금액 및 발행예정기간은 이를 정정하여서는 아니 된다(법122④ 본문, 영130③). 다만, 발행예정금액의 20%의 범위에서 대통령령으로 정하는 한도 이하로 감액되는 발행예정금액은 정정할 수 있다(법122④ 단서).

여기서 "대통령령으로 정하는 한도"란 발행예정금액의 20%를 말한다(영130④ 본문). 다만, 투자자 보호 등을 위하여 필요하다고 인정되는 경우에는 금융위원회가 그 한도를 발행예정금액의 20% 이하로 정하여 고시할 수 있다(영130④ 단서).

(라) 효력발생시기

일괄신고서의 정정신고서는 수리된 날부터 3일이 경과한 날에 그 효력이 발생한다. 다만, 일괄신고서의 정정신고서가 수리된 날부터 3일이 경과한 날이 당초의 일괄신고서의 효력이 발생하는 날보다 먼저 도래하는 경우에는 당초의 일괄신고서의 효력이 발생하는 날에 그 효력이 발생한다(증권발행공시규정2-3조①(1)).

3. 정정신고서 제출의 효력

정정신고서가 제출된 경우에는 그 정정신고서가 수리된 날에 그 증권신고서가 수리된 것으로 본다(법122⑤). 따라서 원칙적으로 효력발생기간은 정정신고서가 수리된 날부터 다시 기산하여야 한다.

4. 정정신고서의 효력발생기간

위에서 설명한 증권신고서의 효력발생시기에 관한 부분에서 상세히 설명하였다.

Ⅴ. 소액공모

1. 의의

증권신고서를 제출하지 아니하고 증권을 모집 또는 매출하는 발행인은 투자자를 보호하기 위하여 재무상태에 관한 사항의 공시, 그 밖에 "대통령령으로 정하는 조치"를 하여야 한다(법 130① 본문). 이는 증권의 모집 또는 매출가액(공모금액)이 10억원 미만인 소액공모의 경우 증권 신고서를 제출하지 아니하므로 투자자를 보호하기 위하여 발행인에 관한 기본적인 정보를 공시하도록 한 것이다.

다만, 법 제119조 제6항에서 정한 사유[53](＝매출에 관한 증권신고서 제출의무가 면제되는 경우)에 해당하는 때에는 그러하지 아니하다(법130① 단서).

2. 소액공모 공시절차

소액공모의 경우 발행인이 취해야 하는 "대통령령이 정하는 조치"는 다음과 같다(영137 ①).

(1) 증권의 모집 또는 매출 전

증권의 모집[54] 또는 매출[55] 전에 발행인(투자신탁의 수익증권이나 투자익명조합의 지분증권인 경우에는 그 투자신탁이나 투자익명조합을 말하며, 사업보고서 제출대상법인 및 시행령 제176조 제1항

---

53) "발행인 및 같은 종류의 증권에 대하여 충분한 공시가 이루어지고 있는 등 대통령령으로 정한 사유에 해당하는 때"란 다음의 요건을 모두 충족하였을 때를 말한다(법119⑥, 영124의2①).
    1. 발행인이 사업보고서 제출대상법인으로서 최근 1년간 사업보고서·반기보고서 및 분기보고서를 기한 내에 제출하였을 것
    2. 발행인이 최근 1년간 공시위반으로 법 제429조에 따른 과징금을 부과받거나 이 영 제138조·제175조에 따른 조치를 받은 사실이 없을 것
    3. 최근 2년 이내에 매출하려는 증권과 같은 종류의 증권에 대한 증권신고서가 제출되어 효력이 발생한 사실이 있을 것
    4. 증권시장에 상장하기 위한 목적의 매출이 아닐 것
    5. 투자매매업자 또는 투자중개업자를 통하여 매출이 이루어질 것
    6. 그 밖에 금융위원회가 정하여 고시하는 요건을 충족할 것
54) 증권을 모집하려는 발행인은 과거 1년 동안 신고서를 제출하지 않고 모집한 금액이 10억원 미만인 경우 증권의 모집개시일 3일 전까지 소액공모 공시서류를 금융위원회에 제출하여야 함에도, A사는 2017. 12. 9. 86인을 대상으로 3.9억원의 유상증자를 실시하였고, 2018. 12. 18. 51인을 대상으로 5.6억원의 유상증자를 실시하였음에도 총 2회의 소액공모 공시서류를 제출하지 않아 과징금 제재를 받았다.
55) 증권을 매출하려는 자는 청약의 권유를 하는 날 이전 6개월 이내에 해당 증권과 같은 종류의 증권에 대하여 매출에 의하지 아니하고 청약의 권유를 받은 자가 50인 이상이고, 그 합산의 대상이 되는 모든 청약의 권유 각각의 합계액이 10억원 미만인 경우 발행인이 소액공모 공시서류를 금융위원회에 제출하여야 함에도, 비상장법인 A사의 최대주주 겸 대표이사 Y가 2018. 8. 31. 47인에게 97백만원의 보통주를 매도하면서 과거 6개월 이내에 매수의 청약의 권유를 받은 자가 총 84인, 총 매도금액이 5.3억원에 해당하나, A사는 소액공모 공시서류를 제출하지 않아 과징금 제재를 받았다.

각 호에 따른 외국법인등은 제외)의 재무상태와 영업실적을 기재한 서류를 금융위원회에 제출하여야 한다. 이 경우 해당 서류(집합투자증권인 경우는 제외)는 금융위원회가 정하여 고시56)하는 바에 따라 회계감사인의 회계감사를 받거나 공인회계사의 확인과 의견표시를 받은 것이어야 한다(제1호).57)

증권신고서에 첨부되는 감사보고서와는 다음과 같은 차이가 있다. 소액공모의 경우에는 재무제표·반기재무제표의 결산일·반기결산일이 경과한 경우에는 감사보고서(반기검토보고서 포함)를 제출해야 한다. 그러나 증권신고서 제출의 경우에는 재무제표·반기재무제표 확정 이후 해당 감사보고서(반기감사보고서 또는 반기검토보고서 포함)를 제출할 수 있다. 다만 기업공개시 결산일부터 6월이 경과한 경우에는 반기보고서 또는 반기검토보고서를 첨부해야 한다.

(2) 청약의 권유를 하는 경우

청약의 권유를 하는 경우에는 다음의 사항을 인쇄물 등에 기재하거나 표시하여야 한다. 이 경우 재무상태와 영업실적에 관하여 제1호에 따라 제출된 서류의 내용과 다른 내용이나 거짓의 사실을 기재하거나 표시하여서는 아니 된다(제2호).

가. 제125조 제1항 제2호 및 제3호의 사항(집합투자증권인 경우에는 제127조 제1항 제2호 및 제3호의 사항을, 유동화증권인 경우에는 제128조 제1항 제2호부터 제7호까지의 사항)

나. 제131조 제2항 제2호부터 제4호까지의 사항

(3) 증권의 모집 또는 매출을 시작한 경우

증권의 모집 또는 매출의 개시일 3일 전까지 청약의 권유방법과 위 제2호에 따라 인쇄물 등에 기재하거나 표시한 내용을 금융위원회에 제출하여야 한다. 증권의 모집 또는 매출을 시작한 후 청약의 권유방법이나 인쇄물 등에 기재하거나 표시한 내용을 변경한 경우에도 또한 같다(제3호).58)

---

56) 증권발행공시규정 제2-17조(신고서를 제출하지 아니하는 모집·매출) ① 법 제130조에 따라 신고서를 제출하지 아니하고 모집 또는 매출("소액공모")을 하는 자가 영 제137조 제1항 제1호의 "금융위원회가 정하여 고시"하는 바에 따라 금융위에 미리 제출하는 서류는 다음과 같다.
    1. 설립 후 1사업연도가 경과한 법인의 경우에는 최근 사업연도의 회계감사인의 감사보고서(최근 사업연도 경과 후 반기결산일이 지난 경우에는 반기 검토보고서 포함) 또는 최근월 말일을 기준으로 한 회계감사인의 감사보고서
    2. 설립 후 1사업연도가 경과하지 아니한 법인의 경우에는 최근월 말일을 기준으로 한 회계감사인의 감사보고서
    ② 제1항의 서류는 소액공모를 개시하는 날의 3일전까지 제출하여야 한다.
57) 비상장법인 A사는 반기결산일이 경과한 2015. 11. 24. 소액공모감사보고를 제출하면서 2015년 반기검토보고서를 제출하지 않아 제재를 받았다.
58) 증권신고서를 제출하지 아니하고 10억원 미만의 증권을 모집하려는 발행인은 증권의 모집개시일 3일 전까지 소액공모공시서류를 금융위원회에 제출하여야 함에도, 비상장법인 A사는 2018. 10. 11. 보통주 1,443,379주(모집금액 1.4억원) 및 2018. 11. 8. 보통주 3,819,486주(모집금액 3.8억원)를 모집하기 위한 소

(4) 청약증거금관리계약

ⅰ) 증권에 관한 투자매매업자 또는 투자중개업자, ⅱ) 시행령 제4조 각 호의 자(은행, 수협은행, 농협은행, 한국산업은행, 중소기업은행), ⅲ) 증권금융회사에 해당하는 자 중 어느 하나와 청약증거금의 예치, 보관 및 투자자에 대한 반환 등에 관한 사항을 포함하는 청약증거금관리계약을 체결하고 계좌를 개설하여야 한다(제3호의2).

(5) 결과보고

증권의 모집 또는 매출이 끝난 경우에는 지체 없이 그 모집 또는 매출 실적에 관한 결과(소액공모실적보고서)를 금융위원회에 보고하여야 한다(제4호).[59]

(6) 결산서류의 제출

다음의 결산에 관한 서류를 매 사업연도 경과 후 90일 이내에 금융위원회에 제출하여야 한다. 다만, 사업보고서 제출대상법인, 외국법인등(영176①), 모집 또는 매출한 증권의 상환 또는 소각을 완료한 법인 및 보증사채권(영362⑧)만을 발행한 법인의 경우에는 그러하지 아니하다(제5호).

가. 대차대조표와 그 부속명세서
나. 손익계산서와 그 부속명세서
다. 이익잉여금처분계산서 또는 결손금처리계산서
라. 회계감사인의 감사보고서(회계감사인의 회계감사를 받은 법인만 해당)

이는 비상장 소액공모 법인의 경우 투자자들이 해당 회사의 경영상태를 파악할 수 있도록 하기 위하여 결산서류 제출을 의무화한 것이다. 다만 사업보고서 제출대상법인은 사업보고서로 갈음할 수 있고, 외국법인등은 사업보고서 제출이 면제(법165, 영176① 참조)됨을 고려한 것이다. 또한 소액공모 증권의 상환 또는 소각을 완료한 경우 및 거래소의 손해배상공동기금과 관련(법394, 영362)하여 보증채권만을 발행하는 경우에는 투자자들에게 피해를 입힐 염려가 없음을 고려한 것이다.

액공모공시서류를 각각의 법정기한인 2018. 10. 7. 및 2018. 11. 4.을 36일 및 8일 경과한 2018. 11. 12.에 지연제출한 사실이 있어 과태료 제재를 받았다.
59) 발행인이 영 제137조 제1항 제4호에 따라 모집 또는 매출이 종료된 때 금융위에 제출하는 서류에는 다음의 사항을 기재하여야 한다(증권발행공시규정2-17③).
  1. 발행인의 명칭 및 주소
  2. 주관회사의 명칭(주관회사가 있는 경우)
  3. 청약 및 배정에 관한 사항
  4. 증권의 교부일, 상장일 및 증자등기일
  5. 유상증자 전후의 주요주주의 지분변동 상황
  6. 조달된 자금의 사용내역

(7) 외국기업 등에 대한 특칙

금융위원회는 투자자 보호 등을 위하여 필요하다고 인정되는 경우에는 외국기업 등 발행인의 성격, 증권의 구분 및 종류 등을 고려하여 제1항 제1호의 서류와 같은 항 제2호에 따른 인쇄물 등의 기재사항을 다르게 정하여 고시할 수 있다(영137④).

3. 참조기재방법

발행인이 금융위원회에 발행인(투자신탁의 수익증권이나 투자익명조합의 지분증권인 경우에는 그 투자신탁이나 투자익명조합)의 재무상태와 영업실적에 관한 서류를 제출하여야 하는 경우로서 해당 증권의 모집 또는 매출 전에 행하여진 모집 또는 매출시에 제출한 서류가 있고 그 제출한 서류의 내용이 변경되지 아니한 경우에는 그 서류를 참조하라는 뜻을 기재한 서면으로 그 발행인의 재무상태와 영업실적에 관한 서류의 제출을 갈음할 수 있다(영137②).

4. 호가중개시스템을 통한 소액매출에 대한 특례

(1) 의의

금융투자업자 등 회원 상호 간의 업무질서 유지 및 공정한 거래를 확립하고 투자자를 보호하며 금융투자업의 건전한 발전을 위하여 설립된 금융투자협회(법283)는 업무 중 하나로 "증권시장에 상장되지 아니한 주권의 장외매매거래에 관한 업무"를 수행하고 있다(법286①(5)). 이에 따라 금융투자협회는 주권장외거래시스템("호가중개시스템")을 통하여 증권시장에 상장되지 아니한 주권의 장외매매거래를 하고 있다.

그런데 호가중개시스템은 증권시장에 포함되지 않으므로 주권을 매도하기 위한 매도호가의 제시는 자본시장법상 매출에 해당(소액공모에 해당)하므로 원칙적으로 정해진 공시서류를 제출하여야 한다.[60] 그러나 거래금액이 경미한 소액공모의 경우에 매출시마다 공시하도록 하면 발행인에게 지나친 부담이 되고, 투자자 보호의 실익도 크지 않으므로 절차상의 번잡을 피하기 위하여 소액공모 공시서류를 제출을 요구하지 않고, 일정한 요건을 충족하는 경우에 소액공모를 위한 조치를 다한 것으로 보고 있다.

(2) 적용대상

(가) 요건

증권의 매출이 다음의 요건을 모두 충족하는 경우에는 해당 증권의 발행인은 소액공모를 위한 조치를 이행한 것으로 본다(영137③).

---

60) 자본시장법 제130조에 따른 소액공모공시서류를 제출하여야 한다.

1. 해당 증권의 매출이 시행령 제178조 제1항 제1호에 따른 장외거래 방법에 의할 것
2. 소액출자자(해당 증권의 발행인과 인수인은 제외)가 매출하는 것일 것
3. 해당 증권의 발행인이 다음 내용을 금융위원회가 정하여 고시하는 방법에 따라 공시할 것
   가. 발행인에 관한 사항
   나. 발행인의 재무상태와 영업실적에 관한 사항을 기재한 서류

이 요건을 분설하면 아래와 같다.

(나) 10억원 미만의 매출

호가중개시스템을 이용한 매매라고 하더라도 그 금액이 10억원 이상인 경우에는 증권신고서를 제출하여야 한다. 이것은 자본시장법 제130조가 "제119조 제1항에 따른 신고서를 제출하지 아니하고 증권을 모집 또는 매출하는 경우"에 대한 특례규정이므로 해당 매출이 위와 같은 금액에 해당하는 경우에는 증권신고서 제출대상이 된다.

(다) 장외거래

해당 증권의 매출이 시행령 제178조 제1항 제1호에 따른 장외거래 방법에 의하여야 한다(영137③(1)).

시행령 제178조 제1항 제1호는 다음과 같다. 불특정 다수인을 대상으로 협회가 법 제286조 제1항 제5호에 따라 증권시장에 상장되지 않은 주권의 장외매매거래에 관한 업무를 수행하거나 종합금융투자사업자가 제77조의6 제1항 제1호에 따라 증권시장에 상장되지 않은 주권의 장외매매거래에 관한 업무를 수행하는 경우에는 다음의 기준에 따라야 한다(제1호).

가. 동시에 다수의 자를 각 당사자로 하여 당사자가 매매하기 위해 제시하는 주권의 종목, 매수하기 위해 제시하는 가격("매수호가") 또는 매도하기 위해 제시하는 가격("매도호가")과 그 수량을 공표할 것

나. 주권의 종목별로 금융위원회가 정하여 고시하는 단일의 가격 또는 당사자 간의 매도호가와 매수호가가 일치하는 경우에는 그 가격으로 매매거래를 체결시킬 것

다. 매매거래대상 주권의 지정·해제 기준, 매매거래방법, 결제방법 등에 관한 업무기준을 정하여 금융위원회에 보고하고, 이를 일반인이 알 수 있도록 공표할 것

라. 금융위원회가 정하여 고시하는 바에 따라 재무상태·영업실적 또는 자본의 변동 등 발행인의 현황을 공시할 것

(라) 소액출자자의 매출

소액출자자(해당 증권의 발행인과 인수인은 제외)가 매출하는 경우에만 적용된다(영137③(2)). "소액출자자"란 해당 법인이 발행한 지분증권총수의 1%에 해당하는 금액과 3억원 중 적은 금액 미만의 지분증권을 소유하는 자(사업보고서 제출대상법인의 경우에는 지분증권총수 10% 미만의

지분증권을 소유하는 자)를 말한다(영120② 본문).

　(마) 공시의무

　해당 증권의 발행인이 발행인에 관한 사항과 발행인의 재무상태와 영업실적에 관한 사항을 기재한 서류를 금융위원회가 정하여 고시하는 방법[61]에 따라 공시하여야 한다(영137③(3)).

Ⅵ. 투자설명서

1. 의의

(1) 자본시장법 규정

　증권을 모집하거나 매출하는 경우 그 발행인은 대통령령으로 정하는 방법에 따라 작성한 투자설명서[62] 및 간이투자설명서(모집 또는 매출하는 증권이 집합투자증권인 경우로 한정)를 그 증권신고의 효력이 발생하는 날(일괄신고추가서류를 제출하여야 하는 경우에는 그 일괄신고추가서류를 제출하는 날)에 금융위원회에 제출하여야 하며, 이를 총리령으로 정하는 장소에 비치하고 일반인이 열람할 수 있도록 하여야 한다(법123①). 자본시장법은 투자설명서 제출에 대한 명문규정을 두고 있으나, 그 개념에 대한 정의규정을 두고 있지 않다.

(2) 투자설명서의 개념

(가) 실질설

　투자설명서라는 명칭을 사용하지 않더라도 실질적으로 발행인의 정보를 투자자에게 제공하기 위하여 작성된 문서는 모두 투자설명서로 간주하여 자본시장법으로 규제하여야 한다는

---

61) 증권발행공시규정 제2-18조(호가중개시스템을 통한 소액매출시의 특례) ① 영 제137조 제3항 제3호의 규정에서 "금융위원회가 정하여 고시하는 방법"이란 발행인이 매출을 하는 날의 3일전까지 다음의 서류를 금융위 및 협회에 제출하여 공시하는 것을 말한다.
　1. 영 제137조 제1항 제3호에 따라 금융위에 제출하는 기재 또는 표시내용 중 발행인에 관한 사항만을 기재한 서류
　2. 제2-17조 제1항의 서류
　② 사업보고서 제출대상법인이 사업보고서를 매출을 하는 날의 3일 전일 현재 이미 금융위에 제출하여 공시하고 있는 경우에는 제1항에 따른 공시의무를 면제한다.
　③ 발행인은 제1항 제1호의 서류를 매결산기별 및 매반기별로 그 변동사항을 정정하여 제출하여야 한다. 이 경우 제출시기는 각각 결산기 경과 후 90일 이내 또는 반기 경과 후 45일 이내로 하며, 감사보고서 또는 반기검토보고서를 각각 첨부하여야 한다.
　④ 제1항 제1호의 서류에 대한 세부적인 기재내용 및 방법 등은 감독원장이 정한다.
62) 증권거래법은 "사업설명서"라는 용어를 사용하고 있었다. 사업설명서는 발행인의 사업실적에 따라 손익이 발생하는 전통적인 증권에 적합한 용어였다. 그러나 최근 금융공학의 발달로 인하여 발행인의 사업실적보다는 외생적 지표에 의해 손익이 결정되는 신종 파생상품이 등이 증가하였다. 따라서 사업설명서라는 용어는 이와 같은 신종 파생상품과 자본시장법에서 새로이 증권신고서를 제출하게 된 집합투자증권 등에 사용하기에 부적합하였기에 "투자설명서"로 변경하였다.

견해이다. 이 견해에 의하면 금융위원회가 정하는 바를 따르지 않는 투자설명서를 사용한 자에게 벌칙을 부과하고, 투자정보공시를 위하여 투자설명서의 작성을 의무화한 입법취지를 고려할 때, 명칭 및 형식에 관계없이 실질적으로 투자권유의 목적으로 발행인의 실체에 관한 정보를 투자자에게 제공하기 위하여 작성된 문서나 자료는 모두 투자설명서로 보아야 한다.

(나) 형식설

반드시 투자설명서라는 명칭을 사용하여야 하는 것은 아니지만, 모집 또는 매출에 기하여 법률상 의무로 작성된 것이어야 하고, 그 기재내용은 법과 시행령에서 정한 사항 이상을 기재한 것이어야 하며, 작성된 투자설명서는 일반인에게 열람에 제공되고 청약자에게 교부된 것이어야 한다는 요건을 구비한 청약권유문서만이 투자설명서가 될 수 있다는 견해이다.

(다) 결어

투자설명서는 증권의 매수청약을 권유하는 경우 일반투자자에게 제공하는 "투자권유문서"로서 증권신고서의 내용을 보다 알기 쉽고, 객관적이며, 간단명료하게 작성하여 일반투자자에게 제공함으로써 합리적인 투자판단을 할 수 있게 해주는 문서이다. 투자설명서는 그 성질상 투자권유문서이므로 증권의 매수권유를 위하여 작성 및 교부하는 문서로서 모집안내서, 매출안내서, 신주청약안내서, 증자설명서 등 그 명칭이나 형식을 불문하고 투자설명서로 보는 것이 타당하다.

그러나 투자설명서를 제출하지 아니한 경우에는 형사제재를 받게 되고(법446(22)), 투자설명서 중 중요사항에 관하여 거짓의 기재 또는 표시가 있거나 중요사항이 기재 또는 표시되지 아니함으로써 증권의 취득자가 손해를 입은 경우에는 손해배상책임(법125)과 형사제재(법444(13))를 받게 되므로, 법령에 그 개념을 명확히 할 필요가 있다.

(3) 증권신고서와의 차이

증권신고서와 투자설명서는 그 기재내용에 따라 구별되는 것이 아니라 그 목적에 따라 구별된다. 즉 증권신고서는 발행시장규제를 위하여 금융위원회에 제출하는 것인데 반하여, 투자설명서는 투자자에게 청약의 권유를 하는 경우 그 내용을 알리기 위한 것이다. 증권신고서와 투자설명서의 많은 부분이 겹치는데, 이는 투자설명서가 증권신고서의 내용을 투자자에게 제공하는 서류이기 때문이다.

그러나 증권신고서는 증권의 모집이나 매출에 앞서 제출하는 서류로서 모든 청약의 권유문서의 기초가 되는 서류인데 반하여, 투자설명서는 증권신고서의 수리 이후 청약권유를 위하여 투자자에게 교부하기 위하여 만들어진 서류이다. 따라서 증권신고서에는 증권의 모집이나 매출과 관련된 모든 사항을 기재하여야 하지만, 투자설명서에는 증권신고에 기재된 내용과 다른 내용을 표시하거나 그 기재사항을 누락하여서는 아니 된다. 다만 기업경영 등 비밀유지와 투자자 보호와의 형평 등을 고려하여 기재를 생략할 필요가 있는 일정한 사항의 기재를 생략할 수 있다.

2. 투자설명서의 종류

누구든지 증권신고의 대상이 되는 증권의 모집 또는 매출, 그 밖의 거래를 위하여 청약의 권유 등을 하고자 하는 경우에는 다음의 어느 하나에 해당하는 방법에 따라야 한다(법124②). 따라서 투자설명서는 이용시점, 형식, 기재내용 등에 따라 아래의 세 가지 투명설명서로 구분된다. 이용시점의 단계별로 살펴보면 예비투자설명서는 증권신고서가 수리된 후 효력이 발행하기 이전에 사용되고, 투자설명서는 신고서의 효력이 발생한 후 청약종료 시점까지 사용되며, 간이투자설명서는 신고서가 수리된 후 청약종료 시점까지 사용된다.

(1) 투자설명서(제1호)

증권신고의 효력이 발생한 후 모집 또는 매출의 조건이 확정된 경우 청약의 권유 및 승낙을 위하여 사용하는 청약권유문서이다. 자본시장법상 통상의 투자설명서이다.

(2) 예비투자설명서(제2호)

증권신고서가 수리된 후 신고의 효력이 발생하기 전에 발행인이 증권의 청약을 권유하기 위하여 신고의 효력이 발생되지 아니한 사실을 덧붙여 적은 투자설명서를 말한다. 아직 증권신고의 효력이 발생하지 않은 시점이므로 예비투자설명서에 따라 청약의 권유는 할 수 있지만 승낙을 할 수는 없다.

(3) 간이투자설명서(제3호)

증권신고서가 수리된 후 신문·방송·잡지 등을 이용한 광고, 안내문·홍보전단 또는 전자전달매체를 통하여 발행인이 청약을 권유하는 경우 투자설명서에 기재하여야 할 사항 중 그 일부를 생략하거나 중요한 사항만을 발췌하여 기재 또는 표시한 문서, 전자문서, 그 밖에 이에 준하는 기재 또는 표시를 말한다. 간이투자설명서에 의해서도 청약의 권유는 할 수 있지만 승낙을 할 수는 없다.

(4) 집합투자증권의 경우

집합투자증권의 경우 간이투자설명서를 사용할 수 있다(법124③ 본문). 다만, 투자자가 투자설명서의 사용을 별도로 요청하는 경우에는 그러하지 아니하다(법124③ 단서). 집합투자증권의 간이투자설명서를 교부하거나 사용하는 경우에는 투자자에게 투자설명서를 별도로 요청할 수 있음을 알려야 한다(법124④).

3. 작성방법 및 기재사항

(1) 투자설명서

(가) 기재내용

1) 원칙

투자설명서에는 증권신고서(일괄신고추가서류를 포함)에 기재된 내용과 다른 내용을 표시하거나 그 기재사항을 누락하여서는 아니 된다(법123② 본문). 증권신고서는 "증권신고의 효력이 발생한 후 투자설명서에 기재하여 투자자에게 제공할 내용에 대한 심사를 청구하는 서류"의 성격도 갖는다. 따라서 증권신고서의 기재내용과 투자설명서의 기재내용이 달라서는 청약권유의 진정성을 확보할 수 없고 투자자보호 차원에서도 바람직하지 않다. 따라서 원칙적으로 그 기재내용을 동일하게 하고 있는 것이다.

2) 예외

기업경영 등 비밀유지와 투자자 보호와의 형평 등을 고려하여 기재를 생략할 필요가 있는 사항으로서 ⅰ) 군사기밀보호법 제2조에 따른 군사기밀에 해당하는 사항(제1호), ⅱ) 발행인의 업무나 영업에 관한 것으로서 금융위원회의 확인을 받은 사항(제2호)에 대하여는 그 기재를 생략할 수 있다(법123② 단서, 영131⑤).

(나) 기재사항

1) 작성방법

투자설명서는 표제부와 본문으로 구분하여 작성한다(영131①). 예비투자설명서를 제출한 경우로서 증권신고의 효력이 발생할 때까지 증권신고서의 기재사항에 변경이 없는 경우에는 그 증권신고의 효력이 발생한 후에 예비투자설명서를 투자설명서로 사용할 수 있다(영131④ 전단). 이 경우 예비투자설명서의 표제부는 제2항 각 호의 사항이 기재된 투자설명서의 표제부로 바꿔야 한다(영131④ 후단).

2) 기재사항

가) 표제부 기재사항

투자설명서의 표제부에는 다음의 사항을 기재하여야 한다(영131②).

1. 증권신고의 효력발생일
2. 해당 증권의 모집가액 또는 매출가액
3. 청약기간
4. 납부기간
5. 해당 증권신고서의 사본과 투자설명서의 열람 장소

6. 증권시장에서 안정조작이나 시장조성을 하려는 경우에는 증권시장에서 안정조작이나 시장조성이 행하여질 수 있다는 뜻

7. 청약일 전날(개방형 집합투자증권 및 금적립계좌등인 경우에는 청약일 이후에도 해당)까지는 해당 증권신고서의 기재사항 중 일부가 변경될 수 있다는 뜻

8. 정부가 증권신고서의 기재사항이 진실 또는 정확하다는 것을 인정하거나 해당 증권의 가치를 보증 또는 승인하는 것이 아니라는 뜻

9. 그 밖에 투자자를 보호하기 위하여 필요한 사항으로서 금융위원회가 정하여 고시하는 사항[63]

나) 본문 기재사항

투자설명서의 본문에는 다음의 사항을 기재하여야 한다(영131③).

1. 제125조 제1항에 따라 신고서를 제출하는 경우: 제125조 제1항 각 호의 사항

2. 법 제119조 제2항 후단에 따라 일괄신고추가서류를 제출하는 경우: 제122조 제2항 각 호 및 제126조 제1항 제4호의 사항

3. 제127조 제1항에 따라 신고서를 제출하는 경우: 제127조 제1항 각 호의 사항

4. 제128조 제1항에 따라 신고서를 제출하는 경우: 제128조 제1항 각 호의 사항

5. 제129조에 따라 신고서를 제출하는 경우: 금융위원회가 정하여 고시하는 사항[64]

---

63) "금융위원회가 정하여 고시하는 사항"이란 다음의 사항을 말한다(증권발행공시규정2-14①).
　　1. 발행회사의 명칭, 2. 증권의 종목, 3. 대표주관회사의 명칭
64) "금융위원회가 정하여 고시하는 사항"이란 다음의 사항을 말한다(증권발행공시규정2-14②).
　　1. 사채권 및 파생결합증권의 투자설명서의 기재사항
　　　가. 보증사채권의 신고서를 제출하는 경우: 영 제125조 제1항 제1호 및 제2호, 증권발행공시규정 제2-6조 제4항 제1호의 사항
　　　나. 담보부사채권의 신고서를 제출하는 경우: 영 제125조 제1항 제1호 및 제2호, 제2-6조 제4항 제2호의 사항
　　　다. 무보증사채권의 신고서를 제출하는 경우: 영 제125조 제1항 제1호 및 제2호, 제2-6조 제4항 제3호의 사항
　　　라. 파생결합증권의 신고서를 제출하는 경우: 영 제125조 제1항 제1호 및 제2호, 제2-6조 제4항 제4호의 사항
　　2. 합병, 영업양수·도, 자산양수·도, 주식의 포괄적 교환·이전, 분할, 분할합병("합병등")의 투자설명서의 기재사항
　　　가. 합병에 따라 신고서를 제출하는 경우: 제2-9조 제1항 각 호의 사항. 다만, 집합투자기구간 합병에 관한 투자설명서는 기재사항 등의 일부를 생략할 수 있다.
　　　나. 영업양수·도에 따라 신고서를 제출하는 경우: 제2-10조 제1항 각 호의 사항
　　　다. 자산양수·도에 따라 신고서를 제출하는 경우: 제2-10조 제3항 각 호의 사항
　　　라. 주식의 포괄적 교환·이전에 따라 신고서를 제출하는 경우 : 제2-10조 제5항 각 호의 사항
　　　마. 분할에 따라 신고서를 제출하는 경우: 제2-10조 제7항 각 호의 사항
　　　바. 분할합병에 따라 발행되는 증권의 신고서를 제출하는 경우: 제2-10조 제9항 각 호의 사항
　　3. 외국법인등의 투자설명서의 기재사항
　　　가. 외국 기업(집합투자증권의 발행인인 경우를 제외)이 신고서를 제출하는 경우: 제2-11조 제1항 제1호 각 목의 사항
　　　나. 외국 기업 외의 외국법인등(집합투자증권인 경우를 제외)이 신고서를 제출하는 경우: 제2-11조 제

따라서 증권신고서를 제출하는 경우 그 종류에 따른 신고서의 기재사항을, 일괄추가신고서를 제출하는 경우에는 그 서류의 기재사항을 기재하여야 한다.

(2) 예비투자설명서

예비투자설명서의 작성에 관하여는 법 제123조 제2항 및 이 영 제131조 제1항·제3항을 준용한다. 이 경우 "투자설명서"는 "예비투자설명서"로 본다(영133②).

(가) 기재내용

1) 원칙

예비투자설명서에는 증권신고서(일괄신고추가서류를 포함)에 기재된 내용과 다른 내용을 표시하거나 그 기재사항을 누락하여서는 아니 된다(영133②, 법123② 본문). 증권신고서는 "증권신고의 효력이 발생한 후 투자설명서에 기재하여 투자자에게 제공할 내용에 대한 심사를 청구하는 서류"의 성격도 갖는다. 따라서 증권신고서의 기재내용과 예비투자설명서의 기재내용이 달라서는 청약권유의 진정성을 확보할 수 없고 투자자보호 차원에서도 바람직하지 않다. 따라서 원칙적으로 그 기재내용을 동일하게 하고 있는 것이다.

2) 예외

기업경영 등 비밀유지와 투자자 보호와의 형평 등을 고려하여 기재를 생략할 필요가 있는 사항으로서 ⅰ) 군사기밀보호법 제2조에 따른 군사기밀에 해당하는 사항, ⅱ) 발행인의 업무나 영업에 관한 것으로서 금융위원회의 확인을 받은 사항에 대하여는 그 기재를 생략할 수 있다(영133②, 법123② 단서, 영131⑤).

(나) 기재사항

1) 작성방법

예비투자설명서는 표제부와 본문으로 구분하여 작성한다(영133②, 영131①).

2) 기재사항

가) 표제부 기재사항

예비투자설명서의 표제부에는 다음의 사항을 기재하여야 한다(영133①).

1. 제131조 제2항 제2호부터 제6호까지의 사항
2. 해당 증권신고서가 금융위원회에 제출되었으나 아직 증권신고의 효력이 발생하지 아니하고 있다는 뜻과 효력발생일까지는 그 기재사항 중 일부가 변경될 수 있다는 뜻
3. 그 밖에 투자자를 보호하기 위하여 필요한 사항으로서 금융위원회가 정하여 고시하는 사항[65]

1항 제2호 각 목의 사항

다. 외국법인등이 집합투자증권의 신고서를 제출하는 경우: 제2-11조 제1항 제3호 각 목의 사항

[65] 증권의 발행 및 공시 등에 관한 규정 제2-15조(예비투자설명서의 작성방법) ① 영 제133조 제1항 제3호에서 "금융위원회가 정하여 고시하는 사항"이란 제2-14조 제1항 각 호의 사항을 말한다.

나) 본문 기재사항

예비투자설명서의 본문 기재사항은 앞에서 살펴본 투자설명서의 본문 기재사항과 동일하다(영133②, 영131③).

(3) 간이투자설명서의 작성방법

간이투자설명서에는 다음의 구분에 따른 사항을 기재하거나 표시하여야 한다(영134①). 간이투자설명서는 표제부와 본문의 구별이 없고 일정한 가항을 기재하거나 표시하여야 한다. 다만 증권신고서의 효력이 발생하기 전인 경우와 효력이 발생한 후인 경우로 구분된다.

1. 해당 증권신고의 효력이 발생하기 전인 경우에는 다음의 사항
   가. 시행령 제131조 제2항 제2호부터 제6호까지의 사항
   나. 해당 증권신고서가 금융위원회에 제출되었으나 아직 증권신고의 효력이 발생하지 아니하고 있다는 뜻과 효력발생일까지는 그 기재사항 중 일부가 변경될 수 있다는 뜻
   다. 시행령 제125조 제2항 제6호 각 목의 증권을 증권시장에 상장하려는 경우에는 거래소로부터 그 증권이 상장기준에 적합하다는 확인을 받은 상장예비심사결과(코넥스시장에 상장하려는 경우에는 상장심사결과)
   라. 시행령 제131조 제3항에 따라 투자설명서의 본문에 기재하여야 할 사항으로서 투자자를 보호하기 위하여 기재하거나 표시하는 것이 필요하다고 금융위원회가 정하여 고시하는 사항[66]
   마. 그 증권의 모집 또는 매출과 발행인(투자신탁의 수익증권이나 투자익명조합의 지분증권인 경우에는 그 투자신탁이나 투자익명조합)에 관한 구체적인 내용은 예비투자설명서 또는 투자설명서를 참조하라는 뜻
2. 해당 증권신고의 효력이 발생한 후인 경우에는 다음의 사항
   가. 시행령 제131조 제2항 제1호부터 제8호까지의 사항
   나. 시행령 제131조 제2항 제1호 다목부터 마목까지의 사항

간이투자설명서에 위의 사항을 기재 또는 표시하는 경우에는 발행인(투자신탁의 수익증권과 투자익명조합의 지분증권인 경우에는 그 투자신탁과 투자익명조합)에게 불리한 정보를 생략하거나 유리한 정보만을 가려뽑아 기재 또는 표시하여서는 아니 된다(영134②).

---

66) "금융위원회가 정하여 고시하는 사항"이란 다음의 사항을 말한다(증권발행공시규정2-16①).
   1. 자금의 사용목적, 2. 모집가액 또는 매출가액의 총액, 3. 인수에 관한 사항, 4. 발행인이 영위하는 사업목적, 5. 요약 재무정보, 6. 투자자 유의사항

4. 투자설명서의 제출 및 공시

(1) 제출시기

발행인은 투자설명서를 그 증권신고의 효력이 발생하는 날(일괄신고추가서류를 제출하여야 하는 경우에는 그 일괄신고추가서류를 제출하는 날)에 금융위원회에 제출하여야 한다(법123①).

(2) 공시

발행인은 투자설명서를 해당 증권의 발행인의 본점, 금융위원회, 한국거래소, 청약사무를 취급하는 장소에 비치하고 일반인이 열람할 수 있도록 하여야 한다(법123①, 시행규칙13①).

5. 집합투자증권과 투자설명서

(1) 제출과 공시

집합투자증권을 모집하거나 매출하는 경우 그 발행인은 대통령령으로 정하는 방법에 따라 작성한 투자설명서 및 간이투자설명서(모집 또는 매출하는 증권이 집합투자증권인 경우로 한정)를 그 증권신고의 효력이 발생하는 날(일괄신고추가서류를 제출하여야 하는 경우에는 그 일괄신고추가서류를 제출하는 날)에 금융위원회에 제출하여야 하며, 이를 총리령으로 정하는 장소(시행규칙13①)에 비치하고 일반인이 열람할 수 있도록 하여야 한다(법123①).

(2) 신탁업자의 확인의무

집합투자재산을 보관·관리하는 신탁업자는 집합투자재산과 관련하여 투자설명서가 법령 및 집합투자규약에 부합하는지 여부를 확인하여야 한다(법247⑤(1)).

(3) 개방형 집합투자증권 및 금적립계좌등의 특례

개방형 집합투자증권 및 금적립계좌등은 일괄신고서를 이용할 수 있지만 일괄신고추가서류를 제출할 필요는 없다(법119② 후단, 영122①). 그러나 이 경우에도 자본시장법 제123조 제1항에 의한 통상의 투자설명서를 제출하는 외에 일정한 요건을 갖춘 투자설명서를 금융위원회에 추가로 제출하여야 한다(법123③).

개방형 집합투자증권 및 금적립계좌등의 발행인은 통상의 투자설명서 외에 다음의 구분에 따라 투자설명서 및 간이투자설명서를 금융위원회에 추가로 제출하여야 하며, 이를 해당 증권의 발행인의 본점, 금융위원회, 한국거래소, 청약사무를 취급하는 장소(시행규칙13①)에 비치하고 일반인이 열람할 수 있도록 하여야 한다. 다만, 그 집합투자증권 및 파생결합증권의 모집 또는 매출을 중지한 경우에는 제출·비치 및 공시를 하지 아니할 수 있다(법123③, 영131⑥).

1. 투자설명서 및 간이투자설명서를 제출한 후 1년(시행규칙13②)마다 1회 이상 다시 고친 투

자설명서 및 간이투자설명서를 제출할 것
2. 자본시장법 제182조 제8항에 따라 변경등록을 한 경우 변경등록의 통지를 받은 날부터 5일 이내에 그 내용을 반영한 투자설명서 및 간이투자설명서를 제출할 것

6. 투자설명서의 교부의무

(1) 의의

누구든지 증권신고의 효력이 발생한 증권을 취득하고자 하는 자(전문투자자, 그 밖에 대통령령으로 정하는 자를 제외)에게 투자설명서를 미리 교부하지 아니하면 그 증권을 취득하게 하거나 매도하여서는 아니 된다(법124①). 교부는 반드시 투자설명서로 하여야 하고, 예비투자설명서나 간이설명서를 사용할 수는 없다.

(2) 교부대상 투자설명서

투자자에게 교부가 강제되는 투자설명서는 증권신고의 효력이 발생한 증권에 대한 투자설명서이고, 증권신고의 효력이 발생하기 전에 사용된 예비투자설명서와 간이투자설명서는 교부대상이 아니다.

(3) 교부의무의 면제대상

(가) 자본시장법 규정

전문투자자, 그 밖에 "대통령령으로 정하는 자"에게는 투자설명서 교부의무가 면제된다(법124①). 여기서 "대통령령으로 정하는 자"란 다음의 어느 하나에 해당하는 자를 말한다(영 제132조).

1. 시행령 제11조 제1항 제1호 다목부터 바목까지 및 같은 항 제2호 각 목의 어느 하나에 해당하는 자
1의2. 시행령 제11조 제2항 제2호 및 제3호에 해당하는 자
2. 투자설명서를 받기를 거부한다는 의사를 서면, 전화·전신·모사전송, 전자우편 및 이와 비슷한 전자통신, 그 밖에 금융위원회가 정하여 고시하는 방법으로 표시한 자
3. 이미 취득한 것과 같은 집합투자증권을 계속하여 추가로 취득하려는 자. 다만, 해당 집합투자증권의 투자설명서의 내용이 직전에 교부한 투자설명서의 내용과 같은 경우만 해당한다.

위의 내용 중 전문투자자와 시행령 제132조 제1호에 해당하는 자를 구체적으로 살펴보면 다음과 같다.

(나) 전문투자자(법 제124조 제1항)

전문투자자란 금융투자상품에 관한 전문성 구비 여부, 소유자산규모 등에 비추어 투자에 따른 위험감수능력이 있는 투자자로서 다음의 어느 하나에 해당하는 자를 말한다(법9⑤ 본문).

1. 국가

2. 한국은행

3. 대통령령으로 정하는 금융기관[67]

4. 주권상장법인. 다만, 금융투자업자와 장외파생상품 거래를 하는 경우에는 전문투자자와 같은 대우를 받겠다는 의사를 금융투자업자에게 서면으로 통지하는 경우에 한한다.

5. 그 밖에 대통령령으로 정하는 자[68]

---

[67] "대통령령으로 정하는 금융기관"이란 다음의 금융기관을 말한다(영10②).
1. 은행, 2. 한국산업은행, 3. 중소기업은행, 4. 한국수출입은행, 5. 농업협동조합중앙회, 6. 수산업협동조합중앙회, 7. 보험회사, 8. 금융투자업자(겸영금융투자업자 제외), 9. 증권금융회사, 10. 종합금융회사, 11. 자금중개회사, 12. 금융지주회사, 13. 여신전문금융회사, 14. 상호저축은행 및 그 중앙회, 15. 산림조합중앙회, 16. 새마을금고연합회, 17. 신용협동조합중앙회, 18. 제1호부터 제17호까지의 기관에 준하는 외국 금융기관

[68] "대통령령으로 정하는 자"란 다음의 자를 말한다. 다만, 제12호부터 제17호까지의 어느 하나에 해당하는 자가 금융투자업자와 장외파생상품 거래를 하는 경우에는 전문투자자와 같은 대우를 받겠다는 의사를 금융투자업자에게 서면으로 통지하는 경우만 해당한다(영10③).
1. 예금보험공사 및 정리금융회사, 2. 한국자산관리공사, 3. 한국주택금융공사, 4. 한국투자공사, 4의2. 삭제 [2014. 12. 30 제25945호(한국산업은행법 시행령)], 5. 금융투자협회, 6. 한국예탁결제원, 6의2. 전자등록기관, 7. 한국거래소, 8. 금융감독원, 9. 집합투자기구, 10. 신용보증기금, 11. 기술보증기금, 12. 법률에 따라 설립된 기금(제10호 및 제11호는 제외) 및 그 기금을 관리·운용하는 법인, 13. 법률에 따라 공제사업을 경영하는 법인, 14. 지방자치단체, 15. 해외 증권시장에 상장된 주권을 발행한 국내법인.
16. 다음의 요건을 모두 충족하는 법인 또는 단체(외국 법인 또는 외국 단체는 제외)
가. 금융위원회에 나목의 요건을 충족하고 있음을 증명할 수 있는 관련 자료를 제출할 것
나. 관련 자료를 제출한 날 전날의 금융투자상품 잔고가 100억원(외부감사를 받는 주식회사는 50억원) 이상일 것
다. 관련 자료를 제출한 날부터 2년이 지나지 아니할 것
17. 다음의 요건을 모두 충족하는 개인. 다만, 외국인인 개인, 조세특례제한법 제91조의18 제1항에 따른 개인종합자산관리계좌에 가입한 거주자인 개인(같은 조 제3항 제2호에 따라 신탁업자와 특정금전신탁계약을 체결하는 경우 및 이 영 제98조 제1항 제4호의2 및 같은 조 제2항에 따라 투자일임업자와 투자일임계약을 체결하는 경우로 한정) 및 전문투자자와 같은 대우를 받지 않겠다는 의사를 금융투자업자에게 표시한 개인은 제외한다.
가. 금융위원회가 정하여 고시하는 금융투자업자에게 나목부터 라목까지의 요건을 모두 충족하고 있음을 증명할 수 있는 관련 자료를 제출할 것
나. 관련 자료를 제출한 날의 전날을 기준으로 최근 5년 중 1년 이상의 기간 동안 금융위원회가 정하여 고시하는 금융투자상품을 월말 평균잔고 기준으로 5천만원 이상 보유한 경험이 있을 것
다. 금융위원회가 정하여 고시하는 소득액·자산 기준이나 금융 관련 전문성 요건을 충족할 것
라. 삭제 [2019. 8. 20]
마. 삭제 [2019. 8. 20]
18. 다음의 어느 하나에 해당하는 외국인
가. 외국 정부
나. 조약에 따라 설립된 국제기구
다. 외국 중앙은행
라. 제1호부터 제17호까지의 자에 준하는 외국인. 다만, 조세특례제한법 제91조의18 제1항에 따른 개인종합자산관리계좌에 가입한 거주자인 외국인(같은 조 제3항 제2호에 따라 신탁업자와 특정금전신탁계약을 체결하는 경우 및 이 영 제98조 제1항 제4호의2 및 같은 조 제2항에 따라 투자일임업자와 투자일임계약을 체결하는 경우로 한정)은 제외한다.

다만, 전문투자자 중 대통령령으로 정하는 자[69]가 일반투자자와 같은 대우를 받겠다는 의사를 금융투자업자에게 서면으로 통지하는 경우 금융투자업자는 정당한 사유가 있는 경우를 제외하고는 이에 동의하여야 하며, 금융투자업자가 동의한 경우에는 해당 투자자는 일반투자자로 본다(법9⑤ 단서).

(다) 전문가와 연고자(영 제132조 제1호)

1) 전문가

1. 다음의 어느 하나에 해당하는 전문가
   다. 공인회계사법에 따른 회계법인
   라. 신용평가회사
   마. 발행인에게 회계, 자문 등의 용역을 제공하고 있는 공인회계사·감정인·변호사·변리사·세무사 등 공인된 자격증을 가지고 있는 자
   바. 그 밖에 발행인의 재무상황이나 사업내용 등을 잘 알 수 있는 전문가로서 금융위원회가 정하여 고시하는 자

2) 연고자

2. 다음의 어느 하나에 해당하는 연고자
   가. 발행인의 최대주주[금융회사지배구조법 제2조 제6호 가목에 따른 최대주주를 말한다. 이 경우 "금융회사"는 "법인"으로 보고, "발행주식(출자지분을 포함한다. 이하 같다)"은 "발행주식"으로 본다. 이하 같다]와 발행주식 총수의 5% 이상을 소유한 주주
   나. 발행인의 임원(상법 제401조의2 제1항 각 호의 자를 포함) 및 근로복지기본법에 따른 우리사주조합원
   다. 발행인의 계열회사와 그 임원
   라. 발행인이 주권비상장법인(주권을 모집하거나 매출한 실적이 있는 법인은 제외)인 경우에는 그 주주
   마. 외국 법령에 따라 설립된 외국 기업인 발행인이 종업원의 복지증진을 위한 주식매수제도 등에 따라 국내 계열회사의 임직원에게 해당 외국 기업의 주식을 매각하는 경우에는 그 국내 계열회사의 임직원
   바. 발행인이 설립 중인 회사인 경우에는 그 발기인
   사. 그 밖에 발행인의 재무상황이나 사업내용 등을 잘 알 수 있는 연고자로서 금융위원회가

---

69) "대통령령으로 정하는 자"란 다음의 어느 하나에 해당하지 아니하는 전문투자자를 말한다(영10①).
1. 국가, 2. 한국은행, 3. 제2항 제1호부터 제17호까지의 어느 하나에 해당하는 자, 4. 제3항 제1호부터 제11호까지의 어느 하나에 해당하는 자, 5. 제3항 제18호 가목부터 다목까지의 어느 하나에 해당하는 자, 6. 제3호 및 제4호에 준하는 외국인.

정하여 고시하는 자

(4) 전자문서에 의한 투자설명서

투자설명서를 서면으로 교부하는 것이 원칙이지만, 발행인의 비용절감을 위하여 투자설명서가 전자문서(법436)의 방법에 따르는 때에는 다음의 요건을 모두 충족하는 때에 이를 교부한 것으로 본다(법124①).

1. 전자문서에 의하여 투자설명서를 받는 것을 전자문서를 받을 자("전자문서수신자")가 동의할 것
2. 전자문서수신자가 전자문서를 받을 전자전달매체의 종류와 장소를 지정할 것
3. 전자문서수신자가 그 전자문서를 받은 사실이 확인될 것
4. 전자문서의 내용이 서면에 의한 투자설명서의 내용과 동일할 것

Ⅶ. 증권신고서 등의 제출 및 공시

1. 제출 및 공시

발행인은 신고서, 일괄신고서·추가서류, 정정신고서, 철회신고서, 증권발행실적보고서, 소액공모에 따른 신고서류는 각각 2부씩, 투자설명서, 예비투자설명서 및 간이투자설명서는 각각 1부씩 금융위원회에 제출하여야 한다. 각 서류의 첨부서류도 또한 같다(증권발행공시규정2-20①).

금융위원회는 제출된 서류를 접수한 날부터 3년간 공시한다. 다만, 신고서(정정신고서, 일괄신고서·추가서류 및 철회신고서를 포함)는 이를 수리한 날부터 증권발행실적보고서 접수 후 3년이 되는 날까지 공시한다(증권발행공시규정2-20②).

2. 전자문서에 의한 제출

자본시장법에 따라 금융위원회, 증권선물위원회, 금융감독원장, 거래소, 협회 또는 예탁결제원에 신고서·보고서, 그 밖의 서류 또는 자료 등을 제출하는 경우에는 전자문서의 방법으로 할 수 있다(법436①). 이에 따른 전자문서에 의한 신고 등의 방법 및 절차, 그 밖에 필요한 사항은 대통령령으로 정한다(법436②).

자본시장법, 자본시장법 시행령, 그 밖의 다른 법령에 따라 금융위원회, 증권선물위원회, 금융감독원장, 거래소, 협회 또는 예탁결제원에 신고서·보고서, 그 밖의 서류 또는 자료 등("신고서등")을 제출하는 자는 정보통신망법에 따른 정보통신망을 이용한 전자문서(컴퓨터 등 정보처

리능력을 가진 장치에 의하여 전자적인 형태로 작성되어 송·수신 또는 저장된 문서형식의 자료로서 표준화된 것)의 방법에 의할 수 있다(영385①).

전자문서의 방법에 의하여 신고서등을 제출할 때 필요한 표준서식·방법·절차 등은 금융위원회가 정하여 고시한다(영385② 전단). 이 경우 금융위원회는 해당 신고서등이 거래소, 협회 또는 예탁결제원에 함께 제출되는 것일 때에는 그 표준서식·방법·절차 등을 정하거나 변경함에 있어서 미리 해당 기관의 의견을 들을 수 있다(영385② 후단). 이 규정에 따라 증권발행공시규정 제6장은 전자문서에 의한 신고 등에 관하여 정하고 있으며, 증권발행공시규정 시행세칙 제3장도 전자문서에 의한 신고 등에 관한 상세한 사항을 정하고 있다.

이에 따라 금융감독원은 전자공시시스템인 DART(Data Analysis Retrieval and Transfer System), 거래소는 전자공시시스템인 KIND(Korea Investor's Network for Disclosure System)를 운영하고 있으며, 누구든지 언제든지 이용할 수 있도록 하고 있다.

거래소, 협회 또는 예탁결제원의 업무 관련 규정에 따라 제출하는 신고서등의 경우에는 제2항 전단에도 불구하고 해당 기관이 이를 정할 수 있다(영385③). 신고서등을 제출하는 자가 전자문서의 방법에 의하는 경우에 그 전자문서의 효력과 도달시기 등 전자문서에 관한 사항은 정보통신망법에서 정하는 바에 따른다(영385④).

Ⅷ. 증권발행실적결과보고서

증권신고의 효력이 발생한 증권의 발행인은 금융위원회가 정하여 고시하는 방법70)에 따

---

70) 증권발행공시규정 제2-19조(증권발행실적보고서) ② 발행실적보고서에는 다음의 사항을 기재하여야 한다.
  1. 발행인의 명칭 및 주소
  2. 주관회사의 명칭
  3. 청약 및 배정에 관한 사항
  4. 공시의 이행에 관한 사항
  5. 증권의 교부일, 상장일 및 증자등기일
  6. 유상증자 전후의 주요주주의 지분변동상황
  7. 신주인수권증서의 발행내역
  8. 주주가 주식인수의 청약을 하지 아니한 주식의 처리내역
  9. 조달된 자금의 사용내역
  ③ 합병등의 증권신고서에 대한 발행실적보고서에는 다음의 사항을 기재하여야 한다.
  1. 합병등의 일정
  2. 최대주주 및 주요주주 지분변동 상황
  3. 주식매수청구권 행사
  4. 채권자보호에 관한 사항
  5. 합병등 관련 소송의 현황
  6. 신주배정등에 관한 사항
  7. 합병등 전후의 요약재무정보

라 그 발행실적에 관한 증권발행실적보고서를 금융위원회에 제출하여야 한다(법128). 이에 따라 증권신고의 효력이 발생한 증권의 발행인은 모집 또는 매출을 완료한 때[71][초과배정옵션(주식공모시 인수회사가 당초 공모하기로 한 주식의 수량을 초과하는 주식을 청약자에게 배정하는 것을 조건으로 하여 그 초과배정 수량에 해당하는 신주를 발행회사로부터 미리 정한 가격으로 취득할 수 있는 권리) 계약을 인수회사와 체결한 경우에는 동 옵션의 권리행사로 인한 주식발행이 완료되었거나 동 옵션의 권리행사기한 도래로 주식이 새로이 발행되지 아니하는 것이 확정된 때] 지체 없이 발행실적보고서를 금융위원회에 제출하여야 한다(증권발행공시규정2-19① 본문). 다만, 일괄신고서의 효력이 발생한 발행인은 추가서류를 제출하여 모집 또는 매출을 완료한 때[72] 지체 없이 발행실적보고서를 금융위원회에 제출하여야 한다(증권발행공시규정2-19① 단서).

Ⅸ. 신고서와 보고서의 공시

금융위원회는 ⅰ) 증권신고서 및 정정신고서, ⅱ) 투자설명서(집합투자증권의 경우 간이투자설명서 포함), ⅲ) 증권발행실적보고서를 3년간 일정한 장소에 비치하고, 인터넷 홈페이지 등을 이용하여 공시하여야 한다(법129). 이 경우 기업경영 등 비밀유지와 투자자 보호와의 형평 등을

---

④ 영 제121조 제1항에 따른 개방형 집합투자증권의 발행인이 집합투자기구별로 각 회계기간의 순발행실적(총판매금액에서 총환매금액을 차감한 금액) 등을 기재한 발행실적보고서를 회계기간말부터 1개월 이내에 금융위에 제출하는 경우 제1항에 따른 발행실적보고서를 제출한 것으로 본다.

⑤ 금적립계좌등의 발행인이 매 사업연도의 순발행실적(제4항에 따른 순발행실적) 등을 기재한 발행실적보고서를 사업연도말부터 1개월 내에 금융위에 제출한 경우 제1항에 따른 발행실적보고서를 제출한 것으로 본다.

⑥ 그 밖에 발행실적보고서의 서식 및 작성방법 등에 관하여 필요한 사항은 감독원장이 정한다.

71) 증권신고서 및 일괄신고서의 효력이 발생한 증권의 발행인은 모집 또는 매출을 완료한 때 지체 없이 증권발행실적보고서를 금융위원회에 제출하여야 함에도, A사는 채무증권 및 지분증권의 모집을 완료하였음에도 증권발행실적보고서를 제출하지 않은 사실이 있어 과태료 제재를 받았다.

72) 증권신고의 효력이 발생한 증권의 발행인은 모집 또는 매출을 완료한 때, 일괄신고서의 효력이 발생한 증권의 발행인은 추가서류를 제출하여 모집 또는 매출을 완료한 때 지체 없이 증권발행실적보고서를 금융위원회에 제출하여야 함에도, A증권사는 파생결합사채-기타파생결합사채(이하 "DLB") 제173회 발행을 위한 일괄신고추가서류를 2014. 8. 27. 제출한 뒤 2014. 8. 27.-2014. 8. 29. 기간 중 청약을 받아 모집을 완료(모집금액 미달로 발행 취소)하였음에도 증권발행실적보고서를 법정기간인 2014. 8. 29.(납입기일)까지 제출하지 않았고, 파생결합증권-기타파생결합증권(이하 "DLS") 제2034회 발행을 위한 일괄신고추가서류를 2015. 12. 8. 제출한 뒤 2015. 12. 15. 청약을 받아 모집을 완료(모집금액 미달로 발행 취소)하였음에도 증권발행실적보고서를 법정기간인 2015. 12. 15.(납입기일)까지 제출하지 않았으며, 파생결합사채-주가연계파생결합사채(이하 "ELB") 제1014회 발행을 위한 일괄신고추가서류를 2016. 3. 18. 제출한 뒤 2016. 3. 22. 청약을 받고자 하였으나 청약대상인 퇴직연금사업자의 취소요청으로 발행을 취소하였음에도 증권발행실적보고서를 법정기간인 2016. 3. 22.(납입기일)까지 제출하지 않았으며, DLB 제577회 발행을 위한 일괄신고추가서류를 2016. 9. 22. 제출한 뒤 2016. 9. 23.-2016. 9. 30. 기간 중 청약을 받고 총 32억 4,600만원(모집금액의 32.62%)을 모집받아 모집을 완료하였음에도 증권발행실적보고서를 법정기간인 2016. 9. 30.(납입기일)까지 제출하지 않은 사실이 있어 과태료 제재를 받았다.

고려하여 ⅰ) 군사기밀보호법 제2조에 따른 군사기밀에 해당하는 사항, ⅱ) 발행인 또는 그 종속회사(외부감사법 시행령」 제3조 제1항에 따른 종속회사)의 업무나 영업에 관한 것으로서 금융위원회의 확인을 받은 사항을 제외하고 비치 및 공시할 수 있다(영136).

제5절 증권발행과 민사책임

Ⅰ. 서설

1. 의의

자본시장에서 공시규제의 실효성을 확보하기 위해서는 공시의무 위반에 대한 유효한 제재수단이 전제되어야 한다. 공시의무 위반에 대한 제재로서 행정제재 및 형사제재는 별론으로 하고, 민사책임을 묻는 민사제재야말로 그 경제적인 위력으로 인하여 가장 확실한 제재수단이 될 수 있다.

자본시장법상의 공시의무 위반을 이유로 하는 손해배상청구소송은 증권신고서와 투자설명서 등의 발행공시책임을 묻는 것으로부터 사업보고서 등의 정기공시의무 위반에 대한 책임을 묻는 것은 물론이고, 수시공시의무 위반에 대한 책임을 묻는 것에 이르기까지 다양하다. 또한 배상책임자의 경우를 보면, 해당 발행인은 물론이고 인수인으로서의 증권회사, 그리고 감사의견을 제출하는 회계법인에 이르기까지 확대되는 등 공시책임소송의 영역에서 양적·질적 확장을 가져오고 있다.

자본시장법은 증권신고서(정정신고서 및 첨부서류를 포함)와 투자설명서(예비투자설명서 및 간이투자설명서를 포함) 중 중요사항에 관하여 부실표시를 함으로써 증권의 취득자가 손해를 입은 경우에는 그 손해에 관하여 배상의 책임을 지도록 특칙을 두고 있다(법125①·126·127)). 이러한 손해배상책임의 특례는 민법상 일반불법행위책임의 성립요건 중 가해자의 고의·과실, 가해자의 위법행위와 피해자의 손해 사이의 인과관계, 손해배상액에 대한 증명책임을 가해자에게 전환하는 것이다. 이는 증권거래의 특수성을 고려하여 피해자인 투자자를 두텁게 보호하고자 함에 그 목적이 있다.

2. 민법상 불법행위책임과의 관계

자본시장법 제125조의 증권신고서와 투자설명서 부실표시책임은 각국의 입법례와 마찬가지로 기본적으로 불법행위책임이다. 민법상 일반불법행위책임(민법750)에 대한 특별불법행위책임이다. 따라서 불법행위책임의 구성을 위한 고의·과실 요건, 인과관계, 손해배상의 범위 획정에 이르기까지 법률요건들이 그대로 타당하다. 다만 특별법상의 특별불법행위책임의 법률요건들이 일반불법행위책임에 비하여 완화 내지 경감될 수 있을 뿐이다.

따라서 자본시장법의 공시책임은 민법상 일반불법행위책임에 대하여 적용범위, 대상의 명확한 한정, 증명책임의 전환 등을 통해 피해자의 민사구제를 용이하게 하는 목적을 갖는다. 또한 민법상 일반불법행위책임과 비교하여 손해배상의 범위를 법정하고, 단기의 제척기간을 규정함으로써 책임의 무제한적인 확장 및 법적 불안정을 방지함으로써 자본시장의 안정을 도모하여 상호충돌 가능성이 있는 법익을 조화시키고자 하는 특별불법행위책임일 뿐이다.

자본시장법상 손해배상책임을 발생시키는 행위는 민법상 일반불법행위책임의 요건에 해당하는 경우가 일반적이기 때문에, 양 책임의 요건을 동시에 충족하는 경우 두 가지 청구권을 모두 행사할 수 있다. 그러나 자본시장법상 책임규정이 투자자에게 유리하기 때문에 민법상 손해배상책임을 묻는 경우는 예외적인 경우일 것이다. 민법상 손해배상책임을 묻는 경우는 자본시장법상 손해배상책임은 단기의 제척기간이 적용되므로 이 기간을 도과한 경우일 것이다. 민법상 손해배상책임의 경우는 소멸시효의 규정(민법 제766조에 의하면 손해 및 가해자를 안 날로부터 3년, 불법행위를 한 날로부터 10년)이 적용되기 때문이다.

Ⅱ. 책임당사자

1. 배상책임자

증권신고서(정정신고서 및 첨부서류를 포함)와 투자설명서(예비투자설명서 및 간이투자설명서를 포함) 중 중요사항에 관하여 거짓의 기재 또는 표시가 있거나 중요사항이 기재 또는 표시되지 아니함으로써 증권의 취득자가 손해를 입은 경우에는 다음의 자는 그 손해에 관하여 배상의 책임을 진다(법125①).

1. 그 증권신고서의 신고인과 신고 당시의 발행인의 이사(이사가 없는 경우 이에 준하는 자를 말하며, 법인의 설립 전에 신고된 경우에는 그 발기인)
2. 상법 제401조의2 제1항 각 호의 어느 하나에 해당하는 자로서 그 증권신고서의 작성을 지시하거나 집행한 자
3. 그 증권신고서의 기재사항 또는 그 첨부서류가 진실 또는 정확하다고 증명하여 서명한 공인회계사·감정인 또는 신용평가를 전문으로 하는 자 등(그 소속단체를 포함) 대통령령으로 정하는 자
4. 그 증권신고서의 기재사항 또는 그 첨부서류에 자기의 평가·분석·확인 의견이 기재되는

것에 대하여 동의하고 그 기재내용을 확인한 자

5. 그 증권의 인수인 또는 주선인(인수인 또는 주선인이 2인 이상인 경우에는 대통령령으로 정하는 자)

6. 그 투자설명서를 작성하거나 교부한 자

7. 매출의 방법에 의한 경우 매출신고 당시의 매출인

증권신고서 제출의무는 발행인에게 있지만 배상책임의 주체는 증권발행절차에 관여한 자에게 미친다. 이는 공시의 진실성을 확실하게 담보하여 투자자를 강력하게 보호하려는 취지이고, 배상책임의 주체에게 증권신고서 작성에 관여하는 경우 책임을 부담할 수 있음을 알려 상당한 주의를 다하게 하려는 것이다.

(1) 증권신고서의 신고인과 신고 당시의 발행인의 이사(제1호)

(가) 신고인

신고인은 증권의 모집·매출시에 증권신고서를 제출하는 증권의 발행인을 말한다. 여기서 발행인은 증권을 발행하였거나 발행하고자 하는 자를 말하는데(법9⑩), 일반적으로 당해 증권을 발행하는 법인이 이에 해당한다.

주주가 이미 발행된 증권의 매도의 청약을 하거나 매수의 청약을 권유하는 매출의 경우 매출의 주체는 주주이지만 공시의 주체는 발행인이다. 이는 투자가치의 실체로서 기업실체에 대한 공시는 기업주체인 발행인이 하여야만 제 기능을 발휘할 수 있기 때문이다. 그러나 이러한 공시(증권신고서)는 기업에게 부담을 주기 때문에 발행인에게 이 신고의무가 부과되지는 않는다. 즉 주주가 증권을 매출하려고 하는 경우에 발행인이 증권신고를 할 의무는 없다. 그러나 발행인이 임의로 증권신고를 한 경우는 그 부실표시에 대하여 책임을 부담한다.

(나) 신고 당시의 발행인 이사 등

신고인과 함께 책임을 부담하는 이사는 신고 당시의 이사에 한정된다. 여기서 "신고 당시"의 이사란 신고서 제출시·수리시·효력발생시 중 어느 단계에서 관여한 이사인지에 관한 규정이 없다. 따라서 이에 관하여는 정정신고서를 통해 부실표시가 정정되지 않는 한 신고서 제출시의 이사로 보아야 하고, 신고 이후 또는 효력발생이 된 이후에 선임된 이사에게 책임을 묻는 것은 불합리하다는 견해와 청약일 전일까지는 정정신고서를 제출할 수 있으므로 신고서 제출시의 이사와 신고서의 효력발생시의 이사는 모두 배상책임의 주체가 된다는 견해가 있다.

또한 "신고 당시"라고 규정하고 있으므로 신고 후에 선임된 이사 또는 신고 전에 사임하거나 해임된 이사는 책임이 없다. 이사에게 책임을 지우는 것은 이사는 증권신고서의 진실성을 보장하고 부실표시를 방지하기 위한 예방조치를 취해야 할 지위에 있기 때문이다.

나아가 "이사가 없는 경우 이에 준하는 자"를 책임주체로 규정하고 있으나, 그 의미에 관하여는 불분명하다. 이를 명확히 할 필요가 있다. 그리고 법인의 설립 전에 신고된 경우에는 법인의 발기인이 책임주체가 된다.

(2) 증권신고서의 작성을 지시하거나 집행한 자(제2호)

상법 제401조의2 제1항 각 호[73]의 어느 하나에 해당하는 자로서 그 증권신고서의 작성을 지시하거나 집행한 자도 배상책임의 주체이다(제2호). 제2호가 규정하는 자는 증권신고서를 작성하는 실무자에게 지시하거나 집행할 수 있는 지위에 있기 때문에 배상책임의 주체로 한 것이다.

업무집행관여자의 "지시"란 교사행위의 한 유형으로서 주식의 보유관계, 직위, 또는 전문성 등에 의하여 지시를 받은 자가 이를 받아들이지 않으면 안 될 정도로 강력한 힘이 작용하는 것을 의미하므로, 단순하면서도 일반적인 지시는 이에 해당하지 않는다. 또한 "집행"이란 업무집행관여자가 증권신고서를 직접 작성하거나 적어도 이사를 거치지 않고 증권신고서의 작성실무를 수행하는 것을 의미한다. 여기서 업무집행관여자는 부실표시를 알았거나 알 수 있어야만 책임주체가 된다.

(3) 공인회계사·감정인 또는 신용평가를 전문으로 하는 자 등(제3호)

증권신고서의 기재사항 또는 그 첨부서류가 진실 또는 정확하다고 증명하여 서명한 공인회계사·감정인 또는 신용평가를 전문으로 하는 자 등(그 소속단체를 포함) 대통령령으로 정하는 자도 배상책임자이다(제3호). 여기서 "대통령령으로 정하는 자"란 공인회계사, 감정인, 신용평가를 전문으로 하는 자, 변호사, 변리사, 또는 세무사 등 공인된 자격을 가진 자(소속단체를 포함)를 말한다(영135①). 증권신고서에 첨부된 감사인 작성의 감사보고서나 신용평가 설명서는 전문적인 서류에 해당하므로, 전문가는 합리적인 조사를 수행한 후 기업정보를 성실하게 평가하고 보고서나 설명서를 작성하여야 하고, 만일 전문가가 합리적인 조사를 하지 않았거나 불성실한 설명으로 투자자에게 오해를 불러일으켰다면 그로 인한 손해배상책임이 있다는 취지이다.

공인회계사 등이 소속한 단체는 회계법인, 감정평가법인, 신용평가회사, 법무법인, 특허법인, 세무법인 등을 말한다. 실제로는 공인회계사 등의 개인이 아니라 공인회계사 등이 소속된 회계법인 등이 회사와 계약을 체결하기 때문이다.

공인회계사 등은 증권신고서의 기재사항 또는 그 첨부서류가 진실 또는 정확하다고 증명

---

73) 상법 제401조의 2(업무집행지시자 등의 책임) ① 다음 각호의 1에 해당하는 자는 그 지시하거나 집행한 업무에 관하여 제399조·제401조 및 제403조의 적용에 있어서 이를 이사로 본다.
  1. 회사에 대한 자신의 영향력을 이용하여 이사에게 업무집행을 지시한 자
  2. 이사의 이름으로 직접 업무를 집행한 자
  3. 이사가 아니면서 명예회장·회장·사장·부사장·전무·상무·이사 기타 업무를 집행할 권한이 있는 것으로 인정될 만한 명칭을 사용하여 회사의 업무를 집행한 자

하여 서명한 경우에만 책임을 부담하기 때문에 다른 배상책임자보다 책임범위가 좁다. 따라서 분식결산에 의하여 회사가 재무제표에 허위기재를 한 경우에도 감사증명이 정확한 경우 또는 재무제표 이외의 부분에 거짓의 기재가 있는 경우 등에는 공인회계사는 책임이 없다. 회계감사인에 대해서는 동시에 자본시장법 제170조의 적용이 있다.

공인회계사는 외부감사법 제31조에 의하여도 손해배상책임을 부담하는데, 자본시장법 제125조는 이들 규정에 대한 특별규정이다.

(4) 기재내용을 확인한 자(제4호)

증권신고서의 기재사항 또는 그 첨부서류에 자기의 평가·분석·확인 의견이 기재되는 것에 대하여 동의하고 그 기재내용을 확인한 자도 배상책임자이다(제4호). 이는 전문가의 의견이나 연구성과를 회사가 유용하는 것을 방지하고, 동시에 자기 의견이나 연구성과를 회사가 이용하는 것에 동의하고 그 기재내용을 확인한 전문가에게 책임을 부과함으로써 기재내용의 진실성을 담보하여 투자자를 보호하기 위한 것이다. 여기에는 증권신고서의 의무적인 기재사항은 물론 감사보고서, 평가보고서, 분석보고서와 같이 증권신고서에 내용을 이해하는 것을 돕는 제반서류, 참조방식에 의한 기재사항 등도 포함된다. 기재되는 것에 동의하고 그 기재내용까지 확인할 것이 필요하므로, 자기 의견이 기재되는 것에 동의를 하였더라도 실제로 기재된 내용을 확인하였다는 표시가 없으면 배상책임자가 되지 않는다.

(5) 인수인·주선인(제5호)

(가) 자본시장법 규정

증권의 인수인 또는 주선인도 배상책임자이다(제5호). 인수인 또는 주선인이 2인 이상인 경우에는 다음의 어느 하나에 해당하는 자가 배상책임자이다(영135②).

1. 발행인 또는 매출인으로부터 인수를 의뢰받아 인수조건 등을 정하는 인수인
2. 발행인 또는 매출인으로부터 인수 외의 방법으로 그 발행인 또는 매출인을 위하여 해당 증권의 모집·사모·매출을 할 것을 의뢰받거나 그 밖에 직접 또는 간접으로 증권의 모집·사모·매출을 분담할 것을 의뢰받아 그 조건 등을 정하는 주선인

자본시장법은 인수인·주선인을 손해배상책임의 주체로 함으로써 대상기업이 제시하는 정보가 허황된 것인지 여부를 정확히 판단하도록 인수인·주선인에게 상당한 주의의무를 부과하고 있다.

(나) 책임의 기본구조

인수란 증권의 발행과정의 측면에서 살펴보면 "발행인으로부터 최종 취득자에 이르기까지 당해 증권이 도달하는 과정"에서 이를 촉진하는 행위라고 할 수 있다. 이에 의하면 인수는 3단계로 나누어 볼 수 있다. ⅰ) 당해 발행인과 인수계약을 체결하는 단계, ⅱ) 판매를 위하여 당

해 증권의 일부를 분담하는 단계, iii) 취득자와 최종적인 매매관계가 성립하는 단계이다. i) 단계의 인수인을 "주관사 인수인"이라 하고, ii)단계의 인수인을 인수단의 구성원이라 하며, iii)단계의 인수인을 청약사무취급기관(판매단)이라 한다. 이러한 과정에서 볼 경우 2013년 개정 전 자본시장법상 "그 증권의 인수계약을 체결한 자"(제5호)에는 주관사 인수인이 해당된다. 이 점에서 2013년 개정 전 자본시장법 규정은 부실공시 책임의 주체로서의 인수인의 범위를 너무 좁게 인정하고 있었다. 이와 같이 인수인의 범위를 너무 좁게 한정하면 부실공시로 인한 투자자의 손해배상 가능성을 제한하는 결과가 된다. 이에 2013년 자본시장법을 개정하여 i)단계의 인수인인 주관사 인수인을 "인수인"으로 규정하고, ii)단계의 인수인인 인수단의 구성원 및 iii)단계의 인수인인 청약사무취급기관(판매단)을 "주선인"에 포함시킬 수 있게 되었다.

(다) 인수인 · 주선인을 배상책임자로 규정한 취지

증권의 발행은 직접발행과 간접발행으로 나눌 수 있다. 발행인이 특별히 신용이 두터워 투자자를 확보할 수 있다면 인수인의 도움을 받지 않고 직접 투자자를 상대로 증권을 발행하는 직접발행의 방법을 택할 수 있다. 그러나 통상 발행인은 증권발행의 전문가가 아니어서 증권시장의 동향에 어둡고, 증권을 투자자에게 판매할 능력도 갖추지 못한 경우가 대부분이다. 발행인이 직접발행에 나섰으나 증권이 시장에서 소화되지 못하였다면 발행인의 자금조달은 차질을 빚게 된다. 따라서 발행인은 인수인이라는 전문중개인의 도움을 받아 공모하는 간접발행의 형태를 취하는 것이 일반적이다.[74]

인수인[75]은 증권의 인수업무를 행하는 자를 말한다. 여기서 증권의 인수란 제3자에게 증권을 취득시킬 목적으로 다음의 어느 하나에 해당하는 행위를 하거나 그 행위를 전제로 발행인 또는 매출인을 위하여 증권의 모집 · 사모 · 매출을 하는 것을 말한다(법9⑪). 인수업무를 행한 자가 인수인이다(법9⑫).

1. 그 증권의 전부 또는 일부를 취득하거나 취득하는 것을 내용으로 하는 계약을 체결하는 것
2. 그 증권의 전부 또는 일부에 대하여 이를 취득하는 자가 없는 때에 그 나머지를 취득하는 것을 내용으로 하는 계약을 체결하는 것

---

74) 박휴상(2007), "증권인수인의 책임에 관한 고찰", 기업법연구 제21권 제3호(2007. 9), 421-422쪽.
75) 인수인은 증권의 발행과정에서 일반적으로 증권 발행회사에 대하여 조사하고, 증권신고서류의 준비과정에 실질적으로 참여할 뿐만 아니라 증권의 공모가를 결정하는데 있어서도 매우 중요한 역할을 수행한다. 실질적으로 주관사회사(대표주관회사)는 증권신고서의 거의 대부분을 초안하며, 증권의 모집 또는 매출에 있어서 모집 또는 매출되는 증권에 대하여 인수인의 의견을 제시하여야 한다(증권발행공시규정2-1①(1) 나목). 증권신고서의 "인수인의 의견" 항목에서는 대표주관회사의 실사의 내용 및 결과와 그에 대한 평가의견, 공모대상 증권의 투자가치에 영향을 미치는 제반 중요요소에 대한 평가결과, 공모가격 또는 희망공모가격의 적정성에 대한 의견을 기재한다.

주선인이란 위 제11항에 따른 행위 외에 발행인 또는 매출인을 위하여 해당 증권의 모집·사모·매출을 하거나 그 밖에 직접 또는 간접으로 증권의 모집·사모·매출을 분담하는 자를 말한다(법9⑬).

결국 인수인·주선인은 발행된 증권이 소화되지 않는 경우에 발행인이 부담하는 위험을 떠맡는 행위를 하는 자라고 말할 수 있다. 인수인·주선인은 발행인인 기업과 공모대상인 증권에 대한 정보를 수집하여 투자자에게 제공하는 기능을 수행한다. 그러나 나중에 그러한 정보가 부정확한 것으로 밝혀져 투자자가 손실을 입은 경우에도 인수인·주선인이 명성에 흠이 가는 것을 제외하고는 직접적인 손실을 부담하지 않는다면 이들에 의한 "자의적이고 부당한 매수권유행위"가 자행될 우려가 있으며, 이로 인한 투자자의 손해를 구제할 방법이 없게 된다. 따라서 자본시장법은 인수인·주선인에게도 손해배상책임을 부과함으로써 인수대상기업이 제시하는 정보가 허황된 것인지 여부를 꼼꼼히 따지도록 인수인·주선인에게 상당한 주의의무를 부과하고 있다. 이러한 의미에서 인수인은 투자자에 대한 관계에서는 그 이익을 보호하는 문지기(gatekeeper)역할을 수행한다고 할 수 있다.

인수인·주선인은 기업공개절차에 있어서 매우 중요한 역할을 담당하지만, 공시서류의 작성에 직접적으로 관여할 법적인 의무를 부담하지 않는다. 그럼에도 불구하고 인수인·주선인에게 공시서류의 부실표시에 따른 손해배상책임을 부과하고 있는 것은 법리적인 이유보다는 정책적 이유에서 그 근거를 찾을 수 있다. 이는 기업공개를 하는 과정 중 인수인·주선인이 차지하는 비중이 큰 데서 비롯된 것이다. 투자자들이 모집 또는 매출을 행하는 증권을 매수하려고 하는 경우 누가 인수·주선업무를 담당하고 있느냐 하는 것이 당해 증권의 가치평가에서 매우 중요한 역할을 한다. 특히 최초의 공모(IPO)의 경우에는 인수인·주선인이 누구인가 하는 것은 투자자의 매우 중요한 관심사항이 되며, 투자자들이 증권의 매수 여부를 결정하는 데에는 인수인·주선인의 평판과 명성에 크게 의존하게 된다.

이처럼 인수인·주선인은 자기의 평판과 명성을 배경으로 모집 또는 매출을 행하는 증권의 분매를 담당하는 자이고, 증권발행회사와 발행증권에 대한 정보를 정확히 조사하여 당해 공시서류의 정확성 여부를 담보해야 할 지위에 있다. 만일 공시서류의 정확성에 의문을 가졌다면 증권의 인수나 주선을 거절하여야 하며, 그러한 의문에도 불구하고 굳이 인수·주선하였다면 그에 상응한 책임을 부담하여야 한다.

(6) 투자설명서를 작성하거나 교부한 자(제6호)

투자설명서를 작성하거나 교부한 자도 배상책임자이다(제6호). 자본시장법상 투자설명서의 "작성자"는 당해 증권의 발행인이다(법123①). 그런데 누구든지 증권신고의 효력이 발생한 증권을 취득하고자 하는 자에게 투자설명서를 미리 교부하지 아니하면 그 증권을 취득하게 하거나 매도할 수 없다(법124①). 따라서 발행인을 제외한 자가 증권을 취득하게 하거나 매도하는 경우에는 투자설명서의 작성자와 교부자는 일치하지 않는다. 이 경우에는 작성자와 교부자가 연대책임을 부담한다. 투자설명서의 "교부자"는 증권의 모집·매출을 위하여 이를 사용하는 자이다. 교부자는 투자설명서를 교부한 자로서 제125조 제1항 제5호와 관련하여 설명한 "둘째 단계의 인수단 구성원 및 셋째 단계의 청약사무취급기관으로서의 증권회사"가 해당된다.

그리고 투자설명서의 교부자가 법인인 경우에 당해 법인의 이사도 책임을 부담하는가에 관하여 자본시장법은 규정을 두고 있지 않다. 투자설명서는 증권신고서의 내용과 동일하여야 하므로(법123②), 후자의 부실표시는 곧 전자의 부실표시가 되어 증권신고서의 신고인과 그 이사의 책임이 이 한도 내에서 추급될 수 있고, 투자설명서를 교부하는 경우에는 이사가 그 내용에 관하여 정확성 여부를 확인할 의무가 있다고 볼 수 없기 때문에 이를 부정하는 것이 타당할 것이다.

(7) 매출인(제7호)

매출의 방법에 의한 경우 매출신고 당시의 매출인도 배상책임자이다(제7호). 매출인이란 증권의 소유자로서 스스로 또는 인수인이나 주선인을 통하여 그 증권을 매출하였거나 매출하려는 자를 말한다(법9⑭). 매출의 주체는 주주이지만 신고서의 공시주체는 발행인이므로 다량의 증권을 소유하여 회사에 영향을 행사하는 주주가 매출을 목적으로 신고서에 부실표시를 할 가능성이 있으므로 이를 방지하려는 규정이다.

2. 배상청구권자

(1) 발행시장에서 증권의 취득자

증권신고서(정정신고서 및 첨부서류를 포함)와 투자설명서(예비투자설명서 및 간이투자설명서를 포함) 중 중요사항에 관하여 거짓의 기재 또는 표시가 있거나 중요사항이 기재 또는 표시되지 아니함으로써 증권의 취득자가 손해를 입은 경우 배상책임자는 그 손해에 관하여 배상의 책임을 진다. 다만, 배상의 책임을 질 자가 상당한 주의를 하였음에도 불구하고 이를 알 수 없었음을 증명하거나 그 증권의 취득자가 취득의 청약을 할 때에 그 사실을 안 경우에는 배상의 책임을 지지 아니한다(법125①).

자본시장법 제125조 제1항의 명문규정상 발행시장에서의 증권의 취득자는 당연히 손해배상청구권자이다. 즉 증권신고서 등의 부실표시에 대하여 배상청구를 할 수 있는 자는 모집·매출된 증권의 취득자이다.

(2) 유통시장에서 증권의 취득자: 전득자

(가) 개요

자본시장법은 손해배상청구권자를 "증권의 취득자"로 규정하고 있으므로 배상청구권자의 범위와 관련하여 증권의 취득자가 모집·매출에 응하여 증권을 취득한 자에 한정되는가 아니면 증권의 모집·매출에 응하여 증권을 취득하지 않고 유통시장에서 당해 증권을 취득한 자도 포함하는지가 문제된다.

발행공시책임규정인 자본시장법 제125조는 해당 공모시에 작성되어 공시되는 증권신고서와 투자설명서의 부실표시로 인한 손해배상책임규정이므로, 해당 공모시에 증권을 취득한 취득자에게만 책임규정이 적용되는 것으로 생각하는 것이 일반적인데, 이 규정이 그 후의 취득자들에게까지 적용되는 규정인가의 여부이다.

(나) 학설

1) 불포함설

유통시장에서의 취득자는 배상청구권자에 포함되지 않는다는 견해의 논거는 다음과 같다. ⅰ) 공모시의 투자권유를 위해 작성된 증권신고서나 투자설명서는 바로 그 공모의 대상인 증권을 지향한 것으로 보아야 할 것이지 다른 증권을 지향한 것이 아니며, 공모 당시 응모한 취득자가 아닌 유통시장에서 취득한 제2차 취득자에게는 그 공모 당시 투자권유를 위해 작성된 공시서류의 부실표시에 대한 손해배상청구권을 인정할 수 없다고 한다.[76] ⅱ) 유통시장에서의 취득자를 제125조에 의한 배상청구권자로서 증권의 취득자에 포함시킨다면 이는 발행시장에서의 공시책임과 유통시장에서의 공시책임을 엄격하게 구분하고 그 책임요건을 별도로 정하고 있는 취지에 비추어 책임의 성격을 오인하는 것이 된다고 한다.[77]

2) 포함설

유통시장에서서의 취득자도 배상청구권자에 포함된다는 견해의 논거는 다음과 같다. ⅰ) 증권신고서는 공모가 완료된 후에도 일정기간 비치되어 일반인에게 열람됨으로써 유통시장에서의 거래에도 영향을 주므로 배상청구권자를 최초의 취득자에 제한하지 않고 그 이후에 취득한 전득자도 포함시켜야 한다.[78] ⅱ) 미국법의 해석을 참조하여 추적요건을 충족하는 한 공모를 통해 발행된 증권을 유통시장에서 취득한 자도 배상청구권자가 된다는 견해이다.[79] 이 견해는 발행시장의 공시서류는 모집의 완료 후에도 일정기간 비치공시되어 공시서류로서의 기능을 수행하므로 효율적인 정보시장의 확보라는 점에서 배상청구권자를 최초의 취득자에 제한할 이유는 없다고 한다.

---

76) 이준섭(2000), "공시책임에 관한 최근 판례의 분석과 비판", 상장협연구 제42호(2000), 23쪽.

77) 채동헌(2002), "증권거래법 제14조 소정의 손해배상청구권자인 '유가증권의 취득자'와 시장조성 포기로 인한 손해배상청구권자의 범위", 대법원판례해설 40호(법원도서관, 2002), 585쪽.

78) 김건식·정순섭(2009), 「자본시장법」, 두성사(2009. 3), 152쪽.

79) 이동신(2001), "유가증권 공시서류의 부실기재에 관한 책임", 증권거래법에 관한 제 문제(상), 재판자료 90집(법원도서관, 2001), 365쪽.

(다) 판례

자본시장법 제125조 제1항 본문은 증권신고서(정정신고서 및 첨부서류를 포함)와 투자설명서 (예비투자설명서 및 간이투자설명서를 포함) 중 중요사항에 관하여 거짓의 기재 또는 표시가 있거나 중요사항이 기재 또는 표시되지 아니함으로써 증권의 취득자가 손해를 입은 경우에는 자본시장법 제125조 제1항 본문 각 호의 자가 그 손해에 관하여 배상의 책임을 진다고 규정하고 있다. 자본시장법이 증권의 발행시장에서의 공시책임과 유통시장에서의 공시책임을 엄격하게 구분하면서 그 손해배상청구권자와 책임요건을 따로 정하고 있는 점, 자본시장법 제125조의 손해배상책임 규정은 법이 특별히 책임의 요건과 손해의 범위를 정하고, 책임의 추궁을 위한 증명책임도 전환시켜 증권 발행시장에 참여하는 투자자를 보호하기 위하여 규정한 조항인 점, 자본시장법 제3편 제1장의 다른 조에서 말하는 "청약"은 모두 발행시장에서의 증권의 취득 또는 매수의 청약을 의미하므로 같은 장에 속한 자본시장법 제125조 제1항 단서에서 증권 취득자의 악의를 판단하는 기준시로 정한 "취득의 청약을 할 때"도 발행시장에서 증권의 취득 또는 매수의 청약을 할 때로 보는 것이 자연스러운 점 등에 비추어보면, 증권의 유통시장에서 해당 증권을 인수한 자는 증권신고서와 투자설명서의 거짓의 기재 등으로 해당 관여자에게 민법상 불법행위책임을 물을 수 있는 경우가 있을 수 있음은 별론으로 하더라도, 자본시장법 제125조에 정한 손해배상청구권자인 증권 취득자의 범위에는 포함되지 않는다고 봄이 타당하다(대법원 2002. 5. 14. 선고 99다48979 판결, 대법원 2002. 9. 24. 선고 2001다9311, 9328 판결 등 참조).[80]

(라) 결어

자본시장법은 과거의 증권거래법과 달리 유통시장에서의 허위공시에 대한 손해배상책임의 근거규정인 제165조는 발행시장에서의 손해배상책임의 근거규정인 제125조를 준용하지 않고 독자적으로 손해배상책임에 관하여 규정하고 있다. 따라서 포함설 논거는 더 이상 유지되기 어렵게 되었다. 또한 자본시장법 제125조는 현재 부실표시된 증권신고서와 투자설명서를 통하여 권유되는 공모에 응하여 취득한 투자자를 대상으로 한다고 보아야 한다. 따라서 불포함설을 따라야 할 것이다.

Ⅲ. 객관적 요건(위법행위)

1. 위법성

자본시장법 제125조는 증권신고서 등에 부실표시가 있는 경우 손해배상책임이 발생하는

---

80) 대법원 2015. 12. 23. 선고 2013다88447 판결.

것으로 규정하고 있다. 정보공시가 일정한 객관적 형태를 띠고 있는 경우에는 공시된 정보가 사실에 반한다는 것 자체의 위법성이 문제된다. 즉 자본시장법 제125조는 증권신고서 등에 부실표시가 곧바로 손해배상책임을 발생시킬 수 있는 위법한 행위임을 규정하고 있다. 왜냐하면 일정한 공시서류를 작성하고 필요한 중요정보를 투자자에게 제공하여야 할 법적 의무를 위반하여 부실정보를 제공하는 것 자체가 위법성의 징표가 되는 것이다.

2. 공시서류의 한정

(1) 의의

증권신고서(정정신고서 및 첨부서류를 포함)와 투자설명서(예비투자설명서 및 간이투자설명서를 포함) 중 중요사항에 관하여 거짓의 기재 또는 표시가 있거나 중요사항이 기재 또는 표시되지 아니함으로써 증권의 취득자가 손해를 입은 경우에는 일정한 범위에 있는 자는 그 손해에 관하여 배상의 책임을 진다(법125①).

손해배상책임이 발생하게 되는 공시서류는 증권신고서와 투자설명서이다. 자본시장법 제125조는 손해배상책임을 발생시킬 수 있는 공시서류를 증권신고서와 투자설명서로 한정하고 있다. 따라서 이에 해당하지 않는 문서의 부실표시나 구두에 의한 표시는 민법과 상법의 일반규정에 의해 처리된다. 따라서 증권의 발행 등을 위한 과대광고 등은 제125조의 위반행위에 해당하지 않는다.

(2) 증권신고서

증권신고서는 발행인이 증권을 모집·매출하는 경우 제출하여야 하는 증권에 관한 서류이다. 증권신고서에는 정정신고서(법125①)와 일괄신고서(법119③), 일괄신고추가서류(법119② 후단)도 포함된다.

정정신고서는 증권신고서의 형식상의 불비 또는 중요한 기재사항의 불충분성을 보완하기 위한 경우 또는 신고에 의한 청약일 개시 전에 그 기재사항의 변경이 있는 경우에 제출하는 것으로, 증권신고서와 일체를 이루기 때문에 증권신고서와 동일한 취급을 하고 있는 것이다.

첨부서류는 증권신고서의 기재내용을 증명하고 해당 공모의 적정성을 증명하기 위하여 금융위원회가 증권신고서를 실질적으로 심사할 수 있는 서류로서의 기능을 하고 있다. 그러나 동시에 공시됨으로써 투자자의 합리적인 투자판단을 담보하는 기능도 하고 있다. 따라서 첨부서류상의 중요한 부실표시도 책임의 대상으로 하고 있는 것이다.

(3) 투자설명서

투자설명서에는 예비투자설명서, 간이투자설명서도 포함된다(법125①). 투자설명서의 개념에 관하여 자본시장법은 명문규정을 두고 있지 않지만, 투자설명서란 증권의 모집·매출을 위하여 공중에 제공되는 당해 증권 발행인의 사업에 관한 설명을 기재한 문서를 말한다.

자본시장법이 투자설명서의 개념에 관한 규정을 두고 있지 않은 것은 투자설명서를 명칭과 형식에 관계없이 실질적 내용에 따라 판단하라는 취지로 볼 수 있다. 따라서 증권의 투자권유를 목적으로 발행인의 기업실체에 관한 정보를 공중에 제공하기 위해 작성된 문서 또는 자료는 일반적으로 투자설명서로 보아 책임발생의 대상으로 하여야 할 것이다. 즉 설립취지서, 증권안내서, 모집·매출 안내서 기타 신문잡지의 광고 등 증권의 모집·매출을 위하여 공중에 제공되는 발행인의 사업에 관한 설명을 기재한 문서는 투자설명서라 할 수 있을 것이다.

따라서 증권의 발행을 위한 표시이지만 발행인의 사업에 관한 설명이 포함되어 있지 아니한 서면은 투자설명서가 아니라고 할 것이다. 즉 발행회사명, 증권의 종목, 발행 또는 매출의 가액, 청약기간, 발행공시서류의 비치·열람 장소 등만을 기재한 서명이 이에 해당한다고 할 수 있다.

3. 중요사항의 부실표시

(1) 중요성

(가) 중요성 요건

손해배상책임이 발생하기 위해서는 증권신고서와 투자설명서 중 중요사항에 관하여 거짓의 기재 또는 표시가 있거나 중요사항이 기재 또는 표시되지 아니함으로써 증권의 취득자가 손해를 입은 경우이어야 한다(법125①).[81]

여기서 중요사항이란 "투자자의 합리적인 투자판단 또는 해당 금융투자상품의 가치에 중대한 영향을 미칠 수 있는 사항"을 말한다(법47③). 자본시장법은 중요하지 아니한 사항의 부실표시를 이유로 하여 제기되는 남소를 방지할 필요성에서 중요성을 요건으로 하고 있다. 따라서 법의 취지는 중요사항의 부실표시의 경우에 손해배상책임이 발생하는 것으로 하고 있다.

중요성은 발행공시책임에 한정되는 것이 아니며 모든 정보공시에 공통된다. 또한 자본시장법은 내부자거래와 관련하여 중요성을 정의하고 있다. 여기서는 미국의 경우를 중심으로 중요성의 일반화를 살펴보기로 한다.

(나) 판단기준

중요사항에 관한 부실표시가 있다는 사실은 청구권자가 증명하여야 한다. 그러나 무엇이 중요사항인지에 관한 판단기준은 제시되어 있지 않다. 자본시장법의 목적이 개별적인 피해자

---

81) 대법원 2015. 12. 10. 선고 2012다16063 판결("중요사항"이란 "투자자의 합리적인 투자판단 또는 해당 금융투자상품의 가치에 중대한 영향을 미칠 수 있는 사항"을 말하며, 이는 합리적인 투자자가 금융투자상품과 관련된 투자판단이나 의사결정을 할 때에 중요하게 고려할 상당한 개연성이 있는 사항을 의미한다).

구제뿐만 아니라 오히려 이를 통하여 증권에 관한 효과적인 정보공시를 수행함으로써 법의 목적을 달성함에 있다는 입장에서 손해배상청구소송에서는 중요성의 개념이 민·형법의 사기개념보다 확장되어야 할 것이다. 그러나 공개시장 거래에 있어서는 사실상 다양한 자료, 평가 및 직관에 따라 거래하는 수많은 투자자에게 발생할 수 있는 잠재적인 거액의 책임가능성이 존재하기 때문에 중요성은 현저한 경우에 한하여 주의깊게 판단하여야 할 것이다.[82][83]

미국의 판례는 중요성을 판단하기 위한 통일적인 기준을 확립하고 있지는 않다. 그 대신 투자판단, 증권의 본질적 가치 또는 증권시장에 미치는 효과에 의하여 판단하는 객관적 기준과 투자자의 행위에 의하여 판단하는 주관적 기준을 채용하고 있다.

자본시장법은 증권신고서 등 발행공시책임과 관련하여 중요성을 크게 논의하고 있지 않다. 이것은 아마 그 기재사항과 관련이 있다고 본다. 자본시장법은 내부자거래의 금지와 관련하여 "중요정보란 투자자의 투자판단에 중대한 영향을 미칠 수 있는 정보"로 정의하고 있을 뿐이다(법174①).

아래에서는 미국 판례를 중심으로 중요성 기준을 살펴보기로 한다.

1) 주관적 기준

주관적 기준은 주로 직접적인 인적거래에 사용되고 있는 기준이다. 미국 판례는 일정한 사실의 중요성을 그 사실을 알고 있는 자의 행위에 의하여 판단하는 주관적 기준을 채택한 경우가 있다. "광상발견에 관한 사실이 중요한 사실인가의 여부를 결정하기 위한 주요한 요소는

---

82) 대법원 2018. 12. 13. 선고 2018도13689 판결(회사가 유상증자를 실시하는 과정에서 지분 40.48%를 보유하고 있는 인도네시아 법인에 대한 파산신청 사실은 투자자 보호를 위하여 공시하여야 하는 "중요사항"에 해당한다).

83) 대법원 2018. 8. 1. 선고 2015두2994 판결(구 자본시장법(2013. 5. 28. 법률 제11845호로 개정되기 전의 것) 제119조 제6항, 구 자본시장법 시행령(2010. 6. 11. 대통령령 제22197호로 개정되기 전의 것) 제125조 제3항, 구 증권의 발행 및 공시에 관한 규정(2009. 7. 6. 금융위원회고시 제2009-41호로 개정되기 전의 것) 제2-6조 제9항의 순차적 위임에 따라 금융감독원장이 제정한 공시서식 작성기준 제8-1-1조에 따르면, 증권신고서에 최대주주의 이름과 최대주주가 소유하는 주식의 종류별 수량 등을 기재하여야 한다. 공시서식 작성기준 제1-1-2조 제7호에 따르면, "최대주주"란 자본시장법 제9조 제1항 제1호의 최대주주, 즉 "법인의 의결권 있는 발행주식총수를 기준으로 본인 및 그와 대통령령으로 정하는 특수한 관계가 있는 자가 누구의 명의로 하든지 자기의 계산으로 소유하는 주식(그 주식과 관련된 증권예탁증권 포함)을 합하여 그 수가 가장 많은 경우의 그 본인"을 말한다. 따라서 주식취득을 위한 자금이 본인의 출연에 의한 것이고 주식취득에 따른 손익이 본인에 귀속된다면 본인 아닌 제3자의 명의로 주식을 취득하였더라도 증권신고서에 그 본인을 최대주주로 기재하여야 한다. 최대주주에 관한 사항은 합리적인 투자자가 투자판단에 중요하게 고려할 상당한 개연성이 있는 중요사항에 해당한다. 따라서 자기의 계산으로 주식을 소유하고 있는 자와 명의상 주주가 상이함에도 증권신고서에 명의상 주주를 최대주주로 기재하였다면, 자본시장법 제429조 제1항 제1호에서 정한 "증권신고서 중 중요사항에 관하여 거짓의 기재를 한 때"에 해당한다. 이러한 법리는 증권의 모집·매출을 위해 증권신고서를 제출하는 발행인이 외국법령에 따라 설립된 외국기업이라고 하더라도 국제증권감독기구(IOSCO)에서 제정한 공시기준에 맞춘 신고서를 제출하지 않는 이상 동일하게 적용된다.

그것을 알고 있었던 자에 의하여 인정된 중요성이다. 이 발견을 알고 있는 자가 주식을 매수한 시기는 실제 회사내부자가 광상의 채굴결과에 의하여 영향을 받았다는 사실을 추측하게 한다. 이 내부자거래는 광상발견의 사실이 중요하다는 것을 나타내는 증거이다."[84]

이 주관적 기준은 내부자거래에 관하여 채택된 것이지만 다른 경우에도 응용되고 있다.

2) 객관적 기준

객관적 기준은 다음의 두 가지로 대별된다. 첫째, 합리적인 투자자기준으로 어느 사실이 합리적인 투자자가 투자판단을 함에 있어서 중요한가를 고려하는 기준이다. 둘째, 시장가격기준으로 완전·정확한 공시가 시장가격에 미치는 영향을 고려하는 기준이다.

가) 합리적인 투자자기준

합리적인 투자자기준은 "합리적인 투자자의 투자판단에 영향을 미칠 것"이라는 성향을 중요성 결정의 표지로 한다.

나) 시장가격기준

시장가격기준은 특정한 사실이 시장가격에 미치는 영향도에 의하여 중요성을 결정한다. 미국 판례는 "회사의 주식 또는 증권의 가치에 영향을 미칠지도 모른다고 하는 것이 합리적·객관적으로 예기되는 사실"을 중요한 것으로 본다. 그리고 주식 또는 증권의 가치란 시장이 존재하는 때에는 시장가격을 의미한다.

다) 양기준의 관계

합리적인 투자자기준은 개인에게 중점을 두어 중요성을 판단한다. 이는 시장에서 정보의 불평등을 제거하고 투자이익을 동등하게 향유할 수 있게 하는 정책과 밀접한 관련이 있다. 개별적인 투자자가 총체적으로 시장을 형성하며 시장의 동향은 투자자 전체의 움직임을 반영한다는 점에서 보면, 합리적인 투자자기준은 시장가격기준에 연결된다. 왜냐하면 합리적인 투자자에게 영향을 미칠 정보는 다수의 투자자로 하여금 증권의 시장가격에 영향을 미치기에 충분한 매수·매도를 하게 할 것이기 때문이다.

자본시장법이 지향하는 완전공시의 정책을 구현하고 투자자를 두텁게 보호하기 위해서는 합리적인 투자자기준이 타당하다. 이러한 이유에서 미국의 대법원은 시장가격기준을 일반적으로 채택하고 있지 않다. 시장에 영향을 미치는 많은 요소 중에서 특정한 요인에 의한 반응만을 분리시키는 것은 사실상 불가능하며, 완전·정확한 공시 이전에 이미 거래가 행하여지기 때문에 정보의 공시를 전제한 가격변동을 측정하는 것도 어렵다. 따라서 합리적인 투자자기준이 중요성의 판단기준이 되어야 할 것이다.

---

84) SEC v. Texas Gulf Sulphur Co., 401 F.2d 833, 851(2d Cir. 1968).

라) 중요성의 증명

증권신고서와 투자설명서상의 부실표시로 인한 책임을 묻기 위해서는 원고인 투자자는 증권신고서 등의 제출시에 증권신고서 등에 중요사항의 부실표시가 있음을 증명하여야 한다. 또한 정정신고서 제출기한이 청약일 전일이므로 최종 판단시점은 청약일 전일로 보아야 한다. 즉 중요사항에 대한 부실표시의 판단시점은 그 부실표시가 행하여진 시기를 기준으로 판단하여야 한다.

어떠한 사항이 중요한 사실이냐 아니냐는 구체적으로 결정할 사실문제에 속한다. 그러나 공시의무자인 피고가 투자자를 보호하기 위하여 공시하여야 할 것으로 정해진 정형화된 증권신고서 등의 최소한의 기재사항은 특별한 사정이 없는 한 중요사항으로 추정하여야 할 것이다. 따라서 원고인 투자자는 증권신고서, 투자설명서의 중요사항에 관한 부실표시를 주장·증명하여야 한다. 이에 반하여 피고는 그 기재사항이 중요사항이 아님을 반증한 때에는 책임을 부담하지 않을 것이다.

3) 자본시장법의 입장

자본시장법에서 사용하는 중요성의 기준은 합리적인 투자자기준이다. 내부자거래의 경우 "중요정보란 투자자의 투자판단에 중대한 영향을 미칠 수 있는 정보"라고 하여 다소 제한적인 기준을 규정하고 있다(법174①). 이 기준은 내부자거래의 금지에서 미공개정보의 중요성을 판단하는 기준이지만 발행공시의 경우에도 적용할 수 있을 것이다. 그러나 발행공시에서는 이 기준을 완화해도 배상청구권자의 범위가 제한되어 있으므로 발행인 등에게 가혹하지는 않다고 볼 수 있다. 따라서 이 기준이 적용되는 한 법정기재사항이든 발행인이 임의로 공시한 사항이든 이 기준으로 판단하여야 할 것이다.85)

4) 판례의 입장

자본시장법 제125조의 중요사항이란 투자자의 합리적인 투자판단 또는 금융투자상품의 가치에 중대한 영향을 미칠 수 있는 사항(법47③)을 말하는 것으로서, 이는 중요사항은 합리적인 투자자가 금융투자상품과 관련된 투자판단이나 의사결정을 할 때에 중요하게 고려할 상당한 개연성이 있는 사항을 의미한다. 나아가 어떠한 사항이 합리적인 투자자가 중요하게 고려할 상당한 개연성이 있는 사항에 해당하는지는 그 사항이 거짓으로 기재·표시되거나 기재·표시가 누락됨으로써 합리적인 투자자의 관점에서 이용할 수 있는 정보의 전체 맥락을 상당히 변

---

85) 대법원 2015. 12. 10. 선고 2012다16063 판결(2008년 사업보고서, 2009년 1분기 분기보고서 및 반기보고서 중 중요사항에 관하여 부실표시가 있는지 여부는 각 그 부실표시가 이루어진 때를 기준으로 개별적으로 판단하여야 하고, 한편 원고가 부실표시로 주장하는 사항이 중요사항에 해당하는지는 원고가 아니라 시장의 합리적인 투자자를 기준으로 하여 금융투자상품과 관련된 투자판단이나 의사결정을 할 때에 중요하게 고려할 상당한 개연성이 있는 사항에 해당하는지를 따져보아야 한다).

경하는 것으로 볼 수 있는지에 따라 판단하여야 한다.[86]

(2) 사실의 부실표시

(가) 표시의 대상

부실표시에 대한 책임을 발생시키는 표시는 원칙적으로 "사실"(fact)에 관한 표시이지만 합리적인 근거가 없는 의견이나 신념의 표시 또는 장래 사건의 표시도 예외적으로 책임을 발생시킨다.

자본시장법의 일반적인 정책목적과 현실에 비추어 볼 때 표시의 대상을 사실에 제한하는 것은 적절하지 않다. 현재의 투자자들은 과거에 거의 관심을 보이지 않는 대신 장래에 모든 관심을 두고 있고, 회사의 재무자료조차 장래의 경제적 가치를 예측하는 근거로 사용될 수 있는 한도 내에서만 투자분석가의 관심을 끌기 때문에 이러한 예측정보(soft information)의 부실을 그대로 방치할 수는 없다. 투자자가 이러한 경향을 보일 때에는 장래에 관한 표시 또는 예측은 투자자에게 미치는 영향을 고려하여 신의성실과 합리적인 근거에 입각하여 이루어져야 할 것이다. 따라서 회사의 장래 수익력, 사업진출계획 등 장래에 관한 표시 또는 획기적인 신제품개발의 낙관적인 전망 등 예측의 형식을 취하는 표시도 표시 당시에 합리적인 근거가 없는 때에는 허위표시로서 발행공시책임을 발생시킨다고 할 것이다.

(나) 부실표시의 유형

부실표시는 표시의 형태에 따라 적극적인 표시로서의 허위표시와 소극적인 표시로서의 불표시로 구분할 수 있다. 그리고 자본시장법은 발행공시책임에서는 허위표시(거짓의 기재 또는 표시)와 불표시(중요사항이 기재 또는 표시되지 아니함)를 책임발생의 요건으로 하고 있고(법125①), 표시에 의한 시세조종 등 불공정거래금지에서는 허위표시(거짓의 표시)와 오해를 유발시키는 표시(오인표시)를 금지하고 있다(법176②(3)). 이에 의하면 그 형태와 내용에 따라 부실표시는 허위표시, 오인표시, 그리고 불표시로 구분된다.

1) 허위표시

허위표시란 증권신고서와 투자설명서 중 중요사항에 관하여 기재되거나 표시된 사항이 명백하게 진실에 반하는 경우를 말한다. 이 경우에 표시의 허위 여부를 결정하는 것은 간단하다. 증권신고서와 투자설명서 중 중요사항에 관한 허위표시는 위법한 것으로 된다. 허위표시는 당연히 투자자의 오해를 유발한다.

2) 오인표시

오인표시란 표시의 상대방 또는 제3자로 하여금 표시에 관하여 오해를 유발시키는 표시를 말한다. 오인표시도 발행공시책임을 발생시키는 것으로 한다면 투자설명서가 오해를 유발하게

---

86) 대법원 2015. 12. 23. 선고 2013다88447 판결.

하는 때에는 허위표시가 포함되어 있음을 인정할 필요가 있다.

3) 불표시(기재누락)

일반원칙에 의하면 공시의무가 전제되지 않는 한 표시자가 중요사항을 표시하지 않았다고 하여 법적 구제가 허용되지는 않는다. 따라서 일부만을 표시하는 오인표시와는 달리 완전한 불표시는 표시내용 전체를 허위로 만들어 적극적으로 허위표시를 하는 것과 동일한 정도에 이르지 않는 한 손해배상책임을 발생시키지 않는다.

그런데 자본시장법은 공시의무를 인정하고 있으며 배상책임의 객관적 요건으로서 불표시를 명시하고 있는 점을 고려하면 적극적인 허위표시와 불표시를 구별할 필요는 없다. 어느 쪽이나 투자자의 오해를 유발할 것이고, 중요한 사실을 기재하지 않는 것도 전체로서의 기재를 부실하게 만들기 때문에 적극적으로 허위의 기재를 하는 것과 동일하게 위법성을 갖는다.

(다) 부실표시의 기준시점

중요사항에 관하여 거짓의 기재·표시 또는 기재·표시의 누락이 있는지는 기재·표시나 누락이 이루어진 시기를 기준으로 판단하여야 한다.[87]

Ⅳ. 주관적 요건

1. 과실책임의 원칙

자본시장법은 "배상의 책임을 질 자가 상당한 주의를 하였음에도 불구하고 이를(부실표시를) 알 수 없었음을 증명하거나 그 증권의 취득자가 취득의 청약을 할 때에 그 사실(부실표시)을 안 경우에는 배상의 책임을 지지 아니한다"고 규정하고 있다(법125① 단서).

자본시장법은 발행인과 기타의 자를 구별하지 않고 동일하게 귀책사유를 발행공시책임의 성립요건으로 하고 있다. 즉 증권신고서와 투자설명서상의 부실표시에 대한 책임은 발행인의 증명책임이 전환된 과실책임이다. 자본시장법상으로 어느 정도 유책성이 있을 때 책임의 주관적 요건이 충족되었다고 할 수 있으며, 누가 취득자의 악의를 증명하여야 하는가 하는 점이 분명하지 않다.

자본시장법이 발행공시책임에 관하여 증명책임이 전환된 과실책임의 원칙을 취하고 있으므로 배상책임자는 무과실책임을 부담하지 않는다. 그러나 배상책임자는 매우 제한된 항변의 이익만을 누릴 수 있기 때문에 자신에게 귀책사유가 없는 때에도 책임을 부담할 가능성이 있다. 왜냐하면 상당한 주의를 다하였음에도 알 수 없었음을 증명하지 못하는 한 증권신고서와 투자설명서상의 부실표시에 대한 책임을 부담하여야 하기 때문이다.

---

87) 대법원 2015. 12. 10. 선고 2012다16063 판결.

2. 유책성의 정도(과실기준)

자본시장법은 증권신고서와 투자설명서상의 부실표시책임에 대하여 과실책임을 전제로 하고 있다. 그러나 증명책임을 전환하고 있으므로 증권의 취득자는 적극적으로 배상책임을 질 자의 귀책사유를 증명할 필요는 없다. 또한 상법상의 이사 및 감사의 제3자에 대한 책임(상법 401, 415)과는 달리 배상책임자는 경과실에 대해서도 책임을 부담한다. 경과실에 대하여도 책임을 인정한 것은 증권신고서와 투자설명서는 제3자인 투자자를 위한 대외적인 공시수단이며 중요사항에 관한 부실표시는 당연히 제3자에게 손해를 미치게 될 것이므로 발행인 등은 이를 충분히 인식하여야 한다는 이유에 기인한다.

또한 자본시장법 제125조는 허위표시와 불표시를 구별하지 않고 동일한 유책성 요건을 부과하고 있다.

3. 증명책임(상당한 주의의 항변)

(1) 증명책임의 전환

배상의 책임을 질 자가 상당한 주의를 하였음에도 불구하고 이를 알 수 없었음을 증명한 경우에는 배상의 책임을 지지 아니한다(법125① 단서).

자본시장법 제125조 제1항 단서는 배상책임자에게 무과실의 증명책임을 부담시키고 있다. 이 증명책임의 전환은 자본시장법이 그 목적달성을 위하여 증명책임분배의 원칙을 수정한 것이다. 이와 같이 발행인 등의 과실이 법률상 추정되고 있으므로 발행인 등이 상당한 주의를 다하였음에도 불구하고 부실표시를 알 수 없었음을 증명하면 면책될 수 있다.

민법 제750조의 일반불법행위로 인한 손해배상책임은 과실책임으로서 원고가 피고의 고의·과실을 증명하여야 하나, 자본시장법 제125조의 책임은 피고의 무과실을 면책요건으로 규정하므로 과실에 대한 증명책임이 전환되어, 피고가 상당한 주의를 다하였음에도 불구하고 이를 알 수 없었음을 증명하면 면책된다.

(2) 증명책임의 내용과 범위

(가) 항변의 내용

발행인 등이 책임을 면하기 위해서는 상당한 주의를 다하였음에도 불구하고 부실표시를 알 수 없었음을 증명하여야 하기 때문에 단순히 그 부실표시를 알지 못하였다든지 또는 상당한 주의를 다하였다고 해도 알 수 없었을 것이라든지 하는 사실만을 주장·증명함으로써 책임을 면할 수는 없다. 즉 적극적으로 상당한 조사를 다하였음에도 불구하고 부실표시를 알 수 없었음을 증명하여야 책임을 면한다.[88]

---

88) 대법원 2002. 9. 24. 선고 2001다9311, 9328 판결(발행인 등이 그 책임을 면하기 위해서는 상당한 주의를

(나) 상당한 주의의 정도

발행인 등은 상당한 주의를 다하였음에도 불구하고 부실표시를 알 수 없었음을 증명하는 경우에는 면책되지만, 어느 정도의 주의가 상당한 주의에 해당하는지에 대해서는 기준이 없다.

미국의 1933년 증권법은 면책의 항변으로서 증권신고서에 대해서는 합리적인 조사 후 표시의 진실성을 믿을 만한 합리적인 근거를, 투자설명서 기타 표시에 대해서는 합리적인 주의를 요구하고 있다(SA 제11조(a)(3), 제12조(2)). 전자의 항변을 "due diligence 항변", 후자의 항변을 "reasonable care 항변"이라고 한다. 일반적으로 양기준은 미묘한 차이가 있고 reasonable care 는 due diligence보다 그 주의의무의 정도가 낮다고 한다. 왜냐하면 전자가 적용되는 증권의 매도인은 증권의 모집·매출과 밀접한 관련을 맺을 수 있으며, 증권신고서의 배상책임자와 동일한 정도로 정보에 접근할 수도 없기 때문이라고 한다.

발행공시책임은 당사자 사이의 인적 신뢰관계를 전제하는 것은 아니기 때문에 발행인 등이 증권신고서와 투자설명서의 작성·제출·교부에 있어서 특별히 신중하게 처리할 것을 요구할 필요는 없다. 배상책임자는 자신의 지위와 특성에 따라 합리적으로 기대되는 조사를 하였으며, 문제된 사항이 진실하다고 믿을 만한 합리적인 근거가 있음을 증명한 때에 한하여 면책될 수 있다.[89]

따라서 상당한 주의의무는 획일적으로 동일한 것이 아니라 배상책임자의 직무내용, 지위, 전문성, 관계자료의 입수가능성의 정도에 따라 구체적인 내용이 달라진다.

그리고 피고의 면책항변은 상당한 주의를 다하였다는 사실의 증명에 그치지 않고 더 나아가 그 부실표시를 알 수 없었다는 사실을 증명하여야 한다. 정보공시에 있어서 부실표시를 회피하거나 이를 정정하기 위하여 필요한 조치를 취하였다는 증거는 경우에 따라 부실표시의 존재를 알았다는 것을 부정하게 될 것이지만, 알기 위하여 상당한 노력을 하였다는 사실이 반드시 부실표시를 알지 못한 것이 합리적이라는 사실을 증명하지는 않는다.[90]

(다) 상당한 주의의 구체적인 내용

1) 논의의 전제

가) 서설

발행인 등이 어느 정도의 주의로써 어떠한 행동을 하고 있어야 분식결산 등 부실표시가

하였음에도 불구하고 부실표시를 알 수 없었음을 증명하여야 하기 때문에 단순히 그 부실표시를 알지 못하였다든가, 상당한 주의를 다하지 못하였다면 책임을 면할 수 없고, 이와 같은 "상당한 주의"의 항변을 하기 위해서는 자신의 지위와 특성에 따라 합리적으로 기대되는 조사를 하였으며, 그에 의해 문제된 사항이 진실이라고 믿을 만한 합리적인 근거가 있음을 입증해야 한다).

89) 신영무(1987), 「증권거래법」, 서울대학교출판부(1987), 236-237.
90) 강대섭(1992), "증권시장에서의 부실표시로 인한 손해배상책임에 관한 연구", 고려대학교 대학원 박사학위논문(1992). 80쪽.

발견된 경우에도 면책항변으로서의 상당한 주의를 다한 것으로 되어 책임을 면할 수 있는가? 이에 관해서는 미국의 실무에 영향을 미친 대표적인 판례 Escott v. BarChris Construction Corp. 사건에서 상세히 다루어졌다.

여기서는 이 판결을 중심으로 하여 자본시장법이 배상책임자로 예정하고 있는 발행인, 이사, 공인회계사, 인수인에 한정하여 상당한 주의의무의 구체적인 내용을 살펴보기로 한다.[91]

나) 전문가사항과 항변

먼저 살펴볼 것은 미국 1933년 증권법상으로는 신고서의 내용을 전문가사항과 비전문가 사항으로 구분하여, "비전문가와 전문가사항에 대하여 제소된 전문가"는 합리적인 조사를 한 후 당해 부분의 효력발생시에 그 부분이 진실·정확하다고 믿을 만한 합리적인 근거가 있고, 이를 믿었다는 사실을 증명함으로써 면책되고, "전문가사항에 대하여 제소된 비전문가"는 해당 부분의 효력발생시에 부실표시가 있다고 믿을 만한 합리적인 근거가 없고 이를 믿지도 않았다는 사실을 증명한 때에는 면책된다(SA 제11조(b)(3)). 후자의 항변은 이중부정의 항변으로서 비전문가는 이를 용이하게 주장할 수 있다.

여기서 전문가사항이란 전문가로서의 권위에 기하여 작성된 부분 또는 전문가의 보고서, 평가서를 복사·발췌한 부분을 말하나, 신고서의 모든 부분이 전문가사항이 될 수는 없다. 일반적으로 회계사가 감사한 재무제표, 감정인의 감정서, 변호사의 적법성 의견서, 기사의 보고서는 전문가사항이나, 업무에 관한 사항, 인수계약 등은 전문가사항이 될 수 없다. 이러한 항변의 차이는 일반적으로 적극적인 조사의무가 있으나 전문가사항에 대하여는 비전문가인 이사, 임원, 기타의 자는 전문가사항을 신뢰할 수 있기 때문에 소극적인 선의로 충분하다.

자본시장법은 이러한 규정을 두고 있지 않으나, 이와 유사한 결론에 도달할 수 있다는 전제에서 검토하기로 한다.

다) BarChris 사건의 개요

이 사건은 BarChris사가 발행한 후순위전환사채(convertible surbordinated debentures) 5.5%를 취득한 자들이 1933년 증권법 제11조에 근거하여 제기한 집단소송이다. BarChris사는 볼링 레인 설립회사였는데, 사업에 필요한 자금은 고객으로부터 대금의 일부를 선수금으로 수령하여 충당하고 나머지는 공사완료시에 어음으로 지급받았다. 이 회사는 1961년 초에 사업자금조달이 곤란하여 추가적인 운영자금을 조달하기 위해 이 소송에서 문제가 된 사채를 발행한 것이다.

사채발행을 위한 증권신고서는 예비형태로 1961년 3월 30일에 SEC에 제출되었고, 같은 해 5월 11일과 5월 16일에 그 정정신고서를 제출하였다. 이 시기 볼링산업의 침체로 대금으로

---

91) 강대섭(1992), 81쪽 이하.

받은 어음의 추심에 상당한 곤란을 겪고 있었다. 결국 이 회사는 자금조달을 위한 주식발행이 불가능하게 되자, 1962년 10월에 파산신청을 하였고, 이 사건 사채에 대한 1962년 11월 1일자 이자지급을 지체하였다. 원고들은 SEC에 제출된 해당 사채에 관한 증권신고서(1961년 5월 16일 효력발생)에 중요한 허위표시와 불표시가 있다고 주장하였다.

　피고는 ⅰ) 증권신고서의 서명자, ⅱ) Drexel & Co.가 간사인수인인 8개 투자금융회사로 구성된 인수인, 그리고 ⅲ) BarChris사의 회계감사인의 세 유형으로 구분되었다. 피고들은 원고의 주장을 부인하면서 주로 1933년 증권법 제11조에 의하여 이용할 수 있는 항변을 주장하였다. 또한 피고들은 공동소송인 사이의 청구(Cross-Claims)를 주장하여 각자의 부담부분에 대한 책임을 청구하였다. 이에 대하여 법원은 피고의 적극적인 항변의 주장·증명 여부를 주로 심리하였다.

　라) 판결요지

　이 사건에서 법원은 사외이사는 전국회계사무소를 신뢰할 수 있으며, 특히 이를 의심해야 할 상당한 이유가 없기 때문에 동(同) 사무소가 감사한 수치의 정확성을 믿은 것은 정당하고, 총무겸무이사(secretary)인 젊은(따라서 전문적인 기술과 능력이 부족) 변호사가 이를 신뢰한 것은 정당하지만, 회사의 회계담당임원은 그 수치가 부정확하다고 믿을 이유가 있으므로 이를 무시할 수 없고, 따라서 이 부분을 신뢰한 것은 정당하지 못하며, 회사감사인은 회사에서는 중요한 직무를 갖지 아니하는 자이지만 재무담당임원으로서 회사의 회계장부에 정통하기 때문에 상당한 주의의 항변을 증명하지 못하였다고 판시하였다.

　이 판례는 책임의 정도와 필요한 조사의 범위는 배상책임자의 유형, 발행인에 대한 관계의 성질에 달려 있음을 분명히 밝히고 있다.

　2) 구체적 내용의 검토

　가) 발행인

　자본시장법 제125조 제1항 단서는 발행인도 주의의무의 항변을 할 수 있다고 규정하고 있다. 따라서 증권신고서와 투자설명서의 작성·제출의무를 지는 발행인도 상당한 주의의 면책항변에 의하여 책임을 면할 수 있는 여지는 있다. 그러나 투자자를 보호하기 위하여 발행인에게 무과실책임을 묻는 것이 타당하다. 발행인에게 절대적인 무과실책임을 지우는 미국과 일본의 경우에는 이 점은 문제되지 않는다.

　발행인이 주식회사인 경우 증권신고서와 투자설명서의 작성·제출은 회사의 업무집행권을 갖는 대표이사를 통하여 이루어진다. 따라서 현행 자본시장법에 따르면 대표이사가 대표이사로서 거래통념상 요구되는 주의능력을 갖추고 그러한 주의로써 증권신고서와 투자설명서의 작성·제출의무를 집행한 때에는 발행인도 상당한 주의를 다하였다고 볼 수 있을 것이다.

나) 이사

(ㄱ) 의의

BarChris 판결은 피고인 이사가 원용한 상당한 주의의 면책항변을 분석함에 있어 내부이사(상근이사)와 외부이사(비상근이사)로 구별하고, 해당 사실에 대한 지식의 정도 또는 그 접근 가능성에 따라 책임의 척도를 달리하고 있다.

(ㄴ) 내부이사

a) 업무담당이사

업무담당이사인 사장, 부사장, 업무집행임원(CEO) 및 회계담당임원에 대해서는 면책항변이 인정될 여지는 거의 없다.

사장이 아니면서 단순히 회사의 경영위원회의 일원인 업무집행임원은 발행인과 거의 관계를 갖지 않는 사외이사보다 더 고도의 주의로써 업무를 수행하여야 한다. 법원은 발행인의 업무 전반에 정통한 최고경영자는 "모든 관련 사실을 알고 있었으므로 투자설명서에 허위의 표시 또는 중대한 불표시가 없다고 믿을 수는 없었다"고 하여 면책항변을 배척하였다.

명목상의 사장, 부사장은 업무집행임원만큼 회사업무에 정통하지 못하고(사업설명서를 열람하더라도 이를 이해하기에 어려울 정도로) 지적 수준도 낮은 사람이었다. 그러나 이들도 회사의 업무가 장기간 토의된 경영위원회의 일원인 점에서 업무집행임원과 동일하게 취급되었다. 임원의 책임은 증권신고서의 열람 또는 그 이해 여부에 좌우되는 것은 아니므로 전문능력이 부족하다는 사실은 항변이 될 수 없고, 오로지 구체적인 사정하에서 상당한 주의로 행동하였는가의 여부가 그 기준이 된다. 법원은 "이들이 알고 있지 못하거나 이해하지 못한 것을 조사한 근거가 없다"고 하여 면책항변을 배척하였다. 즉 법원은 이들이 신고서를 열람하거나 이를 이해하지도 못한 채 신고서에 서명한 것에 바로 상당한 주의의무의 해태가 있다고 보았다. 필요한 최소한의 지식을 갖추지 못한 자는 임원 또는 이사의 직무를 맡아서는 아니 된다는 것이다.

회계담당임원은 공인회계사로서 그 직무가 요구하는 대로 회사의 재무에 정통하고 있었을 뿐만 아니라 경영위원회의 일원으로서 회사의 재무에 관한 정보에 접근할 수 있었다. 또한 그는 회사의 고문변호사와 협의하면서 직접 신고서를 준비하였다. 회계담당임원은 이전에 신고서를 취급해 본 경험이 없어 그 기재사항을 알지 못하였으며 전적으로 전문가를 신뢰하였다고 주장하였다. 법원은 "그가 고문변호사에게 정보를 알리지 않았으며, 모든 사실을 알렸다고 해도 이것이 상당한 주의를 다한 것으로 되지 않으며, 그는 사실을 알고 있었기 때문에 투자설명서의 전문가사항이 부분적으로 부정확하다고 믿을 이유가 있었고, 비전문가사항에 관해서는 그것이 정확하다고 믿을 합리적인 근거가 없었다"고 하여 항변을 배척하였다.

b) 총무겸무이사(사용인겸무이사)

위 업무담당이사를 제외한 사내이사는 단지 총무로서 회사의 업무집행에는 참가하지 않았다. 그는 업무집행자가 아니므로 회계장부 또는 재무거래에 관해서는 개인적으로 전혀 아는 바가 없었기 때문에 감사증명이 있는 재무제표의 허위기재에 대해서는 면책되었다. 그러나 그가 총무의 지위에서 회사 의사록의 작성자가 됨으로써 내부정보에 접근한 것은 확실하며, 특정한 계약은 법적 이행을 강제할 수 없다는 검토의견(이 사실은 신고서에 기재하지 않았다)을 발행인에게 제시하였다는 점을 인정하고 적시한 후, 이를 근거로 하여 법원은 "그는 투자설명서상의 다수의 부정확한 점을 알지 못하였지만, 그가 서명한 서류상의 비전문가사항의 진실성을 합리적으로 조사할 의무가 있으며, 이 의무는 변호사인 그가 알고 있어야 했다"고 판시하였다. 따라서 이를 독립적으로 조사하지 아니하였고, 또한 특정한 사항에 관해서는 이를 부분적으로 알고 있었기 때문에 감사증명이 있는 재무제표 외의 부분에 관하여는 면책항변이 배척되었다.

법원은 사용인겸무이사의 책임은 이사로서의 지위에 근거한다고 하면서도 합리적인 조사를 하였는가의 여부를 결정함에 있어서는 그가 변호사인 점을 고려하였다.

(ㄷ) 외부이사(사외이사)

외부이사는 신고서임을 인식하지 못한 채 단지 SEC에 제출하는 서류 정도로 짐작하고 서명하였다. 그는 사채발행 직전에 이사에 취임함으로써 회사의 업무에 정통할 수 있는 기회가 거의 없었다고 주장하였다. 법원은 신용조사의 성질을 갖는 일반적인 질문을 하고 그 답변을 들은 후 주요임원의 표시를 전적으로 신뢰하는 정도로써는 상당한 주의를 다하였다고 할 수는 없다고 하면서 투자설명서의 비전문가사항의 부실표시에 관하여 외부이사의 책임을 인정하였다. 그 근거로서 법원은 "이사는 신임 여부를 불문하고 1933년 증권법 제11조의 책임을 부담하며, 그는 이사로 선임되는 때에 그의 책임을 알고 있는 것으로 간주된다. 신중한 사람은 중요한 문제에 직면하여 관련 사항을 파악하지 아니한 채 오로지 그 사실을 알지 못하는 사람의 표시와 일반적인 정보만을 믿고서 행동하지는 않을 것이다. 그러한 최소한의 행위가 법정기준에 이른다고 한다면 신임이사는 단지 신임이라는 이유만으로 책임을 면하게 될 것인데, 이것은 투자자의 보호를 위하여 완전하고 성실한 공시를 요구하는 1933년 증권법 제11조의 목적에 비추어 볼 때 타당한 해석이 아니다"라고 판시하였다.

사외이사이면서 신임이사인 자에게는 위와 같은 정도의 주의의무는 과중한 부담이 될 것이 명백하다. 그러나 이 사건에서 사외이사는 신고서에 서명하고 있었다. 신고서에 서명하지 아니한 사외이사에게 책임을 부담시키는 것은 어려울 것이다. 이 판결은 신고서에 서명하도록 요구받은 사외이사에게는 좋은 교훈이 될 수 있다.

또한 BarChris 사건에서 법원은 업무담당이사 또는 사용인겸무이사와 같은 사내이사와 사외변호사인 이사의 차이를 인정하였다. 사외변호사인 이사는 이사로서, 그리고 신고서의 서명한 자로서 제소되었다. 그는 신고서의 초안작성을 주로 책임지고 있었다. 법원은 발행인이 제공한 서류를 신뢰하는 것은 정당하다는 피고의 주장을 배척하고, 그의 독립적인 조사의무를 인정하였다. 법원은 이 사건이 변호사의 과실소송은 아니지만 상당한 주의의 항변을 고려하는 경우에는 그가 갖는 특별한 지위를 무시할 수 없다고 지적하면서, "그는 신고서의 작성과 그 정확성으로 보장에 직접 관여하고 있는 이사이므로, 이 업무에 전혀 관여하지 아니한 이사에게 충분히 기대 가능한 수준보다 더 높은 합리적인 조사를 그에게 요구할 수 있다"고 판시하였다.

그러나 법원은 피고에 대한 회사 임원의 기만행위를 감안하더라도, 사실을 확인시켜 주었을 용이한 조사를 피고가 무수히 해태하였다고 하면서, "이 사건에서 증거에 입각하여 인정하는 이 결론은 이사인 사외변호사에 대하여 부당한 고도의 기준을 일반적으로 정립하는 것은 아니다"라고 부언하여, 이러한 문제는 구체적인 사정에 따라 개별적으로 판단해야 할 것을 밝히고 있다.

(ㄹ) 자본시장법과 이사의 면책사유

신고 당시 발행인의 이사는 중요사항에 대한 부실표시를 알지 못하였고, 상당한 주의를 하였더라도 알 수 없었음을 증명하면 면책된다. 여기서 "상당한 주의를 하였음에도 불구하고 이를 알 수 없었음을 증명"한다는 것은 "자신의 지위에 따라 합리적으로 기대되는 조사를 한 후 그에 의하여 부실표시 등이 없다고 믿을 만한 합리적인 근거가 있었고 또한 실제로 그렇게 믿었음"을 증명하는 것을 의미한다.[92]

이사에게 요구되는 주의의무의 정도는 이사의 회사에서의 지위 등에 따라 다르다. 사내이사는 사외이사보다 엄격한 주의의무를 지며, 업무담당이사는 사용인겸무이사보다, 재무담당이사는 다른 사내이사보다 고도의 주의의무가 요구된다.

---

92) 대법원 2007. 9. 21. 선고 2006다81981 판결(증권거래법("법") 제186조의5에 의하여 준용되는 법 제14조의 규정을 근거로 주식의 취득자가 사업보고서의 내용을 공시할 당시의 당해 주권상장법인의 이사에 대하여 사업보고서의 허위기재 등으로 인하여 입은 손해의 배상을 청구하는 경우, 배상의무자인 이사가 책임을 면하기 위해서는 자신이 "상당한 주의를 하였음에도 불구하고 이를 알 수 없었음"을 증명하거나 그 유가증권의 취득자가 "취득의 청약시에 그 사실을 알았음"을 입증하여야 하고(제14조 제1항 단서 참조), 여기서 "상당한 주의를 하였음에도 불구하고 이를 알 수 없었음"을 증명한다는 것은 "자신의 지위에 따라 합리적으로 기대되는 조사를 한 후 그에 의하여 허위기재 등이 없다고 믿을 만한 합리적인 근거가 있었고 또한 실제로 그렇게 믿었음"을 입증하는 것을 의미한다. 따라서 이사가 재무제표의 승인을 위한 이사회에 참석하지도 않았고 또한 공시 대상인 재무제표 및 사업보고서의 내용에 대하여 아무런 조사를 한 바가 없다면, 그와 같이 이사의 직무를 수행하지 아니한 이유가 보유주식을 제3자에게 모두 양도한 때문이었다는 사정만으로는 위 법 제14조 제1항 단서의 면책사유에 대한 입증이 있었다고 볼 수 없다).

다) 공인회계사 등 외부전문가

(ㄱ) 미국 판례의 입장

증권신고서의 일부인 재무제표를 감사한 회계사의 책임과 관련하여 법원은 회계사의 면책항변은 그 재무제표가 포함된 신고서의 발효일에 평가되어야 한다고 하였다. 따라서 감사과정뿐만 아니라 신고서에 포함된 감사증명대차대조표의 작성일 후 신고서 발효일 전에 발생한 사건에 대해 회계사가 행한 조치를 검토하였다. 법원은 조사된 서류만으로도 부정확을 알 수 있었음에도 불구하고 더 이상 조사를 실시하지 아니하였다는 사실을 인정한 후 "이미 실시한 자료조사상으로도 더 이상의 조사가 필요하다고 볼 수 있는 충분한 위험징후가 있었다. 그러나 일반적으로 인정된 감사기준에 의한다면 이러한 사정에서는 더 이상의 조사가 불필요하다"고 판시하였다.93) 이에 따르면 회계사가 그 직업상 인정되고 있는 기준보다 더 높은 기준을 요구받아서는 안된다는 전제에서, 회계사가 일반적으로 인정된 감사기준을 준수하였다면 면책항변을 원용할 수 있다.

이와 유사한 취지는 Hochfelder v. Ernst & Ernst 사건94)에서 표명되었으나, 이 사건에서는 일반적으로 인정된 감사기준의 준수가 자동적으로 책임으로부터 보호막을 제공하지는 않는다고 하였다. 법원의 지적대로 보편적인 직업적 관행이 합리적인 신중성을 구성하는가 하는 판단이 선행되어야 한다. 따라서 일반적으로 인정된 감사기준의 준수는 필요한 주의기준이 충족되었다는 유력한 증거일 수는 있지만, "위험징후가 명확하여 이를 의심할 수 있는 경우에는 일반적인 무시조차 그 불표시에 대한 면책사유가 될 수는 없다"고 할 것이다. 물론 조사된 정보에 근거한 판단이 불합리하거나 정보를 오인제공한 데 대해서는 일반적으로 인정된 감사기준의 준수도 책임에 대한 보호막이 될 수 없다.

후자의 논리가 타당하다고 한다면, 공인회계사가 단순히 회계감사기준을 준수하였다는 사실만으로 상당한 주의를 다하였다는 주장·증명이 있다고 보기는 어려울 것이다. 이것은 감정인 등의 전문가에 대해서도 준용할 수 있을 것이다.

(ㄴ) 자본시장법과 공인회계사 등의 면책사유

자본시장법 제125조 제1항 단서는 공인회계사 등 외부전문가는 주의의무의 항변을 할 수 있다고 규정하고 있다. 따라서 공인회계사, 감정인, 신용평가를 전문으로 하는 자, 변호사, 변리사, 또는 세무사 등 공인된 자격을 가진 자(그 소속단체를 포함)는 상당한 주의를 하였음에도 불구하고 이를 알 수 없었음을 증명한 경우에는 배상책임을 지지 아니한다.

공인회계사 등 외부전문가는 자신이 전문가로서 자신의 권한으로 작성한 것이 명시적으로

---

93) Escott v. BarChris Construction Corp. 283 F. Supp. 643(S.D.N.Y. 1968).
94) 503 F. 2d 1100, 1108(7th Cir, 1974).

표시되어 있는 증권신고서 등 부분에 대해서만 책임이 있다. 외부전문가의 책임이 있는 부분에 관하여 전문가로서 요구되는 심사는 자신의 전문성에서 일반적으로 적절하다고 고려되는 기준에 따라야 할 것이다.[95]

라) 인수인

(ㄱ) 미국 판례의 입장

인수인은 공모시 신고서 내용의 정확성을 검증하여야 하고 또한 그 정확성을 검증할 수 있는 지위에 있다. 그 이유로서는 첫째, 인수인은 필요한 정보에 접근할 수 있고, 둘째, 전통적인 신고와 관련하여 발행인에 대하여 공시의무의 이행을 강제할 수 있는 영향력을 가지며, 셋째, 일반투자자는 인수인의 명성을 신뢰할 뿐만 아니라 인수인의 공모과정 참가를 신고서의 정확성을 보증하는 것으로 신뢰하기 때문이다. 그러나 인수인은 발행인의 내부이사만큼 회사의 업무에 정통하고 있을 것으로 기대되지는 않는다. 인수인의 조사의무는 인수인의 정보 접근 가능성을 고려하여 결정되어야 한다.

그러나 BarChris 사건에서 법원은 감사증명된 재무제표를 제외한 부분에 관하여 그 조사과정에서 고도의 주의를 다하여야 하는 엄격한 조사의무를 인수인에게 부과하였다. 엄격한 조사의무라 함은 회사 임원의 진술만을 듣는 것으로 충분하지 않고 수주계약서, 회계장부 등의 자료에 의하여 임원이 제출한 자료의 진실성을 확인하는 것이다. 인수인은 회사의 임원 또는 고문변호사를 신뢰해서는 아니 된다. 왜냐하면 자신의 재산을 관리하는 신중한 사람은 지나치게 열광적이고 간혹 사술까지 쓰는 회사의 임원을 신뢰하지는 않을 것이기 때문이다. 나아가 법원은 "만일 인수인이 회사의 경영진이 행한 표시를 액면 그대로 받아들임으로써 책임을 면할 수 있다고 한다면 인수인을 배상책임자에 포함시킨 것이 투자자에게는 어떠한 추가적인 보호도 제공하지 못한다"고 하면서, "법문상의 합리적인 조사라 함은 회사가 제공한 자료가 단순히 투자설명서에 정확하게 보고되고 있다는 확인 이상의 노력을 인수인에게 요구하는 것으로 해석되어야 한다"고 판시하였다. 법원은 인수인이 오로지 이사와 변호사만을 신뢰하였을 뿐 재산목록상에 나타난 계약 등을 더 이상 조사하지 아니하였다고 하여 인수인의 면책항변을 배척하였다.

(ㄴ) 자본시장법과 인수인의 면책사유

자본시장법 제125조 제1항 단서는 인수인은 주의의무의 항변을 할 수 있다고 규정하고 있다. 따라서 인수인은 증권신고서 등의 중요사항에 대한 부실표시를 알지 못하였고, 상당한 주의를 하였더라도 알 수 없었음을 증명하면 면책된다.

---

95) 이상복(2004),「증권집단소송론」, 삼우사(2004. 7), 383쪽.

4. 취득자의 선의(악의의 항변)

(1) 면책요건으로서의 악의

배상책임을 질 자는 전술한 바와 같이 상당한 주의를 다하였음에도 불구하고 부실표시를 알 수 없었음을 증명한 때에는 책임을 면할 뿐만 아니라, "해당 증권의 취득자가 취득의 청약을 할 때에 그 사실을 안 경우에"도 배상의 책임을 지지 아니한다(법125① 단서). 즉 증권의 취득자가 증권신고서와 투자설명서 중 중요사항의 부실표시를 알고 있는(악의) 때에는 배상을 청구할 수 없다.

이와 같이 증권의 취득자가 악의인 경우에 배상책임을 면책시키는 것은 취득자가 부실표시 사실을 알면서 증권을 취득하는 경우 취득자는 부실표시로 인한 손해를 스스로 감수하겠다는 의사가 있는 것으로 추정할 수 있기 때문이다. 자본시장법은 취득자가 악의인 때에만 상대방의 면책을 허용하고 있을 뿐이고, 상대방이 투자자의 과실을 문제 삼아 전면적으로 책임을 면할 수 없게 한 점은 투자자의 보호를 강화하는 기능을 한다.

(2) 증명책임

법문상으로는 누가 증명책임을 지는가 하는 점이 분명하지 않다. 피해자의 구제와 정보공시의 목적달성을 위하여 피고가 원고인 취득자의 악의를 증명하여야 한다고 해석함이 타당하다.[96] 투자자의 권리행사를 용이하게 하기 위한 정책적 고려에서 부실표시만을 원고가 증명하면 원고의 선의는 추정된다고 할 것이고, 권리장애규정인 단서규정은 이를 주장하는 자가 증명하여야 한다고 본다.

이와 같은 증명책임의 문제는 부실표시에 대한 투자자의 신뢰문제와 관련되어 있으므로 후술하는 인과관계 부분에서 다시 살펴보기로 한다.

(3) 증명의 범위

증권취득자의 악의는 부실표시의 사실을 취득시에 현실적으로 아는 것을 의미한다. 취득시에 선의인 이상 그 후 이를 알게 되더라도 손해배상청구에는 영향을 받지 아니하며, 과실로 인하여 취득시에 이를 알지 못한 경우에도 동일하다. 발행공시책임을 투자자 보호를 위한 법정책임으로 보는 이상 법문상 언급되어 있지 아니한 투자자의 과실을 고려할 이유는 없다. 일반적으로 증권의 취득자는 표시의 정확성 및 완전 여부를 조사할 의무는 없을 뿐만 아니라 표시사실을 조사하도록 요구받은 경우에도 마찬가지이다. 그러나 투자자의 과실에 의하여 손해가 확대된 경우 그 과실이 손해배상액의 산정에서 고려될 수 있는가 하는 문제는 별개이다.

---

96) 신영무(1987), 236쪽.

V. 인과관계

1. 서설

(1) 자본시장법 관련 규정

증권신고서와 투자설명서 중 중요사항이 부실표시됨으로써 증권의 취득자가 손해를 입은 경우에는 배상책임자는 그 손해에 관하여 배상의 책임을 진다(법125① 본문). 배상책임을 질 자는 청구권자가 입은 손해액의 전부 또는 일부가 중요사항에 관하여 부실표시됨으로써 발생한 것이 아님을 증명한 경우에는 그 부분에 대하여 배상책임을 지지 아니한다(법126②).

(2) 논의의 실익

공시책임에 관한 논의에서 인과관계 요건은 여러 책임요소 중 가장 핵심적인 요건이다. 왜냐하면 일반적으로 당사자 사이에 계약관계도 존재하지 않고, 또한 가해행위가 분명하게 외부에 표출되는 것도 아니므로 배상청구권자가 어떤 이유로 배상책임자에게 책임을 묻는가를 알려주는 열쇠이기 때문이다.

발행시장이든 유통시장이든 불문하고 증권을 취득하는 투자자는 자신이 취득한 증권의 시세하락으로 인한 손해를 입을 가능성이 항상 존재함을 잘 알고 있다. 이들 중에서 자신의 손해가 어떤 가해자의 가해행위(허위공시 또는 부실공시)로 인하여 발생된 것이 증명되는 경우에 비로소 불법행위책임을 물을 수 있다. 증권시장의 특성상 수많은 증권의 소유자들은 자연스러운 시세하락으로 입은 손해를 엉뚱하게도 부실공시의 탓으로 돌리고 손해배상을 구할 가능성이 있다. 즉 자신의 증권취득 이전에 부실공시가 있었다면 그 이후의 취득자들은 모두 잠재적인 배상청구권자가 될 수도 있다. 그러나 인과관계의 요건은 공시사실을 읽고 그것이 정당하게 작성되고 공시되었을 것이라고 믿고 투자한 투자자에 대하여만 책임을 지우게 하는 열쇠라는 점에서 "거짓의 배상청구권자"를 걸러내는 역할을 하기도 한다. 따라서 인과관계의 요청이야말로 가해자의 불법행위로 피해를 입은 피해자와 그런 원인없이 손해를 입은 투자자를 구별해 주는 잣대가 된다.[97]

(3) 거래인과관계와 손해인과관계

의무위반행위와 손해 사이에서 원인과 결과의 관계를 의미하는 인과관계를 어떻게 이해할 것인가에 관해서는 우리나라의 통설은 상당인과관계설을 취하고 있다. 그런데 최근 인과관계를 책임성립의 인과관계와 배상범위의 인과관계로 구분하여 고찰하는 견해가 등장하였다. 이 견해에 따르면 책임성립의 인과관계는 손해발생 단계에서 심사되고, 배상범위의 인과관계는

---

97) 이준섭(2000), 26-27쪽.

배상범위 결정의 단계에서 심사된다.

이를 발행공시책임과 관련하여 보면, 전자는 부실 또는 허위로 작성·공시된 서류를 읽고 이를 믿고 증권을 취득하게 되었다는 신뢰의 인과관계를 의미하고, 후자는 그 부실공시로 발생한 손해가 어느 범위까지 미쳤는가를 나타내는 인과관계로서 이는 후에 손해배상액을 산정하는 책임의 영역에서 논의된다.

인과관계는 손해가 전보되어야 하는가, 누구의 손해가 어느 정도까지 전보되어야 하는가를 결정함에 있어서 고려되는 요소가 분명한 이상 인과의 사슬은 위와 같은 두 단계로 구분할 수 있다. 미국 1934년 증권거래법 제10조 제(a)항에 관한 미국의 판례는 의무위반행위(부실표시)로 인하여 원고가 거래를 하게 되었다는 거래인과관계(transaction causation)와 의무위반행위가 손해를 발생시켰다는 손해인과관계(loss causation)로 구분하여, 인과관계는 양자의 증명을 요한다고 한다. 그런데 인과관계의 개념이 양 개념을 명확히 구별하는 단계에 이르지 못하고 있을 뿐만 아니라, 양 개념이 불법행위가 아니면 어떠한 차이가 있는가에 대해서는 분명하지 않다. 그러나 양 개념은 증권거래 관련 소송에서 광범위하게 사용되고 있으며, 특히 불공정거래로 인한 손해배상에서는 전자와 관련하여 신뢰의 추정이 인정되고 있다.[98]

2. 거래인과관계와 신뢰

(1) 인과관계의 전제

증권의 취득자가 증권거래에서 입은 손해의 전보를 구하는 손해배상에서는 부실표시와 손해 사이에 인과관계가 있어야 한다. 의무위반행위인 부실표시와 손해 사이에 인과관계를 요하지 않는 것으로 한다면 발행공시에 의하여 투자정보를 얻고자 하는 투자자의 욕구를 감퇴시켜 공시제도의 무기능화를 초래할 것이기 때문이다. 반면에 위반행위의 억지를 직접적 목적으로 하는 행정제재에서는 위반행위에 관계된 상대방이 특수한 사정으로 인하여 현실적으로 어떠한 손해도 입지 아니하였다는 사실은 통상 예방적 목적과는 관계가 없으므로 인과관계를 요하지 않는다.

자본시장법은 제125조 제1항은 "부실표시로써 증권의 취득자가 손해를 입은 경우에"라고 규정하고 손해배상책임의 요건으로 인과관계를 요구하고 있다.

손해배상의 요건으로서 필요한 인과관계를 어떻게 이해할 것인가의 문제는 그리 간단하지가 않다. 인과관계에 관해서는 많은 학설이 있고 현재까지의 통설인 상당인과관계설은 많은 비판에 직면하여 인과관계의 새로운 개념 정립이 필요한 단계에 이르렀다.

---

98) 강대섭(1992), 98-99쪽.

(2) 신뢰의 문제

인과관계를 거래인과관계와 손해인과관계로 나누어 고찰하는 방법론에서 전자를 증명하기 위하여 사용되는 개념이 신뢰이다. 신뢰의 개념은 다음의 두 가지 문제를 포함하고 있다. 투자자는 표시자가 행한 표시를 믿었는가, 그리고 이 믿음이 투자자가 거래를 체결하게 이른 행위(거래체결행위)의 원인이었는가? 이러한 문제는 피고의 부실표시가 원고로 하여금 거래를 체결하도록 하였고, 따라서 그 거래로부터 발생하였다고 주장하는 손해를 초래하였는가의 여부를 결정하기 위하여 고안된 것이다.

영미법에서 사기적 부실표시의 한 요건이기도 한 신뢰는 책임성립을 인정하기 위한 전제인 사실상의 인과관계의 문제로서, 그 기준은 "부실표시가 표시 상대방의 손해를 야기한 행동 방향을 결정함에 있어서 중요한 요소인가"의 여부이다. 미국의 판례는 불표시가 문제된 List v. Fashion Park, Inc. 사건에서 중요성과 신뢰를 구별하여, 중요성은 합리적인 사람이라면 불표시된 사실에 의하여 다르게 행동하도록 영향을 받았을 것인가 하는 문제에 관한 것이고, 신뢰는 "구체적인 원고가 불표시된 사실에 의하여 다르게 행동하였을 정도로 영향을 받았을 것인가" 하는 문제에 관한 것이라고 하였다.[99] 중요성이 투자판단에 있어서 부실표시의 객관적인 중요성을 문제로 함에 대하여 신뢰는 주관적인 판단을 문제로 한다. 그러나 구체적인 원고가 불합리한 사람이라고 추정되지는 않을 것이고, 또한 원고가 이를 증명하려고 하지도 않을 것이므로 대부분의 경우 이 구별은 특별히 유용하지는 않을 것이다. 이러한 입장에서 본다면 신뢰의 주관적 요소는 중요성의 개념에 내재하고 있거나 중요성과 관련을 맺게 된다.

자본시장법상 발행공시책임도 표시에 대한 투자자의 신뢰로부터 발생하는 손해를 배상하는 책임이므로, 원고의 신뢰는 인과관계의 한 요소로서 전제되어 있다고 할 것이다. 이는 외관신뢰보호에서의 신뢰와 같은 기능을 갖는다고 할 것이다.

그렇다면 발행공시책임을 인정함에 있어서도 증권의 취득자는 부실표시를 믿었어야 하는가, 믿었어야 한다면 그 증명책임은 누구에게 있으며 그 관련성은 어느 정도까지 증명하여야 하는가 하는 문제점이 제기된다.

(3) 신뢰의 추정

(가) 추정가능성

자본시장법상 어디에도 신뢰라는 문언이 직접 언급되어 있지는 않다. 그러나 증권의 취득자가 부실표시를 직접 받거나 공개시장에 대하여 행해진 부실표시를 단순히 객관적으로 믿었다는 의미에서의 신뢰는 인과관계에 포섭되어 취득자의 신뢰가 불법행위로 인한 손해배상의 필수적인 요건으로 인정되고 있다고 한다면, 신뢰의 증명책임은 일반원칙에 따라 원고인 취득

---

99) 340 F.2d 457, 463(2d Cir, 1965).

자에게 있다고 해야 할 것이다.

그런데 증권시장에서 정형화된 특정한 매체(일반적으로 서면)에 의하여 행해진 부실표시는 증권의 시장가격에 영향을 미칠 뿐만 아니라 증권신고서 또는 투자설명서의 내용은 취득자의 직접 열람 여부, 구체적인 이해 여부를 불문하고 그 내용에 상응하는 투자환경을 만들어낸다. 또한 투자자가 부실표시를 현실적으로 믿었음을 증명하는 것은 쉽지 않고, 나아가 투자자로 하여금 이를 증명하게 하는 것은 일반불법행위책임에 의하는 것과 다를 바가 없기 때문에 민사책임을 특별히 법정하고 있는 입법취지를 살리지 못하게 된다. 여기서 개연성을 근거로 하는 인과관계의 사실상 추정이 인정될 여지는 충분히 있다.

(나) 신뢰의 추정을 인정할 필요성

발행시장공시는 유통시장공시와는 다른 특성을 갖고 있다. 유통시장공시의 경우에는 투자자들이 증권을 취득함에 있어서 문제되는 공시가 유일한 투자판단자료가 아니고, 투자판단을 함에 있어서 매우 다양한 변수의 영향을 받는다. 그러나 증권이 공모발행의 형태로 최초의 투자자에게 취득되는 과정, 즉 발행시장에서는 투자자가 해당 증권에 대한 청약 여부를 결정하는 경우에 유일하게 의존할 수 있는 공식적인 투자판단자료는 발행인이 작성하여 공시하는 증권신고서 또는 투자설명서일 수밖에 없다. 한편 최초의 취득자인 투자자들은 증권신고서 및 투자설명서가 장래 있을지도 모르는 손해배상청구를 위한 거의 유일한 단서가 될 수 있다.

발행시장공시가 시간적으로 투자자의 청약이 있기 이전에 이루어진 것이라면 투자자가 이를 읽고 신뢰하였기 때문에 취득하였을 것이라는 점을 추정한다고 하여도 하등 이상할 것이 없다. 왜냐하면 청약자가 투자판단을 하는 경우에 의존할 수 있는 유일한 자료가 증권신고서 또는 투자설명서이고, 이미 증권신고서 또는 투자설명서가 공시된 경우라면 투자자들에게는 다른 선택의 여지가 없이 그 공시내용의 진실성을 신뢰하였기 때문에 취득하였다고 추정하여도 무리는 없기 때문이다.[100]

이러한 신뢰(거래인과관계)의 추정은 원래 발행공시의 특수한 성질로부터 인정되기도 하지만, 특히 투자자에게 자신이 공시서류의 진실성을 신뢰하고 증권을 취득한 사실을 증명하는 것이 현실적으로 어렵기 때문이기도 하다.

따라서 해당 증권신고서 또는 투자설명서가 공시된 후에 투자자는 자신이 그 진실성을 믿고 투자행위를 하였다는 것을 증명할 필요없이 그 신뢰가 존재하였다는 점이 추정되고, 그 반대의 증명을 피고가 부담하게 하여 증명책임을 전환시키는 것이 정당화된다.

---

100) 이러한 추정은 외국의 입법례에도 나타난다. 즉 발행시장공시가 직접 투자권유를 위하여 단 한 차례 그 투자판단을 돕기 위해 공시된다는 성질이 고려되어 미국증권법(1933년 증권법) 제11조(a)는 증권신고서의 효력이 발생된 때로부터 1년 이내에 취득한 투자자는 동 신고서를 보고 신뢰한 채 투자하였다는 점을 증명할 필요없이 그 인과관계가 추정된다는 점을 명확히 하고 있다.

(다) 증명책임의 전환

1) 전환의 근거

객관적 기준을 사용하여 중요성을 정의하는 경우, 중요한 부실표시는 표시 상대방의 신뢰를 야기할 것이다. 그런데 증권의 취득자가 부실표시의 진실을 알고 있었다면, 그는 부실표시를 믿지 않았을 것이며 그 믿음에 따라 행동하지도 않았을 것이다. 따라서 취득자가 선의인 한 중요성으로부터 신뢰는 추정할 수 있다.

신뢰의 증명책임이 전환되는 이유에 대하여, ⅰ) 관련성에 관한 증명은 매우 어렵기 때문에 이 책임을 원고에게 부담시킬 경우 법조문의 취지를 달성하기 어렵고, ⅱ) (부실표시에 대한 악의의 증명책임을 원고에게 부담시키는 것을 전제하여) 증권의 취득시에 원고가 부실표시의 사실을 알았다는 것과 이를 믿지 않았다는 것은 같은 성질을 가지는 것이므로 결국 피고가 그 증명책임을 진다고 한다.[101] 즉 취득자의 신뢰는 추정되므로 발행인 등이 부실표시에 대한 취득자의 불신뢰를 증명하여야 한다는 것이다. 따라서 당사자관계를 요하지 않는 이 손해배상에서 취득자가 직면하는 증명의 곤란은 취득자의 손해배상청구권의 행사를 가급적 쉽게 하려고 하는 자본시장법의 정책목적 또는 증명책임의 이념에 비추어 그 전환을 긍정하는 이유가 될 수 있다.

그러나 취득자가 선의라는 사실로부터 언제나 취득자의 신뢰가 있다고 추단할 수는 없다. 증권 취득자가 부실표시임을 안 때에는 이를 믿고 증권을 취득하였다고는 볼 수 없지만, 취득자가 부실표시임을 알지 못하더라도 이를 믿지 않고 다른 자료 또는 정보에 의하여 증권의 취득을 결정할 수 있기 때문이다.

따라서 증명책임의 전환은 증명의 곤란을 제거함으로써 피해자인 투자자를 보호하고자 하는 자본시장법의 목적에서 그 근거를 찾아야 한다. 그러므로 증권시장에서 투자자가 증권을 취득하는 경우에는 취득자가 공시서류를 직접 열람하지 않더라도 하자 있는 공시서류가 공람된 경우에는 그 증권의 취득결정시에 간접적으로 영향을 받을 뿐만 아니라, 취득자로 하여금 직접 열람 또는 그 신뢰를 증명하게 하는 것은 손해배상청구를 사실상 곤란하게 한다는 점에서 증명책임의 전환이 인정된다고 본다. 그리고 발행공시책임에 관해서는 배상액이 법정되어 있기 때문에 취득자가 특별히 신뢰를 포함한 인과관계를 증명할 필요는 없을 것이다.

2) 전환의 효과

신뢰의 증명책임이 전환되는 결과 증권의 취득자는 증권을 취득하기 위하여 증권신고서와 투자설명서를 열람하였는가, 그리고 이를 신뢰하여 증권을 취득하였는가를 증명할 필요없이 발행인 등에 대하여 그 손해의 배상을 청구할 수 있다.

---

101) 신영무(1987), 235-236쪽.

(라) 결어

증권이 최초로 공모되는 경우에 증권신고서나 투자설명서는 투자자가 해당 증권에 대한 청약 여부를 결정하기 위한 거의 유일한 판단자료이고, 해당 투자판단을 함에 있어 오직 1회만 제공된다. 따라서 통상적인 보통의 투자자라면 증권에 대한 청약을 함에 있어 해당 공시서류를 읽고 이를 믿고 투자한다고 보는 것이 일반적이다. 이를 반영하듯 각국의 입법례와 판례는 만일 투자자의 취득시점이 투자설명서의 공시 이후인 경우에는 투자자들이 그 공시서류를 읽고 신뢰하여 투자한 것이라는 거래인과관계를 추정하고 있다.

증권시장에서 발생하는 부실공시에 기한 투자자의 손해배상청구는 그 책임의 이론적 근거를 불법행위법(민법750)에 그 바탕을 두고 있는데, 그 책임인정의 가장 큰 난점은 인과관계의 증명이 어렵다는 점에 있다. 특히 민법상 불법행위법의 일반원칙에 의하면 인과관계의 증명은 피해자인 배상청구권자에게 있으므로 현실적으로 책임귀속이 어렵다.

그러나 다른 법제에서와 같이 자본시장법이 투자설명서를 교부할 의무를 인정하고 있기 때문에 위의 난점이 상당히 해소되었다. 그 이유는 일단 투자설명서의 강제교부의무가 부과된 이후의 시점이거나 일간지에 공시된 후에는 그 서류의 진실성을 믿고 투자를 하였다는 책임근거적 인과관계는 존재하는 것으로 추정되기 때문이다.[102]

3. 손해인과관계

(1) 의의

증권신고서와 투자설명서 중 중요사항에 관하여 거짓의 기재 또는 표시가 있거나 중요사항이 기재 또는 표시되지 아니함으로써 증권의 취득자가 손해를 입은 경우에 배상책임자는 그 손해에 관하여 배상의 책임을 진다(법125① 본문). 따라서 자본시장법은 피고의 부실표시와 원고의 손해 사이에 인과관계가 존재할 것을 요구하고 있다. 증권취득자인 원고의 "손해"는 피고의 "부실표시"로 발생한 것이어야 한다.

(2) 증명책임의 전환

배상책임을 질 자는 청구권자가 입은 손해액의 전부 또는 일부가 중요사항에 관하여 거짓의 기재 또는 표시가 있거나 중요사항이 기재 또는 표시되지 아니함으로써 발생한 것이 아님을 증명한 경우에는 그 부분에 대하여 배상책임을 지지 아니한다(법126②).[103]

---

102) 이준섭(2000), 31쪽.
103) 대법원 2007. 9. 21. 선고 2006다81981 판결(민법상 손해배상의 일반원칙에 의하면, 사업보고서의 허위기재 등으로 인하여 입은 손해의 배상을 청구하고자 할 경우 투자자인 주식 취득자는 배상의무자의 고의나 과실, 허위기재 등의 위법행위와 손해 발생 사이의 인과관계 등의 요건사실을 스스로 모두 입증하여야 한다. 그런데 증권거래소에서 집중적·대량적으로 이루어지는 매매에 따라 형성되는 주식의 가격은 주식시

발행공시의무의 주요 관심사는 증권의 공모발행과 관련하여 최초의 투자자가 투자판단을 함에 있어 발행인의 재무 및 경영사항에 대한 정확하고 완전한 정보를 제공하는 것이다. 따라서 부실표시 및 공시책임은 그 당시 유일한 정보제공물인 그 투자권유문서를 읽고 믿었기 때문에 증권을 취득한 최초의 취득자를 대상으로 하는 것이 원칙이다. 이 같은 이유로 각국의 법률은 특히 발행공시를 강력한 법적 의무로 규정하고 있다. 또한 각국의 입법과 판례는 투자설명서 등이 공시된 이후이거나 교부된 이후인 경우에 최초의 취득자가 투자판단을 함에 있어 다른 선택의 여지 없이 의존해야 했을 유일한 공시자료였을 것이라는 점을 인정하여, 이 경우에는 신뢰의 인과관계를 추정하도록 하고 있다.[104]

따라서 자본시장법 제126조 제2항 손해의 범위에 대한 인과관계의 증명을 배상책임자인 피고에게 부과함으로써 증명책임을 전환시키고 있는 것은 신뢰의 인과관계가 추정된다는 것을 전제로 하고 있는 것이다. 따라서 피고는 부실표시와 원고의 손해 사이에 인과관계가 없음을 증명할 책임을 부담한다.

장 내부에서의 주식 물량의 수요·공급과 주식시장 외부의 각종 여건 등 매우 다양한 요인에 의하여 결정되는 지극히 가변적인 성질을 지니고 있기 때문에, 주가의 등락분 중 허위기재 등으로 인한 하락분을 가려내어 그 인과관계를 입증한다는 것은 결코 쉬운 일이 아니다. 이와 같이 어려운 손해의 입증책임을 손해배상의 일반원칙에 따라 주식 취득자에게 부담시키는 것은 사실상 손해배상의 청구를 곤란하게 만드는 셈이 된다. 그리하여 법은 투자자 보호의 측면에서 투자자가 손해배상청구를 가능한 한 쉽게 할 수 있도록 입증책임을 전환하여 배상의무자에게 무과실의 입증책임을 부담시키고 있을 뿐만 아니라(증권거래법 제14조), 나아가 손해액에 관한 추정규정을 두어 배상의무자가 손해와 사이의 인과관계의 부존재를 입증하지 못하는 한 투자자는 원칙적으로 법정 추정액의 손해배상을 받을 수 있도록 하고 있는 것이다(증권거래법 제15조). 그리고 증권거래법 제15조 제2항이 요구하는 "손해 인과관계의 부존재 사실"의 입증은 직접적으로 문제된 당해 허위공시 등 위법행위가 손해 발생에 아무런 영향을 미치지 아니하였다는 사실이나 부분적 영향을 미쳤다는 사실을 입증하는 방법 또는 간접적으로 문제된 당해 허위공시 등 위법행위 이외의 다른 요인에 의하여 손해의 전부 또는 일부가 발생하였다는 사실을 입증하는 방법으로 가능하다고 할 것이나, 위와 같은 손해액 추정조항의 입법 취지에 비추어 볼 때 예컨대 허위공시 등의 위법행위 이후 매수한 주식의 가격이 하락하여 손실이 발생하였는데 그 가격 하락의 원인이 문제된 당해 허위공시 등 위법행위 때문인지 여부가 불분명하다는 정도의 입증만으로는 위 손해액의 추정이 깨어진다고 볼 수 없다. 그리고 허위공시 등의 위법행위가 있었던 사실이 정식으로 공표되기 이전에 투자자가 매수한 주식을 그 허위공시 등의 위법행위로 말미암아 부양된 상태의 주가에 모두 처분하였다고 하더라도(이하 이처럼 공표 전에 매각된 부분을 "공표 전 매각분"이라고 한다) 그 공표일 이전에 허위공시 등의 위법행위가 있었다는 정보가 미리 시장에 알려진 경우에는 주가가 이로 인한 영향을 받았을 가능성을 배제할 수 없으므로 그와 같이 미리 시장에 알려지지 아니하였다는 점을 입증하거나 다른 요인이 주가에 미친 영향의 정도를 입증하거나 또는 매수시점과 매도시점에 있어서 허위공시 등의 위법행위가 없었더라면 존재하였을 정상적인 주가까지 입증하는 등의 사정이 없는 한 공표 전 매각분이라는 사실의 입증만으로법 제15조 제2항이 요구하는 인과관계 부존재의 입증이 있다고 할 수는 없는 것이고, 특히 문제된 허위공시의 내용이 분식회계인 경우에는 그 성질상 주가에 미치는 영향이 분식회계 사실의 공표에 갈음한다고 평가할 만한 유사정보(예컨대 외부감사인의 한정의견처럼 회계투명성을 의심하게 하는 정보, 회사의 재무불건전성을 드러내는 정보 등)의 누출이 사전에 조금씩 일어나기 쉽다는 점에서 더더욱 공표 전 매각분이라는 사실 자체의 입증만으로 증권거래법 제15조 제2항이 요구하는 인과관계 부존재의 입증이 있다고 보기는 어려울 것이다).
104) 이준섭(2000), 37쪽.

(3) 책임의 제한

증명책임의 전환에 관한 자본시장법 제126조 제2항의 규정은 동시에 책임제한의 근거규정으로서 기능을 수행한다. 이에 대한 상세한 것은 손해배상액의 산정 부분에서 논의하기로 한다.

Ⅵ. 예측정보와 손해배상책임

1. 서설

(1) 의의

자본시장법은 발행시장에서의 증권신고서(법119③)뿐만 아니라 유통시장에서의 정기공시제도로서 사업보고서(법159⑥)와 거래상황공시제도로서 공개매수신고서(법134④)에도 예측정보를 자발적으로 기재 또는 표시하여 공시할 수 있도록 하였다.

또한 예측정보는 법정의 주의문구를 표시하도록 공시형식을 명시하였다. 특히 예측정보의 자발적 공시를 유도하기 위하여 법정의 공시서류와 공시형식을 취하는 경우에는 그 부실공시에 경과실이 있더라도 그로 인한 투자자의 손해에 대하여 면책을 인정하는 규정을 두었다.

(2) 자본시장법 규정

예측정보가 다음에 따라 기재 또는 표시된 경우에는 제1항에 불구하고 제1항 각 호의 자는 그 손해에 관하여 배상의 책임을 지지 아니한다(법125② 본문). 다만, 그 증권의 취득자가 취득의 청약시에 예측정보 중 중요사항에 관하여 거짓의 기재 또는 표시가 있거나 중요사항이 기재 또는 표시되지 아니한 사실을 알지 못한 경우로서 제1항 각 호의 자에게 그 기재 또는 표시와 관련하여 고의 또는 중대한 과실이 있었음을 증명한 경우에는 배상의 책임을 진다(법125② 단서).

1. 그 기재 또는 표시가 예측정보라는 사실이 밝혀져 있을 것
2. 예측 또는 전망과 관련된 가정이나 판단의 근거가 밝혀져 있을 것
3. 그 기재 또는 표시가 합리적 근거나 가정에 기초하여 성실하게 행하여졌을 것
4. 그 기재 또는 표시에 대하여 예측치와 실제 결과치가 다를 수 있다는 주의문구가 밝혀져 있을 것

(3) 면책특례의 필요성

자본시장법이 각종의 공시서류에 예측정보를 표시할 수 있도록 한 것은 예측정보가 자본시장에서 차지하는 결정적인 역할 때문이다. 투자자는 회사의 경제적 전망을 평가하고 투자판단을 결정함에 있어서 경영진의 예측정보를 중요하고 유용한 것으로 인식하는 경향이 있다는

것이다. 실무상으로도 예측정보는 금융투자업자가 행하는 투자권유에 있어서 결정적인 요소로 고려되는 경우가 많다.[105]

그러나 예측정보가 투자자에게는 유용하지만, 그 정보를 제공하는 발행인에게는 비용을 부담시키는 문제가 있으므로, 자본시장법은 이를 강제하지 아니하고 자율적인 공시의 대상으로 한 것이다. 그러나 투자판단을 함에 있어 예측정보가 갖는 유용성 때문에 발행인에게 적극적인 예측정보의 공시를 권장하기 위한 특별한 원칙이 필요하였다. 따라서 예측정보가 부실공시되더라도 일정한 요건을 구비하는 경우에는 자본시장법 제125조 제1항에 의한 손해배상책임을 면제하는 특례규정을 두게 된 것이다. 이러한 규정을 안전항 면책규정(safe harbor provision)이라고 한다.

(4) 예측정보의 부실공시와 책임구조

자본시장법상의 법정공시서류와 공시형식을 따르지 아니하고 부실예측정보를 공시하는 경우에 대한 손해배상책임에 대하여는 자본시장법 제125조 제1항과 민법 제750조의 손해배상책임 규정이 적용될 수 있다. 우선 책임체계상으로는 법정공시서류에 부실표시하였으나 공시형식을 준수하지 않은 경우에는 자본시장법 제125조 제1항에 의한 손해배상책임이 성립한다. 그러나 법정공시서류 이외의 방법에 의하여 임의로 부실공시한 경우에는 민법 제750조에 의한 일반불법행위책임이 성립할 것이다. 따라서 손해배상책임의 면책, 배상책임자의 범위, 손해배상액, 손해배상청구권의 소멸 등에서도 책임구조가 다르게 된다.

그러나 법정공시서류와 공시형식에 따라 예측정보를 부실공시한 경우에는 자본시장법 제125조 제2항에 따라 경과실에 기한 증권취득자의 손해에 대하여 발행인은 손해배상책임이 면제된다. 그러나 예측정보의 부실표시자에게 고의나 중과실이 있는 경우, 증권취득자에게 악의가 있는 경우, 주권비상장법인의 최초공모의 경우, 대량주식취득보고서상의 부실예측정보에 대하여는 이러한 면책특례가 적용되지 아니한다.

2. 면책대상 공시서류

자본시장법상 면책특례의 적용대상이 되는 공시서류는 증권신고서(법119③), 투자설명서(법123②), 공개매수신고서(법134④), 사업보고서(법159⑥)이다. 이러한 공시서류에 기재 또는 표시된 예측정보만이 그 면책대상이 된다.

자본시장법은 예측정보를 법정의 공시서류에 기재하는 것만을 예정하여 그 공시제도를 도입한 것이므로, 자본시장법상 허용된 서면에 예측정보의 부실공시가 있는 경우에 한하여 자본시장법 제125조 제2항의 손해배상책임의 면책특례가 적용된다. 따라서 법정의 공시서류에 의

---

105) 송종준(2000), 20쪽.

하지 아니한 정보의 공개 또는 구두에 의한 예측정보의 표시에 대하여는 면책특례가 인정되지 아니한다.106) 자본시장법이 이와 같이 서면에만 한정한 것은 투자자에게는 정보접근의 용이성을 확보하여 주고 예측정보를 평가할 수 있는 신뢰체제를 제공하며, 감독기관에게는 공시정보의 정확성 및 완전성을 유지관리할 수 있도록 하기 위한 것이다.

그리고 자본시장법상 증권신고서 등 각종의 공시서류는 서면일 것을 원칙으로 하지만, 금융위원회 등에 제출할 각종의 신고서 또는 보고서는 전자문서에 의한 방법도 허용되므로 전자문서도 여기의 문서에 포함된다. 예측정보의 공시도 그 예외는 아니다.

그러나 예측정보를 자본시장법상의 신고서 또는 보고서에 의하지 아니하거나, 간이투자설명서를 사용하지 아니하고 임의로 구두, 신문광고, 방송, 인터넷, 기타 홍보전단 등에 의하여 공시하는 경우도 있다. 자본시장법의 규정에 따르면 이러한 매체를 이용한 예측정보의 공시는 자본시장법이 신고서 또는 보고서에 예측정보를 기재할 것을 명시하고 있으므로 이러한 매체에 의한 예측정보의 공시는 위법하여 허용되지 아니한다.107) 여기서 그 매체에 주의문구 등 일정한 방법을 표시했는지 여부와는 관계가 없다. 그러나 위와 같은 위법한 예측정보의 부실공시는 불법행위에 해당하므로 이에 따른 민사책임을 인정할 수는 있을 것이다.108)

3. 면책특례의 적용요건

자본시장법 제125조 제2항은 면책특례를 인정하기 위하여 기본적으로 해당 예측정보가 법률상 중요한 정보109)로서 일정한 요건을 구비할 것이 요구된다고 규정하고 있다.

(1) 당해 예측정보의 기재 또는 표시가 예측정보라는 사실이 밝혀져 있을 것(제1호)

이것은 예측정보와 확정된 과거정보를 구별하여 투자자의 투자판단상 오해를 방지하기 위한 것이다. 이 요건은 예측정보의 부실공시에 따른 손해배상책임을 면하기 위하여 필요한 형식

---

106) 미국의 1995년 개정 증권법에서는 ① 구두표시에 특정내용이 예측정보이고, 또한 예측치와 실제의 결과치는 다를 수 있다는 주의문구가 수반되고, ② 실제치와 예측치간의 차이를 발생시키는 원인이 될 수 있는 부가적인 정보가 구독이 용이한 서면에 포함되어 있다는 구두표시가 수반되고, ③ 그 구두표시가 그 부가정보를 담고 있는 서면 또는 그 일부임을 확인하고 있으며, ④ 그 확인된 서면 자체에도 적정한 주의문구를 담고 있는 경우에 한하여 예측정보의 구두표시에 안전항 면책특례가 적용될 수 있도록 규정하고 있다 (1933년 증권법 제27A(c)(2), 1934년 증권거래법 제21E(c)(2)).

107) 미국의 경우에는 1995년 개정 증권법에 의하여 일정한 조건을 전제로 구두표시(oral statement)에 의한 예측정보의 공시를 허용하고, 안전항 면책규정의 혜택을 받을 수 있게 하고 있다.

108) 송종준(2000), 14쪽.

109) 자본시장법상의 공시규제에 있어서는 모든 공시정보는 중요한 정보이어야 한다는 이른바 중요성의 원칙이 지배하고 있다. 따라서 부실공시된 예측정보가 법률상 중요하지 않은 정보인 경우에는 다른 요건의 구비 여부와 관계없이 민사책임을 구성하는 문제는 없을 것이다. 미국의 1995년 개정 증권법은 예측정보가 중요한 정보가 아닐 경우에는 면책됨을 명확히 규정하고 있다(1933년 증권법 제27A(c)(1)(A)(ⅱ), 1934년 증권거래법 제21E(c)(1)A)(ⅱ)).

요건이다.

(2) 예측 또는 전망과 관련된 가정이나 판단의 근거가 밝혀져 있을 것(제2호)

이것은 예측정보는 미래의 불확정한 사실을 전망하는 정보이므로 여기에는 투자자에게 미래에 대한 과도한 기대와 신뢰를 초래할 수 있는 허황된 사실이 포함될 여지가 많은 점을 우려하여, 미래의 예측치를 산출하는데 기초가 된 가정이나 근거를 제시하게 하기 위한 것이다. 이 요건은 예측정보의 부실공시에 따른 손해배상책임을 면하기 위하여 필요한 형식요건이다.

(3) 그 기재 또는 표시가 합리적 근거나 가정에 기초하여 성실하게 행하여졌을 것(제3호)

예측정보의 공시에는 전술한 바와 같이 당해 예측 또는 전망과 관련된 가정이나 판단의 근거를 명시하여야 한다. 그런데 예측정보의 기초가 된 가정이나 근거가 허위이거나 오해를 유발할 사실이 게재된 경우에는 표시된 예측정보의 진실성을 확보할 수 없을 것이다. 따라서 예측정보의 진실성을 담보할 수 있도록 하기 위한 실질요건으로서 예측정보의 기초에는 합리적인 근거가 있어야 하며, 또한 그것은 성실하게 표시되어야 함을 선언한 것이다. 따라서 표시되는 예측정보에 합리적인 기초가 결여되면 그 예측정보는 부실표시로 취급되어야 한다.

(4) 예측정보의 기재 또는 표시에 대하여 예측치와 실제 결과치가 다를 수 있다는 주의문구가 밝혀져 있을 것(제4호)

이것은 표시된 예측치에 대한 투자자의 과도한 신뢰가능성 때문에 예측치가 실제의 결과치와 다를 수 있음을 명시함으로써 투자자에게 투자판단에 있어서 미리 주의를 환기시키기 위한 것이다.[110] 이러한 주의문구 등의 명시가 있으면 문제의 부실표시된 예측정보의 중요성이 부정되어 예측정보의 부실공시로 인한 책임이 면제된다.

4. 면책특례의 적용배제

(1) 부실표시자 등에게 고의 또는 중과실이 있는 경우

(가) 자본시장법 규정

자본시장법은 "증권의 취득자가 취득의 청약 시에 예측정보 중 중요사항에 관하여 거짓의 기재 또는 표시가 있거나 중요사항이 기재 또는 표시되지 아니한 사실을 알지 못한 경우로서 제1항 각 호의 배상책임자에게 그 기재 또는 표시와 관련하여 고의 또는 중대한 과실이 있었음을 증명한 경우에는 배상의 책임을 진다"고 규정하고 있다(법125② 단서). 이 규정에 의하면 증권의 취득자는 선의이어야 하고, 동시에 배상책임자의 고의 또는 중과실을 증명하여야 배상책임자의 책임이 발생한다.

---

110) 미국 1933년 증권법상 이러한 주의문구(cautionary statement)의 명시에 의한 면책원칙을 "주의표시의 원칙(bespeaks caution doctrine)"이라고 하며, 이 이론은 많은 판례에서 적용되었다.

그러나 자본시장법상으로 어느 정도 유책성이 있을 때 책임의 주관적 요건이 충족되었다고 할 수 있으며, 누가 취득자의 악의를 증명하여야 하는가 하는 점이 분명하지 않다. 아래서는 자본시장법 제125조 제1항 단서의 악의의 항변(취득자의 선의) 및 상당한 주의의 항변과 비교하면서 설명하기로 한다.

(나) 취득자의 선의

1) 면책 전제요건로서의 선의

예측정보의 부실표시를 한 배상책임자에게 고의 또는 중과실에 의한 면책배제가 인정되기 위하여는 "다만, 그 증권의 취득자가 취득의 청약 시에 예측정보 중 중요사항에 관하여 부실표시된 사실을 알지 못한 경우"이어야 한다(법125② 단서). 이것은 자본시장법상 정보의 부실표시에 대한 모든 민사책임의 특칙규정은 증권의 취득자가 당해 공시된 정보가 진실한 정보라고 신뢰한 경우에만 적용된다는 점에서 당연한 것이다. 예측정보의 부실공시에 있어서도 증권취득자의 청약시에 증권취득자가 "부실표시의 사실을 이미 알고 있는 경우"(악의)에는 법률상의 보호대상에서 배제되는 것이다.

2) 증명책임

자본시장법 제125조 제2항 단서 법문상으로는 누가 증명책임을 지는가 하는 점이 분명하지 않다. 그러므로 피해자의 구제와 정보공시의 목적달성을 위해 피고인 배상책임자가 취득자의 악의를 증명하여야 한다고 해석하여야 한다. 투자자의 권리행사를 용이하게 하기 위한 정책적 고려에서 부실표시만을 증권의 취득자가 증명하면 취득자의 선의는 추정되고, 권리장애규정인 단서규정은 이를 주장하는 배상책임자가 증명하여야 한다고 본다.

또한 이와 같은 해석은 앞에서 살펴본 자본시장법 제125조 제1항 단서의 경우와 동일한 것이다. 자본시장법 제125조 제1항 단서가 "다만, 그 증권의 취득자가 취득의 청약을 할 때에 그 사실을 안 경우에는 배상의 책임을 지지 아니한다"고 규정하고 있기 때문이다.

다만 문제는 배상책임자에게 부실표시에 대한 고의 또는 중과실이 있고, 동시에 증권의 취득자에게도 부실표시 사실에 대한 악의가 있는 경우의 법적 처리의 문제이다. 이 경우 증권의 취득자가 악의임이 증명되면 배상책임자 등의 고의 또는 중과실이 증명되었는지 여부를 물을 필요도 없이 전술한 면책요건만을 구비하면 부실공시자 등의 배상책임자는 여전히 면책특례의 적용을 받게 된다고 보아야 할 것이다. 이것은 자본시장법 제125조 제2항 단서가 부실공시자 등의 배상책임자에게 면책특례의 적용을 배제하기 위한 전제조건으로서 부실표시 사실에 대한 증권의 취득자가 선의일 것을 명시하고 있기 때문이다.[111]

---

111) 송종준(2000), 25쪽.

3) 증명의 범위

증권취득자의 악의는 부실표시의 사실을 취득시에 현실적으로 아는 것을 의미한다. 취득시에 선의인 이상 그 후 이를 알게 되더라도 손해배상청구에는 영향을 주지 아니하며, 과실로 인하여 취득시에 이를 알지 못한 경우에도 동일하다. 발행공시책임을 투자자 보호를 위한 법정책임으로 보는 이상 법문상 언급되어 있지 아니한 투자자의 과실을 고려할 이유는 없다. 일반적으로 증권의 취득자는 표시의 정확성 및 완전 여부를 조사할 의무는 없을 뿐만 아니라 표시사실을 조사하도록 요구받은 경우에도 마찬가지이다. 그러나 투자자의 과실에 의하여 손해가 확대된 경우 그 과실이 손해배상액의 산정에서 고려될 수 있는가 하는 문제는 별개이다.

(다) 배상책임자의 고의 또는 중과실

1) 의의

자본시장법 제125조 제2항 단서는 "다만, 그 증권의 취득자가 … 선의인 경우로서 제1항 각 호의 자에게 그 기재 또는 표시와 관련하여 고의 또는 중대한 과실이 있었음을 증명한 경우에는 배상의 책임을 진다"고 규정하고 있다. 따라서 법문상으로 증권의 취득자가 배상책임자의 고의 또는 중과실을 증명하여야 배상책임자의 책임이 인정된다.

그러나 자본시장법 제125조 제1항 단서는 "다만, 배상의 책임을 질 자가 상당한 주의를 하였음에도 불구하고 이를 알 수 없었음을 증명하여야 배상의 책임을 지지 아니한다"고 규정하고 있다. 따라서 배상책임자는 자신의 무과실을 증명하여야 책임을 면한다.

2) 증명책임

예측정보의 부실표시에 관한 제125조 제2항 단서에 의한 손해배상책임의 면책에 있어서는 자본시장법 제125조 제1항 단서의 경우와는 달리, 예측정보의 부실표시자인 배상책임자가 주의문구 등 일정한 법정형식을 구비한 경우에는 고의 또는 중과실이 없음을 증명할 필요없이 그 손해배상책임이 면제된다. 오히려 이 경우에는 증권의 취득자가 예측정보의 부실표시자인 배상책임자에게 고의 또는 중과실이 있음을 증명하여야 그 부실표시자의 책임을 물을 수 있다.

그런데 자본시장법 제125조 제2항 단서의 과실에는 제125조 제1항 단서의 경우와는 달리 경과실은 배제되어 있다. 따라서 증권의 취득자가 부실표시자(배상책임자)에게 경과실이 있음을 증명하더라도 부실표시자(배상책임자)는 손해배상책임을 면한다는 것이 가장 중요한 특징이다. 이것이 예측정보의 부실공시에 있어서 면책특례의 최대 장점이다.

자본시장법 제125조 제2항 단서가 부실표시자(배상책임자) 등에게 부실표시에 대한 고의 또는 중과실이 있음을 증권의 취득자가 증명하도록 한 것은 자본시장법 제125조 제1항 단서에서의 증명책임의 전환을 배척함으로써, 투자자로 하여금 예측정보의 부실공시에 있어서의 책임추궁을 어렵게 하여 예측정보의 자발적 공시를 적극적으로 장려하기 위한 입법자의 의도가

깔려 있는 것이다.[112]

(2) 주권비상장법인이 최초로 주권을 공모하는 경우

예측정보의 부실공시에 대한 면책특례규정은 주권상장법인의 증권 모집 또는 매출의 경우에 적용되는 것이 원칙이다. 이것은 자본시장법의 적용대상은 원칙적으로 상장법인이기 때문이다. 그러나 자본시장법은 발행시장에서의 투자자 보호의 요청상 비상장법인이라도 증권의 모집 또는 매출의 경우에는 자본시장법 제125조를 적용하고 있다.

그런데 예측정보의 부실공시에 대한 면책특례와 관련하여 자본시장법은 "제2항은 주권비상장법인이 최초로 주권을 모집 또는 매출하기 위하여 증권신고서를 제출하는 경우에는 적용하지 아니한다"고 규정하고 있다(법125③). 즉 최초의 공모(IPO)에는 면책특례의 적용을 명문으로 배제하고 있다. 따라서 이 경우에는 자본시장법 제125조 제1항의 규정에 의하여 증명책임의 전환에 의한 책임추궁이 가능하며, 예측정보의 부실공시에 대한 면책특례규정인 자본시장법 제125조 제2항의 적용은 배제된다. 자본시장법의 이러한 취지는 증권시장에 정보의 공시가 이루어지지 않아 시장에서 투자자의 인식이 없는 비상장법인이 최초로 증권을 공모하는 경우에는 예측정보공시의 남용으로 투자판단상의 혼란을 야기할 수 있으므로 이러한 위험으로부터 투자자를 보호하기 위한 것이다.

(3) 공개매수와 관련하여 예측정보가 부실표시된 경우

증권거래법은 예측정보를 공개매수신고서에도 기재 또는 표시할 수 있도록 허용하고 있었다(증권거래법21③). 그러나 손해배상책임에 관한 제14조 제1항은 준용하면서도(증권거래법25의3①), 공개매수신고서에 예측정보가 부실표시된 경우에 이에 대한 면책특례규정인 제14조 제2항을 준용하는 것을 명시하고 있지 않으므로 공개매수의 경우에는 면책특례이 적용이 배제된다고 해석하였다.

이러한 규정의 취지는 공개매수신고서에 대상회사에 대한 예측정보의 공시남용을 대상회사의 주주의 주식매도를 위한 투자판단상 혼란을 초래할 염려가 있고, 그 결과 대상회사의 경영권 이전에 따른 투자위험이 있는 점을 우려한 때문이라는 것이었다.[113] 그러나 자본시장법은 공개매수자 등의 배상책임에 관한 제142조 제2항에서 제125조 제2항과 동일한 내용의 규정을 둠으로써 입법적으로 논란을 해결하였다.

(4) 대량주식보유상황보고와 관련하여 예측정보가 부실표시된 경우

자본시장법은 공개매수의 경우와 달리 주권상장법인의 발행주식총수의 5% 이상의 취득 또는 1% 이상의 변동이 있을 경우에 금융위원회에 보고하여야 할 대량주식보유상황보고서(법

---

112) 송종준(2000), 24쪽.
113) 송종준(2000), 26쪽.

147)에는 예측정보를 기재 또는 표시할 수 있다는 근거규정을 두고 있지 않다. 이러한 규정의 태도가 예측정보의 기재 또는 표시를 금지한다는 취지인지는 분명하지 않다. 그러나 동 보고서에는 보유주식 등의 발행인에 관한 사항을 기재하도록 하고 있기 때문에(영153②(2)), 발행인에 관한 예측정보를 기재할 수 있는 여지는 있다. 그러나 그 기재가 가능하다고 하더라도 예측정보의 부실표시에 대한 면책특례를 인정하는 법령상의 명시적인 근거가 없으므로 대량주식보유보고서의 경우에는 예측정보의 부실표시에 대한 면책특례의 적용은 배제된다고 보아야 한다.

Ⅶ. 손해배상의 범위

1. 서설

증권의 모집·매출시에 그 가격이 부실표시에 의하여 분식된 경우에 증권의 취득자가 발행인 등에 대하여 청구할 수 있는 배상액은 손해배상의 일반원칙에 의하면 통상손해와 알았거나 알 수 있었을 특별한 사정으로 인한 손해인 특별손해이다(민법393, 763). 이론적으로는 부실표시가 없었다면 취득시 당해 증권이 가졌을 공정한 가격과 취득가액과의 차이이다.

그런데 증권의 공정한 가격은 그 산정이 용이하지 않다. 거래소에서 대량적·집중적으로 이루어지는 매매에 따라 형성되는 주식가격은 주식시장 내부에서의 주식물량의 수요·공급과 주식시장 외부에서의 각종 여건에 의하여 결정되는 지극히 가변적인 것이므로, 문제가 되고 있는 부실표시에 의하여 영향을 받았을 시가를 기준으로 하는 것도 문제이려니와 그 시기도 문제이다. 이와 같이 어려운 손해액의 산정책임을 증권의 취득자에게 부담시키는 것은 사실상 손해배상의 청구를 곤란하게 만든다.

따라서 자본시장법은 투자자 보호의 측면에서 투자자가 손해배상청구를 가능한 한 쉽게 할 수 있도록 발행인 등에게 무과실의 증명책임을 전환하고 있으며, 손해배상액을 법정하여 발행인 등이 인과관계의 부존재를 증명하지 못하는 한 투자자는 법정액의 손해배상을 받을 수 있게 하였다. 즉 발행인 등에 대해 손해배상을 청구하는 증권의 취득자는 증권의 취득 후의 시장가격의 하락이 신고서 또는 설명서의 부실표시에 의한 것임을 적극적으로 증명할 필요가 없다.

자본시장법은 증권의 취득가액과 경우에 따라 변론종결시의 시장가격(시장가격이 없는 경우에는 추정처분가격) 또는 변론종결 전에 증권을 처분한 경우에는 그 처분가격의 차액을 배상할 금액으로 정하고 있다(법126①). 즉 자본시장법은 차액설에 따른 손해배상으로서 배상액의 산정기준을 정하고 있다. 이와 같은 배상액법정은 손해배상의 기본원칙이 금전으로 대신할 수 있는 한 계약이 완전히 이행되었다면 또는 당해 불법행위가 없었다면 원고가 있었을 지위·상태로 원상회복하는 것이듯이 부실표시가 있는 증권신고서 또는 투자설명서의 사용이라는 사기적이고 부정한 수단에 의하여 투자자로부터 조달한 자금을 반환시키고자 하는 원상회복의 법리에 입각하고 있다.

2. 배상액의 산정

(1) 배상액의 추정

배상할 금액은 청구권자가 해당 증권을 취득함에 있어서 실제로 지급한 금액에서 다음 각 호의 어느 하나에 해당하는 금액을 뺀 금액으로 추정한다(법126①).

1. 제125조에 따라 손해배상을 청구하는 소송의 변론이 종결될 때의 그 증권의 시장가격(시장가격이 없는 경우에는 추정처분가격)
2. 제1호의 변론종결 전에 그 증권을 처분한 경우에는 그 처분가격

이와 같은 추정규정은 증권거래법에서는 존재하지 않았다. 이에 대하여 헌법재판소가 과거 증권거래법 제15조를 추정규정으로 해석하여야 한다고 결정하였다.[114] 그러나 자본시장법은 명시적으로 추정이라고 규정하고 있다.

(2) 배상액의 법정
(가) 산정기준의 문제

증권의 취득자가 부실표시를 이유로 손해배상을 청구하는 경우에 발행인 등의 부실표시와 인과관계 있는 손해는 무엇이며, 그 손해는 어떠한 방법에 의하여 금전적으로 평가할 것인가? 여기서 등장하게 되는 문제가 바로 증권의 가격은 어느 시점을 기준으로 하여 어떻게 정하는가 하는 손해액 산정시기의 문제이다. 이에 관해서는 학설·판례는 판결시, 즉 사실심구두변론종결시의 시가에 따라 산정하여야 한다는 사실심변론종결시설과 손해배상채권이 발생한 때를 기준으로 하여 그 손해액을 산정하고 그 후의 손해는 상당인과관계의 범위 내의 손해를 기산한다는 책임원인발생시설로 구분된다. 양자의 실질적인 차이는 배상청구권의 발생 후부터 변론종결시까지 생긴 가격변동을 통상손해로 하느냐 또는 특별손해로 하느냐에 있고, 전자는 그러한 가격변동을 통상손해로 함으로써 배상청구권자를 두텁게 보호하는 견해이다.

그런데 자본시장법이 정한 배상액의 산정은 원상회복에 입각하여 취득가액과 일정한 시점의 가액을 그 기준으로 삼고 있다. 이와 같은 손해액의 산정방식을 미국에서는 수정된 불법행위배상방식이라고 한다. 이것은 전통적으로 계약원칙에 기한 손해배상방식과 불법행위원칙에 기한 손해배상방식을 구별하는 것으로부터 연유한다. 미국 1933년 증권법과 1934년 증권거래

114) 헌법재판소 1996. 10. 4. 선고 94헌가8 결정.

법의 제정시에 의회는 명시적인 손해배상을 정함에 있어서 계약법과 불법행위법의 원칙을 혼합하였고, 법원은 동일한 방법을 사용함으로써 의회가 명시적인 구제를 규정하지 아니한 증권규제법의 위반에 대하여 적용할 수 있는 손해배상원칙을 형성하여 이를 적용해 오고 있다.

미국에서도 판례를 통해 전개된 다양한 손해액산정방식의 실질적인 차이는 거래 후에 발생한 당해 증권의 가치변동을 당사자 사이에 어떻게 분배할 것인가로 모아진다.

(나) 배상액법정의 성질

배상액의 산정기준을 정한 자본시장법의 규정은 증권의 취득자의 손해배상청구를 양적으로 제한한 것인가? 즉 증권의 취득자가 법정액을 넘는 손해가 있음을 증명하더라도 발행인 등은 그 이상으로 책임을 지지 않는가? 자본시장법은 통상손해와 특별손해를 구별하지 않고 획일적인 산정기준을 정하고 있다. 현실적인 출연과 현재의 전매가능가격의 차액을 획일적으로 산정·전보시키고자 하는 점에서 본다면 이것은 통상손해만을 염두에 두고 있다고 볼 수 있다.

자본시장법이 정한 손해배상책임을 불법행위의 성질을 갖는 특별한 법정책임으로 보는 한 일반법에 의한, 그 요건에 따른 손해배상청구를 방해하지는 않는다. 그러나 자본시장법에 의한 손해배상액은 그 한도를 넘을 수 없고 법정액에 제한된다고 본다. 따라서 사기에 의한 의사표시를 이유로 증권의 인수·취득가액을 취소하는 경우에는 원상회복과 신뢰이익의 배상을 청구할 수 있다. 이와는 반대로 사회적 이익관계를 안정시키기 위하여 자본시장법상의 손해배상책임규정과 관련하여 계약의 취소는 허용되지 않는다고 본다.[115]

(3) 배상액산정기준
(가) 변론종결 당시 증권을 소유한 경우

당해 증권에 관하여 소송이 제기되어 있는 경우에 배상할 금액은 청구권자가 해당 증권을 취득함에 있어서 실제로 지급한 금액(취득가액)에서 변론종결시에 있어서의 시장가격(시장가격이 없는 경우에는 추정처분가격)을 뺀 금액이다(법126①(1)). 즉 취득가액과 시장가격의 차액이다. 이 규정은 미국 1933년 증권법 제1조 제e항 (1)에 해당하는 것으로 공제하여야 할 증권가격의 산정시기가 제소시임에 비하여 자본시장법상으로는 변론종결시인 점이 다르다. 이 조항의 책임이 원상회복에 입각하고 있다는 점에서 취득가액은 모집·매출시의 취득가액에 제한된다고 본다.

자본시장법은 변론종결시의 시장가격을 배상액산정의 기초로 하고 있으므로, 비록 부실표시가 있고 증권의 취득자가 이를 발견하고 있더라도 시장가격이 유지되고 있는 한 (시장가격이 왜곡되어 있을지라도) 손해배상은 허용되지 않는다. 따라서 발행인 등이 부실표시에 의하여 분식결산을 함으로써 증권의 교환가격(예컨대 주가)을 실제가치 이상으로 부풀려 놓았으나 이 사실이 아직 일반투자자에게 알려지지 않거나 기타 사정에 의하여 그 가격이 일정 수준을 유지하

---

115) 신영무(1987), 240쪽.

는 한, 이 사실을 알고 있는 증권의 취득자는 증권을 처분함으로써 가격하락의 위험으로부터 벗어날 수밖에 없다. 이 점은 부당하다고 생각한다. 왜냐하면 증권시장의 우연한 사정이 피고의 위법행위에 대한 면죄부가 되어서는 아니 되기 때문이다.[116] 따라서 입법론상으로 진정한 증권가치를 기초로 하는 배상액산정이 요구된다. 또한 재판 외의 배상청구에도 기준을 제시할 필요가 있으므로 손해배상청구시를 기준으로 할 필요성도 있다.

그리고 자본시장법의 위반행위로 인하여 매매거래가 정지됨으로써 시장가격이 형성되지 아니하거나 증권이 최초로 발행됨으로써 시장가격이 존재하지 않는 경우에는 증권의 취득가액과 변론종결시의 추정처분가격의 차액을 손해배상액으로 한다. 그런데 증권가격은 증권시장 내·외부의 각종 여건에 따라 결정되므로 추정처분가격의 산정은 곤란한 문제를 야기할 것이다.

(나) 변론종결 전에 증권을 처분한 경우

청구권자가 변론종결 전에 해당 증권을 처분한 경우에 배상할 금액은 청구권자가 그 증권을 취득함에 있어서 실제로 지급한 금액에서 그 처분가격을 뺀 금액이다(법126①(2)). 제소 전후를 불문하고 처분가격이 기준이 되기 때문에 처분 후의 시장가격의 변동은 배상액산정에 영향을 미치지 않는다. 이 규정은 미국 1933년 증권법 제11조 제e항 (2)와 (3)에 해당하는 규정인데, 후자에 의하면 제소 후 판결 전에 제소시의 증권가치보다 고가로 처분한 때에 한하여 배상액이 감액되는 점에서 다르다.

여기서 처분가격이란 일반적으로 공개시장에서의 시장가격일 것이지만, 반드시 이에 한정되는 것은 아니고 장외시장이나 개별적인 대면거래에서의 처분가격도 이에 해당한다. 그 처분가격이 시장가격보다 저가일지라도 취득자가 신의칙에 따라 선의로 처분하였다면 그 처분방법을 불문하고 그 처분가격이 기준으로 된다. 증권시장에서의 매매거래가 정지된 경우에는 시장가격이 형성될 수 없고, 증권의 취득자가 해당 증권을 반드시 증권시장에서 처분할 의무는 없기 때문이다.

(4) 배상액의 경감 및 면책가능성

청구권자는 증권가격의 하락과 부실표시 사이에 인과관계가 있음을 증명할 필요는 없다. 만약 발행인 등의 배상책임자가 증권가격의 하락이 부실표시에 의하지 아니하였음(인과관계의

---

116) 대법원 2016. 12. 15. 선고 2015다243163 판결(일반적으로 사업보고서 등이나 감사보고서의 거짓 기재 사실이 밝혀진 이후 그로 인한 충격이 가라앉고 허위정보로 인하여 부양된 부분이 모두 제거되어 일단 정상적인 주가가 형성되면 정상주가 형성일 이후의 주가변동은 특별한 사정이 없는 한 사업보고서 등이나 감사보고서의 거짓 기재와 인과관계가 없으므로, 정상주가 형성일 이후에 주식을 매도하였거나 변론종결일까지 계속 보유 중인 사실이 확인되는 경우 구 자본시장법 제162조 제3항, 제170조 제2항이 정하는 손해액 중 정상주가와 실제 처분가격(또는 변론종결일의 시장가격)의 차액 부분에 대하여는 구 자본시장법 제162조 제4항, 제170조 제3항의 손해 인과관계 부존재의 증명이 있다고 보아야 하고, 이 경우 손해액은 계산상 매수가격에서 정상주가 형성일의 주가를 공제한 금액이 된다.

절단)을 증명하는 경우에는 그 책임을 면제·감경받을 수 있는가?

　　자본시장법 제126조 제2항은 "배상책임을 질 자는 청구권자가 입은 손해액의 전부 또는 일부가 중요사항에 관하여 거짓의 기재 또는 표시가 있거나 중요사항이 기재 또는 표시되지 아니함으로써 발생한 것이 아님을 증명한 경우에는 그 부분에 대하여 배상책임을 지지 아니한다"고 규정함으로써 손해인과관계의 증명책임을 전환하는 규정을 두고 있는데, 이 규정은 피고의 배상액에 대한 책임을 제한하는 규정으로서의 기능도 수행한다.

　　시장가격의 이상폭락, 기업재무구조의 악화 등의 경우에도 그 위험을 발행인 등의 배상책임자에게 부담시키는 것은 부당하다. 배상액을 법정한 취지는 인과관계의 증명을 불요하게 함으로써 투자자의 배상청구를 용이하게 하려는데 있는 것이지, 무관한 사유에 의한 가격하락을 전보해 주는 데 있는 것은 아니다. 따라서 배상책임자가 해당 증권의 시장가격이 부실표시 이외의 사유로 인하여 하락하였음을 증명한 때에는 그 한도에서 배상책임을 면할 수 있다고 보는 것이 타당하다.117) 예를 들면 부실표시가 밝혀지기 전의 증권가격의 하락 또는 부실표시와는 무관하게 모집·매출 후에 발생한 일반적인 경제상황, 수급관계의 변동에 의한 전반적인 시세하락이 이에 해당할 것이다. 그러나 부실표시가 밝혀지기 전에 원고가 실제가치 이상의 가격으로 주식을 매도할 가능성이 있었다고 하여 배상액을 감액해서는 안 될 것이다.

　　배상액의 경감을 인정하더라도 그 증명은 증권가격의 전반적인 급락을 초래한 경제 내·외부의 요인을 고려하고, 이에 관한 전문가의 조언 등에 의하여 이를 엄격히 제한하여 허용해야 할 것이다. 특히 발행인에 대해서는 상당한 주의의 증명뿐만 아니라 인과관계의 부존재의 증명을 제한함으로써 발행공시책임이 발행인에게는 무과실책임의 기능을 수행할 수 있을 것이다.

　　그리고 손해발생과 관련하여 배상청구권자에게 과실이 있는 경우에는 과실의 정도에 따른 과실상계도 허용된다.118)

(5) 책임의 분배

(가) 부진정연대책임

　　미국의 1933년 증권법 제11조 제f항은 배상책임자 사이의 관계는 연대책임을 지고 계약이

---

117) 신영무(1987), 240쪽.
118) 대법원 2007. 10. 25. 선고 2006다16758 판결(허위공시 등의 위법행위로 인하여 주식 투자자가 입은 손해의 배상을 구하는 사건에 있어서 자금사정이나 재무상태에 문제가 있다는 점이 알려진 회사의 주식을 취득하였다는 사정은 투자자의 과실이라고 할 수 없고, 또한 재무상태가 공시내용과 다르다는 사실이 밝혀진 후 정상주가를 형성하기 전까지 주가가 계속 하락하였음에도 그 중간의 적당한 때에 증권을 처분하지 아니하고 매도를 늦추어 매도가격이 낮아졌다는 사정은 장래 시세변동의 방향과 폭을 예측하기 곤란한 주식거래의 특성에 비추어 특별한 사정이 없는 한 과실상계의 사유가 될 수 없을 뿐만 아니라, 정상주가가 형성된 이후의 주가변동으로 인한 매도가격의 하락분은 일반적으로 허위공시와의 인과관계 자체를 인정할 수 없어 손해배상의 대상에서 제외될 것이고 그 경우 그 주가변동에 관한 사정은 손해에 아무런 영향을 주지 못하므로 이 단계에서 주식의 매도를 늦추었다는 사정을 과실상계의 사유로 삼을 수도 없다).

있는 경우에 준하여 구상권을 갖는다고 규정하고 있다.

자본시장법은 발행인 등이 부실표시에 대하여 연대책임을 지는가에 관하여 명문의 규정을 두고 있지 않다. 일반적으로 법률이 다수인에게 객관적으로 동일한 배상책임을 인정하는 경우에 특히 연대책임으로 한다는 규정이 없는 경우에는 일반적으로 부진정연대채무가 있는 것으로 해석한다. 따라서 발행공시책임은 부진정연대책임으로 본다.

(나) 구상권과 부담부분

명문규정이 없더라도 자본시장법의 배상책임을 부진정연대책임으로 보는 한 배상책임자의 한 사람이 그 손해의 전액을 배상한 경우에는 다른 공동책임자에게 그 부담할 책임에 따라 구상권을 행사할 수 있다. 구상권을 인정하는 것이 공평할 뿐만 아니라 다른 배상책임자의 완전한 면책가능성을 줄임으로써 장래의 법규위반행위를 방지하는 것이 사회질서에 합치하기 때문이다.

부담부분은 형평을 기하고 부실표시의 발생을 방지하기 위해서 각 사안에 따라 책임자의 유책성, 공시의무에 관한 관여도의 정도를 고려한 규범적 판단에 의하여 결정되어야 할 것이다. 인수인 사이에 인수부분이 정해져 있는 경우에는 이에 따라야 할 것이다. 이것이 불가능한 경우에 부담부분은 균등한 것으로 추정한다(민법424).

(6) 배상청구권의 소멸

(가) 제척기간

자본시장법 제125조에 따른 배상의 책임은 그 청구권자가 해당 사실을 안 날부터 1년 이내 또는 해당 증권에 관하여 증권신고서의 효력이 발생한 날부터 3년 이내에 청구권을 행사하지 아니한 경우에는 소멸한다(법127).

이와 같이 단기의 청구권 소멸규정을 둔 취지는 발행공시책임은 법이 특히 인정하는 책임이므로 법률관계를 장기간 불확정한 상태로 방치하는 것이 부적당하고, 불특정한 다수인과의 분쟁을 조기에 해결하며, 증권의 유통을 조기에 안정시킬 필요가 있기 때문이다. 따라서 위 기간은 소멸시효 규정이 아니라 제척기간 규정이다. 법문상으로도 "시효로 인하여 소멸한다"고 규정되어 있지 아니한 점도 제척기간을 정한 규정으로 보아야 한다. 이 기간은 권리를 재판상 행사하여야 하는 제척기간이며, 시효의 중단·정지의 문제는 발생하지 않는다.

청구권자가 해당 사실을 안 날은 청구권자가 증권신고서 등의 중요사항에 관한 부실표시의 사실을 현실적으로 인식한 때이고, 일반인이 부실표시 사실을 인식할 수 있는 정도라면 특별한 사정이 없는 한 청구권자도 그러한 사실을 현실적으로 인식하였다고 보아야 한다. 또한 단순히 손해발생 사실을 안 것으로는 부족하고 부실표시가 불법행위이고 이를 이유로 손해배상청구를 할 수 있다는 사실까지를 안 것을 의미한다.

(나) 기산일

제척기간이 단기이며 증권의 취득자는 부실표시를 알기 위하여 상당한 주의를 다하여야 할 의무는 없으므로 1년의 기간은 청구권자가 그 사실을 현실적으로 안 날로부터 기산한다. 3년의 기간은 증권신고서의 효력이 발생한 날로부터 기산하지만, 증권신고서의 효력이 이미 발생하고 있더라도 정정신고서가 제출된 때에는 그 정정신고서가 수리된 날에 증권신고서가 수리된 것으로 보기 때문에(법122⑤) 3년의 기간은 이 수리일로부터 일정한 기간이 경과한 날로부터 기산한다(법120①).

Ⅷ. 증권관련 집단소송

1. 증권관련 집단소송의 의의 및 입법취지

"증권관련 집단소송"이란 증권의 매매 또는 그 밖의 거래과정에서 다수인에게 피해가 발생한 경우 그중의 1인 또는 수인(數人)이 대표당사자가 되어 수행하는 손해배상청구소송을 말한다(증권관련 집단소송법2(1)). 증권관련 집단소송법("법")상의 증권관련 집단소송은 제외신고를 하지 아니한 구성원 전체에 기판력이 미치고 소송이익이 피해자 구성원 전체에 귀속된다는 점에서 선정당사자제도와 같으나 대표당사자는 미국의 Class Action과 같이 피해자 구성원의 선정행위 없이 소송을 수행한다는 점에서 선정당사자와 다르다. 1997년 외환위기가 발생하자 그 원인 중 하나가 기업지배구조의 불투명성이라는 진단이 있었고, 당시 외환위기를 극복하기 위하여 진행되었던 IMF 등과의 차관협상에서 차관제공의 조건으로 증권 분야에 집단소송을 도입할 것을 강력히 권유받자 각계에서 기업의 경영투명성 확대를 위한 주요 정책으로 증권관련 집단소송의 도입을 주장하여 증권관련 집단소송법이라는 이름으로 입법하게 되었는데 증권시장에서 발생하는 기업의 분식회계·부실감사·허위공시·주가조작·내부자거래와 같은 각종 불법행위로 인하여 다수의 소액투자자들이 재산적 피해를 입은 경우, 민사소송법상의 선정당사자제도나 상법상의 주주대표소송(상법403)으로는 소액투자자들이 손해배상청구의 소를 제기하기 어려울 뿐만 아니라 다수의 중복소송으로 인하여 기판력이 서로 저촉될 우려가 있으므로 소액투자자들의 집단적 피해를 보다 효율적으로 구제할 수 있도록 함과 동시에 기업경영의 투명성을 높이려는데 입법취지가 있다.[119]

---

119) 강현중(2005), "증권관련집단소송법에 관한 연구", 법학논총 제17집(2005. 2). 40-41쪽.

2. 증권관련 집단소송제도 개관

(1) 개념의 정의

(가) 총원

"총원"이란 증권의 매매 또는 그 밖의 거래과정에서 다수인에게 피해가 발생한 경우 그 손해의 보전에 관하여 공통의 이해관계를 가지는 피해자 전원을 말한다(법2(2)). 총원의 범위는 피해기간(불법행위일부터 그 불법행위가 공표되기 전까지의 기간: class period), 증권 발행법인, 증권의 종류, 거래행위 유형 등의 요소를 고려하여, 법원에 의하여 최종 확정된다(법15②(4) 및 법27).

총원의 범위와 관련하여 피해기간 내에 증권을 취득하였다가 그 기간 내에 다시 처분한 사람도 총원에 포함되는지가 문제된다. 예컨대 시세조종으로 인한 피해기간 중 주식을 취득한 사람이 시세조종 사실이 밝혀지기 전에 그 주식을 처분한 경우 그 사람은 시세조종으로 인하여 형성된 가격에 기초하여 주식을 취득하였지만 여전히 시세조종으로 인하여 형성된 가격에 주식을 처분한 것이므로 시세조종으로 인한 실질적인 피해는 없었던 것으로 볼 수도 있기 때문이다. 그러나 불법행위 일반론에 의하면 불법행위로 인한 손해는 불법행위가 있었던 시점에 발생하는 것이므로 시세조종으로 인한 피해기간 중에 주식을 취득한 사람에게는 주식 취득시점에 손해가 발생하는 것이고, 그 후 그 주식을 처분한 시점이 시세조종이 밝혀지기 전인지 및 처분가격이 얼마인가는 손해액의 산정에서 고려되어야 할 문제이므로, 위와 같은 경우는 총원에는 포함된다고 보아야 할 것이다.[120]

(나) 구성원

"구성원"이란 총원을 구성하는 각각의 피해자를 말한다(법2(3)). 총원이 구성원들의 집합체로서 피해기간, 청구의 원인이 되는 불법행위, 증권의 종류, 거래행위 유형 등에 의하여 그 범위를 정하는 추상적인 개념임에 반하여, 구성원은 총원을 구성하는 각각의 피해자로서 개별적인 특정이 가능한 구체화된 총원 개개인이라고 할 것이다. 증권관련 집단소송법은 총원에 대하여는 그 범위만 정하도록 하고 있을 뿐이고, 나머지 모든 절차는 특정된 구성원을 전제로 규율하고 있다. 즉 구성원의 대표당사자 선임신청(법10③), 소송허가요건으로 구성원이 50인 이상이고 구성원의 보유 유가증권의 합계가 발행증권총수의 1만분의 1 이상일 것(법12①), 구성원에 대한 고지(법18②), 구성원의 제외신고(법28), 구성원의 권리신고(법49) 등이 그것이다.

(다) 대표당사자

"대표당사자"란 법원의 허가를 받아 총원을 위하여 증권관련 집단소송 절차를 수행하는 1인 또는 수인의 구성원을 말한다(법2(4)). 대표당사자는 제외신고를 하지 아니한 구성원들의 명

---

120) 전원열(2005), "증권관련집단소송법 해설", 인권과정의 제345호(2005. 5), 70쪽.

시적인 위임 없이도 권리의무에 관한 소송수행권을 가진다는 점에서 특수한 유형의 제3자의 소송담당의 지위에 있다.

(2) 적용대상

증권관련 집단소송의 소는 ⅰ) 자본시장법 제125조(거짓의 기재 등으로 인한 배상책임)에 따른 손해배상청구, ⅱ) 자본시장법 제162조(거짓의 기재 등에 의한 배상책임, 다만 제161조에 따른 주요사항보고서의 경우는 제외)에 따른 손해배상청구, ⅲ) 자본시장법 제175조(미공개중요정보 이용행위의 배상책임), 제177조(시세조종의 배상책임) 또는 제179조(부정거래행위 등의 배상책임)에 따른 손해배상청구, ⅳ) 자본시장법 제170조(회계감사인의 손해배상책임)에 따른 손해배상청구에 한정하여 제기할 수 있다(법3①). 다만, 이러한 손해배상청구는 자본시장법상 주권상장법인이 발행한 증권의 매매 또는 그 밖의 거래로 인한 것이어야 한다(법3②).

(3) 증권관련 집단소송절차

(가) 소의 제기 및 대표당사자의 결정

대표당사자가 되기 위하여 증권관련 집단소송의 소를 제기하는 자는 소장과 소송허가신청서를 법원에 제출하여야 한다(법7①). 법원은 소장과 소송허가신청서가 제출된 사실을 한국거래소에 즉시 통보하여야 하며, 한국거래소는 그 사실을 일반인이 알 수 있도록 공시하여야 한다(법7④). 법원은 소장 및 소송허가신청서를 접수한 날부터 10일 이내에 ⅰ) 증권관련 집단소송의 소가 제기되었다는 사실, ⅱ) 총원의 범위, ⅲ) 청구의 취지 및 원인의 요지, ⅳ) 대표당사자가 되기를 원하는 구성원은 공고가 있는 날부터 30일 이내에 법원에 신청서를 제출하여야 한다는 사실을 공고하여야 한다(법10①). 법원은 증권관련 집단소송의 소가 제기되었다는 사실을 공고한 날로부터 50일 이내에 제7조 제1항에 따라 소를 제기하는 자와 제1항 제4호에 따라 신청서를 제출한 구성원 중 법 제11조(대표당사자 및 소송대리인의 요건)에 따른 요건을 갖춘 자로서 총원의 이익을 대표하기에 가장 적합한 자를 대표당사자로 선임하는 결정을 하여야 한다(법10④).

(나) 소송허가절차

증권관련 집단소송 사건은 ⅰ) 구성원이 50인 이상이고, 청구의 원인이 된 행위 당시를 기준으로 그 구성원이 보유하고 있는 증권의 합계가 피고회사의 발행증권총수의 1만분의 1 이상일 것, ⅱ) 제3조(적용범위) 제1항 각 호의 손해배상청구로서 법률상 또는 사실상의 중요한 쟁점이 모든 구성원에게 공통될 것, ⅲ) 증권관련 집단소송이 총원의 권리 실현이나 이익 보호에 적합하고 효율적인 수단일 것, ⅳ) 제9조(소송허가신청서의 기재사항 및 첨부서류)에 따른 소송허가신청서의 기재사항 및 첨부서류에 흠이 없을 것의 요건을 갖추어야 한다(법12①). 대표당사자는 소송허가 신청의 이유를 소명하여야 한다(법13①). 그런데 법원은 단순히 제기된 사실의 소명에 그치지 않고 본안에 준해서 실질적으로 심사하려는 경향이 있는 것으로 보인다. 그러나 집단소송에 참여하지 않는 투자자들에게 미치는 기판력의 효과를 고려하더라도 집단소송의 허가절차를 사실상 본안에 준해서 지나치게 엄격하게 운용하는 것은 바람직하지 않다. 남소를 우려하는 입장이 있지만 증권관련 집단소송법이 시행된 이후 10년 지난 지금까지 제기된 증권관련 집단소송이 몇 건에 불과한 것에 비추어 보면, 우리나라의 경우에는 남소를 우려할 상태가 아니고 집단소송제도의 도입 취지를 살려 집단소송 등 민사적 구제수단의 강화를 추진해야 할 상황이 아닌가 생각한다.[121] 법원은 소를 제기하는 자와 피고를 심문하여 증권관련 집단소송의 허가 여부에 관하여 재판을 하며(법13②), 필요한 경우에는 감독기관으로부터 손해배상청구 원인행위에 대한 기초조사 자료를 제출받는 등 직권으로 필요한 조사를 할 수 있다(법13③).

미국의 경우 일단 허가가 이루어지면 막대한 손해배상과 주가하락 및 소송비용부담을 우려한 피고 회사에 의하여 화해안이 제시되어 화해가 이루어지는 것이 대부분인데, 우리나라의 경우에도 그렇게 될 가능성이 어느 정도는 있다. 그러므로 이 허가신청절차는 어떤 의미에서는 본안절차보다 더 중요하다고 할 수 있다. 따라서 법원으로서는 허가신청에 대하여 신속하고도 정확한 판단을 내릴 필요가 있다.[122]

(다) 소송절차

법원은 필요하다고 인정할 때에는 직권으로 증거조사를 할 수 있고(법30), 구성원과 대표당사자를 신문할 수 있다(법31). 손해배상액의 산정에 관하여 자본시장법이나 그 밖의 다른 법률에 규정이 있는 경우에는 그에 따른다(법34①). 그러나 법률의 규정이나 증거조사를 통하여도 정확한 손해액을 산정하기 곤란한 경우에는 여러 사정을 고려하여 표본적·평균적·통계적 방법 또는 그 밖의 합리적인 방법으로 손해액을 정할 수 있다(법34②). 증권관련 집단소송의 경우 소의 취하, 소송상의 화해 또는 청구의 포기는 법원의 허가를 받지 아니하면 효력이 없다(법35①). 상소의 취하 또는 상소권의 포기에 관해서도 법원의 허가를 받아야 한다(법38). 확정판결은 제외신고를 하지 아니한 구성원에 대하여도 그 효력이 미친다(법37).

(라) 분배절차

분배에 관한 법원의 처분·감독 및 협력 등은 제1심 수소법원의 전속관할이다(법39). 법원은 직권으로 또는 대표당사자의 신청에 의하여 분배관리인을 선임하여야 한다(법41①). 분배관리인은 분배계획안을 작성하여 법원에 제출하여야 하며(법42①), 법원은 분배계획안이 공정하고 형평에 맞는다고 인정하면 결정으로 이를 인가하여야 한다(법46①). 증권관련 집단소송법이 정하는 분배절차를 요약하면, 판결절차에서의 손해산정은 집단을 전제로 총액 개념으로 산정하고(개별적인 구성원 및 권리내역은 검토하지 않는다), 구성원의 개별적인 몫은 구성원의 권리신

---

121) 김홍기(2012), "우리나라 증권관련집단소송의 현황과 개선과제", 경제법연구 제11권 제2호(2012. 12), 80쪽.
122) 전원열(2005), 77쪽.

고를 받아 결정한 후 별도의 분배절차에 의하여 결정한다는 것이다. 즉 증권관련 집단소송법은 기본적으로 개별 집행을 금지하고 대표당사자만을 집행권원의 주체로 하고 있다. 또한 이 법은 법원에 의하여 선임되는 분배관리인이라는 제도를 두고 있어, 이 분배관리인이 분배계획안을 작성하여 법원으로부터 인가를 받도록 하고 있다. 구성원은 분배계획안이 정하는 바에 따른 권리신고를 하고, 관리인은 이를 확인하여야 하며, 관리인은 분배기간 경과 후 분배보고서를 법원에 제출하고, 종료 후에는 분배종료보고서를 제출하여야 한다. 이러한 분배절차는 파산절차나 회사 회생절차와 유사하다고 할 수 있다.[123]

3. 증권관련 집단소송에서의 소송허가

(1) 서설

증권관련 집단소송은 민사소송과 달리 소송허가를 받아야 소송이 유지될 수 있다. 따라서 소송이 불허가되면 소제기가 없는 것으로 보아서 소송대리인의 선임, 소장의 제출, 인지액의 납입등 일련의 소송행위는 그 효력을 상실한다. 그러므로 소를 제기하는 자나 그 소송대리인은 소송불허가 결정이 나면 경제적, 시간적 손해를 입게 되므로 소송허가를 받기 위하여 노력할 것이고, 한편 소송허가결정이 확정되면 피고도 상당한 배상금을 지급할 가능성이 있기 때문에 소송불허가 결정을 이끌어 내기 위하여 노력한다. 소송허가신청의 개략적인 절차는 다음과 같다. 먼저 대표당사자가 되기 위하여 소를 제기하는 자는 소장과 소송허가신청서를 동시에 법원에 제출하여야 하고, 소장 및 소송허가신청서가 제출된 사실을 법원이 한국거래소 등에 즉시 통보하여 일반인이 알 수 있도록 하였다. 그리고 법원은 소송허가신청의 이유를 대표당사자로 하여금 소명하도록 함으로써 허가신청사유의 타당성을 판단하여 소송허가 여부를 결정한다. 그리고 법원은 대표당사자가 되기 위하여 신청한 자 중에서 총원의 이익을 가장 적절히 대표하는 자를 대표당사자로 선임한다. 소송허가신청이 경합된 경우에는 병합처리하고, 소송허가결정을 할 때에는 소송비용의 예납을 명하며, 허가결정이 확정된 때에는 구성원에게 그 사실을 지체 없이 고지하여야 한다. 허가결정에 불복하는 피고와 불허가결정에 불복하는 대표당사자는 모두 즉시항고를 할 수 있다.[124]

(2) 소송허가의 기본구조

(가) 허가의 구조

증권관련 집단소송은 먼저 법원이 허가 여부를 심리하여 허가결정을 한 후 비로소 본안심

---

123) 전원열(2005), 80쪽.
124) 최정식(2008), "증권관련집단소송법의 개선방안에 관한 고찰", 저스티스 통권 제102호 한국법학원(2008. 2), 158-159쪽.

리를 하게 된다. 즉 대표당사자가 되기 위하여 증권관련 집단소송을 제기하는 자는 소장과 소송허가신청서를 함께 법원에 제출하여야 하고(법7①), 법원은 이를 공고하여 일정한 절차에 따라 대표당사자를 선정한 다음(법10), 대표당사자와 소송대리인 요건(법11) 및 소송허가 요건(법12)을 충족하는 경우에 소송허가 결정을 하며(법15), 법원의 허가결정이 있은 후에 본안심리에 착수한다. 따라서 법원의 심리대상은 허가 전에는 집단소송의 허가 여부이고, 허가 이후에는 본안의 당부이다.

소송허가절차와 본안소송절차의 두 기능과 관련하여 이를 별개의 법원에 담당시킬 것인가, 아니면 동일한 법원에 담당시킬 것인가 하는 것이 문제된다. 이원주의적 구조를 취하는 경우 심리의 중복을 야기하는 등 소송경제상 비효율적이므로, 증권관련 집단소송법은 일원적 허가신청절차를 채택하고 있다. 따라서 허가법원과 수소법원을 동일한 법원이 담당하게 되므로 집단소송을 제기하는 자는 제소와 함께 같은 법원에 소송허가신청서도 제출하게 되고 법원은 허가 여부를 먼저 심리하여 허가결정을 한 후 비로소 본안심리에 착수한다.[125]

(나) 허가의 목적

법원의 허가를 먼저 받도록 한 것은 집단소송의 특성상 법원에 적절한 판단재량을 부여하여 남소를 방지하기 위한 것이다. 이 목적을 살리기 위하여 증권관련 집단소송법은 대표당사자, 소송대리인 및 소송사건에 관한 허가요건(법11 및 법12)을 규정하고, 이를 법원으로 하여금 판단하도록 하고 있다. 소송허가제도는 원고측은 물론 피고의 이해에도 영향을 미치는 절차이다. 따라서 대표당사자에게 반드시 소송허가신청의 이유를 소명하도록 하고(법13①), 대표당사자뿐만 아니라 피고도 심문함으로써(법13②), 피고로 하여금 스스로 제소에 따른 불이익을 방어할 수 있도록 하고 있다. 왜냐하면 피고는 집단소송의 제기만으로도 사회적·경제적 신뢰에 막대한 타격을 입을 우려가 있기 때문이다. 이러한 의미에서 소송허가절차는 원래 집단소송의 남용을 막는데 그 목적이 있지만, 이와 더불어 피고의 이익을 보호하는 데도 그 취지가 있다고 본다.[126]

(3) 소송허가요건

(가) 의의

증권관련 집단소송법은 허가요건으로 대표당사자, 소송대리인, 소송사건에 관한 각 요건을 규정하고 이를 갖출 것을 요구하고 있다(법11 및 법12). 즉 소송허가를 받으려면 대표당사자에게는 총원의 이익을 위한 공정하고 적절한 대표성(법11①)을, 소송대리인에게도 총원의 이익을 위한 공정하고 적절한 대리(법11②)를, 소송사건에 관하여는 다수성·공통성·적합성 등의

---

125) 박휴상(2005), "증권관련 집답소송상 소송허가제도에 관한 고찰", 법학논총 제25집(2005. 12), 225-226쪽.
126) 박휴상(2005), 226쪽.

요건(법12)이 충족되어야 한다. 소송허가는 원고와 피고 쌍방의 이해관계에 직접적으로 영향을 미치는 중요한 절차이므로 증권관련 집단소송법은 소송허가요건의 충족 여부를 신중히 판단할 수 있도록 직권주의를 강화하고 있다. 대표당사자에게 반드시 소송허가신청의 이유를 소명하도록 하고 있으며(법13①), 법원으로 하여금 소를 제기한 자뿐만 아니라 피고에 대하여도 반드시 심문하도록 하고(법13②), 직권으로 필요한 조사를 할 수 있도록 함으로써(법13③) 소송허가요건의 충족 여부를 신중히 결정하도록 하고 있다.

(나) 대표당사자의 요건

대표당사자가 되고자 하는 자는 소장과 소송허가신청서를 법원에 제출하게 되는데(법7①), 대표당사자는 소송허가신청서에 일정한 사항을 진술한 문서를 첨부하여야 한다(법9②). 대표당사자는 구성원 중 그 집단소송으로 인하여 얻을 수 있는 경제적 이익이 가장 큰 자 등 총원의 이익을 공정하고 적절히 대표할 수 있는 구성원이어야 하며(법11①), 최근 3년간 3건 이상의 증권관련 집단소송에 대표당사자로 관여하였던 자는 증권관련 집단소송의 대표당사자가 될 수 없다(법11③).

대표당사자는 직접 집단소송에 참여하지 않는 구성원의 소송 담당자로서 그들의 이익을 대변하는 기능을 수행하여야 하므로 총원의 이익을 공정하고 적절히 대표할 수 있는 구성원이어야 함은 당연하다. 다만 어떠한 구성원이 총원의 이익을 공정하고 적절히 대표할 수 있는 자인지는 구체적인 사정을 종합하여야 판단할 수 있을 것인바, 증권관련 집단소송법은 그 일응의 기준으로 "경제적 이익이 가장 큰 자"를 제시하고 있다. 최근 3년간 3건 이상의 증권관련 집단소송에 대표당사자로 관여한 자를 대표당사자에서 배제하는 이유는 증권관련 집단소송을 전문적으로 수행하는 직업적 원고(professional plaintiff)의 출현을 방지하기 위한 것이다. 그러나 3년간 3건의 제한은 소송대리인의 범위에 제한으로 작용될 수 있으며, 강력한 제소억제장치로 작용할 염려가 있다. 이는 증권관련 집단소송의 남용방지가 아니라 지나친 제한이라는 비판을 받을 수 있다. 따라서 그 제한을 완화하는 것이 필요하다는 견해가 있다.[127)128)]

구성원의 이익을 공정하고 적절하게 보호하려는 대표당사자의 능력과 의지에 따라 대표당사자의 적절성 여부가 가려질 것이다. 따라서 대표당사자는 성실하게 소송을 수행하여야 함은 물론 효율적으로 변호사를 감독하여야 한다. 그러므로 대표당사자는 최소한 당해 사건의 사실

---

127) 신종석(2009), "증권관련집단소송에 관한 연구", 법학연구 제34집(2009. 5), 212쪽.
128) 이와 같은 규정은 우리나라의 현실에 부합하지 못하고 증권관련 집단소송의 제기를 억제하고 있다. 우리나라에서는 증권시장 등 전문적인 영역에서 소액투자자들을 대리할 수 있는 전문성을 갖춘 변호사들은 많지가 않다. 전문성이 있는 대부분의 변호사들은 금융회사나 대규모 투자자들을 위해서 일하고 있으며, 장기간의 소송기간을 감내하고 스스로 소송비용을 부담하면서까지 소액투자자들을 대리할 수 있는 소송대리인은 극히 한정적이다. 또한 증권관련분야에 대한 전문성을 함양할 기회가 위 규정으로 인하여 제한되는 부작용이 있다.

및 법률적인 기본 쟁점은 파악해야 하고 변호사와 잦은 접촉을 통하여 소송의 흐름을 파악하여야 한다. 그렇다고 하더라도 대표당사자가 사건의 사실적, 법률적인 쟁점을 세세하고 정확하게 알고 있어야 할 필요까지는 없다. 이처럼 대표당사자는 사건에 대한 기본적인 지식과 최소한의 감시능력을 가져야 하므로, 당해 소송의 청구취지와 원인을 전혀 알지 못하거나, 대표당사자의 의무를 소홀히 하면 그는 대표당사자로서 부적절하다. 이와 같은 대표당사자의 적절성은 대표당사자를 선임할 때에 한정되지 않고, 소송을 수행하는 과정에서도 필요하다.129)

증권관련 집단소송은 대표당사자가 다수의 피해자를 대표하여 소송을 제기하는 것이고, 남소를 방지하기 위해서 소송허가절차가 있음을 감안하여 대표당사자의 제소에 따른 위험을 줄여주기 위한 특칙이 필요하다. 현행과 같이 5,000만 원까지 부담하도록 하고 있는 인지대의 상한을 낮추고, 고지비용과 공고비용을 줄이기 위해서 현행과 같이 고지와 공고를 병행하도록 하고 있는 것을 선택적으로 행할 수 있도록 하는 등 소송비용을 줄이기 위한 제도개선과 더불어 대표당사자가 패소하는 경우에도 선의로 소송을 제기한 경우에는 소송비용의 부담을 하지 않도록 하는 특칙 마련이 필요하다는 견해가 있다.130)

(다) 소송대리인의 요건

증권관련 집단소송의 원고와 피고는 변호사를 소송대리인으로 선임하여야 한다(법5①). 변호사강제주의를 채택한 것은 증권관련 집단소송의 공익적·전문적 성격을 감안한 것으로, 집단소송의 대표당사자는 비록 자신이 변호사로서의 자격이 있다 하더라도 스스로 집단의 소송대리인이 될 수는 없으며, 반드시 타인을 변호사로 선임하여야 한다. 또한 원고가 소송대리인을 선임하지 않는다면 법원은 소송불허가 결정을 하면 되겠지만, 피고가 소송대리인을 선임하지 않는 경우에는 문제이다. 피고가 소송대리인을 선임하지 않는다는 이유로 절차를 진행하지 않는다면 이는 원고측에게 부당한 불이익을 부과하는 것이므로, 법원으로서는 소송대리인의 선임을 촉구하는 등의 조치를 취하여도 피고가 계속 소송대리인을 선임하지 않는다면 피고의 소송대리인이 없는 상태로 절차를 진행할 수밖에 없을 것이다.

증권관련 집단소송의 대상이 된 증권을 소유하거나, 그 증권과 관련된 직접적인 금전적 이해관계가 있는 등의 사유로 이 법에 따른 소송절차에서 소송대리인의 업무를 수행하기에 부적절하다고 판단될 정도로 총원과 이해관계가 충돌되는 자는 증권관련 집단소송의 원고측 소송대리인이 될 수 없다(법5②).

한편 소송의 특성을 감안하여 원고측 소송대리인에게 다음과 같은 일정한 자격을 요구한

129) 김성태(2010), "증권관련 집단소송에 있어서 대표당사자에 대한 연구", 숭실대학교 법학논총 제24집(2010. 7), 205쪽.
130) 김주영(2007), "증권관련집단소송제의 미활성화, 그 원인, 문제점 및 개선방안", 기업지배구조연구win-ter(2007), 63쪽.

다. 원고측 소송대리인은 총원의 이익을 공정하고 적절하게 대표할 수 있어야 한다(법11②). 소송대리인에게 이 요건을 요구한 것은 소송대리인이 실제로 소송을 주도하게 될 것임을 고려한 것이며, 소송허가신청서에 소송대리인의 경력을 기재하도록 규정(법9①(5))한 것도 이 요건을 판단함에 있어 참작하기 위한 것이다.[131] 또한 과거 대부분의 미국 법원들은 가장 먼저 소장을 제출하는 변호사를 집단의 대표변호사로 선정한 바 있는데, 이러한 관례에 대하여 불충분한 조사에도 불구하고 소를 제기하도록 하는 것으로 소장을 먼저 제출하는 것이 변호사의 대표성을 나타내는 충분한 장치가 될 수 없다는 강력한 비판이 제기되어 결국 대표당사자로 하여금 법원의 승인하에 집단을 대표할 변호사를 선정할 수 있도록 함으로써 최초로 소장을 제출한 변호사가 궁극적으로 집단의 변호사가 될 것이라는 점을 부정하고, 법원의 심사를 통하여 공정하고 적절하게 집단을 대표할 수 있는 변호사를 선정하도록 한 것이다.[132]

(라) 소송사건의 요건

증권관련 집단소송 사건은 다음과 같은 소송허가요건을 구비하여야 한다(법12①). 첫째, 구성원이 50인 이상이고(다수성), 둘째, 제3조 제1항 각호의 손해배상청구로서 법률상 또는 사실상의 중요한 쟁점이 모든 구성원에게 공통되어야 하며(공통성), 셋째, 증권관련 집단소송이 총원의 권리실현이나 이익보호에 적합하고 효율적인 수단이어야 하고(적합성), 넷째, 제9조 규정에 의한 소송허가신청서의 기재사항 및 첨부서류에 흠결이 없을 것을 요구하고 있다.

다수성 요건과 관련, 구성원이 50인 이상이고, 청구의 원인이 된 행위 당시를 기준으로 그 구성원이 보유하고 있는 증권의 합계가 피고 회사의 발행 증권 총수의 1만분의 1 이상이어야 한다(법12①(1)). 다만 증권관련 집단소송의 소가 제기된 후 구성원이 50인 미만으로 감소하거나 구성원의 보유 유가증권의 합계가 1만분의 1 미만으로 감소하는 경우에도 제소의 효력에는 영향이 없다(법12②). 공통성 요건 관련, 증권관련 집단소송 사건은 제3조 제1항 각호의 손해배상청구로서 법률상 또는 사실상의 중요한 쟁점이 모든 구성원에게 공통되어야 한다(법12①(2)). 공통성을 판단함에 있어서는 한가지의 중요한 공통문제만 있으면 충분하지만, 이러한 공통된 쟁점은 공통되지 아니한 문제들보다는 비중이 훨씬 커야 할 것이다. 그리고 법문상 "제3조 제1항의 손해배상청구"라고 명시하고 있으므로 집단소송의 대상이 되는 각각의 손해배상청구별로 공통성이 요구된다고 할 것이다. 적합성 요건 관련, 증권관련 집단소송은 총원의 권리실현이나 이익보호에 적합하고 효율적인 수단이어야 한다(법12①(3)). 이 적합성은 증권관련 집단소송에 의하는 것이 각 피해자의 개별소송, 공동소송이나 선정당사자제도에 의한 소송보다 총원의 피해구제에 적합하고 효율적인 수단이어야 한다는 것을 의미한다. 집단 구성원의 수가 50인 이상

---

131) 법무부(2001), 「증권관련집단소송법 시안 해설」(2011. 11).
132) 강현중(2005), 59쪽.

이어서 다수성의 요건을 충족한다고 하더라도 증권관련 집단소송에 의하는 것보다 피해자 각
자가 개별소송이나 공동소송에 의하는 것이 오히려 피해구제에 적합할 때에는 이 요건을 충족
하지 못하게 된다. 그러므로 이 요건은 위 다수성·공통성의 요건을 포괄하여 집단소송의 본질
적·실질적 요건을 제시한 것으로서, 이를 판단함에 있어서는 집단 구성원수에 관계없이 공동
소송으로 소송진행을 하는 것이 적합하지 못할 정도로 상당한 다수인지, 대표당사자의 청구가
집단 구성원들의 청구와 비교하여 전형적인 것인지 등을 고려해야 할 것이다. 위 다수성·공통
성·적합성의 요건 외에 소송허가신청서의 기재사항 및 첨부서류에 흠결이 없을 경우 증권관련
집단소송의 소송허가요건을 모두 갖추게 된다(법12①(4)).

(4) 소송허가절차

(가) 허가절차

증권관련 집단소송에 대한 법원의 허가절차는 결정으로 신속히 처리되는 재판이므로 반드
시 구두변론을 필요로 하는 것은 아니다(민사소송법134). 그러나 이 재판은 본안소송을 심리하
기 위한 요건으로서, 원고를 비롯한 집단 구성원이나 피고 쌍방의 이해와 직접적으로 관계되는
중요한 절차이므로 증권관련 집단소송법은 이에 관하여 직권주의를 강화하고 있다. 대표당사
자는 반드시 소송허가신청의 이유를 소명하여야 한다(법13①). 집단 구성원들 대부분이 허가절
차에 관여하지 않기 때문에 대표당사자로 하여금 신청이유를 소명하도록 한 것이다. 이는 증명
이 아니라, 소명이므로 소명방법으로 제출한 서증은 원본이 아닌 사본이라도 그 증거능력을 부
인할 수 없다. 또한 증권관련 집단소송을 허가할 것인지 여부에 관한 재판을 함에 있어서 법원
은 소를 제기한 자뿐만 아니라 반드시 피고에 대하여도 심문하지 않으면 안 된다(법13②). 이때
소를 제기한 자와 대표당사자로 선임된 자가 다를 수 있으므로, 소를 제기한 자 이외의 자가
대표당사자로 선임된 경우에는 그 대표당사자를 심문할 수 있도록 하였다(증권관련집단소송규칙
제8조, 이하 "규칙"이라 한다). 이와 같이 피고를 반드시 심문하도록 한 것은 일단 집단소송이 제
기되면 피고의 사회적, 경제적 신뢰 등에 큰 타격을 가할 염려가 있기 때문에 피고를 심문하여
불이익을 방어할 수 있는 기회를 주기 위한 것이다. 법원은 집단소송의 허가 여부의 재판을 함
에 있어서 손해배상청구의 원인이 되는 행위를 감독·검사하는 기관으로부터 손해배상청구 원
인행위에 대한 기초조사 자료를 제출받는 등 직권으로 필요한 조사를 할 수 있다(법13③). 이와
같은 원고의 소명자료, 당사자심문 및 직권조사 등을 통하여 중요한 쟁점, 대표당사자나 소송
대리인의 적격요건, 허가요건, 총원의 범위 등에 관한 판단자료가 집적되면 법원은 집단소송의
허가 여부를 결정으로 재판하게 된다.

(나) 경합허가신청의 처리

동일한 분쟁에 관하여 수개의 증권관련 집단소송의 허가신청서가 동일한 법원 또는 각각

다른 법원에 제출된 경우 법원은 이를 병합심리 하여야 한다(법14). 소송허가신청이 병합심리되면 본안소송절차도 병합심리됨은 물론이다. 이와 같이 동일분쟁에 관한 수개의 소송허가신청사건을 필요적으로 병합하도록 규정한 것은 분쟁의 일회적 해결을 통하여 소송경제 및 재판결과의 통일을 꾀하기 위한 것이다. 병합심리의 대상은 동일한 분쟁이어야 하므로 소송허가요건 중 일부만을 공통으로 하고 나머지 요건을 구비하지 못한 경우는 집단소송 자체가 허가되지 아니하므로 병합심리나 관할법원의 지정문제가 발생하지 아니한다.

병합심리를 하는 경우 법원은 소를 제기한 자(법7①), 대표당사자 선임신청서를 제출한 구성원(법10①(4)) 또는 대표당사자들의 의견을 들어 소송을 수행할 대표당사자 및 소송대리인을 정할 수 있다(법14④). 병합심리의 경우 다수의 대표당사자 및 소송대리인이 필수적이어서 법원의 심리가 복잡해지고 소송이 비효율적으로 진행될 수밖에 없다. 따라서 효율적인 소송진행을 위해서 법원이 임의적으로 소송을 수행할 대표당사자 및 소송대리인을 정할 수 있도록 한 것이다. 이와 같이 소송을 수행할 대표당사자 및 소송대리인으로 지정된 자는 병합된 사건 전체의 대표당사자 및 소송대리인이 된다(규칙12①). 위 직근상급법원의 심리법원 지정결정(법14②)과 소송을 수행할 대표당사자나 소송대리인 지정결정(법14④)에 대하여는 절차의 지연을 방지하기 위하여 불복을 할 수 없도록 하고 있다(법14⑤).

(다) 소송허가 및 불허가의 결정

1) 소송허부결정과 불복절차

법원은 적용범위(법3), 대표당사자 및 소송대리인의 요건, 소송허가요건에 적합한지 여부를 판단하여 결정으로 소송을 허가하거나 불허가한다(법15①). 증권관련 집단소송의 허가결정서에는 대표당사자와 그 법정대리인, 원고측 소송대리인, 피고, 총원의 범위, 주문, 이유, 청구의 취지 및 원인의 요지, 제외신고서의 기간과 방법, 고지·공고·감정 등에 필요한 비용의 예납에 관한 사항, 그 밖의 필요한 사항을 기재하여야 한다(법15②). 소송허가결정이나 소송불허가 결정을 하면 대표당사자 및 피고에게 그 결정등본을 송달하여야 한다(규칙14). 이는 즉시항고기간을 명백히 하기 위한 것이다. 법원은 집단소송의 허가 여부를 결정함에 있어서 당사자가 신청한 대로만 허가결정을 할 수 있는 것이 아니라 청구내용을 수정하여 허가할 수 있다. 그리하여 법원이 상당하다고 인정하는 때에는 직권으로 총원의 범위를 조정하여 허가할 수 있는 것으로 하였다(법15③). 집단소송 허가 및 불허가 결정과 총원의 범위 조정결정에 대하여는 즉시항고를 할 수 있다(법15④, 법17①). 증권관련 집단소송이 불허가 결정되면 허가신청과 함께 제기한 본안소송은 어떻게 될 것인지 문제된다. 이에 관하여 증권관련 집단소송법은 불허가결정이 확정된 때에는 증권관련 집단소송의 소가 제기되지 아니한 것으로 보고 있다(법17②). 소송불허가 결정이 확정되면 시효중단의 효력이 문제되는데, 이에 관하여는 별도의 규정을 두고 있다. 즉 불허가결정이 확정된 때로부터 6월 이내에 그 청구에 관하여 소가 제기되지 아니한 경우에는 시효중단의 효력은 소멸한다(법29(1)).

2) 소송허가결정의 고지

소송허가결정이 확정되면 법원은 구성원 모두에게 개별 고지함과 아울러 전국을 보급지역으로 하는 일간신문에 이를 게재하여야 한다. 즉 소송허가결정이 확정된 때에는 지체 없이 대표당사자와 그 법정대리인의 성명·명칭 또는 상호 및 주소, 원고측 소송대리인의 성명·명칭 또는 상호 및 주소, 피고의 성명·명칭 또는 상호 및 주소, 총원의 범위, 청구의 취지 및 원인의 요지, 제외신고의 기간과 방법, 제외 신고를 한 자는 개별적으로 소를 제기할 수 있다는 사실, 제외신고를 하지 아니한 구성원에 대하여는 증권관련 집단소송에 관한 판결 등의 효력이 미친다는 사실, 제외신고를 하지 아니한 구성원은 증권관련 집단소송의 계속 중에 법원의 허가를 받아 대표당사자가 될 수 있다는 사실, 변호사 보수에 관한 약정, 그 밖에 법원에 필요하다고 인정하는 사항을 구성원 모두에게 주지시킬 수 있는 적당한 방법으로 대법원규칙이 정하는 방법에 따라 고지하고, 그 고지내용은 전국을 보급지역으로 하는 일간신문에 게재하여야 한다(법18).

고지에 의하여 구성원들은 제소된 집단소송을 이용하여 자신의 피해를 충분히 구제받을 수 있도록 노력하거나, 아니면 집단소송이 자신의 피해구제에 부적합한 때에는 그 판결 등의 기판력을 배제하기 위하여 제외신고를 하게 된다. 따라서 소송허가결정의 고지는 구성원들에게 자신의 권리를 적절히 보호할 수 있는 기회를 주는 제도라는 점에서 집단소송에 있어서 중요한 요소라고 할 것이다.[133]

3) 소송허가결정의 통보

법원은 증권관련 집단소송을 허가하는 경우 위 소송허가결정의 고지사항(법18①)을 지정거래소에 즉시 통보하여야 하며(법19①), 이 통보를 받은 지정거래소는 그 내용을 일반인이 알 수 있도록 공시하여야 한다(법19②). 이와 같이 지정거래소에 즉시 통보하도록 한 것은 지정거래소가 자체 통신망을 활용하여 각 증권회사나 증권투자자들에게 이를 전파하여 피해자들에게 권리보호의 기회를 주고 그 밖의 이해관계 있는 일반인들에게도 증권관련 집단소송의 제기로 인한 간접적 피해를 입지 않도록 배려한 것이다.

---

133) 박휴상(2005), 243쪽.

제6절 행정제재와 형사제재

I. 행정제재

1. 수리권

증권의 모집가액 또는 매출가액 각각의 총액이 대통령령으로 정하는 금액 이상인 경우에는 그 모집 또는 매출에 관한 신고서를 금융위원회에 제출하여 수리되지 아니하면 이를 할 수 없다(법119①). 금융위원회는 다음의 어느 하나에 해당하여 증권신고의 효력발생시기를 앞당길 필요가 있는 경우에는 기간을 단축하여 효력발생시기를 따로 정하여 고시할 수 있다(시행규칙12③).

1. 해당 증권신고서의 내용이 이미 일반인에게 널리 알려져 있거나 쉽게 이해될 수 있을 것
2. 해당 증권의 발행인이 영 제119조 제1항 각 호의 어느 하나에 해당하는 법률에 따라 직접 설립되었거나 국가·지방자치단체로부터 업무감독을 받는 자 또는 금융위원회가 정하여 고시하는 국제기구 또는 단체로서 이미 일반인에게 그 공공성을 널리 인정받고 있을 것

2. 정정요구권

금융위원회는 증권신고서의 형식을 제대로 갖추지 아니한 경우 또는 그 증권신고서 중 중요사항에 관하여 거짓의 기재 또는 표시가 있거나 중요사항이 기재 또는 표시되지 아니한 경우와 중요사항의 기재나 표시내용이 불분명하여 투자자의 합리적인 투자판단을 저해하거나 투자자에게 중대한 오해를 일으킬 수 있는 경우에는 그 증권신고서에 기재된 증권의 취득 또는 매수의 청약일 전일까지 그 이유를 제시하고 그 증권신고서의 기재내용을 정정한 신고서(정정신고서)의 제출을 요구할 수 있다(법122①).

3. 보고·자료제출명령과 조사

금융위원회는 투자자 보호를 위하여 필요한 경우에는 증권신고의 신고인, 증권의 발행인·매출인·인수인, 그 밖의 관계인에 대하여 참고가 될 보고 또는 자료의 제출을 명하거나, 금융감독원장에게 그 장부·서류, 그 밖의 물건을 조사하게 할 수 있다. 이 경우 조사를 하는 자는 그 권한을 표시하는 증표를 지니고 이를 관계인에게 내보여야 한다(법131).

4. 조치권

(1) 조치대상자

금융위원회는 증권신고의 신고인, 증권의 발행인·매출인·인수인 또는 주선인에 대하여

일정한 조치를 취할 수 있다(법132).

(2) 조치사유

금융위원회의 조치사유는 다음과 같다(법132).

1. 증권신고서·정정신고서 또는 증권발행실적보고서를 제출하지 아니한 경우
2. 증권신고서·정정신고서 또는 증권발행실적보고서 중 중요사항에 관하여 거짓의 기재 또는 표시가 있거나 중요사항이 기재 또는 표시되지 아니한 경우
3. 제121조를 위반하여 증권의 취득 또는 매수의 청약에 대한 승낙을 한 경우
4. 투자설명서에 관하여 제123조 또는 제124조를 위반한 경우
5. 예비투자설명서 또는 간이투자설명서에 의한 증권의 모집·매출, 그 밖의 거래에 관하여 제124조 제2항을 위반한 경우
6. 제130조에 따른 조치를 하지 아니한 경우

(3) 조치내용

금융위원회는 이유를 제시한 후 그 사실을 공고하고 증권신고서 등에 대한 정정을 명할 수 있으며, 필요한 때에는 그 증권의 발행·모집·매출, 그 밖의 거래를 정지 또는 금지하거나 대통령령으로 정하는 조치를 할 수 있다(법132). 여기서 "대통령령으로 정하는 조치"란 ⅰ) 1년의 범위에서 증권의 발행제한, ⅱ) 임원에 대한 해임권고, ⅲ) 자본시장법을 위반한 경우에는 고발 또는 수사기관에의 통보, ⅳ) 다른 법률을 위반한 경우에는 관련 기관이나 수사기관에의 통보, 또는 ⅴ) 경고 또는 주의 중 어느 하나에 해당하는 조치를 말한다(영138).

5. 과징금

금융위원회는 증권신고서 등의 부실표시로 인한 손해배상책임을 질 자가 ⅰ) 제119조, 제122조 또는 제123조에 따른 신고서·설명서, 그 밖의 제출서류 중 중요사항에 관하여 거짓의 기재 또는 표시를 하거나 중요사항을 기재 또는 표시하지 아니한 때, 또는 ⅱ) 제119조, 제122조 또는 제123조에 따른 신고서·설명서, 그 밖의 제출서류를 제출하지 아니한 때에는 증권신고서상의 모집가액 또는 매출가액의 3%(20억원을 초과하는 경우에는 20억원)를 초과하지 아니하는 범위에서 과징금을 부과할 수 있다(법429①). 과징금은 각 해당 규정의 위반행위가 있었던 때부터 5년이 경과하면 이를 부과하여서는 아니 된다(법429⑤).

6. 과태료

신고서를 제출하지 아니하고 증권을 모집 또는 매출하는 발행인으로서 투자자를 보호하기 위하여 재무상태에 관한 사항의 공시, 그 밖에 대통령령으로 정하는 조치를 하지 아니한 자에

대하여는 1억원 이하의 과태료를 부과한다(법449①(36)).

증권발행실적보고서를 제출하지 아니하거나 거짓으로 작성하여 제출한 자, 또는 금융위원회의 보고 또는 자료의 제출명령이나 증인의 출석, 증언 및 의견의 진술 요구에 불응한 자에 대하여는 5천만원 이하의 과태료를 부과한다(법449③(7)(8)).

II. 형사제재

1. 형사제재규정

(1) 5년 이하의 징역 또는 2억원 이하의 벌금

다음의 어느 하나에 해당하는 자는 5년 이하의 징역 또는 2억원 이하의 벌금에 처한다(법444).

1. 제119조(제5항 제외)를 위반하여 증권을 모집 또는 매출한 자(제12호)
2. 다음 각 목의 어느 하나에 해당하는 서류 중 중요사항에 관하여 거짓의 기재 또는 표시를 하거나 중요사항을 기재 또는 표시하지 아니한 자 및 그 중요사항에 관하여 거짓의 기재 또는 표시가 있거나 중요사항의 기재 또는 표시가 누락되어 있는 사실을 알고도 제119조 제5항에 따른 서명을 한 자와 그 사실을 알고도 이를 진실 또는 정확하다고 증명하여 그 뜻을 기재한 공인회계사·감정인 또는 신용평가를 전문으로 하는 자(제13호)
   가. 제119조에 따른 증권신고서 또는 일괄신고추가서류
   나. 제122조에 따른 정정신고서
   다. 제123조에 따른 투자설명서(집합투자증권의 경우 제124조 제2항 제3호에 따른 간이투자설명서를 포함)
3. 제122조 제3항을 위반하여 정정신고서를 제출하지 아니한 자(제14호)

(2) 1년 이하의 징역 또는 3천만원 이하의 벌금

다음의 어느 하나에 해당하는 자는 1년 이하의 징역 또는 3천만원 이하의 벌금에 처한다(법445).

1. 제121조를 위반하여 증권에 관한 취득 또는 매수의 청약에 대한 승낙을 한 자(제20호)
2. 제123조 제1항을 위반하여 투자설명서를 제출하지 아니한 자(제21호)
3. 제124조 제1항을 위반하여 투자설명서를 미리 교부하지 아니하고 증권을 취득하게 하거나 매도한 자(제22호)

4. 제124조 제2항을 위반하여 같은 항 각 호의 어느 하나에 해당하는 방법에 따르지 아니하고 청약의 권유 등을 한 자(제23호)

5. 제132조에 따른 금융위원회의 처분을 위반한 자(제24호)

2. 양벌규정

(1) 의의

법인(단체를 포함)의 대표자나 법인 또는 개인의 대리인, 사용인, 그 밖의 종업원이 그 법인 또는 개인의 업무에 관하여 위의 형사처벌규정 중 어느 하나에 해당하는 위반행위를 하면 그 행위자를 벌하는 외에 그 법인 또는 개인에게도 해당 조문의 벌금형을 과한다(법448 본문). 다만, 법인 또는 개인이 그 위반행위를 방지하기 위하여 해당 업무에 관하여 상당한 주의와 감독을 게을리하지 아니한 경우에는 그러하지 아니하다(법448 단서).

여기서 법인이란 대표자, 대리인, 사용인, 그 밖의 종업원의 사업주인 법인이고, 대표자란 당해 법인의 대표권한을 가지는 자를 말하며, 개인이란 대리인, 사용인, 그 밖의 종업원의 사업주인 개인을 말하며, 대리인, 사용인, 그 밖의 종업원은 법 제174조 제1항 제5호의 해석으로 충분하지만, 법 제448조에는 임원이 그 행위자로서 명기되어 있지 않은 관계상 사용인 그 밖의 종업원에 법인의 임원이 포함된다고 해석하여야 한다. 왜냐하면 법인의 임원이 내부자거래를 한 경우 본조 소정의 내부자거래에서 제외할 이유가 없고, 제외한다면 사용인 그 밖의 종업원과 균형이 맞지 않기 때문이다.

(2) 업무관련성

양벌규정에서 "그 법인 또는 개인의 업무에 관하여"라는 의미는 법인의 대표자, 법인 또는 개인의 대리인, 사용인, 그 밖의 종업원이 개인적으로 한 위반행위를 제외하는 취지이다. 즉 자본시장법 제444조 또는 제446조의 위반행위가 그 법인 또는 개인의 업무에 관하여 이루어진 경우이다.

(3) 이익의 판단기준

법인에게 부과되는 벌금형은 법인이 대표자의 위반행위로 인하여 얻은 이익 또는 회피한 손실액을 기준으로 그 상한을 정하여야 한다.

(4) 면책

다만, 법인 또는 개인이 그 위반행위를 방지하기 위하여 해당 업무에 관하여 상당한 주의와 감독을 게을리하지 아니한 경우에는 양벌규정이 적용되지 않는다(법448 단서).

제3장

기업지배권 변동과
공시규제(지분공시)

제1절 서론

Ⅰ. 서설

1. 기업매수의 의의

기업매수(M&A)[1]는 기업매수자와 대상회사의 이사 등 경영진 사이에 합의를 통하여 이루어지는 우호적 기업매수와 대상회사의 이사회 등 경영진이나 지배주주의 동의를 받지 않거나 그 의사에 반하여 강제적으로 이루어지는 적대적 기업매수가 있다. 여기서는 적대적 기업매수를 중심으로 살펴보기로 한다.

적대적 기업매수는 매우 극적으로 이루어지기 때문에 준비와 진행 과정에서 많은 사람들의 관심을 불러일으키며, 단기간 내에 주가를 상승시킴으로써 투자효과를 극대화하는 효과를

---

1) 여기서는 M&A를 "기업매수"라 하기로 한다. 원래 M&A는 merger and acquisition의 약자로 통상 기업 합병(merger)과 매수(acquisition)로 번역된다. M&A는 대상회사의 대응방법에 따라 다시 우호적 M&A와 적대적 M&A로 구분되는데, 우호적 M&A란 대상회사 경영진의 동의하에 행하는 기업매수로서 M&A의 당사자 사이에 분쟁이 발생할 개연성이 비교적 적다. 다만, 우호적 M&A의 경우에도 계약내용의 불이행(예컨대 영업양도에 있어서 해당 자산의 양도에 따른 권리이전절차의 불이행 등), 대상기업의 재산 실사 과정상 오류 내지 거래대가 산정의 부당성 등을 이유로 계약이 해제 또는 취소됨으로써 분쟁이 발생할 수 있으나, 이는 M&A가 예정대로 이루어지지 못하여 초래되는 결과로서 본질적으로 계약법의 문제로 귀착된다(정충명(1999), "적대적 기업매수의 방어행위에 대한 법적 고찰: 제3자에 대한 신주발행의 적법성을 중심으로", 사법연구자료 25집(1999), 407쪽).

갖는다. 적대적 기업매수는 단기간에 규모의 경제를 달성하여 기업의 가치증대를 가져올 수 있다. 따라서 기업의 이익과 주주의 이익을 크게 확대할 수 있다. 또한 무능한 경영진을 교체시켜 기업의 경영합리화와 효율성을 높인다는 장점도 있다. 그러나 무리하고 과도한 적대적 기업매수는 역기능에 따른 폐해를 발생시킨다. 투하된 자본과 시간 및 노력에 비하여 낮은 수익률이 나타날 수 있으며, 복잡한 기업매수절차로 인하여 매수 자체가 실패할 가능성도 크다. 또한 공격자와 방어자가 대상회사에 대한 지배권을 놓고 벌이게 되는 공격과 방어 과정에서 막대한 자금과 노력이 소모된다. 따라서 기업의 재무구조가 악화되고 기업경영이 소홀히 됨으로써 기업매수자와 대상회사 모두를 부도와 파산으로 몰아넣기도 한다.[2]

2. 기업지배권의 쟁탈

기업지배란 사람과 물건을 포함하는 조직체로서의 기업을 자기의사의 지배하에 두는 것을 말한다. 여기서 "자기의사의 지배하에 두는 것"이라는 의미는 구체적으로 기업의 임원이나 이사를 선임 및 해임할 수 있는 경영자에 대한 지배와 기업의 기본사항에 변경을 가할 수 있는 힘인, 중요사항에 대한 최종적인 결정을 할 수 있는 경영에 대한 지배를 의미한다.[3]

기업지배권이란 의결권 있는 주식의 소유를 바탕으로 이사의 선임 등을 통하여 현재의 경영진에게 영향력을 행사함으로써 기업의 기본사항을 결정할 수 있는 힘으로 정의할 수 있다. 따라서 적대적 기업매수를 기업지배권의 쟁탈이라고 할 경우 의결권 있는 주식의 소유를 바탕으로 이와 같은 힘을 쟁취할 수 있는 거래라고 정의할 수 있다.

3. 적대적 기업매수의 당사자

(1) 기업매수자

기업매수자는 대상회사를 매수함으로써 그 회사를 소유 또는 지배하고자 하는 개인이나 법인투자자 또는 투자집단 등이다. 이 경우 투자자 또는 투자집단은 일반적으로 대상회사와 합의하여 우호적으로 합병이나 지배주식의 양도 등으로 기업매수를 행하기도 하지만, 기업매수의 주체가 공격적일 때에는 적대적 기업매수가 이루어진다.[4]

특히 대상회사의 이사회 등 경영진이나 지배주주 등의 동의 없이 매수하고자 하는 경우, 대상회사를 지배하거나 단기간 내에 막대한 매도차익을 노리는 투기자들을 기업탈취자(corporate raider, 기업사냥꾼)라고 부른다.

---

2) 송호신(2006), "적대적 기업매수에 관한 법리", 한양법학 제19집(2006. 8), 214쪽.
3) 송호신(2006), 218쪽.
4) 송호신(2006), 219-220쪽.

(2) 주주와 대상회사

적대적 기업매수에서 거래의 상대방은 대상회사 또는 이사가 아니라 주식을 보유하고 있는 주주이다. 특히 현재의 경영진에게 불만이 있거나 높은 가격으로 주식을 매도하기 원하는 주주들이 그 대상이다. 다만 주주들이 기업매수에 응하는 이유는 기업지배권을 양도하고자 하는 것이 아니라 자신들이 보유하고 있는 주식의 가격상승에 따른 개인의 이익에 기초한다.

대상회사는 기업매수자가 매수의 목표로 삼는 기업이다. 일반적으로 경영효율성이 낮은 기업은 자산을 유용하게 활용하지 못하므로 기업자산에 비하여 주가는 비교적 저평가되어 기업매수의 표적이 되기 쉽다. 이 경우 대상회사의 당사자는 기업의 임원이나 이사 등 경영자이지만, 일반적으로 지배주주가 경영자를 임명하기 때문에 실질적으로 당사자는 대상회사의 지배주주라고 할 수 있다.

Ⅱ. 기업매수의 방법

1. 개요

기업매수의 방법으로는 공개매수, 합병, 영업양도, 주식취득(주식매집), 그리고 위임장권유의 방식 등이 이용되고 있다. 그런데 합병과 영업양도는 일반적으로 우호적인 합병과 영업양도를 의미하며 적대적인 합병과 영업양도는 있을 수 없다. 또한 대상회사의 경영진이나 노조의 협조가 없으면 성공하기가 어렵다. 주식취득을 통한 기업매수는 주식의 대량보유보고제도(소위 5% Rule)로 인하여 대상회사에 쉽게 노출되기 때문에 실패할 가능성이 높으며, 주가상승으로 매수비용의 부담이 크다는 문제가 있다. 또한 위임장권유 방식은 공시제도절차의 번거로움과 시간과 비용이 많이 드는 문제, 그리고 그것이 가진 유한성으로 인하여 안정적인 경영권을 확보하기에 어려운 점이 있다. 그러나 공개매수는 위임장권유 방식보다 필요한 비용이 적게 들고, 증권시장을 통하지 않고 주주로부터 직접 주식을 취득할 수 있으며, 단기간 내에 신속한 거래를 통하여 기업지배권을 취득할 수 있고, 공개매수에 실패하더라도 큰 손해를 보지 않고 대량의 주식처분이 용이하다는 장점이 있다. 또한 증권시장을 통하지 않고 주주로부터 직접 주식을 취득할 수 있다는 점 때문에 기업지배권 이전의 가장 대표적인 수단으로 인식되고 있고, 실제로 미국에서 이루어지는 M&A 방법 중 대부분이 공개매수의 방식으로 이루어지고 있다.[5]

---

5) 서완석(2005), "공개매수의 정의와 범위에 관한 고찰", 성균관법학 제17권 제3호(2005. 12), 387쪽.

2. 적대적 기업매수의 공격방법

적대적 기업매수의 방법으로 증권시장에서의 주식매집(market sweep), 공개매수(take-over bid: TOB), 위임장권유를 통한 위임장 대결(proxy fights)을 들 수 있다. 그 외에 잠재적인 주식 취득이지만 전환사채나 신주인수권부사채 등에 의해 사채권을 취득하는 방법도 가능하다.[6]

(1) 주식매집

기업매수자는 대상회사의 지배주주나 경영진의 반대에 직면할 수 있는 적대적 기업매수를 하려고 하는 경우 증권시장을 이용할 수 있다. 특히 대상회사의 이사 등 경영진이 기업매수에 대하여 강하게 저항할 경우 기업매수자는 증권시장에 분산되어 있는 소액주식들을 그 회사를 소유·지배하여 경영권을 장악할 수 있는 분량까지 은밀히 매집하는 것이 가능하다.

(2) 공개매수

적대적 공개매수는 대상회사의 경영자의 의사에 반하여 기업지배권을 획득함으로써 경영권을 장악하기 위하여 일정한 기간 내에 일정수량 이상의 주식을 장외시장에서 일정가격으로 대상회사의 주주로부터 직접 매수할 것을 공표하거나 대상회사의 주식과 교환할 것을 일간신문 등에 공고함으로써 매수청약이나 매도청약을 권유하는 것을 말한다.

일반적으로 공개매수는 주식분산요건을 충족시키고 있는 상장법인의 주식을 현재의 시가를 상회하는 가격으로 매수하기 위하여 개인이나 법인 등이 일반주주들을 상대로 매수주문하는 방식으로 이루어진다. 즉 공개매수는 대상회사의 주주들에게 주식의 시장가격에 일정한 프리미엄을 붙여 보유주식을 매도할 수 있는 기회를 제공하므로, 공개매수가 성공하면 매수인은 물론 주주에게 경제적 이익이 된다.

(3) 위임장대결

위임장대결에 의한 적대적 기업매수는 매수기업이 자신이 제시한 제안을 거부하는 대상회사의 임원이나 이사 등 현재의 경영진을 퇴임시키고, 적대적 기업매수 제안을 찬성하는 자들로 임원이나 이사들을 교체시키기 위해, 대상회사의 주주들을 설득하여 의결권대리행사의 위임장을 받아 주주총회에서 의결권에 따른 투표권 대결을 행하는 것을 말한다. 기업매수의 공격자의 입장에서 대상회사의 지배권을 획득할 만큼의 자산이나 주식을 획득하는 일은 용이하지 않다. 따라서 일부의 주식만을 확보한 후에 다른 주주들로부터 의결권을 위임받아 주주총회에서 의결권의 행사를 통해 기업지배권을 확보하는 것이다.

주주의 수가 많고 지분의 분산 정도가 큰 기업에서는 주주들의 주주총회 참석률이 낮으며 의결권을 다른 주주나 제3자에게 위임하여 의사표시를 하는 경우가 많다. 이를 이용하여 현재

---

6) 송호신(2006), 222-224쪽.

경영진의 경영방침에 불만을 품은 주주들에게 이유를 설명하고 위임장(proxy)을 받아내는데, 이것이 위임장권유(proxy solicitation)이다. 회사에 불만을 품은 주주들을 규합하여 이들의 의견을 무시할 수 없는 다수의 의견으로 만들어 적대적 기업매수를 위한 특정 안건을 표결에 붙여 줄 것을 현 경영진에게 요구하는 것이다.

위임장대결은 미국에서 오래전부터 주주총회에서 이사 임명권을 확보하는 수단으로 자주 이용되고 있는데, 1980년대 들어 기업매수가 증가함에 따라 경영권의 장악을 위한 수단으로 활용되었다.

(4) 전환사채 또는 신주인수권부사채의 취득

전환사채와 신주인수권부사채는 회사가 자본을 조달하는 방법으로 발행한다. 그러나 일정기간 후에 주식으로 전환되거나 신주를 인수할 수 있는 권리가 있는 특수한 사채이다. 따라서 적대적 기업매수를 행하고자 하는 기업매수자는 이들 사채를 소유자로부터 양수하거나 공개매수의 방법 등을 통하여 취득하여 기업지배권을 확보하는 방법으로 이용할 수 있다.

(5) 결어

적대적 기업매수의 대표적인 방법으로는 공개매수, 위임장대결, 주식매집의 세 가지 방식이 있다. 그러나 실제로 적대적 기업매수는 최소한 상기 세 가지 방법의 복합구조를 띠거나 다른 특별한 방법이 가미되어 순발력 있게 검토하고 적시에 실효성이 있는 행동지침을 만들어 적용하는 매우 복잡한 수순을 밟게 된다. 결국 실제로는 적대적으로 시작되다가도 우호적인 형태로 전환되는 것이 일반적이다. 또한 실패하든 성공하든 일방 또는 양 당사자가 막대한 인수비용과 경영차질로 인해 엄청난 피해를 입고 마는 경우도 빈발하여 적대적 기업매수는 완벽하고도 확실한 인수의지와 준비(인수자금 등) 및 정통성을 인정받지 않는 한 쉽게 실행에 옮겨서는 안 된다. 즉 어떤 면에서는 공개매수 내지 위임장권유 등을 법률적으로 보완해 준다 하더라도 복잡한 기업매수 추진구도하에서는 다른 요소들로 인해 저해되는 경우가 더 많다. 이들 저해요소로는 주로 주가상승으로 인한 공개매수의 실패, 인수비용의 증가, 대상기업의 강력한 우호주주 등장, 역공개매수, 인수자측의 법률적 하자의 공개 등을 들 수 있다.[7]

Ⅲ. 적대적 기업매수의 방어수단

1. 방어적 정관변경

방어적 정관변경(shark repellent amendment)이란 기업매수자로부터 회사를 방어하기 위하

---

7) 이상복(2006), "적대적 M&A 공격방법의 개선과제: 공개매수와 위임장권유를 중심으로", 기업법연구 제20권 제3호(2006. 9), 96쪽.

여 회사의 정관에 방어를 가능하게 하는 조항을 규정하거나 기존의 조항을 변경하는 것을 말한다. 방어적 정관변경의 특징은 잠재적으로 기업매수의 위협을 받고 있는 대상회사가 취할 수 있는 사전적인 예방수단이라는 점이다. 이는 가장 오래전에 개발된 방어수단으로서 초기에는 공개매수자의 이사회 지배를 지연시킬 목적으로 개발된 것이다. 방어적 정관변경은 이사회가 보다 시간적 여유를 갖고 적대적 기업매수자와 협상을 벌일 수 있게 해주며, 적대적 기업매수자가 이사회를 지배할 시간을 가능한 한 지연시킴으로써 대상회사의 매력을 줄이는 것이다.[8)]

2. 자기주식 취득과 그린메일

자기주식 취득은 기업매수를 방어하기 위하여 대상회사가 자신이 발행한 주식을 취득하는 것을 말한다. 이렇게 함으로써 기업매수자가 취득할 수 있는 주식수를 감소시키고 대상회사는 그 보유비율을 증가시킴으로써 기업매수를 방어할 수 있다. 이 방법은 매수공격에 대한 유력한 방어수단이 될 수 있으나 대상회사의 자금부담을 증가시키는 단점이 있다. 대상회사가 주주로부터 주식을 취득하기 위해서는 기업매수자보다 높은 가격을 제시하여야 하고, 그린메일(green mail)을 지급하는 경우에는 더 큰 문제가 된다.

적대적 기업매수자로부터 자기주식을 취득하는 방법에는 그린메일의 문제가 있다. 그린메일이란 적대적 기업매수를 포기시키기 위하여 기업매수에 착수한 자가 가지고 있는 주식을 대상회사가 프리미엄을 지급하고 매수하는 것이다. 그린메일은 매수하는 행위 또는 그러한 거래 자체를 의미하기도 하고, 적대적 기업매수자가 받는 대가를 의미하기도 한다. 그린메일은 잔여 주주들의 희생하에 대상회사의 경영진들의 지위를 유지할 목적으로 사용된다는 점에서 또 기업의 미공개 중요정보를 이용하여 내부자거래가 발생할 가능성이 있으므로 그 적법성의 문제가 있다.

3. 포이즌 필

포이즌 필(poison pill)이란 적대적 기업매수자가 대상회사 주식의 일정한 비율을 취득한 경우에 대상회사의 주주가 낮은 가격으로 대상회사의 주식을 매수 또는 인수(신주발행의 경우)할 수 있는 권리를 주는 것을 말한다. 즉 주주에게 주식매수권 내지 주식매도청구권 등을 부여하는 것이다.

4. 임원퇴직금계약

임원퇴직금계약(golden parachutes)이란 적대적 기업매수 등에 의하여 대상회사의 경영진

---

8) 박재홍(2005), "의무공개매수제도의 도입에 관한 검토", 경성법학 제14집 제2호(2005. 12), 191쪽 이하.

이 해임되는 경우에 고액의 퇴직금을 지급받기로 하는 계약을 대상회사와 임원 사이에 체결해 두는 것을 말한다. 이러한 계약은 일반적으로 지배권변동조항, 계약종료조항, 그리고 보수조항으로 이루어져 있다.

임원퇴직금계약은 다음의 효과가 있다. 첫째, 퇴직금계약이 존재함으로 인해 대상회사의 경영진은 기업매수의 위협에도 불구하고 자신의 임무를 계속하여 수행할 수 있다. 기업매수로 인하여 경영권을 상실하더라도 이러한 상실을 만회하기에 충분한 고액의 퇴직금을 받기 때문이다. 둘째, 적대적 기업매수자의 입장에서는 대상회사가 매력이 없게 된다. 즉 대상회사를 매수하더라도 대상회사의 기존 경영진을 해임하기 위해서는 고액의 퇴직금을 지급하여야 하기 때문이다.

적대적 기업매수가 있으면 대상회사의 경영진만 해임되는 것은 아니다. 종업원도 해고의 위험에 직면할 수 있다. 여기서 종업원에 대하여도 그러한 비정상적인 퇴직시에 일정한 금액의 퇴직금을 지급하기로 하는 계약을 회사와 종업원 사이에 체결하는 것을 종업원퇴직금계약(tin parachutes)이라 한다.

5. 제3자 배정증자

제3자 배정증자(lock-up agreement)라 함은 대상회사에 우호적인 자(white knight)에게 대상회사의 중요한 자산이나 신주를 매수할 권리를 부여하는 협정을 말한다. 이것은 대상회사에 우호적인 자에게 이러한 권리를 부여함으로써 적대적 기업매수자의 매수시도를 방지하는 효과를 갖는다.

6. 기타 방어수단

(1) 차등의결권주식의 발행

대상회사가 의결권수에 다른 주식과 차등을 가지는 주식을 발행하여 이를 특정인에게 집중시킴으로써 회사를 방어하려는 수단이다. 차등의결권의 유형으로는 복수종류의 주식 간에 의결권의 차등을 두는 방법과 동일종류 주식 간에 의결권의 차등을 두는 방법이 있다.

(2) 방어적 합병

방어적 합병이란 적대적 기업매수에 대한 방어책의 하나로서 대상회사가 다른 회사와 합병하는 것을 말한다. 이는 대상회사가 인수회사와 실질적으로 경쟁관계에 있는 기업과 합병함으로써 인수회사가 대상회사를 인수하면 공정거래법상의 문제가 발생하는 점을 이용하여 기업매수를 단념시키는 전략이다.

(3) 자산이나 부채와 자본구성의 변화

대상회사가 부채와 자본구성을 변화시킴으로써 기업매수를 단념시킬 수 있다. 예컨대 갑자기 부채를 증가시켜 재무구조를 악화시키거나 대규모의 자금투자가 필수적인 사업에 착수함으로써 매수회사가 도저히 그러한 자금을 부담할 수 없게 함으로써 기업매수를 포기시키는 것이다. 또한 매수회사가 가장 중요하게 여기는 자산을 매각하거나, 그 부분만을 독립된 사업체로 분리하여 기업매수를 포기하게 만들 수도 있다.

(4) 역공개매수(대항공개매수)

역공개매수란 매수회사가 대상회사에 대하여 공개매수에 착수하면 대상회사도 매수회사에 대하여 역으로 공개매수에 착수하는 것을 말한다. 이것을 실행하기 위하여는 대상회사가 상당한 자금을 보유하고 있어야 한다.

(5) 종업원지주제도

종업원지주제도는 특별한 방어수단으로 만들어지는 것은 아니지만 이러한 종업원지주제도가 회사의 방어수단으로 이용될 수 있다. 즉 종업원이 소유한 주식을 경영진이 방어수단으로 이용할 수 있을 것이다.

제2절 공개매수규제

Ⅰ. 서설

1. 공개매수의 의의

일반적으로 공개매수란 특정기업의 주식을 경영권지배를 목적으로 증권시장 외에서 공개적으로 매수하는 적대적 M&A 방식을 말한다. 자본시장법은 공개매수를 "불특정 다수인에 대하여 의결권 있는 주식, 그 밖에 대통령령으로 정하는 증권("주식등")의 매수(다른 증권과의 교환 포함)의 청약을 하거나 매도(다른 증권과의 교환 포함)의 청약을 권유하고 증권시장 및 다자간매매체결회사(이와 유사한 시장으로서 해외에 있는 시장을 포함) 밖에서 그 주식등을 매수하는 것"으로 정의하고 있다(법133①).

공개매수의 개념을 법으로 정해 두고 있는 것은 공개매수의 범위를 명확히 하여 공개매수를 통한 증권거래의 법적 안정성을 도모하고자 함이다. 공개매수의 개념 정의는 자본시장법이 요구하는 공시의무의 면제 여부와 공개매수에의 해당 여부를 결정하는 근거가 된다는 점에서 매우 중요하다.

공개매수는 기업지배권을 획득하는 경우 사용되는 대표적인 방법으로 제3자가 공개적으로 거래되고 있는 대량의 주식을 매수하는 것을 인정하는 제도이다. 필요한 공시와 그 이후의 일정한 절차를 거친 후, 매수자는 대상회사의 주주들이 보유한 주식을 매수할 수 있다. 만약 매수자가 공개시장에서 주식을 충분히 매수한다면, 매수자는 자신의 최초 제안에 반대하는 이사회를 투표로 축출할 수 있으며, 그 제안을 수행할 이사를 신규선임할 수 있다. 그러나 장외에서 이루어지기 때문에 장내거래보다 투명성이 보장되지 않는다. 공개매수를 하기 위해서는 우선 대상회사를 골라야 한다. 이를 위해 대상회사에 대한 정보를 수집하고 분석하게 된다. 그후 즉시 공개매수에 들어가지 않고 증권시장에서 대상회사의 주식을 매수하여 일정한 지분을 취득한다. 왜냐하면 공개시장에서의 주가는 공개매수가격보다 낮고, 회사가 공개매수에 대항하는 경우에 대비하여 공개매수가 성공하지 못하더라도 회사의 주식을 높은 가격에 처분하여 공개매수비용을 줄이고 차익을 실현하기 위함이다.[9]

2. 공개매수(제도)의 연혁

1960년대 미국에서는 공격적인 기업들이 현금 또는 교환으로 자신의 주식을 발행하거나 양자를 혼합하는 방식으로 다른 공개회사들의 지배적인 주식을 취득하는 일이 빈번하였다. 공격적인 기업들은 사적인 교섭이나 공개시장에서 브로커를 통해, 또는 대상회사의 주주들에게 자신의 주식을 정해진 현금이나 공개매수를 청약한 회사의 증권의 일괄거래로 매도할 것을 공개적으로 청약함으로써 주식을 취득할 수 있었다. 이러한 공개매수는 종종 대상회사 경영진들의 격렬한 저항에 직면하였고, 그러한 경쟁은 화려한 공개적 광고문구를 통한 상대방 비난, 시장교란의 시도, 또는 대상회사 주주들을 혼동시키거나 강하게 압박하는 형태로 전개되었다.[10]

연방 차원에서 현금공개매수를 규제하려는 움직임은 1965년 8월에 뉴저지 출신의 상원의원인 윌리엄스(Harrison Williams)가 기업방해 행위로부터 현 경영진을 보호해야 한다는 이유로 입법안을 제출하면서 시작되었다. 이 입법안에 대한 찬성론자와 반대론자의 주장이 대립한 결과 1968년 7월 29일에 이르러 입법되었다. 따라서 제정된 Williams Act[11]는 지배권획득을 위한 증권매수과정에서 투자자 보호를 위하여 투자결정에 필요한 충분하고 공정한 정보의 공시와 함께 지배권을 획득하려는 자에 대한 과도한 요구나 대상회사 경영진의 방어행위의 부당한 제한을 지양함으로써 공개매수자를 포함한 지배권을 획득하려는 자와 대상회사 경영진 사이의 중립성을 확보하려고 하였다.

---

9) 이상복(2006), 96-97쪽.
10) 서완석(2005), 390쪽.
11) 제안자인 상원의원 Harrison Williams의 이름을 따 Williams Act로 잘 알려진 이 법률은 1934년 증권거래법 제13조에 (d)항과 (e)항의 추가를 가져왔고, 제14조에 (d)항, (e)항 및 (f)항의 추가를 가져왔다.

미국에서는 1968년 Williams Act의 채택 이전까지 누구든지 자신의 정보나 대상회사를 위한 계획을 공시함이 없이 현금으로 주식을 공개매수하여 기업의 지배권을 확보할 수 있었다. 그러나 Williams Act의 제정으로 모든 공개매수자들은 일정한 사항에 대한 공시의무를 부담하고, 공개매수와 관련된 사기적인 관행을 할 수 없게 되었다.

우리나라의 경우 증권거래법은 제7차 개정시 유가증권의 공개매수라는 장을 두고 공개매수제도에 대하여 규제를 하였다. 그러나 이미 외국에서는 다국적기업들이 국경 없는 시대에 살아남기 위한 생존전략 차원에서 경쟁과 협력의 기치 아래 공개매수를 포함한 기업의 인수·합병을 활발히 진행하여 오고 있었음에도 불구하고, 그동안 우리나라에서는 폐쇄적인 주식소유구조로 인하여 공개매수에 의한 경영권장악이 원초적으로 어려웠던 데다가 기업윤리적인 차원에서 이를 타회사의 지배권탈취라는 부도덕한 행위로 인식하여 온 탓에 사실상 공개매수는 이루어지지 아니하였다. 그러나 1994년 10월 26일 한솔제지 주식회사[12]가 동해투자금융주식회사의 주식에 대한 공개매수를 신청한 이래 공개매수에 대한 업계의 관심이 증가하면서 새로 기업을 창업하기보다는 기존의 업체를 인수·합병해 운영하는 것이 시간과 노력 및 비용 절감에 유리하다는 인식이 확산되기 시작하였으며 자본시장의 국제화 추세에 따라 외국기업과 국내기업 간의 기업인수·합병이 활발해지고 있다. 주목할 만한 사건으로는 소버린의 SK 그룹에 대한 공개매수 시도, 칼 아이칸의 KT&G에 대한 공개매수 시도 등이 있다.[13]

3. 공개매수의 유형

(1) 대상회사 경영진의 대응태도에 따른 분류

대상회사 경영진의 공개매수에 대한 대응태도에 따라 적대적·우호적·중립적 공개매수로 분류할 수 있다. 적대적 공개매수는 대상회사의 경영진이 공개매수에 반대하여 다른 주주에게 공개매수에 응하지 말 것을 권유하는 경우이다. 우호적 공개매수는 대상회사의 경영진이 공개매수에 동의하여 다른 주주에게도 공개매수에 응할 것을 권유하는 경우이다. 중립적 공개매수는 대상회사의 경영진이 공개매수에 관하여 찬성 또는 반대의 권유를 밝히지 않는 경우이다. 우호적·중립적 공개매수는 잘 일어나지 않으며, 대부분의 공개매수는 적대적 공개매수에 해당한다.

---

12) 한솔제지는 업종다양화를 내세워 동해투자금융주식 45만주(지분율 15%)를 공개매수신청 당일의 주가 34,000원보다 비싼 38,000원에 공개매수하겠다고 신청하였다. 국내에서 그 이전인 1994년 5월 미국 나이키사가 삼나스포츠사 주식 19만 5,000주(지분율 39.7%)를 공개매수한 바 있으나 이는 합작사인 삼나스포츠사가 경영권을 포기하면서 나이키사가 삼나스포츠를 나이키의 100% 출자법인으로 바꾸기 위한 것인 반면, 한솔제지의 공개매수신청은 소위 적대적 기업인수를 볼 수 있는 경영권 취득을 위한 본격적인 공개매수라는 점에서 국내 공개매수의 최초 사례로 일컬어지고 있다.

13) 이상복(2006), 97~98쪽.

(2) 주주에게 지급되는 대가에 따른 분류

대상회사의 주주에게 지급되는 대가의 형태에 따라 현금공개매수, 교환공개매수, 혼합공개매수로 분류된다. 현금공개매수는 공개매수의 대가로 주주에게 현금을 지급하는 경우이고, 교환공개매수는 다른 증권을 제공하는 것이며, 혼합공개매수는 현금지급과 증권교환이 함께 이루어지는 경우로서 일부는 현금으로 나머지는 증권을 지급할 수 있다. 또한 주주에게 현금 또는 증권 중에서 선택하게 할 수도 있다.

4. 공개매수규제의 목적

공개매수를 구성하는 행위 자체만을 보면 통상적인 주식거래와 동일하다. 그러나 공개매수에 있어서는 공개매수자가 회사의 지배권의 획득 또는 강화를 목적으로 대상회사의 주식을 전격적으로 단기간 내에 대량적으로 취득하게 되므로, 이를 대상회사의 경영진과 시장에 공시하여 투자자인 주주들의 이익을 보호할 필요성이 있다. 특히 공개매수의 가격, 공개매수의 목적과 기간, 공개매수자금의 출처, 경영권 획득 이후에 매수자의 대상회사에 대한 계획 등은 주식을 매도할 것인가의 여부를 결정하여야 할 기존 주주의 입장에서는 중대한 관심사이다. 이러한 이유로 공개매수를 규제하는 각국의 법령은 대상회사의 주주들의 이익을 보호하는 데 그 중점을 두고 있다. 이를 위하여 주주평등취급의 원칙, 강제공개매수의무, 공시제도를 통한 공개매수의 공개성과 투명성의 확보, 공개매수의 방법과 절차, 공개매수가 공표된 경우에 발생할 수 있는 대상회사 이사회의 방어수단의 제한, 감독기관의 권한 등을 규율하고 있다.

따라서 공개매수를 법적으로 규제하는 목적은 공개매수자의 매수신고에 응하는 대상회사의 주주가 현명하게 투자판단을 할 수 있도록 함과 동시에 주주의 이익보호 차원에서 그들의 투자결정기회를 충분히 부여하는 것을 제도적으로 보장하고자 함에 있다.

Ⅱ. 공개매수의 요건(강제공개매수)

1. 적용대상

상장법인의 의결권 있는 주식등을 증권시장 밖에서 6개월간 10인 이상의 자로부터 매수등을 하고자 하는 자는 그 매수등을 한 후에 본인과 특별관계자(특수관계인과 공동보유자를 포함)가 보유(소유, 그 밖에 이에 준하는 경우)하게 되는 주식등의 수의 합계가 해당 주식등의 총수의 5% 이상이 되는 경우에는 공개매수를 하여야 한다(법133③, 영140).

따라서 상장법인 이외의 주식등을 매수하는 경우, 상장법인의 주식등을 거래소 시장 내에서 매수하는 경우, 상장법인의 의결권 없는 주식등을 매수하는 경우는 자본시장법에서 규정하고 있는 공개매수가 아니므로 자본시장법상의 공개매수절차를 따를 필요가 없다.

(1) 공개매수 대상회사와 대상증권

(가) 대상회사

자본시장법이 공개매수의 대상회사를 상장법인에 한정하고 있는 것은 비공개회사와 폐쇄회사의 경우 주식이 일반공중에 분산되어 있지 않고, 대주주 등 특정인이 절대적인 지분을 보유하고 있기 때문에 실제로 공개매수의 대상이 될 수 없기 때문이라고 생각된다. 그러나 법이론적으로 볼 때 이러한 접근은 문제점을 안고 있다. 공개매수규제의 목적이 지배권의 변동에 따른 사실을 일반주주에게 공시하여 주주의 이익을 보호하고자 하는 데 있기 때문에 이러한 요청은 공개시장에서 주식이 거래되는 주주에 한정되는 것은 아니기 때문이다. 주주가 많은 비상장법인의 경우도 지배권 변동에 따른 주주의 이익보호를 고려하면 거래소시장 이외의 비상장법인에게도 확대할 필요가 있다.

(나) 대상증권

공개매수의 적용대상인 증권은 상장법인이 발행한 증권으로서 의결권 있는 주식에 관계되는 다음의 어느 하나에 해당하는 증권을 말한다(영139).

1. 주권상장법인이 발행한 증권으로서 다음의 어느 하나에 해당하는 증권
   가. 주권[14]
   나. 신주인수권이 표시된 것[15]
   다. 전환사채권[16]
   라. 신주인수권부사채권[17]
   마. 교환사채권(주권, 신주인수권이 표시된 것, 전환사채권, 신주인수권부사채권과 교환을 청구할 수 있는 것에 한함)
   바. 파생결합증권(권리의 행사로 그 기초자산을 취득할 수 있는 것만 해당)
2. 주권상장법인 외의 자가 발행한 증권으로서 다음의 어느 하나에 해당하는 증권
   가. 제1호에 따른 증권과 관련된 증권예탁증권
   나. 교환사채권
   다. 파생결합증권(권리의 행사로 그 기초자산을 취득할 수 있는 것만 해당)[18]

---

14) 주권은 의결권 있는 주식이어야 한다. 따라서 보통주, 의결권 있는 우선주, 의결권이 부활된 무의결권우선주, 보통주로 전환이 가능한 전환우선주가 이에 해당한다.
15) 신주인수권증서와 분리형 신주인수권부사채에서 분리된 신주인수권증권이 이에 해당한다.
16) 전환대상이 제1호의 주권인 전환사채를 말한다.
17) 인수대상이 제1호의 주권인 신주인수권부사채를 말한다. 다만 신주인수권이 분리된 후의 신주인수권부사채는 제외한다.
18) 권리행사에 따라 기초자산을 취득하는 것이 아니라 그 차액을 현금결제하는 주식연계증권(ELS), 주식워런트증권(ELW)은 이에 해당하지 않는다.

자본시장법이 의결권이 있는 주식등에 한정한 것은 공개매수가 주로 회사의 지배권획득이나 그 지위의 강화에 있으므로 의결권이 없는 주식등은 이와 관련이 없기 때문에 제외한 것으로 보인다.

무의결권주는 원칙적으로는 공개매수규제의 대상에서 제외되지만, 정관에 정한 우선적 배당을 하지 않는다는 결의가 있으면 그 총회의 다음 총회부터 그 우선적 배당을 받는다는 결의가 있는 총회의 종료시까지는 의결권이 부활되므로(상법370① 단서), 이때에는 공개매수의 규제대상이 된다.

(2) 매수상대방의 수와 주주평등의 원칙

자본시장법은 공개매수를 "불특정 다수인에 대하여 의결권 있는 주식등의 매수(다른 증권과의 교환 포함)의 청약을 하거나 매도(다른 증권과의 교환 포함)의 청약을 권유하고 증권시장 및 다자간매매체결회사(이와 유사한 시장으로서 해외에 있는 시장을 포함) 밖에서 그 주식등을 매수하는 것을 말한다"고 규정하고 있다(법133①). 따라서 신문 등의 공고에 의해 불특정 다수인에 대하여 주식매수의 청약을 하거나 매도의 청약을 권유하고 주식을 매수하면 매수주식의 수량과 관계없이 공개매수규정의 적용을 받는다.

그런데 법 제133조 제3항은 공개매수를 강제하고 있다. 이는 불특정 다수인 등 공개매수의 개념요소가 불확실하고, 일정수량 이상의 개별접촉에 의한 주식취득을 규제하지 않는다면 공개매수를 규제하는 자본시장법의 입법취지를 달성할 수 없기 때문이다. 이에 따라 자본시장법은 매수 등을 하는 날로부터 6개월 동안 10인 이상의 주주로부터 증권시장 및 다자간매매체결회사(이와 유사한 시장으로서 해외에 있는 시장을 포함) 밖에서 주식등을 매수·교환·입찰 기타 유상취득으로서 취득함으로써 보유주식이 5% 이상인 경우에는 공개매수를 강제하고 있다(법133③, 영140).

따라서 현행 공개매수제도는 10인 이상의 다수인을 대상으로 5% 이상의 주식등을 매수할 경우에 대하여만 강제되고 있으므로 10인 미만의 특정인을 대상으로 일정한 시차를 두고 매수에 들어갈 경우에는 적용되지 않는다. 예컨대 9인으로부터 매수하는 경우에는 9인이 갖고 있는 총주식수와 관계없이 얼마든지 주식취득이 가능하여 동 규정을 회피할 수 있다. 따라서 위와 같은 경우에는 공개매수에 의하지 않고도 지배권획득에 필요한 주식취득이 가능하기 때문에 소수주주의 매도기회의 상실 등 주주평등의 원칙을 해하는 문제가 발생한다.

또한 주식을 대량보유하고 있는 자가 기업지배권을 획득할 목적으로 대상회사의 주주들이나 경영진에게는 어떠한 사전 정보도 없이 증권시장 및 다자간매매체결회사(이와 유사한 시장으로서 해외에 있는 시장을 포함) 밖에서 10인 이하의 특정인으로부터 주식을 매수하거나 10인 이상이더라도 5% 미만으로 주식을 매수하여 지배권의 변동을 노리는 경우도 있을 수 있다. 그러나 이 경우에는 현행법상 공개매수규제의 대상이 되지 않는다.

강제공개매수의무는 지배주식의 양도에 있어서는 모든 주주가 평등하게 지배주식취득에 있어서 프리미엄에 참가하게 되고, 투기적인 부분적 공개매수를 배제하기 위한 것이다.

(3) 특별관계자의 범위

자본시장법에서 규정하는 특별관계자는 다음의 특수관계인과 공동보유자를 말한다(영 141). 특별관계자의 주식을 포함한 것은 기업지배권 탈취를 위하여 공개매수가 이루어지는 경우, 기존 경영진의 효과적인 대응이나 투자자의 합리적 판단이 가능하도록 하기 위하여 공개매수를 하는 자의 실체를 정확히 파악하고자 하는 것이다.

(가) 보유주체

5%의 공개매수의 요건은 대상회사 주식의 매수결과 본인과 특별관계자가 보유하게 된 지분비율을 기준으로 한다(법133③). 여기서 특별관계자는 특수관계인과 공동보유자를 말한다(영 141①).

예를 들어 본인과 특별관계자가 보유하는 주식의 합산한 비율이 3%인 자가 10일간 15인으로부터 3%를 추가로 장외에서 취득하는 경우, 6월간 10인 이상의 자로부터 취득하여 본인 및 특별관계자가 보유하는 주식등의 비율이 5% 이상이 되므로 공개매수의 적용대상이 된다.

그리고 본인과 그 특별관계자가 보유하는 주식등의 수의 합계가 그 주식등의 총수의 5% 이상인 자가 그 주식등의 매수등을 하는 경우를 포함한다(법133③). 따라서 이미 5% 이상의 주식을 보유하는 자가 추가로 장외에서 주식등의 매수등을 하는 경우에도 공개매수의 적용대상이다. 예컨대 주식등을 이미 5% 이상을 보유하고 있는 자가 12명으로부터 20%의 주식을 추가로 장외에서 취득하고자 하는 경우, 5% 이상 보유자가 장외에서 10인 이상으로부터 추가로 주식을 취득하는 경우이므로 공개매수규제의 대상이 된다.

(나) 특수관계인

특수관계인이란 다음의 금융회사지배구조법 시행령 제3조 제1항 각 호의 어느 하나에 해당하는 자를 말한다(영2(4)). 그러나 특수관계인이라고 하더라도 소유하는 주식등의 수가 1,000주 미만이거나 공동목적 보유자가 아님을 증명하는 경우에는 특수관계인으로 보지 않는다(영 141③). 따라서 특수관계인에 해당한다고 하여 그 특수관계인의 의사 여부와 관계없이 무조건 합산하는 것이 아니고 본인과 특수관계인 사이의 공동보유관계 해당 여부를 확인하여 공동보유자가 아닌 경우에는 합산대상에서 제외될 수 있다.

1. 본인이 개인인 경우: 다음의 어느 하나에 해당하는 자. 다만, 공정거래법 시행령 제3조의2 제1항 제2호 가목에 따른 독립경영자 및 같은 목에 따라 공정거래위원회가 동일인관련자의 범위로부터 분리를 인정하는 자는 제외한다.

가. 배우자(사실상의 혼인관계에 있는 사람을 포함)

나. 6촌 이내의 혈족

다. 4촌 이내의 인척

라. 양자의 생가(生家)의 직계존속

마. 양자 및 그 배우자와 양가(養家)의 직계비속

바. 혼인 외의 출생자의 생모

사. 본인의 금전이나 그 밖의 재산으로 생계를 유지하는 사람 및 생계를 함께 하는 사람

아. 본인이 혼자서 또는 그와 가목부터 사목까지의 관계에 있는 자와 합하여 법인이나 단체에 30% 이상을 출자하거나, 그 밖에 임원(업무집행책임자는 제외)의 임면 등 법인이나 단체의 중요한 경영사항에 대하여 사실상의 영향력을 행사하고 있는 경우에는 해당 법인 또는 단체와 그 임원(본인이 혼자서 또는 그와 가목부터 사목까지의 관계에 있는 자와 합하여 임원의 임면 등의 방법으로 그 법인 또는 단체의 중요한 경영 사항에 대하여 사실상의 영향력을 행사하고 있지 아니함이 본인의 확인서 등을 통하여 확인되는 경우에 그 임원은 제외)

자. 본인이 혼자서 또는 그와 가목부터 아목까지의 관계에 있는 자와 합하여 법인이나 단체에 30% 이상을 출자하거나, 그 밖에 임원의 임면 등 법인이나 단체의 중요한 경영사항에 대하여 사실상의 영향력을 행사하고 있는 경우에는 해당 법인 또는 단체와 그 임원(본인이 혼자서 또는 그와 가목부터 아목까지의 관계에 있는 자와 합하여 임원의 임면 등의 방법으로 그 법인 또는 단체의 중요한 경영사항에 대하여 사실상의 영향력을 행사하고 있지 아니함이 본인의 확인서 등을 통하여 확인되는 경우에 그 임원은 제외)

2. 본인이 법인이나 단체인 경우: 다음의 어느 하나에 해당하는 자

가. 임원

나. 공정거래법에 따른 계열회사 및 그 임원

다. 혼자서 또는 제1호 각 목의 관계에 있는 자와 합하여 본인에게 30% 이상을 출자하거나, 그 밖에 임원의 임면 등 본인의 중요한 경영사항에 대하여 사실상의 영향력을 행사하고 있는 개인(그와 제1호 각 목의 관계에 있는 자를 포함) 또는 법인(계열회사는 제외), 단체와 그 임원

라. 본인이 혼자서 또는 본인과 가목부터 다목까지의 관계에 있는 자와 합하여 다른 법인이나 단체에 30% 이상을 출자하거나, 그 밖에 임원의 임면 등 다른 법인이나 단체의 중요한 경영사항에 대하여 사실상의 영향력을 행사하고 있는 경우에는 해당 법인, 단체와 그 임원(본인이 임원의 임면 등의 방법으로 그 법인 또는 단체의 중요한 경영사항에 대하여 사실상의 영향력을 행사하고 있지 아니함이 본인의 확인서 등을 통하여 확인되는 경우에 그 임원은 제외)

(다) 공동보유자

공동보유자란 본인과 합의나 계약 등에 따라 ⅰ) 주식등을 공동으로 취득하거나 처분하는 행위, ⅱ) 주식등을 공동 또는 단독으로 취득한 후 그 취득한 주식을 상호양도하거나 양수하는 행위, 또는 ⅲ) 의결권(의결권의 행사를 지시할 수 있는 권한을 포함)을 공동으로 행사하는 행위를 할 것을 합의한 자를 말한다(영141②).

합의나 계약은 반드시 계약서 등 서면에 의하여야 하는 것은 아니며 의사의 합치가 있으면 된다. 따라서 구두에 의한 합의, 묵시적인 승인도 포함되므로 이를 입증하는 것은 쉽지 않을 것이다.

(4) 보유의 범위

자본시장법 제133조 제3항에서 규정하는 보유는 특별관계자가 주식등을 소유하는 경우뿐만 아니라 소유에 준하는 다음의 경우를 포함한다(영142).

1. 누구의 명의로든지 자기의 계산으로 주식등을 소유하는 경우
2. 법률의 규정이나 매매, 그 밖의 계약에 따라 주식등의 인도청구권을 가지는 경우
3. 법률의 규정이나 금전의 신탁계약·담보계약, 그 밖의 계약에 따라 해당 주식등의 의결권 (의결권의 행사를 지시할 수 있는 권한을 포함)을 가지는 경우
4. 법률의 규정이나 금전의 신탁계약·담보계약·투자일임계약, 그 밖의 계약에 따라 해당 주식 등의 취득이나 처분의 권한을 가지는 경우
5. 주식등의 매매의 일방예약을 하고 해당 매매를 완결할 권리를 취득하는 경우로서 그 권리 행사에 의하여 매수인으로서의 지위를 가지는 경우
6. 주식등을 기초자산으로 하는 자본시장법 제5조 제1항 제2호(옵션)에 따른 계약상의 권리 를 가지는 경우로서 그 권리의 행사에 의하여 매수인으로서의 지위를 가지는 경우
7. 주식매수선택권을 부여받은 경우로서 그 권리의 행사에 의하여 매수인으로서의 지위를 가 지는 경우

(5) 지분율 산정방법

자본시장법상 공개매수 판단기준이 되는 지분율은 주식뿐 아니라 주식연계증권을 포함하여 산정해야 하므로 계산방법에 혼란을 야기할 가능성이 있다. 이와 같은 혼란가능성을 방지하기 위하여 자본시장법에서 5%의 지분율은 "주식등의 수를 주식등의 총수로 나누어서 산정"하도록 규정하고 있으며 "주식등의 수"와 "주식등의 총수"를 산정하는 기준에 대하여 다음과 같이 규정하고 있다(법133⑤, 시행규칙14).

(가) 주식등의 수 산정기준(의결권 있는 주식등만을 대상으로 함)

주식등의 공개매수 여부를 판단할 때 주식등의 수는 다음과 같이 계산한 수로 한다(시행규

칙14①).

1. 주권인 경우: 그 주식의 수
2. 신주인수권이 표시된 것인 경우: 신주인수권의 목적인 주식의 수(신주인수권의 목적인 주식의 발행가액총액 및 발행가격이 표시되어 있는 경우에는 해당 발행가액총액을 해당 발행가격으로 나누어 얻은 수)
3. 전환사채권인 경우: 권면액을 전환에 의하여 발행할 주식의 발행가격으로 나누어 얻은 수. 이 경우 1 미만의 단수는 계산하지 아니한다.
4. 신주인수권부사채권인 경우 : 신주인수권의 목적인 주식의 수
5. 교환사채권인 경우: 다음 중 어느 하나에 해당하는 수
   가. 교환대상 증권이 제1호부터 제4호까지, 제6호 및 제7호에 따른 증권인 경우에는 교환대상 증권별로 제1호부터 제4호까지, 제6호 및 제7호에서 정하는 수
   나. 교환대상 증권이 교환사채권인 경우에는 교환대상이 되는 교환사채권을 기준으로 하여 교환대상 증권별로 제1호부터 제4호까지, 제6호 및 제7호에서 정하는 수
6. 파생결합증권인 경우: 다음 중 어느 하나에 해당하는 수
   가. 기초자산이 되는 증권이 제1호부터 제5호까지 및 제7호에 따른 증권인 경우에는 기초자산이 되는 증권별로 제1호부터 제5호까지 및 제7호에서 정하는 수
   나. 기초자산이 되는 증권이 파생결합증권인 경우에는 기초자산이 되는 파생결합증권을 기준으로 하여 기초자산이 되는 증권별로 제1호부터 제5호까지 및 제7호에서 정하는 수
7. 증권예탁증권인 경우: 그 기초가 되는 증권별로 제1호부터 제6호까지에서 정하는 수

(나) 주식등의 총수 산정기준(의결권 있는 주식등만을 대상으로 함)

주식등의 공개매수 여부를 판단할 때 주식등의 총수는 의결권 있는 발행주식 총수(자기주식을 포함)와 해당 매수등을 한 후에 본인과 그 특별관계자가 보유하는 주식등의 수를 합하여 계산한 수로 하되, 주권, 교환사채권의 교환대상이 되는 주권, 파생결합증권의 기초자산이 되는 주권 및 증권예탁증권의 기초가 되는 주권은 제외한다(시행규칙14②).

여기서 주권과 교환사채 등을 제외하는 이유는 그 대상이 신주가 아니라 구주로서 이미 발행되어 발행주식총수에 포함되어 주권과 교환사채를 행사하더라도 발행주식총수가 증가하지 않기 때문이다. 그러나 자기주식은 현재는 의결권 있는 발행주식총수에 포함되지 않지만 장래 일정 시점에 매도되어 의결권이 부활될 수 있기 때문에 주식등의 총수에 합산하는 것이다.

(다) 기타

주식매수선택권을 부여받은 경우에는 주식등의 수와 주식등의 총수에 해당 주식매수선택권의 행사에 따라 매수할 의결권 있는 주식을 각각 더한다. 다만, 자기주식을 대상으로 하는 주식매수선택권의 경우에는 제2항에 따른 주식등의 총수에 더하지 아니한다(시행규칙14③).

(6) 공개매수 예외대상

매수등의 목적, 유형, 그 밖에 다른 주주의 권익침해 가능성 등을 고려하여 대통령령으로 정하는 매수등의 경우에는 공개매수 외의 방법으로 매수등을 할 수 있다(법133③ 단서). 여기서 "대통령령으로 정하는 매수등"이란 다음의 어느 하나에 해당하는 것을 말한다(영143).

1. 소각을 목적으로 하는 주식등의 매수등
2. 주식매수청구에 응한 주식의 매수
3. 신주인수권이 표시된 것, 전환사채권, 신주인수권부사채권 또는 교환사채권의 권리행사에 따른 주식등의 매수등
4. 파생결합증권의 권리행사에 따른 주식등의 매수등
5. 특수관계인으로부터의 주식등의 매수등
6. 삭제 [2013. 8. 27]
7. 그 밖에 다른 투자자의 이익을 해칠 염려가 없는 경우로서 금융위원회가 정하여 고시하는 주식등의 매수등[19]

---

19) "금융위원회가 정하여 고시하는 주식등의 매수등"이란 다음의 경우를 말한다(증권발행공시규정3-1).
   1. 기업의 경영합리화를 위하여 법률의 규정 또는 정부의 허가·인가·승인 또는 문서에 의한 지도·권고 등에 따른 주식등의 매수등
   2. 정부의 공기업민영화계획 등에 의하여 정부(한국은행, 한국산업은행 및 정부투자기관 포함)가 처분하는 주식등의 매수등
   3. 회생절차개시 또는 파산을 법원에 신청한 회사의 주식등 또는 해당 회사 보유 주식등을 법원의 허가·인가·결정·명령 또는 문서에 의한 권고 등에 따라 처분하는 경우 동 주식등의 매수등
   4. 채권금융기관(기업구조조정촉진법 제2조 제1호에 따른 채권금융기관) 또는 채권은행(기업구조조정촉진법 제2조 제2호에 따른 채권은행)이 기업구조조정 촉진법 제5조 또는 제13조에 따라 채권금융기관 또는 채권은행의 공동관리절차가 개시된 부실징후기업의 주식등을 제3자에게 매각하는 경우 그 주식등의 매수등
   4의2. 채권금융기관이 자율적인 협약에 따라 구조조정이 필요한 기업의 주식등을 제3자에게 처분하는 경우로서 다음 각 목의 요건을 충족하는 경우 그 주식등의 매수등
      가. 복수의 채권금융기관이 협약에 참여하여 공동으로 의사결정을 할 것
      나. 협약에 참여한 채권금융기관이 대출금의 출자전환 외에 채권재조정 등 기업의 경영정상화를 위한 조치를 취하였을 것
      다. 주식등의 매수자가 협약에 참여한 모든 채권금융기관으로부터 주식등을 매수할 것. 다만 협약에 참여한 채권금융기관간 합의가 있는 경우 그러하지 아니하다.
   5. 금융산업구조개선법 제10조에 따른 적기시정조치에 따라 해당 금융기관이 이행하는 사항과 관련되는 다음 각 목의 어느 하나에 해당하는 주식등의 매수등
      가. 해당 금융기관이 발행하는 주식등의 취득
      나. 해당 금융기관이 보유한 주식등의 매수등
      다. 제3자의 해당 금융기관 주식등의 매수등
   6. 예금보험공사가 부실금융기관의 경영합리화를 위하여 관련법규 등에서 정하는 바에 따라 행하는 부실금융기관 주식등의 매수등 및 예금보험공사가 동 주식등을 처분하는 경우의 해당 주식등의 매수등
   7. 「국유재산의 현물출자에 관한 법률」에 따라 정부가 국유재산을 정부출자기업체에 현물출자하고 그 대가로 해당 회사가 발행하는 주식등의 취득
   8. 외국인투자촉진법 제5조부터 제7조까지의 규정에 따라 외국투자가가 취득한 주식등을 처분하는 경우의

2. 불특정다수인

청약의 상대방은 불특정일 뿐만 아니라 다수인일 것이 필요하다. 또한 불특정 다수인은 매수의 상대방이 아닌 매수청약(또는 매수청약의 권유)의 상대방이다. 여기서 불특정 다수인이 특정되지 아니한 다수인임이 명백하지만, 다수인이 수적으로 어느 정도이어야 하는지는 분명하지 않다. 공개매수는 일반공중으로부터 주식을 매수하기 위하여 매수의 청약 또는 매도의 청약을 권유하는 것이므로 매수청약 또는 매도청약의 방법이 신문 등에 공고의 방법으로 이루어졌다면 실제의 청약자의 수와 관계없이 공개매수로 보아야 할 것이다.

3. 증권시장 밖에서의 매수

증권시장 내에서의 매수는 공개매수에 해당하지 않는다. 증권시장 내에서의 매수는 누구나 거래에 참가할 수 있으므로 주주평등의 원칙이 보장되고, 거래수량과 거래가격이 공개되어 경쟁매매의 방식으로 공정하게 거래가 체결되기 때문이다. 증권시장이란 증권의 매매를 위하여 거래소가 개설하는 시장으로 유가증권시장, 코스닥시장, 그리고 코넥스시장(법8의2④)을 말하며, 이와 유사한 시장으로서 해외에 있는 시장을 포함한다(법133①).

그러나 증권시장에서의 경쟁매매 외의 방법에 의한 주식등의 매수로서 대통령령으로 정하는 매수의 경우에는 증권시장 밖에서 행하여진 것으로 본다(법133④). 여기서 "대통령령으로 정하는 매수"란 매도와 매수 쌍방당사자 간의 계약, 그 밖의 합의에 따라 종목, 가격과 수량 등을 결정하고, 그 매매의 체결과 결제를 증권시장을 통하는 방법으로 하는 주식등의 매수를 말한다(영144). 따라서 시간외대량매매방식에 의한 주식취득은 공개매수규제의 적용대상이 된다.

해당 주식등의 매수등 또는 외국인투자기업의 합작당사자가 주식등을 처분하는 경우 합작계약에 따라 우선매입권을 가진 다른 합작당사자의 해당 주식등의 매수등

9. 금융기관이 관련법규에 따른 자본금요건을 충족하기 위하여 발행하는 주식의 취득 또는 자기자본 비율 등 재무요건을 충족하기 위하여 감독원장 등에게 경영개선계획서 등을 제출하고 발행하는 주식의 취득
10. 제5호에 따른 자본금 증액시 일반주주의 대량실권 발생이 예상되어 해당 금융기관의 최대주주 및 그 특수관계인이 증자를 원활하게 하기 위하여 불가피하게 행하는 해당 금융기관 주식등의 매수등
11. 금융투자업규정 제6-7조에 따른 주식의 종목별 외국인 전체취득한도에 달하거나(한도에서 단주가 부족한 경우를 포함) 초과한 종목을 증권회사의 중개에 의하여 외국인간에 매매거래를 하는 경우 해당 주식의 매수
12. 증권시장에 상장하기 위하여 모집 또는 매출하는 주식을 인수한 투자매매업자가 증권신고서에 기재한 바에 따라 모집 또는 매출한 주식을 매수하는 경우 해당 주식의 매수
13. 공개매수사무취급자가 공개매수개시이전 해당 주식을 차입하여 매도한 경우 이의 상환을 위한 장내매수
14. 주채무계열(은행업감독규정 제79조 제1항에 따른 주채무계열)이 주채권은행(은행업감독규정 제80조 제1항에 따른 주채권은행)과 은행법 제34조, 은행업감독규정 제82조 제3항 및 은행업감독업무시행세칙 제52조 제4항에 근거하여 체결한 재무구조개선약정에 따라 재무구조 개선을 위하여 주채무계열 및 그 공동보유자가 보유한 주식등을 처분하는 경우의 해당 주식등의 매수등

4. 매수·교환의 청약, 매도·교환의 청약의 권유

공개매수자가 불특정다수인을 상대로 매수청약 또는 매도청약의 권유를 하여야 한다. 매수 또는 매도에는 다른 증권과의 교환을 포함한다(법133①).

5. 주식등의 수량

자본시장법 제133조 제1항의 공개매수 정의규정은 일정한 비율의 주식등의 수량기준을 정하고 있지 않다. 따라서 5% 미만의 주식을 불특정 다수인에게 매도청약을 권유하여 매수하는 경우라면 공개매수규제의 적용대상이 된다.

Ⅲ. 공개매수의 절차

1. 공개매수사무취급자 선정

공개매수를 하고자 하는 자(공개매수자)는 일반적으로 공개매수사무취급자를 선정하여 공개매수절차를 진행한다. 공개매수자는 공개매수사무취급자와 공개매수대리인계약서를 작성하고 계약을 체결하게 된다. 또한 공개매수공고를 하거나 공개매수신고서를 제출하는 경우에도 미리 공개매수사무취급자를 대리인으로 선정하여 그 대리인으로 하여금 공고를 하게 하거나 신고서를 제출하게 하고 있다.

공개매수사무취급자란 공개매수를 하고자 하는 자를 대리하여 매수·교환·입찰, 그 밖의 유상취득("매수등")을 할 주식 등의 보관, 공개매수에 필요한 자금 또는 교환대상 증권의 지급, 그 밖의 공개매수 관련 사무를 취급하는 자를 말한다(법133②). 구 증권거래법은 대리인으로 될 수 있는 자를 증권회사에 한정하고(증권거래법21⑤) 있었으나, 자본시장법은 대리인 강제주의를 폐지하였다.

2. 공개매수공고

공개매수를 하고자 하는 자(공개매수자)는 일반일간신문 또는 경제분야의 특수일간신문 중 전국을 보급지역으로 하는 둘 이상의 신문에 다음의 사항을 공고하여야 한다(법134①, 영145①). 공개매수자는 일반적으로 공개매수사무취급자를 통하여 공개매수에 관한 다음의 내용을 공고하게 될 것이다.

1. 공개매수를 하고자 하는 자
2. 공개매수할 주식등의 발행인(그 주식등과 관련된 증권예탁증권, 그 밖에 대통령령으로 정하는 주식등20)의 경우에는 대통령령으로 정하는 자21))
3. 공개매수의 목적
4. 공개매수할 주식등의 종류 및 수
5. 공개매수기간·가격·결제일 등 공개매수조건
6. 매수자금의 명세, 그 밖에 투자자 보호를 위하여 필요한 사항으로서 대통령령으로 정하는 사항22)

3. 공개매수신고서 제출

(1) 의의

공개매수공고를 한 자(공개매수자)는 공개매수신고서를 그 공개매수공고를 한 날(공개매수공고일)에 금융위원회와 거래소에 제출하여야 한다(법134② 본문). 다만, 공개매수공고일이 공휴일(근로자의 날 제정에 관한 법률에 따른 근로자의 날 및 토요일을 포함), 그 밖에 금융위원회가 정하여 고시하는 날에 해당되는 경우에는 그 다음 날에 제출할 수 있다(법134② 단서). 공개매수자는 공개매수사무취급자를 통하여 공개매수신고서를 공개매수공고일에 금융위원회와 거래소에 제출하게 될 것이다.

(2) 기재사항

공개매수신고서에는 공개매수공고에 기재된 내용과 다른 내용을 표시하거나 그 기재사항을 빠뜨려서는 아니 된다(영146①). 공개매수신고서에는 필수적 기재사항(법134②, 영146②)과 임의적 기재사항이 있다(법134④). 또한 공개매수신고서 필수적 기재사항 외에 공개매수신고서의 서식과 작성방법 등에 관하여 필요한 사항은 금융위원회가 정하여 고시한다(영146⑤).

---

20) "대통령령으로 정하는 주식등"이란 교환사채권과 파생결합증권을 말한다(영145②).
21) "대통령령으로 정하는 자"란 다음의 자를 말한다(영145③).
   1. 증권예탁증권의 경우에는 그 기초가 되는 주식등의 발행인
   2. 교환사채권의 경우에는 교환의 대상이 되는 주식등의 발행인
   3. 파생결합증권의 경우에는 그 기초자산이 되는 주식등의 발행인
22) "대통령령으로 정하는 사항"이란 다음의 사항을 말한다(영145④).
   1. 공개매수자와 그 특별관계자의 현황
   2. 공개매수사무취급자에 관한 사항
   3. 공개매수의 방법
   4. 공개매수할 주식등의 발행인("공개매수대상회사")의 임원이나 최대주주와 사전협의가 있었는지와 사전협의가 있는 경우에는 그 협의내용
   5. 공개매수가 끝난 후 공개매수대상회사에 관한 장래 계획
   6. 공개매수공고 전에 해당 주식등의 매수등의 계약을 체결하고 있는 경우에는 그 계약사실 및 내용
   7. 공개매수신고서와 공개매수설명서의 열람장소

(가) 필수적 기재사항

1. 공개매수자 및 그 특별관계자에 관한 사항
2. 공개매수할 주식등의 발행인
3. 공개매수의 목적
4. 공개매수할 주식등의 종류 및 수
5. 공개매수기간·가격·결제일 등 공개매수조건
6. 공개매수공고일 이후에 공개매수에 의하지 아니하고 주식등의 매수등을 하는 계약이 있는 경우에는 그 계약의 내용
7. 매수자금의 명세, 그 밖에 투자자 보호를 위하여 필요한 사항으로서 대통령령으로 정하는 사항23)24)

---

23) "대통령령으로 정하는 사항"이란 다음의 사항을 말한다(영146②).
   1. 공개매수사무취급자에 관한 사항
   2. 공개매수대상회사의 현황
   3. 공개매수의 방법
   4. 공개매수에 필요한 자금이나 교환대상 증권의 조성내역(차입인 경우에는 차입처 포함)
   5. 공개매수자와 그 특별관계자의 최근 1년간 공개매수대상회사의 주식등의 보유상황과 거래상황
   6. 공개매수대상회사의 임원이나 최대주주와 사전협의가 있었는지와 사전협의가 있는 경우에는 그 협의내용
   7. 공개매수가 끝난 후 공개매수대상회사에 관한 장래계획
   8. 공개매수의 중개인이나 주선인이 있는 경우에는 그에 관한 사항
   9. 공개매수신고서와 공개매수설명서의 열람장소
24) 증권발행공시규정 제3-2조(공개매수신고서의 기재사항 등) ① 영 제146조 제5항에 따라 공개매수신고서에 기재하여야 할 사항은 다음과 같다.
   1. 공개매수자 및 그 특별관계자에 관한 사항
      가. 공개매수자 및 그 특별관계자의 현황
      나. 공개매수자가 법인인 경우 해당 법인이 속해 있는 기업집단
      다. 공개매수자가 법인인 경우 해당 법인의 재무에 관한 사항
   2. 공개매수할 주식등의 발행인
      가. 공개매수대상회사 및 그 특별관계자의 현황
      나. 공개매수대상회사가 속해 있는 기업집단
   3. 공개매수의 목적
   4. 공개매수할 주식등의 종류 및 수
      가. 공개매수예정 주식등의 종류 및 수
      나. 공개매수후 소유하게 되는 주식등의 수
      다. 공개매수대상회사의 발행 주식등의 총수
   5. 공개매수 기간·가격·결제일 등 공개매수조건
      가. 공개매수 기간·가격·결제일 등 일반적 조건
      나. 결제의 방법
   6. 공개매수공고일 이후에 공개매수에 의하지 아니하고 주식등의 매수등을 하는 계약이 있는 경우에는 해당 계약의 내용
   7. 매수자금의 내역
      가. 공개매수에 필요한 금액 이상의 금융기관 예금잔고 기타 자금보유 내역
      나. 다른 증권과의 교환에 의한 공개매수의 경우에는 교환의 대가로 인도할 증권의 보유 내역

(나) 임의적 기재사항

공개매수자는 공개매수신고서에 그 주식등의 발행인의 예측정보를 기재 또는 표시할 수 있다. 이 경우 예측정보의 기재 또는 표시는 제125조 제2항 제1호·제2호 및 제4호의 방법에 따라야 한다(법134④).

(3) 첨부서류

공개매수신고서에는 다음의 서류를 첨부하여야 한다(영146④ 전단). 이 경우 금융위원회는 전자정부법에 따른 행정정보의 공동이용을 통하여 공개매수자의 주민등록번호를 포함한 주민등록표 초본(개인인 경우로 한정) 또는 법인 등기사항증명서(법인인 경우로 한정)를 확인하여야 하며, 공개매수자가 주민등록번호를 포함한 주민등록표 초본의 확인에 동의하지 아니하는 경우에는 주민등록번호를 포함한 주민등록표 초본을 첨부하도록 하여야 한다(영146④ 후단).

1. 공개매수자가 외국인인 경우에는 주민등록번호를 포함한 주민등록표 초본에 준하는 서류
2. 공개매수자가 법인, 그 밖의 단체인 경우에는 정관과 법인 등기사항증명서에 준하는 서류

    다. 독점규제 및 공정거래에 관한 법률 제8조의2 제2항 제2호의 기준에 해당하지 아니할 목적으로 현물출자를 받기 위하여 공개매수를 하고자 하는 경우에는 신주의 발행 내용
8. 공개매수사무취급자("사무취급회사")에 관한 사항
    가. 사무취급회사명
    나. 사무취급회사의 공개매수 관련업무 수행범위
    다. 사무취급회사의 본·지점 소재지 및 전화번호
9. 공개매수대상회사의 현황
    가. 최근 분기 및 최근 3사업연도 재무 및 손익 상황
    나. 공개매수공고일 이전 6월간의 공개매수대상회사 주식등의 거래상황
10. 공개매수의 방법
    가. 청약의 방법
    나. 철회의 방법
    다. 청약주식 등의 매입방법
    라. 공개매수신고의 정정 및 철회의 방법 등
11. 공개매수에 필요한 자금 또는 교환대상 증권의 조성내역(차입의 경우 차입처 포함)
    가. 공개매수에 필요한 자금 조성내역
    나. 교환대상 증권의 조성 내역
    다. 교환의 대가로 인도할 증권 발행회사의 현황
12. 공개매수자 및 그 특별관계자의 최근 1년간 공개매수대상회사의 주식등의 보유상황 및 거래상황
13. 공개매수대상회사의 임원 또는 최대주주와의 사전협의가 있는지 여부와 사전협의가 있는 경우 그 협의내용
14. 공개매수 종료후 공개매수대상회사에 관한 장래계획
15. 공개매수의 중개인 또는 주선인이 있는 경우 그에 관한 사항
    가. 법인명 또는 성명
    나. 법인의 설립목적 및 사업내용
16. 공개매수신고서 및 공개매수설명서의 열람장소
② 영 제146조 제4항 제4호 및 제5호의 서류(본문에 따른 서류)는 공개매수신고서 제출일 전 3일 이내에서 동일한 날짜를 기준으로 하여 작성하여야 한다.

(법인 등기사항증명서로 확인할 수 없는 경우로 한정)

3. 공개매수 관련 사무에 관한 계약서 사본

4. 공개매수에 필요한 금액 이상의 금융기관 예금잔액, 그 밖에 자금의 확보를 증명하는 서류

5. 다른 증권과의 교환에 의한 공개매수인 경우에는 공개매수자가 교환의 대가로 인도할 증권의 확보를 증명하는 서류. 다만, 공정거래법 제8조의2 제2항 제2호에 따른 기준에 해당 하지 아니할 목적으로 현물출자를 받기 위하여 공개매수를 하려는 경우에는 신주의 발행을 증명하는 서류

6. 다른 증권과의 교환에 의한 공개매수에 관하여 법 제119조 제1항 또는 제2항에 따른 신고를 하여야 하는 경우에는 그 신고서에 기재할 사항의 내용과 같은 내용을 기재한 서류

7. 주식등의 매수등에 행정관청의 허가·인가 또는 승인이 필요한 경우에는 그 허가·인가 또는 승인이 있었음을 증명하는 서류

8. 공개매수공고 내용

9. 공개매수공고 전에 해당 주식등의 매수등의 계약을 체결하고 있는 경우에는 그 계약서의 사본

10. 그 밖에 공개매수신고서의 기재사항을 확인하는 데에 필요한 서류로서 금융위원회가 정하여 고시하는 서류[25]

(4) 공개매수신고서 사본의 송부

공개매수자는 공개매수신고서를 제출한 경우에는 지체 없이 그 사본을 공개매수할 주식등의 발행인에게 송부하여야 한다(법135). 이는 공개매수의 대상회사인 발행인에게 방어대책을 준비하는 기회를 주기 위한 것이다.

공개매수할 주식등의 발행인에는 공개매수할 주식등과 관련된 증권예탁증권, 교환사채권과 파생결합증권의 경우에 대통령령으로 정하는 자를 말하므로(법134①(2)), 증권예탁증권의 경우에는 그 기초가 되는 주식등의 발행인, 교환사채권의 경우에는 교환의 대상이 되는 주식등의 발행인, 파생결합증권의 경우에는 그 기초자산이 되는 주식등의 발행인에게 신고서의 사본을 송부하여야 한다(영145②③).

---

25) "공개매수신고서의 기재사항을 확인하는 데에 필요한 서류로서 금융위원회가 정하는 서류"는 다음의 서류를 말한다(증권발행공시규정3-3).

  1. 영 제146조 제4항 제4호 또는 제5호의 서류에 기재된 공개매수대금 또는 교환대상 증권을 결제일까지 인출 또는 처분하지 아니하는 경우에는 그 내용을 기재한 서류

  2. 공개매수신고서를 제출한 후 영 제146조 제4항 제4호 또는 제5호의 서류에 기재된 공개매수대금 또는 교환대상 증권을 인출 또는 처분하여 결제일까지 운용하고자 하는 경우에는 인출일 또는 처분일부터 결제일까지의 자금 또는 증권의 운용계획서와 그 내용을 확인할 수 있는 서류

  3. 공개매수자가 외국인 또는 외국법인등인 경우에는 국내에 주소 또는 사무소를 가진 자에게 해당 공개매수에 관한 권한을 부여한 것을 증명하는 서면

  4. 공개매수신고서에 첨부하는 서류가 한글로 기재된 것이 아닌 경우에는 그 한글번역문

(5) 공개매수기간

공개매수기간은 공개매수신고서 제출일(공고일, 공고일이 공휴일에 해당되는 경우에는 그 다음날)로부터 최소 20일 이상 최대 60일 이내의 범위 내에서 정할 수 있다(법134③, 영146③). 또한 당해 공개매수기간 중 대항하는 대항공개매수가 있는 경우 그 대항공개매수기간의 종료일까지 그 기간을 연장할 수 있다(영147(3)(다)).

현행법상 공개매수기간과 관련하여 볼 때 매수기간이 단기일수록 매도압력이 커지는 문제가 있고, 공개매수신고서의 효력발생을 위한 대기기간이 폐지된 후로는 폐지된 기간만큼 투자자의 의사결정에 필요한 숙려기간이 축소되어 투자자 보호에 미흡한 문제가 있다. 실제로 발생한 대부분의 공개매수사례에서는 공개매수기간을 20일로 정하여 단기에 대상회사의 지배권을 취득하고자 하였다. 이것은 공개매수의 본질에 부합하는 것이다. 그러나 현행법상 공개매수기간은 실제 영업일만을 고려한 것이 아니고 기간의 통산개념으로 정해진 이상, 최단기간을 20일로 정하는 것은 너무 단기이고, 최장기간을 60일로 정하는 것은 공개매수의 본질에 비추어 장기이고, 실제의 사례도 잘 보이지 않아서 제도운영상 불합리한 점이 있다.[26]

4. 공개매수대상회사의 의견표명

(1) 의견표명의 방법

공개매수신고서가 제출된 주식등의 발행인, 즉 대상회사는 공개매수에 관하여 광고·서신(전자우편을 포함), 그 밖의 문서에 의하여야 그 공개매수에 관한 의견을 표명할 수 있다(법138①, 영149①). 이 경우에는 발행인은 그 내용을 기재한 문서를 지체 없이 금융위원회와 거래소에 제출하여야 한다(법138②). 의견표명에는 공개매수에 대한 발행인의 찬성·반대 또는 중립의 의견에 관한 입장과 그 이유가 포함되어야 하며, 의견표명 이후에 그 의견에 중대한 변경이 있는 경우에는 지체 없이 제1항에서 정한 방법에 따라 그 사실을 알려야 한다(영149②).

이와 같이 대상회사에게 공개매수에 대한 의견을 표명할 수 있도록 한 것은 공개매수에 직면하여 보유주식의 매도 여부를 결정해야 하는 대상회사의 주주에게 투자판단의 정확성과 공정성을 확보하기 위한 것이다.

(2) 의견표명의 의무 여부

자본시장법은 대상회사의 의견표명을 재량적으로 인정하고 있을 뿐 강제적으로 의무화하고 있지 않다. 그런데 의견표명이 재량이냐 의무이냐의 차이는 실제로 중요하다. 대상회사의 이사들은 주주들에게 공개매수에 관한 의견을 표명하고 자신들의 입장을 밝혀 주주들에게 정보를 제공할 필요가 있다. 그런데 대상회사에 공시할 의무를 부과하지 않은 것은 입법상 균형

---

26) 송종준(2005), "M&A법제의 현황과 보완과제", 상장협연구보고서(2005. 11), 58쪽.

을 잃은 것이다. 공개매수자에게는 정보를 공시하도록 하고 있으면서도 대상회사에게는 공시의무를 부과하고 있지 않기 때문이다. 따라서 대상회사의 주주에게 투자판단의 정확성과 공정성을 확보시키기 위해 의견표명을 의무화할 필요가 있다.[27]

대상회사의 의견표명의 의무는 첫째, 대상회사에 의견표명의 방법과 시점 등을 규정하고, 둘째, 대상회사의 의견표명보고서에는 의견표명의 근거로서 외부전문가로부터의 자문 또는 조언을 받은 사실, 이사회결의내용, 대상회사와 공개매수자 간의 이해충돌관계에 있는 사실(예컨대 이사겸임, 주식상호보유 등), 대상회사의 이사와 공개매수자 사이에 개인적 이해관계가 있는 사실(예컨대 특별이익을 공여하기로 하는 약정, 금전적 이해관계, 경영자지위의 유지약정관계 등) 등을 기재하도록 하여야 할 것이다.[28]

(3) 부실의견표명과 제재 여부

증권거래법 시행령 제13조는 대상회사의 "의견표명 내용에 있어서 중요한 사항을 누락하거나 오해를 일으킬 수 있는 것이어서는 아니된다"고 규정하고 있었으나, 자본시장법은 이 규정을 두지 않았다. 입법적 불비이다. 대상회사의 의견표명에 있어서는 의견표명문서상의 부실기재의 금지에 관하여 중요한 사항의 누락과 오해를 일으킬 수 있는 것 이외에도 허위사실을 기재한 경우를 포함시켜야 할 것이다.

이와 같은 대상회사의 의견표명 의무화는 현행법에 규정은 없지만 이사의 충실의무(상법 382의3)에 따라 대상회사의 이사회는 의견표명을 하여야 할 것이다. 현행 상법상 이사의 충실의무는 이른바 영미의 보통법에서 인정되는 이사의 신인의무(fiduciary duty)의 개념을 도입한 것이다. 이 규정의 성격을 놓고 견해의 대립이 있으나, 영미법상의 해석원리를 도입한 것이라면 주주들의 이익과 직결된 공개매수 상황에서 주주들에게 의견표명을 하는 것이 바람직할 것이기 때문이다. 따라서 대상회사의 이사들이 부실의견을 표명한 경우에는 상법상 이사의 의무위반으로 상법상 이사의 책임을 물을 수 있을 것이다.

5. 공개매수설명서의 작성과 공시

(1) 공개매수설명서의 의의

공개매수설명서는 형식과 명칭에 관계없이 공개매수 대상회사의 주주들에게 매도청약을 권유하는 문서라고 할 수 있다. 공개매수자는 공개매수설명서를 작성, 공시, 교부하지 아니하면 공개매수를 실시할 수 없다.

공개매수자는 공개매수를 하고자 하는 경우에는 공개매수설명서에 법 제134조 제2항이

---

27) 이상복(2006), 108쪽.
28) 송종준(2005), 71쪽.

규정한 공개매수신고서의 필수적 기재사항을 동일하게 기재하여야 한다. 다만, 공개매수자가 주권상장법인인 경우에는 금융위원회가 정하여 고시하는 사항의 기재를 생략29)할 수 있다(법 137①, 영148).

(2) 공개매수설명서의 작성과 공시

공개매수자는 공개매수설명서를 작성하여 공개매수공고일에 금융위원회와 거래소에 제출하여야 하며, 다만, 공개매수공고일이 공휴일(근로자의 날 제정에 관한 법률에 따른 근로자의 날 및 토요일을 포함), 그 밖에 금융위원회가 정하여 고시하는 날30)에 해당되는 경우에는 그 다음 날에 제출할 수 있다(법137①, 법134② 단서). 또한 공개매수설명서는 공개매수사무취급자의 본점과 지점, 그 밖의 영업소, 금융위원회, 거래소에 비치하고 일반인이 열람할 수 있도록 하여야 한다(법137①, 시행규칙16).

(3) 공개매수설명서의 부실기재 금지

공개매수설명서에는 공개매수신고서에 기재된 내용과 다른 내용을 표시하거나 그 기재사항을 누락하여서는 아니 된다(법137②).

(4) 공개매수설명서의 교부의무

공개매수자는 공개매수할 주식등을 매도하고자 하는 자에게 공개매수설명서를 미리 교부하지 아니하면 그 주식등을 매수하여서는 아니 된다(법137③ 전단). 이 경우 공개매수설명서가 전자문서의 방법에 따르는 때에는 다음의 요건을 모두 충족하는 때에 이를 교부한 것으로 본다(법137③ 후단).

1. 전자문서에 의하여 공개매수설명서를 받는 것을 전자문서수신자가 동의할 것
2. 전자문서수신자가 전자문서를 받을 전자전달매체의 종류와 장소를 지정할 것
3. 전자문서수신자가 그 전자문서를 받은 사실이 확인될 것
4. 전자문서의 내용이 서면에 의한 공개매수설명서의 내용과 동일할 것

6. 공개매수 실시

공개매수신고서 제출일 이후 공개매수기간인 20일 이상 60일 이내에 공개매수를 실시한다. 대항공개매수가 있는 경우에는 대항공개매수기간의 종료일까지 그 기간을 연장할 수 있다.

---

29) "공개매수자가 주권상장법인인 경우 공개매수설명서에 기재를 생략할 수 있는 사항"이란 해당 법인의 재무에 관한 사항을 말한다(증권발행공시규정3-9).
30) "금융위원회가 정하여 고시하는 날"이란 자본시장법 제413조(긴급사태시의 처분)에 따라 금융위원회가 휴장명령을 한 날을 말한다(증권발행공시규정3-5).

7. 공개매수의 조건과 방법

(1) 전부매수 및 즉시매수의 원칙

(가) 원칙

공개매수자는 공개매수신고서에 기재한 매수조건과 방법에 따라 응모한 주식등의 전부를 공개매수기간이 종료하는 날의 다음 날 이후 지체 없이 매수하여야 한다(법141① 본문).

(나) 예외

다음의 어느 하나에 해당하는 조건을 공개매수공고에 게재하고 공개매수신고서에 기재한 경우에는 그 조건에 따라 응모한 주식 등의 전부 또는 일부를 매수하지 아니할 수 있다(법141 ① 단서).

1. 응모한 주식등의 총수가 공개매수 예정주식등의 수에 미달할 경우 응모 주식등의 전부를 매수하지 아니한다는 조건
2. 응모한 주식등의 총수가 공개매수 예정주식등의 수를 초과할 경우에는 공개매수 예정주식 등의 수의 범위에서 비례배분[31]하여 매수하고 그 초과 부분의 전부 또는 일부를 매수하지 아니한다는 조건

(2) 매수가격 균일의 원칙

공개매수자가 공개매수를 하는 경우 그 매수가격은 균일하여야 한다(법141②). 따라서 매수가격 균일이 아니면 공개매수에서 주주를 차별하는 것이 가능하다. 공개매수가 입찰식으로 되면 주주는 가격인하 압력을 받게 될 것이고, 만일 응모시기가 앞설수록 가격을 유리하게 차이를 둔다면 주주가 조급하게 응모하게 된다는 문제가 있기 때문에 매수가격의 균일성을 요구하고 있다.

8. 공개매수통지서 송부

공개매수자는 공개매수기간이 종료한 때에는 매수의 상황, 매수예정 주식등 또는 반환주식등 및 기타 결제 등에 필요한 사항을 기재한 공개매수통지서를 응모자에게 지체 없이 송부하여야 한다(증권발행공시규정3-7). 공개매수기간 종료 후 지체 없이 청약주주가 공개매수청약서에 기재한 주소로 공개매수통지서를 송부하여야 한다. 공개매수통지서에는 개별 응모자에게

---

31) 증권발행공시규정 제3-6조(비례부분) ① 법 제141조 제1항 제2호의 비례배분은 응모한 주식등의 총수가 매수예정주식등의 수를 초과할 경우 청약주식 등의 수에 비례하여 배정하는 것을 말한다.
　② 제1항에 따라 계산한 수의 합계와 매수예정 주식 등의 총수가 다른 경우에 그 다른 수의 처리는 공개매수신고서에 기재한 방법에 따른다.

매수예정주식과 반환주식의 수량, 매수대금 및 이에 관한 결제방법 등을 기재하여야 한다.

9. 주권반환 및 매수대금지급

법령에 규정은 없으나 공개매수자는 공개매수기간 종료일의 다음 날 이후 지체 없이 공개 매수통지서에 기재된 내용대로 개별 응모주주에게 매수한 주식에 대한 대가인 매수대금을 지급하고, 매수하지 못한 주식에 대해서는 주권을 반환하는 절차를 밟아야 한다. 따라서 공개매수 청약 당시 응모주주는 공개매수사무취급자에게 본인 명의의 계좌를 개설하는 것이 필요할 것이다.

10. 공개매수결과보고서 제출

공개매수자는 금융위원회가 정하여 고시하는 방법[32)]에 따라 공개매수의 결과를 기재한 보고서(공개매수결과보고서)를 금융위원회와 거래소에 제출하여야 한다(법143).

공개매수결과보고서에는 공개매수내용(대상회사명, 매수를 행한 주식등의 종류, 매수 수량 및 가격, 공개매수기간), 공개매수결과(주식등의 종류, 청약주식수, 매수주식수), 공개매수자의 공개매수 후 주식등의 소유현황, 응모주식등의 총수가 공개매수예정수를 초과할 경우 매수방법, 그리고 청약 및 매수현황을 기재하여야 할 것이다.

11. 신고서 등의 공시

금융위원회와 거래소는 ⅰ) 공개매수신고서 및 정정신고서, ⅱ) 공개매수설명서, ⅲ) 공개매수에 대한 의견표명내용을 기재한 문서, ⅳ) 공개매수 철회신고서, ⅴ) 공개매수결과보고서를 그 접수일부터 3년간 비치하고, 인터넷 홈페이지 등을 이용하여 공시하여야 한다(법144).

12. 교환공개매수의 절차

(1) 교환공개매수의 의의

교환공개매수(exchange tender offer)란 현금지급이 아닌 증권과의 교환에 의해 이루어지는 공개매수를 말한다. 자본시장법 제133조 제1항은 매수와 매도의 개념에 "다른 증권과의 교환을 포함한다"고 하여 교환공개매수의 근거규정을 두고 있다.

자본시장법은 교환공개매수의 근거규정을 두고 있을 뿐 교환공개매수에 관한 세부규정을

---

32) "금융위원회가 정하여 고시하는 방법"이란 공개매수자는 공개매수가 종료한 때에 지체 없이 공개매수로 취득한 공개매수자의 보유 주식등의 수, 지분율 등을 기재한 공개매수결과보고서를 금융위원회와 거래소에 제출하는 것을 말한다(증권발행공시규정3-8).

두고 있지 않다. 다만 자본시장법 시행령에서 교환공개매수를 하고자 하는 경우에 공개매수자는 공개매수신고서에 교환의 대가로 인도할 증권의 확보를 증명하는 서류를 첨부하도록 하고 있을 뿐이다(영146④(5)). 여기서 교환할 수 있는 증권은 주식, 채권, 기타의 증권이 해당하고, 이미 발행된 증권이나 신규로 발행하는 증권도 모두 해당한다. 따라서 교환공개매수를 하기 위해서는 자본시장법상 현금공개매수에 관한 규정에 따라야 한다.

그리고 공개매수자가 교환공개매수에 의하여 대상회사를 인수함으로써 지주회사로 전환하고자 하는 경우에는 공정거래법 제8조의2 제2항 제2호의 기준(지주회사의 주식취득제한)의 적용을 받는다. 이 경우에 자본시장법 시행령은 공정거래법상 지주회사의 주식취득제한에 해당하지 아니할 목적으로 현물출자를 받기 위하여 공개매수를 하려는 경우에는 신주의 발행을 증명하는 서류를 첨부하도록 규정하고 있다(영146④(5)).

우리나라에서는 기업집단 내 계열사 간에 교환공개매수가 발생하였다. 2001년 11월 LGCI의 LG화학, LG생활건강, LG홈쇼핑에 대한 교환공개매수를 시작으로 2002년 8월 LGCI의 LG전자, 2003년 10월 농심홀딩스의 농심에 대한 교환공개매수가 있었다.

(2) 교환공개매수의 절차

(가) 의의

공개매수자가 신주를 발행하여 교환할 경우에는 자본시장법상 공개매수규정과 공모규정, 상법상의 현물출자규정을 모두 충족하여야 한다. 그리고 공개매수자가 보유한 구주(舊株)매출에 의하여 교환할 경우에는 자본시장법상 공개매수규정과 공모규정을 충족하여야 한다.

(나) 현물출자

공개매수자가 교환해야 할 증권이 공개매수자가 신규로 발행하는 주식일 경우에는 대상회사의 응모주주가 공개매수자에게 현물출자를 하는 것이므로 이에 대해서는 상법(416, 422)이 적용된다.

따라서 출자물에 대한 과대평가를 방지하기 위하여 상법 제416조 제4호에 의하여 정관에 출자목적물의 종류, 수량, 가액 등을 특정하여야 하고, 상법 제422조에 의하여 법원이 선임한 검사인에 의하여 현물출자의 검사가 이루어져야 한다. 그러한 교환공개매수를 청약하는 등 자본시장법상의 공개매수절차를 진행하는 시점에 있어서는 현물출자자, 교환할 주식등 현물의 종류, 가액, 수량 등을 특정할 수 없으므로 현실적으로 이러한 요건을 충족시켜 신속하게 교환공개매수를 실효성 있게 진행하는데 실무상 어려움이 있다.[33]

이러한 문제로 인하여 법원은 교환공개매수에 있어서 상법상의 현물출자에 관한 규정을 유연하게 해석하여 신주발행에 의한 교환공개매수를 인정한 바 있다.[34] 즉 법원은 상법상 현

---

33) 노혁준(2004), "교환공개매수에 관한 연구", 상사법연구 제23권 제2호(2004), 28쪽 이하.
34) 서울남부지방법원 2001. 11. 12. 선고 2001파40 결정.

물출자와 출자목적물의 수량은 확정적인 것이 아니더라도 이사회의 결의가 있으면 특정된 것으로 보고, 현물출자자에게 부여할 주식수의 특정은 구체적이지 않더라도 주식수를 계산할 수 있는 산식의 결의만으로도 특정된 것으로 인정하며, 현물출자의 가액산정에서 매수가격의 프리미엄지급은 과대평가라고 볼 수 없다고 해석한 바 있다. 그러나 이러한 법원의 결정은 공정거래법상 지주회사의 주식취득제한에 해당하지 아니할 목적으로 현물출자를 받기 위하여 교환공개매수를 하는 경우에만 관련된 것이라고 할 수 있다.

(다) 증권신고서

교환할 증권이 대상회사의 불특정 다수의 주주에게 교환되는 경우에는 공개매수자는 자본시장법상으로는 증권의 모집·매출의 규정에 따라 증권신고서를 금융위원회에 제출하여야 하고, 나아가 투자설명서도 함께 교부하여야 한다(법119). 자본시장법상으로는 공개매수자가 신주를 발행하거나 기발행주권의 매출에 의하여 교환공개매수를 추진하는 경우에 공개매수자는 공모규정에 따라 증권신고서를 금융위원회에 제출하여야 하고 투자설명서도 교부하여야 한다. 따라서 공개매수자가 신주를 발행하여 교환할 경우에는 자본시장법상 공개매수규정과 공모규정, 상법상의 현물출자규정을 모두 충족하여야 한다. 그리고 공개매수자가 보유한 구주매출에 의하여 교환할 경우에는 자본시장법상 공개매수규정과 공모규정을 충족하여야 한다.

그런데 이 경우에 증권신고서의 제출과 그에 따른 대기기간의 적용으로 인하여 자본시장법상 허용된 공개매수기간 중에 교환공개매수를 실행하는 것이 현실적으로 어렵다. 자본시장법상 발행가액의 기준일은 청약일 전 5거래일이고, 증권신고서의 효력은 수리일로부터 10일이 경과하여야 발생한다. 따라서 증권신고서를 제출하는 시점에서는 신주의 발행가액과 발행예정주식수를 확정할 수 없어서 현행의 공개매수에 관한 일반규정이 적용되는 한 교환공개매수를 수행하기에 실무상 어려움이 있다.

(라) 공개매수신고서

증권신고서가 수리된 후에 자본시장법 규정에 따라 공개매수공고와 공개매수신고서 제출 등의 절차를 밟아야 한다.

13. 주식의 대량보유 상황·변동 보고

공개매수의 결과 상장법인의 의결권 있는 주식등을 5% 이상 보유하게 되는 경우와 그 5% 이상 보유한 주주의 보유주식비율이 1% 이상 변동하게 되는 경우에는 그 날부터 5일 이내에 주식소유상황 및 변동내용을 금융위원회와 거래소에 보고하여야 한다(법147①).

Ⅳ. 공개매수의 정정 및 철회

1. 공개매수의 정정

(1) 정정신고서 제출

(가) 금융위원회의 정정요구

금융위원회는 공개매수신고서의 형식을 제대로 갖추지 아니한 경우 또는 그 공개매수신고서 중 중요사항에 관하여 거짓의 기재 또는 표시가 있거나 중요사항이 기재 또는 표시되지 아니한 경우에는 공개매수기간이 종료하는 날까지 그 이유를 제시하고 그 공개매수신고서의 기재내용을 정정한 신고서("정정신고서")의 제출을 요구할 수 있다(법136①). 금융위원회의 요구가 있는 경우 그 공개매수신고서는 그 요구를 한 날부터 제출되지 아니한 것으로 본다(법136②).

(나) 공개매수자의 정정

공개매수자는 공개매수조건, 그 밖에 공개매수신고서의 기재사항을 정정하고자 하는 경우 또는 투자자 보호를 위하여 그 공개매수신고서에 기재된 내용을 정정할 필요가 있는 경우로서 총리령으로 정하는 경우에는 공개매수기간이 종료하는 날까지 금융위원회와 거래소에 정정신고서를 제출하여야 한다(법136③ 본문). 여기서 "총리령으로 정하는 경우"란 ⅰ) 공개매수신고서의 기재나 표시내용이 불분명하여 그 공개매수신고서를 이용하는 자로 하여금 중대한 오해를 일으킬 수 있는 내용이 있는 경우(제1호), ⅱ) 공개매수자에게 불리한 정보를 생략하거나 유리한 정보만을 강조하는 등 과장되게 표현된 경우(제2호)를 말한다(시행규칙15).

다만, 매수가격의 인하, 매수예정 주식 등의 수의 감소, 매수대금 지급기간의 연장(법 제136조 제4항 제1호의 경우를 제외), 그 밖에 대통령령으로 정하는 공개매수조건 등은 변경할 수 없다(법136③ 단서). 여기서 "대통령령으로 정하는 공개매수조건"은 다음과 같다(영147).

1. 공개매수기간의 단축
2. 응모주주에게 줄 대가의 종류의 변경. 다만, 응모주주가 선택할 수 있는 대가의 종류를 추가하는 경우는 제외한다.
3. 공개매수 대금지급기간의 연장을 초래하는 공개매수조건의 변경. 다만, 다음의 어느 하나에 해당하는 경우는 제외한다.
   가. 정정신고서 제출일 전 3일의 기간 중 해당 주식 등의 증권시장에서 성립한 가격(최종가격 기준)의 산술평균가격이 공개매수가격의 90% 이상인 경우 또는 대항공개매수(법 139①)가 있는 경우의 매수가격 인상
   나. 공개매수공고 후 해당 주식 등의 총수에 변경이 있는 경우 또는 대항공개매수가 있는 경우의 매수예정 주식 등의 수의 증가

> 다. 대항공개매수가 있는 경우의 공개매수기간의 연장(그 대항공개매수기간의 종료일까지
>   로 한정)

자본시장법에 따라 공개매수자는 매수조건을 변경하고자 하는 경우 공개매수기간 종료일
까지 정정신고서를 제출하여야 한다. 그러나 공개매수기간의 단축 등에 대해서는 조건을 변경
할 수 없다.

(다) 정정신고서와 공개매수종료일

공개매수자가 제1항 또는 제3항에 따라 공개매수신고서의 정정신고서를 제출하는 경우
공개매수기간의 종료일은 다음과 같다(법136④).

1. 그 정정신고서를 제출한 날이 공고한 공개매수기간 종료일 전 10일 이내에 해당하는 경우
   에는 그 정정신고서를 제출한 날부터 10일이 경과한 날
2. 그 정정신고서를 제출한 날이 공고한 공개매수기간 종료일 전 10일 이내에 해당하지 아니
   하는 경우에는 그 공개매수기간이 종료하는 날

(2) 정정공고

공개매수자는 정정신고서를 제출한 경우에는 지체 없이 그 사실과 정정한 내용(공개매수공
고에 포함된 사항에 한한다)을 공고하여야 한다. 이 경우 공고의 방법은 공개매수공고의 방법에
따른다(법136⑤).

(3) 정정신고서 사본송부

공개매수자는 공개매수신고서의 정정신고서를 제출한 경우에는 지체 없이 그 사본을 공개
매수할 주식등의 발행인에게 송부하여야 한다(법136⑥).

2. 공개매수의 철회

(1) 원칙적 금지

공개매수자는 공개매수공고일 이후에는 공개매수를 철회할 수 없다(법139① 본문). 공개매
수의 철회는 대상회사의 증권의 가격에 큰 영향을 미치고 증권시장에 충격을 주는 행위로서
이를 자유롭게 허용하면 공개매수제도를 악용하여 미공개정보를 이용한 내부자거래나 시세조
종행위 등의 불공정거래가 발생할 염려가 있으므로 원칙적으로 금지하고 있으며 제한적으로만
예외를 인정하고 있다.

(2) 예외적 허용

대항공개매수(공개매수기간 중 그 공개매수에 대항하는 공개매수)가 있는 경우, 공개매수자가
사망·해산·파산한 경우, 그 밖에 투자자 보호를 해할 우려가 없는 경우로서 대통령령으로 정

하는 경우에는 공개매수기간의 말일까지 철회할 수 있다(법139① 단서). 이것은 공개매수자 또는 공개매수대상회사에게 공개매수를 계속 진행하기 어려운 사유가 발생한 경우를 고려한 것이다.

위에서 "대통령으로 정하는 경우"란 다음의 어느 하나에 해당하는 경우를 말하는데, 공개매수자에게 발생한 사유(제1호)와 공개매수대상회사에 발생한 사유(제2호)로 구분하고 있다(영 150).

1. 공개매수자가 발행한 어음 또는 수표가 부도로 되거나 은행과의 당좌거래가 정지 또는 금지된 경우
2. 공개매수대상회사에 다음의 어느 하나의 사유가 발생한 경우에 공개매수를 철회할 수 있다는 조건을 공개매수공고시 게재하고 이를 공개매수신고서에 기재한 경우로서 그 기재한 사유가 발생한 경우
   가. 합병, 분할, 분할합병, 주식의 포괄적 이전 또는 포괄적 교환
   나. 주요사항보고서의 제출사유(영171② 각 호)의 어느 하나에 해당하는 중요한 영업이나 자산의 양도·양수
   다. 해산
   라. 파산
   마. 발행한 어음이나 수표의 부도
   바. 은행과의 당좌거래의 정지 또는 금지
   사. 주식등의 상장폐지
   아. 천재지변·전시·사변·화재, 그 밖의 재해 등으로 인하여 최근 사업연도 자산총액의 10% 이상의 손해가 발생한 경우

(3) 철회절차

공개매수자는 공개매수를 철회하고자 하는 경우에는 철회신고서를 금융위원회와 거래소에 제출하고, 그 내용을 공고하여야 한다(법139② 전단). 이 경우 공고의 방법은 공개매수공고의 방법에 따른다(법139② 후단). 공개매수자는 공개매수의 철회신고서를 제출한 경우에는 지체 없이 그 사본을 공개매수를 철회할 주식등의 발행인에게 송부하여야 한다(법139③).

(4) 응모주주의 응모취소권

공개매수대상 주식등의 매수의 청약에 대한 승낙 또는 매도의 청약("응모")을 한 자("응모주주")는 공개매수기간 중에는 언제든지 응모를 취소할 수 있다(법139④ 전단). 이 경우 공개매수자는 응모주주에 대하여 그 응모의 취소에 따른 손해배상 또는 위약금의 지급을 청구할 수 없다(법139④ 후단). 이와 같이 주주의 취소권을 인정한 것은 응모판단의 수정이나 다른 유리한

공개매수에 응모할 기회를 부여하기 위한 것이다.

V. 공개매수 관련 제한(금지행위)

1. 별도매수의 금지

(1) 원칙적 금지

공개매수자(그 특별관계자 및 공개매수사무취급자를 포함)는 공개매수공고일부터 그 매수기간이 종료하는 날까지 그 주식등을 공개매수에 의하지 아니하고는 매수등을 하지 못한다(법140 본문). 이것은 공개매수가격이 일반적으로 시장가격에 비하여 높기 때문에, 증권시장에서 공개매수가격보다 낮은 가격에 주식을 매수할 수 있다고 하면 주주평등의 원칙에 반하고, 모든 주주에게 최고가를 보장해야 한다는 원칙(최고가 원칙)에 반하기 때문이다.

(2) 예외적 허용

공개매수에 의하지 아니하고 그 주식등의 매수등을 하더라도 다른 주주의 권익침해가 없는 경우로서 대통령령으로 정하는 경우에는 공개매수에 의하지 아니하고 매수등을 할 수 있다(법140 단서). "대통령령으로 정하는 경우"란 다음의 어느 하나에 해당하는 경우를 말한다(영 151).

1. 해당 주식등의 매수등의 계약을 공개매수공고 전에 체결하고 있는 경우로서 그 계약체결 당시 공개매수의 적용대상에 해당하지 아니하고 공개매수공고와 공개매수신고서에 그 계약 사실과 내용이 기재되어 있는 경우
2. 공개매수사무취급자가 공개매수자와 그 특별관계자 외의 자로부터 해당 주식등의 매수 등의 위탁을 받는 경우

2. 반복매수의 금지

공개매수공고일로부터 과거 6월간 공개매수를 통하여 당해 주식등을 매수한 사실이 있는 자(그 특별관계자 포함)는 대통령령이 정하는 경우를 제외하고는 공개매수를 하지 못한다(증권거래법23③). 다만 예외적으로 대항공개매수의 경우에 한하여 이를 허용하고 있다(증권거래법 시행령12의4). 이는 동일한 대상회사에 공개매수가 여러 차례 반복하게 되면 지배권획득을 위한 불필요한 다툼이 계속되는 것을 방지하고자 하는 것이다. 그러나 공개매수가 잘 일어나지 않는 현실과 공개매수에 관한 과도한 규제라는 점이 지적되어 폐지되었다.

Ⅵ. 공개매수규제 위반에 대한 제재

1. 민사제재

(1) 서설
(가) 의의

자본시장법은 공개매수신고서(그 첨부서류를 포함) 및 그 공고, 정정신고서(그 첨부서류를 포함) 및 그 공고 또는 공개매수설명서 중 중요사항에 관하여 거짓의 기재 또는 표시가 있거나 중요사항이 기재 또는 표시되지 아니함으로써 응모주주가 손해를 입은 경우에는 그 손해에 관하여 배상의 책임을 지도록 특칙을 두고 있다(법142). 이러한 손해배상책임의 특례는 민법상 일반불법행위책임의 성립요건 중 가해자의 고의·과실, 가해자의 위법행위와 피해자의 손해 사이의 인과관계, 손해배상액에 대한 증명책임을 가해자에게 전환하는 것이다. 이는 증권거래의 특수성을 고려하여 피해자인 투자자를 두텁게 보호하고자 함에 그 목적이 있다.

(나) 입법취지

증권의 모집·매출에 관한 규정(법125 및 126)은 증권의 발행회사로부터 신규로 발행되는 주식의 매수청약에 대하여 승낙하거나 또는 이미 발행된 주식의 매도청약에 대하여 승낙하는 경우에 그 발행인의 부실공시를 신뢰하여 승낙한 불특정한 투자자의 손해를 배상하기 위한 것이다. 반면에 공개매수에 있어서 부실정보공시에 관한 규정(법142)은 특정 회사의 주주가 보유하는 주식을 취득하고자 하는 공개매수자의 매수청약(또는 매도청약의 권유)에 대하여 그 주주가 매도의 승낙(또는 매도의 청약)을 하거나, 공개매수자가 매수의 승낙을 함으로써 주식의 매매가 성립하는 경우에, 공개매수자의 부실공시를 신뢰하여 보유주식을 응모하는 주주의 손해를 배상하기 위한 것이다. 전자의 경우는 발행회사의 부실공시가 주가에 영향을 미쳐 투자자의 손실을 직접 초래할 수 있지만, 후자의 경우는 공개매수가격이 이미 확정되어 있고 응모주주는 그 가격으로 주식을 매도하는 것이므로 공개매수자의 부실공시가 그 매수가격에 아무런 영향도 미치지 않아 응모주주의 손해를 예상하기 어렵다. 따라서 증권의 발행과 공개매수는 전혀 성질이 다르다. 자본시장법이 부실정보공시에 기하여 응모주주가 입은 손해배상액의 산정기준에 관하여 증권의 발행에 관한 법 제126조를 준용하지 않고 새로운 규정을 신설한 것은 타당한 입법이다.[35]

---

35) 증권거래법은 제25조의3에서 공개매수신고서 및 그 공고, 정정신고서 및 그 공고와 공개매수설명서와 관련하여 응모주주에게 끼친 손해에 관하여 제14조 제1항을 준용하는 형식을 취하고 있었다. 증권거래법은 공개매수와 관련된 부실표시의 경우, 손해배상책임에 관하여 전반적으로 발행시장규정인 제14조 제1항을 준용하도록 하면서, 손해배상액 산정기준을 정하고 있는 제15조에 대해서는 언급이 없었다. 이러한 입법형식은 많은 비판을 받아왔고, 자본시장법은 별도의 규정을 두어 문제점을 해결하였다.

(2) 책임당사자

(가) 배상책임자

공개매수신고서(그 첨부서류를 포함) 및 그 공고, 정정신고서(그 첨부서류를 포함) 및 그 공고 또는 공개매수설명서 중 중요사항에 관하여 거짓의 기재 또는 표시가 있거나 중요사항이 기재 또는 표시되지 아니함으로써 응모주주가 손해를 입은 경우에는 ⅰ) 공개매수신고서 및 그 정정신고서의 신고인(신고인의 특별관계자를 포함하며, 신고인이 법인인 경우 그 이사를 포함)과 그 대리인, ⅱ) 공개매수설명서의 작성자와 그 대리인이 그 손해에 관하여 배상의 책임을 진다(법142①).

이들의 책임은 그 성질이 불법행위책임이므로 이들은 원칙적으로 공동불법행위의 관계에 있다. 따라서 이들은 부진정연대책임을 진다.

(나) 배상청구권자

자본시장법은 공개매수자의 부실공시로 인하여 대상회사의 응모주주가 받은 손해를 배상하도록 규정하고 있다(법142①). 따라서 응모주주만이 손해배상청구권자이다. 그러나 공개매수자의 부실공시로 손해를 입을 수 있는 자는 반드시 대상회사의 응모주주에 한정되는 것은 아니다. 따라서 비응모주주, 대상회사, 기타 증권시장의 일반투자자 등 응모주주 이외의 다른 피해자는 민법 제750조의 일반불법행위에 기한 손해배상청구권을 행사할 수 있을 것이다.

(3) 객관적 요건(위법행위)

공개매수신고서(그 첨부서류를 포함) 및 그 공고, 정정신고서(그 첨부서류를 포함) 및 그 공고 또는 공개매수설명서 중 중요사항에 관하여 거짓의 기재 또는 표시가 있거나 중요사항이 기재 또는 표시되지 아니함으로써 응모주주가 손해를 입은 경우에 손해배상책임이 발생한다(법142①). 자본시장법 제142조는 공개매수신고서 등에 대한 부실표시가 곧바로 손해배상책임을 발생시킬 수 있는 위법한 행위임을 규정하고 있다. 왜냐하면 일정한 공시서류를 작성하고 필요한 중요정보를 투자자에게 제공하여야 할 법적 의무를 위반하여 부실정보를 제공하는 것 자체가 위법성의 징표가 되는 것이다.

(4) 주관적 요건

(가) 과실책임의 원칙

자본시장법은 공개매수자가 공개매수신고서 등의 부실공시로 인하여 응모주주에게 손해를 입힌 경우에는 손해배상책임을 지도록 하고 있다(법142① 본문). 따라서 부실공시를 행한 공개매수자가 손해배상책임을 지기 위해서는 공개매수신고서 등에 중요사항에 관하여 거짓의 기재 또는 표시가 있거나 중요사항이 기재 또는 표시되지 아니함으로써 주식을 응모한 주주에게 손해를 입혀야 한다.

그런데 공개매수자의 부실공시책임은 불법행위책임으로서 과실책임이므로 부실공시라는 위법행위를 행함에 주관적 요건으로서 고의 또는 과실이 필요하다. 자본시장법은 주관적 요건에 관하여 규정하고 있지 않지만, 부실공시는 중요정보공시의무를 정한 자본시장법 규정을 위반한 것으로서 그 위반에는 과실이 추정된다. 따라서 부실공시에 대한 과실의 부존재에 대한 증명책임은 공개매수자에게 전환되어 있다. 과실에는 중대한 과실 이외의 경과실도 포함된다.

(나) 증명책임의 전환

배상의 책임을 질 자가 상당한 주의를 하였음에도 불구하고 이를 알 수 없었음을 증명하거나 응모주주가 응모를 할 때에 그 사실을 안 경우에는 배상의 책임을 지지 아니한다(법142① 단서).

여기서 "상당한 주의를 하였음에도 불구하고 이를 알 수 없었음을 증명하거나"와 관련하여 부실공시책임의 성질을 과실책임으로 보는 경우에는 과실의 부존재에 대한 입증책임은 공개매수자에게 전환된다. 따라서 이것은 당연한 것을 규정한 것이다. 반면에 "응모주주가 응모를 할 때에 그 사실을 안 경우"와 관련하여는 응모주주가 부실공시의 사실을 알고도 응모한 경우를 예정한 것인데, 공개매수자가 책임을 면하기 위하여는 응모주주의 악의를 입증하여야 할 것이다. 자본시장법이 부실공시된 정보가 진실한 것이라고 신뢰하여 공개매수에 응모한 것을 전제로 신뢰의 인과관계를 추정하고 있는 점에서 응모주주가 정보의 부실성을 인식하고 응모한 경우에 책임을 면하는 것은 당연한 것이다. 따라서 응모주주는 공개매수자의 부실공시에 대하여 악의 없음이 추정된다.

(5) 인과관계

공개매수자가 부실공시에 기한 손해배상책임을 지기 위하여는 부실공시를 응모주주가 신뢰하여야 하고, 또한 그 신뢰에 기초하여 공개매수에 응모함으로써 손해를 입어야 한다. 부실공시의 책임의 성질이 불법행위책임이므로 부실공시에 대한 신뢰의 인과관계와 부실공시와 손해의 발생 사이에 인과관계가 존재하여야 한다. 인과관계의 증명책임은 피해자에게 있는 것이 일반불법행위책임의 원칙이다. 그러나 자본시장법은 신뢰의 인과관계에 대한 증명책임을 투자자보호를 위하여 공개매수자에게 전환하고 있다고 보아야 한다. 이것은 법정의무로서 중요정보가 공시된 이후에는 응모주주가 공시된 정보가 진실한 것이라고 신뢰하고 주식의 응모를 결정한 것이라고 봄이 상당하고, 또한 증권거래에 있어서는 응모주주가 스스로 신뢰의 인과관계를 입증하는 것은 사실상 불가능하기 때문이다. 또한 자본시장법은 부실공시에 따른 배상책임을 질 자가 상당한 주의를 하였음에도 불구하고 이를 알 수 없었음을 증명하거나 응모주주가 응모를 할 때에 그 사실을 안 경우에는 배상의 책임을 지지 아니한다고 명시하고 있는데(법142① 단서), 이 규정은 부실공시와 손해발생 사이의 인과관계에 대한 증명책임을 공개매수자에게 전환하고 있는 것이다.

(6) 예측정보

예측정보가 다음의 어느 하나의 방법으로 기재 또는 표시된 경우에는 법 제142조 제1항에 불구하고 제1항 각 호의 자는 그 손해에 관하여 배상의 책임을 지지 아니한다(법142② 본문). 다만, 응모주주가 주식 등의 응모를 할 때에 예측정보 중 중요사항에 관하여 거짓의 기재 또는 표시가 있거나 중요사항이 기재 또는 표시되지 아니한 사실을 알지 못한 경우로서 제1항 각 호의 자에게 그 기재 또는 표시와 관련하여 고의 또는 중대한 과실이 있었음을 증명한 경우에는 배상의 책임을 진다(법142② 단서).

1. 그 기재 또는 표시가 예측정보라는 사실이 밝혀져 있을 것
2. 예측 또는 전망과 관련된 가정 또는 판단의 근거가 밝혀져 있을 것
3. 그 기재 또는 표시가 합리적 근거 또는 가정에 기초하여 성실하게 행하여졌을 것
4. 그 기재 또는 표시에 대하여 예측치와 실제 결과치가 다를 수 있다는 주의문구가 밝혀져 있을 것

(7) 손해배상의 범위

(가) 배상액의 추정

손해배상액은 손해배상을 청구하는 소송의 변론이 종결될 때의 그 주식 등의 시장가격(시장가격이 없는 경우에는 추정처분가격)에서 응모의 대가로 실제로 받은 금액을 뺀 금액으로 추정한다(법142③).

(나) 배상액의 경감 및 면책가능성

손해배상책임을 질 자는 응모주주가 입은 손해액의 전부 또는 일부가 중요사항에 관하여 거짓의 기재 또는 표시가 있거나 중요사항을 기재 또는 표시하지 아니함으로써 발생한 것이 아님을 증명한 경우에는 그 부분에 대하여 배상의 책임을 지지 아니한다(법142④).

(다) 배상청구권의 소멸

공개매수자의 손해배상책임은 응모주주가 해당 사실을 안 날부터 1년 이내 또는 해당 공개매수공고일부터 3년 이내에 청구권을 행사하지 아니한 경우에는 소멸한다(법142⑤). 이 기간은 제척기간이다.

2. 행정제재

(1) 의결권행사의 제한

(가) 의의

강제공개매수(법133③) 또는 공개매수공고(법134①) 및 공개매수신고서의 제출의무(법134

②)에 위반하여 주식등의 매수등을 한 경우에는 그날부터 그 주식(그 주식등과 관련한 권리 행사 등으로 취득한 주식을 포함)에 대한 의결권을 행사할 수 없다(법145). 의결권행사는 금융위원회의 행정처분이 없어도 의무공개매수 등의 규정을 위반하여 주식 등을 매수한 날로부터 자동적으로 금지된다.

(나) 의결권행사 금지기간

의결권행사의 금지기간은 위 규정에 위반하여 주식등을 매수한 그 날부터 기산한다. 다만 언제까지 금지되는지의 종료시점에 대하여는 규정이 없다. 명문규정은 없지만 주식등의 처분 시까지 금지되는 것으로 보아야 할 것이다. 증권거래법은 "주식등을 매수한 날부터 당해 주식 등을 처분하여 의결권을 행사할 수 없게 되는 날의 전날까지"라고 규정하고 있었다(증권거래법 시행령12).

(다) 의결권행사금지 가처분

1) 개요

적대적 M&A에 있어 당사자 일방이 대상회사의 주식을 취득하는 과정에서 법률상 하자가 있거나 관련법규에 의해 그 보유주식의 의결권행사가 제한되는 경우, 의결권행사금지 가처분은 경영진의 교체를 위한 주주총회에서의 의결권 확보가 문제되는 상황에서 효과적인 쟁송수단이 된다. 이러한 가처분은 대상회사의 입장에서 적대적 M&A 시도자가 취득한 주식의 의결권행사를 저지하기 위하여 사용될 수 있고, M&A를 시도하는 측에서 대상회사가 방어목적으로 취득하거나 발행한 주식의 의결권의 효력을 다투기 위하여도 사용될 수 있다.

의결권행사금지 가처분은 의결권을 행사할 주주와 회사를 함께 채무자로 하여 신청한다. 법령에 의하여 의결권이 제한되는 주식에 대한 의결권행사금지 가처분신청은 주주총회결의 취소의 소의 원고적격이 있는 주주 등이 신청인이 될 것이다. 이 가처분은 주주총회에 임박하여 신청되고 일단 허용되면 신청인에게 만족을 주는 것이고, 피신청인은 이를 다투어 취소시킬 수 있는 시간적인 여유가 없기 때문에 엄격한 소명에 의하여 신중하게 심사하게 된다. 이 가처분은 주주총회에서의 의결권행사금지를 그 내용으로 하므로 적어도 이사회에서 주주총회 소집을 결의하거나 소집통지가 이루어지는 등으로 주주총회가 임박하였음이 소명된 경우에 한하여 보전의 필요성이 인정된다.

2) 공개매수와 의결권행사금지 가처분

증권거래법상 공개매수규정 위반으로 의결권행사금지 가처분이 신청된 사건을 보면 다음과 같다. 서울중앙지방법원은 샘표식품의 주주들로부터 시간외 대량매매방식에 의해 주식을 양수하기로 합의한 뒤 그에 따라 당해 주식을 양수한 피신청인의 행위가 실질적으로 장외거래에 해당하며, 따라서 증권거래법 소정의 의무공개매수 규정에 위반하였음을 이유로 당해 주식에 대한 의결권행사금지를 구한 사안인데, 법원은 시간외 대량매매를 유가증권시장 내에서의 매매계약체결의 특례로 규정하고 있는 유가증권시장 업무규정 제35조, 시간외 대량매매를 위한 매도인·매수인 간에 종목·수량·가격 등을 협의하여 결정할 수 있음을 예정하고 있는 유가증권시장 업무규정 시행세칙 제52조 등을 근거로 양측의 합의에 의한 시간외대량매매가 장내거래에 해당한다고 보아 위 가처분신청을 기각하였다.[36]

(2) 처분명령

의무공개매수(법133③) 또는 공개매수공고(법134①) 및 공개매수신고서의 제출의무(법134②)에 위반하여 주식등의 매수등을 한 경우에는 그 날부터 금융위원회는 6개월 이내의 기간을 정하여 그 주식등(그 주식등과 관련한 권리 행사 등으로 취득한 주식을 포함)의 처분을 명할 수 있다(법145). 이러한 처분명령을 규정한 취지는 형사제재만으로는 공개매수자가 이를 감수할 경우에 제도의 실효성을 달성할 수 없음을 고려한 것이다. 여기서 처분대상은 의결권행사가 금지되는 주식등의 경우와 같이 위법하게 매수한 주식등의 전부라고 보아야 한다.

(3) 자료제출명령 및 조사

금융위원회는 투자자 보호를 위하여 필요한 경우에는 공개매수자, 공개매수자의 특별관계자, 공개매수사무취급자, 그 밖의 관계인에 대하여 참고가 될 보고 또는 자료의 제출을 명하거나, 금융감독원장에게 그 장부·서류, 그 밖의 물건을 조사하게 할 수 있다. 이 경우 조사를 하는 자는 그 권한을 표시하는 증표를 지니고 이를 관계인에게 내보여야 한다(법146①, 법131②).

(4) 행정처분(정정명령 등)

금융위원회는 ⅰ) 공개매수공고 또는 정정공고를 하지 아니한 경우, ⅱ) 공개매수신고서, 정정신고서 또는 공개매수결과보고서를 제출하지 아니한 경우, ⅲ) 공개매수공고, 공개매수신고서, 정정신고서, 정정공고 또는 공개매수결과보고서 중 중요사항에 관하여 거짓의 기재 또는 표시가 있거나 중요사항이 기재 또는 표시되지 아니한 경우, ⅳ) 공개매수신고서, 정정신고서 또는 철회신고서의 사본을 발행인에게 송부하지 아니한 경우, ⅴ) 공개매수신고서, 정정신고서 또는 공개매수철회신고서의 신고서 사본에 신고서에 기재된 내용과 다른 내용을 표시하거나 그 내용을 누락하여 송부한 경우, ⅵ) 공개매수설명서에 관하여 작성·공시를 위반한 경우, ⅶ)

---

36) 서울중앙지방법원 2007. 3. 20. 선고 2007카합868 결정. 적대적 M&A가 시도되는 상황에서 공격자가 적법한 방법으로 대상회사의 주식을 매집하였으나, 대상회사측에서는 공격자의 주식매수가 증권거래법(현 자본시장법)상의 공개매수규정 또는 5%룰에 위반하였다고 주장하여 주주총회가 개최되기 이전에 미리 공격자의 의결권행사를 허용하지 않겠다는 의사를 명시적 혹은 묵시적으로 표시하는 경우가 있다. 이러한 경우 공격자로서는 주주총회에서의 의결권행사를 거절당한 후 사후적으로 주주총회결의취소 및 효력정지가처분 등을 신청할 수도 있으나 공격자 주식에 대한 의결권행사허용 가처분이 인정되고 있으므로 주주총회 전에 의결권행사허용 가처분을 신청하여 그 결정을 받은 다음 주주총회에서 의결권을 행사하는 것이 더 간명한 해결방법이 된다(김용호(2007), "적대적 M&A에서 가처분이 활용되는 사례", BFL총서 3권: 적대적 기업인수와 경영권 방어(2007. 5), 295-296쪽).

공개매수철회 관련 규정을 위반하여 공개매수를 철회한 경우, viii) 공개매수공고일부터 그 매수기간이 종료하는 날까지 그 주식 등을 공개매수에 의하지 아니하고 매수 등을 한 경우, ix) 전부매수원칙과 즉시매수원칙, 매수가격균일의 원칙을 위반하여 공개매수를 한 경우, 또는 x) 의결권제한 규정을 위반하여 의결권을 행사하거나, 처분명령 규정을 위반하여 처분명령을 한 경우에는 공개매수자, 공개매수자의 특별관계자 또는 공개매수사무취급자에 대하여 이유를 제시한 후 그 사실을 공고하고 정정을 명할 수 있으며, 필요한 때에는 그 공개매수를 정지 또는 금지하거나 대통령령으로 정하는 조치를 할 수 있다(법146②). 여기서 "대통령령으로 정하는 조치"는 ⅰ) 1년의 범위에서 공개매수의 제한(공개매수자와 공개매수자의 특별관계자만 해당), ⅱ) 1년의 범위에서 공개매수사무 취급업무의 제한(공개매수사무취급자만 해당), ⅲ) 임원에 대한 해임권고, ⅳ) 자본시장법을 위반한 경우에는 고발 또는 수사기관에의 통보, ⅴ) 다른 법률을 위반한 경우에는 관련기관이나 수사기관에의 통보, 또는 ⅵ) 경고 또는 주의에 해당하는 조치를 말한다(영152).

(5) 과징금

금융위원회는 ⅰ) 공개매수신고서 및 그 정정신고서의 신고인(신고인의 특별관계자를 포함하며, 신고인이 법인인 경우 그 이사를 포함)과 그 대리인, ⅱ) 공개매수설명서의 작성자와 그 대리인(법142①) 중 어느 하나에 해당하는 자가 ⅰ) 공개매수신고서, 정정신고서, 또는 공개매수설명서, 그 밖의 제출서류 또는 공고 중 중요사항에 관하여 거짓의 기재 또는 표시를 하거나 중요사항을 기재 또는 표시하지 아니한 때, 또는 ⅱ) 공개매수신고서, 정정신고서 또는 공개매수설명서, 그 밖의 제출서류를 제출하지 아니하거나 공고하여야 할 사항을 공고하지 아니한 때에는 공개매수신고서에 기재된 공개매수예정총액의 3%(20억원을 초과하는 경우에는 20억원)를 초과하지 아니하는 범위에서 과징금을 부과할 수 있다. 이 경우 공개매수예정총액은 공개매수할 주식 등의 수량을 공개매수가격으로 곱하여 산정한 금액으로 한다(법429②).

(6) 과태료

다음의 어느 하나에 해당하는 자, 즉 ⅰ) 공개매수신고서, 정정신고서 또는 철회신고서 사본을 발행인에게 송부하지 아니한 자(37호), ⅱ) 공개매수신고서, 정정신고서 또는 철회신고서의 사본에 신고서 또는 보고서에 기재된 내용과 다른 내용을 표시하거나 그 내용을 누락하여 송부한 자(38호)에 대하여는 1억원 이하의 과태료를 부과한다(법449①).

다음의 어느 하나에 해당하는 자, 즉 ⅰ) 공개매수결과보고서(법143)를 제출하지 아니하거나 거짓으로 작성하여 제출한 자(7호), ⅱ) 금융위원회의 공개매수자 등 관계인에 대한 보고 또는 자료제출명령 등(법146①)에 불응한 자(8호)에 대하여는 3천만원 이하의 과태료를 부과한다(법449③).

3. 형사제재

다음의 어느 하나에 해당하는 자, 즉 ⅰ) 공개매수공고 또는 공개매수신고서, 정정신고서 또는 정정공고, 공개매수설명서 중 중요사항에 관하여 거짓의 기재 또는 표시를 하거나 중요사항을 기재 또는 표시하지 아니한 자, ⅱ) 공개매수공고 또는 정정공고를 하지 아니한 자, ⅲ) 공개매수신고서 제출의무를 위반한 자는 5년 이하의 징역 또는 2억원 이하의 벌금에 처한다(법444).

의무공개매수(법133③항) 또는 공개매수기간 중 별도매수금지(법140)를 위반하여 공개매수에 의하지 아니하고 주식 등의 매수 등을 한 자는 3년 이하의 징역 또는 1억원 이하의 벌금에 처한다(법445(19)).

공개매수설명서를 미리 교부하지 아니하고 주식 등을 매수한 자, 법 제145조에 따른 처분명령을 위반한 자는 1년 이하의 징역 또는 3천만원 이하의 벌금에 처한다(법 제446조).

제3절 대량보유상황보고

Ⅰ. 서설

1. 의의

주권상장법인의 주식등(상장지수집합투자기구인 투자회사의 주식은 제외)을 5% 이상 보유하게 되거나 그 후 보유비율이 1% 이상 변동된 경우 또는 보유목적이나 보유주식등에 관한 주요계약내용이 변경된 경우에는 5일 이내에 그 보유상황 및 변동내용, 변경내용을 금융위원회와 거래소에 보고하여야 한다(법147①).

대량보유상황보고제도는 5%룰(Rule)이라고도 하는데, 이 제도는 기업지배권시장의 공정한 경쟁 및 증권시장의 투명성을 제고하기 위하여 주권상장법인이 발행한 주식등을 대량보유한 자에게 그 보유상황을 공시하도록 하는 제도이다. 대량보유보고제도는 공개회사의 일정비율 이상 지분의 대량보유상황 또는 변동상황을 공시하도록 함으로써 기업지배권시장에서 지배권 경쟁에 상황정보를 알려주는 것을 주된 목적으로 하며, 투자자를 보호하는 기능을 수행하고, 그 외에도 유통시장의 투명성과 공정성을 높여 불공정거래를 방지하는 기능을 수행한다.[37]

---

37) 유석호(2005), "주식 등의 대량보유상황보고 관련 법적 쟁점과 과제", 증권법연구 제6권 제2호(2005. 12), 79쪽.

실무에서는 보통주에 대한 미공개정보 이용행위(내부자거래) 금지 위반과 대량보유상황보고(5%룰)의무 위반, 그리고 임원 등의 특정증권등 소유상황 보고의무 위반이 동시에 일어나는 경우가 많다.

2. 연혁

대량보유보고제도는 1968년 미국에서 Williams Act에 의하여 기업지배권시장의 공정성 및 투명성을 회복하기 위하여 공개매수제도와 함께 도입되었다. 이 시기는 미국의 제3차 M&A 붐이 휩쓸고 간 시기로서 이른바 "Saturday Night Special"[38]에 대한 대책으로 5% Rule이 제시되었다. 미국에서 대량보유보고제도가 도입된 중요한 이유는 공개매수가 활발해진 것에서 기인한다. 기업지배권의 변동에 관계된 투자자의 보호라는 점에서 공개매수규제와 대량보유보고제도는 표리의 관계에 있다고 할 수 있다.[39]

우리나라에서 대량보유보고제도는 1991년 12월 31일 증권거래법 개정시 처음으로 도입되었다. 이 시기는 자본시장 개방에 대한 논의가 활발하게 이루어지던 시기였고, 주주의 지분변동상황을 공시하는 제도로 신설된 제도이다. 1994년 1월 5일 주식소유제한제도를 규정한 증권거래법 제200조를 폐지(실제로는 3년간 유예)하기로 하면서 5% 보고의무자를 본인 이외에 특수관계인까지 확대하면서 소유개념을 보유개념으로 변경하였다. 1997년 4월 1일 주식소유제한제도가 폐지되면서 특수관계인의 범위가 확대되었고, 단순한 친인척관계 또는 지분출자관계 중심의 특수관계 이외에 당사자 간의 의사의 합치를 통한 공동보유자 개념이 도입되었다.

그리고 1998년 개정시 보고대상 주식등을 상장법인이 발행한 것에서 협회등록법인(현재의 코스닥상장법인)으로 확대하였다. 2005년 1월 17일 개정시 보유목적을 변경하는 경우에도 보고의무를 부과하였고, 경영참가목적으로 주식을 신규취득하거나 보유목적을 변경한 경우 보고일로부터 5일 동안 추가취득 및 의결권행사를 금지하는 냉각기간제도가 도입되었다.[40] 자본시장법은 증권거래법의 규정을 그대로 계수하여 규정하고 있다.

3. 대상증권

대량보유보고제도에서의 "주식등"은 공개매수규제의 대상증권(영139)과 같다.

---

38) 1960년대 M&A 붐이 일어났을 당시 토요일 오후 공개매수를 발표하고 월요일에 공개매수를 실시하여 기존 경영진의 방어기회를 박탈하는 사례가 빈발하자 그 당시 유행하던 Saturday Night Special이라는 TV프로의 제목을 따서 부르던 것에서 유래한다.

39) 유석호(2005), 80쪽.

40) 2004년 증권시장에서는 이른바 "슈퍼개미"로 불리는 불공정거래자들이 기존의 5% 보고제도를 악용하여 경영참가목적으로 보고를 한 후 시세조종행위를 하거나, 또는 단순투자목적으로 보유목적을 공시한 후 경영참가를 함으로써 5% 보고제도의 취지를 해하는 사례가 빈번하였다.

1. 주권상장법인이 발행한 증권으로서 다음의 어느 하나에 해당하는 증권
    가. 주권[41]
    나. 신주인수권이 표시된 것[42][43]
    다. 전환사채권[44][45]
    라. 신주인수권부사채권[46]
    마. 교환사채권(주권, 신주인수권이 표시된 것, 전환사채권, 신주인수권부사채권과 교환을 청구할 수 있는 것에 한함)[47]
    바. 파생결합증권(권리의 행사로 그 기초자산을 취득할 수 있는 것만 해당)
2. 주권상장법인 외의 자가 발행한 증권으로서 다음의 어느 하나에 해당하는 증권
    가. 제1호에 따른 증권과 관련된 증권예탁증권
    나. 교환사채권
    다. 파생결합증권(권리의 행사로 그 기초자산을 취득할 수 있는 것만 해당)[48]

Ⅱ. 보고의무자

1. 소유에 준하는 보유

(1) 의의

증권거래법상 대량보유보고제도가 처음으로 도입되었던 시점에서는 주식등에 대한 소유상황만을 보고하도록 규정하고 있었다. 당시는 소유 이외의 형태로 주식등에 대한 지배권을 행사하는 경우를 상정하지 못하고 있었다. 그러나 증권시장의 거래환경이 변화하면서 단순히 법

---

41) 주권은 의결권 있는 주식이어야 한다. 따라서 보통주, 의결권 있는 우선주, 의결권이 부활된 무의결권우선주, 보통주로 전환이 가능한 전환우선주가 이에 해당한다.
42) 신주인수권증서와 분리형 신주인수권부사채에서 분리된 신주인수권증권이 이에 해당한다.
43) A사는 특별관계자가 취득한 B사 발행(2011. 3. 22.) 신주인수권부사채의 신주인수권(잠재주식수 859,993주, 5.26%) 행사기간이 만료(2014. 3. 22.)됨에 따라 대량보유 변동보고 의무가 발생하였음에도, 보고기한(2014. 3. 28.) 내에 이를 보고하지 않고 2014. 5. 20. 지연보고한 사실이 있어 과징금 제재를 받았다.
44) 전환대상이 제1호의 주권인 전환사채를 말한다.
45) A사는 2014. 2. 24. B사 전환사채(전환시 주식수 160,000주에 해당, 7.92%)를 인수하고 2017. 2. 23. 동 전환사채의 전환청구기간이 만료됨에 따라 대량보유 신규 및 변동보고 의무가 발생하였음에도, 본인 및 특별관계자 보유 주식등을 보고기한(2014. 3. 3, 2017. 3. 10.) 내에 보고하지 않고 2015. 4. 22, 2017. 4. 13. 지연보고한 사실이 있어 과징금 제재를 받았다.
46) 인수대상이 제1호의 주권인 신주인수권부사채를 말한다. 다만 신주인수권이 분리된 후의 신주인수권부사채는 제외한다.
47) A사는 2014. 5. 21. B사가 발행한 C사의 보통주를 교환대상으로 하는 교환사채 50억원(잠재주식수 21만 7,391주, 6.68%)을 취득함으로써 신규보고의무가 발생하였음에도 보고기한(2014. 5. 28.) 내 보고하지 않고 2014. 7. 10. 지연보고한 사실이 있어 과징금 제재를 받았다.
48) 권리행사에 따라 기초자산을 취득하는 것이 아니라 그 차액을 현금결제하는 주식연계증권(ELS), 주식워런트증권(ELW)은 이에 해당하지 않는다.

적인 소유의 개념만으로는 제도의 실효성을 기할 수 없었다. 따라서 제도의 취지를 살리기 위하여 소유 이외의 취득·처분 권한 또는 의결권행사 권한 중심의 실질적인 지배가능성을 포괄하는 보유의 개념이 도입되었다.⁴⁹⁾

여기서 "보유"의 개념은 당해 주식등을 법적으로 소유하는 경우를 포함하여 소유에 이르지 않더라도 의결권행사와 관련하여 소유에 준하는 형태로 주식등에 대한 지배권한을 갖는 경우를 포함하는 개념으로 보아야 할 것이다.⁵⁰⁾

보고의무자는 주권상장법인의 의결권 있는 주식으로 본인의 보유지분과 대통령령이 정하는 특별관계자의 보유지분을 합산하여 의결권 있는 발행주식총수의 5% 이상 보유하거나 5% 이상 보유자가 1% 이상의 지분변동이 있을 경우로 정해져 있다(법147①).

(2) 보유의 의미
(가) 소유개념의 확장

보유는 "소유, 그 밖에 이에 준하는 경우로서 대통령령으로 정하는 경우"를 포함한다(법 133③). 여기서 "소유, 그 밖에 이에 준하는 경우로서 대통령령으로 정하는 경우"는 다음의 어느 하나에 해당하는 경우를 말한다(영142). 당해 주식등을 직접 소유하고 있지는 않지만, 다음에 해당하는 경우에는 "소유에 준하는 보유"로서 소유와 동일하게 보고의무를 지는 것이다.

ⅰ) 누구의 명의로든지 자기의 계산으로 주식등을 소유하는 경우(제1호)

명의는 권리의무의 귀속주체를 의미하고, 계산은 경제적 실질의 귀속주체를 의미한다. 따라서 명의불문하고 자기의 경제적 이익을 위하여 주식등을 소유하면 보고의무를 진다. 예를 들면 차명으로 주식등을 소유하는 경우를 들 수 있다.⁵¹⁾

ⅱ) 법률의 규정이나 매매, 그 밖의 계약에 따라 주식등의 인도청구권을 가지는 경우(제2호)

현재 주식등을 소유하고 있지는 않지만 법률의 규정이나 매매, 기타 계약 등을 원인으로 당해 주식등에 대한 인도청구권을 갖는 경우이다. 이에 대해서는 단순히 인도청구권을 가지는 경우라고만 규정하여 인도청구권을 가지게 되는 시점, 즉 보고의무의 발생시점인 보유시점이 명확하지 않다. 일반적인 매매계약에서는 이행기가 도래하여야 당해 물건에 대한 인도청구권을 갖게 된다. 그러나 일반적으로 주식등의 매매거래에 있어서는 계약체결과 동시에 또는 일정

---

49) 1994년 1월 5일 증권거래법 개정시 신설된 "보유"의 개념은 단순히 보유비율 산정시 본인의 소유분 이외에 특수관계인의 소유분을 합산한다는 의미로 보유라는 용어를 사용하고 있었을 뿐이다. 소유 기타 이에 준하는 경우라고 하여 실질적 지배를 의미하는 "보유"의 개념은 1997년 1월 13일 증권거래법 개정시부터 사용되고 있다.

50) 유석호(2005), 84쪽.

51) A사 최대주주인 B는 1997. 10. 16.–2019. 4. 9. 기간 중 본인 보유의 A사 주식을 차명으로 보유하고 있었음에도, 2013. 3. 8.–2018. 4. 5. 기간 중 A 주식등에 대한 "대량보유 상황보고서"를 제출하면서, 차명주식 151,338주를 본인 보유주식에 합산하지 않고 거짓기재한 사실이 있어 제재를 받았다.

한 기일의 경과 후에 결제가 이루어지므로 인도청구권을 가지는 시점과 소유시점을 분리하여 이해할 실익이 적다. 따라서 이 규정은 주식등을 인도하지 않은 채 매매계약만으로 주식등을 지배하는 행위를 보유의 한 형태로 규정하기 위한 것으로 보아야 한다. 그러므로 당해 주식등에 대한 매매계약이 체결되어 매수인의 지위를 가지는 시점부터 보고의무를 부여하기 위한 것으로 보아야 할 것이다. 예를 들면 매매계약을 체결하였으나 아직 이행기가 도래하지 않은 경우를 예로 들 수 있을 것이다.[52]

iii) 법률의 규정이나 금전의 신탁계약·담보계약, 그 밖의 계약에 따라 해당 주식등의 의결권(의결권의 행사를 지시할 수 있는 권한을 포함)을 가지는 경우(제3호)

주식등에 대한 소유권을 취득한 것은 아니지만 제3호에서 나열한 계약 등을 근거로 당해 주식등에 대한 의결권을 갖거나 의결권의 행사를 지시할 수 있는 권한을 갖는 것을 말한다. 금전의 신탁계약으로서 특정금전신탁의 경우 위탁자가 의결권을 행사한다는 내용이 약관에 규정되어 있으므로 그 위탁자가 주식등을 보유한다.

또한 주식등의 담보계약의 경우 담보권자는 주식등에 대한 의결권을 갖지 않는 것이 일반적이지만, 특약으로 담보기간 동안 담보권자가 의결권을 행사한다는 내용이 포함되어 있거나, 피담보채무의 변제기가 도래하면 담보권자가 주식을 처분할 수 있다는 내용이 들어 있는 경우에는 담보권자에게 처분권한이 있으므로 담보권자가 당해 주식등을 보유하는 것으로 보아야 한다. 예를 들면 뮤추얼펀드 등의 자산운용회사로서 자산운용권한을 갖는 경우를 들 수 있을 것이다.

iv) 법률의 규정이나 금전의 신탁계약·담보계약·투자일임계약, 그 밖의 계약에 따라 해당 주식등의 취득이나 처분의 권한을 가지는 경우(제4호)

주식등에 대한 소유권을 취득한 것은 아니지만 제4호의 계약을 근거로 당해 주식 등의 취득이나 처분권한을 가지는 경우를 말한다.

v) 주식등의 매매의 일방예약을 하고 해당 매매를 완결할 권리를 취득하는 경우로서 그 권리행사에 의하여 매수인으로서의 지위를 가지는 경우(제5호)

주식등의 매매거래에서 일반적인 것은 아니지만 주식등을 장외거래하는 경우 종종 이러한 형식을 취하는 경우가 있다. 매매에 관한 예약의 형태는 일방예약과 쌍방예약이 있으나, 자본시장법은 일방 당사자만이 예약권을 가지는 일방예약만을 보유로 규정하고 있다. 예컨대 매수에 관한 예약완결권을 가지는 경우이다. 따라서 증권거래 당사자의 일방이 콜옵션을 갖는 경우가 이에 해당된다. 예약권의 행사로 취득시점을 결정할 수 있는 지위를 보유의 한 형태로 규정한 것이다. 보유시점은 일방예약을 체결하는 시점이다.

---

52) 유석호(2005), 84-85쪽.

제5호는 종국적인 권리를 행사하여야만 "보유"로 본다는 것이 아니고, 권리의 종국적 행사 이전에 그와 같은 권리의 취득 자체를 "보유"로 규정한 것으로 해석하는 것이 타당하다.

vi) 주식등을 기초자산으로 하는 자본시장법 제5조 제1항 제2호(옵션)에 따른 계약상의 권리를 가지는 경우로서 그 권리의 행사에 의하여 매수인으로서의 지위를 가지는 경우(제6 호)

이는 제5호의 주식등의 매매의 일방예약을 하고 해당 매매를 완결할 권리를 취득하는 경우와 크게 다르지 않다. 이것은 옵션거래를 하는 경우에 한하여 적용된다. 일반적으로 대상증권을 취득할 의사없이 차액결제를 목적으로 하는 옵션거래에 의해 콜옵션을 취득하는 경우를 보유의 한 형태로 규정한 것이다.

vii) 주식매수선택권을 부여받은 경우로서 그 권리의 행사에 의하여 매수인으로서의 지위를 가지는 경우(제7호)

주식매수선택권(스톡옵션)을 부여받는 경우도 당해 주식을 보유하는 것이 된다. 주식매수선택권의 행사로 회사는 행사가격으로 신주 또는 자기주식을 교부하거나, 시가와 행사가격과의 차액을 현금 또는 자기주식으로 교부할 수 있다. 다만 주식매수선택권의 부여방식 중 시가와 행사가격과의 차액을 현금으로 교부하는 방식의 경우, 의결권 있는 주식과 관련된 증권을 보유하는 것이 아니므로 보유비율 산정에서 제외된다.

(나) 소유와 보유의 중복 문제

자본시장법상 공개매수와 대량보유보고제도에서는 기업지배권 경쟁과 관련하여 다양한 형태로 주식등에 관하여 의결권 등을 행사하는 것을 반영하기 위하여 보유개념을 도입하고 있다. 이는 명의상 소유에 한정하지 않고 실질적으로 당해 주식등을 소유하는 것을 포섭하기 위함이다. 배타적 권리로서의 "소유" 개념에서는 또 다른 소유자를 상정할 수 없으나, 소유의 일부 또는 전부를 상정하고 있는 "보유" 개념에서는 소유자로서 보유자 이외에 또 다른 보유자가 등장할 수밖에 없다. 따라서 동일한 주식등을 법적 또는 형식적으로 소유하는 자와 보유하는 자가 중복적으로 나타나게 된다. 즉 "보유" 개념은 소유를 포함하는 개념이므로 법적 또는 형식적으로 소유하는 자도 보유자이고, 법적 또는 형식적으로 소유하고 있지 않으나 확장된 "소유" 개념인 "보유" 개념에 의하여 보유하고 있는 자도 보유자이다. 따라서 자본시장법상 "보유" 개념 전부에서 법적 또는 형식적인 소유자와 보유자가 분리될 수 있다.[53]

여기서 누구를 보고의무자로 볼 것인가의 문제가 발생한다. 자본시장법상으로는 보유자를 보고의무자로 규정하고 있다. 따라서 자본시장법이 보유자를 보고의무자로 하고 있는 이상 모든 보유자가 보고의무자가 된다.

이 문제는 실무적으로 투자회사(뮤추얼펀드), 사모투자전문회사(PEF) 등 집합투자기구의

---

53) 유석호(2005), 88-89쪽.

5% 보고와 관련하여 자주 논란이 되어왔다. 이는 특별관계자의 보유주식등에 대한 보유비율 합산문제와 함께 보고의무 여부 판단을 복잡하게 만들고, 보고대상 주식등의 보유비율까지 왜곡시키고 있다. 실제로 집합투자기구가 소유한 주식등에 대한 보고의무를 자산운용회사가 행하면 족한 것으로 보거나, 당해 자산을 운용하는 자산운용회사가 있음에도 불구하고 집합투자기구만 보고를 하는 경우도 있었다.

그러나 이러한 실무상의 혼란은 구체적인 보고방법에 집착하여 집합투자기구 본인의 입장에서 보고의무를 판단하지 않고, 자산운용회사 등 집합투자기구의 자산을 운용하는 주체의 입장에서 보고의무를 판단하기 때문에 나타나는 문제로 보인다. 5% 보고에 있어서 보고의무자는 언제나 본인이다. 따라서 집합투자기구이든, 자산운용회사이든 자신의 입장에서 보고의무 여부를 우선 판단하고, 대표자연명보고가 가능한 경우 구체적인 보고자를 결정하면 된다.

2. 본인과 특별관계자

"주권상장법인의 주식등을 대량보유하게 된 자"가 금융위원회와 거래소에 보고하여야 한다(법147①). 대량보유는 "본인과 그 특별관계자[54)가 보유하게 되는 주식등의 수의 합계가 그 주식등의 총수의 5% 이상인 경우를 말한다"고 규정하고 있다(법147①). 특별관계자는 특수관계인과 공동보유자를 말한다(영141①). 여기서 자본시장법상 특별관계자라 함은 공개매수와 대량보유보고제도(5% 보고제도)에 동일하게 적용되는 개념으로 친인척관계 또는 계열관계를 전제로 하는 특수관계인과 M&A와 관련된 의사의 합치를 전제로 하는 공동보유자를 말한다.[55)

이에 따라 보고대상 주식등은 누구든지 본인의 입장에서 그와 특수관계 및 공동보유관계가 있는 자가 각각 보유하고 있는 주식등이며, 보고대상 보유비율도 본인, 특수관계인 및 공동보유자의 보유비율을 합산한 비율이 된다. 본인이 직접 보유하는 지분 이외에도 특수관계인과 공동보유자 등 특별관계자의 보유지분을 합산하여 보고하여야 한다.

본인과 일정한 관계에 있는 자를 특별관계자로 하여 그 보유지분도 합산하여 보고하도록 한 것은 외관상 특별관계자의 보유로 되어 있는 경우에도 그 실질은 본인의 계산에 의한 것일 수 있으며, 본인의 계산에 의한 것이 아니라 할지라도 혈연관계 또는 출자관계를 고려할 때 주

---

54) A사 최대주주인 Y는 2011. 3. 2. 대량보유보고를 하면서 특별관계자(6인)의 보유지분(6.16%)을 누락보고 하였고, 2012. 9. 19. 특별관계자가 추가된 이후 2016. 12. 26. 수증으로 보유지분이 1% 이상 변동되어 대량보유 변동보고 의무가 발생하였음에도, 보고기한(2017. 1. 2.) 내에 보고하지 않고 2019. 3. 8. 지연보고한 사실이 있어 과징금 제재를 받았다.

55) 1991년 12월 5% 보고제도가 증권거래법에 신설되는 시점에서는 본인의 소유현황만을 보고하도록 함으로써 본인의 계산으로 소유하는 주식등에 대해서만 보고하면 충분하였으나, 수차례의 개정과정을 거치면서 특별관계자가 보유하는 주식등까지 보고범위가 확대되었다(1994년 1월 개정에는 특수관계인, 1997년 4월 개정에는 공동보유자가 포함되었다).

식의 취득·양도·의결권행사 등에 있어서 본인과 상의하거나 공동보조를 취할 가능성이 많기 때문이다.[56]

3. 특수관계인

공개매수에서 살펴본 금융회사지배구조법 시행령 제3조 제1항의 특수관계인 규정은 대량보유보고제도 동일하게 적용된다.

본인이 특수관계인의 보유주식등을 합산하여 보고한다고 해서 특수관계인이 갖고 있는 주식등을 본인이 보유하는 것으로 추정하는 것은 아니다. 단지 본인과 친인척관계 또는 계열관계에 있는 자의 경우, 본인과 공동목적의 개연성이 크므로 본인의 보유지분과 특수관계인의 보유지분을 합산하여 보고하도록 하되, 공동목적이 없다는 것을 소명하는 경우는 합산하지 않을 수 있도록 한 것이다. 자본시장법은 특수관계인이 소유하는 주식등의 수가 공동목적이 없는 경우임을 증명하는 경우에는 특수관계인으로 보지 않는다(영141③).

또한 실제로 부모형제 사이에 지분경쟁이 발생하는 경우도 있으므로 특수관계인의 지위에 있다고 해서 무조건 보유지분 합산대상이 될 수는 없다. 따라서 자신의 보유지분과 합산하여 보고해야 할 필요가 있는 자는 기본적으로는 공동목적을 가진 자들이다. 그러므로 공동목적을 가지고 있다면 그자들과 본인과 특수관계 여부를 따질 필요가 없게 된다.

따라서 특수관계인도 공동목적이 없는 경우 보고대상에서 제외될 수 있으므로 특수관계인과 공동보유자의 차이는 5% 보고의무 위반에 대한 분쟁에 있어서 누가 본인과의 공동목적 여부를 증명해야 하는가의 문제가 된다. 그러므로 특수관계인은 본인과 공동목적을 가지는 것으로 추정되는 자이므로 본인이 공동목적이 없다는 것을 증명해야 한다. 특수관계가 없는 공동보유자는 공동목적이 있음을 주장하는 자가 그것을 증명해야 할 것이다.[57]

4. 공동보유자

공동보유자란 본인과 합의나 계약 등에 따라 ⅰ) 주식등을 공동으로 취득하거나 처분하는 행위, ⅱ) 주식등을 공동 또는 단독으로 취득한 후 그 취득한 주식을 상호양도하거나 양수하는 행위, ⅲ) 의결권(의결권의 행사를 지시할 수 있는 권한을 포함)을 공동으로 행사하는 행위를 할 것을 합의한 자를 말한다(영141②).

자본시장법은 주식등의 취득 또는 처분, 상호양수도 및 의결권행사에 대하여 합의한 자라고 규정하고 있어 기업지배권 경쟁과 관계없이 이러한 합의가 이루어진 경우가 포함되는지 여

---

56) 김태주·김효신(1994), "주식대량보유의 보고의무", 법학논고 제10집(1994. 12), 126쪽.
57) 유석호(2005), 92쪽.

부가 분명하지 않다. 대량보유보고제도가 M&A 관련제도라는 점만을 생각하면 기업지배권 경쟁과 관련이 없는 합의는 대상이 아니라고 할 수도 있다. 그러나 대량보유보고제도는 M&A 과정의 공정성만을 확보하기 위한 제도가 아니라는 점, 단순투자목적으로 5% 이상을 보유하는 경우에도 보고의무가 발생한다는 점 등을 고려하면 반드시 기업지배권 경쟁과 관련된 합의에 한정할 수는 없을 것이다.

여기서 합의는 의사의 합치만 있으면 족하고 반드시 합의서 또는 계약서 등 특별한 형식을 요구하지 않는다. 의결권 공동행사의 합의 또는 계약의 의미는 의사의 연락 이외에 이에 기한 행위의 공동성을 요하기는 하나 반드시 명시적일 것을 요구하는 것은 아니고 묵시적인 경우라도 이에 해당하고, 이러한 사정은 직접증거가 아닌 정황증거에 의해서도 증명될 수 있다.

5. 보유비율의 산정

보유목적이 변경된 경우 이외에 본인과 특별관계자가 보유하게 되는 주식등의 수가 당해 주식등의 총수의 5% 이상이 되거나 그 보유비율이 1% 이상 변동된 경우 보고의무가 발생한다. 이와 관련하여 보유비율의 계산이 문제된다. 보유비율의 산정시 분자가 되는 주식등의 수 및 분모가 되는 주식등의 총수는 총리령으로 정하는 방법에 따라 산정한 수로 한다(법147②).

$$\frac{\text{본인보유 주식 등의 수} = \text{본인보유 주식} + \text{본인보유 주식관련사채 등}}{\text{발행주식등 총수} = \text{발행주식총수} + \text{본인보유 주식관계사채등(교환사채등 제외)}}$$

* 여기서 "본인"은 보고자 본인 및 특별관계자를 포함하는 의미이다.

총리령이 정하는 주식등의 수와 주식등의 총수는 다음과 같다.

(1) 분자가 되는 주식등의 수

주식등의 대량보유 여부를 판단할 때 분자가 되는 주식등의 수는 다음의 구분에 따라 계산한 수로 한다(시행규칙17①).

산정방법에 있어서 분자에 해당하는 주식등의 수를 계산함에 있어서는 본인과 특별관계자가 각각 보유하는 주식과 주식관련사채 등을 합산하면 된다. 그리고 주식매수선택권의 행사에 따라 매수할 의결권 있는 주식(자기주식을 포함)도 합산한다(시행규칙17③ 본문). 따라서 주권의 경우 그 주식의 수가 되고, 기타 주식관련사채 등의 경우는 당해 주식등의 권리내용에 따른 주식의 수가 되며, 주식매수선택권의 경우 주식매수선택권의 행사로 교부받게 될 주식의 총수를 계산하면 된다.

1. 주권인 경우: 그 주식의 수
2. 신주인수권이 표시된 것인 경우: 신주인수권의 목적인 주식의 수(신주인수권의 목적인 주식의 발행가액총액 및 발행가격이 표시되어 있는 경우에는 해당 발행가액총액을 해당 발행가격으로 나누어 얻은 수)
3. 전환사채권인 경우: 권면액을 전환에 의하여 발행할 주식의 발행가격으로 나누어 얻은 수. 이 경우 1 미만의 단수는 계산하지 아니한다.
4. 신주인수권부사채권인 경우: 신주인수권의 목적인 주식의 수
5. 교환사채권인 경우: 다음의 어느 하나에 해당하는 수
   가. 교환대상 증권이 제1호부터 제4호까지, 제6호 및 제7호에 따른 증권인 경우에는 교환대상 증권별로 제1호부터 제4호까지, 제6호 및 제7호에서 정하는 수
   나. 교환대상 증권이 교환사채권인 경우에는 교환대상이 되는 교환사채권을 기준으로 하여 교환대상 증권별로 제1호부터 제4호까지, 제6호 및 제7호에서 정하는 수
6. 파생결합증권인 경우: 다음의 어느 하나에 해당하는 수
   가. 기초자산이 되는 증권이 제1호부터 제5호까지 및 제7호에 따른 증권인 경우에는 기초자산이 되는 증권별로 제1호부터 제5호까지 및 제7호에서 정하는 수
   나. 기초자산이 되는 증권이 파생결합증권인 경우에는 기초자산이 되는 파생결합증권을 기준으로 하여 기초자산이 되는 증권별로 제1호부터 제5호까지 및 제7호에서 정하는 수
7. 증권예탁증권인 경우: 그 기초가 되는 증권별로 제1호부터 제6호까지에서 정하는 수

(2) 분모가 되는 주식등의 총수

주식등의 대량보유 여부를 판단할 때 분모가 되는 주식등의 총수는 의결권 있는 발행주식총수(자기주식을 포함)와 대량보유를 하게 된 날에 본인과 그 특별관계자가 보유하는 주식등의 수를 합하여 계산한 수로 한다. 다만 주권, 교환사채권의 교환대상이 되는 주권, 파생결합증권의 기초자산이 되는 주권 및 증권예탁증권의 기초가 되는 주권은 제외한다(시행규칙17②).

산정방법에 있어서 분모가 되는 주식등의 총수를 계산함에 있어서는 의결권 있는 발행주식총수, 본인과 특별관계자가 각각 보유하는 주식관련사채 등을 합산하면 된다. 그리고 주식매수선택권의 행사에 따라 매수할 의결권 있는 주식도 합산한다(시행규칙17③ 본문). 다만, 자기주식을 대상으로 하는 주식매수선택권의 경우에는 주식등의 총수에 합산하지 아니한다(시행규칙17③ 단서).

합산의 대상이 되는 주식등의 총수는 이미 발행된 주식을 대상으로 하기 때문에 교환사채, 파생결합증권, 그리고 증권예탁증권 등은 이미 발행주식등의 총수에 포함되어 있으므로 계산에서 제외한 것이다.

주식등의 총수를 계산함에 있어서 주의할 것은 주권을 제외한 주식등의 수를 계산할 경우

에 당해 주식등의 총수가 아니라 보고의무자가 매수하는 주식등의 수만 산입된다는 점이다. 이는 전환사채, 신주인수권부사채 등 주식관련사채의 경우 다른 사람들이 가지고 있는 당해 사채의 권리행사 여부를 파악하기가 어렵다는 점을 반영한 것이다. 그 결과 보고의무자의 보유비율이 실제보다 높게 산정되는 문제가 있으나 공시의무자가 회사인 다른 공시제도와는 달리 5%보고에 있어서 보고의무자는 주주라는 점을 감안하면 불가피한 것으로 보인다.[58]

Ⅲ. 보고내용과 보고시기

1. 보고주체와 보고방법

(1) 의의

본인과 그 특별관계자가 합산한 보유비율이 발행주식등의 총수의 5% 이상인 경우에 그 본인 및 특별관계자가 보고의무자이다(법147①). 따라서 본인이 자신의 보유상황과 합산대상인 특수관계인 및 공동보유자의 보유상황을 보고하면 된다. 합산대상인 특수관계인 및 공동보유자도 각각 본인의 입장에서 보유상황을 보고하면 된다.

주식등의 대량보유(변동)보고 의무자는 본인 또는 그 특별관계자가 임원 등의 특정증권등 소유상황의 보고대상이 되는지를 확인하고 보고대상인 경우 별도로 임원 등의 특정증권등의 소유상황을 보고하여야 한다.

(2) 대표자연명보고

본인과 그 특별관계자가 함께 보고하는 경우에는 보유주식등의 수가 가장 많은 자를 대표자로 선정하여 연명으로 보고할 수 있다(영153④). 연명보고의 방법에 대하여는 증권발행공시규정[59]에서 정하고 있다.

연명보고는 각자의 보고의무를 대표보고자가 보고의 편리성을 위하여 대행할 수 있다는 의미이다. 다만 연명된 자는 보고의무를 부담하지만 대표보고자가 보고하였기 때문에 보고할 필요가 없을 뿐이다. 따라서 연명보고된 내용이 허위의 내용인 경우에 연명된 자 모두가 보고의무를 위반하여 책임을 지게 된다.

---

58) 유석호(2005), 97쪽.

59) 증권의 발행 및 공시 등에 관한 규정 제3-11조(연명보고의 방법) ① 영 제153조 제4항에 따라 보유주식등의 수가 가장 많은 자를 대표자로 선정하여 본인과 그 특별관계자가 함께 보고("연명보고")하는 경우에는 특별관계자는 그 대표자에게 보고를 위임한다는 뜻을 기재한 위임장을 제출하고, 대표자는 제출받은 위임장사본을 최초연명보고시 주식등의 대량보유 및 변동보고서에 첨부하여 금융위에 제출하여야 한다. ② 제1항에 따른 보고를 한 이후 대량변동이 있는 때에는 연명보고를 한 대표자가 대량변동보고를 하여야 한다. 다만, 대표자가 변경되는 경우에는 변경된 대표자가 보고를 하여야 하며 이 경우에도 제1항의 규정을 준용한다.

대표보고자가 연명보고를 하는 경우 특별관계자도 보고의무를 이행한 것이므로 특별관계자는 별도로 보고를 할 필요가 없다. 예컨대 A, B, C가 상호 특별관계자에 해당하는 경우에 A, B, C 모두가 본인의 입장에서 보고의무자이다. 그 중 지분을 가장 많이 보유한 자가 나머지 보고의무자의 위임장을 받아 연명하여 대표로 보고할 수 있고, 연명보고를 하는 경우 다른 보고의무자는 따로 보고할 필요는 없다.

2. 보고내용

(1) 개요

보고의무자는 그 보유상황, 보유목적(발행인의 경영권에 영향을 주기 위한 목적 여부를 말함), 그 보유 주식등에 관한 주요계약내용, 그 밖에 대통령령으로 정하는 사항을 금융위원회와 거래소에 보고하여야 하며, 그 보유주식등의 수의 합계가 그 주식등의 총수의 1% 이상 변동된 경우(그 보유 주식등의 수가 변동되지 아니한 경우, 그 밖에 대통령령으로 정하는 경우 제외)에는 그 변동된 날부터 5일 이내에 그 변동내용을 금융위원회와 거래소에 보고하여야 한다(법147①). 그리고 그 보유목적이나 그 보유주식등에 관한 주요계약내용 등 대통령령이 정하는 중요한 사항의 변경이 있는 경우에는 5일 이내에 금융위원회와 거래소에 보고하여야 한다(법147④). 즉 보고의무자는 주권상장법인의 주식등을 5% 이상 보유하게 되거나 또는 그 후 보유비율이 1% 이상 변동된 경우, 그리고 보유목적이나 중요사항이 변경된 경우에는 5일 이내에 그 보유상황, 변동내용 및 변경내용을 금융위원회와 거래소에 보고하여야 한다.

(2) 보고의 종류

(가) 신규보고

본인과 그 특별관계자가 보유하는 주권상장법인의 주식등의 합계가 발행주식 등의 총수의 5% 이상이 되는 경우의 보고를 말한다(법147①). 예를 들어 Y회사의 주식등을 4.99% 보유하고 있는 주주가 추가취득으로 보유비율을 5% 이상 보유하게 된 경우를 말한다. 이 경우 보유상황(보유형태를 포함), 보유목적, 보유주식등에 대한 주요계약내용(신탁, 담보, 대차계약) 등을 보고하게 된다.[60]

여기서 주식등의 취득은 공개매수의 경우와는 달리 장내취득이든 장외취득이든 모두 신규

---

[60] A사 대표이사 Y는 담보로 제공받은 주식 3,654,079주(16.23%)에 대하여 2015. 9. 21. 처분권한을 취득함에 따라 본인과 특별관계자(배우자) 보유주식 등 총 9,459,951주(42.02%)에 대한 대량보유(신규) 보고의무가 발생(보고기한: 2015. 9. 30.)하였음에도 이를 보고하지 아니하였고, 2015. 9. 25. – 2016. 6. 30. 기간 중 본인 및 특별관계자 보유주식 등의 처분 또는 주식담보대출 상환 등에 따라 대량보유(변동·변경) 보고의무가 발생(3회, 보고기한: 각각 2015. 10. 22., 2015. 12. 9. 및 2016. 7. 7.)하였음에도 이를 보고하지 아니하였으며, 2016. 5. 2. 제출한 대량보유상황보고서에 상기 담보로 제공받은 주식 3,654,079주를 본인의 소유주식으로 거짓기재하고 특별관계자 보유주식을 기재누락 사실로 제재를 받았다.

취득에 해당한다. 신규로 5% 이상이 되는 경우이므로 5% 미만의 보유자가 하루 동안의 거래로 5%를 초과하는 지분을 취득하면 신규보고를 하여야 한다.

(나) 변동보고

기존의 보고의무를 이행한 보고자의 보유주식등의 보유비율이 발행주식등의 총수의 1% 이상 변동한 경우를 말한다(법147①). 예를 들어 Y회사의 주식등을 5.5% 보유하고 있는 자가 추가취득으로 보유비율을 6.5% 이상 보유하게 된 경우를 말한다. 한편, 5.5%를 보유하고 있는 자가 특정회사의 지분의 일부를 처분하여 그 보유비율이 4.5% 이하가 되는 경우에도 보고의무가 발생한다. 다만 1% 미만의 변동을 보고한 경우, 예컨대 0.6%를 처분하여 4.9%가 되는 시점에 보고한 경우에는 추가로 보고할 필요가 없다.

특정일을 기준으로 하여 누적보유비율이 1% 이상 변동하면 다음 날 거래로 누적 변동비율이 1% 미만이 되는 경우에도 보고의무가 발생한다. 다만 하루 동안의 거래에서 일시적으로 1% 이상이 변동되었으나 1일 전체의 비율이 1% 미만인 경우에는 해당하지 않는다. 한편 5% 보고자가 보유주식등을 처분하여 5% 미만이 되는 경우에도 그 보유비율이 1% 이상 하락한 경우에는 보고의무가 있으나 1% 미만인 경우에는 보고의무가 없다. 예컨대 5.5%를 보유한 자가 1%를 매도하여 4.5%가 된 경우에는 보고의무가 있으나, 0.9%를 매도하여 4.6%가 된 경우에는 보고의무가 없다. 후자의 경우 실무상으로는 1% 이상의 변동은 아니지만 보고자가 임의로 보고하는 경우에는 이후에는 보고의무가 없는 것으로 처리된다.[61]

주식등의 대량보유상황·보유목적 또는 그 변동내용을 보고하는 날 전일까지 새로 변동내용을 보고하여야 할 사유가 발생한 경우 새로 보고하여야 하는 변동내용은 당초의 대량보유상황, 보유목적 또는 그 변동내용을 보고할 때 이를 함께 보고하여야 한다(법147③). 예를 들어 2020년 3월 3일(화요일) 보고의무가 발생하여 보고기한이 2020년 3월 10일(화요일)인 경우, 3월 4일에 1% 이상 추가취득 등으로 변동보고사유가 발생하면 당초의 보고기한(3월 10일)에 3월 4일의 추가취득분까지 함께 보고하여야 한다는 의미이다.

(다) 변경보고

1) 의의

보유목적이나 그 보유주식등에 관한 주요계약내용 등 대통령령이 정하는 중요한 사항의 변경이 있는 경우에는 5일 이내에 금융위원회와 거래소에 보고하여야 한다(법147④). 여기서 "대통령령이 정하는 중요한 사항"이란 다음의 어느 하나에 해당하는 사항을 말한다(영155). 따라서 발행주식등 총수의 1% 이상에 해당하는 보유주식등에 대한 변경사항이 있는 경우에 한한다.

---

61) 유석호(2005), 93쪽.

1. 보유목적(발행인의 경영권에 영향을 주기 위한 보유목적인지 여부)

1의2. 단순투자 목적 여부(발행인의 경영권에 영향을 주기 위한 것이 아닌 경우에 한정)

2. 보유주식등에 대한 신탁·담보계약, 그 밖의 주요계약 내용(해당 계약의 대상인 주식등의 수가 그 주식등의 총수의 1% 이상인 경우만 해당)[62]

3. 보유형태(소유와 소유 외의 보유 간에 변경이 있는 경우로서 그 보유형태가 변경되는 주식 등의 수가 그 주식등의 총수의 1% 이상인 경우만 해당)

2) 보고사유

보유목적을 변경한 경우에는 보유목적이 단순투자목적에서 경영권에 영향을 주기 위한 목적(경영참가목적)으로 변경된 경우뿐만 아니라 경영참가목적에서 단순투자목적으로 변경된 경우에도 보고의무가 발생한다.

또한 보유주식등에 관한 주요계약내용의 변경이 있는 경우에는 보유주식등에 대한 신탁계약, 담보계약, 매도계약, 대차계약, 장외매매계약, 환매조건부계약 등 주요계약을 체결한 경우에 대하여 그 내용을 보고하여야 한다. 장외매도계약의 경우 계약체결시의 주요계약내용 보고와는 별개로 실제로 지분을 처분할 시점에 비율변동을 보고하여야 한다. 이 경우는 경영참가목적인 경우에 한한다. 예컨대 주식등에 대한 장외매도계약을 체결한 경우 매도계약은 주식등에 대한 주요계약이므로 계약체결일로부터 5일 이내에 보고하여야 한다.[63] 다만 지분처분에 대한 변동보고는 의무발생일(대금수령일과 주식인도일 중 먼저 도래하는 날)부터 5일 이내에 별도로 보고하여야 한다. 여기서 주요계약의 판단은 보유주식등의 변동을 초래할 수 있는지 여부를 기준으로 판단하여야 한다. 예컨대 장외매매계약이나 대차계약이 이에 해당하지만, 보호예수계약은 주요계약에 해당하지 않는다.

그리고 주식등의 보유형태의 변경이 있는 경우로 소유에서 보유로 변경되거나 보유에서 소유로 변경된 경우 보고의무가 발생한다. 이 경우는 경영참가목적인 경우에 한한다. 예컨대

---

62) A사 최대주주 B사는 2019. 6. 17. 보유 중인 A사 주식 1,100,000주(4.60%)를 C저축은행에 담보제공함에 따라 대량보유(변경) 보고의무가 발생(보고기한: 2019. 6. 24.)하였음에도 이를 보고하지 아니하였고, 2019. 8. 20. 동 담보계약을 해지하고 D저축은행에 해당 주식을 담보제공함에 따라 대량보유(변경) 보고의무가 발생(보고기한: 2019. 8. 27.)하였음에도 이를 보고하지 아니하였으며, 2019. 8. 28. D저축은행이 상기 담보로 제공된 주식 중 635,000주(2.47%)를 반대매매함에 따라 대량보유(변동) 보고의무가 발생(보고기한: 2019. 9. 4.)하였음에도 이를 보고하지 않아 제재를 받았다.

63) 상장법인 A사는 2015. 10. 22. B사 신주인수권증권(3,862,661주 상당)을 장외매도함에 따라 대량보유(변동) 보고의무가 발생하였음에도 이를 보고기한(2015. 10. 29.)이 지난 2016. 1. 19. 지연보고하였고, 2016. 8. 30. 및 2016. 9. 21.~2016. 9. 29. 기간 중 보유주식 장내매도로 지분율이 1% 이상 변동(각각 1.18% 및 1.02%)되어 각각 대량보유(변동) 보고의무가 발생(보고기한: 각각 2016.9.6. 및 2016. 10. 7.)하였음에도 이를 보고하지 아니하였으며, 2017. 2. 7. 신주인수권증권(2,145,922주 상당)에 대한 장외매도계약을 체결하고, 2017. 2. 24. 동 계약을 이행하여 각각 대량보유(변경·변동) 보고의무가 발생(보고기한: 각각 2017. 2. 14. 및 2017. 3. 6.)하였음에도 이를 보고하지 않아 제재를 받았다.

주식을 대여하여 보유형태가 소유에서 보유(인도청구권)로 변경되거나 주식매수선택권(스톡옵션)을 행사하여 보유형태가 보유에서 소유로 변경된 경우이다.

(3) 보고내용

(가) 개요

보고의무자는 그 보유상황, 보유목적, 그 보유주식등에 관한 주요계약내용, 그 밖에 대통령령으로 정하는 사항을 보고하여야 한다(법147①). 여기서 "대통령령으로 정하는 사항"이란 다음의 사항을 말한다(영153②).

1. 주식등을 대량보유("대량보유자")와 그 특별관계자에 관한 사항
2. 보유주식등의 발행인에 관한 사항
3. 변동사유
4. 취득 또는 처분 일자·가격 및 방법
5. 보유형태
6. 취득에 필요한 자금이나 교환대상물건의 조성내역(차입인 경우에는 차입처 포함)
7. 제1호부터 제6호까지의 사항과 관련된 세부사항으로서 금융위원회가 정하여 고시하는 사항[64]

이는 경영참가목적이 있는 경우에 제출하는 보고서(일반서식)에 기재할 사항이다. 그러나 보유목적이 아래서 살펴보게 될 단순투자목적인 경우에 제출하는 보고서(약식서식)에는 보유상황, 주식등의 대량보유자와 그 특별관계자에 관한 사항, 보유주식등의 발행회사에 관한 사항, 취득 또는 처분일자·가격 및 방법을 기재하는 것으로 족하다.[65] 보유목적이 경영참가목적인지

---

[64] "금융위원회가 정하는 사항"이란 다음의 사항을 말한다(증권발행공시규정3-10①).
  1. 보유주식등의 발행인에 관한 사항
  2. 대량보유자 및 그 특별관계자에 관한 사항
    가. 성명, 주소, 국적, 직업 등 인적사항
    나. 대량보유자 및 그 특별관계자가 자연인이 아닌 법인 또는 단체인 경우에는 해당 법인 또는 단체의 법적 성격, 임원(회사가 아닌 경우 구성원), 의사결정기구 및 최대주주(회사가 아닌 경우 출자자)에 관한 사항
  3. 보유목적(영 제154조 각 호의 행위에 대한 구체적인 계획 또는 방침 등을 포함)
  4. 변동사유
  5. 보고자 및 특별관계자별 보유 또는 변동 주식등의 종류 및 수
  6. 보고자 및 특별관계자별 취득 또는 처분 일자·가격 및 방법
  7. 보고자 및 특별관계자별 보유형태
  8. 취득에 필요한 자금 또는 교환대상물건의 조성내역(보고대상 주식등의 취득과 직접 또는 간접적으로 관련된 자금등의 조성경위 및 원천을 말하며, 차입의 경우에는 차입처, 차입기간 그 밖의 계약상의 주요내용을 포함)
  9. 보유주식등에 관한 신탁계약·담보계약 그 밖의 주요계약의 내용
[65] 증권발행공시규정 제3-12조(보고서의 첨부서류 등) ① 법 제147조에 따라 주식등의 대량보유상황을 보고하는 경우 매매보고서 그 밖에 취득 또는 처분을 증빙할 수 있는 자료와 보유주식등에 관한 주요 계약서 사본(영 제153조 제2항에 따라 보고서를 기재한 경우로서 계약서를 작성한 경우에 한한다)을 첨부하여야

또는 단순투자목적인지 여부는 아래서 살펴보기로 한다.

(나) 보유목적의 개념

여기서 보유목적이란 발행인의 경영권에 영향을 주기 위한 목적 여부를 말한다(법147①). 따라서 자본시장법상 5% 보고의무자의 보유목적은 경영권에 영향을 주기 위한 목적을 위한 경우(경영참가목적)와 그렇지 않은 경우(단순투자목적)로 구분된다. 또한 앞에서 본 바와 같이 5% 보고의무자가 이러한 보유목적을 변경한 경우를 말한다.

1) 경영참가목적

자본시장법은 경영참가목적을 발행인의 경영권에 영향을 주기 위한 것(임원의 선임·해임 또는 직무의 정지, 이사회 등 회사의 기관과 관련된 정관의 변경 등 대통령령으로 정하는 것)으로 정의하고 있다(법147① 후단).[66]

여기서 "대통령령으로 정하는 것"이란 다음의 어느 하나에 해당하는 것을 위하여 회사나 그 임원에 대하여 사실상 영향력을 행사하는 것을 말한다. 사실상 영향력을 행사하는 것에는 상법, 그 밖의 다른 법률에 따라 상법 제363조의2(주주제안권)·제366조(소수주주에 의한 소집청구)에 따른 권리를 행사하거나 이를 제3자가 행사하도록 하는 것과 자본시장법 제152조(의결권 대리행사의 권유)에 따라 의결권 대리행사를 권유하는 것을 포함하며, 단순히 의견을 전달하거나 대외적으로 의사를 표시하는 것은 제외한다(영154①).

1. 임원의 선임·해임 또는 직무의 정지. 다만, 상법 제385조 제2항[67](제415조에서 준용하는 경우를 포함) 또는 상법 제402조[68]에 따른 권리를 행사하는 경우에는 적용하지 않는다.

한다. 다만, 다음 각 호의 1에 해당하는 법인이 증권시장 또는 다자간매매체결회사를 통하여 주식등을 취득 또는 처분한 경우에는 그 취득 또는 처분에 관한 증빙자료의 제출을 생략할 수 있다. 이 경우 외국법인인 경우에는 대량보유보고서를 신규로 제출하는 때에 해당 외국금융투자감독기관의 인가, 허가 또는 등록확인서 등 해당 업무를 영위하는 법인임을 확인할 수 있는 서류를 제출하여야 한다.
1. 다음 각 목의 어느 하나에 해당하는 법인
   가. 영 제10조 제1항 제1호 및 제2호
   나. 영 제10조 제2항
   다. 영 제10조 제3항 제1호부터 제14호
2. 그 밖에 제1호에 준하는 법인으로 감독원장이 정하는 법인
② 제1항의 첨부서류가 사본인 때에는 원본과 상위없음을 표시하고 보고자가 날인하여야 한다.
66) A사는 2015. 8. 21. B사 유상증자(제3자배정)를 통해 동사 주식 3,654,079주(16.23%)를 취득하고 2015. 8. 28. 이에 대한 대량보유상황보고서를 제출하면서 실제로는 경영참가 목적으로 주식을 취득하였음에도 보유목적을 단순투자 목적으로 거짓기재하였고, 위 유상증자 납입대금 조달을 위해 제공한 담보주식(차입금 30억원, 담보주식 수 3,654,079주)이 담보권자에 의해 2017. 9. 14. 전량 매도되어 대량보유(변동) 보고의무가 발생(보고기한: 2017. 9. 21.)하였음에도 이를 보고하지 않아 제재를 받았다.
67) 상법 제385조(해임) ② 이사가 그 직무에 관하여 부정행위 또는 법령이나 정관에 위반한 중대한 사실이 있음에도 불구하고 주주총회에서 그 해임을 부결한 때에는 발행주식의 총수의 3% 이상에 해당하는 주식을 가진 주주는 총회의 결의가 있은 날부터 1월내에 그 이사의 해임을 법원에 청구할 수 있다.
68) 상법 제402조(유지청구권) 이사가 법령 또는 정관에 위반한 행위를 하여 이로 인하여 회사에 회복할 수 없

   2. 이사회 등 상법에 따른 회사의 기관과 관련된 정관의 변경. 다만, 제2항 각 호의 어느 하나에 해당하는 자 또는 그 밖에 금융위원회가 정하여 고시하는 자가 투자대상기업 전체의 지배구조 개선을 위해 사전에 공개한 원칙에 따르는 경우에는 적용하지 않는다.

   3. 회사의 자본금의 변경. 다만, 상법 제424조[69])에 따른 권리를 행사하는 경우에는 적용하지 않는다.

   4. 삭제 [2020. 1. 29]

   5. 회사의 합병, 분할과 분할합병

   6. 주식의 포괄적 교환과 이전

   7. 영업전부의 양수·양도 또는 금융위원회가 정하여 고시하는 중요한 일부의 양수·양도[70])

   8. 자산 전부의 처분 또는 금융위원회가 정하여 고시하는 중요한 일부의 처분[71])

   9. 영업전부의 임대 또는 경영위임, 타인과 영업의 손익 전부를 같이하는 계약, 그 밖에 이에 준하는 계약의 체결, 변경 또는 해약

   10. 회사의 해산

  "사실상의 영향력을 행사하는 것"에는 상법 또는 자본시장법의 규정에 의하여 소수주주가 주주총회의 소집을 청구하거나 주주제안권을 행사하는 것, 그리고 이를 제3자가 행사하도록 하는 것을 포함하고 있다. 이 시행령의 규정에 의하면 주주총회 소집청구, 주주제안을 포함한 어떤 형태로든지 사실상의 영향력을 행사하게 하는 경우는 경영참가목적을 가지는 것이 된다. 그러나 경영권에 대하여 적극적으로 사실상의 영향력을 행사하는 경우만을 경영참가목적으로 보아야 할 것이고, 주주총회에 참석하여 단순히 의결권만을 행사하는 것을 경영참가목적으로는 볼 수 없다.

  2) 단순투자목적

  자본시장법은 경영권에 영향을 주기 위한 목적에 해당되지 않는 경우를 단순투자목적으로 보고 있다. 단순투자목적으로 5% 보고를 한 자는 그 보유목적을 경영참가목적으로 변경한 후

    는 손해가 생길 염려가 있는 경우에는 감사 또는 발행주식의 총수의 1% 이상에 해당하는 주식을 가진 주주는 회사를 위하여 이사에 대하여 그 행위를 유지할 것을 청구할 수 있다.

69) 상법 제424조(유지청구권) 회사가 법령 또는 정관에 위반하거나 현저하게 불공정한 방법에 의하여 주식을 발행함으로써 주주가 불이익을 받을 염려가 있는 경우에는 그 주주는 회사에 대하여 그 발행을 유지할 것을 청구할 수 있다.

70) "금융위원회가 정하여 고시하는 중요한 일부의 양수·양도"란 다음의 어느 하나에 해당하는 양수·양도를 말한다(증권발행공시규정3-13①).
  1. 양수·양도하고자 하는 영업부문의 자산액이 최근 사업연도말 현재 자산총액의 10% 이상인 양수·양도
  2. 양수·양도하고자 하는 영업부문의 매출액이 최근 사업연도말 현재 자산총액의 10% 이상인 양수·양도
  3. 영업의 양수로 인하여 인수할 부채액이 최근 사업연도말 현재 자산총액의 10% 이상인 양수·양도

71) "금융위원회가 정하여 고시하는 중요한 일부의 처분"이란 처분하고자 하는 자산액이 최근 사업연도말 현재 자산총액의 10% 이상인 처분을 말한다. 다만 제4-4조(중요한 자산양수·도의 예외 등) 각 호의 어느 하나에 해당하는 자산의 처분은 제외한다(증권발행공시규정3-13②).

에야 주주제안권 행사, 주주총회 소집요구 등 경영참가행위를 할 수 있다.

3. 보고시기

(1) 보고기한(5일)

대량보유보고(신규보고), 변동보고 및 변경보고는 보고의무 발생일(보고기준일)로부터 5일 이내에 하여야 한다(법147①④). 보고기한의 기산일은 민법의 일반원칙에 의한다(초일 불산입의 원칙). 따라서 보고의무 발생일을 제외하고 그 다음날부터 5일의 기간을 계산한다. 보고기한 5일을 산정하는 경우 대통령령으로 정하는 날은 산입하지 아니한다(법147①).

여기서 "대통령령으로 정하는 날"은 공휴일, 근로자의 날 제정에 관한 법률에 따른 근로자의 날, 토요일을 말한다(영153①). 예를 들어 2020년 5월 4일 증권시장에서 주식매수주문이 체결되어 보고의무가 발생한 경우 보고의무 발생일(5월 4일)과 공휴일(5월 5일과 10일)과 토요일(5월 9일)을 제외하고 5일째가 되는 날(5월 12일)이 보고기한이 된다.

(2) 합산보고

주식등의 대량보유상황·보유목적 또는 그 변동내용을 보고하는 날 전일까지 새로 변동내용을 보고하여야 할 사유가 발생한 경우 새로 보고하여야 하는 변동내용은 당초의 대량보유상황, 보유목적 또는 그 변동내용을 보고할 때 이를 함께 보고하여야 한다(법147③). 즉 5% 보고의무가 발생한 자가 그 보고기한인 5일 이내에 주식등을 추가로 취득함으로써 추가로 보고의무가 발생하는 경우에는 처음의 보고사유 발생에 따른 5일 이내에 보고시 추가된 변동상황도 함께 보고하도록 한 것이다. 이것은 주식등의 계속 매수에 의한 매매상황이 보다 신속히 증권시장에 공시되도록 하려는 취지이다.

(3) 보고기준일(보고의무 발생일)

주식등의 대량보유자가 주식등의 보유상황이나 변동내용을 보고하여야 하는 경우에 그 보고기준일은 다음의 어느 하나에 해당하는 날로 한다(영153③).

1. 주권비상장법인이 발행한 주권이 증권시장에 상장된 경우에는 그 상장일
2. 흡수합병인 경우에는 합병을 한 날,[72] 신설합병인 경우에는 그 상장일
3. 증권시장(다자간매매체결회사에서의 거래를 포함)에서 주식등을 매매한 경우에는 그 계약체결일[73]
4. 증권시장 외에서 주식등을 취득하는 경우에는 그 계약체결일

---

72) 합병등기를 해야 합병의 효력이 발생하므로 "합병을 한 날"은 합병등기일을 말한다.
73) 증권거래법은 "결제일"을 기준으로 하고 있었으나 자본시장법은 "계약체결일"로 변경하였다. 그러나 임원 등의 특정증권 등 소유상황 보고의무(법173)는 "결제일"이다(영200④(1)).

5. 증권시장 외에서 주식등을 처분하는 경우에는 대금을 받는 날과 주식등을 인도하는 날 중 먼저 도래하는 날

6. 유상증자로 배정되는 신주를 취득하는 경우에는 주금납입일의 다음날

7. 주식등을 차입하는 경우에는 그 차입계약을 체결하는 날, 상환하는 경우에는 해당 주식등을 인도하는 날

8. 주식등을 증여받는 경우에는 민법에 따른 효력발생일, 증여하는 경우에는 해당 주식등을 인도하는 날

9. 상속으로 주식등을 취득하는 경우로서 상속인이 1인인 경우에는 단순승인이나 한정승인에 따라 상속이 확정되는 날, 상속인이 2인 이상인 경우에는 그 주식등과 관계되는 재산분할이 종료되는 날

10. 제1호부터 제9호까지 외의 사유로 인하여 보고하여야 하는 경우에는 민법·상법[74] 등 관련 법률에 따라 해당 법률행위 등의 효력이 발생하는 날

위 제4호와 제5호는 증권시장 외에서 이루어지는 장외매매를 규정하고 있다. 장외매매를 하는 경우의 보고기준을 구체적으로 살펴보면 다음과 같다. 장외매수는 계약체결일, 장외매도는 원칙적으로 대금수령일과 주식등의 인도일 중 먼저 도래하는 날을 기준으로 보고의무가 발생한다(제4호, 제5호). 그러나 장외매수의 경우는 계약체결일을 보고의무 발생일로 하여 보고하면 되지만 장외매도의 경우는 계약내용에 따라 보고의무 발생일이 달라질 수 있다. 즉 장외매도의 경우 계약금, 중도금, 잔금으로 대금의 수령일이 구분되어 있고, 주식등의 인도가 잔금지급일에 이루어진다면, 매도인에게는 잔금수령일과 주식등의 인도일 중 빠른 날 보고의무 발생일이 된다. 이 경우 매수인에게도 주식의 인수시점에 변경보고(보유형태 변경: 보유 → 소유)의무가 추가로 발생한다. 또한 매도인이 매매대금을 분할하여 수령하고 대금을 수령하는 경우마다 동일한 가치의 주식등을 인도하는 경우에는 각각의 대금 수령시점이 보고의무 발생일에 해당한다.

또한 장외매수계약을 체결하여 계약체결일을 기준으로 5% 보고를 하였으나 계약내용이 변경되어 매수수량 등이 달라지는 경우에는 계약내용의 변경일을 기준으로 변동보고를 하여야 한다. 그리고 장외매도계약은 보유 주식등에 대한 주요계약내용에 해당하므로(영155(2)) 변동보고와는 별도로 계약체결일로부터 5일 이내에 변경보고를 하여야 한다. 따라서 일반적으로 장외매도의 경우 계약체결일(매도자: 주요계약내용의 변경, 매수자: 보유성립) 및 이행일(매도자: 변동

---

74) 상법에서 규정하고 있는 포괄적 주식교환의 경우(상법 제360조의2) 상법에 의하여 효력이 발생하는 날인 "교환을 한 날"이 보고기준일이 된다. 그러나 상법상 포괄적 주식교환이 아닌 사적인 주식교환의 경우는 결제수단을 현금이 아닌 주식으로 대체한 장외계약의 한 형태이므로 시행령 제153조 제3항 제4호와 제5호에 의한 장외매매거래의 보고방법에 따라 보고하면 된다.

보고, 매수자: 보유형태 변경)에 각각 보고의무가 발생하게 된다.

IV. 보고내용과 보고시기의 특례

1. 특례적용대상

보유목적이 발행인의 경영권에 영향을 주기 위한 것(임원의 선임·해임 또는 직무의 정지, 이사회 등 회사의 기관과 관련된 정관의 변경 등 대통령령으로 정하는 것)이 아닌 경우와 전문투자자중 ⅰ) 국가(제1호), ⅱ) 지방자치단체(제2호), ⅲ) 한국은행(제3호), ⅳ) 그 밖에 그 "보고내용과 보고시기 등을 달리 정할 필요가 있는 자"로서 금융위원회가 정하여 고시하는 자(제4호)의 경우에는 그 보고내용 및 보고시기 등을 대통령령으로 달리 정할 수 있다(법147① 후단, 영154②). 여기서 "보고내용과 보고시기 등을 달리 정할 필요가 있는 자"란 시행령 제10조 제2항 제9호, 제3항 제1호부터 제8호까지, 제10호부터 제13호까지 중 어느 하나에 해당하는 자[75]를 말한다(증권발행공시규정3-14).

자본시장법은 보유목적에 대한 특례와 보고의무자에 대한 특례규정을 두고 있다. 즉 보유목적이 경영참가목적이 아닌 경우와 전문투자자 중 일정한 자에 대하여 보고내용과 보고시기의 예외를 인정한 것이다. 대통령으로 달리 정한 특례의 내용을 아래서 보기로 한다.

2. 특례의 내용

(1) 보유목적의 특례

전문투자자가 아닌 자의 보유목적이 발행인의 경영권에 영향을 주기 위한 것이 아닌 경우에는 다음의 구분에 따라 보고할 수 있다(영154③).[76]

---

75) 시행령 제10조(전문투자자의 범위 등) ② "대통령령으로 정하는 금융기관"이란 다음의 금융기관을 말한다.
   9. 증권금융회사
   ③ "대통령령으로 정하는 자"란 다음의 자를 말한다.
   1. 예금보험공사 및 정리금융회사, 2. 한국자산관리공사, 3. 한국주택금융공사, 4. 한국투자공사, 5 금융투자협회, 6. 한국예탁결제원, 6의2. 전자증권법 제2조 제6호에 따른 전자등록기관, 7. 한국거래소, 8. 금융감독원, 10. 신용보증기금, 11. 기술보증기금, 12. 법률에 따라 설립된 기금(제10호 및 제11호는 제외) 및 그 기금을 관리·운용하는 법인, 13. 법률에 따라 공제사업을 경영하는 법인
76) 증권발행공시규정 제3-10조(보고서의 기재사항) ③ 영 제154조 제3항에 따른 보고서에는 다음의 구분에 따른 사항을 기재한다.
   1. 영 제154조 제3항 제1호의 경우: 제1항 제1호부터 제3호까지 및 제5호·제6호의 기재사항 및 주식등의 보유기간 동안 주식등의 수와 관계없이 보장되는 권리의 행사 외의 행위를 하지 아니하겠다는 확인
   2. 영 제154조 제3항 제2호의 경우: 제1항 제1호부터 제3호, 제5호·제6호 및 제8호·제9호의 기재사항

   1. 단순투자 목적인 경우(상법 제369조,[77] 제418조 제1항[78] 또는 제462조[79])에 따른 권리 등 보유하는 주식등의 수와 관계없이 법률에 따라 보장되는 권리만을 행사하기 위한 것)인 경우: 다음 각 목의 사항을 모두 기재한 보고서로 보고하되, 그 보유상황에 변동이 있는 경우에는 그 변동이 있었던 달의 다음 달 10일까지 보고할 것

     가. 보유상황

     나. 보유목적

     다. 제153조 제2항 제1호·제2호와 제4호의 사항(= 대량보유자와 그 특별관계자에 관한 사항, 보유주식등의 발행인에 관한 사항, 취득 또는 처분 일자·가격 및 방법)

     라. 주식등의 보유기간 동안 주식등의 수와 관계없이 보장되는 권리의 행사 외의 행위를 하지 않겠다는 확인

   2. 단순투자 목적이 아닌 경우: 다음 각 목의 사항을 모두 기재한 보고서로 보고하되, 그 보유상황에 변동이 있는 경우에는 그 변동이 있었던 날부터 10일 이내에 보고할 것

     가. 제1호 가목부터 다목까지의 사항

     나. 제153조 제2항 제6호의 사항[= 취득에 필요한 자금이나 교환대상물건의 조성내역(차입인 경우에는 차입처를 포함)]

     다. 보유 주식등에 관한 주요계약내용

(2) 보고의무자의 특례
(가) 전문투자자 중 국가·지방자치단체·한국은행

   전문투자자 중 국가·지방자치단체·한국은행은 다음의 사항을 모두 기재한 보고서로 주식등의 보유 또는 변동이 있었던 분기의 다음 달 10일까지 보고할 수 있다(영154④).[80]

---

77) 상법 제369조(의결권) ① 의결권은 1주마다 1개로 한다.
  ② 회사가 가진 자기주식은 의결권이 없다.
  ③ 회사, 모회사 및 자회사 또는 자회사가 다른 회사의 발행주식의 총수의 10%를 초과하는 주식을 가지고 있는 경우 그 다른 회사가 가지고 있는 회사 또는 모회사의 주식은 의결권이 없다.
78) 상법 제418조(신주인수권의 내용 및 배정일의 지정·공고)
  ① 주주는 그가 가진 주식 수에 따라서 신주의 배정을 받을 권리가 있다.
79) 상법 제462조(이익의 배당) ① 회사는 대차대조표의 순자산액으로부터 다음의 금액을 공제한 액을 한도로 하여 이익배당을 할 수 있다.
  1. 자본금의 액
  2. 그 결산기까지 적립된 자본준비금과 이익준비금의 합계액
  3. 그 결산기에 적립하여야 할 이익준비금의 액
  4. 대통령령으로 정하는 미실현이익
  ② 이익배당은 주주총회의 결의로 정한다. 다만, 제449조의2 제1항에 따라 재무제표를 이사회가 승인하는 경우에는 이사회의 결의로 정한다.
  ③ 제1항을 위반하여 이익을 배당한 경우에 회사채권자는 배당한 이익을 회사에 반환할 것을 청구할 수 있다.
  ④ 제3항의 청구에 관한 소에 대하여는 제186조를 준용한다.
80) 영 제154조 제4항에 따른 보고서에는 다음의 사항을 기재한다(증권발행공시규정3-10④).

1. 보고하여야 할 사유가 발생한 날의 보유상황 및 변동 내용
2. 제153조 제2항 제1호 및 제2호의 사항(＝대량보유자와 그 특별관계자에 관한 사항, 보유 주식등의 발행인에 관한 사항)

(나) 그 밖에 그 보고내용과 보고시기 등을 달리 정할 필요가 있는 자로서 금융위원회가 고 시하는 자

전문투자자 중 제2항 제4호에 해당하는 자는 다음의 구분에 따라 보고할 수 있다(영154⑤).[81]

1. 보유목적이 발행인의 경영권에 영향을 주기 위한 것인 경우: 제3항 제1호 가목부터 다목까 지의 사항을 모두 기재한 보고서로 보고하되, 주식등의 보유 또는 변동이 있었던 날부터 5 일 이내에 보고할 것
2. 보유목적이 발행인의 경영권에 영향을 주기 위한 것이 아닌 경우로서 단순투자목적인 경우: 다음 각 목의 사항을 모두 기재한 보고서로 보고하되, 주식등의 보유 또는 변동이 있었던 분기의 마지막 달의 다음 달 10일까지 보고할 것
   가. 제4항 각 호의 사항
   나. 보유목적
   다. 주식등의 보유기간 동안 주식등의 수와 관계없이 보장되는 권리의 행사 외의 행위를 하 지 않겠다는 확인
3. 보유목적이 발행인의 경영권에 영향을 주기 위한 것이 아닌 경우로서 단순투자목적이 아닌 경우: 다음 각 목의 사항을 모두 기재한 보고서로 보고하되, 주식등의 보유 또는 변동이 있 었던 달의 다음 달 10일까지 보고할 것
   가. 제4항 각 호의 사항
   나. 보유목적

V. 보고의무의 면제

1. 대량보유보고의무의 면제

증권거래법은 대량보유보고의무의 필요성이 없다고 인정되는 자에 대하여 보고의무를 면

---

1. 제1항 제1호·제2호의 기재사항
2. 보고하여야 할 사유가 발생한 날의 보고자 및 특별관계자별 보유 또는 변동 주식등의 종류 및 수
81) 영 제154조 제5항에 따른 보고서에는 다음의 구분에 따른 사항을 기재한다(증권발행공시규정3-10⑤).
   1. 영 제154조 제5항 제1호의 경우: 제1항 제1호부터 제3호까지 및 제5호·제6호의 기재사항
   2. 영 제154조 제5항 제2호의 경우: 제1항 제1호부터 제3호, 제5호의 기재사항 및 주식등의 보유기간 동안 주식등의 수와 관계없이 보장되는 권리의 행사 외의 행위를 하지 아니하겠다는 확인
   3. 영 제154조 제5항 제3호의 경우: 제1항 제1호부터 제3호 및 제5호의 기재사항

제하고 있었다. 즉 국가, 지방자치단체, 정부의 기금, 증권금융회사 등에 대해서는 보고의무를 면제하였다(증권거래법 시행령86의3①). 그러나 자본시장법은 종전의 보고의무가 면제되던 국가, 지방자치단체, 정부의 기금 등도 보고의무자로 편입하였다(영154②). 그 이유는 국가, 지방자치단체 등의 주식 대량보유정보는 경영권분쟁 관련당사자와 주식등의 시장가격에 영향을 주므로 일반투자자에게도 중요한 정보이기 때문이다. 다만 앞에서 본 바와 같이 국가, 지방자치단체 등의 대량보유보고의무는 그 보고내용과 보고시기를 달리 정하고 있다.

2. 변동보고의무의 면제

주식등을 5% 이상 보유한 자의 보유비율이 1% 이상 변동하였으나 그 보유주식수가 변동되지 아니한 경우와 보고의무자의 의사와 무관하게 보유비율이 변동되거나 다른 주주와 동등하게 부여된 일정한 경우에는 보고의무가 면제된다(법147① 전단, 영153⑤). 이 경우에는 보유비율이 변동되어도 변동보고의무가 면제된다. 그러나 변동보고의무가 면제되더라도 신규보고의무까지 면제되는 것은 아니다.

다음의 어느 하나에 해당하는 경우에는 1% 이상의 보유비율이 변동하더라도 변동보고의무가 없다(영153⑤).

1. 주주가 가진 주식수에 따라 배정하는 방법으로 신주를 발행하는 경우로서 그 배정된 주식만을 취득하는 경우
2. 주주가 가진 주식수에 따라 배정받는 신주인수권에 의하여 발행된 신주인수권증서를 취득하는 것만으로 보유 주식등의 수가 증가하는 경우
3. 삭제 [2016. 12. 30.]
4. 자본감소로 보유 주식등의 비율이 변동된 경우
5. 신주인수권이 표시된 것(신주인수권증서는 제외), 신주인수권부사채권·전환사채권 또는 교환사채권에 주어진 권리행사로 발행 또는 교환되는 주식등의 발행가격 또는 교환가격 조정만으로 보유 주식등의 수가 증가하는 경우[82]

변동보고의 면제사유에 의하여 보유비율이 변동된 경우, 면제사유 발생시점의 주식등의 보유비율을 기준으로 추후 1% 이상 변동시에 변동보고의무가 발생한다. 예를 들어 5.1%를 보유하고 있는 자가 변동보고 면제사유로 인하여 보유비율이 6.2%가 된 경우 그 당시에는 보고의무가 면제되어 6.2%를 기준으로 1% 이상 변동되는 시점에 변동보고의무가 발생한다. 이 경우 변동보고서 세부내역을 기재할 경우 면제사유로 인한 주식 등의 수의 변동내용을 포함하여야 한다.

---

[82] 본인 및 특별관계자가 전환사채 등 주식관련사채를 5% 이상 보유하였으나 행사가(전환가) 등의 조정으로 보유주식 등의 수가 증가하여 보유비율이 1% 이상 변동된 경우를 들 수 있다.

Ⅵ. 보고서의 송부 및 공시

1. 대량보유보고서 등의 발행인 송부

주식등의 대량보유상황에 대한 신규보고, 변동보고, 변경 등을 보고한 자는 지체 없이 그 사본을 해당 주식등의 발행인(대통령령으로 정하는 주식 등의 경우에는 대통령령으로 정하는 자)에게 송부하여야 한다(법148).

여기서 "대통령령으로 정하는 주식등의 경우에는 대통령령으로 정하는 자"란 ⅰ) 교환사채권의 경우에는 교환의 대상이 되는 주식등의 발행인, ⅱ) 파생결합증권의 경우에는 그 기초자산이 되는 주식등의 발행인, ⅲ) 증권예탁증권의 경우에는 그 기초가 되는 주식등의 발행인을 말한다(영 제156조).

2. 보고서의 비치 및 공시

금융위원회 및 거래소는 주식 대량보유상황의 신규보고, 변동보고 및 변경보고에 관하여 제출받은 보고서를 3년간 비치하고, 인터넷 홈페이지 등을 이용하여 공시하여야 한다(법149).

Ⅶ. 냉각기간

1. 의의

주식등의 대량보유상황에 대한 신규보고, 변동보고 및 변경보고에 따라 주식등의 보유목적을 발행인의 경영권에 영향을 주기 위한 것으로 보고하는 자는 그 보고하여야 할 사유가 발생한 날부터 보고한 날 이후 5일까지 그 발행인의 주식등을 추가로 취득하거나 보유 주식 등에 대하여 그 의결권을 행사할 수 없다(법150②).

냉각기간(cooling period)은 M&A 목적으로 주식등을 취득하거나 이미 보유하고 있던 주식등의 보유목적을 경영참가목적으로 변경한 후 즉시 의결권행사를 함으로써 기존 경영진의 방어기회를 박탈하는 것을 방지하기 위한 것이다.

2. 냉각기간

냉각기간은 보고사유가 발생한 날부터 보고한 날 이후 5일까지 적용된다(법150②). 냉각기간 기산일은 보고사유 발생일[83]이며 종료일은 보고일을 제외하고 계산하여 5일째 되는 날이

---

83) 증권거래법은 기산일을 보고일로 하고 있었다(법200의3②). 그러나 자본시장법은 보고사유 발생일로 변경

다. 그리고 냉각기간 5일을 산정하는 경우에는 공휴일과 토요일 및 근로자의 날은 산입하지 아니한다. 예를 들면 2020년 4월 29일 경영참가목적으로 5% 이상의 지분을 취득하고 동년 5월 7일 신규취득 보고서를 제출한 경우, 냉각기간은 보고의무 발생일(보고사유 발생일) 4월 29일부터 보고일인 5월 7일 이후 5일째 되는 날인 5월 14일까지이다. 보고기한은 5월 11일까지이나 임의로 5월 7일에 보고서를 제출한 것으로 가정하였다. 그리고 공휴일인 4월 30일(석가탄신일), 5월 3일(일요일), 5월 5일(어린이 날), 5월 1일(근로자의 날)은 제외된다. 나아가 단순투자목적으로 주식을 취득한 자가 추후 경영참가목적으로 보유목적을 변경한 경우에도 위 사례와 같은 방식으로 냉각기간을 계산한다

3. 냉각기간 위반의 효과

냉각기간을 위반하여 주식등을 추가로 취득한 자는 그 추가 취득분에 대하여 그 의결권을 행사할 수 없으며, 금융위원회는 6개월 이내의 기간을 정하여 그 추가 취득분의 처분을 명할 수 있다(법150③).

Ⅷ. 보고의무위반에 대한 제재

1. 행정제재

(1) 의결권행사의 제한
(가) 의의

자본시장법 제147조 제1항·제3항 및 제4항에 따라 보고(그 정정보고를 포함)하지 아니한 자 또는 대통령령으로 정하는 중요한 사항을 거짓으로 보고하거나 대통령령으로 정하는 중요한 사항의 기재를 누락한 자는 대통령령으로 정하는 기간 동안 의결권 있는 발행주식총수의 5%를 초과하는 부분 중 위반분에 대하여 그 의결권을 행사하여서는 아니 된다(법150① 전단).

여기서 "대통령령이 정하는 중요한 사항"이란 ⅰ) 대량보유자와 그 특별관계자에 관한 사항, ⅱ) 보유목적, ⅲ) 보유 또는 변동 주식등의 종류와 수, ⅳ) 취득 또는 처분 일자, 또는 ⅴ) 보유주식등에 관한 신탁·담보계약, 그 밖의 주요계약 내용을 말한다(영 제157조).

(나) 제한기간

의결권행사의 제한기간은 다음의 어느 하나에 해당하는 기간을 말한다(영158).

1. 고의나 중과실로 법 제147조 제1항·제3항 또는 제4항에 따른 보고를 하지 아니한 경우 또

하였다.

는 제157조 각 호의 사항을 거짓으로 보고하거나 그 기재를 빠뜨린 경우에는 해당 주식등
의 매수등을 한 날부터 그 보고(그 정정보고를 포함)를 한 후 6개월이 되는 날까지의 기간
2. 자본시장법 및 동법 시행령, 그 밖의 다른 법령에 따라 주식등의 대량보유상황이나 그 변
동·변경내용이 금융위원회와 거래소에 이미 신고되었거나, 정부의 승인·지도·권고 등에 따
라 주식등을 취득하거나 처분하였다는 사실로 인한 착오가 발생하여 법 제147조 제1항·제3
항 또는 제4항에 따른 보고가 늦어진 경우에는 해당 주식등의 매수등을 한 날부터 그 보고
를 한 날까지의 기간

(다) 의결권행사 제한방법(의결권행사금지 가처분)

의결권제한에 대하여 금융위원회의 조치는 필요하지 않다. 보고의무 위반을 주장하는 당
사자는 의결권제한을 원인으로 하는 주주총회결의의 효력을 다투는 본안소송을 제기할 수 있
고, 이를 본안으로 하여 의결권행사금지 가처분을 신청할 수 있다.

서울중앙지방법원은 KCC가 현대엘리베이터 주식을 매집하여 대량보유상황보고를 하는
과정에서 고의로 특별관계자가 보유하고 있던 지분에 관해 보고하지 아니함으로써 중요한 사
항에 관한 기재 누락이 있었다는 이유로, KCC가 보유한 현대엘리베이터의 지분 7.5%에 대한
의결권행사금지 가처분신청을 인용하였다.[84]

(라) 의결권제한을 원인으로 하는 주주총회결의의 효력을 다투는 본안소송

대량보유상황보고 의무위반을 주장하는 당사자는 의결권제한을 원인으로 하는 주주총회
결의의 효력을 다투는 본안소송을 제기할 수 있다.

(2) 처분명령

금융위원회는 보고의무자에 대하여 6개월 이내의 기간을 정하여 의결권 있는 발행주식총
수의 5%를 초과하는 부분 중 위반분에 대하여 처분을 명할 수 있다(법150① 후단). 처분은 장내
처분과 장외처분을 모두를 포함한다.

처분명령에 따라 위반분을 처분하고 다시 취득하면 의결권행사에는 아무런 제한이 없다.
이에 대하여 의결권이 제한되는 기간까지 재취득을 금지하거나 새로이 취득한 주식에 대하여
도 그 기간 동안 의결권을 제한하는 것이 바람직하다. 이와 관련하여 KCC의 5% 보고의무 위
반에 대한 처분명령에서 금융감독위원회(현 금융위원회)는 재취득금지에 대하여 언급을 하지 않
았다. 이에 따라 KCC는 처분명령이 있은 다음 날 현대엘리베이터 주식을 공개매수하겠다는 발
표를 하였다.

2004년 2월 11일 현대엘리베이터의 경영권분쟁에서 적대적 M&A를 시도하던 KCC는 단독
사모펀드를 이용하여 5% 대량변동보고를 하지 않고 현대엘리베이터 주식을 매집하였다. 이에

---

84) 서울중앙지방법원 2004. 3. 26. 선고 2004카합809 결정.

대하여 증권선물위원회는 검찰고발과 함께 위반 주식에 대하여 처분명령을 내렸다. 한국거래소시장을 통한 2004년 5월 20일까지 기간을 정하여 장내매도를 할 것을 포함하고 있었지만, 신고대량매매·시간외매매·통정매매 등 특정인과 약속에 의한 매매방법은 제외하고 있었다.[85]

(3) 조사 및 정정명령

(가) 자료제출명령과 조사권

금융위원회는 투자자 보호를 위하여 필요한 경우에는 주식등의 대량보유상황의 신규보고, 변동보고 또는 변경보고 등의 보고서를 제출한 자, 그 밖의 관계인에 대하여 참고가 될 보고 또는 자료의 제출을 명하거나, 금융감독원장에게 그 장부·서류, 그 밖의 물건을 조사하게 할 수 있다. 이 경우 조사를 하는 자는 그 권한을 표시하는 증표를 지니고 이를 관계인에게 내보여야 한다(법151①, 법131②).

(나) 정정명령 및 조치권

금융위원회는 주식등의 대량보유상황의 신규보고, 변동보고 또는 변경보고에 따라 제출된 보고서의 형식을 제대로 갖추지 아니한 경우 또는 그 보고서 중 중요사항에 관하여 거짓의 기재 또는 표시가 있거나 중요사항의 기재 또는 표시가 누락된 경우에는 그 이유를 제시하고 그 보고서의 정정을 명할 수 있으며, 필요한 때에는 거래를 정지 또는 금지하거나 대통령령이 정하는 조치를 할 수 있다(법151②).

여기서 "대통령령이 정하는 조치"란 ⅰ) 임원에 대한 해임권고, ⅱ) 자본시장법을 위반한 경우에는 고발 또는 수사기관에의 통보, ⅲ) 다른 법률을 위반한 경우에는 관련기관이나 수사기관에의 통보, ⅳ) 경고 또는 주의에 해당하는 조치를 말한다(영159).

(4) 과징금

금융위원회는 제147조 제1항에 따라 보고를 하여야 할 자가 ⅰ) 제147조 제1항·제3항 또는 제4항을 위반하여 보고를 하지 아니한 경우, ⅱ) 제147조에 따른 보고서류 또는 제151조 제2항에 따른 정정보고서 중 대통령령으로 정하는 중요한 사항[86]에 관하여 거짓의 기재 또는 표시를 하거나 중요한 사항을 기재 또는 표시하지 아니한 경우에는 같은 항에 따른 주권상장법인이 발행한 주식의 시가총액(대통령령으로 정하는 방법에 따라 산정된 금액[87])의 10만분의 1(5억

---

85) 금융감독원 2004. 2. 11.자 보도자료.
86) "대통령령으로 정하는 중요한 사항"이란 제157조 각 호의 어느 하나에 해당하는 사항을 말한다(영379②).
87) "대통령령으로 정하는 방법에 따라 산정된 금액"이란 다음에 따라 산정된 금액을 말한다(영379④).
  1. 법 제429조 제4항 제1호의 경우: 보고기한의 다음 영업일에 증권시장에서 형성된 해당 법인 주식의 최종가격(그 최종가격이 없을 때에는 그 날 이후 증권시장에서 최초로 형성된 해당 법인 주식의 최종가격을 말한다. 이하 이 항에서 같다)에 발행주식총수를 곱하여 산출한 금액
  2. 법 제429조 제4항 제2호의 경우: 보고일의 다음 영업일에 증권시장에서 형성된 해당 법인 주식의 최종가격에 발행주식총수를 곱하여 산출한 금액

원을 초과하는 경우에는 5억원)을 초과하지 아니하는 범위에서 과징금을 부과할 수 있다(법429④).

(5) 과태료

다음의 어느 하나에 해당하는 자, 즉 ⅰ) 제148조(대량보유보고서 등의 발행인에 대한 송부)를 위반하여 신고서 또는 보고서의 사본을 송부하지 아니한 자(제37호), ⅱ) 제148조에 따른 보고서 사본에 신고서 또는 보고서에 기재된 내용과 다른 내용을 표시하거나 그 내용을 누락하여 송부한 자(제38호)에 대하여는 1억원 이하의 과태료를 부과한다(법449①(37)(38)).

2. 형사제재

주식등의 대량보유상황의 보고서류 또는 금융위원회의 정정명령에 따른 정정보고서 중 대통령령으로 정하는 중요한 사항에 관하여 거짓의 기재 또는 표시를 하거나 중요한 사항을 기재 또는 표시하지 아니한 자(중요사항을 부실표시한 자)는 5년 이하의 징역 또는 2억원 이하의 벌금에 처한다(법444(18)).

주식등의 대량보유상황의 신규보고, 변동보고 또는 변경보고의무를 위반하여 보고를 하지 아니한 자는 3년 이하의 징역 또는 1억원 이하의 벌금에 처한다(법445(20)).

금융위원회의 정정명령과 조치를 위반한 자와 처분명령을 위반한 자는 1년 이하의 징역 또는 3천만원 이하의 벌금에 처한다(법446(24)(26)).

실무상 개인투자자들이 법규에 대한 무지로 인하여 보고의무를 위반하는 경우가 많다. 실무상으로는 고의성이 없는 경우에는 주의나 경고만 받고 형사제재를 받는 경우는 많지 않다. 보고의무 위반으로 형사제재를 받는 경우는 대개 다른 규정(불공정거래에 관한 규정 등) 위반이 동시에 있는 경우이다.

제4절 의결권 대리행사 권유의 규제(위임장권유규제)

Ⅰ. 서설

1. 위임장권유의 의의의 기능

주주는 대리인으로 하여금 그 의결권을 행사하게 할 수 있다. 이 경우 그 대리인은 대리권을 증명하는 서면을 주주총회에 제출하여야 한다(상법368②). 이를 "의결권 대리행사"라고 한다. 즉 제3자가 특정 주주를 위하여 주주총회에서 의결권을 행사하고, 그것을 주주 본인의 의결권행사로 보는 제도이다. 주주권은 비개성적 성질을 가지며, 이사의 의결권행사와는 달리 업무집행행위가 아니므로 반드시 주주가 일식전속적으로 행사하여야 할 이유가 없다. 따라서 상법은 의결권의 대리행사를 허용한다. 이는 주주권행사의 편의를 보장해 주는 동시에 주식이 널리 분산된 회사에서 결의정족수의 확보를 용이하게 해주는 의미도 있다. 정관으로도 의결권의 대리행사를 금지할 수 없다.

의결권의 대리행사에 관한 회사법적 문제는 기명주식에서만 나타난다. 무기명주식의 주주도 타인으로 하여금 대리하게 할 수 있다. 그러나 무기명주식은 그 점유자가 주주로 추정되므로 대리인이 본인의 주권을 인도받아 자신의 의결권으로 행사하면 되고 회사에 대해 대리권을 증명(상법368②)할 필요가 없기 때문이다.

의결권 대리행사제도는 주주 개인의 능력의 보충이나 사적자치의 확장을 위하여 인정된 것이다. 그러나 현대 대규모의 공개회사에서는 본래의 취지와는 달리 "대리인의 목적달성"을 위해 운영되고 있다. 이사, 대주주 또는 새로이 경영권을 탈취하고자 하는 자 등이 대리인이 되고자 주주들에게 집단적으로 의결권의 위임을 권유하는 것이다. 이를 "의결권 대리행사의 권유"("위임장권유")라고 한다.

위임장권유는 오늘날 상장회사의 주주총회 운영과 회사지배에 있어 매우 중요한 기능을 한다. 현재의 경영자는 자신의 지위를 이용하여 보다 쉽게 위임장을 획득할 수 있기 때문에 미국에서는 소유 없이 회사를 지배하는 경영자지배(management control)의 유용한 수단이 되고 있다. 또한 경영권 다툼의 경쟁자들 간에 위임장경쟁(proxy contest or fight)이 심각하게 벌어지기도 한다. 우리나라에서도 근래 기업매수가 활성화되면서 지배권의 확보를 목적으로 한 위임장경쟁이 늘어나고 있다.[88)89)]

2. 연혁

위임장권유에 대하여 상법상 주주는 의결권을 제3자에게 대리행사하게 할 수 있다는 상법상 규정(상법368② 전단) 이외에는 이를 규제하는 제도가 없었다. 따라서 위임장권유의 과도한 행사는 소수주주의 권리를 침해할 가능성이 있었다. 이에 1976년 증권거래법을 개정하면서 상장법인의 위임장권유에 대한 제한제도로서 공시제도를 마련하였다.

---

88) 이철송(2009), 「회사법강의」, 박영사(2009. 2), 434쪽.
89) 보유지분율이 아니라 다수의 주주로부터 주주총회에서의 의결권행사 위임장을 확보하여 M&A를 추진하는 전략을 "위임장경쟁"이라고 한다. 위임장권유제도의 원래 취지는 주주총회의 원활한 성립을 목적으로 하는 것이지만, 기업지배권 획득수단으로 활용되기도 하는 것이다. 특히 미국의 경우 위임장권유제도가 기업지배권 획득을 위한 주요한 수단으로 이용되고 있다.

3. 법적 성질

권유자가 주주에게 위임장을 보내 위임을 권유하고 주주가 대리권을 수여하는 뜻으로 위임장을 반송함으로써 의결권의 대리행사를 목적으로 하는 위임계약이 성립한다(민법680). 그러면 위임장 송부에 의한 대리행사권유를 동 계약의 청약으로 보고 주주의 반송을 승낙으로 보느냐, 아니면 대리행사권유를 단순한 청약의 유인으로 보고 주주의 반송을 청약으로 보느냐는 문제가 있다. 후자로 본다면 주주가 위임장을 보내더라도 새로이 권유자가 승낙을 하여야 계약이 성립되므로 권유자가 승낙을 하지 않고 의결권을 행사하지 않을 수도 있게 되어 부당하다(예컨대 권유자가 찬성을 기대하였는데 주주가 반대의 의사를 명시하여 수권한다면 권유자는 의결권을 행사하고 싶지 않을 것이다). 따라서 주주의 의결권을 보호하기 위해서는 위임장권유를 청약으로 보고, 주주의 위임장반송으로 위임계약이 성립하며, 이때부터 권유자에게 수임인으로서의 의무가 발생한다고 보아야 한다.[90]

4. 적대적 M&A와 위임장경쟁

실무상 위임장경쟁은 적대적 M&A 개시 후 주주총회에서 주로 이사의 선임 또는 해임을 추진하여 이사회 장악을 시도하는 중요한 방법이다. 자본시장법에서 정한 위임장권유의 신고를 거쳐 주주들에게 주주총회에서의 의결권행사를 위임할 것을 호소할 수 있다. 그런데 공격자측의 경우 주주명부 확보가 늦어(실무상 주주총회소집통보 약 3일 전에 주주명부를 작성하여 통지문을 우편으로 발송하게 된다) 통상의 경우 한국예탁결제원 등 명의개서대행회사로부터 주주명부를 확보할 수 없는바, 대상회사로부터 주주명부를 취득하는 방법 이외의 방법은 없다. 이러한 경우 공격자측은 위임장권유를 위한 자본시장법상 신고절차를 진행하여 소정의 확인서 및 요청서를 제출함으로써 주주명부를 확보하여 작업을 진행할 수 있다. 그런데 이는 시간적으로 회사보다 매우 불리할 수밖에 없다.

위임장권유 등으로 확보한 의결권을 갖고 수적 우세를 점치고 대리인을 포함하여 공격자측이 막상 주주총회에 출석하면 주주총회에서 의장인 대상회사의 대표이사가 의결권 무효를 주장하여 일사천리로 주주총회를 종료시키는 경우가 많다. 일반적으로 적대적 M&A의 시도는 공개매수 등 주식매집 후 위임장경쟁이 이루어질 것이다. 이를 성공적으로 수행하기 위해서는 주주총회를 원활하게 진행시킬 수 있는 완벽한 법률적인 준비 이외에도 실질적으로 대상회사의 내부자(노조, 우리사주조합, 임원 등) 또는 주요주주의 포섭이 필요한 것이 우리나라 M&A 시장의 현실이다.

---

90) 이철송(2009), 435쪽.

우리나라에서는 2003년 하나로통신 경영권을 둘러싸고 벌어진 LG그룹과 New Bridge Capital 간에 있었던 위임장경쟁, 2004년 현대엘리베이터의 경영권을 두고 벌어진 KCC그룹과 현대상선 현정은 회장 사이의 위임장경쟁, 2005년 SK 주주총회에서 있었던 최태원 회장과 소버린과의 위임장경쟁 등이 있다.

Ⅱ. 위임장권유제도

1. 위임장권유에 대한 법적 규제

위임장권유에 대해서는 법령상 다음과 같은 규제가 행해지고 있다. 상장주권(그 상장주권과 관련된 증권예탁증권을 포함)의 의결권 대리행사의 권유를 하고자 하는 자("의결권권유자")는 그 권유에 있어서 그 상대방("의결권피권유자")에게 대통령령으로 정하는 방법에 따라 위임장 용지 및 참고서류를 교부하여야 한다(법152①).

위임장권유에 대해 법적 규제를 하고 있는 것은 위임장권유가 적절하게 운용되지 않으면 이사의 이익을 위해 악용되거나 주주에게 손해를 끼칠 위험이 있으며, 또한 주주로부터 다수의 의결권의 대리행사를 위임받은 자가 주주총회에서 자기 임의대로 의결권을 행사하여 주가에 영향을 미치게 될 가능성도 있다는 점에서 합리적인 의결권행사를 하도록 할 필요가 있기 때문이다. 그리고 주가에 대한 부당한 영향 등으로부터 투자자를 보호하려는 취지도 있다.[91]

2. 권유자

상장주권(그 상장주권과 관련된 증권예탁증권을 포함)의 의결권 대리행사의 권유를 하고자 하는 자("의결권권유자")는 그 권유에 있어서 그 상대방("의결권피권유자")에게 대통령령으로 정하는 방법에 따라 위임장 용지 및 참고서류를 교부하여야 한다(법152①).

법문상 권유자의 자격에 특별한 제한이 없으므로 주주나 임원, 해당 회사는 물론 해당 회사 주주총회의 목적사항과 특별한 이해관계를 가지는 자는 누구든지 권유자가 될 수 있다고 본다.[92] 해당 회사 명의의 위임장권유는 경영진에 의한 위임장권유로 보아야 할 것이다.

그러나 국가기간산업 등 국민경제상 중요한 산업을 영위하는 법인으로서 대통령령으로 정하는 상장법인("공공적 법인")의 경우에는 그 공공적 법인만이 그 주식의 의결권 대리행사의 권유를 할 수 있다. 이는 공공적 법인의 특수성을 감안하여 경영권분쟁을 미연에 방지하고자 하

91) 양만식(2009), "위임장권유와 주주총회결의의 취소", 기업법연구 제23권 제3호(2009. 9), 163쪽.
92) 증권거래법 제199조 제1항은 "누구든지"라는 용어를 명문으로 인정하고 있었다. 증권거래법 규정이 합리적이라고 생각된다.

는 것이다. 여기서 회사 자체가 권유자가 될 수 있는 것처럼 규정하고 있으나, 회사 자체가 아닌 회사의 경영진이 직접 또는 자연인을 대리인으로 내세워 권유자가 될 수 있는 것으로 해석하여야 할 것이다.

3. 발행인과 의결권권유자와의 관계

발행인이 아닌 의결권권유자는 발행인이 의결권 대리행사의 권유를 하는 경우에는 그 발행인에 대하여 ⅰ) 발행인이 아닌 의결권권유자에 대하여 주주명부의 열람·등사를 허용하는 행위, 또는 ⅱ) 발행인이 아닌 의결권권유자를 위하여 그 의결권권유자의 비용으로 위임장 용지 및 참고서류를 주주에게 송부하는 행위를 할 것을 요구할 수 있다(법152의2①). 발행인은 이러한 요구가 있는 경우에는 요구받은 날부터 2일 이내에 이에 응하여야 한다. 공휴일, 근로자의 날, 토요일은 제외한다(법152의2②, 영163의2).[93]

4. 피권유자

자본시장법은 피권유자의 수에 대한 제한규정을 두고 있지 않다. 다만 시행령은 "해당 상장주권의 발행인(그 특별관계자를 포함)과 그 임원(그 특별관계자를 포함) 외의 자가 10인 미만의 의결권피권유자에게 그 주식의 의결권 대리행사의 권유를 하는 경우"를 법 제152조의 적용대상에서 제외하고 있다(영161(1)). 따라서 해당 회사의 주주총회에서 의결권을 가지는 주주이면 누구든지 피권유자가 될 수 있다. 회사가 소유하는 자기주식의 경우의 회사, 의결권 없는 우선주를 소유한 주주, 특별이해관계인의 주식의 경우 그 특별이해관계인은 피권유자가 될 수 없다.

일부 주주만을 상대로 하는 위임장권유를 회사가 자체 비용으로 권유하는 것은 주주평등의 원칙상 인정되지 않으나, 제3자가 자신의 비용으로 일부 주주만을 상대로 권유하는 것은 주주평등원칙의 제한을 받지 않으므로 인정된다.

5. 권유대상주권

자본시장법상 위임장권유의 규제는 "상장주권(그 상장주권과 관련된 증권예탁증권을 포함)"(법152①)을 권유의 대상으로 한다. 따라서 상장법인의 의결권 있는 주식만이 그 대상이 되고, 비상장법인의 주주총회에서 위임장권유를 하는 경우에는 자본시장법의 적용대상이 아니다. 그런데 폐쇄회사로서 주식공모가 행하여진 비상장법인의 경우에도 주식의 분산이 이루어진 경우

---

93) 실무에서 주주총회 의결권 대리행사 권유를 하는 발행인 A는 발행인이 아닌 권유자 B의 2020. 3. 5. 주주명부 열람·등사 요구에 대해 2영업일이 도과한 2020. 3. 13. 주주명부를 교부함으로써 주주명부 열람·등사 요구를 받은 날로부터 기한(3. 10.) 내에 응하지 않은 사실이 있어 과태료 부과처분을 받은 사실이 있다.

에 적용되지 않는 문제가 있다.

미국의 경우는 등록된 모든 증권이 위임장권유의 적용대상이 된다.[94] 전국의 증권거래소에서 거래되는 증권의 발행회사는 모든 증권을 등록하게 되는데, 위임장규칙(proxy rule)은 이러한 회사의 채무증권(debt securities)을 포함한 모든 상장증권에 적용되고,[95] 증권이 등록된 장외등록회사의 모든 등록된 지분증권(equity securities)에도 적용된다.

자본시장법의 권유대상증권이나 권유대상법인의 범위는 너무 좁다. 권유대상증권의 범위를 확대할 필요가 있다. 이는 자본시장법이 증권의 개념을 포괄주의로 전환한 것과 맥을 같이한다. 또한 권유대상법인의 범위를 상장회사에 한정할 이유는 없다. 주식의 분산 여부가 반드시 주식의 상장 여부와 일치하지는 않는다. 예컨대 현재 금융투자협회가 운영하는 K-OTC시장에서 거래되는 주식의 경우는 상장법인은 아니지만 주식이 상당히 분산되어 있는 경우도 있다. 따라서 이와 같은 회사의 경우에도 위임장권유가 허용되도록 하는 것이 바람직하다.[96]

6. 권유행위의 의미

(1) 권유의 개념

자본시장법은 증권거래법과는 달리 "의결권 대리행사의 권유"의 개념정의를 하고 있다. "의결권 대리행사의 권유"란 ⅰ) 자기 또는 제3자에게 의결권의 행사를 대리시키도록 권유하는 행위, ⅱ) 의결권의 행사 또는 불행사를 요구하거나 의결권 위임의 철회를 요구하는 행위, 또는 ⅲ) 의결권의 확보 또는 그 취소 등을 목적으로 주주에게 위임장 용지를 송부하거나, 그 밖의 방법으로 의견을 제시하는 행위를 말한다(법152② 본문).

위임장의 "권유"에 해당하는지의 여부는 그 행위의 목적, 내용 및 그것이 행하여진 시기와 상황 등을 종합적으로 고려하여 결정하여야 할 것이다.[97]

(2) 권유의 방식

(가) 권유방식과 개시의무

권유자는 피권유자에게 주주총회의 목적사항과 각 항목에 대하여 피권유자가 찬반을 명기할 수 있도록 마련된 위임장 용지의 송부에 의하여 권유하여야 한다(법152①④). 이는 주주의 명시된 의사를 반영함으로써 위임장권유제도가 경영자지배의 수단이 되는 것을 방지하기 위한 것이다. 주주가 찬반의 판단을 위한 정확한 정보를 이용할 수 있어야 주주의 합리적인 판단에 의한 실질적인 의결권행사가 가능하며 주주총회의 형해화를 방지할 수 있다. 따라서 권유자는

---

94) 1934년 증권거래법 제12조.
95) 1934년 증권거래법 제12(b).
96) 이상복(2006), 111쪽.
97) 양만식(2009), 164쪽.

권유에 앞서 피권유자에게 금융위원회가 정하는 참고서류를 송부하여 필요한 사항을 공시하여야 한다(법152, 증권발행공시규정3-15).

(나) 권유 및 대리인의 하자

권유자가 위의 권유방식과 개시의무를 위반하여 권유한 경우, 즉 찬반을 명기할 수 있게 하지 못했거나 부실의 기재를 한 경우에는 형사제재를 받는다(법445(21)). 그러나 자본시장법 및 동 규정의 성격상 이에 위반하더라도 주주총회의 결의에는 영향이 없다.

또한 대리인이 주주의 명시한 의사에 반하여 의결권을 행사한 경우 대리인의 손해배상책임만 발생하고 결의에는 영향이 없다. 그러나 회사가 권유자인 경우에만은 무권대리이론을 적용하여 무효이고(민법130), 나아가 결의의 취소사유가 된다. 의결권행사에 있어서는 회사를 의사표시의 상대방에 준하는 자로 보아야 할 것이고, 회사가 권유자인 경우에는 회사가 주주의 의사를 알 수 있기 때문이다.[98]

(다) 위임장권유로 보지 아니하는 행위

다만 의결권피권유자의 수 등을 고려하여 다음의 어느 하나에 해당하는 경우에는 의결권 대리행사의 권유로 보지 아니한다(법152② 단서, 영161).

> 1. 해당 상장주권의 발행인(그 특별관계자를 포함)과 그 임원(그 특별관계자를 포함) 외의 자가 10인 미만의 의결권피권유자에게 그 주식의 의결권 대리행사의 권유를 하는 경우(제1호)

발행인과 그 임원이 10명 미만에게 권유하는 경우와 달리 위 경우를 적용대상에서 제외한 것은 권유자가 회사의 내부관계자가 아니고, 피권유자가 10인 미만의 매우 소규모인 점에서 위임장권유제도의 남용이 문제될 염려가 없기 때문이다. 자본시장법상 임원의 범위는 이사와 감사를 말하지만(법9②), 여기서의 임원에 관해서는 자본시장법상 이사 및 감사 이외에 회사에서 실질적으로 이사와 유사한 사실상의 영향력이 있는 자(상법401의2① 각호)를 포함하는 것으로 해석해야 할 것이다. 그리고 이사가 회사를 대표하여 권유하는 경우에는 발행인에 의한 권유에 해당하므로, 여기에서의 임원의 권유는 임원의 지위와 관계없이 개인의 지위에서 권유하는 경우를 의미하는 것으로 보아야 한다.

> 2. 신탁, 그 밖의 법률관계에 의하여 타인의 명의로 주식을 소유하는 자가 그 타인에게 해당 주식의 의결권 대리행사의 권유를 하는 경우(제2호)

이는 형식상은 위임장의 권유이지만 실질주주가 의결권을 행사하기 위한 방법이므로 규제대상에서 제외한 것이다. 또한 명의개서를 하지 않은 주식양수인이 주주명부상의 주주인 양도

---

98) 이철송(2009), 436쪽.

인에게 위임장의 교부를 요구하는 경우가 이해 해당한다. 형식상으로는 권유라는 형식을 취하고 있지만 실질상의 주주가 의결권을 행사하기 위한 방법으로서 대리형식을 요구하는 것에 불과하여 위임장권유규제를 적용할 필요가 없기 때문이다.

> 3. 신문·방송·잡지 등 불특정 다수인에 대한 광고를 통하여 법 제152조 제2항 각 호의 어느 하나에 해당하는 행위를 하는 경우로서 그 광고내용에 해당 상장주권의 발행인의 명칭, 광고의 이유, 주주총회의 목적사항과 위임장 용지, 참고서류를 제공하는 장소만을 표시하는 경우(3호)

이 경우를 적용대상에서 제외한 이유는 그 실질이 권유가 아니라 광고에 불과하기 때문이다. 그러나 해당 신문광고를 보고 신문광고에 지정된 장소에 간 주주에 대하여 위임장 용지 등을 건네주는 것은 "권유"에 해당한다.

Ⅲ. 의결권 대리행사의 방식과 위임의 철회

1. 대리행사의 방식

상법상 주주의 대리인으로서 의결권을 행사하려는 자는 대리권을 증명하는 서면을 제출하여야 하므로 주주는 대리인을 지정하여 위임장에 서명하여야 한다(상법368②). 실무상 주주총회의 소집통지서에 위임장이라는 표제로 회사가 이 용지를 만들어 주주에게 보내주고 있다. 대리인에 의한 의결권의 대리행사는 법률상 보장된다.

상법 제368조 제2항은 대리권의 존부에 관한 법률관계를 명확히 하여 주주총회결의의 성립을 원활하게 하기 위한 데 그 목적이 있다고 할 것이므로, 대리권을 증명하는 서면은 위조나 변조 여부를 쉽게 식별할 수 있는 원본이어야 하고 특별한 사정이 없는 한 사본은 그 서면에 해당하지 않는다 할 것이고, 팩스를 통하여 출력된 팩스본 위임장 역시 성질상 원본으로는 볼 수 없다.[99] 이는 추후 대리권의 존부에 관한 분쟁이 발생할 경우 회사가 위험을 부담해서는 안 되기 때문이다.

또한 대리인은 주주로부터 수권받은 대로 의결권을 행사하여야 한다. 의결권권유자는 위임장 용지에 나타난 의결권피권유자의 의사에 반하여 의결권을 행사할 수 없다(법152⑤). 이에 위반하여 기권하거나 피권유자의 명시된 의사와 달리 의결권을 행사한다면 주주인 피권유자에 대하여 손해배상책임을 부담하게 된다. 또한 자본시장법에 위반한 위임장권유절차의 하자로 주주총회가 결의되었다면 주주총회의 결의에 하자가 있다고 보아야 할 것이다.

---

99) 대법원 2004. 4. 27. 선고 2003다29616 판결.

자본시장법이 위임장권유에 제한을 가하고 있는 것은 주주총회의 결의가 공정하게 이루어지도록 하려는 것이다. 만일 위임장권유의 제한에 관한 규정을 심하게 어긴 경우에는 그 주주총회의 결의는 취소의 대상이 된다.[100] 아래 민사제재편에서 상세히 논하기로 한다.

2. 위임의 철회

위임계약의 법적 성질은 위임계약이므로 각 당사자는 언제든지 해지할 수 있다(민법689①). 따라서 주주는 대리인이 의결권을 행사하기 전에는 언제든지 의결권 대리행사의 위임을 철회할 수 있다.

Ⅳ. 위임장 용지와 참고서류의 공시

1. 의의

경영진이 위임장권유를 하는 경우는 주주총회의 의결정족수를 충족하기 위한 경우가 많을 것이다. 그러나 기존 대주주 및 현 경영진과 대립하는 자가 위임장권유를 하는 경우는 위임장 경쟁이 발생하게 된다. 현재 실무상 이용되고 있는 위임장권유는 위임장에 여러 가지 첨부서류를 요구하고 있다. 즉 주주의 인감증명서와 주주총회 참석장,[101] 신분증 사본 등이 그것이다.

그런데 회사가 주주총회를 공고하는 경우 주주총회의 14일 전에 하게 된다. 따라서 위임장을 권유하는 자는 14일 이내에 분산되어 있는 주주들에게 금융위원회에 신고된 위임장을 송부하고 다시 주주로부터 위임장 등을 회수하여야 한다. 그러나 이는 시간상으로 매우 어렵다. 또한 주주들이 인감증명서를 쉽게 떼어주지 않기 때문에 위임장 권유자가 설득에 들이는 시간도 많이 걸려 위임을 받는 것이 용이하지 않다. 소수주주들은 주주총회에서 반대파 주주들의 투표결과가 주주총회에 큰 영향을 미치지 않을 것이라고 보고 비협조적인 자세로 나오기도 한다. 따라서 위임장에 첨부서류를 요구하는 것은 회사가 위임장권유절차를 곤란하게 함으로써 경영진과 대립하는 위임장 권유자의 권유행위를 어렵게 하기 때문에 이에 대한 법적 기준의 정립이 요청된다.

---

100) 김교창(2010), 「주주총회의 운영」, 한국상장회사협의회(2010. 1), 130쪽.
101) 주주총회 참석장은 주주 자신이 주주총회에 참석할 경우에 총회장의 접수처에 제출하라고 보내는 것이다. 회사가 주주의 출석 여부를 점검하기 위한 자료라고 할 수 있다.

2. 위임장 용지 및 참고서류

(1) 의의

상장주권(그 상장주권과 관련된 증권예탁증권을 포함)의 의결권 대리행사의 권유를 하고자 하는 자(의결권권유자)는 그 권유에 있어서 그 상대방(의결권피권유자)에게 대통령령으로 정하는 방법에 따라 위임장 용지 및 참고서류를 교부하여야 한다(법152①). 교부의 시점은 위임장권유의 이전이나 그 권유와 동시에 직접권유 등의 방법으로 위임장 용지 및 참고서류를 내주어야 한다(영160).

(2) 위임장 용지

(가) 의의

위임장권유는 일반적으로 "회사 또는 회사의 경영진, 그리고 지배주주"(권유자)가 주주총회의 성립에 필요한 정족수를 확보할 목적으로 행한다. 또한 회사의 경영권을 둘러싸고 주주들사이에 대립이 있을 때 서로 위임장을 받아내고자 할 때 위임장경쟁[102]이 벌어진다. 이 경우 주주의 위임을 받아내기 위한 방법으로 위임장 용지를 주주들에게 보낸다. 주주들은 위임장 용지에 기명날인하여 반송한다. 여기서 권유자가 주주의 위임을 받기 위해 보내는 것이 위임장 용지이고, 주주들이 반송하는 것이 위임장이다.

(나) 위임장 용지의 양식

위임장 용지는 주주총회의 목적사항 각 항목에 대하여 의결권피권유자가 찬반을 명기할수 있도록 하여야 한다(법152④). 여기서 "주주총회의 목적사항"이란 보고사항과 결의사항으로 구분된다. 주주총회 소집통지서에는 이들을 구분하여 각각 그 표제를 기재한다. 위임장 용지의 양식에 피권유자가 찬반을 명기할 수 있도록 기재할 난을 준비해야 하는 것은 결의사항이다. 결의사항은 일반적으로 "의안"이라고 한다. "목적사항의 각 항목"에 대하여 찬반을 명기할 수 있도록 한 것은 주주의 명시적인 의사를 반영하기 위한 것이다.

"주주총회의 목적사항 각 항목"에서의 결의사항인 의안과 관련하여 기권을 표시하는 난을

---

102) 위임장권유를 하는 경우 주주를 일일이 직접 접촉해야 하는 경우도 있기 때문에 시간과 노력, 비용이 많이 들어간다. 위임장권유를 통한 주주총회에서의 위임장경쟁은 주주간의 대결이다. 이와 관련하여 기존 대주주 및 경영진의 편을 들어 위임장 권유자로 나선다면, 이는 주주간의 대결에서 중립을 지켜야 할 회사가 기존 대주주를 옹호하고 반대파 주주를 배척하는 행위가 되어 주주평등의 원칙에 위배된다. 그런데 대리권을 증명하는 서면인 위임장의 유효성에 대한 심사를 회사만이 할 수 있어 공정성의 문제가 생길 수 있다. 따라서 반대파 주주의 비용을 절감하면서 전문적인 위임장 권유자를 활용할 수 있도록 위임장 권유자 제도를 도입할 필요성이 있다. 또한 대상회사와 상대방이 권유한 위임장 심사는 회사가 아닌 제3의 공정한 기구를 설치하여 이 기구가 합리적인 기준에 따라 심사하는 것이 바람직하다(김상곤(2005), "적대적 기업인수를 위한 위임장대결이 있는 상장법인 주주총회 운영과 문제점", 한국상장회사협의회 계간상장협 2005년 추계호(2005. 9), 96쪽).

두는 것을 가능할 것이다. 여기서 말하는 "결의사항의 각 항목"은 복수의 결의사항(의안)에 일괄적으로 찬반을 기재하는 난을 두는 것은 허용될 수 없다는 것을 의미한다.

위임장권유에 따라 주주들이 위임장을 반송하는 경우에는 대리인을 지정하여 보내는 경우는 거의 없고, 대체로 대리인란을 백지로 둔 백지위임장에 기명날인하여 보낸다. 이는 대리인의 선정을 권유자에게 맡긴다는 의미이다. 회사가 이를 권유한 경우에는 회사가 바로 대리인이 될 수는 없다. 또한 주주들의 뜻도 회사에 대리권을 수여한다는 것이 아니고, 회사의 경영진에게 대리인을 선정할 권한을 준다는 의미이다. 따라서 회사가 대리인을 선정할 시점에 주주와 대리인 사이에 의결권의 대리행사에 관한 위임계약이 성립하게 된다.[103]

(다) 기재사항

위임장 용지는 의결권피권유자가 다음의 사항에 대하여 명확히 기재할 수 있도록 작성되어야 한다(영163①).

1. 의결권을 대리행사하도록 위임한다는 내용
2. 의결권권유자 등 의결권을 위임받는 자
3. 의결권피권유자가 소유하고 있는 의결권 있는 주식 수
4. 위임할 주식 수
5. 주주총회의 각 목적사항과 목적사항별 찬반(贊反) 여부
6. 주주총회 회의시 새로 상정된 안건이나 변경 또는 수정 안건에 대한 의결권 행사 위임 여부와 위임 내용
7. 위임일자와 위임시간(주주총회의 목적사항 중 일부에 대하여 우선 의결권을 대리행사하도록 위임하는 경우에는 그 위임일자와 위임시간)
8. 위임인의 성명과 주민등록번호(법인인 경우에는 명칭과 사업자등록번호)

(라) 위임장 첨부서류의 명확화

실무상 회사는 위임장 이외에 주주총회 참석장이나 인감증명서, 신분증 사본 등을 첨부하게 하고 있다. 그러나 위임장 이외의 서류를 첨부하는 것은 법적 근거가 없다. 상법 제368조 제2항은 "주주는 대리인으로 하여금 그 의결권을 행사하게 할 수 있다. 이 경우 그 대리인은 대리권을 증명하는 서면을 제출하여야 한다"고 규정하고 있다. 이 규정은 강행규정이므로 이를 가중하는 것과 감경하는 것 모두 허용되지 않는다고 보아야 한다. 따라서 위임장 이외의 다른 서류의 제출을 요구하는 것은 허용되지 않는다. 위임장 이외의 첨부서류를 요구하는 것은 사실상 위임장권유를 곤란하게 하기 때문이다.

---

103) 김교창(2010), 129쪽.

(3) 위임장 참고서류
(가) 의의

참고서류란 위임장 용지와 함께 피권유자에게 송부하는 서류로 의결권 대리행사의 권유의 개요, 주주총회의 각 목적사항 및 의결권대리행사를 권유하는 취지를 기재한 서류이다. 이는 항목별로 적절한 표제를 붙여야 한다(증권발행공시규정3-15①). 즉 피권유자인 주주가 의결권 대리행사의 권유를 받고 의결권의 위임 여부를 판단하는데 참고하기 위한 자료라고 할 수 있다.

(나) 기재사항

참고서류에는 다음의 사항이 기재되어야 한다(영163②). 참고서류의 기재사항에 관해서는 회사와 일반주주 사이에 주주총회의 목적사항(특히 의안)에 관하여 정보의 비대칭이 존재하기 때문에 기재사항의 기재에 대한 합리성이 구비되어야 할 필요가 있다. 특히 의결권 대리행사의 권유를 하는 취지는 권유자의 주관적 사정을 배제하고 객관적 사실을 기초로 작성하여야 할 것이다.

1. 의결권 대리행사의 권유에 관한 다음 각 목의 사항
   가. 의결권권유자의 성명이나 명칭, 의결권권유자가 소유하고 있는 주식의 종류 및 수와 그 특별관계자가 소유하고 있는 주식의 종류 및 수
   나. 의결권권유자의 대리인의 성명, 그 대리인이 소유하고 있는 주식의 종류 및 수(대리인이 있는 경우만 해당)
   다. 의결권권유자 및 그 대리인과 해당 주권상장법인과의 관계
2. 주주총회의 목적사항
3. 의결권 대리행사의 권유를 하는 취지

참고서류의 구체적인 기재내용, 서식과 작성방법 등에 관하여 필요한 사항은 금융위원회가 정하여 고시한다(영163③).[104] 참고서류에 기재하여야 할 사항으로서 이미 관보·신문 등에

---

[104] 증권발행공시규정 제3-15조(참고서류) ① 영 제163조에 따른 참고서류에는 의결권대리행사의 권유의 개요, 주주총회의 각 목적사항 및 의결권대리행사를 권유하는 취지를 기재하되 항목별로는 적절한 표제를 붙여야 한다.
② 제1항에 따른 권유자 및 그 대리인 등에 관한 사항은 다음 각 호의 1에 해당하는 사항을 기재하여야 한다.
1. 권유자 및 그 특별관계자의 성명, 권유자와 특별관계자가 소유하고 있는 주식의 종류 및 수
2. 권유자의 대리인 성명, 그 대리인이 소유하고 있는 주식의 종류 및 수
3. 피권유자의 범위
4. 권유자 및 그 대리인과 회사와의 관계
③ 제1항에 따른 주주총회의 목적이 다음 각 호의 1에 해당하는 사항인 경우에는 그 내용을 기재하여야 한다. 다만, 권유자가 해당 상장주권의 발행회사, 그 임원 또는 대주주가 아닌 경우 또는 주주총회 목적사항에 반대하고자 하는 자인 경우에는 주주총회의 목적사항의 제목만 기재할 수 있다.
1. 재무제표의 승인에 관한 것인 경우

가. 해당 사업연도의 영업상황의 개요

나. 해당 사업연도의 대차대조표 및 손익계산서

다. 이익잉여금처분계산서(안) 또는 결손금처리계산서(안). 다만, 권유시에 배당에 관한 처리안이 확정되어 있지 아니한 경우에는 최근 2사업연도의 배당에 관한 사항

2. 정관의 변경에 관한 것인 경우

가. 집중투표 배제를 위한 정관 변경 또는 그 배제된 정관의 변경에 관한 것인 경우에는 그 변경의 목적 및 내용

나. 가목외의 정관 변경에 관한 것인 경우에는 그 변경의 목적 및 내용

3. 이사의 선임에 관한 것인 경우

가. 후보자의 성명·생년월일·주된 직업 및 세부 경력사항

나. 후보자가 사외이사 또는 사외이사가 아닌 이사 후보자인지 여부

다. 후보자의 추천인 및 후보자와 최대주주와의 관계

라. 후보자와 해당 법인과의 최근 3년간의 거래내역. 이 경우의 거래내역은 금전, 증권 등 경제적 가치가 있는 재산의 대여, 담보제공, 채무보증 및 법률고문계약, 회계감사계약, 경영자문계약 또는 이와 유사한 계약등(후보자가 동 계약등을 체결한 경우 또는 동 계약등을 체결한 법인·사무소 등에 동 계약등의 계약기간 중 근무한 경우의 계약등을 말한다)으로 하되 약관 등에 따라 불특정다수인에게 동일한 조건으로 행하는 정형화된 거래는 제외한다.

마. 후보자(사외이사 선임의 경우에 한한다)의 직무수행계획

바. 가목부터 마목까지의 사항이 사실과 일치한다는 후보자의 확인·서명

사. 후보자에 대한 이사회의 추천 사유

4. 감사위원회 위원의 선임에 관한 것인 경우

가. 사외이사인 감사위원회의 위원의 선임에 관한 것인 경우에는 제3호 가목, 다목 및 라목, 바목 및 사목의 내용

나. 사외이사가 아닌 감사위원회의 위원의 선임에 관한 것인 경우에는 제3호 가목, 다목 및 라목, 바목 및 사목의 내용

5. 감사의 선임에 관한 것인 경우

가. 권유시에 감사후보자가 예정되어 있을 경우에는 제3호 가목, 다목 및 라목, 바목 및 사목의 내용

나. 권유시에 감사후보자가 예정되어 있지 아니한 경우에는 선임예정 감사의 수

6. 이사의 해임에 관한 것인 경우

가. 해임 대상자의 성명, 생년월일 및 최근 주요약력

나. 해임하여야 할 사유

7. 감사위원회의 위원의 해임에 관한 것인 경우

가. 사외이사인 감사위원회의 위원의 해임에 관한 것인 경우에는 제6호 가목 및 나목의 내용

나. 사외이사가 아닌 감사위원회의 위원의 해임에 관한 것인 경우에는 제6호 가목 및 나목의 내용

8. 감사의 해임에 관한 것인 경우에는 제6호 가목 및 나목의 내용

9. 이사의 보수 한도 승인에 관한 것인 경우

가. 당기 및 전기의 이사의 수

나. 당기의 이사 전원에 대한 보수총액 또는 최고 한도액

다. 전기의 이사 전원에 대하여 실제 지급된 보수총액 및 최고 한도액

10. 감사의 보수 한도 승인에 관한 것인 경우

가. 당기 및 전기의 감사의 수

나. 당기의 감사 전원에 대한 보수총액 또는 최고 한도액

다. 전기의 감사 전원에 대하여 실제 지급된 보수총액 및 최고 한도액

11. 주식매수선택권의 부여에 관한 것인 경우

가. 주식매수선택권을 부여하여야 할 필요성의 요지

나. 주식매수선택권을 부여받을 자의 성명

다. 주식매수선택권의 부여방법, 그 행사에 따라 교부할 주식의 종류 및 수, 그 행사가격, 기간 기타 조

공고된 내용은 이를 기재하지 아니할 수 있다. 이 경우에는 참고서류에 기재하여야 할 사항이 공고된 관보 또는 신문명과 그 일자를 참고서류에 명확하게 기재하여야 한다(증권발행공시규정 3-15④).[105]

　　　건의 개요
　　라. 최근일 현재 잔여 주식매수선택권의 내역 및 최근 2사업연도와 해당 사업연도 중의 주식매수선택권의 부여, 행사 및 실효내역의 요약
　12. 회사의 합병에 관한 것인 경우
　　가. 합병의 목적 및 경위
　　나. 합병계약서의 주요내용의 요지
　　다. 합병당사회사(합병회사 및 피합병회사)의 최근 사업연도의 대차대조표 및 손익계산서
　13. 회사의 분할 또는 분할합병에 관한 것인 경우
　　가. 분할 또는 분할합병의 목적 및 경위
　　나. 분할 또는 분할합병 계획서 또는 계약서의 주요내용의 요지
　　다. 분할의 경우 분할되는 회사 및 분할되는 부분의 최근 사업연도의 대차대조표 및 손익계산서. 분할합병의 경우 합병당사회사(합병회사 및 분할합병 부분) 및 분할되는 회사의 최근 사업연도의 대차대조표 및 손익계산서
　14. 영업의 전부 또는 중요한 일부의 양도이거나 다른 회사의 영업전부 또는 중요한 일부의 양수("영업양수도")에 관한 것인 경우
　　가. 영업양수도 상대방의 주소, 성명(상호) 및 대표자
　　나. 영업양수도의 경위 및 그 계약의 주요내용
　　다. 영업양수도 상대방과의 사이에 가지고 있거나 있었던 이해관계의 요지
　15. 금융지주회사법 제5장에 따른 주식교환 또는 주식이전에 관한 것이거나 상법 제3편 제4장 제2절에 따른 주식교환 또는 주식이전에 관한 것인 경우
　　가. 주식교환 또는 주식이전의 목적 및 경위
　　나. 주식교환 또는 주식이전 계약서의 주요내용
　　다. 주식매수청구권의 내용 및 행사방법
　　라. 일방회사의 정관에 주식의 양도에 관하여 이사회의 승인을 요한다는 뜻의 규정이 있고 다른 회사의 정관에 그 규정이 없는 경우 그 뜻
　16. 준비금의 자본전입 또는 이에 따른 신주 발행에 관한 것인 경우
　　가. 자본에 전입하게 되는 금액
　　나. 발행하는 신주의 종류 및 수
　　다. 신주의 배정비율, 배정기준일 및 배당기산일
　17. 주주외의 자에게 신주의 인수권을 부여하는 것에 관한 것인 경우
　　가. 주주외의 자에게 신주인수권을 부여하여야 할 필요성의 요지
　　나. 신주인수권의 목적인 주식의 종류, 수, 발행가액 및 납입기일
　18. 법 제165조의8에 따른 액면미달의 가액으로 주식을 발행하는 것에 관한 것인 경우
　　가. 주식을 액면미달가액으로 발행하여야 할 필요성의 요지 및 경위
　　나. 액면미달가액발행의 목적인 주식의 종류와 수, 발행가액 및 납입기일
　　다. 상각이 완료된 액면미달금액이 있는 경우 가장 최근의 액면미달가액 발행내역
　19. 자본 감소에 관한 것인 경우
　　가. 자본의 감소를 하는 사유
　　나. 자본 감소의 방법
　　다. 자본 감소의 목적인 주식의 종류와 수, 감소비율 및 기준일
　20. 주주총회의 목적인 사항이 제1호부터 제19호까지에 기재한 사항 외의 사항에 관한 것인 경우에는 그 사항의 요지
105) 위임장 참고서류에 포함될 내용을 증권발행공시규정 제3-15조(참고서류)에서 규정하고 있으나 자본시장

(4) 허위기재의 금지

의결권권유자는 위임장 용지 및 참고서류 중 의결권피권유자의 의결권 위임 여부 판단에 중대한 영향을 미칠 수 있는 사항("의결권 위임 관련 중요사항")에 관하여 거짓의 기재 또는 표시를 하거나 의결권 위임 관련 중요사항의 기재 또는 표시를 누락하여서는 아니 된다(법154).

3. 위임장 용지 및 참고서류의 정정

(1) 금융위원회의 정정요구

금융위원회는 위임장 용지 및 참고서류의 형식을 제대로 갖추지 아니한 경우 또는 위임장 용지 및 참고서류 중 의결권 위임 관련 중요사항에 관하여 거짓의 기재 또는 표시가 있거나 의결권 위임 관련 중요사항이 기재 또는 표시되지 아니한 경우에는 그 이유를 제시하고 위임장 용지 및 참고서류를 정정하여 제출할 것을 요구할 수 있다(법156①). 정정요구가 있는 경우에는 당초 제출한 위임장 용지 및 참고서류는 제출하지 아니한 것으로 본다(법156②).

(2) 권유자의 정정

(가) 임의정정

의결권권유자는 위임장 용지 및 참고서류의 기재사항을 정정하고자 하는 경우에는 그 권유와 관련된 주주총회일 7일(공휴일, 근로자의 날, 토요일은 제외) 전까지 이를 정정하여 제출할 수 있다(법156③ 전단, 영165①).

(나) 의무정정

이 경우 대통령령으로 정하는 중요한 사항[106]을 정정하고자 하는 경우 또는 투자자 보호를 위하여 그 위임장 용지 및 참고서류에 기재된 내용을 정정할 필요가 있는 경우로서 대통령령으로 정하는 경우[107]에는 반드시 이를 정정하여 제출하여야 한다(법156③ 후단).

법으로 이관하는 것이 타당할 것이다. 또한 주주들에게 회사의 정보를 완전히 공시할 필요성이 있기 때문에 현 경영진측과 반대편에 서 있는 주주의 요구가 있는 경우 위임장 참고서류를 송부해 주도록 하는 규정을 마련할 필요가 있다. 또한 위임장 참고서류에 관한 금융위원회의 사전심사를 법으로 인정하고 미비사항이 있는 경우 보완하도록 하는 규정이 필요하다.

106) "대통령령으로 정하는 중요한 사항"이란 다음의 어느 하나에 해당하는 사항을 말한다(영165②).
  1. 의결권권유자 등 의결권을 위임받는 자
  2. 의결권 대리행사의 권유에 관한 다음 각 목의 사항
    가. 의결권권유자가 소유하고 있는 주식의 종류 및 수와 그 특별관계자가 소유하고 있는 주식의 종류 및 수
    나. 의결권권유자의 대리인의 성명, 그 대리인이 소유하고 있는 주식의 종류 및 수(대리인이 있는 경우만 해당)
    다. 의결권권유자 및 그 대리인과 해당 주권상장법인과의 관계
  3. 주주총회의 목적사항
107) "대통령령으로 정하는 경우"란 영 제163조 제2항 제3호에 따른 기재사항(＝의결권 대리행사 권유를 하는 취지)이 다음의 어느 하나에 해당하는 경우를 말한다(영165③).

(다) 정정기간

권유자가 위임장 용지 및 참고서류 기재사항을 정정하는 경우에는 그 권유와 관련된 주주총회일 7일 전(공휴일, 토요일, 근로자의 날 제외)까지 정정할 수 있다(법156③ 전단, 영165① 및 영153①).

4. 위임장 용지 및 참고서류의 교부 및 비치

(1) 위임장 용지 등의 교부

의결권권유자는 그 권유에 있어서 다음과 같은 방법으로 위임장 용지 및 참고서류를 의결권 대리행사의 권유 이전이나 그 권유와 동시에 의결권피권유자에게 내주어야 한다(법152①, 영160)

1. 의결권권유자가 의결권피권유자에게 직접 내어주는 방법
2. 우편 또는 모사전송에 의한 방법
3. 전자우편을 통한 방법(의결권피권유자가 전자우편을 통하여 위임장 용지 및 참고서류를 받는다는 의사표시를 한 경우만 해당)
4. 주주총회 소집 통지와 함께 보내는 방법[의결권권유자가 해당 상장주권(그 상장주권과 관련된 증권예탁증권을 포함)의 발행인인 경우만 해당]
5. 인터넷 홈페이지를 이용하는 방법

(2) 위임장 용지 등의 제출, 비치 및 열람

의결권권유자는 위임장 용지 및 참고서류를 의결권피권유자에게 제공하는 날 2일 전까지 이를 금융위원회와 거래소에 제출하여야 하며, 주권상장법인의 본점과 지점, 그 밖의 영업소, 명의개서대행회사, 금융위원회, 거래소에 이를 비치하고 일반인이 열람할 수 있도록 하여야 한다(법153, 시행규칙18).

위의 2일에는 공휴일, 근로자의 날, 토요일은 제외된다(영164, 153①). 금융위원회와 거래소는 제출된 위임장 용지 및 참고서류, 그 정정내용을 접수일부터 3년간 비치하고, 인터넷 홈페이지 등을 이용하여 공시하여야 한다(법157).

V. 상장법인의 의견표명

의결권 대리행사의 권유대상이 되는 상장주권의 발행인은 의결권 대리행사의 권유에 대하

---

1. 기재나 표시사항이 불분명하여 의결권피권유자로 하여금 중대한 오해를 일으킬 수 있는 경우
2. 의결권권유자에게 불리한 정보를 생략하거나 유리한 정보만을 강조하는 등 과장되게 표현된 경우

여 의견을 표명한 경우에는 그 내용을 기재한 서면을 지체 없이 금융위원회와 거래소에 제출하여야 한다(법155). 금융위원회와 거래소는 발행인의 의견표명을 기재한 서면을 그 접수일부터 3년간 비치하고, 인터넷 홈페이지 등을 이용하여 공시하여야 한다(법157).

Ⅵ. 위임장권유규제 위반에 대한 제재

1. 민사제재

(1) 개요

자본시장법은 위임장권유에 관한 손해배상책임규정을 두고 있지 않다. 따라서 위임장 권유제한에 관한 규정을 위반한 경우 민법상의 일반불법행위에 기한 손해배상책임을 물어야 할 것이다.

나아가 자본시장법에 의하면 위임장 용지 및 참고서류 또는 제156조에 따른 정정서류 중 의결권피권유자의 의결권 위임 여부 판단에 중대한 영향을 미칠 수 있는 사항("의결권 위임 관련 중요사항")에 관하여 거짓의 기재 또는 표시를 하거나 의결권 위임 관련 중요사항을 기재 또는 표시하지 아니한 자는 5년 이하의 징역 또는 2억원 이하의 벌금에 처하고 있다(법444(19)). 그렇다면 위임장권유를 위하여 사용된 문서에 의결권 위임 관련 중요사항에 관하여 거짓의 기재 또는 표시를 하거나 의결권 위임 관련 중요사항을 기재 또는 표시하지 아니한 경우에 주주총회결의의 효력에 영향을 미치는가가 문제이다. 즉 위임장권유절차에 하자가 있는 경우 주주총회결의에 영향을 미치는가 하는 것이다.

(2) 견해의 대립

위임장권유절차의 하자는 자본시장법 소정의 벌칙이 적용되는 것은 별론으로 하고 주주총회의 결의에 영향이 없다는 견해가 있다.[108] 이 견해는 위임장권유절차의 하자가 주주총회의 소집절차 또는 결의방법과는 관계가 없다는 점을 근거로 들고 있는 것으로 보인다. 그러나 이 견해에 반대하여 위임장권유행위를 함에 있어 참고서류의 하자가 중대한 경우라면 이는 주주총회결의의 하자가 있는 것으로 보아야 한다는 견해도 있다.[109] 이 견해에 의하면 위임장권유가 주주총회 소집 전에 법적으로 요구되는 절차가 아니고 상법상 주주총회의 소집에 있어서 선결조건인 소집의 통지나 공고와 다르기 때문에 이 문제를 해결하는데 있어 결정적인 규정은 없으나, 하자 있는 소집의 통지나 공고보다 하자 있는 참고서류가 더 심각한 문제를 발생시키기 때문에 취소사유가 되어야 한다고 한다.

108) 정동윤(2005), 「회사법」, 법문사(2005. 3), 337쪽.
109) 김교창(2010), 130쪽.

(3) 결어

주주총회 소집절차 또는 결의방법을 너무 협의로 새길 필요는 없다. 위임장권유제도는 기본적으로 주주가 주주총회에서 의결권을 행사하는 것과 밀접하게 관련된다. 특히 자본시장법은 위임장권유의 경우 주주총회 각 목적사항에 대하여 찬반을 명기할 수 있는 위임장으로 권유행위를 하도록 하고 있다. 이러한 찬반의 의사표시가 왜곡될 수 있는 허위의 사실이 참고서류에 기재되어 있다면, 이는 주주들의 결의를 왜곡시킨 것으로서 결의방법에 하자가 있다고 보아도 될 것이다. 따라서 위임장권유절차에서 주주들의 주주총회 목적사항에 대한 찬반의 의사표시 형성과정에 영향을 미칠 수 있는 하자는 주주총회결의의 하자가 있는 것으로 판단하는 것이 타당하다.[110]

2. 행정제재

(1) 자료제출명령 및 조사권

금융위원회는 투자자 보호를 위하여 필요한 경우에는 의결권권유자, 그 밖의 관계인에 대하여 참고가 될 보고 또는 자료의 제출을 명하거나, 금융감독원장에게 그 장부·서류, 그 밖의 물건을 조사하게 할 수 있다. 이 경우 조사를 하는 자는 그 권한을 표시하는 증표를 지니고 이를 관계인에게 내보여야 한다(법158①, 131①).

(2) 정정명령 및 조치권

금융위원회는 ⅰ) 위임장 용지 및 참고서류를 의결권피권유자에게 교부하지 아니한 경우, ⅱ) 공공적 법인이 아닌 자가 의결권 대리행사의 권유를 한 경우, ⅲ) 위임장 용지 및 참고서류에 관하여 제153조(비치 및 열람) 또는 제154조(정당한 위임장 용지 등의 사용)를 위반한 경우, ⅳ) 위임장 용지 및 참고서류 중 의결권 위임 관련 중요사항에 관하여 거짓의 기재 또는 표시가 있거나 의결권 위임 관련 중요사항이 기재 또는 표시되지 아니한 경우, ⅴ) 의무정정사유가 있음에도 이에 위반하여 정정서류를 제출하지 아니한 경우에는 의결권권유자에 대하여 이유를 제시한 후 그 사실을 공고하고 정정을 명할 수 있으며, 필요한 때에는 의결권 대리행사의 권유를 정지 또는 금지하거나 "대통령령으로 정하는 조치"를 할 수 있다(법158② 전단).

여기서 "대통령령으로 정하는 조치"란 ⅰ) 1년의 범위에서 의결권 대리행사의 권유의 제한, ⅱ) 임원에 대한 해임권고, ⅲ) 자본시장법을 위반한 경우에는 고발 또는 수사기관에의 통보, ⅳ) 다른 법률을 위반한 경우에는 관련 기관이나 수사기관에의 통보, 또는 ⅴ) 경고 또는 주의에 해당하는 조치를 말한다(영166).

---

110) 김상곤(2005), 97-98쪽.

(3) 과태료

금융위원회의 조사권에 따른 검사·조사 또는 확인을 거부·방해 또는 기피한 자에 대하여는 1억원 이하의 과태료를 부과한다(법449①(20)). 금융위원회의 자료제출명령에 따른 보고 또는 자료의 제출명령이나 증인의 출석, 증언 및 의견의 진술 요구에 불응한 자에 대하여는 3천만원 이하의 과태료를 부과하고(법449③(8)), 법 제152조의2 제2항을 위반하여 발행인이 아닌 의결권권유자의 요구에 응하지 아니한 자에 대하여 3천만원 이하의 과태료를 부과한다(법449③(8의2)).

3. 형사제재

법 제154조에 따른 위임장 용지 및 참고서류 또는 제156조에 따른 정정서류 중 의결권피권유자의 의결권 위임 여부 판단에 중대한 영향을 미칠 수 있는 사항("의결권 위임 관련 중요사항")에 관하여 거짓의 기재 또는 표시를 하거나 의결권 위임 관련 중요사항을 기재 또는 표시하지 아니한 자(제19호)는 5년 이하의 징역 또는 2억원 이하의 벌금에 처한다(법444(19)).

법 제152조 제1항 또는 제3항을 위반하여 의결권 대리행사의 권유를 한 자(제21호)는 3년 이하의 징역 또는 1억원 이하의 벌금에 처한다(법445(21)).

법 제153조를 위반하여 위임장 용지 및 참고서류를 제출하지 아니한 자(제21호) 또는 제156조 제3항 후단을 위반하여 정정서류를 제출하지 아니한 자(제27호)는 1년 이하의 징역 또는 3천만원 이하의 벌금에 처한다(법446(21)(27)).

Ⅶ. 공공적 법인이 발행한 주식의 소유제한

1. 소유한도

누구든지 공공적 법인이 발행한 주식을 누구의 명의로 하든지 자기의 계산으로 ⅰ) 그 주식이 상장된 당시에 발행주식총수의 10% 이상을 소유한 주주는 그 소유비율, ⅱ) 그 외의 자는 발행주식총수의 3% 이내에서 정관이 정하는 비율을 초과하여 소유할 수 없다(법167① 전단). 이 경우 의결권 없는 주식은 발행주식총수에 포함되지 아니하며, 그 특수관계인의 명의로 소유하는 때에는 자기의 계산으로 취득한 것으로 본다(법167① 후단).[111]

---

[111] 증권발행공시규정 제3-16조(주식의 대량취득 승인절차) 법 제167조제1항의 기준을 초과하여 공공적법인 발행주식을 취득하고자 하는 자는 대량주식취득승인신청서에 다음 각 호의 서류를 첨부하여 금융위에 그 승인을 신청하여야 한다.
1. 가족관계등록부 기본증명서 또는 법인등기부등본
2. 주식취득의 사유설명서
3. 해당 주식 발행인의 최대주주의 소유비율을 초과하여 주식을 취득하고자 하는 경우에는 최대주주의 의견서

국민경제상 중요한 기간산업의 경영권 보호를 강화하기 위해 자본시장법상 공공적 법인을 정하고 동 법인의 주식취득에 제한을 두고 있는 것이다. 공공적 법인은 ⅰ) 경영기반이 정착되고 계속적인 발전가능성이 있는 법인, ⅱ) 재무구조가 건실하고 높은 수익이 예상되는 법인, ⅲ) 국민이 광범위하게 분산 소유할 수 있도록 자본금이 큰 법인으로서 금융위원회가 관계부처 협의를 거쳐 국무회의 보고를 거쳐 결정한다(영162).

현재 자본시장법상 공공적 법인에 해당하는 법인은 한국전력 하나뿐이다.

2. 승인에 의한 초과소유 허용

소유비율 한도에 관하여 금융위원회의 승인을 받은 경우에는 그 소유비율 한도까지 공공적 법인이 발행한 주식을 소유할 수 있다(법167②).[112] 공공적 법인에 대해 상장 당시 10% 이상 소유한 주주는 그 소유비율, 기타 주주 등은 3%를 초과하여 소유할 수 없다. 그러나 내국인에 한하여 금융위원회 승인이 있는 경우 초과 보유할 수 있다.

3. 초과소유분에 대한 제재

제1항 및 제2항에서 규정하는 기준을 초과하여 사실상 주식을 소유하는 자는 그 초과분에 대하여는 의결권을 행사할 수 없으며, 금융위원회는 그 기준을 초과하여 사실상 주식을 소유하고 있는 자에 대하여 6개월 이내의 기간을 정하여 그 기준을 충족하도록 시정할 것을 명할 수

제3-17조(주식의 대량취득의 승인간주) ① 다음 각 호의 1의 사유로 법 제167조 제1항의 기준을 초과하여 취득한 주식은 금융위의 승인을 얻어 이를 취득한 것으로 본다.
1. 합병·상속 또는 유증
2. 준비금의 자본전입 또는 주식배당
3. 유상증자(주주권의 행사로 취득한 경우에 한한다)
4. 대주주(주주 1인과 특수관계인의 소유주식수가 10% 이상인 주주. 이에 해당하는 자가 없는 경우에는 최대주주)외의 주주가 실권한 주식의 인수
5. 정부 소유주식에 대한 정부로부터의 직접 취득
6. 정부의 취득
② 공공적법인이 상장된 당시에 총발행주식의 10% 이상을 소유한 주주외의 주주가 법 제167조 제1항 제2호에서 정한 비율을 초과하여 소유하는 주식은 금융위의 승인을 얻어 이를 취득한 것으로 본다.
제3-18조(주식의 대량취득 보고) ① 금융위의 승인을 얻어 주식을 취득한 자(제3-17조 제1항 제1호부터 제5호까지의 규정에 따라 취득한 자를 포함)는 취득기간의 종료일부터 10일 이내에 금융위에 대량주식취득보고서를 제출하여야 한다.
② 제1항에 따라 주식취득의 보고를 하는 때에는 주식취득의 사실을 확인할 수 있는 서류를 첨부하여야 한다. 이 경우 금융위의 승인의 내용대로 주식을 취득하지 아니한 때에는 그 사유서를 첨부하여야 한다.
112) A연금이 법 제167조의 규정에 의하여 한국전력 발행주식총수의 3% 초과 소유에 대한 승인을 신청해 왔는데, A연금이 한국전력 발행주식총수의 10%까지 소유하는 것의 적정성을 심사한 결과, 소유비율 한도 재승인의 타당성이 인정되어 신청한대로 승인하였고, A연금은 승인기한을 연장하고자 하는 경우 종료일 이전에 재승인받아야 한다.

있다(법167③).

<h1 style="text-align:center">제5절 단기매매차익 반환의무</h1>

Ⅰ. 서설

1. 의의 및 제도적 취지

단기매매차익(short-swing profits) 반환제도란 회사의 내부자가 자신의 지위로 인하여 취득한 내부정보를 이용하는 것을 방지하기 위하여 당해 회사의 주권등에 대하여 단기간에 행한 매매와 그 후의 반대매매에서 얻은 차익을 당해 회사에 반환할 것을 회사가 청구하는 것을 말한다.

단기매매차익 반환책임은 특수한 법정책임이고 일반불법행위책임과는 다르다. 따라서 미공개중요정보의 이용 여부를 불문하고 그 요건에 해당하는 경우에는 자동적으로 책임이 인정되는 엄격책임에 해당한다.

단기매매차익 반환제도의 취지는 주가에 영향을 미치는 회사의 내부정보에 용이하게 접근할 수 있는 내부자들이 정보가 공개되기 전에 이를 이용하여 당해 주권등을 매수 또는 매도한 후 정보가 공개되어 주가가 상승 또는 하락함에 따라 이익을 취득하거나 손실을 회피하는 행위를 방지함으로써 증권시장의 건전성을 수호하고 내부자거래로 인한 일반투자자들의 피해를 방지하며 주권발행회사를 보호하고 중요정보의 조기공시 촉진을 통한 증권시장의 효율성을 제고하는 것이다.

2. 연혁

미국은 내부자거래규제에 관한 한 가장 오랜 역사와 전통을 가지고 있다. 1929년 대공황 이후 증권시장을 규제하기 위하여 1933년 증권법과 1934년 증권거래법이 제정되었다. 1934년 증권거래법 제정 당시 제16조에서 주요주주 및 임원에 대한 소유주식보고의무(a항), 단기차익반환의무(b항), 공매도금지(c항) 등의 규정을 통해 내부자거래를 규제하였다. 이 시기에 도입된 것이 단기매매차익 반환제도이다.

우리나라에서 내부자거래를 규제하기 위한 제도는 1962년 증권거래법 제정 당시에는 없었고, 1976년 개정에 의해 도입되었다. 이 제도는 미국의 1934년 증권거래법 제16조를 계수한 것으로, 내부자거래의 개연성이 큰 주요주주 및 임직원에 대한 공매도를 금지하고(1976년 개정 증권거래법188①) 단기매매차익 반환의무를 부과한 것이다(같은 법188②). 그러나 단기매매차익 반환제도는 내부자의 미공개정보 이용사실이 입증된 경우에 한하여 단기매매차익을 회사에 반환하도록 하는 것이었기 때문에 내부자거래규제의 실효성은 거의 없었고, 그 입증책임을 내부자에게 전환하는 형태여서 1987년 개정될 때까지는 동 조항은 거의 사문화되어 있었다. 그 후 1987년 개정에서 미공개정보를 이용한 내부자거래를 직접금지하는 제도를 처음으로 신설하면서 내부자의 단기매매차익 반환시 내부정보의 이용에 대한 입증책임을 당해 회사 또는 주주가 아닌 내부자가 부담하는 내용의 개정이 있었다.

1990년대 들어 내부자거래에 대한 본격적인 단속의 필요성과 규제를 강화하는 세계적인 추세에 맞추어, 1991년 내부자거래 규제법제를 전면적으로 개편하였다. 이에 따라 단기매매차익의 반환시 미공개정보 이용 여부에 대한 입증책임 요건을 폐지하였다. 그 후 1997년 개정 증권거래법에서는 단기매매차익의 반환을 위한 제1차 청구권자를 당해 회사로 하고, 제2차 청구권자를 당해 회사의 주주와 증권선물위원회로 분리하였다. 자본시장법은 증권거래법의 규정을 계수하여 규정하고 있다.

3. 제도의 위헌 여부

단기매매차익 반환제도가 헌법 제23조 제1항 본문이 보장하는 재산권을 제한하고, 회사 내부자를 그 사회적 신분에 의하여 경제적 생활영역에서 차별함으로써 헌법 제11조 제1항이 보장하는 평등권을 침해하고 있으며, 간접적으로는 헌법 제10조의 행복추구권에서 파생되는 일반적 행동자유권의 한 내용인 계약의 자유 등을 침해하고 있다는 이유로 헌법소원심판이 청구되었다. 그러나 헌법재판소는 단기매매차익 반환제도에 대하여 헌법재판관 전원의 일치된 의견으로 합헌결정을 내렸다.[113)]

Ⅱ. 규제대상자: 내부자

1. 의의

단기매매차익 반환의무자는 "주권상장법인의 임원(상법 제401조의2 제1항의 각 호의 자 포함), 직원(직무상 제174조 제1항의 미공개중요정보를 알 수 있는 자로서 대통령령이 정하는 자) 또는 주요주주"이다(법172①).

---

113) 헌법재판소 2002. 12. 18. 선고 99헌바105, 2001헌바48(병합) 결정.

여기의 주권상장법인에는 내부자거래와 달리 6개월 이내에 상장하는 법인을 포함하지 않는다. 또한 후술하는 내부자거래의 행위주체인 준내부자[114]나 정보수령자는 차익반환의무자가 아니다. 그러나 반환의무자의 계산으로 거래한 경우는 타인명의로 거래하더라도 반환의무자에 해당한다.

임원, 직원 또는 주요주주의 범위는 내부자거래의 행위주체로서의 내부자와 그 범위가 대체로 동일하다. 증권거래법은 주권상장법인의 임원, 직원 또는 주요주주를 반환의무자로 하고 있었으나, 자본시장법은 임원의 경우 "집행임원"을 포함하고 직원은 직무상 미공개중요정보를 알 수 있는 자로 제한하였다.

2. 임직원의 의의와 자격의 존재시점

(1) 임직원

(가) 임원의 의의

임원은 이사 및 감사를 말한다(법9②). 이사는 사내이사와 사외이사가 모두 해당하며 등기 여부를 불문한다. 사외이사란 상시적인 업무에 종사하지 아니하는 사람으로서 금융회사지배구조법 제17조(임원후보추천위원회)에 따라 선임되는 이사를 말한다(법9③). 임원에는 상법 제401조의2 제1항 업무집행관여자도 포함된다. 즉 회사에 대한 자신의 영향력을 이용하여 이사에게 업무집행을 지시한 자(업무지시자: 제1호), 이사의 이름으로 직접 업무를 집행한 자(무권대행자: 제2호), 이사가 아니면서 명예회장·회장·사장·부사장·전무·상무·이사·기타 회사의 업무를 집행할 권한이 있는 것으로 인정될 만한 명칭을 사용하여 회사의 업무를 집행한 자(표현이사: 제3호)도 단기매매차익 반환의무자이다. 그런데 제1호의 업무집행지시자에는 자연인뿐만 아니라 법인인 지배이사도 포함된다.

임원들은 회사의 업무를 집행하거나 회사 재산 또는 회계에 접하는 자들이므로 내부자 중에서 가장 기업정보에 밝은 자들이다. 여기서 임원의 범위는 내부자거래 규제대상인 임원의 범위와 같다.

(나) 직원의 의의

직원은 직무상 제174조 제1항의 미공개중요정보를 알 수 있는 자로서 "대통령령이 정하는 자"에 한한다(법172①).[115] 여기서 "대통령령으로 정하는 자"란 ⅰ) 그 법인에서 주요사항보고

---

114) 다만, 단기매매차익 반환의무규정은 주권상장법인이 모집·사모·매출하는 특정증권등을 인수한 투자매매업자에게 인수계약을 체결한 날부터 3개월 이내에 매수 또는 매도하여 그 날부터 6개월 이내에 매도 또는 매수하는 경우(단, 모집·사모·매출하는 특정증권등의 인수에 따라 취득하거나 인수한 특정증권등을 처분하는 경우는 제외)에 준용한다(법172⑦, 영199).

115) 현실에서는 상장법인의 직원들이 단기매매차익 반환제도를 이해하지 못한 이유로 규정을 위반하는 경우

서의 제출사유(법161①) 중 어느 하나에 해당하는 사항의 수립·변경·추진·공시, 그 밖에 이에
관련된 업무에 종사하고 있는 직원, ⅱ) 그 법인의 재무·회계·기획·연구개발에 관련된 업무
에 종사하고 있는 직원으로서 증권선물위원회가 미공개중요정보를 알 수 있는 자로 인정하는
자116)를 말한다(영194).

　　앞에서 설명한 단기매매차익 반환제도의 취지상 단기매매차익 반환의무자에 직원을 포함
시킨 것이 타당한지는 의문이다. 왜냐하면 미공개중요정보를 이용한 내부자거래를 금지하는
자본시장법 제174조의 규정과는 달리 미공개중요정보를 이용하였는지 여부를 불문하고 6월 이
내의 단기매매로 얻은 차익을 무조건 회사에 반환하도록 한 제도임을 감안할 때, 그 적용대상
은 미공개중요정보의 취득 및 그 정보의 부당이용의 위험성이 상당히 높은 임원으로 한정하는
것이 타당하기 때문이다.117) 또한 단기매매차익 반환제도가 소유주식보고제도의 실효성을 확
보하기 위한 제도라는 점에서 자본시장법 제173조 제1항의 규정에 의한 소유주식보고의무가
없는 직원에 대하여 단기매매차익 반환의무를 부과하는 것은 불합리하다. 그 밖에 비교법적인
관점에서 살펴보아도 일본의 경우118) 직원은 반환의무자가 아니며, 미국의 경우 반환의무자인
"officer"는 우리의 직원보다 좁은 개념으로 집행임원이라고 볼 수 있다. 따라서 직원은 반환의
무자의 적용대상에서 제외하는 것이 타당하다.119)

(2) 임직원 자격의 존재시기

　　자본시장법 제176조 제6항은 주요주주의 경우만 매도 또는 매수한 시기 중 어느 한 시기
에 주요주주가 아닌 경우에는 단기매매차익 반환규정을 적용하지 아니한다고 규정하고 있다.
따라서 임직원은 매도 또는 매수 시점에 모든 지위를 가질 필요는 없고, 매도 또는 매수의 한
시점에만 임직원의 지위를 보유하면 적용대상이 된다.120)

　　따라서 주권상장법인 임원인 A가 임원재직 당시인 2020년 6월 1일 10,000주를 1억원에
매수하고, 2020년 7월 31일 퇴직한 후 6개월 이내인 2020년 9월 15일 10,000만주를 2억원에
매도하였다면 1억원의 단기매매차익을 반환해야 한다.

　　가 많이 발생한다.
116) "증권선물위원회가 미공개중요정보를 알 수 있는 자로 인정하는 자"란 다음에 해당하는 자를 말한다(단기
　　매매차익 반환 및 불공정거래 조사·신고 등에 관한 규정5).
　　　1. 그 법인의 재무·회계·기획·연구개발·공시 담당부서에 근무하는 직원
117) 노태악(2001a), "내부자거래 등 관련행위의 규제", 증권거래에 관한 제문제(상), 법원도서관(2001), 465쪽.
118) 금융상품거래법 제6조 제1항 "임원 또는 주요주주"에 한정하고 있다.
119) 박임출(2003), "내부자거래 규제에 관한 비교법적 고찰", 성균관대학교 대학원 박사학위논문(2003), 226쪽.
120) 대법원 2008. 3. 13. 선고 2006다73218 판결.

3. 주요주주

(1) 의의

　자본시장법상 주요주주란 금융회사지배구조법 제2조 제6호에 따른 주주를 말한다(법9①). 즉 주요주주는 ⅰ) 누구의 명의로 하든지 자기의 계산으로 법인의 의결권 있는 발행주식 총수의 10% 이상의 주식(그 주식과 관련된 증권예탁증권을 포함)을 소유하거나, ⅱ) 임원(업무집행책임자는 제외)의 임면 등의 방법으로 법인의 중요한 경영사항에 대하여 사실상의 영향력을 행사하는 주주로서 "대통령령으로 정하는 자"를 말한다(금융회사지배구조법2(6) 나목, 금융회사지배구조법 시행령4).

　여기서 사실상 영향력을 행사하는 주주로서 "대통령령으로 정하는 자"란 다음의 어느 하나에 해당하는 자를 말한다(금융회사지배구조법 시행령4).

1. 혼자서 또는 다른 주주와의 합의·계약 등에 따라 대표이사 또는 이사의 과반수를 선임한 주주
2. 다음 각 목의 구분에 따른 주주
   가. 금융회사가 자본시장법상 금융투자업자(겸영금융투자업자는 제외)인 경우: 다음의 구분에 따른 주주
   1) 금융투자업자가 자본시장법에 따른 투자자문업, 투자일임업, 집합투자업, 집합투자증권에 한정된 투자매매업·투자중개업 또는 온라인소액투자중개업 외의 다른 금융투자업을 겸영하지 아니하는 경우: 임원(상법 제401조의2 제1항 각 호의 자를 포함)인 주주로서 의결권 있는 발행주식 총수의 5% 이상을 소유하는 사람
   2) 금융투자업자가 자본시장법에 따른 투자자문업, 투자일임업, 집합투자업, 집합투자증권에 한정된 투자매매업·투자중개업 또는 온라인소액투자중개업 외의 다른 금융투자업을 영위하는 경우: 임원인 주주로서 의결권 있는 발행주식 총수의 1% 이상을 소유하는 사람
   나. 금융회사가 금융투자업자가 아닌 경우: 금융회사(금융지주회사인 경우 그 금융지주회사의 금융지주회사법 제2조 제1항 제2호 및 제3호에 따른 자회사 및 손자회사를 포함)의 경영전략·조직변경 등 주요 의사결정이나 업무집행에 지배적인 영향력을 행사한다고 인정되는 자로서 금융위원회가 정하여 고시하는 주주

　주주는 자연인이든 법인이든 불문하고, 차명계좌를 이용한 매매도 본인이 매도한 것으로 보며, "자기의 계산"이란 주식의 매매로 인한 경제적인 이익의 귀속주체를 의미한다. 또한 주주명부상의 명의개서 여부도 불문한다.

(2) 10% 이상 지분의 의미

금융회사지배구조법이 주요주주를 정의하는데 10% 이상의 수치를 사용하는 것은 미국과 일본의 입법례를 계수한 것으로 주식이 널리 분산된 상장법인에서 10% 정도의 주식소유는 회사에 대한 영향력을 행사하여 기업정보를 용이하게 취득할 수 있으리라는 데에 그 타당성을 찾을 수 있다.[121]

10%를 계산함에 있어 전환사채의 장래 전환권의 행사, 신주인수권부사채의 장래 신주인수권의 행사로 인한 권리를 합산해야 한다는 견해도 있으나,[122] 금융회사지배구조법이 명문규정으로 10% 이상의 주식(그 주식과 관련된 증권예탁증권을 포함)을 소유한 자로 정의하고 있으므로 합산할 수 없다고 보아야 한다.

(3) 주요주주 자격의 존재시기

주요주주는 매도·매수한 시기 중 어느 한 시기에 있어서 주요주주가 아닌 경우에는 단기매매차익 반환의무를 부담하지 않는다(법172⑥). 즉 주요주주는 임직원과 달리 매도와 매수의 양 시점에 모두 주요주주로서의 지위를 유지하고 있어야 한다.

그런데 매수와 매도 또는 매도와 매수가 모두 사전에 이미 주요주주로서의 지위를 구비해야 하느냐가 문제이다. 단기매매차익 반환제도의 취지가 내부자에 의한 정보이용과 그로 인한 단기매매차익의 실현을 저지하려는데 있으므로 10% 이상의 주주가 되는 순간부터 정보이용의 기회가 주어지며, 이것이 그 후의 매도에 반영된다고 보아야 하므로 매수와 동시에 주요주주가 되는 경우의 매수도 단기매매차익 반환의무의 대상에 포함된다. 또한 매도의 경우도 6월 내에 행해지는 한, 하나의 처분계획에 의한 단일의 매도행위로 볼 수 있으므로, 처분과정에 있어서의 지위상실은 고려할 필요가 없다. 따라서 먼저 매도하고 나중에 매수하는 경우에, 그 주요주주가 수회에 걸쳐 매도하여 그 중간에 주요주주가 지위를 상실하고 수회에 걸쳐 매수함으로써 그 중간에 주요주주의 지위를 회복하였을 때에는 그 매도·매수가 6월 내에 행해지는 한 모두 단기매매차익 반환의무의 대상이 된다.[123]

4. 투자매매업자

단기매매차익 반환의무규정은 주권상장법인이 모집·사모·매출하는 특정증권등을 인수한 투자매매업자에게 인수계약을 체결한 날부터 3개월 이내에 매수 또는 매도하여 그 날부터 6개월 이내에 매도 또는 매수하는 경우(단, 모집·사모·매출하는 특정증권등의 인수에 따라 취득하거나

---

121) 이철송(2009), 366쪽.
122) 김정수(2002), 「현대증권법원론」, 박영사(2002. 12), 645쪽.
123) 이철송(2009), 368쪽.

인수한 특정증권등을 처분하는 경우는 제외)에 준용한다(법172⑦, 영199 본문).

다만, 투자매매업자가 안정조작이나 시장조성을 위하여 매매하는 경우에는 해당 안정조작이나 시장조성기간 내에 매수 또는 매도하여 그 날부터 6개월 이내에 매도 또는 매수하는 경우(단, 안정조작이나 시장조성을 위하여 매수·매도 또는 매도·매수하는 경우는 제외)에 준용한다(영199 단서).

이는 투자매매업자는 인수과정에서 기업의 내부정보에 접할 기회가 많기 때문에 그러한 정보의 남용을 방지하기 위한 것이다.

Ⅲ. 규제대상증권

단기매매차익 반환의무의 대상은 다음의 어느 하나에 해당하는 금융투자상품("특정증권등")을 말한다(법172①). 증권거래법은 단기매매차익 반환대상증권을 "주식관련 증권"에 한정하여, 주권, 전환사채, 신주인수권부사채, 신주인수권증서, 이익참가부사채, 주식과 관련된 교환사채, 주권을 기초로 한 옵션거래로 규정하고 있었다(증권거래법188①, 동법 시행규칙35). 그러나 자본시장법은 단기매매차익 반환대상증권을 기존의 증권거래법상 상장법인이 발행한 유가증권 이외에 다른 상장법인이 발행한 금융투자상품까지 확대하였다. 이는 내부자거래금지 규제대상 증권과 동일하다.

1. 주권상장법인이 발행한 증권(제1호)

주권상장법인이 발행한 증권인 이상 반드시 거래소에 상장될 필요는 없다. 다만 채무증권, 수익증권, 파생결합증권(다만 법 제172조 제1항 제4호에 해당하는 파생결합증권은 제외)은 제외된다(영196(1)-(3)). 다만 채무증권 중 전환사채권, 신주인수권부사채권, 이익참가부사채권, 그 법인이 발행한 지분증권(이와 관련된 증권예탁증권을 포함) 또는 전환사채권·신주인수권부사채권·이익참가부사채권(이와 관련된 증권예탁증권을 포함)과 교환을 청구할 수 있는 교환사채권은 포함된다(영196).

당해 법인이 발행한 주권이면 종류가 달라도 관계없다. 예컨대 보통주를 매도하였다가 우선주를 매수한 경우에도 반환책임을 부담한다.

2. 증권예탁증권(제2호)

자본시장법은 증권거래법상 포함되어 있지 않았던 증권예탁증권(DR)을 대상증권에 포함시켰다.

3. 교환사채권(제3호)

그 법인 외의 자가 발행한 것으로서 제1호 또는 제2호의 증권과 교환을 청구할 수 있는 교환사채권을 말한다. 예컨대 타법인 A가 당해법인 B의 주식을 대상으로 발행하는 경우이다.

4. 제1호부터 제3호까지의 증권만을 기초자산으로 하는 금융투자상품(제4호)

자본시장법은 거래소 시장에서 거래되는 주식옵션이나 주식선물의 경우도 주권상장법인의 증권을 기초자산으로 하는 파생상품이므로 포함시켰다.

Ⅳ. 단기매매행위

1. 매매

(1) 해석상 매매에 포함되는 거래

단기매매차익 반환의무의 대상이 되는 매매는 "특정증권등을 매수한 후 6개월 이내에 매도하거나 특정증권등을 매도한 후 6개월 이내에 매수하여 이익을 얻은 경우"의 거래이다(법172①). 즉 6개월 이내에 "매도와 매수", 또는 "매수와 매도"가 일어나야 한다.

자본시장법은 매도와 매수의 개념을 정의하고 있지 아니하지만[124] 일정한 대가를 지급하고 주권등의 소유권이 이전되는 유상거래로 보아야 할 것이다. 따라서 상속, 증여 등에 의한 무상취득, 주식배당에 의한 취득, 전환사채의 전환권행사에 의한 취득, 주식분할이나 주식병합에 의한 취득은 매매에 포함되지 않는다. 그러나 일정한 대가가 지급되고 소유권이 이전되며, 정보이용의 남용가능성이 있는 신주의 인수, 교환이나 처분은 포함된다고 보아야 한다. 왜냐하면 단기매매차익 반환제도의 취지상 매매라는 형식적 요건에서 자유로울 필요가 있기 때문이다. 그러나 미국과 같이 명확한 개념규정이 없는 이상 매매의 개념을 확대해석하기는 곤란하며, 현재로서는 법해석의 일반적 방식에 따라 민법의 개념에 의하되 법이 달리 규정하는 특별한 내용에 따라 필요한 범위 내에서 이를 수정하는 것이 제도의 취지를 살리는 해석이 될 것이다.[125]

(2) 판례상 매매에 포함되는 거래

(가) 제3자의 신주인수

자본시장법은 매도와 매수의 개념을 정의하고 있지 않지만 일정한 대가가 지급되고 소유권이 이전되며, 정보이용의 남용가능성이 있는 신주인수 등은 매매에 포함된다고 보아야 한다.

---

124) 미국의 증권거래법 제3(a)(13) 및 (14)는 매도와 매수의 정의규정을 두고 있다.
125) 최민용(2006), "단기매매차익의 반환", 상사판례연구 제19집 제4권(2006. 12), 170쪽.

제3자 신주인수는 유상계약에 의한 주식취득 행위로서 금전을 대가로 한 계약이라는 점에서 그 실질이 매매계약에 가깝다.126)

(나) 경영권 프리미엄

지배주식의 매도시 그 가격 결정에 반영된 소위 경영권 프리미엄은 단기매매 차익으로서 반환할 이익에 포함된다.127)

(다) 담보제공

매수한 주식의 상당부분을 담보로 제공하고 채권자로부터 대출을 받았는데, 채권자가 담보권을 실행하여 주식을 처분한 경우는 채무를 면하는 이익을 얻었기 때문에 담보제공의 형태로 매매차익을 실현한 것이므로 반환할 이익에 포함된다.128)

(3) 판례상 매매에 해당되지 않는 거래

동일인이 차명계좌를 통하여 보유하고 있던 주식을 공개시장에서 실명계좌로 매도한 경우 동일한 시점에 차명계좌로부터 매도주문과 실명계좌로부터 매수주문이 있었다면, 차명계좌에서의 매도가격과 실명계좌에서의 매수가격이 일치하는 수량 부분은 매매에 해당하지 않는다.129)

2. 거래명의

매매는 거래소 이외에 장외에서 행해지더라도 상관없다. 법원도 "증권거래법 제188조 제2항(자본시장법 제172조 제1항)에서의 "매도" 또는 "매수"는 반드시 거래소나 협회중개시장에서 일어날 것을 요하지 않고, 장외에서 행해진 매매도 그 적용대상이 된다는 점에 대하여는 이론이 없다"라고 판시하였고,130) "내부자가 6개월 이내의 단기매매를 하여 차익을 얻은 경우에는 그것이 장내거래인가 장외거래인가에 상관없이 이를 반환할 의무가 있다"고 판시하였다.131)

또한 매매행위는 임원·직원 또는 주요주주의 계산으로 이루어지는 한 누구의 명의로 하는지는 문제되지 않는다.132) 법원은 "법이 단기매매차익을 반환하도록 한 것은 상장법인 등의 임원 등이 그 직무 또는 직위에 의하여 취득한 비밀을 부당하게 이용하는 것을 방지하고자 하는 데 그 목적이 있는 것이고, 그러한 취지에서 반환의무자로서의 주요주주를 정의함에 있어서 증권거래법 제188조 제1항(자본시장법9①, 금융회사지배구조법2(6) 나목)은 "누구의 명의로 하든지 자기의 계

---

126) 서울고등법원 2001. 5. 18. 선고 2000나22272 판결.
127) 대법원 2004. 2. 13. 선고 2001다36580 판결.
128) 서울중앙지방법원 2009. 12. 17. 선고 2008가합28705 판결.
129) 대법원 2005. 3. 25. 선고 2004다30040 판결.
130) 서울고등법원 2001. 5. 18. 선고 2000나22272 판결.
131) 서울고등법원 2001. 5. 9. 선고 2000나21378 판결.
132) 현실에서는 단기매매차익 반환제도에 대하여 알고는 있지만 차명으로 거래할 경우에는 반환의무가 없는 경우로 오해하여 단기매매하는 경우가 많이 발생하고 있으며, 또한 불공정거래과정에서 차명계좌를 통해 주식을 매수하여 주요주주가 된 이후 차익을 실현하면서 단기매매차익이 발생하는 경우가 많다.

산으로 의결권 있는 발행주식총수 또는 출자총액의 10% 이상의 주식 또는 출자증권을 소유한 자"를 주요주주에 포함시킴으로써 단기매매차익의 반환에 관한 한 차명계좌를 이용한 매매라 하더라도 이를 모두 본인이 매매한 것으로 본다는 취지로 규정하고 있다"고 판시하였다.[133]

3. 내부정보의 이용 여부

단기매매차익 반환제도는 제도적 취지상 회사 내부자의 미공개중요정보의 이용 여부와 관계없이 그 요건에 해당하는 경우 자동적으로 그 반환책임이 인정된다. 따라서 내부자에 의한 6개월 이내의 매도와 매수가 있는 것으로 충분하다. 이는 법 제174조의 미공개정보 이용행위 금지와 구별되는 점이다.

그런데 어떠한 행위가 자본시장법 제172조의 단기매매차익 반환규정을 위반하고 제174의 미공개중요정보 이용행위 금지에도 위반한 내부자거래에 해당되어 법 제175조의 손해배상책임을 지게 되는 경우에 양 책임을 모두 부담하는가가 문제된다. 이 경우 후자의 책임이 우선한다고 보아 내부자거래로 인한 손해배상책임액을 공제하고 남은 이익을 해당 법인에게 반환해야 된다고 보는 견해도 있으나, 양 제도는 별개의 제도이므로 후자의 책임이 우선한다고 볼 근거는 없고 양 책임을 모두 부담한다고 보아야 한다.

단기매매차익 반환제도는 미공개정보를 이용한 내부자거래에 대한 제재조항이 있음에도 불구하고 신분과 내부자의 정보이용의 추상적 위험만으로 주식거래에 대한 이익을 부당이득으로 규정하고, 이에 대한 반환을 명하는 제도로서 위헌이라는 헌법소원제기가 있었다.

이에 대하여 헌법재판소는 단기매매차익 반환제도는 문언상 내부자가 실제로 미공개 내부정보를 이용하였는지 여부에 관계없이 형식적인 요건에만 해당하면 반환책임이 성립하고, 내부정보를 이용하지 않고 주식거래를 하였다는 등 일체의 반증을 허용하지 않는 내부자에 대한 엄격책임을 부과하고 있더라도 단기매매차익 반환청구권의 신속하고 확실한 행사를 방해하여 입법목적을 잃게 되는 점 및 일반투자자들의 증권시장에 대한 신뢰의 제고라는 입법목적을 고려한 불가피한 입법적 선택이라고 하여 단기매매차익 반환제도는 합헌이라고 결정하였다.[134]

그 후 대법원도 단기매매차익 반환의 예외와 관련하여 구체적인 예외인정 여부를 판단하면서 단기매매는 내부정보의 내용이나 이용 여부를 불문하고, 내부자에게 정보를 이용하여 이득을 취하려는 의사가 있었는지 여부와 관계없다는 취지의 판시를 한 바 있다.[135]

---

133) 대법원 2005. 3. 25. 선고 2004도40040 판결. 이 판결은 동일인이 본인명의의 계좌와 타인명의의 계좌로 주식을 보유하고 있다가 타인명의로부터 본인명의로 주식을 취득한 행위가 단기매매차익에서의 매매에 해당하는지 여부에 대한 판결이다.
134) 헌법재판소 2002. 12. 18. 선고 99헌바105, 2001헌바48(병합) 결정.
135) 대법원 2004. 2. 13. 선고 2001다36580 판결; 대법원 2004. 5. 28. 선고 2003다60396 판결.

4. 매도와 매수 대상증권의 동일성 여부

단기매매의 성립을 위해 매도와 매수의 대상증권이 동일물일 필요는 없다. 따라서 주식을 매도하고 전환사채를 매수하는 경우에도 단기매매차익 반환대상이 되는 단기매매로 보아야 할 것이다.

증권거래법에서는 "같은 종목의 유가증권의 매매"(증권거래법 시행령83의5②)와 "종류는 같으나 종목이 다른 유가증권의 매매"(동조③)만을 규정하고 있었기 때문에, "종류가 다른 유가증권의 매매"에 대해서는 단기매매차익 반환규정이 적용되는가에 의문이 있었다.

그러나 자본시장법은 "종류가 다른 증권"의 이익을 계산하는 경우 지분증권 외의 특정증권등의 가격은 증권선물위원회가 정하여 고시하는 방법에 따라 지분증권으로 환산하여 계산한 가격으로 하고(영195②(2)), "종류가 다른 증권"의 수량의 계산은 증권선물위원회가 정하여 고시하는 방법에 따라 계산된 수량으로 한다(영193③)고 규정하고 있다. 따라서 매도와 매수의 대상증권이 동일한 증권일 필요는 없다.

법원은 매도와 매수의 대상증권의 동일성 여부와 관련하여 동일물일 필요는 없다고 판시한 바 있다.[136]

5. 6개월 이내의 매매

단기매매차익 반환의무는 매도와 매수가 6개월 이내에 이루어져야 발생한다. 즉 특정증권등을 매수한 후 6개월 이내에 매도하거나 특정증권등을 매도한 후 6개월 이내에 매수[137]하여야 한다(법172①). 그런데 자본시장법 시행령은 6개월을 기산하는 경우 초일을 산입한다고 규정하고 있다(영195①(1)). 따라서 6개월 이내라 함은 매도 또는 매수가 이루어진 날을 포함하여 6개월이 되는 날까지를 의미한다.

매도와 매수는 채권계약이므로 약정을 기준으로 기간계산을 하여야 한다. 따라서 6개월 이내의 기간의 기산점은 계약체결일을 기준일로 하여야 한다. 즉 6개월의 기간은 매도 또는 매수의 기준일인 계약체결일부터 기산하여 6월이 되는 날의 24시까지로 보아야 한다. 예컨대 5월 10일 매매를 하였으면 11월 9일 24시까지 사이에 반대매매하여야 반환책임을 부담하게 된다.[138]

---

136) 광주고등법원 2001. 8. 22. 선고 2001나286 판결.
137) 예를 들면 상장법인의 임원 A가 2020년 3월 5일 보유주식 1,000주를 500만원에 매도한 후 2020년 3월 25일 1,000주를 300만원에 매수하였다면 200만원의 단기매매차익이 발생한다. 주식을 매수한 후 6개월 이내에 매도한 경우만을 해당된다고 생각하기 쉬우나, 법은 매도 후 6개월 이내의 매수를 규정하고 있으므로 주의하여야 한다.
138) 노태악(2001a), 474쪽.

법원도 6개월의 기산점은 매매계약 체결일이고 대금수수일이 아니라고 판시하였다.[139] 이와 같이 단기매매는 최초의 매도(또는 매수) 후 6개월 이내에 다시 매수(또는 매도)하는 경우에만 성립하므로 6개월을 단 1일이라도 넘겨 반대매매를 하면 단기매매차익 반환의무를 부담하지 않는다.

6. 매매차익의 발생

자본시장법이 "매수한 후 6개월 이내에 매도하거나 매도한 후 6개월 이내에 매수하여 이익을 얻은 경우"(법172①)라고 규정하고 있으므로, 단기매매차익 반환의무가 발생하기 위해서는 6개월 이내의 매매로 차익이 발생하여야 한다. 여기서의 차익은 매매의 결과로 발생한 차익을 의미하며, 처분을 전제로 한 개념이다. 따라서 6개월이라는 일정한 기간 내에 최초에 매수한 주식의 가격보다 높은 가격에 주식을 매도하여 이익을 얻는 경우 또는 최초에 매도한 가격보다 낮은 가격으로 주식을 다시 매수함으로써 얻게 되는 이익을 말한다.

헌법재판소[140]도 "단기매매차익 반환제도는 ⅰ) 내부자가 ⅱ) 6개월 이내의 기간에 ⅲ) 자기회사의 주식 등을 거래하여 ⅳ) 차익이 발생한 경우라는 형식적 요건이 성립하면 반환책임이 성립한다"고 결정하여 매매차익의 발생을 단기매매차익 반환의무의 성립요건으로 하고 있다.

그런데 여기서 유념할 것은 매매의 개념과 달리 이익을 얻었는지 여부에 대한 판단은 경제적 개념에 따를 수밖에 없다는 점이다. 따라서 경제적 이익의 취득은 매수 당시 또는 매도 당시의 각 자산의 취득과 처분에 따른 이익과 손실의 비교를 전제로 한다.[141]

Ⅴ. 단기매매차익 반환의 예외

1. 의의

단기매매차익 반환제도는 내부자거래를 효율적으로 규제하기 위하여 내부자가 실제로 내부정보를 이용하였는지 여부에 관계없이 형식적 요건만 충족하면 거래의 동기를 불문하고 반환책임이 성립하는 것으로 하고 있다. 이는 내부자가 내부정보를 현실적으로 이용하였는지를 입증하는 것이 쉽지 않고, 차익반환이라는 집행의 편의를 고려한 것이다. 그러나 내부정보의 이용가능성이 객관적으로 없는 경우까지 차익반환을 강제하는 것은 내부자에게 지나친 불이익

---

139) 서울고등법원 2001. 5. 9. 선고 2000나21378 판결.
140) 헌법재판소 2002. 12. 18. 선고 99헌바105, 2001헌바48(병합) 결정.
141) 최민용(2006), 176쪽.

을 발생시키고 헌법상의 재산권침해의 소지가 있다. 따라서 자본시장법은 매도 또는 매수의 성격, 그 밖의 사정 등을 고려하여 미공개중요정보를 이용할 염려가 없다고 판단되는 경우에 한하여 단기매매차익 반환의 예외를 인정하고 있다(법172⑥).

또한 헌법재판소와 대법원은 법령상의 예외사유를 예시적인 것이 아니라 한정적 열거로 보아 이를 제한적으로 해석하면서 일정한 경우에 단기매매차익 반환규정의 적용 예외를 해석상 인정하고 있다.

2. 법령상 예외사유

임직원 또는 주요주주로서 행한 매도 또는 매수의 성격, 그 밖의 사정 등을 고려하여 대통령령이 정하는 경우에는 단기매매차익을 반환하지 않는다(법172⑥). 여기서 "대통령령으로 정하는 경우"란 다음의 어느 하나에 해당하는 경우를 말한다(영198).

1. 법령에 따라 불가피하게 매수하거나 매도하는 경우
2. 정부의 허가·인가·승인 등이나 문서에 의한 지도·권고에 따라 매수하거나 매도하는 경우
3. 안정조작이나 시장조성을 위하여 매수·매도 또는 매도·매수하는 경우
4. 모집·사모·매출하는 특정증권등의 인수에 따라 취득하거나 인수한 특정증권등을 처분하는 경우
5. 주식매수선택권의 행사에 따라 주식을 취득하는 경우
6. 이미 소유하고 있는 지분증권, 신주인수권이 표시된 것, 전환사채권 또는 신주인수권부사채권의 권리행사에 따라 주식을 취득하는 경우
7. 증권예탁증권의 예탁계약 해지에 따라 법 제172조 제1항 제1호에 따른 증권을 취득하는 경우
8. 자본시장법 제172조 제1항 제1호에 따른 증권 중 제196조 제1호 라목에 따른 교환사채권 또는 법 제172조 제1항 제3호에 따른 교환사채권의 권리행사에 따라 증권을 취득하는 경우
9. 모집·매출하는 특정증권등의 청약에 따라 취득하는 경우
10. 근로복지기본법 제36조부터 제39조까지 또는 제44조에 따라 우리사주조합원이 우리사주조합을 통하여 회사의 주식을 취득하는 경우(그 취득한 주식을 같은 법 제43조에 따라 수탁기관을 통해서 보유하는 경우만 해당)
11. 주식매수청구권의 행사에 따라 주식을 처분하는 경우
12. 공개매수에 응모함에 따라 주식등을 처분하는 경우
13. 그 밖에 미공개중요정보를 이용할 염려가 없는 경우로서 증권선물위원회가 인정하는 경우[142]

---

142) "그 밖에 미공개중요정보를 이용할 염려가 없는 경우로서 증권선물위원회가 인정하는 경우"란 다음의 어느 하나에 해당하는 경우를 말한다(단기매매차익 반환 및 불공정거래 조사·신고 등에 관한 규정8).
1. 유상신주발행시 발생한 실권주 또는 단수주의 취득
2. 집합투자규약에 따라 집합투자업자가 행하는 매매

3. 해석상 예외사유

(1) 헌법재판소와 대법원의 입장

단기매매차익 반환의 예외가 법령상 한정되어 있으나 법률의 해석을 통해 인정되고 있다. 헌법재판소는 단기매매차익 반환제도의 위헌법률 헌법소원 사건에서 "증권거래법 제188조 제1 항이 반환책임의 요건을 객관화하여 엄격한 반환책임을 내부자에게 부과하고, 같은 조 제8항 및 이에 근거한 시행령 제86조의6 등에서 반환책임의 예외를 한정적으로 열거하여, 이에 해당하지 않는 한 반환책임의 예외를 인정하지 않고 있다고 하더라도, 위 법률조항의 입법목적과 단기매매차익 반환의 예외를 정한 시행령 제86조의6의 성격 및 헌법 제23조가 정하는 재산권 보장의 취지를 고려하면 내부정보를 이용할 가능성조차 없는 유형의 주식거래에 대하여는 이 사건 법률조항이 애당초 적용되지 않는다고 해석하여야 할 것이다"라고 판시하여 단기매매차익 반환의 법령상 예외사유 이외에 내부정보 이용가능성이 없는 유형의 주식거래에 대하여 법해석으로 예외를 인정하는 근거를 마련하였다.[143]

그 후 대법원도 원칙적으로 헌법재판소의 결정을 인용하여 증권거래법 제188조 제2항 소정의 단기매매차익 반환제도규정의 취지 및 증권거래법 시행령 제83조의6에서 규정한 예외사유에 해당하지 않더라도 내부정보의 이용가능성이 없는 유형의 거래에 대하여 법원이 해석상 예외사유로 보아 그 적용을 배제할 수 있다고 판결하고 있다.[144]

---

3. 공로금·장려금·퇴직금 등으로 지급받는 주식의 취득
4. 이미 소유하고 있는 특정증권등의 권리행사로 인한 주식의 취득
5. 증권시장에서 허용되는 최소단위 미만의 매매
6. 국민연금기금, 공무원연금기금, 사립학교교직원연금기금의 관리나 운용을 위한 매매로서 다음 각 목의 요건을 모두 갖춘 경우
   가. 발행인의 경영권에 영향을 주기 위한 것(영 제154조 제1항이 정하는 것)이 아닐 것
   나. 미공개중요정보의 이용을 방지하기 위하여 다음의 요건을 모두 갖춘 것으로 증권선물위원회가 의결로써 인정하는 경우. 이 경우 증권선물위원회는 내부통제기준의 적정성, 내부통제기준에 대한 준수 내용 등을 종합적으로 고려하여야 한다.
      1) 의결권 행사 및 이와 관련된 업무를 전담하는 부서(이하 수탁자책임 부서라 한다)와 특정증권등의 운용 관련 업무를 수행하는 부서(이하 운용부서라 한다) 간 독립적 구분
      2) 수탁자책임 부서와 운용 부서 간 사무공간 및 전산설비 분리
      3) 수탁자책임 부서가 업무 과정에서 알게 된 정보를 운용부서 또는 외부 기관에 부당하게 제공하는 행위의 금지 및 이를 위반한 임직원에 대한 처리 근거 마련
      4) 수탁자책임 부서가 운용부서 또는 외부 기관과 의결권 행사 또는 이와 관련된 업무에 관한 회의를 하거나 통신을 한 경우 그 회의 또는 통신에 관한 기록의 작성 및 유지
      5) 1)부터 4)까지의 사항을 포함하는 내부통제기준의 마련
7. 그 밖에 증권선물위원회가 의결로써 미공개중요정보를 이용할 염려가 없는 경우로 인정하는 경우
143) 헌법재판소 2002. 12. 18. 선고 99헌바105, 2001헌바48 결정.
144) 대법원 2004. 2. 13. 선고 2001다36580 판결.

(2) 구체적인 판단 사례

(가) 임원의 적대적 M&A 방어수단으로 주식매수 후 경영권양도 위한 주식매도

해석상의 예외사유를 처음으로 인정한 이 사건은 피고가 회사의 이사로서 주식을 매수한 이후 6개월 이전에 계열회사에게 경영권을 양도할 목적으로 주식을 매도하여 매도차익을 얻었으며, 이에 대해 증권선물위원회가 단기매매차익 반환명령을 내리자 피고는 회사의 주가하락 및 적대적 인수합병에 대한 방어책으로서 주식을 매수하였지만 경제위기 이후 백화점의 경영 약화로 인하여 부득이 금강개발에게 원고 회사의 경영권을 양도하기 위한 수단으로 주식을 매도하였다고 항변하였으나 대법원은 단기매매차익 반환을 인정하였다.[145] 대법원은 이와 같은 주식매수와 매도 이유만으로는 객관적으로 내부정보의 이용가능성이 전혀 없는 유형의 거래에는 해당하지 않는다고 보았다.

(나) 주요주주의 적대적 인수 시도 좌절 후 주식매도

이 사건[146]에서 피고는 기존 대주주인 경영진의 지분이 낮아 경영권 인수를 목적으로 지분을 10% 이상 인수한 후 기존 대주주와 경영권양도에 관한 협상을 벌였지만 실패하고, 또한 적대적 경영권인수를 위해 이사선임 시도를 하였지만 실패하자 주식매수 후 6개월 이전에 주식을 모두 매도하였다. 이 사건에서 대법원은 적대적 기업인수를 시도하던 자가 주요주주가 된 후에 대상회사 경영진의 저항에 부딪혀 인수를 단념하고 대량으로 취득한 주식을 공개시장에서 처분한 경우에는 단기매매차익의 반환책임이 있다고 하였다.

대법원은 "피고가 대량 취득하였던 주식을 매도한 것은 비록 계속 보유할 경우의 경제적 손실을 회피하기 위한 동기에서 비롯된 것이었다 할지라도 스스로 경제적 이해득실을 따져본 후 임의로 결정한 다음 공개시장을 통하여 매도한 것으로 보여질 뿐 비자발적인 유형의 거래로 볼 수 없을 뿐만 아니라, 적대적 주식대량매수자와 회사 경영자가 서로 어느 정도 적대적인지는 개별 사안에 따라 다를 수 있고, 또한 같은 사안에서도 시기별로 차이가 있을 수 있으므로 그 적대적 관계성은 결국 개별 사안에서 각 시기별로 구체적 사정을 살펴본 이후에야 판단할 수 있는 사항이어서 피고가 적대적 주식대량매수자의 지위에서 주식을 거래하였다는 그 외형 자체 만으로 내부정보에의 접근가능성이 완전히 배제된다고 볼 수 없는 점을 고려하면 결국 내부정보에 대한 부당한 이용의 가능성이 전혀 없는 유형의 거래에는 해당하지 않는다"고 판시하였다.

(다) 정직처분 상태 직원의 주식매수

이 사건[147]에 대하여 제1심과 제2심 재판부는 모두 피고 직원이 정직처분을 받은 기간 동

---

145) 대법원 2004. 2. 13. 선고 2001다36580 판결.
146) 대법원 2004. 5. 28. 선고 2003다60396 판결.
147) 대법원 2008. 3. 13. 선고 2006다73218 판결.

안의 경우에는 직원으로서의 지위를 그대로 가지고 있다고 할지라도 출근이 금지되었을 뿐만 아니라 원고의 내부 전자메일을 전송받지 못하고 원고가 피고에게 지급한 일체의 업무용 도구 등도 사용하지 못하였으므로 객관적으로 내부정보의 이용가능성이 전혀 없는 경우에 해당한다고 판단하여 정직기간 동안 매매차익에 대하여는 회사의 단기매매차익 반환청구를 인정하지 않았다.

그러나 대법원은 피고인 직원에게 단기매매차익 반환책임을 인정하였다. 이 사건에서 피고는 회사로부터 인사상 불이익을 받았다는 이유로 회사와 대립하였으며, 요양신청과 휴직을 이유로 결근이 이어졌으며, 회사는 피고에게 무단결근을 이유로 무기정직의 징계처분을 내렸으며, 피고는 내부 전자메일도 전송받지 못하고 일체의 업무용 도구를 사용하지 못하였기 때문에 내부정보 이용가능성이 없다고 항변하였다.

그러나 대법원은 직원이 회사와 불화를 겪고 적대적이 되었으며, 실제로 내부정보에 대한 접근가능성도 인정하기 어려운 사실관계를 인정하면서도 "피고 스스로 경제적 이해득실을 따져본 후 임의로 결정한 다음 공개시장을 통하여 매수한 것으로 보여질 뿐 비자발적인 유형의 거래로 볼 수 없을 뿐만 아니라, 정직처분을 받은 자와 회사 경영자 등과의 관계가 우호적인지 적대적인지는 개별 사안에 따라 다를 수 있고 또한 같은 사안에 있어서도 시기별로 차이가 있을 수 있으므로 그 적대적 관계성은 결국 개별 사안에서 각 시기별로 구체적 사정을 살펴본 이후에야 판단할 수 있는 사항이어서, 피고가 정직처분을 받은 자의 지위에서 주식을 거래하였다는 그 외형 자체만으로부터 내부정보에의 접근 가능성이 완전히 배제된다고 볼 수는 없다고 판단하고, 정직처분 중의 거래도 내부정보에 대한 부당한 이용의 가능성이 전혀 없는 유형의 거래에는 해당하지 않는다"고 보아 단기매매차익의 반환책임을 인정하였다.

(라) 대법원의 입장

위의 세 판례에서 본 바와 같이 대법원은 내부정보의 이용가능성 기준을 정보의 실질적인 이용가능성이나 접근가능성이 아닌 자발적 거래 여부로 판단하고 있으며, 반환의무자가 주식거래를 함에 있어서 이익 여부에 대한 판단이 불가능한 경우에는 내부정보 이용가능성이 없는 비자발적 거래유형으로 단기매매차익 반환책임을 인정하지 않고 있다. 이와 같은 대법원의 입장은 단기매매차익 반환의 예외를 해석으로 인정하는 데 있어 매우 엄격하고 좁게 해석하는 태도이다.

Ⅵ. 단기매매차익의 반환절차

1. 반환청구권자

해당 법인은 임직원 또는 주요주주에게 단기매매차익을 법인에게 반환할 것을 청구할 수 있다(법172①). 청구권의 행사로 반환의무가 발생하므로 이 권리의 법적 성질은 형성권이다. 그러나 해당 법인의 주주(주권 외의 지분증권 또는 증권예탁증권을 소유한 자를 포함)는 그 법인으로 하여금 단기매매차익을 얻은 자에게 단기매매차익의 반환청구를 하도록 요구할 수 있으며, 그 법인이 그 요구를 받은 날부터 2개월 이내에 그 청구를 하지 아니하는 경우에는 그 주주는 그 법인을 대위하여 그 청구를 할 수 있다(법172②). 이 경우 주주의 자격에는 제한이 없으므로 상법상 주주대표소송과는 달리 1주를 보유하였더라도 청구할 수 있으며, 보유기간의 제한도 없기 때문에 거래 당시에 주주임을 요하지 않으며, 회사가 반환청구를 할 수 있을 시점에 주주이면 충분하고, 단기매매차익이 발생한 기간에 주주였을 것을 요구하지 않는다. 또한 이 반환청구권은 의결권과도 관계가 없으므로 무의결권주식을 소유하고 있는 주주도 대위청구를 할 수 있다.[148]

해당 법인의 반환청구권의 행사는 반드시 소송에 의할 필요는 없으며, 주주의 대위청구도 마찬가지이다. 임직원 또는 주요주주에게 소송 외에서 반환청구를 하고, 임직원 또는 주요주주가 이에 응하지 않으면 소송을 제기할 필요가 있을 것이다.

2. 증권선물위원회의 통보와 공시

증권선물위원회는 단기매매차익의 발생사실을 알게 된 경우에는 해당 법인에 이를 통보하여야 한다(법172③ 전단). 이 경우 그 법인은 통보받은 내용을 "대통령령으로 정하는 방법"에 따라 인터넷 홈페이지 등을 이용하여 공시하여야 한다(법172③ 후단).

여기서 "대통령령으로 정하는 방법"이란 ⅰ) 단기매매차익을 반환해야 할 자의 지위[임원 (상법 제401조의1 제1항 각호의 업무집행관여자를 포함), 직원 또는 주요주주], ⅱ) 단기매매차익 금액 (임원별·직원별 또는 주요주주별로 합산한 금액), ⅲ) 증권선물위원회로부터 단기매매차익 발생사실을 통보받은 날, ⅳ) 해당 법인의 단기매매차익 반환청구 계획, ⅴ) 해당 법인의 주주(주권 외의 지분증권이나 증권예탁증권을 소유한 자를 포함)는 그 법인으로 하여금 단기매매차익을 얻은 자에게 단기매매차익의 반환청구를 하도록 요구할 수 있으며, 그 법인이 요구를 받은 날부터 2개월 이내에 그 청구를 하지 아니하는 경우에는 그 주주는 그 법인을 대위(代位)하여 청구를 할

---

148) 고창현(1999), "증권거래법상 단기차익반환의무", 인권과 정의(1999. 9), 75쪽.

수 있다는 뜻이 지체 없이 공시되도록 하는 것을 말한다(영197).

3. 주주의 승소와 소송비용청구

법인을 대위하여 소송을 제기한 주주가 승소한 경우에는 그 주주는 회사에 대하여 소송비용, 그 밖에 소송으로 인한 모든 비용의 지급을 청구할 수 있다(법172④).

4. 청구권 행사기간

해당 법인 또는 주주의 반환청구권은 이익을 취득한 날부터 2년 이내에 행사하지 아니한 경우에는 소멸한다(법172⑤). 이 기간은 제척기간이다. 이익을 취득한 날이란 매도 또는 매수의 후행행위가 있은 날을 뜻한다.

5. 반환이익의 귀속

해당 법인의 반환청구 또는 주주의 대위청구로 반환된 이익은 회사에 귀속된다.[149] 회사는 내부자거래로 인한 직접적인 피해자가 아님에도 불구하고 그 이익을 회사에 귀속시키는 것은 내부자가 그 이익을 향유하도록 해서는 안 되고 내부자의 정보취득은 회사의 비용부담하에 이루어진다고 할 수 있으며, 내부자거래로 인한 회사의 대외적 신용의 손상에 대한 보상의 의미도 가질 수 있기 때문이다.[150]

Ⅶ. 단기매매차익의 산정방법

1. 개요

단기매매차익의 산정방법은 가중평균법, 선입선출법, 최저가·최고가대비법 등이 있다. 우

---

149) 대법원 2016. 03. 24. 선고 2013다210374 판결(자본시장법 제172조 제1항 후문, 동법 시행령 제195조 제1항, 제6항, "단기매매차익 반환 및 불공정거래 조사·신고 등에 관한 규정" 등과 아울러, 단기매매차익 반환제도의 입법목적, 양도소득세는 양도차익에 과세되는 직접세로서 단기매매차익을 반환하여야 하는 모든 주식 등의 거래에서 필연적으로 발생하거나 수반하는 거래세 내지 거래비용으로 볼 수 없는 점, 내부자가 단기매매차익을 모두 반환함으로써 납부한 양도소득세 상당의 손실을 입게 되더라도 이는 단기매매차익 반환제도에 기인한 것이 아니라 양도소득세 관련 법령이 적용된 결과인 점 등을 고려하면, 주권상장법인의 내부자가 6개월 이내에 그 법인의 주식 등을 매수한 후 매도하거나 매도한 후 매수한 경우에 그 매도에 따른 양도소득세를 납부하더라도 반환할 단기매매차익을 산정할 때에 양도소득세를 공제하여야 한다고 볼 수 없고, 양도소득세의 공제를 규정하지 않은 자본시장법 시행령 제195조 제1항이 자본시장법 제172조 제1항의 위임범위를 넘어선 것이거나 기본권의 제한에 관한 과잉금지의 원칙에 반하여 헌법 제23조가 보장하는 재산권을 침해하는 것이라고 볼 수도 없다).
150) 이철송(2009), 371쪽.

리나라의 경우 1997년 4월 증권거래법 개정 이전에는 법령의 규정이 아닌 증권관리위원회(현 증권선물위원회)가 규정을 두어 매매차익 산정방법을 적용하고 있었다. 당시 증권관리위원회(현 증권선물위원회)는 처음에는 선입선출법을 사용하다가가 후에 최저가·최고가 대비법[151]을 적용하고 있었다. 그 후 단기차익 산정기준을 법령에서 명확히 해야 한다는 지적에 따라 1997년 4월 개정 증권거래법에서 적용이 용이한 가중평균법을 채택하였다. 그러나 2000년 9월 8일 증권거래법 개정으로 종래의 가중평균법 대신 선입선출법을 채택하였다. 자본시장법은 선입선출법의 그대로 수용하고 있다.

가중평균법에서는 거래량으로 가중평균한 매수단가와 매도단가의 차액에 매매일치수량(매수수량과 매도수량 중 적은 수량)을 곱한 금액을 매매차익으로 산정한다. 이 방식은 평균매매단가를 산정하는 경우 차손부분이 단가에 반영된다(차익＋차손). 따라서 전체적으로 차익발생시에만 반환한다. 그러나 선입선출법에서는 가장 시기가 이른 매수와 매도를 순차적으로 대비하여 그 차액에 매매일치수량을 곱한 금액을 매매차익으로 산정한다. 이 방식은 차손이 발생한 부분을 포함시키지 않고 차익부분만을 포함시킨다. 따라서 매매차익이 가중평균법보다 크게 나올 가능성이 많다. 선입선출법에서는 전체적으로 차손이 발생한 경우에도 반환하게 된다.

자본시장법은 이익의 산정기준·반환절차 등에 관하여 필요한 사항은 대통령령으로 정한다(법172①)고 규정하고 있고, 이에 따라 시행령 제195조는 단기매매차익의 산정방법을 규정하고 있으며, 특히 단기매매차익 계산의 구체적인 기준과 방법 등 필요한 세부사항은 증권선물위원회가 정하여 고시한다고 규정하고 있다.

2. 이익의 계산방법

(1) 1회의 매매

해당 매수(권리 행사의 상대방이 되는 경우로서 매수자의 지위를 가지게 되는 특정증권등의 매도를 포함) 또는 매도(권리를 행사할 수 있는 경우로서 매도자의 지위를 가지게 되는 특정증권등의 매수를 포함) 후 6개월(초일 산입) 이내에 매도 또는 매수한 경우에는 매도단가에서 매수단가를 뺀 금액에 매수수량과 매도수량 중 적은 수량("매매일치수량")을 곱하여 계산한 금액에서 해당 매매일치수량분에 관한 매매거래수수료와 증권거래세액 및 농어촌특별세액을 공제한 금액을 이익으로 계산하는 방법. 이 경우 그 금액이 0원 이하인 경우에는 이익이 없는 것으로 본다(영195①(1)).

즉 단기매매차익 ＝ (매도단가-매수단가) × 매매일치수량 - (매매거래수수료 + 증권거래 세

---

[151] 매수분은 최저가부터 매도분은 최고가부터 순차적으로 대비시켜 차액을 합산하는 방식이다. 이 방식은 미국이 채택하고 있는 방식이다. 일본은 선입선출법을 채택하고 있다.

액 등) 이익을 산정하기 위해서는 매수와 매도(매도와 매수)의 수량이 일치하는 범위에서 차익을 계산하여야 하기 때문에 매수와 매도 중 적은 수량을 기준으로 차액을 계산하게 된다. 매매차익의 경우 매수 후 6개월 이내에 매도에 의한 이익만을 생각하기 쉬우나 매도 후 6개월 이내에 매수에 의한 이익도 해당함을 유의할 필요가 있다.

(2) 2회 이상의 매매: 선입선출법

해당 매수 또는 매도 후 6개월 이내에 2회 이상 매도 또는 매수한 경우에는 가장 시기가 빠른 매수분과 가장 시기가 빠른 매도분을 대응하여 제1호에 따른 방법으로 계산한 금액을 이익으로 산정하고, 그 다음의 매수분과 매도분에 대하여는 대응할 매도분이나 매수분이 없어질 때까지 같은 방법으로 대응하여 제1호에 따른 방법으로 계산한 금액을 이익으로 산정하는 방법이다. 이 경우 대응된 매수분이나 매도분 중 매매일치수량을 초과하는 수량은 해당 매수 또는 매도와 별개의 매수 또는 매도로 보아 대응의 대상으로 한다(영195①(2)).

3. 종류나 종목이 다른 경우의 계산방법

위에서 살펴본 법 제1항 제1호 및 제2호에 따라 이익을 계산하는 경우 매수가격·매도가격은 특정증권등의 종류 및 종목에 따라 다음에서 정하는 가격으로 한다(영195②).

(1) 매수 특정증권등과 매도 특정증권등이 종류는 같으나 종목이 다른 경우(제1호)

매수 후 매도하여 이익을 얻은 경우에는 매도한 날의 매수 특정증권등의 최종가격을 매도 특정증권등의 매도가격으로 하고, 매도 후 매수하여 이익을 얻은 경우에는 매수한 날의 매도 특정증권등의 최종가격을 매수 특정증권등의 매수가격으로 한다.

이는 보통주와 우선주, 일반사채와 전환사채·신주인수권부사채·이익참가부사채 등 주식관련사채는 같은 주식 또는 같은 사채로서 그 종류는 같으나 종목이 다른 경우로 보아 단기매매차익을 계산하는 규정이다. 따라서 여기서 종류는 같으나 종목이 다른 경우라 함은 보통주 매수 후 우선주 매도(또는 보통주 매도 후 우선주 매수) 또는 일반사채 매수 후 전환사채 매도(또는 일반사채 매도 후 전환사채 매수) 등을 말한다.

예를 들면 3월 3일 보통주를 10,000주 매수(이 시점에 보통주의 주가는 1,000원, 우선주의 주가는 700원)한 후 3월 10일 우선주 5,000주를 매도(이 시점에 보통주의 최종가격은 1,100원, 우선주의 주가는 800원)하였다. 이 경우 단기매매차익 = (1,100원 - 1,000원) × 5,000주 = 50,000원이다. 즉 단기매매차익은 매수한 보통주의 환산 매도가격인 1,100원에서 매수한 보통주의 매수가격인 1,000원을 뺀 금액에 매매일치수량인 5,000주를 곱하여 계산하게 된다.

(2) 매수 특정증권등과 매도 특정증권등이 종류가 다른 경우(제2호)

지분증권 외의 특정증권등의 가격은 당해 특정증권등의 매매일의 당해 특정증권등의 권리행사의 대상이 되는 지분증권의 종가로 한다(영195②(2), 단기매매차익 반환 및 불공정거래 조사·신고 등에 관한 규정6①). 즉 환산가격은 당해 특정증권등의 매매일에 특정증권등의 권리행사의 대상이 되는 기초증권의 종가로 하는 것이다.

이 경우 그 수량의 계산은 당해 특정증권등의 매매일에 당해 특정증권등의 권리행사가 이루어진다면 취득할 수 있는 것으로 환산되는 지분증권의 수량으로 한다. 이 경우 환산되는 지분증권의 수량 중 1주 미만의 수량은 절사한다(영195③항, 단기매매차익 반환 및 불공정거래 조사·신고 등에 관한 규정6②). 즉 환산수량은 당해 특정증권등의 매매일에 당해 특정증권등의 권리행사가 이루어진다면 취득할 수 있는 것으로 환산되는 기초증권의 수량으로 하는 것이다. 다시 말하면 종류가 다른 증권 간의 매매거래가 있는 경우에는 가격과 수량을 기초증권으로 환산하도록 하고 있다.

4. 권리락·배당락 또는 이자락 등이 있는 경우

시행령 제195조 제1항부터 제3항까지의 규정에 따라 이익을 계산하는 경우에 매수 또는 매도 후 특정증권등의 권리락·배당락 또는 이자락, 그 밖에 이에 준하는 경우로서 자본의 증감, 합병, 배당, 주식분할, 주식병합의 사유가 있는 경우에는 이를 고려하여 환산한 가격 및 수량을 기준으로 이익을 계산한다(영195④, 단기매매차익 반환 및 불공정거래 조사·신고 등에 관한 규정7①). 주식의 매수 또는 매도 후 주식의 권리락 또는 배당락이 있은 때에는 별지산식에 따라 환산한 매매단가 및 수량을 기준으로 하여 단기매매차익을 계산한다(단기매매차익 반환 및 불공정거래 조사·신고 등에 관한 규정7②).[152)]

---

152) 단기매매차익 반환 및 불공정거래 조사·신고 등에 관한 (별지산식) "매매단가 및 수량의 환산기준"
  1. 자본의 증가
    가. 주식을 매수한 후 자본의 증가에 따라 배정된 신주를 취득한 경우
      • 매수단가 = 주식의 매수가격 + (1주당 납입액 × 1주당 배정비율)/ 1 + 1주당 배정비율
      • 매수수량 = 매수주식의 수량 + 배정신주의 수량
    나. 주식을 매도한 후 자본의 증가에 따라 배정된 신주발행이 이루어진 경우
      • 매도단가 = 주식의 매도가격 + (1주당 납입액 × 1주당 배정비율)/1 + 1주당 배정비율
      • 매도수량 = 매도주식의 수량 + 배정신주의 수량
  2. 합 병
    가. 매수한 주식을 발행한 회사의 합병에 따라 합병회사(존속 또는 신설회사)로부터 신주를 취득한 경우
      • 매수단가 = 합병전 주식의 매수가격 × 합병비율
      • 매수수량 = 합병에 의하여 취득한 신주의 수량
    나. 매수후 매도한 주식을 발행한 회사의 합병이 이루어진 경우
      • 매도단가 = 합병전 주식의 매도가격 × 합병비율
      • 매도수량 = 매도주식에 대하여 배정된 신주의 수량
  3. 배 당
    가. 주식을 매수하여 배당받을 권리를 취득한 경우
      • 매수단가 = (주식의 매수가격 - 1주당 현금배당액) / 1 + 주식배당률

그리고 단기매매차익을 산정하는 경우에는 무상증자 또는 배당에 대한 세금과 기타 매매와 관련한 미수연체이자, 신용이자 등은 고려하지 아니한다(단기매매차익 반환 및 불공정거래 조사·신고 등에 관한 규정7④).

5. 다수계좌에 의한 매매거래

동일인이 자기의 계산으로 다수의 계좌를 이용하여 매매한 경우에는 전체를 1개의 계좌로 본다(단기매매차익 반환 및 불공정거래 조사·신고 등에 관한 규정7③)

Ⅷ. 위반시 제재

1. 행정제재

증권선물위원회는 자본시장법 또는 자본시장법에 따른 명령이나 처분을 위반한 사항이 있거나 투자자 보호 또는 건전한 거래질서를 위하여 필요하다고 인정되는 경우에는 관계자에게 참고가 될 보고 또는 자료의 제출을 명하거나 금융감독원장에게 장부·서류, 그 밖의 물건을 조사하게 할 수 있다(법426①).

증권선물위원회는 위의 조사 결과 보고의무 위반자에게 시정명령, 경고, 주의, 법을 위반한 경우에는 고발 또는 수사기관에의 통보, 다른 법률을 위반한 경우에는 관련 기관이나 수사기관에의 통보, 그 밖에 금융위원회가 자본시장법 및 동법 시행령, 그 밖의 관련 법령에 따라

- 매수수량 = 매수주식의 수량 + 배당신주의 수량

나. 주식을 매도한 후 배당이 이루어진 경우
- 매도단가 = (주식의 매도가격 - 1주당 현금배당액) / 1 + 주식배당률
- 매도수량 = 매도주식의 수량 + 배당신주의 수량

다. 당해주식이 배당락된 후 배당이 확정되기 전에는 직전사업연도의 배당률을 적용

4. 주식분할

가. 매수한 주식의 액면분할에 따라 신주를 취득한 경우
- 매수단가 = 분할전 주식의 매수가격 × 분할후 액면가액 / 분할전 액면가액
- 매수수량 = 분할에 의하여 취득한 신주의 수량

나. 매도한 후 주식의 액면분할이 이루어진 경우
- 매도단가 = 분할전 주식의 매도가격 × 분할후 액면가액 / 분할전 액면가액
- 매도수량 = 매도주식에 대하여 배정된 신주의 수량

5. 주식병합

가. 매수한 주식의 액면병합에 따라 신주를 취득한 경우
- 매수단가 = 병합전 주식의 매수가격 × 병합후 액면가액 / 병합전 액면가액
- 매수수량 = 병합에 의하여 취득한 신주의 수량

나. 매도한 후 주식의 액면병합이 이루어진 경우
- 매도단가 = 병합전 주식의 매도가격 × 병합후 액면가액 / 병합전 액면가액
- 매도수량 = 매도주식에 대하여 배정된 신주의 수량

취할 수 있는 조치를 할 수 있다(법426⑤, 영376①(11)).

2. 형사제재

증권선물위원회는 자본시장법 또는 자본시장법에 따른 명령이나 처분을 위반한 사항이 있거나 투자자 보호 또는 건전한 거래질서를 위하여 필요하다고 인정되는 경우에는 관계자에게 참고가 될 보고 또는 자료의 제출을 명하거나 금융감독원장에게 장부·서류, 그 밖의 물건을 조사하게 할 수 있다(법426①). 그런데 증권선물위원회는 위의 조사를 위하여 관계자에게 ⅰ) 조사사항에 관한 사실과 상황에 대한 진술서의 제출(제1호), ⅱ) 조사사항에 관한 진술을 위한 출석(제2호), ⅲ) 조사에 필요한 장부·서류, 그 밖의 물건의 제출(제3호)을 요구할 수 있는데(법426②), 증권선물위원회의 위 조사요구에 불응한 자는 3년 이하의 징역 또는 1억원 이하의 벌금에 처한다(법445(48)).

제6절 임원 등의 특정증권등 소유상황 보고의무

Ⅰ. 서설

1. 의의

주권상장법인의 임원 또는 주요주주는 임원 또는 주요주주가 된 날부터 5일(대통령령으로 정하는 날은 산입하지 아니한다) 이내에 누구의 명의로 하든지 자기의 계산으로 소유하고 있는 특정증권등의 소유상황을, 그 특정증권등의 소유상황에 변동이 있는 경우(대통령령으로 정하는 경미한 소유상황의 변동¹⁵³⁾은 제외)에는 그 변동이 있는 날부터 5일까지 그 내용을 대통령령으로 정

---

153) "대통령령으로 정하는 경미한 소유상황의 변동"이란 증권선물위원회가 정하여 고시하는 바에 따라 산정된 특정증권등의 변동 수량이 1천주 미만이고, 그 취득 또는 처분금액이 1천만원 미만인 경우를 말한다. 다만, 직전 보고일 이후 증권선물위원회가 정하여 고시하는 바에 따라 산정된 특정증권등의 변동 수량의 합계가 1천주 이상이거나 그 취득 또는 처분금액의 합계액이 1천만원 이상인 경우는 제외한다(영200⑤).
[단기매매차익 반환 및 불공정거래 조사·신고 등에 관한 규정] 제9조의2(경미한 소유상황 변동의 수량 및 금액 산정방법) ① 영 제200조 제5항에서 "증권선물위원회가 정하여 고시하는 바에 따라 산정된 특정증권등의 변동 수량"은 다음의 구분에 따라 계산한 수로 한다.
1. 주권인 경우: 그 주식의 수
2. 주권이 아닌 특정증권등인 경우: 당해 특정증권등의 취득 또는 처분일에 당해 특정증권등의 권리행사가 이루어진다면 취득 또는 처분할 수 있는 것으로 환산되는 주권의 수량
② 영 제200조 제5항에서 "증권선물위원회가 정하여 고시하는 바에 따라 산정된 특정증권등의 취득 또는 처분금액"은 다음의 구분에 따라 계산한 수로 한다.

하는 방법에 따라 각각 증권선물위원회와 거래소에 보고하여야 한다(법173① 전단). 이 경우 대통령령으로 정하는 부득이한 사유154)에 따라 특정증권등의 소유상황에 변동이 있는 경우와 전문투자자 중 대통령령으로 정하는 자155)에 대하여는 그 보고 내용 및 시기를 대통령령으로 달리 정할 수 있다(법173① 후단).

2. 제도적 취지

자본시장법은 상장법인의 임원 또는 주요주주로 하여금 발행회사 주식의 소유상황 및 변동상황을 공시하게 함으로써 내부자거래규제의 실효성을 담보하고 있다. 임원 또는 주요주주는 일반인에게 공개되지 아니한 미공개정보를 이용하여 발행회사의 특정증권등을 거래함으로써 부당이득을 취할 가능성이 크므로 해당 법인의 특정증권등의 소유상황 및 변동내용을 공시하도록 하고 있다. 이 제도는 단기매매차익 반환제도가 임원 또는 주요주주에 의해 이루어지는 해당 법인의 주식 등의 매매상황이 명백히 알려지지 않으면 제 기능을 발휘할 수 없기 때문에 단기매매차익 반환제도의 실효성을 확보하는 기능도 수행한다. 또한 간접적으로는 공정한 M&A 장치로서의 기능도 수행하고 있다.

Ⅱ. 내용

1. 보고대상증권

임원 또는 주요주의 보고대상증권인 특정증권등은 내부자거래의 규제대상인 특정증권등과 동일하다.

2. 보고의무자

보고의무자는 당해 법인과의 관계에서 내부정보를 이용할 수 있는 지위에 있는 자인 임원 또는 주요주주에 한정된다. 내부자거래규제는 직원에게 적용되나, 특정증권등의 소유상황보고

---

1. 주권인 경우: 그 주식의 취득 또는 처분 금액
2. 주권이 아닌 특정증권등인 경우: 당해 특정증권등의 취득 또는 처분일의 당해 특정증권등의 권리행사의 대상이 되는 주권의 종가에 당해 특정증권등의 권리행사가 이루어진다면 취득 또는 처분할 수 있는 것으로 환산되는 주권의 수량을 곱한 금액
154) "대통령령으로 정하는 부득이한 사유"란 다음의 어느 하나에 해당하는 사유를 말한다(영200⑥).
　　1. 주식배당, 2. 준비금의 자본전입, 3. 주식의 분할 또는 병합, 4. 자본의 감소
155) "대통령령으로 정하는 자"란 다음의 어느 하나에 해당하는 자로서 특정증권등의 보유 목적이 해당 법인의 경영권에 영향을 주기 위한 것(제154조 제1항에 따른 것)이 아닌 자를 말한다(영200⑦).
　　1. 제10조 제1항 제1호·제2호의 어느 하나에 해당하는 자
　　2. 제10조 제3항 제1호부터 제14호까지(제5호 및 제13호는 제외)의 어느 하나에 해당하는 자

에서 직원은 제외된다.

임원은 이사156) 및 감사, 상법 제401조의2 제1항의 업무집행관여자를 말한다. 계열회사의 임원은 등기 여부를 불문하고 보고의무자가 아니다. 대량보유보고(5%룰)의 경우 보고의무자가 법인 기타 단체인 경우 특수관계인의 범위에 "당해 법인의 계열회사 및 그 임원"이 포함되기 때문에 특정증권등 소유상황 보고의무자에도 계열회사의 임원이 해당된다고 생각하기 쉬우나 보고의무자가 아니다.

자본시장법은 누구의 명의로 하든지 자기의 계산으로 소유하고 있는 경우에 보고의무를 부과하고 있다. 이것은 현실적으로 주식의 보유 또는 거래가 타인 명의(차명계좌)로 이루어지는 경우가 많은 점을 고려한 것이다. 따라서 주식의 명의자에 상관없이 실명계좌와 차명계좌가 있을 경우에는 이를 합산하여 주요주주 여부를 판단한다.157)

3. 보고내용

임원 또는 주요주주의 보고내용은 누구의 명의로 하든지 자기의 계산으로 소유하고 있는 해당 법인의 특정증권등의 소유상황을, 그 특정증권등의 소유상황에 변동이 있는 경우에는 그 내용을 보고하여야 한다(법173①). 주권상장법인의 임원 또는 주요주주는 특정증권등의 소유상황과 그 변동의 보고를 하는 경우에는 보고서에 ⅰ) 보고자, ⅱ) 해당 주권상장법인, ⅲ) 특정증권등의 종류별 소유현황 및 그 변동에 관한 사항을 기재하여야 한다(영200②).

대량보유상황보고(5%룰)의 경우와 달리 의결권 유무를 불문하고, 이미 발행한 특정증권등만이 보고의 대상이 된다.

4. 보고시기

(1) 보고기한

(가) 신규보고

임원 또는 주요주주는 최초로 임원 또는 주요주주가 되었을 때 특정증권등의 소유상황을 임원 또는 주요주주가 된 날부터 5일 이내에 보고하여야 하는데, 5일에는 공휴일, 근로자의 날,

---

156) Y는 2014. 3. 29. A사의 등기이사로 선임된 자로, 2014. 3. 9. 매수하여 기보유하고 있던 동사의 주식 9,590주에 대한 소유상황보고의무를 이행하지 않아 임원 등의 특정증권 등 소유상황 보고의무를 1회 위반하였으며, 2014. 6. 9.~10. 13.기간 중 A사의 주식을 매매하여 7회의 변동상황 보고의무가 발생하였음에도 보고의무를 이행하지 않는 등 임원 등의 특정증권 등 변동상황 보고의무를 총 8회 위반한 사실이 있어 제재를 받았다.

157) A사 주요주주 겸 전 대표이사인 B는 1997. 10. 16.~2019. 4. 9. 기간 중 본인 소유의 A사 주식을 차명으로 소유하였음에도, 2016. 11. 30. 및 2018. 1. 19. 제출한 A사 주식등에 대한 "소유주식 상황보고서"에 차명주식 각각 151,338주, 151,207주를 본인 소유주식에 합산하지 않고 거짓기재하여 제재를 받았다.

토요일은 산입되지 않는다(법173①, 영200①).

예를 들면 2020년 5월 4일에 임원이 된 경우나 증권시장에서 주식을 취득하여 주요주주가 된 경우에는 보고의무 발생일인 5월 4일, 공휴일인 5월 5일 및 5월 10일, 토요일인 5월 9일을 제외하고 5일째가 되는 날인 5월 12일까지 보고하여야 한다.

(나) 변동보고

특정증권등의 소유상황에 변동이 있는 경우에는 그 변동이 있는 날부터 5일까지 그 내용을 보고하여야 한다. 이 경우에도 5일에는 공휴일, 근로자의 날, 토요일은 산입되지 않는다(법173①).

임원으로 선임될 시점에 주식을 소유하지 않은 경우 신규보고의무가 없으며, 향후 주식을 취득하게 되는 경우에는 취득한 날로부터 5일 이내에 변동보고서를 제출하여야 한다. 또한 임원의 지위에서 퇴임할 시점에 주식수의 변동이 없더라도 보고서상의 세부변동내역에 임원퇴임을 표기하여 별도로 보고하여야 한다. 이 경우 1주라도 변동이 있는 경우에는 변동내용을 변동일로부터 5일 이내에 보고하여야 한다.

(2) 보고기준일(보고의무 발생일)

(가) 신규보고

주권상장법인의 임원 또는 주요주주가 특정증권등의 소유상황을 보고하여야 하는 경우에 그 보고기간의 기준일은 다음과 같다(영200③).

1. 주권상장법인의 임원이 아니었던 자가 해당 주주총회에서 임원으로 선임된 경우: 그 선임일
2. 상법 제401조의2 제1항 각 호의 자인 경우: 해당 지위를 갖게 된 날
3. 주권상장법인이 발행한 주식의 취득 등으로 해당 법인의 주요주주가 된 경우: 그 취득 등을 한 날
4. 주권비상장법인이 발행한 주권이 증권시장에 상장된 경우: 그 상장일
5. 주권비상장법인의 임원 또는 주요주주가 합병, 분할합병 또는 주식의 포괄적 교환·이전으로 주권상장법인의 임원이나 주요주주가 된 경우: 그 합병, 분할합병 또는 주식의 포괄적 교환·이전으로 인하여 발행된 주식의 상장일

(나) 변동보고

주권상장법인의 임원이나 주요주주가 그 특정증권등의 소유상황의 변동을 보고하여야 하는 경우의 그 변동일은 다음과 같다(영200④).

1. 증권시장(다자간매매체결회사에서의 거래를 포함)이나 파생상품시장에서 특정증권등을 매매한 경우에는 그 결제일

2. 증권시장이나 파생상품시장 외에서 특정증권등을 매수한 경우에는 대금을 지급하는 날과 특정증권등을 인도받는 날 중 먼저 도래하는 날

3. 증권시장이나 파생상품시장 외에서 특정증권등을 매도한 경우에는 대금을 수령하는 날과 특정증권등을 인도하는 날 중 먼저 도래하는 날

4. 유상증자로 배정되는 신주를 취득하는 경우에는 주금납입일의 다음날

5. 특정증권등을 차입하는 경우에는 그 특정증권등을 인도받는 날, 상환하는 경우에는 그 특정증권등을 인도하는 날

6. 특정증권등을 증여받는 경우에는 그 특정증권등을 인도받는 날, 증여하는 경우에는 그 특정증권등을 인도하는 날

7. 상속으로 특정증권등을 취득하는 경우로서 상속인이 1인인 경우에는 단순승인이나 한정승인에 따라 상속이 확정되는 날, 상속인이 2인 이상인 경우에는 그 특정증권등과 관계되는 재산분할이 종료되는 날

8. 제1호부터 제7호까지 외의 경우에는 민법·상법 등 관련 법률에 따라 해당 법률행위 등의 효력이 발생하는 날

위 제1호의 장내매매거래의 경우에는 결제일이 보고의무 발생일인데, 대량보유상황보고 (5% 룰)의 경우는 계약체결일이 기준임을 유의하여야 한다.

(다) 변동보고기간의 예외

주권상장법인의 임원 또는 주요주주는 대통령령으로 정하는 부득이한 사유로 특정증권등의 소유상황에 변동이 있는 경우 그 변동이 있었던 달의 다음 달 10일까지 그 변동내용을 보고할 수 있다(영200⑧). 전문투자자 중 대통령령으로 정하는 자는 특정증권등의 소유상황에 변동이 있는 경우 ⅰ) 단순투자 목적인 경우에는 그 변동이 있었던 분기의 마지막 달의 다음 달 10일까지, ⅱ) 단순투자 목적이 아닌 경우에는 그 변동이 있었던 달의 다음 달 10일까지 그 변동내용을 보고할 수 있다(영200⑨).

5. 보고절차와 첨부서류

시행령 제200조 제2항부터 제9항까지에서 규정한 사항 외에 제2항에 따른 보고서의 서식과 작성방법 등에 관하여 필요한 사항은 증권선물위원회가 정하여 고시한다(영200⑩).

특정증권등의 소유상황을 보고하는 경우 매매보고서 그 밖에 취득 또는 처분을 증명할 수 있는 자료를 첨부하여야 한다(단기매매차익 반환 및 불공정거래 조사·신고 등에 관한 규정9).

6. 보고서의 비치 및 공시

증권선물위원회와 거래소는 특정증권등 소유상황 및 변동에 관한 보고서를 3년간 갖추어

두고, 인터넷 홈페이지 등을 이용하여 공시하여야 한다(법173②).

Ⅲ. 위반시 제재

1. 행정제재

증권선물위원회는 법 제426조 제1항의 조사 결과 보고의무 위반자에게 시정명령, 경고, 주의, 법을 위반한 경우에는 고발 또는 수사기관에의 통보, 다른 법률을 위반한 경우에는 관련기관이나 수사기관에의 통보, 그 밖에 금융위원회가 자본시장법 및 동법 시행령, 그 밖의 관련법령에 따라 취할 수 있는 조치를 할 수 있다(법426⑤, 영376①(11).

2. 형사제재

증권선물위원회는 자본시장법 또는 자본시장법에 따른 명령이나 처분을 위반한 사항이 있거나 투자자 보호 또는 건전한 거래질서를 위하여 필요하다고 인정되는 경우에는 관계자에게 참고가 될 보고 또는 자료의 제출을 명하거나 금융감독원장에게 장부·서류, 그 밖의 물건을 조사하게 할 수 있다(법426①). 그런데 증권선물위원회는 위의 조사를 위하여 관계자에게 조사사항에 관한 사실과 상황에 대한 진술서의 제출 등을 요구할 수 있는데(법426②), 증권선물위원회의 위 조사요구에 불응한 자는 3년 이하의 징역 또는 1억원 이하의 벌금에 처한다(법 제445(48)).

그리고 특정증권등 소유상황이나 변동내용에 관한 보고를 하지 아니하거나 거짓으로 보고한 자는 1년 이하의 징역 또는 3천만원 이하의 벌금에 처한다(법446(31)).

Ⅳ. 대량보유보고의무와의 관계

자본시장법 제147조의 주식등의 대량보유상황보고의무제도(5%룰)와 제173조의 임원 등의 특정증권등 소유상황보고의무제도는 다음과 같은 차이가 있다. 실무상 착오가 일어나는 경우가 가끔 있으므로 주의를 요한다.

ⅰ) 전자는 기업지배권시장에서 지배권경쟁에 상황정보를 알려주는 것을 주된 목적으로 하며, 투자자를 보호하는 기능을 수행하고, 그 외에도 유통시장의 투명성을 높여 불공정거래를 방지하는 기능을 수행하지만, 후자는 내부자거래 규제의 실효성을 확보하기 위한 간접적인 제도로서 기능을 한다(기능 및 목적의 차이). ⅱ) 보고의무 주체의 경우 전자는 주식등을 5% 이상

보유하게 된 자이고, 후자는 임원 또는 주요주주이다(보고의무자의 차이). iii) 보고대상은 전자의 경우는 본인, 특별관계자, 공동보유자가 보유하는 주식등이고, 후자의 경우는 누구의 명의로 하든지 자기의 계산으로 소유하고 있는 특정증권등이다(보고대상증권의 차이). iv) 보고사유는 전자의 경우 주식등을 5% 이상 보유하게 된 경우(신규보고), 보유주식등이 1% 이상 변동한 경우(변동보고), 보유목적등이 변경된 경우(변경보고)이고, 후자는 임원 또는 주요주주가 된 경우(신규보고), 소유 특정증권등이 1주라도 변동된 경우(변동보고)이다(보고사유의 차이). v) 보고기한으로 전자는 신규보고, 변동보고 및 변경보고 모두 보고의무 발생일(보고기준일)로부터 5일 이내에 하여야 하고, 후자는 신규보고와 변동보고 모두 5일 이내이다(보고기한의 차이). vi) 보고할 기관으로 전자는 금융위원회이고, 후자는 증권선물위원회이다.

제4장

유통시장과 공시규제
(유통공시)

제1절 서론

Ⅰ. 유통시장공시의 의의와 분류

1. 유통시장공시의 의의

유통시장은 이미 발행된 증권이 투자자와 투자자 사이에서 거래되는 시장을 말한다. 따라서 유통시장은 회사가 새로운 자금을 조달할 수 있는 시장은 아니지만, 투자의 유동성을 제공함으로써 회사의 자금조달에 간접적으로 이바지한다. 투자자가 자신의 투자자금을 다시 쉽게 회수할 수 있는 유통시장이 없다면, 투자자들은 당초에 발행시장에 들어가는 것을 주저할지도 모른다. 이러한 의미에서 원활한 유통시장의 존재는 발행시장의 발달에 필수적인 조건이라고 할 수 있다.[1]

발행시장에서 증권의 발행이 완료되면 발행된 증권은 유통시장에서 다수의 투자자들 사이에 매매가 이루어지게 된다. 이 경우 매매되는 증권에 대한 정보는 1차적으로 발행시 제출된 증권신고서 등이 될 것이다. 그러나 시간이 흐르면 이러한 증권신고서 등은 정보의 가치가 점점 떨어지게 된다. 따라서 자본시장법은 공모가 종료된 이후에도 유통시장에서 거래되는 증권에 대하여 정보가 지속적으로 보충될 수 있도록 일정한 정보의 공시를 강제하고 있는데 이를 유통시장공시라고 한다.

---

1) 김건식·송옥렬(2001), 37쪽.

유통시장공시의 주된 목적은 증권의 현재 또는 미래의 투자자에게 기업의 경영활동과 관련된 정보를 충분히 공시하도록 함으로써 모든 투자자가 정보불균형이 없이 매매거래를 할 수 있도록 해 주는 것이며, 내부자 등이 미공개중요정보를 이용하여 불공정거래를 하는 것을 차단하기 위함이다.

2. 유통시장공시의 분류

유통시장공시는 크게 정기적으로 이루어지는 정기공시와 회사에 특별한 사항이 발생할 때마다 이루어지는 주요사항보고서와 수시공시, 그리고 투자자들 사이에 불공정한 정보비대칭이 발생하는 것을 방지하기 위해 도입된 공정공시가 있다.

유통시장공시는 자본시장법, 금융위원회의 규정인 증권발행공시규정과 한국거래소의 규정인 유가증권시장 공시규정, 코스닥시장 공시규정, 그리고 코넥스시장 공시규정에 의해 규제받고 있다.

Ⅱ. 유통시장의 구조

1. 거래소시장과 다자간매매체결회사

(1) 거래소시장

(가) 시장의 개설

1) 한국거래소

거래소시장은 증권의 거래가 이루어지는 구체적인 장소가 존재하는 시장이다. 우리나라에서는 한국거래소가 유일한 거래소시장이다. "거래소시장"이란 거래소가 개설하는 금융투자상품시장을 말하고(법8의2③), "거래소"란 증권 및 장내파생상품의 공정한 가격 형성과 그 매매, 그 밖의 거래의 안정성 및 효율성을 도모하기 위하여 금융위원회의 허가를 받아 금융투자상품시장을 개설하는 자를 말한다(법8의2②). "금융투자상품시장"이란 증권 또는 장내파생상품의 매매를 하는 시장을 말한다(법8의2①). 거래소시장은 ⅰ) 증권시장: 증권의 매매를 위하여 거래소가 개설하는 시장(제1호), ⅱ) 파생상품시장: 장내파생상품의 매매를 위하여 거래소가 개설하는 시장(제2호)으로 구분한다(법8의2④).

2) 거래소의 업무

거래소는 정관으로 정하는 바에 따라 다음의 업무를 행한다(법377① 본문). 다만, 제3호 및 제4호의 업무는 제378조에 따라 금융위원회로부터 청산기관 또는 결제기관으로 지정된 거래소로 한정한다(법377① 단서).

1. 거래소시장의 개설·운영에 관한 업무[2]
2. 증권 및 장내파생상품의 매매에 관한 업무
3. 증권 및 장내파생상품의 거래(다자간매매체결회사에서의 거래를 포함)에 따른 매매확인, 채무인수, 차감, 결제증권·결제품목·결제금액의 확정, 결제이행보증, 결제불이행에 따른 처리 및 결제지시에 관한 업무
4. 장내파생상품의 매매거래에 따른 품목인도 및 대금지급에 관한 업무
5. 증권의 상장에 관한 업무
6. 장내파생상품 매매의 유형 및 품목의 결정에 관한 업무
7. 상장법인의 신고·공시에 관한 업무
8. 증권 또는 장내파생상품 매매 품목의 가격이나 거래량이 비정상적으로 변동하는 거래 등 대통령령으로 정하는 이상거래[3]의 심리 및 회원의 감리에 관한 업무
9. 증권의 경매업무
10. 거래소시장 등에서의 매매와 관련된 분쟁의 자율조정(당사자의 신청이 있는 경우에 한한다)에 관한 업무
11. 거래소시장의 개설에 수반되는 부대업무
12. 금융위원회의 승인을 받은 업무
13. 그 밖에 정관에서 정하는 업무

거래소는 제1항 각 호의 업무 외에 다른 업무를 할 수 없다(법377② 본문). 다만, 다음의 어느 하나에 해당하는 경우에는 그러하지 아니하다(법377② 단서).

1. 자본시장법 또는 다른 법령에서 거래소가 운영할 수 있도록 한 업무를 행하는 경우
2. 금융투자상품거래청산업인가를 받아 금융투자상품거래청산업을 영위하는 경우

(나) 상장제도(상장규정)

상장이란 발행인의 신청에 의해 당해 증권에 대하여 거래소시장에서 거래될 수 있는 자격을

---

2) 거래소가 증권시장 또는 파생상품시장을 개설·운영하는 경우는 금융투자업으로 보지 아니한다(법7⑥(1)).
3) "대통령령으로 정하는 이상거래"란 증권시장(다자간매매체결회사에서의 증권의 매매거래를 포함)이나 파생상품시장에서 법 제174조·제176조·제178조·제178조의2 또는 제180조를 위반할 염려가 있는 거래 또는 행위로서 다음의 어느 하나에 해당하는 경우를 말한다. 이 경우 법 제404조에 따른 이상거래의 심리 또는 감리 중 발견된 법 제147조·제172조·제173조 또는 제173조의2 제2항을 위반할 염려가 있는 거래 또는 행위는 이상거래로 본다(영355).
  1. 증권 또는 장내파생상품 매매품목의 가격이나 거래량에 뚜렷한 변동이 있는 경우
  2. 증권 또는 장내파생상품 매매품목의 가격 등에 영향을 미칠 수 있는 공시·풍문 또는 보도 등이 있는 경우
  3. 그 밖에 증권시장 또는 파생상품시장에서의 공정한 거래질서를 해칠 염려가 있는 경우

부여하는 것을 말하며, 거래소에서 거래될 수 있는 자격을 얻은 증권을 상장증권이라고 한다.

거래소는 증권시장에 상장할 증권의 심사 및 상장증권의 관리를 위하여 증권상장규정("상장규정")을 정하여야 한다(법390① 전단). 이 경우 거래소가 개설·운영하는 둘 이상의 증권시장에 대하여 별도의 상장규정으로 정할 수 있다(법390①). 이에 따라 유가증권시장 상장규정, 코스닥시장 상장규정, 코넥스시장 상장규정이 제정·시행되고 있다.

(다) 매매거래제도(업무규정)

증권시장에서의 매매거래에 관하여 ⅰ) 매매거래의 종류 및 수탁에 관한 사항, ⅱ) 증권시장의 개폐·정지 또는 휴장에 관한 사항, ⅲ) 매매거래계약의 체결 및 결제의 방법(다만, 증권인도와 대금지급에 관한 것을 제외), ⅳ) 증거금(證據金)의 납부 등 매매거래의 규제에 관한 사항, ⅴ) 그 밖에 매매거래에 관하여 필요한 사항은 거래소의 증권시장업무규정으로 정한다(법393① 전단). 이 경우 거래소가 개설·운영하는 둘 이상의 증권시장에 대하여 별도의 증권시장업무규정으로 정할 수 있다(법393① 후단). 이에 따라 유가증권시장 업무규정, 코스닥시장 업무규정, 코넥스시장 업무규정이 제정·시행되고 있다.

(라) 공시제도(공시규정)

거래소는 주권, 그 밖에 대통령령으로 정하는 증권을 상장한 법인("주권등상장법인")의 기업내용 등의 신고·공시 및 관리를 위하여 주권등상장법인 공시규정("공시규정")을 정하여야 한다(법391① 전단). 이 경우 거래소가 개설·운영하는 둘 이상의 증권시장에 대하여 별도의 공시규정으로 정할 수 있다(법391① 후단). 이에 따라 유가증권시장 공시규정, 코스닥시장 공시규정, 코넥스시장 공시규정이 제정·시행되고 있다.

(2) 다자간매매체결회사

(가) 의의

"다자간매매체결회사(ATS)"란 정보통신망이나 전자정보처리장치를 이용하여 동시에 다수의 자를 거래상대방 또는 각 당사자로 하여 일정한 매매가격의 결정방법으로 증권시장에 상장된 주권, 그 밖에 대통령령으로 정하는 증권("매매체결대상상품")의 매매 또는 그 중개·주선이나 대리 업무("다자간매매체결업무")를 하는 투자매매업자 또는 투자중개업자를 말한다(법8의2⑤).

(나) 업무

1) 매매체결대상상품

가) 포함대상

다자간매매체결회사에서 매매체결이 가능한 상품은 증권시장에 상장된 주권, 그 밖에 대통령령으로 정하는 증권이다(법8의2⑤). 증권만 대상이 되고 장내파생상품은 명문규정상 포함되지 않는다. 여기서 "대통령령으로 정하는 증권"이란 ⅰ) 주권과 관련된 증권예탁증권으로서 증권시장에 상장된 것, 또는 ⅱ) 그 밖에 공정한 가격 형성 및 거래의 효율성 등을 고려하여 총리령으로 정하는 증권을 말한다(영7의3①).

나) 제외대상

다자간매매체결회사에 대한 자본시장법상 업무기준(법78①, 영78①(1))에 따르면 다음의 증권은 매매체결대상상품에서 제외된다. 즉 다자간매매체결회사는 다음의 어느 하나에 해당하는 매매체결대상상품에 대해서는 다자간매매체결업무를 영위하지 아니하여야 한다(영78①(1)).

가. 거래소가 증권상장규정에 따라 관리종목 또는 이에 준하는 종목으로 지정한 매매체결대상
   상품
나. 의결권이 없는 상장주권
다. 그 밖에 매매거래계약의 체결실적이 낮은 매매체결대상상품 등 투자자 보호와 거래의 특
   성 등을 고려하여 금융위원회가 정하여 고시하는 매매체결대상상품[4]

2) 매매가격결정방법

다자간매매체결회사의 매매체결대상상품에 대한 매매가격은 다음의 방법으로 정한다(법8의2⑤).

1. 경쟁매매의 방법(매매체결대상상품의 거래량이 대통령령으로 정하는 기준을 넘지 아니하
   는 경우[5]로 한정)

---

4) "금융위원회가 정하여 고시하는 매매체결대상상품"이란 다음의 어느 하나에 해당하는 매매체결대상상품을
   말한다(금융투자업규정4-48의2①).
   1. 해당 매매체결대상상품을 상장한 거래소가 증권상장규정에 따라 상장을 폐지하기로 결정한 증권
   2. 코넥스시장에 상장된 증권
   3. 상장 또는 자본감소 등에 따라 해당 매매체결대상상품을 상장한 거래소가 증권시장업무규정에 따라 단
      일가격에 의한 개별경쟁매매의 방법으로 그 매매체결대상상품의 최초 가격을 결정하는 경우로서 그 날
      을 포함하여 1일이 경과하지 않은 증권
   4. 상장주식수가 5만주 미만인 주식 또는 발행인과 금융투자업자 간의 계약에 따라 특정 증권을 상장한 거
      래소시장에서 그 증권에 대한 유동성공급 및 시장조성을 하기로 한 경우 해당 증권
   5. 해당 매매체결대상상품을 상장한 거래소가 거래소 규정에 따라 단기과열종목, 투자경고종목, 투자위험
      종목 또는 투자주의 환기종목 등 투자자 보호와 거래의 안정성 등을 감안하여 별도의 관리대상으로 지
      정한 증권
5) "대통령령으로 정하는 기준을 넘지 아니하는 경우"란 다음의 요건을 모두 충족하는 경우를 말한다(영7의3
   ②).
   1. 매월의 말일을 기준으로 법 제4조 제2항에 따른 증권의 구분별로 과거 6개월간 해당 다자간매매체결회
      사의 경쟁매매의 방법을 통한 매매체결대상상품(법 제8조의2 제5항 각 호 외의 부분에 따른 매매체결
      대상상품)의 평균거래량(매매가 체결된 매매체결대상상품의 총수량을 매매가 이루어진 일수로 나눈
      것)이 같은 기간 중 증권시장에서의 매매체결대상상품의 평균거래량의 15% 이하일 것
   2. 매월의 말일을 기준으로 과거 6개월간 해당 다자간매매체결회사의 경쟁매매의 방법을 통한 종목별 매
      매체결대상상품의 평균거래량이 같은 기간 중 증권시장에서의 그 종목별 매매체결대상상품의 평균거래
      량의 30% 이하일 것

제 4 장   유통시장과 공시규제(유통공시)   **1287**

2. 매매체결대상상품이 상장증권인 경우 해당 거래소가 개설하는 증권시장에서 형성된 매매가격을 이용하는 방법

3. 그 밖에 공정한 매매가격 형성과 매매체결의 안정성 및 효율성 등을 확보할 수 있는 방법으로서 대통령령으로 정하는 방법6)

3) 업무기준과 업무규정

가) 업무기준

다자간매매체결회사는 다자간매매체결업무를 함에 있어서 다음의 사항에 대하여 대통령령으로 정하는 업무기준7)을 준수하여야 한다(법78①).

1. 매매체결대상상품 및 다자간매매체결회사에서의 거래참가자에 관한 사항

2. 매매체결대상상품의 매매정지 및 그 해제에 관한 사항

3. 매매확인 등 매매계약의 체결에 관한 사항과 채무인수·차감 및 결제방법·결제책임 등 청

---

6) "대통령령으로 정하는 방법"이란 매매체결대상상품의 종목별로 매도자와 매수자 간의 호가가 일치하는 경우 그 가격으로 매매거래를 체결하는 방법을 말한다(영7의3③).

7) "대통령령으로 정하는 업무기준"이란 다음의 기준을 말한다(영78①).
   1. 다음 각 목의 어느 하나에 해당하는 매매체결대상상품에 대해서는 다자간매매체결업무를 영위하지 아니할 것
      가. 거래소가 증권상장규정에 따라 관리종목 또는 이에 준하는 종목으로 지정한 매매체결대상상품
      나. 의결권이 없는 상장주권
      다. 그 밖에 매매거래계약의 체결실적이 낮은 매매체결대상상품 등 투자자 보호와 거래의 특성 등을 고려하여 금융위원회가 정하여 고시하는 매매체결대상상품
   2. 거래참가자는 매매체결대상상품에 관한 투자매매업자 또는 투자중개업자로 할 것
   3. 거래소가 매매체결대상상품의 거래를 정지하거나 그 정지를 해제하였을 때에는 해당 매매체결대상 상품의 거래를 정지하거나 그 정지를 해제할 것
   4. 매수하거나 매도하려는 호가·수량의 공개기준 및 매매체결의 원칙과 방법 등을 정할 것. 이 경우 매매체결대상상품의 가격의 변동에 관한 제한의 범위는 그 매매체결대상상품을 상장한 거래소의 기준에 따라야 한다.
   5. 법 제378조 제1항에 따라 청산기관으로 지정된 거래소의 증권시장업무규정에서 정하는 바에 따라 매매확인, 채무인수, 차감 및 결제불이행에 따른 처리 등 청산에 관한 사항을 정할 것. 이 경우 매매거래에 따른 청산업무를 위하여 관련 내역을 거래소에 제공하는 절차 및 방법을 포함하여야 한다.
   6. 전자등록기관의 결제업무규정(법 제303조 제1항에 따른 결제업무규정)에서 정하는 바에 따라 증권의 인도와 대금의 지급 등 결제에 관한 사항을 정할 것
   7. 법 제78조 제3항에 따른 지정거래소의 증권시장업무규정에 따라 수탁을 거부하여야 하는 사항 등 수탁에 관한 사항을 정할 것
   8. 종목별 매일의 가격과 거래량을 공표할 것
   9. 다자간매매체결업무를 정지하는 기간과 그 사유 및 중단하는 날을 정할 것
   10. 지정거래소의 시장감시규정(법 제403조에 따른 시장감시규정)에서 정하는 바에 따라 법 제78조 제3항 각 호의 사항을 지정거래소에 제공하는 절차 및 방법 등을 정할 것
   11. 법 제8조의2 제5항 제1호에 따른 경쟁매매의 방법을 사용할 경우 매매체결대상상품의 평균거래량이 제7조의3 제2항 각 호의 요건에 적합하도록 다자간매매체결업무를 영위하는 기준과 방법을 정할 것
   12. 그 밖에 투자자 보호 및 다자간매매체결업무의 공정성 확보 등을 위하여 금융위원회가 정하여 고시하는 사항을 준수할 것

    산·결제에 관한 사항

  4. 증거금 등 거래참가자의 매매수탁에 관한 사항

  5. 매매체결대상상품의 발행인 등의 신고·공시에 관한 사항

  6. 매매결과의 공표 및 보고에 관한 사항

  7. 다자간매매체결업무의 개폐·정지 및 중단에 관한 사항

  8. 그 밖에 다자간매매체결업무의 수행과 관련하여 필요한 사항

나) 업무규정

다자간매매체결회사는 시행령 제78조 제1항 각 호의 사항이 포함된 업무규정을 정하여야 한다(영78②). 다자간매매체결회사는 업무규정을 정하거나 이를 변경하였을 때에는 금융위원회에 지체 없이 보고하고, 인터넷 홈페이지 등을 이용하여 공시하여야 한다(영78③). 금융위원회는 시장의 공정한 가격형성 및 투자자 보호 등을 위하여 필요한 경우 해당 다자간매매체결회사에 대하여 업무규정의 변경을 요구할 수 있다(영78④).

2. 장외시장

장외시장이란 거래소시장 또는 다자간매매체결회사 이외의 시장을 말한다(금융투자업규정 5-1조(1)). 자본시장법은 장외거래를 거래소시장 및 다자간매매체결회사 외에서 증권이나 장외파생상품을 매매하는 경우(영177)로 규정하고 있는데 이러한 장외거래가 이루어지는 시장이 장외시장이다. 장외거래란 거래소시장 또는 다자간매매체결회사 외(장외시장)에서 금융(투자)상품을 매매, 그 밖의 거래를 하는 경우를 말한다(법166). 장외시장에 관하여는 앞에서 살펴보았다.

거래소시장에서는 회원들이 모여 거래하는 구체적인 장소가 존재하는 데 반하여, 장외시장에서는 그러한 장소적인 개념이 존재하지 않는다. 따라서 장외시장에서는 거래당사자들 사이에 개별적인 접촉을 통해서 거래가 이루어진다. 흔히 장외시장을 딜러시장이라고 하여 경매시장(auction market)인 거래소시장과 구별하는 것도 이 때문이다.8) 그러나 거래소시장과 장외시장을 구분하는 이러한 전통적인 방법은 최근의 기술혁명의 발전으로 인해 장외시장이 거래소시장 수준으로 조직화되고, 상장주식이 거래소 밖에서 거래되는 대체거래시스템(ATS)과 같은 새로운 시장이 등장하면서 그 구분과 개념이 모호해지게 되었다.9)

장외시장에서 거래되는 증권의 종류는 다양하다. 상장주식이 거래될 수 있을 뿐만 아니라 거래소의 상장규정상 상장요건을 갖추지 못한 비상장주식이 거래될 수 있다. 그러나 장외시장에서 거래되는 주식의 대부분은 비상장주식이다.

---

8) 김건식·송옥렬(2001), 39쪽.

9) 김정수(2002), 180쪽.

제2절 정기공시

Ⅰ. 정기공시제도의 의의

정기공시제도란 증권을 발행하거나 상장한 법인 등의 사업상황, 재무상황 및 경영실적 등 기업내용을 일반투자자에게 정기적으로 공개함으로써 합리적인 투자판단이 가능하도록 자료를 제공하고 시장에서 공정한 가격형성이 이루어지도록 함으로써 공정한 거래질서를 확립하고 투자를 보호하기 위한 제도를 말한다. 정기공시서류로는 사업보고서, 반기보고서와 분기보고서, 연결재무제표 등이 있다.

Ⅱ. 사업보고서

1. 의의와 제출대상법인

(1) 의의

사업보고서는 제출대상법인이 매 사업연도 경과 후 당해 사업연도의 경영성과, 재무상태, 그리고 증권의 변동에 관한 사항 등 기업내용에 관한 사항을 기록하여 금융위원회와 거래소에 제출하는 연차보고서이다.

(2) 제출대상법인

사업보고서 제출대상법인인 주권상장법인, 그 밖에 대통령령으로 정하는 법인은 그 사업보고서를 각 사업연도 경과 후 90일 이내에 금융위원회와 거래소에 제출하여야 한다(법159①).

여기서 "대통령령으로 정하는 법인"이란 다음의 어느 하나에 해당하는 법인을 말한다(영167①).

1. 다음의 어느 하나에 해당하는 증권을 증권시장에 상장한 발행인(상장법인)
   가. 주권 외의 지분증권[집합투자증권과 자산유동화계획에 따른 유동화전문회사등(자산유동화법에 따른 유동화전문회사등)이 발행하는 출자지분은 제외]
   나. 무보증사채권(담보부사채권과 보증사채권을 제외한 사채권)
   다. 전환사채권·신주인수권부사채권·이익참가부사채권 또는 교환사채권
   라. 신주인수권이 표시된 것
   마. 증권예탁증권(주권 또는 가목부터 라목까지의 증권과 관련된 증권예탁증권만 해당)
   바. 파생결합증권

2. 제1호 외에 다음의 어느 하나에 해당하는 증권을 모집 또는 매출(법 제117조의10 제1항에 따른 모집과 법 제130조 제1항 본문에 따른 모집 또는 매출은 제외)한 발행인(주권상장법인 또는 제1호에 따른 발행인으로서 해당 증권의 상장이 폐지된 발행인을 포함)[10]

가. 주권

나. 제1호 각 목의 어느 하나에 해당하는 증권

3. 외부감사법에 따른 외부감사대상 법인으로서 제2호 각 목의 어느 하나에 해당하는 증권별로 그 증권의 소유자 수(금융위원회가 정하여 고시하는 방법에 따라 계산한 수[11])가 500인 이상인 발행인(증권의 소유자 수가 500인 이상이었다가 500인 미만으로 된 경우로서 각각의 증권마다 소유자의 수가 모두 300인 이상인 발행인을 포함)

주권상장법인이 주권상장 이후 거래소의 시장조치에 의하여 상장폐지되거나 기업 스스로 상장폐지를 한 경우에는 상장폐지 이전에 주권을 모집·매출한 경우 등 다른 사유에 의해 사업보고서 제출의무가 있는 경우에는 제출의무가 계속 발생한다.

2. 제출면제법인

(1) 제출가능성·실효성이 없는 경우

파산, 그 밖의 사유로 인하여 사업보고서의 제출이 사실상 불가능하거나 실효성이 없는 경우로서 대통령령으로 정하는 경우에는 사업보고서를 제출하지 아니할 수 있다(법159① 단서).

여기서 "대통령령으로 정하는 경우"란 다음의 어느 하나에 해당하는 경우를 말한다(영167②).

1. 파산한 경우

2. 상법 제517조, 그 밖의 법률에 따라 해산사유가 발생한 경우

3. 주권상장법인 또는 시행령 제167조 제1항 제1호에 따른 발행인의 경우에는 상장의 폐지요건에 해당하는 발행인으로서 해당 법인에게 책임이 없는 사유로 사업보고서의 제출이 불가능하다고 금융위원회의 확인을 받은 경우

4. 자본시장법 시행령 제167조 제1항 제2호에 따른 발행인의 경우에는 같은 호 각 목의 어느

---

10) 주권을 모집·매출한 발행인은 각 사업연도 경과 후 90일 이내에 해당연도의 사업보고서를, 사업연도 개시일로부터 6개월간의 사업보고서(반기보고서)와 3개월간 및 9개월간의 사업보고서(분기보고서)를 각각 그 기간 경과 후 45일 이내에 금융위원회에 제출하여야 함에도, 비상장법인 A사는 2018. 3. 21. 주식을 모집하여 사업보고서 제출대상법인이 된 이후 2018. 4. 2. - 11. 14. 기간 동안 정기보고서를 4회 미제출한 사실로 제재를 받았다.

11) 증권발행공시규정 제4-2조(사업보고서 제출대상법인 등) 영 제167조 제1항 제3호에 따른 증권의 소유자 수는 해당 증권별로 최근 사업연도말을 기준으로 하여 다음에서 정하는 방법에 따라 산정한다.

   1. 주권의 경우에는 주주명부 및 실질주주명부상의 주주수로 한다.

   2. 주권 외의 증권의 경우에는 모집 또는 매출에 의하여 증권을 취득한 자의 수로 하되, 2회 이상 모집 또는 매출을 한 경우에는 그 각각의 수를 모두 더하고 중복되는 자를 빼 준다. 다만, 해당 법인이 그 증권의 실질 소유자의 수를 증명하는 경우에는 그 수로 한다.

하나에 해당하는 증권으로서 각각의 증권마다 소유자 수가 모두 25인 미만인 경우로서 금
융위원회가 인정한 경우. 다만, 그 소유자의 수가 25인 미만으로 감소된 날이 속하는 사업
연도의 사업보고서는 제출하여야 한다.
5. 자본시장법 시행령 제167조 제1항 제3호에 따른 발행인의 경우에는 같은 항 제2호 각 목
의 어느 하나에 해당하는 증권으로서 각각의 증권마다 소유자의 수가 모두 300인 미만인
경우. 다만, 그 소유자의 수가 300인 미만으로 감소된 날이 속하는 사업연도의 사업보고서
는 제출하여야 한다.

채권을 상장·공모한 법인이 이를 만기 또는 중도에 상환한 경우에는 사업보고서(분기보고
서와 반기보고서 포함) 제출의무가 면제된다. 채권상환을 완료한 시점 이후에는 사업보고서 및
분기·반기보고서의 제출의무가 없다. 결산일에서 사업보고서 제출일까지 채권상환을 완료하
였다면 직전 사업연도의 사업보고서 제출의무는 없다.[12]

사업보고서 제출의무를 면제하는 취지는 회사가 파산 등으로 계속기업으로서의 한계에 직
면하고 있거나 증권 소유자의 수가 현저하게 감소하여 공개기업으로서의 특성이 없어진 경우
에는 정보공시의 필요성이 크지 않기 때문이다.

(2) 이미 공시한 경우

그 법인이 증권신고서 등을 통하여 이미 직전 사업연도의 사업보고서에 준하는 사항을 공
시한 경우에는 직전 사업연도의 사업보고서를 제출하지 아니할 수 있다(법159③).

3. 기재사항과 첨부서류

(1) 기재사항

사업보고서 제출대상법인은 사업보고서에 다음 사항을 기재하여야 한다(법159②).

1. 회사의 목적, 상호, 사업내용
2. 임원보수(상법, 그 밖의 법률에 따른 주식매수선택권을 포함하되, 대통령령으로 정하는
   것[13]에 한한다)
3. 임원 개인별 보수와 그 구체적인 산정기준 및 방법[임원 개인에게 지급된 보수가 5억원(영
   168②) 이상인 경우에 한한다]
3의2. 보수총액 기준 상위 5명의 개인별 보수와 그 구체적인 산정기준 및 방법[개인에게 지급
   된 보수가 5억원(영168②) 이상인 경우에 한정]
4. 재무에 관한 사항

---

12) 금융감독원(2019), 「기업공시 실무안내」, 금융감독원(2019. 12), 104쪽.
13) "대통령령으로 정하는 것"이란 임원 모두에게 지급된 그 사업연도의 보수 총액을 말한다(영168①).

5. 그 밖에 대통령령으로 정하는 사항

제5호에서 "대통령령으로 정하는 사항"이란 다음 사항을 말한다(영168③).

1. 대표이사와 제출업무를 담당하는 이사의 시행령 제169조 각 호의 사항에 대한 서명
2. 회사의 개요
3. 이사회 등 회사의 기관 및 계열회사에 관한 사항
4. 주주에 관한 사항[14)
5. 임원 및 직원에 관한 사항
6. 회사의 대주주(그 특수관계인을 포함) 또는 임직원과의 거래내용
7. 재무에 관한 사항과 그 부속명세
8. 회계감사인의 감사의견
9. 그 밖에 투자자에게 알릴 필요가 있는 사항으로서 금융위원회가 정하여 고시하는 사항[15)

---

14) 사업보고서 제출대상법인은 금융위원회에 제출하는 정기보고서의 중요사항에 대하여 거짓기재를 하여서는 아니 됨에도, A사 최대주주 B가 C 등 119인의 명의로 회사 주식을 차명보유(151,207주)하였음에도 정기보고서상 최대주주의 주식현황에 동 차명주식을 누락하거나 명의주주 소유로 기재함으로써, 2015. 3. 31. - 2019. 4. 1. 기간 중 제출한 사업보고서(5회), 분·반기보고서(12회)의 "주주에 관한 사항" 중 "최대주주 및 특수관계인의 주식소유 현황"을 발행주식총수 대비 최소 11.11%(123,753주)-최대 12.4%(138,022주) 거짓기재한 사실이 있어 과징금 제재를 받았다.

15) 증권발행공시규정 제4-3조(사업보고서등의 기재사항) ① 법 제159조 제4항 및 영 제168조 제3항 제9호에 따라 사업보고서에는 다음의 사항을 기재하여야 한다.
1. 사업의 내용(제조·서비스업 및 금융업으로 구분)
2. 이사의 경영진단 및 분석의견
3. 그 밖에 투자자 보호를 위하여 필요한 사항
   가. 주요사항보고서 및 거래소 공시사항 등의 진행·변경상황
   나. 주주총회 의사록 요약
   다. 우발채무 등
   라. 제재현황
   마. 결산기이후 발생한 주요사항
   바. 중소기업기준검토표 등
   사. 장래계획에 관한 사항의 추진실적
   아. 자금의 사용내역
   자. 영 제6조 제4항 제14호에서 정하는 요건의 충족 여부에 관한 사항(기업인수목적회사에 한한다)
   차. 「저탄소 녹색성장 기본법」 제42조 제6항에 따른 관리업체 지정 및 취소에 관한 사항, 온실가스 배출량 및 에너지 사용량에 관한 사항(「저탄소 녹색성장 기본법」 제42조 제6항에 따른 관리업체에 한한다)
   카. 녹색기술·녹색산업 등에 대한 인증에 관한 사항(「저탄소 녹색성장 기본법」 제32조 제2항에 따라 정부로부터 인증을 받은 법인에 한한다) 및 녹색기업 지정에 관한 사항(「환경기술 및 환경산업 지원법」 제16조의2에 따라 환경부장관으로부터 지정을 받은 자에 한한다)
   타. 영 제176조의12 및 제176조의13에 따라 조건부자본증권을 발행한 경우 전환 또는 상각의 사유가 되는 가격·지표·단위·지수의 현황에 관한 사항
   파. 「고용정책 기본법 시행규칙」 제4조 제1항 제4호에 따른 근로자의 현황(「고용정책 기본법」 제15조의6 제1항에 따라 근로자의 고용형태 현황을 공시하는 자에 한한다)

(2) 첨부서류

사업보고서에는 다음의 서류를 첨부하여야 한다(영168⑥ 본문). 다만, 제1호의 연결재무제표에 대한 감사보고서는 제5항에서 정한 기한 내에(제5항에 따라 사업보고서를 제출하는 법인만 해당) 제출할 수 있다(영168⑥ 단서).

1. 회계감사인의 감사보고서(그 법인의 재무제표에 대한 감사보고서와 연결재무제표에 대한 감사보고서)
2. 상법 제447조의4에 따른 감사의 감사보고서
3. 법인의 내부감시장치[이사회의 이사직무집행의 감독권과 감사(감사위원회가 설치된 경우에는 감사위원회)의 권한, 그 밖에 법인의 내부감시장치]의 가동현황에 대한 감사의 평가의견서
4. 삭제 [2013. 8. 27.] (삭제 전: 기업집단결합재무제표)
5. 그 밖에 금융위원회가 정하여 고시하는 서류[16]

4. 작성 및 제출

(1) 작성

사업보고서 제출대상법인은 사업보고서를 작성함에 있어서 금융위원회가 정하여 고시하는 기재방법 및 서식에 따라야 한다(법159④).[17]

(2) 제출기간

사업보고서 제출대상법인은 그 사업보고서를 각 사업연도 경과 후 90일 이내에 금융위원

하. 재무제표 중 이해관계자의 판단에 상당한 영향을 미칠 수 있는 사항에 대해 감사위원회(감사위원회가 설치되지 않은 경우에는 감사)와 회계감사인이 논의한 결과
16) "금융위원회가 정하여 고시하는 서류"란 다음에서 정하는 것을 말한다(증권발행공시규정4-3③).
   1. 법 제162조 제1항 제4호에서 정한 자의 동의서
   2. 상법 제447조의2에 따른 영업보고서
   3. 정관 등 영 제125조 제2항 제1호의 서류
17) 증권발행공시규정 제4-3조(사업보고서등의 기재사항) ④ 자산유동화에 관한 법률 제3조에 따른 유동화전문회사등이 제출하는 사업보고서등에는 다음의 사항을 기재하여야 한다.
   1. 유동화전문회사등에 관한 사항
   2. 자산관리자 및 자산의 관리방법 등
   3. 자산유동화계획의 추진실적
   4. 그 밖에 투자자 보호를 위하여 필요한 사항
   ⑤ 제4항의 사업보고서등에는 다음의 서류를 첨부하여야 한다.
   1. 사업보고서의 첨부서류
      가. 회계감사인의 감사보고서
      나. 정관
   2. 반기보고서의 첨부서류
      회계감사인의 반기감사보고서 또는 반기검토보고서

회와 거래소에 제출하여야 한다(법159①).

(3) 최초제출

최초로 사업보고서를 제출하여야 하는 법인은 사업보고서 제출대상법인에 해당하게 된 날부터 5일(사업보고서의 제출기간 중에 사업보고서 제출대상법인에 해당하게 된 경우에는 그 제출기한으로 한다) 이내에 그 직전 사업연도의 사업보고서를 금융위원회와 거래소에 제출하여야 한다(법159③ 본문).

(4) 제출기한의 연장

사업보고서 제출대상법인은 그 회계감사인과 감사보고서 작성을 위하여 부득이 사업보고서등의 제출기한 연장이 필요하다고 미리 합의하고 사업보고서등의 제출기한 만료 7일 전까지 금융위원회와 거래소에 기한 연장 사유를 기재하여 신고한 경우에는 연 1회에 한정하여 사업보고서등 제출기한을 5영업일 이내에서 연장하여 제출할 수 있다(법165③).

5. 연결재무제표

(1) 연결재무제표의 의의

연결재무제표란 회사와 다른 회사(조합 등 법인격이 없는 기업을 포함)가 대통령령으로 정하는 지배·종속의 관계[18]에 있는 경우 지배하는 회사("지배회사")가 작성하는 ⅰ) 연결재무상태표, ⅱ) 연결손익계산서 또는 연결포괄손익계산서, ⅲ) 연결자본변동표, ⅳ) 연결현금흐름표, ⅴ) 주석을 말한다(외부감사법2(3), 외부감사법 시행령3②). 종속회사가 있는 법인을 "연결재무제표 작성대상법인"이라 한다(법119의2①).

(2) 사업보고서의 기재사항과 제출기한

사업보고서를 제출하여야 하는 법인 중 연결재무제표 작성대상법인의 경우에는 사업보고서 기재사항 중 재무에 관한 사항과 그 부속명세, 그 밖에 금융위원회가 정하여 고시하는 사항은 연결재무제표를 기준으로 기재하되 그 법인의 재무제표를 포함하여야 하며, 회계감사인의 감사의견은 연결재무제표와 그 법인의 재무제표에 대한 감사의견을 기재하여야 한다(영168④).[19]

---

18) "대통령령으로 정하는 지배·종속의 관계"란 회사가 경제활동에서 효용과 이익을 얻기 위하여 다른 회사(조합 등 법인격이 없는 기업을 포함)의 재무정책과 영업정책을 결정할 수 있는 능력을 가지는 경우로서 법 제5조(회계처리기준) 제1항 각 호의 어느 하나에 해당하는 회계처리기준에서 정하는 그 회사("지배회사")와 그 다른 회사("종속회사")의 관계를 말한다(외부감사법 시행령3①).
19) 영 제168조 제4항에서 그 밖에 금융위원회가 정하여 고시하는 사항이란 한국채택국제회계기준을 적용하는 법인에 대하여 다음에서 정하는 사항으로 한다. 다만, 감독원장은 제8항에 따라 기재사항의 특성을 감안하여 필요한 범위내에서 조정할 수 있다(증권발행공시규정4-2⑥).
 1. 영 제168조 제3항 제2호의 사항(＝회사의 개요)
 2. 제1항 제1호의 사항[(＝사업의 내용(제조·서비스업 및 금융업으로 구분)]
 3. 제1항 제2호의 사항(＝이사의 경영진단 및 분석의견)

최근 사업연도말 현재의 자산총액이 2조원 미만인 법인 중 한국채택국제회계기준(K-IFRS)을 적용하지 아니하는 법인은 그 법인의 재무제표를 기준으로 재무에 관한 사항과 그 부속명세, 그 밖에 금융위원회가 정하여 고시하는 사항을 기재하고, 그 법인의 재무제표에 대한 회계감사인의 감사의견을 기재한 사업보고서를 제출기한까지 제출할 수 있다(영168⑤ 전단). 이 경우 그 사업연도의 종료 후 90일이 지난 날부터 30일 이내에 연결재무제표를 기준으로 한 재무에 관한 사항과 그 부속명세, 그 밖에 금융위원회가 정하여 고시하는 사항과 연결재무제표에 대한 회계감사인의 감사의견을 보완하여 제출하여야 한다(영168⑤ 후단).

(3) 자료제출요구권 등

연결재무제표 작성대상법인 중 사업보고서 제출대상법인은 사업보고서등의 작성을 위하여 필요한 범위에서 종속회사에게 관련 자료의 제출을 요구할 수 있다(법161의2①). 연결재무제표 작성대상법인 중 사업보고서 제출대상법인은 사업보고서등의 작성을 위하여 필요한 자료를 입수할 수 없거나 종속회사가 제출한 자료의 내용을 확인할 필요가 있는 때에는 종속회사의 업무와 재산상태를 조사할 수 있다(법161의2②).

6. 예측정보

사업보고서 제출대상법인은 사업보고서에 그 법인의 예측정보를 기재 또는 표시할 수 있다(법159⑥ 전단). 이 경우 예측정보의 기재 또는 표시는 ⅰ) 그 기재 또는 표시가 예측정보라는 사실이 밝혀져 있을 것, ⅱ) 예측 또는 전망과 관련된 가정이나 판단의 근거가 밝혀져 있을 것, ⅲ) 그 기재 또는 표시에 대하여 예측치와 실제 결과치가 다를 수 있다는 주의문구가 밝혀져 있을 것의 방법에 따라야 한다(법159⑥ 후단).

7. 대표이사 등의 확인 및 검토 후 서명

사업보고서를 제출하는 경우 제출 당시 그 법인의 대표이사(집행임원 설치회사의 경우 대표집행임원) 및 제출업무를 담당하는 이사는 그 사업보고서의 기재사항 중 중요사항에 관하여 거짓의 기재 또는 표시가 있거나 중요사항의 기재 또는 표시가 누락되어 있지 아니하다는 사실 등 "대통령령으로 정하는 사항"을 확인·검토하고 이에 각각 서명하여야 한다(법159⑦).

여기서 "대통령령으로 정하는 사항"이란 다음 사항을 말한다(영169).

1. 사업보고서의 기재사항 중 중요사항에 관하여 거짓의 기재 또는 표시가 없고, 중요사항의 기재 또는 표시를 빠뜨리고 있지 아니하다는 사실

---

4. 제1항 제3호 다목부터 마목까지의 사항(= 우발채무 등, 제재현황, 결산기이후 발생한 주요사항)

2. 사업보고서의 기재 또는 표시 사항을 이용하는 자로 하여금 중대한 오해를 일으키는 내용
이 기재 또는 표시되어 있지 아니하다는 사실

3. 사업보고서의 기재사항에 대하여 상당한 주의를 다하여 직접 확인·검토하였다는 사실

4. 외부감사법 제4조에 따른 외부감사대상 법인인 경우에는 같은 법 제8조에 따라 내부회계
관리제도가 운영되고 있다는 사실

8. 외국법인에 대한 공시특례

(1) 의의

외국법인등의 경우에는 대통령령으로 정하는 기준 및 방법에 따라 제출의무를 면제하거나
제출기한을 달리하는 등 그 적용을 달리할 수 있다(법165①). 자본시장법상 "외국법인등"이란
ⅰ) 외국 정부, ⅱ) 외국 지방자치단체, ⅲ) 외국 공공단체, ⅳ) 외국 법령에 따라 설립된 외국
기업, ⅴ) 조약에 따라 설립된 국제기구, ⅵ) 그 밖에 외국에 있는 법인 등으로서 대통령령으로
정하는 자[20]를 말한다(법9⑯). 금융위원회는 외국법인등의 종류·성격, 외국 법령 등을 고려하
여 외국법인등의 사업보고서등의 구체적인 기재내용, 첨부서류 및 서식 등을 달리 정하여 고시
한다(영176⑦).

(2) 제출의무 면제

다음의 어느 하나에 해당하는 외국법인등에 대하여는 사업보고서의 제출을 면제한다(영
176①).

1. 외국 정부

2. 외국 지방자치단체

3. 외국의 법령에 따라 설립되어 공익사업을 영위하는 외국 공공단체로서 외국 정부 또는 외
국 지방자치단체가 지분을 보유하고 있는 외국 공공단체

4. 국제금융기구의 가입조치에 관한 법률 제2조 제1항 각 호의 어느 하나에 해당하는 국제금
융기구

(3) 제출기한 연장

사업보고서 제출의무가 면제되지 않는 외국법인등은 사업보고서를 사업연도가 지난 후 30
일 이내에 제출할 수 있고, 반기보고서 및 분기보고서를 각각의 제출기간인 45일이 지난 후 15

---

20) "대통령령으로 정하는 자"란 다음의 어느 하나에 해당하는 자를 말한다(영13②).
　　1. 외국 법령에 따라 설정·감독하거나 관리되고 있는 기금이나 조합
　　2. 외국 정부, 외국 지방자치단체 또는 외국 공공단체에 의하여 설정·감독하거나 관리되고 있는 기금이나
　　　조합
　　3. 조약에 따라 설립된 국제기구에 의하여 설정·감독하거나 관리되고 있는 기금이나 조합

일 이내에 제출할 수 있다(영176②).[21]

(4) 약식제출

외국법인등이 사업보고서 등에 상당하는 서류를 해당 국가에 제출한 경우에는 그 날부터 10일(주요사항보고서의 경우에는 5일) 이내에 사업보고서등을 제출하거나 해당 국가에서 제출한 사업보고서등에 상당하는 서류에 금융위원회가 정하여 고시하는 요약된 한글번역문[22]을 첨부하여 제출할 수 있다(영176③).

(5) 개별재무제표 제출면제

사업보고서·반기보고서·분기보고서를 제출하는 외국법인등은 금융위원회가 정하여 고시하는 사유[23]에 해당하는 때에는 연결재무제표에 상당하는 서류를 제출한 경우 그 외국법인등의 재무제표를 제출하지 아니할 수 있다(영176④ 전단). 이 경우 그 외국법인등은 사업보고서·반기보고서·분기보고서에 다음의 사항을 기재하지 아니할 수 있다(영176④ 후단).

1. 사업보고서의 경우
   가. 그 외국법인등의 재무제표를 기준으로 한 재무에 관한 사항과 그 부속명세
   나. 그 외국법인등의 재무제표에 대한 회계감사인의 감사의견
2. 반기보고서·분기보고서의 경우
   가. 그 외국법인등의 재무제표를 기준으로 한 재무에 관한 사항과 그 부속명세
   나. 그 외국법인등의 재무제표에 대한 회계감사인의 감사의견 또는 확인과 의견표시

9. 사업보고서 등의 공시

금융위원회와 거래소는 사업보고서등을 3년간 일정한 장소에 비치하고, 인터넷 홈페이지 등을 이용하여 공시하여야 한다(법163 전단). 이 경우 기업경영 등 비밀유지와 투자자 보호와의 형평 등을 고려하여 ⅰ) 군사기밀보호법 제2조에 따른 군사기밀에 해당하는 사항과, ⅱ) 사업보고서 제출대상법인 또는 그 종속회사의 업무나 영업에 관한 것으로서 금융위원회의 확인을 받은 사항을 제외하고 비치 및 공시할 수 있다(법163 후단, 영174).

---

21) 사업보고서 제출대상 법인인 외국법인은 각 사업연도 경과 후 120일 이내에 사업보고서를 금융위원회에 제출하여야 함에도, A사는 2018년 사업보고서(제출기한: 2019. 4. 30.)를 6영업일이 경과 한 2019. 5. 10. 에 지연제출한 사실로 과징금 제재를 받았다.

22) 증권발행공시규정 제4-8조(한글번역본의 기재내용 등) 외국법인 등이 영 제176조 제3항에 따라 사업보고서등을 한글번역본과 함께 제출하는 경우 그 한글번역본에 기재하는 내용은 법 제159조 제2항·제161조 제1항, 영 제168조·제170조·제171조·제176조 제5항, 제4-3조 제1항 및 제2항에 규정된 사항으로 한다.

23) "금융위원회가 정하여 고시하는 사유"라 함은 설립근거가 되는 국가 또는 증권이 상장된 국가의 법률에 따라 해당 외국법인등의 재무제표 및 그 재무제표에 대한 외국 회계감사인의 감사보고서의 제출이 의무화되어 있지 아니하는 경우를 말한다(증권발행공시규정4-9).

Ⅲ. 반기보고서·분기보고서

1. 의의

사업보고서 제출대상법인은 그 사업연도 개시일부터 6개월간의 사업보고서("반기보고서")와 사업연도 개시일부터 3개월간 및 9개월간의[24] 사업보고서("분기보고서")를 각각 그 기간 경과 후 45일 이내[25]에 금융위원회와 거래소에 제출하여야 하되, 사업보고서 제출대상법인이 재무에 관한 사항과 그 부속명세, 그 밖에 금융위원회가 정하여 고시하는 사항을 연결재무제표를 기준으로 기재하여 작성한 반기보고서와 분기보고서를 금융위원회와 거래소에 제출하는 경우에는 그 최초의 사업연도와 그 다음 사업연도에 한하여 그 기간 경과 후 60일 이내에 제출할 수 있다(법160).

사업보고서는 1사업연도의 실적을 반영하여 작성되기 때문에 기업의 최근 실적이 반영되지 못하는 단점이 있다. 따라서 투자판단에 활용되는 정보의 적시성을 제고하기 위하여 최신의 자료가 반영된 반기보고서와 분기보고서를 작성하여 공시하도록 한 것이다.

2. 기재사항과 첨부서류

(1) 사업보고서 규정의 준용

반기보고서와 분기보고서의 기재사항과 첨부서류(단 분기보고서의 경우 개인별 보수에 관한 제3호 및 제3호의2는 제외), 기재방법 및 서식, 예측정보의 기재 또는 표시, 그리고 대표이사 등의 인증은 사업보고서의 기재사항, 업종별 구분작성 등이 그대로 적용되나(법160), 일부 항목의 기재내용이 다르며 첨부서류도 차이가 있다.

(2) 기재사항

반기보고서와 분기보고서에 기재하여야 할 사항에 관하여는 사업보고서의 기재사항 및 첨부서류와 동일하다.[26] 다만 한국채택국제회계기준을 적용하는 연결재무제표 작성대상법인은 연결재무제표기준의 반기보고서와 분기보고서를 제출하여야 한다. 그리고 사업보고서의 기재사항인 "재무에 관한 사항과 그 부속명세"(영168③(7)) 중 부속명세는 기재하지 아니할 수 있으며, "회계감사인의 감사의견"(영168③(8))은 다음의 기준에 따른다(영170①).

---

24) 4분기보고서는 사업보고서와 중복되므로 제외된다.
25) 유가증권시장 상장법인 A사는 2018년 반기보고서(제출기한: 2018. 8. 14.)를 7영업일 경과한 2018. 8. 24.에 지연제출한 사실로 과징금 제재를 받은 사례가 있다.
26) A사는 최대주주였던 B사가 소유주식 110만주를 2019. 6.17. 저축은행 차입금(20억원)의 담보로 제공하였으나, 2019. 8. 14. 제출한 2019년 반기보고서의 "주주에 관한 사항"에 동 주식의 담보제공 내역을 기재누락한 사실이 있어 과징금 제재를 받은 사례가 있다.

1. 반기보고서인 경우에는 다음의 회계감사인의 확인 및 의견표시로 갈음할 수 있다.
   가. 한국채택국제회계기준을 적용하는 연결재무제표 작성대상법인인 경우: 그 법인의 재무
       제표에 대한 회계감사인의 확인 및 의견표시와 연결재무제표에 대한 회계감사인의 확
       인 및 의견표시
   나. 가목 외의 법인: 그 법인의 재무제표에 대한 회계감사인의 확인 및 의견표시
2. 분기보고서인 경우에는 회계감사인의 감사의견을 생략할 수 있다. 다만, 금융기관(금융위원
   회법 제38조에 따른 검사대상기관) 또는 최근 사업연도말 현재의 자산총액이 5천억원 이상
   인 주권상장법인의 분기보고서는 제1호에 따른다.

(3) 첨부서류

반기보고서와 분기보고서에는 다음의 서류를 첨부하여야 한다(영170②).

1. 반기보고서인 경우에는 회계감사인의 반기감사보고서나 반기검토보고서. 다만, 한국채택국
   제회계기준을 적용하는 연결재무제표 작성대상법인인 경우에는 회계감사인의 연결재무제
   표에 대한 반기감사보고서나 반기검토보고서를 함께 제출하여야 한다.
2. 분기보고서인 경우에는 회계감사인의 분기감사보고서나 분기검토보고서(영 제170조 제1항
   제2호 단서에 따른 법인만 해당). 다만, 한국채택국제회계기준을 적용하는 연결재무제표작
   성대상법인인 경우에는 회계감사인의 연결재무제표에 대한 분기감사보고서나 분기검토보고
   서를 함께 제출하여야 한다.

3. 중소기업특례

중소기업이 발행한 주권을 매매하는 코넥스시장에 상장된 주권을 발행한 법인의 경우에는
대통령령으로 정하는 기준 및 방법에 따라 반기·분기보고서의 제출의무를 면제하거나 제출기한
을 달리하는 등 그 적용을 달리할 수 있다(법165②). 이에 따라 코넥스시장에 상장된 주권을 발행
한 법인에 대해서는 자본시장법 제160조(반기·분기보고서의 제출)를 적용하지 아니한다(영176⑨).

제3절 주요사항보고서

Ⅰ. 서설

주요사항보고서라 함은 사업보고서 제출대상법인이 영업활동 등에 관하여 주요사실이 발

생한 경우 그 사실이 발생한 날의 다음 날까지(제6호의 경우에는 그 사실이 발생한 날부터 3일 이내에) 금융위원회에 제출해야 하는 보고서를 말한다(법161①). 투자자의 투자판단에 영향을 미칠 중요한 사실이 발생한 경우 이를 즉시 투자자에게 공시하도록 하는 것을 수시공시 또는 적시공시라고 하는데, 주요사항보고서는 수시공시의 하나이다.[27]

수시공시제도란 주권상장법인의 경영활동과 관계된 사항으로서 투자자의 투자의사결정에 영향을 미치는 사실 또는 결정내용을 즉시 신고 또는 공시하도록 함으로써 투자자에게 합리적인 투자판단자료를 제공하고, 미공개정보를 이용한 증권거래를 예방하여 증권시장의 공정한 거래질서를 확립하기 위한 제도이다. 즉 사업보고서 등의 정기공시제도가 과거 일정기간의 경영성과만을 나타내므로 현재 또는 장래의 경영이나 증권의 권리내용이나 가치변동에 관한 적절한 판단자료를 제공하는데는 한계가 있으므로 주요한 경영관련 사항이 발생할 때마다 신속하게 유통시장에 공시하도록 하는 적시공시라고 할 수 있다.

일반투자자의 입장에서는 과거의 경영실적도 중요하지만 투자판단에 있어 가장 결정적인 정보는 기업의 현재와 미래의 중요정보이다. 따라서 기업의 경영상황 및 장래계획에 대한 주요 정보를 스스로 공시하도록 하여 정보의 최신성과 신속성을 확보하여 궁극적으로 투자자를 보호하려는 제도이다.

그러나 수시공시는 투자자들에게 기업의 정보를 취득하는 주요 수단이 되지만, 공시를 이행해야 하는 기업에게는 비용의 지출원인이 된다. 따라서 공시범위를 적절하게 규정하고 해석하는 것이 중요하다. 이는 기업에게는 감내할 수 있을 정도의 비용지출을 요구하면서 투자자들에게 충분하고도 적절한 정보를 제공해야 하기 때문이다.

Ⅱ. 수시공시 규제체계

1. 입법례

(1) 미국

미국의 수시공시 규제체계는 증권거래위원회(SEC)의 임시보고서(Form 8-K)에 의한 공적규제와 거래소의 적시공시에 의한 자율규제로 이원화되어 있다. 우리나라의 현행법과 일본의 모델이다.

SEC의 임시보고서는 열거주의 입장에서 신고사항을 열거하고 있다. 임시보고서 신고의무 위반에 대하여는 연간 사업보고서 및 분기보고서와 동일하게 부실표시에 대한 1934년 증권거

---

27) 김건식·정순섭(2009), 190쪽.

래법의 반사기조항28) 및 같은 법 제18조가 적용되기 때문에 각종의 형사제재와 민사제재가 부과된다. 거래소의 적시공시는 법령상 근거없이 거래소와 상장법인 사이의 상장계약 및 거래소의 상장규정에 따라 수행된다. 공시의무사항은 포괄주의를 선택하여 중요하다고 판단되는 범주를 제시하고 즉시 공시할 것을 원칙으로만 제시하고 있다. 미국의 경우는 우리나라처럼 구체적 수량기준이나 공시시점은 명시하지 않고 상장법인이 자율적으로 판단하도록 하고 있다. 공시의무를 위반한 상장법인에 대해서 거래소의 제재조치는 상장폐지가 유일한 조치이지만, 이것도 거의 발동되지 않고 있다. 따라서 부실표시에 대해서 투자자들은 상장법인을 상대로 1934년 증권거래법상의 반사기조항을 근거로 하여 소송을 제기하여 민사책임을 묻는 것이 일반적이다.29)

(2) 일본

일본은 미국과 유사하게 공적규제인 임시보고서와 자율규제인 거래소의 적시공시로 이원화되어 있다. 공적규제는 금융상품거래법, 기업내용 등의 공시에 관한 내각부령 등에 근거하고, 자율규제는 관계법령에 구체적인 근거규정이 없이 거래소의 규정에 따라 이루어지고 있다.

(3) 영국

영국의 수시공시규제는 사실상의 공적규제로 수행된다. 정부기구인 금융감독기관은 기업의 상장 및 상장법인의 수시공시의무를 실질적으로 결정하고 집행하며, 런던거래소의 상장 및 공시규정은 극히 제한된 역할만을 수행하고 있다.

(4) 호주

호주의 수시공시규제는 공적규제와 자율규제의 유기적 협조체계로서, 완전한 수시공시 일원화의 모델이라 할 수 있다. 회사법의 위임에 따라 거래소는 상장규정에서 수시공시에 대하여 구체적으로 정하고 있다.

2. 자본시장법의 체계

수시공시 규제체계는 금융위원회의 주요사항보고서를 중심으로 하는 정부규제와 거래소의 수시공시에 의한 자율규제로 이원화되어 있다. 정부규제인 주요사항보고서는 미국과 일본의 임시보고서를 모델로 한 것이다. 기존의 수시공시 항목 중 특별히 중요한 사항을 분리하여 보고서를 금융위원회로 단일화하고 보고시점은 익일까지 하는 것을 원칙으로 하였다. 자율규제인 거래소의 수시공시제도에 대해서는 자본시장법에서 기존의 증권거래법에서와 같은 별도의 근거규정을 두지 않고 거래소의 공시규정으로 신고대상을 정하도록 하였다.

---

28) 1934년 증권거래법 제10b, SEC Rule 제10b-5.
29) 성희활(2008), 65쪽 이하.

수시공시가 정부규제와 자율규제로 분리되어 법령에 의한 제재인 형사제재, 행정제재인 과징금의 부과는 정부규제인 주요사항보고서 위반의 경우에만 가능하다. 반면 거래소의 수시공시의무 위반의 경우에는 거래소의 자율적인 조치인 매매거래정지, 불성실공시 사실의 공표, 개선계획서 제출요구, 관리종목지정, 그리고 상장폐지 등을 할 수 있도록 규정하였다.

Ⅲ. 주요사항보고서

1. 의의

공시사항 중 특히 중요하다고 인정되는 사항에 대하여 법적 규제로 공시의무 이행을 담보하는 제도가 주요사항보고서제도이다.

종전의 주요경영사항 신고사항 중 회사존립, 조직재편성, 자본증감 등의 사항과 특수공시사항을 주요사항보고 항목으로 지정하여 그 사유 발생 익일까지 금융위원회에 제출하도록 하였다. 자본시장법은 종래 금융위원회 보고와 거래소 보고가 혼재되어 있던 수시공시사항 중 공적규제의 필요성이 있는 사항 중심으로 하는 주요사항보고서제도를 신설하고 수시공시의 제출대상기관을 거래소로 일원화하였다.

2. 제출대상법인

사업보고서 제출대상법인은 주요사항보고서를 금융위원회에 제출하여야 한다(법161①). 즉 주요사항보고서의 제출대상법인은 사업보고서의 제출대상법인과 동일하다. 그리고 증권시장에 지분증권을 상장한 외국법인등은 법 제161조 제1항 각 호의 어느 하나에 해당하는 경우(제출사유) 외에 다음의 어느 하나에 해당하는 경우[외국 지주회사(외국 법령에 따라 설립된 회사로서 지분증권의 소유를 통하여 다른 회사의 사업내용을 지배하는 것을 주된 사업으로 하는 회사)의 경우에는 그 외국 지주회사의 자회사(외국 지주회사가 채택하고 있는 회계처리기준에 따라 연결대상이 되는 회사)가 다음의 어느 하나에 해당하는 경우를 포함]에도 금융위원회가 정하여 고시하는 날[30]까지 주요사항보고서를 금융위원회에 제출하여야 한다(영176⑤).

1. 지분증권의 양도제한, 외국법인등의 국유화 등 외국법인등이나 그 출자자에게 중대한 영향을 미치는 외국 법령 등이 변경된 때
2. 외국법인등의 주식 등에 대하여 외국에서 공개매수 또는 안정조작·시장조성이 행하여지는 때
3. 외국금융투자감독기관 또는 외국 거래소로부터 관계법규 위반으로 조치를 받은 때

---

30) "금융위원회가 정하여 고시하는 날"이란 그 사실 발생일 이후 2영업일을 말한다(증권발행공시규정4-12).

4. 외국 거래소로부터 매매거래 정지·해제, 상장폐지 조치를 받은 때

3. 제출사유(주요사항)

사업보고서 제출대상법인은 다음의 어느 하나에 해당하는 사실이 발생한 경우에는 그 사실이 발생한 날의 다음 날까지(제6호의 경우에는 그 사실이 발생한 날부터 3일 이내에) 그 내용을 기재한 보고서("주요사항보고서")를 금융위원회에 제출하여야 한다(법161① 전단). 이 경우 제159조 제6항(예측정보) 및 제7항(대표이사 등의 확인·서명)을 준용한다(법161① 후단).

1. 발행한 어음 또는 수표가 부도로 되거나 은행과의 당좌거래가 정지 또는 금지된 때
2. 영업활동의 전부 또는 중요한 일부가 정지되거나 그 정지에 관한 이사회 등의 결정이 있은 때
3. 채무자회생법에 따른 회생절차개시 또는 간이회생절차개시의 신청이 있은 때
4. 자본시장법, 상법, 그 밖의 법률에 따른 해산사유가 발생한 때
5. 대통령령으로 정하는 경우에 해당하는 자본 또는 부채의 변동에 관한 이사회 등의 결정이 있은 때
6. 주식의 포괄적 교환·이전, 합병, 회사의 분할 및 분할합병 등의 사실이 발생한 때
7. 대통령령으로 정하는 중요한 영업 또는 자산을 양수하거나 양도할 것을 결의한 때
8. 자기주식을 취득(자기주식의 취득을 목적으로 하는 신탁계약의 체결을 포함) 또는 처분(자기주식의 취득을 목적으로 하는 신탁계약의 해지를 포함)할 것을 결의한 때[31]
9. 그 밖에 그 법인의 경영·재산 등에 관하여 중대한 영향을 미치는 사항으로서 대통령령으로 정하는 사실이 발생한 때

위 제5호의 "대통령령으로 정하는 경우에 해당하는 자본 또는 부채의 변동"이란 다음의 어느 하나를 말한다. 다만, 해당 자본 또는 부채의 변동이 증권의 모집 또는 매출에 따른 것으로서 법 제119조 제1항에 따라 증권신고서를 제출하는 경우와 주식매수선택권(상법 제340조의2 또는 제542조의3에 따른 주식매수선택권) 행사에 따른 자본의 변동 등 투자자 보호 및 건전한 거래질서를 해칠 염려가 없는 경우로서 금융위원회가 정하여 고시하는 경우는 제외한다(영171①).

---

31) A사는 2016.6.3. 자기주식 137만주를 장내매도 하였음에도 이에 대한 주요사항보고서를 제출하지 아니하였으며, 장내매도 결과 자기주식이 8,502주임에도 2016. 8. 16., 8. 22., 11. 14., 2017. 2. 7. 각각 제출한 2016년 반기보고서, 반기보고서의 정정신고서, 3분기보고서, 3분기보고서의 정정신고서 "Ⅰ.회사의 개요-4. 주식의 총수 등"에 자기주식 보유수량을 1,378,502주로 거짓 기재한 사실이 있어 제재를 받았다.

1. 자본의 증가 또는 감소[32]
2. 조건부자본증권의 발행에 따른 부채의 증가

위 제7호의 "대통령령으로 정하는 중요한 영업 또는 자산을 양수하거나 양도할 것을 결의한 때"란 다음의 어느 하나에 해당하는 것을 결의한 때를 말한다(영171②).

1. 양수ㆍ양도하려는 영업부문의 자산액(장부가액과 거래금액 중 큰 금액)이 최근 사업연도 말 현재 자산총액(한국채택국제회계기준을 적용하는 연결재무제표 작성대상법인인 경우에는 연결재무제표의 자산총액)의 10% 이상인 양수ㆍ양도
2. 양수ㆍ양도하려는 영업부문의 매출액이 최근 사업연도말 현재 매출액(한국채택국제회계기준을 적용하는 연결재무제표 작성대상법인인 경우에는 연결재무제표의 매출액)의 10% 이상인 양수ㆍ양도
3. 영업의 양수로 인하여 인수할 부채액이 최근 사업연도말 현재 부채총액(한국채택국제회계기준을 적용하는 연결재무제표 작성대상법인인 경우에는 연결재무제표의 부채총액)의 10% 이상인 양수
4. 삭제 [2016. 6. 28.]
5. 양수ㆍ양도하려는 자산액(장부가액과 거래금액 중 큰 금액)이 최근 사업연도말 현재 자산총액(한국채택국제회계기준을 적용하는 연결재무제표 작성대상법인인 경우에는 연결재무제표의 자산총액)의 10% 이상인 양수ㆍ양도.[33] 다만, 일상적인 영업활동으로서 상품ㆍ제품ㆍ원재료를 매매하는 행위 등 금융위원회가 정하여 고시하는 자산의 양수ㆍ양도[34]는 제외한다.

---

32) 사업보고서 제출대상법인은 유상증자에 관한 결정이 있은 날의 다음 날까지 주요사항보고서를 금융위원회에 제출하여야 함에도, A사는 2018. 5. 10.부터 2018. 7. 9.까지 이사회에서 총 15차례에 걸쳐 277억원(전환상환우선주 826,112주) 규모의 제3자배정 유상증자를 결의하였음에도 주요사항보고서를 제출하지 아니한 사실이 있어 과징금 제재를 받았다.
33) A사는 2019. 12. 9. 이사회에서 2018년말 연결기준 자산총액(329억원) 대비 60.7%(200억원)에 달하는 사업권 양수를 결의하였으나, 주요사항보고서(자산양수도)를 금융위원회에 제출하지 않아 제재를 받았다.
34) "금융위원회가 정하여 고시하는 자산의 양수ㆍ양도"란 해당 법인의 사업목적을 수행하기 위하여 행하는 영업행위로서 다음의 어느 하나에 해당하는 것을 말한다(증권발행공시규정4-4).
   1. 상품ㆍ원재료ㆍ저장품 또는 그 밖에 재고자산의 매입ㆍ매출 등 일상적인 영업활동으로 인한 자산의 양수ㆍ양도
   2. 영업활동에 사용되는 기계, 설비, 장치 등의 주기적 교체를 위한 자산의 취득 또는 처분. 다만, 그 교체 주기가 1년 미만인 경우에 한한다.
   3. 자본시장법 및 상법에 따른 자기주식의 취득 또는 처분
   4. 금융위원회법 제38조에 따른 검사대상기관과의 거래로서 약관에 따른 정형화된 거래
   5. 자산유동화법에 따른 자산유동화
   6. 공개매수에 의한 주식등의 취득, 공개매수청약에 의한 주식등의 처분
   7. 자본시장법 제4조 제3항에서 정한 국채증권ㆍ지방채증권ㆍ특수채증권 또는 법률에 의하여 직접 설립된 법인이 발행한 출자증권의 양수ㆍ양도
   8. 제1호부터 제7호까지에 준하는 자산의 양수ㆍ양도로서 투자자 보호의 필요성이 낮은 자산의 양수 또는 양도

위 제9호의 "대통령령으로 정하는 사실이 발생한 때"란 다음의 어느 하나에 해당하는 것을 말한다(영171③).

1. 기업구조조정 촉진법 제5조 제2항 각 호의 어느 하나에 해당하는 관리절차가 개시되거나 같은 법 제19조에 따라 공동관리절차가 중단된 때
2. 시행령 제167조 제1항 제2호 각 목의 어느 하나에 해당하는 증권에 관하여 중대한 영향을 미칠 소송이 제기된 때[35]
3. 해외 증권시장에 주권의 상장 또는 상장폐지가 결정되거나, 상장 또는 상장폐지된 때 및 외국금융투자감독기관 또는 외국 거래소 등으로부터 주권의 상장폐지, 매매거래정지, 그 밖의 조치를 받은 때
4. 전환사채권, 신주인수권부사채권 또는 교환사채권의 발행에 관한 결정이 있은 때. 다만, 해당 주권 관련 사채권의 발행이 증권의 모집 또는 매출에 따른 것으로서 증권신고서를 제출하는 경우는 제외한다.
5. 다른 법인의 지분증권이나 그 밖의 자산("지분증권등")을 양수하는 자에 대하여 미리 정한 가액으로 그 지분증권등을 양도(제2항 제1호·제5호에 해당하는 양수·양도로 한정)할 수 있 는 권리를 부여하는 계약 또는 이에 상당하는 계약 체결에 관한 결정이 있은 때
6. 조건부자본증권이 주식으로 전환되는 사유가 발생하거나 그 조건부자본증권의 상환과 이자지급 의무가 감면되는 사유가 발생하였을 때
7. 그 밖에 그 법인의 경영·재산 등에 관하여 중대한 영향을 미치는 사항으로서 금융위원회가 정하여 고시하는 사실이 발생한 때

4. 첨부서류

사업보고서 제출대상법인은 주요사항보고서를 제출하는 경우에는 법 제 161조 제1항 각 호의 항목별로 다음과 같은 서류나 그 사본을 첨부하여야 한다(법161②, 영171④).

1. 법 제161조 제1항 제1호 중 어음이나 수표가 부도로 된 경우에는 은행의 부도 확인서 등 해당 사실을 증명할 수 있는 서류
2. 법 제161조 제1항 제1호 중 은행과의 당좌거래가 정지되거나 금지된 경우에는 은행의 당좌거래정지 확인서 등 해당 사실을 증명할 수 있는 서류
3. 법 제161조 제1항 제2호의 경우에는 이사회의사록, 행정기관의 영업정지 처분 명령서 등

---

35) 주권상장법인은 증권에 관하여 중대한 영향을 미칠 소송이 제기된 때에는 그 사실이 발생한 날의 다음 날까지 그 내용을 기재한 주요사항보고서를 금융위원회에 제출하여야 함에도, A사는 2016. 2. 17. 서울중앙지방법원으로부터 B사가 2016. 2. 10. 제기한 전환사채 반환청구의 소에 대한 소장을 송달받아 소제기 사실을 알게 되었음에도 주요사항보고서를 법정기한인 2016. 2. 18. 을 36영업일 경과하여 2016. 4. 11. 지연 제출한 사실이 있어 과징금 제재를 받았다.

영업정지 사실을 증명할 수 있는 서류

4. 법 제161조 제1항 제3호의 경우에는 법원에 제출한 회생절차개시신청서 등 해당 사실을 증명할 수 있는 서류

5. 법 제161조 제1항 제4호의 경우에는 이사회의사록, 파산결정문 등 해당 사유 발생 사실을 증명할 수 있는 서류

6. 법 제161조 제1항 제5호부터 제8호까지의 경우에는 이사회의사록 등 해당 사실을 증명할 수 있는 서류

7. 법 제161조 제1항 제9호의 경우에는 통지서·소장 등 해당 사실을 증명할 수 있는 서류

8. 그 밖에 투자자 보호를 위하여 필요하다고 금융위원회가 정하여 고시하는 서류[36]

5. 정보의 교환과 거래소 송부

금융위원회는 제출된 주요사항보고서가 투자자의 투자판단에 중대한 영향을 미칠 우려가 있어 그 내용을 신속하게 알릴 필요가 있는 경우에는 대통령령으로 정하는 방법[37]에 따라 행정기관, 그 밖의 관계기관에 대하여 필요한 정보의 제공 또는 교환을 요청할 수 있다(법161④ 전단). 이 경우 요청을 받은 기관은 특별한 사유가 없는 한 이에 협조하여야 한다(법161④ 후단). 금융위원회는 주요사항보고서가 제출된 경우 이를 거래소에 지체 없이 송부하여야 한다(법161 ⑤).

---

36) "금융위원회가 정하는 서류"란 다음과 같다(증권발행공시규정4-5①).
   1. 법 제161조 제1항 제6호 및 제7호의 경우 계약서(계획서) 및 외부평가기관의 평가의견서(외부평가가 의무화된 경우에 한한다)
   2. 영 제171조 제3항 제1호의 경우 주채권은행의 결정서·계약서·합의서 등 관련 증빙서류 등
   3. 영 제171조 제3항 제2호의 경우 소장부본 등 법원송달서류 등
   4. 영 제171조 제3항 제3호의 경우 해당 외국 정부, 외국금융투자감독기관 또는 외국 거래소에 제출하였거나 통지받은 서류와 한글요약본
   5. 영 제171조 제3항 제4호 및 제5호의 경우 이사회 의사록 등 해당사실 증빙서류

37) 금융위원회는 다음의 기관에 정보의 제공을 요청하는 사유를 기재한 문서(전자문서 포함) 또는 모사전송의 방법으로 필요한 정보의 제공을 요청할 수 있다(영172).
   1. 법 제161조 제1항 제1호의 사항에 관하여는 어음법 제38조 및 수표법 제31조에 따른 어음교 환소로 지정된 기관
   2. 법 제161조 제1항 제3호·제4호 및 제171조 제3항 제2호의 사항에 관하여는 관할 법원
   3. 제171조 제3항 제1호의 사항에 관하여는 기업구조조정 촉진법 제2조 제5호에 따른 주채권은행 또는 같은 법 제22조에 따른 금융채권자협의회
   4. 그 밖의 사항에 관하여는 해당 정보를 소유하고 있는 행정기관, 그 밖의 관계기관

제4절 공시의무위반에 대한 제재

Ⅰ. 민사제재

1. 의의

유통시장공시는 증권이 시장에 상장되어 거래되고 있는 경우, 그 발행회사가 해당 증권 및 회사의 기업내용에 관하여 정기적으로 투자자에게 제공하거나(정기공시), 투자자의 투자판단에 중요한 사실이 발생할 경우 신속하게 공시(수시공시)하여야 하는 적극적인 법적 의무를 말한다. 그러나 유통시장공시제도의 경우는 1996년 증권거래법이 개정되기 전까지는 사업보고서 제출의무를 제외하고는 법적 의무로서의 실효성이 없다는 비판을 받아 왔다. 왜냐하면 공시의무 위반에 대한 다른 제재수단도 미비하였지만, 무엇보다 손해배상책임규정을 흠결하고 있었기 때문이었다. 1996년 개정시 유통시장공시에 발행공시에 관한 책임규정인 증권거래법 제14조를 준용함으로써 입법적으로 해결하였다. 그러나 유통시장공시에 관한 법적 책임 문제를 해결하기에는 부족한 점이 많았다. 유통시장공시는 그 성격상 발행시장공시와는 다르며, 인과관계 추정의 인정 여부 등이 문제되기 때문이었다.38) 그러나 자본시장법이 제정되면서 비판을 받아 온 문제점을 일부 해결하였지만 아직도 미비한 점이 존재한다는 지적을 받고 있다. 자본시장법의 손해배상책임규정은 증권신고서에 관한 규정과 거의 동일하지만 독립된 규정을 두고 있다.

2. 손해배상책임의 발생

사업보고서·반기보고서·분기보고서·주요사항보고서("사업보고서등") 및 그 첨부서류(회계감사인의 감사보고서는 제외) 중 중요사항에 관하여 거짓의 기재 또는 표시가 있거나 중요사항이 기재 또는 표시되지 아니함으로써 사업보고서 제출대상법인이 발행한 증권(그 증권과 관련된 증권예탁증권, 그 밖에 대통령령으로 정하는 증권39)을 포함)의 취득자 또는 처분자가 손해를 입은 경우에는 손해배상책임이 발생한다(법162①).40) 이 규정은 회계감사인의 감사보고서를 회계감사

---

38) 이준섭(2000), 154쪽.
39) "대통령령으로 정하는 증권"이란 다음의 증권을 말한다(영173①).
　　1. 해당 증권(그 증권과 관련된 증권예탁증권을 포함)과 교환을 청구할 수 있는 교환사채권
　　2. 해당 증권 및 제1호에 따른 교환사채권만을 기초자산으로 하는 파생결합증권
40) 대법원 2012. 10. 11. 선고 2010다86709 판결(거래소에 상장된 주권을 발행한 상장법인이 작성·제출하여 공시되는 사업보고서의 재무제표는 일반투자자가 회사의 재무상황을 가늠할 수 있는 가장 중요한 투자의 지표인 점, 사업보고서의 재무제표는 기업회계기준에 따라 작성되어야 하는데, 기업회계기준은 회계처리

인의 책임대상에서 명시적으로 제외하고, 제170조에서 회계감사인의 감사보고서로 인한 책임을 규정하고 있다. 다만 제170조는 모든 감사보고서가 아닌 사업보고서 등에 첨부된 감사보고서만 책임대상으로 한다.

3. 책임당사자

(1) 배상책임자

손해배상책임자는 다음과 같다(법162①).

1. 그 사업보고서등의 제출인과 제출당시의 그 사업보고서 제출대상법인의 이사
2. 상법 제401조의2 제1항 각 호의 어느 하나에 해당하는 자로서 그 사업보고서등의 작성을 지시하거나 집행한 자
3. 그 사업보고서등의 기재사항 및 그 첨부서류가 진실 또는 정확하다고 증명하여 서명한 공인회계사·감정인 또는 신용평가를 전문으로 하는 자 등(그 소속단체를 포함) 대통령령으로 정하는 자[41]
4. 그 사업보고서등의 기재사항 및 그 첨부서류에 자기의 평가·분석·확인 의견이 기재되는 것에 대하여 동의하고 그 기재내용을 확인한 자

(2) 배상청구권자

자본시장법 제162조 제1항의 명문규정상 유통시장에서의 증권의 취득자와 처분자는 당연히 손해배상청구권자이다. 즉 사업보고서 등의 부실표시에 대하여 배상청구를 할 수 있는 자는 유통되고 있는 증권의 취득자 또는 처분자이다.

4. 객관적 요건(위법행위)

(1) 위법성

자본시장법 제162조는 사업보고서 등의 부실표시가 곧바로 손해배상책임을 발생시킬 수 있는 위법한 행위임을 규정하고 있다. 왜냐하면 일정한 공시서류를 작성하고 필요한 중요정보

및 재무제표를 작성함에 있어 경제적 사실과 거래의 실질을 반영하여 회사의 재무상태 및 경영성과 등을 공정하게 표시하도록 규정하고 있는 점 등을 고려하면, 기업회계기준에서 허용하는 합리적·객관적 범위를 넘어 자산을 과대평가하여 사업보고서의 재무제표에 기재하는 것은 가공의 자산을 계상하는 것과 마찬가지로 경제적 사실과 다른 허위의 기재에 해당한다는 전제 아래, 상장법인인 주식회사 케드콤의 2006 사업연도 사업보고서, 2007 사업연도 1, 3분기보고서, 반기보고서("이 사건 사업보고서 등")의 대차대조표에는 기업회계기준이 허용하는 합리적·객관적 범위를 넘어 자산이 과대계상되어 있으므로, 이 사건 사업보고서 등은 구 증권거래법 제186조의5, 제14조 제1항이 규정한 "허위 기재"가 있는 경우에 해당한다).

41) "대통령령으로 정하는 자"란 공인회계사, 감정인, 신용평가를 전문으로 하는 자, 변호사, 변리사 또는 세무사 등 공인된 자격을 가진 자(그 소속 단체를 포함)를 말한다(영173②).

를 투자자에게 제공하여야 할 법적 의무를 위반하여 부실정보를 제공하는 것 자체가 위법성의 징표가 되기 때문이다.

(2) 공시서류의 한정

자본시장법 제162조는 손해배상책임을 발생시킬 수 있는 공시서류를 사업보고서·반기보고서·분기보고서·주요사항보고서 및 그 첨부서류로 한정하고 있다. 첨부서류 중 회계감사인의 감사보고서는 제외한다. 따라서 이에 해당하지 않는 부실표시는 민법과 상법의 일반규정에 의해 처리된다.

(3) 중요사항의 부실표시

손해배상책임이 발생하기 위해서는 사업보고서 등과 그 첨부서류 중 중요사항에 관하여 거짓의 기재 또는 표시가 있거나 중요사항이 기재 또는 표시되지 아니함으로써 증권의 취득자 또는 처분자가 손해를 입은 경우이어야 한다(법162①).

여기서 중요사항이란 "투자자의 합리적인 투자판단 또는 해당 금융투자상품의 가치에 중대한 영향을 미칠 수 있는 사항"을 말한다(법47③). 자본시장법은 중요하지 아니한 사항의 부실표시를 이유로 하여 제기되는 남소를 방지할 필요성에서 중요성을 요건으로 하고 있다. 따라서 중요사항의 부실표시의 경우에 손해배상책임이 발생한다.

5. 주관적 요건

(1) 과실책임의 원칙

자본시장법은 "배상의 책임을 질 자가 상당한 주의를 하였음에도 불구하고 이(부실표시)를 알 수 없었음을 증명하거나 그 증권의 취득자 또는 처분자가 그 취득 또는 처분을 할 때에 그 사실(부실표시)을 안 경우에는 배상의 책임을 지지 아니한다"고 규정하고 있다(법162① 단서).

자본시장법은 사업보고서 등의 제출인과 기타의 자를 구별하지 않고 동일하게 귀책사유를 유통공시책임의 성립요건으로 하고 있다. 즉 사업보고서 등과 그 첨부서류상의 부실표시에 대한 책임은 증명책임이 전환된 과실책임이다.

자본시장법이 유통공시책임에 관하여 증명책임이 전환된 과실책임의 원칙을 취하고 있으므로 배상책임자는 무과실책임을 부담하지 않는다. 그러나 배상책임자는 매우 제한된 항변의 이익만을 누릴 수 있기 때문에 자신에게 귀책사유가 없는 때에도 책임을 부담할 가능성이 있다. 왜냐하면 배상책임자는 상당한 주의를 하였음에도 알 수 없었음을 증명하지 못하는 한 사업보고서 등의 부실표시에 대한 책임을 부담하여야 하기 때문이다.

(2) 증명책임(상당한 주의의 항변)

(가) 증명책임의 전환

배상의 책임을 질 자가 상당한 주의를 하였음에도 불구하고 이를 알 수 없었음을 증명한 경우에는 배상의 책임을 지지 아니한다(법162① 단서).

자본시장법 제162조 제1항 단서는 배상책임자에게 무과실의 증명책임을 부담시키고 있다. 이 증명책임의 전환은 자본시장법이 그 목적달성을 위하여 증명책임분배의 원칙을 수정한 것이다. 이와 같이 사업보고서 등의 제출인 등의 과실이 법률상 추정되고 있으므로 제출인 등이 상당한 주의를 하였음에도 불구하고 부실표시를 알 수 없었음을 증명하면 면책될 수 있다.

(나) 증명책임의 내용

1) 항변의 내용

사업보고서 등의 제출인 등이 책임을 면하기 위해서는 상당한 주의를 하였음에도 불구하고 부실표시를 알 수 없었음을 증명하여야 하기 때문에 단순히 그 부실표시를 알지 못하였다든지 또는 상당한 주의를 하였다고 해도 알 수 없었을 것이라든지 하는 사실만을 주장·증명함으로써 책임을 면할 수는 없다. 즉 적극적으로 상당한 조사를 하였음에도 불구하고 부실표시를 알 수 없었음을 증명하여야 책임을 면한다.

2) 상당한 주의의 정도

사업보고서 등의 제출인 등은 상당한 주의를 하였음에도 불구하고 부실표시를 알 수 없었음을 증명하는 경우에는 면책되지만, 어느 정도의 주의가 상당한 주의에 해당하는지에 대해서는 기준이 없다. 따라서 상당한 주의의무는 획일적으로 동일한 것이 아니라 배상책임자의 직무내용, 지위, 전문성, 관계자료의 입수가능성의 정도에 따라 구체적인 내용이 달라진다.

그리고 피고의 면책항변은 상당한 주의를 하였다는 사실의 증명에 그치지 않고 더 나아가 그 부실표시를 알 수 없었다는 사실을 증명하여야 한다. 정보공시에 있어서 부실표시를 회피하거나 이를 정정하기 위하여 필요한 조치를 취하였다는 증거는 경우에 따라 부실표시의 존재를 알았다는 것을 부정하게 될 것이지만, 알기 위하여 상당한 노력을 하였다는 사실이 반드시 부실표시를 알지 못한 것이 합리적이라는 사실을 증명하는 것은 아니다.

(3) 취득자 또는 처분자의 선의(악의의 항변)

(가) 면책요건으로서의 악의

배상책임을 질 자는 전술한 바와 같이 상당한 주의를 하였음에도 불구하고 부실표시를 알 수 없었음을 증명한 때에는 책임을 면할 뿐만 아니라, "그 증권의 취득자 또는 처분자가 그 취득 또는 처분을 할 때에 그 사실을 안 경우에"도 배상의 책임을 지지 아니한다(법162① 단서). 즉 증권의 취득자 또는 처분자가 사업보고서·반기보고서·분기보고서·주요사항보고서("사업보고서등”) 및 그 첨부서류(회계감사인의 감사보고서는 제외) 중 중요사항의 부실표시를 알고 있는 (악의) 때에는 배상을 청구할 수 없다.

이와 같이 증권의 취득자 또는 처분자가 악의인 경우에 배상책임을 면책시키는 것은 취득 자 또는 처분자가 부실표시의 사실을 알면서 증권을 취득 또는 처분하는 경우 취득자 또는 처 분자는 부실표시로 인한 손해를 스스로 감수하겠다는 의사가 있는 것으로 추정할 수 있기 때 문이다. 자본시장법은 취득자 또는 처분자가 악의인 때에만 상대방의 면책을 허용하고 있을 뿐 이고, 상대방이 투자자의 과실을 문제삼아 전면적으로 책임을 면할 수 없게 한 점은 투자자의 보호를 강화하는 기능을 한다.

(나) 증명책임

법문상으로는 누가 증명책임을 지는가 하는 점이 분명하지 않다. 피해자의 구제와 정보공 시의 목적달성을 위하여 피고가 원고인 취득자 또는 처분자의 악의를 증명하여야 한다고 해석 함이 타당하다. 투자자의 권리행사를 용이하게 하기 위한 정책적 고려에서 부실표시만을 원고 가 증명하면 원고의 선의는 추정된다고 할 것이고, 권리장애규정인 단서규정은 이를 주장하는 자가 증명하여야 한다고 본다.

(다) 증명의 범위

증권의 취득자 또는 처분자의 악의는 부실표시의 사실을 취득시 또는 처분시에 현실적으 로 아는 것을 의미한다. 취득시 또는 처분시에 선의인 이상 그 후 이를 알게 되더라도 손해배 상청구에는 영향을 받지 아니하며, 과실로 인하여 취득시 또는 처분시에 이를 알지 못한 경우 에도 동일하다. 유통공시책임을 투자자보호를 위한 법정책임으로 보는 이상 법문상 언급되어 있지 아니한 투자자의 과실을 고려할 이유는 없다. 일반적으로 증권의 취득자 또는 처분자는 표시의 정확성 및 완전 여부를 조사할 의무는 없을 뿐만 아니라 표시사실을 조사하도록 요구 받은 경우에도 마찬가지이다. 그러나 투자자의 과실에 의하여 손해가 확대된 경우 그 과실이 손해배상액의 산정에서 고려될 수 있는가 하는 문제는 별개이다.

6. 인과관계

(1) 자본시장법 관련 규정

사업보고서 · 반기보고서 · 분기보고서 · 주요사항보고서(“사업보고서등”) 및 그 첨부서류(회계 감사인의 감사보고서는 제외) 중 중요사항이 부실표시됨으로써 사업보고서 제출대상법인이 발행 한 증권(그 증권과 관련된 증권예탁증권, 그 밖에 대통령령으로 정하는 증권을 포함)의 취득자 또는 처분자가 손해를 입은 경우에는 배상책임자는 그 손해에 관하여 배상의 책임을 진다(법162①). 배상책임을 질 자는 청구권자가 입은 손해액의 전부 또는 일부가 중요사항에 관하여 부실표시됨으로써 발생한 것이 아님을 증명한 경우에는 그 부분에 대하여 배상책임을 지지 아니한다(법 162④).

(2) 거래인과관계

증권의 취득자 또는 처분자가 증권거래에서 입은 손해의 전보를 구하는 손해배상에서는 부실표시와 손해 사이에 인과관계가 있어야 한다. 의무위반행위인 부실표시와 손해 사이에 인과관계를 요하지 않는 것으로 한다면 유통공시에 의하여 투자정보를 얻고자 하는 투자자의 욕구를 감퇴시켜 공시제도의 무기능화를 초래할 것이기 때문이다.

자본시장법 제162조 제1항은 "부실표시로서 증권의 취득자 또는 처분자가 손해를 입은 경우에"라고 규정하고 손해배상책임의 요건으로 인과관계를 요구하고 있다. 앞서 본 바와 같이 발행시장에서의 취득자가 자본시장법 제125조의 규정에 의하여 손해배상청구권을 행사하는 경우에는 거래인과관계를 증명할 필요가 없다. 그러나 유통시장의 경우는 성격이 다르다고 할 수 있다. 즉 투자자를 투자판단에 이르게 한 해당 발행회사 및 증권에 관한 정보는 각각의 사업보고서나 반기보고서 또는 수시공시에 의한 것이 유일한 것이 아니고, 이들 공시정보가 직접적으로 투자를 권유하기 위한 것도 아니기 때문에 책임을 인정하기 위하여는 실제로 이들 공시를 믿고 투자를 했는지 여부가 반드시 밝혀질 필요가 있다. 다시 말하면 이들 공시가 행하여진 후 일정시점에 증권을 취득한 경우라도 신뢰의 인과관계는 추정될 여지는 없다. 따라서 반드시 인과관계의 증명이 필요하다. 그렇지 않으면 일정시점에 해당 증권을 거래한 수많은 취득자들에 대하여는 정보공시를 신뢰했는지 여부에 관계없이 우선 손해배상책임을 부담해야 하는 불합리한 결과를 낳게 된다. 이러한 결과는 책임법체계를 혼란스럽게 하고 사회경제적으로도 정의롭지 않다. 이러한 해석은 우리 법의 모법인 미국의 1933년 증권법과 1934년 증권거래법에 대한 비교법적 검토에서도 증명된다. 즉 발행공시책임을 규제하는 1933년 증권법의 제11조, 제12(1)조, 제12(2)조 등에서는 거래인과관계의 증명을 요하지 않는 반면, 유통공시책임을 규제하는 1934년 증권거래법 제18(a)조에서는 명문으로 책임인정의 전제조건으로서 신뢰의 인과관계, 즉 거래인과관계를 요구하고 있다.[42]

따라서 발행공시책임에서와 달리 유통공시책임에서는 유통시장에서의 증권의 취득자 또는 처분자가 자본시장법 제162조 규정에 의하여 손해배상청구권을 행사하는 경우에는 거래인과관계(부실표시된 내용을 신뢰하고 증권을 취득한 사실)를 증명하여야 한다.

(3) 손해인과관계

(가) 의의

사업보고서·반기보고서·분기보고서·주요사항보고서("사업보고서등") 및 그 첨부서류(회계

---

42) 이준섭(2000), 38쪽.

감사인의 감사보고서는 제외) 중 중요사항에 관하여 거짓의 기재 또는 표시가 있거나 중요사항이
기재 또는 표시되지 아니함으로써 사업보고서 제출대상법인이 발행한 증권(그 증권과 관련된 증
권예탁증권, 그 밖에 대통령령으로 정하는 증권을 포함)의 취득자 또는 처분자가 손해를 입은 경우
에는 배상책임자는 그 손해에 관하여 배상의 책임을 진다(법162① 본문). 따라서 자본시장법은
피고의 부실표시와 원고의 손해 사이에 인과관계가 존재할 것을 요구하고 있다. 증권취득자인
원고의 "손해"는 피고의 "부실표시"로 발생한 것이어야 한다.

(나) 증명책임의 전환

배상책임을 질 자는 청구권자가 입은 손해액의 전부 또는 일부가 중요사항에 관하여 거짓
의 기재 또는 표시가 있거나 중요사항이 기재 또는 표시되지 아니함으로써 발생한 것이 아님
을 증명한 경우에는 그 부분에 대하여 배상책임을 지지 아니한다(법162④).

따라서 자본시장법 제162조 제4항 손해의 범위에 대한 인과관계의 증명을 배상책임자인
피고에게 부과함으로써 증명책임을 전환시키고 있는 것은 거래인과관계의 증명을 전제로 하고
있는 것이다. 따라서 피고는 부실표시와 원고의 손해 사이에 인과관계가 없음을 증명할 책임을
부담한다. 즉 피고(배상책임자)가 손해인과관계의 부존재를 증명할 책임을 부담한다. 따라서 원
고는 그 존재를 증명할 필요가 없다.

또한 허위공시 등의 위법행위가 있었던 사실이 정식으로 공표되기 이전에 투자자가 매수
한 주식을 그 허위공시 등의 위법행위로 말미암아 부양된 상태의 주가에 모두 처분하였다고
하더라도 공표 전 매각분이라는 사실의 증명만으로 손해인과관계 부존재의 증명이 되었다고
할 수는 없다.

(다) 책임의 제한

증명책임의 전환에 관한 자본시장법 제162조 제4항의 규정은 동시에 책임제한의 근거규
정으로서 기능을 수행한다. 이에 대한 것은 손해배상액의 산정 부분에서 논의하기로 한다.

7. 예측정보의 특례

예측정보가 다음 각 호에 따라 기재 또는 표시된 경우에는 법 제162조 제1항에 불구하고
제1항 각 호의 자는 그 손해에 관하여 배상의 책임을 지지 아니한다(법162② 본문). 다만, 해당
증권의 취득자 또는 처분자가 그 취득 또는 처분을 할 때에 예측정보 중 중요사항에 관하여 거
짓의 기재 또는 표시가 있거나 중요사항이 기재 또는 표시되지 아니한 사실을 알지 못한 경우
로서 제1항 각 호의 자에게 그 기재 또는 표시와 관련하여 고의 또는 중대한 과실이 있었음을
증명한 경우에는 배상의 책임을 진다(법162② 단서).

1. 그 기재 또는 표시가 예측정보라는 사실이 밝혀져 있을 것
2. 예측 또는 전망과 관련된 가정 또는 판단의 근거가 밝혀져 있을 것
3. 그 기재 또는 표시가 합리적 근거 또는 가정에 기초하여 성실하게 행하여졌을 것
4. 그 기재 또는 표시에 대하여 예측치와 실제 결과치가 다를 수 있다는 주의문구가 밝혀져 있을 것

8. 손해배상의 범위

(1) 배상액의 추정

배상할 금액은 청구권자가 그 증권을 취득 또는 처분함에 있어서 실제로 지급한 금액 또는 받은 금액과 다음의 어느 하나에 해당하는 금액(처분의 경우에는 제1호에 한한다)과의 차액으로 추정한다(법162③).

1. 손해배상을 청구하는 소송의 변론이 종결될 때의 그 증권의 시장가격(시장가격이 없는 경우에는 추정처분가격)
2. 변론종결 전에 그 증권을 처분한 경우에는 그 처분가격

증권의 취득자가 부실공시가 있기 전부터 당해 증권을 보유하고 있다가 부실공시가 있은 후 추가로 동일한 증권을 취득하고 그 중 일부만을 변론종결 전에 처분한 경우에는 그 처분된 일부의 증권이 부실공시 이전부터 보유하고 있던 증권의 일부인지, 부실공시 이후에 취득한 증권의 일부인지를 특정할 수 없으므로 손해배상액 산정이 어렵게 된다. 이러한 상황에서는 변론종결 전에 처분한 처분가격과 변론종결시점의 가격의 차이가 발생하는데, 이 경우 일부 증권을 공시 전에 매수한 증권으로 의제하는 경우와 공시 후에 매수한 증권으로 의제하는 경우에 따라 손해배상액의 규모에 있어 차이가 발생한다. 따라서 어느 방법을 선택하느냐에 따라 손해배상액의 규모에 차이가 발생하므로 원고 또는 피고에게 불이익이 발생할 수 있다.[43]

실제로 위와 같은 사례가 있었다. 대우중공업의 분식회계와 관련하여 사업보고서 및 감사보고서의 부실기재를 이유로 대우중공업의 임직원과 회계감사를 수행한 회계법인에 대해 손해배상청구소송이 제기되었다. 이에 대하여 서울지방법원은 증권거래법 제186조의5에 의해 준용되는 법 제15조에 해석만으로 손해배상액 산정시 어느 방법을 선택하느냐에 따라 손해배상액의 규모에 차이가 발생하여 원고 또는 피고에게 불이익 생기므로, 동 규정은 헌법이 보장한 재산권을 침해할 우려가 있다는 이유로 헌법재판소에 위헌법률심판을 제청하였다.

이에 대하여 헌법재판소는 "손해배상을 구하는 증권이 언제 취득한 증권인지를 입증하는

43) 권종호 외(2003), "증권손해배상책임의 실체법적 정비", 한국증권법학회 연구보고서(2003. 11), 83쪽.

제 4 장 유통시장과 공시규제(유통공시) **1315**

문제는 손해배상액 산정규정인 위 규정이 적용되기 이전 단계의 문제로서 위 규정과는 직접적인 관련이 없으므로, 그와 같은 입증이 불가능하다는 문제 역시 위 규정이 규율하는 범위 밖이다. 그렇다면 이 규정은 손해배상청구권자나 손해배상의무자의 재산권을 침해하는 것이 아니다"라고 합헌결정을 내렸다.[44]

대우중공업의 사안처럼 일부 매도한 증권이 언제 매수한 증권인지를 판단하는 것은 불가능하므로 원고 및 피고 모두에게 합리적인 것은 안분비례의 방법일 것이다.[45]

(2) 배상액의 경감 및 면책가능성

배상청구권자는 증권가격의 하락과 부실표시 사이에 인과관계가 있음을 증명할 필요는 없다. 만약 사업보고서등의 제출인 등이 증권가격의 하락이 부실표시에 의하지 아니하였음(인과관계의 절단)을 증명하는 경우에는 그 책임을 면제·감경받을 수 있는가?

자본시장법은 제162조 제4항은 "배상책임을 질 자는 청구권자가 입은 손해액의 전부 또는 일부가 중요사항에 관하여 거짓의 기재 또는 표시가 있거나 중요사항이 기재 또는 표시되지 아니함으로써 발생한 것이 아님을 증명한 경우에는 그 부분에 대하여 배상책임을 지지 아니한다"고 규정함으로써 손해인과관계의 증명책임을 전환하는 규정을 두고 있는데, 이 규정은 피고의 배상액에 대한 책임을 제한하는 규정으로서의 기능도 수행한다.

시장가격의 이상폭락, 기업재무구조의 악화 등의 경우에도 그 위험을 배상책임자에게 부담시키는 것은 부당하다. 배상액을 법정한 취지는 인과관계의 증명을 불요하게 함으로써 투자자의 배상청구를 용이하게 하려는데 있는 것이지, 무관한 사유에 의한 가격하락을 전보해 주는데 있는 것은 아니다. 따라서 배상책임자가 해당 증권의 시장가격이 부실표시 이외의 사유로 인하여 하락하였음을 증명한 때에는 그 한도에서 배상책임을 면할 수 있다고 보는 것이 타당하다. 그리고 손해발생과 관련하여 배상청구권자에게 과실이 있는 경우에는 과실의 정도에 따른 과실상계도 허용된다.

(3) 배상청구권의 소멸

사업보고서 등의 제출인등의 손해배상책임은 그 청구권자가 해당 사실을 안 날부터 1년 이내 또는 해당 제출일부터 3년 이내에 청구권을 행사하지 아니한 경우에는 소멸한다(법162⑤). 이 기간은 제척기간이다.

제척기간이 단기이며 증권의 취득자 또는 처분자는 부실표시를 알기 위하여 상당한 주의를 다하여야 할 의무는 없으므로 1년의 기간은 청구권자가 그 사실을 현실적으로 안 날로부터 기산한다. 3년의 기간은 사업보고서 등의 효력이 발생한 날로부터 기산하지만, 사업보고서 등

---

44) 헌법재판소 2003. 12. 18. 선고 2002헌가23 결정.
45) 권종호 외(2003), 83쪽.

의 효력이 이미 발생하고 있더라도 정정보고서(관련 법령에 의해 종속회사의 결산지연 등의 사유로 연결재무제표 및 감사의견을 추가로 제출하는 경우 포함)가 제출된 때에는 그 정정보고서가 수리된 날을 사업보고서 등의 제출일로 보아야 할 것이다.

Ⅱ. 행정제재

1. 자료제출명령과 조사

금융위원회는 투자자 보호를 위하여 필요한 경우에는 사업보고서 제출대상법인, 그 밖의 관계인에 대하여 참고가 될 보고 또는 자료의 제출을 명하거나, 금융감독원장에게 그 장부·서류, 그 밖의 물건을 조사하게 할 수 있다(법164① 전단). 이 경우 조사를 하는 자는 그 권한을 표시하는 증표를 지니고 이를 관계인에게 내보여야 한다(법164① 후단, 법131②).

2. 정정명령 등

금융위원회는 ⅰ) 사업보고서등을 제출하지 아니한 경우, 또는 ⅱ) 사업보고서등 중 중요사항에 관하여 거짓의 기재 또는 표시가 있거나 중요사항이 기재 또는 표시되지 아니한 경우에는 사업보고서 제출대상법인에 대하여 이유를 제시한 후 그 사실을 공고하고 정정을 명할 수 있으며, 필요한 때에는 증권의 발행, 그 밖의 거래를 정지 또는 금지하거나 대통령령으로 정하는 조치를 할 수 있다(법164② 전단).

위에서 "대통령령으로 정하는 조치"란 ⅰ) 1년의 범위에서 증권의 발행제한,[46] ⅱ) 임원에 대한 해임권고, ⅲ) 자본시장법을 위반한 경우에는 고발 또는 수사기관에의 통보, ⅳ) 다른 법률을 위반한 경우에는 관련기관이나 수사기관에의 통보, 또는 ⅴ) 경고 또는 주의에 해당하는 조치를 말한다(영175).

3. 과징금

금융위원회는 사업보고서 제출대상법인이 ⅰ) 사업보고서등(사업보고서, 반기·분기보고서, 주요사항보고서) 중 중요사항에 관하여 거짓의 기재 또는 표시를 하거나 중요사항을 기재 또는 표시하지 아니한 때,[47] 또는 ⅱ) 사업보고서등을 제출하지 아니한 때에는 직전 사업연도 중에

---

46) 사업보고서 제출대상법인은 각 사업연도 경과 후 90일 이내에 사업보고서를 금융위원회에 제출하여야 함에도, A사는 2017년 사업보고서를 법정기한인 2018. 4. 2.을 8영업일 경과한 2018. 4. 12.에 지연제출한 사실이 있어 원칙적으로 과징금 부과대상에 해당하나, 2019. 12. 12. 상장폐지되어 「자본시장조사 업무규정」 [별표 제3호] "증권·선물조사결과 조치기준" 5.가.(1)에 따라 증권발행제한 조치를 대체 부과하였다.

47) A사는 최대주주 B가 2018. 3. 27.–2019. 8. 12. 기간 중 보유중인 A사 주식 최대 3,042,860주(보유주식의

증권시장에서 형성된 그 법인이 발행한 주식(그 주식과 관련된 증권예탁증권을 포함)의 일일평균 거래금액의 10%(20억원을 초과하거나 그 법인이 발행한 주식이 증권시장에서 거래되지 아니한 경우에는 20억원)을 초과하지 아니하는 범위에서 과징금을 부과할 수 있다(법429③).

과징금은 각 해당 규정의 위반행위가 있었던 때부터 5년이 경과하면 이를 부과하여서는 아니 된다(법429⑤).

Ⅲ. 형사제재

1. 5년 이하의 징역 또는 2억원 이하의 벌금

사업보고서·반기보고서·분기보고서·주요사항보고서·정정명령에 따라 제출하는 사업보고서등 중 중요사항에 관하여 거짓의 기재 또는 표시를 하거나 중요사항을 기재 또는 표시하지 아니한 자 및 그 중요사항에 관하여 거짓의 기재 또는 표시가 있거나 중요사항의 기재 또는 표시가 누락되어 있는 사실을 알고도 제119조 제5항 또는 제159조 제7항(제160조 후단 또는 제161조 제1항 각 호 외의 부분 후단에서 준용하는 경우를 포함)에 따른 서명을 한 자와 그 사실을 알고도 이를 진실 또는 정확하다고 증명하여 그 뜻을 기재한 공인회계사·감정인 또는 신용평가를 전문으로 하는 자(13호)는 5년 이하의 징역 또는 2억원 이하의 벌금에 처한다(법444(13)).

2. 1년 이하의 징역 또는 3천만원 이하의 벌금

자본시장법 제159조, 제160조 또는 제161조 제1항을 위반하여 사업보고서·반기보고서·분기보고서나 주요사항보고서를 제출하지 아니한 자는 1년 이하의 징역 또는 3천만원 이하의 벌금에 처한다(법446(28)).

99.84%)를 사채업자 및 저축은행에 담보로 제공한 사실을 알고 있었음에도, 해당 담보제공 내역을 2018. 5. 15.–2019. 8. 14. 기간 중 제출한 사업보고서(1회) 및 분·반기보고서(5회) 등에 고의로 누락한 사실로 과징금 제재를 받았다.

제5절 수시공시제도

Ⅰ. 서설

1. 의의

자본시장법은 거래소의 업무 중 하나로 "상장법인의 신고·공시에 관한 업무"(법377①(7))를 규정하고 있다. 이에 따라 거래소는 주권, 그 밖에 대통령령으로 정하는 증권을 상장한 법인("주권등상장법인")의 기업내용 등의 신고·공시 및 관리를 위하여 주권등상장법인 공시규정을 정하여야 한다. 이 경우 거래소가 개설·운영하는 둘 이상의 증권시장에 대하여 별도의 공시규정으로 정할 수 있다(법391①).[48]

여기서 "그 밖에 대통령령으로 정하는 증권"이란 사채권, 파생결합증권, 증권예탁증권, 그밖에 공시규정으로 정하는 증권을 말한다(영360).

2. 공시사항

공시규정에는 다음 사항이 포함되어야 한다(법391②).

1. 주권등상장법인이 신고하여야 하는 내용에 관한 사항
2. 주권등상장법인이 신고함에 있어서 준수하여야 할 방법 및 절차에 관한 사항
3. 주권등상장법인에 관한 풍문이나 보도 등의 사실 여부 및 그 법인이 발행한 증권의 가격이나 거래량의 현저한 변동의 원인 등에 대한 거래소의 신고 또는 확인 요구에 관한 사항
4. 주권등상장법인의 경영상 비밀유지와 투자자 보호와의 형평 등을 고려하여 신고·공시하지 아니할 사항
5. 주권등상장법인이 신고한 내용의 공시에 관한 사항
6. 주권등상장법인의 제1호부터 제4호까지의 위반유형, 위반 여부 결정기준 및 조치 등에 관한 사항
7. 매매거래의 정지 등 주권등상장법인의 관리에 관한 사항
8. 주권등상장법인의 신고의무 이행실태의 점검에 관한 사항
9. 그 밖에 주권등상장법인의 신고 또는 공시와 관련하여 필요한 사항

자본시장법은 자율규제인 거래소의 수시공시제도에 관하여는 기존의 증권거래법에서와

---

48) 거래소의 공시규정에는 유가증권시장 공시규정과 코스닥시장 공시규정, 코넥스시장 공시규정이 있다. 여기서는 거래소의 유가증권시장 공시규정을 중심으로 설명한다.

같은 별도의 근거규정을 두지 않고 거래소의 공시규정으로 신고대상 항목을 정하도록 하고 있다. 즉 자본시장법은 주권등상장법인의 공시의무사항 및 관리에 관한 거래소의 공시규정에 대한 법적 근거가 된다.

II. 의무공시

1. 신고의무자(공시주체)

자본시장법상 수시공시의무의 주체는 "주권등상장법인"이다(법391①). 공시규정은 주권상장법인을 신고의무자로 하고 있다(공시규정7).

공시방법에는 상장법인이 직접 시장에 알리는 직접공시주의와 상장법인이 규제기관에 신고를 하면 일정한 절차에 따라 시장에 알리는 간접공시주의가 있다. 미국, 영국, 호주 등은 직접공시주의를 채택하고 있다. 우리나라와 일본 등은 간접공시주의를 채택하고 있다. 직접공시주의 국가들은 공시사항을 기업의 자율적 판단에 맡기는 경우가 많고, 간접공시주의 국가들은 대부분 법령이나 거래소 공시규정에서 구체적으로 공시사항을 열거하는 경우가 많다.[49]

2. 공시의무사항(신고의무사항)

(1) 주요경영사항 공시의 의의

주권상장법인은 주요경영사항에 해당하는 때에는 그 사실 또는 결정(이사회의 결의 또는 대표이사 그 밖에 사실상의 권한이 있는 임원·주요주주 등의 결정을 말하며, 이 경우 이사회의 결의는 상법 제393조의2에 따른 이사회내 위원회의 결의를 포함) 내용을 그 사유 발생일 당일에 거래소에 신고하여야 한다. 다만, 제1호 다목, 제2호 중 가목(7)·나목(4)·다목(4)·라목(4), 제3호 중 가목(1)과 나목(5)에 해당하는 경우에는 사유 발생일 다음 날까지 거래소에 신고하여야 한다(공시규정7①). 이사회결의를 통하여 결정된 사항을 공시하는 경우에는 사외이사의 이사회 참석 여부를 부기하여야 한다(공시규정46).

자본시장법에서는 유통시장에서 수시로 발생하는 투자자의 투자판단에 중요한 영향을 미치는 기업의 현재와 미래에 대한 주요경영정보에 대하여 발생시마다 즉시 공시하도록 규정하고 있으며, 구체적인 공시대상은 거래소의 공시규정에서 명시하고 있다. 따라서 주권상장법인은 이와 같은 주요경영사항에 해당하는 사실 또는 결정이 있는 경우에는 그 사실 또는 결정내용을 공시시한인 당일 또는 익일 이내에 거래소에 신고하여야 한다.

---

49) 성희활(2008), 64쪽.

당일·익일공시시한 및 당해 시한종료일이 오후인 조회공시시한은 당해 시한종료일의 18시까지로 한다. 다만, 당일·익일공시시한의 경우 당해 신고사항이 시한종료일 18시 이후에 발생하는 등 당해법인의 불가피한 사유가 있는 경우에는 그 익일 시간외시장 개시 10분전(장개시 전 시간외시장이 열리지 않을 경우 정규시장 매매거래 개시 30분전)까지 신고할 수 있다(공시규정 시행시칙25(5)). 따라서 당일공시사항의 경우 그 시간은 당일 18:00 또는 익일 07:20까지를 의미하고, 익일공시사항의 경우 그 시간은 익일 18:00 또는 익익일 07:20까지 신고하여야 한다.

(2) 주요경영사항의 신고 및 공시

(가) 의의

공시의무사항은 공시내용에 따라 ⅰ) 영업 및 생산활동 관련사항(제1호), ⅱ) 재무구조 관련사항(제2호), 기업경영활동 관련사항(제3호)으로 구성된다. 구체적으로 살펴보면 아래와 같다.

(나) 주요경영사항

1) 영업 및 생산활동 관련사항(제1호)

주권상장법인의 영업 및 생산활동에 관한 다음의 어느 하나에 해당하는 사실 또는 결정이 있은 때(제1호)이다.

> 가. 최근 사업연도 매출액의 100분의 5(대규모법인의 경우 1,000분의 25) 이상에 해당하는 영업 또는 주된 영업의 일부 또는 전부가 정지(그 결정을 포함)되거나 그 정지에 관한 행정처분이 있은 때(그 영업의 인가·허가 또는 면허의 취소·반납과 그에 상당하는 생산품에 대한 판매활동의 정지를 포함)
>
> 나. 최근 사업연도 매출액의 100분의 5(대규모법인의 경우 1,000분의 25) 이상을 차지하는 거래처와의 거래가 중단된 때
>
> 다. 최근 사업연도 매출액의 100분의 5(대규모법인의 경우 1,000분의 25) 이상의 단일판매계약 또는 공급계약을 체결한 때 및 해당 계약을 해지한 때
>
> 라. 최근 사업연도 매출액의 100분의 5(대규모법인의 경우 1,000분의 25) 이상의 제품에 대한 수거·파기 등을 결정한 때
>
> 마. 최근 사업연도 매출액의 100분의 5(대규모법인의 경우 1,000분의 25) 이상을 생산하는 공장에서 생산활동이 중단되거나 폐업된 때

2) 재무구조 관련사항(제2호)

주권상장법인의 재무구조에 변경을 초래하는 다음의 어느 하나에 해당하는 사실 또는 결정이 있은 때(제2호)이다.

> 가. 해당 유가증권시장주권상장법인이 발행하는 증권에 관한 다음의 어느 하나에 해당하는 사

실 또는 결정이 있은 때

(1) 증자 또는 감자에 관한 결정이 있은 때

(2) 주식의 소각에 관한 결정이 있은 때. 이 경우 (1)에 따른 자본금 감소의 방법으로 하는 사항은 (1)에 의하여 신고하여야 한다.

(3) 자기주식의 취득 또는 처분(신탁계약 등의 체결, 해지 또는 연장을 포함), 신탁계약 등의 체결을 통해 취득한 자기주식의 유가증권시장 외에서의 처분에 관한 결정이 있은 때

(4) 상법 제329조의2 및 제440조에 따른 주식분할 또는 병합(자본감소를 위한 주식병합은 제외)에 관한 결정이 있은 때

(5) 상법 제329조에 따라 액면주식을 무액면주식으로 전환하거나 무액면주식을 액면주식으로 전환하기로 하는 결정이 있은 때

(6) 주권 관련 사채권(자본시장법 제165조의10 제1항에 따른 사채와 은행법 제33조 제1항 제3호에 따른 은행주식 전환형 조건부자본증권) 등과 관련하여 다음의 어느 하나에 해당하는 때

　(가) 전환사채, 신주인수권부사채, 교환사채 또는 증권예탁증권(외국에서 이와 유사한 증권 또는 증서가 발행되는 경우를 포함)의 발행에 관한 결정이 있은 때

　(나) 조건부자본증권(자본시장법 제165조의11 제1항에 따른 조건부자본증권과 은행법 제33조 제1항 제2호부터 제4호까지의 규정에 따른 조건부자본증권)의 발행에 관한 결정이 있은 때

　(다) 조건부자본증권이 주식으로 전환되는 사유가 발생하거나 그 조건부자본증권의 상환과 이자지급 의무가 감면되는 사유가 발생한 때

(7) 해외증권시장에 주권등의 상장을 추진하거나 이미 상장한 유가증권시장주권상장법인이 다음의 어느 하나에 해당되는 때

　(가) 해외증권시장에 주권등을 상장하기 위한 결정이 있은 때 및 해당 주권등을 상장한 때

　(나) 해외증권시장에 상장 후 해당국 증권감독기관 또는 증권거래소 등에 기업내용을 정기 또는 수시로 신고·공시하거나 보고서 그 밖의 관련서류를 제출한 때. 다만, 국내 증권관계법령 및 이 편에 따라 신고 또는 공시하거나 제출하는 사항과 중복되는 경우는 제외한다.

　(다) 해외증권시장에서의 상장폐지를 결정하거나 해당국 증권감독기관 또는 증권거래소로부터 매매거래정지, 상장폐지, 그 밖의 조치(해당법인이 이를 요청한 때를 포함)를 받은 때 및 상장폐지된 때

　(라) 해당국 증권거래소로부터 조회공시를 요구받은 때

(8) 해당법인이 발행한 주권을 상장폐지 하기로 결정한 때

(9) 발행한 어음이 위·변조된 사실을 확인한 때

나. 해당 주권상장법인의 투자활동에 관한 다음의 어느 하나에 해당하는 사실 또는 결정이 있

은 때

(1) 자기자본의 100분의 10(대규모법인의 경우 100분의 5) 이상에 상당하는 신규시설투자, 세칙에서 정하는 시설외투자, 시설증설 또는 별도공장의 신설에 관한 결정이 있은 때

(2) 최근 사업연도말 자산총액의 100분의 5(대규모법인의 경우 1,000분의 25) 이상의 유형자산(임대를 목적으로 하는 부동산을 포함)의 취득 또는 처분에 관한 결정[특정 금전신탁 또는 사모집합투자기구(해당 법인이 자산운용에 사실상의 영향력을 행사하는 경우에 한한다)에 의한 취득 및 처분을 포함한다. 이하 이 목 (3)에서의 취득 또는 처분에서 같다]이 있은 때

(3) 자기자본의 100분의 5(대규모법인의 경우 1,000분의 25) 이상의 출자(타법인이 발행한 주식 또는 출자증권의 취득) 또는 출자지분 처분에 관한 결정이 있거나, 주권 관련 사채권의 취득 또는 처분에 관한 결정이 있은 때. 다만, 다음의 어느 하나에 해당하는 경우에는 그러하지 아니하다.

   (가) 공개매수에 의한 출자. 다만, 외국기업이 발행한 주권을 대상으로 하는 외국법률에 의한 공개매수의 경우에는 해당 국가에서 공개매수신고서 또는 이에 준하는 서류를 제출하는 때에 이를 신고하여야 한다.

   (나) 금융기관(금융위원회법 제38조 각 호의 어느 하나에 해당하는 기관)의 단기매매증권의 취득·처분(담보권 등 권리실행에 의한 출자·출자지분 처분을 포함)

(4) 자기자본의 100분의 5(대규모법인의 경우 1,000분의 25) 이상을 출자(최근 사업연도말 재무상태표상의 가액을 기준으로 한다)하고 있는 주권비상장법인(코스닥시장 상장법인을 포함)이 제3호 나목 (1)부터 (3)까지의 어느 하나에 해당된 사실이 확인된 때

다. 해당 유가증권시장주권상장법인의 채권·채무에 관한 다음의 어느 하나에 해당하는 사실 또는 결정이 있은 때

(1) 자기자본의 100분의 10(대규모법인의 경우 100분의 5) 이상에 해당하는 단기차입금의 증가에 관한 결정이 있은 때. 이 경우 단기차입금에는 모집 외의 방법으로 발행되는 만기 1년 이내의 사채금액을 포함하며, 기존의 단기차입금 상환을 위한 차입금은 제외한다.

(2) 자기자본의 100분의 5(대규모법인의 경우 1,000분의 25) 이상의 채무를 인수하거나 면제하여 주기로 결정한 때

(3) 자기자본의 100분의 5(대규모법인의 경우 1,000분의 25) 이상의 담보제공(타인을 위하여 담보를 제공하는 경우에 한한다. 이하 같다) 또는 채무보증(입찰·계약·하자·차액 보증 등의 이행보증과 납세보증은 제외한다. 이하 같다)에 관한 결정이 있은 때. 이 경우 그 결정일 또는 사유발생일 현재의 채무자별 담보제공 또는 채무보증 잔액을 함께 신고하여야 한다.

(4) 제2호 다목 (3)에 해당하는 채무자가 제3호나목(1)부터 (3)까지의 어느 하나에 해당된

사실이 확인된 때

(5) 발행한 사채와 관련하여 자기자본의 100분의 5(대규모법인의 경우 1,000분의 25) 이상의 금액에 상당하는 원리금의 지급을 이행하지 못한 때. 이 경우 신고금액의 산정은 해당 사업연도에 발생한 미지급금 중 기 신고분을 제외한 누계금액을 기준으로 한다.

(6) 신용정보법 시행령 제21조 제2항의 금융기관으로부터 받은 대출금과 관련하여 자기 자본의 100분의 5(대규모법인의 경우 1,000분의 25) 이상의 금액에 상당하는 원리금의 지급을 이행하지 못한 때. 이 경우 신고금액의 산정은 해당 사업연도에 발생한 미지급 금액 중 기 신고분을 제외한 누계금액을 기준으로 한다.

(7) 자기자본의 100분의 5(대규모법인의 경우 1,000분의 25) 이상의 타인에 대한 선급금 지급, 금전의 가지급, 금전대여 또는 증권의 대여에 관한 결정이 있은 때. 이 경우 종업원(최대주주등 이외의 자인 경우에 한한다)·우리사주조합에 대한 대여의 경우에는 제외한다.

라. 해당 유가증권시장주권상장법인의 손익에 관한 다음의 어느 하나에 해당하는 사실 또는 결정이 있은 때

(1) 천재·지변·전시·사변·화재 등으로 인하여 최근 사업연도말 자산총액의 100분의 5(대 규모법인의 경우 1,000분의 25) 이상의 재해(최근사업연도말 재무제표상의 가액을 기준으로 한다)가 발생한 때

(2) 자기자본의 100분의 5(대규모법인의 경우 1,000분의 25) 이상의 벌금·과태료·추징금 또는 과징금 등이 부과된 사실이 확인된 때

(3) 임·직원 등(퇴직한 자를 포함)의 횡령·배임혐의가 확인된 때 및 그 혐의가 사실로 확인된 때. 단, 임원이 아닌 직원 등의 경우에는 횡령·배임금액이 자기자본의 100분의 5(대규모법인의 경우 1,000분의 25) 이상인 경우로 한한다.

(4) 파생상품의 거래(위험회피 목적의 거래로서 회계처리기준에 따른 높은 위험 회피효과를 기대할 수 있는 경우를 제외)로 인하여 자기자본의 100분의 5(대규모법인의 경우 1,000분의 25) 이상의 손실(미실현분을 포함)이 발생한 때. 이 경우 신고금액의 산정은 해당 사업연도에 발생한 손실 중 기 신고분을 제외한 누계손실을 기준으로 하며, 다수의 파생상품 거래가 있는 경우에는 손실과 이익을 상계한다.

(5) 자기자본의 100분의 5(대규모법인의 경우 1,000분의 25) 이상의 금액에 상당하는 임원 등(퇴직한 자 포함)의 가장납입 혐의가 확인된 때 및 그 혐의가 사실로 확인된 때

(6) 매출채권 이외의 채권에서 발생한 손상차손(채권별 손상차손 금액을 합산하여 산정하며 해당 사업연도에 발생한 누계금액을 기준으로 한다)이 자기자본의 100분의 50 (대 규모법인의 경우 100분의 25) 이상인 사실을 확인한 때. 이 경우 그 사유발생일 현재의 손상차손 대상 채권별 잔액을 함께 신고하여야 한다.

마. 해당 유가증권시장주권상장법인의 결산에 관한 다음의 어느 하나에 해당하는 사실 또는

결정이 있은 때

(1) 외부감사법 제23조 제1항에 따라 회계감사인으로부터 감사보고서를 제출받은 때. 이 경우 해당 감사보고서상 다음의 어느 하나에 해당하는 사실이 확인된 때에는 이를 함께 신고하여야 한다.

    (가) 감사의견 부적정, 의견거절 또는 감사범위의 제한으로 인한 한정

    (나) 최근 사업연도의 자기자본이 자본금의 100분의 50 이상 잠식(지배회사 또는 지주회사인 유가증권시장주권상장법인의 경우에는 비지배지분을 제외한 자본총계를 기준으로 한다. 이하 같다). 이 경우 자본금 전액이 잠식된 경우에는 별도로 표시하여야 한다.

    (다) 최근 사업연도의 매출액(재화의 판매 및 용역의 제공에 한한다. 이하 같은 목 (3) 및 제40조 제2항 제4호 가목 (3)에서 같다)이 50억원 미만

(2) 회계감사인의 반기검토보고서상 검토의견이 부적정 또는 의견거절인 때

(3) 최근사업연도의 결산결과 다음의 어느 하나에 해당하는 사실이나 결정이 있은 때. 이 경우 결산주주총회의 소집을 통지·공고하기 이전까지 이를 신고하여야 하며, 매출액·영업손익·당기순손익 항목 및 자산·부채·자본총계 현황을 함께 신고하여야 한다.

    (가) 최근사업연도 매출액, 영업손익 또는 당기순손익이 직전사업연도 대비 100분의 30(대규모법인의 경우 100분의 15) 이상 증가 또는 감소

    (나) (1)의 (나) 및 (다)에 해당하는 경우

(4) 주식배당에 관한 결정이 있은 때. 이 경우 사업연도말 10일전까지 그 예정내용을 신고하여야 한다.

(5) 현금·현물배당(법 제165조의12에 따른 분기배당 및 상법 제462조의3에 따른 중간배당을 포함)에 관한 결정이 있은 때 및 중간배당(분기배당을 포함)을 위한 주주명부폐쇄기간(기준일을 포함)을 결정한 때. 이 경우 해당 배당신고는 세칙이 정하는 시가배당률에 의하여야 하며 액면배당률은 이를 표시하지 아니한다.

(6) 회계처리기준 위반행위와 관련하여 다음의 어느 하나에 해당하는 때

    (가) 해당법인 또는 그 임·직원(퇴직한 자를 포함)이 「외부감사 및 회계 등에 관한 규정」에 따라 증권선물위원회로부터 검찰고발 또는 검찰통보 조치된 사실과 그 결과가 확인된 때

    (나) 해당법인 또는 그 임·직원(퇴직한 자를 포함)이 회계처리기준 위반행위를 사유로 검찰에 의하여 기소되거나 그 결과가 확인된 때. 다만, (가)에 따라 신고한 경우에는 그러하지 아니하다.

    (다) 임원이 「외부감사 및 회계 등에 관한 규정」에 따라 증권선물위원회로부터 해임권고 의결된 사실이 확인된 때

3) 경영활동 관련사항(제3호)

해당 유가증권시장주권상장법인의 기업경영활동에 관한 다음의 어느 하나에 해당하는 사실 또는 결정이 있은 때(제3호)이다.

가. 해당 유가증권시장주권상장법인의 지배구조 또는 구조개편에 관한 다음의 어느 하나에 해당하는 사실 또는 결정이 있은 때
   (1) 최대주주가 변경된 사실이 확인된 때
   (2) 삭제<2015. 7. 22>
   (3) 지주회사인 유가증권시장주권상장법인의 자회사가 새로이 편입 또는 탈퇴된 때
   (4) 상법 제3편 제4장 제2절 제2관 또는 제3관에 따른 주식교환 또는 주식이전의 결정이 있은 때
   (5) 상법 제374조 · 제522조 · 제530조의2, 제530조의12 및 법 시행령 제171조 제2항 제1호부터 제4호까지에서 규정한 사실에 관한 결정이 있은 때
   (6) 상법 제527조의2에 따른 간이합병 또는 제527조의3에 따른 소규모합병에 관한 결정이 있은 때
나. 해당 유가증권시장주권상장법인의 존립에 관한 다음의 어느 하나에 해당하는 사실 또는 결정이 있은 때
   (1) 발행한 어음 또는 수표가 부도로 되거나 은행과의 당좌거래가 정지 또는 금지된 때
   (2) 채무자회생법에 따른 다음의 어느 하나에 해당하는 경우
      (가) 회생절차 개시 · 종결 · 폐지 신청을 한 때 및 법원으로부터 회생절차 개시 · 종결 또는 폐지, 회생절차 개시신청 기각, 회생절차 개시결정 취소, 회생계획 인가 · 불인가 등의 결정사실을 통보받은 때
      (나) 파산신청을 한 때 및 법원으로부터 파산선고 또는 파산신청에 대한 기각 결정사실을 통보 받은 때
   (3) 상법 제517조 및 그 밖의 법률에 따른 해산사유가 발생한 때. 다만, 상법 제227조 제4호 및 제517조 제1호의2에 따른 해산사유에 해당하는 경우에는 그러하지 아니하다.
   (4) 거래은행 또는 금융채권자가 법인의 경영관리 또는 공동관리를 개시 · 중단 또는 해제하기로 결정한 사실이 확인되거나 법인이 동 관리의 신청 · 신청취하를 한 때
   (5) 주채권은행 또는 금융채권자협의회와 경영정상화 계획의 이행을 위한 약정을 체결한 때
   (6) 삭제<2015. 7. 22>
다. 해당 유가증권시장주권상장법인에 대하여 다음의 소송 등의 절차가 제기 · 신청되거나 그 소송 등이 판결 · 결정된 사실을 확인한 때. 다만, (4)의 경우에는 소송의 제기(상소를 포함) · 허가신청, 소송허가 결정, 소송불허가 결정, 소취하(상소취하를 포함) · 화해 · 청구포기(상소권포기를 포함)의 허가신청 · 결정 및 판결의 사실 등을 확인한 때

(1) 유가증권시장주권상장법인이 발행한 상장 또는 상장대상 증권의 발행에 대한 효력, 그 권리의 변경 및 그 증권의 위조 또는 변조에 관한 소송

(2) 청구금액이 자기자본의 100분의 5(대규모법인의 경우 1,000분의 25) 이상인 소송 등

(3) 임원의 선임·해임을 위한 소수주주의 법원에 대한 주주총회 소집허가 신청, 임원의 선임·해임 관련 주주총회결의의 무효·취소의 소, 임원의 직무집행정지가처분 신청 등 임원의 선임·해임 또는 직무집행과 관련한 경영권분쟁 소송

(4) 증권관련 집단소송법에 따른 소송

　라. 주주총회소집을 위한 이사회결의 또는 주주총회결의가 있은 때. 이 경우 사업목적 변경, 사외이사의 선임·해임, 감사(감사위원회 위원을 포함)의 선임·해임, 집중투표제의 도입·폐지 등 투자판단에 중대한 영향을 미칠 수 있는 사항에 대하여는 이를 구분하여 명기하여야 한다.

Ⅲ. 자율공시

　주권상장법인은 주요경영사항 외에 투자자에게 알릴 필요가 있다고 판단되는 사항으로서 세칙에서 정하는 사항의 발생 또는 결정이 있는 때에는 그 내용을 거래소에 신고할 수 있다. 이 경우 그 신고는 사유발생일 다음 날까지 하여야 한다(공시규정28).

　자율공시는 의무공시와는 달리 해당 법인의 자율적인 판단에 따라 가치 있는 정보를 공시하도록 함으로써 투자자에게 풍부한 정보를 제공하고 해당 법인의 경영투명성을 높여 사회적 책임을 다할 수 있도록 하기 위함이다. 의무공시사항의 축소와 자율공시사항의 확대는 기업의 자율적인 판단에 근거하여 공시 여부를 결정할 수 있는 재량을 강화한 것으로 볼 수 있다.

Ⅳ. 조회공시

1. 의의

　자본시장법은 공시규정에 "주권등상장법인에 관한 풍문이나 보도 등의 사실 여부 및 그 법인이 발행한 증권의 가격이나 거래량의 현저한 변동의 원인 등에 대한 거래소의 신고 또는 확인 요구에 관한 사항"을 포함하도록 하여 조회공시의 근거규정을 두고 있다(법391②(3)).

　"조회공시"라 함은 거래소가 주권상장법인에 대하여 기업내용에 관한 공시를 요구하여 해당 주권상장법인이 이에 대하여 거래소에 신고하는 것을 말한다(공시규정2③). 조회공시는 주요경영사항 또는 그에 준하는 사항에 관한 풍문 또는 보도의 사실 여부나 당해 기업이 발행한 주권등의 가격이나 거래량이 급변하는 경우 거래소가 주권상장법인에게 중요한 미공개 정보가

있는지 여부에 대한 답변을 요구하고 당해 주권상장법인은 이에 응하여 공시하도록 하는 제도이다(공시규정12①).

전술한 의무공시와 자율공시는 공시의무자의 의도로 행하여지는데 반하여, 조회공시는 거래소의 적극적인 요구에 따른 공시이다.

2. 조회공시대상

(1) 상장법인의 공시의무사항에 관한 풍문 및 보도

거래소는 풍문 및 보도("풍문등")의 사실 여부의 확인을 위하여 조회공시를 요구할 수 있으며, 조회공시를 요구받은 주권상장법인은 공시요구시점[50]이 오전인 경우에는 당일 오후까지, 오후인 경우에는 다음날 오전까지 이에 응하여야 한다. 다만 제40조 제2항 각 호[51]의 어느 하나에 해당하는 사유로 조회공시를 요구받은 경우에는 그 다음날까지로 한다(공시규정12① 본문).

여기서 "풍문 및 보도"는 주권상장법인의 기업내용에 관하여 거래소가 수집한 내용 및 전국을 보급지역으로 하는 국내일간지에 게재된 기사로 한다(공시규정 시행세칙5, 이하 "시행세칙").

다만, 풍문등의 내용이 1월 또는 3월(제7조 제1항 제3호 가목(1)·(5)·(6) 그 밖에 이에 준하는 사항의 경우) 이내에 이미 공시한 사항인 경우에는 조회공시를 요구하지 아니할 수 있다(공시규정12① 단서). 즉 풍문 및 보도의 내용이 1월 또는 3월(지배구조 또는 구조개편에 관한 사실 또는 결정이 있는 경우로서 최대주주의 변경사실이 확인된 때, 상법상 영업양수도·경영위임·합병·분할·분할합병·물적분할, 상법상 간이합병 또는 소규모합병의 경우) 이내에 이미 공시한 사항은 예외이다.

(2) 주가 또는 거래량 급변의 경우

거래소는 풍문등이 없더라도 주권상장법인이 발행한 주권등의 가격 또는 거래량이 거래소가 따로 정하는 기준에 해당하는 경우에는 해당 주권상장법인에 대하여 중요한 정보(제7조부터

---

50) 규정 제12조 제1항에 따른 조회공시의 요구시점은 제7조(조회공시 요구방법)에 따라 통보한 시점을 말한다(공시규정 시행세칙6).

51) 1. 발행한 어음 또는 수표의 부도발생이나 은행과의 당좌거래정지 또는 금지
   2. 영업활동의 전부 또는 일부의 정지
   3. 법률의 규정에 의한 파산, 해산 또는 회생절차 개시신청이나 사실상의 회생절차 개시
   4. 최근 사업연도 외부감사법의 규정에 의한 회계감사인의 감사보고서 또는 반기검토보고서상 다음 각 목 중 어느 하나에 해당하는 사항
      가. 감사보고서의 경우 다음의 어느 하나에 해당하는 사항
         (1) 감사의견 부적정, 의견거절 또는 감사범위 제한으로 인한 한정
         (2) 최근 사업연도의 자기자본이 자본금의 100분의 50 이상 잠식
         (3) 최근 사업연도의 매출액이 50억원 미만. 다만, 제2조 제20항에 따른 기업인수목적회사의 경우는 제외한다.
      나. 반기검토보고서의 경우 검토의견 부적정 또는 의견거절
   5. 그 밖에 가격 또는 거래량의 급변이 예상되는 중요한 사항으로 조회가 가능한 사항

제11조까지, 제15조, 제16조 및 제28조에서 정하는 사항에 관한 정보)의 유무에 대한 조회공시를 요구할 수 있으며, 조회공시를 요구받은 주권상장법인은 요구받은 다음날까지 이에 응하여야 한다. 다만, 주권상장법인의 주권등의 가격 또는 거래량이 본문의 규정에 의한 최근 조회공시 요구일부터 15일 이내에 다시 본문의 규정에 의한 기준에 해당되는 경우에는 조회공시를 요구하지 아니할 수 있다(공시규정12②).

3. 조회공시의 제외대상

주권상장법인이 ⅰ) 다른 법령, 규정 등에 의하여 불가피한 경우, ⅱ) 천재·지변·전시·사변·경제사정의 급변 그 밖에 이에 준하는 사태가 발생한 경우에는 조회공시를 요구하지 아니할 수 있다(공시규정12③).

4. 조회공시 요구방법

거래소는 주권상장법인의 대표이사, 공시책임자 또는 공시담당자에게 세칙으로 정하는 방법[52]으로 조회공시를 요구하고, 공시매체[53]를 통하여 당해 조회공시 요구사실 및 그 내용을 공표한다(공시규정13①).

주권상장법인은 조회공시 요구사항이 제7조 제1항 제3호 가목(1) 또는 같은 목 (5) 등에 관련되는 사항으로서 필요한 경우에는 최대주주 등의 확인을 거쳐 조회공시를 하여야 한다(공시규정13②).

5. 조회에 대한 답변공시시한

(1) 풍문 및 보도

조회공시의 요구를 받은 주권상장법인은 공시요구시점이 오전인 경우에는 당일 오후까지, 오후인 경우에는 다음날(익일) 오전까지 이에 응하여야 하고, 조회공시 요구시 매매거래정지 조치가 취해지는 사항은 그 다음날(1일 이내)까지 이에 응하여야 한다(공시규정12①).

(2) 시황급변(주가 또는 거래량 급변)

조회공시를 요구받은 주권상장법인은 요구받은 다음날(1일 이내)까지 이에 응하여야 한다(공시규정12②).

---

52) 조회공시요구는 전화 또는 모사전송에 의한 방법으로 하며, 전화로 조회공시요구를 하는 경우에는 당해 요구사항을 문서로 작성하여 지체없이 모사전송의 방법으로 통보하여야 한다(시행세칙7).
53) 공시매체는 전자공시시스템, 증권정보단말기 또는 증권시장지 중의 어느 하나로 한다(시행세칙4).

6. 미확정공시에 대한 재공시

주권상장법인이 조회공시를 해당 상장법인의 의사결정 과정 중에 있다는 내용으로 공시("미확정공시")한 경우에는 그 공시일로부터 1월 이내에 해당 공시사항에 대한 확정내용 또는 진척상황을 재공시하여야 한다. 다만, 미확정공시일부터 1월 이내에 확정내용 또는 진척상황의 재공시가 사실상 곤란하다고 인정되는 경우에는 해당 상장법인이 미확정공시시에 명시한 기한 내에 재공시하게 할 수 있다(공시규정14①). 미확정공시를 재공시하는 경우에는 당해 의사결정 과정에 대한 구체적인 상황이 포함되어야 한다(공시규정14②).

조회공시대상이 확정내용공시인 경우 그 내용이 사실일 때에는 그 내용을 확정사항으로 공시하고, 사실이 아닐 때에는 "사실무근" 또는 "중요한 정보 없음"으로 공시하는 것이 거래소 실무이다. 또한 조회공시대상이 미확정내용공시인 경우에는 "검토 중" 공시를 하는 것이 거래소 실무이고, 공시내용은 검토배경, 이유, 목적, 내용, 추진상황 등 구체적인 상황을 포함하여야 한다는 것이 거래소의 실무이다.

7. 조회공시에 대한 제재

종래에는 조회공시위반에 대한 행정제재가 가능하였고, 형사제재의 가능성도 있었다.[54] 그러나 증권거래법의 조회공시에 관한 규정을 거래소의 공시규정으로 이관하면서 법적 제재는 불가능하게 되었다. 이는 미공개정보를 이용한 내부자거래의 예방수단으로서 기능하던 조회공시의 역할을 축소시켰다.

다만 거래소의 유가증권시장 공시규정에 따라 조회공시 요구에 대하여 그 신고시한까지 이에 응하지 아니한 때에는 매매거래를 정지할 수 있다(공시규정40①(1)).

---

54) 증권거래법은 "증권선물거래소는 주권상장법인이 제2항의 규정에 의한 확인 또는 공시요구에 응하지 아니한 때에는 이를 금융감독위원회에 통보하여 제193조에 규정하는 조치를 취할 수 있도록 하여야 한다"고 규정하고 있었다(법186③). 또한 "금융감독위원회는 주권상장법인이 이 법과 이 법에 의한 명령이나 규정 또는 금융감독위원회의 명령에 위반한 때에는 그 법인의 주주총회에 대하여 임원의 해임을 권고하거나 일정기간 유가증권의 발행제한 기타 대통령령이 정하는 조치를 할 수 있다"고 규정하고 있었다(법193). 여기서 "기타 대통령령이 취하는 조치"라 함은 다음과 같다(영84의26). 즉 1. 위법내용의 공표요구, 2. 각서징구, 3. 법위반의 경우 고발 또는 수사기관에의 통보, 4. 다른 법률을 위반한 경우 관련기관 또는 수시가관에의 통보이다.

V. 공시유보

1. 의의

자본시장법은 "주권등상장법인의 경영상 비밀유지와 투자자 보호와의 형평 등을 고려하여 신고·공시하지 아니할 사항을 공시규정에 포함되어야 한다"고 규정하고 있다(법391②(4)). 이는 공시를 유보할 수 있는 사항을 공시규정으로 정하도록 한 것이다.

그런데 거래소의 공시규정은 공시사항을 구체적으로 열거하고 있고, 공시시점도 상황이 충분히 진행되고 어느 정도 종결되었다고 볼 수 있는 사실의 발생 또는 결정이 이루어진 시점으로 하고 있다. 이러한 상황에서 공시유보를 추가적으로 인정하면 이미 상황이 어느 정도 종결된 사안에 대하여도 공시가 지연되고, 이에 따라 일반투자자들에게 정보가 너무 늦게 전달되어 상장법인의 내부자나 관계자, 기타 기관투자자에 비해 정보의 열위상태에 놓이는 결과를 초래할 수 있다.[55]

2. 거래소에 의한 공시유보

거래소는 주권상장법인의 신고내용이 다음의 어느 하나에 해당하는 경우에는 해당 사유가 해소될 때까지 이의 공시를 일정기간 유보할 수 있다(공시규정43).

1. 공시내용이 군사기밀보호법 등 법률에 의한 기밀에 해당하는 때
2. 공시내용이 관계법규를 위반하고 있음이 확인되는 때
3. 공시내용의 근거사실이 확인되지 않거나 그 내용이 투자자의 투자판단에 혼란을 야기시킬 수 있다고 판단되는 때
4. 제14조 제1항(미확정공시)에 따른 재공시의 내용이 이미 공시한 내용과 유사하다고 인정되는 때
5. 제14조 제2항에 위반된다고 인정되는 때(미확정 공시의 재공시 내용의 구체성 결여)
6. 제7조부터 제11조(주요경영사항의 신고 및 공시)까지 및 제28조(자율공시)의 규정에서 정하는 사항 또는 이에 준하는 사항이 아닌 것으로서 건전한 거래질서를 해칠 우려가 있다고 판단되는 때

3. 신청에 의한 공시유보

(1) 사유

주권상장법인은 경영상 비밀유지를 위하여 필요한 경우 다음의 신고사항 중 세칙에서 정

---

55) 성희활(2008), 17쪽.

하는 사항56)에 대하여 공시유보를 거래소에 신청할 수 있다(공시규정43의2①).

1. 최근 사업연도 매출액의 100분의 5(대규모법인의 경우 1,000분의 25) 이상의 단일판매계약 또는 공급계약을 체결한 때 및 해당 계약을 해지한 때
2. 자기자본의 100분의 10(대규모법인의 경우 100분의 5) 이상에 상당하는 신규시설투자, 세칙에서 정하는 시설외투자, 시설증설 또는 별도공장의 신설에 관한 결정이 있은 때
3. 해당 주권상장법인의 영업·생산활동, 재무구조 또는 기업경영활동 등에 관한 사항으로서 주가 또는 투자자의 투자판단에 중대한 영향을 미치거나 미칠 수 있는 사실 또는 결정이 있은 때.

(2) 절차

공시유보를 신청하는 경우 사전에 거래소와 협의하여야 한다(공시규정43의2①). 거래소는 주권상장법인의 공시유보 신청에 대하여 기업경영 등 비밀유지와 투자자 보호와의 형평을 고려하여 공시유보가 필요하다고 인정되는 경우 이를 승인할 수 있다(공시규정43의2②).

(3) 효과

주권상장법인은 공시가 유보된 사항에 대하여 비밀을 준수하여야 하며, 해당 유보기간이 경과하거나 유보조건이 해제되는 경우에는 그 다음날까지 이를 신고하여야 한다(공시규정43의2③). 유보기간이 경과하거나 유보조건이 해제된 다음 날까지 이를 공시하지 아니한 경우에는 공시불이행으로 본다(공시규정29(3)).

Ⅵ. 공시의 실효성 확보

1. 은행의 거래소 통보

은행은 주권등상장법인에 대하여 ⅰ) 발행한 어음이나 수표가 부도로 된 경우, ⅱ) 은행과의 당좌거래가 정지 또는 금지된 경우에는 이를 지체 없이 거래소에 통보하여야 한다(법392①).

2. 정보의 교환

거래소는 신고사항과 신고 또는 확인 요구사항에 대하여 투자자의 투자판단에 중대한 영향을 미칠 우려가 있어 그 내용을 신속하게 알릴 필요가 있는 경우에는 대통령령으로 정하는

---

56) "세칙에서 정하는 사항"이란 다음에 해당하는 사항을 말한다(시행세칙18①).
1. 규정 제7조 제1항 제1호 다목을 공시하는 경우: 계약금액, 계약상대, 주요 계약조건, 해지금액, 해지 주요사유 등
2. 규정 제7조 제1항 제2호 나목(1)을 공시하는 경우: 투자금액, 투자목적 등
3. 규정 제7조 제1항 제4호를 공시하는 경우: 해당 주권상장법인이 경영상 비밀유지가 필요한 구체적인 이유와 유보범위를 밝혀 신청한 사항

방법57)에 따라 행정기관, 그 밖의 관계기관에 대하여 필요한 정보의 제공 또는 교환을 요청할 수 있다(법392② 전단). 이 경우 요청을 받은 기관은 특별한 사유가 없는 한 이에 협조하여야 한다(법392② 후단).

3. 금융위원회 송부

거래소는 주권등상장법인이 공시규정에 따라 수시공시사항의 신고를 한 경우에는 이를 지체 없이 금융위원회에 송부하여야 한다(법392③). 금융위원회는 송부를 받은 경우에는 이를 인터넷 홈페이지 등을 이용하여 공시하여야 한다(법392④).

VII. 불성실공시

1. 의의

"불성실공시"라 함은 주권상장법인이 공시규정에 따른 신고의무를 성실히 이행하지 아니하거나 이미 신고한 내용을 번복 또는 변경하여 공시불이행, 공시번복 또는 공시변경의 유형에 해당하는 경우를 말한다(공시규정2⑤). 이 경우 주권상장법인이 불성실공시법인에 해당된다고 결정한 경우에는 해당 주권상장법인을 불성실공시법인으로 지정한다. "불성실공시법인"이라 함은 불성실공시에 해당된 주권상장법인을 말한다(공시규정2⑥).

거래소는 해당 주권상장법인이 불성실공시법인으로 지정되는 경우, 공시위반 내용의 중요도와 공시지연의 정도 등에 따라 차등화된 제재를 가하고 있다.

2. 불성실공시의 유형

(1) 공시불이행

거래소는 주권상장법인이 다음의 어느 하나에 해당된 때에는 공시불이행으로 본다(공시규정29).

---

57) 거래소는 법 제392조 제2항에 따라 행정기관, 그 밖의 관계기관에 대하여 다음의 기준에 따라 문서(전자문서를 포함) 또는 모사전송의 방법으로 필요한 정보의 제공을 요청할 수 있다. 이 경우 그 요청서에는 정보의 제공을 요청하는 사유를 기재하여야 한다(영361).
1. 어음·수표의 부도나 당좌거래의 정지·금지에 관하여는 어음법 제38조 및 수표법 제31조에 따른 어음교환소로 지정된 기관
2. 채무자회생법에 따른 회생절차의 신청·결정, 상장증권에 중대한 영향을 미칠 수 있는 소송의 제기나 해산사유의 발생에 관하여는 관할법원
3. 거래은행에 의한 해당 법인의 관리 개시에 관하여는 거래은행
4. 그 밖에 법 제391조 제2항 제1호 또는 제3호에 따른 신고 또는 확인 요구사항에 관하여는 해당 정보를 소유하고 있는 행정기관, 그 밖의 관계기관

1. 공시사항의 신고기한까지 이를 신고하지 아니하거나, 공시내용의 근거사실이 확인되지 않
   거나 그 내용이 투자자의 투자판단에 혼란을 야기시킬 수 있다고 판단되는 때
2. 공시사항을 거짓으로 또는 잘못 공시하거나 중요사항을 기재하지 아니하고 공시한 경우
2의2. 공시사항을 거짓으로 공시한 경우
3. 유보기간이 경과하거나 유보조건이 해제된 다음 날까지 이를 공시하지 아니한 경우
4. 거래소의 정정 요구에도 불구하고 해당 정정 시한까지 공시내용을 정정하여 공시하지 아니
   한 경우

여기서 이미 공시한 내용의 변경사항을 기한 내에 신고하지 아니하여 공시불이행에 해당
하는 경우는 공시번복 또는 공시변경에 해당하지 않는 경우에 한한다.

(2) 공시번복

거래소는 주권상장법인이 다음의 어느 하나에 해당된 때에는 공시번복으로 본다(공시규정
30①).

1. 이미 공시한 내용의 전면취소, 부인 또는 이에 준하는 내용을 공시한 때
2. 조회공시 요구 또는 풍문 등의 내용을 부인공시하거나 공시한 후 1월[제7조 제1항 제3호
   가목(1) · (5) · (6) 그 밖에 이에 준하는 사항의 경우에는 3월(기업인수목적회사인 주권상장
   법인은 제외)] 이내에 이를 전면취소, 부인 또는 이에 준하는 내용을 공시한 때
3. 조회공시 요구에 응하여 답변공시한 후 그 날로부터 15일 이내에 답변공시한 사항 외의 세
   칙에서 정하는 사항을 공시한 때.

거래소는 제1항 제2호 및 제3호에도 불구하고 다음의 어느 하나에 해당하는 때에는 공시
내용 등에 대한 심사를 거쳐 이를 공시번복으로 제재할 수 있다(공시규정30②).

1. 제1항 제2호의 기간이 경과한 후 기공시내용의 전부 또는 중요한 일부를 중단 · 취소 또는
   부인하거나 이에 준하는 내용을 공시한 경우로서 다음 각 목의 어느 하나에 해당하는 경우
   가. 제1항 제2호의 기간이 경과한 날부터 15일 이내에 공시한 경우
   나. 가목의 기간이 경과한 후 공시내용의 중요성, 투자자에 미치는 영향 등을 고려하여 공
       시번복 여부를 심사할 필요가 있다고 거래소가 인정하는 경우
2. 조회공시 요구에 응하여 답변공시를 한 경우로서 다음의 어느 하나에 해당하는 경우
   가. 조회공시 요구에 응하여 답변공시 한 후 그 날로부터 15일 이내에 세칙에서 정하는 사
       항 이외에 제7조부터 제11조까지에서 정하는 사항을 공시한 경우
   나. 가목에서 정한 기간이 경과한 시점부터 7일 이내에 제7조부터 제11조까지에서 정하는
       사항을 공시한 경우
3. 제14조 제1항(제27조 제2항에 따라 제14조가 준용되는 경우를 포함)에 따른 재공시기한까

지 확정내용을 공시하지 아니한 경우

공시번복으로 인한 불성실공시법인 지정 여부를 결정하기 위한 심사기준 및 절차 등에 관하여 필요한 사항은 세칙[58]으로 정한다(공시규정30③).

(3) 공시변경

거래소는 주권상장법인이 다음의 어느 하나에 해당된 때에는 공시변경으로 본다(공시규정31).

1. 제7조 제1항 제1호 다목에 따른 공시내용 중 단일판매계약 또는 공급계약금액의 100분의 50 이상을 변경하여 공시한 때
2. 제7조 제1항 제2호 가목(1) 또는 제8조의2 제1항 제3호에 따른 증자에 관한 공시내용 중 주주배정비율, 발행주식수 또는 발행금액의 100분의 20 이상을 변경하여 공시한 때
3. 제7조 제1항 제2호 가목(1) 또는 제8조의2 제1항 제3호에 따른 감자에 관한 공시내용 중 감자비율 또는 감자주식수의 100분의 20 이상을 변경하여 공시한 때
4. 제7조 제1항 제2호 가목(2)에 따른 주식의 소각에 관한 공시내용 중 소각주식수의 100분의 20 이상을 변경하여 공시한 때
5. 제7조 제1항 제2호 가목(3)에 따른 공시내용 중 자기주식취득 또는 처분예정기간내에 취득 또는 처분하고자 신고한 주식수 미만의 매매거래주문을 한 때 다만, 취득예정금액을 초과하여 자기주식을 취득한 경우에는 그러하지 아니하다.
6. 제7조 제1항 제2호 가목(4)에 따른 공시내용 중 분할 또는 병합비율의 100분의 20 이상을 변경하여 공시한 때
7. 제7조 제1항 제2호 가목(6) 또는 제8조의2 제1항 제6호에 따른 공시내용 중 발행금액, 전환가격, 신주인수권행사가격 또는 교환가격의 100분의 50 이상을 변경하여 공시한 때
8. 제7조 제1항 제2호 나목(1)에 따른 공시내용 중 투자금액의 100분의 50 이상을 변경하여 공시한 때
9. 제7조 제1항 제2호 나목(2) 또는 제8조의2 제1항 제4호에 따른 공시내용 중 유형자산 취득 또는 처분금액의 100분의 50 이상을 변경하여 공시한 때

---

58) 공시규정 시행세칙 제10조(공시번복 심사기준 및 절차 등) ① 규정 제30조 제3항의 공시번복으로 인한 불성실공시법인 지정 여부를 결정하기 위한 심사기준 및 절차 등은 다음과 같다.
  1. 심사기준
    가. 내부 의사결정 과정상 사전에 예측 및 조정이 가능하다고 인정되는 경우
    나. 공시번복을 의도적으로 회피한 것으로 인정되는 경우
    다. 그 밖에 거래소가 사후적으로 공시번복으로 인한 불성실공시법인 지정이 필요하다고 인정하는 경우
  2. 심사절차 등
    가. 심사시기 : 심사사유 발생일부터 10일 이내
    나. 심사절차 등 : 심사절차 개시의 경우 지체없이 심사일정 등을 당해 법인에게 통보
  ② 거래소는 제1항의 공시번복으로 인한 불성실공시법인 지정 여부를 결정하기 위한 심사와 관련하여 필요하다고 인정하는 경우에는 당해 법인에게 관련 자료의 제출 또는 의견진술 등을 요구할 수 있다.

10. 제7조 제1항 제2호 나목(3) 또는 제8조의2 제1항 제4호에 따른 공시내용 중 출자 또는 출자지분 처분금액의 100분의 50 이상을 변경하여 공시한 때

10의2. 제7조 제1항 제2호 나목(3) 또는 제8조의2 제1항 제4호에 따른 공시내용 중 주권 관련 사채권의 취득 또는 처분금액의 100분의 50 이상을 변경하여 공시한 때

11. 제7조 제1항 제2호 다목(1)에 따른 공시내용 중 차입금액의 100분의 50 이상을 변경하여 공시한 때

12. 제7조 제1항 제2호 다목(2)·(3)에 따른 공시내용 중 채무인수, 채무면제, 담보제공, 채무보증 금액의 100분의 50 이상을 변경하여 공시한 때

12의2. 제7조 제1항 제2호 다목(7)에 따른 공시내용 중 선급금, 가지급금 또는 대여금액의 100분의 50 이상을 변경하여 공시한 때

13. 제7조 제1항 제2호 마목(4)에 따른 공시내용 중 주식배당비율의 100분의 20 이상을 변경하여 공시한 때

14. 제7조 제1항 제2호 마목(5)에 따른 공시내용 중 주당 배당금(차등배당의 경우 소액주주에 대한 배당금을 기준으로 하며, 현물배당의 경우에는 금전으로 환산한 금액으로 한다)의 100분의 20 이상을 변경하여 공시한 때

15. 제7조 제1항 제3호 가목(5) 또는 제8조의2 제1항 제4호에 따른 영업의 양수 또는 양도에 관한 공시내용 중 양수 또는 양도금액의 100분의 50 이상을 변경하여 공시한 때

16. 제7조 제1항 제3호 가목(5) 또는 제8조의2 제1항 제1호에 따른 합병, 분할 또는 분할합병에 관한 공시내용 중 합병비율, 분할비율 또는 분할합병비율의 100분의 20 이상을 변경하여 공시한 때

17. 제27조 및 제28조에 따라 기공시한 내용 중 비율, 금액, 수량 등의 100분의 50 이상을 변경하여 공시한 때

18. 제8조 제1항에 따라 공시한 사항이 제1호부터 제16호까지에 해당한 때 및 지주회사가 공시한 자회사 사항으로서 제17호에 해당한 때

19. 제15조 및 제16조에 따라 공시한 사항이 제1호부터 제18호까지에 해당한 때

20. 그 밖에 거래소가 중요하다고 인정하여 세칙으로 정하는 내용을 변경하여 공시한 때

3. 불성실공시의 적용예외

거래소는 불성실공시의 사실이 발생하였음에도 불구하고 다음의 어느 하나에 해당하는 경우에는 이를 적용하지 아니할 수 있다(공시규정32①).

1. 다른 법령, 규정 등에 의해 불가피한 경우
2. 천재·지변·전시·사변·경제사정의 급격한 변동 그 밖에 이에 준하는 사태가 발생하는 경우
3. 공익 또는 투자자보호를 위하여 필요하다고 인정하는 경우

4. 제15조 및 제16조에서 정하는 사항을 제47조에 따라 공시한 경우. 이 경우 제30조 및 제31 조의 규정에 한한다.

5. 해당 유가증권시장주권상장법인이 귀책사유가 없음을 입증하는 경우

6. 그 밖에 경미한 사항으로서 주가에 미치는 영향이 크지 않다고 거래소가 인정하는 경우,[59] 다만, 최근 1년 이내에 제3항에 따른 주의조치를 받은 경우에는 그러하지 아니하다.

거래소는 제1항 제6호에 따른 불성실공시의 적용예외를 인정하는 경우에는 해당 주권상 장법인에게 해당 사실에 대한 경위서 징구, 주의 등의 조치를 할 수 있다(공시규정32③).

4. 불성실공시법인 지정절차

(1) 불성실공시법인 지정예고

거래소는 주권상장법인이 불성실공시법인에 해당된 경우에는 해당 법인에 대하여 불성실 공시법인으로 지정예고한다(공시규정33①). 거래소가 불성실공시법인으로 지정예고한 경우에는 공시매체 등에 그 사실을 게재하고, 당해 법인에게 통보한다(공시규정33②).

(2) 예고에 대한 이의신청

불성실공시법인 지정예고를 통보받은 당해 법인이 그 지정예고 내용에 대하여 이의가 있 는 때에는 그 통보받은 날부터 7일 이내에 거래소에 이의를 신청할 수 있다(공시규정34①). 이 의신청과 관련하여 필요한 사항은 세칙[60]으로 정한다(공시규정34⑥).

---

59) "경미한 사항으로서 주가에 미치는 영향이 크지 않다고 거래소가 인정하는 경우"는 다음의 어느 하나에 해 당하는 경우를 말한다(시행세칙11①).
1. 규정 제7조부터 제12조까지, 제15조부터 제17조까지 또는 제28조에 따라 확정공시한 후 당해법인 이 규정 제7조 제1항 제3호 나목 (1)부터 (4)까지의 어느 하나에 해당되어 확정공시한 내용을 취소 또는 변경하는 경우
2. 공시불이행, 공시번복 또는 공시변경의 내용이 경미하거나 그 불이행 등이 불가피하다고 인정되는 경우
60) 공시규정 시행세칙 제12조(이의신청 및 처리 등) ① 주권상장법인이 규정 제34조에 따라 이의신청을 하는 경우에는 다음의 사항을 기재한 신청서와 증빙서류 등을 첨부하여 제출하여야 한다.
1. 신청법인명 및 신청일자
2. 삭제 <2005. 12. 27>
3. 신청의 취지 및 이유
4. 공시의무사항의 이행 경과내용(이의신청사유가 규정 제39조 제2항 또는 제88조 제5항과 관련된 경우에 는 당해 경과내용)
5. 증빙자료가 있는 경우에는 그 표시
6. 그 밖에 필요한 사항
② 거래소는 신청서가 필요한 요건을 갖추지 못하였을 때에는 이의 정정을 요구할 수 있다.
③ 규정 제34조 제2항 단서에 따라 거래소는 규정 제34조 제1항에 따른 이의신청을 하지 아니한 주권상장 법인이 다음의 요건을 모두 충족하는 경우에는 위원회의 심의를 거치지 아니할 수 있다.
1. 위반의 동기가 고의 또는 중대한 과실이 아닐 것
2. 위반의 중요성이 중대한 위반이 아닐 것
3. 최근 1년간 공시의무 위반사실이 없을 것

(3) 상장·공시위원회 심의

거래소는 특별한 사유가 없는 한 이의신청 기간 종료일부터 10일 이내에 상장·공시위원회("위원회")[61]의 심의를 거쳐 심의일부터 3일 이내에 해당 주권상장법인에 대한 불성실공시법인지정 여부, 부과벌점, 공시위반제재금의 부과 여부 및 공시책임자·공시담당자의 교체요구 여부 등을 결정하여야 한다. 다만, 위반의 내용 등을 감안하여 위원회의 심의가 필요하지 않다고 인정하는 경우에는 위원회의 심의를 거치지 아니할 수 있다(공시규정34②). 불성실공시법인 지정예고를 통보받은 주권상장법인은 위원회에 출석하여 해당 사안의 경위 등에 대하여 진술할 수 있다(공시규정34④). 주권상장법인은 위원회의 결정에 대하여는 다시 이의를 신청할 수 없다(공시규정34⑤).

(4) 불성실공시법인 지정

거래소는 주권상장법인이 불성실공시법인에 해당된다고 결정한 경우에는 해당 주권상장법인을 불성실공시법인으로 지정한다. 다만, 해당 주권상장법인의 성실공시 이행 정도 등을 고려하여 세칙으로 정하는 바에 따라 불성실공시법인 지정을 6개월간 유예할 수 있다(공시규정35①). 거래소는 주권상장법인을 불성실공시법인으로 지정하는 경우 해당 법인에 대하여 공시위반내용의 경중 및 공시지연기간 등을 감안하여 세칙이 정하는 바에 따라 벌점을 부과한다(공시규정35②).[62]

거래소는 벌점을 부과하는 경우 공시위반의 경위 및 과실의 정도, 평소 공시업무의 성실한

---

61) 공시규정 제89조(유가증권시장상장·공시위원회) ① 거래소는 공익과 투자자보호 및 유가증권시장의 공정한 운영을 위하여 공시제도와 그 운영의 개선, 불성실공시법인 지정과 벌점부과 및 공시위반제재금의 부과 등에 관한 심의를 위하여 위원회를 설치할 수 있다.
② 제1항의 규정에 의한 위원회의 구성과 운영에 관하여 필요한 사항은 거래소가 따로 정한다.

62) 공시규정 시행세칙 제13조(불성실공시법인 지정유예 및 벌점기준 등) ① 규정 제35조 제1항 단서에 따라 거래소는 최근 3년 이내 공시우수법인[규정 제90조 및 거래소가 별도로 정한 기준에 따라 표창 및 포상을 받은 주권상장법인(임·직원이 표창 및 포상을 받은 경우에는 해당 임·직원이 속한 주권상장법인)을 말한다. 이하 같다]으로서 공시 위반사항이 고의 또는 중대한 과실에 해당되지 않는 주권상장법인에 대하여 6개월간 불성실공시법인으로 지정예고되지 않을 것을 조건으로 불성실공시법인 지정을 유예할 수 있다. 이 경우 불성실공시법인 지정유예는 1회 1건에 한한다.
② 규정 제35조 제2항에 따라 불성실공시법인에 대하여 부과하는 벌점은 별표 2에서 정하는 "불성실공시 제재 심의기준"에 따른다.
③ 삭제< 2005. 12. 27 >
④ 동일사안이 2 이상의 공시의무위반사유에 해당하는 경우에는 벌점이 큰 위반사유를 기준으로 벌점을 부과한다.
⑤ 규정 제35조 제3항에 따라 벌점을 가중 또는 감경하는 경우에는 다음의 기준에 따라 위원회의 심의를 거쳐 적용할 수 있다.
  1. 공시위반의 동기, 경위 등 사안의 경중: 별표 2에서 정하는 "불성실공시 제재 심의기준"에 따라 가중 또는 감경
  2. 제1항에 따라 불성실공시법인 지정을 유예한 법인: 벌점부과를 6개월 이후로 유예하되, 해당 기간 동안에 불성실공시법인으로 지정예고되는 경우에는 벌점부과시에 유예받은 벌점을 합산하 여 부과할 수 있다.

수행 정도 등 벌점 가감의 사유가 있다고 인정하는 경우에는 세칙에서 정하는 바에 따라 가중 또는 감경하여 부과할 수 있다(공시규정35③). 거래소는 해당 법인이 불성실공시법인에 해당되지 않는다고 결정하거나 부과벌점을 결정한 날로부터 1년 이내에 해당 증빙자료 등의 오류 또는 누락 등으로 그 결정의 부당함이 발견되는 경우에는 해당 사안에 대하여 위원회의 심의를 거쳐 불성실공시법인 지정 또는 부과벌점의 추가 등 필요한 조치를 취할 수 있다(공시규정35⑤).

5. 불성실공시에 대한 제재

(1) 공시위반제재금

거래소는 주권상장법인을 불성실공시법인으로 지정하는 경우 벌점부과 이외에 10억원 이내에서 공시위반제재금("제재금")을 부과할 수 있다(공시규정35의2①). 제재금 부과와 관련하여 부과기준, 부과금액, 벌점과 제재금의 병과 또는 선택 부과 등 필요한 사항은 거래소가 따로 정한다(공시규정35의2②). 거래소는 주권상장법인이 납부기한 내에 제재금을 납부하지 아니한 경우 벌점의 가중 또는 지급명령의 신청 등 필요한 절차를 취할 수 있다(공시규정35의2③).

(2) 불성실공시법인 지정등의 사실 공표

거래소는 주권상장법인을 불성실공시법인 지정 및 벌점을 부과한 경우에는 세칙[63]이 정하는 바에 따라 공시매체 등에 그 사실을 게재한다(공시규정36).

(3) 공시책임자 등에 대한 교육

(가) 공시책임자와 공시담당자의 의의

"공시책임자"란 주권상장법인[제14항에 따른 위탁관리부동산투자회사 및 기업구조조정부동산투자회사의 경우(자기관리부동산투자회사가 일반적인 사무를 일반사무등위탁기관에 위탁한 경우를 포함)]

---

63) 공시규정 시행세칙 제14조(불성실공시법인 지정 등 사실 및 벌점의 공표) ① 규정 제36조에 따라 거래소가 주권상장법인을 불성실공시법인으로 지정한 사실을 공표하는 경우에는 규정 제35조에 따른 불성실공시법인지정일부터 5회 연속하여 증권시장지에 당해 사실과 경위 등을 게재한다.
② 제1항에 따라 거래소가 주권상장법인을 불성실공시법인으로 지정한 사실을 공표하는 경우에는 동 사실을 최초로 공표하는 날을 포함하여 다음의 기간별로 증권시장지 또는 증권정보단말기 등의 시세표상에 "不" 또는 "불성실공시법인" 표시를 한다. 다만, 부과벌점의 전부가 제재금으로 대체부과된 경우에는 증권시장지 또는 증권정보단말기 등의 시세표상에 표시하지 아니할 수 있다.
  1. 부과벌점이 5점 미만인 경우: 1주일간
  2. 부과벌점이 5점 이상 10점 미만인 경우: 2주일간
  3. 부과벌점이 10점 이상인 경우: 1월간
③ 주권상장법인이 규정 제35조, 제38조의2, 제39조 또는 제88조에 따라 벌점을 부과받은 경우 거래소는 제4조 제1호에 따른 전자공시시스템에 그 명단, 지정사유 및 해당 벌점 등을 1년간 게재한다.
④ 거래소가 규정 제35조 제1항 단서에 따라 불성실공시법인 지정을 유예하는 경우에는 제1항부터 제3항까지를 적용하지 아니하며, 제13조 제5항 제2호에 따른 유예기간 동안에 불성실공시법인으로 지정예고되는 경우에는 지정예고된 사실이 규정 제35조에 따라 불성실공시법인으로 지정되는 날을 기준으로 하여 제1항부터 제3항까지를 적용한다.

에는 사무수탁회사, 선박투자회사의 경우에는 선박운용회사]의 ⅰ) 대표이사 또는 상근이사(집행임원 설치회사의 경우 대표집행임원 또는 집행임원), ⅱ) 상법 제401조의2 제1항 제3호의 규정에 해당하는 상근자로서 이사회 등 주요 의사결정 회의에 참석하는 자로서 해당 주권상장법인을 대표하여 신고업무를 수행할 수 있는 자를 말한다. 다만, 채무자회생법에 따른 회생절차(간이회생절차 포함)개시신청을 하였거나 회생절차개시가 결정된 법인의 경우에는 같은 법 제74조에 따른 관리인 또는 같은 법 제85조에 따른 보전관리인을 공시책임자로 본다(공시규정2④).

"공시담당자"라 함은 해당 법인의 신고 또는 공시업무를 담당하는 자를 말한다(공시규정88②).

(나) 공시책임자와 공시담당자의 등록

주권상장법인은 공시책임자 1인을 지정하여 거래소에 등록하여야 하며, 이 경우 해당 공시책임자가 상법 제401조의2 제1항 제3호에 해당하는 자인 경우에는 해당 회사의 위임장을 포함하여 이를 지체없이 거래소에 문서로 통보하여야 한다. 공시책임자를 변경하는 경우에도 같다(공시규정88①). 주권상장법인은 해당 법인의 신고 또는 공시업무를 담당하는 자("공시담당자") 2인[채권상장법인, 기업인수목적회사 및 최근 사업연도말 직원수가 300인 미만인 주권상장법인(지주회사 제외)의 경우에는 1인] 이상을 지정하여 거래소에 등록하여야 한다. 공시담당자를 변경하는 경우에도 또한 같다(공시규정88②).

(다) 공시책임자와 공시담당자 교육

거래소는 주권상장법인이 불성실공시법인으로 지정된 경우에는 해당 법인의 공시책임자 및 공시담당자[64]에 대하여 불성실공시 예방을 위한 교육을 실시하여야 하며 해당 법인의 공시책임자 및 공시담당자는 이에 응하여야 한다(공시규정38).

주권상장법인의 공시책임자 및 공시담당자는 세칙이 정하는 바에 따라 공시업무에 관한 교육을 이수하여야 한다(공시규정88④).[65] 거래소는 주권상장법인의 공시책임자 및 공시담당자

---

64) 소수의 대기업을 제외하면 공시업무를 담당하는 직원의 능력과 수가 방대한 공시업무를 제대로 수행하기에는 부족한 것이 현실이다. 이러한 상황에서 부실한 정보가 그대로 시장에 전달된다면 큰 혼란을 초래할 가능성이 있으므로 시장의 건전성과 투자자 보호를 위하여 최소한의 안전장치로 기능하는 것이 거래소의 공시문안 검토절차라고 할 수 있다(성희활(2008), 65쪽).

65) 공시규정 시행세칙 제24조(공시책임자 및 공시담당자의 교육 등) ① 규정 제88조 제4항에 따라 공시책임자 및 공시담당자가 이수하여야 할 교육은 다음과 같다. 다만, 규정 제2조 제4항 단서에 해당하여 채무자회생법에 따른 관리인 또는 보전관리인을 공시책임자로 보는 경우에는 공시책임자가 이수하여야 할 교육과 관련하여 제1호부터 제4호까지를 적용하지 아니할 수 있다.
　1. 거래소 또는 한국상장회사협의회("협의회")가 개설하는 공시책임자 전문과정 또는 주식전문연수 과정
　2. 거래소 또는 협의회가 개최하는 공시관련 법규설명회등
　3. 규정 제38조에 따른 불성실공시법인에 대한 교육
　4. 제1호 및 제3호 외의 사항으로서 거래소가 필요하다고 인정하는 교육
　② 제1항의 각 호에 따른 교육에 대한 교육대상자 및 교육이수기한은 다음과 같다.
　1. 신규로 등록되는 공시책임자 또는 공시담당자는 제1항 제1호에 따른 교육을 신규등록일(신규상장법인의 경우에는 신규상장일. 이하 같다)부터 6개월이 되는 월말까지 이수하여야 한다. 다만, 거래소가 다음

가 교육을 이수하지 않은 경우 해당 법인에 대하여 세칙이 정하는 기한 내에 그 공시책임자 또는 공시담당자의 교체를 요구할 수 있으며, 이에 응하지 아니한 경우 3점 이내에서 세칙이 정하는 바에 따라 벌점을 부과할 수 있다(공시규정88⑤).

(4) 개선계획서 및 이행보고서 제출요구

거래소는 주권상장법인이 불성실공시법인으로 지정되는 경우로서 다음의 어느 하나에 해당되는 경우에는 불성실공시의 사전예방 및 재발방지를 위한 개선계획서의 제출을 요구할 수 있으며, 그에 대한 이행보고서를 개선계획서 제출일부터 6개월이 경과한 후 10일 이내에 제출하도록 요구할 수 있다. 다만, 기 제출된 개선계획서가 공표되고 있는 경우에는 개선계획서의 제출을 요구하지 아니할 수 있다(공시규정39②).

1. 공시의무 위반사유로 상장규정에 따라 관리종목으로 지정된 때
2. 제1호에 따른 관리종목 지정기간 중에 추가적으로 부과받은 누계벌점이 15점 이상인 때

각 목의 어느 하나에 해당하여 해당 교육의 이수가 필요하지 않다고 인정하는 경우에는 그러하지 아니하다.
  가. 신규등록일부터 최근 1년 이내에 제1항 제1호(공시책임자의 경우 제2호를 포함)의 교육을 이수한 경우
  나. 신규등록일 이전에 제1항 제1호(공시책임자의 경우 제2호를 포함)의 교육을 이수하고 제2호의 교육을 신규등록일부터 6개월이 되는 월말까지 이수한 경우
  다. 그 밖에 거래소가 교육의무 이수가 필요하지 않다고 인정하는 경우
2. 제1호 이외의 공시책임자 또는 공시담당자는 제1항(제3호를 제외)에 따른 교육을 공시책임자의 경우 매 2년마다 4시간 이상, 공시담당자의 경우 매년 8시간 이상(공시담당자로 5년 이상 등록된 경우 매년 4시간 이상)을 각각 이수하여야 한다. 다만, 제1호의 교육이수 기간 이내에 해당하는 연도에는 이를 적용하지 아니하며, 공시우수법인으로 선정된 주권상장법인의 공시담당자의 경우 선정월이 속하는 연도에는 이를 적용하지 아니한다.
3. 제1호 및 제2호에도 불구하고 규정 제38조에 따라 불성실공시법인에 대한 교육을 이수하여야 하는 해당 법인의 공시책임자 및 공시담당자 1인 이상은 거래소가 정하는 바에 따라 제1항 제3호의 교육을 이수하여야 한다.
③ 공시책임자 및 공시담당자는 제1항에 따른 교육을 이수한 경우에는 이를 증명할 수 있는 서류를 거래소에 지체없이 제출하여야 한다. 다만, 교육을 거래소에서 직접 담당하거나 교육담당기관이 거래소에 교육이수내용을 통보하는 경우에는 그러하지 아니하다.
④ 공시책임자 및 공시담당자가 제2항 제1호부터 제3호까지의 규정에 따른 교육을 이수하지 아니한 경우 거래소는 해당 주권상장법인에게 주의·경고 조치를 하거나 공시책임자 또는 공시담당자의 교체를 요구할 수 있다 다만, 당해 법인이 해당교육기간 중 회사의 사정 등으로 교육 미이수가 불가피하였다고 입증하는 경우로서 거래소가 정하는 교육을 이수하는 경우에는 그러하지 아니하다.
⑤ 거래소는 주권상장법인이 제4항에 따른 거래소의 교체요구일로부터 1월 이내에 해당 공시책임자 또는 공시담당자를 교체하여 거래소에 변경·등록하지 아니한 경우에는 해당 주권상장법인에 대하여 2점의 벌점을 부과할 수 있다. 다만, 해당 벌점부과로 인하여 해당 주권상장법인이 발행한 상장주권이 공시의무 위반사유로 상장규정에 따라 관리종목으로 지정될 수 있는 경우에는 위원회의 심의를 거쳐 해당 벌점을 경감 또는 면제할 수 있다.
⑥ 제1항 및 제2항에도 불구하고, 규정 제26조의 공시책임자 및 공시담당자는 거래소가 별도로 실시하는 소정의 교육을 이수할 경우 규정 제38조 및 제88조 제4항의 교육을 이수한 것으로 본다.

개선계획서 및 이행보고서의 제출을 요구받은 주권상장법인은 세칙[66]에서 정하는 바에 따라 개선계획서 및 이행보고서를 거래소에 제출해야 하며, 이를 이행하지 않을 경우(개선계획서의 내용을 이행하지 아니한 경우를 포함) 거래소는 해당 주권상장법인에 대하여 3점 이내에서 세칙이 정하는 바에 따라 벌점을 부과할 수 있다. 이 경우 거래소가 필요하다고 인정하는 경우에는 개선계획서 및 이행보고서의 내용을 정정 또는 보완하여 제출할 것을 요구할 수 있다(공시규정39②). 거래소는 주권상장법인이 제출한 개선계획서 및 이행보고서를 공시매체에 6개월간 공표할 수 있다(공시규정39③).

(5) 매매거래정지

(가) 의의

상장주권에 중대한 영향을 미칠 수 있는 사유가 발생한 경우 당해 법인이 발행한 주권의 매매거래를 정지시키고 투자자에게 해당 사실을 공표한 후 매매거래를 재개하여 공익과 투자자를 보호하기 위한 제도이다.

(나) 매매거래정지사유

거래소는 다음의 어느 하나에 해당하는 경우에는 해당 주권상장법인이 발행한 주권 등에 대하여 매매거래를 정지할 수 있다. 다만, 제4호의 경우에는 주식워런트증권 상장법인이 발행한 주식워런트증권 및 상장지수증권 상장법인이 발행한 상장지수증권을 포함한다(공시규정40①).

1. 제12조에 따른 조회공시 요구에 대하여 그 신고시한까지 이에 응하지 아니한 때
2. 제7조부터 제11조까지, 제25조 제1항 및 제51조에 따른 공시사항 중 주가 또는 거래량에 중대한 영향을 미칠 수 있는 사항으로서 세칙으로 정하는 사항을 공시하는 때[67]

---

66) 공시규정 시행세칙 15조(개선계획서 및 이행보고서 제출 등) ① 규정 제39조 제2항에 따른 개선계획서는 별지 제1호 서식에 따라 다음의 사항을 기재하여 거래소의 제출요구일로부터 10일 이내에 이를 제출하여야 한다.
1. 제출법인명 및 제출일자
2. 삭제<2005. 12. 27>
3. 공시의무위반의 원인 및 경위
4. 공시의무위반의 재발방지를 위한 조직의 재정비 등 구체적인 개선계획의 내용 및 일정
5. 그 밖에 필요한 사항
② 규정 제39조 제2항에 따른 이행보고서는 별지 제2호 서식에 따라 다음의 사항을 기재하여 거래소에 제출하여야 한다.
1. 제출법인명 및 제출일자
2. 공시의무위반의 원인 및 경위
3. 개선계획서에서 해당 법인이 기재한 구체적인 개선계획에 대한 이행내용
4. 그 밖에 필요한 사항
③ 거래소는 주권상장법인이 개선계획서 또는 이행보고서를 제출하지 아니한 경우에는 2점의 벌점을 부과할 수 있다.
67) 제40조 제1항 제2호에 따라 매매거래정지의 대상이 되는 공시사항은 다음의 어느 하나와 같다(시행세칙16

3. 제35조의 규정에 의하여 불성실공시법인으로 지정된 경우

4. 풍문 또는 보도 등과 관련하여 가격 또는 거래량이 급변하거나 급변이 예상되는 경우

위 제1항 제4호에서 "풍문 또는 보도 등"이란 다음의 어느 하나에 해당하는 상장법인에 관 한 풍문 또는 보도 등을 말한다. 다만, 주식워런트증권의 경우 주식워런트증권 상장법인에 관한 상장규정 제143조 제1항 제1호에 해당하는 풍문 또는 보도 등을 말하고, 상장지수증권의 경우 상장지수증권 상장법인에 관한 상장규정 제149조의7 제1호에 해당하는 풍문 또는 보도 등을 말한다(공시규정40②).

1. 발행한 어음 또는 수표의 부도발생이나 은행과의 당좌거래정지 또는 금지

2. 영업활동의 전부 또는 일부의 정지

3. 법률의 규정에 의한 파산, 해산 또는 회생절차 개시신청이나 사실상의 회생절차 개시

4. 최근 사업연도 외부감사법의 규정에 의한 회계감사인의 감사보고서 또는 반기검토보고서 상 다음 각 목중 어느 하나에 해당하는 사항

　가. 감사보고서의 경우 다음의 어느 하나에 해당하는 사항

　　(1) 감사의견 부적정, 의견거절 또는 감사범위 제한으로 인한 한정

---

①).

1. 규정 제7조 제1항 중 제1호 가목, 제2호 가목(8), 제2호 라목(5)·(6), 제2호 마목(2)·(6)(가)·(6)(나), 제3호 가목(5)에 해당하는 사항. 다만, 규정 제7조 제1항 제3호 가목(5)에 따른 공시사항 중 상법 제530조의12에 따른 물적 분할의 사항 및 규정 제7조 제1항 제2호 마목(6)(가)·(6)(나)에 따른 공시사항 중 그 결과에 대한 공시사항은 그러하지 아니하다.

2. 규정 제7조 제1항 제2호 마목(1) 후단·(3)(나)에서 정하는 사항. 다만, 그 내용(이 규정의 다른 신고 등을 통하여 확인된 경우를 포함)이 최초로 확인된 경우에 한한다.

3. 다음 각 목의 어느 하나에 해당하는 사항. 다만, 그 내용이 최초로 확인된 경우에 한하며, 그 이후의 동일 공시사항 또는 진행절차에 따라 발생하는 공시사항은 그러하지 아니하다.

　가. 규정 제7조 제1항 제3호 나목(1)부터 (4)까지의 사항(그와 관련한 제51조 제1호의 사항을 포함) 및 제51조 제3호의 어느 하나에 해당하는 사항

　나. 주권상장법인에 대하여 소송이 제기되는 경우로서 규정 제7조 제1항 제3호 다목(4) 및 제51조 제2호에 따른 공시사항 중 소송의 제기·허가신청사항, 소송허가결정사항 그 밖에 법원의 판결·결정의 사항

4. 규정 제7조 제1항 제2호 가목(1)·(2) 중 배정비율이 10% 이상인 무상증자, 발행주식총수의 10% 이상인 감자 또는 주식소각

5. 규정 제7조 제1항 제2호 마목(4) 중 배당비율이 10% 이상인 주식배당

6. 규정 제7조 제1항 제3호 가목(4)에 해당하는 사항. 다만, 상법 제360조의9에 따른 간이주식교환 및 제360조의10에 따른 소규모 주식교환의 사항은 그러하지 아니하다.

7. 삭제<2009. 2. 3>

8. 규정 제8조 제2항에 따른 당일 신고사항. 이 경우 제3호 각 목 외의 부분 단서를 준용한다.

8의2. 규정 제11조 제1항 제4호에 해당하는 사항 또는 규정 제11조 제2항 제2호 나목부터 라목까지의 어느 하나에 해당하는 사항

9. 제1호부터 제8호의2까지에 준하는 사항 그 밖에 공익과 투자자보호 및 시장관리를 위하여 매매거래정지가 필요하다고 인정되는 사항

(2) 최근 사업연도의 자기자본이 자본금의 100분의 50 이상 잠식
(3) 최근 사업연도의 매출액이 50억원 미만. 다만, 제2조 제20항에 따른 기업인수목적
    회사의 경우는 제외한다.
나. 반기검토보고서의 경우 검토의견 부적정 또는 의견거절
5. 그 밖에 가격 또는 거래량의 급변이 예상되는 중요한 사항으로 조회가 가능한 사항

(다) 매매거래정지기간

매매거래정지기간은 다음과 같다(시행세칙16⑤).

1. 규정 제40조 제1항 제1호의 경우에는 당해 조회공시 요구에 응하여 답변공시하는 때 매매
   거래를 재개한다. 다만, 당해 공시사항이 규정 제40조 제2항 각 호의 어느 하나에 해당하는
   경우에는 제4호에 따른다.
2. 규정 제40조 제1항 제2호의 경우에는 당해 공시시점부터 30분이 경과한 때에 매매거래를
   재개한다. 다만, 공시시점이 당일 정규시장 매매거래개시시간 이전인 경우에는 정규시장 매
   매거래개시시점부터 30분이 경과한 때에 매매거래를 재개하며, 유가증권시장 업무규정 제4
   조 제3항 제1호 본문에 따른 정규시장 매매거래시간 종료 60분전 이후인 경우에는 그 다음
   매매거래일부터 매매거래를 재개한다.
3. 규정 제40조 제1항 제3호의 경우에는 지정일 당일 1일간(지정일이 매매거래일이 아닌 경우
   에는 이후 최초로 도래하는 매매거래일 1일간)
4. 규정 제40조 제1항 제4호의 경우에는 정지사유에 대한 조회결과를 공시(주식워런트증권 상
   장법인과 관련된 경우에는 상장규정 제145조에 따른 신고를 포함하고, 상장지수증권 상장
   법인과 관련된 경우에는 상장규정 제149조의9에 따른 신고를 포함)한 경우에는 공시시점부
   터 30분이 경과한 때에 매매거래를 재개한다. 다만, 공시시점이 제2호 단서의 시간에 해당
   하는 경우에는 제2호 단서를 준용하여 매매거래를 재개한다.

그러나 거래소는 다음의 어느 하나에 해당하는 경우에는 매매거래정지기간을 연장할 수
있다. 이 경우 규정 제40조 제1항 제4호에 해당하는 주식워런트증권 상장법인이 발행한 주식
워런트증권 및 상장지수증권 상장법인이 발행한 상장지수증권을 포함한다(시행세칙16④).

1. 주권상장법인 또는 상장외국법인의 공시내용이 상장규정에 따른 관리종목 지정기준에 해
   당되는 때
2. 조회결과를 공시한 후에도 해당 풍문 및 보도가 해소되지 아니하는 경우
3. 그 밖에 주권상장법인이 발행한 주권등의 가격 및 거래량에 중대한 영향을 미칠 수 있는 사
   항으로서 거래소가 필요하다고 인정하는 때

(라) 매매거래정지의 예외

거래소는 다음의 어느 하나에 해당하는 경우에는 매매거래를 정지하지 아니할 수 있다(공시규정40③).

1. 제1항 제4호의 규정에 의하여 매매거래를 정지한 경우
2. 상장규정 제153조에 따라 매매거래를 정지하거나 한 경우
3. 그 밖에 시장관리상 매매거래정지가 필요하지 않다고 인정되는 경우로서 세칙에서 정하는 사항68)

제6절 공정공시

I. 서설

1. 의의와 기능

공정공시(Fair Disclosure)란 주권상장법인이 공시되지 않은 중요정보 또는 법령상 공시의무의 대상이 되지 않는 중요정보 등을 애널리스트 등 특정인에게 선별적으로 제공하고자 하는 경우, 사전에 동일한 정보를 모든 시장참가자들이 알 수 있도록 시장을 통해 공시하도록 하는 제도이다.

금융감독원은 공정공시제도의 도입과 관련하여 그 기능을 다음과 같이 설명하고 있다. i) 공정공시는 정보제공을 통해 시장참여자 간의 정보의 평등성을 확보해주는 점에서 내부자거래를 사전에 예방하는 기능을 한다. 그 이유는 공정공시제도가 증권의 거래유무와 관계없이 선택적인 공시 자체를 금지함으로써 제3자가 회사의 내부자로부터 중요한 미공개정보를 제공받아 거래하는 것이 원칙적으로 봉쇄되기 때문이다. ii) 수시공시제도는 정형화되어 있는 공시사항에 관하여 공시시한을 일률적으로 정하고 있음에 반하여 공정공시제도는 수시공시의무가 발생하기 전에도 구체적인 정보의 공시시기를 정함으로써 수시공시제도를 보완한다. iii) 애널리스트 등이 공평하게 제공되는 기업관련 정보와 사실에 근거하여 투자분석을 실시하게 되어 투자자들에게 객관적인 분석자료를 제공할 수 있다.69)

---

68) 제3호에 따른 매매거래정지가 필요하지 않은 경우는 부과벌점이 10점 미만인 경우를 말한다(시행세칙16②).

69) 금융감독원(2002), "공정공시제도 도입방안"(2002. 9. 9) 보도자료.

2. 도입배경과 규제체계

미국에서는 일찍부터 선택적 공시의 문제를 인식하고 이를 규제하려고 하였으나 전통적인 내부자거래의 규제법리로서는 적절히 규제할 수 없었다. 따라서 미국의 SEC는 증권의 발행인이 애널리스트 또는 기관투자자 등 특정 집단에게만 회사의 중요한 정보를 제공하는 경우 그 내용을 일반투자자에게도 즉시 공시하도록 하는 공정공시제도를 채택하여 2000년 10월 23일부터 시행하였다.[70]

우리나라의 공정공시제도는 미국에서 2000년 10월 도입한 Regulation FD(Reg FD)[71]를 모델로 하여 2002년 11월 1일부터 Reg FD의 기본골격을 거의 그대로 수용하여 시행하였다. 다만 우리나라의 현실을 고려하여 몇 가지 점에서 차이가 있는데, 기본적으로 미국의 Reg FD가 내부자거래규제의 사각지대인 애널리스트에 대한 선별적 공시를 규제하고자 정부규제기관인 SEC가 법규로 규제하는데 반하여, 우리나라의 공정공시제도는 수시공시를 보완하기 위하여 자율규제기관인 거래소가 공시규정으로 규제하고 있다. 그런데 양국의 제도의 도입배경, 공시제도와 내부자거래 규제체계상의 차이를 고려하지 않고 미국의 제도를 그대로 수용함으로써 우리나라의 공정공시제도는 집행과정에서 내부자거래규제와의 중복 및 충돌 등 상당한 문제점을 내포하고 있다.[72][73]

공정공시는 거래소의 유가증권시장 공시규정과 코스닥시장 공시규정에서 정하고 있으며, 구체적인 사항은 유가증권시장 공정공시 운영기준과 코스닥시장 공정공시 운영기준을 두어 운영하고 있다. 여기서는 유가증권시장 공시규정과 유가증권시장 공정공시 운영기준("운영기준")

---

70) 강대섭(2005), "공정공시에 관한 연구", 상사판례연구 제18집 제1권(2005. 3), 70쪽.
71) 미국 SEC는 2000년 8월 새로운 공시규제인 Regulation FD(Regulation Fair Disclosure)를 SEC 규칙으로 발표하였다. 이는 미국에서 1983년의 발행시장공시와 유통시장공시를 통합한 "통합공시제도"(Integrated Disclosure System)의 채택 이후 가장 중요한 공시규제로 알려져 있다.
72) 성희활(2004), "공정공시제의 발전적 개편방안에 관한 연구", 증권법연구 제5권 제2호(2004. 12), 82-83쪽.
73) 우리나라와 미국의 공정공시제도의 차이점으로는 ⅰ) 규제기관: 자율규제기관인 거래소(한국), 정부기관인 SEC(미국), ⅱ) 규제근거: 계약적 성격을 갖는 거래소 공시규정(한국), 법적 성격을 갖는 SEC 규칙(미국), ⅲ) 근본취지: 내부자거래 예방기능을 담보하는 공시규제의 일부로서 수시공시제도 보완(한국), 내부자거래 규제로서 선별적 공시에 대한 사각지대 해소(미국), ⅳ) 공시대상정보: 비중요정보도 포함하는 열거주의(한국), 판례법상 중요성 기준에 해당하는 일체의 정보(미국), ⅴ) 공시매체: 거래소의 전자공시시스템만 인정(한국), 직접공시주의에 따라 신문·방송·뉴스와이어 등 기존의 공시매체 및 컨퍼런스콜 등 다양한 새로운 매체 허용(미국), ⅵ) 정보제공대상자: 증권사·투신사 등 기관투자자 이외에 언론사 및 증권정보사이트 포함(한국), 증권사·투신사 등 기관투자자만 대상(미국), ⅶ) 언론기관에 대한 적용 예외: 보도목적이 기자에 의한 취재, 단 보도자료, 기자회견, 기자간담회 등을 통한 정보제공의 경우에는 공정공시제도 적용(한국), SEC 해석에 의해 보도자료 제공 등 언론기관에 제공하는 경우에는 제외(미국), ⅷ) 위반시 제재 조치: 거래소의 불성실공시법인 지정 등으로 인한 제재수단(한국), SEC의 행정·민사 소송제기, 즉 금지명령 또는 민사제재금 청구가능(미국)(성희활(2004), 83쪽).

을 중심으로 살펴보기로 한다.

Ⅱ. 공정공시제도의 내용

1. 공정공시 대상정보

주권상장법인은 공정공시정보 제공자가 다음의 어느 하나에 해당하는 사항("공정공시 대상정보")을 공정공시정보 제공대상자에게 선별적으로 제공하는 경우에는 그 사실 및 내용을 거래소에 신고하여야 한다(공시규정15①). 공시규정은 기업의 장래계획, 실적치 및 잠정치, 수시공시의무 관련사항 등 네 가지 범주로 구분하고 있다.[74]

1. 장래 사업계획 또는 경영계획[75]
2. 매출액, 영업손익, 법인세비용차감전계속사업손익 또는 당기순손익 등에 대한 전망 또는 예측[76][77]
3. 제21조의 규정에 의하여 사업보고서, 반기보고서 및 분기보고서("사업보고서 등")를 제출하기 이전의 당해 사업보고서 등과 관련된 매출액, 영업손익, 법인세비용차감전계속사업손익 또는 당기순손익 등 영업실적[78]

---

74) 공정공시정보 제공자는 공정공시 대상정보를 각종 비율 및 증감 규모 등을 통하여 우회적으로 제공하여서는 아니 된다(운영기준4).
75) "장래 사업계획 또는 경영계획"이라 함은 회사 전체의 영업활동 및 기업실적에 중대한 영향을 미치는 다음의 사항으로서 향후 3년 이내의 계획을 말한다. 이 경우 당해 계획의 목적, 추진일정, 예상투자금액 및 예상효과를 구체적으로 표시하여 신고하여야 한다(운영기준3①).
  1. 신규사업의 추진
  2. 신시장의 개척
  3. 주력업종의 변경
  4. 회사조직의 변경
  5. 신제품의 생산
  6. 국내외법인과의 전략적 제휴
  7. 신기술의 개발
  8. 기존사업의 변경(중단·폐업·매각 등)
76) "매출액, 영업손익, 법인세비용차감전계속사업손익 또는 당기순손익 등에 대한 전망 또는 예측"이라 함은 향후 3년 이내의 기간에 대한 매출액, 영업손익, 법인세비용차감전계속사업손익 또는 당기순손익 등에 대한 전망 또는 예측을 말한다. 이 경우 당해 전망 또는 예측과 관련된 가정 또는 판단의 근거를 구체적으로 명시하여 신고하여야 한다(운영기준3②).
77) 실적치의 경우는 전년 동기 및 전기 실적 등 비교수치를 기재하여야 하며, 대상기간이 분기 이상인 경우에는 당해 기간의 매출액, 영업손익, 경상손익 및 당기손손익을 함께 신고하여야 한다.
78) "사업보고서, 반기보고서 및 분기보고서("사업보고서 등")를 제출하기 이전의 당해 사업보고서 등과 관련된 매출액, 영업손익, 법인세비용차감전계속사업손익 또는 당기순손익 등 영업실적"이라 함은 공정공시대상정보를 제공하는 시점에서 제출이 이루어지지 아니한 사업보고서 등의 당해 사업연도, 반기 및 분기의 매출액, 영업손익, 법인세비용차감전계속사업손익 또는 당기순손익 등 영업실적을 말하며 실적을 발표하는 경우에는 당해 월별실적 중 해당정보를 포함한다. 이 경우 전년 동기 및 전기 실적 등 비교수치를 기재

4. 제7조부터 제11조까지의 규정에서 정하는 사항과 관련된 것으로서 그 신고시한이 경과되지 아니한 사항[79)]

2. 공정공시정보 제공자

"공정공시정보 제공자"라 함은 다음의 어느 하나에 해당하는 자를 말한다(공시규정15②). 공시규정은 당해 법인, 공정공시 대상정보에 접근가능한 포괄적인 지위를 가진 자 및 업무상 동 정보에 대한 접근이 가능한 직원 등 3가지 범주로 구분하고 있다.

1. 해당 주권상장법인 및 그 대리인
2. 해당 주권상장법인의 임원[80)](이사·감사 또는 사실상 이와 동등한 지위에 있는 자[81)]를 포함)
3. 공정공시 대상정보에 대한 접근이 가능한 해당 주권상장법인의 직원[82)](공정공시 대상정보와 관련이 있는 업무수행부서 및 공시업무 관련부서의 직원[83)])

3. 공정공시정보 제공대상자

"공정공시정보 제공대상자"라 함은 다음의 어느 하나에 해당하는 자를 말한다(공시규정15③).

1. 자본시장법에 의한 투자매매업자·투자중개업자·투자회사·집합투자업자·투자자문업자· 투자일임업자와 그 임원[84)]·직원[85)] 및 이들과 위임[86)] 또는 제휴관계[87)]가 있는 자

하여야 하며, 대상 기간이 분기 이상인 경우에는 당해 기간의 매출액, 영업손익, 법인세비용차감전계속사업손익 또는 당기순손익을 함께 신고하여야 한다. 다만 종속회사의 결산지연 또는 당해 업종의 회계처리기준의 특성 등으로 인하여 불가피한 경우에는 그러하지 아니하다(운영기준3③).

79) "제7조부터 제11조까지의 규정에서 정하는 사항과 관련된 것으로서 그 신고시한이 경과되지 아니한 사항"이라 함은 규정 제7조 내지 제10조에서 정하는 기준에 해당되는 사항으로서 이사회 결의 등이 이루어지지 않아 신고의무가 확정적으로 발생하지 아니한 사항 또는 신고의무가 확정적으로 발생하였으나 규정 제7조 내지 제10조의 규정에 따라 신고하지 아니한 사항을 말한다(운영기준3④).

80) 임원의 경우에는 등기 또는 상근 여부를 불문하며, 이사의 경우에는 사외이사를 포함하고, 감사의 경우에는 감사위원회 위원을 포함한다(운영기준5①).

81) "사실상 이와 동등한 지위에 있는 자"라 함은 상법 제401조의2 제1항에 따른 업무집행지시자등을 말한다(운영기준5②).

82) "직원"이라 함은 명칭여하를 불문하고 근로기준법의 적용대상이 되는 근로계약을 체결한 자를 말한다(운영기준5③).

83) "공정공시대상정보와 관련이 있는 업무수행부서의 직원"이라 함은 공정공시대상정보와 관련이 있는 업무에 관하여 실질적인 의사결정 및 집행을 하는 부서의 직원으로서 당해 업무에 직·간접적으로 관여하는 자를 말하며, "공시업무 관련부서의 직원"이라 함은 공시내용·시기 등을 실질적으로 결정하는 부서의 직원 및 직·간접적으로 공시업무에 관여하는 직원을 말한다(운영기준5④).

84) "임원"이라 함은 운영기준 제5조 제1항 및 제2항에 해당하는 자를 말한다(운영기준6①).

85) "직원"이라 함은 운영기준 제5조 제3항에 해당하는 자를 말한다(운영기준6②).

86) "위임관계"라 함은 명칭여하를 불문하고 위임인의 위임에 의해 수임인이 수임사무를 처리해 주는 것을 내용으로 하는 계약으로서 다음에 해당하는 것을 포함한다(운영기준6③).
   1. 변호사에게 소송대리인으로서 소송수행을 의뢰하는 것

2. 전문투자자(제1호에서 정하는 자 제외) 및 그 임·직원

3. 제1호 및 제2호의 규정에 따른 자의 업무와 동일하거나 유사한 업무를 수행하는 외국의 전
   문투자자[88] 및 그 임·직원

4. 방송법에 의한 방송사업자 및 신문법에 의한 신문·통신 등 언론사(이와 동일하거나 유사한
   업무를 수행하는 국내외 법인[89]을 포함) 및 그 임·직원

5. 정보통신망법에 의한 정보통신망을 이용하는 증권정보사이트 등[90]의 운영자 및 그 임·직원

6. 공정공시 대상정보를 이용하여 주권상장법인의 증권을 매수하거나 매도할 것으로 예상되는
   해당 증권의 소유자[91]

7. 제1호부터 제6호까지에 준하는 자로서 거래소가 정하는 자[92]

4. 공정공시 신고시한

공정공시 대상정보의 신고는 당해 정보가 공정공시정보 제공대상자에게 제공되기 이전까
지 하여야 한다. 다만, 공정공시정보 제공자가 경미한 과실 또는 착오로 제공한 경우에는 제공
한 당일에 이를 신고하여야 하며, 해당 주권상장법인의 임원이 그 제공사실을 알 수 없었음을
소명하는 경우에는 이를 알게 된 날에 신고할 수 있다[93](공시규정15④).

---

2. 증권신고서 등 신고서류의 작성·제출 등의 업무처리를 법에 의한 투자매매업자 또는 투자중개업자에게
   의뢰하는 것
3. 인수회사 또는 회계법인 등에게 증권의 가치분석 등의 업무를 의뢰하는 것
87) "제휴관계"라 함은 명칭여하를 불문하고 판매·제품개발·투자등 기업활동을 수행하는 데 있어서 기술·생
   산·자본 등을 2이상의 기업 등이 공동으로 영위하거나 협력하는 것을 말한다(운영기준6④).
88) "외국의 전문투자자"라 함은 명칭여하를 불문하고 외국의 금융관련법령에 의하여 영업의 허가·인가 등을
   받아 금융업 등을 영위하는 각종 금융회사, 투자회사, 헤지펀드 및 이와 유사한 기능을 수행하는 회사를
   말한다(운영기준6⑤).
89) "이와 동일하거나 유사한 업무를 수행하는 국내외 법인"이라 함은 법률에 의한 언론사에 해당되지는 않으
   나 인터넷 등을 통하여 실질적으로 언론사와 동일하거나 유사한 업무를 수행하는 국내외 법인을 말한다
   (운영기준6⑥).
90) "증권정보사이트 등"이라 함은 증권의 매매거래와 관련된 정보 또는 주권상장법인 등에 대한 정보의 제공
   을 주요 내용으로 하는 인터넷 사이트 등을 말한다(운영기준6⑦).
91) "공정공시 대상정보를 이용하여 주권상장법인의 증권을 매수하거나 매도할 것으로 예상되는 당해 증권의
   소유자"라 함은 제공받은 정보를 이용하여 당해 주권상장법인이 발행한 증권을 매수 또는 매도하지 않을
   것이라는 의사표시를 서면으로 하지 않은 자로서 당해 증권을 소유하고 있는 자를 말한다(운영기준6⑧).
92) "거래소가 정하는 자"라 함은 주권상장법인이 거래소에 신고되지 아니한 공정공시 대상정보를 규정 제15
   조 제3항 제1호부터 제6호까지에서 규정하는 자가 용이하게 접근할 수 있는 당해 주권상장법인의 홈페이
   지 등의 수단을 이용하여 제공하는 경우 당해 정보에 접근할 수 있는 자를 말한다(운영기준6⑨).
93) 공정공시운영기준 제7조(신고시한등) ① 기업설명회 등을 통하여 공정공시 대상정보를 제공하고자 하는
   경우에는 기업설명회 등의 개시시점 이전에 이를 신고하여야 한다.
   ② 주권상장법인은 규정 제15조 제4항 본문에서 정하는 신고시한에 불구하고 공정공시 대상정보를 제공하
   는 시점의 최소 10분전까지 당해 정보를 거래소에 신고하도록 노력하여야 한다.
   ③ 규정 제15조 제4항 단서에서 "경미한 과실 또는 착오로 제공한 경우"라 함은 공정공시정보 제공자가
   제공하고자 하는 정보가 이미 신고된 것으로 오인하거나 공정공시 대상정보가 아닌 것으로 오인하여 제공

5. 자회사의 공정공시 대상정보

지주회사인 주권상장법인은 해당 주권상장법인의 공정공시정보 제공자가 자회사의 공정공시 대상정보를 공정공시정보 제공대상자에게 제공하는 경우 제15조 및 제17조에 따라 거래소에 신고하여야 한다. 이 경우 자회사의 범위는 지주회사가 소유하고 있는 자회사 주식의 최근 사업연도말 재무상태표상 가액(사업연도 중 편입하는 경우에는 그 취득가액)이 지주회사의 최근 사업연도말 자산총액의 10% 이상인 자회사로 한다(공시규정16).

6. 공정공시 신고방법

주권상장법인은 제15조 제1항 제4호에 따른 신고사항이 제7조부터 제11조까지의 규정에 따른 공시의무사항과 중복되는 경우에는 제7조부터 제11조까지의 해당 규정에 따라 신고하여야 한다. 다만, 이 경우 그 신고시한에 관하여는 제15조 제4항을 적용한다(공시규정17①).

거래소는 제6조의 규정에 불구하고 제15조 또는 제16조에 따른 신고내용이 방대한 경우에는 주권상장법인이 이를 요약하여 신고하도록 하고, 그 신고서류와 원문을 해당 주권상장법인의 홈페이지 등에 게재할 수 있다94)(공시규정17②).

한 경우를 말한다.
④ 규정 제15조 제4항 단서의 규정에 의하여 신고하는 경우에는 당해 주권상장법인의 대표이사 명의의 문서로써 이를 하여야 한다.
⑤ 공정공시정보 제공자가 기업설명회, 기자회견, 기자간담회, 컨퍼런스콜 등의 진행 중에 신고하지 아니한 공정공시 대상정보를 제공한 경우에는 당해 주권상장법인은 당해 정보가 제공된 이후 지체 없이 이를 신고하여야 한다.
⑥ 매매거래일의 매매거래개시시간 이전에 개최되는 간담회 등에서 공정공시정보 제공자가 공정공시대상정보를 공정공시정보 제공대상자에게 제공하는 경우에는 당해 주권상장법인은 이를 당일 시간외시장 개시 10분전(장개시전 시간외시장이 열리지 않을 경우에는 정규시장 매매거래 개시 30분전)까지 신고하여야 한다.
⑦ 주권상장법인은 규정 제15조부터 제17조까지에 따른 공정공시의무가 발생하였으나 거래소의 전자공시시스템의 접수마감 등으로 인하여 이를 이용할 수 없는 경우에는 그 다음 개장초일 시간외시장 개시 10분전(장개시전 시간외시장이 열리지 않을 경우에는 정규시장 매매거래 개시 30분전)까지 이를 신고하여야 한다.
94) 공정공시운영기준 제8조(신고방법) ① 주권상장법인이 규정 제17조 제1항에 따라 신고하는 경우에는 규정 제7조부터 제10조까지의 해당 규정에 따른 신고서식에 의하여 신고하여야 한다.
② 주권상장법인은 공정공시의 내용과 관련하여 상세한 정보를 알고자 하는 투자자의 문의가 용이하게 이루어질 수 있도록 공시책임자, 공시담당자, 당해 공정공시 대상정보와 관련이 있는 부서 및 연락처 등을 신고내용에 포함하여야 한다.
③ 규정 제17조 제2항 에서 "신고내용이 방대한 경우"라 함은 기업설명회에서 제공되는 정보 등 공정공시 대상정보의 신고와 관련하여 신고서류의 파일분량이 3메가바이트 이상인 경우 또는 거래소가 인정하는 경우를 말한다.
④ 주권상장법인이 규정 제17조 제2항에 따라 정보를 요약하여 신고하는 경우에는 당해 장주권상장법인은 신고내용에 홈페이지 주소를 게재하는 등 원본에 접근할 수 있는 방법을 명시하여야 한다.

즉 거래소의 상장공시시스템(KIND)을 통하여 전자문서를 제출하여야 하고, 공정공시로 신고할 사항이 수시공시의무사항에 해당되는 경우에는 수시공시의무에 따라 신고하면 된다. 다만, 이 경우 신고시한은 공정공시 신고시한이 된다.

Ⅲ. 공정공시의무의 적용예외

다음의 어느 하나에 해당하는 경우에는 공정공시규제가 적용되지 아니한다(공시규정18). 국민의 알권리의 충족을 위한 보도목적의 취재와 공정공시 대상정보를 유포시키지 않을 법적인 의무를 지고 있는 자에게는 기업의 원활한 업무처리를 위하여 정보의 선별제공을 허용하고 있다.

1. 공정공시정보 제공자가 보도목적의 취재[95]에 응하여 제15조 제3항 제4호에서 규정하는 자에게 공정공시 대상정보를 제공하는 경우
2. 공정공시정보 제공자가 다음 각 목의 어느 하나에 해당하는 자에게 공정공시 대상정보를 제공하는 경우[96]
    가. 변호사·공인회계사 등 해당 주권상장법인과의 위임계약에 따른 수임업무의 이행과 관련하여 비밀유지의무가 있는 자

---

95) "보도목적의 취재"라 함은 신문·방송 등 언론사의 종사자가 일반 대중의 알권리 충족을 위하여 주권상장법인을 직접 방문하거나 당해 주권상장법인의 임·직원과의 접촉을 통하여 정보를 수집·종합하여 보도가치가 있는 정보를 생산해 내는 일련의 행위를 말한다. 이 경우 주권상장법인이 보도자료, 기자회견, 기자간담회, 컨퍼런스콜 등을 통하여 정보를 제공하는 경우에는 공정공시의무의 적용예외를 적용하지 아니한다(운영기준9①).

96) 제2호 가목 및 나목에서 "비밀유지의무가 있는 자" 및 "비밀을 유지하기로 명시적으로 동의한 자"라 함은 다음에 해당하는 계약 등의 적용을 받는 자를 말한다(운영기준9②).
   1. 변호사법의 적용을 받는 법무법인 또는 변호사와의 법률자문, 위임사무 대행, 소송업무 수행 등을 위한 위임계약
   2. 공인회계사법의 적용을 받는 공인회계사와의 외부감사, 경영 또는 증권업무 관련 컨설팅, 세무조정대행, 외자유치를 위한 업무처리대행, 회생절차 등을 위한 자산·부채실사, 합병 등을 위한 기업가치분석, 해외법인관리업무 등을 위한 위임계약
   3. 세무사법의 적용을 받는 세무사와의 조세에 관한 신고·신청·청구의 대리, 세무조정계산서등 세무관련서류의 작성, 조세관련 상담 또는 자문 등 세무대리업무 수행 등을 위한 위임계약
   4. 인수업무를 수행하는 주간사회사 등 인수단과의 인수계약(인수계약서상 비밀유지의무가 명시된 경우)
   5. 금융기관과의 대출계약(당해 금융기관의 임·직원이 서면에 의하여 비밀을 유지하기로 명시적으로 동의한 경우). 다만, 은행법에 의한 금융기관과의 대출 등 일상적인 업무와 관련된 계약의 경우에는 서면에 의한 비밀유지 동의를 요하지 아니한다.
   6. 기업구조조정 촉진법에 의하여 기업과 채권금융기관과의 경영정상화계획의 이행을 위한 약정(채권금융기관협의회 또는 주채권은행이 비밀을 유지하기로 명시적으로 동의한 경우)
   7. 그밖에 전문지식을 요하는 위임업무의 수행을 위해 요구되는 일정한 자격증소지자(직무수행과 관련하여 관계법률상 비밀유지의무가 있는 자)와의 위임계약

　　나. 합법적이고 일상적인 업무의 일환으로 제공된 정보에 대하여 비밀을 유지하기로 명시
　　　　적으로 동의한 자

　다. 자본시장법 제335조의3에 따라 금융위원회로부터 신용평가업 인가를 받은 자

　라. 가목부터 다목까지에 준하는 자로서 거래소가 정하는 자

Ⅳ. 공정공시의무위반에 대한 제재

　　공정공시의무를 위반한 경우에는 불성실공시의 한 유형인 공시불이행으로 본다(공시규정 29(1)(2)). 위에서 설명한 불성실공시에 대한 조치가 그대로 적용된다. 따라서 불성실공시법인 지정, 공시위반제재금, 개선계획서·이행보고서 제출요구, 매매거래정지 등의 제재를 받게 된다(공시규정35, 35조의2 이하).

제7절 전자공시제도

Ⅰ. 의의

　　자본시장법에 따라 금융위원회, 증권선물위원회, 금융감독원장, 거래소, 협회 또는 예탁결제원에 신고서·보고서, 그 밖의 서류 또는 자료 등을 제출하는 경우에는 전자문서의 방법으로 할 수 있다(법436①). 전자문서에 의한 신고 등의 방법 및 절차, 그 밖에 필요한 사항은 대통령령으로 정한다(법436②).

　　자본시장법 및 동법 시행령, 그 밖의 다른 법령에 따라 금융위원회, 증권선물위원회, 금융감독원장, 거래소, 협회 또는 예탁결제원에 신고서·보고서, 그 밖의 서류 또는 자료 등("신고서등")을 제출하는 자는 정보통신망법에 따른 정보통신망을 이용한 전자문서(컴퓨터 등 정보처리능력을 가진 장치에 의하여 전자적인 형태로 작성되어 송·수신 또는 저장된 문서형식의 자료로서 표준화된 것)의 방법에 의할 수 있다(영385①). 신고서등을 제출하는 자가 전자문서의 방법에 의하는 경우에 그 전자문서의 효력과 도달시기 등 전자문서에 관한 사항은 정보통신망법에서 정하는 바에 따른다(영385④).

　　전자공시제도는 상장법인 등 공시의무자가 공시서류를 전자문서의 방법으로 인터넷을 통하여 직접 전송하여 관계기관에 제출하고 관계기관은 공시자료를 전산매체를 통하여 다른 관계기관과 일반투자자에게 전송함으로써 공시의 신뢰성과 기업경영의 투명성을 제고하기 위한

종합적인 기업공시시스템이라고 할 수 있다.

Ⅱ. 도입배경 및 효과

전자공시제도는 종래의 서면공시방식의 문서의 중복제출로 인한 시간적·물적 부담의 가중과 자본시장 규모 확대에 따른 공시물량의 증가로 수작업에 의한 공시가 한계에 도달하여 채택하게 되었다. 1999년 1월 증권거래법 제194조의 2(전자문서에 의한 신고등)의 규정의 신설로 법적 근거를 마련하였다. 자본시장법은 이 규정을 그대로 수용하고 있다.

전자공시의 도입효과로는 ⅰ) 공시의 신속성 및 접근성의 제고이다. 세계 어디서나 24시간 인터넷을 통해 신속하고 용이하게 공시자료를 열람할 수 있게 되었다. ⅱ) 제출인의 부담을 경감하였다. 원스톱 제출체제를 구축하여 제출인의 공시자료를 1회 제출하면 관계기관에 대한 공시의무를 완료하게 되었다. ⅲ) 관계기관의 협력을 통한 사회적 비용의 절감이다. 원스톱 제출체제의 구축을 통한 관계기관 등의 시스템구축비용을 절감하였다. ⅳ) 기업재무자료의 연계성 강화를 통한 기업경영의 투명성의 제고이다. 제출과 동시에 인터넷을 통하여 공시되므로 투자자의 신속한 공시요구에 부응하고, 기업정책에 필요한 관련 통계자료 및 재무자료의 생산 및 분석체제를 구축함으로써 기업경영의 투명성을 유도하게 되었다.[97]

Ⅲ. 금융감독원의 전자공시

전자문서의 방법에 의하여 신고서등을 제출할 때 필요한 표준서식·방법·절차 등은 금융위원회가 정하여 고시한다. 이 경우 금융위원회는 해당 신고서등이 거래소, 협회 또는 예탁결제원에 함께 제출되는 것일 때에는 그 표준서식·방법·절차 등을 정하거나 변경함에 있어서 미리 해당 기관의 의견을 들을 수 있다(영385②). 금융위원회의 증권발행공시규정 제6장은 전자문서에 의한 신고 등에 관한 상세한 규정을 두고 있다.

금융감독원의 전자공시제도는 금융감독원이 개발하여 운영하는 전자공시시스템(DART 시스템: Data Analysis Retrieval and Transfer System)을 통하여 기업 등 공시의무자가 공시서류를 전자문서의 방법으로 제출하고, 일반이용자는 인터넷을 통해 즉시 열람할 수 있는 공시제도이다. 즉 공시의무자는 공시서류를 금융감독원에 전자문서로 1회만 제출하면 되고 일반이용자는 DART에 시간과 공간의 제약없이 공시정보를 용이하게 검색 및 조회할 수 있다.

---

97) 금융감독원·코스닥등록법인협회의(2000), 「기업공시제도 해설」(2000, 12), 326-327쪽.

Ⅳ. 거래소의 전자공시

거래소, 협회 또는 예탁결제원의 업무 관련 규정에 따라 제출하는 신고서등의 경우에는 자본시장법 시행령 제385조 제2항 전단에도 불구하고 해당 기관이 이를 정할 수 있다(영385③). 이에 따라 거래소의 유가증권시장공시규정 제3편과 코스닥시장공시규정 제2편은 전자문서에 의한 신고 등에 관하여 자세한 규정을 두고 있다. 이 규정들은 자본시장법 제436조에 의하여 주권상장법인등이 전자문서의 방법에 의하여 거래소에 제출하는 신고서·보고서 그 밖의 서류 또는 자료 등의 제출과 금융위원회의 증권발행공시규정에 의하여 주권상장법인으로부터 전자 문서의 방법으로 금융감독원에 제출된 신고서 등을 금융감독원으로부터 전송받아 공시하는 것 등과 관련하여 필요한 사항을 규정하고 있다.

거래소의 전자공시제도는 거래소에서 개발하여 운영하는 상장공시시스템(KIND 시스템: Korea Investor's Network for Disclosure System)을 통하여 상장법인 등의 공시의무자가 공시서류 를 인터넷을 통하여 직접 작성 및 제출하고, 일반이용자는 인터넷 등 공시매체를 통하여 즉시 열람할 수 있는 공시제도이다.

제5장

주권상장법인에 대한 특례

제1절 서설

I. 증권거래법상 특례규정

증권거래법은 제9장 제3절 "상장법인 등에 대한 특례 등"에서 주권상장법인 등에 대한 특례를 규정하고 있었다. 특례규정은 재무구조에 대한 부분과 기업지배구조에 대한 부분으로 나누어져 있었는데, 재무구조에 대한 부분은 「자본시장육성에 관한 법률」이 폐지되면서 증권거래법으로 흡수된 것이고, 지배구조에 대한 부분은 1997년 IMF 외환위기 후에 재벌중심의 지배구조를 개선하기 위하여 도입된 것이다.

II. 자본시장법상 특례규정

이러한 특례규정으로 인하여 증권거래법은 상법의 특별법 중 가장 중요한 법이 되었다. 증권거래법의 고유영역에 속하지 않는 특례규정을 이와 같이 계속해서 증권거래법에 두는 것이 바람직한지에 관하여 논란이 있어 오던 차에, 증권거래법 등 자본시장 관련 6개 법률을 통합하는 자본시장법이 제정됨에 따라 상장법인의 재무구조에 관한 특례규정은 자본시장법에서 규정하고, 상장법인의 지배구조에 관한 특례규정은 상법에서 규정하게 되었다. 이와 같이 지배구조 부분과 재무구조 부분을 분리한 이유는 일반 주식회사의 지배구조와 관련한 사항은 상법에 명시되어 있으므로 상장법인의 지배구조도 상법에서 규정하는 것이 법체계에 맞고, 재무구조에 관한 특례부분은 증권시장에 미치는 영향이 커서 정부의 시의적절한 조치가 필요한 경우가 많고, 투자자보호 및 불공정거래와 관련될 수 있는 사항들로서 감독당국의 계속적인 지도·감시가 필요했기 때문이라고 한다.[1]

Ⅲ. 재무구조 특례규정의 의의

주권상장법인에 대한 재무구조 특례규정은 기본적으로 상장법인의 재산 및 수지관리와 관련된 규정이다. 이는 상장법인의 회사재무구조와 관련되는 규정 및 회사의 재산상태에 영향을 미칠 수 있는 각종의 규정(예를 들면 주식발행, 사채발행, 이익배당 등)을 말한다. 이와 같은 특례규정은 주권상장법인의 자금조달을 지원하고 재무구조의 개선을 촉진하기 위하여 둔 것이다.

Ⅳ. 적용범위

주권상장법인에 대한 특례에 관한 제3편 제3장의2는 외국법인등과 투자회사에는 적용되지 않는다(법165의2①). 다만 주권상장법인 재무관리기준에 관한 제165조의16 및 주권상장법인에 대한 조치에 관한 제165조의18은 외국법인등에도 적용된다(법165의2①). 자본시장법의 주권상장법인에 대한 특례에 관한 제3편 제3장의2는 주권상장법인에 관하여 상법 제3편에 우선하여 적용한다(법165의2②).

제2절 주식관련 특례규정(주식관리 등과 관련된 특례규정)

Ⅰ. 자기주식의 취득

1. 서설

(1) 자기주식 취득의 의의

자기주식이란 회사가 자신이 발행한 주식을 자기의 계산으로 취득하여 보유하고 있는 주식을 말하며, 자사주라고도 한다. 따라서 자기주식의 취득이란 회사가 주주로부터 주식을 취득

---

1) 변제호 외 4인(2009), 「자본시장법」, 지원출판사(2009. 11), 454쪽.

하는 것이다.

자기주식의 취득·처분은 상법에 의한 경우와 자본시장법에 의한 경우로 구분할 수 있다. 상장법인은 상법에서 정한 목적에 따라 자기주식을 취득할 수 있고, 상법에서 정한 목적 이외에 자본시장법에 따라 목적에 관계없이 배당가능이익의 범위 내에서 자기주식을 취득할 수 있다.

(2) 자기주식 취득·처분의 목적

증권거래법이 1994년 자기주식의 취득 및 보유를 허용한 이후 많은 상장법인이 주가관리, 경영권안정 등의 목적으로 자기주식을 취득해 오고 있다. 자기주식의 취득목적은 주가안정, 주주가치의 제고, 이익소각, 주식매수선택권의 교부, 경영권방어 등으로 공시되었는데, 특히 주가안정을 목적으로 하는 경우가 압도적으로 많았다.[2]

특히 자기주식의 취득은 적대적 기업매수에 대한 방어수단으로 그동안 많이 이용되어 왔다. 자기주식을 취득함으로써 유통주식의 물량을 줄이고 적대적 기업매수의 대상이 되는 회사가 보유하고 있는 지분율을 높임으로써 적대적 기업매수를 어렵게 하는 것이다. 또한 자기주식의 취득으로 인하여 주가가 상승하여 매수시도자의 자금소요를 증대시키게 하는 부가적인 효과도 있다. 자기주식의 취득은 그 성격상 미리 회사가 향후 있을지 모르는 적대적 기업매수 시도를 사전에 차단하기 위해 주로 사용된다.[3]

반면 자기주식의 처분목적은 재무구조 개선, 주식매수선택권의 행사, 자기자본 확충, 주식인수대금 지급, 임직원 성과급, 주식가격안정달성, 우리사주조합 출연, 출자재원 확보, 이익배당한도 감소, 신탁계약기간 만료, 운영자금 조달, 유동성 확보 등 매우 다양한 것으로 나타났다.[4]

나아가 자기주식의 처분이 적대적 기업매수에 대한 방어수단으로 사용되는 데 대하여는 그다지 많은 논의가 있지는 않았다. 그런데 자기주식을 처분할 경우 그 처분 대상자를 우호적인 제3자로 정하면 사실상 신주를 제3자에게 발행하는 경우와 동일한 효과를 달성할 수 있으므로 적대적 기업매수가 진행되고 있는 동안에 이를 저지하기 위한 수단으로 사용될 수 있다.[5]

(3) 자기주식 취득규제의 논거

자기주식에 관련된 법률문제는 현재까지 주로 취득규제에 관한 것이었다. 자기주식의 취득을 널리 허용하는 미국의 회사법제와 달리 유럽의 국가들은 자본충실 등의 이유를 들어 이를 엄격히 규제하였는데, 우리나라도 전통적으로 이러한 입장을 취하고 있었다. 그러나 최근 들어 취득규제에 관한 논쟁은 어느 정도 정리가 되는 듯한 모습을 보이고 있다. 원래 자기주식

---

2) 정윤모·박기령(2005), "자기주식 소각규제의 완화방안", 자본시장포럼 제2권 제3호(증권연구원, 2005), 11쪽.
3) 신우진(2007), "경영권 방어를 위한 자기주식의 제3자에 대한 처분의 법적 문제점", 기업법연구 제21권 제1호(2007. 3), 139쪽.
4) 정윤모·박기령(2005), 11쪽.
5) 신우진(2007), 140쪽.

취득규제의 논거는 ⅰ) 회사채권자의 보호(자본이나 법정준비금을 이용하여 유상으로 자기주식을 취득하면 자본충실을 해하고 회사채권자를 해할 수 있는 점), ⅱ) 주주 불평등에 대한 우려(자기주식의 취득과정에서 그 방법이나 취득가액상 주주 간 불평등이 초래될 수 있는 점), ⅲ) 회사지배의 공정성 문제(기존 이사들이 자기주식을 활용하여 경영권을 용이하게 방어하는 수단으로 악용할 수 있다는 점), ⅳ) 주식거래의 공정성 문제(자기주식의 거래는 시세조종 및 내부자거래에 남용될 위험이 있는 점)의 네 가지이다.

그러나 ⅰ)의 경우에는 자기주식의 취득재원을 배당가능이익으로 제한한다면 특별한 걸림돌이 되지 못한다. 즉 자기주식의 취득은 자산의 사외유출이라는 측면에서 이익배당과 유사한 성격을 가지므로, 그 취득을 배당에 준하여 규제하면 되는 것이다. 또한 ⅱ) 내지 ⅳ)의 문제점은 이사의 행위를 통제하고 자기주식 취득절차를 엄격히 함으로써 어느 정도 해소될 수 있으므로, 자기주식의 취득을 원천적으로 금지할 이유는 되지 못한다.[6]

2. 자본시장법상 자기주식의 취득 · 처분

(1) 자기주식 취득의 허용

주권상장법인(외국법인등은 제외)은 취득목적에 관계없이 배당가능이익 한도 이내에서 "거래소에서 시세(時勢)가 있는 주식의 경우에는 거래소에서 취득하는 방법" 등으로 해당 법인의 명의와 계산으로 자기주식을 취득할 수 있다(법165의3①②). 다만 은행법 등 다른 법률에서 별도로 규제하고 있는 경우에는 그 다른 법률에 따라 자기주식의 취득이 제한될 수 있다.

자기주식의 취득에 대하여 자본시장법은 목적에 제한을 두지 않고 있어 주권상장법인은 오로지 주가관리나 적대적 기업매수에 대한 방어수단으로 자기주식을 취득하는 것도 가능하다. 자기주식 취득을 방어수단으로 이용하는 것에 대하여는 경영진이 회사의 자금으로 경영권을 안정시킨다는 것은 불공정하다는 비판이 있지만, 적대적 기업매수가 기업가치를 훼손하고 주주의 공동이익을 침해하는 경우라면 이 경우에는 자기주식을 통해 경영권을 방어하는 것은 정당화된다고 본다.

(2) 자기주식 취득방법과 취득금액

(가) 의의

주권상장법인은 다음의 방법으로 자기주식을 취득할 수 있다(법165의3①).

1. 상법 제341조 제1항에 따른 방법
2. 신탁계약에 따라 자기주식을 취득한 신탁업자로부터 신탁계약이 해지되거나 종료된 때 반

---

6) 노혁준(2008), "자기주식과 기업의 합병, 분할", 증권법연구 제9권 제2호(2008. 12), 119-120쪽.

환받는 방법(신탁업자가 해당 주권상장법인의 자기주식을 상법 제341조 제1항의 방법으로 취득한 경우로 한정)

위 제1호 "상법 제341조 제1항에 따른 방법"이란 ⅰ) 거래소에서 시세(時勢)가 있는 주식의 경우에는 거래소에서 취득하는 방법, ⅱ) 상환주식의 경우 외에 각 주주가 가진 주식 수에 따라 균등한 조건으로 취득하는 것으로서 "대통령령으로 정하는 방법"을 말한다. 여기서 "대통령령으로 정하는 방법"이란 ⅰ) 회사가 모든 주주에게 자기주식 취득의 통지 또는 공고를 하여 주식을 취득하는 방법, 또는 ⅱ) 자본시장법에 따른 공개매수의 방법을 말한다(상법 시행령9①).

(나) 취득방법의 제한

1) 자기주식의 직접취득

주권상장법인은 ⅰ) 거래소에서 시세(時勢)가 있는 주식의 경우에는 거래소에서 취득하는 방법, ⅱ) 회사가 모든 주주에게 자기주식 취득의 통지 또는 공고를 하여 주식을 취득하는 방법, ⅲ) 공개매수의 방법으로만 해당 법인의 명의와 계산으로 자기주식을 취득할 수 있다(법165의3①(1)).

즉 주권상장법인에 의한 직접취득의 경우에는 모든 주주에게 동등한 매도기회를 보장한다는 측면에서 취득방법을 제한하고 있다. 따라서 회사와 주주 사이에 대면거래에 의한 취득은 허용되지 않는다. 특정인과의 거래에 의한 직접취득을 허용하면 상장법인이 자기주식의 취득 상대방 및 취득금액을 임의로 선택 또는 결정할 수 있기 때문에 이는 주주평등의 원칙에 반하는 결과를 가져오게 되고, 또한 적대적 기업매수자의 기업매수 의도를 포기시키면서 그 대신 그가 이미 취득한 주식을 시장가격보다 높은 가격에 매수하게 되는 그린메일(greenmail)이 횡행할 우려가 있기 때문이다.[7]

그리고 주권상장법인이 자기주식을 공개매수의 방법으로 취득하게 되는 경우에는 자본시장법에서 규정하는 공개매수절차에 따라야 한다(법134 내지 146 참조). 이 경우 주권상장법인은 공개매수신고서(법134②)와 주요사항보고서(법161①(8)) 양자를 모두 제출하여야 한다. 양자의 공시목적이 다르기 때문이다.

2) 신탁업자 명의에 의한 간접취득

주권상장법인은 금전의 신탁계약에 따라 신탁업자에게 자기주식을 취득하게 할 수 있는데, 이 경우에는 신탁업자의 명의로 취득할 수 있다(법165의3①(2)). 신탁업자의 명의로 자기주식을 취득하게 되면 거래의 상대방은 그것이 자기주식의 취득인지 여부를 알 수 없을 것이다. 따라서 회사가 자신을 숨기면서 자기주식을 취득하고자 하는 경우에 유용하게 활용될 수 있을

---

7) 임재연(2019), 710쪽.

것이다. 금전의 신탁계약에 의하는 신탁업자의 명의에 의한 자기주식의 취득의 경우에도 신탁업자는 자기주식을 ⅰ) 거래소에서 시세(時勢)가 있는 주식의 경우에는 거래소에서 취득하는 방법, ⅱ) 공개매수의 방법으로만 신탁업자의 법인의 명의와 계산으로 자기주식을 취득할 수 있다(법165의3①(2)).

(다) 취득금액한도의 제한

주권상장법인이 자기주식을 취득하는 경우 취득가액의 총액은 상법 제462조 제1항8)에 따른 이익배당을 할 수 있는 한도 이내이어야 한다(법165의3②). 취득금액의 한도를 제한하는 것은 회사채권자를 보호하기 위함이다.

증권발행공시규정은 자기주식 취득금액한도의 산정기준을 다음과 같이 규정한다. 주권상장법인이 자기주식을 취득할 수 있는 금액의 한도는 직전 사업연도말 재무제표를 기준으로 이익배당을 할 수 있는 한도의 금액에서 제1호부터 제3호까지의 금액을 공제하고 제4호의 금액을 가산한 금액으로 한다(증권발행공시규정5-11①).

1. 직전 사업연도말 이후 상법 제341조의2, 제343조 제1항 후단, 자본시장법 제165조의3에 따라 자기주식을 취득한 경우 그 취득금액(자기주식의 취득이 진행 중인 경우에는 해당 최초 취득일부터 취득금액한도 산정시점까지 발생한 자기주식의 취득금액을 포함)
2. 신탁계약이 있는 경우 그 계약금액(일부해지가 있는 경우에는 해당 신탁계약의 원금 중에서 해지비율 만큼의 금액을, 직전 사업연도말 현재 해당 신탁계약을 통하여 취득한 자기 주식이 있는 경우에는 해당 신탁계약의 원금 중에서 취득한 자기주식에 해당하는 금액을 각각 차감한 금액)
3. 직전 사업연도말 이후의 정기주주총회에서 결의된 이익배당금액 및 상법 제458조 본문의 규정에 따라 해당 이익배당에 대하여 적립하여야 할 이익준비금(자본시장법 제165조의12에 따라 이사회에서 결의된 분기 또는 중간배당금액 및 해당 분기 또는 중간배당에 대하여 적립하여야 할 이익준비금을 포함)
4. 직전 사업연도말 이후 상법 제342조 및 자본시장법 제165조의3 제4항·제165조의5 제4항에 따라 처분한 자기주식(상법 제343조 제1항 후단에 따라 소각한 주식은 제외)이 있는 경우 그 처분주식의 취득원가(이동평균법을 적용하여 산정한 금액)

---

8) ① 회사는 대차대조표의 순자산액으로부터 다음의 금액을 공제한 액을 한도로 하여 이익배당을 할 수 있다.
 1. 자본금의 액
 2. 그 결산기까지 적립된 자본준비금과 이익준비금의 합계액
 3. 그 결산기에 적립하여야 할 이익준비금의 액
 4. 대통령령으로 정하는 미실현이익

신탁계약을 체결하고 있는 주권상장법인으로서 자기주식 취득금액한도를 초과하게 된 경우에는 해당 주권상장법인은 신탁계약을 체결하고 있는 신탁업자에 해당 사실을 지체없이 통보하여야 한다(증권발행공시규정5-11③).

(라) 위반의 효과

자본시장법에 규정된 자기주식 취득방법을 위반한 경우에는 원칙적으로 무효로 보고 상대방이 선의인 경우에 한하여 유효로 보아야 한다. 그리고 취득금액한도를 위반한 경우에는 그 위반분(배당가능이익한도를 초과한 부분)만 무효로 보아야 할 것이다.

(3) 자기주식 취득절차와 방법

(가) 취득절차

1) 개요

주권상장법인은 자기주식을 취득(자기주식을 취득하기로 하는 신탁업자와의 신탁계약의 체결을 포함)하는 경우에는 대통령령으로 정하는 요건·방법 등의 기준에 따라야 한다(법165의3④). 이는 자기주식의 취득이 시세조종 등으로 악용되는 것을 방지하기 위한 측면도 있지만 자기주식 취득은 주주의 이익과도 밀접한 관계가 있기 때문이다.

주권상장법인이 자기주식을 직접취득하는 경우에는 ⅰ) 이사회의 취득결정, ⅱ) 자기주식 취득결정 공시의 거래소 제출 및 주요사항보고서의 금융위원회 제출, ⅲ) 자기주식의 취득, ⅳ) 자기주식취득결과보고서의 금융위원회 제출의 절차를 거쳐야 한다.

신탁업자를 통한 간접취득의 경우에는 ⅰ) 이사회의 신탁계약 체결(연장) 결정, ⅱ) 자기주식취득신탁계약체결결정 공시의 거래소 제출 및 주요사항보고서의 금융위원회 제출, ⅲ) 자기주식의 취득, ⅳ) 신탁계약에 의한 취득상황보고서의 금융위원회 제출의 절차를 거쳐야 한다. 취득절차를 구체적으로 살펴보면 아래와 같다.

2) 이사회 결의

주권상장법인이 자기주식을 자기명의로 직접취득하는 경우나 신탁계약을 체결하려는 경우 이사회는 다음의 사항을 결의하여야 한다(영176의2① 본문). 다만, 주식매수선택권의 행사에 따라 자기주식을 교부하는 경우와 신탁계약의 계약기간이 종료한 경우에는 이사회의 결의는 필요하지 않다(영176의2① 단서).

가) 자기주식의 직접취득

자기주식의 취득은 반드시 이사회 결의를 통하여 결정하도록 하고 있다. 이는 이사회 결의를 통하여 신중한 의사결정을 도모하고 의사결정에 대한 책임소재를 분명하게 하기 위함이다.

이사회 결의를 거쳐야 할 사항은 자본시장법 제165조의3 제1항 제1호에 따라 자기주식을 취득하려는 경우에는 취득의 목적·금액 및 방법, 주식의 종류 및 수, 그 밖에 금융위원회가 정하여 고시하는 사항[9]이다(영176의2①(1)).

　　나) 신탁업자 명의에 의한 간접취득

　　이사회 결의를 거쳐야 할 사항은 자본시장법 제165조의3 제1항 제2호에 따른 신탁계약을 체결하려는 경우에는 체결의 목적·금액, 계약기간, 그 밖에 금융위원회가 정하여 고시하는 사항[10]이다(영176의2①(2)).

　　3) 공시(거래소 신고 및 주요사항보고서의 제출)

　　주권상장법인은 자기주식을 직접취득하거나 신탁계약의 체결에 관한 이사회의 결정이 있은 때에는 그 결정내용을 그 사유발생 당일에 거래소에 신고하여야 한다(유가증권 공시규정7① 제2호 가목(3)).[11]

　　주권상장법인은 이사회에서 "자기주식을 취득 또는 자기주식의 취득을 목적으로 하는 신탁계약의 체결할 것을 결의한 때" 그 사실이 발생한 날의 다음 날까지 그 내용을 기재한 주요사항보고서를 금융위원회에 제출하여야 한다(법161①(8)). 금융위원회는 주요사항보고서가 제출된 경우 이를 거래소에 지체 없이 송부하여야 한다(법161⑤).

　　따라서 주권상장법인 자기주식의 직접취득을 결정한 경우 이사회 결의일에 "자기주식 취득결정" 공시를, 신탁업자를 통한 간접취득을 결정한 경우 이사회 결의일에 "자기주식취득신탁계약체결결정" 공시를 각각 거래소 전자공시시스템(KIND)에 제출하고, 그 다음 날까지 주요사항보고서를 금융위원회(금융감독원의 전자공시시스템인 DART)에 제출하여야 한다.

　　자기주식의 취득에 대하여 사전공시를 요구하는 것은 미공개중요정보의 이용으로 인한 내부자거래를 방지하고 감독당국이 그 취득의 적법성 여부를 사전에 객관적으로 검토하기 위한 것이다.[12]

---

9) 주권상장법인이 영 제176조의2 제1항 제1호에 따라 이사회결의를 거쳐야 할 사항은 다음과 같다(증권발행공시규정5-1). 1. 취득의 경우, 가. 취득의 목적, 나. 취득예정금액, 다. 주식의 종류 및 수, 라. 취득하고자 하는 주식의 가격, 마. 취득방법, 바. 취득하고자 하는 기간, 사. 취득 후 보유하고자 하는 예상기간, 아. 취득을 위탁할 투자중개업자의 명칭, 자. 그 밖에 투자자 보호를 위하여 필요한 사항.

10) 주권상장법인이 영 제176조의2 제1항 제2호에 따라 이사회결의를 거쳐야 할 사항은 다음과 같다(증권발행공시규정5-2). 1. 신탁계약의 체결의 경우, 가. 체결목적, 나. 체결금액, 다. 계약일자 및 계약기간, 라. 계약을 체결하고자 하는 신탁업자의 명칭, 마. 그 밖에 투자자 보호를 위하여 필요한 사항.

11) 유가증권시장 공시규정 제7조(주요경영사항) ① 주권상장법인은 주요경영사항에 해당하는 경우에는 그 사실 또는 결정내용을 그 사유발생 당일에 거래소에 신고하여야 한다.
　　2. 해당 유가증권시장주권상장법인의 재무구조에 변경을 초래하는 다음의 어느 하나에 해당하는 사실 또는 결정이 있은 때
　　　가. 해당 유가증권시장주권상장법인이 발행하는 증권에 관한 다음의 어느 하나에 해당하는 사실 또는 결정이 있은 때
　　　　(3) 자기주식의 취득 또는 처분(신탁계약 등의 체결, 해지 또는 연장을 포함한다), 신탁계약 등의 체결을 통해 취득한 자기주식의 유가증권시장 외에서의 처분에 관한 결정이 있은 때

12) 임재연(2019), 714쪽.

4) 취득결과보고서 또는 신탁계약에 의한 취득상황보고서의 제출

가) 자기주식의 직접취득(취득결과보고서)

주권상장법인이 자기주식의 취득을 완료하거나 이를 취득하고자 하는 기간이 만료된 때에는 그 날부터 5일 이내에 자기주식의 취득에 관한 결과보고서("취득결과보고서")를 금융위원회에 제출하여야 한다(증권발행공시규정5-8①).[13]

주권상장법인은 취득결과보고서를 제출한 경우에 한하여 자기주식 취득에 관하여 새로운 이사회 결의를 할 수 있다(증권발행공시규정5-4① 전단). 그러나 주권상장법인이 주식매수선택권 행사에 따라 자기주식을 교부하기 위하여 자기주식을 취득하고자 하는 경우로서 다음의 요건을 충족하는 경우에는 제1항 전단의 규정에 불구하고 자기주식 취득에 관하여 새로운 이사회 결의를 할 수 있다(증권발행공시규정5-4②).

1. 종전의 이사회결의에 따른 자기주식 취득이 주식매수선택권의 행사에 따라 자기주식을 교부하는 것을 목적으로 하지 않을 것
2. 새로운 이사회 결의일 현재 주식매수선택권의 행사가능일이 이미 도래하였거나 행사가능일이 3월 이내에 도래하는 경우로서 주식매수선택권 행사에 따라 자기주식을 교부하기로 한 수량 이내에서 취득할 것. 이 경우 해당 주권상장법인은 그 사실을 입증할 수 있는 서류를 법 제161조에 따른 주요사항보고서에 첨부하여야 한다.

주권상장법인이 주식매수선택권의 행사에 따라 교부할 목적으로 취득하고 있는 자기주식은 해당 취득에 대한 취득결과보고서 제출 전이라도 이를 취득목적에 따라 교부할 수 있다. 이 경우 교부된 자기주식은 증권발행공시규정 제5-9조 제3항 및 제5-11조 제1항의 규정을 적용함에 있어 취득결과보고서 제출시점까지는 처분되지 않은 것으로 본다(증권발행공시규정5-4③).

나) 신탁업자 명의의 간접취득(신탁계약에 의한 취득상황보고서)

자기주식 취득에 관하여 신탁계약을 체결한 주권상장법인은 해당 계약을 체결한 후 3월이 경과한 때에는 그날부터 5일 이내에 신탁계약에 따라 신탁업자가 취득하여 보유하고 있는 자기주식 상황보고서("신탁계약에 의한 취득상황보고서")를 금융위원회에 제출하여야 한다(증권발행공시규정5-10①). 신탁계약에 의한 취득상황보고서에는 보고대상 기간 중 해당 신탁계약을 통하여 취득한 자기주식의 취득결과를 확인할 수 있는 서류를 첨부하여야 한다(증권발행공시규정

---

13) 증권발행공시규정 제5-8조(자기주식 취득결과의 보고) ① 법 제165조의3에 따라 주권상장법인이 자기주식의 취득을 완료하거나 이를 취득하고자 하는 기간이 만료된 때에는 그 날부터 5일 이내에 자기주식의 취득에 관한 결과보고서("취득결과보고서")를 금융위에 제출하여야 한다.
② 취득결과보고서에는 다음의 서류를 첨부하여야 한다.
1. 매매거래의 내역을 증명할 수 있는 서류
2. 취득에 관한 이사회 결의 내용대로 취득하지 않았을 경우에는 그 사유서 및 소명자료

5-10②). 신탁계약에 따라 자기주식을 취득하여 보유하고 있는 주권상장법인은 자기주식 보유 상황을 해당연도 각 분기말을 기준으로 사업보고서 및 분·반기보고서에 기재하여야 한다(증권 발행공시규정5-10③).

5) 취득기간

주권상장법인이 법 제165조의3 제1항(취득방법) 및 제2항(취득가액의 한도)에 따라 자기주 식을 취득하려는 경우에는 자본시장법 제391조(거래소 공시규정)에 따라 이사회 결의 사실이 공 시된 날의 다음 날부터 3개월 이내에 금융위원회가 정하여 고시하는 방법에 따라 증권시장에 서 자기주식을 취득하여야 한다(영176의2③).

여기서 "법 제391조에 따라 이사회 결의 사실이 공시된 날"이란 거래소의 공시규정(유가증 권공시규정, 코스닥공시규정, 코넥스공시규정)에 따라 자기주식을 자기명의로 직접취득하려는 경우 에는 이사회 결의일에 "자기주식취득결정"공시를 거래소(KIND)에 제출한 날을 의미하고, 신탁 업자 명의로 간접취득하려는 경우에는 이사회 결의일에 "자기주식취득신탁계약등체결결정"공 시를 거래소(KIND)에 제출한 날을 의미한다.

취득기간 이내에 결의한 취득신고주식수량을 모두 취득하지 못한 경우에는 해당 취득기간 만료 후 1월이 경과하여야 새로운 이사회 결의를 할 수 있다(증권발행공시규정5-4① 후단). 다 만, 보통주를 취득하기 위하여 취득에 관한 이사회 결의를 하였으나 다시 상법 제344조의3 제1 항에 따른 의결권 없거나 제한되는 주식을 취득하고자 하는 경우에는 후단의 규정을 적용하지 아니한다(증권발행공시규정5-4① 단서).

(나) 매수주문의 방법

1) 증권시장을 통한 자기주식의 취득

주권상장법인이 증권시장을 통하여 자기주식을 취득하기 위하여 매수주문을 하고자 할 때 에는 다음의 방법에 따라야 한다(증권발행공시규정5-5①).

가) 주문시간 및 주문가격

거래소가 정하는 바에 따라 장개시 전에 매수주문을 하는 경우 그 가격은 전일의 종가와 전일의 종가를 기준으로 100분의 5 높은 가격의 범위 이내로 하며, 거래소가 정하는 정규시장 의 매매거래시간 중에 매수주문(정정매수주문 포함)을 하는 경우 그 가격은 거래소의 증권시장 업무규정에서 정하는 가격의 범위 이내로 하여야 한다. 이 경우 매매거래시간 중 매수주문은 거래소가 정하는 정규시장이 종료하기 30분전까지 제출하여야 한다(증권발행공시규정5-5①(1)).

나) 1일 매수주문수량

1일 매수주문수량은 취득신고 주식수 또는 이익소각신고 주식수의 100분의 10에 해당하 는 수량과 이사회 결의일 전일을 기산일로 하여 소급한 1개월간의 일평균 거래량의 100분의

25에 해당하는 수량 중 많은 수량 이내로 하여야 한다. 다만, 그 많은 수량이 발행주식총수의 100분의 1에 해당하는 수량을 초과하는 경우에는 발행주식총수의 100분의 1에 해당하는 수량 이내로 하여야 한다(증권발행공시규정5-5①(2)).

다) 매수주문공시

매수주문일 전일의 장 종료 후 즉시 제4호의 규정에 의한 위탁 투자중개업자로 하여금 1일 매수주문수량등을 거래소에 신고하도록 하여야 한다(증권발행공시규정5-5①(3)). 이에 따라 주권상장법인은 주문일 전일의 장 종료 후 즉시 주문위탁 증권회사를 통하여 주문수량을 거래소에 신고하여야 한다.

라) 주문위탁

매수주문 위탁 투자중개업자를 1일 1사로 하여야 하고, 자기주식 취득에 관한 이사회결의상의 취득기간 중에 매수주문을 위탁하는 투자중개업자는 5사를 초과할 수 없다(증권발행공시규정5-5①(4)). 주권상장법인은 주문을 위탁할 증권회사를 총 5개 이내로 하여야 하고, 1일 주문위탁은 1증권사로 제한된다.

2) 시간외대량매매의 방법에 의한 취득

주권상장법인은 시간외대량매매에 의한 방법으로 자기주식을 처분할 수는 있으나, 취득하는 것은 원칙적으로 허용되지 않는다. 그러나 일정한 경우에는 예외적으로 허용되는 경우가 있다. 즉 주권상장법인이 다음의 어느 하나에 해당하는 경우에 거래소가 정하는 시간외대량매매의 방법에 따라 자기주식을 취득할 수 있다(증권발행공시규정5-5②).

1. 정부, 한국은행, 예금보험공사, 한국산업은행, 중소기업은행, 한국수출입은행 및 정부가 납입자본금의 100분의 50 이상을 출자한 법인으로부터 자기주식을 취득하는 경우
2. 정부가 주권상장법인의 자기주식 취득과 관련하여 공정경쟁 촉진, 공기업 민영화등 정책목적 달성을 위하여 허가·승인·인가 또는 문서에 의한 지도·권고를 하고 금융위에 요청한 경우로서 금융위원회가 투자자보호에 문제가 없다고 인정하여 승인하는 경우

3) 주식매수선택권 행사의 따른 취득

주권상장법인이 주식매수선택권의 행사에 따라 자기주식을 교부하기 위하여 자기주식을 취득하고자 하는 경우로서 새로이 자기주식 취득에 관한 이사회 결의를 한 때에는 매수주문시간과 주문가격, 일일매수주문수량 및 매수주문의 특례 규정은 각각의 이사회 결의를 기준으로 적용한다(증권발행공시규정5-5③).

(다) 매수주문의 특례

자본시장법은 주권상장법인의 자기주식 취득에 대하여 일일 매수주문수량 등에 대하여 일

정한 제한을 가하고 있다. 그러나 시장상황 급변 등으로 투자자 보호와 시장안정을 유지하기 위하여 특례조항을 두고 있다. 즉 거래소는 시장상황 급변 등으로 투자자 보호와 시장안정을 유지하기 위하여 즉각적인 조치가 필요한 경우 1일 매수주문수량을 이사회 결의 주식수 이내로 하여 주권상장법인이 자기주식을 취득(이익소각을 위하여 자기주식을 취득하는 경우를 포함)하도록 할 수 있다(증권발행공시규정5-6①). 거래소는 제1항의 조치를 취하거나 이를 변경할 경우에는 금융위의 승인을 받아야 한다(증권발행공시규정5-6②).

(라) 투자중개업자의 위탁거부

자기주식의 취득을 위탁받은 투자중개업자는 해당 주권상장법인이 시행령 제176조의2 제2항에 위반하여 자기주식의 매수를 위탁하는 것임을 안 경우에는 그 위탁을 거부하여야 한다(증권발행공시규정5-7).

(4) 자기주식 처분절차와 방법

(가) 처분절차

1) 개요

주권상장법인은 취득한 자기주식을 처분(신탁계약의 해지를 포함)하는 경우에는 대통령령으로 정하는 요건·방법 등의 기준에 따라야 한다(법165의2④).

주권상장법인이 직접취득한 자기주식을 처분하는 경우에는 ⅰ) 이사회의 처분결정, ⅱ) 자기주식 처분결정 공시의 거래소 제출 및 주요사항보고서의 금융위원회 제출, ⅲ) 자기주식의 처분, ⅳ) 자기주식처분결과보고서의 금융위원회 제출의 절차를 거쳐야 한다.

신탁업자를 통한 간접취득한 자기주식을 처분하는 경우에는 ⅰ) 이사회의 신탁계약 해지 결정, ⅱ) 자기주식취득신탁계약 해지결정 공시의 거래소 제출 및 주요사항보고서의 금융위원회 제출, ⅲ) 자기주식의 처분, ⅳ) 신탁계약해지결과보고의 금융위원회 제출의 절차를 거쳐야 한다. 처분절차를 구체적으로 살펴보면 아래와 같다.

2) 이사회 결의

주권상장법인이 자기주식을 처분하거나 신탁계약을 해지하려는 경우 이사회는 다음의 사항을 결의하여야 한다(영176의2① 본문).

가) 자기주식의 처분

자기주식의 처분은 반드시 이사회 결의를 통하여 결정하도록 하고 있다. 이는 이사회 결의를 통하여 신중한 의사결정을 도모하고 의사결정에 대한 책임소재를 분명하게 하기 위함이다.

자본시장법 제165조의3 제1항 제1호에 따라 자기주식을 처분하려는 경우에는 처분의 목적·금액 및 방법, 주식의 종류 및 수, 그 밖에 금융위원회가 정하여 고시하는 사항[14]은 이사회

---

14) 주권상장법인이 영 제176조의2 제1항 제1호에 따라 이사회결의를 거쳐야 할 사항은 다음과 같다(증권발행

결의를 거쳐야 한다(영176의2①(1)).

나) 신탁계약의 해지

자본시장법 제165조의3 제1항 제2호에 따른 신탁계약을 해지하려는 경우에는 해지의 목적·금액, 계약기간, 그 밖에 금융위원회가 정하여 고시하는 사항15)은 이사회 결의를 거쳐야 한다(영176의2①(2)).

3) 공시(거래소 신고 및 주요사항보고서의 제출)

주권상장법인은 자기주식을 처분하거나 신탁계약의 해지에 관한 이사회의 결정이 있은 때에는 그 결정내용을 그 사유발생 당일에 거래소에 신고하여야 한다(유가증권 공시규정7①(2) 가목(3)).

주권상장법인은 이사회에서 "자기주식을 처분 또는 자기주식의 취득을 목적으로 하는 신탁계약을 해지할 것을 결의한 때" 그 사실이 발생한 날의 다음 날까지 그 내용을 기재한 주요사항보고서를 금융위원회에 제출하여야 한다(법161①(8)). 금융위원회는 주요사항보고서가 제출된 경우 이를 거래소에 지체 없이 송부하여야 한다(법161⑤).

따라서 주권상장법인이 자기주식의 처분을 결정한 경우 이사회 결의일에 "자기주식 처분결정" 공시를, 신탁계약을 해지할 것을 결정한 경우 이사회 결의일에 "자기주식취득신탁계약해지결정" 공시를 각각 거래소 전자공시시스템(KIND)에 제출하고, 그 다음 날까지 주요사항보고서를 금융위원회(금융감독원의 전자공시시스템인 DART)에 제출하여야 한다.

자기주식의 처분에 대하여 사전공시를 요구하는 것은 미공개중요정보의 이용으로 인한 내부자거래를 방지하고 감독당국이 그 취득의 적법성 여부를 사전에 객관적으로 검토하기 위한 것이다.

4) 처분결과보고서 및 신탁계약해지결과보고서의 제출

가) 자기주식의 처분(처분결과보고서)

주권상장법인은 자기주식의 처분을 완료하거나 처분기간이 만료된 때에는 그 날부터 5일 이내에 "처분결과보고서"를 금융위원회(DART)에 제출하여야 한다. 따라서 제5-4조 제1항 및 제5-8조의 규정은 자기주식의 처분에 관하여 이를 준용한다. 이 경우 "취득"은 "처분"으로 보며 처분기간은 자본시장법 제391조에 따라 이사회 결의 사실이 공시된 날의 다음날부터 3월

공시규정5-1). 2. 처분의 경우, 가. 처분목적, 나. 처분예정금액, 다. 주식의 종류 및 수, 라. 처분하고자 하는 주식의 가격, 마. 처분방법, 바. 처분하고자 하는 기간, 사. 처분을 위탁할 투자중개업자의 명칭, 아. 그 밖에 투자자 보호를 위하여 필요한 사항.

15) 주권상장법인이 영 제176조의2 제1항 제2호에 따라 이사회결의를 거쳐야 할 사항은 다음과 같다(증권발행공시규정5-2). 2. 신탁계약의 해지(일부해지 포함), 가. 해지목적, 나. 해지금액, 다. 해지일자, 라. 해지할 신탁업자의 명칭, 마. 그 밖에 투자자 보호를 위하여 필요한 사항.

이내로 한다(증권발행공시규정5-9① 및 동규정5-8).

따라서 주권상장법인이 자기주식의 처분을 완료하거나 이를 처분하고자 하는 기간이 만료된 때에는 그 날부터 5일 이내에 자기주식의 취득에 관한 결과보고서("처분결과보고서")를 금융위원회에 제출하여야 하고, 취득결과보고서에는 ⅰ) 매매거래의 내역을 증명할 수 있는 서류, ⅱ) 처분에 관한 이사회 결의 내용대로 취득하지 않았을 경우에는 그 사유서 및 소명자료를 첨부하여야 한다(증권발행공시규정5-9① 및 동규정5-8②).

다만, 주식매수선택권의 행사에 따라 자기주식을 교부하는 경우에는 이를 준용하지 아니하며, 자기주식을 교환대상으로 하는 교환사채 발행을 통하여 처분하는 경우에는 제5-8조를 준용하지 아니한다(증권발행공시규정5-9① 단서).

또한 주권상장법인은 처분결과보고서를 제출한 경우에 한하여 자기주식 처분에 관하여 새로운 이사회 결의를 할 수 있으며, 처분기간인 이사회 결의 사실이 공시된 날 다음 날부터 3개월 이내의 기간동안 결의한 처분신고주식수량을 모두 취득하지 못한 경우에는 해당 처분기간 만료 후 1월이 경과하여야 새로운 이사회 결의를 할 수 있다(증권발행공시규정5-9① 및 동규정 5-4①). 다만 주식매수선택권의 행사에 따라 자기주식을 교부하는 경우와 신탁계약의 계약기간이 종료된 경우에는 그 처분결과보고서의 제출을 생략할 수 있다(증권발행공시규정5-9③). 주식매수선택권의 행사에 따라 자기주식을 교부하는 경우와 신탁계약의 계약기간이 종료된 경우에는 그 처분결과보고서의 제출을 생략할 수 있다(증권발행공시규정5-9④).

나) 신탁계약의 해지(신탁계약해지결과보고서)

주권상장법인이 자기주식 취득에 관한 신탁계약을 해지하거나 신탁계약이 기간만료로 종료된 때에는 신탁계약이 해지 또는 종료된 날부터 5일 이내에 신탁계약의 해지결과보고서("신탁계약해지결과보고서")를 금융위원회에 제출하여야 한다(증권발행공시규정5-10②). 신탁계약해지결과보고서에는 신탁계약 해지사실을 확인할 수 있는 서류를 첨부하여야 한다(증권발행공시5-10③).

5) 처분기간

주권상장법인의 자기주식 처분기간은 이사회 결의 사실이 공시된 날의 다음 날부터 3월 이내로 한다(증권발행공시규정5-9①).

(나) 매도주문의 방법

1) 증권시장을 통한 처분

주권상장법인이 자기주식을 처분하는 경우에도 취득의 경우와 마찬가지로 그 취득방법이나 취득시기 등에 대하여 규제하고 있다. 따라서 자기주식을 처분하고자 하는 주권상장법인이 증권시장을 통하여 자기주식을 처분하기 위하여 매도주문을 할 때에는 다음의 방법에 따라야 한다(증권발행공시규정5-9⑤).

가) 주문시간 및 주문가격

거래소가 정하는 바에 따라 장개시전에 매도주문을 하는 경우 그 가격은 전일의 종가와 전일종가를 기준으로 2호가 가격단위 낮은 가격의 범위 이내로 하며, 거래소가 정하는 정규시장의 매매거래시간 중에 매도주문(정정매도주문 포함)을 하는 경우 그 가격은 거래소의 증권시장업무규정에서 정하는 가격의 범위 이내로 하여야 한다. 이 경우 매매거래시간 중 매도주문은 거래소가 정하는 정규시장이 종료하기 30분전까지 제출하여야 한다(증권발행공시규정5-9⑤(1)).

나) 1일 매도주문수량

1일 매도주문수량은 처분신고주식수의 100분의 10에 해당하는 수량과 처분신고서 제출일 전일을 기산일로 하여 소급한 1개월간의 일평균 거래량의 100분의 25에 해당하는 수량 중 많은 수량 이내로 하여야 한다. 다만, 그 많은 수량이 발행주식총수의 100분의 1에 해당하는 수량을 초과하는 경우에는 발행주식총수의 100분의 1에 해당하는 수량 이내로 하여야 한다(증권발행공시규정5-9⑤(2)).

다) 매도주문공시

매도주문일 전일의 장 종료 후 즉시 제4호의 규정에 의한 위탁 투자중개업자로 하여금 1일 매도주문수량등을 거래소에 신고하도록 하여야 한다(증권발행공시규정5-9⑤(3)). 따라서 주권상장법인은 주문일 전일의 장 종료 후 즉시 주문위탁 증권회사를 통하여 주문수량을 거래소에 신고하여야 한다.

라) 주문위탁

매도주문 위탁 투자중개업자를 1일 1사로 하여야 하고, 자기주식 처분에 관한 이사회결의상의 처분기간 중에 매도주문을 위탁하는 투자중개업자는 5사를 초과할 수 없다(증권발행공시규정5-9⑤(4)). 따라서 주권상장법인은 주문을 위탁할 증권회사를 총 5개 이내로 하여야 하고, 1일 주문위탁은 1증권사로 제한된다.

2) 시간외대량매매의 방법에 의한 처분

자기주식을 거래소가 정하는 시간외대량매매의 방법으로 처분하고자 하는 경우에는 제5항 제1호(주문시간 및 주문가격) 및 제2호(일일 매도주문수량)의 규정은 적용하지 아니한다. 이 경우 매도주문의 호가는 당일(장 개시 전 시간외대량매매의 경우에는 전일) 종가를 기준으로 100분의 5 낮은 가격과 100분의 5 높은 가격의 범위 이내로 하여야 한다(증권발행공시규정5-9⑥).

3) 다자간매매체결회사를 통한 처분

자기주식을 취득한 주권상장법인이 다자간매매체결회사를 통하여 자기주식을 처분하기 위하여 매도주문을 할 때에는 증권시장을 통한 처분 방법을 준용한다(증권발행공시규정5-9⑦).

4) 투자중개업자의 위탁거부

자기주식의 처분을 위탁받은 투자중개업자는 해당 주권상장법인이 시행령 제176조의2의 규정에 위반하여 자기주식의 매도를 위탁하는 것임을 안 경우에는 그 위탁을 거부하여야 한다(증권발행공시규정5-9⑧).

(다) 자기주식을 교환대상으로 하는 전환사채의 발행

주권상장법인이 자기주식을 교환대상으로 하거나 자기주식으로 상환하는 사채권을 발행한 경우에는 그 사채권을 발행하는 때에 자기주식을 처분한 것으로 본다(영176의2④).

(5) 자기주식 취득 · 처분 금지기간

(가) 자기주식 취득 · 처분의 제한

주권상장법인은 다음의 어느 하나에 해당하는 기간 동안에는 자기주식의 취득 또는 처분 및 신탁계약의 체결 또는 해지를 할 수 없다(영176의2②).

1. 다른 법인과의 합병에 관한 이사회 결의일부터 과거 1개월간
2. 유상증자의 신주배정에 관한 기준일(일반공모증자의 경우에는 청약일) 1개월 전부터 청약일까지의 기간
3. 준비금의 자본전입에 관한 이사회 결의일부터 신주배정기준일까지의 기간
4. 시행령 제205조 제1항 제5호에 따른 시장조성을 할 기간
5. 법 제174조 제1항에 따른 미공개중요정보가 있는 경우 그 정보가 공개되기 전까지의 기간
6. 처분(신탁계약의 해지를 포함) 후 3개월간 또는 취득(신탁계약의 체결 포함) 후 6개월간. 다만, 다음의 어느 하나에 해당하는 경우에는 그러하지 아니하다.
   가. 임직원에 대한 상여금으로 자기주식을 교부하는 경우
   나. 주식매수선택권의 행사에 따라 자기주식을 교부하는 경우
   다. 법 제165조의3 제2항에 따른 한도를 초과하는 자기주식을 처분하는 경우
   라. 임직원에 대한 퇴직금 · 공로금 또는 장려금 등으로 자기주식을 지급(근로복지기본법에 따른 사내근로복지기금에 출연하는 경우를 포함)하는 경우
   마. 근로복지기본법 제2조 제4호에 따른 우리사주조합에 처분하는 경우
   바. 법령 또는 채무이행 등에 따라 불가피하게 자기주식을 처분하는 경우
   사. 「공기업의 경영구조개선 및 민영화에 관한 법률」의 적용을 받는 기업이 민영화를 위하여 그 기업의 주식과의 교환을 청구할 수 있는 교환사채권을 발행하는 경우
   아. 국가 또는 예금보험공사로부터 자기주식을 취득한 기업이 그 주식과 교환을 청구할 수 있는 교환사채권을 발행하는 경우(자목의 경우는 제외). 이 경우 교환의 대상이 되는 자기주식의 취득일부터 6개월이 지난 후에 교환을 청구할 수 있는 교환사채권만 해당한다.

자. 아목에 따른 기업이 교환사채권을 해외에서 발행하는 경우로서 자기주식을 갈음하여 발행하는 증권예탁증권과 교환을 청구할 수 있는 교환사채권을 발행하는 경우

차. 자기주식의 취득일부터 금융위원회가 정하여 고시하는 기간[16]이 경과한 후 자기주식을 기초로 하는 증권예탁증권을 해외에서 발행하기 위하여 자기주식을 처분하는 경우

카. 법 제165조의3 제1항 제2호에 따라 자기주식을 취득하는 경우

(나) 신탁업자의 신탁재산 운용방법의 제한

신탁업자는 자기주식의 간접취득의 방법으로 취득한 경우에 그 운용방법의 제한을 받는다. 빈번한 자기주식의 취득·처분으로 인한 시장가격의 왜곡 현상을 방지하기 위하여 자기주식의 취득 후 1개월 동안 처분이 제한되고, 자기주식의 처분 후 1개월 동안 취득이 제한된다. 또한 자기주식 신탁계약 운용대상은 자기주식 취득, 당해 신탁업자 고유계정에 대한 일시자금의 대여, 자금중개회사의 중개를 거친 단기대금의 대여, 예금으로 제한된다. 즉 신탁업자가 신탁재산에 속하는 금전을 운용하는 경우에는 다음의 기준을 지켜야 한다(영106⑤).

1. 특정금전신탁인 경우(그 신탁재산으로 법 제165조의3 제3항에 따라 주권상장법인이 발행하는 자기주식을 취득·처분하는 경우만 해당)

가. 법 제165조의3 제1항 제1호의 방법으로 취득할 것

나. 자기주식을 취득한 후 1개월 이내에 처분하거나 처분한 후 1개월 이내에 취득하지 아니할 것

다. 자기주식을 취득하고 남은 여유자금을 금융위원회가 정하여 고시하는 방법[17] 외의 방법으로 운용하지 아니할 것

라. 제176조의2 제2항 제1호부터 제5호까지의 어느 하나에 해당하는 기간 동안에 자기 주식을 취득하거나 처분하지 아니할 것

(6) 신탁업자에 대한 통보

주권상장법인이 금전의 신탁계약에 따라 신탁업자에게 자기주식을 취득하게 한 경우 자기

---

16) "금융위원회가 정하여 고시하는 기간"이라 함은 자기주식취득일로부터 제5-8조에 따른 자기주식의 취득에 관한 결과보고서("취득결과보고서")를 제출한 날까지의 기간을 말한다(증권발행공시규정5-3).

17) 금융투자업규정 제4-83조(자사주신탁의 여유자금 운용) 영 제106조 제5항 제1호 다목에서 "금융위원회가 정하여 고시하는 방법"이란 다음의 어느 하나에 해당하는 방법을 말한다.
　1. 제4-87조 제1항 제1호 또는 제2호에 따른 운용[1. 당해 신탁업자의 고유계정에 대한 일시적인 자금의 대여. 다만, 금액의 규모 또는 시간의 제약으로 인하여 다른 방법으로 운용할 수 없는 경우에 한한다. 2. 법 제355조의 자금중개회사의 중개를 거쳐 행하는 단기자금의 대여. 이 경우 한도는 전 회계연도말 신탁 수탁고 잔액의 "100분의 10"이내로 한다(금융투자업규정①(1)(2)).
　2. 영 제106조 제2항 각 호의 금융기관에 대한 예치[1. 은행, 2. 한국산업은행, 3. 중소기업은행, 4. 증권금융회사, 5. 종합금융회사, 6. 상호저축은행, 7. 농업협동조합, 8. 수산업협동조합, 9. 신용협동조합, 10. 체신관서, 11. 제1호부터 제10호까지의 기관에 준하는 외국 금융기관(영106② 각호)]

주식의 취득·처분 금지기간이 개시되는 때에는 지체 없이 그 신탁업자에게 그 기간이 개시된 다는 사실을 통보하여야 한다(영176의2⑤).

(7) 자기주식의 법적 지위

자본시장법은 자기주식의 법적 지위에 관한 규정을 두고 있지 않다. 그러나 상법은 자기 주식에 대하여 의결권을 명시적으로 인정하지 않고(상법369②), 자기주식은 주주총회 정족수 계 산시 발행주식총수에서 제외한다(상법371①). 자본시장법상 명문의 규정은 없지만 소수주주권 등의 공익권은 인정될 수 없다는 데 이설이 없다. 또한 주주총회결의 취소청구권, 회계장부열 람권, 이익배당청구권, 잔여재산분배청구권 등의 자익권도 인정되지 않는다고 보아야 한다.

Ⅱ. 합병 등

1. 서설

(1) 합병 등 신고제도의 목적

합병·중요한 영업 또는 자산의 양수 또는 양도·주식의 포괄적 교환 또는 포괄적 이전· 분할 또는 분할합병은 기업실체의 변동을 초래하는 행위로서 주주권의 변동에 중대한 영향을 미치는 원인이 된다. 따라서 상법의 규정에 따라 주주총회결의 등 일정한 절차를 거치도록 하 고, 회사의 결의에 반대하는 주주에게는 주식매수청구권을 부여하여 주주를 보호하고 있다.

소액주주가 많은 주권상장법인의 합병 등은 그 기업의 재무구조, 수익성, 성장성뿐만 아니 라 주주의 지분구조 등이 변동될 수 있으므로 주요경영사항으로 합병 등의 결의사항을 공시하 는 것 이외에 당해 법인으로 하여금 합병 등의 절차와 내용, 반대주주의 권리행사 방법, 합병 등의 당사회사에 관한 사항을 현재 및 장래의 주주에게 일정한 기준에 따라 충분히 공시하도 록 하여 적정한 주주권 행사가 가능하도록 하고 있다.

또한 합병 등은 대부분 회사의 경영진 또는 최대주주의 의사에 따라 결정되는 것이 일반 적이기 때문에 공정성이 확보되지 않을 경우에는 소액주주가 피해를 입을 가능성이 크다. 따라 서 합병 등의 방법 및 절차에 대하여 일정한 제한을 두고 있다.

(2) 자본시장법상 합병 등의 특례

주권상장법인은 다음의 어느 하나에 해당하는 행위("합병 등")를 하려면 대통령령으로 정 하는 요건·방법 등의 기준에 따라야 한다(법165의4①).

1. 다른 법인과의 합병
2. 대통령령으로 정하는 중요한 영업 또는 자산의 양수 또는 양도

3. 주식의 포괄적 교환 또는 포괄적 이전

4. 분할 또는 분할합병

회사의 합병 등 회사조직의 근본적인 변경이 있는 경우 과거의 증권거래법은 특수공시로서 신고서제도를 두었다. 그러나 자본시장법은 신고서제도를 법 제161조의 주요사항보고서로 통일하고 주권상장법인의 특례로서 공정가액 산정을 중심으로 규정하고 있다. 다만 투자자보호 차원에서 합병 등으로 증권이 신규로 발행되는 경우에는 증권의 모집·매출로 보아 증권신고서를 제출하도록 하고 있다. 그러나 신규로 증권이 발행되지 않는 경우에는 주요사항보고서만을 제출하도록 하고 있다.

2. 합병

(1) 서설

(가) 합병의 의의

합병이란 상법의 절차에 따라 2개 이상의 회사가 그중 1개의 회사를 제외하고 소멸하거나 전부 소멸하되 청산절차를 거치지 아니하고, 소멸하는 회사의 모든 권리와 의무를 존속회사 또는 신설회사가 포괄적으로 승계하고 주주를 수용하는 회사법상의 법률사실이다.[18] 합병은 기업매수(M&A)의 가장 중요한 전략의 하나이다.

(나) 합병의 종류

1) 흡수합병과 신설합병

당사회사의 소멸 여부에 따라 흡수합병과 신설합병으로 구별된다. 흡수합병이란 수개의 합병당사회사 중 하나의 회사만이 존속하고 나머지 회사는 모두 소멸하며, 존속회사가 소멸회사의 권리와 의무를 포괄적으로 승계하는 방법이다. 존속회사를 합병회사라 하고 소멸회사를 피합병회사라 하며, 피합병회사의 주주는 합병회사의 주식과 합병교부금을 교부받는다. 신설합병이란 당사회사 전부가 소멸하고, 이들에 의해 신설된 회사가 소멸회사의 권리와 의무를 포괄적으로 승계하는 방법이다. 신설회사를 합병회사라 하고 소멸되는 회사를 피합병회사라 하며, 소멸되는 합병당사회사의 주주는 신설회사의 주식과 합병교부금을 교부받는다. 실무상으로는 흡수합병이 압도적으로 많이 이용되고 있다.

2) 간이합병(약식합병)과 소규모합병

합병은 상법상 합병절차의 엄격성에 따라 보통의 합병과 약식합병 내지 간이합병과 소규모합병으로 나누어진다. 보통의 합병은 합병계약서에 대한 승인은 반드시 합병당사회사의 전

---

18) 이철송(2009), 95쪽.

부가 주주총회의 특별결의를 거쳐야 하며, 합병반대주주의 주식매수청구권을 인정하는 방법이다.

이에 반하여 간이합병과 소규모합병은 합병당사회사의 어느 일방에서는 주주총회의 승인결의를 요하지 않고 이사회의 결의만으로 하는 합병을 말한다. 약식합병은 소멸하는 회사의 주주총회의 승인결의를 요하지 않는 경우이고, 소규모합병은 존속하는 회사의 주주총회의 승인결의를 요하지 않는 경우를 말한다. 약식합병과 소규모합병은 주식회사에 한하여 인정되고, 유한회사에 대하여는 허용되지 않는다(상법603, 상법526①②, 상법527①②③).

(2) 합병의 제한

(가) 상법상 제한

종류가 다른 회사끼리도 합병할 수 있다. 그러나 합병당사회사 중 일방 또는 쌍방이 주식회사나 유한회사인 경우에는 합병 후 존속하는 회사 또는 신설되는 회사는 주식회사 또는 유한회사이어야 한다(상법174②). 유한회사와 주식회사가 합병하여 주식회사가 존속 또는 신설회사로 될 경우에는 인가를 얻지 아니하면 합병의 효력이 없다(상법600①). 유한회사와 주식회사가 합병할 경우 주식회사가 사채의 상환을 완료하지 않으면 유한회사를 존속회사나 신설회사로 하지 못한다(상법600②). 해산 후 청산 중에 있는 회사는 존립 중의 회사를 존속회사로 하는 경우에 한하여 합병할 수 있다(상법174③).

(나) 공정거래법상 제한

공정거래법은 기업독점을 억제하고 자유로운 경쟁을 촉진하기 위하여 일정한 거래분야에 있는 기업간의 결합은 경쟁제한의 우려가 있으므로 이를 제한한다. 일정한 거래분야에서 경쟁을 실질적으로 제한하는 효과를 가져오는 기업간의 합병은 금지된다(법7①(3)).

그리고 회사의 합병을 신고하여야 한다(기업결합의 신고요령 Ⅲ-4). 즉 회사가 공정거래법 제7조(기업결합의 제한) 제1항 제3호의 "다른 회사와의 합병"을 하는 경우에는 「별표3」의 신고서에 관련서류를 첨부하여 신고하여야 하며, 법 제12조 제6항 본문에 의한 신고의 경우에는 존속회사(흡수합병의 경우) 또는 신설회사(신설합병의 경우)가 단독으로 신고한다. 다만 법 제12조 제6항 단서에 의할 경우에는 존속 예정인 회사(흡수합병의 경우)가 단독으로 신고하거나 결합당사회사(신설합병의 경우)가 연명으로 신고하여야 한다. 이는 상법 제530조의2(회사의 분할·분할합병)의 규정에 의한 분할합병의 경우에도 동일한한 신고를 하여야 한다.

(다) 기타 특별법상 제한

금융기관의 합병은 금융위원회의 인가가 필요하며(금융산업구조개선법4)), 은행법 등 특별법 적용대상 법인 간의 합병은 주무관청의 인가가 필요하다(은행법55①, 보험업법139). 그 외에 채무자회생법상 회생계획에 의한 합병은 동법이 정하는 바에 따라 합병해야 한다(동법210 및 211).

(3) 합병의 절차

(가) 이사회 결의와 자본시장법상의 공시

1) 이사회 결의

합병을 하기 위해서는 합병당사회사의 대표기관은 합병조건·합병방식 등 합병에 필요한 사항을 합의하게 되는데, 주식회사의 경우 각 당사회사의 대표이사의 합의 이전에 합병당사회 사의 이사회의 사전 결의가 있어야 한다.

2) 공시(거래소 신고 및 주요사항보고서의 제출)

주권상장법인은 합병(간이합병 및 소규모합병 포함)에 관한 이사회의 결정이 있은 때에는 그 결정내용을 그 사유발생 당일에 거래소에 신고하여야 한다(유가증권 공시규정 제7조 제1항 제3호 가목 (5) 및 (6)).[19] 주권상장법인은 이사회에서 "합병의 사실이 발생한 때" 그 사실이 발생한 날 의 다음 날까지 그 내용을 기재한 주요사항보고서를 금융위원회에 제출하여야 한다(법161①(6)).

합병에 대하여 사전공시를 요구하는 것은 미공개중요정보의 이용으로 인한 내부자거래를 방지하고 감독당국이 합병의 적법성 여부 등을 사전에 객관적으로 검토하기 위한 것이다.

3) 주권의 일시적인 매매거래정지

거래소는 주가 또는 거래량에 중대한 영향을 미칠 수 있는 사항이 결의된 경우 주가에 대 한 충격을 완화하기 위하여 당해 이사회 결의에 대한 공시가 있을 경우 일시적으로 매매거래 를 정지하고 있다(유가증권시장 공시규정40①(2), 동시행세칙16①③). 이에 따라 합병의 경우는 해 당 회사 주권의 일시적인 매매거래가 정지된다.

(나) 합병계약서의 작성

합병당사회사의 대표기관에 의해 합병조건·합병방식 등 합병에 관한 필요한 사항이 합의 되어야 한다. 합병계약은 특별한 방식을 요하지 않는다. 그러나 주식회사의 합병에는 법정사항 을 기재한 합병계약서를 작성하여야 한다(상법522①). 그 내용은 일반적으로 합병조건, 합병절 차, 합병실시를 위한 필요한 조치 등의 합병의 진행에 관한 것이다.

(다) 합병계약서 등의 공시

상법은 주주 또는 채권자가 합병승인결의 또는 이의 여부에 관해 의사결정을 하기 위해서

---

19) 유가증권시장 공시규정 제7조(주요경영사항) ① 주권상장법인은 주요경영사항에 해당하는 경우에는 그 사 실 또는 결정내용을 그 사유발생 당일에 거래소에 신고하여야 한다.
   3. 해당 유가증권시장주권상장법인의 기업경영활동에 관한 다음 각 목의 어느 하나에 해당하는 사실 또는 결정이 있은 때
      가. 해당 유가증권시장주권상장법인의 지배구조 또는 구조개편에 관한 다음의 어느 하나에 해당하는 사실 또는 결정이 있은 때
         (5) 상법 제374조·제522조·제530조의2 및 제530조의12에서 규정한 사실에 관한 결정이 있은 때
         (6) 상법 제527조의2에 따른 간이합병 또는 제527조의3에 따른 소규모합병에 관한 결정이 있은 때

는 사전에 합병의 구체적인 사항을 파악할 필요가 있음을 고려하여 사전에 공시하게 하고 있다. 따라서 이사는 합병승인결의를 위한 주주총회 회일의 2주전부터 합병을 한 날 이후 6월이 경과하는 날까지 다음의 서류를 본점에 비치하여야 한다(상법522의2①).

1. 합병계약서
2. 합병으로 인하여 소멸하는 회사의 주주에게 발행하는 주식의 배정에 관하여 그 이유를 기재한 서면
3. 각 회사의 최종의 대차대조표와 손익계산서

주주 및 회사채권자는 영업시간 내에는 언제든지 위 서류의 열람을 청구하거나, 회사가 정한 비용을 지급하고 그 등본 또는 초본의 교부를 청구할 수 있다(상법522의2②).

(라) 반대주주의 주식매수청구권

합병 이사회 결의에 반대하는 주주는 서면으로 반대의사를 통지하여야 한다. 즉 합병승인의 주주총회 결의사항에 관하여 이사회의 결의가 있는 때에 그 결의에 반대하는 주주는 주주총회 전에 회사에 대하여 서면으로 그 결의에 반대하는 의사를 통지한 경우에는 그 총회의 결의일부터 20일 이내에 주식의 종류와 수를 기재한 서면으로 회사에 대하여 자기가 소유하고 있는 주식의 매수를 청구할 수 있다(상법522의3①).

주식매수청구권은 피합병회사의 주주에게만 인정되는 것이 아니라 존속회사의 주주에게도 인정된다. 의결권 없는 주식을 가진 주주에게도 주식매청구권이 인정되는가? 자본시장법은 의결권 없는 주주에게도 주식매수청구권을 인정하고 있다(법165의5①). 상법상 분할합병의 경우 의결권 없는 주주에게도 의결권을 부여함으로써 결과적으로 주식매수청구권도 부여하고 있다. 합병의 경우에 명문규정은 없지만 상법이 주식매수청구권의 행사요건으로 사전반대의 통지만을 요구하고 주주총회에 출석하여 반대할 것을 요건으로 하지 않은 것은 의결권 없는 주식의 주주도 주식매수청구권을 인정하기 위한 것으로 이해해야 할 것이다.

또한 실질주주는 예탁하고 있는 증권회사를 통하여 반대의사를 표시할 수 있고, 한국예탁결제원은 주주총회일 전에 실질주주를 대신하여 당해 회사에 대하여 반대의사를 통지해야 한다(증권등예탁업무규정55).[20)]

---

20) 증권등예탁업무규정 제55조(주식매수청구권의 행사) ① 예탁주식에 대하여 주식매수청구권을 행사하고자 하는 예탁자는 관련 법령에서 정한 반대의사통지 종료일의 2영업일전까지 세칙으로 정하는 방법에 따라 신청하여야 한다.
② 예탁결제원은 제1항에 따른 신청이 있는 경우 그 반대의사통지 종료일까지 해당 발행인에게 서면으로 그 결의에 반대하는 의사를 통지하여야 한다.
③ 실질주주가 발행인에게 직접 반대의사를 통지한 경우 발행인은 그 내역을 예탁결제원에 통지하여야 하며, 예탁결제원은 이를 지체없이 예탁자에게 통지하여야 한다.

(마) 주주총회의 합병승인결의

각 회사의 합병승인결의는 특별결의의 방법에 의하여 합병계약서를 승인하는 형식을 취한다(상법522의2①③). 합병당사회사의 주주총회의 합병승인결의를 요건으로 하고 있는 것은 합병절차에 있어서 합병비율의 공정성을 확보하여 주주의 이익을 보호하기 위한 것이다. 소멸회사만이 아니라 존속회사의 주주총회의 승인결의도 요구하는 것은 합병에 의하여 소멸회사의 주주들에게 존속회사의 신주가 발행·교부되므로 존속회사의 주주들도 존속회사에 대한 종전의 지분비율 중 일부를 상실하게 되는 이해관계가 있기 때문이다.

(바) 채권자보호절차(이의제출의 공고 및 최고)

합병에 관하여 회사채권자도 주주와 같은 이해관계를 갖는다. 합병으로 인하여 당사회사들의 재산은 전부 합일귀속되어 당사회사들의 총채권자에 대한 책임재산이 되므로 합병 전의 신용이 그대로 유지된다고 볼 수 없기 때문이다. 따라서 소멸회사와 존속회사 모두 채권자보호절차를 밟아야 한다.

회사는 주주총회의 승인결의가 있은 날부터 2주 내에 채권자에 대하여 합병에 이의가 있으면 1월 이상의 기간 내에 이를 제출할 것을 공고하고, 알고 있는 채권자에 대하여는 따로따로 이를 최고하여야 한다(상법527의5①). 채권자가 위 기간 내에 이의를 제출하지 아니한 때에는 합병을 승인한 것으로 본다(상법527의5③). 이의를 제출한 채권자가 있는 때에는 회사는 그 채권자에 대하여 변제 또는 상당한 담보를 제공하거나 이를 목적으로 하여 상당한 재산을 신탁회사에 신탁하여야 한다(상법제527의5③). 사채권자가 이의를 제기하려면 사채권자집회의 결의가 있어야 하며, 이 경우에는 법원은 이해관계인의 청구에 의하여 사채권자를 위하여 이의제기 기간을 연장할 수 있다(상법530②).

(사) 주식의 병합 및 주권의 제출

흡수합병의 경우에는 소멸회사의 주주에게 존속회사의 주식이 배정되나 반드시 구주 1주에 대하여 신주 1주가 배정되는 것은 아니고 합병비율에 따라 배정되므로, 경우에 따라 주식수가 감소할 수도 있다. 이 경우에 주식의 배정을 위한 준비로서 주식을 병합할 수 있다. 이 경우 자본감소시의 주식병합의 절차를 준용한다(상법530③ 및 440-444).

---

④ 제1항의 신청을 한 예탁자는 세칙으로 정하는 주식수 내에서 해당 주식의 매수청구권행사 종료일의 전 영업일까지 예탁결제원에 해당 주식매수청구를 신청하여야 한다. 이 경우 예탁자는 해당 발행인에게 직접 반대의사를 통지한 실질주주가 있는 경우 이를 포함하여 신청할 수 있다.

⑤ 제4항의 신청이 있는 경우 예탁결제원은 예탁자의 신청분을 취합하여 발행인에 대하여 주식매수청구권 행사 종료일에 서면으로 주식매수청구를 하여야 한다. 이 경우 발행인이 정한 바에 따라 해당 주권의 제출 등 필요한 조치를 하여야 한다.

⑥ 예탁결제원은 제5항의 청구에 따라 주식매수청구대금을 수령한 때에는 해당 예탁자에게 신청한 지분별로 이를 배분하여야 한다.

소멸회사가 주식병합을 위하여 주권등의 제출을 요구받은 경우 거래소는 주권등의 매매거래를 정지할 수 있다(유가증권시장 상장규정95①(3)).[21]

(아) 총회의 개최

1) 보고총회

흡수합병의 경우 존속회사의 이사는 채권자보호절차의 종료 후, 합병으로 인한 주식의 병합이 있을 때에는 그 효력이 생긴 후, 병합에 적당하지 아니한 주식이 있을 때에는 합병 후, 존속하는 회사에 있어서는 단주의 처분을 한 후 지체없이 주주총회를 소집하고 합병에 관한 사항을 보고하여야 한다(상법526①). 신주인수인이 된 소멸회사의 주주는 아직 존속회사의 주주는 아니지만 주주총회에서 주주와 동일한 권리가 있다(상법526②). 이사회는 공고로써 주주총회에 대한 보고에 갈음할 수 있다(상법526③).

2) 창립총회

신설합병의 경우에는 설립위원은 채권자보호절차의 종료후, 합병으로 인한 주식의 병합이 있을 때에는 그 효력이 생긴 후, 병합에 적당하지 아니한 주식이 있을 때에는 단주의 처분을 한 후 지체없이 창립총회를 소집하여야 한다(상법527①). 창립총회에서는 정관변경의 결의를 할 수 있다. 그러나 합병계약의 취지에 위반하는 결의는 하지 못한다(상법527②). 창립총회에서는 설립위원의 보고를 들으며, 임원을 선임해야 한다(상법527③). 창립총회에 관하여는 주식회사 설립시의 창립총회에 관한 규정이 준용된다(상법527③).

이사회는 공고로써 주주총회에 대한 보고에 갈음할 수 있다(상법527④). 신설회사의 이사 및 감사를 선임해야 하므로 창립총회를 생략하고자 하는 경우에는 합병계약에서 신설회사의 이사 및 감사를 정하여야 한다(상법524(6)). 합병계약에서 이사 및 감사를 정하면 합병계약을 승인하는 주주총회결의에서 이사 및 감사를 선임하는 결의를 포함하므로 이사 및 감사를 선임하기 위한 창립총회는 개최할 필요가 없다.

(자) 합병의 효력발생기기

회사가 합병을 한 때에는 흡수합병의 경우에는 주주총회가 종결한 날 또는 보고에 갈음하는 공고일, 신설합병의 경우에는 창립총회가 종결한 날 또는 보고에 갈음하는 공고일부터 본점소재지에서는 2주내, 지점소재지에서는 3주내에 합병 후 존속회사에 있어서는 변경등기, 소멸회사에 있어서는 해산등기, 신설회사에 있어서는 설립등기를 하여야 한다(상법528①). 존속회사 또는 신설회사가 합병으로 인하여 전환사채 또는 신주인수권부사채를 승계한 때에는 합병등기

---

21) 유가증권시장 상장규정 제95조(매매거래정지 및 정지해제) ① 거래소는 다음의 어느 하나의 경우에는 증권의 매매거래를 정지할 수 있다.
　　3. 주식(외국주식을 포함)의 병합, 분할, 주식교환 또는 주식이전 등을 위하여 주권등의 제출을 요구한 경우

와 동시에 사채의 등기를 하여야 한다(상법528②).

합병은 존속회사의 본점소재지에서 변경등기를 한 때 또는 신설회사의 본점소재지에서 설립등기를 한 때 그 효력이 생긴다(상법530② 및 상법234).

(차) 합병에 관한 서류의 사후공시

이사는 채권자보호절차의 경과, 합병을 한 날, 합병으로 인하여 소멸하는 회사로부터 승계한 재산의 가액과 채무액 기타 합병에 관한 사항을 기재한 서면을 합병을 한 날부터 6월간 본점에 비치하여야 한다(상법527의6①). 주주 및 회사채권자는 영업시간 내에는 언제든지 위 서류의 열람을 청구하거나, 회사가 정한 비용을 지급하고 그 등본 또는 초본의 교부를 청구할 수 있다(상법527의6②).

(카) 특수절차(간이합병과 소규모합병)

1) 간이합병

흡수합병을 하는 경우에 소멸회사의 합병승인결의를 생략할 수 있는 경우이다. 합병할 회사의 일방이 합병 후 존속하는 경우에 합병으로 인하여 소멸하는 회사의 총주주의 동의가 있거나 그 회사의 발행주식총수의 90% 이상을 합병 후 존속하는 회사가 소유하고 있는 때에는 합병으로 인하여 소멸하는 회사의 주주총회의 승인은 이를 이사회의 승인으로 갈음할 수 있다(상법527의2①).

간이합병은 비상장법인의 폐쇄회사를 흡수합병할 경우에 합병절차를 간소화하는 방법이 될 수 있고, 합병을 예정하고 존속회사가 사전에 소멸회사의 주식을 취득함으로써 유용하게 활용될 수 있다. 간이합병은 흡수합병을 할 경우 소멸회사에만 적용된다. 따라서 신설합병을 할 경우에는 간이합병을 할 수 없으며, 흡수합병을 하더라도 존속회사에는 적용되지 않는다.

2) 소규모합병

합병 후 존속회사가 합병으로 인하여 발행하는 신주의 총수가 그 회사의 발행주식총수의 10%를 초과하지 아니하는 때에는 그 존속하는 회사의 주주총회의 승인은 이를 이사회의 승인으로 갈음할 수 있다(상법527의3①).

합병을 하는 경우 당사회사의 주주총회의 결의를 요함은 합병이 주주들에게 있어 출자 당시 예상하지 못했던 구조적인 변동이므로 그로 인한 위험을 부담하는 출자자들로 하여금 직접 의사결정을 할 기회를 주기 위한 것이다. 그런데 대규모회사가 극히 소규모의 회사를 흡수합병하는 경우에는 대규모회사의 입장에서는 일상적인 영업활동의 규모에 지나지 않는 자산취득임에도 불구하고 주주총회의 결의와 주식매수청구절차를 거치는 것은 비경제적이라고 생각할 수 있다. 따라서 상법은 이와 같은 효율성에 기초하여 일정한 소규모의 회사를 흡수합병하는 경우 주주총회의 승인결의를 생략하고 이사회의 결의로 대신할 수 있는 소규모합병제도를 인정하고 있다.

(4) 자본시장법상 합병의 특례

(가) 합병에 관한 정보공시

1) 증권신고서 제출

가) 의의

증권거래법에서는 주권상장법인이 다른 법인과 합병하는 경우에는 금융위원회와 거래소에 신고할 의무를 지우고 있었다. 그러나 자본시장법에서는 이러한 신고의무를 폐지하고 그 대신 합병으로 인하여 증권을 모집 또는 매출하는 경우(이른바 신주발행에 의한 합병의 경우)에는 증권신고서에 합병에 관한 주요사항을 기재하도록 하였다. 합병에 따른 신주발행 및 주권의 교부가 공모(모집·매출)에 해당하는 경우에는 별도로 증권신고서 및 증권발행실적보고서를 제출하여야 한다. 그러나 이 경우 합병의 종료보고서를 제출할 필요는 없다.

나) 기재사항

합병으로 인하여 증권을 모집 또는 매출하는 경우에는 증권신고서에 다음의 사항을 기재하여야 한다(증권발행공시규정2-9①).

1. 대표이사 및 이사의 시행령 제124조 각 호의 사항에 대한 서명
2. 합병의 개요
   가. 합병에 관한 일반사항
   나. 합병가액과 상대가치(영 제176조의5 제2항에 따라 상대가치를 공시해야 하는 경우에 한한다) 및 각각에 대한 산출근거(외부평가가 의무화된 경우 외부평가기관의 합병비율의 적정성에 대한 평가의견을 포함)
   다. 합병의 요령
   라. 모집 또는 매출되는 증권의 주요 권리내용
   마. 모집 또는 매출되는 증권의 취득에 따른 투자위험요소
   바. 출자·채무보증 등 당사회사간의 이해관계에 관한 사항
   사. 주식매수청구권에 관한 사항
   아. 그 밖에 투자자 보호를 위하여 필요한 사항
3. 당사회사에 관한 사항(신설합병의 경우에는 소멸회사)
   가. 회사의 개요
   나. 사업의 내용
   다. 재무에 관한 사항
   라. 회계감사인의 감사의견
   마. 이사회 등 회사의 기관 및 계열회사에 관한 사항
   바. 주주에 관한 사항

사. 임원 및 직원 등에 관한 사항

아. 그 밖에 투자자 보호를 위하여 필요한 사항

다) 첨부서류

합병에 관한 증권신고서에는 다음의 서류를 첨부하여야 한다(증권발행공시규정2-9②).

1. 합병당사회사 및 신설합병회사의 정관 또는 이에 준하는 것으로서 조직운영 및 투자자의 권리의무를 정한 것

2. 합병당사회사의 합병 주주총회 소집을 위한 이사회의 의사록 사본 또는 그 밖에 이에 준하는 서류

3. 합병당사회사의 법인등기부등본

4. 합병에 관하여 행정관청의 허가·인가 또는 승인 등을 필요로 하는 경우에는 그 허가·인가 또는 승인 등이 있었음을 증명하는 서류

5. 합병계약서 및 계획서 사본

6. 합병당사회사의 최근 3사업연도 재무제표에 대한 회계감사인의 감사보고서(합병당사회사가 주권상장법인인 경우로서 최근 사업연도에 대한 회계감사인의 감사가 종료되지 않은 경우에는 그 직전 2사업연도에 대한 회계감사인의 감사보고서). 다만, 다음 각 목의 어느 하나에서 정하는 요건에 해당하는 경우에는 같은 목에서 정하는 서류로 제출할 수 있다.

   가. 외부감사 대상법인 또는 사업보고서 제출대상법인("외부감사의무법인")으로서 설립 후 3사업연도가 경과하지 아니한 경우에는 경과한 사업연도에 대한 감사보고서(기업인수목적회사가 설립된 후 최초 사업연도가 경과하지 아니한 경우에는 회사 설립시점의 감사보고서)

   나. 외부감사의무법인이 아닌 법인으로서 영 제176조의5 제3항 제2호의 규정을 적용받는 경우에는 동 규정에 따른 감사의견을 입증할 수 있는 감사보고서 등의 서류

   다. 외부감사의무법인이 아닌 법인으로서 영 제176조의5 제3항 제2호의 규정을 적용받지 아니하는 경우에는 회사 제시 최근 3사업연도 재무제표

7. 합병당사회사의 최근 3사업연도 회계감사인의 연결감사보고서(최근 사업연도에 대한 회계감사인의 감사가 종료되지 않은 경우에는 그 직전 2사업연도, 설립 후 3사업연도가 경과하지 아니한 경우에는 경과한 사업연도에 대한 감사보고서)

8. 합병당사회사의 반기재무제표에 대한 회계감사인의 반기감사보고서 또는 반기검토보고서(반기보고서 제출대상법인에 해당하지 않는 경우에는 회사 제시 반기재무제표)

9. 합병당사회사의 분기재무제표에 대한 회계감사인의 분기감사보고서 또는 분기검토보고서(분기보고서 제출대상법인으로서 영 제170조 제1항 제2호 단서의 규정을 적용받지 않는 경우에는 회사 제시 분기재무제표로 한다)

10. 합병당사회사 중 주권비상장법인의 경우에는 주주명부

11. 제1항 제2호 나목에 따른 외부평가기관의 평가의견서
12. 예비투자설명서를 사용하려는 경우에는 예비투자설명서
13. 간이투자설명서를 사용하려는 경우에는 간이투자설명서

라) 소규모합병의 증권신고서 작성 및 제출

소규모합병으로서 피합병회사가 주권상장법인이 아닌 경우에는 증권신고서의 기재사항 및 첨부서류의 일부를 생략할 수 있다(증권발행공시규정2-9③).

마) 간이합병

간이합병의 경우에도 증권신고서 등의 제출절차는 일반적인 합병과 동일하다.

2) 거래소 신고 및 주요사항보고서 제출

주권상장법인은 합병(간이합병 및 소규모합병 포함)에 관한 이사회의 결정이 있은 때에는 그 결정내용을 그 사유발생 당일에 거래소에 신고하여야 한다(유가증권 공시규정7①(3) 가목 (5) 및 (6)).[22] 주권상장법인은 이사회에서 "합병의 사실이 발생한 때" 그 사실이 발생한 날의 다음 날까지 그 내용을 기재한 주요사항보고서를 금융위원회에 제출하여야 한다(법161①(6)). 합병은 당사회사의 주가에 큰 영향을 미치는 중요한 거래이므로 투자자에게 가급적 조기에 공시할 필요가 있기 때문에 합병사실을 주요사항보고서의 보고사항으로 한 것이다.

(나) 합병가액의 산정방법

1) 합병가액 산정기준의 법정화

주권상장법인이 다른 법인과 합병하려는 경우에는 합병가액을 산정하여야 한다. 자본시장법은 이에 관하여 ⅰ) 주권상장법인 간의 합병, ⅱ) 주권상장법인과 주권비상장법인 간의 합병으로 구별하여 그 기준을 정하고 있다. 주권상장법인 간의 합병의 경우에는 한국거래소시장에서의 거래가격을 기준으로 산정하되, 기준주가에 의하여 가격을 산정할 수 없는 경우에는 본질가치법으로 산정하고 있다. 주권상장법인과 주권비상장법인 간의 합병의 경우에는 상장법인은 위의 방법과 동일하게 산정하고, 비상장법인은 본질가치법에 따라 합병가액을 산정하되, 상대가치를 산정할 수 없을 경우에는 자산가치와 수익가치를 가중산술평균한 가액에 의한다.

합병, 분할합병, 주식의 포괄적 교환·이전에 대하여만 법정산정방법을 이용하고, 영업·

---

22) 유가증권시장 공시규정 제7조(주요경영사항) ① 주권상장법인은 주요경영사항에 해당하는 경우에는 그 사실 또는 결정내용을 그 사유발생 당일에 거래소에 신고하여야 한다.
3. 해당 유가증권시장주권상장법인의 기업경영활동에 관한 다음 각 목의 어느 하나에 해당하는 사실 또는 결정이 있은 때
   가. 해당 유가증권시장주권상장법인의 지배구조 또는 구조개편에 관한 다음의 어느 하나에 해당하는 사실 또는 결정이 있은 때
      (5) 상법 제374조·제522조·530조의2 및 제530조의12에서 규정한 사실에 관한 결정이 있은 때
      (6) 상법 제527조의2 에 따른 간이합병 또는 제527조의3에 따른 소규모합병에 관한 결정이 있은 때

자산양수도에 대하여는 자율적으로 합병가액을 산정할 수 있다.

주권상장법인이 다른 법인과 합병하려는 경우에는 다음의 제1호 또는 제2호의 방법에 따라 산정한 합병가액에 따라야 한다. 이 경우 주권상장법인이 제1호 또는 제2호 가목 본문에 따른 가격을 산정할 수 없는 경우에는 제2호 나목에 따른 가격으로 한다(영176의5①).

2) 주권상장법인 간 합병(제1호)

주권상장법인 간 합병의 경우에는 합병을 위한 이사회 결의일과 합병계약을 체결한 날 중 앞서는 날의 전일을 기산일로 한 다음 각 목의 종가(증권시장에서 성립된 최종가격)를 산술평균한 가액("기준시가")을 기준으로 30%(계열회사 간 합병의 경우에는 10%)의 범위에서 할인 또는 할증한 가액. 이 경우 가목 및 나목의 평균종가는 종가를 거래량으로 가중산술평균하여 산정한다(영176의5①(1)).

　가. 최근 1개월간 평균종가. 다만, 산정대상기간 중에 배당락 또는 권리락이 있는 경우로서 배당락 또는 권리락이 있은 날부터 기산일까지의 기간이 7일 이상인 경우에는 그 기간 의 평균종가로 한다.
　나. 최근 1주일간 평균종가
　다. 최근일의 종가

3) 주권상장법인과 주권비상장법인 간 합병(제2호)

주권상장법인(코넥스시장에 주권이 상장된 법인은 제외)과 주권비상장법인 간 합병의 경우에는 다음의 기준에 따른 가격(영176의5①(2)).

　가. 주권상장법인의 경우에는 제1호의 가격. 다만, 제1호의 가격이 자산가치에 미달하는 경우에는 자산가치로 할 수 있다.
　나. 주권비상장법인의 경우에는 자산가치와 수익가치를 가중산술평균한 가액

나목에 따른 가격으로 산정하는 경우에는 금융위원회가 정하여 고시하는 방법에 따라 산정한 유사한 업종을 영위하는 법인의 가치("상대가치")를 비교하여 공시하여야 하며, 가목과 나목에 따른 자산가치·수익가치 및 그 가중산술평균방법과 상대가치의 공시방법은 금융위원회가 정하여 고시한다(영176의5②).[23]

자산가치[24]·수익가치[25] 및 그 가중산술평균방법[26]과 상대가치[27]의 산출방법·공시방법

---

23) 영 제176조의5 제2항에 따른 상대가치의 공시방법은 제2-9조에 따른 합병의 증권신고서에 기재하는 것을 말한다(증권발행공시규정5-13⑤).
24) 증권발행공시규정 시행세칙 제5조(자산가치) ① 규정 제5-13조에 따른 자산가치는 분석기준일 현재의 평가대상회사의 주당 순자산가액으로서 다음 산식에 의하여 산정한다. 이 경우에 발행주식의 총수는 분석기준일 현재의 총발행주식수로 한다.

자산가치 = 순자산 / 발행주식의 총수

② 제1항의 순자산은 주요사항보고서를 제출하는 날이 속하는 사업연도의 직전사업연도(직전사업연도가 없는 경우에는 최근 감사보고서 작성대상시점으로 한다. 이하 "최근사업연도"라 한다)말의 재무상태표상의 자본총계에서 다음의 방법에 따라 산정한다.

1. 분석기준일 현재 실질가치가 없는 무형자산 및 회수가능성이 없는 채권을 차감한다.
2. 분석기준일 현재 투자주식중 취득원가로 평가하는 시장성 없는 주식의 순자산가액이 취득원가보다 낮은 경우에는 순자산가액과 취득원가와의 차이를 차감한다.
3. 분석기준일 현재 퇴직급여채무 또는 퇴직급여충당부채의 잔액이 회계처리기준에 따라 계상하여야 할 금액보다 적을 때에는 그 차감액을 차감한다.
4. 최근사업연도말 이후부터 분석기준일 현재까지 손상차손이 발생한 자산의 경우 동 손상차손을 차감한다.
5. 분석기준일 현재 자기주식은 가산한다.
6. 최근사업연도말 이후부터 분석기준일 현재까지 유상증자, 전환사채의 전환권 행사 및 신주인수권부사채의 신주인수권 행사에 의하여 증가한 자본금을 가산하고, 유상감자에 의하여 감소한 자본금 등을 차감한다.
7. 최근사업연도말 이후부터 분석기준일 현재까지 발생한 주식발행초과금등 자본잉여금 및 재평가잉여금을 가산한다.
8. 최근 사업연도말 이후부터 분석기준일 현재까지 발생한 배당금지급, 전기오류수정손실 등을 차감한다.
9. 기타 최근사업연도말 이후부터 분석기준일 현재까지 발생한 거래 중 이익잉여금의 증감을 수반하지 않고 자본총계를 변동시킨 거래로 인한 중요한 순자산 증감액을 가감한다.

25) 증권발행공시규정 시행세칙 제6조(수익가치) 규정 제5-13조에 따른 수익가치는 현금흐름할인모형, 배당할인모형 등 미래의 수익가치 산정에 관하여 일반적으로 공정하고 타당한 것으로 인정되는 모형을 적용하여 합리적으로 산정한다.
26) 증권발행공시규정 시행세칙 제4조(합병가액의 산정방법) 규정 제5-13조에 따른 자산가치·수익가치의 가중산술평균방법은 자산가치와 수익가치를 각각 1과 1.5로 하여 가중산술평균하는 것을 말한다.
27) 증권발행공시규정 시행세칙 제7조(상대가치) ① 규정 제5-13조에 따른 상대가치는 다음의 금액을 산술평균한 가액으로 한다. 다만, 제2호에 따라 금액을 산출할 수 없는 경우 또는 제2호에 따라 산출한 금액이 제1호에 따라 산출한 금액보다 큰 경우에는 제1호에 따라 산출한 금액을 상대가치로 하며, 제1호에 따라 금액을 산출할 수 없는 경우에는 이 항을 적용하지 아니한다.
1. 평가대상회사와 한국거래소 업종분류에 따른 소분류 업종이 동일한 주권상장법인 중 매출액에서 차지하는 비중이 가장 큰 제품 또는 용역의 종류가 유사한 법인으로서 최근 사업연도말 주당법인세비용차감전계속사업이익과 주당순자산을 비교하여 각각 100분의 30 이내의 범위에 있는 3사 이상의 법인(이하 이 조에서 "유사회사"라 한다)의 주가를 기준으로 다음 산식에 의하여 산출한 유사회사별 비교가치를 평균한 가액의 30% 이상을 할인한 가액.

유사회사별 비교가치 = 유사회사의 주가 × {(평가대상회사의 주당법인세비용차감전계속사업이익 /유사회사의 주당법인세비용차감전계속사업이익) + (평가대상회사의 주당순자산 / 유사회사의 주당순자산)} / 2

2. 분석기준일 이전 1년 이내에 다음 각 목의 어느 하나에 해당하는 거래가 있는 경우 그 거래가액을 가중산술평균한 가액을 100분의 10 이내로 할인 또는 할증한 가액.
   가. 유상증자의 경우 주당 발행가액
   나. 전환사채 또는 신주인수권부사채의 발행사실이 있는 경우 주당 행사가액

② 제1항의 유사회사의 주가는 당해 기업의 보통주를 기준으로 분석기준일의 전일부터 소급하여 1월 간의 종가를 산술평균하여 산정하되 그 산정가액이 분석기준일의 전일종가를 상회하는 경우에는 분석기준일의 전일종가로 한다. 이 경우 계산기간내에 배당락 또는 권리락이 있을 때에는 그후의 가액으로 산정한다.
③ 제1항의 평가대상회사와 유사회사의 주당법인세비용차감전계속사업이익 및 제6항 제1호의 주당법인세비용차감전계속사업이익은 다음 산식에 의하여 산정한다. 이 경우에 발행주식의 총수는 분석기준일 현재 당해회사의 총발행주식수로 한다.

주당법인세비용차감전계속사업이익 = {(최근사업연도의 법인세비용차감전계속사업이익 / 발행주식의 총

에 대하여 이 조에서 달리 정하지 않는 사항은 감독원장이 정한다(증권발행공시규정5-13①). 합병가액은 주권상장법인이 가장 최근 제출한 사업보고서에서 채택하고 있는 회계기준을 기준으로 산정한다(증권발행공시규정5-13②).

(다) 추가 · 별도 요건

1) 주권상장법인인 기업인수목적회사가 다른 법인과 합병하여 그 합병법인이 주권상장법인이 되려는 경우

주권상장법인인 기업인수목적회사(SPAC)가 투자자 보호와 건전한 거래질서를 위하여 금융위원회가 정하여 고시하는 요건[28]을 갖추어 그 사업목적에 따라 다른 법인과 합병하여 그 합병법인이 주권상장법인이 되려는 경우에는 다음의 기준에 따른 가액으로 합병가액을 산정할 수 있다(영176의5③).

1. 주권상장법인인 기업인수목적회사의 경우: 제1항 제1호에 따른 가액
2. 기업인수목적회사와 합병하는 다른 법인의 경우: 다음 각 목의 구분에 따른 가액
   가. 다른 법인이 주권상장법인인 경우: 제1항 제1호에 따른 가격. 다만, 이를 산정할 수 없는 경우에는 제1항 각 호 외의 부분 후단을 준용한다.
   나. 다른 법인이 주권비상장법인인 경우: 기업인수목적회사와 협의하여 정하는 가액

2) 주권상장법인이 주권비상장법인과 합병하여 주권비상장법인이 되는 경우

주권상장법인이 주권비상장법인과 합병하여 주권상장법인이 되는 경우에는 다음의 요건을 충족하여야 한다(영176의5④).

1. 삭제 [2013. 8. 27]

수) + (최근사업연도의 직전사업연도의 법인세비용차감전계속사업이익 / 발행주식의 총수)} / 2
④ 제1항의 평가대상회사의 주당순자산은 제5조 제1항에 따른 자산가치로 하며, 제1항의 유사회사의 주당순자산 및 제6항 제2호의 주당순자산은 분석기준일 또는 최근 분기말을 기준으로 제5조 제1항에 따라 산출하되, 제5조 제2항 제8호 및 같은 항 제9호의 규정은 이를 적용하지 아니한다.
⑤ 유사회사는 다음 각 호의 요건을 구비하는 법인으로 한다.
1. 주당법인세비용차감전계속사업이익이 액면가액의 10% 이상일 것
2. 주당순자산이 액면가액 이상일 것
3. 상장일이 속하는 사업연도의 결산을 종료하였을 것
4. 최근 사업연도의 재무제표에 대한 감사인의 감사의견이 "적정" 또는 "한정"일 것
28) "금융위원회가 정하여 고시하는 요건"이란 다음의 요건을 말한다(증권발행공시규정5-13④).
1. 기업인수목적회사가 법 제165조의5 제2항에 따라 매수하는 주식을 공모가격 이상으로 매수할 것
2. 영 제6조 제4항 제14호 다목에 따른 투자매매업자가 소유하는 증권(기업인수목적회사가 발행한 영 제139조 제1호 각 목의 증권으로 의결권 없는 주식에 관계된 증권을 포함)을 합병기일 이후 1년간 계속 소유할 것
3. 주권비상장법인과 합병하는 경우 영 제176조의5 제3항 제2호 나목에 따라 협의하여 정한 가격을 영 제176조의5 제2항에 따라 산출한 합병가액 및 상대가치와 비교하여 공시할 것

2. 합병의 당사자가 되는 주권상장법인이 주요사항보고서를 제출하는 날이 속하는 사업연도의 직전사업연도의 재무제표를 기준으로 자산총액·자본금 및 매출액 중 두 가지 이상이 그 주권상장법인보다 더 큰 주권비상장법인이 다음 각 목의 요건을 충족할 것

　　가. 거래소의 증권상장규정("상장규정")에서 정하는 재무 등의 요건

　　나. 감사의견, 소송계류, 그 밖에 공정한 합병을 위하여 필요한 사항에 관하여 상장규정에서 정하는 요건

3) 다른 증권시장에 주권이 상장된 법인과의 합병

특정 증권시장에 주권이 상장된 법인이 다른 증권시장에 주권이 상장된 법인과 합병하여 특정 증권시장에 상장된 법인 또는 다른 증권시장에 상장된 법인이 되는 경우에는 제4항을 준용한다. 이 경우 "주권상장법인"은 "합병에도 불구하고 같은 증권시장에 상장되는 법인"으로, "주권비상장법인"은 "합병에 따라 다른 증권시장에 상장되는 법인"으로 본다(영176의5⑤).

(라) 합병의 추가요건(외부평가기관의 평가의무)

주권상장법인은 합병 등을 하는 경우 투자자 보호 및 건전한 거래질서를 위하여 대통령령으로 정하는 바에 따라 외부의 전문평가기관("외부평가기관")으로부터 합병 등의 가액, 그 밖에 대통령령으로 정하는 사항에 관한 평가를 받아야 한다(법165의4②).[29] 주권상장법인이 다른 법인과 합병하는 경우 다음의 구분에 따라 합병가액의 적정성에 대하여 외부평가기관의 평가를 받아야 한다(영176의5⑦). 외부평가기관의 평가를 받을 의무를 부과하는 것은 합병조건, 특히 합병비율의 불공정성을 방지하기 위한 것이다.

1) 주권상장법인이 주권비상장법인과 합병하는 경우(제1호)

주권상장법인(기업인수목적회사는 제외)이 주권상장법인과 합병하는 경우로서 다음의 어느 하나에 해당하는 경우에는 합병가액의 적정성에 대하여 외부평가기관의 평가를 받아야 한다(영176의5⑦(1)).

　　가. 주권상장법인이 제1항 제1호에 따라 합병가액을 산정하면서 기준시가의 10%를 초과하여 할인 또는 할증된 가액으로 산정하는 경우

　　나. 주권상장법인이 제1항 제2호 나목에 따라 산정된 합병가액에 따르는 경우

---

29) 상장법인 A사는 2018. 4. 10. 이사회에서 B사모투자합자회사("PEF") 출자지분(10,215,833,333좌)을 2017년말 자산총액(744억원)의 13.7%에 해당하는 102억원에 K사로부터 양수하기로 결의하고 그 다음날 주요사항보고서를 제출하였고, 2018. 5. 23. 이사회에서 C사의 주식(2,881,845주)을 2017년말 자산총액(744억원)의 35.8%에 해당하는 266억원에 PEF에 양도하기로 결의하고 그 다음날 주요사항보고서를 제출하였으며, 2018. 6. 27. 이사회에서 상기 양수한 PEF 출자지분 전부를 같은 금액(102억원)으로 D사에 양도하기로 결의하고 그 다음날 주요사항보고서를 제출하였으나, 위 각 보고서에 중요사항인 양수도가액에 대한 외부평가기관의 평가의견을 3회 기재누락한 사실이 있어 과징금 제재를 받았다(법161①(7), 법165의4①(2) 및 법165의4②, 영171②(5), 영176의6①③).

다. 주권상장법인이 주권상장법인과 합병하여 주권비상장법인이 되는 경우. 다만, 제1항 제1호에 따라 산정된 합병가액에 따르는 경우 또는 다른 회사의 발행주식 총수를 소유하고 있는 회사가 그 다른 회사를 합병하면서 신주를 발행하지 아니하는 경우는 제외한다.

2) 주권상장법인이 주권비상장법인과 합병하는 경우(제2호)

주권상장법인(기업인수목적회사는 제외)이 주권비상장법인과 합병하는 경우로서 다음의 어느 하나에 해당하는 경우에는 합병가액의 적정성에 대하여 외부평가기관의 평가를 받아야 한다(영176의5⑦(2)).

가. 주권상장법인이 제1항 제2호 나목에 따라 산정된 합병가액에 따르는 경우
나. 제4항에 따른 합병의 경우. 다만, 다른 회사의 발행주식 총수를 소유하고 있는 회사가 그 다른 회사를 합병하면서 신주를 발행하지 아니하는 경우는 제외한다.
다. 주권상장법인(코넥스시장에 주권이 상장된 법인은 제외)이 주권비상장법인과 합병하여 주권비상장법인이 되는 경우. 다만, 합병의 당사자가 모두 제1항 제1호에 따라 산정된 합병가액에 따르는 경우 또는 다른 회사의 발행주식 총수를 소유하고 있는 회사가 그 다른 회사를 합병하면서 신주를 발행하지 아니하는 경우는 제외한다.

3) 기업인수목적회사가 주권상장법인과 합병하는 경우(제3호)

기업인수목적회사가 다른 주권상장법인과 합병하는 경우로서 그 주권상장법인이 제1항 제2호 나목에 따라 산정된 합병가액에 따르는 경우에는 합병가액의 적정성에 대하여 외부평가기관의 평가를 받아야 한다(영176의5⑦(3)).

(마) 외부평가기관

자본시장법은 합병가액의 적정성 등을 평가함에 있어 공정성과 객관성을 담보하기 위하여 외부평가기관제도를 두고 있으며, 외부평가기관의 자격과 평가업무를 영위할 수 없는 기간 등에 관하여 규정하고 있다.

1) 자격

외부평가기관은 다음의 어느 하나에 해당하는 자로 한다(영176의5⑧).

1. 인수업무, 모집·사모·매출의 주선업무를 인가받은 자
2. 신용평가회사
3. 공인회계사법에 따른 회계법인

2) 평가업무금지기간

외부평가기관이 다음의 어느 하나에 해당하는 경우에는 그 기간 동안 평가업무를 할 수

없다(영176의5⑨ 본문). 다만, 제4호의 경우에는 해당 특정회사에 대한 평가업무만 할 수 없다
(영176의5⑨ 단서).

1. 인수업무, 모집·사모·매출의 주선업무를 인가받은 자가 금융위원회로부터 주식의 인수업
   무 참여제한의 조치를 받은 경우에는 그 제한기간
2. 신용평가회사가 신용평가업무와 관련하여 금융위원회로부터 신용평가업무의 정지처분을 받
   은 경우에는 그 업무정지기간
3. 회계법인이 외부감사법에 따라 업무정지조치를 받은 경우에는 그 업무정지기간
4. 회계법인이 외부감사법에 따라 특정회사에 대한 감사업무의 제한조치를 받은 경우에는 그
   제한기간

3) 평가업무금지대상

외부평가기관이 평가의 대상이 되는 회사와 금융위원회가 정하여 고시하는 특수관계에 있
는 경우30)에는 합병에 대한 평가를 할 수 없다(영176의5⑩).

4) 평가업무제한

금융위원회는 외부평가기관의 합병 등에 관한 평가가 현저히 부실한 경우, 그 밖에 투자
자 보호 또는 건전한 거래질서를 해할 우려가 있는 경우로서 대통령령으로 정하는 경우에는
평가업무를 제한할 수 있다(법165의4③).

"대통령령으로 정하는 경우"란 다음의 어느 하나에 해당하는 경우를 말한다(영176의5⑪).31)

---

30) "금융위원회가 정하여 고시하는 특수한 관계에 있는 경우"라 함은 다음의 어느 하나에 해당하는 경우를 말
   한다(증권발행공시규정5-14).
   1. 외부평가기관이 합병당사회사에 그 자본금의 3% 이상을 출자하고 있거나 합병당사회사가 외부평가기
      관에 3% 이상을 출자하고 있는 경우
   2. 외부평가기관에 그 자본금의 5% 이상을 출자하고 있는 주주와 합병당사회사에 그 자본금의 5% 이상을
      출자하고 있는 주주가 동일인이거나 특수관계인인 경우. 다만, 그 동일인이 기관투자자로서 외부평가기
      관 및 합병당사회사와 제5호의 관계에 있지 아니한 경우에는 그러하지 아니하다.
   3. 외부평가기관의 임원이 합병당사회사에 1% 이상을 출자하고 있거나 합병당사회사의 임원이 외부평가
      기관에 1% 이상을 출자하고 있는 경우
   4. 외부평가기관 또는 합병당사회사의 임원이 합병당사회사 또는 외부평가기관의 주요주주의 특수관계인
      인 경우
   5. 동일인이 외부평가기관 및 합병당사회사에 대하여 임원의 임면 등 법인의 주요경영사항에 대하여 사실
      상 영향력을 행사하는 관계가 있는 경우
   6. 외부평가기관이 합병당사회사의 회계감사인(평가대상 재무제표에 대한 회계감사인 포함)인 경우
31) 증권발행공시규정 제5-14조의3(외부평가기관에 대한 조치) ① 영 제176조의5 제11항(영 제176조의6 제4
   항에서 준용하는 경우를 포함)에 따른 외부평가기관에 대한 평가 업무의 제한조치는 별표에서 정하는 기
   준에 따른다. 다만, 다음의 사항을 종합적으로 고려하여 정상을 참작할 사유가 있는 경우에는 그 이유를
   제시하고 기준과 달리 조치할 수 있다.
   1. 당해 위법행위의 시정 또는 원상회복 여부
   2. 유사사건에 대한 조치와의 형평성

1. 외부평가기관이 제9항(평가업무금지기간 위반) 또는 제10항(평가업무금지대상 위반)을 위반한 경우
2. 외부평가기관의 임직원이 평가와 관련하여 알게 된 비밀을 누설하거나 업무 외의 목적으로 사용한 경우
3. 외부평가기관의 임직원이 합병 등에 관한 평가와 관련하여 금융위원회가 정하여 고시하는 기준을 위반하여 직접 또는 간접으로 재산상의 이익을 제공받은 경우
4. 그 밖에 투자자 보호와 외부평가기관의 평가의 공정성·독립성을 해칠 우려가 있는 경우로서 금융위원회가 정하여 고시하는 경우

금융위원회는 외부평가기관에 대하여 3년의 범위에서 일정한 기간을 정하여 평가업무의 전부 또는 일부를 제한할 수 있다(영176의5⑫).

(바) 적용제외

법률의 규정에 따른 합병에 관하여는 제1항부터 제5항까지 및 제7항부터 제12항까지를 적용하지 아니한다. 다만, 합병의 당사자가 되는 법인이 계열회사의 관계에 있고 합병가액을 제1항 제1호에 따라 산정하지 아니한 경우에는 합병가액의 적정성에 대하여 외부평가기관에 의한 평가를 받아야 한다(영176의5⑬).

(사) 합병의 종료보고

주권상장법인이 합병등의 사유로 주요사항보고서를 제출한 이후 합병등기를 한 때 지체없이 이와 관련한 사항을 기재한 서면을 금융위원회에 제출하여야 한다. 다만, 제2-19조 제3항에 따라 증권발행실적보고서를 제출하는 경우에는 그러하지 아니하다(증권발행공시규정5-15(1)).

3. 영업·자산 양수도

(1) 서설

(가) 영업양수도의 의의

"영업"이라 함은 주관적으로는 영업주체인 상인이 수행하는 영리활동을 의미하고, 객관적으로는 상인이 추구하는 영리적 목적을 위해 결합시킨 조직적 재산의 총체를 말한다. 영업양도의 대상이 되는 영업은 영업주체와 제3자 간에 객관적 평가가 가능한 가치를 지녀야 하므로 객관적 의의의 영업을 뜻한다. 영업양도란 "일정한 영업목적에 의하여 조직화된 유기적 일체로서의 기능적 재산의 영업재산을 그 동일성을 유지시키면서 일체로서 이전하는 채권계약[32]"이다.

---

3. 당해 조치가 향후 특정 증권시장 참여자에게 미칠 영향
② 제1항의 규정에 따라 조치를 하는 경우에는 자본시장조사업무규정 제35조부터 제40조까지의 규정 및 같은 규정 시행세칙을 준용한다.
32) 대법원 2005. 7. 22. 선고 2005다602 판결,

영업양수도는 다양한 유형으로 이루어지므로 정의하기 어렵지만, 일반적으로 "독립된 사업부문의 자산, 부채, 조직, 권리와 의무 등 영업에 필요한 유무형의 자산 일체가 포괄적으로 이전되는 것으로 독립된 영업부문이 동일성을 유지하면서 경영주체인 상인만을 교체시키는 제도"라 할 수 있다. 이 경우 독립된 사업부문의 자산과 부채 등을 이전하는 것이 영업양도이고, 포괄적으로 이전받는 것이 영업양수이다.

(나) 자산양수도의 의의

자산양수도는 영업양수도와 유사한 방식이지만, 영업양수도는 주주총회의 특별결의를 거쳐야 하고 반대주주에게 주식매수청구권이 인정되는 반면에, 자산양수도는 이와 달리 주주총회 특별결의를 거치지 않아도 되고 반대주주의 주식매수청구권이 인정되지 않는다. 또한 영업양수도의 경우 양수인은 고용승계의무를 부담하지만, 자산양수도의 경우는 이러한 문제가 발생하지 않는 점에서 차이가 있다.

(다) 합병과 영업양도의 구별

기업결합은 유기적 일체로서 기능하는 조직적 재산의 양도인 영업양도에 의해 이루어질 수 있다. 이 경우에는 양도회사와 양수회사 사이에 기업결합이 이루어진다. 영업의 전부양도는 실질적으로 합병과 동일한 작용을 한다. 즉 회사가 영업의 전부를 양도한 후에 해산하고, 그 주주에게 잔여재산을 분배하고, 양수회사가 양도회사의 구주주에게 신주를 발행하여 주면, 결과적으로 합병과 차이가 없게 된다.

(2) 영업영수도의 제한

(가) 상법상 제한

1) 영업양도인의 경업금지

영업을 양도한 경우에 다른 약정이 없으면 양도인은 10년간 동일한 특별시·광역시·시·군과 인접 특별시·광역시·시·군에서 동종영업을 하지 못하고, 양도인이 동종영업을 하지 아니할 것을 약정한 때에는 동일한 특별시·광역시·시·군과 인접 특별시·광역시·시·군에 한하여 20년을 초과하지 아니한 범위내에서 그 효력이 있다(상법41).

2) 상호를 속용하는 양수인의 책임

영업양수인이 양도인의 상호를 계속 사용하는 경우에는 양도인의 영업으로 인한 제3자의 채권에 대하여 양수인도 변제할 책임이 있다. 그러나 양수인이 영업양도를 받은 후 지체없이 양도인의 채무에 대한 책임이 없음을 등기하거나 양도인과 양수인이 지체없이 제3자에 대하여 그 뜻을 통지한 경우에는 영업양수인은 영업양도인의 채무에 대한 책임을 지지 않는다(상법42).

(나) 공정거래법상 제한

공정거래법은 기업독점을 억제하고 자유로운 경쟁을 촉진하기 위하여 일정한 거래분야에 있는 기업 간의 결합은 경쟁제한의 우려가 있으므로 이를 제한한다. 경쟁제한을 목적으로 하는 다른 회사의 영업을 양수하는 경우에는 공정거래법상의 규제를 받는다(공정거래법7①(4)). 그리고 회사가 법 제7조(기업결합의 제한) 제1항 제4호의 "다른 회사의 영업의 전부 또는 주요부분의 양수·임차 또는 경영의 수임이나 영업용고정자산의 전부 또는 주요부분의 양수"를 하는 경우에는 「별표 4」의 신고서에 관련서류를 첨부하여 공정거래위원회에 신고하여야 한다(기업결합의 신고요령 Ⅲ-Ⅳ).

(다) 벤처기업육성에 관한 특별조치법상의 제한

합병을 위해서는 주주총회의 특별결의가 있어야 하지만, 간이합병과 소규모합병의 경우에는 이를 생략할 수 있는 특례가 마련되어 있다(상법527의2 및 527의3). 분할과 주식의 교환에도 유사한 제도가 있다. 그러나 영업양도에도 간이양도와 소규모양도와 같은 상황이 있을 수 있으나, 상법은 이에 관한 특례를 두고 있지 않다.

그러나 벤처기업육성에 관한 특별조치법은 이에 관한 특례를 규정하고 있다. 주식회사인 벤처기업이 영업의 전부 또는 일부를 다른 주식회사(주권상장법인 제외)에 양도하는 경우 그 양도가액이 다른 주식회사의 최종 대차대조표상으로 현존하는 순자산액의 10%를 초과하지 아니하면 다른 주식회사의 주주총회의 승인은 정관에서 정하는 바에 따라 이사회의 승인으로 갈음할 수 있다(소규모양도, 동법15의8①).

주식회사인 벤처기업이 영업의 전부 또는 일부를 다른 주식회사에 양도하는 경우 상법 제374조에도 불구하고 영업을 양도하는 회사의 총주주의 동의가 있거나 영업을 양도하는 회사의 발행주식총수 중 의결권 있는 주식의 90% 이상을 다른 주식회사가 보유하는 경우에는 영업을 양도하는 회사의 주주총회의 승인은 이사회의 승인으로 갈음할 수 있다(간이양도, 동법15의11①).

(3) 영업양수도의 절차

(가) 이사회 결의와 자본시장법상 공시

1) 이사회 결의와 영업양수도계약의 체결

명문의 규정은 없으나 계약체결 이전에 이사회의 결의가 있어야 한다. 이사회의 결의가 없이 영업양수도를 비롯한 대외적 거래행위가 대표이사에 의하여 이루어진 경우 원칙적으로 유효하지만, 상대방이 필요한 이사회 결의가 없음을 알았거나 알 수 있었던 경우에는 무효를 주장할 수 있다. 이 경우 상대방의 악의·유과실은 무효를 주장하는 회사가 증명하여야 한다.[33]

---

33) 대법원 2004. 3. 26. 선고 2003다34045 판결.

2) 공시(거래소 신고 및 주요사항보고서의 제출)

주권상장법인은 영업양수도에 관한 이사회의 결정이 있은 때에는 그 결정내용을 그 사유 발생 당일에 거래소에 신고하여야 한다(유가증권 공시규정7①(3) 가목 (5) 및 (6)).[34] 주권상장법 인은 이사회에서 "대통령령으로 정하는 중요한 영업 또는 자산을 양수하거나 양도할 것을 결의한 때" 그 사실이 발생한 날의 다음 날까지 그 내용을 기재한 주요사항보고서를 금융위원회에 제출하여야 한다(법161①(7)).

(나) 영업양수도 계약서의 주요내용

실무상 영업양수도계약이라는 용어 이외에도 영업인수계약, 재산인수약정, 경영권양도계약 등 다양한 명칭을 사용하고 있다. 영업양수도 여부는 그 실질에 의하여 판단할 문제로서 영업양수도가 되기 위해서는 영업조직과 영업재산을 일체로서 인정한다는 합의가 존재하여야 한다. 영업양도는 채권계약으로 그 대가로 금전이 주어지는 경우에는 매매와 유사하고 다른 자산이 제공되는 경우에는 교환과 유사하지만, 개별 자산의 이전을 목적으로 하는 것이 아니므로 매매나 교환과는 다르다. 영업양수도 자체로서 영업재산의 포괄적인 이전이라는 고유한 내용을 가진 회사법상의 계약으로 이해해야 할 것이다. 일반적으로 영업양수도에서는 자산·부채에 관한 사항, 영업소 및 상호의 양도에 관한 사항, 양도 후의 양도인의 폐업 내지 해산에 관한 사항, 고용승계에 관한 사항 등에 관하여 합의가 이루어지는 것이 보통이다.

(다) 반대주주의 주식매수청구권

영업양수도 이사회 결의에 반대하는 주주는 서면으로 반대의사를 통지하여야 한다. 위의 합병에서 전술한 바와 같이 주식매수청구권이 인정된다.

(라) 주주총회의 특별결의

회사의 영업의 전부 또는 중요한 일부를 양도하거나 회사의 영업에 중대한 영향을 미치는 다른 회사의 영업 전부 또는 일부를 양수하는 경우에는 주주총회의 특별결의를 거쳐야 한다(상법374①(1)(3)).

1) 영업전부의 양도

상법 제374조 제1항에서 규정하고 있는 주주총회 특별결의의 대표적인 경우이다. 영업양도에 주주총회의 결의를 요하는 이유는 영업을 양도하면 주주들의 출자의 동기가 되었던 사업

---

34) 유가증권시장 공시규정 제7조(주요경영사항) ① 주권상장법인은 주요경영사항에 해당하는 경우에는 그 사실 또는 결정내용을 그 사유발생 당일에 거래소에 신고하여야 한다.
  3. 해당 유가증권시장주권상장법인의 기업경영활동에 관한 다음 각 목의 어느 하나에 해당하는 사실 또는 결정이 있은 때
    가. 해당 유가증권시장주권상장법인의 지배구조 또는 구조개편에 관한 다음의 어느 하나에 해당하는 사실 또는 결정이 있은 때
      (5) 상법 제374조·제522조·제530조의2 및 제530조의12에서 규정한 사실에 관한 결정이 있은 때

목적의 수행이 어려워지고 회사의 수익의 원천이 변동함으로 인해 주주들이 새로운 위험을 부담해야 하므로 출자자들의 경영정책적 판단을 요하는 사안이기 때문이다. 그리고 출자 당시 예상하지 못했던 상황변동이라는 점에서 정관변경과 같은 정도의 중대성이 있기 때문이다.[35)]

2) 영업의 중요한 일부의 양도

영업의 일부를 양도하더라도 그것이 중요한 부분이면 주주총회의 특별결의를 거쳐야 한다. 영업의 중요한 부분을 양도한다면 영업전부의 양도와 마찬가지로 주주의 보호가 필요하고, 또 이사회가 영업의 전부양도에 가해지는 제약, 즉 주주총회의 특별결의, 주식매수의 부담을 회피하기 위해 탈법적으로 일부양도의 형식을 빌리는 것을 차단하기 위해 중요한 일부의 양도도 주주총회의 특별결의를 요하게 한 것이다.

이 규정의 적용에는 영업의 "중요한 일부"가 무엇을 의미하는가라는 해석이 문제된다. 양도대상재산이 회사의 전재산에서 차지하는 비중에 시각을 두는 양적 판단의 방법과 회사 전체의 기본적인 사업수행에 미치는 영향의 크기에 중점을 두는 질적 판단을 생각해 볼 수 있다. 위에서 설명한 제도의 취지를 고려한다면 주주들의 출자동기에 영향을 미치는 정도를 고려해야 할 것이고, 그렇다면 양도로 인하여 회사의 기본적인 사업목적을 변경시킬 정도에 이를 경우에는 "중요한 일부"로 보아야 할 것이다.

3) 영업의 양수

회사의 영업에 중대한 영향을 미치는 다른 회사의 영업 전부 또는 일부를 양수하는 경우에도 주주총회의 특별결의를 요한다. 다른 "회사"의 영업을 양수하는 경우에만 주주총회의 특별결의를 요하고 개인영업을 양수하는 경우에는 주주총회의 특별결의를 요하지 않는다는 점을 주의해야 한다. 회사의 영업에 중대한 영향을 미치는 다른 회사의 영업전부의 양수는 실질적으로 회사합병과 동일한 효과를 가져오므로 합병과 같은 요건으로서 주주총회의 특별결의를 요구하는 것이다. 영업의 일부양수에는 이와 같은 의미는 없지만 영업의 양수에는 일반적으로 채무인수가 따르고, 양수하는 회사의 재무상황이나 사업목적에 따라서는 영업의 일부 양수도 구조적인 변화를 초래할 수 있으므로 상법은 회사의 영업에 중대한 영향을 미치는 다른 회사의 영업일부의 양수도 주주총회의 특별결의사항으로 하고 있는 것이다.

(4) 자본시장법상 영업·자산양수도의 특례

(가) 영업·자산양수도에 관한 정보공시

1) 증권신고서의 제출

가) 의의

증권거래법에서는 전술한 합병의 경우와 마찬가지로 중요한 영업 또는 자산의 양수도의

---

35) 이철송(2009), 470-471쪽.

경우에도 금융위원회와 거래소에 신고할 의무를 부과하고 있었다. 그러나 자본시장법에서는 이러한 신고의무를 폐지하는 대신에 영업 또는 자산의 양수도로 인하여 증권을 모집 또는 매출하는 경우에는 합병에 준하여 증권신고서에 이러한 조직개편행위에 관한 주요사항을 기재하도록 하고 있다(증권발행공시규정2-10).

나) 제출대상

주권상장법인의 "대통령령으로 정하는 중요한 영업 또는 자산의 양수도 행위"이다. 여기서 "대통령령으로 정하는 중요한 영업 또는 자산의 양수 또는 양도"란 다음의 어느 하나에 해당하는 것을 말한다(영176의6①, 영172②).

1. 양수·양도하려는 영업부문의 자산액(장부가액과 거래금액 중 큰 금액)이 최근 사업연도말 현재 자산총액(한국채택국제회계기준을 적용하는 연결재무제표 작성대상법인인 경우에는 연결재무제표의 자산총액)의 10% 이상인 양수·양도

2. 양수·양도하려는 영업부문의 매출액이 최근 사업연도말 현재 매출액(한국채택국제회계기준을 적용하는 연결재무제표 작성대상법인인 경우에는 연결재무제표의 매출액)의 10% 이상인 양수·양도

3. 영업의 양수로 인하여 인수할 부채액이 최근 사업연도말 현재 부채총액(한국채택국제회계기준을 적용하는 연결재무제표 작성대상법인인 경우에는 연결재무제표의 부채총액)의 10% 이상인 양수

4. 삭제 [2016. 6. 28]

5. 양수·양도하려는 자산액(장부가액과 거래금액 중 큰 금액)이 최근 사업연도말 현재 자산총액(한국채택국제회계기준을 적용하는 연결재무제표 작성대상법인인 경우에는 연결재무제표의 자산총액)의 10% 이상인 양수·양도. 다만, 일상적인 영업활동으로서 상품·제품·원재료를 매매하는 행위 등 금융위원회가 정하여 고시하는 자산의 양수·양도[36]는 제외한다.

---

36) "금융위원회가 정하여 고시하는 자산의 양수·양도"란 해당 법인의 사업목적을 수행하기 위하여 행하는 영업행위로서 다음의 어느 하나에 해당하는 것을 말한다(증권발행공시규정4-4).
   1. 상품·원재료·저장품 또는 그 밖에 재고자산의 매입·매출 등 일상적인 영업활동으로 인한 자산의 양수·양도
   2. 영업활동에 사용되는 기계, 설비, 장치 등의 주기적 교체를 위한 자산의 취득 또는 처분. 다만, 그 교체주기가 1년 미만인 경우에 한한다.
   3. 자본시장법 및 상법에 따른 자기주식의 취득 또는 처분
   4. 금융위원회법 제38조에 따른 검사대상기관과의 거래로서 약관에 따른 정형화된 거래
   5. 자산유동화법에 따른 자산유동화
   6. 공개매수에 의한 주식등의 취득, 공개매수청약에 의한 주식등의 처분
   7. 자본시장법 제4조 제3항에서 정한 국채증권·지방채증권·특수채증권 또는 법률에 의하여 직접 설립된 법인이 발행한 출자증권의 양수·양도
   8. 제1호부터 제7호까지에 준하는 자산의 양수·양도로서 투자자 보호의 필요성이 낮은 자산의 양수 또는 양도

다) 기재사항 및 첨부서류

① 영업양수도의 기재사항 및 첨부서류

영업양수도에 관한 증권신고서에는 영업양수도의 개요와 당사회사에 관한 사항을 기재하여야 한다. 당사회사에 관한 사항은 합병에 관한 증권신고서와 같다. 첨부서류는 합병에 관한 증권신고서의 첨부서류와 같다(증권발행공시규정2-10①②).[37]

② 자산양수도의 기재사항 및 첨부서류

자산양수도에 관한 증권신고서에는 자산양수도의 개요와 당사회사에 관한 사항을 기재하여야 한다. 당사회사에 관한 사항은 합병에 관한 증권신고서와 같다. 첨부서류는 합병에 관한 증권신고서의 첨부서류와 같다(증권발행공시규정2-10③④).[38]

---

37) 증권발행공시규정 제2-10조(영업 및 자산양수·도, 주식의 포괄적 교환·이전, 분할 및 분할합병의 증권신고서의 기재사항 및 첨부서류) ① 제2-6조에도 불구하고 영업양수·도로 인하여 증권을 모집 또는 매출하는 경우에는 영 제129조에 따라 증권신고서에 다음의 사항을 기재하여야 한다.
1. 제2-9조 제1항 제1호
2. 영업양·수도의 개요
　가. 영업양수·도의 일반사항
　나. 영업양수·도가액 및 산출근거(외부평가가 의무화된 경우 외부평가기관의 양수·도 가액의 적정성에 대한 평가의견을 포함)
　다. 영업양수·도의 요령
　라. 양수 또는 양도하고자 하는 영업의 내용
　마. 모집 또는 매출되는 증권의 주요 권리내용
　바. 모집 또는 매출되는 증권의 취득에 따른 투자위험요소
　사. 출자·채무보증 등 당사회사간의 이해관계에 관한 사항
　아. 주식매수청구권에 관한 사항
　자. 그 밖에 투자자 보호를 위하여 필요한 사항
3. 제2-9조 제1항 제3호(이 경우 당사회사는 증권신고서를 제출하는 회사를 말한다)
② 제1항의 증권신고서의 첨부서류는 제2-9조 제2항을 준용한다. 이 경우 당사회사는 증권신고서를 제출하는 회사를 말한다.
38) 증권발행공시규정 제2-10조(영업 및 자산양수·도, 주식의 포괄적 교환·이전, 분할 및 분할합병의 증권신고서의 기재사항 및 첨부서류)
③ 제2-6조에도 불구하고 자산양수·도로 인하여 증권을 모집 또는 매출하는 경우에는 영 제129조에 따라 증권신고서에 다음 각 호의 사항을 기재하여야 한다.
1. 제2-9조 제1항 제1호
2. 자산양·수도의 개요
　가. 자산양수·도의 일반사항
　나. 자산양수·도 가액 및 산출근거(외부평가가 의무화된 경우 외부평가기관의 양수·도 가액 적정성에 대한 평가의견을 포함)
　다. 자산양수·도의 요령
　라. 양수 또는 양도하고자 하는 자산의 내용
　마. 모집 또는 매출되는 증권의 주요 권리내용
　바. 모집 또는 매출되는 증권의 취득에 따른 투자위험요소
　사. 출자·채무보증 등 당사회사간의 이해관계에 관한 사항
　아. 주식매수청구권에 관한 사항

2) 공시(거래소 신고 및 주요사항보고서의 제출)

주권상장법인은 영업양수도에 관한 이사회의 결정이 있은 때에는 그 결정내용을 그 사유 발생 당일에 거래소에 신고하여야 한다(유가증권 공시규정7①(3) 가목 (5) 및 (6)). 주권상장법인은 이사회에서 "대통령령으로 정하는 중요한 영업 또는 자산을 양수하거나 양도할 것을 결의한 때" 그 사실이 발생한 날의 다음 날까지 그 내용을 기재한 주요사항보고서를 금융위원회에 제출하여야 한다(법161①(7)).[39]

(나) 영업·자산양수도 가액의 결정

주권상장법인의 영업·자산양수도에 대해서는 합병과 달리 양수도가액의 산정방법이 법정화되어 있지 않고 당사자 사이의 합의에 따라 자율적으로 결정하도록 하고 있다.

(다) 외부평가기관의 평가

중요한 영업 또는 자산의 양수·양도를 하려는 경우에는 영업 또는 자산의 양수·양도 가액의 적정성에 대하여 외부평가기관(시행령 제176조의5 제9항·제10항에 따라 합병에 대한 평가를 할 수 없는 외부평가기관은 제외)의 평가를 받아야 한다. 다만, 다음의 어느 하나에 해당하는 경우에는 외부평가기관의 평가를 받지 아니할 수 있다(영176의6③).

1. 중요한 자산의 양수·양도 중 증권시장을 통한 증권의 매매, 자산의 경매 등 외부평가기관의 평가 필요성이 적은 자산의 양수·양도로서 금융위원회가 정하여 고시하는 경우[40]
2. 코넥스시장에 상장된 법인과 주권비상장법인 간의 중요한 영업 또는 자산의 양수·양도의 경우

(라) 준용규정

중요한 영업 또는 자산의 양수·양도에 관하여는 제176조의5 제11항부터 제13항까지를 준용한다(영176의6④).

자. 그 밖에 투자자 보호를 위하여 필요한 사항

3. 제2-9조 제1항 제3호(이 경우 당사회사는 증권신고서를 제출하는 회사를 말한다)

④ 제3항의 증권신고서의 첨부서류는 제2-9조 제2항을 준용한다. 이 경우 당사회사는 증권신고서를 제출하는 회사를 말한다.

39) 주권상장법인은 양수하려는 자산액이 최근 사업연도말 현재 자산총액의 100분의 10 이상인 경우 이를 결의한 날의 다음 날까지 금융위원회에 주요사항보고서를 제출하여야 함에도, 코넥스시장 상장법인 A사는 2016. 8. 12. 이사회에서 직전 사업연도말(15년말) 자산총액 79.3억원의 14.1%에 해당하는 11.2억원의 기계구입 등을 결의하였음에도 주요사항보고서를 법정기한인 2016. 8. 16.을 경과하여 2018. 1. 2.에 지연제출한 사실이 있어 과징금 제재를 받았다.

40) "금융위원회가 정하여 고시하는 경우"란 다음의 어느 하나에 해당하는 경우를 말한다(증권발행공시규정 5-14의2).
1. 증권시장 또는 다자간매매체결회사를 통해 증권을 양수·양도한 경우
2. 민사집행법에 따른 경매를 통해 자산을 양수·양도한 경우
3. 제1호 및 제2호에 준하는 것으로서 외부평가기관의 평가필요성이 적은 자산의 양수·양도의 경우

(마) 영업양수도의 종료보고

주권상장법인이 합병등의 사유로 주요사항보고서를 제출한 이후 "등기 등 사실상 영업양수·양도를 종료한 때" 및 "관련 자산의 등기 등 사실상 자산양수·양도를 종료한 때"에는 지체없이 이와 관련한 사항을 기재한 서면을 금융위원회에 제출하여야 한다. 다만, 제2-19조 제3항에 따라 증권발행실적보고서를 제출하는 경우에는 그러하지 아니하다(증권발행공시규정5-15(2)(3)).

(5) 영업양수도 계약의 이행

(가) 영업재산의 이전

영업양수도는 채권계약이므로 그 이행으로써 양도인이 양수인에게 영업을 이전하여야 한다. 영업재산은 양도를 전후하여 동일성이 유지되도록 포괄적으로 이전하여야 한다. 영업의 동일성을 해하지 않는 범위에서 당사자의 합의에 의해 일부 자산을 제외시킬 수 있다.

영업재산을 이전하기 위해서는 이행행위가 있어야 한다. 포괄적인 이전이라고는 하지만 영업재산의 전부를 포괄적으로 이전하는 물권행위란 존재하지 않으므로 영업재산을 구성하는 개개의 구성부분을 이전하는 물권행위가 행해져야 한다. 즉 부동산은 등기, 동산은 인도하고, 채권은 대항요건을 구비하여 이전하는 등 재산의 종류별로 필요한 이전행위를 하여야 한다.[41]

(나) 영업조직과 사실관계

영업양수도의 이행에서 특히 중요한 것은 영업조직과 재산적 가치가 있는 사실관계를 이전하는 것이다. 영업이란 개개의 재산이 영업조직과 영업에 관한 사실관계에 의해 유기적으로 결합되었을 때에 영리수단으로서의 가치를 발휘할 수 있는 것이므로 영업조직과 사실관계를 이전하는 것이 영업양도에서 요체를 이루는 부분이라 할 수 있다. 이를 인수함으로써 양수인은 종전과 같이 동일성을 유지하며 영업을 계속할 수 있는 것이다. 영업조직이나 사실관계는 유형의 자산이 아니므로 이전방법이 따로 있을 수 없고, 영업의 관리체계·영업상의 비밀·거래처 관계 등을 구두 또는 문서 기타 거래통념에 부합하는 방법으로 전달하여야 한다.

(다) 채무이전

영업상의 채무는 양수인에게 있어 영업의 동일성과 무관하기도 하려니와 제3자(채권자)의 권리가 관련된 것이므로 영업양도의 요소가 아니다. 따라서 양수도 당사자 간의 합의가 없는 한 채무는 이전되지 아니하며, 양수인이 승계하기로 합의하더라도 채권자와의 관계에서 효력을 갖기 위해서는 채무인수절차(민법453 및 454)를 밟아야 한다.

영업에는 다양한 거래관계가 얽혀 있어 양수도 당시에는 알 수 없었던 영업상의 채무가 양도 후에야 밝혀지는 경우가 많다. 양수인이 영업상의 채무를 포괄적으로 이전하기로 합의하는 경우에 이러한 돌출적인 채무로 인한 위험부담을 피하기 위하여 "양도시 확인된 채무에 한

---

41) 이철송(2007), 「상법총칙·상행위」, 박영사(2007. 9), 236-237쪽.

하여 양수한다"는 식의 제한된 채무인수의 합의를 하는 수가 있다. 이러한 합의는 유효하다. 예컨대 임금채무가 소송 중이었으나 양도 당시에는 당사자가 채무의 존재를 확인하지 않았다가 양도 후 채권자가 승소한 경우에 이를 양도 당시에 확인되지 않았던 채무에 해당한다고 보아 양수인의 책임을 부정한 경우가 있다.[42) 채무가 당연히 승계되는 것은 아니므로 영업양도인이 양도 전에 갖고 있던 영업상의 채무에 관해 제3자가 보증을 한 경우, 양도인의 피보증인으로서의 지위는 양수인에게 이전되지 않는다. 따라서 보증인이 양도인의 채무를 대신 변제하더라도 양수인에게 구상권을 행사할 수 없다.[43)

영업상의 채권도 당사자 간의 합의가 없는 한 당연히 이전하는 것은 아니며, 합의가 있더라도 채무자에 대한 통지 또는 승낙이라는 대항요건을 구비하여야 한다(민법450).

(라) 공법상의 권리관계

영업에 관한 공법상 권리관계가 따르는 경우가 있다. 예컨대 주무관청의 영업허가와 같은 것이다. 이러한 공법적인 지위가 관련 법률에 의해 양도가능한 경우에는 당사자 간 그 이전에 협력할 것을 합의할 수 있다. 그렇지 않은 경우 공법상의 지위이전은 양도인의 의무가 아니라고 보아야 한다.

(6) 영업양수도와 관련된 주주 등의 지위

(가) 주주

영업양수도로 인해 가장 불이익을 받을 여지가 있는 이해관계자는 저가로 영업을 양도하거나 고가로 영업을 양수하는 일방당사회사의 소수주주들이다. 이들 역시 합병의 경우와 마찬가지로 주식매수청구권을 행사할 수는 있다. 그러나 합병의 경우에 주주에게 합병무효의 소를 제기할 수 있는 권리가 부여되는 것과는 달리 영업양수대금이 부당하게 과소하여 회사에 손해가 발생하고, 이로 말미암아 주주에게도 간접적인 손해가 발생하는 경우 주주로서는 이를 무효화시킴으로써 직접적으로 구제받을 방법은 없고, 대표소송제기의 요건이 갖추어지면 대표소송을 제기할 수 있을 것이다.

(나) 채권자

채권자는 부당한 영업양수도로 인하여 책임재산의 감소를 통해 채무자가 무자력상태에 빠지는 경우에 한하여 민법상의 채권자취소권을 행사할 수 있고, 한편 영업양수의 대상에 포함된 경우 그 채무에 대한 채권자는 채무인수를 승낙하지 않는 방법으로 자신의 이익을 보호할 수 있다.

---

42) 대법원 1996. 5. 31. 선고 91다15225 판결
43) 대법원 1989. 12. 22. 선고 89다카11005 판결.

4. 주식의 포괄적 교환 · 이전

(1) 서설

(가) 주식의 포괄적 교환 · 이전의 의의

상법상 주식의 포괄적 교환[44]("주식교환")은 기존 주식회사(A)가 기존의 다른 주식회사(B)의 완전모회사(지주회사)가 되기 위한 제도로써, 회사는 주식교환에 의해 다른 회사의 발행주식의 총수를 소유하는 회사(완전모회사)가 될 수 있으며, 그 대가로서 자기회사[A의 주식을 교부하는 것을 말한다(상법360의2①)] 주식교환에 의하여 완전자회사가 되는 회사의 주주가 가지는 그 회사(완전자회사)의 주식은 주식을 교환하는 날에 주식교환에 의하여 완전모회사가 되는 회사에 이전하고, 완전자회사가 되는 회사의 주주는 완전모회사가 발행하는 신주의 배정을 받음으로써 완전모회사의 주주가 된다(상법360의2②). 여기서 신주발행은 통상의 유상증자를 위한 신주발행(상법416)이 아니고, 완전자회사의 주주들로부터 이전된 완전자회사의 주식을 재원으로 하여 주식을 교환하는 날에 자동적으로 발행되는 것이다. 따라서 B회사의 주주의 입장에서 보면 B회사의 주식을 A회사에 이전하고 그 대신 A회사의 주식을 받게 되므로 양 회사주식을 교환하는 것이 된다.

주식의 포괄적 이전("주식이전")은 기존 주식회사가 그 자체는 자회사가 되고 완전모회사를 설립하는 제도이다. 즉 기존의 주식회사(B)의 주식의 전부를 신설하는 회사(A)에 포괄적으로 이전하고 신설회사(A)의 설립시에 발행하는 주식을 기존회사(B)의 주주에게 교부함으로써 성립하는 완전모회사의 창설행위를 말한다(상법360의15). 이 경우 B회사는 A회사의 완전자회사가 되고, B회사의 주주는 A회사(완전모회사)의 주주가 되는 것이다. 주식이전은 기존회사의 주주총회의 특별결의 기타 일정한 요건과 절차에 따라 진행되고, 반대주주의 주식도 일괄하여 신설되는 완전모회사에 강제적으로 이전되는 효과를 가지는 것이므로 기존회사의 주주가 회사와 관계없이 그 소유주식을 현물출자하여 신회사를 설립하는 경우에는 상법상의 주식이전이 되지는 않는다.

(나) 입법배경

주식의 포괄적 교환 및 이전[45]은 회사 간에 주식 전부를 받거나 주는 방식으로 완전한 모

---

44) 주식교환은 기존회사의 신주가 다른 회사의 구주 전부와 교환되는지 또는 다른 회사의 구주 일부와 교환되는지 여부에 따라 주식의 포괄적 교환 또는 주식의 부분적 교환으로 구분할 수 있다. 상법에 도입된 주식의 포괄적 교환은 기존회사의 신주가 다른 회사 구주 100%와 교환되는 형태로서 기존회사는 완전모회사가 되고 다른 회사는 완전자회사가 되는 형태이다. 그리고 주식의 부분적 교환은 기존회사 신주가 다른 회사 구주 일부와 교환이 이루어지는 형태로서 기존 회사와 다른 회사는 완전모회사 및 완전자회사의 관계를 형성하지는 않는다.

45) 공정거래법에서는 지주회사의 설립 또는 전환을 허용함에 따라 2001년 개정상법에서는 지주회사의 설립에

회사 또는 자회사가 될 수 있는 제도로서 모두 완전모회사의 설립을 전제로 한 것이다. 다만 포괄적 주식교환 방식은 회사가 신주를 발행하여 다른 회사의 주주가 가진 주식 전부와 교환하도록 함으로써 그 다른 회사의 모회사가 되는 방식이고, 포괄적 주식이전 방식은 회사가 별도의 완전모회사를 설립하여 주주가 가진 그 회사의 주식 전부를 새로 설립하는 완전모회사에 이전함으로써 기존 기업의 매수에 의하지 아니하고 완전모회사의 설립을 가능하게 하는 방식이다.

주식교환제도의 도입 이전에도 물적분할, 합병 또는 영업양도의 방법을 이용하거나 기존회사의 주식을 매수하거나 기존회사의 주주에게 제3자 배정을 하는 등의 방식으로 완전모회사의 설립이 가능했으나, 절차가 복잡하고 주식의 매수방식을 선택할 경우에는 거액의 자금이 소요되는 등의 단점이 있어 거의 이용되지 않고 있었다.

따라서 주식의 포괄적 교환·이전제도는 기존제도들의 절차상·비용상의 한계를 극복하면서 기본적으로 기업의 물적조직은 그대로 둔 채 인적조직만 이전시키기 위한 것으로서 완전모자회사 관계인 순수지주회사의 설립에 대하여 상법상 제도적인 지원책을 마련하는데 그 목적이 있다고 할 수 있다. 특히 주식교환이나 이전은 주주총회의 특별결의 등 소정의 절차를 거치는 한 반대주주에게도 주식양도를 강제하는 효과가 있기 때문에, 기존의 당사자 간의 민법상의 교환계약에 의하여 임의로 이루어지는 주식맞교환(stock swap)이 사법상의 계약에 불과한 반면 주식의 교환·이전제도는 단체법상의 제도로서 그 본질을 달리한다는 점에서 큰 차이가 있다고 할 수 있다.46)

(2) 주식의 포괄적 교환·이전의 제한
(가) 상법상 제한
1) 당사자 제한

상법상 분할제도가 주식회사에 한하여 인정되는 것과 마찬가지로 주식교환·이전은 용어 그대로 주식회사에 대해서만 인정된다. 다만 상장법인·비상장법인에 관계없이 모든 주식회사에 대하여 인정되며, 1인 회사라도 무방하다. 2001년 개정 상법에서 1인 주식회사의 설립을 인정한 것은(상법288) 주식회사의 설립요건을 완화하기 위한 목적도 있지만, 주식의 포괄적 교환 및 이전에 의한 완전모회사의 설립을 인정함에 따라 1인회사 설립을 허용하지 않을 수 없게 되

관한 제도적 보완을 통하여 지주회사의 설립 등을 용이하게 하기 위하여, 회사가 주식의 포괄적 교환 또는 이전에 의하여 다른 회사의 발행주식의 전부를 소유할 수 있도록 하는 제도를 도입함으로써 기업의 구조조정을 지원할 수 있도록 하였다. 상법상의 주식의 포괄적 교환·이전은 2001년도에 도입되었지만, 2000. 10. 23.에 제정된 금융지주회사법에서 이미 주식교환·이전제도를 도입하였고, 이에 근거하여 우리금융지주회사와 신한금융지주회사가 설립되었다. 그러나 주식교환·이전은 상법상의 제도로 수용함으로 인해 업종에 불구하고 모든 회사가 이 제도를 이용할 수 있게 되었다.
46) 이광중(2003), 「회사분할」, 삼일인포마인(2003. 7), 1044-1045쪽.

었기 때문이다

2) 완전모회사의 자본금 증가의 한도 제한

주식의 포괄적 교환·이전시 부실한 완전자회사를 인수함으로써 완전모회사가 자산의 질이 악화되는 것을 막기 위하여 상법은 다음과 같은 제한을 두고 있다.

가) 주식의 포괄적 교환

완전모회사가 되는 회사의 자본금은 주식교환의 날에 완전자회사가 되는 회사에 현존하는 순자산액에서 다음의 금액을 뺀 금액을 초과하여 증가시킬 수 없다(상법360의7①).

1. 완전자회사가 되는 회사의 주주에게 제공할 금전이나 그 밖의 재산의 가액
2. 제360조의3 제3항 제2호에 따라 완전자회사가 되는 회사의 주주에게 이전하는 자기주식의 장부가액의 합계액

완전모회사가 되는 회사가 주식교환 이전에 완전자회사가 되는 회사의 주식을 이미 소유하고 있는 경우에는 완전모회사가 되는 회사의 자본금은 주식교환의 날에 완전자회사가 되는 회사에 현존하는 순자산액에 그 회사의 발행주식총수에 대한 주식교환으로 인하여 완전모회사가 되는 회사에 이전하는 주식의 수의 비율을 곱한 금액에서 제1항 각호의 금액을 뺀 금액의 한도를 초과하여 이를 증가시킬 수 없다(상법360의7②).

나) 주식의 포괄적 이전

설립하는 완전모회사의 자본금은 주식이전의 날에 완전자회사가 되는 회사에 현존하는 순자산액에서 그 회사의 주주에게 제공할 금전 및 그 밖의 재산의 가액을 뺀 액을 초과하지 못한다(법360의18).

(나) 공정거래법상 제한

공정거래법에 의하면 주식의 포괄적 교환·이전으로 일정한 요건을 충족하는 경우에는 지주회사의 설립·전환의 신고를 하여야 하며, 일정한 경우에는 기업결합신고를 하여야 한다(동법12).

(다) 금융지주회사법에 의한 주식교환(이전) 비율 평가

주식의 포괄적 교환("주식교환") 또는 주식의 포괄적 이전("주식이전")에 의하여 완전지주회사가 되는 경우에는 주식의 교환비율이 적정하여야 하며(금융지주회사법4①(5)), 주식교환 또는 주식이전을 하는 경우의 주식교환비율(완전모회사가 되는 회사의 교환가격과 완전자회사가 되는 회사의 교환가격 중 높은 가격을 낮은 가격으로 나눈 비율)에 대하여 비금융회사는 비율평가에 대한 특별한 제한규정이 없으나 금융지주회사의 경우 주식교환(이전)가격 평가방법을 법정화하고 있고, 객관성을 기하기 위하여 외부평가기관의 평가를 받도록 하고 있다(동법 시행령5⑤⑥).

(3) 주식의 포괄적 교환·이전의 절차

(가) 이사회 결의와 자본시장법상 공시

1) 이사회 결의와 주식교환·이전계약의 체결

명문의 규정은 없으나 계약체결 이전에 이사회의 결의가 있어야 한다. 이사회 결의 후 당사회사의 대표이사가 주식교환·이전계약을 체결하게 된다.

2) 공시(거래소 신고 및 주요사항보고서의 제출)

주권상장법인은 주식교환 또는 주식이전에 관한 이사회의 결정이 있은 때에는 그 결정내용을 그 사유발생 당일에 거래소에 신고하여야 한다(유가증권 공시규정7①(3) 가목 (4)). 주권상장법인은 이사회에서 "주식의 포괄적 교환·이전의 사실이 발생한 때" 그 사실이 발생한 날의 다음 날까지 그 내용을 기재한 주요사항보고서를 금융위원회에 제출하여야 한다(법161①(6)).

3) 주권의 일시적인 매매거래정지

거래소는 주가 또는 거래량에 중대한 영향을 미칠 수 있는 사항이 결의된 경우 주가에 대한 충격을 완화하기 위하여 당해 이사회 결의에 대한 공시가 있을 경우 일시적으로 매매거래를 정지하고 있다(유가증권시장 공시규정40①(2), 동 시행세칙16①③).

(나) 주식교환계약서 또는 주식이전계획서의 작성

1) 주식교환계약서의 작성

모회사로 예정된 회사와 자회사로 예정된 회사의 대표이사에 의해 주식교환의 조건 등 주식교환에 필요한 사항이 합의되어야 한다. 주식교환계약은 특별한 방식을 요하지 않는다. 그러나 주식교환계약서에는 다음의 사항을 적어야 한다(상법360의3③). 대체로 흡수합병의 계약서와 같다.

1. 완전모회사가 되는 회사가 주식교환으로 인하여 정관을 변경하는 경우에는 그 규정
2. 완전모회사가 되는 회사가 주식교환을 위하여 신주를 발행하거나 자기주식을 이전하는 경우에는 발행하는 신주 또는 이전하는 자기주식의 총수·종류, 종류별 주식의 수 및 완전자회사가 되는 회사의 주주에 대한 신주의 배정 또는 자기주식의 이전에 관한 사항
3. 완전모회사가 되는 회사의 자본금 또는 준비금이 증가하는 경우에는 증가할 자본금 또는 준비금에 관한 사항
4. 완전자회사가 되는 회사의 주주에게 제2호에도 불구하고 그 대가의 전부 또는 일부로서 금전이나 그 밖의 재산을 제공하는 경우에는 그 내용 및 배정에 관한 사항
5. 각 회사가 제1항의 결의를 할 주주총회의 기일
6. 주식교환을 할 날
7. 각 회사가 주식교환을 할 날까지 이익배당을 할 때에는 그 한도액

8. 삭제 [2015. 12. 1]
9. 완전모회사가 되는 회사에 취임할 이사와 감사 또는 감사위원회의 위원을 정한 때에는 그 성명 및 주민등록번호

2) 주식이전계획서의 작성

주식교환에서는 모회사와 자회사가 될 회사 간의 계약을 체결하여야 하나, 주식이전은 어느 회사가 자신의 의지에 의해 자신의 모회사를 신설하는 제도이므로 주식교환계약에서와 같은 계약은 존재하지 않는다. 다만 모회사를 신설하고자 하는 회사의 일방적인 계획으로 실행된다. 따라서 주식이전을 하고자 하는 회사는 다음 사항을 적은 주식이전계획서를 작성하여 주주총회의 특별결의를 받아야 한다(상법360의16①).

1. 설립하는 완전모회사의 정관의 규정
2. 설립하는 완전모회사가 주식이전에 있어서 발행하는 주식의 종류와 수 및 완전자회사가 되는 회사의 주주에 대한 주식의 배정에 관한 사항
3. 설립하는 완전모회사의 자본금 및 자본준비금에 관한 사항
4. 완전자회사가 되는 회사의 주주에게 제2호에도 불구하고 금전이나 그 밖의 재산을 제공하는 경우에는 그 내용 및 배정에 관한 사항
5. 주식이전을 할 시기
6. 완전자회사가 되는 회사가 주식이전의 날까지 이익배당을 할 때에는 그 한도액
7. 설립하는 완전모회사의 이사와 감사 또는 감사위원회의 위원의 성명 및 주민등록번호
8. 회사가 공동으로 주식이전에 의하여 완전모회사를 설립하는 때에는 그 뜻

(다) 주식교환계약서 또는 주식이전계획서 등의 공시

상법은 주주가 주식교환 승인결의 또는 주식이전 승인결의에 관하여 의사결정을 하기 위해서는 사전에 주식교환 또는 주식이전의 구체적인 사항을 파악할 필요가 있음을 고려하여 사전에 공시하게 하고 있다.

1) 주식교환계획서 등 관련서류의 공시

이사는 주주총회의 회일의 2주전부터 주식교환의 날 이후 6월이 경과하는 날까지 다음의 서류를 본점에 비치하여야 한다(상법360의4①).

1. 주식교환계약서
2. 완전모회사가 되는 회사가 주식교환을 위하여 신주를 발행하거나 자기주식을 이전하는 경우에는 완전자회사가 되는 회사의 주주에 대한 신주의 배정 또는 자기주식의 이전에 관하여 그 이유를 기재한 서면

3. 주주총회의 회일(제360조의9의 규정에 의한 간이주식교환의 경우에는 동조 제2항의 규정에 의하여 공고 또는 통지를 한 날)전 6월 이내의 날에 작성한 주식교환을 하는 각 회사의 최종 대차대조표 및 손익계산서

주주는 영업시간 내에 언제든지 위 서류의 열람 또는 등본을 청구할 수 있다(상법360의4②, 상법391의3③). 그러나 채권자의 열람은 허용되지 않는다(동조항의 반대해석). 주식교환은 회사의 재산에 변동을 가져오는 것이 아니므로 채권자의 이해는 없기 때문이다.

2) 주식이전계획서 등 관련서류의 공시

이사는 주식이전 승인을 위한 주주총회의 회일의 2주전부터 주식이전의 날 이후 6월을 경과하는 날까지 다음의 서류를 본점에 비치하여야 한다(상법360의17①).

1. 주식이전계획서
2. 완전자회사가 되는 회사의 주주에 대한 주식의 배정에 관하여 그 이유를 기재한 서면
3. 주식이전 승인을 위한 주주총회의 회일전 6월 이내의 날에 작성한 완전자회사가 되는 회사의 최종 대차대조표 및 손익계산서

주주는 영업시간 내에 언제든지 위 서류의 열람 또는 등본을 청구할 수 있다(상법360의17②).

(라) 주주총회의 승인결의

1) 주식교환

주식교환계약서는 완전모회사가 될 회사와 완전자회사가 될 회사에서 각각 주주총회의 특별결의에 의한 승인을 얻어야 한다(상법360의3①②). 주식교환을 현물출자적인 사고로 이해한다면 자회사의 주주총회의 결의만 있으면 족하고, 모회사에서까지 주주총회의 결의를 요한다고 볼 것은 아니다. 그러나 전술한 바와 같이 상법은 주식교환을 단체법적 행위로 파악하므로 모회사의 승인결의를 요구하고 있다.

회사는 주주총회를 소집하는 통지에 다음의 사항을 기재하여야 한다(상법363의3④).

1. 주식교환계약서의 주요내용
2. 반대주주의 주식매수청구권의 내용 및 행사방법
3. 일방회사의 정관에 주식의 양도에 관하여 이사회의 승인을 요한다는 뜻의 규정이 있고 다른 회사의 정관에 그 규정이 없는 경우 그 뜻

주식교환으로 인하여 주식교환에 관련되는 각 회사의 주주의 부담이 가중되는 경우에는 제1항의 주주총회의 승인결의 및 주식교환으로 인하여 어느 종류의 주주에게 손해를 미치게 될 경우(상법436)에는 해당 종류주주총회의 특별결의 외에 그 주주 전원의 동의가 있어야 한다

(상법360의3⑤).

2) 주식이전

주식이전계획서는 주주총회의 특별결의에 의하여 승인을 받아야 한다(상법360의16①②). 주주총회 소집을 위한 통지 및 공고에 기재할 사항은 주식교환의 경우와 동일하다(상법360의16③). 주식이전으로 인하여 주식이전에 관련되는 각 회사의 주주의 부담이 가중되는 경우에는 제1항의 주주총회 승인결의 및 주식이전으로 인하여 어느 종류의 주주에게 손해를 미치게 될 경우(상법436)에는 해당 종류주주총회의 특별결의 외에 그 주주 전원의 동의가 있어야 한다(상법360의16④).

(4) 자본시장법상 주식의 포괄적 교환·이전의 특례

(가) 주식의 포괄적 교환·이전에 관한 정보공시

1) 증권신고서의 제출

가) 의의

증권거래법에서는 전술한 합병, 중요한 영업 또는 자산의 양수도의 경우와 마찬가지로 주식의 포괄적 교환·이전의 경우에도 금융위원회와 거래소에 신고할 의무를 부과하고 있었다. 그러나 자본시장법에서는 이러한 신고의무를 폐지하는 대신에 주식의 포괄적 교환·이전으로 인하여 증권을 모집 또는 매출하는 경우에는 합병에 준하여 증권신고서에 이러한 조직개편행위에 관한 주요사항을 기재하도록 하고 있다(증권발행공시규정2-10).

나) 기재사항 및 첨부서류

주식의 포괄적 교환·이전에 관한 증권신고서에는 주식의 포괄적 교환·이전의 개요와 당사회사에 관한 사항을 기재하여야 한다. 당사회사에 관한 사항은 합병에 관한 증권신고서의 경우와 같다. 첨부서류는 합병에 관한 증권신고서의 첨부서류와 같다(증권발행공시규정2-10⑤⑥).[47]

---

47) 증권발행공시규정 제2-10조(영업 및 자산양수·도, 주식의 포괄적 교환·이전, 분할 및 분할합병의 증권신고서의 기재사항 및 첨부서류) ⑤ 제2-6조에도 불구하고 주식의 포괄적 교환·이전으로 인하여 증권을 모집 또는 매출하는 경우에는 영 제129조에 따라 증권신고서에 다음의 사항을 기재하여야 한다.
  1. 제2-9조 제1항 제1호
  2. 주식의 포괄적 교환·이전의 개요
      가. 주식의 포괄적 교환이전의 일반사항
      나. 주식의 포괄적 교환이전 비율 및 산출근거(외부평가가 의무화된 경우 외부평가기관의 교환·이전 비율 적정성에 대한 평가의견을 포함한다)
      다. 주식의 포괄적 교환이전의 요령
      라. 모집 또는 매출되는 증권의 주요 권리내용
      마. 모집 또는 매출되는 증권의 취득에 따른 투자위험요소
      바. 출자·채무보증 등 당사회사간의 이해관계에 관한 사항
      사. 주식매수청구권에 관한 사항
      아. 그 밖에 투자자 보호를 위하여 필요한 사항
  3. 제2-9조 제1항 제3호(이 경우 당사회사는 주식의 포괄적 교환의 경우에는 완전모회사 및 완전자회사가

2) 공시(거래소 신고 및 주요사항보고서의 제출)

주권상장법인은 주식교환 또는 주식이전에 관한 이사회의 결정이 있은 때에는 그 결정내용을 그 사유발생 당일에 거래소에 신고하여야 한다(유가증권 공시규정7①(3) 가목 (4)). 주권상장법인은 이사회에서 "주식의 포괄적 교환·이전의 사실이 발생한 때" 그 사실이 발생한 날의 다음 날까지 그 내용을 기재한 주요사항보고서를 금융위원회에 제출하여야 한다(법161①(6)).

(나) 주식의 포괄적 교환·이전 가액의 결정

주식의 포괄적 교환 또는 포괄적 이전에 관하여는 전술한 합병가액 산정방식에 관한 제176조의5 제1항을 준용한다. 다만, 주식의 포괄적 이전으로서 그 주권상장법인이 단독으로 완전자회사가 되는 경우에는 그러하지 아니하다(영176의6②). 이 경우에는 주권상장법인의 주주가 완전모회사의 주주로 지위만 변경될 뿐 당해 주권상장법인의 자산에는 변화가 없기 때문이다.

(다) 외부평가기관의 평가의무

주식의 포괄적 교환 또는 포괄적 이전(상법 제360조의2 및 제360조의15에 따른 완전자회사가 되는 법인 중 주권비상장법인이 포함되는 경우와 완전모회사가 주권비상장법인으로 되는 경우만 해당)을 하려는 경우에는 주식의 포괄적 교환 비율 또는 포괄적 이전 비율의 적정성에 대하여 외부평가기관(제176조의5 제9항·제10항에 따라 합병에 대한 평가를 할 수 없는 외부평가기관은 제외)의 평가를 받아야 한다. 다만, 코넥스시장에 상장된 법인과 주권비상장법인 간의 주식의 포괄적 교환 및 포괄적 이전의 경우에는 외부평가기관의 평가를 받지 아니할 수 있다(영176의6③).

(라) 준용규정

주식의 포괄적 교환 및 포괄적 이전에 관하여는 제176조의5 제11항부터 제13항까지를 준용한다(영176의6④).

(마) 주식의 포괄적 교환·이전의 종료보고

주권상장법인이 합병 등의 사유로 주요사항보고서를 제출한 이후 주식교환을 한 날 또는 주식이전에 따른 등기를 한 때에는 지체없이 이와 관련한 사항을 기재한 서면을 금융위원회에 제출하여야 한다. 다만, 제2-19조 제3항에 따라 증권발행실적보고서를 제출하는 경우에는 그러하지 아니하다(증권발행공시규정5-15).

되는 회사, 주식의 포괄적 이전의 경우에는 완전자회사가 되는 회사를 말한다)
⑥ 제5항의 증권신고서의 첨부서류는 제2-9조 제2항을 준용한다. 이 경우 같은 항 제5호는 주식교환계약서 또는 주식이전계획서를 말하며, 당사회사는 주식의 포괄적 교환의 경우에는 완전모회사 및 완전자회사가 되는 회사, 주식의 포괄적 이전의 경우에는 완전자회사가 되는 회사를 말한다.

5. 분할 또는 분할합병

(1) 서설

(가) 의의

상법상 회사분할이라 함은 "1개의 회사가 2개 이상의 회사로 나누어져, 분할 전 회사(피분할회사)의 권리의무가 분할 후의 회사에 포괄승계되고 분할 전 회사가 소멸하는 경우에 청산절차 없이 소멸되며, 원칙적으로 분할 전 회사의 주주가 분할 후의 회사의 주주가 되는 회사법상의 법률요건"을 말한다. 이는 2개 이상의 회사가 합쳐서 하나의 회사로 되는 합병과는 반대 개념이지만 기업재편의 방법이라는 점에서 공통된다.[48]

(나) 경제적 기능

회사분할의 유용성은 분할회사와 분할신설회사 또는 기업경영진 등 분할 관련 이해당사자들의 입장에서 여러 가지로 설명할 수 있지만, 가장 중요한 것은 변화하는 기업환경에 적응하기 위하여 회사의 구조를 근본적으로 개혁하려는 이른바 기업구조조정의 동기라고 할 수 있으며, 이는 회사분할에 대한 세제상의 우대조치에 의하여 뒷받침되고 있다. 회사분할은 특정사업부문의 전문화를 도모하고, 한계사업부문의 정리, 불량자산의 분리 수단으로 이용된다. 또한 기업의 회생수단으로서의 기능, 위험부담의 분산 및 신규사업 진출, 외자유치 및 사업부문 매각의 추진, 독립채산제의 실행, 지주회사의 설립 및 전환 수단으로서의 기능을 수행할 수 있으며, 이해관계의 조정 및 재산의 분배, 고용조정의 수단, 노무관리의 차별화, 주가관리의 수단 등으로 기능을 수행할 수 있다.[49]

(2) 자본시장법상 회사의 분할·분할합병의 특례

(가) 회사의 분할·분할합병에 관한 정보공시

1) 증권신고서의 제출

가) 의의

증권거래법에서는 전술한 합병 등의 경우와 마찬가지로 회사의 분할·분할합병의 경우에도 금융위원회와 거래소에 신고할 의무를 부과하고 있었다. 그러나 자본시장법에서는 이러한 신고의무를 폐지하는 대신에 회사의 분할·분할합병으로 인하여 증권을 모집 또는 매출하는 경우에는 합병에 준하여 증권신고서에 이러한 조직개편행위에 관한 주요사항을 기재하도록 하고 있다(증권발행공시규정2-10).

---

48) 정찬형(2008), 「상법강의(상)」, 박영사(2008. 2), 471쪽.
49) 이광중(2003), 76쪽.

나) 기재사항 및 첨부서류

회사의 분할·분할합병에 관한 증권신고서에는 분할·분할합병의 개요와 당사회사에 관한 사항을 기재하여야 한다. 당사회사에 관한 사항은 합병에 관한 증권신고서의 경우와 같다. 첨부서류는 합병에 관한 증권신고서의 첨부서류와 같다(증권발행공시규정2-10⑦-⑩).[50]

2) 공시(거래소 신고 및 주요사항보고서의 제출)

주권상장법인은 주식교환 또는 주식이전에 관한 이사회의 결정이 있은 때에는 그 결정내용을 그 사유발생 당일에 거래소에 신고하여야 한다(유가증권 공시규정7①(3) 가목 (5)). 주권상장법인은 이사회에서 "회사의 분할 및 분할합병 등의 사실이 발생한 때"에는 그 사실이 발생한 날의 다음 날까지 그 내용을 기재한 주요사항보고서를 금융위원회에 제출하여야 한다(법161①(6)).

(나) 분할합병 가액의 결정

분할합병에 관하여는 제176조의5 제1항을 준용한다. 다만 분할되는 법인의 합병대상이 되는 부분의 합병가액 산정에 관하여는 제1항 제2호 나목을 준용한다(영176의6②).

(다) 외부평가기관의 평가의무

분할합병을 하려는 경우에는 분할합병 비율의 적정성에 대하여 외부평가기관(제176조의5 제9항·제10항에 따라 합병에 대한 평가를 할 수 없는 외부평가기관은 제외)의 평가를 받아야 한다. 다만, 코넥스시장에 상장된 법인과 주권비상장법인 간의 분할합병의 경우에는 외부평가기관의

---

50) 증권발행공시규정 제2-10조(영업 및 자산양수·도, 주식의 포괄적 교환·이전, 분할 및 분할합병의 증권신고서의 기재사항 및 첨부서류) ⑦ 제2-6조에도 불구하고 분할로 인하여 증권을 모집 또는 매출하는 경우에는 영 제129조에 따라 증권신고서에 다음 각 호의 사항을 기재하여야 한다.
1. 제2-9조 제1항 제1호
2. 분할의 개요
    가. 분할에 관한 일반사항
    나. 분할의 요령
    다. 분할되는 영업 및 자산의 내용
    라. 모집 또는 매출되는 증권의 주요 권리내용
    마. 모집 또는 매출되는 증권의 취득에 따른 투자위험요소
    바. 그 밖에 투자자 보호를 위하여 필요한 사항
3. 제2-9조 제1항 제3호(이 경우 당사회사는 분할되는 회사를 말한다)
⑧ 제7항의 증권신고서의 첨부서류는 제2-9조 제2항(제11호는 제외한다)을 준용한다. 이 경우 같은 항 제5호는 분할계획서를 말하며, 당사회사는 분할되는 회사를 말한다.
⑨ 제2-6조에도 불구하고 분할합병으로 인하여 증권을 모집 또는 매출하는 경우에는 영 제129조에 따라 증권신고서에 다음 각 호의 사항을 기재하여야 한다.
1. 제2-9조 제1항 제1호
2. 분할합병의 개요
    가. 제2-9조 제1항 제2호 각 목의 사항
    나. 분할되는 영업 및 자산의 내용
3. 제2-9조 제1항 제3호(이 경우 당사회사는 분할되는 회사 및 분할합병의 상대방회사를 말한다)
⑩ 제9항의 증권신고서의 첨부서류는 제2-9조 제2항을 준용한다. 이 경우 당사회사는 분할되는 회사 및 분할합병의 상대방회사를 말한다.

평가를 받지 아니할 수 있다(영176의6③).

(라) 준용규정

분할·분할합병에 관하여는 제176조의5 제11항부터 제13항까지를 준용한다(영176의6④).

(마) 분할·분합합병의 종료보고

주권상장법인이 합병등의 사유로 주요사항보고서를 제출한 이후 분할 또는 분할합병 등기를 한 때에는 지체없이 이와 관련한 사항을 기재한 서면을 금융위원회에 제출하여야 한다. 다만, 제2-19조 제3항에 따라 증권발행실적보고서를 제출하는 경우에는 그러하지 아니하다(증권발행공시규정5-15(4)).

Ⅲ. 주식매수청구권

1. 서설

(1) 의의

자본시장법은 "주권상장법인이 상법 제360조의3(주식교환)·제360조의9(간이주식교환)·제360조의16(주식이전)·제374조(영업양도 등)·제522조(합병)·제527조의2(간이합병) 및 제530조의3(상법 제530조의2에 따른 분할합병 및 같은 조에 따른 분할로서 대통령령으로 정하는 경우만 해당)에서 규정하는 의결사항에 관한 이사회 결의에 반대하는 주주(상법 제344조의3 제1항에 따른 의결권이 없거나 제한되는 종류주식의 주주를 포함)는 주주총회 전(상법 제360조의9에 따른 완전자회사가 되는 회사의 주주와 같은 법 제527조의2에 따른 소멸하는 회사의 주주의 경우에는 같은 법 제360조의9 제2항 및 제527조의2 제2항에 따른 공고 또는 통지를 한 날부터 2주 이내)에 해당 법인에 대하여 서면으로 그 결의에 반대하는 의사를 통지한 경우에만 자기가 소유하고 있는 주식(반대의사를 통지한 주주가 제391조에 따라 이사회 결의 사실이 공시되기 이전에 취득하였음을 증명한 주식과 이사회 결의 사실이 공시된 이후에 취득하였지만 대통령령으로 정하는 경우에 해당함을 증명한 주식만 해당)을 매수하여 줄 것을 해당 법인에 대하여 주주총회의 결의일(상법 제360조의9에 따른 완전자회사가 되는 회사의 주주와 같은 법 제527조의2에 따른 소멸하는 회사의 주주의 경우에는 같은 법 제360조의9 제2항 및 제527조의2 제2항에 따른 공고 또는 통지를 한 날부터 2주가 경과한 날)부터 20일 이내에 주식의 종류와 수를 기재한 서면으로 청구할 수 있다(법165의5①)"고 규정하고 있는데, 이를 주식매수청구권이라고 한다.

(2) 기능

주식매수청구권은 다수파주주와 아울러 소수파주주 쌍방의 이익을 조화하기 위한 제도이다. 이 제도에 의하여 다수파주주는 그들의 계획을 원만히 실현할 수 있는 반면, 소수파주주는 투하자본을 공정한 가격으로 회수하고서 회사로부터 떠날 수 있게 된다. 다수파주주에게는 회사의 중요한 개혁(영업양도, 합병 등)을 소수파주주의 반대를 무릅쓰고 실현할 수 있게 하여 주는 반면, 소수파주주에게는 다수결의 남용이나 당해 행위로부터 초래될 위험으로부터 벗어날 수 있는 길을 열어 주는 것이다. 이 제도의 필요성은 상장법인에 비하여 비상장법인에게 더 크다. 상장법인의 경우에는 증권시장을 통하여 주식의 처분이 용이함에 비하여 비상장법인의 경우에는 그 처분이 용이하지 않기 때문이다.[51]

(3) 법적 성질

주식매수청구를 받으면 해당 법인은 매수청구기간이 종료하는 날부터 1개월 이내에 해당 주식을 매수하여야 한다(법165의5②). 따라서 주식매수청구권은 일정한 경우 주주가 그 권리를 일방적으로 행사하면 회사는 그 주식을 매수할 의무가 생기는 것이므로 형성권에 해당한다.

2. 요건

(1) 대상 의결사항

자본시장법은 법 제360조의3(주식교환)·제360조의9(간이주식교환)·제360조의16(주식이전)·제374조(영업양도 등)·제522조(합병)·제527조의2(간이합병) 및 제530조의3(상법 제530조의2에 따른 분할합병 및 같은 조에 따른 분할로서 대통령령으로 정하는 경우[52]만 해당)에서 규정하는 의결사항을 주식매수청구권 대상 의결사항으로 규정한다(법165의5①).

(2) 자기가 소유하고 있는 주식

주식매수청구권을 행사할 수 있는 주식은 자기가 소유하고 있는 주식이어야 하는데, ⅰ) 반대의사를 통지한 주주가 이사회 결의 사실이 공시되기 이전에 취득하였음을 증명한 주식과, ⅱ) 이사회 결의 사실이 공시된 이후에 취득하였지만 대통령령으로 정하는 경우[53]에 해당함을 증명한 주식만 이에 해당한다(법165의5①).

(3) 의결권 없는 주식

상법 제344조의3 제1항에 따른 의결권이 없거나 제한되는 종류주식의 주주도 주식매수청

---

51) 김교창(2010), 139쪽.
52) "분할로서 대통령령으로 정하는 경우"란 상법 제530조의12에 따른 물적분할이 아닌 분할로서 분할에 의하여 설립되는 법인이 발행하는 주권이 증권시장에 상장되지 아니하는 경우(거래소의 상장예비심사결과 그 법인이 발행할 주권이 상장기준에 부적합하다는 확인을 받은 경우를 포함)를 말한다(영176의7①).
53) "대통령령으로 정하는 경우"란 이사회 결의 사실이 공시된 날의 다음 영업일까지 다음의 어느 하나에 해당하는 행위가 있는 경우를 말한다(영176의7②).
  1. 해당 주식에 관한 매매계약의 체결
  2. 해당 주식의 소비대차계약의 해지
  3. 그 밖에 해당 주식의 취득에 관한 법률행위

구권을 행사할 수 있다(법165의5①).

3. 주식매수청구권의 행사절차

(1) 반대의사의 통지

(가) 총회소집의 통지 및 공고

주권상장법인은 주식교환, 간이주식교환, 주식이전, 영업양도 등, 합병, 간이합병, 분할합병에 관한 주주총회 소집의 통지 또는 공고를 하거나, 간이주식교환 및 간이합병에 관한 통지 또는 공고를 하는 경우에는 주식매수청구권의 내용 및 행사방법을 명시하여야 한다. 이 경우 의결권이 없거나 제한되는 종류주식의 주주에게도 그 사항을 통지하거나 공고하여야 한다(법 165의5⑤).

이는 회사가 주주들로 하여금 주식매수청구권을 행사할 기회를 확실히 부여하기 위한 것이다. 만일 회사가 주주총회의 소집통지를 게을리하거나 위 의안의 요령 또는 이 청구권의 행사에 관한 것을 그 통지에 누락한 경우에는 총회 이후에도 주주가 반대의 통지를 하고 이 청구권을 행사할 수 있다고 본다.

(나) 사전반대의 통지

이사회 결의에 반대하는 주주는 주주총회 전에 해당 법인에 대하여 서면으로 이사회 결의에 반대하는 의사를 통지한 경우에만 주식매수청구권을 행사할 수 있으며, 간이주식교환(상법 360의9)에 따른 완전자회사가 되는 회사의 주주와 간이합병(상법527의2)에 따라 소멸하는 회사의 주주의 경우에는 간이주식교환 및 간이합병에 따른 공고 또는 통지를 받은 날로부터 2주 이내에 반대의사를 통지하여야 한다(법165의5①).

주식매수청구권 행사의 대상인 결의를 위한 총회가 소집되었으면, 주주는 바로 그 때부터 그 총회의 개회선언시까지 이 서면을 제출하여야 한다. 이와 같은 통지를 하도록 한 이유는 매수청구를 예고함으로써 회사에 대하여 의안의 제출 여부를 재고할 기회를 부여함과 아울러 결의의 성립을 위한 대책을 강구하도록 한 것이다.[54]

사전반대는 주주권의 행사이므로 통지 당시에 주주권을 행사할 수 있는 자만이 할 수 있다. 따라서 기명주주이면 주주명부 또는 실질주주명부에 등재된 자이이어야 하고, 무기명주주이면 통지와 동시에 주권을 공탁해야 한다. 통지는 주주총회일 이전에 회사에 도달해야 하며, 통지사실은 주주가 증명해야 한다.[55]

---

54) 김교창(2010), 141쪽.
55) 이철송(2009), 483쪽.

(2) 서면에 의한 주식매수청구

반대주주는 주주총회 전(간이주식교환에 따른 완전자회사가 되는 회사의 주주와 간이합병에 따른 소멸하는 회사의 주주의 경우에는 공고 또는 통지를 한 날부터 2주 이내)에 서면으로 반대의사를 통지하면 주식매수청구권이 인정(법165의5①)되므로 다시 총회에 출석하여 반대할 필요는 없다. 주주는 주주총회의 결의일(간이주식교환에 따른 완전자회사가 되는 회사의 주주와 간이합병에 따라 소멸하는 회사의 주주의 경우에는 공고 또는 통지를 한 날부터 2주가 경과한 날)부터 20일 이내에 주식의 종류와 수를 기재한 서면으로 청구할 수 있다(법165의5①).

주주가 위 기간 내에 매수청구를 하지 아니하면 매수청구권은 소멸한다. 반대의 통지를 한 주주가 총회에 출석하여 찬성의 결의를 한 경우에는 반대의 통지를 철회한 것으로 보아 주식매수청구권을 행사할 수 없다. 주주가 반대의사를 통지하는 서면에는 주주가 반대하는 주식의 종류와 그 수를 기재하고 그 의안에 반대한다는 뜻을 기재하여야 한다. 그리고 이때에 주주는 자신이 소유하고 있는 주식 중 일부에 한하여만 반대의 뜻을 통지할 수도 있다. 만일 주식의 종류와 수를 기재하지 아니하였으면 주주가 가지고 있는 주식 전부를 가지고 반대의 의사를 통지한 것으로 보아야 한다.

4. 주식매수가격의 결정

(1) 당사자의 협의

주식의 매수가격은 주주와 해당 법인 간의 협의로 결정한다(법165의5③ 본문). 협의란 그 자체가 쌍방의 의사합치가 있을 경우에 가능한 것이므로 어느 일방에 협의의 의사가 없으면 거칠 수 없는 절차이다. 즉 협의는 구속력이 있는 절차가 아니므로 이를 생략하고 다음 단계의 결정절차를 거칠 수 있다. 협의는 반대주주가 집단을 이루어야 함을 의미하는 것은 아니고 회사가 개개인의 주주와 개별적인 약정에 의해 정하는 것이다. 그러나 실제로는 회사가 가격을 제시하고 주주들이 개별적으로 수락 여부를 결정하게 될 것이다.[56]

(2) 법정매수가격

주주와 해당 법인 간의 협의가 이루어지지 아니하는 경우의 매수가격은 이사회 결의일 이전에 증권시장에서 거래된 해당 주식의 거래가격을 기준으로 하여 대통령령으로 정하는 방법에 따라 산정된 금액으로 한다(법165의5③ 단서).

여기서 "대통령령으로 정하는 방법에 따라 산정된 금액"이란 다음 금액을 말한다(영176의7③).

---

56) 이철송(2009), 485쪽.

1. 증권시장에서 거래가 형성된 주식은 다음의 방법에 따라 산정된 가격의 산술평균가격
   가. 이사회 결의일 전일부터 과거 2개월(같은 기간 중 배당락 또는 권리락으로 인하여 매
      매기준가격의 조정이 있는 경우로서 배당락 또는 권리락이 있은 날부터 이사회 결의
      일 전일까지의 기간이 7일 이상인 경우에는 그 기간)간 공표된 매일의 증권시장에서 거
      래된 최종시세가격을 실물거래에 의한 거래량을 가중치로 하여 가중산술평균한 가 격
   나. 이사회 결의일 전일부터 과거 1개월(같은 기간 중 배당락 또는 권리락으로 인하여 매
      매기준가격의 조정이 있는 경우로서 배당락 또는 권리락이 있은 날부터 이사회 결의
      일 전일까지의 기간이 7일 이상인 경우에는 그 기간)간 공표된 매일의 증권시장에서 거
      래된 최종시세가격을 실물거래에 의한 거래량을 가중치로 하여 가중산술평균한 가 격
   다. 이사회 결의일 전일부터 과거 1주일간 공표된 매일의 증권시장에서 거래된 최종시세
      가격을 실물거래에 의한 거래량을 가중치로 하여 가중산술평균한 가격
2. 증권시장에서 거래가 형성되지 아니한 주식은 자산가치와 수익가치를 가중산술평균한 가
   액(영176의5①(2) 나목)

(3) 법원의 결정

해당 법인이나 매수를 청구한 주주가 법정매수가격에 대하여도 반대하면 법원에 매수가격
의 결정을 청구할 수 있다(법165의5③).

5. 주식매수청구권행사의 효과

(1) 회사의 주식매수의무

주주의 주식매수청구를 받으면 해당 법인은 매수청구기간이 종료하는 날부터 1개월 이내
에 해당 주식을 매수하여야 한다(법165의5②). 주주가 주식매수청구권을 행사하면 즉시 주주와
회사 사이에 매매계약이 성립한다. 그러나 이 매매계약의 성립에 회사의 승낙을 필요로 하지
않는다. 회사는 1개월 이내에 매수한 주식의 대금을 지급하여야 하고, 이 기간은 이행기간으로
해석하여야 할 것이다. 이 경우 주식대금의 지급과 주권의 교부는 동시이행의 관계에 있으며,
대금지급시에 회사로의 주식양도의 효력이 발생한다.[57]

(2) 매수주식의 처리

주권상장법인이 주주의 주식매수청구권 행사에 의해 매수한 주식은 해당 주식을 매수한
날부터 5년 이내에 처분하여야 한다(법165의5④, 영176의7④).

---

57) 김교창(2010), 142쪽.

제3절 주식관련 특례규정(주식발행과 관련된 특례규정)

Ⅰ. 주식의 발행 및 배정

1. 서설

(1) 신주발행의 의의

광의의 신주발행은 회사의 성립 후에 정관에 정한 회사가 발행할 주식의 총수의 범위 내에서 새로이 주식을 발행하는 모든 경우를 말한다. 신주발행이 있으면 새로이 발행된 주식의 액면가액의 총액만큼 자본이 증가하는 것이 원칙이다. 그런데 상법상 자본의 증가, 즉 증자는 신주발행에 의한 증자를 말하고, 증자는 신주발행과 같은 의미로 사용된다. 상법은 수권자본제도를 채택하여 증자는 이사회의 결의만으로 간편하고 신속하게 회사의 자금수요에 대처할 수 있도록 규정하고 있다.

신주발행은 보통의 신주발행과 특수한 신주발행으로 나눌 수 있다. 보통의 신주발행은 회사의 자금조달을 목적으로 하는 신주발행을 말하는데, 회사는 신주의 인수인을 구하여, 그로부터 신주의 대가를 제공받으므로 회사의 재산이 신주의 인수가액의 총액만큼 증가한다. 특수한 신주발행은 자금조달을 직접적인 목적으로 하지 않고 그 이외의 사유로 인하여 신주가 발행되는 경우를 말한다.

(2) 신주발행사항의 결정

(가) 의의

회사성립 후에 자금조달을 직접적인 목적으로 하여 발행예정주식총수의 범위 내에서 미발행주식을 발행하는 것이다. 이 경우에는 주식의 인수인을 구하여 그로부터 신주의 대가를 납입받으므로 회사의 재산이 증가한다. 그리고 주주 이외의 제3자에게 신주를 인수시키는 경우에는 회사의 구성원도 새로 생겨나게 된다.

(나) 신주발행의 결정

회사가 그 성립 후에 주식을 발행하는 경우에는 신주발행 여부 및 그 내용에 관하여 원칙적으로 이사회가 결정한다. 다만, 상법에 다른 규정이 있거나 정관으로 주주총회에서 결정하기로 정한 경우에는 그러하지 아니하다(상법416).

신주발행의 경우에는 신주의 종류와 수 등 여러 사항을 이사회(정관에 정함이 있는 경우에는 주주총회)에서 결정하여야 하는데, 결정사항 중 신주의 인수방법도 결정하여야 한다(상법 416(3)). 이 경우 신주의 인수방법을 결정한다고 함은 주주배정ㆍ제3자배정 또는 모집(일반공모)

중 어느 방법에 의할 것인가의 여부 등을 결정하는 것을 말한다. 따라서 보통의 신주발행은 이사회가 결정한 주식의 인수방법에 따라 주주배정·제3자배정 및 모집(일반공모)의 세 가지 방법 중 하나로 행하여진다. 그런데 주주배정 및 제3자배정의 방법은 주주와 제3자에게 신주인수권을 부여하고 이에 따라 신주를 발행한다.

(다) 신주의 발행가액

신주의 발행가액은 액면가인 것이 원칙이지만(액면발행), 이를 초과하는 금액일 수도 있으며(액면초과발행) 또는 이에 미달되는 금액일 수도 있다(할인발행). 그런데 액면초과발행은 시가발행의 모습을 띠게 된다. 상법은 액면발행과 액면미달발행에 대하여 규정하고 있으며, 시가발행에 대하여는 자본시장법이 규제하고 있다.

2. 상법상 신주배정

(1) 신주인수권의 의의와 기능

신주인수권이라 함은 회사가 신주를 발행하는 경우 그 전부 또는 일부를 타인에 우선하여 인수할 수 있는 권리를 말한다. 인수에 우선하는 권리일 뿐 발행가액이나 기타 인수조건에서 우대를 받을 수 있는 권리는 아니다. 보통의 신주발행에 있어 신주인수권은 주주가 가지는 경우와 제3자가 가지는 경우가 있다.

회사가 신주를 발행함에 있어서 그 신주를 주주 이외의 제3자에게 배정할 때에는 주주의 지주비율이 낮아지므로 의결권을 통한 회사의 지배력의 저하를 가져오고, 또 신주가 시가 이하로 발행되면 주가의 하락에 의하여 주주에게 경제적 손실을 주게 되므로, 종래의 주주에게 그 지주수에 비례하여 신주인수권을 부여할 필요가 있다. 그러나 다른 한편 주주가 당연히 신주인수권을 가지는 것으로 하면, 회사가 유리한 자본조달방법을 선택하는데 제약을 받고 자본조달의 기동성을 기할 수 없게 된다.[58]

이와 같이 신주발행에 있어서는 한편으로는 주주의 이익보호, 다른 한편으로는 회사에 유리한 자본조달 및 기동성의 확보라는 두 개의 상반되는 요청을 어떻게 조화시키느냐 하는 것이 각국의 상법상 큰 과제로 되어 있다. 따라서 우리 상법은 주주는 원칙적으로 신주인수권을 가지지만, 정관에 의하여 이를 제한하거나 특정한 제3자에게 이를 부여할 수 있도록 하였다(상법418 및 420(5)).

(2) 주주의 신주인수권(주주우선배정)

(가) 의의

주주가 종래 가지고 있던 주식의 수에 비례하여 우선적으로 신주를 배정받는 권리이다(상

---

58) 정동윤(2000), 501쪽.

법418). 우리 상법상 주주의 신주인수권은 주주의 자격에 기하여 법률상 당연히 주주에게 인정되는 것이며, 정관이나 이사회의 결정에 의하여 비로소 발생하는 것은 아니다. 주주의 신주인수권을 바탕으로 하여 주주에게 신주를 발행하는 것을 주주배정에 의한 신주발행이라고 한다.

(나) 제한

주주의 신주인수권은 이를 제한하거나 배제할 수 있다. 제3자의 신주인수권은 주주의 신주인수권을 제한하는 대표적인 예이다. 주주의 신주인수권의 제한은 법령에 의한 제한과 정관에 의한 제한 등이 있다. 법령에 의한 제한으로는 자본시장법 제165조의6에 의하여 상장법인이 정하는 정관에 따라 이사회의 결의로 일반공모증자 방식으로 신주를 발행하는 경우에는 주주의 신주인수권이 배제되는 경우를 들 수 있다.

또한 주주의 신주인수권은 신기술의 도입, 재무구조의 개선 등 회사의 경영상 목적을 달성하기 위하여 필요한 경우 정관에 정하는 바에 따라 이를 제한할 수 있다(상법418①). 이것은 회사로 하여금 자금조달의 기동성을 꾀할 수 있게 하기 위한 조치이다.

다만 자본시장법은 상장법인에 한하여 자금조달의 편의를 위하여 주주의 신주인수권을 완전히 배제하는 것을 인정하고 있다. 따라서 상장법인은 정관이 정하는 바에 따라 이사회의 결의로써 대통령령이 정하는 일반공모증자방식에 의하여 신주를 발행할 수 있다(법165의6①).

(3) 제3자의 신주인수권(제3자배정)

(가) 의의

신주인수권은 주주가 갖는 것이 원칙이지만, 예외적으로 주주 아닌 제3자에게 신주인수권을 부여하고 신주를 발행하는 경우도 있다. 이를 제3자배정이라고 한다. 주주가 신주를 인수하더라도 소유주식주에 비례한 자기 몫을 초과하여 신주를 인수한다면 이 역시 제3자 배정이다.

(나) 근거

1) 법률

법률에 의하여 제3자에게 신주인수권이 부여되는 경우가 있다. 전환사채 또는 신주인수권부사채를 발행하는 경우에는 제3자가 신주인수권을 갖는다. 또한 자본시장법에 의해 상장법인이 주식을 유상으로 발행하는 경우 당해 법인의 우리사주조합에 가입한 종업원(우리사주조합원)은 신주의 20%를 초과하지 아니하는 범위에서 신주를 배정받을 권리가 있으며(자본시장법165의7, 근로복지기본법32), 이에 따라 종업원의 청약이 있는 때에는 이 비율에 달할 때까지 종업원에게 우선배정하여야 한다.

2) 정관

제3자에 대한 신주인수권의 부여는 주주의 신주인수권에 대한 제한을 의미하므로, 법률에 규정이 있는 경우 이외에는 정관에 의한 제한이 가능하다. 정관에 규정이 없더라도 정관변경과 동일한 요건인 주주총회의 특별결의에 의해 부여할 수 있을 것이다.

(다) 요건

제3자에게 신주인수권을 부여하는 것은 주주의 신주인수권을 제한 내지 박탈하는 것이므로, 주주의 신주인수권을 제한하는데 필요한 요건(부여의 필요성)이 요구되는 외에 그 밖의 요건이 추가된다.

1) 부여의 필요성

주주 이외의 자에게 신주인수권을 부여하는 경우에는 회사의 지배관계에 변동을 가져오고 또 시가보다 저렴한 가격으로 발행하는 때에는 주주의 재산적 이익을 침해한다. 따라서 제3자의 신주인수권은 자금조달의 기동성, 제3자와의 관계강화, 외국자본·기술의 도입, 재무구조의 개선 등 회사의 목적 달성에 필요하고(필요성), 적합하며(적합성), 또 최소한의 범위에 그쳐야 한다(목적과 수단의 비례성). 따라서 예컨대 주주의 지배권변동을 목적으로 하여 제3자에 신주를 발행하는 것은 허용되지 않는다.[59]

2) 제3자의 특정

신주인수권을 부여할 수 있는 제3자는 종업원·구종업원·임원·구임원·거래처·합작회사·기술제휴회사 등과 같이 특정되어야 한다(상법420(5) 참조). 자본시장법(165의7)은 우리사주조합원에게 신주인수권을 부여하고 있고, 상법(상법516의2②(8))은 제3자에 대한 신주인수권부사채의 발행을 허용하고 있다.

3) 발행가의 공정성

제3자에게 발행하는 신주의 가액은 주주의 경제적 이익을 침해하지 않도록 공정하게 결정하여야 한다.

3. 자본시장법상 신주배정

(1) 의의

주권상장법인이 신주(제3호의 경우에는 이미 발행한 주식을 포함)를 배정하는 경우 다음의 방식에 따른다(법165의6①).

1. 주주에게 그가 가진 주식 수에 따라서 신주를 배정하기 위하여 신주인수의 청약을 할 기회를 부여하는 방식(주주배정)
2. 신기술의 도입, 재무구조의 개선 등 회사의 경영상 목적을 달성하기 위하여 필요한 경우 제1호 외의 방법으로 특정한 자(해당 주권상장법인의 주식을 소유한 자를 포함)에게 신주를 배정하기 위하여 신주인수의 청약을 할 기회를 부여하는 방식(제3자배정)

---

59) 정동윤(2000), 514쪽.

3. 제1호 외의 방법으로 불특정 다수인(해당 주권상장법인의 주식을 소유한 자를 포함)에게 신주인수의 청약을 할 기회를 부여하고 이에 따라 청약을 한 자에 대하여 신주를 배정하는 방식(일반공모증자)

따라서 주권상장법인은 상법상 주주배정·제3자배정 외의 일반공모방식으로 신주를 발행할 수 있다.

(2) 실권주 처리
(가) 발행철회원칙

주권상장법인은 신주를 배정하는 경우 그 기일까지 신주인수의 청약을 하지 아니하거나 그 가액을 납입하지 아니한 주식["실권주"(失權株)]에 대하여 발행을 철회하여야 한다(법165의6② 본문).

(나) 발행철회원칙의 예외

금융위원회가 정하여 고시하는 방법[60]에 따라 산정한 가격 이상으로 신주를 발행하는 경우로서 다음의 어느 하나에 해당하는 경우에는 그러하지 아니하다(법165의6② 단서).

1. 실권주가 발생하는 경우 대통령령으로 정하는 특수한 관계(영176의8①: 계열회사의 관계)에 있지 아니한 투자매매업자가 인수인으로서 그 실권주 전부를 취득하는 것을 내용으로 하는 계약을 해당 주권상장법인과 체결하는 경우
2. 주주배정의 경우 신주인수의 청약 당시에 해당 주권상장법인과 주주 간의 별도의 합의에 따라 실권주가 발생하는 때에는 신주인수의 청약에 따라 배정받을 주식수를 초과하는 내용의 청약("초과청약")을 하여 그 초과청약을 한 주주에게 우선적으로 그 실권주를 배정하기로 하는 경우. 이 경우 신주인수의 청약에 따라 배정받을 주식수에 대통령령으로 정하는 비율(영176의8②: 20%)을 곱한 주식수를 초과할 수 없다.
3. 그 밖에 주권상장법인의 자금조달의 효율성, 주주 등의 이익 보호, 공정한 시장질서유지의 필요성을 종합적으로 고려하여 대통령령으로 정하는 경우

제3호에서 "대통령령으로 정하는 경우"란 다음의 어느 하나에 해당하는 경우를 말한다(영176의8③).

---

60) "금융위원회가 정하여 고시하는 방법에 따라 산정한 가격"이란 청약일전 과거 제3거래일부터 제5거래일까지의 가중산술평균주가(그 기간 동안 증권시장에서 거래된 해당 종목의 총 거래금액을 총 거래량으로 나눈 가격)에서 다음의 어느 하나의 할인율을 적용하여 산정한 가격을 말한다. 다만, 주권상장법인이 증권시장에서 시가가 형성되어 있지 않은 종목의 주식을 발행하고자 하는 경우에는 제5-18조 제3항을 준용한다(증권발행공시규정5-15의2①).
  1. 법 제165조의6 제1항 제1호의 방식으로 신주를 배정하는 방식: 40%
  2. 법 제165조의6 제1항 제2호의 방식으로 신주를 배정하는 방식: 10%
  3. 법 제165조의6 제1항 제3호의 방식으로 신주를 배정하는 방식: 30%

1. 자본시장법 제130조 제1항에 따라 신고서를 제출하지 아니하는 모집·매출의 경우
2. 주권상장법인이 우리사주조합원(제176조의9 제3항 제1호에 따른 우리사주조합원)에 대하여 자본시장법 제165조의7 또는 근로복지기본법 제38조 제2항에 따라 발행되는 신주를 배정하지 아니하는 경우로서 실권주를 우리사주조합원에게 배정하는 경우

(3) 신주인수권증서 발행의무

주권상장법인은 주주배정방식으로 신주를 배정하는 경우 상법 제416조 제5호(주주가 가지는 신주인수권을 양도할 수 있는 것에 관한 사항) 및 제6호(주주의 청구가 있는 때에만 신주인수권증서를 발행한다는 것과 그 청구기간)에도 불구하고 주주에게 신주인수권증서를 발행하여야 한다(법 165의6③ 본문). 이 경우 주주 등의 이익 보호, 공정한 시장질서 유지의 필요성 등을 고려하여 대통령령으로 정하는 방법에 따라 신주인수권증서가 유통될 수 있도록 하여야 한다(법165의6③ 단서).[61]

여기서 "대통령령으로 정하는 방법"이란 다음의 어느 하나에 해당하는 방법을 말한다(영 176의8④).

1. 증권시장에 상장하는 방법
2. 둘 이상의 금융투자업자(주권상장법인과 계열회사의 관계에 있지 아니한 투자매매업자 또는 투자중개업자)를 통하여 신주인수권증서의 매매 또는 그 중개·주선이나 대리업무가 이루어지도록 하는 방법. 이 경우 매매 또는 그 중개·주선이나 대리업무에 관하여 필요한 세부사항은 금융위원회가 정하여 고시한다.

(4) 일반공모증자

(가) 의의

자본시장법은 상장법인이 정관에 규정을 둔 경우 이사회 결의로써 불특정다수인을 상대로 신주를 모집하는 일반공모증자 방식에 의한 신주발행을 인정하고 있다. 즉 주권상장법인은 정관으로 정하는 바에 따라 이사회 결의로써 일반공모증자 방식으로 신주를 발행할 수 있다(법

---

61) 증권발행공시규정 제5-19조(신주인수권증서의 발행·상장 등) ① 주권상장법인이 주주배정증자방식의 유상증자를 결의하는 때에는 법 제165조의6 제3항에 따른 신주인수권증서의 발행에 관한 사항을 정하여야 한다.
② 제1항의 주권상장법인은 해당 신주인수권증서를 증권시장에 상장하거나 자기 또는 타인의 계산으로 매매할 금융투자업자(주권상장법인과 계열회사의 관계에 있지 아니한 금융투자업자)를 정하여야 한다.
③ 영 제176조의8 제4항 각 호 외의 부분 후단 중 "신주인수권증서의 상장 및 유통의 방법 등에 관하여 필요한 세부사항"이란 금융투자업자가 회사 내부의 주문·체결 시스템을 통하여 신주인수권증서를 투자자 또는 다른 금융투자업자에게 매매하거나 중개·주선 또는 대리하는 것을 말한다. 이 경우 인터넷 홈페이지·유선·전자우편 등을 통하여 신주인수권증서를 매수할 투자자 또는 다른 금융투자업자를 탐색하는 것을 포함한다.

165의6①(3) 및 165의6④).

　　이와 같은 신주발행은 주주의 신수인수권을 배제하는 것이지만, 상장법인이 신주발행을 통한 자금조달의 원활화를 도모하기 위하여 인정되고 있는 특칙으로서 회사의 경영상 목적을 달성하기 위하여 필요한 경우의 한 예이다(상법418② 단서 참조). 다만 신주발행으로 인하여 주주의 주식가치를 희석화시킬 위험을 방지하기 위하여 일반공모증자에 의하여 발행하는 신주의 발행가격을 후술하는 바와 같이 제한하고 있다.

(나) 배정방식

　　일반공모증자 방식으로 신주를 배정하는 경우에는 정관으로 정하는 바에 따라 이사회의 결의로 다음의 어느 하나에 해당하는 방식으로 신주를 배정하여야 한다(법165의6④ 본문). 이 경우 상법 제418조 제1항 및 같은 조 제2항 단서[62]를 적용하지 아니한다(법165의6④ 단서).

1. 신주인수의 청약을 할 기회를 부여하는 자의 유형을 분류하지 아니하고 불특정 다수의 청약자에게 신주를 배정하는 방식
2. 우리사주조합원에 대하여 신주를 배정하고 청약되지 아니한 주식까지 포함하여 불특정 다수인에게 신주인수의 청약을 할 기회를 부여하는 방식
3. 주주에 대하여 우선적으로 신주인수의 청약을 할 수 있는 기회를 부여하고 청약되지 아니한 주식이 있는 경우 이를 불특정 다수인에게 신주를 배정받을 기회를 부여하는 방식(주주우선공모증자방식: 증권발행공시규정5-16③)
4. 투자매매업자 또는 투자중개업자가 인수인 또는 주선인으로서 마련한 수요예측 등 대통령령으로 정하는 합리적인 기준[63]에 따라 특정한 유형의 자에게 신주인수의 청약을 할 수 있는 기회를 부여하는 경우로서 금융위원회가 인정하는 방식

(5) 발행가액

　　증권발행공시규정은 주권상장법인의 일반공모증자 방식 및 제3자배정증자 방식으로 유상증자를 하는 경우의 발행가액결정에 관하여 규정한다. 이에 관하여는 주권상장법인의 재무관리기준에서 후술한다.

---

62) 상법 제418조(신주인수권의 내용 및 배정일의 지정·공고) ① 주주는 그가 가진 주식 수에 따라서 신주의 배정을 받을 권리가 있다.
　② 회사는 제1항의 규정에 불구하고 정관에 정하는 바에 따라 주주 외의 자에게 신주를 배정할 수 있다. 다만, 이 경우에는 신기술의 도입, 재무구조의 개선 등 회사의 경영상 목적을 달성하기 위하여 필요한 경우에 한한다.
63) "수요예측 등 대통령령으로 정하는 합리적인 기준"이란 수요예측(발행되는 주식의 가격 및 수량 등에 대한 투자자의 수요와 주식의 보유기간 등 투자자의 투자성향을 금융위원회가 정하여 고시하는 방법에 따라 파악하는 것을 말한다)을 말한다(영176의8⑤).

Ⅱ. 우리사주조합원에 대한 주식의 우선배정

1. 서설

(1) 우리사주조합의 의의

"우리사주조합"이란 주식회사의 소속 근로자가 그 주식회사의 주식을 취득·관리하기 위하여 근로복지기본법에서 정하는 요건을 갖추어 설립한 단체를 말한다(근로복지기본법2(4)). 그리고 "우리사주"란 주식회사의 소속 근로자 등이 그 주식회사에 설립된 우리사주조합을 통하여 취득하는 그 주식회사의 주식을 말한다(근로복지기본법2(5)).

(2) 연혁

우리사주제도는 1968년 「자본시장육성에 관한 법률」에서 상장법인이 유상증자를 실시하는 경우에 근로자에 대하여 신규발행 주식의 10%를 우선적으로 배정하는 특례조항을 마련하면서 시작되었다. 1997년에는 자본시장육성에 관한 법률이 폐지된 후 우리사주조합제도 관련 규정은 증권거래법에 수용되었다. 증권거래법을 중심으로 운용되어 오던 우리사주조합제도를 제도적으로 정비하여 근로복지기본법에 수용하여 근로복지기본법이 우리사주조합제도의 준거법으로 되고, 우리사주조합에 관하여는 증권거래법에 특례규정만 남게 되었다. 그 후 자본시장법은 증권거래법의 특례규정을 계수하고 있다.

2. 자본시장법상 특례

(1) 의의

주권상장법인 또는 주권을 유가증권시장에 상장하려는 법인이 주식을 모집하거나 매출하는 경우 해당 법인의 우리사주조합원은 모집하거나 매출하는 주식총수의 20%의 범위에서 우선적으로 주식을 배정받을 받을 권리가 있는데(법165조의7① 본문), 이를 우리사주조합원에 대한 우선배정제도라 한다.

(2) 취지

이 제도는 종업원의 복지증진과 경제적인 지위향상을 도모하기 위하여 도입된 것이다. 그러나 일반공모증자제도와 결합하여 적대적 M&A에 대한 방어수단의 일환으로서 이용되기도 한다. 일반공모증자의 경우에도 발행주식의 20%가 우리사주조합원에 우선배정되므로 증자비율을 크게 정하면 적대적 기업매수자의 종전 지분비율이 높았더라도 유상증자 후 그 지분비율을 현저하게 낮출 수 있기 때문이다.

(3) 우선배정권

(가) 원칙

우리사주조합원에 대하여 "대통령령으로 정하는 주권상장법인" 또는 주권을 "대통령령으로 정하는 증권시장"(유가증권시장)에 상장하려는 법인("해당 법인")이 주식을 모집하거나 매출하는 경우 상법 제418조에도 불구하고 해당 법인의 우리사주조합원에 대하여 모집하거나 매출하는 주식총수의 20%를 배정하여야 한다(법165의7① 본문).

여기서 "대통령령으로 정하는 주권상장법인"이란 한국거래소가 자본시장법 제4조 제2항의 증권의 매매를 위하여 개설한 증권시장으로서 금융위원회가 정하여 고시하는 증권시장("유가증권시장")에 주권이 상장된 법인을 말한다(영176의9①).

(나) 예외

다음의 어느 하나에 해당하는 경우에는 우선배정권이 인정되지 않는다(법165의7① 단서).

1) 외국인투자기업(제1호)

외국인투자 촉진법에 따른 외국인투자기업 중 대통령령으로 정하는 법인이 주식을 발행하는 경우에는 우리사주조합원의 우선배정권이 인정되지 않는다(법165의7①(1)).

2) 대통령령으로 정하는 경우(제2호)

그 밖에 해당 법인이 우리사주조합원에 대하여 우선배정을 하기 어려운 경우로서 대통령령으로 정하는 경우[64]에는 우리사주조합원의 우선배정권이 인정되지 않는다(법165의7①(2)).

3) 소유주식수 초과하는 경우

우리사주조합원이 소유하는 주식수가 신규로 발행되는 주식과 이미 발행된 주식의 총수의 20%를 초과하는 경우에는 우선배정권이 없다(법165의7②). 우리사주조합원의 소유주식수는 법 제119조 제1항에 따라 증권의 모집 또는 매출에 관한 신고서를 금융위원회에 제출한 날(일괄신고서를 제출하여 증권의 모집 또는 매출에 관한 신고서를 제출하지 아니하는 경우에는 주주총회 또는 이사회의 결의가 있는 날)의 직전일의 주주명부상 우리사주조합의 대표자 명의로 명의개서된 주식에 따라 산정한다(영176의9④ 본문). 다만, 근로복지기본법 제43조 제1항에 따른 수탁기관을 통해서 전자등록된 주식의 경우에는 고객계좌부에 따라 산정하고, 수탁기관이 예탁결제원에 예탁한 주식의 경우에는 자본시장법 제310조 제1항에 따른 투자자계좌부에 따라 산정한다(영176의9④).

---

64) "대통령령으로 정하는 경우"란 다음의 어느 하나에 해당하는 경우를 말한다(영176의9③).
　　1. 주권상장법인(유가증권시장에 주권이 상장된 법인)이 주식을 모집 또는 매출하는 경우 우리사주조합원의 청약액과 법 제165조의7 제1항 각 호 외의 부분 본문에 따라 청약 직전 12개월간 취득한 해당 법인 주식의 취득가액(취득가액이 액면액에 미달하는 경우에는 액면액)을 합산한 금액이 그 법인으로부터 청약 직전 12개월간 지급받은 급여총액(소득세과세대상이 되는 급여액)을 초과하는 경우

(다) 절차상 특례

주주배정증자방식으로 신주를 발행하는 경우 우리사주조합원에 대한 배정분에 대하여는 상법 제419조 제1항부터 제3항까지의 규정[65]을 적용하지 아니한다(법165의7③).

Ⅲ. 액면미달발행

1. 의의

액면미달발행이라 함은 주식을 액면미달의 금액으로 발행하는 것을 말한다. 회사를 설립하는 경우에는 자본충실의 원칙에 의하여 액면미달발행이 금지되어 있다(상법330). 그러나 회사의 성립 후에도 이 원칙을 고수하면 회사의 자금조달이 곤란한 경우가 생길 수 있으므로, 신주발행의 경우에는 엄격한 요건하에 이를 인정하고 있다.

2. 상법

(1) 요건

신주의 발행시에 액면미달발행을 하려면 다음의 요건을 갖추어야 한다(상법417). 즉 ⅰ) 회사가 성립한 날로부터 2년을 경과한 후에 주식을 발행하는 경우에는 회사는 주주총회의 특별결의와 법원의 인가를 얻어서 주식을 액면미달의 가액으로 발행할 수 있으며(상법417①), ⅱ) 주주총회의 특별결의에서는 주식의 최저발행가액을 정하여야 하며(상법417②), ⅲ) 법원은 회사의 현황과 제반사정을 참작하여 최저발행가액을 변경하여 인가할 수 있는데, 이 경우에 법원은 회사의 재산상태 기타 필요한 사항을 조사하게 하기 위하여 검사인을 선임할 수 있으며(상법417③), ⅳ) 신주는 법원의 인가를 얻은 날로부터 1월 내에 발행하여야 하는데, 이 경우 법원은 이 기간을 연장하여 인가할 수 있다(상법417④).

(2) 회사채권자의 보호

신주의 액면미달발행의 경우에는 회사채권자를 보호하기 위하여, 첫째로 액면미달금액은 3년 내의 매결산기에 균등액 이상을 상각하여야 하고(미달액의 상각), 둘째로 미상각액은 신주발행으로 인한 변경등기에 등기하여야 하며(상법426), 또 신주발행의 경우의 주식청약서와 신

---

65) 상법 제419조(신주인수권자에 대한 최고) ① 회사는 신주의 인수권을 가진 자에 대하여 그 인수권을 가지는 주식의 종류 및 수와 일정한 기일까지 주식인수의 청약을 하지 아니하면 그 권리를 잃는다는 뜻을 통지하여야 한다. 이 경우 제416조 제5호 및 제6호에 규정한 사항의 정함이 있는 때에는 그 내용도 통지하여야 한다.
② 제1항의 통지는 제1항의 기일의 2주간전에 이를 하여야 한다.
③ 제1항의 통지에도 불구하고 그 기일까지 주식인수의 청약을 하지 아니한 때에는 신주의 인수권을 가진 자는 그 권리를 잃는다.

주인수권증서에도 할인발행의 조건과 미상각액을 기재하여야 한다(공시)(상법420④ 및 420의2).

3. 자본시장법

(1) 의의

상장법인의 경우 주식의 주가는 매일 매일 거래소시장에서 형성되는 가격에 의하여 수시로 변한다. 따라서 회사의 경영상태가 좋지 않거나 거래소의 시황이 좋지 않은 경우에는 주식의 액면가를 하회하는 주가가 형성된다. 그런데 자본시장법의 특례규정에 의하여 상장법인은 주가가 액면가를 하회하는 경우에 신속하게 신주발행을 할 수 있다.

(2) 자본시장법상 특례

주권상장법인은 법원의 인가 없이 주주총회의 특별결의만으로 주식을 액면미달의 가액으로 발행할 수 있다(법165의8① 본문). 다만, 그 액면미달금액의 총액에 대하여 상각(償却)을 완료하지 아니한 경우에는 그러하지 아니하다(법165의8① 단서). 주주총회의 결의에서는 주식의 최저발행가액을 정하여야 한다(법165의8② 본문). 이 경우 최저발행가액은 대통령령으로 정하는 방법에 따라 산정한 가격 이상이어야 한다(법165의8② 단서).

여기서 "대통령령으로 정하는 방법에 따라 산정한 가격"이란 다음의 방법에 따라 산정된 가격 중 높은 가격의 70%를 말한다(영176의10).

1. 주식의 액면미달가액 발행을 위한 주주총회의 소집을 결정하는 이사회("주주총회소집을 위한 이사회")의 결의일 전일부터 과거 1개월간 공표된 매일의 증권시장에서 거래된 최종시세가격의 평균액
2. 주주총회소집을 위한 이사회의 결의일 전일부터 과거 1주일간 공표된 매일의 증권시장에서 거래된 최종시세가격의 평균액
3. 주주총회소집을 위한 이사회의 결의일 전일의 증권시장에서 거래된 최종시세가격

주권상장법인은 주주총회에서 다르게 정하는 경우를 제외하고는 액면미달 주식을 주주총회의 결의일부터 1개월 이내에 발행하여야 한다(법165의8③).

Ⅳ. 주주에 대한 통지 또는 공고

1. 상법

주주 외의 자에게 신주를 배정하는 경우 회사는 제416조 제1호(신주의 종류와 수), 제2호(신주의 발행가액과 납입기일), 제2호의2(무액면주식의 경우에는 신주의 발행가액 중 자본금으로 계상하는

금액), 제3호(신주의 인수방법) 및 제4호(현물출자를 하는 자의 성명과 그 목적인 재산의 종류, 수량, 가액과 이에 대하여 부여할 주식의 종류와 수)에서 정하는 사항을 그 납입기일의 2주 전까지 주주에게 통지하거나 공고하여야 한다(상법418④). 이는 신주발행 및 제3자배정에 대해 주주가 중대한 이해관계를 가지므로 신주의 발행사항을 주주들에게도 알려주어야 한다. 그 이유는 제3자배정이 불공정한 경우 다른 주주들이 신주발행유지를 청구를 할 수 있는 기회를 주기 위함이고, 이 통지와 공고를 게을리 한 경우에는 주주의 신주발행유지청구권의 행사기회를 박탈한 것이므로 신주발행은 무효라고 보아야 한다.

2. 자본시장법

주권상장법인이 제165조의6 또는 상법 제418조 제2항의 방식으로 신주를 배정할 때 제161조 제1항 제5호(대통령령으로 정하는 경우에 해당하는 자본 또는 부채의 변동에 관한 이사회 등의 결정이 있은 때)에 따라 금융위원회에 제출한 주요사항보고서가 금융위원회와 거래소에 그 납입기일의 1주 전까지 공시된 경우에는 상법 제418조 제4항(제3자배정 신주발행시 주주에 대한 통고 및 공고에 관한 규정)을 적용하지 아니한다(법165의9).

V. 의결권의 배제·제한 주식

1. 상법

의결권의 배제·제한에 관한 종류주식의 총수는 발행주식총수의 4분의 1을 초과하지 못한다. 이 경우 의결권이 없거나 제한되는 종류주식이 발행주식총수의 4분의 1을 초과하여 발행된 경우에는 회사는 지체 없이 그 제한을 초과하지 아니하도록 하기 위하여 필요한 조치를 하여야 한다(상법344의3②).

2. 자본시장법

(1) 한도 적용시 불산입 항목

상법 제344조의3 제1항에 따른 의결권이 없거나 제한되는 주식의 총수에 관한 한도를 적용할 때 주권상장법인(주권을 신규로 상장하기 위하여 주권을 모집하거나 매출하는 법인을 포함)이 다음의 어느 하나에 해당하는 경우에 발행하는 의결권 없는 주식은 그 한도를 계산할 때 산입하지 아니한다(법165의15①).

1. 대통령령으로 정하는 방법[66]에 따라 외국에서 주식을 발행하거나, 외국에서 발행한 주권 관련 사채권, 그 밖에 주식과 관련된 증권의 권리행사로 주식을 발행하는 경우
2. 국가기간산업 등 국민경제상 중요한 산업을 경영하는 법인 중 대통령령으로 정하는 기준에 해당하는 법인[67]으로서 금융위원회가 의결권 없는 주식의 발행이 필요하다고 인정하는 법인이 주식을 발행하는 경우

(2) 발행한도 확대

위 제1항 각 호의 어느 하나에 해당하는 의결권 없는 주식과 상법 제344조의3 제1항에 따른 의결권이 없거나 제한되는 주식을 합한 의결권 없는 주식의 총수는 발행주식총수의 2분의 1을 초과하여서는 아니 된다(법165의15②).

(3) 발행방법의 제한

의결권이 없거나 제한되는 주식 총수의 발행주식총수에 대한 비율이 4분의 1을 초과하는 주권상장법인은 발행주식총수의 2분의 1 이내에서 대통령령으로 정하는 방법에 따라 신주인수권의 행사, 준비금의 자본전입 또는 주식배당 등의 방법으로 의결권 없는 주식을 발행할 수 있다(법165의15③).[68]

Ⅵ. 주식매수선택권의 부여신고 등

1. 자본시장법상 특례규정의 취지

자본시장법 제165조의17(주식매수선택권의 부여신고 등)의 취지는 주권상장법인이 그 임직원에게 주식매수선택권을 부여한 경우 그 사실을 금융위원회와 거래소에 신고하여 공시하도록 하고, 사외이사의 선임·해임, 그 자발적 퇴임에 관한 내용도 신고하게 하고 있다. 이는 주식매수선택권의 부여사실, 사외이사의 선·해임 등에 관한 사실이 주주, 투자자 등 이해관계자에게

---

66) "대통령령으로 정하는 방법"이란 주권상장법인과 주식을 신규로 상장하기 위하여 주식을 모집 또는 매출하는 법인이 금융위원회가 정하여 고시하는 바에 따라 해외증권을 의결권 없는 주식으로 발행하는 것을 말한다(영176의16①).
67) "대통령령으로 정하는 기준에 해당하는 법인"이란 다음의 어느 하나에 해당하는 법인을 말한다(영176의16②).
  1. 정부(한국은행·한국산업은행 및 공공기관운영법에 따른 공공기관을 포함)가 주식 또는 지분의 15% 이상을 소유하고 있는 법인
  2. 다른 법률에 따라 주식취득 또는 지분참여가 제한되는 사업을 하고 있는 법인
68) 의결권 없는 주식을 발행하는 방법은 다음과 같다(영176의16③).
  1. 주주 또는 사채권자에 의한 신주인수권·전환권 등의 권리행사
  2. 준비금의 자본전입
  3. 주식배당
  4. 주식매수선택권의 행사

중요한 정보라는 점에서 이의 공시를 강제하여 투자자를 보호하고자 한 것이다.

2. 주식매수선택권 부여의 신고

상법 제340조의2 또는 제542조의3에 따른 주식매수선택권을 부여한 주권상장법인은 주주총회 또는 이사회에서 주식매수선택권을 부여하기로 결의한 경우 대통령령으로 정하는 방법에 따라 금융위원회와 거래소에 그 사실을 신고하여야 하며, 금융위원회와 거래소는 신고일부터 주식매수선택권의 존속기한까지 그 사실에 대한 기록을 갖추어 두고, 인터넷 홈페이지 등을 이용하여 그 사실을 공시하여야 한다(법165의17①). 이 경우 해당 주권상장법인은 그 신고서에 주주총회 의사록 또는 이사회 의사록을 첨부하여야 한다(영176의18①).

3. 사외이사 의제와 신고

(1) 사외이사의 의제

「공기업의 경영구조개선 및 민영화에 관한 법률」, 금융회사지배구조법, 그 밖의 법률에 따라 선임된 주권상장법인의 비상임이사 또는 사외이사는 상법에 따른 요건 및 절차 등에 따라 선임된 사외이사로 본다(법165의17②).

(2) 사외이사의 선임·해임 등의 신고

주권상장법인은 사외이사를 선임 또는 해임하거나 사외이사가 임기만료 외의 사유로 퇴임한 경우에는 그 내용을 선임·해임 또는 퇴임한 날의 다음 날까지 금융위원회와 거래소에 신고하여야 한다(법165의17③). 이는 사외이사의 변동사실이 주권상장법인의 지배구조의 변화와 경영의사결정과 밀접한 관련을 갖는 중요정보임을 고려하여 신속하게 신고하도록 한 것이다.

제4절 사채관련 특례규정

Ⅰ. 사채의 발행 및 배정

1. 준용규정

주권상장법인이 다음의 사채("주권 관련 사채권")를 발행하는 경우에는 주식의 발행 및 배정 등에 관한 특례(신주인수권증서 발행 특례 제외)인 제165조의6 제1항·제2항·제4항 및 주주에 대한 통지 또는 공고의 특례규정인 제165조의9를 준용한다(법165의10①).

1. 전환형조건부증권(법165의11①, 주식으로 전환되는 조건이 붙은 사채로 한정)
2. 상법 제469조 제2항 제2호(교환사채·상환사채), 제513조(전환사채) 및 제516조의2(신주인수권부사채)에 따른 사채

2. 신주인수권부사채 발행의 특례

신주인수권부사채는 사채의 발행조건으로서 사채권자에게 신주인수권을 부여하는 사채이다. 사채는 사채대로 존속하여 만기에 상환되므로 일반사채와 다름이 없고, 다만 신주인수권이 부여되어 있다는 점만이 다르다. 신주인수권부사채에는 분리형과 결합형이 있다. 결합형은 신주인수권이 같이 하나의 사채권에 표창된 것이고, 분리형은 사채권에는 사채권만을 표창하고 신주인수권은 별도의 증권(신주인수권증권)에 표창하여 양자를 분리하여 양도할 수 있다. 분리형인 경우에는 회사는 채권과 함께 신주인수권증권을 발행하여야 한다(상법516의5①). 그러나 주권상장법인이 신주인수권부사채를 발행할 때 사채권자가 신주인수권증권만을 양도할 수 있는 사채는 사모의 방법으로 발행할 수 없다(법165의10②). 따라서 주권상장법인은 분리형 신주인수권부사채를 공모의 방법으로 발행할 수 있다.

Ⅱ. 조건부자본증권의 발행

1. 의의

주권상장법인(은행법 제33조 제1항 제2호·제3호 또는 금융지주회사법 제15조의2 제1항 제2호·제3호에 따라 해당 사채를 발행할 수 있는 자는 제외)은 정관으로 정하는 바에 따라 이사회의 결의로 상법 제469조 제2항(교환사채·전환사채), 제513조(전환사채) 및 제516조의2(신주인수권부사채)에 따른 사채와 다른 종류의 사채로서 해당 사채의 발행 당시 객관적이고 합리적인 기준에 따라 미리 정하는 사유가 발생하는 경우 주식으로 전환(전환형 조건부자본증권)되거나 그 사채의 상환과 이자지급 의무가 감면된다는 조건이 붙은 사채(상각형 조건부자본증권), 그 밖에 대통령령으로 정하는 사채를 발행할 수 있다(법165의11①). 이를 조건부자본증권이라고 한다.

2. 전환형 조건부자본증권

(1) 의의

전환형 조건부자본증권이란 해당 사채의 발행 당시 객관적이고 합리적인 기준에 따라 미리 정하는 사유가 발생하는 경우 주식으로 전환되는 조건이 붙은 사채를 말한다(영176의12①).

(2) 정관의 규정

전환형 조건부자본증권을 발행하려는 주권상장법인은 정관에 다음 사항을 규정하여야 한다(영176의12①).

1. 전환형 조건부자본증권을 발행할 수 있다는 뜻
2. 전환형 조건부자본증권의 총액
3. 전환의 조건
4. 전환으로 인하여 발행할 주식의 종류와 내용
5. 주주에게 전환형 조건부자본증권의 인수권을 준다는 뜻과 인수권의 목적인 전환형 조건부자본증권의 액
6. 주주 외의 자에게 전환형 조건부자본증권을 발행하는 것과 이에 대하여 발행할 전환형 조건부자본증권의 액

전환사유 발생에 따른 전환형 조건부자본증권의 주식으로의 전환가격, 그 밖에 전환형 조건부자본증권의 발행 및 유통 등에 관하여 필요한 세부사항은 금융위원회가 정하여 고시한다(영176의12⑧).[69]

(3) 주식전환사유의 기초

전환형 조건부자본증권을 발행하는 경우 그 조건부자본증권의 주식 전환사유는 적정한 방법에 의하여 산출 또는 관찰이 가능한 가격·지표·단위·지수로 표시되는 것이거나 금융산업구조개선법 제10조 제1항에 따른 적기시정조치 등의 사건("사유등")으로서 다음 기준을 모두 충

---

69) 증권발행공시규정 제5-25조(전환형 조건부자본증권의 전환가액 결정 등) ① 전환형 조건부자본증권을 발행하는 경우 주식의 전환가격은 전환사유별로 다음의 방법에 따라 정하여야 한다. 다만, 전환으로 인하여 발행할 주식이 증권시장에서 시가가 형성되어 있지 않은 종목의 주식인 경우에는 제5-18조 제3항을 준용한다.
　1. 전환사유가 발행인의 재무건전성 악화 등 제2항 제1호에 따른 사유 등에 해당하는 경우: 전환사유가 발생한 때에 다음의 방법에 따라 산정한 가격 중 가장 높은 가격
　　가. 전환사유 발생일 전 제3거래일부터 제5거래일까지의 가중산술평균주가를 기준으로 제5-22조 제2항에 따른 할인율을 적용하여 산정한 가격
　　나. 발행인이 전환으로 인하여 발행할 주식수의 예측 등을 위하여 조건부자본증권의 발행시 정한 가격
　　다. 전환으로 인하여 발행할 주식의 액면가액(무액면주식 제외)
　2. 전환사유가 발행인의 경영성과 또는 재무구조의 개선 등 제2항 제2호에 따른 사유 등에 해당하는 경우: 다음의 방법에 따라 산정한 가격 중 가장 높은 가격 이상일 것. 다만, 전환 전에 주식배당 또는 시가변동 등 주식가치 하락사유가 발생하거나 감자·주식병합 등 주식가치 상승사유가 발생한 경우 제5-23조 또는 제5-23조의2를 준용한다.
　　가. 조건부자본증권의 발행을 위한 이사회의 결의일 전일부터 과거 1개월 가중산술평균주가, 1주일 가중산술평균주가 및 결의일 전일의 가중산술평균주가를 산술평균한 가액
　　나. 조건부자본증권의 발행을 위한 이사회의 결의일 전일의 가중산술평균주가
　　다. 청약일 전 제3거래일의 가중산술평균주가

족하는 것이어야 한다(영176의12②).

1. 발행인, 그 발행인의 주주 및 투자자 등 전환형 조건부자본증권의 발행과 관련하여 이해관계를 가지는 자의 통상적인 노력으로 변동되거나 발생할 가능성이 현저히 낮은 사유등으로서 금융위원회가 정하여 고시하는 요건[70]에 부합할 것
2. 사유등이 금융위원회가 정하여 고시하는 기준과 방법에 따라 증권시장 등을 통하여 충분히 공시·공표될 수 있을 것

(4) 등록발행

주권상장법인이 전환형 조건부자본증권을 발행하는 경우 전자등록의 방법으로 발행하여야 한다(영176의12③).

(5) 사채청약서·사채원부 기재사항

전환형 조건부자본증권의 사채청약서 및 사채원부에는 다음 사항을 적어야 한다(영176의12④).

1. 조건부자본증권을 주식으로 전환할 수 있다는 뜻
2. 전환사유 및 전환의 조건
3. 전환으로 인하여 발행할 주식의 종류와 내용

(6) 효력발생

전환형 조건부자본증권의 주식전환은 전환사유가 발생한 날부터 제3영업일이 되는 날에 그 효력이 발생한다(영176의12⑤).

(7) 등기사항

주권상장법인이 전환형 조건부자본증권을 발행한 경우에는 상법 제476조에 따른 납입이 완료된 날부터 2주일 이내에 본점 소재지에서 다음 사항을 등기하여야 한다(영176의12⑥).

1. 전환형 조건부자본증권의 총액
2. 각 전환형 조건부자본증권의 금액

---

70) "금융위원회가 정하여 고시하는 요건"이란 다음의 어느 하나에 해당하는 경우를 말한다(증권발행공시규정 5-25②).
  1. 다음의 어느 하나에 해당하는 경우
    가. 조건부자본증권을 발행한 발행인이 금융산업구조개선법 제2조 제2호 또는 예금자보호법 제2조 제5호에 따른 부실금융기관으로 지정된 경우
    나. 조건부자본증권을 발행한 발행인이 기업구조조정 촉진법 제4조에 따라 주채권은행으로부터 부실징후기업에 해당한다는 사실을 통보받은 경우
  2. 그 밖에 발행인의 경영성과 또는 재무구조의 개선 등 조건부자본증권을 발행할 당시 미리 정한 일정시점에서의 목표수준에 관한 사항이 달성되는 경우

3. 각 전환형 조건부자본증권의 납입금액

4. 제4항 각 호에 따른 사항

(8) 준용규정

전환형 조건부자본증권의 발행에 관하여는 상법 제424조, 제424조의2 및 제429조부터 제432조까지를 준용하며, 전환형 조건부자본증권의 주식으로의 전환에 관하여는 같은 법 제339조, 제346조 제4항, 제348조 및 제350조 제2항·제3항을 준용한다(영176의12⑦).

(9) 실권주 발행철회의 예외

실권주발행철회의 예외를 규정한 제165조의6 제2항을 준용하는 경우 "금융위가 정하여 고시하는 방법에 따라 산정한 가격"이란 주권 관련 사채권을 통한 주식의 취득가격을 다음 방법을 통해 산정한 것을 말한다(증권발행공시규정5-15의4).

1. 전환형 조건부자본증권 중 전환사유가 제5-25조 제2항 제1호에 해당하는 사채: 제5-25 조 제1항 제1호에 따라 산정한 가격
2. 전환형 조건부자본증권 중 전환사유가 제5-25조 제2항 제2호에 해당하는 사채: 제5-25 조 제1항 제2호에 따라 산정한 가격
3. 상법 제469조 제2항 제2호(교환사채·상환사채), 제513조(전환사채) 및 제516조의2(신주인수권부사채)에 따른 사채: 제5-22조에 따라 산정한 가격

3. 상각형 조건부자본증권

(1) 의의

상각형 조건부자본증권이란 해당 사채의 발행 당시 객관적이고 합리적인 기준에 따라 미리 정하는 사유가 발생하는 경우 그 사채의 상환과 이자지급 의무가 감면된다는 조건이 붙은 사채를 말한다(영176의13①).

(2) 정관의 규정

상각형(償却型) 조건부자본증권을 발행하려는 주권상장법인은 정관에 다음 사항을 규정하여야 한다(영176의13①).

1. 상각형 조건부자본증권을 발행할 수 있다는 뜻
2. 상각형 조건부자본증권의 총액
3. 사채의 상환과 이자지급 의무가 감면("채무재조정")되는 조건
4. 채무재조정으로 인하여 변경될 상각형 조건부자본증권의 내용

(3) 사채청약서 · 사채원부 기재사항

상각형 조건부자본증권의 사채청약서 및 사채원부에는 다음 사항을 적어야 한다(영176의13②).

> 1. 상각형 조건부자본증권에 대한 채무재조정이 발생할 수 있다는 뜻
> 2. 채무재조정 사유 및 채무재조정의 조건
> 3. 채무재조정으로 인하여 변경될 상각형 조건부자본증권의 내용

(4) 효력발생

상각형 조건부자본증권의 채무재조정은 채무재조정 사유가 발생한 날부터 제3영업일이 되는 날에 그 효력이 발생한다(영176의13③).

(5) 준용규정

상각형 조건부자본증권의 채무재조정 사유에 관하여는 제176조의12 제2항(전환형 조건부자본증권의 주식전환사유의 기준)을 준용하며, 상각형 조건부자본증권의 발행에 관하여는 같은 조 제3항(전환형 조건부자본증권의 등록발행)을 준용한다(영176의13④).

제5절 배당관련 특례규정

Ⅰ. 이익배당

1. 상법상 중간배당

(1) 의의

상법은 중간배당만 규정하고 분기배당은 규정하고 있지 않다. 중간배당이란 사업연도 중간에 직전결산기의 미처분이익을 재원으로 하여 실시하는 이익배당을 말한다. 이익배당의 재원 마련을 위한 회사의 부담을 평준화하고 증권시장에의 자본유입을 활성화한다는 목적을 가진 제도이다. 그러나 중간배당은 당해 사업연도의 손익이 확정되기 전에 회사재산을 사외유출시키는 것이고, 이사회의 결의만으로 가능하므로 자본충실을 해칠 위험이 높다. 따라서 엄격한 요건 아래서 가능하며 중간배당에 관하여는 이사에게 무거운 책임을 지우고 있다.

(2) 중간배당의 요건

(가) 연1회 결산기를 정한 회사

연 1회의 결산기를 정한 회사는 영업년도 중 1회에 한하여 이사회의 결의로 일정한 날을 정하여 그날의 주주에 대하여 이익을 배당("중간배당")할 수 있음을 정관으로 정할 수 있다(상법 462의3①).

(나) 정관의 규정

중간배당은 정관에 규정이 있을 때에 한하여 할 수 있다(상법462의3①).

(다) 이사회 결의

중간배당은 이사회의 결의를 요한다. 중간배당 여부는 다른 요건이 충족되는 한 이사회의 재량으로 정한다. 이사회의 결의로 확정되고 추후 주주총회의 추인이 필요하지 않다.

(3) 중간배당의 재원과 제한

중간배당은 직전 결산기의 대차대조표상의 순자산액에서 다음 금액을 공제한 액을 한도로 한다(상법462의3②).

1. 직전 결산기의 자본금의 액
2. 직전 결산기까지 적립된 자본준비금과 이익준비금의 합계액
3. 직전 결산기의 정기총회에서 이익으로 배당하거나 또는 지급하기로 정한 금액
4. 중간배당에 따라 당해 결산기에 적립하여야 할 이익준비금

회사는 당해 결산기의 대차대조표상의 순자산액이 제462조(이익배당) 제1항 각호의 금액의 합계액에 미치지 못할 우려가 있는 때에는 중간배당을 하여서는 아니된다(상법462의3③).

(4) 이사의 책임

당해 결산기 대차대조표상의 순자산액이 제462조(이익배당) 제1항 각호의 금액의 합계액에 미치지 못함에도 불구하고 중간배당을 한 경우 이사는 회사에 대하여 연대하여 그 차액(배당액이 그 차액보다 적을 경우에는 배당액)을 배상할 책임이 있다. 다만, 이사가 제3항의 우려가 없다고 판단함에 있어 주의를 게을리하지 아니하였음을 증명한 때에는 그러하지 아니하다(상법462의3④).

2. 자본시장법상 분기배당

(1) 취지

법 제165조의12는 주권상장법인의 주주를 보호하고 투자자에게 배당투자를 유도하며, 결산기에 자금지급이 집중되는 문제를 해소하고 이와 관련된 기업의 재무정책을 지원하기 위하

여 분기별 이익배당을 허용하고 있다.

(2) 분기배당의 의의

연 1회의 결산기를 정한 주권상장법인은 정관으로 정하는 바에 따라 사업연도 중 그 사업연도 개시일부터 3월, 6월 및 9월 말일 당시의 주주에게 이사회 결의로써 금전으로 이익배당("분기배당")을 할 수 있다(법165의12①).

(3) 분기배당의 요건

(가) 결산기의 요건

분기배당을 하기 위해서는 연 1회의 결산기를 정한 회사에 한하여 할 수 있으며, 정관에 분기배당에 관한 규정이 있어야 한다. 분기배당은 결산기 중 3월, 6월 및 9월 말일 당시에 주주에게 하여야 한다(법165의12①).

(나) 이사회 결의

분기배당을 위한 이사회 결의는 중 3월, 6월 및 9월 말일부터 45일 이내에 하여야 한다(법165의12②).

(다) 지급시기

분기배당금은 이사회 결의일부터 20일 이내에 지급하여야 한다(법165의12 본문). 다만, 정관에서 그 지급시기를 따로 정한 경우에는 그에 따른다(법165의12③ 단서).

(4) 분기배당의 한도와 재원

(가) 한도

분기배당은 직전 결산기의 대차대조표상의 순자산액에서 다음 금액을 뺀 금액을 한도로 한다(법165의12④).

1. 직전 결산기의 자본의 액
2. 직전 결산기까지 적립된 자본준비금과 이익준비금의 합계액
3. 직전 결산기의 정기총회에서 이익배당을 하기로 정한 금액
4. 분기배당에 따라 해당 결산기에 적립하여야 할 이익준비금의 합계액

(나) 재원

해당 결산기의 대차대조표상의 순자산액이 상법 제462조 제1항 각 호의 금액의 합계액에 미치지 못할 우려가 있으면 분기배당을 하여서는 아니 된다(법165의12⑤).

(5) 분기배당에 관한 이사의 책임

해당 결산기의 대차대조표상의 순자산액이 상법 제462조 제1항 각 호의 금액의 합계액에 미치지 못함에도 불구하고 분기배당을 한다는 이사회 결의에 찬성한 이사는 해당 법인에 대하

여 연대하여 그 차액(분기배당액의 합계액이 그 차액보다 적을 경우에는 분기배당액의 합계액)을 배상할 책임이 있다(법165의12⑥ 본문). 다만, 그 이사가 상당한 주의를 하였음에도 불구하고 제5항의 우려가 있다는 것을 알 수 없었음을 증명하면 배상할 책임이 없다(법165의12⑥ 단서).

(6) 상법의 준용

상법 제340조 제1항(주식의 등록질), 제344조 제1항(종류주식), 제350조 제3항[주식전환시기(같은 법 제423조 제1항, 제516조 제2항 및 제516조의9에서 준용하는 경우를 포함)], 제354조 제1항(주주명부의 폐쇄와 기준일), 제458조(이익준비금), 제464조(이익배당기준) 및 제625조 제3호(위법배당에 대한 처벌)의 적용에 관하여는 분기배당을 같은 법 제462조 제1항에 따른 이익의 배당으로 보고, 같은 법 제350조 제3항의 적용에 관하여는 제1항의 말일을 영업연도 말로 보며, 상법 제635조 제1항 제22호의2의 적용에 관하여는 제3항의 기간을 상법 제464조의2 제1항(배당금지급시기)의 기간으로 본다(법165의12⑦). 제6항에 따라 이사가 연대책임을 지는 경우에 관하여는 상법 제399조 제3항(이사회결의 찬성추정) 및 제400조(이사책임의 면제)를 준용하고, 제4항을 위반하여 분기배당을 한 경우에 관하여는 상법 제462조 제2항 및 제3항(위법배당금 반환청구)을 준용한다(법165의12⑧).

(7) 주주총회 보고

주권상장법인이 상법 제462조 제2항 단서에 따라 이사회의 결의로 이익배당을 정한 경우 이사는 배당액의 산정근거 등 대통령령으로 정하는 사항[71]을 주주총회에 보고하여야 한다(법165의12⑨).

Ⅱ. 주식배당

1. 취지

법 제165조의13은 주식배당에 관한 상법의 규정(상법462의2①)에 대한 특례로서 주권상장법인은 주식배당을 이익배당총액에 상당하는 금액까지 할 수 있도록 하여 현금배당으로 인한 회사재산의 사외유출을 막는 등 기업의 재무관리를 지원하고 있다. 다만 주식배당을 하는 회사의 주식의 시가가 액면액에 미달하는 경우에는 상법의 규정을 적용하도록 하여 주주들에게 현금배당을 받을 수 있는 권리를 보장하고 있다.

---

71) "배당액의 산정근거 등 대통령령으로 정하는 사항"이란 다음 사항을 말한다(영176의14①).
   1. 배당액의 산정근거
   2. 직전 회계연도와 비교하여 당기순이익 대비 배당액의 비율이 현저히 변동한 경우 변동 내역 및 사유
   3. 그 밖에 이익배당에 관한 주주의 권익을 보호하기 위한 것으로서 금융위원회가 정하여 고시하는 사항

2. 이익배당총액 범위 내의 주식배당

주권상장법인은 상법 제462조의2 제1항 단서에도 불구하고 이익배당총액에 상당하는 금액까지는 새로 발행하는 주식으로 이익배당을 할 수 있다(법165의13① 본문).

3. 이익배당총액의 2분의 1 내 주식배당

해당 주식의 시가가 액면액에 미치지 못하면 상법 제462조의2 제1항 단서에 따른다(법165의13① 단서).

4. 주식의 시가 산정방법

주식으로 배당을 하는 경우 그 주식의 시가는 주식배당을 결의한 주주총회일의 직전일부터 소급하여 그 주주총회일이 속하는 사업연도의 개시일까지 사이에 공표된 매일의 증권시장에서 거래된 최종시세가격의 평균액과 그 주주총회일의 직전일의 증권시장에서 거래된 최종시세가격 중 낮은 가액으로 한다(영176의14②).

Ⅲ. 공공적 법인의 배당

1. 이익배당

공공적 법인은 이익이나 이자를 배당할 때 정부에 지급할 배당금의 전부 또는 일부를 상법 제464조에도 불구하고 대통령령으로 정하는 방법에 따라 해당 법인의 주주 중 다음의 어느 하나에 해당하는 자에게 지급할 수 있다(법165의14①).

1. 해당 주식을 발행한 법인의 우리사주조합원
2. 연간소득수준 및 소유재산규모 등을 고려하여 대통령령으로 정하는 기준에 해당하는 자[72]

공공적 법인은 법 제165조의14 제1항에 따른 이익이나 이자를 배당할 필요가 있는 경우에는 같은 항 각 호의 어느 하나에 해당하는 자가 정부(한국은행, 한국산업은행, 그 밖에 공공기관의 운영에 관한 법률에 따른 공공기관 중 금융위원회가 지정하는 기관이 그 소유하는 공공적 법인의 발행주식을 매각한 경우에는 그 기관을 포함)로부터 직접 매수하여 계속 소유하는 주식 수에 따라 배당

---

[72] "대통령령으로 정하는 기준에 해당하는 자"란 다음의 어느 하나에 해당하는 자를 말한다(영176의15②).
1. 한국주택금융공사법 시행령 제2조 제1항에 따른 근로자
2. 농어가 목돈마련저축에 관한 법률 시행령 제2조 제1항에 따른 농어민
3. 연간소득금액이 720만원 이하인 자

한다(영176의15①).

2. 준비금의 자본전입

공공적 법인은 준비금의 전부 또는 일부를 자본에 전입할 때에는 정부에 대하여 발행할 주식의 전부 또는 일부를 상법 제461조 제2항에도 불구하고 대통령령으로 정하는 기준 및 방법에 따라 공공적 법인의 발행주식을 일정 기간 소유하는 주주에게 발행할 수 있다(법165의14②).

공공적 법인은 법 제165조의14 제2항에 따른 주식의 발행이 필요한 경우에는 같은 조 제1항 각 호의 어느 하나에 해당하는 자가 정부로부터 직접 매수하여 계속 소유하는 주식 수에 따라 배정한다(영176의15③). 법 제165조의14 제2항에 따라 주식을 취득한 자는 금융위원회가 정하여 고시하는 바에 따라 취득일부터 5년간 그 주식을 보유하여야 한다(영176의15④).

제6절 주권상장법인의 재무관리기준

Ⅰ. 제정과 준수의무

금융위원회는 투자자를 보호하고 공정한 거래질서를 확립하기 위하여 다음 사항에 관하여 주권상장법인 재무관리기준을 정하여 고시하거나 그 밖에 필요한 권고를 할 수 있다. 다만, 제9조 제15항 제3호 나목(=주권과 관련된 증권예탁증권이 증권시장에 상장된 경우에는 그 주권을 발행한 법인)에 따른 법인에 대하여는 주권상장법인 재무관리기준을 다르게 정할 수 있다(법165의16①).

1. 유상증자의 요건에 관한 사항
1의2. 주권 관련 사채권의 발행에 관한 사항
2. 배당에 관한 사항
3. 대통령령으로 정하는 해외증권[73]의 발행에 관한 사항
4. 그 밖에 건전한 재무관리에 필요한 것으로서 대통령령으로 정하는 사항[74]

---

[73] "대통령령으로 정하는 해외증권"이란 주권상장법인이 해외에서 발행하는 주권, 주권 관련 사채권, 이익참가부사채권, 증권예탁증권, 그 밖에 이와 비슷한 증권을 말한다(영176의17①).
[74] "대통령령으로 정하는 사항"이란 다음 사항을 말한다(영176의17②).
　1. 이익참가부사채권의 발행에 관한 사항
　2. 결손금에 관한 사항
　3. 계산서류 및 재무에 관한 사항의 신고 및 공시방법에 관한 사항

주권상장법인은 재무관리기준에 따라야 한다(법165의16②).

Ⅱ. 적용범위 및 용어의 정의

[증권발행공시규정] 제5-16조(적용범위 및 용어의 정의) ① 법 제165조의16 및 영 제176조의17에 따른 주권상장법인의 재무관리기준에 관한 사항은 이 절에서 정하는 바에 따른다.
② 이 절에서 "주주배정증자방식"이란 법 제165조의6 제1항 제1호에 따라 신주를 발행하는 증자방식을 말하며, "제3자배정증자방식"이란 법 제165조의6 제1항 제2호에 따라 신주를 발행하는 증자방식을 말한다.
③ 이 절에서 "일반공모증자방식"이란 법 제165조의6 제1항 제3호에 따른 증자방식을 말하며, "주주우선공모증자방식"이란 법 제165조의6 제4항 제3호에 따른 방식을 말한다.
④ 이 절에서 "거래일"이란 증권시장에서 증권을 매매거래하는 날을 말한다.

Ⅲ. 유상증자의 요건에 관한 사항

증권발행공시규정은 유상증자의 요건에 관한 사항으로서 유상증자의 발행가격의 결정, 신주인수권증서의 발행, 발행가액 등의 공고 및 통지에 관하여 규정하고 있다.

1. 유상증자의 발행가액의 결정

[증권발행공시규정] 제5-18조(유상증자의 발행가액 결정) ① 주권상장법인이 일반공모증자방식 및 제3자배정증자방식으로 유상증자를 하는 경우 그 발행가액은 청약일전 과거 제3거래일부터 제5거래일까지의 가중산술평균주가를 기준주가로 하여 주권상장법인이 정하는 할인율을 적용하여 산정한다. 다만, 일반공모증자방식의 경우에는 그 할인율을 30% 이내로 정하여야 하며, 제3자배정증자방식의 경우에는 그 할인율을 10% 이내로 정하여야 한다.
② 제1항 본문에 불구하고 제3자배정증자방식의 경우 신주 전체에 대하여 제2-2조 제2항 제1호 전단의 규정에 따른 조치 이행을 조건으로 하는 때에는 유상증자를 위한 이사회결의 일(발행가액을 결정한 이사회결의가 이미 있는 경우에는 그 이사회결의일로 할 수 있다) 전일을 기산일로 하여 과거 1개월간의 가중산술평균주가, 1주일간의 가중산술평균주가 및 최근일 가중산술평균주가를 산술평균한 가격과 최근일 가중산술평균주가 중 낮은 가격을 기준주가로 하여 주권상장법인이 정하는 할인율을 적용하여 산정할 수 있다.
③ 삭제 <2009. 7. 6, 구 제5-18조③ 삭제>
③ 제1항 및 제2항에 따라 기준주가를 산정하는 경우 주권상장법인이 증권시장에서 시가가 형성되어 있지 않은 종목의 주식을 발행하고자 하는 경우에는 권리내용이 유사한 다른 주권상장

법인의 주식의 시가(동 시가가 없는 경우에는 적용하지 아니한다) 및 시장상황 등을 고려하여 이를 산정한다.

④ 주권상장법인이 다음 각 호의 어느 하나에 해당하는 경우에는 제1항 단서에 따른 할인율을 적용하지 아니할 수 있다.

1. 금융위원회 위원장의 승인을 얻어 해외에서 주권 또는 주권과 관련된 증권예탁증권을 발행하거나 외자유치 등을 통한 기업구조조정(출자관계에 있는 회사의 구조조정을 포함한다)을 위하여 국내에서 주권을 발행하는 경우

2. 기업구조조정촉진을 위한 금융기관협약에 의한 기업개선작업을 추진중인 기업으로서 금융산업구조개선법 제11조 제6항 제1호의 규정에 의하여 같은 법 제2조 제1호의 금융기관이 대출금 등을 출자로 전환하기 위하여 주권을 발행하거나, 기업구조조정촉진법에 의하여 채권금융기관 공동관리 절차가 진행 중인 기업으로서 채권금융기관이 채권재조정의 일환으로 대출금 등을 출자로 전환하기 위하여 주권을 발행하는 경우

3. 금융산업구조개선법 제12조 및 제23조의8, 예금자보호법 제37조 및 제38조에 따라 정부, 한국정책금융공사법에 의하여 설립된 정책금융공사 또는 예금보험공사의 출자를 위하여 주권을 발행하는 경우

4. 금융기관이 공동(은행법 제8조의 규정에 의하여 은행업을 인가받은 자를 1 이상 포함하여야 한다)으로 경영정상화를 추진중인 기업이 경영정상화계획에서 정한 자에게 제3자배정증자방식으로 주권을 발행하는 경우

5. 채무자회생법에 의한 회생절차가 진행 중인 기업이 회생계획 등에 따라 주권을 발행하는 경우

6. 코넥스시장에 상장된 주권을 발행한 법인이 다음 각 목의 어느 하나에 해당하면서 제3자배정증자방식(대주주 및 그의 특수관계인을 대상으로 하는 경우는 제외)으로 주권을 발행하는 경우
    가. 신주가 발행주식총수의 20% 미만이고, 그 발행에 관한 사항을 주주총회의 결의로 정하는 경우
    나. 신주가 발행주식총수의 20% 이상이고, 그 발행에 관한 사항을 주주총회의 특별결의로 정하는 경우

⑤ 제1항에도 불구하고 코넥스시장에 상장된 주권을 발행한 법인이 수요예측(대표주관회사가 협회가 정하는 기준에 따라 법인이 발행하는 주식 공모가격에 대해 기관투자자 등을 대상으로 해당 법인이 발행하는 주식에 대한 매입희망 가격 및 물량을 파악하는 것을 말한다)을 통해 일반공모증자방식으로 유상증자를 하는 경우에는 제1항을 적용하지 아니한다.

2. 신주인수권증서의 발행·상장

[증권발행공시규정] 제5-19조(신주인수권증서의 발행·상장 등) ① 주권상장법인이 주주배정 증자방식의 유상증자를 결의하는 때에는 법 제165조의6 제3항에 따른 신주인수권증서의 발행 에 관한 사항을 정하여야 한다.

② 제1항의 주권상장법인은 해당 신주인수권증서를 증권시장에 상장하거나 자기 또는 타인의 계산으로 매매할 금융투자업자(주권상장법인과 계열회사의 관계에 있지 아니한 금융투자업자) 를 정하여야 한다.

③ 영 제176조의8 제4항 각 호 외의 부분 후단 중 "신주인수권증서의 상장 및 유통의 방법 등 에 관하여 필요한 세부사항"이란 금융투자업자가 회사 내부의 주문·체결 시스템을 통하여 신 주인수권증서를 투자자 또는 다른 금융투자업자에게 매매하거나 중개·주선 또는 대리하는 것 을 말한다. 이 경우 인터넷 홈페이지·유선·전자우편 등을 통하여 신주인수권증서를 매수할 투자자 또는 다른 금융투자업자를 탐색하는 것을 포함한다.

3. 발행가액등의 공고·통지

[증권발행공시규정] 제5-20조(발행가액등의 공고·통지) ① 주주우선공모증자방식에 따라 신 주를 발행하고자 하는 주권상장법인이 그 유상증자를 결의하는 때에는 우선 청약할 수 있는 주주를 정하기 위한 주주확정일을 정하고 그 확정일 2주 전에 이를 공고하여야 한다.

② 주주배정증자방식 또는 주주우선공모증자방식으로 유상증자를 하는 주권상장법인은 발행 가액이 확정되는 때에 그 발행가액을 지체없이 주주에게 통지하거나 정관에 정한 신문에 공고 하여야 한다.

③ 신주를 발행하는 주권상장법인은 그 발행가액이 확정되는 때에 그 내용을 지체없이 공시 하여야 한다.

Ⅳ. 기타 건전한 재무관리에 필요한 사항

1. 감사의견의 표시

[증권발행공시규정] 제5-17조(감사의견의 표시) ① 주권상장법인이 결산주주총회에 제출하는 영업보고서에는 회계감사인의 감사의견과 감사결과 수정된 당기순이익(당기순손실) 수정총액 및 주요 수정내용 등 감사보고서 본문을 기재하여야 한다.

② 주권상장법인이 상법 제449조 제3항에 따라 대차대조표를 공고하는 때에는 외감법 제14조 제2항에 따라 병기하여야 하는 회계감사인의 명칭과 감사의견 이외에 회계감사인의 감사결과 수정된 당기순이익(당기순손실) 및 감사결과 수정된 수정후 전기이월이익잉여금(수정후 전기

이월결손금)을 부기하여야 한다.

2. 전환사채의 발행제한 및 전환금지기간

[증권발행공시규정] 제5-21조(전환사채의 발행제한 및 전환금지기간) ① 주권상장법인은 다음 각 호의 기간 중에는 상법 제513조의2 제1항에 따라 주주에게 사채의 인수권을 부여하여 모집하거나 법 제165조의6 제1항 제3호의 방법으로 사채를 모집하는 방식(이하 이 절에서 "공모발행방식"이라 한다) 외의 방법으로 전환사채를 발행할 수 없다.

1. 금융회사지배구조법 제33조에 따른 소수주주가 해당 주권상장법인의 임원의 해임을 위하여 주주총회의 소집을 청구하거나 법원에 그 소집의 허가를 청구한 때에는 청구시부터 해당 임원의 해임 여부가 결정될 때까지의 기간
2. 소수주주가 법원에 해당 주권상장법인의 임원의 직무집행의 정지를 청구하거나 주주총회결의의 무효·취소 등의 소를 제기하는 등 해당 주권상장법인의 경영과 관련된 분쟁으로 소송이 진행중인 기간
3. 제1호 및 제2호에 준하는 해당 주권상장법인의 경영권분쟁사실이 신고·공시된 후 그 절차가 진행중인 기간

② 주권상장법인이 전환사채를 발행하는 경우에는 그 발행 후 1년이 경과한 후에 전환할 수 있는 조건으로 이를 발행하여야 한다. 다만, 공모발행방식으로 발행하는 경우에는 그 발행 후 1월이 경과한 후에 전환할 수 있는 조건으로 이를 발행할 수 있다.

3. 전환사채의 전환가액 결정

[증권발행공시규정] 제5-22조(전환사채의 전환가액 결정) ① 주권상장법인이 전환사채를 발행하는 경우 그 전환가액은 전환사채 발행을 위한 이사회결의일 전일을 기산일로 하여 그 기산일부터 소급하여 산정한 다음 가액 중 높은 가액(법 제165조의6 제1항 제3호의 방법으로 사채를 모집하는 방식으로 발행하는 경우에는 낮은 가액) 이상으로 한다. 다만, 전환에 따라 발행할 주식이 증권시장에서 시가가 형성되어 있지 않은 종목의 주식인 경우에는 제5-18조 제3항을 준용한다.

1. 1개월 가중산술평균주가, 1주일 가중산술평균주가 및 최근일 가중산술평균주가를 산술평균한 가액
2. 최근일 가중산술평균주가
3. 청약일전(청약일이 없는 경우에는 납입일) 제3거래일 가중산술평균주가

② 제1항에 불구하고 주권상장법인이 발행하는 전환사채가 다음의 어느 하나에 해당하는 경우에는 전환가액을 제1항 본문의 규정에 의하여 산정한 가액의 90% 이상으로 할 수 있다.

1. 2 이상의 신용평가회사가 평가한 해당 채권의 신용평가등급(해당 채권의 발행일부터 과거 3월 이내에 평가한 채권의 등급이 있는 경우 그 등급으로 갈음할 수 있다)이 투기등

급(BB+ 이하)인 경우

2. 해당 사채를 자산유동화법에 따라 발행하는 유동화증권의 기초자산으로 하는 경우

③ 다음의 어느 하나에 해당하는 주권상장법인이 금융기관의 대출금 또는 사채를 상환하기 위하여 전환사채를 발행하는 경우에는 제1항 및 제2항의 규정을 적용하지 아니할 수 있다.

1. 기업구조조정 촉진을 위한 금융기관협약에 의하여 기업개선작업을 추진중인 기업

2. 금융기관이 공동(은행법 제8조의 규정에 의하여 은행업을 인가받은 자를 1 이상 포함하여야 한다)으로 경영정상화를 추진중인 기업이 경영정상화계획에서 정한 자를 대상으로 전환사채를 발행하는 경우 해당 기업

4. 전환가액의 하향조정

[증권발행공시규정] 제5-23조(전환가액의 하향조정) 주권상장법인이 전환가액을 하향하여 조정할 수 있는 전환사채를 발행하는 경우에는 다음 방법에 따라야 한다.

1. 전환사채의 발행을 위한 이사회에서 증자·주식배당 또는 시가변동 등 전환가액을 하향 조정 하고자 하는 각 사유별로 전환가액을 조정할 수 있다는 내용, 전환가액을 조정하는 기준이 되는 날("조정일") 및 구체적인 조정방법을 정하여야 한다.

2. 시가하락에 따른 전환가액의 조정시 조정 후 전환가액은 다음 각 목의 가액 이상으로 하여 야 한다.

   가. 발행당시의 전환가액(조정일 전에 신주의 할인발행 등 또는 감자 등의 사유로 전환가액을 이미 하향 또는 상향 조정한 경우에는 이를 감안하여 산정한 가액)의 70%에 해당하는 가액. 다만, 정관의 규정으로 조정 후 전환가액의 최저한도("최저조정가액"), 최저조정가액을 적용하여 발행할 수 있는 전환사채의 발행사유 및 금액을 구체적으로 정한 경우 또는 정관의 규정으로 전환가액의 조정에 관한 사항을 주주총회의 특별결의로 정하도록 하고 해당 전환사채 발행시 주주총회에서 최저조정가액 및 해당 사채의 금액을 구체적으로 정한 경우에는 정관 또는 주주총회에서 정한 최저조정가액

   나. 조정일 전일을 기산일로 하여 제5-22조 제1항 본문의 규정에 의하여 산정(제3호는 제 외)한 가액

5. 전환가액의 상향조정

[증권발행공시규정] 제5-23조의2(전환가액의 상향조정) ① 주권상장법인이 전환사채를 발행하는 경우에는 감자·주식병합 등 주식가치 상승사유가 발생하는 경우 감자·주식병합 등으로 인한 조정비율만큼 상향하여 반영하는 조건으로 이를 발행하여야 한다. 단, 감자·주식병합 등을 위한 주주총회 결의일 전일을 기산일로 하여 제5-22조 제1항 본문의 규정에 의하여 산정(제3호는 제외)한 가액(이하 이 항에서 "산정가액")이 액면가액 미만이면서 기산일 전에 전환

가액을 액면가액으로 이미 조정한 경우(전환가액을 액면가액 미만으로 조정할 수 있는 경우는 제외)에는 조정 후 전환가액은 산정가액을 기준으로 감자·주식병합 등으로 인한 조정비율만큼 상향조정한 가액 이상으로 할 수 있다.

② 제1항에도 불구하고 주권상장법인이 정관의 규정으로 전환가액의 조정에 관한 사항을 주주총회의 특별결의로 정하도록 하고 해당 전환사채 발행시 주주총회에서 최저조정가액 및 해당 사채의 금액을 구체적으로 정한 경우에는 최저조정가액 이상으로 상향하여 반영하는 조건으로 이를 발행할 수 있다.

③ 주권상장법인이 기업구조조정 촉진법에 의한 부실징후기업의 관리, 채무자회생법에 의한 회생절차 개시 등 관련 법령에 의해 전환사채를 발행하는 경우에는 제1항 및 제2항을 적용하지 아니할 수 있다.

6. 신주인수권부사채의 발행

[증권발행공시규정] 제5-24조(신주인수권부사채의 발행) ① 제5-21조, 제5-22조 제1항, 제5-23조 및 제5-23조의2의 규정은 신주인수권부사채의 발행에 관하여 이를 준용한다.
② 주권상장법인이 신주인수권부사채를 발행하는 경우 각 신주인수권부사채에 부여된 신주인수권의 행사로 인하여 발행할 주식의 발행가액의 합계액은 각 신주인수권부사채의 발행가액을 초과할 수 없다.

제7절 주권상장법인에 대한 조치

Ⅰ. 의의

자본시장법은 주권상장법인에 대한 특례를 규정하면서 자본시장법상 규정이나 또는 금융위원회의 명령에 위반하는 경우에 금융위원회가 이에 대한 정정명령, 해당법인의 임원해임 권고 등의 행정조치를 취할 수 있는 권한을 규정한다.

Ⅱ. 조치사유

금융위원회는 다음의 어느 하나에 해당하는 경우에는 주권상장법인에 대하여 이유를 제시한 후 그 사실을 공고하고 정정을 명할 수 있으며, 필요하면 그 법인의 주주총회에 대한 임원의 해임 권고, 일정 기간 증권의 발행제한, 그 밖에 "대통령령으로 정하는 조치"75)를 할 수 있다(법165의18).

1. 제165조의3 제2항을 위반하여 자기주식을 취득한 경우
2. 제165조의3 제4항을 위반하여 자기주식을 취득(자기주식을 취득하기로 한 신탁업자와의 신탁계약의 체결 포함)하거나 처분(자기주식을 취득하기로 한 신탁업자와의 신탁계약의 해지 포함)한 경우
3. 제165조의4 제1항을 위반하여 같은 항 각 호의 어느 하나에 해당하는 행위를 한 경우
4. 제165조의4 제2항을 위반하여 외부평가기관으로부터 평가를 받지 아니한 경우
5. 제165조의5 제2항을 위반하여 주식매수청구기간이 종료하는 날부터 1개월 이내에 해당 주식을 매수하지 아니한 경우
6. 제165조의5 제4항을 위반하여 대통령령으로 정하는 기간 이내에 주식을 처분하지 아니한 경우
7. 제165조의5 제5항의 절차를 위반하여 통지 또는 공고를 하거나, 같은 항에 따른 통지 또는 공고를 하지 아니한 경우
8. 제165조의6 제2항을 위반하여 실권주의 발행을 철회하지 아니한 경우
9. 제165조의6 제3항을 위반하여 신주인수권증서를 발행하지 아니하거나 유통될 수 있도록 하지 아니한 경우
10. 제165조의6 제4항을 위반하여 불특정 다수인(해당 주권상장법인의 주식을 소유한 자 포함)에게 신주를 배정한 경우
11. 제165조의7을 위반하여 우리사주조합원에 대하여 주식의 배정을 한 경우
12. 제165조의8 제1항 단서를 위반하여 액면미달의 가액으로 주식을 발행한 경우
13. 제165조의8 제2항을 위반하여 최저발행가액을 정하지 아니하거나 같은 항 후단에 따른 방법에 따라 산정하지 아니한 경우
14. 제165조의8 제3항을 위반하여 주주총회의 결의일부터 1개월 이내에 주식을 발행하지 아니한 경우
15. 제165조의10을 위반하여 사채를 발행한 경우
16. 제165조의11을 위반하여 조건부자본증권 등을 발행한 경우
17. 제165조의12 제1항 및 제2항을 위반하여 이사회 결의를 거치지 아니하고 분기배당을 한 경우
18. 제165조의12 제3항을 위반하여 분기배당금을 지급하지 아니한 경우
19. 제165조의12 제5항을 위반하여 분기배당을 한 경우

---

75) "대통령령으로 정하는 조치"란 ⅰ) 자본시장법을 위반한 경우에는 고발 또는 수사기관에의 통보, ⅱ) 다른 법률을 위반한 경우에는 관련 기관이나 수사기관에의 통보, ⅲ) 경고 또는 주의 조치를 말한다(영176의18 ②, 영138(3)-(5)).

20. 제165조의13 제1항을 위반하여 주식배당을 한 경우
21. 제165조의13 제2항을 위반하여 주식의 시가를 산정한 경우
22. 제165조의15 제2항을 위반하여 의결권이 없거나 제한되는 주식을 발행한 경우
23. 제165조의16 제2항을 위반하여 재무관리기준에 따르지 아니한 경우
24. 제165조의17 제1항을 위반하여 같은 항에 따른 방법에 따라 주식매수선택권 부여에 관한 신고를 하지 아니한 경우
25. 제165조의17 제3항을 위반하여 사외이사의 선임·해임 또는 퇴임 사실을 신고하지 아니한 경우

제8절 이사회 및 상근감사

I. 사외이사 및 상근감사에 관한 특례

코넥스시장에 상장된 주권을 발행한 법인에 대하여는 상장회사의 사외이사에 관한 상법 제542조의8(제1항 단서, 제4항 및 제5항은 제외) 및 상근감사에 관한 제542조의10을 적용하지 아니한다(법165의19, 영176의19).

II. 이사회의 성별 구성에 관한 특례

최근 사업연도말 현재 자산총액[금융업 또는 보험업을 영위하는 회사의 경우 자본총액(대차대조표상의 자산총액에서 부채총액을 뺀 금액) 또는 자본금 중 큰 금액]이 2조원 이상인 주권상장법인의 경우 이사회의 이사 전원을 특정 성(性)의 이사로 구성하지 아니하여야 한다(법165의20).

제6편

불공정거래규제

제1장

서 설

　기업이 자금조달을 하는 방법은 은행 등 여신기관으로부터 대출을 받는 간접금융과 회사채나 주식을 발행하여 투자자로부터 직접 자금을 조달하는 직접금융이 있다. 직접금융은 기업이 자금조달을 하는 수단이기도 하지만 투자자 입장에서는 투자의 기회이기도 하기 때문에 이들을 연결해주는 자본시장은 투명하게 운영되어야 한다. 자본시장법은 자본시장의 투명성을 위해 발행시장 공시규제와 유통시장 공시규제를 두고 있는데 이것만으로는 부족하다. 즉 시장 참여자들이 증권가격을 조작하거나 기업의 중요한 미공개정보를 이용하고 부정한 방법으로 증권사기가 발생하는 경우에는 투자자들이 자본시장을 믿지 못하고 떠나게 될 것이다. 이처럼 기업자금조달의 장인 자본시장이 신뢰를 받지 못하게 하는 불공정거래는 증권범죄로서 반드시 척결되어야 한다. 자본시장법은 불공정거래를 유형화하여 미공개 중요정보 이용행위 금지, 시세조종행위 금지, 부정거래행위 금지, 시장질서 교란행위 금지로 구별하여 규제하고 있다.

제2장

내부자거래

제1절 서설

I. 의의 및 제도적 취지

1. 의의

내부자거래에는 두 가지 유형이 있다. 하나는 합법적인 내부자거래이고, 다른 하나는 불법적인 내부자거래이다. 여기서 문제되는 것은 후자의 경우이다. 불법적인 내부자거래는 상장법인의 임원·직원 또는 주요주주 등의 내부자가 자신의 지위 또는 담당하는 업무상 취득한 미공개 중요정보를 이용하여 자기 회사의 주식을 거래하는 것을 말한다.

주식의 가격은 여러 가지 변수에 의해 움직이지만 기본적으로 기업의 미래에 대한 전망에 의해 결정된다고 할 수 있다. 따라서 장차 기업의 자산·수익에 영향을 미칠 사정이 생기고, 그것이 자본시장에 알려진다면 주가는 예민하게 반응한다. 내부자는 이러한 정보가 시장에 공시되기 이전에 주식을 매매함으로써 정보의 공개 이후에 전개될 주가의 상승 또는 하락으로 인한 이익을 취할 수 있다.[1]

2. 입법취지

내부자거래를 규제하는 규정을 둔 취지는 기업 내부의 정보에 접근하기 쉬운 내부자와 이

---

[1] 이상복(2010), 「내부자거래」, 박영사(2010. 11), 81-82쪽.

로부터 정보를 전달받은 자가 당해 정보가 중요한 미공개정보인 점을 이용하여 이를 알지 못한 자와 불평등한 상태에서 거래를 하게 되면 이러한 거래는 정당한 거래가 아니고, 이러한 거래를 제한하지 않으면 증권시장 전체를 불건전하게 할 수 있으므로 증권거래에 참가하는 투자자의 이익을 보호하고 일반투자자의 증권시장에 대한 신뢰를 보호하여 증권시장이 국민경제의 발전에 기여하기 위한 것이다.[2]

3. 내부자거래규제의 목적

자본시장은 효율적이어야 하며 증권의 가격이 기업의 가치를 정확하게 반영하는 것을 보장할 필요가 있다. 또 모든 투자자들은 시장에서 정보에 접근할 수 있는 동등한 자격을 가지고 증권거래를 할 수 있어야 한다. 즉 모든 사람은 시장에서 중요한 정보에 대한 동등한 접근가능성을 가져야 한다. 이와 관련하여 내부자거래를 규제하는 몇 가지 목적이 있다.[3]

ⅰ) 누군가가 내부자거래의 결과로 손해를 본다면, 관련 법률은 손해를 입은 사람에게 구제받을 수 있는 수단을 제공할 필요가 있다. 따라서 손해를 본 사람에 대한 보상은 내부자거래 규제체계를 만드는 데 있어 중요한 목적이 될 수 있다. ⅱ) 얼굴을 마주하지 않는 비대면적 증권거래에서 발생하는 내부자거래를 규제하는 목적은 내부자거래가 투자자로 하여금 증권시장 시스템의 정직성에 대한 신뢰를 상실하게 함으로써 시장에 상처를 준다는 가정으로부터 나온다. ⅲ) 내부자거래가 부정행위로 생각되는 한, 내부자거래를 한 자에 대한 형벌과 그들의 부당이익에 대한 반환은 규제시스템의 중요한 목적이 된다. ⅳ) 미공개 중요정보를 신속하게 공시하도록 하는 것은 내부자거래를 규제하는 시스템의 목적이다.

Ⅱ. 연혁

1. 개요

내부자거래는 시세조종과 더불어 불공정한 증권거래의 대표적인 유형으로 증권시장을 개설하고 있는 모든 국가에서 공통적으로 발생하는 불법행위이다. 따라서 내부자거래를 규제해야 한다는 명제는 각국의 공통과제이다. 그러나 국가마다 내부자거래규제의 체계를 국내사정에 따라 조금씩 달리 정하고 있다. 이는 내부자거래규제의 근거에 관한 입장이 서로 다르기 때문이다.

---

2) 대법원 1994. 4. 26. 선고 93도695 판결.
3) Dennis S. Karjala, "Statutory Regulation of Insider Trading in Impersonal Market", Duke Law Journal, Vol. 1982, No 4(1982), pp. 629–630.

내부자거래규제의 문제는 모든 나라에서 법률가, 경제학자, 증권거래소, 정부당국, 언론 및 방송의 지속적인 관심의 대상이 되어 왔다. 일부 학자들은 내부자거래의 경제적 유용성에 대한 주장을 하고 있지만, 대부분의 국가의 경우 국민, 의회, 그리고 정부당국 간에 일치된 생각은 내부자거래가 불공정한 게임으로 증권시장에 대한 투자자의 신뢰를 손상시킨다는 것이다. 이에 따라 시장에서의 투자자를 보호하고 기업의 내부자들과 일반주주들 사이의 공평한 게임의 장을 유지할 목적으로 내부자거래를 규제하는 법률을 제정하게 되었으며, 각국의 감독당국은 불공정하게 주식을 거래함으로써 투자자의 신뢰와 증권시장의 정직성을 침해하는 자들에게 매우 엄격하게 규제를 하고 있다.

2. 입법례

(1) 미국

미국은 내부자거래규제에 관한 가장 오랜 전통을 가지고 있다. 1934년 증권거래법 제정 당시 제16조에서 주요주주 및 임원에 대하여 소유주식보고의무((a)항), 단기매매차익 반환의무 ((b)항), 공매도금지((c)항) 등의 규정을 통해 내부자거래를 규제하였다. 그러나 위 조항이나 보통법상의 사기행위로 준내부자나 정보수령자 등의 내부자거래를 규제할 수 없게 되자 1942년 SEC는 1934년 증권거래법 제10조 (b)항을 근거로 Rule 10b-5를 제정하여 미공개정보를 이용한 내부자거래에 대한 형사제재의 근거로 삼았다. 1970년대 후반 공개매수 사례가 증가하면서 공개매수 관련 정보를 이용한 내부자거래의 효과적인 규제를 위하여 1980년 SEC는 Rule 14e-3을 제정하였다.[4]

그 후 1980년대[5] 들어 M&A 등 증권시장이 발달하면서 내부자거래가 빈발하자 SEC는 내부자거래에 대한 효과적인 제재수단이 필요하다고 판단하여 의회에 입법요청을 하였고, 의회는 1984년 "내부자거래제재법"(The Insider Trading Sanctions Act of 1984: ITSA)을 제정하였다. 이 법률은 SEC가 내부자거래로 얻은 이익 또는 회피한 손실액의 3배 이내의 민사벌(civil penalty)의 부과를 연방법원에 청구할 수 있도록 하는 규정을 1934년 증권거래법 제21조(d)(2)(A)로 편입하였다. 그러나 위 ITSA 제정 이후에도 내부자거래가 근절되지 않고 지속적으로 증가함에

---

4) 박임출(2003), 36쪽 이하 참조.
5) 1980년대 미국에서는 적대적 M&A 열풍이 불었다. 이 기업인수 대전쟁의 시기 동안 몇몇의 내부자거래 사건은 미국 사회에 큰 충격을 주었다. 내부자거래는 1980년대의 대표적인 화이트칼라 범죄로 자리매김되었다. 이반 보에스키(Ivan Boesky)와 데니스 리바인(Dennis Levine), 마이클 밀켄(Michael Milken) 및 마틴 지겔(Martin Siegel) 사건은 내부자거래의 규모면에서 경이적인 사건으로 기록되었다. 그러나 내부자거래는 1980년대에 끝나지 않았고, 1990년대에도 큰 이슈로 남아 있었다. 1993년에는 골드만삭스의 전 임원이 내부자거래로 얻은 이익 중 110만 달러를 부당이익으로 반환하는 사건이 일어났으며, 1997년 6월 미국 대법원은 오헤이건(O'Hagan) 사건을 판결하면서 부정유용이론의 타당성을 인정하였다. 대법원은 내부자거래를 통해 이득을 본 오헤이건 변호사에게 책임을 인정하지 않았던 항소심 판결을 뒤집었던 것이다.

따라 의회는 1988년 "내부자거래 및 증권사기집행법"(The Insider Trading and Securities Fraud Enforcement Act of 1988: ITSFEA)을 제정하였다. 이 법은 내부자거래를 한 자 및 감독자에 대하여 SEC가 민사벌을 부과하기 위한 소송을 연방법원에 제기할 수 있도록 하였고(제21A조(a)(1)), 동시기 거래자(contemporaneous trader)에 대하여 명시적인 손해배상청구권을 인정하고(제20A조), 형사벌칙을 강화하는 한편(제32조(a)), 내부자거래 제보에 대한 포상제도(제21A조(e)) 등을 신설하였다.

SEC Rule 10b-5는 증권의 매수 또는 매도에 관한 시세조종적 또는 사기적 행위를 금지하는 포괄규정이기 때문에 내부자거래의 정의를 여기서 찾아볼 수 없다. 1980년대 대규모 내부자거래 사건이 이어져 규제를 강화한 시기에 내부자거래를 정의하는 입법제안이 수회 이루어졌으나, 현재까지 정의규정은 마련되지 않았다. 다만 미국의 1934년 증권거래법 제21A조에서 민사벌 부과대상행위를 "누구든지 중요한 미공개정보를 보유하면서 증권을 매수 또는 매도하거나 그러한 정보를 전달하는 행위"로 규정함으로써 간접적으로 내부자거래를 정의하고 있다. 그러나 1934년 증권거래법은 내부자나 내부정보에 대한 어떤 규정도 두고 있지 않기 때문에 이러한 개념은 모두 판례를 통해 형성되고 있다.

(2) EU

1989년 11월 13일 EC 내부자거래지침(이하 "EC지침"이라 한다)[6]이 채택되기 이전에 EC 회원국의 내부자거래규제 상황은 매우 상이하였다. 영국이나 프랑스와 같이 내부자거래에 형사제재를 가하는 국가도 있었고, 독일이나 네덜란드와 같이 자율규제(voluntary codes of conduct)에 의존하거나, 이탈리아, 아일랜드 등과 같이 내부자거래에 대한 규제가 전혀 없는 국가도 있었다.

이에 따라 EC는 단일시장 창설을 위하여 회원국 사이의 상이한 법규정을 조화시켜야 한다는 EC 설립조약 제100a조에 의거하여 회원국 상호간의 오랜 협상을 통하여 1989년 내부자거래에 관한 지침을 채택하였다.[7]

내부자거래규제 법제를 EC 차원에서 효과적으로 조정하는 문제에 대하여 회원국들은 시세에 영향을 주는 내부정보를 이용하는 거래를 규제하여야 한다는 원칙에는 동의하였으나, 내부자거래를 구체적으로 어떻게 규제할 것인가에 관해서는 견해의 대립이 있었다. 그러나 미국과 비교하여 증권시장의 규모가 작은 EC 회원국들은 내부자거래의 규제를 확대함에 따라 나타

---

6) 내부자거래지침의 명칭은 Council Directive of 13 November 1989 coordinating regulation on insider trading(89/592/EEC)이다.

7) EC는 1977년 내부자거래 규제에 관한 권고서를 채택하였고, 그 후 영국(1980년), 노르웨이(1985년), 스웨덴(1985년), 덴마크(1986년) 등이 내부자거래를 형사처벌하기 위한 법을 제정함에 따라 내부자거래규제의 조화를 위하여 이와 같은 지침을 제정하게 되었다.

날 수 있는 증권시장 기능의 위축을 우려하여 각 회원국의 입장을 적절하게 조화시키는 방식으로 EC지침을 완성하였다.

이 EC지침은 전문과 15개 조문으로 구성되어 있으며, 각 회원국은 이 지침을 최소기준으로 하여(제6조) 1992년 6월 1일 이전에 국내법으로 수용할 것을 의무화하고 있다(제14조).

그 후 유럽의 증권시장이 통합되고 국경간 거래증가로 인해 시세조종의 기회가 증가함에 따라 시세조종의 금지까지 포괄하는 새로운 규제법제를 마련하자는 주장이 제기되었다. 이에 따라 EC지침은 시세조종을 포함한 모든 시장남용행위를 규제하는 2003년의 EU 시장남용지침(이하 "EU 지침"이라 한다)[8]으로 대체되었다.

(3) 영국

영국은 오래전부터 내부자거래규제의 필요성을 인정하였으나, 1980년에 이르러서야 제정법에 의한 규제를 시작하였다. 즉 1980년 회사법(Companies Act) 제68조와 제69조에서 내부자거래에 대하여 형사제재를 부과하는 방식을 도입하였다. 이는 불법행위로부터 투자자를 보호한다는 의지를 보임으로써 일반투자자의 신뢰를 증진시키고자 한 것이다.

그 후 내부자거래규제에 관하여 1985년 회사증권(내부자거래)법[Company Securities (Insider Trading) Act]이 제정되었다. 이 법은 1986년 금융서비스법(Financial Services Act)에 의해 개정되었으며 1989년 회사법(Companies Act)을 개정하여 내부자거래 금지규정을 위반한 자에 대한 형사제재를 2년 이하의 징역에서 7년 이하의 징역으로 대폭 강화하였다. 또한 EC지침을 수용하여 현재는 형사사법법(Criminal Justice Act of 1993) 제5장(내부자거래) 제52조 내지 제60조에서 내부자거래규제에 관한 내용을 정하고 있다.

그러나 영국의 증권규제 또는 보다 광범위한 금융서비스 부문의 규제는 2000년 금융서비스시장법(Financial Service and Market Act of 2000)에 의해 이루어지고 있다. 이 법은 내부자거래를 시장남용(market abuse) 행위로 간주하여 규제하는 새로운 방식을 도입하였다. 시장남용은 내부자거래나 시세조종을 포함하는 새로운 규제개념으로 이를 위반한 경우에는 과징금 부과나 피해를 위한 원상회복명령 등 형사제재 이외의 규제조치가 가능하다. 시장남용행위는 미국의 SEC Rule 10b-5에 필적하는 시장에서의 광범위한 불공정한 거래를 규제하기 위한 것으로서 정보의 부당이용행위가 대표적인 예이다.

(4) 독일

독일에서는 1994년 EC지침을 국내법으로 수용할 때까지 내부자거래를 제정법으로 규제하지 않았다. 즉 1970년 이후 자율규제에 의한 내부자거래규제가 이루어지고 있었으나, 이를 위

---

8) 지침의 명칭은 Directive 2003/6 EC of EUROPEAN PARLIAMENT AND OF THE COUNCIL of 28 January 2003 on insider trading and market manipulation(market abuse)이다.

반하더라도 형사제재는 없었고, 위반자에 대하여 내부자거래로 얻은 재산적 이익을 회사에 반환하도록 하였을 뿐이다.

EC지침 제12조에 따라 1992년 6월 1일 이전까지 EC지침을 국내법으로 수용하여야 하나 독일은 그 기한을 준수하지 못하였고, 1994년에 이르러 제2자 자본시장진흥법(Zweites Finanz-marktforderungsgesetz)에 의거 Wertpapierhandelsgesetz(이하 "WpHG"라 한다)을 제정하였는데, 이 법 제3장(내부자의 감시) 제12조 내지 제20조에서 내부자거래규제에 관한 규정을 마련하였다. WpHG는 그 이외에 증권거래감독청을 설치하고 적시공시제도를 도입하여 증권거래감독청에 의한 감시하에 내부자거래 금지와 기업내용공시제도를 통해 내부정보의 부정이용을 방지하는 체계를 마련하였다.

(5) 일본

일본의 내부자거래규제의 역사는 다른 나라에 비하여 상대적으로 일천하다. 1987년 다데호 화학공업(주) 사건을 계기로 내부자거래에 대한 규제를 강화해야 한다는 요청의 결과로 1988년 5월 31일 증권취인법의 일부를 개정하는 법률이 공포되어 제정법에 의한 금지 근거를 마련하였다. 그 후 일본도 금융환경의 변화에 대응하기 위하여 우리나라의 자본시장법과 비슷한 금융상품거래법을 제정하고 증권취인법을 폐지하였다. 금융상품거래법은 제6장에서 시세조종행위 등과 더불어 내부자거래를 규정하고 있다.

3. 자본시장법의 연혁

내부자거래규제 근거는 1962년 증권거래법 제정 당시에는 존재하지 않았다. 1976년 증권거래법 개정으로 내부자거래의 개연성이 높은 임직원 및 주요주주에 대하여 공매도를 금지하고(증권거래법188①) 단기매매차익 반환의무를 제도화하였다(증권거래법188②).

1980년대 접어들어 내부자거래의 규제 필요성이 증대함에 따라 1982년 증권거래법 개정으로 상장법인의 임직원 및 주요주주에 대하여 소유주식상황 보고의무를 부과하였으나, 내부자거래를 직접 규제하는 제도는 아니었다. 진정한 의미의 내부자거래규제제도는 1987년 증권거래법 개정에서 시세조종 등 불공정거래 금지규정인 제105조에 미국식의 미공개정보 이용금지 조항을 신설하여 미공개정보를 이용한 내부자거래를 직접 금지하는 제도를 최초로 도입하였다.

1990년대 들어 내부자거래에 대한 본격적인 단속의 필요성과 규제를 강화하는 것이 세계적인 흐름이었다. 이에 따라 우리나라도 1991년 12월 증권거래법의 전면적인 개정으로 현재와 같은 내부자거래규제체계를 마련하였다. 그 주요 골자는 내부자거래규제 조문의 통합, 내부자의 범위와 내부정보의 범위 등의 구체화, 그리고 처벌의 강화 등 통일적인 규제체계의 완성이었다.

그 후 1997년 1월 증권거래법 개정에서는 내부자거래에 대한 형사제재 규정을 강화하여 징역형의 상한을 3년에서 10년으로 상향조정하고, 내부자거래규제 위반으로 얻은 이익 또는 회피한 손실액의 3배 이내의 벌금에 처할 수 있는 근거를 신설하였다. 1999년 2월 개정 증권거래법에서는 자기주식의 매수 또는 매도과정에서 미공개정보를 이용할 가능성이 있어 내부자의 범위에 당해 법인을 포함시켰다.

나아가 사회적 물의를 일으킨 대형사건들이 발생하자 2002년 1월 증권거래법 개정으로 증권선물위원회에 강제조사권을 부여하고, 2002년 2월 개정으로 얻은 이익이나 회피한 손실이 5억원 이상 50억원 미만인 때에는 3년 이상의 유기징역을, 그 이익 또는 회피한 손실액이 50억원 이상인 때에는 무기징역 또는 5년 이상의 유기징역에 처하고, 10년 이하의 자격정지도 병과할 수 있도록 형사벌칙을 대폭 강화하였다.

자본시장법은 증권거래법상의 내부자거래규제체계를 유지하면서 계열회사의 임직원 및 주요주주 등과 당해 법인과 계약체결을 교섭 중인 자도 내부자에 포함시키는 등 내부자의 범위를 확대하고 외부정보의 규제범위를 대량취득·처분정보까지 확대하는 등의 증권거래법의 문제점을 보완하였다.

제2절 규제의 근거

Ⅰ. 내부자거래규제 논쟁

1. 의의

내부자거래규제와 관련하여 내부자거래를 자본주의에서 절대 용납할 수 없는 것으로 보는 견해가 있으며, 이와 반대로 내부자거래는 아무 문제가 없으므로 장려되어야 한다는 견해도 있다. 다만 후자의 견해는 미국의 경우 많은 내부자거래 사건에 대한 투자자의 저항으로 현재 거의 찾아볼 수 없게 되었다. 그러나 일부 경제학자들은 1966년 Manee 교수의 "Insider Trading and the Stock Market"이 출간된 이후 경제적인 의미에서 내부자거래의 관행은 이익을 가져다 주기 때문에 규제되어서는 안 된다고 주장하였다. 그 후 내부자거래규제 논쟁은 Manne 교수의 입장 내지는 이것의 변형된 견해를 주장하는 사람들, 경제적인 효율성 차원에서 내부자거래의 허용을 주장하는 사람들, 그리고 공정성 이론에 입각하여 시장통합과 시장에서의 도덕성은 내부자거래 금지에 의해 달성될 수 있다고 주장하는 사람들 사이에 격렬하게 진행되었다.

2. 기업에 대한 영향과 찬반론

내부자거래규제에 대한 반대론자들의 주장은 다음과 같다.

ⅰ) 내부자거래는 경영자들에게 최선의 이익을 낼 수 있게 하는 인센티브를 제공하고, 또 경영진의 노력을 보상하기 위한 가장 효율적인 방법이라고 주장한다. 즉 내부자거래가 기업가 정신을 장려한다는 것이다. 내부자거래만이 소유와 경영의 분리로 발생하게 되는 기업의 관료주의를 극복할 수 있고, 기술혁신적인 행위를 촉진하며, 자유로이 내부자거래를 할 수 있도록 허용하는 것이 기업시스템의 생존을 위한 요소임을 강조하였다(인센티브 제공수단).[9]

ⅱ) 규제반대론자들은 내부자거래를 규제하지 않는 것이 대리인 비용을 감소시킨다고 주장한다. 대리인 비용은 소유와 경영의 분리로 인해 대리인의 자기이익과 본인의 이익추구가 일치하지 않기 때문에 발생하게 된다. 또한 대리인 비용은 경영자의 보수 협상으로부터 발생한다. 이 견해는 만일 내부자거래가 없다면, 경영자의 보수에 관해 영원한 재협상이 요구된다고 믿는다. 따라서 내부자거래는 다른 어떠한 형식의 보수보다 가장 확실한 형태의 보수인 것이고, 경영자에게 더 많은 인센티브를 제공하는 것이라고 한다(대리인 비용의 감소).[10]

ⅲ) 규제반대론자들은 경제학 이론인 코오스 정리를 들어 내부자거래규제를 반대한다. 코오스 정리는 거래비용과 불확실성이 없는 세상에서 당사자들은 개인 간의 합의된 계약이 자신들의 최고의 가치 있는 효용에 자원을 배분한다는 이론이다. 이 이론에 의하면 당사자들은 가장 최고의 가치를 가지는 이용자에게 자원을 재배분할 것이기 때문에, 법률이 처음으로 재산권을 배분하는 점은 문제가 되지 않는다고 한다. 또한 정부의 간섭이 없는 개인 간의 협상은 사적인 권리의 최선의 배분을 달성할 것이라고 한다(코오스 정리).[11]

그러나 내부자거래 규제찬성론자들은 다음의 이유를 들어 규제반대론자들을 비판하고 있으며, 찬성론이 널리 수용되는 것이 세계적인 추세이다.

ⅰ) 내부자거래가 보수에 대한 가장 효율적이고 가장 정확한 보상수단임을 지적하는 경험적인 증거는 존재하지 않는다고 주장한다. 또한 주식을 매수하기 위한 경제적인 능력은 경영자의 보수를 제한한다고 주장한다. 따라서 보수는 기본적으로 정보의 가치 또는 정보에 대한 공헌의 가치에 달려 있는 것이 아니라, 오히려 재산에 달려 있는 것이므로 자신들의 보수 패키지를 결정할 수 있는 경영자의 능력은 제한된다고 한다.[12] 나아가 보수는 자본시장의 구조, 기업에

---

9) Henry G. Manne, "Insider Trading and the Stock Market"(1966).
10) Dennis W. Carlton & Daniel Fischel, "The Regulation of Insider Trading", 35 Stan. L. Rev. 857(1983).
11) Frank H. Easterbrook & Daniel R. Fischel, "The Economic Structure of Corporate Law", Harvard University Press(1991), pp.254-255.

특유한 위험수당 및 매 기간당 평균 판매금액과 같은 외부요인들에 달려 있는 것이라고 한다.

ⅱ) 규제찬성론자들은 내부자거래를 허용하는 것이 오히려 기회비용과 대리인 비용을 증가시킬 것이라고 주장한다. 이 견해에 의하면 이익충돌의 문제로 인하여 대리인 비용은 증가한다. 또한 경영자들은 내부자거래로 이익을 내기 위하여 노력하면서 시간을 보낼 것이기 때문에, 기회비용은 증가할 것이다. 경영자들은 소유와 경영의 분리로 인하여 더 기회주의적으로 행동할 수 있게 되었고, 따라서 이익충돌은 경영자들이 주주의 이익이 아니라 자신들의 이익을 위하여 활동할 때 일어나게 된다고 한다.13)

ⅲ) 규제찬성론자들은 코오스 정리가 이 상황에 적용될 수 없다고 말한다. 즉 경영자들과 주주들 사이의 협상은 거래비용을 발생시키고, 정보는 외부자와 내부자에게 모두 동일한 가치를 가진다고 한다. 또한 규제찬성론자들은 기업과 주주들 사이의 협상 결과는 다른 기업과 주주가 아닌 자들에게 영향을 미칠 수 있다는 점을 지적하고 있다. 따라서 코오스 정리는 정보의 영향을 받는 당사자들이 형식상 당사자들이라는 것을 가정하기 때문에, 내부자거래규제에 코오스 정리를 적용하는 것은 문제가 있다고 한다.14)

3. 정보의 효율성과 찬반론

(1) 개요

자본시장은 일반적으로 두 가지 기능을 수행한다고 알려져 있다. 첫째, 자본시장은 기업에게 자본을 제공하고 투자자에게는 주식을 제공한다. 둘째, 자본시장은 이익을 가장 많이 내는 방향으로 자본을 이동하게 한다. 여기서는 내부자거래가 자본시장에 미치는 영향과 관련하여 정보의 효율성과 내부자거래규제의 찬반론을 살펴보기로 한다.

정보의 효율성은 "증권과 증권가격을 평가하기 위하여 사용할 수 있는 정보의 이용"이라고 설명될 수 있다. 시장의 효율성에 관한 내부자거래의 영향을 이해하기 위하여 효율적 자본시장 가설(ECMH: Efficient Capital Market Hypothesis)로 불리는 기초적인 시장가설을 간단히 살펴보는 것이 필요하다. 효율적 자본시장 가설은 세 가지 범주로 분류된다. 이 세 개의 다른 범주들은 약형, 강형 및 준강형가설이다.

---

12) Stephen Bainbridge, "The Insider Trading Prohibition: A Legal and Economic Enigma", 38 Fla. L. Rev. 35(1986).
13) Marleen A. O'Connor, "Toward a More Efficient Deterrence of Insider Trading: The Repeal of Section 16(b)", 58 Fordham L. Rev. 309, 318(1989).
14) Harold Demsetz, "Corporate Control, Insider Trading, and Rate of Return", 76 Am. Econ. Rev. 313(1986).

(2) 약형가설(Weak Form ECMH)

약형가설은 "가격은 시장가격의 역사적 패턴에 포함되어 있는 모든 정보를 완전히 반영하고 있다"고 가정한다. 따라서 어느 투자자도 가격에 대한 과거의 진행과정을 보고 장래가격을 예측할 수 없다. 약형가설에 따르면 가격은 랜덤 워크(random walk: 주가예측에 관한 랜텀워크설)를 따르게 된다. 따라서 과거의 가격을 연구하는 것으로부터는 어떤 이익도 발생하지 않게 된다. 내부자들은 과거의 패턴에 기초하지 않고 미공개중요정보에 기초하여 투자결정을 하기 때문에, 약형가설은 내부자거래 상황과는 관계가 없다.[15]

(3) 강형가설(Strong Form ECMH)

강형가설은 "증권가격은 미공개정보와 공개정보를 모두 반영하고 있다"고 말한다. 미공개정보는 내부자들에게만 이용될 수 있는데 반하여, 공개된 정보는 공식적인 또는 비공식적인 공시를 통하여 투자자들이 일반적으로 이용할 수 있는 모든 정보이다. 강형가설이 적용된다고 가정하면, 정보는 이미 주가에 반영되어 있기 때문에, 투자자는 내부자거래로부터 어떤 이익도 얻지 못한다. 증권가격이 공개적으로 이용할 수 있는 정보와 비공개적으로 이용할 수 있는 정보를 반영하고 있다는 것이 증명된다면, 내부자거래로부터 이익을 내는 것은 불가능할 것이다. 그러나 강형가설 테스트의 결과에 따르면, 일반적으로 기업 내부자들은 정보상의 이점 때문에 이익을 내게 된다는 것을 보여주고 있다. 정보상의 이점은 뒤에서 설명할 것이다.

(4) 준강형가설(Semistrong Form ECMH)

준강형가설은 "증권가격은 오로지 공개적으로 이용할 수 있는 정보만을 반영한다"고 주장한다. 공개적으로 이용할 수 있는 정보는 이미 가격에 반영되어 있기 때문에, 공개적으로 이용할 수 있는 정보에 기초한 분석은 평균 이상의 수익을 끌어낼 수 없다. 투자자들은 미공개정보에 기초하여 거래를 할 때만 평균 이상의 수익을 얻을 수 있다. 준강형가설은 미공개정보를 가지고 있는 투자자들은 증권의 사실적 가치를 더 잘 평가할 수 있다는 것을 함축하고 있다. 따라서 그들은 미공개정보에 기초하여 거래를 할 때 과도한 수익을 얻게 된다. 준강형가설은 현대의 자본시장에 적용될 수 있는 것으로서 가장 널리 받아들여지고 있다.[16]

효율적인 자본시장에서는 중요한 정보의 공개적인 발표 또는 공시는 언제나 주가에 즉시 영향을 미칠 것이다. 준강형가설에 의하면 주가는 발행회사에 관한 내부정보 또는 특정한 기업매수가 장래에 있을 것이라는 예상하지 못한 가능성과 같은 공개적으로 이용할 수 없는 정보를 반영하지 않는다. 따라서 내부자들은 자신들의 정보에 기초한 투자로부터 이익을 낼 수 있다.

---

15) Lewis D. Solomon et al' "Corporations, law and policy, materials and problems", 901-915(3d ed. 1994).

16) Robert M. Daines & Jon D. Hanson, "The Corporate Law Paradox: The Case for Restructuring Corporate Law", 102 Yale L. J. 577, 610(1992).

(5) 정보의 효율성과 규제찬반론

내부자거래 규제반대론자의 주장에 의하면 내부자거래의 금지는 자본시장에서 정보의 생산과 전달에 부정적인 영향을 미친다. 이 주장은 내부자거래를 "정보를 교환하는 메커니즘"으로 설명한다. 내부자거래의 허용은 내부자들이 정보로부터 이익을 내는 첫 번째 사람이 되기 위하여 적극적인 정보를 생산하는 인센티브를 제공한다. 규제반대론자들에 의하면 내부자거래는 주가를 올바른 방향으로 조정하기 때문에 주가를 올바른 방향으로 움직이게 한다. 즉 시장의 효율성을 증대시키는 것이다.[17)

내부자거래 규제찬성론자의 주장에 의하면 정보의 전달에 대한 내부자거래의 직접적인 영향은 처음에는 그럴듯하게 보인다. 그러나 내부자들은 자신의 주문을 숨기는데, 이에 의하여 새로운 정보를 감춘다. 내부자들은 자신들이 소유한 정보로부터 이익을 내기 위하여 은밀하게 주문을 낸다. 내부자거래는 주가에 대한 어떤 신호결과를 가져오지 않는다. 또한 규제찬성론자들은 내부자거래는 정보의 효율성을 달성할 수 있다는 것에 의문을 제기한다. 이는 "파생적으로 정보에 근거한 거래 메커니즘"에 근거를 두고 있다. 즉 이 메커니즘은 시장가격은 2단계의 절차로 영향을 받는다는 사실을 설명한다. 첫째, 내부자들은 시장가격에 최소한으로 영향을 주는 미공개정보에 기초하여 거래를 시작한다. 둘째, 외부자들은 정보제공, 누설 또는 시장관찰을 통하여 정보에 대하여 알게 된다. 이에 따라 시장은 반응한다. 그러나 중요한 문제는 파생적으로 정보에 근거한 거래는 느리고 산발적으로 일어난다. 따라서 내부자거래는 증권시장의 효율성에 영향을 주지 않는다.[18)

Ⅱ. 이론적 근거

1. 의의

내부자거래를 허용하여야 한다는 일부의 견해에도 불구하고 내부자거래를 규제하여야 한다는 점에 대하여는 대체로 의견의 일치가 이루어지고 있고, 세계 각국에서도 내부자거래에 대한 규제를 강화하는 추세에 있다.

내부자거래를 규제해야 하는 근거에 대하여는 크게 두 가지 입장이 있다. 하나는 미시적인 관점에서 관계개념에 입각하여 회사 또는 주주에 대한 신인의무위반으로 보는 견해, 다른

---

17) Daniel R. Fischel, "Insider Trading and Investment Analysts: An Economic Analysis of Dirks v. Securities and Exchange Commission", 13 Hofstra L. Rev. 127, 133(1984).
18) William J. Carney, "Signalling and Causation in Insider Trading", 36 Cath. U. L. Rev. 863, 885–891(1987).

하나는 거시적인 관점에서 시장개념에 입각하여 증권거래의 공정성에 대한 투자자의 신뢰훼손으로 보는 입장이다. 전자는 미국의 이론이고, 후자는 EU 회원국, 일본, 우리나라의 자본시장법이 취하고 있는 입장이다. 그런데 내부자거래규제에 대한 역사가 일천한 대부분의 국가에서는 미국의 내부자거래규제에 자극을 받거나 미국의 영향을 받아 증권관계법에 내부자거래를 금지하는 명시적인 규정을 두고 있을 뿐이고, 내부자거래규제에 대한 찬반론 내지 규제근거에 대한 논의가 활발하게 이루어지지 않고 있다. 따라서 내부자거래규제의 이론적 근거를 이해하기 위해서는 이에 관한 논의가 활발한 미국에서의 논의를 살펴볼 필요가 있다.

2. 내부자거래규제의 법리

(1) 1934년 증권거래법 제10조 (b항) 및 Rule 10b-5

연방 차원의 증권법 제정을 위하여 의회는 청문회를 통하여 내부자거래가 불법임을 인식하고 내부자거래를 금지하는 연방법의 채택문제를 논의하였으나, 내부자거래 금지와 관련한 입법적 조치를 취하지는 않았다. 다만 1934년 증권거래법은 제13조에서 발행인의 계속보고의무를 규정하고, 제16조에서는 주요주주 및 임원에 대하여 소유주식보고의무, 단기매매차익 반환의무 및 공매도금지를 규정함으로써 정보의 완전공시를 통한 미공개정보 이용의 기회를 방지하고자 하였다. 그러나 의회는 1934년 증권거래법의 규정만으로는 내부자거래를 효율적으로 규제할 수 없음을 인식하고 1942년 증권거래법에 제10조 (b)항을 신설하였고, 이에 근거하여 SEC는 Rule 10b-5를 제정하였다.

미국은 내부자거래를 금지하는 명시적인 규정도 없고, 1934년 증권거래법이나 SEC Rule도 내부자거래에 관한 정의규정을 두고 있지 않다. 그러나 1934년 증권거래법 제10조 (b)항과 이에 따른 SEC Rule 10b-5는 미공개중요정보에 근거한 증권거래를 금지하고 있는 것으로 해석되어 왔으며, 법원의 판례를 통하여 발달하여 왔다. 이 규정들의 포괄적인 의미로 인하여 법원과 SEC는 이 조항의 적용에 중요한 역할을 해오고 있으며, 이 규정은 내부자거래에 대한 포괄적인 조항으로 기능을 하고 있다. 제10조 (b항) 및 Rule 10b-5는 일반적으로 ⅰ) 중요한 사실에 대한 어떤 허위설명, 또는 ⅱ) 증권의 매수 또는 매도와 관련된 조작 또는 다른 사기행위나 속임수를 금지하고 있다. 또한 제10조 (b)항은 피고가 "사기적 의도"(scienter)를 가지고 행위할 것을 요구한다.[19]

(2) Rule 10b5-1과 Rule 10b5-2

Rule 10b5-1은 정보에 관한 비밀을 지킬 의무를 위반하여 "증권 또는 발행회사에 관한 중요한 미공개정보에 기초하여" 증권을 거래하는 것은 불법임을 규정하고 있다. Rule 10b5-1은

---

19) Ernst & Ernst v. Hochfelder, 425 U.S. 185(1976).

내부자거래를 하는 시기에 내부자의 단순한 정보소유의 인식보다는 미공개중요정보에 대한 인식에 근거한 일반원칙을 따르고 있다. 즉 미공개중요정보에 대한 인식은 정보이용을 가져오고, 따라서 이는 내부자거래 성립의 근거가 된다고 본 것이다. 그러나 일반적인 원칙에 의한 내부자거래가 성립한다고 추정되더라도 내부자는 거래가 내부정보에 기초하여 거래를 하였다는 추정을 번복할 수 있는 세 가지 안전항(safe harbor)의 입증을 통해 내부자거래의 책임을 면할 수 있다. 이 세 가지 예외는 거래자의 다음과 같은 상황을 포함한다. ⅰ) 거래자가 정해진 증권의 양을 매수 또는 매도하기 위한 구속력이 있는 계약을 체결하면서 그때 중요한 미공개정보를 알게 된 상황, ⅱ) 자신의 브로커에게 특정한 거래를 실행하기 위한 지시를 하면서 그때 중요한 미공개정보를 알게 된 상황, 또는 ⅲ) 회사의 증권을 매수하거나 또는 매도하기 위한 문서화된 플랜을 준수하는 상황이다.

부정유용이론에 의하여 내부자의 범위를 확정하기 위하여는 어떠한 관계가 있어야 신인의무가 발생하는가를 명확히 할 필요가 있다. 따라서 SEC는 Rule 10b5-2를 제정하여 신인의무가 발생하는 상황을 예시하였다. 즉 SEC는 Rule 10b5-2의 제정을 통해 부정유용이론을 확대하여 가족 및 개인관계에 신인의무를 부과하였다.[20] Rule 10b5-2는 신인의무가 존재하는 세 가지 상황을 확인하고 있다. ⅰ) 당사자가 비밀을 유지하기로 합의한 때에는 언제나 신인의무가 발생하고, ⅱ) 정보수령자는 미공개중요정보에 대한 비밀을 유지하리라는 것을 정보제공자가 기대하고 있음을 알고 있거나 합리적으로 알 수 있는 정보공유의 역사, 친족관계의 유형 또는 관행이 존재하는 경우에는 신인인무를 인식하여야 하고, ⅲ) 배우자 사이, 부모와 자식 사이 및 형제자매 사이에 미공개중요정보를 수령한 자는 신인의무를 부담한다. 다만 정보의 비밀유지에 대한 정보제공자의 합리적인 기대가능성이 없음을 입증한 경우에는 그러하지 아니하다. 이 Rule 10b5-2는 Rule 10b-5를 집행하는 경우에만 적용된다. 이에 따라 부정유용이론에 의한 내부자의 범위가 명확해졌다.

3. 미국 연방법원의 규제이론

(1) 정보소유이론

(가) 의의

정보소유이론(possession theory)은 거래당사자 사이의 정보의 평등을 강조하기 때문에 정보평등이론(equal access or parity of information theory)이라고도 불린다. 이는 증권거래에 영향을 미치는 중요한 회사정보에 대하여 모든 투자자가 공평하게 접근하고 평등하게 알 수 있어야 한다는 점을 전제로 한다. 정보소유이론은 누구든지 중요한 미공개정보를 보유하면 이를 거

---

20) SEC Release No. 34-43154.

래상대방에게 공시하여야 하며, 공시하지 않거나 공시할 수 없는 경우에는 그 정보를 알지 못하는 상대방과 당해 증권을 거래해서는 안 된다는 이론이다. 만일 내부정보를 보유한 자가 내부정보를 공시하지 않고 거래하면 사기행위에 해당되어 SEC Rule 10b-5 위반이 된다. 따라서 중요한 미공개정보를 소유한 자는 이를 공시하거나 공시할 수 없으면 그 정보를 이용한 증권의 거래를 단념해야 한다는 소위 「공시 또는 거래단념의 원칙(disclosure or abstain rule)」이 적용된다.[21]

정보소유이론은 1961년 SEC의 Cady, Roberts 사건의 심결에서 채택되어 연방 제2항소법원의 Texas Gulf Sulphur 사건의 판결을 통하여 그 법리가 확립되었다. 그러나 규제의 범위가 너무 광범위하여 증권거래의 자유를 제한한다는 비판을 받았고, 1980년 Chiarella 사건에서 연방대법원이 내부자거래 책임근거로서의 정보소유이론을 배척한 이후 사실상 폐기되었다.

(나) 주요 판례

① Cady, Roberts & Co.

1934년 증권거래법 제10조 (b)항의 의미를 발전시킨 중요한 조치는 공개시장에서의 내부자거래에 대한 SEC의 최초 결정인 In re Cady, Roberts & Co 사건에서 발견될 수 있다. SEC에 의하면 기업의 내부자들은 자신들에게 알려진 모든 중요한 정보를 공시하거나 또는 거래를 단념하여야 한다. SEC는 중요한 내부정보를 공시할 적극적인 의무가 있는 사람들에게 Rule 10b-5의 적용범위를 확대하였다.

이 사건에서 SEC는 내부자의 범위를 회사 외부자로 확대하면서 내부자거래의 책임을 부과하기 위한 두 가지 기준을 제시하였다. ⅰ) 개인의 이익이 아니라 회사의 목적을 위하여 이용되어야 할 정보에 직·간접적으로 접근할 수 있는 관계가 존재하고, ⅱ) 거래의 일방당사자는 상대방이 그 정보를 알지 못하는 사실을 알면서 그 정보를 이용하는 데에서 비롯되는 내재적인 불공정성을 기준으로 이에 해당하는 자가 내부자가 된다. 즉 내부자는 회사와 특별한 관계를 가지고 타인이 이용할 수 있는 회사정보에 직·간접적으로 접근할 수 있는 자이다.[22]

② SEC v. Texas Gulf Sulphur Co.

이 사건에서 법원은 위의 Cady, Roberts & Co 사건의 내용을 인용하였지만, 이 판결에서 정보에의 접근가능성을 보여 주는 관계요건과 본질적인 불공정성이 거래에서 나타나야 한다는

---

21) 박임출(2003), 16쪽.

22) In re Cady, Roberts & Co. 40 SEC. 907(1961). 이 사건은 전형적인 내부자인 회사의 이사가 관련된 사건이다. Curtiss-Wright사의 이사회는 이익배당 삭감을 결의하였다. 이 결의에 참석하여 이익배당 삭감 결정이라는 내부정보를 알게 된 이사 Cowdin(다른 증권회사의 임원을 겸직하고 있었음)은 이사회 중 몰래 자신이 겸직 근무를 하고 있는 증권회사의 파트너인 Gintel에게 전화로 이 정보를 알렸다. 그 후 Gintel은 수령한 정보가 공시되기 이전에 주식을 매도하였다. 이익배당 삭감이라는 정보 공시 후 주가는 40달러에서 36달러로 하락하였다.

요건은 필요하지 않다고 하였다. 법원은 Rule 10b-5에 근거하여 내부자 또는 엄격하게 내부자가 아니지만 내부정보를 소유하고 있는 사람들은 거래를 해서는 안 된다고 판결하였다. 이 사건에서의 접근방식의 특징은 불공정한 거래상의 이익을 준다고 널리 인식되는 거의 모든 정보상의 불균형을 이용하는 것에 대한 단순한 원칙을 지지하고 있다는 것이다. 따라서 Rule 10b-5는 정보수령자, 금융인쇄업자(financial printers) 및 발행회사의 임원들에게 적용되었다. 또한 부정행위의 본질은 다른 거래자들 이상의 정보상의 유리한 지위를 이용하는 것에 있기 때문에, 그들은 정보가 기업의 외부로부터 나온다면 책임이 있다고 보았다.[23]

이 사건에서 제2항소법원은 내부자와 공모한 사실이 없는 정보수령자도 SEC Rule 10b-5의 적용을 받는 내부자에 해당한다고 판시하였다. 즉 중요한 미공개정보를 소유한 자는 누구든지 그 정보를 이용하여 이익을 얻은 때에는 내부자에 해당한다고 보았다.

(2) 신인의무이론

(가) 의의

내부정보를 공시할 의무의 근거를 거래상대방에 대한 신인의무(fiduciary duty)에서 찾는 견해이다. 연방대법원은 Chiarella 사건에서 이 이론을 적용하였으며, Dirks 사건 등에서 이를 재확인하였다. 신인의무이론(fiduciary duty theory)은 단순히 상대방이 소유하지 못한 정보를 소유하고 있다는 점에서가 아니라 정보를 소유하지 못한 상대방과 사이에 신인관계가 존재한다는 점에서 공시의무의 근거를 찾는다. 즉 정보의 소유자가 거래상대방과 신인관계에 있는 경우에만 공시의무를 부담한다는 입장을 견지함으로써 내부자거래의 책임범위를 제한하였다.[24]

신인의무이론에 의하면 ⅰ) 회사내부자라고 할 수 있는 이사·임원과 지배주주는 주주와 신인관계가 있으므로 전통적인 내부자에 속한다. 이러한 회사내부자는 내부정보에 접근이 용이한 수임자이므로 정보가 공시되지 않는 동안 이를 이용해서는 안 되는 신인의무를 부담한다. ⅱ) 준내부자인 증권회사, 변호사, 회계사와 같은 외부자도 신인의무가 있다. 이들은 단순히 공개되지 아니한 내부정보를 알게 되었기 때문에 신인의무를 부담하는 것이 아니라 회사 업무와

23) SEC v. Texas Gulf Sulphur Co., 401 F.2d. 833, 859(2d Cir. 1968). 이 사건은 전형적인 내부자인 Texas Gulf Sulphur(이하 "TGS")사의 임직원들과 이들로부터 정보를 수령한 정보수령자게에 책임을 물은 사건이다. TGS사는 광물채굴업을 목적으로 하는 회사로서 구리 등이 저장된 광맥을 발견하였다. 그러나 그 사실을 공시하지 않은 채 임직원들은 회사의 주식을 매수하고, 그 정보를 타인에게 전달하여 정보수령자로 하여금 동사의 주식을 매수하게 하였다. 그 후 광물을 채굴하기 시작 한 후 상당한 기간이 경과한 후에 광맥발견 사실을 공시하였다. 광맥발견 후 공시시점 사이의 기간 동안 주가는 17달러에서 44달러로 상승하였고, 임직원 등은 이득을 보았다.
이 사건은 미공개중요정보를 이용한 내부자거래가 1934년 증권거래법 제10조 (b)항과 이에 근거한 SEC Rule 10b-5 위반이라는 사실을 인정한 대표적인 판결임과 동시에 정보소유이론을 확립한 사건으로 알려져 있다. 또한 SEC가 내부자거래를 통해 얻은 이익을 주주 및 회사에 반환할 것을 강제하여 주식거래에 관한 손해배상청구소송이 가능하게 한 최초의 주요 사건으로 알려져 있다.
24) 박임출(2003), 18쪽.

관련하여 특수한 신뢰관계를 갖고 있으며, 회사의 목적을 위해서만 내부정보에 접근이 허용되기 때문에 신인의무를 부담한다.

따라서 신인의무이론에 의하면 미공개정보를 소유하고 있더라도 부정한 방법이 아닌 자기 자신의 노력으로 얻은 정보나 우연히 알게 된 정보를 기초로 증권거래를 하였다면 SEC Rule 10b-5 위반에 해당하지 않는다. 또한 거래당사자 사이에 신인관계를 전제하고 있기 때문에 주주와 신인관계가 없는 회사외부자는 설사 내부정보를 알고 거래하더라도 책임이 없게 된다.

(나) 주요 판례

① Chiarella v. United States

대법원이 다룬 첫 번째 내부자거래 사건인 이 판결은 위의 두 사건의 접근이론인 정보소유이론을 배척하였다. 진행 중인 기업매수에 관한 정보에 기초하여 거래를 한 인쇄회사의 직원인 Chiarella에 대한 제1심[25]과 제2심[26]의 유죄판결을 파기하였다. 비록 법원이 Cady, Roberts & Co 사건에서 설명된 의무를 인정하였지만, 그것은 이 사건과는 달리 기업의 내부자 이외의 외부자에게 이 의무를 확대하는 것을 배척하였다. 이 사건에서 법원의 다수의견은 내부자거래를 규제하기 위한 근거로서 신인의무를 소개하였다. 신인의무 아래서 Rule 10b-5는 내부자가 거래에 관한 당사자들 사이의 관계에 기초하여 공시의무를 가질 때 미공개정보에 기초한 거래를 금지한다는 것이다. 신인의무이론은 신인관계가 있는 경우에만 공시할 의무를 요구하는 보통법상의 사기의 요건에 내부자거래법을 따르게 한 결과의 산물이다.[27]

이 판결은 대리인, 수임자, 기타 회사와 신뢰관계를 맺은 사람들을 내부자에 포함시키고 있다. 그리고 변호사, 회계사, 증권회사 등과 같이 회사를 위하여 업무를 수행하는 자들도 내부

---

25) 연방지방법원: 미공개중요정보를 소유한 피고인은 주식거래를 하기 이전에 모든 사람에게 그 정보를 공시할 의무가 있다고 하여 정보평등이론을 적용하여 유죄판결을 선고하였다.

26) 연방고등법원: 미공개중요정보를 알게 된 자가 그 정보를 공시하지 않고 정보를 이용한다면, 그 자는 불공정한 이익을 얻게 되므로 그 정보를 공시하기 전에는 주식거래를 할 수 없다고 하여 정보평등이론을 적용하여 유죄판결을 선고하였다.

27) Chiarella v. United States, 445 U.S. 222(1980). Chiarella는 금융 관련서류를 인쇄하는 회사인 Pandick사에서 직원으로 근무하는 자였다. 그가 맡은 인쇄원고 중에는 5건의 공개매수 관련서류가 포함되어 있었다. 그가 이 서류를 받았을 때 공개매수 대상회사의 명칭은 공란 또는 가명으로 되어 있었다. 그러나 그는 여러 정보를 고려하여 대상회사의 이름을 알게 되었다. 그 후 그는 공개매수 사실이 공시되기 전에 대상회사의 주식을 매수하였고 공개매수 공시 후에 그 주식을 매각하여 14개월 사이에 약 3만 달러의 이익을 남겼다. 이 사건에서의 주요 쟁점은 1934년 증권거래법 제10조 (b)항과 SEC Rule 10b-5가 미공개중요정보에 대한 외부자의 단순한 소유에 대하여 「공시 또는 거래단념의 원칙」을 적용할 수 있는가였다. 그런데 공시의무를 인정하려면 거래 당사자 사이에 신인관계가 있어야 한다. 이에 의하면 Chiarella는 대상회사의 내부자이거나 또는 대상회사와의 사이에 신인관계를 갖고 있지 않으며, 또한 대상회사 주주들과의 사이에서도 신인관계를 갖지 않는다. 따라서 그는 대상회사와 그 회사 주주에 대하여 신인관계를 갖지 않은 외부자에 불과하기 때문에 「공시 또는 거래단념의 원칙」이 적용되지 않으므로 1934년 증권거래법 제10조 (b)항 및 Rule 10b-5를 위반한 것이 아니라고 판시하였다. 이 판결은 신인의무를 갖는 내부자에게만 공시의무를 인정함으로써 내부자거래의 규제법리를 확립하였다는 점에 의미가 있다.

정보에 적법하게 접근할 수 있는 경우에는 내부자로 취급한다.

② Dirks v. United States

이 사건에서 대법원은 Chiarella 사건에서의 이론을 반복하였다. 또한 정보수령자에게까지 책임을 확대하였다. 따라서 1934년 증권거래법 제10조 (b)항 및 Rule 10b-5상의 책임이 기업 외부에 있는 외부자에게까지 적용되게 되었다. 그러나 일시적 내부자인 외부자가 책임을 지기 위해서는 기업의 영업행위의 면에서 특별한 신뢰관계를 맺어야 하고, 오직 기업의 목적을 위하여서만 정보에 접근할 수 있어야 한다고 판시하였다. 이 책임은 기업의 외부자인 고문, 변호사 및 기타 관계자들에게 적용되며, 이들은 주주들에 대한 신뢰관계를 위반한 경우에만 책임을 지게 되는 것이다.[28]

(3) 부정유용이론

(가) 의의

위 Chiarella 사건과 Dirks 사건에 대한 연방대법원의 판결은 내부자거래를 규제하기 위한 전제로 발행회사나 그 주주에 대한 신인관계의 존재를 요구하고 있다. 그러나 이러한 신인관계의 요구는 회사의 내부자나 준내부자 이외의 자에 대한 거래를 규제하는데 있어서 장애가 된다. 신인의무이론의 이러한 난점을 해결하기 위하여 대안으로 제시된 이론이 부정유용이론(misappropriation theory)이다.

부정유용이론은 주로 회사의 외부자에 의한 거래에 적용하기 위한 것으로 SEC Rule

---

28) Dirks v. United States, 463 U.S. 646(1983). 이 사건은 Chiarella사건이 확립한 신인의무이론을 분명히 한 데 의미가 있다. Dirks는 뉴욕소재 증권회사의 임원으로서 보험회사 주식에 대한 증권분석가였다. 그는 생명보험사인 Equity Funding of America(이하 "EFA")의 전직 임원인 Secrist로부터 EFA의 사기행위를 밝혀 일반에 알려달라는 부탁을 받았다. 그는 개인적으로 EFA의 직원들로부터 사기행위를 확인하였고, 자신은 EFA의 주식을 취급하지는 않았지만 다른 고객 등과 이 정보에 관한 정보를 교환하게 되었다. 그 중 EFA의 주식을 거래하던 일부 투자자 등이 EFA의 주식을 매각하였다. 그 후 Dirks가 조사를 하고 사기혐의 사실이 널리 퍼진 2주간 사이에 EFA의 주가는 26달러에서 15달러로 하락하였고, 뉴욕증권거래소는 EFA의 주식을 거래정지하고, 보험감독당국은 EFA의 사기에 관한 증거를 찾아냈다. SEC는 EFA를 상대로 소송을 제기하고 Dirks에게는 행정제재를 가하였다. 그는 연방항소법원에 항소를 하였으나 연방항소법원은 Dirks의 주장을 기각하였고, 이에 Dirks는 연방대법원에 상고하였다.
연방대법원은 내부자의 증권분석가에 대한 정보제공과 그 증권분석가(정보수령자)의 고객에 대한 정보제공의 문제에 대하여 판단하였다. 이 사건에서의 쟁점은 회사의 내부자인 정보제공자가 자신의 이익을 위하여 회사의 내부정보를 제공하지 않은 경우, 그 내부정보를 입수한 정보수령자가 그 정보를 이용하여 주식거래를 하였다면 정보수령자는 Rule 10b-5를 위반하였는가 여부였다. ① 회사 내부의 정보제공자가 정보를 제공함으로써 주주에게 부담하는 신인의무를 위반하였고, ② 정보수령자도 정보제공자의 신인의무위반 사실을 알거나 알았어야 하는 경우에만 정보수령자의 정보공시가 내부자거래에 해당하는 것이고, ③ 회사 내부자로부터 미공개중요정보를 수령한 모든 자의 정보를 이용한 주식거래가 금지되는 것은 아니며, 내부자가 신인의무를 위반하였는가도 정보를 제공함으로써 금전적인 이익을 획득하였는가라는 객관적인 기준에 따라 결정되어야 한다. ④ 이 사건에서 정보제공자인 EFA의 전직 임원인 Secrist와 다른 직원들은 이익을 획득한 바 없기 때문에 주주에 대한 신인의무를 위반한 바 없고, 정보제공자의 의무로부터 파생되는 의무를 부담하는 정보수령자 Dirks는 신인의무를 위반하지 않았으므로 책임이 없다.

10b-5를 적용하는 근거를 거래상대방에 대한 사기에서 찾는 것이 아니라 미공개정보에 대한 권리를 갖는 자, 즉 정보원(the source of information)에 대한 사기에서 찾는 것이다. 다시 말하면 거래당사자 사이에 신인의무관계가 없더라도 정보원의 동의 없이 정보 자체를 부정하게 유용한 경우에는 내부자거래가 성립할 수 있다. 따라서 기망을 당하는 자가 증권시장과 관계가 전혀 없는 경우에도 내부자거래가 성립할 수 있다. 그러나 이 이론은 신인의무이론을 배제하는 것이 아니라 신인의무이론의 한계를 보완하기 위한 이론이다.[29]

(나) 주요 판례

① Chiarella v. United States

부정유용이론은 Chiarella 사건에서 소수의견으로 최초로 제시되었다. Burger 대법관은 다수의견에 대한 반대의견에서 Rule 10b-5는 "미공개 정보를 유용한 사람은 정보에 대한 절대적인 공시의무 또는 거래를 단념해야 하는 절대적인 의무를 갖는다"고 제시하였다. Burger 대법관의 이와 같은 의견은 부정유용이론의 기초가 되었다. 그의 부정유용이론에 의하면 주식을 거래한 자가 다음의 요건을 구비하는 경우에 Rule 10b-5를 위반하게 된다. 첫째, 미공개중요 정보를 부정하게 유용하는 경우, 둘째, 신뢰관계로부터 발생하는 신인의무를 위반하는 경우, 셋째, 증권거래를 하는 경우 정보를 이용하여 자신이 거래하는 주식을 발행한 회사의 주주들에 대한 어떤 의무를 부담하는가에 관계없이 Rule 10b-5의 위반이 된다.[30]

② United States v. Newman

부정유용이론이 처음으로 제기되었던 판결은 Chiarella사건이지만, 이 이론을 최초로 수용하여 부정하게 얻은 공개매수에 관한 정보를 이용하여 주식을 거래한 자에 대하여 형사책임을 최초로 것은 인정한 Neman 사건이다.[31]

③ SEC v. Materia

이 사건에서 법원은 인쇄회사의 직원이 공개매수에 관한 정보를 부정하게 유용하여 주식거래를 하는 것은 Rule 10b-5 위반이라고 판시하였다. 법원은 피고가 비밀유지의무를 위반하

---

29) 박임출(2003), 20쪽.
30) Chiarella v. United States, 445 U.S. 222(1980). Chiarella는 의뢰인이 인쇄회사를 신뢰하고 맡긴 서류에 부분적으로 포함되어 있던 미공개정보를 부정유용하여 공개매수 대상회사를 알아내고 이를 자신의 주식거래에 이용한 것은 인쇄회사와의 고용관계에서 인정되는 것이 아니기 때문에 회사와의 사이에 존재하는 의무를 위반한 것이라는 검사의 주장이 있었다. 그러나 연방대법원은 검사의 주장이 항소심에서 배심원들의 평결로 취급되지 않은 이상 판단대상이 아니라는 이유로 판단하지 않았다.
31) United States v. Newman, 664 F.2d 12(2d Cir. 1981), cert. denied, 471 U.S. 863(1983). Morgan Stanley에서 직원으로 근무하고 있던 Courtois는 Deseret Pharmaceutial사에 대한 공개매수를 계획하고 있는 Warner-Lambert사를 위하여 업무를 수행하던 중 알게 된 공개매수정보를 Antoniu에게 전달하였고, Antoniu는 증권회사인 Neuman사를 통해 자신과 Courtois의 계산으로 대상회사인 Deseret Pharmaceutial사의 주식을 매수하였고 Neuman사도 주식을 매수하여 이익을 얻었다.

여 인쇄회사의 명성을 훼손하였고, 이는 고용주인 인쇄회사에 대한 신인의무를 위반한 것이라고 하였다.32)

④ United States v. Carpenter

이 사건에서 연방항소법원은 부정유용이론을 채택하여 피고인들에게 형사책임을 인정하였다. 그러나 연방대법원은 부정유용이론을 채택할 것인가에 대한 의견이 4:4로 나뉘어져 부정유용이론에 대한 유보적인 태도를 취하였다. 이 사건은 부정유용이론이 아직 확립되지 않아 내부가거래가 아닌 우편전신사기법(Mail and Wire Fraud Statue) 위반으로 형사책임을 인정하였다.33)

⑤ United States v. O'Hagan

연방대법원은 그동안 논의되었던 부정유용이론을 1997년 O'Hagan 사건에서 공식적으로 채택하였다. 정보의 부정유용은 자신을 신뢰하여 미공개중요정보를 제공한 정보제공자를 기망한 것으로서 정보제공자에 대한 신인의무위반이며, 신인의무위반은 미공개중요정보를 이용하여 주식을 거래하는 경우에 발생한다는 것이다.34)

(다) 부정유용이론의 문제점과 보완

부정유용이론은 정보수령자가 미공개중요정보를 증권거래에 이용한 경우뿐만 아니라 증권거래가 있는 경우에 미공개중요정보를 단순히 소유하고 있음을 알고 있는 때에도 Rule

---

32) SEC v. Materia, 745 F. 2d 197(2d Cir. 1984). 이는 인쇄회사의 직원인 Martia가 공개매수에 관한 서류를 교정하면서 추정한 대상회사의 정보를 이용하여 주식을 매수한 사건이다.

33) Carpenter v. United States, 484 U.S. 19(1987). 이는 경제전문지인 월스트리트저널의 주식전문 칼럼리스트인 Winnans가 칼럼 집필과 관련하여 회사 경영진과 면담하면서 알게 된 정보를 게재한 칼럼이 출간되기 이전에 뉴스 담당자인 Carpenter에게 전달하였고, Carpenter는 이 정보를 증권브로커인 Felis에게 전달하여 주식을 매매한 사건이다. 연방지방법원은 Rule 10b-5 위반으로 형사책임을 인정하였고, 피고인들은 항소하였으나 연방항소법원은 부정유용이론을 채택(Rule 10b-5는 내부자 이외의 외부자가 미공개 정보를 유용하는 경우에도 적용된다)하여 월스트리트저널 소유의 미공개중요정보를 유용하였기 때문에 Rule 10b-5 위반이라고 판시하였다. 그러나 대법원은 Rule 10b-5 위반이 아닌 우편전신사기법(Mail and Wire Fraud Statue) 위반으로 형사책임을 인정하였다.

34) United States v. O'Hagan, 521 U.S. 642(1997). Grand Metropolitan PLC("Grand Met")는 Pillsbury Company의 보통주를 위한 공개매수에서 자신을 대리하기 위하여 Dorsey & Whitney라는 로펌을 공개매수대리인으로 선임하였다. 이 공개매수 업무에 참여하지 않았던 위 로펌의 파트너인 피고 O'Hagan은 공개매수 사실이 공고되기 이전에 공개매수 대상회사인 Pillsbury 주식에 관한 콜옵션과 주식을 매수하였다. 그 후 곧바로 Grand Met는 자신의 공개매수를 발표하였고 Pillsbury사의 주식가격은 폭등하였다. O'Hagan은 430만 달러 이상의 이익을 내면서 자신의 콜옵션과 주식을 매도하였다.
그 후 O'Hagan은 증권사기, 우편사기, 돈세탁 등의 혐의로 기소되어 연방지방법원에서 41개월의 징역형을 선고받았다. O'Hagan은 이에 대하여 연방제8항소법원에 항소하였고, 항소법원은 Rule 10b-5 위반을 부정하였으나, 대법원은 부정유용이론을 내부자거래에 대한 효과적인 규제법리로 수용하고 내부자거래에 관한 연방제8항소법원의 판결을 파기하였다.
O'Hagan은 공개매수에 관한 중요한 미공개 정보를 부정하게 유용함으로써 자신이 소속한 로펌과 로펌의 의뢰인인 Grand Met에 대한 신인의무를 위반했던 것이다.

10b-5 위반의 책임을 묻는다는 문제가 있고, 업무와 관련하여 신인의무가 존재한다고 보기 어려운 가족이나 친지간에 발생한 정보제공이나 정보수령에 대하여도 신인의무위반으로 판단해야 하는 문제가 있다. 또한 발행회사가 내부정보를 공시하기 전에 기관투자자 등에게 관행적으로 제공한 선택적 공시의 경우에도 정보제공자와 정보수령자간의 신인의무를 인정해야 하는 문제가 있다. SEC는 이러한 문제점을 보완하기 위하여 Rule 10b5-1과 Rule 10b5-2 및 Regulation FD를 제정하게 되었다.

Ⅲ. 현행 자본시장법상의 규제근거

자본시장법은 내부자거래를 금지하고 있고 이를 위반한 경우에는 형사책임과 민사책임을 묻는 규정을 두고 있다. 따라서 내부자거래규제 필요성에 대한 논의는 실익도 없을 뿐만 아니라 내부자거래를 허용하자는 주장이 제기되지도 않았다. 다만 내부자거래의 규제근거로서 투자자의 신뢰를 보호하기 위한 자본시장의 공정성은 형사제재의 측면에서 내부자거래규제의 보호법익 또는 가벌성의 근거가 된다.[35]

그리고 우리나라는 미국과 달리 자본시장법에 내부자거래를 금지하는 규정을 두고 있기 때문에 내부자거래를 규제하는 이론적 근거에 대한 논의의 현실적인 필요성이 크지 않다고 볼 수 있다. 다만 내부자거래는 자본시장의 공정성을 저해하는 불공정거래이기 때문에 규제되어야 한다는 것이 일반적인 견해이며, 내부자거래를 투자자의 정보평등접근권을 침해하는 위법행위로 보는 견해도 있으며, 법경제학적인 측면에서 배분적 정의와 시장질서를 유지하기 위하여 내부자거래를 규제하여야 한다는 견해 등도 있다.[36] 그러나 내부자거래규제의 취지는 증권거래에 있어서 정보의 평등성, 즉 대등한 처지에서 자유로운 경쟁원리에 의하여 공정한 거래를 하게 함으로써, 자본시장의 거래에 참여하는 자로 하여금 가능한 한 등등한 입장과 동일한 가능성 위에서 증권거래를 할 수 있도록 투자자를 보호하고 증권시장의 공정성을 확립하여 투자자에게 신뢰감을 갖게 하려는데 있는 것이다.[37] 따라서 내부자거래는 증권거래의 공정성과 건전성을 해치고 투자자를 시장에서 축출함으로써 자본시장의 존속을 위협할 수 있으므로 규제할 필요가 있는 것이다.

그런데 내부자거래규제의 이론적 근거가 되는 자본시장의 공정성을 확보하는 방안으로는 두 가지를 생각해 볼 수 있다. 하나는 정보원에 의해서 정보의 비대칭이 발생하지 않도록 수시

---

35) 박임출(2003), 25쪽.
36) 박임출(2003), 25쪽.
37) 헌법재판소 1997. 3. 27. 선고 94헌바24 결정.

공시를 의무화하는 것이다. 그러나 수시공시를 강화하더라도 자본시장에 존재하는 정보의 비대칭을 완전히 제거할 수 없다. 따라서 아울러 요구되는 것이 내부자거래의 규제이다. 즉 자본시장에서 다소의 정보격차는 피할 수 없다고 하더라도 이를 이용한 거래를 방지할 수 있다면 자본시장에 대한 투자자의 신뢰는 유지될 수 있을 것이다.[38]

제3절 행위주체로서의 내부자

Ⅰ. 서설

1. 내부자의 범위와 열거주의

일반적으로 내부자거래의 행위주체가 되는 내부자는 회사의 내부정보에 접근할 수 있는 지위에 있는 자를 의미한다. 원래 내부자라는 용어는 미국 판례법상의 회사내부자(corporate insider)의 개념에서 나온 것으로서 처음에는 당해 법인의 임원, 직원과 지배주주를 의미하였다. 그러나 회사의 비밀정보를 불공정하게 이용할 수 있는 자가 회사내부자에 해당하지 않는 경우가 발생하여, 통상 회사와의 계약관계 및 기타 업무관계로 인하여 회사내부의 비밀정보에 합법적으로 접근이 가능한 모든 회사외부자를 의미하는 준내부자(quasi insider)와, 회사내부자 또는 준내부자로부터 내부정보를 전달받은 자를 의미하는 정보수령자(tippee)라는 개념이 등장하였다. 따라서 오늘날에는 내부자라는 용어는 회사내부자 이외에 준내부자와 정보수령자를 포함하는 의미로 사용되고 있다. 한편 공개매수정보와 같은 시장정보를 이용하는 경우에는 매매대상증권의 발행회사가 아닌 공개매수자 측에 소속한 시장내부자까지도 내부자에 포함하는 경향이 있다.[39]

그런데 이러한 내부자를 어느 범위까지 규제할 것인가의 여부는 입법정책적인 문제이다. 전술한 바와 같이 미국[40]은 포괄적 사기금지조항에 의하여 내부자거래를 규제하고 있기 때문에 내부자의 범위를 법원의 사법적 판단에 맡기고 있으며, 우리나라 자본시장법은 EU 회원국,

---

38) 김용진(1993), "내부자거래에 있어서 중요한 정보", 월간상장(1993. 2), 9쪽.
39) 곽민섭(2000), "증권거래법상의 내부자거래에 대한 민사책임", 증권법연구 제1권 제1호(2000. 12), 148쪽.
40) 미국의 SEC Rule 10b-5는 "누구든지"(anyone)라고 규정하여 포괄주의 입법형식을 취하고 있으며, 1933년 증권거래법 제21A조는 "누구든지 중요한 미공개정보를 소유하고 증권을 거래함으로써 이 규정을 위반한 자"라는 표현을 사용하고 있다. 따라서 구체적인 내부자의 범위는 판례의 축적을 통해 그 내용과 의미를 발전시켜 왔다.

일본 등과 같이 내부자의 범위를 열거하는 입법형식을 취하고 있다. 이에 따라 일정한 지위를 가진 자만이 규제대상이 되는 신분범 형식으로 규정하고 있으며, 그와 같은 신분이 없는 자는 내부자거래의 단독정범이 될 수 없다. 자본시장법 제174조 제1항은 내부자를 구체적으로 열거하는 방식을 취하고 있다. 이는 소송문화가 발달하지 않은 우리나라의 현실을 고려하여 내부자에 해당되는 자로 하여금 내부자거래 금지조항 위반 여부를 사전에 명확하게 판단할 수 있도록 함으로써 예방적 효과를 제고하고, 적발을 위한 감시활동도 용이하게 하기 위한 것이다.

2. 자본시장법상 내부자

내부자는 다음의 어느 하나에 해당하는 자(제1호부터 제5호까지의 어느 하나의 자에 해당하지 아니하게 된 날부터 1년이 경과하지 아니한 자를 포함)이다(법174①).

1. 그 법인(그 계열회사를 포함) 및 그 법인의 임직원·대리인으로서 그 직무와 관련하여 미공개중요정보를 알게 된 자
2. 그 법인(그 계열회사를 포함)의 주요주주로서 그 권리를 행사하는 과정에서 미공개중요정보를 알게 된 자
3. 그 법인에 대하여 법령에 따른 허가·인가·지도·감독, 그 밖의 권한을 가지는 자로서 그 권한을 행사하는 과정에서 미공개중요정보를 알게 된 자
4. 그 법인과 계약을 체결하고 있거나 체결을 교섭하고 있는 자로서 그 계약을 체결·교섭 또는 이행하는 과정에서 미공개중요정보를 알게 된 자
5. 제2호부터 제4호까지의 어느 하나에 해당하는 자의 대리인(이에 해당하는 자가 법인인 경우에는 그 임직원 및 대리인을 포함)·사용인, 그 밖의 종업원(제2호부터 제4호까지의 어느 하나에 해당하는 자가 법인인 경우에는 그 임직원 및 대리인)으로서 그 직무와 관련하여 미공개중요정보를 알게 된 자
6. 제1호부터 제5호까지의 어느 하나에 해당하는 자(제1호부터 제5호까지의 어느 하나의 자에 해당하지 아니하게 된 날부터 1년이 경과하지 아니한 자를 포함)로부터 미공개중요정보를 받은 자

자본시장법은 내부자의 범위를 회사내부자, 준내부자와 정보수령자로 구분하여 구체적으로 열거하고 있다. 위에서 열거된 자들은 상장법인 등이 발행한 증권의 투자판단에 영향을 미칠 수 있는 특별한 정보에 스스로 관여하거나 접근할 수 있는 지위로 인하여 그러한 정보를 취득함에 있어서 일반투자자보다 유리한 입장에 있기 때문이다. 따라서 그들이 미공개정보를 증권거래에 이용함으로써 초래될 수 있는 자본시장의 건전성 침해를 방지하고자 내부자로 규율하고 있는 것이다. 또한 내부자는 상장법인과 직접적인 관계를 맺고 있는 자들로 열거되어 있

다. 이와 같이 최초의 정보접근자 내지 정보생산자라고 할 수 있는 내부자가 개별 상장법인 등을 위주로 규율된 것은 후술하는 바와 같이 미공개중요정보가 개별 상장법인 등의 업무수행 또는 경영에 관한 사항을 중심으로 구성된 것과 궤를 같이 하는 것이다.[41]

또한 내부자거래의 행위주체로서 내부자의 개념은 중요한 의미를 갖는다. 즉 내부자의 미공개정보 이용행위를 규제할 뿐이고, 내부자가 아닌 자의 미공개정보 이용행위를 규제하는 것이 아니기 때문이다. 따라서 내부자와 내부자가 아닌 자의 구별은 내부자거래에 대한 민사상·형사상 책임을 부담해야 할 자의 인적범위를 제한하는 의미가 있다.

Ⅱ. 제1차 내부자

1. 회사내부자

(1) 당해 법인

당해 법인은 증권의 발행인을 말하며, 1999년 증권거래법 개정시 내부자에 포함되었다. 따라서 법인이 자기주식을 취득하거나 처분하는 과정에서 미공개중요정보를 이용하는 경우에 규제대상이 된다.

당해 법인을 내부자의 범위에 포함한 이유는 자본시장법이 상법상 자기주식 취득에 대한 규제를 완화하고 있기 때문이다. 즉 당해 법인은 이익배당을 할 수 있는 한도 이내에서 이사회 결의로 자기주식을 취득할 수 있어(법165의3①②, 영176의2①) 법인을 통한 내부자거래의 가능성이 크기 때문이다.

당해 법인의 임직원 또는 대리인이 미공개중요정보를 이용하여 법인의 업무에 관하여 자사의 주식을 매각하는 경우에도 그 법인의 임직원 또는 대리인은 형사처벌된다.[42] 즉 임직원 또는 대리인이 자신을 위한 매매가 아닌 법인을 위한 매매를 하더라도 형사처벌된다. 당해 법인이 내부자거래의 주체에 포함되었다고 해서 실제로 내부자거래를 행한 임직원 또는 대리인인 면책되는 것은 아니라는 점을 주의할 필요가 있다.

(2) 계열회사

"계열회사"라 함은 2이상의 회사가 동일한 기업집단에 속하는 경우에 이들 회사는 서로 상대방의 계열회사라 한다(공정거래법2(3)). 이 경우 "기업집단"이란 동일인(동일인이 회사인 경우 그 동일인과 그 동일인이 지배하는 하나 이상의 회사의 집단, 그리고 동일인이 회사가 아닌 경우 그 동일

---

41) 김병태(2002), "관계회사와 관련된 내부자거래규정 적용상의 문제점", 증권법연구 제3권 제2호(2002. 12), 226-227쪽.
42) 대법원 2002. 4. 12. 선고 2000도3350 판결.

인이 지배하는 2 이상의 회사의 집단)이 시행령 제3조에서 정하는 기준에 의하여 사실상 그 사업 내용을 지배하는 회사의 집단을 말한다(공정거래법2(2)).

내부자거래의 주체에 계열회사를 포함시킨 것은 내부자거래규제를 회피하기 위하여 당해 법인이 계열회사로 하여금 내부자거래를 유도하는 자본시장의 현실적인 문제점을 해결하기 위한 것이다. 계열회사는 당해 법인의 내부자와 공모하거나 당해 법인으로부터 정보를 수령하지 않고서도 당해 법인 등의 미공개정보에 우선적으로 접근할 수 있고, 계열회사 자체가 미공개정보의 원천이 될 수 있기 때문에, 당해 법인의 증권거래에 있어서 미공개정보 취득의 면에서 일반투자자보다 훨씬 유리한 위치에 있다. 따라서 계열회사를 내부자의 범위에서 포함한 것은 정보의 불평등으로 인한 불공정한 증권거래의 방지를 취지로 하는 내부자거래규제의 취지에 부합한다.

또한 당해 법인의 내부자로부터 미공개중요정보를 수령한 자(1차 정보수령자)에게서 다시 당해 정보를 전달받은 자(2차 정보수령자)가 증권의 매매와 관련하여 수령한 정보를 이용하거나 다른 사람으로 하여금 이용하게 하는 행위는 자본시장법상 내부자거래규제 대상이 아니다. 2차 정보수령자는 1차 정보수령자와 형법 제33조의 공범관계도 성립하지 않는다.[43] 따라서 2차 수령자 이후의 자들은 내부자거래규제의 대상에 포함할 수 없는 법의 사각지대가 생긴다(시장질서 교란행위의 금지에 해당되어 과징금 제제를 받는다). 특히 당해 법인의 계열회사나 그 임직원·대리인은 이에 해당할 가능성이 매우 높은 자들이기 때문에 자본시장법이 기존의 법인에 계열회사를 포함시킨 것은 매우 의미있는 변화라고 할 것이다.

(3) 법인(계열회사)의 임직원·대리인

임원은 이사 및 감사를 말한다(법9②). 임원은 주주총회에서 선임된 이사 및 감사와 이에 준하는 자를 말하며, 상근 여부, 등기 여부, 사내·사외이사 여부를 불문하고, 임시이사, 임시감사, 임시직무대행자도 임원에 해당한다.

직원은 당해 법인의 사용인을 의미하며, 지위나 직무에 의하여 미공개중요정보에 접근할 수 있는 자는 포함된다. 따라서 고용관계의 유무, 형식상의 직급이나 호칭을 불문하고 당해 법인의 지휘·명령하에 현실적으로 당해 법인의 업무에 종사하는 한, 임시고용인, 파견사원, 아르바이트 사원 등도 이에 포함된다. 그러나 당해 법인에서 다른 회사에 파견되어 다른 회사에 근무하는 직원은 해당되지 않는다고 보아야 한다.

대리인은 당해 법인으로부터 대리권을 수여받은 자로서 지배인, 변호사 등이 이해 해당한다.

---

43) 대법원 2001. 1. 25. 선고 2000도90 판결.

(4) 당해 법인(계열회사)의 주요주주

(가) 주요주주의 의의

주요주주는 누구의 명의로 하든지 자기의 계산으로 법인의 의결권 있는 발행주식총수의 10% 이상의 주식(그 주식과 관련된 증권예탁증권을 포함)을 소유하거나 임원의 임면 등의 방법으로 법인의 중요한 경영사항에 대하여 사실상의 영향력을 행사하는 주주로서 대통령령으로 정하는 자[44)]를 말한다(법9①, 금융회사지배구조법2(6) 나목). 따라서 주요주주는 당해 법인의 10% 이상의 주식을 소유한 자와 사실상의 지배주주를 말한다.

여기서 "사실상 영향력을 행사하는 주주로서 대통령령이 정하는 자"(사실상의 지배주주)란 주요주주가 아니더라도 단독으로 또는 다른 주주와의 합의·계약 등에 따라 대표이사 또는 이사의 과반수를 선임한 주주이거나 경영전략·조직변경 등 주요 의사결정이나 업무집행에 지배적인 영향력을 행사한다고 인정되는 자를 말한다.

사실상의 지배주주를 주요주주에 포함시킨 것은 우리나라 재벌기업의 기업지배구조의 특성상 10% 이하의 적은 지분율을 소유하더라도 여러 계열회사를 사실상 지배하고 있는 현실을 고려한 것이다. 다만 사실상 지배주주도 주주인 이상 당해 법인의 주식을 1주 이상 보유하고 있어야 하며 임원의 임면 등의 방법으로 중요한 경영사항에 대하여 사실상의 영향력을 행사하고 있어야 한다. 영향력의 내용과 범위와 관련해서는 모든 업무에 대하여 결제하거나 지시할 필요는 없고 중대한 사항에 대해서만 보고를 받고 지시를 하는 것만으로도 충분하다.[45)]

법원은 수인이 집합적으로 의결권을 행사하면서 임원의 임명 등 당해 법인에 주요 영향력을 행사하는 경우라도 이들이 주요주주에 해당하는지 여부를 판단할 때는 개별 주주 1인을 기

---

44) "대통령령으로 정하는 자"란 다음의 어느 하나에 해당하는 자를 말한다(금융회사지배구조법 시행령4).
  1. 혼자서 또는 다른 주주와의 합의·계약 등에 따라 대표이사 또는 이사의 과반수를 선임한 주주
  2. 다음의 구분에 따른 주주
    가. 금융회사가 자본시장법에 따른 금융투자업자(겸영금융투자업자는 제외)인 경우: 다음의 구분에 따른 주주
      1) 금융투자업자가 자본시장법에 따른 투자자문업, 투자일임업, 집합투자업, 집합투자증권에 한정된 투자매매업·투자중개업 또는 온라인소액투자중개업 외의 다른 금융투자업을 겸영하지 아니하는 경우: 임원(상법 제401조의2 제1항 각 호의 자 포함)인 주주로서 의결권 있는 발행주식 총수의 5% 이상을 소유하는 사람
      2) 금융투자업자가 자본시장법에 따른 투자자문업, 투자일임업, 집합투자업, 집합투자증권에 한정된 투자매매업·투자중개업 또는 온라인소액투자중개업 외의 다른 금융투자업을 영위하는 경우: 임원인 주주로서 의결권 있는 발행주식 총수의 1% 이상을 소유하는 사람
    나. 금융회사가 금융투자업자가 아닌 경우: 금융회사(금융지주회사인 경우 그 금융지주회사의 금융지주회사법 제2조 제1항 제2호 및 제3호에 따른 자회사 및 손자회사를 포함)의 경영전략·조직변경 등 주요 의사결정이나 업무집행에 지배적인 영향력을 행사한다고 인정되는 자로서 금융위원회가 정하여 고시하는 주주
45) 박임출(2003), 119쪽.

준으로 판단하여야 한다고 하였다.[46]

　그런데 주주는 자연인이든 법인이든 불문한다. 주요주주가 개인인 경우 그의 대리인, 사용인, 기타 종업원을 포함하고, 법인인 경우에는 그 임직원 및 대리인을 포함한다.

　자본시장법이 주요주주를 내부자로 명시하고 있는 이유는 주요주주의 지위에서 미공개중요정보에 대한 우선적 접근권을 누릴 수 있기 때문이다.

(나) 10% 지분산정의 의미

　자본시장법이 주요주주를 정의하는데 10% 이상의 수치를 사용하는 것은 미국과 일본의 입법례를 계수한 것으로 주식이 널리 분산된 상장법인에서 10% 정도의 주식소유는 회사에 대한 영향력을 행사하여 기업정보를 용이하게 취득할 수 있으리라는 데에서 그 타당성을 찾을 수 있다. 또한 명문의 규정이 없으므로 주요주주의 10% 지분비율을 산정함에 있어 일정한 인적관계가 있는 특수관계인의 지분은 산입하지 않는다.[47]

　10%를 계산함에 있어 전환사채의 장래 전환권의 행사, 신주인수권부사채의 장래 신주인수권의 행사로 인한 권리를 합산해야 한다는 견해도 있으나, 자본시장법이 명문 규정으로 10% 이상의 주식(그 주식과 관련된 증권예탁증권을 포함)을 소유한 자로 정의하고 있어 주식형사채를 보유하고 있는 상태에서는 주주가 아니기 때문에 주요주주에 해당한다고 볼 수 없으므로 합산할 수 없다고 보아야 한다.[48]

2. 준내부자

(1) 당해 법인에 대하여 법령에 따른 허가·인가·지도·감독, 그 밖의 권한을 가지는 자

　일반적으로 상장법인 등에 대하여 법령에 의한 권한을 가지는 자는 그 권한행사에 의해 내부정보를 알 수 있는 지위에 있으므로 내부자거래의 행위주체가 된다. 여기서 법령이란 법률, 시행령, 시행규칙에 한정되지 않고 국가 또는 지방자치단체 기타 공공기관이 정하는 법규범을 말한다. 그리고 그 명칭 여하를 불문하고 조약이나 조례도 포함된다. 법령에 의한 권한이란 당해 권한의 존재가 법령에 명시될 필요가 없으며, 그 법령으로부터 당해 권한이 존재하고 있다고 해석될 수 있으면 족하다. 그 권한은 상장법인 등의 의무의 존재를 전제로 하지 않지만, 상장법인 등의 의사에 불구하고 권한을 행사할 수 있어야 한다. 예컨대 당해 법인의 업무에 대한 인허가권을 갖는 행정부의 공무원, 은행·금융투자업자·보험회사 등에 대한 감독기관의 임직원, 당해 법인에 대하여 조사권이나 심리권을 갖는 기관의 임직원, 그리고 행정부, 사법부,

---

46) 서울고등법원 2008. 6. 24. 선고 2007노653 판결.
47) 김병태(2002), 228쪽.
48) 고창현(1999), 67쪽.

입법부에서 당해 법인과 관련된 사항을 심의·조사·지도·수사 등의 권한을 가지는 자를 들 수 있다.[49]

법령에 의한 권한을 가지는 자란 법령상의 권한을 가지는 자뿐만 아니라 그 자의 부하직원 또는 보조자로서 권한행사에 관여하는 자를 포함한다. 법령에 정하는 권한을 가지는 자가 아니라 법령에 의하여 권한을 가지는 자로 규정하고 있기 때문이다. 따라서 권한을 가지는 자는 공무원에 한정되지 않는다. 이러한 권한을 가지는 자에 당해 권한을 적극적으로 행사하는 자뿐만 아니라, 수동적으로 법령에 의해 제출되는 신고서 등을 수령하는 자도 포함된다.[50]

(2) 당해 법인과 계약을 체결하고 있거나 체결을 교섭하고 있는 자

당해 법인과 계약을 체결하고 있는 자가 계약의 체결 또는 이행과 관련하여 또는 계약의 체결을 교섭하고 있는 자가 교섭과정에서 미공개중요정보를 알게 된 경우에는 준내부자로 내부자거래의 규제를 받는다.

계약을 체결하고 있는 자는 법률자문계약을 체결하고 있는 변호사, 회계감사계약을 체결하고 있는 공인회계사, 금융거래계약을 체결하고 있는 은행 기타 금융기관, 제휴계약을 체결하고 있는 자 등이 포함된다. 그러나 이러한 보조적 업무와 관련된 계약뿐만 아니라 원재료의 공급회사, 제품의 판매회사, 제조 또는 가공을 위한 하청회사 등과 같은 영업과 관련된 계약의 상대방도 포함된다. 여기의 계약에는 계약의 내용이나 종류, 계약형태, 이행시기, 계약기간의 장단 등은 불문한다. 따라서 본 계약이 체결 전이라도 본 계약의 진행과 관련한 상호합의사항에 대한 비밀유지합의를 한 경우에는 중요한 정보에 접근할 수 있는 계약이므로 규제대상인 준내부자에 해당한다.[51]

여기서 중요한 정보의 지득은 계약체결 또는 이행 자체에 의하여 알게 된 경우 이외에 계약의 체결 또는 이행과 밀접하게 관련된 행위에 의해 알게 된 경우를 포함한다. 또한 계약체결을 위한 준비·조사·교섭 등의 과정에서 중요한 사실을 알게 된 경우도 포함한다. 왜냐하면 중요한 정보는 계약서가 작성되어야만 생성되는 것이 아니고, 계약체결의 교섭이 상당히 진행되거나 계약사항의 주요 부분에 대한 합의가 이루어진 경우에 정보로서 생성된 것이라 할 수 있기 때문이다. 따라서 실제 계약체결을 교섭하는 과정에서 미공개정보를 취득하는 경우가 많은 현실을 반영한 것이다.

당해 법인과 계약체결을 교섭하고 있는 자를 내부자로 추가한 것은 어떤 회사가 상장법인 등의 신주를 인수함으로써 장래 당해 상장법인 등의 지배회사 또는 지분보유회사가 되려고 하

---

49) 형남훈(1999), "내부자거래의 규제방안", 상장협연구(1999. 9), 7쪽.
50) 박임출(2003), 120쪽.
51) 서울지방법원 2003. 6. 25. 선고 2002노9772 판결.

는 경우에 그 회사의 관련자들을 내부자거래의 규제대상에 포함시킬 수 있고, 상장법인 등의 업무나 재산에 관한 중요한 계약관계의 교섭과정에서 당해 상장법인 등의 거래상대방 측면에서 발생할 수 있는 내부자거래를 규제하는 기능을 할 수 있기 때문이다.[52]

여기서의 계약은 유효한 계약을 전제로 한다는 하급심 판례가 있다. 즉 적법한 이사회 결의없이 체결한 신주인수계약은 무효이기 때문에 상대방은 준내부자의 지위를 취득할 수 없다고 판시하였다.[53] 그러나 준내부자를 규제하는 이유가 정보에 대한 접근가능성이기 때문에 당해 계약이 유효하지 않더라도 준내부자로 보는 것이 타당하다.[54]

3. 내부자의 대리인 · 사용인 · 종업원

제2호부터 제4호까지의 어느 하나에 해당하는 자의 대리인(이에 해당하는 자가 법인인 경우에는 그 임직원 및 대리인을 포함) · 사용인, 그 밖의 종업원(제2호부터 제4호까지의 어느 하나에 해당하는 자가 법인인 경우에는 그 임직원 및 대리인)으로서 그 직무와 관련하여 미공개중요정보를 알게 된 자도 내부자거래규제의 대상이다(법174①(5)).

대리인은 본인으로부터 대리권을 수여받아 본인을 위하여 의사표시를 하고 그 효과를 직접 본인에게 발생시키는 자이다(민법114). 여기서 본인은 상장법인 등을 의미하므로 대리인이란 당해 상장법인 등으로부터 대리권을 수여받아 당해 법인을 위한 것임을 표시하여 법률행위를 하고 그 효과를 당해 법인에 귀속시키는 자이다. 따라서 업무제휴계약의 대리인, 중요한 재산의 처분 또는 양도의 대리인, 지배인 등을 들 수 있다. 이와 같이 대리인을 내부자로 포함시키는 이유는 당해 법인의 관계자를 모두 내부자로 간주하여 이들의 내부자거래를 규제하기 위한 것이다.[55]

사용인과 그 밖의 종업원은 당해 법인의 직무에 종사하는 자로서 당해 법인과의 계약형식과 종류를 불문하고, 계약관계가 존재하지 않더라도 사실상 종사하고 있으면서 법인의 감독하에 있으면 충분하며, 일시적이든 계속적이든 불문한다. 따라서 회사의 직원으로 채용된 적은 없어도 회사의 명시적 또는 묵시적 승인하에 회사 직원과 동일한 업무를 수행하면서 사실상 회사 직원으로 행세하여 온 사실이 있는 경우에는 종업원에 해당한다.

"대리인, 사용인 기타의 종업원"이라 함은 반드시 법인의 내부규정에 따라 정식 채용절차를 거친 직원 또는 임원에 한정되는 것은 아니다. 이에는 정식의 고용계약을 체결한 자뿐만 아니라 사실상 자기의 보조자로 사용하고 있으면서 직접 또는 간접으로 자기의 통제 또는 감독

---

52) 김병태(2002), 265쪽.
53) 서울중앙지방법원 2007. 7. 20. 선고 2007고합159 판결.
54) 김건식 · 정순섭(2009), 284쪽.
55) 박임출(2003), 121쪽.

하에 있는 자도 포함되는 것이다.56)

4. 내부자 지위의 연장

제1호부터 제5호까지의 어느 하나의 자에 해당하지 아니하게 된 날부터 1년이 경과하지 아니한 자를 포함한다(법174①).

회사의 내부자 또는 준내부자는 그 지위를 상실한 경우에도 향후 일정기간 동안 내부자로서 규제를 받는다. 즉 회사내부자와 준내부자에 해당하지 아니하게 된 날로부터 1년이 경과하지 아니한 자도 여전히 내부자이다. 이는 회사내부자 및 준내부자가 그의 지위에서 내부정보를 지득하고 퇴직한 후 그 정보를 이용하여 증권을 거래하는 경우를 예정한 것이다. 따라서 회사내부자 및 준내부자가 그 지위를 상실한 지 1년이 경과하면 설령 회사내부자·준내부자의 지위에서 알게 된 내부정보를 이용하여 당해 증권을 거래하여도 내부자거래에 해당하지 않는다.57)

5. 직무관련성

회사내부자와 준내부자는 미공개중요정보를 자신의 직무와 관련하여 알게 되었을 것을 필요로 하는 점에서 정보수령자와 다르다. 따라서 회사내부자와 준내부자가 직무와 관련없이 미공개중요정보를 알게 된 경우에는 회사내부자나 준내부자가 아닌 정보수령자로서 내부자거래의 규제대상이 된다. 직무관련성 요건을 규정하고 있는 취지는 회사내부자와 준내부자가 자신의 지위를 이용하여 미공개중요정보를 취득한 경우에 가벌성을 인정하려는 것이다.

자본시장법은 정보를 알게 된 과정을 회사내부자와 준내부자의 유형별로 직무관련성을 규정하고 있다.58) 즉 자본시장법 제174조 제1항은 ⅰ) 당해 법인 및 그 법인의 임직원·대리인은 직무와 관련하여 미공개중요정보를 알게 된 자, ⅱ) 당해 법인의 주요주주는 그 권리를 행사하는 과정에서 미공개중요정보를 알게 된 자, ⅲ) 당해 법인에 대하여 법령에 따른 허가·인가·지도·감독, 그 밖의 권한을 가지는 자는 그 권한을 행사하는 과정에서 미공개중요정보를 알게 된 자, ⅳ) 당해 법인과 계약을 체결하고 있거나 체결을 교섭하고 있는 자는 그 계약을 체결·교섭 또는 이행하는 과정에서 미공개중요정보를 알게 된 자, ⅴ) 내부자의 대리인·사용인·종업원은 그 직무와 관련하여 미공개중요정보를 알게 된 자로 규정하고 있다.

직무관련성에서의 직무란 회사내부자와 준내부자가 취급할 수 있는 일체의 업무이고 현실

---

56) 대법원 1993. 5. 14. 선고 93도344 판결.
57) 내부자의 퇴직으로 인한 반사이익이 사라질 때까지 내부자거래규제 대상으로 하고 있는 것은 세계적인 경향이다.
58) 증권거래법은 직무관련성 요건을 내부자의 유형에 따라 구분하지 않고 "직무와 관련하여"라고 규정하여 모든 회사내부자와 준내부자에 대하여 획일적으로 규정하고 있었다(법188의2①).

적으로 담당하고 있지 않아도 상관없다. 즉 기획 및 입안과정에서 분석·검토·평가를 거쳐 최종적인 판단에 직·간접적으로 참여하거나 알 수 있는 역할상의 직무이다.[59] 따라서 회사내부자와 준내부자가 자신의 직무와 관련 없이 우연한 기회에 또는 도청이나 해킹과 같은 위법한 방법으로 미공개중요정보를 알게 된 경우에는 당해 내부자가 직무와 관련하여 내부정보를 알게 된 다른 내부자와 공모하거나 그로부터 내부정보를 수령하지 않는 한 내부자거래가 성립하지 않는다.[60]

하급심 판례의 의하면, 다른 직원이 담당하던 업무와 관련되는 정보라 하더라도 같은 부서의 같은 사무실 내에서 우연히 정보를 얻은 경우는 직무관련성이 인정되며,[61] 연구기관의 연구원이 사내 전산망을 통하여 정보를 얻은 경우에도 직무관련성이 인정된다.[62]

Ⅲ. 제2차 내부자(정보수령자)

1. 의의

정보수령자란 회사내부자 및 준내부자로부터 미공개중요정보를 전달받은 자이다. 즉 정보수령자란 자본시장법 제174조 제1항 제1호부터 제5호까지의 어느 하나에 해당하는 자(제1호부터 제5호까지의 어느 하나의 자에 해당하지 아니하게 된 날부터 1년이 경과하지 아니한 자를 포함)로부터 미공개중요정보를 받은 자이다(법174①(6)).

정보수령자를 내부자거래의 행위주체에 포함시킨 것은 회사내부자나 준내부자의 탈법행위를 방지하기 위한 것이다. 즉 회사내부자나 준내부자로부터 미공개정보를 전달받은 정보수령자가 당해 법인 등이 발행한 증권의 거래에 정보를 이용하는 행위를 내부자거래로 처벌하지 않는다면 회사내부자나 준내부자는 제3자에게 정보를 전달하는 방식으로 내부자거래를 회피할 것이기 때문이다.[63]

2. 정보수령자의 성립요건

(1) 개요

정보수령자는 자신의 직무와 관련하여 내부정보를 알게 된 회사내부자나 준내부자로부터 그 정보를 제공받기 때문에 당사자 사이에 직·간접적인 연결고리가 존재한다. 따라서 정보수

---

59) 박임출(2003), 122쪽.
60) 김병태(2002), 229쪽.
61) 서울중앙지방법원 2002. 1. 23. 선고 2001고단10894 판결.
62) 서울중앙지방법원 2008. 11. 27. 선고 2008고합236 판결.
63) 대법원 2002. 1. 25. 선고 2000도90 판결.

령자는 다음과 같은 요건을 구비하여야 내부자거래의 행위주체가 된다.[64] ⅰ) 정보제공자가 회사내부자나 준내부자이어야 하고, ⅱ) 정보는 회사내부자나 준내부자가 그 직무 또는 권한행사, 계약의 체결 등과 관련하여 알게 된 정보이어야 하며, ⅲ) 수령한 정보가 회사의 업무 등에 관한 중요사실이어야 하고, ⅳ) 정보는 공표되지 않았어야 하며, ⅴ) 정보수령자의 위 4가지 사실을 인식하고 정보를 전달받았었어야 하며, ⅵ) 정보제공자는 정보제공의 사실을 인식하고 있어야 한다.

(2) 정보제공자의 정보제공 사실의 인식

정보를 전달하는 회사내부자나 준내부자는 자신이 직무와 관련하여 알게 된 내부정보를 타인에게 제공한다는 사실을 인식하고 있어야 한다. 여기서 정보의 전달은 구두, 서면의 송부, 전화, 암호 등 그 방법을 묻지 않는다. 그러나 회사내부자나 준내부자로부터 직접적으로 정보전달이 이루어져야 하고 우연히 알게 된 경우에는 정보수령자가 아니다.[65]

정보수령자를 회사내부자나 준내부자로부터 "정보를 받은 자"라고 규정하고 있기 때문에 정보를 제공하는 내부자의 행위에 의하여 취득한 경우에는 모두 정보수령자가 될 수 있다. 즉 회사내부자나 준내부자의 정보제공 목적이 불법적이거나 대가의 취득일 필요는 없지만, "정보를 받은 자"라는 표현의 해석상 고의에 의한 정보제공행위임을 요한다.[66] 따라서 정보수령자가 정보를 전달받았다고 하기 위하여는 정보를 제공하는 자가 전달받은 자에 대하여 내부정보를 전달할 의사가 있어야 한다. 따라서 남의 대화를 몰래 듣거나 우연한 기회에 들은 경우, 잃어버린 가방 속의 서류에서 내부정보를 알게 된 경우, 회사의 서류를 우연히 보게 된 경우 등은 이에 해당하지 않는다. 왜냐하면 정보제공자의 정보제공에 대한 의사나 정보를 전달받은 자의 정보수령에 대한 의사가 없었기 때문이다. 다만 전달하는 자가 전달받은 자의 성명이나 주소를 알 필요도 없고, 안면이 없더라도 족하며, 전달을 받은 자가 특정될 수 있으면 충분하다. 정보전달의 의사는 미필적 인식으로 충분하며, 내부정보를 알고 있는 회사내부자나 준내부자가 내부정보를 대화의 상대방이 인식할 수 있을 것이라고 예견하고 전달한다면 여기의 전달에 해당한다.[67]

(3) 정보수령자의 인식

정보수령자는 회사내부자나 준내부자로부터 미공개중요정보라는 사실을 인식하고 그 정보를 전달받아야 한다. 따라서 정보수령자가 정보를 전달한 자를 당해 법인의 이사로 인식하였으나, 실제로는 당해 법인과 계약을 체결하고 있는 자의 직원이었던 경우는 사실의 착오의

---

64) 박임출(2003), 126쪽.
65) 곽민섭(2000), 149쪽.
66) 곽민섭(2000), 152쪽.
67) 박임출(2003), 127쪽.

문제이므로 행위자의 인식이 구성요건에 해당되고, 실제로 발생한 결과도 구성요건에 해당되는 이상 고의는 인정되기 때문에 정보수령자에 해당한다. 또한 미공개중요정보가 들어 있는 신문기사를 독자가 읽은 경우에 그 기사를 작성한 기자가 우연하게도 회사와 어떤 계약을 체결한 자이고, 이로 인하여 그 중요정보를 알고 있었더라도 그 독자는 기자가 회사내부자나 준내부자로부터 정보를 전달받았다는 인식이 없었기 때문에 정보수령자에 해당하지 않는다.[68]

(4) 정보의 구체성

정보수령자가 내부자거래의 규제를 받기 위하여는 회사내부자나 준내부자가 상당한 정도로 구체적인 정보를 수령자에게 제공하였어야 한다. 어느 정도의 구체성은 정보의 중요성 개념에 내재되어 있지만, 정보의 구체성은 독립적인 의미를 갖는다. 정보가 구체성이 없을 경우에는 중요성의 구비 여부도 의문일 뿐만 아니라 정보제공을 인정하기 어려울 것이다.

(5) 정보수령자의 직무관련성 요건 여부

정보수령자는 직무관련성 요건이 필요하지 않다. 따라서 회사내부자나 준내부자가 직무와 관계없이 내부정보를 알게 된 경우에는 정보수령자가 될 수 있을 뿐이다. 또한 회사내부자나 준내부자가 아닌 자로부터 중요한 내부정보를 알게 된 자도 정보수령자가 아니다. 그러나 정보제공자가 회사내부자나 준내부자의 지위에 있을 뿐만 아니라 그 지위를 상실한 지 1년이 경과하지 않은 경우에도 그자로부터 중요한 내부정보를 전달받은 자는 정보수령자가 된다.[69]

3. 조직을 상대로 정보를 제공하려는 의도였던 경우의 문제

회사내부자나 준내부자가 어느 조직에 소속된 개인에게 정보를 제공하였지만 실제로는 그 개인 아닌 조직을 상대로 정보를 제공할 의도였던 경우에는 그 조직의 모든 구성원을 제1차 정보수령자로 볼 수 있는가의 문제가 있다. 법 제174조 제1항 제5호에는 제1차 내부자가 법인인 경우에는 그 임원·직원 및 대리인을 포함하고 있으나, 정보수령자가 법인인 경우에는 그 임직원을 포함한다는 명시적인 표현이 없기 때문이다. 그러나 이와 같은 경우에도 내부정보를 받은 법인의 임직원은 일반투자자에 비하여 정보상의 우위에 있기 때문에 정보수령자로 보는 것이 타당하다. 이와 같이 해석하지 않으면 내부자거래규제의 취지는 퇴색되기 때문이다. 예컨대 회사의 대표이사가 신제품발명을 홍보할 목적으로 신문사의 기자에게 그 정보를 제공한 경우에는 당해 기자뿐만 아니라 그 신문사의 나머지 구성원들도 모두 정보수령자로 본다.[70]

---

68) 박임출(2003), 126쪽.
69) 박임출(2003), 127쪽.
70) 김건식·정순섭(2009), 286쪽.

제4절 미공개중요정보

Ⅰ. 의의

미공개중요정보란 투자자의 투자판단에 중대한 영향을 미칠 수 있는 정보로서 대통령령으로 정하는 방법에 따라 불특정 다수인이 알 수 있도록 공개되기 전의 것을 말하며, 상장법인[6개월 이내에 상장하는 법인 또는 6개월 이내에 상장법인과의 합병, 주식의 포괄적 교환, 그 밖에 대통령령으로 정하는 기업결합 방법에 따라 상장되는 효과가 있는 비상장법인("상장예정법인등")을 포함]의 업무 등과 관련된 정보이어야 한다(법174①). 즉 미공개중요정보(내부정보)는 일반인에게 공개되지 아니한 정보로 회사업무와 관련하여 투자자의 투자판단에 중대한 영향을 주는 정보이다. 내부정보는 당해 법인의 업무 등과 관련된 중요한 정보로서 이른바 회사관련정보(기업정보)를 말한다.71)

내부자거래는 회사의 내부자가 미공개중요정보를 이용하여 증권을 거래하는 것이다. 따라서 내부정보의 개념은 내부자거래의 규제에서 핵심적인 요소이다. 그런데 회사의 정보가 모두 내부정보에 해당하는 것은 아니며, 내부자거래의 규제대상이 되는 내부정보에 해당하기 위하여는 중요성과 미공개성의 두 가지 요건을 구비할 필요가 있다. 여기서 중요성 요건은 정보의 객관적 내용에 관한 문제이고, 미공개성 요건은 정보의 시간적 범위에 관한 문제이다.72)

Ⅱ. 상장법인의 업무 등과 관련된 정보

1. 상장법인

내부자거래규제 대상이 되는 법인은 상장법인이다. 여기의 법인에는 비상장법인을 포함하지 않지만 예외적으로 ⅰ) 6개월 이내에 상장하는 비상장법인, ⅱ) 6개월 이내에 상장법인과의 합병하는 비상장법인, ⅲ) 6개월 이내에 상장법인과의 주식의 포괄적 교환을 하는 비상장법인, ⅳ) 그 밖에 대통령령으로 정하는 기업결합 방법에 따라 상장되는 효과가 있는 비상장법인은 포함된다(법174①). 예외적으로 포함되는 비상장법인을 "상장예정법인등"이라고 한다.

위에서 "대통령령으로 정하는 기업결합 방법"이란 다음의 어느 하나에 해당하는 경우로서 그 결과 비상장법인의 대주주 또는 그의 특수관계인("대주주등")이 상장법인의 최대주주가 되는

71) 노태악(2001b), "증권거래법상 미공개 내부정보에 관하여", 증권법연구 제2권 제1호(2001. 6), 99쪽.
72) 최재경(2000), "증권거래법상 내부자거래의 형사처벌 관련문제", 법무연구 제27호(법무연수원, 2000), 56쪽.

방법을 말한다(영201①).

1. 상장법인이 비상장법인으로부터 법 제161조 제1항 제7호에 해당하는 중요한 영업을 양수하고, 그 대가로 해당 상장법인이 발행한 주식등을 교부하는 경우
2. 상장법인이 비상장법인의 대주주등으로부터 법 제161조 제1항 제7호에 해당하는 중요한 자산을 양수하고, 그 대가로 해당 상장법인이 발행한 주식등을 교부하는 경우
3. 비상장법인의 대주주등이 상법 제422조에 따라 상장법인에 현물출자를 하고, 그 대가로 해당 상장법인이 발행한 주식등을 교부받는 경우

비상장법인은 자본시장의 공정성과 건전성을 해하지 않고 투자자 보호의 문제도 없으므로 원칙적으로 규제대상에서 제외되지만, 예외적으로 포함되는 비상장법인("상장예정법인등")은 상장정보를 이용하여 내부자거래를 하는 현실을 고려한 입법이다.

그러나 상장법인과 합병을 통해 실질적인 상장의 효과를 누리는 우회상장은 죄형법정주의 원칙상 규제대상이 아니다. 내부자거래를 한 자는 형사제재의 대상이 되는데 형법의 기본원리인 죄형법정주의는 법관의 자의를 방지하고 국민의 예측가능성을 담보하기 위하여 범죄구성요건의 명확성을 요구하고 있기 때문이다.

미공개중요정보는 내부자가 관계가 있는 "상장법인"의 업무 등과 관련된 정보이어야 한다. 따라서 상장법인의 계열회사에 관한 정보는 그 자체만으로 내부정보에 해당하지 않는다. 그러나 그것이 당해 상장법인의 업무 등과 관련된 것으로 인정되는 경우에는 내부정보가 될 수 있다.

2. 당해 법인의 업무관련성

미공개중요정보는 상장법인의 "업무 등"에 직·간접적으로 관련되는 정보를 의미한다. 따라서 회사의 영업실적이나 재산상태에 영향을 주는 내부정보는 이에 해당하고, 당해 법인이 자체적으로 작성한 영업환경 전망이나 예상실적 등은 내부정보가 될 것이다. 또한 업무 등에 관한 정보이어야 하므로, 내부정보는 정확하고 확실한 정보이어야 한다.[73] 따라서 단순한 풍문이나 추측은 내부정보가 아니다. 또한 법인의 업무 등과 관련하여 법인 내부에서 생성된 정보에 일부 외부적 요인이나 시장정보가 결합되어 있더라도 미공개중요정보에 해당한다.[74]

---

73) 곽민섭(2000), 151쪽.
74) 대법원 2017. 10. 31. 선고 2015도5251 판결(이 사건 정보는 피고인이 신주인수권부사채를 인수할지 여부를 결정하는 내심의 의사뿐만 아니라 신주인수권부사채 발행의 주체인 공소외 1 회사가 상대방인 피고인과 신주인수권부사채 인수계약 체결을 교섭하는 과정에서 생성된 정보이다. 이는 공소외 1 회사의 경영, 즉 업무와 관련된 것임은 물론이고, 공소외 1 회사 내부의 의사결정 과정을 거쳐 최종적으로 확정되므로 공소외 1 회사의 내부정보에 해당하며, 일부 외부적 요인이 결합되어 있더라도 달리 볼 것은 아니다. 또한,

3. 시장정보

　　시장정보란 당해 상장법인의 업무 등에 관련된 정보가 아닌 사외정보로서 증권시장에서 당해 법인이 발행한 증권의 수급에 영향을 줄 수 있는 정보 또는 기관투자자나 외국인 투자자의 동향과 같은 정보를 말한다. 따라서 통화신용정책, 금리정책, 외환정책, 관세정책, 무역수지 상황 등 특정산업 일반에 관한 정책이나 경제동향, 기관투자자의 투자동향, 펀드매니저의 추천 종목 등 당해 상장법인의 업무 외의 사정에 관한 정보는 내부자거래규제 대상이 되는 미공개 중요정보에 해당하지 않는다. 따라서 당해 법인으로부터 발생한 정보나 그 법인의 재산상황에 관한 정보가 아닌 주식의 매매동향에 대한 시장정보는 이미 공개된 사실을 기초로 분석·연구한 성과이기 때문에 내부정보에 해당하지 않는다. 내부자거래의 규제는 사실에 대한 정보의 평등을 도모하는 것이며, 사실에 대한 분석·조사는 개인적 능력의 평등을 도모하는 것이 아니기 때문이다.[75] 따라서 시장정보는 증권의 가격에 영향을 미치더라도 내부정보가 아니다.

　　그러나 자본시장법은 예외적으로 시장정보 중 공개매수의 실시 또는 중지에 관한 정보와 주식등의 대량 취득·처분에 관한 정보를 별도의 규정에서 내부자거래규제 대상으로 하고 있다 (법174②③). 이에 관하여는 뒤에서 살펴본다.

Ⅲ. 정보의 정확성

1. 정보의 성립시기

(1) 정보의 생성시점

　　자본시장법은 회사의 내부정보가 규제대상이 되는 "중요한" 미공개정보로 전환되는 시점에 관하여 규정하지 않고, 다만 "투자자의 투자판단에 중대한 영향을 미칠 수 있는 정보"라고만 규정하고 있다. 그런데 정보의 생성시점은 특정한 거래가 내부자거래규제의 대상이 되는지와 직접적인 관계를 갖기 때문에 어느 시점부터 "중요한" 내부정보로 볼 것인지는 상당한 의미를 갖는다.

　　일반적으로 정보는 어느 시점에 순간적으로 형성되는 것이 아니라 시간이 진행됨에 따라 시차를 두고 생성·발전한다. 따라서 "중요한" 정보에 대한 논의는 먼저 그 대상이 되는 "중요한" 정보의 생성시점이 문제된다. 예컨대 부도발생 또는 합병 등의 경우에 어느 시점에 "중요

　　피고인은 공소외 1 회사 주식을 매수하기 전부터 공소외 1 회사와 신주인수권부사채 인수계약 체결을 교섭하고 있었고, 그 과정에서 이 사건 정보의 생성에 관여하였으므로 이 사건 정보를 알고 있었다).
75) 이형기(1999), "증권거래법상의 민사책임에 관한 고찰", 인권과 정의 제277호(1999), 57쪽.

한" 정보가 되는가이다. 특히 합병은 대상회사의 물색, 대상회사 기업내용의 조사·분석, 대상회사와의 예비접촉, 합병방법과 조건의 합의, 이사회 결의, 합병계약의 체결, 합병승인, 주주총회의 결의 등 여러 단계를 거쳐 이루어지는데 어느 단계에서 "중요한" 정보가 생성된 것으로 볼 것인가가 문제이다.

여기서 "중요한" 정보의 생성시점을 판단함에 있어서는 진행 중이어서 확정적인 평가가 어렵더라도 진행 중인 사실을 "중요한" 정보로 평가할 수 있다. 예컨대 부도발생 이전이라도 자금사정의 악화 등으로 부도발생의 개연성이 충분히 존재하는 시점[76]이나 합병에 관한 이사회 결의 전 단계라도 구체적인 상황에 따라 "중요한" 정보가 생성된 것으로 평가할 수 있다. 즉 "중요한" 정보에 해당하기 위해서는 합리적인 투자자가 당해 증권을 매도 또는 매수할 것인가 아니면 계속 보유할 것인가를 결정할 수 있는 가치가 있어야 한다. 합리적인 투자자라면 이러한 평가를 하기 위하여 진행 중인 불확실한 사실이라 하더라도 그 판단의 대상에서 배제하지 않을 것이기 때문이다.[77]

따라서 일반적으로 법인 내부에서 생성되는 중요정보란 갑자기 완성되는 것이 아니라 여러 단계를 거치는 과정에서 구체화되는 것으로서, 중요정보의 생성시기는 반드시 그러한 정보가 객관적으로 명확하고 확실하게 완성된 경우를 말하는 것이 아니라, 합리적인 투자자의 입장에서 그 정보의 중대성과 사실이 발생할 개연성을 비교 평가하여 유가증권의 거래에 관한 의사결정에 있어서 중요한 가치를 지닌다고 생각할 정도로 구체화되면 그 정보가 생성되었다고 할 것이다.[78]

(2) 결정사항과 발생사항

자본시장법은 일본의 금융상품거래법과는 달리 결정사항인 정보와 발생사항인 정보를 구별하고 있지 않다. 그러나 정보의 일반적인 생성과정을 보면 "중요한" 미공개정보는 상장법인의 경영·재산 등에 관한 사항에 대하여 이사회 또는 이에 준하는 의사결정기관의 결정에 의하여 이루어지는 사항("결정사항")과 그러한 결정에 의하지 않고 발생하는 사항("발생사항")으로 구분할 수 있다.[79]

---

76) 대법원 2000. 11. 24. 선고 2000도2827 판결(증권거래법 제186조 제1항 제1호에서 규정하고 있는 상장법인 등이 발행한 어음 또는 수표가 부도처리되었을 때뿐만 아니라, 은행이 부도처리하기 전에 도저히 자금조달이 어려워 부도처리될 것이 거의 확실시되는 사정도 당해 법인의 경영에 중대한 영향을 미칠 수 있는 사실로서 합리적인 투자자라면 누구든지 당해 법인의 주식의 거래에 관한 의사를 결정함에 있어서 상당히 중요한 가치를 지니는 것으로 판단할 정보에 해당하는 것임이 분명하므로, 이러한 상황을 알고 있는 당해 법인의 주요주주 등이 그 정보를 공시하기 전에 이를 이용하여 보유주식을 매각하였다면 이는 미공개정보 이용행위를 금지하고 있는 같은 법 제188조의2 제1항을 위반하였다고 보지 않을 수 없다).
77) 김용진(1993), 16쪽.
78) 대법원 2008. 11. 27. 선고 2008도6219 판결; 대법원 2009. 7. 9. 선고 2009도1374 판결 등.
79) 일본의 금융상품거래법 제166조 제2항은 명시적으로 "결정에 관한 사항"과 "발생에 관한 사항"으로 구분

"중요한" 미공개정보 중에서 발생사항의 경우(예를 들면 재해에 기인하는 손해 또는 업무수행 과정에서 생긴 손해 등)는 대체로 발생에 이르기까지 점차로 성숙되고 구체화되는 과정의 경유없이 그 발생이 확정되는 시점에 즉시 "중요한" 미공개정보가 될 것이다. 그러나 결정사항의 경우(예를 들면 합병 등)는 여러 단계에 걸쳐서 그에 대한 결정 여부 및 결정내용이 점차로 구체화되어 가는 것이 일반적일 것이다. 상장법인의 결정사항이 어느 시점에 "중요한" 정보가 될 것인지는 개별 사안에 따라 구체적인 사정을 종합적으로 고려하여 판단하여야 할 것이다. 따라서 이사회나 의사결정기관이 공식적인 결정을 내리지 않았더라도 임원회의 등의 실질적인 결정기관 또는 대주주에 의한 결정이 있고, 이러한 결정이 당해 결정사항의 실시가 확실하여 주가에도 영향을 미치게 되는 경우에는 이를 "중요한" 정보로 인정할 필요가 있다.[80]

2. 정보의 진실성

자본시장법 제174조 제1항에는 미공개중요정보라고 규정하고 있을 뿐 그 정보가 진실한 정보일 것을 명시적으로 규정하고 있지는 않다. 그러나 진실한 정보만이 내부자거래규제의 대상이 된다.

정보는 어떤 사실에 관하여 확실하고 진실한 것이어야 진정한 정보로서의 가치를 가진다. 특히 증권시장에 산재하는 정보는 여러 형태로 증권의 가격에 영향을 주지만, 사실과 다른 풍문이나 추측정보와 같이 정확성 내지 진실성이 결여된 정보를 이용한 행위는 내부자거래규제 대상이 되지 않는다. 내부자거래는 본질적으로 공시의무의 존재를 전제로 한다. 따라서 공시의무를 위반하여 공시를 하지 않은 것, 즉 부작위에 의한 내부자거래를 규제하는 것이고, 적극적으로 허위표시나 중요사항의 누락을 이용하는 거래는 법 제176조의 시세조종으로 규제하고 있기 때문이다. 이러한 점에서 공시의무의 대상이 되는 사실은 허위가 아닌 진정한 사실을 의미하고, 중요정보의 기초가 되는 사실은 객관적으로 존재하여야 한다.[81]

그러나 정보의 진실성에 대하여는 정보의 실질적인 전부가 허위 또는 과장된 것이 아니라 그 일부에 허위 또는 과장된 부분이 포함된 경우에는 이를 이유로 정보의 중요성을 부정할 수는 없다.[82]

실제로는 중요사실이 존재하지 않음에도 불구하고 존재한다고 오신하여 증권을 거래한 경우에는 처벌되지 않는다. 예를 들어 회사의 계약체결자가 회사의 임원으로부터 이사회에서 대규모 신주발행이 결정되었다는 말을 전해 듣고 거래한 경우, 실제로는 그와 같은 결정이 없었

하여 중요한 미공개정보를 열거하여 규정하고 있다.

80) 박임출(2003), 135쪽.
81) 박임출(2003), 136쪽.
82) 서울중앙지방법원 2008. 11. 27. 선고 2008고합236 판결.

거나 거래 당시에 아직 결정되지 않은 때에는 처벌되지 않는다. 또한 대표이사가 주가를 끌어올리기 위하여 가공계약의 허위공시를 하는 과정에서 공시담당자가 그 가공계약이 진실한 것으로 믿고 이를 이용하여 주식을 매수한 경우에 이를 내부자거래로 볼 수 있는가의 여부이다. 이 경우 공시담당자는 허위의 가공계약을 진실한 정보로 오신하여 이에 기초하여 주식을 매수한 경우로서 구성요건 사실에 대한 착오가 있었기 때문에 불능미수 또는 불능범으로 보아야 할 것이다.[83]

Ⅳ. 정보의 중요성과 판단기준

1. 중요한 내부정보

(1) 법적용상 중요성 판단의 의의

자본시장법의 목적은 완전공시의 원칙을 채택하여 투자자를 보호하는 것이며, 내부자거래 규제도 미공시 또는 불완전공시를 규제하는 소극적인 방법이다. 그러나 기업내용의 공시를 무한정으로 요구할 수는 없다. 만약 제한 없는 공시를 요구한다면 공시의무의 이행을 위하여 많은 비용이 발생할 뿐만 아니라 현실적으로도 불가능하기 때문에 대부분의 회사와 경영진을 자본시장법의 위반사범으로 만들 위험이 있다. 또한 자본시장법상의 공시의무위반을 염려하는 회사나 경영진에 의하여 과다한 정보가 제공됨으로써 투자자는 투자판단에 도움이 되지 않는 정보의 홍수 속에 파묻히게 되어 오히려 투자자가 정보에 의하여 의사를 결정하는 것을 어렵게 만들 우려도 있다. 따라서 내부자거래를 규제하는 경우 내부자가 이용한 정보에 질적인 한계를 설정하여야 한다. 자본시장법이 내부자거래 규제대상으로서의 정보를 "투자자의 투자판단에 중대한 영향을 미칠 수 있는 정보로서 대통령령으로 정하는 방법에 따라 불특정 다수인이 알 수 있도록 공개되기 전의 것"으로 규정한 것도 그러한 이유이다. 따라서 중요성은 내부자거래의 성립요건으로서 내부자의 행위의 위법성 나아가서는 가벌성 여부를 결정하는 기준이 된다.[84]

그런데 "투자자의 투자판단에 중대한 영향을 미칠 수 있는 정보"란 당해 증권을 매도할 것인가 또는 계속 보유하거나 매수할 것인가를 판단함에 있어 의존해야 할 자료나 정보를 말한다. 즉 이것은 투자자들이 일반적으로 안다고 가정할 경우 당해 증권의 가격에 중대한 영향을 미칠 수 있는 사실이다. 당해 증권의 가격에 중대한 영향을 미칠 수 있는 것이 아닌 평범한 정보는 투자자의 투자판단 자료로 이용할 가치가 별로 없기 때문이다. 그러나 자본시장법은 "투자자의 투자판단에 중대한 영향을 미칠 수 있는 정보"인가 아닌가를 어떻게 판단할 것

---

83) 박임출(2003), 136쪽.
84) 김용진(1993), 10쪽.

인가에 대하여는 규정하지 아니하였기 때문에 해석론으로 객관성이 있는 기준을 찾아야 한다. 중요성의 판단은 내부자거래규제에서 판단이 어려운 사항으로 가장 핵심적인 부분이라고 할 수 있다.

(2) 입법형식

(가) 한정적 열거주의

규제의 대상이 되는 정보를 구체적으로 열거하여 그 열거된 정보만을 규제대상으로 삼는 방법이다.[85] 일본은 중요정보의 범위와 기준을 입법적으로 해결하는 한정적 열거주의를 취하고 있다.

한정적 열거주의는 행위자인 내부자가 피해자인 투자자의 사전판단을 가능하게 하여 내부자거래의 사전예방적 효과나 법적 안정성을 도모할 수 있다. 그러나 여건변화에 적절히 대응하면서 여건의 변화에 따라 구체적인 타당성을 기할 수 없는 것이 단점이다.

(나) 포괄주의

중요한 정보의 개념만을 정의하여 두고(또는 이와 병행하여 중요한 정보의 사례를 예시하고) 구체적인 사건에 당하여 법원으로 하여금 중요성의 해당 여부를 가리게 하는 방법이다.[86] 미국은 포괄주의를 취하고 있는 대표적인 경우에 해당한다.

중요성의 개념을 사법적으로 판단하는 포괄주의는 여건변화에 적절히 대응하면서 현실적인 여건에 따라 구체적 타당성을 도모할 수 있다. 그러나 내부자거래의 사전예방적 효과나 법적 안정성을 도모하기 어렵다는 단점이 있다.

(다) 우리나라의 해석론

중요성의 개념을 정의하는 경우에 어떤 입법주의 형식을 취할 것인가는 각국의 법문화에 따른 입법정책의 문제라고 할 수 있다.

내부자거래의 규정은 포괄주의를 취하고 있는 미국의 입법례를 기본으로 하고 중요한 미공개정보의 개념을 포괄적·추상적으로 규정한 다음 중요한 미공개정보에 해당하는지 여부에 대한 구체적인 판단은 법원의 사법적 심사에 맡겨 개별 사안별로 판단하도록 하고 있다. 또한 대법원도 동일한 포괄주의를 취하고 있음을 명백히 하고 있다.[87]

"중요한" 정보에 관하여 포괄주의를 취하고 있는 이유는 여건변화에 적절이 대응하여 구체적 타당성을 기하기 위한 것이고, 자본시장법 제174조 제1항이 "투자자의 투자판단에 중대한 영향을 미칠 수 있는 정보"를 중요한 정보로 규정하고 있으며, 입법기술의 한계상 불확정개

---

85) 대법원 1995.6.29. 선고 95도467 판결.
86) 대법원 1995.6.29. 선고 95도467 판결.
87) 대법원 1995. 6. 29. 선고 95도467 판결; 대법원 2000. 11. 24 선고 2000도2827 판결; 대법원 2008. 11. 27. 선고 2008도6219 판결.

념이 불가피한 점을 고려하면 자본시장법의 규정이 포괄주의를 취하고 있는 것은 죄형법정주의의 원칙에 위반되는 것은 아니라고 할 것이다.

2. 중요성의 판단기준

(1) 포괄주의에서의 중요성의 판단기준

(가) 개요

내부자거래규제에 대한 입법형식에 있어 포괄주의를 채택하고 있는 미국의 경우, 정보의 중요성에 관한 판단은 법원의 판결을 거치면서 형성되었다.[88] 그러나 판례는 중요성의 판단에 있어서 논란을 거듭하여 왔다. 여기서는 미국의 대법원이 중요성에 관한 판단기준을 확립하는 과정과 그 내용에 대하여 살펴보기로 한다.

최초로 제2순회 항소법원이 Texas Gulf Sulphur 판결[89]에서 개연성/중대성 기준(probability/magnitude test)을 정립한 이후 동 기준이 대체로 일관되게 적용되었다. 개연성/중대성 기준이라 함은 내부정보의 내용을 이루는 사실이 달성될 개연성이 있어야 하고, 달성될 사실이 당해 법인의 경영에 미치는 영향이 중대하여야 "중요한" 정보가 된다는 것이다. 그러나 이 판결은 중요성의 일반적인 기준일 뿐이었고, 중요성의 구체적인 기준을 제시하지는 못하였다. 그 후 대법원의 TSC 판결[90]은 기본적으로는 Texas Gulf Sulphur 판결을 수용하였지만 중요성의 완화 경향을 제어하고 중요성의 판단범위를 객관적으로 정립하려고 시도하였다. 그러나 위 판결들은 중요성의 일반적인 기준일 뿐 중요성의 구체적인 기준을 제시하지는 못하였다. 여기에 내부정보의 중요성의 해석에서 중요하다는 명확성 기준(bright-line rule)을 제시함으로써 이 개연성/중대성의 범위를 제한하려는 하급심의 판례들이 나왔다.[91] 그 후 대법원의 Basic 판결[92]은 이 명확성의 기준을 배척하고 개연성/중대성의 기준을 확립하였다.

중요성에 관한 논의는 중요한 사실의 범주에 대하여 논란이 없었던 것은 아니었지만, 주로 그 사실이 생성되는 과정에서 어느 시점부터 중요한 사실로 되는가에 관한 것이었다. 예를

---

88) 미국의 1934년 증권거래법 제10b조 (b)항과 SEC Rule 10b-5는 중요한 사실에 관하여 허위표시를 하거나 또는 표시가 행하여진 당시 상황에 비추어 오해가 유발되지 않기 위하여 필요한 중요한 사실의 표시를 누락하는 것을 위법으로 규정함으로써 사기적인 행위인 내부자거래의 성립요건으로서 중요사실을 들고 있다. 여기서 중요사실에 대한 정의를 내리지 않고 있기 때문에 중요성(materiality)의 개념과 범위는 개별적인 사건에서 법원이 판단하게 되었다. 그동안 법원은 중요성을 결정하는 통일적인 기준을 설정하고자 노력하였지만, 정보의 중요성에 대한 공통적인 기준을 설정하지는 못하였다.

89) SEC v. Texas Gulf Sulphur Co., 401 F.2d 833(2d Cir. 1968).

90) TSC Industries, Inc. v. Northway, Inc., 426 U.S. 438(1976).

91) Stattin v. Greenberg, 672 F.2d. 1196, 1207(3d. Cir. 1982), Flamm, et al. v. Eberstadt, et al., 814 F.2d. 1169, 1174-1179(7th Cir. 1987) 등.

92) Basic Inc. v. Levinson, 485 U.S. 224(1988).

들어 합병의 경우에 합병이 진행되는 과정에서 어느 시점부터 중요한 사실이 되는가에 대한 논의였다.93)

(나) 정보내용의 개연성/중대성 기준(probability/magnitude test)

제2순회 항소법원은 Texas Gulf Sulphur라는 유황생산회사의 내부자거래 사건을 통해 최초로 중요성 판단기준으로 "개연성/중대성" 기준을 제시하였다. 이 사건의 중요 쟁점은 Texas Gulf Sulphur사가 개발 중이던 광산이 상업성이 있는지 여부가 유동적인 상태에서 내부자거래가 행하여졌던바, 이와 같이 성공 여부가 유동적인 개발 사실이 투자자의 투자판단에 중대한 영향을 주는 중요한 정보인가에 관한 것이었다. 이와 관련하여 동 법원은 중요한 사실이란 회사의 가까운 장래에 영향을 미치는 사실과 투자자가 그 회사의 증권을 매매하거나 또는 보유하고자 하는 모든 사실을 포함하는 것이라는 논리를 전개하였다. 이러한 관점에서 중요한 사실이란 확정적일 필요는 없으며 중요성 여부는 그 일의 달성이 갖는 예상되는 중대성의 크기를 비교 평가하여 그때마다 결정되어야 한다는 것이다.

따라서 동 법원은 시추표본에 의해 광대한 지역에 걸쳐 지표에서 가까운 지하에 막대한 양의 광물이 존재할 가능성을 알고 있다면 Texas Gulf Sulphur사의 주가에 영향을 미치는 것이 무리가 아닐 것이고 합리적인 투자자라면 주식을 매수할 것인가 또는 매도할 것인가, 아니면 계속 보유할 것인가의 여부를 결정함에 있어서 중요한 사실이 된다고 판시하였다.

(다) 투자행동의 개연성 기준(would/likelihood test)

중요성에 대한 판단은 그 평가방법에 따라 중요하다고 판단되는 사실의 범위를 무한하게 확대시킬 위험이 있다. TSC 판결은 이 점을 완화하고자 한 판결이다. 이 판결은 위임장권유와 관련한 중요한 사실의 부실표시에 관한 판례이다. 그러나 그 후 연방대법원이 Basic Inc. v. Levinson 사건에서 TSC 판결의 중요성 기준을 적용함으로써 중요성 기준에 대한 일반적인 선례가 되었다.

연방대법원은 "단지 가능성만 있고 실제로는 발생할 것 같이 않은 사실까지 포함하는" might 기준을 배척하고 합리적인 투자자라면 일반적으로 그의 행동방침을 결정함에 있어 부실표시 또는 누락된 사실에 중요성을 부여할(would) 것이라는 "상당한 개연성"(substantial likelihood)이 있을 경우에 중요한 정보가 된다고 하는 would/likelihood 기준을 채택하였다.

TSC 판결은 Texas Gulf Sulphur 판결에서 제시된 중요성 판단기준의 완화 경향을 배척하고 중요성의 판단범위를 객관적으로 정립하려고 시도하였다. 그러나 기본적으로는 개연성/중대성 기준을 정립한 Texas Gulf Sulphur 판결의 입장을 그대로 유지하였다. 다만 would/

---

93) 김용진(1993), 11쪽. 이 논문은 포괄주의에서의 중요성 판단기준을 상세히 논하고 있다(이하 이 논문 11-14쪽 참조).

likelihood test에 대하여는 어의적인 문제에 지나지 않으며 동 기준이 중요성의 범위를 명확히 하는 데는 한계가 있다는 지적을 받았다.

(라) 명확성 기준(bright-line rule)

명확성 기준이라 함은 문제가 되는 사실이 중요한 사실로 되기 위하여는 일정하게 표준화된 명확한 단계에 이르러야 한다는 원칙이다. 이는 주로 합병의 예비논의에서 문제되었는데, 합병의 조건과 구조에 대한 원칙적인 사항의 합의에 이르러야 비로소 중요한 사실로 된다는 것이다.

명확성 기준에 입각한 하급심 판례들에 의하면 합병이란 그 절차가 종료될 때까지는 위험한 가정에 지나지 않는다는 것을 설명해 준다고 하더라도 투자자는 이를 이해하지 못하는 미숙아로 본 것이다. 명확성 기준의 논거는 너무 일찍 공시를 하게 되면 협상을 결렬시킬 수 있으므로 합병 논의는 비밀로 하여야 한다는 것이다. 이 기준은 공시시점을 정하는 데 명확한 기준을 제시한다. 그러나 이러한 논거는 투자자가 투자결정을 하는 데 있어서 원칙의 합의에 이르러야 합병논의에 관한 정보가 중요해진다는 이유를 설명하지 못하고 있다.

(마) 개연성/중대성 기준의 재확인

연방대법원은 Basic 판결에서 중요성의 문제에 대하여 개연성/중대성 기준을 확립하고, 사실판단의 문제임을 명백히 한 TSC 판결의 기준을 재확인하여 중요성의 문제에 대한 하급심의 혼란을 극복하였다.

미국의 판례는 전술한 바와 같이 중요성의 판단기준에 대하여 우여곡절이 있었으나 그 기준은 개연성/중대성 기준에 따르고 있다. 그런데 중요성의 기준은 단일화될 수 없으며 개별 사건에 있어서 구체적인 사실의 실체 판단의 문제임을 확인하였다. 다만 미국의 판례가 중점을 둔 것은 어떤 정보의 사실성 자체가 아니라 정보의 형성과정이라고 할 수 있다. 따라서 미국의 판례는 중요한 정보의 구체적인 판단기준에 대하여 명시적인 언급을 하지는 않은 채 개연성/중대성의 기준에 따라 정보의 중요성을 판단해야 한다는 일반적인 원리만을 제시하고 있으며, 이러한 기준에의 해당 여부는 법원에서 사안에 따라 개별적으로 판단해야 한다.

(2) 중요한 정보(판례)

대법원의 판례는 중요한 정보를 "투자자의 투자판단에 중대한 영향을 미칠 수 있는 정보"라고 판시하고 있다. 여기서 "투자자의 투자판단에 중대한 영향을 미칠 수 있는 정보"라 함은, 합리적인 투자자라면 그 정보의 중대성과 사실이 발생할 개연성을 비교 평가하여 판단할 경우 유가증권의 거래에 관한 의사를 결정함에 있어서 중요한 가치를 지닌다고 생각하는 정보를 말하는 것이다.[94] 대법원의 중요성 판단기준은 문제된 사실의 중대성과 그 사실이 발생할 개연

---

94) 대법원 1994. 4. 26. 선고 93도695 판결; 대법원 1995. 6. 30. 선고 94도2792 판결; 대법원 2006. 5. 11. 선

성이다. 이러한 기준은 미국 연방대법원의 개연성/중대성 기준과 동일하다. 다만 "투자자의 투자판단에 중대한 영향을 미칠 수 있는 정보"란 합리적인 투자자가 당해 유가증권을 매수 또는 계속 보유할 것인가 아니면 처분할 것인가를 결정하는 데 있어서 중요한 가치가 있는 정보, 다시 말하면 일반투자자들이 일반적으로 안다고 가정할 경우에 당해 유가증권의 가격에 중대한 영향을 미칠 수 있는 사실을 말한다고 하여 시세영향기준을 채택한 판례가 있다.[95] 그러나 이 판례가 있은 후 대법원은 일관되게 개연성/중대성 기준을 따르고 있다.

그리고 개연성과 중대성의 관계에서는 문제되는 사실이 기업경영이나 주가변동에 아무리 중대한 영향을 미칠 것이라 하더라도 전혀 발생할 가능성이 없는 사실은 투자자의 투자판단에 영향을 미칠 수 없으므로, 개연성의 존재와 그에 대한 평가는 중대성의 평가에 선행된다고 할 것이다.[96]

3. 합리적인 투자자에 영향을 미칠 수 있는 정보(중요성의 판단방법)

중요성을 판단하는 주체는 합리적인 투자자이어야 한다. 정보는 여러 단계를 거치는 과정에서 구체화되는 것으로 반드시 객관적으로 명확한 것만 이용이 금지되는 중요한 미공개정보에 해당하는 것이 아니다. 합리적인 투자자라면 정보의 중요성과 사실이 발생할 개연성을 비교평가하여 판단한 경우 증권의 거래에 관한 합리적인 의사를 결정함에 있어 중요한 가치를 지닌다고 생각하는 정보를 말한다.[97] 즉 중요성이 판단은 합리적인 투자자를 전제하여 객관적으로 판단하여야 한다.

여기서 합리적인 투자자란 반드시 증권에 문외한인 일반투자자만을 말하는 것이 아니라 전문투자자도 합리적인 투자자의 범주에 포함된다고 보아야 한다. 또한 합리적인 투자자란 어떤 범위의 투자자를 말하는가에 대하여 논란이 있다. 이는 중요성의 판단주체를 보수적인 투자자로 제한할 것인가, 또는 이에 투기자를 포함할 것인가에 관한 문제이다. 내부정보로서 중요한 사실은 확정적인 사실은 물론이고 발생 개연성이 있는 한 확정적인 사실이 아닌 경우에도 있을 수 있다. 이 경우 확정적인 사실이 아닌 불확실성은 투기자에게는 중요성 판단의 적극적인 자료가 될 것이다. 여기에서 보수적인 투자자를 중요성의 판단주체로 제한하는 경우 중요성의 범위가 좁게 해석될 것이고 투기자를 포함하는 투자자를 중요성의 판단주체로 보는 경우에는 그 범위가 확장될 여지가 크다. 그러나 모든 투자자에게는 불확실성을 투자의 기초로 삼아

고 2003도4320 판결; 대법원 2008. 11. 27. 선고 2008도6219 판결.
95) 대법원 1995. 6. 29. 선고 95도467 판결.
96) 김용진(1993), 18쪽.
97) 대법원 1994. 4. 26. 선고 93도695 판결; 대법원 1995. 6. 30. 선고 94도2792 판결; 대법원 2006. 5. 11. 선고 2003도4320 판결; 대법원 2008. 11. 27. 선고 2008도6219 판결.

보다 높은 수익을 올리고자 하는 내적 동기가 있고, 보수적인 투자자와 투기자를 구별하는 것은 쉽지 않을 뿐만 아니라 법률상 차별하여야 할 이유가 없으므로 투기자도 포함된다고 해석하는 것이 타당하다. 따라서 중요성의 판단은 구체적인 사안에 따라 합리적인 투자자의 객관적인 입장에서 개연성/중대성을 비교 평가하여 중요성의 유무를 가려야 한다.98)

V. 정보의 미공개성

1. 미공개

자본시장법은 "대통령령이 정하는 방법에 따라 불특정 다수인이 알 수 있도록 공개되기 전의 것"(법174①)만을 내부자거래의 규제대상이 되는 내부정보로 하고 있다. 따라서 당해 법인이 대통령령이 정하는 방법에 따라 공개하기 전의 정보는 경제신문에 실제의 정보와 유사한 정보가 게재되었어도 공개된 정보는 아니다.

내부정보는 반드시 비밀정보임을 전제로 하지 않는다. 다만 내부정보의 부당이용에 대한 규제는 시간적으로 남보다 앞서서 내부정보를 부당하게 이용하는 행위를 방지하려는 것이기 때문에, 당해 정보를 이용하였을 때를 기준으로 그 이용시간에 타인도 그 정보에 접근할 수 있었는가의 여부가 위법성 유무를 결정하는 중요한 근거가 될 수 있다. 따라서 투자자의 투자판단에 중대한 영향을 미치는 중요한 정보라 할지라도 이미 공개된 것이라면 시장거래의 평등에 대한 부당한 침해가 없을 것이므로 그 이용은 규제할 필요가 없는 것이다.99)

2. 공개절차

(1) 공개방법과 대기기간

중요한 정보가 일반투자자에게 전달되려면 일정한 공시방법으로 공개되고 일정한 기간이 경과하여야 한다. 이와 같이 공개된 정보가 널리 전파되어 일반투자자가 주지할 수 있도록 제도적으로 보장되는 기간을 대기기간이라고 한다. 따라서 이 대기기간이 경과한 다음에는 정보가 널리 일반투자자에게 공시되었기 때문에 내부자도 매매거래를 할 수 있다.100)

---

98) 박임출(2003), 139쪽.
99) 최재경(2000), 58쪽.
100) 위에서 살펴본 Texas Gulf Sulphur 사건의 경우, 광맥발견사실이 1964년 4월 16일 오전 10시부터 약 15분간 신문에 보도되었고, 이 정보가 전파되어 Dow Jones사의 속보테이프에 표시된 것이 오전 10시 54분이었다. 이에 대하여 제1심 법원은 신문보도가 있었던 10시 15분경에는 정보가 보도기관에 전달되었으므로 그 후에는 내부자가 매매거래를 해도 좋으며, 그 보도가 널리 전파되는 것을 기다릴 필요가 없다고 판시하였다. 그러나 제2심 항소법원은 회사가 정보를 공개한 후 그 정보가 일반투자자에게 전달되는 것이 충분히 확보되는 전파매체에 의하여 전파되었고, 기대되는 합리적인 시점까지 기다려야 한다고 판시하여,

이와 관련하여 시행령은 "해당 법인(해당 법인으로부터 공개권한을 위임받은 자를 포함) 또는 그 법인의 자회사(상법 제342조의2 제1항에 따른 자회사를 말하며, 그 자회사로부터 공개권한을 위임 받은 자를 포함)가 다음의 어느 하나에 해당하는 방법으로 정보를 공개하고 해당 호에서 정한 기간이나 시간이 지나는 것을 말한다"고 규정하고 있다(영201②).[101]

1. 법령에 따라 금융위원회 또는 거래소에 신고되거나 보고된 서류에 기재되어 있는 정보: 그 내용이 기재되어 있는 서류가 금융위원회 또는 거래소가 정하는 바에 따라 비치된 날부터 1일
2. 금융위원회 또는 거래소가 설치·운영하는 전자전달매체를 통하여 그 내용이 공개된 정보: 공개된 때부터 3시간
3. 신문 등의 진흥에 관한 법률에 따른 일반일간신문 또는 경제분야의 특수일간신문 중 전국 을 보급지역으로 하는 둘 이상의 신문에 그 내용이 게재된 정보: 게재된 날의 다음 날 0시 부터 6시간. 다만, 해당 법률에 따른 전자간행물의 형태로 게재된 경우에는 게재된 때부터 6시간으로 한다.
4. 방송법에 따른 방송 중 전국에서 시청할 수 있는 지상파방송을 통하여 그 내용이 방송된 정 보: 방송된 때부터 6시간
5. 뉴스통신진흥에 관한 법률에 따른 연합뉴스사를 통하여 그 내용이 제공된 정보: 제공된 때 부터 6시간

(2) 상대거래에 대한 예외

공개시장에서의 거래가 아니라 거래당사자 간의 직접 협상에 의한 상대거래의 경우, 거래 의 목적인 증권 관련 내부정보가 이미 거래당사자에게 알려진 상태에서 거래가 이루어졌다면 위 5가지 방법에 의하여 공개되지 않은 정보도 미공개정보로 보지 않는다.[102]

신문기자에게 발표한 후 Dow Jones사의 속보테이프에 표시될 때까지의 사이에 거래를 한 내부자에게 책 임을 인정하였다(SEC v. Texas Gulf Sulphur Co., 401 F.2d. 833, 859(2d Cir. 1968)).

101) 미국의 경우 증권규제법은 내부정보의 공시방법이나 공시로 중요한 정보가 일반적으로 유포되는 데에 어 느 정도의 시간경과를 요하는지에 대한 규정을 두고 있지 않다. 다만 증권거래소에서 획일적인 대기기간 을 권유하고 있다. 뉴욕증권거래소(NYSE)는 회사의 이사 또는 임원은 정보가 기재된 연차보고서, 반기보 고서, 기타 사업보고서, 위임장설명서 등이 주주 등에게 광범위하게 배포된 후 매매거래를 하는 것이 적당 하다고 하고 있다. 또한 뉴욕증권거래소의 상장규정과 아메리칸증권거래소(AMEX)의 상장규정은 공시방 법에 관하여 규정하고 있다. AP, UPI, Dow Jones and Company, Reuters Economic Services에 통보하는 것을 공시로 인정하고 있다. 특히 아메리칸증권거래소는 그 외에 New York Times, Wall Street Journal, Moody's, Investors Service, Standard and Poor's Corporation 등에 게재하는 것도 공시로 인정하고 있다. 그리고 아메리칸증권거래소는 내부자는 전국적 규모의 매체를 통한 공시가 있은 후 24시간 경과 후에 증 권거래가 가능하고, 전국적 규모가 아닌 매체를 통한 공시는 최소한 48시간의 대기기간이 경과한 후에 거 래하도록 권유하고 있다(Listing Standard, Policy and Requirement, Part4. Disclosure Policies 402(f)).

102) 서울고등법원 2003. 2. 17. 선고 2002노2611 판결

공개증권시장을 통하지 아니하고 거래가 이루어지는 이른바 "상대거래"의 경우에 증권시장의 공정성이나 일반투자자의 신뢰성의 문제는 발생되지 않으며, 따라서 정보의 불공정한 격차의 문제는 거래당사자 사이에서 판단하여야 하고, "미공개정보"인지 여부는 거래당사자가 이를 알고 있었는지 여부에 따라 판단하여야 하며, 상대거래의 거래당사자가 모두 해당 정보를 알고 있는 경우라면 해당 정보가 비록 공시되지는 않았다고 하더라도 내부자거래의 요건인 "미공개정보"에 해당된다고 할 수는 없는 것이다. 증권시장을 전제로 한 내부자거래규제가 상대거래에도 그대로 적용된다고 본 것은 잘못이다.[103)

3. 공개내용의 진실성

자본시장법은 당해 법인이 일반투자자에게 어느 정도 공개한 것을 공시로 볼 것인가에 관하여 규정을 하고 있지 않다. 다만 이와 관련하여 법령에 금융위원회 또는 거래소에 신고하거나 보고된 내용의 비치공시의 경우에는 법령에 의하여 서류의 기재사항이 정해져 있고, 거래소의 공시방송망을 통한 적시공시의 경우에는 거래소가 공시문안을 조정하고 공시업무편람에 따라 공시하여야 할 내용을 점검하고 있다.[104)

당해 법인이 직접 일간신문이나 방송을 통하여 내부정보를 공시하는 경우에는 투자자의 투자판단에 혼란을 주는 경우가 있다. 이 경우 거래소는 일간신문이나 방송의 보도내용이 사실인가의 여부를 당해 법인에 조회할 수 있고, 당해 법인의 확인내용을 기초로 공시문안을 조정하여 이를 다시 전자공시시스템이나 신문사, 방송사를 통하여 일반투자자에게 공시할 수 있다.

이와 같이 공시내용의 정확성을 담보하기 위한 제도적 장치가 마련되어 있지만, 원칙적으로 상장법인이 고의로 공시사항의 일부를 은폐하거나 왜곡하는 경우에는 그 진상을 파악하는 것은 매우 어렵다. 따라서 이와 같은 공시의 실체 부합성 및 충분성 여부는 문제된 정보의 중요요소에 의해 판단되어야 한다. 정보의 중요요소란 개연성/중대성의 논리를 기초로 하여 합리적인 투자자의 투자판단에 중대한 영향을 미칠 수 있는 부분으로 이해되어야 한다.[105)

4. 미공개와 적극적 부실표시

내부자거래의 규제는 중요한 미공개정보를 이용하는 행위를 금지하는 것으로, 이는 침묵에 의한 내부자거래를 규제하는 것이고, 적극적으로 거짓의 기재나 누락에 의한 경우에는 시세조종에 관한 제176조에서 규제를 하고 있다.

---

103) 서울지방법원 2003. 6. 25. 선고 2002노9772 판결
104) 노태악(2001b), 103쪽.
105) 박임출(2003), 143쪽.

<h1 style="text-align:center">제5절 규제대상증권</h1>

I. 특정증권등

자본시장법은 특정증권등을 내부자거래의 규제대상증권으로 하고 있다. 특정증권등은 상장법인 및 상장예정법인등이 발행한 해당 특정증권등을 포함한다(법174①). 특정증권등은 내부자의 단기매매차익 반환의무의 대상증권을 말한다(법 제172조 제1항 제1호부터 제4호까지). 즉 다음의 어느 하나에 해당하는 금융투자상품이 이에 해당한다.

1. 그 법인이 발행한 증권(대통령령으로 정하는 증권106) 제외)
2. 제1호의 증권과 관련된 증권예탁증권
3. 그 법인 외의 자가 발행한 것으로서 제1호 또는 제2호의 증권과 교환을 청구할 수 있는 교환사채권
4. 제1호부터 제3호까지의 증권만을 기초자산으로 하는 금융투자상품

II. 신규발행증권

자본시장법은 규제대상증권을 "그 법인이 발행한 증권"으로 규정하고 있기 때문에 법인이 이미 발행한 증권만을 의미하는 것으로 보아야 한다. 즉 중요한 미공개정보의 이용행위에 전제가 되는 매매, 그 밖의 거래는 법인이 발행한 증권을 대상으로 하고 있으므로 유통시장에서 이미 발행된 증권의 매매거래 등을 염두에 둔 것이다.

그런데 증권이 발행되는 때에 이를 취득하는 행위(원시취득)를 규제대상으로 할 것인가의 문제가 있다. 예를 들면 i) 주가하락의 요인이 되는 악재가 회사에 발생하였음에도 그 정보가 공개되기 전에 시가발행 증자를 하는 경우이다. 이 경우 회사와 주주(취득자) 사이에는 정보의 비대칭이 존재하는 것처럼 보이기 때문에 내부자거래로 볼 여지가 있다. 그러나 내부자거래는

---

106) "대통령령으로 정하는 증권"이란 다음의 증권을 말한다(영196).
    1. 채무증권. 다만, 다음의 어느 하나에 해당하는 증권은 제외한다.
        가. 전환사채권
        나. 신주인수권부사채권
        다. 이익참가부사채권
        라. 그 법인이 발행한 지분증권(이와 관련된 증권예탁증권 포함) 또는 가목부터 다목까지의 증권(이와 관련된 증권예탁증권 포함)과 교환을 청구할 수 있는 교환사채권
    2. 수익증권
    3. 파생결합증권(법 제172조 제1항 제4호에 해당하는 파생결합증권은 제외)

중요한 미공개정보를 공시하지 않고 증권을 거래하는 일종의 부작위범이라는 점에서, 증권신고서를 통하여 내부정보를 공시하지 않고 당해 증권을 매도한 것이므로 공시를 하지 아니하는 것을 전제로 하는 내부자거래로 볼 수는 없다. 다만 이 경우 증권신고서에 중요한 사항을 누락하였거나 허위로 기재한 점에서 법 제119조의 규정을 위반한 행위로 볼 수는 있을 것이다. ⅱ) 주가를 상승시키는 사실이 회사에 발생하고 이를 알게 된 내부자가 그 정보가 공개되기 전에 그 당시의 시가로 증자에 응하는 경우이다. 이 경우 회사와 그 내부자 사이에는 정보의 비대칭이 존재하지 않기 때문에 내부자거래로 볼 여지는 없다. 따라서 발행시장에서의 위법한 거래는 정보의 비대칭에 의한 내부자거래로 규제하기보다는 증권신고서의 허위기재의 문제로 취급하는 것이 타당하다.[107]

제6절 내부자의 금지행위

Ⅰ. 매매 그 밖의 거래

내부자, 준내부자 및 정보수령자는 특정증권등의 매매, 그 밖의 거래에 이용하거나(정보이용행위) 타인에게 이용하게(정보제공행위) 하여서는 아니 된다(법174①). "그 밖의 거래"란 매매 이외의 유상거래만을 의미하므로 교환 등 매매 이외의 취득 또는 처분, 전환사채권자의 전환권의 행사, 신주인수권부사채권자의 신주인수권의 행사, 교환사채권자의 교환권의 행사 등을 포함한다. 또한 일체의 양도와 담보권설정이나 담보권취득, 증권의 대차거래 등의 거래를 포함한다. 그러나 무상거래인 증여는 포함되지 않는다.

Ⅱ. 정보이용행위

1. 정보를 이용한 매매

자본시장법은 정보이용행위 자체가 아니라 정보를 이용한 매매 그 밖의 거래행위를 금지하고 있다. 즉 정보를 이용한 매매란 정보가 호재인 경우에는 증권을 매수하고 악재인 경우에는 증권을 매도하는 것을 의미한다.

그리고 매매 그 밖의 거래와 관련하여 그 정보를 이용한다는 것은 적극적인 이용과 소극

---

107) 박임출(2003), 145쪽.

적인 이용을 포괄하는 것으로 볼 수 있다. 그러나 실제에 있어서 어떤 정보를 이용하여 증권을 매도하거나 매수하지 않는 소극적인 형태의 이용을 처벌하는 것은 곤란하므로 적극적인 형태의 정보이용행위만이 규제대상이 된다.[108]

2. 정보의 지득 여부 판단

미공개정보의 이용행위는 통상 회사 내부적으로 은밀하게 이루어지는 것이고, 특히 정보의 전달 및 지득은 사적인 장소에서 관련자들 사이의 대화에 의해서도 이루어질 수 있는 것이어서 관련자들이 범행을 부인하는 경우 정보의 전달 및 지득 여부에 대한 직접증거를 확보하기 곤란하다. 내부자거래 사건에서 정보의 전달 및 지득에 관한 직접적인 증거만을 요구하는 것은 내부자거래규제를 위반한 자들에게 사실상 면죄부를 주는 것이어서 합리성이 없다. 따라서 사물의 성질상 범의와 상당한 관련성이 있는 간접사실 또는 정황사실을 증명하는 방법에 의하여 이를 입증할 수밖에 없으며, 이때 무엇이 상당한 관련성이 있는 간접사실에 해당할 것인가는 정상적인 경험칙에 바탕을 두고 치밀한 관찰력이나 분석력에 의하여 사실의 연결상태를 합리적으로 판단하는 방법에 의하여야 할 것이다.[109]

3. 정보의 보유와 이용

정보의 이용은 증권의 매매 그 밖의 거래와 관련되어야 하므로 현실적인 거래행위의 존재를 전제로 하는 것이다. 매매 그 밖의 거래를 하지 않고 순수하게 정보를 이용한 경우, 예컨대 회사의 사업목적을 위하여 내부정보를 이용하는 경우는 이에 해당하지 않는다. 또한 내부정보를 이용하였다고 하기 위하여는 정보보유자의 거래가 전적으로 내부정보 때문에 이루어진 점을 입증할 필요는 없고, 단지 내부정보가 거래를 하게 된 하나의 요인이었다는 점을 입증하면 족하다. 즉 내부정보가 거래를 하게 된 요인이 아닌 경우에는 이에 해당하지 않는다. 그리고 정보보유자가 불가피하게 매매할 수밖에 없는 경우에는 정보의 이용을 인정할 수 없을 것이다.[110]

4. 정보이용의 고의

내부자, 준내부자 및 정보수령자는 매매 등과 관련하여 정보를 이용하는 것이 금지된다. 그런데 이들의 정보이용행위에는 고의가 필요하다. 따라서 내부자와 준내부자는 자신이 알고 있는 정보가 중요한 미공개정보라는 사실과 그 정보를 이용하여 증권의 매매 그 밖의 거래를

---

108) 최재경(2000), 59쪽.
109) 서울중앙지방법원 2007. 2. 9. 선고 2006고합332 판결.
110) 김건식·정순섭(2009), 293쪽.

한다는 인식이 있어야 한다. 정보수령자는 정보제공자가 제공한 정보가 중요한 미공개정보라는 사실뿐만 아니라 정보제공자가 그의 직무와 관련하여 알게 된 정보라는 사실도 인식하고 증권의 매매 그 밖의 거래에 이용한다는 인식이 있어야 한다.[111]

그러나 내부자, 준내부자 및 정보수령자는 중요한 미공개정보를 이용한 증권의 매매 그 밖의 거래를 통하여 이익을 취득하거나 손실을 회피할 의도를 갖고 있을 필요는 없다. 또한 결과적으로 이익을 취득하거나 손실을 회피한 사실의 존재도 필요하지 않다. 왜냐하면 자본시장법 제174조 제1항의 구성요건의 내용이 결과의 발생을 요하지 않고 법에 규정된 행위를 함으로써 충족되는 형식범의 형태이고, 법익침해의 일반적인 위험이 있으면 구성요건이 충족되는 추상적 위험범의 형태로 규정되어 있기 때문이다. 이와 같이 구성요건이 결과범의 형태가 아닌 형식범의 형태로 되어 있어 결과의 발생을 요건으로 하지 아니하므로 내부자의 중요한 미공개정보 이용행위가 있으면 범죄는 완성되어 바로 기수가 성립되고, 미수가 성립될 여지는 없다.

Ⅲ. 정보제공행위

1. 정보를 이용하게 하는 행위

내부자가 중요한 미공개정보를 타인에게 알려주어 그 타인이 이 정보를 이용하여 거래를 하게 하는 것을 의미한다. 타인으로 하여금 이를 이용하게 하는 행위에 해당하기 위해서는 정보제공행위뿐만 아니라 정보수령자의 이용행위 및 정보제공행위와 그 이용행위 사이의 인과관계가 인정되어야 한다. 이 경우 그 정보수령자도 규제를 받고, 정보를 이용하게 하는 행위에 반드시 대가를 요하지 않으며, 그 타인이 정보를 이용하여 거래를 하여야 하므로 그 타인의 거래가 없는 경우에는 그 타인은 물론 정보제공자의 책임도 없다.

즉 정보제공자인 내부자가 정보수령자인 상대방이 중요한 미공개정보를 이용하여 매매 그 밖의 거래를 할 것이라는 사실을 인식하거나 그렇게 믿을만한 합리적인 이유가 있는 상황에서 상대방에게 정보를 제공하는 행위이다. 따라서 내부자가 정보를 전달하는 과정에서 상대방이 그 정보를 이용하여 매매 그 밖의 거래를 하지 않을 것으로 믿었거나 그렇게 믿을만한 합리적인 이유가 있었던 경우에 그 상대방에게 정보를 알려주는 단순한 정보제공행위는 정보를 이용하게 하는 행위에서 제외된다.

그러나 단순한 정보제공행위와 타인으로 하여금 정보를 이용하게 하는 행위를 구분하는 것은 쉽지 않고, 내부자의 단순한 정보제공행위는 타인의 내부자거래를 조장할 위험성이 높다.

---

111) 대법원 2017. 1. 25. 선고 2014도11775 판결.

따라서 정당한 권한없이 중요한 미공개정보를 타인에게 제공하는 행위는 설사 그에게 내부자 거래를 시킬 의도가 없었다 하더라도 규제할 필요가 있다는 견해가 있다.[112] 그러나 정당한 권한없는 단순한 정보제공행위가 악용될 가능성이 크기 때문에 이를 규제할 필요성이 있겠지만, 현행법상 이와 같이 해석하는 것은 곤란하다. 예컨대 이와 같은 문제는 사실관계의 해석으로 보고, 중요한 미공개정보가 전달되는 상황에서 정보를 제공하는 자와 정보를 수령하는 자가 그 정보 또는 그 정보의 이용에 관하여 어떻게 인식하고 있었는가에 따라 위법성 여부를 구체적으로 판단하여야 할 것이다.[113]

2. 정보제공자의 고의와 정보수령자의 고의

정보제공자는 정보를 수령하는 자가 그 정보를 이용하여 증권을 거래할 가능성이 있음을 인식하면서 정보를 전달하여야 한다. 그리고 정보수령자가 수령한 정보를 이용하여 매매 그 밖의 거래를 하는 경우에만 내부자거래가 성립하고 정보제공자의 책임이 인정된다. 이는 정보수령자가 거래를 하지 않은 경우에는 거래당사자 간의 정보의 비대칭 문제가 없으므로 이에 대한 제재를 할 필요가 없기 때문이다.

또한 정보수령자는 그 정보를 전달한 정보제공자가 그 직무와 관련하여 알게 된 정보를 자신에게 전달한다는 사실을 인식하고 그 정보를 이용하여 거래한 경우에 한하여 내부자거래에 해당한다. 따라서 정보수령자가 그러한 사실을 인식하지 못한 경우에는 내부자거래가 성립하지 않는다.

제7절 공개매수 및 대량취득·처분의 특칙

I. 공개매수의 경우

1. 의의

공개매수 관련자는 주식등에 대한 공개매수의 실시 또는 중지에 관한 미공개정보를 그 주식등과 관련된 특정증권등의 매매, 그 밖의 거래에 이용하거나 타인에게 이용하게 하여서는 아니 된다(법174② 본문). 다만, 공개매수를 하려는 자("공개매수예정자")가 공개매수공고 이후에도

---

112) 김건식·정순섭(2009), 295쪽.
113) 박임출(2003), 148쪽

상당한 기간 동안 주식등을 보유하는 등 주식등에 대한 공개매수의 실시 또는 중지에 관한 미공개정보를 그 주식등과 관련된 특정증권등의 매매, 그 밖의 거래에 이용할 의사가 없다고 인정되는 경우에는 그러하지 아니하다(법174② 단서). 일반적인 내부자거래는 어떤 특정한 법인의 업무 등과 관련된 중요한 정보를 이용하는 행위를 규제하고 있으나, 공개매수의 실시 또는 중지에 대한 중요한 미공개정보 이용행위에 대하여 예외적으로 규제하고 있는 것이다.

내부자거래규제와 관련하여 중요한 미공개정보 이용의 규제대상은 회사의 내부정보이고 시장정보는 규제대상이 아니다. 그러나 시장정보 중에서 공개매수의 실시 또는 중지에 관한 미공개정보만은 내부자거래의 규제대상으로 하고 있다. 왜냐하면 공개매수정보는 주가에 큰 영향을 미치는 시장정보이기 때문이다. 우리나라의 경우 1992년 증권거래법 개정에서 공개매수정보를 이용한 내부자거래도 규제대상에 포함시켰다.

2. 규제대상주체

공개매수의 특칙의 경우 내부자거래의 주체는 일반적인 내부자거래의 주체와 동일하다. 다만 여기서의 내부자는 공개매수자에 관련된 다음과 같은 자이다(법174②). 즉 공개매수 대상회사와 관련된 내부자, 준내부자 및 정보수령자가 아닌 대상회사 외부자인 공개매수자의 내부자, 준내부자 및 정보수령자가 공개매수의 실시 또는 중지에 관한 정보를 이용하거나 타인에게 이용하게 하는 것을 규제하는 것이다. 다만 공개매수자가 공개매수를 목적으로 거래하는 경우에는 내부자거래의 규제대상에서 제외되는데, 이는 공개매수자의 공개매수를 위한 증권의 사전매수 행위를 공개매수 준비행위로 인정할 수 있기 때문에 제외한 것이다.

1. 공개매수예정자(그 계열회사를 포함) 및 공개매수예정자의 임직원·대리인으로서 그 직무와 관련하여 공개매수의 실시 또는 중지에 관한 미공개정보를 알게 된 자
2. 공개매수예정자(그 계열회사를 포함)의 주요주주로서 그 권리를 행사하는 과정에서 공개매수의 실시 또는 중지에 관한 미공개정보를 알게 된 자
3. 공개매수예정자에 대하여 법령에 따른 허가·인가·지도·감독, 그 밖의 권한을 가지는 자로서 그 권한을 행사하는 과정에서 공개매수의 실시 또는 중지에 관한 미공개정보를 알게 된 자
4. 공개매수예정자와 계약을 체결하고 있거나 체결을 교섭하고 있는 자로서 그 계약을 체결·교섭 또는 이행하는 과정에서 공개매수의 실시 또는 중지에 관한 미공개정보를 알게 된 자
5. 제2호부터 제4호까지의 어느 하나에 해당하는 자의 대리인(이에 해당하는 자가 법인인 경우에는 그 임직원 및 대리인을 포함)·사용인, 그 밖의 종업원(제2호부터 제4호까지의 어느 하나에 해당하는 자가 법인인 경우에는 그 임직원 및 대리인)으로서 그 직무와 관련하여 공개매수의 실시 또는 중지에 관한 미공개정보를 알게 된 자
6. 공개매수예정자 또는 제1호부터 제5호까지의 어느 하나에 해당하는 자(제1호부터 제5호까

지의 어느 하나의 자에 해당하지 아니하게 된 날부터 1년이 경과하지 아니한 자를 포함) 로부터 공개매수의 실시 또는 중지에 관한 미공개정보를 받은 자

3. 규제대상증권

규제대상증권은 "공개매수의 대상인 주식등과 관련된 특정증권등"이다. "공개매수의 대상인 주식등"의 개념과 "특정증권등"의 개념은 매우 넓기 때문에 두 개의 개념을 결합한 개념인 "공개매수의 대상인 주식등과 관련된 특정증권등"의 범위를 확정하는 것은 쉽지 않다. 따라서 규제의 목적을 달성하기 위하여 가능한 한 넓게 해석하여야 할 것이다.

4. 규제대상정보

공개매수의 특칙과 관련된 내부정보는 "공개매수의 실시 또는 중지에 관한 미공개정보"를 말하고, 여기서의 미공개정보는 "대통령령이 정하는 방법"에 따라 불특정 다수인이 알 수 있도록 공개되기 전의 것을 말한다(법174②). "대통령령으로 정하는 방법"이란 공개매수자(그로부터 공개권한을 위임받은 자를 포함)가 제2항 각 호의 어느 하나에 해당하는 방법으로 정보를 공개하고 해당 호에서 정한 기간 또는 시간이 지나는 것을 말한다(영201③). 일반적인 내부자거래와 달리 정보의 중요성은 요건이 아니다.

Ⅱ. 대량취득·처분의 경우

1. 의의

규제대상자는 주식등의 대량취득·처분(경영권에 영향을 줄 가능성이 있는 대량취득·처분으로서 대통령령으로 정하는 취득·처분)의 실시 또는 중지에 관한 미공개정보(대통령령으로 정하는 방법에 따라 불특정 다수인이 알 수 있도록 공개되기 전의 것)를 그 주식등과 관련된 특정증권등의 매매, 그 밖의 거래에 이용하거나 타인에게 이용하게 하여서는 아니 된다(법174③ 본문). 다만, 대량취득·처분을 하려는 자가 제149조에 따른 공시 이후에도 상당한 기간 동안 주식등을 보유하는 등 주식등에 대한 대량취득·처분의 실시 또는 중지에 관한 미공개정보를 그 주식등과 관련된 특정증권등의 매매, 그 밖의 거래에 이용할 의사가 없다고 인정되는 경우에는 그러하지 아니하다(법174③ 단서).

이는 주식등의 대량취득·처분으로 인한 주가의 변동가능성은 투자자들의 투자판단에 중대한 영향을 미치고, 주식등을 대량취득·처분하는 자와 투자자의 정보의 비대칭이 존재하므로, 경영권에 영향을 줄 가능성이 있는 정보를 이용한 거래행위를 규제하려는 것이다.

2. 규제대상주체

대량취득·처분의 특칙의 경우 내부자거래의 주체는 공개매수 특칙의 경우와 동일하다. 다만 여기서의 내부자는 주식등을 대량취득·처분을 하는 자와 관련된 다음과 같은 자이다(법 174③).

1. 대량취득·처분을 하려는 자(그 계열회사 포함) 및 대량취득·처분을 하려는 자의 임직원·대리인으로서 그 직무와 관련하여 대량취득·처분의 실시 또는 중지에 관한 미공개정보를 알게 된 자

2. 대량취득·처분을 하려는 자(그 계열회사를 포함)의 주요주주로서 그 권리를 행사하는 과정에서 대량취득·처분의 실시 또는 중지에 관한 미공개정보를 알게 된 자

3. 대량취득·처분을 하려는 자에 대하여 법령에 따른 허가·인가·지도·감독, 그 밖의 권한을 가지는 자로서 그 권한을 행사하는 과정에서 대량취득·처분의 실시 또는 중지에 관한 미공개정보를 알게 된 자

4. 대량취득·처분을 하려는 자와 계약을 체결하고 있거나 체결을 교섭하고 있는 자로서 그 계약을 체결·교섭 또는 이행하는 과정에서 대량취득·처분의 실시 또는 중지에 관한 미공개정보를 알게 된 자

5. 제2호부터 제4호까지의 어느 하나에 해당하는 자의 대리인(이에 해당하는 자가 법인인 경우에는 그 임직원 및 대리인 포함)·사용인, 그 밖의 종업원(제2호부터 제4호까지의 어느 하나에 해당하는 자가 법인인 경우에는 그 임직원 및 대리인)으로서 그 직무와 관련하여 대량취득·처분의 실시 또는 중지에 관한 미공개정보를 알게 된 자

6. 대량취득·처분을 하려는 자 또는 제1호부터 제5호까지의 어느 하나에 해당하는 자(제1호부터 제5호까지의 어느 하나의 자에 해당하지 아니하게 된 날부터 1년이 경과하지 아니한 자 포함)로부터 대량취득·처분의 실시 또는 중지에 관한 미공개정보를 알게 된 자[114]

---

114) 대법원 2017. 10. 31. 선고 2015도8342 판결(구 자본시장법 제174조 제1항 제6호와 제2항 제6호의 입법 취지 역시 구 자본시장법 제174조 제3항 제6호의 그것과 다를 바 없다. 또한 구 자본시장법 제174조의 조문 체계나 규정 형식, 문언 등으로 보아 위 제1항 제6호와 제2항 제6호의 미공개중요정보 또는 미공개정보를 "받은 자"와 위 제3항 제6호의 미공개정보를 "알게 된 자"를 다르게 보아야 할 합리적인 이유도 찾을 수 없다).

3. 규제대상취득 · 처분

규제대상인 "경영권에 영향을 줄 가능성이 있는 대량취득 · 처분으로서 대통령령으로 정하는 취득 · 처분"이란 다음의 요건을 모두 충족하는 취득 · 처분을 말한다(영201④).115)

1. 보유목적이 경영권에 영향을 주기 위한 것(영154①)으로 할 것(취득의 경우만 해당)
2. 금융위원회가 정하여 고시하는 비율 이상의 대량취득 · 처분일 것116)
3. 그 취득 · 처분이 주식등의 대량보유보고대상(법147①)에 해당할 것

4. 규제대상증권

규제대상증권은 "대량취득 · 처분의 대상인 주식등과 관련된 특정증권등"이다. 그 설명은 공개매수의 특칙의 경우와 동일하다.

5. 규제대상정보

대량취득 · 처분의 특칙과 관련된 내부정보는 주식등의 대량취득 · 처분의 실시 또는 중지에 관한 미공개정보이다. 여기서 주식등의 대량취득 · 처분은 경영권에 영향을 줄 가능성이 있는 대량취득 · 처분으로서 대통령령으로 정하는 취득 · 처분을 말하고, 미공개정보는 대통령령이 정하는 방법에 따라 불특정 다수인이 알 수 있도록 공개되기 전의 것을 말한다(법174③). 일반적인 내부자거래와 달리 정보의 중요성은 요건이 아니다.

---

115) 대법원 2017. 10. 31. 선고 2015도8342 판결(주식 등의 대량취득 · 처분을 하는 자 또는 구 자본시장법 제174조 제3항 제1호부터 제5호까지의 어느 하나에 해당하는 자로부터 대량취득 · 처분의 실시 또는 중지에 관한 미공개정보를 알게 된 자가 구 자본시장법 제174조 제3항 제6호를 위반하여 그 미공개정보의 이용행위를 하면 구 자본시장법 제443조 제1항 제3호에 따라 처벌을 받는다. 주식 등의 대량취득 · 처분과 관련된 내부자로부터 미공개정보를 알게 된 모든 경우가 구 자본시장법 제174조 제3항 제6호에 해당한다고 보게 되면, 처벌범위가 명확하지 않거나 지나치게 넓어지고 법적 안정성을 침해하게 되어 죄형법정주의에 반하므로, 이를 제한하여 해석할 필요가 있다. 따라서 구 자본시장법 제174조 제3항 제6호에서 정한 주식 등의 대량취득 · 처분의 실시 또는 중지에 관한 미공개정보를 "알게 된 자"란 대량취득 · 처분을 하는 자 또는 제1호부터 제5호까지의 어느 하나에 해당하는 자로부터 당해 정보를 전달받은 자를 말한다).

116) 제2호의 규정에서 금융위가 정하여 고시하는 비율이란 다음의 비율 중 낮은 비율을 말한다(자본시장조사업무규정54①).
   1. 100분의 10(발행 주식등의 총수에 대한 취득 · 처분하는 주식등의 비율)
   2. 취득 · 처분을 통하여 최대주주등이 되거나(발행 주식등의 총수를 기준으로 누구의 명의로 하든지 특수관계인 및 자기의 계산으로 소유하는 주식등을 합하여 그 수가 가장 많게 되는 경우) 되지 않게 되는 경우 그 변동비율

제8절 내부자거래에 대한 제재

I. 민사제재

1. 서설

(1) 규정의 성격

내부자거래의 규제에 관한 법 제174조를 위반한 자는 해당 특정증권등의 매매, 그 밖의 거래를 한 자가 그 매매, 그 밖의 거래와 관련하여 입은 손해를 배상할 책임을 진다(법175①).

자본시장법상의 손해배상책임에 관한 규정은 내부자거래라는 불공정행위에 대한 공적규제의 불충분성을 사적규제에 의하여 보완하여 그 규제의 실효성을 제고하기 위한 것이므로, 그 법적 성격은 민법의 일반불법행위로 인한 손해배상청구권의 특칙으로서의 민사책임을 규정한 것이다. 따라서 이 규정은 일반불법행위책임의 규정에 의하여 보완될 수 있고, 당해 내부자거래가 직접거래에 의한 것인 경우에는 계약해제 및 그에 따른 손해배상청구도 가능하며, 양자는 경합한다.[117]

민법상의 일반불법행위책임을 물을 수 있음에도 불구하고 자본시장법이 특칙을 두고 있는 이유는 내부자거래로 인한 피해를 입은 자의 구제를 용이하게 하고 피해자에 의한 손해배상청구의 활성화를 통해 사적구제에 의한 내부자거래의 억제효과를 제고하기 위한 것이다. 이와 같은 자본시장법상 손해배상책임규정은 내부자거래를 한 자의 부당이익을 박탈함으로써 내부자거래를 억제하는 기능을 수행하는 동시에 이로 인하여 피해를 입은 선의의 투자자를 구제하는 기능을 수행하고 있다.[118]

(2) 민사책임 규정의 특징과 비판

(가) 내부자거래의 구조적 특징

내부자거래의 구조적 특성상 내부자거래로 피해를 입은 투자자가 손해배상을 실현하는 데는 어려움이 있다. 그 이유는 다음과 같다.

ⅰ) 대규모로 조직화된 거래소를 통하여 증권거래가 이루어지는 경우 투자자는 거래상대방과 직접적인 교섭이나 권유가 없는 상태에서 내부자의 거래와는 무관하게 단지 증권의 호가나 시황에 대한 독자적인 투자판단에 따라 자발적으로 주문을 내어 증권거래를 한다. 따라서 투자자의 거래가 내부자의 거래행위에 의하여 직접적인 영향을 받았다고 보기 어려운 경우가

---

117) 곽민섭(2000), 147쪽.
118) 박임출(2003), 150쪽.

많고, 또한 투자자의 입장에서는 내부자인 거래상대방을 확인하기도 어렵다. 그리고 거래상대방을 확인할 수 있다고 해도 특정한 투자자가 내부자의 상대방으로 되는 것을 거래소의 매매체결 전산시스템에 의한 우연한 사정에 기인한 것으로 볼 수 있다. 이와 같은 상황에서 내부자와 직접상대방이 된 자, 나아가 우연히 내부자의 직접 거래상대방으로 된 자에게 배상청구권을 인정하고 반대편 거래자에게 이를 부정하는 것은 공평하지 못하다. 그렇다고 하여 직접의 거래상대방을 포함한 모든 반대편 거래자에게 손해배상청구권을 인정하는 것은 내부자거래 행위자의 손해배상책임을 지나치게 확대하는 결과가 되어 피해자의 구제방법으로는 적당할지 모르나 내부자거래 행위자에게 지나치게 가혹하다고 할 수 있다. 나아가 이러한 손해는 내부자거래와 인과관계를 인정하기도 어렵다.119)

ⅱ) 배상청구권자는 현실적으로 내부자거래가 발생했는지 여부를 알 수 없다는 점이다. 즉 감독당국이나 수사기관이 특정인의 내부자거래 혐의를 발표하기 이전에 일반투자자들은 특정 종목의 거래에서 내부자거래가 존재하였다는 사실을 알기 어렵다.

ⅲ) 감독당국이나 수사기관의 발표로 자신이 거래한 종목에 내부자거래가 있었다는 사실을 알게 된 경우에도, 자신의 거래가 내부자의 거래와 연결되어 거래가 되었는지는 거래소가 보유하고 있는 거래자료를 확보하지 않는 이상 알 수 없다. 그런데 배상청구권자는 이러한 거래정보자료를 쉽게 입수할 수 없다.120)

따라서 위와 같은 이유로 내부자거래의 민사책임에 관하여는 배상청구권자의 범위, 인과관계의 인정, 입증책임, 손해배상액의 범위 결정이 상호관련하에 논의되고 있다. 만일 내부자의 거래행위와 피해자의 손해 사이에 엄격한 인과관계의 입증을 요한다고 하면 상대거래를 제외한 거래소 거래의 경우에는 내부자거래의 손해배상책임에 관한 규정을 둔 자본시장법의 취지가 단지 손해배상책임의 법적 근거를 마련하고 있는 것에 지나지 않게 될 수도 있을 것이다.121)

(나) 민사책임 규정에 대한 비판

내부자거래에 대해서는 형사제재가 가능하면 내부자거래로 인해 취득한 이득은 몰수대상이 될 수 있는데, 이에 더하여 민사책임을 부가할 필요가 있는지에 대하여 의문을 제기하는 견해가 있다. 이는 내부자거래가 피해자가 없는 불법행위라는 견해와 맥락을 같이 하고 있다고 볼 수 있다.122)

ⅰ) 당해 법인이 중요한 정보를 공개하지 않은 상태에서 내부자거래가 발생한 경우, 주가

---

119) 박임출(2003), 150쪽.
120) 권종호 외(2003), 91쪽.
121) 강대섭(1995), "내부자거래의 인과관계와 배상청구권자의 범위", 상거래법의 이론과 실제, 안동섭 교수 화갑기념논문집(1995), 91-92쪽.
122) 권종호 외(2003), 91-92쪽.

는 전혀 내부정보에 의해 영향을 받지 않았기 때문에 특별히 피해가 발생했다고 주장하기가 어렵다는 점이다. 이 경우 설사 피해자가 있다고 하더라도 민사법에 의한 원고적격을 거래상대방에 한정될 것이다. ⅱ) 내부자가 이득을 얻었다고 하더라도 그 누구도 손해를 보지 않는 것이 가능하다는 점이다. 따라서 이러한 경우 이들에 대해서 부당이익 반환책임을 청구할 수 있는 자가 없을 수 있다. ⅲ) 처벌의 측면에서도 내부자가 얻은 이득은 자본시장법 제447조의2의 몰수규정에 의해 몰수될 수 있으며, 이에 더하여 징역 또는 벌금형을 선고받을 수 있는 상황에서, 이에 추가하여 굳이 손해를 본 자도 없는 데 손해배상청구권을 인정할 이유가 없다는 비판이다.

민사책임을 인정하는 문제는 입법정책적인 문제이므로 재론의 여지는 없다고 본다. 다만 내부자가 얻은 이득은 필요적 몰수규정으로 규정하여 환수하는 것은 의미가 있다. 현재의 형사제재 규정이 중하게 규정되어 있지만, 실질적으로 법정형에 훨씬 미치지 못하는 현실을 고려할 때 부당이익을 전액 몰수하는 자본시장법상 필요적 몰수규정은 의미가 있다.

2. 책임당사자

(1) 배상책임자

자본시장법상 배상책임자는 법 제174조의 규정을 위반한 자인 내부자, 준내부자, 정보수령자이다. 즉 내부자거래의 행위주체가 배상책임자이다. 내부자, 준내부자, 정보수령자는 당해 상장법인의 업무 등과 관련된 미공개중요정보를 특정증권등의 매매, 그 밖의 거래에 이용하거나 타인에게 이용하게 하여야 한다. 2차 정보수령자는 내부자거래의 행위주체에 해당되지 아니하므로 배상책임자가 아니다.

(2) 배상청구권자

배상청구권자는 내부자, 준내부자 및 정보수령자와 해당 특정증권등의 매매, 그 밖의 거래를 한 자이다. 그러나 청구권자의 범위를 어디까지 인정할 것인가의 문제가 있는데, 이는 인과관계의 문제와 관련된다.

(가) 해당 특정증권등

해당 "특정증권등"[123]이라 함은 중요한 미공개정보를 이용하여 거래한 특정증권등으로서 비록 동일 발행회사가 발행한 특정증권등이더라도 다른 종류나 종목의 특정증권등은 손해배상의 대상이 되는 증권이 아니다. 따라서 어느 상장법인의 내부자가 중요한 미공개정보를 이용하

---

123) "특정증권등"이라 함은 다음의 어느 하나에 해당하는 금융투자상품을 말한다(법172①).
   1. 그 법인이 발행한 증권(대통령령으로 정하는 증권을 제외)
   2. 제1호의 증권과 관련된 증권예탁증권
   3. 그 법인 외의 자가 발행한 것으로서 제1호 또는 제2호의 증권과 교환을 청구할 수 있는 교환사채권
   4. 제1호부터 제3호까지의 증권만을 기초자산으로 하는 금융투자상품

여 당해 법인이 발행한 주식을 거래하였다면 당해 주식과 교환 또는 당해 주식으로 전환할 수 있는 사채권을 거래한 자는 그 내부자거래 행위자에게 손해배상청구를 할 수 없다. 또한 당해 상장법인이 수종의 주식을 발행하고 있는 경우 내부자가 중요한 미공개정보를 이용하여 특정 종목의 주식을 거래하였다면 당해 내부자거래 행위자에게 손해배상책임을 청구할 수 있는 자는 당해 특정 주식을 거래한 자만 해당한다.124)

(나) 매매 그 밖의 거래

매매란 특정증권등을 매도하거나 매수하는 것을 말하고, 그 밖의 거래란 매매 이외의 당해 특정증권등의 거래를 의미한다. 매매가 전형적인 특정증권등의 거래이지만 그 외에도 담보의 제공, 증권대차거래, 신용거래, 주식교환 등을 포함할 수 있을 것이다.

(다) 배상청구권자의 범위와 거래시점의 문제

1) 미국의 경우

가) 청구권자의 범위와 계약관계

배상청구권자의 범위에 관하여 미국에서는 손해배상청구권자가 내부자와 증권거래에 있어서 계약관계에 있어야 하는가의 문제로 논의되었다.125) 보통법하에서는 사기 또는 부실표시에 의한 피해자는 그가 계약의 당사자인 경우에 계약의 타방당사자관계에 있는 자만을 상대로 소를 제기할 수 있었다. 그러나 증권거래는 거래의 신속성과 비대면성으로 인하여 이를 엄격하게 요구하면 매수인-매도인 관계를 확정하기 곤란하므로 내부자거래로 인한 피해자의 구제를 사실상 불가능하게 하는 결과가 초래되었다. 따라서 SEC Rule 10b-5를 해석하는 경우에 초기의 판례는 남소의 우려, 피고의 과도한 불이익, 입증문제 등을 고려하여 계약관계를 엄격히 요구하였으나 점차 이를 완화하는 판례가 나타나게 되었다. 그 후의 판례는 당사자 간의 계약관계를 포기하게 되는데, 그 이유는 증권거래와 관련한 사기, 부실표시의 피해자를 광범위하게 보호하고자 하는 증권규제의 목적을 달성하기 위함이었다.

그런데 어떠한 법적 관계가 배상책임자에게 책임을 부과하기 위한 전제로서 필요하다. 계약관계의 요건을 포기한다고 하여 누구에게나 손해배상청구를 할 수 있다거나 위반행위의 관련을 주장하지 않고 소를 제기할 수 있다는 것은 아니다. 배상책임자의 범위설정으로서의 한계는 다른 형태로 발전하였다. 계약관계의 참가, 지배, 교사 및 방조, 공모라는 더 완화된 형태로 남게 되었다. 동시에 책임의 범위를 제한하는 계약관계의 기능은 부분적으로 신뢰, 인과관계, 매수인-매도인 요건 등으로 변형되었다.

---

124) 박임출(2003), 163쪽.
125) 오영환(1994), "내부자거래와 민사책임에 관한 연구", 연세대학교 대학원 박사학위논문(1994. 12), 201쪽 이하 참조.

나) 동시기의 의미

미국의 1988년 내부자거래 및 증권사기집행법(Insider Trading and Securities Fraud Enforcement Act: ITSFEA)은 내부자거래와 동시기(during the same period)에 동일한 종류의 증권을 내부자와 반대 방향으로 매매한 자는 내부자거래에 의하여 내부자가 취득한 이익 또는 회피한 손실의 범위 내에서 민사책임을 추급할 수 있는 것으로 규정하면서 피해자의 민사구제를 넓게 인정하고 있다 (ITSFEA 제5조).

여기서 동시기의 의미에 관한 학설 또는 판례상의 논의는 ⅰ) 내부자가 거래를 시작한 날로부터 내부정보가 공개된 날까지로 해석하는 입장, ⅱ) 내부자가 거래를 종료 또는 중지한 경우에는 정보비대칭은 해소되어 시장은 정상적인 상태로 돌아오고 공시 또는 거래단념(disclose or abstain)의 의무를 위반하여 거래한 내부자라고 하더라도 그 거래활동을 종료한 후에 우연히 동일종목의 증권을 거래하게 된 투자자가 입은 손실에 대해서까지 사실상의 보험자가 되어서는 안 된다는 전제 아래 내부자의 거래를 종료하는 때에는 내부자는 자신이 시장에 참가하여 정보상의 비대칭을 발생시키는 경우에만 내부자와 거래하는 불특정의 투자자를 보호하기 위한 공시의무를 부담한다고 하여, 동시기는 내부자가 실제로 거래하고 있는 기간(내부정보가 공개되지 않고 있는 전기간이 아니라)을 의미한다는 입장 등이 있다.

2) 우리나라의 경우

가) 내부자거래의 발생시점과 청구권자의 범위

내부자거래가 발생한 시점을 기준으로 거래방향과 관련하여 다양한 종류의 거래자들이 있을 수 있다. 즉 내부자와 같은 방향으로 거래한 자, 내부자와 반대방향으로 거래한 자, 그리고 계속해서 특정증권등을 보유하고 있는 자로 구분할 수 있다.

그런데 내부자와 같은 방향으로 거래한 자는 내부자가 얻은 이익 또는 회피한 손실을 함께 누린다고 볼 수 있으므로 청구권자가 될 수 없다. 또한 내부자거래의 발생과 관계없이 계속해서 특정증권등을 보유하고 있는 자는 특별한 이익이나 손실이 발생하지 않았으므로 청구권자가 될 수 없다. 따라서 내부자와 반대방향으로 거래한 자는 내부자거래로 인하여 손실 발생 가능성이 있고, 또 증권거래의 특성상 상대방을 일일이 특정하는 것은 사실상 불가능하기 때문에 내부자와 특정증권등을 반대방향으로 거래한 자를 배상청구권자로 보아야 한다.[126]

나) 거래시점의 문제

배상청구권자를 내부자와 반대방향으로 거래한 자로 한정한다고 하더라도 공개시장에서 불특정 다수인 간에 이루어지는 증권거래의 특성을 고려하는 경우, 구체적으로 어느 시점에 내

---

[126] 박승배(2009), "자본시장법상 불공정거래행위로 인한 손해배상책임에 관한 연구", 연세대학교 대학원 박사학위논문(2009. 12), 281쪽.

부자와 반대방향으로 거래한 자를 청구권자로 인정할 것인가의 문제가 있다.[127)

ⅰ) 내부자와 현실적으로 거래한 상대방 거래자에 한정하는 입장이다. 이 견해는 배상청구권자의 확정을 명확하게 하는 장점은 있지만, 불특정 다수인들의 주문이 전산거래시스템을 통하여 처리되는 거래소시장에서의 거래에서 우연히 내부자의 주문과 매치(match)된 거래자에게만 배상청구권을 인정하는 문제점이 있다.

ⅱ) 내부자가 거래한 시점부터 내부정보가 공개된 시점까지의 모든 반대거래자를 포함하는 입장이다. 이는 청구권자의 범위를 확대하는 장점이 있지만, 인과관계의 입증을 곤란하게 하고 내부자거래 행위자에게 과도한 손해배상책임을 부담시킬 가능성이 있다.

ⅲ) 내부자와 거래한 동시기의 같은 종목의 증권을 거래한 자로 보는 입장이다.[128) 이 견해가 원칙적으로 타당하다고 본다. 다만 다양한 신종 금융투자상품의 출현에 따라 반드시 동시기에 거래한 대상을 "같은 종목"으로 한정할 필요는 없을 것이다. 예컨대 기초자산에 대한 중요한 미공개정보를 이용하여 기초자산에 기초한 파생금융상품으로 경제적 이득을 취할 가능성이 있으므로 동시기에 다른 종목을 반대방향으로 거래한 자에 대하여도 손해배상청구권을 인정해야 할 것이다. 그리고 이 경우 손해배상청구권의 지나친 확대를 방지하기 위해 내부자거래의 발생경위, 내부자가 취득한 이익과 회피한 손실액, 거래별 발생간격, 내부정보의 거래영향, 종목간 연계성 등을 고려하여 판단하여야 할 것이다.

다) 동시기의 의미

그런데 청구권자의 범위를 구체적으로 특정하기 위하여는 동시기의 개념을 확정할 필요가 있을 것이다. 여기서 동시기의 의미, 즉 시간적인 인접성의 정도가 무엇을 의미하는가에 대하여 다음과 같은 입장이 있다.[129)

ⅰ) 인과관계를 추인할 수 있는 범위에서 피해자의 구제와 내부자거래규제 목적도 달성할

---

127) 박승배(2009), 283쪽.

128) 다음과 같은 견해가 있다. 내부자거래 행위자에 대하여 손해배상을 청구할 수 있는 자는 "해당 특정증권등의 매매, 그 밖의 거래와 관련하여 손해를 입은 자"이다. 여기서 "해당"이라는 문언이 "특정증권등"을 한정하고 있는가, 또는 "매매, 그 밖의 거래"를 한정하고 있는가의 여부에 따라 청구권자의 범위가 달라질 수 있다. 전자와 같이 해석하면 내부자거래 행위자가 거래한 특정증권등과 동일한 특정증권등을 거래한 자로서 손해를 입은 자 모두가 이에 포함될 수 있을 것이고, 후자와 같이 해석하면 내부자거래 행위자가 거래한 특정증권등과 동일한 특정증권등을 내부자거래 행위자와 거래한 자만이 이에 해당된다고 볼 수 있다. 따라서 전자의 해석에 의하면 당사자관계가 반드시 존재할 필요는 없으므로 청구권자의 범위가 지나치게 넓은 반면, 후자의 해석에 의하면 당사자관계가 존재하여야 하므로 청구권자의 범위가 지나치게 좁아지는 문제가 있다. 그리하여 전자의 해석과 후자의 해석을 절충한 안으로서 당사자관계를 의제할 수 있는 새로운 개념의 모색이 필요하게 된다. 즉 미국의 1934년 증권거래법 제20A조의 동시기 거래자(contemporaneous trader) 개념을 원용하여 청구권자의 범위를 형식적으로 인정하는 방법을 고려할 수 있을 것이다. 이와 같이 동시기 거래자 개념으로 청구권자를 결정하면 당사자관계는 물론 인과관계의 요건도 완화할 수 있어 거래소의 거래가 갖는 비대면적 특성을 해결할 수 있을 것이다(박임출(2003), 160쪽).

129) 박승배(2009), 284쪽.

수 있도록 내부자의 거래개시일부터 내부자의 거래종료일까지를 동시기로 보는 입장이다.[130] 그러나 이 견해는 내부자거래가 단기간에 종료될 경우 배상청구권자의 범위가 지나치게 좁아질 가능성이 있으며, 내부자거래와 내부정보의 공개시점과의 시간적 격차 등을 고려하지 않았다는 점이 지적될 수 있다.

ⅱ) 거래소의 거래에 있어서는 당사자관계를 입증하기 곤란하여 내부자거래를 근절시키기 위하여 내부정보가 공시되기까지 내부자와 반대방향의 거래를 한 자를 청구권자로 보는 입장이다.[131] 그러나 이 견해는 내부정보가 공시되기까지로 동시기를 확장하면 내부자거래규제의 목적은 달성할 수 있지만, 내부자에게 과도한 책임이 발생하여 내부자에게 너무 가혹하다는 문제점이 지적된다.

ⅲ) 내부자의 거래개시일부터 내부자의 거래종료일의 증권시장 종료시까지의 거래자를 청구권자로 보는 입장이다.[132] 동시기를 반드시 내부자의 거래종료일의 증권시장 종료시까지로 제한할 당위성은 없지만, 현실적으로 인과관계 입증을 고려하면 이 견해가 설득력을 가진다.

이와 같이 동시기의 의미에 대하여 해석의 문제가 발생하지만, 내부자거래 민사책임의 특성상 실무상 복잡한 문제를 야기할 수 있으므로 입법으로 시기와 종기를 정하기보다는 법원이 개별적 사안에 따라 구체적으로 판단하는 것이 바람직할 것이다.

3) 결어

청구권자의 범위를 확정하는 경우에 거래소의 증권거래는 직접적인 인적거래가 이루어지지 않는 비대면적인 특성을 갖는 점, 매수인과 매도인 사이의 거래는 증권회사를 통하여 이루어지는데 그 대응관계는 우연히 성립하는 점을 고려하여야 할 것이다. 따라서 거래당사자 사이의 직접적인 계약관계를 요구하는 것은 규제의 목적을 사실상 포기하는 것이고, 우연적인 대응관계를 갖는 자만을 청구권자로 인정하는 것은 불합리하며, 모든 반대 거래자를 청구권자로 인정하는 것은 인과관계의 인정을 곤란하게 할 뿐 아니라 남소의 위험이 있어 당해 내부자거래 행위자에게 과도한 불이익을 과하는 결과를 발생하게 될 것이다. 그러므로 청구권자의 범위는 계약당사자 유사의 관계로서 내부자와 동시기에 반대방향으로 거래한 자로 제한하는 것이 타당하다.[133]

---

130) 강대섭(1995), 354쪽.
131) 오영환(1994), 209쪽.
132) 곽민섭(2000), 158쪽.
133) 곽민섭(2000), 158쪽.

3. 객관적 요건(위법행위)

(1) 위법성

자본시장법은 내부자거래의 규제에 관한 법 제174조를 위반한 자는 손해배상책임을 지는 것으로 규정하고 있다(법175①). 자본시장법 제175조 제1항은 미공개중요정보 이용행위 금지규정의 위반이 곧바로 손해배상책임을 발생시킬 수 있는 위법한 행위임을 규정하고 있다. 중요한 미공개정보를 투자자에게 공개하여야 할 법적 의무를 위반한 것 자체가 위법성의 징표가 되는 것이다.

(2) 중요성

(가) 중요성 요건

손해배상책임이 발생하기 위해서는 미공개중요정보를 공개하지 않고 내부자, 준내부자, 정보수령자가 특정증권등의 매매, 그 밖의 거래를 함으로써 동시기에 반대방향으로 거래한 자가 손해를 입은 경우이어야 한다(법175①). 여기서 미공개중요정보와 관련하여 정보의 미공개성과 정보의 중요성은 전술한 바와 같다. 특히 자본시장법은 중요하지 않은 사실을 이유로 하여 제기되는 남소를 방지할 목적으로 중요성을 요건으로 하고 있다. 따라서 법의 취지는 중요성이 인정되는 경우에 손해배상책임이 발생하는 것으로 하고 있다.

자본시장법은 내부자거래와 관련하여 중요성을 "투자자의 투자판단에 중대한 영향을 미칠 수 있는" 정보로 정의하고 있다(법174①). 중요성은 내부자거래와 관련된 손해배상책임에 국한되는 것은 아니며 모든 정보공시에 공통된다. 발행공시책임과 관련해서는 전술한 바와 같다. 여기서는 미국의 경우를 중심으로 중요성의 판단기준을 살펴보기로 한다.

(나) 판단기준

중요성은 청구권자가 입증하여야 한다. 그러나 무엇이 중요성에 해당하는지에 대한 판단기준은 제시되어 있지 않다. 자본시장법의 목적이 개별적인 피해자 구제뿐만 아니라 오히려 이를 통하여 증권에 관한 효과적인 정보공시를 달성함으로써 법의 목적을 달성함에 있다는 입장에서 손해배상청구소송에서는 중요성의 개념이 민·형법의 사기개념보다 확장되어야 할 것이다. 그러나 공개시장거래에 있어서는 사실상 다양한 자료, 평가 및 직관에 따라 거래하는 수많은 투자자에게 발생할 수 있는 잠재적인 거액의 책임가능성이 존재하기 때문에 중요성은 현저한 경우에 한하여 주의깊게 판단하여야 할 것이다.

미국의 판례는 중요성을 판단하기 위한 통일적인 기준을 확립하고 있지 않다. 그 대신 투자판단, 증권의 본질적 가치 또는 증권시장에 미치는 효과에 의하여 판단하는 객관적 기준과 투자자의 행위에 의하여 판단하는 주관적 기준을 채용하고 있다. 아래서는 미국 판례를 중심으로 중요성 기준을 살펴보기로 한다.

1) 주관적 기준

주관적 기준은 주로 직접적인 인적 거래에 사용되고 있는 기준이다. 미국 판례는 일정한 사실의 중요성을 그 사실을 알고 있는 자의 행위에 의하여 판단하는 주관적 기준을 채택한 경우가 있다. "광상발견에 관한 사실이 중요한 사실인가의 여부를 결정하기 위한 주요한 요소는 그것을 알고 있었던 자에 의하여 인정된 중요성이다. 이 발견을 알고 있는 자가 주식을 매수한 시기는 실제 회사내부자가 광상의 채굴 결과에 의하여 영향을 받았다는 사실을 추측하게 한다. 이 내부자거래는 광상발견의 사실이 중요하다는 것을 나타내는 증거이다."[134] 이 주관적 기준은 내부자거래에 관하여 채택된 것이지만 다른 경우에도 응용되고 있다.

2) 객관적 기준

객관적 기준은 다음의 두 가지로 대별된다. ⅰ) 합리적인 투자자 기준으로 어느 사실이 합리적인 투자자가 투자판단을 함에 있어서 중요한가를 고려하는 기준이다. ⅱ) 시장가격기준으로 완전·정확한 공시가 시장가격에 미치는 영향을 고려하는 기준이다.

가) 합리적인 투자자 기준

합리적인 투자자 기준은 "합리적인 투자자의 투자판단에 영향을 미칠 것"이라는 성향을 중요성 결정의 표지로 한다.

나) 시장가격기준

시장가격기준은 특정한 사실이 시장가격에 미치는 영향도에 의하여 중요성을 결정한다. 미국의 판례[135]는 "회사의 주식 또는 증권의 가치에 영향을 미칠지도 모른다고 하는 것이 합리적·객관적으로 예기되는 사실"을 중요한 것으로 본다. 그리고 주식 또는 증권의 가치란 시장이 존재하는 때에는 시장가격을 의미한다.

다) 양기준의 관계

합리적인 투자자 기준은 개인에게 중점을 두어 중요성을 판단한다. 이는 시장에 있어서 정보의 불평등을 제거하고 투자이익을 동등하게 향유할 수 있게 하는 정책과 밀접한 관련이 있다. 개별적인 투자자가 총체적으로 시장을 형성하며 시장의 동향은 투자자 전체의 움직임을 반영한다는 점에서 보면, 합리적인 투자자 기준은 시장가격기준에 연결된다. 왜냐하면 합리적인 투자자에게 영향을 미칠 정보는 다수의 투자자로 하여금 증권의 시장가격에 영향을 미치기에 충분한 매수·매도를 하게 할 것이기 때문이다.

자본시장법이 지향하는 완전공시의 정책을 구현하고 투자자의 두터운 보호를 도모하기 위

---

134) SEC v. Texas Gulf Sulphur Co., 401 F.2d 833, 851(2d Cir. 1968).
135) SEC v. Texas Gulf Sulphur Co., 401 F.2d 833, 851(2d Cir. 1968).

해서는 합리적인 투자자 기준이 타당하다. 이러한 이유에서 미국의 대법원은 시장가격기준을 일반적으로 채택하고 있지 않다. 시장에 영향을 미치는 많은 요소 중에서 특정한 요인에 의한 반응만을 분리시키는 것은 사실상 불가능하며, 완전·정확한 공시 이전에 이미 거래가 행해지기 때문에 정보의 공시를 전제한 가격변동을 측정하는 것도 어렵다. 따라서 합리적인 투자자 기준이 중요성의 판단기준이 되어야 할 것이다.

라) 중요성의 입증

어떠한 사항이 중요한 사실이냐 아니냐는 구체적으로 결정할 사실문제에 속한다. 그러나 공시의무자인 피고가 투자자를 보호하기 위하여 공시하여야 할 것으로 정해진 사항은 중요한 사실로 추정하여야 할 것이다. 따라서 원고인 투자자는 중요사실에 관한 사항을 주장·입증하여 할 것이다.

3) 자본시장법의 입장

자본시장법에서 사용하는 중요성의 기준은 합리적인 투자자 기준이다. 내부자거래의 경우 "중요정보란 투자자의 투자판단에 중대한 영향을 미칠 수 있는 정보"라고 하여 다소 제한적인 기준을 규정하고 있다(법174①). 이 기준은 내부자거래의 금지에서 미공개정보의 중요성을 판단하는 기준이다.

4. 주관적 요건(유책성 요건)

(1) 의의

자본시장법 제125조 제1항은 발행공시책임의 경우 유책성의 요건을 규정하면서 유책성의 정도에 있어서 상당한 주의의 항변을 인정하고 있음에 반하여, 내부자거래로 인한 민사책임의 경우 면책가능성을 명시하고 있지 않다. 이 차이는 단순한 입증책임의 전환이라는 효과를 넘어, 배상책임자에게 손해배상책임을 지우기 위해서는 어느 정도의 유책성이 필요한가 하는 문제를 제기한다. 아래서는 미국에서의 논의를 검토한 후 자본시장법상의 입장을 살펴보기로 한다.

(2) 유책성의 정도(과실기준)

(가) 서설

1934년 증권거래법 제10조 (b)항과 관련하여 배상책임에서 논의되는 책임요건을 "사기적 의도"(scienter)요건이라고 한다. "사기적 의도"는 손해배상책임을 인정하기 위하여 어느 정도의 "의사"(intent)가 필요한가의 문제라고 할 수 있다.

이 요건을 고의 요건이라고 하기도 하지만, 미국 증권관련법상으로는 일반적으로 고의보다는 넓은 개념으로 인정되고 있다. SEC Rule 10b-5는 규제의 대상으로서 행위유형을 정하고 있으나 배상책임자의 주관적 요건, 즉 유책성의 기준을 명시하지 않고 있다. 따라서 그 기준이 확립되지 아니한 채 과실(negligence)을 포함하는가의 여부에 관하여 다양한 기준이 하급심 판례에 의해 제시되었고, 그 후 연방대법원의 판례에 의하여 해결되었다.[136]

(나) 판례의 확립

하급심 판례의 경우 보통법상 사기의 요건과 비교하여 SEC Rule 10b-5에 의한 소송요건을 완화하는 경향은 "사기적 의도"요건에 관하여 명확하지 않다. 그러나 대체로 엄격한 유책성을 요구하는 입장을 취한 판례, 과실로서 충분하다는 입장을 취한 판례, 그리고 "사기적 의도"(scienter)요건을 포기하는 입장으로 구분할 수 있다.

"사기적 의도"요건에 관한 하급심의 입장 대립은 Ernst & Ernst v. Hochfelder 판결[137]에서 대법원에 의해 해결되었다. 이 판결에서 대법원은 1934년 증권거래법 제10조 (b)항 또는 Rule 10b-5에 근거한 민사소송을 제기하려는 원고는 피고가 "사기적 의도", 즉 "속이거나, 시세조종하거나 또는 사기를 할 의사를 포함하는 정신상태"(mental state embracing intent to deceive, manipulate, or defraud)를 가지고 행위하였음을 입증하여야 함을 분명히 하였다. 그 후 Aaron v. SEC 판결[138]에서, 대법원은 "사기적 의도"는 원고가 사적 당사자 또는 SEC인지에 관계없이, 그리고 구하는 구제수단(금전적인지 또는 형평법에 근거한 것인지)의 종류에 관계없이 1934년 증권거래법 제10조 (b)항 또는 Rule 10b-5를 근거로 한 소송에서 요구된다고 판결함으로써 Ernst & Ernst v. Hochfelder 판결을 확대하였다. 그러나 대법원은 1934년 증권거래법 제10조 (b)항 및 Rule 10b-5 위반을 주장하는 한 소송에서, "사기적 의도"는 정황증거(circumstantial evidence)에 의해 증명될 수 있음을 명백히 하였다.[139]

이와 관련하여 법원이 "사기적 의도"를 입증하는 데 고려한 요소는 ⅰ) 매도로부터 얻은 거래이익의 크기, ⅱ) 주식 보유량 중 매도비율, ⅲ) 매도량의 변화, ⅳ) 매도한 내부자의 숫자, ⅴ) 차명거래 등이다.[140]

(다) 부주의(Recklessness)의 문제

1934년 증권거래법 제10조 (b)항 또는 Rule 10b-5에 근거한 배상청구를 하는 경우 주관적으로 요건으로서 과실(negligence)을 포함하는가는 분명하지 않다. 법원은 "과실"의 정신상태는 "사기적 의도"를 충족하기에 충분하다고 말하고 있다. 그러나 법원은 "부주의"(recklessness)는 사실상 "사기적 의도"요건을 충족한다는 입장을 인정하였다.[141] 비록 순회항소법원들이 "부

---

136) 이상복(2004), 175쪽 이하에서 scienter와 recklessness에 관한 순회항소법원의 입장을 상세히 논하고 있다.
137) Ernst & Ernst v. Hochfelder, 425 U.S. 185, 193-194 n.12, 96 S.Ct. 1375, 47 L.Ed.2d 668 (1976).
138) Aaron v. SEC, 446 U.S. 680, 691, 100 S.Ct. 1945, 64 L.Ed.2d 611(1980).
139) Herman & MacLean v. Huddleston, 459 U.S. 375, 390 n.3, 103 S.Ct. 683, 74 L.Ed.2d 548(1983).
140) 이상복(2004), 203쪽.
141) Herman & MacLean v. Huddleston, 459 U.S. 375, 378 n.4, 103 S.Ct. 683, 74 L.Ed.2d 548(1983). 현재

주의 기준"(recklessness standard)의 공식을 변경하였지만, 다음의 정의가 자주 인용되고 있다. "부주의한 행위(reckless conduct)는 단순하거나, 또는 심지어 변명할 수 없는 과실(inexcusable negligence)뿐만 아니라, 통상의 주의(ordinary care) 기준에서 상당히 이탈(departure)된 것을 포함하는 매우 합리적인 행위로서 정의될 수 있으며, 이것은 피고에게 알려진 또는 행위자가 그 것을 잘 알고 있어야 하는 것이 매우 명백한 매수인 또는 매도인들에게 오해를 유발한 위험을 제공한다."[142] 또한 "사기적 의도"의 구성요소는 피고가 사기적인 행위(deceptive act)를 범하기 위한 "실제적인 의사"(actual intent)를 갖고 있었다는 것을 입증함으로써 충족될 수 있다.[143]

여기서 부주의(recklessness)는 현실적인 인식을 의미하는 고의와 단순한 과실 사이에 유책성의 정도에 차이가 있는 의식단계라고 할 수 있을 것이다. 즉 부주의(recklessness)는 미필적 고의와 인식있는 과실에 해당한다고 할 수 있다.

(3) 자본시장법의 입장

자본시장법은 내부자, 준내부자 및 정보수령자의 고의 또는 과실을 요건으로 규정하고 있지 않다. 그러나 민법상 일반불법행위책임에 의하면 고의 또는 과실을 요건으로 하므로, 자본시장법이 이를 규정하고 있지 않더라도 내부자거래가 불법행위의 성격을 갖는 이상 고의 또는 과실을 요건으로 한다. 다만 상대방의 특정이나 상대방의 손해의 발생에 대한 고의 또는 과실을 요하지 않고, 청구권자가 알고 있는 내부정보가 중요한 미공개정보라는 것과 이를 이용하거나 타인에게 이용하게 한다는 인식으로서 충분하다고 보아야 하고, 증권거래의 특성상 이는 추정된다고 할 것이다.[144] 따라서 청구권자는 내부자의 고의 또는 과실을 입증할 필요가 없다.

또한 상법상의 이사 및 감사의 제3자에 대한 책임(상법401 및 415)과는 달리 배상책임자는 경과실에 대해서도 책임을 부담한다. 경과실에 대하여도 책임을 인정할 필요성은 내부자거래를 규제하는 것은 당해 상장법인의 공시의무를 전제로 하며 중요한 미공개정보를 이용한 내부자거래는 당연히 제3자에게 손해를 미치게 될 것이므로 배상책임자인 내부자, 준내부자 및 정보수령자는 이를 충분히 인식하여야 한다는 이유에 기인한다.

(4) 청구권자의 선의

내부자거래로 인한 손해배상청구에서 청구권자가 내부자와 선의로 매매 그 밖의 거래를 하였을 것이 요구된다고 하여 청구권자의 선의를 요하되 이를 추정해야 한다는 견해가 있다.[145] 그러나 청구권자의 선의 또는 악의 여부는 인과관계의 문제의 하나로 파악하는 것이 간

실질적으로 모든 연방 순회항소법원이 채택하고 있다.

142) Sundstrand Corp. v. Sun Chemical Corp., 533 F.2d 1033, 1045 (7th Cir.), cert. denied 434 U.S. 875(1977).
143) SEC v. MacDonald, 699 F.2d 47, 50(1st Cir. 1983) 참조.
144) 곽민섭(2000), 148쪽.
145) 오영환(1994), 192쪽.

명하므로 청구권자의 선의 여부는 별도의 요건이 아니라고 할 것이다. 다만 내부자가 내부정보를 이용하여 당해 거래를 한다는 사실을 청구권자가 이미 알았다고 한다면 청구권자는 내부자의 거래행위와 관계없이 거래를 한 것으로 보아야 하므로 내부자의 거래행위와 청구권자의 거래 사이에는 인과관계가 없다고 보아야 한다.[146]

5. 신뢰의 요건

(1) 서설

투자자가 위법행위자의 부실표시를 믿고 증권거래를 하기에 이르렀다는 사실을 의미하는 신뢰는 1934년 증권거래법 제10조 (b)항과 SEC 10b-5에 의한 부실표시로 인한 배상책임에서 전통적으로 인정되는 소송요건이다. 손해의 배상을 목적으로 하지 않는 행정제재나 형사제재에서는 의미가 없다.

신뢰의 입증은 위법행위와 손해 사이의 인과관계, 특히 거래인과관계를 입증하기 위하여 사용되는 개념이다. 신뢰의 요건은 중요성의 요건과 더불어 위법행위와 손해 사이에 사실상의 인과관계가 존재하는 상황에 대해 Rule 10b-5를 무제한으로 적용하는 것을 제한하는 기능을 수행한다. 신뢰의 요건은 그 정도와 내용에 있어서 차이가 인정된다. 즉 공개적으로 거래되지 않는 증권(비상장증권)의 인적거래와 조직화된 거래소시장에서의 거래, 적극적인 부실표시와 불표시, 개별적인 투자결정과 주주총회 등에서 이루어지는 집단적인 행위, 부실표시와 기타 이례적인 형태의 위반행위 등의 사이에 구별이 필요하다. 신뢰에는 투자자가 실제로 부실표시를 신뢰하였다는 주관적 요소를 요하는 현실의 신뢰와 통상인이 신뢰하였을 것이라는 개연성이 요구되는 합리적인 신뢰가 있다. 그리고 특정한 상황에서는 입증책임이 경감되는 신뢰의 추정이 넓게 인정되고 있으며, 신뢰의 요건을 배제하는 정도에 따른 시장사기이론이 채용되고 있다.[147]

(2) 신뢰와 인과관계

SEC Rule 10b-5에 근거한 묵시적 소권에 의한 손해배상청구소송에서 원고는 신뢰와 인과관계를 입증하여야 한다. Basic, Inc. v. Levinson 판결에서 대법원이 지적한 바와 같이, 신뢰는 피고의 부실표시와 원고의 손해 사이의 거래인과관계(causal connection)를 제공한다.[148] 따라서 신뢰는 일반적으로 "조건적 인과관계"(but-for causation) 또는 "사실상의 인과관계"(causation in fact)를 의미하는 것으로 이해된다. 이는 피고의 사기가 없었더라면, 증권거래가 일어나지 않았거나 또는 다른 조건에서 일어났을 것이라는 것을 의미한다. 일반적으로 더 넓은 인과관계의

---

146) 곽민섭(2000), 158쪽.
147) 강대섭(1992), 152쪽.
148) Basic, Inc. v. Levinson. 485 U.S. 224, 243, 108 S.Ct. 978, 99 L.Ed.2d 194(1988).

개념은 직접인과관계(proximate causation) 또는 손해인과관계(loss causation)로 불리기도 하는데, 이것은 사기가 원고에게 금전상의 손해를 직접 발생시켰다는 것을 입증하는 것을 의미한다. 이와 같은 이유로 인하여, 많은 하급심 법원은 신뢰와 인과관계 사이의 차이점을 거래인과관계와 손해인과관계 사이의 차이점으로 불렀다.[149]

신뢰(조건적 인과관계 또는 거래인과관계)는 피고의 부실표시가 원고에게 손해를 발생시킨 과정을 결정하는 경우에 실질적인 원인이 무엇인지를 판단하는 것이다. 즉 피고가 중요한 정보를 공시하거나 또는 중요한 정보를 정확하게 표시하였다면, 원고는 다르게 행위를 하였을 것인가 또는 피고의 위반행위는 원고로 하여금 거래에 참가하도록 하는 원인이 되었는가의 문제이다.

인과관계(손해인과관계)는 원고가 손해와 부실표시 사이의 직접적 또는 주된 관계(direct or proximate relationship)를 입증할 것으로 요구하고 있다.[150] 신뢰를 의미하는 거래인과관계로는 불충분하다. 신뢰 또는 거래인과관계와는 달리 손해인과관계는 본질적으로 사실상의 문제이고, 따라서 일반적으로 추정이 허용되지 않는다.

6. 인과관계

(1) 논의배경

인과관계라 함은 어떤 2개 또는 그 이상의 사실 사이의 서로 원인과 결과의 관계가 있는 것, 즉 그 어떤 사실이 있었기 때문에 그 결과로서 어떤 사실이 발생하게 되는 관계를 말한다. 그런데 인과관계가 문제되는 가장 중요한 경우는 불법행위의 성립요건으로서 가해행위와 발생된 손해 사이에 과연 위와 같은 인과관계가 존재하는가이다.

내부자거래의 피해자가 손해배상청구를 하는 경우에는 손해와 내부자거래 사이의 인과관계를 입증하여야 한다. 그런데 증권거래가 조직화된 증권시장을 통하여 이루어지는 경우에는 시장에 참가하는 불특정 다수의 투자자가 거래의 상대방이 되는 거래의 비대면성과 집단성으로 인하여 투자자가 이를 입증하여 내부자거래로 인한 불법행위책임을 묻는 것은 사실상 불가능에 가깝다. 왜냐하면 증권시장에서 내부자거래가 이루어진 경우에 내부자가 중요한 정보를 공시하지 않고 거래함으로써 얻은 이익과 그러한 정보를 가지지 못한 거래상대방이 입은 손해 사이의 인과관계는 통상 단절되고, 설사 누가 이익을 얻고 누가 손실을 입었는가를 명백히 할 수 있다 하여도 사후에 인과관계의 존재를 입증하는 것은 매우 곤란하기 때문이다.[151]

따라서 내부자거래의 경우 청구권자에게 민법에서 요구하는 인과관계의 증명을 요구하는

---

149) Suez Equity Investors, L.P. v. Toronto Dominion Bank, 250 F.3d 87, 96(2d Cir. 2001); Ambassador Hotel Co., Ltd. v. Wei-Chuan Investment, 189 F.3d 1017, 1027(9th Cir. 1999) 참조.
150) Wilson v. Ruffa & Hanover, P.C., 844 F.2d 81, 86(2d Cir. 1988).
151) 강대섭(1995), 349쪽.

것은 바람직하지 않기 때문에, 일정한 수준에서 원고의 입증책임을 완화 또는 면제가 필요하다는 논의가 있다.

(2) 외국에서의 논의

(가) 미국

미국은 불법행위에 관하여 전통적으로 사실상의 인과관계와 근인관계가 사용되어 왔는데, 증권소송에서는 인과관계를 거래인과관계와 손해인과관계를 구분하고 양자의 입증을 요하는 것으로 하고 있다. 사실상의 인과관계를 확정하기 위하여 신뢰의 개념이 사용되고, 근인관계를 확정하기 위하여 당사자관계가 사용되는 경우도 있으며, 이러한 신뢰는 증권거래의 경우, 불표시의 경우 및 집단소송의 경우에는 적극적인 신뢰의 입증을 요하지 않는 것으로 하여 인과관계를 사실상 추정하고 있다. 이에 따라 내부자거래의 경우에는 내부자와 투자자 사이에 실제로 매매가 이루어졌다는 당사자관계의 입증을 요하지 않는다고 한다.[152]

(나) 일본

일본에서는 불법행위의 인과관계는 불법행위의 성립요건으로서의 인과관계와 배상할 손해의 범위에 관한 인과관계로 구분한다. 전자의 사실적인 인과관계가 인정되기 위하여는 조건관계, 즉 당해 행위가 없었더라면 당해 결과가 발생하지 않았을 것이라는 점이 인정되어야 한다. 판례는 현행법상 내부자거래의 불법행위의 인과관계에 대하여 인과관계의 추정에 관한 명문 규정이 없으므로 책임성립의 인과관계는 필요하다고 한다. 다만 내부자가 위법하게 매도한 주식을 원고가 취득하여 매수하였다는 사실이 입증되는 경우에는 내부자의 매도와 원고의 손해 사이에 인과관계를 인정할 수 있다고 한다.[153]

(3) 자본시장법 규정

(가) 손해인과관계

1) 의의

자본시장법은 "매매, 그 밖의 거래와 관련하여 입은 손해를 배상할 책임을 진다"고 규정하고 있다(법175①). 이는 내부자거래와 관련이 있는 손해인과관계의 증명을 요구하고 거래인과관계의 증명을 요구하고 있지는 않다. 따라서 청구권자는 배상책임자가 미공개정보를 이용하여 내부자거래를 한 사실과 내부자거래와 관련하여 손해를 입었다는 사실만을 증명하면 된다.

손해인과관계를 요구하는 것은 내부자거래로 인하여 손해를 입은 자를 보호하고 내부자거래와 관련이 없는 손해에 대하여는 내부자가 배상책임을 지는 것을 방지하기 위한 것이다.[154]

---

152) 강대섭(1995), 349쪽.
153) 강대섭(1995), 350쪽.
154) 박임출(2003), 169쪽.

2) 입증책임의 완화 또는 추정

그런데 거래소시장의 거래의 경우 내부자거래와 피해자의 손해 사이의 인과관계를 증명하는 것은 용이하지 않다. 따라서 일정한 범위에서 인과관계를 완화하거나 추정할 필요가 있다.

증권시장에서의 내부자거래로 인한 청구권자의 손해는 내부정보의 부실공시, 사회·경제 여건, 시장상황에 따른 주가의 급락, 당해 발행주식총수에 대한 내부자의 거래비중 등 다양한 요인 등이 상호작용하여 발생한 것이므로 내부자의 정보이용행위와 청구권자의 손해발생 사이의 인과관계를 증명하는 것은 매우 어려운 문제이다.155)

자본시장법 제175조 제1항이 "그 매매, 그 밖의 거래와 관련하여"라고 표현하고 있는 것은 증권거래가 합리적인 투자자를 전제로 하고 대량의 신속한 거래를 특징으로 하고 있는 점 등을 고려하여 인과관계를 엄격하게 요구하지 않겠다는 취지로 풀이할 수 있다. 따라서 입법목적과 내부자의 책임범위를 적절히 조화한다는 면에서 투자자의 정보에 대한 선의는 추정된다고 보고, 내부자와 투자자 사이의 엄격한 계약당사자 관계는 요하지 않고 계약당사자 유사의 관계로서 동시기에 반대방향으로 매매를 하였음이 증명되면 인과관계는 일응 증명된 것으로 하여 인과관계의 증명을 완화 또는 추정하고, 내부자가 상대방의 악의 등을 반증에 의하여 번복하게 하는 것이 타당하다.156)

(나) 거래인과관계

거래인과관계란 청구권자가 배상책임자의 중요한 사실에 대한 부실표시를 신뢰하고 거래하였다는 사실을 말한다. 우리나라에서 거래인과관계가 전통적인 불법행위의 경우에도 문제가 되지 않은 것은 청구권자는 배상책임자의 행위를 당연히 신뢰하고 행동한 것으로 추정한 것으로 보인다.

자본시장법 제175조 제1항은 거래인과관계를 명시적으로 요구하지 않는다. 이는 내부자거래가 구조적으로 불공시를 통해서 발생하는 것이고, 청구권자가 내부자의 불공시를 신뢰하여 거래하였다는 사실의 증명은 상식적으로 불가능하므로 자본시장법은 이러한 신뢰요건을 면제해주고 있다고 볼 수 있을 것이다.157)

7. 손해배상의 범위

(1) 개요

내부자거래 금지규정을 위반한 자는 해당 특정증권등의 매매, 그 밖의 거래를 한 자가 "그

---

155) 곽민섭(2000), 160쪽.
156) 곽민섭(2000), 161쪽.
157) 권종호 외(2003), 102쪽.

매매, 그 밖의 거래와 관련하여 입은 손해"를 배상할 책임을 진다(법175①). 따라서 내부자의 중요한 미공개정보 이용행위의 결과 청구권자에게 손해가 현실적으로 발생하여야 한다. 여기서 손해는 내부자의 내부자거래가 없었더라면 청구권자가 얻었을 이익이다. 청구권자는 자신이 입은 손해를 증명하여야 한다.

그런데 자본시장법은 내부자거래로 인한 손해배상책임에 대하여는 손해배상액의 산정방법에 관하여 규정하고 있지 않다. 이는 증권신고서 및 투자설명서의 중요사항에 관한 거짓의 기재 또는 표시가 있거나 중요사항이 기재 또는 표시되지 않은 경우 손해배상액 산정기준을 명시하고(법126①), 또한 사업보고서, 반기보고서, 분기보고서에 대해서도 동일한 방법을 규정하고(법162①) 있는 것과 대조적이다. 따라서 내부자거래로 인한 민사책임의 경우 손해배상액의 산정방법에 대하여는 학설의 대립이 있으며 확립된 판례도 없는 실정이다.

(2) 배상액 산정방법

(가) 미국에서의 논의

1) 의의

1934년 증권거래법 제10조 (b)항과 Rule 10b-5는 손해배상에 관한 명시적인 규정을 두고 있지 않다. 따라서 다수의 투자자가 손해를 입었다고 주장하는 집단소송이 주류를 이루는 증권소송에서 적절한 손해배상액을 산정하기 위하여 다양한 방식이 논의되었다. 그런데 이와 같은 다양한 유형의 배상액 산정기준은 불공정거래 금지규정인 Rule 10b-5의 포괄성이 요구하는 특별한 접근방식에 기인하고 있다. 즉 원고의 손해, 피고의 이익 및 특수한 유형의 책임이 갖는 억지효과와 같은 요소를 고려하여 구체적인 사정에 적합한 방식을 제공하려고 하는 노력의 소산이다. 그러나 이 접근법은 다양한 기준을 적용하는 결과 동일한 사안을 통일적으로 다루지 못하는 단점이 있다.

판례와 학설을 통하여 다양하게 전개되는 배상액 산정방법의 실질적인 차이는 거래 후에 발생한 당해 증권의 가격변동을 당사자 사이에서 어떻게 배분할 것인가에 있다. 최근의 판례는 현실손해배상방식과 원상회복방식의 양 요소를 결합하는 경향을 보이고 있다. 그러나 내부자거래에 관한 한 부당이익 반환방식이 고수되고 있다.

2) 배상액 산정방법의 유형

가) 현실손해배상방식(out of pocket loss)

Rule 10b-5에 의한 손해배상소송에서 전통적으로 이용되고 있는 배상액 산정방식이다. 이 방식은 매매한 증권의 가치와 거래시에 증권에 대해 지급하거나 수령한 대가의 공정한 가치의 차액을 배상액으로 한다. 증권의 공정한 가치는 거래시를 기준으로 한다. 따라서 청구권자가 증권의 매수인인 경우에는 매수가격에서 매매시의 증권의 실제가치를 공제한 금액이 배상액이 된다. 이 방식은 청구권자가 현실적으로 입은 손해에 중점을 두기 때문에 청구권자가 얻었을 이익(거래이익)은 배상되지 않는다.[158]

투자자는 일반적인 시장변동의 위험을 인수하고 오직 부실표시에 기인한 손해에 대해서만 전보받을 수 있다는 근거에서 부실표시와 무관한 시장가격의 하락으로 인한 손해는 이론상 배제된다. 이 점에서 정확한 배상방식이라고 할 수 있으나, 거래시의 증권의 실제가치를 확정해야 하는 어려운 문제가 있다.

나) 원상회복방식(recession or rescissory damages)

부실표시에 의하여 거래된 증권이 이미 제3자에게 처분되어 계약의 취소와 원상회복이 불가능한 취소에 갈음하여 손해배상을 구할 때 사용되는 배상액 산정방식이다. 청구권자가 매수인인 경우 배상액은 당해 증권의 매수가격과 처분가격의 차액을, 청구권자가 매도인인 경우의 배상액은 그 매도가격과 판결일 현재 당해 증권의 공정한 가치의 차액을 기준으로 한다.

다) 거래이익배상방식(benefit of the bargain damages)

이 방식은 거래이익의 배상을 목적으로 하는데, 청구권자가 합리적으로 기대하였던 것과 현실적으로 수령한 것의 실제가치의 차액이 거래이익에 해당한다. 즉 청구권자가 매매한 증권의 표시가격(부실하게 표시된 가격)과 거래일 현재 증권의 실제가치의 차액을 배상액으로 산정하는 방식이다. 이 거래이익은 매우 확실하게 증명될 수 있는 경우에만 실손해로서 배상될 수 있다. 이 방식은 Rule 10b-5에 의한 소송에서 일반적으로 인정되지는 않는다.

라) 부당이익반환방식(disgorgement)

부당이익반환방식은 배상책임자가 사기적 거래에서 매수한 증권을 판결일 전에 제3자에게 처분함으로써 얻은 이익을 기망당한 청구권자에게 반환시키는 방식이다. 이는 현실손해배상방식의 변형으로, 우연한 이익(windfall profit) 개념에 근거하여 증권의 매수인이 실현한 추가이익 또는 매도인이 실현하였을 추가이익을 배상의 내용으로 한다.

(나) 우리나라의 경우

자본시장법이 배상액 산정방법을 규정하고 있지 않으므로 그 방법에 대하여 견해가 대립하고 있다. ⅰ) 거래상대방이 실제로 매매한 가격과 그가 정보를 알게 된 후 상당한 기간이 경과한 시점의 시장가격과의 차액으로 하자는 견해이다.[159] 이 견해는 상당한 기간을 어떻게 판단할 것인가의 문제가 있다. ⅱ) 상대방의 매매가격과 그로부터 상당한 기간이 경과 후 위반행위가 적발된 시점의 시가의 차액으로 하되 청구권자의 매매시점과 상당한 기간 경과시까지 사이에 가격등락이 내부자거래 이외의 사실에 의한 경우에는 당해 내부자의 증명에 따라 해당

---

158) 강대섭(1992), 190-199쪽 참조.
159) 신영무(1990), "내부자거래와 민사상책임", 상사법연구 제8집(1990), 162쪽.

부분에 대한 책임은 제외되도록 하자는 견해이다.160) 이는 주가에 영향을 주는 요인이 매우 다양하고 실제 특정기간 내에 내부자거래 이외의 사실에 의한 주가의 변동을 분리하여 증명하는 것이 용이하지 않다는 점을 간과한 문제가 있다. iii) 원칙적으로 청구권자가 취득한 가격과 내부자거래가 없었다면 형성되었을 정상가격과의 차액을 기초로 배상액을 산정해야 한다는 견해이다.161) 이는 정상가격을 어떻게 산정할 것인가의 문제가 있다.

(다) 결어

현재로서는 내부자거래의 억제와 피해자 보호를 위하여 거래상대방이 실제로 매매한 가격과 그가 정보를 알게 된 후 상당한 기간이 경과한 시점의 시장가격과의 차액을 손해액으로 하는 것이 타당하다. 다만 상당한 기간 경과시에는 변론종결시점이 될 수도 있지만 피해자의 자구노력의 정도 등 제반 사정을 고려하여 법원이 결정하여야 할 것이다. 또한 배상책임자가 청구권자가 입은 손해액의 전부 또는 일부가 내부자거래로 인하여 발생한 것이 아님을 증명한 경우에는 그 부분에 대하여 배상책임을 부담하지 않음은 전술한 바와 같다. 그리고 상당한 기간 경과 전에 당해 증권을 반대매매한 경우에는 그때의 시가를 기준으로 하여야 할 것이다.162)

(3) 배상액의 제한

내부자거래로 인한 손해배상책임은 불법행위의 성질을 가지므로 청구권자의 과실은 일반이론에 따라 과실상계가 허용된다.

시장가격의 이상폭락, 기업재무구조의 악화 등의 경우에도 그 위험을 배상책임자에게 부담시키는 것은 부당하다. 따라서 배상책임자가 해당 증권의 시장가격이 중요한 미공개정보 이용행위 이외의 사유로 하락하였음을 증명한 때에는 그 한도에서 배상책임을 면할 수 있다고 보는 것이 타당하다. 배상액의 제한을 인정하더라도 그 증명은 증권가격의 전반적인 급락을 초래한 경제 내·외부의 요인을 고려하고, 이에 관한 전문가의 조언 등에 의하여 이를 엄격히 제한하여 허용해야 할 것이다.

(4) 책임의 분배
(가) 부진정연대책임

자본시장법은 배상책임자가 내부자거래로 인하여 청구권자에게 손해를 발생시킨 경우 연대책임을 지는가에 관하여 명문의 규정을 두고 있지 않다. 일반적으로 법률이 다수인에게 객관적으로 동일한 배상책임을 인정하는 경우에 특히 연대책임으로 한다는 규정이 없는 경우에는 일반적으로 부진정연대채무가 있는 것으로 해석한다. 따라서 수인의 내부자가 있는 경우에는

---

160) 오영환(1994), 224쪽.
161) 김건식·정순섭(2009), 305쪽.
162) 곽민섭(2000), 162쪽.

부진정연대책임으로 보아야 할 것이다.

(나) 구상권과 부담부분

명문 규정이 없더라도 자본시장법의 배상책임을 부진정연대책임으로 보는 한 배상책임자의 한 사람이 그 손해의 전액을 배상한 경우에는 다른 공동책임자에게 그 부담할 책임에 따라 구상권을 행사할 수 있다. 구상권을 인정하는 것이 공평할 뿐만 아니라 다른 배상책임자의 완전한 면책가능성을 줄임으로써 장래의 법규위반행위를 방지하는 것이 사회질서에 합치하기 때문이다. 부담부분은 형평을 기하기 위하여 각 사안에 따라 책임자의 유책성, 내부자거래에의 관여도의 정도를 고려한 규범적 판단에 의하여 결정되어야 할 것이다.

(5) 배상청구권의 소멸

내부자거래로 인한 손해배상청구권은 청구권자가 제174조를 위반한 행위가 있었던 사실을 안 때부터 2년간 또는 그 행위가 있었던 때부터 5년간 이를 행사하지 아니한 경우에는 시효로 인하여 소멸한다(법175②).

(6) 단기매매차익 반환책임과의 경합

내부자거래로 인하여 단기매매차익을 얻은 경우에는 피해자에 대한 손해배상책임을 지는 것과 단기매매차익 반환책임은 경합하게 된다. 양자는 성립요건, 책임의 성격, 청구권자 등의 요건이 서로 다르고, 내부자거래규제 목적을 달성하기 위하여 경합을 인정할 실익이 있기 때문이다. 따라서 어느 한쪽의 책임을 이행하더라도 다른 쪽의 책임이 그만큼 감경되는 것도 아니며, 내부자가 양 책임을 모두 이행함으로써 자신이 실제로 취득한 금액보다 훨씬 더 많은 금액을 배상 또는 반환하는 결과가 생기더라도 이는 내부자거래의 억제를 위하여 필요한 것이지 동일한 행위에 대하여 이중으로 책임을 부담하는 것은 아니다.[163]

Ⅱ. 형사제재

1. 서설

(1) 구성요건의 체계

내부자거래는 내부자, 준내부자, 정보수령자가 상장법인의 업무 등과 관련된 중요한 정보를 안 후 당해 중요정보가 공개되기 전에 특정증권등의 매매, 그 밖의 거래에 이용하거나 타인에게 이용하게 함으로써 성립한다.

자본시장법은 내부자거래 규정을 위반한 자를 1년 이상의 유기징역 또는 그 위반행위로

---

163) 신영무(1990), 164쪽.

얻은 이익 또는 회피한 손실액의 3배 이상 5배 이하에 상당하는 벌금에 처한다(법443① 본문). 다만, 그 위반행위로 얻은 이익 또는 회피한 손실액이 없거나 산정하기 곤란한 경우 또는 그 위반행위로 얻은 이익 또는 회피한 손실액의 5배에 해당하는 금액이 5억원 이하인 경우에는 벌금의 상한액을 5억원으로 한다(법443① 단서).

또한 그 위반행위로 얻은 이익 또는 회피한 손실액이 5억원 이상인 경우에는 제1항의 징역을 다음의 구분에 따라 가중한다(법443②).

1. 이익 또는 회피한 손실액이 50억원 이상인 경우에는 무기 또는 5년 이상의 징역
2. 이익 또는 회피한 손실액이 5억원 이상 50억원 미만인 경우에는 3년 이상의 유기징역

그리고 징역에 처하는 경우에는 10년 이하의 자격정지를 병과할 수 있다(법443③). 또한 징역과 벌금을 병과한다(법447①). 내부자거래로 취득한 재산은 몰수하며, 몰수할 수 없는 경우에는 그 가액을 추징한다(법447의2).

법인(단체를 포함)의 대표자나 법인 또는 개인의 대리인, 사용인, 그 밖의 종업원이 그 법인 또는 개인의 업무에 관하여 제443조부터 제446조까지의 어느 하나에 해당하는 위반행위를 하면 그 행위자를 벌하는 외에 그 법인 또는 개인에게도 해당 조문의 벌금형을 과한다(법448 본문). 다만, 법인 또는 개인이 그 위반행위를 방지하기 위하여 해당 업무에 관하여 상당한 주의와 감독을 게을리하지 아니한 경우에는 그러하지 아니하다(법448 단서).

(2) 보호법익

내부자거래를 범죄로 규제하는 것은 자본주의 경제가 발달하면서 증권시장의 투명성을 확보하기 위하여 형성된 새로운 범죄라고 할 수 있다. 자본시장법의 목적은 "이 법은 자본시장에서의 금융혁신과 공정한 경쟁을 촉진하고 투자자를 보호하며 금융투자업을 건전하게 육성함으로써 자본시장의 공정성·신뢰성 및 효율성을 높여 국민경제의 발전에 이바지함을 목적으로 한다(법1조)." 그런데 내부자거래가 방치되면 자본시장법의 목적인 증권시장의 공정성과 신뢰성이 훼손되고 투자자의 신뢰를 상실하게 된다. 따라서 내부자거래의 보호법익은 증권시장의 공정성을 확보하여 투자자를 보호해야 하는 사회적 법익이다.

(3) 법적 성질

자본시장법 제174조와 제443조 등은 내부자거래를 금지하고 이를 위반한 자를 형사제재하는 규정이다. 이들 규정은 첫째, 미공개 중요정보를 갖고 있는 자의 내부자거래를 금지하는 규제적 기능, 둘째, 일반투자자에 비하여 불공정한 내부자거래를 금지하고, 증권시장의 공정성과 건전성을 확보하며, 증권시장에 대한 투자자의 신뢰를 보호하는 보호적 기능, 셋째, 내부자거래규제 기타 형벌법규에 저촉되지 않는 행위에 대하여는 증권거래의 자유를 보장하는 보장

적 기능을 수행하고 있다. 또한 내부자거래의 규제에는 징역, 벌금, 자격정지 등의 형사제재가 포함되기 때문에 다른 형벌법규와 마찬가지로 죄형법정주의의 원칙이 적용된다. 따라서 형사제재 규정의 해석은 첫째, 누구든지 처벌받는 행위를 예상할 수 있을 정도로 위반행위가 명확하고, 둘째, 위반행위에 대한 처벌이 합리적이어야 하며, 셋째, 내부자거래 금지규정에 대하여 유추해석을 해서는 안 된다. 따라서 투자자가 증권거래를 하는 시점에서 그 거래가 내부자거래로 처벌되는가의 여부를 명확히 판단할 수 있어야 한다.[164]

2. 객관적 구성요건

(1) 행위주체

내부자거래의 행위주체는 내부자, 준내부자 및 정보수령자로 한정된 신분범의 형태로 되어 있다. 신분범이란 행위주체에 일정한 신분을 요하는 범죄를 말한다. 여기서 신분이란 범인의 인적관계인 특수한 지위나 상태를 말한다. 신분범에는 진정신분범과 부진정신분범이 있다. 진정신분범이란 일정한 신분이 있는 자에 의하여만 범죄가 성립하는 경우를 말하며, 부진정신분범이란 신분 없는 자에 의하여도 범죄가 성립할 수는 있지만 신분 있는 죄를 범한 때에는 형이 가중되거나 감경되는 범죄이다.[165]

그런데 신분범에 있어서 신분 없는 자는 그 죄에 정범이 될 수는 없으나 공범이 될 수는 있다. 내부자거래는 신분을 가진 자만이 규제대상으로 하는 진정신분범의 형태로 되어 있다. 따라서 신분이 없는 자는 내부자거래의 단독정범이 될 수는 없고 공범이 될 수는 있다.

내부자, 준내부자, 정보수령자의 개념에 대하여는 전술한 바와 같다.

(2) 행위객체인 특정증권등

자본시장법은 상장법인이 발행한 특정증권등을 내부자거래의 규제대상증권으로 하고 있다(법174①). 따라서 거래 객체는 상장법인이 발행한 특정증권등에 한정된다. 행위객체가 되는 특정증권등에 관하여는 전술한 바와 같다.

(3) 행위

본죄의 행위는 상장법인의 업무 등과 관련된 중요한 정보를 안 후 당해 중요정보가 공개되기 전에 특정증권등의 매매, 그 밖의 거래에 이용하거나 타인에게 이용하게 하는 것이다. 상장법인의 업무 등과 관련되어야 하고, 중요한 미공개정보이어야 하며, 정보는 공개되기 전의 정보이어야 하며, 특정증권등의 매매, 그 밖의 거래에 이용하는 행위 또는 타인에게 이용하게 하는 행위에 대하여는 위에서 상술하였다.

---

164) 박임출(2003), 10쪽.
165) 이재상(2001), 「형법총론」, 박영사(2001), 72쪽.

3. 주관적 구성요건

본죄는 고의범이므로 객관적 구성요건에 대한 고의를 필요로 한다. 따라서 내부자, 준내부자 또는 정보수령자라는 신분에 대한 인식뿐만 아니라, 미공개중요정보를 이용하거나 타인에게 이용하게 한다는 점에 대한 인식도 고의의 내용이 된다. 반드시 확정적 고의임을 요하지 않고 미필적 고의로 족하다. 그러므로 오해 또는 착오에 의한 이용이나 기억이 분명하지 못하여 잘못 이용한 때에는 본죄가 성립하지 않는다. 공개된 정보를 미공개중요정보라고 믿고 이용한 때에는 구성요건적 착오로서 고의가 조각된다. 이에 반하여 자신은 내부자, 준내부자 또는 정보수령자가 아니라고 오신한 때에는 법률의 착오에 해당할 수 있다.

4. 기수시기

본죄의 미수범은 처벌되지 않는다. 왜냐하면 자본시장법 제443조 및 제174조 제1항의 구성요건의 내용이 결과의 발생을 요하지 않고 법에 규정된 행위를 함으로써 충족되는 형식범의 형태이고, 법익침해의 일반적인 위험이 있으면 구성요건이 충족되는 추상적 위험범의 형태로 규정되어 있기 때문이다.

이와 같이 구성요건이 결과범의 형태가 아닌 형식범의 형태로 되어 있어 결과의 발생을 요건으로 하지 아니하므로 내부자가 중요한 미공개정보를 특정증권등의 매매, 그 밖의 거래에 이용하거나 타인에게 이용하게 하는 행위가 있으면 범죄는 완성되어 바로 기수가 성립되고, 미수가 성립될 여지는 없다. 따라서 이러한 행위에 의하여 이익을 얻거나 손실을 회피할 것을 요하지 않는다.

5. 위법성

내부자거래를 범죄로 규제하는 경우 이에 대한 구성요건에 해당하는 행위가 위법성이 조각되는 경우는 사실상 생각하기 어려울 것이다. 피해자의 승낙도 본죄의 위법성을 조각하지 않는다. 본죄의 주된 보호법익인 증권시장의 공정성을 확보하여 투자자를 보호해야 하는 사회적 법익은 처분할 수 없는 법익이기 때문이다.

6. 공범

(1) 정보이용행위와 공범의 성립 여부

내부자거래규제 위반죄는 내부자, 준내부자 및 정보수령자만 정범이 될 수 있다. 즉 여기서의 신분은 구성적 신분을 이루며, 이러한 의미에서 내부자거래규제 위반죄는 진정신분범이다. 따라서 신분 없는 자는 본죄의 단독정범이 될 수 없고, 공동정범·교사범 또는 종범이 될 수 있을 뿐이다(형법33 본문). 즉 신분자와 비신분자가 공동하여 본죄를 범한 때에는 비신분자도 내부자거래규제 위반죄의 공동정범이 된다. 또한 고의 없는 타인을 이용하여 간접적으로 정보를 이용하여 거래하는 경우에는 간접정범이 성립된다. 예컨대 중요사실을 직무에 관하여 알게 된 회사의 임직원이 중요사실을 알지 못하는 부하직원에게 지시하여 당해 증권 등을 매매하게 하는 경우이다.

공범의 성립 여부를 구체적으로 보면 다음과 같다. 내부자거래의 행위주체는 내부자, 준내부자 및 정보수령자로 한정된 진정신분범의 형태로 되어 있지만 중요한 미공개정보를 이용하여 매매 그 밖의 거래를 하는 과정에서 타인(비신분자)과 공모한 경우에는 공동정범이 성립한다. 또한 비신분자가 내부자, 준내부자 및 정보수령자에게 내부자거래의 결의를 가지게 하여 내부자 등이 내부자거래를 하거나 또는 내부자거래를 하는 내부자 등의 결의를 촉진·강화하여 내부자 등이 내부자거래를 하는 경우에는 교사범 또는 방조범이 성립한다. 이 경우 타인 또는 교사자나 방조자는 내부자의 범위에 속하지 않지만 내부자거래의 주체가 될 수 있다.

교사행위의 수단에는 제한이 없다. 내부자거래규제 위반죄의 결의에 영향을 줄 수 있으면 충분하다. 따라서 지시, 명령, 요청, 이익제공, 감언이설 등의 수단을 불문한다. 또한 방조행위의 방법에도 제한이 없다. 따라서 내부자거래를 할 수 있는 장소의 제공, 자신의 명의를 빌려주는 것 또는 매수자금을 빌려주는 것 등은 방조에 해당한다.

(2) 정보제공행위와 공범관계

(가) 연쇄적 정보제공

일반적으로 내부자 또는 준내부자가 타인에게 정보를 제공하였다면 그 내부자 또는 준내부자는 그 타인으로 하여금 정보를 이용하게 한 행위로, 그 정보를 수령한 사람은 정보수령자로서 정보를 이용한 행위로 규제받으므로 공범관계가 성립할 여지는 없다.

그러나 연쇄적 정보제공행위의 경우, 즉 내부자 또는 준내부자가 정보를 타인에게 전달하고, 그 타인이 다시 제3자에게 정보제공행위를 한 경우에 최초의 정보제공자도 책임을 지는가가 문제된다. 예컨대 최초의 정보제공자(내부자 또는 준내부자)가 그 제3자(2차 정보수령자)에게까지 그 정보가 전달될 것을 의도 내지 예상한 경우에는 그 제3자(2차 정보수령자)의 내부정보를 이용한 거래에 대하여 그 타인(1차 정보수령자)뿐만 아니라 최초의 정보제공자도 책임을 진다고 보는 것이 타당하다. 다만 1차 정보수령자만을 내부자의 범위에 포함시켜야 하므로, 내부자거래의 책임을 부담하는 정보제공자는 최초의 정보제공자(내부자 또는 준내부자) 및 2차 정보제공자(정보수령자)에 한하고, 그 제3자는 2차 정보수령자에 불과하여 내부자거래의 책임을 부담하지 않는다고 보아야 한다.[166]

---

166) 곽민섭(2000), 154쪽.

(나) 2차 정보수령자 이후의 정보수령자

내부자 또는 준내부자로부터 중요한 미공개정보를 수령한 자(1차 정보수령자)로부터 다시 그 정보를 전달받은 자(2차 정보수령자)가 증권의 매매 그 밖의 거래와 관련하여 수령한 정보를 이용하거나 타인으로 하여금 이용하게 하는 행위는 내부자거래의 규제대상이 아니다. 이는 자본시장법 제178조의2의 시장질서 교란행위의 금지규정에 해당하게 되어 행정제재인 과징금을 부과받게 될 것이다.

(다) 1차 정보수령자와 2차 정보수령자의 공범관계 성립 여부

2차 정보수령자는 1차 정보수령자와 형법 제33조의 공범관계도 성립하지 않는다. 이는 형법 제243조의 음화 등의 반포 등의 죄에 있어서 매도한 자만 처벌하는 것과 마찬가지로 대향범의 구조를 갖고 있는 것으로 보기 때문이다.

7. 죄수

동일 종목, 동일 종류의 특정증권등을 수회에 걸쳐 매매거래 등을 한 경우, 개별 거래별로 내부자거래가 성립하는지 또는 전체로서 1개의 내부자거래가 성립하는지가 문제된다. 대법원은 동일 죄명에 해당하는 수개의 행위를 단일하고 계속된 범의하에 일정기간 계속하여 행하고 그 피해법익도 동일한 경우에는 이들 각 행위를 통틀어 포괄일죄로 처단하여야 한다고 판시하였다.[167] 이 판결은 시세조종행위에 관한 판례이지만 내부자거래의 경우에도 동일하게 포괄일죄로 처벌하여야 한다. 따라서 내부자가 내부자거래규제 위반죄에 해당하는 수개의 행위를 단일하고 계속된 범의하에서 일정기간 계속하여 범행을 반복하고, 또 피해법익의 동일성이 인정되어야 한다. 이 경우 내부자거래규제 위반죄의 보호법익은 개별 증권 소유자나 발행인 등 개개인의 재산적 법익은 직접적인 보호법익이 아니고, 증권시장에서의 증권거래의 공정성 및 유통성의 원활성 확보라는 사회적 법익이다.

8. 벌칙

(1) 징역 · 벌금 · 자격정지

(가) 자본시장법 규정

자본시장법은 내부자거래 규정을 위반한 자를 1년 이상의 유기징역 또는 그 위반행위로 얻은 이익 또는 회피한 손실액의 3배 이상 5배 이하에 상당하는 벌금에 처한다(법443① 본문). 다만, 그 위반행위로 얻은 이익 또는 회피한 손실액이 없거나 산정하기 곤란한 경우 또는 그 위반행위로 얻은 이익 또는 회피한 손실액의 5배에 해당하는 금액이 5억원 이하인 경우에는

---

167) 대법원 2002. 6. 14. 선고 2002도1256 판결.

벌금의 상한액을 5억원으로 한다(법443① 단서).

또한 그 위반행위로 얻은 이익 또는 회피한 손실액이 5억원 이상인 경우에는 제1항의 징역을 다음의 구분에 따라 가중한다(법443②).

1. 이익 또는 회피한 손실액이 50억원 이상인 경우에는 무기 또는 5년 이상의 징역
2. 이익 또는 회피한 손실액이 5억원 이상 50억원 미만인 경우에는 3년 이상의 유기징역

그리고 징역에 처하는 경우에는 10년 이하의 자격정지를 병과할 수 있다(법443③). 또한 징역과 벌금을 병과한다(법447①).

(나) 가중처벌 규정의 취지

형사책임이란 측면에서 볼 때 일반적으로 시세조종행위, 미공개정보 이용행위 등 법이 금지한 행위가 개입된 거래에서 그 행위자가 얻은 시세차익이 많으면 많을수록 그 위반행위에 대한 비난가능성은 그만큼 높아진다. 자본시장법 제443조 규정의 문언을 살펴보면 벌금형의 상한 및 가중처벌 규정의 적용 여부의 기준이 되는 "이익", "회피손실액"에 대하여 "위반행위로 얻은 이익 또는 회피한 손실액"이라고 표현하고 있을 뿐 위반행위와 직접적인 인과관계가 있다거나 일시효과는 배제된 이익 또는 회피손실액만을 의미하는 것으로 한정하여 규정하고 있지 않다.[168]

또한 위 규정은 위반행위자와의 거래에서 그 거래상대방이 입은 손해에 대한 배상책임의 범위를 정하기 위한 조항이 아니며, 위반행위자가 얻은 부당이익 중에서 위반행위와 직접적인 인과관계가 있는 부당이익을 박탈하거나 환수하려는 조항도 아니다. 위 규정은 유가증권시장의 공정한 질서를 해치는 행위에 대한 제재인 형사처벌의 법정형에 관한 것으로서 그 보호법익은 구체적인 피해자를 위한 개인적 법익이 아니라 유가증권시장의 공정한 거래질서라는 사회적 법익이다. 따라서 유가증권시장의 공정성을 저해하는 행위를 효과적으로 규제하고 그에 대한 처벌의 실효성을 확보하기 위하여 위 규정이 벌금액의 상한이나 징역형의 법정형이 위반행위로 인한 부당이익액(이익 또는 회피손실액)에 따라 변동되는 연동제를 채택함에 있어서 위반행위와 직접적인 인과관계가 있는 부당이익액만을 그 변동의 요건으로 삼아야 할 필연성이 인정되지 않을 뿐만 아니라, 위반행위자가 받게 될 최종적인 형량은 법정형의 범위 내에서 구체적인 법관의 양형에 의하여 결정되는 것이지 위반행위로 인한 부당이익액 자체가 곧바로 위반행위자에 대한 형량으로 되는 것도 아니어서, 법정형의 차이로 인해서 구체적인 사건에서 나타날 수 있는 불합리한 점은 여러 양형인자를 고려한 법관의 적절한 양형에 의하여 합리적인 방

---

168) 서울중앙지방법원 2007. 2. 9. 선고 2006고합332 판결.

향으로 조절하는 것이 가능하다.[169)

따라서 위반행위와 상당인과관계가 있는지 여부를 엄격히 따져 피해자가 입은 현실적인 손해 상당액만큼을 불법행위자로부터 박탈하여 피해자의 손해를 보전하는 것이 제도의 취지인 민사상의 손해배상책임이나 부당이익의 관점에서 위 규정을 바라보아야 할 이유가 없다.

(2) 이익 및 손실액의 산정

(가) 가중처벌 요건의 기준

내부자거래 금지규정은 형식범의 형태로 규정되어 있다. 따라서 내부자거래의 결과 내부자가 이익을 얻었거나 손실을 회피하였는지 여부를 요건으로 하지 않는다. 또한 주관적 고의 이외에 특정한 주관적 목적도 필요하지 않으므로 이익 또는 손실을 회피할 목적도 요건으로 하지 않는다. 다만 위반행위로 얻은 부당이익을 환수하기 위한 벌금형을 정하면서 죄책이 중하기 때문에 가중처벌기준으로 얻은 이익 또는 회피한 손실을 고려할 뿐이다.

일반적으로 범죄의 액수는 구성요건요소가 아니고 양형의 자료에 불과하지만 특정경제범죄법 위반죄의 경우 범죄의 액수는 구성요건요소로서 그 액수에 따라 적용될 법률조항이 달라지고 그 계산이 잘못되면 법률 적용의 착오로서 판결에 영향을 미친 법률위반이 된다. 이러한 취지에서 "위반행위로 얻은 이익 또는 회피한 손실액"은 구성요건의 일부가 된다.[170) 따라서 "위반행위로 얻은 이익 또는 회피한 손실액" 등의 액수에 따라 가중처벌하는 규정을 둠으로써 특히 그 이익의 액수는 범죄의 구성요건요소로서 중요한 의미를 가진다.

즉 상장법인의 내부자가 미공개정보를 이용하는 것은 기업공시제도를 훼손하고, 기업운영과 증권거래시장의 투명성을 저해하여 주주, 채권자, 거래당사자 등에게 예측하지 못한 손해를 입힐 뿐만 아니라 결국에는 기업에 대한 신뢰, 시장에 대한 신뢰를 떨어뜨림으로써 헌법상의 기본원리인 시장경제질서를 무너뜨리는 결과를 낳을 수도 있다는 점에서 그 죄책이 중하다.[171)

(나) 위반행위로 얻은 이익

자본시장법 제443조와 제447조에서 정한 "위반행위로 얻은 이익"이란 함께 규정되어 있는 "손실액"에 반대되는 개념으로서 당해 위반행위로 인하여 행위자가 얻은 이윤, 즉 그 거래로 인한 총수입에서 그 거래를 위한 총비용을 공제한 차액을 말한다.[172)

또한 "위반행위로 얻은 이익"이란 그 위반행위와 관련된 거래로 인한 이익을 말하는 것으로서 위반행위로 인하여 발생한 위험과 인과관계가 인정되는 것을 의미한다. 통상적인 경우에는 위반행위와 관련된 거래로 인한 총수입에서 그 거래를 위한 총비용을 공제한 차액을 산정하는 방

---

169) 서울중앙지방법원 2007. 2. 9. 선고 2006고합332 판결.
170) 대법원 2001 1. 19. 선고 2000도5352 판결; 대법원 2003. 11. 28 선고 2002도2215 판결.
171) 서울중앙지방법원 2007. 2. 9. 선고 2006고합332 판결.
172) 대법원 2009. 4. 9. 선고 2009도675 판결.

법으로 인과관계가 인정되는 이익을 산출할 수 있다. 그러나 구체적인 사안에서 위반행위로 얻은 이익의 가액을 위와 같은 방법으로 인정하는 것이 부당하다고 볼 만한 사정이 있는 경우에는, 사기적 부정거래행위를 근절하려는 위 법 제443조와 제447조의 입법취지와 형사법의 대원칙인 책임주의를 염두에 두고 위반행위의 동기, 경위, 태양, 기간, 제3자의 개입 여부, 증권시장 상황 및 그 밖에 주가에 중대한 영향을 미칠 수 있는 제반 요소들을 전체적·종합적으로 고려하여 인과관계가 인정되는 이익을 산정해야 하며, 그에 관한 입증책임은 검사가 부담한다.[173]

(다) 위반행위로 회피한 손실액의 판단기준

자본시장법 제443조 제2항은 "위반행위로 얻은 이익 또는 회피한 손실액이 50억 원 이상인 때에는 무기 또는 5년 이상의 징역에 처하고, 이익 또는 회피한 손실액이 5억 원 이상 50억 원 미만인 때에는 3년 이상의 유기징역에 처한다"고 규정하고 있다. 이와 같이 얻은 이익 또는 회피한 손실액이 범죄구성요건의 일부로 되어 있고 그 가액에 따라 그 죄에 대한 형벌도 매우 가중되어 있는 경우에, 이를 적용함에 있어서는 얻은 이익이나 회피한 손실의 가액을 엄격하고 신중하게 산정함으로써, 범죄와 형벌 사이에 적정한 균형이 이루어져야 한다는 죄형균형 원칙이나 형벌은 책임에 기초하고 그 책임에 비례하여야 한다는 책임주의 원칙이 훼손되지 않도록 유의하여 회피손실액을 산정하여야 하고,[174] 나아가 어느 정보가 공개되어 그 영향으로 인하여 주가가 상승 또는 하락함으로써 이익을 얻거나 손실을 회피하였는지 여부는 해당 정보가 충분히 시장에 공개된 이후 주가가 안정화된 시점을 기준으로 판단하여야 할 것이다.[175]

(라) 미실현이익

위반행위로 얻은 이익에는 위반행위 종료시점 당시까지 매도가 이루어지지 아니하여 주식을 보유 중인 경우 중요한 미공개정보를 이용한 매도시점 당시의 보유 중인 주식의 평가이익에 미실현이익도 포함된다.[176]

(마) 공소사실의 특정과 불고불리의 원칙

공소사실의 기재는 범죄의 일시·장소와 방법을 명시하여 사실을 특정할 수 있도록 하여야 한다(형사소송법254④). 이와 같이 규정한 취지는 심판의 대상을 한정함으로써 심판의 능률과 신속을 꾀함과 동시에 방어의 범위를 특정하여 피고인의 방어권 행사를 쉽게 해주기 위한

---

173) 대법원 2009. 7. 9. 선고 2009도1374 판결.
174) 대법원 2007. 4. 19. 선고 2005도7288 판결 참조.
175) 서울고등법원 2008. 6. 24. 선고 2007노653 판결.
176) 대법원 2006. 5. 12. 선고 2004도491 판결(그와 같은 이익의 산정에 있어서는 피고인의 이익실현행위를 기준으로 하여 그에 따른 구체적 거래로 인한 이익, 아직 보유 중인 미공개정보 이용 대상 주식의 가액, 미공개정보 이용행위와 관련하여 발생한 채권 등이 모두 포함되어야 하며, 이 경우 특별한 사정이 없는 한 아직 보유 중인 주식의 가액은 그와 동종 주식의 마지막 처분행위시를 기준으로, 주식양도를 목적으로 하는 채권의 가액은 그 약정이행기를 기준으로 산정함이 상당하다).

것이므로, 검사로서는 위 세 가지 특성요소를 종합하여 다른 사실과의 식별이 가능하도록 범죄구성요건에 해당하는 구체적 사실을 기재하여야 한다.[177] 특정의 정도는 다른 공소사실과 구별할 수 있는 정도, 즉 공소사실의 동일성을 인정할 수 있는 정도면 족하다. 따라서 공소사실로는 구체적인 범죄사실의 기재가 있어야 한다. 특정해야 할 공소사실은 범죄구성요건에 해당하는 사실에 한한다.

법원의 심판대상은 공소제기에 의하여 결정되고 법원은 이를 중심으로 심판하여야 한다는 원칙을 불고불리의 원칙이라고 한다. 따라서 법원의 심판대상은 공소장에 기재된 피고인과 공소사실에 제한되어야 한다.

(3) 양벌규정

(가) 의의

법인(단체를 포함)의 대표자나 법인 또는 개인의 대리인, 사용인, 그 밖의 종업원이 그 법인 또는 개인의 업무에 관하여 제443조부터 제446조까지의 어느 하나에 해당하는 위반행위를 하면 그 행위자를 벌하는 외에 그 법인 또는 개인에게도 해당 조문의 벌금형을 과한다(법448 본문).

여기서 법인이란 대표자, 대리인, 사용인, 그 밖의 종업원의 사업주인 법인이고, 대표자란 당해 법인의 대표권한을 가지는 자를 말하며, 개인이란 대리인, 사용인, 그 밖의 종업원의 사업주인 개인을 말하며, 대리인, 사용인, 그 밖의 종업원은 법 제174조 제1항 제5호의 해석으로 충분하지만, 법 제448조에는 임원이 그 행위자로서 명기되어 있지 않은 관계상 사용인 그 밖의 종업원에 법인의 임원이 포함된다고 해석하여야 한다. 왜냐하면 법인의 임원이 내부자거래를 한 경우 본조 소정의 내부자거래에서 제외할 이유가 없고, 제외한다면 사용인 그 밖의 종업원과 균형이 맞지 않기 때문이다.

(나) 업무관련성

양벌규정에서 "그 법인 또는 개인의 업무에 관하여"라는 의미는 법인의 대표자, 법인 또는 개인의 대리인, 사용인, 그 밖의 종업원이 개인적으로 한 내부자거래규제 위반행위를 제외하는 취지이다. 즉 내부자거래 행위가 그 법인 또는 개인의 업무에 관하여 이루어진 경우이다.

(다) 이익의 판단기준

법인에게 부과되는 벌금형은 법인이 대표자의 위반행위로 인하여 얻은 이익 또는 회피한 손실액을 기준으로 그 상한을 정하여야 한다.

(라) 면책

법인 또는 개인이 그 위반행위를 방지하기 위하여 해당 업무에 관하여 상당한 주의와 감독을 게을리하지 아니한 경우에는 그러하지 아니하다(법448 단서).

---

177) 대법원 2004. 3. 26. 선고 2003도7112 판결.

(4) 몰수와 추징

(가) 의의

몰수는 범죄반복의 방지나 범죄에 의한 이득의 금지를 목적으로 범죄행위와 관련된 재산을 박탈하는 것을 내용으로 하는 재산형이다. 원칙적으로 다른 형에 부가하여 과하는 부가형이다. 몰수에는 필요적 몰수와 임의적 몰수가 있다. 벌금형은 재산형이지만 일정한 금액의 지불의무를 부담하는데 그치며 재산권을 일방적으로 국가에 귀속시키는 효과를 가지는 않는다는 점에서 몰수와 구별된다.[178) 추징은 몰수의 대상인 물건을 몰수하기 불가능한 경우에 그 가액을 추징하는 것이다.

(나) 범죄수익은닉규제법

1) 목적

범죄수익은닉규제법은 특정범죄와 관련된 범죄수익의 취득 등에 관한 사실을 가장하거나 특정범죄를 조장할 목적 또는 적법하게 취득한 재산으로 가장할 목적으로 범죄수익을 은닉하는 행위를 규제하고, 특정범죄와 관련된 범죄수익의 몰수 및 추징에 관한 특례를 규정함으로써 특정범죄를 조장하는 경제적 요인을 근원적으로 제거하여 건전한 사회질서의 유지에 이바지함을 목적으로 한다(동법1조).

2) 내부자거래와 중대범죄

내부자거래는 범죄수익은닉규제법 별표[179)에 규정된 중대범죄로서 재산상의 부정한 이익을 취득할 목적으로 한 범죄로서 특정범죄에 해당한다. 또한 중대범죄인 내부자거래로 생긴 재산 또는 그 범죄행위의 보수로 얻은 재산은 범죄수익에 해당한다.

3) 범죄수익의 몰수와 추징

범죄수익은 몰수할 수 있으며(동법8), 몰수할 재산을 몰수할 수 없거나 그 재산의 성질, 사용 상황, 그 재산에 관한 범인 외의 자의 권리 유무, 그 밖의 사정으로 인하여 그 재산을 몰수하는 것이 적절하지 아니하다고 인정될 때에는 그 가액을 범인으로부터 추징할 수 있다(동법10①). 따라서 내부자거래로 얻은 부당이익은 범죄수익으로 국가에 몰수될 수 있으며, 몰수할 수 없는 경우 등은 추징할 수 있다. 동법은 임의적 몰수를 규정하고 있다.

(다) 자본시장법 규정

내부자거래를 한 자가 해당 행위를 하여 취득한 재산은 몰수하며, 몰수할 수 없는 경우에는 그 가액을 추징한다(법447의2).

---

178) 이재상(2001), 537~538쪽.
179) [별표] 중대범죄(제2조 제1호 관련) 제10호: 자본시장과 금융투자업에 관한 법률 제443조 및 제445조 제42호의 죄.

제3장

시세조종행위

제1절 서론

I. 시세조종행위의 의의

　　시세조종행위는 자본시장에서 수요와 공급의 원칙에 따라 자유롭게 형성되어야 할 금융투자상품의 시세에 의도적으로 간섭하여 인위적으로 가격을 조작함으로써 타인들이 거래를 하도록 유인하는 행위라고 정의할 수 있다. 타인이 특정 상장증권이나 장내파생상품 등 금융투자상품을 사거나 팔도록 유도하기 위하여 그 거래가 활발히 이루어지는 것과 같은 외관을 만드는 행위이다. 이는 금융투자상품의 공정한 가격 형성을 저해함으로써 투자자에게 손실을 입히는 일종의 사기적 행위에 해당하는 불법행위이다.[1]

　　자본시장법은 시세조종행위의 개념에 관한 정의규정을 두고 있지 않다. 다만 시세조종행위로서 금지되는 구체적인 유형을 규정하고 있다(법176). 즉 자본시장법 제176조는 상장증권 또는 장내파생상품의 매매에 관하여, 제1항에서 타인에게 그릇된 판단을 하게 할 목적으로 하는 통정매매와 가장매매를 금지하고, 제2항에서 타인의 매매거래를 유인할 목적으로 변동거래(제1호), 시세변동 정보의 유포(제2호), 허위표시(제3호)를 금지하고, 제3항에서 시세의 고정이나 안정조작을 금지하는 한편, 제4항에서 파생상품과 기초자산 간의 연계시세조종행위(제1호 및 제2호), 증권과 증권 또는 그 증권의 기초자산 간의 연계시세조종행위(제3호 및 제4호), 파생상품

---

1) 송호신(2009), "시세조종행위에 대한 자본시장통합법의 규제", 한양법학 제20권 제3집(2009. 8), 426쪽.

간의 연계시세조종행위(제5호)를 금지하고 있다.

Ⅱ. 시세조종행위 규제의 입법취지

자유롭고 공정한 자본시장에 개입하여 인위적으로 금융투자상품의 시세를 조작하는 것을 방지하려는 것이 시세조종을 규제하는 입법취지이다. 즉 금융투자상품거래에 참여하는 투자자는 자기의 투자지표가 되는 거래시세가 공정하게 형성된 것임을 전제로 하여 투자활동을 한다는 의미에서 시세조종은 일반투자자에게 사기행위가 된다는 것이 법적 규제의 이념적 기초이다.[2][3] 결국 시세조종행위는 자본시장에 대한 신뢰를 상실케 하여 투자자들이 시장을 떠나게 되는 요인이 되고, 자본시장에 대한 불신을 초래하여 시장의 기능을 파괴하여 국가경제를 위협하는 행위이므로 규제되어야 한다.

Ⅲ. 시세조종행위 규제의 연혁

시세조종은 증권시장의 역사만큼 오래전부터 존재하였고 오늘날에도 여전히 해결되지 않고 있는 고질적인 문제이다. 일찍이 증권거래소를 개설한 영국에서는 19세기 초반 나폴레옹 사망에 관한 풍문으로 인하여 투자자들이 피해를 입은 시세조종 사건이 있었고, 현재 가장 발전된 증권규제를 가진 미국에서도 20세기 초반에는 시세조종이 만연하였다. 이후 영국과 미국에서는 수많은 판례가 쌓여 사기이론(fraud theory)과 자유공개시장의 개념(free and open market concept)으로 시세조종 규제의 법리가 발전되었다.[4]

우리나라에서는 1962년 제정된 증권거래법에 시세조종을 금지하는 규정을 두었고, 이 규정은 여러 차례의 개정을 거쳐 현행 자본시장법에 계수되었다. 자본시장법 제176조는 한국거래소에 상장된 증권 또는 파생상품에 대한 시세조종을 금지하고, 제177조는 시세조종에 대한 손해배상책임을 규정하는 한편, 제443조는 시세조종에 대한 형사책임에 대하여 규정하고 있다.

---

2) 금융감독원(2008), "금융투자상품에 대한 불공정거래 규제", 금융감독원(2008. 12), 54쪽.
3) 주식에 대한 시세조종 등 불공정거래행위는 주식시장에서의 수요와 공급에 따른 공정한 가격형성을 방해하여 건전한 주식시장의 육성 및 발전을 저해할 뿐만 아니라 주식거래에 참여하고 있는 불특정 다수의 일반투자자들로 하여금 예측하지 못한 손해를 입게 하는 것으로서 엄정히 처벌되어야 할 중대한 범죄행위이다(서울중앙지방법원 2007. 2. 9. 선고 2006고합770 판결). 또한 시세조종행위는 불특정 다수의 다른 투자자들을 기망하여 재산적 이익을 얻는 것과 마찬가지로서 증권시장에 대한 불신을 가져와 결국 국민경제의 발전을 저해하게 되므로 엄히 처벌하여야 마땅하다(서울중앙지방법원 2007. 6. 22. 선고 2007고합11, 366 (병합) 판결).
4) 박임출(2011), "시세조종의 구성요건인 변동거래와 유인목적", 증권법연구 제12권 제2호(2011. 9), 213쪽.

Ⅳ. 시세조종행위의 동기

시세조종은 다음과 같은 동기에서 이루어진다. ⅰ) 증권을 시세보다 높게 발행 또는 매도하거나 시세보다 낮게 취득하고자 하는 경우, ⅱ) 자기의 매수에 의하여 시세를 상승시켜 상승한 시세로 전매하거나 자기의 매도에 의하여 시세를 하락시켜 하락한 시세로 매수함으로써 차익을 얻고자 하는 경우, ⅲ) 자기의 매수에 의하여 시세를 상승시킨 후 매수한 주식을 토대로 당해 주식 발행회사의 경영에 간섭할 태도를 보여 당해 주식을 그 회사 경영진측에 고가로 매도함으로써 차익을 얻으려는 경우, ⅳ) 발행회사 또는 인수회사가 당해 증권의 모집·매출을 용이하게 하기 위하여 그 시세를 일정 수준으로 유지하고자 하는 경우, ⅴ) 결산기 또는 납세기에 보유주식의 장부가격을 위장하거나 조작하고자 하는 경우, ⅵ) 주식의 담보가격을 유리하게 하고자 하는 경우 등이다.[5]

우리나라의 시세조종 사건에서 시세조종의 동기로 판시하고 있는 판례들의 주요 내용은 대부분 금전적 이해관계에 기인하는 것이다. 예를 들면 보유주식의 고가매도,[6] 원활한 유상증자,[7] 전환사채의 조기상환 유도,[8] 전환사채 발행가의 상승,[9] 사채발행의 원활화,[10] 전환사채 가격조정에 의한 지분희석 방지,[11] 담보권자의 반대매매 방지,[12] 영업용순자본비율의 증가,[13] 전환사채의 발행가격을 높이거나 원활한 발생을 위한 경우,[14] 보유하거나 매집 중인 증권의 가격을 인위적으로 상승시킨 후 일반투자자에게 매도하여 차익을 얻는 것이나, 그 외에도 담보로 제공한 증권에 대한 사채업자의 담보권 실행을 방지하기 위한 경우,[15] 합병반대주주의 주식매수청구권 행사를 억제하기 위한 것[16] 등이 있다.

---

5) 사법연수원(2002), 「경제범죄론」, 2002, 155쪽.
6) 대법원 2002. 6. 14. 선고 2002도1256 판결; 대법원 2007. 11. 29. 선고 2007도7471 판결.
7) 대법원 2002. 7. 22. 선고 2002도1696 판결; 대법원 2002. 7. 26. 선고 2001도4947 판결.
8) 대법원 2006. 5. 11. 선고 2003도4320 판결.
9) 서울지방법원 2000. 5. 12. 선고 2000고단2008 판결.
10) 대법원 2004. 1. 27. 선고 2003도5915 판결
11) 서울중앙지방법원 2004. 4. 16. 선고 2004고합261 판결.
12) 대법원 2001. 6. 26. 선고 99도2282 판결; 서울중앙지방법원 2006. 12. 19. 선고 20067고합729 판결.
13) 대법원 2003. 12. 12. 선고 2001도606 판결.
14) 대법원 2002. 12. 10. 선고 2002도5407 판결.
15) 서울중앙지방법원 2007. 1. 12. 선고 2006고합729 판결.
16) 서울중앙지방법원 2007. 6. 22. 선고 2007고합11, 366(병합) 판결.

제2절 시세조종행위의 유형별 규제

Ⅰ. 행위주체와 규제대상상품

1. 행위주체

자본시장법 제176조 제1항부터 제4항은 시세조종행위의 주체를 "누구든지"로 규정하고 있다. 따라서 증권전문가뿐만 아니라 증권시장에 참여하는 자는 누구나 행위주체가 될 수 있다. 실제거래에 참여하지 않은 자도 시세조종행위의 주체가 될 수 있으며, 단독으로 또는 수인이 공동으로 행위주체가 될 수 있다. "공동"은 공동의 계획 또는 공모보다 넓은 개념으로 이해되고 있다. 또한 자신을 위한 매매거래뿐만 아니라 대리인으로 거래하는 경우, 타인을 위하여 또는 타인의 요청에 의해 매매하는 경우도 행위주체에 포함된다.[17)

2. 규제대상상품

자본시장법 제176조 제1항부터 제3항은 규제대상을 상장증권 또는 장내파생상품으로 하고 있다. 시세조종은 시장에서 특정 금융투자상품에 대한 수요와 공급을 인위적으로 조작함으로써 가격을 조종하려는 행위이므로 시세조종의 규제대상이 되는 것은 상장증권과 장내파생상품에 한정된다. 따라서 장내거래인 거래소시장에서의 거래만이 규제대상이고 장외거래는 규제대상이 아니다. 그러나 거래소 외에서 매도옵션이나 매수옵션을 거래한 경우 거래소에 상장되어 있는 당해 매도 또는 매수옵션의 대상증권에 대한 시세조종이 된다.[18)

나아가 2013년 5월 개정을 통하여 자본시장법 제176조 제4항은 연계시세조종행위의 규제대상을 증권, 파생상품으로 함으로써 종전의 규제대상인 상장증권과 장내파생상품에 비하여 훨씬 규제의 범위를 확장하였다. 따라서 비상장증권이나 장외파생상품을 이용한 시세조종행위도 규제의 대상이 된다.

---

17) 윤영신·이중기(2000), 「증권거래법상 시세조종행위의 요건 및 제재에 관한 연구」, 한국법제연구원(2000. 9), 17-18쪽.
18) 윤영신·이중기(2000), 18쪽.

Ⅱ. 위장매매에 의한 시세조종

1. 의의

(1) 자본시장법 규정

누구든지 상장증권 또는 장내파생상품의 매매에 관하여 그 매매가 성황을 이루고 있는 듯이 잘못 알게 하거나, 그 밖에 타인에게 그릇된 판단을 하게 할 목적으로 다음의 어느 하나에 해당하는 행위를 하여서는 아니 된다(법176①).

1. 자기가 매도하는 것과 같은 시기에 그와 같은 가격 또는 약정수치로 타인이 그 증권 또는 장내파생상품을 매수할 것을 사전에 그 자와 서로 짠 후 매도하는 행위
2. 자기가 매수하는 것과 같은 시기에 그와 같은 가격 또는 약정수치로 타인이 그 증권 또는 장내파생상품을 매도할 것을 사전에 그 자와 서로 짠 후 매수하는 행위
3. 그 증권 또는 장내파생상품의 매매를 함에 있어서 그 권리의 이전을 목적으로 하지 아니하는 거짓으로 꾸민 매매를 하는 행위
4. 제1호부터 제3호까지의 행위를 위탁하거나 수탁하는 행위

자본시장법 제176조 제1항은 "위장매매에 의한 시세조종행위"를 금지하고 있다. 위장매매에 의한 시세조종이란 "누구든지 상장증권 또는 장내파생상품의 매매에 관하여 그 매매가 성황을 이루고 있는 듯이 잘못 알게 하거나 그 밖에 타인에게 그릇된 판단을 하게 할 목적으로 통정매매 또는 가장매매를 하는 것"이다. 통정매매와 가장매매를 통칭하여 위장매매라고 하며 구체적으로 통정매매와 가장매매, 통정매매·가장매매의 위탁 또는 수탁하는 행위를 금지하고 있다.

(2) 입법취지

위장매매는 그 자체로서 위법한 시세조종행위가 된다. 그러나 증권시장에서의 수요공급에 따른 거래가 아니면서 이로 인한 거래량과 가격변화가 증권시장에서의 수요공급에 따른 것으로 오인하게 하여 현실적인 시세조종을 용이하게 하기 때문에 이를 규제대상으로 하고 있다.[19] 통정매매 또는 가장매매라는 위장된 행위를 통하여 공개경쟁시장에서 자유로운 수요와 공급관계에 의해 가격과 거래량이 형성된 것처럼 타인을 오인하게 하는 외관을 나타냄으로 이를 엄격하게 규제하려는 것이다. 또한 매매거래가 계약체결에 이를 것을 요하지 않으며, 매매주문

---

19) 대법원 2001. 11. 27. 선고 2001도3567 판결(증권거래법 제188조의4 제1항은 공개경쟁시장에서의 자연적인 수요공급에 따른 거래가 아닌 통정매매 또는 가장매매로 인한 거래량 또는 가격의 변화가 자유로운 공개경쟁시장에서의 자율적인 수요공급에 따른 정상적인 것인 양 타인을 오도하여 현실적인 시세조종을 용이하게 하는 위장거래행위를 금지하는 데에 그 취지가 있다).

사실만으로 위험이 발생할 수 있으므로 위장매매행위는 금지된다.

2. 유형

(1) 통정매매(제1호 및 제2호)

(가) 의의

통정매매는 상장증권 또는 장내파생상품의 매매거래에 관하여 당사자가 미리 통정한 후 동일 상장증권 또는 장내파생상품에 대하여 같은 시기에 같은 가격으로 매수 또는 매도하는 행위를 말한다. 이러한 통정매매는 반드시 매도인과 매수인 사이에 직접적인 협의가 이루어져야 하는 것은 아니고 그 중간에 매도인과 매수인을 지배·장악하는 주체가 있어 그가 양자 사이의 거래가 체결되도록 주도적으로 기획·조종한 결과 실제 매매가 체결되는 경우도 포함한다.[20] 가장매매가 1인에 의하여 이루어지는 데 반하여 통정매매는 매매당사자 사이의 통모에 이루어진다는 점이 구별된다.

통정매매에서 "타인"이란 유가증권의 매매로 인한 손익이 달리 귀속되는 자를 뜻하는 것으로서, 동일인이 서로 다른 손익의 귀속 주체들로부터 각 계좌의 관리를 위임받아 함께 관리하면서 거래가 성황을 이루고 있는 듯이 잘못 알게 하거나 기타 타인으로 하여금 그릇된 판단을 하게 할 목적으로 각 계좌 상호간에 같은 시기에 같은 가격으로 매매가 이루어지도록 하는 행위도 통정매매에 해당한다.[21]

통정은 명시적인 통정은 물론 부분적으로 하거나 묵시적으로 하는 것도 포함되며, 구두 또는 서면에 의한 통정도 가능하다. 이미 시장에 내어져 있는 주문에 대하여 통정한 후에 동일한 주문을 내어 계약을 성립시키는 것도 쌍방의 주문이 동일한 시기에 시장에 나와 서로 대응

---

20) 대법원 2013. 9. 26. 선고 2013도5214 판결(원심은 그 채택 증거들을 종합하여 그 판시와 같은 사실을 인정한 다음 피고인 2는 한화그룹 경영기획실의 재무팀장으로서 매도인인 공소외 3 주식회사(이하 '공소외 3 회사'라고 한다)의 차명주주들과 매수인인 공소외 2 회사를 지배·장악할 수 있는 위치에 있었고, 실제로 동일한 시점에 차명주식 관리자에게는 매도, 공소외 2 회사 측에는 매수의 지시를 내림으로써 상호 제출한 호가에 의하여 공소외 3 회사 주식의 매매가 이루어지도록 하였으니, 이는 구 증권거래법 제188조의4 제1항 제1, 2호의 통정매매에 해당하며, 그 판시와 같은 공소외 2 회사의 공소외 3 회사 주식 매수 시기와 매수량 및 그 기간 동안의 공소외 3 회사의 주가 변동 내역, 공소외 3 회사의 전체 발행주식 수에 대비한 공소외 2 회사의 주식 매수 규모와 매수 세력의 비중 및 시세관여율 등을 종합해 보면 공소외 2 회사의 위와 같은 매수행위는 정상적인 수요·공급에 따라 경쟁시장에서 형성될 시세 및 거래량을 시장요인에 의하지 아니한 다른 요인으로 인위적으로 변동시킬 가능성이 있는 거래에 해당한다고 보아, 위와 같은 매수 및 매도행위를 계획하고 지시한 피고인 2에게 시세조종의 목적이 있었다고 판단하여 원심에서 추가된 이 부분 예비적 공소사실을 유죄로 인정하였다. 원심판결 이유를 앞서 본 법리와 원심이 적법하게 채택한 증거들에 비추어 살펴보면, 원심의 위와 같은 판단은 정당하고, 거기에 피고인 2의 상고이유 주장과 같이 논리와 경험칙에 반하여 자유심증주의의 한계를 벗어나거나 구 증권거래법상 시세조종행위에 관한 법리를 오해하는 등의 위법이 없다).
21) 대법원 2013. 7. 11. 선고 2011도15056 판결.

하여 계약이 성립하는 것이므로 통정매매에 해당한다.

증권회사의 반대매매 물량이 시장에 유통되는 것을 막기 위하여 증권회사 직원으로부터 통보받은 반대매매 시점과 수량에 맞추어 매수주문을 낸 경우에도 통정매매로 인정된다.[22]

(나) 같은 시기 및 같은 가격, 같은 수량

"같은 시기"는 매수와 매도주문이 반드시 동일한 시간이 아니더라도 시장에서 대응하여 성립할 가능성이 있는 정도의 시간대이면 족하다. 예를 들어 매도주문과 매수주문이 시간적인 간격을 두고 제출되어 기다리는 상황에서 그에 대응한 주문이 제출되어 거래가 성립하는 경우에는 같은 시기에 제출된 주문에 의한 매매는 아니지만 통정매매에 의한 시세조종은 성립한다.[23]

"같은 가격"도 반드시 매수호가와 매도호가가 같을 필요는 없다. 매매 쌍방의 주문이 대응하여 거래가 성립할 가능성이 있는 범위 내의 가격이면 족하다.

또한 "거래수량"과 관련하여 매수주문과 매도주문의 수량이 반드시 일치할 필요도 없다. 통정은 부분적으로 또는 묵시적으로 하는 것도 가능하므로 통정매매가 성립하기 위하여는 매수주문과 매도주문의 수량이 일치할 필요도 없다. 증권시장에서 매도·매수주문에 대하여 가격우선의 원칙과 시간우선의 원칙에 의해 계약이 성립한다. 그런데 거래단위를 기준으로 하여 매도나 매수의 전체 수량이 체결되지 않을 경우에도 그 주문에 대하여 계약이 성립하고 그 체결된 일부 수량에 대하여 계약이 성립한다. 따라서 서로 다른 상이한 매수주문과 매도주문에 대하여도 수량이 일치하는 범위 내에서 통정매매가 성립한다.[24]

(다) 자전거래와의 구별

통정매매와 구별하여야 할 개념으로 자전매매가 있다. 자전매매는 한국거래소의 회원인 증권회사가 고객으로부터 동일한 종류의 주식에 대하여 동일수량의 매수주문과 매도주문을 동시에 받은 경우에 이루어지는 거래로서 거래소에 사전신고를 통해 동일종류, 동일수량, 동일가격의 매수와 매도를 동시에 실시하는 대량매매[25]를 성립시키는 거래를 말한다. 자전거래는 동일 거래원이 동일가격으로 동일수량의 매도주문과 매수주문을 내어 매매계약을 체결시키는 경우를 말한다.

자전거래는 경쟁매매과정에서 처리하기 곤란하거나 경쟁매매에 의하면 주가의 급등락이

22) 서울중앙지방법원 2007. 2. 9. 선고 2006고합770 판결.
23) 대법원 2004. 7. 9. 선고 2003도5831 판결(통정매매에 있어 매도와 매수주문이 반드시 동일한 시기에 있어야 통정매매가 성립하는 것이 아니고 쌍방의 주문이 시장에서 대응하여 성립할 가능성이 있는 시간이면 통정매매가 성립한다).
24) 서울고등법원 2009. 1. 6. 선고 2008노1506 판결.
25) 유가증권시장 업무규정 제31조는 장중대량매매를 제35조는 시간외대량매매를 규정하고 있다.

우려될 정도의 대량거래를 하고자 하는 경우 주가에 영향을 주지 아니하고 신속하게 주문을 처리할 수 있는 거래방식이다. 자전거래는 시장집중원칙과 경쟁매매원칙에 반하는 것으로서 거래당사자 간에 사전에 가격을 정하여 거래하므로 시장의 시세와 자전거래 가격이 다를 경우에는 시세변동을 유발할 염려가 있다. 따라서 한국거래소는 일정한 요건에 의해 자전거래를 허용하고 있다. 한국거래소가 인정하는 자전거래에 해당하는 경우에는 당사자 간에 서로 거래조건을 정하였다고 하더라도 거래성황에 대한 오인 또는 오판의 목적이 없기 때문에 통정매매에 해당하지 않고, 자전매매로 인하여 시세변동의 결과가 발생하더라도 매매거래의 유인목적이 없기 때문에 시세조종행위에 해당하지 않는다.[26]

(2) 가장매매(3호)

가장매매는 매수계좌와 매도계좌가 동일한 경우 또는 그 계좌가 다르더라도 계산 주체가 동일한 경우를 의미한다.[27] 가장매매는 외관상 상장증권 또는 장내파생상품의 매매가 이루어진 것처럼 보이지만 실질적으로는 권리의 이전을 목적으로 하지 않는 매매를 말한다. 가장매매는 동일인이 동일 증권에 대하여 같은 시기에 같은 가격으로 매수 및 매도를 하고, 증권시장의 제3자에게는 독립의 매수인 및 매도인에 의하여 행하여진 현실의 거래와는 구별할 수 없는 형식상의 거래를 만드는 것이다. 가장매매에서 권리의 이전이란 권리의 주체면에서 실질적인 권리귀속 주체의 변경을 의미하고, 실질적인 권리는 당해 증권에 대한 실질적인 처분권한을 의미한다.[28]

가장매매는 동일인 명의의 증권계좌를 이용하여 이루어지기도 하지만 1인이 다수의 차명계좌를 이용하거나 수인이 다수의 차명계좌를 이용하여 이루어지는 것이 일반적이다.[29] 시세조종 행위자는 서로 다른 증권회사에 수개의 차명계좌를 개설·운영하면서 매수주문과 매도주문을 분산시키는 점이 특징이다. 즉 A가 B와 C 명의의 차명으로 서로 다른 증권회사에 차명계

---

26) 김정만(2001), "시세조종행위의 규제", 증권거래에 관한 제문제(하) 재판자료 제91집(2001), 197쪽.
27) 대법원 2013. 7. 11. 선고 2011도15056 판결(시세조종의 일환으로 행해지는 통정매매와 가장매매는 모두 구 증권거래법 제188조의4 제1항에서 규정하는 행위로서 유가증권의 매매로 인한 손익의 귀속 주체가 동일인인지 여부에 따라 행위 태양의 차이가 있을 뿐, 주식시세조종의 목적으로 수개의 행위를 단일하고 계속된 범의 아래 일정 기간 계속·반복한 범행이고 그 보호법익도 유가증권시장 등에서의 유가증권 거래의 공정성 및 유통의 원활성 확보라는 사회적 법익으로서 서로 동일하므로, 이들 행위는 모두 구 증권거래법 제188조의4 소정의 불공정거래행위금지 위반의 포괄일죄를 구성한다(대법원 2002. 7. 26. 선고 2002도 1855 판결; 대법원 2011. 10. 27. 선고 2011도8109 판결 등 참조).
28) 박삼철(1995), "우리나라의 시세조종행위 규제에 관한 고찰", 증권조사월보 제216호(1995), 22쪽.
29) A 등 5인은 공모하여 2011. 3. 17.–2012. 2. 26. 기간 중 X사 등 3개 종목에 대해 시세차익을 얻기 위하여 본인, 친인척 및 지인 명의 36개 계좌에서, X사, Y사 및 Z사 주식 7,346,164주를 매수하고 6,461,993주를 매도하는 과정에서 타인으로 하여금 3개사 주식의 매매가 성황을 이루고 있는 듯이 잘못 알게 하거나 매매거래를 유인할 목적으로, 가장·통정매매 53회(96,545주), 고가매수주문 1,096회(2,125,864주), 물량소진매수주문 1,491회(2,122,785주), 호가공백매수주문 407회(490,923주), 시가·종가관여매수주문 286회(767,058주), 허수매수주문 1,033회(2,564,398주) 등 총 4,366회(8,167,573주)의 시세조종 주문을 제출하여 3개사 주식의 주가를 인위적으로 상승시킨 혐의가 있어 검찰에 고발되었다(법443①(4)(5), 법176①(1)(2)(3) 및 법176②(1)).

좌를 개설한 후 B와 C 사이의 실제 거래를 이루어진 것으로 가장하는 것이다.[30]

(3) 통정매매나 가장매매의 위탁행위 또는 수탁행위(제4호)

통정매매 또는 가장매매가 성립하는 경우에만 제재대상이 되는 것이 아니라 투자중개업자에게 위탁하는 행위도 제재대상이 된다. 증권시장에서는 거래사실뿐만 아니라 주문사실만으로도 투자자의 판단에 영향을 줄 수 있기 때문이다. 이 경우 위탁하는 고객뿐만 아니라 수탁을 하는 투자중개업자의 직원도 제재대상이 된다. 다만 직원의 경우 오인하게 할 목적을 결하고 있는 경우에는 시세조종행위로 제재할 수 없다.

3. 요건

(1) 매매거래

규제대상은 매매거래이다. 따라서 증여, 담보권의 설정과 취득은 규제대상이 아니다. 그러나 거래의 실질과 외관이 다른 경우는 거래의 외관이 매매의 형태를 취한 경우에는 규제대상이 된다. 제1호부터 제3호까지의 행위는 매매거래를 전제로 하지만, 제4호의 통정매매 또는 가장매매의 위탁행위 또는 수탁행위는 위탁행위 또는 수탁행위를 규제대상으로 하므로 매매를 전제로 하지 않는다.

(2) 목적요건

(가) 오인목적

시세조종이 성립하기 위하여는 "매매가 성황을 이루고 있는 듯이 잘못 알게 하거나, 그 밖에 타인에게 그릇된 판단을 하게 할 목적"이라는 불법 목적을 가지고 있어야 한다. 이 목적은 객관적 구성요건요소에 대한 고의 이외에 목적범에서 요구되는 초과주관적 구성요건요소이다. 여기서 목적은 인위적인 통정매매 또는 가장매매에 의하여 거래가 일어났음에도 불구하고, 투자자들에게는 증권시장에서 자연스러운 거래가 일어난 것처럼 오인하게 할 의사로서, 그 목적의 내용을 인식함으로써 충분하다. 즉 타인이 잘못된 판단을 할 가능성이 있는 정도의 인식만으로도 위장매매의 요건이 충족되며 실제로 잘못된 판단을 하였는지는 위장매매의 성립과 관계가 없다.[31]

이러한 목적요건을 둔 것은 위장매매를 하더라도 그것이 투자자를 오인하게 하거나 그릇

---

30) 피고인 A는 2005. 1. 4. 09:10:51경 위 장소에서, B명의 계좌를 이용하여 주당 805원의 가격으로 5,000주를 매수주문하고, 12초 후인 09:11:03에 C명의의 계좌를 이용하여 주당 805원에 3,000주를 매도주문하여 1,500주가 체결되도록 하는 등 별지 범죄일람표(3) 기재와 같이 2004. 12. 10.부터 2005. 1. 5.까지 총 84회에 걸쳐 합계 309,112주의 매매를 체결시키는 방법으로 가장매매를 하였다(서울고등법원 2008. 10. 15. 선고 2008노1447 판결).

31) 대법원 2002. 7. 22. 선고 2002도1696 판결.

된 판단을 하게 할 목적을 가진 경우만을 시세조종으로 규제함으로써 시세조종의 범위가 지나치게 확대되는 것을 방지하고, 시세조종의 의도가 없는 선의의 대량매매를 규제대상에서 배제하기 위한 것이다.

(나) 목적의 정도

목적에 대한 인식의 정도는 적극적 의욕이나 확정적 인식임을 요하지 아니하고 미필적 인식이 있으면 족하다. 여기서의 목적은 다른 목적과의 공존 여부나 어느 목적이 주된 것인지는 묻지 않는다. 또한 투자자의 오해를 실제로 유발하였는지 여부나 타인에게 손해가 발생하였는지 여부 등은 문제가 되지 아니하며,[32] 같은 조 제2항에서 요구되는 "매매를 유인할 목적"이나 제3항의 "시세를 고정시키거나 안정시킬 목적" 또는 그 밖에 "시세조종을 통하여 부당이익을 취득할 목적" 등을 요구하지 않는다.[33]

(다) 목적의 증명

현실적으로 목적성을 증명하는 것이 어렵기 때문에 위장매매의 객관적 요건이 증명되면 주관적 요건인 목적성이 추정되는 것으로 보아야 한다. 따라서 인식에 대한 입증은 시세조종 목적이 없었다고 주장하는 쪽에서 이를 부담하여야 한다. 예컨대 통정매매·가장매매를 수탁한 증권회사 직원도 처벌을 받지만 수탁받은 직원이 위장거래라는 인식을 하지 못한 경우라면 처벌받지 않는다.

Ⅲ. 매매유인목적의 시세조종

1. 의의

(1) 자본시장법 규정

누구든지 상장증권 또는 장내파생상품의 매매를 유인할 목적으로 다음의 어느 하나에 해

---

32) 대법원 2013. 9. 26. 선고 2013도5214 판결; 대법원 2012. 6. 28. 선고 2010도4604 판결; 대법원 2005. 4. 15. 선고 2005도632 판결.

33) 대법원 2001. 11. 27. 선고 2001도3567 판결(증권거래법 제188조의4 제1항 위반죄가 성립하기 위하여는 통정매매 또는 가장매매 사실 외에 주관적 요건으로 거래가 성황을 이루고 있는 듯이 오인하게 하거나, 기타 타인으로 하여금 그릇된 판단을 하게 할 목적이 있어야 함은 물론이나, 이러한 목적은 다른 목적과의 공존 여부나 어느 목적이 주된 것인지는 문제되지 아니하고, 그 목적에 대한 인식의 정도는 적극적 의욕이나 확정적 인식임을 요하지 아니하고 미필적 인식이 있으면 족하며, 투자자의 오해를 실제로 유발하였는지 여부나 타인에게 손해가 발생하였는지 여부 등도 문제가 되지 아니하고, 같은 조 제2항에서 요구되는 "매매거래를 유인할 목적"이나 제3항이 요구하는 "시세를 고정시키거나 안정시킬 목적", 그 밖에 "시세조종을 통하여 부당이득을 취득할 목적" 등이 요구되는 것도 아니고, 이러한 목적은 당사자가 이를 자백하지 않더라도 그 유가증권의 성격과 발행된 유가증권의 총수, 매매거래의 동기와 태양(순차적 가격상승주문 또는 가장매매, 시장관여율의 정도, 지속적인 종가관여 등), 그 유가증권의 가격 및 거래량의 동향, 전후의 거래상황, 거래의 경제적 합리성 및 공정성 등의 간접사실을 종합적으로 고려하여 판단할 수 있다).

당하는 행위를 하여서는 아니 된다(법176②).

1. 그 증권 또는 장내파생상품의 매매가 성황을 이루고 있는 듯이 잘못 알게 하거나 그 시세
   (증권시장 또는 파생상품시장에서 형성된 시세, 다자간매매체결회사가 상장주권의 매매를
   중개함에 있어서 형성된 시세, 그 밖에 대통령령으로 정하는 시세)를 변동시키는 매매 또는
   그 위탁이나 수탁을 하는 행위
2. 그 증권 또는 장내파생상품의 시세가 자기 또는 타인의 시장 조작에 의하여 변동한다는 말
   을 유포하는 행위
3. 그 증권 또는 장내파생상품의 매매를 함에 있어서 중요한 사실에 관하여 거짓의 표시 또는
   오해를 유발시키는 표시를 하는 행위

매매유인목적의 시세조종행위란 "누구든지 상장증권 또는 장내파생상품의 매매를 유인할
목적으로 현실매매, 시세조작의 유포, 거짓의 표시 또는 오해유발표시의 행위를 행하는 것"을
말한다. 자본시장법 제176조 제2항은 매매를 유인할 목적으로 시세를 변동시키는 매매 등에
대한 행위를 규정한다. 제1호는 현실거래에 의한 시세조종행위로 가장 많이 발생하는 유형 중
의 하나이다. 제2호와 제3호는 "표시에 의한 시세조종행위"를 규제하는 규정이다. 제1호의 경
우에 매매의 위탁이나 수탁도 금지되므로 매매의 성립은 요건이 아니고, 제2호와 제3호의 경우
에는 행위유형상 행위자의 매매나 그 위탁은 요건이 아니며, 행위자의 매매유인행위에 의하여
타인이 실제 매매 또는 그 위탁을 하는 것도 요건이 아니다. 그리고 현실거래를 통하여 유가증
권에 대한 권리가 이전된다는 점에서 위장매매와는 구별된다.

(2) 입법취지

현실매매에 의한 시세조종 등 매매거래 유인행위는 자본시장에 정상적인 수요와 공급에
따라 형성될 시세 및 거래량을 인위적으로 변동시키는 거래이므로 금지되고 있다. 그러나 금융
투자상품 매매는 매매규모나 시점에 따라 다소간 시세에 영향을 줄 수 있다. 특히 대량의 매매
주문은 시장에서의 수급불균형을 초래할 뿐만 아니라 호재나 악재의 존재를 추정시킴으로써
시세에 영향을 미친다. 따라서 시세에 영향을 준다는 것만을 이유로 현실적인 금융투자상품 매
매를 모두 규제대상으로 삼을 수는 없을 것이다.[34]

2. 매매유인의 형태와 객관적 요건

자본시장법 제176조 제2항 각 호는 매매유인의 형태를 ⅰ) 현실매매, ⅱ) 시세조작의 유
포, ⅲ) 거짓의 표시 또는 오해유발표시의 행위로 규정하고 있다. 여기에서 ⅱ)와 ⅲ)의 행위를

---

34) 김건식·정순섭(2009), 359쪽.

"표시에 의한 시세조종행위"라고 한다.

(1) 현실매매에 의한 매매유인행위

(가) 의의

현실매매에 의한 시세조종은 상장증권 또는 장내파생상품을 대량·집중적으로 매매하여 그 상장증권 또는 장내파생상품의 시장가격을 행위자가 의도하는 수준까지 인위적으로 상승·유지 또는 하락시키는 행위이다. 그런데 어떤 투자자가 상장증권 또는 장내파생상품을 대량으로 매매하는 때에 자기의 매매로 인하여 그 상장증권의 시세가 상승 또는 하락할 것이라는 점을 쉽게 예측할 수 있다. 그러나 그 투자자 이외의 다른 투자자는 상장증권 또는 장내파생상품의 시세가 변동되는 진정한 이유를 알지 못하기 때문에 그 상장증권 또는 장내파생상품의 시세 추이에 따라 자신의 투자 방향을 조정할 수밖에 없고, 그 결과 그 상장증권의 시세는 동일한 방향으로 탄력을 받을 가능성이 크다.[35)36)]

현실매매에 의한 시세조종은 자본시장법이 금지하는 행위유형 가운데 가장 많이 이용될 수 있다. 하지만 현실매매에 의한 시세조종행위는 다양한 형태로 이루어지므로 실제 사안에서 정당한 매매거래와 외관상의 구분이 쉽지 않다. 모든 증권과 장내파생상품의 거래가 당해 증권 등의 시세에 영향을 줄 수 있으므로 위장매매나 거짓표시 등의 경우와 달리 행위의 형태만으로는 자본시장에서의 정당한 매매거래와 구별하기가 쉽지 않다는 점에서 법적용에 어려움이 있다.[37)]

(나) 매매가 성황을 이루고 있는 듯이 잘못 알게 하는 행위

1) 개념

현실매매에 의한 행위가 시세조종행위로 인정되기 위해서는 "매매거래가 성황을 이루고 있는 듯이 잘못 알게 하는 행위"가 있거나 "그 시세를 변동시키는 매매거래의 행위" 또는 "그 위탁이나 수탁을 하는 행위"가 있어야 한다.[38)] 현실의 시세조종행위에 있어서는 시세를 변동

---

35) 박임출(2011), 219쪽.
36) 자본시장법 제176조 제2항의 시세조종 금지규정은 1997년 1월 13일 증권거래법 개정(법률 제5254호)으로 도입되었다. 특히 동항 1호는 미국의 1934년법 제9(a)(2), 일본의 금융상품거래법 제159조 제1항과 같이 "누구든지 상장증권 또는 장내파생상품의 매매를 유인할 목적으로 그 증권 또는 장내파생상품의 매매가 성황을 이루고 있는 듯이 잘못 알게 하거나 그 시세를 변동시키는 매매"를 금지하고 있다. 이러한 현실매매에 의한 시세조종은 증권시장에서 발생하는 대표적인 불공정거래행위이다. 이 규정은 현재 증권시장에서의 시세조종을 단속하고 처벌하는 핵심적인 장치로 기능하고 있고, 제178조의 포괄적 사기금지규정의 도입에도 불구하고 앞으로도 그 역할은 지대할 것으로 기대된다(박임출(2011), 232쪽).
37) 송호신(2009), 433쪽.
38) 대법원 2002. 6. 14. 선고 2002도1256 판결(매매계약의 체결에 이르지 아니한 매수청약 또는 매수주문이라 하더라도 그것이 유가증권의 가격을 상승 또는 하락시키는 효과를 가지고 제3자에 의한 유가증권의 매매거래를 유인하는 성질을 가지는 이상 증권거래법 제188조의4 제2항 제1호 소정의 "유가증권의 매매거래가 성황을 이루고 있는 듯이 잘못 알게 하거나 그 시세를 변동시키는 매매거래 또는 그 위탁이나 수탁을 하

시키는 매매거래의 행위가 가장 문제되지만, 일반적으로 시세를 변동시키기 위해서는 매매거래가 성황을 이루고 있는 것처럼 보이게 하는 "바람잡이 거래"를 수반하는 것이 보통이다. 매매성황의 오인을 유발하는 행위는 이러한 "바람잡이 거래"를 시세조종행위의 규제대상으로 포함시킴으로써 시세조종행위의 규제범위를 확장하는 역할을 한다.[39]

2) 판단방법

"매매가 성황을 이루고 있는 듯이 잘못 알게 하는 행위"인지 여부는 그 증권의 성격과 발행된 증권의 총수, 가격 및 거래량의 동향, 전후의 거래상황, 거래의 경제적 합리성과 공정성, 가장 혹은 허위매매 여부, 시장관여율의 정도, 지속적인 종가관리 등 거래의 동기와 태양 등의 간접사실을 종합적으로 고려하여 이를 판단하여야 한다.[40] 예를 들어 현실매매의 거래가 있기 이전에 당해 종목의 거래상황에 비추어 정상적인 수요와 공급에 따른 거래량·가격변동보다 성황을 이루고 있는 듯이 평균적인 투자자를 오인시킬 수 있는지의 여부를 살펴보아야 한다. 매매거래에 대한 진실한 의사없이 주문을 내는 허수주문이나 매수가격을 부르는 허수호가 등이 대표적이다.[41]

3) 매매가 성립할 것을 요구하는지 여부

매매성황의 오인을 유발하는 행위로는 일반적으로 통정매매와 가장매매가 빈번하게 이용된다.[42] 실제로 매매가 이루어지면서 투자자를 오인시키는 행위가 대부분이지만, 실제로 매매가 이루어지지 않은 채 호가행위[43]만으로도 타인을 오인시키는 것도 가능하므로 반드시 매매가 이루어질 것이 요구되는 것은 아니다.[44]

는 행위"에 해당하고, 단지 매수주문량이 많은 것처럼 보이기 위하여 매수의사 없이 하는 허수매수주문도 본조 제2항 제1호가 금지하는 이른바 현실거래에 의한 시세조종행위의 유형에 속한다).

39) 남궁주현(2011), "현실매매에 의한 시세조종행위의 성립요건에 관한 고찰", 증권법연구 제12권 제2호 (2011. 8), 268쪽.

40) 대법원 1994. 10. 25. 선고 93도2516 판결; 대법원 2001. 6. 26. 선고 99도2282 판결; 대법원 2002. 7. 26. 선고 2001도4947 판결; 대법원 2002. 7. 22. 선고 2002도1696 판결; 대법원 2009. 4. 9. 선고 2009도675 판결.

41) 송호신(2009), 433쪽.

42) 혐의자들은 공모하여 수개월 동안 A명의 등 30여개 증권계좌를 이용하여 Y사 주식 29,839,123주를 매수하고 27,170,550주를 매도하는 과정에서, 시세차익을 얻기 위하여 매매가 성황을 이루고 있는 듯이 잘못 알게 하거나 매매를 유인할 목적으로, 고가매수주문 8,912회(16,514,383주), 물량소진주문 2,945회(2,415,571주), 시·종가관여주문 23회(120,472주), 허수매수주문 277회(2,367,814주), 통정·가장매매 118회(528,630주) 등 총 12,275회(21,946,870주)의 시세조종 주문을 제출한 혐의가 있어 검찰에 고발되었다(법443①(4)(5), 법176① 및 법176②(1)).

43) 대법원 2002. 6. 14. 선고 2002도1256 판결(호가행위에는 진정하게 매매거래의 의사를 가지고 하는 경우뿐만 아니라 진정한 매매거래의 의사 없이 주문을 내는 행위도 포함된다. 단지 매수주문량이 많은 것처럼 보이기 위하여 매수의사 없이 하는 "허수매수주문"도 현실매매에 의한 시세조종행위의 유형에 속한다).

44) 남궁주현(2011), 268쪽.

(다) 시세를 변동시키는 매매

1) 개념

증권 또는 장내파생상품 시장에서 수요·공급의 원칙에 의하여 형성되는 증권 또는 장내파생상품의 가격을 인위적으로 상승 또는 하락시켜 왜곡된 가격을 형성하는 매매를 말한다.[45) 시세를 변동시키는 매매거래의 행위는 현실거래나 실제거래를 통하여 인위적으로 증권이나 장내파생상품의 시세를 상승 또는 하락하도록 유인하는 행위이다.[46)

유인목적의 매매가 되는 위법성 판단의 기준으로는 시세를 지배할 의도로 행하여 시세가 변동할 가능성 있는 거래라고 해석된다. ⅰ) 시장입회 전부터 직전일의 종가보다 높은 가격의 매수주문을 낸 행위, ⅱ) 매매의 동향을 보면서 직전 가격보다 높은 가격으로 주문을 내거나 매수주문의 가격을 높이는 행위, ⅲ) 순차적으로 일정액씩 높여서 매수주문을 내는 행위, ⅳ) 수차례로 분할하여 주문하는 행위, ⅴ) 매수지정가주문으로 주가의 하락을 막는 매매, ⅵ) 종가가 결정될 때에 고가로 매수하는 행위 등을 들 수 있다.[47)

2) 시세를 변동시키는 결과가 발생하여야 하는지 여부

시세를 변동시키는 매매로 인하여 실제로 시세가 변동될 필요까지는 없고, 일련의 행위가 이어진 경우에는 그 행위로 인하여 시세를 변동시킬 가능성이 있으면 충분하다.[48) 실제로 시세변동의 결과가 발생하였다 하더라도 오로지 행위자의 행위에 의하여 시세가 변동되었다는 사실은 요구되지 않고, 시세변동의 다른 사정이 있더라도 행위자의 행위가 시세변동의 주된 요인으로 작용하면 된다. 행위에 대한 위탁이나 수탁도 포함되므로 실제로 매매거래가 체결되지 아니하고 위탁 단계에 머물더라도 시세조종행위가 성립될 수 있다. 이는 다른 투자자가 주문가격을 올리도록 하는 결과를 초래하기 때문이다.[49)

3) 시세의 범위

자본시장법은 시세의 범위에 관하여 "증권시장 또는 장내파생상품시장에서 형성된 시세, 다자간매매체결회사(전자증권중개회사)가 상장주권의 매매를 중개함에 있어서 형성된 시세, 상

45) 대법원 1994. 10. 25. 선고 93도2516 판결.
46) A와 B는 Y투자자문의 공동 대표이사로서 실전 주식 투자대회에서 높은 순위를 차지하여 이를 신규 투자 일임계좌 유치에 이용하고, 회사 고유재산 등의 운용수익을 증가시킬 목적으로 X사 등의 주식을 시세조종 하였다. 2000년 3. 26.∼4. 5. 기간 중 투자일임계좌 53개와 Y투자자문 법인계좌 2개 및 A 가족명의 계좌 3개, 대회 참가계좌 1개 등 총 59개 증권계좌를 이용하여 X사 등 3개사 주식 965,370주를 매수하고 308,258주를 매도하는 과정에서, 매매를 유인할 목적으로 고가매수 2,131회(241,012주), 종가관여 450회 (284,962주), 시가관여 2회(10,000주) 등 총 2,583회(535,974주)의 시세조종 주문을 제출하여 주가를 인위 적으로 상승시킨 혐의가 있어 검찰에 고발되었다(법443①(5), 법448, 법176①(1)).
47) 송호신(2009), 433∼434쪽.
48) 대법원 2007. 11. 29. 선고 2007도7471 판결; 대법원 2008. 12. 11. 선고 2006도2718 판결.
49) 윤영신·이중기(2000), 18쪽.

장(금융위원회가 정하여 고시하는 상장을 포함)되는 증권에 대하여 증권시장에서 최초로 형성되는
시세"라고 규정하고 있다(법176②(1) 및 영202).

4) 매매의 의미

가) 문제제기

일반적으로 시세조종행위는 단일거래보다는 계속적인 거래에 의하여 이루어진다. 미국[50]
이나 일본[51]의 경우에는 이를 반영하여 현실매매에 의한 시세조종행위가 성립하기 위한 요건
으로 "일련의 거래"(a series of transaction)를 요구하고 있다. 그러나 자본시장법 제176조 제2항
제1호에서는 단순히 "매매"라고만 규정하고 있어 그 정확한 의미의 해석이 문제된다. 즉 현실
매매에 의한 시세조종행위의 특성을 고려할 때 단일매매만으로는 시세조종행위가 성립할 수
없고, 일련의 의도로써 행하여진 계속적인 거래만을 "매매"라고 볼 것인지 문제된다. "매매"의
의미에 단일매매까지도 포함된다고 보는 경우 현실매매에 의한 시세조종행위의 적용범위가 확
대되어 건전한 거래질서 확립 및 투자자 보호에 기여할 수 있다는 장점도 있지만, 정상적인 거
래와 시세조종행위의 구별이 더욱 어려워져 과도한 규제에 의한 투자위축이 발생할 수 있다는
단점도 있다.[52]

나) 학설

(a) 단일매매도 포함한다는 견해

현실매매에 의한 시세조종행위에 대하여 자본시장법은 미국 1934년 증권거래법과 일본
금융상품거래법과 달리 일련의 거래(a series of transaction)라는 요건을 규정하지 않으므로 단일
매매도 포함한다는 견해이다.[53] 단일매매보다는 대부분 일련의 거래를 통하여 시세조종이 이
루어지겠지만, 주가변동을 위한 적극적인 행위라면 반드시 일련의 거래인 경우뿐 아니라 단일
매매(시가 또는 종가 형성에 영향을 주기 위한 주문을 하는 경우 포함)라도 가격을 급변시킬 수 있는
데, 이러한 경우 단 1회의 거래라도 시세조종행위에 해당될 수 있다고 한다.[54]

(b) 일련의 거래(a series of transaction)가 요구된다는 견해

자본시장법이나 구 증권·선물거래법에는 미국과 같은 "일련의 거래"요건이 명시되어 있
지 않지만 미국과 동일하게 적어도 수회의 거래를 요구하는 것으로 보아야 한다는 견해이다.
그렇지 않고 단 1회의 거래로도 성립될 수 있다고 보면 정상적인 매매거래와 불법적인 매매거
래를 구분하기가 어렵고, 또한 시장의 매매거래를 크게 위축시킬 수도 있기 때문이라고 한다.

---

50) 1934년 증권거래법 제9(a)(2).
51) 금융상품거래법 제159조 제2항 제1호.
52) 남궁주현(2011), 269-270쪽.
53) 임재연(2019), 915쪽.
54) 남궁주현(2011), 270쪽.

이 견해는 "일련의 거래"에는 적어도 3번의 거래는 필요하다고 본다.[55]

　　다) 판례

　　현실매매에 의한 시세조종행위에 관하여 단일매매만으로 시세조종행위가 성립한다고 본 직접적인 대법원의 판례는 없는 것으로 보인다.[56] 다만 대법원은 특정한 가격에 대량의 물량을 자전거래하기 위하여 먼저 주가를 인위적으로 상승시켜 고정해 놓은 후, 그 고정시킨 가격으로 대량의 물량을 자전시킨 사건에서 1회의 매매에 의해서도 시세조종이 이루어질 수 있다고 한다.[57] 시세의 불법적인 고정·안정 여부를 놓고 다투었지만 단일매매만으로도 시세조종행위가 성립한다고 인정한 판례이다. 하급심 판례 중에서는 일방 당사자가 넉아웃옵션계약에서 이익을 얻기 위하여 보유주식을 종가결정을 위한 동시호가시간대 마감 직전 하한가로 1회의 대량매도주문을 한 행위에 관하여 현실매매에 의한 시세조종행위를 인정하였다.[58]

　　라) 결어

　　자본시장법 제176조 제2항 제1호에서 "매매"라고만 규정하고 있을 뿐 "일련의 거래"라고 명시하지 않은 점, 거래량이 적은 경우 단 1회의 거래로 가격을 급변시킬 수 있는 점, 매매로 인하여 실제로 시세가 변동될 필요까지는 없는 점 등을 고려할 때 "매매"의 의미를 "일련의 매매"로 해석할 필요는 없다.

　　다만 시세변동의 가능성이 있는 단일매매는 정상적인 투자와 구별하기가 쉽지 않고 이를 시세조종행위로 검토할 경우 투자위축을 초래할 수 있으므로 주가변동을 위한 적극적인 행위인지, 그 유가증권의 성격과 발행된 유가증권의 총수, 매매거래의 동기와 유형, 그 유가증권의 가격의 동향, 종전 및 당시의 거래상황[59] 등을 종합적으로 고려하고 목적의 존재 여부를 계속적 거래에 비하여 엄격하게 판단하여 선의의 피해자가 발생하지 않도록 할 것이다.[60]

(2) 시세조작유포에 의한 매매유인행위

　　시세조작유포의 행위는 그 증권 또는 장내파생상품의 시세가 자기 또는 타인의 시장 조작에 의하여 변동한다는 말을 유포하는 행위이다(법176②(2)). 시세가 변동할 가능성이 있다는 말을 유포하여 다른 사람에게 매매거래를 유인할 목적으로 하는 경우에 성립한다. 일반적으로 증권 또는 장내파생상품의 시세를 조종하기 위한 시장 조작에 대한 정보를 유포하는 행위가 이

55) 성희활(2009), "자본시장법상 연계 불공정거래의 규제현황과 개선방향", 금융법연구 제6권 제2호 (2009. 12), 49-50쪽.
56) 대법원 2009. 4. 9. 선고 2009도675 판결(간접적으로는 "일련의 행위가 이어진 경우에는 전체적으로 그 행위로 인하여 시세를 변동시킬 가능성이 있으면 충분하다"고 하여 일련의 행위가 필수적인 요소는 아니라고 본다).
57) 대법원 2004. 10. 28. 선고 2002도3131 판결.
58) 서울중앙지방법원 2011. 1. 28. 선고 2010고합11 판결.
59) 대법원 2001. 6. 26. 선고 99도2282 판결.
60) 남궁주현(2011), 271-272쪽.

에 해당한다. 예를 들면 작전이 곧 행해질 것이라는 소문이나 내부정보를 가지고 고객에게 특정 주식의 매입을 권유하는 행위를 들 수 있다. 그러나 시세변동의 유포의 대상자와 매매거래의 유인의 대상자가 일치할 필요는 없다.

"증권 또는 장내파생상품의 시세"란 자본시장에서 형성되는 구체적인 가격을 말한다. "자기 또는 타인의 시장 조작에 의하여 변동한다는 말"은 단지 일반적인 풍문 수준의 말이 아니라 상당히 구체적인 내용이 요구된다. 유포에는 반드시 인쇄물·통신·기타 공개적인 매체에 의한 것뿐 아니라 개별접촉에 의한 구두전달행위도 포함된다. 그러나 시장 조작을 위한 실제적인 매매거래를 수반할 필요는 없어 유포를 한 후에 시장 조작이 실행되지 않더라도 시세조작유포에 의한 매매유인행위가 성립된다.[61]

(3) 거짓표시 또는 오해유발표시에 의한 매매유인행위

(가) 행위유형

거짓표시 또는 오해유발표시의 행위는 그 증권 또는 장내파생상품의 매매를 함에 있어서 중요한 사실에 관하여 거짓의 표시 또는 오해를 유발시키는 표시를 하는 행위이다(법176②(3)). 거짓표시 또는 오해유발의 표시를 하여 다른 사람에게 매매거래를 유인할 목적으로 하는 경우에 성립한다. 거짓표시는 틀린 정보를 상대방에게 적극적으로 나타내어 그를 기망에 빠뜨리는 것을 말하고, 오해를 유발시키는 표시는 공시하지 아니하거나 공시를 하더라도 정보를 누락시키는 것을 말한다. 그러나 중요사실의 거짓표시 대상자와 매매거래의 유인 대상자가 일치할 필요는 없다. 즉 매매의 상대방이 아니더라도 거짓표시 또는 오해유발의 표시를 행하였다면 시세조종행위가 성립한다.[62]

(나) 중요한 사실

"매매를 함에 있어서 중요한 사실"이란 당해 법인의 재산·경영에 관하여 중대한 영향을 미치거나 상장증권 등의 공정거래와 투자자 보호를 위하여 필요한 사항으로서 투자자의 투자판단에 영향을 미칠 수 있는 사항을 의미한다.[63] 따라서 중요한 사실이란 당해 증권 또는 장내파생상품의 매매에 있어서 투자자의 투자판단에 영향을 미칠 만한 사실을 의미한다. 그렇지 아니한 사실(즉 투자자의 투자판단에 영향을 미치지 못하는 정도의 정보)이라면 규제의 대상이 되지 않는다.

---

61) 송호신(2009), 434-435쪽.
62) 신영무(1987), 302쪽.
63) 대법원 2018. 4. 12. 선고 2013도6962 판결.

3. 매매유인의 목적(주관적 요건)

매매거래의 유인에 의한 시세조종이 성립하려면 시장에서 매매거래를 유인할 목적이 필요하다. 위의 3가지 유형 중에 "시세조작유포에 의한 행위"와 "거짓표시 또는 오해유발표시에 의한 행위"는 각각의 행위가 있었다는 것만 입증되면 쉽게 목적의 존재가 인정된다. 하지만 "현실거래에 의한 행위"의 경우 일단 시세를 변동시킬 수 있는 거래가 행해지면 그 거래가 시세조종행위에 해당하는지 또는 정상적인 투자거래의 일환으로 행하여졌는지의 여부가 유인목적이 있는지에 따라 결정되어야 한다.

(1) 현실매매에 의한 매매유인행위

(가) 의의

현실매매에 의한 시세조종행위가 인정되기 위해서는 "매매를 유인할 목적"이라는 주관적 요건을 충족하여야 한다. "매매를 유인할 목적"이란 시장오도행위를 통해 투자자들로 하여금 시장의 상황이나 상장증권의 가치 등에 관하여 오인하도록 하여 상장증권 등의 매매에 끌어들이려는 목적을 말한다. 이와 같은 목적은 그것이 행위의 유일한 동기일 필요는 없으므로, 다른 목적과 함께 존재하여도 무방하고, 그 경우 어떤 목적이 행위의 주된 원인인지는 문제 되지 아니한다.[64][65] 즉 자신의 매매거래로 인해 타인으로 하여금 곧 주가의 상승 또는 하락이 있을 것이라는 판단을 유도하여 매매거래에 참여하도록 유인시킬 목적이 있어야 한다. 따라서 투자자를 조작된 가격으로 끌어들이려는 목적이 없는 매매는 비록 시세를 변동시키는 행위일지라도 시세조종으로 처벌되지 않는다. 또한 행위자에게 "매매를 유인할 목적"만 있으면 되며 투자자가 실제로 유인될 필요는 없다.[66]

(나) 판단기준

"매매를 유인할 목적"은 주관적 요건으로서 행위자의 내심의 영역에 존재한다는 점에서 그 존재 여부를 판단하는 것이 쉽지 않다. 따라서 보통의 경우 직접적인 목적의 존재를 입증하기보다는 일정한 태양의 행위가 존재하면 그로부터 행위자에게 "매매를 유인할 목적"이 있었다고 사실상 추정하는 방식으로 입증하는 경우가 많다. 예를 들어 자본시장법 제176조 제2항 제2호 및 제3호에 해당하는 "그 증권 또는 장내파생상품의 시세가 자기 또는 타인의 시장조작

---

64) 대법원 2018. 4. 12. 선고 2013도6962 판결.
65) "매매를 유인할 목적"이란 인위적으로 조작을 가하여 시세를 변동시킴에도 불구하고 투자자에게는 그 시세가 유가증권시장에서의 자연적인 수요·공급의 원칙에 의하여 형성된 것으로 오인시켜 유가증권의 매매에 끌어들이려는 목적을 말한다(대법원 2006. 5. 11. 선고 2003도4320 판결; 대법원 2005. 11. 10. 선고 2004도1164 판결; 대법원 2002. 7. 22. 선고 2002도1696 판결).
66) 남궁주현(2011), 261-262쪽.

에 의하여 변동한다는 말을 유포하는 행위"와 "그 증권 또는 장내파생상품의 매매를 함에 있어서 중요한 사실에 관하여 거짓의 표시 또는 오해를 유발시키는 표시를 하는 행위"의 경우 경제적인 합리성을 결여한 매매주문(통상의 거래관행을 벗어난 주문)이라는 점에서 행위자에게 "매매를 유인할 목적"이 있었다고 인정하는데 무리가 없다. 그러나 현실매매에 의한 시세조종행위는 외관상으로 정상적인 매매와 구분하기 곤란하므로 행위자의 자백이 없는 한 직접적인 증명이 사실상 불가능하다. 따라서 "매매를 유인할 목적"이라는 주관적 요건은 당사자가 이를 자백하지 않더라도 그 유가증권의 성격과 발행된 유가증권의 총수, 가격 및 거래량의 동향, 전후의 거래상황, 거래의 경제적 합리성과 공정성, 가장 혹은 허위매매 여부, 시장관여율의 정도, 지속적인 종가관리 등 거래의 동기와 태양 등의 간접사실을 종합적으로 고려하여 이를 판단하여야 한다.[67]

(다) 인식의 정도

목적에 대한 인식의 정도는 적극적 의욕이나 확정적 인식임을 요하지 아니하고, 미필적 인식이 있으면 족하다. 투자자의 오해를 실제로 유발하였는지나 실제로 시세 변경의 결과가 발생하였는지, 타인에게 손해가 발생하였는지 등도 문제가 되지 아니한다.[68]

(라) 입증의 방법

"매매를 유인할 목적"은 행위자의 주관적 의사이므로 행위자가 자백하지 않는 한 그 목적이 있었음을 직접적으로 입증하는 것은 쉽지 않다. 따라서 행위자가 자백하지 않는 한 매매거래의 유형과 동기 그리고 매매거래를 둘러싼 기타 정황으로 목적의 존재를 입증할 수밖에 없다. 대량매수로 주가가 상승한 후 즉시 주식을 처분한 경우에는 유인목적에 의한 시세조종이라고 인정할 수 있다. 그러나 대량매수 이후에 그 증권을 장기간 보유하는 경우에는 다른 상황을 고려하여 판단해야 할 것이다. 장기간 보유의 경우 유인목적 없이 투자목적으로 매수한 것으로 보아야 할 것이다.[69]

금전적 이해관계자가 가격변동을 일으킨 경우 대체로 유인목적이 있다고 추정된다. 예컨대 인수회사가 보유물량을 처분해야 했던 경우, 증권의 담보제공 이후 담보권자로부터 채무이행독촉을 받은 경우, 주식옵션의 행사가격보다 높은 가격으로 주식을 매수한 경우 등이다. 또한 여러 증권사를 통해 동시에 주문을 받거나, 시초가나 종가에 영향을 미치는 거래가 계속되거나, 단기간의 집중매매, 증권회사를 통하여 다른 투자자에게 매매를 권유하도록 하는 행위, 남아 있는 매매주문 잔량을 계속 전부 소화시키는 행위 등이 유인목적을 추정케 하는 행위들

---

67) 대법원 2002. 7. 26. 선고 2001도4947 판결; 대법원 2003. 12. 12. 선고 2001도606 판결; 대법원 2006. 5. 11.선고 2003도4320 판결.
68) 대법원 2018. 4. 12. 선고 2013도6962 판결.
69) 송호신(2009), 436쪽.

이라 할 수 있다.

위와 같은 행위들이 있다면 객관적으로 매매를 유인할 동기가 있다고 인정될 수 있다. 이러한 유인의 동기가 인정되면 일단 유인목적이 있는 것으로 추정되며 반대로 시세조종 행위자는 당해 거래가 유인목적이 없었다는 사실을 입증하여야 책임을 면할 수 있다.[70]

현실매매에 의한 시세조종행위의 목적성을 입증함에 있어서 직접증거의 확보는 사실상 불가능하기 때문에 특정한 매매거래의 유형이 통상의 거래관행을 벗어나 발생한 경우, 이를 통하여 시세조종행위의 목적이 있었다는 것을 추정하는 데 정황증거가 중요한 의미를 갖는다.

(마) 장 마감 직전의 1회 매매와 "매매를 유인할 목적"

1) 문제점

장 마감 직전에 1회 매도를 한 행위에 대하여 "매매를 유인할 목적"을 인정할 수 있는지 여부가 문제된다. 장 마감 직전이라는 사정은 "당해 거래일"의 "매매를 유인할 목적"이 있다고 보기 어려운 점이 있고, 1회의 매도라는 사정도 "매매를 유인할 목적"의 입증을 어렵게 한다. 물론 장 마감 직전에 1회 매도를 하였다고 하더라도 당사자가 "매매를 유인할 목적"을 스스로 인정하는 등 직접적인 증거가 있는 경우에는 그 목적을 쉽게 인정할 수 있지만, 실제 사례에서 "매매를 유인할 목적"을 자백하는 경우는 거의 없다. 따라서 내심의 의사인 그 목적을 입증하는 것은 쉽지 않다.

그러나 장 마감 직전의 1회 매도주문에 대하여 "매매를 유인할 목적"을 입증하는 것이 전혀 불가능한 것은 아니다. 즉 장 마감 직전의 1회 매도주문행위라고 하더라도 행위자의 동기, 가격 및 거래량의 동향, 전후의 거래상황, 거래의 경제적 합리성과 공정성 등을 종합하여 행위자에게 "매매를 유인할 목적"을 인정할 수 있다.

서울중앙지방법원 2011. 1. 28. 선고 2010고합11 판결에서 피고인이 종가결정을 위한 동시호가시간대 마감 직전에 시장가로 1회의 대량 매도주문을 낸 행위에 대하여 "매매를 유인할 목적"을 인정할 수 있는지 여부가 쟁점의 하나로 부각된 경우가 있었으므로, 여기서는 이 판결("도이치은행 대 대한전선 사건")을 중심으로 살펴본다.

2) 장 마감 직전의 매매와 "매매를 유인할 목적" 인정 여부

장 마감 직전이라는 사정은 당해 거래일의 "매매를 유인할 목적"이 있다고 보기 어려운 점이 사실이다. 그러나 매매를 유인하는 행위가 반드시 당해 거래일에만 국한하여 영향을 주어야 한다고 해석할 필요는 없다. 따라서 장 마감 직전의 행위가 당해 거래일 이후에라도 다른 투자자의 투자판단에 영향을 주어 매매거래를 유인할 사정이 존재한다면 당연히 행위자에게 대하여 "매매를 유인할 목적"을 인정할 수 있다.

---

70) 대법원 2001.11.27. 선고 2001도3567 판결.

법원도 "도이치은행 대 대한전선 사건"에서 "피고인의 대량매도주문으로 인하여 다음날에도 주식시장에서 일반투자자들의 매매거래를 유인할 개연성이 있는 점을 알 수 있는바"라고 판시하여 동시호가시간대 마감 직전의 행위라도 "매매를 유인할 목적"을 인정할 수 있다고 보았다.[71]

3) 1회 매매와 "매매를 유인할 목적"인정 여부

앞에서 보았듯이 1회의 매매라고 하더라도 행위자의 동기, 가격 및 거래량의 동향, 전후의 거래상황, 거래의 경제적 합리성과 공정성 등을 종합하여 행위자에게 "매매를 유인할 목적"을 인정할 수 있는 경우가 있다. 법원도 "도이치은행 대 대한전선 사건"(피고인은 장 마감 직전 하한가로 1회의 대량 매도주문을 냈다)에서, 1회의 매매라고 하더라도 매매를 유인할 목적이 인정된다는 취지로 판시하였다.

즉 법원은 이 사건에서 "피고인은 넉아웃옵션계약[72]의 체결 당사자인 대한전선의 자금팀장으로서, 35만주를 시장가로 대량매도주문을 제출함으로써 시세차익을 얻을 목적도 있었다고 보이나, 피고인으로서는 당일 한미은행 주식의 종가를 넉아웃 가격 이하로 형성시킬 필요성이 있었던 점,[73] 지정가주문이 아닌 시장가주문을 제출한 점, 직전 3일간의 종가 평균거래량이 약 6만 6천주에 불과하였고, 피고인이 대량매도주문을 할 당시 예상체결수량은 251,960주에 불과한 상황에서 장 마감 무렵에 넉아웃을 방지하기 위하여 35만주의 대량매도주문을 제출하여 예상체결수량을 420,680주로 크게 증가시킬 경우 일반투자자들 입장에서 보면 한미은행 주식의 매매거래가 성황을 이루고 있는 것으로 오인하여 다른 사람들의 매매거래를 유인할 가능성이 있고, 피고인 또한 이러한 사정을 인식할 수 있었다고 보이는 점, 대한전선의 대량 매도주문으로 인해 다음날에도 주식시장에서 일반투자자들의 매매거래를 유인할 개연성이 있는 점을 알 수 있는바, 이러한 사정을 종합하면 피고인은 위 대량매도주문으로 인하여 당해 주식의 매매거래에 제3자를 유인할 가능성이 있음을 미필적으로 인식한 상태에서 매도주문을 제출하였다고 보인다. 따라서 피고인에게 매매거래를 유인할 목적이 인정된다고 할 것이다"라고 판시함으로써 하한가로 1회의 대량 매도주문을 한 행위라고 할지라도 "매매를 유인할 목적"을 인정할 수 있다고 보았다.[74]

---

71) 서울중앙지법 2011. 1. 28. 선고 2010고합11 판결.

72) 넉아웃(knock-out) 옵션계약이란 주가가 특정지수를 넘어서면 넉아웃(knock-out)에 걸려 거래가 소멸하는 파생상품계약을 말한다.

73) 당시 자금 마련이 시급했던 대한전선은 보유 중이던 한미은행 주식 2,859,370주를 주당 7,930원에 도이치은행에 매도하되, 이를 되찾아올 생각으로 도이치은행과 1년 만기 콜옵션계약을 체결하였는데(행사가격 7,892원, 대상주식 2,859,370주, 콜옵션 매수가격으로 8억 원을 도이치은행에 지급), 그 옵션계약은 1년 만기까지 한미은행의 주가가 행사가격의 200%인 15,784원을 초과하면 옵션계약이 무효로 되고, 도이치은행은 대한전선에 7억 원을 반환하기로 하는 내용이 포함되어 있었다.

74) 서울중앙지법 2011. 1. 28. 선고 2010고합11 판결.

(2) 시세조작유포 및 거짓표시 또는 오해유발표시에 의한 매매유인행위

시세조작유포 행위와 거짓표시 또는 오해유발표시 행위의 경우 시세조종이 성립하려면 매매거래를 유인할 목적으로 시세조종이 행하여져야 한다. 즉 행위자가 고의로 시세조작의 정보를 유포하거나 당해 유가증권의 매매에서 중요한 사실에 관하여 거짓의 표시 또는 오해를 유발하게 하는 표시를 한다는 인식을 가져야 한다.

실제로 자기나 타인의 시장 조작에 대한 정보가 진실한 것이었다고 하여도 이에 대해 매매거래의 유인목적을 가지고 행하였다면 이는 시세조종행위에 해당한다. 또한 표시가 거짓이거나 오해를 유발한다는 것을 알고 있거나 알 수 있었다고 믿을만한 상당한 증거가 있는 경우에는 매매거래를 유인하는 목적이 있었다고 보아야 한다.

Ⅳ. 시세의 고정 또는 안정행위에 의한 시세조종

1. 시세의 고정 또는 안정행위의 금지

누구든지 상장증권 또는 장내파생상품의 시세를 고정시키거나 안정시킬 목적으로 그 증권 또는 장내파생상품에 관한 일련의 매매 또는 그 위탁이나 수탁을 하는 행위를 하여서는 아니된다(법176③).

자본시장법 제176조 제3항에서는 유가증권의 시세를 고정시키거나 안정시킬 목적으로 하는 위탁 및 수탁에 대하여 규제하고 있다. 시세의 상승 또는 하락에 영향을 미치는 행위뿐만 아니라, 시세를 고정 또는 안정시키기 위한 거래도 증권시장의 공정하고 자유로운 가격결정체계를 왜곡한다는 점에서 시세조종행위에 해당한다.[75]

시세의 고정 또는 안정행위란 증권이나 장내파생상품의 모집·매출을 원활히 하기 위하여 증권이나 장내파생상품의 모집·매출 전에 일정기간 동안 모집·매출될 증권의 가격을 일정한 수준으로 고정 또는 안정시키는 것을 말한다. 자본시장법에는 그러한 행위의 형태로 ⅰ) 시세고정 또는 안정조작을 위한 매매, ⅱ) 그 위탁이나 수탁의 행위를 규정하고 있다. 이러한 행위는 시세를 변동시키는 행위가 아니지만 자연스러운 수요와 공급에 의한 가격 형성이 아니라 인위적으로 형성하는 가격이며, 매출된 증권의 매수를 다른 자에게 유인할 목적으로 행해지기

---

75) A는 Y사 보유주식의 시세차익을 얻기 위하여 2001년 6. 18.-10. 14.(1차), 2002. 1. 4.-8. 10.(2차), 2002. 10. 24.-2003. 2. 20.(3차) 기간 중 본인 명의 등 총 14개 증권계좌를 이용하여, Y사 주식 1,008,693주를 매수하고 423,076주를 매도하는 과정에서, 매매를 유인할 목적으로 고가매수주문 514회(417,465주), 시가·종가관여매수주문 214회(174,264주), 허수매수주문 8회(55,000주), 물량소진매수주문 39회(42,671주) 등 총 775회(689,400주)의 시세조종 주문을 제출하여, Y사 주가를 1차 혐의기간 중 인위적으로 상승시키고 2차, 3차 혐의기간 중 하락을 방지한 혐의가 있어 검찰에 고발되었다(법443①(5)(6), 법176②(1) 및 법176③).

때문에 시세조종행위로 분류되어 금지된다.

여기서 상장증권 등의 "시세를 고정"시킨다는 것은 본래 정상적인 수요·공급에 따라 자유경쟁시장에서 형성될 증권 등의 시세에 시장요인에 의하지 아니한 다른 요인으로 인위적인 조작을 가하여 시세를 형성 및 고정시키거나 이미 형성된 시세를 고정시키는 것을 말하는 것으로서, 시세고정 목적의 행위인지 여부는 그 증권 등의 성격과 발행된 그 증권 등의 총수, 가격 및 거래량의 동향, 전후의 거래상황, 거래의 경제적 합리성과 공정성, 시장관여율의 정도, 지속적인 종가관리 등 거래의 동기와 태양 등의 간접사실을 종합적으로 고려하여 이를 판단한다. 따라서 자본시장법 제176조 제3항을 위반하여 상장증권의 매매 등에 의하여 시세를 고정시킴으로써 타인에게 손해를 입힌 경우에 상당인과관계가 있는 범위 내에서는 민법 제750조의 불법행위책임을 지며, 이러한 법리는 금융투자상품의 기초자산인 증권의 시세를 고정시켜 타인에게 손해를 가한 경우에도 마찬가지로 적용된다.[76]

2. 금지의 예외(안정조작 및 시장조성)

(1) 서설

(가) 입법취지

시세의 고정 또는 안정은 시세조종행위로서 원칙적으로 금지되나, 일정한 요건을 갖춘 안정조작과 시장조성의 경우는 예외가 인정된다.[77] 안정조작과 시장조성은 시세에 대한 인위적인 간섭이기는 하나 공모(모집 및 매출)로 인한 시장충격을 완화하고 공모를 원활히 하는 순기능을 한다는 점을 고려하여 허용하는 것이다.

(나) 안정조작의 개념

안정조작이란 투자매매업자(모집 또는 매출되는 증권의 발행인 또는 소유자와 인수계약을 체결한 투자매매업자로서 대통령령으로 정하는 자에 한한다)가 대통령령으로 정하는 방법에 따라 그 증권의 모집 또는 매출의 청약기간의 종료일 전 30일의 범위에서 대통령령으로 정하는 날부터 그 청약기간의 종료일까지의 기간 동안 증권의 가격을 안정시킴으로써 증권의 모집 또는 매출을 원활하도록 하기 위한 매매거래를 말한다(법176③(1)).

---

76) 대법원 2016. 3. 24. 선고 2013다2740 판결.
77) 대법원 2004. 10. 28. 선고 2002도3131 판결(자유로운 유가증권시장에 개입하여 인위적으로 유가증권의 시세를 조작하는 것을 방지하려는 증권거래법의 입법 취지에 비추어 위 규정의 취지를 살펴보면 증권거래법 제188조의4 제3항은 유가증권의 시세를 고정시키거나 안정시킬 목적으로 유가증권시장 또는 협회공개시장에서 행하는 매매거래 또는 그 위탁이나 수탁을 금지하되, 다만 유가증권의 모집·매출을 원활하게 하기 위한 시장에서의 필요성에 의하여 그 시행령 제83조의8 제1항 소정의 안정조작과 시장조성을 그 이하 조항이 정하는 기간·가격 및 주체 등에 관한 엄격한 조건하에 예외적으로 허용하는 의미라고 보아야 할 것이다).

(다) 시장조성의 개념

시장조성이란 투자매매업자가 대통령령으로 정하는 방법에 따라 모집 또는 매출한 증권의 수요·공급을 그 증권이 상장된 날부터 6개월의 범위에서 대통령령으로 정하는 기간 동안 조성하는 매매거래를 하는 경우를 말한다(법176③(2)).

(2) 안정조작 및 시장조성을 위해 허용되는 경우

다음과 같은 경우에는 예외적으로 허용된다(법176③ 단서).

1. 투자매매업자(모집 또는 매출되는 증권의 발행인 또는 소유자와 인수계약을 체결한 투자매매업자로서 대통령령으로 정하는 자에 한한다)가 대통령령으로 정하는 방법에 따라 그 증권의 모집 또는 매출의 청약기간의 종료일 전 30일의 범위에서 대통령령으로 정하는 날부터 그 청약기간의 종료일까지의 기간 동안 증권의 가격을 안정시킴으로써 증권의 모집 또는 매출을 원활하도록 하기 위한 매매거래("안정조작")를 하는 경우
2. 투자매매업자가 대통령령으로 정하는 방법에 따라 모집 또는 매출한 증권의 수요·공급을 그 증권이 상장된 날부터 6개월의 범위에서 대통령령으로 정하는 기간 동안 조성하는 매매거래("시장조성")를 하는 경우
3. 모집 또는 매출되는 증권 발행인의 임원 등 대통령령으로 정하는 자가 투자매매업자에게 안정조작을 위탁하는 경우
4. 투자매매업자가 제3호에 따라 안정조작을 수탁하는 경우
5. 모집 또는 매출되는 증권의 인수인이 투자매매업자에게 시장조성을 위탁하는 경우
6. 투자매매업자가 제5호에 따라 시장조성을 수탁하는 경우

시세의 고정·안정은 일반적인 시세조종과 다른 측면이 있는데 증권의 모집 또는 매출에 있어 당해 증권의 가격이 일정 수준에 미치지 못하는 경우 대량실권 등 기업의 자금조달에 현저한 장애가 초래될 수 있다. 따라서 예외적으로 허용하고 있는데 증권의 공모를 원활히 하기 위해 일정기간 동안 시장에 개입하여 가격의 안정을 꾀하는 안정조작이나 시장조성이 그 예이다. 대량의 증권이 시장에 유입되는 경우 수급의 균형이 깨지며 급격한 가격하락을 초래하여 증권의 모집이나 매출이 사실상 불가능해질 수 있음을 고려한 것이다.

3. 안정조작 및 시장조성을 할 수 있는 자와 안정조작을 위탁할 수 있는 자

모집 또는 매출되는 증권의 발행인 또는 소유자와 인수계약을 체결한 투자매매업자로서 안정조작 및 시장조성을 할 수 있는 자는 ⅰ) 증권신고서를 제출하는 경우에는 그 신고서에 안정조작이나 시장조성을 할 수 있다고 기재된 투자매매업자, ⅱ) 증권신고서를 제출하지 아니하는 경우에는 인수계약의 내용에 안정조작이나 시장조성을 할 수 있다고 기재된 투자매매업자

이다(영203). 이와 같은 제한은 시장조성 또는 안정조작을 이유로 들어 시장의 공정한 가격형성
과 유통을 방해하는 것을 막기 위한 것이다.

투자매매업자에게 안정조작을 위탁할 수 있는 자는 다음의 어느 하나에 해당하는 자를 말
한다(영206).

1. 모집 또는 매출되는 증권의 발행인의 이사
2. 매출되는 증권의 소유자. 다만, 인수계약에 따라 증권이 양도된 경우에는 그 증권을 양도
   한 자를 소유자로 본다.
3. 모집 또는 매출되는 증권의 발행인이 다른 회사에 대하여 또는 다른 회사가 그 발행인에 대하
   여 다음 각 목의 어느 하나에 해당하는 관계가 있는 경우에는 그 회사 또는 그 회사의 이사
   가. 지분증권총수의 30%를 초과하는 지분증권을 소유하고 있는 관계
   나. 지분증권총수의 10%를 초과하는 지분증권을 소유하고 있는 관계로서 제2조 제5호에
      해당하는 관계
4. 모집 또는 매출되는 증권의 발행인 또는 소유자가 안정조작을 위탁할 수 있는 자로 지정하
   여 미리 금융위원회와 거래소에 통지한 자

4. 안정조작 및 시장조성의 투자설명서 기재

투자매매업자는 증권신고서를 제출하는 경우에는 그 증권의 투자설명서에 ⅰ) 안정조작
또는 시장조성을 할 수 있다는 뜻, ⅱ) 안정조작 또는 시장조성을 할 수 있는 증권시장의 명칭
을 모두 기재한 경우만 안정조작을 할 수 있다(영204① 본문). 다만 증권신고서를 제출하지 아
니는 경우에는 인수계약의 내용에 이를 기재하여야 한다(영204① 단서 및 205③).

5. 안정조작 및 시장조성의 장소

투자매매업자는 투자설명서나 인수계약의 내용에 기재된 증권시장 외에서는 안정조작 또
는 시장조성을 하여서는 아니 된다(영204② 및 205③).

6. 안정조작 및 시장조성의 기간

(1) 안정조작기간

증권의 모집 또는 매출의 청약기간의 종료일 전 30일의 범위에서 대통령령으로 정하는 날
부터 그 청약기간의 종료일까지의 기간 동안이다(법176③(1)). 여기서 "대통령령으로 정하는
날"이란 모집되거나 매출되는 증권의 모집 또는 매출의 청약기간의 종료일 전 20일이 되는 날
을 말한다(영204⑦ 본문). 다만, 20일이 되는 날과 청약일 사이의 기간에 모집가액 또는 매출가

액이 확정되는 경우에는 그 확정되는 날의 다음 날을 말한다(영204⑦ 단서).

(2) 시장조성기간

모집되거나 매출되는 증권이 상장된 날부터 1개월 이상 6개월 이하의 범위에서 인수계약으로 정하는 날까지의 기간이다(법176③(2), 영205④).

7. 안정조작 및 시장조성의 신고

(1) 안정조작신고

투자매매업자는 안정조작을 할 수 있는 기간("안정조작기간") 중에 최초의 안정조작을 한 경우에는 지체 없이 ⅰ) 안정조작을 한 투자매매업자의 상호, ⅱ) 다른 투자매매업자와 공동으로 안정조작을 한 경우에는 그 다른 투자매매업자의 상호, ⅲ) 안정조작을 한 증권의 종목 및 매매가격, ⅳ) 안정조작을 개시한 날과 시간, ⅴ) 안정조작기간, ⅵ) 안정조작에 의하여 그 모집 또는 매출을 원활하게 하려는 증권의 모집 또는 매출가격과 모집 또는 매출가액의 총액, ⅶ) 안정조작을 한 증권시장의 명칭을 기재한 안정조작신고서를 금융위원회와 거래소에 제출하여야 한다(영204③).

(2) 시장조성신고

투자매매업자는 시장조성을 하려는 경우에는 ⅰ) 시장조성을 할 투자매매업자의 상호, ⅱ) 다른 투자매매업자와 공동으로 시장조성을 할 경우에는 그 다른 투자매매업자의 상호, ⅲ) 시장조성을 할 증권의 종목, ⅳ) 시장조성을 개시할 날과 시간, ⅴ) 시장조성을 할 기간, ⅵ) 시장조성을 할 증권시장의 명칭을 기재한 시장조성신고서를 미리 금융위원회와 거래소에 제출하여야 한다(영205①).

8. 안정조작 및 시장조성의 가격 제한

(1) 안정조작가격의 제한

투자매매업자는 다음에서 정하는 가격을 초과하여 안정조작의 대상이 되는 증권("안정조작증권")을 매수하여서는 아니 된다(영204④).

  1. 안정조작개시일의 경우
    가. 최초로 안정조작을 하는 경우: 안정조작개시일 전에 증권시장에서 거래된 해당 증권의 직전 거래가격과 안정조작기간의 초일 전 20일간의 증권시장에서의 평균거래가격 중 낮은 가격. 이 경우 평균거래가격의 계산방법은 금융위원회가 정하여 고시한다.[78]

---

78) "금융위원회가 정하여 고시하는 평균거래가격"이란 다음의 가격을 말한다(증권발행공시규정2-21①).
  1. 증권시장에서 거래가 형성된 증권은 다음 각 목의 방법에 따라 산정된 가격의 산술평균가격

나. 최초 안정조작 이후에 안정조작을 하는 경우: 그 투자매매업자의 안정조작 개시가격

2. 안정조작개시일의 다음 날 이후의 경우: 안정조작 개시가격(같은 날에 안정조작을 한 투자매매업자가 둘 이상 있는 경우에는 이들 투자매매업자의 안정조작 개시가격 중 가장 낮은 가격)과 안정조작을 하는 날 이전에 증권시장에서 거래된 해당 증권의 직전거래가격 중 낮은 가격

(2) 시장조성가격의 제한

투자매매업자는 시장조성의 대상이 되는 증권의 모집 또는 매출가격을 초과하여 매수하거나 모집 또는 매출가격을 밑도는 가격으로 매도하여서는 아니 된다(영205② 본문). 다만, 권리락·배당락 또는 이자락이 발생한 경우에는 이를 고려하여 계산한 가격을 기준으로 한다(영205② 단서).

9. 안정조작·시장조성보고서의 제출

투자매매업자는 안정조작을 한 증권시장마다 안정조작개시일부터 안정조작종료일까지의 기간 동안 안정조작증권의 매매거래에 대하여 해당 매매거래를 한 날의 다음 날까지 ⅰ) 안정조작을 한 증권의 종목, ⅱ) 매매거래의 내용, ⅲ) 안정조작을 한 투자매매업자의 상호를 기재한 안정조작보고서를 작성하여 금융위원회와 거래소에 제출하여야 한다(영204⑤). 시장조성보고서도 동일한 방식으로 제출한다(영205③).

10. 신고서 및 보고서 공시

금융위원회와 거래소는 안정조작(또는 시장조성)신고서와 안정조작(또는 시장조성)보고서를 ⅰ) 신고서의 경우는 이를 접수한 날, ⅱ) 보고서의 경우는 안정조작(또는 시장조성) 종료일의 다음 날부터 3년간 비치하고, 인터넷 홈페이지 등을 이용하여 공시하여야 한다(영204⑥, 205③).

가. 안정조작기간의 초일 전일부터 과거 20일(동 기간 중에 배당락, 권리락 또는 행사가격 조정 등으로 인하여 매매기준가격의 조정이 있는 경우로서 배당락, 권리락 또는 행사가격 조정 등이 있은 날부터 안정조작기간의 초일 전일까지의 기간이 7일 이상이 되는 경우에는 그 기간)간 공표된 매일의 증권시장에서 거래된 최종시세가격을 실물거래에 의한 거래량을 가중치로 하여 가중산술평균한 가격

나. 안정조작기간의 초일 전일부터 과거 7일간 공표된 매일의 증권시장에서 거래된 최종시세가격을 실물거래에 의한 거래량을 가중치로 하여 가중산술평균한 가격

2. 증권시장에서 거래가 형성되지 아니한 주식은 해당 법인의 자산상태·수익성 기타의 사정을 참작하여 감독원장이 정하는 가격

V. 연계시세조종

1. 연계불공정거래

(1) 개념

연계불공정거래의 개념에 대해서 자본시장법은 별도의 정의규정을 두고 있지 않다. 다만 제176조 제4항에서 일정한 연계거래의 유형을 열거한 후 이를 금지하고 있어 이를 통하여 연계불공정거래의 일반적 개념을 도출할 수 있다. 자본시장법에 기초해서 연계불공정거래를 정의하면, 자본시장법의 규제대상이 되는 금융투자상품 간의 가격연계성을 이용하여 하나의 금융투자상품에 대한 포지션에서 이득을 얻고자 종류가 다른 금융투자상품의 가격에 인위적으로 영향을 미치는 것이라고 할 수 있다.[79] 연계불공정거래의 대부분은 시세조종과 관련이 있지만 연계내부자거래[80]나 연계선행매매[81]와도 관련이 있을 수 있다.[82]

연계불공정거래는 다양한 형태로 나타난다. 장내시장과 장외시장 간의 연계성을 이용하여 부당한 이익을 취하는 "장내외 연계", 국내시장과 국제시장 간의 연계성을 이용하여 부당한 이익을 취하는 "국내외 연계" 등의 형태로 나타나며, 현물과 선물 간의 연계성을 이용하여 부당한 이익을 도모하는 "현선연계"가 가장 대표적인 유형에 해당한다.[83] 자본시장법은 장내파생상품과 그 기초자산, 증권과 그 증권과 연계된 증권 간의 연계시세조종행위를 금지하고 있다(법176④).[84]

---

79) 한국거래소의 시장감시규정 제2조 제9항은 연계거래의 정의를 "가격 연동성이 있는 2개 이상으로서 증권의 종목간, 장내파생상품의 종목간 또는 증권의 종목과 장내파생상품의 종목간을 연계하는 거래"로 하고 있다.

80) 연계내부자거래란 개념은 흔치 않은데 굳이 정의하자면 특정 회사에 대한 미공개중요정보를 알게 된 내부자 등이 당해 회사가 발행한 주권 등을 거래하는 대신 그 주권등을 기초자산으로 하여 타인이 발행한 교환사채, 증권예탁증권(DR), 주식옵션이나 주식선물 등을 거래하는 것이라고 할 수 있을 것이다. 이처럼 미공개중요정보로 당해 회사가 아니라 타인이 발행한 증권이나 파생상품을 거래하는 내부자거래는 계속 규제의 공백이 이어지다가 자본시장법의 제정으로 규제의 공백이 메워졌다. 또한 단기매매차익 반환제도 관련 특정 주식을 매수한 내부자가 6개월 내 당해 주식을 매도하지 않고 당해 주식과 연계된 주식워런트증권(ELW)이나 주식선물, 주식옵션 등을 거래하여 이득을 취하는 것도 있다(성희활(2009), 51-52쪽).

81) 연계선행매매란 특정증권의 주문정보를 활용하여 그 증권의 매매거래 대신 그 증권과 가격연계성을 가진 다른 증권이나 파생상품을 매매거래 하는 것을 말한다(성희활(2009), 52쪽).

82) 성희활(2009), 49쪽.

83) 장내외 연계의 사례로는 2008년 11월 초 독일 자동차기업 포르쉐가 장외파생상품을 이용하여 폭스바겐 주식을 대량매수(cornering 내지 short squeeze 기법)하여 막대한 이익을 취득한 경우가 있다. 현선연계의 사례로는 미국의 Fenchurch Capital Management가 미국 재무성 중기채(Ten-Year U.S. Treasury Note)와 해당 중기채를 기초자산으로 하는 선물 간의 시세조종을 통해서 막대한 민사제재금이 부과된 사례 등이 대표적으로 논의되고 있다.

84) 김홍기(2010), "자본시장법상 연계불공정거래 규제체계 및 입법론, 해석론에의 시사점: 주가연계증권(ELS) 연계거래를 중심으로", 연세 글로벌 비즈니스 법학연구 제2권 제2호(2010. 12), 76쪽.

(2) 연혁

파생상품시장의 외연 확대와 함께 금융기법이 심화되고 파생상품 또는 파생결합증권의 거래량이 폭발적으로 증가하면서 연계시세조종에 관한 우려 역시 커졌다. 따라서 이러한 연계시세조종행위를 규율하기 위한 관련법령 역시 진화를 거듭하여왔다. 특히 자본시장법 시행 전후를 비교하면 연계시세조종행위 규제와 관련하여 큰 변화를 발견할 수 있다. 예컨대 자본시장법 이전에 구 선물거래법은 선물에서 이익을 얻을 목적으로 해당 선물거래 대상품목의 시세 고정·변동 행위를 규제하고 있었으나(선물거래법31①(5의2)), 증권거래법은 그 반대의 경우에 대해서 규제 근거를 두고 있지 않았다(증권거래법188의4). 반면 자본시장법은 현선연계거래의 양방향 모두에 대하여 규율하는 근거를 마련하였으며(법176④), 나아가 2013년 5월 개정을 통하여 연계시세조종행위의 규제대상을 증권, 파생상품으로 함으로써 종전의 규제대상인 상장증권과 장내파생상품에 비하여 훨씬 규제의 범위를 확장하고 있다(법176④). 또한 2013년 5월 개정 자본시장법은 연계시세조종행위 규율대상인 시세조종행위의 "유형"도 대폭 확대하였다. 즉 개정 전에 그 증권 또는 파생상품에 관한 매매로 정하고 있었으나 개정으로 매매 외의 그 밖의 거래로 확대하였다. 따라서 법 제176조로 규율 가능한 시세조종행위의 양태를 대폭 확대하는 효과를 기대할 수 있게 되었다. 예컨대 ELS를 이용한 연계시세조종 혐의행위의 경우 ELS 기초자산에 관한 대량매도거래를 행하지만 추구하는 이익은 기초자산 자체가 아니라 이를 기초자산으로 하여 제작된 파생결합증권인 ELS의 상환금액을 변경시킴으로써 이익을 취하는 구조를 갖는다. 따라서 2013년 5월 자본시장법 개정으로 인하여 ELS 기초자산 시세조종의 규제 가부에 관한 논란이 입법적으로 해결되었다. 이와 같은 법의 진화 모습을 살펴보면 시세조종규제의 사각지대를 보완해 나감으로써 불법성이 강한 시세조종행위를 놓치지 않고 규율하려는 것이 추세임을 알 수 있다.[85]

(3) 특징

(가) 가격조작상품과 이익획득상품의 존재

연계불공정거래행위에 있어서는 일반적인 불공정거래행위에 있어서의 논의가 대부분 그대로 적용되지만, 일반적인 불공정거래행위와는 구분되는 특징이 있다. 가장 중요한 특징은 연계불공정거래행위에서는 가격조작상품과 이익획득상품이 존재한다는 것이다. 여기서 "가격조작상품"이란 이익획득상품에서 이익을 얻을 목적으로 가격을 조작하는 상품을 말하고, "이익획득상품"이란 가격조작상품의 가격조작을 통하여 이익을 획득할 수 있는 포지션에 있는 상품을 말한다. 예를 들어 갑이 자신이 보유하는 주식콜옵션에서 부당한 이익을 얻기 위해서 그 기초

---

85) 양기진(2016), "현선연계 시세조종행위에서 시세조종의도성의 판단: 외국 사례를 중심으로", 금융소비자연구 제6권 제1호(2016. 8), 168쪽.

자산인 현물주식을 대량으로 매수하여 주식콜옵션의 시장가격을 상승시키는 경우, 현물주식은
가격조작상품에 해당하고 이를 기초자산으로 하는 주식콜옵션은 이익획득상품에 해당한다.[86]

(나) 매매의도 파악의 어려움

연계불공정거래행위는 현물과 선물을 연계한 결합포지션의 구축을 통해 이루어지므로 거
래당사자의 매매의도를 파악하기가 어렵다. 이와 관련하여 자본시장법은 연계불공정거래행위
에 해당하려면 단순히 시세를 변동하거나 고정시키는 것 이외에 이익획득상품에서 "부당한 이
익을 얻을 목적"을 요구하는데, 특정한 거래행위가 가격조작상품과 이익획득상품 간의 가격연
계성을 이용하여 부당한 이익을 얻기 위한 것임을 입증하는 것은 현실적으로 매우 어려운 측
면이 있다.[87]

따라서 감독당국이 시장참가자의 연계불공정거래 혐의를 입증하기 위해서는 현물과 선물
시장에 대한 모니터링이 동시에 필요하다. 특정 현물이나 선물의 거래가 다른 현물이나 선물에
서 "부당한 이익"을 얻기 위한 것임을 입증할 수 있도록 관련기관 간의 협조체계를 구축할 필
요가 있다. 예컨대 돈육선물과 같이 그 기초자산이 장외에서 거래되는 현물상품인 경우에는 거
래당사자의 돈육현물 포지션에 대한 파악이 필요하고, 돈육현물시장의 규제당국인 농림수산식
품부 등의 협조 역시 필요하다.[88] 즉 거래당사자의 포지션 파악이 수월한 금융선물과는 달리
상품선물에 있어서는 금융감독당국이 현물시장에 대한 정보를 확보하고 관리나 감독의 근거를
마련할 수 있도록 규제체계를 보완할 필요성이 있다.[89]

(다) 대부분 시세조종 형태로 발현

연계불공정거래는 미공개중요정보 이용, 위계 등 부정한 행위 등 다양한 모습으로 발현될
수 있으나 상품종목 간의 가격연계성을 이용하는 특성상 시세조종의 형태를 가지는 경우가 대
부분일 것이다. 자본시장법은 이익획득상품에서 부당한 이익을 얻을 목적으로 가격조작상품의
매매를 통한 "시세를 변동 또는 고정시키는 행위"인 시세조종(법176④) 내지 매매 또는 그 밖의

86) 김홍기(2009), "자본시장법상 파생상품 연계불공정거래행위에 관한 연구", 법조 제58권 제9호(2009. 9),
37-40쪽.
87) 증권 및 선물시장에서 가격은 매일, 매분, 매초마다 변하고, 매수인과 매도인의 상황 등 다양한 사정을 반
영하기 때문에 실제 형성된 가격이 조작된 가격(artificial price)인지 또는 진정한 가격(true price)인지를 판
단하는 것은 거의 불가능하다. 이러한 상황에서 부당한 이익이라는 목적을 요구하게 되면 규제에 많은 어
려움을 부과하는 것이다.
88) 돈육현물시장의 규제 근거법규인 농수산물유통 및 가격안정에 관한 법률에 의하면 중앙도매시장에 대한
개설허가권, 포괄적 감독·검사권은 농림수산식품부장관이 가지고(동법17, 79-83), 지방도매시장에 대한
개설허가권, 포괄적 감독·검사권은 시·도지사가 가지며(동법17, 79-83), 도매시장법인 지정 및 검사권,
중도매인 허가권 등은 시장개설자(지방자치단체)가 가지고 있다(동법22 등).
89) 예를 들어 한국거래소는 2009년 10월 1일부터 주가연계증권(ELS) 헤지거래 가이드라인을 제정·시행함으
로써 금융당국과 협조하여 연계시세조종행위에 대한 자율규제를 강화하였다(한국거래소(2009), "주가연계
증권(ELS) 헤지거래 가이드라인 제정 시행"(2009. 9. 21) 보도자료).

거래를 할 목적이나 그 시세의 변동을 도모할 목적으로 풍문의 유포, 위계의 사용 등 부정한 수단(법178②)을 금지하고 있다.

연계불공정거래 중 연계시세조종 및 부정한 수단에 의한 연계불공정거래는 가격조작상품을 대상으로 하고 그 목적은 이익획득상품에서 부당한 이익을 얻기 위함에 있다. 따라서 시세조종의 대상과 이익획득의 대상이 동일한 일반적인 시세조종 내지 단독 시세조종과는 차이가 있음을 명백히 구별하여야 한다.[90]

(4) 규제의 필요성

연계불공정거래행위의 규제 필요성에 대해서는 의문이 있을 수 있다. 엄밀한 의미에서는 시장참가자의 경제활동은 다른 경제주체들의 경제활동에 영향을 미치게 마련이고, 특정 종목의 대량 매수나 매도를 통해서 다른 종목의 가격을 원하는 방향으로 조종하는 연계불공정거래행위가 실제로 가능한지에 대해서도 의문이 제기될 수 있기 때문이다. 가사 연계불공정거래행위가 발생하는 경우에도 일반적인 시세조종 금지규정으로 처벌하면 되지 별도로 연계불공정거래행위의 금지규정을 둘 필요가 있는지에 대해서도 의문이 제기될 수 있다. 미국과 일본에서도 연계불공정거래행위에 해당할 가능성이 높은 사례들이 내부자거래, 시세조종 등 일반적인 불공정거래행위 금지규정에 의해서 규제되고 있으며, 연계 형태의 불공정거래를 금지하는 규정을 별도로 두고 있지 않다.[91]

그러나 일반적인 시세조종행위 금지규정을 연계불공정거래행위에 적용하는 것은 한계가 있다. 연계불공정거래행위는 가격조작상품과 이익획득상품이 다르고, 추상적인 연계성의 개념과 연결되어 다양한 형태로 발현되므로 가격조작상품과 이익획득상품이 "기본적으로 동일"할 것을 전제하는 전통적인 시세조종행위 금지규정만으로는 연계불공정거래행위를 모두 포함하는 것이 사실상 어렵기 때문이다.

(5) 자본시장법 규정

누구든지 증권, 파생상품 또는 그 증권 · 파생상품의 기초자산 중 어느 하나가 거래소에 상

---

90) 외환은행을 인수한 론스타 한국법인의 경영진은 2003. 11. 21.경 기자회견을 통해서 외환카드의 감자가능성을 밝혔고 이로 인하여 외환카드의 주가가 폭락하자 외환카드에 대한 감자조치 없이 외환카드의 2대 주주와 소액주주들로부터 낮은 가격에 외환카드의 주식을 매수하는 방법으로 합병을 하였다. 검찰은 피고인들(론스타 한국법인 경영진 등)이 외환카드의 감자를 고려하지 않았음에도 불구하고 감자계획이 있다는 취지로 발표한 것은 부당한 이득을 얻기 위해서 고의로 허위의 시세 또는 허위의 사실 기타 풍설을 유포하거나 위계를 쓰는 행위를 금지하는 증권거래법 제188조의4 제4항 제1호의 시세조종행위 금지규정에 위반한 것이라고 기소하였다. 이 사건은 부정한 수단에 의한 일반적인 시세조종 내지 단독 시세조종으로서 연계불공정거래로 보기 어렵다. 이 사건은 제1심에서 유죄(서울중앙지방법원 2008. 2. 1. 선고 2007고합71 판결), 항소심에서 무죄 선고되었으나(서울고등법원 2008. 6. 24. 선고 2008노518 판결), 상고되어 대법원에서 유죄취지로 파기환송(2011. 3. 10. 선고 2008도6355 판결) 후 서울고등법원에서 유죄 선고되어(2011. 10. 6. 선고 2011노806 판결) 판결확정되었다.

91) 김홍기(2009), 41-42쪽.

장되거나 그 밖에 이에 준하는 경우로서 거래소가 그 파생상품을 장내파생상품으로 품목의 결정을 하는 경우에는 그 증권 또는 파생상품에 관한 매매, 그 밖의 거래("매매등")와 관련하여 다음의 어느 하나에 해당하는 행위를 하여서는 아니 된다(법176④, 영206의2).

1. 파생상품의 매매등에서 부당한 이익을 얻거나 제3자에게 부당한 이익을 얻게 할 목적으로 그 파생상품의 기초자산의 시세를 변동 또는 고정시키는 행위

2. 파생상품의 기초자산의 매매등에서 부당한 이익을 얻거나 제3자에게 부당한 이익을 얻게 할 목적으로 그 파생상품의 시세를 변동 또는 고정시키는 행위

3. 증권의 매매등에서 부당한 이익을 얻거나 제3자에게 부당한 이익을 얻게 할 목적으로 그 증권과 연계된 증권으로서 대통령령으로 정하는 증권 또는 그 증권의 기초자산의 시세를 변동 또는 고정시키는 행위

4. 증권의 기초자산의 매매등에서 부당한 이익을 얻거나 제3자에게 부당한 이익을 얻게 할 목적으로 그 증권의 시세를 변동 또는 고정시키는 행위

5. 파생상품의 매매등에서 부당한 이익을 얻거나 제3자에게 부당한 이익을 얻게 할 목적으로 그 파생상품과 기초자산이 동일하거나 유사한 파생상품의 시세를 변동 또는 고정시키는 행위

자본시장법 제176조 제4항은 파생상품과 기초자산 간의 연계시세조종행위(제1호 및 제2호), 증권과 증권 또는 그 증권의 기초자산 간의 연계시세조종행위(제3호 및 제4호), 파생상품 간의 연계시세조종행위(제5호)를 금지한다. 여기서는 제1호의 연계시세조종행위를 현·선 연계시세조종 순방향(제1호), 제2호의 연계시세조종행위를 현·선 연계시세조종 역방향(제2호), 제3호 및 제4호의 연계시세조종행위를 현·현 연계시세조종(제3호, 제4호), 제5호의 연계시세조종행위를 선·선 연계시세조종(제5호)으로 구분하기로 한다.

2. 유형

(1) 현·선 연계시세조종 순방향[순방향 현선연계(제1호)]

(가) 의의

순방향 현·선 연계시세조종행위란 현물의 가격을 조작해서 그와 연계된 선물에서 부당한 이익을 얻고자 하는 행위를 말한다. 제1호의 내용은 파생상품에서 이익을 얻을 목적으로 기초자산을 시세조종하는 행위이다. 연계시세조종 행위자는 기초상품의 시세를 조종하며 그 결과 연관된 파생상품에서 이득을 보게 된다.

(나) 유형

1) 개별종목 증권과 개별 파생상품의 연계

ⅰ) 개별종목의 시세를 조종하여 개별 파생상품의 거래에서 이득을 얻는 경우이다. 예를

들어 개별주식의 가격을 조작하여 관련 주식선물이나 주식옵션에서 이득을 취할 수 있다. 주식선물이나 주식옵션은 주식워런트증권(ELW)과 같이 기초자산보다 레버리지가 크므로 기초자산의 작은 가격변동에도 큰 이득을 얻을 수 있어 시세조종의 대상이 되기 쉽다. 특히 개별종목의 시세조종 위험에 대한 노출은 지수에 비해서 크다고 할 수 있다.[92] 실제 거래소가 주식옵션과 주식선물을 도입할 당시 이들이 지수파생상품에 비해서 시세조종의 위험이 현저히 크다는 점이 핵심 문제점으로 대두되기도 하였다.[93]

ⅱ) 이 유형의 연계거래에서 한 가지 문제가 되는 것이 파생결합증권과 주식선물·옵션이 연계되는 경우이다. 이 유형은 순방향과 역방향 모두 문제가 될 수 있다. 그런데 ELW와 같은 파생결합증권과 주식선물 간 연계시세조종의 경우에는 ELW가 주식선물의 기초자산이 아니기 때문에 연계시세조종행위의 구성요건에 해당하지 않게 된다. 물론 양자 모두 파생적인 성격을 가지고 있기 때문에 현물증권의 시세가 직접적인 영향력을 가지는 것이지, 현물증권에 관계없이 ELW와 주식선물 간 직접적인 가격 연관성은 크지 않을 것이다. 그러나 자본시장법상 역방향의 현·선 연계거래 규제에서 보듯이, 파생적 상품은 가격신호효과(signaling effect)[94]를 가지는 경우가 많기 때문에 파생결합증권이나 파생상품의 가격변화가 현물증권의 가격변화를 가져올 수 있다고 보아야 할 것이다. 그런 측면에서 보면 파생결합증권과 파생상품 간의 연계시세조종도 충분히 가능하다. 따라서 이 부분에 대한 규제의 보완이 필요하다.[95]

2) 다수종목과 지수의 연계

파생상품시장의 거래대상이 개별 증권이 아니라 지수인 경우에는 시세조종의 위험이 크지 않다. 특히 KOSPI200과 같이 대형우량주 200종목으로 구성된 경우에는 연계시세조종이 발생

---

92) 양철원·유지연(2017), "연계시세조종행위에 대한 규제: 도이치은행 사례를 중심으로", 한국증권학회지 제46권 제1호(2017. 2), 221쪽.

93) 성희활(2009), 56쪽.

94) 가격신호효과 또는 가격예시효과는 헤지와 더불어 선물의 핵심적 기능 중 하나이다. 원래 선물가격은 그 자체가 미래의 예상가격이 아니라 현물가격에 보유비용을 합한 금액이어야 한다. 만일 선물가격과 현물가격의 괴리가 이론적인 수준을 넘으면 차익거래가 행해져 가격조정이 일어나게 된다. 그런데 선물가격은 많은 시장참여자, 특히 매매차익을 목적으로 하는 전문투자자들이 나름대로 치밀하게 정보를 수집·분석·평가하여 치열한 경쟁을 통하여 형성되며 현물시장에서보다 훨씬 저렴한 비용으로 거래가 이루어지므로 선물시장이 있음으로 인해 시장정보의 질과 양이 증대된다. 나아가 투기자 수의 증가와 시장정보의 증대는 가격예측 오차를 감소시키게 되어 선물가격은 선물거래가 없이 형성되는 현물시장의 가격 기대값보다 정확한 미래가격의 전망이 된다. 이러한 가격신호효과가 있을 때는 동 전문 기초자산을 대상으로 하는 파생결합증권(ELW)과 파생상품(개별 주식선물과 옵션) 간에 가격 연관성이 생길 수 있다. 즉 주식선물의 거래가 활발하여 가격신호효과가 있을 때 보유 ELW의 가격을 조종하고자 먼저 주식선물의 가격에 영향을 준다. 그러면 기초자산인 주식의 가격이 변동되고 이어 이 주식을 기초자산으로 하는 ELW에 영향을 주게 되어 보유 ELW의 거래로 차익을 거둘 수 있게 되는 것이다. 이러한 관계는 ELW가 가격신호효과가 더 클 경우 역방향으로도 가능할 것이다(성희활(2009), 58쪽).

95) 성희활(2009), 57~58쪽.

할 가능성이 낮다.

그런데 프로그램매매를 이용하여 KOSPI200의 기초자산이 되는 종목들을 인위적으로 움직이는 경우가 있다. 즉 콜옵션 및 선물을 매수한 후 동 상품들의 가격상승을 위하여 대량의 프로그램 매수로 결제지수를 상승 유도하는 행위 또는 풋옵션 및 선물을 매도한 후 동 상품의 가격하락을 위하여 대량의 프로그램 매도로 결제지수를 하락 유도하는 행위가 종종 적발되고 있다. 여기에는 실제거래에 의하여 지수를 변동시키는 경우와 프로그램매매 신고는 하되 실제 주문은 체결가능성이 희박한 가격대에 제출하는 허수성 프로그램매매 주문에 의한 지수 변동 행위가 있다.96)

3) 개별종목과 지수의 연계

앞에서 본 바와 같이 KOSPI200과 같은 많은 대형우량주로 구성된 지수를 움직이기 위하여 개별종목을 인위적으로 움직이는 것은 어렵지만, 예외적으로 기초자산 중 하나인 개별 증권의 지수 영향력이 막대할 경우 개별종목과 지수를 연계하여 이익을 얻는 시세조종거래가 가능하다.97) 예를 들어 삼성전자나 SK텔레콤과 같은 대형우량주의 경우 지수에 미치는 영향이 작지 않다. 실제 KOSPI200 지수에 대한 콜옵션 매수 및 풋옵션 매도포지션을 취한 후, KOPSPI200 지수영향력이 크면서 유통물량이 적어 시세조종하기 쉬운 모 주식을 대량 매수하여 주가를 끌어올림으로써 동 주식이 편입되어 있는 KOSPI200 지수의 상승을 유도해 이익을 얻은 사례가 발생하기도 하였다.98)

(2) 현·선 연계시세조종 역방향[역방향 현선연계(제2호)]

(가) 의의

역방향 현·선 연계시세조종행위란 선물의 가격을 조작해서 그와 연계된 현물에서 이익을 얻고자 하는 행위를 말한다. 제2호의 내용은 제1호의 경우와 반대로 기초자산에서 이익을 얻을 목적으로 파생상품을 시세조종하는 행위이다. 즉 현·선 역방향 시세조종은 파생상품의 시세를 조종하여 기초상품에서 이득을 보는 것이다.

---

96) 성희활(2009), 58쪽.

97) 세계적인 헤지펀드 에스팩트 캐피탈의 토드 대표는 "삼성전자 등 몇몇 종목의 영향력이 커 한국 선물시장 (KOSPI200)이 조작될 수 있다는 미국 선물협회의 규제 때문에 트레이딩을 하지 못하고 있다"면서 "하지 만 이러한 제약이 풀린다면 한국시장에 참여할 생각"이라고 말하기도 했다(파이낸셜뉴스, "한국에 올 헤지 펀드 500억 판매"(2006. 11. 22) 기사).

98) 한국거래소 시장감시위원회는 2005년『현·선 연계불공정거래 특별심리』에서 유통주식이 적은 A사의 주가를 조작하여 KOSPI200 옵션거래에서 부당이익을 취한 개인투자자를 적발하여 금융감독원에 통보한 바 있으며, 이 사건은 그 후 증권선물위원회 의결을 거쳐 검찰에 고발되었다.

(나) 유형

1) 지수와 개별종목의 연계거래

이 유형의 연계거래에서는 특정 현물종목에서의 이익을 위하여 그 종목이 포함된 지수의 시세를 조종한다는 것은 거의 불가능하고 무의미하다는 점에서 이 유형의 순방향 연계거래와는 크게 다르다.[99]

2) 지수와 다수 현물종목 간 연계거래

이 유형의 연계거래에는 보유 현물의 고가매도를 위해 KOSPI200 선물지수를 상승시키고, 이후 순차적으로 베이시스 확대에 따른 프로그램 매수의 유입을 유도하여 KOSPI200 현물지수를 상승시키는 방법이 있다.

3) 개별 파생상품과 개별 증권의 연계거래

주식선물의 가격조작을 통하여 동 상품과 유사한 종목ELW에서 이익을 취득하는 경우가 대표적이라 할 수 있다. 이 유형 또한 순방향 거래에서 ELW의 가격에 영향을 미쳐 주식선물에서 이익을 취하는 연계거래와 방향만 다를 뿐 내용은 동일하다. 그리고 파생상품과 파생결합증권의 연계거래가 자본시장법상 규제의 허점이 있다는 지적 또한 순방향의 거래에서 본 바와 같다.

(다) 결어

앞의 현·선 순방향 시세조종과 달리 현·선 역방향 시세조종, 즉 현물거래에서 부당한 이득을 취하기 위한 선물거래 시세조종은 다음과 같은 이유로 그 발생가능성이 낮다고 할 수 있다. ⅰ) 선물시장에서는 수요와 공급이 무한대로 창출되어 시세조종이 현물시장보다 어렵다는 점이다. ⅱ) 선물시장 유동성 부족시 차익거래가 곤란하여 선물가격 조종에도 현물가격이 변동하지 않으면 연계거래에 의한 이득의 취득이 어려운 점도 있다. ⅲ) 선물시장의 유동성이 높은 경우 선물거래의 가격예시기능 및 차익거래 등으로 선물가격 조종시 현물가격도 변동하나 즉시 본질가치로 회귀하기 때문에 성공확률이 낮다는 점이다.

그러나 발생 가능성이 낮다는 것이지 그것이 불가능하다는 것은 아니고 또 향후 거래기법의 발달과 시장환경의 변화로 가능할 수도 있다.

(3) 현·현 연계시세조종(제3호, 제4호)

(가) 의의

현·현 연계시세조종은 현물상품들 간의 가격연계성을 이용하여 한 증권의 시세를 조종하여 이와 연계된 다른 증권에서 이익을 얻는 행위이다. 제3호에서는 "그 증권과 연계된 증권으로서 대통령령으로 정하는 증권"이라고 명시하고 있는데, 여기서 언급한 가격연계성이 있는 증권의 대표적인 예로는 주식, 전환사채, 신주인수권부사채, ELW 등이 있다. 예를 들면 주식과

---

99) 성희활(2009), 60-62쪽.

이 주식의 주가를 기반으로 하는 전환사채나 신주인수권부사채의 가격은 서로 연관되어 있다. 주식 매수를 통한 시세조종으로 주가를 상승시킨 후 이와 연관한 전환사채 등에서 이익을 실현할 수 있다.[100]

또한 ELW와 같은 파생결합증권 거래에서 기초자산(주식 등)의 시세조종 후 관련 ELW 등의 가격변동을 통하여 부당이익을 얻거나, 반대로 ELW 등의 시세조종을 통하여 기초자산에서 시세차익을 얻는 행위를 들 수 있다. 이러한 파생결합증권의 경우는 레버리지 효과가 전환사채나 신주인수권부사채보다 훨씬 크기 때문에 연계시세조종의 유혹이 더욱 크다.[101]

2013년에 신설된 제4호는 일반상품 관련 연계시세조종행위를 규제하는 규정이다. 이는 일반상품 현물거래소의 개설로 인해 향후 일반상품과 연계한 증권도 등장할 수 있음을 대비한 것이다.

(나) 연계시세조종 대상증권

제3호의 규제대상인 증권은 다음과 같다(영207).

1. 전환사채권이나 신주인수권부사채권의 매매에서 부당한 이익을 얻거나 제3자에게 부당한 이익을 얻게 할 목적인 경우에는 그 전환사채권이나 신주인수권부사채권과 연계된 다음 각 목의 어느 하나에 해당하는 증권
   가. 그 전환사채권이나 신주인수권부사채권과 교환을 청구할 수 있는 교환사채권
   나. 지분증권
   다. 그 전환사채권이나 신주인수권부사채권을 기초자산으로 하는 파생결합증권
   라. 그 전환사채권이나 신주인수권부사채권과 관련된 증권예탁증권
2. 교환사채권의 매매에서 부당한 이익을 얻거나 제3자에게 부당한 이익을 얻게 할 목적인 경우에는 그 교환사채권의 교환대상이 되는 다음 각 목의 어느 하나에 해당하는 증권
   가. 전환사채권이나 신주인수권부사채권
   나. 지분증권
   다. 파생결합증권
   라. 증권예탁증권
3. 지분증권의 매매에서 부당한 이익을 얻거나 제3자에게 부당한 이익을 얻게 할 목적인 경우에는 그 지분증권과 연계된 다음 각 목의 어느 하나에 해당하는 증권
   가. 전환사채권이나 신주인수권부사채권
   나. 그 지분증권과 교환을 청구할 수 있는 교환사채권
   다. 그 지분증권을 기초자산으로 하는 파생결합증권

---

100) 양철원·유지연(2017), 222-223쪽.
101) 성희활(2009), 54쪽.

　　라. 그 지분증권과 관련된 증권예탁증권

　　마. 그 지분증권 외의 지분증권

4. 파생결합증권의 매매에서 부당한 이익을 얻거나 제3자에게 부당한 이익을 얻게 할 목적인 경우에는 그 파생결합증권의 기초자산으로 되는 다음 각 목의 어느 하나에 해당하는 증권

　　가. 전환사채권이나 신주인수권부사채권

　　나. 교환사채권(가목, 다목 또는 라목과 교환을 청구할 수 있는 것만 해당)

　　다. 지분증권

　　라. 증권예탁증권

5. 증권예탁증권의 매매에서 부당한 이익을 얻거나 제3자에게 부당한 이익을 얻게 할 목적인 경우에는 그 증권예탁증권의 기초로 되는 다음 각 목의 어느 하나에 해당하는 증권

　　가. 전환사채권이나 신주인수권부사채권

　　나. 교환사채권(가목, 다목 또는 라목과 교환을 청구할 수 있는 것만 해당)

　　다. 지분증권

　　라. 파생결합증권

(4) 선·선 연계시세조종(제5호)

　선·선 연계시세조종이란 특정 선물의 가격을 조작하여 다른 선물에서 이득을 얻고자 하는 행위이다. 예를 들면 선물의 경우 근월물의 가격을 조작하여 원월물에서 이익을 취할 수 있다. 기초자산 등의 모든 조건이 동일하고 만기만 다른 선물계약들은 서로 가격연계성이 강하기 때문에, 불공정거래자는 이익을 얻고자 하는 원월물 선물을 미리 매수한 후에 근월물을 매수하는 거래를 할 수 있다. 근월물의 매수 효과로 인하여 원월물의 가격도 상승하며, 거래자는 미리 매수하였던 원월물을 매도함으로써 이익을 실현할 수 있다. 이렇게 선·선 연계불공정거래행위는 선물과 선물 등 서로 같은 종목 간에 발생할 수 있다. 하지만 선물과 옵션 등 서로 다른 종목 간에도 발생이 가능하다. 예를 들면 선물거래를 통하여 지수가격에 영향을 준 후 미리 매수한 옵션포지션에서 이익을 취하는 형태의 불공정거래도 가능하다.[102]

3. 요건

(1) 객관적 요건

(가) 규제대상상품

　자본시장법상 연계시세조종행위의 규제대상인 증권은 "증권 또는 파생상품"이다. 기존 규정은 "상장증권 또는 장내파생상품의 매매와 관련하여"라고 규정하고 있었으나 2013년 5월 자본시장법 개정에서 범위를 확대하여 비상장증권이나 장외파생상품을 이용한 시세조종행위도

---

102) 양철원·유지연(2017), 223쪽.

형사처벌의 대상이 됨을 명확히 하였다.

(나) 시세를 변동 또는 고정시키는 행위

자본시장법에서 규정한 "시세를 변동 또는 고정시키는 행위"이다. 시세에 관하여 자본시장법 제176조 제2항 제1호에서는 "증권시장 또는 장내파생상품시장에서 형성된 시세, 전자증권중개회사가 상장주권의 매매를 중개함에 있어서 형성된 시세, 그 밖에 대통령령으로 정하는 시세를 말한다"고 규정하고 있다. 따라서 "변동 또는 고정시키는"의 의미는 증권 또는 장내파생상품시장에서 수요공급의 원칙에 의하여 형성되는 증권 또는 장내파생상품의 가격을 인위적으로 상승 또는 하락시켜 왜곡된 가격을 형성하는 매매를 말한다. 주의할 점은 행위자의 매매로 인하여 실제로 시세가 변동되지 않더라도, 그 행위로 인해 시세를 변동시킬 가능성이 있다면 충분하다.[103] 또한 시세변동의 다른 사정들이 존재하더라도, 행위자의 행위가 시세변동의 주된 요인으로 작용하면 충분하다.

(2) 주관적 요건

(가) 목적의 존재

연계시세조종행위가 성립되기 위한 주관적 요건은 자본시장법에서 "매매에서 부당한 이익을 얻거나 제3자에게 부당한 이익을 얻게 할 목적"이라고 명시된 목적의 존재이다. 하지만 목적의 존재 여부는 행위자의 내심의 영역에 속한 것이므로 입증하기 쉽지 않다. 가장 명확히 입증할 수 있는 길은 행위자가 자백하거나 통화내역이나 메모 등의 "직접증거"를 확보하는 것이다. 하지만 이 또한 쉬운 일은 아니다. 따라서 일반적으로 목적의 존재를 직접 입증하는 방법보다는, 일정한 행위가 존재하는 경우 그 목적이 있다고 추정하는 방식인 "간접증거" 또는 "정황증거"를 사용하게 된다. 즉 행위자가 통상의 거래관행을 벗어난 경제적 합리성이 결여된 매매행위를 하였다고 그 사정이 입증될 경우, 이를 근거로 목적의 존재를 간접적으로 추론하는 것이다.

판례는 목적의 존재라는 주관적 요건은 "당사자가 이를 자백하지 않더라도, 그 유가증권의 성격과 발행된 유가증권의 총수, 가격 및 거래량의 동향, 전후의 거래상황, 거래의 경제적 합리성과 공정성, 가장 혹은 허위매매 여부, 시장관여율 정도, 지속적인 종가관리 등 거래의 동기와 태양 등의 간접사실을 종합적으로 고려하여 판단하여야 한다"고 판시하고 있다.[104]

(나) 인식의 정도

인식의 정도에 대해서는 다른 목적과 공존 여부나 어느 목적이 주된 것이냐에 상관없이

---

103) 대법원 2007. 11. 29. 선고 2007도7471 판결; 대법원 2008. 12. 11. 선고 2006도2718 판결.
104) 대법원 2002. 7. 26. 선고 2001도4947 판결; 대법원 2003. 12. 12. 선고 2001도606 판결; 대법원 2006, 5. 11. 선고 2003도4320 판결.

그 목적에 대한 인식이 존재하면 충분하다. 그 인식이 반드시 적극적 의욕이나 확정적인 인식일 필요는 없으며, 미필적 인식이 있으면 충분하다.[105]

제3절 시세조종행위에 대한 제재

Ⅰ. 민사제재

1. 의의

자본시장법 제176조의 시세조종행위 금지를 위반한 자는 다음의 구분에 따른 손해를 배상할 책임을 진다(법177①).

1. 그 위반행위로 인하여 형성된 가격에 의하여 해당 증권 또는 파생상품에 관한 매매등을 하거나 그 위탁을 한 자가 그 매매등 또는 위탁으로 인하여 입은 손해
2. 제1호의 손해 외에 그 위반행위(제176조 제4항 각 호의 어느 하나에 해당하는 행위로 한정)로 인하여 가격에 영향을 받은 다른 증권, 파생상품 또는 그 증권·파생상품의 기초자산에 대한 매매등을 하거나 그 위탁을 한 자가 그 매매등 또는 위탁으로 인하여 입은 손해
3. 제1호 및 제2호의 손해 외에 그 위반행위(제176조 제4항 각 호의 어느 하나에 해당하는 행위로 한정)로 인하여 특정 시점의 가격 또는 수치에 따라 권리행사 또는 조건성취 여부가 결정되거나 금전등이 결제되는 증권 또는 파생상품과 관련하여 그 증권 또는 파생상품을 보유한 자가 그 위반행위로 형성된 가격 또는 수치에 따라 결정되거나 결제됨으로써 입은 손해

제1조는 전통적인 시세조종행위에 대한 배상책임을 규정한 것이다. 제2와 제3호는 연계시세조종행위에 대하여만 적용된다. 제3호는 ELS와 같은 상품의 경우 중도상환이나 만기상환일에 당해 ELS 기초자산인 상장주권의 가격 등을 조종하여 조건성취를 방해한 경우 등에 대한 배상책임을 인정한 것이다.

2. 배상청구권자

자본시장법 제177조 제1항 제1호는 "그 위반행위로 인하여 형성된 가격에 의하여 해당 증권 또는 파생상품에 관한 매매등을 하거나 그 위탁을 한 자"이고, 제2호는 "그 위반행위로 인

---

105) 대법원 2007. 11. 29. 판결 2007도7471.

하여 가격에 영향을 받은 다른 증권, 파생상품 또는 그 증권·파생상품의 기초자산에 대한 매매등을 하거나 그 위탁을 한 자"로 규정한다. 즉 제1호와 제2호는 매매등을 하거나 그 위탁을 한 자를 배상청구권자로 규정하고 있다. 이와 달리 제3호는 "그 증권 또는 파생상품을 보유한 자"를 배상청구권자로 규정한다. 즉 매매를 하지 않고 보유만 하고 있어도 배상청구를 할 수 있도록 하였다.

3. 손해배상청구 요건

(1) 시세조종행위의 존재

손해배상청구권자는 시세조종행위에 대해 손해배상책임을 주장하기 위해서는 시세조종행위가 존재한다는 사실을 증명해야 한다. 그러나 일반인의 입장에서 해당 행위가 시세조종행위인지의 여부를 판단하는 것은 매우 어렵다. 시세조종행위는 주관적 목적을 가지고 있을 때에 성립하는데, 이는 사람의 내심의 의사이므로 증명하는 것이 쉽지 않다. 따라서 시세조종행위가 존재한다는 사실은 금융감독원의 조사나 검찰 등의 수사를 통한 법원의 판결로 밝혀진다. 따라서 손해배상청구권자는 금융감독원 조사나 검찰 등의 수사에 기초하여 시세조종행위 금지규정을 위반하였음을 주장하면서 손해배상을 청구하는 경우가 많다.

(2) 인과관계

자본시장법 제177조 제1항은 "그 위반행위로 인하여 형성된 가격에 의하여 해당 상장증권 또는 장내파생상품의 매매를 하거나 위탁을 한 자가 그 매매 또는 위탁으로 인하여 입은 손해를 배상할 책임을 진다"고 규정하여 거래인과관계 증명책임을 면제해 주고 있다. 따라서 시세조종에 의한 가격으로 거래를 하였으면 거래인과관계가 성립하게 된다. 하지만 손해인과관계가 배상청구권자가 증명하여야 한다.

4. 손해배상책임의 범위

자본시장법에는 시세조종의 경우에 손해배상액을 산정하는 규정이 없다. 또한 증권관련 집단소송법 제34조(손해배상액의 산정)도 손해배상액의 산정에 관하여 자본시장법이나 그 밖의 다른 법률에 규정이 있는 경우에는 그에 따르고(제1항), 법원은 제1항에 따르거나 증거조사를 통하여도 정확한 손해액을 산정하기 곤란한 경우에는 여러 사정을 고려하여 표본적·평균적·통계적 방법 또는 그 밖의 합리적인 방법으로 손해액을 정할 수 있다(제2항)고 규정한다. 따라서 결국 법원의 판단에 맡기고 있다.

5. 소멸시효

손해배상청구권은 청구권자가 제176조를 위반한 행위가 있었던 사실을 안 때부터 2년간 또는 그 행위가 있었던 때부터 5년간 이를 행사하지 아니한 경우에는 시효로 인하여 소멸한다 (법177②).

Ⅱ. 형사제재

자본시장법 제176조를 위반한 자는 1년 이상의 유기징역 또는 그 위반행위로 얻은 이익 또는 회피한 손실액의 3배 이상 5배 이하에 상당하는 벌금에 처한다(법443① 본문). 다만, 그 위반행위로 얻은 이익 또는 회피한 손실액이 없거나 산정하기 곤란한 경우 또는 그 위반행위로 얻은 이익 또는 회피한 손실액의 5배에 해당하는 금액이 5억원 이하인 경우에는 벌금의 상한액을 5억원으로 한다(법443① 단서). 위반행위로 얻은 이익 또는 회피한 손실액이 5억원 이상인 경우에는 제1항의 징역을 다음 각 호의 구분에 따라 가중한다(법443②).

1. 이익 또는 회피한 손실액이 50억원 이상인 경우에는 무기 또는 5년 이상의 징역
2. 이익 또는 회피한 손실액이 5억원 이상 50억원 미만인 경우에는 3년 이상의 유기징역

징역에 처하는 경우에는 10년 이하의 자격정지를 병과할 수 있다(법443③). 징역에 처하는 경우에는 벌금을 병과한다(법447①). 시세조종행위를 한 자가 해당 행위를 하여 취득한 재산은 몰수하며, 몰수할 수 없는 경우에는 그 가액을 추징한다(법447의2).

제4장

부정거래행위와
공매도

제1절 부정거래행위

I. 서설

1. 도입취지

자본시장법이 금융투자상품과 금융투자업을 포괄적으로 정의함에 따라 자본시장에는 종전보다 다양하고 복잡한 형태의 거래가 가능해졌다. 다종다양한 금융투자상품거래 일반에 대한 사기적 행위를 미리 상세하게 열거하고 이에 해당되는 행위만을 금지하는 것은 적당하지 않다. 미공개정보 이용행위나 시세조종은 전형적인 불공정거래로서 이들을 규제하기 위한 규정만으로는 새로운 유형의 불공정거래에 효과적으로 대처할 수 없었다. 이러한 문제점을 극복하기 위하여 포괄적 사기금지 규정으로서 제178조 제1항 제1호를 도입한 것이다.[1]

자본시장법상의 불공정거래는 금융투자상품의 거래와 관련된 형법상 사기죄의 특수한 유형이다. 즉 금융투자상품거래의 복잡성이나 고도의 기술을 수반하는 지능적 범죄라는 특수성 때문에 일반 형사법에서 요구하는 사기의 요건을 주장·입증하기 어렵다는 입법기술상 필요에 의해 규정된 것이다. 요컨대 앞으로 등장할 다양한 금융투자상품의 거래에 대비하는 한편, 구체적인 금지행위 유형별로 규제하는 경우 발생할 수 있는 규제의 공백을 제거하기 위하여 목적요건을 두지 않고 행위태양을 추상적으로 규정하였다. 이와 같은 입법취지는 미공개정보 이

---

[1] 박임출(2013), "자본시장법 제178조의 부정거래에 관한 연구", 증권법연구 제14권 제2호(2013. 8), 363쪽.

용행위와 시세조종, 부정거래행위의 관계를 정립할 때 고려되어야 할 사항이다.

2. 자본시장법 규정

누구든지 금융투자상품의 매매(증권의 경우 모집·사모·매출을 포함), 그 밖의 거래와 관련하여 다음의 어느 하나에 해당하는 행위를 하여서는 아니 된다(법178①).

1. 부정한 수단, 계획 또는 기교를 사용하는 행위
2. 중요사항에 관하여 거짓의 기재 또는 표시를 하거나 타인에게 오해를 유발시키지 아니하기 위하여 필요한 중요사항의 기재 또는 표시가 누락된 문서, 그 밖의 기재 또는 표시를 사용하여 금전, 그 밖의 재산상의 이익을 얻고자 하는 행위
3. 금융투자상품의 매매, 그 밖의 거래를 유인할 목적으로 거짓의 시세를 이용하는 행위

누구든지 금융투자상품의 매매, 그 밖의 거래를 할 목적이나 그 시세의 변동을 도모할 목적으로 풍문의 유포, 위계의 사용, 폭행 또는 협박을 하여서는 아니 된다(법178②).

금융투자상품의 거래와 관련하여 어느 행위가 자본시장법 제178조에서 금지하고 있는 부정행위에 해당하는지는, 해당 금융투자상품의 구조 및 거래방식과 경위, 그 금융투자상품이 거래되는 시장의 특성, 그 금융투자상품으로부터 발생하는 투자자의 권리·의무 및 그 종료 시기, 투자자와 행위자의 관계, 행위 전후의 제반 사정 등을 종합적으로 고려하여 판단하여야 한다.[2]

3. 부정거래의 체계적 지위

자본시장법은 불공정거래의 규제 제하의 제4편에서 제1장 내부자거래 등에 미공개정보 이용행위 금지조항(법174), 제2장 시세조종 등에 시세조종행위 등의 금지조항(법176)과 별도로 제3장 부정거래행위 등에 부정거래행위의 금지조항(법178)을 두고 있다. 그중에서 제178조는 미국의 1934년 증권거래법 제10조 (b)항에 근거한 SEC Rule 10b-5와 유사하게 추상적인 문언으로 규정되어 있지만, 실제 문언의 내용을 살펴보면 일본의 금융상품거래법 제157조, 제158조와 동일하다. 즉 일본 금융상품거래법과 같이 금융투자상품의 매매, 그 밖의 거래와 관련하여 부정한 수단 등의 사용 금지(제1호), 부실표시의 금지(제2호), 허위시세 이용금지(제3호) 등 3가지의 부정거래를 금지하는 조항(제1항)과 금융투자상품의 매매 또는 시세변동을 목적으로 위계의 사용 등을 금지하는 조항(제2항)으로 구성되어 있다. 즉 제178조는 보다 구체적인 유형의 금지규정인 제1항 제2호, 제3호 및 제2항을 두면서도 그와 동시에 제1항 제1호에서 포괄적으로 부정거래를 금지하고 있다. 이는 거래구조의 변화나 시장의 환경변화에 따라 다양하고 새로운

---

2) 대법원 2018. 9. 28. 선고 2015다69853 판결.

유형의 부정거래가 발생할 수 있는 개연성이 높은 반면, 모든 부정거래 유형을 사전에 일일이 열거하여 규제하는 것은 입법기술상 한계가 있는 점을 고려하여 자본시장법 제정과 함께 신설된 것이다.[3]

제178조 제1항 제1호는 입법모델인 미국의 SEC Rule 10b-5, 일본의 금융상품거래법 제157조 제1호와 유사하지만 입법 연혁이나 그 적용사례에 있어 차이가 존재한다. 미국의 1934년 증권거래법 제10조 (b)항은 제정 당시 불법행위법상 사기의 개념이 법원에 의해 이미 확립되어 있었기 때문에 불공정한 증권거래에 널리 적용되어 왔다. 또한 일본에서는 증권취인법 제정 당시 이미 오늘날의 금융상품거래법 제157조가 도입되었음에도 구성요건이 명확하지 않다는 이유로 법원에서 거의 적용하지 않았고, 입법 당시 예상하지 못한 불공정한 행위가 문제될 때마다 새로운 조항을 추가하는 형태로 대처해 왔다. 그러나 우리나라는 일본과 반대로, 불공정한 거래를 금지하는 여러 조항을 지속적으로 신설해 왔음에도 새로운 불공정한 거래에 적절하게 대처하지 못한다는 지적에 따라 규제의 공백을 극복하기 위해 최근에야 제178조 제1항 제1호를 도입하였다. 종래 위계에 의한 사기적 부정거래를 금지하는 증권거래법 제188조의4는 일반적 사기금지 조항이라기보다는 시세조종을 규제하기 위한 보충적 성격의 규정으로 이해되었고, 미공개정보 이용행위에 대한 보충적 기능으로 이해되지는 않았다. 이에 따라 부정한 수단 등을 사용하는 행위를 금지하는 제178조 제1항 제1호를 도입하여 시세조종은 물론 금융투자상품의 거래 일반에 대하여 법익침해 가능성이 있는 부정행위를 포괄적으로 금지할 수 있는 장치를 갖추게 되었다. 이처럼 증권거래법 제188조의4보다 추상화의 정도가 높은 제178조 제1항 제1호는 우리나라 법체계에서 보기 드문 입법방식을 취함으로써 제1호의 적용범위는 크게 늘어났다. 그러나 제1호가 갖는 추상성 때문에 구체적인 해석과 적용에 있어서는 감독당국의 정책과 법원의 판단이 무엇보다도 중요하게 되었다.[4]

4. 부정거래와 시세조종의 구별

제176조의 시세조종에 해당되는 행위가 부정거래에 해당될 수 있는지 여부의 문제가 있다. 여기에는 ⅰ) 제178조 제1항 제1호는 그 자체가 독립된 조항이므로 시세조종(제176조), 다른 부정거래행위(제178조 제1항 제2호·제3호와 제2항)의 적용 여부와 별개의 독립적인 제3의 유형으로 보고, 그 적용에 있어서는 병렬적 관계에 있다고 보는 입장, ⅱ) 제178조 제1항 제1호는 그 자체가 독립적인 규정이 아니라 신종 불공정거래에 대비하기 위한 입법기술적 관점에서 포괄규정의 형식으로 도입한 것으로서, 다른 불공정거래 조항과의 관계는 일반조항과 특별조

---

3) 서울고등법원 2013. 4. 5. 선고 2012노3521 판결.
4) 박임출(2013), 366쪽.

항의 관계에 있다고 보는 입장, iii) 제176조와 제178조의 법정형이 동일하며(제443조), 판례도 시세조종에 관한 구 증권거래법 제188조의4의 각 항이 규정하는 시세조종에 해당하는 수개의 시세조종은 포괄일죄가 성립한다고 보는 입장이 있다.5)

미국에서는 시세조종을 직접 규제하고 있는 1934년법 제9조보다 동법 제10조 (b)항 및 SEC Rule 10b-5가 적용되는 경우가 많다. 일본에서는 금융상품거래법 제157조는 제159조 등과 적용범위가 중첩되지만 그 적용관계는 법조경합이 아니라, 상상적 경합으로 보아 시세조종을 금지하는 금융상품거래법 제159조에 해당되지 않더라도 죄질이 나쁜 행위에 대해서는 보다 중한 제재근거인 부정거래를 금지하는 제157조를 적용해야 한다고 한다.

살피건대 이론상 시세조종에 해당되는 행위가 부정거래에도 해당될 수 있다. 그러나 자본시장법 제정 당시 증권거래법 제188조의4 제4항의 사기적 부정거래를 여전히 존치하면서도 제178조 제1항 제1호를 도입한 취지가 규제의 공백을 방지하고자 하는 것이고, 객관적·추상적 문언을 사용한 점에 비추어 제176조를 적용할 수 없는 경우에 비로소 제178조 제1항 제1호를 적용하는(보충적 규정) 것이 타당하다고 본다.6)

Ⅱ. 부정거래의 요건

1. 부정한 수단 등의 사용

제178조 제1항 제1호는 부정한 수단, 계획 또는 기교("부정한 수단 등")를 사용하는 행위를 금지하고 있다. "계획 또는 기교"는 "수단"과 같은 의미이며, 부정거래의 적용에 공백이 생기지 않도록 같은 호에 열거하고 있는 문언에 불과하다. 종래 일본의 다수설은 부정한 수단을 "유가증권 거래에 대해 타인을 기망하여 착오에 빠지게 하는 행위"라고 하였다. 이는 제2호, 제3호에서 구체적으로 열거하고 있는 모든 행위가 사기이기 때문에 제1호도 마찬가지로 해석해야 한다는 점을 근거로 하였다. 그러나 일본 최고재판소가 부정한 수단을 사회통념상 부정하다고 인정되는 일체의 수단이라고 판시한 바와 같이 부정한 수단을 넓게 해석하여 사기행위로 제한할 필요가 없다는 견해가 있다. 살피건대 제1호는 기망적 요소를 요건으로 하는 위계의 개념을 존속시키면서 부정한 수단 등을 사용하는 부정거래 유형을 별도의 부정거래 유형으로 신설하여 규제의 공백을 제거하고자 한 취지에 비추어 이와 같은 제한을 둘 필요는 없다고 본다.7) 다만 부정한 수단 등은 추상적인 문언이어서 부정행위로 의심되는 행위가 이루어질 때마다 부정

---

5) 대법원 2018. 4. 12. 선고 2013도6962 판결; 대법원 2005. 11. 10. 선고 2004도1164 판결.
6) 임재연(2019), 981쪽.
7) 김건식·정순섭(2009), 378쪽.

한 수단 등에 해당되는지 여부를 그 당시 시점에서 판단할 수밖에 없고, 오히려 제1호는 이와 같은 처리를 예정하고 있다.[8]

2. 금융투자상품의 거래와 관련성

제178조 제1항 제1호는 금융투자상품의 매매, 그 밖의 거래와 관련하여 부정한 수단 등의 사용을 금지하여 시장의 공정성과 신뢰성을 확보하기 위한 일반조항이다. 따라서 부정한 수단 등을 누가 사용하는지, 어떤 금융투자상품에 부정한 수단 등을 사용하는지, 금융투자상품이 상장되었는지, 금융투자상품이 거래되는 곳이 거래소인지, 또는 주식교환 등 어떤 유형의 거래에 대해 부정한 수단 등을 사용하는지를 묻지 않는다.

나아가 "관련하여"는 매매거래와의 관련성을 의미한다. "관련성"의 의미를 어떻게 해석하느냐에 따라 부정거래의 적용범위를 확대시킬 수 있다. 즉 금융투자상품의 매매, 그 밖의 거래를 하는 목적보다 넓은 개념으로 이해할 수 있다. 부정한 수단 등을 사용하는 자는 부정거래에 대한 인식이 필요하지만, 그 자가 현실적으로 금융투자상품을 거래한 경우는 물론 금융투자상품을 거래하지 않은 경우에도 인정될 수 있다. 이는 금융투자상품의 거래에 부정한 수단 등이 사용된 때는 그 자가 직접 금융투자상품을 거래하지 않은 경우에도 투자자의 이익이 침해되어 공정하고 자유로운 자본시장의 형성을 방해할 위험이 존재하기 때문이다. 다만 부정한 수단 등이 타인의 금융투자상품의 거래에 영향을 미치고, 이에 따라 타인이 금융투자상품의 거래에 관하여 피해를 입은 것만으로는 제1호에 위반되지 않는다. 왜냐하면 부정한 수단 등을 사용한 자가 금융투자상품을 거래한 때에 부정한 수단 등을 사용하는 것을 전제하고 있기 때문이다.[9]

3. 부정거래의 적용기준

부정한 수단 등을 사용하는 행위는 위계의 개념과 유사하다. 위계는 상대방을 기망하여 착오에 빠뜨리는 행위이다. 대법원은 위계를 상대방이나 불특정 다수의 투자자들을 기망하여 일정한 행위를 유인할 목적으로 수단, 계획, 기교 등을 사용하는 행위라고 하여, 제178조 제2항의 위계를 제178조 제1항 제1호가 금지하는 행위 유형의 하나라고 판단하였다.[10] 이와 같은 위계는 사기와 유사하지만, 위계사용에 의한 부정거래는 목적범이고, 개인의 재산권이 아닌 사회적 법익을 보호법익으로 하고 있다는 점에서 사기와 차이가 있다. 또한 부정거래행위의 다른 유형인 허위의 시세, 허위사실의 유포 기타 풍설 유포("부실표시")는 객관적으로 보아 진실과

---

8) 박임출(2013), 367쪽.
9) 박임출(2013), 367-368쪽.
10) 대법원 2011. 3. 10. 선고 2008도6335 판결.

부합하지 않는 과거 또는 현재의 사실을 상대방 또는 다수인에게 표시하는 것을 말하므로[11] 위계의 개념은 이보다 더 넓다고 할 수 있다.

한편 부정거래를 주관적 요건의 유무를 기준으로 주관적 부정거래와 객관적 부정거래로 구분할 수 있고, 행위요건의 구체성을 기준으로 구체적 부정거래와 추상적 부정거래로 구분할 수 있다.[12] 이와 같은 구분에 따른 부정거래의 적용순서는 우선 주관적 부정거래에 해당되는지 여부를 판단하고, 다음으로 주관적 부정거래에 해당되는 경우 구체적 부정거래에 해당되는지 여부를 판단한다. 이 경우 구체적 부정거래는 구체적 행위를 요건으로 하고 있기 때문에 추상적 부정거래보다 우선 적용한다. 결과적으로 부정거래의 유형별 적용은 ⅰ) 주관적 부정거래, ⅱ) 주관적·구체적 부정거래, ⅲ) 주관적·추상적 부정거래, ⅳ) 객관적 부정거래 순으로 한다. 부정한 수단 등의 사용은 객관적·추상적 부정거래, 위계의 사용은 주관적·추상적 부정거래, 부실표시는 주관적·구체적 부정거래에 해당되기 때문에 제178조는 구체적 유형의 부실표시 → 위계 → 부정한 수단의 사용 순위로 적용할 수 있다. 반면 부정한 수단 등을 사용하는 행위를 풍문 유포나 위계 사용에 의한 행위에 적용할 수는 없다. 그 추상적 용어에 비추어 일반조항으로 봄이 타당하고 따라서 나머지 조항에 대해 보충적으로 적용하는 것이 타당하다.[13]

4. 부당이익의 요건

자본시장법 제443조는 부정한 수단 등을 사용하는 부정거래에 대해서도 다른 불공정거래 위반과 같이, 그 위반행위로 얻은 이익이 5억원 이상이면 벌금형의 상한이 높아지거나 그 징역형을 가중하도록 규정하고 있기 때문에 부정거래로 얻은 부당이익은 동조의 구성요건요소가 된다. 그런데 제443조는 벌금형의 법정상한을 높이고 징역형의 가중을 정하는 요소에 관하여 위반행위로 얻은 이익이라고 규정하고 있을 뿐 위반행위로 얻은 이익이 무엇을 의미하는지, 그 이익의 액수를 어떻게 산정해야 하는지에 관한 구체적인 규정을 두고 있지 않다. 이 때문에 위반행위로 얻은 이익과 그 산정방식을 둘러싸고 논란이 있을 수밖에 없다.

동조의 "위반행위로 얻은 이익"에 관하여 종래 대법원[14]은 "반드시 그 위반행위와 직접적인 인과관계가 있는 것만을 의미하는 것이 아니고, 그 위반행위가 개입된 거래로 인하여 얻은 이익에 해당하는 것이면 이에 해당되는 것"이라고 판시하여 헌법재판소의 결정[15]과 같이 직접

---

11) 대법원 2006. 12. 7. 선고 2006도3400 판결.
12) 정순섭(2010), "불공정거래법제의 현황과 해석론적 과제", 서울대학교 금융법센터 BFL 제43호(2010. 9), 13-17쪽.
13) 박임출(2013), 370-371쪽.
14) 대법원 2005. 4. 15. 선고 2005도632 판결; 대법원 2004. 9. 3. 선고 2004도1628 판결.
15) 헌법재판소 2003. 9. 25. 선고 2002헌바69 결정(유가증권의 시장가격은 매우 다양한 요인에 의해 영향을 받는다는 점을 고려하면 시세조종으로 이익을 얻은 경우 이것이 모두 시세조종에 의한 것이라고 말할 수

적인 인과관계가 인정되는 이익에 한정되지 않고 이를 넘어서는 이익도 포함된다고 판시하고, 구체적으로 어떤 인과관계 기준에 따라 이익의 범위를 확정할 것인지는 명시하지 않았다. 이후 대법원[16]은 "위반행위로 얻은 이익이란 통상적인 경우에는 위반행위와 관련된 거래로 인한 총수입에서 그 거래를 위한 총비용을 공제한 차액을 산정하는 방법으로 인과관계가 인정되는 이익을 산출할 수 있겠지만, 구체적인 사안에서 위반행위로 얻은 이익의 가액을 위와 같은 방법으로 인정하는 것이 부당하다고 볼 만한 사정이 있는 경우에는 사기적 부정거래를 근절하려는 증권거래법 제207조의2와 제214조의 입법취지와 형사법의 대원칙인 책임주의를 염두에 두고 위반행위의 동기, 경위, 태양, 기간, 제3자의 개입 여부, 증권시장 상황 및 그 밖에 주가에 중대한 영향을 미칠 수 있는 제반 요소들을 전체적·종합적으로 고려하여 인과관계가 인정되는 이익을 산정해야 한다"고 판시하여, 위반행위로 얻은 이익은 위반행위와 인과관계가 있다고 인정되는 이익에 한정되는 것임을 명확히 하였다. 이와 같은 맥락에서 헌법재판소[17]도 "위반행위로 얻은 이익이라는 문언 자체의 의미뿐만 아니라 입법목적이나 입법취지, 입법연혁, 그리고 법규범의 체계적 구조 등을 종합적으로 고려하는 해석방법에 의할 때 건전한 상식과 통상적인 법감정을 가진 일반인이라면 어렵지 않게 위반행위로 얻은 이익은 위반행위가 원인이 되어 그 결과로서 발생한 이익을 의미하는 것으로 해석할 수 있다"고 판시하였다.

한편 자본시장법(증권거래법도 동일)에 명시적 규정은 없지만 우리나라의 판례나 감독당국의 실무에서는 위반행위로 얻은 이익을 실현이익과 미실현이익으로 구분하여 산정하고 있다. 실현이익은 시세조종 대상인 금융투자상품의 총매도금액에서 총매수금액 및 그 거래비용을 공제한 나머지 순매매차익이고, 미실현이익은 시세조종 종료 이후 보유하고 있는 해당 금융투자상품의 평가금액이다. 실현이익은 매수와 매도가 완료되어 현실화된 이익이므로 특별히 문제될 것이 없지만, 미실현이익은 주가변동요인이 매우 다양하다는 점에서 보유주식의 평가기준을 어떻게 설정하느냐에 따라 금액이 달라지기 때문에 논란의 여지가 있다. 그런데 제178조 제1항 제1호의 부정거래는 제176조의 시세조종이나 제178조의 다른 부정거래에 해당되지 않는 신종 시세조종에 적용된다는 점에서 부당이익의 산정은 더욱 곤란할 뿐만 아니라 수범자의 예측가능성도 기대하기 어렵다. 따라서 위반행위와 직접적인 인과관계가 있는 이익액만을 명확하게 산정할 필요는 없으며 이익액을 산출해 낼 합리적 해석기준이 분명하면 충분하다고 본다.

는 없지만, 형사책임이란 측면에서 볼 때 위반행위로 얻은 시세차익의 많고 적음이 그러한 위반행위를 한 자에 대한 형사책임의 경중을 결정하는 중요한 요소가 될 수 있으며, 이 사건 법률조항은 형사처벌의 법정형에 관한 조항이지 손해배상책임의 범위를 정하기 위한 조항이거나 위반행위와 직접적인 인과관계가 있는 이익액만을 벌금형 상한변동의 요건으로 삼아야 할 필연성이 인정되지 않는다).

16) 대법원 2009. 7. 9. 선고 2009도374 판결.
17) 헌법재판소 2011. 2. 24. 선고 2009헌바29 결정.

다시 말하면 부당이익은 반드시 그 위반행위와 직접적인 인과관계가 있는 것만을 의미하는 것이 아니고, 그 위반행위와 관련된 거래로 인하여 얻은 이익에 해당되면 충분하고, 다른 요인이 작용한 경우에는 해당 요인으로 인한 주가변동분을 명확하게 구분할 수 있는 한 이를 분리해서 산정할 수 있다.[18]

Ⅲ. 부정거래행위 유형

1. 부정한 수단 · 계획 또는 기교의 사용행위

(1) 의의

자본시장법 제178조 제1항 제1호는 부정한 수단, 계획, 또는 기교를 사용하는 행위를 금지한다.[19] 이는 그 행위가 부정한 것으로 보아 포괄적으로 규정하고 있다.[20] 구체적으로 제1호와 제2호 및 제3호를 비교해 보면 제2호 및 제3호의 규정은 제1호보다 행위양태를 구체적으로 정하고 있다. 제2호와 제3호의 요건은 허위정보 또는 거짓의 시세를 이용하여야 하고 재산상의 이익취득이나 매매를 유인할 목적이 있어야 한다. 반면 제1호는 행위양태도 부정한 수단이라 하여 포괄적이고 재산상 이익취득이나 매매유인 등의 목적도 요건으로 하고 있지 않다. 따라서 행위자 자신이 재산상 이익을 취득하거나 제3자로 하여금 재산상 이익을 취득하게 하려는 목적이 없더라도 그 행위가 부정한 수단, 계획 또는 기교에 해당하는 한 제178조 제1항 제1호에 의해 금지된다.[21]

---

18) 박임출(2013), 372-374쪽.
19) 이 조항은 SEC Rule 10b-5와 일본 금융상품거래법 제157조 제1호와 동일하다. 자본시장법과 일본 금융상품거래법은 SEC Rule 10b-5의 "device, scheme, or artifice to defraud"를 그대로 계수한 것으로 보인다.
20) 대법원 2016. 3. 24. 선고 2013다2740 판결(금융투자상품의 거래와 관련한 부정행위는 다수의 시장참여자에게 영향을 미치고 자본시장 전체를 불건전하게 할 수 있기 때문에 그러한 부정거래행위를 규제함으로써 개개 투자자의 이익을 보호함과 아울러 자본시장의 공정성과 신뢰성을 높이기 위한 것이며(대법원 2001. 1. 19. 선고 2000도4444 판결 등 참조), 특히 제178조 제1항 제1호는 이를 위하여 금융투자상품의 매매, 그 밖의 거래와 관련하여 사회통념상 부정하다고 인정되는 일체의 수단, 계획 또는 기교를 일반적, 포괄적으로 금지하고 있다(대법원 2014. 1. 16. 선고 2013도9933 판결 등 참조)).
21) A(Y사 사실상 최대주주)는 2001. 2. 21. X에쿼티 등 본인 소유 2개 SPC가 Y사 주식 695,694주(8.4%)를 취득(최대주주)하여 사실상 최대주주가 된 자로서, 전력자(횡령 등 처벌)라는 사실이 시장에 알려질 경우 장기경영 목적이 아닌 차익실현 목적이라는 사실이 노출되어 주가하락 및 향후 매도가 용이하지 않을 것으로 예상되자 이를 원활하게 하여 부당이득을 얻을 목적으로 B와 공모하여 ⅰ) 중요사항 거짓기재 관련 부정거래: 대량보유보고(2001. 2. 23.-2001. 11. 20. 기간 중 총 12회) 및 정기보고서 제출(2001. 5. 14.-2001. 11. 14. 기간 중 총 3회)시 최대주주에 관한 중요사항에 대하여 거짓의 기재 또는 표시를 하여 일반투자자들의 오해를 유발시키면서, 2002. 1. 22. Z사 등 본인 소유 4개 SPC에서 보유하고 있던 Y사 주식 1,910,901주(13.5%)를 블록딜(H증권사 중개로 H증권사(PI) 등 5개 기관투자자가 1,580,000주 매수) 및 장외매도(330,901주)로 대량처분한 후, 공동보유자(FI)가 매도한 것처럼 거짓기재하여 대량보유 보고한 부정거래 혐의가 있다. ⅱ) 블록딜 매매 관련 부정거래(부정한 수단·기교 사용): 사실상 최대주주인 A는 최대

여기서 "부정한 수단, 계획 또는 기교"란 사회통념상 부정하다고 인정되는 일체의 수단, 계획 또는 기교를 말한다.[22] 나아가 어떠한 행위가 "부정한" 것인지 여부를 판단하기 위하여는 그 행위가 법령 등에서 금지된 것인지, 다른 투자자들로 하여금 잘못된 판단을 하게 함으로써 공정한 경쟁을 해치고 선의의 투자자에게 손해를 전가하여 자본시장의 공정성, 신뢰성 및 효율성을 해칠 위험이 있는지를 고려해야 할 것인데, 금융투자업자 등이 특정 투자자에 대하여만 투자기회 또는 거래수단을 제공한 경우에는 그 금융거래시장의 특성과 거래참여자의 종류와 규모, 거래의 구조와 방식, 특정 투자자에 대하여만 투자기회 등을 제공하게 된 동기와 방법, 이로 인하여 다른 일반투자자들의 투자기회 등을 침해함으로써 그들에게 손해를 초래할 위험이 있는지 여부, 이와 같은 행위로 인하여 금융상품 거래의 공정성에 대한 투자자들의 신뢰가 중대하게 훼손되었다고 볼 수 있는지 등의 사정을 자본시장법의 목적·취지에 비추어 종합적으로 고려하여야 할 것이다.[23]

(2) 수단·계획·기교의 개념

여기서 "부정한 수단, 계획 또는 기교"라 함은 거래상대방 또는 불특정 투자자를 기망하여 부지 또는 착오상태에 빠뜨릴 수 있는 모든 수단, 계획, 기교 또는 행위자의 지위·업무 등에 따른 의무나 관련법규에 위반한 수단, 계획, 기교를 말하는 것으로[24] 같은 법 제176조 및 제

주주 변경 사실을 지속적으로 숨긴 채 2002. 1. 22. Y사 주식을 대량매도(1,910,901주, 13.5%)하는 과정에서 거래량이 적어 매도가 원활하지 않을 것으로 예상(직전 5거래일 평균거래량이 465,055주에 불과)되자, B(Y사 대표이사) 및 C·D(H증권사 임원)과 공모하여 블록딜 대량매도 및 H증권사(PI)가 블록딜로 매수한 100,940주를 원활하게 매도할 목적으로 장전 블록딜(08:27-08:54) 직후 호재성 보도자료를 배포(09:00)하여 일반투자자들의 매수세 유입으로 주가상승 및 거래량을 증가시켜 H증권사가 전량 매도할 수 있도록 한 부정한 수단·기교를 사용한 부정거래 혐의가 있고, B는 이를 기화로 2002. 1. 22. 09:17-09:22 L 명의 차명계좌에서 보유 중인 동사 주식 21,000주를 매도한 부정한 수단·기교를 사용한 부정거래 혐의가 있다. C와 D는 2002. 1. 22. A소유 4개 SPC의 158만주 블록딜 매매시 대량매도를 원활하게 진행(거래량이 적어 시장에서 소화 불가)하여 거액의 수수료 수입(23.7억원, 매도금액의 15.8%) 및 블록딜 매수주식(100,940주)의 시세차익을 얻을 목적으로 A 및 B와 공모한 후 2002. 1. 22. 장전 블록딜 매도 직후인 09:00 호재성 보도자료를 배포하여 최대주주의 대량매도 사실을 모르는 일반투자자들의 매수세 유입으로 주가가 급등하자, H증권사(PI)가 매수한 100,940주를 호재성 보도 직후 매도(09:02-09:42 80,940주, 14:39-14:46 20,000주)한 부정한 수단·기교를 사용한 부정거래 혐의가 있어 검찰에 고발되었다(법443①(8), 법178① (1)(2)).

22) 대법원 2011. 10. 27. 선고 2011도8109 판결.

23) 대법원 2014. 2. 13. 선고 2013도1206 판결.

24) 대법원 2017. 3. 30. 선고 2014도6910 판결(투자자문업자, 증권분석가, 언론매체 종사자, 투자 관련 웹사이트 운영자 등("투자자문업자 등")이 특정 증권을 장기투자로 추천하기 직전에 자신의 계산으로 그 증권을 매수한 다음, 추천 후 그 증권의 시장가격이 상승할 때에 즉시 차익을 남기고 매도하는 이른바 스캘핑(scalping) 행위를 하는 경우, 그 행위가 명백하게 거짓인 정보를 시장에 흘리는 방법으로 특정 증권을 추천하는 것이라면 이는 정상적인 자본의 흐름을 왜곡시켜 자본시장의 공정성과 효율성을 해침은 물론이다. 또한 그 증권 자체에 관한 정보는 거짓이 아니어서 자본의 흐름을 왜곡시키는 것은 아니라도, 이러한 스캘핑 행위가 용인되면 자본시장에서의 공정한 경쟁에 대한 시장참여자들의 신뢰가 훼손되고 시장 내의 각종 투자 관련 조언행위가 평가절하됨으로써, 양질의 정보를 생산하고 소비하려는 유인이 감소하여 자본시장

178조가 정하고 있는 나머지 행위들을 포괄하는 개념으로 보아야 한다.[25]

수단은 미국 SEC Rule 10b-5(a)의 "divice"와 일본 금융상품거래법 제157조 제1호의 "手段"과 같은 의미이다. 여기서 수단의 의미는 통상적으로 자본시장에서 불공정거래를 행할 목적의 수단이 아니라 불공정거래행위를 목적으로 행하여진 수단을 포함하는 것이다.[26]

계획이란 형법상 예비행위를 포함한 일련의 방조행위를 말하는데, 미국 SEC Rule 10b-5(a)의 "scheme"에 해당하는 것으로, 일본 금융상품거래법 제157조 제1호의 "計画"와 같은 의미이다. 부정한 계획의 일례로 M&A의 피인수기업으로 지목되면 주가가 상승하는 것이 일반적인데, 이 점을 이용하여 실제로는 M&A를 할 의사가 없으면서도 대상기업에 대하여 M&A를 하겠다고 소문을 퍼뜨리고, 대상기업의 주가가 상승하면 보유하고 있던 주식을 매각하여 차액을 챙기는 방법은 부정한 계획을 사용한 사례가 될 수 있다.[27]

에서의 자원배분의 효율성을 해치고 투자자들이 자본시장으로부터 이탈하는 결과를 가져올 수 있다. 또한 특정 증권을 추천하기 직전에 그 증권을 매수한 투자자문업자 등은 장기적 가격상승의 잠재력이 아니라 추천으로 예상되는 투자자들의 행동에 따른 단기적 가격상승 가능성 때문에 의식적으로 또는 무의식적으로 그 증권을 추천할 유인이 생길 수 있고, 추천내용의 객관성에 영향을 미칠 수 있는 추천의 동기는 추천에 따라 투자판단을 하려는 합리적인 투자자가 중요하게 고려할 상당한 개연성이 있는 사항에 해당하므로, 특정 증권을 추천하기 전에 자신의 계산으로 그 증권을 매수한 투자자문업자 등이 그 증권에 관한 자신의 이해관계를 공시하지 않고 추천하면 상대방에게 개인적인 이해관계 없이 객관적인 동기에서 그 증권을 추천한다는 오해를 초래할 수 있다. 위와 같은 제반 사정을 고려하면, 투자자문업자 등이 추천하는 증권을 자신이 선행매수하여 보유하고 있고 추천 후에 이를 매도할 수도 있다는 그 증권에 관한 자신의 이해관계를 표시하지 않은 채 그 증권의 매수를 추천하는 행위는 자본시장과 금융투자업에 관한 법률 제178조 제1항 제1호에서 말하는 "부정한 수단, 계획, 기교를 사용하는 행위"에 해당하는 한편, 투자자들의 오해를 초래하지 않기 위하여 필요한 중요사항인 개인적인 이해관계의 표시를 누락함으로써 투자자들에게 객관적인 동기에서 그 증권을 추천한다는 인상을 주어 거래를 유인하려는 행위로서 같은 법 제178조 제2항에서 정한 "위계의 사용"에도 해당한다).
25) 서울중앙지방법원 2010. 10. 29. 선고 2010고합305, 2010고합412(병합) 판결
26) 최원우(2013), "자본시장법상 불공정거래행위 금지규정에 관한 연구", 한양대학교 대학원 박사학위논문(2013. 8), 20쪽.
27) 서울고등법원 2011. 6. 9. 선고 2010노3160 판결(누구든지 주식의 매매, 그 밖의 거래와 관련하여 부정한 수단, 계획 또는 기교를 사용하는 행위를 하여서는 아니 된다. 피고인 1은 공소외 8 주식회사의 대표이사로서 2008. 5. 29.경 공소외 2 주식회사의 경영권을 인수하면서 그 인수대금의 상당부분을 공소외 8 주식회사가 보유하게 될 공소외 2 주식회사 주식 1,172만주 중 대부분을 금융기관이나 사채업자들에게 담보로 제공하고 자금을 차입하는 "주식담보대출"의 방법으로 조달하였다. 공소외 2 주식회사의 주가가 2008년 11월경 소위 리만 브라더스 사태의 발발로 하락하게 되자, 피고인 1은 주식담보대출 약정에서 정한 담보비율을 준수하기 위해 추가담보를 제공하지 않으면, 채권자들의 "반대매매"로 인해 주식을 잃게 되어 경영권을 상실할 수도 있는 상황에 처하게 되었다. 이러한 상황에서 피고인 1은 ⅰ) 2008. 11. 25.경 공소외 10과 투자원리금 보장 약정을 체결하여 투자원리금을 보장해 주는 조건으로 공소외 2 주식회사 주식을 장내에서 매수함으로써 외국 투자자가 공소외 2 주식회사에 정상적인 투자를 한 것과 같은 외양을 갖추게 하고, ⅱ) 2009. 1. 10.경 피고인 8을 통해 개인투자자인 피고인 9로 하여금 일정 수수료를 대가로 공소외 2 주식회사 주식을 추가매수하게 하여 일반투자자들로 하여금 이를 호재로 오인하여 추격매수를 하게 함으로써 공소외 2 주식회사 주가를 지지 또는 반등시키고, ⅲ) 공소외 10과 피고인 9의 장내매수로 형성된 주가를 토대로 2009. 2. 2.자 공소외 2 주식회사의 제3자배정 유상증자를 실시함에 있어, 상피고인 12, 13 등 사채업자로부터 차입한 자금을 사용하여 차명으로 주금을 납입하고 사채업자 상피고인 12로 하여금 투자

기교란 미국 SEC Rule 10b-5(a)의 "artifice"에 해당하고, 일본 금융상품거래법 제157조 제
1호의 "기교"와 같은 의미이다. 이에 해당하는 행위로는 선행매매(front running), 스캘핑, 과당
매매 등이 있을 수 있다.[28]

(3) 부정한 수단과 사기(fraud)와의 관계

자본시장법 제178조 제1항 제1호의 "부정한 수단device), 계획scheme), 기교(artifice)"는
미국의 SEC Rule 10b-5(a)를 모델로 삼았기 때문에 부정한 수단이라는 것이 사기(fraud)를 의
미하는 것인가 하는 의문이 생길 수 있다. 이에 대해 대법원은 "부정한 수단, 계획 또는 기교"
란 사회통념상 부정하다고 인정되는 일체의 수단, 계획 또는 기교를 의미하는 것으로서 신뢰관
계에 있는 자가 상대방을 착오에 빠뜨리는 사기행위에 한정되지 않는다고 하여 거의 같은 내
용을 담고 있다.[29] 하급심 판례에 의하면 "부정한 수단, 계획 또는 기교"라 함은 "거래상대방
또는 불특정 투자자를 기망하여 부지 또는 착오상태에 빠뜨릴 수 있는 모든 수단, 계획, 기교
또는 행위자의 지위·업무 등에 따른 의무나 관련법규에 위반한 수단, 계획, 기교를 말하는 것"

원금보장조건으로 유상증자에 참여하게 하는 방법으로 회사와 무관한 제3자의 투자로 유상증자가 성공한
것 같은 외관을 형성하여 일반투자자들로 하여금 이를 호재로 오인함과 동시에, 차명으로 주식을 취득한
사실에 대해서 허위로 공시함으로써 대표이사 등 임원의 소유지분 매각사실이 공시됨으로써 주가에 악영
향을 미치는 것을 예방하고, iv) 유상증자 이후에 공소외 10, 피고인 9등을 통해 추가매수세를 형성하는
방법으로 주가를 반등시켜 채권자들의 반대매매를 피하고, 적기에 장내매수한 주식과 유상증자로 배정받
은 주식을 매도하여 이익을 얻겠다는 부정한 계획을 세우고, 다음과 같이 그 계획을 실행하였다).

28) 서울고등법원 2011. 6. 9. 선고 2010노3160 판결(i) 피고인 1이 공소외 8 주식회사를 통하여 2008. 5. 23.
경 공소외 2 주식회사를 인수한 후, 2008년 11월경부터 제3자배정 유상증자를 추진하려 하였으나 성공하
지 못했고, 2009. 1. 23.경 공소외 2 주식회사의 144억 원 상당의 제3자배정 유상증자 결정을 공시할 무렵
에는 유상증자 성공을 위하여 상피고인 8, 9 등을 통하여 공소외 2 주식회사 주식의 시세조종을 하는 등
공소외 2 주식회사 제3자배정 유상증자의 성공을 지속적으로 추구하여 온 점, ii) 피고인 1은 상피고인 11
을 통하여 상피고인 13으로부터 10억 원을 차입하고, 상피고인 12로부터 30억 원을 차입하여 차명으로 유
상증자금을 납입하고, 상피고인 12가 투자하는 30억 원에 대하여는 공소외 2 주식회사의 당좌수표 및 현
금담보를 제공하면서 원금보장 약정을 하였는데, 상피고인 12, 13으로부터 차입한 40억 원을 통한 유상증
자금 납입은 공소외 2 주식회사의 실질적인 사주인 피고인 1의 계산으로 차입하여 납입한 것이고, 상피고
인 12의 30억 원 유상증자 참여 역시 통상적인 투자판단에 따라 원금손실위험을 부담하면서 참여한 것이
아니므로 모두 정상적인 제3자의 유상증자 참여로 볼 수 없는 점, iii) 2009. 2. 2.자 공소외 2 주식회사 유
상증자에 총 129억 원 상당의 주금이 납입됨으로써 위 유상증자가 제3자의 참여로 성공한 듯한 외양이 형
성되었으나, 그중 위와 같은 방식으로 납입된 금액이 전체 납입금의 절반을 초과하는 70억 원에 이르고,
이를 제외하면 정상적인 납입이 이루어진 금액은 59억 원에 불과한데, 피고인 1의 위와 같은 행위가 없었
다면 144억 원 상당으로 예정되어 공시된 위 유상증자는 사실상 실패하였을 것으로 보이는 점, iv) 제3자
배정 유상증자의 성공은 코스닥시장에서 일반투자자들에게 공개되어 공소외 2 주식회사의 재무구조가 좋
아지고 신규사업진출 실현 가능성이 높아진 것이라는 평가를 받게 되고 유상증자 참여자들 및 일반투자자
들에게 공소외 2 주식회사가 투자할만한 가치가 있는 회사라는 인상을 주는 등 주식시장에서 일반적으로
호재로 작용하는 반면, 제3자배정 유상증자 실패는 주식시장에서 중대한 악재로 작용하는 점 등을 종합해
볼 때, 피고인 1의 위와 같은 행위는 불특정 투자자를 기망하여 착오상태에 빠뜨릴 수 있는 기교를 사용하
는 행위로서 자본시장법 제178조 제1항 제1호에서 규정한 "부정한 기교"에 해당한다).
29) 대법원 2011. 10. 27. 선고 2011도8109 판결.

이라고 판시한 바 있다.[30]

　　이와 같이 판례는 부정한 수단에 대해 반드시 기망을 필수요건으로 하는 사기에 한정시키지 않고 있다. 또한 자본시장법 제178조 제2항에서 기망적 요소를 요건으로 하는 "위계"의 개념을 존속시키면서 "부정한 수단"을 별도의 유형으로 신설하였다는 점, 제178조 제2항은 위계 외에 폭행, 협박까지 포함하고 있는 점에서 반드시 기망행위를 통한 부정거래만을 규제하고자 하는 것이 아님을 고려할 때 "부정한 수단"을 기망행위 내지는 사기행위로 한정하여 해석할 필요는 없다.

(4) "부정한"의 의미

　　"부정한"의 의미는 앞에서 본 것처럼 사기행위에 한정할 것이 아니라 일반적으로 사회통념상 허용할 수 없는 일체의 행위로 보아야 한다. 부정한 행위는 기망 또는 위계보다 개념상 확장되며 의미 또한 추상적이므로 사회통념에 의존하여 해석해야 할 것이다.[31]

2. 부실표시 사용행위

(1) 의의

　　자본시장법 제1항 제2호는 "중요사항에 관하여 거짓의 기재 또는 표시를 하거나 타인에게 오해를 유발시키지 아니하기 위하여 필요한 중요사항의 기재 또는 표시가 누락된 문서, 그 밖의 기재 또는 표시를 사용하여 금전, 그 밖의 재산상의 이익을 얻고자 하는 행위"를 금지하고 있다.[32] 여기서 금지되는 행위는 거짓의 기재 또는 표시와 기재 또는 표시의 누락으로 구분할

---

30) 서울중앙지방법원 2010. 10. 29. 선고 2010고합305 판결.

31) 서울고등법원 2013. 7. 26. 선고 2013노71 판결(자본시장법의 규정 체계에 관하여 보건대, 자본시장법 제178조는 "부정거래행위 등의 금지"라는 제목으로 부정거래행위의 유형에 관하여 "부정한 수단, 계획 또는 기교"를 사용하는 행위를 규정한 제1항 제1호 외에도 개별 부정거래행위의 유형으로 제2호, 제3호 및 제2항을 규정하고 있는데, 제1항 제1호와는 달리 제2호, 제3호, 제2항은 다른 투자자들에 대한 기망적인 요소를 구성요건으로 하고 있고, 같은 법 제443조 제1항 제8호 및 제9호는 제178조 제1항 각 호 및 제2항의 어느 하나에 해당하는 행위를 한 자에 대하여 동일한 형벌(10년 이하의 징역 또는 5억 원 이하의 벌금)에 처하도록 규정하고 있는바, 이러한 자본시장법의 규정체계에 비추어 볼 때 자본시장법 제178조에서 규정하고 있는 부정거래행위의 한 유형인 제1항 제1호의 "부정한 수단, 계획 또는 기교"를 사용하는 행위는 적어도 자본시장법 제178조 제1항 제2호, 제3호 및 제2항에서 구체화된 부정거래행위의 내용과 동등하거나 그에 준하는 정도의 불법성을 지닌 것이어야 한다. 결국 자본시장법 제178조 제1항 제1호에 의하여 사용이 금지되는 "부정한 수단, 계획 또는 기교"란, 다른 투자자들의 이익을 부당하게 침해할 위험성이 있는 것으로서 같은 법률 제178조 제1항 제2호, 제3호 및 제2항에서 정한 부정거래행위에 준하는 정도의 불법성이 있는 행위라고 할 것이고, 나아가 금융투자상품의 매매와 관련한 어떠한 행위가 사회통념상 부정한 수단, 계획, 기교에 해당하는지 여부는 자본시장법의 취지, 목적 등을 바탕으로 해당 금융투자상품 거래 시장의 구조, 당해 행위가 거래 시장에 미치는 영향, 다른 투자자들의 이익을 침해할 위험성 등을 종합적으로 고려하여 판단하여야 할 것이다).

32) 혐의자들은 일정기간 동안 X조합 등 3개 투자조합을 인수 주체(SI) 및 재무적 투자자(FI)로 내세워 A사를 무자본 인수(투자조합 보유 A사 주식을 담보로 B·C저축은행으로부터 100억원 대출 등)한 후 동 조합들이

수 있는데, 이를 통칭하여 부실표시라 한다.

제178조 제1항 제2호는 허위표시에 의한 시세조종을 금지하는 제176조 제2항 제3호와 규제 이념적으로는 동일하지만, "상장증권 또는 장내파생상품의 매매를 유인할 목적으로"라는 "매매유인목적"을 요구하지 않는 점 등 규제대상상품이나 거래장소에 제한이 없다는 점에서 적용범위가 넓다. 이 점에서 제176조 제2항 제3호에 의한 규제의 공백을 보완하는 기능을 한다.

(2) 중요사항

제178조 제1항 제2호의 부정거래는 중요사항을 허위기재한 것과 기재누락 행위가 규제대상이다. 여기서 "중요사항"이란 법 제174조 제1항 본문에서 미공개중요정보의 중요성에 관해 규정하는 "투자자의 투자판단에 중요한 영향을 미칠 수 있는 정보"와 동일하게 보아야 한다. 따라서 중요사항이라 함은 당해 법인의 재산·경영에 중대한 영향을 미치거나 투자자의 투자판단에 영향을 미칠 수 있는 사항이므로, 해당 기업 고유의 정보만이 아니라 동종업종의 전망 또는 경쟁업체의 동향 등 기업외적인 정보도 포함된다.[33] 그러나 정보가 반드시 객관적으로 명확하고 확실할 것까지는 요구되지 않으며, 합리적인 투자자라면 정보의 중대성과 그 사실이 발생할 개연성을 비교 평가하여 투자 여부를 결정할 때 중요한 가치를 지닌다고 생각되면 충분하다.[34]

(3) 거짓 또는 부실표시

금지되는 행위는 중요사항에 관한 "거짓의 기재 또는 표시" 또는 "오해유발을 피하기 위해 필요한 중요사항의 기재 또는 표시가 누락된 경우"이다. "거짓"은 객관적으로 판단하여야 하고 행위자가 허위라고 생각하더라도 실제로 사실이면 금지대상이 되지 않는다.[35] 또한 적극

인수한 주식을 단기간에 고가 매도할 목적으로, 다음과 같이 중요사항에 관하여 거짓의 기재를 하거나, 허위·과장 공시 및 보도자료 배포 등 금융투자상품의 거래와 관련하여 부정한 수단 및 위계 등을 사용한 혐의가 있어 검찰 고발이 있었다(법443①(8)(9), 법178①(2) 및 법178②). ⅰ) 이 사건 조합 3개의 조합은 공동의 목적 아래 동일 주체에 의해 운영되는 하나의 실체이고, A사 인수자금 또한 담보 제공 후 이를 차입하여 조달하는 등 사실상 A사를 무자본 인수하였음에도, 각 대량보유보고 등에서 서로 관계가 없는 독립적인 조합인 것처럼 위장하는 한편, 자금출처를 자기자금으로 공시하거나 주식담보계약 사실을 누락하는 등 방법으로 무자본 인수를 은폐하였으며, ⅱ) 바이오 분야 투자를 위한 대규모 자금조달 계획(총 375억원) 공시를 진행하면서 정상적으로 외부자금이 조달되는 상황이 아님에도, 3개의 투자조합 중 한 개를 외부 투자자로 가장한 후 아래와 같이 외부 투자자금이 유입되는 것과 같은 외관을 형성하였다. 즉 ㉠ 제3자 배정 유상증자의 경우 혐의자들과 관련된 업체 명의 대출 및 차입을 통해 자금을 조달하고, ㉡ 제3회, 제4회차 전환사채의 경우 혐의자들이 저축은행 및 증권사에 의뢰하여 인수대금을 일시 납입하고 최종적으로는 혐의자들이 운영하는 관계사를 통해 해당 전환사채를 재매입하였다. ⅲ) 세포치료제 독점 공급·판매계약, 바이오 기술 이전 계획 등 바이오산업 진출과 관련한 허위·과장된 내용의 공시 및 보도자료 배포를 통해 일반투자자들로 하여금 향후 사업전망을 오인하게 하여 주가를 상승시키고, 인수한 A사 주식을 조합 해산일 전후 기간에 매도하여 차익을 실현하였다.

33) 대법원 2011. 7. 28. 선고 2008도5399 판결.
34) 대법원 1994. 4. 26. 선고 93도695 판결.
35) 대법원 2009. 7. 9. 선고 2009도1371 판결.

적인 허위표시 외에 필요한 사실의 표시를 누락하는 소극적 행위도 금지된다.

(4) 금전, 그 밖의 재산상의 이익

"금전, 그 밖의 재산상의 이익"을 얻고자 하는 행위는 실제로 재산상의 이익을 얻을 것을 요구하는 것은 아니며, 이와 같은 적극적인 이익은 물론 손실 회피 목적의 소극적인 이익도 포함한다. 자본시장법 제443조에서 규정하는 "위반행위로 얻은 이익 또는 회피한 손실액"은 "유가증권의 처분으로 인한 행위자가 개인적이고 유형적인 경제적 이익에 한정되지 않고, 기업의 경영권 획득, 지배권 확보, 회사 내에서의 지위 상승 등 무형적인 이익, 손실회피 목적의 소극적 이득, 장래의 이득도 모두 포함하는 포괄적인 개념으로 해석"하는 것이 타당하다.36)37)

3. 거짓의 시세를 이용하는 행위

(1) 의의

자본시장법 제178조 제1항 제3호는 금융투자상품의 매매, 그 밖의 거래를 유인할 목적으로 거짓의 시세를 이용하는 행위를 금지하고 있다. 거짓의 시세임에도 불구하고 진실한 시세인 것처럼 투자들을 오인시켜 거래에 끌어들이는 행위를 금지하는 부정거래의 한 유형으로 규정한 것이다. 시세와 관련해서는 한국거래소가 개설한 장내상품의 경우는 금융투자상품의 시세가 실시간으로 거래소를 통하여 공표되고 있어 거짓의 시세를 이용한다는 것이 어려울 것이나, 한국거래소에 상장되어 있지 않아 그 시세가 공표되지 않는 장외 금융투자상품의 경우에 거짓

---

36) 대법원 2009. 7. 9. 선고 2009도1374 판결.
37) 대법원 2003. 11. 14. 선고 2003도686 판결(피고인은 당초 이 사건 주식을 취득할 당시부터 주식취득자금을 마련할 목적으로 차용한 금원을 반환하는 데 사용하기 위하여 다른 사람의 이름으로 취득한 주식을 조만간에 매도할 계획이 있었고, 실제로 피고인은 주당 1,900원에 다른 사람의 이름으로 취득하였던 주식을 2000. 8. 22. 및 같은 달 23. 그중 1,068,000주를 주당 3,940원에, 392,000주를 주당 4,000원에 전부 매도하여 막대한 차익을 남긴 사실을 알 수 있으며, 최대주주가 보유주식을 매도할 경우 주가에 부정적인 영향을 미치게 되므로 피고인은 판시와 같이 대량보유보고서에 자신이 매수한 주식을 타인이 보유하는 것으로 기재함으로써 주가에 충격을 주지 않으면서 주식을 매도하는 이익을 도모할 수 있었던 것으로 인정되는 점, 이 사건 주식 취득자금 중 일부는 차입금인데도 대량보유보고서에 자기자금으로만 주식을 취득한 것으로 기재한 것은, 이 사건 주식 양수를 통하여 화승강업을 사실상 인수하고 화승강업의 경영권을 획득한 피고인이 자신의 재무구조가 실제보다 더 충실한 것으로 보이게 함으로써 인수한 회사인 화승강업의 신인도 제고라는 무형적 이득과 함께 주가의 상승이라는 유형적 이득을 도모하기 위한 것이라고 볼 것인 점, 특히 피고인이 화승강업을 인수하고 경영권을 획득하자마자 회사의 사업목적에 "정보통신관련 등" 사업내용을 추가하는 정관변경을 하고 이를 공시한 점에 비추어 볼 때 화승강업의 인수자금 중 상당부분을 단기차입금에 의존할 정도여서 별다른 자금 여력이 없는 피고인이 주식취득자금이 전부 자기자금인 것으로 공시하여 정보통신 관련 분야의 사업을 추진할 만한 자금능력이 있는 것으로 보이게 함으로써 투자자들의 관심을 끌고 주가의 상승을 가져올 수 있을 것으로 보이는 점 등 기록에 나타난 제반 사정과 위에서 본 법리에 비추어보면, 원심이 피고인이 허위의 대량보유보고서를 제출한 행위를 법 제188조의4 제4항 소정의 "부당한 이득을 얻기 위한 행위" 또는 "금전 기타 재산상의 이익을 얻고자 하는 행위"로 보고, 그 행위와 피고인이 얻은 이득 사이에 인과관계를 인정하는 취지로 판단하여 이 부분 공소사실을 유죄로 인정한 것은 정당하다).

의 시세를 이용하는 행위가 가능하므로 본 규정은 이를 대상으로 규정한 것으로 보아야 한다.

(2) 유인목적

"유인할 목적"이란 거짓의 시세를 이용할 당시 포괄적인 의미에서 금융투자상품의 매매, 그 밖의 거래를 유인하려는 목적이 있으면 충분하고, 그 행위 당시부터 그 목적이 구체적이고 확정적으로 존재하여야 하는 것은 아니다. 또한 유인할 목적은 그것이 행위의 유일한 동기일 필요는 없으므로 다른 목적과 함께 존재하여도 무방하다. 유인목적은 제176조 제2항에서 규정하고 있는 "매매를 유인할 목적"과 개념적으로 차이가 없어 보이지만 제176조 제2항과는 다르게 "성황을 이루고 있는 듯이" 오인하게 하는 요건을 요구하지 않기 때문에 제176조 제2항보다 넓은 개념으로 적용이 가능하다. 또한 제176조 제2항과는 달리 거래장소도 거래소시장에 한정되지 않는 점에서 차이가 있다.

(3) 입증

매매를 유인할 목적은 행위자의 내심의 의사이므로 자백하지 않는 한 알기 어렵다. 따라서 실무상 행위자의 매매양태 분석을 통해 입증하고 있다. 즉 특정한 매매양태가 정상적인 거래라고 볼 수 없는 행위자의 거래행위로서 주가가 변동하였다는 사실을 증명하면, 이러한 간접사실로부터 행위자가 매매를 유인할 목적을 가졌다는 사실을 추정한다.

자백하지 않더라도 그 유가증권의 성격과 발행된 유가증권의 총수, 가격 및 거래량의 동향, 전후의 거래상황, 거래의 경제적 합리성과 고정성, 가장 혹은 허위매매 여부, 시장관여율의 정도, 지속적인 종가관리 등 거래의 동기와 태양 등의 간접사실을 종합적으로 고려하여 판단할 수 있다.[38]

4. 풍문의 유포, 위계의 사용 등의 행위

(1) 의의

자본시장법 제178조 제2항은 "누구든지 금융투자상품의 매매, 그 밖의 거래를 할 목적이나 그 시세의 변동을 도모할 목적으로 풍문의 유포, 위계의 사용, 폭행 또는 협박을 하지 못한다"고 규정한다.[39] 이 조항은 기존의 시세조종 또는 미공개중요정보 이용행위가 정신적 활동

---

38) 대법원 2006. 5. 11. 선고 2003도4320 판결.
39) 대법원 2018. 4. 12. 선고 2013도6962 판결(자본시장법 제178조 제2항에서 사기적 부정거래행위를 금지하는 것은, 상장증권 등의 거래에 관한 사기적 부정거래가 다수인에게 영향을 미치고, 증권시장 전체를 불건전하게 할 수 있기 때문에, 상장증권 등의 거래에 참가하는 개개 투자자의 이익을 보호함과 함께 투자자 일반의 증권시장에 대한 신뢰를 보호하여, 증권시장이 국민경제의 발전에 기여할 수 있도록 하는 데 목적이 있다. 그러므로 상장증권의 매매 등 거래를 할 목적인지 여부나 위계인지 여부 등은 행위자의 지위, 행위자가 특정 진술이나 표시를 하게 된 동기와 경위, 그 진술 등이 미래의 재무상태나 영업실적 등에 대한 예측 또는 전망에 관한 사항일 때에는 합리적인 근거에 기초하여 성실하게 행하여진 것인지, 그 진술 등의 내용이 거래 상대방이나 불특정 투자자들에게 오인·착각을 유발할 위험이 있는지, 행위자가 그 진술 등을 한 후 취한 행동과 주가의 동향, 행위 전후의 제반 사정 등을 종합적·전체적으로 고려하여 객관적인 기준

에 의한 불공정거래 행위를 규제하는데서 더 나아가 협박 또는 폭행과 같은 육체적·물리적 활동에 의한 부정거래행위도 규제할 수 있도록 했다는데 그 의의가 있다.[40]

(2) 풍문의 유포

법 제178조는 단순히 "풍문의 유포"만 금지대상으로 규정하고 있는데, 여기서 "풍문"이란 진위 여부가 불확실한 소문이 떠돌아 다니는 것을 말하는 것으로 소문은 여러 사람의 입에 오르내리며 세상에 떠도는 소식으로 그 자체에 대한 진위 여부는 포함하지 않는다. 즉 허위성이 명백하지 않아도 진위 여부가 불명확한 소문을 의미한다. 실제로 문제가 되는 풍문은 대부분 허위내용의 풍문에 해당될 것이나, 금융투자상품의 매매, 기타 거래 목적이나 시세변동 목적으로 유포하였다면 그 진위 여부는 문제되지 않는다. 또한 단순한 의견이나 예측을 표시하는 행위는 풍문의 유포에 해당되지 않지만, 그것이 허위사실과 결합하여 단정적인 의견이나 예측을 피력하였다면 이에 해당될 수 있을 것이다.[41]

한편 "유포"는 일반적으로 불특정 다수인에게 전파하는 행위를 말하며, 풍문을 유포하는 행위란 주로 증권시장에서 거래되는 증권과 관련이 깊다. 허위로 행위자가 직접 불특정 다수인에게 허위사실을 전파하는 경우뿐만 아니라 불특정 다수인에게 풍문이 전파될 것을 인식하면서 기자들과 같은 특정인에게 전파한 것도 포함된다.[42] 따라서 유포의 방법이나 수단에는 제한이 없으므로 구두, 문서, 휴대폰문자, 이메일, 메신저 등 대부분의 방법이 포함된다.

(3) 위계사용행위

위계란 거래상대방 또는 불특정 투자자를 기망하여 오인, 착각, 부지(不知) 또는 교착상태에 빠뜨림으로써 일정한 행위를 유인할 목적의 수단·계획·기교 등을 쓰는 행위를 말한다.[43] 위계의 상대방은 위계로 인해 직접 손해를 입은 특정 당사자일 필요는 없으며, 불특정 다수인도 무방하다.[44] 위계의 사용은 풍문의 유포와 분리되어 개별적으로 사용될 수도 있고 풍문의

에 따라 판단하여야 한다).

40) 변제호외 4인(2009), 544쪽.

41) 대법원 2011. 3. 10. 선고 2008도6355 판결.

42) 대법원 2011. 10. 27. 선고 2009도1370 판결.

43) 대법원 2008. 5. 15. 선고 2007도11145 판결.

44) A(Y사 최대주주)는 2000년 12월 Y사 주식의 매도를 통해 재산상의 이익을 취득할 목적으로 사채 자금 등을 자본금(100억원)으로 납입하여 주식을 발행(2천만주)하고, 2001. 1. 5.-2002. 9. 8. 기간 중 일반투자자 1,186명에게 이중 일부(3,706,968주)를 약 258억원에 매도하는 과정에서 투자설명회 및 문자메세지 등을 통해 허위 과장된 사업내용을 유포하는 등 위계를 사용한 혐의가 있다. 즉 ⅰ) Y사가 2000. 4. 8. 네덜란드 소재 Y인터내셔널을 인수하는 계약을 체결하고 2002년까지 25%의 지분만 취득하였음에도, 투자설명회에서 51%의 지분을 취득하여 동사의 경영권과 원천기술을 확보하였다고 주장하고, ⅱ) Y인터내셔널이 보유한 광반도체 기술(TripleXTM) 및 응용기술은 연구개발 단계 수준으로 단기간 내에 제품 상용화 및 사업에 활용할 가능성이 낮음에도 불구하고, 대기업과의 공동 연구개발이 진행 중이고, 이로 인한 수백억 원의 매출이 예상되는 것처럼 지속적으로 과장된 사업내용을 홍보하였으며, ⅲ) 기술특례상장 신청요건(전문평가기관의 기술 등에 대한 평가를 받고 평가결과가 A등급 & BBB등급 이상일 것 등)을 충족하지 못하고 있음

유포가 위계의 수단으로 동시에 복합적으로 사용될 수도 있다.

(4) 폭행 또는 협박

자본시장법 제178조 제2항에서는 금융투자상품의 매매, 그 밖의 거래를 할 목적이나 그 시세의 변동을 목적으로 하는 "폭행 또는 협박"을 금지한다. 다소 이례적이지만 부정거래행위가 이루어질 수 있는 다양한 상황을 반영하여 자본시장법 제178조의 적용에 있어 규제의 공백이 없도록 하기 위한 규정이다.

Ⅳ. 부정거래행위에 대한 제재

1. 민사제재

(1) 의의

부정거래행위로 인한 손해배상책임을 규정한 제179조는 내부자거래로 인한 손해배상책임 규정인 제175조, 시세조종으로 인한 손해배상책임규정인 제177조와 같이 민법상 불법행위에 기한 손해배상책임과는 별도로 피해자에게 부여한 특칙이다. 즉 자본시장법상 허용되는 손해배상청구권은 민법상 불법행위에 기한 손해배상청구권과는 별도로 인정되는 것이므로 원고는 자본시장법상 손해배상책임과 민법상 손해배상책임을 함께 물을 수 있다.

(2) 배상청구권자

자본시장법 제179조 제1항은 "금융투자상품의 매매, 그 밖의 거래를 한 자가 그 매매, 그 밖의 거래와 관련하여 입은 손해를 배상할 책임을 진다"라고 규정한다. 따라서 실제로 "매매, 그 밖의 거래"와 관련하여 손해를 입었을 것을 요구하고 있으며, 손해배상청구권은 실제로 "매매, 그 밖의 거래를 한 자"에 한한다. 또한 손해배상청구권자는 "매매, 그 밖의 거래"와 관련하여 손해를 입었어야 한다. 제179조가 "관련하여"라고 규정하고 있으므로 "매매, 그 밖의 거래"로부터 직접적인 손해가 발생한 경우는 물론이고 간접적 손해까지 포함되는 것으로 이해할 수 있다.

(3) 인과관계

거래인과관계는 추정되므로 증명이 필요 없다. 원고는 손해인과관계를 증명해야 하는데, 원고는 피고의 위법행위 때문에 거래를 하게 되었고, 피고의 위법행위가 없었더라면 하지 않았을 거래의 결과로 손해를 입었다는 사실을 증명하는 것으로 충분하다.

에도 불구하고, 2002년내에 기술특례상장이 기대되며, 상장 후 주식가치는 10배 이상 상승할 것이라고 투자자들을 기망이 있어 검찰 고발이 있었다. B는 Y사 직원으로서 A의 부정거래 행위를 인지할 수 있는 상황에서 A의 지시로 허위·과장된 내용이 포함된 투자설명회 자료를 작성하고, 관련 기술을 설명하는 등 이에 조력한 혐의가 있어 수사기관 통보가 있었다(법443①(8)(9), 법448, 법178①②).

(4) 손해배상책임의 범위

자본시장법 제179조는 제178조를 위반한 자는 그 위반행위로 인하여 금융투자상품의 매매, 그 밖의 거래를 한 자가 그 매매, 그 밖의 거래와 관련하여 입은 손해를 배상할 책임을 진다고 규정한다. 그러나 제179조는 별도의 손해배상액 산정방법에 대하여는 규정이 없다. 이에 관하여는 시세조종행위의 민사제재 부분이 그대로 타당하다.

(5) 소멸시효

손해배상청구권은 청구권자가 제178조를 위반한 행위가 있었던 사실을 안 때부터 2년간 또는 그 행위가 있었던 때부터 5년간 이를 행사하지 아니한 경우에는 시효로 인하여 소멸한다(법179②).

2. 형사제재

자본시장법 제178조를 위반한 자는 1년 이상의 유기징역 또는 그 위반행위로 얻은 이익 또는 회피한 손실액의 3배 이상 5배 이하에 상당하는 벌금에 처한다(법443① 본문). 다만, 그 위반행위로 얻은 이익 또는 회피한 손실액이 없거나 산정하기 곤란한 경우 또는 그 위반행위로 얻은 이익 또는 회피한 손실액의 5배에 해당하는 금액이 5억원 이하인 경우에는 벌금의 상한액을 5억원으로 한다(법443① 단서). 위반행위로 얻은 이익 또는 회피한 손실액이 5억원 이상인 경우에는 제1항의 징역을 다음의 구분에 따라 가중한다(법443②).

1. 이익 또는 회피한 손실액이 50억원 이상인 경우에는 무기 또는 5년 이상의 징역
2. 이익 또는 회피한 손실액이 5억원 이상 50억원 미만인 경우에는 3년 이상의 유기징역

징역에 처하는 경우에는 10년 이하의 자격정지를 병과할 수 있으며(법443③), 벌금을 병과한다(법447①). 시세조종행위를 한 자가 해당 행위를 하여 취득한 재산은 몰수하며, 몰수할 수 없는 경우에는 그 가액을 추징한다(법447의2).

제2절 공매도

Ⅰ. 서설

1. 공매도의 개념

공매도(short sale)란 특정 종목 주가의 하락을 예상하고 증권회사 등으로부터 주식을 빌려

서 시장에 매도한 후 주가가 실제로 하락하면 저가로 주식을 다시 매수하여 증권회사 등에 빌린 주식을 되갚는 투자기법을 말한다.45) 일반적인 주식투자에서는 주가가 상승해야 시세차익을 실현하는데 반해 공매도는 주가가 하락해야 이를 실현할 수 있다. 예상과 달리 주가가 상승하면 증권회사 등으로부터 빌린 주식을 기존 저가로 매수하여 증권회사 등에 되갚아야 하므로 주가 상승폭만큼 손해가 발생할 위험이 있다.46)47)

주식시장에서 인정되고 있는 공매도는 매도하는 시점에 소유하지 않은 주식을 매도한다는 특징을 가진다. 소유하고 있지 않은 주식을 매도하였기 때문에 결제가 이루어지는 시점에 이를 이행하지 못하는 경우가 발생할 가능성이 있고, 가격의 하락이 예상되는 시점에 이루어지는 공매도의 특성상 가격하락을 의도적으로 일으킴으로써 불공정거래행위가 될 위험성이 있기 때문에 이러한 공매도는 금융시장을 불완전하게 만드는 행위로 인식되기도 한다.48)

일반적인 주식투자자에 비하여 공매도자는 공매도한 증권의 가격이 하락하면 이익을 얻게 되고 공매도한 증권의 가격이 기대와 달리 상승하면 시장에서 높은 시세대로 매수하여 공매도 상대방에게 증권을 양도해야 하므로 예측이 빗나간 경우에는 손실을 보게 된다. 이러한 손실에 대비하면서 부당한 이익을 취하기 위해서 공매도를 하는 자가 미공개중요정보의 이용행위, 시세조종행위, 부정거래행위 등 각종 불공정거래행위와 결합하여 거래함으로써 이를 알지 못하는 다른 투자자에게 예상하지 못한 손해를 입힐 우려가 있기 때문에 선진국 금융시장에서는 공매도를 통상적인 투자기법으로 인정하면서도 그 장·단점을 감안하여 일정한 규제를 가하고 있다.

2. 공매도의 유형

자본시장법은 공매도를 ⅰ) 소유하지 아니한 상장증권의 매도는 무차입공매도(naked short

---

45) 한국거래소 통계자료에 따르면 2018년도 공매도 거래대금과 거래량은 역대 최대규모로 각각 100조원과 40억 건을 넘어섰다. 관련 통계가 집계된 2009년부터 보면, 공매도 거래대금은 2009년 14조원에서 2018년 128조원까지 증가하였으며 2017년 95조원에 비해 34.7%까지 증가하였다. 공매도 거래량은 2012년부터 2018까지 7년 연속 역대 최대규모이며, 2018년 공매도 거래량은 46억 주로 1년 전에 비해 37.3% 증가하였다. 2018년 공매도 거래대금과 거래량이 전체 증시에서 차지하는 비중은 각각 1.59%, 4.57%로 가장 높다.
46) 최창수(2019), "공매도의 제한과 규제에 관한 비교법적 검토", 법학논총 제45집(2019. 9), 195쪽.
47) 증권선물위원회는 2018년 11월 영국 소재 외국인 투자자인 골드만삭스인터내셔널의 무차입 공매도 등에 대하여 사상 최대의 과태료인 75억 480만원을 부과하는 조치안을 의결하였다. 골드만삭스인터내셔널은 2018년 5월 30일-31일에 걸쳐 차입하지 않은 상장주식 156종목H(401억원)에 대한 매도주문을 제출하여 공매도 제한 규정을 위반하였다고 판단하였다. 위 과태료 금액은 공매도 제한규정 위반에 대한 74억 8,800만원의 과태료와 공매도 순보유잔고 보고의무 위반에 대한 1,680만원의 과태료가 합산된 것이다. 당초 금융감독원의 조사에 따라 골드만삭스인터내셔널에 10억원의 과태료를 부과하는 안건을 상정하였지만, 증권선물위원회는 재심에서 기존 과태료를 상향조정하였다. 이와 관련하여 시세조종 또는 미공개정보 이용 등 불공정거래와 연계된 혐의는 확인되지 않는다고 판단하였다.
48) 김병연(2019), "자본시장법상 공매도 제도에 대한 소고", 법학논총 제39권 제1호(2019. 2), 235쪽.

sale)이고,[49] ⅱ) 차입한 상장증권으로 결제하고자 하는 매도는 차입공매도(covered short sale)[50]로 구분하여 규정한다(법180①).

　　자본시장법은 공매도를 매도 증권의 결제를 위해 대차거래[51] 등을 통해 해당 주식을 사전에 차입하였는지 여부에 따라 차입공매도와 무차입공매도로 구분하고 있다. 전자는 국민연금과 한국증권금융, 한국예탁결제원 등에서 차입한 주식으로 결제를 하는 제도로 공매도의 매도자가 주식거래의 체결시점에서 무조건 행사 가능한 주식의 양도청구권을 가지고 매수인에 대한 인도의무의 이행 가능성이 확보된 경우를 말한다.[52] 반면 후자는 소유하지 않는 증권을 매도한 경우로 공매도의 매도인이 해당 양도청구권을 가지지 않고, 인도의무의 이행도 확보되지 않는 경우를 말한다. 우리나라에서 무차입공매도는 주식의 차입과정을 거치지 않아 다량의 급격한 공매도를 일으킬 수 있으며 남용적 공매도와 결부될 가능성이 많고, 그 결과 결제불이행을 초래할 가능성이 커서 금지하고 있다.[53]

3. 공매도의 기능

　　공매도의 순기능으로는 ⅰ) 자본시장에서 거래되는 주식에 대하여 가장 효율적인 가격형성에 기여할 수도 있다. 시장참가자는 특정 주식이 과대평가되거나 기업의 가치가 제대로 반영되지 않았다고 판단하는 경우 해당 기업의 주식에 대한 공매도를 행함으로써 경제적 이익을 취

---

49) 무차입공매도는 다음과 같은 일련의 거래로 이루어진다. 매도자는 자신이 보유하고 있지 않은 주식을 매도하는데, 결제일 내에 거래를 결제할 일정한 양의 주식을 확보하지 않은 상태에서 매도하게 된다. 자신이 매도한 주식을 차입하지 않은 상태이기 때문에 공매도자는 일정한 차입수수료를 지급할 필요가 없다. 숏포지션(short position)을 청산할 시점이 되었을 때, 공매도자는 자신이 되사기 위하여(숏포지션을 상쇄하는) 이용될 수 있는 동일한 양의 주식에 의존하게 된다. 무차입공매도는 차입공매도가 갖지 않는 결제위험을 안고 있다. 무차입공매도는 종종 당일거래(intraday trading)를 위하여 이용되는데 반하여, 그 포지션은 공개(opened)되고, 그 후 당일 이후 일정한 시점에 상쇄(closed)된다(이상복(2009), "외국의 공매도 규제와 법적 시사점: 금융위기 이후 영국과 미국의 규제를 중심으로", 증권법연구 제10권 제2호(2009. 12), 59쪽).
50) 일반적으로 차입공매도는 다음과 같은 일련의 거래로 이루어진다. 첫 단계의 경우, 공매도자는 결제시에 주식을 매수자에게 인도할 수 있도록 공매도될 수 있는 주식을 정상적으로 차입한다. 그리고 공매도자는 주식을 인도할 때 현금을 수령하게 된다. 두 번째 단계의 경우, 공매도자는 주식을 공매도한다. 세 번째 단계의 경우, 공매도자는 최초의 대여자에게 상환하기 위하여 동일한 수의 주식을 매수한다. 네 번째 단계의 경우, 대체주식은 최초의 대여자에게 상환되고, 일련의 거래는 완성된다. 결국 위 두 유형의 차이점은 청산과 결제제도에 달려 있다고 볼 수 있다(이상복(2009), 58-59쪽).
51) 대차거래란 차입자가 증권을 비교적 장기로 보유(이에 반해 공매도는 단기 보유)하는 기관으로부터 일정한 수수료를 내고 증권을 빌린 후 계약이 종료되면 대여자에게 동일한 증권을 상환할 것을 약정하는 거래로 민법상 소비대차에 해당한다. 다만 대차거래가 매매거래의 결제, 차익거래, 헤지거래, 재대여 등 다양한 투자목적으로 활용되고 있으나 주식의 대차가 100% 공매도로 이어지는 것은 아니다. 이러한 대차거래는 우리나라의 경우 외국인과 기관투자자에게만 허용하고, 개인의 경우는 국내 소수 증권사에 한하여 신용계좌를 통하여 허용하고 있다(이용준(2009), "유가증권 대차거래제도", 월간상장(2009. 8), 108쪽).
52) 차입공매도는 주식을 차입하여야 하기 때문에 대차거래, 대주거래가 병행하게 된다.
53) 고재종(2016), "증권시장의 안정화 및 투명화를 위한 공매도제도의 검토", 증권법연구 제17권 제2호(2016. 8), 176쪽.

득할 수 있고, 시장에서 해당 기업의 평가정보를 얻을 수 있게 된다. ⅱ) 차입공매도의 경우 주식의 대차거래를 통해 시장에 주식을 공급함으로써 추가적인 유동성을 향상시킬 수 있다. 주식의 가격은 시장에서 해당 주식의 유동성이 높을수록 실제의 가치(fundamental value)에 근접하므로 시장유동성의 증가는 간접적으로 효율적 가격형성에 기여하게 된다. ⅲ) 공매도는 포트폴리오의 리스크 대책을 위한 전략의 일부이기 때문에 기존의 보유주식의 주가가 변동하는 경우 공매도 포지션을 취함으로써 손익이 상쇄되고 포트폴리오의 가치가 일정하게 유지될 수 있다.[54]

반면 역기능으로는 ⅰ) 공매도는 경제적으로 주가에 대한 잠재적 영향력이 있으므로 주식의 시장가격을 인위적으로 조작할 위험성을 갖고 있다. 특히 대량의 공매도(bear raids)는 다른 시장참가자에게 그 주식이 과대평가되었다는 신호가 되어 그 자체로 가격 폭락으로 이어져 시장의 혼란을 초래할 수 있다. ⅱ) 주식의 매도포지션의 발생 및 증가는 주가의 하락을 초래하고, 이는 금융시장의 유동성 부족으로 이어져, 금융기관은 해당 기업의 자금조달보다는 자기자본의 비율 강화나 지급능력의 확보를 위하여 그만큼의 자본을 수용하게 될 수 있다. 결국 이는 금융시장의 안정성을 위협할 수 있다. ⅲ) 대량의 공매도는 주가의 급락을 의도적으로 야기하는 리스크를 발생케 할 수도 있다.

Ⅱ. 공매도 규제의 연혁

1. 미국

미국에서 공매도는 1934년 증권거래법에 의해 규제되고 있다. 증권거래위원회(SEC)는 광범위한 기준을 정하는 권한을 갖고 있는데, 규정(Regulations)의 형태로 공매도를 규제한다. 증권거래위원회는 1938년 "업틱룰(uptick rule)"을 채택하여, 증권거래에 미치는 부정적 영향을 최소화하기 위해 이전에 체결된 거래가격보다 높은 가격으로 호가를 제시하도록 하였다. 업틱룰은 2007년 Regulation SHO[55]가 시행되면서 폐지되었다. 2008년 금융위기 이후 SEC는 2010년 5월 10일부터 발효한 더 개선된 내용의 소위 "alternative uptick rule"을 채택하였다. 이에 관한 규정들이 미국 연방법상 공매도를 규제하는 현행 법규이다. 공매도 규제에 관한 "SHO 규정"은 연방규정집 제17편 제242장 242.200조(정의규정), 242.201조, 242.203조 및 242.204조에 편제되어 있다.[56]

---

54) 고재종(2016), 177쪽.
55) Regulation SHO는 2005년 1월 3일 발효되었는데, 이는 무차입공매도로 인한 결제불이행을 방지하기 위해서 금융투자업자에게 결제에 필요한 증권의 확보요건(locate requirement)과 증권의 매도·매수의 상쇄거래 요건(close-out requirement)을 요구함으로써 사실상 무차입공매도를 금지하는 것을 주된 목적으로 한다.
56) 최창수(2019), 202-203쪽.

연방규정집 제17편 제242.203조에서는 공매도 거래상 결제의 안정성을 강화하기 위해, 주식을 빌려서 파는 공매도 거래인 차입공매도는 엄격히 규제하지 않지만, 주식을 빌리지 않고 파는 무차입공매도는 매우 엄격히 규제하고 있다.

연방규정집 제17편 제242.204조에서는 결제의 안정성을 강화하기 위한 또 다른 방법으로, 거래 종결을 위한 의무사항들을 국내 자본시장법상 금융투자업자를 의미하는 증권회사 브로커나 딜러에게 부여하고 있다. 어음교환소(clearing agency)의 회원사인 증권회사의 브로커나 딜러가 해당 증권을 실제로 인도하지 못하는 경우, 동일한 종목의 증권을 매입 혹은 차입하여 결제를 완료할 의무를 부과하고 있다.[57]

연방규정집 제17편 제240.10b-3조 및 제240.10b-5조는 조작(操作)의 또는 사기적인 공매도 행위를 규제하여, 전자는 브로커나 딜러의 행위를, 후자는 그보다 포괄적으로 모든 관련자의 행위를 각각 규율한다. 특히 연방규정집 제17편 제240.10b-21조는 불법적인 공매도 거래를 규제하기 위한 별도의 조항이다.

SHO 규정 위반시 적용되는 처벌규정은 별도로 마련되어 있지 않으며, 현재의 1934년 증권거래법 위반행위에 적용되는 일반적인 처벌규정이 적용된다. 특히 사기적인 의도로 위반한 행위에는 민·형사상 처벌규정이 모두 적용된다.

공매도 규제 위반시 증권거래위원회로 하여금 행정적, 민사적, 형사적 제재수단을 활용할 수 있는 매우 강력한 집행권한을 부여한다. 증권거래위원회는 1934년 증권거래법 위반자에 대해 추가 위반행위의 금지, 불법행위로 취득한 부당이익의 환수, 민사상 벌금을 요구하는 등의 명령을 법원에 신청할 수 있다. 또한 증권거래위원회는 법 위반자를 상대로 민사상 벌금을 구하는 민사소송을 연방지방법원에 제기할 수 있다. 특히 매우 엄격한 형사상 제재를 부과할 수 있다. 증권거래위원회 규정을 고의로 위반한 경우, "미화 5백만 달러 이하의 벌금형" 또는 "20년 이하의 징역형"(병과 가능)으로 처벌할 수 있으며, 법인의 경우 최대 벌금형은 미화 2천5백만 달러로 하고 있다.[58]

2. 영국

유럽연합("EU")은 공매도를 규제하기 위한 별도의 법률로 「공매도 및 신용부도스왑에 관한 2012년 3월 14일자 유럽연합의회와 이사회 규정 제236/2012호」("EU 규정")를 두고 있다. 이 규정은 2012년 11월부터 시행되었으며, 현재 EU 회원국의 공매도 규제에 관한 법적 기준을 명

---

57) 공매도 거래에서 i) 해당 증권의 10,000주 이상에 대한 결제가 완료되지 않고, ii) 총발행주식의 0.5% 이상이며, iii) 5일 이상 계속해서 결제가 완료되지 않는 경우, 이러한 증권은 소위 "threshold security"로 분류되며 그 리스트가 주식시장의 자율규제기관에 의해 시장에 공개되도록 하고 있다.

58) 최창수(2019), 209-210쪽.

시하고 있다.

영국의 현행 금융규제에 관한 기본법은 「2000년 금융서비스시장법(Financial Services and Markets Act 2000)」("금융서비스시장법")이다. 현재는 EU 회원국인 영국은 내국법으로서 「2000년 금융서비스시장법에 따른 2012년 공매도 규정(Financial Services and Markets Act 2000(Short Selling) Regulations 2012)」을 입법하였다. 여기서는 위 EU 규정을 그대로 채택하여 기존 금융서비스시장법의 일부 규정을 폐지하고 신규 규정을 제정하였다. 이에 따라 EU 규정은 영국의 공매도 규제에 관한 현행 법규이다.[59]

EU 규정 제12조, 제13조, 제14조는 무차입 공매도에 대한 제한규정이다. EU 규정 제41조에서는 각 EU 회원국이 내국법을 통해 EU 규정 위반행위에 대한 벌칙, 집행 및 행정조치에 관한 규정을 마련할 수 있는 권한을 부여한다. 이에 따라 제정된 영국의 내국법상 규정은 금융서비스시장법 제8A부(Part 8A)에 나타나 있다. 영국의 금융행위감독청(Financial Conduct Authority)은 주식 공매도에 대한 벌칙을 집행하는 기관이다. 금융행위감독청은 금융서비스시장법 집행을 위한 내부 지침서로 일명 "FCA Handbook"을 두고 있는데, 제2장에서 공매도에 대한 집행방법을 설명하고 있다.

금융서비스시장법 제8A부(Part 8A) 이하 제131G조에 따르면 공매도 관련 규정을 위반하거나, 또는 제131E조 및 제131F조에 의거하여 금융행위감독청의 정보·문서 제출요구권에 따라 관련자에 대한 요구를 따르지 않은 경우, 금융행위감독청은 그 위반자나 그 위반에 의도적으로 가담한 자를 상대로 벌금을 부과하거나, 아니면 그 대신에 관련자를 비난하는 성명서를 공개할 수 있는 권한을 가진다.

영국의 법제에서 특히 주목할 만한 점은 효과적인 법률 집행을 위해 별도의 엄격한 벌칙 규정을 두고 있다는 점이다. 금융서비스시장법은 관련자가 금융행위감독청(FCA)에게 중대하게 허위적이거나 오도하는 정보라는 사실을 알면서 이를 제공하거나 이러한 정보를 부주의하게 제공한 경우 형사처벌할 수 있도록 하고 있다. 더욱이 금융행위감독청에게는 영장에 따른 사업장 출입·수색 권한을 부여하고 있으며, 이 권한을 고의로 방해한 자는 약식재판에 따라 3개월 이하의 징역형 및 무제한의 벌금형으로 처벌할 수 있도록 하고 있다.

3. 한국

(1) 개요

우리나라의 공매도 규제는 1976년 12월 증권거래법을 개정하면서 내부자거래를 방지하기 위한 장치로서 상장법인의 임직원 또는 주요주주가 주식을 소유하지 않고 매도하는 행위를 금

---

59) 최창수(2019), 205-206쪽.

지하면서 시작되었다. 이후 1996년 9월 1일 거래소 업무규정으로 공매도(무차입 및 차입공매도)에 대한 규제로서 업틱룰을 도입하여 가격규제를 하였다. 2000년 우풍상호신용금고의 성도이엔지 주식에 대한 무차입공매도로 인한 결제불이행 사태[60]를 계기로 무차입공매도를 전면 금지하기도 하였다. 2008년 10월 1일에는 거래소 업무규정을 통해 글로벌 금융위기로 인한 시황 급락 방지를 위한 시장안정화 목적으로 차입공매도를 한시적으로 금지한 바 있다.[61]

그 후 공매도에 대한 규제는 자본시장법 제정으로 변화를 하게 된다. 2009년 2월 4일 시행된 자본시장법은 공매도를 무차입공매도와 차입공매도로 구분하고, 무차입공매도를 원칙적으로 금지하며 공매도 표시의무, 가격 등 차입공매도에 대한 종합적인 규제를 하고 있다(법 180). 2009년 3월 16일에는 거래소 업무규정을 개정하여 공매도 주문처리시 차입 사실 및 결제 가능 여부 확인 및 증빙자료 의무화 등 차입공매도 규제를 강화하였다. 그리고 2009년 6월 1일에는 금융위기시 금지되었던 비금융주에 대한 차입공매도 금지를 해제하였다. 다만 금융주에 대하여는 차입공매도 금지조치를 유지하였다. 2011년 8월 10일에는 전체 상장종목에 대하여 차입공매도를 금지하다가 2011년 11월 10일 비금융주에 대한 차입공매도 규제를 해제하고, 이어서 2013년 11월경에는 금융주에 대한 차입공매도 금지도 해제하였다.

2016년 3월 개정 자본시장법에서는 차입공매도에 대해 원칙적 허용을 전제로 증권시장의 안정성 및 공정한 가격형성을 저해할 우려가 있는 경우에는 대통령령으로 정하는 바에 따라 차입공매도를 제한할 수 있는 근거를 마련하고, 공매도포지션에 대한 공시를 규제하였다.

2021년 1월 개정 자본시장법에서 시행령에 규정되어 있는 금융위원회의 예외적인 차입공매도 제한조치의 내용을 법률에 상향하여 규정하고, 유상증자 계획 공시 후 신주가격 결정 전 공매도 거래자의 유상증자 참여를 제한하는 규정, 차입공매도를 위한 대차거래 정보를 보관하는 규정, 위법한 공매도에 대한 과징금 부과 및 벌금과의 조정 규정, 그리고 위법한 공매도에 대한 형사처벌 규정을 신설하였으며, 위법한 공매도에 대한 형사처벌과 과징금 부과 근거를 신설하였으므로 기존의 과태료 부과근거는 삭제하였다.

---

60) 이 사건은 2000년 3월 29일 우풍상호신용금고가 대우증권을 통하여 코스닥시장 상장종목인 성도이엔지 주식 340,000주(유통물량은 286,000주)를 공매도로 주문하여 체결이 이루어졌으나 동사 주식이 연속 상한가를 기록하게 되어 결제일까지 결제이행을 하지 못한 사안이다. 당시 성도이엔지 주식은 해당 공매도 이전 시점인 2000년 2월부터 동사 대주주 등이 인위적으로 주가를 조작하여 상승시키고 있던 중이었다. 그런데 우풍상호신용금고가 공매도하면서 성도이엔지의 주식을 급락시키자 이를 저지할 목적으로 매도물량을 전부 흡수하고 성도이엔지 대주주에 대한 보유주식 대차요구를 거부함으로써 공매도 결제불이행이 발생하게 되었다. 이 사건에서 성도이엔지의 대주주 측은 독자적으로 주가를 상승시키기 위한 시세조종행위를 하였고, 우풍상호신용금고 역시 주가를 하락시키기 위해 2차에 걸쳐(각각 31만주 및 3만주) 추가로 공매도하였다(엄세용(2010), "자본시장에서의 공매도 규제와 운영실태에 관한 소고: 실제 규제 사례를 중심으로", 서울대학교 금융법센터 BFL 제43호(2010. 9), 62쪽).
61) 이정수·김도윤, "공매도 규제에 관한 연구", 기업법연구 제31권 제4호(2017. 12), 306-308쪽.

(2) 증권거래법상 규제

증권거래법은 상장법인의 임직원·주요주주가 그 법인의 주권, 전환사채권, 신주인수권부사채권 등을 자신이 소유하지 않으면서 매도하는 것을 금지하고(법188①), 이를 위반한 경우 형벌(2년 이하의 징역 또는 1천만원 이하의 벌금)을 부과하고 있었다. 즉 증권거래법에서 공매도는 내부자거래규제의 연장선상에서 규제되었다. 이러한 내부자 이외의 일반투자자에 있어서 차입한 상장증권으로 결제하고자 하는 매도의 경우에는 거래소의 업무규정으로 규제되었다.

(3) 자본시장법상 규제

자본시장법은 종전의 단편적인 내부자거래규제를 위한 공매도 규제 방식을 변경하여 공매도가 갖는 결제위험 가중 및 가격 교란의 위험성에 착안하여 이를 종합적으로 규제하기 위한 틀을 마련함으로써 공매도 규제체계를 글로벌 기준에 맞게 정비하였다. 자본시장법은 모든 투자자의 소유하지 않은 상장증권의 매도와 차입한 상장증권으로 결제하고자 하는 매도를 원칙적으로 금지한다. 공매도 규제대상을 임직원 등 "내부자"에 한정하지 않고 일반화하여 "누구든지"라고 규정함으로써 모든 투자자로 확대하고 있다. 공매도 규제대상증권도 종전의 주식 및 주식관련 사채권 외에 수익증권, 파생결합증권, 증권예탁증권 등을 추가하였다(법180①). 공매도 규제 위반에 대한 제재에 있어서는 2021년 1월 자본시장법을 개정하여 기존의 과태료를 대신하여 과징금 부과와 형사처벌로 전환하였다. 즉 불법공매도를 하거나 불법공매도 주문을 위탁 또는 수탁한 자에 대하여 공매도 주문금액 범위 내에서 과징금을 부과할 수 있도록 하였으며, 상장법인에 대하여 허용되지 아니하는 방법으로 공매도를 하거나 그 위탁 또는 수탁한 자는 1년 이상의 유기징역 또는 부당이득액의 3배 이상 5배 이하에 상당하는 벌금에 처할 수 있도록 하였다.

(4) 한국거래소의 업무규정

한국거래소는 1996년 유가증권시장 업무규정을 통해 "공매도 관련 가격제한제도"를 신설하면서부터 공매도에 대해 최초로 규정하기 시작하였다. 2008년 9월 금융위기시 차입공매도로 인한 증권시장의 불완전성을 해소하고 투자자를 보호하기 위한 목적으로 차입공매도 호가 제한의 근거 조항이 신설되고, 2009년 1월 28일 자본시장법 시행에 대비하여 공매도 규제와 관련된 시행령의 위임사항을 정하기 위한 동 업무규정이 개정되었다. 또한 2009년 3월 4일 공매도 규제의 실효성 제고를 위해 효율적인 공매도 확인방법과 공매도규정 준수 여부에 대한 점검체계를 마련하기 위한 개정이 이루어졌으며, 이후 2012, 2013, 2014, 2015년 등 계속적인 개정작업이 이루어져 왔다.

그 내용은 공매도 호가 제한(동규정17, 44의2), 차입공매도 호가의 가격제한(동규정18, 44의3), 공매도 호가의 사후관리(동규정18의2) 등이다. 2015년 11일 4일 개정된 코스닥시장 업무규정도 공매도의 호가 제한(동규정9의2), 차입공매도의 호가가격 제한(동규정9의3), 공매도 호가의 사후관리(동규정9의4)를 규정하고 있고, 코넥스시장 업무규정에서는 공매도의 호가 제한(동규정 11), 차입공매도 호가의 차입제한(동규정12), 공매도 호가의 사후관리(동규정13) 등 규정을 두고 있다.

Ⅲ. 공매도 규제

1. 공매도 규제체계

공매도 규제를 위해 자본시장법과 그 시행령은 투자자에 대해 무차입공매도를 금지하고 차입공매도를 예외적으로 허용한다. 또한 투자자에게 직접 공매도잔고 보고·공시의무를 부과하며, 공매도 적용 예외 및 제한 근거를 규정한다. 보다 구체적인 규정은 금융투자업규정과 거래소 업무규정에 위임하고 있다. 금융투자업규정은 공매도 판단기준 및 공매도잔고 보고 및 공시의무의 세부내용을 정한다. 거래소 업무규정은 공매도호가 방법 및 가격제한, 공매도 사후관리, 그리고 공매도 과열종목 지정제도를 두고 있다. 또한 공매도 시장관리방안으로 결제불이행 위험을 방지하기 위해 매도주문 수탁시 거래소 회원에게 확인의무 등을 부과하고 있다. 따라서 자본시장법에서 시작한 3단계의 규제체계는 유기적인 공매도 제한을 위한 원칙과 요령을 마련하고 있다고 볼 수 있다.

2. 공매도 규제의 내용

(1) 원칙적 금지

자본시장법은 "누구든지 증권시장(다자간매매체결회사에서의 증권의 매매거래를 포함)에서 상장증권에 대하여 ⅰ) 소유하지 아니한 상장증권의 매도(무차입공매도), ⅱ) 차입한 상장증권으로 결제하고자 하는 매도(차입공매도)를 하거나 그 위탁 또는 수탁을 하여서는 아니 된다"고 규정한다. 따라서 차입공매도이든 무차입공매도이든 모든 공매도는 원칙적으로 금지된다(법180① 본문).

(2) 예외적으로 허용되는 차입공매도

(가) 자본시장법 관련 규정

차입공매도로서 증권시장의 안정성 및 공정한 가격형성을 위하여 "대통령령으로 정하는 방법"에 따르는 경우에는 이를 할 수 있다(법180① 단서). 즉 차입공매도의 경우에는 예외적으로 허용된다. 따라서 금지되는 공매도란 무차입공매도와 대통령령으로 정한 방법을 따르지 않는 차입공매도이다.

여기서 "대통령령으로 정하는 방법"이란 차입공매도에 대하여 한국거래소의 증권시장업무규정에서 정하는 가격으로 다음의 방법에 따라 하는 것을 말한다(영208②).

1. 투자자(거래소의 회원이 아닌 투자매매업자나 투자중개업자 포함)가 거래소의 회원인 투자중개업자에게 매도주문을 위탁하는 경우
   가. 증권의 매도를 위탁하는 투자자는 그 매도가 공매도인지를 투자중개업자에게 알릴 것. 이 경우 그 투자자가 해당 상장법인의 임직원인 경우에는 그 상장법인의 임직원임을 함께 알릴 것
   나. 투자중개업자는 투자자로부터 증권의 매도를 위탁받는 경우에는 증권시장업무규정으로 정하는 방법에 따라 그 매도가 공매도인지와 그 공매도에 따른 결제가 가능한지를 확인할 것
   다. 투자중개업자는 공매도에 따른 결제를 이행하지 아니할 염려가 있는 경우에는 공매도의 위탁을 받거나 증권시장(다자간매매체결회사에서의 증권의 매매거래를 포함)에 공매도 주문을 하지 아니할 것
   라. 투자중개업자는 투자자로부터 공매도를 위탁받은 경우에는 그 매도가 공매도임을 거래소에 알릴 것
2. 거래소의 회원인 투자매매업자나 투자중개업자가 매도에 관한 청약이나 주문을 내는 경우에는 그 매도가 공매도임을 거래소에 알릴 것

(나) 공매도 표시의무 및 결제가능 여부 확인의무

공매도는 결제불이행 위험을 수반하고, 해당 증권의 가격급락을 초래할 수 있는 거래이므로 이에 대한 세심한 주의가 필요하다. 가격제한 등 특별한 규제가 따르므로 일반 매도와는 구별되어 취급될 필요가 있다. 이와 같은 공매도에 대한 특별취급의 첫 단계로서 공매도는 주문단계에서부터 "공매도"임이 명확하게 표시되어야 한다. 공매도로 인한 결제불이행 사태를 방지하기 위하여는 주문단계부터 최종결제가 완료되는 시점(T+2)까지 결제가능 여부가 엄격하게 모니터링 되어야 한다.[62]

이러한 공매도 규제시스템 구축을 위하여 자본시장법은 투자자 및 그 주문을 처리하는 투자중개업 또는 직접 주문을 내는 투자매매업자에 대하여 공매도 표시의무와 결제가능 여부 확인의무를 부과한다(영208②(1)(2)). 투자자가 상장법인 임직원인 경우에는 그 상장법인의 임직원임을 투자중개업자에게 알리도록 하고 있다(영208②(1) 가목). 이는 상장법인 임원 등의 내부정보를 이용한 공매도를 체계적으로 규제하기 위한 장치로 증권거래법의 상장법인 임원 등의

---

62) 이상복(2009), 89-90쪽.

공매도 제한의 취지를 유지하기 위한 규제라고 볼 수 있다.

거래소 업무규정은 공매도 표시의무와 결제이행 가능 여부 확인에 대하여 상세하게 규정한다(유가증권시장 업무규정17②③④).[63]

(3) 공매도로 보지 않는 경우

자본시장법은 다음과 같은 경우에는 사실상 공매도의 형태임에도 불구하고 공매도로 보지 않는다(법180②). 즉 형식적으로는 소유하지 않는 증권의 매도이지만 결제불이행 위험이 없기 때문이다.

1. 증권시장에서 매수계약이 체결된 상장증권을 해당 수량의 범위에서 결제일 전에 매도하는 경우
2. 전환사채·교환사채·신주인수권부사채 등의 권리 행사, 유·무상증자, 주식배당 등으로 취득 할 주식을 매도하는 경우로서 결제일까지 그 주식이 상장되어 결제가 가능한 경우
3. 그 밖에 결제를 이행하지 아니할 우려가 없는 경우로서 "대통령령으로 정하는 경우"

위 제3호에서 "대통령령으로 정하는 경우"란 다음의 어느 하나에 해당하는 매도로서 결제일까지 결제가 가능한 경우를 말한다(영280③).

1. 매도주문을 위탁받는 투자중개업자 외의 다른 보관기관에 보관하고 있거나, 그 밖의 방법으로 소유하고 있는 사실이 확인된 상장증권의 매도

---

63) 유가증권시장 업무규정 제17조(공매도호가의 제한) ② 회원은 법 제180조 제1항 제2호의 공매도("차입공매도")를 하거나 그 위탁을 받아 호가를 하는 경우에는 다음의 방법에 따라 호가를 하여야 한다.
1. 회원이 위탁자로부터 매도주문을 위탁받는 경우
　가. 그 매도가 차입공매도인지를 위탁자로부터 통보 받을 것. 이 경우 그 위탁자가 해당 상장법인의 임직원인 경우에는 그 사실을 포함하여 통보받을 것
　나. 회원은 그 매도가 차입공매도인지와 그 차입공매도에 따른 결제가 가능한지를 확인할 것
　다. 회원은 차입공매도에 따른 결제를 이행하지 아니할 염려가 있는 경우에는 차입공매도의 위탁을 받거나 차입공매도 호가를 제출하지 아니할 것
　라. 회원은 그 매도가 차입공매도인 경우 이를 거래소에 알릴 것
2. 회원이 차입공매도 호가를 제출하는 경우 그 매도가 차입공매도임을 거래소에 알릴 것
③ 회원은 제2항 제1호 나목에 따른 확인을 다음의 방법으로 하여야 한다.
1. 위탁자로부터 매도 주문 수탁시 차입공매도 여부, 차입계약 성립 여부를 통보받을 것
2. 제1호의 통보는 다음의 어느 하나의 방법으로 할 것
　가. 문서에 의한 방법
　나. 전화·전보·모사전송·전자우편 등의 방법
　다. 컴퓨터 그 밖의 이와 유사한 전자통신의 방법
3. 통보 받은 내용은 세칙에서 정하는 방법으로 기록·유지할 것
④ 제3항에도 불구하고 회원이 위탁자로부터 차입공매도 주문을 제출하지 아니한다는 확약을 받고 해당 위탁자 계좌에 대해 차입공매도 주문이 제출되지 않도록 전산조치를 한 경우에는 제2항 제1호 나목에 따른 확인을 이행한 것으로 본다. 다만, 위탁자가 해당 계좌에서 공매도를 한 경우 회원은 그 사실을 안 날의 다음 매매거래일부터 120일간 제3항의 방법으로 제2항 제1호 나목에 따른 확인을 하여야 한다.

2. 상장된 집합투자증권의 추가발행에 따라 받게 될 집합투자증권의 매도

3. 상장지수집합투자기구의 집합투자증권의 환매 청구에 따라 받게 될 상장증권의 매도

4. 증권예탁증권에 대한 예탁계약의 해지로 취득할 상장증권의 매도

5. 대여 중인 상장증권 중 반환이 확정된 증권의 매도

6. 증권시장 외에서의 매매에 의하여 인도받을 상장증권의 매도

7. 제1항 제1호부터 제4호까지의 증권을 예탁하고 취득할 증권예탁증권의 매도

8. 그 밖에 계약, 약정 또는 권리 행사에 의하여 인도받을 상장증권을 매도하는 경우로서 증권시장업무규정으로 정하는 경우[64]

(4) 차입공매도에 대한 거래제한조치

금융위원회는 증권시장의 안정성 및 공정한 가격형성을 해칠 우려가 있는 경우에는 거래소의 요청에 따라 상장증권의 범위, 매매거래의 유형 및 기한 등을 정하여 차입공매도를 제한할 수 있다(법180③).[65] 이는 일시적이고 제한적인 범위의 공매도 제한조치이다. 금융위기 등 비상시에 대비하여 거래소는 금융위원회의 승인을 얻어 차입공매도 비중이 높거나 순보유잔고 비율이 낮은 종목 등에 대하여 차입공매도를 제한할 수 있는 권한을 부여받고 있다.

---

64) 유가증권시장 업무규정 제17조(공매도호가의 제한) ① 회원은 법 제180조 제1항 제1호의 공매도를 하거나 그 위탁을 받아 호가를 하여서는 아니 된다. 다만, 다음의 어느 하나에 해당하는 경우에는 이를 공매도로 보지 아니한다.
　1. 시장에서 매수계약이 체결된 상장증권을 해당 수량의 범위에서 결제일 전에 매도하는 경우
　2. 전환사채 · 교환사채 · 신주인수권부사채 등의 권리행사, 유 · 무상증자, 주식배당 등으로 취득할 주식을 매도하는 경우로서 결제일까지 그 주식이 상장되어 결제가 가능한 경우
　3. 결제일까지 결제가 가능한 경우로서 다음 각 목의 어느 하나에 해당하는 경우
　　가. 매도주문을 위탁받는 투자중개업자 외의 다른 보관기관에 보관하고 있거나, 그 밖의 방법으로 소유하고 있는 사실이 확인된 상장증권의 매도
　　나. 상장된 집합투자증권의 추가발행에 따라 받게 될 집합투자증권의 매도
　　다. 법 제234조에 따른 상장지수집합투자기구의 집합투자증권의 환매 청구에 따라 받게 될 상장증권의 매도
　　라. 증권예탁증권에 대한 예탁계약의 해지로 취득할 상장증권의 매도
　　마. 대여 중인 상장증권 중 반환이 확정된 증권의 매도
　　바. 시장 외에서의 매매, 그 밖의 계약에 의하여 인도받을 상장증권의 매도
　　사. 법 시행령 제208조 제1항 제1호부터 제4호까지의 증권을 예탁하고 취득할 증권예탁증권의 매도
　　아. 회원이 호가를 하는 날의 장종료 후 시간외시장에서 상장증권을 매수하기로 위탁자와 약정한 경우로서 해당 수량 범위에서의 상장증권의 매도
65) 유가증권시장 업무규정 제17조(공매도호가의 제한) ⑥ 거래소는 제2항에 불구하고 다음의 어느 하나에 해당하는 종목에 대한 차입공매도를 제한할 수 있다. 다만, 세칙으로 정하는 매매거래를 위한 차입공매도 호가의 경우에는 예외로 한다.
　1. 주가하락률 및 차입공매도 비중 등이 세칙으로 정하는 기준에 해당하는 종목
　2. 법 시행령 제208조 제4항에 따라 금융위원회가 증권시장의 안정성 및 공정한 가격형성을 해칠 우려가 있다고 판단하여 거래소의 요청에 따라 범위, 매매거래의 유형, 기한 등을 정하여 차입공매도를 제한한 종목

3. 적용대상 증권

공매도가 금지되는 상장증권은 ⅰ) 전환사채권, 신주인수권부사채권, 이익참가부사채권 또는 교환사채권(제1호), ⅱ) 지분증권(제2호), ⅲ) 수익증권(제3호), ⅳ) 파생결합증권(제4호), ⅴ) 증권예탁증권(제1호부터 제4호까지의 증권과 관련된 증권예탁증권만 해당)이다(법180①, 영208①). 이 규정은 증권시장 또는 다자간매매체결회사(ATS)에서 거래되는 상장증권에 대하여 적용된다. 따라서 상장증권이라 하더라도 장외에서는 행하여지는 공매도에 대하여는 적용되지 않는다. 다만 투자매매업자가 아닌 자는 보유하지 아니한 채권을 증권시장 및 다자간매매체결회사 외에서 매도할 수 없다(영185①).

4. 차입공매도호가의 가격제한: 업틱룰

공매도를 하는 경우 그 가격에 대하여는 이른바 업틱룰(uptick-rule)이 적용된다. 업틱룰은 공매도에 의한 인위적 가격급락 압력을 완화하기 위해 직전가 이하의 공매도 호가를 금지하는 것을 말한다. 거래소 업무규정은 회원이 차입공매도를 하거나 그 위탁을 받아 호가를 하는 경우에는 원칙적으로 직전의 가격 이하의 가격으로 호가할 수 없도록 하여 업틱룰을 적용하고 있다. 그러나 주가가 상승 중인 경우에도 직전가 이하로 호가하도록 하는 것은 불합리하므로, 이 때에는 직전가로 공매도 호가를 할 수 있도록 하고 있다. 즉 직전의 가격이 그 직전의 가격(직전의 가격과 다른 가격으로서 가장 최근에 형성된 가격을 말함)보다 높은 경우에는 직전의 가격으로 호가할 수 있다(유가증권시장 업무규정18①). 헤지 등을 위한 공매도는 가격하락을 유발하는 거래가 아니므로 공매도 가격제한의 예외가 인정되고 있다. 업무규정은 지수차익거래, ETF차익거래 등을 위하여 매도하는 경우 등 일정한 경우에는 직전의 가격 이하의 가격으로 호가할 수 있도록 하고 있다(동규정18②).[66)

---

66) 유가증권시장 업무규정 제18조(차입공매도호가의 가격제한) ① 회원이 법 시행령 제208조 제2항에 따라 차입공매도를 하거나 그 위탁을 받아 호가를 하는 경우에는 직전의 가격 이하의 가격으로 호가할 수 없다. 다만, 직전의 가격이 그 직전의 가격(직전의 가격과 다른 가격으로서 가장 최근에 형성된 가격을 말한다)보다 높은 경우에는 직전의 가격으로 호가할 수 있다.
② 제1항의 규정에 불구하고 다음의 어느 하나에 해당하는 경우에는 직전의 가격 이하의 가격으로 호가할 수 있다.
1. 지수차익거래를 위하여 매도하는 경우
1의2. 섹터지수(주식시장 상장주권을 대상으로 산업군별 또는 유형별로 구분하여 산출한 지수) 구성종목의 주식집단과 섹터지수에 대한 선물거래 종목간 가격차이를 이용하여 이익을 얻을 목적으로 주식집단과 선물거래 종목을 연계하여 거래하는 것으로서 세칙으로 정하는 거래를 위하여 주식집단을 매도하는 경우
2. 기초주권과 당해 기초주권에 대한 선물거래종목 또는 옵션거래종목간의 가격차이를 이용하여 이익을 얻을 목적으로 기초주권과 선물거래종목 또는 옵션거래종목을 연계하여 거래하는 것으로서 세칙으로

5. 공매도 관련 보고·공시의무

(1) 순보유잔고의 보고의무

상장증권을 차입공매도한 자("매도자", 대통령령으로 정하는 거래[67])에 따라 증권을 차입공매도한 자는 제외)는 해당 증권에 관한 매수, 그 밖의 거래에 따라 보유하게 된 순보유잔고(영208의2③)가 발행주식 수의 일정 비율을 초과하는 경우에는 매도자의 순보유잔고에 관한 사항과 그 밖에 필요한 사항을 금융위원회와 거래소에 보고하여야 한다(법180의2①).

차입공매도를 한 자가 금융위원회와 거래소에 보고하여야 하는 "순보유잔고"는 상장증권의 종목별로 보유총잔고 수량에서 차입총잔고 수량을 차감하여 산정한다(영208의2③).[68]

정하는 거래를 위하여 기초주권을 매도하는 경우

3. 상장지수집합투자기구 집합투자증권을 매도하는 경우 또는 상장지수집합투자기구 집합투자증권과 당해 상장지수집합투자기구 집합투자증권이 목표로 하는 지수의 구성종목의 주식집단간의 가격차이를 이용하여 이익을 얻을 목적으로 상장지수집합투자기구 집합투자증권과 주식집단을 연계하여 거래하는 것으로서 세칙으로 정하는 거래를 위하여 주식집단을 매도하는 경우

3의2. 상장지수증권을 매도하는 경우 또는 상장지수증권과 해당 상장지수증권이 목표로 하는 지수의 구성종목의 주식집단간의 가격차이를 이용하여 이익을 얻으려는 목적으로 상장지수증권을 연계하여 거래하는 것으로서 세칙으로 정하는 거래를 위하여 주식집단을 매도하는 경우

4. 주식예탁증권(외국주식예탁증권을 포함)과 원주의 가격차이를 이용하여 이익을 얻을 목적으로 주식예탁증권과 원주를 연계하여 거래하는 것으로서 세칙으로 정하는 거래를 위하여 매도하는 경우

5. 제20조의2 제1항의 규정에 의한 유동성공급호가를 제출하는 경우

5의2. 제20조의9에 따른 시장조성호가를 제출하는 경우

6. 주식워런트증권에 대하여 제20조의2 제1항의 규정에 의한 유동성공급호가를 제출하는 회원이 매수하거나 매도한 주식워런트증권의 가격변동에 따른 손실을 회피하거나 줄이기 위하여 기초주권을 매도하는 경우

7. 상장지수집합투자기구 집합투자증권에 대하여 제20조의2 제1항의 규정에 의한 유동성공급호가를 제출하는 회원이 매수한 상장지수집합투자기구 집합투자증권의 가격변동에 따른 손실을 회피하거나 줄이기 위하여 기초주권을 매도하는 경우

7의2. 상장지수증권에 대하여 제20조의2 제1항에 따른 유동성공급호가를 제출하는 회원이 매수한 상장지수증권의 가격변동에 따른 손실을 회피하거나 줄이기 위하여 기초주권을 매도하는 경우

8. 파생상품시장 업무규정 제83조에 따른 시장조성자가 시장조성계좌를 통하여 매수한 선물거래종목 또는 매수하거나 매도한 옵션거래종목의 가격변동에 따른 손실을 회피하거나 줄이기 위하여 기초주권을 매도하는 경우

67) "대통령령으로 정하는 거래"란 다음의 어느 하나에 해당하는 거래를 말한다(영208의2①).

1. 상장주권이 아닌 증권의 거래
2. 증권시장업무규정 및 법 제393조 제2항에 따른 파생상품시장업무규정에서 정한 유동성 공급 및 시장조성을 위한 상장주권의 거래
3. 제2호에 따른 유동성공급 및 시장조성으로 인하여 미래에 발생할 수 있는 경제적 손실을 부분적 또는 전체적으로 줄이기 위한 상장주권의 거래
4. 그 밖에 증권시장의 원활한 운영을 위하여 불가피하고 증권시장에 미치는 영향이 경미한 경우로서 금융위원회가 정하여 고시하는 상장주권의 거래

68) 금융투자업규정 제6-30조(공매도의 제한) ① 이 조에서 "공매도"란 해당 청약 또는 주문으로 인하여 영 제208조의2 제3항에 따른 해당 증권의 순보유잔고가 음수(-)의 값을 가지게 되거나 음수의 값을 가진 순

1. 보유총잔고: 매도자(상장증권을 차입공매도한 자)가 금융위원회가 정하여 고시하는 시점[69] ("기준시점")에 보유하고 있는 다음의 증권의 수량을 합한 수량
   가. 누구의 명의이든 자기의 계산으로 소유하고 있는 증권(법률의 규정이나 금전의 신탁계약·투자일임계약, 그 밖의 계약 등에 따라 해당 증권의 취득이나 처분에 대한 권한을 타인이 행사하는 경우는 제외)의 수량
   나. 법률의 규정이나 계약에 따라 타인에게 대여 중인 증권의 수량
   다. 법률의 규정이나 금전의 신탁계약·투자일임계약, 그 밖의 계약 등에 따라 타인을 위하여 해당 증권의 취득이나 처분의 권한을 가지는 경우 그에 상응하는 증권의 수량
   라. 그 밖에 법률의 규정이나 계약 등에 따라 인도받을 증권의 수량
2. 차입총잔고: 매도자가 기준시점에 인도할 의무가 있는 다음의 증권의 수량을 합한 수량
   가. 기준시점 전에 차입하고 기준시점에 해당 차입증권을 상환하지 아니한 증권의 수량
   나. 그 밖에 법률의 규정이나 계약 등에 따라 인도할 의무가 있는 증권의 수량

다음의 어느 하나에 해당하는 매도자는 순보유잔고에 관한 사항을 기재한 보고서를 금융위원회와 해당 증권이 상장된 거래소에 제출하여야 한다(영208의2④).

1. 해당 증권의 종목별 발행총수(기준시점에 증권시장에 상장되어 있는 수량으로 한정)에 대한 일별 순보유잔고의 비율("순보유잔고 비율")이 음수로서 그 절댓값이 1만분의 1 이상인 자. 다만, 금융위원회가 정하여 고시하는 방법[70]에 따라 산정한 일별 순보유잔고의 평가액이 1억원 미만인 자는 제외한다.
2. 해당 증권의 순보유잔고 비율이 음수인 경우로서 금융위원회가 정하여 고시하는 방법에 따라 산정한 일별 순보유잔고의 평가액이 10억원 이상인 자

전문투자자로서 순보유잔고에 대한 보고의무가 있는 자는 5년 동안 순보유잔고 산정에 관한 자료를 보관하여야 하며 금융위원회가 자료의 제출을 요구하는 경우에는 이를 지체 없이 제출하여야 한다(법180의2③, 영208의2②).

(2) 순보유잔고의 공시의무

공시의무가 발생하는 공매도는 상장주권의 종목별 발행총수 대비 매도자의 해당 증권에 대한 종목별 순보유잔고의 비율이 대통령령으로 정하는 기준에 해당하는 경우(= 일별 순보유잔고 비율이 음수로서 그 절댓값이 1천분의 5 이상인 경우) 매도자는 매도자에 관한 사항, 순보유잔고

보유잔고의 절대값이 증가하게 되는 청약 또는 주문을 말한다.
69) "금융위원회가 정하여 고시하는 시점"이란 매 영업일 24시를 말한다. 다만, 매도자가 해당 청약 또는 주문이 공매도인지 여부를 판단하는 경우에는 해당 청약 또는 주문을 내기 직전을 말한다(금융투자업규정6-30④).
70) "금융위원회가 정하여 고시하는 방법"이란 매도자별 순보유잔고에 기준시점의 증권가격을 곱하는 방법을 말한다(금융투자업규정6-31①).

에 관한 사항 등을 공시하여야 한다(법180의3①, 영208의3).[71]

6. 공매도 거래자의 모집 또는 매출에 따른 주식 취득 제한

누구든지 증권시장에 상장된 주식에 대한 모집 또는 매출 계획이 공시된 이후부터 해당 주식의 모집가액 또는 매출가액이 결정되기 전까지 대통령령으로 정하는 기간[72] 동안 모집 또는 매출 대상 주식과 동일한 종목에 대하여 증권시장에서 공매도를 하거나 공매도 주문을 위탁한 경우에는 해당 모집 또는 매출에 따른 주식을 취득하여서는 아니 된다(법180의4 본문). 다만, 모집가액 또는 매출가액의 공정한 가격형성을 저해하지 아니하는 경우로서 대통령령으로 정하는 경우[73]에는 그러하지 아니하다(법180의4 단서).

7. 차입공매도를 위한 대차거래정보 보관 등

차입공매도를 목적으로 상장증권의 대차거래 계약을 체결한 자는 계약체결 일시, 종목 및 수량 등 대통령령으로 정하는 대차거래정보[74]를 대통령령으로 정하는 방법[75]으로 5년간 보관

---

71) 금융투자업규정 제6-31조의2(순보유잔고의 공시) ① 영 제208조의3 제2항의 기준에 해당하는 자는 다음의 사항을 사유발생일로부터 제2영업일이 되는 날 증권시장(시간외 시장 포함)의 장 종료 후 지체 없이 해당 주권이 상장된 거래소를 통해 공시하여야 한다. 이 경우 제6-31조 제3항 각 호 외의 부분 단서의 규정에도 불구하고, 영 제208조의3 제2항의 기준에 해당하는지의 여부를 판단하기 위하여 순보유잔고비율을 산정할 때에는 고유재산과 각각의 투자자재산을 구분하지 아니한다.
   1. 해당 증권에 관한 사항
   2. 매도자에 관한 사항: 성명, 주소, 국적, 생년월일(법인의 경우에는 사업자등록번호, 외국인의 경우에는 외국인투자등록번호) 등의 인적사항(매도자의 대리인이 공시하는 경우 대리인의 인적사항을 포함)
   3. 매도자의 순보유잔고에 관한 사항: 순보유잔고가 영 제208조의3 제2항의 기준에 계속 해당하는 경우 최초로 기준에 해당하게 된 날
72) "대통령령으로 정하는 기간"이란 매출 또는 모집 계획이 처음 공시된 날의 다음 날부터 모집 또는 매출을 위해 제출한 증권신고서(정정신고서를 포함) 또는 소액공모공시서류(정정신고서를 포함)에 기재된 모집가액 또는 매출가액 결정의 기준이 되는 기산일까지를 말한다(영208의4①).
73) "대통령령으로 정하는 경우"란 다음의 어느 하나에 해당하는 경우를 말한다(영208의4②).
   1. 제1항의 기간 중 공매도 하거나 공매도 주문을 위탁한 후 모집가액 또는 매출가액이 확정된 날까지 공매도 주문수량 이상을 증권시장에서 증권시장업무규정에 따른 정규시장 매매거래시간 중 경쟁매매 방식으로 매수(체결일을 기준)한 경우
   2. 금융위원회가 정하여 고시하는 기준을 충족하는 독립된 거래단위를 운영하는 법인의 경우 제1항의 기간 중 공매도를 하지 않거나 공매도 주문을 위탁하지 않은 거래단위가 모집 또는 매출에 따른 주식을 취득하는 경우
   3. 증권시장업무규정 및 파생상품시장업무규정에서 정한 유동성공급 및 시장조성을 위한 거래 과정에서 공매도한 경우
   4. 그 밖에 금융위원회가 정하여 고시하는 경우
74) "대통령령으로 정하는 대차거래정보"란 다음의 사항을 말한다(영208의5①).
   1. 대차거래 종목 및 수량
   2. 대차거래 체결일시 및 결제일시
   3. 대차거래 상대방

하여야 한다(법180의5①). 이에 따라 대차거래정보의 보관의무를 지는 자는 금융위원회 및 거래소가 그 자료의 제출을 요구하는 경우 이를 지체 없이 제출하여야 한다(법180의5②).

8. 공매도에 대한 제재

(1) 행정제재

(가) 과징금

금융위원회는 불법공매도를 하거나 불법공매도 주문을 위탁 또는 수탁한 자에 대하여 공매도 주문금액 범위 내에서 과징금을 부과할 수 있으며, 동일한 위반행위로 벌금을 부과받은 경우에는 과징금 부과를 취소하거나 벌금에 상당하는 금액의 전부 또는 일부를 과징금에서 제외할 수 있다. 즉 금융위원회는 제180조(공매도의 제한)를 위반하여 상장증권에 대하여 허용되지 아니하는 방법으로 공매도를 하거나 공매도 주문을 위탁 또는 수탁한 자에 대하여 다음의 구분에 따른 위반금액을 초과하지 아니하는 범위에서 과징금을 부과할 수 있다(법429의3①). 이에 따른 과징금을 부과할 때 금융위원회는 동일한 위반행위로 제443조 제1항 제10호에 따라 벌금을 부과받은 경우에는 과징금 부과를 취소하거나 벌금에 상당하는 금액의 전부 또는 일부를 과징금에서 제외할 수 있다(법429의3③).

1. 공매도를 하거나 공매도 주문을 위탁한 경우에는 제180조를 위반한 공매도 주문금액
2. 공매도 주문을 수탁한 경우에는 제180조를 위반한 공매도 주문금액

금융위원회는 제180조의4(공매도 거래자의 모집 또는 매출에 따른 주식 취득 제한)를 위반한 자에 대하여 5억원 이하의 과징금을 부과할 수 있다(법429의3② 본문). 다만, 그 위반행위와 관련된 거래로 얻은 이익(미실현 이익을 포함) 또는 이로 인하여 회피한 손실액의 1.5배에 해당하는 금액이 5억원을 초과하는 경우에는 그 이익 또는 회피한 손실액의 1.5배에 상당하는 금액 이하의 과징금을 부과할 수 있다(법429의3② 단서).

---

4. 대차기간 및 수수료율
5. 그 밖에 금융위원회가 정하여 고시하는 정보
75) "대통령령으로 정하는 방법"이란 다음의 어느 하나의 방법을 말한다(영208의5②).
  1. 대차거래 계약 체결 즉시 제1항의 대차거래정보가 기록·보관되는 전자정보처리장치를 통하여 대차거래 계약을 체결할 것
  2. 제1호 외의 방법으로 대차거래 계약을 체결하는 경우는 다음의 어느 하나의 방법에 의할 것
    가. 대차거래 계약의 원본을 위·변조가 불가능하도록 전산설비 또는 전자적 방식을 통하여 보관할 것
    나. 대차거래 계약 체결한 후 공매도 주문을 제출하기 전 지체없이 계약 내용을 변경내역 추적이 가능한 전산설비에 입력할 것
    다. 대차거래를 중개했거나 증권을 대여한 투자매매업자 또는 투자중개업자(제182조 제4항에 따라 대차중개업무를 하는 자를 포함)를 통해 대차거래 계약의 원본을 보관할 것
  3. 그 밖에 금융위원회가 정하여 고시하는 방법

(나) 과태료

법 제180조의2 제1항을 위반하여 순보유잔고를 보고하지 아니하거나 순보유잔고의 보고에 관하여 거짓의 기재 또는 표시를 한 자(제39의2호), 법 제180조의2 제2항을 위반하여 금융위원회의 정정명령을 이행하지 아니하거나 정정명령에 따른 보고에 관하여 거짓의 기재 또는 표시를 한 자(제39의3호), 법 제180조의3을 위반하여 공시를 하지 아니하거나 거짓으로 공시한 자(제39의4호), 그리고 법 제180조의5를 위반하여 대차거래정보를 보관하지 아니하거나 자료제출요구에 따르지 아니한 자(제39의5호)에 대하여는 1억원 이하의 과태료를 부과한다(법449①).

(2) 형사제재

법 제180조를 위반하여 상장증권에 대하여 허용되지 아니하는 방법으로 공매도를 하거나 그 위탁 또는 수탁한 자는 1년 이상의 유기징역 또는 부당이득액의 3배 이상 5배 이하에 상당하는 벌금에 처한다(법443①(10). 다만, 그 위반행위로 얻은 이익 또는 회피한 손실액이 없거나 산정하기 곤란한 경우 또는 그 위반행위로 얻은 이익 또는 회피한 손실액의 5배에 해당하는 금액이 5억원 이하인 경우에는 벌금의 상한액을 5억원으로 한다(법443① 단서). 징역과 벌금을 병과할 수 있다(법447②). 몰수·추징(법447의2) 규정은 적용되지 않는다(법447의2).

제5장

시장질서 교란행위

제1절 서설

I. 시장질서 교란행위 금지제도 도입배경

시장질서 교란행위 금지규정의 도입은 2013년 2월 범정부 차원에서 강력히 추진해온 주가조작 등 불공정거래에 대한 종합대책의 완결판이라 할 수 있다. 2013년 4월 18일 정부는 관계기관(금융위원회·법무부·국세청·금융감독원·한국거래소 등) 간 협업하에 「주가조작 등 불공정거래 근절 종합대책」을 마련·발표하였다. 이에 따라 4개 규제당국에 각각 특별조직이 신설되었으니, 검찰에는 "증권범죄합동수사단", 금융위원회에는 "자본시장조사단", 금융감독원에는 "특별조사국", 한국거래소에는 "특별심리부"가 만들어졌다. 하드웨어에 해당하는 이들 특별조직들은 그동안 불공정거래 제보 포상금 상한 확대, 사이버 감시 인프라 구축, 신종 불공정거래 적발, 패스트트랙(Fast Track) 등 조사절차 신속화 등 기존 법제에서 가능한 불공정거래 근절 노력을 적극 추진하였다. 시장질서 교란행위 규제와 과징금 부과 제도는 위 종합대책 중 불공정거래를 획기적으로 단속하고 응징할 수 있는 소프트웨어에 해당하는 것이다. 따라서 시장질서 교란행위 규제는 우리나라 불공정거래규제 역사에서 질적인 전환을 가져오는 입법조치 중 하나로 꼽을 수 있다.[1]

---

[1] 성희활(2015), "2014년 개정 자본시장법상 시장질서교란행위 규제 도입의 함의와 전망", 증권법연구, 제16권 제1호(2015. 4), 137-138쪽.

II. 시장질서 교란행위 금지규정의 입법취지

2014년 자본시장법은 기존의 불공정거래 규제체계의 미비점을 보완하고 규제체계의 질적인 변화를 가져오기 위하여, 규제의 내용 면에서 시장질서 교란행위 금지규정을 도입하였다(법178의2). 규제의 수단 측면에서는 과징금을 부과(법429의2)하는 등 금전제재를 강화(법447, 447의2)하는 규정을 신설하였다.

시장질서 교란행위에 관한 제178조의2의 규정은 ⅰ) 형사적으로는 범죄가 성립되기 어려운 경우라 하더라도 건전한 시장질서를 교란하는 부당행위를 제재함으로써 자본시장의 완전성을 유지하는데 도움을 주고, ⅱ) 사법적으로는 부당한 이익을 환수하거나 제재하기 어려운 행위에 대해서 행위의 부당성 정도에 따라 과징금을 부과함으로써 행위에 상응한 제재를 가하는 한편, ⅲ) 부당한 이익을 신속하게 환수할 수 있게 하는 기능을 할 것으로 기대되고 있다. 이러한 점에서 자본시장법은 불공정거래행위에 대하여 입법적으로는 어느 정도 정비되었다고 할 수 있다.

그동안 금융당국의 불공정거래 근절 노력에도 불구하고 건전한 시장질서를 교란시키는 행위의 유형과 수법이 다양해지고 있어 종전 법령으로는 이러한 시장질서 교란행위에 대처할 수 없기 때문에 이에 대한 효과적인 규제를 위해 행정제재의 대상으로서 시장질서 교란행위 금지제도를 도입하였다. 이로써 시장질서 교란행위에 대한 규제의 공백이 해소되어 자본시장의 건전성과 투자자의 신뢰가 회복될 것으로 기대된다.[2] 시장질서 교란행위에 대한 규제의 도입은 불공정한 증권거래에 대한 규제의 역사에서 획기적인 전환을 가져온 것으로 평가된다. 불공정거래행위에 대해 유일하게 형사제재만이 가능하던 종전 법제하에서 외국의 입법례와 같은 행정제재 수단의 도입에 관하여 학계 등의 요구가 없었던 것이 아니었기 때문이다.[3]

제2절 시장질서 교란행위의 유형

I. 정보이용형 교란행위

1. 규제대상 상품

규제대상 금융투자상품의 범위도 확대하였다. 즉 미공개정보 이용행위의 경우 주권상장법

---

2) 금융위원회(2014), "시장질서 교란행위 규제를 위한 「자본시장과 금융투자업에 관한 법률」 일부개정 법률안 국무회의 통과"(2014. 12) 보도자료.
3) 박임출(2016), "시장질서 교란행위규제의 의의와 한계", 서울대학교 금융법센터 BFL 75호(2016. 1), 50쪽.

인이 발행한 증권[채무증권(주식 관련 사채권 제외)·수익증권·파생결합증권 제외], 증권예탁증권, 앞의 증권과 교환을 청구할 수 있는 다른 법인이 발행한 교환사채권, 앞의 증권만을 기초자산으로 하는 금융투자상품(특정증권)인 반면, 정보이용형 시장질서 교란행위의 경우 상장증권(상장예정법인 등이 발행한 증권 포함)뿐만 아니라 장내파생상품 또는 이를 기초자산으로 하는 파생상품("지정 금융투자상품")이다(법178의2①).

2. 규제대상 정보

(1) 정보의 중대성과 미공개성

시장질서 교란행위를 규제하기 위한 정보는 해당 정보가 지정 금융투자상품의 매매등 여부 또는 매매등의 조건에 중대한 영향을 미칠 가능성이 있고, 그 정보가 투자자들이 알지 못하는 사실에 관한 정보로서 불특정 다수인이 알 수 있도록 공개되기 전의 정보를 말한다(법178의2①(2) 가목 및 나목). 따라서 해당 정보가 미공개정보라 하더라도 지정 금융투자상품의 매매등 여부나 매매등의 조건에 중대한 영향을 줄 가능성이 없으면 규제대상 정보에서 제외된다. 여기서의 정보는 그 출처나 성격과 무관하게 증권 등 금융투자상품의 거래에 있어서 투자자의 판단에 중대한 영향을 줄 수 있고, 투자자들이 알지 못하는 불특정 다수인에게 공개되기 전의 정보이다. 따라서 시장질서 교란행위에서 규제되는 정보는 종래와 달리 내부자거래규제상의 상장법인 업무관련성을 요하지 않는 점에서 정보의 범위가 상당히 확대되었다.[4]

따라서 미공개정보 이용행위의 규제대상 정보는 상장법인 등에 관한 정보로서 투자자의 투자판단에 영향을 미치는 정보인 반면, 정보이용형 시장질서 교란행위의 규제대상 정보는 매매 여부 또는 매매조건에 영향을 미치는 정보이기 때문에 해당 지정 금융투자상품의 거래에 이용할 수 있는 모든 정보라고 할 수 있다. 따라서 정보이용형 시장질서 교란행위를 하는 자는 해당 지정 금융투자상품의 거래에 어떤 정보를 이용한 이상 그 정보는 매매 여부 또는 매매조건에 영향을 미칠 수 있는 정보라고 추정할 수 있다.[5]

(2) 시장정보

자본시장법 제174조는 제1항에서 "업무 등과 관련된" 미공개정보의 이용을 규제함으로써 이른바 "기업정보"의 이용금지를 목적으로 한다. 그리고 예외적으로 제174조 제2항과 제3항에서 "시장정보"에 해당하는 공개매수정보와 주식대량취득·처분 정보를 규제대상 정보로 하고 있다. 이와 같이 법 제174조가 원칙적으로 기업정보의 이용을 금지하면서 예외적으로 일부 시

---

4) 맹수석(2016), "개정 자본시장법상 시장질서 교란행위에 대한 법적 쟁점의 검토", 기업법연구 제30권 제1호(2016. 3), 154쪽.
5) 박임출(2016), 54쪽.

장정보의 이용만을 금지하다 보니, 다양한 유형의 미공개 시장정보를 이용한 불공정거래를 규제하지 못하는 한계가 있다. 시장정보는 규제대상증권을 발행한 회사의 업무내용과 직접 관련이 있지는 않지만, 주가나 투자판단에 미치는 영향은 기업정보와 다르지 않으므로 이용을 규제하는 것이 세계적인 추세이다.[6]

시장정보 이용행위 규제논의와 관련하여 법 제178조의2 제1항은 제174조의 공백을 보완하고 있다. 제178조의2 제1항 제2호에서 규제대상 정보로 삼고 있는 "지정 금융투자상품의 매매등 여부 또는 매매등의 조건에 중대한 영향을 줄 가능성이 있는 정보"라 함은 정보의 출처나 성격에 관계없이 투자자의 투자판단에 중대한 영향을 미칠 수 있는 모든 정보를 말한다. 따라서 증권의 수요공급에 영향을 미치는 시장정보도 이에 포함된다. 법 제178조의2 제1항은 새롭게 시장정보를 포함한 모든 정보의 이용을 광범위하게 규제하면서도 다른 한편으로 그 직무관련성을 통해 규제범위를 합리적으로 조정하고 있다.[7]

(3) 정책정보

법 제178조의2 제1항 나목의 "자신의 직무와 관련하여 제2호에 해당하는 정보를 생산하거나 알게 된 자"의 해석과 관련하여 과연 공무원 등 정책입안자에 의한 정책정보 이용행위가 규제대상에 포함되는지 문제된다. 상장법인에 대하여 법령에 따른 허가·인가·지도·감독, 그 밖의 권한을 가지는 자로서 그 권한을 행사하는 과정에서 미공개중요정보를 알게 된 자는 준내부자로서 내부자거래 규제(법174①)를 받게 된다는 점에 의문이 없으나, 준내부자에 해당하지 않으면서 특정종목 또는 다수종목에 전체적으로 영향을 미칠 수 있는 정책입안자 등이 문제될 것이다.

생각건대 시장질서 교란행위 규제 도입취지가 설명된 「주가조작 등 불공정거래 근절 종합대책」(2013. 4. 18.)이나 정무위원회 검토보고서[8]를 보더라도 정책정보 이용행위를 규제하겠다는 내용이 전혀 없어 입법자의 결단이 있었다고 보기 어려운 점, 현행 공직자윤리법 제14조의2가 재산등록의무자인 공직자는 직무상 알게 된 비밀을 이용하여 재물이나 재산상 이익을 취득하여서는 아니된다고 규정하고 있는 점 등을 근거로 정책정보 이용행위는 규제대상에 포함되지 않는다는 견해도 있을 수 있다.

그러나 i) 「주가조작 등 불공정거래 근절 종합대책」이나 정무위원회 검토보고서는 정책정보를 규제대상으로 명시하지는 않았으나 "외부정보"라는 포괄적인 개념을 사용한 점, ii) 공직

---

6) 장근영(2016), "내부자거래 규제범위의 확대: 시장질서교란행위 및 정보전달행위와 거래권유행위를 중심으로", 경제법연구 제15권 3호(2016. 12), 73쪽.
7) 장근영(2016), 75-76쪽.
8) 국회 정무위원회(2013), 자본시장과 금융투자업에 관한 법률 일부개정법률안(의안번호5502) 검토보고서(2013. 12).

자윤리법은 공직자의 청렴성을 보호법익으로 하는 반면 자본시장법상 시장질서 교란행위 규제
는 자본시장의 공정성과 신뢰성을 보호하고자 하는 것이므로 보호법익과 규제 취지가 상이하
다는 점, iii) 자본시장법은 파생상품의 시세에 영향을 미칠 수 있는 정책정보 이용행위를 이미
규제대상에 포섭하고 있다는 점(법173의2②) 등을 종합적으로 고려하면 공무원 등의 정책정보
이용행위도 규제대상에 포함된다고 해석함이 타당하다.[9]

따라서 정책정보도 규제대상에 포함되기 때문에 정부의 경제정책 입안과 결정에 관여하거
나, 환율이나 금리정책, 기타 각종 산업정책에 관여한 자 등 정책정보를 생산하거나 알게 된
자도 규제대상에 포함된다. 이러한 정책정보의 범위가 굳이 행정부에만 국한될 이유는 없으므
로, 국회나 법원에서의 결정 등이 금융투자상품의 매매등 여부나 매매등의 조건에 중대한 영향
을 줄 수 있다면 이 정보를 이용하는 입법부와 사법부 내부자들도 모두 규제대상에 포함된
다.[10]

3. 규제대상자

(1) 미공개정보의 수령자 및 전득자(가목)

(가) 정보의 출처

규제대상자는 법 제174조 각 항의 미공개정보를 알고 있는 자로부터 나온 미공개정보인 정
을 알면서 이를 받거나 전득한 자이다(법178의2①(1) 가목). 즉 미공개정보를 알고 있는 자로부터
직간접적으로 해당 정보를 받은 정보수령자이다. 다만 법 제178조의2 제1항 단서에 의해 미공개
정보 이용행위는 제외되기 때문에 제1차 정보수령자는 형사제재의 대상이지만, 제2차 정보수령
자와 그 이후 다차 정보수령자는 행정제재의 대상이다. 또한 법 제173조의2 제2항에 해당되는
행위도 제외되기 때문에 법 제178조의2 제1항 제1호 가목과 같은 별도의 규정이 없는 이상 장내
파생상품의 시세에 영향을 미칠 수 있는 정보를 알고 있는 자 또는 그로부터 내부정보를 수령한
정보수령자는 물론 제2차 정보수령자 또는 다차 정보수령자는 규제대상이 아니다.[11]

(나) 다차 정보수령자의 범위

그런데 다차 정보수령자의 범위와 관련하여 다음과 같은 견해가 있다. "전득을 무한히 넓
게 해석할 경우 정보가 널리 유통되어 사실상 시장정보가 되었음에도 불구하고, 아직 공개되기
전이라는 점 때문에 시장질서 교란행위로 처벌하여야 하는 문제가 있다. 또한 다차 정보수령자
를 무한히 확장할 경우 정보의 정상적인 유통마저도 저해할 가능성이 있다. 따라서 시장질서

---

9) 정호경·이상수(2016), "자본시장법상 시장질서 교란행위에 관한 연구: 성립요건과 조사절차상 주요 쟁점
사항을 중심으로", 금융감독연구 제3권 제2호(2016. 10), 123쪽.
10) 성희활(2015), 154쪽.
11) 박임출(2016), 54쪽.

교란행위의 법문상 제2차 정보수령자로부터 다시 전달받은 제3차 정보수령자까지로 법이 선을 긋고 있다고 해석함이 타당하다"는 입장이다.12)

　　그러나 종래 자본시장법상 미공개중요정보 이용행위의 규제 조항인 제174조가 그 대상을 "회사관계자" 중심의 제1차 정보수령자로 제한하였을 뿐만 아니라 "직무관련성"을 요구함으로써 지나치게 규제의 범위가 좁았던 것에 대한 반성적 고려로 시장질서 교란행위 규정이 도입되었다는 점을 감안한다면, 규제대상의 확대는 불가피하다고 본다. 또한 자본시장법은 모든 정보수령자를 규제대상으로 한 것이 아니라, "미공개정보인 정을 알면서" 전득한 자로 제한하고 있기 때문에 그것이 불특정 다수인이 알 수 있도록 공개되기 전의 정보라면 2차 수령자는 물론 다차 정보수령자 모두 규제의 대상에 포함된다. 이때 인터넷통신망, 메신저, SNS, 스마트폰 등을 통하여 정보를 취득하더라도 규제대상이 된다. 미공개정보이기만 하면 규제대상 정보로 되지만, 수령자 및 전득자는 미공개중요정보 또는 미공개정보인 정을 알면서 이를 받거나 전득하여야 규제대상자로 된다. 따라서 이러한 정보를 받았다 하더라도 수령자 및 전득자가 그 정보가 이미 공개된 정보라고 믿고 거래하였다면 그러한 자는 규제대상에서 제외된다. 이와 같이 2차 정보수령자와 그로부터 받은 3차, 4차 등 그 이후의 정보수령자는 차수와 상관없이 규제대상에 포섭하고13) 있으나, 지나치게 확대되는 것을 막기 위해 인식요건을 요하는 것으로 제한하고 있다.14)

(다) 인식요건: 사정을 알면서

　　정보수령자는 미공개중요정보 또는 미공개정보가 "제174조 각 항 각 호의 어느 하나에 해당하는 자로부터 나온 사정을 알면서" 이를 받거나 전득하였어야 한다. 제174조 각 항 각 호를 구체적으로 알아야 할 필요는 없고, 해당 정보가 내부자로부터 나왔다는 것, 즉 미공개중요정보라는 사실을 알면서 이를 받거나 전득한 것이라는 인식이 있으면 충분하다.15)

　　"미공개중요정보 또는 미공개정보인 정을 알면서"라는 주관적 요건을 부가하고 있으므로 미공개중요정보 등에 해당한다는 사정을 알아야 규제대상에 포함되고, 이를 알지 못하였다면

---

12) 이정수(2015), "시장질서 교란행위 도입과 관련한 몇 가지 쟁점들", 증권법연구 제16권 제2호(2015. 8), 6-7쪽.

13) 증권선물위원회는 2017년 5월 정례회의에서 한미약품 사안에 대한 과징금을 부과하는 의결을 하였다. 검찰에서 증권선물위원장 긴급조치에 대한 수사 결과로 금융위원회에 통보한 시장질서 교란행위 혐의자 14인은 한미약품의 악재성 미공개중요정보에 대한 내부자 및 1차 정보수령자들로부터 받은 정보를 전달 및 이용하여 한미약품㈜, 한미사이언스㈜ 주식을 정보가 공시되기 전에 매도하여 시장질서 교란행위 금지규정을 위반하여 손실을 회피하였다. 이 사안에서 2차 정보수령자 및 그 후의 3차, 4차, 5차 정보수령자들은 법 제178조의2 제1항 가목의 성립요건을 모두 충족하여 제178조의2 제1항 가목의 규정에 해당하는 "미공개중요정보인 정을 알면서 이를 받거나 전득한 자"로서 과징금의 제재를 받았다.

14) 맹수석(2016), 151쪽.

15) 김정수(2016), 「내부자거래와 시장질서 교란행위」, SFL그룹(2016. 5), 372쪽.

규제대상에서 제외된다. 따라서 단순히 풍문을 전달받은 경우는 미공개중요정보 등에 해당한다
는 사실을 알 수 있었다는 특별한 사정이 없는 한 규제대상에 포함되기 어려울 것으로 보인다.

(2) 직무관련 정보 생산자 및 취득자(나목)

(가) 직무 개념

자신의 직무와 관련하여 미공개중요정보를 생산하거나 알게 된 자가 해당 정보를 지정 금
융투자상품의 매매등에 이용하거나 타인에게 이용하게 하는 행위를 의미한다(법178의2① 나목).
동 조항에서 말하는 미공개중요정보는 반드시 상장법인의 내부정보일 필요가 없고 행위주체도
상장법인의 내부자로 한정하지 않고 있기 때문에 동 조항을 문리해석하면 어떤 일을 하는 그
누구라도 자신의 직무와 관련하여 알게 된 정보가 공개되지 아니한 중요정보에 해당한다면 이
를 이용하여서는 아니된다는 의미로 읽혀진다. 여기서 행위주체가 무한정 확장될 수 있어 그 자
체로 명확성 원칙에 위배되어 과도하게 증권거래의 자유를 침해하는 것은 아닌지 문제된다.[16]

명확성 원칙은 법치국가원리, 권력분립원칙에 당연히 내재되어 있는 것으로서 헌법 제37
조 제2항에 따라 기본권을 제한하는 입법을 하는 경우 법률의 내용으로부터 무엇이 금지되는
행위이고, 무엇이 허용되는 행위인지 수범자가 쉽게 알 수 있어야 하는 것을 의미한다. 또한
해당 법률내용이 제재처분의 요건이 되는 경우에는 보다 엄격하게 명확성 원칙이 준수되어야
한다. 그러나 다른 한편으로 법률은 복잡·다양한 규율대상을 포괄적으로 규제하면서도 그 의
미와 내용을 함축적으로 표현해야 하므로 일반성과 포괄성을 띠는 것 또한 불가피한 측면이
있다. 따라서 해당 법률 내용의 규제배경, 처벌 정도, 규제대상의 특수성 등을 종합적으로 고려
하여 보통의 상식과 합리성을 갖춘 사람이라면 규정내용을 알 수 있는지를 기준으로 명확성
원칙 위반 여부를 판단할 수밖에 없다.[17]

생각건대 자본시장법 제178조의2 제1항 제1호 나목은 "자신의 직무"라는 포괄적인 개념과
"제2호에 해당하는 정보(미공개중요정보)"라는 추상적인 개념이 결합하여 일반 국민들 입장에서
자신이 규제대상에 포함되는지 여부를 예측하기 어려워 입법적 보완이 필요하다. 다만 자본시
장의 신뢰성 제고를 위해서는 불평등한 정보이용행위를 규제할 필요성이 크고, 다양한 요인에
의해 민감하게 영향을 받는 자본시장의 특성상 직무의 범위를 사전에 열거적으로 규정하는 것
이 오히려 불공평한 결과를 초래할 수도 있으므로 동 조항의 "직무"는 "해당 직무의 객관적 성
질상 지정 금융투자상품의 매매등 여부 또는 매매등의 조건에 중대한 영향을 줄 가능성이 있
는 정보(중요정보)를 생성, 수령할 고도의 개연성이 있는 직무"로 제한하여 해석, 운용하는 것이
바람직할 것으로 생각된다. 예컨대 치료과정에서 미공개중요정보를 지득한 정신과 의사가 동

---

16) 정호경·이상수(2016), 120쪽.
17) 정호경·이상수(2016), 121쪽.

정보를 지정 금융투자상품 매매에 이용하였다고 하는 경우 또는 시장에서 매우 큰 영향력이 있는 개인투자자가 특정 종목에 거액을 투자한다는 정보를 제3자에게 제공하여 이를 지정 금융투자상품 매매에 이용하게 한 경우에도 정신과 의사나 개인투자자는 그 직무의 객관적 성질상 중요정보를 생성, 수령할 개연성이 높은 직무가 아니므로 시장질서 교란행위로 규제되지 않는다. 개인투자자라고 하더라도 시장에서 매우 큰 영향력이 있는 경우라면 달리 보아야 한다는 이견이 있을 수 있으나 동 조항의 "직무" 개념은 객관적인 개념으로 이해되어야 하며, 시장에서 영향력 대소는 주관적 사정에 불과하므로 이를 고려할 것은 아니라고 본다.[18]

(나) 직무관련 정보 생산자 및 취득자

직무관련 정보생산자 및 정보취득자란 자신의 직무와 관련하여 금융투자상품의 매매등 여부에 중대한 영향을 줄 수 있는 미공개정보를 생산하거나 알게 된 자를 말한다(법178의2①(1)나목). 이는 가목이 내부자성의 연장선상에서 규율하는 것과 달리, 내부관련자 이외의 자라도 "자신의 직무와 관련"하여 시장에 중대한 영향을 줄 수 있는 미공개정보를 이용하는 것을 규제하기 위한 측면에서 규정된 것이다.[19] 따라서 투자자의 투자판단에 중대한 영향을 미치는 미공개정보이면 업무 관련성을 불문하고 규제대상 정보가 되고, 이러한 정보를 생산하거나 알게 된 자는 모두 규제대상에 포함된다.[20]

따라서 미공개정보 이용행위의 경우와 마찬가지로 직무관련성을 요하지만, 내부정보의 범위가 사실상 제한이 없어 내부정보를 가지고 있는 자 모두라고 할 수 있다.[21] 그러므로 투자판단에 중요한 미공개정보이면 상장법인의 업무관련성을 불문하고 규제대상 정보가 되고 또한 이러한 정보를 알게 된 자는 모두 규제대상자에 포함되어, 상장법인 내부자와 관련자 등 신분에 관계없이 중요정보를 알게 된 모든 자가 규제대상이다. 따라서 시장정보를 알게 되거나 생산한 사람들, 즉 법인영업부에서 기관투자자 주문을 받은 자, 조사분석보고서를 작성한 애널리

---

18) 정호경·이상수(2016), 121-122쪽.

19) 증권선물위원회는 2017년 9월 시장외대량매매(블록딜) 과정에서 취득한 미공개 시장정보를 이용하여 시장질서 교란행위의 금지규정을 위반한 홍콩소재 자산운용사 대표 A에게 과징금을 부과하는 의결을 하였다. 이 사안은 시장질서 교란행위 금지규정이 시행된 2015년 7월 1일 이후 외국인 투자자에게 과징금을 부과한 첫 번째 사건이다. 이 사안의 쟁점은 A가 미공개 시장정보를 이용했는지 여부이다. 증권선물위원회는 다음과 같은 이유로 A가 미공개 시장정보를 이용한 것으로 판단하였다. ⅰ) A가 매도스왑거래 이전에 CS홍콩으로부터 블록딜 수요예측(Wall-Crossing) 과정에서 대상 종목이 X증권㈜임을 명확히 특정할 수 있는 정보(한국의 증권사이고, 시가총액이 미화로 10억불 이상이며, 일거래량이 미화 5백만불)를 전달받은 사실이 CS홍콩과의 통화 녹취록을 통해 확인된 점, ⅱ) A가 CS홍콩에 블록딜 수요예측(Wall-Crossing) 참여 여부에 대한 답변을 고의적으로 유보하고 불과 20분 만에 BNP파리바홍콩에 X증권㈜ 매도스왑거래를 급하게 진행한 점, ⅲ) A가 스왑거래할 당시에는 Trafalgar펀드의 블록딜 참여 여부 및 배정받을 주식 규모가 확정되지 않은 상태였기 때문에 헤지목적의 매도스왑을 하였다는 주장은 타당성이 결여된 점 등이다.

20) 맹수석(2016), 151-153쪽.

21) 박임출(2016), 54쪽.

스트, 연기금 등 기관투자자의 주문정보를 활용하는 자도 규제대상에 포함된다. 그리고 자본시장 관련 언론 기사가 투자자의 금융투자상품의 매매등 여부나 매매등의 조건에 중대한 영향을 줄 수 있다면 이 또한 시장정보로 규제되므로 언론사 내부자들이 이런 정보를 이용하면 마찬가지로 규제대상이 된다.[22]

(3) 해킹 등 부정한 방법에 의한 정보취득자(다목)

해킹 등 부정한 방법에 의한 정보취득자란 해킹,[23] 절취(竊取), 기망(欺罔), 협박, 그 밖의 부정한 방법으로 정보를 알게 된 자를 말한다(법178의2①(1) 다목).[24] 해킹 등의 행위는 내부자성이나 직무관련성 등을 묻지 않고, 그 지득 방법에 관계없이 규제대상으로 하고 있다. 종래 해킹 등의 불법적인 방법으로 정보를 취득한 자의 경우 내부자거래 규제대상이 아니었지만,[25] 이제는 자본시장법에 의해 금전제재가 가능하게 되었다. 다만 불법 또는 부정한 방법으로 정보를 지득하게 되는 경우만 해당하므로, 그러한 요소 없이 내부정보를 지득하게 되었다면 문제삼기 어려울 것이다.[26]

(4) 나목 및 다목에 해당한 자로부터 해당 정보를 취득하거나 전득한 자(라목)

직무관련 정보생산자 및 정보취득자나 부정한 방법에 의한 정보취득자로부터 나온 정보라는 것을 알면서 이를 받거나 전득한 자를 말한다(법178의2①(1) 라목). 이는 기존과 달리 회사내부자로부터 얻은 내부정보는 물론, 외부자로부터 나온 정보인 정을 알면서 이를 받거나 전득한 자에 대해서도 시장질서 교란행위로서 규제대상이 되도록 한 것이다. 이에 따라 내부정보의 다차 정보수령자는 물론 외부정보의 다차 정보수령자까지 규제대상에 포섭함으로써 규제범위가 대폭 확대되었다는 점에 의의가 있다. 다만 회사외부자로부터 정보를 수령하는 자의 범위를 대폭 확대하면서도 한편으로는 인식요건을 요구함으로써[27] 정보수령자의 규제대상을 무제한 확대하는 것을 제한하고 있다.[28]

---

22) 성희활(2015), 153~154쪽.

23) 해킹(hacking)의 경우 자본시장법상 제174조의 내부자거래나 제176조의 시세조종행위로 규율하기 어렵기 때문에, 해킹으로 미공개정보를 알게 된 자가 이를 이용하여 매매 그 밖의 거래를 한 경우를 시장질서 교란행위로서 규제대상으로 포함하고 있다.

24) 여기서 해킹, 절취, 기망, 협박 등은 부정한 방법의 예시이다. 해킹, 절취, 기망, 협박 등의 경우 부정거래행위에 대한 포괄적 규제조항인 제178조 제1항 제1호의 "부정한 수단, 계획 또는기교를 사용하는 행위"에도 포섭될 수 있어 법조경합이 문제된다.

25) 따라서 이러한 경우 정보통신망법이나 형법에 의해 처벌할 수 있었을 뿐, 자본시장법상 규제는 할 수 없는 한계가 있었다.

26) 맹수석(2016), 153쪽.

27) 따라서 경기장 등에서의 주변 관중, 길을 가는 보행자로부터 우연하게 내부정보를 알게 된 경우 등은 규제대상에서 제외된다(성희활(2015), 156쪽).

28) 맹수석(2016), 153쪽.

4. 규제대상 행위의 범위

(1) 규제대상 행위: 정보이용행위

자본시장법상 정보이용형 교란행위로서 금지되는 행위는 미공개중요정보 또는 미공개정보를 "지정 금융투자상품"의 "매매, 그 밖의 거래에 이용하거나 타인에게 이용하는 행위"이다. 여기서 "이용하는 행위"의 의미는 기존의 내부자거래에서의 미공개중요정보 이용행위의 "이용행위"와 동일하다. "타인에게 이용하게 하는 행위"도 정보의 이용행위에 포함된다. 이는 정보를 전달하면서 이를 적극적으로 매매, 그 밖의 거래에 이용하도록 직접 권유하는 경우뿐 아니라 정보수령자가 그 정보를 이용하여 거래를 할 수 있다고 생각하면서 정보를 제공하는 경우도 포함된다.

(2) 규제대상에서 제외되는 행위

투자자 보호 및 건전한 시장질서를 해할 우려가 없는 행위로서 "대통령령으로 정하는 경우" 및 그 행위가 제173조의2 제2항,[29] 제174조(미공개중요정보 이용행위) 또는 제178조(부정거래행위)에 해당하는 경우는 제외한다(법178의2① 단서).

여기서 "대통령령으로 정하는 경우"란 다음의 어느 하나에 해당하는 경우를 말한다(영207의2).

1. 법 제178조의2 제1항 제1호 가목에 해당하는 자가 미공개중요정보 또는 미공개정보(법 제174조 제2항 각 호 외의 부분 본문 또는 같은 조 제3항 각 호 외의 부분 본문에 따른 각 미공개정보)를 알게 되기 전에 다음 각 목의 어느 하나에 해당하는 행위를 함으로써 그에 따른 권리를 행사하거나 의무를 이행하기 위하여 지정 금융투자상품(법 제178조의2 제1항 각 호 외의 부분 본문에 따른 지정 금융투자상품)의 매매, 그 밖의 거래("매매등")를 하는 경우
   가. 지정 금융투자상품에 관한 계약을 체결하는 행위
   나. 투자매매업자 또는 투자중개업자에게 지정 금융투자상품의 매매등에 관한 청약 또는 주문을 제출하는 행위
   다. 가목 또는 나목에 준하는 행위로서 금융위원회가 정하여 고시하는 행위

---

29) 법 제173조의2(장내파생상품의 대량보유 보고 등) ② 다음의 어느 하나에 해당하는 자로서 파생상품시장에서의 시세에 영향을 미칠 수 있는 정보를 업무와 관련하여 알게 된 자와 그 자로부터 그 정보를 전달받은 자는 그 정보를 누설하거나, 제1항에 따른 장내파생상품 및 그 기초자산의 매매나 그 밖의 거래에 이용하거나, 타인으로 하여금 이용하게 하여서는 아니 된다.
   1. 장내파생상품의 시세에 영향을 미칠 수 있는 정책을 입안·수립 또는 집행하는 자
   2. 장내파생상품의 시세에 영향을 미칠 수 있는 정보를 생성·관리하는 자
   3. 장내파생상품의 기초자산의 중개·유통 또는 검사와 관련된 업무에 종사하는 자

2. 법 제178조의2 제1항 제1호 나목부터 라목까지의 규정에 해당하는 자가 법 제178조의2 제1 항 제2호에 해당하는 정보를 생산하거나 그러한 정보를 알게 되기 전에 제1호 각 목 에 해 당하는 행위를 함으로써 그에 따른 권리를 행사하거나 의무를 이행하기 위하여 지정 금융 투자상품의 매매등을 하는 경우

3. 법령 또는 정부의 시정명령·중지명령 등에 따라 불가피하게 지정 금융투자상품의 매매등 을 하는 경우

4. 그 밖에 투자자 보호 및 건전한 거래질서를 저해할 우려가 없는 경우로서 금융위원회가 정 하여 고시하는 경우

Ⅱ. 시세관여형 교란행위

1. 규제대상 상품

시세관여형 교란행위의 규제대상 상품은 상장증권 또는 장내파생상품이므로 장외파생상 품을 포함하는 정보이용형 교란행위의 규제대상 상품에 비해 그 범위가 좁다.

2. 주관적 요건(고의 및 목적) 불요

시세조종행위로 제재하기 위해서는 행위자에게 반드시 소정의 목적이 필요하지만, 시세관 여형 교란행위의 경우 자본시장법 제178조의2 제2항 제3호의 통정매매형을 제외하고는 법문상 시세조종행위에서 요구하는 내용의 목적은 요구하지 않는다. 또 고의가 아닌 과실에 의해 시세 관여형 교란행위로서의 외형이 충족되기만 하여도 시세관여형 교란행위에 해당하여 과징금이 부과될 수 있다.[30]

정보이용형 교란행위는 미공개중요정보임을 "알면서" 매매 등의 거래에 그 정보를 이용한 것을 제재하는 것이므로 고의성이 전제되지만, 시세관여형 교란행위에서는 행위자에게 주관적 요건으로서의 고의를 요구하지 않는다. 목적과 같은 행위자 내심의 의사를 직접 입증하는 것은 거의 불가능하므로, 주식 등이 가격 및 거래량의 동향, 전후의 거래상황, 거래의 경제적 합리성 내지는 공정성 등에 대한 간접사실을 종합하여 간접적으로 목적 요건의 존부를 추단하여 왔으 나, 그 과정에서 입증되지 못해 제재하지 못하는 사례가 많았기 때문에 그러한 규제의 공백을 메우고자 시세관여형 교란행위가 도입되었기 때문이다. 따라서 행위자의 목적성 여부와 상관 없이, 또 고의가 아닌 과실에 의한 경우라 하더라도 일단 행위의 외형이 객관적 구성요건을 충 족하면 시세관여형 교란행위가 성립한다.

---

30) 김태진(2019), "자본시장법상 시장질서 교란행위: 구성요건의 분석과 주요 위반사례의 검토", 경영법률 제 29집 제3호(2019. 4), 62-63쪽.

3. 규제대상 행위의 범위

(1) 규제대상 행위 유형

(가) 자본시장법 규정

누구든지 상장증권 또는 장내파생상품에 관한 매매등과 관련하여 다음의 어느 하나에 해당하는 행위를 하여서는 아니 된다(법178의2② 본문).

1. 거래 성립 가능성이 희박한 호가를 대량으로 제출하거나 호가를 제출한 후 해당 호가를 반복적으로 정정·취소하여 시세에 부당한 영향을 주거나 줄 우려가 있는 행위

2. 권리의 이전을 목적으로 하지 아니함에도 불구하고 거짓으로 꾸민 매매를 하여 시세에 부당한 영향을 주거나 줄 우려가 있는 행위

3. 손익이전 또는 조세회피 목적으로 자기가 매매하는 것과 같은 시기에 그와 같은 가격 또 는 약정수치로 타인이 그 상장증권 또는 장내파생상품을 매수할 것을 사전에 그 자와 서 로 짠 후 매매를 하여 시세에 부당한 영향을 주거나 영향을 줄 우려가 있는 행위

4. 풍문을 유포하거나 거짓으로 계책을 꾸미는 등으로 상장증권 또는 장내파생상품의 수요·공급 상황이나 그 가격에 대하여 타인에게 잘못된 판단이나 오해를 유발하거나 상장증권 또는 장내파생상품의 가격을 왜곡할 우려가 있는 행위

(나) 허위호가제출형(제1호)

허위호가제출의 시장질서 교란행위는 i) 거래 성립 가능성이 희박한 호가를 대량으로 제출하거나 ii) 호가를 반복적으로 정정·취소하여 iii) 시세에 부당한 영향을 주는 행위이다(제1호). 즉 시장참가자의 주문 및 체결 상황을 보여주는 호가창을 보고 호가를 제출하지만, 해당 호가에 의한 매수 체결 또는 매도 체결 의사가 처음부터 없었기 때문에 거래가 성립될 가능성이 희박한 호가를 대량으로 제출하거나, 거래 성립 가능성이 조금이라도 엿보이는 때에 이미 제출된 호가를 취소하고 거래 성립 가능성이 희박한 호가로 정정하는 행위로 이해할 수 있다. 이와 같은 허위호가제출이라도 해당 증권을 매매하는 다른 투자자의 시세 판단을 잘못하게 하는 원인을 제공할 수 있기 때문에 시세에 부당한 영향을 주거나 줄 우려가 있다고 볼 여지가 있다. 그러나 이와 같은 허위호가는 "거래" 자체가 아니고 "거래"도 존재하지 않는다.[31]

이 유형의 범주에는 매매유인의 목적을 불문하고 적정가에 비해 상당히 괴리를 보이는 호가로 체결가능성이 희박한 고가 매도호가 및 저가 매수호가를 대량으로 제출하거나 반복적으로 정정·취소하는 행위,[32] 데이트레이딩을 이용하여 단기간에 반복적으로 직전가 대비 높은

---

31) 박임출(2016), 55-56쪽.
32) A는 본인의 개별주식 선물 포지션을 유리한 가격에 구축 및 청산함으로써 단기에 높은 시세 차익을 얻기

주문을 낸 뒤 매도 후 주문을 취소하는 행위, 과실로 인한 시스템 에러 발생으로 과다한 허수호가가 이루어진 경우 등도 시세 등에 부당한 영향을 미치거나 미칠 우려가 있는 경우에는 규제대상이 될 수 있다. 이때 시세 등에 부당한 영향을 미치는지 여부는 거래량, 호가의 빈도·규모, 시장상황 및 기타 사정을 종합적으로 고려하여 정상적인 수요·공급 원칙에 따른 가격결정을 저해하거나 할 우려가 있는지를 살펴 판단하게 된다.[33]

(다) 가장매매형(제2호)

가장매매 시장질서 교란행위는 i) 권리의 이전을 목적으로 하지 않고 ii) 거짓으로 꾸민 매매를 하여 iii) 시세에 부당한 영향을 주는 행위이다(제2호). 즉 동일인이 동일한 증권에 대해 같은 시기에 같은 가격으로 매수주문과 매도주문을 제출하여 매매를 체결시키는 행위이다. 증권시장의 참가자가 보기에는 독립적인 매수자와 매도자에 의해 이루어지는 거래와 구별할 수 없는 기록상의 거래이기 때문에 외관상 거래량을 증가시키고 경우에 따라서는 시세를 변동시킬 수도 있다. 그러나 권리이전을 목적으로 하지 않아 해당 증권에 대한 실질적인 지배·처분의 변경이 없기 때문에, 이와 같은 거래로 인한 경제적 이익은 발생하지 않는다. 가장매매는 시세변동을 목적으로 이루어진다기보다는 거래가 성황을 이루고 있는 듯이 잘못 알게 하려는 동기에서 이루어지는 행위이기 때문에 이와 같은 동기 또는 목적이 입증되는 경우에는 시세조종에 해당된다.

종전에는 "타인으로 하여금 그 거래가 성황을 이루고 있는 듯이 잘못 알게 하거나, 기타 타인으로 하여금 그릇된 판단을 하게 할 목적"이 있는 가장매매(형식적으로는 매매거래의 외형을 갖추고 있으나, 실질적으로는 권리의 이전을 목적으로 하지 않는 매매)만을 처벌하여 왔다. 그러나 이 조항은 가장매매 역시 그 목적을 불문하고, "시세에 부당한 영향을 주거나 줄 우려가 있는 경우" 시장질서 교란행위로 규제할 수 있도록 하였다.

따라서 타인을 오인케 할 목적은 없었으나 시세에 부당하게 영향을 주는 가장매매도 과징금 부과 대상이 되며, 나아가 첨단 금융거래기법인 알고리즘거래(사전에 입력한 특정요건을 만족하면 자동으로 매매가 체결되는 거래형태)나 고빈도거래(컴퓨터 프로그램을 활용하여 실시간으로 데이터를 처리하여 수십만 건의 거래를 일순간에 처리하는 거래형태) 등을 활용한 가장매매로 시세에 부당한 영향을 주는 경우에도 시장질서 교란행위에 해당할 수 있다. 예를 들어 여러 트레이더와

위하여 B 명의계좌를 이용하여 2016. 3. 11.−2018. 1. 11. 기간 중 Y선물 201604 등 5개 종목 99,418계약을 매매하는 과정에서 총 2,537회에 걸쳐 268,931계약의 허수성 호가를 제출한 후 해당 호가를 지속·반복적으로 취소함으로써 Y선물 201604 등 5개 종목의 시세에 부당한 영향을 주거나 줄 우려가 있는 행위를 한 혐의가 있어 과징금 제재를 받았다.

33) 금융위원회 등(2015), 「안전한 자본시장 이용법−꼭 알아야 할 자본시장 불공정거래 제도 해설」(2015. 5), 50−51쪽.

알고리즘 트레이딩 프로그램에 의한 다량의 호가제출 과정에서 취소하지 못한 미체결 호가 등
이 신규제출 호가와 교차체결되어 발생하였으나 일정한 한도를 벗어나 시세에 부당한 영향을
미쳤다면 동 조항에 따라 규제될 수 있다.[34]

(라) 통정매매형(제3호)

통정매매 시장질서 교란행위는 i) 손익 이전 또는 조세회피 목적으로 ii) 자기가 매매하는
것과 같은 시기 같은 가격으로 iii) 상대방과 짜고 매매하여 iv) 시세에 부당한 영향을 주는 행
위이다(제3호). 즉 자기의 매도 또는 매수와 같은 시기에 미리 상대방과 통정하여 그 상대방이
같은 가격으로 해당 증권을 매수 또는 매도하는 행위로서 외관상 거래량이 증가하고 시세를
변동시킬 가능성도 있다. 가장매매가 한 사람에 의해 이루어지는 행위인 반면, 통정매매는 복
수의 사람이 통정하여 이루어지는 행위라는 점에서 차이가 있다.[35] 또한 같은 시기, 같은 가격
이 요건이지만 약간의 시간 또는 가격의 차이가 있더라도 통정매매는 성립된다. 한편 법 제176
조 제1항의 통정매매는 추상적인 성황 목적·오인 목적으로 규정하고 있는 반면, 시장질서 교
란행위인 통정매매는 구체적인 목적요건으로 손익 이전 또는 조세회피를 두고 있는 점이 차이
가 있다. 그러나 이와 같은 목적요건을 두고 있는 것은 입증을 용이하게 하려는 시장질서 교란
행위의 도입 취지와 맞지 않고 다른 유형의 시세관여형 시장질서 교란행위와 정합성도 없다.

종전에는 "타인으로 하여금 그 거래가 성황을 이루고 있는 듯이 잘못 알게 하거나, 기타
타인으로 하여금 그릇된 판단을 하게 할 목적"의 통정매매(자기가 매매하는 것과 같은 시기에 그
와 같은 가격 또는 약정수치로 타인이 그 증권등을 매매할 것을 사전에 서로 짠 후 매매하는 행위)를 금
지하고 있었다. 그러나 이 조항은 위와 같은 타인을 오인케 할 목적 등이 없더라도, "손익 이전
또는 조세회피 목적"으로 시장참여자 간에 통정매매를 하여 그 매매행위로 시세에 부당한 영
향을 주거나 영향을 줄 우려가 있는 경우에는 시장질서 교란행위로 규제하도록 하였다.

예를 들어 증권사 직원이 고객의 위탁계좌를 관리하던 계좌 중 손실이 과다하게 발생하자
그 특정계좌의 손실을 보전하기 위하여 해당 계좌에서 주식을 시가보다 높은 가격으로 매도주
문을 내고 다른 고객의 계좌에서 이를 매수하는 통정매매를 반복적으로 하여 계좌 간 손익을
이전시켰다면 이는 타인을 오인케 할 목적이 없는 통정매매이지만 시세에 부당한 영향을 줄
우려가 있는 경우 시장질서 교란행위로 과징금 부과 대상이 된다.

또한 조세를 회피할 목적으로 거래가 상대적으로 뜸하여 적정가격을 알기 어려운 금융투
자상품을 매도자와 매수자 간에 터무니없이 높거나 낮은 가격에 서로 짜고 반복적으로 거래함

---

34) 금융위원회 등(2015), 50-51쪽.
35) 계산 주체가 다른 여러 계좌의 매매를 동일인이 위임받아 각 계좌 사이에 매매하는 경우에도 그 매매를
위임받은 사람이 매매 시간·가격·수량 등 다른 계산 주체 사이의 매매조건을 미리 계획하고, 그에 따른
매매를 한 이상 타인과 통정한 매매이다(서울고등법원 2009. 1. 6. 선고 2008노1506 판결).

으로써 대량의 자금을 이전하는 경우도 시장질서 교란행위에 해당할 수 있다.[36]

(마) 위계사용형(제4호)

위계 등의 사용행위는 i) 풍문을 유포하거나 거짓으로 계책을 꾸미는 등으로 ii) 상장증권 등의 수요·공급 상황이나 그 가격에 대하여 타인에게 잘못된 판단이나 오해를 유발하거나, iii) 가격을 왜곡할 우려가 있는 행위이다(제4호).[37] 이는 법 제178조 제2항의 매매거래 등의 목적 요건을 제외하면 거의 동일하다. 위계 등을 사용하여 주가를 상승시켜 보유주식을 매도하거나 담보주식의 처분을 방지하려는 등의 경우에는 법 제178조 제2항에 해당되기 때문에 동항을 적용할 수 있지만, 법 제178조의2는 적용할 수 없다. 따라서 위계 등의 사용행위는 입증할 수 있지만 이와 관련된 별도의 부당이익을 취득하고자 하는 행위, 즉 보유주식의 처분이나 담보주식의 처분을 방지하려는 등의 목적을 입증할 수 없는 제한된 경우에만 법 제178조의2를 적용할 수밖에 없을 것이다.

(2) 규제대상에서 제외되는 행위

법 제178의2 제2항이 규정하는 행위가 시세조종에 관한 제176조 또는 부정거래행위에 관한 제178조에 해당하는 경우는 제외한다(법178의2② 단서).

제3절 시장질서 교란행위에 대한 제재

I. 과징금

시장질서 교란행위는 그 본질적 속성이 비형사범이라는 점에서 검찰과 법원의 형사제재가 아니라 행정청의 행정처분의 대상으로 하는 것이 효과적이고, 행정처분 중에서는 부당행위에 대한 제재와 부당이익의 환수라는 관점에서 과징금이 가장 효과적인 수단이라는 점이 제도 검토단계에서 공감대가 형성되어 법 개정안에 그대로 반영되었다. 부과할 수 있는 과징금의 크기는 자본시장법 제429조의2에서 정하고 있는데, 원칙적으로 5억원 이하의 과징금을 부과하되,

---

36) 금융위원회 등(2015), 52-53쪽.

37) A는 2001. 9. 13.-2001. 10. 13. 기간 중 P증권사 본인 명의 계좌 등 총 2개 계좌를 이용하여 K00 정치테마주로서 시장의 관심을 받고 있던 X사 및 Y사 주식 880,254주를 매수하고 899,549주를 매도하는 과정에서, 일정 규모의 수량을 선 매수한 후 매매를 유인할 목적으로 평균 2-3분 정도의 짧은 시간 동안 1주의 고가매수주문을 수백 회 반복하는 방법으로 고가매수주문 2,717회(399,508주), 물량소진주문 총 26회(206,624주) 등 총 2,743회(606,132주)의 시세조종성 주문을 제출하여 시장질서를 교란한 혐의가 있어 과징금 제재를 받았다(법429의2, 법178의2②(4)).

그 위반행위와 관련된 거래로 얻은 이익(미실현이익 포함) 또는 이로 인하여 회피한 손실액에 1.5배에 해당하는 금액이 5억원을 초과하는 경우에는 그 이익 또는 회피한 손실액의 1.5배에 상당하는 금액 이하의 과징금을 부과할 수 있다. 즉 부당이익액이 약 3억 4천만원 이상부터는 그 부당이익액의 1.5배까지 과징금을 부과할 수 있으므로, 부당이익액이 100억원이라면 150억원까지 과징금이 부과될 수 있는 것이다. 이는 과징금의 속성이 부당이익의 환수와 부당행위에 대한 징벌이라는 복합적 성격이 있음을 감안할 때 타당하다.[38]

Ⅱ. 형사제재와의 관계

시장질서 교란행위에 대해 형사제재를 배제하고 행정제재만 가능하기 때문에 과징금부과처분은 금융위원회의 재량행위로 볼 수 있다. 시장질서 교란행위와 불공정거래행위가 이론적으로 구분되지만, 일정한 조사의 단서를 기초로 금융당국이 조사를 개시할 때 처음부터 시장질서 교란행위인지 아니면 불공정거래행위인지를 구별할 수 있는 것이 아니라, 조사결과에 따라 하나의 제재수단을 선택하지 않으면 안 된다. 그런데 금융당국의 임의조사는 한계가 있기 때문에 그 조사결과 또한 검찰의 수사단서에 불과하여 조사 결과와 수사 결과가 다를 수 있다.[39] 이와 같은 점을 감안하여 증권선물위원회는 시장질서 교란행위에 불공정거래행위의 혐의가 있다고 인정하는 경우에는 이를 검찰총장에게 통보하여야 한다(법178의3①).

Ⅲ. 민사책임

시장질서 교란행위로 인해 손해를 입은 피해자는 행위자를 상대로 손해배상청구소송을 제기할 수 있다. 다만 불공정거래와는 달리 손해배상책임의 특칙규정이 없으므로 민법 제750조의 일반불법행위책임을 물어야 할 것이다.

---

38) 불공정거래행위에 대해서는 사법당국에 의한 형사제재만이 존재하였기 때문에 금융당국은 오래전부터 외국의 입법례와 같은 독자적인 행정제재 수단을 확보하기 위해 노력해 왔다. 이러한 맥락에서 불공정거래행위와 배타적으로 구별되는 행위이지만 자본시장의 건전성과 공정성을 훼손하는 시장질서 교란행위에 대해 금융위원회가 과징금 부과라는 행정제재 수단을 확보할 수 있게 된 것은 상당한 진전이라고 할 수 있다. 더욱이 시장질서 교란행위에 대해서는 형사제재 대신 행정제재만이 가능하기 때문에 장시간이 소요되는 형사절차, 재판절차에 비하여 보다 신속히 진행되는 행정절차에 의해 과징금을 부과할 수 있게 되었다. 일반적으로 불공정거래행위에 대한 형사제재는 금융감독원의 조사 → 증권선물위원회의 의결(검찰 이첩) → 검찰의 수사 및 기소 → 법원의 재판이라는 순서에 따라 처리절차가 진행되지만, 시장질서 교란행위는 금융당국의 조사 → 증권선물위원회의 의결(과징금 부과)이라는 순서에 따라 처리절차가 진행되므로 과징금의 처리기간을 대폭 단축할 수 있게 되었다. 이에 따라 시장질서 교란행위에 대해 금융당국이 적극적으로 권한을 행사하여 빠른 시일 내에 진압할 수 있는 효과적이고 기동적인 대처가 가능해졌다(박임출(2016), 59쪽).

39) 박임출(2016), 57쪽.

참고문헌

강대섭(1992), "증권시장에서의 부실표시로 인한 손해배상책임에 관한 연구", 고려대학교 대학원 박사학위논문(1992).

강대섭(1995), "내부자거래의 인과관계와 배상청구권자의 범위", 상거래법의 이론과 실제, 안동섭 교수 화갑기념논문집(1995).

강대섭(2005), "공정공시에 관한 연구", 상사판례연구 제18집 제1권(2005. 3).

강태양(2011), "집합투자의 법적성질 및 구조에 관한 연구", 고려대학교 대학원 석사학위논문(2011. 12).

강현중(2005), "증권관련집단소송법에 관한 연구", 법학논총 제17집(2005. 2).

고은수(2020), "부동산신탁 과세제도의 문제점 및 개선방안", 고려대학교 법무대학원 석사학위논문(2020. 2).

고재종(2016), "증권시장의 안정화 및 투명화를 위한 공매도제도의 검토", 증권법연구 제17권 제2호(2016. 8).

고창현(1999), "증권거래법상 단기매매차익반환의무", 인권과 정의 제277호(1999).

곽민섭(2000), "증권거래법상의 내부자거래에 대한 민사책임", 증권법연구 제1권 제1호(2000. 12).

금융감독원·코스닥등록법인협회의(2000), 「기업공시제도 해설」(2000, 12).

금융감독원(2002), "공정공시제도 도입방안"(2002. 9. 9) 보도자료.

금융감독원(2008), "금융투자상품에 대한 불공정거래 규제", 금융감독원(2008. 12).

금융감독원(2010), 「기업공시 실무안내」, 금융감독원(2010. 7).

금융감독원(2019), 「기업공시 실무안내」, 금융감독원(2019. 12).

금융감독원(2020), 「금융감독개론」, 금융감독원(2020. 3).

금융위원회(2014), "시장질서 교란행위 규제를 위한 「자본시장과 금융투자업에 관한 법률」 일부개정 법률안 국무회의 통과"(2014. 12) 보도자료.

금융위원회 등(2015), 「안전한 자본시장 이용법-꼭 알아야 할 자본시장 불공정거래 제도 해설」(2015. 5).

금융위원회(2016), "초대형 투자은행 육성을 위한 종합금융투자사업자 제도 개선방안"(2016. 8. 2) 보도자료.

금융위원회(2016), "크라우드펀딩 현황(100번째 성공기업 탄생) 및 크라우드펀딩 발전방안(11. 7) 후속조치 진행상황"(2016. 12. 12) 보도자료.

금융위원회(2018), "주식 매매제도 개선방안 후속조치 점검회의 개최"(2018. 6. 7) 보도참고자료.

구본일·엄영호·지현준(2007), "주가연계예금(Equity Linked Deposit) 가치평가모형에 대한 실증 연구", 재무연구 제20권 제1호(2007. 5).

권기혁(2018), "한국 장외채권시장의 투명성 규제 제도 및 개선방안에 관한 연구", 연세대학교 경제대학원 석사학위논문(2018. 6).

권종호 외(2003), "증권손해배상책임의 실체법적 정비", 한국증권법학회 연구보고서(2003. 11).

기획재정부(2017), "2017년 세법개정안"(2017. 8. 2) 보도자료.

김건식·송옥렬(2001), 「미국의 증권규제」, 홍문사(2001).

김건식·정순섭(2009), 「자본시장법」, 두성사(2009. 3).

김교창(2010), 「주주총회의 운영」, 한국상장회사협의회(2010. 1).

김남훈(2016), "PF-ABCP 하자가 특정금전신탁계약에 미치는 영향에 관한 연구", 건국대학교 부동산대학원 석사학위논문(2016. 2).

김병연(2019), "자본시장법상 공매도 제도에 대한 소고", 법학논총 제39권 제1호(2019. 2).

김병우(2013), "그림자 금융의 동향과 건전성 제고에 관한 연구", 경영교육저널 제24권 제3호(2013. 12).

김병태(2002), "관계회사와 관련된 내부자거래규정 적용상의 문제점", 증권법연구 제3권 제2호(2002. 12).

김상곤(2005), "적대적 기업인수를 위한 위임장대결이 있는 상장법인 주주총회 운영과 문제점", 한국상장회사협의회 계간상장협 2005년 추계호(2005. 9).

김선정(2013), "변액유니버셜보험계약에 있어서 설명의무와 적합성원칙에 대한 재론: 대법원 2013. 6. 13. 선고 2010다34159 판결", 금융법연구 제10권 제2호(2013. 12).

김선제·김성태(2017), "원금보장형 주가연계증권(ELB) 투자의 기대성과 연구", 경영컨설팅연구 제17권 제3호(2017. 8).

김성태(2010), "증권관련 집단소송에 있어서 대표당사자에 대한 연구", 숭실대학교 법학논총 제24집(2010. 7).

김영도(2013a), "국내 단기금융시장의 발전과 향후 과제: 단기지표금리 개선 과제를 중심으로", 한국금융연구원 금융리포트(2013. 3).

김영도(2013b), 「장외파생상품시장 규제환경 변화와 국내시장의 영향」, 한국금융연구원 연구보고서(2013. 10).

김연미(2016), "금융회사 지배구조법에 따른 대주주 건전성 및 소수주주권", 금융법연구 제13권 제3호(2016. 12).

김영규(2017), "관리형 토지신탁의 리스크관리 개선방안에 대한 연구", 고려대학교 정책대학원 석사학위논문(2017. 6).

김용진(1993), "내부자거래에 있어서 중요한 정보", 월간상장(1993. 2).

김용진(2013), "토지신탁제도의 개선방안에 관한 연구: 사업신탁을 중심으로", 한양대학교 대학원 석사학위논문(2013. 2).

김용호(2007), "적대적 M&A에서 가처분이 활용되는 사례", BFL총서 3권: 적대적 기업인수와 경영권 방어(2007. 5).

김은수(2015), "유동화증권의 유형과 발행절차에 관한 연구: 유동화 대상자산의 확대 및 다양화를 중심으로", 한국법학회 법학연구 제60집(2015. 12).

김정만(2001), "시세조종행위의 규제", 증권거래에 관한 제문제(하) 재판자료 제91집(2001).

김정수(2002), 「현대증권법원론」, 박영사(2002. 12).

김정수(2016), 「내부자거래와 시장질서 교란행위」, SFL그룹(2016. 5).

김주영(2007), "증권관련집단소송제의 미활성화, 그 원인, 문제점 및 개선방안", 기업지배구조연구 winter(2007).

김준호·문윤재·이재헌(2014), "자산담보부 단기사채를 활용한 해외발전사업 수주확대방안", 한국플랜트학회 플랜트 저널 제11권 제1호(2014. 12).

김태주·김효신(1994), "주식대량보유의 보고의무", 법학논고 제10집(1994. 12).

김태진(2016), "금융회사의 지배구조에 관한 법률에서의 주주통제", 서울대학교 금융법센터 BFL 제79호(2016. 9).

김태진(2019), "자본시장법상 시장질서 교란행위: 구성요건의 분석과 주요 위반사례의 검토", 경영법률 제29집 제3호(2019. 4).

김학겸·안희준·장운욱(2015), "국고채시장의 시장조성활동이 가격발견기능과 유동성에 미치는 영향", 한국증권학회지 제44권 1호(2015. 2).

김홍기(2009), "자본시장법상 파생상품 연계불공정거래행위에 관한 연구", 법조 제58권 제9호(2009. 9).

김홍기(2010), "자본시장법상 연계불공정거래 규제체계 및 입법론, 해석론에의 시사점: 주가연계증권(ELS) 연계거래를 중심으로", 연세 글로벌 비즈니스 법학연구 제2권 제2호(2010. 12).

김홍기(2012), "우리나라 증권관련집단소송의 현황과 개선과제", 경제법연구 제11권 제2호(2012. 12).

김희준(2011), "국제금융시장을 통한 회사자금조달의 법적 문제점과 해결방안: 회사법·자본시장법·세법을 중심으로", 고려대학교 대학원 박사학위논문(2011. 12).

나지수(2016), "주가연계증권(ELS) 델타헤지거래 관련 분쟁의 분석", 증권법연구 제17권 제1호(2016. 4).

남궁주현(2011), "현실매매에 의한 시세조종행위의 성립요건에 관한 고찰", 증권법연구 제12권 제2호(2011. 8).

노상범·고동원(2012), 「부동산금융법」, 박영사(2012. 9).

노성호(2009), "신용파생상품 활용으로 건설회사의 신용공여위험을 분산하는 방안 연구", 건국대학교 석사학위논문(2009. 12).

노태석(2012), "금융기관의 부실에 대한 임원의 법적 책임에 관한 연구", 성균관대학교 대학원 박사학위논문(2012. 6).

노태악(2001a), "내부자거래 등 관련행위의 규제", 증권거래에 관한 제문제(상), 법원도서관(2001).

1628 참고문헌

노태악(2001b), "증권거래법상 미공개 내부정보에 관하여", 증권법연구 제2권 제1호(2001. 6).

노혁준(2004), "교환공개매수에 관한 연구", 상사법연구 제23권 제2호(2004).

노혁준(2008), "자기주식과 기업의 합병, 분할", 증권법연구 제9권 제2호(2008. 12).

맹수석(2016), "개정 자본시장법상 시장질서 교란행위에 대한 법적 쟁점의 검토", 기업법연구 제30권 제1호(2016. 3).

맹수석 · 이형욱(2020), "사후적 피해구제제도 개선을 통한 금융소비자보호법 실효성 제고 방안", 금융소비자연구 제10권 제1호(2020. 4).

문준우(2014), "영구채의 개념과 장 · 단점 등에 관한 일반내용과 주요국의 입법례, 발행사례와 쟁점분석", 기업법연구 제28권 제3호(2014. 9).

박동민 · 이항용(2011), "전자단기사채제도 도입을 통한 기업어음시장 개선에 관한 연구", 한국증권학회지 제40권 1호(2011. 2).

박삼철(1995), "우리나라의 시세조종행위 규제에 관한 고찰", 증권조사월보 제216호(1995).

박삼철(2017), 「사모펀드 해설」, 지원출판사(2017. 10).

박선종(2008), "법률가를 위한 파생금융상품의 이해", 증권법연구 제9권 제1호(2008. 6).

박선종(2010), "파생상품의 법적규제에 관한 연구", 고려대학교 대학원 박사학위논문(2010. 12).

박승룡(2011), "부동산펀드의 건전성 제고 방안에 관한 연구", 중앙대학교 대학원 석사학위논문(2011. 8).

박승배(2009), "자본시장법상 불공정거래행위로 인한 손해배상책임에 관한 연구", 연세대학교 대학원 박사학위논문(2009. 12).

박임출(2003), "내부자거래 규제에 관한 비교법적 고찰", 성균관대학교 대학원 박사학위논문(2003).

박임출(2011), "시세조종의 구성요건인 변동거래와 유인목적", 증권법연구 제12권 제2호(2011. 9).

박임출(2011), "FX 마진거래 규제의 법적 과제", 상사판례연구 제24집 제4권(2011. 12).

박임출(2013), "자본시장법 제178조의 부정거래에 관한 연구", 증권법연구 제14권 제2호(2013. 8).

박임출(2016), "시장질서 교란행위규제의 의의와 한계", 서울대학교 금융법센터 BFL 75호(2016. 1).

박재홍(2005), "의무공개매수제도의 도입에 관한 검토", 경성법학 제14집 제2호(2005. 12).

박제형(2012), "국내 부동산 PF대출의 문제점과 개선방안 연구", 고려대학교 석사학위논문(2012. 12).

박준 · 한민(2019), 「금융거래와 법」, 박영사(2019. 8).

박철영(2012), "증권예탁증권(KDR)의 법적 재구성", 증권법연구 제13권 제1호(2012. 4).

박철영(2013), "전자단기사채제도의 법적 쟁점과 과제", 상사법연구 제32권 제3호(2013. 11).

박철우(2010), "파생상품거래의 규제에 관한 연구", 고려대학교 대학원 석사학위논문(2010. 6).

박철우(2016), "파생상품거래와 투자자보호의 법리에 관한 연구", 고려대학교 대학원 박사학위논문(2016. 12).

박효근(2019), "행정질서벌의 체계 및 법정책적 개선방안", 법과 정책연구 제19권 제1호(2019. 3).

박휴상(2005), "증권관련 집단소송상 소송허가제도에 관한 고찰", 법학논총 제25집(2005. 12).

박휴상(2007), "증권인수인의 책임에 관한 고찰", 기업법연구 제21권 제3호(2007. 9).

법무부(2001), 「증권관련집단소송법 시안 해설」(2011. 11).

법무부(2011), "유언대용 신탁으로 상속재산 자녀분쟁 이제 그만! − 재산 사회환원도 손쉽게, 「신탁법」 50년만에 전면개정"(2011. 6) 보도자료.

변제호 외 4인(2009), 「자본시장법」, 지원출판사(2009. 11).

변제호외 5인(2015), 「자본시장법」, 지원출판사(2015. 6).

사법연수원(2002), 「경제범죄론」, 2002.

생명보험협회(2019), 「변액보험의 이해와 판매」, 생명보험협회(2019. 8).

서병호·이윤석(2010), "국내외 은행의 CDS 프리미엄 결정요인 분석 및 시사점", 한국금융연구원 (2010. 10).

서완석(2005), "공개매수의 정의와 범위에 관한 고찰", 성균관법학 제17권 제3호(2005. 12).

성광진(2009), "우리나라의 국가신용위험지표에 관한 분석", 한국은행 MONTHLY BULLETIN(2009. 11).

성태균(2020), "레버리지 및 인버스 ETF 재조정 거래가 주가지수 선물시장에 미치는 영향", 부경대학 교 대학원 박사학위논문(2020. 2).

성희활(2004), "공정공시제의 발전적 개편방안에 관한 연구", 증권법연구 제5권 제2호(2004. 12).

성희활(2008), "자본시장과 금융투자업에 관한 법률의 수시공시 규제체계에 관한 고찰", 법과 정책연 구 제8집 제1호(2008. 6).

성희활(2009), "자본시장법상 연계 불공정거래의 규제현황과 개선방향", 금융법연구 제6권 제2호 (2009, 12).

성희활(2015), "2014년 개정 자본시장법상 시장질서교란행위 규제 도입의 함의와 전망", 증권법연구, 제16권 제1호(2015. 4).

손영화(2018), "증권형 크라우드펀딩 제도의 개선방안에 대한 연구", 증권법연구 제19권 제3호(2018. 12).

송석주(2012), "관리형 토지신탁을 활용한 개발사업 위험요인 관리에 관한 연구", 서울시립대학교 도 시과학대학원 석사학위논문(2012. 8).

송종준(2000), "예측정보의 부실공시와 민사책임구조", 증권법연구 제1권 제1호(2000. 12).

송호신(2006), "적대적 기업매수에 관한 법리", 한양법학 제19집(2006. 8).

송호신(2009), "시세조종행위에 대한 자본시장통합법의 규제", 한양법학 제20권 제3집(2009. 8).

송호신(2011), "파생상품의 위험성과 규제에 관한 자본시장법의 재정비", 법학연구 제19권 제1호 (2011. 4).

신명희(2015), "파생결합증권과 파생결합사채에 관한 법적 연구", 한양대학교 대학원 석사학위논문 (2015. 2).

신영무(1987), 「증권거래법」, 서울대학교출판부(1987).

신영무(1990), "내부자거래와 민사상책임", 상사법연구 제8집(1990).

신우진(2007), "경영권 방어를 위한 자기주식의 제3자에 대한 처분의 법적 문제점", 기업법연구 제21 권 제1호(2007. 3).

신종석(2009), "증권관련집단소송에 관한 연구", 법학연구 제34집(2009. 5).

신현탁(2016), "자본시장법상 온라인소액투자중개업자의 법적 지위에 관한 해석론상 문제점", 증권법 연구 제17권 제2호(2016. 8).

심창우(2017), "토지신탁의 토지비 관련 규제 개선에 관한 연구", 건국대학교 부동산대학원 석사학위 논문(2017. 2).

안성포(2014), "현행 신탁업의 규제체계와 한계", 한독법학 제19호(2014. 2).

안수현(2010), "자산담보부기업어음(ABCP)에 관한 법제도적 문제", 한양법학 제21권 제1집(2010. 2).

안현수(2019), "자본시장법상 불공정거래 조사권한의 법적 성질에 관한 연구", 법조 제68권 제4호 (2019. 8).

양기진(2016), "현선연계 시세조종행위에서 시세조종의도성의 판단: 외국 사례를 중심으로", 금융소 비자연구 제6권 제1호(2016. 8).

양만식(2009), "위임장권유와 주주총회결의의 취소", 기업법연구 제23권 제3호(2009. 9).

양유형(2015), "파생결합증권 투자자보호 개선방안에 관한 연구", 고려대학교 대학원 석사학위논문 (2015. 12).

양철원·유지연(2017), "연계시세조종행위에 대한 규제: 도이치은행 사례를 중심으로", 한국증권학회 지 제46권 제1호(2017. 2).

오영환(1994), "내부자거래와 민사책임에 관한 연구", 연세대학교 대학원 박사학위논문(1994. 12).

유석호(2005), "주식 등의 대량보유상황보고 관련 법적 쟁점과 과제", 증권법연구 제6권 제2호(2005. 12).

유진영·류두진(2020), "원자재 ETN의 공시 및 상장이 기초자산 시장에 미치는 영향", 금융공학연구 제19권 제1호(2020. 3).

유혁선(2010), "파생상품거래의 규제에 관한 법적 연구", 성균관대학교 대학원 박사학위논문(2010, 12).

윤영신·이중기(2000), 「증권거래법상 시세조종행위의 요건 및 제재에 관한 연구」, 한국법제연구원 (2000. 9).

윤재숙(2018), "ETF·ETN의 투자권유 규제 관련 법적 쟁점과 실무", 연세 글로벌 비즈니스 법학연구 제10권 제1호(2018. 5).

윤종미(2019), "은행신탁상품의 운용리스크 관리와 투자자보호방안", 금융법연구 제16권 제1호(2019. 3).

윤종희(2019), "그림자은행 시스템의 출현과 발전", 경제와사회 통권 제124호(2019. 12).

윤주영(2016), "국내 ETF 시장의 금융소비자 보호에 관한 연구", 금융소비자연구 제6권 제1호(2016. 8).

이근영(2011), "상장지수집합투자기구(ETF)의 법적 규제 및 개선방안", 증권법연구 제12권 제1호
　　　(2011. 4).
이금호(2008), "신용파생금융거래의 종류 및 법적 문제", 증권법연구 제9권 제2호(2008. 12).
이광중(2003), 「회사분할」, 삼일인포마인(2003. 5).
이기형·변혜원·정인영(2012), "보험산업 진입 및 퇴출에 관한 연구", 보험연구원(2012. 10).
이동신(2001), "유가증권 공시서류의 부실기재에 관한 책임", 증권거래법에 관한 제 문제(상), 재판자
　　　료 90집(법원도서관, 2001).
이상복(2004), 「증권집단소송론」, 삼우사(2004).
이상복(2006), "적대적 M&A 공격방법의 개선과제: 공개매수와 위임장권유를 중심으로", 기업법연구
　　　제20권 제3호(2006. 9).
이상복(2009), "외국의 공매도 규제와 법적 시사점: 금융위기 이후 영국과 미국의 규제를 중심으로",
　　　증권법연구 제10권 제2호(2009. 12).
이상복(2010), 「내부자거래」, 박영사(2010. 11).
이상복(2012), 「기업공시」, 박영사(2012).
이승민(2013), "금융기관 및 그 임직원에 대한 제재의 실효성 제고방안", 서울대학교 대학원 석사학
　　　위논문(2013. 12).
이영한·문성훈(2009), "현행 상장지수펀드(ETF) 과세제도의 문제점 및 개선방안", 조세법연구 제15
　　　권 제3호(2009. 12).
이용준(2009), "유가증권 대차거래제도", 월간상장(2009. 8).
이자영(2014), "새로운 지수상품, 상장지수증권(ETN) 시장 개설의 의미", KRX MARKET 증권·파생상
　　　품 제117호(2014. 11).
이재상(2001), 「형법총론」, 박영사(2001).
이정수(2015), "시장질서 교란행위 도입과 관련한 몇 가지 쟁점들", 증권법연구 제16권 제2호(2015. 8).
이정수·김도윤(2017), "공매도 규제에 관한 연구", 기업법연구 제31권 제4호(2017. 12).
이조은(2013), "한국CDS(Credit Default Swap) 프리미엄 결정요인에 관한 소고", 한국주택금융공사
　　　주택금융월보 2013년 11월호(2013. 11).
이준섭(2000), "공시책임에 관한 최근 판례의 분석과 비판", 상장협연구 제42호(2000).
이진서(2012), "구조화금융에 관한 연구: 자산유동화·프로젝트금융을 중심으로", 고려대학교 대학원
　　　박사학위논문(2012. 6).
이철송(2007), 「상법총칙·상행위」, 박영사(2007. 9).
이철송(2009), 「회사법강의」, 박영사(2009. 2).
이철송(2014), 「회사법강의」, 박영사(2014. 2).
이형기(1999), "증권거래법상의 민사책임에 관한 고찰", 인권과 정의 제277호(1999).
이효근(2019) "금융법상 규제 및 제재의 개선에 관한 연구: 실효적 제재수단의 모색을 중심으로", 아

주대학교 대학원 박사학위논문(2019. 2).

임재연(2019), 「자본시장법」, 박영사(2019. 3).

임철현(2019), "위험관리 관점에서 본 기업금융수단의 법적 이해", 법조 제68권 제2호(2019. 4).

자본시장연구원(2020), "차액결제거래(CFD) 시장 현황 및 특징", 자본시장 포커스 2020-13호(2020. 5).

장근영(2016), "내부자거래 규제범위의 확대: 시장질서교란행위 및 정보전달행위와 거래권유행위를 중심으로", 경제법연구 제15권 3호(2016. 12).

재정경제부(2001), "상장지수펀드(ETF) 도입방안"(2001. 9) 보도참고자료.

전진형(2014), "금전신탁 규제 강화의 문제점과 제도 개선방안 연구: 특정금전신탁을 중심으로", 고려대학교 정책대학원 석사학위논문(2014. 8).

제해문(2015), "자본시장법상 파생결합증권에 관한 법적소고", 입법정책 제9권 제1호(2015. 6).

전원열(2005), "증권관련집단소송법 해설", 인권과정의 제345호(2005. 5).

정동윤(2005), 「회사법」, 법문사(2005. 3).

정성구(2017), "TRS와 지급보증, 신용공여 및 보험 규제의 접점", 서울대학교 금융법센터 BFL 제83호(2017. 5).

정소민(2009), "담보부사채의 활성화에 관한 연구", 금융법연구 제6권 제1호(2009. 9).

정순섭(2006), "신탁의 기본구조에 관한 연구", 서울대학교 금융법센터 BFL 제17호(2006. 5).

정순섭·송창영(2010), "자본시장법상 금융투자상품 개념", 서울대학교 금융법센터 BFL 제40호(2010. 3).

정순섭(2010), "불공정거래법제의 현황과 해석론적 과제", 서울대학교 금융법센터 BFL 제43호(2010. 9).

정순섭(2017), "총수익률스왑의 현황과 기업금융법상 과제: 헤지, 자금조달, 의결권 제한, 그 밖의 규제회피기능의 법적 평가", 서울대학교 금융법센터 BFL 제83호(2017. 5).

정승화(2011a), "자본시장법상 파생결합증권에 관한 법적 소고", 금융법연구 제8권 제1호(2011. 8).

정승화(2011b), "파생결합증권 발행제도에 관한 법적 과제", 금융법연구 제8권 제2호(2011. 12).

정승화(2015), "증권대차거래의 투자자보호 및 위험관리에 관한 고찰", 증권법연구 제16권 제1호(2015. 4), 63-64쪽.

정윤모·박기령(2005), "자기주식 소각규제의 완화방안", 자본시장포럼 제2권 제3호(증권연구원, 2005).

정찬형·최동준·김용재(2009), 「로스쿨 금융법」, 박영사(2009. 9).

정충명(1999), "적대적 기업매수의 방어행위에 대한 법적 고찰: 제3자에 대한 신주발행의 적법성을 중심으로", 사법연구자료 25집(1999).

정호경·이상수(2016), "자본시장법상 시장질서 교란행위에 관한 연구: 성립요건과 조사절차상 주요 쟁점사항을 중심으로", 금융감독연구 제3권 제2호(2016. 10).

정희석(2018), "한국상장지수펀드(ETF)의 투자효율성에 관한 연구", 한국디지털정책학회논문지 제16권 제5호(2018. 5).

조대형(2018), "종합금융투자사업자 제도의 입법영향에 대한 연구", 은행법연구 제11권 제1호(2018.

　5).

조성원(2014), "국가 신용부도스왑 프리미엄의 결정요인: 거시경제 기초여건의 영향", 한국자료분석
　　　학회(2014. 6).

조장원(2018), "부동산신탁회사의 리스크관리 개선방안에 관한 연구: 핵심리스크 관리지표를 중심으
　　　로", 건국대학교 부동산대학원 석사학위논문(2018. 5).

조중연(2004), "종합재산신탁의 도입과 영향", 하나경제 리포트(2004. 9).

진상훈(2008), "부동산신탁의 유형별 사해행위 판단방법", 민사집행법연구 제4권(2008. 2).

진웅기(2018), "차입형 토지신탁 이용자의 만족도가 재신탁의향 및 추천의도에 미치는 영향에 관한
　　　연구", 전주대학교 대학원 박사학위논문(2018. 8).

채동헌(2002), "증권거래법 제14조 소정의 손해배상청구권자인 '유가증권의 취득자'와 시장조성 포기
　　　로 인한 손해배상청구권자의 범위", 대법원판례해설 40호(법원도서관, 2002).

최민용(2006), "단기매매차익의 반환", 상사판례연구 제19집 제4권(2006. 12).

최수정(2016), 「신탁법」, 박영사(2016. 2).

최영주(2015), "영구채 성격논쟁과 법적 과제", 경영법률 제25권 제3호(2015. 4).

최용호(2019), "부동산신탁회사의 부동산개발 관련 금융기능 강화 경향", 한국신탁학회 추계학술대회
　　　(2019. 11).

최원우(2013), "자본시장법상 불공정거래행위 금지규정에 관한 연구", 한양대학교 대학원 박사학위논
　　　문(2013. 8).

최원진(2006), "자본시장과 금융투자업에 관한 법률 제정안의 주요 내용 및 의견수렴 경과", 금융법
　　　연구, 제3권 제1호(2006. 9).

최재경(2000), "증권거래법상 내부자거래의 형사처벌 관련문제", 법무연구 제27호(법무연수원, 2000).

최정식(2008), "증권관련집단소송법의 개선방안에 관한 고찰", 저스티스 통권 제102호 한국법학원
　　　(2008. 2).

최창수(2019), "공매도의 제한과 규제에 관한 비교법적 검토", 법학논총 제45집(2019. 9).

한국거래소(2009), 「ETF 시장의 이해」, 한국거래소(2009. 5).

한국거래소(2010), "미래에셋맵스 및 KB자산운용 레버리지ETF 신규상장"(2010. 4. 7) 보도자료.

한국거래소(2017), 「손에 잡히는 파생상품시장」, 한국거래소(2017. 10).

한국거래소(2019a), 「한국의 채권시장」, 지식과 감성(2019. 1).

한국거래소(2019b), 「2019 주식시장 매매제도의 이해」, 한국거래소(2019. 7).

한국거래소(2019c), 「2020 유가증권시장 상장심사 가이드북」, 한국거래소(2019. 12).

한국은행(2016a), 「한국의 외환제도와 외환시장」, 한국은행(2016. 1).

한국은행(2016b), 「한국의 금융시장」(2016. 12).

한국은행(2018), 「한국의 금융제도」, 한국은행(2018. 12).

형남훈(1999), "내부자거래의 규제방안", 상장협연구(1999. 9).

황도윤(2011), "신용파생금융거래에 관한 법적 연구", 고려대학교 법무대학원 석사학위논문(2011. 6).

황세운·김준석·손삼호(2013), "국내 단기금융시장 금리지표의 개선에 관한 연구", 재무관리연구 제 30권 제3호(2013. 9).

The bell, "첫 포문 연 교보증권, 대형사들도 도입 채비 분주"(2019. 10. 21) 기사.

FCA, "FCA proposes stricter rules for contract for difference products", 2016. 12. 6,

IOSCO, "Report on Retail OTC Leveraged Products", 2018. 9.

찾아보기

저자소개

이상복

서강대학교 법학전문대학원 교수. 연세대학교 경제학과를 졸업하고, 고려대학교에서 법학 석사와 박사학위를 받았다. 사법연수원 28기로 변호사 일을 하기도 했다. 미국 스탠퍼드 로스쿨 방문학자, 숭실대학교 법과대학 교수를 거쳐 서강대학교에 자리 잡았다. 서강대학교 금융법센터장, 서강대학교 법학부 학장 및 법학전문대학원 원장을 역임하고, 재정경제부 금융발전심의회 위원, 기획재정부 국유재산정책 심의위원, 관세청 정부업무 자체평가위원, 한국공항공사 비상임이사, 금융감독원 분쟁조정위원, 한국거래소 시장감시위원회 비상임위원, 한국증권법학회 부회장, 한국법학교수회 부회장으로 활동했다. 현재 금융위원회 증권선물위원회 비상임위원으로 활동하고 있다.

저서로는 〈여신전문금융업법〉(2021), 〈금융법강의 1: 금융행정〉(2020), 〈금융법강의 2: 금융상품〉(2020), 〈금융법강의 3: 금융기관〉(2020), 〈금융법강의 4: 금융시장〉(2020), 〈경제민주주의, 책임자본주의〉(2019), 〈기업공시〉(2012), 〈내부자거래〉(2010), 〈헤지펀드와 프라임 브로커: 역서〉(2009), 〈기업범죄와 내부통제〉(2005), 〈증권범죄와 집단소송〉(2004), 〈증권집단소송론〉(2004) 등 법학 관련 저술과 철학에 관심을 갖고 쓴 〈행복을 지키는 法〉(2017), 〈자유·평등·정의〉(2013)가 있다. 연구 논문으로는 '기업의 컴플라이언스와 책임에 관한 미국의 논의와 법적 시사점'(2017), '외국의 공매도규제와 법적시사점'(2009), '기업지배구조와 기관투자자의 역할'(2008) 등이 있다. 문학에도 관심이 많아 장편소설 〈모래무지와 두우쟁이〉(2005)와 에세이 〈방황도 힘이 된다〉(2014)를 쓰기도 했다.

자본시장법

초판발행	2021년 3월 10일
중판발행	2021년 4월 25일

지은이	이상복
펴낸이	안종만·안상준
편 집	김선민
기획/마케팅	장규식
표지디자인	조아라
제 작	우인도·고철민·조영환
펴낸곳	(주) **박영시**
	서울특별시 종로구 새문안로3길 36, 1601
	등록 1959. 3. 11. 제300-1959-1호(倫)
전 화	02)733-6771
f a x	02)736-4818
e-mail	pys@pybook.co.kr
homepage	www.pybook.co.kr
ISBN	979-11-303-3766-1 93360

정 가   82,000원